D1720527

J. von Staudingers
Kommentar zum Bürgerlichen Gesetzbuch
mit Einführungsgesetz und Nebengesetzen
Buch 3 · Sachenrecht
§§ 1113–1203
(Hypothek, Grundschuld, Rentenschuld)

Dr. Dr. h. c. mult. Dieter Henrich
Professor an der Universität Regensburg

Dr. Reinhard Hepting
Professor an der Universität Mainz

Christian Hertel, LL.M.
Notar a. D., Geschäftsführer des Deutschen Notarinstituts, Würzburg

Dr. Stephanie Herzog
Rechtsanwältin in Würselen

Joseph Hönle
Notar in Tittmoning

Dr. Bernd von Hoffmann
Professor an der Universität Trier

Dr. Heinrich Honsell
Professor an der Universität Zürich, Honorarprofessor an der Universität Salzburg

Dr. Dr. Dres. h. c. Klaus J. Hopt, M.C.J.
Professor, Direktor des Max-Planck-Instituts für Ausländisches und Internationales Privatrecht, Hamburg

Dr. Norbert Horn
Professor an der Universität zu Köln, Vorstand des Arbitration Documentation and Information Center e.V., Köln

Dr. Peter Huber, LL.M.
Professor an der Universität Mainz

Dr. Rainer Hüttemann
Professor an der Universität Bonn

Dr. Florian Jacoby
Professor an der Universität Bielefeld

Dr. Rainer Jagmann
Vorsitzender Richter am Oberlandesgericht Karlsruhe

Dr. Ulrich von Jeinsen
Rechtsanwalt und Notar in Hannover

Dr. Joachim Jickeli
Professor an der Universität zu Kiel

Dr. Dagmar Kaiser
Professorin an der Universität Mainz

Dr. Bernd Kannowski
Professor an der Universität Freiburg i. Br.

Dr. Rainer Kanzleiter
Notar in Neu-Ulm, Professor an der Universität Augsburg

Dr. Sibylle Kessal-Wulf
Richterin am Bundesgerichtshof, Karlsruhe

Dr. Frank Klinkhammer
Richter am Bundesgerichtshof, Karlsruhe

Dr. Hans-Georg Knothe
Professor an der Universität Greifswald

Dr. Jürgen Kohler
Professor an der Universität Greifswald

Dr. Stefan Koos
Professor an der Universität der Bundeswehr München

Dr. Heinrich Kreuzer
Notar in München

Dr. Jan Kropholler †
Professor an der Universität Hamburg, Wiss. Referent am Max-Planck-Institut für Ausländisches und Internationales Privatrecht, Hamburg

Dr. Hans-Dieter Kutter
Notar in Nürnberg

Dr. Gerd-Hinrich Langhein
Notar in Hamburg

Dr. Martin Löhnig
Professor an der Universität Konstanz

Dr. Dr. h. c. Manfred Löwisch
Professor an der Universität Freiburg i. Br., Rechtsanwalt in Stuttgart, vorm. Richter am Oberlandesgericht Karlsruhe

Dr. Dirk Looschelders
Professor an der Universität Düsseldorf

Dr. Stephan Lorenz
Professor an der Universität München

Dr. Peter Mader
Professor an der Universität Salzburg

Dr. Ulrich Magnus
Professor an der Universität Hamburg, Richter am Hanseatischen Oberlandesgericht zu Hamburg

Dr. Peter Mankowski
Professor an der Universität Hamburg

Dr. Heinz-Peter Mansel
Professor an der Universität zu Köln

Dr. Peter Marburger
Professor an der Universität Trier

Dr. Wolfgang Marotzke
Professor an der Universität Tübingen

Dr. Dr. Dres. h. c. Michael Martinek, M.C.J.
Professor an der Universität des Saarlandes, Saarbrücken, Honorarprofessor an der Universität Johannesburg, Südafrika

Dr. Annemarie Matusche-Beckmann
Professorin an der Universität des Saarlandes, Saarbrücken

Dr. Jörg Mayer
Notar in Simbach am Inn

Dr. Dr. Detlef Merten
Professor an der Deutschen Hochschule für Verwaltungswissenschaften Speyer

Dr. Rudolf Meyer-Pritzl
Professor an der Universität zu Kiel, Richter am Schleswig-Holsteinischen Oberlandesgericht in Schleswig

Dr. Peter O. Mülbert
Professor an der Universität Mainz

Dr. Daniela Neumann
Justiziarin des Erzbistums Köln

Dr. Dirk Neumann
Vizepräsident des Bundesarbeitsgerichts a. D., Kassel, Präsident des Landesarbeitsgerichts Chemnitz a. D.

Dr. Ulrich Noack
Professor an der Universität Düsseldorf

Dr. Hans-Heinrich Nöll
Rechtsanwalt in Hamburg

Dr. Jürgen Oechsler
Professor an der Universität Mainz

Dr. Hartmut Oetker
Professor an der Universität zu Kiel, Richter am Thüringer Oberlandesgericht Jena

Wolfgang Olshausen
Notar in Rain am Lech

Dr. Dirk Olzen
Professor an der Universität Düsseldorf

Dr. Gerhard Otte
Professor an der Universität Bielefeld

Dr. Hansjörg Otto
Professor an der Universität Göttingen

Dr. Holger Peres
Rechtsanwalt in München

Dr. Lore Maria Peschel-Gutzeit
Rechtsanwältin in Berlin, Senatorin für Justiz a. D. in Hamburg und Berlin, Vorsitzende Richterin am Hanseatischen Oberlandesgericht zu Hamburg i. R.

Dr. Frank Peters
Professor an der Universität Hamburg, Richter am Hanseatischen Oberlandesgericht zu Hamburg

Dr. Axel Pfeifer
Notar in Hamburg

Dr. Jörg Pirrung
Richter am Gericht erster Instanz der Europäischen Gemeinschaften i. R., Professor an der Universität Trier

Dr. Ulrich Preis
Professor an der Universität zu Köln

Dr. Manfred Rapp
Notar in Landsberg am Lech

Dr. Thomas Rauscher
Professor an der Universität Leipzig, Dipl. Math.

Dr. Peter Rawert
Notar in Hamburg, Professor an der Universität Kiel

Eckhard Rehme
Vorsitzender Richter am Oberlandesgericht Oldenburg

Dr. Wolfgang Reimann
Notar in Passau, Professor an der Universität Regensburg

Dr. Tilman Repgen
Professor an der Universität Hamburg

J. von Staudingers
Kommentar zum Bürgerlichen Gesetzbuch
mit Einführungsgesetz und Nebengesetzen

Buch 3
Sachenrecht
§§ 1113–1203
(Hypothek, Grundschuld, Rentenschuld)

Neubearbeitung 2009
von
Hans Wolfsteiner

Redaktor
Wolfgang Wiegand

Sellier – de Gruyter · Berlin

**Die Kommentatorinnen
und Kommentatoren**

Neubearbeitung 2009
HANS WOLFSTEINER

Neubearbeitung 2002
HANS WOLFSTEINER

Dreizehnte Bearbeitung 1996
HANS WOLFSTEINER

12. Auflage
Senatspräsident a. D. FRANZ SCHERÜBL (1980)

Sachregister

Rechtsanwältin Dr. MARTINA SCHULZ,
Pohlheim

Zitierweise

STAUDINGER/WOLFSTEINER (2009) Einl 1
zu §§ 1113 ff
STAUDINGER/WOLFSTEINER (2009) Vorbem 1
zu §§ 1113 ff
STAUDINGER/WOLFSTEINER (2009) § 1113 Rn 1

Zitiert wird nach Paragraph bzw Artikel
und Randnummer.

Hinweise

Das Abkürzungsverzeichnis befindet
sich auf www.staudingerbgb.de.

Der Stand der Bearbeitung ist jeweils
mit Monat und Jahr auf den linken Seiten
unten angegeben.

Am Ende eines jeden Bandes befindet
sich eine Übersicht über den aktuellen Stand
des „Gesamtwerk STAUDINGER".

Die Deutsche Nationalbibliothek verzeichnet diese Publikation in der Deutschen National-
bibliografie; detaillierte bibliografische Daten sind im Internet über http://dnb.d-nb.de abrufbar.

ISBN: 978-3-8059-1073-6

© Copyright 2009 by Dr. Arthur L. Sellier &
Co. – Walter de Gruyter GmbH & Co. KG,
Berlin. – Printed in Germany.

Satz: fidus Publikations-Service, Nördlingen.

Druck: H. Heenemann GmbH & Co., Berlin.

Bindearbeiten: Buchbinderei Bruno Helm,
Berlin.

Umschlaggestaltung: Bib Wies, München.

♾ Gedruckt auf säurefreiem Papier,
das die DIN ISO 9706 über Haltbarkeit
erfüllt.

Inhaltsübersicht

---

* Zitiert wird nicht nach Seiten, sondern
nach Paragraph bzw Artikel und Randnummer;
siehe dazu auch S VI.

Abschnitt 7
Hypothek, Grundschuld, Rentenschuld

Einleitung zu §§ 1113 ff

Schrifttum

S auch STAUDINGER/SEILER (2007) Einleitung zum Sachenrecht.

1. Schrifttum zum Recht der Grundpfandrechte

ARMBRÜSTER, Ausnahmen vom Erfordernis der Zustimmung dinglich Berechtigter nach neuem Recht (§ 5 Abs 4 Sätze 2 und 3 WEG n.F.), ZWE 2008, 329

Bankrecht und Bankpraxis (früher: bankgeschäftliches Formularbuch), Loseblatt, Stand 09/2007

BAUR, Gestufter Mitbesitz am Brief bei Teilgrundpfandrechten, NJW 1967, 22

BECKERS, Die Aufbauhypothek des ZGB/DDR und ihre aktuellen Probleme, WM 1991, 1701

BENECKE, Hypothekenbestellung durch Vertrag zugunsten Dritter, DRiZ 1929, 147

BETTERMANN, Die Geldentwertung als Rechtsproblem, ZRP 1974, 1

BLOMEYER, Eigentümergrundpfandrecht und Grundpfandbestellungsrecht des Eigentümers, DRWiss 1941, 110

K BLOMEYER/LÖFFLER, Hypotheken und Grundschulden (1990)

BOEHMER, Die hypothekarische Sicherung des Zwischenkredits, ZAkDR 1940, 241

BÖHRINGER, Auswirkungen des Euro auf den Grundbuchverkehr, DNotZ 1999, 692

ders, Zur Euro-Eintragung im Grundbuch, BWNotZ 1999, 137

ders, Das Grundstücksrechtsänderungsgesetz aus grundbuchrechtlicher Schau, VIZ 2001, 1

ders, Euro-Umstellung und Euro-Schwellenbeträge im Grundbuchrecht, BWNotZ 2003, 97

BUCHHOLZ, Abstraktionsprinzip und Immobiliarrecht. Zur Geschichte der Auflassung und der Grundschuld (1978)

BÜDENBENDER, Grundsätze des Hypothekenrechts, JuS 1996, 665

BUMM, Die Tilgungshypothek (Diss Göttingen 1952)

BUSCH, Das Recht der Hypothekenschuldurkunde, ZBlFG 12, 734

CANARIS, Die Verdinglichung obligatorischer Rechte, in: FS Flume (1978) Bd I 371

CLEMENTE, Recht der Sicherungsgrundschuld (4. Aufl 2008)

COING/WILHELM, Wissenschaft und Kodifikation des Privatrechts im 19. Jahrhundert III: Die rechtliche und wirtschaftliche Entwicklung des Grundeigentums und Grundkredits (1976)

DEMHARTER, Grundbucheintragung auf Ersuchen des Prozeßgerichts, Rpfleger 1998, 133

DETER/BURIANSKI/MÖLLENHOFF, Verjährungsprobleme bei der Immobilienfinanzierung, BKR 2008, 281

DÜMCHEN, Das Wesen der Grundpfandrechte, JherJb 54, 355

DUX, Teilvollstreckbarkeit von Grundschulden, insbesondere die unwiderrufliche Vollmacht zur Unterwerfung unter die sofortige Zwangsvollstreckung (Diss Bonn 1991)

ECCIUS, Hypothek an beweglichen Gegenständen, Gruchot 48, 470

EICKMANN, Grundstücksrecht in den neuen Bundesländern (3. Aufl 1996)

ERWIG, Das Hypothekenrecht am Scheidewege (1955)

FELGENTRAEGER, Hypothek und Grundschuld, in: FS J v Gierke (1950) 140

FISCH, Vereinbarungsersetzende Mehrheitsbeschlüsse im Wohnungseigentumsrecht, MittRhNotK 1999, 213

FLESKES, Briefhypothek oder Buchgrundschuld?, DLK 1970, 155

Hans Wolfsteiner

FLIK, Ist das übergeleitete Gebäudeeigentum verkehrsfähig und realkreditfähig?, DtZ 1996, 162

FUCHS, Das Wesen der Hypothek und Grundschuld usw, JW 1916, 2 ff, 98 ff, 237 ff, 298 ff, 465 ff

ders, Die Konstruktion der Hypothek, LZ 1920, 841

FUCHS, Zur Vereinfachung der Grundkreditformulare, DNotZ 1969, 133

GABERDIEL/GLADENBECK, Kreditsicherung durch Grundschulden (8. Aufl 2008)

GERHARDT, Grundpfandrechte im Insolvenzverfahren (11. Aufl 2005)

GREGOR, Zwangsvollstreckung aus der Hypothek bei Eigenbesitz und Nießbrauch, DJ 1942, 646, 664

GRUNSKY, Rangfragen bei dinglichen Rechten (Diss Tübingen 1963)

GÜTHE, Die wirtschaftlichen und rechtlichen Grundlagen des Hypothekenrechts (1914)

HABERSACK, Die Akzessorietät – Strukturprinzip der europäischern Zivilrechte und eines künftigen europäischen Grundpfandrechts, JZ 1997, 857

HACHENBURG, Beiträge zum Hypotheken- und Grundschuldrecht des E II (1895)

ders, Vorträge über das BGB (2. Aufl 1900)

HALLBAUER, Das Hypothekenrecht des BGB (3. Aufl 1918)

HEDEMANN, Die Fortschritte des Zivilrechts im XIX. Jahrhundert, 2. Tl, Die Entwicklung des Bodenrechts von der französischen Revolution bis zur Gegenwart, 1. Hälfte: Das materielle Bodenrecht (1930), 2. Hälfte: Die Entwicklung des formellen Bodenrechts mit einem Anhang: Bodenrecht und neue Zeit (1935)

HERBST, Erfahrungen mit Zwangsversteigerungen, DLK 1990, 480

HETTIGER, Die Rechtslage der Grundstückslasten bei Grundstücksteilung (Diss Würzburg 1988)

HIRSCH, Zur Frage der Behandlung der Amortisationsdarlehen in der Zwangsversteigerung, Gruchot 48, 767

HORSTMANN, Untersuchungen über die Anwendbarkeit schuldrechtlicher Normen auf dingliche Ansprüche (1938, Nachdruck 1970)

Hypothekenverband bei der Europäischen Wirtschaftsgemeinschaft, Auf fremde Währung lautende Hypotheken (1985)

IMMLER, Die Amortisationshypothek, DJZ 1905, 977

JENRICH, Die Sicherung des Bauzwischenkredits durch Abtretung der vorläufigen Eigentümergrundschuld usw (Diss Mainz 1971)

JOCHEMCZYK, Nochmals: Zur Reform des Hypothekenrechts, WM 1968, 1030

JOST, Duldung der Zwangsvollstreckung?, Jura 2001, 153

KAMPS, Kreditsicherung durch Grundpfandrechte, DLK 1968, 68

KAPS, Die Amortisationshypothek, DRW 1941, 401

ders, Eigentümerhypothek und Grundeigentum, DRW 1943, 427

KELLER, Die Wirkungen der Rückschlagsperre des § 88 InsO auf die Sicherungshypothek nach §§ 866, 867 ZPO, ZIP 2006, 1174

KIEFNER, Entstehung einer Eigentümergrundschuld bei mißglückter Hypothekeneinigung?, in: FS Hübner (1984) 521

KLASSEN, Die Behandlung verjährter Grundschuldzinsen im Zwangsversteigerungsverfahren, BKR 2003, 51

KLINKHAMMER/RANCKE, Hauptprobleme des Hypothekenrechts, JuS 1973, 665

KNOPS, Darlehensgewährung und Grundpfandrechtsbestellung, ZfIR 1998, 577

KÖNDGEN/STÖCKER, Die Eurohypothek – Akzessorietät als Gretchenfrage? ZBB 2005, 112

KOLLHOSSER, Briefgrundpfandrechte und Pfandklausel der AGB, JR 1973, 315

ders, Grundbegriffe und Formularpraktiken im Grundpfandrecht, JA 1979, 61

KORN, Die Abtretung des Hypothekenzinsanspruchs als Ersatzmittel für die Bestellung eines Nießbrauchs an einer Hypothek (Diss Köln 1936)

LANGE, Übertragung, Verpfändung und Pfändung von Anwartschaften im Immobiliarsachenrecht (Diss Köln 1968)

LAUFKE, Anwartschaftsrechte bei Hypothekenerwerb (Diss Münster 1966)

LEISS, Die Behandlung der sogenannten „Judenhypotheken", DNotZ 1969, 609

LENT, Die Rechtsstellung des Gläubigers der

Hypothek für eine künftige Forderung, ZAkDR
1937, 37
vLübtow, Die Entwicklung des Darlehensbe-
griffs im römischen und geltenden Recht (1965)
ders, Grundfragen des Sachenrechts, JR 1950,
491
ders, Die Struktur der Pfandrechte und Reallasten, in: FS H Lehmann (1956) I 328
ders, Das Grundpfandrecht am Vorbehaltseigentum – BGHZ 35, 85, JuS 1963, 171
Lwowski, Das Recht der Kreditsicherung
(8. Aufl 2000)
Maurer, Die Übertragung der Grundschuld
nach § 873 I Fall 3 BGB: Schlichte Gesetzesanwendung und praktische Konsequenzen für
§ 399 Alt. 2 BGB, JuS 2004, 1045
Meier, Der große Vergleich. Die Hypotheken-
aufwertung in der ersten Republik (1998, zugl
Diss Augsburg 1997)
Meinecke, Die zivilrechtliche Bedeutung der
Baulast (1999, zugl Diss Hamburg 1998)
Medicus, Die Akzessorietät im Zivilrecht,
JuS 1971, 497
Mittelstein, Das Hypothekenrecht des BGB
(1898)
Natzel, Die Entwicklung des vertraglichen
Grundpfandrechts vom Allgemeinen Landrecht
für die Preußischen Staaten bis zum BGB für
das Königreich Sachsen (Diss Bochum 1970)
Neubauer, Die Hypothek in der Rückerstat-
tung, MDR 1950, 461
Nüssbaum, Deutsches Hypothekenwesen
(1921)
ders, Die Damnohypothek, ArchBürgR 25, 62
Otten, Sicherungsvertrag und Zweckerklärung
(2003)
Perls, Die Bestimmtheit der Hypotheken-
schuld, JherJb 45, 211
Pitel, Die Fassung der Eintragungsvermerke
für Hypotheken, ZBlFG 7, 631
Planitz, Das deutsche Grundpfandrecht (1936)
Raiser, Dingliche Anwartschaften (1961)
Reinicke, Pfandrechte und Hypotheken am
Anwartschaftsrecht aus bedingter Übereignung
(1941)
Reischl, Kreditsicherung durch Grundpfand-
rechte, Agrarrecht 1997, 277
ders, Grundfälle zu Grundpfandrechten,
JuS 1998, 516, 614

Reithmann, Die Grundpfandrechte in der
Rechtswirklichkeit, NJW 1977, 661
ders, Grundpfandrechte heute – Rechtsent-
wicklung und Aufgaben des Notars, DNotZ
1982, 67
Reuter, Fremdwährung und Rechnungseinhei-
ten im Grundbuch (1992)
Reuter/Buschmann, Sanierungsverhandlun-
gen mit Krediterwerbern, ZIP 2008, 1003
Reuther, Entstehung und Entbehrlichkeit der
Hypothekenklage, JherJb 87, 51
Reymann, Der BGH-Beschluss zur Grundbuchfähigkeit der GbR – Ist dies das Ende des
Erwerberschutzes?, ZfIR 2009, 81
Rimmelspacher, Gutglaubensschutz bei der
Ablösung von Grundpfandrechten, WM 1986,
809
Roggemann, Das Zivilgesetzbuch der DDR
von 1975, NJW 1976, 393, 401
Sachs, Beiträge zur Behandlung der Amorti-
sationshypothek nach BGB und ZVG, JherJb
58, 323
Schäfer, Grenzüberschreitende Kreditsiche-
rung an Grundstücken (1993)
Schalast/Safran/Sassenberg, Strafbarkeit
von Sparkassenvorständen beim Verkauf notleidender Kredite, NJW 2008, 1486
dies, Bankgeheimnis und Notwehrrecht bei un-
richtiger Medienberichterstattung über Kredit-
verkäufe, BB 2008, 1126
Schapp, Zum Wesen des Grundpfandrechts, in:
FS Söllner (1990) 477
Schneidler, Hypothek oder Grundschuld als
Sicherungsmittel im Rahmen des organisierten
Realkredits, VersW 1970, 312
ders, Sicherung der Zwischenkreditgeber gegen
Konkursfälle bei der Verwendung von Buch-
grundschulden, VersW 1971, 348
Schönfelder, Realkreditverträge und Haus-
türwiderrufsgesetz, WM 1999, 1495
Schreiber, Schuld und Haftung I (1914) 309
Schubert/Johow, Die Vorlagen der Redakto-
ren für die erste Kommission zur Ausarbeitung
des Entwurfs eines Bürgerlichen Gesetzbuches,
Sachenrecht, Teil 2 (1982)
Schütz, Zur Reform des Hypothekenrechts,
WM 1968, 27
Schultz, Der Wirksamkeitsvermerk als Ge-
staltungsalternative zu Rangvorbehalt und

Rangrücktritt der Auflassungsvormerkung, RNotZ 2001, 541

SCHWAB, Das Recht der Hypothekenzinsen und der sonstigen Nebenleistungen (Diss Tübingen 1968)

vSCHWIND, Wesen und Inhalt des Pfandrechts (1899)

SICHTERMANN, Der Rangvorbehalt im Realkreditgeschäft, BlGBW 1969, 9

SIEGELMANN, Die Einheitshypothek, BlGBW 1969, 90

STAHLMANN, Die vorläufige Eigentümergrundschuld bei Hypotheken für künftige oder aufschiebend bedingte Forderungen (Diss Frankfurt 1972)

SMID, Grundpfandrechte im neuen Insolvenzverfahren, NotBZ 1998, 81

STÄDTLER, Grundpfandrechte in der Insolvenz (1998)

STÖBER, Hypothek und Grundschuld in der Kreditsicherungspraxis (1980)

ders, Verjährte, rückständige und laufende Grundschuldzinsen in der Zwangsversteigerung, MittBayNot 1999, 441

ders, Die treuhänderisch gehaltene Sicherungsbuchgrundschuld zur Verbriefung und Syndizierung von Krediten, Die Bank 1/2004, 55

ders, Die grundpfandrechtliche Sicherung grenzüberschreitender Immobilienfinanzierungen, WM 2006, 1941

STÜRNER, Der Hundertste Geburtstag des BGB, JZ 1996, 741

TEICHMANN, Wegfall der Eigentümergrundschuld oder Löschungsanspruch als gesetzlicher Inhalt der Hypothek (1968)

VOLLKOMMER, Die Rechtsstellung des vormerkungsgesicherten Parzellenerwerbers im Zwischenstadium als Kreditunterlage, Rpfleger 1969, 409

VOLMER, Auswirkungen des Beschleunigungsgesetzes auf das Sachenrecht, ZflR 2001, 246

WAGNER ULRICH, Die Hypothek im IPR (Diss Erlangen 1953)

WAGNER HELMUT, Höchstzinssatz im Grundbuch nach Einführung variabler gesetzlicher Zinsen, Rpfleger 2004, 668

WELTER, Grundpfandrechte in den neuen Bundesländern, WM 1991, 1189

WENNER, Gleitender und fester Rang der Grundpfandrechte im deutschen, schweizerischen und österreichischen Recht (1990)

WIEDENHOFER, Non Performing Loans (NPL) (2006) (besprochen von FRANZMANN MittBayNot 2007, 33)

WIMMER, Zur Haftung des Grundstücks für Hypotheken (1906)

A WOLF, Die Behandlung der Hypothekenzinsen im Falle der Verkehrshypothek des BGB (Diss Leipzig 1908)

WOLFSTEINER, Zulässigkeit der Eintragung eines gleitenden Zinssatzes für Hypothekenzinsen im Grundbuch, MittBayNot 2003, 295

ders, Die vollstreckbare Urkunde, (2. Aufl 2006) (zitiert „WOLFSTEINER")

WORMUTH/TRENKEL, Stolperstein in der Immobilienfinanzierung: Die Einbindung Dritter in die Grundschuldbestellung, ZflR 2009, 400

ZIMMER/PIEPER, Zwangsvollstreckung „wegen eines zuletzt zu zahlenden Teilbetrags", NotBZ 2007, 319.

Weiteres älteres Schrifttum, insbesondere Aufsätze vor 1930 s die Schrifttumsnachweise in STAUDINGER/RIEDEL/SCHERÜBL[11].

2. Schrifttum zum Hypothekarkredit

AFFOLTER, Aspekte des bankmäßigen Hypothekargeschäfts (1985)

BELLINGER/KERL, HypothekenbankG (4. Aufl 1995)

GOEDECKE/KERL/SCHOLZ, Die deutschen Hypothekenbanken (4. Aufl 1997)

HARDACH, Währungskrise 1931, in finanz- und wirtschaftspolitische Fragen der Zwischenkriegszeit, hrsg v WINKLER (1973)

KÖNDGEN, Gewährung und Abwicklung grundpfandrechtlich gesicherter Kredite (3. Aufl 1994)

LAUX, Die Bausparfinanzierung (7. Aufl 2005)

REINECKER, Das Hypothekenbrief- und Pfandbriefgeschäft in der BRD und in Frankreich (1974).

3. Schrifttum zum Europa- und Auslandsrecht

Welt

HOFMEISTER/AUER, Das moderne Grundbuch (Wien 1992).

Europa

GRAF VBERNSTORFF, Das Hypothekenrecht in den EU-Staaten, RIW 1997, 181

CAMPOS NAVE, Die Hypothek im spanischen und im französischen Recht, RiW 1996, 550

DREWICZ-TUTODZIECK (Hrsg), Basic Guidelines for a Eurohypothek (Mortgage Credit Foundation Warsaw 2005)

EILMANSBERGER, Die Liberalisierung des Hypothekarkredits in der EWG, EuZW 1991, 691

Europäischer Hypothekenverband (Hersg), Der Hypothekenkredit in der Europäischen Gemeinschaft[2] (1990)

FRANK/WACHTER (Hrsg), Handbuch Immobilienrecht in Europa (2004)

Grünbuch Hypothekarkredite in der EU vom 19. 7. 2005, KOM(2005) 327 endgültig

HADDING/WELTER (Hrsg), Realkredit und Grundstücksverkehr in europäischen Ländern (1998 ff)

JUNGMANN, Grundpfandgläubiger und Unternehmensinsolvenz. Deutschland – England – Schottland (2004), besprochen von RINK ZZP 120 (2007), 121

KEIJSER, A Need for Change, The Undesirable Cosequences of the Settlement Finality Directive and the Collateral Directive in the Field of Property and Insolvency Law, in Particular for Small and Medium-Sized Enterprises, ZeuP 2006, 308

KIESGEN, Ein Binnenmarkt für den Hypothekarkredit. Der Vorschlag zur Einführung einer Eurohypothek unter besonderer Berücksichtigung des Sicherungsvertrags (2004, zugl Diss Trier 2004), bespr von STÖCKER RabelsZ 73 (2009) 378

KIRCHER, Grundpfandrechte in Europa (2004, zugl Diss Freiburg/Br 2003), bespr von STÖCKER RabelsZ 73 (2009) 378

KÖNDGEN/STÖCKER, Die Eurohypothek – Akzessorietät als Gretchenfrage? ZBB 2005, 112

LAUER/HOUIS, Immobilienfinanzierungen in Frankreich, Italien und Spanien, ZfIR 2000, 661

SOERGEL/STÖCKER, EU-Osterweiterung und dogmatische Fragen des Immobiliarsachenrechts – Kausalität, Akzessorietät und Sicherungszweck, ZBB 2002, 412

STEINER, Immobilienfinanzierung in den Ländern der Europäischen Gemeinschaft (1990)

STÖCKER, Die „Eurohypothek" (1992), besprochen von WIRNER DNotZ 1994, 426, 428

ders, Die grundpfandrechtliche Sicherung grenzüberschreitender Immobilienfinanzierungen, WM 2006, 1941

ders (Red.), „Flexibilität der Grundpfandrechte in Europa" Band I (2006), Band II (2007)

STÖCKER/STÜRNER, „Flexibilität, Sicherheit und Effizienz der Grundpfandrechte in Europa" Band III (2008)

WACHTER, Die Eurohypothek, WM 1999, 49

WEHRENS, Der schweizer Schuldbrief und die deutsche Briefgrundschuld, ÖNotZ 1988, 181

ders, Die zukünftige Eurohypothek, 85 jaar Nederlandse Vereniging van Hypotheekbanken (1991)

WENNER, Gleitender und fester Rang der Grundpfandrechte im deutschen, schweizerischen und österreichischen Recht (1990)

WUNSCH, Möglichkeiten und Grenzen eines europäischen Hypothekarkredits.

Bosnien/Herzegowina

POVLAKIĆ in „Flexibilität der Grundpfandrechte in Europa" Band I (2006) 33.

Bulgarien

DASKALOV/THURNER, Rechtliche Grundlagen der Kreditsicherungen in Bulgarien – Teil 2: Die Hypothek, WiRO 1996, 244

STOIMENOV/IVANOV, Grundeigentum und Sicherheiten in Bulgarien (2008).

China (Volksrepublik)

DEGEN/LIU, Das Chinesische Sachenrechtsgesetz, Übersetzung mit einer kurzen Einführung, RIW Special zu Heft 11/2007

DING/JÄCKLE, Das neue chinesische Sachenrechtsgesetz, RIW 2007, 817

JULIUS/REHM, Das chinesische Sachenrechtsgesetz tritt in Kraft, ZvglRW 2007, 367

KRAUSS, Gutgläubiger Erwerb gem §§ 106 f SachenRG der Volksrepublik China, in: FS Wolfsteiner (2008) 85

SCHEIL, Die Sicherung von Forderungen im China-Geschäft, China-Brief 1996, 1

STRICKER, Neue Entwicklungen zum Immobilienrecht der Volksrepublik China, RIW/AWD 1990, 897

WANG, Grundpfandrechte in Deutschland und China (2005, zugl Diss Freiburg 2004).

Estland

ARNOLD, Das estnische Gesetz über Eigentum als Grundlage der Privatisierung, RIW/AWD 94, 27

BÖHRINGER, Neues Immobilienrecht und Grundbuchsystem in Estland, WiRO 1995, 342

PAJU, Basic features of Estonian Property Law, ZEuP 2000, 878

PAKUSCHER/ERBER-FALLER, Estland: Sachenrechtsgesetz, WiRO 94, 181

TIIVEL in „Flexibilität der Grundpfandrechte in Europa" Band I (2006) 117.

Frankreich

KIRCHER, Kreditsicherung durch Grundstücke in Frankreich, NotBZ 2005, 135

KLEIN/TIETZ, Frankreich reformiert sein Kreditsicherungsrecht, RIW 2007, 101

KNOPP, Frankreich: Strukturierte Finanzierungen und die rechtlichen Besonderheiten bei der Hypothekenbestellung in: Immobilien & Finanzierung 2004/2, 18

LEUTNER/LEHBERG, Die Entdeckung der Grundschuld: Die „wiederauffüllbare Hypothek" (hypothèke recharcheable) als neues Kreditsicherungsmittel im französischen Recht, ZfIR 2006, 817

STÄDTLER, Grundpfandrechte in der Insolvenz (1998).

Georgien

BÖLLING, Das Sicherungseigentum an Immobilien nach dem georgischen ZGB, WiRO 2004, 1

LANG/LOMIDSE/SCHEFFLER, Georgisches Zivilgesetzbuch und das deutsche BGB, WiRO 2003, 370.

Kroatien

JAKSCH-RATAJCZAK, Ausgewählte Aspekte des kroatischen Liegenschaftsrechts, WiRO 1998, 401

JOSIPOVIĆ in „Flexibilität der Grundpfandrechte in Europa" Band I (2006) 157.

Lettland

KRAUSE, Grundzüge des Hypothekenrechts in Lettland, WiRO 2001, 169.

Japan

KIKUHIRO SHO/PUBLICK, Grundlagen des japanischen Hypothekenbriefgeschäftes, WM 1991, 1017.

Mongolei

NELLE, Immobilienrecht in der Mongolei, WiRO 2004, 293.

Montenegro

JESSEL-HOLST, Hypothekengesetz, WiRO 2004, 337.

Österreich

SATJADI/THURNER, „Flexibilität der Grundpfandrechte in Europa" Band I (2006) 199.

Polen

DREWICZ-TUTODZIECK, The position of an owner of real estate, which is encumbered with a non-accessory right to property, based on the example of regulations in Poland, in: Basic Guidelines for a Eurohypothek (Mortgage Credit Foundation Warsaw 2005) S 54

DREWICZ-TUTODZIECKA/GREGOROWICZ, in: „Flexibilität der Grundpfandrechte in Europa" Band I (2006) 241

JASCHINSKA, Polnische und deutsche Grundpfandrechte im Vergleich (2004, zugl Diss Freiburg 2002)

PAINTNER, Das polnische Registerpfandrecht, OstEuR 1999, 136

PUSYLEWITSCH, Der Erwerb von Eigentum und anderen Sachenrechten an Grundstücken in Polen durch Ausländer, WiRO 1992, 36

TRACZ, Die Hypothek im polnischen Recht, WiRO 1997, 86.

Portugal

MÜLLER-BROMLEY, Das dingliche Zurückbehaltungsrecht des Vorvertragskäufers im portugiesischen Recht und seine Auswirkungen auf die Hypothek, ZeuP 2005, 611.

Rumänien

SACALASCHI, Grundeigentum und Sicherheiten in Rumänien (2007)

TEVES, Hypothekenkreditgesetz, WiRO 2000, 309.

Russische Föderation

BREIG, Dingliche Rechte Privater an nicht-landwirtschaftlichen Grundstücken in Russland, WiRO 2002, 33

HOMEISTER, Kreditsicherheiten in der Insolvenz nach russischem Recht, RIW 2007, 355

JUTERZENKA, Das Kreditsicherungsrecht in der russischen Föderation (2001, zugleich Diss Frankfurt/Oder 1999)

KNAUL/WEDDE, Hypothekengesetz (Textdokumentation und Einführung), WiRO 1999, 59 und 90

LASSEN, Die Hypothek nach russischem Recht als Kreditsicherungsmittel (2007)

vRECUM, Neue Regelungen im Bereich des russischen Pfand- und Hypothekenrechts im ZGB 1995, WiRO 1997, 374.

SCHWARKEWITSCH, Hypothek nach russischem Recht und ihre Funktionalität (2004, zugleich Diss Berlin, Humboldt-Universität 2003).

Schweiz

WEHRENS, Der schweizer Schuldbrief und die deutsche Briefgrundschuld, ÖNotZ 1988, 181

WIEGAND/BRUNNER, Vorschläge zur Ausgestaltung des Schuldbriefs als papierloses Registerpfandrecht (2003).

Serbien

MORINA, Die Entwicklung des Immobilienrechts im Kosovo (2007, zugleich Diss Würzburg 2007)

PÜRNER (Übersetzer), Gesetz über die Hypothek, WiRO 2006, 213 und 238.

Slowakei

STESSL, Real Property Rights in the Slovak Republic (2008).

Slowenien

RUDOLF/STRNAD, Kreditsicherung durch Hypotheken in der Republik Slowenien, WiRO 1996, 296

RIJAVEC, Sachenrechtsreform in Slowenien, in: Festschr Weißmann (2003) 821

TRATNIK in: „Flexibilität der Grundpfandrechte in Europa" Band I (2006) 371.

Spanien

KRASSELT-PRIEMER, Die Reform des spanischen Hypothekenrechts, RIW 2008, 127

MEYER, Darlehen in Deutschland – Hypothek in Spanien, ZfIR 2000, 431

NASARRE AZNAR/STÖCKER, Propuesta de regulación de un derecho real de garantía immobiliaria no accessorio. El ejemplo de la Europa central, Revista critica de derecho immobiliario 78 (2002) 915

REICHMANN, Die einseitige Hypothek (Hipoteca Unilateral) des spanischen Rechts, Notarius International 1997, 98

ders, Das Immobilien-Zwangsversteigerungsverfahren aus einer Hypothek nach der spanischen Zivilprozeßreform, RiW 2001, 685

STÜRNER/STADLER, Pfandbriefe und Beleihung in Spanien (2002)

PRINZ vSACHSEN-GESSAPHE, Aspekte der Sicherung des Verkäufers und Drittfinanzierers beim Immobilienerwerb nach spanischem Recht, RIW/AWD 1991, 474

SCHRÖDER, Das neue spanische Konkursgesetz im Überblick unter besonderer Berücksichtigung der Hypothek im Konkurs, RIW 2004, 610.

Tschechien

EBNER, Grundeigentum und Sicherheiten in Tschechien (2006)

GIESE, Kreditsicherheiten in der Tschechischen Republik, WiRO 1999, 212

SAUER, Immobilienerwerb und Kreditbesicherung durch Immobilien in Tschechien, RiW 1996, 646

SYTAR OVÁ/EUL, Das neue Tschechische Pfandrecht, WiRO 2001, 208.

Ukraine

FELIV, Verwertung der Hypothek und lex commissoria im deutschen und ukrainischen Recht, WiRO 2007, 197.

Hans Wolfsteiner

Ungarn

Botos, in: „Flexibilität der Grundpfandrechte in Europa" Band I (2006) 403

Ebner/Illa, Grundeigentum und Sicherheiten in Ungarn (2007).

Vereinigtes Königreich

Jungmann, Grundpfandgläubiger und Unternehmensinsolvenz. Deutschland – England – Schottland, (2004), besprochen von Rink ZZP 120 (2007) 121

Kirchner, Kreditsicherung durch Grundstücke in Frankreich und England, NotBZ 2005, 354

Lenhard, Die Pflicht zur Registrierung von Sicherungsrechten nach englischem Gesellschaftsrecht, RIW 2007, 348

Rink, Die Sicherheit von Grundpfandrechten in Deutschland und England (2006)

Steven, Immobiliarsicherheiten im englischen und deutschen Recht (2002)

Verband deutscher Pfandbriefbanken (Hrsg), Rechtsfragen der Immobilienfinanzierung in England und Wales (2007).

Vereinigte Staaten von Amerika

Kaufmann, Aufnahme US-amerikanischer Grundpfandrechte in die Deckungsmasse für Pfandbriefe, ZBB 2005, 336

Mühl, Recht der Kreditsicherheiten in den Vereinigten Staaten von Amerika, Teil II: Immobilisrsicherheiten und persönliche Sicherheiten (1985)

Stürner/Kern, Grundsatzfragen des US-Hypothekenrechts, in: Festschr Schlechtriem (2003) 923.

Systematische Übersicht

Alphabetische Übersicht

A. Allgemeines

I. Sprachgebrauch

Im BGB hat ursprünglich ein gemeinsamer Oberbegriff für Hypothek, Grundschuld **1** und Rentenschuld gefehlt, da – anders als in ausländischen Rechtsordnungen – das Wort „Pfandrecht" in §§ 1204 ff nur für die Belastung von beweglichen Sachen und Rechten gebraucht wird (s zur Entstehungsgeschichte PLANCK/STRECKER Vorbem 1 zu §§ 1113 ff; zu den dogmatischen Verbindungen zwischen Pfandrecht und Grundpfandrechten STAU-DINGER/WIEGAND [2002] Vorbem 1 ff zu §§ 1204 ff; zur Bedeutung des Begriffs „Pfandrecht" in Art 192 ff EGBGB s STAUDINGER/HÖNLE [2005] Vorbem zu Art 192 ff EGBGB). Der Begriff **„Grundpfandrecht"** für die drei Grundstücksbelastungen, die nur Unterfälle eines gemeinsamen Rechtstyps sind (vgl v LÜBTOW, in: FS H Lehmann Bd I 336; BLOMEYER DRWiss 1941, 113), hat sich aber eingeführt; in §§ 489 Abs 1 Nr 2 und 492 Abs 1a S 2 und in diversen weiteren Rechtsnormen außerhalb des BGB (insbes § 447 FamFG) ist er auch in die Gesetzessprache eingegangen (das hat PALANDT/BASSENGE⁶⁸ Vorbem v § 1113

Rn 1 noch nicht zur Kenntnis genommen). Auch die Reallast zu den Grundpfandrechten zu rechnen ist bei der klaren Systematik des Gesetzes und den sachlichen Unterschieden nicht gerechtfertigt, wenn auch nicht zu verkennen ist, dass insbesondere Grund- und Rentenschuld Gemeinsamkeiten mit der Reallast aufweisen (nachf Rn 38).

II. Entwicklung des Rechts der Grundpfandrechte

1. Entwicklung vor 1900

2 Das BGB hat mit seiner Regelung der Hypothek, Grundschuld und Rentenschuld die bis dahin recht vielgestaltige Rechtsentwicklung in den deutschen Ländern zu einem vorläufigen Abschluss gebracht. Das Grundpfandrecht geht auf das deutsche und auf das römische Recht zurück. Beide haben hier zwar die gleichen Grundsätze; das römische Recht hat aber auf Publizität völlig verzichtet und dadurch die Interessen der nicht hypothekarisch gesicherten Gläubiger vernachlässigt. Bei der Schaffung des BGB haben sich im Wesentlichen *deutschrechtliche* Rechtsgedanken durchgesetzt. Die Mannigfaltigkeit der Rechtsformen (wie Grundschuld, Rentenschuld und die verschiedenen Formen der Hypothek) erklärt sich aus der geschichtlichen Entwicklung und dem Bestreben des Gesetzgebers, möglichst allen Interessen gerecht zu werden (OTTEN Rn 82; REISCHL Agrarrecht 1997, 277).

3 Vgl zur **geschichtlichen Entwicklung** des Pfandrechts überhaupt WOLFF/RAISER § 129; GIERKE, DPR II §§ 155 ff; HECK, Grundriß des SR § 77 und insbes HEDEMANN, Fortschritte des Zivilrechts im XIX. Jahrhundert, 2. Tl 2. H (1935) 192 ff; s auch VINDING-KRUSE, Das Eigentumsrecht III 1769 ff sowie STAUDINGER/WIEGAND (2002) Vorbem 3 ff zu § 1204 ff. Zur **Vorgeschichte des BGB** BUCHHOLZ, Abtretung der Grundschuld und Wirkung der Sicherungsvereinbarung – Zur Anwendbarkeit des § 1157 BGB auf die Sicherungsgrundschuld, AcP 187 (1987) 107; ders, Abstraktionsprinzip und Immobiliarrecht. Zur Geschichte der Auflassung und der Grundschuld (1978); ders, Einreden gegen die Grundschuld, AcP 203 (2003), 786; JOHOW, in: SCHUBERT, Die Vorlagen der Redaktoren für die erste Kommission zur Ausarbeitung eines Entwurfs eines BGB, Sachenrecht, Teil 2 (1982) 484 ff.

2. Entwicklung ab 1900

4 Dass der Gesetzgeber des BGB der geschichtlichen Entwicklung durch eine Vielgestalt von Rechtsformen Rechnung getragen hat, die eine Fortführung bewährter Rechtstraditionen zuließen, geschah aus guten Gründen. Bei den Grundpfandrechten handelt es sich um Rechtsinstitute, die ihrer Natur nach auf einen Bestand über lange Zeit ausgerichtet sind. Ihre rechtliche Ordnung erfordert daher ein hohes Maß an Kontinuität, aufgrund derer Gläubiger und Schuldner darauf vertrauen können, dass die bei Begründung des Rechts geltenden Rechtsnormen auch für die Dauer des Bestehens des Rechts und für die Abwicklung des Rechtsverhältnisses gültig bleiben. In der sowjetisch besetzten Zone und deren Nachfolgestaat DDR ist diese Kontinuität mit revolutionärer Absicht zerstört worden. Der Grundkredit wurde auf den ohnehin nur noch schmalen privaten Sektor zurückgedrängt, das Recht der Grundpfandrechte schließlich im ZGB auf einen Minimalbestand reduziert. Im Übrigen hat der Gesetzgeber seit Inkrafttreten des BGB das Grundgefüge des

Rechts der Grundpfandrechte nur zweimal grundlegend geändert, durch Einführung der §§ 1179a, 1179b im Jahr 1977 (§ 1179a Rn 3) und durch §§ 1192 Abs 1a und der dadurch bewirkten Einführung einer besonderen Grundschuldart namens „Sicherungsgrundschuld" im Jahr 2008 (§ 1192 Rn 31 ff); beide Eingriffe müssen als misslungen gelten. Mit der deutschen Wiedervereinigung am 3. 10. 1990 ist im bürgerlichen Recht allgemein und damit auch im Recht der Grundpfandrechte die Rechtseinheit dadurch wiederhergestellt worden, dass mit Ausnahme einiger Vorbehalte im Einigungsvertrag (nachf Rn 244 ff) der Geltungsbereich des in der Bundesrepublik Deutschland fortgeltenden Rechts auf das Beitrittsgebiet erstreckt wurde.

Ungeachtet dessen, dass grundsätzlich die Kontinuität gewahrt worden ist, haben die **5** wechselnden Schicksale der politischen und wirtschaftlichen Entwicklung seit 1900 eine große Zahl interimistischer Eingriffe initiiert, deren Spuren noch allenthalben in den Grundbüchern zu finden sind. Im Folgenden werden nur die Institute und Übergangsregelungen behandelt, die bei Redaktionsschluss dieses Bandes noch von einiger praktischer Bedeutung sind. Im Übrigen (zB zu den sog Judenhypotheken, die vereinzelt im Beitrittsgebiet wieder aktuell sind, LEISS DNotZ 1969, 609, MittBayNot 1973, 191) ist auf die Vorauflagen zu verweisen.

3. Ausblick

Einflüsse auf die weitere Entwicklung sind vom *Prozess der europäischen Einigung* **6** zu erwarten, der sich allerdings bislang nur marginal in Form des ehemaligen VerbrKrG (jetzt §§ 491 ff) auf das Recht der Grundpfandrechte ausgewirkt hat. Aufgrund des sog SEGRÉ-Berichts aus dem Jahr 1966 und eines Gutachtens des Max-Planck-Instituts für ausländisches und internationales Privatrecht aus dem Jahr 1971 – beide erstattet im Auftrag der Europäischen Kommission – wird die Einführung eines einheitlichen europäischen Grundpfandrechts, genannt „Eurohypothek", diskutiert, ohne dass allerdings bislang greifbare Ergebnisse erzielt worden wären (ausführliche Darstellung bei STÖCKER, Die „Eurohypothek" [1992]; dort auch eine eingehende Beschreibung der aktuellen Grundpfandrechtssysteme der wichtigsten europäischen Staaten; Bespr WIRNER DNotZ 1994, 426 m Ergänzungen; weiter WEHRENS ÖNotZ 1988, 181; REISCHL Agrarrecht 1997, 277 [283]; WACHTER WM 1999, 49; KÖNDGEN/STÖCKER ZBB 2005, 112; Grünbuch der Europäischen Kommission „Hypothekarkredite in der EU" vom 19. 7. 2005 KOM [2005] 327 unter besonderem Hinweis auf die „Basic Guidelines for a Eurohypothec" der Warschauer „Mortgage Credit Foundation" vom Mai 2005). Auch für die nationale deutsche Rechtsentwicklung (vgl die unberechtigte Kritik an den verschiedenen Eigentümerrechten des deutschen Rechts in STAUDINGER/SCHERÜBL[12] Rn 71; ebenso TEICHMANN, Wegfall der Eigentümergrundschuld oder Löschungsanspruch als gesetzlicher Inhalt der Hypothek [1968]; WESTERMANN, Vorschläge zur Reform des Hypotheken- und Grundbuchrechts [1972]) ist bedeutsam, dass die Tendenz eindeutig zu einem Grundpfandrecht geht, das zwar aus psychologischen Gründen „Hypothek" genannt wird, das aber in deutscher Terminologie Grundschuld ist (STÜRNER, in: FS Serick 387 f; ders JZ 1996, 741, 745; **dagegen** – und für ein akzessorisches europäisches Grundpfandrecht – aber HABERSACK JZ 1997, 857, 861; WACHTER WM 1999, 49; vermittelnd KÖNDGEN/STÖCKER ZBB 2005, 112; für Formenvielfalt WILHELM[3] Rn 1429) und mit dieser nicht nur das Fehlen der Akzessorietät (Vorbem 4 zu §§ 1191 ff), sondern auch die rangreservierende Funktion gemeinsam hat (vgl § 1163 Rn 6 ff). Einen ausformulierten Gesetzentwurf für ein „nicht akzessorisches Grundpfand für Mitteleuropa" haben

STÖCKER und WOLFSTEINER (ZBB 1998, 264 mit ergänzenden Mitteilungen STÖCKER u DNotZ 1999, 451; dazu NASARRE AZNAR/STÖCKER, Revista critica de derecho immobiliario 78 [2002] 915 mit Übersetzung ins Spanische; englische Übersetzung in Notarius International 2003, 116) vorgelegt. Er ist hier unter Vorbem 304 zu §§ 1191 ff abgedruckt.

III. Typologie der Grundpfandrechte

1. Grundpfandrechte als Rechte an Grundstücken

7 Die verschiedenen Formen der Grundpfandrechte fallen ihrerseits wieder unter den allgemeinen Begriff „Rechte an Grundstücken". Daher sind die leitenden Grundprinzipien und Fundamentalsätze des Grundpfandrechts nicht in dem Abschnitt über die Grundpfandrechte, sondern in den allgemeinen Vorschriften über Rechte an Grundstücken (§§ 873–902) enthalten. Dort finden sich insbesondere die allgemeinen Grundsätze über die rechtsgeschäftliche *Entstehung* und *Aufhebung* der Grundpfandrechte (= Eintragungs- und Konsensprinzip; §§ 873–878), die Vorschriften über das *Rangverhältnis* (§§ 879–881), über *Vormerkung* (§§ 883 ff) und *Widerspruch* (§ 899) sowie über das gerade für das Hypothekenrecht so wichtige *Öffentlichkeitsprinzip* (§§ 891–893); vgl außerdem zur Erstreckung des Publizitätsprinzips auf die Hypothekenforderung § 1138.

2. Die Vielfalt der Grundpfandrechte

8 Das Grundpfandrechtssystem des BGB zeichnet sich – ziemlich einzigartig in der Welt – dadurch aus, dass es die ganze Vielgestaltigkeit denkbarer und historisch praktizierter Grundkreditsysteme aufgreift, sie in ein einheitliches System bringt, ohne sie gleichzuhobeln, und sie dem Rechtsverkehr zur freien Verfügung stellt. Sicherlich war das nur in Deutschland möglich, wo sich dank der viel gescholtenen Krähwinkelei eine Vielzahl von Rechtsformen erhalten hat, die anderswo längst einer aufgeklärten, aber dogmatisierten Gleichschaltung zum Opfer gefallen waren. Es ist ein kaum zu überschätzendes Verdienst der BGB-Redaktoren und ihrer zu allen Zeiten im politischen Feuer stehenden Liberalität (**aA** BUCHHOLZ AcP 203 [2003], 786, der eine eher chaotische Verfahrensweise verantwortlich macht), die überkommenen deutsch-, römisch- und gemeinrechtlichen Formen konserviert und für die Nachwelt weiter nutzbar gemacht zu haben (ebenso STÜRNER JZ 1996, 741, 745; s oben Rn 6 zur Eurohypothek und nachf Rn 232 zum Eigentümergrundpfandrecht, sowie § 1132 Rn 7). Sie haben damit im Geiste der klassischen römischen Juristen gehandelt, die zwar das Rechtsleben gerne um neue Rechtsinstitute bereichert, aber nur sehr ungern ein überkommenes Institut aufgegeben haben.

3. Die Funktionalität der Grundpfandrechte

9 Folgende Typen von Grundpfandrechten lassen sich kategorisieren:

a) Das streng akzessorische Grundpfandrecht

10 Es ist das Grundpfandrecht römischen Rechts (BGB-Typus *Sicherungshypothek*, im BGB aber um die potenzielle Eigentümergrundschuld verbessert), das eine gute Verkehrsfähigkeit aufweist, weil die zugrunde liegende Forderung formlos gehandelt werden kann. Da ein Gutglaubensschutz, wie er ohnehin nur durch ein Grundbuchsystem gewährleistet werden kann, fehlt, eignet sich ein solches Recht nur zum Handel zwischen Bankiers oder ehrsamen, dh in Gilden organisierten Kaufleuten. Dieses Grundpfandrecht ist (Beispiel österreichische Hypothek) nur zur *einmaligen* Benutzung geeignet; sobald die Forderung erfüllt ist, erlischt es ersatzlos mit der Folge, dass nachrückende Gläubiger die erneute Valutierung blockieren können; die dem deutschen Juristen inzwischen vertraute Methode, eine solche Hypothek dadurch zu verfestigen, dass ihr ein abstraktes Schuldversprechen zugrunde gelegt wird, wird von den einschlägigen Rechtsordnungen (zB Österreich auch insoweit) durchweg abgelehnt. Der Verkehrsschutz kann verbessert werden, indem die Hypothek an ein mit gutem Glauben ausgestattetes *Wertpapier,* zB eine Inhaberschuldverschreibung oder einen Wechsel gekoppelt wird (BGB-Typus § 1187).

b)   Der Treuhandtypus
Der Treuhandtypus liegt insbesondere den Grundpfandrechten einiger US-Staaten **11** zugrunde (STÜRNER/KERN, in: FS Schlechtriem [2003] S 923; KAUFMANN ZBB 2005, 336): Der Gläubiger erhält einen betragsmäßig begrenzten (oder ausnahmsweise auch unbegrenzten – vom BGB nicht zugelassenen) Eigentumsausschnitt als Sicherheit für alle seine gegenwärtigen und künftigen Ansprüche gegen den Eigentümer oder für einen Forderungskreis (BGB-Typus *Höchstbetragshypothek*). Dieser Typus hat gegenüber den akzessorischen Grundpfandrechten den Vorzug, sich zur Sicherung wechselnder Forderungen, zB im Rahmen eines Kontokorrentverhältnisses, zu eignen. Eben deshalb ist ein solches Grundpfandrecht aber meist (Ausnahme Wertpapierhypothek nach § 1187) nicht verkehrsfähig (Beispiel ebenfalls Österreich). Es eignet sich nicht zur Sicherung von Forderungen, die im Rahmen des Finanzierungsverkehrs gehandelt werden sollen; deshalb kann der Gläubiger eine so gesicherte Forderung nicht *refinanzieren,* was den Finanzierungsspielraum einschränkt und die Finanzwirtschaft hemmt, freilich dem Grundstückseigentümer auch Risiken erspart.

c)   Der Typus des eigenständigen Rechts
Hier besteht das eigenständige, dh nicht an eine persönliche, in das Gesamtver- **12** mögen oder die Person des Schuldners vollstreckbare Forderung gebundene Recht, die Zahlung eines Kapitalbetrags (BGB-Typus *Grundschuld*) oder einer „ewigen" Rente („Ewiggeld", BGB-Typus *Rentenschuld*) aus dem Grundstück fordern zu können. Ein Grundpfandrecht dieser Art ist besonders beweglich, vor allem wenn eine das Recht vertretende *Urkunde* darüber als echtes Wertpapier ausgestellt wird (BGB-Typus *Inhabergrundschuld*). Es stellt ein ideales Handelsobjekt dar. Ursprünglich war dieser Typus des Grundpfandrechts wohl nicht zur Sicherung anderer, nicht dinglicher Forderungen konzipiert; die Verwendung dazu dürfte eine Erfindung jüngeren Datums sein, deren Ursprung bisher nicht erforscht ist (s immerhin DIECKMANN RNotZ 2008, 597). Neben und trotz seiner Beweglichkeit hat dieser Typ des Grundpfandrechts sowohl die Eigenschaft, wechselnde Forderungen sichern zu können, als auch die Eigenschaft, einen bestimmten Rang zu konservieren; es vereinigt also die Funktionen sowohl der Sicherungs- als auch der Höchstbetragshypothek in sich. Naturgemäß steht diesen geballten, dem Gläubiger zugutekommenden Vorteilen eine entsprechende Missbrauchsgefahr gegenüber, die nur institutionell (zB durch Bankenaufsicht) kompensiert werden kann.

d)   Der Typus der Sicherungsübereignung
Das Grundstück wird sicherungsübereignet (zur Sicherungsübereignung in Georgien BÖL- **13**

LING WiRO 2004, 1 und 33), ggf mit Elementen des Verfallpfands in Form des Verkaufs mit Rückkaufsoption (vgl STÜRNER/KERN, in: FS Schlechtriem [2003] S 923; zur englischen legal mortgage BROWN S 45). Die modernen Formen dieser Pfandrechte heißen „sale and lease back" mit Rückkaufs-Pflicht (Typus Sicherungsübereignung) oder bloßer Rückkaufsoption (Typus Verfallpfand). Diese beiden Grundpfandrechtsformen kennt das BGB nicht ausdrücklich; s zur Frage, ob sie durch § 1149 verboten sind, dort Rn 27.

4. Die Systematisierung im BGB

14 Das BGB bringt alle vorstehend erwähnten Grundpfandrechtstypen mit Ausnahme der (wohl missbilligten) Sicherungsübereignung und des (sehr problematischen) Verfallpfands (vgl zur Missbilligung im BGB BGH NJW 1995, 2635; zur Zulässigkeit in Frankreich LEUTNER/LEHBERG ZfIR 2006, 817) in ein einziges System (dazu COING, Europäisches Privatrecht Bd II § 81 III; s auch nachf Rn 100). Dabei wendet es zwei Kunstgriffe zusätzlich an, indem es die rangwahrende Eigentümergrundschuld einführt (nachf Rn 232) und die Verkehrshypothek mit einem grundschuldähnlichen Gutglaubensschutz ausstattet, ohne allerdings die „reinen" Formen auszuschließen. Nach der Ausgestaltung, die die Hypothek im BGB erhalten hat, stellen Hypothek und Grundschuld also **Formen desselben Rechtstyps** dar, sie beruhen auf derselben dinglichen Grundlage. Die wesensmäßige Einheit der verschiedenen BGB-Grundpfandrechte kommt vor allem darin zum Ausdruck, dass gemäß §§ 1186, 1198 jedes Grundpfandrecht in eines anderer Art umgewandelt werden kann (WOLFF/RAISER § 132).

IV. Politische, verfassungsrechtliche und wirtschaftliche Bedeutung

1. Grundpfandrechte als Mittel zur Kreditsicherung

15 Grundpfandrechte haben eine überragende Bedeutung als Mittel zur Kreditsicherung; sie machen die Werte des Bodens für Kreditzwecke dienstbar. Im Jahr 2007 belief sich der Bestand der deutschen Kreditinstitute an langfristigen inländischen Immobilienkrediten auf über 1 350 Milliarden Euro (Quelle: Jahresbericht 2007 des Verbands Deutscher Pfandbriefbanken). Vgl zur europäischen Bedeutung hypothekarischer Kredite Grünbuch der Europäischen Kommission „Hypothekarkredite in der EU" (vom 19. 7. 2005 KOM[2005] 327). Die Befugnis, Grund und Boden zur Kreditsicherung zu mobilisieren, gehört zum Wesensgehalt des Eigentums iSd Art 14 GG (vgl BVerfGE 26, 215; BGH LM § 47 VwGO Nr 2), der nach Art 19 Abs 2 GG nicht angetastet werden darf. Die Erfahrungen in den Reformstaaten, die seit 1989 (teils auch schon früher) mit wechselndem Erfolg Anstrengungen unternommen haben, die kommunistische Wirtschaftsideologie abzuschütteln, zeigen mit unabweisbarer Deutlichkeit, dass ohne beleihbares privates Volleigentum an Grund und Boden eine neuzeitliche Volkswirtschaft nicht möglich ist. Wer kein beleihbares privates Volleigentum an Grund und Boden erwerben kann, investiert auch nicht. Deshalb kann sich keine Volkswirtschaft voll entwickeln, solange der Grunderwerb durch Ausländer nicht oder nur ausnahmsweise zugelassen ist. Eine bedeutende Rolle spielt dabei auch, dass Grundpfandrechte auch dem, der über flüssiges Kapital verfügt, besondere Anreize zur Anlage dieses seines Kapitals bieten, weil die Tatsache, an einem Grundstück gesichert zu sein, ein tief in das menschliche Bewusstsein eingegrabenes Sicherheitsgefühl verleiht, das durch keine andere Sicherheit ersetzt werden kann.

Man spricht bei der Sicherung eines Kredites durch Grundpfandrechte von **Real-,** 16
Boden- oder **Grundkredit** und stellt ihn dem **Personalkredit** gegenüber, bei dem die
Sicherstellung des Gläubigers in persönlichen Verhältnissen (Vertrauen in die Ar-
beitskraft, Bürgschaft usw) gesucht wird, zu denen die Verkehrsanschauung auch das
minder eingeschätzte Eigentum an Mobilien rechnet.

Dass Grundpfandrechte auch zu anderen Zwecken als zur Kreditsicherung verwen- 17
det werden können, zB sonst zur Leistung einer Sicherheit (vgl § 232 Abs 1), zur
Sicherung einer Vertragsstrafe und ähnlicher Forderungen (vgl hierzu WESTERMANN,
Schwerpunkte Rn 493), tritt bedeutungsmäßig weit hinter die Kreditsicherungsfunktion
zurück.

2.   Realkredit

a)   Begriff
Im weiteren Sinne gilt als Realkredit jeder Kredit, der durch ein Grundpfandrecht 18
gesichert ist. Im engeren Sinne aber versteht man in der *Bankpraxis* unter Realkredit
einen solchen Kredit, dessen Verzinsung und Rückzahlung jederzeit unabhängig von
der Person des Kreditnehmers durch Erträge und Substanz des beliehenen Grundstücks gewährleistet sind; vgl dazu § 16 Abs 3 S 3 des Pfandbriefgesetzes – PfandBG
– (vom 22. 5. 2005, BGBl I 1373). Ein Realkredit im engeren Sinn wird in der Bankpraxis
„Hypothek" genannt und zwar ganz unabhängig davon, ob die Sicherung im rechtstechnischen Sinne wirklich durch eine Hypothek oder aber (wie heute die Regel)
durch eine Grundschuld erfolgt (vgl zB REIFNER in NJW 1995, 86 zur Vorfälligkeitsentschädigung beim „Hypothekenkredit"). Der Begriff der *Hypothek im Sinn der Bankpraxis* ist
also streng vom *juristischen Hypothekenbegriff* zu trennen. Auch das PfandBG
verwendet den Hypothekenbegriff der Bankpraxis und nicht den des BGB, wenn
es in § 12 Abs 1 von der Deckung durch Hypotheken spricht (vgl aber § 18 Abs 1
PfandBG, wo die Grundschuld der Hypothek ausdrücklich gleichgestellt wird).

b)   Hypothekarische Darlehen
Im Gegensatz zum außer Kraft getretenen HypBkG verwendet das PfandBG den 19
Begriff *„hypothekarische Darlehen"* nicht mehr. Es ist auch nicht mehr ausdrücklich
vorgeschrieben, dass der laufende Grundstücksertrag zumindest die laufende Verzinsung decken müsste. Aus der begrenzten Deckungsfähigkeit von Bauplätzen und
noch nicht fertiggestellten und ertragsfähigen Grundstücken (§ 16 Abs 3 PfandBG),
dem völligen Ausschluss von Grundstücken, die keinen dauernden Ertrag gewähren,
und der nutzungsorientierten Bewertung nach § 16 Abs 2 PfandBG ergibt sich aber
eher verschärft, dass letztlich die laufenden Erträge den laufenden Finanzierungs-
aufwand decken müssen.

Aus dem PfandBG ist auch heute noch ein weiterer banktechnischer Begriff, nämlich 20
der der *„erstrangigen"* Hypothek zu erschließen. Auch der *Rangbegriff im banktechnischen Sinn* ist nicht mit dem Rangbegriff des BGB-Sachenrechts identisch; mit
der erstrangigen Hypothek ist vielmehr ein hypothekarisches Darlehen (im banktechnischen Sinn) gemeint, welches innerhalb der ersten 60 Prozent des Beleihungswerts eines Grundstücks durch Grundpfandrechte abgesichert ist (§ 14 PfandBG).
Schließlich ist in § 17 PfandBG der Begriff der *„Amortisationshypothek"* (gleichbedeutend mit *„Tilgungshypothek"*) zwar nicht mehr definiert, wohl aber vorausge-

setzt. Unter einer Amortisationshypothek ist ein hypothekarisches Darlehen zu verstehen, welches fortlaufend zu einem festen Jahressatz zu tilgen ist, wobei die durch die fortlaufende Tilgung ersparten Zinsen jeweils zusätzlich zur Tilgung verwendet werden; bestätigt werden diese Definitionen durch die §§ 19, 20 ErbbauRG.

c) Grundpfandrechtlich gesicherte Darlehen (Immobiliendarlehen)

21 Der Begriff erscheint in §§ 489 Abs 1 Nr 2 und 492 Abs 1a S 2 und ist nicht identisch mit dem Begriff „hypothekarische Darlehen" (s vorst Rn). Er bezeichnet ein Darlehen, zu dessen Sicherung sich der Darlehensnehmer vertraglich zur Bestellung eines Grundpfandrechts, gleich an welcher Rangstelle und unabhängig von der Werthaltigkeit des Grundstücks, verpflichtet hat (BGH NJW 2000, 2352 zu § 491). Ob das Grundpfandrecht neu bestellt wird oder ein schon bestehendes als Sicherheit verwendet wird, spielt keine Rolle (BGHZ 167, 223 vom 25. 4. 2006 – XI ZR 29/05).

3. Realkreditinstitute

a) Pfandbriefbanken, öffentlich-rechtliche Kreditinstitute

22 Die Gewährung von Hypothekendarlehen iSd Rn 19 ist keineswegs den (privatrechtlichen) Pfandbriefbanken (vormals „Hypothekenbanken") vorbehalten. Vielmehr darf jedes Kreditinstitut, das nach dem KreditwesenG (KWG) die Erlaubnis zum Betrieb des Kreditgeschäfts hat, hypothekarische Kredite ausreichen. Nicht die Art der Kreditgewährung bestimmt nach dem PfandBG den Charakter eines Bankgeschäfts als Pfandbriefgeschäft, sondern die Methode der *Refinanzierung* durch Ausgabe von *Hypothekenpfandbriefen,* in deren Namen ebenfalls der banktechnische Hypothekenbegriff erscheint. Nach § 2 PfandBG bedarf eine Bank für das Pfandbriefgeschäft einer besonderen Erlaubnis der Bundesanstalt für Finanzdienstleistungsaufsicht. Bis 18. 7. 2005 (Außerkrafttreten des HypothekenbankG) waren hingegen den Hypothekenbanken nach § 5 HypBkG andere Bankgeschäfte als Pfandbriefaktivitäten grundsätzlich untersagt. In der Zwischenzeit hat es sich als schwerer Fehler erwiesen, die Beschränkung aufzuheben und die Ausgabe von Pfandbriefen in das Geschäft der Universalbanken einzugliedern. Zwar hat sich rein technisch die Sicherheit des Pfandbriefs dadurch nicht verschlechtert; bricht aber eine Bank, die Pfandbriefe ausgegeben hat, infolge anderer (spekulativer) Geschäfte zusammen, so bleibt dies nicht ohne Auswirkung auf das Vertrauen, das der Markt vormals in den Pfandbrief gesetzt hat. Das PfandBG hat im Ergebnis den deutschen Pfandbrief geschwächt (vgl etwa „Götterdämmerung am Pfandbriefmarkt", Handelsblatt vom 1. 4. 2009).

23 Ende 2008 betrug das Umlaufvolumen deutscher Hypothekenpfandbriefe 217 Milliarden €. Hypothekenpfandbriefe gehören zum international an Bedeutung zunehmenden (vgl zu Russland LASSEN Immobilien & Finanzierung 2004/1, 24; zum europäischen Pfandbriefmarkt LANG Immobilien & Finanzierung 2004/17, 18) Typus der „gedeckten Schuldverschreibungen" (Covered Bonds), denen die nur verbrieften Sicherheiten („Asset Backed Securities", „Asset Covered Securities", „Mortgage Backed Securities") gegenüberstehen (vgl FAZ vom 29. 1. 2004 S 25; zur Insolvenzfestigkeit der asset backed securities FLECKNER ZIP 2004, 585; STÖCKER Die Bank 1/2004, 55; zu den irischen Asset Covered Securities HAGEN Immobilien & Finanzierung 2004/2, 12). S zur Problematik der „Verbriefungen" nachf Rn 31, § 1153 Rn 17, Vorbem 234 zu §§ 1191 ff und zu weiteren Refinanzierungsformen durch Finanzinstrumente LAUER ZfIR 2004, 211.

b) Bausparkassen

Diese sind nach § 1 Abs 1 des G über Bausparkassen (BauSparkG) Kreditinstitute, **24**
deren Geschäftsbetrieb darauf gerichtet ist, Einlagen von Bausparern (Bauspareinlagen) entgegen zu nehmen und aus den angesammelten Beträgen den Bausparern
für *wohnungswirtschschaftliche Maßnahmen* (vgl zum Begriff BundesaufsichtsA f d Kreditwesen ZfIR 1997, 305; dazu ZACHER ZfIR 1997, 255) Gelddarlehen (Bauspardarlehen) zu
gewähren. Auch das Darlehensgeschäft der Bausparkassen ist also in erster Linie
durch die Art der Refinanzierung (aus Bauspareinlagen) und nicht so sehr durch die
Art der Kreditgewährung charakterisiert. Für die Kreditgewährung ist allerdings
kennzeichnend, dass nach § 7 Abs 1 S 3 die hypothekarische Sicherheit (auch hier
sind Grundschulden ausdrücklich als zulässig erwähnt) nur innerhalb der ersten vier
Fünftel des Beleihungswerts (s oben Rn 20) zu liegen brauchen. Bauspardarlehen
werden also regelmäßig *„nachrangig"* (im banktechnischen Sinn) gesichert.

c) Versicherungsdarlehen

Eine bedeutende Rolle als Realkreditgeber spielen die Versicherungsunternehmen, **25**
insbesondere die Lebensversicherer. Sie unterliegen, soweit sie Darlehen aus dem
Deckungsstock oder sonst *gebundenem Vermögen* gewähren, nach Aufhebung des
§ 54a VAG nicht mehr so eng definierten Beschränkungen wie Banken hinsichtlich
des Pfandbriefgeschäfts. Zur Überwachung des „Sicherungsvermögens" (§ 66 VAG)
ist in der Regel gemäß § 70 VAG ein Treuhänder zu bestellen; die sich daraus ergebende Verfügungsbeschränkung wird nach herrschender Praxis – anders als beim
Treuhänder nach § 7 PfandBG – bei dem die Forderung sichernden Grundpfandrecht in das Grundbuch eingetragen. Versicherungsdarlehen sind regelmäßig mit
der Verpflichtung gekoppelt, einen Lebensversicherungsvertrag zu nehmen und ihn
während der Darlehenslaufzeit aufrechtzuerhalten. Versicherungshypotheken sind
in diesem Falle *tilgungsfrei*, weil die Tilgung bei Fälligkeit der Lebensversicherung
aus der Versicherungssumme erfolgen soll. Die sich daraus im Vergleich zu einer
Tilgungshypothek ergebende höhere Zinsbelastung soll wirtschaftlich durch die mit
der Lebensversicherung verbundene *Gewinnbeteiligung* zumindest kompensiert
werden. Wie bei allen Koppelungsgeschäften ist es für den Kreditnehmer allerdings
sehr schwierig, wirtschaftliche Vor- und Nachteile wirklich vollständig zu erfassen
und abzuschätzen, zumal die erhoffte Gewinnbeteiligung nicht in die Angabe des
Effektivzinses (Vorbem 31 zu §§ 1113 ff) einfließt. In der Vergangenheit sind Versicherungsdarlehen nicht selten dadurch notleidend geworden, dass das Versicherungsunternehmen wegen Verlusten im Wertpapierbereich nur eine niedrigere „Ablaufleistung" als erwartet ausgezahlt hat und dadurch die erwartete volle
Darlehenstilgung nicht eingetreten ist. Das entsprechende Risiko trägt der Darlehensnehmer (BGH vom 20. 11. 2007 – XI ZR 259/06 – MDR 2008, 276 = EWiR 2008, 73
[SCHELSKE]).

d) Sonstiger Realkredit

Von anderen Kreditinstituten gewährter Realkredit unterliegt zwar nach dem KWG **26**
bestimmten bankinternen Beschränkungen, die jedoch keine Außenwirkung haben.
Insbesondere sind diese Kreditinstitute frei darin, ob und welche Sicherheiten sie
fordern wollen. Die Grenzen zum Personalkredit sind deshalb fließend. Der Marktanteil solcher freier Realkredite ist in den letzten Jahrzehnten laufend gestiegen (auf
etwa 70 %).

4. Formenwahl

a) Die ursprüngliche Dominanz der Hypothek

27 Nicht nur rechtlich (§ 1192 Rn 1), sondern auch in der Praxis stand nach Einführung des BGB zunächst die Hypothek, und zwar in der Form der Verkehrshypothek (Vorbem 1 zu §§ 1113 ff) im Vordergrund. Ihr Vorteil besteht (jedenfalls nach den Vorstellungen ihrer Schöpfer) darin, dass sie den Inhalt der Schuld genau abbildet und somit die Schuld direkt aus dem Grundbuch für jedermann ablesbar macht. Bei der Verkehrshypothek wird freilich dieser Gleichlauf durch die Gutgläubensvorschrift des § 1138 schon prinzipiell gestört. Selbst wenn aus dem Grundbuch hervorgeht, dass es sich um eine Tilgungshypothek (Begriff Vorbem 19 vor §§ 1113 ff) handelt, wird der gute Glaube eines Erwerbers der Hypothekenforderung daran, dass keine Tilgung stattgefunden hat (dh das bloße Fehlen positiver Kenntnis von der Tilgung) zulasten des Eigentümers geschützt (Vorbem 27 zu §§ 1113 ff; § 1138 Rn 17). Zudem hat die Praxis schon frühzeitig den Gleichlauf dadurch beeinträchtigt, dass die Hypothek nicht für die gesicherte Forderung selbst, sondern für die Forderung aus einem (nur mehr oder minder inhaltlich identischem) abstrakten Schuldanerkenntnis bestellt wurde (§ 1113 Rn 28). Weiter geschwächt wurde die Forderungsidentität durch die Einführung der Tilgungsfondshypothek (Vorbem 29 ff vor §§ 1113 ff). Für den Eigentümer hat also die Verkehrshypothek das identische Risikopotential wie das der Grundschuld. Wenn heute wieder die Hypothek gelobt wird, weil sie im Gegensatz zur Grundschuld für den Eigentümer und Schuldner sicher sei, beruht das weitgehend auf Illusion (zutreffend KELLER NJW 2008, 349, 358).

28 Der Nachteil der Hypothek liegt darin, dass sie nicht geeignet ist, wechselnde Forderungen zu sichern. Zwar war ursprünglich das Instrument der Forderungsauswechslung (§ 1180) in Form der Neuvalutierung getilgter Hypotheken dazu geeignet, die Hypothek doch zu flexibilisieren; der gesetzliche Löschungsanspruch nach § 1179a hat aber die Neuvalutierung weitgehend obsolet werden lassen (§ 1179a Rn 2). Die rangwahrende Funktion der Hypothek ist dadurch fast völlig verloren gegangen. Nur mittels der Tilgungsfondshypothek (oben Rn 27 und Vorbem 29 zu §§ 1113 ff) lässt sich der Rang erhalten; auch sie setzt aber – abgesehen von sonstigen Nachteilen – wegen des ständig anzusammelnden, ungesicherten und nicht aufrechenbaren Guthabens ein Vertrauen in den Kreditgeber voraus, das gerade verloren gegangen ist (nachf Rn 31).

b) Das Vordringen der Grundschuld

29 Seit dem Ende des zweiten Weltkriegs hat die Grundschuld einen Siegeszug begonnen und die Hypothek fast völlig verdrängt (s dazu, dass dies in gewissem Sinn schon in der Entstehungsgeschichte des BGB angelegt war, Wilhelm[3] Rn 1425). Ihr Vorteil liegt in der universalen Verwendbarkeit (vgl Vorbem 10 ff zu §§ 1191 ff). Nachteilig ist das hohe Veruntreuungspotential, das sie allerdings – oft verkannt – mit der Verkehrshypothek (unten Rn 33) teilt.

30 Selbst für den privaten Bereich scheint sich die juristische Welt kaum mehr der Hypothek zu erinnern. Dabei ist die Hypothek und speziell die Sicherungshypothek das Sicherungsmittel der Wahl, wenn es sich um Schulden an Privatleute handelt. Hier kommt eine Refinanzierung durch Abtretung regelmäßig nicht in Betracht, sodass auch kein Bedürfnis für ein besonders verkehrsfähiges Grundpfandrecht besteht. Gerade im privaten Bereich ist aber der Schuldstand oft unklar, die strenge Akzessorietät der Sicherungshypothek also erwünscht (vgl dazu Kersten/Bühling/ Wolfsteiner[22] § 68 Rn 4). Freilich darf hier auch die Beweislast nicht verkannt werden; steht fest, dass die gesicherte Forderung entstanden ist, so liegt die Beweislast für die Tilgung beim Schuldner (BGH vom 17.1.2007 – VIII ZR 135/04 – BB 2007, 736); hat der seine Zahlungsbelege verloren, so schützt ihn auch die strengste Akzessorietät nicht.

c)   Der Stimmungsumschwung infolge der Hypothekenkrise

Da die Grundschuld ein gewichtiges Treuhandelement enthält (Vorbem 26 zu **31** §§ 1191 ff), setzt sie hohes Vertrauen in die Seriosität und die Professionalität des Sicherungsnehmers voraus. Diese Attribute kamen den Akteuren auf dem deutschen Kreditmarkt – Banken und Sparkassen unter deutscher Kreditaufsicht, Versicherungsgesellschaften unter deutscher Versicherungsaufsicht – geradezu mit Selbverständlichkeit zu. Nie kamen Zweifel an der getreuen Verwaltung der Sicherheiten auf. Indem aber die Kreditinstitute seit Beginn des 21. Jahrhunderts (Schalast/Safran/Sassenberg NJW 2008, 1486 datieren den Beginn auf das Jahr 2003) zunehmend dazu übergegangen sind, ohne jede Rücksicht auf ihre Kreditkunden notleidende, aber auch nicht notleidende Kredite (nach Knops WM 2008, 2185 8% bis zu 51% nicht notleidende) samt der Sicherungsmittel an ausländische, oft in Offshore-Steuerparadiesen domizilierte Nicht-Banken zu verkaufen (der betriebswirtschaftlich sinnvolle, volkswirtschaftlich aber äußerst schädliche Effekt liegt darin, dass die Bank den Kredit mit Eigenkapital hat unterlegen müssen, die Nicht-Bank dazu aber nicht verpflichtet ist, so dass das Welt-Kreditvolumen beliebig aufgeblasen werden konnte), ist dieses Vertrauen zerstört (Schalast/Safran/Sassenberg BB 2008, 1126 führen das allzu pauschal auf unrichtige Medienberichterstattung zurück). Der Öffentlichkeit, auch dem Gesetzgeber, der den Banken gutgläubig in Form der §§ 22a ff KWG zur Erleichterung solcher Transaktionen (Boos/Fischer/Schulte-Mattler/Tollmann, KWG[3] Vor §§ 22a–22o Rn 2 ff) noch 2005 das Refinanzierungsregister zur Verfügung gestellt hat (s § 1154 Rn 67 ff), ist dieser Paradigmenwechsel erst spät bewusst geworden. Bewusstseinsauslösend war nicht zuletzt die sogenannte (angebliche) Subprime-Krise, die dem schwunghaften, sinnlos aufgeblähten und vom Grundstückssubstrat völlig losgelösten Handel mit verbrieften („securisized") Forderungen unerwartete Publizität verschafft hat (s den de Larosière-Report der hochrangigen EU-Expertengruppe vom 25.2.2009 [http://ec.europa.eu/internal_market/finances/docs/de_larosiere_report_en.pdf] 7–12; vgl weiter § 1153 Rn 24; § 1154 Rn 66; Vorbem 165 zu §§ 1191 ff). An die Stelle des Vertrauens ist tiefes Misstrauen getreten, das die Finanzwelt völlig verändert hat (Furche [Schrifttum zu § 1132] S 247 meinte noch 2002, feststellen zu können, dass die Insolvenz des Grundpfandrechtsberechtigten in der Kreditpraxis nahezu ausgeschlossen sei; Boos/Fischer/Schulte-Mattler/Tollmann, KWG[3] Vor §§ 22a–22o Rn 24 glaubten noch Anfang 2008 sagen zu können, die Krise einer ein Refinanzierungsregister führenden Bank sei „meist unwahrscheinlich"). Die Grundschuld hat viel von ihrer (auch internationalen) Reputation verloren, obwohl gerade die Pfandbrieffinanzierung von der Krise gar nicht betroffen ist. Es ertönt der Ruf nach Rückkehr zur Hypothek (s nachf).

Die Problematik wird freilich zu Unrecht vornehmlich in der rechtlichen Ausgestal- **32** tung der Grundpfandrechte gesehen. Sie liegt viel tiefer. Der Bankier hat sich nicht nur im Rechtssinn als Treuhänder seines Kreditnehmers gefühlt (Knops WM 2008, 2185); zu seinem Ethos hat es gehört, den Bankkunden unterstützend zu begleiten,

gerade auch in einer Krise und über die Krise hinaus, solange es finanziell irgendwie
vertretbar war. Dies galt ganz besonders für die Investitionsfinanzierung (von der
der heutige Bankjargon den überhaupt nicht mehr zutreffenden Begriff des „In-
vestmentbanking" ableitet). Der Bankkunde konnte sich einigermaßen darauf verlassen, dass seine „Hausbank" in einer allenfallsigen Krise bereit war, sich an
Sanierungsbemühungen zu beteiligen. Diese Einstellung scheint weltweit aus dem
Kreditwesen verschwunden zu sein (vgl zur Sanierungserschwerung REUTER/BUSCHMANN
ZIP 2008, 1003; dies wird verteidigt von FREITAG WM 2008, 1813). Der Kreditnehmer gilt einer
Bank heute allein als Einkommensquelle, deren Ausschüttung man maximal nutzen
soll und die als wertlos zu verwerfen ist, wenn sie versiegt. So wie manche Haus-
besitzer ihr Grundstück „Entmietern" überlassen, wenn die Vermietung nicht er-
tragreich genug ist, so überlassen Banken ihre Kunden den Forderungsaufkäufern,
die dann natürlich Entmietungsmethoden zur Anwendung bringen. Diese Entwicklung muss nicht böse sein; aber die Abnehmerseite hat sie sich noch nicht bewusst
genug gemacht.

d) Rechtspolitische Bewertung

33 Der Glaube, die Rückkehr zur Hypothek würde die Verkaufs- und Verbriefungs-
probleme beseitigen oder zumindest lindern, ist aber jedenfalls ein Irrglaube. Die
Verkehrshypothek ist nicht im Mindesten eigentümerfreundlicher und risikoärmer
als die Grundschuld (oben Rn 27). Das RisikobegrenzungsG (dazu § 1132 Rn 31 ff) ist
andererseits weit über das Ziel hinausgeschossen, indem es die Sicherungsgrundschuld, der niemand ansehen kann, ob sie eine solche ist, weit unter das Niveau sogar
der Sicherungshypothek gedrückt und sie des Verkehrsschutzes völlig entkleidet hat.
Verkehrsfähige Grundpfandrechte sind aber für die Mobilisierung von Grund und
Boden und diese ist für eine funktionierende Volkswirtschaft unverzichtbar (oben
Rn 15). Der Gesetzgeber sollte sich deshalb schnellstmöglich korrigieren und die
Verkehrsfähigkeit der Grundschuld – bei Wahrung eines sinnvollen „Verbraucher-
schutzes" – wieder herstellen.

34 Untauglich ist auch der erneuerte Vorschlag (von SCHIMANSKY WM 2008, 1049; **gegen** ihn
FREITAG WM 2008, 1813; BACHNER DNotZ 2008, 644; LEHLEITER/HOPPE BKR 2008, 363), die
Zwangsvollstreckungsunterwerfung bei abtretbaren Forderungen (SCHIMANSKY differenziert nicht zwischen Darlehensforderung, abstraktem Schuldversprechen und
Grundpfandrecht) nach § 307 für unwirksam zu erklären, damit der Vollstreckung
eine materiell-rechtliche gerichtliche Prüfung vorausgehe (LG Hamburg vom 9. 7. 2008 –
318 T 183/07 – ZfIR 2008, 543 m positiver Anm CLEMENTE und abl Anm VOLMER S 634 = EWiR
§ 794 ZPO 1/08, 543 [SELKE] = WuB IV C § 307 BGB 4.08 [abl WOLFSTEINER]; **gegen** das LG
Hamburg weiter FREITAG WM 2008, 1813; BINDER/PIEKENBROCK WM 2008, 1816; BORK ZIP 2008,
2049; SCHALAST BB 2008, 2190; HABERSACK NJW 2008, 3173). In der Wirklichkeit kann der
Gläubiger in allen einschlägigen Fällen in wenigen Tagen ein Urteil im Urkundenprozess, also praktisch ohne materiellrechtliche Prüfung, erreichen, das zwingend
ohne Sicherheitsleistung vorläufig vollstreckbar ist (skurril LG Hildesheim vom 28. 10.
2008 – 10 O 95/08 – ZfIR 2009, 217 m Anm CLEMENTE, wonach die Vollstreckung aus der vollstreckbaren Urkunde nach Treu und Glauben unzulässig, der Eigentümer aber auf Widerklage zur
Duldung der Zwangsvollstreckung zu verurteilen sei). Der Schuldner steht sich damit viel
schlechter als bei einer vollstreckbaren Urkunde, wo er innerhalb der Wartefrist des
§ 798 ZPO Vollstreckungsabwehrklage mit der Folge erheben kann, dass das Gericht
nach § 769 ZPO die Zwangsvollstreckung sogar ohne Sicherheitsleistung einstellen

kann (Beispiel LG München I vom 28. 10./29. 10. 2008 – 4 O 18517/08 – WM 2009, 114; ausführlich – aber von Schimansky nicht berücksichtigt – Wolfsteiner, Die vollstreckbare Urkunde[2] § 6. 6. ff, insbes § 6. 17.; Wolfsteiner WuB IV C § 307 BGB 4. 08).

Eine moderate Regelung wird hier in Vorbem 304 zu §§ 1191 ff in § 7 Abs 2 vor- **35** geschlagen. Sie wird dem Schutzbedürfnis des Eigentümers gerade in den Verbriefungsfällen gerecht, denn hier kann der Zessionar nicht im Zweifel darüber sein, dass die Grundschuld zur Sicherung einer Forderung bestellt ist und auch den aktuellen Forderungsstand wird der Zessionar kennen. Dem Vorschlag zufolge kann deshalb kein Gutglaubensschutz greifen, sich der Gläubiger insbesondere nicht missbräuchlich auf fehlende Kenntnis berufen. Andererseits bleibt aber die Verkehrsfähigkeit erhalten.

B. Rechtliche Ausgestaltung der Grundpfandrechte

I. Inhalt des Rechts

1. Zahlung einer Geldsumme aus dem Grundstück

Nach § 1113 Abs 1 besteht die Hypothek in dem Recht des Gläubigers, aus dem **36** Grundstück die Zahlung einer Geldsumme zur Befriedigung einer ihm zustehenden Forderung zu verlangen (anders § 8 SchiffsRG: „Befriedigung aus dem Schiff zu suchen"). Grundschuld und Rentenschuld bestehen nach § 1191 Abs 1 bzw § 1199 Abs 1 in dem Recht des Gläubigers, schlechthin die Zahlung einer Geldsumme aus dem Grundstück zu verlangen. Nach dem Gesetzeswortlaut (aA zum Gesetzeswortlaut Schapp 481) haben die Grundpfandrechte also (anders freilich die Definition des Mobiliarpfandrechts in § 1204 Abs 1) eindeutig einen Zahlungsanspruch zum Inhalt (Jost Jura 2001, 153; Schubert/Johow 622; E Wolf § 11 A; Westermann/Eickmann[7] § 93; MünchKomm/Eickmann[4] § 1147 Rn 2). Der Zahlungsanspruch ist einerseits beschränkt darauf, dass der Schuldner nur aus dem Grundstück zahlen muss, dass nur das Grundstück im Sinne einer Realobligation (ein heute kaum noch gebrauchter Begriff) haftet (so mit Recht Wilhelm[3] Rn 1419 mit Erläuterung der historischen Herkunft) und andererseits dinglich, dh gegen jeden Grundstückseigentümer gerichtet, vorrangig gegenüber allen nur gegen die Person des Schuldners gerichteten Ansprüchen, wirtschaftlich ein Ausschnitt aus dem Eigentum. Demgegenüber besteht die hL (RGZ 93, 236; BGHZ 7, 123, 126; Schapp 502 m umfangreichen Nachw; v Lübtow, in: FS Lehmann 328 und JuS 1963, 171, 176 ff; Döring 27; Enneccerus/Wolff [9. Aufl] § 131 mit ausführlicher Darstellung der älteren Literatur, ebenso Wolff/Raiser in den Folgeaufl; Stürner, SR § 36 Rn 65; Staudinger/Scherübl[12] Rn 2 und § 1142 Rn 4; Palandt/Bassenge[68] Vorbem v § 1113 Rn 1 [„ganz hM"]; Erman/Wenzel[12] Vor § 1113 Rn 4; unverständlich Kim [Schrifttum zu § 1143] Fn 199, das Ablösungsrecht würde sinnlos sein, wenn ein Leistungsanspruch besteht) darauf, das Grundpfandrecht sei seiner rechtlichen Natur nach ein Verwertungsrecht (Beck-OK-BGB/Kössinger[10] § 902 Rn 4 spricht von „anspruchsähnlicher dinglicher Verwertungsbefugnis", was nicht zur Klarheit beiträgt); der Eigentümer schulde nicht Zahlung aus dem, sondern nur die Duldung der Zwangsvollstreckung in das Grundstück (ebenso für die Reallast Staudinger/Amann [2009] Einl 23 zu §§ 1105–1112; für das – in § 1204 allerdings abweichend definierte – Mobiliarpfand Staudinger/Wiegand [2002] Vorbem 16 ff zu §§ 1204 ff.

Vermittelnd WILHELM[3] Rn 1418, die Zahlung aus dem Grundstück werde notfalls durch Zwangsvollstreckung in das Grundstück erreicht).

37 Die hL entspricht der im gemeinen Recht vorherrschenden Dogmatik (vgl DERNBURG,
Pandekten[4] § 262 S 654; zur Entwicklung der Pfandrechtstheorien im 19. Jh WIEGAND Zeitschrift für
neuere Rechtsgeschichte 1981, 1; BUCHHOLZ AcP 187 [1987], 107; ders AcP 203 [2003], 786), von
der das BGB in Anlehnung an deutschrechtliche Vorstellungen und an das preußische, mecklenburgische und bayrische Recht (schon KREITTMAYR, Anmerkungen über den
Codicem Maximilianeum bavaricum civilem, II. Teil, Kap 6 S 555 konstatiert die unterschiedlichen
Betrachtungsweisen) bewusst abgewichen ist (aA SCHAPP 494); dass sich die Lehre bis
heute weigert, dem BGB zu folgen, und an der gemeinrechtlichen Dogmatik festhält,
ist nicht überzeugend. Sollten sich aus der dogmatischen Einordnung gravierende
rechtliche Unterschiede ergeben (so mit Recht – s nachfolgend wiederholt – STAUDINGER/
SCHERÜBL[12] Rn 24), so bedürfte die Abweichung vom Gesetzeswortlaut mehr als einer
nur begriffsdogmatischen Begründung; sollte es aber zutreffen (ERMAN/WENZEL[12] Vor
§ 1113 Rn 5), dass der Streitfrage keine praktische Bedeutung zukommt, so wäre die
Weigerung, das positive Recht zu akzeptieren, um so unverständlicher. Es könnte
sich bei der hL dann nur um ein Produkt dogmatischen Starrsinns handeln, der das
positive Recht nur als mindere, der Rechtsdogmatik nachgeordnete Rechtsquelle
anerkennen will (deutlich bei ENNECCERUS/WOLFF[9] § 131, der unter III wortreich nachzuweisen
versucht, die BGB-Terminologie sei bedeutungslos; gegen Maßgeblichkeit des Wortlauts an vLÜBTOW,
in: FS Lehmann Fn 2; die Dogmatik hat aber dem positiven Recht zu folgen und nicht umgekehrt).
Tatsächlich ist die dogmatische Einordnung nicht bedeutungslos; eine ganze Reihe
von Regelungen und praktizierten Gesetzesauslegungen ist nur auf der Grundlage
einer Zahlungspflicht verständlich, zB § 1141 Rn 22: Hypothek als Recht auf eine
Leistung; § 1142 Rn 16: Aufrechnung gegen die Hypothek; § 1146 Rn 7: Eigentümer
haftet persönlich für Vollzugsfolgen; § 1147 Rn 21: Eigentümer „veranlasst" Hypothekenklage und trägt als „Unterliegender" die Prozesskosten (s zur Vollstreckungsnachfolge nach § 727 ZPO BRÖGELMANN, Titelumschreibung [Diss Bonn 1999] 26 ff). Die hL
ignoriert aber in allen diesen Punkten ihre eigene Theorie, dass der Eigentümer nur
zu dulden habe, und vermeidet dadurch divergierende Ergebnisse; würde sie ihre
Theorie voll anwenden, ließe sich die Behauptung von der praktischen Bedeutungslosigkeit des Theorienstreits nicht aufrechterhalten (insofern richtig MünchKomm/WES-
TERMANN[4] § 1107 Rn 6). Kein Vertreter der hL setzt sich mit diesen Rechtstatsachen
auseinander.

38 Jedenfalls hat sich der Ausgangspunkt der Diskussion verändert. Die Dogmatik der
ersten Hälfte des 20. Jahrhunderts dachte römischrechtlich und baute – wie das BGB
selbst – ihre Überlegungen primär auf die Hypothek auf. Die Grundschuld war für
sie mehr ein exotisches Anhängsel der Hypothek. Bei der akzessorischen Hypothek
liegt es in der Tat nahe, zwischen dem zur Leistung verpflichteten persönlichen
Schuldner und dem nur haftenden, nur mit dem Grundstück verhafteten und dessen
Verwertung duldenden Grundstückseigentümer zu unterscheiden. Konsequenterweise muss § 1142 dem Eigentümer ein eigenes Befriedigungsrecht einräumen,
damit er außerhalb des Ablösungsrechts nach § 268 überhaupt berechtigt ist, an den
Gläubiger zu zahlen. In der Rechtswirklichkeit hat die Hypothek jedoch inzwischen
ihre Bedeutung zugunsten der Grundschuld fast völlig verloren; bei der Grundschuld
aber stößt die Vorstellung einer Haftung ohne Schuld auf Schwierigkeiten. Wofür
soll der Eigentümer haften, wenn gar keine Schuld da ist? Wofür soll sich der

Grundschuldgläubiger aus dem Grundstück befriedigen, wenn er keinen Zahlungsanspruch hat (vgl E WOLF 440; vLÜBTOW versucht in JuS 1963, 171, 176 ff vergeblich, insofern die Harmonie herzustellen)? Die Zwangsvollstreckung welchen Anspruchs soll der Eigentümer dulden (ENNECCERUS/WOLFF[9] § 131 I: „**Durch eigene Handlung** [Hervorhebung im Original] verschafft sich der Pfandberechtigte den Betrag, der ihm gebührt" – aber worauf beruht, dass ihm ein Geldbetrag gebührt und wer schuldet den ihm gebührenden Betrag – handelt es sich um eine Forderung ohne Schuldner?)? Wie soll der Eigentümer dem Grundschuldgläubiger am Zahlungsort (§ 1194) Geld zahlen, wenn dieser gar keinen Anspruch auf Zahlung von Geld hat? Gegen welche Forderung soll der Eigentümer aufrechnen (§ 1142 Abs 2), wenn gar keine Forderung da ist? Mit Recht wird festgestellt, dass es auf der Grundlage der hL unverständlich ist, dass Grundschuldzinsen verjähren können, wo doch nur Ansprüche, nicht aber absolute Rechte der Verjährung zugänglich sind (PETERS JZ 2001, 1017). Aus Sicht der Grundschuld ist ohne Vorstellung einer Zahlungspflicht des Eigentümers (wenn auch unter sachlich beschränkter Haftung: CROME § 460; COSACK II § 221; FUCHS, Grundbegriffe des Sachenrechts [1917] 89 ff, 103; WILHELM[3] Rn 1418) nicht auszukommen (vSCHWIND 130). Die Feststellung WINDSCHEIDS (Pandektenrecht [1875] § 224 716), das Pfandrecht stehe dadurch in einem wesentlichen Gegensatz zu allen anderen Rechten an fremden Sachen, dass es einen außerhalb seiner selbst liegenden Zweck habe, trifft eben auf die Grundschuld nicht zu (vgl MünchKomm/ EICKMANN[4] § 1191 Rn 10). Auch die deutschrechtliche Unterscheidung von Schuld und Haftung (vGIERCKE, Deutsches Privatrecht II 853 ff; DÜMCHEN JehrJb 54, 355; vSCHWINDT JehrJb 68, 1) kann das Wesen der Grundschuld nicht erklären, weil Haftung ohne Schuld schwer vorstellbar ist. In der Tat steht die Grundschuld aus gemeinrechtlicher Sicht der Reallast näher als der Hypothek (vgl COING, Europäisches Privatrecht, Band II § 78).

Andererseits steht für die Hypothek die Vorstellung einer Zahlungspflicht mit deren **39** Sicherungscharakter – auch für eine fremde Schuld – nicht in Gegensatz; niemand bezweifelt, dass der Bürge Geld schuldet und nicht nur die Zwangsvollstreckung in sein Vermögen dulden muss (STAUDINGER/HORN [1997] § 765 Rn 3). Anscheinend verwechselt die hL die beschränkte Haftung für die dingliche Schuld mit deren Inhalt.

2. Brief- und Buchrechte

Alle als verkehrsfähig angelegten Grundpfandrechte, dh Verkehrshypotheken mit **40** Ausnahme allerdings der Wertpapierhypothek (§ 1187), Grundschulden und Rentenschulden können sowohl als Brief- als auch als Buchrechte bestellt werden. Der gesetzlichen Ausgestaltung zufolge (nicht mehr in der Praxis) ist die Regel das *Briefrecht;* die Erteilung des Briefs kann ausgeschlossen werden (§ 1116 Abs 1 S 1), bei der Sicherungshypothek ist sie kraft Gesetzes ausgeschlossen (§ 1185 Abs 1).

II. Der Anspruch

1. Grundsätzliches

Der siebte Abschnitt des dritten Buchs des BGB regelt nur die Anforderungen, die **41** an den dinglichen Anspruch aus dem Grundpfandrecht zu stellen sind. Unter dem dinglichen Anspruch ist entsprechend der Definition in §§ 1113, 1191, 1199 die Forderung zu verstehen, eine Leistung aus dem Grundstück zu erbringen. Die gesetzlichen Anforderungen gelten für Hypothek und Grundschuld gleichermaßen und unmittelbar. Da die Hypothek aber akzessorisch zu einer schuldrechtlichen Forderung ist, der dingliche Anspruch also seinen Inhalt nur vom schuldrechtlichen beziehen kann, schlagen bei ihr die an die dingliche Forderung zu stellenden Ansprüche auf den schuldrechtlichen Anspruch durch; nur solche schuldrechtlichen Forderungen sind hypothekenfähig, die den an den dinglichen Anspruch zu stellenden Forderungen genügen. Bei der Sicherungsgrundschuld besteht trotz deren enger Anbindung an einen Anspruch (§ 1192 Abs 1a) dieser Zusammenhang nicht.

2. Geld

a) Geldbegriff

42 Nach den Definitionen in §§ 1113, 1191, 1199 kann ein Grundpfandrecht ausschließlich in dem Anspruch auf Zahlung von Geld (aus dem Grundstück) bestehen (RG JW 1934, 1167; ganz hM; PLANCK/STRECKER § 1113 Anm 5b mwNw; BGB-RGRK/MATTERN[12] Rn 25; MünchKomm/EICKMANN[4] Rn 39; SOERGEL/KONZEN[13] § 1113 Rn 10; WOLFF/RAISER § 134 Fn 5. Dazu, dass das etwa im spanischen Recht anders ist, MEYER ZfIR 2000, 431). Das steht für denjenigen, der das Grundpfandrecht dem Gesetzeswortlaut entsprechend als Zahlungsanspruch begreift (oben Rn 36 ff), mit klaren Worten direkt im Gesetz. Die Vertreter der Lehre vom Befriedigungsrecht kommen nach schwer verständlichen Diskussionen zum selben Ergebnis (STAUDINGER/SCHERÜBL[12] § 1113 Rn 31; MünchKomm/EICKMANN[4] § 1113 Rn 39).

b) Inländische Währung

43 Inländische Währung ist nach Art 2 der VO (EG) Nr 974/98 des Rates vom 3. Mai 1998 über die Einführung des Euro – EuroVO (ABl Nr L 139 vom 11.5.1998, 1) seit 1.1. 1999 ausschließlich der Euro. Auch soweit Rechte noch in Deutscher Mark eingetragen waren oder bis 31.12.2001 noch eingetragen worden sind, handelt es sich nur noch um einen anderen Namen für den Euro (Art 6 ff EuroVO); 1 Euro hat dabei nach der VO (EG) Nr 2866/98 des Rates vom 31.12.1998 über die Umrechnungskurse zwischen dem Euro und den Währungen der Mitgliedstaaten, die den Euro einführen (ABl Nr L 359 vom 31.12.1998, 1; dazu BÖHRINGER DNotZ 1999, 692 und BWNotZ 1999, 137), das Äquivalent von 1,95583 DM. Eine Eintragung in Deutscher Mark bedeutet daher stets einen Euro-Betrag von 1 geteilt durch den amtlichen Umrechnungskurs von 1,95583 für eine DM, multipliziert mit dem DM-Betrag; ergeben sich Bruchteile eines Cent, so ist gemäß Art 14 der EuroVO iVm Art 5 der VO (EG) Nr 1103/97 des Rates vom 17.6.1997 über bestimmte Vorschriften im Zusammenhang mit der Einführung des Euro (ABl Nr L 162 vom 19.6.1997, 1) bei weniger als 0,5 Cent abzurunden, bei 0,5 Cent und höher auf volle Cent aufzurunden (DEMHARTER, GBO[26] § 28 Rn 24; aA – zu puristisch gegen den Gesetzeswortlaut – BÖHRINGER DNotZ 1999, 692; ders BWNotZ 2003, 97). S zur Umstellung im Grundbuch § 26a GBMaßnG. Sind Rechte noch in DM eingetragen, können auch Eintragungsbewilligungen (zB zur Abtretung oder Löschung) noch in DM formuliert werden (LG Gera BWNotZ 2003, 120; dazu BÖHRINGER S 97).

c) Ausländische Währungen

44 Unter den Begriff „Geld" fallen auch ausländische Währungen (MünchKomm/EICKMANN[4] § 1113 Rn 44). Bis zum 31.12.1998 hat § 3 WährG allerdings die Begründung von Fremdwährungsschulden zwischen Deviseninländern an die Genehmigung der

Deutschen Bundesbank gebunden, die nach ihren Genehmigungsrichtlinien (BAnz Nr 109 v 15. 6. 1978) solche Genehmigungen für Grundpfandrechte grundsätzlich nicht erteilt hat. Bei der Hypothek hat die Genehmigungspflicht an die gesicherte Forderung angebunden; nach der hier vertretenen Auffassung hat auch die Begründung einer Grundschuld zu einer Geldschuld geführt, so dass § 3 WährG unmittelbar anwendbar war. Ein genehmigungspflichtiges aber nicht genehmigtes Grundpfandrecht war in dem Sinne nichtig, dass es Eigentümergrundschuld war (nachf Rn 100); eine solche war und ist nie genehmigungspflichtig, weil sie keine aktuelle Forderung verkörpert. Der Schuldner des auf einem deutschen Grundstück eingetragenen Grundpfandrechts war stets Deviseninländer; hat ein Devisenausländer das Grundpfandrecht erworben, wurde die Nichtigkeit geheilt. Das Grundpfandrecht blieb wirksam, auch wenn es später wieder in die Hand eines Deviseninländers geriet, denn der Erwerb von bestehenden Fremdwährungsforderungen war genehmigungsfrei.

Seit 1. 1. 1999 sind Fremdwährungsschulden zunächst gemäß § 2 Abs 1 des Preisangaben- und Preisklauselgesetzes nicht mehr genehmigungsbedürftig (KLUGE Mitt-RhNotK 2000, 409); seit 14. 9. 2007 werden im PreisklauselG – PrKlG (vom 7. 9. 2007, BGBl I 2246) Fremdwährungsschulden überhaupt nicht mehr als genehmigungsbedürftig aufgeführt. Seit 1999 in Fremdwährung bestellte Grundpfandrechte sind also ohne Einschränkung gültig. Die Praxis macht allerdings kaum Gebrauch davon. Eine Übergangsregelung fehlt. Ein mangels Genehmigung seinerzeit nichtiges (dh nur als Eigentümergrundschuld entstandenes) Grundpfandrecht in ausländischer Währung ist am 1. 1. 1999 als Fremd-Grundpfandrecht wirksam geworden. In der Praxis wird die Frage wegen § 28 S 2 HS 1 GBO (dazu nachfolgend) kaum relevant. Die Bestellung von Fremdwährungs-Grundpfandrechten war schon einmal zwischen 1920 und 1936 zulässig (näheres MünchKomm/EICKMANN[4] § 1113 Rn 44); sie sind auf jeden Fall auch in der zwischenzeitlichen Verbotszeit wirksam geblieben. **45**

Nach § 28 S 2 HS 1 GBO ist die *Eintragung* von Auslandswährungen immer noch grundsätzlich unzulässig; § 28 S 2 HS 2 GBO ermächtigt aber dazu, die Eintragung in einer einheitlichen europäischen Währung (eine solche gibt es derzeit nicht), in der Währung eines Mitgliedstaats der Europäischen Union oder des Europäischen Wirtschaftsraums oder einer anderen Währung, gegen die währungspolitische Bedenken nicht zu erheben sind, zuzulassen; die Zulassung kann durch Verordnung auch wieder eingeschränkt werden, was aber an der Ordnungsmäßigkeit schon eingetragener Grundpfandrechte nichts ändert. Derzeit sind nach der VO über Grundpfandrechte in ausländischer Währung und in Euro (v 30. 10. 1997 BGBl I 2683) der Euro (seit 1. 1. 1999 ohnehin die inländische Währung), soweit noch fortbestehend die Währung eines der **Mitgliedsstaaten der Europäischen Union** (die Bedenken von REUTER, Dritter Teil IV E 2, der in dem Verbot einen Verstoß gegen Art 56 ff EGVertr sah – ebenso EuGHE I 1999, 1661 vom 16. 3. 1999 – C-222/97; EuGHE I 2001, 173 vom 11. 1. 2001 – C-464/98 – sind damit erledigt) sowie die Währungen der **Schweizerischen Eidgenossenschaft** und der **USA** zugelassen. Die zugehörigen Zwangsvollstreckungsvorschriften sind in den §§ 145a, 158a ZVG enthalten, allerdings in unzulänglicher Form, weil es den zur Umrechnung in Inlandswährung heranzuziehenden „amtlich ermittelten letzten Kurs in Euro" nicht gibt (der sog amtliche Handel an den Börsen ist nicht öffentlich-rechtlich organisiert, sondern nur amtlich beaufsichtigt). **46**

47 Bei § 28 S 2 HS 1 GBO handelt es sich nur um eine *Ordnungsvorschrift* (Meikel/
Böhringer, GBO[10] § 28 Rn 128; Bauer/vOefele/Kössinger, GBO[2] § 28 Rn 60), deren Verletzung den Bestand des Grundpfandrechts nicht berührt (vgl EuGH EuZW 2001, 121 zur
andersartigen Rechtslage in Österreich). In unzulässiger Währung eingetragene Grundpfandrechte sind also voll wirksam.

d)   Gesetzliches Zahlungsmittel

48 Unter Geld ist nur eine Währung zu verstehen, die im **Zeitpunkt der Eintragung** des
Grundpfandrechts gesetzliches Zahlungsmittel ist. Das Grundpfandrecht bleibt aber
wirksam, auch wenn die Währung diese Eigenschaft später verliert (s zu Reichsmark-,
Goldmark-, Feingold-, Rentenmarkrechten nachf Rn 242 f und zu Grundpfandrechten in Mark der
DDR nachf Rn 257).

3.   Zinsen und andere Nebenleistungen

a)   Zinsen

49 Grundpfandrechte können – mit Ausnahme der Rentenschuld und mit Besonder-
heiten bei der Höchstbetragshypothek, § 1190 – Zinsen tragen (§ 1115). Sachen-
rechtlich maßgebend ist nicht der *schuldrechtliche Zinsbegriff* als Vergütung für eine
Kapitalüberlassung (dazu Canaris NJW 1978, 1891; Staudinger/Blaschczok [1997] § 246
Rn 7); denn der Begriff der „Vergütung" ist typisch schuldrechtlich (vgl OLG Stuttgart
NJW-RR 1986, 1397), ist Teil der Kausalvereinbarung (er gibt an, *warum* die laufenden
Leistungen geschuldet werden) und ist im Sachenrecht ohne Pendant (an den schuldrechtlichen Begriff knüpfen aber an Staudinger/Scherübl[12] § 1115 Rn 20; MünchKomm/Eick-
mann[4] § 1115 Rn 22; Schöner/Stöber[14] Rn 1953). Auf Grundschulden ist der schuldrechtliche Zinsbegriff schlechthin unanwendbar, weil es an einer Kausalvereinbarung
fehlt. Zinsen iSd § 1115 sind vielmehr alle aus dem Grundstück zu erbringenden
wiederkehrenden (**aA** MünchKomm/Eickmann[4] § 1115 Rn 22) Nebenleistungen, die laufzeitabhängig sind (dazu Seckelmann BB 1998, 57) und in einem bestimmten Teil des
jeweiligen Grundpfandrechtskapitals bestehen (vgl OLG Düsseldorf MittRhNotK 1995,
322). Der längstmögliche Zinszeitabschnitt ist nach der Verkehrssitte ein Jahr (**aA**
Peters JZ 2001, 1017, der annimmt, die Zinsfälligkeit könne durch Vereinbarung beliebig hinausgeschoben werden). Für verschiedene Teile eines Grundpfandrechts können verschiedene Zinssätze festgelegt werden (OLG Celle Rpfleger 1972, 97). S iÜ § 1113 Rn 57 ff.

50 Dem Zinsbegriff zufolge (s vorstehend) bestehen Zinsen in einem bestimmten Teil des
jeweiligen Grundpfandrechtskapitals; daher ist die Zinsforderung rechtlich abhängig
von dem Bestand der Kapitalforderung. Sie bleibt auch dann von der Hauptforderung abhängig, wenn sie, was an sich rechtlich möglich ist, einem anderen Gläubiger
zusteht als jene. Auch in letzterem Falle endet das Zinsrecht, wenn das Hauptrecht
erlischt. Es ist deshalb ausgeschlossen, dass der Gläubiger sich für den Fall der
Tilgung der Hauptforderung die Fortzahlung der Zinsen oder für den Fall teilweiser
Tilgung der Hauptforderung die Fortzahlung der Zinsen für den getilgten Teil der
Hauptforderung ausbedingt (RGZ 74, 78; KGJ 46 A 233; Ripfel DNotZ 1961, 670; s auch
§ 1154 Rn 11); als „Rentenverpflichtung" sollen solche Nicht-Zinsen aber als „andere"
Nebenleistung vereinbart werden können (OLG Düsseldorf Rpfleger 1996, 61). Die
Löschung des Grundpfandrechts braucht im Fall des Erlöschens der Hauptschuld
nur der Kapitalgläubiger zu bewilligen; einer Löschungsbewilligung des Zinsgläubi-

gers bedarf es wegen der Unselbstständigkeit der Zinsforderung nicht (KG JW 1938, 2406).

Der Eintritt der Verzinslichkeit und die Höhe des Zinssatzes können wie das Kapital **51** (unten Rn 111 ff) auch von einer **Bedingung** abhängig gemacht werden (OLG Stuttgart NJW 1953, 464 mwNw). Zinsen können daher auch in der Weise vereinbart werden, dass der Zinssatz sich um einen bestimmten Wert erhöhen soll, wenn die Zinsen nicht innerhalb einer bestimmten Frist nach Fälligkeit entrichtet werden (sog **Strafzinsen**); Strafzinsen (auch in Form sog Säumniszuschläge) sind demnach (bedingte) Zinsen und nicht etwa „andere" Nebenleistungen (**aA** OLG Karlsruhe Rpfleger 1968, 353; OLG Hamm Rpfleger 1971, 252; OLG München WM 1966, 666; MünchKomm/EICKMANN[4] § 1115 Rn 30). *Sachenrechtlich* sind Strafzinsen zulässig (KG RJA 1, 79; KG OLGE 1, 200; vgl ferner RG JW 1908, 234, 256; LG Aachen MittRhNotK 1997, 143); s zur Regelung der Verzugszinsen im Verbraucherdarlehensvertrag STAUDINGER/KESSAL-WULF (2005) § 497 Rn 3, im übrigen zum Zinsschadensersatz STAUDINGER/COESTER-WALTJEN (2006) § 309 Nr 5 Rn 28 und § 309 Nr 6 Rn 13. S zu gleitenden Zinssätzen unten Rn 59.

Vielerlei Rechtsvorschriften unterscheiden zwischen **rückständigen, laufenden und 52 künftigen** Zinsen. Schlüsselbegriff ist der der *„rückständigen"* Zinsen, der in § 13 Abs 1 und 3 ZVG dahin definiert ist, dass es sich um solche handelt, die vor der letzten Zinsfälligkeit fällig geworden sind (STEINER/HAGEMANN, ZVG[9] § 13 Rn 12); hat es innerhalb der letzten zwei Jahre keinen Zinsfälligkeitstermin gegeben, so sind alle für die Vergangenheit zu entrichtenden Zinsen rückständig. Dieser Rückstands- begriff soll aber nur für das ZVG gelten (so ausdrücklich STÖBER, ZVG[18] § 13 Anm 1. 2), nicht aber für §§ 1159, 1178 BGB und 830 ZPO; dort sollen alle fälligen, noch nicht beglichenen Leistungen als rückständig gelten (so – durchweg ohne Auseinandersetzung mit § 13 ZVG – RGZ 91, 301; BÖHRINGER Rpfleger 1984, 85; SOERGEL/KONZEN[13] § 1159 Rn 1; ERMAN/WENZEL[12] § 1159 Rn 1; MünchKomm/EICKMANN[4] § 1159 Rn 2; STAUDINGER/SCHERÜBL[12] § 1159 Rn 1; fehlerhaft jedenfalls PETERS JZ 2001, 1017, der bei der Sicherungsgrundschuld meint, die Zinsen würden erst mit Eintritt des Sicherungsfalls fällig, dazu Vorbem 99 zu §§ 1191 ff). Nach § 13 ZVG sind *laufende Zinsen* die zuletzt fällig gewesenen sowie die für den Zeitraum nach der letzten Fälligkeit bis zum Stichtag anfallenden Zinsen, mögen letztere auch erst künftig fällig werden; es ist also deutlich zu unterscheiden zwischen laufenden, aber noch nicht fälligen Zinsen und künftigen Zinsen. Nach der hL sind laufende Zinsen nur die nach der letzten Fälligkeit bis zum Stichtag anfallenden Zinsen. *Künftige Zinsen* sind noch nicht fällige Zinsen für einen künftigen Zinszeit- abschnitt.

b)   Andere Nebenleistungen
„Andere" Nebenleistungen iSd § 1115 unterscheiden sich von Zinsen, indem sie **53** entweder nicht wiederkehrend oder nicht laufzeitabhängig sind oder nicht in einem bestimmten Teil des jeweiligen Grundpfandrechtskapitals bestehen (OLG Düsseldorf MittRhNotK 1995, 322 für „Zinsen", die auch nach Teiltilgung und Teillöschung aus dem ursprüng- lichen Kapitalbetrag zu zahlen sind). S zu anderen Nebenleistungen bei der Hypothek § 1113 Rn 59 und bei der Grundschuld § 1192 Rn 30. Auch „andere" Nebenleistun- gen können auflösend oder aufschiebend bedingt sein (KG JFG 1, 461). Alle Neben- leistungen, also auch „andere", unterscheiden sich von der Kapitalforderung da- durch, dass sie vom Bestand der Kapitalforderung abhängig sind (OLG Stuttgart NJW/ RR 1986, 1397; SCHÖNER/STÖBER[14] Rn 1966 geben eine Aufzählung gebräuchlicher Nebenleistungs-

vereinbarungen). Ist die Kapitalforderung auf eine andere Person übergegangen, so kann eine laufzeitabhängige Nebenleistung nicht dennoch zugunsten des alten Gläubigers weiterlaufen; ist die Kapitalforderung erloschen, kann eine laufzeitabhängige Nebenleistung nicht weiter laufen. Eine noch nicht fällig gewordene einmalige Nebenleistung erlischt mit der Hauptforderung. Unter dem dem Gesetz nicht bekannten Namen „Rentenverpflichtung" soll aber die Fortzahlung von Zinsen für einen schon getilgten Grundpfandrechtsteil als Nebenleistung vereinbart werden können (OLG Düsseldorf Rpfleger 1996, 61).

54 Die **Rechtsprechung** beschäftigt sich mit „anderen" Nebenleistungen vorwiegend unter dem Gesichtspunkt nicht der Zulässigkeit, sondern der Eintragung (vgl BÖT-TICHER Rpfleger 1980, 81). Dazu § 1115 Rn 39 ff und § 1192 Rn 30.

4. Bestimmtheit

a) Sachenrechtlicher Bestimmtheitsgrundsatz

55 Die dingliche Forderung muss insgesamt dem sachenrechtlichen Bestimmtheitsgrundsatz entsprechen (ERMAN/WENZEL[12] § 1113 Rn 5; skeptisch zu diesem Begriff WOLF-STEINER MittBayNot 2003, 295). Dies darf nicht verwechselt werden mit der an die Hypothek zusätzlich zu stellenden Anforderung, dass der zu sichernde schuldrechtliche Anspruch eindeutig bezeichnet wird. Die Bestimmtheitsanforderungen differieren bei den verschiedenen Grundpfandrechten. Sie sind jeweils der gesetzlichen Regelung zu entnehmen; einen übergesetzlichen, dem Gesetz etwa gar übergeordneten Bestimmtheitsgrundsatz gibt es ebenso wenig wie einen das materielle Sachenrecht überlagernden „grundbuchrechtlichen" Bestimmtheitsgrundsatz (BGH vom 26.1.2006 – V ZB 143/05 – NJW 2006, 1341 [dazu ZIMMER S 1325] = ZfIR 2006, 372 m zust Anm CLEMENTE = Rpfleger 2006, 313 m Anm WAGNER = MttBayNot 2006, 501 m Anm KESSELER S 468; WOLFSTEINER MittBayNot 2003, 295 **gegen** OLG Schleswig-Holstein vom 12.12.2002 – 2 W 147/02 – DNotZ 2003, 354 = EWiR § 1115 BGB 1/03, 365 m zust Anm DEMHARTER; gegen Wolfsteiner WILSCH FGPrax 2003, 193). Die Bestimmtheitsanforderungen sind hoch bei der Grund- und Rentenschuld und auch bei der Verkehrshypothek; hier muss grundsätzlich der gesamte Forderungstatbestand Inhalt des Rechts sein und eingetragen werden. Sie sind niedriger bei der Sicherungshypothek und insbesondere bei der Höchstbetragshypothek. S im Übrigen die Kommentierung zu den Einzelvorschriften.

b) Bestimmte Summe Geldes

56 Die Forderung muss auf eine bestimmte Summe Geldes gerichtet sein; Bestimmbarkeit genügt nicht. Grundpfandrechte mit wertgesichertem Kapital sind unzulässig (MünchKomm/EICKMANN[4] § 1113 Rn 42; MEIKEL/BÖHRINGER, GBO[10] § 28 Rn 123). Dies ergibt sich unmittelbar aus dem Gesetzeswortlaut des § 1113 und gilt nur kraft des Gesetzeswortlauts. Die These von der Existenz eines übergesetzlichen Bestimmtheitsgrundsatzes ist abzulehnen (s vorst Rn; **aA** offenbar auch MünchKomm/EICKMANN[4] § 1118 Rn 5). Gesetzliche Vorschriften, die wertbeständige Grundpfandrechte zugelassen hatten (G über wertbeständige Hypotheken [v 23.6.1923] und VO über wertbeständige Rechte [v 16.11.1940]), waren daher selbstverständlich gültig. Sie sind freilich gemäß § 3 Abs 1 S 2 des G über die Sammlung des Bundesrechts (BGBl 1958 I 437) iVm § 3 Abs 1 des G über den Abschluß der Sammlung des Bundesrechts (BGBl 1968 I 1451) durch Nichtaufnahme in die Sammlung mit Ablauf des 31.12.1968 außer Kraft getreten (DEMHARTER, GBO[26] § 28 Rn 33; BAUER/vOEFELE/KÖSSINGER, GBO[2] § 28

Rn 41). Das PrKlG lässt zwar in §§ 3 bis 5 für bestimmte Fälle wertgesicherte
Kapitalforderungen zu, was aber nicht zur Zulässigkeit einer entsprechenden Hypothek führt. S zur Beseitigung wertgesicherter Grundpfandrechte im Beitrittsgebiet
§§ 1 bis 3 GBBerG (nachf Rn 247). Dass Grundpfandrechte keine Wertsicherung ihres
Kapitals beinhalten können und am Nominalwert kleben, führt bei unterschiedlicher
Entwicklung von Geldwert und Grundstückswert zu Veränderungen des wirtschaftlichen Werts des Grundpfandrechts, was der Gesetzgeber aber bewusst hingenommen hat (vgl KESSELER MttBayNot 2006, 468, der für eine Lockerung eintritt). Mit Recht weist
aber der BGH (vom 26.1. 2006 – V ZB 143/05 – NJW 2006, 1341 [dazu ZIMMER S 1325] = ZfIR
2006, 372 m zust Anm CLEMENTE = Rpfleger 2006, 313 m Anm WAGNER = MttBayNot 2006, 501
m Anm KESSELER S 468) darauf hin, dass die Zulassung von Fremdwährungs-Grundpfandrechten (oben Rn 44 f) iE eine Auflockerung des strengen Bestimmtheitsgrundsatzes bewirkt.

Die sachenrechtlichen Vorschriften und die sachlichen Gründe, die gegen das wert- **57**
beständige Grundpfandrecht sprechen, verbieten allerdings nur ein Grundpfandrecht, das sich durch Anwendung eines Wertmaßstabs über die im Grundbuch
eingetragenen Grenzen hinaus *erweitert*. Angesichts dessen, dass aufschiebend und
auflösend bedingte Grundpfandrechte allgemein als zulässig gelten (nachf Rn 106 ff),
kann es nicht unzulässig sein, einen Grundpfandrechtsbetrag festzulegen, der zwar
nicht überschritten, wohl aber unterschritten werden kann (LG Düsseldorf MittRhNotK
1976, 421; vgl MÜLLER/FRANK MittRhNotK 1975, 355; s § 1113 Rn 19 zur sog verdeckten Höchstbetragshypothek; vgl weiter zur Frage des Verhältnisses zwischen Bestimmtheit und Bedingung
WOLFSTEINER, Die vollstreckbare Urkunde[2] § 16. 23; **aA** anscheinend MünchKomm/Eickmann[4]
§ 1113 Rn 42). So gilt ja auch die Eintragung eines *Höchstzinssatzes* (dazu nachf)
allgemein als zulässig (BGHZ 35, 22 = DNotZ 1963, 436 m Anm RIPFEL; unstr). Soweit der
eingetragene Kapitalbetrag des Grundpfandrechts nicht erreicht ist, besteht in Höhe
der Differenz eine Eigentümergrundschuld (nachf Rn 122, str).

Das unzulässig wertbeständig gestaltete Grundpfandrecht ist **unwirksam** in dem **58**
Sinn, dass die Schwankungsklausel nicht gilt, soweit die eingetragene Geldsumme
des Grundpfandrechts überschritten würde. Es handelt sich nicht nur um den
Verstoß gegen eine Ordnungsvorschrift (abzulehnen ERMAN/RÄFLE[9] § 1113 Rn 4, der das
wertbeständige Grundpfandrecht nur wegen Verstoßes gegen § 28 GBO rügt).

c)   Bestimmtheit von Zinsen

Im Gegensatz zum Kapitalbetrag können Zinsen im Rahmen des nach Maßgabe des **59**
sachenrechtlichen Bestimmtheitsgrundsatzes (skeptisch gegenüber diesem „Grundsatz"
WOLFSTEINER MittBayNot 2003, 295) Zulässigen schwanken; an der früheren Auffassung,
es müsse – unabhängig von sonstigen Anforderungen – jedenfalls ein Mindest- und
ein Höchstzinssatz vereinbart sein (BGHZ 35, 22; BGH DNotZ 1963, 436; BGHZ 47, 41, 44;
OLG Stuttgart NJW 1954, 1646; BayObLG NJW 1975, 1365; LG Wuppertal MittRhNotK 1976, 24;
RIEDEL DNotZ 1963, 439; RIPFEL DNotZ 1955, 62; MEYER-STOLTE Rpfleger 1975, 120), kann
nach der Neufassung des § 288 Abs 1 S 1 (G vom 1. 3. 2000, BGBl I 330) nicht mehr
festgehalten werden. Wenn das Grundstück nach § 1118 für die gesetzlichen Zinsen
haftet und diese variabel ohne festgelegte Unter- und Obergrenzen sind, können
auch an vereinbarte Zinsen keine höheren Anforderungen gestellt werden (BGH vom
26. 1. 2006 – V ZB 143/05 – NJW 2006, 1341 [dazu ZIMMER S 1325] = ZfIR 2006, 372 m zust Anm
CLEMENTE = Rpfleger 2006, 313 m Anm WAGNER und Anm KLAWIKOWSKI 2007, 388 = MttBayNot

2006, 501 m Anm KESSELER S 468; LG Konstanz BWNotZ 2002, 11; LG Traunstein vom 26. 4. 2004 –
4 T 1649/04 – MittBayNot 2004, 440; LG Schweinfurt vom 28. 7. 2004 – 43 F T 42/04 – MittBayNot
2004, 46; richtig auch VOLMER ZfIR 2001, 246; WAGNER Rpfleger 2004, 668; STAVORINUS Rpfleger
2004, 738; BÖHRINGER Rpfleger 2005, 225, 233; Gutachten DNotI-Report 2003, 193; DAUNER-LIEB/
HEIDEL/RING/ZIMMER BGB § 1115 Rn 7; MEIKEL/BÖTTCHER, GBO[10] Vorbem GBV Rn 138; MEI-
KEL/MORVILIUS, GBO[10] Einl C 540; PALANDT/BASSENGE[68] § 1115 Rn 10; **aA** OLG Schleswig vom
12. 12. 2002 – 2 W 147/02 – ZIP 2003, 250 = EWiR § 1115 BGB 1/03, 365 m zust Anm DEMHARTER =
MittBayNot 2003, 295 m abl Anm WOLFSTEINER [gegen ihn WILSCH FGPrax 2003, 193]; OLG Celle
vom 30. 6. 2004 – 4 W 117/04 – DNotI-Report 2004, 202 [ohne Auseinandersetzung mit Rechtsprechung und Literatur]; LG Gera vom 7. 9. 2004 – 5 T 390/04 – NotBZ 2004, 401; DEMHARTER
FGPrax 2004, 262, der eine Antwort auf die Frage vermisst, warum für den Basiszinssatz etwas
anderes gelten soll, als für den früheren Diskontsatz [weil der Basiszinssatz anders als der Diskontsatz gesetzlicher Inhalt des Grundpfandrechts ist und daher nicht gegen irgendwelche außergesetz-
liche Grundsätze verstoßen kann]; **vermittelnd** LG Schweinfurt vom 28. 7. 2004 – 43 F T 42/04 –
Rpfleger 2004, 622 m Anm BÖHRINGER [zulässig, aber nur in Höhe gesetzlicher Zinsen]; **ohne
Problembewusstsein** noch LG Kassel Rpfleger 2001, 176 – das die Angabe nur bei entsprechenden
gerichtlichen oder behördlichen Eintragungsersuchen für entbehrlich hält –; EICKMANN ZfIR 2001,
183; DEMHARTER[26] Anh 45 zu § 44 GBO; vgl zur Unterwerfungsfähigkeit WOLFSTEINER DNotZ
2001, 696). Die jeweilige Zinshöhe muss sich aber nach einem objektiven Maßstab
bestimmen; die Bestimmung nach freier Entscheidung des Gläubigers ist nicht
zugelassen (BGHZ 35, 22; BGH DNotZ 1963, 437 m abl Anm RIPFEL; BGHZ 47, 41, 44; BGH
NJW 1975, 1314; OLG Stuttgart NJW 1954, 1646; BayObLG NJW 1975, 1365; LG Wuppertal
MittRhNotK 1976, 24; MEYER-STOLTE Rpfleger 1975, 120; vgl zum Schuldrecht BGH vom 10. 6.
2008 – XI ZR 211/07 – NJW 2008, 3422; BGH vom 21. 4. 2009 – XI ZR 55/08 und 78/08; WIMMER
WM 2008, 2237).

60 Weitgehend Einigkeit besteht darüber, dass die Anbindung der Zinsen an den
Basiszinssatz nach § 247 (BGH vom 26. 1. 2006 aaO), der auch die Grundlage der gesetzlichen Zinsen ist (§ 288 Abs 1 S 2; § 497 Abs 1 S 2), oder auch an sonstige
veröffentlichte Kapitalmarktzinsen (LG Wuppertal MittRhNotK 1976, 24) zulässig ist
(PALANDT/BASSENGE[68] § 1115 Rn 14) und dass – beim Verbraucherkredit im Rahmen des
§ 497 (dazu STAUDINGER/KESSAL-WULF [2005] § 497 Rn 3) – Verzugszinsen als Bestandteil
des Grundpfandrechts vereinbart werden können (BGHZ 35, 22). Entscheidungen, die
(nur) bei öffentlich-rechtlichen Sparkassen eine nicht tatbestandsgebundene Zins-
bestimmung durch Eigenerklärung für zulässig gehalten haben (BGHZ 35, 22; LG Köln
MittRhNotK 1981, 199), müssen als obsolet gelten (vgl BGHZ 158, 149 vom 17. 2. 2004 – XI
ZR 140/03; BGH vom 21. 4. 2009 wie vor). Viel zu unbestimmt, weil gar nicht objektiv
feststellbar, sind die „allgemein verlangten Hypothekenzinsen" (**aA** MünchKomm/
EICKMANN[4] § 1115 Rn 28). Insgesamt versiegt der Strom der Entscheidungen zu diesen
Fragen, weil mit dem Vordringen der Grundschuld der Gleitzins seine Bedeutung
verloren hatte (Beispiel einer Grundschuld mit Gleitzins aber OLG Celle vom 30. 6. 2004 – 4 W
117/04 – DNotI-Report 2004, 202). S. allerdings zu einer wünschenswerten Wiedergeburt
des Gleitzinses in Anlehnung an den Basiszinssatz unten Vorbem 81 zu §§ 1191 ff.

61 Für Zinsen müssen *Anfangs- und Endzeitpunkte* bestimmt sein, allerdings nicht
ausdrücklich. Im Gegenteil folgt aus der Laufzeitabhängigkeit von Zinsen (oben
Rn 49), dass sie beginnen, sobald die Kapitalforderung beginnt; das ist bei Grundpfandrechten unabhängig davon, wann zB eine Hypothek Fremdhypothek wird, stets
der Zeitpunkt der Grundbucheintragung (nachf Rn 102, und jedenfalls für Grundschulden

RGZ 136, 232; OLG Köln NJW 1960, 1108; LG Aachen Rpfleger 1986, 89; **aA** BGHZ 129, 1 =
DNotZ 1996, 84 m krit Anm Kutter; skeptisch Schöner/Stöber[14] Rn 1957). Ebenso folgt
daraus, dass sie mit dem Ende der Kapitalforderung enden (Ripfel DNotZ 1961,
670); nur Abweichungen bedürfen ausdrücklicher Vereinbarung (**aA** für die Eintragungsbewilligung BGHZ 129, 1 = DNotZ 1996, 84 m krit Anm Kutter, ohne BGHZ 47, 41 zu
zitieren, wo für die Eintragung im Zweifel Zinsbeginn ab Eintragungstag angenommen wird; s zur
Auslegung von Grundbucherklärungen Wulf MittRhNotK 1996, 41; unhaltbar Schöner/Stöber[14]
Rn 1957, wonach sich das Grundbuchamt auf „Auslegungsfragen nicht einlassen" soll).

Eine Eintragungsbewilligung, in der ein bestimmter Zeitpunkt des Zinsbeginns nicht **62**
enthalten ist, ist daher, falls nicht besondere Umstände vorliegen, dahin auszulegen,
dass die Zinspflicht mit dem Tag der Eintragung beginnt (für die Grundschuld: RGZ 136,
232; OLG Köln NJW 1960, 1108; OLG Frankfurt FGPrax 1996, 169; obiter auch BGHZ 129, 1 =
DNotZ 1996, 84 [m krit Anm Kutter]; allg für die Hypothek: BGHZ 47, 41; OLG Hamm JurBüro
1955, 37; Soergel/Konzen[13] § 1115 Rn 19; Planck/Strecker Anm 5b; Palandt/Bassenge[68]
§ 1115 Rn 13; Erman/Wenzel[12] § 1115 Rn 8; Demharter, GBO[26] Anh zu § 44 Rn 46; für die
Sicherungshypothek: LG Aachen Rpfleger 1963, 116 mwNw; für die Vollstreckbarkeit von Grundschuldzinsen BGH DNotZ 2001, 379 mit Anm Wolfsteiner 696; **aM** BayObLGZ 1994, 203 – nicht
ganz so eng aber BayObLG FGPrax 2000, 92; Bruhn Rpfleger 1957, 101, 103 unter Bezugnahme auf
Mot III 643; Schöner/Stöber[14] Rn 1957; Demharter, FGPrax 1996, 206). Soll ein vom Eintragungszeitpunkt abweichender Zeitpunkt des Zinsbeginns festgelegt werden, so
unterliegt diese Festlegung dem Bestimmtheitsgrundsatz (BayObLGZ 1995, 271). Soll
der Zinsbeginn nach Eintragung im Grundbuch liegen, so ist allerdings (ggf im Weg
der Auslegung) zu unterscheiden, ob – was möglich ist – wirklich der Verzinsungsbeginn des Grundpfandrechts hinausgeschoben sein soll oder ob die Verzinslichkeit
mit Eintragung beginnen, das Zinspfandrecht aber erst später Fremdpfandrecht
werden soll; Letzteres ist zu vermuten, wenn formuliert ist, ein Hypothekendarlehen
sei „vom Tag der Auszahlung des Darlehens an" zu verzinsen; für den Zeitpunkt der
Umwandlung in eine Fremdhypothek gilt dann der Bestimmtheitsgrundsatz nicht
(**aA** BayObLGZ 1995, 271, das eine solche Auslegung nicht erwägt; ihm folgend Demharter,
GBO[26] Anh zu § 44 Rn 46 sowie – zögernd – Schöner/Stöber[14] Rn 1957; einschränkend, wenn
auch grundsätzlich bestätigend BayObLGZ 1999, 198 = DNotZ 2000, 62 und BayObLG FGPrax
2000, 92; im vorstehenden Verständnis aber wohl BayObLG DNotZ 2001, 701, das – richtig –
objektive Bestimmbarkeit genügen lässt und von einer „unbedingten Hypothek zur Sicherung des
aufschiebend bedingten Zinsanspruchs" spricht; s zu Letzterem § 1178 Rn 8). Jedenfalls ist es
zulässig, die Verzinsung der Hypothek zu einem Zeitpunkt beginnen zu lassen, an
dem die Auszahlung des Darlehens möglich ist, auch wenn eine erst spätere Auszahlung wahrscheinlich sein sollte (BayObLG vom 15. 4. 2004 – 2Z BR 079/04 – DNotZ 2004,
927). Zinsen sollen auch über den Zeitpunkt einer Teillöschung hinaus aus dem
ursprünglichen Kapital vereinbart werden können und zwar soll es sich insoweit
um eine sonstige Nebenleistung handeln (OLG Düsseldorf Rpfleger 1996, 61; vgl nachf
Rn 64).

Soweit das Sachenrecht selbst zulässt oder – wie bei der Sicherungshypothek – sogar **63**
zwingend fordert, dass sich der Bestand der Hypothek nach Kriterien richtet, die
nicht dem grundbuchrechtlichen Bestimmtheitsgrundsatz entsprechen – Entstehung
und Erlöschen der gesicherten Forderung –, kann auch das Grundbuchrecht keine
weitergehende Präzisierung verlangen. So kann zum Hypothekenkapital keine Angabe dazu verlangt werden, wann die Forderung entstehen und wann sie erlöschen

wird und zu den Hypothekenzinsen nicht, wann ihr Lauf entsprechend der Entstehung der Forderung beginnt und wann er entsprechend deren Erlöschen endet. Demgegenüber wird in der Rechtsprechung die Forderung aufgestellt, der Zinslauf müsse sich allein aus dem Grundbuch ergeben (BayObLG DNotZ 1996, 96, das sich zu Unrecht auf DEMHARTER, GBO[26] Anh § 44 Rn 46 beruft, denn dort wird im Zweifel von einem Zinsbeginn mit Eintragung der Hypothek ausgegangen; BayObLG Rpfleger 1999, 530, allerdings unter Zulassung eines fiktiven Zinsbeginns; BayObLG DNotZ 2001, 701 und BayObLG DNotZ 2001, 70, wonach der frühest möglichen Zinsbeginn einzutragen ist, ebenso BayObLG vom 15. 4. 2004 – 2Z BR 79/04 – NJW-RR 2004, 1643), ohne dass angegeben würde, wie dies verwirklicht werden soll. Denkbar ist nur eine Bestimmung, die Zinsen sollten auch laufen, solange die Hypothek Eigentümergrundschuld ist und sie sollten über den Zeitpunkt hinaus laufen, zu dem sie wieder Eigentümergrundschuld wird. Dass dem so ist, ist aber ohnehin Gesetz in Form des § 1177 Abs 1 S 2, der auch auf die vorläufige Eigentümergrundschuld anzuwenden ist (§ 1163 Rn 63).

64 Zwar kann der Anfangszeitpunkt der Verzinsung **vor Eintragung des Grundpfandrechts** liegen (OLG Stuttgart NJW 1953, 464); aus § 1159 folgt aber, dass rückständige Zinsen (zum Begriff oben Rn 52) nicht als Nebenleistungen grundpfandrechtsfähig sind (**aA** BayObLGZ 1978, 136, das aber nur einen Verstoß gegen § 1178 Abs 1 S 1 erwägt). Für die *Fälligkeit* von Zinsen gilt § 488 Abs 2 entsprechend, wenn nichts Abweichendes vereinbart ist (OLG Zweibrücken MittBayNot 1976, 139; OLG Saarbrücken Rpfleger 1979, 305; LG Frankenthal MDR 1976, 222; MEYER-STOLTE Rpfleger 1975, 120; **aA** ÖSTERREICH MDR 1979, 13).

5. Verbraucherschutz, Sittenverstoß

a) Allgemeine Geschäftsbedingungen, Verbraucherverträge

65 Der dingliche Anspruch rechtsgeschäftlich bestellter Grundpfandrechte – keineswegs zu verwechseln mit der Frage, ob das Kausalgeschäft und insbesondere der Sicherungsvertrag bei der Grundschuld gegen §§ 305 ff verstoßen (dazu unten Rn 237; Vorbem 20 ff zu §§ 1191 ff) – unterliegt nach herkömmlicher Lehre zum AGBG (BayObLG BB 1979, 857) ggf den §§ 305 ff. Nach der jetzigen Positionierung der AGB-Vorschriften im Schuldrecht lässt sich das nicht mehr halten (WILHELM[3] Rn 1430). Für Grundschulden hat die Frage ohnehin kaum Bedeutung, weil deren Inhalt meist schlicht ist und seine Bedeutung erst aus dem Grundverhältnis (Sicherungsverhältnis) bezieht (s Vorbem 220 zu §§ 1191 ff). Bei den Hypotheken können demgegenüber gegen §§ 305 ff verstoßende Anspruchskonditionen auf das dingliche Recht durchschlagen, weil sie ihren Inhalt aus den schuldrechtlichen Ansprüchen beziehen. Für Sicherungshypotheken gilt das unbeschränkt; bei der Verkehrshypothek muss aber der Gutglaubensschutz nach § 1138 beachtet werden, der es ausschließt, bei der Beurteilung von Treu und Glauben nach § 307 Umstände außerhalb des Grundbuchs heranzuziehen.

66 Soweit die §§ 305 ff reichen, hat das **Grundbuchamt** insofern eine Prüfungskompetenz, als es die Eintragung abzulehnen hat, wenn *feststeht,* dass irgendein Teil des Grundpfandrechtsinhalts – das Grundverhältnis entzieht sich der Prüfungskompetenz des Grundbuchamts – wegen Verstoßes gegen die §§ 305 ff unwirksam ist und das Grundbuch daher durch die Eintragung unrichtig werden würde (MEIKEL/BÖTTCHER[10] Einl H 122 ff; SCHÖNER/STÖBER[14] Rn 211 ff und Rn 2071 ff). Einen Verstoß gegen § 307 wird das Grundbuchamt allerdings kaum je mit der erforderlichen Sicherheit feststellen können, weil sowohl der Treu und Glaubens-Verstoß als auch die „Unangemessenheit" der Benachteiligung subjektive Elemente enthalten oder jedenfalls enthalten können, die sich aus den Eintragungsunterlagen nicht beurteilen lassen (LG Aachen MittRhNotK 1997, 143).

b)   Verbraucherdarlehen, Haustürgeschäfte, Fernabsatz

aa)   Die §§ 491 ff über **Verbraucherdarlehen** finden auf die Bestellung eines ding- **67** lichen Rechts keine Anwendung (Vorbem 223 zu §§ 1191 ff). S zur Anwendung auf den Sicherungsvertrag Vorbem 222 zu §§ 1191 ff. Der Inhalt der Hypothek – nicht einer Grundschuld – wird aber nach § 1163 Abs 1 beeinflusst, wenn der gesicherte Darlehensanspruch in seiner Wirksamkeit berührt wird.

bb)   Gemäß Art 3 Abs 2 lit a der **Haustürgeschäftewiderrufs**-Richtlinie (Richtlinie 85/ **68** 577/EWG des Rates vom 20. Dezember 1985 betreffend den Verbraucherschutz im Falle von außerhalb von Geschäftsräumen geschlossenen Verträgen, ABl L 372 vom 31. 12. 1985, 31) wie auch den Vorschriften des nationalen Rechts erstreckt sich das Widerrufsrecht in keinem Fall auf die **Bestellung der Grundschuld selbst** (EuGH vom 13. 12. 2001 – C-481/99 – NJW 2002, 281 [dazu STAUDINGER S 653] = BB 2002, 9 [SAUER S 431] = ZIP 2002, 31 m Anm HOFFMANN = ZfIR 2002, 15 m Anm FISCHER = ZBB 2002, 29 m Anm KULKE = EWiR Art 1 RL 85/ 577/EWG 1/2, 261 m Anm PFEIFFER; VOLMER MittBayNot 2002, 252; OLG Koblenz NJW-RR 1999, 1178; überholt SCHÖNFELDER WM 1999, 1495). Der deutsche Gesetzgeber aber hat bei Umsetzung der Richtlinie Verträge über ein Recht an einer Immobilie nicht von § 312 ausgenommen, freilich wohl deshalb, weil er der vom EuGH später abgelehnten Meinung war, schon § 312a (aF) habe diese Wirkung. Das dingliche Rechtsgeschäft kann aber nicht im Sinne des § 312 Abs 1 als entgeltlich angesehen werden. Erst die Kausalbeziehung kann die Entgeltlichkeit im Sinne eines do ut des begründen und die Kausalvereinbarung fällt auch zweifelsfrei unter § 312 (Vorbem 225 zu §§ 1191 ff). Jedenfalls ist es in der Zusammenschau gerechtfertigt (und auch nicht europarechtswidrig), die Rechtsvorschriften dahin zu verstehen, dass die Bestellung eines Grundpfandrechts als solche nicht dem § 312 unterfällt (OLG Koblenz NJW-RR 1999, 1178; PALANDT/GRÜNBERG[68] § 312 Rn 9; STAUDINGER/THÜSING [2005] § 312 Rn 28). Zweifelsfrei ist das freilich nicht (so hat BGHZ 165, 363 vom 10. 1. 2006 – XI ZR 169/05 – ganz unbefangen den Hautürwiderruf einer Fahrnisverpfändung geprüft, ohne irgendeinen Gedanken darauf zu verschwenden, ob der dingliche Verpfändungsvertrag unter § 312 fällt). Häufig wird die Einigungserklärung des Verbrauchers allerdings ohnehin notariell beurkundet, so dass sie gemäß § 312 Abs 3 Nr 3 nicht widerruflich ist. S iÜ zum Haustürwiderruf Vorbem 225 ff zu §§ 1191 ff.

cc)   Die §§ 312b ff über **Fernabsatz** haben für Grundpfandrechte keinen Anwen- **69** dungsbereich, weil das dingliche Geschäft selbst nach § 312b Abs 3 Nr 4 und das zugrundeliegende Rechtsgeschäft nach § 312b Abs 3 Nr 3 aus dem Anwendungsbereich ausgeschlossen sind (s Vorbem 231 zu §§ 1191 ff).

dd)   In allen Verbraucherschutz-Fällen ist die *dingliche Einigung* freilich dann **70** unwirksam, wenn sie aufgrund einer vom Verbraucher erteilten unwirksamen **Vollmacht** erklärt worden ist. So kann beim Verbraucherdarlehen die Vollmacht nach § 492 Abs 4 insgesamt unwirksam sein, was dann auch das dingliche Recht erfasst. Eine Vollmacht kann auch in entsprechender Anwendung des § 168 S 1 unwirksam sein, wenn das zugrundeliegende Rechtsgeschäft wegen Ausübung eines **Widerrufs-rechts** nach § 355 unwirksam sein sollte; ob aber Unwirksamkeit eintritt, ist zumindest für den Fall unklar, dass von der Vollmacht noch vor Erklärung des Widerrufs Gebrauch gemacht worden ist – wie das vor allem in den Fällen unterlassener oder mangelhafter Widerrufsbelehrung die Regel ist. S Einzelheiten zur Unwirksamkeit von Vollmachten, auch wegen unerlaubter Rechtsberatung, STAUDINGER/SACK (2003) § 134 Rn 272 und STAUDINGER/SCHILKEN (2004) § 167 Rn 75 ff. S zu den Folgen einer Unwirksamkeit nachf Rn 102.

c)   Sittenverstoß

71 Ein Grundpfandrecht kann inhaltlich gegen die guten Sitten verstoßen; es ist dann gemäß § 138 in dem Sinn unwirksam, dass eine Eigentümergrundschuld entsteht (nachf Rn 102 f; str). Häufiger werden einzelne Klauseln zu missbilligen sein. Bei sog Sicherungsgrundschulden ist auch das kaum praktisch; insbesondere verstößt es hier nicht ohne weiteres gegen die guten Sitten, Zinsen vereinbaren, die als Darlehenszinsen überhöht und sittenwidrig wären. Die Grundschuldzinsen sind nicht eigentlich maßgebend für die materielle Belastung des Eigentümers; maßgebend ist die Sicherungsvereinbarung (Vorbem 25, 46 zu §§ 1191 ff).

III.   Der Gläubiger des Grundpfandrechts

1.   Individueller Gläubiger

72 Das Grundpfandrecht erfordert eine individuelle und individualisierte Person als Gläubiger (s zum noch nicht existierenden Gläubiger unten Rn 83). Die Bestimmung des Gläubigers kann keinesfalls einem Dritten überlassen werden, auch nicht in der Form, dass ein Vertreter ohne Vertretungsmacht für noch unbestimmte Personen auftritt, deren Identität erst durch spätere Bestimmung des Vertreters und dann durch die Genehmigung des Vertretenen bestimmt wird (**aA** DANIELEWSKI/DETTMAR WM 2008, 713). Ein rangwahrendes Grundpfandrecht, das nicht einer bestimmten Person zusteht, kennt das BGB nicht.

2.   Tauglicher Gläubiger

73 a)   Gläubiger kann jede Person sein, die rechtsfähig ist. Wer nicht rechtsfähig ist, ist ausgeschlossen. Insbesondere kann eine gegenwärtig nicht, sondern erst möglicherweise künftig existierende Person nicht Gläubiger eines Grundpfandrechts sein, allein deshalb nicht, weil mit ihr keine dingliche Einigung zustande kommen kann; eine noch nicht existierende Person durch Vertrag zugunsten Dritter zum Gläubiger zu machen, ist jedenfalls ausgeschlossen (unten Rn 83).

74 b)   Rechtsfähig und damit taugliche Gläubiger sind nicht nur juristische Personen im engeren Sinn, sondern auch „rechtsfähige Personengesellschaften" iSd § 14 Abs 2 (Einzelheiten STAUDINGER/HABERMANN [2004] § 14 Rn 61). Auch die *Vorgesellschaften* sollen rechtsfähig sein und sogar nach Aufgabe der Eintragungsabsicht bis zur Beendigung der Abwicklung bleiben (BGH vom 31. 3. 2008 – II ZR 308/06 – BB 2008, 1249).

75 c)   Auf der Grundlage der (bedauerlichen und kritikwürdigen) neuen Rechsprechung, dass der **BGB-Gesellschaft** Rechtsfähigkeit zukomme (BGHZ 146, 341 vom 29. 1.

2001 – II ZR 331/00 = NJW 2001, 1056 [K SCHMIDT S 993] = DNotZ 2001, 234 [SCHEMANN] = ZIP
2001, 330 [ULMER] = BB 2001, 374 [HABERSACK] = DB 2001, 423 [RÖMERMANN] = DStR 2001, 310
[GOETTE] = NZG 2001, 311 [WESTERMANN; PFEIFER; HEIL] = MDR 2001, 459 [MÜTHER; WIESNER
S 421; STÖBER S 544] = LM ZPO § 233 [Fc] Nr 71 [WILHELM] = EWiR 2001, 341 [PRÜTTING] =
MittBayNot 2001, 192 [ANN] = WM 2001, 408 [GESMANN/NUISSL S 973] = JZ 2001, 655 [WIEDE-
MANN] = ZfIR 2001, 433 [EICKMANN]; anders noch BGH I. ZS [Ballermann] NJW-RR 2001, 114 =
LM § 7 MarkenG Nr 1 [kritisch WESTERMANN]), kann auch eine BGB-Gesellschaft als
solche Gläubigerin sein (BGH vom 25. 9. 2006 – II ZR 218/05 – DNotZ 2007, 118 m Anm
VOLMER = LMK 2006, 201330 [BERGER] zur Eigentumseintragung; OLG Stuttgart vom 9. 1. 2007 –
8 W 223/06 – ZIP 2007, 419 m Anm KESSELER = DB 2007, 334 m Anm TAVAKOLI = EWiR § 705
BGB 1/07, 167 [Schodder] = NZG 2007, 263 m Anm HESSELER/KLEINHENZ S 250; KG vom 6. 5.
2008 – 1 W 319/06 – [Vorlagebeschl] ZIP 2008, 1178 = EWiR § 705 BGB 2/08 [DEMHARTER] zur
Zwangshypothek; OLG Dresden vom 26. 5. 2008 – 3 W 55/08 – ZIP 2008, 2361 zur Eigentumseintra-
gung; HABERSACK BB 2001, 477; EICKMANN ZfIR 2001, 435; MÜNCH DNotZ 2001, 535 mwNw;
KELLER NotBZ 2001, 397; WERTENBRUCH NJW 2002, 324; ULMER/STEFFEK NJW 2002, 330; DEMUTH
BB 2002, 1555; LANGENFELD BWNotZ 2003, 1; NAGEL NJW 2003, 1646; OTT NJW 2003, 1223;
RUHWINKEL MittBayNot 2007, 92; PRIESTER BBV 2007, 837; LAUTNER NotBZ 2007, 229; BIELICKE
Rpfleger 2007, 441) und unter ihrem Namen eingetragen werden (BGH vom 4. 12. 2008 –
V ZB 74/08 – ZfIR 2009, 93 m Anm VOLMER). Die Gegenposition, sie sei zwar rechtsfähig,
aber nicht „grundbuchfähig" (BayObLGZ 2002, 330 vom 31. 10. 2002 – 2Z BR 70/02 = NJW
2003, 70 m Anm OTT/SIEGHART 1223 und Anm NAGEL/RIEVER 1646 = Rpfleger 2003, 80 m Anm
DÜNNIG = EWiR 2003, 107 m Anm POHLMANN; BayObLG vom 4. 9. 2003 – 2Z BR 162/03 – DNotZ
2004, 378 [HEIL] = MittBayNot 2004, 210 [WEIGL]; OLG Celle vom 13. 3. 2006 – 4 W 47/06 – ZfIR
2006, 426 m abl Anm KNÖFEL und zust Anm VOLMER 475; abwegig BayObLG vom 8. 9. 2004 – 2Z
BR 139/04 – MittBayNot 2005, 143 m Anm LAUTNER [selbst wenn der Titel auf die BGB-Gesellschaft laute, könne keine Zwangshypothek für sie eingetragen werden]; LG Berlin vom 20. 1. 2004 –
86 T 51/04 – Rpfleger 2004, 283; OLG Schleswig vom 29. 10. 2007 – 2 W 212/07 – NJW 2008, 306; wirr
LG München I vom 9. 8. 2006 – 13 156506 – NJW-RR 2007, 170; K SCHMIDT NJW 2001, 993; HEIL
NZG 2001, 300; DEMHARTER Rpfleger 2001, 329; ANN MittBayNot 2001, 197; HERTEL DNotZ 2002,
228; KRÄMER RNotZ 2004, 239; MÜNCH DNotZ 2001, 535; STÖBER MDR 2001, 544; VOGT Rpfleger
2003, 491; REYMANN ZfIR 2009, 81; STAUDINGER/GURSKY [2007] § 873 Rn 99; unentschieden
WESTERMANN NZG 2001, 289; ULMER ZIP 2001, 585; LAUTNER MittBayNot 2001, 425), verkennt
die dienende Funktion des Grundbuchs. Akzeptiert man die wenig reflektierte
neuere Rechtsprechung zur Rechtsfähigkeit der BGB-Gesellschaft, dann hat das
Grundbuch auch die erforderliche technische Hilfe bereitzustellen (zu den insgesamt
für den Grundbuchverkehr untragbaren Konsequenzen der Gegenauffassung HEIL NJW 2002, 2158
– gegen ihn DÜMIG ZfIR 2002, 796; gegen den Begriff der Grundbuchfähigkeit zutreffend WAGNER
ZIP 2005, 637). Dem entzieht sich freilich BGH (vom 4. 12. 2008 – II ZR 218/05 – wie vor)
weitgehend, weil er weder eine Lösung für das Problem wechselnder und übereinstimmender Namen noch für den Nachweis der Verfügungsbefugnis bereit stellt
(gleiche Diagnose VOLMER ZfIR 2009, 93). So kann nur dringend davor gewarnt werden,
BGB-Gesellschaften zu Gläubigern von Grundpfandrechten zu machen. S zur Eintragung § 1115 Rn 16 ff.

Allerdings unterscheidet BGHZ 146, 341 (wie im vorhergehenden Abs) zwischen **76**
„rechtsfähigen" Außen- und nicht „rechtsfähigen" Innengesellschaften. In Übereinstimmung mit dem bisherigen Sprachgebrauch (vgl RGZ 166, 160; BGHZ 12, 308; BGH
NJW 1960, 1851; K SCHMIDT, Gesellschaftsrecht § 43 II 3) muss jede Gesellschaft, die als
solche Trägerin von Rechten und Pflichten sein kann, als Außengesellschaft gelten

im Gegensatz zur Innengesellschaft, die sich in rein schuldrechtlichen Beziehungen ihrer Gesellschafter zueinander erschöpft (BGH vom 4. 12. 2008 – V ZB 74/08 – ZfIR 2009, 93 m Anm VOLMER; die BGH-Rechtsprechung nach BGHZ 146, 341 erwähnt denn auch die Differenzierung gar nicht mehr). Untauglich zur Abgrenzung der Grundbuchfähigkeit sind hingegen Unterscheidungen zwischen „unternehmenstragenden" und nicht unternehmenstragenden Gesellschaften (dafür aber EICKMANN ZfIR 2001, 435), weil der Begriff schillernd ist und die Unternehmensträgerschaft täglich wechseln kann. Auch das „Auftreten als Gesellschaft Dritten gegenüber" (HADDING ZGR 2001, 712) erscheint als Kriterium viel zu unbestimmt, zumal umgekehrt jedes Innehaben eines Nichtgesellschaftern gegenüber wirksamen Rechts zwangsläufig zu Außenbeziehungen führt. Wenn zum Gesamthandsvermögen einer BGB-Gesellschaft eine Forderung gehört, die hypothekenfähig ist (oder wenn zu ihrem Gesamthandsvermögen eine Grundschuld gehört), ist sie als solche Trägerin eines Rechts und damit Außengesellschaft (richtig LAUTNER MittBayNot 2001, 425) und eintragungsfähig. Vielleicht in diesem Sinn ist der BGH seit 2001 auf die Unterscheidung nicht mehr zurückgekommen.

77 d)   Die nach § 10 Abs 6 S 1 WEG in der ab 1. 7. 2007 geltenden Fassung ebenfalls als rechtsfähig („teilrechtsfähig") geltende **„Gemeinschaft" der Wohnungseigentümer** (so schon vor Änderung des WEG BGHZ 163, 154 vom 2. 6. 2005 – V ZB 32/05 – m weit Nachw = ZfIR 2005, 506 m krit Anm LÜKE; zust BUB/PETERSEN NJW 2005, 2590; abl die „Polemik" von BORK ZIP 2005, 1205) gilt auch als „grundbuchfähig" (DEMHARTER NZM 2005, 601; vgl zur Eigentumsfähigkeit OLG Celle vom 26. 2. 2008 – 4 W 213/07 – RNotZ 2008, 342; LG Frankenthal [Pfalz] vom 3. 12. 2007 – 1 T 323/07 – MittBayNot 2008, 128) und damit auch als fähig, Gläubiger einer Hypothek zu sein (BÖHRINGER Rpfleger 2006, 53). S zur Fassung der Eintragung § 1115 Rn 13.

78 e)   Unklar ist die Behandlung des **nicht rechtsfähigen Vereins.** Obwohl auf ihn nach § 54 S 1 Gesellschaftsrecht zur Anwendung kommt und er eindeutig eine Organisation mit Außenwirkung ist (S zur Paradoxie des rechtsfähigen nicht rechtsfähigen Vereins WAGNER ZZP 117 [2004], 305, 317 und 357 ff), hat ihn der BGH zunächst nicht allgemein als rechtsfähig behandelt (BGH vom 30. 6. 2003 – II ZR 153/02 – NJW-RR 2003, 1265 = EWiR § 54 BGB 1/04, 5 m Anm VAN LOOK geht jedenfalls mit keinem Wort auf die neue Rechtsprechung zur BGB-Gesellschaft ein; gegen Rechtsfähigkeit auch LG Hagen vom 19. 6. 2006 – 3 T 291/06 – Rpfleger 2007, 26; SCHÖPFLIN, Der nicht rechtsfähige Verein [2003] 364; HESS ZZP 117 [2004], 267. **AA** AG Witzenhausen vom 27. 8. 2002 – 2 C 506/00 – NJW-RR 2003, 614); dabei gibt es in der Rechtsliteratur viel mehr Stimmen – auch das eine Absurdität – für die Rechtsfähigkeit des nicht rechtsfähigen Vereins als für die Rechtsfähigkeit der BGB-Gesellschaft (Nachweise bei STAUDINGER/WEICK [1995] § 54 BGB Rn 14 ff). Danach aber ist der II. Senat des BGH erneut in seinen alten Fehler verfallen, den nicht rechtsfähigen Verein für aktiv parteifähig zu erklären, ohne auch nur andeutungsweise die Konsequenzen zu erörtern, insbesondere die Frage, ob und wieweit er Träger von Rechten sein kann (BGH vom 2. 7. 2007 – II ZR 111/05 – Tn 55, NJW 2008, 69 m zust Anm TERNER S 16). Nicht eingetragene Vereine sind jedenfalls extrem grundbuchuntauglich (STAUDINGER/GURSKY [2007] § 873 Rn 100; **aA** wegen fehlenden Verständnisses für die Registerfunktionen MünchKomm/REUTER[5] § 56 Rn 31), weil – anders als bei der BGB-Gesellschaft – nicht praktikabel auf die (uU zahlreichen) Mitgliedspersonen zurückgegriffen werden kann und auch der Nachweis der Vorstandseigenschaft schwerlich zu führen ist.

f) Die Rechtsfähigkeit **ausländischer** *natürlicher* **Personen** richtet sich nach Art 7 **79** Abs 1 EGBGB (vgl MünchKomm/Birk[4] Art 7 EGBGB Rn 1). Die Rechtsfähigkeit ausländischer *juristischer* Gebilde ist im deutschen Recht hingegen nicht ausdrücklich geregelt. Die deutsche Praxis ist lange Zeit ausschließlich nach der sog Sitztheorie verfahren, dh dass die Rechtsfähigkeit eines Rechtsgebildes anerkannt wurde, wenn es nach dem Recht des Staats, in dem das Gebilde tatsächlich seine Verwaltung führt, als Träger von Rechten und Pflichten anerkannt war. Zumindest im Bereich der Europäischen Gemeinschaft (dazu Staudinger/Habermann [2004] § 14 Rn 62 ff) und im Anwendungsbereich des Freundschafts-, Handels- und Schiffahrtsvertrages zwischen der Bundesrepublik Deutschland und den Vereinigten Staaten von Amerika (vom 29. 10. 1954, BGBl II 1956, 487) ist aber die die sog Gründungstheorie maßgebend; die Rechtsfähigkeit eines Rechtsgebildes wird danach anerkannt, wenn es nach dem Recht des Staats, in dem das Gebilde gegründet wurde, als Träger von Rechten und Pflichten anerkannt wird (BGHZ 153, 353 vom 29. 1. 2003 – VIII ZR 155/02; BGH vom 5.7. 2004 – II ZR 389/02 – IPRax 2005, 339 m Anm Stürner). Besonders problematisch sind hier die *Trusts* des angelsächsischen Rechtskreises, bei denen eine Spaltung der Vermögensposition zwischen der Berechtigung nach strengem und der nach Billigkeitsrecht stattfindet (vgl BGH vom 13. 6. 1984 – IVa ZR 196/82 – NJW 1984, 2762). In der Regel ist dem Trust die Rechtsfähigkeit abzusprechen, so dass nur die Trustees als Inhaber eines Grundpfandrechts infrage kommen (vgl Staudinger/Doerner [2007] § 25 EGBGB Rn 51).

3. Gläubigermehrheit und Gläubigereinheit

Für *mehrere Gläubiger* (dazu Staudinger/Gursky [2007] § 873 Rn 96) kann ein einheit- **80** liches Grundpfandrecht bestellt werden, wenn sie in Ansehung des Rechts in einer *Gesamthandsgemeinschaft* oder in *Bruchteilsgemeinschaft* (KG HRR 1934 Nr 1603) stehen, *Gesamtgläubiger* nach § 428 (KG JW 1933, 702, 2464; Planck/Strecker § 1113 Anm 4 f mwNw; BGB-RGRK/Mattern[12] § 1113 Rn 19) oder *Mitgläubiger* im Sinne des § 432 sind (vgl zur Mitgläubigerschaft Amann DNotZ 2008, 324). Die Mitgläubigerschaft wird in der Literatur nicht behandelt, weil § 432 sie auf Fälle unteilbarer Leitung zu beschränken scheint; aber das Gesetz geht mit Selbstverständlichkeit davon aus, dass Mitgläubigerschaft in Wahrung der Vertragsfreiheit auch bei teilbarer Leistung vereinbart werden kann (Amann DNotZ 2008, 324; Palandt/Grüneberg[68] § 432 Rn 1). Auch bei Grundpfandrechten steht nichts entgegen (Amann DNotZ 2008, 324 mit allerdings nicht überzeugender Begründung, ein Verwertungsrecht sei unteilbar – allein bei der Hypothek geht es um die Geldforderung). S zu den Problemen bei der Hypothek § 1113 Rn 68 und zur Abtretung § 1154 Rn 16.

Das Gemeinschaftsverhältnis der Gläubiger gehört *nicht zum Inhalt* des Grund- **81** pfandrechts. Geht das Grundpfandrecht auf eine Mehrheit von Gläubigern über, dann bestimmt sich deren Gemeinschaftsverhältnis nicht nach dem bei Bestellung des Rechts eingetragenen Gemeinschaftsverhältnis; es ist vielmehr neu festzusetzen.

S zu den speziellen Problemen der Gesamtgläubigerschaft und der Mitgläubiger- **82** schaft bei der Hypothek § 1113 Rn 68.

4. Der (noch) nicht existente Gläubiger

83 Das Bewilligungssystem der GBO lässt es zu, dass Grundpfandrechte zugunsten nicht existenter Personen bestellt werden. Dies bewirkt stets (unten Rn 102), dass eine Eigentümergrundschuld entsteht. Diese ist auch dann dem Zugriff der Gläubiger des Eigentümers unterworfen, wenn die Person noch entstehen kann (zB eine zur Zeit der Eintragung noch nicht existente Gesellschaft), denn es fehlt zunächst zwingend an der dinglichen Einigung über die Bestellung des Grundpfandrechts. Diese kann erst erklärt werden, wenn die als Gläubiger vorgesehene Person entstanden ist; eine dingliche Einigung zugunsten des vorgesehenen Gläubigers als eines Dritten ist – wie überhaupt die Einigung zugunsten Dritter – nach rM nicht zulässig (Nachweise bei STAUDINGER/GURSKY [2007] § 873 Rn 111). Entsteht die Person später und wird die Einigung erklärt, dann richtet sich der Rang auch eines solchen Grundpfandrechts nach der Eintragung (unten Rn 149). S zum Fall, dass die Person auch später nicht entstehen kann, § 1170 Rn 42.

84 Von der (verdeckten) Bestellung für eine Schein-Person ist der Fall zu unterscheiden, dass das Grundpfandrecht **offen** zugunsten noch nicht existierender Personen begründet werden soll, zB für noch nicht vorhandene Abkömmlinge (vgl Mot III 641), für noch unbekannte Erben (RGZ 65, 277 vom 9.3.1907 – V 27/07; vgl auch OLG Hamburg ZBlFG 9, 105 m abl Anm WESTPHAL ZBlFG 9, 96), für die künftigen Kinder der genau bezeichneten NN (einschränkend PLANCK/STRECKER § 1113 Anm 2, 4 b; verneinend OLG Hamburg OLGE 16, 155, s auch KG OLGE 18, 159), für erst zu errichtende Handels- oder gar BGB-Gesellschaften. Solche Rechte sind sowohl künftige als auch aufschiebend bedingt (incertus an incertus quando). Durch § 1113 Abs 2 ist eine solche Gestaltung nicht gedeckt, denn § 1113 Abs 2 geht davon aus, dass eine *gegenwärtige* Einigung über eine Hypothek für eine künftige oder bedingte Forderung möglich ist. Im Fall der (noch) nicht existierenden Person, von der zudem ungewiss ist, ob sie je entstehen wird, ist das – wie im Fall des verdeckt nichtexistenten Gläubigers – nicht möglich. Solche Grundpfandrechte, die das Grundbuch zwangsläufig unrichtig machen, sind **nicht zuzulassen** (ERMAN/WENZEL[12] § 1113 Rn 9; MünchKomm/EICKMANN[4] § 1113 Rn 49; aA RGZ 65, 277 vom 9.3.1907 – V 27/07; STAUDINGER/SCHERÜBL[12] § 1115 Rn 4; SCHÖNER/STÖBER Rn 1930 u Rn 1950 in Fn 67; vgl zur Vormerkung – viel zu großzügig – LG Passau vom 20.3.2003 – 2 T 201/02 – MittBayNot 2004, 362 mit zu Recht krit Anm METZGER; STAUDINGER/GURSKY [2002] § 883 Rn 71 – dort wNw). Sie würden eine Vermögenssperre zugunsten der toten Hand ermöglichen, indem Grundpfandrechte für Abkömmlinge im x-ten Glied begründet werden. Der Einwand (von SCHÖNER/STÖBER[14] Rn 1930), der Rechtsverkehr werde dadurch nicht mehr belastet als durch die Eigentümergrundschuld, ist falsch; letztere hat einen aktuellen Berechtigten, zu dessen Vermögen sie gehört und in dessen Vermögen sie dem Zugriff seiner Gläubiger unterliegt; das Grundpfandrecht für eine erst künftigen Person kann hingegen bestenfalls mit dem Argument angefochten werden, es handle sich um ein noch nicht vollzogenes (?) unentgeltliches, weil rechtsgrundloses Geschäft, wobei für den nichtexistenten Hypothekengläubiger ein Prozesspfleger bestellt werden muss, dessen Kosten wie die Kosten der Rechtsverfolgung überhaupt letztlich mangels eines realen Beklagten dem Anspruchsteller zur Last fallen. So etwas darf die Rechtsordnung nicht zulassen.

85 Es kommt hinzu, dass die – durchaus reale – Überflutung der Grundbücher mit nicht existenten und auch kaum zu identifizierenden Berechtigten (wie identifiziert man eine erst künftige Kommanditgesellschaft?) den Rechtsverkehr erheblich behindert (auch den Eigentümer, der ein solches Phantom-Recht niemals mehr los wird), ohne dass ein anerkennenswertes Bedürfnis für solche Rechtskonstruktionen erkennbar wäre. Auch der (von SCHÖNER/STÖBER[14] Rn 1930 als zu eng abgelehnte) Vorschlag (von MünchKomm/EICKMANN[4] Rn 49), sich an die Rechtsprechung zur Vormerkungsfähigkeit solcher Ansprüche anzulehnen, geht jedenfalls insofern zu weit, als diese Rechtsprechung selbst schon viel zu großzügig ist (**aA** LG Passau vom 20.3.2003 – 2 T 201/02 – RNotZ 2003, 569 im Anschluss an STAUDINGER/GURSKY [2002] § 883 Rn 71 – dort wNw; LUDWIG NJW 1983, 2792; ders Rpfleger 1986, 345; PREUSS AcP 201 [2001] 580; dieselbe DNotZ 2002, 283;). ME besteht kein Bedürfnis für die Grundpfandrechte zugunsten (noch) nicht existierender Personen; jedenfalls ist ein solches Bedürfnis bisher nicht (auch nicht von JOSEF JW 1906, 626 ff; STAMMLER, Unbestimmtheit des Rechtssubjekts, in: FS Gießen [1907]; BAGEL, Zur rechtlichen Stellung der noch nicht erzeugten Deszendenz, Gruchot 52, 193 ff, 215 hinsichtlich der Hypothekenbestellung) plausibel dargelegt worden. Ein dennoch für eine solche Person eingetragenes Grundpfandrecht ist ohnehin *Eigentümergrundschuld;* es gilt das oben Rn 83 für die verdeckt nichtexistente Person Ausgeführte.

IV. Gegenstand der Belastung

1. Grundstück

Mit einem Grundpfandrecht kann ein Grundstück belastet werden (§ 1120 Rn 4 ff), **86** und zwar ein bestimmtes (Spezialitätsprinzip). Gebäude und andere Sachen, die mit dem Grund und Boden fest verbunden sind, sind idR auch wesentliche Bestandteile eines Grundstücks, so dass sie nur mit diesem, nicht auch für sich allein das Belastungsobjekt bilden können (s §§ 93 f). S zum selbständigen Gebäudeeigentum und zum Verfügungsverbot des § 78 SachenRBerG nachf Rn 90. Grundstücke als öffentliche Sachen (zB öffentliche Wege) sind von der Belastung mit Grundpfandrechten nicht ausgenommen. Der Bruchteil eines Grundstücks kann nur belastet werden, wenn er in dem Anteil eines Miteigentümers besteht (vgl näher Erl zu § 1114).

2. WohnungseigentumsG

a) Wohnungs- und Teileigentum

Belastet werden kann Wohnungs- und Teileigentum (OLG Hamm DNotZ 1984, 108; **87** WEITNAUER, WEG § 3 Rn 29; BÄRMANN/PICK, WEG[18] § 1 Rn 16 ff; PALANDT/BASSENGE[67] § 6 WEG Rn 9; SCHÖNER/STÖBER[13] Rn 2951). Einerseits schlägt hier der Charakter des Wohnungs- und Teileigentums als Miteigentumsanteil an einem Grundstück (§ 1 WEG) durch, auch wenn Wohnungs- und Teileigentum gegenüber dem Miteigentum ein aliud darstellen (OLG Hamm DNotZ 1984, 108). Andererseits gilt aber § 1114 wegen der Verselbständigung, die der Miteigentumsanteil beim Wohnungseigentum nach § 7 WEG erfährt, insofern nicht, als ein Wohnungs- oder Teileigentum stets isoliert mit einem Grundpfandrecht belastet werden kann, auch wenn der Wohnungs- oder Teileigentümer noch weitere Wohnungs- oder Teileigentumsrechte am selben Grundstück innehat (AG München MittBayNot 1972, 237). Nicht selbständig belastbar ist aber ein (ungewollt entstandener) isolierter, dh nicht mit Wohnungs- oder Teileigentum verbundener Miteigentumsanteil (OLG Hamm NJW-RR 1991, 335).

b)   Dauerwohn- und Dauernutzungsrechte

88 Kein tauglicher Belastungsgegenstand sind Dauerwohn- und Dauernutzungsrechte
(PALANDT/BASSENGE[67] § 33 WEG Rn 1), die nach § 31 WEG nur Dienstbarkeitscharakter
haben.

3.   Erbbaurechte, Wohnungs- und Teilerbbaurechte

89 Erbbaurechte sind grundpfandrechtsfähig (§ 11 ErbbauRG), ebenso Wohnungs- und
Teilerbbaurechte (§ 30 WEG).

4.   Andere grundstücksgleiche Rechte

90 Belastungsfähig sind andere grundstücksgleiche Rechte, so das Bergwerkseigentum
(§ 9 Abs 1 BBergG) und nach Maßgabe des Landesrechts Berechtigungen nach
Art 68, 69, 74, 196 EGBGB. Gemäß Art 233 § 2b Abs 4, § 4 Abs 1 S 1 und Abs 7
EGBGB kann im Beitrittsgebiet auch dort fortbestehendes selbstständiges **Gebäudeeigentum** mit einem Grundpfandrecht belastet werden, wenn ein eigenes Grundbuchblatt angelegt ist (vgl zur Rechtsunsicherheit und den daraus folgenden Beleihungshinder-
nissen FLIK DtZ 1996, 162, zur Zwangshypothek Bekanntmachung des Bundesministeriums der
Justiz BAnz 1995, 2797). Zu beachten ist das Verfügungsverbot in § 78 SachenRBerG,
wenn Personenidentität zwischen Grundstücks- und Gebäudeeigentümer besteht
(Einzelheiten KRAUSS VIZ 1996, 691; zur Zwangshypothek Bekanntmachung des Bundesministeriums der Justiz BAnz 1995, 2797 u OLG Brandenburg DNotI-Report 1997, 42).

V.   Umfang der dinglichen Haftung

91 Die Haftung für das Grundpfandrecht erstreckt sich auf folgende Sachen und
Rechte:

1.   Bestandteile

92 Das Grundstück haftet mit allen seinen Bestandteilen, gleichgültig ob wesentlich
oder nicht. Bei Wohnungseigentum gehören dazu auch die Rechte und Befugnisse,
die sich aus einer Vereinbarung iSd § 5 Abs 4 S 1 WEG ergeben und zum Inhalt des
Sondereigentums gemacht worden sind, insbesondere Sondernutzungsrechte, auch
Rechte die durch Beschluss nach § 10 Abs 4 WEG ohne Grundbucheintragung
begründet worden sind (s zu den bedenklichen Vorschriften über Veränderungen in diesem
Bereich unten Rn 166). Auch die zwingend an das Wohnungseigentum geknüpfte Mitgliedschaft in der Wohnungseigentümergemeinschaft und damit wirtschaftlich auch
deren Verwaltungsvermögen nach § 10 Abs 7 WEG haften dem Grundpfandrecht in
der Weise, dass die Mitgliedschaft einschließlich der damit verbundenen Vermögensposition in der Zwangsversteigerung auf den Ersteher übergeht. Umso überraschender, dass nach § 10 Abs 7 S 4 WEG das Verwaltungsvermögen trotz Fortbestehens der Wohnungseigentumsrechte auf den Eigentümer des Grundstücks übergeht,
wenn sich sämtliche Wohnungseigentumsrechte in einer Person vereinigen. Die
Folge, dass dem Gläubiger, insbesondere dem, dessen Recht nicht an allen Einheiten
lastet, damit ein Haftungsobjekt entzogen wird, ist nicht hinnehmbar; wie in vergleichbaren Fällen auch (zB Vereinigung durch Erbfolge unter Anordnung einer
Nacherbschaft oder einer Testamentsvollstreckung), muss deshalb das Verwaltungs-

vermögen als fortbestehend angesehen werden, bis die ungleiche Belastung endet; zumindest muss aber § 1121 entsprechend angewandt werden.

2. Bewegliche Sachen

Es haften Erzeugnisse und sonstige Bestandteile, die vom Grundstück getrennt **93** werden und die in das Eigentum des Grundstückseigentümers (§ 953) fallen (vgl § 1120 mit Erl); das Freiwerden von der dinglichen Haftung regeln §§ 1121, 1122. Ebenso haftet das Grundstückszubehör (§ 97), soweit es sich im Eigentum des Grundstückseigentümers befindet (§ 1120).

3. Miet- und Pachtzinsforderungen

Vgl §§ 1123 ff. **94**

4. Subjektiv dingliche Rechte auf wiederkehrende Leistungen

ZB aus Reallasten, der Erbbauzins usw, § 1126. **95**

5. Versicherungsforderungen

Versicherungsforderungen für Gegenstände, die der Hypothekenhaftung unterlie- **96** gen, §§ 1127–1130, ZVG § 21.

6. Entgelt für das Dauerwohnrecht

Anspruch auf das Entgelt für das Dauerwohnrecht, das im Rang nach- oder gleich- **97** steht, vgl § 40 WEG.

7. Entschädigungsansprüche bei Enteignungen

Vgl Art 52, 53, 67 Abs 2 EGBGB. **98**

VI. Rechtsgeschäftliche Begründung der Grundpfandrechte

1. Allgemeines

a) Verfügungsgeschäft
Die Bestellung eines Grundpfandrechts ist insgesamt ein Verfügungsgeschäft; soweit **99** die Rechtswirkung erst aufgrund eines komplexen Tatbestands eintritt (nachf Rn 100 ff), ist erst die Verwirklichung des gesamten Tatbestands Verfügung, nicht das Einzelelement, insbesondere nicht die Einigung allein (vgl STAUDINGER/GURSKY [2007] § 873 Rn 6, 10 ff). Es greifen die allgemeinen Vorschriften über Verfügungen ein (nachf Rn 100). § 1365 Abs 1 kann deshalb grundsätzlich auch auf die Bestellung eines Grundpfandrechts anzuwenden sein (BGHZ 123, 93; OLG Brandenburg FamRZ 1996, 1015; STAUDINGER/THIELE [2007] § 1365 Rn 47; **aA** LG Landshut MittBayNot 1987, 259; **widersprüchlich** BAUER/VOEFELE/MAYER[2] einerseits AT IV 9, andererseits AT IV 66). Die Problematik, dass einerseits die Bestellung eines Grundpfandrechts immer Verfügung über das ganze Grundstück ist, dass aber ein beschränktes Recht wie jedes Grundpfandrecht

Hans Wolfsteiner

immer nur einen Ausschnitt aus dem Eigentum, also nie das gesamte Eigentum beansprucht, löst die hL mit Hilfe einer „wirtschaftlichen Betrachtungsweise" (näheres STAUDINGER/THIELE [2007] § 1365 Rn 47). Auch die Bestellung einer Eigentümergrundschuld ist Verfügung, weil sie eine rechtliche Veränderung des Rechts Eigentum bewirkt; § 1365 Abs 1 bleibt aber unter dem Gesichtspunkt wirtschaftlicher Betrachtungsweise unanwendbar (STAUDINGER/THIELE [2007] § 1365 Rn 47 mwNw). S zu § 1821 Abs 1 Nr 1 unten Rn 119.

b) Allgemeine Vorschriften über Rechte an Grundstücken

100 Auf die rechtsgeschäftliche Bestellung eines Grundpfandrechts scheinen zunächst die allgemeinen Vorschriften über Rechte an Grundstücken (§§ 873 ff) Anwendung zu finden; es bedarf daher grundsätzlich der Einigung der Beteiligten über die dingliche Rechtsfolge (falsch vBERNSTORFF RIW 1997, 181, 182, es bedürfe keiner Mitwirkung des Hypothekengläubigers) und der Eintragung im Grundbuch (§ 873). Fehlt die Einigung oder ist sie unwirksam, entsteht nach hL ein Grundpfandrecht nicht, auch nicht in Form der Eigentümergrundschuld nach § 1163 (RGZ 63, 179; RGZ 68, 97; RGZ 78, 285 für den Fall der Sittenwidrigkeit; RGZ 106, 136; RG HRR 1926 Nr 1946 für den Fall der Scheinbestellung; OLG Zweibrücken ZfIR 2002, 244 für die inhaltlich unzulässige Zwangshypothek [ohne Begründung]; JAUERNIG § 1113 Anm 5a bb; ERMAN/WENZEL[12] § 1163 Rn 6 [rechtspolitisch wünschenswert aber dogmatisch unmöglich]; PALANDT/BASSENGE[67] § 1163 Rn 1. **Unklar** RG JZ 1931, 839, wonach die Abtretung einer nichtigen Eigentümergrundschuld in die Bestellung einer Grundschuld umzudeuten ist – mit welcher Rangstelle?). Dasselbe wird bei der Zwangs- und der Arresthypothek angenommen, wenn die Vollstreckungsvoraussetzungen nicht gegeben waren (KGJ 49, 236; 53, 195; BayObLG MDR 1976, 140; WIECZOREK/SCHÜTZE/STORZ, ZPO[3] § 868 Rn 9; **aM** OLG Frankfurt MDR 1956, 111; SOERGEL/KONZEN[13] Rn 7; vgl BGHZ 30, 173 = NJW 1959, 1873; KG DRW 1940, 406). Dass die Eigentümergrundschuld nach § 1163 ohne Einigung entsteht, erscheint auf dieser Grundlage nur als Ausnahme.

101 Schon früher (STAUDINGER/SCHERÜBL[12] § 1196 Rn 11; ebenso SOERGEL/KONZEN[13] § 1163 Rn 7) ist aber (im Anschluß an ENNECCERUS/WOLFF [7. Aufl 1927] § 145 I 3) die Auffassung vertreten worden, bei fehlender Einigung über die Bestellung einer Hypothek oder Fremdgrundschuld entstehe eine „verdeckte" Eigentümergrundschuld, wenn der Eintragungsantrag des Eigentümers eine gültige Willenserklärung enthalte. Diese Auffassung wird nachf in § 1196 Rn 5 dahin fortentwickelt, dass eine Willenserklärung des materiellen Rechts nicht erforderlich ist, so dass (weil die Eintragungsbewilligung nach Eintragung keine Rechtsbedeutung mehr hat) letztlich die Eigentümergrundschuld allein aufgrund der Eintragung entsteht (BGHZ 36, 84 vom 25. 10. 1961 – V ZR 103/60 – erreicht dasselbe Ergebnis mit einer trickreichen Auslegung der Einigung). Dann entsteht aber, auch wenn ein beliebiger Einigungsmangel vorliegt, mit der Eintragung stets zumindest eine verdeckte Eigentümergrundschuld.

102 Dies führt zu der These, dass allgemein **mit jeder Eintragung eines Grundpfandrechts** (zu den Fällen, dass sich die Eintragung nicht auf ein Rechtsgeschäft stützt, s Rn 129) **ein solches auch entsteht** (s auch § 1196 Rn 6), vorausgesetzt natürlich, dass nicht die Essentialien eines Grundpfandrechts – bestimmter Geldbetrag und bestimmter Gläubiger (s zu letzterem allerdings § 1115 Rn 8 ff) – fehlen. Die Einigung beeinflusst nur den Inhalt des Grundpfandrechts, nicht dessen Entstehen (OLG Bremen DNotZ 1965, 566; iE auch KIEFNER mwNw, der die Eintragungsbewilligung als Grundlage nimmt; unentschieden BAUR/STÜRNER, SR § 36 Rn 108; widersprüchlich MünchKomm/EICKMANN[4] § 1184 Rn 16 einerseits und § 1196

Rn 3 ff andererseits). Diese rechtliche Ausgestaltung der Grundpfandrechte ergibt sich außer aus dem Institut der Eigentümergrundschuld auch aus der Zulassung der Forderungsauswechslung (§ 1180) sowie der Möglichkeit des selbständigen Verzugs des Eigentümers (§ 1141) und der vertraglichen Änderung der Zins- und Zahlungsbestimmungen zwischen Gläubiger und Eigentümer ohne Zustimmung des Schuldners (§ 1119). Die hL ist auch nicht mit § 1163 Abs 2 vereinbar. Bewilligt der Eigentümer zwar die Eintragung einer Hypothek, hält er aber den Hypothekenbrief zurück, um ihn dem Gläubiger erst Zug um Zug gegen Auszahlung des Darlehens auszuhändigen, wird in aller Regel auch die *Einigung* erst bei Briefübergabe erklärt werden; kommt es nicht zur Briefaushändigung, so fehlt es auch an der Einigung. Daraus den Schluss zu ziehen, eine rangwahrende Hypothek sei gar nicht entstanden, würde den Intentionen des § 1163 Abs 2 nicht gerecht.

Der Vorteil dieser streng aus dem Gesetz entwickelten Lösung (die von WILHELM[3] **103** Rn 1590 ff unter Aufgabe seiner früheren Auffassung zu Unrecht als „Billigkeitsjurisprudenz" – ist das überhaupt eine negative Qualität? – abgelehnt wird) liegt darin, dass sie alle kranken Fälle der Grundpfandrechtsbestellung einer übereinstimmenden, konsequenten Lösung zuführt. Darüber hinaus trägt sie in besonderem Maß dazu bei, den wahren Willen der Beteiligten zur Geltung zu bringen. Ist die Einigung (zB wegen eines unerkannten Willensmangels) unwirksam, so benachteiligt die hL den Eigentümer unangemessen (vgl dazu CAHN JZ 1997, 8); bestellt er in dem Glauben, das Grundpfandrecht sei wirksam bestellt, ein weiteres Grundpfandrecht, so will er dessen Gläubiger nur den Nachrang verschaffen, verhilft ihm aber unwillentlich zum Erstrang. Die sich daran knüpfenden schuldrechtlichen Rechtsfolgen (Bereicherungsansprüche des Eigentümers?) sind bisher kaum erörtert. Die hier vertretene Auffassung wahrt hingegen die Rangverhältnisse, die gewollt sind, indem sie dem Eigentümer den sozusagen gutgläubigen Erwerb des Rangs an eigener Sache erlaubt; von der Bestellung eines nachrangigen Rechts kann dieser Rangeffekt aber nicht abhängig sein (**aA** HECK § 84 I). Der (einzige) Nachteil, dass der Eigentümer in jedem Fall der Eintragung das Recht nur wieder löschen lassen kann, wenn er seine Löschungszustimmung in notariell beglaubigter Form vorlegt, wiegt demgegenüber gering.

Liegt eine wirksame Einigung nur zu einem **selbständig lebensfähigen Teil des Grund-** **104** **pfandrechts** vor (s zur Gesamthypothek § 1132 Rn 9), etwa über einen geringeren als den eingetragenen Betrag, so teilt sich das Grundpfandrecht entsprechend (vgl in nicht ganz identischer Fragestellung BGH NJW 1970, 240 mwNw; SOERGEL/HEFERMEHL[13] § 139 BGB Rn 26; SOERGEL/LEPTIEN[13] § 177 BGB Rn 7; PALANDT/HEINRICHS[67] § 167 BGB Rn 10; ERMAN/ PALM § 177 BGB Rn 4). Zwangsläufig haben die Teile Gleichrang (dazu auch unten Rn 122, 149).

2. Eintragung

a) Eintragungsbewilligung

Die Eintragung erfolgt regelmäßig aufgrund einer Eintragungsbewilligung des **105** Grundstückseigentümers nach § 873. Ein Nichtberechtigter kann die Eintragungsbewilligung mit Einwilligung (Ermächtigung) des Eigentümers (§ 185 Abs 1) oder mit dessen Genehmigung (§ 185 Abs 2) im eigenen Namen erklären. Die Erklärung der Auflassung kann idR nicht dahin ausgelegt werden, sie enthalte die Ermächtigung zur Grundstücksbelastung durch den Auflassungsempfänger (BayObLGZ 1970, 254 = NJW 1971, 514 mit kritischer Anm WOLFSTEINER NJW 1971, 1140; BayObLGZ 1979, 12 = DNotZ 1979, 426; SCHÖNER/STÖBER[13] Rn 3317; MünchKomm/KANZLEITER[4] § 925 BGB Rn 44; wenig hilfreich ERMAN/WENZEL[12] § 1113 Rn 18, eine solche Auslegung sei nicht Sache des Grundbuchamts – wessen dann?). Zwar findet ohne Eintragungsbewilligung grundsätzlich – dh bei ordnungsgemäßer Wahrung der Verfahrensvorschriften – keine Eintragung statt; die Eintragungsbewilligung gehört aber als Verfahrenshandlung (MEIKEL/BÖTTCHER, GBO[10] § 19 Rn 29) nicht zum materiellrechtlichen Entstehenstatbestand des Grundpfandrechts nach § 873 Abs 1. Daraus folgt, dass es nach erfolgter Eintragung auf die Ordnungsmäßigkeit der Eintragungsbewilligung überhaupt nicht mehr ankommt (BAUER/VOEFELE/KÖSSINGER, GBO[2] § 19 Rn 304 f); ist die Eintragung einmal erfolgt, so lohnt sich die Frage nach der Eintragungsbewilligung nicht mehr.

b) Bedingungen

106 Die Eintragungsbewilligung kann nach allgemeinen Grundsätzen mit einer Bedingung versehen sein (s zur Zulässigkeit von Bedingungen und zu den Grenzen die Kommentierung zu § 873). Dies darf keinesfalls verwechselt werden mit der Bewilligung, ein bedingtes Recht einzutragen (dazu unten Rn 111 ff). Solange eine aufschiebende Bedingung noch nicht eingetreten ist, darf das Grundbuchamt nicht eintragen; ist eine auflösende Bedingung eingetreten, so darf es nicht mehr eintragen. An dem Grundsatz, dass die Eintragungsbewilligung irrelevant wird, wenn erst einmal eingetragen ist, ändert sich dadurch nichts; tritt etwa eine auflösende Bedingung nach Eintragung ein, so bleibt dies ohne Auswirkung auf das eingetragene Recht.

107 In Teilen Hessens soll die Eintragung (nicht die Bestellung) eines Grundpfandrechts an einem Gebäudegrundstück von der Vorlage einer **Brandversicherungsurkunde** abhängig gewesen sein (s zur Nichtigkeit dieser Bestimmung HAEGELE/SCHÖNER/STÖBER [11. Aufl] Rn 1941 gegen OLG Frankfurt OLGZ 1981, 34). Die Aufhebung des Brandversicherungsmonopols durch § 1 des Hess G zur Durchführung des Art 3 der Richtlinie 92/49/EWG (v 27.7. 1993, GVBl I 352) hat das Erfordernis jedenfalls beseitigt.

3. Einigung

a) Entstehenstatbestand

108 In den vorstehend Rn 102 aufgezeigten Grenzen gehört die Einigung zum Entstehenstatbestand des Grundpfandrechts. Sie ist zwar nicht erforderlich, um ein Grundpfandrecht überhaupt, wohl aber, um es so wie gewollt als Fremdgrundpfandrecht zur Entstehung zu bringen. Nach allgemeinen Grundsätzen (§ 873) kann die Einigung der Eintragung vorausgehen oder nachfolgen. Solange sie nicht erklärt und wirksam geworden ist, ist das Grundpfandrecht (verdeckte) *Eigentümergrundschuld* (s vorstehend Rn 102 und § 1163 Rn 14, str).

109 Eine **Einigung ist nicht erforderlich** in den Fällen der Bestellung einer Hypothek für eine Inhaberschuldverschreibung bzw einer Inhabergrundschuld (§§ 1188, 1195) und einer Eigentümergrundschuld (§ 1196); vielmehr genügt hier die Eintragung, wobei auch hier die Eintragungsbewilligung Verfahrensvoraussetzung, aber ohne materielle Bedeutung ist (§ 1196 Rn 5; **aA** STAUDINGER/SCHERÜBL[12], der in der „Erklärung" des Eigentümers gegenüber dem Grundbuchamt eine selbständige materiellrechtliche Erklärung sieht).

b) Vertragscharakter der Einigung

Die Einigung, die Vertragscharakter hat (kritisch dazu und mwNw STAUDINGER/GURSKY **110**
[2007] § 873 Rn 35 ff), muss grundsätzlich zwischen dem **Eigentümer und dem Grundpfandrechtsgläubiger** vereinbart werden. Wird die Einigung vor der Eintragung
erklärt, so ist maßgeblich, ob der Schuldner im späteren Zeitpunkt der Eintragung
Eigentümer ist; dass er schon zur Zeit der Einigung Eigentümer war, ist nicht
erforderlich (vgl BGH vom 20.1.2006 – V ZR 214/04 – ZNotP 2006, 224). Das mag man als
Fall des § 185 Abs 2 ansehen, muss es aber nicht (s zur vorgezogenen Zwangsvollstrek-
kungsunterwerfung WOLFSTEINER § 28.35. ff mwNw). Die Einigung des Noch-nicht-Berech-
tigten genügt also, wenn er nur später Berechtigter wird. Das trifft auch bei bereits
erfolgter Eintragung zu; war der Schuldner zum Zeitpunkt der Eintragung noch
nicht Eigentümer, so entsteht das Grundpfandrecht als Fremdrecht jedenfalls dann,
wenn er das Eigentum später erwirbt. Aber auch unter den Voraussetzungen des
§ 185 kann die Einigung anstelle des Eigentümers von einem Nichtberechtigten
erklärt werden. Unter den gleichen Voraussetzungen kann auch die Einigungserklärung des Gläubigers von einer dritten Person abgegeben werden. Hingegen ist ein
Einigungsvertrag zugunsten Dritter nicht wirksam (ERMAN/WENZEL[12] § 1113 Rn 14;
STAUDINGER/GURSKY [2007] § 873 Rn 111; vgl BGHZ 41, 95 = NJW 1964, 1124 [krit Anm BÜSSEL-
BERG 1952]; BGH NJW-RR 1986, 848; BGH ZIP 1993, 930 = EWiR 1993, 1063 [H MOHRBUTTER];
OLG Düsseldorf MittRhNotK 1990, 52; **aA** STAUDINGER/SCHERÜBL[12] Rn 38; krit auch LIMMER ZfIR
1997, 633 mwNw); das BGB kennt nur die Begründung von schuldrechtlichen Ansprü-
chen zugunsten Dritter, erlaubt aber nicht, jemandem ohne seinen Willen ein
dingliches Recht aufzudrängen.

c) Bedingte Einigung

Die Einigung kann in der Weise bedingt erklärt werden (zur bedingten Einigung aus- **111**
führlich STAUDINGER/GURSKY [2007] § 873 Rn 116 ff), dass das Grundpfandrecht als Fremdgrundpfandrecht erst nach Bedingungseintritt entsteht oder bei Bedingungseintritt
von selbst wieder Eigentümerrecht wird. Dies ist streng von der Hypothek für eine
bedingte oder künftige Forderung zu unterscheiden (s § 1163 Rn 21). So kann als
auflösende Bedingung vereinbart werden, dass von dritter Seite in das Grundpfandrecht oder in die ihm zugrundeliegende Forderung vollstreckt wird. Nach der hier
vertretenen Auffassung (oben Rn 102 f) ergeben sich daraus keine Schwierigkeiten,
weil die Bedingung den Bestand des Grundpfandrechts selbst nicht berührt, sondern
nur die Frage angesprochen ist, ob das Grundpfandrecht zu einem bestimmten
Zeitpunkt einem Fremdgläubiger oder dem Eigentümer zusteht; einer Unterscheidung zwischen bedingter Einigung und bedingtem Grundpfandrecht bedarf es nicht.
Im Beispielsfall verwandelt sich das Grundpfandrecht bei Bedingungseintritt in eine
Eigentümergrundschuld. Dass sich der Gläubiger eines Grundpfandrechts ohne
Verlautbarung im Grundbuch laufend ändert, ist allen Grundpfandrechten immanent, weil sie durch Zahlung außerhalb des Grundbuchs auf den Eigentümer oder
den Schuldner oder einen Dritten übergehen.

Die **herrschende Lehre**, die solche Bedingungen ebenfalls für zulässig hält (MEIKEL/ **112**
MORVILIUS[10] Einl C 499), derzufolge eine Bedingung aber zur Folge hat, dass ein
Grundpfandrecht, obwohl eingetragen, nicht entsteht oder – ohne Umwandlung in
eine Eigentümergrundschuld – erlischt (MünchKomm/EICKMANN[4] § 1113 Rn 53 ff; ERMAN/
WENZEL[12] § 1113 Rn 15), ist hingegen nicht gesetzeskonform. Das positive Sachenrecht
bietet keine Anhaltspunkte dafür, dass der Gesetzgeber das Entstehen und das

Erlöschen von Grundpfandrechten außerhalb des Grundbuchs ermöglichen will (vgl die allgM zu § 1163 – dort Rn 12 –, dass das Entstehen einer Eigentümergrundschuld nicht ausgeschlossen werden könne). Überdies führt sie zu glasperlenspielartigen Situationen (Beispiel MünchKomm/EICKMANN⁴ § 1113 Rn 59), die sich nur deshalb bislang kaum realisiert haben, weil die Praxis das in diesem Sinn bedingte Grundpfandrecht nicht akzeptiert. So könnte es eine bedingte Einigung über die Bestellung eines unbedingten Grundpfandrechts, eine unbedingte Einigung über die Bestellung eines bedingten Grundpfandrechts und bei der Hypothek noch dazu eine unbedingte Einigung über die Bestellung einer unbedingten Hypothek für eine bedingte Forderung geben (so in der Tat MünchKomm/EICKMANN § 1113 Rn 52 ff; vgl § 1163 Rn 12). Gemäß § 1163 entsteht zwar ein Eigentümerrecht, wenn für eine aufschiebend bedingte Forderung eine Hypothek bestellt wird; kein Eigentümerrecht soll aber entstehen, wenn für die bedingte Forderung auch eine nur bedingte Hypothek bestellt wird (KGJ 46, 237; allgM). Dennoch soll aber offenbar die Eintragung eines solchen bedingten Grundpfandrechts bereits vor dessen Entstehen zulässig sein, obwohl das Grundbuch dadurch unrichtig wird.

113 Eine derartige Vielfalt von Bedingungsinstituten ist mit sachenrechtlichen Grundsätzen nicht vereinbar; praktisch lassen sich die verschiedenen Bedingungen auch gar nicht unterscheiden – es regiert mehr oder weniger die Willkür der Auslegung nach Ergebnis. Vom Standpunkt der hL aus ist deshalb zwar die (unstreitig zulässige) Hypothek für eine bedingte Forderung zuzulassen; für ein aufschiebend bedingtes Grundpfandrecht besteht aber daneben kein Bedarf (§ 1163 Rn 12). Mit Recht vermeidet deshalb die Praxis diese Rechtsfigur, was auch die Ursache dafür sein dürfte, dass es kaum Entscheidungen dazu gibt. Noch obsoleter als das aufschiebend ist das *auflösend bedingte* Grundpfandrecht (obiter erwähnt in BGHZ 29, 363 unter Berufung auf vTUHR, Allgemeiner Teil des Bürgerlichen Rechts, Erster Band S 91 Fn 39); nach hL soll es bei Eintritt der auflösenden Bedingung erlöschen, ohne dass eine Eigentümergrundschuld entsteht (WOLFF/RAISER § 134 I aE; MünchKomm/EICKMANN⁴ § 1113 Rn 58); gegen die Rechtsfigur spricht der gesetzliche Löschungsanspruch nach § 1179a, der bei Verwendung auflösend bedingter Grundpfandrechte überflüssig wäre.

114 Da der Praxis die Vorstellung eines bedingten Grundpfandrechts fremd ist, kann von einem dahin gehenden Willen nur ausgegangen werden, wenn er mit **unzweifelhafter Deutlichkeit geäußert** ist; ist zB einem Schenkungsversprechen der Vorbehalt des Widerrufs beigefügt, so liegt zwar eine auflösend bedingte Forderung vor (§ 158 Abs 2), für welche eine Hypothek bestellt werden kann, nicht aber eine aufschiebend bedingte Hypothek (KGJ 29 A 243); ebensowenig kann bei einer Hypothek für einen Gesamtgläubiger von einer bedingten Hypothek ausgegangen werden, obwohl der zugrundeliegende Anspruch auflösend bedingt durch Zahlung an einen anderen der Gesamtgläubiger ist (BGHZ 29, 363).

d)   Zeitlich begrenzte Grundpfandrechte

115 Was für das bedingte Grundpfandrecht ausgeführt wurde, gilt auch für die zeitliche Begrenzung eines Grundpfandrechts. Ist es zeitlich begrenzt, so entsteht das Grundpfandrecht mit der Eintragung als Eigentümergrundschuld und verwandelt sich mit Eintritt des Anfangstermins in ein Fremdgrundpfandrecht; mit Eintritt eines Endtermins wird es wieder Eigentümergrundschuld. In diesem Sinn sind zeitliche Beschränkungen, zB dass das Grundpfandrecht mit dem Tod des Gläubigers erlöschen soll, zulässig (§ 23 Abs 2 GBO).

e) Form

Die Einigung bedarf keiner Form (Kritik daran nachf Rn 184). **116**

f) Unwirksame Einigung

Als Vertrag kann die Einigung aus denselben Gründen unwirksam sein, aus denen **117** Verträge auch sonst der Wirksamkeit ermangeln können. Insbesondere kann die Einigung als solche im Sinne des § 138 gegen die guten Sitten verstoßen (oben Rn 71; s weiter § 1113 Rn 10 und Vorbem 21 f, 220 f zu §§ 1191 ff). Anfechtbarkeit nach InsO oder AnfG führt auch nach erfolgreicher Anfechtung nicht zur Nichtigkeit, ja nicht einmal zur Verpflichtung, das Recht zu beseitigen, sondern nur, es nicht gegen den Anfechtenden geltend zu machen (BGHZ 130, 314 = LM AnfG § 7 Nr 18/19 m Anm ECKHARDT = EWiR § 11 AnfG 1/95, 845 m Anm GERHARDT; BGH NJW 1996, 2231). Bei unwirksamer Einigung entsteht, wie oben dargelegt, eine Eigentümergrundschuld (str).

g) Genehmigungserfordernisse

Die Bestellung eines Grundpfandrechts kann **staatlicher Genehmigung** bedürfen, zB **118** nach § 144 Abs 2 Nr 2 HS 2 BauGB (dazu Gutachten DNotI-Report 1996, 191; WORMUTH/ TRENKEL ZflR 2009, 400; zur Genehmigungsbedürftigkeit des Sicherungsvertrags s Vorbem 215 zu §§ 1191 ff). Die Rechtsfolgen einer fehlenden Genehmigung richten sich nicht selbstverständlich nach den Grundsätzen oben Rn 71 ff; maßgeblich ist der Zweck des Genehmigungserfordernisses, der (ausnahmsweise) auch zur Nichtigkeit des Grundpfandrechts dann führen mag, wenn auch die Entstehung eines Eigentümergrundpfandrechts gegen den Schutzzweck verstößt. Im Fall des BauGB ist das aber nicht der Fall. Ist die Bestellung genehmigungsbedürftig, so ist es im Allgemeinen auch die Inhaltsänderung; die Abtretung ist aber keine Inhaltsänderung in diesem Sinn (Gutachten DNotI-Report 1996, 191). Bei Grundschulden fällt das zugleich erklärte abstrakte Schuldversprechen nicht unter die Genehmigungspflicht.

Als Verfügung über ein Grundstück (oben Rn 99) bedarf die Bestellung eines Grund- **119** pfandrechts durch gesetzliche Vertreter eines Minderjährigen oder durch den Vormund der familien- bzw **vormundschaftsgerichtlichen Genehmigung** nach §§ 1821 Abs 1 Nr 1, 1643 Abs 1 (Ivo ZNotP 2004, 17). Dies gilt unabhängig davon, ob die Verfügung das Mündel wirtschaftlich belastet; die wirtschaftlichen Folgen der Bestellung des Grundpfandrechts sind nicht Voraussetzung, sondern Gegenstand der Prüfung durch das Gericht (aA BGH NJW 1998, 453 = EWiR § 1821 BGB 1/98, 359 [krit DAUNER-LIEB] für eine Belastung im Zusammenhang mit einem bereits genehmigten Grundstückserwerb; zust BAUER/VOEFELE/MAYER, GBO[2] AT IV 59; kritisch ZIMMERMANN ZEV 1998, 111; GSCHOSSMANN MittBayNot 1998, 236; SCHÖNER/STÖBER[13] Rn 3688). Bestellt eine BGB-Außengesellschaft die Grundschuld, so folgt aus der Rechtsprechung zur Rechtsfähigkeit einer solchen Gesellschaft (oben Rn 75 ff), dass auch bei Beteiligung Minderjähriger keine Genehmigungspflicht besteht (OLG Schleswig-Holstein MittBayNot 2002, 294 m Anm LAUTNER S 256; ebenso schon LG Aschaffenburg MittBayNot 1973, 377; LG Wuppertal NJW-RR 1995, 152; aA OLG Hamburg FamRZ 1958, 333; OLG Koblenz FamRZ 2003, 1714 m Anm WERTENBRUCH). S zum Sicherungsvertrag bei der Grundschuld Vorbem 215 zu §§ 1191 ff.

Hans Wolfsteiner

120 Soweit **Auslandsrechte** für die Einräumung von Sicherungsrechten durch eine Gesellschaft besondere Formvorschriften oder einen Publizitätsakt in Form einer **Registrierung** vorschreiben (für England und Wales – Registrierung beim Companies House – LENHARD RIW 2007, 348), ist es eine Frage der Qualifikation, ob solche Vorschriften gesellschaftsrechtlich (als Beschränkung der Vertretungsmacht der Organe), sachenrechtlich oder insolvenzrechtlich zu qualifizieren sind. Die Frage stellt sich insbesondere für englische companies limited by shares mit Verwaltungssitz in Deutschland (für gesellschaftsrechtliche Qualifikation und damit volle Relevanz für Grundpfandrechte an deutschen Grundstücken LENHARD RIW 2007, 348).

4. Übereinstimmung von Einigung und Eintragung

121 Einigung und Eintragung müssen – vermittelt durch die Eintragungsbewilligung – grundsätzlich übereinstimmen. Stimmen sie nicht überein, so hindert das nach den oben Rn 102 dargelegten Grundsätzen zwar nicht die Entstehung des Grundpfandrechts als solchem, wohl aber die Entstehung mit dem gewollten Inhalt:

a) Eintragung als Höchstgrenze
122 Das Grundpfandrecht kann anfänglich niemals einen größeren Umfang haben als die Eintragung, auch wenn die Einigung darüber hinausgehen sollte. „Umfang" ist dabei alles, was sich aus der Sicht des Eigentümers als Belastung darstellt. Darunter fallen ein höherer Kapitalbetrag als eingetragen, höhere Zinsen, frühere oder von kürzeren oder leichter zu wahrenden Kündigungsfristen abhängige Fälligkeiten, der Verzicht auf Briefvorlage, nicht aber der Rang (unten Rn 149). Bleibt hingegen die Einigung im Umfang hinter der Eintragung zurück, so gilt – vorbehaltlich eines gutgläubigen Erwerbs – das, worüber sich die Parteien geeinigt haben. Betrifft das Einigungsdefizit den Kapitalbetrag, so entsteht in Höhe der Differenz eine Eigentümergrundschuld, die in Ermangelung eines Rechtsgrunds für ein anderes Rangverhältnis Gleichrang mit dem geeinigten Teil des Grundpfandrechts hat (oben Rn 104). Betrifft das Defizit hingegen ausschließlich Zinsen oder sonstige Nebenleistungen, so entsteht kein Eigentümerrecht, weil eine von einer Hauptforderung isolierte Zins- oder Nebenleistungsforderung nicht Gegenstand eines Grundpfandrechts sein kann (oben Rn 49 ff). Ebenso wenig entsteht ein Eigentümerrecht, wenn das Defizit nur die Konditionen der Forderung betrifft.

123 Ein Fall der Nichtübereinstimmung zwischen Einigung und Eintragung ist es auch, wenn die Beteiligten sich über die Bestellung eines Grundpfandrechts geeinigt haben, die *Gläubigerbezeichnung* in der Eintragung aber so mangelhaft ist, dass sie den Gläubiger schlechthin nicht zu identifizieren geeignet ist (§ 1115 Rn 9); auch dann entsteht eine Eigentümergrundschuld. Ist hingegen der *Betrag des Grundpfandrechts* nicht feststellbar, dann scheidet auch das Entstehen einer Eigentümergrundschuld aus; das Grundpfandrecht ist schlechthin nichtig. Haben sich die Beteiligten über eine *Hypothek* geeinigt, ist aber eine *Grundschuld* eingetragen oder umgekehrt, entsteht nur eine Eigentümergrundschuld, denn es ist nicht festzustellen, dass das eine Recht gegenüber dem anderen ein Minus wäre. Dasselbe gilt im Falle des Dissenses. Die *Sicherungshypothek* ist hingegen in jeder Hinsicht eine geringere Belastung als die Verkehrshypothek, so dass im Differenzfall jedenfalls eine Sicherungshypothek entsteht.

b) Buchrecht statt Briefrecht

Haben sich die Parteien über die Bestellung eines Briefrechts geeinigt oder die Frage **124** der Brieferteilung mit der Folge des § 1116 Abs 1 überhaupt nicht in ihre Einigung einbezogen, wird jedoch im Grundbuch ein *Ausschließungsvermerk* eingetragen, so entsteht nach § 1117 Abs 1, § 1163 Abs 2 ein *Briefrecht,* das freilich bis zur Erteilung und Übergabe des Briefes nach § 1117 dem Eigentümer als Eigentümergrundschuld zusteht (STAUDINGER/GURSKY [2007] § 873 Rn 207; WOLFF/RAISER § 133 V 2; ERMAN/WENZEL[12] § 1116 Rn 7; BGB-RGRK/MATTERN[12] § 1116 Rn 14; MünchKomm/EICKMANN[4] § 1116 Rn 28; SOER-GEL/KONZEN[13] § 1113 Rn 6; PLANCK/STRECKER § 1116 Anm 1c; MEIKEL/MORVILIUS[10] Einl C 495). Die Ausschließung der Brieferteilung belastet den Eigentümer, weil der Gläubiger eines Buchrechts das Grundpfandrecht bereits mit Eintragung statt erst mit Übergabe des Briefs erwerben würde, während das Briefrecht im Übrigen für den Eigentümer nicht belastender ist als ein Buchrecht. Das Grundbuch ist mit den Folgen der §§ 891, 892 unrichtig und unterliegt der Berichtigung nach § 894 BGB, § 22 GBO (PLANCK/STRECKER aaO). War allerdings eine Vereinbarung nach § 117 Abs 2 getroffen, so ist zwar das Grundbuch ebenfalls unrichtig; die Hypothek steht aber dennoch bereits dem Gläubiger zu (MünchKomm/EICKMANN[4] § 1116 Rn 28; STAUDINGER/GURSKY [2007] § 873 Rn 209). Die Parteien sind im Übrigen nicht gehindert, ihre Einigung nachträglich an die Eintragung anzupassen und das Grundbuch damit richtig zu machen.

c) Briefrecht statt Buchrecht

Haben sich die Parteien auf die Bestellung eines Buchrechts geeinigt, wird jedoch **125** die *Ausschließung* der Brieferteilung *nicht* eingetragen, entsteht gleichfalls ein *Brief-recht* weil ein Buchrecht über die Eintragung hinausgehen würde; gemäß §§ 1117 Abs 1, 1163 Abs 2 steht es zunächst dem Eigentümer als Eigentümergrundschuld zu (hM; STAUDINGER/GURSKY [2007] § 873 Rn 207; WOLFF/RAISER aaO; SOERGEL/KONZEN aaO; PLANCK/STRECKER aaO; MEIKEL/MORVILIUS[10] Einl C 496; WILHELM[3] Rn 1583. **Abweichend** WESTERMANN[5] § 95 B 3 – Briefrecht mit Aushändigungsvereinbarung nach § 1117 Abs 2). Anders als im Fall b ist jedoch das Grundbuch nicht unrichtig (PLANCK/STRECKER § 1116 Anm 1c; SOERGEL/KONZEN aaO; **aM** GÜTHE/TRIEBEL Vorbem 87 vor dem 2. Abschn), denn mangels Eintragung der Ausschließung ist das Grundpfandrecht als Briefrecht eingetragen. §§ 892 f sind daher hier unanwendbar. Beruht die Eintragung auf einer von der Einigung differierenden Eintragungsbewilligung, so kann der Gläubiger Ansprüche auf Eintragung des Ausschließungsvermerks lediglich auf Grund des dem dinglichen Geschäft zugrundeliegenden schuldrechtlichen Verhältnisses geltend machen. War die Ausschließung bewilligt und beantragt, so kann das Grundbuchamt die Eintragung nachholen (PLANCK/STRECKER § 1116 Anm 1c), und zwar ohne Zustimmung etwaiger nachrangiger Gläubiger (1116 Abs 3). Der Gläubiger kann über die Hypothek erst dann wirksam verfügen, wenn entweder der Brief nachträglich erteilt oder der Ausschließungsvermerk ins Grundbuch eingetragen wird (BGB-RGRK/MATTERN[12] § 1116 Rn 12).

d) Dissens über die Brieferteilung

Besteht ein Dissens über die Brieferteilung, weil die eine Partei die Bestellung eines **126** Briefrechts und die andere die Bestellung eines Buchrechts zu wollen erklärte, so kommt es darauf an, ob nach den Umständen des Falles § 139 entsprechend anzu-wenden ist. Dabei ist idR davon auszugehen, dass die Ausschließung des Briefs als untergeordnete Frage angesehen wird und daher angenommen werden darf, dass die

Bestellung des Grundpfandrechts auch ohne eine Einigung über die Ausschließung des Briefs vorgenommen sein würde. Es ist dann mit der Eintragung ein Briefrecht entstanden, das gemäß §§ 1117 Abs 1, 1163 Abs 2 bis zur Erteilung und Aushändigung des Briefs dem Eigentümer als Eigentümergrundschuld zusteht (Wolff/Raiser § 133 V 2; Erman/Wenzel[12] § 1116 Rn 7; Palandt/Bassenge[68] § 1116 Rn 3).

e)   Einigungskonflikt Verkehrshypothek – Sicherungshypothek
127 S § 1184 Rn 10.

f)   Anpassung der Einigung an das Grundbuch
128 Da die Einigung jederzeit auch nach Eintragung erfolgen kann, können die Parteien nachträglich ihre Einigung dem Grundbuchinhalt anpassen und damit das Grundpfandrecht inhaltlich auf den im Grundbuch eingetragenen Stand bringen. Hingegen kann die Einigung nicht nachträglich in dem Sinne **aufgehoben oder eingeschränkt** werden, dass das mit dem Grundbuchinhalt bereits entstandene Grundpfandrecht inhaltlich eingeschränkt oder gar aufgehoben wird; das ist dann nur noch auf dem Weg der §§ 875, 877, 1168 möglich. Bis das Recht so, wie im Grundbuch eingetragen, entsteht (zB bis zur Übergabe des Briefs an den Gläubiger), dürfte eine formlos wirksame Änderung der Einigung allerdings noch möglich sein.

VII. Nicht rechtsgeschäftlich begründete Grundpfandrechte

1.   Begründung durch Surrogation

129 Nicht rechtsgeschäftlich, sondern kraft Gesetzes durch Surrogation entstehen Sicherungshypotheken in den Fällen der §§ 1287 S 2 BGB, 848 Abs 2 ZPO. Die Hypothek entsteht ohne Eintragung; weiß das Grundbuchamt allerdings, dass mit Eigentumsumschreibung als Surrogat für das bisher bestehende Forderungspfandrecht eine Sicherungshypothek entsteht, so darf es – um das Grundbuch nicht unrichtig zu machen – den Eigentumsübergang nicht eintragen, wenn nicht zugleich Antrag auf Eintragung der Sicherungshypothek gestellt wird (BayObLG NJW-RR 1991, 567). Der *Rang* der Hypothek richtet sich nicht nur nach dem Rang des Pfandrechts, sondern auch nach dem Inhalt des verpfändeten Anspruchs; ist der Anspruch nur auf Erwerb eines belasteten Grundstücks gerichtet und wird die Belastung zugleich mit dem Eigentumsübergang eingetragen, so erhält die Sicherungshypothek nur Rang nach dieser Belastung (BayObLGZ 1972, 46 vom 17.2.1972 – BReg 2 Z 88/71). Die Sicherungshypothek ist keine Zwangshypothek; da sie nicht auf einem vollstreckbaren Titel beruht, findet § 867 Abs 3 ZPO keine Anwendung. Zur Zwangsvollstreckung aus ihr bedarf es eines eigenen Titels (aA LG Stuttgart vom 8.9.2003 – 1 T 58/03 – zitiert nach juris; Fischinger WM 2009, 637). Zum Erlöschen kann die Sicherungshypothek nach Eigentumseintragung nur gebracht werden, wenn sie vorher eingetragen wird (aA Staudinger/Gursky [2007] § 875 Rn 73, der analog §§ 875, 1183 eine eintragungslose Aufhebung für möglich hält). Bis zur Eintragung ist gutgläubiger hypothekenfreier Erwerb des Grundstücks möglich (Wolff/Raiser § 151 IV 2).

130 Neuerdings wird zumindest in Erwägung gezogen, ein Grundpfandrecht (genauer: eine Höchstbetragshypothek) als **Surrogat einer Vormerkung** für einen Anspruch auf Eigentumsverschaffung entstehen zu lassen, wenn der Eigentumsverschaffungsanspruch durch Rücktritt vom Vertrag erlischt (Bohrer DNotZ 2007, 500, 506). Der

Vorschlag verdient keine Billigung; die Analogie geht zu weit. Es besteht auch kein Bedürfnis für eine solche Gestaltung; niemand hindert einen Grundstückskäufer daran, zur Absicherung des Rücktrittsfalls die Bestellung einer Höchstbetragshypothek zu fordern. Da er damit aber vorwiegend den Fall eigener Pflichtverletzung sichern würde, wird das Verlangen schwerlich auf Gegenliebe stoßen; entgegen einer Mindermeinung (Thode ZNotP 2004, 210) hat auch der Gesetzgeber keinen Anlass, den Käufer für den Fall eigener Pflichtverletzung besonders zu sichern.

2.   Begründung im Wege der Zwangsvollstreckung

Im Wege der Zwangsvollstreckung kann nach §§ 866 ff, 932 ZPO eine Hypothek **131** (Sicherungshypothek) als Zwangs- oder Arresthypothek eingetragen werden (s zu Einzelheiten Vorbem 40 ff zu §§ 1113 ff). Die Eintragung erfolgt durch das *Grundbuchamt als Zwangsvollstreckungsorgan.* Zum Entstehenstatbestand der Hypothek gehört jedenfalls die Eintragung im Grundbuch.

3.   Begründung auf Ersuchen

Auch nach §§ 322, 324 AO, 7 JBeitrO und sonstigen **öffentlich-rechtlichen Vollstre- 132 ckungsvorschriften** kann eine Zwangshypothek eingetragen werden. Eine Art Zwangshypothek ist auch die nach § 128 ZVG einzutragende Sicherungshypothek. Diese Hypotheken unterscheiden sich in ihrer Entstehung dadurch von den vorstehend behandelten, dass sie vom Grundbuchamt nicht in eigener Vollstreckungskompetenz, sondern gemäß § 38 GBO auf Ersuchen einer anderen Vollstreckungsstelle (Aufzählung bei Kehe/Herrmann, GBO[6] § 38 Rn 10 ff; Meikel/Roth[10] § 38 GBO Rn 38 ff) eingetragen werden. Demgemäß stellt sich die Frage, ob Entstehung und Fortbestand der Hypothek von der Ordnungsmäßigkeit und dem Fortbestand des Eintragungsersuchens abhängig sind. Auch diese Frage ist konsequenterweise zu verneinen, weil das Eintragungsersuchen wie die Eintragungsbewilligung zu behandeln ist (oben Rn 102 f u 105).

4.   Umlegungsverfahren, Flurbereinigung

Schließlich können in den verschiedenen bundes- und landesrechtlichen Umlegungs- **133** verfahren (zB §§ 45 ff BauGB; § 68 FlBerG) Grundpfandrechte außerhalb des Grundbuchs durch Verwaltungsakt (bezeichnet idR als „Umlegungsplan" oder „Flurbereinigungsplan") begründet werden. Im Gegensatz zu allen anderen nicht rechtsgeschäftlich begründeten Grundpfandrechten können nicht nur Sicherungshypotheken, sondern *Grundpfandrechte jeder Art* geschaffen werden, weil es sich wirtschaftlich – rechtlich aber nur von der Begründung her – um einen Surrogationsvorgang, nicht um eine Zwangseintragung handelt. Die Umlegungsbehörde ersucht das Grundbuchamt anschließend um Eintragung im Wege der Grundbuchberichtigung. Das Grundpfandrecht entsteht mit und ist zunächst abhängig von der Bestandskraft des betreffenden Verwaltungsakts. Entsprechend den vorstehenden Darlegungen muss auch hier das Grundpfandrecht ohne Rücksicht auf den Bestand des Verwaltungsakts als solches entstehen, sobald es im Grundbuch eingetragen wird. S weiter § 1114 Rn 24.

5. Ersitzung

134 Die Ersitzung eines Grundpfandrechts ist ausgeschlossen (§ 900 Abs 2), nicht aber das Erlöschen eines Grundpfandrechts durch sog **Versitzung** nach § 901 (STAUDINGER/ GURSKY [2008] § 900 Rn 27 und § 901 Rn 8).

VIII. Übertragung, Übergang und Belastung von Grundpfandrechten

1. Übertragung

135 Zur **Übertragung** und zum Inhaberwechsel kraft Gesetzes s die Kommentierung der Einzelvorschriften. Die Übertragbarkeit kann grundsätzlich ausgeschlossen werden; zulässig ist auch eine Beschränkung der Übertragbarkeit, zB durch Bindung an eine gewisse Form oder an die Zustimmung des Grundstückseigentümers (RGZ 136, 395, 399) oder eines Dritten oder in der Weise, dass die Übertragung nur an individuell oder gattungsmäßig bestimmte Personen zulässig ist (OLG München JFG 16, 291, 295). Bei der Hypothek kann die Abtretung der gesicherten Forderung und damit im Ergebnis der Hypothek durch Gesetz verboten sein (nicht pfändbare Forderung, § 400). In gewissen Zusammenhängen kann auch die Abtretung einer Grundschuld gesetzlich ausgeschlossen sein, zB wenn sie im Sinne des § 57 Abs 1 S 1 AktG eine Einlagerückgewähr darstellen würde. S zur Frage, ob behördliche Genehmigungen erforderlich sind, oben Rn 118.

a) Nicht übertragbare Hypothek
136 Die Übertragbarkeit einer **Hypothek** kann sowohl durch eine auf die zugrundeliegende *Forderung bezogene Vereinbarung* nach § 399 (KG HRR 1934 Nr 577; KGJ 29 A 246) als auch als *Inhalt der Hypothek* abweichend von § 1153 ausgeschlossen werden; letzteres verstößt nicht gegen § 137 S 1, weil die beschränkte Verfügbarkeit – anders als beim Eigentum, dessen Inhalt nicht rechtsgeschäftlich abgeändert werden kann – bereits Inhalt der Hypothek ist, also nicht die Verfügung über ein veräußerliches Recht ausgeschlossen, sondern ein von vornherein unveräußerliches Recht geschaffen wird (OLG Hamm DNotZ 1968, 631 = NJW 1968, 1289; OLG Stuttgart OLGZ 1965, 96; SCHÖNER/STÖBER Rn 2379; BAUER/vOEFELE/KOHLER, GBO[10] § 26 Rn 16 ff und BAUER/vOEFELE/ BAUER, AT I Rn 104). Die Gegenansicht (BÖTTCHER Rpfleger 1983, 49 und MEIKEL/BÖTTCHER, GBO[10] § 26 Rn 19; DÄUBLER NJW 1968, 1117; MEDICUS, BGB AT Rn 676; MAURER, in: Die Prinzipien der Abstraktion, Kausalität und Trennung [2003] 19 ff; ders JuS 2004, 1045; DÜMIG ZfIR 2004, 704) stützt sich zT auf das (nicht positiv-rechtlich angeordnete, sondern nur abgeleitete) Prinzip des geschlossenen Katalogs der Sachenrechte (gegen diese Argumentation DÜMIG ZfIR 2004, 704), das aber inhaltliche Variationen der einzelnen Rechte keineswegs untersagt. Andernteils wird argumentiert, §§ 413, 499 gälten nicht, weil sie nur auf Rechte des Schuldrechts anwendbar seien (so DÜMIG ZfIR 2004, 704) oder weil § 873 Abs 1 Fall 3 lex spezialis sei (MAURER JuS 2004, 1045); allein nicht die Zulassung eines Abtretungsausschlusses bedarf der gesetzlichen Rechtfertigung, sondern das Verbot (**aA** MEIKEL/BÖTTCHER, GBO[10] § 26 Rn 19, der die im Gesetz nirgendwo verankerte petitio principii aufstellt, alle Vermögensrechte seien von Haus aus und anscheinend zwingend veräußerlich; ähnlich MAURER JuS 2004, 1045) und § 873 regelt nicht die Abtretbarkeit, sondern nur die Form der Abtretung eines abtretbaren Rechts. Auch § 137 S 1 steht nicht entgegen (so aber MAURER JuS 2004, 1045). Dass die Veräußerlichkeit des Eigentums nicht mit dinglicher Wirkung eingeschränkt werden kann, folgt einerseits

daraus, dass es definitionsgemäß das umfassende Recht ist, dessen Inhalt nicht reduziert werden kann, und andererseits daraus, dass der Eigentümer den eigentumsbeschränkenden Vertrag mit sich selbst schließen müsste, was nicht möglich ist; für ein rechtsgeschäftlich geschaffenes Recht am Eigentum gilt aber Beides nicht. S zum Argument fehlenden Bedürfnisses § 1113 Rn 42 und nachf Rn 138. S zur Anwendung des §§ 354a HGB nachf Rn 139, zu § 22d Abs 4 S 1 KWG unten Rn 143 und zum UN-Übereinkommen zur Forderungsabtretung unten Rn 144.

Eine *Vereinbarung nach § 399* kann auch nachträglich getroffen werden und ist als **137** Reduzierung der Forderung – vorbehaltlich gutgläubigen Erwerbs – ohne Grundbucheintragung wirksam. Sie schließt die Pfändung der Forderung nach § 851 Abs 2 ZPO nicht aus (STAUDINGER/BUSCHE [2005] § 399 Rn 63). Wird die *Hypothek als nicht abtretbare* bestellt, so schließt das die Abtretung wie auch die Pfändung der Forderung nicht aus; die Hypothek geht aber nicht auf den Abtretungs- oder Überweisungsempfänger über, sondern wird Eigentümergrundschuld (wie § 1190 Rn 62). Demgemäß bedarf die Abtretung auch nicht der Form des § 1154. Der Ausschluss der Abtretbarkeit der Hypothek bedarf zu seiner Wirksamkeit der Eintragung in das Grundbuch. Bezugnahme auf die Eintragungsbewilligung soll zulässig sein (OLG Hamm Rpfleger 1968, 283, s § 1115 Rn 46), was im Ergebnis auf Bedenken stößt, weil die Vereinbarung für den Rechtsverkehr außerordentlich gefährlich ist (Bedenken äußert auch SCHÖNER/STÖBER Rn 2379, ohne aber Konsequenzen zu ziehen). Da die Eintragung die Grundlagen des Rechts berührt, ist im Wege der Rechtsfortbildung die Bezugnahme auf die Eintragungsbewilligung auszuschließen (unverständlich BAUER/VOEFELE/MAYER, GBO²AT IV Rn 51, wonach bei der Grundschuld Eintragung im Grundbuch erforderlich sein soll, bei der Hypothek aber nicht. **AA** für § 1092 Abs 1 S 2 – Eintragungsbewilligung genügt – RGZ 159, 193 [204]; BGH NJW 1962, 1392; BGH NJW 1963, 2319; BGH vom 29.9.2006 – V ZR 25/06 – MittBayNot 2007, 47; OLG Karlsruhe BB 1989, 942). Nach § 1157 kann der Ausschluss nicht wirksam werden, weil ohne Grundbucheintragung § 1153 nicht außer Kraft gesetzt werden kann; der Eigentümer kann sich aber über § 1157 gegen eine Vollstreckung wehren, wenn er das Abtretungsverbot mit dem früheren Gläubiger außerhalb des Grundbuchs vereinbart hatte. Ob § 851 Abs 2 ZPO auch auf ein nicht abtretbares Grundpfandrecht anwendbar ist, wird im Schrifttum nicht erörtert; die Frage ist zu verneinen (s nachf).

b) Nicht übertragbare Grundschuld

Die Übertragbarkeit der Grundschuld kann in gleicher Weise ausgeschlossen wer- **138** den wie die der Hypothek (vorst Rn 136; § 1154 Rn 79); hingegen wirkt ein Ausschluss der Abtretbarkeit der gesicherten Forderung nicht auf die Grundschuld. Die nicht abtretbare Grundschuld wird in der Praxis zunehmend dazu verwandt, einen Restkaufpreis zu sichern (vgl KERSTEN/BÜHLING/WOLFSTEINER²² § 72 Rn 16 f), nachdem die Eintragung der Kaufpreisresthypothek als Eigentümerhypothek verweigert wird (KG JW 1936, 3131; OLG Zweibrücken NJW-RR 1990, 147; s § 1113 Rn 42) und deren Eintragung erst nach Eigentumsübergang wegen möglicher Zwischenrechte nicht sicher ist. Sicher ist der Ausschluss aber nur, wenn nicht § 851 Abs 2 ZPO auch auf das dingliche Recht angewandt wird; das ist bisher nicht geklärt.

c) Grenzen des Übertragungsausschlusses

aa) Zu beachten ist allerdings ggf *§ 354a Abs 1 HGB* (dazu HENSELER BB 1995, 5), der **139** in bestimmten Fällen ein **Abtretungsverbot relativiert**; die Vorschrift gilt auch für

Abtretungsbeschränkungen, zB durch Zustimmungserfordernisse (BGH vom 26. 1. 2005
– VIII ZR 275/03 – NJW-RR 2005, 624). § 354a HGB ist nach dessen Abs 2 nur auf
Forderungen eines Gläubigers anwendbar, der kein Kreditinstitut im Sinne des
Kreditwesengesetzes ist. Im Übrigen setzt die Anwendung voraus, dass das Rechtsgeschäft, das die Forderung *begründet* hat, beiderseitiges Handelsgeschäft war (hierfür kommen also nur rechtsgeschäftlich begründete Forderungen in Betracht) oder
wenn der Schuldner eine juristische Person des öffentlichen Rechts oder ein öffentlich-rechtliches Sondervermögen ist; im letzteren Fall kommt es nicht auf die Sachlage zum Zeitpunkt der Begründung der Forderung an, sondern die Vorschrift greift
auch, wenn eine solche Person später Schuldner wird. Auf der Gläubigerseite greift
bei Darlehensforderungen die Vorschrift gemäß deren Abs 2 (eingefügt durch G v 12.8.
2008, BGBl I 1666) nicht, wenn (im Zeitpunkt der Abtretung) Gläubiger ein Kreditinstitut im Sinne des Kreditwesengesetzes ist. Da die Abtretbarkeit nach § 354a
HGB gesetzlicher Inhalt der Hypothekenforderung ist, kann der Abtretungsausschluss eingetragen werden, ohne dass die gesetzliche Einschränkung ausdrücklich
erwähnt werden müsste. Andererseits muss das Grundbuchamt bei Nachweis der
Voraussetzungen eine Abtretung trotz des eingetragenen Verbots eintragen. Ist als
Schuldner eine juristische Person des öffentlichen Rechts oder ein öffentlich-rechtliches Sondervermögen eingetragen, so bedarf es zur Eintragung der Abtretung
keiner weiteren Nachweise. Ein beiderseitiges Handelsgeschäft ist auch nachgewiesen, wenn bei der Ersteintragung Gläubiger und Schuldner Formkaufleute iSd
§§ 5, 6 HGB waren; im übrigen bedarf es einer Bewilligung des Eigentümers.

140 Handelt es sich nicht um eine Hypothek für eine nicht abtretbare Forderung, ist
vielmehr die Abtretbarkeit des **dinglichen Rechts selbst** ausgeschlossen – so immer
bei der nicht abtretbaren Grundschuld –, so findet § 354a HGB nur auf die schuldrechtliche Forderung Anwendung mit der Folge, dass ggf die schuldrechtliche
Forderung ohne die Hypothek übergeht und die Hypothek Eigentümergrundschuld
wird (oben Rn 137).

141 Leistet der Schuldner trotz Wirksamkeit der Abtretung nach § 354a S 2 HGB
wirksam an den *bisherigen Gläubiger* (s zur Konkurrenz mit § 1156 dort Rn 6 und zur Frage,
ob die Befugnis unter Missbrauchsvorbehalt steht, MünchKommHGB/K Schmidt § 354a Rn 18), so
ist das ein Fall des § 1163 Abs 1 S 2 mit der Folge, dass die Hypothek auf den
Eigentümer übergeht.

142 Auf die **Grundschuld** kann § 354a HGB demzufolge nicht angewandt werden; die
Anwendung würde den mit dem Abtretungsverbot bezweckten sachenrechtlichen
Schutz des Eigentümers vor dem Verlust der Einwendungen aus § 1157 nach dessen
S 2 beseitigen. Letzteres würde nicht den Intentionen des § 354a HGB entsprechen,
der den Gläubiger zwar besserstellen, den Schutz des Schuldners aber nicht vermin-
dern will.

143 bb) Ein neuer – auf Grundschulden ebenfalls nicht anwendbarer – Ausschluss
vertraglicher Abtretungsverbote würde sich aus dem UN-Übereinkommen über die
Abtretung von Forderungen im internationalen Handel (Resolution der UNO-Generalversammlung Nr 56/81, ZeuP 2002, 860) ergeben (dazu Bazinas ZeuP 2002, 782; Kieninger/
Schütze ZIP 2003, 2181), falls es von der Bundesrepublik Deutschland ratifiziert
werden sollte (vgl Staudinger/Busche [2005] § 398 Rn 87). Von der Ratifizierung ist aber

aus den Gründen abzuraten, die zur Einführung des § 354a Abs 2 HGB geführt haben (für die Ratifizierung aber KIENINGER/SCHÜTZE ZIP 2003, 2181). Das UNIDROIT-Übereinkommen über internationales Factoring (dazu BASEDOW ZEuP 1997, 615; STAUDINGER/BUSCHE [2005] § 398 Rn 87) hat für Grundpfandrechte keine praktische Bedeutung.

cc)   Nach § 22d Abs 4 S 1 KWG (dazu § 1154 Rn 67 ff) sind Forderungen auch dann **144** der Eintragung in das **Refinanzierungsregister** fähig und nach Eintragung an den Übertragungsberechtigten veräußerbar, wenn die Abtretung durch mündliche oder konkludente Vereinbarung mit dem Schuldner ausgeschlossen worden ist. Guter Glaube an das Nichtbestehen von Abtretungsbeschränkungen ist nicht gefordert. Auch diese Einschränkung der Vertragsfreiheit bezieht sich nur auf die der Hypothek zugrundeliegende oder durch Grundschuld gesicherte Forderung, nicht aber auf das Grundpfandrecht selbst (das auch ohne Eintragung abtretungsbeschränkt sein kann, wenn dies Inhalt der Einigung war). Da die Eintragung in das Refinanzierungsregister keinen gutgläubigen Erwerb vermittelt, § 1138 also nicht eingreift, ermöglicht die Vorschrift die Abtretung nur dann, wenn nur die Forderung abtretungsbeschränkt ist, nicht aber wenn das dingliche Recht als solches als ein nicht abtretbares begründet worden ist. Ausdrücklich vereinbarte Abtretungsbeschränkungen werden von der Vorschrift nicht erfasst; vgl dazu, dass auch zB die allgemeinen Bankbedingungen ausdrückliche Abtretungsverbote enthalten, § 1153 Rn 17.

2.   Gesetzlicher Übergang von Grundpfandrechten

Grundpfandrechte gehen überall dort kraft Gesetzes auf neue Gläubiger über, wo **145** Vermögensmassen als Ganzes im Wege einer **Gesamtrechtsnachfolge** auf eine andere Person übergehen. Für den Vermögensübergang kraft Gütergemeinschaft, kraft Erbfolge und die Einzelrechtsnachfolge in eine Gesamthandsgemeinschaft gelten keine Besonderheiten, ebensowenig für den Übergang auf sog Parteien kraft Amtes, Insolvenzverwalter, Nachlassverwalter, Testamentsvollstrecker etc. S zur Vollstreckungsnachfolge in diesen Fällen WOLFSTEINER § 43. 3. ff. Der Übergang findet auch dann statt, wenn die Übertragbarkeit, sei es als Inhalt des Grundpfandrechts, sei es bei der Hypothek als Inhalt der Forderung, ausgeschlossen oder eingeschränkt ist.

Unter den **Umwandlungsvorgängen** nach dem UmwandlungsG bereiten die **Spaltun-** **146** **gen** nach §§ 123 ff UmwG Probleme. Ob es sich dabei überhaupt um Gesamtrechtsnachfolge (so BAG vom 22. 2. 2005 – 3 AZR 499/03 – NJW 2005, 3371) oder vielmehr um gebündelte Einzelrechtsnachfolge (so BGH vom 6. 12. 2000 – XII 219/98 – NJW 2001, 1217; BFH vom 23. 3. 2005 – III R 20/03 – NJW 2005, 2799 mwNw) handelt, ist ungeklärt. Jedenfalls schreibt § 126 Abs 2 S 2 UmwG vor, dass beim Spaltungsplan § 28 GBO zu beachten ist. Daraus folgt, dass das Eigentum an Grundstücken nur dann im Wege der Spaltung übergehen kann, wenn im Spaltungsplan jedes einzelne Grundstück in der Form des § 28 GBO bezeichnet wird und die sonst für Gesamtrechtsnachfolgen typischen Sammelbezeichnungen nicht genügen (BGHZ 175, 123 vom 25. 1. 2008 – V ZR 79/07 = RNotZ 2008, 355 mit krit Anm LINK = DNotZ 2008, 468 m Anm LIMMER = MittBayNot 2008, 307 m Anm WEILER = EWiR 2008, 223 [PRIESTER] = ZfIR 2008, 463 m Anm PRIESTER). Dies gilt auch für den Übergang von Grundpfandrechten (LINK aaO; BÖHRINGER Rpfleger 1996, 155; VOLMER WM 2002, 418 FN 49; WIDMANN/MAYER § 126 UmwG Rn 212; LUT-

TER/PRIESTER § 126 UmwG Rn 53). Die Praxis hat bisher diesem Gesichtspunkt keine Beachtung geschenkt (so hat etwa der Spaltungsplan für die Abspaltung der Deutschen Bank 24 von der Deutschen Bank im Jahre 1999 keinerlei Angaben enthalten, die die Identifizierung der Grundpfandrechte ermöglicht hätten, geschweige denn in der Form des § 28 GBO).

147 Im Falle der Verschmelzung (der Formwechsel hat keinen Inhaberwechsel zu Folge und ist daher in diesem Zusammenhang ohne Interesse) gehen Grundpfandrechte des übertragenden Rechtsträgers nach den Grundsätzen vorst Rn 138 ohne Weiteres auf den aufnehmenden Rechtsträger **auch dann über**, wenn die Übertragbarkeit ausgeschlossen oder eingeschränkt ist, schon deshalb, weil es den übertragenden Rechtsträger danach nicht mehr gibt. Bei der Spaltung hat ursprünglich § 132 UmwG (aufgehoben durch das 2. G zur Änderung des UmwG v 19. 4. 2007 [BGBl I 542] mit Wirkung ab 25. 4. 2007) zumindest für bestimmte Fälle angeordnet, dass Abtretungshindernisse beachtlich sind. Mit dem Wegfall dieser Bestimmung sollte eine „Spaltungsbremse" beseitigt werden (BT-Drucks 16/2919 S 21); die „latente Befürchtung, Spaltungen könnten dazu missbraucht werden, die bei einer Einzelrechtsübertragung bestehenden Beschränkungen zu umgehen" (BT-Drucks aaO), wurde beiseitegeschoben, obwohl klar sein musste, dass eben diese Gefahr künftig verstärkte Bedeutung zum Zwecke der „Verbriefung" nicht verbriefbarer Grundpfandrechte (oben Rn 144) gewinnen würde. Dem Willen des Gesetzgebers muss entsprochen werden; mithilfe der (möglicherweise auch grenzüberschreitenden) Spaltung lassen sich also Veräußerungsbeschränkungen umgehen (vgl OLG Dresden vom 28. 4. 2008 – 8 U 65/08 – WM 2008, 1273).

3. Belastung des Grundpfandrechts

148 Die Hypothek kann nur durch Bestellung eines Rechts (Pfandrecht, Nießbrauch) an der Forderung belastet werden, wobei die Vorschriften des § 1154 Anwendung finden (vgl §§ 1069, 1274). Für die Belastung einer Grundschuld gelten die Vorschriften über das Pfandrecht und den Nießbrauch an einer Forderung (vgl hierzu §§ 1080, 1291). Die Belastung der Inhabergrundschuld (§ 1195) erfolgt insbesondere durch Einigung und Briefübergabe (§§ 1081, 1293). Neben der rechtsgeschäftlichen Bestellung eines Pfandrechts kommt die Pfändung im Wege der Zwangsvollstreckung in Frage.

IX. Rang des Grundpfandrechts

1. Rangbegriff

149 Zum Rangbegriff s die Kommentierung zu § 879. Der Rang gehört – jedenfalls im engeren Sinne – nicht zum Inhalt des Rechts (sehr str; s STAUDINGER/KUTTER [2007] § 879 Rn 3). Das zeigt sich einerseits daran, dass die Festlegung des Rangs nicht Inhalt der Einigung über die Bestellung des Rechts ist – die Eintragung zu bestimmtem Rang kann bestenfalls als Entstehensbedingung des Rechts vereinbart werden (vgl OLG Celle ZIP 1997, 1830 = EWiR § 45 GBO 1/97, 1083 [Anm DEMHARTER]; **aA** BGH NJW-RR 1990, 206 ohne Erörterung; OLG München MittBayNot 1994, 329 [AMANN]; OLG Brandenburg FGPrax 2002, 49; STAUDINGER/GURSKY [2007] § 873 Rn 203), – und andererseits daran, dass der Rang ohne Identitätsverlust des Rechts geändert werden kann (§ 880). Die **Rangänderung**

bedarf bei einem Grundpfandrecht im allgemeinen der Zustimmung des Eigentümers (§ 880 Abs 2 S 2, Ausnahme § 1151).

Vom Rang zu unterscheiden ist die Frage, ob das Grundpfandrecht einer **relativen** **150** **Unwirksamkeit** ausgesetzt ist. Dies ist insbesondere der Fall bei einer im Rang vorgehenden Vormerkung. Sichert die Vormerkung nur die Bestellung eines beschränkten Rechts, so erfasst die relative Unwirksamkeit nur den Rang des Grundpfandrechts, ebenso beim (mit Vormerkungswirkung ausgestatteten) Rangvorbehalt. Die umstrittene Frage, ob die Vormerkung selbst über die formale Grundbuchposition hinaus einen Rang im eigentlichen Sinn hat (dagegen SCHUBERT DNotZ 1999, 967; SCHULTZ RNotZ 2001, 541; LEHMANN BWNotZ 2002, 14) oder nur – was nicht selten vernachlässigt wird – einen bestimmten Rang sichert (§ 883 Abs 3), spielt dafür keine Rolle. Das Grundpfandrecht wird dem Vormerkungsberechtigten gegenüber voll wirksam, wenn dieser (nach § 185 Abs 2) zustimmt; die Zustimmung ist rein materiell-rechtlicher Natur und formlos wirksam. Ein **Wirksamkeitsvermerk** ist zulässig (BGHZ 141, 169 = LM § 873 BGB Nr 25 m Anm AMANN = MDR 1999, 796 m Anm STICKELBROCK = WuB I F 3 Grundpfandrechte 10. 99 m Anm MUTH = MittRhNotK 1999, 279 m Anm SCHMIDT = JuS 1999, 1232 m Anm K SCHMIDT), aber nicht in Kombination mit einem Rangrücktritt der Vormerkung (LG Darmstadt vom 6. 4. 2004 – 26 T 216/03 – BWNotZ 2006, 43), materiellrechtlich aber bedeutungslos.

Da nur eintragungsfähige beschränkte dingliche Rechte rangfähig sein sollen (Zwei- **151** fel ergeben sich aus § 10 ZVG), sollen **öffentlich-rechtliche Eigentumsbeschränkungen** auch dann nicht rangfähig sein, wenn sie – wie Baulasten – auf einer Verfügung des Eigentümers beruhen. Obwohl eine Baulast wie eine Dienstbarkeit auf dem Grundstück lastet und ein Grundstück völlig entwerten kann, soll die Bestellung allein durch den Eigentümer auch dem Grundpfandgläubiger gegenüber wirksam sein, ohne dass er zustimmen müsste. Dieser Konsequenz ist nach positivem Recht derzeit wohl nicht zu entgehen (aA – jeweils nur für die Auflassungsvormerkung – allerdings VG Mannheim NJW 1993, 678; wohl auch OVG Lüneburg NJW 1998, 1168; DRISCHLER Rpfleger 1991, 234), weil das öffentliche Recht immer ungenierter in das Zivilrecht eingreift, ohne auf dessen Strukturen im mindesten Rücksicht zu nehmen. Inwieweit der Gläubiger über die Drittwirkung der Grundrechte, hier des Art 14 GG, den mit der Bestellung der Baulast verbundenen wirtschaftlichen Entzug von Eigentum abwehren kann, kann hier nicht vertieft diskutiert werden (völlig unergiebig dazu MEINECKE).

Ein (für das deutsche Recht) neues Phänomen ist der gesetzliche Vorrang nach Art **152** einer **Legalhypothek** für **privatrechtliche Forderungen**. § 10 Abs 1 Nr 2, Abs 3 ZVG (idF des G zur Änderung des Wohnungseigentumsgesetzes und anderer Gesetze vom 26. 3. 2007, BGBl I 370) gesteht Beiträgen und Lasten nach den §§ 16 Abs 2, 28 Abs 2 und 5 WEG in begrenztem Umfang den Vorrang auch vor Grundpfandrechten zu (vgl SCHNEIDER ZfIR 2007, 168; ZIMMER NJW 2009, 121). Das ist – auch im Hinblick auf das Ablösungsrecht des Grundpfandgläubigers nach § 1150 – unbedenklich und als Fortentwicklung des Wohnungseigentums zu begrüßen. Mit der amtlichen Begründung (BT-Drucks 16/887 S 44) wird man auch akzeptieren können, dass die Legalhypothek Vorrang auch vor Grundpfandrechten genießen soll, die im Zeitpunkt des Inkrafttretens der Neuerung bereits bestanden haben (nur referierend SCHNEIDER ZfIR 2007, 168). Ob es wirklich Art 14 Abs 1 S 1 GG ist, der dafür die Rechtfertigung liefert, sei dahingestellt. Jedenfalls kann ein Eingriff in den Belastungsgegenstand – um einen solchen handelt es sich – nur dann als Beeinträchtigung des Rechts gelten, wenn er den Gläubiger sachwidrig benachteiligt; die Legalhypothek bewirkt aber nur eine gerechtere Lastenverteilung zwischen den Miteigentümern und belastet damit die Grundpfandgläubiger nicht nur, sondern bietet ihnen auch Vorteile.

2. Rangreservierung

153 Grundsätzlich füllt ein dingliches Recht seine Rangstelle mit genau dem Inhalt aus, den es hat. Jede Erweiterung seines Inhalts, dh jede zusätzliche Beschwer für den Eigentümer (s oben Rn 122), sprengt diesen Rahmen und wird auf den Rang nach etwaigen Zwischeneintragungen verwiesen. **Nicht so beim Grundpfandrecht.** Die Bestellung irgendeines Grundpfandrechts – gleich ob durch Rechtsgeschäft oder auf andere Weise – **reserviert den Rang** abstrakt für den eingetragenen Kapital-betrag, für Zinsen von jährlich 5% (§ 1119 Abs 1) und, wenn das Grundpfandrecht höhere Zinsen umfasst, dann für diese, sowie für den Betrag von sonstigen ein-maligen oder laufenden Nebenleistungen. Innerhalb dieses reservierten Rang-Rah-mens sind beliebige Inhaltsveränderungen des Grundpfandrechts zulässig, ohne dass nachrangig Berechtigte dadurch im Sinne des Gesetzes beeinträchtigt würden (§§ 1119 Abs 2, 1151, 1163, 1168 Abs 1, 1173, 1177, 1180, 1186, 1198, 1203). Ohne Zustimmung der gleich- und nachrangig Berechtigten kann also eine Verkehrs-hypothek in eine Sicherungshypothek, eine Sicherungshypothek in eine Verkehrs-hypothek und eine Grundschuld in eine beliebige Hypothekenart und jede Hypo-thek in eine Grundschuld umgewandelt werden (zu letzterem § 1198 Rn 11; **aA** Staudinger/Scherübl[12] Rn 54 mit der Begründung, der gesetzliche Löschungsanspruch nach § 1179a stehe entgegen; dieser gibt den nachrangigen Gläubigern aber kein Recht auf Herbeiführung des Anspruchstatbestands, § 1179a Rn 76).

154 Ferner können nachträglich die Erteilung des Briefs ausgeschlossen oder der Aus-schluss der Erteilung des Briefs aufgehoben, die Zins- und Zahlungsbedingungen innerhalb der Grenzen des § 1119 oder eingetragener höherer Zinsen geändert, die Forderung ausgewechselt (§ 1180) oder bei einer Gesamthypothek die Forderung verteilt (§ 1132 Abs 2) werden, ohne dass es der Zustimmung der gleich- oder nachrangig Berechtigten bedarf. Gleiches gilt für die Fälle der gesetzlichen Inhalts-änderung (§§ 1163, 1170, 1171, 1177) und der gesetzlichen Forderungsauswechslung (§§ 1143, 1150, 1173 Abs 2, 1174 Abs 1, 1182).

155 Die rangreservierende Wirkung gehört zu den grundlegenden Merkmalen aller BGB-Grundpfandrechte (s § 1163 Rn 6 ff). Andere dingliche Rechte, insbesondere Reallasten und Mobiliarpfandrechte haben diese Wirkung nicht. S zur Aufweichung des Prinzips § 1163 Rn 8 ff und § 1179a Rn 1 ff.

X. Änderung des Inhalts von Grundpfandrechten

1. Teilung

156 Grundpfandrechte können geteilt werden und zwar, wie sich aus § 1151 ergibt (argumentum ex maiorem ad minus), ohne Zustimmung des Eigentümers und erst recht der gleich- und nachrangigen Gläubiger. Die Teile sind gleichrangig, wenn die Teilung nicht mit einer Rangänderung (§ 1151 Rn 4) kombiniert wird.

2. Vereinigung

Unter bestimmten Voraussetzungen können Grundpfandrechte auch vereinigt wer- **157**
den (RGZ 145, 47; KG DFG 1989, 226; OLG Hamm Rpfleger 1992, 13 [m Anm BESTELMEYER
S 151]), ein Vorgang, der bei der Hypothek unter dem Stichwort „Einheitshypothek"
abgehandelt zu werden pflegt (PALANDT/BASSENGE[68] § 1113 Rn 29; MünchKomm/EICKMANN[4]
§ 1113 Rn 91; SCHÖNER/STÖBER[14] Rn 2695 ff m vorangestellter vollständiger Auflistung der durchweg älteren Literatur; s Vorbem 32 zu §§ 1113 ff). Wird die Gesamtmenge der gemäß Rn 153
reservierten Rangstellen bei der Vereinigung nicht überschritten, bedarf es nicht der
Zustimmung der gleich- und nachrangigen Gläubiger, stets aber der des Eigentümers. Die zu vereinigenden Rechte müssen Gleichrang haben oder unmittelbar
aufeinanderfolgen (RGZ 145, 47). Sie müssen der gleichen Grundpfandrechtsgattung
angehören, auch müssen Zinssatz und Zahlungsbedingungen gleich sein (KG DRW
1944, 574, vgl auch OLG Celle Rpfleger 1972, 97 mit zust Anm HOFMANN) nicht aber der
Beginn der Verzinsung (LG Hof Rpfleger 1964, 375 mit zust Anm HAEGELE); auch steht
nicht entgegen, dass die einzelnen Rechte zum Teil mit Rechten Dritter belastet sind
oder dass sie teilweise Gesamtrecht sind (KG DRW 1940, 116). Erforderlich ist nur das
unmittelbare Aufeinanderfolgen der Kapitalforderungen in ihrem Rang; dagegen
bildet es kein Hindernis, wenn Zinsen und andere Nebenleistungen Rang nur hinter
anderen unbeteiligten Rechten haben (KG DRW 1939, 2109; KG DFG 1989, 226). Eintragungen zur Vollstreckbarkeit nach § 800 ZPO sind irrelevant, weil sie (nach f
Rn 200) nicht am Inhalt des Grundpfandrechts teilhaben (zust BAUER/VOEFELE/MAYER,
GBO[2] AT IV Rn 151; aA OLG Hamm Rpfleger 1992, 13 [m Anm BESTELMEYER S 151]; SCHÖNER/
STÖBER[14] Rn 2697; MünchKomm/EICKMANN[4] § 1113 Rn 91). Soweit die Bedingungen einheitlich sein müssen, genügt es selbstverständlich, dass die Übereinstimmung anlässlich der Bildung des Einheitsgrundpfandrechts herbeigeführt wird.

Die Bildung des Einheitsgrundpfandrechts ist eine Inhaltsänderung nach § 877 (RGZ **158**
145, 47; STAUDINGER/GURSKY [2007] § 877 Rn 18), die in der Veränderungsspalte einzutragen ist (str; s näher SCHÖNER/STÖBER[14] Rn 2701). Die Einheitshypothek stellt ein neues
selbständiges Recht dar, eine spätere Trennung ist allerdings dadurch nicht ausgeschlossen.

3. Erweiterung

Der Kapitalbetrag eines Grundpfandrechts (s zu den Zinsen § 1119 Rn 6) kann erhöht **159**
werden. Es scheint Einigkeit darüber zu bestehen, dass § 877 nicht einschlägig ist
(ambivalent aber STAUDINGER/GURSKY [2007] § 877 Rn 27). Wenn die Erhöhung aber als
Neubestellung mit anschließender Vereinigung (oben Rn 157) zulässig ist und der
Vorgang, was schwer zu bezweifeln ist (dagegen allerdings SCHÖNER/STÖBER[14] Rn 2516), in
einem einzigen Eintragungsvermerk dargestellt werden kann (so mit Recht OLG Hamm
MittBayNot 1992, 54; ERMAN/HAGEN/LORENZ[10] § 877 Rn 1), besteht zur Inhaltsänderung
nach § 877 (außer vielleicht bei den Grundbuchgebühren) kein erkennbarer Unterschied (vgl oben Rn 153 f). Voraussetzung ist jedenfalls, dass ein entsprechender Rang-
raum reserviert wird (sei es, weil keine nachrangigen Rechte existieren, sei es, dass
sie im Rang zurücktreten) und dass die übrigen Vereinigungsvoraussetzungen (oben
Rn 157) vorliegen.

4. Forderungsauswechslung

160 Die Forderungsauswechslung kommt nur bei Hypotheken in Betracht. Sie kann gemäß § 1180 rechtsgeschäftlich bewirkt werden, aber auch (§§ 1164, 1173 Abs 2, 1174, 1182) kraft Gesetzes eintreten.

5. Umwandlung

161 Die verschiedenen Hypothekenformen (Verkehrshypothek nach §§ 1113, 1138, Sicherungshypothek nach § 1184, Sicherungshypothek als Wertpapierhypothek nach § 1187, Sicherungshypothek als Höchstbetragshypothek nach § 1190) können rechtsgeschäftlich ineinander umgewandelt werden (§ 1186). Rechtsgeschäftlich können auch alle Hypothekenformen in Grundschulden und umgekehrt (§ 1198) und Rentenschulden in Grundschulden und umgekehrt (§ 1203) umgewandelt werden. Kraft Gesetzes findet vor allem die Umwandlung von Hypotheken in Grundschulden statt (§§ 1163 Abs 1, 1168, 1177). In all diesen Fällen bleibt nach den Vorstellungen des Gesetzes die Identität des Grundpfandrechts vor allem in dem Sinn unberührt, dass der Rang gewahrt wird, ohne dass gleich- oder nachrangige Gläubiger zustimmen müssten. Alle diese Umwandlungsmöglichkeiten sind Ausfluss des Rangwahrungsprinzips (oben Rn 153). Der reservierte Rang kann von Grundpfandrechten jeglicher Art ausgenutzt und ausgefüllt werden, ohne dass nachrangige Rechte berührt würden.

XI. Veränderungen im Belastungsgegenstand

1. Grundsatz

162 Grundpfandrechte unterliegen speziellen Veränderungen ihres Inhalts, wenn sich Veränderungen im Belastungsgegenstand, also im Grundstücksbestand oder den mithaftenden Gegenständen, ergeben (vgl allgemein Gutachten DNotI-Report 1997, 97). Jede Veränderung im Bestand (nicht aber eine Veränderung in den Eigentumsverhältnissen oder sonstigen Rechtsverhältnissen) verändert den Inhalt des dinglichen Anspruchs deshalb, weil er dahin gerichtet ist, dass die Leistung aus dem bestimmten Grundstück und den mithaftenden Gegenständen zu erbringen ist. Ändern sich Grundstück oder mithaftende Gegenstände, so ändert sich damit auch der Inhalt des dinglichen Anspruchs. Da solche Veränderungen dem dinglichen Anspruch immanent sind, berühren sie nach der Grundkonzeption unseres Sachenrechts die Identität des Rechts nicht.

2. Verringerung des Belastungsgegenstands

a) Teilung des Grundstücks

163 Wird das belastete Grundstück ohne Änderung des Belastungsumfangs geteilt, so entsteht ein Gesamtgrundpfandrecht und zwar gleichgültig, ob es sich um eine Realteilung oder um die Aufteilung in Wohnungs- oder Teileigentum handelt und gleichgültig, ob die Grundstücksteile auf dem gleichen Grundstücksblatt gebucht bleiben oder auf mehrere Grundbuchblätter verteilt werden (§ 1132 Rn 16). Da die Summe der Belastungsgegenstände gleich bleibt, bedarf es nicht der Zustimmung des Gläubigers.

b) Aufteilung in Wohnungseigentum

aa) Auch beim Wohnungseigentum ist die Summe der Wohnungseigentumsrechte **164** unverändert identisch mit dem Grundstück, so dass der Anspruchsinhalt von der Aufteilung **nicht berührt** wird (allgM, zB Schöner/Stöber[14] Rn 2849 mwNw); auch wenn die Veräußerung dabei nach § 12 WEG beschränkt wird, gilt nichts anderes, denn bei der Veräußerung aller aus der Aufteilung entstandener Wohnungs- und Teileigentumsrechte in einem Stück wirkt die Beschränkung nicht (OLG Frankfurt FGPrax 1996, 139; **aM** wohl LG Wiesbaden Rpfleger 1996, 195). Dies gilt auch für die Aufteilung nach § 3 WEG, wenn das ganze Grundstück mit dem Grundpfandrecht belastet war und bleibt. War hingegen nur ein Miteigentumsanteil belastet, der nun mit Sondereigentum verbunden wird, so ändert sich der Belastungsgegenstand nicht nur dadurch, dass Sondereigentum hinzugewonnen wird, sondern auch dahin, dass der Miteigentümer und damit der Grundpfandgläubiger des Sondereigentums an den anderen Wohnungen verlustig geht. Nach §§ 877, 876 bedarf es daher der Zustimmung des Gläubigers (allgM, zB Schöner/Stöber[14] Rn 2849 mwNw). Dasselbe gilt, wenn Wohnungseigentum aufgehoben wird und das Grundpfandrecht sich nun am nackten Miteigentumsanteil fortsetzt (vgl Gutachten DNotI-Report 2008, 27).

Der Zustimmung des Gläubigers, dessen Grundpfandrecht nur an einem Wohnungs- **165** eigentum oder an einzelnen Wohnungseigentumsrechten lastet, bedarf es auch, wenn sich ohne Veränderung des Miteigentumsanteils der **Bestand des Sondereigentums** oder von Sondernutzungsrechten oder die Befugnis des Eigentümers zur Benutzung des gemeinschaftlichen Eigentums **verringert**, wenn also durch Vereinbarung der Wohnungseigentümer einem anderen als dem belasteten Wohnungseigentum zusätzliches Sondereigentum zugeschlagen (OLG Hamm DNotI-Report 1/1995, 7; Schöner/Stöber[14] Rn 2967) oder mit ihm neue Sondernutzungsrechte verbunden werden (sei es durch Abspaltung vom gemeinschaftlichen Eigentum, sei es durch Übertragung vom belasteten Wohnungseigentum her) oder wenn die Lastenverteilung zu Ungunsten des belasteten Wohnungseigentums verschoben wird (LG Aachen Rpfleger 1986, 258; Schöner/Stöber[14] Rn 2958 u 2968).

bb) Nach § 5 Abs 4 S 2 WEG idF vom 26. 3. 2007 (BGBl I 2007, 370), in Kraft seit 1. 7. **166** 2007, ist die Zustimmung des Gläubigers zu **Vereinbarungen über das Verhältnis der Wohnungseigentümer untereinander** (dazu gehören Veränderungen im Bestand des Sondereigentums nicht) nur noch erforderlich, wenn ein Sondernutzungsrecht begründet oder ein mit dem Wohnungseigentum verbundenes Sondernutzungsrecht aufgehoben, geändert oder übertragen wird (Armbrüster ZWE 2008, 329). Bei der Begründung eines Sondernutzungsrechts ist die Zustimmung des Dritten nicht erforderlich, wenn durch die Vereinbarung gleichzeitig das zu seinen Gunsten belastete Wohnungseigentum mit einem Sondernutzungsrecht verbunden wird. Nicht erforderlich soll es sein, dass die zugewiesenen Sondernutzungsrechte gleichartig oder jedenfalls in wirtschaftlicher Hinsicht gleichwertig sind (Saumweber MittBayNot 2007, 357; unklar zur lex lata Bärmann/Pick, WEG[18] § 5 Rn 33). Andere inhaltliche Veränderungen sind danach nicht mehr zustimmungsbedürftig, insbesondere Verfügungsbeschränkungen gemäß § 12 WEG, Zweckänderungen gemäß § 13 WEG oder Gebrauchsbeschränkungen gemäß § 15 WEG sowie Vereinbarungen über Kostenangelegenheiten (amtl Begründung BT-Drucks 16/887, 16).

Insgesamt geht die Neuregelung mit Gläubigerrechten erschreckend unsensibel um **167**

(Bärmann/Pick, WEG[18] § 5 Rn 33; BeckOK/Hügel, WEG[8] § 5 Rn 22; ohne Problembewusstsein Fabis RNotZ 2007, 369; Saumweber MittBayNot 2007, 357). Hat ein Grundpfandrecht am 1. 7. 2007 bereits bestanden, so ist es verfassungsrechtlich nicht hinnehmbar, dem Gläubiger in dieser Form geldwerte Rechte entschädigungslos zu entziehen. Die Argumente der amtlichen Begründung vermögen den Verstoß gegen Art 14 GG nicht zu rechtfertigen. Dass es sich nicht um eine gegenwärtige Beeinträchtigung, sondern nur um die Beschneidung ungewisser Aussichten handle, ändert nichts am Entzug der Aussichten. Dass der Eigentümer im Eigeninteresse nur „selten" unausgewogenen Veränderungen zustimme (was bisher ja gar nicht möglich war), ändert nichts am Rechtsverlust in den seltenen Fällen. Das Argument, die Einschränkungen rechtfertigten sich aus der Sozialbindung des Eigentums, ist abwegig (vgl Westermann AcP 208 [2008], 141).

168 Anders liegen die Dinge, soweit Grundpfandrechte **nach dem 30. 6. 2007 begründet** worden sind oder begründet werden; es ist dem Gesetzgeber unbenommen, die Position des Gläubigers schwächer als bisher auszugestalten, auch wenn die Art und Weise der Durchführung als missglückt gelten muss. Sicherlich wäre es besser gewesen, ein Unschädlichkeitszeugnis im Sinne von Art 120 EGBGB einzuführen, statt ein Sachenrecht wieder einmal in irgend jemands Interesse zu schwächen; schlechte Gesetze sind aber nicht verfassungswidrig.

169 Nur sporadisch wird bisher die Frage behandelt, ob **§ 5 Abs 4 S 2 WEG in dem Sinn** abdingbar ist, dass die Gläubigerzustimmung doch notwendig bleibt. Die Kommentarliteratur äußert sich darüber nicht ausdrücklich; Gründe für die Unabänderlichkeit sind aber nicht ersichtlich (vgl Bärmann/Pick, WEG[18] Vor § 10 Rn 7 ff; BeckOK/Hügel, WEG[8] § 10 Rn 31 ff; aA Armbrüster ZWE 2008, 329). Dies bedeutet, dass Kreditinstitute die Beleihung von Wohnungseigentum davon abhängig machen können, dass die zu ihren Lasten eingeführte Erleichterung der Änderung durch Vereinbarung ausgeschlossen wird.

170 cc) Gleiche Wirkung wie Vereinbarungen der vorstehenden Art hat die Rechtsprechung zunächst sog **Pseudovereinbarungen** beigelegt; darunter hat man unangefochtene Beschlüsse der Eigentümerversammlung über Gegenstände verstanden, die eigentlich nur durch Vereinbarung hätten geregelt werden können (BGHZ 54, 65; BGHZ 127, 99; BGHZ 129, 329); die Interessen der nachteilig betroffenen Grundpfandrechtsgläubiger sollten dadurch gewahrt werden, dass auch eine Pseudovereinbarung deren Zustimmung bedürftig sein sollte (BGHZ 127, 99); sämtliche Einzelheiten dieses Zustimmungsbedürfnisses waren aber ungeklärt, so dass sich die Rechtslage chaotisch dargestellt hat. Später hat der BGH die Theorie von der Wirksamkeit der Pseudovereinbarungen mit Recht im wesentlichen aufgegeben (BGHZ 145, 158). Die seit 1. 7. 2007 in Kraft getretene Neuregelung (vorst Rn 166) hat aber in Form des § 23 Abs 4 S 2 WEG die unselige Pseudovereinbarung in ihrer schlechtesten Form (nämlich ohne Grundbucheintragung) wiedergebracht (positiv dazu Köhler NotBZ 2007, 113; wenig kritisch Fabis RNotZ 2007, 369). Im Zusammenspiel mit § 5 Abs 4 S 2 WEG soll die Zustimmung der Grundpfandgläubiger regelmäßig entbehrlich sein. Insofern ist vorst auf Rn 166 ff zu verweisen. Unklar ist in diesem Zusammenhang die Bedeutung des § 23 Abs 4 S 1 WEG, wonach eine Pseudovereinbarung dann unwirksam ist, wenn sie gegen eine Rechtsvorschrift verstößt, „auf deren Einhaltung rechtswirksam nicht verzichtet werden kann." Richtiger Ansicht nach fallen darunter nicht nur absolute Nichtigkeitsgründe, sondern auch die unautorisierte Verletzung fremder Rechte, auf die nur die Rechtsinhaber verzichten können, nicht aber die Wohnungseigentümer (BÄRMANN/PICK, WEG[18] § 23 Rn 16 ff; unklar BeckOK/HÜGEL, WEG[8] § 23 Rn 19 f). Verletzt also die Pseudovereinbarung die Rechte der Grundpfandgläubiger, so bleibt sie ohne deren Zustimmung unwirksam.

dd) Besteht aber eine wirksame, im Grundbuch eingetragene (auch aus der ur- **171** sprünglichen Teilungserklärung stammende) Vereinbarung, wonach bestimmte Inhalte des Wohnungseigentums durch **Mehrheitsbeschluss** geändert werden können (sog Öffnungsklausel), oder war eine Pseudovereinbarung bereits vor Eintragung des Grundpfandrechts in Kraft, so wirkt dies auch dem Grundpfandrechtsgläubiger gegenüber. Die Änderung bedarf dann nicht der Zustimmung des Gläubigers, wenn sie sich im Rahmen der vereinbarten Ermächtigung hält (**aA** BÖTTCHER NotBZ 2007, 421 [429]). Darüber, ob eine solche Vereinbarung besteht, muss sich der gewissenhafte Gläubiger vor Beleihung des Grundpfandrechts vergewissern. Die nachträgliche Vereinbarung einer Öffnungsklausel soll noch nicht der Gläubigerzustimmung unterliegen, sondern erst das Gebrauchmachen von der Klausel (OLG Düsseldorf vom 30. 1. 2004 – 1-3 Wx 329/03 – DNotZ 2004, 640 m krit Anm BECKER).

ee) Vom Wohnungseigentum kann ohne Veränderung des Sondereigentums ein **172** Miteigentumsanteil abgespalten und einem anderen zugeschlagen werden – **Quotenänderung** (BGH DNotZ 1976, 741; Einzelheiten bei SCHÖNER/STÖBER[13] Rn 2971 mwNw). War das verlierende Wohnungseigentum mit einem Grundpfandrecht belastet, so erlischt dieses an dem abgetrennten Miteigentumsanteil nicht von selbst (vgl aber OLG Hamm FGPrax 1998, 206, die Zustimmung des Gläubigers sei im Sinne einer Pfandfreigabe *auszulegen*; ebenso LG Bremen Rpfleger 1985, 106; SCHÖNER/STÖBER[14] Rn 2971; BAUER/vOEFELE[2], AT V Rn 342; **aA** MEYER-STOLTE Rpfleger 1985, 107). Es ist von Rechts wegen auch nicht ausgeschlossen, dass es an dem nun mit neuem Wohnungseigentum verbundenen Miteigentumsanteil fortbesteht; denn es handelt sich bei der Zuschreibung des Miteigentumsanteils – anders als bei der Vereinigung mehrerer Wohnungseigentumsrechte (BGHZ 146, 241 mwNw) – nicht um eine Bestandteilszuschreibung oder Vereinigung iSd §§ 5, 6 GBO (OLG Saarbrücken OLGZ 1972, 129; BGB-RGRK/AUGUSTIN § 890 Rn 5; DEMHARTER, GBO[26] § 5 Rn 5; MEIKEL/BÖTTCHER, GBO[10] § 5 Rn 17; SCHÖNER/STÖBER[13] Rn 626; STAUDENMAIER NJW 1964, 2145; MOTTAN Rpfleger 1990, 455; **aA** BÜNGER NJW 1965, 2095), so dass das Grundbuchamt die Eintragung auch nicht mit der Begründung versagen kann, es sei Verwirrung zu besorgen. Bei dem Wohnungseigentum, dem ein zusätzlicher Miteigentumsanteil zugeschlagen wird (ein Fall der nachf Rn 177), erstrecken sich die bisher dort eingetragenen Grundpfandrechte nicht automatisch auf den neuen Miteigentumsanteil (BayObLG NJW-RR 1993, 1043; F SCHMIDT MittBayNot 1985, 237; **aA** LG Bochum Rpfleger 1990, 291 m krit Anm MEYER-STOLTE u abl Anm MOTTAN S 455; LG Lüneburg vom 3. 1. 2005 – 3 T 55/04 – RNotZ 2005, 364; STREUER Rpfleger 1992, 181; BÖTTICHER BWNotZ 1996, 80; **vermittelnd** OLG Hamm FGPrax 1998, 206, die Erklärungen seien im Sinne einer Pfanderstreckung *auszulegen;* ihm folgend LG Köln Rpfleger 2002, 566); der hinzugekommene Miteigentumsanteil kann aber auch nicht ohne weiteres unbelastet bleiben, weil sich das Sondereigentum zwangsläufig auf ihn mitverteilt, so dass die Pfandgläubiger am bisherigen Wohnungseigentum einen Verlust erleiden würden; erforderlich ist deshalb deren Zustimmung oder eine Pfanderstreckung.

c)   Veräußerung und Entfernung von Bestandteilen

173 Der Belastungsgegenstand kann sich nach §§ 1121, 1122 durch Veräußerung und Entfernung von Bestandteilen verringern oder gemäß § 1127 Abs 2 zum Nachteil des Gläubigers verändern. Solche Änderungen sind dem Grundpfandrecht immanent und daher vom Gläubiger hinzunehmen.

d)   Tatsächlich nachteilige Veränderungen

174 Der Belastungsgegenstand kann rein tatsächlich nachteilige Veränderungen erfahren. Der Gläubiger hat bei drohender Verschlechterung des Grundstücks oder des Zubehörs (§ 97) durch den Eigentümer oder einen Dritten die Unterlassungsklage (§§ 1134, 1135); bei Einwirkungen oder Unterlassungen durch den Eigentümer selbst hat das Gericht auf Antrag des Gläubigers durch einstweilige Verfügung oder Urteil die erforderlichen Anordnungen zu treffen (§ 1134 Abs 2).

175 Bei bereits eingetretener Verschlechterung kann der Gläubiger nach einer vergeblichen Fristsetzung zur Beseitigung der Gefährdung sofortige Befriedigung aus dem Grundstück suchen (§ 1133 bis § 1135). Eine Sonderregelung für die Rentenschuld enthält § 1201 Abs 2 S 2: Berechtigung des Gläubigers, die Zahlung der Ablösungssumme zu verlangen. Außerdem hat der Gläubiger bei Verschulden einen Schadensersatzanspruch nach § 823 Abs 1, § 823 Abs 2 (§ 1134 als Schutzgesetz) und § 826. Die Beschränkung der Gläubigerrechte in § 17 HypBkG ist in das PfandBG nicht übernommen worden.

3.   Erweiterung und Umgestaltung des Belastungsgegenstands

a)   Bestandteilszuschreibung eines weiteren Grundstücks

176 Bei einer Bestandteilszuschreibung eines weiteren Grundstücks gemäß § 890 Abs 2 erstreckt sich das Grundpfandrecht nach § 1131 auf das zugeschriebene Grundstück. Da sich der Belastungsgegenstand erweitert, bedarf es dazu keiner Gläubigerzustimmung. Dasselbe gilt für andere Fälle, in denen Sachen Grundstücksbestandteile werden, also insbesondere für den Fall der Verbindung gemäß § 946 und für den Fall, dass sich das Grundpfandrecht nach Maßgabe der §§ 1120 ff auf Sachen oder Rechte erstreckt, auf die es sich anfänglich nicht erstreckt hat.

b)   Vereinigung

177 Die Vereinigung des mit dem Grundpfandrecht belasteten Grundstücks mit einem anderen Grundstück lässt den Bestand des Grundpfandrechts unberührt. Es besteht weiter an dem Teil des neugebildeten Grundstücks, der ursprünglich belastet war und zwar gleichgültig, ob die bisherigen Grundstücke als Flurstücke fortbestehen oder ob die Flurstücke katastermäßig verschmolzen werden (BGH vom 24. 11. 2005 – V ZB 23/05 – ZfIR 2006, 220 m Anm Dümig = MittBayNot 2006, 227 m Anm Morvilius zu den vollstreckungsrechtlichen Folgen). Soll das Grundpfandrecht auch auf den neu hinzugekommenen Grundstücksteil erstreckt werden, so ist dies ein rechtsgeschäftlicher Vorgang, der als sog Pfanderstreckung oder Nachverpfändung den Regeln der Neubestellung eines Grundpfandrechts folgt (dazu § 1132 Rn 12 ff). Die gleiche Wirkung wie bei der rechtsgeschäftlichen Vereinigung tritt kraft Gesetzes ein, wenn ein Miteigentümer zu seinem Anteil einen weiteren Miteigentumsanteil hinzuerwirbt (OLG Saarbrücken OLGZ 1972, 129; BGB-RGRK/Augustin § 890 Rn 5; Demharter, GBO[26] § 5 Rn 5; Schöner/Stöber[14] Rn 626; Staudenmaier NJW 1964, 2145; aA Bünger NJW 1965, 2095).

Da es sich bei dieser kraft Gesetzes eintretenden Verschmelzung nicht um eine
Bestandteilszuschreibung oder Vereinigung iSd §§ 5, 6 GBO handelt, kann das
Grundbuchamt die Eintragung auch nicht mit der Begründung versagen, es sei
Verwirrung zu besorgen. S zur Zuschreibung eines weiteren Miteigentumsanteils
zum Wohnungseigentum oben Rn 172.

c) Pfandaustausch

Einen Pfandaustausch (Ersetzung eines Belastungsgegenstands durch einen ande- **178**
ren) als selbständiges Rechtsgeschäft kennt das Gesetz nicht; ein entsprechender
Effekt lässt sich aber durch Pfanderstreckung (oben) und anschließende Pfandfreigabe, also Verzicht auf das Gesamtgrundpfandrecht hinsichtlich eines einzelnen
Grundstücks (nachf Rn 219), erreichen. S zum Pfandaustausch in den verschiedenen
öffentlich-rechtlichen **Umlegungsverfahren** oben Rn 133.

d) Erlöschen in der Zwangsversteigerung

Erlischt in der Zwangsversteigerung des Grundstücks das Grundpfandrecht durch **179**
den Zuschlag (§§ 52, 91 ZVG), so tritt nach dem allgemein geltenden **Surrogations-**
grundsatz, wie er in § 92 Abs 2 ZVG nur für die dort bezeichneten Rechte ausdrücklich ausgesprochen ist, für alle nach § 91 ZVG erlöschenden Rechte und damit auch
für das Grundpfandrecht mit dem Zuschlag an die Stelle des Grundstücks der Erlös
(RGZ 63, 214; RGZ 88, 300; RGZ 101, 120; RGZ 125, 362, 367; BGH MDR 1958, 24 mwNw; BGHZ
58, 298).

Das Ersatzrecht auf Befriedigung aus dem Erlös ist nicht mehr ein Recht am **180**
Grundstück, sondern ein Recht an dem Surrogat des Grundstücks, dem Versteigerungserlös, wobei sich das Vollstreckungsobjekt im Lauf des Vollstreckungsverfahrens mehrfach wandelt (BGHZ 58, 298; vgl auch BGH MDR 1961, 675). Ob das Recht
ein anders geartetes Recht ist, insbesondere ob aus dem dinglichen Recht eine
schuldrechtliche Forderung wird oder ob es dasselbe Recht wie vorher bleibt, ist
bestritten (s hierzu näher die Komm zu § 91 ZVG). Die Streitfrage kann hier offen bleiben,
da jedenfalls Übereinstimmung darüber besteht, dass die erloschenen Rechte und
auch die früheren Rechtsbeziehungen an dem Erlös fortbestehen, soweit dies nicht
dadurch ausgeschlossen ist, dass nicht mehr ein Grundstück den Gegenstand dieser
Rechte bildet (BGH MDR 1958, 24; BGHZ 25, 384). So bleibt das Rangverhältnis unter
mehreren erloschenen Rechten bestehen, Löschungsvormerkung und gesetzlicher
Löschungsanspruch bleiben nach § 91 Abs 4 ZVG wirksam (§ 1179a Rn 66; vgl auch
§ 130a ZVG); erlischt die Forderung nach dem Zuschlag, so geht das Recht auf den
Eigentümer über, soweit nicht Löschungsvormerkung oder gesetzlicher Löschungsanspruch geltend gemacht werden. Beim Verzicht tritt die gleiche Wirkung ein (str;
s näher § 1168 Rn 30). Dagegen wirkt sich der Umstand, dass nicht mehr ein Grundstück Gegenstand des Rechts ist, bei der Übertragung und der Pfändung des erloschenen Rechts und beim Verzicht insoweit aus, als nicht mehr eine Eintragung im
Grundbuch oder bei einem Briefrecht die Übergabe des Briefs erforderlich ist. Es
finden für die Übertragung die §§ 413, 398 BGB (RGZ 125, 362, 367; BGH NJW 1964,
813), für die Pfändung §§ 829, 857 Abs 1, 2 ZPO (BGHZ 55, 298) Anwendung.

Das Surrogationsprinzip gilt auch für **Rechte Dritter**, die auf einem am Grundstück **181**
bestehenden Recht lasten; sie setzen sich an dem Recht am Versteigerungserlös und
damit bei der Übertragung einer Forderung gegen den Ersteher auch an dieser

Forderung fort (RGZ 60, 221). Solche Rechte können auch neu begründet werden, zB durch Pfändung (auch Vorpfändung: BGHZ 55, 298) des auf das erloschene Grundpfandrecht entfallenden Erlösanteils.

XII. Die Ansprüche des Grundpfandgläubigers, ihre Durchsetzung und die Folgen der Befriedigung des Gläubigers

1. Dinglicher und persönlicher Anspruch

182 Dem Gläubiger können zwei oder mehrere streng voneinander zu trennende Ansprüche zustehen (vgl Vorbem 9 zu §§ 1113 ff): der gegen den Eigentümer gerichtete dingliche Anspruch auf Zahlung eines Geldbetrags aus dem Grundstück, sei es zur Befriedigung einer Forderung (§ 1113, Hypothek), sei es schlechthin (§ 1191, Grundschuld), und gegen den Schuldner gerichtete schuldrechtliche Forderungen, die der Hypothek zugrunde liegen oder durch die Grundschuld gesichert werden. Bei der Hypothek ist ein schuldrechtlicher Anspruch obligatorisch, es sei denn es handelt sich um eine gutgläubig erworbene „forderungsentkleidete" Hypothek (§ 1138). Der Gläubiger kann bei Fälligkeit beide Ansprüche zusammen geltend machen und gemäß §§ 25, 260 ZPO die persönliche Klage auch in dem ausschließlichen dinglichen Gerichtsstand der Hypothekenklage erheben, aber auch nach seiner Wahl getrennt vorgehen. Eine Abrede, dass der Gläubiger seine Befriedigung zunächst nur aus der Hypothek suchen darf, ist als zulässig anzusehen, aber nicht als Inhalt der Hypothek (oder gar einer Grundschuld) eintragungsfähig (s § 1113 Rn 5; dort auch zur Abrede, es dürfe nur aus der Hypothek Befriedigung gesucht werden).

2. Die Geltendmachung des Grundpfandrechts

a) Befriedigung durch Zwangsvollstreckung

183 Nach § 1147 erfolgt die Befriedigung des Gläubigers im Wege der Zwangsvollstreckung. Dazu bedarf er gemäß §§ 704, 794 ZPO außer bei Zwangshypotheken (s § 1147 Rn 34) in jedem Falle eines gesonderten (dinglichen, auf das Grundpfandrecht, nicht auf den zugrundeliegenden Anspruch bezogenen) **Vollstreckungstitels**, den er sich entweder im Klageweg durch Urteil oder gerichtlichen Vergleich (§ 794 Abs 1 Nr 1 ZPO) oder in Form einer vollstreckbaren Urkunde nach § 794 Abs 1 Nr 5 ZPO (vgl § 1147 Rn 40 f) verschaffen muss. Die Verwendung des **Mahnverfahrens** wird – wohl wegen des üblichen Antrags auf Duldung der Zwangsvollstreckung – nicht diskutiert, obwohl der Wortlaut der gesetzlichen Definition des Gegenstands der Grundpfandrechte (oben Rn 36) mit dem Wortlaut des § 688 Abs 1 ZPO zwanglos korrespondiert (s § 1147 Rn 38).

184 Zu Recht ist für **Zwangshypotheken** das Erfordernis eines eigenen dinglichen Titels ab Beginn des Jahres 1998 durch Einfügung eines Abs 3 in § 867 ZPO abgeschafft worden. Das Erfordernis eines eigenen dinglichen Titels erscheint aber auch für **rechtsgeschäftlich bestellte Grundpfandrechte** nicht sachgerecht. Nach internationalem kontinentaleuropäischem Rechtsstandard (Einzelheiten bei STÖCKER 102), dem auch der deutsche Gesetzgeber folgen sollte (großzügiger STÖCKER 280), ist die Bestellung von Grundpfandrechten nicht wie im deutschen Recht formfrei, sondern an die notarielle Beurkundung gebunden. Im Gegenzug kann die Zwangsvollstreckung betrieben werden, ohne dass ein zusätzlicher Titel erforderlich wäre. Der ohnehin nutzlose, aber für den Staat kostenträchtige § 800 ZPO könnte entfallen (Münch-KommZPO/Wolfsteiner[3] § 800 Rn 1). Zwar ist einzuräumen, dass auch gegenwärtig der größte Teil der Grundpfandrechte sogleich in vollstreckbarer Form bestellt wird mit der Folge, dass dingliche Klagen aus Grundpfandrechten selten sind (die Justizstatistik gliedert leider die der Zwangsversteigerung und -verwaltung zugrundeliegenden Titel nicht weiter auf, so dass zuverlässige Zahlen fehlen); gerade kritische Fälle (Grundschulden zur Sicherung dubioser Forderungen; zur Abtretung an fragwürdige, aus gutem Grund anonym bleibende Gläubiger bestimmte Eigentümergrundschulden) werden aber als Folge der Formfreiheit der notariellen Belehrung entzogen.

b) Maßnahmen der Zwangsvollstreckung

Als Maßnahmen der Zwangsvollstreckung aus dem dinglichen Titel kommen die **185** Zwangsversteigerung und Zwangsverwaltung des Grundstücks und die Pfändung von mithaftenden Gegenständen in Betracht. Zwangsversteigerung und Zwangsverwaltung sind im ZVG geregelt, für die Pfändung der mithaftenden Gegenstände sind die einschlägigen Vorschriften der ZPO maßgebend. Soweit der Gläubiger auf Grund der Zwangsvollstreckung aus dem dinglichen Titel aus dem Grundstück und den mithaftenden Gegenständen befriedigt wird, erlischt das Grundpfandrecht (§§ 1163 Abs 1 S 2, 1177). Bei Befriedigung aus dem persönlichen Titel wird die Hypothek Eigentümergrundschuld (§ 1163 Abs 1 S 1), während die Grundschuld unberührt bleibt und nur schuldrechtlichen Rückgabeansprüchen unterliegt (dazu Vorbem 140 ff zu §§ 1191 ff). S zur Zwangsvollstreckung in der Insolvenz des Eigentümers § 1147 Rn 15, 56 ff.

Eine Zwangsvollstreckung aus dem persönlichen Titel durch Eintragung einer **186** Zwangshypothek (§ 866 Abs 1 ZPO) an einem bereits wegen derselben Forderung mit einer Vertragshypothek belasteten Grundstück ist wegen des Verbots der mehrfachen Hypothekensicherung unzulässig (§ 1113 Rn 44, 46, § 1132 Rn 25 ff), bei einer Grundschuld aber möglich.

3. Die Vollstreckungstitel

a) Urteile
aa) Klagantrag und Urteil

S § 1147 Rn 24. Der herkömmliche Klagantrag und demgemäß der Urteilstenor geht **187** dahin, der Eigentümer habe die Zwangsvollstreckung aus dem Grundpfandrecht in das Grundstück zu dulden. Korrekter wäre es – auch von einem abweichenden dogmatischen Standpunkt aus (oben Rn 36) – entsprechend dem Gesetzeswortlaut aufgrund des Grundpfandrechts auf Zahlung (des zu beziffernden) Geldbetrags aus dem Grundstück zu tenorieren; anzugeben, dass die Zahlung zur Befriedigung einer bestimmten Forderung erfolgen soll, würde nicht den Üblichkeiten bei anderen Zahlungsklagen, die ja immer auf die Befriedigung einer bestimmten Forderung gerichtet sind, entsprechen. Hingegen muss das Grundpfandrecht identifizierbar bezeichnet werden, weil der Geldbetrag allein beim Vorhandensein mehrerer Grundpfandrechte nicht erkennen lässt, aus welchem Grundbuchrang vollstreckt werden kann. Die Klage kann aufgrund der Grundbucheintragung stets im Urkundenprozess erhoben werden (§ 592 S 2 ZPO).

188 Einer besonderen Erwähnung der Gegenstände, auf die sich das Grundpfandrecht gemäß §§ 1120 ff **erstreckt**, bedarf es insoweit nicht, als sich im Zwangsvollstreckungsverfahren gemäß § 20 Abs 2 ZVG das Verfahren ohnehin auf diese Gegenstände erstreckt. Nach § 21 ZVG kann aber der Umfang dieser Gegenstände hinter dem Haftungsumfang des Grundpfandrechts *zurückbleiben.* Soweit diese Gegenstände schon in dem für die Rechtskraft des Urteils maßgebenden Zeitpunkt von § 21 Abs 1 oder 2 ZVG erfasst worden wären, bedarf es eines eigenen Titels, dh eines zusätzlichen Klagantrags (dies wird in der Kommentarliteratur nicht ausdrücklich behandelt; **aA** aber wohl STEIN/JONAS/MÜNZBERG, ZPO[22] § 865 Rn 21). Soweit der Tatbestand des § 21 Abs 1 oder 2 ZVG erst nach diesem Zeitpunkt erfüllt wird, findet nach § 865 Abs 2 S 2 ZPO ohne weiteres die Mobiliarzwangsvollstreckung aus dem dinglichen Titel statt.

bb) Rechtsnachfolge

189 Die vollstreckbare Ausfertigung des dinglichen Titels kann nach allgemeinen Grundsätzen (§ 727 ZPO) auch für und gegen Rechtsnachfolger erteilt werden. Besonderheiten gelten für die Erteilung der Vollstreckungsklausel gegen den, auf den das Eigentum an dem mit dem Grundpfandrecht belasteten Grundstück im Wege der Einzelrechtsnachfolge übergeht. Es handelt sich um einen Erwerb der streitbefangenen Sache iS des § 325 Abs 1 ZPO, auf den § 727 Abs 1 ZPO verweist (MünchKommZPO/WOLFSTEINER[3] § 727 Rn 37 ff). Gemäß § 325 Abs 2 ZPO kann das Urteil gegen den Rechtsnachfolger vollstreckbar gestellt werden, ohne dass ein Gutgläubigkeitsschutz stattfindet, also auch dann, wenn der Grundstückserwerber nichts davon wusste oder wissen konnte, dass eine dingliche Klage anhängig war oder ein rechtskräftiger Vollstreckungstitel bereits vorliegt. Wer ein mit einem Grundpfandrecht belastetes Grundstück erwirbt, muss damit rechnen, dass bereits eine dingliche Klage anhängig ist oder ein Vollstreckungstitel existiert und gegen ihn wirkt; ausgenommen ist nach § 325 Abs 3 S 2 ZPO nur der Erwerb in der Zwangsversteigerung, wenn die Rechtshängigkeit oder der Titel nicht angemeldet waren. Dies alles gilt aber nur „in Ansehung des Grundstücks"; für die anderen mithaftenden Gegenstände finden nach § 325 Abs 2 ZPO die Vorschriften des bürgerlichen Rechts zugunsten derjenigen, die Rechte von einem Nichtberechtigten herleiten, entsprechende Anwendung. Erforderlich zum titelfreien Erwerb ist grundsätzlich ein doppelter guter Glaube, sowohl daran, dass der Gegenstand nicht dem Grundpfandrecht verhaftet ist als auch daran, dass der Anspruch nicht rechtshängig oder tituliert ist (MünchKommZPO/GOTTWALD[3] § 325 Rn 98 ff mwNw).

190 Für die *Zwangshypothek* wird geltend gemacht, § 867 Abs 3 ZPO ermögliche es nicht, die Zwangsvollstreckung auch gegen einen Sonderrechtsnachfolger im Eigentum zu betreiben, weil zu dem der Eintragung zugrundeliegenden Titel die Vollstreckungsklausel nicht gegen den neuen Eigentümer erteilt werden könne (STÖBER ZVG[18] Einl Rn 69. 1 unter Berufung auf die Gesetzesbegründung BT-Drucks 12/8314 S 38; ZÖLLER/STÖBER, ZPO[27] § 867 Rn 20; MUSIELAK/BECKER, ZPO[6] § 867 Rn 11; MünchKommZPO/EICKMANN[3] § 867 Rn 57; offengelassen von BGH vom 25. 1. 2007 – V ZB 125/05 – NJW 2007, 2993). Das trifft nicht zu, auch wenn zuzugestehen ist, dass § 323 AO, der für den Fall des Eigentumswechsels einen eigenen dinglichen Titel verlangt, für das Erfordernis auch im Falle des § 867 ZPO spricht. Wenn aber der persönliche Titel zur Vollstreckung aus der Zwangshypothek genügt und sich der Rechtsnachfolger im Eigentum im Ergebnis (wenn auch aufgrund unklarer Dogmatik) die Rechtskraft dieses persönlichen Titels

entgegenhalten lassen muss (BGH NJW 1988, 828 = JA 1988, 276 [WALKER] = WuB VII A
§ 796 ZPO 1. 88 [RIMMELSPACHER]; vgl OLG Frankfurt NJW-RR 1988, 206), ist er vollstreckungsrechtlich eben doch Rechtsnachfolger in zumindest entsprechender Anwendung der §§ 727 Abs 1, 325 Abs 1 ZPO (ALFF Rpfleger 2001, 385; DÜMIG Rpfleger 2004, 3;
FISCHINGER WM 2009, 637). Unabhängig davon wird das Grundstück durch Eintragung
der Zwangshypothek iS des § 325 Abs 1 ZPO zur streitbefangenen Sache (Nachw bei
MünchKommZPO/WOLFSTEINER[3] § 727 Rn 37 ff) und zwar in dem Rechtsstreit befangen,
der den zur Vollstreckung führenden Titel produziert hat; auch das ermöglicht die
Erteilung der Klausel gegen den Eigentumsnachfolger. Die Klausel hat sich freilich
zu beschränken auf den Zweck der Zwangsvollstreckung wegen der Zwangshypothek. Ist eine solche Klausel erteilt, so ist selbstverständlich auch den Anforderungen des § 17 ZVG Genüge getan.

b)   Vollstreckbare Vergleiche

Für dinglichen Titel, die in einem gerichtlichen oder Gütestellenvergleich (§ 794   **191**
Abs 1 Nr 1 ZPO) oder in einem für vollstreckbar erklärten Schiedsspruch mit
vereinbartem Wortlaut (§ 794 Abs 1 Nr 4a ZPO) oder Anwaltsvergleich (§§ 794
Abs 1 Nr 4b, 796a, 796b ZPO) bestehen (für letztere sogar dann, wenn sie von
einem Notar für vollstreckbar erklärt worden sind!), gilt das vorstehend für Urteile
dargelegte (dass insbes § 800 ZPO keine Anwendung findet, ist völlig hM, zB STEIN/JONAS/
MÜNZBERG[22] § 795 Rn 2; MünchKommZPO/WOLFSTEINER[3] § 800 Rn 2). Eines Titels „gegen
den jeweiligen Eigentümer" bedarf es nicht. Mit Ausnahme des Schiedsspruchs mit
vereinbartem Wortlaut fehlt diesen Titeln allerdings die materielle Rechtskraft, so
dass der Eigentümer im Wege der Vollstreckungsabwehrklage nach § 767 ZPO alle
Einwendungen geltend machen kann, ohne an die zeitliche Grenze des § 767 Abs 2
ZPO gebunden zu sein (BGH NJW 1953, 345; BGH NJW-RR 1987, 1022; BGHZ 124, 164 =
ZZP 107 [1994] 370 [FOERSTE]; vgl auch BGH GSZ 85, 64).

c)   Vollstreckbare Urkunden
aa)   Unterwerfung gegen den jeweiligen Eigentümer

Nur vollstreckbare Urkunden, die den allergrößten Teil der dinglichen Titel aus   **192**
machen, unterliegen gemäß § **800 ZPO** ohne ersichtlichen Grund einem Sonderregime für die Rechtsnachfolge durch Erwerb der streitbefangenen Sache, also für
die Einzelrechtsnachfolge in das Grundstückseigentum (s zu den unterschiedlichen Auffassungen über die Bedeutung des § 800 WOLFSTEINER § 28. 4. ff). Nach herrschender Praxis ist
bei vollstreckbaren Urkunden ohne Rücksicht auf Gut- oder Bösgläubigkeit die
Erteilung der Vollstreckungsklausel gegen den neuen Eigentümer ausgeschlossen,
wenn der Schuldner nicht in der Unterwerfungsurkunde erklärt hatte, die Zwangsvollstreckung solle gegen den jeweiligen Eigentümer des Grundstücks zulässig sein
und wenn dies nicht im Grundbuch eingetragen ist.

Eine auf ein Grundpfandrecht bezogene Unterwerfungserklärung, die keinen Aus   **193**
spruch zur Vollstreckbarkeit gegenüber dem jeweiligen Grundstückseigentümer
enthält, ist *nicht unwirksam* (BÜRKLE BWNotZ 1994, 60); sie bedarf auch nicht der Eintragung in das Grundbuch und ist der Eintragung auch nicht fähig. Sie entfaltet die
vollen Wirkungen mit lediglich der Ausnahme, dass die Erteilung der Vollstreckungsklausel gegen den Erwerber der streitbefangenen Sache ausscheiden soll
(BGH NJW 1981, 2757; BGHZ 108, 372 = DNotZ 1990, 586 [WOLFSTEINER], missverständlich allerdings, die Unterwerfungserklärung sei eingetragen „und damit wirksam geworden"; OLG Saar-

brücken NJW 1977, 1202; ROSENBERG/GAUL, Zwangsvollstreckungsrecht § 13 IV 6. Falsch MÜMM-LER JurBüro 1987, 1285; missverständlich BayObLG MittBayNot 1987, 26 und Rpfleger 1992, 99. AA – dennoch Erteilung gegen Rechtsnachfolger – STEIN/JONAS/MÜNZBERG, ZPO²² § 800 Rn 7 und MUSIELAK/LACKMANN, ZPO⁶ § 800 Rn 2). Gegen den Unterwerfungsschuldner selbst und gegen seine Gesamtrechtsnachfolger kann die Zwangsvollstreckung uneingeschränkt stattfinden. Die Eintragung gemäß § 800 ZPO ist also nur eine den künftigen Grundstückserwerbern aufgezeigte Warnflagge, deren Bedeutung freilich denkbar gering ist, weil ein Grundstückserwerber sich auch und gerade beim Fehlen dieser Warnflagge darauf einstellen muss, dass ein beliebiger anderer, sogar mit Rechtskraft ausgestatteter Titel existiert, der gegen ihn ohne weiteres vollstreckbar ist. § 800 ZPO ist de lege ferenda ersatzlos zu streichen, weil er nur bürokratischen Aufwand verursacht (die Eintragung ist kostenfrei!), ohne irgendeinen Nutzen zu generieren (WOLFSTEINER § 28. 4. ff).

bb) Voraussetzungen

194 Vgl wegen der Einzelheiten WOLFSTEINER § 28. 43. ff. Der Besteller des Grundpfandrechts muss zusätzlich zu dem sonst nach § 794 Abs 1 Nr 5 ZPO erforderlichen Inhalt der Unterwerfung erklären, sich der sofortigen Zwangsvollstreckung in der Weise zu unterwerfen, dass die Zwangsvollstreckung aus der Urkunde gegen den jeweiligen Eigentümer des Grundstücks zulässig sein solle.

195 Im Übrigen richtet sich die Unterwerfungserklärung nach den *allgemeinen Vorschriften.* Sie kann grundsätzlich nur vom Schuldner des dinglichen Anspruchs, also vom Grundstückseigentümer abgegeben werden; dies kann aber auch ein künftiger Eigentümer sein, wie sich auch die Unterwerfungserklärung (wie es die Regel ist) auf ein erst künftiges (nach Einigung und Grundbucheintragung entstehendes) Grundpfandrecht beziehen kann. Wer zu notarieller Urkunde die Eintragung eines Grundpfandrechts an einem Grundstück, dessen Eigentümer er noch nicht ist, bewilligt, kann sich wegen dieses Grundpfandrechts wirksam der sofortigen Zwangsvollstreckung, auch nach § 800 ZPO, unterwerfen; ebenso kann sich jemand, der ein grundpfandrechtsbelastetes Grundstück erwirbt, wegen des Grundpfandrechts bereits der Zwangsvollstreckung unterwerfen noch bevor der Eigentumsübergang wirksam geworden ist (BGHZ 108, 372 = DNotZ 1990, 586 [WOLFSTEINER]; BayObLG DNotZ 1987, 216; OLG Saarbrücken NJW 1977, 1202 gegen LG Saarbrücken NJW 1977, 584 [abl ZAWAR]; KG DNotZ 1988, 238; OLG Naumburg NotBZ 2001, 114; LG Köln MittRhNotK 1974, 506; BÜHLING DNotZ 1953, 485; NIEDER NJW 1984, 329; Gutachten DNotI-Report 1995, 29). Die Unterwerfungserklärung muss nicht in der Urkunde enthalten sein, welche die zur Begründung des Grundpfandrechts dienenden Erklärungen enthält (BGHZ 73, 156; jetzt hM; **aA** DAIMANN BWNotZ 1978, 10 mwNw).

196 Unterwerfungsfähig sind *alle Grundpfandrechte.* S zu den Besonderheiten bei der Hypothek § 1147 Rn 40, bei der Sicherungshypothek § 1184 Rn 18, bei der Wertpapierhypothek § 1187 Rn 18, bei der Höchstbetragshypothek § 1190 Rn 49, bei der Sicherungsgrundschuld oben Rn 34 und Vorbem 41 zu §§ 1191 ff sowie bei der Eigentümergrundschuld § 1196 Rn 15.

cc) Eintragung der Klausel

197 Die Unterwerfung nach § 800 ZPO bedarf der **Eintragung in das Grundbuch.** Auch dies bedeutet nicht, dass die Unterwerfungserklärung ohne Grundbucheintragung unwirksam wäre, sondern nur, dass die Vollstreckungsklausel gegen jemanden, der das Grundstückseigentum im Wege der Sonderrechtsnachfolge vom Unterwerfungsschuldner erworben hat, nach herrschender Praxis nur erteilt werden kann, wenn die Unterwerfungserklärung im Grundbuch eingetragen ist (BGH NJW 1981, 2757; BGHZ 108, 372 = DNotZ 1990, 586 [WOLFSTEINER], zumindest missverständlich, die Unterwerfungserklärung sei „eingetragen und damit wirksam" geworden; OLG Saarbrücken NJW 1977, 1202; ROSENBERG/GAUL, Zwangsvollstreckungsrecht § 13 IV 6. Falsch MÜMMLER JurBüro 1987, 1285, der die Vollstreckungsklausel gegen den die Unterwerfung erklärenden Eigentümer von der Eintragung abhängig machen will; missverständlich BayObLG MittBayNot 1987, 26 und Rpfleger 1992, 99. **AA** – dennoch Erteilung gegen Rechtsnachfolger – STEIN/JONAS/MÜNZBERG, ZPO § 800 Rn 7 und MUSIELAK/LACKMANN, ZPO § 800 Rn 2).

Für die **Eintragung** gelten die allgemeinen Regeln des Grundbuchrechts; notwendig **198** sind also Eintragungsantrag und Eintragungsbewilligung nach §§ 14, 18 GBO (richtig noch BayObLG OLGRspr 6, 401; BOUVIÉ DNotZ 1935, 206; KEHE/MUNZIG, GBO[10] § 19 Rn 80; BAUER/VOEFELE/MAYER, GBO[2] AT IV Rn 94; offengelassen von BGHZ 108, 372 = DNotZ 1990, 586 [WOLFSTEINER]). Demgegenüber verlangt die herrschende Praxis (BayObLG Rpfleger 1973, 361; BayObLG DNotZ 1974, 376 mit nicht ganz klarer Aussage; LG Stade Rpfleger 1977, 261; SCHÖNER/STÖBER[14] Rn 2049; DEIMANN BWNotZ 1978, 10) den Nachweis der Unterwerfungserklärung durch Vorlage der notariellen Unterwerfungsurkunde; darüber hinaus nimmt die Grundbuchrechtsprechung das Recht für sich in Anspruch, die Unterwerfungserklärung auf ihre Wirksamkeit hin zu überprüfen (weshalb fast alle veröffentlichten Entscheidungen zu § 800 ZPO aus dem Grundbuchverfahren stammen, während die Vollstreckungsorgane offenbar weit weniger Probleme sehen. Vgl statt vieler BGHZ 73, 156; BGHZ 88, 62; OLG Hamm DNotZ 1988, 233 [m abl Anm WOLFSTEINER]). Der hL stehen weder das positive Recht noch vernünftige Gründe für eine Rechtsfortbildung zu Seite (MünchKommZPO/WOLFSTEINER[3] § 800 Rn 6).

Die **Eintragung** erfolgt bei dem Grundpfandrecht in Form eines einfachen Vermerks, **199** der den Inhalt des Grundpfandrechts selbst in keiner Weise berührt und der überhaupt keinerlei materiellrechtliche Bedeutung hat. Die korrekte Formulierung lautet, dass der Eigentümer der sofortigen Zwangsvollstreckung aus einer notariellen Urkunde unterworfen sei. Ausreichend sind auch abgekürzte Formulierungen, zB „vollstreckbar nach § 800 ZPO" (LG Weiden Rpfleger 1961, 305; LG Nürnberg-Fürth Rpfleger 1966, 338; OLG Köln Rpfleger 1974, 150), wenn sie nur die Vollstreckbarkeit gerade noch erkennen lassen. Unschädlich ist es auch, wenn der Hinweis fehlt, die Vollstreckbarkeit beruhe gerade auf einer notariellen Unterwerfungsurkunde gemäß § 794 Abs 1 Nr 5 ZPO, weil eine Eintragung der Vollstreckbarkeit aufgrund anderer Titel ohnehin nicht in Frage kommt. Da es sich nur um eine Warnflagge handelt (oben Rn 193), muss die Unterwerfungsurkunde, auf die sich die Eintragung bezieht, weder im Eintragungsvermerk noch durch (ohnehin unzulässige) Bezugnahme auf die Eintragungsbewilligung identifiziert werden (allgemeine Grundbuchpraxis in Übereinstimmung mit den Mustern der GBV). Bezieht sich aber die Grundbucheintragung ihrem Inhalt nach nicht auf eine bestimmte Unterwerfungsurkunde, so folgt daraus auch, dass im Falle der Ersetzung einer Unterwerfungsurkunde durch eine andere die erneute Eintragung einer Unterwerfungsklausel entbehrlich ist (KGJ 45, 261; in ähnlichem Sinn auch BGHZ 26, 344; **aA** KG DNotZ 1954, 199). Ist das Grundstückseigentum auf einen Erwerber übertragen worden und hat dieser sich – was aus Zuständigkeitsgründen zweckmäßig sein kann – wegen der bestehenbleibenden

Grundpfandrechte erneut der Zwangsvollstreckung nach § 800 unterworfen, so kann demzufolge auch die neue Unterwerfungsurkunde gegen einen späteren Eigentumserwerber vollstreckbar ausgefertigt werden, ohne dass es einer nochmaligen Grundbucheintragung bedürfte.

200 Die Eintragung erfolgt zwar beim Grundpfandrecht und teilt dessen rechtliches Schicksal, begründet aber **kein eigenes dingliches** Recht, hat selbst keinen Rang und kann auch nicht gutgläubig erworben werden. Die nachträgliche Eintragung bedarf deshalb auch keiner Zustimmung gleich- und nachrangiger Gläubiger (RGZ 84, 318; RGZ 132, 8; RGZ 146, 312; BayObLG DNotZ 1935, 120; KG HRR 1931, 1705; vgl § 1119 Rn 19; **aM** nur PLANCK/STRECKER § 1115 Anm 6c). Unabhängig vom guten Glauben und von § 892 gilt allerdings (auch für die einfache Unterwerfung) die Eigentumsfiktion nach § 1148 (dort Rn 5) in dem Sinn, dass der Eigentümer die Unterwerfungserklärung des Scheineigentümers (Bucheigentümers) gegen sich gelten lassen muss. Fällt der Unterwerfungstitel (zB durch gerichtliche Entscheidung) später weg, wird das Grundbuch zwar unrichtig, aber nicht hinsichtlich einer Eintragung, die am öffentlichen Glauben teilnimmt; ein Grundbuchberichtigungsanspruch oder ein Grundbuchberichtigungszwang bestehen daher nicht (**aA** LG Bielefeld Rpfleger 1957, 83; STAUDINGER/SCHERÜBL[12] § 1198 Rn 14).

dd) Teilunterwerfung

201 Zulässig (und damit selbstverständlich auch eintragungsfähig) ist die Zwangsvollstreckungsunterwerfung wegen eines (betragsmäßig bestimmten) **Teils eines Grundpfandrechts** (BGHZ 108, 372 = DNotZ 1990, 586 [WOLFSTEINER]; DUX 6 ff). S zu Einzelheiten WOLFSTEINER § 28.21. ff. Die Unterwerfung kann sich auch auf einen *rangmäßig bezeichneten Teil* eines Grundpfandrechts beziehen; sie bleibt dann aber wirkungslos, solange es nach materiellem Recht einen Grundpfandrechtsteil des in der Erklärung angesprochenen Ranges nicht gibt (**aA** MUTH JurBüro 1984, 175 mwNw). Nach materiellem Recht kann ein Rangverhältnis nur nach Teilung des Grundpfandrechts hergestellt werden; bis dahin haben nach § 1151 die der kleinsten Währungseinheit entsprechenden Grundpfandrechtsteile untereinander Gleichrang (BGH Rpfleger 1990, 378 [MÜTHER]; OLG Zweibrücken Rpfleger 1985, 54; OLG Celle Rpfleger 1990, 378; DUX 10; **aA** STORZ, Praxis des Zwangsversteigerungsverfahrens S 129; STEINER/HARTMANN, ZVG[9] § 75 Rn 142). Eine zunächst wirkungslose Unterwerfungserklärung wegen eines rangmäßig bestimmten Teils kann aber Wirksamkeit erlangen, wenn die materielle Rechtslage mit der vollstreckbaren Urkunde nachträglich in Übereinstimmung gebracht wird (vgl zu dem Fragenkomplex OLG Hamm DNotZ 1988, 233 und die Anm WOLFSTEINER S 234).

202 Wird die Zwangsvollstreckung *wegen eines nicht rangmäßig bestimmten Teilbetrags* eines Grundpfandrechts betrieben, so treten die selben Wirkungen ein, wie wenn die Zwangsvollstreckung aus einem von mehreren gleichrangigen Grundpfandrechten betrieben wird; das ganze Grundpfandrecht fällt also aus dem geringsten Gebot und erlischt durch den Zuschlag. Bei freiwilligen Teilleistungen kann der Schuldner in entsprechender Anwendung des § 366 Abs 2 BGB auch bei Grundpfandrechten bestimmen, ob er auf den titulierten oder den nicht titulierten Anspruchsteil leistet (BGH NJW 1973, 1689). Das Bestimmungsrecht des Schuldners kann mit dinglicher Wirkung *vertraglich abbedungen* werden, was sich dann auch auf den Vollstreckungstitel auswirkt (BGHZ 108, 372 = DNotZ 1990, 586 [m abl Anm WOLFSTEINER] = NJW 1990, 258 [m Anm PROBST]). Es handelt sich aber um eine *materiellrechtliche Inhaltsbestimmung* *des Grundpfandrechts;* Inhalt der Unterwerfungserklärung („**Unterwerfung wegen eines zuletzt zu zahlenden Teilbetrags**") kann der Ausschluss des Bestimmungsrechts nicht sein (insoweit falsch OLG Hamm DNotZ 1988, 233). Der Ausschluss des Bestimmungsrechts *wirkt nicht gegen Ablösungsberechtigte,* denen also nicht verwehrt werden kann, nur auf den titulierten Grundpfandrechtsteil zu leisten (BGHZ 172, 37 vom 29. 3. 2007 – V ZB 160/06 = NotBZ 2007, 327 m Anm ZIMMER/PIEPER 319; WOLFSTEINER DNotZ 1988, 234; DUX 16; Gutachten DNotI-Report 1998, 53; vgl auch BGH NJW-RR 1991, 169, wonach die Titulierung eines Teilbetrags der Forderung dessen Verselbständigung bewirkt, so dass Teilerfüllung zulässig wird. AA noch BGHZ 108, 372 = DNotZ 1990, 586 [m abl Anm WOLFSTEINER] = NJW 1990, 258 [m Anm PROBST]; vgl § 75 ZVG. Vgl zur Ablösung auch BGH NJW 1997, 190 = DNotZ 1997, 383 [WOLFSTEINER]. Nach GABERDIEL/GLADENBECK[8] Rn 321 bezieht sich daher die Erfüllungsvereinbarung nur auf Zahlungen außerhalb des Zwangsversteigerungsverfahrens, was zwingend gegen ihren Charakter als Bestandteil der Zwangsvollstreckungsunterwerfung spricht). Macht der Gläubiger nämlich von dem Titel Gebrauch, geht es nicht mehr um an sich unzulässige Teilleistungen des Schuldners und ihre Verrechnung; vielmehr macht der Gläubiger von sich aus eine Teilforderung geltend, deren Erfüllung er dann auch annehmen muss (RGZ 66, 266, 271; BGHZ 172, 37 wie vor; MünchKomm/KRÜGER[4] § 266 Rn 21). Vgl § 1150 Rn 26.

Wird ein Grundpfandrecht mit Teilunterwerfung *später geteilt* oder nach § 1132 **203** Abs 2 BGB verteilt, so teilt sich der vollstreckbare Teil verhältnismäßig, ohne dass der teilende Gläubiger darauf Einfluss nehmen könnte (WOLFSTEINER DNotZ 1988, 234; Wolfsteiner § 28. 25. f; aA GABERDIEL/GLADENBECK[8] Rn 325 und für den Fall des § 1132 Abs 2 Gutachten DNotI-Report 1998, 53).

ee) Inhaltsänderungen

Inhaltsänderungen des Grundpfandrechts (oben Rn 156 ff) wirken sich auf den Unter- **204** werfungstitel und die eingetragene Unterwerfungsklausel wie folgt aus (dazu Gutachten DNotI-Report 1997, 97):

α) Wegen der inhaltlichen Veränderung des Anspruchs kann aus dem alten **205** Unterwerfungstitel nicht mehr vollstreckt werden, wenn die einer Hypothek zugrundeliegenden Forderung gegen eine andere **ausgewechselt** wird (unklar BGH WM 1964, 1215 und NJW 1980, 1050), wenn sich eine Hypothek in eine Eigentümergrundschuld **umgewandelt** hat (OLG Hamm Rpfleger 1987, 297 m zust Anm KNEES; MUSIELAK/LACKMANN, ZPO[6] § 800 Rn 8. AA LG Düsseldorf DNotZ 1962, 97 und für alle hier angesprochenen Fälle MÜNCH, Vollstreckbare Urkunde und prozessualer Anspruch [1989] § 13 II 2d sowie der überwiegende Teil der zivilrechtlichen Literatur: ERMAN/WENZEL[12] § 1198 Rn 3; MünchKomm/EICKMANN[4] § 1198 Rn 7; PALANDT/BASSENGE[68] § 1198 Rn 1), oder wenn eine Grundschuld unter Begründung einer schuldrechtlichen Forderung in eine Hypothek oder eine Hypothek unter Wegfall der schuldrechtlichen Forderung in eine Grundschuld umgewandelt wird (aA LG Düsseldorf DNotZ 1962, 97; MEIKEL/MORVILIUS, GBO[10] Einl Rn C 588). Dass im materiellrechtlichen Sinn die Identität des Grundpfandrechts unverändert geblieben ist, ändert nichts daran, dass sich der Anspruch im prozessualen Sinn verändert hat (nähere Argumentation s WOLFSTEINER § 30. 2. ff). Dass in diesen Fällen eine neue Unterwerfungserklärung erforderlich ist, bedeutet nicht unbedingt, dass es auch einer neuen **Eintragung der Unterwerfung** im Grundbuch bedürfte. Da sich der Unterwerfungsvermerk im Grundbuch nicht auf eine konkrete Unterwerfungsurkunde bezieht (oben Rn 199), ist im Gegenteil in allen genannten Fällen die

Hans Wolfsteiner

Neueintragung entbehrlich (KGJ 45, 261; in ähnlichem Sinn auch BGHZ 26, 344 = NJW 1958, 630; MünchKommZPO/Wolfsteiner § 800 Rn 15; aA die wohl hL KG DNotZ 1954, 199; vgl aber LG Bielefeld Rpfleger 1957, 83). S § 1180 Rn 28, 1198 Rn 15.

206 β)   Vollstreckungsrechtlich unschädlich ist es, wenn sich der Anspruch seinem Umfang nach reduziert, während jede **Erweiterung des Anspruchs** (im selben Sinn wie oben Rn 122) eine zusätzliche Zwangsvollstreckungsunterwerfung erfordert (BGH DNotZ 1965, 544; KG DNotZ 1954, 199, das aber die Erforderlichkeit einer neuen Unterwerfungs-erklärung mit dem Erfordernis einer neuen Eintragung verwechselt). Auch hier ist aber nicht immer eine zusätzliche *Eintragung der Unterwerfung* im Grundbuch erforderlich (so aber KGJ 45, 260; KGJ 52, 190; KG DNotZ 1954, 200; LG Essen DNotZ 1957, 670); vielmehr kann die Eintragung der Unterwerfung grundbuchtechnisch so behandelt werden, wie wenn sie Bestandteil des eingetragenen Grundpfandrechts wäre. Dort wo grund-buchtechnisch der Eintragungstext in der Hauptspalte selbst nicht verändert wird, muss auch der Text der Unterwerfungseintragung nicht geändert werden (BGHZ 26, 344). Keiner erneuten Eintragung bedarf es daher für den Fall einer Inhaltsänderung des Grundpfandrechts unterhalb der Umwandlungsschwelle sowie für den Mithaft-vermerk, falls das Grundpfandrecht auf weitere als die ursprünglich belasteten Grundstücke erstreckt wird (BayObLG Rpfleger 1992, 196; Kehe/Munzig, GBO[10] § 19 Rn 80; aA Beck JR 1963, 176. Vgl zur Frage wie in diesen Fällen der Zinsbeginn festzulegen ist AG und LG Aachen Rpfleger 1991, 15). Notwendig ist dagegen eine zusätzliche Ein-tragung dann, wenn Eintragungen in der Hauptspalte zu erfolgen haben, also bei-spielsweise im Falle der Erhöhung des Kapitalbetrags einer Hypothek oder Grund-schuld.

207 γ)   Eine **Rangänderung** ist keine Inhaltsänderung des Rechts (oben Rn 149; dazu, dass der Unterwerfungsvermerk selbst keinen Rang hat, oben Rn 200); bei einem Rangverlust ist deshalb die Zwangsvollstreckung ohne weiteres zu dem schlechteren Rang zulässig, beim Ranggewinn ohne zusätzliche Unterwerfung oder gar Eintragung aus dem besseren Rang.

208 δ)   Wird ein vollstreckbares Grundpfandrecht **geteilt oder verteilt** (§ 1132 Abs 2), so bleiben die Teile ohne weiteres vollstreckbar (Stöber, ZVG[18] § 16 Rn 3 Anm 3.8; zur Teilunterwerfung s oben Rn 201). Werden zwei vollstreckbare Grundpfandrechte verei-nigt, so ändert sich weder die Identität des einen noch die des anderen Teils. Im vereinigten Grundpfandrecht haben die aus den Ursprungsrechten herrührenden Teile untereinander Gleichrang. Aus jedem der Teiltitel kann daher wegen des entsprechenden Grundpfandrechtsteils selbständig vollstreckt werden; eine Titel-vereinigung findet nicht statt.

209 ε)   Bei **Veränderungen im Belastungsgegenstand** iS von oben Rn 162 ff folgt die Vollstreckbarkeit grundsätzlich dem materiellen Recht (Einzelheiten s Wolfsteiner § 30.15. ff). Die *Zuschreibung* eines weiteren Grundstücks gemäß § 890 Abs 2 als Bestandteil des belasteten Grundstücks wird auch vollstreckungsrechtlich nicht als Änderung des Anspruchsinhalts behandelt mit der Folge, dass der neue Grund-stücksbestandteil ohne weiteres der Zwangsvollstreckung unterworfen ist (BayObLG 1929, 166; Beck JR 1963, 176. Vgl auch BGHZ 26, 344). Dasselbe gilt für andere Fälle, in denen Sachen *Grundstücksbestandteile* werden, also insbesondere für den Fall der Verbindung gemäß § 946 und für den Fall, dass sich das Grundpfandrecht nach

Maßgabe der §§ 1120 und 1120 ff auf Sachen oder Rechte erstreckt, auf die es sich anfänglich nicht erstreckt hat. Erlischt umgekehrt die Mithaftung solcher Sachen oder Rechte, so wird auch dadurch der Bestand der Forderung im vollstreckungsrechtlichen Sinne nicht berührt. Die *Vereinigung* des mit dem Grundpfandrecht belasteten Grundstücks mit einem anderen Grundstück lässt materiellrechtlich den Bestand des Grundpfandrechts unberührt, so dass auch keine vollstreckungsrechtlichen Folgen eintreten. Ebenso wie die Erstreckung des Grundpfandrechts auf den neu hinzugekommenen Grundstücksteil den gleichen Regeln wie die Neubestellung unterliegt, fordert auch das Vollstreckungsrecht für die neuen Grundstücksteile eine eigene Zwangsvollstreckungsunterwerfung (STÖBER, ZVG[18] § 16 Rn 3 Anm 3.9.; die Formulierung, die Grundschuld „samt Vollstreckungsklausel" werde auf das hinzukommende Grundstück erstreckt, genügt nach BayObLG MittBayNot 1992, 197) und, wenn die Folgen des § 800 ZPO eintreten sollen, eine zusätzliche Grundbucheintragung (**aA** BayObLG MittBayNot 1992, 197 – Mithaftvermerk genüge). Dies gilt um so mehr, wenn das Grundpfandrecht auf ein Grundstück erstreckt wird, das selbständig bleibt. Da nach hL ein Miteigentumsanteil einem anderen nicht als Bestandteil zugeschrieben werden kann (oben Rn 177), ist auch vollstreckungsrechtlich eine zusätzliche Zwangsvollstreckungsunterwerfung erforderlich; dies gilt auch, wenn ein nach dem WEG mit Sondereigentum verbundener Miteigentumsanteil vergrößert wird (oben Rn 157; für entsprechende Anwendung der Bestandteilszuschreibung aber LG Bochum Rpfleger 1990, 291 m zust Anm MEYER-STOLTE und STREUER Rpfleger 1992, 181).

ζ)   In den Umlegungsfällen (oben Rn 133) erstreckt sich die Surrogation auch auf **210** die Unterworfenheit unter die Zwangsvollstreckung; die Eintragung der Unterwerfung ist von der Behörde im Wege des Ersuchens zu veranlassen, die Surrogation vom Vollstreckungsorgan ohne Klauseländerung zu beachten (LG Lahn-Gießen Rpfleger 1979, 29). Auch soweit in diesen Verfahren in die Grundpfandrechte selbst eingegriffen werden kann (zB § 61 BauGB), setzt sich die Vollstreckbarkeit fort, wenn ein Recht nur geändert wird; bei der Neubegründung kann hingegen die Vollstreckbarkeit nicht durch Verwaltungsakt herbeigeführt werden.

4.   Befriedigung des Gläubigers durch Zahlung

a)   Zahlung durch den Eigentümer
Befriedigt der Eigentümer den Gläubiger, so geht das Grundpfandrecht als Eigen- **211** tümergrundschuld auf ihn über. Ist er nicht zugleich persönlicher Schuldner, so erlischt bei einer Hypothek die Forderung nicht, sondern geht mit ihr auf den Eigentümer über (§§ 1143, 1147, 1153 Abs 1, 412, 401 Abs 1, 1177 Abs 2). Eine Grundschuld wird der Eigentümer idR nur bedienen, wenn ihm die persönliche Forderung abgetreten wird (näheres Vorbem 137 zu §§ 1191 ff).

b)   Zahlung durch den persönlichen Schuldner
Bei einer Befriedigung des Gläubigers durch den persönlichen Schuldner erlischt im **212** Regelfall die Forderung (§ 362), da der Schuldner zur Befriedigung des Gläubigers verpflichtet sein wird (vgl zB § 429 Abs 2). In diesem Fall geht die Hypothek auf den Eigentümer über und wird Eigentümergrundschuld (§§ 1163 Abs 1 S 2, 1177 Abs 1). Ist jedoch im Innenverhältnis der Eigentümer dem persönlichen Schuldner gegenüber zur Befriedigung des Gläubigers verpflichtet (vgl § 415 Abs 3) oder hat der Schuldner sonst einen Ersatzanspruch gegen den Eigentümer, so geht die Hypothek

gemäß § 1164 auf den persönlichen Schuldner über und sichert jetzt dessen Regressforderung, während die Forderung erlischt (§ 362); es handelt sich hierbei um eine Forderungsauswechslung kraft Gesetzes. Eine dem § 1164 ähnliche Vorschrift ist § 145 VVG 2008, nach dem die Hypothek auf den Versicherer übergeht, wenn er auf Grund des § 143 VVG 2008 den Hypothekengläubiger befriedigt.

213 Eine Grundschuld bleibt als solche unberührt; jedoch wird der Schuldner idR zur Zahlung nur Zug um Zug gegen Abtretung der Grundschuld an ihn oder den Eigentümer verpflichtet sein (näheres Vorbem 136 zu §§ 1191 ff).

c) Zahlung durch einen Bürgen

214 Bei Befriedigung des Gläubigers durch einen Bürgen gehen gemäß §§ 774 Abs 1 S 1, 412, 401, 1153 Hypothekenforderung und *Hypothek* auf den leistenden Bürgen über, während die Bürgschaftsforderung erlischt (§ 362). S aber zum Ausgleich zwischen Eigentümer und Bürgen § 1143 Rn 31. Eine *Grundschuld* geht dagegen nicht auf den Bürgen über, wohl aber der Rückgewähranspruch (unten Rn 216).

d) Zahlung durch Erben und Miterben

215 Zur Befriedigung durch einen Erben vgl § 326 InsO und § 1143 Rn 7.

e) Zahlung durch einen Gesamtschuldner oder Mitbürgen

216 Befriedigt ein ausgleichsberechtigter Gesamtschuldner oder Mitbürge den Gläubiger, so gehen die Hypothekenforderung und die Hypothek auf ihn über, soweit er von seinen Mitschuldnern oder Mitbürgen Ausgleich verlangen kann (§§ 426 Abs 2, 412, 401, 774 Abs 2). Die *Grundschuld* ist anders als die Hypothek kein Nebenrecht iS des § 401; sie geht daher nicht kraft Gesetzes auf den Gesamtschuldner über, der den Gläubiger befriedigt. Wohl aber erwirbt dieser den Rückgewähranspruch gegen den Gläubiger (BGH NJW-RR 1995; BGHZ 80, 228 = NJW 1981, 1554 [Reinicke] = JuS 1981, 844 [K Schmidt] = LM Nr 55 zu § 426 BGB [Hagen]; BGH WM 1989, 1804; BGH NJW-RR 1995, 589). Hingegen sind die Ansprüche auf Rückgewähr vorrangiger Grundschulden wiederum keine Nebenrechte, so dass sie nicht kraft Gesetzes auf den befriedigenden Gesamtschuldner übergehen (BGHZ 104, 26 = EWiR 1988, 583 [Gaberdiel/Gladenbeck]).

f) Zahlung durch einen sonstigen Dritten

217 Wenn ein sonstiger Dritter den Gläubiger befriedigt, kommt § 1143 nur dann zur Anwendung, wenn der Dritte ausdrücklich im Namen des Eigentümers zahlt. Sonst erlischt die Forderung, die Hypothek wird Eigentümergrundschuld (§ 267 Abs 1 S 1 iVm §§ 1163, 1177), die Sicherungsgrundschuld ist dem Eigentümer zurückzugeben. Auch wenn hier der leistende Dritte einen Ersatzanspruch gegen den Eigentümer hat, geht die Hypothek nicht auf ihn über; § 1164 ist auf diesen Fall auch nicht entsprechend anzuwenden.

218 Anders ist die Rechtslage jedoch, wenn der Dritte ablösungsberechtigt ist. Ablösungsberechtigt ist nach § 268 jeder, der Gefahr läuft, ein Recht am Grundstück zu verlieren, und zwar ist dies nach § 1150 schon dann der Fall, wenn der Gläubiger Zahlung aus dem Grundstück verlangt. Hier geht die Forderung auf den ablösenden Dritten über (§§ 1150, 268 Abs 3 S 1) und mit ihr die Hypothek (§§ 412, 401, 1153). Bei Grundschuldsicherung bezieht sich das Ablösungsrecht nur auf die Grundschuld selbst; sie geht auf den Ablösenden über. S zu den Problemen der Teilablösung, insbes bei Zwangsvollstreckungsunterwerfung wegen eines zuletzt zu zahlenden Teilbetrags, oben Rn 202 u § 1150 Rn 26.

XIII. Das Erlöschen der Grundpfandrechte

1. Rechtsgeschäftliche Aufhebung (Verzicht)

Die hL unterscheidet zwischen der **Aufhebung** eines Grundpfandrechts gemäß **219** §§ 875, 1183 (sie wird in §§ 1179, 1179a, 1179b und andernorts als „Löschung" bezeichnet) und dem **Verzicht** auf ein Grundpfandrecht (§ 1168). Die *Aufhebung* bedarf danach grundsätzlich einer Aufhebungserklärung des Gläubigers, der Zustimmung des Eigentümers und der Eintragung in das Grundbuch; sie führt zum Erlöschen des Grundpfandrechts. Der *Verzicht* kann danach nur von einem Fremdgläubiger erklärt werden, bedarf nicht der Zustimmung des Eigentümers und führt idR nicht zum Erlöschen des Grundpfandrechts, sondern gemäß § 1168 Abs 1 zum Übergang auf den Eigentümer. Nur beim *Gesamtgrundpfandrecht* fallen nach hL Aufhebung und Verzicht zusammen, wenn sie nur in Ansehung eines einzelnen Pfandobjekts oder einzelner Pfandobjekte erklärt werden (oft als „Pfandfreigabe" oder „Pfandentlassung" bezeichnet); ein solcher Teil-Verzicht (Teilaufhebung) führt gemäß § 1175 Abs 1 S 2 nicht zum Übergang auf den Eigentümer, sondern dazu, dass das Grundpfandrecht an den betreffenden Pfandobjekten erlischt; deshalb bedarf er auch nicht der Zustimmung des Eigentümers.

Hier wird **abweichend von dieser hL** die Auffassung vertreten, dass *bei Grundpfand-* **220** *rechten generell der Verzicht an die Stelle der Aufhebung tritt,* dass dem Fremdgläubiger kein Wahlrecht zusteht, ob er eine Aufhebungs- oder eine Verzichtserklärung abgibt, und dass – vom Fall des Verzichts nur in Ansehung einzelner Pfandobjekte abgesehen – nur eine Eigentümergrundschuld zum Erlöschen gebracht werden kann, und zwar durch Verzicht des Eigentümers (Einzelheiten § 1168 Rn 1 ff). Nur durch Verzicht des Eigentümers (Aufhebung) und kraft Gesetzes (etwa bei gutgläubig-lastenfreiem Erwerb) kann ein Grundpfandrecht insgesamt erlöschen (eine eintragungsfreie Aufhebung befürwortet für bestimmte Fälle STAUDINGER/GURSKY [2007] § 875 Rn 73). S für das Beitrittsgebiet auch § 10 GBBerG (nachf Rn 223, 258).

2. Aufhebung kraft Gesetzes

Unmittelbar kraft Gesetzes wird das Erlöschen des Grundpfandrechts bewirkt durch **221** die Befriedigung des Gläubigers aus dem Grundstück (§ 1181, Ausnahme § 1182), in der Zwangsversteigerung durch den Zuschlag, wenn das Grundpfandrecht nicht nach den Versteigerungsbedingungen bestehen bleiben soll (§ 91 Abs 1 ZVG); das Grundpfandrecht für Zinsrückstände, andere Nebenleistungen und Kosten erlischt bei der Vereinigung mit dem Eigentum in einer Person (§ 1178; vgl auch § 1200 für die einzelnen Rentenschuldleistungen).

Bei einem *Gesamtgrundpfandrecht* erlischt das Pfandrecht an einzelnen Grund- **222** stücken in den Fällen der §§ 1173 Abs 1 S 1 HS 2 (Ausnahme § 1173 Abs 2), 1174 Abs 1 HS 2, 1175 Abs 1 HS 2.

223 Im **Beitrittsgebiet** (allgemein zur Löschung von dortigen Grundpfandrechten BÖHRINGER Rpfleger 1995, 139) können Grundpfandrechte nach § 10 GBBerG (= Art 2 RegVBG vom 20. 12. 1993 [BGBl I 2182] idF d Art 6 G v 13. 7. 2001 [BGBl I 1542]; dazu nachf Rn 258) mit einem umgerechneten Nennbetrag von nicht mehr als € 6.000,00 durch Hinterlegung einer dem in Euro umgerechneten und um ein Drittel erhöhten Geldsumme unter Verzicht auf Rücknahme zum Erlöschen gebracht werden, auch wenn der Gläubiger bekannt ist (KG Rpfleger 1996, 283). Zur Umrechnung sind Rechte in DDR-Währung zunächst in DM umzurechnen (unten Rn 257) und anschließend in Euro (unten Rn 257 und oben Rn 43). Bei einer Höchstbetragshypothek ist nur der nicht erhöhte umgerechnete Nennbetrag zu hinterlegen. Für die Umstellung wertbeständiger Rechte gelten §§ 1 bis 3 GBBerG (dazu nachf Rn 247). Ein für das Grundpfandrecht erteilter Brief wird kraftlos (§ 4 Abs 4 GBBerG). Eine Eigentümergrundschuld entsteht auch dann nicht, wenn es sich um ein BGB-Grundpfandrecht handelt. Einzelheiten s MEIKEL/ BÖHRINGER, Sonderband Rn 852 ff; DEMHARTER, GBO²⁶ Anh zu §§ 84–89 Rn 58 ff und § 1171 Rn 18.

3. Verjährung

a) Grundpfandrechtskapital

224 Gemäß §§ 216 Abs 1 hindert die Verjährung eines Anspruchs, für den eine Hypothek besteht, den Berechtigten nicht, seine Befriedigung aus dem verhafteten Gegenstande zu suchen. Dies hat doppelte Bedeutung:

aa) Keine Verjährung des dinglichen Rechts bei bestehender Forderung

225 Über die Regelung in § 902 Abs 1 S 1 hinaus verjährt bei der *Hypothek* das dingliche Recht auch dann nicht, wenn es zu Unrecht gelöscht wird. § 216 Abs 1 verdrängt die schwächeren §§ 901, 902 Abs 1 S 1 mit der Folge, dass es – im Gegensatz zu den meisten anderen dinglichen Rechten – auf die Eintragung nicht ankommt. Voraussetzung ist, dass eine – sei es auch verjährte – Forderung besteht. Angesichts dessen, dass die *Grundschuld* eine Forderung nicht voraussetzt, bedeutet die gemäß § 1192 Abs 1 gebotene entsprechende Anwendung, dass Grundschulden überhaupt nicht verjähren. Da sich die Hypothek nach § 1163 beim Wegfall der Forderung in eine Grundschuld verwandelt, führt § 216 Abs 1 letztlich dazu, dass Grundpfandrechte was das Kapital betrifft schlechterdings nicht verjähren.

bb) Unbeachtlichkeit der Verjährung der gesicherten Forderung

226 Von der (nicht eintretenden) Verjährung des dinglichen Rechts ist bei der Hypothek zu unterscheiden die Verjährung der gesicherten Forderung. § 216 Abs 1 ist dahin zu verstehen, dass bei der Hypothek die Verjährung des gesicherten Anspruchs unbeachtet bleibt, soweit es um die Befriedigung des Gläubigers aus dem Grundstück und aus den Gegenständen geht, auf die sich die Hypothek erstreckt. Für die Grundschuld ergibt sich dasselbe aus § 216 Abs 2 (vgl BGHZ 143, 397 = JZ 2000, 891 [PETERS]).

b) Zinsen und andere Nebenleistungen

227 Zinsen und auch andere Nebenleistungen unterliegen, wenn sie „wiederkehrend" sind (s zum Begriff STAUDINGER/GURSKY [2008] § 902 Rn 12 und zu den Tilgungszuschlägen iSd § 216 Abs 3 dort Rn 13), nach übereinstimmender Regelung in §§ 216 Abs 3, 902 Abs 1 S 2 den allgemeinen Verjährungsvorschriften, insbesondere der allgemeinen dreijährigen Verjährung des § 195 mit dem Verjährungsbeginn des § 199, wobei Kenntnis stets vorausgesetzt werden kann (KLASSEN BKR 2003, 51). Die Vorschrift des ehemaligen § 197, wonach bei Annuitätendarlehen die Tilgungsanteile als „Zuschlag zu den Zinsen" wie Zinsen verjährten (vgl BGH NJW 2001, 2711), hat für § 902 Abs 1 S 2 nicht gegolten (STAUDINGER/PETERS [2004] § 216 Rn 8) und im geltenden Recht auch keine Entsprechung mehr. Dem dinglichen Charakter des Grundpfandrechts entsprechend läuft und wirkt die Verjährung kontinuierlich zugunsten des jeweiligen Grundstückseigentümers (s zur Hemmung und Unterbrechung der Verjährung – noch nach altem Recht – STÖBER MittBayNot 1999, 441 und speziell zur Hemmung der Verjährung von Grundschuldzinsen Vorbem 98 ff zu § 1191 ff).

Auch Zinsen und sonstige wiederkehrende Nebenleistungen, die vor dem 1. 1. 2002 **228** fällig geworden, aber noch nicht verjährt waren, verjähren nach Maßgabe des Art 229 § 5 EGBGB grundsätzlich nach neuem Recht. Es ist aber ein Vergleich anzustellen zwischen dem Ablauf der Verjährung nach neuem Recht unter der Prämisse des Verjährungsbeginns am 1. 1. 2002 und dem Ablauf der vierjährigen Verjährungsfrist alten Rechts (§ 197 aF); der frühere Termin gilt. Zum alten Recht ist insofern noch von Bedeutung, dass der Verjährung nur Rückstände (Begriff oben Rn 52) unterlagen, so dass die Verjährungsfrist frühestens zu laufen begann, sobald die Forderung rückständig geworden war; § 201 aF war anwendbar.

S zur Hemmung und Unterbrechung der Verjährung von Grundschuldzinsen Vor- **229** bem 98 zu §§ 1191 ff (zur Geltendmachung in der Zwangsversteigerung STÖBER MittBayNot 1999, 441; KLASSEN BKR 2003, 51).

Was *Verjährung* eines dinglichen Grundpfandanspruchs, insbesondere des *Zins-* **230** *anspruchs aus einem Grundpfandrecht, bedeutet,* wird in der Literatur nicht erörtert (auch nicht von STÖBER MittBayNot 1999, 441 und auch nicht von PETERS JZ 2001, 1017). Nach § 214 begründet die Verjährung ein dauerndes Leistungsverweigerungsrecht, welches dem Eigentümer nach § 1169 einen Anspruch auf Verzicht verschafft. Bei Zinsen führt der Verzicht nach § 1168 zum Erlöschen des Zins-Grundpfandrechts. Eine Schwäche der gesetzlichen Lösung liegt darin, dass der Verzichtsanspruch (jedenfalls nach BGH LM § 1169 Nr 1) nicht in jedem Fall auf einen Grundstückserwerber übergeht (s § 1169 Rn 12 ff) und möglicherweise auch selbst der Verjährung unterliegt (s § 1169 Rn 23); das Grundpfandrecht könnte dann auf ewige Zeiten als dingliches Recht bestehen bleiben, wäre in der Person des neuen Eigentümers nicht löschungsfähig und würde den Rang blockieren, weil ein nachrangiger Gläubiger keine Gewähr hätte, dass der Eigentümer im Falle einer Klage den Verjährungseinwand auch wirklich erheben würde (vgl STÖBER MittBayNot 1999, 441; KLASSEN BKR 2003, 51 schlägt vor, der nachrangige Gläubiger solle sich zur Erhebung der Verjährungseinrede ermächtigen lassen). Der Eigentümer müsste, um den Rang freizumachen, trotz Verjährung leisten, bei einer fünfzig Jahre alten, mit 10% zu verzinsenden Grundschuld den fünffachen Kapitalbetrag! Das ist kein sinnvolles Ergebnis. Des weiteren lässt die gesetzliche Lösung einen ablösungsberechtigten Dritten schutzlos (vgl § 1150 Rn 40 ff; STÖBER MittBayNot 1999, 441), es sei denn, man würde auch ihm den Verzichtsanspruch zubilligen. Es liegt deshalb nahe, in Bezug auf Zinsen in Anlehnung an § 1171 Abs 1 S 2 HS 2 eine Rechtsfortbildung dahin vorzunehmen, dem unvollkommen gewordenen dinglichen Anspruch den dinglichen Charakter ab Verjährung ganz abzusprechen (was zur Löschung führen müsste) oder ihm zumindest in entsprechender Anwendung des

§ 10 Abs 1 Nr 8 ZVG kraft Gesetzes stets den Rang nach allen vollwertigen dinglichen Rechten zuzuweisen.

4. Nichterlöschen in den Fällen der §§ 889, 1163

231 Keine Erlöschensgründe sind die Vereinigung von Eigentum und Gläubigerrecht in einer Person (§ 889; Ausnahme § 1178), der Verzicht des Fremdgläubigers (§ 1168; anders § 1175 Abs 1 S 2) und das Nichtentstehen oder Erlöschen des Gläubigerrechts (§ 1163); in allen diesen Fällen steht das Grundpfandrecht dem Eigentümer als Eigentümergrundschuld zu.

XIV. Eigentümergrundpfandrechte

232 Die geschichtlichen Grundlagen für die grundsätzliche Regelung der Eigentümerhypothek und der Eigentümergrundschuld finden sich im preußischen und mecklenburgischen Recht des 19. Jh. HEDEMANN (SR [2. Aufl] § 46 III 352 ff, insbes 356) nannte ihre heutige Ausgestaltung eine Schöpfung des Gesetzgebers des ausgehenden 19. Jh auf der Höhe der Denk- und Begriffskunst, aber abseits vom lebendigen Leben (Letzteres eine klare Fehleinschätzung).

233 Über die Gesetzgebungsverhandlungen und die Stellungnahmen zu den einzelnen Entwürfen s PLANCK/STRECKER Vorbem 2 e vor § 1113 sowie WOLFF/RAISER § 143. Das BGB geht über die Regelung des preußischen und mecklenburgischen Rechts hinaus. Der Gesetzgeber war bestrebt, dem Eigentümer möglichst die freie Verfügung über eine bessere Rangstelle zu erhalten und zu verhüten, dass nachstehende Grundpfandrechte aufrücken und so ungerechtfertigt begünstigt würden. Ein Aufrücken der nachrangigen Grundpfandrechte hielt man nur bei besonderen Sachlagen für gerechtfertigt und ließ für solche Fälle die dingliche Sicherung des als Ausnahme gedachten Löschungsanspruchs durch die Löschungsvormerkung zu. Diese Gedanken sind auch heute noch richtig; ihre Umsetzung in das positive Recht ist ein wesentliches Element der in Europa allgemein anerkannten Überlegenheit des deutschen Grundpfandrechtssystems über die Systeme der anderen europäischen Rechtsordnungen (vgl oben Rn 12 und § 1163 Rn 6; aA STAUDINGER/SCHERÜBL[12] Rn 71 in Anlehnung an TEICHMANN, Wegfall der Eigentümergrundschuld oder Löschungsanspruch als gesetzlicher Inhalt der Hypothek [1968], und WESTERMANN, Vorschläge zur Reform des Hypotheken- und Grundbuchrechts [1972]: Die tatsächlichen Voraussetzungen für diese Regelung seien durch die wirtschaftliche Entwicklung weitgehend überholt; das Eigentümergrundpfandrecht und die Löschungsvormerkung führten zu materiell-rechtlichen, vor allem aber formellen Schwierigkeiten, die schließlich auch Anlass zu dem ÄndG 1977 gegeben hätten. S dazu, dass nicht die ursprüngliche Konzeption, sondern das ÄndG 1977 missglückt sind, § 1163 Rn 6 ff und § 1179a Rn 5 ff).

234 Zur Rechtsnatur des Eigentümergrundpfandrechts, zu den einzelnen Fällen der ursprünglichen und abgeleiteten Eigentümergrundpfandrechte, des Eigentümergrundpfandrechts bei der Grundschuld und bei der Gesamtbelastung s näher die Erl zu den §§ 1163, 1172 ff, 1177, 1179 ff, 1192, 1196 f.

C.   Die causa der Grundpfandrechte

1.   Die Kausalvereinbarung

Mögen Personalsicherheiten ihre causa in sich tragen (so BGH vom 15. 3. 2005 – XI ZR   **235**
135/04 – MittbayNot 2005, 397 m insoweit nicht einschlägiger Anm REISS S 371 unter Berufung auf
SCHIMANSKY/BUNTE/LWOWSKI/GANTER, Bankrechts-Handbuch[2] § 90 Rn 21 und BÜLOW, Recht der
Kreditsicherheiten[6] Rn 32; bekräftigt von BGH vom 17. 10. 2006 – XI ZR 19/05 – Tz 18, ZfIR 2007,
487 m krit Anm HIMMELMANN; BGH vom 26. 6. 2007 – XI ZR 287/05 – ZfIR 2008, 52 m krit Anm
BARNERT = EWiR § 705 BGB 3/07, 745 [HOPPE]; BGH vom 22. 7. 2008 – 11 ZR 389/07 – WM 2008,
1679. **AA** WOLFSTEINER § 19. 48. Vgl zum abstrakten Schuldversprechen, ebenfalls einer persönlichen Sicherheit, richtig BÖTTCHER, Das abstrakte Schuldversprechen in der Kreditsicherung [2007]
S 29), so bedarf umgekehrt die Begebung eines jeden dinglichen Rechts, also auch
jedes Grundpfandrechts, einer regelmäßig im Schuldrecht zu verortenden, die Leistung rechtfertigender **causa** (WILHELM[3] Rn 1423; PALANDT/BASSENGE[67] § 1113 Rn 4). Dies
ist manifest für die Grundschuld (s Vorbem 13 ff zu §§ 1191 ff), trifft aber auch auf die
Hypothek zu (s Vorbem 36 ff zu §§ 1113 ff).

causa ist in der Regel ein **Vertrag**, durch den sich der Besteller des Grundpfand-   **236**
rechts, also meist der Eigentümer, oder – bei einer Abtretung – der Inhaber des
Grundpfandrechts dem Gläubiger gegenüber verpflichten, ihm das Grundpfandrecht
zu verschaffen. Meist ist dieser Vertrag in ein anderes schuldrechtliches Geschäft
eingebettet, zB einen Darlehensvertrag. Bestellt jemand einem Anderen „einfach"
ein Grundpfandrecht, so liegt darin in der Regel auch die Übernahme einer Verpflichtung hierzu, so dass bei Unwirksamkeit der Bestellung doch die Verpflichtung
Bestand haben kann, vorausgesetzt selbstverständlich, dass der Nichtigkeitsgrund
nicht auch das Verpflichtungsgeschäft ergreift (vgl zum Verhältnis Nichtigkeit einer vollstreckbaren Urkunde zu wirksamer Unterwerfungsverpflichtung BGH vom 30. 10. 1986 – III ZR
262/85 – WM 1987, 307; BGH vom 22. 10. 2003 – IV ZR 398/02 – NJW 2004, 59 [dazu VOLLKOMMER
S 818; LORENZ JuS 2004, 468] = ZfIR 2004, 61 [dazu JOSWIG S 45] = WuB VIII D Art 1 § 1 RBerG
1. 04 [HERTEL] = EWiR 2004, 479 [WEBER] = LMK 2004, 106 [BASTY]; BGH vom 22. 10. 2003 – IV
ZR 33/03 – NJW 2004, 62 = EWiR 2004, 423 [KULKE] = EWiR 2004, 365 [MADAUS]; BGH vom 2. 12.
2003 – XI ZR 421/02 – ZIP 2004, 303; BGH vom 10. 3. 2004 – IV ZR 143/03 – ZfIR 2004, 808 m Anm
JOSWIG; BGH vom 15. 2. 2005 – XI ZR 396/03 – ZIP 2005, 1361 m abl Anm ULMER S 1341 = EWiR
§ 242 BGB 3/05, 417 [AIGNER]; BGH vom 21. 6. 2005 – XI ZR 88/04 – ZfIR 205, 638 m krit Anm
KULKE u weit Nachw; BGH vom 25. 10. 2005 – XI ZR 402/03 – NJW-RR 2006, 683; BGH vom 28. 3.
2006 – XI ZR 239/04 – NJW 2006, 2119; BGH vom 22. 5. 2007 – XI ZR 338/05 – MittBayNot 2008,
204 m Anm VOLMER). Die Verpflichtung kann auch durch Vertrag zugunsten Dritter
begründet werden im Gegensatz zum dinglichen Recht selbst, bei dem die zuge-
hörige Einigung nicht mit einem Dritten erfolgen kann (oben Rn 83). Die Verpflichtung kann auch dahin durch unechten Vertrag zugunsten Dritter dahingehend
vereinbart werden, dass ein Grundpfandrecht einem Dritten zu bestellen ist, aber
nur der Versprechensempfänger, nicht aber der Dritte, Anspruch auf Bestellung
hat.

Im Gegensatz zum dinglichen Rechtsgeschäft Bestellung eines Grundpfandrechts **237**
(oben Rn 65 f) unterliegt das die causa liefernde Rechtsgeschäft den AGB-Vorschriften §§ 305 ff.

2. Die Grundpfandvormerkung

238 Der Anspruch auf Bestellung eines Grundpfandrechts in allen unter Rn 236 aufgeführten Varianten (also auch aus echtem oder unechtem Vertrag zugunsten Dritter) kann durch Vormerkung nach § 883 gesichert werden. S zur Frage der nötigen Bestimmtheit des Anspruchs (eher ambivalent) STAUDINGER/GURSKY (2002) § 883 Rn 20 ff. Während die Hypothekenvormerkung streng an den zu sichernden Anspruch geknüpft ist (nach STAUDINGER/GURSKY [2002] § 883 Rn 24 sogar strenger als die Hypothek selbst), ist ein Anspruch auf „einmalige oder mehrmalige Bestellung von Grundschulden bis zu Höhe von insgesamt … € mit Zinsen von bis zu …% jährlich für beliebige Gläubiger" vormerkungsfähig und zwar durch eine einzige Vormerkung (GIEHL MittBayNot 2002, 158; STAUDINGER/GURSKY [2002] § 883 Rn 49 unter Berufung auf LG Augsburg vom 27. 11. 1996 – 4 T 351/96 – MittBayNot 1997, 177; KRAUSS, Überlassungsverträge in der Praxis [2006] Rn 986; SCHÖNER/STÖBER[13] Rn 2263). Die Art der Belastung kann daher nicht offen bleiben (OLGR Frankfurt 2005, 735 vom 26. 1. 2005 – 20 W 498/04).

D.   Übergangsrecht

239 Angesichts der Langlebigkeit von Grundpfandrechten bleibt früheres Recht noch Jahrzehnte bedeutsam. Nachfolgend werden aber nur Grundzüge widergegeben; wegen Einzelheiten ist auf frühere Auflagen zu verweisen.

I.   Bundesrepublik Deutschland einschließlich Berlin West in den Grenzen vom 23. 5. 1949 (alte Bundesrepublik) – Rechte aus der Zeit vor dem 1. 8. 1948 (Währungsreform)

240 S zunächst Rn 4.

1.   Reichsmark

241 Grundwährung war vom Inkrafttreten des BGB bis zur Währungsreform 1948 die **Reichsmark** (RM; die Umrechnung älterer deutscher Währungen regelt Art 14 MünzG vom 9. 7. 1873). Aufgrund des GBMaßnG (v 20. 12. 1963 [BGBl I 986]; dazu HAEGELE Rpfleger 1964, 3 ff; SEIDL DNotZ 1964, 69), können jetzt noch eingetragene RM-Grundpfandrechte ausschließlich im Verhältnis 10 RM zu 1 DM umgestellt werden (§ 7 GBMaßnG). Die Eintragung der Umstellung ist Grundbuchberichtigung (BGH Rpfleger 1955, 123). Für die Grundbuchberichtigung und für die Löschung umgestellter Grundpfandrechte von nicht mehr als € 3.000,00 bestehen Eintragungserleichterungen (§§ 7, 18 GBMaßnG). S zur weiteren Umstellung auf Euro oben Rn 43.

2.   Andere Reichswährungen

242 Grundpfandrechte in anderen zwischenzeitlich gültig gewesenen Reichswährungen, zB Rentenmark, Goldmark, Feingoldmark (DUDEN BB 1949, 669; DEMHARTER, GBO[26] § 28 Rn 30 ff), sind überwiegend bereits vor 1945 nach dem Prinzip Mark = Mark auf RM (WACHS MDR 1948, 45) und damit 1948 im Verhältnis 10 zu 1 auf DM umgestellt worden (Übersicht über die Änderungen der GBO bei MEIKEL/BÖHRINGER, GBO[10] Einl A 42).

S auch AufwertungsG (AufwG) (vom 16.7.1925 [RGBl I 117] – dazu ENNECCERUS/WOLFF[7]
§§ 153a, b; Gutachten DNotI-Report 2001, 193) u AufwUmschrV (v 9.12.1932).

3. Sachen statt Geld

Grundpfandrechte über Sachen statt Geld, zB Gramm Feingold, sind ebenfalls **243**
bereits vor 1945 (VO v 16.11.1940 [RGBl I 1521]; dazu BULTMANN NJ 1993, 203) auf RM
umgestellt worden (SKAUPY JR 1949, 343; MEIKEL/BÖHRINGER, Sonderband Rn 802).

II. Beitrittsgebiet nach dem Einigungsvertrag

S oben Rn 241 (besonders eingehende Darstellung bei SOERGEL/KONZEN[13] Vor § 1113 **244**
Rn 17 ff).

1. Reichsmark- und auf RM umgestellte Rechte

Zur Umstellung auf RM s oben Rn 241 f. In der sowjetisch besetzten Zone, später **245**
DDR, hat keine Abwertung von RM-Rechten stattgefunden (WährungsVO v 21.6.1948
[ZVOBl 220, 222 Nr 18]; Umtauschanordnung v 20.7.1948 [ZVOBl 295]). Sie sind deshalb eins
zu eins in Mark der DDR umzurechnen. Dies gilt auch für ein nach dem VermG
(unzulässig, aber nicht unwirksam, MEIKEL/BÖHRINGER, Sonderband Rn 821 ff) in RM wieder
eingetragenes Grundpfandrecht (LG Frankfurt/Oder VIZ 1995, 58).

2. Rechte aus der Zeit vor dem ZGB

a) Zeit bis 1.1.1976
Das **BGB-Recht hat** in der DDR bis zum Inkrafttreten des ZGB am 1.1.1976 im **246**
wesentlichen **fortgegolten** (dazu und zum Folgenden MEIKEL/BÖHRINGER, Sonderband
Rn 700 ff). Allerdings sind viele – auch ausländische – Grundpfandrechte etwa durch
§ 1 Abs 2 der Verordnung über die Schuldenhaftung der Erwerber eingezogener
Vermögenswerte vom 13. Juni 1949 (VOBl Groß-Berlin, Teil I 156) konfisziert worden
(KG VIZ 1999, 105); die Folgen fehlgeschlagener Konfiszierungen bei ausländischen
Gläubigern sind geregelt im AltforderungsregelungsG (AFRG) (vom 10.6.2005 BGBl I
1598). Zu beachten ist das für Enteignungen geltende Territorialprinzip, aufgrund
dessen zwar Hypotheken an DDR-Grundstücken konfisziert werden konnten, nicht
aber die gesicherten Forderungen, wenn der Gläubiger Wohnort oder Sitz außerhalb
der DDR hatte (BGH vom 4.6.2002 – XI ZR 301/01 – NJW 2002, 2389).

Auf BGB-Grundpfandrechte, die bis 1.1.1976 eingetragen worden sind, findet seit **247**
dem 3.10.1990 gemäß Art 233 § 6 Abs 1 EGBGB wieder uneingeschränkt aktuelles
BGB-Recht Anwendung, soweit sie nicht nach Inkrafttreten des ZGB in ein ZGB-
Recht umgewandelt worden sind. Die schon vor dem ZGB eingeführten *Aufbau-
grundschulden* bleiben BGB-Rechte (dazu OLG Brandenburg ZOV 2004, 29 = EWiR § 241
ZGB 1/04, 459 [TOUSSAINT]), behalten aber das Rangprivileg (Art 233 § 9 Abs 2 S 4
EGBGB), verlieren jedoch die Stundungswirkung nach § 458 ZGB, § 3 G zur
Änderung und Ergänzung des ZGB (vom 28.6.1990 [Gbl 524]); soweit sie auf der
FinanzierungsVO (vom 28.4.1960 [Gbl 351]) beruhen, entsteht durch die Rückzahlung
keine Eigentümergrundschuld, so dass es zur Löschung keiner Eigentümerzustim-
mung bedarf. *Wertbeständige Rechte* sind nach §§ 1 bis 3 GBBerG auf DM-Fest-

beträge umzustellen, haben also ab 1.1.1994 (Tag des Inkrafttretens des RegVBG, von dem das GBBerG einen Teil – Art 2 – bildet) die Wertbeständigkeit verloren. Zur Umstellung von RM bzw Mark der DDR auf DM s nachf Rn 257 und weiter in Euro oben Rn 43.

b)   Übergang auf Staatsbank und sonstige Träger

248 Mit Ausnahme von Sparkassenforderungen (s verneinend zur Frage, ob sie generell Buchrechte geworden sind, Grundbuchinfo Nr 4 [BAnz Nr 114a v 22.6.1996], 16) und Forderungen von volkseigenen und genossenschaftlichen Kreditinstituten (nachf Rn 250) sind alle **Bankforderungen** und damit auch die zugehörigen Hypotheken, aber auch zu ihrer Sicherheit dienende Grundschulden, kraft Gesetzes (Beschluss des Ministerrats der DDR Nr 17/15/90 iVm dem notariellen Einbringungsvertrag vom 21.6.1990) auf die damalige Staatsbank der DDR (später Staatsbank Berlin in Gewährträgerschaft des Bundes, jetzt Kreditanstalt für Wiederaufbau [KfW] gemäß VO v 13.9.1994 [BGBl I 2554]) übertragen worden (OLG Rostock ZIP 1997, 1112; Einzelheiten s MEIKEL/BÖHRINGER Sonderband Rn 825 ff; vgl RAWERT VIZ 1992, 178; GRUBER VIZ 2003, 361). Das Haushaltsrechts-FortentwicklungsG (v 22.12.1997 [BGBl I 3251]) hat diesem Übergang in § 1a des G über die Staatsbank Berlin (v 29.6.1990 [GBl I 504]) Rückwirkung zum 1.4.1990 beigelegt (s zu den Grenzen der Rückwirkung BGH vom 17.12.1998 – IX ZR 427/97 – NJW 1999, 1479 u OLG Jena VIZ 2002, 377)! Da der Übergang kraft Gesetzes stattgefunden hat, bedurfte es keiner Briefübergabe an die Staatsbank. Die Rechte können deshalb auch aufgrund einer bloßen Löschungsbewilligung der KfW ohne Briefvorlage gelöscht werden (§ 105 Abs 1 Nr 6 GBV [idF v 15.7.1994]; Art 231 § 10 Abs 3 EGBGB [idF d GrundRÄndG vom 2.11.2000 [BGBl I 1481]). Dasselbe gilt für die Legalenteignung anderer Körperschaften, zB beruflicher Vereinigungen und sonstiger „gesellschaftlicher Gruppierungen" (aA unverständlicherweise OLG Dresden Rpfleger 1996, 283 m zust Anm HENNINGS). Ist ein Briefrecht nach Inkrafttreten des ZGB (nachf Rn 253) durch Rechtsgeschäft *abgetreten* worden, so hat es sich in ein briefloses ZGB-Recht ohne potentielle Eigentümergrundschuld (nachf Rn 253 ff) verwandelt.

249 Rechtsnachfolger der *DDR-Sparkassen* und deren Vorgänger aus der Zeit vor 1948 sind die jetzt in kommunaler Gewährträgerschaft stehenden öffentlich-rechtlichen Sparkassen (§ 29 DDR-SparkassenG vom 29.6.1990 [Gbl 567]; § 105 Abs 1 Nr 6 GBV idF v 15.7.1994; BGHZ 139, 357 = NJW 1999, 494; zweifelnd KG Rpfleger 1997, 523 = VIZ 1997, 696; dazu BÖHRINGER VIZ 1998, 424). S dazu auch die folgende Rn.

250 Die Rechtsnachfolge der volkseigenen und genossenschaftlichen Kreditinstitute ist durch das GrundRÄndG (vom 2.11.2000 [BGBl I 1481]; dazu BÖHRINGER VIZ 2001, 1; MATTHIESSEN VIZ 2001, 457) in Form eines neuen § 10 zu Art 231 EGBGB rückwirkend zum 1.7.1990 (!) dahin geregelt worden, dass das die Geschäfte fortführende Kreditinstitut oder das Nachfolgeinstitut Gläubiger der volkseigenen Forderungen und Grundpfandrechte geworden ist, die am 30.6.1990 in seiner Rechtsträgerschaft standen oder von ihm verwaltet wurden (s zu den Grenzen der Rückwirkung BGH NJW 1999, 1479 u OLG Jena VIZ 2002, 377). Sind die Forderungen und Grundpfandrechte von dem Kreditinstitut treuhänderisch für den Staatshaushalt der DDR verwaltet worden, so ist der Bund Gläubiger geworden. Ein Verfahren nach § 3 VZOG (so noch KG Rpfleger 1997, 523 = VIZ 1997, 696; KG VIZ 1998, 90 [abl Anm THAU 67; BÖHRINGER VIZ 1998, 424]; s aber BGHZ 139, 357 = NJW 1999, 494) ist nicht mehr erforderlich, auch wenn als Gläubiger „Eigentum des Volkes" eingetragen ist; vielmehr genügt es, im Grundbuchverfahren eine Bescheinigung der Kreditanstalt für Wiederaufbau oder einer Sparkasse, auf die sie die Befugnis übertragen hat, vorzulegen. Rechtsnachfolger der nach DDR-Recht errichteten Kreditgenossenschaften war die Genossenschaftsbank Berlin und zwar schon aufgrund ihres am 30. 3. 1990 vom Präsidenten der Staatsbank der DDR (GBl I 251) genehmigten Statuts; in deren Rechtsträgerschaft standen die Forderungen und Grundpfandrechte also am 30. 6. 1990. Sie ist vertraglich auf die Deutsche Genossenschaftsbank (jetzt DG BANK Deutsche Genossenschaftsbank Aktiengesellschaft, Sitz Frankfurt am Main) übergegangen (BGH ZIP 1996, 1271 = EWiR Art 232 EGBGB 1/97, 29 m Anm ECKERT). Zu den anderen Gläubigern BÖHRINGER Rpfleger 1995, 139.

Rechtsnachfolger der Länder, der Gemeinden und der anderen kommunalen Kör-   **251**
perschaften aus der Zeit vor 1957 sind nicht die entsprechenden heutigen Körper-
schaften; vielmehr ist deren gesamtes Vermögen spätestens durch das G über die örtlichen Organe der Staatsmacht v 18. 1. 1957 (GBl I 65) und durch das G über die örtlichen Volksvertretungen in der DDR (GöV [GBl I 213]) unterschiedslos in Volkseigentum überführt und auch nach 1990 nicht unmittelbar kraft Gesetzes wieder auf die Körperschaften übertragen worden (– **aA** LG Dresden DtZ 1996, 387 m abl – und weiterführender – Anm BÖHRINGER). S zur Löschung von Grundpfandrechten im ehemaligen Volkseigentum, insbesondere von Grundpfandrechten für Steuerforderungen, Schreiben des BMF vom 16. 12. 1996 (BStBl 1997 I 1467).

Zum **Wiederaufleben gelöschter Grundpfandrechte** und zum Ablösungsverfahren **252**
nach §§ 18 bis 18b VermG, zu den Entschuldungsfällen sowie zu den Hauszinssteuer-
abgeltungsdarlehen s MEIKEL/BÖHRINGER, Sonderband Rn 838 ff; BÖHRINGER DtZ 1995, 432; Merkblatt Nr 13 der BARoV (Stand Juli 1999, abgedruckt in VIZ 2001, 191). Ein bei Enteignung gelöschtes Grundpfandrecht besteht an der Entschädigungsforderung nach dem DDR-EntschG fort (AG Magdeburg VIZ 1997, 169). Grundpfandrechte ausländischer Gläubiger sind nicht erloschen (BGHZ 143, 55 = EWiR § 894 BGB 1/2000, 225 [HAGER]).

3.   ZGB-Rechte

a)   ZGB der DDR

Das ZGB der DDR, in Kraft getreten am 1. 1. 1976, kannte als Grundpfandrechte **253**
(§§ 452 ff) nur die Hypothek (§ 454 ZGB), die (in BGB-Terminologie) als Siche-
rungshypothek ausgestaltet war (BGH VIZ 1995, 233; MEIKEL/BÖHRINGER, Sonderband Rn 725 ff) und sich nicht in ein Eigentümerrecht verwandeln konnte, sowie die dieser Form der Hypothek im Wesen gleichende, aber vielfach privilegierte Aufbauhypothek (s zu einem Übergangsfall bei Inkrafttreten des Einigungsvertrags BGH VIZ 1995, 234; s a MEIKEL/BÖHRINGER, Sonderband Rn 745 f), die nach § 457 ZGB auch aufgrund staatlicher Anordnung (dazu BGH VIZ 1995, 233) entstehen konnte. Durch ZivRÄndG vom 28. 6. 1990 (GBl 524) kam für wenige Wochen noch eine Höchstbetragshypothek hinzu (§ 454a ZGB), die aber kaum mehr praktiziert worden ist (MEIKEL/BÖHRINGER, Sonderband Rn 746 ff). Alle ZGB-Grundpfandrechte sind *Buchrechte,* was im Grundbuch nicht besonders verlautbart ist und nur aus dem Eintragungs- oder Bewilligungsdatum erschlossen werden kann.

b) Überleitung

254 Die ZGB-Rechte sind durch den Einigungsvertrag gemäß Art 233 §§ 6, 7, 9 EGBGB mit Wirkung vom 3. 10. 1990 **in BGB-Recht übergeleitet** worden (allgemein dazu Beckers DNotZ 1993, 364). Rechte, deren Eintragung vor dem 3. 10. 1990 bereits beantragt war, sind gemäß Art 232 §§ 7 Abs 2 S 2, 3 Abs 1 EGBGB noch als ZGB-Rechte entstanden, auch wenn die Eintragung erst nach dem 2. 10. 1990 erfolgt ist (BGH DtZ 1995, 131; Erman/Wenzel[12] Vor § 1113 Rn 23); aus dem Grundbuch ist das nicht ersichtlich. Die materiellen Regelungen sind iW folgende:

255 Den Rechten fehlt die rangreservierende Wirkung (oben Rn 153); erlischt bei den Hypotheken die Forderung oder vereinigen sich Grundpfandrecht und Eigentum in einer Person, so erlischt das Grundpfandrecht. Es entsteht kein Eigentümerrecht, so dass auf die **Aufhebung** der Rechte § 875 Anwendung findet und eine Eigentümerzustimmung nicht erforderlich ist (§ 454 Abs 2 ZGB). Ein Verzicht findet nicht statt, weil auch nach Überleitung kein Eigentümerrecht entstehen kann (Art 233 § 6 Abs 1 S 2 EGBGB).

256 Die Rechte werden gemäß Art 233 § 6 Abs 2 EGBGB **übertragen** wie BGB-Sicherungshypotheken, also nach §§ 1154 Abs 3, 873, 878. Sonstige Verfügungen über übergeleitete Rechte müssen mit dem Rechtscharakter der Rechte vereinbar sein (Erman/Wenzel[12] Vor § 1113 Rn 26). Nicht damit vereinbar sind mangels eines Eigentümerrechts die Forderungsauswechslung und auch die Umwandlung in ein BGB-Grundpfandrecht (Erman/Wenzel[12] Vor § 1113 Rn 26). Aufbauhypotheken und Aufbaugrundschulden (zu letzteren oben Rn 247) behalten ihr Rangprivileg gemäß § 456 Abs 3 ZGB (Art 233 § 9 Abs 3 S 1 EGBGB).

4. Währungsumstellung

257 Alle Forderungen und damit auch alle Grundpfandrechte in der damaligen DDR, dem späteren Beitrittsgebiet, sind durch Art 10 Abs 5 und Anl 1 Art 7 § 1 des Vertrags über die Schaffung einer Währungs-, Wirtschafts- und Sozialunion vom 18. 5. 1990 (BGBl II 537) im Verhältnis zwei zu eins von Mark der DDR in DM umgestellt worden. Auch Reichsmarkrechte sind damit nicht wie in der alten Bundesrepublik im Verhältnis 10:1, sondern 2:1 umgestellt worden (§ 36a GBMaßnG idF d RegVBG; Rawert VIZ 1992, 178). Die weitere Umstellung auf Euro ist dann nach Rn 43, 259 erfolgt.

5. Erleichterte Löschung nach GBBerG

258 Im **Beitrittsgebiet** können Grundpfandrechte mit einem umgerechneten Nennbetrag von nicht mehr als € 6.000,– durch Hinterlegung einer in Euro umgerechneten und um ein Drittel erhöhten Geldsumme unter Verzicht auf Rücknahme zum Erlöschen gebracht werden (§ 10 GBBerG = Art 2 RegVBG vom 20. 12. 1993 [BGBl I 2182] idF d Art 6 G v 13. 7. 2001 [BGBl I 1542]). Einzelheiten s Rn 216.

III. Euro

259 S zunächst Rn 43. Soweit Grundpfandrechte nach den vorstehenden Regeln auf DM umgestellt worden sind, haben sie sich – wie auch alle ursprünglichen DM-Rechte –

am 1.1. 1999 von selbst zum unveränderlichen amtlichen Umrechnungskurs in Euro-Rechte verwandelt. Soweit Grundbücher noch nicht in DM berichtigt sind, kann unmittelbar auf Euro umgestellt werden; eine Zwischeneintragung in DM ist nicht erforderlich.

E.   Kollisionsrecht

I.   Sachstatut für das dingliche Recht

1.   Grundsatz

Nach Art 43 Abs 1 EGBGB unterstehen **Grundpfandrechte an deutschen Grund-** **260** **stücken deutschem Sachrecht.** Art 43 EGBGB ist am 1.6. 1999 in Kraft getreten (Art 6 des G zum internationalen Privatrecht für außervertragliche Schuldverhältnisse und für Sachen [BGBl 1999 I 1026]); eine Übergangsregelung ist nicht getroffen worden und auch entbehrlich, weil die Vorschrift nur wiedergibt, was bereits vorher als geltendes Recht angesehen worden ist (vgl Staudinger/Wolfsteiner [1996] Rn 173).

Für Hypotheken bedeutet der Grundsatz, dass für das dingliche Recht das deutsche **261** Sachstatut gilt, während die durch das Grundpfandrecht gesicherte Forderung ihrem eigenen, möglicherweise abweichenden Recht untersteht (Staudinger/Stoll Int SachenR [1996] Rn 245 mwNw; Geimer IPRax 1999, 152; **aA** – die Forderung folge der Hypothek – vBar RabelsZ 53 [1989], 462). Dies ist die andere Seite der Feststellung, dass auch eine fremdem Recht unterstehende Forderung hypothekenfähig ist (§ 1113 Rn 56); die Sicherung durch Hypothek an einem deutschen Grundstück kann aber Indiz dafür sein, dass auch die Forderung dem Inlandsrecht unterstellt werden soll (vgl BGH vom 26.7. 2004 – VIII ZR 273/03 – IPRax 2005, 342 m Anm Unberath 308 zu einem Forderungskauf [dazu Freitag RIW 2005, 25]; BGH vom 12.12. 2008 – V ZR 49/08 – Tn 20 zu einer Teil-Rechtswahl).

2.   Wechselwirkung bei der Hypothek

Zwar ist bei der Hypothek der dingliche Anspruch, einen Geldbetrag aus dem **262** Grundstück zu zahlen (oben Rn 36), streng von dem schuldrechtlichen Anspruch, zu dessen Befriedigung zu zahlen ist, zu unterscheiden; der dingliche Anspruch bezieht aber zwangsläufig seinen Inhalt aus dem schuldrechtlichen und das deutsche Sachenrecht ordnet Rückwirkungen auf den schuldrechtlichen Anspruch an, insbes in § 1154, der die Abtretung der Forderung einer besonderen Form unterwirft. Unterliegt die Forderung aber nicht dem deutschen Recht, so kann dieses ihr gemäß Art 14 Abs 2 der Rom I VO (VO [EG] 593/2008 vom 17.6. 2008 – ABl L 177/6) auch keine Form für die Abtretung aufzwingen; die Abtretung nach Maßgabe der Form des auf die gesicherte Forderung anwendbaren Sachrechts (s zur Frage, ob etwa ein eigenes Zessionsstatut in Frage kommt BGH vom 26.7. 2004 – VIII ZR 273/03 – IPRax 2005, 342 m Anm Unberath 308; dazu Freitag RIW 2005, 25,) ist wirksam (Art 11 Abs 1 EGBGB); da es sich nur mittelbar um einen Vertrag über ein dingliches Recht handelt, könnte Art 11 Abs 4 EGBGB selbst dann keine Anwendung finden, wenn das deutsche Recht (was nicht der Fall ist, Palandt/Heldrich[67] Art 11 EGBGB Rn 20) Exklusivität beanspruchen würde. Wenn allerdings die Formen des § 1154 nicht eingehalten werden, folgt die Hypothek nicht mehr der Forderung (Art 11 Abs 5 EGBGB) mit der Konsequenz, dass die Hypothek unwirksam wird und sich in eine Eigentümergrundschuld verwandelt (hL; aA – § 1154 trete zurück, weil nach deutschem Sachenrecht die Zweckverbindung von Forderung und Hypothek schwerer wiege als die Form – STAUDINGER/STOLL Int SachenR [1996] Rn 247 mwNw auch für die hL). S zur Doppelsicherung an ausländischen Grundstücken § 1113 Rn 54 und zu Auslandsforderungen § 1113 Rn 56, zur Gesamthypothek unter Einbeziehung von Auslandsgrundstücken § 1132 Rn 39.

II. Wechsel des Sachstatuts

263 Das für die dinglichen Rechtsverhältnisse maßgebende Sachstatut wechselt, wenn das Grundstück unter die Herrschaft eines anderen Staates gelangt (Einzelheiten STAUDINGER/STOLL [1996] Int SachenR Rn 253 ff). S zur möglichen Entstehung einer gemischtrechtlichen Gesamthypothek § 1132 Rn 39. Der Wechsel des Sachstatuts für das Grundpfandrecht berührt grundsätzlich nicht das Statut der gesicherten Forderung; ob sich auch das Forderungsstatut ändert, ist eine Frage des internationalen Schuldrechts. Diese Grundsätze gelten auch für Grundpfandrechte an Grundstücken in den Gebietsteilen des Deutschen Reichs, die nach dem zweiten Weltkrieg fremder Hoheit unterstellt wurden.

III. Schuldstatut

264 Für den **Begebungsvertrag**, also den schuldrechtlichen Vertrag, der der Bestellung (dazu Vorbem 36 vor §§ 1113 ff, § 1190 Rn 7; Vorbem 24 ff zu § 1191 ff) oder der Abtretung (dazu § 1153 Rn 14 ff) des Grundpfandrechts zugrunde liegt, gilt nicht die lex rei sitae, sondern das Schuldstatut der Art 27 ff EGBGB (BGHZ 1, 110). Die Anfechtung des Begebungsvertrags nach AnfG wird selbständig angeknüpft (BGHZ 78, 318; BGH NJW 1999, 1395).

265 Auch das Sicherungsverhältnis bei der **Grundschuld**, die im übrigen kollisionsrechtlich recht unproblematisch ist, kann einer anderen Rechtsordnung nach Maßgabe des Schuldstatuts (Art 27 ff EGBGB) unterliegen (ausführlich GEIMER IPRax 1999, 152 zu OLG Hamburg IPRax 1999, 168). Ist der Sicherungsvertrag unselbständiger Bestandteil eines Hauptvertrags (Vorbem 37 ff zu §§ 1191 ff), schlägt regelmäßig das Statut des Hauptvertrags auf den Sicherungsvertrag durch (GEIMER IPRax 1999, 152). Auch der selbständige Sicherungsvertrag steht regelmäßig dem Statut der zu sichernden Forderungen näher als dem Sachstatut der Sicherheit (vgl BGH DNotZ 1981, 738 zum Fall einer ausdrücklichen Abrede; aA GEIMER IPRax 1999, 152; SOERGEL/LÜDERITZ[12] Art 38 EGBGB Anh II Rn 32, deren Argument, die Forderungen könnten unterschiedlichen Rechtsordnungen unterstehen, nicht berücksichtigt, dass für eine Forderung auch mehrere Sicherheiten gestellt werden können, die ihrerseits unterschiedlichen Rechtsordnungen unterliegen). Wird zu einer Grundschuld auch ein abstraktes Schuldversprechen gestellt (Vorbem 184 ff zu §§ 1191 ff), so ist dessen Statut selbständig anzuknüpfen (BGH DNotZ 1981, 738).

F. Auslandsrechte

266 S oben unter Schrifttum 3 eine Auswahl neuerer im Wesentlichen deutschsprachigen Schrifttums zu Auslandsrechten (vgl zu Schiffshypotheken STAUDINGER/NÖLL [2002] § 8 SchiffsRG Rn 56 ff).

Titel 1
Hypothek

Vorbemerkungen zu §§ 1113 ff

Schrifttum

BIERMANN, Pfandrechte und Hypotheken bei Gesamtschulden, Gesamtforderungen und gemeinschaftlichen Forderungen, ArchBürgR 40, 318

BÖTTCHER, Zwangshypothek und Insolvenzeröffnung, NotBZ 2007, 86

BOURIER, Die verdeckte Höchstbetragshypothek, in: FS Oberneck (1930)

BUMM, Die Tilgungshypothek (Diss Göttingen 1952)

DIECKMANN, Zur Struktur und rechtlichen Qualifizierung der in vollstreckbaren „Sicherungsgrundschulden" enthaltenen Rechte, RNotZ 2008, 597

DÜMIG, Fehler bei der Eintragung von Zwangshypotheken, Rpfleger 2004, 1

EBBINGHAUS, Die hypothekarische Sicherung öffentlicher Grundstückslasten (Diss Köln 1938)

FELDMANN, Die Amortisationshypothek (Diss Münster 1935)

FISCHINGER, Aktuelle Fragen der Zwangshypothek, §§ 867 ff ZPO, WM 2009, 637

FUCHS, Die Zwangshypothek (Diss Köln 1936)

GEES, Die Arresthypothek (Diss Hamburg 1950)

HABERSACK, Die Akzessorietät – Strukturprinzip der europäischen Zivilrechte und eines künftigen europäischen Grundpfandrechts, JZ 1997, 857

HARPERING, die Übertragung akzessorisch besicherter Forderungen im Rahmen von syndicated loans (2003)

HOFFMANN, Die verdeckte Höchstbetragshypothek, DNotV 1931, 158

IMMLER, Die Amortisationshypothek, DJZ 1905, 977

JOCHEMCZYK, Die Verzinslichkeit der aus einer Tilgungshypothek entstandenen (Teil-)Eigentümergrundschuld, DNotZ 1966, 276

KAPS, Die Amortisationshypothek, DRW 1941, 401

Kesseler, Rückgewähransprüche an Hypotheken, ZIP 2007, 1297

KOBAN, Das Vertrauensprinzip bei der Amortisationshypothek, ArchBürgR 29, 1

LANGE, Mehrere Grundpfandrechte an verschiedenen Grundstücken für dieselbe Forderung (Diss Erlangen 1935)

LEHMANN, Das Verhältnis von Forderung und Hypothek im deutschen bürgerlichen Recht (Diss Tübingen 1938)

MEZGER, Die Teilbetragshypothek (Diss Berlin 1933)

NIEDERAUER, Die durch Hypothek gesicherte Forderung (Diss Gießen 1930)

OBERNECK, Die Übernahme von Amortisationshypothek einer Hypothekenbank in Anrechnung auf den Kaufpreis, BayZ 1911, 9

REDEKER, Renaissance der Hypothek durch Abschaffung des gutgläubigen einredefreien Erwerbs bei der Grundschuld?, ZIP 2009, 208

SACHS, Beiträge zur Behandlung der Amortisationshypothek nach BGB und Zwangsversteigerungsgesetz, JherJb 58, 323

SCHMIDT VON RHEIN, Verdeckte Höchstbetragshypothek, DNotZ 1934, 20

SCHNIEWIND, Das Schicksal der Arresthypothek im weiteren Rechtsstreit (Diss Köln 1950)

SUDECK, Sicherung derselben Forderung durch mehrere Grundpfandrechte unter besonderer Berücksichtigung des Kontokorrentverkehrs (1926)

WIEGAND, Akzessorietät und Spezialität – Zum Verhältnis zwischen Forderung und Sicherungsgegenstand, in: Probleme der Kreditsicherung, Berner Tage für die juristische Praxis (Bern, 1982) 35

Hans Wolfsteiner

WOLF, Die sog verdeckte Höchstbetragshypothek (Diss München 1954)
WOLFFRAMM, Die Restkaufgeldhypothek bei

Grundstückserwerb durch Verfügungsbeschränkte (Diss Leipzig 1936).

Systematische Übersicht

Alphabetische Übersicht

I. Allgemeines

1. Inhalt des ersten Titels

Der Erste Titel des Siebten Abschnittes „**Hypothek**" enthält die besonderen Vor- **1** schriften, die im Anschluss an die allgemeinen Bestimmungen über Rechte an Grundstücken (§§ 872–902) die Form des Grundpfandrechts (s zur Terminologie Einl 1 zu §§ 1113 ff) regelt, die für die im römischen Recht beheimateten Väter des BGB und für den damaligen Rechtsverkehr den **Grundtyp des Pfandrechts an Grundstücken** gebildet hat: die Hypothek. Dementsprechend geht die Technik des BGB dahin, sehr eingehende (aus heutiger Sicht gelegentlich vielleicht sogar zu differenzierte) Regeln für die Verkehrshypothek aufzustellen, die anderen Hypothekenformen mit einer Art Subtraktionsmethode (es wird angegeben, welche der Bestimmungen zur Verkehrshypothek für die anderen Formen *nicht* gelten) zu erfassen und Vorschriften für die Außenseiterformen Grund- und Rentenschuld nur durch sehr pauschale Verweisungen im Zweiten Titel zu gewinnen.

2. Rechtstatsachen

2 Obwohl exakte rechtstatsächliche Untersuchungen fehlen, steht außer Zweifel, dass sich die heutige Rechtswirklichkeit weit von den Vorstellungen des BGB entfernt und dorthin entwickelt hat, wohin man sich allerdings die Entwicklung bereits bei Übernahme der Grundschuld ins preußische Recht vorgestellt hatte (HÜBNER, Grundzüge des deutschen Privatrechts [2. Aufl 1913] 347): Die Verkehrshypothek ist fast *ausgestorben;* sie bevölkert die Grundbücher nur noch in Form von Fossilien aus vergangener Zeit. Ihre Funktion ist vollkommen von der Grundschuld übernommen worden. In den rechts- und wirtschaftsberatenden Berufen und in der Kreditwirtschaft ist das Bewusstsein, auch die Hypothek als verwendbares Rechtsinstitut zur Verfügung zu haben, so sehr geschwunden, dass sogar in Fällen, in denen eine Grundschuld wegen des hohen Missbrauchsrisikos unvertretbar ist, die Bestellung einer Hypothek überhaupt nicht in Erwägung gezogen wird (vgl Einl 28 zu §§ 1113 ff und KERSTEN/BÜHLING/WOLFSTEINER²² § 68 Rn 4). Künftig kann sich das aber schnell wieder ändern (§ 1113 Rn 30).

3 Viele in der Vergangenheit (und teils auch noch in der Gegenwart) mit Leidenschaft ausgetragene Streitfragen aus dem Hypothekenrecht sind rein akademisch geworden und haben derzeit so gut wie keine praktische Relevanz. Deshalb sollte die Tendenz in der *Auslegung* des Hypothekenrechts *in Richtung Vereinfachung* gehen, zumal auch eine wiederkehrende Hypothekenpraxis in Form des abstrakten Schuldversprechens mit Hypothek (§ 1113 Rn 30) so einfach wie bisher die Grundschuld bleiben wird; Rechtsprechung und – vor allem – Lehre sollten der Versuchung widerstehen, wegen der geringen praktischen Relevanz um so kunstvollere Gedankengebäude zu errichten (vgl Einl 112 ff zu §§ 1113 ff). Andererseits erleichtert die der Rechtswirklichkeit nicht mehr gerecht werdende Gesetzgebungstechnik des BGB nicht gerade die Auslegung der Grundschuldvorschriften. Einzelne Hypothekenvorschriften müssen anders als herkömmlich neu interpretiert werden, um ihre Anwendung auf die Grundschuld, aber auch auf die Hypothek für ein abstraktes Schuldversprechen sinnvoller zu machen; Hypothekenvorschriften sind also verstärkt unter dem Gesichtspunkt ihrer Anwendung auf abstrakte Rechtsfiguren und nicht mehr genuin mit Blick auf sich selbst auszulegen. Nachfolgend wird bei jeder einzelnen Hypothekenvorschrift deren Bedeutung für die Grundschuld aufgezeigt.

II. Der Begriff der Hypothek

1. Definition

4 Der Hypothekenbegriff des BGB ist definiert in § 1113 Abs 1. Die Hypothek verpflichtet danach den Eigentümer, an den Gläubiger eine bestimmte Geldsumme zur Befriedigung wegen einer ihm zustehenden Forderung aus dem Grundstück zu zahlen. S zum Rechtscharakter der Hypothek als Forderung und nicht nur als Befriedigungsbefugnis Einl 36 ff zu §§ 1113 ff (str). Die Hypothek ist mit diesem Anspruch identisch; sie ist ein selbständiges dingliches Recht, das zwar seinen Inhalt aus der zu sichernden Forderung bezieht, von ihr aber klar unterschieden ist (das anerkennt auch WILHELM[3] Rn 1442 ff, der die Akzessorietät als Erweiterung der Forderung begreift). Die Hypothekenforderung ist aber zum schuldrechtlichen Anspruch *akzessorisch* und zwar in mehrfacher Hinsicht (dazu HABERSACK JZ 1997, 857, 862; WILHELM[3] Rn 1478 ff):

a) Die Hypothek ist in ihrer **Entstehung** vom Entstehen des gesicherten Anspruchs abhängig. Die Abhängigkeit ist **dynamisch**, indem die Hypothek auch in ihrem **Fortbestand** und ihrem Umfang vom Fortbestand des gesicherten Anspruchs abhängig bleibt (§ 1163 Abs 1 S 1 u 2). **5**

b) Die Hypothek bezieht ihren **Inhalt** zwingend aus dem gesicherten Anspruch **6** (§ 1113 Abs 1). Inhalt und Umfang der Hypothek können aber nicht über die Eintragung hinausgehen. Die Akzessorietät *begrenzt* nur die Rechtsstellung des Hypothekengläubigers, kann sie aber nicht über den Grundbuchinhalt hinaus ausweiten. Ist also die Forderung höher als im Grundbuch eingetragen oder wird sie in Wahrheit früher fällig als eingetragen oder ist im Grundbuch eine auflösende Bedingung eingetragen, die in Wahrheit nicht vereinbart ist, so muss sich der Gläubiger in Ansehung seines dinglichen Rechts mit der minderen Rechtsstellung zufrieden geben (Einl 122 zu §§ 1113 ff; vgl § 1190 Rn 11).

c) Der Gläubiger der Hypothek und der Gläubiger des gesicherten Anspruchs **7** müssen **identisch** sein und bleiben (§ 1113 Rn 62 ff). Die gesicherte Forderung kann deshalb nicht ohne die Hypothek, die Hypothek kann nicht ohne Forderung **übertragen** werden (§ 1153 Abs 2).

2. Einschränkungen der Akzessorietät

Die Regelungen des BGB haben allerdings für alle Hypothekenformen, auch für die **8** Sicherungshypothek (§§ 1163, 1177 gelten auch für sie – arg e contr § 1185 Abs 2), die „reine" Akzessorietät insoweit eingeschränkt, als bei fehlendem schuldrechtlichen Anspruch die Hypothek nicht nichtig ist, sondern dennoch als Eigentümerrecht aufrechterhalten wird (Einl 102 ff zu §§ 1113 ff). Es ist daher nicht angebracht die Sicherungshypothek im Unterschied zu der Verkehrshypothek als „streng akzessorisch" zu bezeichnen (WOLFF/RAISER § 151 Fn 1; MünchKomm/EICKMANN[4] § 1184 Rn 2; aM PLANCK/STRECKER Einl 2 b zu § 1113, § 1184 Anm 1; SOERGEL/KONZEN[13] § 1184 Rn 1; ähnlich RG WarnR 1919 Nr 115); vgl auch Mot III 619; Prot III 680. Bei der Verkehrshypothek ist die Akzessorietät überdies durch die Möglichkeit des gutgläubigen Erwerbs der forderungsentkleideten Hypothek (§ 1138) gelockert.

3. Der Inhalt der Hypothek

Die dingliche Hypothekenforderung, nicht zu verwechseln mit dem gesicherten **9** schuldrechtlichen Anspruch, bezieht ihren Inhalt zwingend von letzterem (oben Rn 6). Handelt es sich beim schuldrechtlichen Anspruch, wie in der Regel, um eine komplexe Forderung, bestehend aus Hauptforderung und diversen Neben- und Schutzansprüchen, so können nur die Anspruchsteile in die dingliche Hypothekenforderung kopiert werden, die auf *Zahlung einer bestimmten Geldsumme und auf Zahlung in Geld zu erbringender bestimmter Nebenleistungen* gerichtet sind. Die übrigen Ansprüche können aber Bedeutung für Entstehung, Fälligkeit, Zahlungsmodalitäten, Einwendungen und Einreden gegen die Zahlungspflicht und für das Erlöschen der Geldforderungen gewinnen; in diesem Sinne sind auch sie Inhalt der Hypothek. Sie können sich des weiteren in Geldforderungen, zB auf Schadensersatz in Geld, verwandeln und dann unmittelbarer Inhalt der Hypothekenforderung werden (s aber dazu, dass die Hypothek nicht gleichzeitig die Hauptforderung und einen Schadensersatz- oder Bereicherungsanspruch sichern kann, nachf Rn 10 u § 1113 Rn 23).

10 Die Hypothek muss in dem Sinne *bestimmt* sein, dass feststeht, welche der Geldforderungen Hypothekengegenstand sind. Sicherlich trifft es zu, dass eine Hypothekenbestellungsurkunde nicht Eintragungsgrundlage sein kann, wenn sie in wechselnder Folge ohne Einschränkung in wahllosem Nebeneinander Bestimmungen enthält, die teils Inhalt der Hypothek sein, teils nur mit schuldrechtlicher Wirkung vereinbart oder nur durch Dienstbarkeit (Betretungsrecht) gesichert werden können (BayObLG NJW 1967, 1373; Schöner/Stöber[14] Rn 1938 mwNw); andererseits aber sollten Grundbuchamt und Rechtsverkehr den Beteiligten nicht unterstellen, sie wüssten nicht, dass eine Hypothek nur auf Geld gerichtet sein kann und wollten deshalb nicht auf Geld gerichtete Forderungen zum Hypothekeninhalt machen; die in vielen Eintragungsbewilligungen enthaltene Erklärung, bestimmte Pflichten zur Erhaltung und Unterhaltung des Pfandgegenstandes hätten für die Hypothek nur die Bedeutung von Kündigungsgründen, ist daher überflüssig (aA BGHZ 21, 34 = Rpfleger 1956, 231 m Anm Bruhn; Lange MittRhNotK 1982, 241). Wohl aber muss eindeutig festgelegt sein, welcher der Geldansprüche Hypothekeninhalt sein soll; Ansprüche, die nur bei Störung des Vertragsverhältnisses als Geldansprüche entstehen können, können nur als gesichert gelten, wenn dies ausdrücklich vereinbart und eingetragen ist. Soweit es sich dabei um Kapitalansprüche (zB auf Schadensersatz) handeln würde, ist zu beachten, dass deren Höhe wegen des Ausschlusses der alternativen Sicherung mehrerer Forderungen (§ 1113 Rn 44) dem regelmäßigen Hypothekenkapital hinzugezählt werden müsste.

4. Unterschied zwischen Verkehrs- und Sicherungshypothek

11 Der *Grundtyp der Hypothek* ist an und für sich die *Sicherungshypothek*. S dazu, dass auch sie sich in ihrer Ausgestaltung durch das BGB vom „reinen" Typus (Einl 10 zu §§ 1113 ff) dadurch entfernt, dass das Erlöschen der Forderung nicht auch das Erlöschen der Hypothek, sondern nur deren Umwandlung in eine Eigentümergrundschuld bewirkt, oben Rn 1. Logisch baut die *Verkehrshypothek* auf der Sicherungshypothek auf, indem sie abweichend vom Grundtypus in Lockerung der Akzessorietät den guten Glauben an den Bestand der gesicherten Forderung schützt (oben Rn 8).

12 Das BGB geht aber umgekehrt vor und stellt in den §§ 1113 ff die für die Praxis als Hauptinstrument gedachte Verkehrshypothek in den Vordergrund, um sich dann in §§ 1184 ff der Sicherungshypothek mit der Subtraktionsmethode zu nähern (oben Rn 1). Die *Sicherungshypothek* lehnt sich eng an die gesicherte Forderung an, so dass das Recht des Gläubigers sich stets nur nach dieser Forderung bemisst und der Gläubiger sich zum Beweis der Forderung nicht auf die Eintragung berufen kann (§ 1184 Abs 1). Da §§ 1138, 1156 auf die Sicherungshypothek keine Anwendung finden (§ 1185 Abs 2), kann sich auch ein gutgläubiger Erwerber trotz der Grundbucheintragung nicht auf das Bestehen und auf die Höhe der gesicherten Forderung berufen und muss er sich alle Einreden aus dem Schuldverhältnis und bei einer

Abtretung auch Einwendungen aus der Person des früheren Gläubigers (§§ 406 ff) entgegenhalten lassen. Der öffentliche Glaube des Grundbuchs nach § 891 bezieht sich bei der Sicherungshypothek auf die Gültigkeit des dinglichen Geschäftes, nicht aber auch auf das Bestehen der schuldrechtlichen Forderung. Bei der *Verkehrshypothek* dagegen kann sich der Gläubiger, allerdings nur zwecks Geltendmachung der Hypothek, auf das Bestehen und die Höhe der gesicherten Forderung, so wie sie im Grundbuch eingetragen ist, berufen, sofern nicht die Unrichtigkeit aus dem Brief hervorgeht; auch braucht sich der Erwerber keine Einwendungen aus der Person des alten Gläubigers entgegenhalten zu lassen (§§ 1138, 1140, 1156).

Die Sicherungshypothek ist nicht zum Umlauf bestimmt und deshalb stets Buchrecht **13** (§ 1185 Abs 1).

Die Unterschiede zwischen Verkehrs- und Sicherungshypothek sind jedoch nicht so **14** erheblich, dass beide nicht mehr als Unterarten eines gemeinsamen Rechtstyps Hypothek angesehen werden könnten. Von den aufgezeigten Ausnahmen abgesehen, gelten grundsätzlich die Bestimmungen über die Verkehrshypothek auch für die Sicherungshypothek. Dies kommt auch in § 1186 zum Ausdruck, demzufolge durch Parteivereinbarung eine Sicherungshypothek ohne Zustimmung der im Rang gleich- oder nachstehenden Berechtigten in eine Verkehrshypothek und umgekehrt umgewandelt werden kann.

5. Fälle der Sicherungshypothek

a) Die Sicherungshypothek als einzige Form der dinglichen Belastung
Die Sicherungshypothek ist für eine Anzahl von Sonderfällen die einzige Form der **15** dinglichen Belastung. Zu erwähnen sind hier insbesondere die Sicherungshypothek für Inhaber- und Orderpapiere (§§ 1187 ff), die Höchstbetragshypothek gemäß § 1190, die Zwangs- und Arresthypothek (§§ 868, 932 ZPO), die Sicherungshypothek kraft Surrogation (§ 1287 S 2 BGB, § 848 Abs 2 S 2 ZPO), die auf Ersuchen des Vollstreckungsgerichts zur Sicherung der auf den Berechtigten übertragenen Forderungen gegen den Ersteher des Grundstücks einzutragende Sicherungshypothek (§§ 118, 128, 130, 145 ZVG) sowie die landesrechtlichen Sicherungshypotheken des Fiskus, einer Körperschaft, Anstalt oder Stiftung des öffentlichen Rechts oder einer unter der Verwaltung einer öffentlichen Behörde stehenden Stiftung (Art 91 EGBGB).

In allen diesen Fällen richtet sich das dingliche Recht nur nach der persönlichen **16** Forderung; deshalb kann es nur eine Sicherungshypothek sein. In einzelnen Fällen ist dabei ausdrücklich bestimmt, dass das Recht Sicherungshypothek ist, auch wenn es im Grundbuch entgegen § 1184 Abs 2 nicht als solche bezeichnet sein sollte (vgl §§ 1187 S 2, 1190 Abs 3).

b) Die Höchstbetragshypothek
Die sog Höchstbetragshypothek „gilt" – wie sich § 1190 Abs 3 vorsichtig ausdrückt – **17** als Sicherungshypothek. Indem sie die kongruente Bindung an eine einzelne Forderung aufgibt, verlässt sie aber den strengen Hypothekenbegriff (Einl 10 zu §§ 1113 ff) und bildet eine eigene Kategorie (aA STAUDINGER/SCHERÜBL[12] Rn 5). Die Verweisung auf die Vorschriften über die Sicherungshypothek hat Fiktionscharakter. Die

Hans Wolfsteiner

Höchstbetragshypothek ist dadurch charakterisiert, dass sie *wechselnde Forderungen* sichern kann und zwar sowohl Forderungen, deren Höhe schwankend ist (die Lehre pflegt sich zu Unrecht auf diesen Aspekt zu konzentrieren) als auch Forderungen unterschiedlicher Identität, die sowohl einzeln als auch summiert den im Grundbuch eingetragenen Höchstbetrag beliebig übersteigen können. Die einzige Grenze liegt darin, dass der dingliche Hypothekenanspruch durch den Höchstbetrag begrenzt wird. Insofern weist die Höchstbetragshypothek Verwandtschaft mit der Grundschuld auf, ohne allerdings mit deren Verkehrsfähigkeit ausgestattet zu sein; mit der gewöhnlichen Sicherungshypothek verbindet sie nämlich die Gemeinsamkeit, letztlich vom Bestand einer Forderung – mag sie auch aus einem Kreis möglicher Forderungen ausgewählt werden können – abhängig zu sein.

18 Ausgehend von der Fiktion der Sicherungshypothek enthält § 1190 für die Höchst- betragshypothek nur einige Sondervorschriften betreffend die Form der Eintragung, die Einrechnung der Zinsen in den Höchstbetrag und die selbständige Abtretung der Forderungen. Im übrigen kommen die Vorschriften über die Sicherungshypothek (§§ 1184 ff) – und damit wiederum hilfsweise die über die Verkehrshypothek, inso- weit sie nicht durch § 1185 ausgeschlossen sind – zur Anwendung und zwar auch dann, wenn die Höchstbetragshypothek nicht ausdrücklich im Grundbuch als Siche- rungshypothek bezeichnet wurde (§ 1190 Abs 3, anders § 1184 Abs 2).

III. Hypotheken mit besonderen Tilgungsvereinbarungen

1. Die Tilgungshypothek (Amortisationshypothek)

a) Rechtscharakter

19 S zum genuin banktechnischen Begriff der Amortisations- oder Tilgungshypothek Einl 20 zu §§ 1113 ff. Auch Tilgungsdarlehen werden in der heutigen Praxis in aller Regel durch Grundschulden gesichert; die Tilgungsvereinbarung spielt sich dann allein im Darlehensbereich ab. Ist eine Hypothek bestellt, so bestehen **keine gesetz- lichen Sonderbestimmungen**, es gilt vielmehr die allgemeine gesetzliche Regelung der §§ 1113 ff (BGHZ 67, 291); die Bestimmungen der §§ 491 ff, soweit anwendbar (§ 491 Abs 3 Nr 1 und 2), wirken auch auf die Hypothek (Einl 67 zu §§ 1113 ff).

20 Die in den gleichbleibenden Jahresleistungen enthaltenen Tilgungsbeträge sind trotz ihrer Verbindung mit den Zinsen keine Nebenleistungen (allgM; RGZ 104, 72; WOLFF/ RAISER § 150 II 2; PLANCK/STRECKER § 1115 Anm 4b; Einl 227 zu §§ 1113 ff). Die einzelnen Tilgungsraten bedürfen nicht der Eintragung im Grundbuch selbst. Die Tilgungsver- einbarung kann als Zahlungsbedingung in die *Eintragungsbewilligung* aufgenommen und im Grundbuchvermerk als Inhalt der Eintragungsbewilligung in Bezug genom- men werden (§ 1115 Abs 1 HS 2); einer Bezeichnung des Grundpfandrechts als Tilgungshypothek bedarf es im Grundbuchvermerk nicht (BGHZ 47, 41). Auf die einzelnen Tilgungsraten sind die §§ 1119 Abs 2, 1158, 1159, 1178 nicht anwendbar. Die in ihrer Höhe jährlich sinkenden Zinsraten sind Leistungen auf eine Neben- forderung iSd § 1159. Sie verjähren gemäß §§ 194, 216 Abs 3, 902 Abs 1 S 2 in drei Jahren. Die Kapitaltilgungsbeträge sind hingegen keine „wiederkehrenden Leistun- gen" iSd § 902 Abs 1 S 2, sondern Teile der Hauptforderung und unterliegen mit dieser gemäß §§ 902 Abs 1 S 1, 216 Abs 1 nicht der Verjährung (s näher Einl 225 zu §§ 1113 ff und Erl zu § 902).

b) Tilgung

Ist der tilgende Schuldner auch **Eigentümer**, so entstehen in Höhe der jeweils getilg- **21** ten Kapitalbeträge *Eigentümergrundschulden* (§§ 1163 Abs 1 S 2, 1177). Auf die Eigentümergrundschuld ist § 1177 Abs 1 S 2 anzuwenden (s § 1177 Rn 6 f). Die einzelnen Eigentümergrundschulden stehen dabei demjenigen zu, der zur Zeit der Tilgung Schuldner und Eigentümer des belasteten Grundstücks ist (§ 1163 Rn 53). Auf das Kapital ist § 1178 unanwendbar, da die Kapitaltilgungsbeträge keine Nebenleistungen sind (s vorst Rn); die Zinsen hingegen erlöschen danach. Die Tilgungshypothek löst sich also im Lauf der Jahre in eine Vielzahl selbständiger Eigentümergrundschulden auf, die nach § 1176 sämtlich den Rang hinter dem noch bestehenden Gläubigerrecht haben (MünchKomm/Eickmann⁴ § 1163 Rn 25; Palandt/Bassenge⁶⁷ § 1113 Rn 27; unten § 1176 Rn 15 f). Wechselt nach Entstehung einer Eigentümergrundschuld das Eigentum am Grundstück, so verbleiben die bereits entstandenen Eigentümergrundschulden dem bisherigen Eigentümer als Fremdgrundschulden; sie gehen im Rang dem noch bestehenden Gläubigerrecht nach (§ 1176). Die nach dem Eigentumswechsel für den neuen Eigentümer entstehenden weiteren Eigentümergrundschulden gehen im Rang den Fremdgrundschulden des früheren Eigentümers vor (hM, Wolff/Raiser § 150 III 1 und Fn 14; Planck/Strecker § 1176 Anm 3; aM Kaps 411: Gleichrang für alle aus dem Gläubigerrecht entstehenden Eigentümerrechte). Das Entstehen der Eigentümergrundschulden löst den gesetzlichen Löschungsanspruch nach §§ 1179a, 1179b aus (s näher Erl zu §§ 1179a, 1179b und zur Löschungsvormerkung alten Rechts Anh zu §§ 1179a, 1179b).

Die Parteien können nicht ausschließen, dass bei jeder Teil-Tilgung der Hypo- **22** thekenforderung eine Eigentümergrundschuld entsteht; § 1163 Abs 1 S 2 ist **zwingendes Recht** (RGZ 104, 68, 72). Eine Ausnahme gilt, soweit landschaftliche und ritterschaftliche Kreditanstalten in ihrer nach Art 167 EGBGB (s Staudinger/Mayer [2005] Art 167 EGBGB Rn 2) weitergeltenden Satzung vorgesehen haben, einen Tilgungsfonds mit dinglicher Wirkung zu bilden (zur Tilgungsfondshypothek in der Zwangsversteigerung s Brox Rpfleger 1959, 176).

Da eine Tilgungsleistung unmittelbar mit ihrer Bewirkung das Erlöschen der Forde- **23** rung und damit das Entstehen der Eigentümergrundschuld herbeiführt, kann die dingliche Wirkung der Tilgung auch *nicht auf einen späteren Zeitpunkt aufgeschoben* werden; unzulässig ist eine Zahlungsbedingung, dass im Lauf des Jahres gezahlte Tilgungsleistungen erst am Schluss des Jahres zur Tilgung verwendet werden (LG Essen Rpfleger 1961, 296; LG Koblenz Rpfleger 1963, 198, je mit zust Anm Haegele; aA für die Bürgschaft BGH NJW 2001, 2327). Zulässig ist es jedoch, Zinsen, die durch Tilgungsleistungen während des Jahres erspart werden, zum Jahresende gutzuschreiben (Haegele Rpfleger 1963, 199; aA LG Koblenz aaO), soweit dem nicht § 307 entgegensteht. Mit dinglicher Wirkung kann auch vereinbart werden, dass die zu den Vierteljahresterminen geschuldeten Beträge zunächst auf die Zinsen und erst die letzte Rate auf das Kapital verrechnet wird (RGZ 143, 75; LG Lübeck SchlHAnz 1963, 119; Palandt/Bassenge⁶⁷ § 1163 Rn 12).

Bei einem Briefrecht ist der Gläubiger verpflichtet, die teilweise *Befriedigung auf* **24** *dem Brief zu vermerken* und den Brief zum Zwecke der Berichtigung des Grundbuchs oder der Löschung des Grundpfandrechts dem Grundbuchamt oder zum Zwecke der Herstellung eines Teilbriefs der zuständigen Stelle vorzulegen (nicht aber, den Brief dem Schuldner auszuhändigen, § 1145). Der Quittungsvermerk auf dem Brief reicht an sich zum Schutz des Eigentümers vor dem gutgläubigen Erwerb der Tilgungshypothek aus (§ 1140); dennoch kann der Gläubiger das Verlangen des Eigentümers nach Grundbuchberichtigung nicht mit dem Hinweis auf §§ 226, 242 zurückweisen (Kaps 407 ff). S zur Frage, ob und inwieweit das Recht auf Quittung auf dem Brief ausgeschlossen werden kann, § 1145 Rn 7 und § 1144 Rn 7 ff.

25 Findet statt der Berichtigung eine *Teillöschung* statt und sollen die Tilgungsraten weiterhin in einem Hundertsatz des ursprünglichen Kapitalbetrags berechnet werden, so bedarf es der Eintragung eines Klarstellungsvermerks, weil der ursprüngliche Kapitalbetrag nicht mehr im Grundbuch eingetragen ist (KG HRR 1935 Nr 790; KG Rpfleger 1966, 303; OLG Hamm OLGZ 85, 273; OLG Düsseldorf Rpfleger 1985, 394).

c)   Schicksal der Eigentümergrundschuld

26 Will der Eigentümer des Grundstücks bei der Veräußerung des Grundstücks eine bereits entstandene *Eigentümergrundschuld* auf den neuen Eigentümer *mitübertragen,* so bedarf es bei der Briefgrundschuld der schriftlichen Abtretungserklärung und Übergabe des Teilbriefs (§§ 1192, 1154 Abs 1), bei der Buchgrundschuld der Einigung und Eintragung der Abtretung im Grundbuch (§§ 1192, 1154 Abs 3, 873). Eine Abrede, dass bei Übertragung des Eigentums am Grundstück auch stets die jeweils entstandenen Eigentümergrundschulden mit zu übertragen seien, ist schon zwischen dem ersten Eigentümer und dem Hypothekengläubiger möglich; ihr fehlt aber die dingliche Wirkung. Anzunehmen, dass in einer solchen Vereinbarung die nach § 185 wirksame Ermächtigung des ersten Eigentümers an den zweiten usw zu erblicken sei, über die während der Dauer seines Eigentums entstandene Eigentümergrundschuld bei der Übertragung des Eigentums mit zu verfügen (KGJ 41, 234; Kaps 413; vgl auch Wolff/Raiser § 150 II e und Fn 12), erscheint als allzu halsbrecherische Konstruktion (die positive Bewertung bis zur Bearbeitung 2002 – dort Rn 23 – halte ich nicht aufrecht). Tritt der Eigentümer bei Veräußerung des Eigentums – wie es guter notarieller Praxis entspricht (vgl zB Kersten/Bühling/Basty[22] § 39 Rn 26M bei VI) – seine durch Tilgung entstandenen Eigentümergrundschulden an den Erwerber ab, so bedarf es zur Löschung gemäß § 39 Abs 2 GBO der Voreintragung der Zwischenberechtigten nicht (Palandt/Bassenge[67] § 1113 Rn 27).

d)   Gutgläubiger Erwerb

27 S § 1138 Rn 13. Für den guten Glauben des Zessionars hinsichtlich des Bestands der Forderung kommt es nur darauf an, ob Zahlungen im Grundbuch oder im Fall der Briefhypothek auf dem Hypothekenbrief vermerkt sind. Da für die Tilgungshypothek keine gesetzlichen Sonderbestimmungen bestehen (s oben Rn 19), ist die Abrede der Tilgung nichts weiter als die Festsetzung einer Rückzahlungsbedingung. „Inhalt des Grundbuchs" iS des § 892 ist bei der Tilgungshypothek der Gesamtbetrag der jeweils eingetragenen Forderung. Zerstört wird der gute Glaube des Erwerbers lediglich durch positive Kenntnis einer Zahlung, nicht auch durch selbst grob fahrlässige Unkenntnis (§ 892 Abs 1 S 1). Die Aufnahme der Tilgungsabrede in das Grundbuch oder die Bezugnahme auf die Eintragungsbewilligung, die die Tilgungsabrede enthält, können für sich allein also den guten Glauben des Erwerbers noch nicht zerstören. Aus der Kenntnis allein, dass es sich um eine Tilgungshypothek handelt, muss der Erwerber nicht schließen, dass die Tilgungsleistungen erbracht worden sind. Sofern der Erwerber der Hypothek also nicht positive Kenntnis von den erfolgten Zahlungen hat, erwirbt er die Hypothek gemäß §§ 1138, 1140, 892 in voller, aus dem Grundbuch bzw dem Hypothekenbrief ersichtlicher Höhe (hM; vgl RG JW 1934, 1043 mit zust Anm WALSMANN; KG HRR 1940 Nr 1197; WOLFF/RAISER § 150 III 3; SACHS JherJb 58, 359; KAPS DRW 1941, 408; PLANCK/STRECKER § 1113 Anm 4c; MünchKomm/ EICKMANN[4] § 1163 Rn 25; **aM** – Erwerb nur, soweit nach dem Tilgungsplan noch nicht getilgt – KOBAN ArchBürgR 29, 1; AK-BGB/WINTER § 1113 Rn 10; kritisch BGB-RGRK/MATTERN[12] § 1138 Rn 14).

e)   Pfandbriefdeckung

Für Tilgungshypotheken, die die Pfandbriefbanken als Deckung für *Hypotheken-* **28** *pfandbriefe* benutzen, gelten die besonderen Bestimmungen des PfandbriefG (Einl 22 zu §§ 1113 ff). Ebenso gelten für *Versicherungsdarlehen* aus dem Deckungsstock die Vorschriften des § 54a Abs 2 Nr 1 a VAG (Einl 25 zu §§ 1113 ff).

2.   Tilgungsfondshypothek

Dass im Fall der Tilgung eine Eigentümergrundschuld entsteht, kann zwar nicht **29** ausgeschlossen werden (oben Rn 22 f). Ob jedoch eine Zahlung zwecks Tilgung geleistet wird, unterliegt dem – durch §§ 307 ff und §§ 491 ff eingeschränkten – Bestimmungsrecht der Parteien (RGZ 143, 75). Die Parteien können daher *schuld- rechtlich vereinbaren,* dass Zahlungen des Schuldners, soweit sie nicht Zinsen sind, nicht unmittelbar der Tilgung dienen, sondern als Sparleistungen in einen „Tilgungs- fonds" fließen, dass das Sparguthaben als weitere Sicherheit dienen, dass die Hypo- thekenforderung in Höhe des jeweiligen Sparguthabens zinslos bleiben und dass sie erst am Ende der Laufzeit in einem Betrag aus dem Tilgungsfonds getilgt werden soll (ERMAN/WENZEL[12] § 1163 Rn 15; PALANDT/BASSENGE[67] § 1163 Rn 12; offengelassen in RGZ 142, 159). Dingliche Wirkung kommt der Vereinbarung nicht zu, sie bindet daher den gutgläubigen Erwerber der Forderung oder des Grundstücks nicht und lässt auch das Guthaben nicht ohne weiteres auf einen neuen Eigentümer übergehen (WOLFF/RAISER II 2 b). Der Eintritt der Wirkung des § 1163 Abs 1 S 2 ist lediglich auf den Zeitpunkt der aufgeschobenen Tilgung hinausgeschoben, § 1163 Abs 1 S 2 nicht, was unzulässig wäre, abbedungen (**aM** WOLFF/RAISER § 153 VII 1 mit Fn 24, 25; FELGENTRÄGER, in: FS Julius vGierke [1950] 157; BOURIER 89).

Die Tilgungsfondshypothek hat damit Ähnlichkeit mit den während ihrer Laufzeit **30** ebenfalls tilgungsfreien Versicherungsdarlehen (Einl 25 zu §§ 1113 ff). Sie teilt mit ihr auch die Gefahr der Intransparenz (§§ 305, 305c, 307).

3.   Effektivzins

Allen Tilgungshypotheken ist gemeinsam, dass die effektive Zinsbelastung intrans- **31** parent ist, weil Zins- und Tilgungsverrechnungsklauseln den *Effektivzins* iSd § 492 Abs 1 S 5 Nr 5 in zunächst schwer durchschaubarer Weise beeinflussen. Deshalb hat bei einem Verbraucherdarlehen der Gläubiger nach § 492 Abs 2 S 2 grundsätzlich den Effektivzins iSd § 6 PreisangVO anzugeben, was umgekehrt die Berufung auf das aus §§ 305, 305c, 307 abgeleitete sog Transparenzgebot insoweit ausschließt (vgl STAUDINGER/KESSAL-WULF [2005] § 492 Rn 1). Wird der Darlehensvertrag aber (meist im Zusammenhang mit der Bestellung der Hypothek) notariell beurkundet, so entfällt die Verpflichtung zur Angabe des Effektivzinses (§ 491 Abs 3 Nr 1); an ihre Stelle tritt die Belehrungspflicht des Notars nach § 17 BeurkG. Daraus muss gefolgert werden, dass im Gegensatz zur allgemeinen Regel in § 306 Abs 2 (BGHZ 118, 239) dem Gläubiger auch bei einem notariell beurkundeten Kreditvertrag die Verletzung des Transparenzgebots nicht entgegengehalten werden kann und zwar ohne Rücksicht darauf, ob der Notar im Einzelfall seiner Belehrungspflicht genügt hat oder nicht. Ansonsten würde die scheinbare Privilegierung zu einer Diskriminierung notariell beurkundeter Kreditverträge führen.

IV. Besondere Hypothekenarten

1. Einheitshypothek

32 Mehrere rangmäßig gleichstehende oder unmittelbar auf einander folgende Hypotheken desselben Gläubigers können zu einer sog Einheitshypothek zusammengefasst werden (RGZ 145, 47). S Einl 157 f zu § 1113 ff und § 1113 Rn 26. Der zu bildenden Einheitshypothek muss eine einheitliche Forderung zugrunde liegen oder zugrunde gelegt werden. Da die Einheitshypothek – auch unter Rangänderung, § 1151 – nach § 877 wieder geteilt werden kann, kann der Gesamtvorgang – Umgruppierung mehrerer rangmäßig aufeinanderfolgender Hypotheken – ohne das Zwischenstadium der Einheitshypothek auch in einem Zug erfolgen (OLG Hamm NJW-RR 1991, 1399).

2. Gesamthypothek

33 S näher Erl zu § 1132.

3. Abgeltungshypothek

34 Die Abgeltungshypothek diente nach § 8 der VO zur Durchführung der VO über die Aufhebung der Gebäudeentschuldungssteuer v 31. 7. 1942 (RGBl I 503) – ähnlich wie später die Hypothekengewinnabgabe nach dem LAG – der Abschöpfung von Abwertungsgewinnen. Gemäß §§ 36a, 22–25 GBMaßnG ist die Neueintragung nicht mehr möglich, auch nicht im Beitrittsgebiet. S zur Löschung bestehender Abgeltungshypotheken RICHTER/BÖHRINGER Rpfleger 1995, 437.

4. Aufbauhypotheken

35 S Einl 253 ff zu §§ 1113 ff.

V. Der Hypothekenbegebungsvertrag

1. Allgemeines

36 Auch der Hypothek hat – wie jeder Bestellung eines dinglichen Rechts – ein Begebungsvertrag als causa zugrunde zu liegen (Einl 235 ff zu §§ 1113 ff; PETERSEN/ROTHENFUSSER WM 2000, 657; WILHELM[3] Rn 1423, 1482; vgl zum Mobiliarpfand STAUDINGER/WIEGAND [2002] Vorbem 21 zu §§ 1204 ff). Meist wird das – anders als bei der Grundschuld (Vorbem 13 ff zu §§ 1191 ff) – nicht deutlich erkennbar, weil die Hypothek ohnehin insoweit mit einem Kausalgeschäft verbunden ist, als sie zu einer Forderung akzessorisch ist, und weil der Begebungsvertrag Teil des schuldrechtlichen Geschäfts zu sein pflegt, aus dem auch die Forderung selbst entspringt (das sieht MAURER, Die Prinzipien der Abstraktion, Kausalität und Trennung [2003] 29 nicht ganz richtig). S zur Höchstbetragshypothek § 1190 Rn 7.

2. Schuldner verschieden vom Eigentümer

Anders liegen die Dinge, wenn der Grundstückseigentümer nicht auch der persön- **37** liche Schuldner ist. Die Hypothekenvorschriften berücksichtigen das insbesondere in §§ 1137, 1141, 1142 ff, 1156 ff, 1164 ff, 1173 ff, 1182. So kann auch eine Hypothek so gestellt werden, dass sie im Valutaverhältnis (Vorbem 266 zu §§ 1191 ff) Schenkung ist, indem der Eigentümer entweder überhaupt die Erfüllung schenkungshalber übernimmt oder jedenfalls für den Fall der Inanspruchnahme auf Rückgriff verzichtet (BGH WM 1955, 377, 380). Regelmäßig handelt es sich aber wie bei der Grundschuld (Vorbem 18 zu §§ 1191 ff) um ein Auftragsverhältnis (MÜLBERT ZUG 1995, 578, 582) und um keinen gegenseitigen Vertrag.

3. Übersicherung

S zum Begriff und den Rechtsfolgen der Übersicherung Vorbem 76 ff zu §§ 1191 ff. **38** Die Einzelhypothek kann für sich allein wegen ihrer Akzessorietät den Gläubiger an und für sich nicht übersichern (zum Verhältnis von Akzessorietät und Übersicherung zutreffend GANTER WM 2001, 1 u WM 1999, 1741 in Abkehr von ZIP 1994, 254). Soweit ihr Betrag den der gesicherten Forderung übersteigt, ist sie immer Eigentümergrundschuld. Wohl aber kann die formale Grundbuchposition dessen, für den von Anfang an eine Hypothek über einen Betrag bestellt wurde, der erheblich über dem zu erwartenden Forderungsbetrag liegt, zu einer anfänglichen Übersicherung führen. Wie bei der Grundschuld (Vorbem 76 ff zu §§ 1191 ff) kann anfängliche Übersicherung eintreten, wenn die Hypothek für ein als Sicherheit dienendes abstraktes Schuldversprechen bestellt wird (§ 1113 Rn 28 ff).

Jedenfalls aber kann Übersicherung eintreten, wenn neben der Hypothek noch **39** weitere Sicherheiten zu stellen sind (Vorbem 169 ff zu §§ 1191 ff). Dem gleicht auch die Situation bei der Gesamthypothek (§ 1132 Rn 56).

VI. Die Zwangshypotheken

1. Die Zwangshypothek

S zunächst Einl 132 zu §§ 1113 ff. Zum Verbot der ursprünglichen Gesamtzwangs- **40** hypothek und zu den Ausnahmen s § 1132 Rn 21 ff. Weiter zur Frage der Zwangshypothek für eine bereits hypothekengesicherte Forderung § 1132 Rn 25 ff und zur Zulässigkeit einer Vertragshypothek zusätzlich zu einer schon bestehenden Zwangshypothek § 1113 Rn 45 f. Zum Fall der Aufhebung des Titels § 1163 Rn 77 und speziell für die Gesamtzwangshypothek in diesem Fall § 1175 Rn 20. Zur Zwangsvollstreckung aus der Zwangshypothek s Einl 183 ff zu §§ 1113 ff und § 1147 Rn 34 f und speziell zur Vollstreckungsnachfolge Einl 190 zu §§ 1113 ff.

S zu der Eintragung von **Zinsen** § 1115 Rn 38. **41**

a)　Schuldner der Zwangshypothek

42 Auf der **Schuldnerseite** findet § 1148 keine Anwendung. Allerdings wird die Zwangshypothek wegen § 891 Abs 1 auch dann eingetragen, wenn der als Eigentümer eingetragene Schuldner in Wahrheit nicht Eigentümer ist. Eine Zwangshypothek zugunsten des Gläubigers entsteht dadurch aber nicht, weil die Gutglaubensvorschriften der §§ 892, 893 auf die Zwangsvollstreckung nicht anwendbar sind; das Grundbuch wird durch die Eintragung unrichtig (vgl KG vom 11. 7. 2006 – 1 W 113/06 – Rpfleger 2006, 602). S zur Frage, ob eine Eigentümergrundschuld entsteht, unten Rn 47.

b)　Gläubiger der Zwangshypothek

43 Als Gläubiger der Zwangshypothek kann nur eingetragen werden, wer Titelgläubiger ist, der Titelgläubiger aber auch dann, wenn er nach Meinung des Grundbuchamts nicht rechtsfähig oder (was das auch immer bedeuten mag) nicht „grundbuchfähig" (BGH vom 4. 12. 2008 – V ZB 74/08 – ZIP 2009, 66; KG vom 6. 5. 2008 – 1 W 319/06 – [Vorlagebeschl] NJW 2008, 3444 = EWiR § 705 BGB 2/08 [DEMHARTER]; LAUTNER MittBayNot 2005, 93; aA BayObLG vom 8. 9. 2004 – 2Z BR 139/04 – NJW-RR 2005, 43; LG Hagen vom 19. 6. 2006 – 3 T 291/06 – Rpfleger 2007, 26) oder materiell nicht berechtigt ist (BGHZ 148, 392 vom 13. 9. 2001 – V ZB 15/01– mwNw = ZfIR 2001, 1029 m Anm DEMHARTER S 957 = ZWE 2002, 28 m Anm BECKER S 25 = EWiR § 45 WEG 1/02, 41 [zust SCHUSCHKE] = JZ 2002, 357 m zust Anm MÜNZBERG = Rpfleger 2002, 17 m Anm SAUREN S 194; BayObLG vom 23. 2. 2005 – 2Z BR 216/04 – NJW-RR 2005, 665; LG Stuttgart vom 20. 1. 2004 – 4 T 274/03 – BWNotZ 2005, 148; falsch insoweit ZEISER Rpfleger 2003, 550 unter Berufung auf nicht veröffentlichte Rspr, dass ein Titel, der nicht sämtliche Wohnungseigentümer oder Nicht-Wohnungseigentümer aufführt, zur Zwangsvollstreckung ungeeignet sei). Aufgrund eines Titels gegen alle Wohnungseigentümer kann umgekehrt keine Zwangshypothek zugunsten der (gemäß § 10 Abs 6 WEG rechtsfähigen) Eigentümergemeinschaft eingetragen werden (aA LG Hamburg vom 26. 7. 2005 – 321 T 16/05 – NJW 2006, 10), es sei denn, das Rubrum würde vorher berichtigt. Erfolgt die Eintragung in Vollstreckung eines nicht rechtskräftigen Titels, sei es eines nur vorläufig vollstreckbaren, sei es aufgrund eines nicht rechtskraftfähigen Titels (Prozessvergleich, vollstreckbare Urkunde), und erweist sich, dass die Forderung nicht besteht oder nicht dem Titelgläubiger zusteht, so findet gemäß § 868 ZPO § 1163 Abs 1 S 1 Anwendung (BGH WM 1978, 1130; vgl MünchKommZPO/EICKMANN³ § 868 Rn 1; dazu § 1163 Rn 75 ff). Das Grundbuch ist dann nur insoweit unrichtig, als es den falschen Gläubiger ausweist. Weist der Titel *mehrere Gläubiger* aus, dann kann auch das (einzutragende) Gemeinschaftsverhältnis der Gläubiger ausschließlich das im Titel festgelegte sein; notfalls ist der Titel aus den Gründen auszulegen.

c)　Gesicherte Forderung

44 Wie allgemein bei der Hypothek (Einl 42 ff zu §§ 1113 ff) muss der Titel auf Zahlung von Geld – auch an einen Dritten, also auch auf Hinterlegung (LG Essen vom 25. 6. 2001 – 11 T 197/01 – Rpfleger 2001, 543) – lauten. Besondere Probleme wirft die Zwangshypothek aber in Bezug auf die Frage auf, welchen Anspruch auf Geld sie sichert. Der Titel, der ihr zugrunde liegt, weist nur einen Anspruch im prozessualen Sinn aus (s zum Begriff zB MünchKommZPO/BECKER-EBERHARD³ Vor § 253 Rn 32 ff; WIEZCOREK/ SCHÜTZE/PRÜTTING, ZPO³ Einl 59 ff), der offen lässt, welcher materiellrechtliche Anspruch hinter ihm steht und durch die Hypothek gesichert ist, und der – im Falle der Prozessstandschaft – offen einer anderen Person zustehen kann als dem materiell Berechtigten (vgl BGHZ 148, 392 vom 13. 9. 2001 – V ZB 15/01 = ZfIR 2001, 1029 m Anm

DEMHARTER S 957 = ZWE 2002 28 m Anm BECKER S 25 = EWiR § 45 WEG 1/02, 41 [zust SCHUSCH-
KE] = JZ 2002, 357 m zust Anm MÜNZBERG = Rpfleger 2002, 17 m Anm SAUREN 194; BayObLG vom
23. 2. 2005 – 2Z BR 216/04 – NJW-RR 2005, 665. Vgl zur Prozessbürgschaft im gleichen Sinn BGH
vom 3. 5. 2005 – XI ZR 287/04 – JZ 2005, 954 m Anm BREHM). Es bleibt kein anderer Weg, als
eben diesen prozessualen Anspruch als gesichert anzusehen (so MÜNZBERG JZ 2002, 359;
nicht verstanden von ZEISER Rpfleger 2003, 550) mit der Folge, dass die Zwangshypothek
für den im Titel als Gläubiger ausgewiesenen Prozessstandschafter einzutragen ist,
obwohl ihm der materielle Anspruch nicht zusteht (BGHZ 148, 392 wie vor; **dagegen**
ZEISER Rpfleger 2003, 550).

Die gesicherte Forderung kann sich also nur aus dem Titel ergeben. Ist dieser nicht **45**
hinreichend bestimmt, so kann nicht etwa eine Höchstbetragshypothek als Zwangshypothek eingetragen werden; vielmehr ist die Eintragung abzulehnen (LG Saarbrücken vom 5. 2. 2003 – 5 T 63/03 – Rpfleger 2003, 416; FISCHINGER WM 2009, 637). Erfolgt
die Eintragung als „Einheitshypothek", aufgrund mehrerer Titel (oben Rn 32) und soll
die Hypothek wegen des Verbots der ursprünglichen Gesamt-Zwangshypothek
(§ 1132 Rn 21 ff) auf mehrere Grundstücke verteilt werden, so muss für jedes Grundstück bestimmt sein, welche Teile welcher Titel gesichert werden; fehlt die Bestimmung, so ist die Hypothek mangels einer bestimmten Forderung inhaltlich unzulässig
und nichtig (OLG Zweibrücken ZfIR 2002, 244) mit der Folge, dass eine Eigentümergrundschuld entsteht (nachf Rn 46; aA OLG Zweibrücken ZfIR 2002, 244).

d) Verfahrensmängel

Leidet das Vollstreckungsverfahren an einem wesentlichen Mangel, so soll die **46**
Hypothek überhaupt nicht entstehen (BayObLG BayVerwBl 1995, 29 zu dem Vollstre-
ckungshindernis nach Art 77 Abs 1 der BayGO iVm § 15 Nr 3 EGZPO), auch nicht als
Eigentümerhypothek. Welche Mängel zur unheilbaren Nichtigkeit der Hypothek
führen, welche Mängel noch mit der Folge heilbar sind, dass die Hypothek nachträglich entsteht (so BayObLG aaO), und welche Mängel sich schließlich überhaupt
nicht auf das Entstehen der Hypothek auswirken, ist unklar (DÜMIG Rpfleger 2004, 1;
MünchKommZPO/WOLFSTEINER³ § 724 Rn 6, 7 mwNw; MünchKommZPO/EICKMANN³ § 867
Rn 51 f mwNw); nach der in Einl 102 zu §§ 1113 ff vertretenen Ansicht muss auch in
diesen Fällen das Grundpfandrecht als solches allein aufgrund der Eintragung
entstehen und zwar unbedingt; nur das schafft – vor allem im Interesse des Eigentümers – die erforderliche Rechtsklarheit (aA anscheinend DÜMIG Rpfleger 2004, 1 und für
die Arresthypothek bei unterlassener Zustellung des Titels WIECZOREK/SCHÜTZE/THÜMMEL, ZPO³
§ 932 Rn 6 mwNw).

e) Rückschlagssperre

Dasselbe gilt für eine Zwangshypothek, die nach § 7 Abs 3 GesO (BGH Rpfleger **47**
1995, 1425 = EWiR 1995, 881 m Anm WALKER; dazu HOLZER ZIP 1996, 780; OLG Jena FGPrax
1996, 88 mwNw [Anm KELLER S 167] = EWiR § 12 GesO 4/96, 799 [HINTZEN]) erloschen ist
oder nach § 88 InsO erlischt (abzulehnen LG Bonn vom 2. 12. 2003 – 4 T 519/03 – ZIP 2004,
1374 = EWiR § 88 InsO 1/04, 861 [abl GERHARDT], wonach die Monatsfrist für die Rückschlagssperre nicht schon mit Antragstellung, sondern erst mit Eintragung beginnt); auch hier bleibt
eine Eigentümergrundschuld übrig (BayObLG NJW-RR 2001, 47 = EWiR § 868 ZPO 1/
2000, 887 [zust HINTZEN]; OLG Düsseldorf vom 11. 7. 2003 – 3 Wx 302/02 – NJW-RR 2004, 138;
LG Mönchengladbach MittRhNotK 1968, 567; zustimmend MÜLLER KTS 1955, 92; KELLER ZIP
2000, 1324; ders ZIP 2006, 1174; DEMHARTER Rpfleger 2006, 256 ff; ALFF/HINTZEN ZInsO 2006,

481 ff; Böttcher NotBZ 2007, 86; Fischinger WM 2009, 637; Uhlenbruck/Uhlenbruck[12] § 88 Inso Rn 11 ff; Kübler/Prütting/Lüke, InsO § 88 Rn 19 ff), weshalb eine Löschung von Amts wegen nicht in Betracht kommt (iE ebenso LG Schwerin Rpfleger 1996, 168; OLG Dresden Rpfleger 1999, 442; Böhringer DtZ 1996, 258; Keller FGPrax 1996, 167; vgl LG Meiningen ZIP 1996, 647 = EWiR § 7 GesO 6/96, 603 m Anm Lüke; Bestelmeyer DtZ 1997, 274. Vgl zur grundbuchrechtlichen Behandlung Volmer ZfIR 2006, 441; **gegen** ihn Keller ZfIR 2006, 499). Dass sich der BGH für seine **Gegenansicht** (BGHZ 166, 74 vom 19. 1. 2006 – IX ZR 232/04 = Rpfleger 2006, 253 m abl Anm Bestelmeyer = LMK 2006, 133 [abl Lüke]; wie BGH anscheinend Holzer ZIP 1996, 780; Böhringer DtZ 1996, 258, dessen Begründung, eine Sonderregelung wie die des § 868 Abs 1 ZPO fehle, zu oberflächlich ist; Keller FGPrax 1996, 167 u FGPrax 1997, 41, 43, der die Löschung als Grundbuchberichtigung bezeichnet; weiter Bestelmeyer DtZ 1997, 274 der die Frage der Eigentümergrundschuld noch nicht erkannt hat; ebenso Egerland NotBZ 2000, 227; Thietz-Bartram ZInsO 2006, 527) auf § 1179a beruft, ist untauglich (Keller ZIP 2006, 1174; Fischinger WM 2009, 637). Zum einen bewirkt § 1179a nicht das Erlöschen des Grundpfandrechts, sondern gewährt nur einen *Anspruch* auf Löschung, dessen Durchsetzbarkeit trotz Vormerkungswirkung mannigfaltige Einwendungen und Einreden entgegenstehen können; zum anderen ist keinesfalls gesichert, dass überhaupt ein nachrangiges mit Löschungsrecht ausgestattetes Recht besteht. Es ist durchaus möglich, dass im Rang nach der Zwangshypothek ein nicht der Rückschlagssperre unterliegendes, aber insolvenzfestes Recht, zB eine Auflassungsvormerkung oder ein Nießbrauch, eingetragen worden ist, dem kein gesetzlicher Löschungsanspruch zur Seite steht und das durch das rückstandsfreie Erlöschen der Zwangshypothek einen unverdienten Ranggewinn ohne jeden Vorteil für die Masse erlangen würde.

48 Ist die Zwangshypothek **Gesamthypothek** an mehreren Miteigentumsanteilen (s § 1132 Rn 22 ff) und erlischt sie nur an einem der Miteigentumsanteile, so gilt § 1175 Abs 1 S 2 mit der Folge, dass *keine Eigentümergrundschuld* entsteht, das Erlöschen am betroffenen Miteigentumsanteil vielmehr rückstandslos stattfindet (OLG Düsseldorf vom 11. 7. 2003 – 3 Wx 302/02 – NJW-RR 2004, 138; Deimann Rpfleger 2000, 193; s § 1163 Rn 81; § 1175 Rn 20). Eine im Wege der Zwangsvollstreckung eingetragene **Hypothekenvormerkung** erlischt stets rückstandslos (BGHZ 144, 181 = EWiR § 7 GesO 3/ 2000, 771 [Messner] = NotBZ 2000, 226 [Egerland]; LG Meiningen ZIP 2000, 416 = EWiR § 88 InsO 1/2000, 831 [Runkel]).

49 Die Rückschlagssperre wirkt zwar absolut gegen jedermann, sie steht aber unter der auflösenden Bedingung, dass das Insolvenzverfahren und damit die Rückschlagssperre endet bzw der mit der Zwangssicherungshypothek zunächst belastete Grundbesitz aus der Insolvenzmasse freigegeben wird (BGHZ 166, 74 wie vor; aA Fischinger WM 2009, 637). Sie erstarkt dann wieder zur vollgültigen Fremd-Zwangshypothek. Solange nicht feststeht, dass die auflösende Bedingung endgültig ausgefallen ist, kann das Grundbuch nicht durch Umschreibung in eine Eigentümergrundschuld oder durch Löschung berichtigt werden; wann diese Gewissheit unterstellt werden kann, ist unklar. Die Erklärung des Insolvenzverwalters, das belastete Grundstück zur Insolvenzmasse verwerten zu wollen, sollte genügen.

f) Forderungsauswechslung

50 Hat sich die Zwangshypothek in eine Eigentümergrundschuld verwandelt (oben Rn 46 und § 1163 Rn 77 ff), so kann sie nach allgemeinen Regeln (§§ 1180, 1198) mit einer anderen Forderung unterlegt und wieder zur Fremdhypothek gemacht werden (s insbes § 1198 Rn 9). Ist keine Eigentümergrundschuld entstanden, so besteht eine leere Buchposition, die (außer durch gutgläubigen Erwerb) nicht mehr aktiviert werden kann (**aA** – ziemlich unverständlich – BGH vom 19. 1. 2006 – IX ZR 232/04 – NJW 2006, 1286, wonach die Buchposition ggf mit neuem Rang reaktiviert werden könne. Im gleichen Sinn in Bezug auf Vormerkungen BGHZ 143, 175 vom 26. 11. 1999 – V ZR 432/98 – und BGH vom 7. 12. 2007 – V ZR 21/07 – MittBayNot 2008, 212 m abl Anm Demharter. **Gegen** den BGH Zimmer NJW 2000, 2978, 2980; Streuer Rpfleger 2000, 155; Volmer ZfIR 2000, 207; Demharter MittBayNot 2000, 106; Schubert JR 2001, 61; Staudinger/Gursky [2008] § 883 Rn 357; Schöner/Stöber[13] Rn 1488; Erman/Lorenz[11] § 885 Rn 19). Wenn dagegen (wenig überzeugend) verfassungsrechtliche Bedenken erhoben werden (BGH aaO Tn 23), so würde diesen am besten dadurch Rechnung getragen, dass die Entstehung einer Eigentümergrundschuld angenommen wird (vorst Rn 46).

2. Die Arresthypothek

Die Arresthypothek (§ 932 ZPO) ist Zwangshypothek mit fünf **Besonderheiten**: **51**

a) § 932 Abs 2 ZPO in der ab 1. 1. 1999 geltenden Fassung verweist nicht auf § 867 **52** Abs 2 ZPO, so dass zur weiteren Zwangsvollstreckung ein im übrigen für die Zwangshypothek abgeschaffter **eigener dinglicher Titel** erforderlich ist (zur Formulierung einer dahin gehenden Klage § 1147 Rn 24 ff). Um diesen zu erlangen, muss der Gläubiger den Bestand der Forderung beweisen, also letztlich einen rechtskräftigen Hauptsache-Titel erwirken (dazu, dass er das darf, BGH NJW 1997, 3230; zum Beweiserfordernis MünchKommZPO/Drescher[3] § 932 Rn 11 mwNw). In diesem Sinne ist die Arresthypothek zunächst nur Sicherungsmittel. Sobald der Gläubiger aber einen ordnungsgemäßen dinglichen Titel erlangt hat, findet aus ihr die Zwangsvollstreckung nach den allgemeinen Vorschriften, also iSd § 1145 mit dem Ziel der Befriedigung statt. Die Arresthypothek ist also letztlich vollwertige Höchstbetragshypothek, nicht anders als eine rechtsgeschäftlich bestellte, für die auch erst ein Titel unter Nachweis der Forderung beschafft werden muss, damit die Zwangsvollstreckung möglich wird.

Ist der dingliche Titel zur Arresthypothek **vorläufig vollstreckbar**, so gelten die **53** §§ 708 ff ZPO, insbesondere ggf auch § 720a Abs 1 Buchst a ZPO mit der Folge, dass Zwangsversteigerung und Zwangsverwaltung noch nicht stattfinden (**aA** von ihrem Standpunkt aus die hL, unten Rn 56; vgl MünchKommZPO/Drescher[3] § 932 Rn 13 mwNw).

b) Die Arresthypothek ist **Höchstbetragshypothek** in Höhe des nach § 923 ZPO **54** festzusetzenden Ablösungsbetrags. Die Forderung, deren Feststellung (durch Urteil) vorbehalten ist (§ 1190 Abs 1), ist der Arrestanspruch nach § 916 Abs 1 ZPO.

c) Ein **gesetzlicher Löschungsanspruch** nach §§ 1179a, 1179b steht dem Gläubiger **55** der Arresthypothek nicht zu (§ 932 Abs 1 S 2 ZPO).

d) Mit der Entscheidung zugunsten des Gläubigers im Hauptsacheverfahren soll **56** sich die Arresthypothek zwar nicht von selbst in eine Zwangshypothek nach § 866 ZPO verwandeln (KG OLGE 44, 177; Palandt/Bassenge[67] § 1186 Rn 3). Es soll aber möglich sein, sie unter Rangwahrung in eine (ohne weiteren Titel) vollstreckbare (zu mehr als 5% jährlich verzinsliche?) **Zwangshypothek umzuwandeln.** Dazu sollen

Eintragungsantrag und vor allem Umwandlungszustimmung des Eigentümers erforderlich sein; der Schuldtitel soll aber die Zustimmung des Eigentümers ersetzen (BGH NJW 1966, 2009; BGH NJW 1997, 3230; KG JR 1925, 947; KG JFG 7, 405; KGJ 40, 314; KG OLGZ 44 [1925], 177; OLG Frankfurt Rpfleger 1975, 103 f; BGB-RGRK/THUMM § 1186 Rn 3; PALANDT/BASSENGE[68] § 1186 Rn 3; STEIN/JONAS/GRUNSKY[22] ZPO § 932 Rn 14; MünchKomm-ZPO/DRESCHER[3] § 932 Rn 12 mwNw; STAUDINGER/SCHERÜBL[12] Rn 12). Die Zwangshypothek werde im Wege der Neueintragung an der Rangstelle der Arresthypothek an deren Stelle bestellt. Diese Konstruktion ist mehr als anfechtbar: Weshalb ist die Neueintragung an dieser Rangstelle zulässig? Was geschieht mit der Arresthypothek wenn es sich bei der Zwangshypothek um eine Neueintragung handelt? Vom Ergebnis her vielleicht wünschenswert, aber schwerlich zu rechtfertigen ist auch die hM, wonach grundsätzlich nicht, wohl aber bei Eigentümerwechsel (**aA** MünchKommZPO/DRESCHER[3] § 932 Rn 12 unter Berufung auf LG Zweibrücken NJW-RR 1995, 512.), eine *Eintragungsbewilligung* des Eigentümers notwendig sei; offen bleibt hier die materielle Zustimmungsbedürftigkeit und die Frage, was geschehen soll, wenn im Falle des Wechsels im Eigentum die Zustimmung verweigert wird (nach BGH NJW 1997, 3230 soll die Arresthypothek im Anschluss an NICKLISCH AcP 169 [1969], 124 einen nicht näher begründeten Duldungsanspruch gegen den jeweiligen Eigentümer gewähren).

57 Streitig ist unter den Vertretern der hL, ob ein **vorläufig vollstreckbarer** Hauptsachetitel ausreicht (Nachweise bei MünchKommZPO/DRESCHER[3] § 932 Rn 13), oder ob aufgrund eines vorläufig vollstreckbaren Hauptsachetitels „nur" eine Vormerkung eingetragen werden kann (so BAUMBACH/LAUTERBACH/HARTMANN, ZPO[66] § 932 Rn 4; aber wozu noch eine Vormerkung, wenn doch schon die Arresthypothek den Umwandlungsanspruch jedermann gegenüber „vormerkt"?). Der hM scheint die Fehlvorstellung zugrundezuliegen, dass aus der Arresthypothek selbst nicht vollstreckt werden könne (oben Rn 52 f). Nach korrekter Konstruktion gilt aber folgendes: Steht aufgrund der Hauptsacheklage im Verhältnis zum Eigentümer, der im Zeitpunkt der Eintragung der Arresthypothek zwangsläufig auch persönlicher Schuldner war, fest, dass die Forderung besteht, so ist auch die Klage auf Zahlung aus dem Grundstück (vulgo Duldung der Zwangsvollstreckung) präjudiziert (oben Rn 52); die dingliche Klage wird sinnvoller Weise sofort mit der Hauptsacheklage verbunden und bewirkt die Zulässigkeit der Befriedigungsvollstreckung, ohne dass sich am Charakter als Höchstbetragshypothek etwas ändern würde. Der dingliche Titel wirkt auch gegen Rechtsnachfolger im Eigentum (§§ 727 Abs 1, 325 Abs 3 ZPO); aus der Arresthypothek kann also auch gegen einen Rechtsnachfolger im Eigentum vollstreckt werden (MünchKommZPO/DRESCHER[3] § 932 Rn 12).

58 Weil wegen § 1190 Abs 4 die Sicherung ein und derselben Forderung sowohl durch eine Höchstbetragshypothek als auch durch eine gewöhnliche Hypothek nicht ausgeschlossen ist (§ 1113 Rn 44), hindert die Arresthypothek als Höchstbetragshypothek den Gläubiger überdies nicht, aufgrund seines Hauptsachetitels zusätzlich zur Arresthypothek noch eine gewöhnliche **Zwangshypothek** eintragen zu lassen. Der Umweg-Konstruktionen der hL bedarf es nicht.

59 Dass die Arresthypothek wie jede andere Höchstbetragshypothek der **Umwandlung** fähig ist, ist richtig; wie in allen Fällen bedarf es dazu aber der Zustimmung des Eigentümers, zu der aber auch ein Vollstreckungsschuldner nicht verpflichtet ist (vgl OLG Frankfurt Rpfleger 1975, 103; **aA** KG JFG 7, 406; OLGE 44, 177; STAUDINGER/SCHERÜBL[12]

§ 1186 Rn 12; BGB-RGRK/Thumm[12] § 1186 Rn 3; Planck/Strecker Vorbem 3 d λ vor §§ 1184 ff).
Erkennt man freilich, dass aus der Arresthypothek aufgrund eines dinglichen Titels
mit vollen Wirkungen vollstreckt werden und aufgrund des Hauptsachetitels zusätzlich eine Zwangshypothek eingetragen werden kann, so liegt es im Eigeninteresse
des Vollstreckungsschuldners, der Umwandlung der Arresthypothek gegen Freigabe
der überflüssigen Rangstelle zuzustimmen (vgl § 1147 Rn 53); ein Zinssatz von mehr als
5% jährlich (§ 1119) bedarf allerdings der Zustimmung nachrangiger Gläubiger.

e) Die Arresthypothek wird bereits dann hinfällig, wenn der Vollstreckungs- **60**
schuldner die (ihm nach § 923 ZPO zwingend vorzubehaltende) Sicherheitsleistung
in Form einer zu hinterlegenden **Lösungssumme** erbringt. Bereits damit (nicht erst
mit einer Aufhebung des Arrests nach § 934 ZPO) wird die Arresthypothek endgültig Eigentümergrundschuld (MünchKommZPO/Drescher[3] § 932 Rn 14; Stein/Jonas/
Grunsky[22] § 932 Rn 16; Musielak/Huber[3] § 932 Rn 7; Schöner/Stöber[13] Rn 2235; Zöller/Stö-
ber[24] § 868 Rn 2 ff).

§ 1113
Gesetzlicher Inhalt der Hypothek

**(1) Ein Grundstück kann in der Weise belastet werden, dass an denjenigen, zu
dessen Gunsten die Belastung erfolgt, eine bestimmte Geldsumme zur Befriedigung
wegen einer ihm zustehenden Forderung aus dem Grundstück zu zahlen ist (Hypothek).**

**(2) Die Hypothek kann auch für eine künftige oder eine bedingte Forderung bestellt
werden.**

Materialien: E I § 1062; II § 1022 rev § 1097; III
§ 1096; Mot III 598 ff, 633 ff; Prot III 508 ff,
538 ff, 543, 576 f; IV 497 ff; V 205 f.

Schrifttum:

S Vorbemerkungen zu §§ 1113 ff.

Systematische Übersicht

I.　Begriff und Inhalt der Hypothek

1.　Rechtscharakter der Hypothek

a)　Dinglicher Anspruch

1 Zum *Rechtscharakter der Grundpfandrechte* allgemein s Einl 36 ff zu §§ 1113 ff, insbes Einl 36 über die Rechtsnatur als dingliche Schuld mit beschränkter Haftung und nicht als Verwertungsrecht oder Realobligation. S weiter zum Rechtscharakter speziell der Hypothek Vorbem 4 ff zu §§ 1113 ff.

2 Eine Vereinbarung des Inhalts, dass das Recht des Hypothekengläubigers auf *Zwangsvollstreckung* aus der Hypothek *völlig ausgeschlossen* sein solle, ist in dem Sinne nichtig, dass eine Hypothek als Fremdhypothek nicht entsteht (**aA** anscheinend Wilhelm[3] Rn 1634). Die Reduzierung einer Hypothek auf eine Naturalobligation würde dem geschlossenen Katalog der Sachenrechte widersprechen (RG Recht 1914 Nr 215; KG JW 1931, 3282; BGB-RGRK/Mattern[12] § 1147 Rn 12; **aM** Ehrlich, Das zwingende und nicht zwingende Recht des BGB, in: Fischers zwanglose Hefte 161). Zulässig ist aber die Vereinbarung, der Gläubiger dürfe nur vollstrecken, wenn die Hypothek ersten Rang einnimmt, während er im übrigen darauf beschränkt sein solle, im Verteilungsverfahren befriedigt zu werden, falls ein vor- oder gleichrangiger Gläubiger vollstrecken sollte; zulässig auch die Vereinbarung, die Zwangsversteigerung dürfe nur stattfinden, wenn eine bestimmte, eingetragene Vormerkung dadurch nicht erlischt (LG Saarbrücken Rpfleger 2000, 213). Gleiches gilt für eine Abrede, dass sich der Gläubiger nur einer von einem anderen Gläubiger betriebenen Zwangsvollstreckung anschließen darf (KG JW 1931, 3282; vgl auch Erl zu § 1149).

3 Auch gegen andere *Vollstreckungsbeschränkungen* ist grundsätzlich nichts einzuwenden. So kann (immer mit dinglicher Wirkung) vereinbart werden, dass nur Zwangsverwaltung, keine Zwangsversteigerung zulässig ist und umgekehrt (KG JW 1931, 3282 mit Anm Rosenberg; BGB-RGRK/Mattern[12] § 1147 Rn 12; Erman/Wenzel[12] § 1147 Rn 1; **aA** Staudinger/Scherübl[12] unter Berufung auf Planck/Strecker § 1147 Anm 3c; Wolff/Raiser § 140 III 2). Zulässig auch die Abrede, die Hypothek dürfe erst geltend gemacht werden, wenn erfolglos die Verwertung anderer Sicherheiten versucht worden war (BGH NJW 1986, 1487).

Vollstreckungsbeschränkende Abreden, die Inhalt der Hypothek sind, dürfen nicht **4** verwechselt werden mit *vollstreckungsbeschränkenden Prozessverträgen;* Letztere beziehen sich nicht auf den Anspruch des materiellen Rechts, sondern auf einen bestimmten Vollstreckungstitel (vgl Stein/Jonas/Münzberg, ZPO[22] § 766 Rn 23 ff; ambivalent MünchKommZPO/K Schmidt[3] § 766 Rn 33 ff). Die Abgrenzung ist nicht selten unklar; so hat eine Beschränkung des Verwertungsrechts des Gläubigers dahingehend, dass er sich aus dem Grundstück im Wege der Zwangsversteigerung nur befriedigen dürfe, wenn er im Zwangsversteigerungsverfahren ein bestimmtes Mindestgebot abgebe (KG JW 1931, 3282 mit zust Anm Rosenberg) mehr den Charakter eines Vollstreckungsvertrags als materiell-rechtlichen Inhalt. Ein Vollstreckungsvertrag ist aber – weil nicht auf die Hypothek bezogen – weder eintragungsfähig (aA Staudinger/ Scherübl[12]) noch über § 1157 dem Rechtsnachfolger gegenüber wirksam (aA BGH NJW 1986, 1487 mit iE zu Recht ablehnender Anm Canaris).

Die Klausel, dass der Gläubiger *zunächst* seine *Befriedigung aus dem belasteten* **5** *Grundstück* zu suchen habe, ist zulässig (vgl auch RGZ 128, 145); **aM** Mot III 611 mit Hinweis darauf, dass in einem solchen Fall mangels Vorliegens einer Forderung nur eine Grundschuld eingetragen werden könne. Sie betrifft aber allein den Anspruch gegen den Schuldner und nicht das Rechtsverhältnis zum Eigentümer und kann daher nicht Inhalt der Hypothek sein. Auch durch die Abrede, dass der Gläubiger sich *nur* an das belastete Grundstück halten dürfe, wird das Vorhandensein einer persönlichen Forderung nicht beseitigt (Wolff/Raiser § 134 I und Fn 4; Planck/Strecker Anm 5a; vgl auch RGZ 128, 145). Ist aber jede andere Geltendmachung der zugrundeliegenden Forderung ausgeschlossen (auch die durch Aufrechnung oder durch Geltendmachung eines Zurückbehaltungsrechts), so handelt es sich bei dem entstehenden Grundpfandrecht in der Tat um eine Grundschuld; der Gläubiger hat nur das Recht, die Zahlung einer bestimmten Geldsumme aus dem Grundstück zu fordern, was der gesetzlichen Definition der Grundschuld in § 1191 entspricht. Das Grundbuchamt darf das Grundpfandrecht daher auch nur als Grundschuld eintragen (Staudinger/Scherübl[12] unter Aufgabe seiner vorher gegenteiligen Meinung). Die Eintragung als Hypothek ist aber nicht nichtig; die falsa demonstratio berührt das Wesen des dinglichen Rechts nicht. Vgl dazu, dass es sich umgekehrt im Fall einer „Grundschuld", die durch das Bestehen eines schuldrechtlichen Anspruchs bedingt sein soll, in Wahrheit um eine Hypothek handelt, § 1191 Rn 3.

Als Zahlungsanspruch ist das dingliche Recht Hypothek geeignet, zum Gegenstand **6** einer *Bürgschaft* gemacht zu werden (aA RGZ 93, 234, 236; Staudinger/Scherübl[12] Rn 7; vgl zur Grundschuld Vorbem 198 zu §§ 1191 ff). Über Begriff und Wesen eines dinglichen Rechtes und die sich daraus ergebenden Ansprüche s Staudinger/Seiler (2007) Einl 24, 85 zu § 854.

b) Prozessuale Verwirklichung des hypothekarischen Anspruchs

Wegen der prozessualen Verwirklichung des hypothekarischen Anspruchs und der **7** damit zusammenhängenden Fragen s im einzelnen Einl 183 ff zu §§ 1113 ff und die Erl zu § 1147; vgl dort auch über den dinglichen Anspruch in der Insolvenz des Eigentümers.

S zur Befriedigung durch **Aufrechnung** § 1142 Rn 16.   **8**

2.   Grundsatz der Akzessorietät

9   S Vorbem 4 ff zu § 1113 über das Verhältnis der Hypothek zu einer persönlichen Forderung (Grundsatz der Akzessorietät). Die Einigung über die Bestellung der Hypothek muss der Akzessorietät wegen zwingend auch die Einigung darüber enthalten, **welche Forderung** gesichert sein soll. Besteht darüber Uneinigkeit (Dissens), so kann die Hypothek als Fremdhypothek nicht entstehen; sie bleibt Eigentümergrundschuld (Einl 102 zu §§ 1113 ff). Deshalb muss die Forderung im Grundbuch, ggf zusammen mit der Eintragungsbewilligung, auch eindeutig identifizierbar so bezeichnet werden, dass sie von allen anderen Forderungen gleichen Inhalts unterschieden werden kann. Ist sie das nicht, so entsteht sie als Hypothek ebenfalls nicht.

10   Ohne Einfluss auf Entstehung und Bestand der Hypothek als Grundpfandrecht ist die **Nichtigkeit der Forderung**, für welche die Hypothek bestellt ist; in diesem Fall steht das Grundpfandrecht dem Eigentümer zu (Einl 102 zu §§ 1113 ff; § 1163 Rn 14). Verstöße gegen die guten Sitten beim Grundgeschäft lassen grundsätzlich die Gültigkeit des dinglichen Geschäfts unberührt (BGH NJW-RR 2000, 1431 = LM Nr 88 zu § 138 [Bc] BGB [Schmidt-Lademann]); in besonderen Fällen kann aber auch das dingliche Geschäft sittenwidrig sein, wenn, wie zB im Fall des § 138 Abs 2 der sittenwidrige Zweck gerade durch das Erfüllungsgeschäft verfolgt wird (RGZ 145, 154; BGH NJW-RR 2000, 1431 = LM Nr 88 zu § 138 [Bc] BGB [Schmidt-Lademann]); s Einl 71 zu §§ 1113 ff und zur Anfechtbarkeit Einl 117 zu §§ 1113 ff.

3.   Die gesicherte Forderung

a)   Erzwingbare Forderung

11   Der Hypothek muss eine erzwingbare Forderung zugrunde liegen. In Ermangelung einer solchen Forderung kann eine Hypothek nicht bestehen, zB nicht für eine beiderseits unkündbare Forderung, die nach dem Tode des Gläubigers dem Schuldner zustehen soll (KG OLGE 2, 9; s auch KG DJZ 1909, 1333 und BGH NJW 1957, 672 zu § 1204). S zur speziellen Behandlung künftiger Ansprüche und deren Abgrenzung zu unbestimmten Ansprüchen unten Rn 35 ff. S weiter zu Ansprüchen nicht (noch nicht) existierender Personen Einl 83 ff zu §§ 1113 ff. Jedenfalls kann der durch Schenkungsvertrag unter Lebenden begründete, aber erst nach dem Tode des Schenkers zu erfüllende Anspruch auf Zahlung einer bestimmten Summe einer Hypothek zugrunde gelegt werden (s RG SeuffA 75, 181; KGJ 40, 258; OLG Kassel OLGE 14, 97); ob er mit der Bedingung des Überlebens verbunden ist, spielt wegen § 1113 Abs 2 keine Rolle (**aA** noch Staudinger/Wolfsteiner [2002] Rn 11, hiermit aufgegeben). Eine Forderung, die durch eine Hypothek dinglich gesichert werden könnte, ist nicht vorhanden bei Ersatzansprüchen einer Behörde gegenüber einer anderen innerhalb derselben Rechtspersönlichkeit, etwa des Staats oder einer Gemeinde (KG HRR 1933 Nr 1880). Gewährt der Nachlassverwalter dem Alleinerben aus dem Nachlass ein Darlehen, so kann es nach den Grundsätzen des § 326 InsO durch eine Hypothek gesichert werden, solange der Erbe nicht unbeschränkt haftet (**aA** KG HRR 1932 Nr 1661).

12   Auch eine mit einer **dauernden Einrede** belastete Forderung ist nicht geeignet, Grundlage der Bestellung einer Hypothek zu sein, wie sich aus § 1169 ergibt (s § 1169 Rn 2; **aA** für das Mobiliarpfand, wo eine Parallelvorschrift fehlt, Staudinger/Wiegand [2002] § 1204 Rn 16). Ausgenommen ist die dauernde Einrede der Verjährung (§ 1169 Rn 8), weil sie gemäß § 216 Abs 1 die Befriedigung aus der Hypothek nicht hindert (Einl 226 zu §§ 1113 ff).

b) Öffentlich-rechtliche Forderungen

Auch eine Forderung, die ihren Rechtsgrund im *öffentlichen* Recht hat, kann durch **13** eine Hypothek gesichert werden. Trotz der Akzessorietät der Hypothek vermag die gesicherte Forderung ihren öffentlich-rechtlichen Charakter nicht auf die Hypothek zu übertragen; die dingliche Hypothekenforderung bleibt eine solche des Privatrechts (zutreffend für die Bürgschaft BGH vom 16. 10. 2007 – XI ZR 132/06 – ZIP 2007, 2403 = EWiR § 491 BGB 1/08, 101 [Jungmann]). Grundsätzliche Bedenken, eine Einrichtung des privaten Rechtes zur Sicherung einer öffentlich-rechtlichen Forderung zu verwenden, bestehen nicht (BGH vom 16. 10. 2007 wie vorstehend; Hesse ZAkDR 1936, 815), zumal mannigfaltige Bestimmungen des positiven Rechts das ausdrücklich vorsehen. So sind in Art 91 EGBGB landesrechtliche Vorschriften über die Eintragung von Sicherungshypotheken für gewisse Forderungen der Länder oder anderer öffentlich-rechtlicher Körperschaften vorbehalten worden. Hiernach können, wie die zur Ausführung des Art 91 EGBGB ergangenen Vorschriften (vgl zB Art 123 Bay-AGBGB) ergeben, Ansprüche wegen fälliger öffentlicher Abgaben und Kosten des Verfahrens, also Forderungen, die ihre Rechtsgrundlage im öffentlichen Recht haben, durch Eintragung einer Sicherungshypothek dinglich gesichert werden. Neben diesen durch die weitere Rechtsentwicklung größtenteils überholten (vgl BayObLGZ 1953, 157) Sicherungsmaßnahmen, die keinen Vollstreckungstitel voraussetzten, ist wegen solcher Ansprüche nach Maßgabe der im einzelnen Fall anzuwendenden Vorschriften über den Verwaltungszwang (zB § 322 AO; § 7 JBeitrO) die Eintragung einer Sicherungshypothek (§§ 866, 867, 868 ZPO) zulässig. Auch § 241 Abs 1 Nr 5a AO sieht ausdrücklich die Sicherheitsleistung für eine Steuerforderung durch Bestellung einer Hypothek vor.

Die Diskussion der Frage, welcher **Art eine Hypothek** für eine öffentlich-rechtliche **14** Forderung sein kann (Staudinger/Scherübl[12] Rn 24; MünchKomm/Eickmann[4] Rn 62 ff), verspricht wenig Ertrag. IdR sind öffentlich-rechtliche Forderungen des Staats, der Kommunen und der sonstigen öffentlich-rechtlichen Körperschaften und Anstalten (Forderungen auf Steuern, Gebühren und sonstige Abgaben) ohnehin nicht abtretbar, jedenfalls nicht an Private. Wenn die Abtretung aber ausgeschlossen ist, spielt es keine Rolle, ob die Hypothek eine Verkehrs- oder eine Sicherungshypothek ist. Sollte ausnahmsweise die Abtretung an eine andere öffentliche Behörde zulässig sein, so wäre sie verwaltungsrechtlich daran gehindert, sich auf gutgläubigen Erwerb zu berufen. Sollte es sich aber um eine Forderung handeln, die ausnahmsweise doch an eine Privatperson abgetreten werden kann, wäre auch nichts dagegen einzuwenden, dass ihr die §§ 891–899 zugutekommen (zutreffend daher Erman/Räfle[9] Rn 12, dass zwar idR nur Sicherungshypotheken in Betracht kommen, dies aber keine Wirksamkeitsfrage ist). § 241 Abs 1 Nr 5 a AO äußert sich zur Art der als Sicherheit für Steuerforderungen zu bestellenden Hypotheken nicht. Der umgekehrte Fall, dass Staat oder Kommunen einem Privaten eine Hypothek für eine öffentlich-rechtliche Forderung, zB auf Steuererstattung bestellen, ist nicht praktisch.

Mit der Bestellung der Hypothek kann die öffentlich-rechtliche Forderung nicht **15**

ohne die Hypothek, die Hypothek nicht ohne die Forderung **übertragen werden**
(§ 1153). Die Übertragung bedarf sowohl der Form des § 1154 Abs 3 als auch
zusätzlich der Einhaltung etwaiger öffentlich-rechtlich vorgeschriebener Erfordernisse (insbes der Schriftform nach § 57 VwVfG). Im übrigen bleibt die Hypothek
selbst ein dem Privatrecht unterworfenes Rechtsinstitut; der Gläubiger einer öffentlich-rechtlichen Forderung muss sich, wenn er sich des privatrechtlichen Instituts der
Hypothek bedienen will, dem Privatrecht unterwerfen und kann sich nicht auf
öffentlich-rechtliche Gewaltbefugnisse berufen. Soweit es sich nicht um eine
Zwangshypothek handelt, der § 867 Abs 3 ZPO zugute kommt, bedarf es zur Geltendmachung eines Vollstreckungstitels, der nur in den zivilrechtlichen Verfahrens-
zügen zu erlangen ist, weil die Hypothek privatrechtlich iSd § 13 GVG auch dann
bleibt, wenn sie für eine öffentlich-rechtliche Forderung besteht (§ 1147 Rn 32). Der
dingliche Titel auf Zahlung aus dem Grundstück kann also nicht durch Verwaltungsakt geschaffen werden. In Ansehung der Hypothek ist der öffentlich-rechtliche
Gläubiger zur Erteilung der Quittung nach § 368 verpflichtet und zwar gemäß
§ 369 auf eigene Kosten; der Ansatz von Verwaltungsgebühren dafür ist nicht
zulässig.

16 Dass öffentlich-rechtliche Forderungen uU nur eingeschränkt *übertragbar* sind, stört
zunächst nicht; soweit öffentliches Recht die Übertragung behindert, kann eben
auch nach § 1153 die Hypothek nicht übertragen werden. Probleme bereitet aber der
im Hypothekenrecht mehrfach angeordnete *gesetzliche* Übergang der Hypothek,
insbesondere im Falle der (nicht ausschließbaren) Ablösung. S dazu § 1150 Rn 38.

17 Dass der Forderung gleichzeitig die Eigenschaft einer *öffentlichen Last* zukommt,
hindert die Bestellung einer Hypothek nicht (ihr Sinn kann nur darin liegen, die
Vierjahresgrenze des § 15 Abs 1 Nr 3 ZVG zu überwinden). Unsere Rechtsordnung
kennt kein allgemeines Verbot der Doppelsicherung (nachf Rn 44; **aA** BayObLGZ 56, 122;
OLG Köln Rpfleger 1962, 104; Fischer NJW 1955, 1583; Quack Rpfleger 1979, 281; MünchKomm/
Eickmann[4] Rn 62;). Dass für ein und dieselbe Forderung nicht mehrere Hypotheken
bestellt werden können, ist nicht Ausdruck eines allgemeinen Prinzips, ja nicht
einmal der hypothekentypischen Akzessorietät, sondern nur technisch bedingte
Folge des in § 1154 niedergelegten Prinzips, dass nach Hypothekenbestellung die
Abtretung grundbuchgebunden ist (§ 1154 Rn 2 ff). Auch ein nach § 10 Abs 1 Nr 3
ZVG bestehendes *Befriedigungsvorrecht* in der Zwangsvollstreckung ist aus densel-
ben Gründen irrelevant; die hL (BayObLGZ 1956, 122; OLG Köln Rpfleger 1962, 104;
Fischer NJW 1955, 1583; Quack Rpfleger 1979, 281; MünchKomm/Eickmann[4] Rn 62; Demhar-
ter, GBO[26] § 54 Rn 12;; Stöber, ZVG[17] Einl 75.7; Meikel/Morvilius[10] § 54 GBO Rn 66 und
Rn 70) will hingegen die Hypothekenbestellung nur zulassen, falls kein Vorrecht
besteht oder unter der aufschiebenden Bedingung, dass es erlischt (BGB-RGRK/
Mattern[12] Rn 32), wie es allerdings § 322 Abs 5 AO für seinen Anwendungsbereich
ausdrücklich vorschreibt. Schließlich steht auch § 54 GBO nicht entgegen. Durch
diese Vorschrift sind die auf einem Grundstück ruhenden *öffentlichen Lasten* von der
Eintragung in das Grundbuch ausgeschlossen. Die Eintragung einer Sicherungshypothek für eine der öffentlichen Last zugrundeliegende Forderung wird dadurch
nicht berührt, was der Wortlaut des § 54 dadurch klar zum Ausdruck bringt, dass er
nur die Eintragung der öffentlichen Last „als solcher" untersagt (BayObLGZ 1956, 122).

c) Inhaltlich bestimmte Forderung

Erforderlich ist, dass die Forderung inhaltlich bestimmt ist (BGH WM 1972, 786; vgl **18** insbes NIEDERAUER 32 ff). Diese Anforderung steht in einem Spannungsverhältnis zur Zulassung von Hypotheken für bedingte Forderungen gemäß Abs 2, weil eine Bedingung nicht nur das Ob der Gesamtforderung, sondern auch einzelne Forderungsteile betreffen kann (dann ist die Höhe der Forderung unbestimmt, bis Bedingungseintritt oder -ausfall feststehen) und weil auch sonstige Forderungskonditionen aufschiebend oder auflösend bedingt sein können. Bestimmtheit bedeutet also nicht, dass der Betrag der Forderung von vornherein feststehen müsste. §§ 1113, 1115 verlangen nur, aber jedenfalls die bestimmte, dh bezifferte Angabe der Geldsumme, für die das Grundstück haften soll (vgl Einl 55 ff zu §§ 1113 ff).

Das Spannungsverhältnis zeigt sich besonders klar in der Diskussion über die – in **19** der Praxis längst durch die Grundschuld verdrängte – sog **„verdeckte Höchstbetragshypothek"**, die sonderbarerweise in der Kommentarliteratur überwiegend bei § 1190 erörtert wird, obwohl es sich doch gerade nicht um eine Höchstbetragshypothek handelt. Gegenstand der Diskussion ist eine nicht immer klar formulierte (zB MünchKomm/EICKMANN[4] Rn 35) Konstruktion, wonach der Hypothek eine Forderung zugrunde gelegt wird, von der noch ungewiss ist, ob und wann sie in der vorgesehenen Höhe entstehen wird. So wird etwa ein Kreditrahmen in bestimmter Höhe eingeräumt und vereinbart, dass die Hypothek nicht die aktuelle Kreditforderung, sondern die *künftige Forderung aus einer nach Kündigung des Kreditrahmens vereinbarten Abrechnung* sichern soll. Um bei zwischenzeitlich niedrigerem Kontokorrentstand die ungewollte Verwandlung der Hypothek in eine Eigentümergrundschuld zu vermeiden, muss zusätzlich eine Vereinbarung nach Art einer Tilgungsfondshypothek (zur Zulässigkeit Vorbem 29 zu §§ 1113) getroffen werden, nämlich eine Tilgungsvereinbarung des Inhalts, dass Zahlungen des Schuldners zunächst nicht zur Darlehenstilgung verwandt, sondern unter Begründung einer Gegenforderung vom Gläubiger bis zu einer abschließenden Abrechnung unecht verwahrt werden (vgl STAUDINGER/SCHERÜBL[12] § 1190 Rn 14; damit sind die Bedenken bei ERMAN/WENZEL[12] § 1190 Rn 3 erledigt). Andere bezeichnen eine Hypothek für die Forderung aus einem abstrakten Schuldversprechen (die von HUBER, Die Sicherungsgrundschuld [1965], sonderbarerweise als „Scheinforderung" tituliert wird: ähnlich WILHELM[3] Rn 1454: dazu BÖTTICHER, Das abstrakte Schuldversprechen in der Kreditsicherung [2007] 21) als verdeckte Höchstbetragshypothek.

Aus dinglicher Sicht sind gegen diese Konstruktionen keine Einwendungen zu **20** erheben (RGZ 60, 243, 247; RGZ 152, 219; OLG Kassel OLGE 36, 166; BayObLGZ 1951, 594, 597; BayObLGZ 1952, 286; BayObLGZ 1954, 202; LG Düsseldorf MittRhNotK 1976, 421; PLANCK/STRECKER § 1113 Anm 5 f; aA MünchKomm/EICKMANN[4] Rn 36, dessen strikte, jetzt allerdings schuldrechtlich aus § 307 begründete Ablehnung sich nur schlecht mit seiner exzessiven Zulassung der bedingten Hypothek Rn 45 ff verträgt; WILHELM[3] Rn 1535; s a Einl 111 ff zu §§ 1113 ff). Für Zinsforderungen in schwankender Höhe wird diese Technik ohnehin und unbestritten eingesetzt, indem der Hypothek ein *fiktiver Zinssatz* zugrunde gelegt und vereinbart wird, die Zinsen dürften nur in einer jeweils bestimmbar niedrigeren Höhe geltend gemacht werden (§ 1115 Rn 33). Es handelt sich klar um eine Hypothek für eine der Höhe nach bedingte Forderung, die nach Abs 2 zulässig ist.

Auch gegen § 309 Nr 12 – soweit überhaupt anwendbar (Einl 65 zu §§ 1113 ff) – verstößt **21** die Regelung nicht, weil zwar Beweislaständerungen eintreten, aber nur als indirekte (gesetzliche) Folge anderweitiger Regelungen (MünchKomm/KIENINGER[5] § 309 Nr 12 Rn 8). Wie der Vergleich mit der Grundschuldsicherung zeigt (dazu Vorbem 220 ff zu §§ 1191 ff), lässt sich auch nicht feststellen, dass die Regelung generell gegen § 307 verstoßen würde (so aber MünchKomm/EICKMANN[4] Rn 36); eine solche Feststellung bleibt einer Einzelfallprüfung vorbehalten.

d)   Eine individuelle Forderung

22   **aa)**   Die Forderung muss auch in dem Sinn bestimmt sein, dass es sich um **eine einzige** individuelle Forderung handeln muss (s zur sog Einheitshypothek unten Rn 26), die so eindeutig zu bezeichnen ist, dass sie von allen anderen Forderungen unzweideutig unterschieden werden kann (Grundsatz der Spezialität). Offenbleiben kann die gesicherte Forderung nicht. Zwar kann die Forderung nach § 1180 ausgewechselt werden; die Auswechslung setzt aber eine entsprechende Eintragung im Grundbuch voraus; ohne eine solche Eintragung kann die Hypothek weder vom ursprünglichen Gläubiger noch von einem Zessionar so „valutiert" werden, dass ihr aufgrund einer neuen Einigung eine andcrc als die eingetragene Forderung unterlegt wird (H WESTERMANN JZ 1962, 302; ERMAN/WENZEL[12] Rn 2; **aA** BGHZ 36, 84 vom 25.10.1961 – V ZR 103/60). Nur als Höchstbetragshypothek (nachf Rn 25) kann die Hypothek gleichzeitig zwei Forderungen sichern; die anderen Hypothekenformen können das nicht, auch nicht wenn die eine Forderung auflösend und die andere aufschiebend so bedingt ist, dass letztlich nur eine zum Zug kommen kann (**aA** RGZ 76, 89; PALANDT/ BASSENGE[67] Rn 13; SOERGEL/KONZEN[13] Rn 13).

23   **bb)**   Ähnlich, wie es nicht möglich ist, für eine Forderung mehrere Hypotheken zu bestellen (nachf Rn 27), scheitert auch die **Alternativsicherung mehrerer Forderungen** am System des § 1154 (welches aus guten Gründen für die Höchstbetragshypothek durch § 1190 Abs 4 außer Kraft gesetzt ist). Würde nur eine der gesicherten Forderungen abgetreten, so bliebe das Schicksal der Hypothek offen. Auch § 1163 steht der Anerkennung entgegen, weil die alternativ gesicherten Forderungen unterschiedlichen Inhalt haben können, insbesondere unterschiedliche Zinsen tragen können; welchen Inhalt die Eigentümergrundschuld des § 1163 hätte, ließe sich nicht feststellen (weshalb die Höchstbetragshypothek aus gutem Grunde keine Zinsen und andere Nebenleistungen tragen kann). Aus diesem Grund liegt die Diskussion (nachf Rn 25), ob eine Hypothek im Falle der Nichtigkeit des Darlehensvertrags statt des Darlehensanspruchs den Bereicherungsanspruch des Gläubigers auf Rückzahlung der Darlehensvaluta sichern könne (dafür SOERGEL/KONZEN[13] § 1163 Rn 11), neben der Sache; eine einzige Hypothek kann auch in diesem Fall nicht alternativ zwei Forderungen sichern (Vorbem 9 zu §§ 1113 ff). Forderungsidentität liegt allerdings vor, wenn die einer Hypothek zugrundegelegte Forderung durch einen gerichtlichen Vergleich bestätigt wird (OLG Karlsruhe vom 17.12.1998 – 19 U 95/97 – InVo 2000, 355).

24   **cc)**   Die vorstehenden Grundsätze gelten auch für ein **Wahlschuldverhältnis**. Sind beide Schulden Geldschulden (zB der einen oder der anderen Person), so ist jede der Forderungen hypothekenfähig (Abs 2), einerlei ob der Gläubiger oder der Schuldner das Wahlrecht hat; die beiden Forderungen können aber nicht durch eine einzige Hypothek gesichert werden. Ist nur die eine, nicht aber auch die andere Leistung eine Geldzahlung, so ist, eine Hypothek für die Geldforderung möglich (KG JFG 1, 456; KG JFG 9, 236 mwNw; BayObLG vom 2.3.2000 – 2Z BR 183/99 – FGPrax 2000, 92 [Fehlzitat

bei PALANDT/BASSENGE[67] Rn 15]; PLANCK/STRECKER Anm 5b; WOLFF/RAISER § 134 Fn 5; SCHÖNER/
STÖBER[12] Rn 1931). Ist der Schuldner zu einer Geldzahlung verpflichtet, aber befugt,
die Schuld durch eine andere Leistung zu tilgen, so steht diese *Ersetzungsbefugnis –*
facultas alternativa (s näher Erl zu § 262) – der Hypothekenfähigkeit der Geldforderung
ebenfalls nicht entgegen (RGZ 132, 13; BGH MDR 1963, 487; KGJ 37 A 229; KG JFG 9, 425;
PLANCK/STRECKER Anm 5b mwNw). Das gleiche gilt, wenn umgekehrt dem Gläubiger die
Befugnis eingeräumt wird, statt der geschuldeten Geldleistung eine Leistung anderer
Art zu verlangen (PLANCK/STRECKER Anm 5b; WOLFF/RAISER § 134 Fn 5; BGB-RGRK/MAT-
TERN[12] § 1115 Rn 15; vgl auch RGZ 132, 14; RG JW 1929, 750; RG JW 1390; KG JFG 9, 246; KG
HRR 1931 Nr 1744).

dd) Bei Nichtigkeit des der Hypothek zugrundeliegenden Schuldverhältnisses **25**
kann die Hypothek nicht den Rückgewähr- oder **Bereicherungsanspruch** sichern
(oben Rn 22), obwohl beide Ansprüche auf Geld gerichtet und hypothekenfähig sind
(wie hier RG JW 1911, 653; OLG Hamm JW 1934, 1865; KLINKHAMMER/RANCKE JuS 1973, 665;
BGB-RGRK/MATTERN[12] Rn 39; PLANCK/STRECKER § 1163 Anm 3b; KONZEN § 37 V 2; HECK § 84
IV. **Dafür** WILHELM[3] Rn 1588. **Ambivalent** – Auslegungsfrage – ERMAN/WENZEL[12] § 1163 Rn 8;
PALANDT/BASSENGE[67] Rn 16). Der entsprechenden Anwendung der vom BGH (NJW
1968, 1134) zu § 1204 vertretenen Auffassung, nach der bei Nichtigkeit der Darlehensforderung das Pfandrecht gültig sein kann, wenn sich aus dem Willen der
Parteien ergibt, dass auch der dem Gläubiger zustehende Bereicherungsanspruch
auf Rückzahlung des Geldes gesichert sein soll, steht für das Hypothekenrecht das
System des § 1154 entgegen (oben Rn 22), das es beim Pfandrecht nicht gibt. Die
parallele Sicherung unterschiedlicher Ansprüche des materiellen Rechts kann auch
nicht damit gerechtfertigt werden, dass eine Art prozessualen Forderungsbegriffs –
der Schuldgrund gehöre nicht zur Forderung – eingeführt wird (so aber RIMMELSPACHER,
Kreditsicherungsrecht, § 11 Rn 714; WILHELM[3] Rn 1588). Zwar kann eine einzige Forderung
auf konkurrierenden, dh gleichzeitig gegebenen gesetzlichen Anspruchsgrundlagen
beruhen; der Abschluss eines Darlehensvertrags und die rechtsgrundlose Zahlung
von Geld sind aber zwei Lebenssachverhalte, die auch nicht gleichzeitig ablaufen. Es
müssten also zwei Hypotheken bestellt werden, eine für die Hauptforderung und
eine für den Rückgewähr- oder Bereicherungsanspruch, was nicht attraktiv ist. Nur
bei der Höchstbetragshypothek, die mehrere Forderungen sichern kann, kann auch
der Bereicherungsanspruch als durch die Hypothek gesichert angesehen werden
(OLG Hamburg MDR 1968, 756; **aA** BGB-RGRK/MATTERN[12] Rn 39).

ee) Vom Fall der (unzulässigen) Alternativsicherung mehrerer Forderungen ist die **26**
ursprüngliche Einheitshypothek zu unterscheiden, die eine Summe von Forderungen
sichert. Sie ist unter den gleichen Voraussetzungen zulässig wie die nachträgliche
Bildung einer Einheitshypothek (allgM BGHZ 144, 138 = JZ 2001, 41 [BREHM/KLEIN-
HEISTERKAMP] = ZfIR 2000, 366 [SCHMITZ]; OLG Zweibrücken ZfIR 2002, 244; BGB-RGRK/
MATTERN[12] Rn 41; s Vorbem 32 und Einl 157 f zu §§ 1113 ff).

e)   Geldforderung
Die gesicherte Forderung muss eine Geldforderung sein (s näher Einl 42 ff zu §§ 1113 ff). **27**
Daraus folgt, dass zB ein Anspruch auf Grundbuchberichtigung oder die Abnah-
meverpflichtung aus einem Bierlieferungsvertrag als solche nicht hypothekarisch
gesichert werden können. Möglich ist jedoch, einen nicht auf Geld gerichteten
Anspruch dadurch mittelbar hypothekarisch zu sichern, dass für eine bei Nicht-

leistung vereinbarte Vertragsstrafe oder für eine Schadensersatzforderung als bedingte Geldforderung eine Hypothek nach § 1113 Abs 2 bestellt wird (s RGZ 55, 274; 73, 16; JW 1912, 351; KG OLGE 14, 93; PLANCK/STRECKER Anm 5b); eine Befriedigung wegen der Forderung durch Verwertung des Grundstücks ist aber erst nach Übergang in eine Geldforderung möglich.

f)   Abstrakte Forderung

28   **aa)**   Ein Anspruch aus einem **abstrakten Schuldversprechen** oder Schuldanerkenntnis ist ohne weiteres hypothekenfähig (OLG Stuttgart NJW 1979, 222; BÖTTCHER, Das abstrakte Schuldversprechen in der Kreditsicherung [2007] 166 f; REITHMANN NJW 1977, 661; DIECKMANN RNotZ 2008, 597 mit historischen Angaben; ERMAN/WENZEL[12] Rn 3) und zwar ohne Rücksicht auf die Bestimmtheit der dahinter stehenden Ansprüche. Ähnlich wie bei der Grundschuld (Vorbem 25 ff zu §§ 1191 ff) sind die eigentlich zu sichernde kausale Forderung (Grundforderung) und die abstrakte, hypothekengesicherte Forderung aus dem Schuldversprechen oder Schuldanerkenntnis durch einen dem Schuldrecht angehörenden *Sicherungsvertrag* miteinander verknüpft. Für den Sicherungsvertrag interessiert sich das nur das dingliche Rechtsverhältnis regelnde Hypothekenrecht nicht, so dass die Anforderungen, die an das Bestehen und die Bestimmtheit der Hypothekenforderung gestellt werden, für die Grundforderung nicht gelten. Die gesetzliche Akzessorietät besteht nur zwischen der eigentlichen Hypothekenforderung und der Hypothek, nicht aber zwischen nur durch Sicherungsvertrag verknüpften Forderungen und Hypothek.

29   Insbesondere sind abstraktes Schuldversprechen und Schuldanerkenntnis und damit auch die für die Forderung daraus bestellte Hypothek wie die Grundschuld zur **Sicherung wechselnder Forderungen** unterschiedlicher Art und Höhe und auch zur Sicherung „aller Ansprüche, die der Gläubiger jetzt und in Zukunft gegen den Schuldner hat bzw haben wird", geeignet. Wie bei der Grundschuld besteht auch kein zwingender Zusammenhang zwischen Kapital und Zinsen der Grundforderung einerseits und Hypothekenkapital bzw Hypothekenzinsen andererseits (vgl aber einschränkend Vorbem 46 zu §§ 1191 ff). Zinsen der Grundforderung können mit Hypothekenkapital gesichert werden und umgekehrt. Schließlich kann der Betrag der Grundforderung beliebig hinter der Höhe der Hypothek zurückbleiben. Aus sachenrechtlicher Sicht sind gegen all das keinerlei Einwendungen zu erheben. Was die *Vereinbarkeit mit § 307* betrifft, ist die Konstruktion eher positiver, keinesfalls aber negativer zu beurteilen als die viel üblichere Kombination aus Grundschuld und abstraktem Schuldanerkenntnis; s dazu Vorbem 187 ff zu §§ 1191 ff u § 1163 Rn 17.

30   Die Verkehrshypothek für ein abstraktes Schuldversprechen hat den Vorteil, nicht dem § 1192 Abs 1a zu unterliegen und damit – anders als die Sicherungsgrundschuld (§ 1192 Rn 31) **verkehrsfähig** geblieben zu sein (HABERSACK NJW 2008, 3173). S zum Gutglaubensschutz § 1138 Rn 2. Eine entsprechende Anwendung des § 1192 Abs 1a scheidet aus, weil der Gesetzgeber sich durchaus bewusst auf eine Sonderregelung für die Sicherungsgrundschuld beschränkt und darauf verzichtet hat, den Gutglaubensschutz der Verkehrshypothek zu einzuschränken oder abzuschaffen (gleiches Ergebnis REDEKER ZIP 2009, 208, der allerdings unterstellt, der Gesetzgeber habe das Problem nicht erkannt). Wenn die Kreditinstitute klug beraten sind, weichen sie zur Verkehrshypothek für ein abstraktes Schuldversprechen aus.

bb) Der Sicherungsvertrag gewährt einen auf das Schuldversprechen bezogenen 31 Rückgewähranspruch wie bei der Grundschuld bzw dem idR neben der Grundschuld vereinbarten abstrakten Schuldversprechen (Vorbem 195 zu §§ 1191 ff). Zu Recht wird darauf hingewiesen, dass ein nachrangiger Gläubiger, der sich die Rückgewähransprüche in Ansehung vorrangiger Grundschulden abtreten lässt, sich konsequenterweise auch die Ansprüche auf Rückgewähr der vorrangigen Hypotheken etwa zugrundeliegenden Ansprüche aus abstrakten Schuldversprechen und -anerkenntnissen abtreten lassen sollte (Kesseler ZIP 2007, 1297). Durch Auslegung der auf die Grundschuld-Rückgewähr bezogenen Abtretungserklärungen lässt sich dieses Ziel nicht erreichen, schon deshalb nicht, weil diese das parallel abgegebene Schuldversprechen auch nicht erfassen (aA Kesseler ZIP 2007, 1297).

cc) Bei Konsortialkrediten wird (wie Danielewski/Dettmar in WM 2008, 713 berichten) 32 häufig das Verfahren der „Parallel Debt" angewandt. Es besteht darin, dass zwar ein abstraktes Schuldversprechen abgegeben, gleichzeitig aber vereinbart wird, dass die Schuld daraus aufschiebend bedingt ist durch die Auszahlung des Darlehens und dass jede Zahlung auf die zugrundeliegende Schuld in gleicher Höhe (parallel) die Verminderung auch der Schuld aus dem abstrakten Schuldversprechen bewirken soll. Einwendungen sind dagegen nicht zu erheben (aA Harpering S 138).

dd) Ob im Einzelfall einer Hypothek ein abstraktes Schuldversprechen oder -aner- 33 kenntnis zugrundegelegt sein soll, ist **Auslegungssache** und oft nicht leicht zu entscheiden (§ 1163 Rn 17; vgl Kersten/Bühling/Wolfsteiner²² § 68 Rn 2); die gebräuchlichen Hypothekenformulare sind unklar. In der vielfach üblichen Formulierung „Wir bekennen, der Bank € … für ein bares Darlehen zu schulden" oder „von der Bank … ein bares Darlehen erhalten zu haben" allein ist zwar ein abstraktes Schuldversprechen (Anerkenntnis) nicht zu erblicken. In der Bankpraxis werden aber idR zusätzlich zur Hypothekenurkunde Vereinbarungen getroffen, die den Hypothekenanspruch gegenüber der Eintragungsbewilligung inhaltlich verändern; dies spricht dann dafür, die Hypothekenurkunde als Angebot auf ein abstraktes Schuldversprechen zu verstehen. Dasselbe gilt für offensichtlich falsche Quittungen über den Empfang der Darlehenssumme (BGH NJW 2001, 2096 = EWiR § 9 ZVG 1/01, 693 [zust Joswig] = MittBayNot 2001, 386 [zust Heinemann]; Winkler NJW 1970, 414; missverstanden von Wilhelm³ Rn 1454), zumal „Quittungen" solchen Inhalts, wären sie ernst gemeint, nach § 309 Nr 12 lit b nichtig wären.

g) Kapitalforderung
Die gesicherte Forderung kann nicht auf wiederkehrende Leistungen, sondern nur 34 auf Zahlung eines Kapitalbetrags gehen. Wiederkehrende Leistungen als solche können zwar durch eine Höchstbetragshypothek gesichert werden, im Übrigen aber kann für sie eine Hypothek nur dann bestellt werden, wenn sie Nebenleistungen darstellen. Demgemäß kann auch für laufende Zinsen als solche allein eine andere als eine Höchstbetragshypothek nicht bestellt werden (KGJ 26 A 290; KG RJA 4, 38; KG JW 1938, 2406; Wolff/Raiser § 134 Fn 4; BGB-RGRK/Mattern¹² Rn 26; Planck/Strecker Anm 2b). Rückständige Zinsen von bestimmtem Betrag können jedoch unter Bezeichnung als Zinsen eines namhaft gemachten Kapitals selbständig beigetrieben und demgemäß auch selbständig nach § 866 ZPO zum Gegenstand einer Zwangshypothek gemacht werden (KG OLGE 14, 94).

h) Künftige und bedingte Forderung (Abs 2)

35 aa) Die Hypothek kann auch für eine *künftige* oder eine *bedingte Forderung* bestellt werden (s zur Dogmatik WILHELM[3] Rn 1447 ff) und zwar sowohl als Verkehrs- als auch als Sicherungshypothek. Gesetzlich geregelte Fälle aufschiebend bedingter Hypotheken sind die des § 1163. Auch bei der Hypothek für eine bedingte Forderung bestimmt sich gemäß § 879 der Rang allein nach der Eintragung und nicht nach dem Zeitpunkt des Bedingungseintritts.

36 Es lässt sich nicht verkennen, dass die Zulassung solcher Hypotheken rechtspolitisch bedenklich, weil missbrauchsträchtig ist. Eine Hypothek für eine erst in unbestimmter Zukunft möglicherweise entstehende Forderung sperrt das Grundbuch für Gläubiger des Eigentümers, obwohl gar nicht feststeht, dass der Eigentümer wirklich einen Wertanteil seines Eigentums verlieren wird. Dasselbe Risiko beinhaltet aber auch die Vormerkung für einen künftigen Anspruch (vgl STAUDINGER/GURSKY [2008] § 883 Rn 182 ff). Die bewusste, keineswegs selbstverständliche Entscheidung des Gesetzgebers für diese Belastungsform ist aber hinzunehmen (abzulehnen daher der Versuch einer radikalen Einschränkung von MünchKomm/EICKMANN[4] Rn 50).

37 bb) Ist die Forderung **auflösend bedingt**, soll zB die Forderung mit dem Tod des Gläubigers erlöschen, so steht das Grundpfandrecht zunächst dem Gläubiger als Hypothek zu; eine derartige Hypothek weist hinsichtlich ihrer Beziehungen zur Forderung keine Besonderheiten auf. Mit dem Eintritt der Bedingung wird das Grundpfandrecht Eigentümergrundschuld (§ 1163 Abs 1 S 2).

38 bb) Wenn die Forderung **aufschiebend bedingt** ist oder erst **künftig** entstehen wird, ist das mit der Eintragung begründete Grundpfandrecht gemäß § 1163 Abs 1 S 1 (vorläufige) Eigentümergrundschuld (s näher § 1163 Rn 32; zur Anwartschaft des Gläubigers s § 1163 Rn 33; zur Insolvenz des Eigentümers s § 1163 Rn 20). Das Fremdrecht für den Gläubiger entsteht frühestens mit der Forderung. Die Kritik daran (von WILHELM[3] Rn 1447, 1449 ff) ist zwar nicht ganz unberechtigt, letztlich aber doch falsch. Die hL betont vielleicht nicht ausreichend, dass es sich natürlich auch bei der Eigentümergrundschuld um ein bedingtes, nämlich auflösend bedingtes Recht handelt; dass der Eigentümer die Grundschuld nicht einfach auf sich umschreiben lassen kann, liegt daran, dass das Grundbuch nicht unrichtig ist, weil es ja ausweist, dass die Forderung eine künftige oder bedingte ist. Ob das Grundpfandrecht Hypothek oder Eigentümergrundschuld ist, hängt von der Entstehung der Forderung, nicht von ihrer Fälligkeit ab (RG JW 1932, 1214); eine bereits entstandene, aber gestundete Forderung ist daher keine künftige Forderung iS des § 1113 Abs 2 (RGZ 144, 24, 29).

39 Zulässig sind alle Varianten von bedingt und insbesondere von aufschiebend bedingt und künftig. Das Entstehen der Forderung kann gewiss (certus an) oder ungewiss sein (incertus an); ebenso kann der Zeitpunkt des Entstehens oder endgültigen Nichtentstehens gewiss (certus quando) oder ungewiss sein (incertus quando). Abs 2 gilt auch für Forderungen, die sich in einem *Schwebezustand* befinden, zB wegen des Erfordernisses einer behördlichen Genehmigung (RGZ 88, 335; SOERGEL/KONZEN[13] Rn 15). Bedingungsabhängig kann die ganze Forderung sein, aber auch nur die Höhe der Forderung (vgl zur Frage des Verhältnisses zwischen Bestimmtheit und Bedingung WOLF-STEINER, Die vollstreckbare Urkunde[2] § 16.23.). Daher kann auch eine gewöhnliche Hypothek eine wertgesicherte Forderung decken, allerdings immer nur gedeckt durch den einzutragenden festen Kapitalbetrag (Einl 57 zu §§ 1113 ff).

cc) Eine **künftige** Forderung muss zwar keine Gewähr dafür bieten, dass aus ihr in **40** Zukunft eine Forderung entstehen wird (richtig WILHELM[3] Rn 1586 **gegen** STAUDINGER/ WOLFSTEINER [2002] Rn 32 – hiermit aufgegeben –; BGB-RGRK/MATTERN[12] Rn 45; ERMAN/ WENZEL[12] Rn 8:). Sie muss aber konkret genug zu bezeichnen sein, um die Anforderungen an eine „bestimmte" Forderung zu erfüllen (zumindest missverständlich WILHELM[3] Rn 1586). Weitergehende Voraussetzungen stellt das Gesetz nicht auf. Abzulehnen ist daher die Auffassung (MünchKomm/EICKMANN[4] Rn 50), Voraussetzung für eine Sicherung künftiger Ansprüche sei eine – einseitige – Bindung des Eigentümers, die es ihm unmöglich macht, das Entstehen des Schuldverhältnisses zu verhindern. Deshalb ist es zulässig, jemandem eine Hypothek zur Sicherung einer Forderung zu bestellen, die ihm zwar zur Zeit noch nicht zusteht, von der aber die Beteiligten voraussetzen, dass sie ihm demnächst von dem Gläubiger übertragen wird (RG LZ 1927, 1540). Hingegen kann keine Hypothek (ausgenommen eine Höchstbetragshypothek) bestellt werden für die Forderung aus einer beliebigen unerlaubten Handlung, falls der A künftig dem B gegenüber eine solche begehen wird. S zur Forderung, die deshalb eine künftige ist, weil der Gläubiger noch nicht existiert, Einl 83 ff zu §§ 1113 ff.

Von daher gesehen ist die Aussage, eine Hypothek könne nicht mit Rücksicht auf ein **41** künftiges Erbrecht bestellt werden (vgl ERMAN/WENZEL[12] Rn 8; SOERGEL/KONZEN[13] Rn 10), zumindest ungenau. Natürlich kann ein künftiges Erbrecht nicht durch Hypothek gesichert werden, weil es keine Geldforderung ist (oben Rn 27). Eine Vermächtnisforderung auf Geld aus einem bereits errichteten Testament erfüllt aber alle Ansprüche an eine künftige Forderung, deren Entstehen ja nicht sicher sein muss. Dasselbe gilt für eine künftige Pflichtteilsforderung auch vor dem Erbfall und für eine Forderung auf Zugewinnausgleich noch vor Scheidungsantrag (aA zu all diesen Fällen GAUL FamRZ 1961, 132; BAUR/STÜRNER § 37 Rn 6; ERMAN/WENZEL[12] Rn 8). Selbstverständlich muss eine Forderungshöhe beziffert werden.

dd) Einer künftigen Forderung steht von der Interessenlage her gesehen eine **42** gegenwärtige Forderung gleich, die sich gegen den (bereits hinreichend bestimmten und wahrscheinlichen) **künftigen Grundstückseigentümer** richtet. Dies ist der Fall, wenn der Eigentümer das Grundstück verkauft und aufgelassen hat und eine Hypothek zur Sicherung seiner Kaufpreisforderung gegen den Käufer und künftigen Grundstückseigentümer bestellen will (*Restkaufpreishypothek*). Die hL, die das für unzulässig hält (RGZ 142, 236; KGJ 26 A 130; 40, 259; OLG Zweibrücken NJW-RR 1990, 147; PLANCK/STRECKER Anm 4c; MünchKomm/EICKMANN[4] Rn 13; PALANDT/BASSENGE[68] Rn 2; ERMAN/ WENZEL[12] Rn 9), bringt dagegen keine materiellen Argumente vor (gleiche Diagnose WILHELM[3] FN 2364 und Rn 1477). Die Praxis muss sich wegen der hL mit einer nicht abtretbaren Grundschuld behelfen (KERSTEN/BÜHLING/WOLFSTEINER[22] § 72 Rn 17 M), weswegen das gegen die unabtretbare Grundschuld vorgebrachte Argument fehlenden Bedürfnisses (MAURER JuS 2004, 1045) fehlgeht (s zur dogmatischen Begründung Einl 136 ff zu §§ 1113 ff).

ee) Von der Hypothek für eine bedingte oder künftige Forderung ist in gewissem **43**

Sinn eine *bedingte* oder *zeitlich begrenzte Hypothek* zu unterscheiden (s Einl 111 ff zu §§ 1113 ff).

i) Mehrfache Hypothekensicherung
aa) Ausschluss mehrfacher Hypothekensicherung

44 Für ein und dieselbe Forderung kann nur **eine** einzige Hypothek bestellt werden (RGZ 131, 21; RGZ 132, 136; KG JW 1930, 3859; KG HRR 1933 Nr 198; PLANCK/STRECKER Anm 5k mwNw, § 1132 Anm 1b; BGB-RGRK/MATTERN[12] Rn 34; SOERGEL/KONZEN[13] Rn 17; PALANDT/BAS-SENGE[68] Rn 11 mit fehlerhaftem Attribut „am gleichen Grundstück": **unklar** WILHELM[3], der nur den Fall mehrerer Hypotheken an ein und demselben Grundstück behandelt). Dies folgt nicht etwa aus einem (nicht existierenden) allgemeinen Prinzip, dass Doppelsicherungen verboten wären (gegen ein solches Verbot jetzt ERMAN/WENZEL[12] Rn 6; nicht mehr so kategorisch für ein Verbot wie in Vorauflagen MünchKomm/EICKMANN[4] Rn 66 ff; **für** ein solches Verbot, allerdings nur für die Zwangshypothek, FISCHINGER WM 2009, 637 unter Berufung auf THOMAS/ PUTZO/HÜSSTEGE, ZPO[28] § 803 Rn 14 und MUSIELAK/BECKER, ZPO § 803 Rn 12, 14. Vgl zum Ganzen § 1190 Rn 38 f u 57; Vorbem 171 zu §§ 1191 ff), auch nicht aus der hypothekentypischen Akzessorietät (Insofern zutreffend FURCHE [Schrifttum zu § 1132] S 201 ff) – mehrere ebenfalls akzessorische Bürgschaften für eine Schuld sind unbedenklich zulässig –, sondern ist technisch bedingte Folge der in § 1154 niedergelegten Vorschrift, dass nach Hypothekenbestellung die Abtretung der Forderung neben einer Einigung (die der Sache nach ein Abtretungsvertrag ist) der Übergabe des Hypothekenbriefs bzw der Eintragung in das Grundbuch bedarf (§ 1154 Rn 22 ff). Könnte es mehrere Hypotheken zur Sicherung ein und derselben Forderung und damit zB auch mehrere Hypothekenbriefe geben, so würde die Abtretung der Forderung ihre Eindeutigkeit verlieren (aA FURCHE [Schrifttum zu § 1132] S 204 ff, der sich – untauglich – damit behelfen will, nur einen Hypothekenbrief auszustellen). Ob die mehreren Hypotheken am selben Grundstück oder an verschiedenen Grundstücken bestehen sollen, spielt keine Rolle. Geht es aber nur um § 1154, muss die Einbeziehung einer bereits hypothekengesicherten Forderung in eine *Höchstbetragshypothek* zulässig sein; denn bei ihr kann die Forderung gemäß § 1190 Abs 4 nach den für die Übertragung von Forderungen geltenden allgemeinen Vorschriften übertragen werden (§ 1190 Rn 38; **aA** HORNUNG NJW 1991, 1949).

45 Wegen der Anbindung an § 1154 sind vom Verbot mehrfacher Hypothekensicherung grundsätzlich auch *keine* weiteren *Ausnahmen anzuerkennen*. Auch am selben Grundstück können für ein und dieselbe Forderung nicht mehrere Hypotheken bestellt werden, auch dann nicht, wenn die weitere Hypothek einen besseren Rang als die bereits bestehende bekommen soll (KG HRR 1928 Nr 613; OLG Dresden BankArch 21, 127; PLANCK/STRECKER Anm 5k mwNw; SOERGEL/KONZEN[13] Rn 17). Für eine Forderung, für die bereits an einem anderen Grundstück eine Vertragshypothek (Verkehrs oder Sicherungshypothek) besteht, kann eine *Zwangshypothek* nur in der Weise entstehen, dass sie mit der schon bestehenden Vertragshypothek eine Gesamthypothek bildet (zur Zulässigkeit § 1132 Rn 25 ff). Dasselbe gilt umgekehrt, wenn für eine Forderung bereits eine Zwangshypothek besteht und nun zusätzlich an einem anderen Grundstück eine Vertragshypothek bestellt werden soll.

46 Entgegen der hL (RGZ 70, 245, 248; RGZ 122, 327; BGH WM 1959, 202; PLANCK/STRECKER § 1132 Anm 1b mwNw; WOLFF/RAISER § 134 Fn 9, § 148 Fn 2, § 153 II 2 mit Fn 5; STAUDINGER/ SCHERÜBL[12] Rn 53) ist es auch nicht zulässig, für eine bereits hypothekengesicherte

Forderung eine *weitere bedingte Hypothek* für den Fall zu bestellen, dass die Erst-hypothek in der Zwangsversteigerung einen Ausfall erleiden sollte – **Ausfallhypothek** – (Palandt/Bassenge[67] Rn 11); auch eine Forderung, für die eine aufschiebend be-dingte Hypothek besteht, kann nur nach § 1154 abgetreten werden, so dass die für die Mehrfach-Hypothekensicherung typische Kollision auftritt. Dass beide Hypo-theken dieselbe Forderung nicht gleichzeitig sichern, ist irrelevant, weil das Verbot der Mehrfach-Hypothekensicherung nicht Ausfluss eines Verbots der Mehrfachsi-cherung, sondern rein rechtstechnisch begründet ist (oben Rn 44).

bb) Fälle zulässiger Doppelsicherung

Da der Ausschluss mehrfacher Hypothekensicherung technischer Natur ist und nicht **47**
auf einem prinzipiellen Verbot der Doppelsicherung beruht (oben Rn 44), sind die
nachfolgenden Gestaltungen zulässig.

α) Mehrere Hypotheken können für ein und dieselbe Forderung in der Weise **48**
bestellt werden, dass jede Hypothek nur für einen **Teil der Forderung** haftet; in
diesem Fall wird jeder Teil der Forderung nur einmal durch eine Hypothek gesichert.
Es entsteht daher auch bei Eintragung der mehreren Teilhypotheken auf verschiedenen Grundstücken keine Gesamthypothek (s § 1132 Rn 21).

β) Keine Ausnahme vom Verbot der Mehrfach-Hypothekensicherung stellt – **49**
allein wegen der ausdrücklichen gesetzlichen Gestattung – die **Gesamthypothek** nach
§ 1132 dar (s zu den Einheits- und Vielheitstheorien § 1132 Rn 2 ff). Missverständlich aber
Staudinger/Scherübl[12] Rn 51 (unter Berufung auf RGZ 122, 330; RGZ 131, 20; KGJ 53,
214; Planck/Strecker § 1132 Anm 1b; Wolff/Raiser § 148 I), die Einheit der Forderung
mache die Hypothek an den mehreren Grundstücken notwendig zur Gesamthypothek; eine Gesamthypothek entsteht nur, wenn sie als solche in das Grundbuch
eingetragen wird (§ 1132 Rn 10, str) und nicht etwa kraft Gesetzes von selbst, wenn für
ein und dieselbe Forderung mehrere Hypotheken bestellt werden.

γ) S zur Höchstbetragshypothek oben Rn 44. S a § 1190 Rn 38. **50**

δ) Eine bereits hypothekengesicherte Forderung kann zusätzlich durch **Grund-** **51**
schuld (aA OLG Köln FGPrax 1996, 13, das unverständlicherweise die persönliche Haftung für die
Grundschuld – Vorbem 181 ff zu §§ 1191 ff – für ausschlaggebend hält), Pfandrecht (aA Fischinger WM 2009, 637) oder Bürgschaft gesichert werden. Das Verbot der Mehrfach-
Hypothekensicherung hat seine Grundlage nicht in einem (nicht existierenden)
Verbot der Mehrfachsicherung, sondern ist eine Konsequenz des § 1154 (oben Rn 44),
der ausschließlich die Hypothek betrifft. Auch die Abtretung von Ansprüchen auf
Rückgewähr vor- und gleichrangiger Grundschulden zur Rangverbesserung (Vorbem
173 ff zu §§ 1191 ff) ist unbedenklich zulässig (und üblich). Über die im Fall der
mehrfachen Sicherung entstehenden Ausgleichsprobleme s Erl zu §§ 774, 1143,
1225.

ε) Eine nach § 10 Abs 1 Nr 2 ZVG in der Zwangsverteilung bevorrechtigte **52**
Forderung, insbes auf sog „Wohngeld", kann zusätzlich durch Hypothek (auch
Zwangshypothek) gesichert werden (LG Düsseldorf vom 16.7.2008 – 19 T 113/08 – NJW
2008, 3150). Die Privilegierung hat zwar einen der öffentlichen Last verwandten
Charakter (Einl 152 zu §§ 1113 ff; § 1147 Rn 8); wie bei dieser (oben Rn 17) steht aber der

Sicherung der zugrundeliegenden Forderung durch Hypothek nichts entgegen, zumal die Wirkungen der Hypothek was Umfang und Inhalt betrifft, weit über die Wirkungen des § 10 Abs 1 Nr 2 ZVG hinausgehen.

53 ζ) Eine Darlehensforderung und eine zu ihrer Sicherung eingeräumten **Bürgschaftsforderung** können je einzeln mit einer Hypothek gesichert werden. Die Forderungen sind nicht identisch; eine Gesamthypothek ist weder möglich noch gar geboten.

cc) Ausländisches Grundstück

54 Besteht für die Forderung eine Hypothek an einem ausländischen Grundstück, so ist das Verbot der Doppel-Hypothekensicherung jedenfalls der ausländischen Hypothek gegenüber nicht durchsetzbar. Allenfalls kann das inländische Sachenrecht reagieren und die deutsche Hypothek für unwirksam erklären. Anlass dazu besteht aber nur, wenn die maßgebliche ausländische Rechtsordnung Vorschriften enthält, die die Anwendung der deutschen Hypothekenvorschriften auf die deutsche Hypothek beeinträchtigen. Da Mehrfachsicherung als solche nicht generell unzulässig, das Verbot der Mehrfach-Hypothekensicherung vielmehr nur die Konsequenz der Rechtstechnik des deutschen Hypothekenrechts ist (oben Rn 44), erfordert die Doppelsicherung als solche keine Konsequenzen. Praktische Beispiele für Kollisionen sind nicht bekannt geworden. S zur grenzüberschreitenden Gesamthypothek § 1132 Rn 39.

dd) Übersicherung

55 Von der Mehrfachsicherung scharf zu unterscheiden ist die Übersicherung (Zusammenfassung bei WIEGAND/BRUNNER NJW 1995, 2513), deren Tatbestand überhaupt nichts mit der Doppelsicherungsfrage zu tun hat; ein einzelnes Grundpfandrecht kann den Gläubiger weit übersichern, viele Grundpfandrechte können dennoch als Sicherheit unzureichend sein (vgl zur Grundschuld Vorbem 75 ff zu §§ 1191 ff, die auch auf Hypotheken zutrifft).

j) Auslandsforderungen

56 Auch eine ausländischem Recht unterliegende Forderung kann durch deutsche Hypothek gesichert werden. S aber dazu, dass die Rückwirkungen, denen des deutschen Sachenrecht die gesicherte Forderung unterwirft, (§§ 1154 f) nicht gegen das ausländische Schuldstatut durchgesetzt werden können, Einl 262 ff zu §§ 1113 ff. Ob inländischem Schuldstatut unterliegende Forderungen durch Hypothek an einem ausländischen Grundstück gesichert werden können, bestimmt allein das ausländische Sachenrecht; die Sicherung durch Hypothek an einem ausländischen Grundstück kann aber Indiz dafür sein, dass auch die Forderung dem Auslandsrecht unterstellt werden soll (vgl BGH vom 26. 7. 2004 – VIII ZR 273/03 – IPRax 2005, 342 m Anm UNBERATH S 308 zu einem Forderungskauf; dazu FREITAG RIW 2005, 25). S zur *Gesamthypothek* an inländischen und ausländischen Grundstücken § 1132 Rn 39.

4. Zinsen und andere Nebenleistungen

a) Zinsen

57 Dass die Hypothek Zinsen tragen kann, ergibt sich mittelbar aus § 1115, auch wenn dort nur geregelt ist, wie Zinsen ins Grundbuch einzutragen sind und nicht, ob und wie weit Zinsen Bestandteil einer Hypothek sein können (§ 1115 Rn 32 ff). S zum Zinsbegriff Einl 49 zu §§ 1113 ff, zu gleitenden Zinssätzen Einl 59 zu §§ 1113 ff und zur Eintragung von Zinsen § 1115 Rn 32 ff. Hingegen sind *Zinseszinsen* (soweit solche überhaupt zulässig sind, s § 248) als „andere" Nebenleistungen aufzufassen (vgl auch unten Rn 59) und können daher, wenn nicht die Voraussetzungen des § 1115 Abs 2 vorliegen (vgl dort Rn 36), nur unter Angabe des Geldbetrages eingetragen werden (KG RJA 1, 81 ff; BGB-RGRK/MATTERN[12] § 115 Rn 25).

S zu **laufenden, rückständigen und künftigen Zinsen** Einl 52 zu §§ 1113 ff. Über **58** Sondervorschriften hinsichtlich laufender und rückständiger Zinsen vgl §§ 1158 ff, 1178; s auch § 1118 mit Erl.

b) „Andere" Nebenleistungen

S zum Begriff Einl 53 zu §§ 1113 ff und zur Eintragung „anderer" Nebenleistungen **59** § 1115 Rn 39 ff. Typische Nebenleistung bei der Hypothek ist der – vor allem von öffentlich-rechtlichen Kreditgebern geforderte – „Verwaltungskostenbeitrag", der in einem laufend zu entrichtenden Prozentsatz des Kapitals besteht, aber nicht des jeweiligen Kapitals (daher nicht unter den Zinsbegriff fallend), sondern des Ursprungskapitals. Weiter kommen in Betracht zB Abschlussprovisionen oder Vergütungen für die Kosten von Wertpapiersteuern usw (näher BGB-RGRK/MATTERN[13] § 1115 Rn 25). Die Tilgungsraten bei der Tilgungshypothek gehören nicht zu den Nebenleistungen iS des § 1115; sie sind Leistungen auf die Hauptforderung (Vorbem 20 zu §§ 1113 ff).

Die nachträgliche Eintragung von „anderen" Nebenleistungen bedarf stets der **60** Bewilligung gleich oder nachstehender Berechtigter, falls deren Rechtslage durch die Eintragung verschlechtert wird (LG Duisburg DNotZ 1969, 756 mit Anm HAEGELE Rpfleger 1971, 238; vgl auch KG OLGE 34, 201). § 1119 gilt nur für Zinsen (§ 1119 Rn 5).

5. Die Person des Berechtigten

a) Taugliche Gläubiger

S Einl 73 ff zu §§ 1113 ff.   **61**

b) Identität zwischen Gläubiger der gesicherten Forderung und Gläubiger der Hypothek

Der dinglich berechtigte *Hypothekengläubiger muss dieselbe Person wie der Gläu-* **62** *biger der gesicherten Forderung* sein (Vorbem 7 zu §§ 1113 ff; RG HRR 1928 Nr 123; RG HRR 1930 Nr 219; KG JW 1926, 2547; BayObLG NJW 1958, 1917; BGB-RGRK/MATTERN[12] Rn 9; SOERGEL/KONZEN[13] Rn 12; WOLFF/RAISER § 134 I; PLANCK/STRECKER Anm 4a; wegen der Bezeichnung des Gläubigers s näher § 1115 Rn 8 ff). Identität zwischen dinglichem und persönlichem Gläubiger liegt auch dann vor, wenn die Schuldsumme an einen anderen als Zahlungsempfänger zu zahlen ist (OLG Karlsruhe JFG 7, 376; KG JW 1934, 3218; OLG Karlsruhe Rpfleger 1998, 158; LG Essen Rpfleger 2001, 543; aM KG OLGE 18, 186), vorausgesetzt, die Hypothek ist nicht zugunsten des Zahlungsempfängers, sondern des Versprechensempfängers bestellt (nachf Rn 63).

Wird eine Geldforderung durch *Vertrag zugunsten eines Dritten* begründet, so **63** können nach § 328 zwei hypothekenfähige Forderungen bestehen: der Anspruch des Versprechensempfängers gegen den Versprechenden auf Zahlung an den Dritten (das übersehen BayObLG vom 27. 6. 1958 – BReg 2 Z 30 und 31/58 – NJW 1958, 1917; Münch-Komm/Eickmann[4] Rn 14, der sich zu Unrecht auf mich beruft; Palandt/Bassenge[67] Rn 12; BGB-RGRK/Mattern[12] Rn 10; Soergel/Konzen[13] Rn 12) und ein unmittelbarer Anspruch des Dritten gegen den Versprechenden auf Zahlung. Der Versprechensempfänger und der Dritte sind zwar keine Gesamtgläubiger im technischen Sinn; da aber die Erfüllung des einen Anspruchs zwingend auch die Erfüllung des anderen bewirkt, ist die Sicherung durch eine einzige Hypothek in einfacher Höhe des Schuldbetrags zulässig (vgl aber nachf die skeptische Anm Rn 67). Dies bedeutet nicht, dass die Hypothek für den Dritten auch durch Einigung zwischen dem Versprechenden und dem Versprechensempfänger bestellt werden könnte (dagegen Einl 83 zu §§ 1113).

64 Es ist nicht ausgeschlossen, eine Hypothek als subjektiv-dingliches Recht zu bestellen, wenn sie der Befriedigung einer subjektiv-dinglichen Forderung dient (aA MünchKomm/Eickmann[4] Rn 15, der den sachenrechtlichen Typenzwang verletzt sieht). Für eine Hypothek geeignete Forderungen solcher Art scheint es aber nicht zu geben (KG HRR 1931 Nr 1862); die Wohnungseigentümergemeinschaft jedenfalls ist nach ihrer Ausstattung mit Rechtsfähigkeit in § 10 Abs 6 WEG kein Beispiel mehr (vgl Einl 74 zu §§ 1113 ff; vgl noch MünchKomm/Eickmann[4] Rn 15).

65 An der Gläubigeridentität fehlt es, wenn die Forderung noch vor Eintragung der Hypothek an einen *Dritten abgetreten* worden ist (die Abtretung ist in dieser Zeit noch formfrei); eine Fremdhypothek entsteht dann nicht (aA für eine Vormerkung Deimann Rpfleger 2001, 583 mithilfe einer fragwürdigen Anwartschafts-Konstruktion. S zum Entstehen einer Eigentümergrundschuld § 1163 Rn 21). Dasselbe gilt für einen gesetzlichen Forderungsübergang zB im Zuge einer Umwandlung.

c) Gläubigermehrheit und Gläubigereinheit

66 S Einl 80 ff zu §§ 1113 ff. Bei der Hypothek kann das Gemeinschaftsverhältnis nur das der gesicherten Forderung sein; auch das ist ein Aspekt der Akzessorietät.

67 Für die Hypothek ist die **Gesamtgläubigerschaft** nicht unproblematisch, denn sie besteht gemäß § 428 darin, dass jeder die ganze Leistung fordern kann (wenn auch der Schuldner sie nur einmal erbringen muss); es gibt also so viele Forderungen wie Gesamtgläubiger. Deshalb ist es auch möglich, eine Hypothek für nur einen der Gesamtgläubiger zu bestellen. Seiner Bezeichnung als Gesamtgläubiger bedarf es dabei nicht; insoweit kann auf die Eintragungsbewilligung Bezug genommen werden (BGHZ 29, 363 = Rpfleger 1959, 154 mit zust Anm Haegele). Da jeder der Gesamtgläubiger selbständig über seine Berechtigung verfügen kann, muss die Bestellung von Einzelhypotheken am selben Grundstück oder an verschiedenen Grundstücken möglich sein. Alles andere als selbstverständlich ist es aber, dass für alle Gesamtgläubiger gemeinsam eine einzige einheitliche Hypothek zulässig ist, denn es gibt keine einheitliche Forderung; dadurch ergeben sich ähnliche Probleme bei der Abtretung, wie sie (oben Rn 23) der Ablehnung der Sicherung mehrerer Forderungen durch eine einzige Hypothek zugrunde liegen. In der Rechtswirklichkeit wird aber die Bestellung einer einheitlichen Hypothek für Gesamtgläubiger so selbstverständlich praktiziert, dass gar nichts anderes in Betracht kommt als sie für zulässig zu erklären (vgl Biermann ArchBürgR 40, 318, 339). S zur Abtretung § 1154 Rn 16.

Geringfügig weniger problematisch ist die Mitgläubigerschaft (Einl 80 zu §§ 1113 ff), **68**
weil sie nicht so deutlich mehrere, sondern eher nur eine einzige Forderung umfasst
(dogmatisch nicht ganz sauber STAUDINGER/NOACK [2005] § 432 Rn 6). Immerhin kann auch
jeder Mitgläubiger über seine Rechtsposition selbständig verfügen, so dass ähnliche
Probleme wie bei Gesamtgläubigern auftreten.

Die Bestellung einer ungeteilten einheitlichen Hypothek zur Sicherung von Forde- **69**
rungen mehrerer **nicht in einer Rechtsgemeinschaft** stehender Gläubiger (hins mehrerer
Schuldner s nachf Rn 71 ff) wird allgemein für unzulässig gehalten (RGZ 75, 245, 247; RG
JW 1916, 740; RG Recht 1911 Nr 1561; RG WarnR 1930 Nr 35; KG JR 1925 Nr 1224; KG OLGE 45,
238; KG HRR 1932 Nr 1150; SOERGEL/KONZEN[13] Rn 13; BGB-RGRK/MATTERN Rn 19; vTUHR I 90;
BREME Gruchot 64, 301; vgl SeuffA 68, 25 und KG Recht 1906 Nr 395; HIRSCH Recht 1906, 609;
s auch PLANCK/STRECKER Anm 4 f; **widersprüchlich** allerdings PALANDT/BASSENGE[67] Rn 10 und
Rn 13). Dem ist insofern beizustimmen, als, wie sich indirekt schon aus § 47 GBO
ergibt, in diesen Fällen das Grundbuchamt die Eintragung mit dem Hinweis auf die
Unübersichtlichkeit des Grundbuchs im Hinblick auf die Einheitlichkeit des Forde-
rungsverhältnisses abzulehnen haben wird. Eine materiellrechtliche Vorschrift steht
jedoch der Eintragung nicht entgegen, insbes nicht § 1113 (s auch nachf Rn 73), so dass
eine dennoch eingetragene Hypothek, die die Forderungen mehrerer nicht in einer
Rechtsgemeinschaft stehender Gläubiger einheitlich sichern soll, nicht inhaltlich
unzulässig iS des § 53 Abs 1 S 2 GBO ist (ebenso WOLFF/RAISER § 134 Fn 1); als Hypothekenbetrag muss aber jedenfalls der Gesamtbetrag der Forderungen eingetragen
werden.

d) Sicherung der Forderung des einen oder des anderen Gläubigers
Unzulässig ist, dass die Hypothek entweder die Forderung des einen oder des **70**
anderen Gläubigers (KG OLGE 45, 238; oben Rn 23) oder nacheinander erst die eine
und dann die andere Forderung sichern soll (KGJ 49, 210; KG RJA 15, 226). S oben
Rn 22.

6. Die Schuldnerseite bei der Hypothek

Im Gegensatz zur Gläubigerseite gibt es auf der Schuldnerseite keinen Zwang zur **71**
Identität. Der Eigentümer kann eine Hypothek auch für eine fremde Schuld rechtsgültig bestellen; das Eigentum am belasteten Grundstück und die Schuld können
später auseinanderfallen.

Das *Deckungsverhältnis*, das dem Eigentümer den Rechtsgrund dafür liefert, dass er **72**
eine Hypothek für eine fremde Schuld stellt, besteht idR zwischen ihm und dem
Schuldner; es kann auch zum Gläubiger bestehen. Fehlt ein Deckungsverhältnis,
erfolgt die Abwicklung nach Bereicherungsrecht. Die §§ 1164 ff enthalten vielfältige
auf das Deckungsverhältnis bezogene Regelungen zum Schicksal der Hypothek bei
Erfüllung durch den einen oder anderen Teil.

Bei einer *Mehrheit von Schuldnern* ist die Hypothek wegen der dem Gläubiger **73**
gegen diese Schuldner zustehenden Forderungen nicht nur zulässig, wenn die
Schuldner in einer Verpflichtungsgemeinschaft stehen, zB Gesamtschuldner iS des
§ 421 sind, sondern auch dann, wenn eine solche Verpflichtungsgemeinschaft der
Schuldner nicht besteht (RGZ 126, 272; RG WarnR 1930 Nr 35 und Nr 164; ERMAN/WENZEL[12]

Rn 13; PALANDT/BASSENGE[67] Rn 10; vgl auch BayObLG MDR 1964, 505; **aM** LG Bremen MDR 1956, 609; WOLFF/RAISER § 134 Fn 2; MünchKomm/EICKMANN[4] Rn 33 wegen Besorgnis der Verwirrung; **skeptisch** SOERGEL/KONZEN[13] Rn 20); Übereinstimmung scheint jedenfalls darin zu bestehen, dass eine solche Eintragung nicht inhaltlich unzulässig und, wenn erfolgt, nicht materiellrechtlich nichtig ist (WOLFF/RAISER aaO). Die Streitfrage hat – wie viele – ihre praktische Bedeutung weitgehend dadurch verloren, dass an Stelle der Kreditsicherung durch Verkehrs- und Höchstbetragshypothek die Kreditsicherung durch Grundschuld getreten ist.

7. Der Hypothekengegenstand

74 Siehe Einl 86 ff zu §§ 1113 ff.

II. Entstehen, Veränderungen und Erlöschen der Hypothek

75 Über das **Entstehen der Hypothek** durch Rechtsgeschäft, kraft Gesetzes und behördliche Anordnung sowie im Wege der Zwangsvollstreckung s Einl 99 ff, 129 ff zu §§ 1113 ff. Über die **möglichen Schicksale** der Hypothek s Einl 135 ff zu §§ 1113 ff. Über das **Erlöschen** der Hypothek s Einl 219 zu §§ 1113 ff sowie § 1183 mit Erl, insbesondere Rn 18.

III. Anwendung auf die Grundschuld

76 § 1191 übernimmt selbständig die Funktionen, die § 1113 für die Hypothek ausübt. § 1113 findet deshalb auf die Grundschuld grundsätzlich keine Anwendung. Da es nicht *Inhalt der Grundschuld* ist, eine andere Forderung zu sichern, sind insbesondere die Ausführungen oben Rn 44 ff über Mehrfachsicherungen auf die Grundschuld nicht anwendbar. Zwar ist es nach heutiger Praxis die Regel, dass auch eine Grundschuld der Sicherung einer anderen Forderung dient; das Sicherungsverhältnis ist aber *rein schuldrechtlicher Art* und berührt den Inhalt der Grundschuld nicht. Da ein allgemeines Verbot, Forderungen mehrfach zu sichern, nicht besteht (oben Rn 45 f), können grundsätzlich beliebig viele Grundschulden zur Sicherung einer Forderung bestehen wie auch beliebig viele Forderungen durch eine Grundschuld gesichert werden können. Auch eine Forderung, für die bereits eine Hypothek besteht, kann zusätzlich durch eine Grundschuld gesichert werden und umgekehrt. Auch der Anspruch aus einem zugleich mit der Grundschuldbestellung abgegebenen abstrakten Schuldversprechen kann zusätzlich durch eine Hypothek (auch im Wege der Zwangsvollstreckung) gesichert werden (**aA** OLG Köln NJW-RR 1996, 1106 mit der unzutreffenden Begründung, der Anspruch stehe und falle mit der Grundschuld [dagegen Einl 184 ff zu §§ 1191 ff]). Auch die Beschränkung auf die Sicherung von Geldforderungen gilt für die Grundschuld nicht. Die allgemein und in speziellen Rechtsverhältnissen geltenden Grenzen einer Übersicherung (s zB Vorbem 76 ff zu §§ 1191 ff) bleiben unberührt.

77 Hingegen gelten die Ausführungen Einl 83 ff zu §§ 1113 ff insofern auch für die Grundschuld, als rA nach eine solche nicht für eine (noch) *nicht existierende Person* bestellt werden kann; eine solche Grundschuld ist in Wahrheit Eigentümergrundschuld und auch als solche der Pfändung unterworfen.

§ 1114
Belastung eines Bruchteils

Ein Bruchteil eines Grundstücks kann außer in den in § 3 Abs. 6 der Grundbuchordnung bezeichneten Fällen mit einer Hypothek nur belastet werden, wenn er in dem Anteil eines Miteigentümers besteht.

Materialien: E I § 1063; II § 1023 rev § 1098; III § 1097; Mot III 638 ff; Prot III 543 f. Fassung des Registerverfahrensbeschleunigungsgesetzes vom 20. 12. 1993.

Schrifttum

ÄLTER, Die Anwendbarkeit der Gesamthypothekvorschriften auf die Hypothek an einem im Bruchteilseigentum befindlichen Grundstück (Diss Jena 1933)
GLASER, Beleihung des Wohnungseigentums, DWW 1956, 11
KANZLEITER, „Mehrfach-Beteiligung" einer Person an Gesamthand oder Rechtsgemeinschaft, in: FS Weichler (1997) 39
SCHREIBER, Entstehung und Erwerb der Eigentümergrundschuld aus der Gesamthypothek, insbesondere beim Miteigentum (Diss Leipzig 1935)
STAUDENMAIER, Zur Anteilsaufgabe an Bruchteilshypotheken, BWNotZ 1965, 320.

Systematische Übersicht

Hans Wolfsteiner

I. Allgemeines

1 § 1114 stellt den **Bruchteil** eines **Grundstücks** hinsichtlich der _hypothekarischen Belastungsmöglichkeit_ einem _Grundstück_ (s § 1113) _gleich_. Der Bruchteil muss im Anteil an einer _Bruchteilsgemeinschaft_ gemäß §§ 1008 ff bestehen (RGZ 94, 156; BayObLG OLGE 39, 246; BayObLGZ 1952, 246; WOLFF/RAISER § 133 I; SOERGEL/KONZEN¹³ Rn 1). Ob die für diese Beschränkung angeführte Begründung, nur in diesem Fall existiere rechtlich ein Anteil eines Miteigentümers an einer Sache, über den dieser verfügen könne, tragfähig ist, muss allerdings bezweifelt werden. Sie würde indizieren, dass die Vorschrift für alle Grundstücksbelastungen gelten müsste, sie also falsch platziert wäre und eigentlich in den Zusammenhang des Abschnitts 2 des dritten Buchs des BGB (§§ 873 ff) gehöre. Mit mehr Recht könnte man freilich aus der Vorschrift (und den Parallelvorschriften der § 1095 und 1106) den Schluss ziehen, dass im Übrigen die Bruchteilsbelastung unbeschränkt zulässig sei (dazu BayObLG vom 20. 10. 2004 – 2Z BR 176/04 – Rpfleger 2005, 78 mwNw).

2 Für die Hypothek erkannte jedenfalls der Gesetzgeber ursprünglich kein Verkehrsbedürfnis für eine _Anteilsbelastung_ durch den _Alleineigentümer_. Dadurch begründete Schwierigkeiten bei der Grundbuchführung und der Zwangsversteigerung sollten nach Möglichkeit vermieden werden (RGZ 68, 79; RGZ 88, 21, 26; BGHZ 49, 250, 253; BayObLGZ 1968, 104; BayObLGZ 1974, 466; OLG Frankfurt NJW-RR 1988, 463; WOLFF/RAISER § 133 I; BGB-RGRK/MATTERN¹² Rn 7; PLANCK/STRECKER Anm 1; vgl auch Mot III 638 ff). Für die Zwangs- und Arresthypothek enthält § 864 Abs 2 ZPO eine dem § 1114 entsprechende Bestimmung. Die im Jahre 1993 eingeführte Ausnahme für den Fall des § 3 Abs 6 GBO, also einer getrennten Buchung eines Bruchteils, der nicht in dem Anteil eines Miteigentümers besteht, hat das Verbot aufgelockert.

3 Auch wenn man die Argumente des historischen Gesetzgebers nicht für überzeugend hält, kann man der ausdrücklichen Regelung des Gesetzes nicht einfach die Verbindlichkeit absprechen (so aber anscheinend MünchKomm/EICKMANN⁴ Rn 13). Übertreibungen (s zur angeblichen inhaltlichen Unzulässigkeit unten Rn 10) sind aber zu vermeiden.

1. Belastung eines Miteigentumsanteils am Grundstück

4 Jeder **Bruchteilseigentümer** kann seinen Anteil am Grundstück wie ein Grundstück belasten. Die einzelnen Bruchteile können insbesondere auch Gegenstand einer Gesamthypothek sein (§ 1132). Eine solche Gesamthypothek entsteht ua dann, wenn ein mit einer Einzelhypothek belastetes Grundstück von Alleineigentum in Miteigentum nach Bruchteilen umgewandelt wird parallel zum Fall der körperlichen (realen) Teilung eines Grundstücks (RGZ 146, 365; Näheres s § 1132 Rn 16). Eine Gesamthypothek entsteht nicht nur dann, wenn alle Bruchteilseigentümer je ihren Anteil (für _eine_ Forderung) mit einer Hypothek belasten (§ 747 S 1), sondern auch dann, wenn alle Bruchteilseigentümer durch gemeinsames Handeln an dem ganzen realen Grundstück eine gewöhnliche Hypothek (§ 747 S 2: Grundstückshypothek) bestellen (RGZ 146, 363; BGH NJW 1961, 1352; BGHZ 40, 115, 120 = NJW 1963, 2320; aM PLANCK/STRECKER § 1132 Anm 1a). Zur Bestellung einer Hypothek lediglich **an einem Anteil** ist der betreffende Miteigentümer allein berechtigt.

Wenn an einem Grundstück Bruchteilsgemeinschaft besteht, sollen gemäß § 47 **5** GBO die Anteile der Berechtigten **im Grundbuch angegeben** werden. Fehlt diese Angabe, dann hat es das Grundbuchamt abzulehnen, an einem Anteil eine Hypothek einzutragen, bevor das Gemeinschaftsverhältnis bzw die Quote eingetragen ist (§ 39 Abs 1 GBO). §§ 39 Abs 1, 47 GBO sind nur Ordnungsvorschriften; die dennoch vorgenommene Eintragung der Hypothek ist rechtswirksam. Das Grundbuch ist aber unvollständig und daher unrichtig. Es gilt dann zwar die Vermutung des § 742 (die von BGH NJW 1997, 1434 nicht ganz verständlich als „nur schwach ausgeprägt" bezeichnet wird und die nicht zum Zuge kommen soll, „wenn sie der Sachlage nicht gerecht wird"), wonach im Zweifel Bruchteilsgemeinschaft zu gleichen Anteilen besteht; die Vermutung steht aber einer Eintragung nicht gleich, so dass der Hypothekengläubiger nicht gutgläubig erwirbt, falls die Gemeinschaft in Wahrheit eine Gesamthandsgemeinschaft ist, und auch im Fall einer Bruchteilsgemeinschaft nicht gutgläubig die Hypothek am vermuteten Anteil erwirbt, wenn der Anteil in Wahrheit kleiner ist (vgl KG OLGE 2, 4, 87; 4, 327; KGJ 20 A 324; BayObLGZ 5, 177; KG OLGE 8, 225 ff). Zur Frage, wie weit § 742 Grundlage einer Grundbuchberichtigung sein kann, s STAUDINGER/ LANGHEIN (2008) § 747 Rn 21 ff.

Nach dem Grundsatz des Realfoliums (§ 3 Abs 1 GBO) wird **ein Grundbuchblatt 6** grundsätzlich **nur für ein ganzes Grundstück** angelegt. Für Miteigentumsanteile gibt es also kein eigenes Grundbuchblatt. Davon macht § 3 Abs 4 GBO eine Ausnahme für bestimmte Fälle einer bestehenden Bruchteilsgemeinschaft und § 3 Abs 6 GBO für bestimmte Fälle von Alleineigentum. Das eigene Grundbuchblatt gilt als **Grundbuch für den einzelnen Miteigentumsanteil** (§ 3 Abs 5 S 2 GBO). Die dadurch bewirkte buchmäßige Verselbständigung des Miteigentumsanteils rechtfertigt es, auch die **selbständige Belastung** mit einer Hypothek zuzulassen; die Zulässigkeit selbständiger Belastung war für solche Fälle auch schon vor Anpassung des Gesetzeswortlauts hM (BayObLG NJW 1975, 740; BayObLG DNotZ 1976, 28; BayObLG DNotZ 1995, 74; OLG Köln MittRhNotK 1981, 264; OLG Frankfurt NJW-RR 1988, 463). Die selbständige Belastung ist zulässig und wirksam ohne Rücksicht darauf, ob die separate Buchung des Miteigentumsanteils zu recht erfolgt ist, also auch, wenn die Voraussetzungen des § 3 Abs 4 bis 6 GBO tatsächlich nicht gegeben waren.

Wohnungseigentum wird wie ein ganzes Grundstück behandelt (Einl 87 zu §§ 1113 ff), so **7** dass § 1114 nur, dann aber auch ungeschmälert, zur Anwendung kommt, wenn der Bruchteil eines Wohnungseigentums belastet werden soll. S zu den Auswirkungen einer Aufteilung in Wohnungseigentum Einl 164 zu §§ 1113 ff und zu einer Änderung der Aufteilung dort Rn 166 ff.

2. Maßgeblicher Zeitpunkt

Um einen Miteigentumsanteil zu belasten, genügt es, dass der Miteigentumsanteil **8** oder die selbständige Buchung im **Zeitpunkt** der Eintragung bestanden haben (MünchKomm/EICKMANN[4] Rn 4, der fälschlich auch PALANDT/BASSENGE Rn 1 für diese Auffassung zitiert). Die Auffassung, es komme *auch* auf den (meist überhaupt nicht exakt zu terminierenden) Zeitpunkt der Einigung an (BayObLG Rpfleger 1971, 316; STAUDINGER/ SCHERÜBL[12]; PALANDT/BASSENGE[67] Rn 1), ist zu verwerfen, vor allem auch im Hinblick auf die hL (nachf Rn 9 f), dass ein Verstoß zur Nichtigkeit führe. Wie soll der Erwerber einer Hypothek an einem Miteigentumsanteil erkennen, wann die Einigung stattgefunden hat? Jedenfalls kommt es nicht darauf an, wann die Hypothekenforderung zur Entstehung gelangt, wenn die Hypothek zB für eine zukünftige Forderung bestellt wurde (WOLFF/RAISER § 133 I). Vgl auch unten Rn 22.

3.   Nichtigkeit einer gegen § 1114 verstoßenden Belastung?

9   Eine gegen § 1114 verstoßende Belastung eines ideellen Anteils ist nach hM nichtig (vgl RGZ 88, 26; KGJ 23 A 230; WOLFF/RAISER § 133 I; ERMAN/WENZEL[12] Rn 2; BGB-RGRK/ MATTERN[12] Rn 12; PLANCK/STRECKER Anm 5). Es soll sich um eine inhaltlich unzulässige Eintragung iS des § 53 Abs 1 S 2 GBO handeln, die von Amts wegen zu löschen ist. Daher könne eine solche rechtlich nicht mögliche Grundbucheintragung auch keinen schutzwürdigen Rechtsschein schaffen und könne sich an die Eintragung auch *kein Erwerb kraft öffentlichen Glaubens* knüpfen (RGZ 88, 27; KG RJA 3, 92; KG OLGE 20, 406; 21, 38; BayObLG OLGE 30, 18; BGB-RGRK/MATTERN[12] Rn 12; PLANCK/STRECKER Anm 5). Die Eintragung könne in einem solchen Fall auch nicht nachträglich wirksam werden, etwa nach § 185 dadurch, dass der Bruchteil durch späteren Erwerb zu einem isolierten Miteigentumsanteil wird (KG OLGE 40, 57; PLANCK/STRECKER aaO). Denn die Unzulässigkeit der Eintragung beruhe nicht auf einem Mangel der Verfügungsmacht, sondern darauf, dass das Gesetz eine solche Art der Belastung gar nicht kenne (RGZ 88, 21; KG RJA 3, 43). Eine Quotenbelastung kraft guten Glaubens entstehe nur nach § 892 in dem Fall, dass ein Alleineigentümer fälschlich als Bruchteilseigentümer eingetragen und der Gläubiger redlich sei (WOLFF/RAISER § 133 Fn 3; s auch unten Rn 23).

10   Die hL ist nicht akzeptabel (zweifelnd auch MünchKomm/EICKMANN[4] Rn 13 f im Anschluss an HENLE Recht 1909, 419). Dass es sich um eine BGB-Vorschrift handelt, schließt es nicht aus, in ihr doch nur eine Ordnungsvorschrift zu sehen. In der Tat handelt es sich, wie Mot III 638 ff klar ausweisen, darum. Das zeigt sich allein daran, dass ja nur die ursprüngliche Hypothek an einem Bruchteil, der nicht in dem Anteil eines Miteigentümers besteht, betroffen ist; stellt sich die Situation nachträglich ein, so nimmt das Gesetz keinen Anstoß. Deshalb ist auch die Meinung, es handle sich um eine inhaltlich unzulässige Eintragung, falsch; die Eintragung als solche ist möglich, nur waren im Eintragungszeitpunkt die Eintragungsvoraussetzungen nicht gegeben. Das wird besonders deutlich an der Hypothek, die nur wegen gesonderter Buchung eines Miteigentumsanteils, also eines Vorgangs ohne materiellrechtliche Relevanz, an diesem eingetragen werden kann; wird die gesonderte Buchung aufgehoben, was jederzeit möglich und ebenfalls ein Vorgang ohne materiellrechtliche Relevanz ist, besteht die Hypothek am Bruchteil ungestört fort (nachf Rn 27). Wäre die Eintragung wirklich inhaltlich unzulässig, wären auch die allgemein anerkannten Ausnahmen nicht möglich (nachf Rn 19 ff). Schließlich verkürzt die hL den guten Glauben an die Richtigkeit des Grundbuchs unzulässig, wenn sie vom Rechtsverkehr verlangt, nicht nur das aktuelle Grundbuch heranzuziehen – das eine ominöse Bruchteilsbelastung ausweisen kann, ohne erkennen zu lassen, wie die Eigentumsverhältnisse im Eintragungszeitpunkt oder gar im Einigungszeitpunkt (oben Rn 8) waren –, sondern jeweils zu prüfen, ob im Zeitpunkt der Ersteintragung eines Rechts alles ordnungs-

gemäß war. Insgesamt muss deshalb eine gegen § 1114 verstoßende Eintragung als wirksam angesehen werden.

4. Spätere Veränderungen

Die Hypothek bleibt auf dem Anteil unverändert bestehen, auch wenn der Bruch- **11** teilseigentümer weitere Bruchteile hinzuerwirbt oder gar Alleineigentümer wird (RGZ 94, 154 vom 23.11.1918 – V 246/18; RG WarnR 1911 Nr 11; KG OLGE 40, 58; BayObLG DNotZ 1971, 659; Soergel/Konzen[13] Rn 2; BGB-RGRK/Mattern[12] Rn 10). Der Vorgang gleicht dem der Vereinigung eines belasteten Grundstücks mit einem anderen Grundstück (Einl 177 zu §§ 1113 ff; BGH vom 24.11.2005 – V ZB 23/05 – ZfIR 2006, 220 m Anm Dümig = MittBayNot 2006, 227 m Anm Morvilius zu den vollstreckungsrechtlichen Folgen). Soll das Grundpfandrecht auch auf den neu hinzugekommenen Grundstücksteil erstreckt werden, so ist dies ein rechtsgeschäftlicher Vorgang, der als sog Pfanderstreckung oder Nachverpfändung den Regeln der Neubestellung eines Grundpfandrechts folgt (dazu § 1132 Rn 12). Die gleiche Wirkung wie bei der rechtsgeschäftlichen Vereinigung tritt kraft Gesetzes ein, wenn ein Miteigentümer zu seinem Anteil einen weiteren Miteigentumsanteil hinzuerwirbt (OLG Saarbrücken OLGZ 1972, 129; Staudenmaier NJW 1964, 2145; BGB-RGRK/Augustin[12] § 890 Rn 5; Demharter, GBO[26] § 5 Rn 5; Meikel/Böttcher, GBO[10] § 5 Rn 17; Schöner/Stöber[14] Rn 626; aA Bünger NJW 1965, 2095). Da es sich bei dieser kraft Gesetzes eintretenden Verschmelzung nicht um eine Bestandteilszuschreibung oder Vereinigung iSd §§ 5, 6 GBO handelt, kann das Grundbuchamt die Eintragung auch nicht mit der Begründung versagen, es sei Verwirrung zu besorgen. S zur Zuschreibung eines weiteren Miteigentumsanteils zum Wohnungseigentum Einl 172 f zu §§ 1113 ff.

Das Gleiche gilt, wenn eine gesonderte Buchung nach § 3 Abs 5 S 2 GBO (oben Rn 6) **12** wieder aufgehoben wird, was ein Vorgang ohne materiellrechtliche Bedeutung und jederzeit zulässig ist (Bauer/vOefele/Waldner, GBO[2] § 3 Rn 37; Demharter, GBO[26] § 3 Rn 34). Soll die Hypothek auf zuerworbene oder – im Falle getrennter Buchung – auf weitere Bruchteile erstreckt werden, so erfordert dies eine rechtsgeschäftliche Pfanderstreckung (Einl 172 zu §§ 1113 ff), da die Zuschreibung eines Miteigentumsanteils zu einem anderen Miteigentumsanteil als Bestandteil als unzulässig gilt (BayObLGZ 93, 297). Materiellrechtlich bedarf die Pfanderstreckung weder der Zustimmung anderer Berechtigter am alten noch am neuen Miteigentumsanteil (KGJ 36 A 237; BayObLG Rpfleger 1971, 316; Wolff/Raiser § 133 Fn 4; Soergel/Konzen[13] Rn 2; zweifelnd BGB-RGRK/Mattern[12] Rn 10; vgl auch BayObLGZ 1974, 466). Die Rechtsstellung der vorgehenden Berechtigten bleibt unberührt. Ob das Grundbuchamt die Eintragung der Pfanderstreckung ohne Rangregelung in entsprechender Anwendung der §§ 5, 6 GBO wegen Besorgnis der Verwirrung ablehnen kann oder gar soll, ist keine Frage des materiellen Rechts (aA MünchKomm/Eickmann[4] Rn 6 unter Hinweis auf § 1131, bei dem die Rechtslage in der Tat dieselbe ist); die Wirksamkeit einer Grundpfandrechtsbestellung (um eine solche handelt es sich auch bei einer Pfanderstreckung) vom jeweiligen Verständnis des unbestimmten Rechtsbegriffs „Verwirrung" abhängig zu machen, würde allen sachenrechtlichen Prinzipien widersprechen.

Was für die ursprüngliche Bruchteilshypothek gilt, findet auch später Anwendung. **13** Auch die **Aufhebung der Hypothek** oder der Verzicht sind in Ansehung eines Bruchteils eines Grundstücks nur zulässig, wenn dieser im Anteil eines Miteigentümers besteht.

II. Unzulässige Aktionen

1. Wesentliche Bestandteile

14 Die Hypothek kann nicht auf den **wesentlichen Bestandteil** eines Grundstücks, zB nur auf das Gebäude ohne Grundfläche, beschränkt werden. Das folgt bereits aus § 93.

2. Gesamthandsanteil

15 Der **Anteil eines Gesamthänders** kann bei Gesamthandseigentum an einem Grundstück nicht getrennt belastet werden (RGZ 117, 267; PLANCK/STRECKER Anm 1b; BGB-RGRK/MATTERN[12] Rn 11; SOERGEL/KONZEN[13] Rn 4; MünchKomm/EICKMANN[4] Rn 12). Denn unabhängig von der Streitfrage, ob ein solcher Anteil an den Gegenständen des Gesellschaftsvermögens überhaupt existiert, kann der Gesamthandseigentümer nach den zwingenden gesetzlichen Bestimmungen (§§ 719 Abs 1, 1419 Abs 1, 2033 Abs 2 BGB, §§ 859, 860 Abs 1 ZPO) nicht darüber verfügen. Das gilt für alle Gesamthandsgemeinschaften, insbesondere die Miterbengemeinschaft und die Gütergemeinschaft. Die Belastung eines solchen Anteils ist nach § 134 nichtig und gemäß § 53 Abs 1 S 2 GBO von Amts wegen zu löschen (RGZ 88, 27; vgl BayObLGZ 1952, 247). Die Zustimmung der übrigen Gesamthänder kann die Belastung nicht wirksam machen.

16 Aus dem gleichen Grund ist auch die Eintragung einer Hypothek an dem Anteil eines einzelnen Gesamthänders an einem Gesamthandsgrundstück auf dem Weg der Zwangsvollstreckung oder der Arrestvollziehung (§ 864 Abs 2, § 932 Abs 1 ZPO) unzulässig (KG RJA 1, 29; BayObLG OLGE 39, 246; OLG Posen OLGE 16, 341; BGB-RGRK/MATTERN[12] Rn 13). Eine etwa erfolgte Eintragung ist nichtig (s oben Rn 15; KGJ 24 A 126; KG OLGE 2, 27).

17 Unberührt bleibt die Möglichkeit, den *Anteil* am Gesamthandsvermögen selbst nach den allgemeinen Regeln *zu verpfänden* (s §§ 1273 ff) bzw zu pfänden (s § 859 Abs 1 S 1, Abs 2, § 860 Abs 2 ZPO), auch wenn dazu ein Grundstück gehört. S zur Eintragung von Verpfändung und Pfändung ins Grundbuch Erl zu § 2033.

3. Bruchteil eines Bruchteils

18 Unzulässig ist die **hypothekarische Belastung** eines **Bruchteils** eines **ideellen Anteils.** Dies ergibt der Grundsatz des § 1114 in seiner Anwendung auf das Bruchteilseigentum (s BayObLG RJA 3, 104; 16, 137; KG RJA 4, 39; SOERGEL/KONZEN[13] Rn 2; BGB-RGRK/MATTERN[12] Rn 7; PALANDT/BASSENGE[67] Rn 3; PLANCK/STRECKER Anm 2; MünchKomm/EICKMANN[4] Rn 14). Deshalb kann ein Bruchteilseigentümer, der einen *weiteren* Anteil an dem Grundstück *erworben hat,* nunmehr *weder* seinen früheren noch den später hinzutretenden Bruchteil *allein* belasten. Das gilt unabhängig davon, ob er durch den Neuerwerb Alleineigentümer wird oder Bruchteilseigentümer bleibt (BayObLGZ 3, 272; BayObLG Recht 1917 Nr 2011; SOERGEL/KONZEN[13] Rn 2; BGB-RGRK/MATTERN[12] Rn 7) und auch für die Zwangshypothek (OLG Oldenburg Rpfleger 1996, 242). Dieser Grundsatz findet nach allgemeiner Auffassung auch dann Anwendung, wenn die Einigung über die Bestellung der Hypothek an dem neu hinzuerworbenen Anteil bereits vor dem Übergang des Eigentums an diesem Anteil zustande gekommen ist. Denn die Hypothek kann erst nach der Eintragung des Eigentumsübergangs eingetragen werden; zu diesem Zeitpunkt hat aber der Anteil bereits aufgehört, ein selbständiger Anteil iS des § 1114 zu sein (BayObLG RJA 3, 104; KG RJA 4, 39; KGJ 30 A 219; OLG Zweibrücken NJW-RR 1990, 147; Soergel/Konzen[13] Rn 2; BGB-RGRK/Mattern[12] Rn 7; Planck/Strecker Anm 3a). Auch für die *Kaufgeldhypothek* gilt nichts anderes (OLG Zweibrücken NJW-RR 1990, 147; **aA** Staudinger/Scherübl[12] unter Berufung auf Henle Recht 1909, 419; s aber allgemein zur Restkaufpreishypothek § 1113 Rn 42).

III. Ausnahmen

Obwohl grundsätzlich vom Gesetzgeber ein Verkehrsbedürfnis zur *Belastung* eines **19** *Bruchteils* durch den *Alleineigentümer* nicht anerkannt wird (s oben Rn 1), gibt es Fälle, in denen gerade das in § 1114 geschützte Verkehrsinteresse verlangt, die *grundpfandrechtliche* **Belastung** eines Bruchteils **zuzulassen**, der **früher** bestanden hat bzw im Grundbuch ausgewiesen ist. Widrigenfalls würde man den § 1114 in unangebrachter Weise seines Zweckmäßigkeitscharakters entkleiden (Kanzleiter 41).

1. Zwangsversteigerung

Bei der *Zwangsversteigerung* eines Miteigentumsanteils kann eine Sicherungshypo- **20** thek für die Forderung gegen den Ersteher gemäß § 128 ZVG auf dem zugeschlagenen Anteil auch dann eingetragen werden, wenn es der Inhaber des anderen Miteigentumsanteils ist, dem der Anteil zugeschlagen worden ist und der somit Alleineigentümer des Grundstücks geworden ist. Man müsste sonst entweder die Belastung des ganzen Grundstücks zulassen, worauf aber der Gläubiger keinen Anspruch hat, oder die Eintragung einer Sicherungshypothek gemäß § 128 ZVG überhaupt zurückweisen (KG JW 1933, 626 m zust Anm Bernhöft unter Aufgabe der früheren Rspr in KGJ 23 A 230; KG 26 A 157; OLG Breslau OLGE 25, 257; AnwK-BGB/Zimmer Rn 7; BGB-RGRK/Mattern[12] Rn 9; Erman/Wenzel[12] Rn 10; juris-PK/Reischl[3] Rn 11; MünchKomm/Eickmann[4] Rn 16; Palandt/Bassenge[68] Rn 3; Planck/Strecker Anm 3a; Soergel/Konzen[13] Rn 7; vgl auch RGZ 94, 154 vom 23. 11. 1918 – V 246/18 – für sog Ersatzhypotheken auf Grundstücksbruchteilen).

2. Anfechtung nach dem Anfechtungsgesetz

Die Eintragung einer Zwangshypothek am Bruchteil wird entgegen § 864 Abs 2 **21** ZPO für zulässig erachtet, wenn der Eigentümer eines Grundstücksbruchteils den Rest des Grundstücks in nach dem AnfG anfechtbarer Weise hinzuerworben hat (BGH vom 23. 2. 1984 – IX ZR 26/83 – NJW 1984, 1968; BayObLGZ 24, 124; BayObLG NJW 1968, 1431; KG vom 12. 3. 1931 HRR 1931, 1709; OLG Celle vom 5. 11. 1920 JW 1921, 758; OLG Frankfurt vom 14. 1. 1987 – 20 W 4/87 – NJW-RR 1988, 463; AnwK-BGB/Zimmer Rn 7). Wer anfechtbar erworben hat, hat nur das erworbene Vermögen zur Verfügung des Gläubigers zu stellen, nicht auch anfechtungsfreie Gegenstände; deshalb muss eine Beschränkung der Zwangshypothek auf den anfechtbar erworbenen Miteigentumsanteil zulässig sein (juris-PK/Reischl[3] Rn 11; MünchKomm/Eickmann[4] Rn 17).

3. Verfügungsbeschränkungen

22 Besteht für *einen* von *mehreren* vereinigten Bruchteilen des Grundstücks *eine Verfügungsbeschränkung,* so bleibt die Verfügungsbeschränkung an dem Bruchteil bestehen, den sie betrifft. Das Schutzinteresse des Berechtigten verlangt die Aufrechterhaltung der Verfügungsbeschränkung an dem Bruchteil, auch nach der Vereinigung, erfordert aber nicht ihre Erstreckung auf die vereinigten Bruchteile. Ein Inhaber eines Hälftebruchteils, der die andere Miteigentumshälfte als Vorerbe hinzuerwirbt, kann daher den ihm schon vor dem Vorerbfall gehörenden Bruchteil ebenso gesondert mit einem Grundpfandrecht belasten (BayObLG vom 19. 4. 1968 – BReg. 2 Z 4/68 – NJW 1968, 143 unter Aufgabe von BayObLGZ 18, 161 v 6. 8. 1917; AnwK-BGB/ZIMMER Rn 7) wie der Vorerbe eines Miteigentumsbruchteils einen weiteren Eigentumsbruchteil, den er zu vollem Recht hinzuerwirbt (MünchKomm/EICKMANN[4] § 1114 Rn 20; ERMAN/WENZEL[12] § 1114 BGB Rn 10). Dasselbe gilt, wenn ein Miteigentümer einen weiteren Miteigentumsanteil im Erbweg erwirbt, der aber unter Testamentsvollstreckung steht (WOLFFRAMM, Die Restkaufgeldhypothek bei Grundstückserwerb durch Verfügungsbeschränkte [Diss Leipzig 1936] 83 ff; **aM** BayObLG RJA 16, 136).

4. Gutgläubiger Erwerb

23 Die Belastung eines Bruchteils eines Grundstücks, das im Alleineigentum steht, kann auch durch die Wirkung des § 892 entstehen, wenn der Alleineigentümer entgegen der materiellen Rechtslage als Bruchteilseigentümer eingetragen ist (WOLFF/RAISER § 133 Fn 3; vgl auch RG LZ 1929, 838).

5. Flurbereinigungsverfahren, Umlegung

24 In Abweichung von § 1114 können im *Flurbereinigungsverfahren* nach § 68 Abs 2 FlurbG und im Umlegungsverfahren nach § 62 Abs 2 BauGB ungeachtet des Alleineigentums des Empfängers Grundstücke zu einem Bruchteil belastet werden, wenn die Last ursprünglich auf einem geringerwertigen Grundstück, das umgelegt wurde, geruht hatte. Damit soll eine unangemessene Steigerung des Wertes des Haftungsobjektes vermieden werden (vgl auch BayObLGZ 1974, 466; vgl SOERGEL/KONZEN[13] Rn 6). S iÜ Einl 133 zu §§ 1113 ff.

IV. Rechtsfolgen der Bruchteilsbelastung

25 Für die Hypothek an einem Bruchteil **haftet** nicht nur der **Anteil am Grundstück** selbst; die Haftung erstreckt sich vielmehr auch auf den Anteil des Miteigentümers an den **Gegenständen**, die nach §§ 1120 ff der Hypothek verhaftet sind.

V. Die Belastung realer (körperlicher) Teile des Grundstücks

1. Abschreibung nach § 7 GBO

26 Ein realer Teil eines Grundstücks kann mit einer Hypothek belastet werden. Nach § 7 GBO ist allerdings der zu belastende Teil zunächst vom Grundstück abzuschreiben und als selbständiges Grundstück einzutragen; s auch § 2 Abs 3 GBO. Daraus folgt auch, dass umgekehrt eine Vereinigung oder Bestandteilszuschreibung nicht vorgenommen werden soll, wenn dadurch bewirkt wird, dass ein Teil eines Grundstücks mit einer Hypothek belastet ist; in diesem Fall ist stets „Verwirrung" iSd §§ 5, 6 GBO zu besorgen. Die hL zieht diese Konsequenz nicht, jedenfalls dann nicht, wenn die katastermäßige Trennung erhalten bleibt (OLG Düsseldorf vom 19.1.2000 – 3 Wx 438/99 – ZfIR 200, 284 m Anm VOLMER; LG Detmold vom 6.7.2001 – 3 T 230/01 – Rpfleger 2002, 22. Noch großzügiger KG vom 27.6.1989 – 1 W 2309/89 – Rpfleger 1989, 502–502 m Anm MEYER-STOLTE; vgl BayObLGZ 1993, 365 vom 18.11.1993 – 2Z BR 108/93). § 1131 (s dort Rn 8) kann nicht zur Rechtfertigung herangezogen werden, weil er nichts zu den Voraussetzungen der Bestandteilszuschreibung aussagt. Jedenfalls ruft die Hypothek auf einem realen Teil des Grundstücks erhebliche Probleme auf. So soll zwar die Aufteilung in Wohnungseigentum unzulässig sein, wenn das Grundstück in Abt III des Grundbuchs nicht gleichmäßig belastet ist (OLG Hamm vom 28.10.1997 – 15 W 272/97 – Rpfleger 1998, 154, 156; BAUER/vOEFELE, GBO² AT V Rn 11; KEHE/HERRMANN, GBO⁶ Rn E 7; aA SCHÖNER/STÖBER¹⁴ Rn 2810); wird sie aber dennoch vorgenommen, was schwerlich zur Unwirksamkeit führt, so ergeben sich in der Zwangsversteigerung kaum zu bewältigende Schwierigkeiten. S zur Zuschreibung eines weiteren Miteigentumsanteils zum Wohnungseigentum Einl 172 f zu §§ 1113 ff.

2. Wirkung eines Verstoßes gegen § 7 GBO

Eine gegen die Vorschrift des § 7 GBO verstoßende Eintragung macht die Hypothek **27** **nicht unwirksam**, weil es sich bei dieser Norm nur um eine Ordnungsvorschrift handelt (RGZ 101, 120; KG OLGE 14, 86; WOLFF/RAISER § 133 I; DEMHARTER, GBO § 7 Rn 34; BAUER/vOEFELE/MAASS, GBO § 7 Rn 77 ff; aA nur MünchKomm/EICKMANN⁴ Rn 9 mit schwachen Argumenten). Wird das Grundstück um eine einheitliche Summe versteigert, so ist der Erlös entsprechend zu verteilen (RG JW 1905, 319).

VI. Vormerkung zur Sicherung des Anspruchs auf Eintragung einer Hypothek

Auf Vormerkungen zur Sicherung des Anspruchs auf Eintragung einer Hypothek an **28** einem ideellen (aA BGB-RGRK/MATTERN¹² Rn 14) oder realen Grundstücksteil finden § 1114 BGB bzw § 7 GBO keine Anwendung. Es handelt sich bei der Vormerkung zwar auch um eine Belastung des Grundstücks (s § 48 ZVG), aber nicht um eine endgültige Belastung iS des § 7 GBO (vgl KGJ 29 A 135; KG JW 1937, 110; RG DRW 1941, 2196). Die Vormerkung bezweckt eine rasche Sicherung eines Anspruchs, die leicht vereitelt würde, wenn man die vorhergehende Bildung eines Miteigentumsanteils oder die langwierige und zeitraubende Abschreibung des Grundstücksteils (s § 2 Abs 3 GBO) auch für diese *vorläufige* Belastung verlangen würde (DEMHARTER, GBO § 7 Rn 25). Aus dem gleichen Grund findet § 7 GBO auch auf Widersprüche und Verfügungsbeschränkungen keine Anwendung (DEMHARTER aaO).

VII. Zwangs- und Arresthypothek

Der Miteigentumsanteil kann Gegenstand einer zwangsweisen Belastung, zB mit **29** einer Zwangshypothek oder einer Arresthypothek, sein. Die Beschränkungen des § 1114 gelten entsprechend (§§ 864 Abs 2, 932 Abs 2 ZPO). Sind die Bruchteilseigentümer als Gesamtschuldner verurteilt, kann die Zwangshypothek auf jedem Bruchteil ganz, dh als Gesamthypothek eingetragen werden (s BGH NJW 1961, 1352; s auch § 1132 Rn 22).

VIII. Zwangsversteigerung

30 Hinsichtlich der Zwangsversteigerung siehe §§ 180 ff ZVG (Teilungsversteigerung), ferner oben Rn 20; bzgl der Belastungen, die auf einem Anteil eines Bruchteilseigentümers ruhen, bei der Zwangsversteigerung zum Zwecke der Aufhebung einer Gemeinschaft s § 753 BGB und § 182 ZVG.

IX. Anwendung auf alle Arten von Hypotheken sowie auf Grund- und Rentenschulden

31 § 1114 gilt für alle Arten der Hypothek und findet gemäß §§ 1192, 1199 auch auf Grund- und Rentenschulden Anwendung.

X. Vorbehalt für die Landesgesetzgebung

32 Ein Vorbehalt für die Landesgesetzgebung ist in Art 112 und 113 EGBGB enthalten.

§ 1115
Eintragung der Hypothek

(1) Bei der Eintragung der Hypothek müssen der Gläubiger, der Geldbetrag der Forderung und, wenn die Forderung verzinslich ist, der Zinssatz, wenn andere Nebenleistungen zu entrichten sind, ihr Geldbetrag im Grundbuch angegeben werden; im Übrigen kann zur Bezeichnung der Forderung auf die Eintragungsbewilligung Bezug genommen werden.

(2) Bei der Eintragung der Hypothek für ein Darlehen einer Kreditanstalt, deren Satzung von der zuständigen Behörde öffentlich bekannt gemacht worden ist, genügt zur Bezeichnung der außer den Zinsen satzungsgemäß zu entrichtenden Nebenleistungen die Bezugnahme auf die Satzung.

Materialien: E I § 1064; II § 1024 rev § 1099; III § 1098; Mot III 640 ff; Prot III 544 ff.

Schrifttum

BEHRENS, Zur Grundbuchfähigkeit der GbR, ZflR 2008, 1

BILDA, Zur Hypothekenzinserhöhung über vereinbarte Höchstsatzklauseln hinaus, ZMR 1975, 161

BLECKERT, Inwieweit ist bei Nebenleistungen einer Hypothek die Bezugnahme auf die Eintragungsbewilligung zulässig?, Rpfleger 1965, 330; 1966, 201

BÜHLER, Wie müssen Nebenleistungen iS des § 1115 ins Grundbuch eingetragen werden?, BWNotZ 1967, 41

DEMUTH, Grundbuchfähigkeit der BGB-Gesellschaft – Logische Folge der jüngsten BGH-Rechtsprechung, BB 2002, 1555

DÜMIG, Zur Grundbuchfähigkeit der GbR, Rpfleger 2003, 80

EICKMANN, Grundbuchfähigkeit der Gesellschaft bürgerlichen Rechts, ZflR 2001, 433

ERWIG, Das Hypothekenrecht am Scheideweg (1955)

FUCHS, Der gleitende Zinssatz bei Versicherungshypotheken, VersW 1971, 1250

HAEGELE, Zur Eintragung von Nebenleistungen im Grundbuch, Rpfleger 1971, 237

ders, Zinsen und sonstige Nebenleistungen bei Grundpfandrechten, Rpfleger 1974, 324

HEIL, Die Gesellschaft bürgerlichen Rechts als Kommanditistin und zu möglichen Folgewirkungen der sog Gruppenlehre für das Erbrecht und das Grundbuchrecht, DNotZ 2002, 60

LAUTNER MittBayNot 2005, 93

MEYER-STOLTE, Eintragung von Hypothekenzinsen, Rpfleger 1975, 120

MÜNCH, Die Gesellschaft bürgerlichen Rechts in Grundbuch und Register, DNotZ 2001, 535

NAGEL, Grundeigentum und Grundbucheintragung der GbR, NJW 2003, 1646

OTT, Zur Grundbuchfähigkeit der GbR und des nicht eingetragenen Vereins, NJW 2003, 1223

POHLMANN, Rechts- und Parteifähigkeit der Gesellschaft bürgerlichen Rechts, WM 2002, 1421

REYMANN, Der BGH-Beschluss zur Grundbuchfähigkeit der GbR – Ist dies das Ende des Erwerberschutzes?, ZflR 2009, 81

RIPFEL, Nebenleistungen aus dem Ursprungskapital eines Grundpfandrechts, BWNotZ 1965, 313

RUHWINKEL, Die GbR im Grundbuch – was nun?, MittBayNot 2009, 177

SCHÄFER, Welche Mindestanforderungen stellt § 1115 Abs 1 an die Grundbucheintragung bezüglich „anderer Nebenleistungen"?, BWNotZ 1955, 237

SCHWAB, Das Recht der Hypothekenzinsen und der sonstigen Nebenleistungen einer Hypothek (Diss Tübingen 1968)

SIEBERT, Das rechtsgeschäftliche Treuhandverhältnis (1959; Nachdruck d 2. Aufl 1933)

ULMER/STEFFEK, Grundbuchfähigkeit einer rechts- und parteifähigen GbR, NJW 2002, 330

VOLQUARDSEN, Die Bestimmtheit des Eintrags bei der Hypothek (Diss Tübingen 1934)

WAGNER, Grundbuchfähigkeit der Gesellschaft bürgerlichen Rechts, ZIP 2005, 637

WOLLNER, Die dingliche Sicherung vertraglicher Nebenleistungen bei der Verkehrshypothek (Diss Leipzig 1934).

Systematische Übersicht

Hans Wolfsteiner

I. Allgemeines

1 § 1115 setzt etwas voraus, was zwar aus dem Zusammenspiel von § 1113 mit § 873 zu entnehmen, aber im Gesetz nicht ausdrücklich ausgesagt ist, dass nämlich die Hypothekenforderung **mit ihrem gesamten Inhalt** in das Grundbuch (im weiteren Sinn, s Rn 2) eingetragen werden muss (vgl Einl 99 f zu §§ 1113 ff). Nur bei der Wertpapierhypothek und bei der Höchstbetragshypothek genügt es, die gesicherten Forderungen zur Zeit der Eintragung (so bei der Wertpapierhypothek) oder aber auch erst später (so bei der Höchstbetragshypothek) identifizierbar zu machen (§§ 1187 Rn 12, 1190 Rn 35); bei allen anderen Hypotheken reicht die bloße Identifizierung nicht aus. Einzutragen ist also alles, was Inhalt der Forderung ist, allerdings nur der Geldforderung, nicht auch von nicht auf Geld gerichteten Nebenansprüchen (§ 1113 Rn 27). Nur was im Grundbuch eingetragen ist, kann dinglicher Inhalt der Hypothekenforderung sein. Geht der Inhalt des gesicherten schuldrechtlichen Anspruchs zu Gunsten des Gläubigers über das Eingetragene hinaus, so findet insoweit eine dingliche Haftung nicht statt. Bleibt der Inhalt des gesicherten schuldrechtlichen Anspruchs zulasten des Gläubigers hinter dem Eingetragenen zurück, so ist insoweit eine Fremdhypothek nicht entstanden (vgl Einl 122 zu §§ 1113 ff).

2 § 1115 behandelt in Spezifizierung des § 874 nur die Frage, was bei Eintragung einer Hypothek unmittelbar in das Grundbuch eingetragen werden muss und inwieweit statt solcher unmittelbarer Eintragung auf die Eintragungsbewilligung oder die Satzung **Bezug genommen werden** kann. Das eigentliche Buch (Grundbuch im engeren Sinn) und die zulässigerweise in Bezug genommene Eintragungsbewilligung ergeben insgesamt den Inhalt der Eintragung (Grundbuch im weiteren Sinn). Soweit zulässigerweise auf die Eintragungsbewilligung Bezug genommen ist, sind Grundbuch im engeren Sinn und Eintragungsbewilligung rechtlich völlig gleichwertig.

3 Von der Frage, wie die Eintragung des Gesamtinhalts der Hypothek einerseits auf das Buch selbst und andererseits durch Bezugnahme auf die Eintragungsbewilligung aufzuteilen ist, ist die ganz andere Frage zu unterscheiden, wie weit das Grundbuch im weiteren Sinn auf Momente **außerhalb des Grundbuchs** verweisen darf. Einen heute praktisch bedeutungslosen Sonderfall regelt Abs 2 (unten Rn 62). Darüber hinaus besteht Einigkeit darüber, dass auf allgemein geltende Rechtsnormen verwiesen werden darf (Staudinger/Gursky [2007] § 874 Rn 8 mwNw), etwa auf den jeweiligen Basiszinssatz (Einl 59 zu §§ 1113 ff). Hingegen soll die Verweisung auf nur örtlich geltende Rechtsvorschriften unzulässig sein (OLG München vom 27.5. 2008 – 34 Wx 130/07 – FGPrax 2008, 196 zu einer Dienstbarkeit; Staudinger/Gursky aaO), was freilich nicht mit Abs 2 harmoniert. Soweit man der Höhe nach schwankende Grundpfandrechte zugelassen hat (Einl 56 zu §§ 1113 ff), steht der Schwankungsmaßstab regelmäßig außerhalb des Grundbuchs, etwa ein von einem statistischen Amt veröffentlichter Preisindex. Die gilt insbesondere für unstreitig zulässige schwankende Zinsen

(Einl 59 ff zu §§ 1113 ff). Eingehende Untersuchungen zur Unterscheidung rechtsgeschäftlich begründeter und damit eintragungsbedürftiger Rechtsverhältnisse von sog offenkundigen Termen, die wie Tatsachen bezugnahmefähig sind, fehlen (vgl zu den „juristisch eingekleideten Tatsachen" BGHZ 135, 92 vom 14. 3. 1997 – V ZR 9/96; BGH vom 16. 7. 2003 – XII ZR 100/00 – NJW-RR 2003, 1578 [m Anm KLINGELHÖFFER jurisPR-BGHZivilR 3/2003 Anm 4]; BGH vom 6. 10. 2005 – III ZR 367/04 – NJW-RR 2006, 281 [mit abl Anm GSELL JurisPR-BGHZivilR 49/2005 Anm 4]; BGH vom 18. 6. 2007 – II ZR 89/06 – DStR 2007, 2175).

Welchen **Inhalt** das Rechtsgeschäft Hypothek haben muss, damit die Hypothek **4** entstehen und eingetragen werden kann, ist aus § 1115 nicht zu entnehmen; Inhalt und Eintragungsfähigkeit sind vielmehr aus §§ 873 und 1113 zu entnehmen (vgl KG OLGE 18, 161). Die Vorschrift regelt auch nicht, welchen Inhalt die Eintragungsbewilligung neben dem Forderungsinhalt aufweisen muss (KG OLGE 18, 161); vgl hierzu § 873. § 1115 ergänzt die allgemeine Bestimmung des § 874, die weiterhin für die Eintragung des dinglichen Rechts maßgebend ist (s Erl zu § 874). Neben den Vorschriften des BGB über die Eintragung der Hypothek gelten die formellen Bestimmungen der GBO (§§ 13, 17, 18, 44, 45, 48, 51, 52 GBO). Über Entstehung und Eintragung der Hypothek im allgemeinen siehe Einl 102 ff zu §§ 1113 ff; vgl ferner § 1116.

Zweck der gesetzlichen Regelung ist es, dem Benutzer durch einfache Grundbucheinsicht **5** einen vorläufigen Überblick darüber zu vermitteln, was für die *Erkennbarkeit der Belastung* nach Inhalt und Umfang von hervorgehobener Bedeutung ist (vgl BGHZ 47, 41). Obwohl also § 1115 nur mit der Optik der Eintragung, nicht mit deren Inhalt zu tun hat, hat die formstrenge Abgrenzung zwischen obligatorischer Eintragung in das Grundbuch selbst und fakultativer Bezugnahme auf die Eintragungsbewilligung materielle Bedeutung (BGHZ 35, 375, 385; BGHZ 47, 41; vgl unten Rn 47), weil nur so die Eindeutigkeit der Grundbucheintragung im engeren Sinn sicherzustellen ist. Mit fortschreitendem Ausbau des **Computer-Grundbuchs** sollte die Unterscheidung allerdings obsolet werden, weil auch die Eintragungsbewilligung elektronisch zu erfassen, zu speichern und – das ist entscheidend – mit der Grundbucheintragung so zu verknüpfen ist, dass für den Einsichtnehmenden beides als Einheit erscheint.

Bei der Eintragung ist das GBA an **Fassungsvorschläge** der Beteiligten nicht ge- **6** bunden. Auch soweit Bezugnahme zulässig ist, kann es nach seinem Ermessen die Eintragung auch im Grundbuch selbst vornehmen (BGHZ 47, 41), nicht aber umgekehrt.

II. Erfordernis der Eintragung

Als **wesentliche Erfordernisse** sind in das Grundbuch selbst einzutragen Abs 1 **7** HS 1):

1. Der Gläubiger

Der Gläubiger ist derart zu bestimmen, dass über seine Identität kein begründeter **8** Zweifel aufkommen kann (RGZ 72, 38; KGJ 39 A 223; BGH LM Nr 5 zu § 6 der 40. DVO/ UmstG = Spark 1953, 62 mit zust Anm SPRENGEL; BayObLGZ 1958, 168; OLG Bremen DNotZ 1965, 566). Zur Auslegung einer bloß ungenauen oder sonstwie unklaren Bezeichnung kann die Eintragungsbewilligung herangezogen werden (KG JW 1931, 544 mit Anm ROSENBERG; aA BayObLGZ 1984, 239 vom 15. 10. 1984 – BReg 2Z 55/84; vgl OLG Rostock vom 26. 4. 2007 – 7 U 67/05). Letztlich kommt es auch gar nicht entscheidend auf die Person des Gläubigers an, sondern darauf, dass die gesicherte Forderung eindeutig identifiziert ist (SCHÖNER/STÖBER[13] Rn 1950), was allerdings ohne Identifizierung des Gläubigers nur selten möglich ist (vgl aber zur sog verdeckten Nachverpfändung § 1132 Rn 12).

9 Ist die Gläubigerbezeichnung so, dass sie schlechthin keine Identifizierung ermöglicht (Grundbucheintragung und Eintragungsbewilligung lauten nur „Max Müller in Berlin"), so ist die Hypothek nichtig (PALANDT/BASSENGE[68] Rn 4) mit der Folge, dass das Grundpfandrecht als Eigentümergrundschuld entsteht (Einl 102 zu §§ 1113 ff). Genügt sie nur nicht den Anforderungen des § 15 GBV und ist sie zwar *ungenau*, aber lässt sie doch eine Identifizierung – wenn auch unter Heranziehung externer Momente – zu, so ist die Hypothek selbst nicht nichtig oder anfechtbar; das Grundbuch wird aber berichtigungsbedürftig. Es tritt die weitere Rechtsfolge ein, dass derjenige, der aus der Eintragung Rechte für sich ableiten will, den wahren Sachverhalt aufdecken und beweisen muss (RGZ 72, 40; 79, 74; RG HRR 1931 Nr 1316; RG WarnR 1914 Nr 252; 1915 Nr 286; BGH LM Nr 5 zu § 6 der 40. DVO/UmstG; KG OLGE 14, 126; SIBER JherJb 75, 375; vgl auch OLG Hamburg DNotZ 1955, 148 mit Anm HOCHE; s ferner § 22 GBO wegen der Berichtigung).

10 Ist die Gläubigerbezeichnung schließlich *falsch* in dem Sinn, dass sie eindeutig und zweifelsfrei eine andere Person bezeichnet als die, die der Einigung zufolge Gläubiger sein sollte, so fehlt es an Übereinstimmung zwischen Einigung und Eintragung ebenfalls mit der Folge, dass eine Eigentümergrundschuld entsteht (aA anscheinend STAUDINGER/SCHERÜBL[12] Rn 2). Auf die Eintragungsbewilligung lässt sich in diesem Fall nicht zurückgreifen (OLG Rostock vom 26. 4. 2007 – 7 U 67/05 – OLGR Rostock 2007, 665, bestätigt von BGH vom 11. 1. 2008 – V ZR 85/07 – NJW-RR 2008, 760; aA OLG Düsseldorf vom 26. 5. 1987 – 3 Wx 498/86 – Rpfleger 1987, 496; meine gegenteilige Auffassung in der Bearb 2002 Rn 3 gebe ich auf), denn bei unzweideutiger Verlautbarung im Grundbuch selbst besteht für den Rechtsverkehr kein Anlass, anhand der Eintragungsbewilligung zu prüfen, ob die Eintragung damit übereinstimmt (vgl BGH vom 23. 9. 1993 – V ZB 27/92 – NJW 1993, 3197, 3198).

a) Natürliche Personen
11 Bei natürlichen Personen sind der Name (Vornamen und Familiennamen), der Beruf, der Wohnort sowie nötigenfalls andere die Berechtigten deutlich kennzeichnende Merkmale (zB Geburtsdatum) einzutragen; das Geburtsdatum ist stets anzugeben, wenn es sich aus den Eintragungsunterlagen ergibt; wird das Geburtsdatum angegeben, so bedarf es nicht der Angabe des Berufs (§ 15 Abs 1a GBV – Ordnungsvorschrift). Steht die Hypothek mehreren Gläubigern gemeinschaftlich zu, so soll die Eintragung in der Weise erfolgen, dass entweder die Anteile der Berechtigten in Bruchteilen angegeben werden oder das für die Gemeinschaft maßgebende Rechtsverhältnis bezeichnet wird (§ 47 GBO). S zu den möglichen Gemeinschaftsverhältnissen Einl 73 ff zu §§ 1113 ff.

12 Ob auch eine *gegenwärtig noch nicht existierende Person* als Gläubiger eingetragen werden kann, ist keine Frage des § 1115, sondern des § 1113 Abs 2 (Einl 83 ff zu §§ 1113 ff).

b) Gemeinschaft von Wohnungseigentümern

Die als rechtsfähig geltende Gemeinschaft der Wohnungseigentümer (s zur Fähigkeit, **13**
Gläubiger einer Hypothek zu sein, oben Einl 77 zu §§ 1113 ff) ist in Anwendung des § 28 S 1
GBO entweder übereinstimmend mit dem Grundbuch oder durch Hinweis auf das
Grundbuchblatt zu bezeichnen (aA – Straße und Hausnummer genüge – LG Bremen vom 2. 3.
2007 – 3 T 137/07 – Rpfleger 2007, 315; Hügel DNotZ 2007, 326, 337). Für die vor allem in
Betracht kommenden *Zwangshypotheken* wegen Wohngeldrückständen kommt es
allein auf den Titel, nicht auf die materielle Berechtigung an (falsch insoweit Zeiser
Rpfleger 2003, 550 unter Berufung auf nicht veröffentlichte Rspr, dass ein Titel, der nicht sämtliche
Wohnungseigentümer oder Nicht-Wohnungseigentümer aufführt, zur Zwangsvollstreckung ungeeignet sei und dass „Berechtigte in Wohnungseigentümergemeinschaft" auch dann einzutragen seien,
wenn der Titel kein Berechtigungsverhältnis angibt). Hat der Verwalter einen auf sich als
Treuhänder oder in Prozessstandschaft lautenden Titel erlangt (das kann er nach BGHZ
104, 197), so kann er auch eine Zwangshypothek auf sich als Gläubiger eintragen
lassen (Vorbem 43 zu § 1113 ff; vgl Schöner/Stöber[13] Rn 2182 mwNw). Lautet der Titel auf
die Gemeinschaft der Wohnungseigentümer unter Angabe der Miteigentumsbruchteile der einzelnen Wohnungseigentümer, so sind alle Titelgläubiger unter Angabe
der Bruchteile (aA Zeiser Rpfleger 2003, 550) als Gläubiger einzutragen (BayObLG
Rpfleger 1985, 102; BayObLG vom 16. 5. 1994 – 2 Wx 15/94 – Rpfleger 2001, 403; BayObLG vom
4. 2. 2004 – 2Z BR 257/03 – ZfIR 2004, 643; vgl auch LG Aachen, OLG Köln Rpfleger 1994, 496 [mit
Anm Sauren]). Lautet der Titel auf die Wohnungseigentümer als Gesamtgläubiger, so
sind sie übereinstimmend mit dem Titel auch als Gläubiger der Zwangshypothek
einzutragen. Lautet der Titel undifferenziert auf die Wohnungseigentümer (was BGH
NJW 1977, 1686 auch unter altem Recht zugelassen hat; vgl BayObLGZ 1995 Nr 18), so muss man
darunter jetzt die nach § 10 Abs 6 WEG als rechtsfähig geltende Gemeinschaft der
Wohnungseigentümer verstehen.

c) Einzelkaufmann

Ein *Einzelkaufmann* ist nach der Ordnungsvorschrift des § 15 Abs 1 lit a GBV unter **14**
seinem bürgerlichen Namen als Gläubiger der Hypothek ins Grundbuch einzutragen. Eine Eintragung unter der Firma ist vom Grundbuchamt abzulehnen, da die
Hypothek nicht allen zukünftigen Inhabern der Firma zustehen soll und kann. Wird
aber ein Einzelkaufmann ordnungswidrig unter seiner von seinem bürgerlichen
Namen abweichenden Firma eingetragen, so ist die Eintragung nicht ungültig, da
die Eintragung der Firma rein materiellrechtlich den Erfordernissen des § 1115
genügt; berechtigt ist derjenige, der zur Zeit der Eintragung Inhaber der Firma war.
Erforderlich ist also auch hier nur eine genügende Identifizierbarkeit (RGZ 72, 40; RG
JW 1909, 689; RG WarnR 1915 Nr 286; BGH LM Nr 5 zu § 6 der 40. DVO/UmstG; Hoche DNotZ
1955, 151; vgl auch BayObLGZ 1956, 218 = NJW 1956, 1800).

d) Registrierte Personenvereinigungen

Rechtsfähige Personengesellschaften des Handelsrechts (OHG, KG) und sonstige **15**
registrierte Personengesellschaften (EWIV, Partnerschaftsgesellschaft) sind unter
ihrer Firma bzw unter ihrem Namen und unter Angabe des registrierten Sitzes (aA
Staudinger/Scherübl[12] Rn 9 – Ort der Verwaltung, § 17 ZPO; aber nur das Registergericht, an
dem die Gesellschaft tatsächlich registriert ist, nimmt die Identitätsprüfung nach § 30 HGB vor)
einzutragen (§ 15 Abs 1 lit b GBV). Dringend zu empfehlen ist die Angabe des
Registergerichts und der Register-Nummer, weil nur sie eine zuverlässige Identifizierung ermöglicht. Bei der offenen Handelsgesellschaft soll eine Hypothek auch

unter dem Namen der Gesellschafter eingetragen werden können (RG RJA 10, 153); diese Auffassung ist veraltet und wird nicht mehr praktiziert. Ein Wechsel der jeweiligen Inhaber braucht nicht eingetragen zu werden (OLG Hamburg OLGE 29, 387). Die Identität des Gläubigers ist auch gewahrt, wenn die Firma einer vermeintlichen OHG eingetragen wird, deren Inhaber in Wahrheit ein Einzelkaufmann ist (RG HRR 1931 Nr 1316; OLG Hamburg DNotZ 1955, 148 mit Anm HOCHE 151).

e) Nicht registrierte Personenvereinigungen

16 aa) S zur Fähigkeit einer „**rechtsfähigen" BGB-Gesellschaft**, Gläubigerin eines Grundpfandrechts zu sein, Einl 75 f zu §§ 1113 ff. Sie soll sogar dann selbst Gläubigerin sein, wenn (aus Sicht der Anhänger der Rechtsfähigkeit fälschlich) die Gesellschafter als Inhaber angegeben sind (so für das Eigentum BGH vom 25. 1. 2008 – V ZR 63/07 – NJW 2008, 1378; BGH vom 4. 12. 2008 – V ZB 74/08 – ZfIR 2009, 93 m Anm VOLMER = DNotZ 2009, 115 m Anm HERTEL = Rpfleger 2009, 141 m Anm BESTELMEYER; vgl auch REYMANN ZfIR 2009, 81; ZIMMER MDR 2009, 237; gegenläufige Tendenz – keine Klage gegen die Gesellschafter, wenn Gesellschaft eine Erklärung abzugeben hat – BGH vom 25. 1. 2008 wie vor). Geklärt ist auch, dass die Rechtsprechung die BGB-Gesellschaft auch als „grundbuchfähig" anerkennt (BGH vom 4. 12. 2008 – V ZB 74/08 – wie vor; dazu Einl 75 f zu §§ 1113 ff).

17 Nach Auffassung des BGH (vom 4. 12. 2008 – V ZB 74/08 – wie vor; ebenso schon vorher OLG Stuttgart vom 9. 1. 2007 – 8 W 223/06 – ZIP 2007, 419 m Anm KESSELER = DB 2007, 334 m Anm TAVAKOLI = EWiR § 705 BGB 1/07, 167 [SCHODDER] = NZG 2007, 263 m Anm HESSELER/KLEIN-HENZ S 250; OLG Dresden vom 26. 5. 2008 – 3 W 55/08 – ZIP 2008, 2361 = EWiR § 705 BGB 5/08, 745 [zust STEFFEK] zur Eigentumseintragung; DEMUTH BB 2002, 1555; DÜMIG Rpfleger 2003, 80; EICKMANN ZfIR 2001, 433, 436; OTT, NJW 2003, 1223; WAGNER ZIP 2005, 637, 645; BEHRENS ZfIR 2008, 1; RUHWINKEL MittBayNot 2009, 177) beinhaltet die Rechtsfähigkeit einer GbR letztlich auch die Möglichkeit, die Gesellschaft unter ihrem eigenen Namen – also ohne zusätzliche Nennung ihrer Gesellschafter – im Grundbuch einzutragen. Die Forderung, die Gesellschafter zusätzlich mit ins Grundbuch einzutragen (POHLMANN WM 2002, 1421; NAGEL NJW 2003, 1646, 1647; LAUTNER MittBayNot 2005, 93, 99), oder wenigstens eine Gesellschafterliste beim Grundbuchamt einzureichen (ULMER/STEFFEK NJW 2002, 330, 337) hat sich nicht durchgesetzt.

18 Richtig ist, dass die Gesellschaft bürgerlichen Rechts regelmäßig durch die Angabe ihrer Gesellschafter zu bezeichnen ist, dass dies aber nicht ausreicht, weil sie allein durch Angabe der Gesellschafter nicht von einer personenidentischen anderen Gesellschaft zu unterscheiden wäre. Es bedarf also der Angabe weiterer identifizierender Merkmale (EICKMANN ZfIR 2001, 435; **aA** – nur empfehlenswert – DÜMIG Rpfleger 2002, 53). Solche Merkmale stehen aber nicht zur Verfügung, jedenfalls nicht in der grundbuchüblichen Präzision. Die Gesellschaft kann zwar einen Namen führen, muss es aber nicht. Wenn sie einen Namen führt, so kann sie ihn doch völlig formlos täglich ändern; überdies kann niemand prüfen, ob der Name einmalig ist, oder ob er gar keine Identifizierungsfunktion wahrnehmen kann, weil er vielfach verwendet wird. Man muss also Abstriche hinnehmen und sich mit einer systembedingt mangelhaften Eintragung, nämlich der eines Namens mit mangelhafter Namensfunktion (wie im frühen Mittelalter) begnügen. Welche Auswirkungen das auf die Möglichkeit des gutgläubigen Erwerbs hat, ist auch nicht im Ansatz erörtert, geschweige denn geklärt (für eine Rechtsscheinshaftung der Eingetragenen REYMANN ZfIR 2009, 81; s auch VOLMER ZfIR 2009, 97).

Wird die Gesellschaft unter ihrem Namen geführt, so kann die Angabe sämtlicher **19** Gesellschafter nicht zwingend sein, wenn die Gesellschaft schon dadurch und möglicherweise weitere Sachmerkmale, wie den Sitz, identifizierbar ist (BGH vom 4. 12. 2008 – V ZB 74/08 – ZIP 2009, 66; HADDING ZGR 2001, 712; HEIL DNotZ 2002, 60; RUH-WINKEL MittBayNot 2009, 177; **aA** MÜNCH DNotZ 2001, 535 und – aber ganz außerhalb des Grundbuchsystems – ULMER ZIP 2001, 585, 595, der den Zwang zur Angabe der Gesellschafter nur „lockern", nicht aber beseitigen will; WERTENBRUCH NJW 2002, 324; die gegenteilige Rechtsprechung des BGH zum Handelsregister – ZIP 2001, 1713 – ist insofern nicht einschlägig, weil die Registereintragung – anders als das Grundbuch – primär Haftungsverhältnisse zu verlautbaren hat). Da die Gesellschaft als solche Gläubigerin ist, hat ein Gesellschafterwechsel in keinem Fall mehr einen Gläubigerwechsel zur Folge. Die Eintragung neuer Gesellschafter ist dann keine Grundbuchberichtigung im engeren Sinne des § 894 (**aA** – noch – STAUDINGER/GURSKY [1996] § 894 Rn 24), sondern nur – vergleichbar einer Namensänderung – eine identitätswahrende Berichtigung der Gläubigerbezeichnung (OLG Hamm vom 25. 10. 2007 – 15 W 361/06 – FGPrax 2008, 84; OLG München vom 3. 7. 2008 – 34 Wx 36/08 – MittBayNot 2009, 64; OLG Zweibrücken vom 28. 8. 2008 – 3 W 68/08 – FGPrax 2009, 15; EICKMANN ZfIR 2001, 435; RUHWINKEL MittBayNot 2009, 177). Andererseits ist die Grundbucheintragung nicht mehr geeignet, die Gesellschafter als solche zu legitimieren (für eine Rechtsscheinshaftung der Eingetragenen aber REYMANN ZfIR 2009, 81). Wird also auf Bewilligung des Eigentümers eine BGB-Gesellschaft als Gläubigerin eines Grundpfandrechts in das Grundbuch eingetragen, dann muss die Gläubigerin, wenn sie Verfügungen treffen will, mittels externer Beweismittel in der Form des § 29 GBO belegen, wer verfügungsbefugt ist.

bb) Auch ein sog **nicht rechtsfähiger Verein** muss nach neuer Rechtsprechung (s Einl **20** 78 zu 3§ 1113 ff) entgegen seiner gesetzlichen Bezeichnung in § 54 und entgegen der Regelung in § 21 als doch rechts- und damit auch grundbuchfähig angesehen werden (**ablehnend** zur Grundbuchfähigkeit trotz neuer Rechtsprechung aber K SCHMIDT NJW 2001, 993; HEIL NZG 2001, 300; unentschieden WESTERMANN NZG 2001, 289; ULMER ZIP 2001, 585). Entgegen früherer Auffassung ist es nicht mehr erforderlich, die einzelnen Mitglieder als Gläubiger einzutragen (so RGZ 127, 309). Vielmehr ist der Verein selbst unter seinem Namen und seinem Sitz einzutragen. Der früher üblichen Treuhandlösung (s unten Rn 26 f) bedarf es nicht mehr. Die mannigfachen Unsicherheiten, die mit der Eintragung verbunden sind (auch der nicht rechtsfähige Verein kann täglich seinen Namen und seinen Sitz ändern, ohne dass irgendein Publikationsakt erforderlich wäre), werden von der neuen Rechtsprechung (leichtfertig) in Kauf genommen.

f)   Juristische Personen des Privatrechts
Für juristische Personen des Privatrechts gilt das vorstehend Rn 15 ausgeführte.   **21**

g)   Juristische Personen des öffentlichen Rechts
Einzutragen ist der Name der juristischen Person, die Rechtsträger ist, nicht der **22** Name einer Behörde der juristischen Person. Dies folgt indirekt aus § 15 Abs 2 GBV, der es bei Eintragungen für den Fiskus, eine Gemeinde oder sonstige juristische Person des öffentlichen Rechts auf Antrag eines Berechtigten zulässt, den Teil seines Vermögens, zu dem das einzutragende Recht gehört, oder die Zweckbestimmung des Rechts durch einen dem Namen des Berechtigten in Klammern beizufügenden Zusatz zu bezeichnen (vgl LG Bochum Rpfleger 1961, 46). Auch bei (Zwangs-)Hypo-

theken im Vollstreckungsverfahren der Abgabenordnung ist nach § 252 AO die Körperschaft einzutragen, der die Vollstreckungsbehörde angehört; es gibt deshalb keinen Anlass mehr, bei einer Zwangshypothek für verschiedene Steuergläubiger gegen den Wortlaut des § 1115 das für die Steuerfestsetzung zuständige Finanzamt als Gläubiger einzutragen (so aber noch ERMAN/WENZEL[12] Rn 3 unter Berufung auf OLG Köln NJW 1960, 1110). Dies gilt auch dann, wenn eine Vollstreckungsbehörde auf Ersuchen einer anderen Vollstreckungsbehörde Vollstreckungsmaßnahmen durchführt, da sie in diesem Fall an die Stelle der ersuchenden Behörde tritt (§ 250 Abs 1 AO). Auf Antrag soll bei Eintragung des Fiskus als Gläubiger auch die *vertretende* Behörde als Klammerzusatz eingetragen werden können (LG Kleve Rpfleger 1954, 463 mit zust Anm BEHMER: Fortbildung von § 15 Abs 2 GBV; s auch KGJ 51, 244; **aM** LG Düsseldorf Rpfleger 1977, 167; BRUHN Rpfleger 1954, 464).

23 Ist die juristische Person des öffentlichen Rechts im *Handelsregister* eingetragen (§ 36 HGB, der sie von Eintragungspflicht ausnahm, ist durch das HandelsrechtsreformG mit Wirkung zum 31. 3. 2000 aufgehoben worden, Art 38 Abs 3 EGHGB), so empfiehlt sich auch hier dringend die Angabe des Gerichts und der Registernummer; dies gilt besonders für Sparkassen, die mehrere Firmen führen dürfen (BayObLGZ 2001, 69) und durch ständige Fusionen ihre Identitäten und Namen häufig zu wechseln pflegen.

24 Wird entgegen diesen Bestimmungen eine Behörde als Berechtigte eingetragen, so ist die Eintragung nicht unwirksam, wenn nur der Gläubiger hinreichend bestimmbar ist (KGJ 51, 244; vgl OLG Karlsruhe DNotZ 1955, 544: „Staatsfinanzverwaltung" als Gläubigerbezeichnung); das Grundbuchamt hat jedoch auf eine ordnungsgemäße Bezeichnung hinzuwirken (OLG Schleswig JZ 1955, 619 mit abl Anm MATTERN). Zulässig ist die Eintragung von Verwaltungseinheiten einer juristischen Person des öffentlichen Rechts als Berechtigte in Form eines Klammerzusatzes (oben Rn 22). Unzulässig sind jedoch Zusätze, die auf eine Treuhänderstellung hinweisen (OLG Saarbrücken NJW 1967, 1378; s auch unten Rn 26).

h) Zweigniederlassungen

25 Die *Zweigniederlassung* einer Handelsgesellschaft kann als Gläubiger eingetragen werden, wenn sie ihre besondere von der Firma der Hauptniederlassung abweichende Firma führt (RGZ 62, 7; HANS Rpfleger 1961, 43; WOITE NJW 1970, 548; vgl BayObLGZ 1972, 373; OLG Hamm, vom 14. 11. 2000 – 15 W 318/00 – Rpfleger 2001, 190; **aA** ERMAN/WENZEL[12] Rn 3: auch bei Firmengleichheit, wenn Sitz der Zweigniederlassung angegeben wird).

i) Treuhänder

26 Hält jemand eine Forderung als Treuhänder, so kann nur der Treuhänder als Inhaber der Forderung Gläubiger einer Hypothek für diese Forderung sein (RGZ 79, 121; RGZ 84, 218; OLG Hamm Rpfleger 1954, 464; OLG Saarbrücken NJW 1967, 1378; LG Stuttgart BWNotZ 1977, 90; vgl auch Erl zu § 929 sowie ERMAN/WENZEL[12] Rn 3). Unzulässig ist es, der Eintragung des Gläubigers den Vermerk „als Treuhänder" hinzuzufügen, da die Vereinbarung eines Treuhandverhältnisses nur interne schuldrechtliche Bedeutung hat und nicht an dem öffentlichen Glauben des Grundbuchs teilnimmt (KG JW 1933, 2464; KG JFG 14, 332; OLG München JFG 16, 291; OLG Saarbrücken NJW 1967, 1378; kritisch, aber abzulehnen OLG Hamm Rpfleger 1954, 464 und FLEISCHMANN NJW 1955, 609, weil das Treuhandverhältnis doch gewisse Außenwirkungen entfalte – die Außenwirkungen können aber nicht am öffentlichen Glauben des Grundbuchs teilhaben). Desgleichen ist eine Eintragung des Treugebers neben dem Treuhänder (als Klammerzusatz im Rahmen des § 15 Abs 2 GBV) nicht möglich (OLG Hamm Rpfleger 1954, 464). Ein gewisser (nicht ins Grundbuch selbst einzutragender) Hinweis auf einen Treugeber kann sich allerdings dann ergeben, wenn die gesicherte Forderung nur durch Hinweis auf den ursprünglichen Gläubiger identifiziert werden kann (SCHÖNER/STÖBER[14] Rn 1997 unter Berufung auf RICKS DNotV 1928, 394); auch dann spielt es freilich keine Rolle, ob der jetzige Inhaber der Forderung im Innenverhältnis das Vollrecht erworben hat oder nur Treuhänder ist. Überhaupt gibt es kein Verbot, ein Treuhandverhältnis in der Eintragungsbewilligung aufscheinen zu lassen; ins Grundbuch selbst aber darf ein Treuhandvermerk nicht eingetragen werden und ein aus der in Bezug genommenen Eintragungsbewilligung erkennbares Treuhandverhältnis gehört nicht zum Inhalt der Hypothek und nimmt daher nicht an der Grundbucheintragung teil. Im übrigen sind Treuhandverhältnisse viel zu mannigfaltig und in ihrer Abgrenzung zu fließend, als dass eine klare sachenrechtliche Erfassung möglich wäre.

Wegen der Eintragung des *Grundbuchvertreters* (Treuhänders) im Fall der §§ 1187 ff **27** s näher Erl zu §§ 1187, 1189. Der *Treuhändersperrvermerk* nach § 72 Abs 1 VAG ist eintragungsfähig (KG JW 1934, 1126; SCHÖNER/STÖBER[14] Rn 2004), nicht aber der Treuhänder nach §§ 7 ff PfandBG, der keine Verfügungsbefugnisse hat; zur Eintragung des Sperrvermerks bei Eintragung des Grundpfandrechts genügen Antrag und Bewilligung des Eigentümers, die Mitwirkung des Gläubigers ist gegenüber dem Grundbuchamt nicht erforderlich (BayObLG NJW 1965, 358; LG Wiesbaden Rpfleger 1968, 393 mit zust Anm HAEGELE; SCHÖNER/STÖBER[14] Rn 2005). Nachträgliche Eintragung ist Grundbuchberichtigung (SCHÖNER/STÖBER Rn 2006).

k)   Erben, Platzhalter, Vertreter, Parteien kraft Amts
Die Erben einer verstorbenen Person können nicht als solche, dh in der Form „die **28** Erben des ...", eingetragen werden (aA BayObLG NJW 1958, 1919; SCHÖNER/STÖBER[13] Rn 1950); eine solche Eintragung sagt lediglich aus, dass der Berechtigte verstorben ist, identifiziert die Erben aber nicht, weil jeder Verstorbene Erben hat. Aus praktischen Gründen mag eine Ausnahme für die Fälle gelten, dass ein bekannter Vertreter unbekannter Erben (Nachlassverwalter, Testamentsvollstrecker) diesen eine Hypothek für eine dem Nachlass zustehende Forderung zu verschaffen hat. Eine Eintragung auf Platzhalter, zB auf den *Testamentsvollstrecker* oder auf die *Insolvenzmasse* ist mangels Bestimmtheit ebenfalls unzulässig. Bei einer Insolvenzmasse als Gläubigerin ist vielmehr der Insolvenz-Schuldner als Gläubiger mit dem Vermerk der Insolvenzeröffnung einzutragen (RG SeuffA 44 Nr 79; BayObLGZ 32, 377; vgl BayObLG Recht 1907 Nr 1891). Die Eintragung einer Hypothek für die Insolvenzmasse ist jedoch nicht nichtig, sondern entsprechend auf den Insolvenz-Schuldner umzudeuten (RG SeuffA 44 Nr 79). Auch der Insolvenzverwalter kann nicht als Berechtigter eingetragen werden (BayObLGZ 32, 377). Ebenso ist die Eintragung einer Hypothek auf den Namen des Testamentsvollstreckers abzulehnen, da aus dieser Eintragung nicht genügend bestimmt hervorgeht, wer Gläubiger der Hypothek ist (KG OLGE 7, 375). Das gleiche gilt bei einem Antrag auf Eintragung der Hypothek zugunsten eines Nachlasspflegers (KGJ 36 A 226; OLG Hamburg OLGE 20, 416; KGJ 40, 203) oder Nachlassverwalters (OLG Hamm OLGZ 88, 390). Eine erfolgte Eintragung ist jedoch nicht inhaltlich unzulässig iS des § 53 Abs 1 S 2 GBO.

29 Die nach § 93 VerglO gegebene Möglichkeit, die Vergleichsgläubiger ohne nähere Angabe als Berechtigte und den jeweilige Sachwalter als Vertreter der Gläubiger ins Grundbuch einzutragen (s näher MOHRBUTTER Rpfleger 1956, 274), ist entfallen.

30 Über die Sonderfälle der Eintragung des jeweiligen Inhabers der Schuldverschreibung als Gläubiger der *Wertpapierhypothek* nach §§ 1187 ff s § 1187 Rn 12 sowie § 1195 Rn 4 hinsichtlich des Gläubigers der *Inhabergrundschuld.*

2. Der Geldbetrag der Forderung

31 Der Geldbetrag der Forderung ist in bestimmter Summe (Einl 55 zu §§ 1113 ff) einzutragen (§ 28 S 2 GBO). S zur Behandlung früherer Währungen Einl 48 zu §§ 1113 ff und zu ausländischen Währungen daselbst Rn 44 ff. Die ohne Angabe einer bestimmten Summe geschehene Eintragung ist wertlos und wegen inhaltlicher Unzulässigkeit gemäß § 53 Abs 1 S 2 GBO von Amts wegen im Grundbuch zu löschen; lässt sich aber der Betrag aus dem Eintragungsvermerk errechnen, so ist die Eintragung wirksam (vgl LG Bonn MDR 1995, 747). S zur Wertsicherung Einl 56 zu §§ 1113 ff.

3. Der Zinssatz

32 a) Zum **Zinsbegriff** s Einl 49 zu §§ 1113 ff und § 1113 Rn 57 f. Das Eintragungserfordernis gilt nur für **rechtsgeschäftliche** Zinsen. Auch hier regelt § 1115 nur die *Art und Weise der Grundbucheintragung;* s dazu, welche Zinsvereinbarungen *zulässig* sind, Einl 49 ff und 59 ff zu §§ 1113 ff und § 1113 Rn 57 f. Die bloße Angabe der Zinssatzes ohne Angabe einer Bezugszahl genügt; die Zinsen sind in dem angegebenen Hundertsatz des ursprünglichen Kapitalbetrags gesichert, unabhängig davon ob sie in der angegebenen Höhe entstanden oder noch geschuldet sind (BGHZ 47, 41).

33 b) Bei durch einen **festen Hundertsatz** bestimmtem Zinssatz ist dieser Satz ins Grundbuch selbst einzutragen. Auch bei **gleitendem Zins** muss ein Regel- oder Anfangszinssatz in das Grundbuch selbst eingetragen werden und zusätzlich der Vermerk, dass eine Gleitklausel vereinbart ist (aA – es genüge der Vermerk, dass eine Gleitklausel vereinbart sei – und hiermit aufgegeben STAUDINGER/WOLFSTEINER [2002] Rn 21; SCHÖNER/STÖBER[13] Rn 1960). Dass ein Regel- oder Anfangszinssatz eingetragen werden muss, ergibt sich aus dem Wortlaut der Vorschrift. Wenn ein Mindest- oder Höchstzinssatz vereinbart ist, muss dieser zusätzlich eingetragen werden; wenn nicht, entfällt die Eintragung naturgemäß. Der Eintrag nur des Höchstzinssatzes ohne Hinweis auf eine in der Eintragungsbewilligung enthaltene Gleitklausel genügt nicht (BGH NJW 1975, 1314). Die in Bezug genommene Eintragungsbewilligung muss die übrigen Bestimmungsmerkmale enthalten. Zinsen können auch in der Weise eingetragen werden, dass der Betrag der in bestimmten Zeitabschnitten als Zinsen zu entrichtenden Geldsumme angegeben wird (KG RJA 4, 237 ff; KGJ 36 A 233; LG Hannover NdsRpflege 1975, 289).

34 c) Die **zeitlichen Grenzen** der Zinspflicht müssen nicht in das Grundbuch selbst eingetragen werden. Es genügt Bezugnahme auf die Eintragungsbewilligung (OLG Zweibrücken MittBayNot 1976, 139; OLG Saarbrücken MDR 1979, 846; OLG Frankfurt Rpfleger 1980, 18; LG Frankenthal Rpfleger 1976, 246; LG Bielefeld Rpfleger 1981, 354); ein entsprechender Zusatz soll jedoch beizufügen sein, wenn ein Beteiligter dies verlangt (LG Bielefeld JurBüro 1975, 967; LG Marburg MDR 1979, 846). Ist nichts abweichendes angegeben, so bezieht sich der Zinssatz auf ein Kalenderjahr; die Bezeichnung der Zinsen als Jahreszinsen ist daher entbehrlich (LG Bielefeld vom 10. 4. 1981 – 3 T 524/80 – Rpfleger 1981, 354). S zum insoweit notwendigen Inhalt der Hypothek und damit der Eintragungsbewilligung Einl 49 ff zu §§ 1113 ff.

d) Auch eine nachträgliche **Einführung oder Erhöhung der Verzinslichkeit** bedarf **35** der Eintragung, selbst wenn sie sich im Rahmen des § 1119 hält (s § 1119 Rn 7). Eine Vereinbarung über die Herabsetzung des Zinssatzes bedarf an sich keiner Form; sie kann sich je nach der Willensrichtung der Beteiligten auf die Hypothekenforderung und damit auch auf die Hypothek oder lediglich auf die dingliche Haftung allein beziehen.

e) S zu **Zinseszinsen** § 1113 Rn 57. Sie können (soweit zulässig) als „andere" **36** Nebenleistungen (vgl unten Rn 39 ff) nur unter Angabe des Geldbetrages eingetragen werden (KG RJA 1, 81 ff; BGB-RGRK/MATTERN[12] Rn 26).

f) Fehlen in der Eintragung die erforderlichen Angaben (s vorstehend), so ist die **37** Zinsklausel unwirksam, das dingliche Recht also unverzinslich (BGH NJW 1975, 1314). Die Nichtigkeit erstreckt sich aber nicht auf den übrigen Inhalt der Eintragung (RGZ 113, 229; BGB-RGRK/MATTERN[12] Rn 23). Die Haftung für Verzugszinsen nach Maßgabe des § 1118 gilt freilich auch dann.

g) Gesetzliche Zinsen, insbesondere Verzugszinsen und Prozesszinsen (§§ 288, **38** 289, 291, 497, 1146), werden nicht in das Grundbuch eingetragen, weil für sie gemäß § 1118 das Grundstück allein kraft der Hypothek haftet (SCHÖNER/STÖBER[13] Rn 1954). Wenn dagegen für den Fall des Verzuges gegenüber den gesetzlichen Zinsen eine Erhöhung des Zinssatzes rechtsgeschäftlich vereinbart ist, ist diese Vereinbarung in das Grundbuch einzutragen. Bei **Zwangshypotheken** ist nicht immer klar zu entscheiden, ob und inwieweit die titulierten Zinsen gesetzliche oder rechtsgeschäftlich vereinbarte sind; ohne Vorlage der Urteilsgründe ist eine solche Entscheidung unmöglich. Die Praxis, titulierte Zinsen stets einzutragen, ist daher sinnvoll, auch weil sie keinerlei Schaden anrichten kann (aA KLAWIKOWSKI Rpfleger 2007, 388, der – unmotiviert – eine gesetzliche Vermutung unterstellt, dass es sich um gesetzliche Zinsen handle).

4. Der Geldbetrag „anderer" Nebenleistungen

S zum Begriff „anderer" Nebenleistungen Einl 53 f zu §§ 1113 ff und § 1113 Rn 59 f. **39** Sind andere Nebenleistungen als Zinsen geschuldet, so ist ihr Geldbetrag einzutragen. Sind sie auflösend oder aufschiebend bedingt so genügt die Angabe im Grundbuch, dass die Nebenleistung auflösend oder aufschiebend bedingt ist; im übrigen kann insoweit auf die Eintragungsbewilligung Bezug genommen werden (s Erl zu § 874; HAEGELE Rpfleger 1971, 237, 238).

Handelt es sich um eine *einmalige* andere Nebenleistung, so ist ihr Kapitalbetrag **40** einzutragen, der auch durch Angabe eines Hundertsatzes der Hauptforderung ausgedrückt sein darf. Ist in dem Eintragungsvermerk lediglich das ursprüngliche Darlehenskapital angegeben, so bezieht sich ein Hundertsatz für andere Nebenleistungen ebenso wie bei den Zinsen auf dieses Ursprungskapital; der Aufnahme einer ausdrücklichen Bestimmung dieses Inhalts bedarf es daher nicht (BGHZ 47, 41 = NJW 1967, 925; vgl aber OLG Düsseldorf Rpfleger 1996, 61 für den Fall, dass die Leistungen auch nach Teillöschung aus dem ursprünglichen Kapital zu berechnen sind). Es kann insoweit auf die Eintragungsbewilligung Bezug genommen werden.

41 Handelt es sich um *laufende* andere Nebenleistungen als Zinsen, so gilt für die Angabe der Höhe, Laufzeit und der Zeitabschnitte (OLG Frankfurt Rpfleger 1978, 409) das oben Rn 32 ff für Zinsen ausgeführte entsprechend. Allerdings sind die für Zinsen geltenden Vermutungen zur Laufzeit und zu den Zeitabschnitten der Fälligkeit nicht anwendbar, weil § 488 Abs 2 nur für Zinsen gilt, so dass sie stets ausdrücklich zumindest in der Eintragungsbewilligung geregelt sein müssen. Bei befristeten Nebenleistungen ist auch der Befristungszeitraum unmittelbar ins Grundbuch einzutragen (BGHZ 47, 41; OLG Stuttgart OLGZ 66, 105; OLG Karlsruhe Rpfleger 1968, 352; OLG Zweibrücken Rpfleger 1968, 390; LG Düsseldorf Rpfleger 1973, 212; vgl auch BayObLG Rpfleger 1974, 189; LG Bielefeld Rpfleger 1974, 396; aM HAEGELE Rpfleger 1971, 237; 1973, 212; 1974, 190 und 397: wegen des Befristungszeitraums Bezugnahme auf die Eintragungsbewilligung zulässig).

42 Sollen prozentual bestimmte Nebenleistungen auch nach Löschung eines Teils des Kapitals von dem ursprünglichen Kapitalbetrag zu berechnen sein, so ist eine entsprechende Eintragung im Grundbuch selbst erforderlich (KG HRR 1935 Nr 790; Rpfleger 1966, 303).

43 Zinsen und andere Nebenleistungen können in der Grundbucheintragung nicht zu einem Gesamtbetrag **zusammengefasst** werden, weil sie sich definitionsbedingt inhaltlich unterscheiden. Hingegen können andere Nebenleistungen, die in einem Hundertsatz der Hauptforderung ausgedrückt sind, in der Grundbucheintragung zu einem Gesamtbetrag zusammengefasst werden (RG JW 1930, 50 mit Anm HENKE); eine Einzeleintragung ist jedoch dann erforderlich, wenn die einzelnen Nebenleistungen unter verschiedenen Voraussetzungen (Zeitraum, Befristung, Bedingung) geschuldet sind (OLG Karlsruhe Rpfleger 1968, 353 mit Anm HAEGELE; OLG Hamm Rpfleger 1971, 252; HAEGELE Rpfleger 1971, 237; HAEGELE RpflJb 1974, 311, 328). Verzugszinsen von Zinsen und anderen Nebenleistungen bedürfen, soweit überhaupt zulässig, der gesonderten Eintragung als Nebenleistung (LG Duisburg DNotZ 1969, 756 mit Anm HAEGELE Rpfleger 1971, 238).

5. Rangvorbehalt für Zinsen und andere Nebenleistungen

44 Ein Rangvorbehalt (§ 881) für eine Hypothek, der keinen Verzinsungsbeginn ausweist, deckt Zinsen nur ab Eintragung der Hypothek (BGHZ 129, 1). Ein Rangvorbehalt für Zinsen deckt nicht die Eintragung von anderen Nebenleistungen (OLG Frankfurt NJW 1964, 669; ERMAN/RÄFLE § 881 Rn 2; DEMHARTER, GBO § 45 Rn 41; aM SCHMITZ-VALCKENBERG NJW 1964, 1477). Ein Rangvorbehalt für Nebenleistungen ist insoweit unwirksam als der Geldbetrag der Nebenleistungen nicht vermerkt ist (LG Itzehoe MDR 1968, 1010). S iü § 881 Rn 8.

III. Weitere eintragungsbedürftige Vermerke

Ferner muss in das Grundbuch selbst eingetragen werden der **Ausschluss des Hypo-** **45** **thekenbriefs** bei der Buchhypothek (§ 1116 Abs 2), die Bezeichnung der **Sicherungs-hypothek** als solche (§ 1184 Abs 2; vgl aber auch §§ 1187 S 2, 1190 Abs 3), der **Rangvorbehalt** im Hinblick auf § 881 Abs 2, die Bestellung eines **Grundbuchvertre-ters** nach Maßgabe des § 1189 (vgl hierzu §§ 1192, 1195), die **Unterwerfung unter die sofortige Zwangsvollstreckung** nach § 800 Abs 1 S 2 ZPO (dazu Einl 192 ff zu §§ 1113 ff).

S zur Abrede der **Nichtübertragbarkeit** Einl 135 ff zu §§ 1113 ff. Bezieht sich das **46** Abtretungsverbot nur auf die gesicherte Forderung, so bedarf dies der Eintragung nur, um einem gutgläubigen Erwerb der Hypothek als abtretbarer vorzubeugen; Bezugnahme auf die Eintragungsbewilligung genügt. Soll hingegen der Ausschluss der Abtretbarkeit dinglicher Inhalt der Hypothek sein, so ist insofern Bezugnahme auf die Eintragungsbewilligung nicht zulässig (Einl 136 zu §§ 1113 ff; **aA** OLG Hamm Rpfleger 1968, 283).

IV. Bezugnahme auf Eintragungsbewilligung

1. Weitere zur Bezeichnung der Forderung notwendige Angaben

Im übrigen genügt die Bezugnahme auf die Eintragungsbewilligung (s STAUDINGER/ **47** GURSKY [2002] zu §§ 873, 874; vgl auch BUSCH ZBlFG 12, 704), die gemäß § 10 GBO vom Grundbuchamt aufzubewahren ist. Ausnahmen in dem Sinn, dass auch weitere Angaben zwingend im Grundbuch selbst zu verlautbaren sind, sind nicht anzuer-kennen (**aA** offenbar MünchKomm/EICKMANN[4] Rn 19). Grundbucheintragungen sind hoch formalisiert; da eine Eintragung nichtig ist, wenn sie im Grundbuch selbst hätte erfolgen müssen, aber nur durch Bezugnahme auf die Eintragungsbewilligung vor-genommen worden ist, darf nicht Unsicherheit über alle möglichen Eintragungsbe-dürfnisse hervorgerufen werden. Der Wortlaut des Abs 1 ist daher formalistisch anzuwenden (vgl oben Rn 5).

2. Auslegung des Eintragungsvermerks

Ist der Eintragungsvermerk unklar oder in sich widerspruchsvoll, so kann bei **48** zulässiger Bezugnahme auf die Eintragungsbewilligung deren Wortlaut zur Ausle-gung des Eintragungsvermerks herangezogen werden (KG DNotZ 1956, 555; oben Rn 8).

3. Öffentlicher Glaube

Der **öffentliche Glaube** des Grundbuchs erstreckt sich auf eine zulässige Bezug- **49** nahme auf die Eintragungsbewilligung (RGZ 88, 88; 113, 229; BGHZ 21, 34, 41; BGH WM 1972, 384). Sie hat in diesem Rahmen die selben Wirkungen wie die Eintragung im Grundbuch selbst.

Die Eintragungsbewilligung unterliegt damit, soweit auf sie Bezug genommen wird, **50** denselben Anforderungen an Eindeutigkeit und Klarheit wie die Grundbucheintra-gung selbst (vgl LG Verden Rpfleger 1951, 617; LG Kassel Rpfleger 1956, 586; OLG Frankfurt

Rpfleger 1956, 193; RIEDEL DNotZ 1954, 454 ff). Andererseits ist auch die Eintragungsbewilligung in den für das Grundbuch überhaupt geltenden Grenzen der **Auslegung** zugänglich. Bei der Auslegung ist auf den Wortlaut der Eintragungsbewilligung und ihren Sinn abzustellen, wie er sich für einen unbefangenen Betrachter als nächstliegende Bedeutung ergibt (BGH WM 1969, 661). Die Grenzen möglicher Auslegung sind freilich überschritten, wenn die Bewilligung einer Höchstbetragshypothek, die weder die gesicherten Forderungen noch deren Schuldner bezeichnet, dahin ausgelegt wird, sie sichere alle Forderungen des Gläubigers aus dem Eigentümer gewährten Darlehen (so aber RGZ 136, 80 vom 13. 4. 1932 – V 84/32; KG OLGE 31, 355).

51 Lässt sich der Eintragungsbewilligung eine präzise rechtliche Aussage nur im Wege der Auslegung entnehmen, so ist sie zur Bezugnahme ungeeignet (großzügig OLG München vom 9. 5. 2008 – 34 Wx 139/07 – MittBayNot 2008, 479). Das Grundbuchamt hat dann entweder das Auslegungsergebnis in das Grundbuch selbst einzutragen und insoweit auf Bezugnahme zu verzichten, oder einen Klarstellungsvermerk einzutragen (vgl LG Köln DNotZ 1956, 601).

4. Einzelne Bezugnahmen

52 Insbesondere kann zu folgenden Gegenständen auf die Eintragungsbewilligung **Bezug genommen** werden:

53 a) Die **Person des Schuldners** kann stets durch Bezugnahme auf die Eintragungsbewilligung eingetragen werden, auch wenn nicht der Eigentümer, sondern ein Dritter persönlicher Schuldner ist (aA MünchKomm/EICKMANN[4] Rn 21 mit der vagen Begründung, die Eintragung sei dinglich bedeutsam, und unter unzutreffender Berufung auf RGZ 136, 80 vom 13. 4. 1932 – V 84/32).

54 b) Die Merkmale, die die Identität der Forderung kennzeichnen (s dazu, dass die Identität bestimmt sein muss, § 1113 Rn 22), kann durch Bezugnahme auf die Eintragungsbewilligung eingetragen werden (ERMAN/WENZEL[12] Rn 5; PALANDT/BASSENGE[67] Rn 20; SOERGEL/KONZEN[13] Rn 28). Die Auffassung (von MünchKomm/EICKMANN[4] Rn 19, der sich – unverständlich – auf BGB-RGRK/MATTERN[12] Rn 28 beruft), im Grundbuch selbst müsse die Forderung grob charakterisiert werden (zB als Darlehens- oder Kaufpreisforderung), hat keine Grundlage im Gesetz und erzielt auch nicht die gewünschte Wirkung, denn die schlagwortartige Bezeichnung trägt nichts zu der (unbestritten erforderlichen) Identifizierung der Forderung bei. In der Regel wird es der Angabe des Schuldgrundes bedürfen; kann jedoch die Identität der Forderung ohne diese Angabe festgestellt werden, ist sie entbehrlich (RG JW 1914, 829; WOLFF/RAISER § 133 IV 2; ERMAN/WENZEL[12] Rn 5;).

55 Für die *unrichtige Bezeichnung der Forderung* gilt entsprechend, was oben Rn 8 f für die unrichtige Bezeichnung des Gläubigers ausgeführt ist (RGZ 45, 179; RG Gruchot 58, 1033; BayObLGZ 1950/51, 594; großzügiger BayObLG JZ 1952, 89; PLANCK/STRECKER Anm 3b; STAUDINGER/SCHERÜBL[12] Rn 2); s § 1163 Rn 24. Eine für eine Scheinforderung bestellte Hypothek hat, wenn die Bestellung des Grundpfandrechts ernstlich gewollt ist, zur Folge, dass es als Eigentümergrundschuld entsteht (BGHZ 36, 84).

56 c) Die Einzelheiten der **Zahlungsbedingungen**, also Zeit, Ort und Art der Zahlung

(Kündigung, Rückzahlung) des eingetragenen Kapitals (weitere Einzelheiten hierzu bei ERWIG 56, 76 ff) können durch Bezugnahme auf die Eintragungsbewilligung eingetragen werden. Dazu zählt auch der Charakter der Hypothek als Tilgungshypothek (BGHZ 47, 41; s Vorbem 19 ff zu §§ 1113), der demnach nicht in das Grundbuch selbst eingetragen werden muss. Eine besondere Angabe der Zahlungsbedingungen ist freilich nur erforderlich, sofern von den gesetzlichen Vorschriften abgewichen werden soll (vgl zB OLG München JFG 22, 101 hinsichtlich der Vereinbarung anderer Kündigungsbedingungen). Dazu gehören auch Klauseln, nach denen unter gewissen Umständen, zB Nichtversicherung des Gebäudes, Bierbezug von einer anderen Brauerei, Vermögensverfall (vgl KG OLGE 3, 231; KGJ 34 A 320; KG OLGE 18, 159; KG OLGE 23, 321), das Hypothekenkapital sofort fällig sein oder sofort kündbar sein soll; Die Bedenken (von BGHZ 21, 34 vom 1. 6. 1956 – V ZB 60/55 = Rpfleger 1956, 231 mit zust Anm BRUHN mwNw), durch eine uneingeschränkte Bezugnahme würde der Eindruck entstehen, als ob andere als Zahlungspflichten in das Grundbuch eingetragen würden, sind unbegründet; zu weit geht es freilich, den Grundsatz aufzustellen, von der in Bezug zu nehmenden Bewilligung würden selbsttätig keine Regelungen umfasst, die nicht Gegenstand des einzutragenden Rechts sein könnten (so aber OLG München vom 9. 5. 2008 – 34 Wx 139/07 – MittBayNot 2008, 479).

d)   Auch was Zinsen und andere Nebenleistungen angeht, können die Modalitäten **57** durch Bezugnahme auf die Eintragungsbewilligung eingetragen werden. Dazu gehören Zinsbeginn und Zinsende und die Einzelheiten einer etwaigen Schwankungsklausel.

e)   Durch Bezugnahme auf die Eintragungsbewilligung kann auch der **Verzicht des 58 Eigentümers** auf die ihm aus § 1160 Abs 2 zustehenden Rechte eingetragen werden (Zurückweisung der Kündigung mangels Vorlegung des Hypothekenbriefs; RGZ 57, 342 ff; OLG Köln Rpfleger 1956, 340).

V.   Unvollständige und unzulässige Eintragungen

1.   Nichtbeachtung von Ordnungs- und Sollvorschriften

Eine Nichtbeachtung bloßer Ordnungs- oder Sollvorschriften berührt den Rechts- **59** bestand der Hypothek nicht. Ist der Eintragungsvermerk in sich widerspruchsvoll oder unklar, so entscheidet bei zulässiger Bezugnahme auf die Eintragungsbewilligung deren Wortlaut darüber, was als Inhalt der Eintragung zu gelten hat (BGH WM 1969, 661; KG DNotZ 1956, 555).

2.   Fehlen wesentlicher sachlichrechtlicher Erfordernisse

Eine Eintragung, der die wesentlichen sachlichrechtlichen Erfordernisse (s oben **60** Rn 4 ff) fehlen, entbehrt der mit der vollständigen Eintragung verbundenen Wirkungen. Wesentlich für die Entstehung sind die Eintragung des Gläubigers und des Geldbetrags im Grundbuch und die zur Identifizierung der Forderung notwendige weitere Bezeichnung der Forderung in der in Bezug genommenen Eintragungsbewilligung (KG JW 1934, 1422 mit zust Anm HASEMANN). Das Fehlen dieser Angaben im Eintragungsvermerk (in der Eintragungsbewilligung) lässt die Hypothek nicht zur Entstehung kommen. Das Grundbuch ist unrichtig; die Eintragung ist auch ihrem

Inhalt nach unzulässig, soweit das Grundpfandrecht nicht als Eigentümergrundschuld entstehen kann (Einl 102 zu §§ 1113 ff; § 1196 Rn 5), zB wenn die Angabe des Geldbetrags fehlt.

61 Es ist nach § 53 Abs 1 GBO zu verfahren; ist das Grundbuch unrichtig, ist von Amts wegen ein Widerspruch einzutragen, ist die Eintragung ihrem Inhalt nach unzulässig, ist sie von Amts wegen zu löschen. Die Nichteintragung des Zinssatzes und der Nebenleistungen beeinträchtigt dagegen die Entstehung der Hypothek hinsichtlich des Kapitals nicht (s oben Rn 37).

VI. Öffentlich bekanntgemachte Satzung (Abs 2)

62 Zu Abs 2 s STAUDINGER/SCHERÜBL[12] Rn 58 ff. Die Vorschrift hat allein wegen des Übergangs aller Kreditinstitute zur Grundschuld keine praktische Bedeutung mehr und sollte gestrichen werden. Auch bei Hypotheken ist ihr Rationalisierungseffekt minimal, zumal sie das Kreditinstitut (zu Recht) nicht vor der Notwendigkeit bewahrt, die Einbeziehungsvoraussetzungen allgemeiner Geschäftsbedingungen gemäß § 305 Abs 2 und die Informationspflichten nach § 492 zu beachten.

VII. Anwendung auf alle Arten von Hypotheken und auf Grundschulden

63 Die Bestimmungen des § 1115 finden auf alle Hypothekenarten Anwendung. Zur Frage, ob § 1115 auch auf Hypothekenvormerkungen anwendbar ist, s Einl 238 zu §§ 1113 ff.

64 Auf die **Grundschuld** ist § 1115 entsprechend anwendbar; die materiellen Regelungen finden sich in § 1192 (s Erl dort). Vgl insbesondere zu Zinsen und sonstigen Nebenleistungen § 1192 Rn 28 ff.

§ 1116
Brief- und Buchhypothek

(1) Über die Hypothek wird ein Hypothekenbrief erteilt.

(2) Die Erteilung des Briefes kann ausgeschlossen werden. Die Ausschließung kann auch nachträglich erfolgen. Zu der Ausschließung ist die Einigung des Gläubigers und des Eigentümers sowie die Eintragung in das Grundbuch erforderlich; die Vorschriften des § 873 Abs. 2 und der §§ 876, 878 finden entsprechende Anwendung.

(3) Die Ausschließung der Erteilung des Briefes kann aufgehoben werden; die Aufhebung erfolgt in gleicher Weise wie die Ausschließung.

Materialien: E I §§ 1106–1108; II § 1025 rev 1100; III § 1099; Mot III 612 ff, 742 ff; Prot III 508, 510 ff, 638 ff; VI 205 f.

Schrifttum

BAUR, Gestufter Mitbesitz am Brief bei Teil-grundpfandrechten, NJW 1967, 22

ders, Entwicklungstendenzen im Sachenrecht, JurJb 8, 19

FISCHER, Der Hypothekenbrief im neuen Recht, Arch-BürgR 14, 233

HUFNAGEL, Buchhypothek oder Briefhypothek, HuW 1948, 5

LEHLE, Die Funktionen des Hypotheken und Grundschuldbriefes, unter besonderer Berück-sichtigung ihrer geschichtlichen Entwicklung, ihrer gegenwärtigen Formen und ihrer Berech-tigung vom heutigen Standpunkt aus (Diss München 1942)

RAISER, Das Rektapapier, ZHR 101, 13

RIPFEL, Kreditsicherung durch bloße Übergabe des Hypotheken(Grundschuld)briefes, BB 1966, 1253

ders, Sicherheit für den Erwerber einer künfti-gen Raumeinheit, BWNotZ 1967, 222, 276

ROBRECHT, Probleme der Kreditsicherung durch Grundpfandrechte bei bloßer Briefüber-gabe, Betrieb 1969, 868

SCHÜTZ, Der Hypothekenbrief im Bankverkehr, ZfKrW 1949, 378.

Systematische Übersicht

I. Die Briefhypothek

1. Allgemeines

Die Hypothek ist Briefhypothek, sofern nicht ausdrücklich eine andere Hypothe- **1**
kenform (Buchhypothek, Abs 2, oder Sicherungshypothek, §§ 1184 ff) vereinbart

und eingetragen ist. S zum Dissens und zur falschen Eintragung Einl 124 ff zu §§ 1113.

2 Wurde der eingetragene Eigentümer schlechthin zur Einräumung einer Hypothek verurteilt, so kann der Gläubiger nur die Bestellung einer Briefhypothek verlangen (KGJ 21 A 171); wegen der Aushändigung des Hypothekenbriefs in diesem Fall vgl Erl zu § 1117. Auch kann bei der Umschreibung einer Hypothekenvormerkung in eine Hypothek nur eine Briefhypothek eingetragen werden, wenn über die Art der einzutragenden Hypothek nichts bestimmt ist (KG Gruchot 58, 1019; PLANCK/STRECKER Anm 1a).

2. Rechtsnatur des Hypothekenbriefs

a) Wertpapiereigenschaft des Hypothekenbriefs

3 Ob der Hypothekenbrief als *Wertpapier* zu bezeichnen ist, hängt davon ab, wie man den Begriff Wertpapier auffasst. Versteht man unter Wertpapier allgemein eine Urkunde, in der ein privates Recht in der Weise verbrieft ist, dass zur Ausübung des Rechts die Innehabung der Urkunde erforderlich ist (HUECK/CANARIS, Recht der Wertpapiere § 1; WOLFF/RAISER § 65 III Fn 13), so ist auch der *Hypothekenbrief* unter die *Wertpapiere* zu rechnen (BGB-RGRK/MATTERN[12] Rn 7; PLANCK/STRECKER Anm 5; SOERGEL/KONZEN[13] Rn 3; PALANDT/BASSENGE[67] Rn 2; WOLFF/RAISER § 142 III; GIERKE, Das Recht der Wertpapiere S 121: Wertpapier mit öffentlich-rechtlichem Einschlag). Der Hypothekenbrief ist *Sachenrechtspapier.* Er verbrieft die Hypothek, nicht die Hypothekenforderung (WOLFF/RAISER § 142 IV).

4 **Öffentlichen Glauben** (§ 892) genießt nur das Grundbuch, *nicht* der Brief. Der Hypothekenbrief ist daher kein skripturrechtliches Wertpapier, Wertpapier des öffentlichen Glaubens (s WOLFF/RAISER § 142 VII; PALANDT/BASSENGE[68] Rn 2; ERMAN/WENZEL[12] Rn 2). Der Briefbesitz allein erzeugt keine Anscheinsvollmacht für den Briefsitzer, Darlehensauszahlung an ihn befreit daher nicht (NEUMANN-DUESBERG BB 1966, 308; PALANDT/BASSENGE[68] Rn 2). Der Hypothekenbrief kann aber den Rechtsschein des Grundbuchs zerstören (WOLFF/RAISER § 142 VII). *Grundlage* des Hypothekenrechts *bleibt* auch bei der Briefhypothek *die Eintragung im Grundbuch* (s unten Rn 10).

b) Der Hypothekenbrief im Rechtsverkehr

5 Der Hypothekenbrief ist *Rektapapier* (HUECK/CANARIS aaO; WOLFF/RAISER § 142 VI). Das **Eigentum am Brief** folgt gemäß § 952 Abs 2 dem Recht des Gläubigers (RG ZBlFG 3, 789; STAUDINGER/GURSKY [2004] § 952; WOLFF/RAISER § 65 III 3, § 142 III). Der Brief kann daher nicht selbständig übereignet werden; das Recht kann nicht durch Übereignung des Briefs (sei es durch Einigung und Übergabe, sei es durch Indossament) übertragen werden (jedoch kann ein auf den Hypothekenbrief gesetztes „Indossament" als einfache schriftliche Abtretungserklärung nach §§ 398, 1154 aufgefasst werden, § 1154 Rn 28). In Konsequenz daraus ordnet § 897 Abs 2 ZPO iE an, dass ein Vollstreckungstitel, der auf Bestellung, Abtretung oder Belastung einer Briefhypothek oder zum Verzicht darauf lautet, ohne weiteres die Herausgabe des Briefs mit umfasst (vgl BayObLG Rpfleger 1998, 32).

6 Entsprechendes gilt für die Begründung von **Rechten an der Hypothek**. Der Brief kann daher nicht losgelöst von der Hypothekenforderung selbständig Gegenstand eines dinglichen Rechts sein. Nur die Hypothekenforderung kann verpfändet werden, nicht der Hypothekenbrief (RGZ 66, 27; RGZ 68, 282; RGZ 148, 203; OLG Düsseldorf DNotZ 1981, 642).

Dieser Rechtscharakter des Hypothekenbriefs soll auch gesetzliche Zurückbehal- **7** tungsrechte (bis zur Bearbeitung 2002 war an dieser Stelle unverständlich von einem „dinglichen Zurückbehaltungsrecht" die Rede, vgl STAUDINGER/BITTNER [2004] § 273 Rn 124) ausschließen (PALANDT/BASSENGE[67] Rn 2 unter Berufung auf RGZ 149, 95 vom 18. 10. 1935 – VII 83/35; STAUDINGER/WOLFSTEINER [2002] auch auf RG HRR 1934 Nr 113). Das RG hat aber nur (zutreffend) entschieden, dass sich das kaufmännische Zurückbehaltungsrecht nur auf Sachen und (selbständig verwertbare) Wertpapiere erstrecke, aber nicht auf Hypothekenbriefe, so dass auch kein Absonderungsrecht nach § 49 KO (heute § 51 InsO) bestehe; in der Tat wäre ein Absonderungsrecht sinnlos, weil der Hypothekenbrief allein nicht verwertbar ist. Das Zurückbehaltungsrecht nach § 273 Abs 1 setzt aber außerhalb eines Insolvenzverfahrens keine selbständige Verwertbarkeit des zurückzuhaltenden Gegenstands voraus, so dass es auch am Hypothekenbrief bestehen kann, wenn die übrigen Voraussetzungen, insbesondere Konnektivität, gegeben sind. Unabhängig davon ist die Behandlung von Zurückbehaltungsrechten in der Insolvenz. Hier wird zwischen insolvenzfesten und nicht insolvenzfesten Zurückbehaltungsrechten unterschieden; das Zurückbehaltungsrecht nach § 273 Abs 1 gilt als nicht insolvenzfest (BGHZ 150, 138 vom 7. 3. 2002 – IX ZR 457/99). Dasselbe gilt für ein vertraglich vereinbartes Zurückbehaltungsrecht, das ohne weiteres zulässig, das aber ebenfalls nicht insolvenzfest ist (BGH vom 20. 1. 1965 – V ZR 214/62 – WM 1965, 408).

Ist der Brief im **Besitz eines Dritten**, so steht dem Gläubiger als Eigentümer der **8** dingliche Herausgabeanspruch (rei vindicatio) gegen den Besitzer zu, sofern dieser kein Recht zum Besitz hat (§ 985). Dieser Anspruch ist aber zugunsten des dritten redlichen Erwerbers durch die §§ 892, 1155 eingeschränkt.

Der Hypothekenbrief kann nicht selbständig **Gegenstand der Zwangsvollstreckung 9** wegen einer Geldforderung sein. Bei der Pfändung einer Briefhypothek kann der Brief jedoch dem Vollstreckungsschuldner auf Grund des Pfändungsbeschlusses durch den Gerichtsvollzieher nach § 883 ZPO weggenommen werden. Befindet sich der Brief im Besitz eines zur Herausgabe nicht bereiten Dritten, so muss der Gläubiger den Anspruch des Schuldners gegen den Dritten auf Herausgabe nach § 886 ZPO pfänden und sich überweisen lassen, dann gegen ihn auf Herausgabe klagen und auf Grund des Urteils die Herausgabe nach § 883 ZPO erzwingen (RGZ 63, 217, s ferner OLG Dresden OLGE 16, 308).

3.   Die Funktionen des Hypothekenbriefs

Die Funktionen des Hypothekenbriefs zeigen sich beim *Erwerb der Hypothek;* der **10** Gläubiger erwirbt die Hypothek erst durch die Übergabe des Briefes (§ 1117). Die Hypothek als Grundpfandrecht entsteht zwar bereits durch Einigung und Eintragung, sie steht vorher als Eigentümergrundschuld dem Eigentümer zu (§ 1117 Abs 2, § 1163 Abs 2). Eine wichtige Funktion des Briefs ist seine Transportfunktion; zur Übertragung (§§ 1154, 1155) und damit auch bei der Belastung der Hypothek mit Pfandrecht und Nießbrauch (§§ 1065, 1274, s § 1154 Rn 72) bedarf es des Einsatzes des

Hypothekenbriefs. Schließlich bedarf es des Briefs bei der Geltendmachung der Hypothek (§ 1160 Abs 1), insbesondere bei Mahnung und Kündigung (§ 1160 Abs 2) und zur zwangsweisen Befriedigung des Gläubigers (§§ 1144, 1145).

4. Formelles

11 Der Hypothekenbrief ist eine öffentliche Urkunde. Er wird vom Grundbuchamt erteilt (§ 56 GBO). Ein Teilhypothekenbrief kann außer von dem Grundbuchamt auch von einem Notar hergestellt werden (§ 61 GBO, § 20 Abs 2 BNotO). Die Erteilung des Hypothekenbriefs beim Grundbuchamt ist dem Rechtspfleger übertragen (§ 3 Nr 1 lit h RpflG).

a)   Wesentlicher Inhalt des Hypothekenbriefs

12 Der wesentliche Inhalt des Hypothekenbriefs wird in § 56 GBO festgelegt. Der Brief muss die Bezeichnung „Hypothekenbrief" enthalten und den Geldbetrag der Hypothek und das belastete Grundstück bezeichnen sowie mit Unterschrift und Stempel oder Siegel versehen sein. Fehlt eines dieser Erfordernisse, so ist ein gültiger Hypothekenbrief nicht vorhanden. Ein solcher Brief ist daher auch nicht geeignet, im Rechtsverkehr die Wirkung hervorzurufen, die das Gesetz dem gültigen Hypothekenbrief beimisst; insbesondere kann der Gläubiger durch die Übergabe eines fehlerhaften Briefes die Hypothek nicht nach § 1117 Abs 1 erwerben. Das Grundpfandrecht bleibt allerdings auch in diesem Fall ein Briefrecht (KGJ 46, 198).

b)   Grundbuchblatt

13 Der Hypothekenbrief soll außerdem die Nummer des Grundbuchblattes und den Inhalt der die Hypothek betreffenden Eintragungen enthalten (§ 57 GBO). Das belastete Grundstück soll mit der laufenden Nummer bezeichnet werden, unter der es im Bestandsverzeichnis des Grundbuchs verzeichnet ist. Über die Verbindung des Hypothekenbriefs mit der Schuldurkunde ist das Nähere in § 58 GBO enthalten. Die Ausstellung einer Schuldurkunde ist aber kein Erfordernis der Hypothekenbestellung; sie ist also nur beizufügen, wenn sie überhaupt erstellt worden ist. § 58 GBO betrifft nur Schuldurkunden im eigentlichen Sinn, nicht also zB Legitimationsurkunden, Verpfändungs- oder Abtretungsurkunden (KG RJA 3, 207; OBERNECK Gruchot 43, 909 ff; FISCHER 251).

14 Ändern sich die in § 57 Abs 1 S 1 und S 2 GBO bezeichneten Angaben, so ist der Brief auf Antrag zu ergänzen, soweit nicht die Ergänzung schon nach anderen Vorschriften vorzunehmen ist (§ 57 Abs 2 GBO). Antragsberechtigt ist der Briefbesitzer ohne besonderen Nachweis seines Rechts (DEMHARTER, GBO[26] § 57 Rn 9). Werden nachträglich ohne Änderung des ursprünglichen Schuldgrundes die Verzinsungs-, Kündigungs- oder Rückzahlungsbedingungen geändert, so braucht eine über die Änderung erstellte Urkunde nicht mit dem Brief verbunden zu werden; § 58 GBO schreibt die Verbindung nicht vor (DEMHARTER, GBO[26] § 58 Rn 10). Auf die Ergänzung eines vor dem 1. 1. 1978 erteilten Briefs findet § 57 in seiner bis dahin gültig gewesenen Fassung Anwendung, jedoch ist eine nach diesem Zeitpunkt bei dem Recht eingetragene Löschungsvormerkung nicht auf dem Brief zu vermerken, auch nicht auf Antrag (Art 8 § 2 ÄndG).

15 §§ 57, 58 GBO sind *Ordnungsvorschriften,* deren Verletzung die Gültigkeit des

Hypothekenbriefes nicht berührt (KG JFG 8, 230); das Grundbuchamt ist jedoch verpflichtet, die Eintragung der Hypothek und die Erteilung des Hypothekenbriefes abzulehnen, wenn die zur Verbindung nötige Urkunde nicht vorgelegt werden; zum Nachweis, dass eine Schuldurkunde nicht ausgestellt ist, genügt aber eine darauf gerichtete Erklärung des Eigentümers (§ 58 Abs 3 GBO).

Seine **ursprüngliche Funktion**, beruhend auf dem Grundgedanken, dass der Hypo- **16** thekenbrief die Verkehrsfähigkeit der Hypothek erhöhen soll, indem er über Bestehen, Inhalt und Umfang des verbrieften Rechts ebenso sicher wie das Grundbuch selbst *Auskunft gibt* und damit einem Erwerber die Grundbucheinsicht erspart, vermag der heutige, stark kastrierte Brief nicht mehr zu erfüllen. Eine Briefhypothek zu erwerben (oder eine Briefgrundschuld als Sicherheit anzunehmen), ohne das Grundbuch einzusehen, muss als grob fahrlässig gelten.

c)   Einzelheiten
Über jede Hypothek wird der Regel nach nur *ein* Hypothekenbrief ausgestellt. **17** Duplikate sind unzulässig. S für die Gesamthypothek §§ 59, 63, 64 GBO sowie § 1132 Rn 43. Im Falle der Teilung der Forderung kann gemäß § 1152 BGB, § 61 GBO ein Teilhypothekenbrief hergestellt werden (s näher Erl zu § 1152). Mit Zustimmung des Eigentümers kann einem Gläubiger auf Antrag ein gemeinschaftlicher Brief erteilt werden, wenn ihm mehrere Hypotheken an demselben Grundstück zustehen, die gleichen Rang haben oder im Rang unmittelbar aufeinanderfolgen (§ 66 GBO). Praktiziert wird die Bestimmung nicht.

Zu Verlust gegangene Hypothekenbriefe (§ 1162) können im Wege des *Aufgebots-* **18** *verfahrens für kraftlos* erklärt werden. Der Hypothekenbrief wird außerdem in den Fällen der §§ 1170, 1171 nach Durchführung des Aufgebotsverfahrens kraftlos. Über Erteilung eines neuen Briefes in diesen Fällen s §§ 67 ff GBO; wegen Erteilung eines neuen Briefes, wenn der Brief durch Kriegseinwirkung vernichtet worden oder abhanden gekommen und sein Verbleib seitdem nicht bekannt geworden ist, s § 26 GBMaßnG und § 1162 Rn 6.

d)   Ergänzende Vorschriften
Die den Hypothekenbrief betreffenden Vorschriften der GBO werden ergänzt durch **19** §§ 47 ff GBV, für Hypotheken an Erbbaurechten durch § 14 ErbbauRG, §§ 56, 59 GBV, an Wohnungseigentum durch § 7 WEG, §§ 3, 5 WEG GBV, an Wohnungserbbaurecht durch § 30 WEG, § 8 WEG GBV.

5.   Übereinstimmung des Hypothekenbriefs mit dem Grundbuch

a)   Vorlegungspflicht
Um eine möglichst vollständige Übereinstimmung zwischen dem Inhalt des Hypo- **20** thekenbriefs und dem Inhalt des Grundbuchs sicherzustellen, ist bei den Eintragungen, die eine Briefhypothek betreffen, idR (Ausnahmen s nachf Rn) der *Hypothekenbrief vorzulegen* (§§ 41, 62 ff GBO). Auch diese Vorschriften sind jedoch Ordnungsvorschriften, ihre Verletzung ist ohne sachlichrechtliche Bedeutung (RGZ 73, 50 für § 41 GBO; MEIKEL/BESTELMEYER, GBO[10] § 41 Rn 59; DEMHARTER, GBO[26] § 41 Rn 19, § 65 Rn 8).

21 Von dem *Vorlegungszwang* bestehen zahlreiche *Ausnahmen,* vgl §§ 41 Abs 1 S 2 und 3, Abs 2, § 53 Abs 2 GBO, §§ 131, 158 Abs 2 ZVG, §§ 32, 33 InsO (Demharter, GBO[26] § 41 Rn 14; s dort auch Rn 18 wegen weiterer landesrechtlicher Ausnahmen auf den durch § 117 GBO vorbehaltenen Gebieten). Die für die Praxis ehemals bedeutsamste Ausnahme besteht für die Eintragung einer Löschungsvormerkung nach § 1179, die durch die Ergänzung des § 41 Abs 1 ab 1.1.1978 neu eingeführt wurde (Art 2 Nr 2 ÄndG); nach Einführung der §§ 1179a, 1179b kommt eine solche Eintragung nur noch beim Rangrücktritt eines Altrechts infrage (s Anhang zu §§ 1179a, 1179b Rn 3). Die genannten Bestimmungen können als Ausnahmevorschriften auf andere Fälle nicht entsprechend angewandt werden (KG OLGE 18, 242; s auch Oberneck Gruchot 43, 905; Fischer 279 ff). *Keine Ausnahme* besteht insbesondere für den Vollzug des Insolvenzplans nach § 254 InsO.

b) Widerspruch zwischen Inhalt des Briefs und Eintragung im Grundbuch

22 Bei einem *Widerspruch zwischen* dem *Inhalt des Hypothekenbriefes* und der *Eintragung im Grundbuch* ist das Grundbuch maßgebend; denn der Hypothekenbrief genießt nicht den öffentlichen Glauben des Grundbuchs und ist auch nicht dazu bestimmt, die zur Begründung dinglicher Rechte erforderlichen Eintragungen zu ersetzen (RGZ 76, 378; 129, 128; Hachenburg Beitr 46; Palandt/Bassenge[67] Rn 2; BGB-RGRK/Mattern[12] Rn 5). Lautet zB infolge eines Versehens der Hypothekenbrief auf 100.000,00 €, während im Grundbuch nur 10.000,00 € eingetragen sind, so besteht die Hypothek nur in Höhe von 10.000,00 €. Ebenso erwirbt auch der redliche Erwerber nur noch die Resthypothek, wenn die Hypothek im Grundbuch bereits zum Teil gelöscht ist, diese Löschung aber auf dem Brief noch nicht vermerkt ist. Ein Schutz des guten Glaubens an den Inhalt des Hypothekenbriefes ist nicht vorgesehen. Die §§ 1140, 1155 bestätigen als Ausnahmebestimmungen diesen Grundsatz (vgl die Erl zu diesen Paragraphen). Der Erwerber einer Briefhypothek tut also gut daran, vor dem Erwerb das Grundbuch einzusehen und nach dem Erwerb das Grundbuch dahin berichtigen zu lassen, dass er jetzt Gläubiger ist (vgl zu einem weiteren guten Grund hierfür § 1128 Rn 13). Wohl aber kann umgekehrt der Hypothekenbrief den öffentlichen Glauben des Grundbuchs zerstören. Wer auf das Grundbuch vertraut, wird trotz §§ 891, 892 nicht geschützt, wenn sich die Unrichtigkeit des Grundbuchs aus dem Hypothekenbrief ergibt (vgl Wolff/Raiser § 142 VII; Palandt/Bassenge[67] Rn 2).

c) Beweislast

23 Die Beweislast bei Widersprüchen zwischen Brief und Grundbuch ergibt sich aus § 891. Die Partei, die das Bestehen oder Nichtbestehen geltend macht, hat nur darzulegen und im Streitfall zu beweisen, dass das Recht für sie im Grundbuch eingetragen ist; dem Gegner obliegt die Behauptungs- und Beweislast für diejenigen Umstände, aus denen sich das Nichtbestehen oder das Bestehen des Rechtes ergibt (vgl Rosenberg, Die Beweislast[5] [1965] § 16 I 4). Die Rechtsvermutung kann sonach durch den Beweis des Gegenteils, nicht aber durch bloße Erschütterung der Glaubwürdigkeit beseitigt werden (Rosenberg II 4; Baumgärtel/Laumen/Baumgärtel[2] § 891 BGB Rn 14).

II. Die Buchhypothek

24 Zum Unterschied zwischen der Buchhypothek und der Briefhypothek s auch unten Rn 42 f. Im Rechtsverkehr hat sich der Ausdruck Buchhypothek durchgesetzt (vgl

WOLFF/RAISER § 130 I 2 a); die Bezeichnung „Hypothek ohne Brief" ist weniger gebräuchlich.

1. Ausschluss der Erteilung des Briefs

Wird die Erteilung des Briefs ausdrücklich ausgeschlossen (Ausnahme § 1185), so **25** entsteht eine Buchhypothek. Zur Ausschließung des Briefs ist Einigung (§ 873) sowie Eintragung im Grundbuch erforderlich. Hinsichtlich der bindenden Kraft der Einigung, der notwendigen Zustimmung Dritter und des Einflusses nachträglicher Verfügungsbeschränkungen finden §§ 873 Abs 2, 876, 878 entsprechende Anwendung.

a) Einigung
Die Einigung bedarf zu ihrer Rechtswirksamkeit keiner Form. Sie braucht auch dem **26** Grundbuchamt nicht nachgewiesen zu werden (KG OLGE 1, 414); auch hier genügt, wie regelmäßig, nach § 19 GBO die in der Form des § 29 GBO erklärte einseitige Bewilligung des durch die Eintragung in seinem Recht Betroffenen. Da im Falle der ursprünglichen Buchhypothek der Gläubiger zur Zeit der Eintragung noch kein Recht am Grundstück hat (KG RJA 1, 22), sondern ein solches erst erwerben soll, ist Betroffener iS des § 19 GBO allein der Grundstückseigentümer. Das bedeutet, dass die Eintragung der Ausschließung des Hypothekenbriefs auf einseitige Bewilligung des Eigentümers zulässig ist (KGJ 24 A 91; BGB-RGRK/MATTERN[12] Rn 13; PLANCK/STRECKER Anm 3 mwNw).

b) Eintragung
Die Bestimmung, dass die Ausschließung im Grundbuch einzutragen ist, ist keine **27** bloße Ordnungsvorschrift; vielmehr ist die Eintragung wesentliche Voraussetzung für die Entstehung der Buchhypothek. Es ist Eintragung im Grundbuch selbst erforderlich, Bezugnahme genügt nicht. Üblich ist als Eintragungsformel „die Erteilung des Hypothekenbriefs ist ausgeschlossen", „Hypothek ohne Brief", oder kurz „ohne Brief" (SOERGEL/KONZEN[13] Rn 5); jedoch genügt auch die Bezeichnung „Buchhypothek" (BayObLG BayZ 1909, 373 f).

c) Schuldrechtliche Verpflichtung des Eigentümers, in die Erteilung eines Briefs einzuwilligen
Die Eintragung eines dinglich wirkenden Vermerks, dass dem Gläubiger das Recht **28** zustehen solle, jederzeit die Erteilung eines Briefes über die Hypothek zu verlangen, ist unstatthaft (KGJ 21, 117); jedoch ist eine schuldrechtliche Verpflichtung des Eigentümers, auf Verlangen des Gläubigers jederzeit in die Erteilung eines Hypothekenbriefes einzuwilligen, möglich. Die meisten Hypotheken- und Grundschuldformulare enthalten – aus unklaren Gründen – eine solche Verpflichtung, meist verbunden mit einer auf den Gläubiger lautenden Vollmacht, von der aber in der Praxis kein Gebrauch gemacht wird. Der schuldrechtliche Anspruch des Gläubigers kann auch durch eine Vormerkung gesichert werden (KG RJA 1, 22; vgl auch WOLFF/RAISER § 133 V 2 Fn 26), was allerdings nicht üblich ist.

d) Widerspruch zwischen Einigung und Eintragung
Einigung des Gläubigers und des Eigentümers über die Ausschließung der Brief- **29** erteilung und Eintragung müssen **zusammentreffen**, um eine Hypothek zur Buch-

hypothek zu machen. S zu Diskrepanzen zwischen Einigung und Eintragung Einl 124 ff zu §§ 1113 ff.

30 Haben die Parteien bei der Einigung über die Bestellung der Hypothek eine *Vereinbarung über die Form nicht getroffen,* so gilt ohne weiteres eine Briefhypothek als vereinbart, denn grundsätzlich ist jede Hypothek Briefhypothek (s oben Rn 1). Die Ausschließung der Erteilung des Hypothekenbriefs bedarf der ausdrücklichen Vereinbarung. Die Einigung leidet daher in einem solchen Fall nicht etwa an einem versteckten Dissens nach § 155.

31 Ist die *Ausschließung* der Erteilung des Briefs *vereinbart* und im Grundbuch *eingetragen,* versehentlich jedoch trotzdem ein *Brief erteilt* worden, so bleibt die Hypothek *Buchhypothek,* der erteilte Brief ist rechtlich bedeutungslos. Insbesondere wird der redliche Erwerber, der glaubt eine Briefhypothek zu erwerben, nicht geschützt, da die Ausschließung der Erteilung des Briefs im Grundbuch eingetragen und ein gutgläubiger Erwerb gegen das Grundbuch nicht möglich ist (PLANCK/STRECKER Anm 1d; ERMAN/WENZEL[12] Rn 6; SOERGEL/KONZEN[13] § 1113 Rn 6).

e) Gesamthypothek
32 Wenn eine Hypothek bereits als Buchhypothek besteht und später zur Sicherung ein weiteres Grundstück der Hypothek unterstellt wird, somit eine Gesamthypothek durch Erweiterung der bisherigen einfachen Hypothek entsteht, kann mangels gegenteiliger Abmachung als selbstverständlich angenommen werden, dass die zu schaffende Gesamthypothek auch nur als Buchhypothek gewollt und beantragt gilt (RG JW 1912, 38).

2. Anwendung der allgemeinen Grundsätze für Grundstücksrechte (§§ 873 ff)

33 Im übrigen richten sich die Entstehung sowie Veränderungen an der Buchhypothek nach den allgemeinen Grundsätzen der §§ 873 ff für Grundstücksrechte überhaupt (s Einl 100 ff zu §§ 1113 ff und STAUDINGER/GURSKY [2007] § 873 mit Erl). Dadurch treten folgende Unterschiede zur Briefhypothek hervor:

34 a) der Gläubiger **erwirbt** die Buchhypothek bereits mit der Eintragung (vgl § 1117);

35 b) die **Übertragung** erfolgt durch Einigung und Eintragung im Grundbuch (s § 1154 Abs 3);

36 c) bei der **Geltendmachung der Hypothek** genügt die Bezugnahme auf das Grundbuch (vgl § 1147 Rn 11 und § 891).

3. Nachträglicher Ausschluss der Erteilung des Briefs

37 Die Erteilung des Hypothekenbriefs kann auch nachträglich ausgeschlossen werden (Abs 2 S 2), dh eine bereits als Briefhypothek bestehende Hypothek kann nachträglich in eine Buchhypothek umgewandelt werden.

a) Form

Die nachträgliche Ausschließung der Erteilung des Hypothekenbriefs erfolgt in der **38** gleichen Form wie die Ausschließung von Anfang an; erforderlich sind also *Einigung* des Gläubigers und des Eigentümers über die Ausschließung und *Eintragung* der Ausschließung im Grundbuch.

Auch hier ist (vgl oben Rn 26) der Nachweis der Einigung zur Eintragung der Aus- **39** schließung nicht erforderlich (KG OLGE 1, 414). Es genügt vielmehr, wenn die Eintragungsbewilligung der Personen, deren Rechte durch die Eintragung betroffen werden, in der Form des § 29 GBO dem Grundbuchamt vorgelegt werden (§ 19 GBO). Zu diesen Personen zählt hier jedoch nicht nur – wie bei dem ursprünglichen Ausschluss der Brieferteilung (s oben Rn 26) – der Eigentümer (BayObLG DNotZ 1988, 111), sondern *auch der Gläubiger,* da auch sein Recht durch die Änderung betroffen wird. Auch er muss daher die Eintragung bewilligen (KG RJA 1, 22; PLANCK/STRECKER Anm 3 mwNw; BGB-RGRK/MATTERN[12] Rn 15). Der bisherige Brief ist dem Grundbuchamt vorzulegen und von ihm unbrauchbar zu machen (§ 69 GBO; vgl auch § 53 GBV).

b) Rechte Dritter

Sind bei nachträglicher Ausschließung der Erteilung des Hypothekenbriefs in der **40** Zwischenzeit *Rechte Dritter* an der Briefhypothek entstanden (zB Pfandrecht oder Nießbrauch), so ist nach § 876 die Zustimmung der an der Hypothek Drittberechtigten, zB des Pfandgläubigers, erforderlich (PLANCK/STRECKER Anm 3; SOERGEL/KONZEN[13] Rn 6). Für die materielle Wirkung der Zustimmung ist an sich eine Form nicht vorgeschrieben, Eintragungen sollen jedoch nur beim Vorliegen der grundbuchmäßigen Form (§ 29 GBO) erfolgen (STAUDINGER/GURSKY [2007] § 876 Rn 30, vgl auch BayObLGZ 1951, 464 und 1954, 235). Das Grundbuchamt prüft das Bestehen solcher Rechte nicht von Amts wegen nach; es hat nur die Eintragung abzulehnen, wenn es das Bestehen dieser Rechte positiv kennt (FISCHER 247 Fn 10; vgl auch BayObLGZ 1954, 292; KG DNotZ 1955, 76).

4. Vormerkung

Das dem Hypothekengläubiger vom Eigentümer eingeräumte Recht, jederzeit die **41** Umwandlung der für ihn eingetragenen Buchhypothek in eine Briefhypothek oder umgekehrt der Briefhypothek in eine Buchhypothek zu verlangen, hat die Änderung des Inhalts der Hypothek zum Gegenstand und ist daher der dinglichen Sicherung durch eine Vormerkung zugänglich (OLG Dresden SeuffBl 72, 172; s oben Rn 31). Praktiziert wird das nicht.

III. Umwandlung

Eine Buchhypothek kann in eine **Briefhypothek umgewandelt** werden. Die Formen **42** hierbei sind die gleichen wie umgekehrt bei der nachträglichen Ausschließung des Briefs nach Abs 2. Auch hier ist also Einigung und Eintragung erforderlich. In dem Antrag beider Beteiligten auf nachträgliche Bildung eines Briefs kann die Einigung über die Aufhebung der Ausschließung der Brieferteilung gesehen werden (KGJ 28 A 151; 32 B 13; vgl ferner SOERGEL/KONZEN[13] Rn 6; PLANCK/STRECKER Anm 2; BGB-RGRK/MATTERN[12] Rn 15).

43 Wird eine **Sicherungshypothek** in eine **Verkehrshypothek umgewandelt**, so wird sie Briefhypothek; denn die Verkehrshypothek ist Briefhypothek, falls nicht die Erteilung des Hypothekenbriefes ausgeschlossen wird. Da die Sicherungshypothek nur als Buchhypothek zulässig ist, kann aus der bisherigen Natur der Hypothek als Buchhypothek nicht gefolgert werden, dass die Beteiligten bei der Umwandlung eine Verkehrs-Buchhypothek wollten (PLANCK/STRECKER Anm 2 mwNw; **aM** OLG Dresden OLGE 29, 371; SOERGEL/KONZEN[13] Rn 6).

IV. Anwendung auf Grund- und Rentenschulden

44 § 1116 gilt auch für Grund- und Rentenschulden (§ 1192 BGB; §§ 42, 70 GBO), wobei an die Stelle der Abtretung und Belastung der gesicherten Forderung (oben Rn 5 ff) Abtretung und Belastung der Grund- oder Rentenschuld selbst tritt.

§ 1117
Erwerb der Briefhypothek

(1) Der Gläubiger erwirbt, sofern nicht die Erteilung des Hypothekenbriefs ausgeschlossen ist, die Hypothek erst, wenn ihm der Brief von dem Eigentümer des Grundstücks übergeben wird. Auf die Übergabe finden die Vorschriften des § 929 Satz 2 und der §§ 930, 931 Anwendung.

(2) Die Übergabe des Briefes kann durch die Vereinbarung ersetzt werden, dass der Gläubiger berechtigt sein soll, sich den Brief von dem Grundbuchamt aushändigen zu lassen.

(3) Ist der Gläubiger im Besitz des Briefes, so wird vermutet, dass die Übergabe erfolgt sei.

Materialien: E I § 1110; II § 1026 rev § 1101;
III § 1100; Mot III 746 f; Prot III 646, 729.

Schrifttum

BENDIX, Berechtigt der Besitz des Hypothekenbriefs den Grundstückseigentümer zur Verfügung über die auf seinem Grundstück für einen Dritten eingetragene Briefhypothek?, SeuffBl 67, 535
BRACK, Soll der Gesetzgeber nicht §§ 1179 und 1117 BGB ändern?, SchlHAnz 1973, 79
DERLEDER, Zur Bedeutung der Aushändigungsabrede nach § 1117 Abs 2 BGB bei der Übertragung der Briefgrundpfandrechte, DNotZ 1971, 272

KLINCK, Stellvertretung im Besitzerwerb, AcP 205 (2005) 487
REINICKE/TIEDTKE, Geheißerwerb von Briefgrundschulden, NJW 1994, 345
RIEDEL, Zur Reform der §§ 1117 und 1179 BGB, JurBüro 1973, 684
WÖRBELAUER, Die Valutierung des Grundpfandrechts und der Auftrag des Geldgebers an den Notar, DNotZ 1965, 518.

Systematische Übersicht

I.   Grundsatz

Bei der Briefhypothek (vgl § 1116 Abs 1) erwirbt der Gläubiger im Gegensatz zur **1** Buchhypothek die Hypothek nicht schon mit der Eintragung, sondern erst mit der Übergabe des Briefes durch den Grundstückseigentümer an ihn; dabei ist vorausgesetzt, dass die zu sichernde Forderung zu diesem Zeitpunkt bereits entstanden ist.

In Übereinstimmung mit § 1117 schreibt § 60 Abs 1 GBO vor, dass der Hypotheken- **2** brief dem Grundstückseigentümer und nicht etwa dem Gläubiger auszuhändigen ist, sofern nicht der Eigentümer eine abweichende Bestimmung in der Form des § 29 Abs 2 S 1 GBO getroffen hat (§ 60 Abs 2 GBO). Ist aber der Brief nach Abs 2 dem Gläubiger auszuhändigen, so erwirbt dieser die Hypothek bereits mit Eintragung, auch hier aber vorausgesetzt, dass die zu sichernde Forderung zu diesem Zeitpunkt bereits entstanden ist.

Die Vorschrift des § 1117 soll verhüten, dass der Gläubiger zugunsten eines gut- **3** gläubigen Dritten und zum Nachteil des Eigentümers über die Hypothek verfügt, bevor er die ihm obliegende Leistung, nämlich die Auszahlung der Valuta erbracht hat; die Leistung des Gläubigers und der Erwerb der Hypothek sollen vielmehr Zug um Zug erfolgen können (Prot III 729). Das Sicherungsbestreben der Kreditinstitute hat allerdings mittels des in § 1117 Abs 2 vorgesehenen Weges praktisch durchgesetzt, dass der Eigentümer erst die Sicherheit zu stellen hat und dann erst die Valuta fließt; wegen des Vertrauens, das die der Kreditaufsicht unterliegenden Kreditinstitute in der Öffentlichkeit genossen haben (vgl Einl 31 ff zu §§ 1113 ff), wurde dies nicht als belastend empfunden. Ob diese Einschätzung Bestand haben wird, ist ungewiss. Das in § 1117 angelegte Zug-um-Zug-System stößt im modernen Zahlungsverkehr allerdings auf Schwierigkeiten, weil Geld nicht mehr – wie ein Hypothekenbrief – übergeben, sondern unkörperlich überwiesen wird. Überdies sind Buchrechte im Vormarsch, bei denen die Stellung der Sicherheit vor Auszahlung systemimmanent ist.

II. Verschaffung der Hypothek durch Übergabe des Briefs

1. Übergabe des Briefs

a) Begriff der Übergabe

4 Erforderlich ist die körperliche Übergabe des Hypothekenbriefs; sie ist Realakt (BGHZ 16, 259 [263]; WADLE JZ 1974, 689; REINICKE/TIEDTKE NJW 1994, 345), als solcher aber Teil und Bestandteil des Rechtsgeschäfts Hypothekenbestellung. Übergabe (dazu auch § 1154 Rn 48 ff) bedeutet nicht lediglich die Einräumung des Besitzes, dh der tatsächlichen Gewalt über den Brief; vielmehr ist erforderlich, dass der Eigentümer und der Gläubiger bei der Besitzeinräumung darin übereinstimmen, dass der Gläubiger den Besitz an dem Brief zur Begründung seiner Gläubigerstellung an dem Grundpfandrecht erlangt, wie sich aus der Bezugnahme auf § 929 S 2 ergibt; die übereinstimmende Willenserklärung bezieht sich jedoch im Falle des § 1117 nicht auf den Übergang des Eigentums an dem Brief, das dem Recht aus dem Grundpfandrecht folgt (§ 1116 Rn 5), sondern auf die Übertragung der Gläubigerstellung an dem Grundpfandrecht. Ob eine Einigung der Parteien in vorstehendem Sinn vorliegt, wird vielfach nur aus den Umständen entnommen werden können; sie kann auch durch konkludente Handlung ersetzt werden.

5 Der Brief muss dem Gläubiger *vom Eigentümer* und mit dessen Willen (s zum sog Geheißerwerb unten Rn 7) übergeben werden; es genügt nicht, dass der Gläubiger sonstwie in den Besitz des Hypothekenbriefs gelangt (RG WarnR 1915 Nr 172; RG Recht 1915 Nr 2503; RGZ 75, 221; BGH NJW-RR 1993, 369; REINICKE/TIEDTKE NJW 1994, 345; aA NOBBE, Neue höchstrichterliche Rechtsprechung zum Bankrecht [1995] 459 ff), er etwa ohne Zustimmung des Eigentümers einseitig von dem Brief Besitz ergreift. Auch liegt eine Übergabe nach § 1117 Abs 1 nicht vor, wenn der Hypothekenbrief dem Gläubiger nur vorübergehend, etwa zur Aufklärung über die Hypothekenverhältnisse, in die Hand gegeben und anschließend sogleich wieder zurückgenommen wird (RGZ 75, 221; RG WarnR 1915 Nr 172), oder wenn das Grundbuchamt versehentlich (vgl § 60 Abs 1 GBO) den Brief an den Gläubiger statt an den Eigentümer aushändigt (BGB-RGRK/MATTERN[12] Rn 7). Ist der Gläubiger allerdings im Besitz des Briefs, so wird nach Abs 3 *vermutet,* dass er ihn vom Eigentümer übergeben erhalten hat (unten Rn 31 ff).

6 Sind auf der *Eigentümerseite mehrere Personen* beteiligt, sei es, dass das Eigentum an dem belasteten Grundstück mehreren Personen nach Bruchteilen zusteht (§ 1114), sei es, dass die Hypothek auf den verschiedenen Grundstücken mehrerer Eigentümer als Gesamthypothek (§ 1132) eingetragen werden soll, dann müssen bei der Übergabe des Briefes bzw bei den Übergabesurrogaten gemäß § 1117 Abs 1 S 2 und Abs 2 sämtliche Eigentümer mitwirken (RGZ 52, 360; BGB-RGRK/MATTERN[12] Rn 8; WOLFF/RAISER § 133 V 1 Fn 21). Hat auch nur einer der Eigentümer (Bruchteilseigentümer) nicht mitgewirkt, so ist die Übergabe iS des § 1117 nicht erfolgt und hat der Gläubiger die Hypothek nicht erworben (RGZ aaO). Übergibt nur einer der Eigentümer den Brief, so erwirbt der Gläubiger die Hypothek auch nicht an dessen Anteil oder Grundstück, es sei denn, dass er durch Verzicht die Hypothek an den anderen Anteilen oder Grundstücken gemäß § 1175 Abs 1 S 2 zum Erlöschen bringt (RGZ 52, 360).

b) „Vertretung" bei der Übergabe („Geheißerwerb")

Trotz des in der Übergabe enthaltenen Willenselements kann die Übergabe als **7** Realakt (BGHZ 16, 259 263; WADLE JZ 1974, 689; REINICKE/TIEDTKE NJW 1994, 345) im strengen Sinn nicht durch einen Vertreter iSd §§ 164 ff vorgenommen werden (REINICKE/TIEDTKE NJW 1994, 345; aA BGH NJW-RR 1993, 369; KLINCK AcP 205 [2005] 487 auch zur ebenfalls abweichenden Ansicht des historischen Gesetzgebers im Anschluss an die gemeinrechtliche Entwicklung). Wie bei § 929 S 1 (STAUDINGER/WIEGAND [2004] § 929 Rn 97 f) kommt aber ein sog *Geheißerwerb* in Betracht, der freilich auch als bloß anderer Begriff für dieselbe Sache verstanden werden kann: Der Übergabe durch den Eigentümer steht eine Übergabe gleich, die ein Dritter auf Geheiß des Eigentümers vornimmt (BGHZ 36, 56; BGH NJW 1973, 141; WADLE JZ 1974, 689; MARTINEK AcP 188 [1988] 573, 599 ff; REINICKE/TIEDTKE NJW 1994, 345; ausführlich STAUDINGER/WIEGAND [2004] § 929 Rn 50 ff mwNw). Anders selbstverständlich, wenn der Gläubiger den Brief durch einen zur Aushändigung nicht befugten Besitzdiener (§ 855) erhält (RGZ 75, 224; RG WarnR 1915 Nr 172; s auch RG JW 1911, 367). Ebenso kann der Gläubiger den Brief durch eine Geheißperson entgegennehmen (WADLE JZ 1974, 689). Es kann auch ein und dieselbe Person Geheißperson sowohl für den Eigentümer als auch für den Gläubiger sein. Folgt die bisher im Besitz des Briefs befindliche Geheißperson ohne Rechtspflicht rein tatsächlich der Weisung des Abtretenden, den Brief an den Abtretungsempfänger zu übergeben, so macht sie damit den Abtretenden zum mittelbaren Besitzer jedenfalls dann, wenn sie bereit ist, in Ansehung des Briefs beliebigen Weisungen des Abtretenden zu folgen (KOLLHOSSER EWiR § 1155 BGB 1/93, 254; HAGER ZIP 1993, 1446; iE auch STAUDINGER/SCHERÜBL[12] Rn 19; aA BGH vom 8.12.1992 – XI ZR 44/92 – NJW-RR 1993, 369; REINICKE/TIEDTKE NJW 1994, 345; RIMMELSPACHER WuB I F 3 Grundpfandrechte 2.93; Münch-Komm/EICKMANN[4] Rn 3). Die Fähigkeit, ein Übergabesurrogat zu verschaffen genügt nicht.

Ist zwischen dem Eigentümer und dem Gläubiger vereinbart, dass der zu bildende **8** Brief dem die Hypothekenbestellung beurkundenden *Notar* ausgehändigt werden soll, so bedeutet das nicht ohne weiteres, dass der Notar den Brief auf Geheiß des Schuldners dem Gläubigers auszuhändigen hat oder dem Gläubiger der Anspruch des Schuldners gegen den Notar auf Herausgabe des Briefs abgetreten wäre, der Gläubiger die Hypothek also mit Übersendung des Briefs an den Notar erwerben würde (RG HRR 1932 Nr 319; vgl auch OLG Neustadt Rpfleger 1960, 155; MATTERN WM 1977, 1075). Vielmehr setzt der Notar als Träger eines öffentlichen Amts im Zweifel die Rechtsposition des Grundbuchamts fort, so dass der Notar seinerseits nach § 1117 zu verfahren hat. Hat aber der Eigentümer im Einverständnis mit dem Gläubiger einem Notar den Brief mit der Weisung übergeben, ihn unter gewissen Voraussetzungen an den Zessionar herauszugeben, ist es Auslegungsfrage, ob ein Geheißerwerb stattfinden soll oder ob ein Übergabesurrogat (bedingte Abtretung des Herausgabeanspruchs, s nachf Rn 13) gewählt ist (vgl RG WarnR 1928 Nr 145; RG WarnR 1935 Nr 22; RG BayZ 1930, 279; BayObLG vom 14.8.2003 – 1Z BR 46/03 – DNotZ 2004, 193).

Eine spezielle Form des Geheißerwerbs behandelt § 60 Abs 2 GBO. Der Übergabe **9** des Hypothekenbriefs über eine neu bestellte Hypothek durch den Eigentümer (oben

Rn 4) steht die **Aushändigung des Briefes durch das Grundbuchamt** gleich, wenn der Eigentümer in der Form des § 29 Abs S 1 GBO bestimmt hat, dass der Brief an den Gläubiger auszuhändigen sei. Eine solche formgerecht vorgenommene Bestimmung des Eigentümers soll *unwiderruflich* sein (KGJ 38 A 283; KGJ 40, 322; BAUER/VOEFELE/ WEBER, GBO[2] § 60 Rn 7 mwNw). Der Geheißerwerb aufgrund des § 60 Abs 2 GBO darf nicht verwechselt werden mit dem Fall des § 1117 Abs 2, denn die Hypothek entsteht hier nach Abs 1 S 1 erst mit der Aushändigung des Briefs durch das Grundbuchamt an den Gläubiger (RGZ 66, 100; RGZ 77, 108; RGZ 89, 161). Bis zur Aushändigung des Briefs besteht noch die Eigentümergrundschuld (nachf Rn 15, 23), die auch zum Nachteil des Gläubigers noch von dritter Seite gepfändet werden kann (KG OLGE 11, 111).

c) Übergabe an den Gläubiger

10 Unter dem „Gläubiger" ist der Gläubiger der Hypothek zu verstehen, also die Person, die durch die Grundbucheintragung als Gläubiger identifiziert wird (fehler- haft WILHELM[3] Rn 1576, wonach der Brief dem übergeben werden muss, mit dem die Einigung zustandegekommen ist). Ist dieser nicht auch Gläubiger der Forderung, so entsteht die Hypothek als Fremdhypothek nicht, aber nicht mangels Briefübergabe, sondern weil Forderungs- und Hypothekengläubiger identisch sein müssen (§ 1113 Rn 62). Die Übergabe unmittelbar an einen Zessionar oder einen Pfandgläubiger (aA OLG Hamm vom 3. 7. 1980 – 15 W 85/80 – DNotZ 1982, 257; SCHERNER JuS 1992, 762. Gegen OLG Hamm und Scherner WILHELM[3] Fn 2529) genügt nicht. Auch der Gläubiger kann den Brief durch eine Geheißperson entgegennehmen (oben Rn 7).

d) Übergabesurrogate

11 Die erforderliche Besitzeinräumung kann auch durch **brevi manu traditio** (§ 929 S 2), die Vereinbarung eines **Besitzmittlungsverhältnisses** (§ 930) oder die **Abtretung des Herausgabeanspruchs** gegen den Besitzer des Briefs (§ 931) ersetzt werden (§ 1117 Abs 1 S 2). Sind auf der *Eigentümerseite mehrere Personen* beteiligt, so müssen, wie bei der Übergabe selbst (oben Rn 6) sämtliche Eigentümer mitwirken.

12 aa) Die **brevi manu traditio** (s STAUDINGER/WIEGAND [2004] § 929 Rn 123 ff) kommt in Frage, wenn der Gläubiger in den Besitz des Briefes gelangt ist, ohne dass er ihm vom Eigentümer übergeben worden wäre oder wenn er ihm zwar übergeben worden war, aber das Willenselement gefehlt hat (oben Rn 5). An die Stelle der in § 929 S 2 verlangten Einigung über den Eigentumsübergang tritt die Einigung über die Be- stellung der Hypothek. Nach anderer Auffassung (MünchKomm/EICKMANN[4] Rn 15; ERMAN/WENZEL[12] Rn 4; PALANDT/BASSENGE[67] Rn 2) soll sich die Einigung darauf beziehen, dass der Gläubiger nunmehr rechtmäßiger Besitzer des Briefs (PALANDT/BASSENGE[67] Rn 2: „als Hypothekengläubiger", was der Sache näherkommt) sein solle; diese Auffassung stimmt nicht mit dem Wortlaut des § 929 S 2 überein und beschränkt die brevi manu traditio zu Unrecht auf den Fall, dass der Briefbesitzer den Brief unrechtmäßig innehat. Ursache (Erwerb der Hypothek) und Wirkung (Recht zum Besitz) werden so vertauscht. Mittelbarer Besitz des Gläubigers genügt zum Hypothekenerwerb, wenn ein Dritter (zB der Notar) den Besitz vermittelt (BGHZ 56, 123 zu § 929).

13 bb) Für die Herstellung eines **Besitzmittlungsverhältnisses** (dazu eingehend STAUDIN- GER/WIEGAND [2004] Rn 11 ff) muss ein Rechtsverhältnis vereinbart werden, auf Grund dessen der Eigentümer dem Gläubiger gegenüber zum weiteren Besitz des Briefs

berechtigt ist; es genügt auch ein sogenanntes vorweggenommenes Besitzkonstitut
oder die Vereinbarung eines Besitzmittlungsverhältnisses im Wege des § 181 durch
Insichgeschäft; in letzterem Fall bedarf es einer nach außen in Erscheinung tretenden Ausführungshandlung, die den Übertragungswillen auch äußerlich erkennbar
macht (RGZ 73, 415, 418; RGZ 140, 223, 231; vgl auch BGHZ 21, 52; BGH MDR 1958, 509;
STAUDINGER/WIEGAND [2004] § 930 Rn 34; aM BAUR/STÜRNER § 51 V 6; WOLFF/RAISER § 66 I 1 b β;
ERMAN/WENZEL § 930 Rn 7). Der Erwerb mittels Besitzkonstituts birgt für den Erwerber die übliche Gefahr, dass der Veräußerer, weil noch im Besitz des Briefs und
im Genuss der Vermutungen nach §§ 1155 S 1, 891 Abs 1, 1117 Abs 3, die Hypothek
an einen Gutgläubigen zum zweiten Mal abtreten und den ersten Zessionar „enteignen" kann (RGZ 137, 95 vom 29. 6. 1932 – V 82/32; DERLEDER DNotZ 1971, 272); das ist
beim Erwerb des Eigentums ebenso und bedarf keiner Korrektur (aA WILHELM[3]
Rn 1623 ff).

cc) Die **Abtretung des Herausgabeanspruchs** (s STAUDINGER/WIEGAND [2004] § 931　**14**
Rn 10 ff) kann auch einen gegen das Grundbuchamt gerichteten Herausgabeanspruch
erfassen (MünchKomm/EICKMANN[4] Rn 17); für den erstmals zu erstellenden Brief kann
das aber schwerlich zutreffen, denn der Brief wird als solcher wohl nach § 16 Abs 1
FGG erst wirksam, wenn er den Gewaltbereich des Grundbuchamts verlassen hat
(vgl BayObLG vom 12. 3. 1987 – 2 Z 25/87 – Rpfleger 1987, 363, 364; OLG Sachsen-Anhalt vom
12. 2. 2004 – 11 Wx 16/03 – WM 2005, 173), das Grundbuchamt also gar nicht mehr Besitzer
ist (die Grundbuchliteratur ist in dieser Frage unsensibel); künftig ordnet § 40 Abs 1 FamFG
(allerdings nur für Beschlüsse, andere Verfügungen mit materieller Wirkung ignoriert das FamFG) ausdrücklich Wirksamkeit erst mit Bekanntgabe an den Beteiligten an. Zumindest (wenn auch nach der hier vertretenen Auffassung nicht ausreichend) kann der Gläubiger die Hypothek nicht erwerben, bevor überhaupt der
Brief gebildet worden ist (OLG Sachsen-Anhalt vom 12. 2. 2004 wie vor). Der Herausgabeanspruch kann auch unter einer aufschiebenden Bedingung abgetreten werden
(§ 158 Abs 1); die Wirkung tritt dann mit Eintritt der Bedingung ein, vorausgesetzt,
die Einigung ist dann noch wirksam (STAUDINGER/WIEGAND [2004] § 931 Rn 26). Auch die
Abtretung des künftigen Herausgabeanspruchs wirkt, sobald der Anspruch entsteht
(MünchKomm/EICKMANN[4] Rn 17) und unter der gleichen Voraussetzung. Die Abtretung
des Herausgabeanspruchs gegen einen unbekannten Dritten schlägt aber fehl, wenn
der Brief vernichtet sein sollte.

2.　Entstehen der gesicherten Forderung

a)　Voraussetzung für die Fremdhypothek
Solange die gesicherte Forderung *nicht entstanden* ist, steht die Hypothek trotz der　**15**
Übergabe des Briefs an den Gläubiger nach § 1163 Abs 1 S 1 dem Eigentümer zu;
dieser ist auch weiterhin nach § 952 Abs 1 Eigentümer des Hypothekenbriefes (BGB-
RGRK/MATTERN[12] Rn 2), allerdings auflösend bedingt, so dass Zwischenverfügungen
des Eigentümers oder Eingriffe seiner Gläubiger – anders als im Fall der entstandenen Forderung vor Aushändigung des Briefs (unten Rn 22) – ihre Wirksamkeit
verlieren, wenn die Bedingung eintritt. Eine Quittung über die Empfangnahme der
Valuta stellt bestenfalls ein Beweismittel dar, das eine tatsächliche (§ 416 ZPO),
nicht aber eine Rechtsvermutung des Empfangs des Darlehens begründet; der
Quittung gegenüber verbleibt dem Eigentümer der Nachweis, dass sie unrichtig ist,
wobei es genügt, die Beweiswirkung zu erschüttern (STAUDINGER/OLZEN [2006] § 368

Rn 8). Überdies verstoßen die üblichen formularmäßigen Quittungen regelmäßig gegen §§ 309 Nr 12 b (dazu § 1113 Rn 33). Dem Gläubiger steht freilich in Ansehung der Hypothek auch die Rechtsvermutung des § 1138 iVm § 891 zur Seite; diese Vermutung muss der Eigentümer widerlegen, um ihre Wirkung zu beseitigen (vgl § 1138 Rn 12 ff sowie RGZ 69, 36; BAUMGÄRTEL/LAUMEN/BAUMGÄRTEL² § 1117 BGB Rn 2; vgl ferner zum umgekehrten Fall unten Rn 33).

b) Vorläufige Eigentümergrundschuld

16 Das dem Eigentümer nach Eintragung der Hypothek *bis zur Übergabe* des Briefs zustehende Recht ist *Eigentümergrundschuld* (§ 1163 Abs 2, § 1177 Abs 1 S 1). Das Grundbuch ist bis zu diesem Zeitpunkt *unrichtig* (RGZ 77, 108; KGJ 22 A 310) und zwar in *doppelter* Hinsicht: es bezeichnet eine Hypothek statt einer Grundschuld und es bezeichnet als Berechtigten den Gläubiger statt des Eigentümers (WOLFF/RAISER § 133 V 1). Gefahren für den Eigentümer entstehen dadurch nicht, da der Gläubiger ohne Brief über die Hypothek nicht verfügen kann (§ 1154 Abs 1). Der Eigentümer kann grundsätzlich nach § 894 Berichtigung des Grundbuchs verlangen, sofern ihm nicht der Gläubiger eine Einrede aus dem zugrundeliegenden schuldrechtlichen Geschäft (dem Hypothekenbestellungsvertrag) entgegenhalten kann (RGZ 77, 108; SOERGEL/ KONZEN¹³ Rn 1). Das wird regelmäßig der Fall sein, denn nach dem vermutlichen Willen der Parteien wird stets als stillschweigend vereinbart gelten müssen, dass der Eigentümer den Anspruch aus § 894 solange nicht geltend machen kann, als mit dem Entstehen der Hypothek ernstlich noch zu rechnen ist (§ 157) – daher „vorläufige" Eigentümergrundschuld; soweit das Grundpfandrecht nach § 1163 Abs 2 Eigentümergrundschuld bleibt, hat der Gläubiger keine Anwartschaft (§ 1163 Rn 62). Sachenrechtlich ist der Eigentümer befugt, über die Eigentümergrundschuld zu verfügen (vgl § 1163 Rn 37). Gegenüber dem Grundbuchamt bedarf der Eigentümer des gehörigen Nachweises seines Rechts (s § 1163 Rn 37), der in entsprechender Anwendung des Abs 3 durch Vorlage des Briefs geführt wird (aA STAUDINGER/SCHERÜBL¹² Rn 25).

17 Zu einer *Löschung der Eigentümergrundschuld* ist die *Bewilligung* des *Buch-Gläubigers* erforderlich, obwohl ihm das Grundpfandrecht nicht zusteht, solange er den Hypothekenbrief noch nicht erhalten hat; denn als Buchberechtigter ist er von einer Berichtigung des Grundbuchs betroffen, die in der Löschung des Rechts oder in der Eintragung des wahren Berechtigten besteht (DEMHARTER, GBO²⁶ § 19 Rn 47). Durch Vorlage des Briefs kann der Eigentümer aber iSd § 22 Abs 1 S 1 GBO die Unrichtigkeit des Grundbuchs nachweisen, womit eine Berichtigungsbewilligung des Gläubigers entbehrlich wird (OLG Frankfurt vom 24. 6. 2003 – 20 W 274/02 – ZfIR 2005, 254 m Anm DÜMIG S 240; BAUMGÄRTEL/LAUMEN/BAUMGÄRTEL² § 1117 BGB Rn 4; EICKMANN Rpfleger 1979, 169; MünchKomm/EICKMANN⁴ Rn 33; aA OLG Hamm vom 15.11. 2005 – 15 W 179/05 – NotBZ 2006, 180 [ohne Auseinandersetzung mit der Literatur]; STAUDINGER/SCHERÜBL¹² Rn 25); dass die Möglichkeit besteht, es wäre eine Vereinbarung nach § 1117 Abs 2 getroffen, hindert die Löschung nicht, weil die Vermutung des § 891 Abs 1 in entsprechender Anwendung des § 1117 Abs 3 durch den Briefbesitz des Eigentümers widerlegt ist (aA DÜMIG ZfIR 2005, 240 zu OLG Frankfurt vom 24. 6. 2003 – 20 W 274/02 – ZfIR 2005, 254). Ob der Eigentümer mit der Löschung schuldrechtliche Verpflichtungen gegenüber dem Gläubiger verletzt, steht nicht zur Prüfung des Grundbuchamts.

III. Verschaffung der Hypothek nach Abs 2

Die **Übergabe** des **Briefes** an den Gläubiger durch den Eigentümer (§ 1117 Abs 1) **18** kann durch die Vereinbarung der Parteien **ersetzt** werden, dass der Gläubiger berechtigt sein soll, sich den Brief vom Grundbuchamt aushändigen zu lassen (§ 1117 Abs 2). Durch diese Bestimmung soll vermieden werden, dass durch eine Verzögerung bei der Ausfertigung des Briefes der Erwerb der Hypothek durch den Gläubiger hinausgeschoben wird; zugleich soll dadurch erreicht werden, dass der mittelbare Besitz (§ 868) an dem Brief sofort an den Gläubiger übergeht (Prot III 729). Es handelt es sich um einen selbständigen, neben den Formen des Abs 1 stehenden Begründungstatbestand (**aM** DERLEDER DNotZ 1971, 272). In der Anweisung an das Grundbuchamt, den Brief dem Notar zu übersenden, kann allein keine Vereinbarung nach Abs 2 gesehen werden, wenn offen bleibt, für welche Partei der Notar den Brief entgegennehmen und verwahren soll (OLG Frankfurt vom 24. 6. 2003 – 20 W 274/02 – ZfIR 2005, 254 m Anm DÜMIG S 240).

Die Vereinbarung nach Abs 2 bewirkt mehr als die Bestimmung nach § 60 Abs 2 **19** GBO (oben Rn 8). Die Hypothek entsteht in diesem Fall anders als nach Abs 1 nicht erst mit der Aushändigung des Briefes an den Gläubiger, sondern bereits *mit der Eintragung* im Grundbuch, falls die sonstigen **Entstehungsvoraussetzungen** – Einigung und Bestehen der zu sichernden Forderung (sonst Eigentümergrundschuld) – gegeben sind (RGZ 66, 210 unter Hinweis auf RGZ 64, 313; RGZ 81, 425; RGZ 89, 152; KGJ 40, 322; KG vom 19. 2. 1974 – 1 W 54/74 – NJW 1975, 878). Es ist unerheblich, ob ein (wirksamer) Brief überhaupt körperlich gebildet wird (**aA** MEIKEL/BESTELMEYER, GBO[10] § 56 Rn 44, der gegen den Wortlaut der Vorschrift die *Herstellung* eines Briefs zur Entstehensvoraussetzung der Fremdhypothek erklären will), und ob der Brief tatsächlich an den Gläubiger ausgehändigt wird. Weder wird der Erwerb der Hypothek bis zur Aushändigung aufgeschoben (darin liegt der Unterschied zu den übrigen Möglichkeiten nach § 1117 Abs 1 S 2), noch fällt der Erwerb deswegen rückwirkend weg, weil der Gläubiger den Brief nicht erhält (BGB-RGRK/MATTERN[12] Rn 16). Die Abrede setzt nicht voraus, dass der Brief vom Grundbuchamt bereits ausgefertigt ist; auch ist es zu ihrer Wirksamkeit unnötig, dass sie dem Grundbuchamt mitgeteilt wird (WOLFF/RAISER § 133 V 1 und Fn 24).

Liegt eine Vereinbarung nach Abs 2 vor, so erwirbt der Gläubiger die Hypothek **20** auch dann, wenn der Eigentümer entgegen der Vereinbarung vom Grundbuchamt die Aushändigung des Briefs an sich verlangt und den Brief vom Grundbuchamt dann auch tatsächlich erhält (WOLFF/RAISER § 133 Fn 24), oder wenn das Grundbuchamt auf Antrag des Eigentümers den Brief vorläufig verwahrt (RG JW 1908, 547). Wurde die Vereinbarung bereits vor der Eintragung getroffen, so erwirbt der Gläubiger, falls die zu sichernde Forderung besteht (§ 1163 Abs 1), die Hypothek mit der Eintragung. Das Eigentum am Brief geht mit dessen Begebung gemäß § 952 auf den Gläubiger über (RGZ 66, 210; RGZ 81, 425; RGZ 89, 161; KGJ 40, 324).

Die Vereinbarung soll als dinglicher Vertrag *unwiderruflich* sein (RGZ 93, 248; RG **21** Gruchot 56, 983, 986; KGJ 25 A 155; PLANCK/STRECKER Anm 3c; WOLFF/RAISER § 133 V 1; MünchKomm/EICKMANN[4] Rn 19). Näher liegt es, § 873 Abs 2 anzuwenden, der zugleich die Behauptung widerlegt, dingliche Verträge seien von selbst bindend. Sie bedarf zu ihrer *materiellen Wirksamkeit keiner Form* (RGZ 93, 250). Es genügt vielmehr jede vom Gläubiger angenommene, auch stillschweigende oder konkludente Erklärung des Eigentümers, aus der sich ergibt, dass dem Gläubiger die Befugnis des Abs 2 zustehen soll (RGZ 93, 250; RG WarnR 1912 Nr 291; KGJ 32 A 242; KG OLGE 45, 282). Das Grundbuchamt berücksichtigt die Vereinbarung nach § 60 Abs 2 GBO freilich nur, wenn der Eigentümer die entsprechende Erklärung ihm gegenüber in der Form des § 29 Abs 1 S 1 GBO abgibt (KGJ 25 A 154; vgl auch MARTINIUS Gruchot 44, 382). Bei Mangel dieser Form muss das Grundbuchamt trotz der materiell wirksamen Vereinbarung den Brief gemäß § 60 Abs 1 GBO dem Eigentümer aushändigen (BGB-RGRK/MATTERN[12] Rn 16; SOERGEL/KONZEN[13] Rn 7). Der Gläubiger seinerseits kann, solange sich der Brief noch beim Grundbuchamt befindet, diesen wenn überhaupt (Zweifel oben Rn 13) nur gemäß § 931 weiter übertragen.

22 Hat das Grundbuchamt gemäß § 60 Abs 1 GBO den Brief bereits dem Eigentümer ausgehändigt und will ihn dieser nicht an den Gläubiger weitergeben, so kann sich der Gläubiger den Brief nur dadurch verschaffen, dass er gegen den Eigentümer auf Herausgabe klagt und das stattgebende Urteil gemäß §§ 883 ff ZPO durch Wegnahme durch den Gerichtsvollzieher vollstrecken lässt.

IV. Rechtsfolgen

23 **Vor der Übergabe** des Hypothekenbriefs oder ihrer Ersetzung (§ 1117 Abs 1 und 2) ist die Briefhypothek auch dann zunächst Eigentümergrundschuld, wenn der Gläubiger dem Eigentümer die Valuta bereits ausbezahlt hat. Der Gläubiger hat nur einen schuldrechtlichen Anspruch auf Stellung der hypothekarischen Sicherheit und damit auf Übergabe des Briefs aus dem zugrundeliegenden Rechtsgeschäft. Das Eigentum an dem Brief geht erst mit der Erlangung der Gläubigerstellung durch Übergabe des Briefs oder Übergabeersatz auf den Gläubiger über. S zu Verfügungen des Eigentümers über die Eigentümergrundschuld § 1163 Rn 37, 62 ff. Wird in einem solchen Fall die Eigentümergrundschuld gepfändet, so kann der eingetragene Hypothekengläubiger gegenüber dem Pfändungsgläubiger – anders als bei ausgehändigtem Brief vor Entstehen der Forderung (oben Rn 14) – die Rechte auf Aushändigung des Briefes nicht geltend machen (RGZ 63, 14; 73, 416; BENDIX BayZ 1907, 189, 274).

24 Wird über das Vermögen des Grundstückseigentümers das **Insolvenzverfahren** eröffnet, so bleibt ein bereits abgeschlossener Rechtserwerb des Gläubigers (abgesehen von möglicher Anfechtbarkeit) von der Eröffnung unberührt. Gleiches gilt nach § 81 Abs 1 S 2 InsO iVm § 892, wenn der Hypothekengläubiger im Zeitpunkt der Briefübergabe noch gutgläubig ist, dh (noch) kein Insolvenzvermerk eingetragen ist und der Gläubiger auch sonst keine Kenntnis von der Eröffnung des Verfahrens hat (vgl STAUDINGER/GURSKY [2008] § 892 Rn 240). Ist vor der Eröffnung des Insolvenzverfahrens eine Vereinbarung nach § 1117 Abs 2 getroffen worden oder ist die Erklärung des Eigentümers nach § 60 Abs 2 GBO vor der Eröffnung des Insolvenzverfahrens dem Grundbuchamt zugegangen, so erwirbt der Gläubiger die Hypothek insolvenzfest, wenn sie noch in Anwendung des § 878 eingetragen wird; in diesen Fällen ist der Brief dem Gläubiger auszuhändigen (vgl KG NJW 1975, 878). Ist vor der Eröffnung des Insolvenzverfahrens weder eine Vereinbarung nach § 1117 Abs 2 getroffen noch eine Anordnung des Grundstückseigentümers nach § 60 Abs 2 GBO dem Grundbuchamt zugegangen, entsteht das Grundpfandrecht als Eigentümergrundschuld, die zur Insolvenzmasse gehört; der Brief steht dem Insolvenzverwalter zu. Der eingetragene Gläubiger hat dann weder ein Aussonderungsrecht am Brief (§ 47 InsO) noch ein Absonderungsrecht (§§ 49 ff InsO) wegen der Hypothek; vielmehr kann der Insolvenzverwalter von ihm gemäß § 894 die Zustimmung zur Berichtigung des Grundbuchs dahin verlangen, dass an seiner Stelle der Insolvenz-Schuldner als Berechtigter der Eigentümergrundschuld eingetragen wird (BGB-RGRK/Mattern[12] Rn 4). Wegen seines persönlichen Anspruchs auf Bestellung der Hypothek kann der eingetragene Gläubiger nicht etwa als Insolvenzgläubiger Aushändigung des Briefes verlangen (vgl Planck/Strecker Anm 4a δ); der Gläubiger kann vielmehr nur eine Geldforderung gemäß § 45 InsO zur Insolvenzmasse geltend machen (RGZ 77, 109). Zu den Besonderheiten des Briefrechts in der Insolvenz s auch Eickmann Rpfleger 1972, 77, 80.

Eine bei Insolvenzeröffnung eingetragene Vormerkung auf Bestellung einer Hypothek **25** gewährt den vormerkungstypischen Schutz des § 106 InsO (KG OLGE 7, 367; Planck/ Strecker Anm 4a δ; BGB-RGRK/Mattern[12] Rn 4; **aM** Bendix Gruchot 49, 297).

V.   Entsprechende Anwendung des Abs 2 auf die Abtretung der Hypothek

§ 1154 Abs 1 S 1 HS 2 verweist für die Abtretung der Briefhypothek insgesamt auf **26** § 1117, also auch auf dessen Abs 2. Auch bei der Abtretung (und Verpfändung, vgl §§ 1274, 1291) einer Forderung, für die eine Briefhypothek bestellt ist, kann demnach die Übergabe des Briefes nach § 1117 Abs 2 ersetzt werden (s näher § 1154 Rn 48); das Grundbuchamt muss aber die tatsächliche Verfügungsmacht über den Brief erlangt haben (RGZ 66, 206). Unerheblich ist auch hier, ob der Brief dem Gläubiger tatsächlich ausgehändigt wird. Der Zessionar erwirbt die Hypothek in diesem Fall nicht erst mit der Eintragung, sondern schon in dem Zeitpunkt, in dem der Brief in die Verfügungsmacht des Grundbuchamts gelangt (vgl KG SeuffBl 73, 149).

Wird der Brief erst bei dem Grundbuchamt eingereicht oder von ihm hergestellt, **27** nachdem als Ersatz der Briefübergabe die Vereinbarung getroffen wurde, dass der Zessionar berechtigt sein soll, sich den Brief vom Grundbuchamt aushändigen zu lassen, so wird diese Vereinbarung dann (RGZ 66, 210; KGJ 45, 299), in dem Sinn wirksam, dass es so anzusehen ist, als sei die Übergabe bereits am Tage jener Vereinbarung erfolgt (vgl RG Recht 1911 Nr 1750; RG WarnR 1935 Nr 58; s auch RG LZ 1919, 1238). Diese Rückwirkung kann sich jedoch nicht über den Zeitpunkt hinaus erstrecken, in dem die Hypothek selbst entstanden ist; denn ein Übergang der Hypothek von dem Abtretenden auf den Abtretungsempfänger kann nicht eher wirksam werden, als die Hypothek überhaupt rechtswirksam zur Entstehung gelangt ist (vgl RG WarnR 1935 Nr 58).

Bei einer **Teilabtretung** bildet die Aushändigungsvereinbarung zwischen altem und **28** neuem Gläubiger nur dann einen Ersatz für die Übergabe des Briefs, wenn das Grundbuchamt mindestens an dem Stammbrief den unmittelbaren Besitz oder die Verfügungsmacht erlangt hat; denn andernfalls kann die Vereinbarung ihren Zweck, dem Zessionar den mittelbaren Besitz an dem Brief zu verschaffen, nicht erfüllen (RGZ 64, 313; RGZ 65, 62; RGZ 66, 210; RGZ 69, 36; RGZ 74, 416).

VI. Klage auf Bestellung einer Hypothek

29 Besteht ein unbedingter, also nicht etwa nur Zug um Zug zu erfüllender Anspruch auf Bestellung einer Briefhypothek, so umfasst dieser Anspruch im Zweifel auch eine Vereinbarung iS des § 1117 Abs 2 (OLG Breslau OLGE 18, 175) und eine Erklärung nach § 60 Abs 2 GBO. Ohne diese Instrumente würde der Gläubiger die Hypothek auch aufgrund einer rechtskräftigen Verurteilung des Schuldners nicht unmittelbar erwerben; vielmehr müsste er noch einen Anspruch auf Aushändigung des Briefs vollstrecken (wenn er nicht nach §§ 886 oder 892 ZPO erreicht hat, dass das Grundbuchamt den Brief ihm aushändigt). Das ist beim Klagantrag zu berücksichtigen. Wird jedenfalls der Eigentümer einfach zur Bestellung einer Hypothek verurteilt, so bedeutet das die Bestellung einer Briefhypothek.

30 Sollen nach Maßgabe des zugrundeliegenden Rechtsverhältnisses die Verschaffung der Hypothek und die Auszahlung der Valuta nur Zug um Zug erfolgen, kann der Eigentümer nach §§ 273 Abs 1, 274 Abs 1 nur zur Bestellung Zug um Zug gegen Zahlung verurteilt werden. Den Anspruch gegen das Grundbuchamt auf Aushändigung des Briefs kann sich der Gläubiger in diesem Fall nur dann nach 886 ZPO überweisen lassen, wenn er die Auszahlung nachweist. Andernfalls hat das Grundbuchamt den Brief dem Eigentümer auszuhändigen.

VII. Vermutung nach Abs 3

1. Direkte Anwendung

31 An die Tatsache, dass sich der Brief im Besitz des Gläubigers befindet, ist die **Vermutung** (vgl § 292 ZPO) geknüpft, dass die Übergabe des Briefs durch den Eigentümer oder zumindest mit dessen Willen erfolgt sei (KG JW 1934, 713; JOSWIG ZfIR 2001, 613). Diese Vermutung kann nur durch den Nachweis mangelnder Übergabe entkräftet werden, diesen Nachweis hat der Eigentümer zu führen (BAUMGÄRTEL/ LAUMEN/BAUMGÄRTEL[2] § 1117 BGB Rn 9); der Nachweis nützt dem Eigentümer freilich nichts, wenn der Gläubiger einen fälligen Anspruch auf Beschaffung des Briefs hat; denn dann kann er durch Klage oder Widerklage gegen den Eigentümer ein Urteil auf Abgabe der zu einer Einigung iS des § 929 S 2 erforderlichen Erklärung erwirken (BGB-RGRK/MATTERN[12] Rn 18, vgl auch PLANCK/STRECKER Anm 2b; ERMAN/WENZEL[12] Rn 8). Erforderlich ist der *Besitz* des Briefs; dass der Gläubiger das Ausschlussurteil besitzt, das an die Stelle des abhanden gekommenen Hypothekenbriefs getreten ist, genügt allein nicht (KG OLGE 38, 10; BayObLG Rpfleger 1987, 363). S aber zur Erteilung eines neuen Briefs und den damit verbundenen Vermutungswirkungen § 1162 Rn 8.

32 Wenn der Gläubiger den ihm versehentlich ausgehändigten Brief dazu benützt, die Hypothek nach § 1154 Abs 1 an einen Dritten *abzutreten*, so gilt gemäß §§ 1138, 892 zugunsten des Dritten die Forderung als bestehend, es sei denn, dass der Dritte beim Erwerb der Hypothek nicht redlich war (Prot III 646; III 729). Dagegen besteht für den Zeitpunkt der Übergabe keine Vermutung; er muss, wenn von Bedeutung, nachgewiesen werden (KG RJA 6, 67; KGJ 40, 281).

33 Die Vermutung des Abs 3 gilt auch im Grundbuchverfahren gegenüber dem **Grundbuchamt** (BAUMGÄRTEL/LAUMEN/BAUMGÄRTEL[2] § 1117 BGB Rn 4 mwNw; MünchKomm/EICK-

MANN[4] Rn 31) und zwar gleichermaßen in Antragsverfahren wie in Verfahren mit Amtsermittlung oder Berücksichtigung von Amts wegen (zutreffende Begründung bei MünchKomm/EICKMANN[4] Rn 32).

2. Entsprechende Anwendung im Umkehrschluss

Im Umkehrschluss aus Abs 3 ist zu vermuten, dass der Eigentümer noch Inhaber der **34** Hypothek ist, wenn er den Hypothekenbrief besitzt (EICKMANN Rpfleger 1979, 169; MünchKomm/EICKMANN[4] Rn 33; BAUMGÄRTEL/LAUMEN/BAUMGÄRTEL[2] § 1117 BGB Rn 7; **aA** OLG Hamm vom 15. 11. 2005 – 15 W 179/05 – RNotZ 2006, 124 ohne Auseinandersetzung mit der Gegenmeinung; STAUDINGER/SCHERÜBL[12] Rn 25); die Vermutung greift nicht, wenn eine Vereinbarung nach Abs 2 geschlossen ist.

VIII. Rechtserwerb bei Buchhypothek

Die Buchhypothek erwirbt der Gläubiger, sobald Einigung und Eintragung vor- **35** liegen (§ 873) und die Forderung entstanden ist (§ 1163 Abs 1 S 1). Falls der Eigentümer gegen den Inhalt des Grundbuchs (§§ 1138, 891) die Nichtexistenz der Forderung behaupten will, trifft ihn die Beweislast (§ 1147 Rn 31); anders bei der Sicherungshypothek gemäß § 1185 Abs 2. Wegen des Widerspruchs, falls das Darlehen nicht ausbezahlt wurde, vgl § 1139 mit Erl.

IX. Anwendung auf Briefgrund und Briefrentenschulden

§ 1117 gilt auch für Briefgrundschulden und für Briefrentenschulden (§ 1192) mit **36** Ausnahme der Inhabergrundschulden (§ 1195 Rn 11). Das Erfordernis, dass ein zu sichernder Anspruch entstanden sein muss, entfällt naturgemäß. Die originäre Eigentümer-Briefgrundschuld entsteht bereits mit Eintragung im Grundbuch, ohne dass der Brief bereits erteilt sein müsste (OLG Sachsen-Anhalt vom 12. 2. 2004 – 11 Wx 16/03 – WM 2005, 173).

§ 1118
Haftung für Nebenforderungen

Kraft der Hypothek haftet das Grundstück auch für die gesetzlichen Zinsen der Forderung sowie für die Kosten der Kündigung und der die Befriedigung aus dem Grundstück bezweckenden Rechtsverfolgung.

Materialien: E I § 1066; II § 1027 rev § 1102; III § 1101; Mot III 647 ff; Prot III 549.

Schrifttum

BALSER, Rückständige Hypothekenzinsen, NJW 1958, 698

BERG, Haftet der Eigentümer für die Kosten der Zwangsvollstreckung in das Grundstück persönlich?, Gruchot 48, 774

A WOLF, Die Behandlung der Hypothekenzin-

sen im Falle der Verkehrshypothek des BGB
(Diss Leipzig 1908).

Systematische Übersicht

I. Haftung für Zinsen und Kosten

1 Außer den vertraglich vereinbarten Nebenleistungen umfasst die Hypothek kraft Gesetzes auch die in § 1118 aufgeführten **Zinsen** und **Kosten**. Es liegt eine der vielen Ausnahmen vom Eintragungs- und Bestimmtheitsgrundsatz vor (Mot III 647), die aber deshalb sinnvoll ist, weil alle Beteiligten, insbesondere nachstehend Berechtigte, mit dieser gesetzlich begründeten Erweiterung der Haftung rechnen können. Die bezeichneten Zinsen und Kosten sind daher nicht eintragungsbedürftig und, da überflüssige Eintragung vom Grundbuch fernzuhalten sind, auch auf Antrag nicht in das Grundbuch einzutragen (OLG Karlsruhe RJA 2, 246; KGJ 20 A 203; BGB-RGRK/ MATTERN[12] Rn 1; SCHMITT BayZ 1905, 269). Eine gleichwohl bewirkte Eintragung ist jedoch unschädlich; weder wird das Grundbuch dadurch unrichtig noch ist die Eintragung inhaltlich unzulässig iS des § 53 Abs 1 S 2 GBO (KGJ 35 A 325; BGB-RGRK/MATTERN[12] aaO). Eine gesonderte Hypothek zur Sicherung von Kostenerstattungsansprüchen ist aber zulässig (DENNLER BayNotZ 1906, 127).

1. Gesetzliche Zinsen

2 a) Die **Haftung umfasst** die gesetzlichen Zinsen der Forderung, insbes nach §§ 288–291, 1146; zur Höhe insbes §§ 246, 247 BGB und 352 HGB (vgl § 1115 Rn 38). Für sie haftet die Hypothek auch ohne Eintragung; jedoch wird die Anwendung des § 1118 nicht dadurch ausgeschlossen, dass die Zahlung der gesetzlichen Zinsen noch besonders vereinbart und diese Vereinbarung – ordnungswidrig (§ 1115 Rn 38) – eingetragen wurde (PLANCK/STRECKER Anm 1b). Zu den gesetzlichen Zinsen gehören auch die Verzugszinsen nach § 288 (BGH vom 26.1.2006 – V ZB 143/05 – NJW 2006, 1341 [dazu ZIMMER 1325] = ZfIR 2006, 372 m zust Anm CLEMENTE = Rpfleger 2006, 313 m Anm WAGNER = MittBayNot 2006, 501 m Anm KESSELER S 468; WAGNER Rpfleger 2004, 668; **aA** MünchKomm/ EICKMANN[4] Rn 5, der contra legem § 1118 nicht mehr auf die variablen Verzugszinsen anwenden will [gegen ihn ausdrücklich BGH aaO]; vgl dazu, dass nicht der Bestimmtheitsgrundsatz das Gesetz präjudiziert, sondern dass er nur gilt, soweit aus dem Gesetz ableitbar, WOLFSTEINER MittBayNot 2003, 295; vgl auch OLG Hamburg OLGE 14, 100 und § 1115 Rn 33). Dies gilt sowohl für den Verzug des Eigentümers wie auch für den Verzug des vom Eigentümer verschiedenen Schuldners (WOLFF/RAISER § 134 II 1; PLANCK/STRECKER Anm 1c; PALANDT/BASSENGE[68] Rn 2; SOERGEL/KONZEN[13] Rn 2; vgl auch § 1146 Rn 1, 4). Für Schadenersatzansprüche, die bei Verzug über die gesetzlichen Verzugszinsen hinaus geltend gemacht werden können (vgl §§ 286, 288 Abs 3, 289 S 2), haftet das Grundstück nicht kraft der Hypothek (OLG Hamburg OLGE 14, 100).

b)   S. zur **Eintragung** gesetzlicher Zinsen § 1115 Rn 38.   **3**

c)   Eine **zeitliche Beschränkung** der dinglichen Haftung für Zinsrückstände ist **4** nicht angeordnet. Ob die Zinsen vor oder nach Eröffnung eines Insolvenzverfahrens über das Vermögen des Eigentümers entstanden sind, spielt – ebenso wie für die Kosten (BGH vom 16. 10. 2008 – IX ZR 46/08 – WM 2008, 2225, unten Rn 8) – keine Rolle (BGH vom 17. 7. 2008 – IX ZR 132/07 – NJW 2008, 3064 m Anm DAHL). Nur *bei der Zwangsversteigerung* wird ein Rangklassenunterschied zwischen zweijährigen und älteren Zinsrückständen gemacht (vgl § 10 Nr 4, 8, §§ 11, 12 ZVG); insofern kann die Eintragung einer besonderen Höchstbetragshypothek für die Zinsen in Betracht kommen (vgl OLG Dresden ZBlFG 10, 254). Die Haftung des Grundstücks für rückständige Zinsen bleibt daher grundsätzlich bestehen, bis entweder die Hypothek für die Hauptforderung aufgehoben ist (das ergibt sich aus der Abhängigkeit der Zinsforderung von der Hauptforderung) oder bis die Hypothek für die Rückstände sich mit dem Eigentum in einer Person vereinigt hat, also durch Befriedigung des Gläubigers (§ 1178 Abs 1) oder gemäß § 1178 Abs 2 durch Verzicht des Gläubigers erlischt (vgl KGJ 42, 248).

d)   Der Umstand, dass die rückständigen Zinsen dinglich gesichert bleiben, hin- **5** dert nicht die **Verjährung** der Zinsansprüche (§ 902 Abs 1 S 2). Die Ansprüche auf rückständige Zinsen verjähren nach § 195 in 3 Jahren, wenn die Verjährung nicht gehemmt oder einem Neubeginn zugeführt wird. Mit der Verjährung der Zinsforderung endet gemäß § 216 Abs 3 auch das Recht des Gläubigers, für sie aus dem Grundstück Befriedigung zu suchen. Nach hL tritt die Verjährung nur im Verhältnis zwischen Hypothekengläubiger und Eigentümer ein; sie wird nach § 214 Abs 1 nur auf Einrede des Eigentümers berücksichtigt (vgl BUSCH ZBlFG 12, 710). Vgl zu der hier vertretenen *abweichenden Auffassung* (Erlöschen der Zinshypothek) Einl 227 ff zu §§ 1113 ff.

e)   Der Hinweis auf die **Bauhypothek** nach §§ 27 Abs 4 und 34 Abs 2 BauFordSiG **6** (Bearb 2002 Rn 5) ist überholt, da die in § 9 vorgesehenen landesrechtlichen Bestimmungen nicht erlassen worden sind (amtl Anm in Art 3 ForderungssicherungsG vom 23. 10. 2008 [BGBl I 2022]).

2.   Kosten der Kündigung

Die Haftung umfasst die Kosten der Kündigung iS des § 1141, dh einer Kündigung **7** im Verhältnis zwischen Gläubiger und Eigentümer. Für die Kosten der Kündigung gegenüber dem persönlichen Schuldner haftet das Grundstück nicht (BGB-RGRK/ MATTERN[12] Rn 5). Gemäß §§ 91, 788 ZPO erstreckt sich die Haftung nur auf Kosten der Kündigung, die zur zweckentsprechenden Rechtsverfolgung notwendig waren (BGB-RGRK/MATTERN[12] Rn 5; PALANDT/BASSENGE[68] Rn 2). Zwar ist die Kündigung grundsätzlich kostenfrei möglich, jedoch steht es dem Gläubiger frei, sich einen sicheren Beweis über die erfolgte Kündigung zu verschaffen. Für die Kosten dieses Beweises haftet das Grundstück. Hierunter fallen insbesondere die Zustellungskosten des Gerichtsvollziehers sowie die Kosten für die Bestellung eines Vertreters nach

§ 1141 Abs 2. Die Kosten eines eingeschalteten Rechtsanwalts fallen grundsätzlich unter die Haftung, es sei denn der Fall läge so einfach, dass auch ein juristischer Laie ohne Rechtsberatung sicher sein kann, dass mit der Kündigung Komplikationen nicht verbunden sind (enger RGZ 22, 322; RG JW 1934, 771; PLANCK/STRECKER Anm 2; STAUDINGER/SCHERÜBL[12] Rn 9); ob es diesen Fall in der heutigen Rechtswirklichkeit überhaupt noch gibt, sei dahingestellt. Dies gilt auch für Kreditinstitute, denen nicht verwehrt werden kann, interne Rechtsberatung abzubauen und stattdessen externe Rechtsberatung in Anspruch zu nehmen (ERMAN/WENZEL[12] Rn 5; aA MünchKomm/EICK-MANN[4] Rn 12).

3. Kosten der die Befriedigung aus dem Grundstück bezweckenden Rechtsverfolgung

8 Auch hier gilt nach §§ 91, 788 ZPO der Grundsatz, dass nur solche Kosten von der Haftung erfasst werden, die zur zweckentsprechenden Rechtsverfolgung (unten Rn 10) notwendig waren. Darunter sind allein die Kosten zu verstehen, die aus der gegen den Eigentümer oder den eingetragenen Nichteigentümer (KG JW 1937, 3159) als solchen mit der dinglichen Klage gerichteten Rechtsverfolgung erwachsen (BGB-RGRK/MATTERN[12] Rn 6). Rechtsverfolgung iS des § 1118 sind Maßnahmen, die erforderlich erscheinen, um die Befriedigung aus dem Grundstück zu erzielen. Unter § 1118 fallen insbesondere die Kosten der Klage und der Zwangsvollstreckung. Bei der Klage ist es gleichgültig, ob der Anspruch im gewöhnlichen Klageverfahren (§§ 253 ff ZPO) oder im Urkundenprozess (§§ 592 ff ZPO) erhoben wird (vgl § 1147 mit Erl). Zu den Kosten nach § 1118 gehören auch die Kosten einer Klage gegen den Eigentümer nach § 731 ZPO (OLG Dresden OLGE 18, 163). Ein Verschulden des Eigentümers ist nicht erforderlich, um seine Kostenpflicht zu begründen; es genügt, dass er durch sein Verhalten die Klage veranlasst hat. Hat er keine Veranlassung zur Klage gegeben und sofort anerkannt, geht die Kostenregelung in § 93 ZPO als lex specialis dem § 1118 vor. S allerdings zu der Streitfrage, wann von einer Veranlassung gesprochen werden kann, § 1147 Rn 21. Ob die Kosten vor oder nach Eröffnung eines Insolvenzverfahrens über das Vermögen des Eigentümers entstanden sind, spielt – ebenso wie für die Zinsen (BGH vom 17. 7. 2008 – IX ZR 132/07 – NJW 2008, 3064 m Anm DAHL, oben Rn 4) – keine Rolle (BGH vom 16. 10. 2008 – IX ZR 46/08 – WM 2008, 2225).

9 a) Die **Kosten der persönlichen Klage** (sei es gegen den Eigentümer des Grundstücks, sei es gegen den persönlichen Schuldner, der nicht zugleich Eigentümer ist) oder der durch Bestreiten des Eigentümers veranlassten Feststellungsklage, gehören nicht hierher (RGZ 90, 172). Der Eigentümer hat aber dennoch die vollen Kosten zu tragen, wenn Eigentümer und persönlicher Schuldner identisch sind und die persönlichen Klage mit der dinglichen verbunden wird, es sei denn, dass für die persönliche Klage Zusatzkosten anfallen (vgl Mot III 650), was in der Regel nicht der Fall sein wird (RGZ 90, 171; PLANCK/STRECKER Anm 2b). Entstehen Zusatzkosten, so fallen sie nicht unter die Regelung (RGZ 90, 172). Wird die dingliche Klage gegen den Eigentümer mit der persönlichen Klage gegen den von ihm (sei es auch nur zum Teil) personenverschiedenen Schuldner verbunden, so finden die Grundsätze des § 100 ZPO Anwendung.

10 b) Es muss sich um eine **rechtlich begründete Rechtsverfolgung** handeln; andernfalls ist sie nicht zweckentsprechend im Sinne der Vorschrift (BGB-RGRK/Mattern[12] Rn 7). Ferner müssen die Rechtshandlungen des Gläubigers geeignet sein, zu seiner Befriedigung zu führen (vgl BGH WM 1966, 322). Das Grundstück haftet für die Kosten der Rechtsverfolgung daher nur, wenn das vom Hypothekengläubiger eingeleitete Verfahren tatsächlich zu Ende geführt wurde (KG JW 1933, 708; BGB-RGRK/Mattern[12] Rn 7), nicht dagegen, wenn die Klage oder der Antrag auf Zwangsversteigerung oder Zwangsverwaltung aus irgendeinem Grund vom Gläubiger zurückgenommen wurde, mag es auch einen begründeten Anlass für die Zurücknahme geben.

c) Die Kosten, die dem Gläubiger dadurch erwachsen, dass er dem Eigentümer **11** zwecks **Beseitigung der Verschlechterung des Grundstücks** nach § 1133 eine Frist setzt, sind Kosten der Rechtsverfolgung iS des § 1118, da sie unmittelbare Voraussetzung des bei fruchtlosem Ablauf der Frist dem Gläubiger in § 1133 eingeräumten sofortigen Befriedigungsrechts sind (Erman/Wenzel[12] Rn 5).

Dagegen gehören die Kosten der **Maßregeln nach § 1134 Abs 2**, die wegen der **12** Einwirkung des Eigentümers auf das Grundstück zur Erhaltung des Wertes des Pfandgegenstandes notwendig geworden sind, nicht zu den Kosten des § 1118 (RGZ 72, 332; BGH WM 1966, 324; OLG Kiel SchlHAnz 1918, 73; OLG Kiel OLGE 38, 71; Wolff/Raiser § 134 Fn 11; Palandt/Bassenge[68] Rn 2; Erman/Wenzel[12] Rn 5; MünchKomm/Eickmann[4] Rn 18; **aM** KG OLGE 26, 130; BGB-RGRK/Mattern[12] Rn 7: Kosten der Maßregeln des § 1134 Abs 2 dann dem § 1118 zuzurechnen, wenn sie im inneren und zeitlichen Zusammenhang mit einer auf Befriedigung gerichteten Maßnahme stehen). Die Kosten des § 1134 Abs 2 dienen unmittelbar der Erhaltung des Pfandgegenstandes, um von einer vorzeitigen Befriedigung absehen zu können, sind Erhaltungskosten und nicht Kosten der Befriedigung. Das Grundstück haftet auch nicht für die Kosten der Unterlassungsklage nach § 1134 Abs 1, da diese stets auf Sicherung und nicht auf Befriedigung gerichtet ist (Palandt/Bassenge[68] Rn 2; BGB-RGRK/Mattern[12] Rn 7).

d) Kosten der Rechtsverfolgung sind die Kosten der Beitreibung des Anspruchs **13** im **Zwangsvollstreckungsverfahren**, unabhängig davon, ob die Zwangsvollstreckung ganz, teilweise oder gar nicht zur Befriedigung des Gläubigers führt. Die Rechtsverfolgung durch Zwangsversteigerung und Zwangsverwaltung umfasst *nur* die Zwangsvollstreckung in das Grundstück und die mithaftenden Gegenstände, nicht in das übrige Vermögen des Eigentümers, der zugleich persönlicher Schuldner ist. Zu erstatten sind insbesondere die Kosten, die dem Gläubiger durch das Betreiben der Zwangsvollstreckung, durch den Beitritt zu einer von einem anderen Gläubiger betriebenen Zwangsvollstreckung (§ 109 ZVG) oder durch die bloße Anmeldung der Forderung erwachsen (vgl § 10 ZVG und §§ 91, 788 ZPO). Bietet der Gläubiger in der Zwangsversteigerung selbst mit, so fallen die dafür anfallenden Kosten, zB für anwaltliche Vertretung, nicht unter § 1118 (KG JW 1933, 709; JW 1934, 771). Die Kosten und Ausgaben der Zwangsvollstreckung, die sog *Massekosten* sind, fallen nicht unter die Vorschrift, es sei denn sie wären im Ergebnis doch vom Gläubiger zu tragen, weil die Vollstreckung keinen ausreichenden Erlös zur Deckung dieser Kosten erbringt. Massekosten sind der Eintragung nicht bedürftig und kraft Gesetzes aus dem Grundstück zu ersetzen (vgl §§ 10 Nr 1 und 37 Nr 4 ZVG).

e) Kosten des Gläubigers, die ihm bei **erfolgloser Vollstreckungsabwehrklage des 14 Eigentümers** (§ 767 ZPO) entstehen, werden, soweit sie zur Rechtsverteidigung erforderlich sind (§ 91 ZPO), zu dem Zweck aufgewendet, die Befriedigung aus dem Grundstück herbeizuführen. Sie fallen daher unter § 1118 (OLG Königsberg SeuffA 62 Nr 73; Nr 792; LEONHARD Recht 1918, 137 ff). Dagegen haftet das Grundstück nach § 1118 nicht für die Kosten, die zur Verteidigung gegen eine gegen den Gläubiger erhobene Drittwiderspruchsklage nach § 771 ZPO erforderlich waren (OLG Rostock OLGE 25, 247; PLANCK/STRECKER Anm 2b).

15 f)   Nicht hierher gehören die Kosten jener Prozesse, die auf Grund eines den Schuldner zur Bewilligung der Eintragung verurteilenden Urteils (§§ 894, 895 ZPO) zur **Eintragung der Hypothek** führen, denn es handelt sich hier um Kosten der Bestellung der Hypothek, nicht um Kosten, die dem Gläubiger durch die Befriedigung aus der bestellten Hypothek entstehen.

II.   Sonstige Kosten

1.   Eintragungskosten

16   Auf die Kosten der Eintragung der rechtsgeschäftlich bestellten Hypothek erstreckt sich die dingliche Haftung nicht (RGZ 72, 333; KGJ 49, 231, hM), wohl aber auf die Eintragungskosten bei der *Zwangs und Arresthypothek,* welche Kosten der Zwangsvollstreckung darstellen. Hier haftet das Grundstück nach ausdrücklicher gesetzlicher Vorschrift (§§ 867 Abs 1 S 3, 932 Abs 2 ZPO) auch für die dem Schuldner zur Last fallenden Kosten der Eintragung. Eine Eintragung dieser Kosten im Grundbuch ist daher unnötig und vom Grundbuchamt als überflüssig abzulehnen; werden sie freilich gleichwohl eingetragen, so ist diese Eintragung unschädlich (KGJ 35 A 325; s auch oben Rn 1).

2.   Nebenkosten

17   Für Ansprüche des Gläubigers aus vertragswidrigem Verhalten des Schuldners, zB auf Vertragsstrafen oder Schadensersatz haftet das Grundstück nicht kraft Gesetzes. Eine dingliche Haftung kann hier (vgl Mot III 647 ff) nur durch Bestellung einer gesonderten Hypothek erreicht werden (OLG Dresden SeuffA 66 Nr 63), soweit es sich nicht um Nebenleistungen handelt und sich die dingliche Haftung nach § 1115 Abs 1 hierauf erstreckt. Auch haftet das Grundstück anders als das Schiff nach § 38 Abs 2 SchiffsRG nicht für die vom Gläubiger verauslagten Versicherungsprämien (PALANDT/BASSENGE[68] Rn 2).

III.   Anwendung auf alle Arten der Hypotheken sowie auf Grund- und Rentenschuld

18   § 1118 findet auf alle Arten der Hypothek sowie auf Grundschulden und Rentenschulden Anwendung. Bei letzteren muss sich der Eigentümer mit der Zahlung auf die Grundschuld in Verzug befinden, Verzug mit der gesicherten Forderung genügt nicht (VOLMER ZfIR 2001, 246); auch haftet das Grundstück nicht kraft Gesetzes (wohl aber idR kraft der Sicherungsvereinbarung) für Verzugszinsen und Rechtsverfolgungskosten der gesicherten persönlichen Forderung.

§ 1119
Erweiterung der Haftung für Zinsen

(1) Ist die Forderung unverzinslich oder ist der Zinssatz niedriger als fünf vom Hundert, so kann die Hypothek ohne Zustimmung der im Range gleich oder nachstehenden Berechtigten dahin erweitert werden, dass das Grundstück für Zinsen bis zu fünf vom Hundert haftet.

(2) Zu einer Änderung der Zahlungszeit und des Zahlungsorts ist die Zustimmung dieser Berechtigten gleichfalls nicht erforderlich.

Materialien: E I § 1065; II § 1028 rev § 1103; III § 1102; Mot III 646 f; Prot III 548, 782 f; IV 602.

Systematische Übersicht

I. Inhaltliche Änderungen

1. Allgemeines

Inhaltliche Änderungen, die den Umfang der Hypothek erweitern und die Haftung **1** verschärfen (KG HRR 1931 Nr 736), bedürfen grundsätzlich der Zustimmung der gleich- und nachstehenden Berechtigten. Davon macht unter anderem § 1119 Abs 1 eine gewichtige Ausnahme (vgl iÜ zur Rangreservierung Einl 153 ff zu §§ 1113 ff). Die Bestellung irgendeines Grundpfandrechts – gleich ob durch Rechtsgeschäft oder auf andere Weise – **reserviert** nach Art eines gesetzlichen Rangvorbehalts (§ 881) **den Rang** abstrakt für Zinsen von jährlich 5%. War die der Hypothek zugrunde liegende Forderung bisher unverzinslich oder mit einem geringeren Satz als 5% verzinslich, so kann die Hypothek ohne Zustimmung der im Rang gleich- oder nachstehenden Berechtigten (KG OLGE 9, 313), dahin erweitert werden, dass das Grundstück für **Zinsen bis zu 5%** haftet (vgl Mot III 646); diese erweiterte Zinsforderung erhält den gleichen Rang wie die der Hypothek zugrundeliegende Hauptforderung (KGJ 28 A 258; KG RJA 4, 249; 10, 148). Die Vorschrift beruht auf dem nicht mehr ganz aktuellen Gedanken, dass mit Zinssätzen bis zu 5% (das Zinsniveau ist seit langem höher) jeder gleichstehende oder nachstehende Berechtigte rechnen muss; sie sollte

Hans Wolfsteiner

– ebenfalls nicht mehr aktuell – verhüten, dass nicht oder nur gering verzinsliche Hypotheken vom Gläubiger allein wegen des Zinssatzes gekündigt werden (PLANCK/ STRECKER Anm 1), was den Eigentümer unnötig hart treffen würde. Geringe praktische Bedeutung hat die Vorschrift für kraft Gesetzes oder zwangsweise zur Eintragung kommende Hypotheken; rechtsgeschäftlich bestellte Grundpfandrechte mit Zinsen unter 5% jährlich kommen kaum vor. S zur Zinsanpassung im Beitrittsgebiet Bearbeitung 2002 Einl 184 zu §§ 1113 ff.

2 Zur **Aktualisierung** der veralteten Vorschrift sollte die Rangreservierung an den **Basiszinssatz** des § 247 angeknüpft werden. Es bietet sich dazu der gesetzliche Zinssatz von zweieinhalb Prozentpunkten über dem jeweiligen Basiszinssatz in § 497 Abs 1 S 2 an (vgl Einl 60 zu §§ 1113 ff).

3 Abs 2 reserviert den Rang für beliebige **Zahlungsbedingungen**, nicht nur der Zinsen, sondern auch der Hauptforderung. In der amtlichen Überschrift ist Abs 2 vernachlässigt. Eine Änderung der Zahlungsbedingungen zulasten des Eigentümers bedarf damit nicht der Zustimmung gleich- und nachrangiger Berechtigter. Diese Regelung bereitet den Boden für Forderungsauswechslung (§ 1180) und Umwandlung (§§ 1186, 1198, 1203), die sonst nicht praktikabel wären.

4 Angesichts dessen, dass sich § 1119 in ein ganzes System der Rangreservierung für Grundpfandrechte einordnet (Einl 153 ff zu §§ 1113 ff), ist es wenig nützlich, die Vorschrift als **Ausnahmevorschrift** zu charakterisieren (so aber STAUDINGER/SCHERÜBL[12] Rn 2). Unzutreffend ist es aber auch, Abs 2 nur als „Klarstellung" zu bezeichnen (so aber MünchKomm/EICKMANN[4] Rn 2); ohne die Vorschrift würde jede Verschärfung der Zahlungsbedingungen der Zustimmung der nachrangigen Gläubiger bedürfen. Dennoch kann der Feststellung (STAUDINGER/SCHERÜBL[12] Rn 2 unter Berufung auf RGZ 72, 306; BayObLGZ 10, 91; PLANCK/STRECKER Anm 2) zugestimmt werden, dass eine ausdehnende Auslegung der Bestimmung – etwa in dem Sinn, dass jede Änderung des Inhalts einer Hypothek dann ohne Zustimmung der gleich- oder nachstehenden Berechtigten möglich sei, wenn der Änderung eine einschneidende Wirkung nicht zukommt (so in der Tat MünchKomm/EICKMANN[4] Rn 13, bisher ohne Echo in Literatur und Rspr) – nicht in Betracht kommt; praktische Fälle, in denen eine solche ausdehnende Auslegung angebracht wäre, sind jedenfalls nicht aufgezeigt worden.

5 Abs 1 gilt nicht für die Erhöhung anderer Nebenleistungen als Zinsen. Auf andere Nebenleistungen (§ 1113 Rn 59 f), ist die Bestimmung daher nicht anwendbar. Handelt es sich um „andere" Nebenleistungen, zB weil sie nicht wiederkehrend zu erbringen sind, ist eine zustimmungsfreie Umwandlung in Zinsen ausgeschlossen und umgekehrt (aA BGB-RGRK/MATTERN[12] Rn 7). Wenn eine Hypothek durch die Eintragung „anderer" Nebenleistungen in der Weise erweitert werden soll, dass diese den Rang der Hypothek erhalten, so ist dazu nach dem Grundsatz des § 877 die Zustimmung der gleich- und nachstehenden Berechtigten erforderlich.

2. Einführung oder Erhöhung der Verzinslichkeit

a) Zinsbegriff

6 Maßgebend ist der sachenrechtliche Zinsbegriff (Einl 49 zu §§ 1113 ff), so dass es weder positiv noch negativ darauf ankommt, ob sich die Leistung als Vergütung für die

Kapitalhingabe erweist, oder anderen Zwecken dient (aA von ihrem abweichenden Zinsbegriff aus KG OLGE 34, 206; STAUDINGER/SCHERÜBL[12] Rn 3; BGB-RGRK/MATTERN[12] Rn 7). Dies gilt auch für sog Strafzinsen – soweit überhaupt nach §§ 309 Nr 5 und 6, 497 zulässig (s Einl 51 zu §§ 1113 ff) –, bei denen es von der Ausgestaltung, nicht vom Motiv abhängt, ob sie Zinsen oder ob sie andere Nebenleistungen sind. Handelt es sich um „andere" Nebenleistungen, zB weil sie nicht wiederkehrend zu erbringen sind, ist eine zustimmungsfreie Umwandlung in Zinsen ausgeschlossen und umgekehrt; handelt es sich aber um Zinsen, so liegt nur eine (zustimmungsfreie) Änderung von Zahlungsbedingungen vor, wenn die eine Zinsart in eine andere umgewandelt wird (ebenso iE die hL, KG Recht 1920 Nr 2413; KGJ 52, 197; OLG Braunschweig JFG 9, 255; BGB-RGRK/MATTERN[12] Rn 7; ERMAN/WENZEL[12] Rn 2).

b) Anwendung des § 877

Eine Erweiterung der Hypothek durch Einführung oder Erhöhung der Verzinslich- **7** keit soll Änderung des Inhalts der Hypothek und nicht Neubestellung des entsprechenden Teils sein (RGZ 132, 109). Da aber § 877 ohnehin nur auf die §§ 873, 874, 876 verweist, ist die Frage ohne Bedeutung. Materiellrechtlich sind zu jeder Erhöhung des Zinssatzes Einigung des Eigentümers mit dem Gläubiger und Eintragung nötig. Für die Eintragung ins Grundbuch genügt eine in der Form des § 29 GBO erklärte Eintragungsbewilligung des Eigentümers. Die Zinserhöhung teilt, soweit nicht Rechte Dritter entgegenstehen, den Rang der Hypothek; in der Eintragungsbewilligung braucht daher ein besonderer Vermerk über den Rang der Zinserhöhung nicht enthalten zu sein (KGJ 26 A 140). Ist ein Recht mit dem Recht eines Dritten belastet, so verbessert es sich durch Zinserhöhung, so dass nach § 876 dessen Zustimmung nicht erforderlich ist (allgM; aA nur STAUDINGER/SCHERÜBL[12] Rn 5). Bei einer Briefhypothek ist gemäß §§ 41, 62 GBO der Brief dem Grundbuchamt vorzulegen; das Grundbuchamt hat die Erweiterung des Zinssatzes auf ihm einzutragen (vgl auch §§ 11 und 49 GBV).

c) Erweiterung des Zinsrechts über 5%

Soll das Zinsrecht über 5% hinaus erweitert werden und sollen die erhöhten Zinsen **8** den Rang des Hauptrechts erhalten, so ist dazu die Zustimmung der gleich- und nachstehenden Berechtigten erforderlich (RGZ 132, 106); keiner Zustimmung bedarf die Umwandlung bedingter Zinsen in unbedingte, da dies nur eine Änderung der Zahlungsbedingungen iSd Abs 2 darstellt (aA KG JFG 11, 234; STAUDINGER/SCHERÜBL[12] Rn 6).

Wird die erforderliche Zustimmung der gleich- und nachstehenden Berechtigten **9** nicht beigebracht, so kann die Erweiterung der Hypothek nur unbeschadet der Rechte dieser Personen eingetragen werden, dh nur mit dem Rang *nach* diesen Berechtigten (KG RJA 3, 248; 7, 261; 10, 148; KGJ 26 A 290 ff; SOERGEL/KONZEN[13] Rn 2). Das gilt selbst dann, wenn gleichzeitig ein Teil der Hypothek gelöscht werden sollte und sich die Zinserhöhung nur auf den Rest bezieht (RG HRR 1932 Nr 320; KG DRiZ 1932 Nr 402). Wird die Eintragung ohne einen entsprechenden Vermerk vorgenommen, so ist das Grundbuch dadurch unrichtig geworden; denn die über 5% hinausgehende Zinserhöhung hat nur den Rang hinter den gleich- und nachstehenden Berechtigten erworben (zur Eintragungstechnik ausführlich SCHÖNER/STÖBER[14] Rn 2495 ff).

Ein besonderer Brief ist für die über 5% hinausgehenden Zinsen nicht zu bilden **10** (OLG Dresden OLGE 1, 481), da die Zinsen Nebenleistung bleiben.

11 Die Erweiterung des Zinsrechts nach § 1119 ist nicht bloß für die seit der Eintragung der Zinserhöhung laufenden Zinsen zulässig, sondern auch mit Rückwirkung bis zum Zeitpunkt der Hypothekeneintragung möglich (KGJ 37 A 295; WOLFF/RAISER § 134 III 2 Fn 13; BGB-RGRK/MATTERN[12] Rn 3; PLANCK/STRECKER Anm 2a; MünchKomm/EICKMANN[4] Rn 9; **aM** HECK § 87 Nr 3 b; BUSCH ZBlFG 12, 712); rückständige Zinsen (Einl 52 zu §§ 1113 ff) sind aber nicht eintragungsfähig (§ 1159).

d) Herabsetzung der Zinsen

12 Bei einer Herabsetzung der Zinsen ist zu unterscheiden: Ist in der Vereinbarung nur ein obligatorischer Vertrag zu erblicken, der die *Zinsen der gesicherten Forderung* reduziert, so reduziert sich die Hypothek als Folge ihrer Akzessorietät von selbst mit. Ein Eigentümerrecht entsteht gemäß § 1178 Abs 1 nur für noch nicht rückständige Zinsen; sollen diese gelöscht werden, so muss der Eigentümer auf sie verzichten. Möglich ist auch, dass der Gläubiger auf das Zinsrecht als *Teil des dinglichen Hypothekenrechts* nach § 1168 Abs 3 verzichtet; das ist möglich, ohne dass die Zinsen der gesicherten Forderung herabgesetzt werden müssten. Für Eigentümerrechte gilt ebenfalls das soeben ausgeführte. S zur „Aufhebung" der (Zins-)Hypothek § 1168 Rn 1 ff. Ggf bedarf es in beiden Fälle der Zustimmung eines Drittberechtigten nach § 876 (RG HRR 1932 Nr 1657; vgl § 1168 Rn 32). Das Grundbuchamt trägt die Zinsherabsetzung nur ein, wenn ihm sowohl die Bewilligung des Gläubigers (§ 19 GBO) als auch die Zustimmung des Eigentümers (§ 27 GBO) und ggf des Drittberechtigten in der Form des § 29 GBO vorgelegt wird (RGZ 72, 362).

e) Rang der Zinsen in der Immobiliarzwangsvollstreckung

13 Einer nach der Beschlagnahme eingetragenen Zinserhöhung einer hypothekarischen Forderung kann, sofern sie nicht die zulässige Höhe überschreitet, nur der betreibende Gläubiger und dieser auch nur insofern und insoweit widersprechen als er dadurch in seiner Befriedigung aus dem Versteigerungserlös beeinträchtigt wird. Im Übrigen behält § 1119 auch für eine nach der Beschlagnahme eingetragene Zinserhöhung seine Wirkung (OLG Hamburg OLGE 26, 136; PLANCK/STRECKER Anm 2c).

f) Rangvorbehalt

14 Über die Anwendung des § 1119 bei einem Rangvorbehalt nach § 881 s näher STAUDINGER/KUTTER (2007) § 881 Rn 8.

II. Kapitalisierung rückständiger Zinsen

15 Die Kapitalisierung rückständiger Zinsen ist durch § 248 nicht verboten. Solche kapitalisierten Zinsrückstände sind als selbständige neue Hypothek mit neuem Rang einzutragen (KGJ 40, 282). Ein Vermerk bei dem ursprünglichen Recht ist nicht erforderlich und nicht genügend (PLANCK/STRECKER Anm 2a).

III. Höchstbetragshypotheken

16 Wenn eine Höchstbetragshypothek in eine gewöhnliche Hypothek umgewandelt wird, so steht einer Eintragung von Zinsen nach Maßgabe des Abs 1 nichts im Wege (RGZ 60, 243 vom 8. 3. 1905 – V 407/04); die Zinsen (aber keine rückständigen, § 1159) können auch rückwirkend eingetragen werden (**aA** – aber nicht überzeugend – die hL, RGZ 145, 48; KGJ 25 A 173; 44, 298; STAUDINGER/SCHERÜBL[12] Rn 18; WOLFF/RAISER § 153 II Fn 7;

WESTERMANN[5] § 111 IV 5; PLANCK/STRECKER § 1190 Anm 4; BGB-RGRK/MATTERN[12] Rn 4; s auch § 1190 Rn 45).

IV. Gesamthypotheken

Bei Gesamthypotheken kann die Zinserhöhung bei einem einzelnen Grundstück **17** erfolgen, ohne dass es der Zustimmung der Eigentümer der mithaftenden Grundstücke bedarf (RGZ 145, 48; KGJ 21 A 168).

V. Weitere Inhaltsänderungen (Abs 2)

Die **Änderung** der **Zahlungszeit** (einschließlich der Kündigungsbedingungen) oder **18** des **Zahlungsortes**, dh der Zeit der Fälligkeit oder des Ortes der Erfüllung (RGZ 101, 316) fällt als inhaltliche Änderung des Rechtes unter § 877. § 1119 Abs 2 bestimmt, dass die Zustimmung der gleich- oder nachstehenden Berechtigten nicht erforderlich ist (vgl auch Prot III 782, 783). Dagegen ist erforderlich die Einigung des Eigentümers und des Gläubigers über die Rechtsänderung, die Eintragung und gegebenenfalls die Zustimmung der an der Hypothek berechtigten Dritten (BGB-RGRK/MATTERN[12] Rn 11).

Die nachträgliche Einführung von Tilgungsbeträgen bei einer im Grundbuch eingetragenen Hypothekenforderung ist als nachträgliche Änderung der vereinbarten **19** und eingetragenen Zahlungszeit zulässig (PLANCK/STRECKER Anm 2b, 5), da es sich hier nicht um Nebenleistungen, sondern um Abschlagszahlungen auf die Hauptforderung handelt. Sie bedarf daher nach § 1119 Abs 2 nicht der Zustimmung der im Grundbuch gleich- oder nachstehenden Berechtigten, auch dann nicht, wenn die Jahresleistungen 5% übersteigen. Die Bestimmung des § 10 Abs 1 Nr 4 ZVG steht dem nicht entgegen (KG RJA 11, 248; vgl zum ganzen auch KG JW 1923, 23).

Die nachträgliche Eintragung der Unterwerfungsklausel nach § 800 ZPO ist nicht **20** zustimmungsbedürftig, da sie keinen eigenen Rang hat (Einl 200 zu §§ 1113 ff).

VI. Anwendung auf Grund- und Rentenschulden

Auf Grundschulden und Rentenschulden findet § 1119 uneingeschränkt Anwendung. **21**

§ 1120
Erstreckung auf Erzeugnisse, Bestandteile und Zubehör

Die Hypothek erstreckt sich auf die von dem Grundstück getrennten Erzeugnisse und sonstigen Bestandteile, soweit sie nicht mit der Trennung nach den §§ 954 bis 957 in das Eigentum eines anderen als des Eigentümers oder des Eigenbesitzers des Grundstücks gelangt sind, sowie auf das Zubehör des Grundstücks mit Ausnahme der Zubehörstücke, welche nicht in das Eigentum des Eigentümers des Grundstücks gelangt sind.

Materialien: E I § 1067 Nr 2, 3; II § 1029 rev 1104; III § 1103; Mot III 650 f, 653, 655 ff; Prot III 549 f, 553 ff.

Schrifttum

vBRÜNNECK, Pfandhaftung des dem Pächter eines Landguts veräußerten Inventars, Gruchot 44, 97

FROMM, Das Zubehör in der Zwangsversteigerung eines Grundstücks (Diss München 1908)

HOLTZ, Das Anwartschaftsrecht aus bedingter Übereignung als Kreditsicherungsmittel (Diss Kiel 1932)

HÜBNER, Zur dogmatischen Einordnung der Rechtsposition des Vorbehaltskäufers, NJW 1980, 729

KIRSCH, Wiederbepflanzungsrecht in der Zwangsversteigerung, Rpfleger 1998, 192

KLIMMER, Zur Haftung des Grundstücks für Hypotheken (Diss Tübingen 1906)

KOLLHOSSER, Der Kampf ums Zubehör, JA 1984, 196

ders, Auflösung des Anwartschaftsrechts trotz Zubehörhaftung?, JZ 1985, 370

KRETZSCHMAR, Die Berücksichtigung des Zubehörs bei Beleihung von Grundstücken, ZBlFG 5, 613

LETZGUS, Übertragung der Anwartschaft des Käufers (1938)

LUDWIG, Zur Auflösung des Anwartschaftsrechts des Vorbehaltskäufers, auch bei Zubehörhaftung, NJW 1989, 1458

vLÜBTOW, Das Grundpfandrecht am Vorbehaltseigentum BGHZ 35, 85, JuS 1963, 171

MAND, Das Anwartschaftsrecht am Zubehör im Haftungsverband der Hypothek bzw der Grundschuld, Jura 2004, 221

MAROTZKE, Die Aufhebung grundpfandrechtsbelasteter Eigentumsanwartschaften, AcP 186 (1986), 490

PIKART, Probleme der sachenrechtlichen und schuldrechtlichen Anwartschaft, in: FS Heymanns Verlag (1965) 179

PLANDER, Die Erstreckung der Hypotheken-

haftung auf bewegliche Sachen und deren Enthaftung nach §§ 1121 f, 136 Abs 2, 135, 932 f, 936 BGB, JuS 1975, 345

REINICKE, Pfandrecht und Hypotheken am Anwartschaftsrecht aus bedingter Übereignung, Beiheft 19 zu ZHR Stuttgart 1941

ders, Der Kampf um das Zubehör zwischen Sicherungseigentümer und Grundpfandgläubiger, JuS 1986, 957

REISCHL, Kreditsicherung durch Grundpfandrechte, Agrarrecht 1997, 277

RUTKOWSKY, Der Anwartschaftserwerb und seine Folgen, NJW 1957, 858

SCHLOMKA, Die Haftung des Grundstückszubehörs für die Hypothek (Diss Köln 1970)

SCHOLZ, Das Anwartschaftsrecht in der Hypothekenverbandshaftung, MDR 1990, 679

SCHREIBER, Die bedingte Übereignung, NJW 1966, 2333

SCHWISTER, Das Anwartschaftsrecht als Kreditsicherungsmittel, JW 1933, 1858, 2573

THOMAS, Betriebsüberlassungsverträge zur dinglichen Kreditsicherung, Betrieb 1968, 1113

TIEDTKE, Die Aufhebung des belasteten Anwartschaftsrechts ohne Zustimmung des Pfandgläubigers, NJW 1988, 28

TRAUTNER, Die Behandlung des fremden Zubehörs in der Immobiliarvollstreckung, insbesondere die Vollstreckung in das von der Zwangsversteigerung ausgeschlossene aber verhaftet gebliebene Zubehör (1934)

WERNEBURG, Die Erstreckung der Hypothek auf die Grundstücksfrüchte, Holdheim 17, 189

WIESER, Zur Pfändung von Gartenzwergen, NJW 1990, 1971

WILHELM, Das Anwartschaftsrecht des Vorbehaltskäufers im Hypotheken- und Grundschuldverband, NJW 1987, 1785.

Systematische Übersicht

I.   Vorbemerkungen zu §§ 1120 bis 1131

1.   Die §§ 1120–1131 behandeln die **Erstreckung der Hypothek** auf verschiedene **1** mit dem Grundstück zusammenhängende Gegenstände und zwar auf (a) Erzeugnisse, sonstige Bestandteile und Zubehörstücke, §§ 1120–1122, (b) Miet- und Pachtforderungen, §§ 1123–1125, (c) wiederkehrende Leistungen, § 1126, (d) Versicherungsansprüche, §§ 1127–1130 und (e) zugeschriebene Grundstücke, § 1131.

Die _Erstreckung_ der Haftung ist angeordnet, weil das Grundstück in seiner Gesamt- **2** heit als nutzbarer Gegenstand und wirtschaftliche Einheit dem Gläubiger für seine Forderung haften soll. Jedoch ist dem Eigentümer die Verfügungsmacht über die mithaftenden Sachen und Forderungen belassen, soweit dies das Interesse des Gläubigers gestattet. Häufig – sowohl bei landwirtschaftlichen Anwesen als auch bei gewerblich genutzten Grundstücken – erreicht der Wert der mithaftenden Gegenstände den Grundstückswert oder übersteigt ihn sogar; im gewerblichen Bereich trennt allerdings die häufig praktizierte Betriebsaufspaltung das Eigentum am Zubehör vom Grundstückseigentum und entzieht es damit der Hypothekenhaftung. Bei einem mit einem langfristigen Erbbaurecht belasteten Grundstück kann der Anspruch auf den Erbbauzins den einzigen wertbestimmenden Faktor ausmachen.

II.   Der Hypothekenhaftung nach allgemeinen Grundsätzen unterliegenden Gegenstände

Bereits nach allgemeinen Grundsätzen erstreckt sich die Hypothek auf die folgen- **3** den Gegenstände, die daher, im Gegensatz zum E I, vom Gesetz nicht mehr ausdrücklich aufgezählt werden (vgl PLANCK/STRECKER Anm 2a; Einl 92 ff zu §§ 1113 ff).

1.   Die Haftung des Grundstücks

Das Grundstück ist in seinem jeweiligen Bestand der Haftung unterworfen (vgl **4** PLANCK/STRECKER Anm 2a; Einl 92 zu §§ 1113 ff).

a)   Zum Grundstück gehören nach Landesrecht (vgl Art 65 EGBGB) auch seine **5** _realen_ **Erweiterungen**, zB natürliche Anlandungen eines an einem Flussbett gelegenen Grundstücks usw (Einzelheiten STAUDINGER/WIEGAND [2004] § 946 Rn 15). Die während des Insolvenzverfahrens über das Vermögen des Grundstückseigentümers vom Insolvenzverwalter dem Grundstück einverleibten Bestandteile (zB Samen und Pflanzen) haften für die Hypothek. Wegen nachträglicher *rechtlicher* Erweiterung durch Vereinigung und Zuschreibung s Einl 176 ff zu §§ 1113 ff.

6 **b)** *Reale* **Abtrennungen** von Grundstücksteilen, zB natürliche Abschwemmungen eines an einem Flussbett gelegenen Grundstücks usw (umgekehrte Situation wie bei STAUDINGER/WIEGAND [2004] § 946 Rn 15) verringert den Haftungsgegenstand von selbst und entschädigungslos. Werden Bestandteile abgetrennt, zB ein Gebäude abgebrochen, so bleiben die vom Grundstück getrennten Sachen der Hypothek nur verhaftet, soweit dies die §§ 1120 bis 1131 anordnen; ansonsten erlischt sie. Die *rechtliche* Abtrennung von Grundstücksteilen ist hingegen ohne Einfluss auf die Hypothek, weil die Hypothek auf dem abgetrennten Grundstücksteil weiter besteht (s Einl 163 ff zu §§ 1113 ff); deshalb bedarf sie auch nicht der Zustimmung des Gläubigers. Von dieser Abtrennung von Grundstücksteilen ist zu unterscheiden die hypothekenfreie Abschreibung von Grundstücksbestandteilen, die sog Entlassung aus dem Pfandverband (§ 1175 Rn 5).

7 **c)** Ist nach bundes- oder landesgesetzlicher Vorschrift dem Eigentümer eines Grundstücks bei **Enteignung** von Grundeigentum eine Entschädigung zu gewähren, so tritt die Entschädigung in Ansehung der Hypotheken, für die dem Hypothekengläubiger kein eigener Enteignungsanspruch zusteht, an die Stelle des Grundstücks (Art 52, 53, 109 S 2 EGBGB). In der gleichen Weise haftet die Entschädigung gemäß Art 67 Abs 2 EGBGB, wenn einem Grundstückseigentümer bei Beschädigung seines Grundstücks durch Bergbau Entschädigung zu leisten ist (RGZ 169, 212).

2. Ungetrennte Bestandteile

8 Die Haftung erfasst die ungetrennten Bestandteile des Grundstücks (vgl dazu STAUDINGER/JICKELI/STIEPER [2004] §§ 93 ff). Dazu gehören insbesondere die mit dem Grund und Boden fest verbundenen Sachen, mit Ausnahme der Scheinbestandteile nach § 95 (vgl STAUDINGER/JICKELI/STIEPER [2004] § 95 Rn 2; REISCHL Agrarrecht 1997, 277). Dass die mit dem Grund und Boden fest verbundenen Sachen für die Hypothek haften, ergibt sich schon aus den §§ 93 ff; diese Haftung setzt daher § 1120 als selbstverständlich voraus (RGZ 83, 56; BGB-RGRK/Mattern[12] Rn 1). Wegen der getrennten Bestandteile s nachf.

9 Unerheblich ist es, ob es sich um *wesentliche* oder um *unwesentliche* Bestandteile handelt. Beide unterliegen grundsätzlich der Hypothekenhaftung. Jedoch besteht insofern ein Unterschied, als nicht wesentliche Bestandteile von der Haftung ausgenommen werden können (vgl unten Rn 42). S allerdings zur Belastung eines realen Teils des Grundstücks § 7 Abs 1 GBO. Dagegen können wesentliche Bestandteile nach der zwingenden Bestimmung des § 93 von der Haftung nicht ausgeschlossen werden (RGZ 62, 410; BGH NJW 1979, 2514; ERMAN/WENZEL[12] Rn 1). Guter Glaube an die Bestandteilseigenschaft ist ohne Bedeutung, da sich der öffentliche Glaube des Grundbuchs nicht auf die bloß tatsächlichen Angaben im Grundbuch erstreckt (STAUDINGER/GURSKY [2008] § 892 Rn 30 ff; PLANCK/STRECKER Anm 2a). Anders als das Eigentum am Scheinbestandteil, das im Zusammenhang mit dem Erwerb des

Grundstückseigentums durchaus gutgläubig nach § 932 mit erworben werden kann (darauf fehlt bei STAUDINGER/GURSKY [2008] § 892 Rn 39 ein Hinweis), scheidet eine gutgläubige Erstreckung der Hypothek aus, weil eine selbständige bewegliche Sache nicht originärer Gegenstand einer Hypothek sein kann.

Ungetrennte Bestandteile können, gleichgültig ob sie wesentliche Bestandteile sind **10** oder nicht, abgesehen von der nach Maßgabe des § 810 ZPO zulässigen Beschlagnahme von Früchten auf dem Halm, *nicht* Gegenstand der *Fahrnisvollstreckung* sein. Dies ergibt sich für wesentliche Bestandteile unmittelbar aus § 93. Gleiches muss aber auch für unwesentliche Bestandteile gelten. Wenn schon nach § 865 ZPO die Fahrnisvollstreckung von Zubehör unzulässig ist, muss es erst recht die Fahrnisvollstreckung von Grundstücksbestandteilen sein, auch von unwesentlichen (s STAUDINGER/DILCHER [1995] § 93 Rn 36). Mobiliarzwangsvollstreckung in ungetrennte Bestandteile ist daher unzulässig. Der Hypothekengläubiger kann gegen solche Maßnahmen Dritter Erinnerung nach § 766 ZPO erheben. Dem Hypothekengläubiger steht auch die Drittwiderspruchsklage nach § 771 ZPO zu.

3. Verbindung, Vermischung

Werden bewegliche Sachen mit dem Grundstück als dessen wesentliche Bestandteile **11** verbunden, so treten sie in die Haftung für die Hypothek ein, auch wenn der Veräußerer sich das Eigentum an ihnen vorbehalten möchte; denn das Eigentum erlischt in dem Augenblick der Verbindung gemäß §§ 93, 946 (s STAUDINGER/JICKELI/STIEPER [2004] § 93 Rn 24 ff und STAUDINGER/WIEGAND [2004] § 946 Rn 10). Es kommt demnach nicht darauf an, ob die Bestandteile vor oder nach der Bestellung der Hypothek ihre Bestandteilseigenschaft erlangt haben.

4. Scheinbestandteile

Nicht zu den Bestandteilen (weder als wesentlich noch nicht wesentlich) gehören sog **12** Scheinbestandteile (Begriff s STAUDINGER/JICKELI/STIEPER [2004] § 95 Rn 3). Auf sie erstreckt sich die Hypothek nicht; sie kann auch nicht in der Weise bestellt werden, dass sie sich auf Scheinbestandteile erstreckt, denn letztere sind im Rechtssinn bewegliche Sachen, die außerhalb des Kreises der §§ 1120 ff nicht Gegenstand einer Hypothek sein können (s aber zur Frage des gutgläubigen Erwerbs der Hypothek auch am Scheinbestandteil oben Rn 9). Wird allerdings ein Bestandteil des Grundstücks später rechtlich in der Weise vom Grundstück getrennt, dass er zum Scheinbestandteil wird (s zu der Frage, ob und unter welchen Voraussetzungen das möglich ist, BGH vom 2. 12. 2005 – V ZR 35/05 – DNotZ 2006, 290 m Anm WICKE S 252 = MittBayNot 2006, 319 m Anm HERTEL. AA STAUDINGER/JICKELI/STIEPER [2004] BGB § 95 Rn 15), bleibt er der Hypothek verhaftet, selbst wenn er in das Eigentum eines Dritten übergeht, denn die Enthaftung setzt voraus, dass die beweglich gewordene Sache vom Grundstück getrennt wird, was bei Bauwerken praktisch unmöglich ist (BGH aaO). Ein Scheinbestandteil, insbesondere ein Gebäude, kann aber Zubehör sein und als solches mithaften (unten Rn 31),

5. Erzeugnisse

Der Hypothekenhaftung unterliegen die Erzeugnisse des Grundstücks (Begriff s STAU- **13** DINGER/JICKELI/STIEPER [2004] § 99 Rn 6) vor der Trennung. Gleichgültig ist, ob die

Erzeugnisse oder die Hypothek früher entstanden sind. Wegen der getrennten Erzeugnisse s unten Rn 18 ff.

14 **Früchte**, die von dem Boden noch nicht getrennt sind, unterliegen aber der Fahrnisvollstreckung, solange nicht ihre Beschlagnahme im Wege der Zwangsvollstreckung in das unbewegliche Vermögen erfolgt ist (§ 810 Abs 1 ZPO). Die Pfändung darf nicht früher als einen Monat vor der gewöhnlichen Zeit der Reife erfolgen (§ 810 Abs 1 S 2 ZPO). Der Hypothekengläubiger kann der Pfändung nach Maßgabe des § 771 ZPO widersprechen, sofern nicht die Pfändung für einen im Fall der Zwangsvollstreckung in das Grundstück vorgehenden Anspruch erfolgt ist. Neben der Drittwiderspruchsklage hat der Hypothekengläubiger gegen die Pfändung zugunsten eines persönlichen Gläubigers oder eines nachstehenden dinglich Berechtigten das Recht auf vorzugsweise Befriedigung nach § 805 ZPO, das im Wege der Klage geltend zu machen ist (RGZ 143, 244). Maßgebend für das Rangverhältnis iS des § 810 ZPO ist § 10 ZVG und zwar auch für das Verhältnis zwischen dem Hypothekengläubiger und den Berechtigten des § 10 Abs 1 Nr 1 bis 3 ZVG (PLANCK/STREKKER Anm 2). Der Hypothekengläubiger kann auch seinerseits die Beschlagnahme durch Zwangsversteigerung oder Zwangsverwaltung des Grundstücks herbeiführen. Der Pfändungsgläubiger kann dann sein Recht nur nach § 37 Nr 4 ZVG wahren. Das Pfandrecht nach dem Gesetz zur Sicherung der Düngemittel- und Saatgutversorgung (s STAUDINGER/WIEGAND [2002] Anh 22 zu § 1157) hat auf jeden Fall den Vorrang vor der Hypothek (§ 2 Abs 4 DüngemittelG). Wegen des Pfandrechts nach dem PachtkreditG s STAUDINGER/WIEGAND (2002) Anh 22 zu § 1157.

6. Verbundene Rechte

15 Die Hypothekenhaftung umfasst Rechte, die mit dem Eigentum an dem belasteten Grundstück verbunden sind, also subjektiv dingliche Rechte, insbes Rechte aus Grunddienstbarkeiten (BayObLG NJW-RR 1990, 1044; OLG Köln NJW-RR 1993, 983) und subjektiv dinglichen Reallasten (BayObLGZ 1990, 215), Überbaurenten, subjektiv dingliche Vorkaufsrechte, Erbbauzinsen sowie Heimfallansprüche nach § 3 ErbbauRG (BGH ZIP 1980, 654; OLG Düsseldorf DNotZ 1974, 178) und § 36 WEG, Nachbarerbbaurechte nach § 39 Abs 3 SachenRBerG. Sie gelten nach § 96 als Bestandteile des Grundstücks (vgl auch § 1126 Rn 1 ff). Es ist erforderlich und genügend, dass die Verbindung wirklich besteht; dass die Rechte auf dem Blatt des herrschenden Grundstücks vermerkt sind, ist nicht notwendig (vgl Mot III 652; §§ 876 und 1126 sowie §§ 9 und 21 GBO). Der Vermerk hat nur nachrichtliche Bedeutung. Maßgebend für Inhalt und Bestand des Rechtes sind lediglich die Eintragungen auf dem Blatt des belasteten Grundstücks, denen auch allein für die Vermutung des § 891 und den öffentlichen Glauben des Grundbuchs (§ 892) Bedeutung zukommt. Mit den Rechten verfallen von selbst auch die *Rechtsfrüchte* (§ 99 Abs 2 und 3) der Hypothekenhaftung. S. zu den Milchkontingenten, den Milchaufgabevergütungen und den Wiederbepflanzungsrechten im Weinbau KIRSCH Rpfleger 1998, 192 mwNw (auch LG Memmingen Rpfleger 1998, 120).

III. Haftung nach § 1120

16 § 1120 bestimmt, inwieweit neben dem Grundstück selbst und seinen Bestandteilen auch die von ihm getrennten **Erzeugnisse**, die von ihm getrennten **sonstigen Be-**

standteile und das **Zubehör** für die Hypothek haften. Diese Sachen haften grundsätzlich nur dann, wenn sie im Eigentum des Grundstückseigentümers stehen; jedoch genügt es bei den Erzeugnissen und sonstigen Bestandteilen, nicht jedoch beim Zubehör, wenn sie mit der Trennung in das Eigentum des Eigenbesitzers des Grundstücks fallen. Für ZGB-Hypotheken richtet sich der (gegenüber dem BGB weitere) Haftungsumfang nach den materiellen Vorschriften (§§ 452 Abs 2, 468) des ZGB (EICKMANN ZIR 1997, 61, 64).

Wann die durch § 1120 begründete Haftung **erlischt**, bestimmt sich nach den §§ 1121, **17** 1122. Ohne die Voraussetzungen der §§ 1121, 1122 kann die Haftung nur kraft Vereinbarung (oben Rn 9), guten Glaubens des Erwerbers dieser Sachen (§ 936) oder durch den Zuschlag in der Zwangsversteigerung (§ 90 ZVG) erlöschen.

1. Getrennte Erzeugnisse und sonstige Bestandteile

a) Die **Fortdauer der Haftung** der Erzeugnisse und sonstigen Bestandteile auch **18** nach der Trennung ergibt sich bereits aus allgemeinen Grundsätzen; denn die Hypothek erstreckt sich auf alle Bestandteile, solange sie mit dem Grundstück verbunden sind, und ein Rechtssatz, dass einzelne Bestandteile allein durch Lösung der Verbindung von der Haftung frei werden, besteht nicht. § 1120 dient also insoweit der Klarstellung von Zweifeln, ob eine Hypothek an beweglichen Sachen bestehen kann (PLANCK/STRECKER Anm 2b). Die wesentliche Bedeutung der Vorschrift liegt jedoch in der Bestimmung, dass die Haftung nach der Trennung nur fortdauert, soweit die Bestandteile nicht mit der Trennung in das Eigentum eines anderen als des Eigentümers oder des Eigenbesitzers des Grundstücks gelangt sind (PLANCK/STRECKER aaO).

Die Hypothek erstreckt sich *nicht* auf Bestandteile, die bereits vor der Begründung **19** der Hypothek vom Grundstück getrennt waren (RGZ 135, 201; OLG Stettin OLGE 11, 122; WOLFF/RAISER § 135 II Fn 7; PALANDT/BASSENGE[68] Rn 4; ERMAN/WENZEL[12] Rn 3; SOERGEL/KONZEN[13] Rn 4; PLANCK/STRECKER Anm 2c). Die Vorschrift des § 1120 soll klarstellen, dass die Hypothek, die bisher an den ungetrennten Grundstücksbestandteilen bestand, nun an diesen auch nach der Trennung weiter bestehen soll (daher auch der Ausdruck „erstreckt sich"). Es ist also vorausgesetzt, dass die Bestandteile zu der Zeit, als sie noch mit dem Grundstück verbunden waren, bereits für die Hypothek hafteten. Das ist nicht der Fall, wenn die Bestandteile schon vor der Begründung der Hypothek vom Grundstück getrennt waren.

b) Die Sachen dürfen nicht nach §§ 954–957 in das Eigentum eines Dritten **20** gelangt sein. Der Eigentumserwerb des gutgläubigen Eigenbesitzers (§§ 872, 955 Abs 1) schließt die Fortdauer der Haftung nicht aus. Dagegen tritt diese Wirkung ein beim Eigentumserwerb des dinglich Nutzungsberechtigten (§ 954), beim Eigentumserwerb an Erzeugnissen und sonstigen zu den Früchten der Sache gehörenden Bestandteilen des gutgläubigen dinglich nutzungsberechtigten Besitzers (§ 955 Abs 2) und schließlich beim Eigentumserwerb des schuldrechtlich Nutzungsberechtigten nach §§ 956, 957 (vgl RÖDER Gruchot 59, 541; OLG Stettin OLGE 11, 122 für abgeholzte Waldbäume; OLG Breslau und OLG Dresden OLGE 14, 105, 106 für auf dem Grundstück hergestellte und noch dort lagernde Ziegel und OLG Marienwerder OLGE 14, 104 für gebrochene Steine).

21 Die *Beweislast* dafür, dass Erzeugnisse und Bestandteile nicht in dem behaupteten Umfang in das Eigentum des Grundstückseigentümers oder des Eigenbesitzers übergegangen sind, trifft, wie die Fassung der Bestimmung ergibt, denjenigen, der die Freiheit von der Hypothekenhaftung geltend macht (ROSENBERG, Die Beweislast[5] [1965] § 13 II 2 aE; BAUMGÄRTEL/LAUMEN/BAUMGÄRTEL[2] Rn 1).

22 Bestandteile werden auch dann mit der Trennung von der Haftung frei, wenn sie nach § 954 in das Eigentum eines *Nießbrauchers* fallen, dessen Recht der Hypothek *nachgeht;* denn sie werden mit der Trennung freies Eigentum des Nießbrauchers. Der Hypothekengläubiger, dessen Recht dem Nießbraucher *vorgeht,* kann die Haftung der Früchte für die Hypothek nach der Trennung dadurch sichern, dass er vor der Trennung die Zwangsverwaltung beantragt (WOLFF/RAISER § 135 II; PLANCK/STRECKER Anm 2b; PALANDT/BASSENGE[68] Rn 4; ERMAN/WENZEL[12] Rn 4; BGB-RGRK/MATTERN[12] Rn 15; SOERGEL/KONZEN[13] Rn 3; **aM** HECK § 88, 3).

23 Das Recht des *Pächters* auf Fruchtgenuss wird durch eine Beschlagnahme zum Zwecke der Zwangsversteigerung oder Zwangsverwaltung des Grundstücks nicht berührt (§§ 21 Abs 3, 146, 148 ZVG), gleichgültig ob die Pacht älter oder jünger als die Hypothek ist, noch kann der Hypothekengläubiger wegen der Hypothek Pächterfrüchte vor der Trennung nach § 810 ZPO im Wege der Fahrnisvollstreckung pfänden (PLANCK/STRECKER Anm 2d). Die verschiedene Behandlung von Nießbrauch und Pacht hat einen guten Sinn. Der Zugriff auf die Pächterfrüchte ist dem Hypothekengläubiger deshalb verwehrt, weil er in der hypothekarischen Haftung der Pachtzinsforderung (§ 1123 Abs 1) einen Gegenwert erhält. Beim Nießbrauch findet sich ein solcher Gegenwert, der dem Hypothekengläubiger haften würde, nicht. Daher muss der Hypothekar den hypothekenfreien Erwerb des nachstehenden Nießbrauchs durch Beschlagnahme hindern können. Aber es besteht kein Anlass ihm noch weitere Rechte einzuräumen (WOLFF/RAISER § 135 II).

24 c) Die **Haftung** der getrennten Erzeugnisse und sonstigen Bestandteile **endet,** wenn die Voraussetzungen der §§ 1121, 1122 gegeben sind, schon früher dann, wenn die getrennten Bestandteile nicht mehr in ihrer ursprünglichen Gestalt vorhanden, sondern durch Verarbeitung oder Verbindung derart umgestaltet worden sind, dass sie neue Sachen von wirtschaftlicher Selbständigkeit werden; denn dann verlieren sie nach §§ 949, 950 die Eigenschaft des getrennten Bestandteils und werden von der Haftung für die Hypothek frei (s STAUDINGER/WIEGAND [2004] § 950 Rn 16), sofern sie nicht Zubehör des Grundstücks geworden sind (OLG Breslau OLGE 14, 105). Dies gilt auch dann, wenn die Verarbeitung, Verbindung oder Vermischung durch oder für den Eigentümer durchgeführt wird (Einzelheiten STAUDINGER/WIEGAND [2004] § 950 Rn 31 ff).

25 d) Eine Besonderheit besteht nach den §§ 21 Abs 1, 148 ZVG für **Erzeugnisse** des Grundstücks, aber nur für **land- und forstwirtschaftliche** (dazu gehören nicht zB Sand, Steine, Lehm, Tone usw). Sind sie bereits vom Boden getrennt, so wird die Beschlagnahme nur durch die Einleitung der Zwangsverwaltung oder eine Fahrnisvollstreckung, *nicht* aber durch die Einleitung der Zwangsversteigerung bewirkt. Waren solche Erzeugnisse zur Zeit der Einleitung der Zwangsversteigerung noch mit dem Boden verbunden und wurden sie deshalb von der Beschlagnahme ergriffen, so werden sie durch eine Trennung von der Beschlagnahme auch dann nicht frei, wenn sie kein Zubehör, sondern Verkaufsgut darstellen (RGZ 143, 33 und 244; **aM** Wenz Rpfleger 1934, 393). Dagegen werden die nicht land- und forstwirtschaftlichen Früchte, die vom Boden getrennt sind, zB Ausbeute an Sand, Steinen, Lehm, Tone usw (§ 99) auch von der Beschlagnahme zum Zweck der Zwangs*versteigerung* des Grundstücks ergriffen.

e) Zur **Zwangsvollstreckung** ist zu bemerken: Durch Trennung werden die Er- **26** zeugnisse und sonstigen Bestandteile unter Fortdauer ihrer Haftung für die Hypothek zu selbständigen Sachen. Sofern die Bestandteile durch die Trennung nicht zu Zubehör werden, unterliegen sie der Zwangsvollstreckung in das bewegliche Vermögen für persönliche Gläubiger, solange nicht ihre Beschlagnahme im Weg der Zwangsvollstreckung in das unbewegliche Vermögen erfolgt ist (§ 865 Abs 2 ZPO). Sie sind jedoch der Pfändung insoweit nicht unterworfen, als sie zur Sicherung des Unterhalts des Schuldners, seiner Familie und seiner Arbeitnehmer oder zur Fortführung der Wirtschaft bis zur Ernte gleicher oder ähnlicher Erzeugnisse erforderlich sind (§ 811 Abs 1 Nr 4 ZPO). Der Schuldner kann sich gegen eine solche Pfändung mit Erinnerung nach § 766 ZPO wenden.

Vor einer solchen Beschlagnahme kann der Hypothekengläubiger einer Pfändung **27** durch den persönlichen Gläubiger nicht widersprechen, er kann jedoch einen Anspruch auf vorzugsweise Befriedigung im Wege der Klage nach § 805 ZPO gegen den pfändenden Gläubiger geltend machen (hM; vgl RGZ 42, 90; 69, 93; Planck/Strecker Vorbem 3 b zu §§ 1120–1131; **aM** Hoche NJW 1952, 961 und Palandt/Bassenge[68] Rn 5 unter Berufung auf RGZ 55, 208: Klage nicht nur aus § 805 ZPO, sondern auch aus § 771 ZPO; s oben Rn 10, 14), freilich nur, solange der Gerichtsvollzieher die gepfändeten Sachen noch nicht vom Grundstück fortgeschafft und veräußert hat; denn solange das noch nicht geschehen ist, ist die Haftung der Sachen für die Hypothek noch nicht erloschen und solange ist der Hypothekengläubiger noch als ein sich nicht im Besitz der Pfandsachen befindender Gläubiger iS des § 805 ZPO anzusehen (vgl § 1121 Rn 16).

Nach Beschlagnahme des Grundstücks im Wege der Zwangsvollstreckung in das **28** unbewegliche Vermögen ist die Mobiliarvollstreckung eines Dritten in die getrennten Bestandteile unrechtmäßig (§ 865 Abs 2 ZPO). Der Hypothekengläubiger kann dagegen mit Erinnerung nach § 766 ZPO vorgehen und sich auch mit Drittwiderspruchsklage nach § 771 ZPO zur Wehr setzen. Daneben kann er sein Recht auf vorzugsweise Befriedigung nach § 805 ZPO im Weg der Klage geltend machen. Das gilt auch, wenn ein Hypothekengläubiger die getrennten Bestandteile im Wege der Zwangsvollstreckung in das bewegliche Vermögen pfändet; jedoch muss dann der Hypothekengläubiger, der vorzugsweise Befriedigung gemäß § 805 ZPO verlangt, den anderen Pfändungsgläubigern im Rang vorgehen, denn andernfalls hat er kein Recht auf vorzugsweise Befriedigung (RG WarnR 1936 Nr 91). Entsprechendes gilt, wenn der Hypothekengläubiger nach Mobiliarvollstreckung die Beschlagnahme im Wege der Zwangsvollstreckung in das unbewegliche Vermögen erwirkt.

Wenn getrennte Bestandteile, die bereits für einen persönlichen Gläubiger gepfän- **29** det sind, im Wege der Anschlusspfändung (§ 826 ZPO) auch für einen Hypothekengläubiger gepfändet werden, so hat der Hypothekengläubiger seinen Anspruch auf vorzugsweise Befriedigung aus dem Erlös nach § 827 ZPO geltend zu machen. Stimmt der persönliche Gläubiger der vorzugsweisen Befriedigung des Hypothekars nicht zu, so hat der Gerichtsvollzieher den Erlös nach § 827 Abs 2 ZPO zu hinterlegen. Es tritt dann das Verteilungsverfahren (§§ 872 ff ZPO) ein. Gehen dem pfändenden Hypothekengläubiger andere Hypothekengläubiger im Rang vor, so können sie das Recht auf vorzugsweise Befriedigung nach § 805 ZPO ihm gegenüber geltend machen.

30 f)   Soweit die Grundstücksbestandteile nach der Trennung haften, kann der Hypothekar diese **Haftung** in doppelter Weise **verwirklichen**: entweder durch Mobiliarpfändung (Pfändung durch den Gerichtsvollzieher) – damit kann er die Beschlagnahme des Grundstücks selbst vermeiden (§ 865 Abs 2 ZPO) – oder durch Beschlagnahme im Wege der Zwangsvollstreckung in das unbewegliche Vermögen; dazu gehört auch die erzwungene Verwaltung nach § 1134 Abs 2 (vgl Rockstroh ZZP 44, 471). Im ersten Fall erlangt der Hypothekar an den Bestandteilen ein Pfändungspfandrecht, im zweiten Fall bewirkt die Beschlagnahme zunächst nur ein Veräußerungsverbot gemäß § 23 ZVG (Wolff/Raiser § 135 II).

2.   Zubehör

31 a)   Der Begriff des Zubehörs ergibt sich aus §§ 97, 98 (s zu Abgrenzungsfragen landwirtschaftlichen Zubehörs Reischl Agrarrecht 1997, 277 und dazu, dass eine sog Einbauküche einer Wohnung nach der Verkehrsanschauung kein Zubehör sein muss, BGH vom 20. 11. 2008 – IX ZR 180/07 – WM 2009, 285). Besonders bedeutsam ist, dass auch Scheinbestandteile, insbesondere Gebäude, Zubehör des Grundstücks sein können und damit der Hypothekenhaftung unterliegen (s oben Rn 12). Ein Gebäude kann die Eigenschaft als Zubehör nicht nur durch seine Gliederung, Einteilung, Eigenart oder Bauart gewinnen, sondern auch aufgrund seiner Ausstattung mit betriebsdienlichen Maschinen und sonstigen Gerätschaften, die es als für einen gewerblichen Betrieb dauernd eingerichtet erscheinen lasen (BGHZ 165, 261 vom 14. 12. 2005 – IV ZR 45/05 – Tn 7 = ZfIR 2006, 301 m Anm Kesseler). Hingegen sind Gesellschaftsanteile auch dann kein Zubehör, wenn zum Gesamthandsvermögen der Gesellschaft Sachen gehören, die in der Hand des Gesellschafters Zubehör wären, zB in der Landwirtschaft bei sog Maschinenringen (Reischl Agrarrecht 1997, 277). Die Gesamthandsberechtigung des Eigentümers reicht auch nicht aus, die Sachen selbst zum Zubehör zu machen (Reischl Agrarrecht 1997, 277).

32   Nur jene Zubehörstücke unterliegen der hypothekarischen Haftung, die in das *Eigentum* des *Grundstückseigentümers* gelangt sind; im Gegensatz zu den Erzeugnisse und sonstigen Bestandteilen genügt es nicht, wenn die Zubehörstücke Eigentum des Eigenbesitzers des Grundstücks geworden sind. Daher haftet das Inventar nicht, das der Pächter selbst mitgebracht hat (vgl RGZ 9, 303). Zubehörstücke, die schon *vor* der Begründung der Hypothek vom Grundstückseigentümer an einen Dritten übereignet wurden, aber gemäß § 930 BGB auf dem Grundstück bleiben, werden von der Hypothek nicht mehr erfasst (OLG Celle OLGE 18, 164; OLG Dresden SeuffA 66 Nr 13). Es gilt allerdings die Eigentumsvermutung des § 1006; wer behauptet, dass Zubehörstücke nicht in das Eigentum des Grundstückseigentümers gelangt sind, behauptet die Ausnahme von der gesetzlichen Regel und hat diese Ausnahme zu *beweisen* (RG JW 1911, 702; BGHZ 54, 319; OLG Colmar OLGE 6, 270; Baumgärtel/Laumen/Baumgärtel[2] Rn 1; vgl aber zur Umkehr der Beweislast in den Fällen der §§ 20, 55 ZVG RGZ 63, 373).

33   Jede Sache, die sich nach den gesetzlichen Vorschriften (§§ 97, 98) als Zubehör darstellt, tritt unter diesen Voraussetzungen ohne weiteres in den Hypotheken-verband ein und zwar in dem Augenblick, in dem der Eigentümer des Grundstücks das Eigentum an dem Zubehör erwirbt (BayObLG JW 1930, 2231). Dies gilt auch für das erst nach der Hypothekenbestellung hinzutretende Zubehör (vgl dazu unten Rn 39). Sachen, die kein Zubehör iS des Gesetzes sind, können nicht durch Vereinbarung der Parteien zu solchen gemacht werden.

b) Ausnahmsweise haftet auch **nicht im Eigentum** des Grundstückseigentümers **34** stehendes Zubehör. Dazu gehört der Fall, dass die Zubehörstücke zugleich abge-trennte Bestandteile sind (zB nach § 98). Dann haften sie zugleich als Bestandteile und daher auch, wenn sie in das Eigentum des Eigenbesitzers des Grundstücks gelangt sind (WOLFF/RAISER § 135 III). Ist Zubehör nach der Bestellung der Hypothek veräußert, aber nicht vom Grundstück entfernt worden, so haftet es – Mot III 656; Prot III 549 ff – gemäß § 1121 Abs 1 weiter (RG Recht 1918 Nr 82, 863; OLG Dresden OLGE 26, 139; KG OLGE 30, 102; RG JW 1927, 407; SeuffA 65 Nr 13).

c) Da nur die dem Grundstückseigentümer gehörigen Zubehörstücke von der **35** Haftung ergriffen werden, schließt ein **Eigentumsvorbehalt** an dem Zubehör die Unterwerfung unter die Hypothek – anders als bei wesentlichen Bestandteilen – aus. Da ein Schutz des guten Glaubens des Hypothekars nicht angeordnet ist, ist eine Sicherung des Eigentumsvorbehalts durch Eintragung im Grundbuch nicht möglich. Vor dem Eigentumsübergang auf den Grundstückseigentümer haftet das unter Eigentumsvorbehalt erworbene Zubehör nicht (RGZ 53, 351; RG JW 1904, 403; BGHZ 35, 85 = LM Nr 2 zu § 1120 mit Anm MEZGER; WESTERMANN Schwerpunkte Rn 505; PLANCK/ STRECKER Anm 3e).

Jedoch haftet für die Hypothek das dem Eigentümer aus einem Kaufvertrag unter **36** Eigentumsvorbehalt zustehende **Anwartschaftsrecht** (dazu STAUDINGER/BECKMANN [2004] § 449 Rn 60 ff). Anwartschaftsrecht und Eigentum gleichen sich so sehr, dass eine rechtliche Gleichstellung für die Haftung nach § 1120 angebracht ist (BGHZ 35, 85 = MDR 1961, 680 mit zust Anm REINICKE; BGH NJW 1965, 1475; BGHZ 54, 319; WESTERMANN Schwerpunkte Rn 505; BAUR/STÜRNER § 39 IV 1; vLÜBTOW JuS 1963, 171).

Die Haftung des Anwartschaftsrechts bemisst sich nach §§ 1120 ff. Sie entsteht, falls **37** das Grundstück schon belastet ist, mit der Einbringung der Sache, sonst mit der Belastung, sie endet mit den Enthaftungsmöglichkeiten der §§ 1121, 1122 (KLINK-HAMMER/RANCKE JuS 1973, 665, 670), es sei denn die Grundlage der Haftung (zB Zube-höreigenschaft der Sache) oder Anwartschaftsrecht des Grundstückseigentümers ist schon vor der Belastung aufgehoben. In einem Verzicht auf die Anwartschaft ist eine Veräußerung im Sinne dieser Vorschriften zu sehen (WILHELM[3] Rn 1563 ff; TIEDTKE NJW 1985, 1305; ders NJW 1988, 28; BAYER WM 1986, 1543; iE – durch Anwendung des § 1276 – ebenso KOLLHOSSER JZ 1985, 370; LUDWIG NJW 1989, 1458; MAROTZKE AcP 186 [1986] 490; REINICKE JuS 1986, 957; aA – der Verzicht auf die Anwartschaft bedürfe keiner Zustimmung des Gläubigers – BGHZ 92, 280 = NJW 1985, 376 [Anm TIEDTKE; WILHELM 1785]; SCHOLZ MDR 1990, 679; dem BGH iE zustimmend unter dem Gesichtspunkt des Ersetzungsgeschäfts LUDWIG NJW 1989, 1458). Im Übrigen bleibt das Anwartschaftsrecht bei Veräußerung (zB Sicherungsüber-eignung) mit dem Pfandrecht belastet. Der Vorbehaltskäufer muss in der Zwangs-versteigerung nach § 37 Nr 5 ZVG, § 771 ZPO vorgehen, andernfalls er nur in Höhe des Restkaufpreises Ansprüche an dem Versteigerungserlös und nach der Verteilung

Hans Wolfsteiner

Bereicherungsansprüche geltend machen kann (vgl Möschel BB 1970, 737; Mümmler JurBüro 1971, 815). Bei Verwertung der Sache zugunsten des Vorbehaltsverkäufers nach Zwangsversteigerung, Zwangsverwaltung und Isolvenz des Grundstückseigentümers fällt ein Mehrerlös in die Zwangsversteigerungs-, nicht in die Insolvenzmasse (Grunsky JZ 1964, 518; aM OLG Bamberg MDR 1964, 146).

38 d) Lastet eine Hypothek nur auf dem **Anteil eines Miteigentümers**, so haftet das dem anderen Miteigentümer allein gehörige Zubehör dem Hypothekengläubiger nicht, denn nach § 1120 ist es erforderlich, dass der Eigentümer des Belastungsgegenstandes Eigentümer des Zubehörs ist (Planck/Strecker Anm 3c β; BGB-RGRK/Mattern[12] Rn 19; abw RG Gruchot 33, 913). Steht ein Zubehörstück im Miteigentum des Alleineigentümers eines Grundstücks und eines Dritten, so erstreckt sich die Hypothekenhaftung auf den Anteil des Grundstückseigentümers am Zubehör (Wolff/Raiser § 135 III Fn 18; Planck/Strecker Anm 3c β; Ziegler BayZ 1912, 169). Ist eine Sache **Zubehör mehrerer Grundstücke** (vgl RG HRR 1937 Nr 669), so haftet sie für alle Hypotheken zugleich. Wenn sie zusammen mit einem Grundstück versteigert wird, erwirbt der Ersteher Eigentum und zwar lastenfrei (KG SeuffA 68, 479; vgl zu diesen Fragen Erman/Wenzel[12] Rn 8; Rostorsky JherJb 74, 105 ff; Josef BayNotV 1927, 4).

39 e) Für die Haftung des Zubehörs ist es gleichgültig, ob es **vor oder nach der Eintragung der Hypothek** Zubehör geworden ist; § 1120 macht in dieser Hinsicht keinen Unterschied (RGZ 53, 352; BGH vom 17.7.2008 – IX ZR 162/07 – ZfIR 2008, 863 m Anm Mayer; Planck/Strecker Anm 3b; BGB-RGRK/Mattern[12] Rn 17; Wolff/Raiser § 135 III Fn 18). Dagegen erstreckt sich die Haftung nicht auf bewegliche Sachen, deren Zubehöreigenschaft bei Eintragung der Hypothek nicht mehr bestand; dies gilt auch dann, wenn diese Sachen den vor Aufhebung der Zubehöreigenschaft bestellten Hypotheken noch haften (OLG Hamburg OLGE 24, 247; Planck/Strecker aaO). Die Zubehöreigenschaft bei Eintragung der Hypothek kann aber von Bedeutung sein für die Frage, ob die Hypothek dem gesetzlichen Pfandrecht eines Vermieters an eingebrachten Sachen, die zugleich Zubehör des Grundstücks sind, vorgeht, wenn jemand Räume des eigenen Grundstücks von einem Vermieter mietet, der ihm gegenüber zum Besitz des Grundstücks berechtigt ist. Das gesetzliche Vermieterpfandrecht geht nämlich dann der Hypothek im Rang vor, wenn die Sachen vor der Eintragung der Hypothek (oder einer entsprechenden Vormerkung) eingebracht sind (BGH BB 1957, 94).

40 f) Zur **Zwangsvollstreckung** ist zu bemerken: Soweit Zubehörstücke für die Hypothek haften, sind sie der *Fahrnisvollstreckung entzogen* (§ 865 Abs 2 ZPO). Eine Verletzung des § 865 Abs 2 ZPO macht die Vollstreckungshandlung nicht nichtig, sondern nur anfechtbar; sie ist auflösend bedingt wirksam (str, Stein/Jonas/Münzberg, ZPO[22] § 865 Rn 36 mwNw). Dem dinglich Berechtigten und dem persönlich Berechtigten, der die Zwangsvollstreckung in das unbewegliche Vermögen betreibt, dem Schuldner, dem Insolvenzverwalter und dem Zwangsverwalter steht die Erinnerungen nach § 766 ZPO zu. Darüber hinaus kann der Hypothekengläubiger dagegen auch die Drittwiderspruchsklage nach § 771 ZPO erheben (hM). Einer Pfändung gleichzustellen ist die Verwertung eines Zubehörstückes durch den Insolvenzverwalter (RGZ 42, 85; 69, 85 ff).

41 Bleibt haftendes Zubehör aus welchem Grund auch immer von der Zwangsversteigerung des Grundstücks ausgeschlossen, so bleibt es trotz § 91 Abs 1 ZVG dem Hypothekengläubiger verhaftet, wenn dieser nur teilweise befriedigt wurde oder ganz ausgefallen ist, da es hier an der zum Erlöschen der Haftung erforderlichen Veräußerung und Entfernung des Zubehörs fehlt (RGZ 55, 414; RGZ 125, 366; RGZ 132, 321; RGZ 143, 241; RGZ 144, 154; PLANCK/STRECKER Anm 1c; aM OLG Kassel OLGE 11, 137). Das Recht an solchen Sachen bleibt ein Grundpfandrecht (RGZ 125, 362; WOLFF/RAISER § 135 VII; PLANCK/STRECKER aaO; aM STAUDINGER/SCHERÜBL[10]). Das Grundpfandrecht wird jedoch im Hinblick darauf, dass die Haftung des Grundstücks durch den Zuschlag erlischt, modifiziert. So kann es nunmehr formlos übertragen werden (RGZ 125, 366; RG HRR 1933 Nr 306). Es gilt in dieser Hinsicht das gleiche wie bei der Übertragung des an die Stelle des belasteten Grundstücks getretenen Versteigerungserlöses (vgl PLANCK/STRECKER § 1147 Anm 1c). Auch kann die Zwangsvollstreckung nunmehr nach den Vorschriften über die Zwangsvollstreckung wegen einer Geldforderung in das bewegliche Vermögen (§§ 803–863 ZPO) auf Grund eines dinglichen Vollstreckungstitels betrieben werden. Dies gilt allerdings nicht für Sachen, bei denen nach erfolgter Einstellung die Fortsetzung des Verfahrens nach § 31 ZVG beantragt wird (RGZ 125, 369). Für das Erlöschen der Haftung der Sachen für die Hypothek sind weiterhin die §§ 1121, 1122 anzuwenden.

3.   Vereinbarungen zu § 1120

Die **Haftung** nach §§ 1120 ff besteht **kraft Gesetzes**. Eine vertragliche Änderung des **42** Inhalts oder des Umfangs der Haftung soll nicht möglich sein, weil der Inhalt des Hypothekenrechts nicht anders geregelt werden könne als im Gesetz bestimmt (RGZ 63, 373; RGZ 125, 362; BGH vom 30. 11. 1995 – IX ZR 181/94 – NJW 1996, 835; BECKOK-BGB/ ROHE[11] Rn 11; Erman/WENZEL[12] Vorbem §§ 1120 ff Rn 4). Für die Haftung der wesentlichen Bestandteile ist dies zweifelsfrei zutreffend (vgl WOLFSTEINER [Schrifttum Einl zu §§ 1113 ff] § 28.34.); auch nicht getrennte unwesentliche Bestandteile können nur schwer von der Haftung ausgenommen werden. Im Übrigen aber schließt es die gesetzliche Regelung nicht aus, sie als dispositiv zu verstehen. Materielle Gründe, es den Parteien zu verwehren, Zubehör (zB den Viehbestand des landwirtschaftlichen Anwesens) als Inhalt der Hypothek von der Haftung auszunehmen, sind nicht ersichtlich. Das Argument, Bieter und Ersteher müssten sich darauf verlassen können, dass sie mit dem Zuschlag alle Sachen erwerben, auf die sich die Haftung nach §§ 1120 ff erstreckt (so BGH vom 30. 11. 1995 – IX ZR 181/94 – NJW 1996, 835), zieht nicht, weil der Inhalt der (erlöschenden) Hypothek für den Bieter und den Ersteher ohne jedes Interesse ist. Der Umfang seines Erwerbs bestimmt sich nicht nach dem Inhalt der Hypothek, sondern nach §§ 20 ff, 55 ZVG, die allerdings auf die Hypothekenhaftung Bezug nehmen. Was aber der Hypothekengläubiger schon vor der Beschlagnahme oder auch in Form abweichender Versteigerungsbedingungen danach aus der Haftung entlassen hat, kann nicht von der Beschlagnahme erfasst werden (vgl § 1122 Rn 3); eine ganz andere Frage ist die, ob sich die Entscheidung des BGH nicht nach § 55 Abs 2 ZVG als richtig erweist. Noch weniger zieht die Argumentation des BGH, wenn der Ausschluss – wie grundsätzlich erforderlich, wenn er jedem Gläubiger gegenüber wirken soll – als Inhalt der Hypothek im Grundbuch eingetragen ist. Auch Verfahrensgründe stehen nicht entgegen; nehmen einige Hypothekengläubiger am Erlös des Zubehörs teil, andere aber nicht, so kann nach § 65 ZVG verfahren werden, indem das Grundstück einerseits und das von der Haftung ausgenommene Zubehör andererseits getrennt ausgeboten werden.

43 Jedenfalls können die Parteien die Haftung mit *schuldrechtlicher Wirkung* einschränken (RGZ 125, 362; RG HRR 1935 Nr 305; RG HRR 1936 Nr 481; BGH Vom 30. 11. 1995 – IX ZR 181/94 – NJW 1996, 835; PLANCK/STRECKER Vorbem 1 zu §§ 1120–1131). Eine solche Einschränkung begründet eine Einrede iSd § 1157, die in den Grenzen dieser Vorschrift auch Zessionaren entgegengehalten werden kann. Für die Eigentümergrundschuld gilt nichts anderes, so dass eine Sache, die einer Eigentümergrundschuld verhaftet ist, ohne Entfernung vom Grundstück haftungsfrei sicherungsübereignet werden kann. Die Sache unterliegt dann auch nicht mehr dem Vollstreckungszugriff eines Zessionars, der die Hypothek später erwirbt (**aA** BGH vom 17. 9. 1979 – VIII ZR 339/78 – JuS 1980, 223 [m Anm K SCHMIDT], der § 1157 nicht in Erwägung zieht), es sei denn, die Beschränkung wäre im Grundbuch nicht eingetragen und der Zessionar gutgläubig. S zur Enthaftung ohne Entfernung auch § 1122 Rn 9.

44 **Ausgeweitet** werden kann die dingliche Hypothekenhaftung durch Rechtsgeschäft nicht (vgl dazu RGZ 63, 373, 374; RGZ 125, 365). Davon unabhängig ist § 311c in Betracht zu ziehen. Er regelt zwar nicht den Inhalt der Hypothek, sondern nur die **schuldrechtliche Verpflichtung** zur Stellung einer solchen, kann aber doch zur Auslegung herangezogen werden. Zwar erwähnt er nur Zubehör, das ohnehin von § 1120 erfasst wird; diskutiert wird aber die entsprechende Anwendung auf „zubehörähnliche" Sachen und Rechte (HARKE ZfIR 2004, 891; SOERGEL/WOLF[12] § 314 Rn 5; **dagegen** KOHLER DNotZ 1991, 362; MünchKomm/WUFKA[4] § 311c Rn 4; PALANDT/GRÜNBERG BGB[68] § 311c Rn 1). Jedenfalls kann die Haftung in der Weise ausgedehnt werden, dass weitere Sachen oder Rechte (auch von den §§ 1120 bis 1131 nicht erfasste) nach den für sie geltenden Vorschriften für die Hypothekenforderung verpfändet werden; dazu kann sich der Eigentümer jedenfalls ausdrücklich verpflichten.

IV. Anwendung auf alle Hypotheken, Grund- und Rentenschulden

45 § 1120 gilt für alle Hypotheken, Grund- und Rentenschulden (§ 1192).

§ 1121
Enthaftung durch Veräußerung und Entfernung

(1) Erzeugnisse und sonstige Bestandteile des Grundstücks sowie Zubehörstücke werden von der Haftung frei, wenn sie veräußert und von dem Grundstück entfernt werden, bevor sie zugunsten des Gläubigers in Beschlag genommen worden sind.

(2) Erfolgt die Veräußerung vor der Entfernung, so kann sich der Erwerber dem Gläubiger gegenüber nicht darauf berufen, dass er in Ansehung der Hypothek in gutem Glauben gewesen sei. Entfernt der Erwerber die Sache von dem Grundstücke, so ist eine vor der Entfernung erfolgte Beschlagnahme ihm gegenüber nur wirksam, wenn er bei der Entfernung in Ansehung der Beschlagnahme nicht in gutem Glauben ist.

Materialien: E I § 1068; II § 1030 rev § 1105; III § 1104; Mot III 661 ff; Prot II 249; III 556 ff; VI 247, 284.

Schrifttum

Kalter, Hypothekenverbandshaftung im Konkurs, KTS 1962, 142
Klinkhammer-Rancke, Hauptprobleme des Hypothekenrechts, JuS 1973, 669
Plander, Die Erstreckung der Hypothekenhaftung auf bewegliche Sachen und deren Enthaftung nach §§ 1121 ff, 135 II, 136, 932 f, 936 BGB, JuS 1975, 345
Reinicke, Gesetzliche Pfandrechte und Hypotheken am Anwartschaftsrecht aus bedingter Übereignung (1941)
Schreiber, Der Hypothekenhaftungsverband, Jura 2006, 597.

Systematische Übersicht

I. Allgemeines

In den §§ 1121, 1122 sind die näheren Voraussetzungen bestimmt, unter denen die **1** **Haftung der Sachen erlischt**, auf die sich nach § 1120 die Hypothek erstreckt. Auszugleichen sind dabei die Interessen des Hypothekengläubigers, des Grundstückseigentümers und eines möglichen dritten Erwerbers der Sachen. Dem Hypothekengläubiger liegt daran, durch die Erstreckung der Haftung auf diese Sachen den Wert des Haftungsobjekts und damit der Sicherheit zu erhöhen und bei der Verwertung einer wirtschaftlichen Einheit einen höheren Erlös zu erzielen. Auch für den Eigentümer ist die Einbeziehung der zur wirtschaftlichen Einheit gehörenden Sachen in eine Gesamtbewertung vorteilhaft. Andererseits ist er bei Fortführung seines Betriebs an einer Verwertungsmöglichkeit der Sachen interessiert, die ihrerseits voraussetzt, dass ein möglicher dritter Erwerber lastenfreies Eigentum erwirbt (s näher Plander JuS 1975, 345). **Grundgedanke** der gesetzlichen Regelung ist, dass eine Loslösung von der Haftung idR (Ausnahme: § 1122 und Fälle des gutgläubigen Erwerbs) nur vor der Beschlagnahme des Grundstücks durch den Gläubiger möglich ist. Die Sachen werden frei, wenn sie vor der Beschlagnahme **veräußert** und vom Grundstück **entfernt** werden, Abs 1.

§ 1121 betrifft nur die dingliche Rechtslage. Der Hypothekengläubiger kann daher **2** nach den allgemeinen Vorschriften der §§ 823 ff gegen den Erwerber von Zubehörstücken und Bestandteilen **Schadensersatzansprüche** geltend machen (RGZ 42, 170; RGZ 44, 186; RGZ 69, 91; RGZ 73, 353; BGHZ 60, 267 vom 21. 3. 1973 – VIII ZR 52/72 = NJW 1973, 997 mit abl Anm Schmidt S 1611 u zust Anm Marmann LM Nr 1 zu § 4 KO; BGH NJW 1991,

695; Wolff/Raiser § 135 II Fn 12; Soergel/Konzen[13] Rn 8; Palandt/Bassenge[68] Rn 8; Planck/ Strecker Anm 1). Genehmigt der Hypothekengläubiger die Veräußerung, so bedeutet das idR keinen Verzicht auf seine Deliktsansprüche gegen den Nichtberechtigten (BGHZ 92, 280). Ein Anspruch auf den Kaufpreis oder den Erlös der Zwangsversteigerung steht dem Hypothekengläubiger aber nicht zu (RGZ 25, 21).

II. Voraussetzungen der Enthaftung nach Abs 1

1. Beschlagnahme

3   **1.**   Unter einer Beschlagnahme iS der §§ 1121 und 1122 ist in erster Linie die Anordnung der Zwangsversteigerung oder der Zwangsverwaltung gemäß §§ 20, 21, 146, 148 ZVG zu verstehen. Beide Maßnahmen haben gemäß §§ 135, 136 BGB, §§ 27, 146, 152 Abs 2 ZVG die Wirkung eines Veräußerungsverbotes zugunsten des betreibenden einschließlich des beitretenden Gläubigers (RGZ 86, 258; RG WarnR 1915 Nr 118; BGB-RGRK/Mattern[12] Rn 21), nicht aber zugunsten anderer Hypothekengläubiger, die das Verfahren weder betrieben haben noch ihm beigetreten sind (RG WarnR 1915 Nr 118; SeuffA 59 Nr 69). Jedoch bewirkt auch die Pfändung im Wege der Mobiliarzwangsvollstreckung oder der Arrestvollziehung eine Beschlagnahme iS der §§ 1121, 1122 dann, wenn sie wegen des dinglichen Anspruchs eines Hypothekengläubigers erfolgt, anders in § 810 Abs 2 ZPO. Das ergibt sich aus § 1147, wonach der Hypothekengläubiger wegen seines dinglichen Anspruchs nicht nur aus dem Grundstück, sondern auch aus den beweglichen Sachen, die für die Hypothek haften, seine Befriedigung im Wege der Zwangsvollstreckung suchen kann. Auch die Vollziehung einer einstweiligen Verfügung bewirkt eine Beschlagnahme dann, wenn darin ein Veräußerungsverbot oder sonstige zur Sicherung des Hypothekengläubigers wegen seines dinglichen Anspruchs dienende Anordnungen erlassen sind (RGZ 52, 138).

4   Voraussetzung für die Beschlagnahme ist grundsätzlich Fälligkeit der Hypothek (vgl Mot III 672) und ein vollstreckbarer Titel; Ausnahmen ergeben sich nach §§ 1133–1135. Freilich schützt eine Beschlagnahme (zB durch Mobiliarpfändung oder einstweilige Verfügung), die sich nur auf einzelne getrennte Bestandteile erstreckt, den Hypothekengläubiger nicht hinsichtlich der anderen, von ihm nicht gepfändeten Sachen.

5   Da die Beschlagnahme gemäß § 23 Abs 1 ZVG ein Veräußerungsverbot bewirkt, ist nach ihr jede Verfügung über die haftenden Sachen – dazu gehören zB die Veräußerung der Sachen, aber auch die Entfernung vom Grundstück gemäß § 1122 Abs 1 und die Aufhebung der Zubehöreigenschaft gemäß § 1122 Abs 2 – dem Hypothekengläubiger gegenüber unwirksam (§ 23 Abs 1 ZVG, §§ 135, 136 BGB). Gemäß § 135 Abs 2 finden allerdings die Vorschriften zugunsten derjenigen, welche Rechte von einem Nichtberechtigten herleiten, entsprechende Anwendung. Die Verfügung ist daher *wirksam,* wenn der Erwerber hinsichtlich der Beschlagnahme in *gutem Glauben* war. Jedoch gilt der gute Glaube des Erwerbers gemäß §§ 23 Abs 2, 146 Abs 1 ZVG als ausgeschlossen, sobald der Erwerber Kenntnis von dem Versteigerungsantrag hatte oder der Versteigerungsvermerk im Grundbuch eingetragen ist (vgl dazu Prot VI 285; Plander 345, 350).

6   Im Falle der Zwangsversteigerung kann der Schuldner jedoch anders im Falle der

Zwangsverwaltung (§ 148 ZVG) innerhalb der Grenzen einer ordnungsgemäßen Wirtschaft auch dem Gläubiger gegenüber über einzelne Sachen wirksam verfügen (§ 23 Abs 1 S 2 ZVG). Wegen des Erlöschens der Haftung in diesem Fall s näher § 1122.

2. Veräußerung

a) **Veräußerung** iS des Abs 1 ist, wie stets (vgl STAUDINGER/KOHLER [2003] § 135 Rn 14), **7** Eigentumsübertragung gemäß §§ 929 ff durch Einigung und Übergabe oder Übergabesurrogat (RGZ 143, 246; RG Gruchot 61, 32; 64, 98; PLANCK/STRECKER Anm 2c). Es genügt auch eine wirksame Veräußerung durch den *Nichteigentümer* (§ 932). In keinem Fall genügt der bloße Abschluss eines Kaufvertrages oder eines sonstigen obligatorischen Rechtsgeschäftes (RG WarnR 1916 Nr 282; SOERGEL/KONZEN¹³ Rn 5). Hat der Eigentümer eine unter *Eigentumsvorbehalt* erworbene Sache (zB Installationsgegenstände) zum wesentlichen Bestandteil des Grundstücks gemacht, so dass der Eigentumsvorbehalt wegen Verbindung mit dem Grundstück erloschen ist (vgl § 1120 Rn 11), so ist die bloße Rücknahme durch den Vorbehaltsverkäufer *keine* Veräußerung (RGSeuffA 59 Nr 119; 66 Nr 163; BGB-RGRK/MATTERN¹² Rn 8; KRETZSCHMAR ZBlFG 5, 616 ff); anders bei bloßem Zubehör (§ 1120 Rn 35). S weiter zur Veräußerung der Eigentumsanwartschaft § 1120 Rn 36 und zur Veräußerung durch Verzicht auf die Anwartschaft § 1120 Rn 37. Anwendung findet die Vorschrift ihrem Sinn nach auch dann, wenn das Grundstück ohne die mithaftenden Sachen veräußert wird und jene infolgedessen vom Grundstückseigentum getrennt werden.

b) Eine Veräußerung durch den (sei es auch vorläufigen) **Insolvenzverwalter** steht **8** einer Veräußerung durch den Eigentümer gleich (BGHZ 60, 267 vom 21. 3. 1973 – VIII ZR 52/72 = NJW 1973, 997 mit abl Anm SCHMIDT 1611; zust Anm MARMANN LM Nr 1 zu § 4 KO; BGB-RGRK/MATTERN¹² Rn 12; PLANCK/STRECKER Anm 2d; vgl JAEGER/HENCKEL InsO § 49 Rn 38 ff). Nach §§ 80, 22 InsO hat der Insolvenzverwalter während des Insolvenzverfahrens die Rechte des Insolvenzschuldners auszuüben; eine von ihm durchgeführte Veräußerung hat daher die gleichen Rechtswirkungen, als wenn sie vom Eigentümer selbst vorgenommen worden wäre. Dasselbe gilt für andere Parteien kraft Amts, also insbesondere *Nachlassverwalter* und *Testamentsvollstrecker*.

Der Insolvenzverwalter ist allerdings verpflichtet, den **Erlös** aus der Verwertung von **9** Zubehör an den Grundpfandgläubiger nach § 55 Nr 1, 3 InsO herauszugeben, wenn zwar die Voraussetzungen des Abs 1 vorliegen, die Zubehörstücke jedoch im Sinne des (nicht unmittelbar Anwendung findenden) § 1122 den Regeln einer ordnungsgemäßen Wirtschaft zuwider vom Grundstück entfernt werden (RGZ 69, 88; BGHZ 60, 267 vom 21.3. 1973 – VIII ZR 52/72 = NJW 1973, 997 mit abl Anm SCHMIDT 1611; zust Anm MARMANN LM Nr 1 zu § 4 KO; JAEGER/HENCKEL InsO § 49 Rn 38 ff; **aM** OLG Karlsruhe KTS 1972, 107, 110). Zwar ist der Insolvenzverwalter befugt, Zubehörstücke unter den Voraussetzungen des Abs 1 lastenfrei zu veräußern; soweit aber der Eigentümer bei Veräußerung von Zubehörstücken dem Grundpfandgläubiger gemäß §§ 1135, 823 haftet, gebührt auch der Erlös aus solchen Verwertungshandlungen des Insolvenzverwalters dem Grundpfandgläubiger auf Grund seines Absonderungsrechts (BGH aaO). Zur Frage der Verwertung von Inventar innerhalb der Grenzen einer ordnungsmäßigen Wirtschaft durch den Insolvenzverwalter s näher § 1122 Rn 8 ff.

Der Insolvenzverwalter ist nicht berechtigt, die Herausgabe von zur Insolvenzmasse nicht gehörigen Sachen deshalb zu verweigern, weil diese gemäß § 1121 absonderungsberechtigten Hypothekengläubigern noch haften (RGZ 99, 210).

10 **c)** Die **Gesamtveräußerung** von Grundstück nebst Bestandteilen und Zubehör fällt nicht unter die Vorschrift. Bestandteile oder Zubehör müssen vom Grundstück gelöst werden. Eine Lösung tritt aber ein, wenn Zubehör bereits übereignet ist und vom Erwerber entfernt wird, während das Grundstückseigentum noch nicht übergegangen ist (**aA**, aber unklar, PLANCK/STRECKER Anm 2c; MünchKomm/EICKMANN[4] Rn 17; ERMAN/WENZEL[12] Rn 2; Bearb 2002 Rn 11 – hiermit wegen Unlogik aufgegeben).

11 **d)** *Keine* Veräußerung ist die **Belastung** mit einem beschränkten dinglichen Recht, etwa mit einem Pfandrecht oder einem Nießbrauch, gleichgültig, ob diese Belastung durch Rechtsgeschäft oder im Wege der Zwangsvollstreckung erfolgt (RG Gruchot 31, 432; RGZ 143, 246; SeuffA 59 Nr 169; PLANCK/STRECKER Anm 2b; PALANDT/BASSENGE Rn 1; ERMAN/WENZEL[12] Rn 2; BGB-RGRK/MATTERN[12] Rn 9; jetzt auch SOERGEL/KONZEN[13] Rn 5; zweifelnd SCHNEIDER JherJb 68, 175 ff); denn in allen diesen Fällen liegt eine Eigentumsübertragung nicht vor (vgl näher WOLFF/RAISER § 135 II Fn 15). Erst in der Verwertung aufgrund eines solchen Rechts kann eine Veräußerung liegen. Bei der *Mobiliarpfändung* durch den Gerichtsvollzieher erlischt die Haftung erst durch der Veräußerung gleichstehenden Pfandverkauf; Pfändung allein oder in Verbindung mit der Fortschaffung der gepfändeten Sachen genügt nicht (RGZ 143, 246; PLANCK/STRECKER Anm 2b; WOLFF/RAISER § 135 II Fn 14; BGB-RGRK/MATTERN[12] Rn 10; **aM** SCHNEIDER JherJb 58, 175).

3. Entfernung

12 **a)** **Entfernung** ist das tatsächliche, für dauernd gedachte Fortschaffen der Sachen von dem Grundstück (PLANCK/STRECKER Anm 3; SOERGEL/KONZEN[13] Rn 6). Eine Entfernung zu einem vorübergehenden Zweck (nach RG HRR 1934 Nr 1118 zB die Entfernung auf Grund einer Sicherungsübereignung) reicht nicht aus (RG JW 1911, 46; PLANCK/STRECKER Anm 3). Die Entfernung deckt sich nicht mit dem Besitzübergang (BGB-RGRK/MATTERN[12] Rn 14). Entfernung und Besitzübergabe können zwar zusammenfallen, müssen es aber nicht. Der Besitz kann zB nach § 930 auf den Erwerber übergehen, ohne dass die Sachen von dem Grundstück entfernt worden wären, etwa durch Übereignung an den Pächter, die dann keine Entstrickung bewirkt (LG Freiburg ZIP 1982, 1368). Auch eine Sicherungsübereignung im Wege eines Besitzkonstituts nach § 930 beseitigt die Haftung nicht, denn der Gläubiger erhält zwar (mittelbaren) Besitz an den Sachen, sie befinden sich aber nach wie vor auf dem Grundstück (vgl BGH NJW 1979, 2514).

13 Die Entfernung muss **nicht freiwillig** erfolgen; auch eine Entfernung aufgrund Pfändung (RGZ 143, 241) oder aufgrund einstweiliger Anordnung (RGZ 144, 155) erfüllt den Tatbestand.

14 **b)** Die Formulierung der Vorschrift lässt die Deutung offen, dass die Entfernung in **Zusammenhang mit der Veräußerung** stehen müsse (so in der Tat RG Gruchot 55, 659; RGZ 144, 155; BGHZ 60, 267 vom 21.3.1973 – VIII ZR 52/72 = NJW 1973, 997 mit abl Anm SCHMIDT S 1611; zust Anm MARMANN LM Nr 1 zu § 4 KO; BGB-RGRK/MATTERN[12] Rn 16; ERMAN/WENZEL[12] Rn 3; MünchKomm/EICKMANN[4] Rn 5; PALANDT/BASSENGE[68] Rn 3). STAUDINGER/

SCHERÜBL[12] Rn 14 lässt es immerhin genügen, dass nicht unbedingt der Erwerber entfernen muss, sondern dass dies auch der Grundstückseigentümer oder ein Dritter sein kann (im Anschluss an PLANCK/STRECKER Anm 4b; ebenso MünchKomm/EICKMANN[4] Rn 5; PALANDT/BASSENGE[68] Rn 3). Jedenfalls genügt es, wenn der Gerichtsvollzieher die Sache in Zwangsvollzug eines Veräußerungsgeschäfts entfernt hat (oben Rn 13). Es ist aber schwerlich einzusehen, dass die Enthaftung nicht auch eintreten soll, wenn die Sache zunächst aus ganz anderem Grunde entfernt (zB wird eine Maschine auf einem anderen Betriebsgrundstück installiert) und später veräußert wird (PLANCK/STRECKER Anm 3; zweifelnd auch WOLFF/RAISER § 135 II 1). Für den gutgläubigen Erwerb kommt es in diesen Fällen nicht auf den Zeitpunkt der Entfernung, sondern darauf an, ob der Erwerber bei Vollendung des Erwerbstatbestands Kenntnis von der Beschlagnahme hat oder grob fahrlässig nicht hat.

Auch eine in Vollstreckung einer einstweiligen Verfügung erfolgte Entfernung kann **15** eine dauernde Loslösung der Sachen vom Grundstück bezwecken (RGZ 144, 155; vgl auch OLG Braunschweig JW 1933, 2014); es kommt im Einzelfall auf den aus der Verfügung ersichtlichen Schutzzweck an (PLANCK/STRECKER Anm 3).

4. Zeitlicher Ablauf

Durch die Veräußerung allein erlischt die Haftung ebensowenig (RGZ 99, 211; JW 1927, **16** 402) wie allein durch die Entfernung (RGZ 70, 378; OLG Braunschweig OLGE 26, 151). Die Haftung erlischt vielmehr nur dann, wenn die Sachen vor der Beschlagnahme veräußert **und** entfernt werden (RG WarnR 1915 Nr 118). Liegen diese Voraussetzungen vor, so ist es unerheblich, ob die Veräußerung und Entfernung innerhalb der Grenzen einer ordnungsmäßigen Wirtschaft erfolgten (PLANCK/STRECKER Anm 1; OLG Naumburg SeuffA 59 Nr 82) und ob der Erwerber in Ansehung der Hypothek gutgläubig war (OLG Braunschweig OLGE 26, 151).

III. Schutz des gutgläubigen Dritten

Liegen die Voraussetzungen der Enthaftung nach Abs 1 nicht vor (Veräußerung und **17** Entfernung oder Entfernung und Veräußerung jeweils *vor* der Beschlagnahme), so sind Verfügungen zu Lasten des Gläubigers dennoch wirksam, wenn der Dritte gutgläubig war. Da es sich um den gutgläubigen Erwerb von Rechten an beweglichen Sachen handelt, sind wegen der Beschlagnahme die §§ 136, 135 Abs 2, 932 Abs 2 anzuwenden (PLANDER 345, 351; wegen der Hypothek **aM** WOLFF/RAISER § 135 Rn 17). Was die „Zugehörigkeit zum Haftungsverband", genauer die Frage betrifft, ob eine Sache mit der Hypothek belastet ist, gilt für den gutgläubig-lastenfreien Erwerb nicht Abs 2; vielmehr sind die allgemeinen Vorschriften der §§ 936 Abs 2, 932 Abs 2 einschlägig (vgl nachf Rn 20).

Gutgläubigkeit ist die Regel, Bösgläubigkeit ist die Ausnahme; beruft sich der **18** Gläubiger darauf, so muss er den bösen Glauben des Erwerbers **nachweisen** (BAUM-GÄRTEL/LAUMEN/BAUMGÄRTEL[2]).

1. Entfernung, dann Beschlagnahme, dann Veräußerung *oder* Beschlagnahme, dann Entfernung, dann Veräußerung

19 Liegt die Beschlagnahme vor der Veräußerung und sind die Sachen vor der Veräußerung vom Grundstück entfernt worden, so kommt es (falls nicht § 1122 eingreift) auf den guten Glauben wegen der *Beschlagnahme auf den Zeitpunkt* der Veräußerung an, dh der gute Glaube muss noch im Zeitpunkt der Veräußerung, identisch mit dem Zeitpunkt des dinglichen Erwerbs, vorliegen. Der gute Glaube braucht sich nur auf die Beschlagnahme zu beziehen, nicht auf die Hypothek. In der Vorstellung des gutgläubigen Erwerbers liegt derselbe Sachverhalt vor wie bei den Tatbeständen des Abs 1, bei denen die Enthaftung unabhängig vom guten Glauben hinsichtlich der Hypothek eintritt. Nach dem Grundgedanken des § 1121 kann es daher auch bei dieser Fallgestaltung auf den guten Glauben in Ansehung der Hypothek nicht ankommen (PLANDER 351; WOLFF/RAISER § 135 II 1). Rechtsgrundlage für den gutgläubigen Erwerb hinsichtlich der Beschlagnahme sind die §§ 136, 135 Abs 2, 932 Abs 2 (PLANDER aaO).

2. Veräußerung, dann Beschlagnahme, dann Entfernung *oder* Beschlagnahme, dann Veräußerung, dann Entfernung

20 Liegt die Entfernung *nach* der Veräußerung und der Beschlagnahme, so ist, unabhängig davon, ob die Veräußerung der Beschlagnahme vorausgeht oder ihr nachfolgt, für die Enthaftung der gute Glaube *hinsichtlich der Beschlagnahme* im Zeitpunkt der Entfernung der Sachen von dem Grundstück maßgebend (MünchKomm/EICKMANN[4] Rn 31). Da die Entfernung als tatsächliche Loslösung der Sachen von dem Grundstück nicht als Verfügungsgeschäft iS der §§ 135, 136 angesehen werden kann, bedurfte es der ausdrücklichen Regelung des Abs 2 S 2. Die Veräußerung, die zum lastenfreien Erwerb führt, wird in diesen Fällen nach §§ 136, 135 Abs 2, 932 Abs 2 mit der Entfernung der Sachen vom Grundstück wirksam (PLANDER 350).

21 Wird eine mit dem **Recht eines Dritten** belastete Sache veräußert, so erlischt das Recht des Dritten mit dem Erwerb des Eigentums, es sei denn der Erwerber ist im Zeitpunkt des Erwerbs hinsichtlich des Rechtes *nicht in* gutem Glauben (§ 936). Abs 2 S 1 schränkt diese Rechtsfolge für die Veräußerung einer im hypothekarischen Haftungsverband stehenden Sache dahin ein, dass sich der Erwerber dem Gläubiger gegenüber nicht auf den guten Glauben in Ansehung der Hypothek berufen kann. Logisch ist das nicht, denn der Erwerber einer beweglichen Sache hat nach § 12 Abs 1 S 1 GBO schwerlich ein Recht auf Grundbucheinsicht; dass jeder, der landwirtschaftliche Erzeugnisse vom Erzeuger erwirbt, vorher das Grundbuch einsieht, ist auch unrealistisch. Dennoch gilt die gesetzliche Regelung, dass eine im Haftungsverband stehende Sache durch die Veräußerung allein (ohne Entfernung) nicht von der Haftung frei wird. Erst durch die Entfernung wird der äußere Zusammenhang mit dem Grundstück gelöst; derjenige, der die Sache noch auf dem Grundstück belässt, verdient angeblich keinen Schutz (vgl Mot III 662; WOLFF/RAISER § 135 Abs 1). Ist die Hypothek nicht eingetragen (zB versehentlich gelöscht), so entfällt für den Rechtsverkehr die Wirkung des § 892. Damit entfällt auch die Anwendung des Abs 2 S 1; der lastenfreie Erwerb kraft guten Glaubens ist also in diesem Fall möglich (PLANDER 350).

IV. Anwendung auf alle Arten von Hypotheken sowie auf Grund- und Rentenschulden

§ 1121 gilt für alle Arten der Hypothek und findet gemäß §§ 1192, 1199 auch auf **22** Grund- und Rentenschulden Anwendung.

§ 1122
Enthaftung ohne Veräußerung

(1) Sind die Erzeugnisse oder Bestandteile innerhalb der Grenzen einer ordnungsmäßigen Wirtschaft von dem Grundstück getrennt worden, so erlischt ihre Haftung auch ohne Veräußerung, wenn sie vor der Beschlagnahme von dem Grundstück entfernt werden, es sei denn, dass die Entfernung zu einem vorübergehenden Zwecke erfolgt.

(2) Zubehörstücke werden ohne Veräußerung von der Haftung frei, wenn die Zubehöreigenschaft innerhalb der Grenzen einer ordnungsmäßigen Wirtschaft vor der Beschlagnahme aufgehoben wird.

Materialien: E I § 1068 Abs 1; II § 1030 Abs 1 rev § 1166; III § 1105; Mot III 661 ff; Prot II 249; III 556 ff; VI 247 ff, 284 f.

Schrifttum

ADOMEIT, Zubehörhaftung und Konkurs, BlfGenW 1973, 163

GUNDLACH, Die Veräußerung von Zubehör durch den Konkursverwalter, DZWir 1998, 485.

I. Enthaftung von Erzeugnissen und Bestandteilen

In Erweiterung der in § 1121 Abs 1 enthaltenen Regel erlischt bei **Erzeugnissen** oder **1** **Bestandteilen** des Grundstücks, die innerhalb der Grenzen einer ordnungsmäßigen Wirtschaft von dem Grundstück getrennt werden, die Haftung bereits dann, wenn sie vor der Beschlagnahme von dem Grundstück entfernt werden, ohne dass eine Veräußerung nötig wäre. Es müssen jedoch zwei Voraussetzungen erfüllt sein:

1. Trennung bedeutet dabei Loslösung der Erzeugnisse und Bestandteile vom **2** Boden unter wirtschaftlicher Nutzung des Grundstücks (RG SeuffA 58 Nr 78).

2. Die Trennung muss innerhalb der **Grenzen einer ordnungsmäßigen Wirtschaft 3** erfolgt sein (vgl vBRÜNNECK Gruchot 44, 103). Der Hypothekengläubiger muss eine Enthaftung nur hinnehmen, wenn sie zum natürlichen wirtschaftlichen Ablauf gehört, entsprechend der bei Eigentumsvorbehalt und Sicherungsübereignung üblichen Vertragsklausel, dass dem Schuldner die Veräußerung des Sicherungsguts „im gewöhnlichen Geschäftsverkehr" gestattet sei, aber nur unter dieser Voraussetzung. Daraus folgt aber, dass der Gläubiger die Trennung nicht als unwirtschaftlich

Hans Wolfsteiner

brandmarken kann, wenn er ihr zugestimmt hat (aA BGH vom 30. 11. 1995 – IX ZR 181/94 – NJW 1996, 835; s dazu auch § 1120 Rn 42). Gesichtspunkte eines Bieters und Erwerbers in der Zwangsversteigerung stehen dem nicht entgegen, weil dieser keinen Anspruch auf einen bestimmten Bestand an Zubehör hat.

4 Die Anwendung des Abs 1 ist ausgeschlossen, wenn die Trennung einen unwirtschaftlichen Zweck verfolgt. Das ist immer dann der Fall, wenn die Bewirtschaftung des Grundstücks grundlos aufgegeben werden soll (RGZ 69, 88; RG WarnR 1916, 282). Zu weitgehend aber die Meinung (BGHZ 56, 298; BGHZ 60, 267 vom 21. 3. 1973 – VIII ZR 52/72 = NJW 1973, 997 mit abl Anm Schmidt S 1611; zust Anm Marmann LM Nr 1 zu § 4 KO; BGH vom 30. 11. 1995 – IX ZR 181/94 – NJW 1996, 835 = WiB 1996, 270 m Anm Seeker = EWiR 1996, 259 [Plander]; dazu K Schmidt JuS 1996, 647; OLG Frankfurt vom 10. 2. 2000 – 16 U 17/99 – OLGR Frankfurt 2004, 58; BGB-RGRK/Mattern[12] Rn 2; Staudinger/Wolfsteiner [2002] Rn 2), Maßnahmen aus wirtschaftlicher Not, insbesondere die Stilllegung eines Betriebs, fielen grundsätzlich nicht unter den Begriff der ordnungsmäßigen Wirtschaft; die Teil-Stilllegung eines Betriebs, die Aufgabe ganzer Produktionszweige, ja sogar die Stilllegung eines ganzen Betriebs können wirtschaftlich sein, wenn eine andere Grundstücknutzung höheren Ertrag (oder überhaupt bisher nicht gegebenen Ertrag) verspricht (s auch unten Rn 12). Auch die Feststellung, bei landwirtschaftlichen Grundstücken könne man idR leicht feststellen, ob die Trennung innerhalb der Grenzen einer ordnungsmäßigen Wirtschaft erfolgt, ist durch die wirtschaftliche Entwicklung überholt.

5 Die Grenzen ordnungsmäßiger Wirtschaft müssen nur bei der Trennung der Erzeugnisse vom Boden beachtet werden, nicht auch bei der Entfernung vom Grundstück (RGZ 143, 249). Auch im Fall einer unwirtschaftlichen Entfernung erlischt ihre Haftung, es sei denn, sie würden durch die Trennung zu Zubehör, so dass sie dem § 1121 Abs 1 unterliegen.

6 3. **Die Sachen müssen** von dem Grundstück **entfernt** worden sein (BGH vom 17. 7. 2008 – IX ZR 162/07 – ZfIR 2008, 863 m Anm Mayer). „Entfernung" bedeutet dasselbe wie in § 1121 (dort Rn 12). Anders als dort betont das Gesetz aber in § 1122 Abs 1 ausdrücklich, dass die Entfernung nicht nur zu einem **vorübergehenden Zwecke** erfolgt sein darf. „Zweck" darf dabei nicht rein subjektiv verstanden werden, zumal die Beweislast nach dem insoweit eindeutigen Gesetzeswortlaut beim Gläubiger liegt. Vielmehr muss nach objektiven Kriterien entschieden werden, ob die Entfernung sich typischerweise als vorübergehend (wie die Verbringung von Erntegut in eine Trocknungsanlage) oder als endgültig (wie die Abfuhr von Holz aus dem Wald) darstellt.

7 4. **Die Sachen müssen vor der Beschlagnahme** von dem Grundstück entfernt worden sein (BGH vom 17. 7. 2008 – IX ZR 162/07 – ZfIR 2008, 863 m krit Anm Mayer). Dies steht keineswegs in Widerspruch zu § 24 ZVG (aA Mayer aaO); dieser regelt die Wirkungen der Beschlagnahme nach § 23 ZVG, die auch dann eintreten, wenn ein persönlicher Gläubiger vollstreckt. § 1122 ist dem gegenüber lex spezialis für die Hypothek und geht den §§ 23, 24 ZVG vor.

II.   Enthaftung von Zubehörstücken

Bei **Zubehörstücken** (s § 97) erlischt die Haftung, wenn die Zubehöreigenschaft vor **8** der Beschlagnahme innerhalb der Grenzen einer ordnungsmäßigen Wirtschaft aufgehoben wird.

1.   **Veräußerung und Entfernung** der Zubehörstücke sind nicht nötig. Eine Ver- **9** äußerung, etwa eine Sicherungsübereignung (SOERGEL/KONZEN[13] Rn 3) genügt allein nicht, um das Erlöschen der Haftung herbeizuführen, selbst dann nicht, wenn die Veräußerung innerhalb der Grenzen einer ordnungsmäßigen Wirtschaft erfolgte (RG JW 1905, 175; SeuffA 58 Nr 78; PLANCK/STRECKER Anm 3; **aM** OLG Marienwerder OLGE 8, 471). In diesem Fall muss vielmehr nach der Regel des § 1121 Abs 1 zu der Veräußerung die Entfernung hinzukommen (BGH NJW 1979, 2514).

Die Aufhebung der Zubehöreigenschaft ist ein Realakt, der in der Aufhebung des **10** Dauerzweckes der Sache besteht. Diesen Realakt kann wirksam vornehmen, wer die Sache ihrer Zweckbestimmung gemäß für das Grundstück wirtschaftlich verwenden kann. Geschäftsfähigkeit ist dazu wie zur Begründung der Zubehöreigenschaft (s STAUDINGER/JICKELI/STIEPER [2004] § 97 Rn 21) nicht nötig (WOLFF/RAISER § 135 III 2 und Fn 21). Auch der *Insolvenzverwalter* kann die Zubehöreigenschaft aufheben (s näher § 1121 Rn 8).

2.   Die Enthaftung tritt wie nach Abs 1 nur ein, wenn die Zubehöreigenschaft **11** innerhalb der Grenzen einer **ordnungsmäßigen Wirtschaft** aufgehoben wird. Anders als nach Abs 1 liegt die Beweislast für die Ordnungsmäßigkeit bei dem, der sich auf die Enthaftung beruft. Es spricht für Ordnungsmäßigkeit der Aufhebung der Zubehöreigenschaft, wenn gleichwertiger Ersatz angeschafft wird; dass das neue Zubehörstück unter Eigentumsvorbehalt oder im Wege des Leasing angeschafft wird, beeinträchtigt die Ordnungsmäßigkeit nicht (zur Aussonderung alten landwirtschaftlichen Geräts REISCHL Agrarrecht 1997, 277). Ordnungsmäßiger Bewirtschaftung entspricht es auch, die bisherige wirtschaftliche Verwendungsart des Grundstücks durch eine andere wirtschaftlich zweckmäßigere Art der Bewirtschaftung zu ersetzen (RG Gruchot 53, 899; LEWIS Recht 1920, 242; REISCHL Agrarrecht 1997, 277. Vgl zur Aufhebung der Zubehöreigenschaft von Maschinen auch RG WarnR 1934 Nr 56; OLG Hamburg HansRGZ 1934, 644).

Die **Einstellung** des auf dem Grundstück unterhaltenen **Betriebs** soll keine Maß- **12** nahme einer ordnungsmäßigen Wirtschaft sein können, so dass die Haftung dadurch nicht erlösche (RGZ 69, 88; RG Recht 1915 Nr 454; BGHZ 56, 298; BGHZ 60, 267; BGH vom 30. 11. 1995 – IX ZR 181/94 – NJW 1996, 835 = WiB 1996, 270 m Anm SEEKER = EWiR 1996, 259 [PLANDER]; dazu K SCHMIDT JuS 1996, 647; LG Darmstadt KTS 1977, 125; ebenso noch STAUDINGER/WOLFSTEINER [2002] Rn 9; vgl auch oben Rn 4). Die dieser Auffassung zugrundeliegende Einstellung, dass Betrieb und Grundstück füreinander geschaffen seien und eine dauernde Verbindung eingingen, die nicht einfach gelöst werden könne, ist mit heutigen wirtschaftlichen Anschauungen und Verhältnissen nicht mehr vereinbar und daher abzulehnen (s auch oben Rn 4). Die Stilllegung eines unrentablen Betriebs kann vielmehr sogar die einzige Form ordnungsmäßiger Wirtschaft sein, vor allem dann, wenn der Betrieb nachhaltig Verluste produziert. Da die Stilllegung eines unrentablen Betriebs durchaus und auch typischer Weise zur Folge haben kann, dass der Grundstückswert steigt, kann auch nicht davon die Rede sein, dass die hier vertretene Auffassung den Grundpfandgläubiger unbillig beeinträchtigen würde.

13 Die bloße Tatsache der Insolvenz indiziert allerdings die Stilllegung noch nicht als ordnungsgemäß; vielmehr müssen entweder Betriebe solcher Art allgemein nicht mehr rentabel betrieben werden können oder der Standort muss ungeeignet sein oder geworden sein. Sind diese Voraussetzungen gegeben, so stellt die hier vertretene Auffassung zugegebenermaßen den Hypothekengläubiger zugunsten der ungesicherten Insolvenzgläubiger schlechter als dies nach der hL der Fall ist. Das ist aber nicht unbillig, weil der Gläubiger die Enthaftung durch rechtzeitige Beschlagnahme abwenden kann. Reagiert er auf den in diesen Fällen keineswegs unvermittelt eintretenden Wertverlust seiner Sicherheit nicht, so muss er sich wie andere Gläubiger mit dem Verlust von Sicherungssubstanz abfinden.

14 3.   Wie nach Abs 1 muss die Zubehöreigenschaft **vor der Beschlagnahme** aufgehoben worden sein (vgl oben Rn 7). Auch dafür liegt die Beweislast beim Eigentümer.

15 4.   Eine gegen die Grundsätze einer ordnungsmäßigen Wirtschaft verstoßende Aufhebung der Zubehöreigenschaft kann die Zubehörstücke dennoch von der Haftung, befreien, wenn zugleich die **Voraussetzungen des § 1121** erfüllt sind. Vgl zur Freigabe von Zubehörstücken § 1120 Rn 42.

III.   Anwendung auf alle Arten von Hypotheken sowie auf Grund- und Rentenschulden

16 § 1122 gilt für alle Arten der Hypothek und findet gemäß §§ 1192, 1199 auch auf Grund- und Rentenschulden Anwendung.

§ 1123
Erstreckung auf Miet- oder Pachtforderung

(1) Ist das Grundstück vermietet oder verpachtet, so erstreckt sich die Hypothek auf die Miet- oder Pachtforderung.

(2) Soweit die Forderung fällig ist, wird sie mit dem Ablauf eines Jahres nach dem Eintritt der Fälligkeit von der Haftung frei, wenn nicht vorher die Beschlagnahme zugunsten des Hypothekengläubigers erfolgt. Ist die Miete oder Pacht im Voraus zu entrichten, so erstreckt sich die Befreiung nicht auf die Miete oder Pacht für eine spätere Zeit als den zur Zeit der Beschlagnahme laufenden Kalendermonat; erfolgt die Beschlagnahme nach dem 15. Tag des Monats, so erstreckt sich die Befreiung auch auf den Miet- oder Pachtzins für den folgenden Kalendermonat.

Materialien: E I §§ 1067 Nr 4, 1069 Abs 3; II § 1031 rev § 1107; III § 1106; Mot III 651, 657 ff, 664; Prot III 549 f, 553 ff, 556, 560 ff. Abs 2 S 2 neu gefasst durch G zur Wiederherstellung der Gesetzeseinheit auf dem Gebiete des bürgerlichen Rechts vom 5.3.1953 (BGBl I 33) Art 3 Nr 6 und durch G zur Neugliederung, Vereinfachung und Reform des Mietrechts vom 19.6. 2001 (BGBl I 1149) Art 1 Nr 32 Buchst a.

Schrifttum:

LAUER, Die Pfändung der dinglichen Miet- und
Pachtzinsansprüche, MDR 1984, 977
EICKMANN, Miet- und Pachtforderungen im

Zugriff von Grundpfandrechts- und anderen
Gläubigern, ZfIR 2006, 273.

Systematische Übersicht

I. Erstreckung der Haftung auf Miet- und Pachtzinsforderungen

1. Allgemeines

Neben den in § 1120 bezeichneten Gegenständen haften regelmäßig die **Miet- und** 1
Pachtforderungen für die Hypothek. Das hat seinen Grund im Surrogationsprinzip:
Mieter und Pächter werden durch die Beschlagnahme des Grundstücks in ihrem
Mietrecht und Fruchtgenuss nicht beeinträchtigt (vgl § 21 Abs 3 ZVG); statt dessen
haften dem Hypothekengläubiger die entsprechenden Miet- und Pachtforderungen
(Mot III 663). Nach Abs 2 S 1 ist die Haftung allerdings auflösend bedingt, weshalb
sie (logisch nicht ganz korrekt) auch als *potenzielle Haftung* bezeichnet wird (Münch-
Komm/EICKMANN[4] Rn 2).

Soweit nachfolgend von „Miete" die Rede ist, ist immer auch die Pacht mit umfasst.

Die Frage, ob die Haftung durch Vertrag mit dem Gläubiger mit dinglicher Wirkung 2
ausgeschlossen werden kann, gleicht der zu § 1120 (s dort Rn 42). Da Mietforderungen
nie Bestandteil, geschweige denn wesentlicher Bestandteil des Grundstücks sind, ist
der Ausschluss nach den dort dargelegten Grundsätzen zulässig (**aA** SOERGEL/KONZEN[13]
Rn 2; MÜLLER SeuffBl 66, 8).

2. Umfang der Haftung

a) Haftung nur des Anspruchs

Es haftet nur die Miet-*Forderung;* ist die Forderung vor Beschlagnahme beglichen 3
worden, so haftet das gezahlte Geld für die Hypothek nicht mehr, auch dann nicht,
wenn es noch unvermischt beim Vermieter vorhanden ist (OLG Hamm vom 14. 6. 2005 –

27 U 85/04 – ZfIR 2006, 256 m Anm HAWELKA; WOLFF/RAISER § 135 IV). Zahlungen, die der
Mieter vor der Beschlagnahme – gleich welche Ansprüche sie umfassen – an den
Vermieter geleistet hat, befreien also grundsätzlich den Mieter; § 1124 schränkt
allerdings die Befreiungswirkung von Mietvorauszahlungen in gewissem Umfang
ein.

4 Ansprüche auf *rückständige Miete* unterfallen der Haftung nur, soweit sie nicht
durch Ablauf der Jahresfrist gemäß Abs 2 S 1 frei geworden sind, fällige Ansprüche
auf Mietvorauszahlung nur nach näherer Bestimmung des Abs 2 S 2 (nachf Rn 26).

5 Das Mietverhältnis selbst wird durch eine Beschlagnahme nicht aufgehoben, auch
nicht im Rahmen der Verfahren der Zwangsversteigerung oder der Zwangsverwaltung (§§ 57 ff, 152 ZVG).

b)   Mietforderungen

6 aa)   Erfasst werden nur **Mietforderungen**. Die *Nutzungsentschädigung* nach § 546a
(vgl OLG Rostock ZfIR 2000, 655) und der *Ausgleich* nach § 135 Abs 3 S 2 InsO stehen
aber der Miete gleich. Enthält ein gemischtes Vertragsverhältnis neben mietvertrag-
lichen auch noch andere (zB kauf-, werk- und dienstvertragliche) Elemente, so
haftet nach § 1123 nur der Teil des Entgelts, der für mietvertragliche Leistungen
zu entrichten ist (LG Bonn NJW 1964, 52 für den Hotelaufnahmevertrag). Entgelte für
Warenlieferungen oder Dienstleistungen, die über rein mietvertragliche Leistungen
hinausgehen, werden nicht erfasst (zu weitgehend LG Karlsruhe Rpfleger 1975, 175). Die
Haftung erstreckt sich auf die Mietforderung auch insoweit, als mit der Miete die
Überlassung von Zubehör des Grundstücks abgegolten wird (RGZ 136, 407). Hat der
Berechtigte einer Dienstbarkeit oder ein Nießbraucher für die Ausübung seines
Rechts ein *laufendes Entgelt* zu entrichten, so steht dies einer Mietforderung gleich
(**aA** OLG München Rpfleger 1991, 331 [abl PUFF]); ein einmaliges Entgelt für die Ein-
räumung des Rechts kann aber nicht als Mietvorauszahlung behandelt werden.

7 Die Haftung kann nur solche Mietansprüche erfassen, die bestehen und durchsetzbar sind. S zur ehemaligen *eigenkapitalersetzenden Gebrauchs- oder Nutzungsüber-
lassung* STAUDINGER/WOLFSTEINER (2002) Rn 7. Das MoMiG (G zur Modernisierung
des GmbH-Rechts u. zur Bekämpfung von Missbräuchen v 23. 10. 2008 [BGBl I 2026]) hat mit
Wirkung ab 1. 11. 2008 den (von der Rechtsprechung entwickelten) Begriff der
kapitalersetzenden Gebrauchsüberlassung beseitigt, so dass nun dem Gläubiger ein
Anspruch auf Miete, trotz Nachrangigkeit (**aA** wohl HECKSCHEN, Das MoMiG in der
notariellen Praxis [2009] Rn 704, 720) auch auf solche, die iSd § 39 Abs 1 Nr 5 InsO
darlehensähnlich nicht eingefordert wurde, als Haftungsobjekt zur Verfügung steht.
Allerdings wird die Mietforderung ab Eröffnung des Insolvenzverfahrens durch die
Entschädigung nach § 135 Abs 3 InsO ersetzt; diese ist „Mietforderung" iSd Vorschrift.

8 bb)   Nur ein **dem Eigentümer gebührender Mietanspruch** haftet (BGH vom 4. 2. 2005 –
V ZR 294/03 – ZfIR 2005, 737 m krit Anm FETSCH **gegen** die bisher völlig hL, RGZ 68, 10; OLG Kiel
OLGE 15, 366; OLG Celle OLGE 26, 141; STILLSCHWEIG LZ 1919, 570; WOLFF/RAISER § 135 V
Fn 22; MünchKomm/EICKMANN[4] Rn 10; **aA** auch STAUDINGER/WOLFSTEINER [2002] Rn 8, auf des-
sen Hinweis auf die Widersprüchlichkeit der hL sich der BGH beruft). Insbesondere haften
Ansprüche aus Untermietverhältnissen nicht (BGH vom 4. 2. 2005 aaO; BGH vom 29. 6.

2006 – IX ZR 119/04 – ZfIR 2006, 733 m Anm WEDEKIND; LG Bonn ZIP 1981, 730). Ist allerdings das Hauptmietverhältnis nichtig, so steht die Untermiete wirtschaftlich dem Eigentümer zu, unterfällt also der Haftung (BGH vom 4. 2. 2005 aaO). Insgesamt sind alle Mietverhältnisse erfasst, die – vermittelt durch das Grundstückseigentum oder ein dingliches Recht am Grundstück – in einer rechtlichen Beziehung zum Hypothekar stehen (vgl so zur Anwendung des § 566 BGH vom 22. 10. 2003 – XII ZR 119/02 – NJW-RR 2004, 657 = NJ 2004, 365 mit Anm WINKLER; vgl KOCH/RUDZIO ZfIR 2007, 437; STAUDINGER/EMMERICH [2006] § 566 Rn 23) und darüber hinaus solche, die dem Eigentümer wirtschaftlich zugutekommen (BGH vom 4. 2. 2005 aaO).

Mit Letzterem wird auch praktischen Einwendungen Rechnung getragen, die darauf **9** gründen, dass die Praxis mit dem Abschluss von Mietverträgen oft sehr nachlässig verfährt (vgl KOCH/RUDZIO ZfIR 2007, 437): Ehegatten des Grundstückseigentümers oder bloße Miteigentümer treten oft als Alleinvermieter auf; bei der Betriebsaufspaltung tritt die Betriebsgesellschaft als Vermieter anstelle der Besitzgesellschaft auf; hinter einer Offshore-Gesellschaft stehende Personen gerieren sich anstelle der Gesellschaft, die Grundstückseigentümerin ist, als Vermieter usw. Auch die Vermietung durch einen zum Zeitpunkt des Vertragsschlusses erst künftigen Eigentümer fällt darunter (vgl KOCH/RUDZIO ZfIR 2007, 437). Handelt es sich bei dem Mietverhältnis, das dem Eigentümer nur wirtschaftlich zugutekommt, um ein Untermietverhältnis, so kann der Hypothekengläubiger freilich nicht zugleich die Miete und die Untermiete beanspruchen. Hat er die Mietforderung eingezogen, so ist er insoweit befriedigt und kann nicht mehr auch die Untermietforderung einziehen; hat er die Untermietforderung eingezogen, so muss er sich den Erlös auf die Mietforderung anrechnen lassen, die insoweit erloschen ist.

cc)   Bei einem Mietvertrag, den ein **Nießbraucher** geschlossen hat, kommt es auf **10** den Rang des Nießbrauchs an. Hat der Nießbrauch Rang nach der Hypothek, so wird die Mietforderung des Nießbrauchers von der Haftung erfasst (RGZ 81, 146 vom 21. 12. 1912 – V 361/12; BGH vom 4. 2. 2005 – V ZR 294/03 – ZfIR 2005, 737 m krit Anm FETSCH). Durch einen im Rang vorgehenden Nießbrauch oder ein entsprechendes Wohnungsrecht wird das Recht des nachstehenden Hypothekengläubigers auf Mietforderungen ausgeschlossen (OLG Kiel OLGE 15, 366). Dies gilt auch für einen Eigentümernießbrauch (zur Zulässigkeit Erl zu § 1030), denn der Hypothekengläubiger muss die bessere Rangstelle des Nießbrauchs hinnehmen gleich ob sie dem Eigentümer oder einem Dritten zusteht; § 1197 Abs 2 gilt für den Eigentümernießbrauch nicht (PALANDT/BASSENGE[68] Rn 1; **aA** MünchKomm/EICKMANN[4] Rn 11); auch eine entsprechende Anwendung des § 1179a kommt nicht in Betracht.

Ob die Miete in **Geld** *oder anderen Leistungen* besteht, ist unerheblich (BGH NJW **11** 2000, 2987: Kaufpreisnachlass als Pachtvorauszahlung); es muss sich jedoch um eine Gegenleistung handeln, die durch den Gläubiger überhaupt pfändbar ist (HACHENBURG Beitr 5, 77). § 1123 ist daher auf solche Fälle nicht nur analog, sondern vielmehr unmittelbar anwendbar (PLANCK/STRECKER Anm 2c).

c)   Zeitlicher Umfang

Die Haftung besteht nicht erst vom Zeitpunkt der Beschlagnahme durch den Hypo- **12** thekengläubiger ab, sondern *beginnt* mit der *Hypothekeneintragung* (OLG Köln ZIP 1996, 828; vgl zur Abrechnungspflicht des Verwalters BGH Rpfleger 2003, 456 vom 26. 3. 2003 – VIII

ZR 333/02 – m Anm HAUT S 602). Rückstände unterliegen dieser hypothekarischen Haftung insoweit, als sie für die Zeit nach der Bestellung der Hypothek noch zu entrichten sind (aA – alle Rückstände – beiläufig GOETTE DStR 1999, 37; BGB-RGRK/MAT-TERN[12] Rn 6). Auf den Zeitpunkt der Fälligkeit kommt es dabei nicht an (PLANCK/STRECKER Anm 2a). Die Haftung der Mietforderung ist ohne zeitliche Beschränkung; sie erstreckt sich also auch auf alle durch spätere Mietverträge in Zukunft entstehenden derartigen Forderungen (RGZ 68, 13; RGZ 81, 150; BGB-RGRK/MATTERN[12] Rn 6). Wenn die Hypothek erlischt, so verliert sie in diesem Zeitpunkt jede Wirkung sowohl hinsichtlich des Grundstücks als auch hinsichtlich der mithaftenden Mietforderungen. Dieses Erlöschen wirkt nicht zurück; es kann also nicht so angesehen werden, als ob die Hypothek bereits in einem früheren Zeitpunkt bestimmte Gegenstände nicht umfasst hätte (OLG Hamburg OLGE 26, 408).

3. Geltendmachung der Haftung

a) Grundsatz der Beschlagnahme

13 Das dingliche Recht des Hypothekengläubigers kann nur durch **Beschlagnahme** geltend gemacht werden (OLG Hamm vom 14. 6. 2005 – 27 U 85/04 – ZfIR 2006, 256 m Anm HAWELKA, das allerdings auch eine vertraglich vereinbarte „kalte Zwangsverwaltung" anerkennt; LG Stendal vom 7. 2. 2005 – 21 O 293/04 – ZIP 2005, 1800; EICKMANN ZfIR 2006, 273). Anders als zB in § 1128 hat das Recht des Hypothekengläubigers an den Mietforderungen nicht zur Folge, dass Verfügungen des Forderungsgläubigers schlechthin ausgeschlossen wären. Vielmehr sind diese **vor** der Beschlagnahme wirksam (über Vorausverfügungen s § 1124 Rn 14 ff); eine Enthaftung tritt unter den Voraussetzungen des § 1123 Abs 2 ein (nachf Rn 26 ff).

14 Der Gläubiger kann die Beschlagnahme in Form der Anordnung der Zwangsverwaltung gemäß § 148 ZVG erwirken (s unten Rn 15 ff). Er kann ferner die Mietforderung nach den Regeln über die *Forderungspfändung* gemäß §§ 829, 835 ZPO pfänden, jedoch nur auf Grund eines dinglichen Vollstreckungstitels (RGZ 76, 118; RGZ 81, 146; RG JW 1914, 761; OLG München OLGE 29, 245; EICKMANN ZfIR 2006, 273; s unten Rn 20). Da gemäß § 21 Abs 2 ZVG die Mietforderungen von einer Beschlagnahme des Grundstücks zum Zwecke der *Zwangsversteigerung* nicht erfasst werden, scheidet diese im Rahmen der §§ 1123 ff für den Gläubiger als Verwertungsmittel aus.

b) Beschlagnahme im Wege der Zwangsverwaltung

15 Die Beschlagnahme wird dem Mieter gegenüber erst wirksam durch Kenntnisnahme oder Zustellung des Beschlusses an ihn (§§ 22 Abs 2, 146 ZVG). Sie erstreckt sich nicht auf Forderungen, die nach Abs 2 frei sind (nachf Rn 26). Im Übrigen umfasst die Beschlagnahme grundsätzlich auch die rückständigen Mieten.

16 Soweit über die Mieten vor der Beschlagnahme durch Einziehung, Zession, Pfändung oder Verpfändung verfügt wurde, sind sie von der Haftung für die Hypothek frei. Solche Vorausverfügungen sind jedoch nur im Rahmen des § 1124 wirksam (vgl § 1124 Rn 24).

c) Eigen- und Drittverfügungen

17 Der Hypothekengläubiger kann sich – wie häufig – die Mietforderungen abtreten lassen. Deren Einziehung ist dann in der Insolvenz des Eigentümers nicht anfecht-

bar; nach der Eröffnung wirkt die Abtretung gemäß § 110 InsO aber nicht mehr (BGH Vom 9. 11. 2006 – IX ZR 133/05 – ZIP 2007, 35 [**kritisch** CRANSHAW jurisPR-InsR 1/2007 Anm 1, der allerdings zu Unrecht annimmt, dies setze stillschweigend die Verrechnung auf die Grundschuld voraus] = LMK 2007, 210351 [PREUSS] = EWiR § 49 InsO 1/07, 83 [NEUSSNER] = ZfIR 2007, 465 m Anm ZIPPERER). Der Inhaber eines vorrangigen Grundpfandrechts kann auf die Abtretung nur mit Zwangsverwaltung reagieren.

Der Hypothekengläubiger kann die Pfändung der Mietforderung durch *dritte Gläu-* **18** *biger* auf Grund eines dinglichen oder persönlichen Schuldtitels nicht verhindern, auch nicht durch Erwirkung einer einstweiligen Verfügung; denn er hat kein Recht, die Zugriffe anderer Gläubiger unmittelbar abzuwehren (STEIN/JONAS/GRUNSKY, ZPO²² § 938 Rn 28; einschränkend auch OLG Hamburg OLGE 21, 98; vgl OLG Hamm vom 14. 6. 2005 – 27 U 85/04 – ZfIR 2006, 256 m Anm HAWELKA; WOLFF/RAISER § 135 IV; aA RGZ 52, 138; OLG Braunschweig OLGE 23, 235; OLG Dresden OLGE 3, 180; SeuffA 56 Nr 127). Deshalb kann auch die Vorausabtretung von vor Beschlagnahme fällig werdenden Mieten an den Hypothekengläubiger anfechtbar sein (OLG Hamm vom 14. 6. 2005 – 27 U 85/04 – ZfIR 2006, 256 m Anm HAWELKA, das allerdings die Anfechtung bei vertraglich vereinbarter „kalter Zwangsverwaltung" ausschließt; aA – unanfechtbar – UHLENBRUCK/HIRTE, InsO¹² § 129 Rn 121; MünchKommInsO/KIRCHHOF § 129 Rn 158). Wenn sich der Hypothekengläubiger vor der Pfändung der Forderung von anderer Seite schützen will, so muss er sein Recht durch Erwirkung der Beschlagnahme zum Zweck der Zwangsverwaltung oder durch Forderungspfändung geltend machen. Anders ist es nur dann, wenn etwa auf Grund des § 1134 eine einstweilige Verfügung erlangt werden kann, die gegebenenfalls auch zur Bestellung eines Verwalters führt. Wegen eines Arrestes vgl unten Rn 24.

Eine *nach der Beschlagnahme erfolgte Pfändung* ist hingegen unwirksam. Die Hypo- **19** thekengläubiger können sich dagegen sowohl mit der Erinnerung nach § 766 ZPO als auch mit der Drittwiderspruchsklage nach § 771 ZPO zur Wehr setzen (str). Wurde die Beschlagnahme wieder aufgehoben, so kann der Eigentümer über die Mieten wirksam verfügen, auch wenn die Aufhebung zu Unrecht geschah (RG ZBlFG 4, 90).

d) Beschlagnahme im Wege der Forderungspfändung

Der Hypothekengläubiger kann die Beschlagnahme der Mietforderungen auch **20** durch Forderungspfändung nach §§ 829, 835 ZPO erwirken (RGZ 76, 117; RGZ 81, 148; RGZ 103, 139; PALANDT/BASSENGE⁶⁸ Rn 3). Voraussetzung ist, dass diese Maßnahmen nicht lediglich wegen der durch die Hypothek gesicherten persönlichen Forderung erfolgen, sondern wegen des dinglichen Anspruchs aus der Hypothek auf Grund eines dinglichen Schuldtitels (RGZ 76, 116; RGZ 81, 147; RGZ 103, 139; EICKMANN ZfIR 2006, 273; vgl STILLSCHWEIG JW 1916, 314). Bezahlt der Mieter die innerhalb der Jahresfrist geschuldete und gepfändete rückständige Miete an den Hypothekengläubiger, ohne dass Zwangsverwaltung angeordnet wäre, so kann der Insolvenzverwalter nicht unter dem Gesichtspunkt des Verzugsschadens nochmals Zahlung an die Insolvenzmasse verlangen (BGH WM 1968, 947).

Haben *zwei Hypothekengläubiger* eine Forderungspfändung erwirkt, so bemisst sich **21** ihr Rangverhältnis grundsätzlich nach § 879, wonach ohne Rücksicht auf den Zeitpunkt der jeweiligen Pfändung der Gläubiger, dessen Recht im Rang vorgeht, das stärkere Recht hat. Jedoch ist der Grundsatz des § 879 durch § 1124 erheblich eingeschränkt; danach ist zB die von dem nachrangigen Hypothekengläubiger zuerst bewirkte Pfändung als „Verfügung" über die Mieten iS des § 1124 dem vorgehenden Hypothekengläubiger gegenüber wirksam, denn den rechtsgeschäftlichen Verfügungen stehen die im Wege der Zwangsvollstreckung vorgenommenen gleich (vgl hierzu RGZ 103, 137; KG OLGE 26, 143; Stillschweig JW 1915, 376 ff; JW 1916, 314 sowie § 1124 Rn 11).

22 Der Pfändung kann ein älterer oder jüngerer Hypothekengläubiger durch Einleitung der Zwangsverwaltung entgegentreten, die auch den gepfändeten Zins ergreift, soweit die Pfändung gemäß § 1124 Abs 2 einem Hypothekengläubiger gegenüber unwirksam ist. Die gleiche Wirkung kommt im Hinblick auf die §§ 148, 146, 20 Abs 2 ZVG der von einem persönlichen Gläubiger herbeigeführten Zwangsverwaltung zu (§ 1124 Rn 43 f).

23 **Nach Einleitung des Insolvenzverfahrens** ist die Pfändung von fälligen Mietforderungen zugunsten eines Hypothekengläubigers aus seinem dinglichen Anspruch wegen § 89 InsO nicht mehr zulässig (RGZ 52, 138; BGHZ 168, 339 vom 13. 7. 2006 – IX ZB 301/04 = LMK 2006, 191883 [Walker/Wrobel] unter überzeugendem Hinweis auf AG Kaiserslautern NZI 2005, 636 und AG Hamburg vom 16. 9. 2005 – 68a IK 196/04 – ZIP 2005, 1801; KG OLGE 10, 420; 26, 143; OLG Dresden OLGE 15, 285; LG Stendal vom 7. 2. 2005 – 21 O 293/04 – ZIP 2005, 1800; Stillschweig JW 1917, 895; Jaeger/Eckardt, InsO § 89 Rn 19; Palandt/Bassenge[68] Rn 3; aA RG WarnR 1915 Nr 84; OLG München OLGE 29, 245; OLG Brandenburg ZfIR 1999, 700; LG Chemnitz vom 25. 9. 2003 – 3 T 3193/03 – Rpfleger 2004, 234; Eickmann ZfIR 2006, 273; Stein/Jonas/Münzberg, ZPO[22] Vorbem zu § 704 Rn 61; meine abweichende Ansicht in Staudinger/Wolfsteiner [2002] gebe ich auf). Dem Gläubiger bleibt dann nur noch die Zwangsverwaltung. In jedem Fall ist die Pfändung auf Grund der persönlichen, der Hypothek zugrunde liegenden Forderung nach den §§ 89, 91 InsO nach der Eröffnung des Insolvenzverfahrens nicht mehr zulässig.

24 In Konsequenz des Pfändungsverbots ist auch die Pfändung auf Grund eines vor Eröffnung erlassenen, bei Eröffnung noch nicht vollzogenen **Arrestbefehls** unzulässig (vgl Stein/Jonas/Grunsky, ZPO[22] § 916 Rn 3; Jaeger/Eckardt, InsO § 89 Rn 43 ff; OLG Hamburg OLGE 7, 38; 8, 207; OLG Hamburg SeuffA 58 Nr 238).

e)   Mietzahlungen nach Beschlagnahme
25 Ob der Mieter, der die Rückstände nach der Beschlagnahme an den Vollstreckungsschuldner zahlt, dem Hypothekengläubiger (Zwangsverwalter) gegenüber von seiner Schuld frei wird, hängt davon ab, ob er bei der Zahlung die Beschlagnahme gekannt hat bzw ob ihm das in § 22 Abs 2 S 1 ZVG vorgesehene Zahlungsverbot zugestellt war (§ 22 Abs 2 S 2 ZVG). War dies der Fall, so befreit er sich durch seine Zahlung insoweit nicht, als der Hypothekengläubiger Anspruch auf die Miete hat (vgl § 1126 Rn 24; Bernhard ZBlFG 16, 205).

II.   Freiwerden von der Haftung

26 Die Mietforderungen werden unter bestimmten Voraussetzungen von der **Haftung für die Hypothek frei**; dieses Freiwerden ist wie bei den natürlichen Früchten im Interesse des Verkehrs und einer ordnungsmäßigen Wirtschaftsführung des Schuldners geboten.

1.   Eine Mietforderung, die nicht innerhalb eines Jahres nach der Fälligkeit für die **27** Hypothek beschlagnahmt wird, wird mit Ablauf dieses Jahres, berechnet nach §§ 187, 188, ohne weiteres von der Haftung frei (Abs 2 S 1). Die Regelung gilt unabhängig davon, ob die Miete nachschüssig oder vorschüssig zu entrichten ist.

2.   Obwohl der Regelung als damaliger gesetzlichem Normalfall nachschüssige **28** Zahlung zugrundegelegt war, während § 556b Abs 1 (idF des G zur Neugliederung, Vereinfachung und Reform des Mietrechts) für die Wohnungsmiete nun die vorschüssige Zahlung zum Leitbild gemacht hat, war es nicht erforderlich, § 1123 anzupassen. Trotz vorschüssiger Zahlung kommt nämlich Abs 2 S 2 nur unter zwei – selten eintretenden – Voraussetzungen zur Anwendung: Zum einen muss die Forderung auf vorschüssige Mietzahlung bereits mehr als ein Jahr vor der Beschlagnahme fällig geworden, also eigentlich beschlagnahmefrei sein. Zum anderen muss der geschuldete Vorschuss das Nutzungsentgelt für mehr als ein Jahr im Voraus, und zwar mindestens auch für den Monat der Beschlagnahme und für den folgenden Monat, mit abdecken. Für diesen Fall wird die Beschlagnahmefreiheit eingeschränkt: Der Teil der Mietforderung, der die Mietzeit nach Ablauf des Kalendermonats der Beschlagnahme vergüten soll ist nicht beschlagnahmefrei, wenn die Beschlagnahme spätestens am 15. des Kalendermonats erfolgt. Erfolgt sie später, so ist auch noch der Teil frei, der die Mietzeit für den der Beschlagnahme folgenden Kalendermonat vergüten soll. S aber § 1124.

III.   Haftung der Nebenrechte

Mit der Mietforderung haften auch die mit ihr verbundenen Nebenrechte für die **29** Hypothek, insbesondere die gesetzlichen Pfandrechte des Vermieters an den eingebrachten Sachen des Mieters (PLANCK/STRECKER Anm 4; vgl zum Ganzen auch vBRÜNNECK Gruchot 44, 105 ff). Auch eine vom Mieter gestellte Mietsicherheit in Form einer Kaution oder Mietbürgschaft (§ 551) ist in die Hypothekenhaftung einbezogen. Der Gläubiger kann sich aus diesen Gegenständen aber immer nur zur Erfüllung der ihm haftenden Mietforderungen befriedigen, nicht auch darüber hinaus.

Wegen öffentlicher Lasten s § 1124 Rn 46.   **30**

IV.   Anwendung auf alle Arten von Hypotheken sowie auf Grund- und Rentenschulden

§ 1123 gilt für alle Arten der Hypothek und findet gemäß §§ 1192, 1199 auch auf **31** Grund- und Rentenschulden Anwendung.

§ 1124
Vorausverfügung über Miete oder Pacht

(1) Wird die Miete oder Pacht eingezogen, bevor sie zugunsten des Hypothekengläubigers in Beschlag genommen worden ist, oder wird vor der Beschlagnahme in anderer Weise über sie verfügt, so ist die Verfügung dem Hypothekengläubiger gegenüber wirksam. Besteht die Verfügung in der Übertragung der Forderung auf

einen Dritten, so erlischt die Haftung der Forderung; erlangt ein Dritter ein Recht an der Forderung, so geht es der Hypothek im Range vor.

(2) Die Verfügung ist dem Hypothekengläubiger gegenüber unwirksam, soweit sie sich auf die Miete oder Pacht für eine spätere Zeit als den zur Zeit der Beschlagnahme laufenden Kalendermonat bezieht; erfolgt die Beschlagnahme nach dem fünfzehnten Tage des Monats, so ist die Verfügung jedoch insoweit wirksam, als sie sich auf die Miete oder Pacht für den folgenden Kalendermonat bezieht.

(3) Der Übertragung der Forderung auf einen Dritten steht es gleich, wenn das Grundstück ohne die Forderung veräußert wird.

Materialien: E I § 1069 Abs 1, 2; II § 1032 rev § 1108; III § 1107; Mot III 663 f; Prot III 560 ff. Abs 2 neu gefasst durch G zur Wiederherstellung der Gesetzeseinheit auf dem Gebiete des bürgerlichen Rechts vom 5.3. 1953 (BGBl I 33) Art 3 Nr 7. Neufassung durch G zur Neugliederung, Vereinfachung und Reform des Mietrechts vom 19.6. 2001 (BGBl I 1149) Art 1 Nr 32 Buchst a. S zur Gesetzesgeschichte im Einzelnen SCHMIDBERGER/WEIS ZfIR 2008, 170.

Schrifttum:

BERGSDORF/THRUM, Vorausverfügungen in der Zwangsverwaltung, ZfIR 2007, 164
ECKERT, Keine Fortwirkung der Finanzierungsleistung des Mieters gegen Grundstückserwerber, Zwangs- und Insolvenzverwalter nach Abschaffung der §§ 57c, 57d ZVG, ZfIR 2008, 453
HOFMANN/VENDOLSKY, Die Pfändung von Miet- oder Pachtforderungen durch Grund-
pfandgläubiger in der Insolvenz des Vermieters oder Verpächters, ZfIR 2006, 403
SCHMIDBERGER/WEIS, Mietvorauszahlungen und doch kein Ende?, ZfIR 2008, 170
ZIPPERER, Die Pfändung von Miet-und Pachtzinsforderungen aus dinglichen Titeln – die ewig junge „Pfändungsbeschlagnahme", ZfIR 2006, 395.

Systematische Übersicht

I.   Allgemeines

Der Vermieter und Verpächter kann grundsätzlich über die Forderungen dem   **1**
Hypothekengläubiger gegenüber *wirksam verfügen,* solange dieser die Forderung
noch nicht beschlagnahmt hat (§ 1123). Die Genehmigung des Hypothekengläubigers ist nicht erforderlich. Es ist vielmehr Sache des *Gläubigers,* die Haftung durch
rechtzeitige Beschlagnahme – Einleitung der Zwangsverwaltung oder Forderungspfändung, nicht Einleitung der Zwangsversteigerung (s näher § 1123 Rn 14 ff) – zur
Geltung zu bringen. Solange die Beschlagnahme nicht erfolgt ist, kann der Schuldner
über die Forderung verfügen; denn seine wirtschaftliche Bewegungsfreiheit soll nicht
über Gebühr beeinträchtigt werden (SOERGEL/KONZEN[13] Rn 1). Der Eigentümer des
Grundstücks kann deshalb die Forderung einziehen, ablösen, übertragen und belasten; auch können Verfügungen im Wege der Zwangsvollstreckung gegen ihn
vorgenommen werden (WOLFF/RAISER § 135 IV). Diese Verfügungen sind dem Hypothekengläubiger gegenüber, vorbehaltlich der Ausnahme des Abs 2, wirksam.

Nach seiner systematischen Stellung enthält § 1124 eine Einschränkung des § 1123   **2**
Abs 1. Obwohl nach § 1123 Abs 1 die Hypothek sich auch auf die Miet und Pachtforderungen erstreckt, ist eine Verfügung des Forderungsgläubigers über diese dem
Hypothekengläubiger gegenüber grundsätzlich wirksam (§ 1124 Abs 1). Erfolgt aber
eine Beschlagnahme durch den Hypothekengläubiger, so realisiert sich die Haftung
(s BGHZ 140, 147 = DStR 1999, 35 m Anm GOETTE [dazu POHLMANN DStR 1999, 595] = ZIP 1999,
65 m Anm JUNGMANN S 601 = EWiR § 32a GmbHG 1/2000, 31 m Anm vGERKAN; Anm HABERSACK
ZGR 1999, 427; BGH ZfIR 2000, 480).

Soweit nachfolgend von „Miete" die Rede ist, ist immer auch die Pacht mit umfasst.

II.   Wirksame Verfügungen über die Miete

1.   Zeitpunkt

Die Einziehung der Mietforderung oder die anderweitige Verfügung über sie ist dem   **3**
Hypothekengläubiger gegenüber **nur wirksam,** wenn sie **vor** einer zu dessen Gunsten
angeordneten Beschlagnahme erfolgt. Das Recht des Hypothekengläubigers erstreckt sich nicht auf das geleistete Entgelt, etwa die bezahlten Geldscheine
(§ 1123 Rn 3). Soweit durch wirksame Verfügung die Forderung aufgehoben oder
eingeschränkt wird, wird auch das Hypothekenrecht an ihr aufgehoben oder eingeschränkt (BGB-RGRK/MATTERN[12] Rn 4).

Verfügungen nach Beschlagnahme bleiben dem Hypothekengläubiger gegenüber, der   **4**
die Beschlagnahme erwirkt hat, wirkungslos (§§ 135, 136 BGB; § 23 Abs 1 S 1 ZVG);
wird die Forderung gleichwohl eingezogen, so gilt sie gegenüber dem Hypothekengläubiger nicht als getilgt. Zum verschiedenen Beginn der Wirksamkeit der Beschlagnahme gegenüber dem Schuldner und dem Mieter vgl unten Rn 17, 23, 28. Ein

anderer *Hypothekengläubiger,* der dem Zwangsverwaltungsverfahren nicht beitritt, muss eine Verfügung in den Grenzen des § 155 Abs 2 ZVG gegen sich gelten lassen.

2. Einziehung

5 Unter Einziehung (Abs 1 S 1 HS 1) ist nicht nur die Erfüllung, etwa durch Bezahlung der geschuldeten Summe, sondern jedes Erfüllungssurrogat zu verstehen, also auch Aufrechnung durch den Mieter, Hingabe an Erfüllungs statt, Erlass, auch Einziehung im Weg der Zwangsvollstreckung (s unten Rn 24; OLG Hamburg OLGE 34, 208; Palandt/Bassenge[68] Rn 1).

6 Hat der Mieter berechtigtermaßen unter Verzicht auf das Rücknahmerecht (§§ 372, 376) hinterlegt, so tritt nach § 378 Erfüllungswirkung ein; die Miete ist damit wirksam eingezogen. Für die Annahme, die Hypothek setze sich dann an dem gegen die Hinterlegungsstelle gerichteten Auszahlungsanspruch des Eigentümers fort (vgl RGZ 74, 108), gibt es keine Rechtsgrundlage, ebensowenig wie für die Annahme, bei Überweisung der Miete auf ein Bankkonto des Eigentümers setze sich die Hypothek am Kontoanspruch fort. Nichts anderes gilt, wenn der Mieter die geschuldete Miete *ohne Verzicht* auf das Rücknahmerecht hinterlegt hat. Die Mietforderung ist dann noch nicht eingezogen; sie besteht fort und ist lediglich mit der Einrede behaftet, dass der Mieter den Vermieter nach § 379 Abs 1 auf die hinterlegte Geldsumme verweisen kann (aber nicht muss). Der Auszahlungsanspruch des Eigentümers entspringt nicht dem Mietverhältnis, sondern dem öffentlich-rechtlichen Verwahrungsverhältnis; dass er möglicherweise zur Erfüllung der Mietforderung dienen kann, rechtfertigt es nicht, ihn der Hypothekenhaftung zu unterwerfen (BGH vom 8. 12. 1988 – IX ZR 12/88 – NJW-RR 1989, 200; **aA** RGZ 74, 108; Erman/Wenzel[12] Rn 2). Tritt die Erfüllungswirkung ein, sei es dass der Mieter nachträglich auf Rücknahme verzichtet, sei es dass der Eigentümer nach § 376 Abs 2 Nr 2 die Hinterlegung annimmt, so kommt es auf den Zeitpunkt an. Tritt die Erfüllungswirkung vor Beschlagnahme ein, so ist sie nach Abs 1 S 1 dem Hypothekengläubiger gegenüber wirksam (BGH NJW-RR 1989, 200; zutreffend MünchKomm/Eickmann[4] Rn 6; Palandt/Bassenge[68] Rn 1). Weder der Auszahlungsanspruch des Eigentümers noch die vom Eigentümer durch Auszahlung empfangene Geldsumme haften dann der Hypothek. Zur Begründung der Gegenmeinung auf §§ 1281, 1287 zu verweisen ist verfehlt, weil für die Hypothek deren Wirkungen nach Abs 1 S 1 eben erst mit der Beschlagnahme eintreten.

7 Wenn der *Insolvenzverwalter* auf Grund seines Verwaltungs- und Verfügungsrechts nach § 80 InsO die Mietzinsen vor der Beschlagnahme einzieht, so hat der Hypothekengläubiger keinen Anspruch auf den eingezogenen Betrag; dieser fließt vielmehr in die Insolvenzmasse, denn die Mietforderung ist durch die rechtmäßige Einziehung getilgt (§ 362); das dingliche Recht der Hypothekengläubiger an ihr ist damit erloschen (RGZ 40, 32; RGZ 52, 140; RGZ 64, 32). Ein bloßer Widerspruch gegen die Einziehung der Mietbeträge gegenüber dem Verwalter kann dem Hypothekengläubiger nichts nützen (MünchKomm/Eickmann[4] Rn 7). Der Hypothekengläubiger muss vielmehr die Beschlagnahme des Grundstücks oder der Forderung herbeiführen, wenn er gegen die Einziehung durch den Konkursverwalter gesichert sein will (RGZ 52, 140).

3. Anderweitige Verfügung

Unter anderweitiger Verfügung (Abs 1 S 1 HS 2) über die Miete ist, abgesehen von **8** der Einziehung, jedes Rechtsgeschäft zu verstehen, durch das die Mietforderung unmittelbar übertragen, belastet, geändert oder aufgehoben wird (vgl RGZ 144, 198). Einer näheren Charakterisierung bedarf es an dieser Stelle nicht, weil vor Beschlagnahme schlechterdings alle Verfügungen zulässig sind. S aber unten Rn 14 zu den Einschränkungen.

Überträgt der Vermieter seine Forderung *auf einen Dritten,* so wird dadurch die **9** Haftung beendet (Abs 1 S 2 HS 1). Dies gilt unter dem Vorbehalt des Abs 2 (nachf Rn 14, 24) auch für die Übertragung erst *künftig fällig* werdender Mietforderungen (vgl BGH vom 5.12.2007 – XII ZR 183/05 – GmbHR 2008, 198 m Anm Blöse = EWiR § 32a GmbHG 1/08, 273 [Selke]). Einer Übertragung der Forderung steht es gleich, wenn das Grundstück veräußert wird, ohne dass zugleich die Forderung mit auf den Erwerber übertragen wird (Abs 3), denn auch in diesem Fall hört die Verbindung zwischen dem Grundstück und der Forderung, die ja für die Haftung der Forderung entscheidend war, auf (vgl Mot III 663).

Erwirbt ein *Dritter Rechte an der Mietforderung,* zB durch Verpfändung, so geht **10** dieses Recht des Dritten der Hypothek vor (Abs 1 S 2 HS 2). Der Hypothekengläubiger ist dadurch grundsätzlich nicht gehindert, sein dingliches Recht an der Forderung geltend zu machen, jedoch kann er sich aus der Forderung nur insoweit befriedigen, als sie nicht mit dem Pfandrecht zugunsten des dritten Gläubigers belastet ist. Auch bei der Zwangsverwaltung ist der dritte Gläubiger zunächst und vor dem Hypothekengläubiger aus der Masse zu befriedigen (vgl Wolff/Raiser § 135 IV; Planck/Strecker Anm 1a).

4. Maßnahmen der Zwangsvollstreckung

Den rechtsgeschäftlichen Verfügungen des Vermieters stehen jene gleich, die gegen **11** ihn im Wege der Zwangsvollstreckung erfolgen, sei es durch Pfändung der Forderung gemäß §§ 829 ff ZPO (RGZ 58, 158; RGZ 59, 177; RGZ 64, 418; RGZ 76, 118; RGZ 80, 316; RGZ 93, 124; RGZ 103, 140; MünchKomm/Eickmann[4] Rn 16), sei es durch Einleitung der Zwangsverwaltung durch einen dinglichen oder persönlichen Gläubiger (RGZ 103, 140; RG JW 1927, 861; KG HRR 1934 Nr 1119; Soergel/Konzen[13] Rn 9; Planck/Strecker Anm 1b δ; vgl § 1123 Rn 18). Erfolgt die Pfändung auf Grund eines dinglichen Titels, so ist damit zugleich die Beschlagnahme herbeigeführt.

Insbesondere ist es auch möglich, dass ein *zweiter Hypothekengläubiger* die Miet- **12** forderung pfändet, sei es auf Grund eines dinglichen, sei es auf Grund eines persönlichen Schuldtitels (RGZ 103, 138; KG OLGE 39, 251; OLG Frankfurt JW 1927, 861; OLG Celle JR 1955, 267; Wolff/Raiser § 135 IV Fn 27; vgl dazu Stillschweig JW 1915, 376 ff; ders JW 1916, 314 ff; ders JW 1917, 152 ff, 348 ff; ders JW 1921, 703 ff). Über den Vorrang bei mehreren Pfändungen entscheidet im Rahmen des Abs 1 der Zeitpunkt der Pfändung. Das gilt auch dann, wenn mehrere Hypothekengläubiger pfänden; die zeitlich frühere Pfändung eines rangschlechteren Hypothekengläubigers geht daher der zeitlich späteren eines rangbesseren vor (Soergel/Konzen[13] Rn 9), freilich nicht für die über § 1124 Abs 2 hinausgehende Zeit (RGZ 83, 124; RGZ 101, 9), für die wiederum der allgemeine Grundsatz des § 879 über den Rang der mehreren Hypothekengläubiger gilt (§ 1123 Rn 21).

5. Gutglaubensschutz

13 Wenn bei einer *Zwangsverwaltung* der Mieter zwar nach der Beschlagnahme zahlt, aber *bevor er diese kennt* oder ihm das Zahlungsverbot zugestellt wurde, so wird er befreit, weil die Beschlagnahme ihm gegenüber nicht wirksam ist (§§ 22 Abs 2 S 2, 23 Abs 2 S 1, 151 Abs 3 ZVG). Dem Hypothekengläubiger steht in diesem Fall nur ein Zahlungsanspruch gegen den Zahlungsempfänger aus ungerechtfertigter Bereicherung gemäß § 812 und gegebenenfalls aus unerlaubter Handlung nach § 823 zu; anders aber im Fall der Vorausverfügung (s unten Rn 28).

III. Ausnahmen von der Verfügungsfreiheit

1. Grundsätze des Abs 2

14 Abs 2 und § 1125 schränken die in Abs 1 grundsätzlich gewährte **Verfügungsfreiheit des Eigentümers** ein. Unter „Gläubiger" ist dabei nach § 148 ZVG im Rahmen der Zwangsverwaltung auch der persönliche Gläubiger oder der Hypothekengläubiger, der nur seine persönliche Forderung geltend macht, zu verstehen (s RG WarnR 1933 Nr 99; JW 1935, 3058; HRR 1934 Nr 1119; BGHZ 163, 201 vom 9. 6. 2005 – IX ZR 160/04 = ZfIR 2005, 655 m zust Anm CLEMENTE = EWiR § 1124 BGB 1/05, 879 [zust WEBER]; OLG Hamburg JW 1932, 193; OLG Stettin JW 1933, 926; STILLSCHWEIG JW 1927, 2583; **aM** KG JW 1927, 2583: der sein dingliches Recht verfolgende Hypothekengläubiger; OLG Frankfurt HRR 1929 Nr 2035; s auch RGZ 144, 198).

15 Abs 2 bezieht sich auf *Vorausverfügungen* über die Mietforderung (wegen Mietvorauszahlung u Ähnlichem s unten Rn 29 ff), mögen sie auch dem Hypothekengläubiger nicht nachteilig sein (vgl WOLFF/RAISER § 135 IV). Ob die Vorausverfügung vor oder nach der Bestellung der Hypothek erfolgt ist, spielt keine Rolle (BGHZ 163, 201 wie vor).

16 Es ist **streng zu unterscheiden** zwischen Verfügungen über das *Grundstück,* Verfügungen über das *Mietverhältnis* und Verfügungen über die *Mietforderung.* Abs 2 betrifft grundsätzlich nur Verfügungen über die Mietforderung.

2. Verfügungen über das Grundstück

a) Grundsatz
17 **Frei** ist der Eigentümer in Verfügungen über das Grundstück, auch wenn diese negativ auf das Mietverhältnis einwirken, etwa die Kündigungssperre nach § 577a Abs 2 auslösen sollten. S zur Veräußerung und zur nachrangigen Belastung § 1136.

b) Nießbrauch am Grundstück
18 aa) Umstritten ist, ob die **Einräumung** eines Nießbrauchs am Grundstück als eine Verfügung iS des § 1124 gelten kann. Die Frage ist deshalb wichtig, weil die Rechte des ersten Hypothekars an den Mieten dadurch geschmälert werden könnten, dass einem anderen Gläubiger ein Nießbrauch eingeräumt wird, so dass dieser auch nach Einleitung der Zwangsverwaltung die Mieten des laufenden und unter Umständen

des folgenden Monats für sich beanspruchen kann. Ist die Nießbrauchsbestellung eine Verfügung über die Mietansprüche, so ist das Verlangen des Nießbrauchers berechtigt, sonst nicht (WOLFF/RAISER § 135 IV Fn 26).

Nach heute völlig herrschender und richtiger Auffassung ist die Nießbrauchsbe- **19** stellung eine Verfügung über das Grundstück, nicht über die Miete (vgl RGZ 68, 10; RGZ 81, 146; RGZ 88, 101; RGZ 101, 9; OLG Königsberg SeuffA 61, 14 ff; WOLFF/RAISER § 135 IV Fn 26; PLANCK/STRECKER Anm 1b γ; vTUHR, AT II 1, 239; BGB-RGRK/MATTERN[12] Rn 15; MünchKomm/EICKMANN[4] Rn 20; PALANDT/BASSENGE[68] Rn 6. AA KG OLGE 4, 328 und SeuffA 57 Nr 192; NUSSBAUM, Das Nießbrauchsrecht des BGB 69 ff; STILLSCHWEIG JW 1921, 201 ff, 1358, 1597; MARX JW 1921, 1595), und damit von Abs 2 nicht erfasst. In erster Linie ist maßgeblich, dass die Bestellung eines nachrangigen Nießbrauchs die Rechte des Hypothekengläubigers nicht berührt, weil die Mieten auch in der Hand des nachrangigen Nießbrauchers dem Hypothekengläubiger verhaftet bleiben, sobald dieser das Grundstück hat beschlagnahmen lassen (§ 1123 Rn 10). Aus Abs 3 ergibt sich überdies, dass das Gesetz sogar die Übertragung des Vollrechts Eigentum an einen Dritten nicht als Verfügung über die Mietforderung ansieht, wenn diese mit übertragen wird und damit zuverlässig der Hypothek verhaftet bleibt; für das mindere Recht Nießbrauch muss dasselbe gelten, wenn auch die Mietforderungen an den Nießbraucher übertragen werden (zutreffend WOLFF/RAISER aaO). Die dem Nießbraucher geschuldeten Mieten werden erst dann pfandfrei, wenn der Nießbraucher selbst sie eingezogen oder über sie verfügt hat (RGZ 68, 10; RGZ 80, 316; RGZ 81, 149; DITTRICH BayZ 1916, 83; PLANCK/STRECKER aaO).

Bei einem *vorrangigen Nießbrauch* gewährt dagegen § 1124 dem Hypothekengläu- **20** biger keinen Vorzug (OLG Kiel OLGE 15, 366; SeuffA 62 Nr 260). Die Hypothek erstreckt sich zwar nach § 1123 auch in diesem Fall auf die Mietforderungen; der Hypothekar hat die Hypothek aber nur mit den Beschränkungen inne, die sich aus dem Vorhandensein des Nießbrauchs ergeben (RGZ 80, 316; RGZ 81, 149; RGZ 86, 138; RGZ 88, 101; RGZ 93, 123; RG JW 1914, 679; RG WarnR 1915 Nr 62; RG WarnR 1916 Nr 170; KGBl 15, 63; OLG Kiel OLGE 15, 366; DITTRICH aaO; KRETZSCHMAR SeuffBl 72, 328 ff; MünchKomm/EICKMANN[4] Rn 22).

bb) Unabhängig von der Frage, ob die Mieten der Hypothek verhaftet sind, **21** benötigt der Hypothekengläubiger, der die Mieten beschlagnahmen will, gegen den Nießbraucher einen **Vollstreckungstitel** auf Duldung der Zwangsvollstreckung (RGZ 93, 124 unter Berufung auf die §§ 750, 737 ZPO; RG WarnR 1922 Nr 67; LG Krefeld Rpfleger 1988, 325; STILLSCHWEIG LZ 1919, 570 sowie JW 1921, 202; STÖBER[15] § 146 ZVG Rn 10. 2; STAUDINGER/FRANK [2002] Vorbem 94 ff zu §§ 1030 ff; **offengelassen** in RGZ 101, 10). Ein Vollstreckungstitel gegen den Nießbraucher soll nach anderer, ehemals verbreiteter Meinung (RGZ 81, 146, 150; RGZ 101, 5; RG JW 1914, 761; RG JW 1921, 239; RG Recht 1916 Nr 1509, 1510; RG Gruchot 58, 1033; 59, 1063; 60, 863 – die Beschlagnahme könne begrifflich nur gegen den Schuldner bewirkt werden; ausführliche weiterer Begründung –; STEIN/JONAS/MÜNZBERG, ZPO § 771 Anm III 4; MUTH, in: DASSLER/SCHIFFHAUER/GERHARDT/MUTH[12] vor § 146 ZVG Rn 9; MünchKomm/EICKMANN[4] Rn 45; vgl auch NUSSBAUM 78, 79) *nicht* erforderlich sein, wenn der Nießbraucher im Rang der Hypothek *nachgeht,* da – merkwürdiges Argument – bei einer Pfändung der Mietforderung durch den vorgehenden Hypothekengläubiger eine Drittwiderspruchsklage des Nießbrauchers gemäß § 771 ZPO keine Aussicht auf Erfolg hätte. Zutreffend ist, dass die Mietforderung aufgrund eines gegen den Eigentümer gerichteten Titels nicht gepfändet werden kann, weil er nicht deren Inhaber ist; weil eine solche Pfändung ins Leere geht, hat der Nießbraucher gar keinen Anlass, Drittwiderspruchsklage zu erheben. Der Anspruch muss beim Nießbraucher gepfändet werden und dazu bedarf es selbstverständlich eines Titels gegen den Nießbraucher (STILLSCHWEIG JW 1921, 205; PLANCK/STRECKER Anm 1b γ; STAUDINGER/FRANK [2002] Vorbem 95 zu §§ 1030 ff; unter Aufgabe früherer Meinung auch BGB-RGRK/MATTERN[12] Rn 18; vgl zutreffend für die Zwangsverwaltung BGH vom 14. 3. 2003 – IXa ZB 45/03 – Rpfleger 2003, 378 m Anm ALFF S 523 = JuS 2003, 1029 m Anm K SCHMIDT = LMK 2003, 226 m Anm STORZ; LG Dortmund Rpfleger 2002, 472). S auch § 1147 Rn 16.

22 Unabhängig von der Erforderlichkeit kann der vollstreckbare Hypothekentitel gemäß § 727 Abs 1 ZPO gegen den Nießbraucher als den Erwerber der streitbefangenen Sache *vollstreckbar ausgefertigt* werden, wenn der Nießbrauch zeitlich nach der (vollstreckbaren) Hypothek bestellt worden ist (STORZ LMK 2003, 226; WOLFSTEINER [Schrifttum Einl zu §§ 1113 ff] § 44. 74.). Ist er schon vor Schaffung des Hypothekentitels bestellt worden, kommt die Erteilung einer vollstreckbaren Ausfertigung des Hypothekentitels gegen den Nießbraucher nicht in Frage, selbst wenn der Nießbraucher der Hypothek den Vorrang eingeräumt hat; der den Vorrang beanspruchende Hypothekengläubiger mag sich aus Anlass des Rangrücktritts einen Unterwerfungstitel vom Nießbraucher geben lassen.

3. Verfügungen über das Mietverhältnis selbst

23 Auch in Verfügungen über das Mietverhältnis selbst ist der Eigentümer bis zur Beschlagnahme der Mietforderung **sachenrechtlich frei**, mag er auch schuldrechtlich in der Regel verpflichtet sein, zu mancherlei Maßnahmen die Zustimmung des Gläubigers einzuholen. Er – oder auch ein Insolvenzverwalter (vgl RGZ 151, 379) – kann das Mietverhältnis kündigen, durch Vereinbarung mit dem Mieter aufheben, es umgestalten (auch die Miete herabsetzen oder hinaufsetzen) oder in ein anderes Rechtsverhältnis umwandeln (in zB eine Leihe, die freilich ein Scheingeschäft sein kann, hinter der sich eine Mietvorauszahlung versteckt). Er kann bei Vermietung an mehrere Mieter einzelne aus dem Mietverhältnis entlassen und neue Mit-Mieter in das Mietverhältnis aufnehmen. Nach Beendigung des Mietverhältnisses kann der Eigentümer das Grundstück neu vermieten, aber auch es selbst nutzen. In keinem dieser Fälle kann der Hypothekengläubiger vom früheren Mieter noch für irgendeine Zeit nach Abs 2 Miete fordern. Verfügungen über das Mietverhältnis selbst sind keine Verfügungen über die Miete; sachenrechtlich ist der Eigentümer, abgesehen von § 1133, nicht zu ordnungsgemäßer Bewirtschaftung des Grundstücks verpflichtet. Unberührt bleiben freilich vertragliche oder deliktische Schadensersatzansprüche des Gläubigers.

4. Verfügungen über die Mietforderung

24 **a)** Nur Verfügungen über die Mietforderung **selbst** fallen unter Abs 2 Dazu gehören Übertragung, Erlass, Aufrechnung, auch die Belastung der Forderung, etwa mit einem Pfandrecht oder einem Nießbrauch. Auch die Stundung ist eine Vorausverfügung, was insbesondere für die sog eigenkapitalersetzende Gebrauchsüberlassung Bedeutung hatte (BGHZ 140, 147 = DStR 1999, 35 m Anm GOETTE [dazu POHLMANN DStR 1999, 595] = ZIP 1999, 65 m Anm JUNGMANN S 601 = EWiR § 32a GmbHG 1/2000, 31 m Anm

vGERKAN; Anm HABERSACK ZGR 1999, 427; BGH DStR 2000, 527 [GOETTE] = WuB § 32a GmbHG
2. 00 [vGERKAN];); s zur Aufgabe der Rechtsfigur durch das MoMiG § 1123 Rn 7.
Dagegen fällt die Aufgabe von Nebenrechten, zB einer Bürgschaft, nicht unter
Abs 2 (RGZ 151, 379; PALANDT/BASSENGE[68] Rn 1).

Abs 2 findet auch auf die Abtretung von Mietforderungen an einen vorgehenden **25**
Hypothekengläubiger Anwendung, die zur Tilgung der Hypothekenforderung erfolgt; eine solche Abtretung ist in den Grenzen des Abs 2 gegenüber einem anderen
Hypothekengläubiger, der die Beschlagnahme erwirkt, unwirksam und zwar selbst
dann, wenn die Mietforderung an den rangbesseren Gläubiger abgetreten ist; denn
§ 1124 unterscheidet nicht zwischen Verfügungen zugunsten von Hypothekengläubigern und zugunsten anderer Personen (BGHZ 163, 201 vom 9. 6. 2005 aaO; OLG Frankfurt
OLGE 18, 169; PLANCK/STRECKER Anm 2c; BGB-RGRK/MATTERN[12] Rn 23; **aM** OLG Hamburg
OLGE 18, 168; vgl auch WOLFF/RAISER § 135 Fn 28).

b) Der Hypothekengläubiger muss Vorausverfügungen nur insoweit hinnehmen, **26**
als sie sich auf die Miete für den zur Zeit der Beschlagnahme **laufenden Kalendermonat** beziehen; wenn aber die Beschlagnahme nach dem 15. Tag dieses Monats
erfolgt, so ist die Vorausverfügung auch insoweit wirksam, als sie sich auf die Miete
für den folgenden Kalendermonat bezieht.

Wenn ein Mieter sichergehen will, so darf er stets nur die Miete für den laufenden **27**
Monat und nach dem 15. des Monats auch für den folgenden Monat im Voraus
bezahlen. Dass dem Hypothekengläubiger auf diese Weise die Miete für den auf den
Beschlagnahmemonat folgenden Monat idR entgeht, ist angemessen, weil es dem
sorgfältigen Mieter freistehen muss, die im voraus fällige Miete (§ 556b Abs 1) für
den folgenden Monat bereits angemessene Zeit vor dem Monatsersten zu entrichten
(WOLFF/RAISER § 135 IV). Bedenklich ist nur, dass der Hypothekengläubiger auch
andere Verfügungen über die Mietforderung für den auf den Beschlagnahmemonat
folgenden Monat gegen sich gelten lassen muss, sofern er nicht durch andere grundsätzlich bestehen bleibende Rechte, zB die Gläubigeranfechtung nach dem AnfG,
geschützt wird (vgl WOLFF/RAISER aaO; ferner SCHNEIDER LZ 1909, 422; NISSEN LZ 1909,
838).

c) Für den Mieter wird eine Beschlagnahme erst mit dem Zeitpunkt wirksam, in **28**
dem sie ihm bekannt oder das Zahlungsverbot ihm zugestellt ist (§§ 22 Abs 2 S 2,
57b ZVG). Dadurch kann sich die Rechtslage für den Schuldner einerseits und für
den Mieter andererseits verschieden gestalten.

5. Vertraglich vereinbarte Mietvorauszahlung

Streit besteht darüber, ob die Unwirksamkeit nach Abs 2 auch dann eintritt, wenn **29**
die betreffende Vorausverfügung, also insbesondere eine Mietvorauszahlung, in
voller Übereinstimmung mit dem abgeschlossenen Mietvertrag erfolgt (nur referierend BERGSDORF/THRUM ZfIR 2007, 164). Das Reichsgericht (RGZ 94, 279) hatte zuerst den
Satz aufgestellt, dass Vorauszahlungen und Vorauserhebungen von Mieten, die in
„Gemäßheit des ursprünglichen Mietvertrages" erfolgen, gegenüber dem Erwerber
des Grundstücks (§§ 571, 574 – jetzt §§ 566, 578) wirksam sind. In diesem Fall
erlange der Erwerber des Grundstücks überhaupt keine Mietforderungen, da er

den zuvor abgeschlossenen Mietvertrag gegen sich gelten lassen müsse; danach sei aber die Miete zu einer Zeit zu zahlen, die noch vor der Eigentumszeit des Erwerbers liege, so dass die (damaligen) §§ 573, 574 nicht zur Anwendung kommen könnten. Das RG hat später diese Rechtsprechung nicht nur auf den Ersteher im Zwangsversteigerungsverfahren und auf den Konkursverwalter (Insolvenzverwalter) erstreckt, sondern auch auf den Hypothekengläubiger (RGZ 127, 116; RGZ 136, 414; insbes RGZ 144, 194 = JW 1934, 1561 mit Anm PÉE; RG JW 1939, 286). Zur Begründung führte es an, dass die vier Gesetzesstellen in (damals) §§ 573, 574, 1123, 1124 gleichmäßig behandelt werden müssten und aus ihnen der einheitliche Rechtsgedanke abzuleiten sei, dass vertragsmäßige Vorauszahlungen, die nur auf Grund eines bereits vorher abgeschlossenen Mietvertrages vor dem Eintritt des neuen Erwerbers oder dem Zugriff des Hypothekengläubigers entrichtet wurden, ihre Rechtswirksamkeit auch jenen Personen gegenüber behielten, zumal Vorauserhebungen, die in voller Übereinstimmung mit dem Mietvertrag erfolgen, auch nicht in den Rahmen eines besonderen Rechtsgeschäfts fallen würden. Dem schloss sich ein Teil der obergerichtlichen Rechtsprechung an (OLG Hamm JW 1929, 3257; OLG Frankfurt HRR 1929 Nr 2035; OLG Stettin JW 1932, 320 und 1933, 927; OLG München BayZ 1931, 127; s auch ABENHEIMER JW 1930, 2912; LEGART JW 1933, 1736).

30 Hauptsächlich mit Rücksicht auf eine Gefährdung des Realkredits und den Zweck des § 1124, den Hypothekengläubiger vor unberechtigten Verfügungen zu schützen, wurde diese Auffassung in der Literatur überwiegend, aber auch von einem Teil der Rechtsprechung abgelehnt. Es könne allein darauf ankommen, inwieweit sich die Miete auf die Zeit vor oder nach der Beschlagnahme beziehe; der Zeitpunkt, wann die Miete nach dem Vertrag fällig würde, müsse völlig unerheblich bleiben. Aus dem Gesetz könne jedenfalls nicht entnommen werden, dass in der Einziehung der Miete ein Unterschied dahin zu machen sei, ob diese Einziehung „vertragsmäßig" erfolgt und ob dieser Mietvertrag jünger oder älter sei als die Bestellung der Hypothek. Durch Abs 2 des § 1124 werde das im Gesetz zunächst aufgestellte Prinzip der Vertragsfreiheit dahin eingeschränkt, dass dem beschlagnahmenden Gläubiger die Mieten als Nutzungen des Grundstücks (mittelbare Früchte) bis auf die dort ausgesprochene Zeit gebühren sollen. Die Bestimmung des § 1124 diene ganz besonders dem Schutz der Realgläubiger und müsse daher in diesem Sinn ausgelegt werden (PLANCK/STRECKER Anm 2b; STILLSCHWEIG JW 1930, 769; BECKER JW 1930, 3198; BRANDIS JW 1933, 881; OPPENHEIM JW 1933, 888; PÉE JW 1933, 1659; BERGMANN JW 1940, 283; ferner JAECKEL/ GÜTHE, ZVG §§ 57–57b Anm 8; REINHARD/MÜLLER, ZVG § 57b Anm 3; KORINTENBERG/WENZ, ZVG §§ 57–57b Anm 4b; aus der Rechtsprechung s KG LZ 1917, 1103; OLG Königsberg LZ 1931, 790 und JW 1932, 3013; LG Greifswald JW 1931, 1204; OLG Hamm JW 1932, 3207 mit Anm MITTELSTEIN; OLG Düsseldorf JW 1933, 2223; LG Leipzig JW 1933, 2232; LG Berlin JW 1933, 1736; KG JW 1936, 3132).

31 Die Frage gewann nach den Zerstörungen des Krieges in den Jahren nach 1945 eine überragende Bedeutung (zur Entwicklung der Rechtsprechung in dieser Zeit ECKERT ZfIR 2008, 453). Weithin gingen die Grundeigentümer dazu über, sich die Mittel zum Wiederaufbau ihrer zerstörten Häuser und zum Neubau von Wohnungen durch sog Baukostenzuschüsse der Mieter zu verschaffen, die dann in den folgenden Jahren eine entsprechend niedrigere Miete zu bezahlen hatten. Vorübergehend hat dieses Verfahren in Form der §§ 12a, 12b des II. WoBauG, eingeführt durch das G zur Förderung von Wohnungseigentum und Wohnbesitz im sozialen Wohnungsbau (v 23. 5. 1976 [BGBl I 737]), inzwischen zu Recht wieder aufgehoben durch das WoVer-einfG (v 11. 7. 1985 [BGBl I 277]), von denen freilich offenbar in keinem einzigen Fall Gebrauch gemacht worden ist, gesetzliche Anerkennung gefunden. Heute spielen Mietvorauszahlungen und Baukostenzuschüsse im Immobiliarbereich keine Rolle mehr; das Verlangen, solche Zahlungen ungesichert zu leisten, würde wohl auch gegen § 307 verstoßen. S über die rechtliche Konstruktion dieser Baukostenzu-schüsse als Finanzierungsbeiträge, Vorauszahlung Miete oder Darlehensgewährun-gen STAUDINGER/SCHERÜBL[12] Rn 23 mwNw.

Der BGH folgte zunächst der Rechtsprechung des RG (BGHZ 6, 202; ebenso BGH BB **32** 1953, 215; LG Hamburg MDR 1951, 293; LG Köln MDR 1952, 163; OLG München NJW 1952, 307; OLG Hamm MDR 1952, 103; vgl auch PERGANDE NJW 1951, 737 und BB 1952, 652; ferner zu dieser Frage OLG Bremen BB 1952, 182 mit Anm PERGANDE; LG Hannover VersR 1952, 151; LG Münster WuM 1955, 124). In der Folgezeit hat er aber die Anerkennung einer verein-barten Mietvorauszahlung als hypothekenfest davon abhängig gemacht, dass die Zahlung werterhöhend in das Grundstück investiert wird (BGHZ 16, 31; ebenso OLG Bremen ZMR 1955, 75; HIMMELMANN MDR 1952, 196; mit Einschränkungen OLG Stuttgart vom 17. 4. 2008 – 13 U 213/07 – OLGR Stuttgart 2008, 432; ROQUETTE, Mietrecht 182; WÖRBELAUER NJW 1953, 1731; WOLFF/RAISER § 135 Fn 30; SCHUSTER MDR 1960, 181 unter III; s auch die zu-sammenfassende Darstellung von CRANZ JR 1960, 124; vgl ferner BAUR/STÜRNER § 39 V, der unter Ablehnung des „Werterhöhungsgedankens" wegen des den Mieter begünstigenden Werturteils des Gesetzgebers, das aus dem – zwischenzeitlich freilich aufgehobenen – § 57c ZVG zu entnehmen sei, der Rechtsprechung des BGH im Ergebnis zustimmt). Er hat dadurch ein völlig neues Rechtsinstitut geschaffen und die dogmatisch klare Rechtsposition des RG verlas-sen. Gegen diese deutlich zeitgebundene, aus der Not der Situation geborene Rechtsprechung ist von beiden Standpunkten aus erhebliche Kritik laut geworden (s insbes WESTERMANN[5] § 99 I 2; RAHN BWNotZ 1954, 1; BRUHN Rpfleger 1955, 72; OEHMIG Spar-kasse 1953, 89; SCHOPP ZMR 1954, 353; OLG Bremen MDR 1954, 740; Zusammenstellung bei SCHUSTER MDR 1960, 181), die ua von STAUDINGER/SCHERÜBL[12] Rn 25 f (mwNw) mit Recht zurückgewiesen wurde.

So anerkennenswert die Rechtsprechung des BGH als ein pragmatischer Kompro- **33** miss zur Bewältigung einer aktuellen Krisensituation war, kann sie doch heute, nachdem sich die Verhältnisse wieder normalisiert haben, keinen Bestand mehr ha-ben (ECKERT ZfIR 2008, 453; offengelassen von OLG Rostock vom 3. 7. 2006 – 3 U 149/05 – ZfIR 2007, 210 m insofern unkritischer Anm ZIPPERER; unkritisch auch BERGSDORF/THRUM ZfIR 2007, 164). Einen Mieter nur deshalb besonders zu schützen, weil er dem Eigentümer (wirtschaftlich gesehen) einen Baukredit gewährt hat, ist unangebracht; die Gewäh-rung eines solchen Kredits ist wieder gewöhnliche Teilnahme am Wirtschaftsver-kehr und der Kreditgeber mag eigenverantwortlich entscheiden, von welchen Sicherheiten er die Kreditgewährung abhängig machen will (aA – weitab von der Wirk-lichkeit – NK-BGB/ZIMMER[2] Rn 10, der Mieter sei wirtschaftlich schutzbedürftiger als der Hypo-thekengläubiger). Umgekehrt bedürfen auch die Hypothekengläubiger keines gestei-gerten sozialen Schutzes; sie müssen sich aber Werterhöhungen zu Lasten ihrer hypothekarischen Sicherheiten auch nicht aufdrängen lassen. § 57c ZVG, geschaf-fen durch G v 20. 8. 1953 (dazu und zur Aufnahme in die Versteigerungsbedingungen OLG Koblenz vom 21. 4. 2006 – 8 U 1425/05 – NJW-RR 2006, 1522), der zur Rechtfertigung heran-gezogen wurde (STAUDINGER/SCHERÜBL[12] Rn 26; MünchKomm/EICKMANN[4] Rn 28), war gleich-ermaßen Kind jener Ausnahmesituation des Wiederaufbaus und ist inzwischen (durch das 2. JuModG vom 22. 12. 2006 [BGBl I 3416]) als überholt (Schmidberger/Weis ZfIR 2008, 170) aufgehoben worden. § 40 Abs 2 WEG, auf den ebenfalls Bezug genommen wird, ist nicht verallgemeinerungsfähig. § 547 – ebenfalls zur Begründung herangezogen – setzt keine Investition in das Grundstück voraus und begründet eine Vermieterpflicht, kein dingliches Vorrecht, mag er auch gegenüber dem Ersteher in der Zwangsversteigerung gegenüber gelten (Hintzen Rpfleger 2007, 233, 234 unter Berufung auf die Entscheidung BGHZ 53, 35 vom 29. 10. 1969 – VIII ZR 130/68, die freilich eben einen zeittypischen Baukostenzuschuss zum Gegenstand hatte; vgl Staudinger/Rolfs [2006] § 547 Rn 9 f, 38). Schließlich sprechen auch technische Gesichtspunkte gegen den BGH, die in der Literatur (Staudinger/Scherübl[12] Rn 27; MünchKomm/Eickmann[4] Rn 27) fälschlich als Beweislastprobleme behandelt werden; tatsächlich entspricht die Forderung, es solle ein *rechtlicher* Zusammenhang zwischen einer Mietvorauszahlung und einer werterhöhenden Verwendung in das Grundstück hergestellt werden, nicht der unerhört vielgestaltigen Realität. Nimmt zB der Eigentümer vor Baubeginn ein hypothekarisches Darlehen und eine Mietvorauszahlung entgegen, so ist – mangels irgendwelcher Rangvereinbarungen zwischen Mieter und Hypothekengläubiger – schlechterdings nicht feststellbar, ob sich die Mietvorauszahlung zugunsten des Hypothekengläubigers auswirkt.

34 Die Frage – nur diese Alternative ist sinnvoll –, ob zur Rechtsprechung des RG zurückzukehren ist oder ob – wie in Teilen der Literatur von Anfang an gefordert – Abs 2 auch auf vertraglich vereinbarte Mietvorauszahlungen anzuwenden ist, ist nach der Funktion zu entscheiden, die die Vorschrift im Kreditverkehr entfalten soll. Im Interesse der Harmonisierung von Vorschriften gleicher Zielrichtung sollten auch die §§ 566b, 566c in die Überlegungen mit einbezogen werden. Es ist nicht zu verkennen, dass die Auslegung des RG dem Wortlaut entspricht. Eine Vorleistungspflicht des Mieters als Inhalt des Mietvertrags zu vereinbaren, ist jedenfalls dann keine „Verfügung" über die Miete, wenn die Vereinbarung bereits bei Abschluss des Mietvertrags getroffen worden ist (BGH NJW 1998, 595 zu § 574; aA OLG Hamm NJW-RR 1989, 1421). Dasselbe gilt für eine im Voraus vereinbarte Haftungsbeschränkung. Auch mag man dem Hypothekengläubiger ebenso wie dem Grundstückskäufer zumuten, sich über mietvertraglich bereits getroffene Vorausverfügungen zu informieren. Dem steht gegenüber, dass die laufenden Mieteinnahmen Grundlage des hypothekarischen Kredits und der Kaufpreiskalkulation sind (Einl 15 zu §§ 1113 ff) und dass nicht recht einzusehen ist, warum ein Mieter als Kreditgeber (die Vorleistung ist wirtschaftlich immer Kredit) trotz Verzichts auf dingliche Sicherung eine Position erhalten soll, die in gewissen Aspekten einer (nicht publizitätsabhängigen) Legalhypothek mit Vorrang vor den Grundpfandrechtsgläubigern nahekommt; auch Bauhandwerker haben keinen solchen Anspruch. Auch beim Verkauf des Mietgrundstücks hat der Mieter, abgesehen von § 547, der ihm einen schuldrechtlichen Anspruch auch gegen den Erwerber gewährt, keinen Anspruch auf Sicherung des Kredits, den er dem Vermieter ungesichert gewährt hatte. Diese Argumente überwiegen, so dass im Ergebnis Abs 2 auf *Vereinbarungen über Vorleistungen* des Mieters oder Pächters entsprechend anzuwenden ist (vgl im selben Sinn OLG Rostock ZfIR 2000, 655; Jungmann, Grundpfandgläubiger und Unternehmensinsolvenz [2004] Rn 88 ff; Rink ZZP 120 [2007], 121; Bergsdorf/Thrum ZfIR 2007, 164; Schmidberger/Weis ZfIR 2008, 170).

35 Dabei kann es nach § 133 keinen Unterschied machen, ob die Parteien vereinbart haben, dass eine eigentlich periodisch bemessene Miete vorauszuzahlen sei oder ob eine nicht periodisch bemessene Einmalzahlung vereinbart wurde (so aber BGHZ 137, 106 vom 5. 11. 1997 – VIII ZR 55/97 = LM § 571 BGB Nr 36 [Bub] zu § 566b; unklar, ob am Erfordernis einer nicht periodisch bemessenen Einmalzahlung festgehalten wird, BGH vom 25. 4. 2007 – VIII ZR 234/06 – ZfIR 2008, 207 [m krit Bespr Schmidberger/Weis 170] ohne jede Auseinandersetzung mit der Kritik). Sachlich wenig überzeugend ist es auch, danach zu unterscheiden, ob die Vorauszahlung bereits bei Abschluss des Mietvertrags vereinbart worden ist oder erst später in Abänderung des Mietvertrags (so aber BGH vom 5. 11. 1997 aaO); richtig ist daran nur, dass eine nach Bestellung der Hypothek vereinbarte Vorauszahlung in jedem Fall dem Abs 2 unterliegt. Da der BGH zu § 566b anders entschieden hat, wäre damit allerdings die oben Rn 29 referierte und auch hier unterstützte These des RG, die vier Gesetzesstellen in §§ 566b, 566c, 1123, 1124 müssten gleich verstanden werden, aufgegeben; dem ist entgegenzuhalten, dass der BGH seine Argumentation ausschließlich auf § 566c beschränkt und das Erfordernis einheitlicher Auslegung mit § 1124 weder erwähnt noch die Literatur zu § 1124 herangezogen hat. Auch die Rechtsliteratur zum *Mietrecht* (zB MünchKomm/Häublein[5] § 566b Rn 1 ff; Staudinger/Emmerich [2007] § 566b Rn 10 ff) scheint auf Harmonisierung keinen Wert zu legen; die darin und in vielen weiteren Erscheinungen zu Tage tretende Aufsplitterung des Rechts im Gegensatz zum früheren Ideal der Einheit der Rechtsordnung, mag man als zeittypisch verstehen, entschuldigt werden kann sie aber nicht.

36 Keinesfalls kann Abs 2 aber auf **Mieterdarlehen** angewandt werden und zwar gleichgültig, ob sie vom Mieter (aA BGH Rpfleger 1954, 375) oder von Dritten gegen Abtretung der Mietforderung (OLG Stuttgart NJW 1955, 23; LG Braunschweig MDR 1953, 749) gewährt werden.

6.   Rechtshandlungen gleicher Wirkung

37 Unter Abs 2 sollen auch Rechtshandlungen fallen, deren Wirkungen einer Vorausverfügung gleichkommen. S zur (ehemaligen) eigenkapitalersetzenden Gebrauchsüberlassung oben Rn 24 und § 1123 Rn 7.

7.   Rechtsfolgen des Abs 2

a)   Relative Unwirksamkeit
38 Die Vorausverfügung ist nach Abs 2 nicht absolut unwirksam, sondern es handelt sich, wie in den Fällen der §§ 135, 136, nur um eine *relative Unwirksamkeit* zugunsten des Hypothekengläubigers (vgl auch Raape, Das gesetzliche Veräußerungsverbot 63 und 133, sowie Oertmann JherJb 66, 242; Planck/Strecker Anm 2a). Die Unwirksamkeit fällt daher wieder weg, wenn der Hypothekengläubiger nachträglich die Verfügung genehmigt (vgl aber § 1120 Rn 42, wonach das für Verfügungen über Zubehör nicht gelten soll), wenn er auf die Hypothek verzichtet oder anderweitig befriedigt wird; ebenso entfällt die Unwirksamkeit, wenn die Beschlagnahme nachträglich wegfällt (vgl RGZ 64, 415; OLG Hamburg OLGE 8, 6).

39 An den Dritten, zB den Zessionar oder den Pfandgläubiger des Vermieters oder des Verpächters, der vor der Beschlagnahme die Mieten für den späteren Zeitraum im voraus eingezogen hat, kann sich der Hypothekengläubiger nicht halten, weil diesem gegenüber weder die Voraussetzungen der ungerechtfertigten Bereicherung nach § 812 noch im Allgemeinen die der unerlaubten Handlung nach § 823 vorliegen (Planck/Strecker Anm 2b; Palandt/Bassenge[68] Rn 2; aA Soergel/Konzen[13] Rn 13 für den Fall der Genehmigung). Dass im Fall oben Rn 13 anders entschieden wurde, steht hiermit nicht im Widerspruch; dort hat der Schuldner infolge seiner Unkenntnis mit befreiender Wirkung gezahlt.

40 Soweit sich eine vor der Beschlagnahme erfolgte Vorausverfügung nur auf den durch Abs 2 für den Schuldner freigelassenen Zeitraum erstreckt, kommt Abs 1 zur Anwendung. Der Pfändungspfandgläubiger geht deshalb in diesem Fall dem Hypothekengläubiger im Rang vor.

b) Beschlagnahme

41 Eine besondere Anfechtung durch den Hypothekengläubiger ist in den Fällen der §§ 1124 und 1125 nicht erforderlich. Der Hypothekengläubiger kann vielmehr die Forderungen ohne weitere Voraussetzungen aufgrund der erfolgten Beschlagnahme geltend machen. Zessionar und Mieter können dagegen nur die Unwirksamkeit der Beschlagnahme einwenden (vgl Hachenberg Beitr 76). Ebenso kann der Zwangsverwalter bei der Beschlagnahme des Grundstücks die betreffenden Ansprüche geltend machen.

42 § 1124 steht einer Insolvenzanfechtung (OLG Hamm vom 14.6.2005 – 27 U 85/04 – ZIP 2006, 433) oder einer Gläubigeranfechtung auf Grund des AnfG nicht entgegen. Der Anspruch des Anfechtenden gegen den Dritten geht in diesem Fall auf Duldung der Zwangsvollstreckung in die der Hypothek haftenden Forderungen. Dass etwa vor der Gläubigeranfechtung das Insolvenzverfahren über das Vermögen des Grundstückseigentümers eröffnet wurde, ist für die Anfechtung des Hypothekengläubigers nach AnfG bedeutungslos, denn der Gläubiger macht ein eigenes Recht, nicht ein Recht des Eigentümers geltend.

c) Geltendmachung

43 Der Hypothekengläubiger kann nach Beschlagnahme seinen Anspruch auf die ihm gebührenden Mieten *unmittelbar* mit der hypothekarischen Klage *geltend machen;* eine besondere Überweisung der Ansprüche ist nicht erforderlich.

44 Auch der Zwangsverwalter ist nach § 152 ZVG berechtigt, die Mietbeträge einzuziehen; das dingliche Recht des Hypothekengläubigers erstreckt sich dann unmittelbar auf die eingezogenen Beträge (vgl RGZ 80, 314). Anderen Hypothekengläubigern, die keine Beschlagnahme erwirkt haben, steht kein Anspruch auf diese Mietbeträge zu (BGB-RGRK/Mattern[12] Rn 24). Wegen der Vorausverfügung gegenüber der Insolvenzmasse ist eine besondere Bestimmung in § 110 InsO getroffen.

8. Insolvenz des Eigentümers

45 S § 1147 Rn 56.

9. Konkurrenz mehrerer Hypothekengläubiger

46 S wegen des Widerstreits der Rechte mehrerer Hypothekengläubiger s zunächst

§ 1123 Rn 18. Abs 2 wirkt hier in folgender Weise ein (vgl näher STILLSCHWEIG JW 1915, 376 ff; 1921, 202 ff): Verfügungen zugunsten eines Hypothekengläubigers unterliegen der Vorschrift des Abs 2 stets, wenn ein rangbesserer Hypothekengläubiger später die Beschlagnahme erwirkt. Solange der vorrangige Gläubiger nicht selbst aufgrund seines Grundpfandrechts die Beschlagnahme erwirkt hat, findet bei Beschlagnahme durch einen nachrangigen Hypothekengläubiger die Vorschrift des Abs 2 auf frühere Verfügungen Anwendung, selbst dann wenn die Verfügung vor Begründung des nachrangigen Rechts erfolgt ist (BGHZ 163, 201 vom 9. 6. 2005 – IX ZR 160/04 = ZfIR 2005, 655 m zust Anm CLEMENTE = EWiR § 1124 BGB 1/05, 879 [zust WEBER]). Voraussetzung ist, dass die Beschlagnahme aufgrund eines *dinglichen* Hypothekentitels erfolgt ist; ob sie dann auf einer Pfändung der Mietforderung oder auf der Anordnung der Zwangsverwaltung beruht, spielt keine Rolle (BGH vom 9. 6. 2005 aaO; BGH vom 13. 3. 2008 – IX ZR 119/06 – NJW 2008, 1599 m Anm ZIMMER; ausführlich ZIPPERER ZfIR 2006, 395; aA – nur Zwangsverwaltung – STILLSCHWEIG JW 1915, 376 ff; STAUDINGER/WOLFSTEINER [Bearb 2002 und Vorauflagen – hiermit aufgegeben]; vgl auch OLG Frankfurt JW 1927, 861 mit Anm STILLSCHWEIG). Die Eintragung einer Zwangshypothek aufgrund eines persönlichen Titels nützt nichts, weil zur Beschlagnahme trotz § 867 Abs 3 ZPO ein separater Titel erforderlich ist (§ 1147 Rn 32). Für die Anwendung des Abs 2 ist kein Raum, wenn zwei Hypothekengläubiger lediglich auf Grund eines persönlichen Titels die Pfändung der Miet- und Pachtzinsforderungen herbeiführen, da hierdurch keine Beschlagnahme bewirkt wird, oder wenn beide Hypothekengläubiger die Beschlagnahme bewirkt haben, oder endlich, wenn die dingliche Pfändung der Mieten mit einer späteren sonstigen Verfügung über die Mietforderung konkurriert (vgl RG JW 1921, 239; KG OLGE 39, 251; STILLSCHWEIG JW 1915, 619). Der Gläubiger einer öffentlichen Last steht aber einem Hypothekengläubiger gleich.

Abs 2 ist auch zugunsten eines nicht hypothekarisch gesicherten, die Zwangsverwal- **47** tung betreibenden Gläubigers entsprechend anzuwenden (str; RG WarnR 1933 Nr 99; JW 1932, 193; 1933, 926; 1935, 3058; BGB-RGRK/MATTERN[12] Rn 23). Die Zwangsverwaltung stellt in jedem Fall eine Beschlagnahme des Grundstücks dar, gleichgültig ob sie ein persönlicher oder dinglicher Gläubiger betreibt (zust BGHZ 163, 201 vom 9. 6. 2005 – IX ZR 160/04 = ZfIR 2005, 655 m zust Anm CLEMENTE = EWiR § 1124 BGB 1/05, 879 [zust WEBER]). Dies ist lediglich für die Rangfrage (§ 10 Nr 4, 5 ZVG) von Bedeutung.

IV. Anwendung auf alle Arten von Hypotheken sowie auf Grund- und Rentenschulden

§ 1124 gilt für alle Arten der Hypothek und findet gemäß §§ 1192, 1199 auch auf **48** Grund- und Rentenschulden Anwendung (zust BGH vom 9. 6. 2005 aaO).

§ 1125
Aufrechnung gegen Miete oder Pacht

Soweit die Einziehung der Miete oder Pacht dem Hypothekengläubiger gegenüber unwirksam ist, kann der Mieter oder der Pächter nicht eine ihm gegen den Vermieter oder den Verpächter zustehende Forderung gegen den Hypothekengläubiger aufrechnen.

Materialien: E II § 1033 rev § 1109; III § 1108; Prot III 561 f. Neufassung durch G zur Neugliederung, Vereinfachung und Reform des Mietrechts vom 19. 6. 2001 (BGBl I 1149) Art 1 Nr 32 Buchst a.

1 Die Vorschrift betrifft das **Aufrechnungsrecht** des Mieters oder Pächters gegenüber dem Hypothekengläubiger und zieht eine Folgerung, die sich aus § 1124 Abs 2 ergibt (Wolff/Raiser § 135 IV).

2 Die Aufrechnung gegenüber einer beschlagnahmten Forderung ist grundsätzlich nur in den Grenzen des § 392 zulässig. § 1125 bringt darüber hinaus eine Einschränkung. Der Mieter oder Pächter kann gegenüber dem Hypothekengläubiger (und Zwangsverwalter), der die Miet- oder Pachtforderung beschlagnahmt hat und die noch nicht bezahlte Miete oder Pacht von ihm fordert, nicht mit einer ihm gegen den Vermieter oder Verpächter (bzw deren Zessionare) zustehenden Forderung aufrechnen, wenn es sich um eine Forderung für eine spätere Zeit als den zur Zeit der Beschlagnahme laufenden Kalendermonat handelt. Ist die Beschlagnahme erst nach dem 15. des Monats erfolgt (s dazu § 1124 Rn 26 f), verlängert sich die Frist um den folgenden Kalendermonat. Auch hier kommt es für die Wirksamkeit einer Zahlung durch den Mieter oder Pächter auf den Zeitpunkt an, in welchem dieser von der Beschlagnahme Kenntnis erlangt oder ihm das Zahlungsverbot zugestellt wird (vgl § 1123 Rn 25 und § 1124 Rn 13).

3 § 1125 ist negativ gefasst. Man kann den Inhalt der Vorschrift auch positiv ausdrükken: soweit Vorausverfügungen des Hypothekenschuldners über Miet- und Pachtforderungen nach Maßgabe des § 1124 dem Hypothekengläubiger (und dem Zwangsverwalter) gegenüber wirksam sind, kann der Mieter oder Pächter mit einer Gegenforderung aufrechnen, die ihm gegen den Eigentümer (oder dessen Zessionar oder Pfändungsgläubiger) zusteht. Daran hindert ihn ein im Mietvertrag zugunsten der Mietforderung vereinbartes Aufrechnungsverbot dann nicht, wenn der Vermieter in Insolvenz gefallen ist und der Mieter ohne die Aufrechnung mit seiner Gegenforderung auf die Insolvenzquote angewiesen wäre (KG JW 1933, 1148 mit Anm Pée; BGB-RGRK/Mattern¹² Rn 2).

4 Unzulässig ist eine entgegen § 1125 erklärte Aufrechnung auch dann, wenn sie einer früheren Vereinbarung (zB im Mietvertrag) zwischen Mieter und Vermieter entspricht (OLG Stuttgart JW 1930, 2989; Planck/Strecker Anm 1; Erman/Wenzel¹² Rn 1; Palandt/Bassenge⁶⁸ Rn 1; **aM** OLG Karlsruhe JW 1930, 2986). Überhaupt gilt die Vorschrift auch für *Verrechnungsabreden,* die nicht anders zu behandeln sind als Mietvorauszahlungsabreden (§ 1124 Rn 29 ff). Ein dem Mieter oder Pächter zustehendes Zurückbehaltungsrecht wird durch § 1125 nicht berührt, es sei denn, dass es im Ergebnis einer unzulässigen Aufrechnung gleichkommt (RGZ 83, 138; 136, 413; Soergel/Konzen¹³ Rn 1; Planck/Strecker Anm 1).

5 Mit Forderungen, die ihnen selbst gegen den *Hypothekengläubiger* zustehen, können Mieter oder Pächter jederzeit gegen den Hypothekengläubiger aufrechnen.

§ 1125 gilt für alle Arten der Hypothek und findet gemäß §§ 1192, 1199 auch auf **6** Grund- und Rentenschulden Anwendung.

§ 1126
Erstreckung auf wiederkehrende Leistungen

Ist mit dem Eigentum an dem Grundstück ein Recht auf wiederkehrende Leistungen verbunden, so erstreckt sich die Hypothek auf die Ansprüche auf diese Leistungen. Die Vorschriften des § 1123 Abs. 2 Satz 1, des § 1124 Abs. 1, 3 und des § 1125 finden entsprechende Anwendung. Eine vor der Beschlagnahme erfolgte Verfügung über den Anspruch auf eine Leistung, die erst drei Monate nach der Beschlagnahme fällig wird, ist dem Hypothekengläubiger gegenüber unwirksam.

Materialien: E I §§ 1067 Nr 4, 1069; II § 1034
rev § 1110; III § 1109; Mot III 652, 659, 663 f;
Prot III 560 ff.

Für die Hypothek haften auch die Ansprüche aus einem mit dem Eigentum am **1** Grundstück verbundenen *Recht* auf *wiederkehrende Leistungen;* denn diese Ansprüche gelten nach § 96 als Bestandteile des Grundstücks und werden als solche gemäß § 99 Abs 3 von der Hypothek erfasst (vgl § 1120 Rn 15). Ob sie vor oder nach der Bestellung der Hypothek Bestandteile des Grundstücks wurden, ist unerheblich (RGZ 83, 54 und 200; SOERGEL/KONZEN¹³ Rn 1). § 1126 gleicht die Haftung der Ansprüche aus subjektiv dinglichen Rechten der Haftung der Miet- und Pachtforderungen an. Diese Angleichung war erforderlich, da bei den subjektiv dinglichen Rechten ähnliche Probleme wie bei den Miet- und Pachtforderungen entstehen (SOERGEL/ KONZEN¹³ Rn 1). § 1126 ist auch bei der Belastung eines Erbbaurechts anzuwenden (OLG Schleswig SchlHAnz 1964, 164).

Unter § 1126 fallen hauptsächlich subjektiv dingliche Reallasten (§ 1105 Abs 2), der **2** Erbbauzins, die Renten aus Überbau und Notweg, ferner bei Grunddienstbarkeiten Ansprüche aus §§ 1021 Abs 2, 1022 S 2 auf Unterhaltung von Anlagen sowie landesrechtlich geregelte subjektiv dingliche Rechte, die den der Landesgesetzgebung vorbehaltenen Materien oder auch dem öffentlichen Recht angehören. Wegen des Entgelts für ein Dauerwohnrecht vgl § 40 WEG.

Die Haftung dieser Ansprüche wird ähnlich begrenzt wie die der Miet- und Pacht- **3** forderungen, nämlich nach den §§ 1123 Abs 2 S 1, 1124 Abs 1, 3 und 1125. Jedoch findet die Begrenzung der Befreiung bei der Vorauszahlungspflicht nach § 1123 Abs 2 S 2 keine Anwendung. Außerdem wird § 1124 Abs 2 durch S 3 ersetzt; die zeitliche Begrenzung wurde anders bemessen, weil die hier in Frage kommenden Leistungen idR in Jahresraten zu bewirken sind und weil sich häufig nicht mit Sicherheit sagen lässt, ob eine Leistung praenumerando oder postnumerando erbracht wird (vgl Prot III 562).

Bei der Beschlagnahme des Grundstücks zur Zwangsversteigerung bleiben derartige **4**

Hans Wolfsteiner

Ansprüche, ebenso wie die Miet- und Pachtforderungen einstweilen frei, da dem Schuldner die Verwaltung verbleibt (§ 21 Abs 2 ZVG); dagegen kann sich der Hypothekengläubiger die Ansprüche durch Beschlagnahme im Zwangsverwaltungsverfahren (§ 148 ZVG) sowie durch besondere Pfändung der Ansprüche sichern. Wenn das Grundstück wegen der an ihm bestehenden Hypothek zur Versteigerung kommt, so gehört zum Gegenstand der Versteigerung auch die Grunddienstbarkeit oder das sonstige Recht, das dem jeweiligen Eigentümer des Grundstücks an einem anderen Grundstück zusteht.

5 § 1126 gilt für alle Arten der Hypothek und findet gemäß §§ 1192, 1199 auch auf Grund- und Rentenschulden Anwendung.

§ 1127
Erstreckung auf die Versicherungsforderung

(1) Sind Gegenstände, die der Hypothek unterliegen, für den Eigentümer oder den Eigenbesitzer des Grundstücks unter Versicherung gebracht, so erstreckt sich die Hypothek auf die Forderung gegen den Versicherer.

(2) Die Haftung der Forderung gegen den Versicherer erlischt, wenn der versicherte Gegenstand wiederhergestellt oder Ersatz für ihn beschafft ist.

Materialien: E I §§ 1067 Nr 5, 1070 Abs 1 S 1; II § 1035 rev § 1111; III § 1110; Mot III 651, 659 f, 664; Prot III 555 f, 562 f; VI 243 f.

Schrifttum

JOHANNSEN, Der Schutz des Hypothekengläubigers durch die Feuerversicherung im gestörten Versicherungsverhältnis, NVersZ 2000, 410
KLAWIKOWSKI, Schadensfälle in der Grundstücksversteigerung, Rpfleger 2005, 341
REINBECK, Die Haftung der Versicherungsforderung für Hypotheken und Grundschulden (1905)

RAINER SCHMIDT, Die rechtliche Stellung des Realgläubigers gegenüber dem Versicherer (1996)
SCHORLING, Hypothekengläubiger und Feuerversicherung, ZHR 112, 12
SCHÜTZ, Die Rechte des Realgläubigers in der Schadensversicherung, VersR 1987, 134.

Systematische Übersicht

I.   Versicherungsvertragsgesetz 2008

Die §§ 1127 bis 1130 werden ergänzt durch das G über den Versicherungsvertrag **1** (Versicherungsvertragsgesetz – VVG). Das VVG 1908 vom 30. 5. 1908 (zuletzt geändert durch Art 12 Abs 1 Nr 1 Versicherungsvertrags-ReformG vom 23. 11. 2007 [BGBl I 2631]) ist im Prinzip am 31. 12. 2007 außer Kraft getreten und durch das VVG 2008 vom 23. 11. 2007 (BGBl I 2631) abgelöst worden. Nach Art 5 Abs 1 S 1 EGVVG (idF des Versicherungsvertrags-ReformG) bestimmen sich aber die Rechte, die Gläubigern von Grundpfandrechten gegenüber dem Versicherer nach den §§ 99 bis 107c VVG 1908 zustehen, auch nach dem 31. 12. 2008 nach den bisherigen Vorschriften. Insoweit wird also das VVG 1908 noch jahrzehntelang weiter anzuwenden sein; die amtliche Begründung (BT-Drucks 16/3945) rechtfertigt das (119) damit, dass die vom Grundpfandgläubiger einmal erworbene geschützte Rechtsposition zu beachten sei. Die nachfolgende Kommentierung stützt sich auf das **neue Recht**; wegen des fortgeltenden Altrechts sei auf STAUDINGER/WOLFSTEINER (2002) verwiesen.

Voraussetzung für die Fortgeltung alten Rechts ist es, dass ein Grundpfandrecht am **2** 31. 12. 2007 bestanden hat, dh spätestens an diesem Tage in das Grundbuch eingetragen worden ist; eine Hypothekenvormerkung genügt – anders als für die Haftung an sich (unten Rn 11) – nicht. Dass das Grundpfandrecht Eigentümerrecht war, schadet nicht; demgemäß spielt es auch keine Rolle, wenn die Einigung erst nachträglich erklärt wurde (vgl Einl 108 zu §§ 1113 ff). Voraussetzung ist weiterhin, dass der Versicherungsvertrag noch vor dem Stichtag wirksam abgeschlossen worden ist; soweit das Gesetz insbesondere Genehmigungen Rückwirkung beilegt, gilt diese auch hier. Eine spätere Abtretung des Grundpfandrechts steht der Fortgeltung nicht entgegen. Wird der Versicherungsvertrag durch einen neuen ersetzt, so ändert dies scheinbar an der Fortgeltung des alten Rechts nichts; da aber nach Art 5 Abs 1 S 2 EGVVG (idF des Versicherungsvertrags-ReformG) die nach altem Recht erforderliche Anmeldung des Grundpfandrechts beim Versicherer gemäß § 100 VVG 1908 nach dem 31. 12. 2008 nicht mehr erfolgen kann, führt zumindest danach die Novation des Versicherungsverhältnisses im Wesentlichen zur Anwendung neuen Rechts.

II.   Die Modalitäten der Haftung

1.   Grundsatz

Das BGB geht grundsätzlich davon aus, dass das Grundstück und die mithaftenden **3** Gegenstände für die Hypothek in ihrem jeweiligen Bestand und Zustand haften, sich die Haftung also nicht an einem Ersatz- oder Entschädigungsanspruch fortsetzt (BGHZ 107, 255 vom 11. 5. 1989 – IX ZR 278/88 = EWiR 1989, 775 [GABERDIEL] = WuB IV A § 823 BGB 2. 89 [BÜLOW]; dazu K SCHMIDT JuS 1989, 935). Von diesem Grundsatz machen die §§ 1127–1130 für Grundpfandrechte eine Ausnahme (PLANCK/STRECKER Anm 1).

Allgemeine Rechtsgedanken, die weiterer analoger Anwendung fähig wären, enthalten sie nicht (vgl Wolff/Raiser § 135 V). Die Haftung beschränkt sich daher (mit Ausnahme der unten Rn 12 behandelten Fälle) auf Versicherungsansprüche; eine entsprechende Anwendung auf andere Ansprüche scheidet aus (BGHZ 107, 255 wie vor – zu einem Anspruch wegen Beschädigung des Grundstücks; BGH vom 9.11.2005 – IV ZR 224/03 – NJW 2006, 771 = LMK 2006, 166328 [zust Storz/Kiderlen] zu einem Anspruch gegen den Versicherer aus culpa in contrahendo **gegen** OLG Hamm vom 27.8.2003 – 20 U 12/03 – NJW-RR 2003, 1612). Hat allerdings der Versicherer die Versicherungsgelder unter Verzicht auf die Rücknahme hinterlegt so erstrecken sich die Rechte des Gläubigers auf die öffentlich-rechtliche Forderung, die an die Stelle der ursprünglichen Forderung gegen den Versicherer tritt (RGZ 74, 106 ff; BGB-RGRK/Mattern[12] Rn 9).

4 Den Regelungen liegt der gesetzgeberische Gedanke zugrunde, dass die Versicherungsforderungen – anders als einfache Schadensersatzansprüche (BGHZ 107, 255 wie vor) – Surrogat der versicherten Sachen sind (MünchKomm/Eickmann[4] Rn 1; Hoes/Tetzlaff ZfIR 2001, 354) und daher dem Hypothekengläubiger anstelle und neben dem Grundstück und der sonst haftenden Gegenstände weiter haften sollen (vgl Hachenburg Beitr 78 ff und Mot III 659; s aber auch zur Theorie der sog Verdinglichung Reinbeck 60 ff; Gierke JherJb 44, 433 ff; Kisch VersWiuR 1918, 25 ff). Rechtstechnisch ersparen sie den Parteien die Abtretung der Versicherungsforderungen und die damit verbundenen Probleme wie Anfechtbarkeit und Sicherung der Benachrichtigungspflichten.

2.   Versicherungsforderungen

5 Als *Versicherungsarten* kommen die Gebäudefeuerversicherung (§§ 142 ff VVG 2008), aber auch andere Sachversicherungen iSd §§ 88 ff VVG 2008, wie Versicherungen gegen Elementarschäden, Viehschäden, Glasschäden und Maschinenbruch in Betracht (Wolff/Raiser § 135 V). Forderungen aus Versicherungsverhältnissen, die nicht Schäden an den der Hypothek haftenden Sachen dienen, gehören nicht hierher, also nicht Versicherungen wegen Betriebsunterbrechung oder Mietverlust; diese Versicherungen versichern Vermögensschäden, nicht Sachschäden (vgl Dörstling ZVersWiss 13, 618).

6 Das *Versicherungsunternehmen* kann ein In- wie ein ausländisches Unternehmen sein. Angesichts der weitgehend freien Rechtswahl für das Versicherungsschuldverhältnis nach Art 7 ff EGVVG iVm Art 27 ff EGBGB (auf die Art 15 EGVVG verweist), kann nicht mehr sichergestellt werden, dass die Vorschriften zum Schutz des Hypothekengläubigers, aber auch des Eigentümers in §§ 88 ff, 142 ff VVG 2008 wirklich zum Tragen kommen. Es ist Sache der Parteien, eigenverantwortlich für ihren Schutz zu sorgen. Hingegen sind die §§ 1127 bis 1131 sachenrechtlicher Natur; sie unterliegen dem Art 43 Abs 1 EGBGB, gelten also für die Hypothek am inländischen Grundstück auch dann, wenn der Versicherungsvertrag ausländischem Recht folgt.

3.   Gegenstand der Versicherung

7 Vorausgesetzt ist, dass Gegenstände (es handelt sich stets um Sachen), „die der Hypothek unterliegen", versichert worden sind. Darunter fallen nicht nur das

Grundstück, sondern auch Erzeugnisse, Bestandteile und Zubehör, die nach näheren
Bestimmungen der §§ 1120 bis 1126 für die Hypothek haften.

4. Die Person des Versicherten

Der *Eigentümer* oder der *Eigenbesitzer* muss versichert sein. Dass er auch Ver- **8**
sicherungsnehmer ist, ist nicht erforderlich (RG Gruchot 57, 1007 ff). Allerdings muss
er einen eigenen Anspruch gegen den Versicherer aus dem Versicherungsvertrag
haben, denn auch ein Grundpfandrecht kann sich nicht auf Fremdvermögen erstrecken. Unter dieser Voraussetzung genügt es daher, dass die Versicherung nach
näherer Bestimmung jetzt der §§ 43 ff VVG 2008 von einem Dritten für Rechnung
des Eigentümers oder des Eigenbesitzers genommen wurde (OLG Hamm vom 27.8.
2003 – 20 U 12/03 – NJW-RR 2003, 1612) – vgl Prot VI 244. Insbesondere haften den
Hypotheken auch die Versicherungsforderungen, die der Nießbraucher für Rechnung des Grundeigentümers nach § 1046 begründet hat (vgl WOLFF/RAISER § 135 V
Fn 34; s auch PLANCK/STRECKER Anm 2d). Wenn das Grundstück Eigentum einer Ehefrau
ist, genügt es daher auch, wenn der Ehemann die Versicherung für Rechnung der
Frau genommen hat; ob er im eigenen Namen abgeschlossen hat oder nicht, ist
unerheblich (vgl RG WarnR 1913 Nr 228; RGZ 76, 133; BGB-RGRK/MATTERN[12] Rn 5; allgemein
zur Feuerversicherung für noch nicht eingetragenen Grundstückserwerber BGH NJW-RR 2001,
164 m redaktionellen weiteren Hinweisen = EWiR § 74 VVG 1/01, 91 [LITTBARSKI]).

5. Die Person des Berechtigten

Berechtigt ist der jeweilige *Gläubiger der Hypothek*. Das Recht folgt der Hypothek **9**
und kann nicht selbständig, ohne die Hypothek abgetreten werden, solange der
Versicherungsfall nicht eingetreten ist. Soweit die Hypothek Eigentümergrundschuld ist, steht die Forderung nicht dem Grundschuldgläubiger zur Verfügung,
sondern dem Versicherungsnehmer zu (arg § 149 iVm § 145 VVG). Der gesetzliche
Löschungsanspruch nach § 1179a führt nicht dazu, dass die Versicherungsforderung
dem Gläubiger der begünstigten Hypothek vorrangig haftet. Für die Fremdgrundschuld bestehen keine abweichenden Regelungen.

6. Die Haftung

Die Hypothek **erstreckt sich** auf die Versicherungsforderung. Ob sich die Hypothek **10**
innerhalb der Versicherungsgrenze hält, ist unerheblich (OLG Rostock OLGE 3, 298).
Ebensowenig kommt es darauf an, ob die Versicherung bei der Bestellung der
Hypothek schon bestanden hat oder nicht.

Die Haftung **beschränkt sich** auf Schäden, die nach Entstehung der Hypothek an den **11**
der Hypothekenhaftung unterworfenen Sachen entstanden sind; der eingetragenen
Hypothek steht eine Hypothek gleich, deren Eintragung im Zeitpunkt des Ver-
sicherungsfalles durch Vormerkung gesichert war (RGZ 151, 380; RG JW 1936, 2640;
SOERGEL/KONZEN[13] Rn 4).

Die Haftung der Versicherungsforderung soll den Wegfall oder den Wertverlust der **12**
haftenden Sache **ausgleichen** (BGH NJW-RR 1997, 406 = EWiR § 102 VVG 1/97, 325 [Anm
LITTBARSKI] = LM § 102 VVG Nr 4 [krit Anm VOIT]; SCHNEIDER AcP 90, 470 ff; KRETZSCHMAR

Anm 1e). Dennoch ist der Anspruch des Hypothekengläubigers – auch der aus § 143
VVG 2008 – nicht auf die unmittelbare Deckung des Schadens beschränkt; vielmehr
umfasst er bis zur Höchstgrenze (unten Rn 13) darüber hinausgehende Versicherungsansprüche, insbesondere aus einer sog Neuwertversicherung (BGH NJW-RR 1997, 406 =
EWiR § 102 VVG 1/97, 325 [Anm Littbarski] = LM § 102 VVG Nr 4 [krit Anm Voit]). Wenn
aber zur Zeit des Entstehens des Schadens eine mithaftende Sache, insbesondere
eine bewegliche Sache nach den §§ 1120 ff, nicht mehr für die Hypothek haftet, steht
auch dem Hypothekengläubiger insoweit ein Recht an der Versicherungsforderung
nicht mehr zu (Planck/Strecker Anm 2a); scheidet die Sache hingegen erst nach
Eintritt des Schadens aus dem Haftungsverbund aus, bleibt die Versicherungsforderung dennoch verhaftet.

13 Die **Höchstgrenze der Haftung** bestimmt sich nach der Höhe der Hypothekenforderung am Tage des Versicherungsfalls; bei der Grundschuld, auch bei der nicht oder
nur teilweise valutierten Grundschuld, ist stets der volle Grundschuldbetrag maßgeblich (RGZ 124, 93; BGB-RGRK/Mattern[12] Rn 8; Soergel/Konzen[13] Rn 4; Planck/Stre-
cker Anm 2e). Was das in Bezug auf die Grundschuldzinsen bedeutet, ist hier ebenso
unklar wie allgemein (vgl Einl 230 zu §§ 1113 ff).

14 Die Haftung der für einen konkreten Schaden fällig gewordenen Versicherungsforderung **erlischt**, wenn die versicherte Sache (gleich ob unter Inanspruchnahme der
Versicherung oder nicht) wiederhergestellt oder Ersatz für sie beschafft ist (Abs 2),
denn (Mot III 665) die wiederhergestellten oder wiederbeschafften Sachen treten an
Stelle der beschädigten oder zerstörten von selbst wieder in den Pfandverband ein
(RGZ 102, 351; Wolff/Raiser § 135 V; BGB-RGRK/Mattern[12] Rn 14). Die Haftung erlischt
auch, soweit die Versicherungsforderung bereits beschlagnahmt ist (Planck/Strecker
Anm 3a). Eine *Ausnahme* gilt nur für solche Hypothekengläubiger, deren Hypothek
bereits in der Zwangsvollstreckung ausgefallen war und die daher durch die Wie-
derherstellung keinen Vorteil haben (RGZ 102, 353; Planck/Strecker Anm 3a; BGB-
RGRK/Mattern[12] Rn 14). Mit dem Erlöschen der Haftung werden Verfügungen des
Eigentümers über die Forderung, die dem Hypothekengläubiger gegenüber unwirksam waren, voll wirksam (RGZ 78, 24; Planck/Strecker Anm 3a). Es kommt nur darauf
an, dass dem Hypothekengläubiger die frühere Sicherheit wieder verschafft wird; die
Gleichwertigkeit mit der früheren Sicherheit kann uU auch schon vor völliger
Wiederherstellung des Gegenstandes eintreten (RG WarnR 1909 Nr 144; Planck/Strek-
ker Anm 3a). Ein Ersatzbau für das versicherte Gebäude muss nicht auf derselben
Stelle des belasteten Grundstücks aufgeführt werden, jedoch muss durch den Neu-
bau ein Ersatz für das zerstörte frühere Gebäude geschaffen werden (OLG Hamburg
OLGE 30, 107; OLG Königsberg OLGE 31, 345). Hat der Hypothekengläubiger die frühere
Sicherheit nicht vollständig, sondern nur teilweise wiedererlangt, so erlischt die
Haftung der Versicherungsforderung bis zur Höhe des Wertes der Teilherstellung
(RGZ 78, 23; HRR 1942 Nr 206; Planck/Strecker Anm 3a; **aM** Reinbeck 117).

7. Die Geltendmachung der Haftung

15 Für die Geltendmachung der Hypothek an der Versicherungsforderung gilt grundsätzlich dasselbe wie für Mietforderungen (§ 1123 Rn 13 ff). Insbesondere bedarf es –
außer bei der Gebäudeversicherung nach § 1128 – der **Beschlagnahme**. Eine Beschlagnahme des Grundstücks zum Zweck der *Zwangsversteigerung* umfasst nach

§ 20 Abs 2 ZVG mit § 1127 (vgl hierzu auch §§ 100, 101 VVG 2008) auch die
Forderung des Eigentümers oder Eigenbesitzers auf Versicherungsgelder für Gegenstände, die der Hypothek unterliegen (vgl RGZ 69, 316; 74, 108; KLAWIKOWSKI Rpfleger
2005, 341). Zu beachten ist aber auch § 21 Abs 1 ZVG, wonach die Forderung aus
einer Versicherung *land- und forstwirtschaftlicher Erzeugnisse* nur insoweit hierher
gehört, als die Erzeugnisse noch mit dem Boden verbunden oder Zubehör des
Grundstücks sind; bei der *Zwangsverwaltung* aber besteht diese Beschränkung nicht
(§ 148 Abs 1 S 1 ZVG).

Im Rahmen der §§ 1127 ff kann der Hypothekengläubiger die Ansprüche des Ver- **16**
sicherungsnehmers in Beschlag nehmen, aber keine weitergehenden, denn sein
Recht als Pfandgläubiger an der Versicherungsforderung bestimmt sich nach dem
Recht des Versicherungsnehmers. Er muss sich deshalb sämtliche **Einwendungen** und
Einreden des Versicherers in gleichen Umfang entgegenhalten lassen wie der Versicherungsnehmer selbst (vgl § 1275 mit § 404), insbes (abweichend von § 102 VVG
1908) auch das Eigenverschulden des Versicherungsnehmers nach §§ 81, 82 VVG
2008 und die (im VVG 2008 nicht mehr besonders geregelte) Verjährungseinrede
(RGZ 142, 69). Dies gilt auch für die Einwendung, der Versicherungsvertrag sei aus
irgendeinem Grund unwirksam; insofern besteht aber für die Gebäudefeuerversicherung nach § 143 VVG 2008 eine Ausnahmeregelung (vgl dazu Erl zu § 1128).

8. Verfügungsbeschränkung des Versicherten

Zur zusätzlichen Sicherung des Hypothekengläubigers legen die §§ 1128–1130 dem **17**
Versicherten nach Art der Versicherung unterschiedliche Verfügungsbeschränkungen auf. S die Erläuterungen dort.

9. Zwingende Geltung

Die Vorschrift des § 1127 Abs 1 ist im Verhältnis des Eigentümers und des Ver- **18**
sicherungsnehmers einerseits zum Versicherer andererseits **zwingend**. Entgegenstehende Vereinbarungen des Versicherers mit dem Versicherungsnehmer können den
Eintritt der Haftung mit unmittelbarer Wirkung zugunsten des Hypothekengläubigers nicht ausschließen (REINBECK 65). Wohl aber können nach den bei § 1120 Rn 42 ff
dargelegten Grundsätzen Eigentümer und Hypothekengläubiger mit dinglicher Wirkung vereinbaren, dass Versicherungsforderungen nicht für die Hypothek haften
sollen (str).

III. Verpflichtung zum Abschluss eines Versicherungsvertrags

Eine gesetzliche Verpflichtung zum Abschluss einer Versicherung besteht nicht (str, **19**
s § 1134 Rn 17). Im Bereich des gewerblichen Kreditverkehrs wird sich aber der
Eigentümer regelmäßig verpflichten müssen, eine Versicherung abzuschließen und
dauernd aufrechtzuerhalten. Die früheren Brandversicherungsmonopole sind durch
G v 21. 7. 1994 (BGBl I 1630) Art 2 aufgehoben.

In Teilen Hessens soll die Eintragung (nicht die Bestellung) eines Grundpfandrechts **20**
an einem Gebäudegrundstück von der Vorlage einer **Brandversicherungsurkunde**
abhängig gewesen sein (s zur Nichtigkeit dieser Bestimmung HAEGELE/SCHÖNER/STÖBER

[11. Aufl] Rn 1941 [in aktueller Auflage gestrichen] gegen OLG Frankfurt OLGZ 1981, 34). Die Aufhebung des Brandversicherungsmonopols durch § 1 des Hess G zur Durchführung des Art 3 der Richtlinie 92/49/EWG (v 27.7.1993 [GVBl I S 352]) hat das Erfordernis jedenfalls beseitigt.

IV. Haftung von Entschädigungsansprüchen in weiteren Fällen

21 Auch wenn die entsprechende Anwendung des § 1127 auf andere Entschädigungsansprüche ausscheidet (oben Rn 3), ist eine solche Haftung aus anderen Rechtsgründen nicht ausgeschlossen. Für *Enteignungsentschädigungen* ordnen die Art 52, 53, 109 EGBGB die entsprechende Anwendung des § 1128 an, ebenso für *Bergschäden* § 117 BBergG iVm Art 52 und 53 EGBGB.

V. Anwendung auf alle Arten von Hypotheken sowie auf Grund- und Rentenschulden

22 § 1127 gilt für alle Arten der Hypothek und findet gemäß §§ 1192, 1199 auch auf Grund- und Rentenschulden Anwendung. S zum Haftungsumfang oben Rn 13.

§ 1128
Gebäudeversicherung

(1) Ist ein Gebäude versichert, so kann der Versicherer die Versicherungssumme mit Wirkung gegen den Hypothekengläubiger an den Versicherten erst zahlen, wenn er oder der Versicherte den Eintritt des Schadens dem Hypothekengläubiger angezeigt hat und seit dem Empfang der Anzeige ein Monat verstrichen ist. Der Hypothekengläubiger kann bis zum Ablauf der Frist dem Versicherer gegenüber der Zahlung widersprechen. Die Anzeige darf unterbleiben, wenn sie untunlich ist; in diesem Falle wird der Monat von dem Zeitpunkt an berechnet, in welchem die Versicherungssumme fällig wird.

(2) Hat der Hypothekengläubiger seine Hypothek dem Versicherer angemeldet, so kann der Versicherer mit Wirkung gegen den Hypothekengläubiger an den Versicherten nur zahlen, wenn der Hypothekengläubiger der Zahlung schriftlich zugestimmt hat.

(3) Im Übrigen finden die für eine verpfändete Forderung geltenden Vorschriften Anwendung; der Versicherer kann sich jedoch nicht darauf berufen, dass er eine aus dem Grundbuch ersichtliche Hypothek nicht gekannt habe.

Materialien: E I § 1070 Abs 2; II § 1036 rev
§ 1112; III § 1111; Mot III 666 f; Prot III 563 ff.
Abs 2 eingefügt durch VO vom 28.12.1942
(RGBl I 740).

Schrifttum

BEYER, Gebäudeversicherung und Hypothek (Diss Leipzig 1937)
BRISKEN, Der Schutz des Hypothekengläubigers bei Gebäudeversicherung (1964)
GIRTH, Die Rechte des Hypothekengläubigers an der Forderung gegen den Versicherer (1903)
HOES/TETZLAFF, Ansprüche des Grundpfandgläubigers gegen den Gebäudeversicherer, ZfIR 2001, 354
KISCH, Verfügung über die Versicherungsforderung bei hypothekarischer Belastung, LZ 1914, 30
OELERT, Realkredit und Feuerversicherung (1914)

REINBECK, Die Haftung der Versicherungsforderung für Hypotheken und Grundschulden (1905)
SCHERLING, Hypothekengläubiger und Feuerversicherung (Diss Göttingen 1948)
SCHNEIDER, Zur Auslegung des § 1128, AcP 90 (1900) 440
SCHÜTZ, Die Rechte des Realgläubigers in der Schadenversicherung, VersR 1987, 134
SIMON, Der versicherungsrechtliche Schutz des Hypothekengläubigers (Diss Leipzig 1909)
WIESINGER, Die Rechtsstellung des Hypothekengläubigers in der privaten Feuerversicherung (1941).

Systematische Übersicht

I. Allgemeines

Die Vorschrift enthält gegenüber den §§ 1127 und 1129 Sonderbestimmungen für die **1** **Gebäudeversicherung**. Abs 1 ist eine Schutzbestimmung zugunsten des Versicherers, Abs 2 eine solche zugunsten des Hypothekengläubigers. Jedoch ist hervorzuheben, dass beide Absätze nicht gelten, wenn die *Wiederherstellungsklausel* (§ 1130) vereinbart wurde (HOES/TETZLAFF ZfIR 2001, 354; PALANDT/BASSENGE[68] § 1130 Rn 1; SOERGEL/KONZEN[13] Rn 1). Dies ist zwar regelmäßig der Fall, aber nur für einen Teilbetrag der Versicherungssumme (vgl § 93 VVG 2008), so dass § 1128 für die restliche Versicherungssumme durchaus bedeutsam bleibt (**aA** noch Bearb 2002 Rn 1). Auch für den Insolvenzfall ist die Vorschrift bedeutsam, weil der Insolvenzverwalter meist nicht wiederaufbauen will (HOES/TETZLAFF ZfIR 2001, 354). Ist aber keine Wiederherstellungsklausel vereinbart, so befriedigt sich der Gläubiger aus der Versicherungssumme; soweit er befriedigt wird, muss er nach § 145 S 2 VVG 2008 seine Rangstelle den nachrangigen Gläubigern räumen (unten Rn 20).

II. Geltungsbereich

1. Versicherung von Gebäuden

2 Die Vorschrift bezieht sich lediglich auf die **Versicherung der Gebäude** (Gebäudebegriff s BGH LM § 912 BGB Nr 25) nebst deren Bestandteilen und zwar nicht bloß gegen Feuer (§§ 142 ff VVG 2008), sondern gegen jedes Schadensrisiko iSd §§ 88 ff VVG 2008 (Schadensversicherung). Ist im Rahmen einer Gebäudeversicherung auch Zubehör mitversichert, findet § 1128 auch auf das Zubehör Anwendung (RGZ 69, 314, 316; 157, 316; BGHZ 44, 1; s zum Begriff des Zubehörs bei Scheinbestandteilen auch § 1120 Rn 31). Keine Anwendung findet die Vorschrift auf die Versicherung von Grundstücksbestandteilen, die nicht Teil eines Gebäudes sind Die Vorschrift findet auch keine Anwendung auf Versicherungen, die isoliert nur Gebäudebestandteile versichern, die für sich allein den Gebäudebegriff nicht erfüllen (Glas oder Spiegelscheibenversicherung, Mot III 667); eine ganze Gebäudefassade kann aber für sich allein Gebäude sein (REINBECK 93). Schließlich findet die Vorschrift keine Anwendung auf die Versicherung beweglicher Sachen, die kein Gebäudezubehör sind, mögen sie auch aufgrund ein und desselben Versicherungsvertrags zusammen mit einem Gebäude versichert sein (verbundene Gebäudeversicherung).

2. Versicherung anderer haftender Gegenstände

3 Auf versicherte *Maschinen* kann § 1128 nur dann Anwendung finden, wenn die Maschinen in einen Gebäudeversicherungsvertrag einbezogen worden sind (da § 1128 stets einen Versicherungsvertrag über ein Gebäude zur Voraussetzung hat), nicht aber dann, wenn Maschinen, mögen sie Bestandteile eines Gebäudes sein oder nicht, als bewegliche Gegenstände versichert sind (RGZ 69, 316). Waren die Maschinen nicht einbezogen, so gilt bezüglich ihrer Versicherung § 1129 (RGZ 69, 316; 157, 316; SOERGEL/KONZEN[13] Rn 1).

3. Verfügungsverbot

4 Die Vorschriften der §§ 1128, 1130 sowie des § 94 VVG 2008 dienen dem Schutz nur der Hypothekengläubiger und derjenigen Personen, die zur Wiederherstellung der zerstörten Gebäude Arbeiten oder Lieferungen übernommen oder bewirkt haben. Sie stellen mithin relative Veräußerungsverbote iS des § 135 dar (BGH VersR 1984, 1137). Aber auch dem geschützten Gläubiger gegenüber verlieren diese Veräußerungsverbote ihre Wirksamkeit mit der Wiederherstellung der zerstörten Gebäude, da hierdurch ihr Zweck erreicht ist (RGZ 95, 207).

5 Die Verfügungsbeschränkung, der der Eigentümer hinsichtlich der Versicherungsforderung unterworfen ist, ist somit bei der Gebäudeversicherung anders geregelt als bei der Versicherung für die mithaftenden Gegenstände. Bei Gebäuden kann der Eigentümer über die Versicherungsforderung überhaupt nicht zum Nachteil des Hypothekengläubigers verfügen (er kann sie lediglich dann einziehen, wenn die Voraussetzungen des § 1128 vorliegen), auch wenn eine Beschlagnahme nicht erfolgt ist (RGZ 122, 133); bei den übrigen mithaftenden Gegenständen tritt die Verfügungsbeschränkung gemäß § 1129 erst durch die Beschlagnahme ein (vgl RGZ 64, 28; RGZ 76, 133; RG JW 1932, 2538; SOERGEL/KONZEN[13] Rn 1; WOLFF/RAISER § 135 V 1).

III. Rechtsstellung des Hypothekengläubigers

Bei der **Gebäudeversicherung** kommen die Vorschriften über das *Pfandrecht* an **6** Forderungen (s §§ 1279 ff) zur Anwendung, Abs 2; der Hypothekengläubiger steht hier von Anfang an (also sobald der Versicherungsvertrag abgeschlossen ist) auch ohne Beschlagnahme und vor Eintritt des Versicherungsfalls dem Gläubiger gleich, dem die Forderung verpfändet ist (PLANCK/STRECKER Anm 3; WOLFF/RAISER § 135 V 2; ERMAN/WENZEL[12] Rn 8; PALANDT/BASSENGE[68] Rn 2; **aM** SCHNEIDER 440). Damit ist zugleich dem Versicherten die Verfügung über die Forderung aus einer Gebäudeversicherung entzogen (vgl aber unten Rn 16).

Wie jedes Pfandrecht an einer Forderung ist auch das Pfandrecht des Hypotheken- **7** gläubigers nur werthaltig, wenn und soweit die **Forderung tatsächlich besteht.** Ist der Versicherer leistungsfrei (etwa nach §§ 81, 82 VVG 2008, weil der Eigentümer den Versicherungsfall vorsätzlich herbeigeführt hat), so ist er auch dem Hypothekengläubiger gegenüber nicht zur Leistung verpflichtet (BGH NJW 1981, 1671; HOES/TETZLAFF ZfIR 2001, 354).

Aus der Regelung ergibt sich zugleich, dass es für den Hypothekengläubiger *keiner* **8** *besonderen Beschlagnahme* zur Geltendmachung seiner Rechte bedarf (vgl OLG Breslau OLGE 14, 110). Er kann seine Befriedigung aus der Versicherungsforderung auch auf dem Wege besonderer Zwangsvollstreckung suchen, soweit er einen vollstreckbaren Titel hat (vgl §§ 1277, 1282 Abs 2). Von Wichtigkeit kann dies bei der Zwangsversteigerung werden, da hier, wenn vor oder während des Zwangsversteigerungsverfahrens die Versicherungssumme fällig wird, die Beschlagnahme sich auch auf die Versicherungssumme erstreckt und durch den Zuschlag auf den Ersteher übergeht (s §§ 20, 90 Abs 2 ZVG); hat in einem solchen Fall der Hypothekengläubiger vor Beginn des Zwangsversteigerungsverfahrens wegen seiner Hypothekenforderung die Versicherungssumme im Wege der Mobiliarzwangsvollstreckung gepfändet und dieses Pfandrecht gemäß § 37 Abs 4 ZVG angemeldet, so erwirbt der Ersteher die Versicherungssumme als mit dem Pfandrecht des Hypothekengläubigers belastet (vgl GUNDLACH JW 1913, 411). Will der jüngere Hypothekar den Zugriff eines anderen Hypothekengläubigers vereiteln, so muss er die Beschlagnahme des Grundstücks veranlassen und zwar zweckmäßigerweise zum Zweck der Zwangsverwaltung (s § 148 ZVG); bezüglich der Zwangsversteigerung vgl § 21 ZVG.

Leistet der Versicherer ohne Erstattung einer Anzeige an den Hypothekengläubiger **9** oder trotz dessen rechtzeitigen Widerspruchs nach Anzeige gleichwohl an den Versicherten (oder, wenn über sein Vermögen das Insolvenzverfahren eröffnet ist, an den Insolvenzverwalter) allein Zahlung, so muss er auf Verlangen des Gläubigers noch einmal bezahlen; gegen den Versicherten (oder dessen Insolvenzmasse) hat der Gläubiger keinen Anspruch auf Herausgabe (vgl RGZ 64, 29; s ferner RGZ 74, 117: Kenntnis von der Abtretung).

10 Im übrigen sind die einschlägigen Vorschriften der §§ 1279 ff nur anzuwenden, soweit nicht die besonderen Verhältnisse hier entgegenstehen; zB besteht kein Anspruch des Hypothekengläubigers iS des § 1288 Abs 1 auf mündelsichere Anlage der herausbezahlten Versicherungssumme, weil das Geld zur Wiederherstellung des Gebäudes verwendet werden muss (TURNAU/FÖRSTER zu § 1128; FUCHS zu § 1128; WERNEBURG ZBlFG 15, 505; **aM** PLANCK/STRECKER Anm 3c; REINBECK 99; HEINE ZBlFG 17, 343).

IV. Leistung mit befreiender Wirkung an den Versicherten

11 Nach den Vorschriften über das Forderungspfandrecht (§ 1281) könnte eine Auszahlung der Versicherungssumme immer nur an den Versicherten und die Hypothekengläubiger *gemeinschaftlich* erfolgen; es wäre stets die ausdrückliche Zustimmung der Hypothekengläubiger nötig, wenn die Auszahlung an den Versicherten allein erfolgen sollte. Jedoch wird der Hypothekengläubiger, solange seine Hypothek nicht gefährdet ist, regelmäßig nichts dagegen einzuwenden haben, dass der Versicherer die Ersatzsumme an den Versicherten allein zahlt. Dem trägt § 1128 Abs 1 Rechnung, der so eine Ausnahme von der Grundregel des Abs 3 enthält (WOLFF/RAISER § 135 V 2), allerdings **nur** in dem beim gewerblichen Kredit kaum praktischen Fall, dass der Hypothekengläubiger seine Hypothek dem Versicherer nicht angemeldet hat (Abs 2).

1. Voraussetzungen

a) Benachrichtigung der eingetragenen Hypothekengläubiger

12 Die im Grundbuch eingetragenen Hypothekengläubiger müssen von dem Eintritt des Schadens seitens des Versicherten oder des Versicherers benachrichtigt werden. Die Anzeige hat entweder vom Versicherer oder vom Versicherten auszugehen und muss den Eintritt des Schadens zum Inhalt haben (s REINBECK 103); in Ansehung der Person des Empfängers wird die Vermutung aus § 891 praktisch. Eine besondere Form der Anzeige ist nicht verlangt.

13 Der Versicherer kann sich nicht darauf berufen, dass er eine aus dem Grundbuch ersichtliche Hypothek nicht gekannt habe (Abs 3 HS 2); dh der Grundsatz des § 892 gilt auch dem Versicherer gegenüber (s Prot III 565, 566). Der Versicherer kann sich aber mit seiner Anzeige auf die aus dem Grundbuch ersichtlichen Grundpfandgläubiger beschränken, ohne zu weiteren Nachforschungen verpflichtet zu sein (vgl OLG Königsberg OLGE 26, 147). Nur wenn die Anzeige untunlich ist (s § 374 Abs 2), darf sie unterbleiben (Abs 1 S 3 HS 1). Handelt es sich um Briefrechte, so genügt die Benachrichtigung des im Grundbuch eingetragenen Gläubigers (ein weiterer Grund dafür, dass der Erwerber eines Briefgrundpfandrechts sich in das Grundbuch eintragen lassen sollte); handelt es sich der Bucheintragung nach um eine Eigentümergrundschuld, so entfällt die Anzeige. Keinesfalls muss der Versicherer dem Brief nachforschen, was bei Grundschulden, die als Fremdgrundschulden eingetragen sind, auch gar nicht möglich ist (**aA** für die Eigentümergrundschuld BGH vom 1. 10. 1980 – V ZR 124/79 – VersR 1981, 49). Der Gläubiger hat die einfache Möglichkeit, sein Recht beim Versicherer anzumelden und hat deshalb auch das Risiko der Nichtanmeldung zu tragen.

b) Ablauf der Monatsfrist

14 Es muss seit der Benachrichtigung **ein Monat verflossen** sein, ohne dass ein Gläubiger

Widerspruch erhob. Der Widerspruch ist auch vor der Anzeige wirksam (OLG Königsberg OLGE 26, 147). Bei *Untunlichkeit* der Anzeige wird der Monat von dem Zeitpunkt an gerechnet, in welchem die Versicherungssumme fällig wird. Der Widerspruch kann nur dem Versicherer gegenüber erklärt werden (vgl hierzu §§ 130–132); eine Form ist nicht vorgeschrieben; er wirkt nur zugunsten des Widersprechenden, nicht auch für die anderen Hypothekengläubiger. Die spätere Umschreibung einer Hypothek auf einen anderen Gläubiger kann die Anzeige ihrer Wirkung nicht mehr berauben.

2. Widerspruch

Wird von einem Hypothekengläubiger rechtzeitig Widerspruch erhoben, so kann der **15** Versicherer die Versicherungssumme nicht mehr mit befreiender Wirkung an den Eigentümer allein auszahlen. Der Versicherer kann aber seiner Verpflichtung durch Hinterlegung der Versicherungssumme genügen (s § 1281).

3. Erlöschen der hypothekarischen Haftung

Durch das Verstreichenlassen der Frist allein geht die Hypothek an der Versiche- **16** rungsforderung noch nicht unter (OLG Breslau OLGE 14, 110), wohl aber durch Auszahlung der Summe an den Versicherten, denn damit geht die Forderung selbst unter.

V. Ergänzung des § 1128 durch §§ 142 ff VVG 2008

§ 1128 findet (nur) für die **Feuerversicherung** von Gebäuden eine Ergänzung in den **17** §§ 142 ff VVG 2008. Für andere Schadensversicherungen gelten diese Bestimmungen auch dann nicht, wenn sie in einer verbundenen Gebäudeversicherung mit der Feuerversicherung in einen Vertrag zusammengefasst sind (BGHZ 108, 82). Durch diese Vorschriften wird der Schutz des Hypothekengläubigers wesentlich verstärkt. Aber auch der Versicherer wird geschützt, indem § 145 VVG 2008 anordnet, dass die Hypothek auf den Versicherer übergeht, soweit er den Hypothekengläubiger befriedigt (nachf Rn 20).

a) Der Versicherer hat gegenüber einem Hypothekengläubiger, der seine Hypo- **18** thek angemeldet hat, nach §§ 142, 146, 147 VVG 2008 umfangreiche **Anzeigepflichten.**

b) Nach §§ 143, 144 VVG 2008 kann die **Leistungspflicht** des Versicherers fort- **19** bestehen, obwohl der Versicherungsvertrag nichtig oder gestört ist.

c) Leistet der Versicherer an den Hypothekengläubiger, so ordnet § 145 VVG **20** 2008 den **Übergang der Hypothek** auf den Versicherer an, soweit der Gläubiger durch die Leistung befriedigt wurde. Es handelt sich um einen Übergang entsprechend § 1164 Abs 1, so dass der Übergang der Hypothek weiter voraussetzt, dass der Versicherer überhaupt Ansprüche gegen den Eigentümer hat, zu deren Sicherung die übergegangene Hypothek dienen kann, zB weil er dem Eigentümer gegenüber leistungsfrei war (LG Köln vom 2.7.1986 – 24 O 381/85 – RuS 1986, 290). Die Gegenmeinung, die Hypothek gehe als Grundschuld über (SCHWINTOWSKI/BRÖMMELMEYER/

MICHAELIS, VVG § 146 Rn 4 mwNw), verschafft dem Versicherer ggf eine Befriedigungsmöglichkeit, obwohl er keinen Anspruch gegen den Eigentümer hat. Da der ursprüngliche Gläubiger befriedigt ist, muss der Versicherer nach S 2 aber die Rangstelle den nachrangigen Hypothekengläubigern räumen, weil sich deren Hypotheken ebenfalls auf die Versicherungsforderung erstreckt haben, ihnen also im Verhältnis zum Versicherer das bessere Recht zusteht (BGH vom 2. 3. 2005 – IV ZR 212/04 – ZfIR 2005, 504 m Anm ARMBRÜSTER; OLG Hamm vom 18. 6. 2002 – 15 W 105/01 – NJW-RR 2002, 1546).

VI. Anwendung auf alle Arten von Hypotheken sowie auf Grund- und Rentenschulden

21 § 1128 und die §§ 142 ff VVG 2008 gelten für alle Arten der Hypothek und finden gemäß §§ 1192, 1199 BGB und 148 VVG 2008 auch auf Grund- und Rentenschulden Anwendung (HOES/TETZLAFF ZfIR 2001, 354). Im Gegensatz zur Hypothek, bei der nach § 149 VVG 2008 die Vorschriften der §§ 142 ff VVG 2008 auf die durch Befriedigung des Hypothekengläubigers entstandene Eigentümergrundschuld nicht anwendbar sind, bleiben sie bei Grundschulden auch dann anwendbar, wenn die gesicherte Forderung nicht mehr besteht (OLG Hamm NJW-RR 1988, 217. AA OLG Saarbrücken NJW-RR 1998, 1486); unberührt bleibt selbstverständlich der Rückgewähranspruch des Sicherungsgebers, der aber mit dem Eigentümer nicht identisch sein muss (Vorbem 90 ff zu §§ 1191 ff). Der Übergang nach § 145 VVG 2008 (oben Rn 20) setzt bei Grundschulden voraus, dass der Versicherer auf die Grundschuld selbst leistet; anders als bei § 1164 (dort Rn 20) erwirbt er dann eine Art Sicherungsgrundschuld für seine Rückgriffsansprüche.

§ 1129
Sonstige Schadensversicherung

Ist ein anderer Gegenstand als ein Gebäude versichert, so bestimmt sich die Haftung der Forderung gegen den Versicherer nach den Vorschriften des § 1123 Abs. 2 Satz 1 und des § 1124 Abs. 1, 3.

Materialien: E I § 1070 Abs 2, 3; II § 1037 rev
1113; III § 1112; Mot III 666 f; Prot III 563 ff,
567; IV 602.

1. Haftung bei anderen Versicherungsobjekten

1 Unter § 1129 fallen alle Schadensversicherungen für Gegenstände, die der Hypothekenhaftung unterliegen und nicht schon von § 1128 erfasst werden (s § 1128 Rn 2). S zu Erleichterungen für den Versicherer im Fall einer Widerherstellungsklausel § 1130.

2 Der Versicherer kann hier die Versicherungssumme unbedenklich dem Versicherten auszahlen; der Hypothekengläubiger kann dies nur durch vorherige Beschlagnahme (über diesen Begriff s näher § 1121 Rn 3) der betreffenden Versicherungsforderung verhüten (s § 1124 Abs 1; Prot III 565). Der Versicherte kann somit vor der Beschlagnahme die Forderung einziehen oder sonst mit Wirkung gegenüber dem Hypothekengläubiger darüber verfügen (RGZ 72, 214; RGZ 64, 28; RGZ 76, 133; RG JW 1932, 2538; OLG Hamm VersR 1977, 949; WOLFF/RAISER § 135 V 1; PALANDT/BASSENGE[68] Rn 1; ERMAN/WENZEL[12] Rn 1). Als Verfügungen sind auch hier alle Maßnahmen der Zwangsvollstreckung anzusehen (s hierüber und über die dabei auftretenden Rangfragen § 1123 Rn 21, § 1124 Rn 11, 41).

Auch an den Zessionar oder den Pfandgläubiger des Versicherten kann und muss der **3** Versicherer auszahlen, solange der Hypothekengläubiger die Versicherungsforderung nicht beschlagnahmt hat, wie sich gleichfalls aus der Verweisung auf § 1124 Abs 1 ergibt. Der Hypothekengläubiger hat gegenüber einer früheren Pfändung kein Vorzugs- oder Widerspruchsrecht.

Zur selbständigen Einziehung ist der Hypothekengläubiger ist hier im Gegensatz zu **4** den Fällen des § 1128 nicht schon kraft seines hypothekarischen Rechts befugt (s § 1128 Rn 8 f, aber auch Rn 12 ff). Vielmehr erlangt er die Befugnis, den Anspruch aus dem Versicherungsvertrag geltend zu machen, erst durch Beschlagnahme oder durch Pfändung und Überweisung dieses Anspruchs; die Pfändungsmöglichkeit ergibt sich aus § 865 Abs 2 S 2 ZPO (vgl § 1147 Rn 51, § 1123 Rn 20). Der Versicherungsvertrag kann aber dem Hypothekengläubiger einen Direktzugriff einräumen (vgl auch RGZ 25, 218; PLANCK/STRECKER Anm 4).

Darin, dass der Versicherer vor der Beschlagnahme die Entschädigungssumme unter **5** Verzicht auf die Rücknahme hinterlegt hat, kann weder eine Einziehung noch eine sonstige die Rechte der Hypothekengläubiger beseitigende Verfügung über die Versicherungsforderung iS des § 1124 gefunden werden (vgl RGZ 74, 106).

2. Geltung für alle Grundpfandrechte

§ 1129 gilt für alle Arten der Hypothek und findet gemäß §§ 1192, 1199 auch auf **6** Grund- und Rentenschulden Anwendung.

§ 1130
Wiederherstellungsklausel

Ist der Versicherer nach den Versicherungsbestimmungen nur verpflichtet, die Versicherungssumme zur Wiederherstellung des versicherten Gegenstandes zu zahlen, so ist eine diesen Bestimmungen entsprechende Zahlung an den Versicherten dem Hypothekengläubiger gegenüber wirksam.

Materialien: E I § 1070 Abs 1 S 2; II § 1038 rev § 1114; III § 1113; Mot III 665 f; Prot III 562 f.

Schrifttum

BLOMEYER, Zum relativen Verbot der Verfügung über Forderungen, in: FS Hirsch (1968)
HOES/TETZLAFF, Ansprüche des Grundpfandgläubigers gegen den Gebäudeversicherer, ZfIR 2001, 354
IWAND, Die versicherungsrechtliche Stellung des Hypothekengläubigers in bezug auf die sog „Wiederherstellungsklausel", DJZ 1910, 818

JOSEF, Die Verweigerung des Wiederaufbaues seitens des Versicherungsnehmers in ihrer Einwirkung auf die Realgläubiger, SeuffBl 76, 715
WERNEBURG, Die Versicherungsforderung in der Zwangsversteigerung des Gebäudegrundstücks, LZ 1915, 811.

1. Rechtliche Bedeutung

1 Das Gesetz erkennt in § 1130 die Gültigkeit einer Versicherungsklausel an, wonach der Versicherer die Entschädigungssumme nur an den Versicherten selbst zur Wiederherstellung (oder Wiederbeschaffung) des versicherten Gegenstandes zu zahlen hat. Ob es sich um eine Gebäudeversicherung oder um eine Versicherung anderer Gegenstände handelt (vgl § 1129 Rn 1), ist gleichgültig (PLANCK/STRECKER Anm 1). Die Wiederherstellungsklausel ist bei der Gebäudeversicherung, vor allem in Form der verbreiteten gleitenden Neuwertversicherung, üblich (PALANDT/BASSENGE[68] Rn 1). § 93 VVG 2008 geht allerdings der verbreiteten Praxis entsprechend davon aus, dass die Wiederherstellungsklausel nicht für die gesamte Versicherungssumme, sondern nur für einen den „Versicherungswert" (die Schadenssumme) übersteigenden Teil der Versicherungssumme vereinbart wird. Dann findet auf die Schadenssumme § 1128 Anwendung. Vgl dazu § 14 der „Allgemeinen Versicherungsbedingungen für die Verbundene Wohngebäudeversicherung (VGB 2008 – Wert 1914)" (einzusehen zB unter http://www.vhv.de/web/Privat/Versicherungen/Wohngebaeude/Versicherungsbedingungen/pdf/2008/Wohngebaeude_VGB2008_Wert1914_Stand_06_08.pdf).

2 Die *rechtliche Bedeutung* der Wiederherstellungsklausel liegt nicht darin, die Wiederherstellung sicherzustellen, da sie weder den Versicherten noch den Versicherers verpflichtet, für die Wiederherstellung zu sorgen, sondern darin, dass für den Versicherer der *Versicherte allein* als *Empfangsberechtigter* gilt. Der Versicherer wird durch die Zahlung der der Wiederherstellungsklausel unterliegenden Versicherungssumme an den Versicherungsnehmer auch dann befreit, wenn die Versicherungssumme tatsächlich nicht zur Wiederherstellung verwendet worden ist (PLANCK/STREKKER Anm 2; BUSCH ZBlFG 12, 783; OLG Dresden OLGE 5, 319; über Abweichungen im Einzelfall und je nach dem Inhalt der Versicherungsbedingungen vgl OLG Kiel OLGE 8, 139; KG OLGE 29, 362). Durch eine solche der Wiederherstellungsklausel entsprechende Zahlung erlischt die Haftung der Versicherungsforderung für die Hypothek (BGB-RGRK/MATTERN[12] Rn 3). Ist die Wiederherstellung unmöglich, so verliert die Wiederherstellungsklausel auch den Hypothekengläubigern gegenüber ihren Sinn; diese können daher unter den Voraussetzungen des § 1128 Zahlung an sich verlangen (RGZ 133, 177), allerdings nicht bei einer strengen Wiederherstellungsklausel (unten Rn 3).

2. Zahlung der Versicherungssumme

3 Nach § 93 VVG 2008 kann der Versicherungsnehmer die Zahlung eines über den

Versicherungswert hinausgehenden Betrags erst verlangen, wenn die bestimmungsmäßige Verwendung des Geldes *gesichert* ist (dazu BGH vom 13. 12. 2000 – IV ZR 280/99 – NJW-RR 2001, 525). Bei einer „strengen Wiederherstellungsklausel" (vgl BGH vom 13. 12. 2000 aaO) entfällt der Anspruch überhaupt, wenn nicht wiederhergestellt wird. Diese Beschränkungen sind auch dem Hypothekengläubiger gegenüber wirksam. Zu dessen Sicherung darf der Versicherer aber andererseits die den Versicherungswert übersteigende Versicherungssumme nur unter dieser Voraussetzung an den Versicherten zahlen (§ 94 VVG 2008); andernfalls kann ein Hypothekengläubiger die nochmalige Zahlung der Entschädigungssumme zur Wiederherstellung des Gebäudes fordern.

§ 94 VVG 2008 erlaubt unter gewissen Voraussetzungen die Zahlung auch dann, **4** wenn die Wiederherstellung *nicht gesichert* ist, aber nur dann, wenn der Hypothekengläubiger dem in Textform zugestimmt oder auf Anzeige hin innerhalb festgelegter Fristen nicht widersprochen hat.

Das Gesetz enthält keine Regelung mehr darüber, wann die die Wiederherstellung **5** oder Wiederbeschaffung als „gesichert" gelten kann. Der Versicherer entscheidet darüber nach billigem Ermessen. Maßgeblich ist, ob angesichts der getroffenen Vorkehrungen keine vernünftigen Zweifel an der Wiederherstellung bestehen, ohne dass diese restlos gewiss sein muss (OLG Düsseldorf vom 28. 12. 1994 – 4 U 44/94 – VersR 1996, 623; PRÖLSS/MARTIN/KOLLHOSSER[27] § 97 VVG Rn 14; SCHWINTOWSKI/BRÖMMELMEYER/HAMMEL, VVG § 93 Rn 26).

3. Durchsetzung der Hypothekenhaftung

Der Hypothekengläubiger kann seinen Anspruch letztlich nur durch Zwangsverwal- **6** tung verwerten, durch die dem Versicherten nach §§ 148 Abs 2, 152 Abs 1, 24 ZVG; § 988 Abs 2 ZPO die Legitimation zur Einziehung genommen wird (PLANCK/STRECKER Anm 5). Der Versicherer kann an den Verwalter wirksam zahlen; freilich erlangt der Hypothekengläubiger, der die Zwangsverwaltung erwirkt hat, dadurch kein Sonderrecht auf Befriedigung aus der Versicherungsforderung (BGB-RGRK/MATTERN[12] Rn 10); vielmehr hat dann der Verwalter die Forderung einzuziehen und bestimmungsgemäß zu verwenden (BGB-RGRK/MATTERN[12] aaO). Nur wenn die Wiederherstellung nicht möglich ist, darf der Verwalter die Entschädigungssumme zur Befriedigung der Hypothekengläubiger verwenden (RG JRPV 1937, 327; SOERGEL/KONZEN[13] Rn 2), bei einer strengen Wiederherstellungsklausel (oben Rn 3) auch das nicht. Andererseits verhindert die wirksame Beschlagnahme, dass der Versicherer mit befreiender Wirkung an den Versicherten zahlen kann (SOERGEL/KONZEN[13] Rn 4).

Die **Pfändung** einer Versicherungsforderung der in § 1130 bezeichneten Art mit der **7** Wirkung, dass der Versicherer nicht mehr an den Versicherten, sondern nach der Überweisung an den Hypothekengläubiger zahlen muss, ist der Natur der Sache nach ausgeschlossen; denn die Versicherungsforderung ist zweckgebunden. Würde man die Pfändung zulassen, so würde die Versicherungssumme ihrem Zweck, die Wiederherstellung des Versicherungsobjektes zu ermöglichen, entzogen werden (hM; BGB-RGRK/MATTERN[12] Rn 9; ERMAN/WENZEL[12] Rn 4; PALANDT/BASSENGE[68] Rn 5; abweichend PLANCK/STRECKER Anm 5). Anders ist es nur, wenn die Wiederherstellung unmöglich ist oder vom Eigentümer verweigert wird; dann können die Hypothekengläubiger die

Forderung pfänden (SOERGEL/KONZEN[13] Rn 4). Bei einer strengen Wiederherstellungsklausel (oben Rn 3) geht die Pfändung auch dann ins Leere.

8 Im Falle der **Zwangsversteigerung** ist § 1130 nicht anzuwenden; eine Zahlung an den
Eigentümer, der durch den Zuschlag sein Eigentum verliert, würde ihren Zweck
verfehlen, da dieser idR nicht zur Wiederherstellung in der Lage sein wird. Die
Entschädigungssumme ist vielmehr an den Ersteher zu zahlen, der die Forderung mit
dem Zuschlag erwirbt (PLANCK/STRECKER Anm 5; SOERGEL/KONZEN[13] Rn 4; PALANDT/BAS-
SENGE[68] Rn 5; aM HACHENBURG Beitr 81). In der Zeit zwischen der Beschlagnahme und
dem Zuschlagsbeschluss wird der Versicherer mit Rücksicht auf die bestehende
Rechtsunsicherheit am zweckmäßigsten gemäß § 372 hinterlegen oder an das Vollstreckungsgericht zahlen, das die Summe im Zuschlagsbeschluss dem Ersteher
zuzusprechen hat (SOERGEL/KONZEN[13] Rn 4; WERNEBURG LZ 1915, 811 und ZBlFG 15, 506).

9 **Verweigert der Eigentümer den Wiederaufbau, so** wird die Rechtslage für den Versicherer nicht verändert; er ist insbesondere nicht verpflichtet, die Versicherungssumme an den Hypothekengläubiger auszuzahlen (JOSEF aaO; aM IWAND aaO). Sofern
und soweit sich aber jene Weigerung als eine die Sicherheit der Hypothek gefährdende Einwirkung auf das Grundstück darstellt, kann § 1134 Abs 2 angewandt
werden und das Gericht einen Verwalter bestellen, der das Geld vom Versicherer
zu verlangen berechtigt ist (PALANDT/BASSENGE[68] Rn 4).

3. Anwendung auf alle Arten von Hypotheken sowie auf Grund- und Rentenschulden

10 § 1130 gilt für alle Arten der Hypothek und findet gemäß §§ 1192, 1199 auch auf
Grund- und Rentenschulden Anwendung.

§ 1131
Zuschreibung eines Grundstücks

**Wird ein Grundstück nach § 890 Abs. 2 einem anderen Grundstück im Grundbuch
zugeschrieben, so erstrecken sich die an diesem Grundstück bestehenden Hypotheken auf das zugeschriebene Grundstück. Rechte, mit denen das zugeschriebene
Grundstück belastet ist, gehen diesen Hypotheken im Range vor.**

Materialien: E I § 1067 Nr 1; II § 1039 rev
§ 1115; III § 1114; Mot III 651 f, 654; Prot III
549 ff; VI 252 f.

1. Allgemeines

1 Eine **Erweiterung im Bestand des Grundstücks** ist entweder dadurch möglich, dass das
Grundstück mit einem anderen iS des § 890 Abs 1 *vereinigt* wird (hierzu § 5 GBO)
oder dadurch, dass ihm ein anderes Grundstück iS des § 890 Abs 2 als Bestandteil
zugeschrieben wird (§ 6 GBO). Die Bestandteilszuschreibung setzt voraus, dass die

Grundstücke demselben Eigentümer, bei Miteigentum denselben Miteigentümern mit gleich großen Anteilen in derselben Eigentumsform, gehören oder spätestens bei ihrer Verbindung erworben werden (MünchKomm/EICKMANN[4] § 890 Rn 6).

In beiden Fällen erstrecken sich grundsätzlich die bestehenden Belastungen nicht **2** auf die anderen Grundstücksteile. Von dieser Regel macht § 1131 für *Grundpfandrechte* (Hypotheken, Grund- und Rentenschulden) für den Fall der *Bestandteilszuschreibung* eine Ausnahme; die an dem anderen Grundstück (Stammgrundstück) bestehenden Grundpfandrechte erstrecken sich auf das zugeschriebene Grundstück. *Andere* dingliche Belastungen werden *nicht* auf das zugeschriebene Grundstück ausgedehnt, sondern belasten trotz der Zuschreibung nur den jeweiligen Grundstücksteil (vgl Einl 176 zu §§ 1113 ff).

2. Einzelnes

Die Erstreckung findet als Folge der Zuschreibung kraft Gesetzes statt (RGZ 68, 82); **3** eine Einigung über die Erstreckung und deren Eintragung in das Grundbuch ist nicht erforderlich (PLANCK/STRECKER Anm 4a γ). Die Erstreckung erfolgt auch dann, wenn die Hypothek am Hauptgrundstück zu Unrecht gelöscht ist (PLANCK/STRECKER aaO). Mit der Zuschreibung wird das belastete Grundstück ein *einheitliches* Grundstück, es entsteht daher keine Gesamthypothek iS des § 1132; eine Gesamthypothek an beiden Grundstücken wird eine Einzelhypothek (PALANDT/BASSENGE[68] Rn 1). Die Zuschreibung führt daher im Ergebnis zur Nachverpfändung (§ 1132 Rn 12), dh der Unterstellung eines weiteren Grundstücks unter den Haftungsverband (BECK NJW 1970, 1781).

Stehen das Hauptgrundstück und das zuzuschreibende Grundstück im Miteigentum **4** mehrerer Personen (oben Rn 1), so erstrecken sich die an jedem einzelnen Miteigentumsanteil des Hauptgrundstücks bestehenden Hypotheken jeweils auf den Miteigentumsanteil des selben Eigentümers am zugeschriebenen Grundstück. Unterschiedliche Belastung der einzelnen Miteigentumsanteile hindert daher die Zuschreibung nicht.

Die Hypotheken, die auf das zugeschriebene Grundstück erstreckt wurden, haben **5** an diesem untereinander denselben *Rang* wie an dem Hauptgrundstück (vgl GUNDLACH JW 1911, 204; PLANCK/STRECKER Anm 4a γ; ERMAN/WENZEL[12] Rn 3; WOLFF/RAISER § 37 II 1 b Fn 13), die sich erstreckenden Hypotheken haben also nicht etwa an dem zugeschriebenen Bestandteil wegen der Gleichzeitigkeit der Erstreckung gleichen Rang untereinander.

Besteht bei dem Grundpfandrecht, das sich auf das zugeschriebene Grundstück **6** erstreckt, ein *Rangvorbehalt,* so erstreckt sich dieser auch auf das zugeschriebene Grundstück; nur auf diese Weise kann das dem Eigentümer vorbehaltene Eigentumsrecht erhalten bleiben (BLEUTGE Rpfleger 1974, 387; MünchKomm/EICKMANN[4] Rn 7; MEIKEL/BÖTTCHER[10] § 6 GBO Rn 50; SCHÖNER/STÖBER Rn 652; BGB-RGRK/MATTERN[12] Rn 3; **aM** BGB-RGRK/AUGUSTIN § 890 Rn 16; HAEGELE Rpfleger 1975, 158).

7 Aus der durch die Zuschreibung kraft Gesetzes bewirkten Mithaft des zugeschriebenen Grundstücks ergibt sich auch die *Erstreckung der Unterwerfungsklausel* auf die neuen Bestandteile des Grundstücks (Einl 209 zu §§ 1113 ff).

8 Eine Bestandteilszuschreibung ist auch dann möglich, wenn das zuzuschreibende Grundstück *bereits belastet* ist. Die Altbelastungen (nicht nur Grundpfandrechte) gehen, soweit es sich um das zugeschriebene Grundstück handelt, den vom Hauptgrundstück her erstreckten Belastungen vor, auch solchen Rechten, die bereits vor der Zuschreibung bestanden haben (PLANCK/STRECKER Anm 4a β). Sie erstrecken sich ihrerseits aber nicht auf das Hauptgrundstück (PLANCK/STRECKER Anm 4a γ). Eine gesonderte rechtsgeschäftliche Erstreckung ist grundsätzlich notwendig, weil andernfalls stets Verwirrung iSd §§ 5, 6 GBO zu besorgen ist (MünchKomm/EICKMANN[4] Rn 19; nicht ganz so apodiktisch SCHÖNER/STÖBER[13] Rn 638a; **aA** noch STAUDINGER/WOLFSTEINER [2002] Rn 8; s § 1114 Rn 26). Bei den §§ 5, 6 GBO handelt es sich allerdings nur um eine Ordnungsvorschrift, so dass eine dennoch vorgenommene Bestandteilszuschreibung nicht unwirksam ist.

9 Bleibt das zugeschriebene Grundstück ordnungswidrig mit gesonderten Grundpfandrechten belastet, so behält es trotz der Zuschreibung eine gewisse Selbständigkeit insofern, als die Gläubiger es zu ihrer Befriedigung ohne das Hauptgrundstück zur Zwangsversteigerung bringen oder im Falle der Zwangsversteigerung des ganzen Grundstücks Einzelausgebot verlangen können. Wird das ganze Grundstück auf Grund eines Gesamtausgebots zugeschlagen, so ist unter entsprechender Anwendung des § 112 ZVG der Erlös auf beide Grundstücke zu verteilen, wie wenn mehrere selbständige Grundstücke in einem Verfahren versteigert worden wären (KGJ 31 A 242; PLANCK/STRECKER Anm 4a mwNw).

3. Wohnungseigentum

10 Soweit es richtig sein sollte, dass ein Wohnungseigentum (Einzelheiten SCHÖNER/STÖBER[14] Rn 2980 mwNw) einem anderen Wohnungseigentum als Bestandteil zugeschrieben werden kann (STAUDINGER/RAPP [2005] WEG § 6 Rn 13), treten auch die Folgen des § 1131 ein, desgleichen, falls ein Grundstück einem Wohnungseigentum als Bestandteil zugeschrieben werden kann und umgekehrt.

11 S zur Quotenänderung Einl 172, zu Inhaltsänderungen des Wohnungseigentums Einl 165 ff und zu tatsächlichen Veränderungen des Wohnungseigentums Einl 174 ff zu §§ 1113 ff.

4. Anwendung auf alle Arten von Hypotheken sowie auf Grund- und Rentenschulden

12 § 1131 gilt für alle Arten der Hypothek und findet gemäß §§ 1192, 1199 auch auf Grund- und Rentenschulden Anwendung.

§ 1132
Gesamthypothek

(1) Besteht für die Forderung eine Hypothek an mehreren Grundstücken (Gesamt-hypothek), so haftet jedes Grundstück für die ganze Forderung. Der Gläubiger kann die Befriedigung nach seinem Belieben aus jedem der Grundstücke ganz oder zu einem Teil suchen.

(2) Der Gläubiger ist berechtigt, den Betrag der Forderung auf die einzelnen Grundstücke in der Weise zu verteilen, dass jedes Grundstück nur für den zuge-teilten Betrag haftet. Auf die Verteilung finden die Vorschriften der §§ 875, 876, 878 entsprechende Anwendung.

Materialien: E I §§ 1071, 1078 Abs 1; II § 1040 rev 1116; III § 1115; Mot III 668, 682 ff; Prot III 568, 573 f, 629, 637.

Schrifttum

Becher, Die Bewegungsvorgänge bei der Ge-samthypothek (1976)
Beck, Zur „verdeckten Nachverpfändung" von Grundstücken, NJW 1970, 1781
Braun-Melchior, Gesetzlicher Rechtsüber-gang und Ausgleich bei mehrfacher Drittsiche-rung, AcP 132, 175
Dümig, Fehler bei der Eintragung von Zwangshypotheken, Rpfleger 2004, 1
Ertl, Verdeckte Nachverpfändung und Pfand-freigabe von Grundstücken, DNotZ 1990, 684
Esterhues, Die Gesamtgrundschuld nach dem BGB (Diss Münster 1956)
Furche, Das Gesamtgrundpfandrecht in der Insolvenz (2005; zugl Diss Dresden 2003)
Glaser, Die dingliche Sicherung des Realkre-dits für Eigentumswohnungen, JR 1956, 291
Hartmaier, Ausgleichsfragen bei mehrfacher Sicherung einer Forderung (Diss Tübingen 1963)
Hüffer, Die Ausgleichung bei dem Zusam-mentreffen von Bürgschaft und dinglicher Kre-

ditsicherung als Problem der Gesamtschuldleh-re, AcP 171, 470
Lwowski, Verdeckte Nachverpfändung bei Ei-gentümerbriefgrundschulden, DNotZ 1979, 328
Schütz, Zum Problem der Gesamthypothek, ZAkDR 1940, 295
Tropf, Kein Antragsrecht des Eigentümers bei der Verteilung einer Gesamthypothek, BWNotZ 1965, 116
H P Westermann, Verdeckte Nachverpfän-dung von Grundstücken, NJW 1970, 1023
M Wolf, Die dinglichen Gesamtrechte (Diss Tübingen 1965)
Wüster, Schicksal der der Gesamthypothek des BGB zugrundeliegenden Forderung im Falle der Befriedigung des Gläubigers (Diss Göttingen 1955)
Zimmermann, Besondere Probleme der Ge-samthypothek im Bürgerlichen Recht und Recht der Zwangsversteigerung (Diss Hamburg 1953).
Vgl außerdem Schrifttum zu § 1143 und § 1225.

Systematische Übersicht

Alphabetische Übersicht

I. Allgemeines

1. Begriff der Gesamthypothek

1 In Abs 1 S 1 definiert das Gesetz den Begriff der Gesamthypothek (gemeinrechtlich „Korrealhypothek"). Die Gesamthypothek belastet *mehrere* Grundstücke für *eine einheitliche* Forderung. Die Grundstücke können einem Eigentümer allein oder verschiedenen Eigentümern gehören. Der Gläubiger kann sich nach seiner freien Wahl aus allen Grundstücken zugleich oder aus einem oder mehreren befriedigen. Solange er nicht voll befriedigt ist, verliert er durch Inanspruchnahme eines oder einzelner Grundstücke nicht das Recht, nach seinem Belieben (vgl unten Rn 50 ff) die anderen Grundstücke heranzuziehen. Insgesamt kann der Gläubiger aber den Schuldbetrag nur einmal eintreiben (Prot III 568, 573, 574; IV 504, 513).

2. Einheitstheorie

2 Strittig ist die Frage, ob die Gesamthypothek iS der sog *Einheitstheorie* ein einheitliches Recht an allen haftenden Grundstücken darstellt (so KG HRR 1929 Nr 2026; KG HRR 1930 Nr 2092; PLANCK/STRECKER Anm 4; PALANDT/BASSENGE⁶⁷ Rn 2; MünchKomm/ EICKMANN⁴ Rn 6), oder ob sie, wie die sog *Vielheitstheorie* annimmt, in so viele Rechte zerfällt wie Grundstücke haften, verbunden durch eine gesetzliche Zweckgemeinschaft (so vTUHR, AT I 1138 f; LANG AcP 89 [1899], 254, 294; BIERMANN Recht 1905, 265; PREDARI Gruchot 69, 421; WOLFF/RAISER § 148 Fn 3; vgl auch RGZ 70, 246; HECK § 94 I 3, ferner auch GRÜTZMANN JW 1923, 267. Vgl zu § 1222 STAUDINGER/WIEGAND [2002] § 1222 Rn 11 ff).

3 Das Gesetz geht seinem *Wortlaut* nach von der Einheitstheorie aus. Vom Standpunkt der hier vertretenen Lehre her, dass es sich bei der Hypothek um einen Zahlungsanspruch handelt (Einl 36 ff zu §§ 1113 ff), ordnet sich aber die Gesamthypothek zwanglos in den Begriff der Gesamtschuld nach § 421 ein (WILHELM³ Rn 1712), wobei entsprechend der dinglichen Natur des Anspruchs jedes belastete Grundstück wie ein eigener Schuldner behandelt wird; das entspricht mehr der für die Gesamtschuld herrschenden Vielheitstheorie. Die Parallelität darf aber nicht überstrapaziert werden. Bei der Gesamtschuld wird angenommen, dass so viele wechselseitig auflösend bedingte Forderungen bestehen wie Schuldner vorhanden sind (BGHZ 46, 15) mit der Folge, dass sie sich nur auf dasselbe Leistungsinteresse beziehen, inhaltlich aber nicht völlig identisch sein müssen. Die Gesamthypothek kann demgegenüber nur eine einzige, mit sich selbst identische Forderung sichern (s aber unten Rn 31) und muss insgesamt ihren Inhalt daraus beziehen, so dass die Vorstellung, es handle sich um ein einziges Recht, natürlicher erscheint. Das gilt auch für die Grundschuld. Doch darf die Einheitlichkeit auch nicht verabsolutiert werden (zutr FURCHE S 44); die Grundpfandrechte beziehen ihren Inhalt auch aus der Situation der belasteten Grundstücke (FURCHE S 59 ff; Einl 162 ff zu §§ 1113 ff) und in gewissem Sinn auch aus ihrem Rang, woraus sich Unterschiede hinsichtlich der einzelnen belasteten Grundstücke ergeben können. Auch können in Ansehung einzelner Grundstücke und verschiedener Eigentümer unterschiedliche Einreden gegeben sein. Hier kann es durchaus sinnvoll sein, auf die Dogmatik der Gesamtschuld zurückzugreifen.

3. Belastungsgegenstand

Die Gesamthypothek kann an allen Gegenständen bestehen, die überhaupt Bela- **4** stungsgegenstand eines Grundpfandrechts sein können (Einl 86 ff zu §§ 1113 ff) und zwar in beliebiger, auch beliebig gemischter Zusammenstellung.

4. Übersicht über die gesetzlichen Bestimmungen für die Gesamthypothek

Die einzelnen Regelungen zur Gesamthypothek sind abgesehen von § 1132 Abs 1 **5** S 2 sowie Abs 2 im Hypothekenrecht zerstreut. Es sei des Zusammenhangs wegen auf folgende Paragraphen verwiesen: § 1143 Abs 2: Befriedigung des Gläubigers durch den Eigentümer, der bei einer Gesamthypothek nicht zugleich persönlicher Schuldner ist; §§ 1172 bis 1176: Gesamthypotheken an den Grundstücken verschiedener Eigentümer; Eigentümergrundschuld bei der Gesamthypothek; 1181 Abs 2: Befriedigung des Gläubigers aus einem der mitverhafteten Grundstücke; 1182: Rückgriff des Eigentümers, aus dessen Grundstück der Gläubiger befriedigt wurde.

5. Kritik der Gesamthypothek

Das Institut der Gesamthypothek hat Kritik erfahren (STAUDINGER/SCHERÜBL[12] Rn 5; **6** WESTERMANN[5] § 109 I; s zum grundsätzlichen Verbot in Spanien MEYER ZfIR 2000, 431), weil es zwar dem Sicherungsbedürfnis des Gläubigers in besonderer Weise Rechnung trage, den Interessen der Eigentümer der belasteten Grundstücke und der Gläubiger nachrangiger Grundpfandrechte aber weniger gerecht werde. Eine Gesamthypothek hemme vielfach weitere Belastung und erweise sich als „Kreditvergeudung" mit der Folge, dass die Beschaffung weiterer Kredite zur Bebauung der einzelnen belasteten Grundstücke unmöglich gemacht werde (weshalb das Bayerische Hypothekengesetz von 1822 in § 11 die Beschränkung auf Grundstücke im Wert von 133% der Forderung vorsah); sie schrecke wegen des Wahlrechts des Gläubigers (§ 1132 Abs 1 S 2) und der Verteilungsmöglichkeit nach § 1132 Abs 2 vor weiterer nachrangiger Einzelbelastung ab, da für den Gläubiger eines solchen Rechtes letzten Endes ungewiss bleibe, welche Rechte ihm vorgehen würden.

7 Diese Kritik unterstellt, dass der Kreditmarkt ein reiner *Kreditgebermarkt* sei, auf welchem die Kreditwirtschaft die Konditionen diktieren und ohne Rücksicht auf Belange des Kreditnehmers disponieren könne. Diese Anschauung war sicher für lange Zeiträume, jedenfalls für die Periode von 1914 bis 1948, zutreffend. In einem ausgeglichenen Markt, auf dem zeitweise durchaus auch die Kreditnehmerseite die stärkere Marktposition innehaben kann, greift die Kritik aber nicht mehr (vgl dazu die Feststellung von SCHULTE-NÖLKE NJW 1996, 1705, 1710, erst nach 1945 habe sich eine Sozialstruktur entwickelt, in der sich die Grundkonzeption des BGB mit den Bedürfnissen der Gesellschaft decke). Derzeit lässt sich nicht feststellen, dass der Kreditmarkt durch Gesamtgrundpfandrechte behindert oder gar blockiert würde. Im Gegenteil erweist sich das reiche Formeninstrumentarium des BGB, von dem das Gesamtgrundpfandrecht ein Teil ist, als Standortvorteil seines Geltungsbereichs (vgl auch Einl 15 ff zu §§ 1113 ff). Auch wenn nicht ausgeschlossen werden kann, dass der Markt sich abermals wendet (oder sich 2008 gewendet hat), sollten solche kurz- oder mittelfristige Änderungen nicht mit einer – meist endgültigen – Verarmung des Rechtsinstrumentariums beantwortet werden. S zum Freigabeanspruch im Einzelfall nachf Rn 56.

8 Darüber hinaus sind Gesamtgrundpfandrechte in der Praxis schlechthin *unverzichtbar.* Nicht nur ein zersplittertes ländliches Anwesen mit Hunderten von Einzelgrundstücken, sondern auch Wohnungs- und Teileigentum, bestehend zB aus einem Wohnungseigentum, einem Teileigentum Kraftfahrzeugabstellplatz und einem Teileigentum Hobbyraum sowie einem Miteigentumsanteil an dem Teileigentum Schwimmbad lassen sich wirtschaftlich sinnvoll nur in Form des Gesamtgrundpfandrechts belasten (vgl GABERDIEL/GLADENBECK[8] Rn 388 ff). Auch die Sicherheiten für einen Konsortialkredit an ein Großunternehmen lassen sich praktikabel nicht durch Einzelgrundpfandrechte (und schon gar nicht durch Einzelhypotheken) an den über Deutschland verstreuten Grundstücken sichern. Die Kritik ist deshalb nie praktisch geworden.

II. Fälle der Gesamthypothek

1. Belastung mehrerer Grundstücke

a) Ursprüngliche Gesamthypothek
9 Eine Gesamthypothek wird *rechtsgeschäftlich* begründet durch Belastung *mehrerer* Grundstücke mit einer Hypothek für die *nämliche* Forderung. Sie entsteht in dem Augenblick, in dem das Verfügungsgeschäft, insbes die Eintragung, bzgl aller Grundstücke wirksam vorgenommen ist (OLG München DNotZ 1966, 371; OLG Düsseldorf DNotZ 1973, 613; WESTERMANN, Grundlagen Rn 497; WOLFF/RAISER § 148 II 1; vgl auch ERMAN/WENZEL[12] Rn 7). Fehlt es an der Eintragung in Bezug auf einzelne Grundstücke, dann entscheidet zwar im Grundsatz § 139, ob die Hypothek auf den anderen entsteht (BGH DNotZ 1975, 152; PALANDT/BASSENGE[67] Rn 5). Man wird sich aber kaum einen Fall vorstellen können, in dem es wirklich dem (wahren oder mutmaßlichen) Willen der Parteien entspricht, das Entstehen der Hypothek bis zur letzten Eintragung aufzuschieben; in der wirklichen Welt – die sich in der Eintragungspraxis der Grundbuchämter freilich nur selten widerspiegelt – lässt kein Gläubiger den Spatzen fahren, weil er die Taube noch nicht bekommen hat (vgl zu diesem Grundsatz BGH BB 1997, 646 zu einer Bürgschaft). Es ist deshalb immer anzunehmen, dass die Hypothek insoweit, als die Entstehensvoraussetzungen erfüllt sind, auch entstehen soll; das gilt auch, wenn Miteigentümer

eine Hypothek bestellen (BGH vom 3. 7. 1974 – V ZB 15/72 – WM 1974, 972; kritisch SOERGEL/
KONZEN[13] Rn 16). Das gegenteilige Verständnis – Entstehung erst wenn alle Tatbestände gegeben sind – darf keinesfalls im Wege der Auslegung gewonnen werden,
sondern bedarf ausdrücklicher Erklärung (insoweit verfehlt OLG München DNotZ 1966,
371; OLG Düsseldorf DNotZ 1973, 613. Richtig BGH DNotZ 1975, 152). Fehlt bzgl aller
Grundstücke die Einigungserklärung, so entsteht entsprechend den Überlegungen
in § 1196 Rn 6 mit der Eintragung eine Gesamt-Eigentümergrundschuld nach
§ 1172. Wird eine Einigung später nachgeholt, verwandelt sie sich in die Fremdhypothek (**aA** KGJ 44, 182). Dagegen folgt aus dem Gedanken des § 1175 Abs 1 S 2, dass
im Falle eines Einigungsmangels, der nur ein einzelnes Grundstück betrifft, dort ein
Eigentümerrecht nicht entstehen kann.

Die Gesamthypothek ist nach § 48 GBO durch einen **Mithaftvermerk** zu kennzeich- **10**
nen (unten Rn 14 und § 1113 Rn 49). Er hat für die Hypothek ebenso **konstitutive**
Bedeutung wie für die Grundschuld (unten Rn 64; **aA** die hL, KG HRR 1934, 278; STAU-
DINGER/SCHERÜBL[12] Rn 7; MünchKomm/EICKMANN[4] Rn 47; PALANDT/BASSENGE[67] Rn 9). Die hL,
die meint, die Verknüpfung zur Gesamthypothek werde kraft Gesetzes durch die
Forderungsidentität hergestellt und das Fehlen des Mithaftvermerks ermögliche nur
gutgläubigen Erwerb, übersieht Mehrfaches: Der Belastungsgegenstand gehört nicht
zu den Bestandteilen der Eintragung, die gemäß § 874 durch Bezugnahme auf die
Eintragungsbewilligung ersetzt werden können; dass die Belastung mehrerer Grundstücke aus der Eintragungsbewilligung ersichtlich ist, kann deshalb keine Rolle
spielen. Aus der Sicht des Einzelgrundstücks decken sich deshalb Einigung und
Eintragung nicht. Sieht man aber die (unter Missachtung des nur als Ordnungsvorschrift verstandenen § 48 GBO) an den verschiedenen Grundbuchstellen erfolgten
Eintragungen gemeinsam als *eine* Eintragung im Rechtssinn an, so ist das Grundbuch nicht unrichtig; der von der hL angenommene gutgläubige Erwerb einer
Einzelhypothek kann nicht stattfinden. Bei der *Grundschuld* fehlt es überdies an
der verknüpfenden Forderung; bei ihr muss daher der Vermerk zwangsläufig konstitutiv sein, denn es gibt keine anderen Verknüpfungsmerkmale.

Richtig ist deshalb folgende Behandlung der unter Verletzung von § 48 GBO ein- **11**
getragenen Gesamthypothek: Die Eintragung an der ersten Grundbuchstelle ist
gemäß oben Rn 9 wirksam, das Grundbuch ist insoweit richtig; bei gleichzeitiger
Eintragung ist mangels Bestimmtheit keine der Eintragungen wirksam. Die zweite
Eintragung weist eine unwirksame zweite Hypothek aus und ist deshalb unwirksam,
das Grundbuch insoweit unrichtig. Die Abtretung der Hypothekenforderung kann
nur aufgrund der ersten Eintragung erfolgen. Weil die zweite Eintragung unrichtig
ist, kann sie Grundlage gutgläubigen Erwerbs sein. Bei der *Grundschuld* ist die
Sachlage hinsichtlich der ersten Eintragung ebenso; für die zweite Eintragung fehlt
es an einer Einigung über die Bestellung einer weiteren Grundschuld; sie ist deshalb
verdeckte Eigentümergrundschuld (Einl 102 zu §§ 1113 ff) und kann gutgläubig als
Fremdgrundschuld erworben werden.

b) Nachverpfändung

Eine Gesamthypothek kann auch dadurch gebildet werden, dass ein Grundstück mit **12**
einer Hypothek belastet wird für eine Forderung, für die bereits eine **Hypothek an**
einem anderen Grundstück besteht („Nachverpfändung", „Pfanderstreckung").
Diese scheint Schwierigkeiten (anscheinend erstmals entdeckt von KAEMPFE MittBayNot

1971, 347) zu bereiten, wenn der Inhaber der Hypothek nicht als solcher im Grundbuch eingetragen ist, sei es weil das als Fremdhypothek eingetragene Recht nach § 1163 noch oder wieder dem Eigentümer zusteht, sei es dass die Briefhypothek nach § 1154 Abs 1 außerhalb des Grundbuchs abgetreten worden ist (dazu gehört auch der fast allein erörterte Fall der außerhalb des Grundbuchs abgetretenen Eigentümergrundschuld nach § 1196). Soll in diesen Fällen die Nachverpfändung in das Grundbuch eingetragen werden ohne dass das Grundbuch vorher durch Eintragung des wahren Inhabers des Grundpfandrechts berichtigt wird (**„verdeckte Nachverpfändung"**), so braucht es zwar nicht der notwendigen Einigung zwischen wahrem Berechtigten und dem Eigentümer des nachzuverpfändenden Grundstücks zu ermangeln; die *Eintragung* soll aber nicht ordnungsgemäß sein, weil nicht diese Einigung, sondern eine „falsche", nämlich die zwischen Eigentümer und Buchgläubiger und demnach nicht der wirkliche, sondern ein falscher Hypothekengläubiger eingetragen werde (so Kaempfe MittBayNot 1971, 347; Palandt/Bassenge[67] § 1196 Rn 8). Es handelt sich um ein Scheinproblem (**dagegen** Bauer/vOefele/Mayer[2] AT IV Rn 30 f), das durch die Fehlvorstellung erzeugt wurde, die Eintragung des wirklichen Gläubigers gehöre zu den Essentialien der Bestellung einer Fremdhypothek. Dem ist aber nicht so; essentiell ist nur die eindeutige Bezeichnung der gesicherten *Forderung* bzw bei der Grundschuld die Identifizierung der Leistungspflicht, Anforderungen die auch bei der verdeckten Nachverpfändung ohne weiteres erfüllt werden (ebenso im Ergebnis – wenn auch mit nicht zu billigender Konstruktion einer Eintragung zugunsten dessen, den es angeht – H P Westermann NJW 1970, 1023; gegen diese Konstruktion Lwowski DNotZ 1979, 328. Vgl weiter Beck NJW 1970, 1781; Willke WM 1980, 859; Roemer MittRhNotK 1991, 97, 105; Gaberdiel/Gladenbeck[8] Rn 402 ff). Als unproblematisch gilt die *Bestandteilszuschreibung* (§ 1131), bei der sich die Hypothek kraft Gesetzes auf das hinzukommende Grundstück erstreckt.

13 Werden hingegen für *Teil*beträge *einer* Forderung *verschiedene* Grundstücke belastet was rechtlich zulässig ist, so entstehen keine Gesamthypotheken, sondern verschiedene Einzelhypotheken (RGZ 113, 233; vgl auch OLG Dresden JW 1920, 447 und 1922, 229 mit Anmerkungen von Kretzschmar; KGJ 53, 214; Wolff/Raiser § 148 I mit Fn 2). Dies ist auch bei Höchstbetragshypotheken möglich (RGZ 131, 16; Kretzschmar BayZ 1918, 32 und aaO; s näher nachf Rn 20).

14 Wird ein **auf demselben Blatt gebuchtes Grundstück** nachverpfändet, so braucht das Recht nicht nochmals mit seinem vollen Wortlaut eingetragen zu werden, es genügt, dass die Mithaft des nachträglich belasteten Grundstücks durch einen Vermerk in der Veränderungsspalte verlautbart wird (Demharter, GBO[26] § 48 Rn 19). Die Eintragungen in der Hauptspalte und in der Veränderungsspalte bilden eine einheitliche Eintragung (RGZ 132, 112). Dem Mithaftvermerk nach § 48 GBO kommt in diesem Fall auch nach hL rechtsbegründender Charakter zu (H P Westermann NJW 1970, 1023). Ist das nachträglich belastete Grundstück bereits mit anderen Rechten belastet, so bedeutet die kommentarlose Eintragung der Pfanderstreckung in der Veränderungsspalte, dass das Gesamtrecht den Vorrang vor den bereits eingetragenen Rechten habe (s Staudinger/Kutter [2007] zu § 879; Demharter, GBO[26] § 48 Rn 20 mwN; **aA** MünchKomm/Eickmann[4] Rn 18, der für die Auslegung der Eintragungsbewilligung mildere Regeln postuliert als für den Eintragungsvermerk); nur abweichende Rangverhältnisse sind durch einen Rangvermerk zu kennzeichnen. Ist das ursprüngliche Grundstück mit mehreren Hypotheken belastet, die durch die gleichzeitige Nachverpfändung Gesamtrechte werden, so bedeutet die kommentarlose Eintragung der Pfanderstreckung in der Veränderungsspalte, dass diese Rechte auf dem nachverpfändeten Grundstück dieselbe Rangfolge wie auf dem bisher belasteten Grundstück haben, es sei denn es wird eine andere Rangbestimmung getroffen (KG JFG 22, 284; s die Erl zu § 879; Bauer/vOefele/Wegmann, GBO² § 48 Rn 27a ff; Demharter, GBO²⁶ § 48 Rn 20 mwN; aA Meyer-Stolte Rpfleger 1971, 201; MünchKomm/Eickmann⁴ aaO; vgl auch LG Köln MittRhNotK 1973, 438). Wegen des kontroversen Verständnisses in der Rechtsliteratur ist dringend zu empfehlen, den Rang entsprechend dem Wortlaut des § 48 GBO in jedem Fall *ausdrücklich einzutragen*.

15 Bei Nachverpfändung eines auf demselben Grundbuchblatt verzeichneten Grundstücks bedarf es zur Erstreckung der *Vollstreckbarkeit* zwar einer eigenen Unterwerfungserklärung für das nachverpfändete Grundstück, wegen der Einheitlichkeit der Eintragung in der Hauptspalte und in der Veränderungsspalte aber keiner separaten Kenntlichmachung der bei der Hypothek eingetragenen *Unterwerfungsklausel* (Einl 209 zu §§ 1113 ff).

c)   Teilung des belasteten Grundstücks in mehrere Grundstücke

16 Eine Einzelhypothek wird zur Gesamthypothek, wenn das belastete Grundstück in mehrere (reale) Grundstücke zerlegt wird. Diese Wirkung tritt automatisch mit der rechtswirksamen Teilung des Grundstücks ein, unabhängig davon, ob das Teilstück auf demselben Grundbuchblatt gebucht wird (§ 4 GBO) oder gemäß §§ 2 Abs 3, 3 Abs 1 S 1 GBO auf ein anderes Grundbuchblatt übertragen wird (BayObLG JW 1927, 275; unten Rn 30; Planck/Strecker Anm 2b); die Eintragung bei den einzelnen Teilgrundstücken hat daher nur rechtserklärende Bedeutung. Wird das Trennstück auf ein neues Grundbuchblatt übertragen, so ist zu beachten, dass gemäß § 46 Abs 2 GBO das Recht durch Nichtübertragung auf das neue Grundbuchblatt in Ansehung des Trennstücks als gelöscht gilt. Dadurch wird das Grundbuch unrichtig, wenn das Trennstück materiellrechtlich nicht aus dem Haftverband ausgeschieden ist; das Grundbuchamt hat gemäß § 53 GBO zu verfahren; eine Nachholung der unterbliebenen Mitübertragung ist nur möglich, wenn keine nachrangigen Rechte bestehen (BayObLG NJW-RR 1986, 380; Meikel/Böhringer, GBO § 46 Rn 109; Böhringer BWNotZ 1988, 84; KEHE/Eickmann, GBO⁶ § 46 Rn 8; aA – Nachholung unmöglich – Demharter, GBO²⁶ § 46 Rn 20; Schöner/Stöber¹⁴ Rn 288; vgl im übrigen RGZ 146, 365).

d)   Auswechslung selbständiger Forderungen gegen eine einheitliche Forderung

17 Eine Gesamthypothek entsteht außerdem, wenn die selbständigen Forderungen verschiedener (gleichartiger) Hypotheken gegen eine einheitliche Forderung ausgewechselt werden, evtl in Verbindung mit einer Umwandlung gemäß § 1186 (KG JFG 10, 230; Palandt/Bassenge⁶⁷ Rn 6).

2.   Belastung von Miteigentumsanteilen

a)   Ursprüngliche Belastung

18 Eine Gesamthypothek (an den Miteigentumsanteilen) entsteht, wenn *Bruchteilseigentümer* ihr Grundstück bzw ihre Miteigentumsanteile mit einer Hypothek belasten, selbst wenn das in einem Akt geschieht (RGZ 146, 365; BGH NJW 1961, 1352; OLG Hamburg MDR 1960, 321; vgl auch OLG Frankfurt MDR 1961, 504; s Kretzschmar SächsArch 12 [1902] 664 ff; s im übrigen § 1114 Rn 4 und oben Rn 16). Eine Gesamthypothek wird zur

Einzelhypothek, wenn die belasteten Bruchteile in einer Hand vereinigt werden, sofern die Hypothek auf allen Anteilen gleichen Rang hat (Wolff/Raiser § 148 Fn 5; Planck/Strecker Anm 2b mit weiteren Hinweisen; aM Meikel Recht 1914, 349). Bei Rangungleichheit bleibt sie unverändert bestehen (OLG Karlsruhe OLGE 39, 223).

b) Nachträgliche Bildung von Miteigentum nach Bruchteilen

19 Wie bei der Realteilung eines Grundstücks verwandelt sich eine auf einem Grundstück lastende Einzelhypothek in eine Gesamthypothek (an den Anteilen), wenn das Alleineigentum in *Miteigentum nach Bruchteilen* aufgeteilt wird (RGZ 146, 365; BGH NJW 1961, 1352; für den Fall der Teilung auch Planck/Strecker Anm 2b, anders für den der Veräußerung s Anm 2c) Eine solche Umwandlung tritt auch dann ein, wenn ein Alleineigentümer sein Grundstück an zu Bruchteilen berechtigte Miteigentümer überträgt. Wie reale Grundstücksteile (s oben Rn 16) können auch Miteigentumsbruchteile aus der Haftung entlassen werden, wenn sie (§ 1114) im Anteil eines Miteigentümers bestehen (s KG ZBlFG 6, 25).

3. Gesamthöchstbetragshypothek

20 Auch die *Höchstbetragshypothek* kann als Gesamthypothek bestellt werden, wenn mehrere Grundstücke für eine Forderung oder einen ganzen Forderungskreis bis zu einem bestimmten Höchstbetrag haften sollen. Auch hier ist der Vermerk nach § 48 GBO konstitutiv, denn bei der Höchstbetragshypothek können – anders als bei den anderen Hypotheken – mehrere Hypotheken für eine Forderung bestehen (§ 1190 Rn 38).

4. Gesamthypothek bei Zwangs- und Arresthypothek

a) Unzulässigkeit anfänglicher Gesamt-Zwangshypothek

21 Die Zwangshypothek (§§ 866 ff ZPO) und die Arresthypothek (§ 932 Abs 2 ZPO) dürfen *nicht* gegen *einen* einzelnen Grundstückseigentümer an dessen *mehreren Grundstücken* (Bruchteilen) als *Gesamthypothek* eingetragen werden. Sollen mehrere Grundstücke des Schuldners, die weder als ein Grundstück eingetragen noch als Bestandteil zugeschrieben sind (§ 890) mit einer Zwangs oder Arresthypothek belastet werden, so ist der Betrag nach §§ 867 Abs 2, 932 Abs 2 ZPO auf die einzelnen Grundstücke zu verteilen (s zu den Problemen bei selbständigem Gebäudeeigentum Einl 90 zu §§ 1113 ff und Bekanntmachung des Bundesministeriums der Justiz BAnz 1995, 2797; dagegen OLG Jena DtZ 1997, 391). Der Form des § 29 GBO bedarf es hierzu nicht (RGZ 71, 313). Eine dennoch als Gesamthypothek eingetragene Zwangshypothek ist aber *nicht inhaltlich unzulässig* (so aber OLG Köln NJW 1961, 368; OLG Stuttgart Rpfleger 1971, 191; BayObLGZ 1975, 403; OLG Düsseldorf Rpfleger 1990, 60; Dümig Rpfleger 2004, 1, der diese Meinung fälschlich als Allgemeingut bezeichnet; Demharter, GBO[26] § 48 Rn 15), denn die Zwangshypothek kann in bestimmten Fällen zulässigerweise als Gesamthypothek eingetragen werden (nachf Rn 22) und nachträglich ohne weiteres Gesamthypothek werden (nachf Rn 29; vgl § 1114 Rn 9 f). Besteht bereits eine Zwangshypothek an einem Miteigentumsanteil und erwirbt der Eigentümer später einen weiteren Miteigentumsanteil hinzu, so kann der Gläubiger erfolgreich beantragen, die Zwangshypothek auf den neuen Miteigentumsanteil zu erstrecken (aA OLG Oldenburg ZIP 1996, 175, das zu Unrecht von einer Bevorzugung des Gläubigers spricht); dagegen lässt sich nicht einwenden, dass Rangprobleme entstehen könnten (so aber OLG Oldenburg ZIP 1996,

175), denn nach § 48 GBO ist die Pfanderstreckung ohne Verwirrungsvorbehalt (wie nach § 5 Abs 1 S 1 GBO) zulässig.

b) Fälle zulässiger Gesamtzwangshypothek

Auf den Grundstücken (Bruchteilen) mehrerer als *Gesamtschuldner verurteilter* **22** Personen kann eine Gesamtzwangshypothek eingetragen werden (BGH NJW 1959, 984; BGH NJW 1961, 1352; OLG Düsseldorf vom 25.7. 2003 – 3 Wx 167/03 – Rpfleger 2004, 39 m Anm DEIMANN; OLG München vom 8.8. 2008 – 34 Wx 059/08 – FGPrax 2008, 235; LG Mannheim Rpfleger 1981, 406; REICHLE BWNotZ 1955, 267; RAHN BWNotZ 1957, 242; GROSS BWNotZ 1984, 111; BÖHRINGER BWNotZ 1988, 97; HINTZEN ZIP 1991, 479; **aA** – in anderem Zusammenhang – OLG Oldenburg ZIP 1996, 175, die Zwangshypothek könne „nie Gesamthypothek sein". Ungenau PALANDT/BASSENGE[67] Rn 8: nicht ob sie Gesamtschuldner sind, ist maßgeblich, sondern ob der Titel sie als solche ausweist). Die Gesamtzwangshypothek sichert dann die gegen alle Gesamtschuldner gerichtete Forderung; § 1175 findet auf eine solche Zwangshypothek Anwendung (OLG Düsseldorf vom 25.7. 2003 aaO; § 1163 Rn 74 ff)). Zulässig ist aber auch eine Einzelzwangshypothek gegen jeden Gesamtschuldner für die aus dem Gesamtschuldverhältnis gegen ihn gerichtete Forderung (RG BayZ 1931, 262; WOLFF/RAISER § 148 Fn 7). Eine Gesamtzwangshypothek neben einer Einzelzwangshypothek für dieselbe Gesamtschuld würde aber eine unzulässige Doppelhypothek darstellen (§ 1113 Rn 44 ff), da die aus einer Gesamtschuld gegen die einzelnen Gesamtschuldner resultierenden Einzelforderungen (§ 421) Teilmengen der Gesamtschuld insgesamt sind (KG OLGE 2, 407; 2, 356; KGJ 22 A 173; PLANCK/STRECKER Anm 2d; WOLFF/RAISER § 148 Fn 10; vgl auch RAHN BWNotZ 1957, 242 und 1960, 33).

Im Konflikt zwischen dem Verbot des § 78 *SachenRBerG,* der unterschiedliche **23** Belastung verbietet, wenn Grundstücks- und Gebäudeeigentum in einer Person vereinigt sind, und § 867 Abs 2 ZPO setzt sich das SachenRBerG durch; eine Zwangshypothek als Gesamthypothek ist dann zulässig (Brandenburgisches OLG FGPrax 1997, 9; SCHMIDT VIZ 1995, 377, 380; **aA** wohl OLG Dresden FGPrax 1996, 43; vgl BMJ VIZ 1995, 278, 279).

Wird der Anspruch auf Übereignung mehrerer Grundstücke wegen einer Geld- **24** forderung verpfändet oder gepfändet, so erlangt der Gläubiger mit Übergang des Eigentums auf den Schuldner für seine Forderung gemäß § 848 Abs 2 S 2 ZPO eine *Gesamtsicherungshypothek* (OLG München JFG 22, 163; SOERGEL/KONZEN[13] Rn 17), die allerdings nicht im engeren Sinn Zwangshypothek ist.

c) Zwangshypothek neben Vertragshypothek

Ob für eine Forderung, für die *bereits* eine *Vertragshypothek* (Verkehrs oder Siche- **25** rungshypothek) *bestellt ist,* zusätzlich an einem anderen Grundstück eine **Zwangshypothek** (s § 1113 Rn 45) eingetragen werden kann, ist streitig. Nach hL soll das durchgängig zulässig sein, weil § 1132 das Vollstreckungsrecht des Gläubigers aus § 867 ZPO nicht schmälern dürfe (RGZ 98, 106; KG JW 1938, 2847; BayObLG Rpfleger 1991, 53; STAUDINGER/SCHERÜBL[12] Rn 17; MÜLLER WürttZ 1907, 39; BIERMANN Recht 1905, 265; SCHÜRMER Recht 1902, 384; JUNG HessRspr 17, 12; PALANDT/BASSENGE[67] § 1113 Rn 11; STEIN/JONAS/MÜNZBERG, ZPO[22] § 867 Rn 15; ZÖLLER/STÖBER, ZPO[27] § 867 Rn 17. WIECZOREK, ZPO[1] § 866 Anm B II c 3 hält die Zulässigkeit für Gewohnheitsrecht, ebenso BÄNDER BankArch 35, 352 ff; THIEME, GBO § 48 Anm 2. **Gegen** Zulässigkeit der Zwangshypothek KG KGJ 44, 285; KG OLGE 26, 409; KG OLGE 29, 247; OBERNECK Recht 1902, 308; WOLFF/RAISER § 148 Fn 9; MünchKomm/EICK-

MANN[4] Rn 70; PLANCK/STRECKER Anm 1b mwN; SOERGEL/KONZEN[13] Rn 7; BAUR/STÜRNER Rn 644. OLG Köln FGPrax 1996, 13 scheint Zwangshypothek am selben Grundstück für unzulässig, an anderem Grundstück aber für zulässig zu halten). Dabei soll die Vertragshypothek mit der Zwangshypothek zwar nicht zu einer Gesamthypothek verwachsen (dazu neigt allerdings BGB-RGRK/MATTERN[12] Rn 24), aber die Eintragung eines Mithaftvermerks entsprechend § 48 GBO notwendig sein. Zur Übertragung der Forderung gemäß § 1153 Abs 2 soll Übertragung der beiden (selbständigen) Hypotheken und zwar in der für jede maßgebenden Weise notwendig sein (KG JW 1935, 3562).

26 Die Zulässigkeit der Doppel-Hypothekensicherung lässt sich sicherlich nicht mit der Begründung rechtfertigen, dass die Forderung durch den vollstreckbaren Titel eine neue selbständige Kraft erlangt habe. Denn wenn auch bei der Zwangshypothek, die aufgrund eines rechtskräftigen Urteils eingetragen ist, das Nichtbestehen der Forderung nur im Rahmen des § 767 Abs 2 ZPO geltend gemacht werden kann, erfährt doch die rechtliche Natur der zugrundeliegenden Forderung durch den Titel keine Veränderung (RGZ 78, 408; BGH NJW 1958, 790; LG Stuttgart ZZP 69, 183; STEIN/JONAS/ LEIPOLD, ZPO[22] § 322 Rn 31; WIECZOREK, ZPO[1] § 322 F I c 2). Der Zwangshypothek und der Vertragshypothek liegen somit die nämliche Forderung zugrunde. Auch das weiter zur Zulässigkeit der Doppel-Hypothekensicherung vorgebrachte Argument, das Vollstreckungsrecht des Gläubigers könne nicht durch eine materiellrechtliche Vorschrift eingeschränkt werden (STAUDINGER/SCHERÜBL[12] § 1113 Rn 55) ist schlechthin unverständlich (dagegen auch MünchKommZPO/EICKMANN[4] § 868 Rn 70); die Zwangsvollstreckung hat selbstverständlich Grenzen auch im materiellen Recht (zB § 851 Abs 1 ZPO). Auch die Vollstreckungshypothek (darin besteht ihre Vollstreckungswirkung) soll ja eine materiell-rechtlich voll wirksame Hypothek begründen, die ausnahmslos mit sämtlichen Hypothekenwirkungen, auch der des § 1154, ausgestattet sein soll; das kann sie aber nicht, wenn schon eine Hypothek besteht.

27 Umgekehrt gelten alle Argumente, die gegen mehrere Vertragshypotheken für ein und dieselbe Forderung sprechen (§ 1113 Rn 44), auch für die Zwangshypothek. Der vom RG geforderte „Mithaftvermerk" (RGZ 98, 106) bleibt blutleer, solange nicht geklärt wird, was er materiellrechtlich bedeutet und er kann materiellrechtlich nur etwas bedeuten, wenn eben doch eine – sei es auch modifizierte – Gesamthypothek entsteht. Entsteht, wie die Literatur durchweg annimmt, *keine* Gesamthypothek, so bleibt unklar und unklärbar, wie die Forderung abgetreten werden soll. Soll die Eintragung bei der einen oder der anderen Hypothek genügen – dies würde den Eigentümer einer unerträglichen, nicht steuerbaren Gefahr der Verdoppelung der Haftung aussetzen? Soll die Eintragung bei beiden Hypotheken nötig sein (so KG JW 1935, 3562) – dann könnte die Vertragshypothek allein mangels einer Unrichtigkeit des Grundbuchs nicht gutgläubig erworben werden, obwohl die Existenz der Zwangshypothek für den Rechtsverkehr nicht erkennbar ist? So bleiben nur zwei akzeptable Lösungswege offen:

28 Entweder erklärt man eine Zwangshypothek für unzulässig, wenn bereits eine Vertragshypothek besteht (MünchKommZPO/EICKMANN[3] Rn 70), oder man lässt eine Gesamthypothek aus Vertrags- und Zwangshypothek zu (§ 1113 Rn 45). Die erstere Lösung mag dogmatisch sauberer sein, sie schränkt aber den Vollstreckungsgläubiger in seinen Vollstreckungsmöglichkeiten unziemlich ein. Vorzuziehen ist deshalb die Lösung über die Zulassung der Gesamthypothek, die dem Mithaftvermerk des

RG (RGZ 98, 106) die materiellrechtliche Grundlage schafft. Eine solche Gesamthypothek ist durchaus zu handhaben. Sie kann entsprechend den Ausführungen oben Rn 10 nur entstehen, wenn bei beiden Rechten ein Mithaftvermerk eingetragen wird; geschieht dies nicht, so kann der Eigentümer einen Widerspruch gegen die Zwangshypothek erwirken. Zur Abtretung der Forderung bedarf es der Wahrung der für beide Einzelhypotheken erforderlichen Form, dh ggf der Briefübergabe bei der Vertragshypothek und der Eintragung bei der Zwangshypothek. Da ohne Tatbestandsverwirklichung auch bei der Vertragshypothek die Forderungsabtretung nicht wirksam ist, ist ein gutgläubiger Erwerb der Zwangshypothek auch dann ausgeschlossen, wenn kein Widerspruch eingetragen ist. Bei der Vertragshypothek können Fragen des gutgläubigen Erwerbs ebenfalls nicht auftreten: ist ein Mithaftvermerk eingetragen, so schließt er guten Glauben aus; ist kein Mithaftvermerk eingetragen, so ist ohnehin nur die Vertragshypothek existent, das Grundbuch also insoweit richtig. Die Konstruktion löst auch die (von MünchKommZPO/Eickmann[4] Rn 70) zu recht gerügte Unstimmigkeit der hL, die nur den Fall der Zwangshypothek bei schon eingetragener Vertragshypothek, nicht aber den umgekehrten Fall der Vertraghypothek bei bestehender Zwangshypothek in den Griff nimmt.

d) Das spätere Schicksal der Zwangshypothek

Ist die Zwangshypothek erst einmal entstanden, folgt sie den allgemeinen Regeln; **29** § 867 Abs 2 ZPO hat sich erledigt und entfaltet keine Folgewirkungen mehr. Wird also das einmal mit der Zwangs oder Arresthypothek belastete *Grundstück* später in reale Teile (s oben Rn 16) oder in Miteigentumsanteile (s oben Rn 18) *geteilt,* dann wird auch aus der Zwangs- oder Arresthypothek eine Gesamthypothek (vgl Honisch NJW 1958, 1526; deshalb ist es falsch, wenn OLG Oldenburg ZIP 1996, 175 meint, die Zwangshypothek könne „nie Gesamthypothek sein“).

III. Rechtliche Folgerungen

Aus dem Wesen (s oben Rn 1) der Gesamthypothek folgt: **30**

1. Identität der Forderung

Wie die Einzelhypothek kann auch die Gesamthypothek nur für eine einzige **31** individuelle Forderung bestellt werden (§ 1113 Rn 22 ff; BGB-RGRK/Mattern[12] Rn 7 ff). **Gläubiger** kann auch hier ein einzelner Gesamtgläubiger (§ 428) sein, aber auch alle Gesamtgläubiger zusammen oder eine in Rechtsgemeinschaft stehende Personengemeinschaft können Gläubiger sein (§ 1113 Rn 66 ff).

Das Erfordernis der Identität bedeutet nicht, dass eine Forderung auf allen Grund- **32** stücken *in gleicher Höhe* gesichert sein muss. Ebenso wie der Gläubiger ein Grundstück völlig oder teilweise aus der Haft entlassen kann oder durch die freie Wahl des Befriedigungsobjektes nicht oder nur teilweise in Anspruch zunehmen braucht, kann er die Forderung auch von vornherein auf einzelnen Grundstücken nur zum Teil sichern lassen. Gesamthypothek ist die Hypothek allerdings nur, soweit die Forderung auf mehreren Grundstücken gesichert ist; soweit diese nur auf einem Grundstück gesichert ist, ist sie eine Einzelhypothek (vgl KGJ 40, 299; KG OLGE 10, 100; KG DJZ 1908, 82; OLG Dresden OLGE 26, 163; Planck/Strecker Anm 1b mit Nachw; BGB-RGRK/

MATTERN Anm 8; vgl auch oben Rn 19 und zu den Nebenleistungen unten Rn 34). Zur Frage der sog Ausfallhypothek s § 1113 Rn 46.

33 Aus dem Erfordernis der Anspruchsidentität folgt, dass die Hypothekenforderung nur einheitlich und nicht etwa in der Weise **gekündigt** werden kann, dass sie an einem der Grundstücke fällig wird und an anderen nicht (vgl unten Rn 35). Deshalb musste § 1 Abs 1 S 2 des G zur Ergänzung des RSiedlG (v 4. 1. 1935 [RGBl I 1; BGBl III Nr 2331-2]) die Kündigungsbeschränkung für die ganze Hypothek anordnen, auch wenn nur ein einzelnes Grundstück in Anspruch genommen wird.

2. Nebenleistungen; Kündigungs- und Zahlungsbedingungen

34 *Zinsfuß* und der *Betrag* der *sonstigen Nebenleistungen* können bei den einzelnen Grundstücken verschieden sein (RGZ 157, 292; KGJ 21 A 168; OLG Colmar OLGE 25, 212; PLANCK/STRECKER Anm 1b; SOERGEL/KONZEN[13] Rn 8; oben Rn 32); eine Gesamthypothek liegt in diesem Fall hinsichtlich der Nebenleistungen nur in Höhe des geringsten Betrages vor, für den mehrere Grundstücke haften (PLANCK/STRECKER aaO; BGB-RGRK/MATTERN[12] Rn 8).

35 Auch unterschiedliche *Kündigungs- und Zahlungsbedingungen* bei den einzelnen Grundstücken sollen möglich sein (VOLMER MittBayNot 2009, 1; MünchKomm/EICKMANN[4] Rn 12; PLANCK/STRECKER Anm 1b; PALANDT/BASSENGE[67] Rn 2; STAUDINGER/WOLFSTEINER [2002] Rn 36 – hiermit aufgegeben. AA KGJ 40, 299; bestätigt in KG JW 1923, 1038; SCHÖNER/STÖBER[14] Rn 2239; BGB-RGRK/MATTERN[12] Rn 9; SOERGEL/KONZEN[13] Rn 9); wie aber ein und dieselbe Forderung in Bezug auf verschiedene Grundstücke unterschiedlich fällig sein und unterschiedlichen Zahlungsmodalitäten unterliegen soll, ist nicht erklärbar. Nur die Haftungsmodalitäten können im Sinn einer Einrede modifiziert werden, etwa dahin, dass aus einem der Grundstücke Befriedigung erst eine bestimmte Zeit nach Fälligkeit gesucht werden darf (vgl KGJ 40, 299; WOLFF/RAISER § 148 Fn 16; BGB-RGRK/MATTERN[12] Rn 9). Dazu gehört auch der Fall, dass eine vor dem 20. 8. 2008 bestellte sofort fällige Sicherungsgrundschuld (vgl Art 229 § 18 Abs 3 EGBGB) später auf ein weiteres Grundstück erstreckt wird. Dort kann sie nach § 1193 Abs 2 Satz 2 nicht mehr sofort fällig sein (§ 1193 Rn 11; s zur Übergangsregelung zu § 1179 BGHZ 80, 119 vom 6. 3. 1981 – V ZB 2/80). Jedenfalls das pfandunterstellte Grundstück haftet dann nur in der Weise, dass aus diesem Grundstück Zahlung nur nach Ablauf der sechsmonatigen Kündigungsfrist geschuldet wird; die Fälligkeitsbeschränkung erstreckt sich aber wohl auf alle Grundstücke (§ 1193 Rn 11).

36 Zulässig ist eine Vereinbarung, dass der Gläubiger aus einem der Grundstücke nur für den aus dem anderen Grundstück nicht beizutreibenden Betrag Befriedigung suchen darf (**aA** – hiermit aufgegeben – STAUDINGER/WOLFSTEINER [2002] Rn 37); die Wahlfreiheit des Gläubigers nach § 1132 Abs 1 S 2 ist nicht zwingenden Rechts.

3. Identität des Hypothekengläubigers

37 Aus dem Erfordernis der Identität der Forderung (oben Rn 31) folgt von selbst, dass auch die **Hypothekengläubiger** identisch zu sein haben (vgl § 1113 Rn 62 ff). Selbst wenn man verschiedene nicht in Rechtsgemeinschaft stehende Gläubiger zulassen, jedenfalls deren einmal erfolgte Eintragung für rechtswirksam erklären will (s § 1113 Rn 69),

Titel 1   **§ 1132**

Hypothek   **38, 39**

ist unabdingbare Voraussetzung, dass deren Forderungen an allen Grundstücken gesichert sind. Das Wesen der Gesamthypothek schließt alle Maßnahmen aus, die eine Vervielfältigung des hypothekarischen Rechts herbeizuführen geeignet sind. Ein Gläubiger kann die Hypothek nicht in Ansehung des einen Grundstücks übertragen, hinsichtlich des anderen für sich behalten oder die Hypothek bzgl der verschiedenen Grundstücke an verschiedene Personen abtreten, denn die Hypothek ist als solche überhaupt nicht abtret- oder belastbar, sondern nur die gesicherte Forderung (s §§ 1153, 1154), die in Ansehung der verschiedenen belasteten Grundstücke nicht verschiedene Identitäten annehmen kann (KG OLGE 12, 289). Wohl aber kann der Gläubiger einzelne Grundstücke oder verschiedenen Personen gehörige Bruchteile eines Grundstücks (KGJ 30 A 258) gemäß § 1175 Abs 1 S 2 aus der Pfandhaft entlassen (s Rn 44). In gleicher Weise ist eine verschiedene Belastung der Gesamthypothek ausgeschlossen (RGZ 63, 74 ff).

Das selbe gilt für den Fall der sog **Pfändung** der Gesamthypothek, die nur in Form **38** der Pfändung der gesicherten Forderung erfolgen kann; eine im Wortsinn unzulässige „Pfändung der Hypothek" kann zwar zwanglos als Pfändung der gesicherten Forderung verstanden werden; will sie aber das Gesamtgrundpfandrecht in rechtlich unmöglicher Weise nur im Hinblick auf einzelne Grundstücke oder ein Grundstück erfassen, steht eine geeignete Auslegungs- oder Umdeutungsmöglichkeit nicht zur Verfügung, sie ist nichtig (RGZ 63, 74; KG JW 1906, 309; WOLFF/RAISER § 148 IV; PLANCK/STRECKER Anm 4b).

4. Inländische Grundstücke

Grundsätzlich müssen die belasteten Grundstücke sämtlich im Inland liegen, wenn **39** die Vorschriften des BGB über die Gesamthypothek zur Geltung kommen sollen. Soll eine Hypothek sowohl an einem im Inland als auch an einem im Ausland gelegenen Grundstück lasten, kann das deutsche Recht auf den Inhalt der ausländischen Hypothek nicht einwirken; sollte freilich – Anhaltspunkte dafür sind nicht ersichtlich (STÖCKER, Die „Eurohypothek" [1992]) – eine ausländische Rechtsordnung ihr Hypothekenrecht so an das deutsche anlehnen, dass es die deutschen Vorschriften zur Gesamthypothek akzeptiert, wird das deutsche Recht das nicht ablehnen (PLANCK/STRECKER Anm 1a α; STAUDINGER/STOLL [1996] Int SachenR Rn 243; weitergehend STAUDINGER/SCHERÜBL[12] Rn 22; DEMHARTER, GBO[26] § 48 Rn 5; REITHMANN/MARTINY, Internationales Vertragsrecht[6] Rn 1168 [mit Fehlzitat STAUDINGER/STOLL Int SachenR]; ablehnend OLG Colmar Recht 1903 Nr 960; KGJ 39 B 46; JAECKEL ZBlFG 4, 209). Ist dem nicht so, so kann eine Gesamthypothek nicht bestehen. Wird durch Veränderung der Staatsgrenzen ein Grundstück geteilt, das mit einer Einzelhypothek belastet ist, so wird diese zur Gesamthypothek, aber nur dann, wenn durch entsprechende Rechtsüberleitung die Einheitlichkeit des Sachrechts gewahrt wird (RGZ 157, 287; s STAUDINGER/STOLL [1996] Int SachenR Rn 255). Dass eine Gesamthypothek im Sinne des § 1132 regelmäßig nicht möglich ist, darf nicht verwechselt werden mit der Frage der Zulässigkeit der Doppelsicherung ein und der selben Forderung sowohl durch eine inländische als auch durch eine ausländische Hypothek; s zur Zulässigkeit § 1113 Rn 54.

5. Gleichartigkeit der Grundpfandrechte

40 Aus dem einheitlichen Wesen der Gesamthypothek folgt, dass sie auf allen zu belastenden Grundstücken von derselben Art sein muss (s zur Ausnahme bei der gemischten Hypothek/Zwangshypothek oben Rn 28). Sie kann daher nicht auf einem Grundstück Brief-, auf dem anderen Buchhypothek, auf dem einen Verkehrshypothek, auf dem anderen Sicherungshypothek, auf dem einen Hypothek, auf dem anderen Grundschuld sein. Die verschiedene Gestaltung des Grundpfandrechts an den verschiedenen Grundstücken würde zu einer zu großen Verwirrung des Rechtsverkehrs führen (RGZ 70, 245; 77, 175; KG RJA 2, 94; PLANCK/STRECKER Anm 4a; WOLFF/RAISER § 148 III; **aM** für die Frage Grundschuld und Hypothek LANG AcP 89, 251, 322).

41 Problematisch ist die einheitliche Belastung mit einer Hypothek, die **zum Teil Eigentümergrundschuld** wäre. Die hL lässt die Bestellung einer Hypothek (vor allem einer Kaufpreisresthypothek) am eigenen Grundstück, die sich nach Eigentumsübergang in eine Fremdhypothek verwandeln soll, nicht zu (§ 1113 Rn 42); in Konsequenz muss auch eine gemischte Hypothek dieser Art als unzulässig gelten. Die hier (§ 1113 Rn 42) vertretene großzügigere Auffassung schließt hingegen eine solche Hypothek nicht aus. Jedenfalls aber ist eine *Gesamtgrundschuld* zulässig, die teils Fremd-, teils Eigentümergrundschuld ist (BayObLG vom 25. 5. 1962 – BReg 2 Z 55/62 – NJW 1962, 1725 mit Anm HP WESTERMANN NJW 1970, 1023 Fn 14).

42 Eintragungen, die gegen den Einheitsgrundsatz **verstoßen**, sind nichtig und iS des § 53 GBO unzulässig (WOLFF/RAISER § 148 Fn 16; PLANCK/STRECKER Anm 4a). Jedenfalls für die Zwangshypothek müssen allerdings weniger strenge Regeln gelten (oben Rn 28). Wenn zu einer bereits bestehenden Grundstücksbelastung ein weiteres Grundpfandrecht bestellt wird, das zur Entstehung eines Gesamtgrundpfandrechts führen soll, sind Einigung und Eintragungsbewilligung mangels ausdrücklicher gegenteiliger Erklärungen dahin zu verstehen dass das gleiche Grundpfandrecht, wie bereits eingetragen, gewollt ist, zB eine Buchhypothek (RGZ 77, 175). Die *Unterwerfungsklausel* gemäß §§ 794 Abs 1 Nr 5, 800 ZPO gehört nicht zum Inhalt der Hypothek, sondern stellt ein prozessuales Nebenrecht dar; s zur Frage gesonderter Eintragung Einl 199 zu §§ 1113 ff.

6. Belastung und Übertragung der Gesamthypothek

43 Da die Gesamthypothek an allen Grundstücken nur eine mit sich identische Forderung sichern kann, kann sie nicht in Bezug auf ein einzelnes Grundstück belastet oder veräußert werden (LG Berlin vom 12.2. 2008 – 86 T 838/07 – Rpfleger 2008, 359). Die Belastung oder Übertragung einer Gesamthypothek ist nur rechtswirksam, wenn sie auf dem Grundbuchblatt eines jeden der verhafteten Grundstücke eingetragen wird (vgl oben Rn 10). Solange die Eintragung nicht auf allen in Betracht kommenden Grundbuchblättern erfolgt ist, tritt die Übertragung oder Belastung auch hinsichtlich derjenigen Grundstücke, bei denen die Eintragung bereits erfolgt ist (s Prot III 637), nicht in Kraft (RG JW 1906, 309; RGZ GZ 63, 74; PLANCK/STRECKER Anm 4b; BGB-RGRK/ MATTERN[12] Rn 20; ERMAN/WENZEL[12] Rn 12; PALANDT/BASSENGE[67] Rn 9; WOLFF/RAISER § 148 IV; **aM** HECK § 94 I 4 c). Entsprechendes gilt für die Brief-Gesamthypothek, für die idR nur ein Hypothekenbrief ausgestellt wird (§ 1116 Rn 17) und ihre Übertragung nach § 1154 Abs 1.

7. Verzicht auf die Gesamthypothek an einem Grundstück

Verzichtet der Gläubiger einer Gesamthypothek an *einem* der belasteten Grund- **44** stücke auf die Hypothek, so erlischt sie dort gemäß § 1175 Abs 1 S 2 (s Erl dort). Durch den Verzicht wird die Einheitlichkeit des Rechtes und der Gesamthypothek nicht beeinträchtigt. Die Hypothek kann auch infolge Verzichts nur noch an einem Grundstück, also als Einzelhypothek, fortbestehen (KG HRR 1927 Nr 919; STRECKER Recht 1913, 236; vgl auch KG OLGE 27, 208).

8. Vormerkung, Verfügungsverbot

Ein Gesamtrecht, das aus einer *Hypothek* und aus einer *Vormerkung* bestände, ist **45** rechtlich unmöglich, es sind daher auch die §§ 48, 63 GBO hierher nicht anwendbar (KGJ 44, 250; WOLFF/RAISER § 148 Fn 15).

Ein *Verfügungsverbot* kann bei einem Gesamtrecht nur einheitlich hinsichtlich aller **46** Grundstücke ausgesprochen werden, weil der Gläubiger ohnehin nicht über die Hypothek, sondern nur über die gesicherte Forderung verfügen kann (§§ 1153, 1154). Bei dem Widerspruch (§ 899) muss unterschieden werden, ob sich dieser gegen das Bestehen des Gläubigerrechts überhaupt richtet oder auf andere Umstände, zB seinen gegenständlichen Bestand, gründet. Die Belastung des einen Grundstücks kann von vornherein nichtig sein, zB wegen Geschäftsunfähigkeit des Eigentümers bei Bestellung des Rechts; ein nur die Mithaftung dieses Grundstücks betreffender Widerspruch wäre daher zulässig (KG HRR 1929 Nr 605).

9. Rechtsstellung der nachstehenden Gläubiger

Jeder **nachstehende** Gläubiger, der nur an einem oder einzelnen Grundstücken **47** berechtigt ist, muss damit rechnen, dass die Gesamthypothek unter Umständen gerade ihm gegenüber zur vollen Auswirkung kommt. Nur derjenige Gläubiger, dessen Rechte auf allen der Gesamthypothek unterworfenen Grundstücken haften, kann darauf vertrauen, dass die Befriedigung aus einem der mithaftenden Grundstücke seine Rangstellung auf allen anderen Grundstücken entsprechend bessern wird (vgl auch § 18 ZVG).

Da der Rang der Gesamthypothek an den verschiedenen Grundstücken unterschied- **48** lich sein kann, kann dem Inhaber eines anderen Rechts an dem einen Grundstück der Vorrang eingeräumt werden, an einem anderen aber nicht (vgl WEINBERG LZ 1931, 11).

10. Innenverhältnis der mehreren Eigentümer

Das innere Verhältnis der verschiedenen Eigentümer zueinander ist vom Gesetz **49** nicht geregelt. Die Gesamthypothek ist „an sich regresslos" (§ 1173 Rn 23). Selbstverständlich kann es aber durch besondere schuldrechtliche Abmachungen geregelt werden und wird es in aller Regel sein (vgl hierzu auch §§ 1172 und 1182).

IV. Wahlrecht des Gläubigers (Abs 1 S 2)

1. Voraussetzungen

50 Dem **Gläubiger** steht das im Grundsatz **freie Wahlrecht** zu, ob er seine Befriedigung nur aus *einem* der belasteten Grundstücke, aus einzelnen oder aus *sämtlichen* Pfandobjekten suchen will. Auch diese Regelung, die von den meisten Partikularrechten abweicht (vgl MünchKomm/EICKMANN⁴ Rn 2), ist auf Kritik gestoßen (s Rn 6). Kreditsicherung durch ein Bündel von Sicherheiten ist inzwischen aber allgemein üblich geworden; überall steht es dem Gläubiger in den Grenzen von Treu und Glauben frei, welche Sicherheiten er bevorzugt in Anspruch nimmt (neuerdings wollen SCHÜNEMANN/BETHKE JZ 2009, 448 eine Begrenzung der Wahlfreiheit aus dem Diskriminierungsverbot des § 19 AGG herleiten). Der Gläubiger ist insbesondere an eine Verabredung nicht gebunden, nach welcher sich ein Eigentümer dem anderen gegenüber verpflichtet hat, die Gesamthypothek allein zu begleichen (vgl hierzu Mot III 684). Der Belangte kann also dem Gläubiger die Einrede der Teilung sowie der Mithaft anderer Grundstücke nicht entgegensetzen (OLG Köln KTS 1958, 155). Wohl aber unterliegt der Gläubiger auch hier nach Treu und Glauben gewissen Pflichten zur *Rücksichtnahme* (aA wegen des im Gesetzestext zum Ausdruck gekommenen eindeutigen Willen des Gesetzes anscheinend MünchKomm/EICKMANN⁴ Rn 31). Die Ausführungen Vorbem 203 ff zu §§ 1191 ff gelten ohne Weiteres auch für die Gesamthypothek.

51 Alle belasteten Grundstücke können in einem Verfahren *versteigert* werden, auch dann, wenn sie in den Bezirken mehrerer Amtsgerichte liegen.

52 Das Wahlrecht kommt auch noch *nach dem Zuschlag* und im Verteilungsverfahren bei der Zwangsversteigerung zur Geltung; hierüber im einzelnen § 172 ZVG (vgl OLG Köln KTS 1958, 155).

2. Wirkung

53 Beschränkt der Gläubiger die Vollstreckung auf eines oder mehrere der mitverpfändeten Grundstücke, so erlischt allein dadurch die Haftung der anderen Grundstücke noch nicht. Erst wenn der Gläubiger im Wege der Zwangsvollstreckung volle Befriedigung aus einem Teil der Pfandobjekte erlangt, werden nach § 1181 Abs 2 die übrigen Pfandobjekte frei; soweit nicht § 1182 eingreift, erlischt die Hypothek an allen Pfandobjekten, ohne dass eine Eigentümergrundschuld zurückbliebe.

54 Der Gläubiger ist auch berechtigt, ein *einzelnes* Grundstück aus der *Mithaft zu entlassen,* also auf die Gesamthypothek an einem Grundstück zu verzichten; s § 1175 Abs 1 S 2; vgl auch § 1170; s zur Frage, ob Verzicht (§ 1175 Abs 1 S 2) oder Aufhebung (§ 1183) vorliegt, § 1175 Rn 5 und § 1183 Rn 20. In gleicher Weise kann er auch die Löschung einer Hypothek auf nur einigen von mehreren, verschiedenen Personen gehörenden Bruchteilen eines Grundstücks herbeiführen (s KG ZBlFG 6, 25).

55 Der Gläubiger kann auch auf einem einzelnen der Grundstücke im Rang hinter andere Rechte zurücktreten. Gemäß § 880 Abs 2 S 2 muss der Eigentümer anders als beim Verzicht gemäß § 1175 Abs 1 S 2 zustimmen (vgl PLANCK/STRECKER Anm 3c,).

3. Freigabeanspruch

Auch die Gesamthypothek kann den Gläubiger *übersichern.* Ihre Akzessorietät **56** ändert daran nichts (so für das Mobiliarpfandrecht BGH BB 1995, 586; GÖBEL, Übersicherung und Freigabeklauseln in vorformulierten Kreditsicherungsverträgen 37; RELLERMEYER WM 1994, 1053, 1059; GANTER WM 2001, 1 u WM 1999, 1741 **gegen** GANTER ZIP 1994, 254); dass sich der Gläubiger kraft der Hypothek aus allen Sicherungsgegenständen insgesamt nur einmal in Höhe seiner Forderung befriedigen kann, gilt auch für nicht akzessorische Sicherungsrechte. Entscheidend ist vielmehr, dass die Gesamthypothek wegen des Wahlrechts des Gläubigers die Rangstelle auf allen verpfändeten Grundstücken blockiert, also den Eigentümer uU weit mehr beeinträchtigt als dies das Sicherungsinteresse des Gläubigers rechtfertigt. Deshalb kann dem Eigentümer und dem Schuldner gemäß § 242 ein Anspruch auf Freigabe einzelner Grundstücke auch ohne ausdrückliche Vereinbarung zustehen, wenn der restliche belastete Grundstücksbestand zur Sicherung des Gläubigers ersichtlich ausreicht und sich seine Weigerung, einzelne Grundstücke freizugeben, als unzulässige Rechtsausübung darstellt (zustimmend BGHZ 144, 138 vom 30. 3. 2000 – VII ZR 299/96 = JZ 2001, 41 [BREHM/ KLEINHEISTERKAMP] = ZfIR 2000, 366 [SCHMITZ]; vgl zum Mobiliarpfand BGH BB 1995, 586; s zur Übersicherung allgemein Vorbem 76 ff zu §§ 1191 ff). Eine ausdrückliche Freigabevereinbarung ist nicht geboten.

V. Verteilung

1. Verteilungsbefugnis des Gläubigers

Der Gläubiger ist nach Abs 2 berechtigt, die Gesamthypothek in beliebiger Weise **57** auf die einzelnen Grundstücke zu verteilen. Miteigentumsanteile stehen einzelnen Grundstücken gleich (oben Rn 18 ff; vgl OLG Hamm vom 27. 1. 2004 – 27 W 41/03 – NJW-RR 2004, 1532). Vgl zur entsprechenden Anwendung auf **Gesamtreallasten** STAUDINGER/ AMANN (2002) § 1107 Rn 32.

2. Anspruch auf Verteilung, Zwangsverteilung

Ein *Anspruch* auf Verteilung besteht im Fall des § 1172 Abs 2. **58**

Nach § 1 Abs 2 und 4 des G zur Ergänzung des RSiedlG (v 4. 1. 1935 [RGBl I 1; BGBl III **59** Nr 2331-2]) kann die Siedlungsbehörde eine Gesamthypothek *zwangsweise* verteilen.

3. Durchführung der Verteilung

Zu einer Verteilung bedarf es gemäß § 875 der hierauf gerichteten *Erklärung des* **60** *Berechtigten* und – unerlässlich (BGH vom 27. 2. 1976 – V ZR 104/74 – Betrieb 1976, 866) – der *Eintragung* der Verteilung *ins Grundbuch.* Auch die Vorschriften des § 875 Abs 2 (Bindung an die Erklärung) und des § 878 (Einfluss einer Verfügungsbeschränkung) sind entsprechend anzuwenden. Der über die Gesamthypothek ausgestellte *Hypothekenbrief* wird unbrauchbar gemacht und stattdessen für jedes Grundstück für den darauf zugeteilten Betrag ein neuer Brief ausgestellt (§§ 59, 64, 68, 69 GBO). Die *Zustimmung der Eigentümer* der belasteten Grundstücke ist zur Verteilung *nicht* nötig und zwar weder sachlich-rechtlich noch formell-rechtlich (MünchKomm/EICK-

MANN[4] Rn 40 mit ausführlicher Diskussion). § 27 GBO ist nicht anzuwenden, obwohl an jedem Einzelgrundstück der Hypothekenteil gelöscht wird, der über dem diesem Grundstück zugeteilten Verteilungsbetrag liegt (RGZ 70, 91; allgM); dies harmoniert mit § 1175 Abs 1 S 2, wonach der Verzicht auf die Hypothek an nur einem von mehreren belasteten Grundstücken sie dort zum Erlöschen bringt.

61 Es muss immer der *gesamte Hypothekenbetrag* verteilt werden; bleibt die Summe der Teilhypotheken hinter dem ursprünglichen Hypothekenbetrag zurück, gilt insoweit materiell § 1175 Abs 1 S 1, grundbuchrechtlich § 27 GBO (OLG Düsseldorf MittRhNotK 1995, 315 mit falschem Leitsatz – nicht der Verzicht, sondern die Löschung bedarf der Zustimmung aller Eigentümer [Anm WOCHNER]). Nach dem inneren Zusammenhang der beiden Absätze des § 1132 kann der Gläubiger die Verteilung auch in der Weise vornehmen, dass für bestimmte Teilbeträge mehrere der ursprünglich belasteten Grundstücke gemeinschaftlich verhaftet bleiben (KGJ 37 A 307), die Hypothek insoweit also Gesamthypothek an einem verringerten Grundstücksbestand bleibt. In Kombination mit § 1175 Abs 1 S 2 ist es auch möglich, einzelnen Grundstücken nichts zuzuteilen (vorausgesetzt der Gesamtbetrag bleibt insgesamt als Belastung der anderen Grundstücke erhalten); diese scheiden dann aus dem Pfandverband aus; die Hypothek erlischt an ihnen, ohne dass eine Eigentümergrundschuld zurückbliebe.

62 Ist die Hypothek mit dem *Recht eines Dritten* belastet, so bedarf es zur Verteilung seiner Einwilligung (§ 876).

4. Wirkung der Verteilung

63 Die Wirkung der Verteilung ist die, dass die Gesamthypothek in selbständige Einzelhypotheken zerfällt und dass sie an den Einzelgrundstücken in Höhe der dort nicht mehr gesicherten Beträge erlischt (RGZ 70, 91). Der Rang der entstehenden Einzelhypotheken ist an jedem Einzelgrundstück der der ursprünglichen Gesamthypothek (OLG Celle ZIP 1997, 1830). Erfolgt die Verteilung während eines laufenden *Zwangsversteigerungsverfahrens*, so kann sie sich auch noch auf die Verteilung des Erlöses auswirken (vgl BGH vom 27.2.1976 – V ZR 104/74 – Betrieb 1976, 866); nach Erteilung des Zuschlags kann nur noch eine bestehenbleibende Hypothek verteilt werden, weil ansonsten die erforderliche Grundbucheintragung nicht mehr stattfinden kann (vgl BGH vom 27.2.1976 wie vor).

VII. Grund- und Rentenschuld

1. Begründung

64 § 1132 findet auf Grund- und Rentenschulden (auch Eigentümergrundschulden) entsprechende **Anwendung**. S zu unterschiedlichen Fälligkeiten oben Rn 35.

65 Ein *grundsätzlicher Unterschied* zur Hypothek liegt darin, dass der Charakter der Grundschuld als Gesamtgrundschuld mangels einer zugrundeliegenden Forderung nicht durch die Klammer der Forderungsidentität bestimmt wird (oben Rn 10 f), sondern ausschließlich durch den Grundschuldinhalt. Auf jeden Fall ist Gläubigeridentität erforderlich (ALFF Rpfleger 1999, 373). Im Übrigen entsteht eine Grundschuld als ursprüngliche Gesamtgrundschuld, wenn Einigung und Eintragung sie als Gesamtgrundschuld ausweisen. Fraglich ist – in der Literatur fehlt diese klare Frage-stellung –, ob insoweit gemäß § 874 auf die Eintragungsbewilligung Bezug genom-men werden kann, oder ob § 48 GBO eine Spezialvorschrift ist, die § 874 BGB verdrängt. Kann auf die Eintragungsbewilligung Bezug genommen werden, so gilt auch für die Grundschuld, dass der Mithaftvermerk nur deklaratorisch wäre; es scheidet dann aber auch der in der Literatur erörterte gutgläubige Erwerb einer Einzelgrundschuld bei Fehlen des Mithaftvermerks aus. Geht hingegen § 48 GBO vor, dann entsteht die Grundschuld nicht als Gesamtgrundschuld, wenn der Mit-haftvermerk unterbleibt (vgl auch oben Rn 10 f). Richtet sich in diesem Fall die Einigung auf eine Gesamtgrundschuld, so kann idR nicht angenommen werden, der Eigentümer sei im Zweifel auch mit Einzelgrundschulden, die ihn ja erheblich höher belasten würden, einverstanden; als Fremdgrundschuld entsteht die Grundschuld dann nicht (aA MünchKomm/EICKMANN[4] Rn 10, der zu Unrecht Einzelbelastungen als minus gegenüber der Gesamtbelastung ansieht – das Gegenteil ist richtig).

Insgesamt ist bei der Grundschuld noch mehr als bei der Hypothek (oben Rn 10 f) dem **66** **konstitutiven Charakter des Mithaftvermerks** der Vorzug zu geben. Er verbessert den Verkehrsschutz, weil er einen Grundschulderwerber von der Last befreit, beim Erwerb einer Grundschuld, die als Einzelgrundschuld eingetragen ist, erst noch die Eintragungsbewilligung dahin zu überprüfen, ob nicht in Wahrheit eine Gesamt-grundschuld besteht, die in Ansehung nur eines der belasteten Grundstücke nicht separat abtretbar ist.

Nicht konstitutiv ist der Mithaftvermerk – wie auch bei der Hypothek – für die **67** nachträgliche Entstehung einer Gesamtgrundschuld durch Teilung des belasteten Grundstücks. Unterbleibt er, so ist auch ein gutgläubiger Erwerb möglich.

2. Verteilung

Bei der Verteilung gemäß Abs 2 wird nicht die Forderung, sondern die Grundschuld **68** selbst verteilt. Die Verteilung einer Sicherungsgrundschuld (Vorbem 19 zu §§ 1191 ff) bedeutet nicht, dass auch die auf den Sicherungsvertrag gegründete Haftung glei-chermaßen verteilt würde; belastet die Grundschuld Grundstücke verschiedener Eigentümer und haften diese nach Maßgabe des Sicherungsvertrags als Gesamt-schuldner, so kann sich der Gläubiger trotz Verteilung der Grundschuld nach Belieben aus nur einer der Teilgrundschulden wegen des vollen Schuldbetrags befriedigen oder die Grundschulden sonst abweichend vom Aufteilungsmaßstab in Anspruch nehmen (OLG Hamm vom 27.1.2004 – 27 W 41/03 – NJW-RR 2004, 1532).

3. Abtretung

Da die Klammer Forderung fehlt, gelten für die **Abtretung** der Gesamtgrundschuld **69** eigene Regeln, insbesondere, wenn es sich um eine Buchgrundschuld handelt. Dazu § 1154 Rn 81 ff.

4. Rückgewähranspruch

Der **Rückgewähranspruch** (Vorbem 140 ff zu §§ 1191 ff) kann in Ansehung einzelner **70** Grundstücke unterschiedlich erfüllt werden. Insbesondere kann in Ansehung der einen Grundstücke ein Verzicht mit der Folge des § 1175 Abs 1 S 2 erklärt und die Grundschuld im übrigen an den Eigentümer abgetreten werden (LG Nürnberg-Fürth BWNotZ 1994, 172 mit Anm BÖHRINGER, der allerdings den Rückgewähranspruch zu Unrecht dem Sachenrecht zuordnet und ihn zum Inhalt der Grundschuld erklärt; s Vorbem 140 zu §§ 1191 ff). Eine gespaltene *Abtretung* des Rückgewähranspruchs ist hingegen nicht möglich (BÖHRINGER BWNotZ 1994, 172).

§ 1133
Gefährdung der Sicherheit der Hypothek

Ist infolge einer Verschlechterung des Grundstücks die Sicherheit der Hypothek gefährdet, so kann der Gläubiger dem Eigentümer eine angemessene Frist zur Beseitigung der Gefährdung bestimmen. Nach dem Ablauf der Frist ist der Gläubiger berechtigt, sofort Befriedigung aus dem Grundstück zu suchen, wenn nicht die Gefährdung durch Verbesserung des Grundstücks oder durch anderweitige Hypothekenbestellung beseitigt worden ist. Ist die Forderung unverzinslich und noch nicht fällig, so gebührt dem Gläubiger nur die Summe, welche mit Hinzurechnung der gesetzlichen Zinsen für die Zeit von der Zahlung bis zur Fälligkeit dem Betrag der Forderung gleichkommt.

Materialien: E I § 1073; II § 1041 rev § 1117; III § 1116; Mot III 670 ff; Prot III 569 f.

Schrifttum:

SELKE, Besichtigungsrecht des Grundpfandberechtigten, ZfIR 2003, 89.

Systematische Übersicht

I. Allgemeines

1 § 1133 gewährt dem Hypothekengläubiger (natürlich auch dem Gläubiger einer

Sicherungshypothek) ein **vorzeitiges Befriedigungsrecht**, wenn die Sicherheit seiner Hypothek gefährdet ist (historisch Deteriorations- oder Devastationsklage). Seine praktische Bedeutung gilt als gering, weil im Bereich des gewerblichen Kredits die Darlehensverträge dem Gläubiger für Fälle der Verschlechterung Kündigungsrechte einräumten (MünchKomm/Eickmann[4] Rn 1), während § 1133 nicht die vorzeitige Fälligkeit der Forderung, sondern nur ein vorzeitiges Befriedigungsrecht bei noch nicht fälliger Forderung gewährt (unten Rn 26). Tatsächlich verlassen sich viele Kreditinstitute auch wegen §§ 307 ff auf die gesetzliche Regelung (vgl zB Allgemeine Bedingungen im Hypothekenbankgeschäft [ABH] der genossenschaftlichen Pfandbriefbanken, abrufbar unter http://www.muenchener-hyp.de/resources/allgemeine_bedingungen.pdf), die allerdings in § 490 Abs 1 dem Gläubiger unter Voraussetzungen, die denen des § 1133 ähnlich sind, ein Kündigungsrecht einräumt. In der Regel wird der Gläubiger nach § 490 Abs 1 kündigen und nicht vorzeitige Befriedigung bei Fortbestand des Darlehensvertrags verlangen.

Während es bei § 1134 schon genügt, dass eine die Sicherheit der Hypothek gefähr- **2** dende Verschlechterung des Grundstücks zu *besorgen* ist, muss die Verschlechterung bei § 1133 *bereits eingetreten* sein und zwar am verpfändeten Grundstück selbst. § 1135 dehnt die aus den §§ 1133 und 1134 entspringenden Rechte auf die Verschlechterung der Zubehörstücke aus. UU können die Voraussetzungen der §§ 1133 und 1134 nebeneinander vorliegen (vgl § 1134 Rn 14).

Wenn Verschulden vorliegt, kann der Hypothekengläubiger daneben auch *Scha-* **3** *densersatzansprüche* wegen Verletzung des dinglichen Hypothekenrechts gemäß § 823 Abs 1 geltend machen (RGZ 69, 91; 73, 337; RG JW 1907, 332; OLG Rostock SeuffA 65 Nr 48; OLG Hamburg SeuffA 75, 236; vgl § 1121 Rn 2, ferner § 1134 Rn 7, 31, § 1135 Rn 9). Hingegen kann der Schadensersatzanspruch entgegen der hL nicht auch auf § 823 Abs 2 mit § 1133 als *Schutzgesetz* gestützt werden (so aber OLG München OLGE 32, 389; OLG Hamburg DJZ 1934, 660; Staudinger/Scherübl[12] Rn 2; Wolff/Raiser § 138 Fn 5; Münch-Komm/Eickmann[4] Rn 22; BGB-RGRK/Mattern[12] Rn 3); die Rechtsprechung des BGH (BGHZ 65, 211 vom 28.10.1975 – VI ZR 24/74 = JZ 1976, 706 [Scheyhing] = LM § 823 [Ad] BGB Nr 8 [Steffen] und BGHZ 105, 230 vom 29.9.1988 – IX ZR 39/88 = EWiR 1988, 1113 [Lüke] = JZ 1989, 396 m Anm Gerhardt = WuB VI C 106 KO 1.89 [Sundermann] – dazu auch Lüke ZIP 1989, 1) kann nicht als Beleg herangezogen werden: während den Eigentümer gemäß §§ 1134, 1135 (darauf und auf die Sorgfaltspflicht eines Sequesters beziehen sich die Entscheidungen des BGH) eine Unterlassungspflicht trifft, die unschwer als Schutzpflicht interpretiert werden kann, gibt § 1133 nur eine Fälligkeitsregelung, der keine Handlungspflicht korreliert (so zutreffend Staudinger/Scherübl[12] Rn 14). Für Schadensersatzansprüche haftet die Hypothek nicht (BGH vom 29.9.1988 aaO).

§ 321 hat einen anderen Anwendungsbereich als § 1133. Weder die Hypothek noch **4** der Begebungsvertrag (Vorbem 36 ff zu §§ 1113 ff; Vorbem 25 zu §§ 1191 ff) sind gegenseitige Verträge. § 321 stellt auf die persönliche Leistungsfähigkeit des Schuldners ab, während die hypothekarische Sicherung deren Bedeutung gerade zurücktreten lässt (vgl RG JW 1903 Beil 33). § 321 kann aber auf den persönlichen Anspruch auf Einräumung einer Hypothek, der von § 1133 nicht erfasst wird (vgl RG BayZ 1905, 348; s auch unten Rn 8), Anwendung finden.

§ 1133   Buch 3

5–9   Abschnitt 7 · Hypothek, Grundschuld, Rentenschuld

II. Voraussetzungen des Anspruchs aus § 1133

1. Verschlechterung des Grundstücks und seiner Bestandteile

5 Grundstück iS des § 1133 bedeutet nur das Grundstück selbst und seine Bestandteile. **Nicht** umfasst werden alle Haftungsgegenstände aus den §§ 1120–1131 (vgl § 1135 Rn 5). Das folgt (arg e contrario) aus § 1135 (auch Mot III 674), der die Verschlechterung von Zubehörstücken besonders regelt (s § 1135 Rn 1). Die Unterlassung einer Versicherung der haftenden Gegenstände, insbesondere der Gebäude gegen Feuersgefahr oder deren Nichterneuerung fällt also nicht unter § 1133 (RGZ 52, 295 vom 15. 10. 1902 – V 170/02). Sie kann auch nicht als „drohende Verschlechterung" unter § 1134 fallen (str, dort Rn 17).

2. Verschlechterung

6 Das Grundstück muss eine Verschlechterung erlitten haben. Hierunter ist eine den Verkehrswert mindernde Veränderung des Zustandes von Grund und Boden und seiner Bestandteile zu verstehen (vgl etwa BGHZ 65, 211 vom 28. 10. 1975 – VI ZR 24/74 = JZ 1976, 706 [Scheyhing] = LM § 823 [Ad] BGB Nr 8 [Steffen]). Es ist gleichgültig, ob die Verschlechterung auf einer Handlung oder Unterlassung des Eigentümers beruht, ob ggf die Handlung rechtswidrig war oder ob den Eigentümer ein Verschulden trifft (s aber oben Rn 3). Sie kann auch von Handlungen Dritter herrühren, von Naturereignissen oder Kriegshandlungen.

7 Die Verschlechterung muss außerhalb des begründeten **Erwartungshorizonts** des Gläubigers eingetreten sein, den Gläubiger also in seinen berechtigten Erwartungen enttäuscht haben. Musste der Gläubiger bereits bei Bestellung der Hypothek wissen, dass während der Laufzeit ein Wertverlust zwangsläufig eintreten werde, wäre es treuwidrig, sich deswegen auf § 1133 zu berufen; eine Wertminderung, die ein Gebäude durch Alter trotz entsprechender Reparaturen erfährt, fällt daher nicht unter die Vorschrift (Erman/Wenzel[12] Rn 3; MünchKomm/Eickmann[4] Rn 6; Planck/Strecker Anm 1c mit weiteren Hinweisen; Soergel/Konzen[14] Rn 4; **aA** BGB-RGRK/Mattern[12] Rn 6).

8 Die Verschlechterung muss auf Umständen beruhen, die **konkret** das belastete **Grundstück** betreffen. Allgemeine wirtschaftliche Veränderungen fallen nicht unter die Vorschrift (Planck/Strecker Anm 1a). Sie soll es dem Gläubiger ermöglichen, auf individuelle Wertverluste zu reagieren, nicht aber das allgemeine Wirtschaftsrisiko auf den Eigentümer abwälzen (vgl Prot III 569 f). Eine Immobilienkrise wie die der Jahre 2007 ff in den USA führt also nicht zur Anwendung der Vorschrift. Maßgeblich ist immer die Entwicklung auf dem einschlägigen Immobilienmarkt: Sinken zB allgemein die Werte milcherzeugender landwirtschaftlicher Betriebe infolge eines Verfalls der Milchpreise, so fällt das nicht unter § 1133, wohl aber ein Wertverfall, der darauf beruht, dass das belastete Anwesen von einer Seuche betroffen ist, von der andere Anwesen verschont geblieben sind.

9 Der Wert fremdgenutzter Grundstücke wird weitgehend durch die erzielbaren **Mieten** bestimmt (vgl § 16 WertV). Sinken die für das Grundstück erzielbaren Mieten, so ist das eine Verschlechterung des Grundstücks, was nichts mit der Haftung der Mietforderungen nach §§ 1123 ff zu tun hat und nicht mit Mietausfällen infolge mangelhafter Verwaltung verwechselt werden darf (dazu § 1134 Rn 16). Musste allerdings der Gläubiger von Anfang an mit einem Absinken der Mieten rechnen (wie vor allem bei sog Schrottimmobilien nach Auslaufen der „Mietgarantie"), so kann er sich (oben Rn 7) nicht auf Verschlechterung berufen.

Verfügungen über das Grundstück, also eine Beeinträchtigung der rechtlichen Situa- **10** tion, wie Veräußerung oder weitere Belastung, bedeuten grundsätzlich keine Verschlechterung des Grundstücks (s aber zur Vereinigung oder Bestandteilszuschreibung § 1136 Rn 14). § 1133 kann aber anwendbar sein, wenn das Grundstück durch hoheitliche Maßnahmen beeinträchtigt wird, zB öffentlicher Weg wird (Wolff/Raiser § 138 Fn 8; Planck/Strecker Anm 1c; aM Schultzenstein DJZ 1911, 1523), ohne dass der dadurch eintretende Wertverlust durch Werterhöhung des Restgrundstücks kompensiert würde.

3. Gefährdung der Hypothek

Die **Verschlechterung** des Grundstücks muss die Sicherheit der Hypothek gefährden. **11** Mot III 671 verlangen (wie § 490 Abs 1) eine „erhebliche" Verschlechterung. Jedenfalls muss ein Ausfall in der Zwangsvollstreckung drohen (KG OLGE 34, 213). Der Begriff der Gefährdung ist insofern relativ als die Risikoeinschätzung zu berücksichtigen ist, die Grundlage des Hypothekenbestellungsvertrags war.

Wenn Darlehen der **Pfandbriefbanken** sich innerhalb von 60% des Beleihungswerts **12** zu halten haben (Einl 20 zu §§ 1113 ff), so liegt darin bereits ein doppelter Sicherheitspuffer, weil einerseits der „Beleihungswert" nach Vorsichtsmaßstäben am untersten Ende des Bewertungsermessens zu orientieren ist (§ 16 Abs 2 PfandBG) und die Beleihungsgrenze zusätzlich einen Puffer von 40% für künftige Wertveränderungen bereitstellt. Enthält also die Hypothekenbestellung bereits eine Entwertungsvorsorge, dann darf § 1133 erst angewandt werden, wenn die der Hypothek immanente Risikovorsorge nicht mehr ausreicht; ein Korridor von 10% des Beleihungswerts dürfte angemessen sein. Wenn demgegenüber Verbraucherverträge ein Kündigungsrecht für jeden Fall vorsehen, in dem der Beleihungswert unter die 60%-Grenze fällt, ist das unter dem Gesichtspunkt des § 307 bedenklich.

Hat der Gläubiger das Grundstück andererseits voll oder sogar weit **über** seinen **13** **Verkehrswert** hinaus beliehen (wie es in den 1990er Jahren insbes bei sog Schrottimmobilien üblich war), muss er sich an seiner Einschätzung festhalten lassen. Höchstens 80% des Beleihungswerts können in einem solchen Fall als Hypothekendarlehen gelten. Auf § 1133 kann er sich erst berufen, wenn eine Verschlechterung auf einen Wert von etwa 90% des Beleihungswerts (vgl vorstehende Rn) stattfindet.

4. Maßgebender Zeitpunkt

§ 1133 setzt voraus, dass die betreffende Hypothek bereits eingetragen ist. Es kann **14** sich also nur um Verschlechterungen handeln, die erst nach Eintragung der Hypothek in Erscheinung traten (Planck/Strecker Anm 1b).

15 Besteht aber ein **vertraglich vereinbarter** Anspruch auf Einräumung einer Hypothek, so ist der Vertrag regelmäßig dahin auszulegen, dass die Fälle der §§ 1133–1135 jedenfalls ab Fälligkeit des Anspruchs zum Vertragsinhalt gemacht sind und der gesicherten Anspruch unter den Voraussetzungen der §§ 1133–1135 fällig ist. Tritt dieser Fall noch vor Eintragung der Hypothek ein, so ist die Hypothekenforderung bei Eintragung bereits fällig und sofort titulierbar. So im Falle, dass die Sicherung eines Grundstückskaufpreises durch *Kaufpreisresthypothek* oder nicht abtretbare Grundschuld vereinbart ist (Einl 137 zu §§ 1113 ff) und nicht ausreichend versicherte Gebäude auf dem Grundstück nach seiner Übergabe abbrennen (vgl RG BayZ 1905, 437). Es handelt sich aber im Zweifel um Vereinbarungen zur gesicherten Schuld, nicht um den Inhalt der Hypothek, der eintragungsbedürftig wäre.

16 In gleicher Weise ist bei der *Grundschuld* anzunehmen, dass der Sicherungsvertrag sofortige Verwertung der Grundschuld erlaubt, wenn die Verschlechterung zwischen Vertragsabschluss und Fälligkeit eingetreten ist.

17 Eine *Vormerkung* genügt insofern nicht, als aus ihr keine unmittelbare Befriedigung der Hypothekenforderung gefordert und daher die Zwangsvollstreckung in das Grundstück nicht betrieben werden kann. Der Vormerkungsberechtigte kann daher bestenfalls die Anordnung von Sicherungsmaßregeln im Wege des Arrests oder der einstweiligen Verfügung beantragen (vgl BIERMANN, Widerspruch und Vormerkung 196; PLANCK/STRECKER § 883 Anm 3n).

18 Die **Beweislast** dafür, dass eine Verschlechterung eingetreten ist und das Grundstück nicht mehr genügende Sicherheit bietet, trifft als Anspruchsvoraussetzung den Gläubiger (BAUMGÄRTEL/LAUMEN/BAUMGÄRTEL[2] Rn 1). Dieser hat allerdings nach § 809 gegen den Besitzer (nicht den Eigentümer als solchen) Anspruch darauf, dass er ihm die **Besichtigung** gestattet (SELKE ZfIR 2003, 89).

5. Fristsetzung durch den Gläubiger

a) Fristsetzung

19 Der *Gläubiger,* nicht das Gericht, muss dem Eigentümer (vgl § 1148) eine *angemessene Frist* zur Beseitigung der Gefährdung ausdrücklich bestimmt haben. Die Bestimmung einer zu kurzen Frist soll eine angemessene Frist in Lauf setzen (BGB-RGRK/MATTERN[12] Rn 9; ERMAN/WENZEL[12] Rn 5; MünchKomm/EICKMANN[4] Rn 11; PLANCK/STRECKER Anm 2a); das ist (entgegen der Kommentierung in STAUDINGER/WOLFSTEINER [2002] Rn 9) bedenklich, weil der Gläubiger dadurch geradezu animiert wird, eine unangemessen kurze Frist zu setzten, nachdem ihm daraus kein Schaden erwachsen kann. Wird innerhalb der Frist die Sicherheit wieder hergestellt oder anderweitig beschafft, so tritt das Recht auf Befriedigung aus § 1133 nicht ein. Insoweit besteht auch Verfügungsfreiheit für den Eigentümer (vgl Mot III 672). Ob die Frist angemessen war, entscheidet im Streitfall das Gericht (Mot aaO).

20 Ist die Frist erfolglos verstrichen, so erhält der Gläubiger ein Recht zur Geltendmachung seines Anspruchs, das durch spätere Maßnahmen des Eigentümers grundsätzlich nicht mehr zum Erlöschen gebracht werden kann. Beseitigt der Eigentümer die Gefährdung nach Ablauf der Frist, dann verliert der Gläubiger also sein Recht nicht wieder (WURZER Recht 1912, 157; WOLFF/RAISER § 138 Fn 12); der Gläubiger muss disponieren können und darf nicht bis zum Ende der Zwangsvollstreckung im Ungewissen gelassen werden, ob er über sein Kapital wieder verfügen kann oder nicht. Der *Gegenmeinung,* das Befriedigungsrecht könne bis zur Erteilung des Zuschlags gegen Kostenerstattung durch entsprechende Maßnahmen abgewendet werden (PALANDT/BASSENGE[67] Rn 2; MünchKomm/EICKMANN[4] Rn 19; PLANCK/STRECKER Anm 2b; SORGEL/KONZEN[13] Rn 4), ist nur zuzugeben, dass die Fortsetzung der Vollstreckung im Einzelfall gegen Treu und Glauben verstoßen kann, wenn die Verschlechterung ohne Verschulden des Eigentümers eingetreten war, auch sein Verhalten danach dem Gläubiger nicht Anlass zum Vertrauensverlust gegeben hat und der Gläubiger über das Kapital nicht bereits anderweitig disponiert hat.

Eine Fristbestimmung ist entbehrlich, wenn der Eigentümer es von vornherein **21** ernstlich ablehnt, die Gefährdung zu beseitigen (in Anlehnung an die Rechtsprechung zu § 326, vgl KG OLGE 34, 211; es sind aber strenge Maßstäbe anzulegen).

b) Abwendung des Anspruchs
Der Eigentümer kann den Anspruch dadurch abwenden, dass er fristgerecht (oben **22** Rn 20) entweder das *Grundstück verbessert* oder *anderweitig eine Hypothek* bestellt.

Das Gesetz fordert als die eine Alternative eine Beseitigung der Gefährdung durch **23** Verbesserung des verschlechterten Grundstücks, also die Herstellung eines wieder ausreichend werthaltigen Zustandes, der auch ein anderer sein kann als der frühere vor Eintritt der Verschlechterung (vgl KG OLGE 34, 211). Dient die Hypothek der Sicherung eines Darlehens, das primär aus den Erträgen des Grundstücks zu bedienen war (vgl Einl 19 zu §§ 1113 ff), muss die nachhaltige Ertragsfähigkeit wieder hergestellt werden.

Alternativ kann die Gefährdung durch anderweitige Hypothekenbestellung, die nur **24** in Form der Pfandunterstellung weiterer Grundstücke möglich ist (vgl § 1132 Rn 12 ff) beseitigt werden. Es müssen die alten Befriedigungschancen wiederhergestellt werden (MünchKomm/EICKMANN[4] Rn 17). Auch hier ist daher nicht nur maßgeblich, wie sich der Gläubiger in der Zwangsvollstreckung stellt; die wirtschaftliche Situation der Sicherungsobjekte muss der ursprünglich vereinbarten gleichkommen. Die anderweitige Hypothekenbestellung kann auch durch einen Dritten geschehen; der Gläubiger kann aber die Annahme einer derartigen Hypothek unter entsprechender Anwendung des § 267 Abs 2 zurückweisen, falls der Eigentümer widerspricht (PLANCK/STRECKER Anm 2b). UU reicht Rangverbesserung aus (MünchKomm/EICKMANN[4] Rn 17). Eine Verpfändung beweglicher Sachen oder Rechte braucht der Gläubiger aber nicht als Ersatz anzunehmen; die §§ 232 ff gelten also hier nicht (vgl Mot III 673).

Die *Beweislast* dafür, dass die Maßnahmen die Gefährdung beseitigt haben, trifft **25** den Eigentümer (BAUMGÄRTEL/LAUMEN/BAUMGÄRTEL[2] Rn 1).

III. Inhalt des Anspruchs (S 2 und 3)

1. Auswirkungen auf die Hypothek

Der Gläubiger kann **nach Ablauf der Frist** sofortige Befriedigung aus dem Grund- **26** stück (§ 1147) verlangen, also ohne Rücksicht auf die Fälligkeit seiner Forderung. Der Anspruch geht auf *Befriedigung* hinsichtlich der ganzen Hypothek, nicht etwa nur in Ansehung des gefährdeten Teiles (allgM; Palandt/Bassenge[67] Rn 2; Planck/Strecker Anm 2; Erman/Wenzel[12] Rn 7). § 17 Abs 1 HypBkG sah abweichend davon für den Fall der Verschlechterung eines von einer *Hypothekenbank* beliehenen Grundstücks die Anwendung des § 1133 nur in Ansehung des Betrags vor, für welchen in dem verminderten Wert des Grundstücks nicht mehr die nach dem Gesetz oder der Satzung erforderliche Deckung vorhanden ist. In das PfandBG (vgl Einl 18 ff zu §§ 1113 ff), welches das HypBkG abgelöst hat, ist die Regelung nicht übernommen worden. Mangels einer Übergangsvorschrift (§ 50 PfandBG ordnet die Fortgeltung alten Rechts nur für den Fall des § 2 Abs 3 PfandBG, also der Aufhebung der Erlaubnis an), soll wohl die Schutzvorschrift für den Eigentümer auch bei Althypotheken nicht mehr fortgelten; unter verfassungsrechtlichen Aspekten ist das bedenklich.

27 Bestehen für den Gläubiger mehrere Hypotheken an dem Grundstück, zB auch deshalb, weil eine vollstreckbare und eine nicht vollstreckbare Hypothek bestellt wurde (vgl Wolfsteiner [Schrifttum Einl zu §§ 1113 ff] § 28.33.), so ist uU nur die nachrangige Hypothek gefährdet; nur aus ihr kann dann der Gläubiger Befriedigung suchen. Über die Fassung des Klageantrags s § 1147 Rn 24 ff.

28 Bei *unverzinslichen,* noch nicht fälligen Hypothekenforderungen muss sich der Gläubiger den Abzug der Zwischenzinsen gefallen lassen (S 3). Bei nur niedrig verzinsliche Hypotheken findet kein Abzug von Zwischenzinsen in Höhe der Differenz zum verkehrsüblichen Zins satt; dies ist zwar unlogisch, vom Gesetzgeber allerdings (zur Vereinfachung) ausdrücklich so gewollt. Die Berechnung erfolgt nach der Hoffmannschen Methode (s Staudinger/Bittner [2009] § 272 Rn 6; Enneccerus/Lehmann § 24 III; aA [vereinfachte Berechnung] BGB-RGRK/Mattern[12] Rn 12). Der gesetzliche Zinsfuß ist vier vom Hundert (§ 246); der Zinssatz des § 497 Abs 1 findet keine Anwendung, weil es nicht um das Darlehen, sondern nur um dessen dingliche Sicherung geht (Staudinger/Bittner [2009] § 272 Rn 6). Auf die Darlehensforderung kann § 497 Abs 1 dennoch anwendbar sein.

29 Die Beseitigung der *Beeinträchtigung selbst* kann der Gläubiger nicht verlangen, auch nicht wahlweise mit dem vorzeitigen Befriedigungsanspruch (vgl aber auch § 1134). Ein solcher Anspruch kann aber aus § 823 Abs 1 erwachsen (Wolff/Raiser § 138 Fn 12; oben Rn 3). Das kann insbesondere Bedeutung haben, wenn Bestandteile vom Grundstück entfernt werden und auf diese Weise die Pfandhaft zum Erlöschen gebracht wird (s § 1121). In diesem Fall ist uU auch Gläubigeranfechtung möglich (RG Gruchot 57, 1005; RGZ 100, 89; Wolff/Raiser § 138 Fn 12).

2. Auswirkungen auf die gesicherte Forderung

30 Wie der Ausdruck „aus dem Grundstück" ergibt, betrifft die Vorschrift – naturgemäß – nur den *dinglichen Hypothekenanspruch* (Mot III 673). Es ist aber regelmäßig anzunehmen, dass nach Treu und Glauben und mit Rücksicht auf die Verkehrssitte die Bestimmung im Wege der Auslegung auch in das schuldrechtliche Geschäft hineinzuinterpretieren ist; dass die Parteien nach ihrem mutmaßlichen Willen etwa

anderes gewollt haben, ist unter normalen Umständen schwer vorstellbar (vgl RGZ 17, 152; PLANCK/STRECKER Anm 2).

IV. Rechtsstellung des Pfandgläubigers an einer Hypothek

Die §§ 1133, 1134 sind nicht zugunsten des Pfandgläubigers an einer Hypothek **31** entsprechend anwendbar (STAUDINGER/WIEGAND [2002] § 1227 Rn 19; PALANDT/BASSENGE[67] Rn 1; MünchKomm/EICKMANN[4] Rn 20; SOERGEL/KONZEN[13] Rn 4; SOERGEL/AUGUSTIN § 1227 Rn 11; **aM** OLG Breslau JW 1928, 2474 mit abl Anm WALSMANN).

V. Grund- und Rentenschulden

Die §§ 1133–1135 gelten auch für Grund- und Rentenschulden. Bei sog Sicherungs- **32** grundschulden ist allerdings nicht allein auf das dingliche Recht abzustellen, sondern auf die gesicherte Forderung. Liegt sie unter dem Betrag der Grundschuld und bietet das Grundstück für sie volle Deckung, so scheidet die Anwendung des § 1133 aus. Ist die Forderung durch mehrere Grundschulden gesichert, so folgt aus der 2. Alternative des S 2 (vgl Rn 24), dass die Vorschrift nur greift, wenn die Grundschulden insgesamt keine ausreichende Sicherheit mehr gewährleisten. Bei Rentenschulden kann der Gläubiger die Bezahlung der Ablösungssumme aus dem Grundstück beanspruchen (s § 1201 Abs 2 S 2).

§ 1134
Unterlassungsklage

(1) Wirkt der Eigentümer oder ein Dritter auf das Grundstück in solcher Weise ein, dass eine die Sicherheit der Hypothek gefährdende Verschlechterung des Grundstücks zu besorgen ist, so kann der Gläubiger auf Unterlassung klagen.

(2) Geht die Einwirkung von dem Eigentümer aus, so hat das Gericht auf Antrag des Gläubigers die zur Abwendung der Gefährdung erforderlichen Maßregeln anzuordnen. Das Gleiche gilt, wenn die Verschlechterung deshalb zu besorgen ist, weil der Eigentümer die erforderlichen Vorkehrungen gegen Einwirkungen Dritter oder gegen andere Beschädigungen unterlässt.

Materialien: E I § 1072; II § 1042 rev § 1118; III § 1117; Mot III 669 f; Prot III 568 f.

I. Allgemeines

§ 1134 bezweckt wie § 1133 den Schutz des Hypothekengläubigers gegen eine **1** Verschlechterung des Grundstücks, welche die Sicherheit der Hypothek gefährdet. Man kann sagen, dass es sich um die hypothekenspezifische Anwendung des § 1004, der den Eigentümer schützt, auf den Hypothekengläubiger als jemandem, dem ebenfalls ein absolutes Recht am Grundstück zusteht, handelt. Über das Verhältnis zu § 1133 s unten Rn 14. Ähnliche Vorschriften finden sich in den §§ 25, 149 Abs 2 ZVG.

2 § 1134 (und seine Überschrift) ist *unglücklich formuliert;* es scheint noch das gemein-rechtliche Aktionensystem durch, wonach dem Gläubiger nicht Ansprüche, sondern Klagen zustehen (actio negatoria); vgl § 1004 Abs 1 S 2, der ebenfalls Vorausset-zungen für die Zulässigkeit einer Unterlassungsklage festsetzt (s STAUDINGER/GURSKY [2006] § 1004 Rn 210 ff). Die Vorschrift ist dahin zu verstehen, dass sie zugunsten des Gläubigers *privatrechtliche Ansprüche* begründet, die wie üblich notfalls im Klage-weg (einschließlich des Antrags auf einstweilige Verfügung) geltend zu machen sind (vgl PALANDT/BASSENGE[67] § 1004 Rn 31; STAUDINGER/GURSKY [2006] § 1004 Rn 211). Es handelt sich überdies um ein Schutzgesetz zugunsten des Gläubigers iSd § 823 Abs 2 (RG JW 1936, 3234; BGHZ 65, 211 vom 28.10.1975 – VI ZR 24/74 = JZ 1976, 706 [SCHEYHING] = LM § 823 [Ad] BGB Nr 8 [STEFFEN]; BGHZ 92, 280 [dazu BAYER WM 1987, 1541; TIEDTKE, NJW 1985, 1305]; ERMAN/WERNZEL[12] Rn 8; MünchKomm/EICKMANN[4] Rn 19; vgl unten Rn 31).

II. Voraussetzung des Anspruchs nach Abs 1

3 1. Voraussetzung des Anspruchs nach Abs 1 ist eine **Einwirkung** des Eigentümers oder eines Dritten auf das Grundstück. Nicht erforderlich ist, dass sich die Verlet-zung unmittelbar gegen das Recht aus der Hypothek richtet (PLANCK/STRECKER Anm 1). Im Gegensatz zu § 1133 wird menschliches Verhalten vorausgesetzt; bloß objektive Verschlechterung genügt nicht (BGB-RGRK/MATTERN[12] Rn 1; SOERGEL/KONZEN[13] Rn 1). Ein *Unterlassen* des Eigentümers fällt (nur) unter Abs 2 S 2; das Unterlassen eines Dritten steht der Einwirkung gleich, wenn der Dritte *dem Gläubiger gegenüber* zum Handeln verpflichtet ist.

4 Die Einwirkung muss bereits **stattgefunden** haben (vgl zu § 1004 STAUDINGER/GURSKY [2006] § 1004 Rn 214). Die „Besorgnis" reicht nur in Bezug auf die Eingriffsfolgen, die Verschlechterung, aus. Allerdings sollte es im Sinne des § 1004 Abs 1 S 2 bei bereits erfolgtem Eingriff genügen, dass Wiederholungsgefahr besteht (nachf Rn 6).

5 2. Es muss zu **besorgen** sein, dass der Eingriff ursächlich wird für eine die Sicherheit der Hypothek gefährdende Verschlechterung des Grundstücks. Der Be-griff der Besorgnis wird in der Literatur kaum weiter präzisiert. Besorgnis soll gerechtfertigt sein, wenn nach der allgemeinen Lebenserfahrung für einen besonne-nen Gläubiger, der also weder übermäßig ängstlich noch besonders gleichgültig ist, bei der Art der Einwirkung oder Unterlassung eine Verschlechterung des Grund-stücks jedenfalls nicht ausgeschlossen werden kann (Formulierung von MünchKomm/ EICKMANN[4] Rn 4). Das erscheint zu weitgehend, denn „ausgeschlossen" werden kann so gut wie nichts und nie. Vielmehr muss eine konkrete Gefahr der Verschlechterung bestehen.

6 Eine **schon eingetretene Verschlechterung** rechtfertigt den Anspruch nicht, denn ein Unterlassungsanspruch ist zwingend auf künftiges Handeln ausgerichtet und § 1134 gewährt anders als § 1004 nur einen Unterlassungs- und keinen Beseitigungsan-spruch (s aber unten Rn 11 zu der Frage, ob nicht doch ein quasinegatorischer Anspruch anzuer-kennen ist). In Erweiterung des Wortlauts der Vorschrift muss aber im Sinne des § 1004 Abs 1 S 2 auch der Fall einbezogen werden, dass eine **Wiederholung** des ersten

Eingriffs droht (vgl zur Wiederholungsgefahr Staudinger/Gursky [2006] § 1004 Rn 213 ff mwNw). Praktisch ist die Wiederholungsgefahr sogar der bedeutendere Fall, denn dass zwar der Eingriff stattgefunden hat, die Verschlechterung aber noch nicht eingetreten ist und durch Maßnahmen verhindert werden kann, wird selten vorkommen.

3.   Es muss, verursacht durch den Eingriff, eine Verschlechterung zu besorgen sein.   **7**
S zum Begriff der **Verschlechterung** § 1133 Rn 6 ff. Ein Verschulden des Eigentümers oder des Dritten ist auch hier nicht vorausgesetzt (Wolff/Raiser § 138 II 2; Planck/Strecker Anm 1b; BGB-RGRK/Mattern[12] Rn 1; Soergel/Konzen[13] Rn 1).

4.   Wie bei § 1133 muss die Verschlechterung des Grundstücks die Sicherheit der   **8**
Hypothek **gefährden**; dazu § 1133 Rn 11 ff.

5.   § 1134 ist auch anwendbar, wenn die Hypothekenforderung bereits **fällig** ist.   **9**
Jedoch bildet die Fälligkeit keine Voraussetzung für die Anwendung, ebenso wenig wie das Vorliegen eines vollstreckbaren Titels oder eine Beschlagnahme – Mot III 670 (vgl RG WarnR 1910 Nr 403; OLG Rostock OLGE 33, 166; Soergel/Konzen[13] Rn 1).

III.   Unterlassungsanspruch nach Abs 1

Der Anspruch geht auf **Unterlassung von Einwirkungen**; er richtet sich gegen denje-   **10**
nigen, der einwirkt, sei es der Eigentümer oder ein Dritter (vgl OLG Kiel JW 1933, 634), also auch gegen den Besitzer der Sache, den Mieter, Pächter und Nießbraucher.

Ein **positives Tun** zur Beseitigung einer schon geschehenen Einwirkung soll der   **11**
Hypothekengläubiger nach Mot III 670 wegen der dinglichen Natur des Anspruchs nicht verlangen können (Wolff/Raiser § 138 II 2 Fn 12; Erman/Wenzel[12] Rn 6; Palandt/Bassenge[67] Rn 3; Planck/Strecker Anm 2a; s auch OLG Kiel JW 1933, 634). Jedenfalls diese Ableitung ist nicht überzeugend (arg § 1004). Auch in der Sache ist es geboten, § 1004 Abs 1 S 1 in § 1134 Abs 1 hineinzuinterpretieren (s oben Rn 1) und dem Gläubiger gegen den dritten Störer auch verschuldensunabhängige **quasinegatorische Ansprüche** zuzugestehen (zust MünchKomm/Eickmann[4] Rn 20; vgl etwa Palandt/Bassenge[68] § 1004 Rn 4, wonach alle durch § 823 Abs 2 deliktisch geschützten Rechtsgüter unter den Schutz des § 1004 fallen; ebenso MünchKomm/Medicus[4] § 1004 Rn 6; **ablehnend** Staudinger/Gursky [2006] § 1004 Rn 16). Jedenfalls kann der Gläubiger Beseitigung der Einwirkung verlangen, wenn ihm ein Schadensersatzanspruch aus unerlaubter Handlung (§§ 823, 826) zusteht (unten Rn 31).

Ein Anspruch auf vorzeitige Befriedigung steht dem Gläubiger hier nicht zu (vgl   **12**
§ 1133); aber beide Tatbestände können zusammentreffen (nachf Rn 14).

IV.   Unterlassungs- und Einwirkungspflichten des Eigentümers nach Abs 2

Geht die Einwirkung von dem Eigentümer selbst aus oder unterlässt der Eigentümer   **13**
erforderliche Vorkehrungen gegen Einwirkungen Dritter oder gegen andere Beschädigungen, so kann der Gläubiger die zur Abwendung der Gefährdung erforderlichen Maßregeln verlangen. Der Anspruch des Abs 2 richtet sich nur gegen den Eigentümer, nicht gegen Dritte, gegen die daher auch keine Maßregeln erlassen

werden können (Wolff/Raiser § 138 II 2). Die anderen Beschädigungen können auch vom Willen des Eigentümers oder Dritter unabhängig sein (anders Abs 1); es gehören also auch zB Naturereignisse hierher (Palandt/Bassenge[67] Rn 2).

1. Einwirkungen des Eigentümers (Abs 2 S 1)

14 Hat der Eigentümer schädlich eingewirkt, ist er nicht nur – wie ein Dritter nach Abs 1 – zur Unterlassung und zur Folgenbeseitigung verpflichtet; vielmehr kann der Gläubiger darüber hinaus – das ist der Sinngehalt der Vorschrift – **vorbeugende Maßnahmen** verlangen, um künftigen Gefährdungen vorzubeugen. Der Anspruch kann neben den Befugnissen aus § 1133 bestehen (Planck/Strecker Anm 1a).

2. Vorkehrungen gegen Einwirkungen Dritter (Abs 2 S 2, HS 1)

15 Der Eigentümer ist verpflichtet, Vorkehrungen gegen schädliche Einwirkungen Dritter zu treffen. Diese Pflicht konkretisiert sich nur insoweit, als konkrete Gefahren solcher schädlicher Einwirkungen gegeben sind. Im Übrigen genügt ein im Verkehr übliches Verhalten.

3. Vorkehrungen gegen „andere Beschädigungen" (Abs 2 S 2, HS 2)

16 Der Eigentümer ist verpflichtet, Vorkehrungen gegen „andere Beschädigungen" zu treffen. Welche das sind, sagt das Gesetz nicht. Aus dem Gesamtzusammenhang folgt aber, dass es sich bei den Beschädigungen nur um solche handeln kann, die sich im Bereich der § 1004, 1133 halten. Rein wirtschaftliche Maßnahmen fallen also nicht darunter, so dass die Vorschrift *keine allgemeine Pflicht* zur *„ordnungsgemäßen Verwaltung"* begründet (missverständlich die hierzu häufig zitierte Entscheidung BGHZ 105, 230 vom 29. 9. 1988 – IX ZR 39/88 = EWiR 1988, 1113 [Lüke] = JZ 1989, 396 m Anm Gerhardt = WuB VI C 106 KO 1.89 [Sundermann] – dazu auch Lüke ZIP 1989, 1 –, die die §§ 1133, 1134 in unklarem Zusammenhang erwähnt, die Pflicht zur ordnungsgemäßen Verwaltung aber nicht aus § 1134, sondern aus der Stellung als Sequester hergeleitet hat). Sie verpflichtet den Eigentümer nicht zu einer ordnungsgemäßen *Vermietung* oder Verpachtung und hindert ihn auch nicht an der Kündigung von Mietverhältnissen (OLG Breslau OLGE 18, 171; Recht 1909 Nr 1511; AnnSächsOLG 28, 210; teilweise abw Hellwig, Anspruch und Klagerecht 389 ff; vgl auch Soergel/Konzen[13] Rn 2 mit weiteren Beispielen). Denn auf Früchte oder Pacht- und Mietforderungen ist der Schutz des § 1134 nicht erstreckt (s § 1135 Rn 5); dem Interesse des Gläubigers (vgl Mot III 674) ist durch die §§ 1120 ff Rechnung getragen (vgl § 1133 Rn 5).

17 Auch zum Abschluss einer *Feuerversicherung* oder sonstiger Schadensversicherung verpflichtet die Vorschrift nicht (unten Rn 25, § 1133 Rn 5); eine solche kann das Grundstück nicht vor Beschädigungen bewahren, sondern nur die wirtschaftliche Leistungsfähigkeit des Eigentümers im Schadensfall sicherstellen, was außerhalb des Regelungsbereichs liegt (aA RGZ 37, 356; RGZ 52, 295; OLG Königsberg OLGE 4, 485 und OLGE 31, 345; Planck/Strecker Anm 1a; Erman/Wenzel[12] Rn 5; Westermann Schwerpunkte Rn 460; Wolff/Raiser § 138 Fn 13; MünchKomm/Eickmann[4] Rn 10. S dazu, dass BGHZ 105, 230 nicht einschlägig ist, oben Rn 16). § 1133 eignet sich nicht dazu, durch die Hintertür eine vom Gesetz gerade nicht angeordnete Versicherungspflicht zu begründen; der Gläubiger mag eine solche (wie im geschäftlichen Verkehr üblich) durch Vertrag begründen. Auch § 15 PfandBG vermag für den *Eigentümer* eine solche Verpflichtung nicht zu begründen; die Vorschrift richtet sich an die Bank und verpflichtet sie, dafür zu sorgen, dass dem Grundstück aufstehende Gebäude während der gesamten Dauer der Beleihung zumindest in Höhe des Bauwertes gegen die nach Lage und Art des Objektes erheblichen Risiken versichert sind. Wie sie das bewerkstelligt (idR, indem sie den Eigentümer vertraglich verpflichtet), ist ihre Sache. S dazu, dass umgekehrt eine *drohende* Verschlechterung uU durch Versicherung kompensiert werden kann, unten Rn 25.

Davon zu unterscheiden ist die Frage (die allein Gegenstand der Entscheidungen RGZ 37, **18** 356 und RGZ 52, 295 war), ob die **Aufgabe** eines zur Zeit der Hypothekenbestellung bestehenden Versicherungsschutzes eine vom Eigentümer zu unterlassende „Einwirkung" ist. Auch das ist zu verneinen, weil Unterlassungen des Eigentümers einer Einwirkung nur gleichstehen, wenn eine Verpflichtung zum Handeln besteht (oben Rn 3).

Der Eigentümer ist auch sonst nicht verpflichtet, seine **wirtschaftliche Leistungsfä- 19 higkeit** aufrechtzuerhalten. Der Umstand allein, dass in das Vermögen des Eigentümers, auch in das belastete Grundstück (s dazu allerdings §§ 25, 149 Abs 2 ZVG), die Zwangsvollstreckung betrieben oder über das Vermögen des Eigentümers das Insolvenzverfahren eröffnet wird, ist kein Gefährdungstatbestand (OLG Stettin OLGE 1, 374).

4. Die Maßregeln

a) Art und Bestimmung der Maßregeln
S Rn 13 ff. Der Anspruch des Gläubigers umfasst sowohl Maßregeln, die sicher- **20** stellen, dass der Eigentümer seinen Unterlassungspflichten nachkommt, als auch Maßregeln zur Gefahrenabwehr.

Die Maßregeln sollen vom Gericht anzuordnen sein (STAUDINGER/SCHERÜBL[12] Rn 8; **21** MünchKomm/EICKMANN[4] Rn 13). Die Begründung dafür, der Gläubiger habe als Außenstehender nicht den Einblick, die objektiv erforderlichen Maßnahmen zu erkennen, ist jedenfalls nicht überzeugend; das Gericht hat diesen Einblick nämlich noch viel weniger. Vielmehr gilt, dass zunächst der Schuldner des Anspruchs, also der Eigentümer, wählen kann, welche von mehreren möglichen und tauglichen Maßnahmen der Gefahrenabwehr er ergreift (SCHNEIDER MDR 1987, 639). Ergreift er eine taugliche Maßnahme, ist der Anspruch erfüllt. Ergreift er keine taugliche Maßnahme, so kann der Gläubiger von ihm nach seiner Wahl ein taugliches Verhalten verlangen; der Schuldner kann aber bis zur Zwangsvollstreckung die Durchsetzung immer noch abwenden, indem er ein anderes taugliches Mittel einsetzt (BGH NJW 1983, 751).

Völlig unabhängig von dieser materiellrechtlichen Situation ist die Frage, ob einer **22** der Fälle vorliegt, in denen ein Kläger ausnahmsweise keinen bestimmten Antrag stellen muss, sondern das Urteil in das Ermessen des Gerichts stellen darf bzw nur den begehrten Erfolg, nicht aber die Mittel dazu bezeichnen muss. Diese Frage kann unbedenklich bejaht werden (ERMAN/WENZEL[12] Rn 7). Wie in den anderen einschlägigen Fällen muss der Kläger aber dem Gericht zumindest annähernde Vorstellungen über die in Betracht kommenden Maßnahmen vortragen; von Amts wegen ermittelt das Gericht nicht, wie Abhilfe zu schaffen ist.

b)   Die Maßregeln im Einzelnen

23 Die Maßregeln sind nach Lage der Sache verschieden; im einzelnen kommen in Betracht:

Verbot der Vornahme bestimmter Handlungen, Ermächtigung des Gläubigers zur Ersatzvornahme nach § 887 ZPO, insbesondere dann, wenn es sich um die Bestellung von Feldern oder um notwendige Bauten handelt, vgl Mot III 670 (RGZ 52, 295; WOLFF/RAISER § 138 II 2). Anordnung der Sequestration (vgl BGHZ 105, 230 vom 29. 9. 1988 – IX ZR 39/88 = EWiR 1988, 1113 [LÜKE] = JZ 1989, 396 m Anm GERHARDT = WuB VI C 106 KO 1. 89 [SUNDERMANN] – dazu auch LÜKE ZIP 1989, 1), Zwangsverwaltung (vgl RGZ 52, 140; 92, 19; RG JW 1912, 237; OLG Dresden SeuffA 56 Nr 127; OLG Braunschweig OLGE 23, 235; KGJ 35 A 265; GRABNER Gruchot 53, 668 ff; ROCKSTROH BayZ 1914, 118 ff; ZZP 44, 471 ff; WOLFF/RAISER § 138 II 2). Die nach § 938 Abs 2 ZPO angeordnete Sequestration ist an sich keine Zwangsverwaltung iS der §§ 146 ff ZVG (zum Unterschied GRABNER Gruchot 53, 668 ff, zum Teil abw WERNEBURG DNotZ 1916, 313 ff und PosMSchr 1916, 7), das Gericht kann aber dem Sequester auch Befugnisse übertragen, wie sie dem Zwangsverwalter nach §§ 146 ff ZVG zustehen, soweit dies zur Sicherung des Hypothekengläubigers erforderlich ist (RGZ 92, 18; RG SeuffA 64 Nr 121; KRETZSCHMAR aaO; BAUMBACH/LAUTERBACH/ HARTMANN, ZPO66 § 938 Rn 21; STEIN/JONAS/GRUNSKY, ZPO22 § 938 Rn 21). Das Grundbuchamt ist verpflichtet, auf Ersuchen des Gerichts die Anordnung der Sequestration (Zwangsverwaltung) ins Grundbuch einzutragen (KG RJA 9, 130). Es kann auch eine Beschlagnahme der Mieten iS der §§ 1123, 1124 bewirkt werden (RGZ 52, 138; OLG Dresden AnnSächsOLG 26, 383; OLG Braunschweig OLGE 23, 235; OLG Naumburg OLGE 26, 142; ROCKSTROH ZZP 44, 471; aM STEIN/JONAS/GRUNSKY, ZPO22 § 938 Rn 24); werden auf eine solche Maßnahme die Vorschriften des ZVG für entsprechend anwendbar erklärt, so wird man auch wegen des Zeitpunkts des Wirksamwerdens der Beschlagnahme auf die Vorschriften des ZVG (§ 22 ZVG) zurückgreifen müssen (vgl hierzu auch ROCKSTROH aaO und BayZ 1914, 118 gegen LINDEMANN Recht 1903, 204; MünchKomm/EICKMANN4 Fn 11).

c)   Unzulässige Maßregeln

24 Ein Veräußerungsverbot – außer für Zubehör – gehört nicht zu den zulässigen Maßregeln (aA KG OLGE 29, 359; OLG Rostock OLGE 36, 178; MünchKomm/EICKMANN4 Rn 13;). Dies folgt schon aus § 1136; wenn eine Verpflichtung des Eigentümers, das Grundstück nicht zu veräußern, dem Hypothekengläubiger gegenüber nichtig ist, kann die Veräußerung nicht unter die schädlichen Einwirkungen fallen und dem Eigentümer daher auch nicht verboten werden.

25 Nicht zu den erforderlichen Vorkehrungen gehört der Abschluss von **Versicherungen** (oben Rn 17). Sie kann deshalb auch nicht vom Gericht angeordnet werden. Das schließt es nicht aus, dass der Eigentümer durch den Abschluss von Versicherungen die Gefahr einer Minderung der Haftungsmasse abwenden und die Anwendung des Abs 2 dadurch ausschließen kann. Sind schließlich die Mietforderungen – zB in Form der Sequestration – beschlagnahmt, muss sichergestellt werden, dass aus den Mieteinnahmen zuerst die zur ordnungsgemäßen Verwaltung erforderlichen Ausgaben – unter ihnen auch die Prämien für eine ggf erst abzuschließende Feuerver-

sicherung (BGHZ 105, 230 vom 29. 9. 1988 – IX ZR 39/88 = EWiR 1988, 1113 [LÜKE] = JZ 1989, 396 m Anm GERHARDT = WuB VI C 106 KO 1. 89 [SUNDERMANN] – dazu auch LÜKE ZIP 1989, 1) – und dann erst andere Ausgaben getätigt werden. Diese drei Aspekte dürfen nicht undifferenziert vermischt werden. Gleiches gilt für die Auflösung einer bestehenden Versicherung (vgl KISCH LZ 1914, 42).

5. Verfahren

S zu **Klageverfahren** Rn 2, 21.   **26**

Unter den Voraussetzungen der §§ 935 ff ZPO können die Maßregeln auch durch **27** **einstweilige Verfügung** angeordnet werden. Eine einstweilige Verfügung, die eine Verfügungsbeschränkung, insbesondere eine Grundstücksverwaltung anordnet, kann wegen eines dem Abs 2 entsprechenden Tatbestands nach § 940 ZPO erlassen werden. Auch eine Sequestration kann nach § 938 Abs 2 ZPO durch einstweilige Verfügung angeordnet werden (RGZ 52, 295; RGZ 92, 205; KRETZSCHMAR ZBlFG 4, 446; **aM** HEINZE ZBlFG 4, 402; LINDEMANN Recht 1903, 205 und Recht 1908, 635).

V. Kosten, Vormerkung, Pfandrecht

1. Die **Kosten**, die dem Gläubiger dadurch erwachsen, dass zwecks Abwendung **28** der Verschlechterungsgefahr Maßregeln gegen den Eigentümer eine Frist erwirkt, sind Kosten der Rechtsverfolgung iS des § 1118 (dort Rn 11).

2. Der bloß **Vorgemerkte** hat den Anspruch aus § 1134 nicht (vgl § 1133 Rn 17). **29**

3. Der **Pfandgläubiger** einer Hypothek kann die Rechte aus § 1134 nicht in **30** Anspruch nehmen (vgl § 1133 Rn 31).

VI. Schadensersatzansprüche des Hypothekengläubigers

S zum Anspruch des Hypothekengläubigers auf Ersatz eines durch unerlaubte **31** Handlung (§§ 823 ff) verursachten Schadens (auch gegen Dritte) § 1121 Rn 2, § 1133 Rn 3, 29, § 1135 Rn 9. Die Hypothek gehört zu den sonstigen Rechten des § 823 Abs 1. Die §§ 1134 und 1135 sind zudem als Schutzgesetze iS des § 823 Abs 2 aufzufassen (RGZ 42, 170; RGZ 44, 186; RGZ 69, 91; RGZ 73, 335; BGHZ 65, 211 vom 28.10. 1975 – VI ZR 24/74 = JZ 1976, 706 [SCHEYHING] = LM § 823 [Ad] BGB Nr 8 [STEFFEN]; abl Anm RATHJEN Betrieb 1977, 389; oben Rn 2). Auch kann § 826 (und auch § 830) anwendbar sein, wenn der Eigentümer für sich oder zusammen mit dem Erwerber planmäßig auf die Schädigung der Hypothekengläubiger ausgegangen ist.

Der Schädiger ist auch dann nur zur **einmaligen Ersatzleistung** verpflichtet, wenn **32** sowohl der Eigentümer als auch der Hypothekengläubiger zum Schadensersatz berechtigt sind. Man wird in diesem Fall dem Eigentümer den Anspruch und dem Hypothekengläubiger ein Pfandrecht an dem Anspruch geben müssen (WESTERMANN[5] § 99 I 1); diese dingliche Surrogation löst den Interessenkonflikt ohne unbillige Folgen (**aA** – Gesamtgläubigerschaft – SOERGEL/KONZEN[13] Rn 4; unentschieden MünchKomm/ EICKMANN[4] Rn 19; ERMAN/WENZEL[12] Rn 8). Es ist freilich zuzugeben, dass die Ansprüche des Eigentümers wegen Verletzung seines Eigentums und die des Hypothekengläubigers wegen Verletzung der Hypothek nicht identisch sein müssen; soweit sie das nicht sind, stehen die Ansprüche unverbunden nebeneinander.

VII. Grund- und Rentenschulden

33 Die §§ 1133–1135 gelten auch für Grund- und Rentenschulden.

§ 1135
Verschlechterung des Zubehörs

Einer Verschlechterung des Grundstücks im Sinne der §§ 1133, 1134 steht es gleich, wenn Zubehörstücke, auf die sich die Hypothek erstreckt, verschlechtert oder den Regeln einer ordnungsmäßigen Wirtschaft zuwider von dem Grundstück entfernt werden.

Materialien: E I § 1074; II § 1043 rev § 1119;
III § 1118; Mot III 674; Prot III 570.

1 1. Bei der Wichtigkeit des Zubehörs für den Wert des Grundstücks kann auch eine **Verschlechterung** oder eine den Regeln einer ordnungsmäßigen Wirtschaft widersprechende **Entfernung von Zubehörstücken**, auf die sich die Hypothek erstreckt (§§ 97, 98, 1120), eine Verschlechterung des Grundstücks iS der §§ 1133, 1134 bedeuten. Die Verschlechterung oder die wirtschaftswidrige Entfernung solcher Zubehörstücke wird deshalb der Verschlechterung des Grundstücks iS der §§ 1133, 1134 gleichgestellt. Da Zubehör grundsätzlich von dem Grundstück entfernt werden darf, wenn dies in Übereinstimmung mit den Regeln einer ordnungsmäßigen Wirtschaft geschieht, ist nur die wirtschaftswidrige Entfernung der Verschlechterung gleichgestellt.

2 S zum Begriff der **Unwirtschaftlichkeit** § 1122 Rn 3 ff. In dem Ausscheiden von Zubehörstücken aus der Haftung im Wege des § 1122 Abs 2 liegt keine Verschlechterung des Grundstücks iS des § 1135 (RG WarnR 1934 Nr 56; RG JW 1934, 755; Soergel/ Konzen[13] Rn 3).

3 Maßgebend dafür, ob die Entfernung unwirtschaftlich ist, sind die Verhältnisse zur **Zeit** der Entfernung (RG Recht 1908 Nr 1029; vgl auch RG WarnR 1915 Nr 118; SeuffA 63, 66).

4 Der Hypothekengläubiger muss nicht die **Beschlagnahme** des Zubehörs erwirken, um die Rechte aus §§ 1133, 1134 geltend machen zu können (Planck/Strecker Anm 5).

5 Auf **Früchte** oder **Pacht-** und **Mietforderungen** ist der Schutz des § 1135 nicht erstreckt. Dem Interesse des Gläubigers ist durch die §§ 1120 ff ausreichend Rechnung getragen, vgl Mot III 674.

Die **Rechte des Hypothekengläubigers** ergeben sich aus §§ 1133, 1134. Ist die Ver- **6** schlechterung bereits eingetreten, ist der Gläubiger nach erfolgloser Fristsetzung berechtigt, sofort Befriedigung aus dem Grundstück zu suchen, wenn nicht die Gefährdung der Sicherheit der Hypothek durch Verbesserung des Grundstücks oder durch anderweitige Hypothekenbestellung beseitigt worden ist. Der Eigentümer oder Dritte kann daher auch zur Abwendung der Vollstreckung die entfernten Zubehörstücke wieder zurückschaffen. Vor Einleitung der Vollstreckung steht dem Hypothekengläubiger als quasinegatorischer Anspruch aus § 1134 (dort Rn 11) auch ein Anspruch auf Rückschaffung zu (vgl RG WarnR 1910 Nr 403; BGB-RGRK/Mattern[12] Rn 3; **aA** – in Widerspruch zu § 1134 Rn 20 – MünchKomm/Eickmann[4] Rn 16).

2. Ein **weiterer Schutz** für den Gläubiger gegen eine Verschlechterung des Haf- **7** tungsgegenstandes ergibt sich für Früchte auf dem Halm aus § 810 Abs 2 ZPO und für Zubehörstücke des Grundstücks aus dem allgemeinen Pfändungsverbot des § 865 ZPO (vgl § 1120 Rn 14 und Rn 18 ff). Wenn bei Maßnahmen der Zwangsvollstreckung zugleich die Voraussetzungen des § 1135 vorliegen, so kann der Hypothekengläubiger auch nach §§ 1133, 1134 vorgehen (RGZ 50, 68; 55, 207 ff).

Vgl im übrigen zur Verfügungsfreiheit des Eigentümers über Zubehörstücke und **8** zum Erlöschen ihrer Haftung die §§ 1121, 1122 mit Erl sowie § 1120 Rn 24.

3. § 1135 ist **Schutzgesetz** iS des § 823 Abs 2, soweit er auf § 1134 (nicht aber auf **9** § 1133) verweist (vgl § 1133 Rn 3 u § 1134 Rn 2, 31).

4. Die §§ 1133–1135 gelten auch für **Grund- und Rentenschulden.**   **10**

§ 1136
Rechtsgeschäftliche Verfügungsbeschränkung

Eine Vereinbarung, durch die sich der Eigentümer dem Gläubiger gegenüber verpflichtet, das Grundstück nicht zu veräußern oder nicht weiter zu belasten, ist nichtig.

Materialien: E I § 1077; II § 1044 rev § 1120; III § 1119; Mot III 681 f; Prot III 573.

Schrifttum

Furtner, Die rechtsgeschäftliche Verfügungsbeschränkung und ihre Sicherung, NJW 1966, 182

Lopau, Zur Tragweite des § 1136 BGB, BlGBW 1979, 101.

1.   Grundsätze

a)   Rechtscharakter

Die Vorschrift gehört nicht dem Sachenrecht an, sondern betrifft die der Hypothek **1** zugrundeliegende *schuldrechtliche Hypothekenbestellungsvereinbarung* (Vorbem 36 zu §§ 1113 ff). Eine Vereinbarung der hier vom Gesetz verbotenen Art könnte gar nicht Inhalt der Hypothek sein, so dass sich Fragen der Grundbucheintragung oder gar des gutgläubigen Erwerbs nicht stellen (RGZ 55, 78; LOPAU BlGBW 1979, 101; fehlerhaft daher OLG Hamm DNotZ 1979, 752; MEIKEL/MORVILIUS[10] Einl C 554; unklar auch MünchKomm/EICKMANN[4] Rn 3).

2 *Fehlerhaft* ist es, die Frage, ob sich die Unwirksamkeit der schuldrechtlichen Vereinbarung auf die Hypothek auswirkt, nach § 139 zu beurteilen (so aber RG JW 1926, 1960 unter Beifall der Literatur, zB MünchKomm/EICKMANN[4] Rn 2; ERMAN/WENZEL[12] Rn 2; PALANDT/BASSENGE[67] Rn 1); die Unwirksamkeit könnte vielmehr nur dann auf die Hypothek durchschlagen, wenn sie positiv zur Bedingung der dinglichen Einigung gemacht würde (richtig STAUDINGER/SCHERÜBL[12] Rn 2), was aber idR nicht anzunehmen ist, weil der Gläubiger wenigstens die Hypothek haben will, wenn er schon die Veräußerungsbeschränkung nicht bekommen kann. Das *Grundbuchamt* kann die Vereinbarung nur beanstanden, wenn die Eintragungsbewilligung die Veräußerungsbeschränkung in Verkennung der Rechtslage zum Inhalt der Hypothek oder gar deren Wirksamkeit zur Bedingung der Eintragungsbewilligung machen will (s zur Prüfung der schuldrechtlichen Grundlagen durch das Grundbuchamt sehr präpotent MEIKEL/BÖTTCHER[10] Einl H Rn 130 ff mwNw).

b)　Zweck der Vorschrift

3 Als Zweck der Vorschrift stellt die Literatur den *Schutz der wirtschaftlichen Freiheit des Eigentümers* in den Vordergrund (STAUDINGER/SCHERÜBL[12] Rn 1; WOLFF/RAISER § 138 III Fn 15; ERMAN/WENZEL[12] Rn 1; MünchKomm/EICKMANN[4] Rn 1; auch BGH NJW 1997, 2878 stellt diesen Zusammenhang her), in deren Interesse das BGB solche Abreden, die nach manchen früheren Rechten zulässig waren (vgl dazu WOLFF/RAISER aaO) im Anschluss an das sächsische Recht verboten hat (vgl zu den sog covenants, Klauseln in Kreditverträgen, die dem Darlehensgeber breitflächige Einflussnahme auf die Geschäftsführung des Schuldners gewähren, FLEISCHER ZIP 1998, 313; Beispiel für eine bei Hypothekensicherung unzulässige Klausel im Musterdarlehensvertrag für gewerbliche Kreditvergaben des Bundesverbands Deutscher Banken WM 2005, 1942 [Anhang 1946] – dazu WAND WM 2005, 1969 [1975]; EIDENMÜLLER ZZP 121 [2008] 271). Das Verbot steht aber wesentlich konkreter darüber hinaus in *innerem Zusammenhang* mit § 1149, der die Ausgestaltung der Hypothek zum *Verfallpfand* verbietet. Darf der Eigentümer nämlich nicht veräußern oder belasten, dann ist er zwar nicht ganz so total wie bei einer nach § 1149 verbotenen Abrede, aber doch ebenfalls einschneidend darin behindert, das Rückzahlungskapital in Eigeninitiative durch Verwertung des belasteten Grundstücks aufzubringen (so ausdrücklich Mot III 682). Dadurch ist er dem Gläubiger ausgeliefert; dessen Chance, sich das Grundstück unter Wert anzueignen – eine Gefahr, die bei der Verwertung ohnehin immer gegeben ist –, steigt. Die Vorschrift will also auch verhindern, dass der Gläubiger das Hypothekenkapital in der *spekulativen Absicht* hingibt, den Eigentümer in eine wirtschaftlich nutzbare Zwangssituation zu bringen. Dass bei der *Kündigungsklausel* dieser Effekt fehlt oder doch wesentlich schwächer ist, rechtfertigt einerseits deren begrenzte Zulassung (nachf Rn 15 ff). Andererseits bedarf die Vorschrift aber wesentlich konsequenterer Auslegung und Anwendung als bisher üblich.

c)　Entsprechende Anwendung auf andere Sicherungsrechte

4 Die Frage, ob die Vorschrift einen allgemeinen Rechtsgedanken enthält, der auch auf andere Sicherungsverhältnisse, insbesondere auf das Pfandrecht, anwendbar ist, wird – anders als bei §§ 1229, 1277 (STAUDINGER/WIEGAND [2002] § 1229 Rn 15), die für das Pfandrecht dem § 1149 entsprechen – nicht diskutiert. S auch § 1149 Rn 4.

2. Anwendung

a) Gegenstand

Unter die Vorschrift fällt jede Vereinbarung, die es dem Eigentümer verbieten **5** würde, das Grundstück ganz oder in irgendeinem Teil zu veräußern oder mit irgendeinem dinglichen Recht zu belasten. Nichtig iS des § 1136 sind ferner Verträge, die die Zulässigkeit der Veräußerung oder Nachbelastung des Grundstücks von irgendwelchen Bedingungen (Zustimmungsvorbehalten, Ankündigungsfristen, Teilrückzahlungen, Löschungsvormerkungen) abhängig machen (großzügiger STAUDINGER/ SCHERÜBL[12] Rn 1, der im Anschluss an REICHEL AcP 136, 195 nur „unzumutbare" Bedingungen für unzulässig hielt).

Nicht unter die Vorschrift fällt die *Abtretung von Rückgewähransprüchen* in Anse- **6** hung vor- und gleichrangiger Grundschulden, obwohl sie den Eigentümer hindert, die betreffende Rangstelle wirtschaftlich zu verwerten; denn eine solche Abtretung entspricht der Wertung, die den §§ 1179a, 1179b zugrunde liegt. Die Rückgewähransprüche dürfen aber nur mit dem Ziel geltend gemacht werden, durch Löschung vor- und gleichrangiger Rechte den eigenen Rang zu verbessern (BGHZ 110, 108 = JR 1990, 461 m Anm PASCHKE); Abtretung vor- und gleichrangiger Grundschulden darf der Gläubiger nicht verlangen, weil er sonst auch den Nachrang sperren würde, was eine Belastungsbeschränkung darstellen würde (BGH aaO zieht diesen Gesichtspunkt nicht heran, sondern prüft nur anhand des § 307). Aus dem selben Grund ist die Abtretung der Rückgewähransprüche in Ansehung nachrangiger Grundschulden unzulässig (s Vorbem 182 zu §§ 1191 ff).

Auch die Vereinbarung eines dinglichen *Vorkaufsrechts* zugunsten des Gläubigers **7** oder in dessen Interesse zugunsten eines Dritten fällt unter die Vorschrift (aA NK-BGB/ZIMMER[2] Rn 5 und offenbar PALANDT/BASSENGE[67] Rn 1). Das dingliche Vorkaufsrecht ist eine Verfügungsbeschränkung, weil wegen der Vormerkungswirkung nach § 1098 Abs 2 Verfügungen des Eigentümers dem Vorkaufsberechtigten gegenüber (relativ) unwirksam sind. Wie oft verkannt wird, behindert überdies ein Vorkaufsrecht den Eigentümer nicht nur ganz erheblich bei der Veräußerung des Grundstücks (KERSTEN/BÜHLING/BASTY[22] § 62 Rn 2); es räumt dem Berechtigten auch ein Erwerbsrecht ein, kollidiert also unmittelbar mit dem Verbot des § 1149. Zumindest die Zusammenschau beider Vorschriften führt zur Unzulässigkeit. Aber auch ein nur schuldrechtliches Vorkaufsrecht fällt unter die Vorschrift, denn es verpflichtet den Eigentümer zumindest aufschiebend bedingt, über das Grundstück nicht dergestalt zu verfügen (zum Vorkaufsrecht zwecks Sicherung einer Verfügungsbeschränkung STAUDINGER/ MADER [2004] Vorbem 2 zu §§ 463 ff), dass der durch Ausübung des Vorkaufsrechts zustandekommende Kaufvertrag unerfüllbar wird (vgl MünchKomm/WESTERMANN[4] § 463 Rn 21 f).

Als Verfügungsbeschränkung kann schließlich auch die Verpflichtung verstanden **8** werden, *das Grundstück an einen Dritten zu veräußern,* denn damit werden andere

Hans Wolfsteiner

Verfügungen iE unmöglich. Auch hier berührt sich der Anwendungsbereich der Vorschrift mit dem des § 1149 (s dort Rn 8).

b)   Vereinbarung

9   § 1136 findet Anwendung gleichgültig ob die Abrede vor, bei oder nach der Bestellung der Hypothek getroffen wird. Anders als bei § 1149 gilt die Vorschrift auch nach Fälligkeit der Forderung weiter. Die Abrede muss zwischen dem Eigentümer und dem Gläubiger (RG Recht 1908 Nr 1571; RGZ 73, 16; RG JW 1929, 1977; RG HRR 1929 Nr 1573) getroffen sein; Vereinbarungen des Eigentümers entsprechenden Inhalts mit Dritten werden nicht erfasst, es sei denn sie sind rechtlich mit dem Sicherungsgeschäft verbunden (zB durch § 358 – verbundene Verträge) oder der Dritte handelt zumindest auch im Auftrag des Gläubigers (Wolff/Raiser § 138 III; Planck/Strecker Anm 3).

10   Entgegen der hL (RGZ 55, 78; RG JW 1929, 1977; BGH DNotZ 1966, 7391; Staudinger/Scherübl[12] Rn 1; Planck/Strecker Anm 3; Wolff/Raiser § 138 III Fn 15; Palandt/Bassenge[67] Rn 1; Erman/Wenzel[12] Rn 1; MünchKomm/Eickmann[4] Rn 4; Furtner NJW 1966, 182, 185) ist es *nicht* erforderlich, dass die Abrede *mit Rücksicht auf die Hypothek* getroffen wird. Dies entspricht dem Wortlaut und folgt überdies aus dem Schutzzweck (Rn 3). Wer für eine Geldforderung eine Immobiliarsicherheit nehmen will, muss sich entscheiden: lässt er sich eine Hypothek bestellen, dann muss er auf Verfügungsbeschränkungen oder gar Erwerbsrechte (§ 1149) verzichten. Jedenfalls darf es nicht blauäugig zugelassen werden, dass jemand in ein und der selben Urkunde ein Verfügungsverbot angeblich zur Sicherung eines Pachtverhältnisses eingeht und dem Pächter eine Hypothek bestellt (so aber BGH DNotZ 1966, 739). Besteht ein vereinbartes Verfügungsverbot bereits bei Bestellung der Hypothek, so verliert die Vereinbarung über das Verfügungsverbot ihre Wirksamkeit.

3.   Entsprechende Anwendung

11   Die Vorschrift befasst sich unmittelbar nur mit der Veräußerung und der Belastung des Grundstücks. Es gibt aber auch andere Verfügungen, die keine Veräußerung oder Belastung zum Inhalt haben, deren Verbot den Eigentümer aber dennoch unbillig belasten würde; sie sind dem § 1136 in entsprechender Anwendung der Vorschrift zu unterstellen:

a)   Teilung

12   Eine Teilung des Grundstücks belastet den Hypothekengläubiger grundsätzlich nicht. Auch dass eine Teilung die anschließende Teilveräußerung ermöglicht, rechtfertigt ein Verbot – in direkter Anwendung der Vorschrift – nicht.

13   Dasselbe gilt für die *Aufteilung in Wohnungseigentum,* die – anders als die Belastung mit einem Dauerwohnrecht – ebenfalls nicht unmittelbar unter die Vorschrift fällt. Darf aber schon die Bestellung eines Dauerwohnrechts nicht verboten werden, so muss die (zur Entstehungszeit des BGB als Rechtsinstitut nicht eingeführte) Aufteilung in Wohnungseigentum entsprechend behandelt werden, zumal sie in aller Regel die Verwertbarkeit des Grundstücks verbessert und nicht verschlechtert.

b) Vereinigung und Bestandteilszuschreibung

Während die Teilung den Wert eines Grundstücks in der Regel nicht berührt, kann **14** die Vereinigung des mit der Hypothek belasteten Grundstücks mit einem anderen selbst dann eine Verschlechterung bewirken, wenn die Hypothek durch Rechtsgeschäft oder kraft Gesetzes auf das hinzugekommene Grundstück erstreckt wird. Denn mit dem hinzugekommenen Grundstück können Belastungen – vor allem öffentlich-rechtlicher Art – verbunden sein, die sich auf das Gesamtgrundstück erstrecken und dieses verschlechtern. Noch ungünstiger kann die Gläubigerposition werden, wenn sich die Hypothek nicht auf das hinzugekommene Grundstück erstreckt; die Vollstreckung aus einer Hypothek, die nur den Teil eines Grundstücks belastet, kann erheblich erschwert sein. Die Vereinigung kann damit insgesamt eine Verschlechterung iSd §§ 1133 ff bewirken, so dass gegen ein Verbot solcher Maßnahmen – in den Grenzen von Treu und Glauben – nichts einzuwenden ist.

4. Fälligkeitsklauseln

Vereinbarungen, welche nicht die Veräußerung oder weitere Belastung als solche **15** unterbinden, sondern an derartige Ereignisse nur bestimmte Rechtsfolgen knüpfen, insbesondere die sofortige Fälligkeit oder ein Sonderkündigungsrecht, verstoßen *unmittelbar nicht* gegen § 1136 (BGHZ 76, 371 = MittBayNot 1980, 117 m Anm Schmidt = Rpfleger 1980, 271 m krit Anm Gasteyer S 422; BayObLG DNotZ 1981, 128; KGJ 9, 80 und 12, 347; OLG Frankfurt WM 1977, 1291; **aM** OLG Frankfurt WM 1977, 1291; Bonschab SeuffBl 64, 79; Lopau BlGBW 1979, 101; Baur/Stürner SR § 40 Rn 15). Entsprechend den etwa für § 311b Abs 1 aufgestellten Regeln (zB BGHZ 76, 46; s Staudinger/Wufka [2006] § 311b Abs 1 Rn 104 ff) kommt aber eine *entsprechende Anwendung* in Betracht, wenn der Eigentümer im Verfügungsfall mit ins Gewicht fallenden wirtschaftlichen Nachteilen überzogen und damit einem indirekten Zwang unterworfen wird und werden soll, Verfügungen zu unterlassen. Dies kann aber bei Fälligkeitsklauseln nicht einfach unterstellt werden (so aber iE MünchKomm/Eickmann⁴ Rn 5). Vielmehr ist (in Fortführung der Ausführungen in Staudinger/Wolfsteiner [2002] Rn 9) zu differenzieren:

a) Kündigungsklauseln für den Fall der **Veräußerung des belasteten Grundstücks 16** sind grundsätzlich zuzulassen. Zum einen muss anerkannt werden, dass auch der Realkredit auf das Vertrauen in die Person des Schuldners, seine Leistungsfähigkeit (wichtig bei ertraglosen Grundstücken, etwa eigengenutzten Einfamilienhäusern) und die Bewirtschaftung des Grundstücks durch ihn begründet sein kann (vgl Asch, Das Hypothekengeschäft 56; Wolff/Raiser § 138 III; KGJ 42, 280 ff). Eine Veräußerung des Grundstück an eine andere Person (zB eine Offshore-Gesellschaft) kann in einem solchen Fall den Verlust des Vertrauens zur Folge haben. Es sollte dem Gläubiger nicht völlig verwehrt werden, auf einen solchen Vertrauensverlust zu reagieren. Zum anderen entspricht es nicht mehr den Realitäten des Kreditmarkts, in der Fälligkeit oder Kündigung hypothekarischer Darlehen grundsätzlich einen ins Gewicht fallenden wirtschaftlichen Nachteil zu sehen (vgl § 1132 Rn 6 f). Ohnehin wird umgekehrt der Eigentümer selbst anlässlich eines Verkaufs des Grundstücks regelmäßig von der Kündigungsmöglichkeit des § 490 Abs 2 Gebrauch machen müssen und die Kündigung durch den Darlehensgeber gar nicht abwarten können (insoweit überholt Wenzel WM 1997, 2340). Veräußerungen an Dritte unter Fortbestand der Darlehenshaftung kommen ohnehin nur im unentgeltlichen Bereich vor. Die Kündigungsklausel verstößt daher nur dann gegen § 1136, wenn im konkreten Einzelfall eine Zwangssituation herbeigeführt werden soll.

17 Die Kündigungsklausel für den Veräußerungsfall verstößt daher auch nicht generell gegen § 307. Zwar trifft es zu, dass diese Bestimmung ohne weiteres auf die Schuldvereinbarung anzuwenden ist, aus der die Hypothek ihren Inhalt bezieht (Einl 65 zu §§ 1113 ff; MünchKomm/EICKMANN⁴ Rn 5). Wie vorstehend ausgeführt, ist diese Klausel aber nicht generell benachteiligend; gegen die Grundgedanken der gesetzlichen Regelung verstößt sie nur, wenn sie zunächst einer – hier ungerechtfertigten – extensiven Auslegung unterzogen wird (BGHZ 76, 371 = MittBayNot 1980, 117 m Anm SCHMIDT = Rpfleger 1980, 271 m krit Anm GASTEYER S 422; BayObLG DNotZ 1981, 128; OLG Frankfurt WM 1977, 1291; OLG Hamm NJW 1980, 416; **aM** OLG Celle Rpfleger 1979, 261 m abl Anm SCHÖNER S 621; EICKMANN Rpfleger 1978, 1; MünchKomm/EICKMANN⁴ Rn 5; LOPAU BlGBW 1979, 101; KNOPS ZfIR 1998, 577).

18 b) Kündigungsklauseln, die eine **weitere Beleihung** des Grundstücks verhindern und insbesondere für den Fall einer nachrangigen hypothekarischen Belastung gelten sollen, widersprechen hingegen den Intentionen des § 1136 und müssen als unzulässig gelten. Überhaupt kann dem Gläubiger nach dem Rang-System des BGB kein berechtigtes Interesse daran zugebilligt werden, irgendwelche nachrangigen Belastungen (etwa auch ein Dauerwohnrecht) durch Einräumung eines Sonderkündigungsrechts zu erschweren. Dasselbe gilt für die Fälle Rn 11 ff, in denen das legitime Gläubigerinteresse nicht berührt ist.

5. Grund- und Rentenschulden

19 § 1136 gilt für alle Arten der Hypotheken und auch für Grundschulden und Rentenschulden. Ihn auf letztere unmittelbar anzuwenden, stößt deshalb nicht auf Schwierigkeiten, weil § 1136 ohnehin nicht das Grundpfandrecht, sondern nur das seiner Bestellung zugrundeliegende Kausalgeschäft betrifft (vorst Rn 1). Das einer Grundschuld zugrunde gelegte Kausalgeschäft unterscheidet sich nicht von dem einer Hypothek zugrundeliegenden. Vgl zum Fall anfänglicher Übersicherung Vorbem 76 ff zu §§ 1191 ff.

6. Landesrechtliche Vorbehalte

20 Der landesrechtliche Verfügungsbeschränkungen erlaubende Art 62 EGBGB hat – soweit ersichtlich – keine Bedeutung mehr (STAUDINGER/MAYER/ALBRECHT [2005] Art 62 EGBGB Rn 10).

§ 1137
Einreden des Eigentümers

(1) Der Eigentümer kann gegen die Hypothek die dem persönlichen Schuldner gegen die Forderung sowie die nach § 770 einem Bürgen zustehenden Einreden geltend machen. Stirbt der persönliche Schuldner, so kann sich der Eigentümer nicht darauf berufen, dass der Erbe für die Schuld nur beschränkt haftet.

(2) Ist der Eigentümer nicht der persönliche Schuldner, so verliert er eine Einrede nicht dadurch, dass dieser auf sie verzichtet.

Materialien: E I § 1034 Abs 3; II § 1045 rev
§ 1121; III § 1120; Mot III 696 ff; Prot III 580 ff.

Schrifttum

EICKMANN, Einwendungen und Einreden gegen
Grundpfandrechte, RpflStud 1983, 6.

I. Allgemeines

1. Einwendungen

Die Vorschrift betrifft „Einreden", also nicht Einwendungen (vgl dazu und zum Fol- **1**
genden § 1157 Rn 1 ff). Dies darf nicht im Sinne eines argumentum e contrario dahin
missverstanden werden, dass der Eigentümer *Einwendungen* des persönlichen
Schuldners nicht gegen den Gläubiger geltend machen könnte. Aus der Akzessorietät der Hypothek folgt vielmehr zunächst, dass deren Umfang keinesfalls den
Umfang des gesicherten Anspruchs übersteigen kann. Jedes Ereignis, das den
Umfang der der Hypothek zugrundeliegenden Forderung im Sinne einer Einwendung schmälert, reduziert also von selbst und ohne dass es einer Eintragung im
Grundbuch bedürfte, den Umfang der Hypothek. Dies kommt von selbst auch dem
Eigentümer zugute (s zu Einzelheiten unten Rn 25). Eine Schmälerung der Forderung ist
in diesem Sinne immer dann gegeben, wenn sich die Verpflichtungen des Schuldners
gegenüber dem Gläubiger reduzieren oder wenn seine Rechte gegenüber dem
Gläubiger erstarken. *Verstärken* sich hingegen die Rechte des Gläubigers über das
schon im bisherigen Rechtsverhältnis angelegte Maß hinaus – sei es dass seine
Rechte sich vermehren, sei es dass der Schuldner Rechte verliert – so wirkt dies
auf die Hypothek und damit gegen den Eigentümer nicht von selbst, sondern nur,
wenn die zusätzlichen Rechte des Gläubigers aufgrund einer Einigung zwischen
Gläubiger und Eigentümer ins Grundbuch eingetragen werden.

Der **Eigentümer** kann der Hypothek also über die Akzessorietät die Einwendungen **2**
des Schuldners, auch solche, die nicht im Grundbuch eingetragen sind, entgegensetzen (aA RGZ 68, 102 vom 5. 2. 1908 – V 236/07 – und RGZ 91, 223 vom 24. 11. 1917 – V 196/17 –,
die [letztere Entscheidung für eine Grundschuld!] auch Einwendungen gegen die Forderung und
sogar das dingliche Recht selbst dem § 1137 unterstellen). Darüber hinaus kann der Eigentümer der Hypothek auch eigene Einwendungen entgegen halten (unten Rn 23 ff);
solche richten sich stets nur gegen das dingliche Recht, nicht gegen den gesicherten
Anspruch. Eigene Einwendungen des Eigentümers (zB gegen die Wirksamkeit der
dinglichen Einigung) beeinflussen ebenfalls von selbst und ohne Grundbucheintragung den Inhalt des dinglichen Rechts.

2. Einreden

3 Die Frage, ob auch Einreden den Inhalt des dinglichen Rechts verändern, oder ob sie nur schuldrechtliche Beziehungen zwischen Gläubiger und Schuldner einerseits oder Gläubiger und Eigentümer andererseits begründen, lässt sich zumindest nicht einheitlich beurteilen. Zur Beseitigung dieser Unsicherheit ordnet § 1137 in Übereinstimmung mit § 768 Abs 1 S 1 an, dass auch *Einreden* des Schuldners gegen die *Forderung* zu deren Inhalt zu zählen sind und daher auch dem Eigentümer zustehen (die bis STAUDINGER/WOLFSTEINER [2002] Rn 2 vertretene Meinung, der Eigentümer könne von selbst Einreden gegen die Forderung erheben, trifft nur zu, falls ursprünglich Schuldner und Eigentümer identisch waren; das übersieht WILHELM[3] Rn 1664).

4 Daran ändert sich auch dann grundsätzlich nichts, wenn die Forderung und mit ihr die Hypothek auf einen anderen Gläubiger übergeht. Während aber die §§ 891 bis 899 in unmittelbarer Anwendung den Gutglaubensschutz eines Erwerbers im Hinblick auf nicht im Grundbuch eingetragene Einwendungen anordnen, erweitert § **1138** den Gutglaubensschutz auch auf die von der Rechtsstellung des Schuldners abgeleiteten *Einreden* des § 1137.

5 § **1157** regelt die umgekehrte Konstellation, nämlich die Frage, wieweit der Eigentümer eigene Einreden auch gegen Rechtsnachfolger in die Hypothek geltend machen kann.

II. Die Regelungen im einzelnen

1. Einreden des persönlichen Schuldners

6 **a)** Nach § **1137** kann der Eigentümer alle Einreden geltend machen, die dem **persönlichen Schuldner** gegen die Forderung zustehen; sie sind dem Eigentümer wegen der grundsätzlichen Abhängigkeit der Hypothek von der Forderung gewährt.

7 Darunter fallen nur Einreden im engeren Sinn (s zu den Einwendungen oben Rn 1), die den Schuldner berechtigen, die Befriedigung der an sich bestehenden Forderung dauernd oder für eine bestimmte Zeit zu verweigern (WESTERMANN Schwerpunkte Rn 472; ERMAN/WENZEL[12] Rn 4; SOERGEL/KONZEN[13] Rn 3). Einreden iS des § 1137 sind daher die Einrede der Stundung der Forderung, die Einrede des nicht erfüllten Vertrages, die Einrede des Zurückbehaltungsrechts (RGZ 78, 32), die Einrede der rechtskräftigen Abweisung der Klage wegen der Forderung gegen den persönlichen Schuldner (BGH NJW 1970, 2979) – aber nicht, wenn die Übereignung nur zu Benachteiligungszwecken erfolgt ist (OLG Frankfurt NJW-RR 1988, 206) –, die Vereinbarung, dass die Forderung nicht klagbar sein solle (RGZ 67, 390), die Verpflichtung des Gläubigers, die Forderung während einer bestimmten Zeit nicht geltend zu machen (KGJ 53, 175), die Einrede der ungerechtfertigten Bereicherung (RGZ 86, 304; RG HRR 1934 Nr 862).

8 Steht die Einrede dem persönlichen Schuldner erst zu, nachdem er eine **Willenserklärung** abgegeben hat, so ist der Eigentümer einerseits nicht befugt, diese Erklärung anstelle des Schuldners abzugeben (nachf Rn 13), andererseits steht ihm die Einrede mangels anderweitiger gesetzlicher Regelung (wie sie in der Verweisung auf § 770 enthalten ist) nicht zu, solange der Schuldner die Erklärung nicht abgegeben hat (ERMAN/WENZEL[12] Rn 4; vgl unten Rn 17).

b)   Die folgenden dem persönlichen Schuldner zustehenden Einreden kann der **9** **Eigentümer** aber **nicht geltend** machen.

aa)   Die **Einrede der beschränkten Erbenhaftung** ist dem Eigentümer versagt (Abs 1 **10** S 2); sie ist dem Eigentümer ebenso genommen wie dem Bürgen (§ 768 Abs 1 S 2; vgl auch §§ 1971, 1990, 2016). Dies hängt damit zusammen, dass die Hypothek gerade den Zweck hat, dem Gläubiger eine von dem allgemeinen Vermögensstand des Schuldners unabhängige Sicherheit zu gewähren. Auch durch ein Aufgebot der Nachlassgläubiger wird der dingliche Anspruch nicht betroffen; insoweit entfallen auch die aufschiebenden Einreden der §§ 2014, 2015.

bb)   Die **Verjährungseinrede** des persönlichen Schuldners in Bezug auf den Haupt- **11** anspruch kann der Eigentümer nicht erheben. Sie ist gänzlich ausgeschlossen (was WILHELM[3] Rn 1651 „überraschend" findet), denn nach § 216 Abs 1 hindert die Verjährung eines Anspruchs, für den eine Hypothek besteht, den Gläubiger nicht, seine Befriedigung aus dem Grundstück zu suchen. Ist allerdings die Hypothek nicht eingetragen, so kann das Recht aus der Hypothek nach §§ 901, 902 verjähren (WOLFF/RAISER § 139 Fn 12). Gegenüber dem dinglichen (dh auf Befriedigung aus dem Grundstück gerichteten) Anspruch auf Rückstände an *Zinsen* oder anderen Nebenleistungen steht dem Eigentümer die Einrede der Verjährung der Forderung aber zu (§ 216 Abs 3).

cc)   Der Eigentümer ist mit einer Einrede ausgeschlossen, soweit die **Rechtskraft 12** eines gegen seinen Voreigentümer ergangenen Urteils nach § 325 ZPO gegen ihn als Erwerber der streitbefangenen Sache wirkt; gegen eine Zwangshypothek kann er nur Einreden erheben, mit denen der frühere Eigentümer und Vollstreckungsschuldner nicht schon nach §§ 767 Abs 2 oder 796 Abs 2 ZPO ausgeschlossen war (BGH NJW 1988, 828; OLG Frankfurt NJW-RR 1988, 206).

2.   **Einreden, die einem Bürgen zustehen**

a)   Der Eigentümer kann die Einreden erheben, die nach § 770 einem **Bürgen 13** zustehen. Das Gesetz sieht den Eigentümer in einem ähnlichen Verhältnis zum persönlichen Schuldner wie den Bürgen zum Hauptschuldner. Die Gestaltungsrechte selbst (Anfechtung, Aufrechnung) stehen dem Gläubiger nicht zu, denn das würde einen unzulässigen Eingriff in die Gestaltungsrechte des Schuldners bedeuten (oben Rn 8).

aa)   Der Eigentümer kann also die Befriedigung verweigern, solange dem persön- **14** lichen Schuldner das Recht zusteht, das seiner Verbindlichkeit zugrundeliegende Rechtsgeschäft **anzufechten**. Hat der Schuldner berechtigtermaßen angefochten, so ist der Anspruch im Sinn von oben Rn 1 entfallen (dazu auch unten Rn 25).

bb)   Der Eigentümer kann die Befriedigung verweigern, soweit sich der *Gläubiger* **15** durch **Aufrechnung** gegen eine Forderung des persönlichen Schuldners befriedigen kann. In Abweichung von § 387 ist allerdings vorausgesetzt, dass auch die Gegenforderung des Schuldners fällig ist (vgl MünchKomm/Habersack⁴ § 770 Rn 7). Der Eigentümer kann den Gläubiger selbst dann auf die Aufrechnung gegenüber dem Schuldner verweisen, wenn er dem Schuldner gegenüber zur Befreiung von der Schuld verpflichtet ist (Westermann⁵ § 102 II 2 mit eingehender Begründung gegen Heck § 93, 6; vgl auch BGHZ 24, 97). S zu weiteren Einzelheiten Staudinger/Horn (1997) § 770 Rn 5 ff. Ist nur der *Schuldner* aufrechnungsbefugt, so ergibt das nach § 770 Abs 2 keine Einrede für den Eigentümer (vgl Kiehnle AcP 208 [2008] 635). Hat allerdings der Schuldner wirksam aufgerechnet, so ist der Anspruch im Sinn von oben Rn 1 entfallen (dazu auch unten Rn 25).

16 Stimmt man der hL zu § 770 Abs 2 zu, dass der Schuldner die Aufrechnungseinrede durch **„Verzicht"** auf die Gegenforderung (gemeint ist Erlass) entfallen lassen kann (RGZ 122, 147; vgl a BGH NJW 1981, 761; BGH NJW 1991, 2908; Staudinger/Horn [1997] § 770 Rn 16) – dagegen spricht der Vertragscharakter des Erlasses, der also eine Willenshandlung des Gläubigers beinhaltet – so gilt dies auch hier und es gilt entsprechendes, falls – ohne dass dem Eigentümer der Streit verkündet sein müsste – zwischen Gläubiger und Schuldner ein Urteil rechtskräftig wird, wonach dem Gläubiger keine aufrechnungsgeeignete Forderung zustehe (OLG Frankfurt NJW-RR 1988, 206).

17 **cc)** § 1137 verweist nur auf § 770, nicht allgemein auf §§ 770 ff. Dem Eigentümer stehen demnach nicht alle Einreden zu, die ein Bürge erheben kann. Deshalb ist es problematisch, § 1137 auf nicht erwähnte andere Rechte des Schuldners, die es ihm ermöglichen, den Anspruch zu vernichten, insbesondere andere **Gestaltungsrechte** entsprechend anzuwenden (befürwortend Bearb 2002 Rn 13; s oben Rn 8), so wie das für die Bürgschaft befürwortet wird (vgl Staudinger/Horn [1997] § 770 Rn 20 ff mwNw; MünchKomm/Habersack⁴ § 770 Rn 6). So soll der Gläubiger die Einrede erheben können, dass der Schuldner (kraft Gesetzes oder kraft Vereinbarung) zum Rücktritt vom Schuldvertrag berechtigt sei (Erman/Wenzel¹² Rn 6; distanziert MünchKomm/Eickmann⁴ Rn 21). Besteht zB die Hypothek für eine Kaufpreisrestforderung und ist der Käufer wegen eines Sachmangels nach § 437 Nr 2 zum Rücktritt vom Kaufvertrag befugt, so ist es keinesfalls selbstverständlich, dass der Eigentümer, der (wie im Fall RGZ 68, 102 vom 5. 2. 1908 – V 236/07) mit dem Käufer nicht (mehr) identisch sein muss, dem Gläubiger die Einrede entgegensetzen kann, obwohl der Käufer nur Nacherfüllungsansprüche verfolgt.

18 **b)** Einige Einreden des Bürgen stehen dem Eigentümer **nicht zu**.

19 **aa)** Dem Eigentümer ist die **Einrede der Vorausklage** (§ 771) versagt. Der Eigentümer kann also die Befriedigung des Gläubigers aus dem Grundstück nicht verweigern, bis der Gläubiger die Vollstreckung gegen den persönlichen Schuldner ohne Erfolg versucht hat (vgl auch §§ 1143 ff). Anders ist die Rechtslage nur dann, wenn die Hypothek nicht für die Hauptschuld, sondern für die Bürgschaftsschuld bestellt ist (Planck/Strecker Anm 4; BGB-RGRK/Mattern¹³ Rn 6). Jedoch ist eine entsprechende Vereinbarung, die dem Eigentümer diese Einrede zugesteht, möglich (Erman/Wenzel¹² Rn 6).

20 **bb)** Eine **Einrede der Rechtshängigkeit** kann der mit der Hypothekenklage überzogene Eigentümer nicht daraus herleiten, dass ein Rechtsstreit zwischen dem

Gläubiger und dem persönlichen Schuldner anhängig sei, denn der dingliche Anspruch ist mit dem persönlichen nicht identisch (RGZ 52, 259 vom 8. 10. 1902 – V 207/02; RGZ 54, 49 vom 20. 2. 1903 – VII 435/02), mag auch eine erfolgreiche Abwehr des persönlichen Anspruchs dem Eigentümer die Einrede der Rechtskraft verschaffen (oben Rn 7).

3. Verzicht des Schuldners (Abs 2)

Ein Verzicht des persönlichen Schuldners auf die ihm zustehenden Einreden hindert **21** die Geltendmachung durch den Eigentümer nicht, wenn dieser nicht der persönliche Schuldner ist (Abs 2). Diese Regelung entspricht der bei dem Bürgen und dem Verpfänder getroffenen, vgl § 768 Abs 2 und § 1211 Abs 2.

Abs 2 bezieht sich **nicht** auf die **Einreden des § 770**, denn aus dem Wortlaut des Abs 2 **22** und seinem Zusammenhang mit Abs 1 S 1 ergibt sich, dass die Bestimmung nur die dem persönlichen Schuldner selbst gegen die Forderung zustehenden Einreden des Abs 1 S 1 betrifft (vgl auch Mot III 669); andernfalls würde die Freiheit des persönlichen Schuldners, zB anzufechten oder nicht anzufechten und damit das Geschäft zu vernichten oder es bestehen zu lassen, ungebührlich beschnitten (Münch-Komm/Eickmann⁴ Rn 30; Palandt/Bassenge⁶⁷ Rn 7; Soergel/Konzen¹³ Rn 8; s auch Planck/Strecker Anm 5). Der Eigentümer hat daher die aufschiebende Einrede aus § 770 verloren, wenn der persönliche Schuldner auf das Anfechtungsrecht verzichtet hat (vgl Westermann⁵ § 102 II 3) oder wenn er es hat geschehen lassen, dass der Hypothekengläubiger die fällige Gegenforderung des persönlichen Schuldners auf eine andere ihm gegen diesen zustehende Forderung verrechnet hat (vgl auch Hachenburg Vortr 271; Arndt DNotZ 1963, 603). Dies gilt auch dann, wenn der Schuldner der Aufrechnung des Gläubigers mit einer anderen ihm gegen den Schuldner zustehenden Forderung nicht gemäß § 396 widerspricht (Planck/Strecker Anm 5).

4. Eigene Einwendungen und Einreden des Eigentümers

Dem Eigentümer können gegenüber dem Gläubiger eigene Einwendungen und Einreden zustehen, was das Gesetz (im Gegensatz zu E I § 1084 I und II) als selbstverständlich voraussetzt und daher nicht besonders erwähnt (vgl Prot III 581). **23**

a) Der Eigentümer kann Einwendungen gegen den **Bestand der Hypothek als** **24** **Grundpfandrecht** erheben, zB einwenden, dass die Hypothek im Grundbuch nicht oder nicht vollständig eingetragen sei, dass die Einigung von Anfang an nichtig oder durch Anfechtung vernichtet worden sei usw. Hat der Eigentümer aber ein mit einer *Zwangshypothek* belastetes Grundstück erworben, so kann er nur Einreden erheben, mit denen der frühere Eigentümer und Vollstreckungsschuldner nicht schon nach §§ 767 Abs 2 oder 796 Abs 2 ZPO ausgeschlossen war (oben Rn 12).

b) Der Eigentümer kann Einwendungen erheben, die ohne den Bestand der **25** Hypothek als Grundpfandrecht zu berühren, die **Gläubigerstellung** des Gläubigers verneinen. Hierher gehört das Vorbringen des Eigentümers, die Hypothek stehe nicht dem eingetragenen oder gemäß § 1155 ausgewiesenen Gläubiger zu, sondern dem Eigentümer, weil die Forderung nicht entstanden (§ 1163 Abs 1 S 1) oder erloschen (§ 1163 Abs 1 S 2) oder auf den Eigentümer übergegangen sei (§§ 1143,

1153) oder weil der Brief dem Gläubiger nicht vom Eigentümer übergeben sei (§ 1163 Abs 2). Die Gläubigerstellung geht auch verloren im Fall des § 1164 (Befriedigung des Gläubigers durch den persönlichen Schuldner), soweit der persönliche Schuldner von dem Eigentümer oder einem Rechtsvorgänger Ersatz verlangen kann oder durch Übergang der Hypothek auf einen Dritten, der gemäß §§ 268, 1150 die Hypothek abgelöst hat.

26 c) Der Eigentümer kann **Einreden** aus einem **besonderen persönlichen Rechtsverhältnis** zum Gläubiger erheben – nicht zu verwechseln mit dem persönlichen Schuldverhältnis. Hierher gehören etwa Einreden aus einer Vereinbarung, dass die Hypothek nur unter bestimmten Bedingungen geltend gemacht werden dürfe oder dass der Gläubiger unter gewissen Bedingungen auf die Hypothek verzichten solle (BGB-RGRK/Mattern Anm 14; Planck/Strecker Anm 2a). Der Eigentümer braucht sich also zur Geltendmachung dieser persönlichen Einwendungen nicht auf ein besonderes Verfahren verweisen zu lassen (vgl Mot III 696).

27 Dagegen kann sich der Eigentümer in aller Regel nicht auf solche Einreden berufen, die seinem **Rechtsvorgänger** zustanden (vgl Mot III 700), denn es handelt sich hier um Rechte aus einem persönlichen Rechtsverhältnis, die auf den Grundstückserwerber nur dann übergehen, wenn er Gesamtnachfolger ist oder wenn er sich auf eine eigene Abtretung stützen kann (Planck/Strecker Anm 2a; § 1157 Rn 7).

28 Ob und inwieweit der Eigentümer die ihm gegen den Gläubiger unmittelbar zustehenden Einreden auch dem **Sondernachfolger des Gläubigers** entgegensetzen kann, regelt § 1157.

III. Ausgleich zwischen dem persönlichen Schuldner und dem Eigentümer

29 Dringt der Eigentümer mit einer ausschließenden (peremptorischen) Einrede, die dem persönlichen Schuldner gegen den Gläubiger zusteht, oder einer Einwendung durch, so sind die Rechtsbeziehungen zwischen dem Schuldner und dem Eigentümer nach dem zwischen ihnen bestehenden Rechtsverhältnis zu beurteilen. Hatte zB der Eigentümer die durch die Hypothek gesicherte Schuld in Anrechnung auf den Kaufpreis übernommen und dringt er mit einer Einrede, die sich aus der Person des Schuldners herleitet, oder mit einer Einwendung durch, die schon zur Zeit der Schuldübernahme begründet war, so kann dem Schuldner aus dem Kaufvertrag gegen den Eigentümer ein Ausgleichsanspruch (§ 242) in Höhe des Forderungsbetrages zustehen (BGH NJW 1958, 906, 907).

IV. Anspruch des Eigentümers nach § 1169

30 S zum Recht des Eigentümers, von dem Gläubiger den Verzicht auf die Hypothek wegen dauernd entgegenstehender Einreden zu verlangen, § 1169. Dazu gehören auch der Fall, dass der Gläubiger mit seiner Klage gegen den persönlichen Schuldner rechtskräftig abgewiesen ist (vgl § 1169 Rn 7) und die Einrede, dass der Zedent nach einem mit dem Eigentümer getroffenen fiduziarischen Abkommen zur Abtretung der Hypothek nicht berechtigt war (vgl Josef AcP 109, 187, 201).

31 Steht dem **persönlichen Schuldner** eine Einrede der in § 1169 vorausgesetzten Art zu,

so kann sie der Eigentümer gemäß § 1137 geltend machen und damit auch den Verzicht auf die Hypothek nach § 1169 verlangen.

V.   Anwendung auf alle Hypothekenarten

§ 1137 findet auf **alle Hypothekenarten** Anwendung. Für **Grund- und Rentenschulden** 32 gilt er nicht, weil er sich rA nach (oben Rn 2) allein auf die der Hypothek zugrundeliegende Forderung bezieht. S aber zur entsprechenden Anwendung im Rahmen des Grundschuld-Sicherungsvertrags Vorbem 107 zu §§ 1191 ff.

§ 1138
Öffentlicher Glaube des Grundbuchs

Die Vorschriften der §§ 891 bis 899 gelten für die Hypothek auch in Ansehung der Forderung und der dem Eigentümer nach § 1137 zustehenden Einreden.

Materialien: E I §§ 1083, 1085 Abs 1; II § 1046 rev § 1122; III § 1121; Mot III 694 ff, 702 f; Prot III 580, 584 f.

Schrifttum

HAGER, Verkehrsschutz durch redlichen Erwerb, 1990
MAUCH, Gutgläubiger Erwerb akzessorischer Sicherungsrechte, BWNotZ 1994, 139
PETERSEN/ROTHENFUSSER, Der Schutz des Schuldners bei Trennung von Hypothek und gesicherter Forderung, WM 2000, 657
TIEDTKE, Zahlung des Grundstückseigentümers an den nichtberechtigten, im Grundbuch aber eingetragenen Gläubiger eines Grundpfandrechts, NJW 1997, 851.

I.   Allgemeines

Die Hypothek unterfällt als dingliches Recht unmittelbar den Gutglaubensvorschrif- 1 ten der **§§ 891 bis 899**. Wegen der Akzessorietät der Hypothek würden diese Vorschriften aber (wie in der Tat bei der Sicherungshypothek) leerlaufen, soweit die Hypothek ihren Inhalt aus der nicht den sachenrechtlichen Gutglaubensvorschriften unterliegenden persönlichen Forderung bezieht. § 1138 **erstreckt** daher im Interesse der Verkehrsfähigkeit der Hypothek („Verkehrshypothek") den Gutglaubensschutz auf die **gesicherte Forderung** und die Einreden, die der Eigentümer gemäß § 1137 aus der gesicherten Forderung ableiten kann. Die Vorschrift dehnt somit den Rechtsschein der Grundbucheintragung auf die Forderung aus, soweit durch sie die Person des Berechtigten und der Inhalt der Hypothek bestimmt werden. Dass die Vermutung für die Richtigkeit des Hypothekeneintrags auch die Vermutung für den Bestand der Forderung einschließt, lässt sich nicht etwa schon aus § 891 ableiten (so aber WOLFF/RAISER § 137 I 1; STAUDINGER/WOLFSTEINER [bis zur Neubearb 2002] Rn 1). Wäre das richtig, dann wäre § 1184 Abs 1 gegenstandslos und gäbe es keine Sicherungshypothek. Aber die Akzessorietät der Hypothek schränkt eben die Wirkung der §§ 891 bis 899 ein; sie ist kein autonomes, sondern ein abhängiges Recht.

2 Seit Einführung des § 1192 Abs 1a (§ 1192 Rn 31 ff) besteht eine bedeutende Diskrepanz im **Gutglaubensschutz** bei der Verkehrshypothek für ein abstraktes Schuldversprechen einerseits und der Sicherungsgrundschuld andererseits. Da § 1192 Abs 1a für die Hypothek nicht gilt (§ 1113 Rn 30), genießt der hypothekengesicherte Anspruch aus dem abstrakten Schuldversprechen in Ansehung der Hypothek den vollen Gutglaubensschutz der §§ 1138, 1157 (HABERSACK NJW 2008, 3173; REDEKER ZIP 2009, 208), während der Sicherungsgrundschuld jeglicher Gutglaubensschutz radikal entzogen ist (§ 1157 Rn 27 ff).

3 § 1138 löst nur die **hypothekentypische Akzessorietät,** derzufolge der dingliche Anspruch in dynamischer Weise stets vom gesicherten schuldrechtlichen Anspruch abhängig ist. § 1138 gewinnt aber über eine Klarstellung dieser Frage hinaus dadurch besondere Bedeutung, dass bei der Sicherungshypothek nach § 1185 Abs 2 die Anwendung des § 1138 und damit die Vermutung für den Bestand der Forderung ausgeschlossen ist (vgl auch WOLFF/RAISER aaO).

4 § 1138 führt dazu, dass die gewöhnliche (Verkehrs-) Hypothek für den Eigentümer ein ebenso hohes **Risikopotenzial** einschließt wie ehemals die Sicherungsgrundschuld. Materiellrechtlich hat zwar der Hypothekengläubiger – anders als der Grundschuldgläubiger – nie mehr an Rechten inne als ihm gebührt; seine Buchposition, die weit mehr aussagen kann als was materiellrechtlich richtig ist, gewinnt aber durch den Gutglaubensschutz eigenes Gewicht und eröffnet dem Gläubiger die Möglichkeit, missbräuchlich zu verfügen. Insofern enthält auch die Verkehrshypothek ein Treuhandelement, weil der Gläubiger bei der Verfügung über seine Buchposition das Vermögensinteresse des Eigentümers zu wahren hat (vgl zur Grundschuld Vorbem 26 ff zu §§ 1191 ff; s zur rechtspolitischen Bedeutung auch Einl 33 zu §§ 1113 ff).

5 § 1138 ist auch bei bloßer **Sicherungsabtretung** einer Hypothek anwendbar, da auch hier das Recht nach außen voll übertragen wird (OLG Darmstadt HRR 1934 Nr 324; OLG Hamburg MDR 1953, 171). Dagegen ist der gutgläubige Erwerb der dinglichen Stellung eines Hypothekengläubigers bei bloßer Inkassoabtretung einer nicht valutierten Hypothek ausgeschlossen (SOERGEL/KONZEN13 Rn 9). Es besteht in solchen Fällen kein Bedürfnis, dem Treugeber eine wirtschaftliche Stellung zu verschaffen, die er nicht verdient (RGZ 72, 379; OLG Hamburg aaO).

1. Verkehrshypothek

6 a) Gegenüber Ansprüchen aus dem gesicherten persönlichen Schuldverhältnis allein (vgl § 1147 Rn 1 ff) kommt § 1138 nicht in Betracht (RG HRR 1934 Nr 870; RG HRR 1935 Nr 116; PLANCK/STRECKER Anm 2; BGB-RGRK/MATTERN12 Rn 2; WOLFF/RAISER § 137 I 4; SOERGEL/KONZEN13 Rn 1). § 1138 erstreckt sich nur insoweit auf die Forderung, als dies für **Inhalt und Bestand der Hypothek** von Bedeutung ist, dh nur auf den dinglichen Anspruch auf Zahlung aus dem Grundstück. Der Gläubiger, der gegen den persönlichen Schuldner die Forderung geltend macht, muss daher auch das Bestehen der Forderung beweisen (RGZ 93, 237; RG JW 1908, 658; RG Recht 1913 Nr 2088; RG JW 1934, 3055; BAUMGÄRTEL/LAUMEN/BAUMGÄRTEL2 Rn 2; WOLFF/RAISER § 137 I 4; s § 1147 Rn 31).

b) Für die **gesicherte Forderung selbst** bleiben, abgesehen von den §§ 1153, 1154, **7**
1161, die Vorschriften des Schuldrechts maßgebend (s auch § 1158 Rn 1). Der Gläubiger muss sich daher auch alle Einwendungen entgegensetzen lassen, die sonst
einem persönlichen Schuldner gegenüber dem Gläubiger oder dessen Rechtsnachfolger nach §§ 404, 407 zustehen (vgl auch RGZ 93, 237; RG HRR 1934 Nr 870; BGB-RGRK/
MATTERN[12] Rn 2). Da dies auch dann gilt, wenn die dingliche Klage mit der schuldrechtlichen Klage verbunden wird, hat das zur Folge, dass die Entscheidung für die
beiden Klagen uU verschieden ausfallen kann (RGZ 49, 367; RG WarnR 1914 Nr 245;
PLANCK/STRECKER Anm 2; SOERGEL/KONZEN[13] Rn 2; WOLFF/RAISER § 137 II 3).

c) Ist die Forderung überhaupt **nicht entstanden oder erloschen**, so gilt sie zu- **8**
gunsten des redlichen Erwerbers als bestehend bzw fortbestehend; der Erwerb des
redlichen Dritten ist mithin gegenüber dem Eigentümer rechtlich nicht anders zu
beurteilen, als wenn die hypothekarisch gesicherte Forderung bestanden hätte; das
Recht ist daher unverändert Hypothek („forderungsentkleidete Hypothek") und
nicht etwa Grundschuld geworden (RGZ 137, 97; PLANCK/STRECKER Anm 4a; BLOMEYER
DRWiss 1941, 122; WESTERMANN Schwerpunkte Rn 483; HACHENBURG Vortr 532 ff, 551 ff; Münch-
Komm/EICKMANN[4] Rn 16; PALANDT/BASSENGE[67] Rn 6; SOERGEL/KONZEN[13] Rn 7; aM – für Entstehung einer Grundschuld – WOLFF/RAISER § 137 II 3; BOEHMER ArchBürgR 37, 206; STERNBERG
JherJb 61, 907; KÜCHLER, Sicherungsgrundschuld 86).

d) Besteht die Forderung zwar, steht sie aber nicht dem eingetragenen Gläubiger **9**
zu, so bewirkt § 1138 eine **Spaltung** zwischen Forderung und Hypothek, sog Tren-
nungstheorie (JAHR/KROPF JuS 1963, 356; PETERSEN/ROTHENFUSSER WM 2000, 657; HECK § 96
7 a; MünchKomm/EICKMANN[4] § 1153 Rn 13). Die daraus folgende Konsequenz, dass sowohl der Eigentümer als auch der Schuldner zahlen müssen, der Eigentümer an den
Hypothekengläubiger und der Schuldner an den Gläubiger der Forderung, will eine
Lehre vermeiden, die in diesem Fall auch die Forderung auf den die Hypothek
gutgläubig erwerbenden Zessionar übergehen lassen will, sog Einheitstheorie
(WOLFF/RAISER § 137 II 2 d; BAUR/STÜRNER § 38 IV 1 d; WILHELM[3] Rn 1498); dies ist aber
weder logisch noch gerecht, denn die Doppelzahlung ergibt sich auch dann, wenn die
Forderung durch Zahlung erloschen war und nach § 1138 für die Hypothek wieder
auflebt. Freilich wird der Schuldner dem der Hypothek verlustig gegangenen persönlichen Gläubiger idR die Einrede entgegensetzen können, er müsse nur unter der
Voraussetzung zahlen, dass die Hypothek entweder nach § 1163 an den Eigentümer
oder nach § 1164 auf ihn übergehe, so auch im Fall, dass der Eigentümer an den
aufgrund eines nichtigen Testamentes eingetragenen Scheingläubiger zahlt und der
Schuldner vom wahren Gläubiger wegen der gesicherten Forderung belangt wird
(PETERSEN/ROTHENFUSSER WM 2000, 657; vgl Vorbem 242 zu §§ 1191 ff).

e) Keine Rolle spielt es, ob die Forderung im Zeitpunkt des Erwerbs nach den **10**
Vorstellungen und Erklärungen der Beteiligten eine gegenwärtige oder eine künf-
tige, eine betagte, eine fällige oder eine nicht fällige ist (vgl § 1163 Rn 32; aA offenbar
STAUDINGER/GURSKY [2008] § 892 Rn 38).

2. Sicherungshypothek

§ 1138 gilt gemäß §§ 1184, 1185 nicht für **Sicherungshypotheken** (vgl TIEDTKE NJW 1997, **11**
851). Bei ihnen bleibt der öffentliche Glaube auf das dingliche Recht beschränkt

(oben Rn 1). Die aus der Eintragung sich ergebende Vermutung erstreckt sich also nicht auf die persönliche Forderung, auch nicht insoweit, als sie für die Hypothek Inhalt und Person des Gläubigers bestimmt. Jeder Erwerber einer Sicherungshypothek ist durch den öffentlichen Glauben des Grundbuchs nur gegen solche Einwendungen geschützt, die sich gegen den Bestand des dinglichen Rechts richten, nicht aber gegen Einwendungen aus dem Rechtsverhältnis des Gläubigers zum persönlichen Schuldner. Der persönliche Schuldner, der an einen eingetragenen Nichtberechtigten leistet, wird deshalb trotz guten Glaubens von seiner Verpflichtung nicht befreit. Vgl näher § 1185 Rn 10.

II. Die anwendbaren Vorschriften

1. § 891

a) § 891 Abs 1

12 aa) Die Verweisung auf § 891 Abs 1 bewirkt bei der Hypothek eine **Vermutung** für das Bestehen des dinglichen Rechts, auch soweit sein Bestand von der gesicherten Forderung abhängig ist; sie bewirkt auch eine Vermutung dahingehend, dass die gesicherte Forderung dem dinglichen Recht Hypothek den Inhalt verschafft, der aus dem Grundbuch hervorgeht (Baumgärtel/Laumen/Baumgärtel[2] Rn 3). Die Vermutung bestimmt bei der gerichtlichen Rechtsverfolgung der Hypothek, zumal bei Streit über die Richtigkeit oder Unrichtigkeit des Grundbuchs, sowohl die Darlegungs- als auch die Beweislast zugunsten des eingetragenen Gläubigers. Auch die Vermutungswirkung ergreift nicht die gesicherte Forderung selbst; insofern verbleibt die Darlegungs- und Beweislast beim Gläubiger (vgl § 1147 Rn 31).

13 Der eingetragene und der nach § 1155 legitimierte Hypothekengläubiger brauchen daher bei **Verfolgung** des hypothekarischen Anspruchs (§ 1147) den Bestand der persönlichen Forderung nicht näher darzulegen oder zu beweisen. Es ist vielmehr Sache des Beklagten, jene Vermutung durch Gegenbeweis zu entkräften (vgl Mot III 694). Die Vermutung ist auch vom Grundbuchamt zu beachten.

14 bb) Die Vermutung des § 891 Abs 1 ist **widerlegbar** (Wolff/Raiser § 137 I 3; Baumgärtel/Laumen/Baumgärtel[2] Rn 7 ff). Sie wird durch den Nachweis des beklagten Eigentümers widerlegt, dass die Forderung nicht entstanden ist oder nicht mehr besteht (RGZ 49, 8; RGZ 68, 102; BGH NJW 1981, 2756). Es genügt nicht, den Wahrheitswert der Vermutung nur zu erschüttern. Ist bei der Begründung der Forderung ein Bevollmächtigter des Eigentümers aufgetreten, so ist die Vermutung schon dann widerlegt, wenn bewiesen ist, dass der Bevollmächtigte keine ausreichende Vollmacht hatte (RG SeuffA 87 Nr 122; BGH NJW 1980, 1047 = JR 1980, 245 [Baumgärtel]). Für den Inhalt der Forderung ist der Inhalt des Grundbuchs einschließlich der in Bezug genommene Eintragungsbewilligung maßgebend. Die Frage, wer die Beweislast dafür trägt, dass der Schuldgrund in Wahrheit ein anderer sei als der im Grundbuch eingetragene, ist ein Scheinproblem (falsch daher Staudinger/Wolfsteiner [2002] Rn 14; Erman/Wenzel[12] Rn 3; MünchKomm/Eickmann[4] Rn 12; Soergel/Konzen[13] Rn 4); da die Hypothek eine einzige individuelle Forderung sichern muss, kann sie gar keine Forderung anderer Identität als der eingetragenen sichern (§ 1113 Rn 9, 22). Steht fest, dass es die als gesichert eingetragene Forderung nicht gibt, so ist das Grundpfandrecht Eigentümergrundschuld (§ 1113 Rn 9; § 1163 Rn 28). Geht es nur um die eingetragenen Konditionen, so gilt das in Einl 182 zu §§ 1113 ff Ausgeführte. Die Entscheidungen des Reichsgerichts, die zur Explikation des angeblichen Beweislastproblems herangezogen werden (RGZ 49, 302; RGZ 57, 320 – die von SOERGEL/KONZEN[13] Rn 4 als Beleg angeführte Entscheidung RGZ 137, 95 ist ein Fehlzitat), befassen sich denn auch gar nicht mit Hypotheken, sondern mit Bereicherungsansprüchen. Die Beweislast dafür, man sich über die Sicherung einer anderen als der im Grundbuch eingetragenen Forderung geeinigt habe, liegt jedenfalls beim Eigentümer (BAUMGÄRTEL/LAUMEN/BAUMGÄRTEL[2] Rn 10; teilweise abw OLG Hamburg HRR 1933 Nr 1646; RG WarnR 1937 Nr 125; PLANCK/STRECKER Anm 3a; vgl auch KG JW 1932, 1562).

Bei einer **Darlehenshypothek** ist die Vermutung noch nicht widerlegt, indem der **15** beklagte Eigentümer beweist, dass die Darlehensvaluta zur Zeit der Eintragung der Hypothek oder, soweit eine Briefhypothek in Frage steht, zur Zeit der Übergabe des Briefs nicht bezahlt war; der Eigentümer muss auch nachweisen, dass die Forderung nicht nachträglich entstanden ist (BAUMGÄRTEL/LAUMEN/BAUMGÄRTEL[2] Rn 13 mwNw; ERMAN/WENZEL[12] Rn 4 [der sich allerdings zu Unrecht auf BGH NJW 1980, 1048 beruft]; PALANDT/BASSENGE Rn 3; aA WESTERMANN/EICKMANN[7] § 101 I 2; STAUDINGER/SCHERÜBL[12]). Deshalb ist der Beklagte des Gegenbeweises auch nicht allein deshalb enthoben, weil der klagende Gläubiger zugesteht, dass in jenem Zeitpunkt das Darlehen nicht entrichtet war (BAUMGÄRTEL/LAUMEN/BAUMGÄRTEL[2] Rn 16 mwNw; PLANCK/STRECKER Anm 3a; aM RGZ 49, 9). Für Darlehen aus der Zeit vor der Schuldrechtsreform, also vor dem 1.1.2002, ist noch die Unterscheidung zwischen einem „baren" **Darlehen**, also als Darlehen aufgrund Realvertrags, und einem Konsensualdarlehen von gewisser Bedeutung; Entscheidungen und Kommentierungen, die darauf abstellen (vgl zB BAUMGÄRTEL/LAUMEN/BAUMGÄRTEL[2] Rn 16), sind aber mit Vorsicht zu behandeln weil schon vorher die gemeinrechtliche Lehre vom Realkontrakt kaum noch vertreten wurde (vgl STAUDINGER/HOPT/MÜLBERT[12] § 607 Rn 12 ff mit ausführlicher Darstellung der Theorien). Seit dem 1.1.2002 beruhen jedenfalls alle Darlehensverträge (§§ 488 ff) auf dem Konsensualprinzip, so dass die Unterscheidung auch für die Beweislast keine Bedeutung mehr hat.

Auch den **Eigentümer**, der seinerseits Löschung der Hypothek mit der Behauptung **16** verlangt, dass die Forderung nicht zur Entstehung gelangt sei, trifft die volle Beweislast (RGZ 57, 320; RGZ 98, 126; RG JW 1922, 489; BGB-RGRK/MATTERN[12] Rn 3).

cc) Der Eigentümer trägt die Beweislast dafür, dass die Forderung, sei es durch **17** Erfüllung, sei es auf andere Weise ganz oder zum Teil **erloschen** ist. Das hat besondere Bedeutung bei der *Tilgungshypothek* (vgl Vorbem 19 ff zu §§ 1113 ff). Auch wenn es Inhalt der Forderung ist, dass sie in bestimmten Raten, insbesondere in gleichbleibenden Jahresraten zu tilgen ist, bleibt die Beweislast dafür, dass die Tilgung tatsächlich erfolgt ist, voll beim Eigentümer (Vorbem 27 zu §§ 1113 ff). Dies bedeutet freilich nicht, dass der Eigentümer stets Quittungen für Jahrzehnte vorlegen müsste. Im gewerblichen Kreditverkehr ist es vielmehr üblich, dass der Kreditgeber regelmäßig Abrechnungen erstellt, die als Beweismittel eingesetzt werden können; auch ist ein Gericht nicht gehindert, den Umstand, dass eine Bank jahrelang keine Ansprüche verfolgt hat, als Beweisanzeichen für die Tilgung zu werten. Schließlich kann sich aus dem Darlehensvertrag – auch stillschweigend – eine Verpflichtung des Gläubigers zur Buchführung ergeben; kann der Gläubiger dann keinerlei Angaben zum Verlauf des Darlehensverhältnisses machen, so kann ihm das der Eigentümer im Sinne einer aufschiebenden Einrede entgegenhalten (OLG München vom 26.2.2008 – 5 U 5102/06 – OLGR München 2008, 416 = EWiR 2008, 173 [SCHALL]; s auch § 1157 Rn 6).

18 dd)   Ob die Forderung (aufschiebend oder auflösend) **bedingt** ist, gehört zu ihrem Inhalt und damit auch zum Inhalt der Hypothek. Nicht zum Inhalt der Forderung und damit der Hypothek soll aber die Frage gehören, ob die Bedingung eingetreten oder ausgefallen ist; der gute Glaube daran, dass eine (im Grundbuch als Inhalt der Hypothek eingetragene) Bedingung eingetreten oder ausgefallen ist, werde daher nicht geschützt (PLANCK/STRECKER Anm 3a). Im Hinblick darauf, dass die Begründung der Forderung durch Auszahlung eines Darlehens dem Eintritt einer aufschiebenden und der Untergang einer Forderung durch Erfüllung einer auflösenden Bedingung zumindest sehr nahesteht (der gute Glaube daran, dass die Forderung begründet wurde und noch nicht durch Erfüllung untergegangen ist, wird geschützt, Rn 8), kann dieser Auffassung nicht gefolgt werden. Der gute Glaube an den Bestand der Forderung umfasst auch, dass eine aufschiebende Bedingung eingetreten und eine auflösende Bedingung nicht eingetreten ist.

b)   § 891 Abs 2

19 Ist die Hypothek **gelöscht**, so wird nach § 891 Abs 2 vermutet, dass die Forderung nicht besteht. Der Gläubiger muss in diesem Fall bei der dinglichen Klage aus der zu Unrecht gelöschten Hypothek Entstehung und Fortbestand der Forderung beweisen (PLANCK/STRECKER Anm 3b; BAUMGÄRTEL/LAUMEN/BAUMGÄRTEL[2] Rn 17; MünchKomm/EICKMANN[4] Rn 13; aM MEYER Recht 1903, 38). Dem Gläubiger soll aber für die Zeit bis zur Löschung die Vermutung für Entstehen und Fortbestand der Forderung zugutekommen (BAUMGÄRTEL/LAUMEN/BAUMGÄRTEL[2] Rn 17, der den von BGHZ 52, 355 gemachten Vorbehalt, es müsse feststehen, dass die Löschung nicht das Grundbuch berichtigen sollte, unter den Tisch fallen lässt).

2.   § 892 Öffentlicher Glaube des Grundbuchs

20 Dem redlichen Dritten, der eine Hypothek oder ein Recht an einer Hypothek auf Grund Rechtsgeschäfts erwirbt, wird nicht nur der rechtliche Bestand des dinglichen Rechtes nach Maßgabe des Grundbuchs gewährleistet, sondern darüber hinaus Folgendes:

21 a)   Zu seinen Gunsten wird vermutet, dass die zugrundeliegende **Forderung** nach Maßgabe des Grundbuchinhalts **besteht**, dass also auch der gegenwärtig eingetragene oder nach § 1155 legitimierte Gläubiger der wirkliche Berechtigte hinsichtlich der Forderung ist. Es gilt also nicht nur das dingliche Recht trotz rechtsunwirksamer Bestellung der Hypothek als rechtsgültig begründet (RGZ 69, 268), sondern auch die Forderung als bestehend, selbst wenn sie nicht entstanden ist (RGZ 137, 97; RGZ 77, 157 für eine Darlehensforderung; RGZ 91, 223 für eine Kaufpreisforderung bei Nichtigkeit des Kaufvertrags; BGHZ 25, 27 für einen Rückerstattungsfall) oder wenn sie wieder erloschen ist (RGZ 91, 223; vgl auch BGH JZ 1964, 772).

22 Im übrigen soll auch hierdurch das Grundbuch keine Erkenntnisquelle für das gesicherte Schuldverhältnis selbst werden, vielmehr besteht der Schutz nur zugunsten der Hypothek, dh der Inhalt des Grundbuchs gilt zugunsten der nach den

§§ 892, 893 gesicherten Personen insoweit auch hinsichtlich der Forderung als richtig und vollständig, als dies für den Bestand der Hypothek in Betracht kommt. Die gesicherte persönliche Verpflichtung wird also nicht um ihrer selbst willen geschützt, sondern deshalb, weil die Hypothek nach § 1113 eine Belastung ist, kraft deren eine bestimmte Geldsumme zur Befriedigung wegen einer dem Berechtigten zustehenden Forderung aus dem Grundstück zu zahlen ist (vgl RAMDOHR Gruchot 44, 368, 369, auch RGZ 69, 263, 268 – bei der Übertragung wird durch den guten Glauben auch die Rechtsbeständigkeit der Hypothekeneintragung garantiert, wenn auch die Hypothek von vornherein nicht rechtswirksam bestellt wurde –, ferner RG JW 1934, 3054 mit Anm SIEBERT).

Ist die Forderung **erloschen** oder überhaupt **nicht zur Entstehung gelangt**, so gilt sie **23** gleichwohl für die Hypothek als bestehend; das von dem redlichen Dritten erworbene Recht ist auch in diesem Fall als Hypothek und nicht als Grundschuld anzusehen (vgl oben Rn 8). In der Person des redlichen Erwerbers entsteht auf Grund der Fiktion des § 892 ein materielles Recht; schlechter Glaube des weiteren Zessionars einer vom Nichteigentümer bestellten Hypothek oder eines weiteren Erwerbers ist daher bei gutem Glauben des Ersterwerbers (Zedenten) unschädlich (KG SeuffA 56 Nr 76; OLG Dresden SeuffA 67 Nr 12) und zwar auch dann, wenn der zweite Erwerb dem ersten ohne Zwischenzeit folgt (RGZ 140, 39; 147, 302; RG WarnR 1935 Nr 58; SOERGEL/ KONZEN[13] Rn 7).

Wegen des **Zeitpunkts**, der für die Kenntnis des Erwerbers von der Unrichtigkeit **24** maßgebend ist, s STAUDINGER/GURSKY (2008) § 892 Rn 196 ff.

b) Zugunsten des redlichen Dritten wird vermutet, dass das Forderungsrecht **25** nicht mit anderen als den aus dem Grundbuch oder dem Hypothekenbrief (§ 1140) ersichtlichen **Beschränkungen behaftet** ist (RGZ 78, 32; RGZ 81, 82; RGZ 91, 223; WOLFF/RAISER § 137 II 1 c; JOSEF AcP 109, 187 ff; MünchKomm/EICKMANN Rn 17. **AA** BAUMGÄRTEL/LAUMEN/BAUMGÄRTEL[2] Rn 19; ERMAN/WENZEL[12] Rn 4; PALANDT/BASSENGE[68] Rn 4 unter Berufung auf PLANCK/STRECKER Anm 3c: Nichteintragung begründe keine Vermutung für Nichtbestehen). Der redliche Erwerber der Hypothek ist gegen alle Einwendungen und Einreden geschützt, welchen die Forderung als solche ausgesetzt ist, es sei denn, sie sind aus dem Grundbuch ersichtlich (vgl Mot III 695).

3.   § 893 Rechtsgeschäft mit dem Eingetragenen

§ 893 bezieht sich zugunsten des gutgläubigen Eigentümers auf Rechtsgeschäfte, die **26** einem als Gläubiger eingetragenen oder nach § 1155 legitimierten Nichtberechtigten gegenüber vorgenommen werden *und eine Verfügung über die Forderung enthalten* (einschließlich der Leistungen). Der Gläubiger, der als solcher eingetragen oder bei der Briefhypothek gemäß § 1155 ausgewiesen ist, gilt zugunsten des Eigentümers, der an ihn eine Leistung auf die Forderung bewirkt oder darüber ein verfügendes Rechtsgeschäft mit ihm vornimmt (zB die Zahlungsbedingungen ändert), als der wirklich Berechtigte, es sei denn, dass das Nichtbestehen der Berechtigung dem Eigentümer bekannt oder aus dem Grundbuch ersichtlich ist oder bei der Briefhypothek aus dem Brief hervorgeht (§ 1140) oder dass ein Widerspruch gegen die Richtigkeit eingetragen ist. Entsprechendes gilt, wenn der wahre Gläubiger ein Rechtsgeschäft mit dem Bucheigentümer, der nicht der wirkliche Eigentümer ist, vornimmt (PLANCK/STRECKER Anm 5b). § 1141 Abs 1 S 2 schützt den Gläubiger bei einer Kündigung des Bucheigentümers.

4.   §§ 894–899 Berichtigung des Grundbuchs

27 Dem Eigentümer, der gegen die Gefahr des Verlustes von Einreden (s oben Rn 1) geschützt werden soll (Prot III 584) wird der Anspruch auf Berichtigung des Grundbuchs (§§ 894–899) auch in Ansehung der Forderung und der der Forderung entgegenstehenden Einreden eingeräumt. Der Eigentümer kann daher vom Gläubiger die Bewilligung der Eintragung der Einrede und bei der Briefhypothek auch Vorlegung des Briefs verlangen. Wichtig ist dies auch für den gutgläubigen Erwerber (s oben Rn 21 und RGZ 137, 95; PLANCK/STRECKER Anm 6; WOLFF/RAISER § 137 III). Als vorläufige Maßregel dient der Widerspruch nach § 899, also nicht etwa eine Vormerkung (KG OLGE 5, 388). Eine besondere Erleichterung besteht für die Eintragung eines Widerspruchs, der sich darauf gründet, dass die Hingabe des Darlehens unterblieben sei (§ 1139). Bei der Briefhypothek schützen den Schuldner gemäß § 1140 auch Vermerke, die lediglich im Hypothekenbrief stehen (vgl auch § 1145 Abs 1 S 2).

III.   Die Verteidigung des Eigentümers

28 Der Eigentümer, der von einem redlichen dritten Erwerber belangt wird, ist auf die nachfolgenden Verteidigungsmöglichkeiten beschränkt:

29 **1.**   Er kann Mängel geltend machen, die sich aus dem **Grundbuch** selbst oder aus dem Hypothekenbrief (§ 1140) ergeben; zB kann er einwenden, dass die Eintragung nicht den gesetzlichen Erfordernissen (§ 1115) entspreche.

30 **2.**   Er kann die Voraussetzungen für die Geltung des **öffentlichen Glaubens** des Grundbuchs (§§ 892, 893) bestreiten; er kann zB vorbringen, dass der Erwerber die gegen seinen Vormann bestehenden Einwendungen (vgl § 1137) gekannt habe oder aber, dass er nicht auf Grund Rechtsgeschäfts erworben habe.

31 **3.**   Er kann **rechtshindernde** oder **rechtsvernichtende** Tatsachen vorbringen, die erst in der Person des neuen Gläubigers entstanden sind. Einreden iS des § 1157 berühren den neuen Erwerber, dem sie unbekannt waren, nicht, außer wenn sie im Grundbuch oder im Brief vermerkt waren.

32 **4.**   S zur **Kündigung** § 1156 S 2 und auch § 1141 Abs 1 S 2; zu **Zinsen** oder anderer Nebenleistungen und Kosten §§ 1158, 1159; zur Briefhypothek §§ 1155 und 1160.

IV.   Anwendung auf Vormerkungen

33 § 1138 ist auf **Vormerkungen** für Ansprüche auf Bestellung einer Hypothek nicht anwendbar; § 1138 gilt nur für bereits bestellte Hypotheken.

V.   Anwendung auf Grund- und Rentenschulden

34 Auf Grund- und Rentenschulden ist die Vorschrift unanwendbar, weil diese nicht akzessorisch sind, also ihren Inhalt gemäß §§ 1191, 1192, 1199 nicht von einer gesicherten Forderung beziehen (BGH NJW 1996, 1207; dazu kritisch Tiedtke NJW 1997, 851). S aber oben Rn 8, § 1157 Rn 21 ff, Vorbem 240 zu §§ 1191 ff u § 1191 Rn 9 ff.

§ 1139
Widerspruch bei Darlehensbuchhypothek

Ist bei der Bestellung einer Hypothek für ein Darlehen die Erteilung des Hypothekenbriefs ausgeschlossen worden, so genügt zur Eintragung eines Widerspruchs, der sich darauf gründet, dass die Hingabe des Darlehens unterblieben sei, der von dem Eigentümer an das Grundbuchamt gerichtete Antrag, sofern er vor dem Ablauf eines Monats nach der Eintragung der Hypothek gestellt wird. Wird der Widerspruch innerhalb des Monats eingetragen, so hat die Eintragung die gleiche Wirkung, wie wenn der Widerspruch zugleich mit der Hypothek eingetragen worden wäre.

Materialien: E I §§ 1085 Abs 2, 1111; II § 1047
rev 1123; III § 1122; Mot III 703 f, 747 f; Prot III
584 f, 647.

I. Allgemeines

Die Vorschrift behandelt die **Einrede,** die dem Eigentümer für den Fall zusteht, dass **1** bei der Buchhypothek die Hingabe des Darlehens unterblieben ist (vgl Mot III 703 ff). Auch diese Einrede bedarf, um gegenüber dem redlichen dritten Erwerber wirksam zu sein, der Eintragung ins Grundbuch (vgl § 1138 Rn 23). Jedoch werden dem Eigentümer, falls er innerhalb eines Monats nach Eintragung der Hypothek die Eintragung eines Widerspruchs beantragt, besondere Vergünstigungen gewährt; insbesondere ist die Eintragung des Widerspruchs, in Abweichung von § 899, weder von der Bewilligung des Gläubigers noch vom Erlass einer einstweiligen Verfügung abhängig. § 1139 enthält (in Anlehnung an früheres württembergisches, sächsisches und bayerisches Landesrecht, vgl Mot III 703) eine Sonderregelung für die Darlehensbuchhypothek zugunsten des Eigentümers. Ist die Hypothek bereits vor Hingabe des Darlehens eingetragen, so könnte der Gläubiger auch bei abredewidriger Nichtzahlung über die Hypothek verfügen mit der Folge, dass der redliche Dritte die Hypothek erwirbt, ohne dass der Eigentümer diesem gegenüber den Nichtbestand der Forderung und damit der Hypothek einwenden könnte. Diese Wirkung wird durch den innerhalb Monatsfrist nach Eintragung der Hypothek eingetragenen Widerspruch mit Rückwirkung zerstört. Der Erwerb einer Darlehensbuchhypothek im ersten Monat nach der Eintragung steht daher unter dem Risiko des Widerspruchs nach § 1139; für den Erwerber empfiehlt es sich daher, sich vorher zu vergewissern, dass die Forderung entstanden ist. Bei der Briefdarlehenshypothek ist dieser besondere Schutz des Eigentümers entbehrlich, da hier der Eigentümer eine Gefährdung dadurch abwenden kann, dass er den Brief Zug um Zug gegen die Darlehenshingabe aushändigt (vgl § 1117 Rn 3; s aber unten Rn 12).

2 Die Vorschrift ist **verzichtbar**, nach dem Grundgedanken des § 309 Nr 12b iVm § 307 aber nicht durch allgemeine Geschäftsbedingung oder im Verbrauchervertrag. Verzicht in Form eines gesonderten Empfangsbekenntnisses für das Darlehen gemäß § 309 Nr 12 S 2 ist aber möglich (vgl jedoch zu falschen Empfangsbekenntnissen § 1113 Rn 33). Der Verzicht ist Grundbuchverfahrenserklärung und weder eintragungsfähig noch -bedürftig.

II. Einzelheiten

1. Antrag und Eintragung des Widerspruchs

3 Zur Eintragung des Widerspruchs genügt im Gegensatz zu § 899 Abs 2 der einseitige Antrag des Eigentümers. Der Eigentümer braucht nicht etwa dem Grundbuchamt nachzuweisen, dass er die Valuta nicht erhalten habe, der Eigentümer braucht seine Behauptung nicht einmal glaubhaft zu machen; selbst bei Unglaubwürdigkeit seiner Behauptung hat das Grundbuchamt den Widerspruch einzutragen (Wolff/Raiser § 137 IV).

4 Der Antrag bedarf keiner **Form** (BGB-RGRK/Mattern[12] Rn 3; Planck/Strecker Anm 3; Palandt/Bassenge[68] Rn 1; Schöner/Stöber[14] Rn 2641). Die *Gegenansicht,* er bedürfe der Form des § 29 GBO (Bauer/vOefele/Schaub, GBO[2] § 30 Rn 19; Soergel/Konzen[13] Rn 2; Demharter, GBO § 30 Rn 4; KEHE/Herrmann, GBO[6] § 30 Rn 7; MünchKomm/Eickmann[4] Rn 5; Staudinger/Wolfsteiner [2002] – hiermit aufgegeben) stützt sich auf § 30 GBO. Allein es bedarf keiner Erklärung zusätzlich zum Antrag (die Erklärung, dass die Hingabe des Darlehens unterblieben sei, ist keine gesonderte Erklärung, sondern als Antragsbegründung Teil des Antrags), so dass eine solche auch nicht durch den Antrag ersetzt sein kann. Der Antrag muss innerhalb eines Monats (vgl §§ 187 Abs 1, 188) seit Eintragung der Hypothek gestellt werden.

5 Ist der Widerspruch innerhalb der Monatsfrist nicht nur gestellt, sondern auch eingetragen, so hat er **rückwirkende** Kraft; der Widerspruch wirkt also auch gegen Dritte, welche die Hypothek in der Zwischenzeit erworben haben (vgl Mot III 703, 704). Es handelt sich insoweit um eine Ausnahme von § 892 (Planck/Strecker Anm 4; Wolff/Raiser § 137 IV; Palandt/Bassenge[68] Rn 1). Die Rückwirkung tritt aber nur dann ein, wenn die Darlehensvaluta nicht ausgezahlt worden ist. Ist der Widerspruch gegen die Richtigkeit der Bucheintragung nur aus einem anderen Grund berechtigt (zB wegen Nichtigkeit des Darlehensvertrags oder der Einigung), so wirkt der Widerspruch nicht zurück (Wolff/Raiser aaO).

6 Wird der innerhalb der Frist eingegangene Antrag erst nach Ablauf der Frist eingetragen, so ist der Widerspruch zwar wirksam, jedoch erst **ab Eintragung** (vgl Prot III 585). Eine verspätete Eintragung kann uU nach den Grundsätzen der Amtshaftung (§ 839) Schadensersatzansprüche gegen den Staat begründen.

7 2.   Die **Beweislast** verbleibt trotz des eingetragenen Widerspruchs beim Eigentümer (Planck/Strecker Anm 4b; BGB-RGRK/Mattern[12] Rn 4), denn der Widerspruch hat lediglich zur Folge, dass der Eigentümer auch gegen den gutgläubigen Zessionar die Einrede der Nichthingabe des Darlehens erheben kann; die Vermutung der §§ 1138, 891 wird im übrigen nicht durchbrochen.

3.   Wird der Antrag erst nach Ablauf der Monatsfrist gestellt, so gilt § 899; es ist **8** also die **Bewilligung** des Gläubigers oder eine einstweilige Verfügung erforderlich.

4.   Auf **andere Forderungen** als solche aus einem Darlehen oder auf andere Ein- **9** reden als jene der nicht bezahlten Valuta kann § 1139 als Ausnahmevorschrift nicht ausgedehnt werden. § 1139 gilt zudem nur bei der Bestellung einer Hypothek und bezieht sich nicht auf die Abtretung einer Darlehenshypothek, da ja die Nichtgewährung der Valuta bei der Abtretung keine Unrichtigkeit des Grundbuchs nach sich zieht, vielmehr nur einen etwa durch Vormerkung zu sichernden Anspruch auf Rückübertragung der Hypothek erzeugt.

5.   Lässt der Eigentümer den Widerspruch ohne Grund eintragen, so ist er, sofern **10** ihn ein Verschulden trifft, dem Gläubiger nach § 823 Abs 1 zum **Schadensersatz** verpflichtet (vgl Biermann, Widerspruch und Vormerkung 112).

6.   Ist der eingetragene Widerspruch unbegründet, so ist das Grundbuch unrichtig. **11** Der Gläubiger kann im Klageweg **Berichtigung** des Grundbuchs nach § 894 verlangen.

III.   Anwendungsbereich des § 1139

Bei der **Briefhypothek** ist § 1139 im Grundsatz **nicht** anwendbar; es gelten vielmehr **12** die allgemeinen Bestimmungen der §§ 899, 1138. Der Eigentümer kann sich hier dadurch schützen, dass er den Hypothekenbrief dem Gläubiger erst Zug um Zug gegen die Auszahlung der Valuta übergibt (s oben Rn 1). Ist aber eine Vereinbarung nach § 1117 Abs 2 getroffen, so muss das auch zu entsprechender Anwendung des § 1139 führen (so jetzt auch MünchKomm/Eickmann[4] Rn 13). Zwar kann die Vereinbarung im Einzelfall als Verzicht auf das Recht aus § 1139 verstanden werden; generell kann ein solcher Rechtssatz aber nicht aufgestellt werden, zumal der Verzicht in allgemeinen Geschäftsbedingungen und Verbraucherverträgen unzulässig ist (oben Rn 2).

Auf **Sicherungshypotheken** kann § 1139 nicht angewendet werden (vgl § 1185). Ein **13** Widerspruch nach § 1139 ist hier ohne Bedeutung, weil der Gläubiger zur Geltendmachung der Hypothek ohnehin sein Forderungsrecht nachzuweisen hat (Wolff/ Raiser § 151 I 1 a; Planck/Strecker Anm 5).

Auf **Grund-** und **Rentenschulden** findet § 1139 **keine** Anwendung (allgM).   **14**

§ 1140
Hypothekenbrief und Unrichtigkeit des Grundbuchs

Soweit die Unrichtigkeit des Grundbuchs aus dem Hypothekenbrief oder einem Vermerk auf dem Brief hervorgeht, ist die Berufung auf die Vorschriften der §§ 892, 893 ausgeschlossen. Ein Widerspruch gegen die Richtigkeit des Grundbuchs, der aus dem Brief oder einem Vermerk auf dem Brief hervorgeht, steht einem im Grundbuch eingetragenen Widerspruch gleich.

Materialien: E I § 1116; II § 1048 rev 1124;
III § 1123; Mot III 756; Prot III 659.

1. Grundsatz

1 Stimmt der Inhalt des Grundbuchs mit dem des Hypothekenbriefes nicht überein, so ist regelmäßig das Grundbuch maßgebend (vgl § 1116 Rn 22; PLANCK/STRECKER Anm 1; BGB-RGRK/MATTERN[12] Rn 2). Der Hypothekengläubiger kann sich daher nicht auf den Inhalt des Hypothekenbriefs berufen. Dies gilt auch für Einreden. Ist eine Einrede aus dem Grundbuch ersichtlich, aber nicht aus dem Brief, so muss sie der Briefinhaber gleichwohl gegen sich gelten lassen (RGZ 76, 378; RGZ 81, 86; RGZ 129, 127; PLANCK/STRECKER Anm 1;). Der Erwerber einer Briefhypothek tut also gut daran, vor dem Erwerb zusätzlich zum Studium des Briefs (s das Folgende) das Grundbuch einzusehen.

2 Zum Schutz des Eigentümers gegen die Wirkungen des Öffentlichkeitsprinzips (§§ 892, 893, 1138) wird aber andererseits durch § 1140 *zu ungunsten* des Erwerbers der Brief ausnahmsweise dem Grundbuch gleichgestellt (OLG Dresden OLGE 12, 168; PLANCK/STRECKER Anm 2). Enthält der Hypothekenbrief dem Gläubiger ungünstige, dem Eigentümer also günstige Eintragungen, zerstört dieser insoweit den öffentlichen Glauben des Grundbuchs (KGJ 44, 256). Der richtige Brief geht dem unrichtigen Grundbuch vor, „negative Buchfunktion des Briefes" (WOLFF/RAISER § 142 VII; PLANCK/STRECKER Anm 2; SOERGEL/KONZEN[13] Rn 3,).

2. Einzelheiten

3 a) Jeder **Erwerber** einer Briefhypothek oder eines Rechts an ihr muss alle Tatsachen, die zur Zeit des Erwerbs aus dem Brief selbst oder aus einem Vermerk auf diesem hervorgehen (zB Quittungen über Teilzahlungen, Veränderungen der Zahlungszeit, gerichtliche Veräußerungsverbote usw) auch dann gegen sich gelten lassen, wenn sie aus dem Grundbuch selbst nicht ersichtlich sind, der Grundbuchinhalt also unrichtig (oder unvollständig) ist. Es reicht aus, wenn der Inhalt des Briefs begründete Zweifel an der Richtigkeit des Buches aufkommen lässt (WOLFF/RAISER § 142 VII 1). Der Erwerber kann sich nicht darauf berufen, von dem Inhalt des Briefs keine **Kenntnis** genommen zu haben (Mot III 756), denn auf die Kenntnis des Briefinhalts kommt es, ebenso wie auf die Kenntnis des Buchinhalts, nicht an (ERMAN/WENZEL[12] Rn 1). Vermerke auf der mit dem Brief verbundenen Schuldurkunde fallen nicht unter § 1140 (SOERGEL/KONZEN[13] Rn 4; PALANDT/BASSENGE[67] Rn 1).

4 Jedoch hat der Briefinhalt nicht, wie der Buchinhalt gemäß § 891, die **Vermutung der Richtigkeit** für sich. Es gibt, abgesehen von der Vorschrift des § 1155, *keinen Schutz des guten Glaubens an den Hypothekenbrief* (WOLFF/RAISER § 142 VII; WESTERMANN[5] § 106 IV 1); vielmehr muss auch derjenige, der sich auf den vom Grundbuch abweichenden Briefinhalt beruft, beweisen, dass dieser Inhalt der wirklichen Rechtslage entspricht und das Grundbuch unrichtig ist (BAUMGÄRTEL/LAUMEN/BAUMGÄRTEL[2] Rn 1).

5 § 1140 gilt nicht nur für den Erwerber, der die Hypothek durch Rechtsgeschäft unter Übergabe des Briefes erwirbt, sondern auch für den Rechtsnachfolger, dem die Hypothek unabhängig vom Briefbesitz kraft Gesetzes (zB §§ 1150, 268) zufällt.

b) Bei dem Vermerk auf dem Brief braucht es sich nicht um einen amtlichen **6** Vermerk (§ 62 GBO) zu handeln. Vielmehr ist regelmäßig der **Gläubiger** befugt, derartige **Vermerke anzubringen**; in den Fällen der §§ 1145 Abs 1, 1150, 1167 ist er dazu sogar verpflichtet.

Das Sachenrecht schreibt für den Vermerk keine besondere **Form** vor; er muss aber **7** den Formvorschriften der anwendbaren Rechtsvorschriften genügen (aA – völlig formfrei – STAUDINGER/SCHERÜBL[12] Rn 5; PLANCK/STRECKER Anm 3a; WOLFF/RAISER § 142 VII 2), so insbesondere die Quittung der Schriftform des § 368. Auch muss er den Urheber erkennen lassen (MünchKomm/EICKMANN[4] Rn 11 mit überzeugenden Argumenten; aA WOLFF/ RAISER § 142 VII 2; SOERGEL/KONZEN[13] Rn 3). Öffentliche Beglaubigung ist, soweit lediglich die Wirkung des § 1140 in Betracht kommt, nicht erforderlich, wohl aber soweit der Vermerk Grundlage einer Eintragung (§§ 29, 30 GBO) sein soll.

Das Gesetz enthält keine Bestimmung darüber, auf welche Weise privatschriftliche **8** Vermerke **unwirksam** werden. Auf keinen Fall kann es angehen, sie nach Belieben, etwa durch einfaches Durchstreichen, wieder zu beseitigen (so aber STAUDINGER/SCHERÜBL[12] Rn 5 unter Berufung auf PLANCK/STRECKER Anm 3a; SOERGEL/KONZEN[13] Rn 3; großzügig auch PALANDT/BASSENGE[67] Rn 2: Streichung „erkennbar" [?] vom Aussteller); sonst könnte zB jeder Gläubiger die Wirkung von Quittungen, die auf den Brief gesetzt wurden, wieder beseitigen und einem Gutgläubigen den Erwerb der vollen Hypothek ermöglichen (ähnlich MünchKomm/EICKMANN[4] Rn 14). Richtig dürfte es sein, anzunehmen, dass dem Gläubiger nachteilige Vermerke überhaupt nicht oder bestenfalls durch öffentlich beglaubigten Vermerk des Schuldners rückgängig gemacht werden können.

c) Nach § 899 kann zur Sicherung eines Berichtigungsanspruchs (§ 894) ein **Wi- 9 derspruch** gegen die Richtigkeit im Grundbuch eingetragen werden. Nach § 1140 S 2 steht dem im Grundbuch eingetragenen Widerspruch ein Widerspruch gegen die Richtigkeit des Grundbuchs gleich, der aus dem Brief oder einem Vermerk auf dem Brief hervorgeht. § 1140 S 2 betrifft nur den Widerspruch iS des § 899 (ERMAN/ WENZEL[12] Rn 2). Soweit im übrigen die Unrichtigkeit des Grundbuchs aus dem Brief oder einem Vermerk auf dem Brief hervorgeht, wird die Berufung auf das Öffentlichkeitsprinzip schon durch Satz 1 ausgeschlossen. Es genügt jedoch auch hier ein privatschriftlicher Vermerk (s oben Rn 6); es ist daher nicht erforderlich, dass das Grundbuchamt den Widerspruch auf dem Brief vermerkt (PLANCK/STRECKER Anm 3b; BIERMANN, Widerspruch und Vormerkung 122; RAMDOHR Gruchot 44, 369; FISCHER ArchBürgR 14, 285 Anm 14).

d) Im Interesse der Sicherheit des Verkehrs ist durch §§ 41 Abs 1 S 1, 42, 62 Abs 1 **10** GBO ausdrücklich vorgeschrieben, dass eine die **Briefhypothek betreffende Eintragung** regelmäßig (Ausnahmen zB § 41 Abs 1 S 2 und 3 GBO: Eintragung eines durch einstweilige Verfügung angeordneten Widerspruchs und einer Löschungsvormerkung) nur erfolgen soll, wenn der Brief vorgelegt wird, und dass Eintragungen, die bei der Hypothek erfolgen, von dem Grundbuchamt auf dem Brief zu vermerken sind. Im Fall der Erneuerung des Briefs sind auch die nach §§ 1140, 1145, 1157 auf den Brief gesetzten Vermerke auf den neuen Brief zu übertragen (§ 68 GBO).

Für das Grundbuchamt ergibt sich aus § 1140 zugleich die Verpflichtung, die auf dem **11**

Hypothekenbrief befindlichen Privatvermerke insoweit zu beachten, als es bei der Hypothek keine Eintragungen vornehmen darf, die mit den Vermerken in Widerspruch stehen würden. Wird beispielsweise dem Grundbuchamt ein Brief vorgelegt, aus dessen Vermerk sich eine Teilzahlung ergibt, so ist ein Antrag auf Umschreibung hinsichtlich jenes Teils der Hypothek auf einen neuen Gläubiger abzulehnen (Münch-Komm/EICKMANN[4] Rn 18; SOERGEL/KONZEN[13] Rn 4).

3. Vormerkung

12 § 1140 S 2 beschränkt sich auf den Widerspruch; eine Vormerkung iS der §§ 883 ff kann nur durch die Eintragung im Grundbuch zur Wirksamkeit gelangen.

4. Entsprechende Anwendung

13 Eine Ausdehnung der Vorschrift, zB auf die **Abtretungserklärungen** des § 1155, ist nicht geboten; hier muss nach den Umständen des Einzelfalles entschieden werden, ob aus dem Vorhandensein derartiger Vermerke die Bösgläubigkeit als erwiesen angesehen werden kann (RAMDOHR Gruchot 44, 369).

5. Grund- und Rentenschulden

14 § 1140 findet auch auf Grund- und Rentenschulden Anwendung.

§ 1141
Kündigung der Hypothek

(1) Hängt die Fälligkeit der Forderung von einer Kündigung ab, so ist die Kündigung für die Hypothek nur wirksam, wenn sie von dem Gläubiger dem Eigentümer oder von dem Eigentümer dem Gläubiger erklärt wird. Zugunsten des Gläubigers gilt derjenige, welcher im Grundbuch als Eigentümer eingetragen ist, als der Eigentümer.

(2) Hat der Eigentümer keinen Wohnsitz im Inland oder liegen die Voraussetzungen des § 132 Abs. 2 vor, so hat auf Antrag des Gläubigers das Amtsgericht, in dessen Bezirk das Grundstück liegt, dem Eigentümer einen Vertreter zu bestellen, dem gegenüber die Kündigung des Gläubigers erfolgen kann.

Materialien: E I § 1079; II § 1049 rev § 1125; III § 1124; Mot III 687 ff; Prot III 574 ff.

I. Grundsatz

1. Verkehrshypothek

1 a) Bei strenger Durchführung des Grundsatzes der **Akzessorietät** müsste, wenn die Fälligkeit der Forderung von einer Kündigung abhängt, eine von dem Gläubiger

gegenüber dem persönlichen Schuldner und eine von diesem gegenüber dem Gläubiger erklärte Kündigung auch die Fälligkeit des dinglichen Anspruchs bewirken.
Hierdurch könnten aber uU die Interessen des Eigentümers beeinträchtigt werden,
wenn dieser nicht zugleich der persönliche Schuldner ist. § 1141 bestimmt daher,
dass die Fälligkeit für und gegen den Eigentümer nur durch eine von ihm oder ihm
gegenüber erklärte Kündigung herbeigeführt werden kann. Das Verhältnis des
Eigentümers und persönlichen Schuldners zum Gläubiger ist dem der Gesamtschuldner ähnlich. § 1141 enthält eine dem § 425 entsprechende Regelung (RG HRR
1931 Nr 494; WOLFF/RAISER § 139 Fn 2).

b)   Eine **Kündigung der Forderung** durch den oder gegen dem persönlichen Schuld- **2**
ner, der nicht zugleich Eigentümer ist, ist somit für die Hypothek unwirksam. Für die
Forderung selbst ist jedoch eine solche Kündigung wirksam (OLG Königsberg OLGE 18,
172); die dadurch eingetretene Fälligkeit der persönlichen Forderung berechtigt den
Eigentümer auch nach § 1142 zur Ablösung (PLANCK/STRECKER Anm 1; SOERGEL/KON-
ZEN[13] Rn 1).

Eine gemäß § 1141 zwischen dem Eigentümer, der nicht zugleich persönlicher **3**
Schuldner ist, und dem Gläubiger erklärte Kündigung macht dem persönlichen
Schuldner gegenüber die Forderung ebensowenig fällig wie die zwischen Gläubiger
und persönlichem Schuldner erklärte Kündigung die Hypothek fällig macht (RGZ
104, 357; PLANCK/STRECKER Anm 1). Durch eine Kündigung des Gläubigers an den
Eigentümer wird also die Hypothek trotz ihrer akzessorischen Natur für sich allein
fällig, ohne dass es auch einer Kündigung an den persönlichen Schuldner bedarf
(RGZ 116, 246; PLANCK/STRECKER Anm 1; WOLFF/RAISER § 138 Fn 2; GOLDMANN LZ 1916, 1222;
aM Ross JW 1926, 1783).

Von § 1141 abgesehen, unterliegt die Kündigung der Hypothekenforderung den **4**
allgemeinen Bestimmungen.

c)   *Ändern* der Gläubiger und der Eigentümer ohne Zuziehung des persönlichen **5**
Schuldners die *Fälligkeitsbestimmungen,* so ist diese Vereinbarung zwar für die
Hypothek wirksam, nicht aber für die persönliche Forderung (KG OLGE 39, 256).
Die Akzessorietät schließt es allerdings aus, die Hypothek zu einem Zeitpunkt für
fällig zu erklären, zu dem die Forderung nicht fällig ist.

d)   § 1141 Abs 1 soll **zwingendes Recht** sein (KGJ 43, 166; LG Kassel NJW 1953, 189; LG **6**
Hamburg Rpfleger 1957, 116; PLANCK/STRECKER Anm 1; SOERGEL/KONZEN[13] Rn 2; ERMAN/
WENZEL[12] Rn 2; MünchKomm/EICKMANN[4] Rn 5). Daran lässt sich zweifeln, wenn man
bedenkt, dass eine Hypothek auch für eine fällige Forderung ohne weiteres zulässig
ist und dass bei der Sicherungshypothek das Gegenteil gilt.

2.   Sicherungshypothek

Für die Sicherungshypothek gilt § 1141 nicht (§ 1185 Abs 2). Die Fälligkeit der **7**
persönlichen Forderung wird hier durch die Kündigung zwischen Gläubiger und
persönlichem Schuldner herbeigeführt; die Kündigung der persönlichen Forderung
hat auch die Fälligkeit der Hypothek zur Folge. Eine Kündigung an den Eigentümer

des Grundstücks ist weder erforderlich noch ausreichend (RGZ 111, 401; WOLFF/RAISER § 151 I 1 b; PLANCK/STRECKER Anm 7).

II. Die Kündigung

1. Die Kündigungsgründe

8 a) **Ob** die Fälligkeit von einer **Kündigung** abhängt, bestimmt sich nach dem Inhalt der gesicherten Forderung und nach den für die einzelnen Vertragsverhältnisse geltenden gesetzlichen Bestimmungen.

9 b) **Die gesetzlichen Kündigungsrechte** der § 489, 490 bedürfen zu ihrer Erhaltung gegenüber dem öffentlichen Glauben des Grundbuchs nicht der Eintragung (vgl zum früheren § 247 KG JW 1933, 1333). Eine gegen die zwingenden Teile der §§ 489, 490 verstoßende Vereinbarung (vgl § 489 Abs 4) ist nach § 134 nichtig und deshalb auch nicht eintragungsfähig (vgl zum früheren § 247 OLG München JFG 16, 133).

2. Die Parteien der Kündigung

10 a) Die Kündigung muss vom wahren **Gläubiger** erklärt werden und dem wahren **Eigentümer** zugehen oder vom wahren Eigentümer erklärt werden und dem wahren Gläubiger zugehen. Wird die Kündigung von jemandem erklärt, der nicht der wahre Berechtigte ist oder gegenüber jemandem, der nicht der wahre Berechtigte ist, so kommt dem jeweiligen *Erklärungsgegner* der Gutglaubensschutz des § 893 zugute, wenn der Erklärende durch Grundbucheintragung – der Gläubiger auch gemäß § 1155 – legitimiert ist, es sei denn, dass zur Zeit der Kündigung dem Erklärungsgegner die Unrichtigkeit des Grundbuchs bekannt oder ein Widerspruch gegen die Richtigkeit des Grundbuchs eingetragen war. Der Erklärungsgegner ist aber nicht verpflichtet, die Kündigung eines Scheinberechtigten gelten zu lassen (BGB-RGRK/ MATTERN[12] Rn 11; **aA** MünchKomm/EICKMANN[4] Rn 17), denn § 892 Abs 1 S 1 schützt nur denjenigen, der ein Recht *erwirbt*. Zwar ist die Kündigung eine Verfügung über das Recht (so zutreffend MünchKomm/EICKMANN[4] aaO); der kündigende Nichtberechtigte erwirbt aber durch seine Kündigung nichts (bestenfalls erwirbt der wahre Berechtigte etwas).

11 b) Auf der **Eigentümerseite** muss der rechtskräftige Erwerb des Grundstücks abgeschlossen sein, wenn eine Kündigung gegenüber oder durch den Erwerber wirksam sein soll, also die Auflassung erklärt und der Eigentumsübergang ins Grundbuch eingetragen sein (OLG Rostock OLGE 34, 214; vgl auch RGZ 141, 222).

12 Auf der **Gläubigerseite** ist die Kündigung unwirksam, wenn der Kündigende zur Zeit der Kündigung die Hypothek, wenn auch nur zur Sicherheit, abgetreten hat, selbst wenn er sie später im Laufe des Rechtsstreits vom Zessionar zurückerwirbt (OLG Rostock OLGE 39, 255). Bei der Briefhypothek gibt § 1160 Abs 2 eine Sonderbestimmung über den Nachweis der Legitimation (vgl auch § 1156 S 2).

13 c) Nur **zugunsten des Gläubigers** ist in Abs 1 S 2 bestimmt, dass bei der Kündigung derjenige, welcher im Grundbuch als Eigentümer eingetragen ist, als Eigentümer gilt. Die Kündigung durch den und gegenüber dem **Bucheigentümer** ist also in allen

Fällen wirksam. Guter Glaube des Gläubigers ist nicht erforderlich (anders §§ 1058, 1248); ebenso wenig kommt es darauf an, ob ein Widerspruch gegen die Eintragung des Eigentümers eingetragen war. Es kann daher zB die Kündigung einer Hypothek, falls als Eigentümer in Gütergemeinschaft lebende Eheleute eingetragen sind, gegenüber dem Ehegatten erfolgen, der das Gesamtgut verwaltet, auch wenn der andere Ehegatte verstorben ist (OLG Königsberg OLGE 18, 172).

Die Eigentumsfiktion gilt nicht **zulasten** des Gläubigers (oben Rn 13). Er ist also nicht **14** verpflichtet, eine vom Scheineigentümer ausgehende Kündigung als für sich wirksam anzuerkennen; ob der Gläubiger umgekehrt gegen Treu und Glauben verstoßen würde, wenn er eine Kündigung, die er selbst gegenüber dem Bucheigentümer erklärt hatte und die dem wahren Eigentümer gegenüber wirksam ist, nachträglich als sich selbst gegenüber unwirksam behandeln wollte (vgl PLANCK/STRECKER Anm 2), hängt von den Umständen des Einzelfalls ab.

Die dem Bucheigentümer gegenüber erfolgte Kündigung muss auch jeder Rechts- **15** nachfolger desselben gegen sich gelten lassen, selbst wenn er von der Kündigung nichts gewusst hat (BayObLGZ 4, 495 ff). Das Gleiche gilt auch für den wirklichen Eigentümer, der sich in der Zwischenzeit in das Grundbuch eintragen lässt (Prot III 574).

d) Sind mehrere Gläubiger einer Hypothek **Gesamtgläubiger**, so ist § 428 oder **16** § 432 anwendbar. Bei Gesamthypotheken gilt § 425 Abs 2, so dass die Kündigung von oder gegenüber jedem einzelnen Eigentümer mit Wirkung für dessen Grundstück erfolgen kann. Wenn das Grundstück im **Miteigentum** steht, muss die Kündigung gemäß §§ 741, 744, 747 von oder gegenüber sämtlichen Eigentümern erfolgen (KG RJA 12, 151; WOLFF/RAISER § 138 I Fn 1; PLANCK/STRECKER Anm 1). Bei Gütergemeinschaft ist die Kündigung entsprechend § 1422 gegenüber dem Ehegatten zu erklären, der das Gesamtgut verwaltet (vgl OLG Königsberg OLGE 18, 172).

e) Für die Kündigung einer **verpfändeten** Hypothek sind die §§ 1283, 1284, 1296, **17** einer mit einem **Nießbrauch** belasteten Hypothek die §§ 1074, 1077 zu beachten; vgl auch § 2114 über das Kündigungsrecht der **Vorerben**, wenn zur Erbschaft eine Hypothekenforderung gehört. Zur Wirksamkeit der Kündigung eines Grundpfandrechts gegenüber dem Ersteher s § 54 ZVG; vgl auch § 66 ZVG.

3. Die Kündigungserklärung

a) Die Kündigung ist eine einseitige empfangsbedürftige Willenserklärung; sie ist **18** als Ausübung eines Gestaltungsrechts eine **Verfügung über die Hypothek** (BGHZ 1, 294, 303), keine über das Grundstück. Sie wird wirksam mit dem Zugang (§ 130). Die Kündigung selbst bedarf nicht der Eintragung ins Grundbuch, denn sie ist im Recht bereits angelegt und keine Änderung des Rechts iSd § 877; folglich wird ein guter Glaube daran, dass die Hypothek gekündigt oder ungekündigt wäre, nicht geschützt (nachf Rn 24).

Eine Kündigung, die ohne die etwa erforderliche Zustimmung Dritter vorgenom- **19** men wird, ist unwirksam; § 184 ist nicht anwendbar (RGZ 146, 314). Auch § 185 Abs 2 ist auf die Kündigung als einer einseitigen Gestaltungshandlung nicht anzuwenden (RGZ 141, 223; näheres STAUDINGER/GURSKY [2004] § 185 Rn 6).

20 b) Eine bestimmte **Form** ist nicht vorgeschrieben (vgl aber § 1160 Rn 10). Auch in der Zustellung einer auf Zahlung gerichteten Klage kann die Kündigung einer Hypothek erblickt werden (RGZ 53, 212; RGZ 141, 224; RG JW 1903, 238; RG JW 1908, 270;). Die Kündigung kann auch durch Vermittlung des Gerichtsvollziehers erfolgen. Dagegen genügt es nicht, dass der Gläubiger lediglich seinen Anspruch auf Befriedigung aus dem Versteigerungserlös im Zwangsversteigerungsverfahren anmeldet (RG HRR 1934 Nr 811).

21 Soll im *Urkundenprozess* geklagt werden (vgl § 1147 Rn 36), so ist auch die Kündigung durch Urkunden nachzuweisen, § 592 ZPO. Am einfachsten geschieht dies nach § 132 Abs 1 durch Vorlage einer vom Gerichtsvollzieher aufgenommenen Zustellungsurkunde (vgl OLG Frankfurt Rpfleger 1973, 323).

22 c) Kündigt der *Gläubiger* durch seinen gesetzlichen Vertreter, so gilt: Die Kündigung ist im Sinne des § 1812 Abs 1 S 1 eine Verfügung über eine Forderung, kraft dessen der Mündel eine Leistung verlangen kann (BGHZ 1, 294), so dass nach § 1812 Abs 3 regelmäßig die Genehmigung des Vormundschaftsgerichts erforderlich ist (allgM, MünchKomm/EICKMANN[4] Rn 10; PALANDT/DIEDERICHSEN[67] § 1812 Rn 7. So selbstverständlich diese Feststellung vom Standpunkt des Gesetzes aus ist, wonach die Hypothek einen Zahlungsanspruch zum Gegenstand hat, so wenig plausibel ist sie vom Standpunkt der hL, dass die Hypothek nur die Duldung der Zwangsvollstreckung zum Gegenstand habe, Einl 36 ff zu §§ 1113 ff). Dementsprechend bedarf es der Genehmigung des Vormundschafts-, Familien oder Nachlassgerichts, soweit auf § 1812 verwiesen wird. Für Eltern gilt die Genehmigungspflicht nicht, weil § 1643 nicht auf § 1812 verweist. § 1821 Abs 1 Nr 1 findet nach Abs 2 keine Anwendung.

23 Die Kündigung namens des *Grundstückseigentümers* bedarf keiner vormundschaftsgerichtlichen Genehmigung nach § 1821 Abs Nr 1, weil die Kündigung nur eine Verfügung über die Hypothek (§ 1821 Abs 2), nicht aber über das Grundstück darstellt (BGHZ 1, 294; oben Rn 18).

4. Die Wirkungen der Kündigung

24 a) Eine Kündigung, die vor dem Wechsel des Eigentümers oder des Gläubigers wirksam erklärt worden ist, wirkt sowohl für als auch gegen den **Rechtsnachfolger** des Grundstückseigentümers; der Rechtsnachfolger kann sich nicht auf den öffentlichen Glauben des Grundbuchs berufen (Mot III 689); die Kündigung ist keine Inhaltsänderung der Hypothek (oben Rn 18; RG WarnR 1911 Nr 244; BGHZ 1, 294; PLANCK/STRECKER Anm 4; WOLFF/RAISER § 138 I 2). Auch der gutgläubige Erwerber läuft somit Gefahr, dass eine das erworbene Grundstück belastende Hypothek bereits rechtswirksam gekündigt ist. Dagegen kann er sich wegen der Kündbarkeit auf die Eintragung im Grundbuch berufen; eine nicht eingetragene oder nicht in Bezug genommene Vereinbarung über die Zulässigkeit der Kündigung oder die Kündigungsfrist kann ihm – ohne Rücksicht auf die Kenntnis – nur entgegengehalten werden, wenn sie den Umfang der Hypothek reduziert, also dem Eigentümer günstig ist, aber wegen der Eintragungsbedürftigkeit nicht, wenn sie ihm ungünstig ist (**fehlerhaft** PLANCK/

STRECKER Anm 4; STAUDINGER/WOLFSTEINER bis zur Bearb 2002 Rn 23; unentschieden BGB-RGRK/MATTERN[12] Rn 7). Der Rechtsnachfolger des Gläubigers muss gemäß § 1156 S 2 eine nach der Übertragung der Forderung dem *bisherigen Gläubiger* gegenüber erklärte Kündigung gegen sich gelten lassen, es sei denn, dass die Übertragung zur Zeit der Kündigung dem Eigentümer bekannt oder im Grundbuch eingetragen ist. Diese Bestimmung hat Bedeutung allerdings nur einerseits für die Briefhypothek und andererseits den Übergang der Hypothek kraft Gesetzes, da die Buchhypothek gemäß § 1154 Abs 3 ohne Eintragung im Grundbuch nicht wirksam abgetreten sein kann (RG WarnR 1911 Nr 244; BUSCH ZBlFG 12, 777).

b) Die Kündigung ist **nicht widerruflich**. Die Widerruflichkeit kann aber (warum **25** nicht?) als Inhalt der Hypothek vereinbart werden (**aA** LG Hamburg Rpfleger 1959, 52 mit zust Anm BRUHN; OLG Hamburg Rpfleger 1959, 379). Nach Ausspruch der Kündigung können die Beteiligten überdies wirksam – ohne Grundbucheintragung – vereinbaren, dass die bereits eingetretene Fälligkeit wieder entfallen soll (vgl RG Recht 1911 Nr 71; RG Gruchot 55, 670; PLANCK/STRECKER Anm 6d).

III. Bestellung eines Vertreters für den Eigentümer (Abs 2)

Die Vorschrift will dem Gläubiger die Kündigung erleichtern. Dem Gläubiger soll **26** die Verzögerung der Kündigung durch eine Auslandszustellung oder eine öffentliche Zustellung erspart werden und zwar dadurch, dass der Gläubiger bei dem Amtsgericht, in dessen Bezirk das Grundstück liegt, die Bestellung eines Vertreters an Stelle des Eigentümers verlangen kann.

Soweit der Gläubiger bekannt ist und seinen Wohnsitz im Geltungsbereich der **27** **Europäischen Gemeinschaft** hat, ebenso für Gesellschaften mit Sitz in der EG (Art 48 EGV) verstößt die Vorschrift gegen Art 49, 54, 56 Abs 1 EGV. Auf solche Personen und Gesellschaften ist sie daher nicht anzuwenden.

Das *Verfahren* richtet sich nach dem FGG (vgl insbes die §§ 11, 12, 16 FGG). Es **28** endet mit dem Erlass der Bestellungsverfügung und ihrer Bekanntmachung an den Antragsteller und an den bestellten Vertreter (OLG München JFG 13, 273). Im (ab 1. 9. 2009 anstelle des FGG geltenden) FamFG bleibt § 1141 Abs 2 (wie schon im FGG) unerwähnt; sein allgemeiner Teil kommt gemäß der Generalklausel in § 1 FamFG zur Anwendung (vgl BT-Drucks 16/6308 175; HEINEMANN DNotZ 2009, 6). Der Vertreter ist nur Vertreter ad hoc zur Entgegennahme der Kündigung ohne weitere Befugnisse. Er kann seine Vergütung und den Ersatz seiner Auslagen nicht im Kostenfestsetzungsverfahren, sondern nur im Klagewege verfolgen (OLG München DNotZ 1936 BayerBeil 67; JFG 13, 275).

Für die *Sicherungshypothek* gilt Abs 2 nicht (vgl oben Rn 7). **29**

Die Bestellung eines *Vertreters des Gläubigers,* dem gegenüber die Kündigung **30** seitens des Eigentümers erfolgen kann, kennt das BGB nicht; der Eigentümer ist hier der Regel nach auf die öffentliche Zustellung iS des § 132 Abs 2 bzw das Aufgebotsverfahren nach § 1171 verwiesen. S auch im Beitrittsgebiet das Ablösungsverfahren nach § 10 GBBerG (Einl 223, 247 zu §§ 1113 ff).

IV. Grund- und Rentenschulden

31 Für die Grund- und Rentenschuld gelten anstelle des Abs 1 die §§ 1193, 1201, 1202;
für die Eigentümergrundschuld gilt § 1177 Abs 1. § 1141 **Abs 2** gilt aber auch für
Grund- und Rentenschulden (anscheinend **aA** ERMAN/WENZEL[12] Rn 6; MünchKomm/EICK-
MANN[4] Rn 25; PALANDT/BASSENGE[67] Rn 4); dies gewinnt seit Änderung des § 1193 Abs 2
bei der Grundschuld sogar besondere Bedeutung, weil künftig entgegen der bisherigen Kautelarpraxis im Wesentlichen nur noch kündigungsbedürftige Grundschulden zulässig sind (§ 1193 Rn 5 ff).

§ 1142
Befriedigungsrecht des Eigentümers

**(1) Der Eigentümer ist berechtigt, den Gläubiger zu befriedigen, wenn die Forde-
rung ihm gegenüber fällig geworden oder wenn der persönliche Schuldner zur
Leistung berechtigt ist.**

**(2) Die Befriedigung kann auch durch Hinterlegung oder durch Aufrechnung er-
folgen.**

Materialien: E I §§ 1080, 1082; II § 1050 rev
§ 1126; III § 1125; Mot III 689 f, 693 f; Prot III
577, 579, 767; IV 602 f.

I.   Befriedigungsrecht des Eigentümers

1.   Grundsatz

1 Für den Eigentümer, der nicht persönlich haftet, besteht keine Verpflichtung, den
Gläubiger anders als **aus dem Grundstück**, also etwa aus seinem sonstigen Vermögen,
zu befriedigen (s Einl 36 ff zu §§ 1113 ff). Er hat aber ein wesentliches Interesse daran,
dass der Gläubiger befriedigt und dadurch die Zwangsvollstreckung von seinem
Grundstück abgewendet wird. Nach der zwar vom BGB aufgegebenen, in der Lehre
aber immer noch herrschenden gemeinrechtlichen Doktrin ist der Eigentümer überhaupt nicht zur Leistung verpflichtet; er hat nur zu dulden. Wer aber nicht Schuldner
eines Zahlungsanspruchs ist, hat auch kein Recht, den Anspruch zu erfüllen (§ 267).
Deshalb stellt § 1142 vorsorglich klar, dass der Eigentümer erfüllungsbefugt ist (Einl
36 zu §§ 1113 ff; vgl BGHZ 7, 123, 126), der Gläubiger also auch bei einem Widerspruch
des Schuldners die Annahme der Zahlung nicht verweigern kann; der Eigentümer
darf demzufolge auch aufrechnen (RG WarnR 1909 Nr 348; PLANCK/STRECKER Anm 4; unten
Rn 16).

2 Nach § 1142 zahlt der Eigentümer nicht auf den persönlichen Anspruch des Gläu-
bigers gegen den Schuldner, sondern auf die Hypothek. Diese würde nach 1177
Abs 1 Eigentümergrundschuld, sobald sich der Gläubiger aus dem empfangenen
Betrag wegen seiner persönlichen Forderung befriedigt. Deshalb ordnet § 1143 an,

dass die Forderung nicht erlischt, sondern auf den Eigentümer übergeht, der damit
Gläubiger einer Eigentümerhypothek wird. Zugleich enthält § 1142 Regelungen zum
Dreiecksverhältnis Gläubiger – Eigentümer – Schuldner. Dem Gläubiger gegenüber
modifiziert sie § 271 Abs 2, demzufolge ein Schuldner im Zweifel bereits vor Fälligkeit leisten darf; im Verhältnis zum Schuldner stellt sie klar, dass der Eigentümer
nicht vorzeitig leisten darf, eine Beschränkung, die dadurch gemildert wird, dass der
Eigentümer nach § 1141 ein selbständiges Kündigungsrecht hat.

Die Vorschrift gilt nur für den **Eigentümer** (vgl RGZ 127, 355), jedoch nicht für den　3
Grundstückskäufer vor seiner Eintragung als Eigentümer (RGZ 141, 220; BGB-RGRK/
Mattern[12] Rn 4). S zur Rechtsstellung des Aneignungsberechtigten Staudinger/
Pfeifer (2004) § 928 Rn 28. Das Befriedigungsrecht steht dem wahren Eigentümer,
nicht auch dem Bucheigentümer zu, der in Unkenntnis seiner Nichtberechtigung
eine Hypothek ablöst (Wolff/Raiser § 140 Fn 16; s auch Westermann[5] § 103 III 3: Anwendung des § 1143). Die §§ 892, 893 können nicht entsprechend angewendet werden, der
gute Glaube an das eigene Recht ist nicht geschützt, der besitzende Nichteigentümer
ist aber nach § 1150 zur Ablösung befugt (Wolff/Raiser § 140 Fn 16).

2.　Voraussetzungen

Der Eigentümer darf an den Gläubiger erfüllen, wenn die folgenden Voraussetzun-　4
gen gegeben sind.

a)　*Ihm selbst* gegenüber muss die Forderung nach § 1141 fällig geworden sein　5
(RGZ 111, 401). Da der Eigentümer die Fälligkeit sich gegenüber selbständig durch
Kündigung herbeiführen kann und da er ferner den Gläubiger durch Hinterlegung
und durch Aufrechnung befriedigen kann (s nachf Rn 16 f), kann er unter den gleichen
Voraussetzungen wie der persönliche Schuldner den Gläubiger durch wörtliches
Angebot in Annahmeverzug setzen (RG WarnR 1909 Nr 348; Planck/Strecker Anm 4;
Wolff/Raiser § 140 V 1).

Steht das belastete Grundstück im *Miteigentum* nach Bruchteilen, so hat jeder　6
Miteigentümer das Befriedigungsrecht; liegt Gesamthandseigentum vor, so kommt
es auf die Art des zwischen den Gemeinschaftern bestehenden Rechtsverhältnisses
an (Planck/Strecker Anm 2; **aM** Erman/Wenzel[12] § 1143 Rn 5: jeder Miteigentümer).

Bei einer *Gesamthypothek* ist jeder Eigentümer eines belasteten Grundstücks ab-　7
löseberechtigt (vgl OLG München MDR 1972, 239). Die Rechtsfolgen regelt § 1173.

b)　Der *persönliche* Schuldner muss zur *Leistung berechtigt sein.* Das ist zB　8
(Mot III 689) der Fall, wenn ihm allein gekündigt wurde (OLG Naumburg OLGE 28,
90; RG BayZ 1923, 195). Die Auslegungsregel des § 271 Abs 2 soll grundsätzlich nicht
Platz greifen, weil der hypothekarisch gesicherte Anspruch regelmäßig eine Dauer-
geldanlage sei, bei der die plötzliche Rückzahlung dem Gläubiger nicht zugemutet
werden könne (KG JW 1935, 1641; Staudinger/Scherübl[12] Rn 3; Planck/Strecker Anm 3b;
Soergel/Konzen[13] Rn 2; MünchKomm/Eickmann[4] Rn 12; vgl auch KG HRR 1935 Nr 738). Die
Aussage ist aber in dieser Allgemeinheit nicht zutreffend; richtig ist nur, dass bei der
Verkehrshypothek § 271 Abs 2 häufig als widerlegt gelten muss. Maßgeblich ist aber

nicht die hypothekarische Sicherung, sondern der Inhalt der gesicherten Forderung.

9 c) Die Eröffnung des **Insolvenzverfahrens** über das Vermögen des *persönlichen Schuldners* bewirkt nach § 41 Abs 1 InsO die Fälligkeit des gesicherten Anspruchs, so dass der Eigentümer den Gläubiger befriedigen darf (MünchKomm/Eickmann[4] Rn 11 mit Recht gegen Staudinger/Scherübl[12] Rn 8; wie hier auch Soergel/Konzen[13] Rn 3). Die Eröffnung des Insolvenzverfahrens über das Vermögen des *Eigentümers* hat diese Wirkung nicht (vgl Fuld, Die Eigentümerhypothek im Konkurse [1911] 34: § 1142 schafft ein Recht, das dem „Eigentümer" als solchem zusteht, das also nach § 81 InsO nur der Insolvenzverwalter geltend zu machen befugt ist). Befriedigt trotzdem der Insolvenzschuldner den Hypothekengläubiger, so tritt die Rechtswirkung dieser Befriedigung, Entstehung einer Eigentümergrundschuld, nicht in der Person des Insolvenzschuldners als eines Dritten, sondern des Insolvenzschuldners in seiner Eigenschaft als Eigentümer ein und die Eigentümergrundschuld gehört, wie das Eigentum selbst, zur Insolvenzmasse.

3. Fälle der Nicht-Anwendbarkeit

10 a) Ein **Dritter** hat nicht das Recht, den Gläubiger zu befriedigen und dadurch die Forderung zu erwerben, es sei denn, es liegen die Voraussetzungen des § 1150 vor.

11 b) Wenn der persönliche **Schuldner und der Eigentümer** ein und dieselbe Person sind, so findet nicht § 1142 Anwendung, sondern es gelten die §§ 362 ff (OLG Posen OLGE 39, 130; Planck/Strecker Anm 1; Erman/Wenzel[12] Rn 1; MünchKomm/Eickmann[4] Rn 1; Palandt/Bassenge[68] Rn 1; Soergel/Konzen[13] Rn 1; **aM** OLG Hamburg OLGE 10, 123; Böhmer AcP 123, 344, 345; Knops ZfIR 2000, 501; BGB-RGRK/Mattern[12] Rn 3 und wohl auch Wolff/Raiser § 140 V 1; vgl ferner BGHZ 7, 123, 126). Denn der Schuldner tilgt dann seine eigene persönliche Schuld und nicht aufgrund eines aus § 1142 herzuleitenden Rechts die Hypothek an fremdem Grundstück. Dieser Satz kann aber nur Geltung beanspruchen, soweit der Eigentümer alleiniger Schuldner der vollen gesicherten Forderung ist. Dann hätte die Zahlung auf die Hypothek keinen Sinn, weil der gezahlte Betrag als Sicherheit an die Stelle der Hypothek treten würde, und sich der Gläubiger sofort wegen seiner Forderung daraus befriedigen könnte (vgl zur Grundschuld Vorbem 126 zu §§ 1191 ff). Sobald aber mit der Zahlung auf die Hypothek andere Rechtsfolgen als mit der Zahlung der persönlichen Forderung einhergehen, kann dem Eigentümer die Zahlung nach § 1142 nicht verwehrt werden (vgl BGH NJW 1976, 2340 = DNotZ 1977, 356 [Schöner]; BGH ZIP 1985, 732 = WuB IV A §§ 1192, 1147 BGB 1. 86 [Wolfsteiner]; BGHZ 97, 280 = EWiR 1986, 573 [Gaberdiel] = WuB I F 3 Grundpfandrechte 8. 86 [Rehbein]).

12 c) Die in § 1142 für den Eigentümer, der nicht persönlicher Schuldner ist, aufgestellte Befriedigungsbefugnis soll diesem zur Erhaltung seines Eigentums die Abwendung der Zwangsvollstreckung in das Grundstück ermöglichen. **Ist das Grundstück bereits versteigert,** so hat daher der Ersteher in der Zeit zwischen der Erteilung des Zuschlags und der Ausführung des Teilungsplanes kein Befriedigungsrecht nach § 1142 gegenüber einem Hypothekengläubiger, dessen nach § 91 ZVG erloschene Hypothek sich an dem Versteigerungserlös fortsetzt. Deshalb kann sich der Ersteher einem solchen Gläubiger gegenüber auch nicht auf eine dem früheren Eigentümer und persönlichen Schuldner zustehende Ersetzungsbefugnis (facultas alternativa) berufen und so seine Pflicht zur Zahlung des Bargebots herabmindern (RGZ 127, 350; SOERGEL/KONZEN[13] Rn 2; aber auch KLEINSCHMIDT JW 1930, 2360).

II.   Befriedigung des Gläubigers

1.   Der Eigentümer kann den Gläubiger zunächst befriedigen durch **Leistung des** **13** **Schuldbetrags** nebst Nebenleistungen. Steht dem Schuldner das Recht zu, die Schuld durch andere Leistungen zu tilgen (s § 1113 Rn 24), so ist auch der Eigentümer hierzu befugt (PLANCK/STRECKER Anm 5a). Der Gläubiger muss nach Leistung des Schuldbetrags die Löschung der Hypothek bewilligen, auch wenn er noch andere Forderungen gegen den Schuldner oder gegen den Eigentümer hat (RGZ 141, 226; OLG Hamburg OLGE 10, 123; PLANCK/STRECKER Anm 5a). Zu *Teilleistungen* ist der Eigentümer gemäß § 266 nicht berechtigt (RG Gruchot 68, 306; BGHZ 108, 372 = NJW 1990, 258 m Anm PROBST = DNotZ 1990, 586 m abl Anm WOLFSTEINER; BGH DNotZ 1997, 383 m Anm WOLFSTEINER), es sei denn, nur ein Teil der Hypothek sei fällig oder es werde nur ein Teil der Forderung geltend gemacht (WOLFSTEINER DNotZ 1997, 387).

Neben der Leistungsbefugnis nach § 1142 steht dem Eigentümer regelmäßig auch **14** das *Ablösungsrecht* nach § 268 zu. Dabei darf ihm nicht zum Schaden gereichen, dass § 1150 die Ablösung unter erleichterten Bedingungen, nämlich schon vor der Zwangsvollstreckung, erlaubt; er kann sich deshalb insoweit darauf beschränken, den Betrag zu leisten, wegen dessen der Gläubiger die Zwangsvollstreckung betreibt (BGH vom 29. 3. 2007 – V ZB 160/06 – NotBZ 2007, 327 m Anm ZIMMER/PIEPER S. 319; OLG München vom 12. 12. 2007 – 34 Wx 118/07 – ZfIR 2008, 505 m Anm BÖTTCHER; WOLFSTEINER DNotZ 1988, 234; vgl auch BGH NJW-RR 1991, 169, wonach die Titulierung eines Teilbetrags der Forderung dessen Verselbständigung bewirkt, so dass Teilerfüllung zulässig wird. **AA** noch BGHZ 108, 372 = DNotZ 1990, 586 m abl Anm WOLFSTEINER; s § 1150 Rn 26 ff).

2.   Der Eigentümer kann den Gläubiger ferner befriedigen (Abs 2) durch **Hin-** **15** **terlegung** unter denselben Voraussetzungen, unter denen sich ein Schuldner nach §§ 372 ff von der Schuld befreien kann (SOERGEL/KONZEN[13] Rn 8). Im Hinblick auf § 1137 genügt es, dass der Eigentümer zusätzlich zum Kapital die nicht verjährten Zinsen hinterlegt (§ 1137 Rn 11); die Forderung geht dann gemäß § 1143 dergestalt auf ihn über, dass er insbesondere die Löschung der Hypothek bewirken kann (§ 1168 Rn 6).

3.   Der *Eigentümer* kann mit einer Forderung, die ihm gegenüber dem Gläubiger **16** zusteht, **aufrechnen** (Abs 2; §§ 387 ff). Auch Abs 2 stellt nur klar, dass der dingliche Anspruch ein Geldanspruch ist (Einl 36 zu §§ 1113 ff) und deshalb mit einem schuldrechtlichen Geldanspruch gleichartig, also gegen ihn aufrechnungsfähig ist (§ 387); die erforderliche Gegenseitigkeit ist ohnehin gegeben, denn der Eigentümer rechnet nicht gegen den gesicherten Anspruch auf, der sich gegen den Schuldner richtet, sondern gegen den dinglichen Anspruch, dessen Schuldner er selbst ist (MünchKomm/ EICKMANN[4] Rn 2; aA – bei gleichem Ergebnis – RGZ 78, 384; STAUDINGER/SCHERÜBL[12] Rn 12; BGB-RGRK/MATTERN[12] Rn 12). Dass die Hypothekenforderung zu einer Insolvenzmasse gehört, steht der Aufrechnung gemäß § 94 InsO nicht entgegen (PLANCK/STREKKER Anm 5b β; SOERGEL/KONZEN[13] Rn 9).

Umgekehrt hat der *Gläubiger* nicht das Recht, seinen hypothekarischen Anspruch **17** gegen eine Forderung des Eigentümers, der nicht der persönliche Schuldner ist, gegen dessen Willen aufzurechnen. Die hL begründet das mit dem unzutreffenden (Einl 36 ff zu §§ 1113 ff) Argument, der Gläubiger könne vom Eigentümer nur Duldung der Zwangsvollstreckung, nicht aber Tilgung der Forderung verlangen (Prot III 767; IV 603); beides seien ungleichartige Leistungen iS des § 387(RG WarnR 1921 Nr 461; STAUDINGER/SCHERÜBL[12] Rn 13; PLANCK/STRECKER Anm 5c; WOLFF/RAISER § 140 Fn 17; ERMAN/ WENZEL[12] Rn 5; PALANDT/BASSENGE[67] Rn 3; **skeptisch** MünchKomm/EICKMANN[4] Rn 17 unter Berufung auf Vorauflagen von SOERGEL/KONZEN[13] Rn 4); die Zulässigkeit der Aufrechnung könne auch nicht aus §§ 592 S 2, 688 Abs 1 S 2 ZPO abgeleitet werden, denn diese Vorschriften seien sämtlich Ausnahmeregelungen und außerdem prozessrechtlicher Natur (vgl RG JW 1914, 202; OLG Königsberg OLGE 12, 305). Im Ergebnis ist die hL aber zutreffend, weil die Auffassung, der Gläubiger könne gegen den Eigentümer aufrechnen, nicht der beschränkten Haftung des Eigentümers nur mit dem Grundstück Rechnung trägt; ist die Hypothek wegen niedrigen Grundstückswerts oder schlechter Rangstelle nicht werthaltig, so darf sich der Gläubiger vom Eigentümer nicht dennoch Befriedigung in voller Höhe verschaffen, indem er die Gegenforderung des Eigentümers durch Aufrechnung zum Erlöschen bringt. Insofern sind die Leistungspflichten in der Tat nicht gleichartig.

18 Gegen die Hypothekenforderung kann der Eigentümer auch mit einer kleineren Gegenforderung aufrechnen, in der Regel aber nicht mit einem Teil der Gegenforderung; das ergibt sich aus den §§ 242, 266. Denn für den Gläubiger würde sich dann, wenn er immer nur stückweise befriedigt wird, durch Vervielfachung der Pflichten aus den §§ 1144, 1145 eine unzumutbare Belästigung ergeben (RGZ 79, 359; OLGE 28, 90; PLANCK/STRECKER Anm 5c; BGB-RGRK/MATTERN[12] Rn 12).

III. Ausschluss des Befriedigungsrechts

19 **1.** Die Vorschrift des § 1142 ist **zwingend** (BGH NJW 1976, 845; BGHZ 97, 280; BGHZ 108, 372 = NJW 1990, 258 m Anm PROBST = DNotZ 1990, 586 m Anm WOLFSTEINER; KG DRiZ 1927 Nr 858; KG Recht 1929 Nr 772; LG Aachen Rpfleger 1988, 99; PLANCK/STRECKER Anm 1; ERMAN/ WENZEL[12] Rn 1; PALANDT/BASSENGE[67] Rn 1). Deshalb kann Vereinbarungen, die die Vorschrift des Abs 2 beschränken oder beseitigen wollen, eine dingliche Wirkung nicht zukommen (KG Recht 1929 Nr 772; RG JR 1927 Nr 1807). Insbesondere ist eine Verdinglichung durch Eintragung ins Grundbuch nicht möglich (OLG München HRR 1933 Nr 911; OLG Düsseldorf NJW 1958, 1142; LG Hamburg Rpfleger 1959, 52 mit zust Anm BRUHN und weiteren Hinweisen; OLG Hamburg Rpfleger 1959, 379). Wohl aber kann das Befriedigungsrecht, insbesondere das Aufrechnungsrecht, mit persönlicher Wirkung ausgeschlossen werden (KG Recht 1929 Nr 772; JFG 11, 199; OLG München JW 1936, 2360), durch allgemeine Geschäftsbedingungen aber nur in den Grenzen des § 309 Nr 3 (Münch- Komm/EICKMANN[4] Rn 24). Eine Barzahlungsklausel kann einen solchen Ausschluss bedeuten (vgl LG Kassel NJW 1953, 1024 mit krit Anm GÜLDENPFENNIG NJW 1954, 1121); sie kann dann als gegen zwingendes sachliches Recht verstoßend (§ 1142 Abs 2) nicht Inhalt der Hypothek sein. Auch eine Klausel „Alle Zahlungen sind in Euro und zu Händen des Empfangsberechtigten zu leisten" ist bei der gebotenen objektiven Auslegung als Aufrechnungs- und Hinterlegungsverbot aufzufassen und daher nicht hypothekenfähig (MünchKomm/EICKMANN[4] Rn 22; **aA** OLG Düsseldorf NJW 1958, 1142; STAU- DINGER/WOLFSTEINER [2002] Rn 18 – hiermit aufgegeben). Eine Barzahlungsklausel ist aber wirksam und eintragungsfähig, soweit sie eindeutig nur Ausschluss der Rückzahlung in Pfandbriefen bedeutet (LG Augsburg DNotZ 1955, 205). Die Klausel „Aufrechnung ist ausgeschlossen, soweit nicht gesetzliche Vorschriften entgegenstehen" besagt für die Hypothek etwas Überflüssiges und ist daher nicht in das Grundbuch aufzunehmen (aM LG Köln DNotZ 1956, 601).

Ein **Zurückbehaltungsrecht** wegen anderer Ansprüche kann dem Befriedigungsrecht **20** des Eigentümers grundsätzlich nicht entgegengesetzt werden (nach RGZ 141, 220 steht dem der Bestimmtheitsgrundsatz entgegen).

2. Im Gegensatz dazu kann das Bestimmungsrecht nach **§ 366 Abs 2** mit ding- **21** licher Wirkung ausgeschlossen werden (aA STAUDINGER/SCHERÜBL[12] Rn 15; SCHÄFER BWNotZ 1957, 128). Einen solchen Ausschluss enthält die sog „Zwangsvollstreckungs-unterwerfung wegen eines zuletzt zu zahlenden Teilbetrags", die vom BGH mit Recht zugelassen, fälschlich allerdings dem Vollstreckungsrecht zugeordnet wurde (BGHZ 108, 372 = NJW 1990, 258 m Anm PROBST = DNotZ 1990, 586 m Anm WOLFSTEINER; s Einl 202 zu §§ 1113 ff).

IV. Aufrechnung mit einer Forderung des Schuldners

Eine Forderung des Schuldners ist zur Aufrechnung durch den Eigentümer nicht **22** geeignet. Wegen einer solchen hat der Eigentümer gegenüber dem Hypotheken-gläubiger nur eine aufschiebende Einrede, solange das Aufrechnungsrecht des Schuldners besteht (§ 1137). Ebenso ist gemäß § 1156 eine Forderung des Eigen-tümers gegen einen Rechtsvorgänger des Hypothekars zur Aufrechnung ungeeignet (WOLFF/RAISER § 140 V 1).

V. Rückgriffs- und Bereicherungsansprüche des Eigentümers

Sind Eigentümer und Schuldner nicht identisch, so hat der Eigentümer in der Regel **23** schon die Hypothek aufgrund eines Auftragsverhältnisses bestellt. Wird er aus der Hypothek in Anspruch genommen, so hat er gegen den Schuldner den Anspruch auf Ersatz einer Ablösesumme als Aufwandsersatz nach § 670 (STAUDINGER/MARTINEK [2006] § 670 Rn 34). Aber auch sonst ist die Ablösung ist in der Regel ein Geschäft, das der Eigentümer als fremdes im Interesse des Schuldners tätigt, was ihm den Anspruch auf Ersatz aus §§ 683 S 1, 677 verschafft (BGH vom 2. 11. 2006 – III ZR 274/05 – NJW 2007, 63).

Da eine Pflicht des Eigentümers, anders als aus dem Grundstück zu zahlen, nicht **24** besteht (s oben Rn 1), so kann dieser das Geleistete nach §§ 812 ff zurückfordern, wenn er sich irrig für persönlich verpflichtet hielt oder die Forderung als bestehend ansah (BGHZ 7, 123; WOLFF/RAISER § 131 II 2; PLANCK/STRECKER Anm 7).

VI. Grundschulden

Auf die **Grundschuld** ist Abs 1 nur modifiziert anwendbar, Abs 2 dagegen durchweg **25** (vgl RG JW 1914, 196; ferner RG JW 1910, 704 über Aufrechnung des Grundstückseigentümers mit einer persönlichen Forderung gegen eine zur Konkursmasse gehörende Grundschuld, s auch RG BayNotZ 1915, 153; SOERGEL/KONZEN[13] Rn 10). Ohne Rücksicht auf die Fälligkeit der gesicherten Forderung ist der Eigentümer berechtigt, den Gläubiger zu befriedigen, wenn nach Maßgabe des § 1193 die Grundschuld fällig ist; da Grundschulden in der Praxis bis zur Änderung des § 1193 Abs 2 durchweg als fällige bestellt wurden (§ 1193 Rn 3), bedeutete das, dass die Ablösung jederzeit möglich war. S aber dazu, dass sich der Eigentümer regelmäßig im Sicherungsvertrag verpflichtet, vor Fälligkeit der gesicherten Forderung keine Zahlung auf die Grundschuld zu leisten, sie also auch nicht abzulösen, Vorbem 82 ff zu §§ 1191 ff.

26   Entgegen einer in der Literatur geäußerten Meinung (Jacoby AcP 203 [2003] 564) findet die sogenannte Ablösung einer Grundschuld bei Verkauf eines Grundstücks idR nicht nach § 1142 statt. Ist der Eigentümer und Verkäufer auch Schuldner, so kündigt er ein Darlehen nach § 490 Abs 2, veranlasst den Käufer dazu, dass er für seine Rechnung und zu Lasten des Kaufpreises (direkt oder über Notaranderkonto) den Rückzahlungsbetrag nebst der Vorfälligkeitsentschädigung an den Gläubiger zahlt, und macht gegen den Grundschuldgläubiger seinen Rückgewähranspruch geltend (Vorbem 140 ff zu §§ 1191 ff). Auch wenn der Eigentümer nicht zugleich Schuldner ist, kann er idR sein Ablösungsrecht nicht ausüben, ohne den Sicherungsvertrag zu verletzen (s vorst Absatz). Er muss sich daher bemühen, den Schuldner zur evtl möglichen Kündigung nach § 490 Abs 2 zu veranlassen, oder das Einverständnis des Gläubigers zu einem Austausch der Sicherheiten zu erlangen; ein Anspruch auf letzteres kann sich uU aus den Grundgedanken der dem § 490 Abs 2 ursprünglich zugrunde liegenden Rechtsprechung (BGHZ 136, 161, 164 ff; BGH NJW 1997, 2878; vgl auch BGHZ 133, 355, 359; BGH NJW 1998, 592, 593) ergeben.

27   Wenn überhaupt zulässig, ist grundsätzlich der volle **Nominalbetrag** der Grundschuld zu befriedigen, auch wenn sie zur Sicherung einer hinter dem Nominalbetrag zurückbleibenden Forderung dient, weil hier das dingliche Recht zu befriedigen ist. S zu den **Grundschuldzinsen** zunächst § 1150 Rn 27 ff. Bei § 1142 ist die Situation aber insofern anders als beim gewöhnlichen Ablösungsrecht, weil sich der Eigentümer als Schuldner der Grundschuldzinsen stets auf deren Verjährung berufen kann. Über § 1169 iVm § 216 Abs 3 kann er die Löschung verjährter Zinsen verlangen und muss demnach nur unverjährte Zinsen befriedigen.

28   **Vollstreckt** hingegen der Gläubiger aus der Grundschuld, so ist der Eigentümer auch dann berechtigt, auf das dingliche Recht zu leisten, wenn er zugleich Schuldner der gesicherten Forderung ist und der Sicherungsvertrag ihm die Leistung auf die Grundschuld eigentlich untersagt (BGHZ 97, 280); wegen 1169 muss er dann die Grundschuld auch nur in Höhe der Forderung befriedigen. Einzelheiten Vorbem 82 ff, 135 zu §§ 1191 ff.

29   Mit **seinem** dinglichen Anspruch kann der Grundschuldgläubiger gegen eine persönliche Forderung des Eigentümers nicht wider dessen Willen aufrechnen (vgl RG WarnR 1914 Nr 323; oben Rn 22).

§ 1143
Übergang der Forderung

(1) Ist der Eigentümer nicht der persönliche Schuldner, so geht, soweit er den Gläubiger befriedigt, die Forderung auf ihn über. Die für einen Bürgen geltende Vorschrift des § 774 Abs. 1 findet entsprechende Anwendung.

(2) Besteht für die Forderung eine Gesamthypothek, so gilt für diese die Vorschrift des § 1173.

Materialien: E I §§ 1094 Abs 1, 2, 4, 1095;
II § 1051 rev § 1127; III § 1126; Mot III 725 ff;
Prot III 607 f, 631 ff.

Schrifttum

BECKER, Ausgleich zwischen mehreren Sicherungsgebern nach Befriedigung des Gläubigers, NJW 1971, 2151

BRINCK, Die Bezahlung der Hypothekenforderung und der Grundschuld sowie die Hypothek und die Grundschuld am eigenen Grundstück (1907)

BRUCK, Die Eigentümerhypothek, Fischers Abh X 2 (1903)

HAASE, Ausgleichsansprüche bei der gleichzeitigen Sicherung einer Forderung durch Bürgschaft und Pfand (Diss Freiburg 1929)

HÜFFER, Die Ausgleichung bei dem Zusammentreffen von Bürgschaft und dinglicher Kreditsicherung, AcP 171 (1971), 472

KIM, Zessionsregress bei nicht akzessorischen Sicherheiten (2004, zugl Diss Trier)

PAWLOWSKI, Ausgleich zwischen Bürgen und Hypothekenschuldner?, JZ 1974, 124

SIEBERT, Das rechtsgeschäftliche Treuhandverhältnis (1959; Nachdruck d 2. Aufl 1933)

SITZMANN, Zum Regreß des Hypothekenschuldners gegen den Bürgen bei fehlenden Abreden, BB 1991, 1809

TASSE, Die Rechtsbeziehungen zwischen mehreren Sicherungsverpflichteten nach Befriedigung des Gläubigers durch einen von ihnen (Diss Halle Wittenberg 1931)

TIEDKE, Ausgleichsansprüche zwischen dem Eigentümer des mit einer Grundschuld belasteten Grundstücks und dem Bürgen, BB 1984, 1

VAHLDIECK, Der Ausgleich zwischen mehreren Sicherungsgebern (Diss Erlangen 1938)

WEBER, Sicherheitsfreigabe und Regressbehinderung, WM 2001, 1229

WILHELM, Abtretungsanspruch oder gesetzlicher Forderungsübergang bei Zahlung des mit dem Schuldner nicht identischen Eigentümers aufgrund der Sicherungsgrundschuld, ZBB 1989, 184.

Vgl außerdem Schrifttum zu § 1132 und § 1225.

Systematische Übersicht

I. Allgemeines

1 § 1143 regelt in Übereinstimmung mit § 1225 (vgl dazu die Kommentierung STAUDINGER/ WIEGAND [2002]) die Folgen der Ablösung der Hypothek durch den Eigentümer (§ 1142), falls der Eigentümer nicht persönlicher Schuldner ist (s zur Entstehungsgeschichte des § 1143 KIM 49 ff). Befriedigt der **nicht persönlich haftende** Eigentümer (wegen anderer Fälle s unten Rn 29) den Gläubiger in anderer Weise als durch Zahlung aus dem Grundstück (Gegensatz: § 1181, Zahlung im Wege der Zwangsvollstreckung), so geht, soweit der Gläubiger befriedigt wird, die gesicherte Forderung ohne weiteres kraft Gesetzes auf den Eigentümer über(s zur Geschichte des Zessionsregresses KIM 20 ff). Eine Abtretung durch den bisherigen Gläubiger oder eine Eintragung der Abtretungserklärung ins Grundbuch ist nicht erforderlich (OLG Posen OLGE 35, 331). Grund des Übergangs ist nicht, dass der Eigentümer eine Leistung erbringt, zu der er nicht verpflichtet wäre (so aber STAUDINGER/SCHERÜBL[12] Rn 1, 3); das zeigt schon die verbreitete Berufung auf die Bürgschaft (SOERGEL/KONZEN[13] Rn 1; ERMAN/WENZEL[12] Rn 2; Münch-Komm/EICKMANN[4] Rn 1), zu deren Erfüllung der Bürge sehr wohl verpflichtet ist, bei der aber die gesicherte Forderung dennoch auf ihn übergeht. Grund des Übergangs ist vielmehr, dass nicht feststellbar ist, ob der Gläubiger nicht eine überobligationsmäßige Leistung erbracht hat, indem er die volle Gläubigerforderung befriedigt hat, obwohl diese möglicherweise und im Hinblick auf ihren Rang durch den Grundstückswert nicht gedeckt war. Deshalb findet der gesetzliche Forderungsübergang auch dann statt, wenn der Eigentümer dem persönlichen Schuldner gegenüber zur Befriedigung des Gläubigers schuldrechtlich verpflichtet ist (BGB-RGRK/MATTERN[12] Rn 15; ERMAN/WENZEL[12] Rn 2; MünchKomm/EICKMANN[4] Rn 11; PALANDT/BASSENGE[67] Rn 3; aA SOERGEL/KONZEN[13] Rn 3).

2 Die Vorschrift ist zwingend (PLANCK/STRECKER Anm 6). Der Forderungsübergang nach § 1143 tritt auch dann ein, wenn dem Eigentümer kein Regressrecht gegen den

Schuldner zusteht (s unten Rn 15); dem Schuldner sind jedoch seine Einwendungen und Einreden vorbehalten (s unten Rn 17 f).

Ist der Eigentümer zugleich persönlicher Schuldner, so erlischt der Regel nach die **3** Forderung gemäß § 362, das Grundpfandrecht bleibt als Eigentümergrundschuld bestehen (§ 1142 Rn 11; s § 1163 Rn 45, § 1177 Rn 2).

II. Befriedigung durch den Eigentümer

1. Befriedigung

a) Befriedigung durch den Eigentümer
Der Gläubiger muss durch den Eigentümer befriedigt werden. Der Gläubiger wird **4** auch dann vom Eigentümer befriedigt, wenn er eine andere als die geschuldete Leistung gemäß § 364 an Erfüllung Statt annimmt (BGH WM 1969, 1103). Da niemand zu prüfen hat, ob die an Erfüllung Statt angenommene Leistung vollwertig ist, stellt sich die in der Literatur nicht erörterte Frage, ob § 1143 nicht auch anzuwenden ist, wenn sich der Gläubiger unentgeltlich, schenkungsweise als vom Eigentümer befriedigt erklärt, was von einem unentgeltlich abgegebenen Verzicht nur schwer zu unterscheiden ist; die Frage ist zu bejahen. Die Befriedigung des Gläubigers durch einen Dritten, der im Namen und mit Vertretungsmacht oder mit nachträglicher Genehmigung des Eigentümers zahlt, steht der Befriedigung durch den Eigentümer selbst gleich (KGJ 41, 250; BGB-RGRK/MATTERN[12] Rn 9; PLANCK/STRECKER Anm 2a β; SOERGEL/KONZEN[13] Rn 2; vgl auch BGH WM 1969, 1103).

Zahlt der Eigentümer nicht in seiner Eigenschaft als Eigentümer, sondern *für den* **5** *Schuldner* (zB wegen einer ihm obliegenden Befreiungspflicht, § 415 Abs 3), so findet § 1143 keine Anwendung; vielmehr erlischt die Forderung gemäß § 362. Lediglich das dingliche Recht, die Hypothek, geht hier nach §§ 1163 Abs 1 S 2, 1177 Abs 1 als Grundschuld auf den Eigentümer über (RGZ 80, 319; RGZ 143, 287; KG OLGZ 65, 96). S Prot III 607 ff und zu den Einzelheiten § 1164 Rn 7 (vgl auch KGJ 27 A 279; KG RJA 5, 210; SIBER JherJb 50, 158; NUSSBAUM, Hypothekenwesen 62; BGB-RGRK/MATTERN[12] Rn 10; WESTERMANN, Schwerpunkte Rn 534; ERMAN/WENZEL[12] Rn 2).

b) Miteigentum
Wird bei Miteigentum nach Bruchteilen der Gläubiger durch alle Miteigentümer des **6** belasteten Grundstücks oder durch einen Miteigentümer namens aller befriedigt, so geht die Forderung nebst Hypothek an dem *ganzen* Grundstück auf alle Miteigentümer zu den ihrem Miteigentumsanteil entsprechenden Teilbeträgen über (RGZ 51, 398; KGJ 41, 243; PLANCK/STRECKER Anm 2a δ). Dasselbe gilt sonst im Falle einer **Gesamthypothek**. S dazu § 1172 Rn 3. Befriedigt ein Miteigentümer den Gläubiger in eigenem Namen, so ist § 1173 anwendbar (s § 1163 Rn 59; § 1173 Rn 33).

c) Miterbe
Gehört das mit der Hypothek belastete Grundstück zu einem ungeteilten Nachlass **7** und befriedigt ein **Miterbe** im eigenen Namen den Hypothekengläubiger, so geht die Forderung mit der Hypothek auf den zahlenden Miterben über, soweit er von den übrigen Miterben Ausgleich verlangen kann, also idR in voller Höhe, da er Zahlung des Gesamtbetrags aus dem Nachlass verlangen kann (s näher § 1163 Rn 60). Befriedigt

der **Vorerbe** den Gläubiger einer Hypothek an einem Nachlassgrundstück, so gehört die Forderung mit der Hypothek zum Nachlass (§ 2111 Abs 1 S 1), wenn er aus Mitteln des Nachlasses leistet (§ 1163 Rn 61). Wendet er eigene Mittel auf, so gehen Forderung und Hypothek auf ihn persönlich über (KGJ 50, 210; PLANCK/STRECKER Anm 2a ε; BGB-RGRK/MATTERN[12] Rn 28 f).

d) Befriedigung aus dem Vermögen des Eigentümers

8 Der Befriedigung des Gläubigers durch den Eigentümer ist die Befriedigung des Gläubigers **aus dem Vermögen des Eigentümers** gleichzustellen (BGH WM 1969, 1103). Dabei ist es ohne Bedeutung, ob die Befriedigung des Gläubigers durch den Eigentümer freiwillig oder im Wege der Zwangsvollstreckung erfolgt; der Befriedigungswille des Eigentümers kann durch die Zwangsvollstreckung ersetzt werden (RGZ 81, 77; KGJ 42, 277). § 1143 ist daher auch im Falle des § 1181 anwendbar (RGZ 150, 373). Jedoch besteht insofern ein Unterschied, als bei der Befriedigung im Wege der Zwangsvollstreckung *nur* die Forderung, nicht auch die Hypothek auf den Eigentümer übergeht (RGZ 81, 78; KGJ 42, 277; PLANCK/STRECKER Anm 5b β; WOLFF/RAISER § 140 II; s auch § 1181 Rn 20). Die *Hypothek erlischt* (§ 1181).

e) Befriedigung durch den Insolvenzverwalter

9 Wenn der **Insolvenzverwalter** im Insolvenzverfahren den Gläubiger befriedigt, so geht die Forderung, sofern die sonstigen Voraussetzungen des § 1143 erfüllt sind, auf den Eigentümer über und gehört zur Insolvenzmasse (OLG Celle OLGE 9, 378; PLANCK/ STRECKER Anm 2a γ), denn der Insolvenzverwalter ist nicht Dritter iS des § 267 (KGJ 26 A 303; KG RJA 4, 233).

2. Die Modalitäten der Befriedigung

a) Hinterlegung und Aufrechnung

10 Die Befriedigung kann auch durch Hinterlegung (§§ 372 ff) und durch Aufrechnung geschehen (§ 1142 Abs 2). Wegen des Ausschlussurteils bzw Ausschlussbeschlusses vgl §§ 1170 und 1171. Zur Annahme einer anderen als der geschuldeten Leistung an Erfüllung statt s oben Rn 4.

b) Eigentümer zur Zeit der Befriedigung

11 Der Befriedigende muss zur Zeit der Befriedigung Eigentümer sein. War der Befriedigende zur Zeit der Zahlung *noch nicht* Eigentümer (vgl RGZ 141, 220) oder war er es nicht mehr, so kommt § 1143 nicht zur Anwendung, sondern § 1163 Abs 1 S 2 oder § 1164, es sei denn die Genehmigung wirkt auf den Tag der Zahlung zurück (RGZ 141, 220, 223; PALANDT/BASSENGE[67] Rn 2). Der *künftige* Eigentümer kann aber die Befriedigung des Gläubigers mit der Folge, dass die Hypothek auf ihn übergeht, dann herbeiführen, wenn zwischen den Beteiligten Einverständnis darüber besteht, dass die Zahlung im Hinblick auf den bevorstehenden Erwerb des Grundstücks erfolgt, wie dies insbesondere bei Grundstückskaufverträgen häufig der Fall ist (KGJ 28 A 122; OLG Dresden ZBlFG 6, 339; **aM** PLANCK/STRECKER Anm 2a: die Hypothek geht auf den Veräußerer über; vgl auch RGZ 81, 64; RG JW 1933, 2645; PALANDT/BASSENGE[67] Rn 2). Bei erfolgreicher Anfechtung der Auflassung tritt wegen § 142 die Rechtsfolge des § 1163 ein (PLANCK/STRECKER Anm 2a).

c) Buchberechtigung

Dass der Eigentümer im Grundbuch als solcher eingetragen ist, ist für die Anwen- **12** dung des § 1143 an sich nicht vorausgesetzt. Jedoch kann sich das Bedürfnis für die Eintragung des Eigentümers aus § 39 GBO ergeben (vgl auch § 1155).

d) Scheingläubiger

Der Befriedigung des wirklichen Gläubigers steht es gemäß §§ 892, 893 gleich, wenn **13** der Eigentümer unter dem Schutz des guten Glaubens an den durch die Eintragung im Grundbuch legitimierten Scheingläubiger geleistet hat (MünchKomm/EICKMANN[4] Rn 5; PLANCK/STRECKER Anm 2d).

3. Der Forderungsübergang

a) Gesetzlicher Forderungsübergang

Der Übergang der Forderung vollzieht sich, wie bereits oben Rn 1 hervorgehoben, **14** unmittelbar kraft Gesetzes. Eine Erklärung des Gläubigers, Eintragung ins Grundbuch oder bei der Briefhypothek Übergabe des Briefes sind nicht erforderlich. Für das Recht am Brief gilt § 952.

Ob zwischen dem Eigentümer und dem persönlichen Schuldner ein besonderes **15** Rechtsverhältnis besteht, ist ohne Bedeutung (s aber nachf Rn 27 für das Eigentümer-Schuldner-Verhältnis); der Forderungsübergang nach § 1143 tritt auch dann ein, wenn dem Eigentümer **kein Regressrecht** gegen den Schuldner zusteht (PLANCK/STRECKER Anm 2e; ERMAN/WENZEL[12] Rn 2; **aA** BAUR/STÜRNER § 40 Rn 17).

b) Unveränderte Forderung

Der Eigentümer erhält im Grundsatz die **Forderung**, welche der **Gläubiger** hatte. Der **16** Eigentümer kann daher auch die Schuldklage gegen den persönlichen Schuldner erheben. Eine Ausnahme für besondere Fälle will das Gesetz, wie aus dem Wortlaut des § 1143 und Prot III 608 (Ablehnung gegenteiliger Anträge) zu entnehmen ist, nicht machen; es ist vielmehr für die grundsätzliche Rechtsfolge des § 1143 gleichgültig, welch besonderes Rechtsverhältnis etwa zwischen Eigentümer und Schuldner besteht (s oben Rn 15).

c) Einwendungen des Schuldners

Dem Schuldner bleiben freilich, wie sich aus der für entsprechend anwendbar **17** erklärten Vorschrift des § 774 Abs 1 S 3 ergibt, seine etwaigen **Einwendungen** erhalten, die sich aus dem Rechtsverhältnis zwischen ihm und dem Eigentümer ergeben (dazu nachf Rn 25).

Ebenso bestehen die Einwendungen des Schuldners fort, die zur Zeit des Übergangs **18** der Forderung bereits gegen den *bisherigen Gläubiger* bestanden haben (vgl §§ 412, 404); wegen der Zeit nach dem Übergang ist hierwegen auf §§ 406 bis 408 zu verweisen (s auch § 1138). Der Schuldner kann also zB geltend machen, dass die Forderung von ihm beglichen oder ihm vom Gläubiger erlassen wurde usw, obwohl sie nach §§ 1138, 892 für die Hypothek noch als fortbestehend gilt; denn diese Bestimmung berührt das persönliche Schuldverhältnis nicht (KGJ 30 A 231; PLANCK/STRECKER Anm 2b β; MünchKomm/EICKMANN[4] Rn 26).

d) Behauptungs- und Beweislast

19 Die Behauptungs- und Beweislast für die Voraussetzungen eines Anspruchs aus § 1143 (Bestehen des Schuldverhältnisses gegenüber dem Schuldner, Übergang der Forderung) trifft den Eigentümer (zust BAUMGÄRTEL/LAUMEN/BAUMGÄRTEL[2] Rn 1). Für das zwischen ihm und dem Eigentümer bestehende Rechtsverhältnis und die sich hieraus ergebenden Einwendungen bleibt es stets Sache des persönlichen Schuldners, derartige Einwendungen zu erheben und die rechtsbegründenden Tatsachen zu beweisen (BAUMGÄRTEL/LAUMEN/BAUMGÄRTEL[2] Rn 2); der Eigentümer und sein Rechtsnachfolger brauchen lediglich die Befriedigung des Gläubigers geltend zu machen und nachzuweisen (BAUMGÄRTEL/LAUMEN/BAUMGÄRTEL[2] Rn 2).

4. Nebenrechte

a) Übergang der Nebenrechte

20 Gemäß §§ 412, 401, 1153 gehen auch die **Nebenrechte** der Forderung auf den Eigentümer über. Zu diesen Nebenrechten gehören der Anspruch gegen Bürgen und Drittverpfänder, nicht aber die nur zur Sicherung übertragenen Rechte (RGZ 89, 195; RGZ 91, 279). Der Rechtsübergang tritt aber hier nur insoweit ein, als dem Eigentümer ein Ausgleichsanspruch gegen den Bürgen oder Drittverpfänder zusteht (dazu unten Rn 29 ff).

b) Übergang der Hypothek

21 Der Eigentümer erwirbt daher zugleich die Hypothek in Höhe der befriedigten Forderung als **Eigentümerhypothek**; es entsteht in diesem Fall ein forderungsbekleidetes Eigentümergrundpfandrecht, für das auch das Trennungsverbot des § 1153 gilt (WOLFF/RAISER § 140 V 1); vgl hierzu die §§ 401, 412, 889, 1153 Abs 1. Der Eigentümer ist, solange er zugleich Gläubiger der Forderung ist, in der Ausübung des Hypotheken und Zinsrechts beschränkt (vgl § 1177 Abs 2). Er kann jedoch die Forderung nebst der Hypothek gültig weiter abtreten und, wenn das Grundstück zur Versteigerung kommt, ranggemäße Befriedigung aus dem Versteigerungserlös beanspruchen.

c) Zinsrückstände

22 Aus § 1178 Abs 1 folgt, dass die Hypothek für **Rückstände** von **Zinsen** und anderen Nebenleistungen sowie für Kosten, die dem Gläubiger zu erstatten sind, nicht als forderungsentkleidet fortbesteht, sondern erlischt. Insoweit verbleibt also dem Eigentümer nur die persönliche Forderung (RGZ 55, 162; RGZ 143, 278 vom 3. 2. 1934 – V 211/33; BGB-RGRK/MATTERN[12] Rn 24).

5. Teilbefriedigung

23 **a)** Wird der Gläubiger nur zum Teil befriedigt, so gehen auch Forderung und Hypothek nur in dem Umfang auf den Eigentümer über, in dem die Befriedigungswirkung eintritt. Wegen des Vermerks auf dem Hypothekenbrief, der Bildung eines Teilhypothekenbriefs, der Berichtigung des Grundbuchs und wegen der Zinsforderung ist § 1145 zu beachten. Die Teilbefriedigung kann sich auch auf Zinsen und andere Nebenleistungen sowie auf Kosten beschränken; in diesem Fall erwirbt der Eigentümer nur die entsprechende Forderung, während die Hypothek für die befriedigten Nebenleistungen gemäß § 1178 Abs 1 erlischt (oben Rn 22).

b)   Die Vorschrift des § 774 Abs 1 findet auf den Übergang entsprechend Anwen- **24**
dung. Der Übergang kann **nicht zum Nachteil** des Gläubigers geltend gemacht
werden. Dies wird besonders wichtig bei teilweiser Befriedigung; in diesem Fall
erhält der Gläubiger mit seiner Restforderung den Vorrang vor der auf den Eigentümer übergegangenen Teilforderung (RGZ 76, 198; RGZ 82, 133; RGZ 83, 404; RGZ 126,
181; PLANCK/STRECKER Anm 3c). Vorausgesetzt ist, dass es sich um den Teil einer einheitlichen, dem Gläubigerrecht einer Person unterliegenden Hypothek handelt (RG
Recht 1913 Nr 198). Zugunsten einer anderen Hypothek desselben Gläubigers an dem
belasteten Grundstück gilt diese Vorschrift nicht (RGZ 82, 134; RGZ 136, 43; RG JW 1913,
1147; PLANCK/STRECKER Anm 3c; WOLFF/RAISER § 140 Fn 21).

6.   **Das Eigentümer-Schuldner-Rechtsverhältnis**

a)   **Deckungsverhältnis**
Dass Forderung und Nebenrechte ohne Rücksicht auf das Deckungsverhältnis zwi- **25**
schen Eigentümer und Schuldner auf den Eigentümer übergehen (oben Rn 15), bedeutet nicht ein Außerkrafttreten des Deckungsverhältnisses. § 1143 ordnet nur den
Übergang der Rechtsinhaberschaft an, lässt aber die schuldrechtlichen Beziehungen
zwischen Eigentümer und Schuldner unberührt. Der wirtschaftliche Ausgleich zwischen Eigentümer und Schuldner erfolgt also nach Maßgabe des Deckungsverhältnisses, notfalls nach den Regeln über den Ausgleich einer ungerechtfertigten Bereicherung.

Als Deckungsverhältnis kommen Rechtsgeschäfte der mannigfaltigsten Art in Be- **26**
tracht. Am häufigsten besteht ein Vertragsverhältnis vom **Auftragstyp,** aufgrund
dessen der Eigentümer gegen den Schuldner Anspruch auf Aufwendungsersatz
gemäß § 670 hat; das ist auch die der gesetzlichen Regelung unterlegte Grundvor-
stellung. Der Schuldner hat gegen den Eigentümer alle Einwendungen aus diesem
Schuldverhältnis (vgl RGZ 143, 278 vom 3. 2. 1934 – V 211/33; BGH MDR 1955, 283; PLANCK/
STRECKER Anm 3b; ERMAN/WENZEL[12] Rn 8). S zum Fall, dass kein Deckungsverhältnis
besteht, unten Rn 39 ff.

b)   **Ersatzanspruch des Schuldners**
Insbesondere steht dem persönlichen Schuldner, der sich auf § 1164 berufen könnte, **27**
wenn er selbst zahlen würde, gegen den Anspruch des Eigentümers aus § 1143 auch
insoweit eine Einrede zu als er von dem Eigentümer oder einem Rechtsvorgänger
des Eigentümers Ersatz verlangen kann (vgl § 1164). Dies ergibt sich zwingend aus
dem inneren Zusammenhang der in früheren Entwürfen verbundenen, in der endgültigen Fassung des Gesetzes aber getrennten Vorschriften der §§ 1143, 1164 (RGZ
143, 289; PLANCK/STRECKER Anm 2b β; LANGENBACH JW 1934, 830).

c)   **Ansprüche des Eigentümers**
Umgekehrt ist der **Eigentümer nicht** auf die Ansprüche **beschränkt,** die ihm aufgrund **28**
des Forderungsübergangs zustehen. Er kann vielmehr alle Ansprüche aus dem Dek-
kungsverhältnis gegen den Schuldner geltend machen. Will er das im Klageweg, so
steht ihm der dingliche Gerichtsstand der §§ 25, 26 ZPO nicht zur Verfügung, weil er
gegen den Schuldner nicht aus der Hypothek klagen kann.

III. Befriedigung durch Dritte

1. Keine Gleichsetzung

29 Die Befriedigung durch einen **Dritten** steht der Befriedigung durch den Eigentümer nicht gleich. In diesem Fall erlischt die Forderung, die Hypothek verwandelt sich gemäß §§ 267, 1163 Abs 1, 1177 in eine Eigentümergrundschuld (PLANCK/STRECKER Anm 2a α). Ob der Dritte (zB der frühere Eigentümer) persönlicher Schuldner ist oder nicht, ist unerheblich. Die Eigentümergrundschuld kann dem Dritten als Grundschuld nur durch Abtretung, als Hypothek nur durch Umwandlung (§ 1198) verschafft werden (PLANCK/STRECKER aaO).

2. Ausnahmen

30 Ausnahmsweise geht in bestimmten einzelnen Fällen die *Forderung* und damit zugleich die Hypothek (§§ 412, 401, 1153) auf den Dritten, der den Gläubiger befriedigt, über. Diese Wirkung hat die Befriedigung durch den persönlichen Schuldner, der vom Eigentümer (etwa im Fall der vom Gläubiger genehmigten Schuldübernahme) gemäß § 1164 Ersatz verlangen kann (RGZ 53, 404; RGZ 93, 237; KGJ 26 A 303), durch den Bürgen der persönlichen Forderung gemäß § 774 (RGZ 94, 85), durch den nach §§ 268, 1150 Ablösungsberechtigten oder durch einen Gesamtschuldner oder Mitbürgen, soweit dieser von den übrigen Gesamtschuldnern oder Mitbürgen gemäß §§ 426 Abs 2, 774 Abs 2 einen Ausgleich verlangen kann (KGJ 26 A 150; KGJ 28 A 124; PLANCK/STRECKER Anm 1). Über einen besonderen Fall im Nachlassinsolvenzverfahren s § 326 Abs 2 InsO (RGZ 55, 160; JAEGER/LENT, KO § 225 Anm 7; MünchKommInsO/SIEGMANN[2] § 326 Rn 5 f).

3. Befriedigung durch den Bürgen

31 Wenn und soweit der Bürge den Gläubiger befriedigt, geht die Forderung des Gläubigers gegen den Hauptschuldner gemäß § 774 Abs 1 S 1 auf diesen über und damit zugleich auch die Hypothek; ist der Schuldner nicht leistungsfähig, die Hypothek aber werthaltig, so bleibt die Schuld letztlich beim Eigentümer hängen. Befriedigt aber der Eigentümer als erster den Gläubiger, so geht nach § 1143 die Forderung samt der Bürgschaft als Nebenrecht auf ihn über und er kann sich in der Weise an den Bürgen halten, dass die gesamte Schuld letztlich beim Bürgen hängen bleibt. Diese Folgen treten nur dann nicht absichtsvoll oder zufällig ein, wenn vertragliche Vereinbarungen entweder zwischen Eigentümer und Bürgen oder zwischen dem Schuldner und sowohl dem Eigentümer als auch dem Bürgen bestehen. S allgemein und zur möglichen Auflösung des Zufallsproblems unten Rn 39 ff.

IV. Sonderfälle

1. Gesamthypothek

32 Auf die Gesamthypothek ist § 1173 anwendbar (§ 1143 Abs 2). § 1173 gilt jedoch nur für die Hypothek. Der Übergang der durch die Gesamthypothek gesicherten Forderung auf den befriedigenden Eigentümer eines der belasteten Grundstücke, der nicht persönlicher Schuldner ist, vollzieht sich nach den Vorschriften des § 1143 Abs 1 (RGZ 146, 365; BGB-RGRK/Mattern[12] Rn 27). Für den Fall teilweiser Befriedigung bei Gesamthypothek vgl § 1176.

2. Sicherungshypothek

Mangels einer gesetzlichen Beschränkung (§§ 1185 Abs 2, 1190) tritt der Übergang **33** der Hypothek auch bei **Sicherungshypotheken** ein (RGZ 65, 417; Planck/Strecker Anm 5; BGB-RGRK/Mattern[12] Rn 1).

3. Vormerkung

§ 1143 findet **keine** Anwendung, wenn die Forderung nicht durch eine Hypothek **34** gesichert ist, sondern nur eine **Vormerkung** zur Sicherung des Anspruchs auf Eintragung einer Hypothek für die Forderung besteht. Die durch die Vormerkung gesicherte Forderung geht daher nicht auf den Eigentümer des mit der Vormerkung belasteten Grundstücks über; damit entfällt auch ein Übergang der Vormerkung, der an sich bei Forderungsübergang gem § 401 eintreten würde (Planck/Strecker Anm 5).

V.   Anwendung auf Grund- und Rentenschulden

Auch bei Grund- und Rentenschulden geht dem Grundsatz des § 1143 nach das **35** dingliche Recht in der Höhe der Befriedigung auf den Eigentümer über, wenn der Eigentümer den Gläubiger wegen der Grundschuld befriedigt, obgleich hier eine Forderung nicht besteht und daher auch nicht übergehen kann (RGZ 60, 247; RGZ 78, 67; RG WarnR 1934 Nr 93; BGH MDR 1968, 35, BGH MDR 1968, 396; BGH NJW 1969, 2237; BGH MDR 1971, 120; BGH NJW 1976, 2132; BGH NJW 1986, 2108; KGJ 35 A 327; KG NJW 1961, 414; Planck/Strecker Anm 5; s § 1192 Rn 17 f). Der Übergang des dinglichen Rechts ist nicht etwa aus § 1163 zu entnehmen. Voraussetzung ist, dass der Eigentümer gerade auf die Grundschuld und nicht etwa auf eine durch sie gesicherte Forderung zahlt (OLG Frankfurt Rpfleger 1997, 103).

„Die **Forderung**" kann hier auch dann nicht übergehen, wenn die Grundschuld zur **36** Sicherung einer Forderung bestellt war, es sich mithin um eine Sicherungsgrundschuld (§ 1192 Abs 1a) handelt (RGZ 150, 371; BGH MDR 1968, 35; BGHZ 80, 228 = NJW 1981, 1554; BGH NJW 1982, 2308 = JuS 1982, 940 [K Schmidt] – dazu auch Tiedtke BB 1984, 19; BGH NJW 1987, 838; BGHZ 105, 154 [dazu kritisch Dieckmann WM 1990, 1481]; BGH vom 17. 9. 2002 – VI ZR 147/01 – NJW-RR 2003, 11 = EWiR 2003, 567 [Mues] = WuB I F 3 Grundpfandrechte 3.03 [Veil]; KGJ 43, 254; OLG Koblenz vom 1. 8. 2008 – 5 U 551/08 – WM 2008, 2293; Kempen JA 1982, 603; Bayer JuS 1987, 271; Planck/Strecker aaO; Wolff/Raiser § 154 Fn 2; s auch KG Recht 1928 Nr 185; **aA** Heck, Grundriß des Sachenrechts [1930] 413; Küchler, Sicherungsgrundschuld [1939] S 31 ff – beide wollen ausgehend von der Theorie der Zweckgemeinschaft § 426 Abs 2 entsprechend anwenden; Kim 107; Wilhelm ZZB 1989, 184). Schon rein technisch ist das nicht möglich, weil es – ganz anders als bei der Hypothek – „die Forderung" gar nicht geben muss (dieser technische Aspekt wird von Kim 107 ignoriert). Eine Grundschuld kann ein ganzes Bündel von Ansprüchen unterschiedlichster Art – nicht nur Geldforderungen – sichern und zwar in beliebig komplexen Konkurrenzverhältnissen; welcher Einzelanspruch soll „die Forderung" sein (s auch § 1150 Rn 48)? Im schuldrechtlichen Bereich (s nachfolgend) mag dieses Problem, ggf unter Heranziehung von Treu und Glauben, lösbar sein; sachenrechtlich ist es unlösbar (eine Erkenntnis, der die Anhänger der unmittelbaren Anwendung, zB WILHELM aaO und in Sachenrecht[3] Rn 1797 ff; MünchKomm/EICKMANN[4] § 1191 Rn 127 ausweichen, indem sie immer nur von „der Forderung" sprechen).

37 Befriedigt der Eigentümer, der nicht persönlicher Schuldner ist, den Gläubiger, indem er auf die Grundschuld leistet (dazu, worauf er leistet, Vorbem 137 zu §§ 1191 ff), so hat er aber ein Recht darauf, durch Abtretung der Forderung gegen den persönlichen Schuldner ebenso gestellt zu werden wie der Eigentümer, der den Hypothekengläubiger befriedigt (Vorbem 109 zu §§ 1191 ff; RGZ 150, 374; BGHZ 80, 228; BGH NJW 2001, 2327; BayObLGZ 1973, 142 vom 28. 5. 1973 – BReg 2 Z 14/73; KG NJW 1961, 414; OLG Celle vom 14. 2. 2000 – 4 W 361/99 – OLGR Celle 2000, 233; SOERGEL/KONZEN[13] Rn 4; PALANDT/ BASSENGE[67] § 1191 Rn 36; vgl auch MATSCHL NJW 1962, 2132). Leistet er auf die persönliche Forderung, so richtet sich die Frage, ob und welche Rückgriffsansprüche er gegen den Schuldner hat, nach dem Deckungsverhältnis, notfalls nach Bereicherungsrecht oder Geschäftsführung ohne Auftrag (OLG Koblenz vom 1. 8. 2008 – 5 U 551/08 – WM 2008, 2293). Sichert die Grundschuld mehrere Forderungen (vielleicht sogar gegen mehrere Schuldner), so hat er Anspruch auf Abtretung der Forderung, auf die der Gläubiger den Erlös tatsächlich verrechnet oder verrechnen muss; hat der Gläubiger ein Wahlrecht, so darf er es zwar im eigenen Interesse wahrnehmen; soweit eigene Interessen nicht berührt sind, hat er aber nach Treu und Glauben auf die Interessen des ablösenden Eigentümers Rücksicht zu nehmen (vgl Vorbem 169 zu §§ 1191 ff).

38 § 774 Abs 1 S 1 ist nicht anwendbar, da er den gesetzlichen Forderungsübergang betrifft, der bei der Grundschuld wegen Fehlens einer persönlichen Forderung nicht eintritt. Dagegen kann auch bei der Grundschuld wie bei der Hypothek im Fall teilweiser Befriedigung der Übergang des Grundpfandrechts gemäß § 774 Abs 1 S 2 **nicht zum Nachteil des** dem **Gläubiger** verbleibenden Teils geltend gemacht werden (PLANCK/STRECKER Anm 5). Auch bei der Grundschuld ist diese Regelung stets auf ein einzelnes Recht beschränkt. Sind – was im Gegensatz zur Hypothek bei der Grundschuld möglich ist – mehrere Grundschulden am selben Grundstück oder auch an verschiedenen Grundstücken dadurch miteinander verknüpft, dass sie ein und die selbe Forderung sichern, so ändert das nichts daran, dass die Nachteilsregelung streng auf die einzelne Grundschuld beschränkt bleibt. Besteht zB – wie neuerdings häufig (vgl KERSTEN/BÜHLING/WOLFSTEINER[22] § 68 Rn 11 ff) – zur Sicherung eines Darlehensverhältnisses eine (vollstreckbare) erstrangige und eine weitere (nicht vollstreckbare) nachrangige Grundschuld und wird die erstrangige Grundschuld zum Teil befriedigt, so geht der auf den Befriedigenden übergegangene Teil der erstrangigen Grundschuld zwar dem Rest dieser Grundschuld im Range nach, der nachrangigen Grundschuld aber im Rang vor. Auf den oben Rn 37 behandelten Anspruch auf Abtretung der Forderung, hier also eines Forderungsteils lässt sich das aber nicht ohne weiteres übertragen, weil Forderungen keinen Rang haben; jedenfalls darf der Eigentümer die an ihn abgetretene Teilforderung nicht zum Nachteil des Gläubigers geltend machen. Dasselbe gilt für den Anspruch auf Teil-Rückgewähr der Grundschuld; ihn kann der Eigentümer – wenn überhaupt (s dazu Vorbem 86 ff zu §§ 1191 ff) – nur in der Weise erheben, dass er sich bereit erklärt, mit der zurückgegebenen Teilgrundschuld im Rang hinter den dem Gläubiger verbleibenden Teil zurückzutreten (DEMPEWOLF NJW 1959, 2148).

VI. Der Ausgleich zwischen mehreren Sicherungsgebern

Das oben Rn 31 behandelte **Konkurrenzproblem** zwischen dem Eigentümer, der ein **39** Grundpfandrecht als Sicherheit stellt, und dem Bürgen, ist keine Spezialität des § 1143, sondern taucht überall auf, wo ein und dieselbe Forderung durch mehrere Sicherungsgeber besichert wird, zB bei mehrfacher Grundschuldsicherung (§ 1173 Rn 31; Vorbem 169 ff, 202 ff zu §§ 1191 ff) ebenso wie bei mehrfacher Sicherungsübereignung oder mehrfacher Verpfändung (STAUDINGER/WIEGAND [2002] § 1225 Rn 11). Es kann auch bei nur einem Sicherungsgeber auftreten, wenn zB zur Sicherung ein und der selben Forderung zwei Sachen sicherungsübereignet werden und an einer von ihnen später noch ein Pfandrecht zugunsten eines Dritten bestellt wird.

Gesetzlich geregelt ist das Konkurrenzproblem nur an zwei Stellen und dort wider- **40** sprüchlich. Nach §§ 769, 774 Abs 2 (vgl zur Bedeutung der Verweisung STAUDINGER/WIEGAND [2002] § 1225 Rn 11) haben sich *Mitbürgen* nach Gesamtschuldregeln auszuglei- chen, auch wenn sie die Bürgschaft nicht gemeinsam, sondern unabhängig voneinander übernommen haben (dazu SIEGMUND WM 2008, 2349). Nach §§ 1132, 1175 Abs 1 S 2 liegt es dagegen völlig im Belieben des Gläubigers – ohne dass eine Ausgleichung vorgesehen wäre –, welchen der Sicherungsgeber er in Anspruch nimmt. Dementsprechend vielfältig sind die Auffassungen in der Literatur auch zum Konkurrenzproblem *Hypothek – Bürgschaft* (Zusammenstellung bei HÜFFER AcP 171 [1971] 472; später haben sich noch ausführlicher geäußert KIM 115; BECKER NJW 1971, 2151; PAWLOWSKI JZ 1974, 124; FINGER BB 1974, 1416; TIEDTKE BB 1984, 1; SITZMANN BB 1991, 1809; WILHELM[3] Rn 1675 ff; REINICKE/TIEDKE, Kreditsicherung Rn 1111 ff). Abzulehnen ist jeden- falls die Auffassung, der Bürge sei generell schutzwürdiger als der Grundpfandgeber (richtig STAUDINGER/WIEGAND [2002] § 1225 Rn 29; aA aber zB TIEDTKE JZ 2006, 940; STAUDINGER/ HORN [1997] § 774 Rn 57 ff), weshalb die Schuld letztlich dem Eigentümer zur Last fallen müsse; diese Einschätzung findet in der Realität des Kreditwesens keine Entspre- chung (BGH JR 1993, 322 m Anm LÜKE). Im übrigen kann die Frage nicht isoliert für gerade die eine oder die andere Zufallskonstellation – hier Hypothek und Bürg- schaft – beantwortet werden; vielmehr bedarf es der Erarbeitung **allgemeiner Re- geln**.

Diese versucht die Rechtsprechung der letzten Jahre aufgrund literarischer Vorar- **41** beiten (vgl die ausführliche Darstellung bei STAUDINGER/WIEGAND [2002] § 1225 Rn 14 ff) zu entwickeln. Nach der Rechtsprechung des BGH (BGHZ 108, 179 = ZIP 1989, 1044 m Anm BAYER-WANDT; BGH NJW-RR 1991, 170; BGH NJW-RR 1991, 499 und speziell für das Verhältnis Grundschuld zu Bürgschaft BGH JR 1993, 322 m Anm LÜKE, der auch umfangreiche Literatur- nachweise gibt; BGH ZIP 2001, 914 = EWiR 2001, 575 [PFIEFFER]; BGH vom 9. 12. 2008 – XI ZR 588/07 – NJW 2009, 437; AG Rosenheim NJW-RR 2000, 863; EHLSCHEID BB 1992, 1290; TIEDTKE DNotZ 1993, 291) soll allgemein und über die Einzelnormen hinausgreifend auch zwischen Personen, die voneinander unabhängig Sicherheiten für dieselbe Forderung stellen, kraft Gesetzes ein **Ausgleich wie zwischen Gesamtschuldnern** (zum Ausgleich im Falle einer „sichernden Schuldmitübernahme" BGH JZ 2000, 626 m Anm BARTELS 608) stattfin- den (vgl WEBER WM 2001, 1229; s zu einem vergleichbaren Vorschlag im Draft Common Frame of Reference 2009 SCHÜRNBRAND WM 2009, 873). Der BGH begründet die kühne Konstruktion damit, dass es andernfalls zu Zufallsergebnissen kommen würde, weil die Vermögens- einbuße den Sicherheitsgeber treffen würde, der willkürlich zuerst in Anspruch genommen werde. Obwohl es offenkundig an einer gesetzlichen Regelung fehlt, spricht

der BGH von Sicherungsmitteln, die „von Gesetzes wegen gleichstufig" seien und
deshalb auch gleichstufig haften müssten; diese imaginären gesetzlichen Regelungen
scheinen als zwingende verstanden zu werden, denn nur dann ist der Willkür des
Gläubigers der Boden entzogen. Allerdings soll die quasigesetzliche Regelung nur
zwischen Sicherungsgebern gelten, also solchen Personen, die einen Sicherungsvertrag mit dem Gläubiger geschlossen haben, nicht aber im Verhältnis zu Personen,
die nur Schuldner des Sicherungsrechts sind, also etwa Erwerbern des grundpfand-
rechtsbelasteten Grundstücks (BGH vom 20.3.2002 – IV ZR 93/01– NJW 2002, 1491).

42 Der zwingende Charakter wird weiter relativiert dadurch, dass die **Stufenfolge**, in die
sich die einzelne Sicherheit einordnen soll, durch zweiseitige Vereinbarung zwischen
dem Sicherungsnehmer und dem Sicherungsgeber soll bestimmt werden können
(BGH NJW-RR 1991, 170), aber nur anfänglich, also bei Abschluss des Sicherungsvertrags, und nicht nachträglich (BGH NJW-RR 1991, 499). Beides ist schwer verständlich. Zwar kann vernünftigerweise die Möglichkeit, eine bloße Ausfallsicherheit zu
vereinbaren, nicht beseitigt werden (vgl Vorbem 207 zu §§ 1191 ff); aber das Ziel, Willkür
des Gläubigers auszuschließen, wird damit von vornherein verfehlt. Der Gläubiger
kann weitere Sicherheiten hereinholen und mit den neuen Sicherungsgebern, die gar
nicht zu wissen brauchen, dass es schon andere Sicherheiten gibt, Vereinbarungen
über die Stufenfolge abschließen und damit den anderen Sicherungsgebern Regressansprüche zuteilen oder vorenthalten. Andererseits kann ein Sicherungsgeber iE
nicht mehr aus seiner Risikoposition entlassen werden, weil er den einmal dem
Grunde nach entstandenen Rückgriffsansprüchen (von deren Existenz er gar nichts
zu ahnen braucht) weiter ausgesetzt bleibt (so in der Tat AG Rosenheim NJW-RR 2000,
863). Stellt etwa – wie häufig – jemand eine Grundschuld zur Sicherung von
Kontokorrentansprüchen gegen eine von seinem Ehegatten beherrschte Gesellschaft
und wird ihm später (zB im Rahmen eines Scheidungsverfahrens) die Grundschuld
zurückgegeben, weil der Ehegatte eine Ersatzsicherheit hat stellen können, so ist er
noch auf unbestimmte Zeit Regressansprüchen ausgesetzt, wenn sich ohne sein
Wissen beispielsweise ein Mitgesellschafter für das selbe Kontokorrent verbürgt
hatte (vgl BGH vom 9.12.2008 – XI ZR 588/07 – NJW 2009, 437).

43 Dass Sicherungsgeber im Rahmen der Umstrukturierung von Unternehmen und
Unternehmensbeteiligungen ausscheiden, dass Sicherheiten freigegeben und durch
andere ersetzt werden, dass Sicherheiten ersatzlos aufgegeben werden, weil sich die
Einschätzung der wirtschaftlichen Lage ändert, ist alltäglich. Wegen der bestehenbleibenden Regressansprüche wäre alles das nicht mehr effektiv. Die jetzige Rechtsprechung hat damit – durchaus angefeuert vom Schrifttum und ausgehend von einer
als gerecht empfundenen Ausgleichung bei Verkehrsunfällen (ähnlich für die Mängel-
haftung mehrerer voneinander unabhängiger Unternehmer BGHZ 155, 265 vom 26.6.2003 – VII
ZR 126/02 = NJW 2003, 2980 m Anm STAMM = JZ 2004, 248 m Anm EHMANN) – ein **Rück-**
griffschaos geschaffen. Sie ist vorschnell allzu oberflächlichen Gerechtigkeitsvor-
stellungen erlegen. Es ist nicht ungerecht, dass derjenige ohne Regressmöglichkeit
in Anspruch genommen werden kann, der als erster eine Sicherheit gestellt hat, ohne
erwarten zu können oder gar den Gläubiger verpflichtet zu haben, dass weitere
Sicherheiten beschafft werden. Es ist ebensowenig ungerecht, wenn der spätere
Sicherungsgeber ohne Rückgriffsmöglichkeit gegen den ersten Sicherungsgeber in
Anspruch genommen wird, denn er hätte mit dem Sicherungsnehmer Vereinbarungen treffen können, die diesen verpflichtet hätten, einen Ausgleich zB dadurch zu

bewirken, dass die Erstsicherheit ganz oder zum Teil an den in Anspruch genommenen Zweitsicherer abzutreten ist (aA Staudinger/Wiegand [2002] § 1225 Rn 13, es werde kaum noch bestritten, dass diese Ergebnisse nicht akzeptabel seien).

Die generelle Ausgleichspflicht ist so auch **nicht praktikabel**. Die verschiedenen **44** Sicherheiten müssten zum Zweck der Ausgleichung (auf welche Zeitpunkte?) bewertet werden, denn es wäre nicht „gerecht" (deshalb § 1172 Abs 2), dass derjenige, der eine nicht werthalte Grundschuld gestellt hat, im Innenverhältnis wie der Geber einer vollwertigen Sicherheit haften müsste (aA AG Rosenheim NJW-RR 2000, 863, das generell von gleichen Anteilen ausgeht; Staudinger/Wiegand [2002] § 1225 Rn 19 ff, der aber – Rn 23 f – im Wert des Pfandgegenstands die obere Grenze der Ausgleichspflicht sieht; Kim 115, der einen Ausgleich nach Köpfen befürwortet!). Noch unklarer ist die Bewertung reiner Personalsicherheiten, wenn etwa sowohl eine vermögende als auch eine nicht vermögende Person die persönliche Haftung übernommen haben; sie können im Rahmen der Ausgleichung schwerlich zu gleichen Teilen herangezogen werden (offengelassen von BGHZ 108, 179 = ZIP 1989, 1044 [m Anm Bayer-Wandt] mit der die Praxis wenig fördernden Erklärung, der Senat verkenne die Schwierigkeiten nicht). Der Ausgleich zwischen Bürgen, die Höchstbetragsbürgschaften übernommen haben, soll sich mechanisch (gerecht?) nach dem Verhältnis der Höchstbeträge richten; sind auch Grundschuldsicherheiten gestellt, so sollen diese grundsätzlich in Höhe der Nominalbeträge, allerdings begrenzt durch den Valutierungsstand, in die Ausgleichsberechnung eingehen (BGH NJW 1998, 894 = EWiR § 765 BGB 6/98, 347 [Tiedtke]; BGH vom 9.12.2008 – XI ZR 588/07 – NJW 2009.437; zur Ausgleichung zwischen artverschiedenen Sicherheiten Ehlscheid BB 1992, 1290). Warum bei Grundschulden die Höhe der Valutierung bedeutsam sein soll, bei Höchstbetragsbürgschaften aber nicht, bleibt unerklärt.

Die hM meint es gut, ist aber nicht tauglich. Das Konzept einer allgemeinen Aus- **45** gleichung zwischen Sicherungsgebern ist zu verwerfen (richtig Selb, Handbuch des Schuldrechts Bd 5 S 236, der seine Auffassung aber in MünchKomm/Selb[3] § 426 Rn 3 aufgegeben und sich dem BGH angeschlossen hat; wie er jetzt MünchKomm/Bydlinski[5] § 426 Rn 46; Staudinger/Noack [2005] § 426 Rn 241 ff). Insbesondere ist die Regresslosigkeit der Gesamthypothek (§ 1173 Rn 23) keine Ausnahmeregelung, sondern Prinzip (aA BGHZ 108, 179 = ZIP 1989, 1044 m Anm Bayer-Wandt; Wilhelm[3] Rn 1679).

Es hat deshalb bei der oben Rn 31 dargestellten „Zufallsfolge" sein Bewenden zu **46** haben.

§ 1144
Aushändigung der Urkunden

Der Eigentümer kann gegen Befriedigung des Gläubigers die Aushändigung des Hypothekenbriefs und der sonstigen Urkunden verlangen, die zur Berichtigung des Grundbuchs oder zur Löschung der Hypothek erforderlich sind.

Materialien: E I §§ 1096 Abs 1, 1119 Abs 1; II § 1052 Abs 1 rev § 1128; III § 1127; Mot III 731, 758 f; Prot III 610, 665.

Schrifttum

HOFFMANN, Löschungsbewilligung und löschungsfähige Quittung, MittRhNotK 1971, 605
PLUMEYER, Sinn und Fassung des § 1144 BGB, DRiZ 1929, 16.

Systematische Übersicht

I. Allgemeines

1. Grundlagen

1 Dem Eigentümer, der den Gläubiger ganz oder teilweise befriedigt hat, muss die Möglichkeit gegeben werden, das **Grundbuch berichtigen** zu lassen, dh entweder die Hypothek, soweit sie von ihm erworben wurde, auf seinen Namen umschreiben zu lassen oder die Löschung herbeizuführen. Unter Befriedigung iS der Vorschrift sind, ebenso wie bei § 1142, alle Arten der freiwilligen Tilgung einschließlich der Aufrechnung und Hinterlegung zu verstehen (RG Gruchot 56, 987; PLANCK/STRECKER Anm 2; SOERGEL/KONZEN[13] Rn 3; BGB-RGRK/MATTERN[12] Rn 5). Der Gläubiger kann dabei verlangen, dass er zugleich wegen der Nebenverbindlichkeiten befriedigt wird, auch wegen der, für die der Eigentümer nach § 1118 kraft Gesetzes haftet (RG Gruchot 56, 668; OLG Kiel OLGE 26, 136; PLANCK/STRECKER Anm 2; BGB-RGRK/MATTERN[12] Rn 5; SOERGEL/KONZEN[13] Rn 3). Dagegen ist die Vorschrift auf die Befriedigung im Wege der Zwangsvollstreckung nicht anwendbar (vgl §§ 126 ff ZVG).

2 Nach den **allgemeinen Vorschriften** könnte der Eigentümer erst nach der Befriedigung des Gläubigers von diesem gemäß §§ 894 ff die Zustimmung zur Berichtigung des durch die Befriedigung unrichtig gewordenen Grundbuchs und die Vorlegung des Hypothekenbriefs an das Grundbuchamt zur Grundbuchberichtigung (§ 896) sowie gemäß §§ 402, 412, 413 die Überlassung der im Besitz des befriedigten Gläubigers befindlichen, zum Beweis der Forderung und des Hypothekenrechts dienenden Urkunden fordern. Nur nach den §§ 368, 371 könnte er allenfalls eine Quittung in öffentlicher oder öffentlich beglaubigter Form und Rückgabe des von ihm ausgestellten Schuldscheins Zug um Zug verlangen (SOERGEL/KONZEN[13] Rn 1). Gegenüber diesen allgemeinen Bestimmungen gibt § 1144 dem Eigentümer weitergehende Rechte. Diese Rechte sollen den Eigentümer vor allem dagegen schützen, dass der

Gläubiger in der Zwischenzeit von der Befriedigung bis zur Aushändigung der Urkunden noch über die Hypothek verfügt (SOERGEL/KONZEN[13] Rn 1).

Dem Eigentümer stehen die Rechte aus § 1144 zu, gleichviel ob er zugleich **persön-** **3** **licher Schuldner** ist oder nicht (RGZ 132, 15). Es kommt also nicht darauf an, ob der Eigentümer durch die Befriedigung des Gläubigers die Forderung zum Erlöschen bringt und nur die Hypothek gemäß § 1163 Abs 1, § 1177 Abs 1 als Grundschuld erwirbt oder ob die Forderung mit der Hypothek gemäß §§ 1143, 301, 412, 1153, 1177 Abs 2 auf ihn übergeht (RGZ 80, 320; RG WarnR 1925 Nr 36; KGJ 40, 341; PLANCK/STRECKER Anm 2; SOERGEL/KONZEN[13] Rn 1).

Selbst intiativ werden muss der Gläubiger nicht (s unten Rn 23). Er kann nach Befrie- **4** digung abwarten, bis er zur Aushändigung der Urkunden aufgefordert wird (vgl zur Rechtslage in Italien Corte di Cassatione v 1. 10. 1999 Nr 10893, zitiert nach GRÖHE RIW 2002, 700). Die **Beweislast** für die Aushändigung liegt beim Gläubiger; ist insbesondere ein Hypothekenbrief verschollen, so hat der Gläubiger das Aufgebotsverfahrens auf seine Kosten zu betreiben, wenn er nicht nachweisen kann, dass er ihn dem Eigentümer ausgehändigt hatte (s unten Rn 12, 22).

2. Entsprechende Anwendung

Die der Regelung des § 1144 zugrundeliegenden Rechtsgedanken gelten auch für **5** den Fall, dass die durch die Hypothek zu sichernde Forderung **nicht entstanden** ist und auch nicht mehr entstehen wird (BGHZ 71, 19). Sie findet entsprechende Anwendung, wenn ein **Ablösungsberechtigter** (§§ 268, 1150) oder der persönliche Schuldner (§ 1167), der nicht Eigentümer ist, den Gläubiger befriedigt.

Auf eine **Hypothekenvormerkung** findet § 1144 hingegen keine Anwendung (PLANCK/ **6** STRECKER Anm 8). Bei ihr kommt es vielmehr darauf an, ob der Gläubiger nach dem gesicherten Schuldverhältnis Befriedigung Zug um Zug gegen Löschung der Vormerkung verlangen kann (RGZ 56, 251; BGB-RGRK/MATTERN[12] Rn 3). Ist auf Grund des § 648 eine Vormerkung auf Eintragung einer Bauhandwerker-Sicherungshypothek eingetragen, so braucht der Besteller den durch die einzutragende Hypothek gesicherten Anspruch des Unternehmers nach § 320 nur Zug um Zug gegen Löschung der Vormerkung zu befriedigen (RGZ aaO).

3. Zwingender Charakter?

Zur Frage, ob und wie weit die Vorschrift **zwingend** ist, ist zu differenzieren: **7**

Die allgemeinen Berichtigungsansprüche, wie vorstehend in Rn 2 dargestellt, sind nicht abdingbar. Das Grundbuch zweckgerichtet unrichtig zu halten, verstößt gegen die Grundgedanken der § 82 ff GBO, eine entsprechende Vereinbarung damit gegen § 134. Vgl zum Zurückbehaltungsrecht des Gläubigers unten Rn 21.

Vertraglich ausgeschlossen werden kann aber das spezielle *Recht aus § 1044,* die **8** Aushändigung der Unterlagen Zug um Zug gegen Tilgung verlangen und die Zahlung bis zur Aushändigung zurückbehalten zu dürfen (vgl RGZ 132, 9 vom 21.3. 1931 – V 256/30; **aA** MünchKomm/EICKMANN[4] Rn 7; PALANDT/BASSENGE[67] Rn 1; SOERGEL/KON-

ZEN[13] Rn 1). Wenn schon § 1160 ausgeschlossen werden kann (§ 1160 Rn 20 f; vgl Münch-Komm/EICKMANN § 1160 Rn 10), dann ist auch der eng damit verwandte Schutz des § 1144 verzichtbar. Die sprachlichen Unterschiede in den Formulierungen der §§ 1144 und 1160 spielen insoweit keine Rolle.

9 Auch in allgemeinen Geschäftsbedingungen und Verbraucherverträgen verstößt der Ausschluss nicht gegen § 309 Nr 2 b (aA MünchKomm/EICKMANN[4] Rn 7; SOERGEL/KONZEN[13] Rn 1); diese Vorschrift meint ersichtlich nur Zurückbehaltungsrechte im Zuge eines Austauschs von Leistung und Gegenleistung (vgl PALANDT/HEINRICHS[67] § 309 Rn 15). Darum handelt es sich hier nicht; der Gläubiger muss bei Befriedigung nur Beweisurkunden aushändigen, was keine Gegenleistung für die Forderungstilgung ist. Überdies gilt selbst im Leistungs-Gegenleistungsverhältnis die Vereinbarung einer Vorleistungspflicht als grundsätzlich zulässig und nicht gegen § 309 Nr 2 b verstoßend. Die Vereinbarung einer Vorleistungspflicht wird nur an § 307 gemessen (BGHZ 100, 157; BGH vom 20. 6. 2006 – X ZR 59/05 – NJW 2006, 3134). Nach Treu und Glauben haben insbesondere Kreditinstitute speziell bei einer Tilgungshypothek ein anerkennenswertes Interesse daran, dass der Schuldner (die Vorschrift gilt auch, wenn der Eigentümer zugleich persönlicher Schuldner ist, oben Rn 3) nicht jeder einzelnen Annuität den Anspruch entgegenhalten kann, nur gegen Aushändigung der Unterlagen des § 1144 zahlen zu müssen (noch weitergehend MünchKomm/EICKMANN[4] § 1145 Rn 9 in eklatantem Gegensatz zu seiner Kommentierung zu § 1144 Rn 7; s auch KG HRR 1935 Nr 790; KAPS DRW 1941, 407 und zur Tilgungshypothek § 1145 Rn 9 und weiter Vorbem 24 zu §§ 1113 ff.).

10 Da § 1144 die Fälligkeit, also den Inhalt der Hypothekenforderung betrifft, muss auch der Ausschluss Inhalt der Hypothek und damit *eintragungsfähig* sein (aA PLANCK/STRECKER Anm 5; SOERGEL/KONZEN[13] Rn 1 ebenso wie MünchKomm/EICKMANN[4] Rn 7 unter unverständlicher Berufung auf RGZ 132, 9; STAUDINGER/SCHERÜBL[12] Rn 3). Weshalb dinglich der Ausschluss unzulässig, eine schuldrechtliche Vereinbarung gleichen Inhalts aber möglich sein sollte (so PLANCK/STRECKER, SOERGEL/KONZEN, MünchKomm/EICKMANN, alle aaO), ist unerfindlich.

II. Der Anspruch des Eigentümers im einzelnen

1. Inhalt

11 a) Der Gläubiger muss dem Eigentümer nicht nur die Quittung (in grundbuchmäßiger Form, § 29 GBO) erteilen, sondern auch nach dessen Wahl (RGZ 101, 234; RG Gruchot 58, 665, 670; RG Gruchot 60, 318; SOERGEL/KONZEN[13] Rn 6; PLANCK/STRECKER Anm 4b α; BGB-RGRK/MATTERN[12] Rn 10) entweder die Umschreibung oder auch die Löschung der Hypothek in grundbuchmäßiger Form (§ 29 GBO) bewilligen. Ferner muss der Gläubiger die sämtlichen zur Grundbuchberichtigung notwendigen Urkunden dem Eigentümer übergeben; die bloße Vorlage an das Grundbuchamt gemäß § 896 genügt nicht (RGZ 55, 227; PLANCK/STRECKER Anm 4a). Zu diesen Urkunden gehören zB im Grundbuch nicht vermerkte Zessionen (§ 1155), ein Erbschein oder bei Briefhypotheken das öffentlich beglaubigte Anerkenntnis eines gesetzlichen Übergangs der Forderung (vgl § 408 Abs 2, § 1155) sowie bei der Briefhypothek im Fall der vollständigen Befriedigung der Hypothekenbrief.

12 Der Eigentümer kann alle diese Urkunden auch dann verlangen, wenn sie **nicht**

vorhanden und auch nicht im Besitz des Gläubigers sind. Der Gläubiger muss die Urkunden dann beschaffen oder in der für die Grundbuchberichtigung oder Löschung erforderlichen Form ausstellen (PLANCK/STRECKER Anm 4a; BGB-RGRK/MATTERN[12] Rn 8). Aus der Formulierung, dass die Unterlagen dem Eigentümer auszuhändigen sind, folgt, dass es sich um eine Bringschuld handelt, der Gläubiger für die Wiederbeschaffung also auch dann verantwortlich ist, wenn er sie an den Eigentümer versandt hat, sie aber unterwegs verloren gegangen sind (s oben Rn 4 und unten Rn 22).

b) Will der Eigentümer die Hypothek **löschen** lassen, so kann er eine in der Form **13** des § 29 GBO erklärte Löschungsbewilligung verlangen (KGJ 39 A 232). Es genügt eine Erklärung, die lediglich die Bewilligung der Löschung zum Inhalt hat, ohne dass zugleich über den Empfang des Kapitals, der Zinsen und sonstiger Nebenleistungen quittiert wird (vgl OLG Köln Rpfleger 1964, 149 mit zust Anm HAEGELE; WÄNTIG MDR 1949, 683; § 1163 Rn 88 ff).

c) Jedoch reicht es zur Umschreibung oder zur Löschung aus, wenn der Gläubiger **14** eine **„löschungsfähige" Quittung** (§ 1163 Rn 87) erteilt, in welcher der Eigentümer als zahlende Person bezeichnet ist. Am einfachsten fügt der Gläubiger der Quittung die Erklärung bei, dass er je nach der Wahl des Eigentümers die Umschreibung der Hypothek oder ihre Löschung bewillige. Die Angabe der Person des Zahlenden in der Quittung ist auch deshalb von Bedeutung, weil sonst nach den §§ 424 Abs 2, 774, 1150, 1164 die Möglichkeit offenbleibt, dass die Hypothek durch die Zahlung der Forderung auf einen anderen als den Eigentümer übergegangen ist (KGJ 29 A 186; KGJ 40, 195; KG NJW 1973, 56; OLG Hamm Rpfleger 1985, 187; BÄHR JuS 1973, 384; PLANCK/STRECKER Anm 4b α). Enthält die Quittung diese Angaben nicht, so kann die Löschung aus diesem Grund nicht erfolgen (OLG Celle DNotZ 1955, 317; PALANDT/BASSENGE[67] Rn 6).

Ferner kann der Eigentümer zwecks Berichtigung des Grundbuchs verlangen, dass **15** die Quittung ergibt, ob er persönlicher Schuldner ist oder nicht, weil er nach den §§ 1143, 1163 Abs 1, 1177 die Hypothek im ersten Fall als Grundschuld, im zweiten Fall als Hypothek mit der Forderung erlangt (KGJ 45, 284; KGJ 51, 287; SchlHOLG MDR 1949, 682; SOERGEL/KONZEN[13] Rn 9; PLANCK/STRECKER Anm 4b α). Zur Grundbuchberichtigung genügt jedoch auch eine Umschreibungsbewilligung des Gläubigers (KGJ 39 A 232), die nichts darüber aussagt, ob die Hypothek Grundschuld geworden ist oder nicht. Aufgrund einer solchen Bewilligung kann der Eigentümer die Hypothek auf sich sowohl als Grundschuld als auch als Hypothek umschreiben lassen; der befriedigte Gläubiger ist außer dem negativen Umstand, dass er unrichtig als Inhaber der Hypothek eingetragen ist, in keiner Weise mehr rechtlich „betroffen" iSd §§ 22, 19 GBO, so dass ihm für die Frage, ob das Grundpfandrecht in der Hand des Eigentümers als Hypothek oder Grundschuld zu qualifizieren ist, die Bewilligungsbefugnis fehlt (aM KGJ 27 A 278; KG JW 1934, 1056; BGB-RGRK/MATTERN[12] Rn 10; STAUDINGER/SCHERÜBL[12] Rn 8; STÖBER/SCHÖNER[14] Rn 366; vgl auch OLG Kassel OLGE 18, 173: neben einer löschungsfähigen Quittung kann nicht noch eine urkundliche Umschreibungsbewilligung verlangt werden, weil die Quittung allein zur Berichtigung des Grundbuchs genügt).

d) Eine gesetzliche Verpflichtung des Gläubigers, die Hypothek auf Verlangen **16** des befriedigenden Eigentümers unmittelbar an einen **Dritten** abzutreten, besteht nicht (KGJ 39 A 232). Zulässig und als Fälligkeitsbedingung fähig, Inhalt der Hypothek zu sein, ist aber eine Vereinbarung, die dem Eigentümer eine Einrede verschafft, falls und solange der Gläubiger bestimmte als solche nicht eintragungsfähige vertragliche Verpflichtungen, zB die Verpflichtung, die Hypothekenforderung an einen von dem Eigentümer zu benennenden Dritten abzutreten, nicht erfüllt hat. § 1157 ist auf diese Einrede anwendbar (PLANCK/STRECKER Anm 5 mwNw; **aM** KGJ 20 A 308).

17 e) Ist der Gläubiger im Grundbuch nicht als solcher eingetragen, so kann der Eigentümer auch die Aushändigung derjenigen Urkunden verlangen, die zur **Eintragung des Gläubigers** oder, wenn diese zur Umschreibung des Gläubigers nicht erforderlich ist, zum Beweis eines Gläubigerrechts benötigt werden (PLANCK/STRECKER Anm 4b α). Zu diesen Urkunden gehört zB die in der Form des § 29 GBO erklärte Abtretung des als Gläubiger Eingetragenen (vgl auch OLG Hamburg HRR 1932 Nr 1210; BGB-RGRK/MATTERN[12] Rn 14). Der Eigentümer kann auch Vorlegung von Erbscheinen und Testamentsvollstreckerzeugnissen verlangen; eine Verweisung auf die Nachlassakten genügt nicht (OLG Hamburg HRR 1932 Nr 1210).

18 f) In der **Insolvenz des Gläubigers** verleiht der Anspruch ein Aussonderungsrecht (vgl RGZ 60, 250; RGZ 86, 240; PLANCK/STRECKER Anm 6; SOERGEL/KONZEN[13] Rn 11; ERMAN/ WENZEL[12] Rn 1).

19 g) Auch gegenüber einem zur Einziehung berechtigten **Pfandgläubiger** kann der Eigentümer die Einrede aus § 1144 erheben, solange die Unterlagen nicht beschafft und übergeben sind. Händigt der Pfandgläubiger die Urkunden anstelle des Gläubigers aus, so ist dem § 1144 genügt (KGJ 31 A 316; KGJ 34 A 310; KG JW 1935, 1641; LG Berlin JW 1921, 255; PLANCK/STRECKER Anm 4c). Die positiven Leistungsansprüche aus § 1144 bestehen hingegen dem Pfandgläubiger gegenüber nicht. Das Pfandrecht hindert den Eigentümer nicht, diese Ansprüche auch weiterhin gegen den Gläubiger geltend zu machen. Allerdings unterliegt der Pfandgläubiger den allgemeinen Ansprüchen, die oben Rn 2 dargestellt sind.

20 h) Haben **mehrere** Miteigentümer den Gläubiger gemeinsam befriedigt, so kann jeder von ihnen den Anspruch selbständig in Bezug auf seinen Miteigentumsanteil erheben, aber wohl auch in Bezug auf das ganze Grundstück, dann aber nur mit dem Ziel der Aushändigung der Urkunden an alle Miteigentümer (unklar RGZ 60, 270 vom 15. 3. 1905 – V 416/04).

2.   Kein Zurückbehaltungsrecht des Gläubigers

21 Dem Gläubiger steht dem Anspruch aus § 1144 gegenüber ein Zurückbehaltungsrecht nach § 273 **nicht zu**, selbst dann nicht, wenn er gegen den Eigentümer weitere Ansprüche aus dem selben Rechtsverhältnis hat (RGZ 132, 15; BGHZ 71, 19 vom 24. 2. 1978 – V ZR 182/75 = LM Nr 27 zu § 607 m Anm LINDEN; BGH vom 25. 4. 1988 – II ZR 17/87 – NJW 1988, 3260). Die Zubilligung eines Zurückbehaltungsrechts würde nicht nur tatsächlich den Erfolg haben, dass der Gläubiger wegen der anderen Ansprüche ebenfalls durch die Hypothek gesichert wäre (RGZ 107, 94 vom 28. 11. 1923 – V 31/23; BGH wie vor; OLG Karlsruhe DJ 1943, 207; ERMAN/WENZEL[12] Rn 4); sie wäre vor allem ein Verstoß gegen § 1136, weil die erzwungene Unrichtigkeit des Grundbuchs auf eine

Verfügungssperre über das dem Gläubiger nicht mehr zustehende Eigentümerrecht hinauslaufen würde. Deshalb ist auch der Auffassung zu widersprechen, eine Vereinbarung des mit dem Eigentümer identischen Schuldners, die dem Gläubiger ein solches Zurückbehaltungsrecht einräumt, sei nur nicht eintragungsfähig (PLANCK/ STRECKER Anm 5), wohl aber schuldrechtlich wirksam (so aber RG WarnR 1925 Nr 36; RGZ 132, 15; RG SeuffA 79 Nr 27; SOERGEL/KONZEN[13] Rn 4).

3. Kosten

Die **Kosten** der Ausstellung der nach § 1144 erforderlichen Urkunden hat gemäß **22** §§ 368, 369, 403, 897 grundsätzlich der Eigentümer zu tragen (BGHZ 114, 330; OLG Hamburg OLGE 6, 271; BGB-RGRK/MATTERN[12] Rn 17; ERMAN/WENZEL[12] Rn 6; MünchKomm/ EICKMANN[4] Rn 31; PLANCK/STRECKER Anm 7). Entsprechend dem Grundgedanken des § 369 Abs 2 (dazu STAUDINGER/OLZEN [2006] § 369 Rn 5) fallen jedoch Mehrkosten, die durch Umstände in der Sphäre des Gläubigers bedingt sind, diesem zur Last. Die Kosten eigener Legitimation durch Erbschein hat daher derjenige zu tragen, der sich legitimieren muss (GREGOR NJW 1960, 1286). Der geschäftsunfähige Gläubiger hat die Mehrkosten seiner Vertretung zu tragen. Eine *Vergütung* steht dem Gläubiger neben der Kostenerstattung nicht zu, so dass eine solche in allgemeinen Geschäftsbedingungen und Verbraucherverträgen nach § 307 auch nicht vereinbart werden kann (BGHZ 114, 330). Sind die Unterlagen beim Gläubiger abhanden gekommen (s zur Beweislast oben Rn 4), so hat dieser die Kosten der Wiederbeschaffung zu tragen (oben Rn 12).

III. Durchsetzung des Anspruchs

1. Hypothekenbrief

Verweigert der Gläubiger die Herausgabe des Briefs (oder im Fall des § 1145 die **23** Erteilung des Vermerks über die teilweise Befriedigung), so kann der Eigentümer Klage erheben; außerdem kommt der Gläubiger dann in Verzug (§ 298). Auch nach der Befriedigung des Gläubigers findet die Klage nach wie vor in § 1144 ihre Grundlage, nicht etwa in den §§ 894 ff.

2. Löschungsurkunden

a) Aus § 1144 ergibt sich iVm §§ 273, 274, dass der **Eigentümer** berechtigt ist, **24** seine Leistung bis zur Aushändigung der zur Löschung der Hypothek erforderlichen Urkunden **zurückzubehalten** (RGZ 55, 227; RG SeuffA 65 Nr 114). Dieses Zurückbehaltungsrecht gewährt dem Eigentümer jedoch nur eine im Prozess geltend zu machende aufschiebende Einrede mit der Wirkung, dass er nicht zur Leistung schlechthin, sondern nur zur Erfüllung *Zug um Zug* (SOERGEL/KONZEN[13] Rn 10) verurteilt wird. Die Auffassung, es sei nicht Zug um Zug, sondern „gegen Aushändigung der Papiere" zu tenorieren (BGH vom 8. 7. 2008 – VII ZB 64/07 – WM 2008, 1656), verspricht wenig Gewinn, weil es hierfür an Vollstreckungsvorschriften fehlt und letztlich doch nach §§ 756, 757 ZPO zu verfahren ist. Daraus, dass in der Zahlungsklage des Hypothekengläubigers ein Anerbieten, die Papiere auszuhändigen, fehlt, kann der Eigentümer Einwendungen nicht herleiten, denn zur Begründung der Klage gehört dieses Angebot nicht. Vielmehr ist es Sache des beklagten Eigentümers, die Einrede des Zurückbehaltungsrechts zu erheben und dadurch zu erreichen, dass er nur zur Zahlung Zug um Zug gegen Aushändigung der Urkunden verurteilt wird (OLG Posen OLGE 29, 365). Auch die Mahnung zur Bezahlung einer Hypothekenschuld braucht daher nicht die Bereiterklärung zur Löschung zu enthalten (s § 1146 Rn 3).

25 **b)** Aus der Bestimmung des § 1144, dass gegen Befriedigung des Gläubigers die Aushändigung der Urkunden verlangt werden kann, ist jedoch nicht etwa zu folgern, dass der **Anspruch auf Aushändigung** der Urkunden jederzeit unter Befriedigung des Gläubigers geltend gemacht werden könnte. Denn § 1144 ist nur im Zusammenhang mit § 1142 anwendbar; der Anspruch ist daher nur dann gerechtfertigt, wenn der Eigentümer zur Befriedigung des Gläubigers nach Maßgabe des § 1142 berechtigt ist. Vorausgesetzt ist sonach, dass die Hypothekenforderung ihm gegenüber fällig geworden oder dass der persönliche Schuldner zur Leistung berechtigt ist (RGZ 111, 401; Soergel/Konzen[13] Rn 3).

26 **c)** Für die Klage des Eigentümers ist der ausschließliche **Gerichtsstand** der belegenen Sache nach § 24 ZPO maßgebend, gleichviel ob es sich um eine dingliche oder schuldrechtliche Klage handelt (BGHZ 54, 201 vom 26.6.1970 – V ZR 168/67; BGH WM 1977, 453; MünchKommZPO/Patzina[3] § 24 Rn 11; Soergel/Konzen[13] Rn 13; Erman/Wenzel[12] Rn 1).

27 **d)** Die **Zwangsvollstreckung** erfolgt bei bereits vorhandenen Urkunden nach § 883 ZPO durch Wegnahme der Urkunden durch den Gerichtsvollzieher, bei erst abzugebenden Willenserklärungen nach § 894 ZPO.

IV. Abtretung

28 Der Anspruch aus § 1144 kann, wie der Grundbuchberichtigungsanspruch (Staudinger/Gursky [2008] § 894 Rn 81) nicht selbständig abgetreten werden. Sein Zweck ist, den zahlenden Eigentümer vor zwischenzeitlichen Verfügungen des durch die Befriedigung nicht mehr verfügungsberechtigten Gläubigers zu schützen (Erman/Wenzel[12] Rn 1). Er ist lediglich im Wege der Hilfspfändung pfändbar, um einem Gläubiger des Eigentümers die Vollstreckung in das Grundpfandrecht zu ermöglichen (OLG Köln OLGZ 1971, 151; nicht ganz eindeutig OLG Düsseldorf Rpfleger 1998, 436).

V. Grund- und Rentenschulden

29 Die Vorschrift gilt auch für Grund- und Rentenschulden, bezogen aber nur auf das dingliche Recht. Zahlt der Eigentümer auf die gesicherte Forderung, so geht die Grundschuld nicht kraft Gesetzes auf ihn über; das Grundbuch wird also nicht unrichtig, § 1144 ist unanwendbar. Nur wenn der Eigentümer auf die Grundschuld zahlt (vgl zu den Fällen, in denen er so verfährt, Vorbem 134 ff zu §§ 1191 ff), greift die Vorschrift. Die Klage des Grundstückseigentümers gegen den Grundschuldgläubiger auf Rückgabe der Grundschuld in der Form der Abtretung fällt nicht unter § 24 ZPO (BGHZ 54, 201 vom 26.6.1970 – V ZR 168/67), wohl aber in der Form des Verzichts und der Löschung.

§ 1145
Teilweise Befriedigung

**(1) Befriedigt der Eigentümer den Gläubiger nur teilweise, so kann er die Aus-
händigung des Hypothekenbriefs nicht verlangen. Der Gläubiger ist verpflichtet, die
teilweise Befriedigung auf dem Briefe zu vermerken und den Brief zum Zwecke der
Berichtigung des Grundbuchs oder der Löschung dem Grundbuchamt oder zum
Zwecke der Herstellung eines Teilhypothekenbriefs für den Eigentümer der zuständigen Behörde oder einem zuständigen Notar vorzulegen.**

**(2) Die Vorschrift des Absatzes 1 Satz 2 gilt für Zinsen und andere Nebenleistungen
nur, wenn sie später als in dem Kalendervierteljahr, in welchem der Gläubiger
befriedigt wird, oder dem folgenden Vierteljahre fällig werden. Auf Kosten, für die
das Grundstück nach § 1118 haftet, findet die Vorschrift keine Anwendung.**

Materialien: E I § 1119 Abs 2; II § 1052 Abs 2
rev § 1129; III § 1128; Mot III 759; Prot III 610,
665; VI 253.

Die Vorschrift enthält eine Ergänzung und zum Teil eine Abänderung des § 1144 für **1**
Teilleistungen, zu deren Annahme freilich der Gläubiger grundsätzlich nicht verpflichtet ist (§ 1142 Rn 13).

I. Teilbefriedigung des Kapitals (Abs 1)

1. Briefhypothek

a) Wird bei einer Briefhypothek der Gläubiger nur zum Teil befriedigt, so kann **2**
der Eigentümer, obwohl er Miteigentum am Brief erwirbt, die **Aushändigung des
Briefes** nicht verlangen; auch steht ihm gegenüber dem Gläubiger kein Anspruch auf
Einräumung des Mitbesitzes an dem Brief zu, denn der erteilte Brief muss dem
Gläubiger zum ausschließlichen Besitz verbleiben, damit er uneingeschränkt über
den ihm zustehenden Hypothekenteil verfügen kann (RGZ 69, 41).

Der Gläubiger ist jedoch zum Schutz des Eigentümers gegen die Wirkungen des **3**
Öffentlichkeitsprinzips (§§ 892, 1140) verpflichtet, die teilweise Befriedigung auf
dem **Brief** zu **vermerken** und den Brief zum Zweck der Herstellung eines Teilhypothekenbriefs für den Eigentümer der zuständigen Behörde oder einem zuständigen
Notar vorzulegen. Der Anspruch auf Vorlegung des Briefs zum Zweck der Herstellung eines Teilhypothekenbriefs ist dem Eigentümer, der den bezahlten Hypothekenteil auf seinen Namen umschreiben lassen will, gewährt, damit er über den Teil
verfügen kann. Zwar genügt zur Abtretung und zur Belastung des Teils auch die
Übergabe des Stammbriefes an den Erwerber oder die Einräumung des Mitbesitzes
(§ 1154 Rn 50); da aber der Gläubiger weder zur Herausgabe des Briefs noch zur
Einräumung des Mitbesitzes verpflichtet ist (s oben Rn 2), kann dem Eigentümer die
Verfügung über den Teilbetrag nur durch die Erstellung eines Teilhypothekenbriefs
ermöglicht werden.

4 b)   Der Vermerk über die Teilbefriedigung **ersetzt** die Aushändigung des Hypothekenbriefs. An sich genügt zur Ausschließung der §§ 892, 893 im Hinblick auf § 1140 ein bloßer Privatvermerk (§ 1140 Rn 6). Soweit jedoch der Vermerk zugleich Eintragungsunterlage nach § 29 GBO sein soll, muss er der Form des § 29 GBO entsprechen; der Eigentümer kann nach § 1144 Erteilung der Eintragungsunterlagen in dieser Form verlangen (PLANCK/STRECKER Anm 2). Die Vorlage des Hypothekenbriefs bei dem Grundbuchamt ist zur Eintragung ins Grundbuch nach § 41 GBO erforderlich. Wegen der Kosten s § 1144 Rn 22.

5 c)   Der Eigentümer kann auch hier **wählen**, ob er die Hypothek, soweit sie getilgt ist, löschen oder auf sich umschreiben lassen will (vgl Erl zu §§ 1143, 1144). Entscheidet sich der Eigentümer für die Umschreibung des Grundpfandrechts auf seinen Namen, so kann er auch die Ausstellung eines Teilhypothekenbriefs auf seinen Namen verlangen. Die grundbuchrechtlichen Vorschriften über die Herstellung des Teilhypothekenbriefs sind in § 61 GBO enthalten; vgl wegen der Zuständigkeit der Notare § 20 Abs 2 BNotO.

6 d)   Solange der Anspruch nach § 1145 nicht erfüllt ist, kann der Eigentümer gegenüber dem Anspruch auf Zahlung der Restforderung ein **Zurückbehaltungsrecht** entgegenhalten mit der Wirkung, dass er nur zur Leistung Zug um Zug zu verurteilen ist (RG Recht 1912 Nr 878).

7 e)   Für die Zulässigkeit vertraglicher **Änderungen** der Verpflichtungen des Gläubigers gilt dasselbe wie im Fall des § 1144 (s dort Rn 7 ff; widersprüchlich MünchKomm/EICKMANN Rn 9 und Rn 18, dazu unten Rn 9).

2.   Buchhypothek

8 Für **Buch**hypotheken gilt § 1145 nicht; hier muss der Eigentümer den Teilbetrag löschen oder auf sich umschreiben lassen, damit ein gutgläubiger Erwerb nach § 892 ausgeschlossen wird (zumindest missverständlich DETER/BURIANSKI/MÖLLENHOFF BKR 2008, 281, unter fehlerhafter Berufung auf Brandenbg OLG vom 17.11.2005 – 5 U 57/05 – WM 2006, 1906, die gezahlten Raten seien „im Grundbuch zu vermerken").

9 Zu **Tilgungshypotheken** (s § 1144 Rn 9) wird die Auffassung vertreten, der Eigentümer dürfe den Anspruch auf Grundbuchberichtigung, der mit der Begleichung jeder einzelnen Annuität entsteht, nach Treu und Glauben nicht geltend machen, weil der Aufwand unzumutbar sei (SOERGEL/KONZEN[13] Rn 2; nur noch zögernd MünchKomm/EICKMANN[4] Rn 9; dagegen KAPS DR 1941, 401; PALANDT/BASSENGE[68] Rn 1). Es erscheint aber wenig sinnvoll, einerseits jede Möglichkeit, § 1145 vertraglich abzubedingen, auszuschließen und zugleich die gesetzliche Regelung über § 242 so einzuschränken, dass von ihr nur noch wenig übrig bleibt. Besser ist es, Möglichkeiten zu vertraglicher Regelung zu eröffnen (dafür § 1144 Rn 8 f) und das Gesetz unberührt zu lassen. Den Anspruch auf Grundbuchberichtigung während der ganzen Laufzeit der Hypothek völlig auszuschließen, schießt aber in jedem Fall weit über das Ziel hinaus und berücksichtigt das Interesse des Eigentümers an der Rückgewähr der Rangstelle nicht; der Grundbuchberichtigungsanspruch ist also nicht zu schmälern.

II. Zinsen und andere Nebenleistungen (Abs 2)

Bei Bezahlung der in dem laufenden oder dem folgenden Kalendervierteljahr fällig **10**
werdenden Zinsen und anderen Nebenleistungen ist Abs 1 S 2 **nicht anwendbar**
(Abs 2 S 1); der Eigentümer ist im Falle der Abtretung dieser Ansprüche gegen
eine nochmalige Inanspruchnahme durch §1158 geschützt (vgl WOLFF DJZ 1908, 1104;
PLANCK/STRECKER Anm 4). Aus Abs 2 S 1 ergibt sich insbesondere die Möglichkeit, dass
der Eigentümer die Hypothek in Ansehung künftiger Zinsen erwirbt, während die
Hypothek im Übrigen beim Gläubiger verbleibt (RGZ 74, 78; s auch §1154 Rn 11 f).

Wegen der **Kosten** (Abs 2 S 2) vgl §1159. **11**

III. Entsprechende Anwendung

In den Fällen der §§ 1150, 1167, 1168 Abs 3 ist §1145 entsprechend anwendbar (vgl **12**
auch RGZ 59, 317 ff; PLANCK/STRECKER Anm 5a; BGB-RGRK/MATTERN[12] Rn 2).

Ist die Forderung teilweise **nicht entstanden** (§1163 Abs 1 S 1) und wird sie auch **13**
nicht entsehen, so ist auch hier die Vorschrift entsprechend anwendbar (§1144 Rn 5).
Auf den *Ablösungsberechtigten* (§1144 Rn 5) ist sie nur anwendbar, wenn der Gläubiger – wozu er nicht verpflichtet ist – eine Teilablösung akzeptiert (RGZ 59, 317; 69, 40;
PLANCK/STRECKER Anm 5a).

Für den einziehungsberechtigten **Pfandgläubiger** gilt das zu §§ 1144 Rn 19 Aus- **14**
geführte (vgl RG JW 1905, 81; OLG Hamburg OLGE 23, 213).

IV. Geltung für Grund- und Rentenschulden

S §1144 Rn 29. **15**

§1146
Verzugszinsen

**Liegen dem Eigentümer gegenüber die Voraussetzungen vor, unter denen ein
Schuldner in Verzug kommt, so gebühren dem Gläubiger Verzugszinsen aus dem
Grundstück.**

Materialien: E I §1140; II §1053 rev §1130;
III §1129; Mot III 790; Prot III 711 f.

Schrifttum

SCHWERDTNER, Verzug im Sachenrecht (1973)
A WOLF, Die Behandlung der Hypothekenzin-
sen im Falle der Verkehrshypothek des BGB
(Diss Leipzig 1908).

1 **1.** Die Vorschrift betrifft den **Verzug des Eigentümers**. Die Anhänger der Theorie, dass die Grundpfandrechte nur Duldungspflichten begründen (vgl Einl 36 ff zu §§ 1113 ff), nehmen die Vorschrift zum Beleg, weil sie andernfalls überflüssig sein würde (ERMAN/WENZEL[12] Rn 2; PALANDT/BASSENGE[68] Rn 1; SOERGEL/KONZEN[13] Rn 1; STAUDINGER/SCHERÜBL[12] Rn 1); die Anhänger der Theorie vom Zahlungsanspruch (Einl 36 ff zu §§ 1113 ff; MünchKomm/EICKMANN[4] Rn 1) nehmen die Vorschrift als Zeugnis und Klarstellung dafür, dass der Hypothekenanspruch ein Leistungsanspruch ist (vgl Prot III 711). Ihre Bedeutung liegt jedenfalls darin, dass auch der nicht persönlich haftende Eigentümer unter den Voraussetzungen der §§ 286 ff Verzugszinsen aus dem Grundstück zu erbringen hat und zwar unabhängig davon, ob auch der Schuldner in Verzug ist. Die dingliche Haftung für Verzugszinsen wegen Verzugs des persönlichen Schuldners folgt bereits aus § 1118 (BGB-RGRK/MATTERN[12] Rn 2; SOERGEL/KONZEN[13] Rn 1). Im einzelnen kommen die §§ 286 bis 289 zur Anwendung.

2 **Darüber hinaus** können Ansprüche auf Ersatz eines Verzugs- oder Nichterfüllungsschadens als Inhalt und mit dem Rang der Hypothek (vgl Mot III 790) nicht erhoben werden (PLANCK/STRECKER Anm 1; WOLFF/RAISER § 131 III 3; MünchKomm/EICKMANN[4] Rn 12). Das bedeutet nicht, dass solche Ansprüche nicht bestehen würden; s dazu nachf Rn 7.

3 Die **Voraussetzungen** des Verzugs ergeben sich im Einzelnen aus den §§ 286 ff. Die Verzugsvoraussetzungen müssen gegenüber dem Eigentümer und zwar grundsätzlich gegenüber dem wirklichen Eigentümer gegeben sein; gemäß §§ 893, 892 kann aber auch eine an den Bucheigentümer gerichtete Mahnung wirksam sein (PLANCK/STRECKER Anm 2; ERMAN/WENZEL[12] Rn 3). Zur Wirksamkeit einer Mahnung ist es nicht erforderlich, dass sich der Gläubiger zur Aushändigung der in § 1144 bezeichneten Urkunden erbietet (§ 1144 Rn 24).

4 Die dinglichen Verzugszinsen **betragen 4%** jährlich, wenn die Fälligkeit (nicht der Verzug!) vor dem 1. 5. 2000 eingetreten ist (Art 229 § 1 Abs 1 S 3 EGBGB); für alle vor diesem Zeitpunkt fällig gewordenen Hypothekenforderungen und vor allem auch bei (wie üblich) sofort fälligen Grundschulden, die vor diesem Tage eingetragen worden sind, verbleibt es also auf Dauer bei dem Zinssatz von 4%. Ist die Fälligkeit erst nach dem 30. 4. 2000 eingetreten, so richten sich die Verzugszinsen nach § 288 Abs 1 S 2 und Abs 2. Ob der Zinssatz 5%-**Punkte** oder 8%-Punkte **über dem Basiszinssatz** beträgt, richtet sich nach den jeweiligen Verhältnissen ab Fälligkeit; solange Gläubiger oder Eigentümer Verbraucher sind, gilt also der Satz von 5%-Punkten, ist keiner von ihnen Verbraucher der Satz von 8%-Punkten. Ergibt sich aus dem zugrundeliegenden Schuldverhältnis ein Anspruch auf höhere Zinsen, so bleibt dieser Anspruch unberührt (§ 288 Abs 3), falls er eingetragen ist. Es werden also keine Verzugszinsen zu den höheren eingetragenen Zinsen hinzu geschuldet (vgl OLG Düsseldorf DNotZ 2001, 705).

5 Vom **persönlichen Schuldner** kann der Gläubiger Verzugszinsen nur wegen dessen Verzugs verlangen, nicht aber wegen des Verzugs des Eigentümers. Sind sowohl der Eigentümer als auch der persönliche Schuldner im Verzug, so stehen dem Gläubiger die Verzugszinsen nur einmal zu (PLANCK/STRECKER Anm 4). Schuldner und Eigentümer haften wie Gesamtschuldner.

2. Die Vorschrift gilt auch für **Prozesszinsen** iS des § 291, die nur einen Spezialfall   6
der Verzugszinsen darstellen (**aA** Staudinger/Scherübl[12] Rn 6 unter Hinweis auf Planck/
Strecker Anm 2, wonach Klageerhebung allein den Eigentümer nicht notwendig in Verzug setze).

3. Der Eigentümer hat neben der dinglichen Haftung nach § 1146 nach den   7
allgemeinen Vorschriften der §§ 286 ff **persönlich** für Verzugsfolgen einzustehen
(Planck/Strecker Anm 3; vgl auch OLG Köln JW 1933, 634, 1268; Erman/Wenzel[12] Rn 2;
MünchKomm/Eickmann[4] Rn 12; Blomeyer JW 1933, 1268; **aA** aber Palandt/Bassenge[68] Rn 2;
Soergel/Konzen[13] Rn 2 gegen Soergel/Baur[11] Rn 1). Vom Standpunkt der hL aus, die
eine Leistungspflicht des Eigentümers leugnet (Einl 36 ff zu §§ 1113 ff), ist dies nicht
verständlich (MünchKomm/Eickmann Rn 12). Wie kann der Eigentümer „den Anspruch
des Gläubigers auf Befriedigung aus dem Grundstück trotz Mahnung schuldhaft
unbefriedigt" lassen (Staudinger/Scherübl[12] Rn 2), wenn er nur zu *dulden* hat? Vom
hier (vorst Rn 1 und Einl 36 zu §§ 1113 ff) vertretenen Standpunkt aus ist die persönliche
Verzugshaftung des Eigentümers hingegen selbstverständlich und unproblematisch.
Wenn es allerdings seit fast 70 Jahren keine veröffentlichte Entscheidung zu diesem
Fragenkreis gibt, scheint die praktische Bedeutung jener Haftung gering zu sein.
Nach § 823 Abs 1 haftet der Eigentümer bei schuldhafter Nichtzahlung nicht, denn
die Nichterfüllung des Anspruchs ist keine Verletzung des Rechts, das den Anspruch
gewährt, sondern lässt das Recht unberührt (Soergel/Konzen[13] Rn 3; **aA** OLG Köln JW
1933, 634, 1268; Palandt/Bassenge[68] Rn 2).

4. § 1146 ist auch auf **Grund-** und **Rentenschulden** anzuwenden (Wolff/Raiser § 154   8
V 2; BGB-RGRK/Mattern[12] Rn 1), bei letzteren jedoch nicht bezüglich der einzelnen
Leistungen, sondern nur bezüglich der Ablösungssumme (vgl §§ 1200 Abs 1, 289).
Auch die Anwendung auf **Sicherungshypotheken** wird durch § 1185 Abs 2 nicht
ausgeschlossen (Planck/Strecker Anm 5).

§ 1147
Befriedigung durch Zwangsvollstreckung

**Die Befriedigung des Gläubigers aus dem Grundstück und den Gegenständen, auf
die sich die Hypothek erstreckt, erfolgt im Wege der Zwangsvollstreckung.**

Materialien: E I § 1075; II § 1054 rev § 1131;
III § 1130; Mot III 675 ff; Prot III 571 f.

Schrifttum

Behner, Kann der Gläubiger einer Zwangs-
hypothek auf Grund seines ursprünglichen per-
sönlichen Schuldtitels mit dem Range dieser
Hypothek die Zwangsversteigerung des
Grundstücks betreiben?, DGWR 1937, 261
BohnWeber, Grundstücksvollstreckung und
Hypothekenrecht (4. Aufl 1930)

Corves, Über den hypothekarischen Anspruch
(Diss Kiel 1951)
Eickmann, Problematische Wechselbeziehun-
gen zwischen Immobiliarvollstreckung und
Insolvenz, ZfIR 1999, 81
Fischer, Rechtsschutzbedürfnis für die dingli-
che Klage des Zwangshypothekars, NJW 1954,
1674

GAIER, Grundpfandgläubiger als Schuldner eines Ausgleichsanspruchs wegen des Eigentumsverlusts durch Grundstücksverbindung, ZfIR 2003, 45

GRAMM, Die Eigentümergrundpfandrechte einschließlich ihrer Behandlung in der Zwangsvollstreckung (Diss Heidelberg 1950)

GREGOR, Die Zwangsvollstreckung aus der Hypothek bei Eigenbesitz und Nießbrauch, DJ 1942, 664

HAUFE, Das Recht des ausgefallenen Hypothekengläubigers am Zubehör (Diss Leipzig 1934)

HENTSCHEL/SCHOLZ, Kann der Gläubiger der Zwangshypothek auf Grund seines persönlichen Schuldtitels im Range der Hypothek die Zwangsversteigerung betreiben?, JW 1934, 1627

HERWIG, Besteht eine Duldungspflicht des Realschuldners zur Augenscheinseinnahme durch einen Sachverständigen bei bebauten Grundstücken vor der Zwangsversteigerung?, NotBZ 2002, 407

HINTZEN, Insolvenz und Immobiliarzwangsvollstreckung, Rpfleger 1999, 256

HOLTHÖFER, Bedarf der Gläubiger einer gepfändeten und ihm (zur Einziehung oder an Zahlungs Statt) überwiesenen Eigentümergrundschuld zur Zwangsvollstreckung mit dem Range der Grundschuld eines dinglichen Titels?, JR 1956, 213

HUBER, Zwangsvollstreckung, Pfändung von Grundschuld, BB 1965, 609

JOST, Duldung der Zwangsvollstreckung?, Jura 2001, 153

JUNGMANN, Grundpfandgläubiger und Unternehmensinsolvenz. Deutschland – England – Schottland (2004), besprochen von RINK ZZP 120 (2007), 121

KELLER, Grundstücke in Vollstreckung und Insolvenz (1998)

KLAWKOWSKI, Die Grundstücksversteigerung bei Vor- und Nacherbschaft, Rpfleger 1998, 100

KORFF, Die Rechtsnatur der erlöschenden Hypothek nach dem Zuschlag in der Zwangsversteigerung, unter besonderer Berücksichtigung der Höchstbetragshypothek (Diss Freiburg i Br 1934)

LÖSCHER, Berücksichtigung von Kosten bei Eintragung einer Zwangssicherungshypothek, Rpfleger 1960, 355

MAROTZKE, Die dinglichen Sicherheiten im neuen Insolvenzrecht, ZZP 109 (1996) 429

vMASSENBACH, Die rechtliche Behandlung der nicht in das geringste Gebot fallenden, aber durch den Versteigerungserlös gedeckten Hypotheken (Diss Göttingen 1938)

MUTH, Die Zwangsversteigerung auf Antrag des Insolvenzverwalters, ZIP 1999, 945

PULHEIM, Pfändung und Konkurs bei der Eigentümerhypothek nach den Entscheidungen des Reichsgerichts (Diss Köln 1938)

RANNOW, Die Rechtsnatur der Hypothekenklage (Diss Marburg 1930)

REISCHL, Grundfälle zu den Grundpfandrechten, JuS 1998, 516

REUTHER, Entstehung und Entbehrlichkeit der modernen Hypothekenklage, JherJb 87, 269

T SCHOLZ, Schuldübernahmen in der Zwangsversteigerung, ZfIR 1999, 165

SCHULTZ, Der Wirksamkeitsvermerk als Gestaltungsalternative zu Rangvorbehalt und Rangrücktritt der Auflassungsvormerkung, RNotZ 2001, 541

SIMÉON, Zwangsvollstreckung in Eigentümerhypotheken (Diss Jena 1936)

SMID, Grundpfandrechte im neuen Insolvenzverfahren, NotBZ 1998, 81

STERNBERG, Die vollstreckbare notarielle Urkunde, in: FS Oberneck (1930) 34 f

STÄDTLER, Grundpfandrechte in der Insolvenz (1998)

STENGEL, Zwangsverwaltung im Eröffnungsverfahren nach Gesamtvollstreckungsordnung und Insolvenzordnung, ZfIR 2001, 347

WOLFSTEINER, Die vollstreckbare Urkunde (2. Aufl 2006)

WÜSTER, Schicksal der der Gesamthypothek des BGB zugrundeliegenden Forderung im Falle der Befriedigung des Gläubigers (Diss Göttingen 1955)

ZIMMERMANN, Besondere Probleme der Gesamthypothek im Bürgerlichen Recht und Recht der Zwangsversteigerung (Diss Hamburg 1953)

ZWINGEL, Widerspruch des Schuldners gegen nicht valutierten Teil der Grundschuld, Rpfleger 2000, 437.

Systematische Übersicht

I.   Allgemeines

S zunächst Einl 183 ff zu §§ 1113 ff.   **1**

Die Vorschrift, die keinen eigentlich selbständigen Anwendungsbereich hat, stellt **2** klar, dass sich der Gläubiger nicht – wie beim Mobiliarpfandrecht zulässig – durch Verwertungshandlungen auf eigene Faust, sondern nur mittels des **staatlichen Vollstreckungsverfahrens** befriedigen darf (weitergehend Scholz ZfIR 1999, 165: Zwangsvollstreckung als Bestandteil des Liegenschaftsrechts). Deshalb kann sie nicht einfach vertraglich abbedungen werden (vgl § 1113 Rn 2; aA Wilhelm[3] Rn 1634). Die Vorschrift steht in Zusammenhang mit §§ 1136 und 1149, die eine Verwertung im Wege der Eigenmacht verhindern wollen. Vereinbarungen über eine andere Art der Verwertung, etwa durch freihändigen Verkauf (Einzelheiten bei § 1149 Rn 15 ff), verstoßen jedenfalls dann, wenn sie vor Fälligkeit der Hypothek getroffen werden, gegen § 1149 und sind nichtig. Ist die Hypothek für eine abstrakte Forderung bestellt, die ihrerseits Sicherungscharakter hat (abstraktes Schuldversprechen mit Hypothek), gilt das nach[f] Rn 64 ausgeführte.

Die Vorschrift sagt nichts über den **Rechtscharakter der Hypothek** und der Grund- **3** pfandrechte allgemein (dazu Einl 36 ff zu §§ 1113 ff) als Zahlungs-, dh Leistungsansprüche oder als Duldungsansprüche (MünchKomm/Eickmann[4] Rn 4, der dennoch die Frage der Rechtsnatur hier behandelt; aA – Aussage iS der Duldungstheorie – NK-BGB/Zimmer[2] Rn 2; Staudinger/Scherübl[12] Rn 1; Wolff/Raiser § 131). Auch Zahlungsansprüche können – von geringfügigen Ausnahmen abgesehen – in allen modernen Rechtsordnungen nur im Wege staatlicher oder staatlich überwachter Vollstreckung zwangsweise durchgesetzt werden (vgl die Nachweise zu den wichtigsten europäischen Rechtsordnungen bei Stöcker, Die „Eurohypothek" [1992]); § 1142 Abs 2, wonach auch die Aufrechnung zulässig ist, stellt andererseits klar, dass § 1147 keinesfalls als Verbot der zugelassenen

Selbsthilfe-Vollstreckungssurrogate verstanden werden will. S zum Theorienstreit iÜ Einl 36 ff zu §§ 1113 ff.

4 Die Hypothek gibt – wie grundsätzlich alle Ansprüche – dem Gläubiger jedenfalls die Berechtigung, mit Hilfe der Gerichte die **Zahlung aus dem Grundstück** in der Weise zu erzwingen, dass dem Grundstück der dem Gläubiger gebührende Geldbetrag abgewonnen wird (vgl HERWIG NotBZ 2002, 407; WOLFF/RAISER § 139). Dass nur in das Grundstück und die sonstigen mithaftenden Gegenstände vollstreckt werden darf, beschränkt den Gläubiger, nicht den Eigentümer, dem freigestellt bleibt, wie und aus welchen Mitteln er den Anspruch erfüllen will (MünchKomm/EICKMANN⁴ Rn 4; kritisch SCHOLZ ZfIR 1999, 165). Als Folge dieser Beschränkung bleibt dem Gläubiger die Aufrechnung gegen den Eigentümer versagt (§ 1142 Rn 17). Von diesem dinglichen (hypothekarischen) Anspruch ist der persönliche (schuldrechtliche) Anspruch, der sich aus der Forderung ergibt, zu deren Befriedigung die Hypothek bestellt worden ist, zu unterscheiden (Vorbem 4 zu §§ 1113 ff). Dem Gläubiger bleibt die Wahl, welchen Anspruch er geltend machen will. Er kann auch beide verbinden (s § 26 ZPO).

5 Das Vollstreckungsrecht ist aber **nicht grenzenlos**. S. insbesondere zu Einwendungen aus dem Schuldverhältnis unten § 1157 und zur Härte in ganz besonderen Umständen § 765a ZPO. Bei Durchführung der Zwangsverwaltung (unten Rn 44 ff) ist nur der Einsatz des bei gleicher Eignung jeweils mildesten Zwangsmittels gestattet (BVerfG vom 7. 1. 2009 – 1 BvR 312/08 – NJW 2009, 1259; vgl auch BGH vom 20. 11. 2008 – V ZB 31/08 – NJW 2009, 444). Ist der Gläubiger ein Kreditinstitut, so ist dieses regelmäßig aus dem Sicherungsvertrag verpflichtet, in der Befriedigungsphase die berechtigten Belange des Sicherungsgebers in angemessener und zumutbarer Weise zu berücksichtigen, soweit nicht ihre Sicherungsinteressen entgegenstehen (BGH vom 31. 3. 1992 – XI ZR 70/92 – NJW 1997, 1063 [Wolf] = LM § 276 [Cc] BGB Nr 41 m Anm MAROTZKE unter Hinweis auf Nr 20 Abs 1 S 1 AGB-Banken aF [dazu SCHWERDTNER EWiR § 276 BGB 3/97, 775]; s zu diesem Komplex auch Vorbem 29 vor §§ 1191 ff). Kann der Eigentümer das belastete Grundstück dergestalt verkaufen, dass er einen höheren Erlös erzielt als in der Zwangsversteigerung zu erwarten, darf das Kreditinstitut sich dem nicht verschließen und auch keine den Erlös mindernden Maßnahmen ergreifen (BGH vom 31. 3. 1992 wie vor; OLG Köln vom 12. 6. 1995 – 16 U 102/94 – ZIP 1995, 1668 = EWiR 1995, 1167 [krit ALISCH]). Die Zwangsvollstreckung kann unter dem Gesichtspunkt des § 242 BGB auch dann unzulässig sein, wenn der Gläubiger **Pflichten** aus dem Schuldverhältnis in schwerwiegender Weise verletzt, etwa seiner Abrechnungspflicht aus dem Darlehensverhältnis hartnäckig nicht nachkommt (OLG München vom 26. 2. 2008 – 5 U 5102/06 – ZIP 2008, 498 = EWiR § 404 BGB 1/08, 173 [SCHALL]).

6 Andererseits greift das für die Zwangsvollstreckung in das bewegliche Vermögen geltenden **Verbot zweckloser Pfändung** nach § 803 Abs 2 ZPO bei der Immobiliarvollstreckung nicht; dem Gläubiger kann nicht entgegengehalten werden, seine Rangstelle sei so schlecht, dass die Zwangsvollstreckung aussichtslos sei (BGH vom 18. 7. 2002 – IX ZB 26/02 – NJW 2002, 3178; BGH vom 30. 1. 2004 – IXa ZB 233/03 – EWiR § 803 ZPO 1/04, 359 [Anm HINTZEN]; **aA** aber – ohne Wahrnehmung des Konflikts – für die Zwangsverwaltung BGH vom 20. 11. 2008 – V ZB 31/08 – NJW 2009, 444). Die Zwangsvollstreckung markiert aber das Maximum dessen, wozu der Gläubiger befugt ist. Der Gläubiger kann nicht die Zustimmung zu einer anderen Art der Verwertung verlangen; eine vertragliche Verpflichtung dazu ist wegen §§ 1136 und 1149 idR unwirksam.

Bei der Zwangsversteigerung aufgrund eines hypothekarischen Titels ist für das **7** geringste Gebot der **Rang** der Hypothek des betreibenden Gläubigers maßgebend. Relative Unwirksamkeiten, insbesondere durch im Rang vorgehende Vormerkungen, sind zu beachten (vgl zur – nicht konstitutiven – Eintragung eines Wirksamkeitsvermerks bei der Hypothek Einl 150 zu §§ 1113 ff). Zu beachten sind auch die nach § 10 Abs 1 Nr 1 bis Nr 3 ZVG vorweg zu befriedigenden Ansprüche. Betreibt der Gläubiger die Zwangsvollstreckung auf Grund eines persönlichen Titels, so fallen alle zur Zeit der Beschlagnahme eingetragenen Rechte (gleichviel ob sie der Hypothek vor- oder nachgehen) in das geringste Gebot; dies gilt selbst dann, wenn der persönliche Schuldtitel erkennen lässt, dass es sich um die der Hypothek zugrundeliegende Forderung handelt (s RGZ 76, 119 und unten Rn 54).

Dies gilt allerdings bei Wohnungseigentum nicht für Titel auf (idR) sog **Wohngeld**, **8** die nach § 10 Abs 1 Nr 2 ZVG nach Art einer öffentlichen Last ein Privileg auf Vorwegbefriedigung in der zweiten Rangklasse genießen, obwohl sie kein dingliches Recht verkörpern. Die Folge ist, dass alle in Rangklasse 3 und danach zu befriedigenden dinglichen Rechte gemäß § 44 Abs 1 ZVG aus dem geringsten Gebot herausfallen und nach § 49 Abs 1 ZVG mit dem Zuschlag erlöschen. Da aber dem Befriedigungsrecht (idR) der Eigentümergemeinschaft kein dingliches Recht zugrunde liegt, sind nur die Ansprüche vorweg zu befriedigen, die sich gegen denjenigen richten, der zur Zeit der Beschlagnahme Wohnungseigentümer war, nicht aber Ansprüche gegen Rechtsvorgänger im Eigentum und wohl auch nicht gegen Rechtsnachfolger im Eigentum, denn das Veräußerungsverbot nach § 23 ZVG macht den Rechtsvorgänger nicht zum Wohngeldschuldner. S zur Hypothekenfähigkeit des Wohngelds § 1113 Rn 52.

Eine *weitere Ausnahme* statuiert § 174a ZVG. S dazu unten Rn 57.   **9**

Über den Gerichtsstand s § 24 ZPO; vgl §§ 25, 260, aber auch §§ 145, 301 ZPO. Über **10** einstweilige Verfügung zum Schutz des Hypothekengläubigers s § 935 ZPO (s RGZ 52, 140 sowie unten Rn 53). Über Schadensersatzanspruch des Hypothekengläubigers vgl § 1133 Rn 3, § 1121 Rn 2, § 1146 Rn 7.

II.   Der dingliche Anspruch

1.   Aktivlegitimation (Gläubigerseite)

Berechtigt zur Erhebung des dinglichen Anspruchs (aktivlegitimiert) ist der wahre **11** Gläubiger. Daneben wird der im Grundbuch eingetragene Gläubiger als der wahre Gläubiger der Hypothek (§ 891) und soweit es die Geltendmachung der Hypothek betrifft und diese keine Sicherungshypothek ist (s unten Rn 12) auch als der wahre Gläubiger der gesicherten Forderung vermutet (§ 1138), allerdings nicht wie der Eigentümer nach § 1148 fingiert. Vgl die Erl zu den genannten Bestimmungen (und Joswig ZfIR 2001, 613).

Bei der *Sicherungshypothek* muss der Gläubiger das Bestehen der persönlichen **12** Forderung nachweisen, zu deren Sicherung die Hypothek bestellt wurde, da § 1138 gemäß § 1185 Abs 2 keine Anwendung findet (vgl auch § 1185 Rn 7 ff; ferner Wolff/Raiser § 151 I 2 und Westermann, Schwerpunkte Rn 487).

13 Als dingliches und somit absolutes Recht richtet sich die Hypothek nicht nur gegen den Eigentümer als Schuldner, sondern auch gegen *Dritte.* Die Rechtsverhältnisse des Eigentums sind daher auch solche der Hypothek daran. Daher steht der Hypothekengläubiger auch in Rechtsbeziehung zu einem Mieter des Grundstücks, was schon aus §§ 1123 ff folgt. Er kann – bei entsprechendem Interesse – auch ein Rechtsverhältnis zwischen dem Eigentümer und dem Mieter feststellen lassen; die Feststellungsklage scheitert nicht daran, dass es sich um ein Rechtsverhältnis zwischen Dritten handeln würde (**aA** OLG Dresden Rpfleger 2003, 311).

14 Aus einer Vormerkung auf Einräumung einer Hypothek kann die dingliche Klage nicht erhoben werden, weil in diesem Fall das Grundpfandrecht noch nicht entstanden ist, auch nicht bedingt (BIERMANN, Widerspruch und Vormerkung 195 f; PLANCK/ STRECKER Anm 4; **aM** DERNBURG § 237 3; s auch KG OLGE 3, 140).

2. Passivlegitimation (Schuldnerseite)

15 Für die dingliche Klage ist der **Eigentümer** der richtige Beklagte (passivlegitimiert), auch wenn er nicht Besitzer ist. Auch für Zinsforderungen ist der Eigentümer selbst dann der richtige Beklagte, wenn das Grundstück unter Zwangsverwaltung steht (RGZ 99, 199 vom 9.6.1920 – V 7/20). Eine besondere Erleichterung wird hierbei dem Gläubiger durch § 1148 geschaffen (s Erl hierzu). Für die Zwangsversteigerung s im besonderen §§ 17, 93 ZVG. Unterliegt der Eigentümer, auch nach § 1148 der fiktive Eigentümer, der Insolvenzverwaltung, ist die Klage gemäß §§ 80, 86 InsO gegen den Insolvenzverwalter zu richten, es sei denn, dass er das Grundstück aus der Masse freigegeben hat (RGZ 94, 56).

16 Zur **Zwangsverwaltung** (§§ 146, 147 ZVG) bedarf es gemäß § 147 ZVG eines Titels gegen den (evtl vom Eigentümer verschiedenen) **Eigenbesitzer** (vgl LG Dortmund Rpfleger 2002, 472). Die Glaubhaftmachung des Eigenbesitzes gemäß § 147 Abs 2 ZVG ist zwar Vollstreckungsvoraussetzung, ersetzt aber nicht den Titel. Dasselbe gilt für dingliche Rechte, die zum Besitz ermächtigen und zwar gleichgültig, ob sie Rang vor oder nach der Hypothek haben (BGH vom 14.3.2003 – IXa ZB 45/03 – Rpfleger 2003, 378 m Anm ALFF S 523 = JuS 2003, 1029 m Anm K SCHMIDT = LMK 2003, 226 m Anm STORZ). S iÜ § 1124 Rn 21, auch zur Umschreibung eines gegen den Eigentümer gerichteten Titels gegen den Besitzer.

17 Soll die Befriedigung aus einer gemäß §§ 1120 ff der hypothekarischen Haftung unterliegenden **beweglichen Sache** gesucht werden (vgl § 1120 Rn 16 ff und unten Rn 50), so ist regelmäßig der Besitzer der Sache passiv legitimiert (vgl § 808 ZPO). Auch zur Zwangsvollstreckung in getrennte Erzeugnisse, die dem Eigenbesitzer gemäß § 955 gehören, bedarf es eines Titels gegen letzteren (OLG Rostock DRW 1943, 414 mit Anm SEBODE; GREGOR DJ 1942, 664 ff).

18 Im weiteren Sinn richtet sich der Anspruch als dinglicher (s Mot III 677) **gegen jeden**, der durch sein Verhalten die Verwirklichung der Hypothek hindert (PLANCK/STRECKER Anm 2a).

3. Anspruch

Der dingliche Anspruch kann idR (Ausnahme § 1133) erst bei **Fälligkeit** der Schuld **19**
geltend gemacht werden. Tritt die Fälligkeit ohne Kündigung an einem bestimmten
Termin ein oder steht nach einer Kündigung der Fälligkeitstermin bereits fest und ist
die Fälligkeit weiter nicht bedingungs- oder gegenleistungsabhängig, ist gemäß § 257
ZPO Klage auf *künftige Leistung* zulässig (vgl MünchKommZPO/ROTH³ § 257 Rn 10). Ist
die Forderung fällig, so ist die Drohung mit Zwangsversteigerung grundsätzlich
rechtmäßig (OLG Hamm ZfIR 1997, 395).

III. Gegenstand des Anspruchs

1. Umfang der Haftung

Der Umfang der Haftung in Ansehung der Forderung ist durch § 1118 festgelegt (vgl **20**
im Einzelnen die Erl zu §§ 1118, 1119). S wegen der Verzugszinsen § 1146 Rn 1 ff, wegen
der Prozesszinsen dort Rn 6. Wegen der Kosten s § 1118 Rn 7 ff.

In dem auf Zahlung aus dem Grundstück oder auf Duldung der Zwangsvollstre- **21**
ckung in das Grundstück (vgl Einl 187 zu §§ 1113 ff) gerichteten Rechtsstreit fallen dem
beklagten Eigentümer die **Kosten des Rechtsstreits** idR auch dann zur Last, wenn er
den Anspruch sofort anerkennt; da der Gläubiger zur Verwirklichung seines Rechts
wegen § 1147 eines vollstreckbaren Titels bedarf, veranlasst der Eigentümer iS des
§ 93 ZPO die Klage dann, wenn er nach Eintritt der Fälligkeit nicht von sich aus die
Ausstellung einer vollstreckbaren Urkunde nach § 794 Abs 1 Nr 5 ZPO anbietet
(dazu Einl 192 ff zu §§ 1113 ff) oder die Befriedigung des Gläubigers vor der Klagezu-
stellung vergeblich versucht hat (WOLFF/RAISER § 139 Fn 5; PLANCK/STRECKER Anm 2e;
WESTERMANN⁵ § 101 II 1 a; BGB-RGRK/MATTERN¹² Rn 2). Einer besonderen Aufforderung
durch den Gläubiger bedarf es grundsätzlich nicht (OLG Köln NJW 1977, 256; **aA** OLG
Karlsruhe OLGZ 1987, 250; OLG Schleswig SchlHA 1987, 95; OLG München OLGZ 1984, 248, das
zusätzlich eine Aufforderung zur Zwangsvollstreckungsunterwerfung verlangt; MünchKomm/EICK-
MANN⁴ Rn 29), weil der Eigentümer Befriedigung des Gläubigers schuldet (einer der
Fälle, in denen der Theorienstreit Leistungspflicht – Duldungspflicht doch rechtliche
Bedeutung hat); eine Verpflichtung hierzu kann sich aber aus den besonderen
Umständen des Einzelfalles ergeben (OLG Düsseldorf JMBlNRW 1968, 262; OLG München
NJW 1968, 556). Eine Aufforderung ist auch nicht nötig, wenn ein besonderer Dul-
dungstitel zur Durchführung der Zwangsvollstreckung erforderlich ist, zB gegen
Nacherben (OLG Marienwerder HRR 1939 Nr 901).

Der Eigentümer ist zur Ausstellung einer vollstreckbaren Urkunde nicht **verpflichtet** **22**
(s unten Rn 42); schlägt aber der Gläubiger das Angebot aus, muss er die Kosten
gemäß § 93 ZPO tragen (DÜMCHEN JherJb 54, 401 ff), wenn der Eigentümer sofort
anerkennt. Sind dem Kläger gemäß § 93 ZPO die Kosten auferlegt worden, kann
er sie im Zwangsvollstreckungsverfahren nicht im Rang der Hypothek beitreiben
(OLG Karlsruhe HRR 1937 Nr 588; OLG Posen OLGE 19, 71; PLANCK/STRECKER Anm 2e; BGB-
RGRK/MATTERN¹² Rn 2).

Der unterliegende Eigentümer hat die Kosten der dinglichen Klage **persönlich** zu **23**
tragen; der Eigentümer in Person und nicht das Grundstück ist Beklagter (PLANCK/

STRECKER Anm 2e; WOLFF/RAISER § 139 Fn 5; PALANDT/BASSENGE[67] Rn 3; MünchKomm/EICK-
MANN[4] Rn 28).

2. Klageantrag

24 Der Klagantrag (s Einl 187 zu §§ 1113 ff) lautet im Hinblick auf § 1113 korrekt: Der
Beklagte sei zu verurteilen, aufgrund der (nach Möglichkeit durch die laufende Nr in
Abt III des Grundbuchs zu bezeichnenden) Hypothek an den Kläger die Summe von
€ ... nebst Zinsen von ... für die Zeit vom ... bis zur Zahlung der Hauptsache und
Kosten von € ... aus dem (genau zu bezeichnenden) Grundstück zu zahlen (PLANCK/
STRECKER Anm 2b; JOST Jura 2001, 153). STAUDINGER/SCHERÜBL[12] Rn 22 schlägt (im Anschluss an HACHENBURG Beitr 94) vor, zusätzlich anzugeben, der Beklagte sei „als Eigentümer des Grundstücks" und „zur Befriedigung der dem Kläger zustehenden Forderung aus Darlehen" zu verurteilen; die Eigentümerstellung ist aber Teil der
Begründung (Passivlegitimation) und auch die Angabe des Schuldgrunds würde
nicht den Üblichkeiten bei anderen Zahlungsklagen, die ja immer auf die Befriedigung einer bestimmten, im Tenor aber nicht erwähnten Forderung gerichtet sind,
entsprechen. Nicht verzichtet werden darf aber auf die Bezeichnung der Hypothek
(aber unberücksichtigt bei MünchKomm/EICKMANN[4] Rn 23, korrekt aber Rn 24), weil der Geldbetrag allein beim Vorhandensein mehrerer Hypotheken nicht erkennen lässt, aus
welchem Grundbuchrang vollstreckt werden kann.

25 Gebräuchlicher (wenn auch abseits des Gesetzeswortlauts) ist die Fassung „den
Beklagten zu verurteilen, wegen der (nach Möglichkeit durch die laufende Nr in
Abt III des Grundbuchs zu bezeichnenden) Hypothek in Höhe von ... nebst Zinsen
von ... für die Zeit vom ... bis zur Zahlung der Hauptsache und Kosten von € ... die
Zwangsvollstreckung in das Grundstück ... zu dulden" (OBERNECK HypR 37; ders JW
1921, 1353; zustimmend MAENNER, Recht der Grundstücke 336 Anm 42; PLANCK/STRECKER
Anm 2b; BGB-RGRK/MATTERN[12] Rn 7; SOERGEL/KONZEN[13] Rn 2; PALANDT/BASSENGE[67] Rn 2;
s ferner RGZ 49, 106; SIBER JherJb 50, 142, 158; DÜMCHEN ebenda 54, 413 ff; BUSCH ZBlFG 12,
695; STILLSCHWEIG JW 1905, 79 ff; ähnlich ECKSTEIN ZZP 43, 110; vgl auch BRONS JW 1921, 1353;
1922, 213; 1925, 1743; STILLSCHWEIG JW 1922, 213; kritisch hierzu WOLFF/RAISER § 139 I mit Fn 4,
§ 131 Fn 15, 16; JOST Jura 2001, 153).

26 **Unzulässig** ist aber die Formulierung, dass der Beklagte verurteilt wird, „an den
Kläger die Summe von € ... zu bezahlen bei Vermeidung der Zwangsvollstreckung in
das Grundstück", da eine Zahlungspflicht des Eigentümers aus anderem als dem
haftenden Vermögen nicht besteht. Auch eine „Feststellung", dass die hypothekarischen Ansprüche des Klägers „in das Grundstück vollstreckbar sind" (DERNBURG SR
§ 236), reicht nicht aus. Denn ein Feststellungsurteil ist nicht vollstreckbar; das
Wesentliche bei der Klage nach § 1147 ist aber gerade, dass für den hypothekarischen Anspruch ein Titel für die Vollstreckung in das haftende Grundstück geschaffen wird (PLANCK/STRECKER Anm 2b). Deshalb ist auch die Formulierung (von
WOLFF/RAISER § 139 I, gebilligt von PALANDT/BASSENGE[67] Rn 2), der Kläger dürfe sich durch
Zwangsvollstreckung aus dem Grundstück befriedigen, abzulehnen; sie erweckt
zumindest den Eindruck eines Feststellungsantrags.

27 Nicht unbedingt erforderlich, wohl aber, um eine selbständige Vollstreckung zu
ermöglichen, empfehlenswert ist es, die Gegenstände, auf die sich die Hypothek

neben dem Grundstück erstreckt, in dem Klageantrag einzeln aufzuführen. Das Zwangsversteigerungs- und Zwangsverwaltungsverfahren erstreckt sich im Umfang der §§ 20, 21, 148 ZVG ohne separaten Titel auf die meisten der der Hypothekenhaftung unterliegenden Gegenstände; was das für Gegenstände sind, hat das Vollstreckungsgericht im Vollstreckungsverfahren festzustellen. Darüber hinaus lässt § 865 ZPO allgemein die Vollstreckung aus dem Hypothekentitel auch wegen der mithaftenden Gegenstände zu; auch insoweit ist es Sache des Vollstreckungsorgans, die erforderlichen Feststellungen zu treffen (PLANCK/STRECKER Anm 2b). S dazu Einl 188 zu §§ 1113 ff.

Ist der Eigentümer zugleich **persönlicher Schuldner**, so sind bei Verbindung der **28** persönlichen mit der dinglichen Klage der Sache nach zwei getrennte Anträge auf Verurteilung zur Zahlung des Betrags der Hypothekenforderung und zur Zahlung aus dem Grundstück zu stellen (RGZ 76, 117; SOERGEL/KONZEN[13] Rn 2; PLANCK/STRECKER Anm 2b; BGB-RGRK/MATTERN[12] Rn 7).

Hat der Eigentümer, der nicht zugleich persönlicher Schuldner ist, sein Eigentum am **29** Grundstück **aufgegeben**, so muss der Kläger gemäß § 58 ZPO einen Prozessvertreter bestellen lassen. Erfolgt der Verzicht auf das Eigentum während des Prozesses, gilt § 265 ZPO (**aA** STAUDINGER/SCHERÜBL[12] unter Berufung auf KGBl 1916, 33: Erledigung der Hauptsache).

3.   Einwendungen des Beklagten

Die Einwendungen des Beklagten können sich gegen die Hypothek oder gegen die **30** Forderung richten (vgl hierzu im einzelnen §§ 1137, 1157, 1156, 1158, 1159). Gegenüber dem gutgläubigen Dritten, der die Hypothek durch Rechtsgeschäft erworben hat, ist die Verteidigung des Eigentümers eingeschränkt (vgl § 1138 Rn 28 ff, § 1157 Rn 13 ff, § 1140 Rn 2). Eine besondere Regelung hat bei der Buchhypothek in § 1139 die Einrede der Nichthingabe des Darlehens gefunden. Bei der Briefhypothek kann die Vorlage des Hypothekenbriefs und der in § 1155 bezeichneten Urkunden einredeweise verlangt werden (s §§ 1160, 1161).

4.   Beweislast

Der Kläger trägt die Beweislast für die Entstehung der Forderung und der Hypo- **31** thek, dafür, dass er Inhaber der Forderung ist, sowie für das Eigentum des Beklagten (vgl für das Pfandrecht BGH vom 20. 3. 1986 – IX ZR 42/85 – NJW 1986, 2426; s § 1138 Rn 12 ff). Für die Entstehung der Forderung kommt ihm bei der Verkehrshypothek (nicht aber bei allen Formen der Sicherungshypothek, § 1185 Abs 2) die Vermutung des § 1138 zugute (dort Rn 12; falsch JurisPK-BGB/REISCHL[3] Rn 48). Für die Inhaberschaft gilt bei Briefhypotheken die Vermutung des § 1117 Abs 3, bei Buchhypotheken die des § 891 und für das Eigentum des Beklagten die Fiktion des § 1148 S 1. Die Beweislast für Einwendungen und Einreden, auch die des § 1137, trägt der Eigentümer. Diese Beweislastverteilung gilt unverändert auch für die Vollstreckungsabwehrklage (vgl BGHZ 147, 203 vom 3. 4. 2001 – XI ZR 120/00 = EWiR 2001, 693 [JOSWIG] = JR 2002, 192 m Anm SCHILKEN = MittBayNot 2001, 386 m Anm HEINEMANN).

IV. Vollstreckungstitel

1. Titel über den dinglichen Anspruch

32 Die Befriedigung des Gläubigers wegen der Hypothek erfolgt im Wege der Zwangsvollstreckung. Über die Zulässigkeit der Vereinbarung einer anderen Befriedigungsart nach Eintritt der Fälligkeit s oben Rn 2, § 1149 Rn 9 sowie § 1113 Rn 2 ff. Die Voraussetzungen der Zwangsvollstreckung ergeben sich aus §§ 704–752, 794–811 ZPO und §§ 1518, 146 f ZVG. Erforderlich ist insbesondere ein Vollstreckungstitel für den dinglichen Anspruch, der nicht durch den Titel über die gesicherte Forderung ersetzt werden kann (OLG München Rpfleger 1984, 325). Dies gilt auch für ZGB-Hypotheken (EICKMANN ZIR 1997, 61, 62). Auch wenn die gesicherte Forderung dem öffentlichen Recht angehört, bleibt die Hypothek zivilrechtlich iSd § 13 GVG, so dass es eines zivilrechtlichen Titels bedarf, der nicht durch Verwaltungsakt geschaffen werden kann (§ 1113 Rn 13).

2. Kritik

33 Am Erfordernis eines Vollstreckungstitels zusätzlich zur Hypothek ist de lege ferenda *Kritik* zu üben; insgesamt ist das System der deutschen Hypothekenvollstreckung nicht besonders sinnvoll. Aus Verkehrshypotheken, Grund- und Rentenschulden sollte die Zwangsvollstreckung betrieben werden können, ohne dass ein zusätzlicher Titel erforderlich wäre (vgl WOLFSTEINER § 7. 16.). Dies würde im Gegenzug erfordern, nach zB französischem Vorbild (Einzelheiten bei STÄDTLER 6; STÖCKER, Die „Eurohypothek" [1992] 102, besprochen von WIRNER DNotZ 1994, 426, 428) die Bestellung des Grundpfandrechts der notariellen Beurkundung zu unterwerfen (großzügiger STÖCKER 280). Lediglich bei Sicherungshypotheken (einschließlich der Höchstbetragshypothek) sollte an der Notwendigkeit eines besonderen Vollstreckungstitels festgehalten werden; ob dann dafür nicht §§ 265 Abs 3, 325 Abs 2 ZPO dahin geändert werden sollten, dass es eines Rechtshängigkeits- bzw eines Vollstreckbarkeitsvermerks im Grundbuch bedarf, wäre zu diskutieren.

3. Zwangshypothek

34 Ein erster Schritt zur Verbesserung der Situation ist getan durch Abschaffung des Erfordernisses eines zusätzlichen dinglichen Titels bei der Zwangshypothek durch § 867 Abs 3 ZPO (idF d G v 17.12. 1997, BGBl I 3039; dazu, auch zu den Problemen der Rechtsnachfolge, Einl 184 zu §§ 1113 ff) mit Wirkung zum 1. 1. 1998 (vgl zur Rechtslage vorher STAUDINGER/WOLFSTEINER [1996] Rn 29). Ergänzt wird die Gesetzesänderung durch die Erkenntnis der Rechtsprechung, dass sich Rechtsnachfolger im Eigentum letztlich die Rechtskraft des der Zwangsvollstreckung zugrundeliegenden Titels entgegenhalten lassen müssen (BGH vom 19.11. 1987 – IX ZR 251/86 – JA 1988, 276 [WALKER] = WuB VII A § 796 ZPO 1. 88 [RIMMELSPACHER]; vgl OLG Frankfurt NJW-RR 1988, 206).

35 § 867 Abs 3 ZPO ersetzt allerdings seinem Wortlaut und seiner Entstehungsgeschichte nach den dinglichen Titel nicht vollständig, sondern nur für die *Zwangsversteigerung* des *Grundstücks* (BGH vom 13.3. 2008 – IX ZR 119/06 – NJW 2008, 1599 m Anm ZIMMER; FISCHINGER WM 2009, 637; THOMAS/PUTZO/HÜSSTEGE[28] § 867 ZPO Rn 18; **aA** ZÖLLER/STÖBER[26] § 867 ZPO Rn 20). Für eine Zwangsverwaltung und für die Zwangsvollstreckung in die nach §§ 1120 bis 1128 mithaftenden Gegenstände ist nach wie vor ein zusätzlicher dinglicher Titel erforderlich. Das ist extrem kontraproduktiv, zumal der persönliche Titel, aufgrund dessen die Zwangshypothek eingetragen wurde, die für die anderen Vollstreckungsarten noch erforderliche Hypothekenklage regelmäßig so gut wie vollständig präjudiziert und es gar nichts gibt, worüber noch ernsthaft prozessiert werden könnte. De lege lata ist das aber die Rechtslage.

4. Sonstige Titel

Ein Vollstreckungstitel wegen des dinglichen Anspruchs kann auch im **Urkunden-** **36** **prozess** (§§ 592 ff ZPO, ausdrücklich in § 592 S 2 ZPO) erwirkt (Einl 187 zu §§ 1113 ff) werden.

Auch ein **gerichtlicher Vergleich** nach § 794 Abs 1 Nr 1 ZPO kann als Titel dienen. **37** Der gerichtliche Vergleich bedarf niemals und zu keinem Zweck der Grundbucheintragung nach § 800 ZPO; aus ihm findet die Zwangsvollstreckung nicht anders als aus Urteilen auch gegen Rechtsnachfolger im Eigentum ohne besondere Voraussetzungen statt (MünchKommZPO/Wolfsteiner[3] § 800 Rn 2; Einl 191 zu §§ 1113 ff).

Die Verwendung des **Mahnverfahrens** wird – wohl wegen des üblichen Antrags auf **38** „Duldung der Zwangsvollstreckung" – kaum diskutiert, obwohl der Wortlaut der gesetzlichen Definition des Gegenstands der Grundpfandrechte (Einl 36 zu §§ 1113 ff) mit dem Wortlaut des § 688 Abs 1 ZPO zwanglos korrespondiert (s Einl 183 zu §§ 1113 ff; aA Bublitz WM 1977, 574 ua unter Berufung auf die Mahnformulare; BGB-RGRK/Mattern[12] Rn 7, Wieczorek/Schütze/Olzen[3] § 688 ZPO Rn 9 und Zöller/Vollkommer, ZPO[26] § 688 Rn 2, die die Unzulässigkeit aus der Aufhebung des § 688 Abs 1 S 2 ZPO idF d Art 5 Nr 4 der VO vom 21. 12. 1940 [RGBl 1609] durch Art 1 Nr 95 der Vereinfachungsnovelle vom 3. 12. 1976 [BGBl I 3281] schließen; Thomas/Putzo/Hüsstege[29] § 688 ZPO Rn 1; unklar Erman/Wenzel[12] Rn 4, der lediglich den Klammerzusatz „Vollstreckungsbescheid" macht). Wer hingegen nur die „Klage auf Duldung der Zwangsvollstreckung" kennen will (dagegen Einl 187 zu §§ 1113 ff), kann natürlich das Mahnverfahren nach gegenwärtigem Wortlaut des § 688 Abs 1 ZPO nicht zulassen.

Für das **Europäische Mahnverfahren** nach der VO [EG] Nr 1896/2006 des Europä- **39** ischen Parlaments und des Rates vom 12. Dezember 2006 zur Einführung eines Europäischen Mahnverfahrens (ABl L 399 vom 30. 12. 2006 S 1) gilt grundsätzlich dasselbe wie für das nationale (kritisch zum Begriff der Zahlungsansprüche Lopez de Tejada/d'Avout Rev Crit 2007, 717, 738; Hess/Bittmann IPRax 2008, 305 Fn 16). Es ist grundsätzlich anwendbar, wenn Gläubiger oder Eigentümer ihren Wohnsitz außerhalb Deutschlands haben (Art 3 EuMahnVO). Nach Art 6 EuMahnVO gelten für die Zuständigkeit die Regeln der EuGVVO; nach deren Art 22 Nr 1 ist also iVm § 1087 ZPO ausschließlich das AG Berlin-Wedding zuständig. Der Verbrauchergerichtsstand des Art 6 Abs 2 EuMahnVO tritt dahinter wohl zurück.

5. Vollstreckbare Urkunden

S zur Zwangsvollstreckungsunterwerfung wegen Grundpfandrechten allgemein, ins- **40** bes auch zu § 800 ZPO, Einl 192 ff zu §§ 1113 ff. Bei der Hypothek ist besonders zu beachten, dass der gegen den Eigentümer gerichtete dingliche Hypothekenanspruch einerseits und der gesicherte, gegen den Schuldner persönlich gerichtete Anspruch andererseits auch im prozessualen Sinn verschiedene Ansprüche sind, von denen jeder zur Zwangsvollstreckung einer eigenen Unterwerfung bedarf. Beide Unterwerfungen können selbstverständlich in einer Urkunde zusammengefasst sein; an ihrer prozessualen Selbständigkeit ändert das nichts.

41 Nicht alle von der Rechtsprechung für die Hypothek zugelassenen Zinsvereinbarungen sind auch unterwerfungsfähig; nicht unterwerfungsfähig sind insbesondere solche Gleitzinsen, deren Höhe sich nach der Höhe der vom Gläubiger allgemein geforderten Zinsen richten soll (s Einl 59 zu §§ 1113 ff zu schwankenden Zinssätzen und WOLFSTEINER § 16. 21. zur Unterwerfung deswegen). Zur Erteilung der Vollstreckungsklausel für und gegen Rechtsnachfolger (§ 727 ZPO) ist zu beachten, dass wegen §§ 1153 Abs 2, 1154 die Grundbucheintragung, wonach die Hypothek übergegangen sei, im Gegensatz zur Grundschuld auch den erforderlichen Nachweis für den Übergang der gesicherten Forderung führt. Des weiteren, dass nach herrschender Praxis (BGHZ 61, 140 = ZZP 87 [1974], 95 [m abl Anm SCHWAB]; BGH ZZP 88 [1975], 324 [Anm HENCKEL]; BGH NJW 1989, 2885; UEBE NJW 1957, 1909; SCHILKEN, Veränderungen der Passivlegitimation [1987] 11 ff, der aber [wie sind Mischfälle zu behandeln?] die Umschreibung bei „Vertragsübernahme" zulassen will) die Schuldübernahme des persönlichen Anspruchs nicht als Rechtsnachfolge iSd § 727 ZPO gilt, so dass nicht gegen den Schuldübernehmer vollstreckt werden kann (aA KG JW 1938, 1916; OLG Schleswig JZ 1959, 668 [m abl Anm SIEG]; LG Hamburg DNotZ 1969, 704; WOLFSTEINER § 54. 52. ff mwNw), wohl aber gemäß § 800 ZPO gegen den neuen Eigentümer wegen der Hypothek. S im übrigen zu den Besonderheiten bei den Sicherungshypotheken, insbes auch der Höchstbetragshypothek, die Kommentierung zu den einzelnen Hypothekenformen.

42 Der Eigentümer ist zur Ausstellung einer vollstreckbaren Urkunde *nicht verpflichtet* (oben Rn 22; NISSEN JW 1902, 439; SCHINK Recht 1901, 171; PLANCK/STRECKER Anm 2e; **aM** OLG Marienwerder OLGE 1, 261). Wenn der Eigentümer die Urkunde freiwillig ausstellt, dann sind die Kosten der Ausstellung, falls nichts anderes vereinbart ist, vom Eigentümer zu tragen (aA STAUDINGER/SCHERÜBL[12] Rn 33 unter Berufung auf PLANCK/STREK-KER Anm 2e: vom Gläubiger, der die Erstattung aus dem Grundstück verlangen könne; allein § 1118 ist keine Anspruchsgrundlage für den Eigentümer); gibt er keine Unterwerfungserklärung ab, weil er die Kosten nicht tragen will, wird der Gläubiger Hypothekenklage erheben, deren Kosten dem Eigentümer persönlich zur Last fallen (oben Rn 23).

V. Die Zwangsvollstreckung

43 Die Zwangsvollstreckung zur Befriedigung des Gläubigers wegen des hypothekarischen Anspruchs richtet sich gegen **genau bestimmte Vermögensobjekte**, nämlich das Grundstück und die Gegenstände, auf die sich die Hypothek erstreckt, im Gegensatz zur Zwangsvollstreckung wegen des persönlichen Anspruchs, der sich uneingeschränkt gegen das ganze Vermögen des Schuldners richtet (§§ 803–871 ZPO).

1. Zwangsvollstreckung in das Grundstück

44 Die Zwangsvollstreckung in das belastete Grundstück geschieht durch Zwangsversteigerung oder Zwangsverwaltung nach Maßgabe der Vorschriften des ZVG. Die in § 866 ZPO vorgesehene weitere Möglichkeit der Zwangsvollstreckung in ein Grundstück, nämlich die Eintragung einer Sicherungshypothek, kommt hier einerseits aus Gründen der Zweckmäßigkeit nicht in Betracht, da es sich um Befriedigung des Gläubigers aus dem belasteten Grundstück handelt (PLANCK/STRECKER Anm 1a; s auch WOLFF/RAISER § 140 I 1), vor allem aber nicht wegen des Verbots der Doppel-Hypothekensicherung, das entgegen der hL auch für die im Wege der Zwangsvollstreckung entstehenden Hypotheken gilt (§ 1113 Rn 44 ff; aA OLG Hamm Rpfleger 1985, 233). Die einzelnen Maßregeln können allein und wegen ihrer verschiedenen Wirkungen (vgl besonders § 148 ZVG) nebeneinander ergriffen werden (§ 866 Abs 2 ZPO).

Der *Zuschlag in der Zwangsversteigerung* beendet auch die Zwangsverwaltung und **45** schließt ein nachträgliches Zwangsverwaltungsverfahren sowie eine nachträgliche Pfändung der mitversteigerten beweglichen Gegenstände aus (PLANCK/STRECKER Anm 1c). Eine Pfändung der nicht mitversteigerten beweglichen Gegenstände ist dagegen auch nach der Zuschlagserteilung noch zulässig, sofern und soweit ihre Haftung in der Zwischenzeit nicht nach Maßgabe der §§ 1121–1130, vor allem §§ 1124 Abs 3, 1126, 1129, erloschen ist (vgl PLANCK/STRECKER Anm 1c).

Die besonderen landesgesetzlichen Vorschriften über die Zwangsversteigerung und **46** Zwangsverwaltung in die einem Eisenbahn- oder Kleinbahnunternehmen gewidmeten Grundstücke und sonstigen Vermögensgegenstände (Bahneinheit) bleiben unberührt (s STAUDINGER/HÖNLE [2005] Art 112 EGBGB Rn 5 ff iVm § 2 EGZVG).

2. Zwangsvollstreckung in sonstige Gegenstände

a) Die Zwangsvollstreckung in die Gegenstände, auf die sich die Hypothek **47** erstreckt, erfolgt der Regel nach im Wege der Zwangsvollstreckung in das **Grundstück**.

aa) Die **Beschlagnahme** des Grundstücks erstreckt sich nach Maßgabe der §§ 21, **48** 148 ZVG auch auf die Gegenstände, auf die sich die Hypothek erstreckt (§ 20 Abs 2 ZVG). Die Beschlagnahme zum Zweck der Zwangsversteigerung umfasst land- und forstwirtschaftliche Erzeugnisse sowie die Forderung aus einer Versicherung solcher Erzeugnisse nur, soweit die Erzeugnisse noch mit dem Boden verbunden oder soweit sie Zubehör sind. Die Beschlagnahme erfasst nicht diejenigen mithaftenden Gegenstände, die vor der Beschlagnahme von der hypothekarischen Haftung frei geworden sind (§§ 1121, 1122). Der Schuldner kann über einzelne Sachen, auf die sich die Beschlagnahme erstreckt, im Rahmen einer ordnungsmäßigen Wirtschaft auch dem Gläubiger gegenüber wirksam verfügen (§ 23 Abs 1 ZVG). Dagegen umfasst die Beschlagnahme zum Zweck der Zwangsverwaltung auch die Gegenstände, die von der Beschlagnahme zum Zweck der Zwangsversteigerung ausgenommen sind (§ 148 ZVG).

Die Beschlagnahme umfasst nicht **Mieten und Pachten** und nicht die Ansprüche aus **49** einem mit dem Eigentum an dem Grundstück verbundenen Recht auf wiederkehrende Leistungen; das Recht des Pächters auf den Fruchtgenuss wird von der Beschlagnahme nicht berührt (§ 21 ZVG).

bb) Soweit es sich nicht um Zubehör (nachf Rn 52) handelt, kann der Hypotheken- **50** gläubiger wegen seines hypothekarischen Anspruchs auch die Zwangsvollstreckung in die mithaftenden Gegenstände im Wege der **Zwangsvollstreckung in das bewegliche Vermögen** (§§ 803–863 ZPO) betreiben, so lange sie nicht im Wege der Zwangsvollstreckung in das unbewegliche Vermögen beschlagnahmt sind (§ 865 Abs 2 ZPO; §§ 2022, 141, 151, 153 ZVG). Der Gläubiger braucht daher, was insbesondere bei kleineren Beträgen, wie zB Zinsrückständen, wichtig ist, nicht sogleich mit der einschneidenden Maßnahme einer Zwangsvollstreckung in das Grundstück vorzugehen (PLANCK/STRECKER Anm 1c; BGB-RGRK/MATTERN[12] Rn 4; ERMAN/WENZEL[12] Rn 8; PALANDT/BASSENGE[67] Rn 5; SOERGEL/KONZEN[13] Rn 9; WOLFF/RAISER § 140 I 2). Dass der Gläubiger zunächst vor der Zwangsvollstreckung in das Grundstück die Mobiliarvollstreckung versuchen müsse, ist aber nicht vorgeschrieben.

51 Die Mobiliarvollstreckung greift auch bei solchen mithaftenden Gegenständen Platz, die in **Forderungen** bestehen, wie zB bei den Mieten und Pachten (vgl § 1120 Rn 1, § 1123 Rn 1 ff; § 1124 Rn 1 ff). Es gelten hierfür also nicht die Vorschriften der §§ 1279 ff über das Pfandrecht an Forderungen. Eine Ausnahme gilt für die Gebäudeversicherung (s § 1128 Rn 6 ff). Soweit es sich um Rangstreit zweier Hypothekengläubiger handelt, vgl insbes § 1123 Rn 21, § 1124 Rn 46 ff.

52 Die mithaftenden **Zubehörstücke** unterliegen dagegen gemäß §§ 97, 98 BGB, § 865 Abs 2 S 1 ZPO nicht der Zwangsvollstreckung in das bewegliche Vermögen (§ 1120 Rn 40). In solche Zubehörstücke kann nur im Wege der Zwangsvollstreckung in das unbewegliche Vermögen vollstreckt werden (PANDER JuS 1981, 565). Trotz des Zuschlags können die Rechte des Hypothekengläubigers an dem nicht mitversteigerten Zubehör bestehen bleiben, soweit der Gläubiger nicht befriedigt wurde (s § 1120 Rn 41).

53 b)   Veräußerungsverbote oder ähnliche Anordnungen, die **im Wege der einstweiligen Verfügung** oder des **Arrestes** (zur Pfändung auf Grund eines Arrestbefehls PLANCK/STRECKER § 1123 Anm 3) auf Antrag eines Hypothekengläubigers zur Sicherung seiner Rechte an den mithaftenden Gegenständen erlassen werden, sind einer Beschlagnahme iS der §§ 1121–1130 gleich zu achten, da auch hierdurch der von der gerichtlichen Anordnung betroffene Gegenstand der freien Verfügung des Eigentümers entzogen wird und hierin eine ähnliche Verwirklichung des Hypothekenrechts wie bei den Maßnahmen unter oben Rn 43 ff zu erblicken ist (RGZ 44, 310; RGZ 48, 207; RGZ 52, 138; RG SeuffA 59 Nr 119; HACHENBURG Beitr 65; PLANCK/STRECKER Vorbem 3 c vor § 1120; aM OLG Dresden OLGE 3, 180). Dies wird besonders wichtig für die Ansprüche aus §§ 1134, 1135 (vgl § 1134 Rn 1, 13 ff). Die Arresthypothek als solche gewährt kein eigenes Recht auf dingliche Befriedigung im Wege der Zwangsvollstreckung (LG Zwickau LZ 1931, 529), solange es an einem dinglichen Titel fehlt; der Gegenmeinung (BGH NJW 1997, 3230 mwNw; OLG Celle WM 1985, 547; LG Zweibrücken NJW-RR 1995, 512; NICKLISCH AcP 169 [1969] 124; MünchKomm/EICKMANN[4] Rn 45) liegt die verfehlte Auffassung zugrunde, nur so könne nach Erlangung eines die Verwertung erlaubenden Titels die Umwandlung in eine Zwangshypothek ermöglicht werden (dagegen Vorbem 56 ff zu §§ 1113 ff).

54 c)   Die Beschlagnahme (s §§ 21, 148 ZVG) iS der §§ 1120 ff setzt grundsätzlich die Geltendmachung des dinglichen Anspruchs voraus. Wegen der großen Bedeutung für die Berechnung des geringsten Gebots wurde verschiedentlich auch eine Gleichstellung der Zwangsvollstreckung aus dem durch die Hypothek gesicherten persönlichen Anspruch mit der Geltendmachung des dinglichen Anspruchs verlangt, wenn der Eigentümer des belasteten Grundstücks zugleich der persönliche Schuldner ist (vgl Eccius Gruchot 44, 530; ferner SächsArch 13, 603 ff; Reinhard ZBlFG 2, 555 ff; Böhm Recht 1905, 74; Planck/Strecker Vorbem 3 d vor § 1120). Das aber lässt sich nicht mit § 1147 in Einklang bringen, der eben die besondere Geltendmachung des dinglichen Anspruchs verlangt, wenn die dingliche Haftung realisiert werden soll (RGZ 76, 119; RGZ 81, 148; RGZ 88, 101; RGZ 103, 138; OLG München Rpfleger 1984, 325; Soergel/Konzen[13] Rn 2; Wolff/Raiser § 139 IV). Dass diese strenge Sonderung gelegentlich unbefriedigende praktische Folgen zeitigt, ist hinzunehmen. Zur Zwangsvollstreckung bei Vor- und Nacherbschaft Klawikowski Rpfleger 1998, 100.

d)   Vgl zu den Rechten des Hypothekengläubigers bei **Pfändung** der mithaftenden   **55** Gegenstände **seitens Dritter** die Erl zu § 1120, zu den Mieten und Pachten und zur Konkurrenz mehrerer Pfändungen die §§ 1123, 1124 mit Erl.

3.   Insolvenzverfahren

In der **Insolvenz des Eigentümers** steht dem (dinglichen) Gläubiger das Absonde-   **56** rungsrecht nach § 49 InsO zu (vgl Marotzke ZZP 109 [1996] 429, 432 ff; Smid NotBZ 1998, 81; Eickmann ZfIR 1999, 81; Hintzen Rpfleger 1999, 256; Stöber NJW 2000, 3600); materiell wird hiernach die Geltendmachung des dinglichen Anspruchs durch das Insolvenzverfahren nicht betroffen. Deshalb erstreckt sich das Recht auf abgesonderte Befriedigung auch auf Mietansprüche, die erst nach Eröffnung des Insolvenzverfahrens entstanden sind (BGHZ 134, 195 vom 5. 12. 1996 – IX ZR 53/96 = LM § 4 KO Nr 5 m Anm Stürner = WiB 1997, 255 m Anm van Zwoll = EWiR § 64 KO 1/97, 227 m Anm Henckel), und auch auf solche aus vom Insolvenzverwalter vor Beschlagnahme abgeschlossenen Mietverträgen (so zur GesO OLG Brandenburg ZIP 1999, 1533). Hat der Gesellschafter einer Personengesellschaft deren Gläubiger zur Sicherung einer gegen die Gesellschaft gerichteten Forderung eine Hypothek an seinem Privatgrundstück bestellt, so findet § 93 InsO keine Anwendung; der Gläubiger kann die Hypothek selbständig verwerten (Bork NZI 2002, 362; Oepen ZInsO 2002, 162; Brinkmann ZGR 2003, 279).

Das Absonderungsrecht wird freilich in grob systemwidriger Weise **durchbrochen,**   **57** wenn der Insolvenzverwalter nach § 174a ZVG verlangt, dass bei der Feststellung des geringsten Gebots nur die den Ansprüchen aus § 10 Abs 1 Nr 1a ZVG vorgehenden Rechte berücksichtigt werden (dagegen Stöber NJW 2000, 3600; Marotzke ZIP 2001, 173 bezeichnet die Vorschrift als „skurril"; ders ZZP 109 [1996] 429); die Vorschrift bedarf, um nicht der Verfassungswidrigkeit zu verfallen, einer teleologischen Reduktion. Wegen der persönlichen Forderung s § 190 InsO.

Eine weitere Durchbrechung des Absonderungsrechts ergibt sich daraus, dass gemäß   **58** §§ 223, 228 InsO im **Insolvenzplanverfahren** tief auch in Grundpfandrechte eingegriffen werden kann (eingehend Bruns KTS 2004, 1). Allerdings gewährt § 251 InsO dem Gläubiger gewissen, wenn auch nicht eindeutig definierten Schutz (mit nur wirtschaftlicher Gleichwertigkeit begnügen sich LG Traunstein vom 27. 8. 1999 – 4 T 2966/99 – Rpfleger 1999, 561; Städtler 318 ff; Jungmann Rn 331; Nerlich/Römermann/Braun, InsO § 223 Rn 10; Uhlenbruck/Lüer, InsO[12] § 245 Rn 7. **Skeptisch** Rink ZZP 120 [2007], 121, 123); insbesondere scheint er einem Prognoserisiko ausgesetzt zu sein. Wegen der sich daraus ergebenden verfassungsrechtlichen Probleme wird eine geltungserhaltende Reduktion befürwortet (BRUNS KTS 2004, 1).

59 S zum Insolvenzverfahren auch oben Rn 15, ferner §§ 80 Abs 2, 49 InsO; § 1123 Rn 23. Zu beachten bleibt aber, dass, wenn über das Vermögen des Grundstückseigentümers das Insolvenzverfahren eröffnet ist, als einzige Form der Beschlagnahme die Einleitung der Zwangsverwaltung bleibt (wichtig für Mieten und Pachten), die auch im Wege der einstweiligen Verfügung angeordnet werden kann (vgl RGZ 52, 138; RG JW 1902 Beil 265; OLG Braunschweig OLGE 10, 419; s auch oben Rn 43). Die Zwangsverwaltung kann allerdings gemäß §§ 153b, 153c ZVG idF des EGInsO einstweilen eingestellt werden (zu den Folgen OLG Dresden ZfIR 2001, 409 [dazu STENGEL 347]; HINTZEN Rpfleger 1999, 256).

60 Die **Gesamtvollstreckung** nach der GesO wird hier im Einzelnen nicht kommentiert (s BGH vom 18. 2. 2004 – XII ZR 196/99 – ZInsO 2004, 340; OLG Jena ZIP 1996, 1097; LG Gera ZIP 1996, 681 = EWiR 1996, 456 [HINTZEN]; OLG Dresden ZIP 1996, 1256 = EWiR § 12 GesO 6/96, 1081 [HESS, dort wNwe]; OLG Dresden ZfIR 2001, 409 [dazu STENGEL 347]; LG Memmingen Rpfleger 1996, 122 m Anm HINTZEN u weiteren Nachweisen; LG Leipzig Rpfleger 1996, 366 = EWiR § 12 GesO 2/96, 605 [HESS]; LG Leipzig ZIP 1996, 1051 = EWiR § 12 GesO 3/96 [HOLZER]; LG Halle ZIP 1996, 1711 = EWiR § 47 KO 1/96, 993 [ROMBACH]; LG Cottbus ZIP 1997, 1889; AG Stendal EWiR § 2 GesO 4/97, 167 [HAARMEYER]; BESTELMEYER DtZ 1997, 274; MUTH KTS 1997, 347).

4. Verteilungsverfahren

61 Die eigentliche **Befriedigung des Gläubigers** erfolgt im Verteilungsverfahren (§§ 105 ff, 156 ff ZVG) oder im Wege einer außergerichtlichen Einigung über die Verteilung des Erlöses (§ 143 ZVG). Zunächst setzen sich nach dem Surrogationsprinzip die Rechte des Hypothekengläubigers, die durch den Zuschlag an dem Grundstück erlöschen, an dem Erlös fort (s Einl 179 ff zu §§ 1113 ff). An dem Erlös setzen sich aber nicht nur die Rechte der betreibenden Gläubiger fort, sondern die Rechte aller beteiligten Gläubiger (§ 9 ZVG), die durch den Zuschlag erlöschen (§ 91 ZVG), und zwar in der sich aus §§ 10, 11 ZVG ergebenden Rangfolge. Insbesondere werden also auch die einem betreibenden Gläubiger gleichrangigen Rechte befriedigt und zwar ohne Bevorzugung des betreibenden Gläubigers, und auch die nachrangigen Rechte. **Eines vollstreckbaren Titels bedarf es hierzu nicht**. Es setzen sich auch die Rechte im Grundbuch nicht als solcher eingetragener Gläubiger (insbes auch des Grundstückseigentümers, dem ein Teil der Hypothek als Eigentümerrecht zusteht) am Erlös fort; es muss sich aber immer um eine dingliche Berechtigung an der erloschenen Hypothek handeln, während ein rein schuldrechtlicher Anspruch nicht genügt (unten Rn 65 u Vorbem 256 zu §§ 1191 ff; vgl zum Bereicherungsanspruch nach § 951 GAIER ZfIR 2003, 45). Im gerichtlichen Verteilungs*verfahren* werden die Rechte nicht als solcher eingetragener Gläubiger aber nur auf Anmeldung (§ 9 Nr 2 ZVG) und notfalls auf Widerspruchsklage nach § 878 Abs 1 ZPO (dazu BGH NJW 2001, 2477) berücksichtigt. Die Befriedigung tritt mit der Auszahlung des Erlöses oder einer der in §§ 105 ff ZVG genannten Surrogate ein.

62 Der Anspruch des Hypothekengläubigers auf Auszahlung des bei der Zwangsversteigerung auf die Hypothek fallenden Teiles des Erlöses ist kein neuer Anspruch. Es dauern daher auch die Rechte und Rechtsbeziehungen, die an der Hypothek entstanden sind, an dem Anspruch auf Auszahlung des Erlöses fort. Dies gilt auch für ein für die Hypothek bestehendes Veräußerungsverbot und für einen anfechtbaren Rechtserwerb; letzterenfalls kann der Anfechtungsberechtigte nach § 878 Abs 2 ZPO noch im Wege der Bereicherungsklage den Anspruch auf Einwilligung in die Auszahlung des auf das anfechtbar erworbene Recht geltend machen (BGH NJW 2001, 2477).

5. Behandlung des Ausfalls

Führt die Zwangsvollstreckung aus dem hypothekarischen Anspruch nicht zur vollen **63** Befriedigung des Gläubigers, so bleibt diesem für den Ausfall sein persönlicher Anspruch aus der ehemals gesicherten Forderung. Vgl aber für diesen Fall die wichtige Einrede des persönlichen Schuldners auf Grund des § 1166; s auch oben Rn 30.

VI. Grundschuld

§ 1147 gilt auch für die Grundschuld. Bei der bislang üblichen als sofort fällig **64** ausgestalteten sog Sicherungsgrundschuld kann eine von § 1147 abweichende Befriedigungsabrede nicht schon ab Fälligkeit zulässig sein (vgl oben Rn 2). Dem Geist der Vorschrift wird nur Rechnung getragen, wenn man auf den Zeitpunkt der Fälligkeit einer Forderung abstellt, wegen deren der Gläubiger Befriedigung aus der Grundschuld sucht.

Ist der Gläubiger durch die Grundschuld **übersichert**, so soll der Inhaber des Rück- **65** gewähranspruchs, also der Eigentümer, wenn er Sicherungsgeber ist, oder ein Zessionar des Rückgewähranspruchs diesen gemäß § 114 ZVG unmittelbar im Verteilungsverfahren anmelden und ggf mit der Vollstreckungsabwehrklage (§ 115 Abs 3 ZVG) geltend machen können (BGH NJW 2002, 1578 = LM § 115 ZVG Nr 10 [Keller] = EWiR § 15 KO 1/02, 355 [Hegel]; BGHZ 158, 159 vom 27. 2. 2004 – IXa ZB 135/03; s auch Zwingel Rpfleger 2000, 437; **dagegen** Vorbem 256 zu §§ 1191 ff). Richtiger Ansicht nach kann er den Rückgewähranspruch erst nach der Verteilung und allein dem Gläubiger gegenüber realisieren. Wegen der Zwangsvollstreckung aus der Eigentümergrundschuld s § 1197.

§ 1148
Eigentumsfiktion

Bei der Verfolgung des Rechts aus der Hypothek gilt zugunsten des Gläubigers derjenige, welcher im Grundbuch als Eigentümer eingetragen ist, als der Eigentümer. Das Recht des nicht eingetragenen Eigentümers, die ihm gegen die Hypothek zustehenden Einwendungen geltend zu machen, bleibt unberührt.

Materialien: E II § 1055 rev § 1132; III § 1131;
Mot III 223; Prot III 575 f.

1 1. Bei der **Verfolgung des Rechtes aus der Hypothek** gilt zur Erleichterung des Gläubigers zu seinen Gunsten der Bucheigentümer schlechtweg als Eigentümer (S 1; vgl auch § 1248). Satz 1 stellt eine unwiderlegbare Vermutung auf (RGZ 94, 55, 57; BayObLGZ 15, 631; PLANCK/STRECKER Anm 1; SOERGEL/KONZEN[13] Rn 1), entgegen der amtlichen Überschrift aber keine Fiktion, denn die Bucheintragung kann selbstverständlich auch richtig sein (aA – Fiktion oder gar „unwiderlegliche Fiktion" – BGB-RGRK/MATTERN[12] Rn 2; MünchKomm/EICKMANN[4] Rn 1, 3; PALANDT/BASSENGE[67] Rn 1). Die Vermutung kann allerdings Geltung nur beanspruchen, wenn die als Eigentümer eingetragene Person überhaupt existent ist. Ist zB der Eigentümer verstorben, so eröffnet die Vorschrift nicht die Hypothekenklage gegen den Erblasser – gar mit öffentlicher Zustellung; der Gläubiger muss vielmehr die Erben ermitteln oder einen Prozesspfleger bestellen lassen. Problematisch ist das bei rechtsfähigen (zu den rechtsfähigen nichtrechtsfähigen s unten Rn 3) Personengesellschaften, die durch Anteilsvereinigung außerhalb des Registers erlöschen können; sind sie im Register eingetragen, so muss § 1148 im Sinne des § 15 Abs 1 HGB auch auf sie angewandt werden, ohne dass es auf guten Glauben ankommt.

2 Bei der Hypothekenklage ist daher grundsätzlich der **Bucheigentümer** der richtige Beklagte (s § 1147 Rn 15), während sonst für die Rechtsverfolgung der Schutz des öffentlichen Glaubens des Grundbuchs nach § 893 nicht gilt (STAUDINGER/GURSKY [2008] § 893 Rn 45). Die Bestimmung gilt nur für die dingliche Klage (BGB-RGRK/ MATTERN[12] Rn 1; PLANCK/STRECKER Anm 1; SOERGEL/KONZEN[13] Rn 1; MünchKomm/EICKMANN[4] Rn 3) und nicht für die Geltendmachung des persönlichen Anspruchs des Hypothekengläubigers oder die außergerichtliche Verfolgung des Hypothekenrechts (aM WOLFF/RAISER § 142 IV 2). Entsprechend anwendbar ist die Bestimmung bei der Verfolgung des Rechts aus öffentlichen Lasten am Grundstück (BGB-RGRK/MATTERN aaO; KG JW 1937, 3159).

3 Unklar ist die Situation bei der **BGB-Gesellschaft** als Eigentümerin (vgl zur BGB-Gesellschaft als Gläubigerin Einl 75 ff zu §§ 1113 ff). Auf der Grundlage der Theorie von der Rechtsfähigkeit der BGB-Gesellschaft erstreckt sich der Anwendungsbereich der Vorschrift nur noch auf die Gesellschaft selbst und nicht mehr – wie unter der bisherigen gesetzeskonformen Lehre – auf die Person der Gesellschafter. Außerdem findet die Eigentumsvermutung keine Anwendung, wenn es – zB wegen Anteilsvereinigung in einer Person – die Gesellschaft gar nicht mehr gibt (oben Rn 1); der Ausweg über § 15 Abs 1 HGB ist mangels Eintragung hier versperrt. Schließlich kann sich der Gläubiger nicht mehr darauf verlassen, dass eine als Gesellschafterin eingetragene Person überhaupt Gesellschafterin ist und dass sie im Sinne des § 714 geschäftsführungsbefugt und damit geeigneter Zustellungsempfänger ist (vgl Münch-Komm/ULMER[4] § 714 Rn 27); letzteres lässt sich nur erraten. Es fragt sich daher, ob § 1148 nicht doch entsprechend auch auf die Existenz der Gesellschaft und auf die Befugnis der eingetragenen Gesellschafter anzuwenden ist, die Zustellung der Hypothekenklage entgegenzunehmen (eines der vielen Probleme, die der II. und der V. Senat des BGH leichtfertig vernachlässigt haben). Im Interesse des von der Vorschrift bezweckten Rechtsschutzes ist die Frage zu bejahen.

4 2. Die Vorschrift hat aber nur Bedeutung für das Verfahren. Es handelt sich letztlich nur um eine gesetzlich angeordnete **Prozessstandschaft**. Sie greift nicht in das materielle Recht ein (s unten Rn 6). Ihre Wirkungen beschränken sich daher auf folgendes:

a) Der Eingetragene kann sich der Klage des Hypothekengläubigers nicht mit **5** dem Einwand entziehen, er sei **nicht** der Eigentümer. Die Vermutung gilt auch dann, wenn der Gläubiger weiß, dass der Eingetragene nicht der Eigentümer ist oder wenn ein Widerspruch eingetragen ist (PLANCK/STRECKER Anm 2; BGB-RGRK/MATTERN[12] Rn 2).

b) Dem als Eigentümer Eingetragenen ist aber nur der Einwand entzogen, er sei **6** als Nichteigentümer nicht der richtige Beklagte. Einwendungen **gegen die Hypothek** kann er wie der wirkliche Eigentümer geltend machen (BayObLGZ 15, 631; PLANCK/ STRECKER Anm 1; SOERGEL/KONZEN[13] Rn 1; aA OLG Zweibrücken ZfIR 2003, 352 m abl Anm JOSWIG = EWiR § 767 ZPO 1/03, 347 m abl Anm PRÜTTING); dazu gehören auch Einwendungen gegen die gesicherte Forderung, soweit sie auf das dingliche Hypothekenrecht zurückwirken. Persönliche Einwendungen kann er aber nur geltend machen, soweit sie ihm selbst zustehen oder sie ihm im Falle der Wirksamkeit seines Eigentumserwerbs zustehen würden; sonst könnte (und müsste) er auf diese Weise doch in den Prozess die Behauptung einführen, nicht er, sondern ein Dritter sei der Eigentümer, und Beweiserhebung darüber verlangen, was § 1148 dem Gläubiger gerade ersparen will. Auf keinen Fall kann er Verfügungen über persönliche Rechte des wahren Eigentümers treffen, zB mit einer Forderung des wahren Eigentümers aufrechnen. Wohl aber kann er uU die Einrede der Aufrechenbarkeit nach § 770 erheben, wenn die Hypothek die Forderung gegen einen Bürgen sichert.

c) Der Bucheigentümer kann einer Vollstreckung aus einem gegen ihn gerich- **7** teten Titel nicht (auch nicht im Wege der Vollstreckungsabwehrklage nach § 767 ZPO) mit der Begründung widersprechen, er sei gar nicht Eigentümer und damit Schuldner des Grundpfandrechts.

d) Der **wirkliche Eigentümer** kann einer Vollstreckung auf Grund eines gegen den **8** eingetragenen Nichteigentümer vollstreckbaren Titels nicht mit dem Einwand begegnen, es liege kein Titel gegen ihn als dem wahren Eigentümer vor. Gerade dieser Einwand ist durch S 1 dem Eigentümer abgeschnitten (PLANCK/STRECKER Anm 2; BGB-RGRK/MATTERN[12] Rn 2; SOERGEL/KONZEN[13] Rn 2); dagegen bleiben ihm seine Einwendungen und Einreden (MünchKomm/EICKMANN[4] Rn 8) gegen den Hypothekenanspruch selbst durch S 2 ausdrücklich vorbehalten (s unten Rn 10, 12).

3. Das gegen den Bucheigentümer ergangene Urteil erlangt **keine Rechtskraft 9 gegen den wahren Eigentümer**; sein materielles Recht bleibt vielmehr unverkürzt (S 2).

a) Der wirkliche Eigentümer kann also sein **Recht** auf jede Weise **zur Geltung 10 bringen** (Prot III 576), nämlich vor dem Rechtsstreit des Hypothekengläubigers gegen den Bucheigentümer durch Feststellungs- oder Grundbuchberichtigungsklage, während des Rechtsstreits durch Intervention (§§ 64 ff ZPO) oder während des Vollstreckungsverfahrens durch Drittwiderspruchsklage nach § 771 ZPO (zu letzterem PLANCK/STRECKER Anm 2; seit der 12. Aufl auch BGB-RGRK/MATTERN Rn 4; SOERGEL/KONZEN[13] Rn 2; ERMAN/WENZEL[12] Rn 2; MünchKomm/EICKMANN[4] Rn 11; WOLFF/RAISER § 139 II; nach JAEKEL/GÜTHE, ZVG § 17 Anm 2 aE ist die Klage während des Vollstreckungsverfahrens keine Drittwiderspruchsklage, sondern nur analog zu behandeln; **aM** HELLWIG, Rechtskraft § 55, 383 und Anm 21: nicht die Klage aus § 771 ZPO, sondern aus § 767 ZPO; vgl RGZ 94, 55, 57). Die Klage während des Vollstreckungsverfahrens ist Drittwiderspruchsklage, da der Kläger nicht Rechtsnachfolger, sondern Dritter ist. Ist er dagegen erst nach Rechtshängigkeit Eigentümer geworden (etwa indem ihm die Erbanteile an dem Nachlass, zu dem das Grundstück gehört, abgetreten wurden und dies nicht eingetragen wurde), so hat er nur die Vollstreckungsabwehrklage mit der Beschränkung des § 767 Abs 2 ZPO (§ 325 Abs 1 und 3 ZPO). Der wirkliche Eigentümer kann auch im Rechtsstreit zwischen Hypothekengläubiger und Bucheigentümer dem Bucheigentümer als Streithelfer beitreten (§ 66 ZPO).

11 b) Wenn der Eigentümer nicht vor der Erteilung des Zuschlags auf einem der vorgenannten Wege interveniert, so **verliert** er sein Eigentum am Grundstück und kann sich nur noch an den Versteigerungserlös halten (§ 37 Nr 5 ZVG). Eine Berichtigung des Grundbuchs, die erst nach Beschlagnahme des Grundstücks erfolgt, ist ohne Einfluss auf den Fortgang des Verfahrens (§ 26 ZVG).

12 c) Erwirkt der wirkliche Eigentümer während des Prozesses seine **Eintragung**, so muss er im Sinne des § 266 Abs 1 ZPO wie ein Erwerber der streitbefangenen Sache und damit als Rechtsnachfolger des vorher Eingetragenen gelten (OLG Hamm Rpfleger 1990, 215; OLG Hamm NJW 1999, 1038 = MittBayNot 1999, 491 [WOLFSTEINER]; LG Rostock NJW-RR 2001, 1024; PALANDT/BASSENGE[67] Rn 1; STÖBER, ZVG[18] § 28 Rn 4.7 b; MünchKomm/ZPO/WOLFSTEINER[3] § 727 Rn 41; **aM** HELLWIG, Rechtskraft § 55, 383 ff). Obwohl es sich um einen Fall gesetzlicher Prozessstandschaft handelt, folgt aus S 2, dass ihm in Abweichung von § 325 Abs 1 ZPO die Einreden, die er nach Lage des Prozesses nicht mehr geltend machen kann, vorbehalten bleiben (JACUBETZKY, Bemerkungen zum Entwurf des BGB 219 f). Tritt der wahre Eigentümer nicht in den Prozess ein, so kann die Vollstreckungsklausel nach § 727 ZPO gegen ihn erteilt werden. Entsprechendes gilt, wenn die Eintragung erst nach Abschluss des Prozesses erwirkt wird; auch das ist Rechtsnachfolge im Sinn des § 727 ZPO.

13 d) Im **Insolvenzverfahren** über das Vermögen des als Eigentümer Eingetragenen kann auch der Insolvenzverwalter sich nicht darauf berufen, der Insolvenzschuldner sei nicht Eigentümer des Grundstücks (RGZ 94, 56). Die Klage ist in diesem Fall gemäß § 80 Abs 1 InsO gegen den Insolvenzverwalter zu richten und zwar gleichviel, ob er gemäß § 148 InsO das Grundstück in Besitz und Verwaltung genommen hat oder nicht, es sei denn, der Insolvenzverwalter hat das Grundstück aus der Masse freigegeben, wozu aber eine Erklärung gegenüber dem Insolvenzschuldner erforderlich ist (vgl RGZ 94, 56).

14 4. Die Eigentumsvermutung gilt nur **zugunsten des Gläubigers** (oben Rn 5), nicht zu dessen Lasten. Er ist also nicht gehindert, uneingeschränkt gegen den wahren Eigentümer vorzugehen, gegen ihn die Hypothekenklage zu erheben und aufgrund eines gegen ihn gerichteten Titels (Prot III 575) die Zwangsvollstreckung zu betreiben (zu beachten allerdings das Voreintragungserfordernis in § 17 Abs 1 ZVG). Will der Gläubiger sicher gehen, dh spätere Einwendungen des wirklichen Eigentümers vermeiden, so muss er parallel gegen den Bucheigentümer und den wahren Eigentümer vorgehen (SOERGEL/KONZEN[13] Rn 1).

15 5. § 1148 gilt auch für **Grund-** und **Rentenschulden.**

§ 1149
Unzulässige Befriedigungsabreden

Der Eigentümer kann, solange nicht die Forderung ihm gegenüber fällig geworden ist, dem Gläubiger nicht das Recht einräumen, zum Zwecke der Befriedigung die Übertragung des Eigentums an dem Grundstück zu verlangen oder die Veräußerung des Grundstücks auf andere Weise als im Wege der Zwangsvollstreckung zu bewirken.

Materialien: E I § 1077; II § 1056 rev § 1133; III § 1132; Mot III 679 ff; Prot III 573.

Schrifttum

BÖLLING, Das Sicherungseigentum an Immobilien nach dem georgischen ZGB, WiRO 2004, 1 und 33

FELIV, Verwertung der Hypothek und lex commissoria im deutschen und ukrainischen Recht, WiRO 2007, 197

HIRSCH, Übertragung der Rechtsausübung, Bd I (1910) 343 ff, 357 ff, 410

RAAPE, Die Verfallklausel bei Pfand und Sicherungsübereignung (1913)

REICHEL, Knebelhafte Baudarlehensverträge der öffentlichen Hand, AcP 136 (1932) 169

TIEDTKE, Verfallabrede ohne Bestellung eines (Grund-)Pfandrechts, ZIP 1996, 57

WIRTZ, Wann verstößt das dem Hypothekengläubiger eingeräumte Ankaufsrecht gegen den § 1149?, RhNotZ 1932, 67.

I.   Grundsätze

1.   Rechtscharakter

Dem Grundsatz nach kann der Inhalt der Hypothek als eines Sachenrechts **nicht** 1 **durch Parteivereinbarung erweitert** werden (STAUDINGER/SEILER [2007] Einl 39 ff zu §§ 854 ff). Wohl aber kann der Eigentümer dem Hypothekengläubiger schuldrechtlich (WOLFF/RAISER § 140 IV; PLANCK/STRECKER Anm 1) weitere Befugnisse einräumen als ihm kraft Gesetzes aus der Hypothek zustehen; diese Rechte können allerdings nicht zum Nachteil der übrigen Hypothekengläubiger geltend gemacht werden. Vereinbarungen, die dem Gläubiger das Recht einräumen, zum Zweck der Befriedigung die Übertragung des Eigentums an dem Grundstück zu verlangen oder die Veräußerung des Grundstücks auf andere Weise als im Wege der Zwangsvollstreckung zu bewirken, versagt § 1149 aber auch die schuldrechtliche Wirkung, wenn sie vor Fälligkeit der Hypothekenforderung getroffen werden; sie sind **nichtig** (§ 134). Die Vorschrift ist im Sinne des Art 34 EGBGB **zwingend**, kann also nicht durch Rechtswahl nach Art 27 EGBGB umgangen werden (LIMMER, in: REITHMANN/MARTINY, Internationales Vertragsrecht[5] Rn 405 ff). Auch ausländische Rechtsordnungen kennen entsprechende Regeln (zu Georgien BÖLLING WiRO 2004, 1 und 33). Andererseits gibt es Rechtsordnungen, die die Hypothek als Verfallpfand – in der Regel freilich unter strengen Kautelen (s zu Frankreich KLEIN/TIETZ RIW 2007, 101, 105) – ausdrücklich zulassen (zur Ukraine FELIV WiRO 2007, 197).

2 Die Vorschrift steht in engem Zusammenhang mit § 1136. Was dort Rn 1 zur Frage ausgeführt ist, welche *Rückwirkungen* die Nichtigkeit der Abrede *auf die Hypothek* hat, gilt auch hier: § 139 findet keine Anwendung (**aA** Staudinger/Scherübl[12] Rn 1; Planck/Strecker Anm 1). Die dortigen Ausführungen gelten auch in Ansehung der *Prüfungsbefugnis des Grundbuchamts,* nicht zu verwechseln mit der Prüfung, die das Grundbuchamt vorzunehmen hat, wenn für die nichtige Übereignungsverpflichtung die Eintragung einer Vormerkung oder wenn die Eintragung eines Vorkaufsrechts beantragt wird (dazu MünchKomm/Eickmann[4] Rn 5).

2.   Zweck der Vorschrift

3 Die Vorschrift *verbietet das Verfallpfand* (MünchKomm/Eickmann[4] Rn 1), „dessen eigentümliche Gefahr ua darin liegt, dass der Schuldner, um in der Gegenwart Kredit zu erhalten, den Verlust der meist wertvolleren Pfandsache für den in der Zukunft liegenden und von ihm nicht ernst genommenen Fall der Zahlungsschwierigkeiten einwilligt in der trügerischen Hoffnung, er werde vor dem Verfallstag durch Zahlung das Pfand einlösen können" (BGHZ 130, 101 unter Berufung auf Gaul AcP 168 [1968] 351, 374; dazu Tiedtke ZIP 1996, 57). Sie dient damit ähnlich wie § 1136 (dort Rn 3) dem Schutz des Eigentümers vor Knebelung durch den Gläubiger. Sie sichert schließlich auch, dass § 1147 nicht durch Abreden umgangen werden kann, die die Verwertung der Hypothek dem Gläubiger statt der staatlichen Zwangsvollstreckung überlassen (§ 1147 Rn 2) und steht damit in sachlichem Zusammenhang mit § 114a ZVG. Die Vorschrift ist stets so auszulegen, dass diese Ziele auch erreicht und nicht – etwa gar augenzwinkernd – umgangen werden (vgl Feliv WiRO 2007, 197). Eine zweckentsprechende Auslegung fällt leicht, weil die Vorschrift nicht den formalisierten Inhalt des dinglichen Rechts betrifft, sondern rein schuldrechtlicher Natur ist (oben Rn 1).

4 Die §§ 1229, 1277 enthalten für das Pfandrecht *Parallelvorschriften* (Einzelheiten Staudinger/Wiegand [2002] § 1229 Rn 12 ff). S zur Frage, ob der gemeinsame Rechtsgedanke der §§ 1149, 1229, 1277 auch auf andere Sicherungsrechte anzuwenden ist, unten Rn 24 und § 1136 Rn 4.

II.   Anwendung

1.   Eigentumsübertragung

5 a)   Der Eigentümer kann, solange nicht die Forderung ihm gegenüber fällig geworden ist, dem Gläubiger nicht das Recht einräumen, zum Zwecke der Befriedigung die **Übertragung des Eigentums** an dem Grundstück zu verlangen. Damit wird auch die schuldrechtliche Wirkung der Eigentumsverfallklausel – lex commissoria (vgl RGZ 130, 227; KG HRR 1933 Nr 198) – ausgeschlossen. Eine Vereinbarung, dass das Eigentum unmittelbar mit dinglicher Wirkung verfällt, scheitert schon an dem Typenzwang des Sachenrechts (s oben Rn 1). S zur Unwirksamkeit der Einräumung eines *Vorkaufsrechts* § 1136 Rn 7.

6 Nichtig sind auch *Rechtsgeschäfte gleicher Wirkung* wie eine Veräußerungsverpflichtung; s dazu Staudinger/Wufka (2006) § 311b Abs 1 Rn 104 ff.

7 Nichtig ist die Vereinbarung, dass der Gläubiger für den Fall der Nichtzahlung am

Fälligkeitstag berechtigt sein soll, das Grundstück **in Zahlung zu nehmen**, er also wählen darf zwischen Übereignung des Grundstücks und Geltendmachung der Hypothekenforderung, wie auch die Abrede, dass er die Übereignung des Grundstücks verlangen kann, und zwar entweder ohne Rücksicht auf den Wert des Grundstücks – „rechnungsfreier Verfall" – oder auch mit der Maßgabe, dass der Gläubiger das Grundstück zum Schätzwert oder auch zu einem von vornherein bestimmten Preis unter Aufrechnung der Forderung übernehmen und den etwaigen Überschuss herauszahlen soll – „rechnungspflichtiger Verfall" – (BGHZ 130, 101; PLANCK/STRECKER Anm 2). Das Gleiche gilt für ein Ankaufsrecht (BayObLG DNotZ 1993, 386).

Erfasst werden auch Vereinbarungen, das Grundstück **an einen Dritten** zu veräußern, **8** wenn dies im Interesse des Gläubigers geschehen soll, zumal eine solche Verpflichtung auch als Verfügungsbeschränkung iSd § 1136 verstanden werden kann (§ 1136 Rn 8). Dazu gehört auch der der Umgehung dienende Fall, dass das Grundpfandrecht nicht dem ankaufsberechtigten Darlehensgeber, sondern einer Bank bestellt wird, bei der sich der Darlehensgeber refinanziert (zu eng BayObLG DNotZ 1997, 727 m krit Anm EICKMANN). Ein Interesse des Gläubigers an der Veräußerung ist nicht nur dann zu unterstellen, wenn es sich bei dem Dritten um eine vom Gläubiger abhängige Person handelt, sondern immer dann, wenn es möglich erscheint, dass der Gläubiger aus der Veräußerung Vorteile zieht; unter die Vorschrift fällt deshalb die Verpflichtung des Eigentümers, das Grundstück an eine vom Gläubiger zu benennende Person zu veräußern, wenn der Gläubiger daraus eine Vermittlungsprovision erwarten kann oder die Möglichkeit, dem Erwerber gewinnbringend Kredit zu gewähren.

b) Nichtigkeit tritt nur ein, wenn die Vereinbarungen zum Zweck der **Befriedi-** **9** **gung des Gläubigers** getroffen werden. Diese Bestimmung ist, wie § 1229, dahin zu verstehen, dass es unzulässig ist, dem Hypothekengläubiger vor der Fälligkeit der Hypothekenforderung die in § 1149 aufgeführten Befugnisse für den Fall der Nichtzahlung am Fälligkeitstag einzuräumen (RGZ 92, 101; RGZ 130, 227; RG JW 1935, 2886; KG HRR 1933 Nr 198; WOLFF/RAISER § 140 IV; PLANCK/STRECKER Anm 2). Entsprechend dem Schutzzweck der Vorschrift (oben Rn 3) und im Zusammenspiel mit § 1136 unterfällt ihr aber nicht nur eine Vereinbarung, die unter der Bedingung der Nichtzahlung der fälligen Schuld steht, sondern jede Abrede über eine Veräußerungspflicht, die der Befriedigung des Hypothekengläubigers dient (aA STAUDINGER/SCHERÜBL¹² Rn 5).

Unter § 1149 fallen daher nicht nur Veräußerungsvereinbarungen, die unmittelbar **10** und ausschließlich der Befriedigung des Gläubigers dienen, sondern auch solche, die dies nur *mittelbar* oder im *Nebenzweck* bewirken sollen. Insbesondere genügt es, dass dem Gläubiger eine Aufrechnungsmöglichkeit oder die Möglichkeit verschafft wird, sich aus dem Kaufpreis vorweg zu befriedigen. Letzteres ist vor allem dann der Fall, wenn der Eigentümer lastenfrei veräußern muss und daher darauf angewiesen ist, den Gläubiger in der Weise zu befriedigen, dass er den Käufer veranlasst, den Kaufpreis ganz oder zum Teil direkt an den Gläubiger zu zahlen. Entscheidend ist dabei nicht der Wortlaut der zwischen Gläubiger und Schuldner getroffenen (idR der Form des § 311b Abs 1 unterliegenden) Vereinbarung, sondern deren wirtschaftlicher Zweck (BLOCH JW 1931, 606; BOESEBECK JW 1935, 2886; s auch RGZ 92, 101, 105). Unter §§ 1149, 1136 fällt auch eine Abrede, dass der Hypothekengläubiger bei gewissen Vertragsverletzungen des Eigentümers das Grundstück zu bestimmtem Preis erwer-

ben darf, wenn diese Abrede der Sicherung der Tilgungsverpflichtung dient (aA
STAUDINGER/SCHERÜBL[12] Rn 5 unter Berufung auf REICHEL AcP 136, 203; gegen die Vereinbarung
auch MünchKomm/EICKMANN[4] Rn 8).

11 **c)** Nicht von der Vorschrift erfasst wird der Fall, dass Gläubiger und Eigentümer
im Zusammenhang mit einer Hypothekenbestellung (zu Fällen ohne Grundpfandrecht
unten Rn 24 ff) einen unbedingten, dh nicht vom Verzug mit der Zahlungspflicht
abhängigen, aber auf den Zeitpunkt der Hypothekenfälligkeit **betagten Kaufvertrag**
schließen. In der Praxis kommt das beim Sale-and-lease-back-Verfahren vor (s Einl 13
zu §§ 1113 ff und für die Fälle ohne Grundpfandrecht unten Rn 27), aber auch bei sog Miet-
kauf-Modellen, bei denen der Erwerber zunächst Mieter ist und ein grundpfandge-
sichertes Darlehen gibt und später unter Verrechnung des Darlehens kaufen soll.
Solche Gestaltungen verstoßen aber nur dann nicht gegen § 1149, wenn das Kauf-
geschäft ernsthaft und bedingungslos gewollt ist (vgl RGZ 92, 101). Sind sich die
Parteien hingegen darüber einig oder erweckt der Gläubiger auch nur das Vertrauen
des Eigentümers dahingehend, dass das nach außen hin bedingungsfrei formulierte
Veräußerungsgeschäft nicht durchgeführt werden soll, wenn das Darlehen ordnungsgemäß abgewickelt wird, ist die Abrede nichtig (zur vergleichbaren Situation in Georgien
BÖLLING WiRO 2004, 33). In diesen – oft wucherischen – Fällen kommt es ganz
besonders darauf an, hinter die verkörperten Erklärungen der Parteien zu blicken
und beispielsweise zu erkennen, dass der Gläubiger angesichts der schlechten wirtschaftlichen Verfassung des Eigentümers von vornherein nicht mit der ordentlichen
Abwicklung des Darlehens gerechnet, sondern allein den günstigen Grundstückserwerb im Auge gehabt hat (vgl MünchKomm/EICKMANN[4] Rn 8). Unzulässig ist auch eine
Vereinbarung, wonach der Gläubiger für den Fall des Sinkens des Kurswertes der
Währungseinheit unter eine bestimmte Wertgrenze die Auflassung des Grundstücks
verlangen kann (aA STAUDINGER/SCHERÜBL[12] Rn 6 unter Berufung auf KG HRR 1933 Nr 198);
zulässig nur die Vereinbarung eines Kündigungsrechts für diesen Fall.

12 Unbedenklich ist hingegen die *Einräumung eines Rücktrittsrechts* an den Verkäufer
für den Fall der Nichtzahlung des Kaufpreises, zu dessen Sicherung eine Hypothek
bestellt ist, weil dem Verkäufer und Hypothekengläubiger der Anspruch auf das
Grundstück in diesem Fall nicht zum Zweck der Befriedigung seiner Forderung, die
mit seinem Rücktritt erlischt, eingeräumt wird (PLANCK/STRECKER Anm 2; SALZIG Mitt-
BayNot 2008, 446, 451). Die der Form des § 311b Abs 1 bedürftige Vereinbarung kann
durch Auflassungsvormerkung gesichert werden (BayObLGZ 3, 683; KG HRR 1933
Nr 198; PLANCK/STRECKER Anm 2; WOLFF/RAISER § 149 IV).

2. Andere Veräußerung als durch Zwangsvollstreckung

13 Die Vereinbarung, die Veräußerung des Grundstücks auf andere Weise als im Wege
der Zwangsvollstreckung zu bewirken, ist deshalb für unwirksam erklärt, „weil es
gegen die öffentliche Ordnung verstößt, wenn der eine oder der andere Teil von
vornherein auf die Anwendung derjenigen Normen verzichtet, welche das Gesetz
vorschreibt, um die Rechtsverwirklichung in ordnungsmäßiger und gerechter Weise
sicherzustellen" (Mot III 681). Wer dagegen argumentiert, private Gläubiger scheu-
ten den Aufwand des Zwangsversteigerungsverfahrens und müssten daher zur
freihändigen Verwertung ermächtigt werden können (VOLMER EWiR § 1149 BGB 1/03,
1081) argumentiert gegen das Gesetz. Dem Gläubiger kann vor der Fälligkeit der

Hypothekenforderung weder das Recht zum außergerichtlichen Privatverkauf des Grundstücks noch das Recht zu einer bestimmten Art der Veräußerung (außer der Zwangsvollstreckung), zB der einfachen öffentlichen Versteigerung, eingeräumt werden (BayObLGZ 3, 683; PLANCK/STRECKER Anm 3). Nicht zulässig ist auch eine Verpflichtung, das Grundstück an den Hypothekengläubiger, um ihm die Veräußerung zu ermöglichen, oder an den Rechtsnachfolger des Hypothekengläubigers aufzulassen.

Nicht selten versuchen Hypothekengläubiger, vom Eigentümer eine **Vollmacht** zur **14** Veräußerung zu erlangen (dazu Rundschreiben der Bundesnotarkammer vom 7.3.2008, abrufbar unter www.dnoti.de). Wird die Verpflichtung dazu schon vor Fälligkeit der Hypothek eingegangen, so sind ein derartiger Vertrag und die auf Grund des Vertrags dem Gläubiger erteilte Vollmacht zur Auflassung des belasteten Grundstücks nichtig (PLANCK/STRECKER Anm 3); gegenüber gutgläubigen Dritten sind allerdings die §§ 170 bis 173 zu beachten. S zur Vollmacht nach Fälligkeit unten Rn 16.

III.   Zulässigkeit nach Eintritt der Fälligkeit

1.   Nach Eintritt der Fälligkeit der Forderung sind derartige Vereinbarungen in **15** den Grenzen der allgemeinen Vorschriften zulässig. Voraussetzung ist, dass die Forderung dem *Eigentümer* gegenüber fällig ist (s § 1141). Fälligkeit eines Teiles der Hypothekenforderung genügt (PLANCK/STRECKER Anm 1); ist dieser Teil aber getilgt, so erfordert es der Zweck der Vorschrift, dass nicht nur keine neuen Veräußerungsvereinbarungen geschlossen werden können, bis der Fälligkeitsfall etwa erneut eintritt, sondern dass auch eine während der Fälligkeitszeit abgeschlossene Vereinbarung ihre Wirksamkeit verliert – Umgehung wäre sonst zu einfach. S zur Hypothek für ein *abstraktes Schuldversprechen oder Schuldanerkenntnis* nachf Rn 23.

a)   S zur Erteilung einer **Verwertungsvollmacht** oben Rn 14. Soll eine solche Voll- **16** macht – in der Regel auf Druck des Gläubigers – nach Fälligkeit und ohne dass vorher bereits eine Verpflichtung dazu bestanden hätte, erteilt werden, um dem Gläubiger eine freihändige „Verwertung" des belasteten Grundbesitzes zu ermöglichen, so liegt darin ein faktischer Zwang zur Veräußerung, der ohne Rücksicht darauf, ob die Vollmacht widerruflich sein soll oder nicht, zur Anwendung des § 311b Abs 1 führt (vgl MünchKomm/EICKMANN[4] Rn 11). Maßgeblich (§ 117 Abs 2) ist nicht unbedingt der oft bewusst unvollständig oder unklar gefasste verlautbarte Zweck der Vollmacht, sondern der wirkliche Wille der Beteiligten; alles Andere als der Zweck, dem Gläubiger die Befriedigungsmöglichkeit zu verschaffen, ist in der Regel unglaubwürdig. Ist § 311b Abs 1 anzuwenden, so ist nicht die Vollmacht selbst beurkundungsbedürftig, sondern die vertragliche Abrede, die den Gläubiger zur Veräußerung ermächtigt (BGH vom 18.9.1970 – V ZR 183/67 – DNotZ 1970, 743; BGH vom 8.11. 1984 – III ZR 132/83 – DNotZ 1985, 294; STAUDINGER/WUFKA [2006] § 311b Abs 1 Rn 141). In jedem Fall besteht dieses Beurkundungserfordernis, wenn die Vollmacht unwiderruflich sein soll oder dem Eigentümer für den Fall des Widerrufs gewichtige Nachteile angedroht werden.

aa)   Der Notar hat bei Beurkundung des der Vollmacht zugrundeliegenden Ge- **17** schäfts § 17 Abs 2a S 2 Nr 1 BeurkG zu beachten; handelt es sich beim Eigentümer um einen **Verbraucher**, so wird er die Beurkundung regelmäßig abzulehnen haben, weil der verwertungswillige Kreditgeber in der Zwangssituation schwerlich Vertrauensperson des Eigentümers sein wird (vgl OLG Schleswig vom 6. 7. 2007 – Not 1/07 – ZNotP 2007, 430 [dazu Zimmer S 407] = RNotZ 2007, 622 m Anm Litzenburger). Die Anwendung der Vorschrift kann zwar vermieden werden, wenn sich die Vollmacht auf den Verkauf an eine Person beschränkt, die ebenfalls Verbraucher ist; damit wird dem Kreditgeber aber nur selten gedient sein. Die Frage, ob § 17 Abs 2a BeurkG über ihre Bedeutung als Beurkundungsverfahrensrecht hinaus nicht auch materiellrechtliche Wirkung – etwa über § 138 – zeitigt, wird bisher nicht erörtert und ist ungeklärt.

18 bb) Gegen das **RechtsdienstleistungsG** verstößt die Vollmacht jedenfalls dann nicht, wenn sie dem Gläubiger erteilt wird, weil dieser sie im eigenen Interesse nutzen will und nicht im Sinne des § 2 Abs 1 RDG als fremde Angelegenheit. Anders können die Dinge liegen, wenn die Vollmacht nicht dem Gläubiger, sondern zB einem Makler erteilt werden soll.

19 cc) **Privativ** in dem Sinn, dass der Eigentümer selbst nicht mehr handeln kann, kann die Vollmacht nicht sein; eine *Verpflichtung,* eigene Verfügungen zu unterlassen, ist nach § 1136 auch dann nichtig, wenn sie nach Fälligkeit vereinbart wird (§ 1136 Rn 9).

20 b) Auch eine nach § 1149 zulässige Verwertungsvereinbarung kann iSd § 138 wegen Verstoßes gegen die **guten Sitten** nichtig sein (insgesamt sehr skeptisch gegenüber solchen Vereinbarungen MünchKomm/Eickmann⁴ Rn 11). Sie kann sittenwidrig sein gegenüber dem Eigentümer, dem unter Umständen (vor allem bei einer allgemein gefassten Vollmacht) weit höhere Verpflichtungen und Risiken auferlegt werden als ihn in der Zwangsversteigerung treffen, zB Haftungen für Sach- und Rechtsmängel (Bomhard/Kessler/Dettmeier BB 2004, 2085, 2090 sehen gerade darin einen Vorteil, ohne den Nachteil für den Eigentümer in Erwägung zu ziehen). Auch Dritten, nämlich anderen dinglich gesicherten Gläubigern gegenüber kann die Vereinbarung sittenwidrig sein, wenn deren rechtlich geschützte Interessen beeinträchtigt werden (zB der Löschungsanspruch aus § 1179a) und der verwertende Gläubiger auf deren Kosten einen über seine Forderung hinausgehenden Gewinn erlangt (MünchKomm/Eickmann⁴ Rn 11).

21 c) In der **Verbraucherinsolvenz** scheidet eine freihändige Veräußerung durch den Hypothekengläubiger nach § 313 Abs 3 S 2 InsO aus (aA LG Hamburg vom 1. 10. 1999 – 321 T 85/99 – Rpfleger 2000, 37 [abl Alff] = MittRhNotK 2000, 31 [abl Vallender] = WuB VI C § 313 InsO 1.00 [Abl Lwowski/Tetzlaff]). Die Vorschrift räumt dem Gläubiger kein selbständiges Verwertungsrecht ein, sondern schließt nur die Verwertungsbefugnis des Treuhänders aus; der Gläubiger hat sich der Instrumente des § 1147 zu bedienen (LG Kiel vom 15. 9. 2004 – 24 T 14/04 – Rpfleger 2004, 730; Heidelberger Kommentar zur InsO/ Landfermann⁴ § 313 Rn 14; MünchKommInsO/Ott § 313 Rn 17; Hamburger Kommentar zur InsO/Nies² § 313 Rn 8; Kübler/Prütting/Wenzel, InsO Stand Jan 2008 § 313 Rn 3b; Uhlenbruck/Vallender, InsO¹² § 313 Rn 105; Reul/Heckschen/Wienberg, Insolvenzrecht in der Kautelarpraxis [2006] 101).

22 2. Soweit die Vereinbarungen wirksam sind, haben sie nur **schuldrechtliche Wirkung**, weshalb sie nur den Eigentümer binden, der dem Gläubiger die Rechte eingeräumt hat, nicht aber seine Sonderrechtsnachfolger im Eigentum des Grundstücks. Solche Vereinbarungen bedürfen regelmäßig der Form des § 311b Abs 1. Sie sind nicht eintragungsfähig, jedoch kann der Anspruch auf Auflassung durch Vormerkung (§ 883) gesichert werden (PLANCK/STRECKER Anm 1; WOLFF/RAISER § 140 IV Fn 14).

IV. Anwendung auf Grund- und Rentenschulden

§ 1149 ist auf **Grund- und Rentenschulden** anzuwenden, s § 1136 Rn 19. Im Ergebnis **23** würde die Vorschrift allerdings nicht greifen, würde man – dem Wortlaut entsprechend – auf die Fälligkeit der Grundschuld abstellen, denn Sicherungsgrundschulden wurden jedenfalls bisher praktisch immer als fällige bestellt. Dies würde dem Sinn der Vorschrift nicht gerecht werden. Maßgeblich ist daher die Fälligkeit des durch die Grundschuld gesicherten Hauptanspruchs; vorher sind Abreden iSd Vorschrift unwirksam. Nur so kommt der schuldrechtliche Gehalt der Vorschrift zur Geltung. Gleiches muss für eine (der Grundschuld verwandte) *Hypothek* gelten, die nicht zur Befriedigung des eigentlich zu sichernden Anspruchs, sondern zur Befriedigung eines abstrakten Schuldversprechens oder Schuldanerkenntnisses bestellt ist.

V. Entsprechende Anwendung

1. Es ist nicht ausgeschlossen, § 1149 ggf iVm §§ 1229, 1277 auch außerhalb des **24** Rechts der Grundpfandrechte in rechtsähnlichen Fällen **entsprechend anzuwenden**. Das Verbot von Verfallklauseln zum allgemeinen Rechtsprinzip zu erheben (so LG Stuttgart BWNotZ 1976, 86; GAUL AcP 168 [1968] 351, 368; FELIV WiRO 2007, 197), geht aber zu weit und trägt der großen Zahl möglicher Varianten rechtlich zu gestaltender Situationen nicht ausreichend Rechnung (dagegen BGHZ 130, 101 = NJW 1995, 2635 [abl TIEDTKE ZIP 1996, 57]; BGH vom 25. 10. 2002 – V ZR 253/01 – DNotZ 2003, 127 m Anm WOLFSTEINER = EWiR § 1149 BGB 1/03 [VOLMER] = WuB I F 3 Grundpfandrechte 5.03 [RIMMELSPACHER]; BayObLG DNotZ 1997, 727 m krit Anm EICKMANN; MünchKomm/EICKMANN[4] Rn 12; vgl STAUDINGER/WIEGAND [2002] § 1229 Rn 12 ff). Eine entsprechende Anwendung ist aber insbesondere dann geboten, wenn eine Verfallabrede dinglich so gesichert wird, dass die dingliche Sicherheit die Funktion der hypothekarischen Sicherung übernimmt; das ist regelmäßig der Fall, wenn die Verfallabrede der Sicherung einer Forderung dient und durch Vormerkung verdinglicht ist (BGH vom 17. 10. 2008 – V ZR 14/08 – NJW 2009, 1135. BGHZ 130, 101 zieht die entsprechende Anwendung bei *dinglichen Sicherheiten* durchaus in Erwägung, nicht aber zB bei der Bürgschaft; **dagegen** TIEDTKE ZIP 1996, 57; **aA** – Anwendung nur, wenn der Verfall zu einer anderen *Pfandsicherheit* hinzutritt, verneint daher beim Nießbrauch – BayObLG DNotZ 1997, 727 m krit Anm EICKMANN; VOLMER EWiR § 1149 BGB 1/03, 1081). § 1259 (idF v 5. 4. 2004) spricht eher für als gegen eine entsprechende Anwendung; zwar lässt er – in Vollzug einer europäischen Richtlinie – unter sehr einschränkenden, bei Grundstücken niemals gegebenen Voraussetzungen – die Vereinbarung eines Verfallpfands zu; zugleich bestätigt er aber für den allergrößten Teil der Fälle die Fortgeltung des strikten Verbots.

2. Eher ein Fall direkter Anwendung ist es, wenn der Eigentümer zusammen mit **25** einer Verfallabrede seinem Darlehensgläubiger die **Verfügungsmacht** einräumt, einem Dritten (bei dem sich der Darlehensgläubiger refinanziert) **ein Grundpfandrecht** an seinem Grundstück **zu verschaffen** (oben Rn 14), zumal sich der Darlehensgläubiger hier durch Rückzahlung seines Refinanzierungsdarlehens nach § 1164 oder aufgrund der Sicherungsabrede zu einer Grundschuld jederzeit zum Grundpfandgläubiger machen kann (dies verkennt BGH vom 25.10.2002 – V ZR 253/01 – wie vor).

26 **3.** Die Vorschrift schließt die **Sicherungsübereignung** von Grundstücken nicht aus (insofern zutreffend VOLMER EWiR § 1149 BGB 1/03, 1081). Sicherungsübereignung bedeutet ja auch keineswegs zwingend die Vereinbarung einer Verfallklausel (**aA** anscheinend VOLMER aaO); bei der Sicherungsübereignung von Mobilien sind im Gegenteil Verfallklauseln nicht üblich und gemäß § 51 Nr 1 InsO in der Insolvenz auch unwirksam. Zumindest in der Insolvenz des Sicherungsgebers muss daher die Zusammenschau der §§ 1149 BGB und 51 InsO dazu führen, einer Verfallklausel die Wirksamkeit zu versagen. An die Stelle einer (nicht ohne weiteres möglichen) Zwangsversteigerung muss dann wohl ein freihändiger Verkauf im Einvernehmen von Sicherungsnehmer und Insolvenzverwalter oder eine freiwillige Versteigerung zu Konditionen der Zwangsversteigerung treten.

27 **4.** Beim **Sale-and-lease-back**-Verfahren (Einl 13 vor §§ 1113 ff) muss unterschieden werden, ob ein durch Grundpfandrecht gesichertes Darlehen gewährt wird oder nicht. Bei einer Sicherung durch Grundpfandrecht steht die direkte Anwendung der Vorschrift in Frage (dazu oben Rn 11). Eine entsprechende Anwendung kommt hingegen in Betracht, wenn die Übereignung an den Finanzier an die Stelle eines Grundpfandrechts tritt. Hier ist nochmals zu differenzieren: Die Übereignung tritt an die Stelle eines Grundpfandrechts, wenn von Anfang an vorgesehen ist, dass nach Ablauf einer „Tilgungszeit" das Eigentum an den Leasingnehmer zurückfallen soll; hier spricht alles für die entsprechende Anwendung. Soll also das Eigentum an den Leasingnehmer zurückfallen, wenn er die Leasingraten vertragsgemäß entrichtet hat, aber dem Leasinggeber verfallen, wenn nicht, so ist die Abrede unwirksam. Hat hingegen der Leasingnehmer nur eine Rückkaufsoption, etwa gar nur zum Verkehrswert im Zeitpunkt des Rückkaufs, so kann nicht unterstellt werden, die Übereignung trete an die Stelle einer Grundpfandsicherung und sei wie diese zu behandeln. Die Abrede, dass der Rückkauf ausgeschlossen sei, wenn das Leasingverhältnis nicht ordnungsgemäß abgewickelt werde, ist dann einer Verfallabrede nicht vergleichbar. Allerdings muss auch hier hinter die Fassade der vertraglichen Formulierungen geblickt und auf den wirtschaftlichen Gehalt der Abreden abgestellt werden.

§ 1150
Ablösungsrecht Dritter

Verlangt der Gläubiger Befriedigung aus dem Grundstück, so finden die Vorschriften der §§ 268, 1144, 1145 entsprechende Anwendung.

Materialien: E I §§ 1081, 1082; II § 1057 rev § 1134; III § 1133; Mot III 690 ff; Prot III 577 ff; IV 603 f.

Schrifttum

ESCHLE, Befriedigungsrecht des Bürgen (Diss Greifswald 1918)

FASS, Die Befriedigung des Hypothekengläubigers durch Bürgen, Ablösungsberechtigte und beliebige Dritte (Diss Borna/Leipzig 1912)

GURSKY, Gutglaubensschutz bei der Ablösung von Grundpfandrechten, WM 2001, 2361

HAGER, Ablösung von Grundpfandrechten und redlicher Erwerb, ZIP 1997, 133

KOBAN, Regreß des Bürgen und Pfandeigentümers (1904)

REISCHL, Fortwirkung von Einreden bei der Ablösung einer Sicherungsgrundschuld, JR 1998, 405

STORZ, Die Gläubigerablösung in der Zwangsversteigerung, ZIP 1980, 159.

Systematische Übersicht

I.   Allgemeines

§ 1150 behandelt das **Ablösungsrecht** bei Hypotheken im Anschluss an § 268 (also **1** nicht in Anknüpfung an die in § 1142 getroffene Regelung). § 1150 erweitert § 268, verdrängt ihn aber nicht (vgl BGHZ 108, 372 = NJW 1990, 258 m Anm PROBST = DNotZ 1990, 586 m abl Anm WOLFSTEINER; **aA** STAUDINGER/BITTNER [2004] § 268 Rn 5). Das Ablösungsrecht gibt dem Berechtigten die Möglichkeit, den Verlust seines Rechts am Grundstück, der ihm aus dem Befriedigungsverlangen des Gläubigers droht, abzuwenden (RGZ 91, 303; RGZ 123, 340; OLG Celle OLGE 42, 40). Gegenüber § 268 zieht § 1150 das Ablösungsrecht zeitlich vor, um zu vermeiden, dass die Kosten für die gerichtliche Geltendmachung und für die Einleitung der Zwangsvollstreckung unnötigerweise aufgewendet werden. Letzteres entspricht der Tendenz des Art 2.116 Abs (1)(b) der „Grundregeln des Europäischen Vertragsrechts", der die Ablösung allgemein bereits dann zulässt, wenn ein Dritter ein berechtigtes Interesse an der Leistung hat und entweder der Schuldner die Leistung nicht erbracht hat oder abzusehen ist, dass er zum Zeitpunkt der Fälligkeit nicht erfüllen wird (Text ZEuP 1995, 864; hierzu ZIMMERMANN 731). Vgl auch § 1249 für das Pfandrecht.

2 Von der Ablösung aufgrund eines Ablösungsrechts ist die **freiwillige „Ablösung"**, wie sie umgangssprachlich häufig (aber auch in BGH vom 29. 7. 2008 – XI ZR 387/06 – NJW 2008, 3357) genannt wird, zu unterscheiden. Sie wird im Dreiecksverhältnis Eigentümer-Altgläubiger-Neugläubiger im Einvernehmen aller dieser Beteiligten abgewickelt. S insbesondere zu Grundschuldsicherheiten unten Rn 51.

II. Voraussetzungen des Ablösungsrechts

1. Ablösung von Hypotheken

3 a) Ein Hypothekengläubiger muss **Befriedigung aus dem Grundstück** verlangen; dem steht die Inanspruchnahme der Gegenstände gleich, auf die sich die Hypothek erstreckt (§§ 1120 ff).

4 b) Nicht notwendig ist, dass er seinen Anspruch bereits **gerichtlich** geltend gemacht hat (anders Bayer HypothekenG v 1822 § 63) oder dass gar – wie bei § 268 – bereits die Zwangsvollstreckung begonnen hat; denn schon mit dem Verlangen der Befriedigung aus dem Grundstück ist die Gefahr der Zwangsvollstreckung genügend nahe gerückt, so dass ein volles Interesse der hierdurch Gefährdeten, den Eintritt dieser Gefahr zu hindern, anerkannt werden muss (Prot III 578).

5 c) Es genügt eine **Zahlungsaufforderung** (Mahnung) des Hypothekengläubigers an den Grundstückseigentümer nach Fälligkeit (RGZ 91, 302; RGZ 146, 322). Ist die Hypothek durch Kündigung des Gläubigers fällig geworden, so bedarf es auch keiner weiteren Zahlungsaufforderung (RG Gruchot 55, 673; PALANDT/BASSENGE67 Rn 2). Kündigung allein (ohne Fälligkeit) berechtigt noch nicht zur Ablösung, denn solange die Hypothek nicht fällig ist, besteht auch keine Gefahr der Zwangsvollstreckung (PLANCK/STRECKER Anm 1). Ist allerdings vorweg eine Vereinbarung getroffen, dass in bestimmten Fällen, zB bei Verzug mit Zins- oder Tilgungszahlungen, die Fälligkeit automatisch eintritt, so sind an das Verlangen geringe Anforderungen zu stellen; es kann dann auch vor dem Eintritt der Fälligkeit zum Ausdruck gebracht werden (RG SeuffA 76 Nr 22; RG Recht 1920 Nr 667; BGB-RGRK/MATTERN12 Rn 2). Da es gar nicht auf eine schon in Gang gesetzte Zwangsvollstreckung ankommt, ist der Ablösungsfall auch im Falle der Zwangsverwaltung gegeben (was nach BGH vom 1. 3. 1994 – XI ZR 149/93 – [Tz 4] NJW 1994, 1475 = EWiR 1994, 559 [HINTZEN] = WuB IV A § 1150 BGB 1. 94 [MUTH] nicht mehr str sein sollte; aA noch STAUDINGER/SCHERÜBL12 Rn 19 und dennoch auch PALANDT/BASSENGE68 Rn 2; MünchKomm/EICKMANN4 Rn 4), die überdies den nachrangigen Gläubigern die mithaftenden Früchte entzieht. Unnötig ist, dass eine etwaige Vollstreckung bei Ablösung noch andauert, wenn nur das Verlangen der Befriedigung aus dem Grundstück noch fortbesteht (vgl OLG Frankfurt OLGE 29, 366).

6 d) Wenn der Hypothekengläubiger gegen den Eigentümer, der zugleich persönlicher Schuldner ist, nur die **persönliche Forderung** außergerichtlich oder gerichtlich geltend macht, kommt § 1150 nicht zur Anwendung; im Zweifel aber bezieht sich eine Zahlungsaufforderung auch auf die Hypothek (vgl RG WarnR 1911 Nr 11). Betreibt er auf Grund seines persönlichen Titels die Zwangsvollstreckung in das Grundstück oder in die hier gleichstehenden Gegenstände, so kann ein Ablösungsrecht nach § 268 geltend gemacht werden, wobei §§ 1144, 1145 entsprechend heranzuziehen sind. Lediglich § 268 gilt, wenn ein persönlicher Gläubiger die Zwangsvollstreckung betreibt.

2. Gefahr des Rechtsverlusts

Der Befriedigende muss Gefahr laufen, durch die Zwangsvollstreckung ein Recht an 7 dem Grundstück, dh ein dingliches Recht oder den Besitz (auch den mittelbaren) des Grundstücks zu verlieren (vgl unten Rn 13 und RGZ 146, 317, 323 f; s auch BGH NJW 1956, 1197); dieses dingliche Recht muss, sei es auch als bedingtes, zur Zeit der Ausübung des Ablösungsrechts bereits bestehen (RG HRR 1934 Nr 784). Löst ein schwebend unwirksam Berechtigter ab und nimmt der Gläubiger die Zahlung an, so macht Genehmigung die Ablösung gemäß § 184 wirksam (RGZ 141, 223); der Gläubiger darf aber die Leistung zurückweisen (RGZ 141, 223).

Der Rechtsverlust droht dem Gläubiger nur, wenn sein Recht **außerhalb des gerings-** 8 **ten Gebotes** zu stehen kommt (KG JW 1934, 2793; RGZ 146, 317; MünchKomm/EICKMANN[4] Rn 12; PALANDT/BASSENGE[67] Rn 2). Dass der nachstehend Berechtigte mit Bestimmtheit seine Befriedigung aus dem Versteigerungserlös zu erwarten hat, steht dem Ablösungsrecht hingegen nicht entgegen, da er durch den Zuschlag sein dingliches Recht verliert (PLANCK/STRECKER Anm 2a aE; PALANDT/BASSENGE[67] Rn 2; vgl auch LG Verden Rpfleger 1973, 296).

3. Die Ausübung des Ablösungsrecht

Sind die Voraussetzungen für das Ablösungsrecht gegeben, so kann es ausgeübt 9 werden. Es ist nicht erforderlich, dass der Ablösende gerade die Beseitigung der (bei § 1150 noch gar nicht zwingend eingetretenen) Vollstreckungssituation verfolgt (vgl OLGE Celle 2000, 302 vom 5.7.2000 – 4 W 109/00). So ist auch die Ablösung zur Verbesserung der eigenen Rangposition legitim (RGZ 123, 338, 340; BGH NJW 1983, 2502; BGH vom 1.3.1994 – XI ZR 149/93 – [Tz 4] NJW 1994, 1475 = EWiR 1994, 559 [HINTZEN] = WuB IV A § 1150 BGB 1.94 [MUTH] **gegen** RGZ 146, 317 [fälschlich zitiert als 117]; OLG Köln Rpfleger 1989, 298; MünchKomm/EICKMANN[4] Rn 5. AA auch STAUDINGER/SCHERÜBL[12] Rn 6). Im Verteilungstermin besteht ein Ablösungsrecht aber nicht mehr (RG JW 1916, 670).

Von der *Einwilligung* des Schuldners oder des Eigentümers (wie ehemals nach 10 bayerischem Hypothekenrecht) ist die Ablösung nicht abhängig. Deshalb kann der Gläubiger die Ablösung nicht unter Berufung auf eine mit dem Schuldner getroffene Abrede zurückweisen (LG Memmingen vom 16.1.1998 – 4 T 2311/97 – NJW-RR 1998, 1512 = EWiR § 1150 BGB 1/98, 357 [HAGER]).

Die *Beweislast* für das Vorliegen der Voraussetzungen des Ablösungsrechts trifft den 11 Befriedigenden (RGZ 146, 319, 324 f; MÖNCH DJ 1937, 777; BAUMGÄRTEL/LAUMEN/BAUMGÄR-TEL[2] Rn 1).

III. Die Ablösungsberechtigten

1. Die einzelnen Berechtigten

12 Der Kreis der Ablösungsberechtigten bestimmt sich nach § 268.

a) Recht am Gegenstand

13 Berechtigt zur Ablösung ist nach dieser Bestimmung jeder, der Gefahr läuft, durch eine künftige Zwangsvollstreckung ein Recht an dem Gegenstand oder den Besitz zu verlieren. Der *Miteigentümer* ist zur Befriedigung des Gläubigers einer am ganzen Grundstück bestehenden Hypothek nach §§ 1142, 1153, nicht nach § 1150 befugt (Planck/Strecker Anm 2; BGB-RGRK/Mattern[12] Rn 7; **aM** RG WarnR 1911 Nr 11). Betreibt aber der Gläubiger einer an einem Grundstücksbruchteil bestehenden Hypothek die Auseinandersetzungsversteigerung oder droht sie an, so dürfte § 1150 für die Eigentümer anderer Bruchteile entsprechend gelten (ebenso MünchKomm/Eickmann[4] Rn 10). Für eine Hypothek an einem Wohnungseigentum gilt das nicht, denn hier ist die Auseinandersetzung ausgeschlossen (§ 11 Abs 1 S 1 WEG).

14 Ein *Recht an dem Grundstück* oder an den Gegenständen, auf die sich die Hypothek erstreckt (§§ 1120 ff), hat nur, wer an ihnen dinglich berechtigt ist, also vor allem die Hypotheken und Grundschuldgläubiger, auch der Gläubiger einer Zwangshypothek (LG Verden Rpfleger 1973, 296), aber auch sonstige dinglich Berechtigte (RG JW 1913, 1147: Grunddienstbarkeit). Keine Rolle spielt es, wenn das dingliche Recht dem Gläubiger gegenüber (relativ) unwirksam ist, etwa weil es erst nach auf Antrag des Gläubigers erfolgter Beschlagnahme des Grundstücks eingetragen wurde. Nach § 23 Abs 1 S 1 ZVG führt die Beschlagnahme zu einem Veräußerungsverbot nach § 135 Abs 1 BGB; das Verlangen nach Ablösung ist aber keine danach verbotene Verfügung über das Grundstück (vgl BGH vom 5. 10. 2006 – V ZB 2/06 – DNotZ 2007, 37 mwNw).

b) Recht an einem Recht

15 Auch wer ein Recht an einem Recht am Grundstück hat, zB ein Pfandrecht an einer Hypothek, darf ablösen. Wer wegen einer persönlichen Forderung das Grundstück oder ein ablöseberechtigtes dingliches Recht hat **beschlagnahmen** lassen, ist wie ein Pfandgläubiger ablösungsberechtigt (Storz ZIP 1980, 159; Böttcher ZVG § 75 Rn 21; Steiner/Storz[9] § 75 ZVG Rn 40; Stöber, ZVG[18] § 15 Rn 20. 9; MünchKomm/Eickmann[4] Rn 9; Palandt/Bassenge[67] Rn 2. AA RGZ 146, 317; BayObLGZ 13, 354; Soergel/Konzen[13] Rn 4; Staudinger/Scherübl[12] Rn 15). Zwar ist seine Position kein dingliches Recht im technischen Sinn; sie ist aber so sehr der eines Pfändungspfandgläubigers ähnlich, dass es gerechtfertigt ist, ihn wie einen dinglich Berechtigten zu behandeln. Ihn darauf zu verweisen, er solle sich eine Zwangshypothek eintragen lassen (Staudinger/Scherübl[12] Rn 15; Jaeckel/Güthe, ZVG § 23 Anm 13, § 75 Anm 3), ist nicht prozessökonomisch.

c) Persönlicher Schuldner der Hypothekenforderung

16 Der **persönliche Schuldner** oder *Bürge* einer der abzulösenden *gleich-* oder *nachstehenden* Hypothekenforderung ist nicht ablösungsberechtigt, da er kein Recht am Grundstück hat, sondern nur die Aussicht, es nach § 1164 bzw § 774 zu erwerben (MünchKomm/Eickmann[4] Rn 11; Planck/Strecker Anm 2c; **aM** Lippmann AcP 109, 231 ff). Das Ablösungsrecht kann ihm nicht zugestanden werden, weil es dem Gläubiger der abzulösenden Forderung nicht zuzumuten ist, die schuldrechtlichen Beziehungen zwischen Dritten zu prüfen. Darum müssen sich die Genannten ein dingliches Recht beschaffen, ehe sie ablösen können, obwohl sie auch schon vorher ein berechtigtes Interesse an der Ablösung haben. Am einfachsten ist es, wenn der Vollstreckungsgläubiger ihnen seine Forderung abtritt und ihnen damit die Ablösung erspart. Sie können ein Ablösungsrecht zB dadurch erwerben, dass sie dem Gläubiger eine fällige oder nicht fällige Zinsrate (s unten Rn 17) zahlen (da sie unverzinslich ist, muss der Gläubiger sie annehmen, §§ 271 Abs 2, 489 Abs 3 S 3) oder dadurch, dass sie sich vom Eigentümer zur Sicherung ihres Ersatzanspruchs ein Recht am Grundstück bestellen lassen (OLG Frankfurt OLGE 29, 366). Wenn sie gegen den Eigentümer einen Befreiungsanspruch haben (zB nach § 775 Abs 2 oder in entsprechender Anwendung dieser Vorschrift), können sie für diesen Anspruch eine Vormerkung erlangen, die genügt (s unten Rn 18).

d)   Zinsrückstände

Nach §§ 10 Nr 4, 8 ZVG ablösungsberechtigt sind solche vorgehenden Realgläubi- **17**
ger, die ältere als zweijährige Rückstände von Zinsen oder anderen wiederkehrenden Leistungen zu fordern haben, Prot III 579 (PLANCK/STRECKER Anm 2a; ERMAN/WENZEL[12] Rn 2; WOLFF/RAISER § 140 V 2; DASSLER/SCHIFFHAUER/GERHARDT/MUTH/GERHARDT, ZVG[13] § 75 Rn 2). Ein abgelöstes Recht der Rangklasse 8 des § 10 Abs 1 ZVG fällt auch nach der Ablösung in Rangklasse 8 (RGZ 91, 297).

e)   Vormerkung

Ablösungsberechtigt ist, zu wessen Gunsten eine **Vormerkung** zur Sicherung des **18**
Anspruchs auf Einräumung eines Rechts am Grundstück eingetragen ist (BGH vom 1. 3. 1994 – XI ZR 149/93 – [Tz 3] NJW 1994, 1475 = EWiR 1994, 559 [HINTZEN] = WuB IV A § 1150 BGB 1. 94 [MUTH]; OLG Kiel HRR 1934 Nr 1663; BGB-RGRK/MATTERN[12] Rn 5; SOERGEL/KONZEN[13] Rn 4; diese behandeln nur die Auflassungsvormerkung, die folgenden dagegen jede Vormerkung: PLANCK/STRECKER Anm 2a; ERMAN/WENZEL[12] Rn 3; STAUDINGER/BITTNER [2009] § 268 Rn 7 [gegen Vorauflagen STAUDINGER/SELB]). Die durch die Vormerkung geschaffene dingliche Beziehung zum Gegenstand steht weitgehend dem dinglichen Recht gleich, dessen Begründung oder Änderung die Vormerkung sichert (BGHZ 25, 16; BGHZ 28, 182; BGHZ 60, 46; BGH vom 1. 3. 1994 wie vor). Eine sog **Anwartschaft** an Grundstücksrechten, auch eine sog Eigentumsanwartschaft – so man sie überhaupt anerkennen will (dazu STAUDINGER/PFEIFER [2004] § 925 Rn 122 ff) – genügt nicht (aA SOERGEL/KONZEN[13] Rn 5), weil sie kein dingliches Recht, sondern eben nur eine Anwartschaft auf ein solches gewährt (STAUDINGER/PFEIFER [2004] § 925 Rn 124).

f)   Pfandrecht an Mietforderung

Ablösungsberechtigt ist ferner, wer ein **Pfandrecht** oder einen Nießbrauch (zum **19**
Nießbrauch OLG Frankfurt OLGE 29, 366; **aM** KG NJW 1973, 56) **an Miet- oder Pachtforderungen** erworben hat, falls sein Erwerb dem Hypothekengläubiger gegenüber nach § 1124 Abs 2 unwirksam ist (JAECKEL/GÜTHE, ZVG § 75 Anm 3; **aM** BayObLGZ 13, 354). Soweit er (oder ein anderer Ablösungsberechtigter, zB der Nießbraucher selbst) aber Miet- oder Pachtforderungen einzieht und Hypothekenzinsen usw ablöst oder vorher abgelöst hat, muss die Hypothek insoweit analog § 1178 erlöschen (**aM** zur Rechtslage vor Einfügung des § 851b ZPO RG JW 1916, 671 und RG BayZ 1920, 329), denn Miet- und Pachtforderungen sind dazu bestimmt, dass die in § 851b ZPO in Verbindung mit § 155 Abs 2 S 2 und 3 ZVG bezeichneten Lasten für Rechnung

des Grundstückseigentümers bezahlt werden; wenn statt dessen ein Dritter die Miet-oder Pachtforderungen einzieht und wiederkehrend damit die genannten Lasten ablöst, so dass immer mehr Miet- oder Pachtforderungen auflaufen, werden die nachstehenden Hypothekengläubiger entgegen dem Zweck des § 1178 geschädigt, wenn man § 1178 nicht analog anwendet. Hingegen hat der Inhaber eines gesetz-lichen Löschungsanspruchs oder einer Löschungsvormerkung gemäß §§ 1179 aF, 1179 ff nF keinen Anspruch darauf, dass der Löschungsfall herbeigeführt wird (§ 1179a Rn 45), und deshalb auch kein Recht, so gestellt zu werden als ob die Miet-oder Pachtzahlungen zur Zinsdeckung verwendet worden wären (**aA** STAUDINGER/ SCHERÜBL[12] Rn 18).

20 Den Miet- und Pachtforderungen stehen *andere Nutzungsentgelte* gleich. Auch ihretwegen kann zur Abwendung der Zwangsverwaltung Ablösung zulässig sein (vorst Rn 5).

g)   Besitzer

21 Ablösungsberechtigte **Besitzer** (mittclbarer Besitz genügt) sind vor allem Mieter oder Pächter, Prot III 578 (RGZ 91, 302; allgM). Ob der Ehegatte des Mieters der Familienwohnung und andere familienrechtlich Legitimierte generell als Besitzer behandelt werden kann, ist fragwürdig (so aber KG OLGE 10, 173 zu „familienrechtlichen Nutzungsrechten"; MünchKomm/EICKMANN[4] Rn 10). Das Recht aus § 1150 hat auch der Besitzer einer für die Hypothek mithaftenden beweglichen Sache, zB der Entleiher eines Zubehörstücks.

h)   Ersteher in der Zwangsversteigerung

22 **Nicht** ablösungsberechtigt ist idR der **Ersteher** in der Zwangsversteigerung. Zwar kann er den Hypothekengläubiger nach dem Zuschlag (vor dem Verteilungstermin) befriedigen (§ 267); die Hypothek (das Recht auf den Erlös) geht aber nicht auf ihn über (RGZ 123, 337, 340; RGZ 127, 354). Der Ersteher ist aber ablösungsberechtigt gegenüber einem Hypothekengläubiger, dessen Recht ausfällt, wenn dieser Gläu-biger den Zuschlagsbeschluss anficht, denn der Gläubiger verfolgt mit der Anfech-tung des Zuschlags seine Befriedigung aus dem Grundstück (OLG Celle OLGE 42, 40).

2.   Mehrere Ablösungsberechtigte

23 Mehrere Ablösungsberechtigte sind untereinander gleichberechtigt. Wer aber den Gläubiger zuerst befriedigt, schließt den anderen aus (PLANCK/STRECKER Anm 2d; BGB-RGRK/MATTERN[12] Rn 9; ERMAN/WENZEL[12] Rn 3; MünchKomm/EICKMANN[4] Rn 25; WOLFF/RAISER § 140 V 2; STEINER/STORZ, ZVG[9] § 75 Rn 46; **aA** BIERMANN ArchBürgR 40 (1914), 318, Anm 1c, der auf das Zugehen der zeitlich ersten Erklärung eines Ablösungsberechtigten abstellen will; JAECKEL/ GÜTHE, ZVG § 75 Anm 3 und STÖBER ZVG § 75 Rn 2.5 lassen bei gleichzeitiger Zahlungsbereit-schaft mehrerer die bessere Rangstellung entscheiden).

24 Der *Gläubiger* muss die erste ihm real angebotene Ablösung annehmen. Solange er aber nicht tatsächlich befriedigt ist, hat er die Wahl, von welchem von mehreren Ablösungsberechtigten er Befriedigung annehmen will, denn er darf seine Hypothek auch abtreten, an wen er will; der Zweck des § 1150 (Vollstreckungsabwendung durch Ablösung) erfordert keine Beschränkung seiner Wahlfreiheit. Aufrechnung jedoch befriedigt unbedingt mit Zugang.

IV. Die Ablösung und ihre Wirkungen

1. Hinterlegung, Aufrechnung

Die Befriedigung kann auch durch Hinterlegung oder Aufrechnung erfolgen, § 268 **25** Abs 2, § 1142 Abs 2 und Mot III 693 (vgl § 1143 Rn 10).

2. Teilbefriedigung, Umfang der Ablösung

a) Teilbefriedigung
Der Ablösungsberechtigte ist grundsätzlich nicht befugt, den Gläubiger gegen des- **26** sen Willen nur **zum Teil** zu **befriedigen** (RG Gruchot 68, 306; BGHZ 108, 372 = NJW 1990, 258 m Anm PROBST = DNotZ 1990, 586 m abl Anm WOLFSTEINER; vgl aber WOLFSTEINER DNotZ 1997, 387 und STAUDINGER/BITTNER [2009] § 268 Rn 13), es sei denn, nur ein Teil der Hypothek sei fällig. Wie dem Eigentümer bei § 1142 (dort Rn 14) darf es aber auch dem Ablösungsberechtigten nicht zum Schaden gereichen, dass § 1150 die Ablösung unter erleichterten Bedingungen, nämlich schon vor der Zwangsvollstreckung, er- laubt; betreibt der Gläubiger (der zB nur einen Titel über einen – auch zuletzt zu zahlenden – Teil der Hypothek innehat) die Zwangsvollstreckung nur wegen eines Teils der Hypothek, so kann sich deshalb der Ablösungsberechtigte darauf beschrän- ken, nur den entsprechenden Teilbetrag zu leisten (BGH vom 29. 3. 2007 – V ZB 160/06 – NotBZ 2007, 327 m Anm ZIMMER/PIEPER 319; OLG München vom 12. 12. 2007 – 34 Wx 118/07 – ZfIR 2008, 505 m Anm BÖTTCHER; WOLFSTEINER DNotZ 1988, 234 u DNotZ 1997, 387; STAUDIN- GER/BITTNER [2009] § 268 Rn 13; vgl auch BGH NJW-RR 1991, 169, wonach die Titulierung eines Teilbetrags der Forderung dessen Verselbständigung bewirkt, so dass Teilerfüllung zulässig wird. **AA** noch BGHZ 108, 372 = NJW 1990, 258 m Anm PROBST = DNotZ 1990, 586 m abl Anm WOLF- STEINER; STAUDINGER/SELB [1995] § 268 Rn 14). S auch Einl 202 zu §§ 1113 ff.

b) Zinsen und sonstige Nebenleistungen
Eine idR unzulässige Teilbefriedigung würde es auch darstellen, wenn der Ab- **27** lösungsberechtigte zwar die Kapitalforderung, nicht aber Zinsen und sonstige Ne- benleistungen befriedigen würde oder umgekehrt. Unklar und erstaunlicherweise in der Literatur kaum erörtert ist allerdings die grundlegende, nur für einen Spezialfall in § 10 GBBerG (dazu Einl 258 zu §§ 1113 ff) geregelte Frage, welche Zinsen der Ablösungsberechtigte zu zahlen hat (vgl WOLFSTEINER DNotZ 1997, 387). Es kommen in Betracht

α) *alle Zinsen* (soweit nicht beglichen); dies würde vor allem bei älteren Siche- **28** rungsgrundschulden, deren Zinsen ja regelmäßig nie bezahlt werden, zu einer Vervielfachung der Ablösesumme führen, die das Ablösungsrecht völlig entwerten würde (vgl den Fall OLG München vom 12. 12. 2007 – 34 Wx 118/07 – RNotZ 2008, 294, in dem der Gläubiger Ablösung der Zinsen für 50 Jahre gefordert hat);

β) nur die Zinsen, die dem Eigentümer gegenüber noch nicht *verjährt* sind **29** (§§ 195, 216 Abs 3, 902 Abs 1 S 2); dies würde voraussetzen, dass sich der Ab- lösungsberechtigte selbständig auf die Verjährungseinrede berufen kann, was dogmatisch nicht leicht zu begründen ist (Stöber MittBayNot 1999, 441; vgl Einl 230 zu §§ 1113 ff u nachf δ);

30 γ) nur die Zinsen, die in die *vierte Rangklasse* nach § 10 Abs 1 Nr 4 ZVG fallen; dies gilt zweifellos für einen Berechtigten, der sein Ablösungsrecht selbst aus einem in der vierten Rangklasse zu befriedigenden Recht herleitet und nicht auch in Rangklasse 8 zu befriedigende Ansprüche hat. Findet allerdings keine Zwangsversteigerung statt, so ist damit die Hypothek für die älteren Rückstände nicht beseitigt, ja sie hat theoretisch sogar immer noch Rang vor dem auf den Ablösenden übergehenden Recht (§ 268 Abs 3 S 2); dieses Ergebnis lässt sich nur vermeiden, wenn man doch auch dem Ablösungsberechtigten die Einrede der Verjährung zugesteht und wenn man, wie in Einl 230 zu §§ 1113 ff ausgeführt, die Zinshypothek mit der berechtigten Erhebung des Verjährungseinwands als dingliches Recht erlöschen lässt. Diese Lösung muss als richtig gelten (ebenso MünchKomm/Eickmann[4] Rn 33).

31 δ) schließlich kommt die entsprechende Anwendung des § 1171 Abs 1 S 2 HS 2 in Betracht, der sich offenbar an der vormaligen regelmäßigen Verjährungsfrist für Zinsen orientiert.

c) Insbesondere: Sonstige Nebenleistungen

32 Für die Ablösung **sonstiger** laufender Nebenleistungen gilt das zu Zinsen ausgeführte entsprechend. Ansonsten sind Nebenleistungen wie die Kapitalforderung abzulösen.

3. Besitzer

33 Unklar bleibt die Situation des **Besitzers**, denn dieser hat, obwohl ablöseberechtigt, überhaupt keine in einer der Rangklasse des § 10 Abs 1 ZVG zu befriedigenden Ansprüche. Die konsequenteste Lösung scheint die, zugunsten des Besitzers zu annehmen, dass der sein Ablösungsrecht vermittelnde Besitz in die Rangklasse 5 fallen würde, wäre er ein zu befriedigendes Recht, und damit auch ihm die Beschränkung auf die in Rangklasse 4 zu befriedigenden Zinsen zu ermöglichen; auch die in vorst Rn 27 ff angesprochenen Verjährungsfolgen müssen ihm zugute kommen.

4. Erwerb der Forderung und der Hypothek

a) Erwerb der Positivposition

34 aa) Der Ablösende erwirbt, soweit er den Gläubiger befriedigt, gemäß §§ 268 Abs 3 S 1, 401, 774, 1143 dessen **Forderung** kraft Gesetzes (RGZ 91, 302; RGZ 131, 125) mit der **Hypothek** und grundsätzlich auch den anderen Nebenrechten (Prot III 579). Auch kraft Gesetzes oder kraft Vereinbarung nicht übertragbare Forderungen gehen über (Staudinger/Bittner [2004] § 268 Rn 17 mwNw).

35 Das **Löschungsrecht** nach §§ 1179a, 1179b ist Inhalt der Hypothek (§ 1179a Rn 12) und geht damit mit der Hypothek auf den Ablösenden über; dasselbe gilt für bereits entstandene Löschungsansprüche, die stets dem jeweiligen Inhaber der Hypothek zustehen (§ 1179a Rn 53).

Dem Gläubiger eingeräumte oder abgetretene Ansprüche auf **Rückgewähr** vorran- 36
giger Grundpfandrechte, insbesondere Grundschulden, sind hingegen nicht Inhalt
der Hypothek und auch keine Nebenrechte und gehen daher nicht mit über (BGHZ
104, 26 = EWiR 1988, 583 [Gaberdiel]). Es gibt auch keine Rechtsgrundlage dafür, dass
der Ablösende deren Abtretung verlangen könnte (**aA** MünchKomm/Eickmann[4] Rn 37);
zwar ist die Verpflichtung des Eigentümers, die Rückgewähransprüche abzutreten,
Inhalt des Hypothekenbestellungsvertrags, aber nur der Sicherungsvereinbarung
und nicht Bestandteil des allein auf den Ablösenden übergehenden Zahlungsanspruchs. Vielmehr hat die Ablösung zur Folge, dass die hypothekarische Sicherung
des ursprünglichen Gläubigers, dem die Rückgewähransprüche nur zur Verbesserung des Rangs seines Grundpfandrechts abgetreten worden waren (Vorbem 173 ff zu
§§ 1191 ff), wegfällt und dieser daher zur Rückgabe der Ansprüche *an den Eigentümer*
verpflichtet ist. Ein automatischer Rückfall soll allerdings nicht stattfinden (BGHZ
104, 26 = EWiR 1988, 583 [Gaberdiel]; Vorbem 182 zu §§ 1191 ff), was der – wenig überzeugenden – Rechtsprechung des BGH zur Sicherungsübereignung und Sicherungsabtretung (BGH NJW 1984, 1184 [dazu Rehbein JR 1985, 020]; BGH NJW 1991, 354; BGH NJW
1994, 865 [etwas vorsichtiger]; Palandt/Heinrichs § 158 Rn 4) entspricht (dazu auch Vorbem
187 zu §§ 1191 ff).

bb) Auch durch Hypothek gesicherte **öffentlich-rechtliche Forderungen** gehen nach 37
hL durch die Ablösung auf den Ablösenden über, weil mit der Ablösung nicht nur
das dingliche Recht übergehe, sondern auch die Forderung selbst (oben Rn 34; s zur
besonderen Problematik bei öffentlichen Lasten unten 52 f). Die übergehende Forderung
kann aber jedenfalls ihren öffentlich-rechtlichen Rechtscharakter nicht uneingeschränkt beibehalten; der private Gläubiger kann sie zB nicht im Wege der Verwal-
tungsvollstreckung verfolgen. Öffentlich-rechtliche Forderungen sind nicht nur
schärfer als privatrechtliche mit Befugnissen des Gläubigers sanktioniert, die nicht
einfach auf Private übertragen werden können; öffentlich-rechtliche Forderungen
können für den Schuldner umgekehrt auch ein erheblich niedrigeres Belastungs-
potential haben als privatrechtliche, zB wegen des Anspruchs auf Billigkeitserlass,
wegen der anderen Verjährungsfolgen, wegen vereinfachter Rechtsbehelfe, wegen
des Grundsatzes der Gesetzmäßigkeit der Verwaltung. Deshalb kommt man allein
mit der Annahme, die Forderung würde ihren öffentlich-rechtlichen Charakter
verlieren und nunmehr im ordentlichen Rechtsweg verfolgbar sein (RGZ 146, 319;
BGHZ 75, 23; BGB-RGRK/Mattern[12] Rn 11; Fischer NJW 1955, 1583; Rimmelspacher ZZP 95
[1982] 280; vgl auch Bergs JW 1937, 439; Storz ZIP 1980, 159, 163; Staudinger/Scherübl[12] Rn 5),
nicht zurecht; jedenfalls kann es nicht hingenommen werden, dass der Schuldner
durch die Ablösung des Gläubigers erhöhten Belastungen ausgesetzt wird (vgl im
Einzelnen Staudinger/Bittner [2009] § 268 Rn 18). Richtiger erscheint es daher, öffentlich-rechtliche Forderungen nicht übergehen zu lassen, in Anlehnung an § 1138 aber
eine zugrundeliegende Forderung zu fingieren (forderungsentkleidete Hypothek)
und dem Ablösenden einen öffentlich-rechtlichen Anspruch darauf zu gewähren,
dass die Ursprungsbehörde den Anspruch für seine Rechnung verfolgt.

cc) Dem gesetzlichen Ablösungsrecht des Berechtigten korrespondiert die **Pflicht** 38
des Gläubigers, die Ablösung entgegenzunehmen und damit der Ablösung zur Wirksamkeit zu verhelfen. Verletzt er diese Pflicht, so gerät er nicht nur in Annahmeverzug; vielmehr verletzt er eine Pflicht aus einem gesetzlichen Schuldverhältnis, die ihn
unter den entsprechenden Voraussetzungen zum Schadensersatz nach § 280 ver-

pflichtet. Daneben kommt bei schuldhafter Vereitelung oder Erschwerung eines Ablösungsrechts eine Schadensersatzpflicht des Gläubigers nach §§ 823 Abs 1 in Betracht, soweit darin die Verletzung eines absoluten dinglichen Rechts zu erblicken ist; die Beispiele die dafür (von BGB-RGRK/MATTERN[12] Rn 17) genannt werden (RGZ 83, 393; RGZ 90, 355; RGZ 123, 340), sind aber schwerlich einschlägig.

b)   Einwendungen und Einreden

39 aa)   Der Ablösende erwirbt die Forderung samt Hypothek in dem Zustand, in dem sie sich zur Zeit der Ablösung befinden. Er muss sich nicht nur alle **Einwendungen** gefallen lassen, sondern nach § 404 auch die **Einreden** des Schuldners gegen die Forderung (STAUDINGER/BUSCHE [2005] § 404 Rn 10) und nach § 1157 S 1 auch die Einreden des Eigentümers gegen die Hypothek (BGH NJW 1986, 1487 m Anm CANARIS = EWiR 1996, 1127 [GABERDIEL]; BGH vom 24. 9. 1996 – XI ZR 227/95 – DNotZ 1997, 383 mwNw [Anm WOLFSTEINER] = LM § 268 BGB Nr 5 mit Anm KONZEN = JuS 1997, 270 [K SCHMIDT] = JR 1998, 414 [REISCHL S 405]).

40 bb)   **Wer einen Nichtberechtigten in gutem Glauben an dessen Recht ablöst**, wird in seinem Erwerb durch § 893 geschützt (s § 1157 Rn 14 und STAUDINGER/GURSKY [2008] § 893 Rn 5); gleiches gilt gemäß §§ 1138, 893 auch für den guten Glauben an das Nichtvorhandensein von Einreden des § 1137 (RIMMELSPACHER WM 1986, 809; HAGER ZIP 1997, 133; BAUR/STÜRNER § 38 Rn 110 mit dem zutreffenden Hinweis, dass gerade alle Gutglaubenserwerbe solche kraft Gesetzes und nicht solche kraft Rechtsgeschäfts sind; REINICKE/TIEDTKE, Kreditsicherung[5] Rn 1227 ff; **aA** BGH NJW 1986, 1487 m abl Anm CANARIS = EWiR 1996, 1127 [GABERDIEL]; BGH vom 24. 9. 1996 – XI ZR 227/95 – DNotZ 1997, 383 mwNw [abl Anm WOLFSTEINER] = LM § 268 BGB Nr 5 mit Anm KONZEN = JuS 1997, 270 [K SCHMIDT] = JR 1998, 414 [REISCHL 405]; REINICKE/TIEDTKE WM 1986, 813; s auch § 1157 Rn 14). Bei Ablösung einer Buchhypothek empfiehlt es sich für den Ablösenden, nach Bezahlung sogleich seine Eintragung oder mindestens die Eintragung eines Widerspruchs zu bewirken, um gegen weitere Verfügungen des eingetragenen Gläubigers zugunsten Dritter geschützt zu sein. Bei der Briefhypothek genügt im allgemeinen die Aushändigung des Hypothekenbriefs nach §§ 1144, 1145 (s aber § 1154 Rn 59). S zur Ablösung rückständiger Nebenleistungen § 1159 Rn 15.

c)   Schutz des Bürgen

41 Wer für die abzulösende Forderung bürgt, ist durch § 774 geschützt (vgl Erl § 774), ebenso durch § 1164 der persönliche Schuldner der abzulösenden Forderung, soweit er einen Ersatzanspruch gegen den Eigentümer oder dessen Rechtsvorgänger hat. Der persönliche Schuldner und der Bürge sind nach Treu und Glauben berechtigt, den Gläubiger zu befriedigen, wenn er wegen der gegenüber dem Eigentümer fälligen Hypothek Befriedigung aus dem Grundstück verlangt (§§ 242, 271 Abs 2).

d)   Schlechterstellung

42 aa)   Der Grundsatz des § 268 Abs 3 S 2, dass der durch den Dritten befriedigte Gläubiger nicht **schlechter gestellt** werden darf als wenn der Schuldners gezahlt hätte, gilt auch bei § 1150.

43 bb)   Findet eine **Teilbefriedigung** statt (sei es nach den vorstehend dargestellten Grundsätzen, sei es mit Einwilligung des Gläubigers), verbleibt dem Gläubiger daher für seine Restforderung der **Vorrang**, Prot III 579 (RGZ 82, 133; RGZ 131, 327), selbst dann, wenn er erklärt oder meint, die zur Ablösung berechtigende Zwangsvollstreckung nur wegen eines (wegen des grundsätzlichen Gleichrangs aller Hypothekenteile nicht existierenden) vorrangigen Teils zu betreiben (BGH Rpfleger 1990, 378 [MUTH]; vgl Einl 201 zu §§ 1113 ff).

Das Verbot der Geltendmachung zum Nachteil des bisherigen Gläubigers bezieht **44** sich aber nur auf die Teilablösung, nicht auf andere Hypotheken desselben Gläubigers auf dem nämlichen Grundstück (RG JW 1913, 1147; BayObLGZ 17, 3; STAUDINGER/ BITTNER [2004] § 268 Rn 26; BGB-RGRK/MATTERN[12] Rn 14; PLANCK/STRECKER Anm 4e; WOLFF/ RAISER § 140 Fn 21; vgl RGZ 136, 40 zu § 774 Abs 1 S 2), selbst wenn die andere Hypothek Gleichrang mit der abgelösten hatte (RG ZBlFG 14, 653). Nicht unter § 268 Abs 3 fällt daher auch der dem abgelösten Hypothekengläubiger an einer nachfolgenden Hypothek dadurch entstehende Schaden, dass bei der Ablösung nicht – wie bei der Zahlung durch den Eigentümer nach § 1178 – die Hypothek für Rückstände von Zinsen und Kosten erlischt; die Ablösung einer von mehreren selbständigen Hypotheken wird auch nicht dadurch zu einer Teilablösung, dass die Forderungen wirtschaftlich eine Einheit bilden (RG JW 1913, 1147).

Der Vorrang tritt auch ein, soweit auf Grund des Ablösungsrechts nur **Zinsrück-** **45** **stände** an den Gläubiger bezahlt werden (RGZ 131, 325). Bei der Zwangsversteigerung wird der Ablösende daher mit seiner Zinsforderung erst berücksichtigt, nachdem der Gläubiger für Kapital und Zinsen befriedigt ist; betreibt er die Zwangsversteigerung auf Grund der auf ihn übergegangenen Zinsforderung, so muss die Hypothek nebst den laufenden Zinsen soweit sie nicht abgelöst ist in das geringste Gebot aufgenommen werden, weil sie dem Anspruch des betreibenden Gläubigers vorgeht.

Der Vorrang haftet der dem teilbefriedigten Gläubiger verbleibenden Hypothek mit **46** **dinglicher Wirkung** an; er geht mit ihr (sei es durch Rechtsübergang kraft Gesetzes, zB nach § 1150, oder durch Rechtsgeschäft) auf den neuen Gläubiger über (RGZ 131, 323, 327; **aM** RGZ 82, 135).

e)   Gesamthypothek
S zur Ablösung bei der Gesamthypothek Erl zu § 1173.   **47**

V.   Grund- und Rentenschulden

1.   § 1150 gilt auch für Grund- und Rentenschulden. Abgelöst wird hier aus- **48** schließlich das dingliche Recht selbst. Eine **gesicherte Forderung** (und damit auch ein evtl Anspruch auf zusätzliche Sicherheiten, oben Rn 35 f) geht nicht auf den Ablösenden über (MünchKomm/EICKMANN[4] Rn 32; PALANDT/BASSENGE[67] Rn 4); dafür fehlt eine Rechtsgrundlage (**aA** – unreflektiert – OLG Hamburg vom 11. 2. 2000 – MDR 2000, 1186). Der Übergang gesicherter Forderungen ist auch technisch unmöglich, weil – anders als bei der Hypothek – bei der Grundschuld ein eindeutiger Zusammenhang zwischen dinglichem Recht und gesicherter Forderung fehlt (vgl Vorbem 44 ff zu §§ 1191 ff); der Grundsatz der Spezialität (§ 1113 Rn 22) gilt für das Sicherungsverhältnis der Grundschuld nicht. Sie kann gleichzeitig in verschiedenen Rangordnungen unter unterschiedlichsten Bedingungsabhängigkeiten unterschiedlichste Ansprüche (nicht nur Geldansprüche) sichern, so dass es unmöglich ist, „die" gesicherte Forderung festzustellen, die übergehen soll. Es gibt auch keine Rechtsgrundlage, die dem Ablösenden einen *Anspruch auf Übertragung* „der" gesicherten Forderung verschaffen würde (aA Böttcher, ZVG § 75 Rn 34; Steiner/Storz, ZVG⁹ § 75 Rn 59). S zu Rückgewähransprüchen oben Rn 36. Die *Pfändung* des gesicherten Anspruchs hat andererseits ebenso wenig Einfluss auf das Ablösungsrecht, die Ablösung und deren Rechtsfolgen wie die Pfändung des aus dem selbständigen oder unselbständigen Sicherungsvertrag (Vorbem 294 zu §§ 1191 ff) entspringenden Rückgewähranspruchs.

49 Dass eine gesicherte Forderung nicht übergeht, führt bei *Sicherungsgrundschulden* zu einem bisher nicht aufgelösten *Wertungswiderspruch,* wenn der Grundschuldgläubiger, was er (str) kann und soll (s Vorbem 123 zu §§ 1191 ff), die ganze Grundschuld und nicht nur den seiner Forderung entsprechenden Teil geltend macht. Löst der Ablösungsberechtigte nicht das ganze Recht ab, so kann der Gläubiger die Ablösung zurückweisen (oben Rn 26); das Recht, umgekehrt die Einrede mangelnder Valutierung (§ 1157 Rn 29) zu erheben und damit den Ablösungsbetrag zu mindern, kann dem Ablösungsberechtigten aber nicht zugestanden werden. Löst er aber das ganze Recht ab, so läuft er Gefahr, dass ihm später der Eigentümer bei Geltendmachung der auf ihn übergehenden Grundschuld gemäß § 1192 Abs 1a die Einrede entgegen hält, der Valutierungsbetrag sei niedriger gewesen (BGH DNotZ 1997, 383 mit Anm Wolfsteiner = LM § 268 BGB Nr 5 mit Anm Konzen = JuS 1997, 270 [K Schmidt] = JR 1998, 414 [Reischl S 405]; es handelt sich aber nicht um eine Frage des gutgläubigen Erwerbs, vgl oben Rn 26, denn das Dilemma besteht auch und gerade, wenn der Ablösungsberechtigte genau weiß, dass die Grundschuld nicht voll valutiert ist; unklar auch Hager ZIP 1997, 133, 136; vgl auch Vorbem 196 zu §§ 1191 ff). Zur Auflösung des Widerspruchs ist zu unterscheiden: Hat der Eigentümer dem Grundschuldgläubiger gegenüber die Einrede aus § 1157 bereits erhoben, so muss der Gläubiger die Ablösung in Höhe der Valuta annehmen (aA BGH vom 11.5. 2005 – IV ZR 279/04 – ZfIR 2006, 27 [Joswig] = LMK 2005, 151903 [Berger] = EWiR § 1150 BGB 1/05, 631 [zust Kesseler], der stets Ablösung des vollen Betrags verlangt); die Grundschuld geht dann auch nur in der abgelösten Höhe auf den Ablösungsberechtigten über; der nicht abgelöste Teil ist wie bei jeder Teilablösung vorrangig (oben Rn 43). Hat hingegen der Eigentümer die Einrede nicht erhoben, so muss der Ablösungsberechtigte voll ablösen; der Eigentümer muss sich dann aber mit seinem Rückgewähranspruch an den Gläubiger verweisen lassen; dem Ablösungsberechtigten kann er die Einrede nicht mehr entgegenhalten (halbherzig zustimmend BGH wie vor, der in Erwägung zieht, der Einrede § 242 entgegenzusetzen). Gutglaubensfragen treten nur auf, wenn der Ablösende nicht weiß, dass der Eigentümer die Einrede erhoben hat. S zu den aus § 1192 Abs 1a folgenden Problemen dort Rn 50.

50 S zur Ablösung von Grundschuldzinsen vorst Rn 27 ff.

51 2. Wird **freiwillig,** dh außerhalb der Ausübung eines Ablösungsrechts „abgelöst" (oben Rn 2), zahlt der Ablösende grundsätzlich nicht auf die Grundschuld, sondern auf die persönliche Forderung (vgl aber Vorbem 139 zu §§ 1191 ff). In der Regel wird dann vereinbart, dass auch die Sicherungsrechte, insbesondere die Grundschuld, an den Ablösenden zu übertragen sind. Auch die dem Gläubiger abgetretenen Ansprüche auf Rückgewähr vor- und gleichrangiger Grundschulden (Vorbem 173 ff zu §§ 1191 ff) werden dann an den Ablösenden weiterübertragen; dies kann auch durch allgemeine Geschäftsbedingungen vorweggenommen werden (OLG Koblenz vom 1.3. 2007 – 5 U 1074/06 – ZIP 2007, 2208).

VI. Ablösung von öffentlichen Lasten und Wohngeldern

Das Ablösungsrecht nach § 1150 besteht auch gegenüber öffentlichen Lasten; ihre **52** innere Verwandtschaft mit den dinglichen Rechten am Grundstück rechtfertigt die entsprechende Anwendung des § 1150 (RGZ 146, 317; KG JW 1937, 3181; RIEWALD JW 1932, 449; MünchKomm/EICKMANN[4] Rn 24). Auch deren drohende Vollstreckung führt zum Verlust des nachrangigen Rechts. Dasselbe gilt für die in § 10 Abs 1 Nr 2 ZVG bezeichneten Rechte, idR sog Wohngelder (§ 1147 Rn 8).

1. Die Problematik der Ablösung **öffentlich-rechtlicher** Forderungen ist bereits **53** oben Rn 37 dargestellt. Bei der öffentlichen Last kommt ein weiteres Problemfeld hinzu, weshalb – bei wohlwollender Würdigung der Argumente – ein Teil der Rechtsprechung und Lehre die Ablösung nach § 1150 ausschließen will (KG JW 1934, 2794; PLANCK/STRECKER Anm 8; PALANDT/BASSENGE[67] Rn 1; ERMAN/WENZEL[12] Rn 5; MÖNCH DJ 1937, 777; FISCHER NJW 1955, 1583: nur § 268 anwendbar, die Zwangsvollstreckung muss also begonnen haben). Öffentliche Lasten sind keine Hypotheken; zwischen Forderung und dinglich wirkendem Recht findet keine deutliche Unterscheidung statt. Ihre Vollstreckung erfolgt anders als bei Hypotheken für öffentlich-rechtliche Forderungen nicht primär nach Zivilrecht, sondern nach öffentlichem Recht. § 322 Abs 1 S 2 AO ordnet zwar an, dass die zivilprozessualen Vorschriften Anwendung finden, aber nur, um in Abs 3 doch gravierendste Abweichungen zu dekretieren. Die Instrumente des § 322 Abs 3 AO können in der Tat einer Person privaten Rechts, auf die die öffentliche Last kraft Ablösung übergeht, keinesfalls zuerkannt werden. Wenn diese Problematik der Ablösung nach § 1150 entgegensteht, ist allerdings unverständlich, weshalb die Ablösung nach § 268 doch möglich sein soll; denn die Problematik ist hier die identische. Eine Lösung muss also nicht nur ohnehin für alle Ablösungsfälle bei öffentlich-rechtlichen Forderungen gefunden werden (dazu oben Rn 37), sondern auch für alle Ablösungsmöglichkeiten öffentlicher Lasten. Entsprechend oben Rn 37 bietet es sich an, im Falle der Ablösung die Entstehung einer forderungsentkleideten Hypothek anzunehmen, verbunden mit einem Anspruch des Ablösenden gegen die Ausgangsbehörde, den der öffentlichen Last zugrundeliegenden Anspruch auf seine Rechnung durchzusetzen.

2. Ansprüche auf **Wohngelder** etc gehen hingegen bei Ablösung mit genau den **54** Rechten auf den Ablösenden über, die vorher der Gemeinschaft der Wohnungseigentümer als Gläubigerin zugestanden haben.

§ 1151
Rangänderung bei Teilhypotheken

Wird die Forderung geteilt, so ist zur Änderung des Rangverhältnisses der Teilhypotheken untereinander die Zustimmung des Eigentümers nicht erforderlich.

Materialien: E II § 1058 rev § 1135; III § 1134;
Prot III 94 f, 585.

Schrifttum

FLECKEN, Teilhypothek und Teilhypothekenbrief (Diss Erlangen 1936)
ULBRICH, Rechtsprobleme des Rangrücktritts
und des Rangvorbehalts in der notariellen Praxis, MittRhNotK 1995, 289

ZIMMER/PIEPER, Zwangsvollstreckung „wegen
eines zuletzt zu zahlenden Teilbetrags", NotBZ
2007, 319.

1. Teilung der Forderung

1 § 1151 regelt nicht die Voraussetzungen für die Teilung einer Hypothekenforderung,
sondern setzt die Zulässigkeit der Teilung einer Hypothekenforderung voraus. Die
Zustimmung des Eigentümers ist für die Teilung der Forderung entbehrlich (KG HRR
1930 Nr 981). Vgl auch § 1152.

2 Eine Teilung der Hypothekenforderung bewirkt auch die **Teilung der Hypothek**. Eine
Teilung der Forderung kann durch Rechtsgeschäft erfolgen oder kraft Gesetzes (vgl
BGH NJW-RR 1991, 169, wonach die Titulierung eines Teilbetrags der Forderung deren Verselbständigung bewirkt) eintreten. Der gleichzeitigen Abtretung eines Forderungsteils bedarf es zur Teilung nicht (KG HRR 1930 Nr 981). Eine Teilabtretung bewirkt aber von
selbst die Teilung.

3 Die Hypothek kann auch isoliert, ohne Teilung der Forderung, geteilt werden. Es
bestehen dann Hypotheken für Forderungsteile (§ 1113 Rn 48).

4 Wird bei der Teilung einer Forderung über den *Rang* der einzelnen Teile nichts
bestimmt, so haben diese den gleichen Rang (BGH Rpfleger 1990, 378). Eine Ausnahme
gilt nur für die Fälle, in denen ein Teil einer Hypothek kraft Gesetzes (§§ 268, 426,
776, 1164, 1150, 1176, 1182) auf den Eigentümer, den persönlichen Schuldner oder
einen Dritten übergeht (vgl BGH Rpfleger 1990, 378). Soll einem Teil ein Vorrang
eingeräumt werden, so wäre an sich nach § 880 Abs 2 S 2 und 3 die Zustimmung
des Eigentümers erforderlich. § 1151 bestimmt jedoch als Ausnahmevorschrift, dass
es der Zustimmung des Eigentümers zu einer Rangänderung nicht bedarf (Prot III
94, 585); der Grund dafür liegt darin, dass durch die Rangänderung der auch für die
potentielle Eigentümergrundschuld reservierte Rangrahmen (Einl 149 ff zu §§ 1113 ff)
insgesamt nicht verändert wird.

2. Einzelheiten

5 Die Forderung und damit die Hypothek wird nicht nur geteilt, wenn ein Teil
abgetreten, gepfändet oder verpfändet oder mit einem Nießbrauch belastet wird,
sondern auch dann, wenn für Teilbeträge der Forderung besondere Bestimmungen
über Zinssätze, Fälligkeit, Rang usw getroffen werden. Dabei ist nicht erforderlich,
dass das Hauptrecht geteilt wird, es genügt die Abtretung, Pfändung, Verpfändung
des Zinsrechtes allein oder der Hauptforderung allein ohne das Zinsrecht (PLANCK/
STRECKER Anm 1; BGB-RGRK/MATTERN[12] Rn 2).

6 Eine Teilung iS des § 1151 liegt noch nicht vor, wenn eine Hypothek an mehrere

Personen in *Bruchteilsgemeinschaft* übertragen wird (vgl § 1153 Rn 9). Den Bruchteilen kann unterschiedlicher Rang erst nach Verteilung der Forderung auf die Bruchteilsgläubiger, also nach Teilung der Forderung und der Hypothek zugewiesen werden. Danach gilt § 1151 uneingeschränkt (KGJ 39 A 268).

Bei der Teilung einer Forderung, für die eine *Höchstbetragshypothek* besteht, kann **7** der noch nicht ausgefüllte, aber möglicherweise insbesondere durch auflaufende Zinsen noch entstehende Teil der Forderung in die Teilung mit einbezogen werden (RJA 15, 318; KGJ 53, 215; OLG Dresden OLGE 35, 335; JFG 4, 433; Planck/Strecker Anm 5c).

Eine Teilung der Hypothek tritt auch dann ein, wenn Forderung bzw Hypothek *kraft* **8** *Gesetzes* zum Teil auf eine andere Person übergeht. Hier kommt dem Gläubiger für den Rest seiner Forderung jeweils der Vorrang vor dem Teil zu, der auf eine andere Person überging (s §§ 1143, 1150, 1176). Diese Folge tritt kraft Gesetzes ohne Rücksicht auf einen etwa abweichenden Parteiwillen ein (BGH Rpfleger 1990, 378).

Durch die Teilung werden mangels abweichender Vereinbarung die *einzelnen Teile* **9** der Forderung *selbständig* mit der Folge, dass die Gläubiger zueinander nicht etwa im Verhältnis von Mitgläubigern stehen; nur äußerlich, nämlich nach Grundbuchvortrag, leiten die nunmehr selbständigen Hypotheken ihren Ursprung von dem gemeinsamen Recht her (BayObLGZ 7, 300).

Nur für die *Änderung des Rangverhältnisses* zwischen Hypotheken oder (aufgrund **10** der Verweisungen) anderen Grundpfandrechten wird die Zustimmung des Eigentümers erlassen, für *andere* Verfügungen als Rangänderungen, namentlich für Inhaltsänderungen der Teilhypothek, gilt § 1151 nicht. Zu einer Inhaltsänderung bedarf es daher der Zustimmung des Eigentümers gemäß §§ 877, 873 auch dann, wenn diese gleichzeitig mit der Rangänderung erfolgt. Dasselbe gilt, wenn sich der Rang der Hypothek gegenüber anderen Rechten als Grundpfandrechten verschlechtert; wegen des dadurch eintretenden Rangverlusts der potentiellen Eigentümergrundschuld bedarf es der Zustimmung des Eigentümers.

§ 1151 ist *nicht nur* anwendbar, wenn die Rangänderung durch die Teilung erfolgt **11** oder bei der Teilung stattfindet, sondern auch dann, wenn der Vorrang *erst nach* der Teilung eingeräumt wird. Das entspricht nicht nur dem Wortlaut der Vorschrift; es liegt kein Grund vor, die beiden Fälle verschieden zu behandeln (BGB-RGRK/Mattern[12] Rn 4; Palandt/Bassenge[67] Rn 2; Planck/Strecker Anm 5b; Erman/Wenzel[12] Rn 2; **aM** Baer ZBlFG 15, 232). Voraussetzung ist aber, dass die Teile inhaltlich noch unverändert sind. Sind die Konditionen eines der Teil-Grundpfandrechte zwischenzeitlich geändert worden, so würde eine Rangänderung die potentielle Eigentümergrundschuld berühren und daher nicht mehr ohne Zustimmung des Eigentümers zulässig sein. Hat sich eines der Teil-Grundpfandrechte zwischenzeitlich durch Tilgung zum Teil in eine Eigentümergrundschuld verwandelt, so darf deren Rang nicht mehr angetastet werden.

3. Im übrigen ist § 880 anzuwenden. Gleichviel ob eine Brief- oder Buchhypothek **12** vorliegt, bedarf daher die *rechtsgeschäftliche Abänderung* des Rangverhältnisses unter den Teilhypotheken notwendig der **Eintragung ins Grundbuch** (OLG Hamm vom

30. 10. 1986 – 15 W 129/86 – DNotZ 1988, 233 m Anm Wolfsteiner; BayObLG DNotZ 1985, 476 und BGH DNotZ 1990, 586 m Anm Wolfsteiner widersprechen in diesem Punkt nicht). Zwar kann gemäß § 1152 eine Briefhypothek ohne Grundbucheintragung *geteilt* werden; dies schließt aber die Rangänderung nicht ein (Ulbrich MittRhNotK 1995, 289; Schöner/Stöber[14] Rn 2412; Meikel/Böttcher[10] § 45 GBO Rn 113; Erman/Wenzel[12] Rn 2; **aA** – „Abtretung eines erst- oder letztrangigen Teils" – OLG Hamm vom 24. 11. 1987 – 15 W 495/87 – Rpfleger 1988, 58 mit zust Anm Muth u abl Anm Schmid 136; OLG Düsseldorf vom 12. 12. 1990 – 3 Wx 460/90 – DNotZ 1992, 310 = EWiR § 1151 BGB 1/88, 151 [Eickmann]; Demharter[26] § 45 GBO Rn 47; KEHE/Eickmann, GBO[6] § 45 Rn 37; s zu der verwandten Frage der Vorlage des Briefs KG WuB I F3. 5. 85 m Anm Wolfsteiner). Diese Beurteilung beruht nicht (wie MünchKomm/Eickmann[4] Rn 7 unterstellt) auf der Annahme eines eigenständigen Teilungsgeschäfts, auch wenn festzustellen ist, dass die Teilung – der Forderung oder der Hypothek – natürlich als solche ein Rechtsgeschäft ist, das mit oder ohne Rangregelung vorgenommen werden kann; § 1151 regelt in der Tat das Teilungsgeschäft nicht, sondern die rechtsgeschäftliche Rangveränderung, aber auch nur diese und für sie ausschließlich die Eigentümerzustimmung; sie sagt nichts über sonstige Erfordernisse und nichts über die Form des Vollzugs.

13 Zu einer Eintragungsfreiheit der Rangänderung kann man daher nur im Wege einer erweiternden Analogie (sicherlich nicht zu § 1151, bestenfalls zu § 1152) kommen; keinesfalls handelt es sich beim Eintragungserfordernis (wie OLG Düsseldorf vom 12. 12. 1990 aaO meint) um eine Einschränkung der §§ 1140, 1155 BGB. Dass „eine Abtretung gleichrangiger Teilhypotheken oder Teilgrundschulden in der Praxis kaum vorkommt" (OLG Düsseldorf vom 12. 12. 1990 aaO), macht § 1155 nicht zu einer Vorschrift über Rangänderungen. Eine erweiternde Auslegung ist aber allein aus praktischen Gründen abzulehnen. Sie würde bedeuten, dass eine Rangänderung mittels einfacher Schriftlichkeit bewirkt werden könnte und nicht einmal eines Vermerks im Hypothekenbrief bedürftig oder auch nur fähig wäre. Schon mit der Formulierung der – privatschriftlich zulässigen – Abtretungserklärung ist der Rechtsverkehr aber überfordert (vgl § 1154 Rn 31, 36); noch mehr gilt das für eine Teilabtretung, bei der die Formulierung der Erklärung und die Technik der Briefübergabe nur von wenigen Spezialisten beherrscht werden. Wenn sich der Gesetzgeber hier trotz der Unzuträglichkeiten und erheblicher Belastungen der Rechtspflege mit einfacher Schriftlichkeit begnügt, so ist das hinzunehmen. Jede erweiternde Auslegung verbietet sich aber.

14 Eine *Einigung der Beteiligten* ist nicht immer notwendig. Sie scheidet zB aus, wenn der Gläubiger seine Forderung teilt, ohne gleichzeitig eine Abtretung vorzunehmen; § 19 GBO ist durchweg zu beachten.

15 Über die Bildung von *Teilhypothekenbriefen* s § 1152 mit Erl.

16 4. § 1151 gilt auch für **Grundschulden** und **Rentenschulden**, bei denen allerdings nicht die gesicherte Forderung, sondern das Recht selbst geteilt wird.

§ 1152
Teilhypothekenbrief

Im Falle einer Teilung der Forderung kann, sofern nicht die Erteilung des Hypothekenbriefs ausgeschlossen ist, für jeden Teil ein Teilhypothekenbrief hergestellt werden; die Zustimmung des Eigentümers des Grundstücks ist nicht erforderlich. Der Teilhypothekenbrief tritt für den Teil, auf den er sich bezieht, an die Stelle des bisherigen Briefes.

Materialien: E I § 1122; II § 1059 rev § 1136;
III § 1135; Mot III 761 f; Prot III 665 f.

1.   Teilung der Briefhypothek

Wird eine Briefhypothek geteilt (§ 1151), so kann für jeden Teil ein Hypothekenbrief **1** hergestellt werden. Die Zustimmung des Eigentümers des Grundstücks ist nicht erforderlich (Prot III 665 ff).

Teilhypothekenbriefe können in *allen* Fällen gebildet werden, in denen die Hypo- **2** thekenforderung in Teile zerfällt (s die Erl zu § 1151). Die Hauptfälle sind Abtretung und Verpfändung eines Teils der Forderung. Die Herstellung eines Teilhypotheken- briefs ist auch dann zulässig, wenn die Teilung der Forderung an sich noch nicht vollzogen ist, sondern erst durch die Herstellung des Teilhypothekenbriefs bewirkt werden soll.

Auch für das ohne die Hauptforderung abgetretene Recht auf künftige Zinsen kann **3** ein Teilbrief gebildet werden (s § 1154 Rn 12 ; RGZ 74, 78; RGZ 86, 219; wegen der sog Zinsrückstandshypothek s die Erl zu § 1159).

Über die Anwendung des § 1117 s dort Rn 28.   **4**

Zur Bildung eines Teilhypothekenbriefs muss jeder Teil auf Verlangen des anderen **5** Teiles entsprechend mitwirken und zu diesem Zweck auch den in seinem Besitz befindlichen Brief dem zuständigen Grundbuchamt oder dem Notar vorlegen (vgl RGZ 59, 317). Bei einem kraft Gesetzes erfolgten teilweisen Übergang der Forderung (Hypothek) ist die Verpflichtung des Gläubigers zur Vorlegung des Briefs zum Zweck der Bildung eines Teilhypothekenbriefs in §§ 1145, 1150, 1167, 1168 Abs 3 besonders bestimmt.

Es muss sich immer um den Teil einer *Briefhypothek* handeln. Wenn für den Teil **6** einer *Buchhypothek* ein Brief erteilt werden soll, so muss erst durch Einigung zwischen dem Gläubiger und dem Eigentümer die Ausschließung der Erteilung des Briefes aufgehoben und in das Grundbuch eingetragen werden (§ 1116 Abs 3); der hier auszustellende Brief ist seinem Wesen nach überhaupt kein Teilhypotheken- brief, sondern ein gewöhnlicher Brief, allerdings über eine Teilhypothek, § 1151 (KGJ 39 A 274; Soergel/Konzen14 Rn 1), für dessen Herstellung die §§ 56–58 GBO maßgebend sind (KG DRW 1940, 117; Planck/Strecker Anm 1). Die Einigung iS des § 1116

Abs 3 ist natürlich auch dann notwendig, wenn die ganze Buchhypothek unter Bildung von Briefhypotheken geteilt werden soll.

7 Bei einer *bereits geteilten Hypothek,* für die ein Teilhypothekenbrief bisher noch nicht gebildet wurde, kann jeder Teilhypothekengläubiger die Herstellung eines Teilbriefes nachträglich verlangen, ohne dass es hierzu der Zustimmung der Gläubiger der anderen Teilhypotheken bedarf. Auch die Zustimmung des bisherigen Gläubigers der ganzen Hypothek ist unabhängig von einer Verpflichtung nach § 952, den in seinem Besitz befindlichen Brief dem Grundbuchamt vorzulegen, unnötig (PLANCK/STRECKER Anm 3; BGB-RGRK/MATTERN[12] Rn 6; ERMAN/WENZEL[12] Rn 2; MEIKEL/BESTELMEYER, GBO[10] § 61 Rn 30); dass der bisherige Gläubiger der ganzen Hypothek ebenfalls antragsbefugt ist, gibt ihm kein Recht, die Briefbildung zu blockieren (**aM** MünchKomm/EICKMANN[4] Rn 7). Als Gläubiger einer Teilhypothek wird er durch die Bildung des Teilhypothekenbriefs nicht beeinträchtigt, als Scheingläubiger der ganzen Hypothek deshalb nicht, weil entsprechend § 22 Abs 1 GBO der Nachweis der Unrichtigkeit die Bewilligung ersetzt. Ohnehin ist der Brief vorzulegen (ERMAN/WENZEL[12] Rn 2). Jedenfalls bedarf die Zustimmung keiner Form (KGJ 40, 340; allgM).

8 Die Herstellung von *Teilhypothekenbriefen* ist bei Teilung der Hypothek nicht zwingend vorgeschrieben, vielmehr in das Belieben der Parteien gestellt. Wird ein Teilhypothekenbrief nicht gebildet, so sind die erforderlichen Vermerke auf dem Stammbrief zu machen. Bis zur Herstellung der Teilbriefe haben die Teilhypothekare gemäß § 952 Miteigentum an dem alten Brief (KGJ 44, 285; WOLFF/RAISER § 136 I); dem Erfordernis der Briefübergabe nach § 1154 kann entweder durch Einräumung des Mitbesitzes am Brief (§ 866) oder durch Begründung eines Rechtsverhältnisses nach § 930 genügt werden (§ 1154 Rn 50 f). Freilich ist die Bildung von Teilhypothekenbriefen regelmäßig praktischer (vgl KG OLGE 2, 274).

9 Ist eine Briefhypothek zum Teil Eigentümergrundschuld geworden, weil die Forderung nur *zum Teil* entstanden ist (§ 1163 Abs 1 S 1), so soll dem Grundstückseigentümer gegen den Gläubiger ein Anspruch auf Einräumung des Mitbesitzes an dem Brief nicht zustehen (RGZ 69, 36 vom 3.6.1908 – V 408/07 – unter klarer Bevorzugung des Fremdgläubigers). Allerdings hat er gemäß § 896 Anspruch auf Vorlegung des Briefs an das Grundbuchamt zwecks Bildung eines Teilbriefs; ansonsten kann er sich gegen Verfügungen des Fremdgläubigers zugunsten Gutgläubiger nur schützen, indem er die Eintragung eines Widerspruchs bewirkt (vgl § 1139 für die Buchhypothek).

2. Herstellung des Teilhypothekenbriefs

10 Die Herstellung des Teilhypothekenbriefs richtet sich nach § 61 GBO; s auch §§ 48 Abs 2, 52 GBV mit Muster Anl 4 und die Ausführungsverordnungen der Landesjustizverwaltungen (nachgewiesen bei DEMHARTER[26] § 52 GBV FN 13).

11 Die Herstellung eines Teilhypothekenbriefs wird im Grundbuch selbst nicht vermerkt. Wenn aber später bei der Stamm oder bei der Teilhypothek eine Eintragung erfolgen soll und die Abtretung (oder andere Entstehung der Teilhypothek) noch nicht eingetragen ist, so müssen beide Briefe vorgelegt werden, damit zunächst die Abtretung im Grundbuch vermerkt werden kann (KG OLGE 10, 444; PLANCK/STRECKER Anm 5; MünchKomm/EICKMANN[4] Rn 11).

3. Die Bedeutung des Teilhypothekenbriefs

Ein Teilhypothekenbrief tritt für den Teil, auf den er sich bezieht, vollständig an die **12** Stelle des Stammbriefs, der nur für den Rest Geltung behalten kann. Alle Normen hinsichtlich des Hypothekenbriefs erstrecken sich daher auch auf den Teilhypothekenbrief. Eine bei der Teilhypothek vorgenommene Eintragung ist nur auf dem Teilhypothekenbrief zu vermerken (§ 62 GBO).

Soll die Briefhypothek, auf die sich der Teilhypothekenbrief bezieht, nachträglich **13** wieder Buchhypothek werden, so ist hierzu nur die Einigung des Eigentümers mit dem Gläubiger des Teilrechts notwendig, nicht aber die Zustimmung der Gläubiger des Stammrechts oder der anderen Teilrechte (vgl Mot III 761, 762 sowie § 1116 Abs 2 S 2).

4. Grund- und Rentenschulden

§ 1152 ist auch auf Grund- und Rentenschulden mit Brief anzuwenden. § 1152 gilt **14** auch, wenn ein Teil einer Hypothek sich in eine Eigentümergrundschuld verwandelt (KG DRW 1940, 1575; BGB-RGRK/MATTERN[12] Rn 2; PLANCK/STRECKER Anm 1; hM); der Hypothekenbrief verkörpert die Teilgrundschuld wie die Teilhypothek.

§ 1153
Übertragung von Hypothek und Forderung

(1) Mit der Übertragung der Forderung geht die Hypothek auf den neuen Gläubiger über.

(2) Die Forderung kann nicht ohne die Hypothek, die Hypothek kann nicht ohne die Forderung übertragen werden.

Materialien: E I § 1086; II § 1060 rev § 1137; III § 1136; Mot III 704 ff; Prot III 585 f.

Schrifttum

BOMHARD/KESSLER/DETTMEIER, Wirtschafts- und steuerrechtliche Gestaltungsfragen bei der Ausplatzierung Not leidender Immobilienkredite, BB 2004, 2085;
CLEMENTE, Verwertung der nicht akzessorischen Grundschuld im Rahmen eines Forderungsverkaufs, ZfIR 2007, 737
DOMKE/SPERLICH, Verkauf notleidender Kredite – zivilrechtliche und strafrechtliche Fragestellungen, BB 2008, 342
FRIDGEN, Die Sicherungsgrundschuld beim Forderungsverkauf, WM 2008, 1862

HARPERING, Die Übertragung akzessorisch besicherter Forderungen im Rahmen von syndicated loans (2003)
KNOPS, Kreditnehmerschutz bei der Verbriefung von Forderungen, WM 2008, 2185
SCHALAST/SAFRAN/SASSENBERG, Strafbarkeit von Sparkassenvorständen beim Verkauf notleidender Kredite, NJW 2008, 1486
SCHULZ, Kreditverkauf – diesmal: Zur sofortigen Zwangsvollstreckung aus der Grundschuldbestellungsurkunde, ZIP 2008, 1858
SCHULZ/SCHRÖDER, Die Veräußerung notlei-

Hans Wolfsteiner

dender Kreditforderungen durch öffentlich-rechtliche Kreditinstitute, DZWIR 2008, 177 STÖCKER, Die treuhänderisch gehaltene Sicherungsbuchgrundschuld zur Verbriefung und Syndizierung von Krediten, Die Bank 1/2004, 55 VORWERK, Schutz in der Finanzmarktkrise –

Welche Rechte hat der Verbraucher?, NJW 2009, 1777 WIEDENHOFER, Non Performing Loans (NPL) (2006), besprochen von FRANZMANN MittBayNot 2007, 33 A WOLF, Die Behandlung der Hypothekenzinsen (Diss Leipzig 1908).

Systematische Übersicht

I. Allgemeines

1 **1.** Als **akzessorisches** Recht ist die Hypothek als solche vom Bestehen und Bestand einer durch Zahlung aus dem Grundstück zu befriedigenden persönlichen Forderung abhängig (Vorbem 4 ff zu §§ 1113 ff). Sie kann daher als solche nur dem jeweiligen Gläubiger der Forderung zustehen (PLANCK/STRECKER Anm 1; Vorbem 7 zu §§ 1113 ff). Demgemäß bestimmt § 1153, dass die Hypothek mit der Übertragung der Forderung auf den neuen Gläubiger übergeht und dass die Forderung nicht ohne die Hypothek und die Hypothek nicht ohne die Forderung übertragen werden kann. Die Satzteile des Abs 2 sind nicht gleichwertig. Wie sich aus Abs 1 iVm § 1154 ergibt, kann die Hypothek überhaupt nicht rechtsgeschäftlich übertragen werden; sie geht immer nur kraft Gesetzes auf denjenigen über, der die gesicherte Forderung rechtsgeschäftlich erwirbt. Dies trifft auch beim gutgläubigen Erwerb einer „forderungsentkleideten" Hypothek gemäß § 1138 zu; auch hier sind die rechtsgeschäftlichen Erklärungen der Beteiligten nicht auf den Übergang der Hypothek, sondern auf den (im Ergebnis missglückenden) Übergang der gesicherten Forderung gerichtet und der Hypothekenübergang ist nur gesetzliche Folge.

2 Um den Übergang der Hypothek zu bewirken, muss diejenige Forderung abgetreten werden, die Gegenstand der Hypothek ist. Ist die Hypothek für den Anspruch aus einem **abstrakten Schuldversprechen** bestellt (zur Zulässigkeit § 1113 Rn 28), so kommt es nur auf die Abtretung dieses Anspruchs an. Das Schicksal der durch das Schuldversprechen gesicherten Forderungen spielt dann keine Rolle (DANIELEWSKI/DETTMAR WM 2008, 713; zweifelnd HARPERING 138), denn die gesetzliche Akzessorietät besteht nur zwischen der eigentlichen Hypothekenforderung und der Hypothek, nicht aber zwischen nur durch Sicherungsvertrag verknüpften Forderungen und Hypothek.

2. S zum **Ausschluss der Abtretbarkeit** Einl 136 ff zu §§ 1113 ff und nachf Rn 17 ff. **3** S zum Fall, dass die Forderung oder deren Abtretung **ausländischem Recht** unterliegt, Einl 261 ff zu §§ 1113 ff.

3. § 1153 gilt für **alle Arten** der Übertragung, nicht nur für die rechtsgeschäftliche, **4** die Abtretung (§ 398), sondern auch für die Übertragung kraft Gesetzes und durch gerichtliche Anordnung, Mot III 704 (BayObLGZ 12, 684; PLANCK/STRECKER Anm 3; BGB-RGRK/MATTERN[12] Rn 1).

a) S zur Übertragung **kraft Gesetzes** Einl 145 ff zu §§ 1113 ff. Fälle des gesetz- **5** lichen Übergangs der Forderung sind ua §§ 1143, 1416, 1922. Vom gesetzlichen *Forderungsübergang* mit nachgeschleppter Hypothek sind die Fälle zu unterscheiden, in denen Forderung und Hypothek als Paket kraft Gesetzes übergehen (Einl 145 ff zu §§ 1113 ff), insbes in den Umwandlungsfällen.

b) Fälle der Übertragung durch **gerichtliche Anordnung** sind die Überweisung, sei **6** es zur Einziehung (BayObLG SeuffBl 77, 218), sei es an Zahlungs statt nach § 835 ZPO und durch Zuschlag bei einer nach § 844 ZPO angeordneten öffentlichen Versteigerung. Die Pfändung einer Forderung nach § 829 ZPO ergreift ohne weiteres die später eingetragene Hypothek (BayObLGZ 32, 16).

4. § 1153 findet auch auf die Bestellung eines Nießbrauchs (§ 1069) und eines **7** **Pfandrechts** an einer Hypothekenforderung (§ 1274) Anwendung (PLANCK/STRECKER Anm 3; BGB-RGRK/MATTERN[12] Rn 3).

II. Rechtsfolgen

1. Hypothek folgt Forderung

Aus der Zusammengehörigkeit von Forderung und Hypothek ist der Grundsatz zu **8** entnehmen, dass mit dem Übergang der Forderung auch die **Hypothek** auf den neuen Gläubiger übergeht. Dasselbe ergibt sich – nach Inkrafttreten – aus Art 10 des UN-Abkommens über Forderungsabtretungen (Resolution der UNO-Generalversammlung 56/81 v 12. 12. 2001, ZeuP 2002, 860, dazu BAZINAS ZEuP 2002, 782).

Wird die Hypothek im Übertragungsakt nicht erwähnt (sei es auch, weil die Be- **9** teiligten keine Kenntnis vom Bestehen der Hypothek haben), so ist das ohne Einfluss auf ihren Übergang (RG WarnR 1917 Nr 145). Die Hypothek geht gleichwohl mit Übertragung der Forderung auf den Zessionar über (vgl § 401). Bei der Übertragung der Forderung an **mehrere Personen** steht die Hypothek sämtlichen Gläubigern in genau der Beteiligungsart und genau dem Beteiligungsverhältnis zu wie die gesicherte Forderung; was das Gesetz für die Forderung anordnet (zB § 420), gilt damit von selbst auch für die Hypothek. Ebenso gilt für die Hypothek, was die Zessionare bereits für ihr Beteiligungsverhältnis festgelegt haben, wobei allerdings auch das Innenverhältnis der mehreren Gläubiger idR nur unter Einhaltung der

Hans Wolfsteiner

Formvorschrift des § 1154 modifiziert werden kann (vgl BayObLGZ 7, 300; ferner BRACH-VOGEL ZBlFG 7, 371 und für Gesamtschuld RG DNotV 1931, 432).

10 Nicht in § 1153 erwähnt, obwohl vom Prinzip gleichermaßen erfasst, ist der Fall des **Erlöschens** der Forderung. Die Hypothek kann dann als solche nicht fortbestehen, auch dann nicht, wenn Hypothekengläubiger und Eigentümer gegenteiliges vereinbaren sollten. Die Folgen regelt zuvörderst § 1163 Abs 1 S 2.

2. Übergang der Nebenrechte

11 Dass Nebenrechte auf den neuen Gläubiger übergehen, ist an sich schon in § 401 bestimmt. Diese Bestimmung ist jedoch im Gegensatz zu § 1153 nicht zwingend. Nach § 1153 ist dem Grundsatz nach (vorbehaltlich der Ausnahmen, s unten Rn 13) der Zusammenhang zwischen Forderung und Hypothek aber unlösbar (BGB-RGRK/MAT-TERN[12] Rn 2).

3. Abweichende Vereinbarungen

12 Eine Vereinbarung, dass nur die Hypothek oder nur die Forderung übertragen werden soll, ist in der Regel **wirkungslos** (KG OLGE 26, 153; RG JR Rspr 1927 Nr 469). Das Grundbuchamt darf eine derartige Vereinbarung nicht vollziehen (Mot III 706). Wird eine derartige Erklärung im Hypothekenbrief niedergelegt, so wird die in § 1155 erforderte fortlaufende Kette dadurch unterbrochen (HACHENBURG Beitr 86). „Abtretung der Hypothek" ist aber nach der Verkehrssitte (§ 133) im Zweifel nicht als (unzulässige) Abtretung der isolierten Hypothek, sondern als Abtretung der Forderung samt Hypothek zu verstehen (RG JW 1938, 44); dies gilt auch bei Pfändungen (BayObLGZ 12, 684). Ein Urteil, das nur das Bestehen des durch die Hypothek gesicherten persönlichen Anspruchs feststellt, wirkt aber einem Rechtsnachfolger in das Grundstückseigentum oder in die Hypothek gegenüber keine Rechtskraft (vgl BGH NJW 1960, 1348).

13 **Ausnahmen** von der strengen Bindung bestehen bei der Höchstbetragshypothek (§ 1190 Rn 57 ff) und bei der Hypothek für eine ausländischem Recht unterliegenden Forderung (Einl 262 zu §§ 1113 ff).

III. Kausalbeziehungen der Hypothekenabtretung

14 Die §§ 1153 ff regeln nur die **technische Abwicklung** der Übertragung einer Hypothekenforderung. Nicht nur der Hypothekenbestellung (Vorbem 36 ff zu §§ 1113 ff), sondern auch der Übertragung pflegt ein Kausalverhältnis zugrundezuliegen. Zu unterscheiden sind die Rechtsbeziehungen zwischen dem Eigentümer und dem Schuldner einerseits und dem Gläubiger andererseits sowie zwischen dem Zessionar und dem Zedenten.

1. Verfügungsbefugnis des Gläubigers

15 Grundsätzlich ist der Gläubiger dem Eigentümer als Sicherungsgeber und dem Schuldner gegenüber befugt, über die Hypothekenforderung zugunsten Dritter zu verfügen. Die Befugnis ist selbstverständlich beschränkt auf den Forderungsstand im

Zeitpunkt der Verfügung. Keinesfalls darf der Gläubiger unter Ausnutzung des § 1138 dem Zessionar mehr an Hypothek verschaffen als er selbst von Rechts wegen innehat. Verstößt er dagegen, so verletzt er nicht nur den Hypothekenbestellungsvertrag; vielmehr verletzt er auch die durch Teiltilgung oder sonst nach § 1163 entstandene Eigentümergrundschuld als ein absolutes Recht mit der Folge der Schadensersatzpflicht nach § 823 Abs 1. Überdies missbraucht er die ihm durch § 1138 eingeräumte Verfügungsmacht mit der Folge der Strafbarkeit nach § 266 Abs 1, erste Alt, StGB und der Schadensersatzpflicht nach § 823 Abs 2.

Ist allerdings die Hypothek für ein **abstraktes Schuldversprechen** bestellt (vgl dazu, dass **16** diese Form beste Aussichten hat, künftig die Grundschuld zu ersetzen, § 1113 Rn 30), so hat der Gläubiger volle Verfügungsmacht über den Anspruch daraus und damit über die Hypothek zum vollen Betrag, auch wenn die gesicherte Forderung dahinter zurückbleibt. Ganz unabhängig davon, dass hier ein Treuhandverhältnis wie bei der Sicherungsgrundschuld besteht (dazu und zu den Folgerungen Vorbem 26 ff, 232 ff zu §§ 1191 ff), folgt aus dem Hypothekenbestellungsvertrag, dass der Gläubiger nur abtreten darf, was ihm gebührt, und nicht alles, worüber er verfügen kann (vgl zur Grundschuld Vorbem 233 ff zu §§ 1191 ff). Er darf also höchstens den Teil seines Anspruchs aus dem Schuldversprechen abtreten, der seinem gegenwärtigen Forderungsstand entspricht, nebst Zinsen nur ab Abtretung (es sei denn Zinsen der gesicherten Forderung wären rückständig). Ist er durch die Höhe des Zinssatzes übersichert, so darf er auch nur Zinsen in der Höhe abtreten, die ihm höchstens gebühren.

2.   Abtretungsausschluss

a)   Obligatorisch vereinbarter Abtretungsausschluss

Im Übrigen ist der Gläubiger nicht nur durch dinglich wirkende Vereinbarungen **17** über einen **Abtretungsausschluss** (Einl 135 ff zu §§ 1113 ff) gebunden; er hat auch obligatorisch vereinbarte Veräußerungsbeschränkungen zu beachten, wie sie sich zB in dem 2004 vom Bundesverband deutscher Banken beim Bundeskartellamt angemeldeten „Musterdarlehensvertrag für gewerbliche Kreditvergaben" finden, der in Nr 12 Abs 2 die Abtretung nur an bestimmte dem Bankgeheimnis unterworfene Personen – Kreditinstitute ua – zulässt. Der Abtretungsausschluss kann auch verklausuliert sein, zB in Nr 1 (1) der AGB Sparkassen, wonach die Geschäftsbeziehung zwischen dem Kunden und der Sparkasse durch ein besonderes Vertrauensverhältnis geprägt ist; da sich ein solches Verhältnis nicht ohne Zustimmung des Kunden auf Dritte übertragen lässt, liegt in der Klausel ein verdecktes Abtretungsverbot (s zur Strafbarkeit von Sparkassenvorständen SCHALAST/SAFRAN/SASSENBERG NJW 2008, 1486; NOBBE ZIP 2008, 97; Strafbarkeit verneinend OLG Schleswig vom 18. 10. 2007 – 5 U 19/07 – ZIP 2007, 2308 = EWiR § 203 StGB 1/07, 731 [SCHULZ]). S weiter zu den Abtretungsbeschränkungen aus dem Treuhandcharakter der Sicherungsgrundschuld Vorbem 164 zu §§ 1191 ff. S aber zur Unwirksamkeit eines Abtretungsausschlusses nach § 354a HGB Einl 139 ff zu §§ 1113 ff und nach § 22d KWG Einl 144 zu §§ 1113 ff. Soweit allerdings ein Übergang kraft Gesetzes stattfindet (Einl 145 ff zu §§ 1113 ff), wirken Abtretungsverbote überhaupt nicht (vgl LG Nürnberg-Fürth vom 25. 2. 2008 – 10 Q 11030/06 – WM 2008, 2015); das ist vor allem bei Spaltungen problematisch, weil hier eine selektierte Übertragung einzelner Forderungen – nicht anders als bei einer Abtretung – stattfinden kann (Einl 146 ff zu §§ 1113 ff).

aa) Immobiliendarlehensvertrag

18 Seit 19. 8. 2008 gilt § 492 Abs 1a S 3 (Art 5 Nr 3 des RisikobegrenzungsG vom 12. 8. 2008 [BGBl I 1666]), wonach iE im Immobiliendarlehensvertrag die Frage der Abtretbarkeit ausdrücklich geregelt werden muss. Nicht geregelt sind aber die Rechtsfolgen eines Verstoßes; nach der Intention der Vorschrift muss sie so verstanden werden, dass bei Fehlen einer Regelung die Abtretung – außer bei notleidenden Darlehen – ausgeschlossen ist, und zwar mit dinglicher Wirkung für die Hypothek.

bb) Bankgeheimnis

19 Ist Gläubiger eine Kreditinstitut, so ergeben sich Einschränkungen unter dem Gesichtspunkt des Bankgeheimnisses (OLG Frankfurt vom 25. 5. 2004 – 8 U 84/04 – NJW 2004, 3266 [dazu abl RÖGNER 3230] = BB 2004, 1650 m krit Anm BÖHM S 1641 [dort wNw zum Abtretungsverbot kraft Bankgeheimnisses] = EWiR § 399 BGB 1/04, 741 [kritisch FREITAG]; NOBBE ZIP 2008, 97. S allgemein zum Bankgeheimnis und dessen gesetzliche Grundlagen STAUB/CANARIS, HGB⁴ Bankrecht Rn 36 ff; CANARIS ZIP 2004, 1781; SCHUMANN ZIP 2004, 2353). Zu Recht wird darauf hingewiesen, dass Nr 2 Abs 1 der allgemeinen Bankbedingungen das Bankgeheimnis ausdrücklich zum Vertragsbestandteil macht (CLEMENTE ZfIR 2007, 737). Es kann schwerlich geleugnet werden, dass eine Abtretung ohne Verletzung des Bankgeheimnisses unmöglich ist. Die Gegenauffassung, dass es kein Abtretungsverbot beinhalte (OLG Stuttgart vom 6. 4. 2005 – 9 U 188/04 – ZIP 2005, 1777 = EwiR § 399 BGB 3/05, 783 [mit Anm BÜTTER/AIGNER, die nicht ausreichend zwischen bereits eingetretener Verwertungsreife und gesunder Situation unterscheiden und sich zu Unrecht auf § 22d Abs 4 KWG berufen); LG Frankfurt aM vom 17. 12. 2004 – 2/21 O 96/02 – BB 2005, 125 [zustimmend BÜTTNER/AIGNER S 119]; STILLER ZIP 2004, 2027; JOBE ZIP 2004, 2415 [mit Ausführungen zur rechtlichen Grundlegung des Bankgeheimnisses]; NOBBE WM 2005, 1537; BÜCHLER EWiR § 399 BGB 1/06, 41; SCHULZ ZIP 2008, 1858), nimmt das Bankgeheimnis nicht ernst. Schon der Begriff des Berufsgeheimnisses wird grundlegend verkannt, wenn argumentiert wird (LG Nürnberg-Fürth vom 25. 2. 2008 – 10 Q 11030/06 – WM 2008, 2015), der Zessionar sei ja ebenfalls an die Verschwiegenheitsverpflichtung gebunden, die also nicht verletzt werde. Die Auffassung (von LANGENBUCHER NJW 2008, 3169), § 496 Abs 2 S 1 BGB (idF des RisikobegrenzungsG, oben Rn 18) sage aus, dass weder das Bankgeheimnis (auch das ausdrücklich vertraglich vereinbarte?) noch das BDSG der Zession entgegenstünden, findet im Gesetzeswortlaut keine Stütze.

20 Der BGH (vom 27. 2. 2007 – XI ZR 195/05 – BB 2007, 793 m Anm BÜTTER/AIGNER = ZfIR 2007, 308 m zust Anm DEUBNER = EWiR § 399 BGB 1/07, 267 [kritisch WEBER/BULACH] = LMK 2007, 233564 [zust HENNRICHS/PFERDMENGES] = MittBayNot 2007, 485 m Anm FRANZMANN; dazu abl SCHWINTOWSKI/SCHANTZ NJW 2008, 472) hat bisher nur in einem Fall entschieden, in dem die Forderung bereits notleidend war, es sich also um eine Verwertungshandlung gehandelt hat (darauf weist KNOPS WM 2008, 2185 zutreffend hin; s nachfolgend). Dasselbe gilt für die die Abtretung zulassende Entscheidung des BVerfG vom 11. 7. 2007 (1BvR 1025/07 – NJW 2007, 3707). Obiter hat es der BGH (vom 27. 2. 2007 wie vor) aber auch für die Abtretung einer gesunden Hypothekenforderung abgelehnt, einen stillschweigend vereinbarten dinglich wirksamen Abtretungsausschluss anzunehmen (ebenso unter Berufung auf diese Entscheidung OLG München vom 26. 2. 2008 – 5 U 5102/06 – ZIP 2008, 498 = EWiR § 404 BGB 1/08, 173 [SCHALL]; LG Nürnberg-Fürth vom 25. 2. 2008 – 10 Q 11030/06 – WM 2008, 2015); ein schuldrechtlich wirkendes, zum Schadensersatz verpflichtendes Abtretungsverbot hat er aber für möglich erachtet (klarer in diesem Sinn NOBBE ZIP 2008, 97; s zur Frage eines Schadens BÜTTER/AIGNER BB 2007, 798; MÖHLENKAMP BB 2007,

1126; zur Herleitung von Abtretungsverboten aus § 28 Abs 1 Nr 2 BDSG und aus § 203 StGB
Franzmann MittBayNot 2007, 488). Ein Verstoß gegen das Bankgeheimnis soll also
regelmäßig nicht dazu führen, dass die Abtretung unwirksam wäre; überzeugend
ist das nicht, denn wenn ein schuldrechtliches Abtretungsverbot vereinbart ist,
wollen die Parteien im Zweifel die Nicht-Abtretbarkeit auch als Forderungsinhalt
(Vorwerk NJW 2009, 1777). Ist die Abtretung unzulässig, aber wirksam, so kann sich
der Zedent dem Eigentümer und dem Schuldner gegenüber nicht darauf berufen,
gemäß § 402 BGB zur Verletzung des Bankgeheimnisses verpflichtet zu sein (missverständlich insoweit Staub/Canaris, HGB⁴ Bankrecht Rn 61a).

cc) Allgemeine Geschäftsbedingungen

Im Verbrauchervertrag oder durch allgemeine Geschäftsbedingungen kann das **21**
Abtretungsverbot jedenfalls nur in dem Umfang aufgehoben werden, in dem auch
das Bankgeheimnis eingeschränkt werden kann (vgl zur jüngeren Praxis der Banken, sich
im Kreditvertrag den jederzeitigen Verkauf der Forderungen vorzubehalten, Wirtschaftswoche Heft
38/2006, 66).

b) Notleidende Forderung

Mit der ausdrücklichen Vereinbarung eines Abtretungsverbots ist regelmäßig die **22**
Vereinbarung verbunden, dass es entfällt, sobald die Forderung **notleidend** wird
(s zum Begriff Domke/Sperlich BB 2008, 342) und der Gläubiger zur Verwertung berechtigt ist. Das selbe gilt aber unstreitig auch für die indirekten Abtretungsverbote (wie
vorst Rn 17) und zwar ohne dass es einer ausdrücklichen Vereinbarung bedürfte (vgl
BGH vom 13. 5. 1982 – III ZR 164/80 – NJW 1982, 2768; OLG Köln vom 15. 9. 2005 – 8 U 21/05 –
ZIP 2005, 1773 = EWiR § 399 BGB 1/06, 41 (Büchler); insoweit richtig LG Koblenz vom 25. 11.
2004 – 3 O 496/03 – ZIP 2005, 21 = EWiR § 399 BGB 1/05, 161 [zust Bütter/Aigner]; vgl OLG
Celle vom 10. 9. 2003 – 3 U 137/03 – WM 2004, 1384 = EWiR § 134 BGB 3/04, 1115 [Büchler] gegen
die Vorinstanz LG Lüneburg vom 11. 2. 2003 – 3 O 141/02 – ZVI 2003, 162 = EWiR § 134 BGB 1/03,
309 [Lang]; OLG Schleswig vom 18. 10. 2007 – 5 U 19/07 – ZIP 2007, 2308 = EWiR § 203 StGB 1/07,
731 [Schulz] unter freilich abwegiger Berufung auf die Kapitalverkehrsfreiheit des Art 56 EG;
Nobbe WM 2005, 1537; ders ZIP 2008, 97, 104; Domke/Sperlich BB 2008, 342; Schimansky/
Bunte/Lwowski/Bruchner/Krepold, Bankrechts-Handbuch³ Bd I § 39 Rn 61). Für die Frage,
wann insbes eine Darlehensforderung als notleidend gelten muss, ist auch bei
Altverträgen auf § 492a (idF des RisikobegrenzungsG, s oben Rn 18) zurückzugreifen.
Danach reicht beim Verbraucherdarlehensvertrag die ordentliche Fälligkeit des
Darlehens allein noch nicht aus, um die Forderung notleidend zu machen. Vielmehr
müssen zumindest drei Monate seit der in Abs 3 vorgeschriebenen Benachrichtigung
abgelaufen sein, ohne dass der Schuldner – ggf mittels eines neu aufzunehmenden
Darlehens des ursprünglichen oder eines anderen Darlehensgebers – die Tilgung
zum Fristablauf angeboten hat. Für andere als Verbraucherdarlehen gilt die Vorschrift nicht; sie lässt aber erkennen, dass der Schuldner allgemein erwarten kann, in
angemessener Frist vor Fälligkeit davon unterrichtet zu werden, dass der Gläubiger
das Darlehen nicht zu verlängern gedenkt.

3. Das Verhältnis des Zedenten zum Zessionar

a) Im Verhältnis des Zedenten zum Zessionar kommen als **Rechtsgrund** für die **23**
Übertragung der Hypothekenforderung beliebige Schuldverhältnisse in Betracht, zB

ein Forderungskauf (wie beim echten Factoring) oder eine Übertragung zur Einziehung wie beim unechten Factoring.

24 b) Die Forderung kann zur Begründung oder im Rahmen eines **Treuhandverhältnisses** abgetreten werden. Es kann aber auch anstelle einer Abtretung vereinbart werden, dass der bisherige Gläubiger die Hypothekenforderung künftig als Treuhänder eines Dritten für dessen Rechnung halten solle. Eine solche Gestaltung wird vor allem im Zusammenhang mit sog **Verbriefungen** („securisations") diskutiert, bei denen eine größere Zahl von Hypothekenforderungen (oder durch Sicherungsgrundschuld gesicherter Forderungen) an ein „Special Purpose Vehicle" („SPV"), also eine mit keinen anderen Aufgaben befasste Zweckgesellschaft übertragen wird, die sich durch die Ausgabe von Schuldscheinen refinanziert (vgl Einl 31 zu §§ 1113 ff). Zur Kostenersparnis möchte man zugunsten der Begründung eines Treuhandverhältnisses auf die dingliche Übertragung verzichten; dies scheitert aber daran, dass das Treuhandverhältnis ohne dinglichen Übertragungsakt beim Treuhänder nicht insolvenzfest ist (BGHZ 155, 227 vom 24.6.2003 – IX ZR 75/01 = ZNotP 2003, 382 m Anm Kesseler 368 = EWiR 2003, 1191 [Gundlach] = WuB VI C § 47 InsO 1.03 [Bitter] = LMK 2003, 237 [Henssler] = DZWIR 2003, 510 m Anm Armbrüster 485 = ZIP 2004, 585 m Anm Fleckner; zu dieser Problematik Stöcker Die Bank 1/2004, 55; Pannen/Wolff ZIP 2006, 52). S aber zum Refinanzierungsregister § 1154 Rn 67 ff.

IV. Schuldübernahme

25 Soll nicht die Forderung abgetreten, sondern umgekehrt die Schuld übernommen werden, so bedarf dies in der Regel nach § 414, 415 der Mitwirkung oder Zustimmung des Gläubigers. Diese gilt nach § 418 Abs 1 S 2 als Verzicht auf die Hypothek, die demnach außerhalb des Grundbuchs Eigentümergrundschuld wird (§ 1168); die Verzichtswirkung tritt aber auch ein, wenn die Schuldübernahme nach § 416 ohne Mitwirkung des Gläubigers wirksam wird. Nach § 418 Abs 1 S 3 tritt allerdings die Verzichtswirkung nicht ein, wenn der Schuldner mit dem Grundstückseigentümer identisch ist oder der vom Schuldner verschiedene Eigentümer einwilligt, dh *vor* dem Wirksamwerden der Schuldübernahme (§ 183) dieser zustimmt (hierzu Staudinger/Rieble [2005] § 418 Rn 7 ff). Auf Grundschulden wirkt sich § 418 nicht unmittelbar aus, wohl aber dadurch, dass der Eigentümer eine Einrede gewinnt, die er über § 1192 Abs 1a dem Grundschuldgläubiger entgegenhalten kann.

V. Grund- und Rentenschulden, Hypothekenvormerkungen, Recht auf den Versteigerungserlös

26 Auf Grund- und Rentenschulden kann mangels einer unmittelbaren Abhängigkeit von einer Forderung § 1153 nicht angewandt werden (Planck/Strecker Anm 4 sowie Prot III 586; dagegen Hachenburg Beitr 85 ff; vgl auch § 1192 Rn 2). Auch bei der Sicherungsgrundschuld kommt § 1153 nicht zur Anwendung (Vorbem 10 zu §§ 1191 ff). Wohl aber gelten die oben Rn 16 dargestellten Einschränkungen. Auch die vorstehend (Rn 17 ff) gegebenen Ausführungen zu Abtretungsausschlüssen gelten ebenso für Grundschulden. Auch § 492 Abs 1a S 3 wirkt über § 1192 Abs 1a auf die Grundschuld ebenso zurück wie § 492a. S iÜ zu den Kausalbeziehungen Vorbem 13 ff vor §§ 1191 ff.

§ 1153 gilt nicht für **Hypothekenvormerkungen** und für das an Stelle der durch den   **27** Zuschlag erloschenen Hypothek getretene Recht auf den **Versteigerungserlös** (Planck/Strecker Anm 4).

§ 1154
Abtretung der Forderung

(1) Zur Abtretung der Forderung ist Erteilung der Abtretungserklärung in schriftlicher Form und Übergabe des Hypothekenbriefs erforderlich; die Vorschriften des § 1117 finden Anwendung. Der bisherige Gläubiger hat auf Verlangen des neuen Gläubigers die Abtretungserklärung auf seine Kosten öffentlich beglaubigen zu lassen.

(2) Die schriftliche Form der Abtretungserklärung kann dadurch ersetzt werden, dass die Abtretung in das Grundbuch eingetragen wird.

(3) Ist die Erteilung des Hypothekenbriefs ausgeschlossen, so finden auf die Abtretung der Forderung die Vorschriften der §§ 873, 878 entsprechende Anwendung.

Materialien: E I §§ 1087 Abs 1, 1112 Abs 1; II § 1061 rev § 1138; III § 1137; Mot III 705, 707 ff, 748 ff; Prot III 586 f, 647 ff, 713 ff; VI 249 f.

Schrifttum

S zunächst § 1153 und weiterhin:

ABEL, Teilabtretung von Briefgrundschulden und vorläufigen Eigentümergrundschulden aus Briefhypotheken, NJW 1966, 2044

BAUR, Gestufter Mitbesitz am Brief bei Teilgrundpfandrechten, NJW 1967, 22

BALSER, Rückständige Hypothekenzinsen, NJW 1958, 698

BINTZ, Die Eintragungserfordernisse zur Verpfändung von Buchgrundschulden, Rpfleger 2005, 11

BÖTTCHER, Abtretung von Nebenleistungen bei Grundpfandrechten, Rpfleger 1984, 85

BROCKER, Nutzen des Refinanzierungsregisters für ausländische Kreditinstitute in ABS-Transaktionen, BKR 2007, 60

DERLEDER, Zur Bedeutung der Aushändigungsabrede nach § 1117 Abs 2 BGB bei der Übertragung des Briefgrundpfandrechts, DNotZ 1971, 272

DITTRICH/UHL, Rechtliche Aspekte der Einführung von Refinanzierungsregistern, Kreditwesen 2005, 994

DÖLLE, Bemerkungen zur Blankozession, in: FS Martin Wolff (1952) 23

EPPIG, Blankoabtretung von Briefgrundschulden, DRiZ 1931, 16

FLECKNER, Die Refinanzierungstreuhand, DB 2005, 2733

ders, Das Refinanzierungsregister, WM 2007, 2272

HÄSEMEYER, „Auslegung" einer Grundschuldabtretung „nach dem Zweck der Formvorschrift"?, MDR 1975, 531

HENSELER, Abtretung vorrangiger Grundschulden, AcP 166, 409

HAGER, Streckengeschäft und redlicher Erwerb, ZIP 1993, 1446

HUMMEL, Mitbesitz und Besitzkonstitut bei Grundschuldteilabtretungen ohne Briefübergabe, NJW 1965, 2376

KEHRER, Die Teilweise Abtretung von Grund-

schulden und die Übergabe des Grundschuldbriefs, BWNotZ 64, 177

KLINCK, Stellvertretung im Besitzerwerb, AcP
2005, 487

KOHLER, Bestimmtheitsgrundsatz bei außer-
grundbuchlicher Abtretung von Grundpfandrechten, WM 1975, 438

KOKEMOOR/KÜNTZER, Verbesserte Refinanzie-
rungsmöglichkeiten für den Mittelstand durch
die Einführung von Refinanzierungsregistern?,
BB 2006, 1869

LAHNERT, Grundschuldteilabtretung und Brief-
übergabeersatz in der Praxis der Kreditsicherung, BWNotZ 64, 15

MAURER, Die Übertragung der Grundschuld
nach § 873 I Fall 3 BGB: Schlichte Gesetzesanwendung und praktische Konsequenzen für
§ 399 Alt. 2 BGB, JuS 2004, 1045

NARJES, Die Zulässigkeit der Blankozession bei
den verbrieften Grundpfandrechten (Diss Göttingen 1938)

NEUSCHWANDER, Die Abtretungserklärung bei
der Briefgrundschuld, BWNotZ 1975, 167

OBERMÜLLER, Das Refinanzierungsregister,
ZInsO 2005, 1079

ODENBACH, Refinanzierungsregister und Verbriefung – erfüllte Hoffnungen oder enttäuschte
Erwartungen?, Kreditwesen 2006, 1055

PANNEN/WOLFF, ABS-Transaktionen in der Insolvenz des Originators – das Doppeltreuhand-

modell und die neuen Refinanzierungsregister,
ZIP 2006, 52

PETER/GRESS, Das Refinanzierungsregister und
die Wohnungswirtschaft, ZInsO 2007, 455

RAHN, Teilabtretung von Briefgrundschulden
ohne Bildung eines Teilbriefs, Sparkasse 1965,
328

REINICKE/TIEDTKE, Geheißerwerb von Briefgrundschulden, NJW 1994, 345

RIPFEL, Kreditsicherung durch bloße Übergabe
des Briefs, BB 1966, 1253

RUTHKE, Praktische Handhabung der Teilabtretung von Briefgrundschulden ohne Teilbrief-
bildung, WM 1987, 93

SCHMALENBACH/SESTER, Voraussetzungen und
Rechtsfolgen der Eintragung in das neu geschaffene Refinanzierungsregister, WM 2005,
2025

STÖCKER, Refinanzierungsregister – zur
Deckungsfähigkeit der insolvenzfesten Treuhand-Grundschuld, Kreditwesen 2005, 997

STÖCKER/STÜNKEL, Syndizierungen mit EU-
ausländischen Kreditinstituten unter Rückgriff
auf das Refinanzierungsregister, BKR 2008, 50

TOLLMANN, Die Bedeutung des neuen Refinanzierungsregisters für Asset Backed Securities, ZHR 169 (2005), 594

WÄNTIG, Blankoabtretung von Briefhypotheken
(1929)

ders, Festgabe z XXIV. Deutschen Anwaltstag,
123.

Systematische Übersicht

Alphabetische Übersicht

Hans Wolfsteiner

I. Allgemeines

1. Die Abtretung der Hypothek als Rechtsgeschäft

Die Vorschrift regelt (nur) die Technik der rechtsgeschäftliche Abtretung der Hypo- **1** thek. S zur Übertragung **kraft Gesetzes** Einl 145 ff zu §§ 1113 ff. S zu den Grundlagen der Abtretung § 1153 Rn 1 ff und insbesondere zu den **Kausalbeziehungen** dort Rn 14 ff.

a) Forderungsabtretung in sachenrechtlichen Formen

Da die Hypothek nicht ohne die Forderung und die Forderung nicht ohne die **2** Hypothek übertragen werden kann (§ 1153), unterstellt § 1154 die rechtsgeschäftliche Übertragung der Forderung, für die eine Hypothek besteht, in gewissem Umfang **sachenrechlichen Formen** (Wolff/Raiser § 136 II; Planck/Strecker Anm 1; weitergehend Wilhelm[3] Rn 1463 ff). Mit Recht spricht das Gesetz hier nur von der Abtretung der „Forderung", denn die Hypothek geht kraft Gesetzes mit über (§ 1153 Rn 1 ff). Auch wo der Rechtsverkehr ungenau von Abtretung der Hypothek spricht

(RG JW 1938, 44; WOLFF/RAISER § 136 Fn 7), handelt es sich um eine Abtretung der Forderung nach § 1154 (§ 1153 Rn 12). Von der Übertragung her gesehen ist die Regelung der Akzessorietät bei der Hypothek also genau umgekehrt wie bei den Wertpapieren nach § 793. Bei diesen folgt die Forderung der sachenrechtlichen Übereignung des Papiers, während bei der Hypothek das dingliche Recht der schuldrechtlichen Abtretung der Forderung folgt (nachf Rn 3).

3   Anders als in den Formen des § 1154 kann die **Forderung nicht abgetreten** werden; auch insoweit ist die Rechtslage anders als bei den Wertpapieren, die jedenfalls nach hL (vgl MODLICH DB 2002, 671; STUPP DB 2006, 655) außer durch Übereignung des Papiers auch durch gewöhnliche Abtretung nach § 398 übertragen werden können mit der Folge, dass das Eigentum am Papier dann der Forderung folgt (STAUDINGER/MARBURGER [2009] § 793 Rn 20). Zur Hypothek besteht hingegen – obwohl es an einer ausdrücklichen Vorschrift fehlt – Einigkeit darüber, dass es keinen zweiten Übertragungsweg gibt; eine Abtretung des dinglichen Rechts, dem dann die Forderung folgen würde, gibt es nicht (§ 1153 Rn 12). Auch die Wertpapierhypothek nach § 1187 bildet keine Ausnahme, denn auch sie wird durch Übertragung der gesicherten Wertpapierforderung (in der Regel freilich durch Übereignung des Papiers) übertragen.

4   Die Formbedürftigkeit der Abtretung beginnt in dem **Zeitpunkt**, in dem die Hypothek als Fremdhypothek entsteht, also bei der Briefhypothek mit Eintragung *und* Briefübergabe (oder eines Surrogats dafür) nach § 1117 (dort Rn 1 ff), bei der Buchhypothek mit Grundbucheintragung. Vorher gelten noch die allgemeinen Regeln für die Forderungsabtretung und damit auch für die Verpfändung oder sonstige Belastung der Forderung (OLG Hamm vom 3. 7. 1980 – 15 W 85/80 – DNotZ 1982, 257). S zur Briefübergabe an den Pfandgläubiger § 1117 Rn 10. Dass die *Forderung* bereits entstanden ist, ist hingegen nicht Voraussetzung für das Eingreifen der Formvorschrift; eine Hypothek für eine künftige Forderung kann nur in der Weise übertragen werden, dass die künftige Forderung in der Form des § 1154 abgetreten wird. Fehlt es hingegen noch an der *Einigung,* so greift die Vorschrift nicht; der Eigentümer kann den Gläubiger nicht gegen dessen Willen dem Formzwang unterwerfen, indem er ihm eine Buchhypothek bewilligt. Wird in diesem Fall die Forderung formlos abgetreten oder verpfändet, ohne dass man sich über die Bestellung der Hypothek geeinigt hätte, wird das Grundbuch endgültig unrichtig; wird die Hypothek später an einen Gutgläubigen abgetreten, so gilt § 1138.

b)   Abtretung

5   Abtretung iS des § 1154 bedeutet, dass der Gläubiger die Forderung, für die die Hypothek besteht, durch *Rechtsgeschäft* auf einen Anderen überträgt (RGZ 54, 146; RGZ 150, 353). Auf Übertragung oder Belastung kraft Gesetzes oder im Wege der Zwangsvollstreckung findet § 1154 keine Anwendung. Dagegen ist die Form des § 1154 zu wählen für jeden rechtsgeschäftlichen Wechsel des Rechtsträgers, zB für die Übertragung der Hypothekenforderung durch die Erben auf eine von ihnen gegründete personengleiche OHG (OLG München JFG 18, 117; OLG Hamm DNotZ 1958, 416), für die Übertragung einer Hypothekenforderung durch die Erben des Gläubigers auf die von ihnen nach der letztwilligen Verfügung des Gläubigers errichtete Stiftung (KGJ 35 A 217; PLANCK/STRECKER Anm 2a), für die Auseinandersetzung in Ansehung einer im Gesamthandsvermögen befindlichen Hypothekenforderung (RGZ 65, 233) und für die Übertragung einer im Betrieb eines Handelsgeschäfts

begründeten Hypothekenforderung, wenn ein Handelsgeschäft mit der Firma veräußert wird, da § 25 Abs 1 S 2 HGB nicht für formbedürftige Abtretungen gilt (KG
OLGE 45, 203; PLANCK/STRECKER Anm 2a; s auch SOERGEL/KONZEN[13] Rn 7). S zum Fall, dass
die Forderung oder deren Abtretung *ausländischem Recht* unterliegt, Einl 262 f zu
§§ 1113 ff. Beim Ausscheiden eines von zwei Mitgliedern einer Gesamthandsgemeinschaft kann eine zum Gesamthandsvermögen gehörende Hypothekenforderung dem
anderen Teil kraft Gesetzes anwachsen; das ist dann eine dem § 1154 nicht unterliegende Gesamtrechtsnachfolge (BGH NJW-RR 1993, 1443 mwNw). Auch die *form-
wechselnde Umwandlung* nach §§ 190 ff UmwG bewirkt – wenn überhaupt – einen
Rechtsübergang kraft Gesetzes im Wege der Gesamtrechtsnachfolge, der nicht unter
§ 1154 fällt (Einl 145 ff zu §§ 1113 ff). Verschmelzung, Spaltung (str, s Einl 146 zu §§ 1113 ff)
und Vermögensübertragung bewirken Vermögensübergänge kraft Gesetzes.

c) Rechtsnatur des Abtretungsgeschäfts

Die Rechtsnatur des Abtretungsgeschäfts wird in der Rechtsliteratur ambivalent **6**
beurteilt. Teils wird angenommen, es handle sich um eine dingliche Einigung, obwohl Abs 3 nur eine *entsprechende* Anwendung des § 873 und diese nur im Falle der
Buchhypothek vorsieht (STAUDINGER/SCHERÜBL[12] Rn 4. ERMAN/WENZEL[12] Rn 3 spricht von
einer „dinglichen Einigung nach Maßgabe des § 398", obwohl § 398 gerade den schuldrechtlichen
Abtretungsvertrag betrifft). Die Konsequenz dieser Auffassung wäre die Anwendung
des § 873 Abs 2, also die einseitige Widerruflichkeit des Abtretungsvertrags, bis zum
Eintritt der „Bindung", die aber nirgends näher erörtert wird (vgl STAUDINGER/SCHER-
ÜBL[12] Rn 53, wo der Widerruf marginal erwähnt wird). Anderteils ist nur bei der Buchhypothek von der Anwendung „rein sachenrechtlicher Regeln" die Rede, nicht aber
bei der Briefhypothek (MünchKomm/EICKMANN[4] Rn 26), so dass sich in der – nicht
ausdrücklich angesprochenen – Bindungsfrage unterschiedliche Rechtsfolgen bei
Brief- und Buchhypothek ergeben. Des weiteren wird allgemein ganz unbefangen
nicht nur auf § 398, sondern auch auf die Möglichkeit, die Abtretung nach § 399
auszuschließen, verwiesen (Einl 136 zu §§ 1113 ff mNw), obwohl jedenfalls eine direkte
Anwendung dieser Vorschriften auf eine dingliche Einigung nicht in Betracht
kommt. Schließlich handelt es sich bei der Abtretung einer *Grundschuld,* die aus
den dogmatischen Überlegungen nicht ausgeschlossen werden darf (s nachf Rn 79), in
keinem Fall um die Abtretung eines schuldrechtlichen Anspruches, so dass eigentlich
nur die sachenrechtliche Einigung in Betracht zu kommen scheint.

Sicher ist jedenfalls, dass es sich um einen *Verfügungsvertrag* iSd § 185 handelt. **7**
Sicher scheint weiterhin, dass § 873 Abs 2 auf die Abtretung einer Briefhypothek
und ebenso einer Briefgrundschuld nicht angewandt werden darf, weil sonst die vom
Gesetz ausdrücklich zugelassene Abtretung durch nur einfache Schrifturkunde
widerruflich bleiben würde; dies würde zweifelsohne den Absichten des § 1154 Abs 1
S 1 nicht gerecht. Ist es demnach unmöglich, die zur Abtretung von Brief- und
Buchhypotheken, Brief- und Buchgrundschulden erforderlichen Willenserklärungen
dogmatisch einheitlich einzuordnen, empfiehlt sich folgende Behandlung, die auch
zwanglos mit dem Wortlaut der gesetzlichen Vorschriften übereinstimmt: Der Vertrag zur Abtretung eines Briefgrundpfandrechts – also auch der zur Abtretung einer
Briefgrundschuld – wird als schuldrechtlicher Verfügungsvertrag nach § 398 behandelt, der insbesondere nicht dem § 873 Abs 2 unterfällt; dass § 1154 für ihn bestimmte Formvorschriften aufstellt und einen Doppeltatbestand einführt, ändert
daran nichts (**aA** MAURER, in: Die Prinzipien der Abstraktion, Kausalität und Trennung [2003]

23 und JuS 2004, 1045, der aus der Nichtanwendbarkeit des § 873 Abs 2 herleiten möchte, dass überhaupt keine Bindung eintritt, obwohl er erkennt, dass es sich um einen – wenn auch einer besonderen Form bedürftigen – Abtretungsvertrag nach § 398 handelt, den er allerdings „Einigung" betitelt). Bei Buchrechten bleibt der Umstand, dass sie eine Forderung verkörpern (Einl 36 ff zu §§ 1113 ff), nicht unberücksichtigt, so dass auch auf sie – einschließlich der Buchgrundschuld – § 399 zur Anwendung kommt; für die *Abtretung* aber (und nur für sie) tritt § 873 einschließlich dessen Abs 2 an die Stelle des § 398 (**aA** – Abtretungsvertrag nach 398 – SCHÖNER/STÖBER[14] Rn 2402).

d) Doppeltatbestand

8 Das Abtretungsgeschäft erfordert in jedem Fall die Erfüllung eines Doppeltatbestands, wovon der Abtretungsvertrag nur den einen Tatbestandsteil darstellt. Der andere Tatbestandsteil – das Gesetz stellt mehrere Formen zur Verfügung – dient dem typisch sachenrechtlichen Publizitätsprinzip, führt also sachenrechtliche Elemente in das schuldrechtliche Abtretungsgeschäft ein. Nur die Erfüllung beider Elemente des Doppeltatbestands führt die Rechtswirkung herbei (BGH WM 1969, 208). Auch grundbuchrechtlich ist der Zessionar erst nach Erfüllung beider Tatbestandsmerkmale „betroffen" iSd § 19 GBO (BayObLG NJW-RR 1998, 951). Ob der Zedent fähig war, über die Hypothek durch Abtretung zu verfügen, entscheidet sich im und für den Zeitpunkt der Verwirklichung des letzten Elements des Doppeltatbestands (OLG Frankfurt Rpfleger 1968, 355 m Anm HAEGELE), soweit Eintragung im Grundbuch in Frage steht ggf nach § 892 Abs 2 im und für den Zeitpunkt der Antragstellung. Dasselbe gilt im Falle gutgläubigen Erwerbs für den Zeitpunkt, zu dem der Erwerber noch guten Glaubens sein muss (MünchKomm/EICKMANN[4] Rn 22).

e) Abtretungsausschluss

9 Die Abtretung der gesicherten Forderung und damit im Ergebnis der Hypothek (vgl zum direkten sachenrechtlichen Abtretungsausschluss Einl 136 zu §§ 1113 ff) kann durch Gesetz verboten (nicht pfändbare Forderung, § 400) oder durch Vereinbarung mit dem Schuldner **ausgeschlossen**, personell beschränkt oder von der *Zustimmung eines Dritten* abhängig gemacht werden; s zu Einzelheiten, insbes auch zur Art der Eintragung, Einl 136 ff zu §§ 1113 ff. S zur Frage, ob behördliche Genehmigungen erforderlich sind, Einl 118 ff zu §§ 1113 ff.

f) Abtretung unter Bedingung

10 Die Forderung, für die eine Hypothek bestellt ist, kann auch unter einer aufschiebenden oder auflösenden Bedingung oder unter einer zeitlichen Bestimmung (Anfangs- oder Endtermin) abgetreten werden. Dass die §§ 158, 163 in diesem Fall nicht oder nur beschränkt anwendbar sein sollen, kann aus § 1154 nicht entnommen werden (RGZ 76, 90; RGZ 90, 276; RG JW 1912, 681; KGJ 49, 207; WOLFF/RAISER § 136 Fn 8; zweifelnd KRETZSCHMAR DNotZ 1918, 17). Nach hL kann eine bedingte oder betagte Abtretung vor Eintritt der Bedingung oder Befristung auch bereits in das Grundbuch eingetragen werden (KGJ 49, 207; OLG Frankfurt DNotZ 1993, 610; OLG Frankfurt DNotZ 1993, 610 m Anm HAEGELE; BAUER/vOEFELE/KOHLER, GBO[2] § 26 Rn 13; KEHE/DÜMIG, GBO[6] § 26 Rn 13; MEIKEL/BÖTTCHER, GBO[10] § 26 Rn 13; vgl RGZ 86, 90; PLANCK/STRECKER Anm 2 f; STAUDENMAYER BWNotZ 1959, 191; KELLER BWNotZ 1962, 286; WINKLER MittBayNot 1978, 1). Materiellrechtlich ist dagegen nichts einzuwenden (vgl Einl 106 zu §§ 1113 ff); grundbuchrechtlich verbietet sich die Eintragung, weil das Grundbuch nicht mehr ausweisen würde, wer Inhaber der Hypothek ist, sondern stattdessen auf ein außer-

grundbuchliches Kriterium dergestalt verweisen würde, dass die Eintragung des Inhabers nicht mehr öffentlichen Glauben genießen könnte (zumindest der Bestimmtheitsgrundsatz wird von OLG Frankfurt DNotZ 1993, 610 sehr weit gefasst). Wird eine Grundschuld nur auflösend bedingt in das Vermögen des Gläubigers übergeführt, so endet die Wirkung der Übertragung mit dem Eintritt der Bedingung (RG JW 1931, 2695; PLANCK/STRECKER Anm 2 f). Mit Recht wird festgestellt (GABERDIEL, Kreditsicherung durch Grundschulden⁵ Rn 5. 0. 4), dass vor dem praktischen Gebrauch dieser Instrumente dringend zu warnen ist. Sie spielen auch in der Tat in der Praxis kaum eine Rolle.

2. Übertragung von Zinsen und sonstigen Nebenleistungen

a) Ob und in welchem Umfang bei einer verzinslichen Hypothekenforderung die **11** Zinsen übertragen werden sollen, unterliegt **freier Vereinbarung der Beteiligten**; die Abtretung der Hauptforderung schließt nicht notwendig den Übergang des Zinsrechts mit ein. § 401 gilt nicht für den Zinsanspruch (BGHZ 35, 172 gegen RGZ 60, 369; weitere Nachw BÖTTCHER Rpfleger 1984, 85). S aber zur Auslegung der Abtretungserklärung nachf Rn 38 ff. Der Gläubiger kann insbesondere sowohl die Hauptforderung nebst Zinsen unter Nießbrauchsvorbehalt übertragen als auch die Hauptforderung allein abtreten und das Zinsrecht für sich zurückbehalten (RGZ 74, 81; RGZ 86, 218; RGZ 94, 137; WOLFF/RAISER § 149 Fn 6; ERMAN/WENZEL¹² Rn 9; BÖTTCHER Rpfleger 1984, 85; **aM** HECK 97 II; NUSSBAUM, Hypothekenwesen 133). Auch die isolierte Verpfändung und Pfändung des Zinsrechts ist zulässig. Die Natur des Zinsrechts als eines Nebenrechts des Hauptrechts steht der selbständigen Verfügung über das Zinsrecht unter Trennung vom Hauptrecht nicht entgegen; sie hat nur zur Folge, dass nach dem Wegfall des Hauptrechts Zinsen nicht mehr entstehen können. Der Gläubiger des verselbständigten Zinsanspruchs kann – anders als der Nießbraucher am Hauptrecht, §§ 1071, 1074, 1077 – das Erlöschen der Hauptforderung und damit das Ende der Verzinsung nicht verhindern; beim Gläubiger der Hauptschuld bleibt insbesondere die Befugnis, ein kündbares Kapital zu kündigen. Der Zinsgläubiger hat dadurch eine recht ungesicherte Position (s zu weiteren Einzelheiten BÖTTCHER Rpfleger 1984, 85).

b) Übertragbar sind nicht nur laufende und künftige, sondern auch **rückständige 12 Zinsen.** S zum Begriff Einl 52 zu §§ 1113 ff und zur besonderen Form der Abtretung die Erl zu 1159.

3. Besondere Fälle der Abtretung

a) **Künftig erst entstehende** Hypotheken abzutreten ist rechtlich möglich, soweit **13** die Förmlichkeiten der Abtretung gewahrt werden können, dh nur bei der Briefhypothek durch Abtretungserklärung und Vereinbarung nach § 1117 Abs 2; eine solche Abtretung (des ganzen Rechts oder eines Teiles) kann aber erst mit Entstehung des Rechts wirksam werden; die Wirksamkeit kann nicht auf den Zeitpunkt der Abtretung zurückbezogen werden (RG JW 1935, 2430; PLANCK/STRECKER Anm 2 f; SEEGER WürttZ 1909, 161).

b) Eine fälschlich **gelöschte** aber **noch bestehende** Hypothek kann vor ihrer Wie- **14** dereintragung nur als Briefhypothek durch Erteilung der schriftlichen Abtretungserklärung und Vereinbarung nach § 1117 Abs 2 oder, falls der Brief noch vorhanden ist, durch Übergabe des Hypothekenbriefs abgetreten werden (PLANCK/STRECKER Anm 2 f).

15 c) Auf die Übertragung des **Anspruchs auf den Versteigerungserlös** ist § 1154 nicht anwendbar. Vielmehr gelten grundsätzlich die allgemeinen Vorschriften (RGZ 125, 367; Einl 180 zu §§ 1113 ff). Da sich aber die Hypothek und die Rechte daran iE am Erlös fortsetzen, ist der Anspruch erst nach Zuschlag isoliert abtretbar (BGH Rpfleger 1964, 142 mwNw u zust Anm STÖBER); vgl nachf Rn 24. Nicht zu verwechseln mit dem gegen das Gericht bzw die übrigen Gläubiger gerichteten Anspruch auf den Versteigerungserlös ist der gegen den Gläubiger einer Grundschuld gerichtete künftige Anspruch des Eigentümers auf einen Übererlös, der jederzeit abtretbar ist (vgl BGH DNotZ 1988, 155).

16 d) Steht eine Hypothek mehreren Gläubigern als **Gesamtgläubigern** oder **Mitgläubigern** zu (vgl Einl 80 zu §§ 1113 ff), so kann nach § 429 Abs 3 jeder Gläubiger seine Hypothekenforderung selbständig abtreten (KGJ 46, 226). Der Erwerber erlangt aber dadurch nur die Stellung, die der Veräußerer hatte (§§ 429 Abs 3 S 2, 430). Da es bei der Briefhypothek nur einen Hypothekenbrief für gewöhnlich im Mitbesitz aller Gesamtgläubiger gibt, muss es genügen, wenn der abtretende Gesamtgläubiger dem Erwerber wiederum den Mitbesitz am Brief verschafft.

4. Die Wirkungen der Abtretung

17 a) Die Abtretung lässt den der Hypothek zugrundeliegenden schuldrechtlichen Anspruch und die Hypothek **exakt deckungsgleich** in dem Umfang auf den Erwerber übergehen, in dem abgetreten wurde. Im Falle der Teilabtretung tritt von selbst die Teilung der Hypothek iSd § 1151 ein, ohne dass es weiterer Erklärungen bedürfte (§ 1151 Rn 2).

18 b) Das Recht des Gläubigers, sich an die etwa weggeschafften **mithaftenden Gegenstände** (Zubehör oder Bestandteile) des belasteten Grundstücks zu halten und allenfalls ihre Rückschaffung zu verlangen, geht bei der Abtretung der Hypothekenforderung ohne weiteres auf den Erwerber der Hypothekenforderung über; einer ausdrücklichen Willenserklärung hierüber bedarf es nicht (RGZ 70, 379).

19 c) Bei der Abtretung einer Briefhypothek finden §§ 405 und 409 Anwendung. Der *gutgläubige* Neugläubiger, der die Hypothek durch privatschriftliche Abtretungserklärung und Übergabe des Hypothekenbriefs erworben hat, ist gegen den Einwand des Eigentümers, dass die Eingehung oder Anerkennung des Schuldverhältnisses nur **zum Schein** erfolgt oder dass die Abtretung durch (nicht in das Grundbuch eingetragene) Vereinbarung mit dem ursprünglichen Gläubiger **ausgeschlossen** sei, geschützt; schlechter Glauben des Zedenten schadet ihm nicht. Bei Gutgläubigkeit eines seiner Rechtsvorgänger ist eigene Bösgläubigkeit unerheblich (RGZ 90, 278; RGZ 135, 361), weil es sich um einen Erwerb vom Berechtigten handelt. Auch kann dem Schuldner, dem der Altgläubiger eine geschehene Abtretung angezeigt oder dem der Neugläubiger eine vom Altgläubiger ausgestellte Urkunde über die Abtretung vorgelegt hat, nicht entgegengehalten werden, die Abtretung sei nur zum Schein erfolgt (§ 409). Die Grundbucheintragung steht im Fall des Abs 2 und bei der Buchhypothek der Urkundenvorlage gleich.

d) Zur Gültigkeit der Abtretung an sich wird in § 1154 die Übergabe der sämt- **20** lichen den Zedenten selbst legitimierenden Übertragungsurkunden nicht verlangt; § **402 gilt** aber auch hier, mindestens entsprechend (RG Gruchot 62, 622 ff; s auch § 1155 mit Erl).

e) Die **Eröffnung des Insolvenzverfahrens** über das Vermögen des bisherigen **21** Gläubigers ist ohne Einfluss auf die Wirksamkeit des Übertragungsaktes, wenn dieser vor der Eröffnung abgeschlossen war; auf den Zeitpunkt eines Berichtigungs- antrags (KGJ 40, 278) oder der Unterschriftsbeglaubigung kommt es nicht an (OLG Frankfurt Rpfleger 1969, 355 m Anm Haegele). Fällt allerdings die Unterschriftsbeglaubi- gung bereits in den Zeitraum nach Eröffnung des Insolvenzverfahrens, so muss die Tatsache, dass der Tatbestand schon vorher vollendet war, mit anderen Mitteln nachgewiesen werden (OLG Hamm Rpfleger 1995, 292). Bei der *Buchhypothek* ist die Abtretung gegenüber dem Insolvenzverwalter wirksam, wenn vor der Eröffnung des Insolvenzverfahrens die Erklärung des bisherigen Gläubigers für ihn bindend ge- worden (§ 873 Abs 2) und der Antrag bei dem Grundbuchamt gestellt worden ist (§ 878).

II.   Abtretungserklärung mit Briefübergabe (Abs 1)

1.   Grundform

a) Als Grundform für die Abtretung einer durch eine Briefhypothek gesicher- **22** ten Forderung stellt das Gesetz die **schriftliche** (einfache oder öffentlich beglau- bigte) **Abtretungserklärung** (korrekterweise müsste vom Abtretungsvertrag die Re- de sein, s oben Rn 2) nebst **Übergabe des Hypothekenbriefs** zur Verfügung. Die beiden Elemente können zeitlich zusammentreffen, aber auch auseinanderfallen. Der Rechtsübergang ist aber erst dann vollendet, wenn beiden Erfordernissen ge- nügt ist, Doppeltatbestand (oben Rn 8). Nicht nur Dritten gegenüber, sondern auch im *Innenverhältnis* der Vertragsparteien untereinander ist die Erfüllung des Dop- peltatbestands zur Wirksamkeit der Abtretung notwendig. Mit Zustimmung des Berechtigten (§ 185) kann auch diese Form der Abtretung wirksam von einem Nichtberechtigten vorgenommen werden (RGZ 150, 348 vom 6.3.1936 – III 178/35).

b) Auch bei der **Rückübertragung** der abgetretenen Hypothek ist § 1154 zu **23** beachten (vgl BGH DNotZ 1987, 590). Daher genügt die Rückgabe der Abtretungser- klärung und des Hypothekenbriefs oder ein entsprechender Aufhebungsvertrag unter Rückgabe des Hypothekenbriefs nicht; erforderlich ist vielmehr ein neuer Abtretungsvertrag und die Einhaltung der Formvorschrift des § 1154 (RG JW 1931, 2695; KG OLGE 35, 9; Planck/Strecker Anm 4d). Dies gilt auch für die wiederholte Abtretung nach Rückabtretung. Dabei ist es allerdings zulässig, die neue Abtre- tungserklärung unter Wiederverwendung der früheren überholten Abtretungsur- kunde unter entsprechender inhaltlicher Ergänzung abzugeben (Planck/Strecker Anm 4d).

c) Werden die Vorschriften des § 1154 **nicht eingehalten**, so ist eine Abtretung **24** wirkungslos; weder die persönliche Forderung noch die für sie bestellte Hypothek ist übergegangen. Die Abtretung wird auch durch ein späteres Erlöschen der Hypothek nicht nachträglich für die persönliche Forderung wirksam (RGZ 76, 234); durch eine nicht in der Form des § 1154 erfolgte Abtretung wird auch nicht der Anspruch auf Befriedigung aus dem Erlös einer später eingeleiteten Zwangsversteigerung übertragen (RG JW 1933, 2764; BGH Rpfleger 1964, 142 mit zust Anm STÖBER).

25 Der Abtretungsempfänger kann dann nur den Anspruch aus dem *schuldrechtlichen Geschäft* geltend machen. Eine bloßer, auch formloser, als Abtretung also unwirksamer Abtretungsvertrag kann aber die Wirkung eines schuldrechtlichen Verpflichtungsgeschäftes haben (RGZ 65, 62) und im Falle der Entgeltlichkeit als solches wirksam sein, während im Falle einer Schenkung die Form des § 518 einzuhalten ist (RG Recht 1908 Nr 3135). Aus dem schuldrechtlichen Geschäft ist uU auch die Einwilligung des Abtretenden zu Verfügungen des Abtretungsempfänger über die Hypothekenforderung zu entnehmen (RGZ 54, 362; KGJ 41, 234; vgl PLANCK/STRECKER Anm 5). Nicht ausgeschlossen erscheint es auch, im Einzelfall die unwirksame Abtretung in die (formlos wirksame) Abtretung der Auszahlungsansprüche im Verteilungsverfahren umzudeuten.

26 Insbesondere auch die (nicht selten in betrügerischer Absicht vorgenommene) Übergabe des **Hypothekenbriefs allein** bewirkt nicht den Übergang der Hypothek.

2. Der Abtretungsvertrag

27 Von der Systemlogik her als Ausnahme, aus praktischer Sicht aber als wichtigsten Fall, ordnet Abs 1 an, dass die Briefhypothek **ohne Grundbucheintragung** abgetreten werden kann, dass dann aber die eine der beiden Vertragswillenserklärungen, die „Abtretungserklärung" – gemeint ist die Vertragswillenserklärung des Zedenten – in schriftlicher Form „erteilt" werden muss.

28 a) Die Erfordernisse der **Schriftform** bestimmt § 126; es muss sich um eine verkörperte Urkunde handeln (STAUDINGER/HERTEL [2004] § 126 Rn 108 ff), die von dem Aussteller eigenhändig unterzeichnet werden muss. Die Unterzeichnung kann nach § 126 Abs 1 durch notariell beglaubigtes Handzeichen ersetzt werden. Die Abtretungserklärung kann (unüblich) auf dem Hypothekenbrief selbst (§ 1116 Rn 5) oder selbständig niedergeschrieben werden.

29 Die **elektronische Form** ist trotz § 126 Abs 3 nicht geeignet (AnwK-BGB/ZIMMER Rn 16; aA JurisPK-BGB/REISCHL[3] Rn 37 und anscheinend auch PALANDT/BASSENGE[67] Rn 5; kritisch auch STÖCKER Die Bank 1/2004, 55), weil die elektronische Urkunde nicht iSd Vorschrift „erteilt" werden kann. Zwar fehlt für § 1154 eine Vorschrift nach Art der §§ 766 S 2, 780 S 2, 781 S 2 und auch die amtliche Begründung zum Regierungsentwurf des „G zur Anpassung der Formvorschriften des Privatrechts und anderer Vorschriften an den modernen Rechtsgeschäftsverkehr" (v 13.7.2001, BGBl I 1542) erwähnt § 1154 mit keinem Wort (vgl BT-Drucks 14/4987 v 14.12.2000, 22); das faktische Element der „Erteilung" der Abtretungserklärung (dazu nachf Rn 32) schließt aber auch hier (wie bei der zu „erteilenden" Bürgschaft) die elektronische Form aus (s zum Fall, dass das Gesetz die „Aushändigung" verlangt, MünchKomm/EINSELE[5] § 126 Rn 25). Auch gibt es bei einem elektronischen Dokument kein Original (zum Originalerfordernis nachf Rn 32), weil es stets aus einer Sequenz der Ziffern 0 und 1 besteht, die umkehrbar eindeutig beliebig vervielfältigt werden kann, ohne dass eine der Kopien den anderen Aufzeichnungen gegenüber im Sinne eines Originals hervorgehoben wäre; daran ändert auch die

elektronische Signatur (§ 726a) nichts – sie kann dem Dokument keine Original-
qualität verschaffen.

Die Vertragswillenserklärung des **anderen Teils** bleibt formfrei, wird aber damit **30**
keineswegs entbehrlich; sie kann konkludent, zB durch Entgegennahme des Briefs
(BGHZ 85, 388) erklärt werden.

b)   Eine **besondere Formel** ist für die Abtretungserklärung nicht vorgeschrieben. **31**
Es muss der Übertragungswille zum Ausdruck kommen (BGH NJW 1969, 1428); die
Angabe des Zedenten im Verfahren der Offenbarungsversicherung, er habe das
Grundpfandrecht abgetreten, oder die Anerkennung der Gläubigerschaft in der
Tabelle der Insolvenzgläubiger lassen einen solchen Willen nicht erkennen und sind
daher nicht geeignet, eine formunwirksame Abtretung wirksam zu machen (ROB-
RECHT DB 1996, 313). Der alte und der neue Gläubiger und die zu übertragende
Forderung einschließlich des Grundpfandrechts (bei der Grundschuld nur das Grundpfand-
recht) sind identifizierbar zu bezeichnen (vgl LG Heilbronn Rpfleger 1975, 395 m Anm
HAEGELE; zur Bürgschaft BGH NJW 1993, 724); eine ungenaue Bezeichnung des Zessionars
steht der Wirksamkeit der Abtretung nur bei Zweifeln über die Person des Berechtigten entgegen (BGH LM Nr 5 zu § 6 40. DVOUmstG; BGH NJW-RR 1997, 910 = EWiR § 1154
BGB 1/97, 505 [REIMANN]; vgl zur Bürgschaft BGH NJW 1995, 959).

c)   Die Schriftform allein genügt aber nicht; vielmehr muss die Abtretungserklä- **32**
rung dem neuen Gläubiger **erteilt** werden (s dazu wegen der Verwandtschaft zur Übergabe
des Briefs § 1117 Rn 26 ff). Dies bedeutet, dass die Erklärung nicht allein schriftlich
abgegeben werden und dann dem anderen Teil zugehen muss, sondern dass diesem
vielmehr die im Schriftstück verkörperte Erklärung im Original – bei öffentlichen
Urkunden statt dessen auch in Ausfertigung – zugehen muss (s zur mangelnden Origi-
nalqualität elektronischer Urkunden oben Rn 29); Zugang einer – sei es auch beglaubigten –
Abschrift oder gar einer Fax-Kopie genügt nicht (vgl zu § 766 BGHZ 121, 224 = JZ 1993,
1005 m Anm VOLLKOMMER/GLEUSSNER = LM BGB § 766 Nr 26 m Anm PECHER; OLG Düsseldorf
NJW-RR 1995, 93; K SCHMIDT JR 1993, 318; CORDES NJW 1993, 2427. **AA** – beglaubigte Abschrift
genüge – OLG Celle vom 2. 5. 2007 – 3 U 223/06 – WM 2008, 295).

Es genügt im Allgemeinen, wenn der Zedent sich dem Zessionar gegenüber der **33**
Urkunde in solcher Weise entäußert, dass er ihm die tatsächliche **Verfügungsmacht**
darüber einräumt (RGZ 148, 353; BGH FamRZ 1965, 490); im Fall des Todes des
Abtretenden ist § 130 Abs 2 anzuwenden (KGJ 44, 179). Die „Erteilung" enthält wie
die Briefübergabe (dazu § 1117 Rn 26 ff) ein faktisches Element. Da es sich aber nur um
ein Formelement einer Willenserklärung handelt, kann die Erteilung anders als die
reine Realhandlung Briefübergabe (dazu § 1117 Rn 4 ff und Rn 26 ff) auch von einem
Vertreter und gegenüber einem Vertreter (auch ohne Vertretungsmacht? – dazu KLINCK
AcP 205 [2005] 487, 516) vorgenommen werden (BGH vom 8. 12. 1992 – XI ZR 44/92 –
ZIP 1993, 98 m Anm HAGER S 1446 = EWiR 1993, 253 [KOLLHOSSER] = JuS 1993, 511 m Anm
K SCHMIDT = WuB I F 3 Grundpfandrechte 2. 93 [RIMMELSPACHER]; OLG Stuttgart vom 6. 3.
2001 – 12 U 160/00 – OLGR 2001, 349; ERMAN/WENZEL[12] Rn 5; **aA** REINICKE/TIEDTKE NJW
1994, 345). Jedenfalls besteht auf der Aktiv- wie der Passivseite die Möglichkeit des
Geheißerwerbs (s § 1117 Rn 7 ff und Rn 26 ff).

Ist der Gläubiger im Besitz der Abtretungsurkunde, so wird gemäß § 416 ZPO **34**

vermutet, dass sie ihm auch erteilt worden ist (vgl BGH vom 18. 12. 2002 – IV ZR 39/02 – NJW-RR 2003, 384). Die Vermutung ist widerlegbar (vgl BGH vom 8. 3. 2006 – IV ZR 145/05 – NJW-RR 2006, 847 mit umfangreichen Nachweisen zur Streitfrage, ob der Gegenbeweis zulässig ist, obwohl § 416 ZPO keine Regelung entsprechend §§ 415 Abs 2, 418 Abs 2 ZPO enthält).

35 d) Im übrigen muss streng *unterschieden* werden: Um zusammen mit der Brief-übergabe die **materielle Abtretungswirkung** herbeizuführen, werden keine weiter-gehenden Anforderungen gestellt (Böttcher Rpfleger 1984, 85). Soll die schriftliche Abtretungserklärung aber nach öffentlicher Beglaubigung Dritten gegenüber die **Gutglaubenswirkungen** des § 1155 zeitigen, so tritt sie insofern an die Stelle der Grundbucheintragung und muss annähernd den für Grundbucheintragungen gel-tenden Präzisionsanforderungen genügen.

36 Nur in diesem Sinn ist es gerechtfertigt, zu fordern, dass die abzutretende Hypothek so zu bezeichnen ist, wie es für den Inhalt einer **Eintragungsbewilligung** (§ 28 GBO) vorgeschrieben ist (diesen Unterschied vernachlässigt BGH NJW-RR 1997, 910 = EWiR § 1154 BGB 1/97, 505 [Reimann]). Danach muss das belastete Grundstück entweder überein-stimmend mit dem Grundbuch (dh mit der Bezeichnung im amtlichen Grundstücks-verzeichnis) oder durch Hinweis auf das Grundbuchblatt bezeichnet werden (Ein-zelheiten s Demharter, GBO26 § 28 Rn 12 ff). Die Hypothek ist grundsätzlich durch Angabe der laufenden Nummer in Abt III des Grundbuchs (von BGH Rpfleger 1974, 351 in einem lapsus linguae als Angabe des „Rangs" bezeichnet; dagegen LG Heilbronn Rpfleger 1975, 395 m Anm Haegele; LG Stuttgart/LG Tübingen Rpfleger 1976, 246, 247 m Anm Haegele; Häsemeyer MDR 1975, 531; Neuschwandner BWNotZ 1975, 167; Schöner/Stöber14 Rn 2382) zu identifizieren (BGH Rpfleger 1974, 351; BGH NJW-RR 1992, 178); auf die Angabe der laufenden Nummer kann aber verzichtet werden, wenn die Identität anderweitig gesichert ist, weil es zB auf dem angegebenen Grundbuchblatt nur eine Hypothek gibt, auf welche die Angaben in der Abtretungsurkunde zutreffen. Auch auf den Brief kann Bezug genommen werden, wenn er eindeutig genug, zB durch Angabe seiner laufenden Nummer (§ 52 Abs 2 GBV), bezeichnet ist; in diesem Fall ist eine Verbindung mit dem Brief zur Erfüllung der Schriftform nicht erforderlich (aA Staudinger/Scherübl12 Rn 36, unter Berufung auf BGHZ 40, 255; diese Rechtsprechung ist aber inzwischen aufgegeben: BGH NJW 1992, 2283 m Anm Schlemminger 2249). Auf jeden Fall müssen aber die Erklärung der Abtretung sowie die Bezeichnung der Grundschuld, des Zedenten und des Zessionars (Letztere ebenfalls in grundbuchtauglicher Form: BGH NJW 1989, 3151; BGH NJW-RR 1997, 910 = EWiR § 1154 BGB 1/97, 505 [Reimann]) in der Abtretungsurkunde selbst enthalten sein (BGH NJW-RR 1992, 178). Unzulässig ist es daher, insoweit auf Umstände zurückzugreifen, die außerhalb der Abtretungsur-kunde und des Grundbuchs liegen und nicht für jeden am Rechtsverkehr teilneh-menden Dritten ohne weiteres erkennbar sind (Bestellungsurkunde reicht nicht: OLG Düsseldorf DNotZ 1981, 642); auf eine etwaige Willensrichtung der Beteiligten, die in der Urkunde keinen Niederschlag gefunden hat, kommt es nicht an (BGH MDR 1974, 1009; vgl auch Häsemeyer MDR 1975, 531 u BGH WM 1975, 158).

37 Eine **Datierung** der Abtretungserklärung ist weder durch § 126 noch durch § 1154 gefordert. Auch eine falsche Datierung schadet nicht (BGHZ 22, 128). Deshalb kann eine Abtretungsurkunde wiederverwendet werden, indem sie nach Rückabtretung erneut erteilt wird (RGZ 78, 26, oben Rn 23).

e) Die Vereinbarung über die **Abtretung von Zinsen** (oben Rn 11) unterliegt **38** denselben Anforderungen wie die Abtretungsvereinbarung zum Kapital (oben Rn 28). Aus der Sicht des *materiellen Rechts* sind die Erklärungen also auch *auslegungsfähig und auslegungsbedürftig* (BayObLG Rpfleger 1997, 258). Wird eine verzinsliche Forderung abgetreten, ohne dass ausdrücklich etwas über die Zinsen verlautbart wird, so sind mangels besonderer Umstände nach Treu und Glauben mit Rücksicht auf die Verkehrssitte jedenfalls künftige (BGHZ 35, 173; PLANCK/STRECKER § 1158 Anm 2; BÖTTCHER Rpfleger 1984, 85) und idR auch laufende (BGH WM 1972, 560) Zinsen mit abgetreten (zu den Begriffen s Einl 52 zu §§ 1113 ff); dies gilt auch für eine Hypothekenforderung. Bei einer Sicherungsgrundschuld – eine Grundschuld ist aus heutiger Sicht im Zweifel eine Sicherungsgrundschuld – ist darüber hinaus auch die Abtretung derjenigen rückständigen Zinsen zu vermuten, die nach § 10 Abs 1 ZVG in die vierte Rangklasse fallen.

Wie oben Rn 36 für das Kapital ausgeführt, muss auch in Ansehung der Zinsen die **39** schriftliche Abtretungserklärung annähernd den für Grundbucheintragungen geltenden Präzisionsanforderungen genügen, soll sie Dritten gegenüber nach öffentlicher Beglaubigung die *Gutglaubenswirkungen* des § 1155 zeitigen; für die *Eintragung* der Abtretung ins Grundbuch ist überdies mit Rücksicht auf den Bestimmtheitsgrundsatz in der Abtretungsurkunde eine *bestimmte Erklärung* darüber erforderlich, ob und von welchem Zeitpunkt ab die Zinsen mit übertragen sind (KGJ 29 A 179; KGJ 40, 273; KGJ 46, 235, 240; KGJ 50, 194; KGJ 51, 294; OLG Hamm JMBlNRW 1957, 185; BayObLG Rpfleger 1984, 351; OLG Düsseldorf Rpfleger 1986, 468; LG Lübeck Rpfleger 1955, 159; BGB-RGRK/MATTERN § 1158 Anm 4; PLANCK/STRECKER Anm 2; WOLFF/RAISER § 149 Fn 7).

Allerdings neigt ein Teil der Rechtsprechung dazu, jede noch so klar verständliche **40** Formulierung zu verwerfen, indem sie mit Hilfe einer übertriebenen Auslegungsphantasie abseitige Auslegungsmöglichkeiten und damit Mehrdeutigkeiten entdeckt, die in Wahrheit nicht gegeben sind (OLG Frankfurt JurBüro 1978, 421; OLG Frankfurt DNotZ 1994, 186; LG Bonn MittRhNotK 1977, 148; AG Aalen/LG Ellwangen BWNotZ 1988, 150 und – für den Rangvorbehalt – BGHZ 129, 1 = DNotZ 1996, 84 [m krit Anm KUTTER], ohne BGHZ 47, 41 = NJW 1967, 925 zu zitieren, der für die Eintragung im Zweifel Zinsbeginn ab Eintragungstag annimmt; wenig kritisch BÖTTCHER Rpfleger 1984, 85; richtig dagegen OLG Düsseldorf Rpfleger 1986, 468; LG Köln MittRhNotK 1978, 14; vgl OLG Frankfurt FGPrax 1996, 169 m abl Anm DEMHARTER S 206; den Übertreibungen gegenüber mit Recht skeptisch auch PALANDT/BASSENGE[67] Rn 13; KEHE/DÜMIG, GBO[6] § 26 Rn 42; vgl SCHÖNER/STÖBER[14] Rn 2384). Die Formulierung einer simplen Abtretungserklärung wird so zur schwierigen Spezialistensache. Sogar die Grenzen der Sprachlogik werden – nur um zu einer Beanstandung zu kommen – klar überstrapaziert (OLG Frankfurt DNotZ 1994, 186; zu vergleichbaren Problemen bei Testamenten SCHMUCKER DNotZ 2007, 777): Begriffe wie „alle Zinsen", aber auch einfach „die Zinsen", oder „die eingetragenen Zinsen" (vgl BayObLGZ 30, 208; OLG Oldenburg Rpfleger 1976, 181) bezeichnen gegenüber denselben mit beliebigen Attributen versehenen Begriffen stets die Obermenge. Die Begriffe „Zinsen ab Eintragung des Grundpfandrechts", „laufende und künftige Zinsen" usw benennen deshalb logisch stets eine Teilmenge „aller Zinsen" oder „der Zinsen" und können daher nicht gegen deren Eindeutigkeit ins Feld geführt werden. Rechnet man hinzu, dass die Eintragung der Abtretung rückständiger Zinsen gemäß § 1159 ohnehin keine materielle Bedeutung hat, sondern – wenn überhaupt zulässig – nur der Bequemlichkeit dient

(§ 1159 Rn 13), gibt es idR keinen Grund, der Abtretung „aller Zinsen" oder der „Hypothek samt Zinsen" oder auch einfach der Abtretung „der Hypothek" (aA BayObLG Rpfleger 1997, 258, das unter der Bezeichnung „Grundschuld" zu Unrecht nur das „Stammrecht" – gemeint ist das Kapital – verstehen will, obwohl das an einer bestimmten Grundbuchstelle eingetragene Grundpfandrecht aus Kapital *und* Nebenleistungen besteht) die Ordnungsmäßigkeit abzusprechen. In allen diesen Fällen ist eine eindeutige Auslegung dahin möglich, dass (die rückständigen Zinsen interessieren grundbuchrechtlich und gutglaubensmäßig nicht) die laufenden und die künftigen Zinsen (Begriff Einl 52 zu §§ 1113 ff) abgetreten sind. Bei der *Verpfändung* (KG JFG 6, 323) ist eine bestimmte Erklärung über die Zinsen wegen § 1289 ohnehin nicht erforderlich.

41 **f)** Eine **Blankoabtretung** (Blankettabtretung, Blankozession), dh eine Abtretungserklärung, bei der der Name des neuen Gläubigers offen gelassen wird und der neue Gläubiger zur Ausfüllung des Namens oder auch zur Weiterübertragung ohne Ausfüllung berechtigt wird, ist, wie Prot III 651 und Mot III 783 ff feststellen, zunächst unwirksam und daher auch nicht eintragungsfähig (RG JW 1928, 174; PLANCK/ STRECKER Anm 4b γ; SOERGEL/KONZEN¹³ Rn 10). Ebenso wenig ist ein Blankoindossament genügend. Jedoch soll der Empfänger einer Blankettabtretung, dem der Brief übergeben ist, eine Anwartschaft erlangen, deren Verletzung nach §§ 823 Abs 2, 1134, 1135 zu Schadensersatzansprüchen führen kann (RG JW 1936, 3234).

42 Durch **nachträgliche Ausfüllung** erlangt die Blankoabtretung Rechtswirksamkeit, soweit der Empfänger kraft einer ihm erteilten Befugnis den Namen des Zessionars (der auch sein eigener sein kann) an der dafür offen gelassenen Stelle einfügt (RGZ 81, 260; RG JW 1936, 3234; BGHZ 22, 128 = MDR 1957, 216 mit Anm THIEME = DNotZ 1957, 649 mit Anm BAUMGÄRTEL; aM RGZ 63, 235); eine rückwirkende Kraft kommt aber einer solchen Ausfüllung nicht zu (BGHZ 22, 128 wie vor). Die Vollmacht zur Abtretung, die schon durch Überlassung des Briefs und einer Blankoabtretungsurkunde zum Ausdruck gebracht werden kann, ermächtigt den Bevollmächtigten zur Vornahme aller zur Abtretung erforderlichen Handlungen, also nicht nur zur eigenen Ausfüllung des Blanketts, sondern auch zur Weitergabe des nicht ausgefüllten Blanketts und der Ermächtigung des Empfängers, seinen Namen selbst einzusetzen (BGHZ 22, 128 wie vor). Die Vollmacht ist formfrei; die Rechtsprechung, dass bei der Bürgschaft die Vollmacht zur Ausfüllung des Blanketts selbst formbedürftig sei (BGHZ 132, 119), lässt sich auf die Abtretung der Hypothekenforderung nicht übertragen, denn die Form dient hier nicht dem Schuldnerschutz, sondern allein der Klarheit des Rechtsverkehrs. Die früher anscheinend geübte Praxis, dass ein Grundschuldgläubiger über einen Makler einen Käufer für seine Grundschuld suchte und dem Makler zu diesem Zweck eine Blankoabtretung aushändigte (RG JW 1930, 61 und 3481; RG JW 1931, 3119; RG LZ 1930, 657; s auch EPPIG DRiZ 1931, 16 und STAUDINGER/SCHERÜBL¹² Rn 39), ist außer Gebrauch gekommen.

43 **g)** Bei **Versteigerung** einer Briefhypothek durch den Gerichtsvollzieher (zB nach § 844 ZPO) ersetzt der Zuschlag die Abtretungserklärung; mit Aushändigung des Hypothekenbriefs ist die Hypothek auf den Ersteher übergegangen (KGJ 31, 315; KGJ 33, 267; SOERGEL/KONZEN¹³ Rn 12). Über Ersatz der Abtretungserklärung durch **Urteil** s §§ 894 ff ZPO.

3. Beglaubigung der Abtretungserklärung

a) Der Erwerber der Hypothekenforderung hat das Recht, von dem bisherigen **44** Gläubiger die **öffentliche Beglaubigung der Abtretungserklärung** zu verlangen. Der Anspruch richtet sich auf eine solche Beglaubigung, die die Wirkungen des § 1155 herbeizuführen geeignet ist (s dazu dort Rn 14 ff). Der *Klagantrag* ist nicht unproblematisch. Ein Urteil auf Anerkennung der Unterschrift vor einem Notar dürfte nur nach § 888 ZPO vollstreckbar sein, weil nach § 40 Abs 1 BeurkG die Anerkennung nur persönlich erfolgen kann (RG JW 1934, 2247; LG Ansbach MittBayNot 1996, 440; **aA** KERNERT JW 1934, 2247), ersetzt also für sich allein die Beglaubigung nicht (BayObLGZ 1997, 88 mwNw). Die (nach allg M) erwünschte Vollstreckung nach § 894 ZPO erfordert die Verurteilung, „die Erklärung zu wiederholen" (KG JW 1935, 1185; KEHE/ DÜMIG, GBO⁶ § 26 Rn 33); das ist aber mehr als die Vorschrift dem Gläubiger als Anspruch zugesteht. Richtig ist iE eine solche Auslegung des § 1155, die ein Feststellungsurteil („die Unterschrift ist die des X" oder „die Abtretungserklärung ist wirksam") der öffentlichen Beglaubigung gleichsetzt, so dass es keiner Vollstreckung bedarf (s § 1155 Rn 15).

b) Die Verpflichtung beruht, wie bei § 403, als gesetzliche Verpflichtung auf der **45** Abtretung selbst, nicht auf dem schuldrechtlichen Geschäft (RGZ 115, 310; KG OLGE 23, 21; OLG Hamm OLGE 36, 167; PLANCK/STRECKER Anm 4b β). Voraussetzung ist das **Vorliegen einer rechtswirksamen Abtretungserklärung** (RGZ 115, 310; PLANCK/STRECKER aaO; BGB-RGRK/MATTERN¹³ Rn 25); eine zum Rechtserwerb ungeeignete Erklärung soll nicht durch öffentliche Beglaubigung das Ansehen einer vollwertigen Urkunde erhalten. Eine Abtretungskette nach § 1155 ist aber nicht erforderlich. Der Beglaubigungsanspruch geht bei Weiterübertragung des Grundpfandrechts auf den neuen Gläubiger über (RGZ 135, 557).

c) Die **Kosten** der öffentlichen Beglaubigung hat der bisherige Gläubiger zu **46** tragen (Abs 1 S 2, abweichend von § 403 S 2).

d) Gegenüber dem Verlangen, die Abtretungserklärung öffentlich beglaubigen zu **47** lassen, kann nach der Natur dieses Anspruchs idR ein **Zurückbehaltungsrecht** nicht geltend gemacht werden (BGH vom 22. 10. 1971 – V ZR 86/69 – NJW 1972, 44).

4. Übergabe des Hypothekenbriefs

a) S zum Begriff der Übergabe § 1117 Rn 4 ff und weiter dort Rn 26 ff. Ist der **48** Abtretungsempfänger im Besitz des Briefs, so wird nach § 1117 Abs 3 *vermutet*, dass er ihn vom Abtretenden übergeben erhalten hat (§ 1117 Rn 31). Kann der Besitz nicht nachgewiesen werden, so ist die Abtretungserklärung allein nicht geeignet, den Erwerb der Hypothek zu vermuten (vgl KGJ 25 A 163; RJA 6, 67; s auch JW 1906, 558). S zur Gesamthypothek § 1132 Rn 43.

b) Ist der Hypothekenbrief **abhanden gekommen**, so ist die Ersatzübergabe un- **49** möglich, solange das Aufgebotsverfahren zur Kraftloserklärung des Hypothekenbriefs noch nicht beendet ist (RGZ 84, 314). Abtretung mit Briefübergabe kann erst erfolgen, nachdem der Brief für kraftlos erklärt ist (§ 1162) und ein neuer erteilt ist. Die Übergabe eines Ausschlussurteils ersetzt die Übergabe des Briefs nicht (KGJ 45,

294; RJA 15, 319; PLANCK/STRECKER Anm 4; WOLFF/RAISER § 136 Fn 16; **aM** JACOBI Ehrenbergs Hdb d ges HandelsR IV 1. Abt 444). Es kann aber eine Vereinbarung nach § 1117 Abs 2 getroffen werden, die freilich erst wirksam wird, wenn das Grundbuchamt in der Lage ist, einen neuen Brief zu erteilen, also nach Wirksamwerden des Ausschlussurteils (RGZ 84, 314; fehlerhaft die Bearb 2002 Rn 42, wonach dem Grundbuchamt das Ausschlussurteil vorgelegt und die Erteilung eines neuen Briefs beantragt sein müsse, vgl § 1117 Rn 15).

50 c) Bei Abtretung eines **Teils der Briefhypothekenforderung** (dazu Erl zu § 1151 Rn 1 ff) kann, falls kein Teilhypothekenbrief (§ 1152) gebildet wird (s hierüber RGZ 64, 308, 312; RG WarnR 1912 Nr 291; LG Kiel SchlHAnz 1949, 343), die Übergabe des Briefes dadurch ersetzt werden, dass dem Teilerwerber Allein- oder Mitbesitz am Hypothekenbrief eingeräumt wird (RGZ 65, 62; RGZ 69, 63; RGZ 75, 221). Der Mitbesitz kann auch durch einen Dritten vermittelt werden, der den Brief für beide Teilgläubiger verwahrt (OLG Köln NJW 1957, 104). Hingegen soll (BGHZ 85, 263 mwNw; dazu RUTKE WM 1987, 93) die Begründung eines mehrstufigen Besitzverhältnisses, zB nach § 930 in der Form, dass der bisherige Alleingläubiger auch dem Teil-Zessionar den Besitz vermittelt, unzulässig sein. Ob es möglich ist, eine nur den Besitz vermittelnde BGB-Gesellschaft unter Geschäftsführung des bisherigen Alleingläubigers zu bilden, hat der BGH (BGHZ 85, 263; dafür ABEL NJW 1966, 2044; dagegen RUTHKE WM 1987, 93) offengelassen.

51 d) Anstelle körperlicher Übergabe genügt nach Abs 1 S 1 HS 2 ein **Übergabesurrogat** iSd § 1117 (s dort Rn 11 ff). Die Abtretung des Herausgabeanspruchs gegen einen unbekannten Dritten schlägt aber fehl, wenn der Brief vernichtet sein sollte. Ob mit der Erklärung, es werde eine Forderung abgetreten, für die eine Briefhypothek bestellt ist, auch der Anspruch auf Herausgabe des Hypothekenbriefs als abgetreten zu gelten hat, ist im Wege der Auslegung zu ermitteln und regelmäßig zu bejahen (RGZ 135, 90; vgl STAUDINGER/WIEGAND [2004] § 931 Rn 21). Eine ausdrückliche Erklärung der Abtretung des Herausgabeanspruchs ist jedenfalls nicht immer erforderlich (RGZ 54, 111 vom 7. 3. 1903 – V 35/03).

52 e) Bei der **Verurteilung zur Abtretung** gilt die Übergabe des Briefs als erfolgt, wenn ihn der Gerichtsvollzieher zum Zweck der Ablieferung an den neuen Gläubiger wegnimmt (s § 897 Abs 2 ZPO).

III. Grundbucheintragung statt schriftlicher Abtretungserklärung (Abs 2)

1. Grundsatz

53 Nach Abs 2 ersetzt die Grundbucheintragung zwar die Erteilung einer schriftlichen Abtretungserklärung, nicht aber den (dann formfreien) Abtretungsvertrag als solchen und auch nicht die *Briefübergabe.* Dies entspricht der Regelung des § 1117, wo ebenfalls der designierte Hypothekar bereits als Inhaber der Hypothek im Grundbuch eingetragen ist, er die Hypothek aber dennoch erst mit der Briefübergabe erwirbt. In der Praxis wird von der Möglichkeit des Abs 2 kaum Gebrauch gemacht (SCHÖNER/STÖBER[14] Rn 2386). IdR erfolgt eine Abtretung nach Abs 1, ggf mit *nachfolgender* Grundbuchberichtigung (dazu nachf Rn 59).

2. Einzelheiten

a) Für die Eintragung der Abtretung ins Grundbuch ist außer dem Antrag des **54** neuen oder des bisherigen Gläubigers die **Eintragungsbewilligung** (oder Abtretungs-erklärung, § 26 GBO) des bisherigen Gläubigers unter Beachtung der Formvor-schrift des § 29 GBO vorzulegen. Nachweis der Briefübergabe und Annahme der Abtretungserklärung (Einigung) ist nicht erforderlich (KGJ 51, 281). Im Gegenteil besteht der Sinn des Verfahrens gerade darin, die Eintragung im Voraus zu erwirken, die Abtretung aber noch von der Briefübergabe abhängig zu machen. Der Hypo-thekenbrief ist vorzulegen (§ 41 GBO), ohne dass die Wirksamkeit der Eintragung davon abhängen würde.

b) Dass die „Abtretung" **einzutragen** ist, bedeutet nur, dass der Zessionar als **55** neuer Inhaber der Hypothek einzutragen ist; das Wort Abtretung muss weder in dem Eintragungsvermerk noch in einer in Bezug genommenen Eintragungsbewilligung erscheinen (zweifelnd, ob nicht erkennbar sein muss, dass der Umschreibung nicht eine Über-tragung kraft Gesetzes oder im Wege der Zwangsvollstreckung, sondern eine Abtretung zugrunde-liegt, STAUDINGER/SCHERÜBL[12] Rn 45 unter Berufung auf PLANCK/STRECKER § 873 Anm IV 2 c, 4 c; **aA** – Abtretung müsse eingetragen werden – MEIKEL/BÖTTCHER, GBO[10] § 26 Rn 65). Ins Grund-buch werden allgemein nur Rechtsverhältnisse eingetragen und nicht deren Entste-hungsgrund.

Die erfolgte Umschreibung soll vom Grundbuchamt auch auf dem *Brief vermerkt* **56** werden; der neue Gläubiger erhält damit auf und mit dem Brief zugleich eine öffentliche Urkunde über die erfolgte Abtretung (Prot III 648). Eine amtliche Verbindung der Abtretungsurkunde mit dem Hypothekenbrief ist aber nicht statt-haft (KG RJA 3, 207 ff).

Das Grundbuchamt hat den Brief dem Einreicher, idR also dem Zedenten zurück- **57** zugebenden. Dieser hat es dann in der Hand, den Brief gegen Zahlung der Valuta dem Zessionar auszuhändigen. Steht gutgläubiger Erwerb des Zessionars in Frage, so muss der gute Glaube noch im Zeitpunkt der Briefübergabe bestehen.

c) Haben **mehrere Übertragungen** stattgefunden, so hat der neue Gläubiger sich **58** nach Maßgabe des § 1155 auszuweisen (s § 39 Abs 2 GBO).

3. Grundbuchberichtigung

Hat sich der Übergang der Hypothekenforderung ohne Eintragung wirksam voll- **59** zogen (Abs 1), so kann der neue Gläubiger im Wege der Grundbuchberichtigung (§ 26 Abs 1 GBO) eingetragen werden; auf den Zeitpunkt späterer Beglaubigung der Abtretungserklärung kommt es nicht an (OLG Frankfurt Rpfleger 1968, 355 m Anm HAEGELE). Nach einer Abtretungskette kann sich der Antrag darauf beschränken, den letzten Inhaber einzutragen; ist eine Abtretungskette (oder auch eine zwischen-zeitlich stattgehabte Erbfolge oder sonstige Gesamtrechtsnachfolge) ordnungsge-mäß belegt, so sind keine Ermittlungen erforderlich, ob es zwischenzeitlich weitere Abtretungen und Rückabtretungen gegeben hat (AG Pirmasens MittBayNot 1992, 337). Zwar kann der Gläubiger einer zT schon getilgten Hypothekenforderung nur den ihm noch zustehenden Teil wirksam abtreten (wenn er nicht vom Eigentümer nach

§ 185 auch zur Abtretung der verdeckten Eigentümergrundschuld ermächtigt worden ist); das Grundbuchamt hat aber von der Vermutung der §§ 892, 1117 Abs 3, 1155 auszugehen und auch bei einer Tilgungshypothek die Abtretung der vollen Hypothek einzutragen, wenn es nicht positiv weiß, dass getilgt worden ist (Vorbem 27 zu §§ 1113 ff).

60 Die berichtigende Eintragung bietet dem Gläubiger *Vorteile*. Einmal braucht er den Übergang des Rechts iS des § 1160 nicht länger zu beweisen. Er ist ferner der Gefahr enthoben, dass der bisherige Gläubiger, falls dieser etwa den Brief durch irgendwelche Umstände wieder in die Hand bekommt, zugunsten eines redlichen Dritten über die Hypothek verfügt. Außerdem erhält er durch die Eintragung eine gewisse Gewähr dafür, dass er von den ihn interessierenden Vorgängen (zB Wechsel des Eigentümers, Einleitung der Zwangsversteigerung usw) benachrichtigt wird (s § 55 GBO, §§ 41, 9 Nr 1 ZVG).

IV. Abtretung der Buchhypothek (Abs 3)

61 **1.** Die Abtretung der durch eine Buchhypothek gesicherten Forderung vollzieht sich nach § 873. Sie erfordert die zweiseitige **Einigung** (s zur Dogmatik oben Rn 6) über die Abtretung und die **Eintragung** ins Grundbuch, die hier wesentliches Element des Übertragungsvorgangs ist. Bei einer Gesamthypothek geht das Hypothekenrecht erst durch die Eintragung bei allen Grundstücken über (s § 1132 Rn 43).

62 **2.** Für die Eintragung ins Grundbuch genügt nach §§ 19, 29 GBO die einseitige **Eintragungsbewilligung** des bisherigen Gläubigers (vgl OLG Frankfurt Rpfleger 1976, 183). Grundbuchrechtlich gilt für den Inhalt der Eintragungsbewilligung, auch für die Bestimmtheit insbesondere in Ansehung der Zinsen und sonstigen Nebenleistungen, das oben Rn 36 für die Abtretungserklärung zu einer Briefhypothek ausgeführte. Die rechtsgültige Abtretungserklärung und die Eintragungsbewilligung enthalten idR zugleich die nach § 185 Abs 1 wirksame Einwilligung des bisherigen Gläubigers zu Verfügungen über die Buchhypothek, die der neue Gläubiger vor seiner Eintragung vornehmen wird (RGZ 54, 368 f; OLG Düsseldorf MittRhNotK 1996, 56; LG Detmold Rpfleger 2001, 299). Dadurch wird auch bei der Buchhypothek eine Art Kettenabtretung möglich, wobei allerdings ein Zwischenerwerb der Hypothek durch die Zwischenglieder nicht stattfindet, die Hypothek vielmehr direkt vom eingetragenen Inhaber auf das in das Grundbuch einzutragende Endglied übergeht (vgl SCHÖNER/STÖBER[14] Rn 2405).

63 Die *Legitimation des bisherigen Gläubigers* zur Abtretung braucht der neue Gläubiger dann nicht weiter zu prüfen, wenn jener als (unbeschränkter) Gläubiger eingetragen ist (Mot III 708). Dem gutgläubigen Zessionar kommt außerdem der öffentliche Glaube des Grundbuchs nach §§ 892, 893 (für die Hypothek) und nach § 1138 (für die Forderung und die Einreden aus § 1137) zustatten. Vgl § 1138 Rn 6 ff.

V. Sicherungshypothek

64 Für die Übertragung der Sicherungshypothek, auch der Zwangshypothek (BayObLG NJW-RR 1998, 951), gilt das gleiche wie für die Buchhypothek (OLG Köln vom 24. 11. 2008 – 2 Wx 41/08 – FGPrax 2009, 6; s § 1185 Rn 19).

Ausnahmen ergeben sich hinsichtlich der *Hypothek für Inhaber und Orderpapiere* **65**
durch § 1187 S 3 und bei der *Höchstbetragshypothek* durch § 1190 Abs 4. Für alle
Hypotheken, Grundschulden und Rentenschulden gilt ferner die Ausnahmebestimmung des § 1159 hinsichtlich der Übertragung der Forderung auf Rückstände von
Zinsen oder anderen Nebenleistungen sowie auf Erstattung der Kosten.

VI. Treuhandabtretung und Refinanzierungsregister

1. Treuhandabtretung

Die Forderung kann zur Begründung oder im Rahmen eines Treuhandverhältnisses **66**
abgetreten werden. Es kann aber auch anstelle einer Abtretung vereinbart werden,
dass der bisherige Gläubiger die Hypothekenforderung künftig als Treuhänder eines
Dritten für dessen Rechnung halten solle. Eine solche Gestaltung wird vor allem im
Zusammenhang mit sog Verbriefungen diskutiert, bei denen eine größere Zahl von
Hypothekenforderungen (oder durch Sicherungsgrundschuld gesicherte Forderungen) an ein „Special Purpose Vehicle" („SPV"), also eine mit keinen anderen
Aufgaben befasste Zweckgesellschaft übertragen wird, die sich durch die Ausgabe
von Schuldscheinen refinanziert (Einl 31 ff zu §§ 1113 ff; § 1153 Rn 24; Vorbem 165 zu
§§ 1191 ff). Zur Kostenersparnis möchte man zugunsten der Begründung eines Treuhandverhältnisses auf die dingliche Übertragung verzichten; dies scheitert aber
daran, dass das Treuhandverhältnis ohne dinglichen Übertragungsakt beim Treuhänder nicht insolvenzfest ist (BGHZ 155, 227 vom 24.6. 2003 – IX ZR 75/01 = ZNotP 2003,
382 m Anm KESSELER S 368 = EWiR 2003, 1191 [GUNDLACH] = WuB VI C § 47 InsO 1.03 [BITTER]
= LMK 2003, 237 [HENSSLER] = DZWIR 2003, 510 m Anm ARMBRÜSTER 485 = ZIP 2004, 585
m Anm FLECKNER; zu dieser Problematik STÖCKER Die Bank 1/2004, 55; PANNEN/WOLFF ZIP 2006,
52). Durch das Refinanzierungsregister (nachf Rn 67 ff) sollten diese Probleme gelöst
werden.

2. Das Refinanzierungsregister

Ein neues Verfahren zu einer Art Übertragung von Grundpfandrechten jeder Art **67**
bietet das Refinanzierungsregister nach §§ 22a ff des KreditwesenG, KWG (idF d G
v 22. 9. 2005 [BGBl I 2809]. S dazu insbes DITTRICH/UHL Kreditwesen 2005, 994; FLECKNER, DB
2005, 2733 und WM 2007, 2272; OBERMÜLLER ZInsO 2005, 1079; ODENBACH Kreditwesen 2006,
1055; PANNEN/WOLFF ZIP 2006, 52; PETER/GRESS ZInsO 2007, 455; SCHMALENBACH/SESTER WM
2005, 2025; STÖCKER/STÜNKEL BKR 2008, 50; TOLLMANN ZHR 169 [2005], 594).

a) Rechtspolitische Bewertung
Das neue Verfahren sollte vor allem die seither erheblich ins Zwielicht geratenen **68**
Asset-Backed-Securities-Transaktionen erleichtern (vgl Einl 31 zu §§ 1113 ff). Der Re-
gelung steht ins Gesicht geschrieben, dass zivilrechtliche Überlegungen nicht im
Vordergrund gestanden haben. Darauf weisen der seltsame Standort der im Kern
zivil- bzw insolvenzrechtlichen Regelungen im KWG, der fremdartige Aufbau der
Vorschriften, die erst in § 22j KWG fast nebenbei erkennen lassen, worum es
eigentlich geht, und der insgesamt unbeholfene Gesetzgebungsstil hin. Vermutlich
ist der vom Bundesministerium für Wirtschaft und Technologie ohne ausreichende
Abstimmung mit dem Bundesministerium der Justiz vorgelegte Entwurf gar nicht im
Ministerium, sondern von interessierter externer (in möglichst undurchsichtiger

Formulierung von Geschäftsbedingungen für Finanzinstrumente geübter) Stelle gefertigt worden. Auch der Inhalt ist fremdartig. Der spätere Insolvenzschuldner führt – kaum kontrolliert – selbst ein „Refinanzierungsregister", das einzelnen seiner Gläubiger ein Aussonderungsrecht verschafft; das ähnelt zwar dem bewährten System der Pfandbriefdeckung, unterscheidet sich aber bei näherem Zusehen grundlegend davon, weil die beim Pfandbrief obligatorische enge Bindung des Sicherungsguts an ein von der Bank ausgegebenes Wertpapier beim Refinanzierungsregister durch einen diffusen Anspruch auf Übertragung irgendeiner beliebigen Forderung oder eines Grundpfandrechts, welches eine beliebige Forderung sichert, ersetzt ist. Obwohl das Gesetz das Register „Refinanzierungsregister" nennt, gehört der Zweck der Refinanzierung (dh der Rückdeckung einer einem Dritten ausgereichten Finanzierung) keineswegs zu den Tatbestandsmerkmalen der Eintragung und deren Rechtsfolgen. Da es auch keine personellen Beschränkungen wie für das Pfandbriefgeschäft gibt, kann jedes Grundpfandrecht, das scheinbar zugunsten einer beliebigen Person eingetragen ist, in deren Insolvenz aussonderungsbelastet sein; nur bei bilanzierenden Unternehmen mag das Fehlen der Forderung auf der Aktivseite auffallen. Da die Verbriefung grundpfandrechtsgesicherter Forderungen ohnehin in berechtigten Verruf geraten ist, kann der durch das (überdies bedingungslos nichtöffentliche, § 22h Abs 2 KWG) Refinanzierungsregister bewirkte Verlust an Grundbuchöffentlichkeit und Grundbuchwahrheit nicht mehr gerechtfertigt werden. Die rechtspolitische Beurteilung kann nach alledem jedenfalls für das Register in seiner gegenwärtigen Form nur negativ ausfallen.

b) Voraussetzungen

69 Eintragungsfähig sind nach § 22a Abs 1 S 1 KWG nur bestimmte *Ansprüche,* nicht etwa Hypothekenforderungen und Grundpfandrechte selbst. Sie müssen auf Übertragung einer Forderung des Refinanzierungsunternehmens oder eines Grundpfandrechts des Refinanzierungsunternehmens, das der Sicherung von Forderungen dient, gerichtet sein. Wird das Refinanzierungsregister nach § 22b KWG für einen Dritten geführt, können nur entsprechende Forderungen dieses Dritten eingetragen werden. Die weiteren Voraussetzungen der Eintragung werden hier nicht kommentiert. Jedenfalls muss die Eintragung in dem Sinne eindeutig sein, dass sie den in § 22d Abs 2 KWG aufgestellten Anforderungen entspricht; andernfalls treten die Wirkungen der Eintragung nicht ein, wie § 22d Abs 3 KWG klarstellt. Die gesetzliche Regelung entbehrt allerdings ihrerseits der Klarheit, wenn es in § 22d Abs 2 S 2 heißt, den Erfordernissen der Identifizierung der Forderung und des Gegenstands der Forderung sei genügt, wenn Dritten, insbesondere dem Verwalter, dem Sachwalter, der Bundesanstalt oder einem Insolvenzverwalter die eindeutige Bestimmung der einzutragenden Angaben möglich ist. Die Eintragung kann also beliebig verschlüsselt sein, wenn nur irgendein Dritter, der keinerlei Anforderungen an seine Qualifikation unterliegt, zur Entschlüsselung in der Lage ist. Dass die amtliche Begründung (BT-Drucks 15/5852, 20) die Unzulänglichkeit erkennt, ihr aber (ebenso wie § 5 RefiRegV) nur mit guten Ratschlägen entgegnet (vgl Boos/Fischer/Schulte-Mattler/ Tollmann, KWG[3] § 22d Rn 13), ist für eine Vorschrift, die uU gewaltige Vermögensmassen insolvenzfrei stellt, inakzeptabel.

c) Wirkungen

70 Entgegen den ursprünglichen Intentionen der Gesetzesverfasser bewirkt die Eintragung nicht, dass die Grundpfandrechte auf die Gläubiger der registrierten Ansprüche übertragen werden; auch eine volle Vormerkungswirkung ist nicht vorgesehen. Vielmehr beschränkt sich die Wirkung nach § 22j Abs 1 S 1 KWG darauf, dass Gegenstände des Refinanzierungsunternehmens, die ordnungsgemäß im Refinanzierungsregister eingetragen sind, im Fall der Insolvenz des Refinanzierungsunternehmens vom Übertragungsberechtigten nach § 47 InsO ausgesondert werden können. Extrem unklar ist hier wiederum die Bestimmung in Abs 1 S 2, wonach auch „Gegenstände, die an die Stelle der ordnungsgemäß im Refinanzierungsregister eingetragenen Gegenstände treten", aussonderungsfähig sein sollen. Erträglich ist diese Bestimmung nur, wenn man sie als Ersatzaussonderung iSd § 48 InsO versteht und auf die dort genannten Gegenstände beschränkt (SCHMALENBACH/SESTER WM 2005, 2025; BOOS/FISCHER/SCHULTE-MATTLER/TOLLMANN, KWG³ § 22j Rn 22). Die amtliche Begründung (BT-Drucks 15/5852, 24) schweigt.

Außerhalb des Insolvenzverfahrens bleibt der ursprüngliche Gläubiger, wie § 22j **71** Abs 2 und 3 KWG einigermaßen, wenn auch umständlich klarstellen, voll berechtigt; er unterliegt weder einem absoluten noch einem relativen Verfügungsverbot (BOOS/ FISCHER/SCHULTE-MATTLER/TOLLMANN, KWG³ § 22j Rn 23). Tritt er die Hypothekenforderung oder die Grundschuld an einen Dritten ab oder belastet er sie zugunsten eines Dritten, so erwirbt dieser vom Berechtigten und endgültig. Leistet der Schuldner oder ein zur Leistung berechtigter Dritter (zB ein Ablösungsberechtigter) an den ursprünglichen Gläubiger, so hat dies volle Erfüllungswirkung. Auf guten Glauben an die Nichteintragung in ein Refinanzierungsregister kommt es in beiden Fällen nicht an.

VII. Belastung der Hypothek

1. Rechtsgeschäftliches Pfandrecht, Nießbrauch u.a.

Die Bestellung eines Pfandrechts, eines Nießbrauchs (oben Rn 11) oder eines sonsti- **72** gen Rechts an einer Hypothekenforderung erfolgt nach den für die Übertragung des Rechts geltenden Vorschriften (§ 1274). § 1154 ist daher auch auf die Verpfändung einer Hypothekenforderung (aber durch § 1274 Abs 1 S 2 hinsichtlich der Übergabeersatzmittel verschärft) sowie auf die Verpfändung einer Grund- und Rentenschuld (§ 1291) anzuwenden (vgl hierzu im Einzelnen BINTZ Rpfleger 2005, 11).

Eine wegen **Formmangels** unwirksame Verpfändung kann uU ein schuldrechtliches **73** Zurückbehaltungsrecht am Hypothekenbrief begründen (RGZ 66, 25), nach § 952 Abs 2 aber nicht gegen den Sonderrechtsnachfolger (OLG Hamburg MDR 1969, 139). Wegen einer Blankoverpfändung s oben Rn 41.

2. Pfändung und Überweisung

a) Die Hypothek als solche ist ebensowenig pfändbar wie abtretbar und ver- **74** pfändbar (oben Rn 2). Pfändbar ist nur die der Hypothek zugrundeliegende **Hypothekenforderung**, s §§ 830, 837, 857 Abs 6 ZPO. Besteht für eine Forderung eine Hypothek, so kann sie ausschließlich in der Form der §§ 830 ff ZPO gepfändet werden; eine einfache Forderungspfändung ist unwirksam (BGHZ 127, 146). Hiernach erfordert die Pfändung einer Forderung, für die eine **Briefhypothek** besteht, neben dem Pfändungsbeschluss (§ 829 ZPO) *die Übergabe des Hypothekenbriefs an den*

Gläubiger (RGZ 59, 313; BGHZ 127, 146) oder einen zulässigen Übergabeersatz. Vorher entsteht kein Pfandrecht und ist deshalb auch eine Überweisung unzulässig und unwirksam; Hypothekenforderungen können also regelmäßig nicht sofort mit Erlass des Pfändungsbeschlusses auch überwiesen werden (BGHZ 127, 146; dagegen STÖBER NJW 1996, 1180). Der Pfändungsbeschluss bildet den Titel für die Eintragung ins Grundbuch und für die Wegnahme des Briefs vom Schuldner im Wege der sog Hilfspfändung. Durch den Pfändungsbeschluss ist der Gerichtsvollzieher auch ermächtigt, den Brief von dem zur Herausgabe bereiten Dritten entgegenzunehmen. Gegen einen nicht herausgabebereiten Dritten kann die Wegnahme des Briefs nur unter der Voraussetzung zwangsweise durchgesetzt werden, dass dem Schuldner ein Herausgabeanspruch gegen ihn zusteht; der Gläubiger kann dann nach Pfändung und Überweisung des Herausgabeanspruchs den Brief von dem Dritten herausverlangen; gegebenenfalls muss er auf Herausgabe klagen und durch Vollstreckung nach § 883 ZPO die Herausgabe erzwingen. Bei der **Buchhypothek** ist außer dem Pfändungsbeschluss die Eintragung der Pfändung ins Grundbuch erforderlich (BGHZ 127, 146).

75 Die Pfändung des Anspruchs auf Befriedigung aus dem **Versteigerungserlös** ist nach § 829 ZPO zu bewirken; da ein Drittschuldner nicht vorhanden ist, genügt gemäß § 857 Abs 2 ZPO die Zustellung des Pfändungsbeschlusses an den Grundstückseigentümer und Vollstreckungsschuldner (RGZ 64, 215; RGZ 70, 279; RGZ 125, 367). Solange die Hypothek besteht und die Beschlagnahme zum Zweck der Zwangsversteigerung noch nicht angeordnet ist, kann aber das daraus fließende Recht, im Befriedigung aus dem Versteigerungserlös zu verlangen, für sich allein nicht gepfändet werden (BGH Rpfleger 1964, 142 mit zust Anm STÖBER); sobald die Zwangsversteigerung eines Grundstücks eingeleitet ist, ist es aber zweckmäßig, nicht nur das Grundpfandrecht, sondern auch den Anspruch auf den Versteigerungserlös zu pfänden (RGZ 70, 278).

76 c) Wegen Pfändung der **Hypothekenzinsen** s zunächst oben Rn 11. Das Recht auf *künftige* Zinsen kann *selbständig* gepfändet werden, unabhängig davon, ob das Zinsrecht und die Hauptforderung demselben Gläubiger zustehen (RGZ 74, 81; WESTHEIMER JW 1912, 506). Auch zur Pfändung dieser Zinsen bedarf es der Übergabe oder Wegnahme des Hypothekenbriefs gemäß § 830 Abs 1 S 1 und 2 ZPO (RGZ 74, 83; RG LZ 1916, 462). Zur Pfändung *rückständiger* Zinsen s § 837 Abs 2 S 1 ZPO.

77 d) Eine **Vorpfändung** (§ 845 ZPO) der Hypothekenforderung ist zulässig (PLANCK/STRECKER Anm 9a ε), ebenso eine **Arrestpfändung** nach § 930 (PLANCK/STRECKER Anm 9a γ); bei der Vorpfändung muss die Pfändung innerhalb dreier Wochen, bei der Arrestpfändung innerhalb der Vollziehungsfrist (§ 929 ZPO) bewirkt werden.

VIII. Grundschuld und Rentenschuld

78 1. Mangels einer schuldrechtlichen Forderung passt die Vorschrift nicht unmittelbar auf die Grundschuld und die Rentenschuld. Da aber eine eigene Vorschrift für die Abtretung dieser Grundpfandrechte fehlt, muss § 1154 angepasst und letztlich doch anwendbar gemacht werden, s oben Rn 6.

79 2. Bei der Grundschuld wird das **dingliche Recht selbst** abgetreten. Dennoch darf nicht die zunächst naheliegende Folgerung gezogen werden, es fänden ausschließlich sachenrechtliche Vorschriften Anwendung. Dies würde nämlich bei der privatschriftlichen Abtretung einer Briefgrundschuld die unerwünschte Folge haben, dass sie gemäß § 873 Abs 2 nicht bindend würde. Die Grundschuldabtretung ist deshalb nicht anders zu behandeln als die Abtretung der Hypothekenforderung (oben Rn 6, zur bedingten Abtretung Rn 10). Auch § 399 ist damit in dem Sinn auf die Grundschuld anzuwenden, dass der Ausschluss der Abtretbarkeit Inhalt des dinglichen Rechts sein kann (s oben Rn 9 u Einl 138 zu §§ 1113 ff).

a) S dazu, dass **§ 354a HGB** auf die Grundschuld nicht anwendbar ist, Einl 142 zu **80** §§ 1113 ff. Zum *Inhalt der Abtretungserklärung* s oben Rn 27 ff, zu ihrer Auslegung, was die *Mit-Abtretung von Zinsen* betrifft, oben Rn 38. Stimmt der Eigentümer der Abtretung einer Buchgrundschuld an jemanden zu, der das gesicherte Darlehen abgelöst hat, kann darin noch vor Eintragung des Übergangs der Grundschuld eine Abtretung von Rückgewähransprüchen liegen, die die Pfändung dieser Ansprüche beim Eigentümer ins Leere gehen lässt (OLG Schleswig OLG-Report Bremen/Hamburg/ Schleswig 1997, 81 = EWiR § 1191 BGB 1/97, 355 [MANKOWSKI]). Andererseits beeinträchtigt die Pfändung und Überweisung der Rückgewähransprüche die Wirksamkeit einer Abtretung nicht, weil die Pfändung nur einen schuldrechtlichen Anspruch erfasst (OLG Hamburg NJW-RR 1999, 600; dazu ALFF Rpfleger 1999, 373). Dasselbe gilt für andere schuldrechtliche Abtretungsverbote, die nicht Inhalt des dinglichen Rechts sind (oben Rn 9 u Einl 140 zu §§ 1113 ff).

b) Ist die abzutretende Buchgrundschuld eine **Gesamtgrundschuld**, so erfordert **81** die Abtretung nicht nur eine Eintragung an sämtlichen belasteten Grundstücken (§ 1132 Rn 43); da die verklammernde Forderung fehlt, kann auch ein Einigungsmangel in der Weise bestehen, dass die Vertragsteile nur über die Abtretung der Grundschuld in Ansehung eines der belasteten Grundstücke einig sind. Auch dann ist die Abtretung insgesamt unwirksam, ein gutgläubiger Erwerb aber möglich, wenn sie trotz des Einigungsmangels an allen Grundstücken eingetragen wurde (vgl ALFF Rpfleger 1999, 373).

3. Wenn auch – im Gegensatz zur Hypothek, die nur mittelbar durch Abtretung **82** der gesicherten Forderung abtretbar ist, oben Rn 2 f – die Grundschuld als dingliches Recht selbst und unmittelbar abgetreten wird, gelten doch auch für sie die Ausführungen Rn 3, dass ihre Abtretung nicht von selbst auch den Übergang eines schuldrechtlichen Anspruchs zur Folge haben kann. Eine solche **umgekehrte Akzessorietät** – die Ansprüche, etwa aus einem abstrakten Schuldversprechen, sollten der Grundschuld in der Weise folgen, dass sie dem jeweiligen Inhaber der Grundschuld zustehen – lässt sich auch nicht rechtsgeschäftlich begründen (BGH DNotZ 1992, 657; LG München II MittBayNot 1979, 126; vgl BGH NJW 1991, 286 mwNw; REITHMANN DNotZ 1982, 76; LIEDEL DNotZ 1991, 855; s Vorbem 184 zu §§ 1191 ff und § 1196 Rn 17). Denkbar – wenn auch kaum praktikabel – wäre es allenfalls, durch Vertrag zugunsten Dritter jedem künftigen Grundschuldinhaber einen schuldrechtlichen Anspruch zu verschaffen, der durch den Verlust der Grundschuld auflösend bedingt sein müsste. Dies würde aber jedem Gläubiger einen neuen Anspruch gewähren, an dem sich die Rechtsverhältnisse des durch Eintritt der auflösenden Bedingung erlöschenden Anspruchs des Rechtsvorgängers nicht fortsetzen würden. ZB wäre die Möglichkeit der Gläubiger- oder Insolvenzanfechtung für jeden Abtretungsfall neu zu prüfen. Gleiches gilt für eine vom BGH (DNotZ 1958, 579 [m zust Anm HIEBER]; BGH NJW 1976, 567; BGH NJW 1991, 228 [die dort erkennbar werdenden Probleme sprechen für sich und gegen den BGH]; BGH ZIP 1999, 1591 = EWiR 1999, 1055 [JOSWIG]) entwickelte Konstruktion, wonach der Eigentümer den künftigen Grundschuldinhabern ein Angebot zum Abschluss eines Vertrags über ein (nach BGH ZIP 1999, 1591 auflösend bedingtes) abstraktes Schuldversprechen unterbreiten soll (vgl a OLG Düsseldorf DNotZ 1958, 420 [m abl Anm HIEBER 381]; KG DNotZ 1975, 718; OLG Frankfurt Rpfleger 1981, 59; LICHTENBERGER MittBayNot 1976, 109; ZAWAR NJW 1976, 1824; WOLFSTEINER, Die vollstreckbare Urkunde², § 28. 73. und MünchKomm-ZPO/WOLFSTEINER³ § 794 Rn 233; vgl Gutachten DNotI-Report 1998, 189 und zum anfänglichen Insich-Geschäft auch KOHLER JZ 1983, 13).

83 S dazu, dass von einer umgekehrten Akzessorietät auch umgekehrt nicht in dem Sinn auszugehen ist, dass das Schuldversprechen auflösend bedingt sein soll durch das Erlöschen der Grundschuld (BGH vom 12. 12. 2007 – VII ZB 108/06 – DNotZ 2008, 833 m abl Anm WOLFSTEINER), Einl 184 zu §§ 1191 ff.

84 4. Auch eine Grundschuld kann aufschiebend oder auflösend **bedingt** abgetreten werden, s Rn 10 (OLG Frankfurt OLGZ 1993, 385). Zulässig ist insbesondere die auflösende Bedingung, dass die gesicherte Schuld erlischt. Sinnvoll ist eine solche Konstruktion, die sich der Verpfändung der Grundschuld annähert, kaum.

85 5. S zur Abtretung von **Zinsen** oben Rn 38 aE. Zinsen einer Eigentümergrundschuld sind ohne zeitliche Grenzen abtretbar. S § 1197 Rn 7 ff.

86 6. Die Übertragung einer **Inhabergrundschuld** erfolgt abweichend von dem in Abs 1 niedergelegten Prinzip nach Wertpapiergrundsätzen. S Erl zu § 1195.

87 7. Zur treuhänderischen Abtretung s oben Rn 66, zum Refinanzierungsregister oben Rn 67 ff, zur Verpfändung oben Rn 72.

§ 1155
Öffentlicher Glaube beglaubigter Abtretungserklärungen

Ergibt sich das Gläubigerrecht des Besitzers des Hypothekenbriefs aus einer zusammenhängenden, auf einen eingetragenen Gläubiger zurückführenden Reihe von öffentlich beglaubigten Abtretungserklärungen, so finden die Vorschriften der §§ 891 bis 899 in gleicher Weise Anwendung, wie wenn der Besitzer des Briefes als Gläubiger im Grundbuch eingetragen wäre. Einer öffentlich beglaubigten Abtretungserklärung steht gleich ein gerichtlicher Überweisungsbeschluss und das öffentlich beglaubigte Anerkenntnis einer kraft Gesetzes erfolgten Übertragung der Forderung.

Materialien: E I § 1114; II § 1062 rev § 1139;
III § 1138; Mot III 751 ff; Prot III 654 ff;
VI 249 f, 267 f.

Schrifttum

MÜNDHEIM, Erwerb der Briefhypothek kraft öffentlichen Glaubens gemäß § 1155 BGB, mit einem Geleitwort von REICHEL (1925)

SANDER, Der Erwerb der Briefhypothek nach § 1155 BGB (Diss Göttingen 1913)
WIEGAND, Der öffentliche Glaube des Grundbuchs, JuS 1975, 205.

Systematische Übersicht

I. Allgemeines

1. Grundsatz

Wird die durch Briefhypothek gesicherte Forderung außerhalb des Grundbuchs **1** übertragen (§ 1154 Abs 1), so wird das Grundbuch in gewissem Sinn unrichtig. Nach den allgemeinen Grundsätzen über den öffentlichen Glauben des Grundbuchs würde hier zugunsten redlicher Dritter der als Gläubiger Eingetragene trotz der Abtretung noch als Hypothekar gelten. Das Rechtsinstitut der Briefhypothek kann aber nur dann sinnvoll angewandt werden, wenn jeder, der die Hypothekenforderung auf irgendeinem der vom Gesetz als Regelform zur Verfügung gestellten Wege erwirbt, in gleichwertiger Form sichergestellt wird (PLANCK/STRECKER Anm 1; SOERGEL/ KONZEN[13] Rn 1; WOLFF/RAISER § 142 VIII). Diesem praktischen Bedürfnis trägt § 1155 durch **Ausdehnung der §§ 891–899** auf solche Übertragungsakte Rechnung. Im Ergebnis fingiert die Vorschrift die Grundbucheintragung, wenn an ihrer Stelle das – ebenfalls formal zu verstehende – Kriterium der lückenlosen Kette öffentlich beglaubigter Abtretungserklärungen gegeben ist; dabei tritt die öffentliche Beglaubigung an die Stelle der Eintragung in das amtliche Grundbuch. § 1155 wird ergänzt durch § 1160, der bei der Briefhypothek den öffentlichen Glauben des Grundbuchs insofern einschränkt, als er dem Eigentümer ein Widerspruchs- bzw Zurückweisungsrecht einräumt, wenn der Hypothekenbrief und beglaubigte Abtretungserklärungen nicht vorgelegt werden (vgl zum Vorlegungszwang iÜ nachf Rn 7). Deshalb kann nur in eingeschränktem Sinn davon gesprochen werden, bei Übertragung der Forderung außerhalb des Grundbuchs werde dieses unrichtig, denn das Grundbuch erhebt bei Briefrechten von vornherein nur einen eingeschränkten Richtigkeitsanspruch.

Auch § 1155 muss freilich immer auf dem **Grundbuch** aufbauen (s RAMDOHR Gruchot 44, **2**

371). Die Vorschrift setzt nicht etwa den Inhalt des Briefs an die Stelle des Inhalts des Buchs, auch nicht in Ansehung des guten Glaubens. Wer eine durch Briefhypothek gesicherte Forderung zu erwerben gedenkt, muss deshalb immer auch das Grundbuch einsehen, will er ausreichend gesichert sein. Man mag bedauern, muss es aber als geltendes Recht hinnehmen, dass § 1155 den Hypothekenbrief, anders als echte Wertpapiere, nicht wirklich selbständig verkehrsfähig macht. Nur den Angaben über den **Inhaber der Hypothek** verschafft der Brief eigenständige Publizität, die sich dem Grundbuchinhalt gegenüber durchsetzt. Auch soweit die GBO verfahrensmäßig sichert, dass der Hypothekenbrief weitere Informationen übereinstimmend mit dem Grundbuch enthält, wird der gute Glaube an deren Richtigkeit nicht geschützt (§ 1140 Rn 1).

2. Umfang der Gutglaubenswirkung

3 § 1155 enthält für den Fall, dass der Briefbesitzer durch eine Kette qualifizierter Abtretungserklärungen legitimiert ist, die **positive** Anordnung, dass die Vorschriften der §§ 891 bis 899 in gleicher Weise Anwendung finden, wie wenn der Besitzer des Briefes als Gläubiger im Grundbuch eingetragen wäre. Dies lässt zwei grundlegende Fragen offen, die erstaunlicherweise nicht nur bis heute ungeklärt sind, sondern die trotz ihrer enormen Bedeutung in der Rechtsprechung gar nicht und in der Rechtsliteratur kaum angesprochen werden.

4 a) Was gilt **negativ**, wenn der Tatbestand des § 1155 nicht erfüllt ist, also entweder nur eine nicht qualifizierte (aber materiellrechtlich wirksame) Abtretungskette existiert oder der durch qualifizierte Abtretungskette Legitimierte nicht im Besitz des Briefs ist oder beides? Die eine mögliche Antwort (die aber von OLG Hamm vom 16. 5. 2002 – 15 W 104/02 – Rpfleger 2002, 565 so nicht gegeben wird) geht dahin, dass der öffentliche Glaube des Grundbuchs bei der Briefhypothek **generell** dergestalt **derogiert** wird, dass das Grundbuch den Inhaber des Rechts nicht mit öffentlichem Glauben ausweist. Bei Briefrechten würde danach also an die Eintragung des Inhabers im Grundbuch überhaupt kein gutgläubiger Erwerb andocken können (so in der Tat jurisPK-BGB/Reischl³ Rn 26, allerdings mit der verräterischen – an das OLG Hamm aaO anknüpfenden – Begründung, die Briefkette sei *vorrangig*). Mit dem Gesetzeswortlaut lässt sich eine solche Deutung nur schwer vereinbaren, weil das Gesetz nur einen bestimmten Fall positiv regelt, aber nichts über die Behandlung der restlichen Fälle aussagt.

5 Die Möglichkeit, die Vorschrift so zu verstehen, dass nebeneinander Grundbucheintragung und Abtretungskette öffentlichen Glauben genießen, scheidet aus, weil es nicht zur gleichen Zeit zwei sich widersprechende Tatbestände öffentlichen Glaubens geben darf. Die allein mögliche andere Deutung müsste daher dahin gehen, dass allein die Urkunden nach § 1155 öffentlichen Glauben vermitteln, wenn solche in der Hand des Briefbesitzers **existieren**, dass aber das Grundbuch vollen Glauben genießt, wenn das nicht der Fall ist. Dieses Verständnis ist aber deshalb nur schwer erträglich, weil mangels Publizität zu keiner Zeit festgestellt werden könnte, ob gerade das Grundbuch den öffentlichen Glauben vermittelt oder eine möglicherweise (im Verborgenen) existierende Urkundenkette.

6 Im Ergebnis muss daher doch in einem erweiterten Verständnis des § 1155 die

Auslegung vorgezogen werden, dass bei Briefgrundpfandrechten das Grundbuch allein in Ansehung des Gläubigers keinen öffentlichen Glauben begründet; **allein die Urkunden nach § 1155** vermitteln diesen, wozu allerdings gefordert werden muss, dass der Brief an das Grundbuch anbindet. Die Urkunden genießen nicht nur Vorrang (**aA** jurisPK-BGB/Reischl[3] Rn 26), sondern Ausschließlichkeit. Die Folge ist allerdings, dass bei Briefgrundpfandrechten uU große Lücken im System des öffentlichen Glaubens klaffen, so immer dann, wenn Rechte gemäß § 1154 Abs 1 S 1 in einfacher Schriftform abgetreten werden und in Fällen, in denen der Brief abhandengekommen ist. Ein Inhaberausweis mit öffentlichem Glauben fehlt dann völlig.

b) Tritt die Wirkung des § 1155 nur ein, wenn Brief und Abtretungserklärungen **7 vorgelegt** werden? Das würde dem System der §§ 891 ff grundlegend widersprechen. Diese schützen den guten Glauben (oder genauer die Abwesenheit bösen Glaubens) völlig unabhängig davon, ob der Gutgläubige das Grundbuch eingesehen hat oder nicht, ja selbst dann, wenn er gar nicht weiß, dass es eine Grundbucheintragung gibt. Andererseits fehlt der Urkundenkette des § 1155 die Publizität des Grundbuchs. Vermutlich deshalb wollen Viele aus § 1160 ableiten, dass ein gutgläubiger Erwerb eines Briefgrundpfandrechts, ja überhaupt die Anwendung der §§ 893 ff, stets die Vorlage des Briefs (als Nachweis des Briefbesitzes) und der Kette der Abtretungsurkunden erfordere (OLG Köln vom 19. 7. 1995 – 2 Wx 36/94 – MittRhNotK 1995, 321; so auch Bearb 2002 Rn 4 – hiermit aufgegeben, anders aber Rn 8; die Grundbuchrechtsprechung zur Briefvorlage ist allerdings zur Frage gutgläubigen Erwerbs zwangsläufig unergiebig, weil es sich um ganz unterschiedliche Tatbestände handelt); der auf Einzelfälle bezogene Wortlaut des § 1160 gibt das aber nicht her. Gewichtiger ist folgende Überlegung: Wenn es wirksame, öffentlich beglaubigte Abtretungen von dem im Grundbuch und im Brief genannten Gläubiger G an A und von diesem weiter an B gibt, wenn aber A in der Lage ist, einem Erwerber den Brief und die Abtretungsurkunde G an A vorzulegen, darf der gutgläubige Erwerb nicht daran scheitern, dass es eine dem Erwerber unbekannte Abtretungsurkunde A an B gibt. Wem eine intakte Urkundenkette *vorgelegt* wird, der muss also gutgläubig erwerben können. Umgekehrt ist es aber nicht erforderlich, vom Prinzip abzuweichen und den gutgläubigen Erwerb generell an die Vorlage der Urkunden zu binden (RG Gruchot 62, 624; s auch RG LZ 1918, 1667; Palandt/Bassenge[67] Rn 8). Wer also von B erwirbt, erwirbt – vorausgesetzt dass B den Brief besitzt – gutgläubig auch ohne dass ihm die Urkunden vorgelegt worden wären.

Unberührt bleibt § 1160, der allerdings § 893 einschränkt, indem er in bestimmten **8** Fällen die Vorlegung des Briefs verlangt (Joswig ZfIR 2001, 613 mwNw). Die Regelung ist aber schon deshalb nicht verallgemeinerungsfähig, weil § 1160 disponibel ist (§ 1160 Rn 20), die Wirkungen der §§ 891 ff aber grundsätzlich nicht vertraglich ausgeschlossen werden können.

3. Anwendungsbereich

Die Gutglaubenswirkung kommt dem **Besitzer** des Hypothekenbriefs zugute, indem **9** ihm – wenn die übrigen Voraussetzungen gegeben sind – die Vermutung der Inhaberschaft gemäß §§ 891, 1117 Abs 3 zusteht (unten Rn 37). Sie kommt weiterhin gemäß § 892 dem zugute, der die Hypothek vom legitimierten Besitzer erwerben will (unten Rn 39 ff). Schließlich schützt sie den Eigentümer und sonstige Dritte gemäß

§ 893, die eine Leistung an den legitimierten Besitzer erbringen oder sonst ein Rechtsgeschäft mit dem Legitimierten abschließen wollen (unten Rn 43).

II. Die Anwendungsvoraussetzungen

1. Der Briefbesitz

10 a) Legitimiert wird nur der **Besitzer**, und zwar der *Eigenbesitzer* des Hypothekenbriefs. Dabei handelt es sich genaugenommen nicht um ein besonderes Tatbestandsmerkmal des § 1155, denn auch der im Grundbuch Eingetragene ist nur dann nach §§ 891 ff legitimiert, wenn er im Besitz des Briefs ist (RGZ 150, 348 vom 6. 3. 1936 – III 178/35; BayObLGZ 1973, 246 vom 25. 9. 1973 – BReg 2Z 38/73; **skeptisch** Staudinger/Gursky [2008] § 891 Rn 48). Es genügt mittelbarer Eigenbesitz (BGH vom 8. 12. 1992 – XI ZR 44/92 – NJW-RR 1993, 369; Planck/Strecker Anm 2a; BGB-RGRK/Mattern Anm 2; vgl auch § 1117 Rn 13).

11 b) Der Besitzer des Hypothekenbriefs braucht nicht zu beweisen, dass er seinerseits den Brief **durch Übergabe erworben hat**, da dies nach §§ 1154 Abs 1, 1117 Abs 3 vermutet wird (RGZ 93, 43; KGJ 32 A 287). Wird diese Vermutung widerlegt, so steht fest, dass er nicht Gläubiger geworden ist; § 1155 kann dann *zu seinen Gunsten,* dh für die Vermutung nach § 891 (unten Rn 37), nicht herangezogen werden (RGZ 56, 416; BGH vom 8. 12. 1992 wie vor; Reinicke/Tiedtke NJW 1994, 345). Derjenige aber, der *vom Briefbesitzer erwerben* oder sonst mit ihm ein Rechtsgeschäft vornehmen will und dazu den Schutz der §§ 892, 893 benötigt, muss sich überhaupt nicht darum bekümmern, wie der Besitzer zu seinem Besitz am Brief gekommen ist (Palandt/Bassenge[67] Rn 2); selbst wenn der Brief abhandengekommen war, treten die Wirkungen des § 1155 ein (RGZ 93, 44; BGH NJW-RR 1997, 910 = EWiR § 1154 BGB 1/97, 505 [Reimann]; Erman/Wenzel[12] Rn 2). Die Kenntnis des Erwerbers von einem irregulären Brieferwerb kann aber seinen guten Glauben zerstören.

12 c) Nicht gefordert ist der Nachweis, dass auch die **Vormänner** des Besitzers sich in dem Besitz des Briefes befunden und dass sie diesen Besitz durch Übergabe erlangt haben (Palandt/Bassenge[67] Rn 2). Der Mangel der Übergabe an den gehörig ausgewiesenen Vormann wird geheilt, sobald der Brief an einen Erwerber gelangt, der den Mangel nicht kennt. Besitz des Vormannes genügt in diesem Fall auch dann, wenn der Vormann ihn unrechtmäßig erworben hat (RGZ 93, 41; oben Rn 11).

2. Die Reihe von Abtretungserklärungen

13 a) S dazu, dass die Abtretungsurkunde nur eine **Schrifturkunde** sein kann, § 1154 Rn 28 f. Sie muss, um Rechtswirkungen zu erzeugen, die Sphäre des Abtretenden verlassen haben und irgendwie in den Rechtsverkehr gelangt sein; dass die in ihr verkörperte Willenserklärung im Rechtssinn *abgegeben* worden ist und dass die Abtretungsurkunde gar *erteilt* ist (§ 1154 Rn 28), ist aber nicht erforderlich. Auch die nicht mit Willen des Ausstellers in den Rechtsverkehr gelangte Urkunde kann als Fälschung dem § 1155 genügen (dazu nachf Rn 18). Zum materiellen Rechtserwerb vom Kettenletzten – wohl aber von einem Zwischenglied (oben Rn 7) – ist es auch nicht erforderlich, dass die Abtretungsurkunde überhaupt noch existiert; er vollzieht sich auch, wenn sie schon vernichtet ist, wenn sie nur einmal existiert hat. Zur Grundbuchberichtigung bedarf es freilich idR deren Vorlegung (§ 29 GBO).

b) Die einzelnen Abtretungsurkunden müssen **öffentlich beglaubigt** sein (s § 1154 **14** Rn 44 ff zur Ersetzung durch Urteil). § 129 Abs 1 S 1 präzisiert den vom Gesetz benutzten ungenauen Ausdruck „Beglaubigung der Abtretungserklärung" dahin, dass die Erklärung in Schriftform abzugeben und nur die Unterschrift zu beglaubigen ist. Der Erklärungstext selbst wird nicht beglaubigt, so dass – was oft übersehen wird (vgl KGJ 29, 116; OLG Hamburg DNotZ 1951, 422; OLG Celle Rpfleger 1984, 230; BayObLG Rpfleger 1985, 105; LG Itzehoe DNotZ 1990, 520) – die nachträgliche Ausfüllung von Leerstellen, die Beifügung von Zusätzen oder Abänderungen, wenn sie vom Erklärenden oder mit dessen Einverständnis vorgenommen werden, an der Form als öffentlich beglaubigter Erklärung teilhaben und die Wahrung der *Form* nicht beeinträchtigen (OLG Frankfurt vom 8. 3. 2006 – 20 W 21/05 – DNotZ 2006, 767: LG Düsseldorf MittBayNot 1984, 222; WINKLER DNotZ 1985, 224; PALANDT/HEINRICHS/ELLENBERGER[67] § 129 Rn 2). Davon unabhängig zu beurteilen ist die *Beweiskraft* einer solchen Urkunde gemäß § 419 ZPO. Für die materiellen Wirkungen (auch nach § 873 Abs 2) ist diese unerheblich; Bedeutung kann sie aber im Grundbuchverfahren gewinnen, wo sie gemäß § 29 GBO als Beweismittel dient.

Nur die *notarielle* Beglaubigung wahrt die Form, nicht die in § 63 BeurkG vorbe- **15** haltene Beglaubigung durch andere Personen oder Stellen. *Notarielle Beurkundung* (§ 129 Abs 2) und *Gerichtlicher Vergleich* (§ 127a) – auch der Beschluss nach § 278 Abs 6 S 3 ZPO (BAUMBACH/LAUTERBACH/HARTMANN[66] § 278 ZPO Rn 44; PALANDT/HEINRICHS/ ELLENBERGER[67] § 127a Rn 2; THOMAS/PUTZO/REICHOLT[29] § 278 ZPO Rn 17; MünchKommZPO/ WOLFSTEINER[3] § 794 Rn 80. AA KNAUER/WOLF NJW 2004, 2857; MünchKommZPO/PRÜTTING[3] § 278 Rn 39; ZÖLLER/GREGER[27] § 278 ZPO Rn 31. **Unentschieden** DECKENBROCK/DÖTSCH MDR 2006, 1325) – ersetzen die notarielle Beglaubigung. Auch die *konsularische Beglaubigung* (§ 10 KonsG), die ein deutscher Konsul oder konsularischer Beamter im Rahmen seiner Amtsbefugnisse vornimmt, ist ausreichend (vgl zum konsularischen Notariat GEIMER DNotZ 1978, 3). Andere Formen der öffentlichen Urkunde, zB die von einer Behörde zulässigerweise als Eigenurkunde errichtete öffentliche Urkunde, die im Grundbuchverfahren als Beweismittel zugelassen ist, wahren die Form nicht (RG WarnR 1930 Nr 163; KG RJA 1, 173; 4, 56; 3, 146; s zur Ersetzung durch Urteil § 1154 Rn 44 ff); ein siegelführendes öffentlich-rechtliches Kreditinstitut kann daher die Wirkungen des § 1155 nicht durch eine Abtretungserklärung in Form einer Eigenurkunde herbeiführen.

Ungeklärt ist die Frage, unter welchen Voraussetzungen die materiellrechtlichen **16** Gutglaubenswirkungen (zu unterscheiden von der Eignung im Grundbuchverfahren) durch eine *ausländische Beglaubigung* herbeigeführt werden können. Die Ortsform des Art 11 EGBGB ist jedenfalls gemäß dessen Abs 4 nicht ausreichend. Andererseits dürften keine Einwendungen dagegen bestehen, Beglaubigungen, die nach den mehrseitigen (Haager Beglaubigungsabkommen) oder zweiseitigen (zB deutsch-österreichisches, deutsch-französisches, deutsch-italienisches, deutsch-griechisches, deutsch-tunesisches) Beglaubigungsabkommen in Deutschland verfahrensrechtlich anerkannt werden, auch materielle Wirkung zuzuerkennen. Gleiches wird für ausländische Beglaubigungen zu gelten haben, die von einem deutschen Konsul überbeglaubigt sind (§ 13 KonsG). Da die Beglaubigung eine deutsche *Grundbuch-*

eintragung ersetzen soll (oben Rn 1), ist fraglich, ob Art 11 Abs 1 EGBGB, der seinem Wortlaut nach einschlägig ist, auch Beglaubigungen durch eine ausländische Urkundsperson erfasst, die einem deutschen Notar im wesentlichen gleichwertig ist (vgl MünchKomm/Spellenberg[4] Art 11 EGBGB Rn 27).

17 **c)**   Im Rahmen des § 1155 bedürfen auch **Vollmachten** zu Abtretungserklärungen der öffentlichen Beglaubigung; diese Vollmachten bilden einen Bestandteil der die Eintragung im Grundbuch ersetzenden Legitimation (RG Gruchot 60, 321, 324; RGZ 151, 82; BGB-RGRK/Mattern[12] Rn 6). Genügend ist auch ein zu einem späteren Zeitpunkt ausgestelltes und beglaubigtes *Vollmachtsgeständnis* (das notfalls auch als Genehmigung nach § 185 Abs 2 verstanden werden kann), wie ja überhaupt die Beglaubigung der Urkunden nicht zeitgerecht erfolgt sein muss (nachf Rn 19). Die öffentliche Bekanntgabe der Vollmacht nach § 171 wahrt die Form nicht. Sonstige Legitimationen, zB der gesetzlichen Vertreter eines Minderjährigen und der Vertretungsmacht von Organen, müssen nicht in Form einer öffentlichen oder öffentlich beglaubigten Urkunde zum Bestandteil des Abtretungsgeschäfts gemacht werden, wohl aber eine Vertretungsmacht, die wic beim Betreuer, beim Nachlassverwalter, beim Testamentsvollstrecker oder beim Insolvenzverwalter auf Ernennung beruhen; hier müssen Ernennungsurkunden bzw beim Testamentsvollstrecker sein Zeugnis bei der Beglaubigung vorgelegt und vom Notar dem Beglaubigungsvermerk in beglaubigter Abschrift beigefügt werden.

18 **d)**   Auch **Fälschungen**, die geeignet sind, den Schein einer echten Urkunde hervorzurufen, sollen (ähnlich wie beim Wechsel) eine geeignete Grundlage für gutgläubigen Erwerb darstellen (RGZ 85, 58; RGZ 86, 262; RGZ 93, 41; RG WarnR 1915 Nr 209; Planck/Strecker Anm 2b α; MünchKomm/Eickmann[4] Rn 12 mit der falschen Tatsachenbehauptung, Fälschungen des Grundbuchs kämen nur in Schulfällen vor; Soergel/Konzen[13] Rn 9; **aM** Wolff/Raiser § 142 Fn 17; Palandt/Bassenge[67] Rn 4; Baur/Stürner § 38 V 2 a; Heck § 96 6 c; vMoltke AcP 142, 257). Richtigerweise ist aber zu differenzieren: Die Abtretungskette ersetzt die Grundbucheintragung; an die Stelle des mit öffentlichem Glauben ausgestatteten, von Amtspersonen geführten Grundbuchs tritt die vom Notar, ebenfalls einem Amtsträger, beglaubigte Abtretungsurkunde (oben Rn 1). Sollte diese Abtretungsurkunde dergestalt falsch sein, dass sie in Wahrheit nicht von der Person unterschrieben ist, die im Beglaubigungsvermerk als Unterzeichner ausgewiesen ist (dies kann darauf beruhen, dass der Notar getäuscht worden war, aber auch auf einer bewussten Falschbeurkundung), muss sie – wie eine unbewusst oder bewusst falsche Grundbucheintragung – als zur Schließung der Abtretungskette geeignet anerkannt werden (unverständlich Wilhelm[3] Rn 1631, der mir folgt, aber angibt, ich arbeitete mit dem Erfordernis der Unerkennbarkeit der Fälschung). Dasselbe gilt für die Beglaubigung der Unterschrift einer falschen Person, die aber namensgleich ist und ggf ein identisches Geburtsdatum hat (vgl RGZ 150, 348 vom 6.3.1936 – III 178/35). Hat hingegen eine notarielle Beglaubigung gar nicht stattgefunden und ist der Beglaubigungsvermerk selbst eine Fälschung oder ist er nachträglich verfälscht (zB einer anderen Urkunde angeheftet) worden, so gleicht die Situation der der Fälschung des Grundbuchs durch zur Grundbuchführung nicht befugte Personen. So wie allgemein anerkannt ist, dass das gefälschte Grundbuch nicht Grundlage eines gutgläubigen Erwerbs sein kann (Staudinger/Gursky [2008] § 891 Rn 19), kann auch die gefälschte Beglaubigungsurkunde die Wirkungen des § 1155 nicht herbeiführen (OLG Braunschweig OLGZ 83, 219; iE ähnlich, aber etwas großzügiger, Staudinger/Scherübl[12] Rn 11).

e)   Die Abtretungserklärungen müssen in **zusammenhängender Reihe** auf einen im   **19** Grundbuch eingetragenen Gläubiger zurückführen; zusammenhängend ist in dem Sinn zu verstehen, dass der Zessionar der einen Abtretungserklärung jeweils der Zedent der nächstfolgenden ist. Auch eine einzige vom Eingetragenen abgegebene Abtretungserklärung genügt selbstverständlich (RGZ 86, 263; allgM). Es ist nicht erforderlich, dass sich die Abtretungsurkunden oder gar die Beglaubigungsvermerke *zeitlich* richtig einordnen. So genügt es, wenn Abtretungserklärungen innerhalb der Kette, die zunächst nur privatschriftlich ausgestellt worden waren, nachträglich beglaubigt werden. Die Gutglaubenswirkung kommt einem Erwerber sogar zugute, wenn die Beglaubigung der Vorabtretungen erst nach seinem Erwerb erfolgt, vorausgesetzt nur, der gute Glaube besteht dann noch. Fehlen in der Kette einzelne schriftliche Abtretungserklärungen überhaupt oder sind solche verlorengegangen, so können sie nachträglich hergestellt und beglaubigt werden, wenn die Zedenten dazu bereit sind.

Überhaupt muss man sich von der Vorstellung frei machen, die Urkundenkette   **20** müsste die Abtretungen bis ins letzte Glied beweiskräftig nachweisen. Die Notwendigkeit, *Beweiswürdigungen* anzustellen, würde sich mit der Transport- und Verkehrsfunktion der Vorschrift nicht vertragen. Vielmehr genügt die formale Legitimation des Letzten im Glied; auf sie soll sich der Verkehr verlassen können.

f)   Die in der Kette stehenden Abtretungserklärungen müssen das Ergebnis **ihrem**   **21** **Inhalt nach tragen**. Ein gutgläubiger Erwerb kann nach Maßgabe des § 1155 nur stattfinden, wenn – die Korrektheit der einzelnen Abtretungsvorgänge anhand der Abtretungserklärungen unterstellt – der Erwerb in der gewünschten Weise auch ohne guten Glauben stattfinden würde (BGH NJW-RR 1993, 369; dazu REINICKE/TIEDTKE NJW 1994, 345). Darüber hinaus wird mit Recht gefordert, dass die Abtretungserklärungen, die ja die Grundbucheintragung ersetzen sollen (oben Rn 1), den Kriterien einer *Eintragungsbewilligung* zu entsprechen haben (BGH NJW-RR 1993, 369; dazu REINICKE/TIEDTKE NJW 1994, 345). S zu diesen Kriterien im Einzelnen § 1154 Rn 28 ff, 35 ff und zur Blankoabtretung § 1154 Rn 41 f.

g)   Auf die **materielle Wirksamkeit** der Abtretungserklärungen in der Kette   **22** kommt es nicht an. So spielt es keine Rolle, ob die Abtretungserklärungen ordnungsgemäß *erteilt* worden sind (dazu § 1154 Rn 32). Des Weiteren ist es ohne Bedeutung, ob ein wirksamer Abtretungsvertrag zustande gekommen ist. § 1155 ist eine Vorschrift, die eine besondere Form der Publizität einführt; es wäre sinnlos, in dieses System Elemente einzubauen, die nicht publik sind und die nachzuweisen die öffentlich beglaubigten Abtretungserklärungen gerade nicht geeignet sind. Deswegen hindert auch die Nichtigkeit eines der Übertragungsakte wegen *mangelnder Geschäftsfähigkeit* eines Teils die Legitimationswirkung in der Person des letzten Kettenglieds nicht (aA STAUDINGER/SCHERÜBL[12] Rn 25; WOLFF/RAISER § 142 VIII 3; einschränkend PLANCK/STRECKER Anm 2b ε). Wäre diese Person als berechtigt im Grundbuch eingetragen, so würde der Schutz der §§ 891 ff auch nicht daran scheitern, dass der Vorerwerb wegen mangelnder Geschäftsfähigkeit unwirksam war.

h)   S zur Frage, ob die Reihe von Abtretungserklärungen **körperlich vorliegen** und   **23** für §§ 892 ff dem Geschäftsgegner, insbes dem Erwerber, körperlich vorgelegt werden müssen, oben Rn 7.

3. Lücken in der Kette

24 a) **Formale Lücken** in der Kette schließen die Gutglaubenswirkungen der Vorschrift aus, selbst wenn der Erwerb im Bereich der formalen Lücke materiellrechtlich wirksam war (MünchKomm/Eickmann[4] Rn 8; Erman/Wenzel[12] Rn 4; BGB-RGRK/Mattern[12] Rn 4; **aA** wohl Staudinger/Scherübl[12] Rn 25. **Zweifelnd** Palandt/Bassenge[68] Rn 3). Nur eine lückenlose Kette wird der Grundbucheintragung gleichgeachtet und nur das Äquivalent der Grundbucheintragung kann guten Glauben vermitteln. Der gute Glaube hat sich nicht auf den einzelnen fehlerhaften Abtretungsvorgang zu beziehen, sondern auf das durch die Kette erzeugte Gesamtergebnis; ist die Kette aber lückenhaft, so fehlt ein Gesamtergebnis, das Grundlage des guten Glaubens sein könnte. Enthält die tatsächlich stattgehabte Kette allerdings eine *Schleife* (zB privatschriftliche Hin- und Rückübertragung), so kann diese unbeachtet bleiben (AG Pirmasens MittBayNot 1992, 337).

25 Allerdings gilt es, wohl *zu unterscheiden:* Fehlt in einer Abtretungskette A-B-C-D-E nur die öffentlich beglaubigte Urkunde über die (materiell wirksame) Abtretung A-B und ist die Abtretung C-D zwar ordnungsgemäß dokumentiert, aber unwirksam, so erwirbt E mangels einer geschlossenen Kette *nicht* gutgläubig. Ist dagegen die Abtretung A-B zwar dokumentiert, aber unwirksam und hat C von B wirksam gutgläubig erworben, so schadet es dem E nicht, wenn die Dokumentation der (wirksamen) Abtretung C-D fehlt; denn E erwirbt in diesem Fall vom Berechtigten, so dass er des § 1155 gar nicht bedarf (RGZ 135, 362; vgl Ramdohr Gruchot 44, 371). Er erwirbt, weil vom Berechtigten, selbst dann, wenn er in Bezug auf die Abtretung A-B bösgläubig ist (BGH vom 16.1.2001 – XI ZR 41/00 – ZIP 2001, 367).

26 Allgemein wird der Rechtserwerb nach § 398 iÜ nicht geschützt; auch der auf § 932 beruhende Schutz kommt hier nicht in Frage, weil es nicht um den Erwerb des Briefs, sondern um den Erwerb der Forderung geht (RGZ 115, 304; vgl auch Stillschweig JW 1928, 984). Ein Schutz eines Erwerbers, der auf privatschriftliche oder ihm folgende beglaubigte Abtretungserklärungen vertraut, kann sich für die materielle Rechtslage ohne die formelle Legitimationswirkung des § 1155 allerdings aus § 172 ergeben (RGZ 90, 279).

27 b) Durch Satz 2 wird ein **gerichtlicher Überweisungsbeschluss** gemäß § 837 ZPO, auch wenn er zu Unrecht ergangen ist (vgl zu den Voraussetzungen § 1154 Rn 74 ff), der öffentlich beglaubigten Abtretungserklärung gleichgestellt. Unter Überweisungsbeschluss ist an sich nur die Überweisung an Zahlungs statt zu verstehen (BGHZ 24, 329; Planck/Strecker Anm 2b β; Palandt/Bassenge[67] Rn 5). Bei der Überweisung zur Einziehung kommt dem Überweisungsbeschluss jedoch insofern die gleiche Wirkung zu als der Eigentümer auch an den Pfändungspfandgläubiger des nach § 1155 ausgewiesenen, materiell nicht berechtigten Briefbesitzers mit befreiender Wirkung zahlen kann (Planck/Strecker Anm 3c; Wolff/Raiser § 142 Fn 23; Palandt/Bassenge[67] Rn 5). Auch die Anordnung einer anderen Art der Verwertung (§ 844 ZPO) fällt unter § 1155 (KG JW 1935, 3236; BGB-RGRK/Mattern[12] Rn 7; Soergel/Konzen[13] Rn 11).

28 c) Des Weiteren stellt S 2 das öffentlich beglaubigte **Anerkenntnis** einer kraft Gesetzes erfolgten Übertragung der Forderung der beglaubigten Abtretungserklärung gleich. Dies kann praktisch werden in den Fällen der §§ 268, 426 Abs 2, 774,

1143, 1163 Abs 1 S 1 und S 2, Abs 2, 1164, 1168, 1173 Abs 2, 1174, 1182. In den letzten drei Fällen ist es von dem Eigentümer in Ansehung seiner Ersatzpflicht zu erteilen (aM Planck/Strecker Anm 2b γ); daneben müssen Anerkenntnis oder Quittung des bisherigen Gläubigers, öffentlich beglaubigt, verlangt werden, da sonst dessen Befriedigung nicht feststeht, in den übrigen Fällen regelmäßig vom bisherigen Gläubiger (hM; vgl Planck/Strecker Anm 2b γ).

Unter *Anerkenntnis* ist eine als „rechtsgeschäftlich" (Erman/Wenzel[12] Rn 5) bezeich- **29** nete Erklärung des bisherigen Gläubigers dahin zu verstehen, dass die Hypothek nicht mehr ihm, sondern dem Eigentümer, persönlichen Schuldner usw zustehe; anerkannt sein muß der Rechtsübergang als solcher, es genügt nicht die Anerkennung der Tatsachen, die den Rechtsübergang begründen (Wolff/Raiser § 142 Fn 24; Planck/Strecker Anm 2b γ). Diese Tatsachen sind jedoch anzugeben, soweit dies notwendig ist, um den Übertragungsvorgang soweit zu konkretisieren, dass er von anderen Fällen des Rechtsübergangs kraft Gesetzes unterschieden werden kann (Soergel/Konzen[13] Rn 10; vgl auch KGJ 35, 289, 292;). Das Anerkenntnis muss öffentlich beglaubigt sein (oben Rn 14). Quittung und Löschungsbewilligung des vom Eigentümer befriedigten Gläubigers sind dem Anerkenntnis iS des § 1155 S 2 nicht gleichgestellt (RG WarnR 1928 Nr 116; 1930 Nr 163; Planck/Strecker Anm 2b γ; Soergel/Konzen[13] Rn 10; Erman/Wenzel[12] Rn 5; aA – löschungsfähige Quittung genügt – MünchKomm/Eickmann[4] Rn 19). Eine öffentlich beglaubigte Quittung dürfte in den Fällen genügen, in denen sich daraus das Gläubigerrecht kraft Gesetzes ergibt. Kein Anerkenntnis iS des § 1155 S 2 ist ein Testament oder ein Erbschein (s §§ 2365–2367 sowie § 35 GBO), durch die der Abtretende sich als Erbe des bisherigen Gläubigers ausweist (Planck/Strecker Anm 2b γ); s dazu, dass ein solcher Nachweis auch nicht vorliegen muss, unten Rn 33.

Über die *Pflicht* des bisherigen Gläubigers ein *öffentlich beglaubigtes Anerkenntnis* **30** der kraft Gesetzes erfolgten Übertragung zu erteilen, s §§ 412, 403 (vgl aber RG JW 1901, 241). Wenn die Rechtslage zweifelhaft ist (zB ob § 1164 zutrifft), entfällt die Pflicht. Der Gläubiger hat dann in öffentlich beglaubigter Erklärung die Tatsachen (zB Zahlung durch den persönlichen Schuldner) zu bestätigen.

Das Anerkenntnis ist nur für den Fall des Übergangs der Forderung *kraft Gesetzes*, **31** nicht für den Fall rechtsgeschäftlicher Forderungsabtretung, zugelassen. Die Bedeutung dieser Beschränkung ist aber gering angesichts dessen, dass die öffentlich beglaubigte Abtretungsurkunde auch nachträglich hergestellt werden kann (oben Rn 19) und dass die Person, die anerkennen müsste, grundsätzlich identisch ist mit der Person, welche die Abtretungsurkunde auszustellen hat. Das ungenügende Anerkenntnis rechtsgeschäftlicher Abtretung kann deshalb idR in eine für die Legitimation ausreichende Abtretungsurkunde *umgedeutet* werden.

d) Ein rechtskräftiges bzw – bei Abhängigkeit von einer Gegenleistung – voll- **32** streckbar ausgefertigtes **Urteil auf Abgabe einer Willenserklärung** steht nach § 894 Abs 1 ZPO einer öffentlich beglaubigten Abtretungs- bzw Anerkenntnisurkunde gleich. Liegt die Abtretungsurkunde nur in einfacher Schriftform vor, so würde nach dem Wortlaut der Vorschrift ein im Verhältnis zwischen Zedent und Zessionar rechtskräftiges Feststellungsurteil, dass die Abtretungsurkunde vom Zedenten stamme oder dass die Abtretung rechtswirksam sei, nicht ausreichen. In der Tat werden deshalb im Rahmen des Anspruchs auf Beglaubigung nach § 1154 Abs 1 S 2 allerlei Hilfskonstruktionen erwogen, um den Zessionar nicht auf die Vollstreckung nach § 888 ZPO verweisen zu müssen (vgl § 1154 Rn 44). Vorzuziehen ist die Lösung, dass im Verhältnis zwischen Zedent und Zessionar *rechtskräftige Urteile* grundsätzlich zur Ausfüllung einer Abtretungslücke zugelassen werden und insbesondere die öffentlich beglaubigte Abtretungserklärung ersetzen können. In gleicher Weise sind Ausschlussurteile (§§ 1170 ff) sowie Entscheidungen nach § 868 ZPO einem Anerkenntnis gleichzustellen (BIERMANN Anm 1c γ; SCHWEITZER Gruchot 45, 567; MünchKomm/EICKMANN[4] Rn 18; **aM** PLANCK/STRECKER Anm 2b γ; ERMAN/WENZEL[12] Rn 5).

33 e) Das Anerkenntnis nach S 2 ist für die kraft Gesetzes eintretende Einzelrechtsnachfolge gedacht. Für Fälle der **Gesamtrechtsnachfolge** passt es nicht, weil zB im Erbfall das Anerkenntnis nicht mehr vom Erblasser, sondern nur vom Erben abgegeben werden könnte, zu dessen Legitimation es aber gerade dienen soll. Dasselbe gilt für die anderen Fälle der Gesamtrechtsnachfolge wie Gütergemeinschaft, Gesellschafterwechsel in einer nicht rechtsfähigen BGB-Gesellschaft, Abtretung von Erbanteilen, Umwandlung, Nachlassverwaltung, Insolvenzverfahren. Durch eine solche Gesamtrechtsnachfolge wird der Zusammenhang der Reihe der Abtretungserklärungen iS des § 1155 überhaupt nicht unterbrochen (KGJ 36 A 242; WOLFF Recht 1903, 7; PLANCK/STRECKER Anm 3e; WOLFF/RAISER § 142 VIII 3; SOERGEL/KONZEN[13] Rn 7; PALANDT/BASSENGE[67] Rn 3; ERMAN/WENZEL[12] Rn 4). Die Legitimationswirkung tritt aber naturgemäß nur ein, wenn der *wahre Gesamtrechtsnachfolger* die Kette fortgesetzt hat. Soweit Dokumente über die Gesamtrechtsnachfolge öffentlichen Glauben genießen (wie der Erbschein nach § 2366), kommt dieser einem Erwerber zugute. Dies darf aber nicht so verstanden werden, als ob die Lücke durch den Erbschein geschlossen würde; vielmehr gilt die Abtretungsreihe trotz des Erbfalls als lückenlos, gleichgültig ob ein Erbschein vorliegt oder nicht.

4. Zeitpunkt

34 a) Die oben dargestellten Voraussetzungen müssen sämtlich zu dem Zeitpunkt gegeben sein, **zu dem Rechtswirkungen eintreten sollen** (RGZ 140, 35). Fehlt zu diesem Zeitpunkt eine der Voraussetzungen (ist zB eine der Abtretungserklärungen nicht beglaubigt), wird sie aber später herbeigeführt (zB die Beglaubigung nachgeholt), so treten die Wirkungen nachträglich ein, wenn insbesondere der gute Glaube auch dann noch fortbesteht (PALANDT/BASSENGE[67] Rn 4). Eine Rückwirkung findet aber nicht statt; hat zB der Schuldner in der Zwischenzeit an den wahren Gläubiger gezahlt, so ist die Zahlung wirksam und der Zessionar hat die Hypothek nicht erworben. Allerdings ist er kraft seiner Legitimation jetzt möglicherweise imstande, sie durch weitere Abtretung einem gutgläubigen Dritten zu verschaffen.

35 b) Auch der **gute Glaube** muss im maßgeblichen Zeitpunkt gegeben sein; die spätere Kenntnis der Unrichtigkeit des Grundbuchs oder des Fehlens des Gläubigerrechts des Verfügenden oder des Leistungsempfängers schadet nicht (Prot III 656 f).

36 c) Fehlen die Voraussetzungen, wird der Erwerber aber später – sei es auch im Wege der Grundbuchberichtigung – **als Gläubiger in das Grundbuch eingetragen**, so sind §§ 892, 1155 entsprechend mit der Folge anzuwenden, dass er gutgläubig erwirbt, wenn sein guter Glaube in diesem Zeitpunkt noch besteht (RGZ 140, 35).

III. Rechtsfolgen

1. § 891 Gesetzliche Vermutung

a) Von einem nach § 1155 Legitimierten wird wie von einem im Grundbuch **37** Eingetragenen **vermutet**, dass er der Berechtigte sei. Voraussetzung ist, dass die Legitimationskette bis zu ihm selbst reicht, dass also auch die Abtretung an ihn in öffentlich beglaubigter Urkunde vorliegt (ERMAN/WENZEL[12] Rn 4, 7). Die Vermutung gilt nach § 39 Abs 2 GBO auch und gerade gegenüber dem Grundbuchamt (KG NJW 1973, 56; BayObLG vom 30. 6. 1983 – BReg 2Z 43/83 – WM 1983, 1270); sie kann grundsätzlich nur durch eine öffentlich beglaubigte Erklärung, dass die Hypothekenforderung weiter abgetreten sei, widerlegt werden, nicht aber durch nur privatschriftliche Abtretung oder gar die bloße Mitteilung, es habe eine Abtretung stattgefunden (OLG Köln MittBayNot 1996, 40 gegen BayObLG MittBayNot 1991, 256 m abl Anm AMANN; BESTELMEYER Rpfleger 1993, 279; PALANDT/BASSENGE[67] § 891 Rn 9; STAUDINGER/GURSKY [2008] § 891 Rn 56 ff; aA DEMHARTER, GBO[26] Anh zu § 13 Rn 18; REITHMANN EWiR 1991, 781; ERMAN/ LORENZ[11] § 891 Rn 20; MünchKomm/WACKE[4] § 891 Rn 18. Ambivalent JOSWIG ZfIR 2001, 613, der zu wenig gewichtet, dass im Grundbuchverfahren nicht „nach den Umständen des Einzelfalls" entschieden werden kann).

b) Indem § 1155 das **öffentlich beglaubigte Anerkenntnis** der öffentlich beglaubig- **38** ten Abtretungserklärung gleichstellt, könnte der Eindruck entstehen, als ob ein durch Anerkenntnis legitimierter Gläubiger sich für seinen Erwerb auf § 892 berufen könne, obwohl er kraft Gesetzes und nicht – wie § 892 voraussetzt – durch Rechtsgeschäft erworben hat (so in der Tat RAMDOHR Gruchot 44, 372). So aber will die Vorschrift nicht verstanden werden; das Anerkenntnis kann nur den Vormann in der Kette legitimieren, nicht aber das letzte Glied (BGB-RGRK/MATTERN[12] Rn 8).

2. § 892 Öffentlicher Glaube des Grundbuchs

a) Zugunsten desjenigen, welcher die Hypothekenforderung oder ein Recht an **39** der Hypothekenforderung **durch Rechtsgeschäft** erwirbt, gilt der Legitimierte in gleicher Weise als Inhaber der Hypothekenforderung, wie wenn er als solcher im Grundbuch eingetragen wäre (dazu WIEGAND JuS 1975, 205). S zu den Erwerbsformen § 1117 Rn 4 ff. Die Gutglaubenswirkung greift also auch, wenn er selbst nur durch privatschriftliche Abtretungserklärung erwirbt (allgM). Der gute Glaube des Erwerbers kann nur den Mangel im Rechte des Veräußerers heilen. Er schützt den Erwerber nicht gegen die Mängel, die der Wirksamkeit seines eigenen Erwerbsaktes im Wege stehen (zB unwirksame Einigung oder Mangel der Briefübergabe; RGZ 86, 262; RG WarnR 1915 Nr 209, 1936 Nr 2). S zum gutgläubigen Erwerb frei von Löschungsansprüchen § 1179a Rn 62.

Nicht durch § 1155 *geschützt* ist derjenige, der eine Hypothekenforderung im Wege **40** der Zwangsvollstreckung unmittelbar von dem letzten nach § 1155 ausgewiesenen Gläubiger erwirbt, da sich der Schutz des guten Glaubens im Allgemeinen nicht auf Erwerb durch Zwangsvollstreckung erstreckt (s STAUDINGER/GURSKY [2008] § 892 Rn 92), wohl aber derjenige, auf den der Pfändungsgläubiger die ihm überwiesene Forderung weiter überträgt (PLANCK/STRECKER Anm 2b). S zum Erwerb eines *Ablösungsberechtigten* § 1157 Rn 15.

41 b)   S dazu, dass sich die Vorschrift nur auf die **Gläubigerstellung**, nicht aber auf alle übrigen Grundbucheintragungen bezieht, oben Rn 2.

42 c)   Auch die **persönliche Forderung** geht, *wenn sie besteht,* auf denjenigen über, der nach §§ 892, 1155 erwirbt; denn sie kann nicht von der Hypothek getrennt werden (§ 1153 Abs 2), damit nicht dieselbe Forderung doppelt bezahlt werden muss, einmal an den persönlichen Gläubiger und einmal an den, der die Hypothek nach §§ 892, 1155 erworben hat. § 1155 ist aber auch dann anzuwenden, wenn die Hypothek ihrer Forderung entkleidet ist oder von vornherein dem Eigentümer (zB wegen Nichtentstehung der Forderung, §§ 1163 Abs 1, 1177 Abs 1) zusteht (RG WarnR 1930 Nr 163; PLANCK/STRECKER Anm 2b γ). Die Forderung wird in diesen Fällen nur hinsichtlich der Geltendmachung des dinglichen Rechts als bestehend fingiert (§ 1138 Rn 21). Das Gesetz spricht zwar nur von einem Übergang der „Forderung"; die Fassung des Gesetzes ist jedoch offensichtlich auf das in § 1153 aufgestellte Prinzip abgestellt, ohne damit die Ausnahmefälle der forderungsentkleideten Hypothek ausschließen zu wollen. Schließlich ist § 1155 auch auf die forderungslose Grundschuld anzuwenden (nachf Rn 46).

3.   § 893 Rechtsgeschäft mit dem Eingetragenen

43   Die an einen legitimierten Gläubiger bewirkte Zahlung und das mit ihm über die Briefhypothek vereinbarte Rechtsgeschäft iS des § 893 ist auch gegenüber dem wirklichen Gläubiger wirksam, sofern guter Glaube vorliegt und kein Widerspruch eingetragen ist (§ 893). Wie bei § 891 (oben Rn 37 ff) muss auch hierfür die Legitimationskette bis zum Zahlungsempfänger reichen.

4.   §§ 894 ff Berichtigung des Grundbuchs

44 a)   Ist der nach § 1155 Legitimierte gleich aus welchem Grund nicht Inhaber der Hypothek geworden, so hat der materiell Berechtigte gegen ihn einen Anspruch auf **Berichtigung des Grundbuchs** und Eintragung eines Widerspruchs; der Widerspruch kann auch auf Grund einer einstweiligen Verfügung eingetragen werden (§ 899). Für die Eintragung des Widerspruchs bedarf es der Vorlage des Briefs; die Voraussetzungen des § 41 Abs 1 S 2 GBO, unter denen von der Vorlage des Briefs abgesehen werden kann, liegen nicht vor, wenn sich der auf Grund einstweiliger Verfügung einzutragende Widerspruch nicht gegen Bestand und Inhalt des Grundpfandrechts, sondern gegen die Berechtigung des Verfügungsgegners und das Verfügungsrecht richtet (OLG Frankfurt Rpfleger 1973, 301). § 896 räumt dem Berechtigten einen materiell-rechtlichen Anspruch (Hilfsanspruch) auf Herausgabe des Briefs ein.

45 b)   Für das **Grundbuchrecht** steht der Gläubiger, der sich auch im Besitz des Briefs befindet und sein Gläubigerrecht nach § 1155 nachweist, dem eingetragenen Gläubiger gleich (§ 39 Abs 2 GBO). Lässt sich ein nach § 1155 legitimierter Gläubiger ins Grundbuch eintragen, so verlieren die seinem Rechtserwerb vorausgehenden Abtretungsurkunden ihre Bedeutung für den Rechtsverkehr (vgl oben Rn 2).

IV. Briefgrundschulden und Briefrentenschulden

Auf Briefgrundschulden und Briefrentenschulden ist § 1155 voll anwendbar **46** (allgM).

§ 1156
Rechtsverhältnis zwischen Eigentümer und neuem Gläubiger

Die für die Übertragung der Forderung geltenden Vorschriften der §§ 406 bis 408 finden auf das Rechtsverhältnis zwischen dem Eigentümer und dem neuen Gläubiger in Ansehung der Hypothek keine Anwendung. Der neue Gläubiger muss jedoch eine dem bisherigen Gläubiger gegenüber erfolgte Kündigung des Eigentümers gegen sich gelten lassen, es sei denn, dass die Übertragung zur Zeit der Kündigung dem Eigentümer bekannt oder im Grundbuch eingetragen ist.

Materialien: E I § 1089; II § 1063 rev § 1140; III § 1139; Mot III 694, 711 ff; Prot III 589 ff, 664 f, 683.

I. Allgemeines

Die §§ 406–408 im Recht der Schuldverhältnisse gehen von dem allgemeinen **1** Rechtsgrundsatz aus, dass bei Änderungen in der Person des Forderungsberechtigten zugunsten des Schuldners das einmal begründete Schuldverhältnis zwischen diesem und dem bisherigen Gläubiger solange als unverändert gelten soll, bis der Schuldner Kenntnis von jener Änderung erhalten hat. Der Schuldner darf danach an den scheinbar noch Berechtigten leisten sowie sich auf bestimmte andere Geschäfte ihm gegenüber einlassen; außerdem muss der neue Gläubiger ein Urteil, das zwischen den bisher Beteiligten in einem Rechtsstreit ergangen ist, der anhängig geworden ist, bevor der Schuldner Kenntnis von der Abtretung erlangt hat, gegen sich gelten lassen; der Schuldner hat ferner das Recht, mit Gegenansprüchen, die bis dahin entstanden sind, auch dem neuen Gläubiger gegenüber aufzurechnen; schließlich schützt das Gesetz den Schuldner bei mehrfachen Abtretungen.

Die Anwendung dieser Bestimmungen auf das Verhältnis des Eigentümers zum **2** neuen Gläubiger in Ansehung der Hypothek wäre, abgesehen von der Ausnahme in Satz 2 wegen der Kündigung, mit den Grundsätzen des Grundbuchrechts (Öffentlichkeitsprinzip) und den Interessen des Realkredits, die einen starken Schutz des gutgläubigen Erwerbs erfordern, unvereinbar (Planck/Strecker Anm 1; Soergel/Konzen[13] Rn 1; Baur/Stürner § 38 VI 4; vgl Ramdohr Gruchot 44, 373). § 1156 schränkt daher den **schuldrechtlichen Schutzgedanken** der §§ 406–408 zu ungunsten des Grundstückseigentümers **ein** (aA Wilhelm[3] Rn 1646, der meint, die §§ 406–408 fänden auf das dingliche Recht ohnehin keine Anwendung [?], so dass die Vorschrift nur für die Forderung und nur für den Fall gelte, dass der Eigentümer auch Schuldner sei; wie hier MünchKomm/Eickmann[4] Rn 7). Eine Erweiterung des Grundbuchschutzes liegt darin aber nicht (Ramdohr aaO). S aber § 1160 Rn 20 zum Fall des Verzichts auf die Briefvorlage.

II. Gewährleistung des Fortbestands der rechtmäßig erworbenen Forderung

3 Dem **neuen** Gläubiger ist damit der Fortbestand der einmal rechtmäßig erworbenen Hypothek gegenüber allen Rechtsvorgängen, die sich **nach** dem Rechtsübergang (für die Zeit vorher s § 1157) zwischen dem Eigentümer und dem bisherigen Gläubiger in Ansehung der Hypothek abspielen, gewährleistet.

1. Aufrechnung

4 Der Eigentümer ist nach der Übertragung der Hypothek gegenüber dem dinglichen Anspruch des Hypothekengläubigers zur **Aufrechnung** (vgl § 406) mit einer Gegenforderung gegen den früheren Gläubiger nicht mehr befugt, unabhängig davon, wann er die Gegenforderung erworben hat und wann diese fällig geworden ist und ob der neue Gläubiger die Aufrechnungsmöglichkeit kannte (Planck/Strecker Anm 3a). Zulässig ist nur eine Aufrechnung mit einer Gegenforderung gegen den neuen Gläubiger. Jedoch kann sich der Eigentümer auf eine vor dem Rechtsübergang erklärte Aufrechnung mit einer Gegenforderung des früheren Gläubigers dann berufen, wenn sie dem Erwerber des Rechts zur Zeit der Übertragung bekannt war. Dem Eigentümer steht auch bei der Aufrechnung der Schutz der §§ 893, 1155 zur Seite (Planck/Strecker aaO).

2. Kapitalzahlung

5 Eine Kapitalzahlung an den bisherigen Gläubiger (vgl BGH vom 11.3.1976 – II ZR 11/75 – WM 1976, 665) wie auch jedes Rechtsgeschäft, das nach der Abtretung zwischen dem Eigentümer und dem bisherigen Gläubiger in Ansehung der Hypothek vorgenommen wird, berühren den Zessionar nicht (vgl § 407 Abs 1). Der Eigentümer, der das Kapital (wegen der Zinsen s §§ 1158 f) zahlt, muss daher, um sicherzugehen, die Legitimation des Empfängers für den Zeitpunkt der Zahlung prüfen. Dabei kommt ihm der öffentliche Glaube des Grundbuchs und der Übertragungsurkunden nach § 1155 zustatten (vgl § 893). S aber § 1160 Rn 20 zum Fall des Verzichts auf die Briefvorlage. Nur die dem bisherigen Gläubiger gegenüber erfolgte Kündigung muss der neue Gläubiger kraft ausdrücklicher gesetzlicher Bestimmung (§ 1156 S 2) gegen sich gelten lassen, es sei denn die Übertragung war im Zeitpunkt der Kündigung dem Eigentümer bekannt oder im Grundbuch eingetragen.

6 Ist die Übertragung der Hypothekenforderung gemäß § 399 eigentlich ausgeschlossen (s Einl 136 zu §§ 1113 ff), nach § 354a Abs 1 S 1 HGB aber dennoch wirksam (vgl Einl 139 zu §§ 1113 ff und dazu, dass die Vorschrift nicht gilt, wenn die Abtretung des dinglichen Rechts selbst ausgeschlossen ist, dort Rn 140), so besteht ein Konkurrenzverhältnis zu § 354a Abs 1 S 2 HGB, wonach die Leistung an den bisherigen Gläubiger ohne Rücksicht auf guten Glauben zulässig bleibt. Letztere Bestimmung setzt sich als lex specialis durch (aA Thomale WM 2007, 1916). S zu den Folgen einer wirksamen Zahlung an den bisherigen Gläubiger Einl 141 zu §§ 1113 ff.

3. Rechtsstreit

7 Ein nach der Übertragung zwischen dem Eigentümer und dem bisherigen Gläubiger anhängig, dh *rechtshängig* (Staudinger/Busche [2005] § 407 Rn 17) gewordener Rechtsstreit ist hinsichtlich des dinglichen Anspruchs gegenüber dem neuen Gläubiger ohne Wirkung (vgl § 407 Abs 2). Ein in einem zur Zeit der Übertragung bereits rechtshängigen Rechtsstreit gegen den Rechtsvorgänger des neuen Gläubigers ergehendes Urteil wirkt auch gegen den neuen Gläubiger, es sei denn, er wäre iSd 325 Abs 1 und 2 ZPO gutgläubig.

4. Nochmalige Übertragung einer bereits abgetretenen Forderung

Wird eine bereits abgetretene Forderung von dem bisherigen Gläubiger *nochmals* an **8** einen Dritten *übertragen,* werden die §§ 408, 406, 407 in Ansehung der Hypothek durch die entsprechenden Vorschriften der §§ 893, 1138, 1155 ersetzt (PLANCK/STRECKER Anm 3d).

5. Übertragung kraft Gesetzes

Da das Gesetz hier allgemein von Übertragung der Forderung spricht, ist Satz 1 **9** nicht nur auf die rechtsgeschäftliche Abtretung der Forderung anzuwenden; vielmehr ist die Vorschrift auch auf *Übertragung kraft Gesetzes* sowie im Wege der Zwangsvollstreckung zu erstrecken; auch hier ist aber § 893 zu beachten (vgl RAMDOHR Gruchot 44, 374). Die §§ 406–408 können daher auch keine Anwendung gegen den auf den Bürgen übergegangenen dinglichen Anspruch finden (vgl FASS, Die Befriedigung des Hypothekengläubigers durch Bürgen usw [Diss Leipzig 1912]).

6. Verpfändung

Was von der Übertragung der Forderung gilt, muss gemäß § 1275 auch für die **10** Verpfändung gelten (RG Recht 1918 Nr 1002).

7. Schutz des guten Glaubens des Erwerbers

Wenn Vorgänge, wie sie §§ 406–408 betreffen, vor der Übertragung stattfanden, **11** kann sich der Erwerber, der sie nicht kannte, zu seinem Schutz auf §§ 1138 mit 892 berufen (vgl § 1157 sowie allgemein § 404).

8. Schuldrechtliche Verpflichtungen; schuldrechtliche Einwendungen

Eine schuldrechtliche Verpflichtung geht auf den, der ein dingliches Recht als **12** Sonderrechtsnachfolger erwirbt, mangels besonderer Schuldübernahme nicht über. Schuldrechtliche Einwendungen wirken aber uU gegen ihn (oben Rn 1 nebst § 1157). Die Anwendung des § 407 wird durch § 1156 gerade ausgeschlossen (RGZ 67, 413; s auch RGZ 61, 245; 60, 33); so kann auch zB die nach Abtretung zwischen dem Eigentümer, der die Abtretung nicht kennt, und dem Zedenten getroffene Vereinbarung, die Hypothek löschen zu lassen, dem Erwerber der Hypothek gegenüber nicht geltend gemacht werden; § 893 ist gleichfalls unanwendbar, da diese Vorschrift auf Eingehung schuldrechtlicher Verpflichtungen hinsichtlich eines eingetragenen Rechts nicht anzuwenden ist (s RG JW 1916, 903; STAUDINGER/GURSKY [2008] § 893 Rn 8; § 1157 Rn 14 ff).

9. § 409 Abtretungsanzeige

13 § 409 ist uneingeschränkt anwendbar (PLANCK/STRECKER Anm 1; SOERGEL/KONZEN[13] Rn 2; aM BÖHMER ArchBürgR 37, 221); die Anzeige enthält die Einwilligung (§ 185 Abs 1), dass der Erwerber die Forderung einzieht (WOLFF/RAISER § 137 Fn 9); schon deshalb kommt es darauf, ob dieser im Grundbuch eingetragen ist, dem Anzeiger gegenüber nicht an.

III. Geltendmachung des persönlichen Anspruchs gegen den Schuldner

1. Zulässigkeit der Einwendungen aus §§ 406–408

14 Wird der persönliche Anspruch gegen den Schuldner erhoben, so kann dieser die Einwendungen aus den §§ 406–408 vorbringen (Mot III 694, 711); die Beschränkungen, denen die Verteidigung des Schuldners gegenüber dem dinglichen Anspruch unterworfen wird (§ 1156 S 1), gelten hier nicht. Dies wird sich dann besonders auswirken, wenn Schuldner und Eigentümer verschieden sind, und kann zu erheblichen Verwicklungen, vor allem wegen eines Rückgriffsanspruchs führen (vgl die Beispiele bei HACHENBURG Beitr 101 ff).

2. Ausgleich

15 Der Ausgleich erfolgt nach den Grundsätzen über ungerechtfertigte Bereicherung oder auch über unerlaubte Handlung. Ein Bereicherungsanspruch gegen den bisherigen Gläubiger kann sowohl dem gegenwärtigen Gläubiger, wenn er die Zahlung des Schuldners genehmigt, gemäß § 816 Abs 2 (vgl BGH vom 25.1. 1955 – I ZR 75/53 – WM 1955, 658) als auch dem zahlenden Schuldner gemäß § 812 erwachsen und zwar letzteres aus dem Grund, weil der mit der Zahlung bezweckte Erfolg, der Erwerb der Hypothek (§§ 1143, 1164, 1153), nicht eingetreten ist. Eine unerlaubte Handlung (Betrug) kann zB die Handlungsweise des früheren Gläubigers sein, der trotz der Übertragung die Zahlung annimmt (vgl RGSt 19, 161).

IV. Unentgeltliche Abtretung

16 Auch bei unentgeltlicher Abtretung gilt § 1156 (OLG Königsberg OLGE 10, 124; BGB-RGRK/MATTERN Rn 4; aA RAHN BWNotZ 1956, 91; MünchKomm/EICKMANN[4] Rn 9; PALANDT/BASSENGE[67] Rn 2; ERMAN/WENZEL[12] Rn 3); denn idR ist § 816 Abs 1 S 2 unanwendbar, da nicht ein Nichtberechtigter verfügt hat, sondern der Gläubiger dem Eigentümer gegenüber zur Abtretung berechtigt war (dies erkennt auch MünchKomm/EICKMANN[4] Rn 9 an, doch entnehmen er und die anderen Vertreter der Gegenansicht dem § 816 Abs 1 S 2 ein allgemeines Prinzip). § 826 bleibt natürlich unberührt.

V. Sicherungshypotheken; Grund- und Rentenschulden

17 Auf die Sicherungshypothek ist § 1156 nicht anzuwenden (s § 1185 Abs 2); es gelten für diese also die §§ 406–408 (vgl § 1185 Rn 17).

18 § 1156 gilt auch für Grund- und Rentenschulden, aber nur, soweit es den Anspruch aus dem dinglichen Recht selbst angeht. Bei Sicherungsgrundschulden führt hingegen § 1192 Abs 1 a iVm § 1157 dazu, dass, anders als vorst unter Rn 4 dargestellt, zwar nicht gegen die Grundschuld, wohl aber gegen die gesicherte Forderung trotz Abtretung mit einem gegen den bisherigen Gläubiger gerichteten Anspruch aufgerechnet werden kann, was der Eigentümer dann auch der Grundschuld entgegenhalten kann. Auch an den bisherigen Gläubiger entrichtete Kapitalzahlungen auf die gesicherte Forderung können entgegen oben Rn 4 uU der Grundschuld entgegengehalten werden. Das Gleiche gilt für einen Rechtsstreit über die gesicherte Forderung (oben Rn 7). Vgl § 1157 Rn 27 ff und § 1192 Rn 43.

§ 1157
Fortbestehen der Einreden gegen die Hypothek

Eine Einrede, die dem Eigentümer auf Grund eines zwischen ihm und dem bisherigen Gläubiger bestehenden Rechtsverhältnisses gegen die Hypothek zusteht, kann auch dem neuen Gläubiger entgegengesetzt werden. Die Vorschriften der §§ 892, 894 bis 899, 1140 gelten auch für diese Einrede.

Materialien: E I § 1084; II § 1064 rev § 1141; III § 1140; Mot III 700 f; Prot III 580, 582 ff; VI 253.

Schrifttum

Siehe auch Schrifttum zu § 1192.

BADEN, Noch einmal: § 1157 BGB und das Einredesystem der Sicherungsgrundschuld, JuS 1977, 75
BUCHHOLZ, Abtretung der Grundschuld und Wirkung der Sicherungsvereinbarung – Zur Anwendbarkeit des § 1157 BGB auf die Sicherungsgrundschuld, AcP 187 (1987), 107
ders, Einreden gegen die Grundschuld, AcP 203 (2003), 786
DÖRING, Risiko und Risikobegrenzung für den Sicherungsgeber bei der Sicherungsgrundschuld (2001, zugl Diss Kiel 2001)
LOPAU, Die Rechtsstellung des Schuldners bei der Kreditsicherung durch Grundschulden, NJW 1972, 2253
ders, Die Sicherungsgrundschuld im Span-

nungsfeld von Eigentümer- und Verkehrsinteresse, JuS 1976, 553
HAAS, Materiellrechtliche Einreden gegen die Sicherungsgrundschuld und ihre Drittwirkung bei rechtsgeschäftlichem Grundschuldübergang (1992; zugl Diss Münster [Westfalen] 1991/92)
HAGER, Der Sicherungsvertrag bei der Grundschuld in: FS Wolfsteiner (2008) S 41
HUBER, Die Sicherungsgrundschuld (1965)
ders, in: FS Serick (1992) 195
NEEF, Zur Eintragungsfähigkeit sicherungsvertraglicher Einreden bei der Grundschuld (2004), bespr von GABERDIEL DNotZ 2005, 718
WILHELM, Die maßgebliche Einrede bei der Anwendung des § 1157 auf die Sicherungs-Grundschuld, NJW 1983, 2917
ZENKER, Die Einreden des § 1157 und der Typenzwang im Sachenrecht (Diss Tübingen 1968).

I. Einreden bei Gläubigerwechsel

1. Allgemeines

a) Einwendungen

1 Die Vorschrift betrifft „Einreden", also nicht Einwendungen. Dies darf nicht im Sinne eines argumentum e contrario dahin missverstanden werden, dass *Einwendungen* nicht gegen Rechtsnachfolger wirken würden. Aus der Akzessorietät folgt vielmehr zunächst, dass der Umfang der Hypothek – vom Fall des gutgläubigen Erwerbs abgesehen – keinesfalls den Umfang des gesicherten Anspruchs übersteigen kann. Jedes Ereignis, das den Umfang der der Hypothek zugrundeliegenden Forderung im Sinne einer Einwendung schmälert, reduziert also von selbst und ohne dass es einer Eintragung im Grundbuch bedürfte, den Umfang der Hypothek. Dies kommt ohne Weiteres auch dem Eigentümer zugute. Eine Schmälerung der Forderung ist in diesem Sinne immer dann gegeben, wenn sich die Verpflichtungen des Schuldners gegenüber dem Gläubiger reduzieren oder wenn seine Rechte gegenüber dem Gläubiger erstarken. *Verstärken* sich hingegen die Rechte des Gläubigers über das schon im bisherigen Rechtsverhältnis angelegte Maß hinaus – sei es dass seine Rechte sich vermehren, sei es dass der Schuldner Rechte verliert – so wirkt dies auf die Hypothek und damit gegen den Eigentümer nicht von selbst, sondern nur, wenn die zusätzlichen Rechte des Gläubigers aufgrund einer Einigung zwischen Gläubiger und Eigentümer ins Grundbuch eingetragen werden.

2 Der **Eigentümer** kann der Hypothek also über die Akzessorietät die Einwendungen des Schuldners, auch solche, die nicht im Grundbuch eingetragen sind, entgegensetzen. Darüber hinaus kann der Eigentümer der Hypothek auch eigene Einwendungen entgegen halten; solche müssen sich stets nur gegen das dingliche Recht, nicht gegen den gesicherten Anspruch richten. Eigene Einwendungen des Eigentümers (zB gegen die Wirksamkeit der dinglichen Einigung) reduzieren ebenfalls von selbst und ohne Grundbucheintragung den Inhalt des dinglichen Rechts.

b) Einreden

3 Die Frage, ob auch Einreden den Inhalt des dinglichen Rechts verändern, oder ob sie nur schuldrechtliche Beziehungen zwischen Gläubiger und Schuldner einerseits oder Gläubiger und Eigentümer andererseits begründen, lässt sich zumindest nicht einheitlich beurteilen. Zur Beseitigung dieser Unsicherheit ordnet zunächst § 1137 an, dass auch *Einreden* des *Schuldners* gegen die Forderung zu deren Inhalt zu zählen sind und daher auch dem Eigentümer zustehen. Die Bedeutung des § 1157 besteht in der Feststellung oder Klarstellung, dass auch Einreden des *Eigentümers* den Inhalt des dinglichen Rechts reduzieren, ohne dass es einer Grundbucheintragung bedürfte, und dass sich diese Einreden daher – freilich wiederum unter dem Vorbehalt des gutgläubigen Erwerbs – auch gegen einen Erwerber der Hypothek richten.

4 Dazu bedurfte es ausdrücklicher gesetzlicher Anordnung. Zwar ist gemäß § 413 die Vorschrift des § 404 auch auf die Übertragung dinglicher Rechte anzuwenden. Danach kann der Schuldner auch eines dinglichen Rechts dem neuen Gläubiger die Einwendungen entgegensetzen, die zur Zeit der Abtretung des Rechts gegen den bisherigen Gläubiger begründet waren. In Rechtsprechung und Literatur dazu herrscht stille Übereinstimmung dahin, dass die Regelung des § 404 nicht nur Einwendungen, sondern auch Einreden umfasst (statt vieler MünchKomm/Roth[5] § 404 Rn 5 ff; Staudinger/Busche [2005] § 404 Rn 25). Aus der Übertragung der gegen den Schuldner gerichteten Forderung ergibt sich aber nicht ohne weiteres die Mitübertragung von Einreden aus einem zwischen dem bisherigen Gläubiger und dem *Eigentümer* neben dem dinglichen Recht bestehenden persönlichen Rechtsverhältnis. § 1157 bestimmt daher selbständig eine Rechtsfolge, die ohne diese ausdrückliche Regelung nicht eintreten würde (Baden JuS 1977, 75; Zenker 22; Maurer, in: Die Prinzipien der Abstraktion, Kausalität und Trennung [2003] S 23, der daraus freilich zu Unrecht schließt, die Abtretung der Hypothek könne nicht mit dinglicher Wirkung ausgeschlossen werden; s Einl 136 zu §§ 1113 ff).

2. Einreden auf Grund eines Rechtsverhältnisses zwischen Eigentümer und bisherigem Gläubiger

a) § 1157 bezieht sich nur auf Einreden, die sich auf **schuldrechtliche** Verpflich- 5 tungen des bisherigen Gläubigers gegenüber dem Eigentümer wegen seines dinglichen Rechts gründen, gleichviel ob sie auf Vertrag oder auf unerlaubter Handlung oder auf einem sonstigen Rechtsgrund beruhen. Es handelt sich um Rechtsverhältnisse, die den Inhalt des hypothekarischen Anspruchs auf Zahlung aus dem Grundstück nicht unmittelbar verändern, die aber gleichwohl die Geltendmachung des dinglichen Rechts ausschließen. Hierher gehören insbesondere die Fälle, in denen sich der Gläubiger verpflichtet hat, von der Ausübung seines Rechts zeitweise oder teilweise abzusehen, zB Stundung der bereits gekündigten Hypothek, schuldrechtliches Abtretungsverbot, Verpflichtung zur völligen Aufgabe eines dinglichen Rechts oder wenigstens zur Entlassung eines Teils der belasteten Grundstücke aus der Mithaft (vgl KGJ 33 A 258) oder das Versprechen, auf die Hypothek endgültig zu verzichten oder die Abrede, dass die Hypothek nur zur Beschaffung neuer Gelder verwendet werden dürfe (RG HRR 1931 Nr 927). Nicht unter § 1157 fallen die rechtlichen Wirkungen der Abtretung an sich; hier hilft also auch ein Rechtsirrtum nichts (s RGZ 91, 223 f).

b) Die **Beweislast** für die Existenz von Einreden liegt beim Eigentümer. Weil S 2   6 nicht auf § 891 verweist, soll das selbst dann gelten, wenn die Einrede im Grundbuch eingetragen ist (MünchKomm/Eickmann[4] Rn 17; Planck/Strecker Anm 3c; Schulze/Dörner/Ebert/Eckert, BGB[5] Rn 5; Soergel/Konzen[13] Rn 6; Staudinger/Scherübl[12] Rn 9). Letzterem ist nicht zu folgen. Da die Eintragung den Inhalt der eingetragenen Hypothekenforderung reduziert (oben Rn 3 f), die Hypothek aber keinen über die Eintragung hinausgehenden Inhalt haben kann (Einl 122 zu §§ 1113 ff), begründet die Eintragung nicht nur eine Vermutung für die Einrede; vielmehr begründet sie die Einrede in Ansehung der Hypothek konstitutiv; des § 891 bedarf es dazu gar nicht (unten Rn 13).

3. Berechtigter

Nur der **Eigentümer**, in dessen Person das betreffende Rechtsverhältnis begründet 7 ist, kann die dadurch begründeten Einreden auch dem **neuen** Gläubiger entgegenhalten. Hingegen ist es nicht Inhalt der Vorschrift, dass ein Rechtsnachfolger im Eigentum dem Gläubiger die Einreden seines Voreigentümer entgegensetzen kann (BGHZ 155, 63 vom 21.5.2003 – IV ZR 452/02 = ZfIR 2003, 606 m zust Anm Clemente = EWiR § 1191 BGB 2/03, 761 m Anm Dümig = LMK 2003, 184 m zust Anm Stürner/Kern = NotBZ 2003,

260 m zust Anm KRAUSE; BGB-RGRK/MATTERN[12] Rn 3; PLANCK/STRECKER Anm 3a; aA Münch-Komm/EICKMANN[4] Rn 5, der annimmt, es gebe auch inhaltsverändernde Einreden). Der Eigentümer kann freilich schuldrechtliche Ansprüche gegen seinen Gläubiger (zB auf Verzicht auf die Hypothek), die eine Einrede ergeben (vgl KG JW 1931, 3284), grundsätzlich seinem Sonderrechtsnachfolger abtreten und zwar auch stillschweigend (BGH Rpfleger 1952, 487).

4.   Einreden gegen die Hypothek

8 § 1157 bezieht sich nur auf **Einreden** gegenüber der **Hypothek**, dh gegen den dinglichen Anspruch des Gläubigers. Der von dem Eigentümer verschiedene persönliche Schuldner, gegen den der persönliche Anspruch geltend gemacht wird, kann dem Anspruch des Gläubigers Einreden nicht entgegensetzen, die sich aus dem Rechtsverhältnis des Eigentümers mit dem bisherigen Gläubiger ergeben (RGZ 81, 82; RGZ 91, 223; PLANCK/STRECKER Anm 3a; vgl § 1156 Rn 12). Die Vorschrift gewährt Einreden, sagt aber nichts darüber aus, ob der Eigentümer den Anspruch, auf dem die Einrede ggf beruht, auch *aktiv* gegen den neuen Gläubiger geltend machen kann (RGZ 91, 225; PLANCK/STRECKER Anm 3a); nur ausnahmsweise begründet § 1169 aufgrund einer rechtszerstörenden Einrede auch einen aktiven Anspruch.

II.   Eingreifen des Öffentlichkeitsgrundsatzes (S 2)

1.   § 892 Öffentlicher Glaube des Grundbuchs

9 Dem, der die Hypothek auf Grund Rechtsgeschäfts erwirbt, ohne eine Einrede zur Zeit des Erwerbs der Hypothek zu kennen, kann als Ausnahme vom Grundsatz des § 1157 diese Einrede nicht entgegengesetzt werden (vgl § 1138 Rn 20 ff), es sei denn die Einrede ginge aus dem Grundbuch (zB der Eintragung eines Widerspruchs § 899), aus dem Hypothekenbrief (§ 1140) oder im Fall des § 1155 aus den Übertragungsurkunden hervor. Kennt der Erwerber die Einrede, so muss er sie sich ohne Rücksicht auf eine Grundbucheintragung oder das Fehlen einer solchen entgegenhalten lassen. Trotz Kenntnis der Tatsachen kann auch ein Rechtsirrtum bösen Glauben verhindern (Einzelheiten STAUDINGER/GURSKY [2008] § 892 Rn 146 ff). Keinen Gutglaubensschutz vermittelt gemäß § 22j Abs 2 KWG die Eintragung in das nach §§ 22a ff KWG eingerichtete Refinanzierungsregister (§ 1154 Rn 67 ff). Ein einmal vollendeter gutgläubiger Erwerb wirkt für die durch ihn geheilten Mängel und ausgeschlossenen Einreden zugunsten der weiteren Rechtsnachfolger ohne Rücksicht darauf, ob diese in Ansehung solcher Mängel und Einreden gutgläubig sind (RGZ 135, 362 vom 9. 3. 1932 – V 241/31; BGH vom 16. 1. 2001 – XI ZR 41/00 – NJW-RR 2001, 1097 = EWiR § 1191 BGB 2/01, 805 [CLEMENTE]).

2.   Eintragung der Einreden

10 a) Da es sich bei den Einreden nach der gesetzlichen Wertung um eine Reduzierung des Sicherungsumfangs der Hypothek handelt, die formlos wirksam ist (oben Rn 3), stellt S 2 klar, dass das **Grundbuch unrichtig** ist, wenn diese Inhaltsänderung der Hypothek nicht im Grundbuch eingetragen ist. Um sich diese Einreden auch gegen einen späteren gutgläubigen Erwerber zu erhalten, kann der Eigentümer nach §§ 894 ff die Zustimmung des Gläubigers zur Berichtigung des Grundbuchs durch

Eintragung der Einreden verlangen (PLANCK/STRECKER Anm 3c; BGB-RGRK/MATTERN[12] Rn 6), und zwar auch vom bösgläubigen Erwerber der Hypothek (PLANCK/STRECKER Anm 3c).

b) Über die **Rechtsnatur** und die **Form** der (in der Praxis sehr seltenen) Ein- **11** tragung äußert sich die Literatur überwiegend kryptisch. Richtiger Ansicht nach handelt es sich um eine korrigierende Eintragung zum *Inhalt der Hypothek,* die in der Veränderungsspalte vorzunehmen ist (so zu verstehen wohl MünchKomm/EICKMANN[4] Rn 19; BGB-RGRK/MATTERN[12] Rn 6). Dazu bedarf es ua der Briefvorlage nach § 41 GBO. Wie in allen Fällen der Grundbuchunrichtigkeit ist auch eine provisorische Sicherstellung durch Widerspruch möglich, wozu nach § 41 GBO die Briefvorlage entbehrlich sein kann. Andere Äußerungen legen nahe, dass die Eintragung immer *als Widerspruch* zu erfolgen habe (so offenbar BGH vom 16.1. 2001 – XI ZR 41/00 – NJW-RR 2001, 1097 = EWiR § 1191 BGB 2/01, 805 [CLEMENTE]; SCHÖNER/STÖBER[14] Rn 2340 und möglicherweise MEIKEL/BESTELMEYER, GBO[10] § 41 Rn 85).

c) Da es sich um die Eintragung einer Inhaltsänderung der Hypothek handelt, **12** sind zwangsläufig solche Einreden **nicht eintragungsfähig**, die nicht auch vom Ursprung her Inhalt der Hypothek sein könnten (vgl nachf Rn 23). Dazu gehören insbesondere die *dauernden Einreden* iSd 1169 (dort Rn 19); eine von Anfang an mit einer solchen Einrede behaftete Hypothek könnte nicht eingetragen werden (vgl § 1113 Rn 12). Es besteht auch kein Bedürfnis für eine solche Eintragung. Berührt die Einrede den Bestand der Hypothek, so kann der Eigentümer die Eintragung eines Widerspruchs erwirken (KG OLGE 18, 161; RG Gruchot 60, 508); soweit die der Einrede zugrundeliegende Verpflichtung des Gläubigers auf eine dingliche Rechtsänderung gerichtet ist (zB auf Verzicht nach § 1169) kann der Anspruch des Eigentümers durch Vormerkung gesichert werden (PLANCK/STRECKER Anm 3e). Das Einrederecht als solches ist nicht vormerkungsfähig (BGB-RGRK/MATTERN[12] Rn 6; PLANCK/STRECKER Anm 3c; vgl § 1191 Rn 9).

3. § 891 Gesetzliche Vermutung

§ 891 ist gemäß S 2 nicht anwendbar. S aber dazu, das das Bestehen der eingetra- **13** genen Einrede über § 891 hinausgehend sogar fingiert wird, oben Rn 6 (vgl WILHELM[3] Rn 1659).

4. § 893 Rechtsgeschäft mit dem Eingetragenen

Neben § 892 ist nach dem Wortlaut des Gesetzes § 893 nicht anzuwenden. Zwar **14** findet § 893, der über § 892 hinaus denjenigen schützt, der an den Buchberechtigten leistet oder dem gegenüber vom Buchberechtigten eine nicht unter § 892 fallende Verfügung vorgenommen wird, auch auf die Ablösung der Hypothek durch einen Dritten Anwendung; eine Leistung an den nichtberechtigten Buchgläubiger lässt daher die Folgen des § 1150 eintreten (§ 1150 Rn 40).

Dem *Eigentümer* gegenüber, mit dem der Ablösende kein Rechtsgeschäft vornimmt, **15** sind die §§ 892 ff aber nur kraft der Verweisung in § 1157 wirksam. Danach bestimmt sich, ob der Eigentümer eine Einrede gegen die Hypothek aus einem zwischen ihm und dem bisherigen Gläubiger bestehenden Rechtsverhältnis auch gegenüber dem

Ablösenden als neuem Gläubiger geltend machen kann oder nicht. Danach scheint im Verhältnis zum Eigentümer der gute Glaube des neuen Gläubigers, der die Hypothek abgelöst hat, nicht geschützt, weil er die Hypothek nicht rechtsgeschäftlich, sondern kraft Gesetzes erworben hat und er sich daher nicht auf § 892 stützen kann, seine Zahlung aber nicht den Schutz des § 893 genießt, weil 1157 auf ihn nicht verweist. Das führt zu überraschenden Ergebnissen. Zahlt der Ablösungsberechtigte an den Buchgläubiger, der nicht wahrer Inhaber der Hypothek ist, zB weil der Eigentümer die Forderung beglichen hat und die Hypothek auf ihn übergegangen ist, so wird sein guter Glaube geschützt und er erwirbt die Hypothek. Zahlt er aber an den Buchgläubiger, der in der Tat auch wahrer Hypothekengläubiger ist, steht dem Eigentümer aber eine Einrede zu, weil zB der Gläubiger sich ihm gegenüber verpflichtet hatte, auf die Hypothek zu verzichten, wird der Ablösungsberechtigte nicht geschützt. Das ist kein sinnvolles Ergebnis (aA BGH vom 12. 12. 1985 – IX ZR 15/85 – NJW 1986, 1487 m abl Anm Canaris = EWiR 1986 571 m abl Anm Clemente; BGH vom 24. 9. 1996 – XI ZR 227/95 – DNotZ 1997, 383 m abl Anm Wolfsteiner = LM § 268 BGB Nr 5 m Anm Konzen; Staudinger/Scherübl[12]). Es ist auch nicht zwingend. Genau genommen erfolgt nämlich der Erwerb einer Hypothek nie rechtsgeschäftlich, sondern immer kraft Gesetzes als Rechtsfolge des Erwerbs der gesicherten Forderung (§ 1153 Rn 1); dennoch wendet man auf den Erwerb der Hypothek ohne die geringsten Vorbehalte § 892 an. Auch die Ablösung hat rechtsgeschäftliche Natur und betrifft die Forderung; wenn die Abtretung der Forderung in Ansehung der Hypothek den Schutz des § 892 bewirkt, so gibt es keinen hinreichenden Grund, nicht auch die Zahlung auf die Forderung mit dem Ziel, sie auf den Zahlenden überzuleiten, § 892 zu unterstellen. Die Ablösung steht einer Abtretung viel näher als etwa der Übergang eines Gesamthandsanteils und kann deshalb als rechtsgeschäftlicher Erwerb behandelt werden (iE ebenso Rimmelspacher WM 1986, 809; MünchKomm/Eickmann[4] Rn 18).

16 Dass der Ablösende bei seinem Rechtserwerb im Verhältnis zum Buchberechtigten den Schutz seines guten Glaubens genießt (§ 893), bleibt davon unberührt. Diese Frage gehört ebenso wenig wie die Frage, ob § 893 für das Verhältnis des Eigentümers zum bisherigen Gläubiger anzuwenden ist, zum Regelungsbereich des § 1157 (Wilhelm[3] Rn 1660).

17 Soweit der Eigentümer im Verhältnis zum Buchberechtigten durch § 893 geschützt ist, kommt ihm dieser Schutz auch im Verhältnis zum neuen Gläubiger zugute (§ 1157 S 1). § 893 greift jedoch zugunsten des Eigentümers nicht ein, wenn er nach Übergang des Grundpfandrechts auf den neuen Gläubiger durch Vereinbarung mit dem bisherigen Gläubiger, der noch im Grundbuch eingetragen ist, gutgläubig eine schuldrechtliche Einrede erwirbt, da schuldrechtliche Vereinbarungen keine Verfügungen iS des § 893 sind (Staudinger/Gursky [2008] § 893 Rn 8; § 1156 Rn 12; Planck/Strecker Anm 2; aA Ramdohr Gruchot 44, 376).

III. Anwendungsbereich des § 1157

18 § 1157 gilt auch dann, wenn der Eigentümer zugleich persönlicher Schuldner ist (RGZ 81, 85). Seine Anwendung setzt nicht die Beobachtung der Formen des § 1155 voraus (RGZ 135, 365). § 1157 S 2 gewährt einen weiter reichenden Schutz als § 405 (RGZ 135, 365; Soergel/Konzen[13] Rn 6); vgl auch § 932 Abs 2. Wegen der Zinsen und Nebenleistungen vgl §§ 1158, 1159 Abs 2.

IV. Rechtserwerb im Wege der Zwangsvollstreckung und kraft Gesetzes

Hat der Gläubiger die Forderung im Wege der Zwangsvollstreckung oder kraft **19** Gesetzes (verstanden wie vorst Rn 15) erworben, so muss er sich die in der Person seines Rechtsvorgängers begründeten Einreden auch dann entgegenhalten lassen, wenn sie nicht eingetragen sind, da die Vorschriften über den öffentlichen Glauben nur bei rechtsgeschäftlicher Übertragung der Forderung Anwendung finden (BGH vom 12. 12. 1985 – IX ZR 15/85 – NJW 1986, 1487 m abl Anm CANARIS = EWiR 1986 571 m abl Anm CLEMENTE; BGH vom 24. 9. 1996 – XI ZR 227/95 – DNotZ 1997, 383 m abl Anm WOLFSTEINER = LM § 268 BGB Nr 5 m Anm KONZEN; PLANCK/STRECKER Anm 3b). S aber zur anderen Situation bei der *Ablösung* oben Rn 15 und § 1150 Rn 22.

V. Sicherungshypotheken

§ 1157 gilt auch für Sicherungshypotheken.   **20**

VI. Grundschulden

1. Grundlegung

Die Vorschrift ist auf Grundschulden anwendbar. Die Diskussion darüber (s STAU- **21** DINGER/WOLFSTEINER [2002] Rn 16 ff; fortgeführt in BGHZ 155, 63 vom 21. 5. 2003 – IV ZR 452/02 = ZfIR 2003, 606 m zust Anm CLEMENTE = EWiR § 1191 BGB 2/03, 761 m Anm DÜMIG = LMK 2003, 184 m zust Anm STÜRNER/KERN = NotBZ 2003, 260 m zust Anm KRAUSE und insbes – polemisch – von WILHELM[3] Rn 1767 ff) ist durch § 1192 Abs 1a (idF d RisikobegrenzungsG v 12. 8. 2008 [BGBl I 1666]; dazu näher, insbes auch zur rechtspolitischen Beurteilung, § 1192 Rn 31) erledigt. Allerdings unterscheidet § 1192 Abs 1a zwischen Sicherungsgrundschulden, auf die § 1157 sogar in erweiterter Form, nämlich unter Ausschluss jeden in § 1157 S 2 für die Hypothek angeordneten Gutglaubensschutzes anzuwenden ist, und anderen Grundschulden, die unter dem Gutglaubensschutz des S 2 stehen. In der folgenden Kommentierung ist daher streng zwischen den beiden Formen zu unterscheiden. S zur Definition der Sicherungsgrundschuld § 1192 Rn 34 ff.

1. Echte Grundschulden

a) Auslegung

In ihrer Anwendung auf echte Grundschulden, dh solche, die keine Sicherungs- **22** grundschulden sind (Vorbem 13 ff zu §§ 1191 ff), enthält die Vorschrift zwei widersprüchliche Elemente. Einerseits kreieren die §§ 1191, 1192 Abs 1 die abstrakte, nicht akzessorische Grundschuld; andererseits bindet § 1157 dieses angeblich nicht akzessorische Grundpfandrecht doch an Einreden aus dem schuldrechtlichen Grundverhältnis. Immerhin wird daraus klar, was das Gesetz *nicht will:* Es will nicht über § 1157 die Grundschuld zur Hypothek machen (was der BGH immer wieder – BGHZ 59, 1; BGH DNotZ 1976, 740 – mit Recht betont; **aA** aber REISCHL JuS 1998, 615, die Sicherungsgrundschuld nähere sich der Hypothek deutlich an; MünchKomm/EICKMANN[4] § 1191 Rn 93, der die Nichtakzessorietät gegen die Grundschuld ins Feld führt), sonst hätte es sich die Grundschuld als eigenes Institut erspart; auch die in § 1192 Abs 1a getroffene Unterscheidung zwischen hypothekenähnlichen Sicherungsgrundschulden und anderen Grundschulden wäre sinnlos, wären die anderen Grundschulden ebenfalls als Hypotheken zu behandeln. Das Gesetz will aber auch keine eigentums- und dienstbarkeitsähnliche reine Abstraktion; andernfalls wäre § 1192 Abs 1a S 2 ohne Anwendungsbereich. Die Auslegung ist also dahin gefordert, einen Mittelweg einzuschlagen.

23 Die Suche nach Auslegungskriterien kann an die Ausführungen oben Rn 3 anknüpfen. Das Gesetz versteht unter einer Einrede eine *Reduzierung des sachlichen Umfangs* des Grundpfandrechts (so trotz Verwahrung in Fn 2761 immer noch WILHELM[3] Rn 1769; aA DÖNING 158; HAGER ZIP 1997, 133, 135), *die der Eintragung in das Grundbuch fähig* ist. Demnach fallen nicht unter § 1157 solche Vereinbarungen, die nicht Inhalt einer Grundschuld sein und daher auch nicht in das Grundbuch eingetragen werden können (genau umgekehrt MünchKomm/EICKMANN[1] § 1191 Rn 53: weil § 1157 Einreden ohne Grenzen zulasse, müssten sie alle eintragungsfähig sein – in der 4. Aufl nicht mehr erwähnt; ebenso aber auch NK-BGB/ZIMMER Rn 5). Zu Letzteren gehört insbesondere die dem § 1192 Abs 1 HS 2 widersprechende Vereinbarung, dass die Grundschuld eine Forderung voraussetze (BADEN JuS 1977, 75), nicht zu verwechseln mit der schuldrechtlichen Vereinbarung nach § 1192 Abs 1a, dass die Grundschuld eine Forderung sichern solle. S zu den Einzelheiten § 1191 Rn 8 ff.

b) Echte und unechte Einreden

24 Mit der Reduzierung des sachlichen Anwendungsbereichs erledigt sich für § 1157 die Unterscheidung in „unechte Einreden", die eine „dem Anspruch von vornherein innewohnende Beschränkung" darstellen und reduzierten Gutglaubensschutz genießen sollen, und „echte Einreden", die ihre Wirksamkeit erst durch die Geltendmachung aufgrund der sie auslösenden Tatsachen entfalten und vollen Gutglaubensschutzes teilhaftig werden sollen (JAHR JuS 1964, 125, 297; MünchKomm/EICKMANN[4] § 1191 Rn 92 in nicht mehr so dezidierter Form wie in der 1. Aufl). Diese Unterscheidung ist für § 1157 auch nicht fruchtbar. Wozu soll es gut sein, dass der Erwerber einer vielleicht schon dreißig Jahre alten Grundschuld sich die Erstvalutierung (was ist das?) nachweisen lassen muss, um nicht bösgläubig zu sein, nicht aber den gegenwärtigen Sicherungszweck? Für die Sicherungsgrundschuld hat inzwischen der Gesetzgeber ohnehin eine andere (freilich zu verwerfende) Lösung angeordnet (§ 1192 Rn 42 ff und nachf Rn 27 ff).

c) Der Gutglaubensschutz

25 Bösgläubigkeit setzt die Kenntnis des konkreten Einredetatbestands, also des konkreten Anspruchs voraus, dem die Einrede entspringt. Insofern hat die ständige Rechtsprechung, dass bei der Sicherungsgrundschuld dem Zessionar die Einrede, dass die Grundschuld nicht oder nicht voll valutiert sei, nur entgegengehalten werden könne, wenn dieser den Sicherungscharakter der Grundschuld wie auch die Nichtvalutierung kannte (BGHZ 59, 1 vom 21. 4. 1972 – V ZR 52/70; BGH DNotZ 1976, 740; BGH vom 28. 6. 1984 – III ZR 106/83 – WM 1984, 1078; BGH vom 7. 12. 1989 – IX ZR 281/88 – NJW-RR 1990, 588; WOLFF/RAISER § 154 VI 2; ERMAN/WENZEL § 1191 Rn 58; aM RGZ 91, 224; LOPAU NJW 1972, 2253, 2255; FRIDGEN WM 2008, 1862; krit auch REITHMANN NJW 1973, 879; unentschieden REISCHL JuS 1998, 615), auch jetzt noch Bedeutung für andere Einreden gegen echte Grundschulden.

d) Maßgeblicher Zeitpunkt

26 Der Schutz des § 1157 bezieht sich nur auf solche Einreden, die im Zeitpunkt des Rechtsübergangs bestehen (BGHZ 85, 388 vom 26. 11. 1982 – V ZR 145/81 – unter Berufung auf BADEN JuS 1977, 75, 76; HUBER, Die Sicherungsgrundschuld, S 141/142; SERICK, Eigentumsvorbehalt und Sicherungsübereignung, Bd II § 28 III 3, S 435; BGH vom 11. 3. 1976 – II ZR 11/75 – WM 1976, 665 und die – das Bestehen der Einrede im Zeitpunkt der Abtretung stillschweigend voraussetzenden – Senatsurteile BGHZ 59, 1 ff und vom 18. 5. 1973 – V ZR 75/72 – WM 1973, 840. Zu dieser Entscheidung HAGEN LM Nr 22/23 zu § 1192 BGB; weiter HUBER, in: FS Serick 195 mwNw; **aA** RGZ 91, 218; WILHELM NJW 1983, 2917).

2. Sicherungsgrundschulden

a) Begriff
S § 1192 Rn 34 ff.   **27**

b) Beweislast
Die Beweislast dafür, dass die Grundschuld eine Sicherungsgrundschuld ist, der **28** gemäß § 1192 Abs 1a S 1 Einreden aus dem Sicherungsvertrag schrankenlos entgegengehalten werden können, liegt beim Eigentümer. Auch die Beweislast für das Bestehen und den Inhalt einer Einrede liegt bei der Sicherungsgrundschuld unverändert (oben Rn 6) beim Eigentümer. Nicht der Gläubiger muss also beweisen, dass die Grundschuld „valutiert" ist, sondern der Eigentümer, dass sie derzeit keinen Anspruch, oder nur einen hinter dem Nennwert zurückbleibenden Anspruch sichert (s aber einschränkend OLG München vom 26. 2. 2008 – 5 U 5102/06 – ZIP 2008, 498 = EWiR 2008, 173 [SCHALL] = WuB I B 2 Bankgeheimnis/-auskunft 3.08 [GLATZEL/HANTEN]). Ob das der Gesetzgeber des RisikobegrenzungsG (oben Rn 21) erkannt hat, darf bezweifelt werden.

c) Zulässige Einreden
Der Eigentümer kann nach der ersten Alternative des § 1192 Abs 1a S 1 Einreden **29** erheben, die ihm aus dem Sicherungsvertrag mit dem bisherigen Gläubiger zustehen. Die Einreden müssen also einem Sicherungsvertrag entspringen, den der Eigentümer mit dem „bisherigen Gläubiger" abgeschlossen hat (dazu § 1192 Rn 42 ff). Privilegiert sind nur Ansprüche aus dem Sicherungsvertrag. S zum Fall eines unwirksamen Sicherungsvertrags und zum erloschenen Sicherungsvertrag § 1192 Rn 39 f. Einreden anderer Quelle, insbesondere Einreden aufgrund Gesetzes, können zwar auch fürderhin erhoben werden; auf sie findet aber § 1157 S 2 über die Anwendung der Gutglaubensvorschriften auch weiterhin Anwendung.

d) Guter Glaube
Ein Schutz guten Glaubens findet schlechterdings nicht statt, weder des guten **30** Glaubens daran, dass es sich nicht um eine Sicherungsgrundschuld handelt, noch an die Einredefreiheit. Hat allerdings die Grundschuld im Zeitpunkt der Abtretung ihren Charakter als Sicherungsgrundschuld bereits ganz oder zum Teil verloren (§ 1192 Rn 40, 44 ff), so finden die Regeln oben Rn 22 ff Anwendung.

VII. Rentenschulden

Für Rentenschulden gilt das für die echte Grundschuld Ausgeführte entsprechend **31** (§ 1200).

§ 1158
Künftige Nebenleistungen

Soweit die Forderung auf Zinsen oder andere Nebenleistungen gerichtet ist, die nicht später als in dem Kalendervierteljahr, in welchem der Eigentümer von der Übertragung Kenntnis erlangt, oder dem folgenden Vierteljahr fällig werden, finden auf das Rechtsverhältnis zwischen dem Eigentümer und dem neuen Gläubiger die Vorschriften der §§ 406 bis 408 Anwendung; der Gläubiger kann sich gegenüber den Einwendungen, welche dem Eigentümer nach den §§ 404, 406 bis 408, 1157 zustehen, nicht auf die Vorschriften des § 892 berufen.

Materialien: E I §§ 1090 Abs 1 S 2, Abs 2, 1112 Abs 3; II § 1068 rev § 1142; III § 1141; Mot III 713 f, 750; Prot III 591, 653; IV 604 f; 612; VI 253 ff.

Schrifttum

KORN, Die Abtretung des Hypothekenzinsanspruchs als Ersatzmittel für die Bestellung eines Nießbrauchs an einer Hypothek (Diss Köln 1936)
RIEDEL, Rechtsprechungstendenzen zur Abtretung von Grundpfandrechten mit und ohne Zinsen, RpflStud 1978, 15
A WOLF, Die Behandlung der Hypothekenzinsen im Falle der Verkehrshypothek des BGB (Diss Leipzig 1908).

1. Allgemeines

1 Die Vorschrift betrifft in erster Linie den Eigentümer, der zugleich Schuldner ist. Während er Tilgungszahlungen auf die Hypothek nach § 1156 S 1 nur dann sicher leisten kann, wenn er sich jedes Mal gemäß § 1160 den Hypothekenbrief vorlegen lässt oder im Fall der Buchhypothek das Grundbuch einsieht (vgl § 1156 Rn 1), kann er iVm § 1161 Zinsen und andere Nebenleistungen unbedenklich an den bisherigen Gläubiger entrichten, solange er von der Übertragung keine Kenntnis erlangt hat (Kennenmüssen genügt nicht). Dem vom Eigentümer verschiedenen Schuldner kommt die Vorschrift nicht zugute; für ihn gelten aber ohnehin die §§ 404–412 unmittelbar (BGB-RGRK/MATTERN[12] Rn 11; MünchKomm/EICKMANN[4] Rn 4; s § 1138 Rn 6). Für die die Praxis beherrschende Tilgungshypothek (Vorbem 19 ff zu §§ 1113 ff) hat die Vorschrift keine praktische Bedeutung, weil hier Tilgungs- und Zinszahlungen zusammenfallen und die Tilgungsleistungen nicht unter § 1158 fallen (Vorbem 20 zu §§ 1113 ff).

2. Anwendungsbereich

2 a) § 1158 bezieht sich auf **alle Arten** von Zinsen der Forderung, also auch auf gesetzliche Zinsen. Die Vorschrift ist nicht auf die rechtsgeschäftliche Abtretung beschränkt, erstreckt sich vielmehr auf jede Art der Übertragung (§ 1156 Rn 9).

3 b) § 1158 betrifft nur die Übertragung **noch nicht fälliger** Zinsen und anderer

Nebenleistungen; der Begriff der rückständigen Zinsen (dazu Einl 52 zu §§ 1113 ff) spielt keine Rolle. Ebensowenig spielt es eine Rolle, ob die Zinsen im Voraus oder nachträglich zu zahlen sind; es ist also gleichgültig, für welchen Zeitraum sie bestimmt sind (BGB-RGRK/Mattern[12] Rn 9; Palandt/Bassenge[67] Rn 2; Soergel/Konzen[13] Rn 3; Erman/Wenzel[12] Rn 3; Planck/Strecker Anm 3; **aM** OLG Braunschweig OLGE 4, 73). S zur Übertragung bereits fälliger Zinsen und anderer Nebenleistungen s § 1159 mit Erl.

c) § 1158 unterscheidet nicht, ob Zinsen und andere Nebenleistungen mit oder **4** ohne die **Hauptforderung** abgetreten werden. Über die selbständige Abtretung der noch nicht fälligen Zinsen allein und die sich hieran knüpfenden Rechtsfragen s näher § 1154 Rn 11 f.

3. Zeitliche Abgrenzung

Maßgebend ist der Zeitpunkt, zu dem der Eigentümer von der Übertragung Kennt- **5** nis erlangt (Soergel/Konzen[13] Rn 3), nicht der Zeitpunkt der Übertragung. Beispiel: Der Eigentümer hat am 2. Januar die Zinsen für ein Jahr bezahlt. Am 1. Februar wird die Hypothek abgetreten, wovon der Eigentümer am 10. Mai Kenntnis erlangt. Der neue Gläubiger kann nur Zahlung der ab 1. Oktober fälligen Zinsen verlangen (also bei für ein Kalenderjahr nachträglicher Fälligkeit die Zinsen für das ganze Jahr, bei Vorausfälligkeit für ein Kalenderjahr für dieses Jahr keine Zinsen).

Für die *nach* dem genannten Halbjahr fällig werdenden Zinsen oder sonstigen **6** Nebenleistungen gelten die §§ 1156, 1157.

Die *Beweislast* dafür, zu welchem Zeitpunkt der Eigentümer Kenntnis von der **7** Übertragung erlangt hat, trifft den neuen Gläubiger. Es gilt hier nichts anderes, als wenn der neue Gläubiger auf Grund der §§ 406–408 eine Aufrechnung oder Zahlung nicht gelten lassen will (Baumgärtel/Laumen/Baumgärtel[2] Rn 1; Planck/Strecker Anm 3c; Palandt/Bassenge[67] Rn 2).

Bei *weitergehenden* Vorauszahlungen kann sich der Eigentümer für den Fall der **8** Abtretung dem neuen Gläubiger gegenüber nur dadurch sichern, dass er den Übergang der Hypothek für die vorausbezahlten Zinsen auf sich (§§ 1163 Abs 1 S 2, 1177, Umkehrschluss aus § 1178 Abs 1 S 1) oder ihre Löschung oder die ihm zustehenden Einwendungen ins Grundbuch eintragen lässt (s §§ 1138, 1157, 892), oder sich gemäß § 1140 (Vermerk auf dem Brief) schützt.

Ob die Vorausverfügungen usw in der Zeit vor oder nach der Übertragung vorge- **9** nommen werden, ist ohne Belang, da auch die §§ 404, 1157 mit einbezogen sind.

4. Wirkungen

Wegen der Zinsen und sonstigen Nebenleistungen, die zeitlich dem § 1158 unter- **10** fallen, kann sich der neue Gläubiger nicht auf den öffentlichen Glauben des Grundbuchs berufen; er muss sich vielmehr auch gegenüber seiner dinglichen Klage alle Einwendungen entgegensetzen lassen, die zur Zeit der Übertragung gegen den bisherigen Gläubiger begründet waren (§§ 404, 1157 S 1), ferner aber auch (abweichend von § 1156) nach Maßgabe der §§ 406 ff Einwendungen aus späteren Vorgängen (PLANCK/STRECKER Anm 3b).

11 Die Anwendung des § 891 wird durch § 1158 nicht beschränkt. Dagegen ist § 893 unanwendbar, soweit § 1158 den § 892 im Verhältnis des Eigentümers zum neuen Gläubiger ausschließt, weil ein Berichtigungsanspruch für die Zinsen und anderen Nebenleistungen, die im laufenden oder folgenden Kalendervierteljahr fällig werden, nach § 1145 Abs 2 nicht besteht (was nur dann sinnvoll ist, wenn dem Eigentümer kein Rechtsverlust nach § 893 droht). Wo kein Berichtigungsanspruch besteht und kein Erwerb nach §§ 892 f möglich ist, muss auch § 899 insoweit unanwendbar sein. Gegen andere Personen als den Eigentümer wirken dagegen die §§ 892 f; sie haben daher auch die Rechte aus §§ 894–899, wenn sie zu Unrecht nicht als Gläubiger eingetragen sind (aA ohne nähere Begründung PLANCK/STRECKER Anm 3d).

12 Auch § 405 (Ausschluss des Scheineinwands im Falle der Abtretung unter Vorlegung der Schuldurkunde) ist anwendbar, obwohl er in § 1158 nicht ausdrücklich erwähnt wird, da er die in § 404 zugelassenen Einwendungen lediglich einschränkt (OLG Breslau OLGE 29, 384; BGB-RGRK/MATTERN[12] Rn 11; SOERGEL/KONZEN[13] Rn 3).

5. Anwendung auf alle Arten der Hypothek sowie auf Grund- und Rentenschulden

13 § 1158 gilt für alle Arten der Hypothek sowie für Grund- und Rentenschulden.

§ 1159
Rückständige Nebenleistungen

(1) Soweit die Forderung auf Rückstände von Zinsen oder anderen Nebenleistungen gerichtet ist, bestimmt sich die Übertragung sowie das Rechtsverhältnis zwischen dem Eigentümer und dem neuen Gläubiger nach den für die Übertragung von Forderungen geltenden allgemeinen Vorschriften. Das Gleiche gilt für den Anspruch auf Erstattung von Kosten, für die das Grundstück nach § 1118 haftet.

(2) Die Vorschrift des § 892 findet auf die im Absatz 1 bezeichneten Ansprüche keine Anwendung.

Materialien: E I §§ 1090 Abs 1 S 1 Abs 2, 1112
Abs 3, 1121; II § 1069 rev § 1143; III § 1142;
Mot III 713 f, 750, 760 f; Prot III 591, 653, 665;
IV 604 f; VI 256 f.

1. Anwendungsbereich

1 Bei den Forderungen auf **Rückstände** von Zinsen und anderen Nebenleistungen (s §§ 1115, 1118) bestimmen sich die *Übertragung* sowie das *Rechtsverhältnis* zwischen dem Eigentümer und dem neuen Gläubiger (also Form und Wirkung) nach den allgemeinen Vorschriften, die für die Übertragung von Forderungen gelten, obwohl die Sicherung durch die Hypothek auch für diese Forderungen an sich weiter besteht.

Für *Verzugszinsen* gilt nichts Besonderes. Auch auf sie ist § 1159 anwendbar, soweit **2** sie zur Zeit der Übertragung bereits rückständig waren (Planck/Strecker Anm 2a; **aM** für die Zinsen nach § 1146 Berg Gruchot 48, 781, der übersieht, dass auch vertragliche Grundschuldzinsen rein dinglich sind, also jeder Grund fehlt, die Zinsen nach § 1146 anders als sie zu behandeln).

S zum *Begriff* „Rückstände" Einl 52 zu §§ 1113 ff und nachf Rn 19. § 1159 bezieht **3** sich jedenfalls nur auf solche Zinsen und andere Nebenleistungen, die im Zeitpunkt der Abtretung *fällig* waren (Planck/Strecker Anm 2a); sind sie zur Zeit der Abtretung noch nicht fällig, so ist § 1159 nicht anwendbar. Eine formlose Abtretung nicht fälliger Zinsen wird durch den Eintritt der Fälligkeit nicht nachträglich wirksam (OLG Braunschweig OLGE 15, 336); Gleiches gilt für den Fall der Pfändung (RG LZ 1916, 461).

2. Unstreitige Rechtsfolgen

Die Hypothek für solche Rückstände weist infolge des § 1159 **Eigentümlichkeiten** auf **4** (vgl RGZ 88, 160; Oberneck DNotV 1910, 535; Höniger DNotV 1917, 6 ff).

a) § 892 findet auf diese Rückstände keine Anwendung (Abs 2); sie werden daher **5** von dem **Öffentlichkeitsgrundsatz** nicht mehr betroffen. Forderungen auf rückständige Hypothekenzinsen und die dafür bestehende Hypothek können also nicht gutgläubig erworben werden, und zwar weder was den Bestand der Forderung betrifft noch anders als nach § 1158 HS 2 was die Person des Gläubigers anlangt (Planck/Strecker Anm 3c; Soergel/Konzen[13] Rn 3).

Der Eigentümer kann dem neuen Gläubiger **alle Einwendungen entgegenhalten**, die **6** gegen die Forderung oder die dingliche Belastung bestehen, auch wenn der neue Gläubiger sie nicht kannte, denn § 892 gilt hier nicht, sondern § 404; er kann auch aufrechnen (§ 406) und bis zur Kenntnis von der Abtretung an den bisherigen Gläubiger mit befreiender Wirkung leisten (§ 407). Dabei ist es gleichgültig, ob die Zinsen usw bei der Übertragung bereits fällig waren oder ob sie erst nach der Übertragung, aber innerhalb des in § 1158 bezeichneten Zeitraums, fällig wurden, denn für letzteres sagt § 1158 gleiches (Mot III 713 f).

b) Die **Verfügung über diese Ansprüche** (einschließlich der Hypothek) richtet sich **7** nach *schuldrechtlichen,* nicht nach sachenrechtlichen Grundsätzen, ohne dass aber der Grundsatz des § 1153 aufgegeben oder eingeschränkt wäre. Die Forderungen auf Rückstände von Zinsen und anderen Nebenleistungen werden wie persönliche Forderungen übertragen (s §§ 398 ff), also ohne die Formen des § 1154, gleichviel ob es sich um eine Brief oder eine Buchhypothek handelt. Das Gleiche gilt für die Belastung (vgl Höniger DNotV 1917, 30 f). Verlangt der neue Gläubiger die öffentliche Beurkundung der Abtretung, so hat er die Kosten zu tragen und vorzuschießen (§ 403).

8 Grundsätzlich geht mit der Forderung auch die Hypothek über; diese Folge ergibt sich aus §§ 401. Die Herstellung eines *Teilhypothekenbriefs* für die Rückstände ist aber unzulässig (KG RJA 12, 146; OLG Braunschweig OLGE 15, 338; BGB-RGRK/Mattern[12] Rn 3; Planck/Strecker Anm 3); s auch §§ 1145 Abs 2, 1160 Abs 3, 1178. Der Übergang der Hypothek kann vertraglich ausgeschlossen werden, da § 1153 hier nicht gilt; die Hypothek erlischt dann (vgl Planck/Strecker Anm 3b; Wolff/Raiser § 149 I 1).

9 Auch *Pfändung und Überweisung* dieser Ansprüche im Wege der Zwangsvollstreckung erfolgen nach den allgemeinen Vorschriften der §§ 830 Abs 3 und 837 Abs 2 ZPO (vgl auch RG LZ 1916, 462; RGZ 74, 83). § 1159 gilt auch dann, wenn eine Hypothek öffentlich versteigert wird (RG Recht 1914 Nr 1845).

10 c) § 1160 Abs 1 und 2 findet auf rückständige Zinsen und andere Nebenleistungen keine Anwendung (§ 1160 Abs 3). Der Gläubiger ist daher von der **Vorlegung des Briefs** und der Übertragungsurkunden entbunden, wenn er rückständige Zinsen aus einer Briefhypothek geltend macht oder den Eigentümer wegen solcher Ansprüche mahnt. Der neue Gläubiger hat sich gemäß § 410 und nicht gemäß § 1160 auszuweisen (Planck/Strecker Anm 3d; Soergel/Konzen[13] Rn 3; Höniger DNotV 1917, 10 ff).

11 d) Die Hypothek für Rückstände von Zinsen und anderen Nebenleistungen **erlischt** gemäß § 1178 Abs 1, wenn sie sich mit dem Eigentum in einer Person vereinigt (RGZ 88, 160 vom 15.3.1916 – V 3/16); die Form des **Verzichts** ist in § 1178 Abs 2 abweichend von § 1168 geregelt. Ob der Gläubiger einer Zinsrückstandshypothek dem Gläubiger einer anderen Hypothek überhaupt den **Vorrang** einräumen kann, war streitig (**aA** noch BGB-RGRK/Mattern, 11. Aufl Anm 3); inzwischen herrscht Übereinstimmung dass Rangänderungen möglich sind und die Einigung genügt (RGZ 88, 160 wie vor; Oberneck DNotV 1910, 535; BGB-RGRK/Mattern[12] Rn 3); eine Eigentümerzustimmung ist entbehrlich, weil der Zinsanspruch keine Anwartschaft auf ein Eigentümerrecht gewährt (RGZ 88, 160 wie vor). Eine Eintragung ist jedenfalls nicht zulässig.

12 e) Rückstände werden bei der **Feststellung des geringsten Gebots** nur dann berücksichtigt, wenn sie angemeldet sind (s §§ 13, 45 ZVG).

3. Streitige Folgerungen

13 a) Im Grundbuch wird die Abtretung oder Belastung solcher Rückstände **nicht eingetragen** (vgl Mot III 713: das Grundbuch wird nicht über die einzelnen Zinsraten geführt); die Eintragung ist danach nicht nur entbehrlich, sondern unzulässig (KGJ 42, 248; Oberneck DNotV 1910, 535; Balser NJW 1985, 698; Wolff/Raiser § 149 Fn 3; Schöner/Stöber Rn 2393; BGB-RGRK/Mattern[12] Rn 3; KEHE/Dümig, GBO[6] § 26 Rn 41; Palandt BGB[67] Rn 2; Soergel/Konzen[13] Rn 2; **aA** Böttcher, Rpfleger 1984, 85; MünchKomm/Eickmann[4] Rn 10 – s nachf Rn 17; Meikel/Böttcher, GBO[10] § 27 Rn 23 unter verfehlter Berufung auf Art 14 GG [es geht um die Eintragung, nicht um die Existenz]; Bauer/vOefele/Kohler, GBO[2] § 26 Rn 51). Werden aber rückständige Zinsen zusammen mit laufenden (und ggf künftigen) abgetreten, so hält es die Grundbuchpraxis aus Vereinfachungsgründen für zulässig, auf die korrekte Abgrenzung zu verzichten und pauschal die Abtretung „der rückständigen und der laufenden Zinsen" einzutragen (Demharter, GBO[26] § 26

Rn 20) – eine Übung, die angesichts des maßlosen Kults, den dieselbe Praxis mit der Formulierung der Abtretungserklärung zu Zinsen treibt (§ 1154 Rn 40), merkwürdig anmutet. Begründet wird sie damit, der Gesichtspunkt, das Grundbuch von unnötigen Eintragungen freizuhalten, schlage hier nicht mehr durch (OLG Dresden Sächs OLG 34, 294; vgl KG JFG 6, 323). Ein solcher Eintrag sei nur auf die Zinsen zu beziehen, für die er zulässig ist, also auf die noch nicht fälligen, auch auf die für die Vergangenheit geschuldeten (Staudinger/Scherübl¹² Rn 3). Jedenfalls kann die Eintragung in Ansehung rückständiger Nebenleistungen keine Gutglaubenswirkungen entfalten (aM auch insofern Bötticher Rpfleger 1984, 85, der die Eintragungsfähigkeit gerade mit der Notwendigkeit eines Gutglaubensschutzes begründet).

§ 891 gilt dann nicht für den Abtretungsgläubiger, da er nicht hinsichtlich der **14** Rückstände eingetragen wird (BGB-RGRK/Mattern¹² Rn 6; Höniger DNotV 1917, 22; aM Planck/Strecker Anm 3d). Es ist aber nach § 891 zu vermuten, dass der Abtretende Gläubiger der Rückstände war; der neue Gläubiger braucht daher nur deren Abtretung zu beweisen.

Auch *§ 893 ist nur mit Einschränkungen anwendbar* (vgl § 1158 Rn 11); § 407 schützt **15** jedoch den Eigentümer. Gemäß dem Grundgedanken der §§ 893, 407 muss dieser aber auch geschützt sein, wenn er an denjenigen zahlt, der zu der Zeit, als die Zinsen fällig wurden, im Grundbuch eingetragen, in Wirklichkeit aber nie Gläubiger war, ohne dass der Eigentümer dies weiß. § 407 gilt entsprechend gelten für einen Ablösungsberechtigten, wenn dieser die Abtretung nicht kennt (Erman/H P Westermann¹¹ § 407 Rn 10; Planck/Siber § 407 Anm 1a β; BGB-RGRK/Weber¹² § 407 Anm 2; vgl § 1150 Rn 25). Dementsprechend kann sich bei einem Eigentumswechsel der Grundstückserwerber gegenüber den in § 1159 bezeichneten Ansprüchen auf § 892 berufen (Planck/Strecker Anm 3c).

Wird schließlich nach Übertragung der Forderung auf Rückstände die Hypothek für **16** die Hauptforderung durch Rechtsgeschäft zwischen dem Gläubiger der Hauptforderung und dem Eigentümer und durch Löschung *aufgehoben,* so erlischt damit nach hL ohne Rücksicht auf Bösgläubigkeit auch die Hypothek für die Zinsrückstände selbst dann, wenn der Gläubiger, an den die Zinsrückstände abgetreten wurden, der Aufhebung nicht zugestimmt hat (KG JFG 18, 35; LG Regensburg vom 21. 1. 1987 – 5 T 398/86 – MittBayNot 1987, 102; Balser NJW 1958, 698; Wolff/Raiser § 149 IV 3; BGB-RGRK/Mattern § 1158 Rn 6 [die dort als Beleg angeführte Entscheidung RGZ 74, 81 vom 29. 6. 1910 – V 429/09 – trägt diese Meinung nicht]; Planck/Strecker Anm 3c; Soergel/Konzen¹³ Rn 5); bei Teilaufhebung der Hypothek der Hauptforderung soll die Hypothek für den Teilbetrag der Rückstände (Planck/Strecker Anm 3c; aA OLG Colmar Recht 1914 Nr 59) erlöschen. Das ist zwar praktisch, aber nicht zu begründen. Zwar sind Zinsen von der Hauptforderung insofern abhängig, als sie mit dem Erlöschen der Hauptforderung zu laufen aufhören; aber zu keiner anderen Vorschrift wird vertreten, dass eine schon entstandene Zinsforderung mit Erlöschen der Hauptforderung wegfalle (s zB Beck-OK/Grothe, BGB¹⁰ § 246 Rn 5; vgl Einl 50 zu §§ 1113 ff). Wer Hauptsache und rückständige Zinsen zu fordern hat, behält selbstverständlich die bis zur Erfüllung der Hauptforderung aufgelaufenen Zinsansprüche, auch wenn die Hauptforderung durch Erfüllung erlischt. Wo steht, dass für die Hypothek – und gar für die Grundschuld – Anderes gilt (richtig insoweit MünchKomm/Eickmann⁴ Rn 11)? Vertretbar ist allenfalls ein gutgläubig-lastenfreier Erwerb unter Anwendung des § 893. Für die Gesamtlöschung der Hypothek ist allerdings (entgegen EICKMANN aaO) die Zustimmung der Gläubiger rückständiger Zinsen nicht erforderlich, denn wer nicht (mehr) eingetragen sein kann, muss auch der Löschung – auch sie ist eine Eintragung – nicht zustimmen.

17 **b)** EICKMANN **widerspricht der hL** (MünchKomm/EICKMANN[4] Rn 9 ff): Der Inhaber der Zinsrückstandshypothek müsse in der Lage sein, den Verlust seiner fortbestehenden Hypothek zu verhindern und deshalb seine (berichtigende) Eintragung im Grundbuch verlangen können. Seine Hypothek erlösche nicht mit der Hypothek über den Hauptanspruch; die Gesamtlöschung erfordere die Zustimmung der Zinsrückstands-Gläubiger.

18 Dem ist zuzugeben, dass die hL **Unstimmigkeiten** aufweist. Zudem hat sich die Situation durch das Vordringen hochverzinslicher Sicherungsgrundschulden verschärft, bei denen es – da die Zinsen systemgerecht nicht bezahlt werden – regelmäßig hohe, noch unverjährte Zinsrückstände gibt (Vorbem 81 zu §§ 1191 ff). Seine Lösung bringt aber statt der von § 1159 bezweckten Vereinfachung zusätzliche Schwierigkeiten; statt der unterbliebenen konstitutiven Eintragung wären nun berichtigende Eintragungen erforderlich. Wäre die EICKMANNsche Auslegung richtig, sollte die Vorschrift besser gestrichen werden.

19 Letztlich verdient doch die hL den Vorzug. **Verbessern** lässt sie sich durch ein *richtiges Verständnis des Rückstandsbegriffs* (Einl 52 zu §§ 1113 ff). Begreift man diesen iSd § 13 ZVG, so umfasst § 1159 nur noch Zinshypotheken für regelmäßig zwei Jahreszinsen, die in der 4. Rangklasse zu berücksichtigen sind; die restlichen unverjährten Zinsen sind aufgrund der letzten Rangklasse, die sie nach § 10 Abs 1 ZVG erleiden müssen, eines erheblichen Teils ihrer dinglichen Wirkung entkleidet. Der größte Teil der wirtschaftlich gravierenden, weil in Rangklasse 4 zu befriedigenden Zinsen wird so voll nach Grundbuch-Sachenrecht behandelt und beurteilt, also nach § 1154 abgetreten und uneingeschränkt den Gutglaubenswirkungen unterworfen; insofern trägt dann weder der Erwerber des Grundstücks ein Risiko, mit ihm unbekannt gebliebenen Zinsforderungen überzogen zu werden noch der Zinsgläubiger, seine Hypothek zu verlieren. Akzeptiert man des weiteren, dass die Hypothek für verjährte Zinsen erlischt (Einl 227 zu §§ 1113 ff), so erscheint es vertretbar, die verbleibende Zinsrückstandshypothek – und zwar gleichgültig, ob sie sich noch mit der Hauptforderung in einer Hand befindet oder ob sie abgetrennt wurde – ganz aus dem Grundbuch herauszunehmen, ihr die Eintragungsfähigkeit völlig zu verweigern und sie doch als Hypothek anzuerkennen (vgl zu den Folgerungen aus § 1107 für die Reallast DÜMIG ZfIR 2005, 471). Die in Rangklasse 8 zu befriedigenden Zinsen verjähren idR kurzfristig.

4. Kosten

20 Die für die rückständigen Zinsen in Ansehung der Übertragung getroffenen Bestimmungen gelten in gleicher Weise für fällige Kostenansprüche aus § 1118 (§ 1159 Abs 1 S 2), da (vgl auch § 1145 Abs 2) über solche Ansprüche das Grundbuch ebensowenig geführt wird wie über die Zinsen (oben Rn 7).

5.   Grund- und Rentenschulden

§ 1159 findet auch auf Grund- und Rentenschulden Anwendung (s §§ 1192 Abs 2, 1200). **21**
S zur Zinsfälligkeit Vorbem 81 zu §§ 1191 ff.

§ 1160
Geltendmachung der Briefhypothek

(1) Der Geltendmachung der Hypothek kann, sofern nicht die Erteilung des Hypothekenbriefs ausgeschlossen ist, widersprochen werden, wenn der Gläubiger nicht den Brief vorlegt; ist der Gläubiger nicht im Grundbuch eingetragen, so sind auch die im § 1155 bezeichneten Urkunden vorzulegen.

(2) Eine dem Eigentümer gegenüber erfolgte Kündigung oder Mahnung ist unwirksam, wenn der Gläubiger die nach Absatz 1 erforderlichen Urkunden nicht vorlegt und der Eigentümer die Kündigung oder die Mahnung aus diesem Grunde unverzüglich zurückweist.

(3) Diese Vorschriften gelten nicht für die im § 1159 bezeichneten Ansprüche.

Materialien: E I §§ 1117, 1118, 1121, 1123 Abs 2
S 2; II § 1065 rev § 1144; III § 1143; Mot III
757 f, 760 f; Prot III 663 f.

I.   Geltendmachung (Abs 1)

1.   Rechtsnatur

Derjenige, gegen den die Hypothek geltend gemacht wird, kann der Geltendma- **1**
chung der Briefhypothek zu seiner Sicherstellung widersprechen, wenn der Gläubiger nicht den Brief und, falls der Gläubiger nicht im Grundbuch eingetragen ist, die sonstigen Erwerbsurkunden nach § 1155 vorlegt. § 1160 beschränkt insoweit den öffentlichen Glauben des Grundbuchs (§ 1155 Rn 1). „Geltendmachung der Hypothek" in diesem Sinne ist primär die Geltendmachung des dinglichen Rechts. Nach § 1161 umfasst sie aber, wenn der Eigentümer zugleich persönlicher Schuldner ist, auch die der Hypothek zugrundeliegenden Forderung (s § 1161 Rn 1 ff).

Die Vorschrift verleiht dem Eigentümer keinen Anspruch auf Vorlage der Ur- **2**
kunden, sondern gewährt ihm auf der Ebene des *materiellen Rechts* eine dilatorische Einrede. Da die Einrede materiellrechtlicher Natur ist, genügt es wie bei der Einrede der Verjährung, sie bei Geltendmachung der ganzen Hypothek einmal, bei Geltendmachung von Teilforderungen gegenüber jeder der Teilforderungen einmal zu erheben. Sie hindert dann den Eintritt der Fälligkeit der Hypothek. Ist die Einrede vorprozessual erklärt, also der Geltendmachung widersprochen worden, muss sie im Prozess nicht erneut erhoben werden; vielmehr kann als Tatsache eingeführt werden, dass bereits vorprozessual widersprochen worden ist. Andererseits kann der Gläu-

biger im Prozess als Sachvortrag geltend machen, seiner Vorlagelast bereits nachgekommen zu sein.

3 Rechtsprechung (zB trotz richtigen Ansatzes RGZ 55, 224 vom 27.6.1903 – V 76/03) und Schrifttum (WOLFF/RAISER § 142 III; BGB-RGRK/MATTERN[12] Rn 8; PALANDT/BASSENGE[67] Rn 2; PLANCK/STRECKER Anm 5a; SOERGEL/KONZEN[13] Rn 2, auch STAUDINGER/WOLFSTEINER [2002]) behandeln die Einrede hingegen wie ein prozessuales Institut (so dezidiert Münch-Komm/EICKMANN[4] Rn 5). Zumindest Abs 2 stellt aber völlig klar, dass es sich bei § 1160 um materielles Recht handelt.

2. Geltendmachung

4 Geltendmachung der Hypothek ist zunächst Verfolgung des dinglichen Anspruchs aus der Hypothek (§ 1147). Dies kann außergerichtlich geschehen, etwa dadurch, dass der Gläubiger aufrechnet (OLG Königsberg OLGE 12, 305) oder dass er wegen Gefährdung der Sicherheit Maßnahmen nach §§ 1133–1135 ergreift. Wird die Hypothek im Klageweg geltend gemacht, so ist gleichgültig, ob auf Leistung oder auf Feststellung geklagt wird (RG WarnR 1934 Nr 124). Auch der Berichtigungsanspruch nach § 894 ist nicht ausgenommen (PLANCK/STRECKER Anm 2).

3. Berechtigter

5 Jeder, gegen den sich die Geltendmachung richtet, nicht nur der Eigentümer, kann widersprechen. Widerspruchsberechtigt sind daher auch ein Ablösungsberechtigter, ein Bucheigentümer, der auf Grundbuchberichtigung in Anspruch genommen wird und ein Störer, von dem Unterlassung verlangt wird (BGB-RGRK/MATTERN[12] Rn 5). Bei Vorliegen besonderer Umstände kann das Recht zum Widerspruch nach Treu und Glauben versagt sein (RG HRR 1930 Nr 1926;).

4. Inhalt der Einrede

6 Der Hypothekenbrief ist im **Original** vorzulegen. Ist der Hypothekenbrief abhanden gekommen, so genügt im Hinblick auf § 1018 ZPO (vgl Prot III 666) die Vorlegung des Ausschlussurteils (PLANCK/STRECKER § 1162 Anm 7 mwN). Auch die Urkunden nach § 1155 sind im Original oder in Ausfertigung vorzulegen. Da der öffentliche Glaube den letztgenannten Urkunden nach § 1155 nur zukommt, wenn sie öffentlich beglaubigt sind, kann der Schuldner auch im Rahmen des § 1160 die Vorlage in öffentlich beglaubigter Form verlangen. Die Vorlage der Abtretungsurkunde wird durch Vorlage eines vom Abtretungsempfänger erwirkten Urteils zur Kraftloserklärung des Briefs nicht ersetzt (BayObLGZ 87, 97). Die Urkunden sind an dem *Ort* vorzulegen, an dem die Hypothek geltend gemacht wird (PLANCK/STRECKER Anm 5e; BGB-RGRK/MATTERN Anm 4). § 811 ist auf den Fall des § 1160 nicht anzuwenden (HACHENBURG Vortr 585).

7 Soweit über die **bloße** Einrede hinaus eine Pflicht zur **Aushändigung des Briefs** besteht (etwa nach §§ 1144, 1150, 1167) wird diese von § 1160 nicht berührt (PLANCK/STRECKER § 1162 Anm 7c).

5. Prozessuale Bedeutung

a)   Für die **Hypothekenklage** ist – wie bei der Verjährungseinrede – die Vorlegung **8** der Urkunden nicht Voraussetzung für deren Schlüssigkeit (s aber nachf Rn 13 für den Urkundenprozess). Wendet der Beklagte ein, die Vorlage bereits verlangt zu haben, und bestreitet der Kläger das, so wird er das Verlangen einfach wiederholen. Umgekehrt kann aber der Kläger geltend machen, seiner Vorlagelast bereits außerprozessual nachgekommen zu sein; kann er den Beweis dafür führen, so müssen die Urkunden – entgegen einem vielfach erweckten Eindruck – im Prozess nicht erneut vorgelegt werden. Da die Vorlegung der Urkunden nicht die Schlüssigkeit der Klage betrifft, kann ein Versäumnisurteil – selbst nach Erhebung der Einrede – auch ergehen, wenn die Urkunden nicht vorgelegt sind (**aA** – nach Vorlageverlangen werde die bis dahin schlüssige Klage unschlüssig, was als rein prozessuale Interpretation bezeichnet wird – MünchKomm/EICKMANN[4] Rn 5).

Wird die Einrede erstmals im Prozess erhoben, so kann der Gläubiger verlangen, **9** dass ihm zur Vorlegung der Urkunden eine *angemessene Frist* gewährt wird. Im frühen ersten Termin (§ 275 ZPO) braucht er die Urkunden idR nicht bereit zu halten (vgl RGZ 55, 224 vom 27.6.1903 – V 76/03); ist dagegen das Vorlageverlangen bereits im schriftlichen Vorverfahren nach § 276 ZPO gestellt worden, so wird die Vorlage regelmäßig im Haupttermin (§ 278 ZPO) zu erfolgen haben; eine Vertagung kommt dann regelmäßig nicht in Betracht (MünchKomm/EICKMANN[4] Rn 5).

Der Beklagte kann die Einrede erheben, ohne die Berechtigung des Klägers be- **10** streiten zu müssen. Die Vorlage soll ihm ja erst ermöglichen, die Berechtigung des Gläubigers zu prüfen; vorher ist ihm eine solche Prüfung unmöglich. Selbstverständlich kann er umgekehrt die sachliche Berechtigung des Klägers auch nach Urkundenvorlage bestreiten Als *aufschiebende* Einrede der mangelnden Urkundenvorlegung führt die Einrede, im Prozess erfolgreich geltend gemacht, zur Abweisung der Hypothekenklage als zur Zeit **unbegründet** (RG JW 1911, 327; RGZ 55, 224 vom 27.6.1903 – V 76/03; RGZ 56, 414; RGZ 57, 348; BGB-RGRK/MATTERN[12] Rn 8; PLANCK/STRECKER Anm 5a; SOERGEL/KONZEN[13] Rn 2; WOLFF/RAISER § 142 III), nicht etwa zur Verurteilung Zug um Zug (die BGH vom 8.7.2008 – VII ZB 64/07 – NJW 2008, 3144 in den Fällen der Urkundenvorlegung ohnehin für unzulässig hält; dagegen MünchKommZPO/WOLFSTEINER[3] § 726 Rn 21 mwNw) oder „gegen Vorlage der Urkunden" (vgl BGH vom 8.7.2008 aaO); denn ohne Vorlage hat der Kläger seine Aktivlegitimation nicht dargetan, so dass der Beklagte überhaupt nicht, auch nicht bedingt, verurteilt werden kann.

Erkennt der Beklagte nach Vorlegung der Urkunden den Anspruch sofort *an*, so **11** treffen gemäß § 94 ZPO den Kläger die vollen Kosten.

Im *Vollstreckungsverfahren* kann die im Prozess versäumte Einrede nicht nachgeholt **12** werden. Der Eigentümer behält aber die Rechte, die er auch dann hätte, wenn der Brief im Prozess vorgelegt worden wäre; er kann also nach § 767 Abs 2 ZPO geltend machen, dass der Gläubiger den Besitz an den Urkunden nachträglich verloren habe, und nach § 766 ZPO, dass die Urkunden ihm nicht vorgelegt worden seien, wenn das Urteil auf Leistung gegen Vorlage der Urkunden lautet. Da die Nichtvorlage nur zur Abweisung der Klage als derzeit unbegründet führt, kann auch neu geklagt werden, ohne dass die Rechtskraft des ersten Urteils entgegenstehen würde. Kann aber neu geklagt werden, dann liegt es nahe, § 767 Abs 2 ZPO nicht anzuwenden, wenn in der Zwischenzeit vorgelegt worden ist.

13 b) Wird im **Urkundenprozess** geklagt, so soll die Vorlegung der Urkunden Voraussetzung für die Statthaftigkeit des Urkundenprozesses nach§ 593 Abs 2 ZPO sein (MünchKomm/Eickmann[4] Rn 8; Soergel/Konzen[13] Rn 2; Staudinger/Wolfsteiner [2002] Rn 6). Das ist nur bedingt richtig. Auch im Urkundenprozess müssen nur bestrittene Behauptungen (durch Urkunden) bewiesen werden (RGZ 12, 131 vom 10.7.1884 – I 209/84; RGZ 102, 328; RGZ 142, 303; RG JW 1934, 1347 m Anm Bartels; BGHZ 62, 286 vom 24.4.1974 – VIII ZR 211/72 = NJW 1974, 1199 m Anm Bull S 1513 = LM § 592 Nr 3 m Anm Hoffmann = JZ 1974, 679, 680 m Anm Stürner = JR 1974, 426 m Anm Bassenge; BGH vom 4.2.1985 – II ZR 142/84 – WM 1985, 738 = EWiR 1985, 913 [Bundschuh]; aA MünchKommZPO/Braun[3] § 592 Rn 11 ff). Wenn der Beklagte also nicht widerspricht, müssen auch keine Urkunden vorgelegt werden; die auf Prot III 664 gestützte, in den meisten Kommentaren zu § 1160 (auch Staudinger/Wolfsteiner [2002] Rn 6) immer noch wiederholte Meinung, es müssten jedenfalls privatschriftliche Urkunden vorgelegt werden, ist längst überholt.

II. Kündigung, Mahnung (Abs 2)

1. Grundsätze

14 Kündigung und Mahnung gegenüber dem Eigentümer sind unwirksam, wenn der Gläubiger die nach Abs 1 erforderlichen Urkunden nicht vorlegt und der Eigentümer Kündigung oder Mahnung aus diesem Grund unverzüglich (also ohne schuldhaftes Zögern, § 121) zurückweist. Die Unwirksamkeit kann nicht durch nachträgliche Urkundenvorlegung geheilt werden. Andererseits kann der Eigentümer nicht nachträglich gegen die Rechtswirksamkeit einwenden, es seien ihm jene Urkunden nicht vorgelegt worden, wenn er nicht unverzüglich die Kündigung oder Mahnung zurückgewiesen hat (Mot III 758). Liegt die Mahnung in der Zustellung einer Klageschrift, so soll eine in der mündlichen Verhandlung erklärte Zurückweisung nicht mehr unverzüglich sein (OLG Celle Recht 1901 Nr 2196). Das Recht, der Geltendmachung der Hypothek nach Maßgabe des Abs 1 wegen Nichtvorlegung der Urkunden zu widersprechen, verliert der nicht unverzüglich widersprechende Eigentümer aber nicht.

15 Ist der Gläubiger im Grundbuch eingetragen, so genügt die Vorlegung des Hypothekenbriefs; ist er nicht eingetragen, muss er außerdem auch die Übertragungsurkunden, und zwar in öffentlich beglaubigter Form (§ 1155), vorlegen. Mit privatschriftlicher Abtretungserklärung braucht sich der Eigentümer nicht zu begnügen (vgl § 1154 Rn 36; s auch RG WarnR 1908 Nr 32: Kündigung durch Zessionar).

16 Will der Gläubiger Kündigung und Mahnung nicht persönlich vornehmen, so bedient er sich zur Vornahme dieser Akte am besten der Mitwirkung eines Gerichtsvollziehers; dadurch sichert er sich zugleich den Nachweis der Vorlegung der Urkunden; maßgebend sind dann § 132 Abs 1 und die Vorschriften der ZPO; es genügt für § 1160 die Zustellung durch Übergabe einer beglaubigten Abschrift des Briefs und der in § 1155 bezeichneten Urkunden durch den Gerichtsvollzieher (§ 193 ZPO); dem Gerichtsvollzieher sind die Urschriften zu übergeben.

2. Beweislast

Der Gläubiger trägt die Beweislast für den Zeitpunkt der Kündigung und Mahnung, **17** (BAUMGÄRTEL/LAUMEN/BAUMGÄRTEL[2] Rn 2). Der Eigentümer trägt die Beweislast dafür, dass er die Kündigung oder Mahnung mangels Vorlegung der Urkunden unverzüglich zurückgewiesen hat, der Gläubiger wiederum dafür, dass er vorgelegt hat (BAUMGÄRTEL/LAUMEN/BAUMGÄRTEL[2] Rn 2).

3. Entsprechende Anwendung

Abs 2 ist auf alle anderen *außergerichtlichen* Rechtshandlungen des Gläubigers **18** sinngemäß anzuwenden (OLG Braunschweig DRiZ 1929 Nr 153; PLANCK/STRECKER Anm 5c; WOLFF/RAISER § 142 III 2 b). Die Vorschrift ist daher auch auf die Geltendmachung der Fälligkeit der Hypothek auf Grund einer Verfallklausel wegen unpünktlicher Zinszahlung anwendbar (OLG Braunschweig aaO).

III. Rückständige Nebenleistungen (Abs 3)

Abs 1 und 2 gelten gemäß Abs 3 nicht für die im § 1159 bezeichneten Ansprüche, **19** weil diese bereits aus dem System des öffentlichen Glaubens des Grundbuches ausgeschieden sind (§ 1159 Rn 5).

IV. Verzicht auf § 1160

1. Zulässigkeit

Der Eigentümer kann mit Wirkung für und gegen Dritte, also auch mit Wirkung für **20** seine Rechtsnachfolger auf die Rechte aus § 1160 verzichten; diese Rechte stehen mit dem Wesen der Briefhypothek nicht in untrennbarem Zusammenhang (OLG Köln Rpfleger 1956, 340 m zust Anm BRUHN; WOLFF/RAISER § 142 III 2 und Fn 13; PLANCK/STRECKER Anm 6; BGB-RGRK/MATTERN[12] Rn 14; MünchKomm/EICKMANN[4] Rn 10; PALANDT/BASSENGE[67] Rn 1; ERMAN/WENZEL[12] Rn 1; RGZ 57, 342 und KGJ 43, 173 für Recht aus Abs 2). Die Meinung, der Verzicht sei unzulässig (für Abs 1 und 2 LG Leipzig ZBlFG 1, 696; OLG Dresden ZBlFG 5, 12; WILHELM[3] Fn 2758; ablehnend für Abs 1 KG OLGE 1, 10; 10, 421), ist völlig unpraktikabel. Bei einer Tilgungshypothek mit monatlichen Annuitäten müsste der Gläubiger Monat für Monat den Hypothekenbrief aus dem Tresor entnehmen, um ihn dem Schuldner (wenn er mit dem Eigentümer identisch ist, § 1161) zumindest in seinen, des Gläubigers Geschäftsräumen, möglicherweise nach § 269 Abs 1 sogar am Wohnort des Schuldners vorzulegen (oben Rn 6); andernfalls würde der Schuldner nicht in Verzug kommen. Auch in AGB und im Verbrauchervertrag ist der Verzicht zulässig; er benachteiligt den Eigentümer nicht unangemessen iSd § 307 (unten Rn 23), weil der Rechtsverlust durch die Anwendbarkeit der §§ 406 bis 408 kompensiert wird.

2. Verzicht mit dinglicher Wirkung

Der Verzicht ist nach Maßgabe des § 1115 (auch durch Bezugnahme auf die Ein- **21** tragungsbewilligung, § 1115 Abs 1 HS 2) eintragungsfähig und, wenn er Rechtsnachfolgern gegenüber gelten soll, eintragungsbedürftig (RGZ 57, 342; OLG Köln Rpfleger 1956, 340; OLG Frankfurt DNotZ 1977, 112; WOLFF/RAISER; PLANCK/STRECKER; BGB-RGRK/

Mattern alle aaO; Lehnart Rpfleger 1958, 302). Da es sich um eine Inhaltsänderung der Forderung handelt, wirkt der Verzicht von selbst allen Grundstückseigentümern gegenüber und zugunsten aller Hypothekengläubiger; besonderer Erwähnung in der Eintragung bedarf es nicht (OLG Köln Rpfleger 1956, 340 m zust Anm Bruhn; Tröster Rpfleger 1967, 313). Der Verzicht bloß für die Person des Darlehensnehmers soll jedoch nicht eingetragen werden können (OLG Köln Rpfleger 1956, 340; MünchKomm/Eickmann[4] Rn 10). Auch sonstige Vereinbarungen, welche die Rechte aus § 1160 abändern, zB über den Ort der Vorlage (vgl oben Rn 6), sind zulässig und können als Änderung der Tilgungsbedingungen dingliche Wirkung entfalten.

3.　Rechtsfolgen

22 Dem Ausschluss der Briefvorlage müssen weitreichende Rechtsfolgen beigemessen werden, die in der Rechtsliteratur freilich kaum angesprochen werden (außer bei Wilhelm[3] Fn 2758 und in Kersten/Bühling/Wolfsteiner[22] § 75 Rn 22; Andeutungen auch bei Joswig ZfIR 2001, 613). § 1160 steht nämlich in engstem Zusammenhang mit den Gutglaubensvorschriften der §§ 1140, 1155, 1156. § 1140 schließt die Berufung auf §§ 892, 893 deshalb aus, weil die Publizitätswirkung des Hypothekenbriefs die Grundbuchpublizität substituiert (oben Rn 1 u § 1155 Rn 1). Die Substitution kann aber nur eintreten, wenn sich der Gläubiger durch Briefvorlage legitimieren muss; ist er dieser Verpflichtung entbunden, so muss sich der Rechtsverkehr wieder auf das Grundbuch verlassen.

23 Dasselbe gilt für § 1155: die Vorschriften der §§ 406 bis 408 finden gemäß § 1156 deshalb keine Anwendung auf die Briefhypothek, weil der Eigentümer sich durch das Verlangen nach Briefvorlage dagegen schützen kann, an den falschen Gläubiger zu zahlen (nur bei der Kündigung durch den Eigentümer greift § 1160 nicht, weshalb gemäß § 1156 Abs 2 der gute Glaube wieder in Funktion gesetzt wird). Ist aber die Geltung des § 1160 durch einen Verzicht ausgeschlossen, so müssen die §§ 406 bis 408, 891 bis 893 wieder uneingeschränkt anwendbar sein. Da diese Vorschriften den Eigentümer ebenso gut schützen wie § 1160, steht ein Verstoß gegen § 307 nicht in Frage (ebenso iE MünchKomm/Eickmann[4] Rn 10 gegen AK-BGB/Winter Rn 5).

V.　Geltungsbereich

24 § 1160 gilt auch für die Briefgrundschuld und die Briefrentenschuld (vgl RGZ 56, 414; JW 1908, 447).

§ 1161
Geltendmachung der Forderung

Ist der Eigentümer der persönliche Schuldner, so findet die Vorschrift des § 1160 auch auf die Geltendmachung der Forderung Anwendung.

Materialien: E I § 1120; II § 1066 rev § 1145;
III § 1144; Mot III 760 f; Prot III 665.

1. Der Grundsatz des § 1160 gilt bei der Briefhypothek auch dann, wenn der 1
Gläubiger den **persönlichen Anspruch** geltend macht, vorausgesetzt, dass *Schuldner*
und *Eigentümer dieselbe Person* sind. Maßgebend ist der Zeitpunkt, zu dem die
persönliche Forderung geltend gemacht wird (PLANCK/STRECKER Anm 1; WOLFF/RAISER
§ 142 IV 2).

Erforderlich ist, dass der *wahre* Eigentümer (nicht der Bucheigentümer) mit dem 2
Schuldner identisch ist (PLANCK/STRECKER Anm 1). Daher ist der Widerspruch des
Schuldners, der fälschlich als Eigentümer eingetragen ist, rechtlich wirkungslos, und
zwar selbst dann, wenn weder der Gläubiger noch der Schuldner die Unrichtigkeit
des Grundbuchs kennen. Ist der Schuldner Eigentümer, aber nicht eingetragen, so
hat er kein Widerspruchsrecht; § 1148 ist entsprechend anzuwenden (WOLFF/RAISER
§ 142 IV 2).

Der persönliche Schuldner kann gegenüber dem Anspruch unter den genannten 3
Voraussetzungen die Rechte aus §§ 1144, 1145, 1167 geltend machen (vgl Erl zu
§ 1160). Die §§ 371 und 406 bis 408 sind zusätzlich anwendbar.

2. Ist der persönliche Schuldner **nicht** zugleich **Eigentümer**, so ist § 1160 nicht 4
anwendbar. Es gelten dann die allgemeinen Bestimmungen des Schuldrechts. § 410
schützt dabei den Schuldner gegen Mahnung und Kündigung eines Nichtberechtig-
ten; die erforderliche Form des Abtretungsnachweises nach § 410 ist nicht die des
§ 1155, sondern ggf die des § 403 (PLANCK/STRECKER Anm 3; vgl auch Mot III 760).
Indirekt bleibt der Eigentümer dadurch geschützt, dass der Schuldner gemäß § 407
wirksam an den alten Gläubiger leisten kann, solange er die Abtretung nicht kennt;
die Leistung an den alten Gläubiger tilgt dann die Hypothekenforderung und damit
auch die Hypothek.

3. § 1161 ist auf die **Buchhypothek** nicht anwendbar, da der für anwendbar 5
erklärte § 1160 eine Briefhypothek voraussetzt.

4. Für **Grund-** und **Rentenschulden**, auch Sicherungsgrundschulden, gilt § 1161 6
wegen Fehlens einer Forderung nicht. Auch bei der Sicherungsgrundschuld stehen
dem mit der persönlichen Klage belangten Eigentümer die Rechte, die § 1161 bei
der Hypothek gewährt, nicht zu (PLANCK/STRECKER § 1192 Anm 6e).

§ 1162
Aufgebot des Hypothekenbriefs

**Ist der Hypothekenbrief abhanden gekommen oder vernichtet, so kann er im Wege
des Aufgebotsverfahrens für kraftlos erklärt werden.**

Materialien: E I § 1123; II § 1067 rev § 1146;
III § 1145; Mot III 762 f; Prot III 666.

1 **1.** Bei der Bedeutung des Hypothekenbriefs für den Rechtsverkehr musste Vorsorge getroffen werden, dass der Berechtigte bei Verlust des Briefs eine neue Urkunde erhalten kann. Die Erteilung eines neuen Briefs setzt die **Kraftloserklärung** des abhanden gekommenen oder vernichteten Hypothekenbriefs im Wege des Aufgebotsverfahrens voraus (§ 67 GBO).

2 **2.** **Voraussetzung** des Aufgebotsverfahrens ist, dass der Brief abhandengekommen oder vernichtet ist. „Abhandenkommen" ist nicht im Sinne von § 935 zu verstehen (so aber anscheinend STAUDINGER/SCHERÜBL[12] Rn 1), sondern so wie bei § 799 (vgl STAUDINGER/MARBURGER [2009] § 799 Rn 3; REBE AcP 173 [1973] 186, 189; MünchKomm/EICKMANN[4] Rn 2). Wem der Brief abhanden gekommen ist, spielt keine Rolle. Das Abhandenkommen ist glaubhaft zu machen (§ 1007 Nr 2 ZPO). Ist ein Brief nur stark beschädigt, aber noch lesbar (oder ist der Inhalt unleserlicher Teile sonstwie, etwa aus einer amtlichen Abschrift, feststellbar), so kann er auch ohne Aufgebotsverfahren erneuert werden (§ 67 GBO). Dem Abhandenkommen oder der Vernichtung steht es gleich, wenn der Gläubiger sich außerstande sieht, den Brief von dem zur Herausgabe verurteilten Besitzer des Briefs im Wege der Zwangsvollstreckung zu erlangen (OLG Hamburg HRR 1936 Nr 401; LG Koblenz NJW 1955, 506; PALANDT/BASSENGE[67] Rn 1; PALANDT/SPRAU[67] § 799 Rn 3; ERMAN/WENZEL[12] Rn 1; MünchKomm/EICKMANN[4] Rn 2; **aM** RGZ 155, 74; SOERGEL/KONZEN[13] Rn 2; WOLFF/RAISER § 142 Fn 28; vgl STAUDINGER/MARBURGER [2009] § 799 Rn 3 und § 1170 Rn 6). Auf die mit dem Brief verbundene *Schuldurkunde* (§ 58 GBO) erstreckt sich das Aufgebotsverfahren nicht.

3 Auch ein Brief, der sich zur Zeit des Abhandenkommens oder der Vernichtung *beim Grundbuchamt befunden* hat, kann für kraftlos erklärt werden; § 1162 unterscheidet nicht, unter welchen Umständen oder unter wessen Mitwirkung der Brief abhanden gekommen oder vernichtet worden ist. Ist aber ein Brief vom Grundbuchamt im Wege des § 69 GBO unbrauchbar gemacht worden, kann er aber nicht als vernichtet angesehen werden; er ist dann nicht aufzubieten, sondern nach § 67 GBO zu erneuern, auch dann, wenn die Zerstörung auf einem Versehen beruht (KGJ 48, 228; BGB-RGRK/MATTERN[12] Rn 4).

4 Eine *Übertragungsurkunde,* die sich auf das Briefrecht bezieht, kann, wenn sie abhanden gekommen ist, nicht aufgeboten werden; denn ein Aufgebotsverfahren zur Kraftloserklärung von Urkunden findet nur in den gesetzlich besonders zugelassenen Fällen statt. Es bedarf auch des Aufgebots nicht, da die Urkunde von ihrem Aussteller wieder errichtet werden kann und der Gläubiger notfalls nach § 894 vom Betroffenen die Bewilligung der Berichtigung des Grundbuchs verlangen kann (vgl KG RJA 15, 322). Dies muss auch für eine mit dem abhanden gekommenen oder vernichteten Brief verbundene Abtretungsurkunde gelten, da der neue Brief nur einen Auszug aus dem Grundbuch enthält (OLG Rostock RJA 8, 158; GÜTHE/TRIEBEL, GBO § 68 Anm 4 ff), die auf dem Brief befindlichen Abtretungserklärungen aber weder aus dem Grundbuch noch sonstwie ersichtlich sind und daher auf dem neuen Brief nicht eingetragen werden können.

5 Neben § 1162 bestimmt § 136 ZVG, dass der Brief auch *nach der Löschung* des zugrundeliegenden Rechts noch im Wege des Aufgebotsverfahrens für kraftlos erklärt werden kann, sofern der Nachweis des Berechtigten von der Beibringung des Briefs abhängig ist (vgl §§ 126, 135 ZVG).

Spezialfälle regelt das *Gesetz über die Kraftloserklärung* von Hypotheken, Grund-   **6**
schuld und Rentenschuldbriefen in besonderen Fällen (vom 18. 4. 1950 [BGBl 88] idF der
Änderungsgesetze vom 20. 12. 1952, 25. 12. 1955 und 29. 4. 1960 [BGBl I 830, 867, 297]; s näher
STAUDINGER/SCHERÜBL[10/11] Rn 8). Zum *Ablösungsrecht nach § 10 GBBerG* s Einl 223
zu §§ 1113 ff. Hypotheken-, Grundschuld- und Rentenschuldbriefe, die durch
Kriegseinwirkung vernichtet worden oder abhanden gekommen sind und deren
Verbleib seitdem nicht bekannt geworden ist, können ohne Aufgebotsverfahren
wieder hergestellt werden (§ 26 GBMaßnG); mit der Erteilung des neuen Briefs
wird der bisherige Brief kraftlos.

3.   **Antragsberechtigt** ist derjenige, der das Recht aus der Urkunde geltend ma-   **7**
chen kann (§ 1004 Abs 2 ZPO, ab 1. 9. 2009 § 467 Abs 2 FamFG); das können uU
auch mehrere gemeinsam sein. Der Eigentümer ist antragsberechtigt, wenn die
Hypothek (Grundschuld) ihm zusteht oder nichtig oder erloschen ist. In allen diesen
Fällen ist gemäß § 952 auch das Eigentum am Brief auf den Eigentümer übergegangen (aA für die Fälle der Nichtigkeit und des Erlöschens nur MünchKomm/FÜLLER[4]
§ 952 Rn 21). Ist dem Eigentümer eine Löschungsbewilligung oder eine löschungsfähige Quittung erteilt worden, so kann dies als Ermächtigung verstanden werden, das
Aufgebotsverfahren in Prozessstandschaft für den Eigentümer, also im eigenen
Namen, durchzuführen (vgl LG Flensburg SHAnz 1969, 200; dogmatisch unklar, aber iE ebenso
BAUMBACH/LAUTERBACH/HARTMANN, ZPO[65] § 1004 Rn 1; STEIN/JONAS/SCHLOSSER, ZPO[22] § 1004
Rn 1; ZÖLLER/GEIMER, ZPO[26] § 1004 Rn 2); die Voraussetzungen einer gewillkürten Prozessstandschaft sind hier unbedenklich gegeben. Fraglich dagegen, ob der ehemalige
bloße Besitzer des abhandengekommenen Briefs antragsberechtigt ist, wenn er zur
Herausgabe verpflichtet ist (so WIECZOREK/SCHÜTZE/WEBER, ZPO[3] § 1004 Rn 8 ebenfalls
unter Berufung auf LG Flensburg SHAnz 1969, 200). Das Grundbuchamt kann die Erwirkung eines Ausschlussurteils bzw eines Ausschließungsbeschlusses nicht durch
Zwangsgeld erzwingen (KG HRR 1928 Nr 245; aA offenbar BAUER/vOEFELE/WEBER, GBO[2]
§ 67 Rn 12).

4.   Das **Verfahren** bestimmt sich nach §§ 946–959, 1003–1024 ZPO (ab 1. 9. 2009   **8**
nach §§ 433 ff FamFG). Ausschließlich zuständig ist das AG der belegenen Sache
(§ 1005 Abs 2 ZPO, § 466 Abs 2 FamFG). Die Art der Veröffentlichung des Aufgebots, des Ausschlussurteils und des auf die Anfechtungsklage ergangenen Urteils,
soweit dadurch die Kraftloserklärung aufgehoben wird, sowie die Aufgebotsfrist
kann nach § 1024 Abs 2 ZPO (aber nicht mehr nach § 486 Abs 2 FamFG) durch
die Landesgesetze auch anders bestimmt werden als in den §§ 1009, 1014, 1015, 1017
ZPO vorgeschrieben ist. Während nach bisherigem Recht gemäß § 957 Abs 1 ZPO
ein Rechtsmittel gegen das Ausschlussurteil nicht stattfindet, so dass es sofort mit
Verkündung rechtskräftig wird (BGH NJW 1980, 2529) und keines Rechtskraftzeugnisses bedarf (allgM, zB MünchKommZPO/EICKMANN[3] § 957 Rn 2; DEMHARTER, GBO[26] Anh zu
§§ 84–89 Rn 24), wird der Ausschließungsbeschluss nach § 439 Abs 2 FamFG erst mit
Rechtskraft wirksam, die dem Grundbuchamt durch ein Rechtskraftzeugnis nachzuweisen ist.

Die Kraftloserklärung gilt *für und gegen alle* auch dann, wenn das Ausschlussurteil   **9**
(der Ausschließungsbeschluss nach § 439 FamFG) von einem Nichtberechtigten
erwirkt ist (KGJ 45, 294; SOERGEL/KONZEN[13] Rn 3).

10 5.   Der **bisherige Hypothekenbrief** wird durch das Ausschlussurteil (den Ausschließungsbeschluss nach § 439 FamFG) *kraftlos.* Der für kraftlos erklärte Brief kann also
den Erwerb der Hypothek nicht mehr vermitteln (Mot III 763), auch nicht einem
gutgläubigen dritten Erwerber (KGJ 45, 294; für einen Fall abweichend OBERNECK, Das
Reichsgrundbuchrecht[4] [1909] § 153; der Ausschluss wirkt hier aber ganz allgemein). Der Brief
wird **ohne weiteres** auch den Fällen der §§ 1170 und 1171 mit der Ausschließung des
unbekannten Gläubigers kraftlos (s § 1170 Abs 2 S 2, § 111 Abs 2 S 2).

11 Im Falle der *Aufhebung des Ausschlussurteils* im Wege der Anfechtung (§§ 957 ff,
1018 Abs 2 ZPO; ab 1. 1. 2009 gemäß § 479 Abs 2 FamFG im Beschwerdeverfahren)
erhält der alte Brief seine frühere Bedeutung wieder. Der neue Brief kann zurückgefordert werden (vgl §§ 894, 896 BGB; Mot III 763). Der Verpflichtete ist in diesem
Fall gegen die Gefahr einer Doppelleistung nach Maßgabe des § 1018 Abs 2 ZPO
gesichert. Soweit vor der Aufhebung des Ausschlussurteils Rechtsgeschäfte hinsichtlich der Hypothek vorgenommen wurden, welche mit Rücksicht auf den öffentlichen
Glauben des Grundbuchs eine Berichtigung ausschließen, bleiben sie auch nach der
Aufhebung des Ausschlussurteils gültig; nach Rechtskraft des das Ausschlussurteil
aufhebenden Urteils kann sich aber dann niemand mehr auf gutgläubigen Erwerb
gegenüber dem wieder in Geltung getretenen alten Brief berufen, unbeschadet der
Rechte wegen schuldhafter Verursachung eines Rechtsscheins, wenn der Anfech-
tungskläger es unterlassen hat, das Grundbuchamt zu verständigen, also den Rechtsschein bestehen ließ, dass der neue Brief gelte; dasselbe gilt für den Ausschließungsbeschluss.

12 6.   Ist der Brief für kraftlos erklärt, kann er auf Antrag gemäß §§ 67 f GBO
erneuert werden. Nach dem Wortlaut des § 67 GBO ist ein neuer Brief zu erteilen,
wenn das Ausschlussurteil vorgelegt wird. In der Tat wirkt das Ausschlussurteil inter
omnes Rechtskraft dahingehend, dass der Brief dem Antragsteller abhanden gekommen ist, er also im Zeitpunkt des Abhandenkommens Besitzer war (so nicht nur
der Wortlaut des § 1018 Abs 1 ZPO, sondern auch § 1004 Abs 2 ZPO, der das
Antragsrecht demjenigen vorbehält, der das Recht aus der Urkunde geltend machen
kann; ab 1. 9. 2009 ist das auch in § 479 Abs 1 FamFG geregelt); der Brief ist deshalb
ohne weiteren Nachweis dem zu erteilen, der das Ausschlussurteil (den Ausschließungsbeschluss) erwirkt hat. Die *Gegenansicht,* wonach im Grundbuchverfahren die
Glaubhaftmachung, die der Antragsteller im Aufgebotsverfahren zu erbringen hatte,
nicht ausreicht, der Antragsteller vielmehr (in der Form des § 29 GBO!) nunmehr
nachzuweisen habe, dass er Inhaber des Rechts ist (BayObLG Rpfleger 1987, 363; Bay-
ObLG Rpfleger 1987, 493; BayObLG Rpfleger 1988, 477; DEMHARTER, GBO[26] § 67 Rn 3; Münch-
KommZPO/EICKMANN[3] §§ 1003–1024 Rn 44), führt zu unhaltbaren Ergebnissen (vgl Bearb
2002 Rn 8). Sie ist jedenfalls ab 1. 9. 2009 überholt. Die Erteilung des Briefes ist nach
§ 68 GBO im Grundbuch zu vermerken (vgl auch § 53 GBV).

13 Soll die Hypothek *gelöscht* werden, so bedarf es der Ausstellung eines neuen Briefs
nicht; nach § 41 Abs 2 GBO genügt die Vorlage des Ausschlussurteils (KGJ 45, 296).
Vgl auch § 1170 Abs 2, ferner Prot III, 666; § 1015 Abs 1 ZPO, diese Bestimmung
ersetzt zugleich E I § 1123 Abs 2 S 2.

14 Auch zur Geltendmachung der Hypothek, bei *Kündigung und Mahnung* gegenüber
dem Eigentümer genügt die Vorlegung des Ausschlussurteils (§ 1018 Abs 1 ZPO, ab

1. 1. 2009 § 479 Abs 1 FamFG). Dagegen können der Eigentümer und der ersatz-berechtigte Schuldner gegen Befriedigung (und auch nach Befriedigung) des Gläu-bigers im Hinblick auf §§ 1144 f, 1167 Aushändigung eines neuen Briefs verlangen, da sonst mangels eines Briefs die Hypothek nicht auf ihren Namen umgeschrieben werden kann (PLANCK/STRECKER Anm 7; § 1144 Rn 17).

Schließlich können die Wirkungen einer sog *Ersatzübergabe* des Briefs durch das **15** Grundbuchamt (s § 1117 Abs 2) bereits eintreten, sobald das Grundbuchamt den Brief ausstellen kann, also mit Vorlage des Ausschlussurteils (§ 1154 Rn 49; vgl RGZ 66, 106).

7. § 1162 gilt auch für **Grund** und **Rentenschulden**. Hat der Eigentümer die durch **16** eine Grundschuld gesicherte Forderung bezahlt, geht allerdings die Grundschuld nicht auf ihn über und er wird deshalb nicht wie der Hypothekengläubiger (oben Rn 7) antragsberechtigt (aA LG Flensburg SchlHA 1969, 200, das § 1162 analog anwendet). Aus dem Sicherungsvertrag ergibt sich freilich in der Regel (notfalls nach Treu und Glauben), dass der Grundschuldinhaber sich in die Lage versetzen muss, die Grund-schuld zurückzugeben, indem er das Aufgebot beantragt, wenn der Brief abhanden gekommen ist (Vorbem 140 ff zu § 1191 ff). Darüber hinaus ist der Eigentümer idR antragsberechtigt, wenn er eine Löschungsbewilligung in Händen hat (oben Rn 7).

Für **Grundschuldbriefe auf den Inhaber** gelten allgemein und daher auch für das **17** Aufgebotsverfahren gemäß § 1195 S 2 die Vorschriften des § 799 über Schuldver-schreibungen auf den Inhaber.

§ 1163
Eigentümerhypothek

(1) Ist die Forderung, für welche die Hypothek bestellt ist, nicht zur Entstehung gelangt, so steht die Hypothek dem Eigentümer zu. Erlischt die Forderung, so erwirbt der Eigentümer die Hypothek.

(2) Eine Hypothek, für welche die Erteilung des Hypothekenbriefs nicht ausge-schlossen ist, steht bis zur Übergabe des Briefes an den Gläubiger dem Eigentümer zu.

Materialien: E I §§ 1092, 1094 Abs 3 S 1, Abs 4, 1097 Abs 1; II § 1070 rev § 1147; III § 1146; Mot III 720 ff, 725 ff, 733; Prot III 591 ff, 603 ff.

Schrifttum

BAUER, Das Eigentümergrundpfandrecht (Diss Marburg 1930)

BLOMEYER, Eigentümergrundpfandrecht und Grundpfandbestellungsrecht des Eigentümers, DRWiss 1941, 110 ff, 218

BOEHMER, Hypothekarische Sicherung des Zwischenkredits, ZAkDR 1940, 241

BORRIES, Das Eigentümerpfandrecht insbeson-dere in der Zwangsvollstreckung (Diss Bonn 1938)

BOURIER, Eigentümerhypothek bei nicht valutierter Höchstbetragshypothek, BayNotV 1931, 285

LUDWIG BRAUN, Die Eigentümerhypothek des deutschen Bürgerlichen Gesetzbuches im Vergleich mit dem österreichischen und dem schweizerischen Recht (Diss München 1923)

BRINCK, Die Bezahlung der Hypothekenforderung und der Grundschuld, sowie die Hypothek und die Grundschuld am eigenen Grundstücke (1907)

BRUCK, Die Eigentümerhypothek (1903)

vBRUNN, Die Pfändung von Eigentümergrundschulden, JR 1935, 169

BÜRGER, Die Pfändung von Teileigentümergrundschulden (Diss Münster 1935)

DANNEHL, Die sog vorläufige, auflösend bedingte Eigentümergrundschuld als Sicherung für den Bauzwischenkredit (Diss Erlangen 1938)

FAHLE, Die ungebuchte Eigentümerhypothek (1906)

FULD, Die Eigentümerhypothek im Konkurse (1911)

HAGER, Verkehrsschutz durch redlichen Erwerb, 1990

HIRSCHFELD, Beiträge zum Pfandrecht am eigenen Grundstücke (1914)

HORN, Die Eigentümerhypothek, Leonhardsche Studien zur Erläuterung des Bürgerlichen Rechts, Heft 19, 1906

JANUSCHEWSKI, Die Bezahlung der Hypothekenforderung unter Berücksichtigung der Bezahlung der Zinsrückstandshypothek (Diss Erlangen 1936)

JENRICH, Die Sicherung des Bauzwischenkredits durch Abtretung der vorläufigen Eigentümergrundschuld und der sonstigen Rechte des Bauherrn (Diss Mainz 1971)

KAPS, Eigentümerhypothek und Grundeigentum, DRW 1943, 421

KLEE, Eigentümergrundschuld oder Fremdgrundschuld, NJW 1951, 579

LAUFKE, Anwartschaftsrechte beim Hypothekenerwerb (Diss Münster 1966)

LENT, Die Rechtsstellung des Gläubigers der Hypothek für eine künftige Forderung, ZAkDR 1937, 39

LORENZ, Weitere Fragen zur konkursrechtlichen Problematik der Eigentümergrundschuld, KTS 1962, 28

MAURER, Eigentümergrundschuld und Pfandentlassung, ZfKrW 1967, 322

ders, Eigentümerhypothek und Pfanderstreckung, ZfKrW 1968, 489

MAYER, Die Pfändung von Eigentümerhypotheken (1911)

PFAFF, Löschungsfähige Quittung oder Löschungsbewilligung, BWNotV 1968, 182

PULHEIM, Pfändung und Konkurs bei der Eigentümerhypothek nach den Entscheidungen des Reichsgerichts (Diss Köln 1938)

RAISER, Dingliche Anwartschaften (1961)

SCHNEIDER, Die Eigentümerhypothek vor Übergabe des Briefs (1908)

SCHNEIDER, Sicherung des Zwischenkreditgebers gegen Konkursausfälle bei der Verwendung von Buchgrundschulden, VersW 1971, 348

K SCHNEIDER, Zwangsvollstreckung in Grundschulden, insbesondere in Eigentümergrundschulden (Diss Köln 1950)

SIMÉON, Zwangsvollstreckung in Eigentümerhypotheken (Diss Jena 1936)

SOTTUNG, Die Pfändung der Eigentümergrundschuld (1957)

SPELBERG, Inwieweit kann eine nicht valutierte Hypothek auf Weisung des Eigentümers durch den formell eingetragenen Hypothekengläubiger an einen dritten Valutageber rechtswirksam abgetreten werden? (Diss Tübingen 1935)

STAHLMANN, Die vorläufige Eigentümergrundschuld bei Hypotheken für künftige oder aufschiebend bedingte Forderungen (Diss Frankfurt 1971)

WEIDMANN, Die Pfändung der Eigentümergrundschuld (Diss München 1950)

WEISER, Die hypothekarische Zwischenkreditsicherung (Diss Tübingen 1965)

WEISS, Die Pfändung von Eigentümergrundschulden insbesondere im Hinblick auf die Löschungsvormerkung nach § 1179 BGB, Steuerwarte 1968, 107

WILKE, Die Wirkung von Löschungsvorschriften gegenüber Abtretungen von vorläufigen Eigentümergrundschulden zum Zwecke der Zwischenfinanzierung, WM 1973, 718

WINKLER, Die Zwischenfinanzierung durch

Abtretung vorläufiger Eigentümergrundschulden, NJW 1970, 414
WÖRBELAUER, Die verschleierte Eigentümergrundschuld, NJW 1958, 1513
ders, Die verhinderte Eigentümergrundschuld,
NJW 1958, 1705
ders, Die Valutierung der Grundpfandrechte

und der Auftrag des Geldgebers an den Notar,
DNotZ 1965, 518
ZAGST, Das Recht der Löschungsvormerkung
und seine Reform (1973)
ZAWAR, Die Eigentümergrundschuld im Spiegel
der neueren Rechtsprechung, NJW 1976, 1823.

Systematische Übersicht

Alphabetische Übersicht

I. Allgemeines

1. Eigentümergrundschuld

1 Nach der Ausgestaltung, welche die Grundpfandrechte im BGB gefunden haben, stellen Hypothek und Grundschuld Formen desselben Rechtstyps dar (Einl 1, 14 zu §§ 1113 ff). Der wesentliche Unterschied besteht darin, dass die Grundschuld schlechthin die Zahlung einer bestimmten Geldsumme aus dem Grundstück zum Inhalt hat (§§ 1191, 1192), während bei der Hypothek die Geldsumme an den Berechtigten zur Befriedigung wegen einer ihm zustehenden Forderung zu leisten ist (§ 1113). Für den Fall des Nichtentstehens und des Nichtmehrbestehens der gesicherten Forderung sowie für die Rechtslage bei der Briefhypothek bis zur Übergabe des Briefs bedurfte es daher einer Regelung, wem die Rechte aus der Hypothek zustehen. Sie ist in § 1163 dahin ergangen, dass Berechtigter aus der Hypothek der Eigentümer ist. Des Weiteren ergibt § 1177 Abs 1, dass das Grundpfandrecht in diesen Fällen zur Grundschuld, nämlich zur Eigentümergrundschuld, wird (**aA** – Hypothek ohne Forderung – WILHELM[3] Rn 1448 ff).

2 Die Eigentümergrundschuld ist als Grundschuld ein von Entstehen und Bestand einer persönlichen Forderung unabhängiges Grundpfandrecht (§ 1177 Rn 4). Ihr rechtlicher Inhalt wird durch § 1177 Abs 1 bestimmt (§ 1177 Rn 3).

2. Rechtsnatur und Inhalt

3 S § 1177 Rn 4 ff.

3. Sprachgebrauch

4 Die Eigentümergrundschuld, früher verschiedentlich „Eigentümerhypothek im eigentlichen Sinn" genannt, ist in Wahrheit keine Hypothek (WOLFF/RAISER § 144 Fn 23). Von ihr zu unterscheiden ist die *Eigentümerhypothek,* gelegentlich Eigentümerhypothek im weiteren Sinn genannt; hierunter sind jene Fälle zu verstehen, bei denen der Eigentümer nicht nur das Grundpfandrecht, sondern auch die Forderung erwirbt (s § 1177 Rn 2). Den Gegensatz zur Eigentümerhypothek bildet die *Fremdhypothek.*

5 Die Eigentümergrundschuld ist *vorläufig,* wenn der Eigentümer einem Gläubiger eine Hypothek bestellt, das Darlehen aber noch nicht ausbezahlt ist, oder *endgültig,* wenn die Forderung erloschen ist. Sie ist eine *ursprüngliche,* wenn sie als solche bestellt wird, eine *nachträgliche,* wenn zunächst ein Fremdgrundpfandrecht bestellt wird. Sie ist eine *offene,* wenn sie aus dem Grundbuch ersichtlich ist, eine *verdeckte* (verschleierte), wenn dies nicht der Fall ist (BAUR/STÜRNER § 36 V 3 d). Von einer *künftigen* Eigentümergrundschuld kann man sprechen, solange die Hypothek dem Gläubiger zusteht; bis zum späteren Erlöschen der Forderung bleibt es auch ungewiss, wem die Grundschuld als Eigentümer zustehen wird.

4. Kritik der gesetzlichen Regelung

6 § 1163 hat die Funktion, die Verfügung über die Rangstelle dem *Eigentümer* zu reservieren und sie nicht der Willkür der Gläubiger auszuliefern (dazu auch Einl 153 ff und 232 ff zu §§ 1113 ff). Der Vorschrift liegt die völlig richtige Vorstellung zugrunde, dass kein Gläubiger Anspruch auf eine bessere Rangstelle und damit auf eine wirtschaftlich wertvollere Sicherung hat als die, die dem Kreditgeschäft vertraglich zugrundegelegt worden ist. Es ist (anders als von STAUDINGER/SCHERÜBL[12] Rn 5 im Anschluss an ZAGST 9 angenommen) keine vergangene Zeiterscheinung, sondern ehernes Gesetz des Markts, dass schlechter gesicherte Kredite teurer sind als besser gesicherte, weil Kreditzinsen stets eine *Risikoprämie* enthalten. Diese wird besonders augenscheinlich in den für eine Kreditversicherung, international „credit default swap" – CDS (vgl „Die Welt" vom 26. 9. 2008 nach BLOOMBERG vom 22. 9. 2008; LUTTERMANN RIW 2008, 737) –, geforderten, je nach Risikoeinschätzung höchst unterschiedlichen Prämien. Der Begriff „teurer" darf natürlich nicht mechanistisch nur auf den Zinssatz bezogen werden. Ein scheinbar billiger Bausparkredit zB ist nur deshalb relativ niedrig zu verzinsen, weil der Bausparer jahrelang Zinsen vorausbezahlt hat, indem er zu niedrige Guthabenzinsen für sein Bausparguthaben akzeptieren musste (nicht erkannt von STÖBER Rpfleger 1977, 399; PALANDT/BASSENGE[67] Rn 1; MünchKomm/EICKMANN[4] Rn 2); aus dem niedrigen Zinssatz kann die Bausparkasse daher nicht ein Anrecht auf besseren Rang herleiten. Rechnet – als weiteres Beispiel – der Markt mit einem künftig steigenden Zinsniveau, dann kann die langfristige „1. Hypothek" (Einl 20 zu §§ 1113 ff) einen höheren Zinssatz aufweisen als die kurzlaufende „2. Hypothek"; das ändert aber nichts an der einkalkulierten Risikoprämie. Es ist deshalb grundsätzlich *marktwidrig*, wenn nachrangig gesicherte Gläubiger unvermittelt aufrücken und eine Sicherungsposition einnehmen können, die für sie nicht vorgesehen war. Nicht zufällig, sondern als Folge der Abschaffung des Markts, hatte das Zivilgesetzbuch der DDR die rangwahrende Eigenschaft des Grundpfandrechts abgeschafft und nicht zufällig, sondern wegen der Bedürfnisse des Markts, hat der Einigungsvertrag die Rückkehr zum System des BGB angeordnet.

Aus der Funktion im Kreditmarkt folgt aber auch, dass das Aufrücken nachrangiger **7** Gläubiger *nicht in jedem Fall unbillig* ist. Aufzurücken ist im Gegenteil wirtschaftlich sinnvoll und angebracht, wenn vor- und nachrangige Beleihung Teil eines Gesamt-Beleihungskonzepts sind, im Rahmen dessen der nachrangige Gläubiger von vornherein sein künftiges Aufrücken in seine Kreditkalkulation einbezieht. Das ursprüngliche Konzept des BGB, den Rang für den Eigentümer zu schützen, in *Ausnahmefällen* aber über § 1179 (alt) ein kalkuliertes Aufrücken eines nachrangigen Gläubigers zu ermöglichen und zu sichern, war daher völlig richtig. Nicht das Konzept des BGB war zeitgebunden, sondern die Kritik daran (zB K BLOMEYER DRWiss 1941, 218 ff; KAPS DRW 1943, 436; JOCHEMCZYK, Der Langfristige Kredit [jetzt „Immobilien und Finanzierung"] 1967, 539; vgl WOLFF/RAISER § 143 IV mit den Nachweisen in Fn 9 und die Übersicht über die Reformvorschläge bei ZAGST 139 ff).

Es war die *Formularpraxis der Kreditinstitute,* welche die sinnvolle Regelung des **8** BGB pervertiert und zerstört hat (gleicher Meinung MünchKomm/EICKMANN[4] § 1179 Rn 2). Was man dem BGB allein vorwerfen kann, ist, das nicht vorausgesehen und keine Vorsorge dagegen getroffen zu haben. Bis heute ist es Praxis der Kreditinstitute, unreflektiert einfach alles an Sicherheiten zusammenzuraffen, was sich irgendwie ergattern lässt. Teil dieses Verhaltens, das erst spät in Kritik geraten ist (vgl zur Übersicherung Vorbem 76, 91 zu §§ 1191 ff), war es bis zur Neuregelung des § 1179, formularmäßig jede Bestellung eines Grundpfandrechts mit Löschungsvormerkungen zu verbinden und damit die gesetzliche Regelung der Rangwahrung faktisch außer Kraft zu setzen. Heute würde eine solche Handhabung an § 307 scheitern, obwohl die Rechtsprechung gegenüber der Formularpraxis der Kreditwirtschaft noch immer – aber mit rückläufiger Tendenz – erstaunlich nachsichtig ist (vgl die Kontroversen zur Globalzession, zu den formularmäßigen Ehegatten-Bürgschaften, zu den Grundschuld-Zweckerklärungen). Bis Ende der siebziger Jahre des 20. Jahrhunderts drehte sich aber die Diskussion fast nur um die Frage, welche einfacheren und auch für die Grundbuchämter bequemeren Wege es geben könne, die Wünsche der Kreditwirtschaft nach Verstärkung ihrer Sicherheiten zu erfüllen (TEICHMANN, Wegfall der Eigentümergrundschuld oder Löschungsanspruch als gesetzlicher Inhalt der Hypothek [1968]; WESTERMANN, Vorschläge zur Reform des Hypotheken- und Grundbuchrechts [1972]). Das Ergebnis war die wirtschaftlich und rechtstechnisch verfehlte Neufassung des § 1179 mit den neuen §§ 1179a, 1179b (vgl § 1179a Rn 1 ff), die nicht ohne Absicht wenige Monate nach Inkrafttreten des damaligen AGBG die zweckwidrige Bankpraxis AGB-fest gemacht hat.

9 Die **heutige Situation** ist die, dass der mit heißer Nadel gestrickte gesetzliche Löschungsanspruch die Regelungen des § 1163 und das ganze daran hängende, so sinnvolle System des deutschen Rechts der Grundpfandrechte seines Sinnes weitgehend entleert hat. Die Möglichkeit, den gesetzlichen Löschungsanspruch auszuschließen (wohlgemerkt kann nur der Löschungsanspruch gegenüber den vorrangigen Rechten ausgeschlossen werden, nicht aber ein Grundpfandrecht den nachrangigen Rechten gegenüber löschungsfest gemacht werden), ist nicht mehr als ein Feigenblatt. Es ist eine traurige, fast leichenfledderische Aufgabe, § 1163 zu kommentieren.

10 **Rechtspolitische Aufgabe**, deren Erfüllung möglicherweise Förderung durch die Bestrebungen zu Einführung eines europäischen Grundpfandrechts erfahren wird (vgl Einl 6 zu §§ 1113 ff), ist es, **die Systematik des BGB wiederherzustellen**. Es ist selbstverständlich, dass die Interessen der Kreditwirtschaft dabei angemessen zu wahren sind. Anzustreben ist eine Regelung, welche die Parteien dazu zwingt, über die Frage der Rangwahrung individuelle Vereinbarungen zu treffen. Formularmäßig in allgemeinen Geschäftsbedingungen oder Verbraucherverträgen oder gar gesetzlich darf der Verzicht auf Rangwahrung nicht mehr erzwungen werden.

5. Schiffshypotheken, Registerpfandrechte

11 Abweichend von den (ohnehin nur entsprechend anwendbaren) BGB-Vorschriften verzichten das Registerpfandrecht an Luftfahrzeugen und die Schiffshypothek – ohnehin Rechte an Mobilien und nicht an Immobilien – ganz oder zum Teil auf die Reservierung des Rangs. Die Schiffshypothek erlischt idR mit der Forderung, wenn die Hypothek mit dem Eigentum in derselben Person zusammentrifft; solange die Schiffshypothek nicht gelöscht ist, kann der Eigentümer im Rang und bis zur Höhe der bisherigen Belastung eine neue Schiffshypothek bestellen (§§ 64, 57 SchiffsRG). Auch das Registerpfandrecht an einem Luftfahrzeug erlischt unter denselben Voraussetzungen (§§ 57, 63 LuftfzRG).

6. § 1163 – zwingendes Recht

12 § 1163 ist allgM nach zwingendes Recht (RGZ 142, 159; OLG Königsberg Recht 1909

Nr 2120; BayObLG BayZ 1909, 25; KG JW 1933, 64); Vereinbarungen, die das Entstehen einer Eigentümergrundschuld in den Fällen des § 1163 ausschließen, wirken nur schuldrechtlich (RGZ 104, 72). Diese richtigen Sätze werden aber von der hL missachtet, indem sie eine auflösend bedingte Hypothek zulässt, die bei Bedingungseintritt rückstandsfrei erlöschen soll; dagegen Einl 112 zu §§ 1113 ff.

Kraft Gesetzes besteht für den Gläubiger eines Grundpfandrechts gemäß § 1179b **13** ein **Anspruch** auf **Löschung** des Grundpfandrechts, das ihm als Fremdhypothek zugestanden hat, aber nicht mehr zusteht (s zur Nichtigkeit dieser Vorschrift § 1179b Rn 4), und gemäß § 1179a für die Gläubiger der gleich und nachrangigen Grundpfandrechte ein Anspruch auf Löschung gleich- und vorrangiger Grundpfandrechte, wenn die von dem Löschungsanspruch betroffenen Rechte im Zeitpunkt ihrer Eintragung mit dem Eigentum in einer Person vereinigt sind oder eine solche Vereinigung später eintritt (zur rechtspolitischen Beurteilung § 1179a Rn 1 ff). Der Löschungsanspruch ist in gleicher Weise gesichert, wie wenn zu seiner Sicherung gleichzeitig mit dem begünstigten Grundpfandrecht eine Vormerkung eingetragen worden wäre (§ 1179a Abs 1 S 3). Für andere im Grundbuch eingetragene Rechte als Grundpfandrechte kommt einer schuldrechtlichen Vereinbarung auf Löschung eines Grundpfandrechts für den Fall der Vereinigung von Eigentum und Grundpfandrecht dingliche Wirkung nur durch Eintragung einer Vormerkung nach § 1179 nF zu.

7. Allgemeine Voraussetzungen

Das Entstehen einer Eigentümergrundschuld nach § 1163 setzt nur die **Eintragung 14 der Hypothek** voraus; fehlt die Einigung oder ist sie unwirksam, entsteht die Eigentümergrundschuld dennoch (Einl 102 zu §§ 1113 ff mwNw; aA die hL; differenzierend bereits STAUDINGER/SCHERÜBL[12] Rn 8 – bei fehlender Einigung entstehe das Grundpfandrecht als Eigentümergrundschuld, wenn der Eintragungsantrag des Eigentümers eine gültige Willenserklärung enthalte). Deshalb entsteht auch eine (anfängliche) Eigentümergrundschuld, wenn eine Arresthypothek ordnungsgemäß eingetragen wird, ihr aber in Wahrheit eine Forderung nicht zugrunde liegt (BGH WM 1978, 1130; Vorbem 52 zu §§ 1113 ff).

Eine Eigentümergrundschuld entsteht entgegen der hL auch dann, wenn für das **15** *dingliche* Recht in den Fällen des § 1163 Abs 1 das Entstehen der Forderung als aufschiebende (§ 1163 Abs 1 S 1) oder das Erlöschen als auflösende Bedingung (§ 1163 Abs 1 S 2) vereinbart ist (Einl 112 ff zu §§ 1113 ff mwNw).

Ob eine Fremdhypothek oder eine Eigentümergrundschuld begründet ist, hängt nur **16** von der **Entstehung**, nicht von der **Fälligkeit** der gesicherten Forderung ab; so entsteht zB ein Werklohnanspruch schon durch den Abschluss des Werkvertrags, durch § 641 ist lediglich die Fälligkeit hinausgeschoben. Die Rückerstattungspflicht beim Darlehen und damit der Rückzahlungsanspruch wird, gleichgültig ob man den Darlehensvertrag als Real- oder Konsensualvertrag und als einseitigen oder gegenseitigen Vertrag ansieht (s STAUDINGER/HOPT/MÜLBERT[12] Vorbem zu §§ 607 ff), durch die Hingabe des Darlehens begründet (§ 488 Abs 1 S 1). Die Fälligkeit des Rückzahlungsanspruchs (§ 488 Abs 1 S 2) ist dabei ohne Bedeutung. Bei einer auflösend bedingten Forderung entsteht eine Fremdhypothek, bei aufschiebend bedingter oder künftiger Forderung entsteht eine (vorläufige) Eigentümergrundschuld (§ 1113 Rn 37).

8. Grundpfandrecht bei abstraktem Schuldversprechen (Schuldanerkenntnis)

17 Eine **Fremdhypothek** entsteht bei Bestellung der Hypothek für die Forderung aus abstraktem Schuldversprechen oder Schuldanerkenntnis iSd §§ 780, 781 (RGZ 141, 383) unabhängig von der Hingabe des Darlehens (WINKLER NJW 1970, 414). Vgl zur Frage, welchen Formulierungen im Einzelfall ein abstraktes Schuldversprechen entnommen werden kann, § 1113 Rn 33. Liegt ein abstraktes Schuldversprechen (Schuldanerkenntnis) vor, ist die Folgerung WINKLERS aaO zutreffend, dass eine vorläufige Eigentümergrundschuld nicht entsteht und eine Zwischenfinanzierung durch Abtretung der vorläufigen Eigentümergrundschuld nicht durchführbar ist. Wegen der möglichen Einwendungen des Schuldners s Erl zu §§ 780, 781.

18 § 1163 ist auf die Kapitalforderung (vgl § 1178 Rn 3) zugeschnitten (OLG Kiel JW 1932, 1576); wegen Strafzinsen usw s Einl 51 zu §§ 1113 ff, wegen Rückständen an Zinsen und anderen Nebenleistungen s § 1178 Rn 5 ff.

II. Grundfälle der Entstehung der Eigentümergrundschuld

1. Originäre Eigentümergrundschuld (§ 1196)

19 Grundfall ist die originäre Eigentümergrundschuld nach § 1196. S die Erläuterungen dort. Alle anderen Fälle betreffen abgeleitete Eigentümergrundschulden.

2. Nicht entstandene Forderung (§ 1163 Abs 1 S 1)

20 Die Hypothek wird Fremdhypothek frühestens mit der Entstehung der ihr unterlegten Forderung (oben Rn 16). Bis dahin ist sie Grundschuld des Eigentümers („vorläufige Eigentümergrundschuld"). Der Entstehenszeitpunkt ist insbesondere dafür von Bedeutung, ob im Falle einer Insolvenz des Eigentümers das Verwaltungs- und Verfügungsrecht über das Grundpfandrecht gemäß § 80 Abs 1 InsO auf den Verwalter übergegangen ist oder ob der eingetragene Gläubiger gemäß § 49 InsO abgesonderte Befriedigung verlangen kann. Letzteres setzt – jedenfalls nach herkömmlicher Lehre – voraus, dass die Forderung vor Eröffnung des Insolvenzverfahrens entstanden ist (vgl statt vieler MünchKommInsO/GANTER² § 49 Rn 61); ob sich aus der neueren Rechtsprechung zur Vormerkung (BGHZ 149, 1 vom 14. 9. 2001 – V ZR 231/00 = BGHReport 2001, 988 m Anm HAGEN = IBR 2002, 47 m Anm SCHMITZ = MDR 2002, 110 m Anm STICKELBROCK = ZfIR 2001, 998 [dazu ASSMANN ZfIR 2002, 11] = DZWIR 2002, 115 m Anm FRITSCHE S 92 = DNotZ 2002, 275 m Anm PREUSS = WuB IV A § 883 BGB 1.02 [WAGNER]) jedenfalls dann etwas anderes ergibt, wenn die Entstehung der Forderung nur noch vom Willen des Gläubigers abhängt (aA für ein Pfandrecht an einer künftigen Forderung wohl BFH vom 12. 4. 2005 – VII R 7/03 – BStBl 2005, 543 m weit Nachw), ist an dieser Stelle nicht weiter zu erörtern. In gleicher Weise ist der Entstehenszeitpunkt von Bedeutung für den Lauf der Fristen zur Insolvenzanfechtung nach §§ 130 ff InsO und zur Anfechtung nach §§ 3 ff AnfG.

21 Dem Nichtenstehen der Forderung steht der Fall gleich, dass sie weder bei Eintragung der Hypothek noch später dem Gläubiger zusteht, zB weil sie im Zeitpunkt der Eintragung der Hypothek bereits (formfrei) an einen Dritten abgetreten war (§ 1113 Rn 65).

a)   Gleichgültig ist, **aus welchem Grund** die Forderung nicht entsteht, zB das **22** Darlehen wird nicht gegeben (BGH NJW 1978, 883: keine Valutierung durch Aufrechnung), die aufschiebende Bedingung bei der Forderung ist nicht (auch noch nicht) eingetreten, die Forderung selbst ist von Anfang an nichtig (zB bei sittenwidrigem Grundgeschäft) oder das Grundgeschäft ist ein Scheingeschäft im Sinne des § 117 (BGHZ 36, 84).

Eine Eigentümergrundschuld entsteht auch dann, wenn bei Nichtigkeit des der **23** Hypothek zugrundeliegenden Schuldverhältnisses dem Gläubiger ein *Bereicherungsanspruch* gegen den Schuldner zusteht; gesichert ist nur die als Schuldgrund angegebene Forderung, nicht der Bereicherungsanspruch (s § 1113 Rn 25; unklar bei BGHZ 36, 84). Gleiches gilt, wenn für ein nicht formgerechtes Schenkungsversprechen eine Hypothek bestellt wird (RGZ 88, 366; aM BAUR/STÜRNER § 37 V 2; HECK § 84 II 3). Als nicht entstanden gilt ferner eine Forderung, die einem wegen Irrtums etc anfechtbaren Rechtsgeschäft entstammt, sofern die Anfechtung Erfolg hat (§ 142; Prot III 604 f).

Eine unrichtige Bezeichnung der Forderung im Grundbuch hindert den Erwerb des **24** Grundpfandrechts durch den *Eigentümer* nicht; s zur Frage, unter welchen Voraussetzungen der *Fremdgläubiger* die Hypothek erwerben kann, obwohl die Forderung fehlerhaft bezeichnet ist, § 1115 Rn 55.

b)   Bei **nicht voll valutierter Briefhypothek** kann der Eigentümer vom Gläubiger **25** weder die Herausgabe des Hypothekenbriefs noch Einräumung des Mitbesitzes verlangen, sondern nur Vorlegung des Briefs beim Grundbuchamt zum Zweck der Berichtigung oder Aufhebung der Gemeinschaft hinsichtlich des Briefs (RGZ 69, 36; vgl § 1154 Rn 50).

Bleibt die Auszahlung des Hypothekenkapitals unter dem Nennbetrag, weil sich der **26** Geldgeber durch den Abzug am Kapital eine Vergütung (Provision) verschafft (Damnohypothek), besteht die Forderung in voller Höhe des Nennbetrags; in diesem Fall entsteht also zum Betrag der Differenz keine Eigentümergrundschuld (RG HRR 1932 Nr 235; PLANCK/STRECKER Anm 3a; NUSSBAUM ArchBürgR 25, 26 ff).

c)   Wegen der **Beweislast**, wenn der Hypothekengläubiger behauptet, die Forde- **27** rung sei nachträglich entstanden, s § 1138 Rn 15.

d)   Ist die Forderung **nicht** (oder noch nicht) **entstanden**, so steht das Grundpfand- **28** recht demjenigen zu, der im Zeitpunkt der Eintragung des Rechts Eigentümer des Grundstücks ist. Die Gläubigerstellung des ursprünglichen Erwerbers wird durch eine Veräußerung des Grundstücks nicht berührt. Dies gilt auch dann, wenn erst nach der Veräußerung des Grundstücks, also auch erst nach dem Zuschlag in der Zwangsversteigerung, festgestellt wird, dass die Forderung nicht entstanden ist (RGZ 88, 300, 306; 94, 9; PLANCK/STRECKER Anm 3d mwNw).

Ist eine Forderung zunächst entstanden, dann jedoch mit Erfolg angefochten (§ 142), **29** so fällt die Eigentümergrundschuld dem Eigentümer zu, der zur Zeit der Eintragung der Hypothek Eigentümer des belasteten Grundstücks war (PLANCK/STRECKER Anm 3d). Ist eine Auflassung nichtig oder auf Grund einer Anfechtung als von

Anfang an nichtig anzusehen (§ 142), so steht die Eigentümergrundschuld dem wahren Eigentümer zu (RGZ 80, 317; Planck/Strecker Anm 3d).

30 e) Für die **Gesamthypotheken** s §§ 1172 ff mit Erl.

31 f) Steht das belastete Grundstück im **Miteigentum**, so steht die Eigentümergrundschuld den Miteigentümern gemeinschaftlich zu; ihre Anteile und ihr Rechtsverhältnis bestimmen sich näher nach dem für das Miteigentum selbst maßgebenden Rechtsverhältnis. Bei Bruchteilsgemeinschaft gilt § 1172 mindestens entsprechend (RG JW 1938, 3236; hM; **aM** Planck/Strecker Anm 3d). Über die Rechtsverhältnisse bei einer einem Miteigentümer am gemeinschaftlichen Grundstück bestellten Hypothek s Staudinger/Gursky (2006) § 1009 Rn 3 ff. Jeder Miteigentümer kann, unbeschadet der Rechte der Miteigentümer nach § 1172 Abs 2, über seinen Anteil an der Eigentümergrundschuld verfügen; der Anteil unterliegt auch der Zwangsvollstreckung zugunsten seiner Gläubiger.

32 g) Eine Eigentümergrundschuld nach § 1163 Abs 1 S 1 besteht nicht nur, wenn die Forderung nicht entstanden ist und nicht mehr entstehen kann (endgültige Eigentümergrundschuld), sondern auch, wenn sie noch nicht entstanden ist, aber noch entstehen kann, bis zu ihrer Entstehung – **vorläufige Eigentümergrundschuld** (BayObLG vom 28. 11. 1969 – BReg 2Z 44/69 – MDR 1970, 233); dies gilt insbesondere bei Hypotheken für aufschiebend bedingte oder künftige Forderungen. In diesem Fall steht das Grundpfandrecht mit der Eintragung kraft Gesetzes (zum Fall des § 1163 Abs 2 s unten Rn 64 ff) als auflösend bedingte Grundschuld dem Eigentümer zu. Der Gläubiger erwirbt das dingliche Recht erst mit der Entstehung der Forderung, ohne dass es aber hierzu einer weiteren Rechtshandlung bedürfte (RGZ 51, 43; RGZ 60, 21; RGZ 61, 37; RGZ 97, 223; RGZ 125, 136; RGZ 153, 170; RG JW 1934, 1780; BGHZ 53, 60; KGJ 45, 270; KGJ 49, 225; BayObLGZ 1954, 39; Planck/Strecker Anm 3a; Wolff/Raiser § 145 Fn 3, 9 und 12; Soergel/Konzen[13] Rn 9; **aM** Bourier ZAkDR 1937, 524; Brandt DRWiss 1938, 63, Wilhelm[3] Rn 1448 ff, die die nicht valutierte Hypothek als Fremdhypothek des eingetragenen Gläubigers für eine künftige Forderung ansehen; dagegen Boehmer ZAkDR 1940, 241; K Blomeyer DRWiss 1941, 132 ff). Dasselbe gilt, wenn die Hypothek zwar eingetragen ist, die Einigung aber noch aussteht (vgl Einl 102 f zu §§ 1113 ff).

33 h) Bei der vorläufigen Eigentümergrundschuld erlangt der Gläubiger mit der Eintragung der Hypothek (bei der Briefhypothek nebst Briefübergabe) eine Rechtsposition, die man als **Anwartschaft** bezeichnen mag (kritisch Wilhelm[3] Rn 1593 ff). Mit der Entstehung der Forderung bzw der Erklärung der Einigung erstarkt diese Rechtsposition von selbst zum Vollrecht (RG HRR 1930 Nr 613; RG JW 1937, 615; Baur/Stürner § 46 III 1; Soergel/Konzen[13] Rn 9 ff; Wolff/Raiser § 2 II 3 c; Lent ZAkDR 1937, 37; Boehmer ZAkDR 1940, 241; Blomeyer DRWiss 1941, 132; Palandt/Bassenge[67] Rn 7; Planck/Strecker Anm 3c). Der Gläubiger erwirbt das dingliche Vollrecht auch dann, wenn zwischen Bestellung der Hypothek und Hingabe des Darlehens der Eigentümer gewechselt hat (RGZ 153, 167); die vorläufige Grundschuld geht mit dem Eigentumswechsel nicht von selbst auf den neuen Eigentümer über, sondern verbleibt dem bisherigen Eigentümer als Fremdgrundschuld (RGZ 153, 167). S zur Insolvenz des Eigentümers oben Rn 20.

34 Der Gläubiger kann über seine Anwartschaft wie über das Vollrecht durch Abtretung der künftigen Forderung in der Form des § 1154 **verfügen** (BOEHMER ZAkDR 1940, 241; PLANCK/STRECKER Anm 3a Abs 2 aE; BAUR/STÜRNER § 46 III 1 c; WOLFF/RAISER § 146 III 1 b; ERMAN/WENZEL[12] Rn 11; PALANDT/BASSENGE[67] Rn 7); der Zustimmung des Eigentümers bedarf er hierzu nicht, denn es wird nicht über das Grundpfandrecht, sondern über die künftige Forderung verfügt. Der Zessionar erwirbt die Hypothek mit der Auszahlung des Darlehens, gleichgültig ob sie durch den Zedenten oder den Zessionar erfolgt (BAUR/STÜRNER § 46 III 1 c); für den Fall, dass der Zedent die Hypothek valutiert, tritt ein Durchgangserwerb in seiner Person nicht ein (PALANDT/BASSENGE[67] Rn 7; vgl BGHZ 20, 88). Möglich ist auch eine Vereinbarung zwischen eingetragenem Hypothekengläubiger und Eigentümer, dass die Valutierung nach Abtretung der Hypothek an einen Dritten durch diesen erfolgen soll, wobei es gleichgültig ist, ob die Vereinbarung erst nach Eintragung der Hypothek getroffen wird (BGHZ 36, 84). Es muss sich aber um die Forderung handeln, die zunächst dem Zedenten zustand; die Existenz dieser Forderung kann nicht offen bleiben, weil es eine Hypothek ohne Forderung (forderungsleere Hypothek) nicht geben kann (§ 1113 Rn 22; aM BGHZ 36, 84 vom 25. 10. 1961 – V ZR 103/60). Eine andere als die ursprüngliche Forderung kann der Hypothek – gleichgültig ob vor oder nach der Valutierung – nur durch Forderungsauswechslung nach § 1180 unterlegt werden (WESTERMANN JZ 1962, 302; SOERGEL/KONZEN[13] Rn 11, aber widersprüchlich Rn 8, die Hypothek könne hilfsweise einen Bereicherungsanspruch sichern [dagegen § 1113 Rn 25]; s § 1180 Rn 14; aM BGHZ 36, 84 wie vor). Steht dem Zedenten die künftige Forderung nicht zu, so kann der Zessionar sie gutgläubig erwerben (RAISER 35 f; PALANDT/BASSENGE[67] Rn 7; aA STAUDINGER/GURSKY [2008] § 892 Rn 38), denn § 1138 gilt für künftige Forderungen ebenso wie für gegenwärtige (§ 1138 Rn 10).

Tritt der Gläubiger das angebliche Vollrecht an einen Dritten ab, der die Nicht- **35** valutierung nicht kennt, erwirbt dieser gemäß § 1138 das dingliche Vollrecht (BAUR/ STÜRNER § 46 III 1 c). Für die **Gutgläubigkeit** ist der Zeitpunkt maßgebend, an dem der Zessionar die Hypothek für die künftige Forderung erwirbt, also der in § 1154 als maßgeblich bestimmte (CANARIS ZHR 151 [1987], 543 Fn 58; HAGER S 123, 126 ff; WILHELM[3] Rn 1593 ff), nicht etwa der der Entstehung der Forderung (aA MEDICUS, Bürgerliches Recht[21] Rn 478). Mit einem gutgläubigen Erwerb erlischt auch die vorläufige Eigentümergrundschuld, und zwar auch dann, wenn der Eigentümer diese an einen Dritten abgetreten hatte. Auch diese Folge ergibt sich aus § 1138 (BAUR/STÜRNER aaO).

i)   Die vorläufige Eigentümergrundschuld wird zur **endgültigen** Eigentümer- **36** grundschuld, wenn sich ergibt, dass die Forderung nicht mehr entstehen wird, zB wegen Auflösung des Kreditvertrags vor Darlehenshingabe. Die Anwartschaft des Gläubigers fällt weg, außerdem kann der Eigentümer auch Berichtigung des Grundbuchs verlangen; § 1144 gilt entsprechend (BGH NJW 1978, 883; PALANDT/BASSENGE[67] Rn 5).

k)   Der **Eigentümer** kann über die vorläufige Eigentümergrundschuld verfügen, **37** soweit die Anwartschaft des Gläubigers nicht beeinträchtigt wird (BGHZ 53, 60; LENT ZAkDR 1937, 39; BOEHMER ZAkDR 1940, 174; BAUR/STÜRNER § 37 V 1, § 46 III; s oben Rn 33 und unten Rn 38). Freilich kann eine solche Verfügung nur im Rahmen der für das Grundbuchrecht geltenden Bestimmungen vorgenommen werden. Bei der Buchhypothek bedarf daher die Verfügung über die vorläufige Eigentümergrundschuld der Eintragung ins Grundbuch, diese scheitert jedoch an § 39 GBO, da der Eigentümer die Eintragung seines Rechts im Grundbuch nicht durchsetzen kann, solange sein Recht noch unter der auflösenden Bedingung der Valutierung steht (RG DNotZ 1935, 496; PLANCK/STRECKER Anm 3a; WOLFF/RAISER § 146 III 1 b; BAUR/STÜRNER § 46 III 2; SOERGEL/KONZEN[13] Rn 11 ff; unten Rn 112). Eine entgegen § 39 GBO vorgenommene Eintragung ist jedoch wirksam, da damit lediglich gegen eine Ordnungsvorschrift verstoßen wird (RGZ 120, 110; allgM). Bei **Brief**hypotheken aber ist eine Verfügung des Eigentümers über die vorläufige Eigentümergrundschuld möglich, wenn er im Besitz des Briefs ist (WOLFF/RAISER § 146 III 1 b; allgM). Die Abtretung ist schon vor der Eintragung der Hypothek und der Bildung des Briefs möglich; sie wird mit der Eintragung und der Bildung des Briefs wirksam (BGHZ 53, 60). Zur Frage der dinglichen Sicherung (Vormerkung) der Verpflichtung des Eigentümers, die ihm bei Nichtentstehung der Forderung endgültig verbleibende Eigentümergrundschuld abzutreten, s unten Rn 40.

38 Verfügungen des Eigentümers über die vorläufige Eigentümergrundschuld sind nach § 161 **unwirksam**, soweit sie die Anwartschaft, genauer die künftige Hypothek des Gläubigers beeinträchtigen (oben Rn 37). Die Unwirksamkeit solcher Verfügungen wirkt auch gegenüber Dritten (s STAUDINGER/BORK [2004] § 161 Rn 4).

39 l) Die vorläufige Eigentümergrundschuld bei einer Briefhypothek galt früher als geeignetes Mittel zur Sicherung der **Zwischenfinanzierung** (vgl STAUDINGER/SCHERÜBL[12] Rn 32; SOERGEL/KONZEN[13] Rn 12 f). Der Eigentümer trat die vorläufige (Brief-)Eigentümergrundschuld und seine Ansprüche auf Darlehensauszahlung an den Zwischenkreditgeber ab; damit erwarb der Zwischenfinanzierer die auflösend bedingte Eigentümergrundschuld, die für den Fall der Valutierung kraft Gesetzes Fremdhypothek des Hypothekengläubigers wurde. Kam die geplante Endfinanzierung nicht zustande, so wurde die vorläufige Grundschuld in der Person des Zwischenfinanzierers zur endgültigen Fremdgrundschuld. Dieses Verfahren war allerdings dann bedenklich, wenn – was nicht auszuschließen war – nachrangige Grundpfandrechte eingetragen wurden; die damals übliche Löschungsvormerkung – heute abgelöst vom gesetzlichen Löschungsanspruch aus §§ 1179a, 1179b – erfasste auch den Fall, dass die vorläufige Eigentümergrundschuld zur endgültigen Grundschuld und in der Person des Zwischengeldgebers Fremdgrundschuld wurde, wenn sie vor der Abtretung der vorläufigen Eigentümergrundschuld eingetragen war (BGHZ 53, 60; BGH NJW 1973, 395; BGHZ 60, 233). Auch der *gesetzliche Löschungsanspruch* (§§ 1179a, 1179b) erfasst nach herrschender, allerdings zu verwerfender Lehre (§ 1179a Rn 43) diesen Fall. Das Verfahren wird deshalb heute nicht mehr praktiziert (PALANDT/BASSENGE[67] Rn 11).

40 Der Verwendung der vorläufigen Eigentümer**buch**grundschuld zur Zwischenfinanzierung steht entgegen, dass die zur Wirksamkeit der Abtretung erforderliche Grundbucheintragung wegen § 39 GBO nicht möglich ist. Verpflichtet sich der Eigentümer, die ihm bei Nichtentstehung der Forderung verbleibende Eigentümergrundschuld abzutreten, so kann zur Sicherung dieses Anspruchs zugunsten des Anspruchsberechtigten eine Vormerkung erst nach Voreintragung des Eigentümers als Grundschuldinhaber (§ 39 GBO) eingetragen werden, wozu dem Grundbuchamt in der Form des § 29 GBO nachzuweisen ist, dass sich die mit der Eintragung der Hypothek entstandene Eigentümergrundschuld in eine endgültige verwandelt hat (BayObLGZ 1969, 316; kritisch RIMMELSPACHER JuS 1971, 14; **aA** MünchKomm/EICKMANN[4] – teleologische Reduktion des § 39 GBO – Rn 49).

3. Erlöschen der Forderung (§ 1163 Abs 1 S 2)

a) Gründe des Erlöschens
Nicht völlig bedeutungslos ist, **aus welchen Gründen** die Forderung erlischt. In **41** einigen Fällen geht nämlich die Hypothek bei Erlöschen der Forderung nicht als Eigentümergrundschuld auf den Eigentümer über.

aa) Die Hypothek geht nicht auf den Eigentümer über, sondern **erlischt**, wenn der **42** Gläubiger im Wege der Zwangsvollstreckung (§ 1147) aus dem Grundstück oder den mithaftenden Gegenständen befriedigt wird (§ 1181, bei der Gesamthypothek § 1182).

bb) Befriedigt der vom Eigentümer des belasteten Grundstücks verschiedene per- **43** sönliche Schuldner den Gläubiger, so geht die Hypothek auf den **Schuldner** insoweit über, als er von dem Eigentümer oder einem der Eigentümer der mitbelasteten Grundstücke Ersatz verlangen kann, und verbindet sich mit seiner Ersatzforderung (§ 1164 Abs 1, § 1174). Diese Ausnahme liegt auch vor, wenn sich Forderung und Schuld in der Person des ersatzberechtigten Schuldners vereinigen (§ 1164 Abs 2, § 1174).

cc) In folgenden weiteren Fällen der Befriedigung des Gläubigers **erlischt die 44 Forderung nicht**, sondern geht mit der Hypothek auf den Befriedigenden über: Befriedigt der nicht persönlich haftende Eigentümer den Gläubiger, so erwirbt er Forderung und Hypothek (§ 1143), bei Ablösung nach § 1150 erwirbt der Ablösende Forderung und Hypothek. Das gleiche Ergebnis tritt ein, wenn der Gläubiger durch einen Bürgen befriedigt wird. Ein Gesamtschuldner erwirbt in den vorstehenden Fällen nach § 426 Abs 2 durch Befriedigung der Gläubiger Hypothek und Forderung in Höhe des Ausgleichsanspruchs (vgl PLANCK/STRECKER Anm 4a).

dd) Im Sinne des § 1163 Abs 1 S 2 entsteht sonach eine Eigentümergrundschuld **45** nur, wenn der **Eigentümer**, der zugleich **persönlicher Schuldner** ist (§ 1143 Rn 3), oder der persönliche Schuldner, der nicht ersatzberechtigt ist, oder ein Dritter, auf den die Forderung nicht übergeht, das Erlöschen bewirkt. S zur Befriedigung bei herrenlosem Grundstück unten Rn 57.

ee) Besonderheiten gelten für Hypotheken auf ehemaligen Reichsheimstätten **46** (dazu Gutachten DNotI-Report 2005, 140) und für Hypotheken nach dem ZGB der DDR (Einl 253 ff zu §§ 1113 ff). Diese Rechte erlöschen beim Erlöschen der Forderung; die nachrangigen Rechte rücken ohne weiteres auf.

ff) Die **Restschuldbefreiung** lässt nach § 301 Abs 2 InsO das Recht des Gläubigers, **47** sich wegen der Schuld aus der Hypothek zu befriedigen, unberührt (MünchKommInsO/ STEPHAN § 301 Rn 30). Die Schuld erlischt insofern nicht, sondern wandelt sich in eine unvollkommene Verbindlichkeit (KÜBLER/PRÜTTING/WENZEL § 301 InsO Rn 1). Die Hypothek bleibt als Fremdhypothek bestehen. Der Rückgriff des Eigentümers gegen den Schuldner ist aber gemäß 301 Abs 2 S 2 InsO ausgeschlossen.

b) Erfüllung und Erfüllungssurrogate
aa) Das Erlöschen der Forderung des Gläubigers kann nicht nur durch Erfüllung **48**

im engeren Sinn, sondern auch durch **Hinterlegung, Aufrechnung, Erlassvertrag** eintreten. Rechnet der Ersteher, der zugleich Hypothekengläubiger ist und das Fortbestehen seines Rechts verlangt (vgl § 91 Abs 2 ZVG), in einer Zwangsversteigerung mit dem auf seine Hypothek entfallenden Betrag gegen die ihm obliegende Barzahlung auf, so entsteht gemäß § 1177 Abs 1 für ihn an Stelle seiner früheren Hypothek eine Eigentümergrundschuld (KG RJA 2, 194 = OLGE 3, 233).

49　bb)　Eine Vereinbarung zwischen Hypothekengläubiger und Schuldner, dass die von diesem bewirkte **Zahlung als nicht geschehen gelten** solle, ist ohne dingliche Wirkung (RG Recht 1911 Nr 3325), ebenso eine nachträgliche Vereinbarung, dass eine Leistung auf eine Hypothekenschuld als Einlage bei der Bank der Gläubigerin gelten soll (RG HRR 1930 Nr 708). Eine getilgte Forderung kann nämlich nicht durch Verzicht auf die „Einrede" der Tilgung wieder entstehen, sondern es bedarf der Umwandlung der Eigentümergrundschuld in eine Hypothek nach § 1198 (OLG Bremen DNotZ 1955, 646; **aM** OLG München OLGE 31, 349). Die alte Forderung wirkt jedoch weiter, wenn dies in einem ernst gemeinten Vergleich ausbedungen wird, weil die Tilgung zB wegen behaupteter Nichtigkeit nach §§ 105, 119, 142 unwirksam sei (**aM** RG BayZ 1911, 402); denn hier wird wirtschaftlich gesehen eine neue Forderung nicht begründet.

50　cc)　Im Falle des **Rücktritts** von dem die Forderung begründenden Vertrag oder der **auflösend bedingten Forderung** sichert die Hypothek nicht die sich daraus ergebenden Ansprüche (s § 1113 Rn 23, 25).

51　dd)　Wird eine GmbH **wegen Vermögenslosigkeit** im Handelsregister **gelöscht**, so erlischt eine gegen sie gerichtete Forderung nicht, ein Fall des § 1163 Abs 1 S 2 liegt nicht vor (BGHZ 48, 303).

52　ee)　Die Forderung erlischt nicht, wenn die Haftung des Schuldners durch Vereinbarung **auf das Grundstück beschränkt** wird (s § 1113 Rn 5). Eine solche Vereinbarung ist nach § 404 auch gegen Rechtsnachfolger wirksam. Sie bewirkt keine Umwandlung in eine Grundschuld, denn der Bestand des dinglichen Rechts bleibt vom Bestand der Forderung abhängig (was sich besonders bei einer Sicherungshypothek erweist, bei der kein Erwerb nach § 892 möglich ist, wenn die Forderung nicht besteht). UU kann auch ein Erlass der persönlichen Forderung unter Aufrechterhaltung des dinglichen Rechts demgemäß umgedeutet werden (§ 140). Dann ist weder eine Umwandlung in eine Grundschuld nötig (vgl WOLFF/RAISER § 144 Fn 11), noch besteht die Hypothek hier ohne persönliche Forderung fort (vgl HECK § 84 V).

c)　Erwerb der Eigentümergrundschuld

53　aa)　Das Grundpfandrecht wird im **Zeitpunkt** des Erlöschens der Forderung zur Eigentümergrundschuld. Die Eigentümergrundschuld fällt demjenigen an, der im Zeitpunkt des Erlöschens der Forderung Eigentümer des belasteten Grundstücks ist (BGHZ 179, 146 vom 12.12.2008 – V ZR 49/08 – Tn 22). Die Eigentümergrundschuld erwirbt der materiell als Eigentümer Berechtigte, unabhängig davon ob er im Grundbuch eingetragen ist, nicht der Bucheigentümer (PLANCK/STRECKER Anm 4d; WOLFF/RAISER § 144 III). Wird die Auflassung an den zur Zeit des Erlöschens eingetragenen Eigentümer mit Erfolg angefochten, erwirbt der Voreigentümer die Eigentümergrundschuld. Beantragt daher der gegenwärtige Eigentümer die Löschung einer Hypothek, die von dem früheren Eigentümer getilgt wurde, so ist dessen Einwilligung erforderlich (KG OLGE 3, 224).

Bei **Tilgungshypotheken** fallen die durch die Begleichung jeder einzelnen Tilgungs- **54** rate entstehenden einzelnen Eigentümergrundschulden demjenigen zu, der zur Zeit der Tilgung wahrer Eigentümer, nicht nur Buchberechtigter, des belasteten Grundstücks ist (s Vorbem 21 zu §§ 1113 ff).

bb) Befriedigt der **Käufer** eines Grundstücks den Hypothekengläubiger zwischen **55** Auflassung und Eintragung, so erwirbt außer im Fall des § 1164 (s § 1164 Rn 7) der *Veräußerer* die Eigentümergrundschuld (KG JFG 23, 104; BGB-RGRK/Thumm[12] Rn 12; Palandt/Bassenge[68] Rn 13; Planck/Strecker § 1143 Anm 2a γ; Soergel/Konzen[13] Rn 15). Er kann dem Käufer aus dem Kaufvertrag (§ 439 Abs 2) und aus ungerechtfertigter Bereicherung zu ihrer Abtretung verpflichtet sein. Beantragt der Verkäufer, den Käufer als Gläubiger einzutragen, so dürfte das in den Antrag umzudeuten sein, einzutragen, dass die Hypothek als Eigentümergrundschuld auf den Verkäufer übergegangen und dem Käufer abgetreten sei (OLG Dresden ZBlFG 6, 339).

cc) Erlischt die Forderung nach dem **Zuschlag**, so geht das Recht auf Befriedigung **56** aus dem Versteigerungserlös auf den bisherigen Eigentümer über (s Einl 179 zu §§ 1113 ff).

dd) Ist ein Grundstück im Zeitpunkt des Erlöschens der Forderung **herrenlos** **57** (§ 928), so fehlt zunächst ein Berechtigter; mit der Aneignung des Grundstücks erwirbt der Aneignungsberechtigte auch die Eigentümergrundschuld (Planck/Strecker Anm 4d; Staudinger/Pfeifer [2004] § 928 Rn 28).

d)   Mehrere Eigentümer
aa)   Für **Gesamthypotheken** s zunächst §§ 1172 ff mit Erl. Auch bei der Bruchteils- **58** gemeinschaft gilt § 1172 (RG JW 1938, 3236; hM; aM Planck/Strecker Anm 3d). Über die Rechtsverhältnisse bei einer einem Miteigentümer am gemeinschaftlichen Grundstück bestellten Hypothek s näher Staudinger/Gursky (2006) § 1009 Rn 3.

bb) Steht das belastete Grundstück im **Miteigentum**, so steht die Eigentümergrund- **59** schuld den Miteigentümern gemeinschaftlich zu; ihre Anteile und ihr Rechtsverhältnis bestimmen sich näher nach dem für das Miteigentum selbst maßgebenden Rechtsverhältnis. Jeder Miteigentümer kann, unbeschadet der Rechte der Miteigentümer nach § 1172 Abs 2, über seinen Anteil an der Eigentümergrundschuld verfügen; der Anteil unterliegt auch der Zwangsvollstreckung zugunsten seiner Gläubiger. S zu Fällen, in denen ein Miteigentümer oder einzelne Miteigentümer den Gläubiger befriedigen, § 1173 Rn 5 ff.

cc) Gehört das belastete Grundstück zu einem **ungeteilten Nachlass** und befriedigt **60** ein *Miterbe* in eigenem Namen den Hypothekengläubiger, so geht die Forderung mit der Hypothek auf den zahlenden Miterben über, soweit er von den Miterben Ausgleich verlangen kann (Soergel/Konzen[13] Rn 17), idR in voller Höhe, da er Zahlung des Gesamtbetrags aus dem Nachlass verlangen kann (OLG Freiburg MDR 1950, 484 mit zust Anm Reinicke; OLG Celle NdsRpfl 1951, 6; Palandt/Bassenge[67] § 1143 Rn 4 unter Aufgabe vormals gegenteiliger Meinung; aM KGJ 50, 208; Strecker JR 1951, 582; Münch-

Komm/EICKMANN[4] Rn 29: nur unter Abzug seiner Erbquote, insoweit erlischt die Forderung). Ob man § 426 Abs 2 oder § 1143 Abs 1 (unmittelbar oder entsprechend) anwendet, ist für das Ergebnis belanglos. Soweit etwa kein Ausgleichsanspruch besteht, wird die Hypothek Eigentümergrundschuld der Erbengemeinschaft (KGJ 50, 208).

61 Tilgt der *Vorerbe* eine Hypothekenforderung, so fällt die Eigentümergrundschuld nur dann in den Nachlass, wenn die Zahlung mit Mitteln des Nachlasses erfolgte (KGJ 50, 210).

e) Die künftige Eigentümergrundschuld

62 Bis zum Erlöschen der Forderung steht dem Eigentümer kein Recht an dem Grundpfandrecht zu. Die gesetzliche Regelung, dass der Eigentümer beim Erlöschen der Forderung das Grundpfandrecht erwirbt (künftige Eigentümergrundschuld), begründet aber eine *Art Anwartschaft* des Eigentümers auf den Erwerb des Grundpfandrechts, die durch das Erfordernis der Zustimmung des Eigentümers zur Aufhebung der Hypothek (§ 1183) und zur Rangänderung (§ 880) eine besondere Ausgestaltung gefunden hat. Diese Anwartschaft ist untrennbarer Bestandteil des Eigentums; der Eigentümer kann darüber nicht selbständig, sondern nur durch Verfügung über sein Eigentum verfügen; es handelt sich also nicht um ein gegenwärtiges, vermögenswertes Recht (RGZ 145, 343, 353; BGHZ 53, 60; PALANDT/BASSENGE[67] Rn 17; WOLFF/RAISER § 146 III c mit Fn 14; HECK § 84 III; K BLOMEYER DRWiss 1941, 129; vgl auch ZAGST 47; aM OLG Frankfurt NJW 1962, 640; PLANCK/STRECKER § 1177 Anm 4b; BAUR/STÜRNER § 46 III 2; TEMPEL JuS 1967, 215). Verfügungen des Eigentümers über die künftige Eigentümergrundschuld wie auch Verpfändung und Pfändung (OLG Frankfurt NJW 1962, 640) sind daher materiellrechtlich unwirksam, sie scheitern nicht nur an der Unmöglichkeit, den grundbuchrechtlichen Vorschriften zu entsprechen (aA SOERGEL/KONZEN[13] Rn 35).

63 *Vormerkungen* zugunsten von Ansprüchen auf Verfügung über eine künftige Eigentümergrundschuld können demnach nicht eingetragen werden (BayObLGZ 69, 316). Sie sind, versehentlich eingetragen, inhaltlich unzulässig und wirkungslos (RGZ 145, 343; KGJ 45, 268), außer solchen nach § 1179 aF.

4. Zustand vor Übergabe des Hypothekenbriefs (§ 1163 Abs 2).

64 a) Bei der Briefhypothek steht bis zur Übergabe des Briefs an den Gläubiger die Hypothek dem Eigentümer zu (§ 1163 Abs 2), ein Fall der vorläufigen Eigentümergrundschuld, bei dem aber der Gläubiger **keine Anwartschaft** hat, weil der Eigentümer bis zur Briefübergabe die uneingeschränkte Herrschaft über das Grundpfandrecht hat (RGZ 63, 14; 94, 8; OLG Hamm NJW 1981, 354; MünchKomm/EICKMANN[4] Rn 34; PLANCK/STRECKER Anm 5; aM BAUR/STÜRNER § 46 III 1; RAISER 16: auch bei § 1163 Abs 2 Anwartschaft). § 1163 Abs 2 regelt im Zusammenhang mit § 1117 die Frage, wem das Briefgrundpfandrecht nach Einigung und Eintragung bis zur Briefübergabe zusteht; das Grundpfandrecht steht dem Eigentümer zu, der im Zeitpunkt der Bestellung des Rechts Eigentümer des Grundstücks ist. Das Grundbuch ist unrichtig; besteht bereits ein Darlehensvertrag mit Pflicht zur Bestellung einer Hypothek oder sonst eine schuldrechtliche Verpflichtung, so kann der Buchgläubiger dem *Berichtigungsanspruch* aus §§ 894, 1144 seinen Anspruch auf Einräumung der Hypothek entgegenhalten (RGZ 153, 167; PALANDT/BASSENGE[67] Rn 6; aA – ein Berichtigungsanspruch stehe dem Eigentümer überhaupt nicht zu, solange der Gläubiger noch ein Recht auf Erwerb der Hypothek habe – MünchKomm/EICKMANN[4] Rn 16 unter Berufung auf WOLFF/RAISER § 145 II).

b) Der **Inhalt** der vorläufigen Eigentümergrundschuld bestimmt sich nach § 1177 **65** (ERMAN/WENZEL[12] § 1177 Rn 1; **aA** BOURIER ZAkDR 1937, 525).

c) Sind auf der Eigentümerseite **mehrere Personen** vorhanden, sei es dass das **66** Eigentum des belasteten Grundstücks mehreren Personen nach Bruchteilen zusteht oder dass die Hypothek auf mehreren Grundstücken verschiedener Eigentümer als Gesamthypothek (§ 1132) eingetragen ist, so müssen bei der Übergabe des Hypothekenbriefs bzw bei den Übergabesurrogaten gemäß § 1117 Abs 1 S 2 und Abs 2 sämtliche Eigentümer mitwirken (s § 1117 Rn 6). Hat auch nur einer der Eigentümer oder der Miteigentümer nicht mitgewirkt, so ist die Übergabe iS des § 1117 nicht erfolgt und der Gläubiger hat die Hypothek nicht erworben. Übergibt nur einer der Eigentümer den Brief, so erwirbt der Gläubiger die Hypothek auch nicht an dessen Anteil oder Grundstück, es sei denn, dass er durch Verzicht die Hypothek an den anderen Anteilen oder Grundstücken gemäß § 1175 Abs 1 S 2 zum Erlöschen bringt (RGZ 52, 362).

d) Die Frage, ob der Eigentümer zur Übergabe des Briefs oder der als Gläubiger **67** Eingetragene zur Einwilligung in die Berichtigung des Grundbuchs **verpflichtet** ist, ist, solange der Schwebezustand der Vorläufigkeit anhält, keine des Sachenrechts, sondern des zwischen den Parteien bestehenden schuldrechtlichen Rechtsverhältnisses.

e) Ist die Forderung **noch nicht entstanden**, so findet auch Abs 1 S 1 neben Abs 2 **68** Anwendung; denn Abs 2 führt nur einen weiteren Fall der Eigentümergrundschuld auf; aus ihm folgt nicht, dass das Grundpfandrecht nach Übergabe des Briefs in jedem Fall dem Gläubiger als Hypothek zusteht. Ist die Forderung nicht oder noch nicht entstanden, so steht schon aus diesem Grund das Recht dem Eigentümer als Briefgrundschuld zu (RGZ 69, 40; BGB-RGRK/THUMM[12] Rn 14).

III. Weitere Einzelfälle der Eigentümergrundschuld

1. Verzicht

S zum Verzicht des Gläubigers auf die Hypothek § 1168 Rn 1 ff und unten Rn 91. **69** Einem Verzicht steht es gleich, wenn infolge einer *Schuldübernahme* iS des § 418 Abs 1 S 2 das Recht des Gläubigers aus der für die Forderung bestehenden Hypothek erlischt, wobei aber vorausgesetzt wird, dass der Eigentümer in die Schuldübernahme nicht eingewilligt hat (§ 418 Abs 1 S 3). Wegen eines Verzichts in der Zwangsversteigerung s § 1168 Rn 30.

Wenn dem Eigentümer eine *Einrede* zusteht, durch die die Geltendmachung der **70** Hypothek dauernd ausgeschlossen ist, kann der Eigentümer den Verzicht auf die Hypothek (§ 1168) verlangen (s § 1169 mit Erl). Erst durch den Verzicht verwandelt sich die Hypothek in eine Eigentümergrundschuld.

Hans Wolfsteiner

2. Vereinigung des Eigentums mit dem Recht des Hypothekengläubigers

71 Der Hauptanwendungsfall liegt auf dem Gebiet des **Erbrechts** (vgl §§ 1922, 1942); Ausnahmen: § 1976 (Nachlassverwaltung und Nachlassinsolvenz), §§ 1990, 1991 Abs 2 (Herausgabe der Erbschaft zwecks Befriedigung des Gläubigers im Wege der Zwangsvollstreckung), § 2143 (Nacherbfolge), § 2175 (Vermächtnis), § 2377 (Erbschaftskauf).

72 Die Forderung erlischt dann nicht, wenn ein an der Forderung bestehendes Recht beeinträchtigt würde; zugunsten dieses Rechts wird die Forderung als fortbestehend behandelt (s STAUDINGER/GURSKY [2008] § 889 Rn 6; KGJ 44, 292). Ferner bleibt eine *Eigentümerhypothek* iS des § 1177 Abs 2 bestehen, wenn der *Eigentümer,* der *nicht* persönlicher Schuldner ist, den Gläubiger beerbt oder sonstwie sein Recht erwirbt (s § 1177 Rn 20).

3. Ausschluss des unbekannten Gläubigers

73 Er erfolgt nach Maßgabe der §§ 1170 f, s aber die Unterscheidung in § 1171 Rn 11.

4. Eigentümergrundschuld bei Zwangshypothek (§ 868 ZPO)

74 S zunächst Einl 131 f zu §§ 1113 ff und Vorbem 40 ff zu §§ 1113 ff.

a) Anfänglich unzulässige Zwangsvollstreckung

75 Eine Eigentümergrundschuld entsteht im Falle einer von Anfang an unzulässigen Zwangsvollstreckung (vgl den Fall OLG Frankfurt vom 30. 8. 2002 – 20 W 270/02 – EWiR § 765 ZPO 1/03, 733 [DÜMIG]). Das ist nicht gleichbedeutend mit der Feststellung, dass § 1163 Abs 1 S 2 auch für die Zwangshypothek gilt (statt vieler STEIN/JONAS/MÜNZBERG[22] § 868 ZPO Rn 7). Vielmehr handelt es sich um den in Einl 102 zu §§ 1113 ff dargestellten Grundsatz, dass ein Grundpfandrecht stets mit der Eintragung auch entsteht. Wird der Mangel (zB des Titels) später geheilt – wie weit eine nachträgliche Heilung prozessual wirksam ist, sei hier dahingestellt –, entsteht die Zwangshypothek nachträglich.

76 S zur **Rückschlagssperre** nach § 88 InsO Vorbem 47 zu §§ 1113 ff.

b) Fälle des § 868 ZPO

77 Der Eigentümer des Grundstücks erwirbt nach § 868 ZPO das Grundpfandrecht als Eigentümergrundschuld, wenn durch eine vollstreckbare Entscheidung die zu vollstreckende Entscheidung oder ihre vorläufige Vollstreckbarkeit aufgehoben oder die Zwangsvollstreckung für unzulässig erklärt oder deren Einstellung angeordnet wird. Das gleiche gilt, wenn durch eine gerichtliche Entscheidung die einstweilige Einstellung der Vollstreckung und zugleich die Aufhebung der erfolgten Vollstreckungsmaßregeln angeordnet wird oder wenn die zur Abwendung der Vollstreckung nachgelassene Sicherheitsleistung oder Hinterlegung erfolgt.

78 Dies gilt auch für die Sicherheitsleistung nach § 720a Abs 3 ZPO, die sozusagen gesetzlich „nachgelassen" ist (MUSIELAK/BECKER, ZPO[6] § 868 Rn 4; STEIN/JONAS/MÜNZBERG, ZPO[22] § 868 Rn 5; MünchKommZPO/EICKMANN[3] § 868 Rn 7; ROSENBERG/GAUL/SCHILKEN,

Zwangsvollstreckungsrecht[11] S 219). Leistet der Schuldner zuerst Sicherheit, so erwirbt der Gläubiger die Zwangshypothek nicht wieder zurück, wenn er seinerseits Sicherheit leistet (STEIN/JONAS/MÜNZBERG, ZPO[22] § 868 Rn 3; MünchKommZPO/EICKMANN[3] § 868 Rn 19). Beruht die Zwangshypothek auf einem Versäumnisurteil und wird dieses durch streitige Entscheidung in der Weise aufrechterhalten, dass das Urteil nur noch gegen Sicherheitsleistung vorläufig vollstreckbar ist, geht die Hypothek nicht auf den Eigentümer über, weil die Sicherheitsleistung nur zur Fortsetzung der Vollstreckung erforderlich ist (OLG Brandenburg Rpfleger 2001, 487). Unerheblich ist, ob die neuerliche Entscheidung richtig oder unrichtig ist und ob dem entscheidenden Gericht das Bestehen der Zwangshypothek bekannt war.

§ 868 ZPO gilt auch bei der **Arresthypothek** (§ 932 Abs 2 ZPO); sie wird, wenn der **79** Arrest auf Widerspruch oder seine Vollziehung aufgehoben wird, zur Eigentümergrundschuld. S zum Fall, dass dem Arrest in Wahrheit keine Forderung zugrunde liegt, oben Rn 14.

Der Rechtsübergang auf den Eigentümer findet in § 868 ZPO seine innere Recht- **80** fertigung; deshalb kann der Gläubiger, auch wenn er weitere Ansprüche an den Eigentümer hat, das Grundpfandrecht nicht aus ungerechtfertigter Bereicherung zurückfordern (BGH WM 1976, 719; MATTERN WM 1977, 1074).

c) Rechtsfolge

Die Hypothek geht auf den über, der im Zeitpunkt des maßgeblichen Ereignisses **81** wahrer Eigentümer ist (RGZ 78, 404; RG ZBlFG 11, 744; MünchKommZPO/Eickmann[3] § 868 Rn 15; teilweise aA KRETZSCHMAR ZBlFG 13, 722, vgl auch HÖPKER/ASCHOFF Recht 1914, 504). Ist sie einmal auf den Eigentümer übergegangen, folgt sie den allgemeinen Regeln. Wird das Grundstück danach an einen Anderen übereignet, so geht die Eigentümergrundschuld nicht von selbst auf den neuen Eigentümer über, sondern sie bleibt beim alten Eigentümer.

S zum Fall, dass bei einer Gesamtzwangshypothek der Titel nur **gegen einen der** **82** **Gesamtschuldner** aufgehoben wird, Vorbem 48 zu §§ 1113 ff. Wird – auch in den sonstigen Fällen der Gesamtzwangshypothek – der Titel vollständig aufgehoben und stehen die Grundstücke im Eigentum verschiedener Personen, so gilt § 1172 über §§ 868 ZPO, 1163 Abs 1 unmittelbar.

5. Fälle, in denen eine Eigentümergrundschuld nicht entsteht

Bei einer bloßen **Vormerkung** auf Einräumung einer Hypothek kann ihrem Wesen **83** nach keine Eigentümergrundschuld entstehen (s STAUDINGER/GURSKY [2008] § 886 Rn 22).

Auch eine **erloschene** oder **nicht entstandene** Forderung kann zugunsten des gut- **84** gläubigen Erwerbers als bestehend gelten; die §§ 891 ff sind für die Hypothek auch in Ansehung der Forderung anzuwenden (§ 1138). Dem redlichen Dritten, der die Hypothek auf Grund Rechtsgeschäfts erwirbt, wird nicht nur der Bestand des dinglichen Rechts nach Maßgabe des Grundbuchs, sondern auch weiter gewährleistet, dass die zugrundeliegende Forderung nach Maßgabe des Grundbuchinhalts für das dingliche Recht als bestehend gilt (§ 1138 Rn 20). Der Erwerb des gutgläubigen

Dritten ist somit gegenüber dem Eigentümer rechtlich nicht anders zu beurteilen, als wenn die hypothekarisch gesicherte Forderung bestanden hätte; das Grundpfandrecht ist daher als Hypothek und nicht als Grundschuld anzusehen (§ 1138 Rn 8).

85 Der Grundstückseigentümer, der ohne Genehmigung des *Nacherben* an den nicht befreiten *Vorerben* leistet, erwirbt zwar eine Eigentümergrundschuld, sie ist jedoch dem Nacherben gegenüber nicht wirksam (KG OLGE 40, 126).

IV. Die Eigentümergrundschuld im Rechtsverkehr

1. Mögliche Verfahrensweisen des Eigentümers

86 Der Eigentümer hat nach Entstehung der (endgültigen) Eigentümergrundschuld (vgl § 1183 Rn 2) verschiedene Optionen; wegen der vorläufigen Eigentümergrundschuld s oben Rn 32, wegen der künftigen Eigentümergrundschuld s oben Rn 62.

a) Löschung

87 aa) Der Eigentümer kann das Recht löschen lassen (RGZ 101, 233; RG JW 1915, 1260). S zum **Begriff** der Löschung § 1168 Rn 1 und § 1183 Rn 1. Im Fall des § 1163 Abs 1 S 2 genügt eine öffentlich beglaubigte (§ 29 GBO) Quittung des Gläubigers gemäß § 368, die aber angeben muss, dass es der Eigentümer ist, der gezahlt hat („löschungsfähige Quittung"). Eine solche Quittung führt den Beweis der Unrichtigkeit des Grundbuchs iSd § 22 Abs 1 S 1 GBO, so dass es darüber hinaus einer Eintragungsbewilligung nicht bedarf. Weist die Quittung einen Dritten als Zahler aus, so ist sie ohne zusätzliche Bewilligung des Dritten zur Löschung nicht tauglich, weil nach §§ 1164 Abs 1 die Hypothek auf den Dritten übergegangen sein kann, der (im Gegensatz zur Löschungsbewilligung – nachf – erforderliche) Nachweis des Übergangs auf den Eigentümer damit also nicht geführt ist. Ebenso untauglich ist sie, wenn sie den Zahler überhaupt nicht ausweist, weil die Hypothek dann erst recht auf den persönlichen Schuldner (§§ 1164, 1174) oder einen Dritten (§§ 1150, 1174) übergegangen sein kann (KG DNotZ 1954, 471; KG Rpfleger 1965, 366; OLG Hamm vom 23. 12. 2004 – 15 W 372/04 – DNotZ 2005, 630; LG Aachen Rpfleger 1985, 489). Der Anspruch auf eine solche Quittung kann nicht ausgeschlossen werden, auch nicht durch Individualvertrag (RGZ 101, 231). Ist Gläubiger eine Gemeinschaft von Wohnungseigentümern, so kann der Verwalter die Quittung abgeben (BayObLGZ 1995, 103 mwNw; BayObLG Rpfleger 2001, 296).

88 bb) Zur Löschung genügt auch eine Löschungsbewilligung des Buchgläubigers, welche gemäß § 19 GBO – anders als die löschungsfähige Quittung (oben) – keinen Nachweis der materiellen Rechtslage erfordert und deren Vollzug das Grundbuchamt nur verweigern darf, wenn feststeht, dass das Grundbuch unrichtig würde. Enthält sie überdies eine Zahlungsquittung, so ist dies allein kein Grund, die Eintragung zu verweigern (LG Hof Rpfleger 1982, 174; Schöner/Stöber[12] Rn 2732; aA OLG Hamm vom 23. 12. 2004 wie vor; vgl unten Rn 96). Nur wenn die Zahlungsquittung einen Inhalt hat, der dem Grundbuchamt die positive Kenntnis verschafft, dass das Grundpfandrecht nicht auf den Eigentümer übergegangen ist, die Löschungsbewilligung also vom Nichtberechtigten herrührt, ist die Löschung abzulehnen. Die bloße Möglichkeit, dass das Grundpfandrecht anderswohin gefallen ist, ist kein zulässiger Ablehnungsgrund. Weist die Zahlungsquittung einen nicht weiter qualifizierten

Dritten als Zahlenden aus, so ist es zwar möglich, dass die Hypothek auf ihn übergegangen ist, zB weil er ablösungsberechtigt war; die Hypothek kann aber auch auf den Eigentümer übergegangen sein, zB weil der Dritte nur die Schuld des Eigentümers nach § 267 getilgt hat. Es steht dann nicht fest, dass die Bewilligung vom Nichtberechtigten stammt; vielmehr kommt die Vermutung des § 891 Abs 1 dahingehend zum tragen, dass der bewilligende Buchberechtigte bewilligungsbefugt ist.

In den Fällen der Abs 1 S 1 und Abs 2 wird sich der Eigentümer idR durch ein **89** grundbuchmäßiges (§ 29 GBO) Anerkenntnis des Gläubigers über jene Tatsachen oder durch ein entsprechendes Urteil zu legitimieren haben. Kann allerdings der Eigentümer bei einer Briefhypothek den Brief vorlegen, so kommt ihm die Vermutung des § 1117 Abs 3 und damit die Vermutung zugute, dass er der wahre Berechtigte sei; weiterer Nachweise bedarf es dann nicht (OLG Frankfurt vom 24. 6. 2003 – 20 W 274/02 – ZfIR 2005, 254 m Anm DÜMIG 240; s § 1117 Rn 17).

cc) Die **Voreintragung** des Eigentümers als Berechtigter des auf ihn übergegan- **90** genen Grundpfandrechts ist nicht notwendig, wenn die Löschung der Hypothek auf Grund einer Löschungsbewilligung, einer Quittung oder durch Erklärung des Gläubigers und der Zustimmung des Eigentümers beantragt wird (§ 1144 Rn 11 ff); denn der eingetragene Eigentümer, auf dessen Grundstück Hypotheken haften, hat bereits als Inhaber der ihm gemäß § 1163 zufallenden Hypotheken zu gelten (KG JFG 1, 487; 8, 356; 11, 251; BayObLG Recht 1904 Nr 331; OLG Düsseldorf DNotZ 1996, 559; OLG Frankfurt vom 24. 6. 2003 – 20 W 274/02 – ZfIR 2005, 254 m Anm DÜMIG S 240; SOERGEL/KONZEN[13] Rn 23; DEMHARTER, GBO[26] § 27 Rn 23; **aM** PLANCK/STRECKER Anm 4a mwNw).

dd) Dass eine Voreintragung entbehrlich ist, ändert nichts daran, dass es die eigene **91** Grundschuld des Eigentümers ist, die gelöscht werden soll. Allein daraus folgt schon, dass die Löschung materiellrechtlich einer Erklärung und verfahrensrechtlich einer Bewilligung des Eigentümers bedarf. § 1183 S 1 bekräftigt das Erfordernis der Eigentümerzustimmung nur, begründet es aber nicht (§ 1183 Rn 2). Wurde die Eigentümergrundschuld im Grundbuch ohne (materiellrechtliche) Zustimmung des Eigentümers gelöscht, so hat der Eigentümer gegen die nachstehenden Gläubiger einen Berichtigungsanspruch auf Bewilligung der Wiedereintragung (RG Recht 1910 Nr 1749), soweit diese ihren Rang nicht gutgläubig erworben haben oder aufgrund des § 1179a verlangen könnten, dass das erneut eingetragene Recht sofort wieder gelöscht wird.

b) Umschreibung
Der Eigentümer kann unter Beachtung der oben Rn 87 erwähnten Förmlichkeiten **92** gemäß § 1177 Abs 1 die Hypothek im Wege der Grundbuchberichtigung als Grundschuld auf seinen Namen umschreiben lassen. Bei Briefrechten ist ein entsprechender Vermerk auf dem Brief anzubringen, falls nicht die Ausstellung eines neuen Grundschuldbriefs beantragt wird, und eine mit dem Brief verbundene Urkunde abzutrennen (§ 65 Abs 1 GBO). Er hat dazu gegen den Schein-Gläubiger der Hypothek den Anspruch auf Berichtigungsbewilligung gemäß §§ 896, 1144 (s zum Unterschied § 1144 Rn 2). Dieser Anspruch ist nicht selbständig abtretbar, unterliegt aber jedenfalls der Hilfspfändung eines Gläubigers, der die Eigentümergrundschuld pfänden will (§ 1144 Rn 28).

c) Verfügungen

93 Die Eigentümergrundschuld kann als *Grundschuld* weitergegeben oder wieder in eine *Hypothek umgewandelt* werden (§ 1198); möglich ist auch, dass von vornherein eine Vereinbarung nach § 1180 getroffen wird (s § 1177 Rn 13; § 1198 Rn 7 ff).

94 Der Eigentümer kann das Grundpfandrecht an Dritte **abtreten**. Die Verfügung setzt die vorherige Eintragung als Gläubiger der Eigentümergrundschuld, die sich nur aus formell- (§ 39 GBO), nicht aus sachlich-rechtlichen Gründen ergeben könnte, nicht voraus (BGH NJW 1968, 1674; OLG Köln NJW 1961, 368; KG Rpfleger 1975, 136; OLG Hamburg Rpfleger 1976, 371; DEMHARTER, GBO²⁶ § 39 Rn 19; BGB-RGRK/THUMM¹² Rn 17; PALANDT/ BASSENGE⁶⁷ § 1177 Rn 2; SOERGEL/KONZEN¹³ Rn 20; **aM** PLANCK/STRECKER § 1177 Anm 4a). Bei der Briefhypothek kann sich der Eigentümer ohnehin nach § 1155 über sein Recht ausweisen, so dass es schon aus diesem Grund der vorherigen Eintragung nicht bedarf. Hat sich aber die Eigentümergrundschuld bei Veräußerung des Grundstücks in eine Fremdgrundschuld verwandelt, so ist die vorherige Eintragung des bisherigen Grundstückseigentümers als Grundschuldgläubiger erforderlich (KGJ 36 A 259).

95 Wird über die Eigentümergrundschuld unter **Umwandlung** *in* eine *Hypothek* verfügt, so ist die vorherige Eintragung des Eigentümers nötig, da sonst der Umwandlungs- vermerk unverständlich bleibt (KG JW 1933, 2011; KGJ 45, 285). Auch die Umwandlung einer Eigentümergrundschuld in eine Hypothek durch den Erben des eingetragenen Eigentümers darf trotz § 40 Abs 1 GBO erst nach Voreintragung des Erben einge- tragen werden, bei nicht befreitem Vorerben nur mit Zustimmung des Nacherben (KG RJA 3, 202).

96 Tritt der Eigentümer eine durch Forderungstilgung zur Eigentümergrundschuld gewordene Hypothek in einer Weise ab, die als Abtretung der *Hypothek* erscheint, so kann das als Abtretung der Eigentümergrundschuld gedeutet werden, selbst und gerade dann, wenn der Erwerber von der Tilgung der Forderung Kenntnis hat (RG LZ 1917, 402; OLG Dresden SeuffA 62 Nr 229; unklar BGHZ 36, 84; OLG Bremen DNotZ 1955, 647 nimmt bei Umwandlung in eine Hypothek an, dass der Übergang noch nicht mit Briefübergabe, sondern erst mit Grundbucheintragung eintrete). Bei Abtretung als Sicherungshypothek ist idR die Deutung als Übertragung als Grundschuld, weil viel weitergehend, nicht möglich. Für die Umschreibung einer Hypothek oder Grundschuld auf Grund Bewilligung des eingetragenen, aber aus den Urkunden erkennbar bereits befrie- digten Gläubigers gilt das oben Rn 88 für die Löschung Ausgeführte entsprechend (vgl KG RJA 9, 125; KG vom 8.8. 1972 – 1 W 1270/71 – NJW 1973, 56 mwNw).

97 Wegen der Eigentümergrundschuld an **Teilbeträgen** vgl § 1176 mit Erl. S zur **ver- deckten Nachverpfändung** § 1132 Rn 12.

2. Pfändung

a) Pfändung der endgültigen Eigentümergrundschuld

98 Die **endgültige** Eigentümergrundschuld ist pfändbar. Sie wird wie eine Hypothek nach § 857 Abs 6 ZPO gepfändet.

99 aa) Erforderlich sind daher bei einem **Briefrecht** Pfändungsbeschluss und Über- gabe des Briefs an den Pfändungsgläubiger oder Wegnahme des Briefs durch den

Gerichtsvollzieher, bei einem Buchrecht Pfändungsbeschluss und Eintragung der Pfändung ins Grundbuch (§ 1154 Rn 74 – dort auch zur Überweisung. BGH NJW 1961, 601; BGH vom 6.4.1979 – V ZR 216/77 – NJW 1979, 2045; OLG Köln Rpfleger 1961, 206; OLG Düsseldorf OLGZ 1969, 208; OLG Celle NJW 1968, 1683; OLG Frankfurt NJW 1955, 1483; OLG Oldenburg Rpfleger 1970, 100; OLG Saarbrücken OLGZ 1967, 102; OLG München MittBayNot 1979, 37; OLG Karlsruhe vom 17.6.2005 – 14 Wx 35/04 – Rpfleger 2006, 182; STÖBER, Rpfleger 1958, 251; STÖBER Forderungspfändung Rn 1929; WIECZOREK/SCHÜTZE/LÜKE[3] § 857 ZPO Rn 82; BAUMBACH/LAUTERBACH/HARTMANN[67] § 857 ZPO Rn 15; MünchKommZPO/SMID[3] § 857 Rn 34; THOMAS/PUTZO/HÜSSTEGE[29] § 857 ZPO Rn 11; PLANCK/STRECKER § 1177 Anm 6a; SOERGEL/KONZEN[13] Rn 30 ff; **aM** Pfändung nach § 857 Abs 2 ZPO: LG Frankfurt NJW 1952, 629; FRANTZ NJW 1955, 169; K SCHNEIDER 61 ff; SOTTUNG; WEIDMANN 50 ff; BAUR/STÜRNER § 46 I 5; SCHÖNKE/BAUR § 30 IV 2; zweifelnd STEIN/JONAS/BREHM, ZPO[22] § 857 Rn 66). Dies gilt auch für die **arrestweise** Pfändung einer Eigentümergrundschuld; Vollstreckungsgericht ist das Arrestgericht (§ 930 Abs 1 S 3 ZPO).

Da neben dem Schuldner (Eigentümer) ein Drittschuldner nicht vorhanden ist, **100** bedarf es nicht des Zahlungsverbots an den Drittschuldner, sondern *lediglich* des *Gebots an den Eigentümer,* sich jeder Verfügung über die Eigentümergrundschuld zu enthalten. Auch tritt die Rückwirkung des § 830 Abs 2 ZPO nicht ein, da eine Zustellung an den Schuldner nicht die gleiche Wirkung wie die an den Drittschuldner hat; auf die Zustellung des Pfändungsbeschlusses an den Schuldner kommt es aber uU bei gleichzeitiger Pfändung des Briefherausgabeanspruchs und weiterer Nebenansprüche an (STÖBER Rpfleger 1958, 251 Fn 16, 258). Auch im Verhältnis mehrerer Pfändungsgläubiger untereinander hat die Zustellung des Pfändungsbeschlusses für den Rang des Pfandrechts keine Bedeutung, da § 830 Abs 2 ZPO für die Zustellung an den Schuldner nicht gilt (STEIN/JONAS/BREHM, ZPO[22] § 857 Rn 62; STÖBER Rpfleger 1958, 257).

Zur Pfändung eines Briefrechts ist neben dem Pfändungsbeschluss die **Aushändigung 101 des Briefs** an den Pfändungsgläubiger oder die Wegnahme des Briefs durch den Gerichtsvollzieher notwendig (§ 830 Abs 1 S 2 ZPO). Ist der Vollstreckungsschuldner, also der Eigentümer, im Besitz des Briefs, so erfolgt die Wegnahme des Briefs durch den Gerichtsvollzieher im Wege der Hilfspfändung; den Titel für die Wegnahme des Briefs bildet der Pfändungsbeschluss.

Ist der Brief im Besitz eines Dritten, so berechtigt der Pfändungsbeschluss den **102** Gerichtsvollzieher, den Brief von dem zur Herausgabe bereiten Dritten entgegenzunehmen. Gegen den **nicht herausgabebereiten Dritten** kann nur unter der Voraussetzung vorgegangen werden, dass dem Schuldner gegen ihn ein *Herausgabeanspruch* zusteht. Dieser Herausgabeanspruch ist nach § 886 ZPO zu pfänden und dem Gläubiger zur Einziehung zu überweisen. Gibt der Dritte den Brief auf die Pfändung und Überweisung nicht freiwillig heraus, so muss der Pfändungsgläubiger gegen ihn einen vollstreckbaren Titel erwirken und gemäß § 883 ZPO die Zwangsvollstreckung betreiben. Das Pfandrecht an der Eigentümergrundschuld entsteht erst, wenn der Gläubiger oder bei Wegnahme im Wege der Zwangsvollstreckung der Gerichtsvollzieher Besitz an dem Brief erlangt. Es genügt auch *mittelbarer* Besitz, wenn es dem Schuldner unmöglich gemacht ist, ohne den Willen des Gläubigers die tatsächliche Verfügungsgewalt zu erlangen; ein so gestaltetes Besitzverhältnis kann auch *Mitbesitz* sein (vgl OLG Frankfurt NJW 1955, 1484; zu Hinterlegung s RGZ

135, 272 = JW 1932, 3132); vgl §§ 1205 Abs 2, 1206, 1274 Abs 1 S 2. Die Pfändung des Herausgabeanspruchs ist auch zulässig, wenn das Grundbuchamt den Brief besitzt (KGJ 40, 322; OLGE 11, 112; str); nur der privatrechtliche, nicht der öffentlich-rechtliche Herausgabeanspruch ist pfändbar (KGJ 44, 278), die Pfändung hat nur Erfolg, wenn dem Pfändungsschuldner neben dem privatrechtlichen auch der öffentlich-rechtliche Anspruch gegen das Grundbuchamt zusteht (OLG Neustadt Rpfleger 1960, 155). Ist der Brief *abhanden gekommen,* so muss der Gläubiger den Anspruch des Eigentümers auf Kraftloserklärung und Ausstellung des neuen Briefs pfänden und sich überweisen lassen.

103 Steht das Grundpfandrecht **zum Teil** dem Eigentümer als Eigentümergrundschuld und anderntteils einem Dritten als Fremdgrundpfandrecht zu, so muss der Pfändungsgläubiger, falls der Dritte die Herausgabe des Briefs oder den Mitbesitz daran verweigert, das Miteigentum des Eigentümers an dem Brief (§ 952) sowie dessen Ansprüche auf Aufhebung der Gemeinschaft am Brief (§ 749), auf Auseinandersetzung der Gemeinschaft (§ 752), auf Vorlegung des Briefs an das Grundbuchamt zur Bildung eines Teilgrundschuldbriefs (§ 1152) und auf Berichtigung des Grundbuchs (§§ 894, 896) pfänden und sich zur Einziehung überweisen lassen. Soweit Ansprüche gegen den Dritten bestehen, ist er Drittschuldner; Zustellung ist daher an ihn erforderlich. Das Pfandrecht entsteht auch in diesem Fall mit der Übergabe des Teilbriefs an den Pfändungsgläubiger (OLG Oldenburg Rpfleger 1970, 100; s Münch-KommZPO/Smid³ § 857 Rn 36).

104 bb) Bei **Buch-Eigentümergrundschulden** ist neben dem Pfändungsbeschluss Eintragung ins Grundbuch erforderlich (§ 830 Abs 1 S 3 ZPO). Zur Eintragung der Pfändung ist Voreintragung des Eigentümers nicht erforderlich (OLG Köln JW 1961, 368; OLG Hamburg Rpfleger 1976, 371; s oben Rn 90).

105 Bei **mehreren Pfändungen** eines Buchrechts richtet sich der Rang nach der Reihenfolge der Eintragungen (§ 879). Die Eintragung richtet sich nach dem Eingang des Antrags beim Grundbuchamt (§ 17 GBO). Dies gilt auch dann, wenn für die später eingetragene Pfändung die Voraussetzungen des § 830 Abs 2 ZPO gegeben sind (OLG Düsseldorf NJW 1961, 1266; **aM** RGZ 97, 228). Auch Kenntnis des Pfändungsbeschlusses schadet dem Gläubiger, dessen Pfändungspfandrecht den besseren Rang hat, nicht, da die Zustellung des Pfändungsbeschlusses noch kein dingliches, späteren Pfändungsgläubigern gegenüber wirksames Recht gibt.

106 cc) Verschafft sich ein Pfändungsgläubiger den besseren Rang, indem er vorsätzlich dabei mitwirkt, dass der Hypothekengläubiger – entgegen einer Anordnung in einem ihm zugestellten Pfändungsbeschluss – **Hypothekenbrief** oder Löschungsurkunden statt dem darin bezeichneten Pfändungsgläubiger dem späteren Pfändungsgläubiger oder einem Dritten **aushändigt,** kann er nach § 826 schadensersatzpflichtig sein. Ferner ist er nach § 816 Abs 2 um den Rang seines Pfändungspfandrechts ungerechtfertigt bereichert, wenn ihm der Gläubiger anordnungswidrig solche Urkunden ausgehändigt und damit die Pfändung ermöglicht hat.

107 dd) Ist der bisherige Fremdrechtsgläubiger noch im Besitz des Briefs oder noch im Grundbuch eingetragen, so kann der Vollstreckungsgläubiger den **Berichtigungsanspruch** des Schuldners pfänden und sich zur Einziehung überweisen lassen; er wird dadurch ermächtigt, die Berichtigung auf den Namen des Schuldners zu erwirken und in diesem Sinn auch zu klagen (s STAUDINGER/GURSKY [2008] § 894 Rn 89 ff). Auf Grund der Pfändung und Überweisung kann der Gläubiger auch im Wege der einstweiligen Verfügung einen Widerspruch gegen die Richtigkeit des Grundbuchs zugunsten des Schuldners eintragen lassen (§ 899).

ee) **Vorpfändung** nach § 845 ZPO ist zulässig. Sie erfordert die Zustellung der **108** Benachrichtigung, dass die Pfändung der Eigentümergrundschuld bevorstehe, an den Eigentümer durch den Gerichtsvollzieher, mit der Aufforderung an den Eigentümer, sich jeder Verfügung über die Eigentümergrundschuld zu enthalten. Die Pfändung (dh Erlass des Pfändungsbeschlusses und bei einem Briefrecht Übergabe des Briefs an den Gläubiger oder Wegnahme des Briefs durch den Gerichtsvollzieher, bei einem Buchrecht Eintragung im Grundbuch) muss innerhalb eines Monats nach Zustellung der Benachrichtigung bewirkt sein (KG OLGE 45, 200; DEMHARTER, GBO[26] Anh zu § 26 Rn 37; STÖBER Rpfleger 1958, 260).

ff) Der **Anspruch auf Pfändung** einer Eigentümergrundschuld kann nicht durch **109** Vormerkung gesichert werden; die Vormerkung dient nur zur Sicherstellung privatrechtlicher Ansprüche (RGZ 56, 10; OLG Dresden OLGE 6, 403; OLG Hamm NJW-RR 1990, 272; LG Dresden ZBlFG 1, 298; vgl auch OLG Celle NdsRpfl 1958, 93; **aM** HOFFMANN ZBlFG 2, 638).

gg) Sofern die allgemeinen Voraussetzungen für den Erlass einer einstweiligen **110** Verfügung vorliegen, kann dem Eigentümer auch im Wege einer **einstweiligen Verfügung verboten werden**, über eine Eigentümergrundschuld zu verfügen (vgl LG Hamburg vom 15.7.2005 – 321 T 22/05 – Rpfleger 2006, 10). Ist der Eigentümer nicht als Gläubiger eingetragen, so setzt die Eintragung des Verbotes den durch öffentliche oder öffentlich beglaubigte Urkunden zu führenden Nachweis voraus, dass das Grundpfandrecht auf den Eigentümer übergegangen ist (BayObLGZ 9, 173; s auch OLG Colmar OLGE 18, 198; **aM** SOTTUNG 96).

b) **Pfändung der künftigen Eigentümergrundschuld**
Eine künftige Eigentümergrundschuld (s oben Rn 62) kann nicht gepfändet werden; **111** ein abtretbares und damit pfändbares Recht besteht nicht (RGZ 145, 343, 353; BGHZ 53, 60; BayObLG MittBayNot 1996, 435; PALANDT/BASSENGE[67] Rn 17; unklar MünchKomm/EICKMANN[4] Rn 72, der bei einem Briefrecht eine wirksame Pfändung für möglich zu halten scheint, wenn der Brief verschafft wird; s oben Rn 46; **aM** KG JW 1932, 3191; OLG Celle NJW 1956, 145; OLG Frankfurt NJW 1962, 640; STEIN/JONAS/BREHM, ZPO[22] § 857 Rn 62; BAUR/STÜRNER § 46 III 2; TEMPEL JuS 1967, 215, 217).

c) **Pfändung der vorläufigen Eigentümergrundschuld**
Der Pfändung einer vorläufigen Eigentümergrundschuld steht bei einem Buchrecht **112** entgegen, dass die vorläufige Eigentümergrundschuld wegen § 39 GBO nicht eingetragen werden kann (RGZ 120, 110; RG JW 1935, 2554; OLG Karlsruhe vom 17.6.2005 – 14 Wx 35/04 – Rpfleger 2006, 182; STÖBER, Forderungspfändung Rn 1950; oben Rn 37). Da es sich bei § 39 GBO um eine Ordnungsvorschrift handelt, ist eine ordnungswidrig dennoch eingetragene Pfändung wirksam (RGZ 120, 110; PALANDT/BASSENGE[67] Rn 9; MünchKomm/EICKMANN[4] Rn 71; ERMAN/WENZEL[12] Rn 12), aber nur dem Eigentümer, nicht nach Entstehen der Fremdhypothek dem Hypothekar gegenüber (§ 161 Abs 1 S 2). Bei

Briefrechten ist eine Pfändung möglich, wenn der Brief erlangt werden kann (s oben Rn 37).

113 Wird eine Eigentümergrundschuld gepfändet, die nach §§ 1117, 1163, 1177 dadurch entstanden ist, dass der Eigentümer nach Bestellung einer Hypothek den **Brief** dem als Gläubiger Eingetragenen **nicht übergeben** hat, so kann der Gläubiger gegenüber dem Pfändungsgläubiger nicht einwenden, dass der Eigentümer sich vertraglich verpflichtet habe, ihm den Brief zu übergeben (RGZ 63, 14; Fuchs BayZ 1907, 274; aM Kretzschmar ZBlFG 7, 802, 820; Bendix BayZ 1907, 189).

d) Pfändung des nach dem Zuschlag an die Stelle der erloschenen Eigentümergrundschuld tretenden Rechts

114 Der durch die Eigentümergrundschuld verkörperte Vermögenswert kann auch gepfändet werden, wenn das belastete Grundstück Gegenstand eines Zwangsversteigerungsverfahrens ist und die Eigentümergrundschuld nicht in das geringste Gebot fällt. Bis zum Zuschlag besteht die Eigentümergrundschuld, sie erlischt mit dem Zuschlag. An die Stelle des Grundstücks tritt nach dem Surrogationsprinzip für alle nach § 91 ZVG erlöschenden Rechte der Erlös; Rechte, die bisher am Grundstück bestanden, bestehen also am Erlös weiter. Diese Folge begründet jedoch keine rechtliche Beziehung zwischen den Inhabern der an dem Erlös weiter bestehenden Rechte und dem zur Zahlung des Bargebots verpflichteten Ersteher. Der Ersteher hat das Bargebot an das Vollstreckungsgericht zu zahlen; die Verfügungsbefugnis über den Anspruch gegen den Ersteher auf Zahlung des Bargebots steht allein dem Vollstreckungsgericht zu. Das an die Stelle der erloschenen Eigentümergrundschuld tretende Recht ist daher nach §§ 829, 857 Abs 1 und Abs 2 ZPO zu pfänden (über die richtige Fassung des Pfändungsbeschlusses Güthe SeuffBl 76, 614, 620). Eine Zustellung des Pfändungsbeschlusses an den Ersteher ist weder erforderlich noch ausreichend, die Pfändung ist vielmehr durch Zustellung an den Schuldner und bisherigen Grundstückseigentümer bewirkt. Erst wenn bei Nichtzahlung des Erlöses das Vollstreckungsgericht im Verteilungstermin die Forderung gegen den Ersteher auf die einzelnen Berechtigten nach § 118 ZVG überträgt, entsteht für diese eine unmittelbare Forderung gegen den Ersteher, die nach § 829 ZPO zu pfänden ist; der Ersteher ist nunmehr Drittschuldner, die Pfändung bedarf daher nach § 829 Abs 3 ZPO zur Wirksamkeit der Zustellung an den Ersteher. Einen Anspruch auf Auszahlung des entsprechenden Erlösanteils hat der bisherige Eigentümer gegen die Hinterlegungsstelle, wenn das Vollstreckungsgericht wegen Widerspruchs gegen den Teilungsplan den auf die erloschene Eigentümergrundschuld fallenden Erlösanteil nach §§ 124, 120 ZVG hinterlegt; der Anspruch ist allerdings bedingt dadurch, dass der Widerspruch des anderen Prätendenten gerichtlich als unbegründet festgestellt wird oder sich auf andere Weise erledigt. Auch dieser Anspruch ist nach § 829 ZPO zu pfänden, der Pfändungsbeschluss ist der Hinterlegungsstelle als Drittschuldner zuzustellen.

115 Das Vollstreckungsverfahren muss dem mehrfachen Wandel des Vollstreckungsgegenstandes Rechnung tragen; die Art und Weise der Pfändung bestimmt sich nach dem Vollstreckungsobjekt im Zeitpunkt der Pfändung. Dies gilt auch für die Vorpfändung nach § 845 ZPO (BGHZ 58, 298; Stöber Rpfleger 1958, 251).

3. Zwangsversteigerung

Der Eigentümer, dem eine Grundschuld zusteht, ist in einem von einem Dritten **116** betriebenen Zwangsversteigerungsverfahren Beteiligter iS des § 9 Nr 1 ZVG. Er selbst kann jedoch die Zwangsversteigerung des Grundstücks nicht betreiben (§ 1197). Der Rang der Eigentümergrundschuld richtet sich nach § 10 Abs 1 Nr 4 ZVG.

Eine im **geringsten Gebot** berücksichtigte Hypothek bleibt bestehen, auch wenn die **117** Forderung nicht entstanden oder wieder weggefallen ist. Ist die Forderung **vor** dem Zuschlag weggefallen, so steht das Recht dem Vollstreckungsschuldner zu.

Fällt die Forderung erst **nach** dem Zuschlag weg, so erwirbt der Ersteher das **118** Grundpfandrecht. Dem Vollstreckungsschuldner steht aber uU ein Bereicherungsanspruch gegen den Ersteher zu.

Wenn das bei der Feststellung des geringsten Gebots berücksichtigte Grundpfand- **119** recht im Zeitpunkt des Zuschlags **nicht besteht** oder ein bedingtes Grundpfandrecht sei es auch nach dem Zuschlag wegfällt (s zur Frage der Anerkennung einer solchen Bedingung Einl 111 ff zu §§ 1113 ff), ist der Ersteher zur Nachzahlung des berücksichtigten Kapitals verpflichtet (§ 50 ZVG). Gleiches gilt bei Geltendmachung des gesetzlichen oder vertraglichen Löschungsanspruchs gemäß §§ 1179 aF, 1179a, 1179b, wenn sich das Löschungsrecht im Zeitpunkt des Zuschlags bereits zu einem Löschungsanspruch verdichtet hatte (vgl zur Terminologie § 1179a Rn 12 f), nicht aber wenn die Löschungssituation erst später, zB anlässlich einer Tilgungshandlung des Erstehers, eintritt. S zu dem Fall, dass dem Eigentümer zu Unrecht Löschungsbewilligung erteilt wird, § 1183 Rn 3.

Der Eigentümer ist als Vollstreckungsschuldner auch zum **Widerspruch** gegen den **120** Teilungsplan berechtigt, wenn er einen Erlösanteil für sich in Anspruch nimmt (RGZ 166, 113). Die Forderung gegen den Ersteher (§ 118 Abs 1 ZVG) ist dem Eigentümer als Vollstreckungsschuldner für einen auf eine Eigentümergrundschuld entfallenden Betrag zu übertragen.

4. Insolvenz

Im Insolvenzverfahren über das Vermögen des Eigentümers fällt eine **Eigentümer-** **121** **grundschuld**, die bei Verfahrenseröffnung wenn auch nur bedingt besteht oder später entsteht, in die Insolvenzmasse, denn sie gehört zu dem der Zwangsvollstreckung unterliegenden Vermögen des Eigentümers. Dies gilt auch für eine Eigentümergrundschuld nach § 1163 Abs 2. Ob die Grundschuld vor oder nach Verfahrenseröffnung entstanden oder dem Insolvenzschuldner zugefallen ist, spielt im Gegensatz zur Rechtslage nach der KO keine Rolle mehr.

Dem Insolvenzverwalter ist es unbenommen, die Eigentümergrundschuld aus der **122** Insolvenzmasse **freizugeben** (zur Freigabe unter der InsO vgl zB NERLICH/RÖMERMANN/AN-DRES, InsO § 368 Rn 48 ff mwNw). In der Freigabe eines Grundstücks aus der Insolvenzmasse liegt noch nicht ohne weiteres auch die Freigabe einer an dem Grundstück bestehenden Eigentümergrundschuld.

123 Der **gesetzliche Löschungsanspruch** (§§ 1179a, 1179b) oder eine vor Eröffnung des Insolvenzverfahrens eingetragene Löschungsvormerkung (§ 1179 aF) bei einer vor Eröffnung eingetragenen Hypothek kann auch gegenüber dem Insolvenzverwalter durchgesetzt werden.

124 Eine nach Insolvenzverfahrenseröffnung entgegen § 89 InsO eingetragene Zwangs- oder Arresthypothek ist Eigentümergrundschuld und fällt in die Insolvenzmasse (**aA** – Nichtigkeit – STAUDINGER/SCHERÜBL[12] Rn 100).

V.   Sicherungshypothek, Höchstbetragshypothek

125 Wegen der Anwendung des § 1163 auf die Sicherungshypothek s die Erl zu § 1185, auf die Höchstbetragshypothek die Erl zu § 1190.

VI.   Grundschuld, Rentenschuld

126 **Abs 1** ist auf Grund- und Rentenschulden nicht anwendbar, weil er hypotheken- spezifische Fragen regelt. Ist eine zu **sichernde Forderung** nicht entstanden, so ist der Bestand der Grundschuld sowohl als Grundpfandrecht als solches wie als dem Gläubiger zustehende Fremdgrundschuld davon unberührt. Als nicht akzessorisches Recht ist die Grundschuld von der Entstehung einer Forderung unabhängig (RGZ 78, 60; RGZ 85, 89; RGZ 124, 91; RGZ 145, 155; BGH LM Nr 2 zu § 1163 = MDR 1958, 24 mit zust Anm THIEME = Rpfleger 1958, 51 mit zust Anm BRUHN; BayObLG MittBayNot 1996, 435; PLANCK/ STRECKER Anm 6a; BGB-RGRK/THUMM[12] Rn 1; WOLFF/RAISER § 132 I 2, § 156 I 3 d). Der Bestand der Fremdgrundschuld als Recht des Gläubigers bleibt auch unberührt vom Erlöschen der gesicherten Forderung. Da die gesicherte Forderung ohne Bedeutung für die Frage ist, wem das Recht zusteht, kann ihr Erlöschen darauf keinen Einfluss haben (§ 1192 Rn 17 ff), weil § 1163 Abs 1 S 2 auf die Grundschuld nicht anwendbar ist (hM; PLANCK/STRECKER Anm 6a). Vgl § 1192 Rn 17 ff. S aber zu Grundschulden auf ehemaligen Reichsheimstätten (zu Hypotheken oben Rn 46) Gutachten DNotI-Report 2005, 140.

127 **Abs 2** gilt hingegen nach allgM auch für Grund- und Rentenschulden (RGZ 77, 106).

§ 1164
Übergang der Hypothek auf den Schuldner

(1) Befriedigt der persönliche Schuldner den Gläubiger, so geht die Hypothek insoweit auf ihn über, als er von dem Eigentümer oder einem Rechtsvorgänger des Eigentümers Ersatz verlangen kann. Ist dem Schuldner nur teilweise Ersatz zu leisten, so kann der Eigentümer die Hypothek, soweit sie auf ihn übergegangen ist, nicht zum Nachteil der Hypothek des Schuldners geltend machen.

(2) Der Befriedigung des Gläubigers steht es gleich, wenn sich Forderung und Schuld in einer Person vereinigen.

Materialien: E II § 1071 rev § 1148; III § 1147;
Mot III 722 f; Prot I 418 f; III 605, 630, 636,
727 f.

Schrifttum

Brinck, Die Bezahlung der Hypothekenforderung und der Grundschuld sowie die Hypothek und die Grundschuld am eigenen Grundstücke (1907)
Bückle, Hypothekenübergang bei Erfüllungsübernahme als Ersatzschuld, DNotZ 1933, 699
Dieckmann, Zur entsprechenden Anwendung der §§ 1164, 1165 BGB im Grundschuldrecht, WM 1990, 1481
Kemper, Der Zahlungswettlauf im Hypothekenrecht (das Verhältnis der §§ 1143, 1164, 1178 BGB zueinander) (Diss Köln 1937)
Robert, Die Rückgriffshypothek (Diss Halle 1906).

I. Allgemeines

Der gesetzliche Übergang der Hypothek auf den persönlichen Schuldner **setzt vor-** **1**
aus, dass persönlicher Schuldner und Eigentümer verschiedene Personen sind, dass
der persönliche Schuldner den Gläubiger befriedigt hat und dass der persönliche
Schuldner von dem Eigentümer oder einem Rechtsvorgänger des Eigentümers
Ersatz verlangen kann. Der Befriedigung des Eigentümers durch den persönlichen
Schuldner steht die Vereinigung der Forderung und Schuld in einer Person gleich.
Die §§ 1164–1167 bilden gewissermaßen das Gegenstück zu § 1143. Dort erfolgt die
Befriedigung des Gläubigers durch den Eigentümer des belasteten Grundstücks.
S zu den Wechselbeziehungen zwischen § 1143 und § 1164 § 1143 Rn 27.

Im Fall des § 1164 entsteht anders als nach § 1143 trotz Befriedigung des Gläubigers **2**
keine Eigentümergrundschuld. Dies gilt auch für Zinsrückstände (s § 1178 Rn 10).

II. Voraussetzungen des gesetzlichen Übergangs

1. Befriedigung durch den persönlichen Schuldner

a) Hauptfälle der Befriedigung

Hauptfälle der Befriedigung sind Erfüllung, Hinterlegung, Aufrechnung, aber auch **3**
der Erlass (**aM** für Erlass nur vKarger DJZ 1928, 1077). Die Forderung muss erlöschen
(RGZ 143, 284); dies ist auch beim Erlass (§ 397) der Fall. Es kommt daher auch beim
Erlass nur darauf an, ob der persönliche Schuldner vom Eigentümer oder seinem
Rechtsvorgänger Ersatz verlangen kann. Vom Erlass der Forderung (§ 397) sind zu
unterscheiden Verzicht des Gläubigers auf die Hypothek (Aufgabe des dinglichen
Gläubigerrechts durch einseitige Erklärung des Gläubigers, § 1168), Aufhebung der
Hypothek (§ 1183), Umwandlung der Hypothek in eine Grundschuld (§ 1198),
Forderungsauswechslung (§ 1180); sie betreffen nur das Rechtsverhältnis des Gläubigers der Hypothek zu dem Eigentümer des belasteten Grundstücks und wirken
sich lediglich im Fall des § 1164 auch auf die Beziehungen des Gläubigers zum
persönlichen Schuldner aus; der persönliche Schuldner wird mit der Vornahme
dieser Verfügungen von seiner Schuld gegenüber dem Gläubiger insoweit frei, als
er ohne diese Verfügungen hätte Ersatz verlangen können (§ 1165).

4 Gleichgültig ist, ob der persönliche Schuldner den Gläubiger **freiwillig** befriedigt oder ob der Gläubiger durch Zwangsvollstreckung in das Vermögen des persönlichen Schuldners befriedigt wird.

b) Gesamtschuld

5 Zahlt ein Gesamtschuldner der persönlichen Schuld und sind ihm andere Gesamtschuldner nach § 426 ausgleichspflichtig, so ist § 1164 zunächst nicht anwendbar, weil die Forderung in dem Umfang, in dem der zahlende Gesamtschuldner einen Rückgriffsanspruch gegen seine Mitschuldner hat, nicht erlischt, sondern samt der Hypothek (§ 1153 Rn 2) auf ihn übergeht. Damit kann keine gesetzliche Forderungsauswechslung (unten Rn 19) stattfinden, denn die Hypothek kann nicht die übergegangene Forderung und den Ausgleichsanspruch zugleich sichern (vgl zur Bürgschaft unten Rn 13). Das gilt auch, wenn ein gesamtschuldnerisch haftender Miterbe den Gläubiger der auf einem Nachlassgrundstück ruhenden Hypothek befriedigt (aA – hiermit aufgegeben – STAUDINGER/WOLFSTEINER [2002] Rn 25 unter Berufung auf OLG Freiburg MDR 1950, 484 mit zust Anm G u D REINICKE; OLG Celle NdsRpfl 1951, 6; s auch § 1163 Rn 60). Soweit allerdings kein Ausgleichsanspruch gegen Mitschuldner besteht, findet auch kein Forderungsübergang statt; besteht in diesem Falle auf anderer Rechtsgrundlage ein Ersatzanspruch gegen den Eigentümer, so greift § 1164 ein (DIECKMANN WM 1990, 1481; aA offenbar PALANDT/BASSENGE[67] Rn 2). S zum Erlass gegenüber nur einem Gesamtschuldner § 1173 Rn 8.

c) Konfusion

6 Der Befriedigung des Gläubigers steht die Vereinigung von Forderung und Schuld in einer Person gleich (Abs 2).

d) Zahlung durch Dritte

7 Ob bei **Zahlung durch einen Dritten** eine Befriedigung des Gläubigers durch den persönlichen Schuldner iS von oben Rn 3 vorliegt, hängt von den Umständen ab. Ein Dritter leistet, soweit nicht §§ 268, 774 Abs 2 oder 1150 eingreifen, idR entweder für den Eigentümer *oder* den persönlichen Schuldner, so dass nur entweder §§ 893, 1143 *oder* 1164 zutreffen können, aber nicht beide. Zahlt der Grundstückskäufer, bevor er Eigentümer geworden ist und ohne die persönliche Schuld übernommen zu haben, so tut er es idR für Rechnung des Verkäufers, indem er so einen Teil des Kaufpreises tilgen und den lastenfreien Eigentumsübergang auf sich ermöglichen will. Im Zweifel ist für den gezahlt, für den zu zahlen im Interesse des Zahlenden liegt. Das ist (wo nicht der Zahlende selbst die Hypothek erwerben kann) idR der Eigentümer, da nur dann, wenn (mindestens bedingt, zB für den Fall, dass sonst der Zahlungszweck wegen Unanwendbarkeit des § 893 unerreichbar wäre) für ihn die Zahlung erfolgt, § 893 bei Zahlung an einen Scheinberechtigten schützt. Bewirkt der Dritte die Leistung nach § 267, so erlischt die Forderung, das Grundpfandrecht wird Eigentümergrundschuld. Zahlt ein Dritter eine vermeintlich eigene Schuld, so erlischt die Forderung nicht (PALANDT/HEINRICHS[68] § 267 Rn 8), so dass § 1164 nicht eingreift. Wenn der dem persönlichen Schuldner zur Schuldbefreiung verpflichtete Eigentümer diesem die Befriedigung des Gläubigers mitteilt, erlässt er ihm damit die nach § 1143 auf den Eigentümer übergegangene Forderung; erst damit wird die Hypothek zur Eigentümergrundschuld (aM RGZ 80, 319; RG JW 1931, 1185).

e) Dauernde Einrede des Schuldners

Steht dem persönlichen Schuldner eine Einrede zu, durch welche die Geltendma- **8** chung der der Hypothek zugrundeliegenden, gegen ihn gerichteten Forderung dauernd ausgeschlossen wird (vgl § 1169), und hat er, weil die Einrede auf seine Kosten begründet worden ist, einen Ersatzanspruch gegen den Eigentümer, so kann er in **entsprechender Anwendung** der §§ 1164, 1169 vom Gläubiger verlangen, dass dieser ihm die Forderung samt Hypothek abtritt (**dagegen** MünchKomm/Eickmann[4] Rn 10, weil eine Anspruchsgrundlage fehle); dann gilt § 1164 Abs 2. Ist die Forderung jedoch nicht entstanden, ist für § 1164 kein Raum; hier steht die Hypothek dem, der bei ihrer Bestellung Grundstückseigentümer war, als Grundschuld zu (§ 1163 Abs 1 S 1).

f) Zahlung an den Scheingläubiger

Ist der im Grundbuch Eingetragene nicht der wahre Gläubiger, so schützt § 893 den **9** an den Eingetragenen zahlenden persönlichen Schuldner nicht (Planck/Strecker Anm 2b; BGB-RGRK/Thumm[12] Rn 4), da § 893 Zahlung auf Grund des dinglichen Rechtes, § 1164 jedoch Zahlung auf Grund des persönlichen Schuldverhältnisses voraussetzt (Erman/Wenzel[12] Rn 2; vgl § 1138 Rn 9). Dagegen gilt § 409 auch hier, selbst wenn der Zahlungsempfänger nicht im Grundbuch eingetragen ist. Die §§ 406–408 sind entsprechend § 1156 hinsichtlich des dinglichen Rechtes unanwendbar.

2. Ersatzanspruch des persönlichen Schuldners

a) Ersatzanspruch gegen den Eigentümer

Es muss sich um einen **rechtlichen Ausgleich** dafür handeln, dass der persönliche **10** Schuldner eine Leistung bewirkt hat, die im Verhältnis zum Eigentümer oder einem Rechtsvorgänger des Eigentümers einem von diesen und nicht dem Zahlenden oblag (RGZ 131, 157 = JW 1931, 2631 mit Anm Endemann). Der Ersatzanspruch kann nicht nur auf Vertrag, sondern auch auf anderer Rechtsgrundlage, insbesondere unmittelbar auf Gesetz beruhen (RGZ 131, 157), zB auf §§ 812 ff oder § 670 (RGZ 129, 30). Er braucht nicht unmittelbar durch die Befriedigung des Gläubigers zu entstehen, es genügt zB, wenn er durch Eintritt einer Bedingung (RGZ 131, 157) oder nach § 812 Abs 2 S 2 erst später wirksam wird. Der Ersatzanspruch kann sowohl bei oder vor der Hypothekbestellung als auch nachträglich begründet worden sein (KGJ 47, 215). Er kann auch *bedingt* sein; daher kann eine Pfändung der Hypothek durch einen Gläubiger des ursprünglichen Hypothekengläubigers nach § 161 unwirksam sein.

Ein Anwendungsfall des § 1164 ist namentlich dann gegeben, wenn bei der Ver- **11** äußerung eines Grundstücks, das mit einer Hypothek für eine Schuld des Verkäufers belastet ist, die **Übernahme der Hypothek** vereinbart werden soll, die Schuldübernahme nach §§ 415, 416 jedoch mangels Genehmigung durch den Gläubiger nicht zustande gekommen ist (RGZ 81, 71; RGZ 129, 30; RGZ 143, 284). Befriedigt nun der Verkäufer, der persönlicher Schuldner geblieben ist, den Gläubiger, so tilgt er zwar seine Schuld, besorgt aber zugleich auch ein Geschäft, zu dem ihm gegenüber der neue Eigentümer verpflichtet ist (§ 415 Abs 3); damit erlangt der Verkäufer einen Ersatzanspruch gegen den Erwerber (§ 812), die Hypothek geht auf den Veräußerer über. Ist die Schuld aber nur unter der Bedingung auf den Kaufpreis anzurechnen, dass die Schuldübernahme genehmigt wird, fällt nun die Bedingung aus und zahlt nunmehr der Veräußerer die Schuld an den Gläubiger, so hat der Veräußerer keinen

Ersatzanspruch an den Käufer, es bleibt ihm jedoch der Anspruch auf den entsprechenden Kaufpreisrest (RGZ 131, 154).

12 Ein weiterer Anwendungsfall (vgl BGH vom 25. 10. 2002 – V ZR 253/01 – DNotZ 2003, 127 m abl Anm WOLFSTEINER = EWiR § 1149 BGB 1/03, 1081 m zust Anm VOLMER; s § 1149 Rn 24) ist der, dass der Eigentümer seinem Darlehensgläubiger die **Verfügungsmacht** einräumt, einem Dritten, bei dem sich der Darlehensgläubiger refinanziert, für das Refinanzierungsdarlehen eine Hypothek an seinem Grundstück zu verschaffen und der Darlehensgläubiger und persönliche Schuldner des Refinanzierungsdarlehens dieses später tilgt; der Darlehensanspruch ist dann im Sinne der Vorschrift ein (von Anfang an vereinbarter) „Ersatzanspruch" gegen den Eigentümer.

13 Bei der **Bürgschaft** kann § 1164 Anwendung finden, wenn die Hypothek für die Bürgschaftsschuld bestellt wurde, wenn also der Bürge der persönliche Schuldner der Hypothekenforderung und der Eigentümer der Hauptschuldner ist (vgl PLANCK/ STRECKER Anm 2c α; **aA** FASS, Die Befriedigung des Hauptgläubigers durch den Bürgen usw [Diss Leipzig 1912] 80, der § 774 anwenden will); besteht dagegen die Hypothek für die Forderung gegen den Hauptschuldner, so erlischt mit der Befriedigung des Gläubigers durch den Bürgen die Forderung nicht, sondern geht gemäß §§ 774, 1153 mit der Hypothek auf den Bürgen über (RGZ 65, 138; PLANCK/STRECKER Anm 2c α; vgl zur Gesamtschuld oben Rn 5).

14 Im **Erbrecht** kann die Anwendung des § 1164 bei einem Vermächtnis praktisch werden, wenn nämlich der Erbe die auf einem vermachten Grundstück lastende Hypothekenforderung tilgt, während der Vermächtnisnehmer zu deren Bezahlung verpflichtet war (STAUDINGER/OTTE [2003] § 2166 Rn 4).

b)   Ersatzanspruch gegen den Rechtsvorgänger des Eigentümers
15 Gleichgültig ist, ob der Ersatzanspruch gegen den jetzigen oder einen früheren Eigentümer gerichtet ist. Rechtsvorgänger iS des § 1164 ist ein früherer Eigentümer allerdings nur dann, wenn der Befreiungsanspruch gegen ihn wenigstens der Grundlage nach schon bestand, während er Eigentümer war; ein abgeleiteter Erwerb wird nicht gefordert (RGZ 143, 290). Rechtsvorgänger ist auch der, von dem der jetzige Eigentümer oder ein Rechtsvorgänger nur den Übereignungsanspruch oder das Recht aus der Auflassung erworben hat (RGZ 150, 34; hM).

16 Im Fall der **Zwangsversteigerung** ist der Vollstreckungsschuldner im Verhältnis zum Ersteher als Rechtsvorgänger iS des § 1164 anzusehen (RGZ 89, 77).

3.   Übergang der Hypothek

a)   Übergang kraft Gesetzes
17 Der Übergang der Hypothek auf den persönlichen Schuldner tritt unmittelbar kraft Gesetzes ein. Der ersatzberechtigte Schuldner kann sein Recht unmittelbar aus dem Recht des befriedigten Gläubigers ableiten. Befriedigt der persönliche Schuldner den Gläubiger erst, nachdem die Hypothek durch den Zuschlag bereits erloschen war, so kann er einen ihm zustehender Regressanspruch in Form einer Berechtigung am Versteigerungserlös geltend machen (PLANCK/STRECKER Anm 3 f; STROHAL JherJb 59, 164; s zum Grundsatz RGZ 65, 418; RGZ 88, 304).

b) Gesetzliche Forderungsauswechslung

Die Hypothek geht zwar, was ihren Umfang und ihre rechtliche Gestalt betrifft, **18** genau so über, wie sie bisher bestanden hat (zB als Briefhypothek); die Hypothek wird insbesondere nicht zur Sicherungshypothek (**aM** Robert 51).

Mit dem Übergang der Hypothek auf den persönlichen Schuldner tritt aber an die **19** Stelle der durch die Befriedigung des Gläubigers erloschenen Hypothekenforderung der Ersatzanspruch des persönlichen Schuldners; es handelt sich um eine gesetzliche **Forderungsauswechslung**, wie sie sonst gemäß § 1180 durch Rechtsgeschäft bewirkt werden kann (RGZ 81, 71; RGZ 129, 30; RGZ 131, 157; RG HRR 1929 Nr 496 und Nr 1827; BayObLGZ 11, 36; Planck/Strecker Anm 3; BGB-RGRK/Thumm[12] Rn 9; Palandt/Bassenge[67] Rn 4; Wolff/Raiser § 144 Fn 15; Westermann[5] § 105 III 2); es geht weder die bisherige Forderung des Gläubigers gegen den persönlichen Schuldner auf diesen über (**aM** Bückle DNotZ 1933, 699) noch verwandelt sich das Grundpfandrecht in eine Grundschuld (**aM** Brinck 117; Werneburg JherJb 66, 67).

Der Übergang der Hypothek dient auch hier (wie im Fall des § 426) nur der **Aus-** **20** **übung des Rückgriffsrechts**. Es können also daraus weder Rechte gegen den früheren Gläubiger abgeleitet werden noch wird hierdurch – vgl Abs 1 S 2 – der Umfang des dem persönlichen Schuldner zustehenden Ersatzanspruchs vergrößert (unten Rn 30 f). Dies gilt auch für die Zinsen (MünchKomm/Eickmann[4] Rn 13; aA Staudinger/Scherübl[12] Rn 20 unter Berufung auf BGHZ 35, 172 = NJW 1961, 1524 [für den Bürgen], der Eigentümer müsse wohl Zinsen mindestens in Höhe des Zinssatzes der Hypothek zahlen, da er insoweit ungerechtfertigt bereichert sei; *hat* der Schuldner wirklich solche Bereicherungsansprüche, so trifft die Ansicht Scherübls zu, allein das ist ausschließlich eine Frage des Rückgriff-Schuldverhältnisses).

c) Einreden

Gemäß § 1157 kann der Eigentümer gegenüber der Ersatzforderung auch Einreden **21** aus dem zwischen ihm und dem bisherigen Gläubiger bestehenden Rechtsverhältnis geltend machen (Planck/Strecker Anm 3; BGB-RGRK/Thumm[12] Rn 9).

d) Beweislast

Die Beweislast für die Voraussetzungen des Übergangs in dem Umfang, wie er in **22** Anspruch genommen wird, obliegt dem zahlenden Schuldner (Planck/Strecker Anm 2; Baumgärtel/Laumen/Baumgärtel[2] Rn 1).

e) Grundbuchberichtigung

Wegen der **Berichtigung des Grundbuchs** s § 1167 mit §§ 1144, 1145. Die Berichtigung **23** erfordert den Nachweis der Befriedigung des Gläubigers durch den persönlichen Schuldner und den Nachweis, dass dem Schuldner der *Ersatzanspruch* gegen den Eigentümer zusteht. Zu Letzterem bedarf es entweder einer Bewilligung des Eigentümers (BayObLGZ 11, 38) oder eines feststellenden Titels gegen ihn. Die Bewilligung des Eigentümers ersetzt den Nachweis eines Ersatzanspruchs, nicht aber den Nachweis der Befriedigung des Gläubigers (MünchKomm/Eickmann[4] Rn 14), dessen Buchposition nicht zur Disposition des Eigentümers steht.

4. Dinglicher Vollstreckungstitel

Ebenso wie bei einer rechtsgeschäftlichen Forderungsauswechslung (vgl § 1180 Rn 28) **24** wirkt ein dinglicher Vollstreckungstitel über die Hypothek gleich welcher Art, also auch in Form einer vollstreckbaren Urkunde – wohl wegen fehlerhafter Einschätzung der Bedeutung des § 800 ZPO (Einl 193 ff zu §§ 1113 ff) wird in der Kommentarliteratur nur die eingetragene „Unterwerfungsklausel" erwähnt – nicht zugunsten des befriedigenden Schuldners (OLG Stuttgart DJZ 1908, 711; PLANCK/STRECKER Anm 3e; SOERGEL/KONZEN[13] Rn 7; BAUMBACH/LAUTERBACH/HARTMANN, ZPO[66] § 800 Rn 7; PALANDT/BASSENGE[67] Rn 4; MünchKomm/EICKMANN[4] Rn 16; WOLFSTEINER, Die vollstreckbare Urkunde[2] § 30.3. ff), weil der Anspruch im prozessualen Sinn wechselt. Die Vollstreckungsklausel kann ihm nicht erteilt werden, anders als im Falle der Befriedigung durch einen Gesamtschuldner, die keine Forderungsauswechslung, sondern den Übergang der Forderung zur Folge hat (oben Rn 5; vgl WOLFSTEINER aaO § 43.48. f).

III. Übergang nur zum Teil (Abs 1 S 2)

25 Befriedigt der persönliche Schuldner den Gläubiger in voller Höhe, steht ihm aber gegen den Eigentümer *nur wegen eines Teiles der Forderung* ein Ersatzanspruch zu, so geht die Hypothek in Höhe des Ersatzanspruchs auf den persönlichen Schuldner über (§ 1164 Abs 1 S 1), in Höhe des Restes entsteht eine Eigentümergrundschuld (§ 1163 Abs 1 S 2). Die Hypothek geht der Eigentümergrundschuld im Rang vor (vgl auch §§ 1151, 1152).

26 Befriedigt der persönliche Schuldner *den Gläubiger nur zu einem Teil,* so hat der dem Gläubiger verbleibende Hypothekenrest gemäß § 1176 den Vorrang vor dem Teil der Hypothek, der dem Schuldner in Höhe seines Ersatzanspruchs zufällt. Unter Umständen können auch *drei Grundpfandrechte* entstehen mit der Rangfolge: Resthypothek des Gläubigers, Hypothek des persönlichen Schuldners, Eigentümergrundschuld.

IV. Löschungsverpflichtung des persönlichen Schuldners

27 Der persönliche Schuldner kann sich dem Eigentümer gegenüber nicht mit dinglicher Wirkung verpflichten, die Hypothek für den Fall löschen zu lassen, dass sie nach § 1164 auf ihn übergeht; eine solche Vereinbarung kann auch nicht durch eine Vormerkung gesichert werden, solange nicht die Hypothek auf den Schuldner übergegangen ist (vgl BayObLGZ 3, 329).

V. Gesamthypothek

28 Für die Gesamthypothek sind die Fälle des § 1164 in §§ 1173, 1174, 1182 besonders geregelt.

VI. Sicherungshypotheken

29 § 1164 gilt auch für die Sicherungshypothek.

VII. Grund- und Rentenschulden

30 Auf Grund- und Rentenschulden ist § 1164 **unanwendbar** (PLANCK/STRECKER Anm 7; hM; vgl § 1192 Rn 2). Hat der persönliche Schuldner einen Rückgriffsanspruch gegen den

Eigentümer, so wird er idR auch Sicherungsgeber sein und nur gegen Abtretung der Grundschuld zahlen müssen (s Vorbem 140 ff zu §§ 1191 ff). Ist er nicht Sicherungsgeber, so findet weder ein gesetzlicher Übergang der Grundschuld auf ihn statt noch hat er einen Abtretungsanspruch (Vorbem 136 zu §§ 1191 ff mwNw).

§ 1165
Freiwerden des Schuldners

Verzichtet der Gläubiger auf die Hypothek oder hebt er sie nach § 1183 auf oder räumt er einem anderen Recht den Vorrang ein, so wird der persönliche Schuldner insoweit frei, als er ohne diese Verfügung nach § 1164 aus der Hypothek hätte Ersatz erlangen können.

Materialien: E II § 1072 rev § 1149; III § 1148;
Prot III 609 f, 636.

Schrifttum

SCHANBACHER, Die verlorene Regreßhypothek:
Regreßvereitelung bei der Gesamthypothek,
WM 1998, 1805
WEBER, Sicherheitenfreigabe und Regreß-
behinderung, WM 2001, 1229.

1. Allgemeines

§ 1165 schafft einen besonderen Schutz des persönlichen Schuldners, der **nicht zu-** **1** **gleich Eigentümer** des belasteten Grundstücks ist, gegen die Gefährdung seines Rückgriffsanspruchs aus § 1164; der Zweck dieser Vorschrift könnte nämlich leicht durch Verfügungen des Gläubigers über seine Hypothek vereitelt werden. „Nach der Auffassung des Verkehrs dient die persönliche Haftung eines solchen Schuldners nur zur Ergänzung der etwa unzureichenden Realsicherheit des Gläubigers; in erster Linie muss sich dieser an das Grundstück halten. Die Billigkeit erfordert, dass der Schuldner insoweit frei werde, als der Gläubiger durch seine Verfügungen verhindert, dass der Schuldner, wenn er zahlt, zur Sicherung seines Ersatzanspruchs gegen den Eigentümer die Hypothek mit ihrem ursprünglichen Rang erwerbe" (Prot III 610). Die Zweifel, die (MünchKomm/EICKMANN⁴ Rn 1) an dieser Begründung geäußert werden, sind berechtigt, denn den behaupteten Vorrang der Realsicherheit vor der Forderung gibt es so nicht (vgl § 418 Abs 1 S 2, der genau vom Gegenteil ausgeht). Dennoch ist der Gedanke richtig, dass der Gläubiger auf Regressmöglichkeiten seines Schuldners Rücksicht nehmen muss und erst recht den Rückgriff nicht vereiteln darf, um seine eigenen Chancen, wegen anderer Forderungen aus dem Vermögen des Eigentümers Befriedigung zu finden, zu verbessern (vgl den BGH NJW 1989, 1732 zugrundeliegenden Fall). Wenn persönliche und dingliche Schuld in *einer* Person vereinigt sind, ist § 1165 unanwendbar.

2 Ob es richtig ist, § 1165 als konkretisierte Sonderregelung zu § 242 zu bezeichnen (so STAUDINGER/SCHERÜBL[12] Rn 1 im Anschluss an WACKE NJW 1969, 1850; ebenso MünchKomm/ EICKMANN[4] Rn 10), sei dahingestellt (wie es überhaupt fragwürdig ist, konkrete Normen als Unterfall einer Generalklausel zu charakterisieren); jedenfalls eignet sich die Vorschrift schon wegen ihrer fallbeilartigen Rechtsfolgeanordnung nicht dazu, durch umfassende analoge Anwendung zu einem allgemeinen Regressbehinderungsverbot ausgebaut zu werden (so aber MünchKomm/EICKMANN[4] Rn 10 im Anschluss an WACKE AcP 170 (1970), 42, 60; **gegen** ein solches Verständnis BGH vom 10.12.1982 – V ZR 244/81 – NJW 1983, 1423; SCHANBACHER WM 1998, 1805; WEBER WM 2001, 1229; ERMAN/WENZEL[12] Rn 5; SOERGEL/KONZEN[13] Rn 1). Parallelen zu § 776 zu ziehen, ist aber durchaus gerechtfertigt (**aA** MünchKomm/EICKMANN[4] Rn 1), denn es geht nicht um das Verhältnis des Hauptschuldners zum Sicherungsgeber, sondern um die Rücksicht, die der Gläubiger auf die Regressmöglichkeiten seines Schuldners zu nehmen hat. Da § 1165 nur das Verhältnis Gläubiger – Schuldner betrifft, kann aus ihm für die Frage, ob der *Eigentümer* Anspruch darauf hat, dass der Gläubiger nicht andere, insbesondere aus dem Vermögen des Schuldners selbst bereitgestellte Sicherheiten aufgibt, nichts hergeleitet werden (insoweit richtig BGH NJW-RR 1987, 1293; für ein extensiveres Verständnis des § 1165 aber WACKE NJW 1969, 1850; ders AcP 170 [1970] 42, 60). S auch unten Rn 16.

3 Die Vorschrift wirkt auch zugunsten des *Gläubigers,* indem sie klarstellt, dass er zu Verfügungen solcher Art befugt ist, wenn er die Rechtsfolgen in Kauf nimmt (WOLFF/ RAISER § 144 Fn 17); der Gläubiger verletzt seine Vertragspflichten dem Schuldner gegenüber *nicht,* wenn er Sicherheiten aufgibt, ein weiterer Gesichtspunkt, der gegen die Meinung spricht, es handle sich um einen Unterfall des § 242. Der Gläubiger hat lediglich die angeordnete Rechtsfolge zu tragen, ist aber nicht schadensersatzpflichtig.

2. Voraussetzungen

4 a) Der Gläubiger muss eine der bezeichneten **Verfügungen** getroffen haben. Die Vorschrift erfasst nur *rechtsgeschäftliches* Handeln des Gläubigers, nicht aber Ereignisse gleicher Wirkung, die ohne sein rechtsgeschäftliches Zutun eintreten, also nicht das Erlöschen der Hypothek durch Zuschlag in der Zwangsversteigerung (auch dann nicht, wenn der Gläubiger selbst die Zwangsversteigerung betreibt) und nicht die Rangverschlechterung, die eintritt, weil der Eigentümer öffentliche Lasten auflaufen lässt. Insofern ist es gerechtfertigt, davon zu sprechen, der Gläubiger müsse den *Willen* haben, die Sicherheit aufzugeben (STAUDINGER/SCHERÜBL[12] Rn 9). § 1165 ist aber kein Deliktstatbestand und erfordert kein Verschulden in dem Sinn, dass der Gläubiger den Schuldner bewusst oder auch nur fahrlässig schädigen will (oben Rn 3; **aA** RG HRR 1929 Nr 199; PLANCK/STRECKER Anm 2c; SOERGEL/KONZEN[13] Rn 2; ERMAN/WENZEL[12] Rn 2). Der Gläubiger muss immer damit rechnen, dass der Schuldner Rückgriffsansprüche gegen den von ihm personenverschiedenen Eigentümer haben kann, und kann sich nicht auf Unkenntnis berufen.

5 b) Den in § 1165 ausdrücklich bezeichneten Verfügungen des Gläubigers sind die **Forderungsauswechslung** (§ 1180), die **Umwandlung** der Hypothek in eine Grundschuld nach § 1198 (einschränkend durch Einführung von Verschuldensgesichtspunkten WESTERMANN[5] § 105 IV 1), die **Entlassung** eines Teilstücks aus der Mithaft (weil Teilverzicht) gleichzustellen (PLANCK/STRECKER Anm 2c; SOERGEL/KONZEN[13] Rn 2; WOLFF/RAI-

SER § 144 Fn 17; PALANDT/BASSENGE[67] Rn 2; ERMAN/WENZEL[12] Rn 2; MünchKomm/EICKMANN[4] Rn 6 ff).

c)   Eine Entwertung der Hypothek und damit der Rückgriffsmöglichkeiten kann   6
auch durch eine **Verschlechterung des Pfandgrundstücks** herbeigeführt werden, die an
sich den Hypothekengläubiger zu Sicherungsmaßregeln nach §§ 1133–1135 berechtigt. Das Unterlassen derartiger Maßnahmen durch den Gläubiger (zB Geschehen-
lassen der Wegräumung des Gutsinventars) rechtfertigt die Anwendung des § 1165
nicht (BGB-RGRK/THUMM[12] Rn 4; PLANCK/STRECKER Anm 2c; SOERGEL/KONZEN[13] Rn 2; aM
WOLFF/RAISER § 144 Fn 17 und bei bewusstem Dulden WESTERMANN[5] § 105 IV 1). UU kann
aber in einem solchen Fall § 826 eingreifen (RGZ 58, 428). Auch der persönliche
Schuldner, der von dem in der Zwangsversteigerung des Grundstücks mit der
Hypothek ausgefallenen Gläubiger belangt wird, kann nicht aus dem Rechtsgedanken des § 1165 heraus, sondern nur nach § 826 einwenden, der Gläubiger habe bei
der Verfolgung seiner Ansprüche aus dem Grundstück vorsätzlich zu seinem, des
Schuldners, Nachteil gehandelt (BGB-RGRK/THUMM[12] Rn 4; aA STAUDINGER/WOLFSTEINER
[2002] Rn 6 – hiermit aufgegeben). Ist dem Gläubiger seine Hypothek gegen seinen
Willen durch staatlichen Zwang genommen worden, so ist für eine entsprechende
Anwendung des § 1165 kein Raum (BGH MDR 1958, 88).

3.   Wirkungen des § 1165

a)   Der **persönliche Schuldner wird** von seiner persönlichen Haftung insoweit **frei**,   7
als er ohne diese Verfügung nach § 1164 aus der Hypothek hätte Ersatz erlangen
können.

b)   Der persönliche Schuldner wird nach der insoweit klaren gesetzlichen Re-   8
gelung *nicht* frei, soweit die Hypothek infolge ihres Ranges oder des geringen Wertes
des Grundstücks dem persönlichen Schuldner **keine Befriedigung** für seine Ersatzforderung an den Eigentümer **gewährt hätte** (RG SoergRspr 1916, 336; BGB-RGRK/
THUMM[12] Rn 5; PALANDT/BASSENGE[68] Rn 3; PLANCK/STRECKER Anm 2d; SOERGEL/KONZEN[13] Rn 2;
aM LIPPMANN AcP 109, 224). Zu beachten ist, dass der Schuldner sofort frei wird, sobald
eine der inkriminierten Verfügungen getroffen wird (nachf Rn 10). Inwieweit er frei
wird, muss deshalb nach den *Verhältnissen zum Zeitpunkt der Verfügung* beurteilt
werden. Dies geht nur in der Weise, dass beim Verzicht der Schätzwert (Verkehrswert) des entlasteten Grundstücks, nicht etwa ein vielleicht zu prognostizierender
niedrigerer Versteigerungserlös (so aber die Erwägungen bei MünchKomm/EICKMANN[4]
Rn 15), abzüglich des Schätzwerts der der Hypothek an diesem Grundstück vorgehenden Rechte (im Rang gleichstehende müssen verhältnismäßig berücksichtigt
werden) unmittelbar vom Schuldbetrag abgezogen werden. Beim Teil-Verzicht
(pfandfreie Abschreibung eines Grundstücksteils) müssen die Belastungen rechne-
risch im Verhältnis der Werte der Teilflächen verteilt werden. Bei Einräumung des
Vorrangs mindert sich die Schuld sofort um den Schätzwert des vortretenden Rechts,
soweit die Hypothek vorher durch den Schätzwert des Grundstücks abzüglich der
vorgehenden Belastungen gedeckt war. Ex post hypothetische Schadensverläufe zu
ermitteln (so aber offenbar MünchKomm/EICKMANN[4] Rn 15), würde nicht nur dem Sinn,
sondern auch dem Wortlaut der Vorschrift widersprechen; auch die notwendigen
Zinskonsequenzen (nachf Rn 10) könnten so nicht gezogen werden.

9 Ob der Schuldner aus dem **sonstigen Vermögen des Eigentümers** Ersatz verlangen und erlangen kann, ist belanglos (DIECKMANN WM 1990, 1481; BGB-RGRK/THUMM[12] Rn 5; PALANDT/BASSENGE[68] Rn 3; PLANCK/STRECKER Anm 2d), ebenso ob er sich aus dessen Grundstück trotz der Aufgabe der Hypothek befriedigen könnte. Die Gegenansicht (MünchKomm/EICKMANN[4] Rn 12) vernachlässigt das *Zeitmoment;* die Wirkungen des § 1165 müssen sofort im Zeitpunkt der Verfügung eintreten; ob der Schuldner dereinst, im Zeitpunkt der Fälligkeit der Forderung, mit seinem Regress trotz des Verlusts der Sicherheit erfolgreich sein wird, lässt sich in diesem Zeitpunkt überhaupt nicht feststellen. Es erscheint aber nicht ausgeschlossen, dass der Gläubiger *vom Eigentümer* je nach der causa, auf der im Verhältnis zum ihm sein Verzicht auf die Hypothek beruht (bei Fehlen einer causa aus Bereicherungsrecht), *Ersatz* für seinen Forderungsausfall verlangen kann.

10 c)   Der persönliche Schuldner wird „mit der Vornahme" der in § 1165 bezeichneten Verfügung ohne weiteres **kraft Gesetzes frei** (RGZ 58, 427; PLANCK/STRECKER Anm 3; PALANDT/BASSENGE[68] Rn 3; BGB-RGRK/THUMM[12] Rn 6; SOERGEL/KONZEN[13] Rn 3; WOLFF/RAISER § 144 Fn 17). Da der Schuldner sofort frei wird, geht in den Fällen der Vorrangeinräumung und der pfandfreien Abschreibung die Hypothek gemäß § 1163 Abs 1 S 2 ganz oder zu einem der Ermäßigung der Schuld entsprechenden Teil **auf den Eigentümer über** (PLANCK/STRECKER Anm 3; BGB-RGRK[12]/THUMM Rn 6; PALANDT/BASSENGE[68] Rn 3; ERMAN/WENZEL[12] Rn 4; MünchKomm/EICKMANN[4] Rn 18; **aM** für die Vorrangeinräumung – aus der Zustimmung des Eigentümers zur Rangänderung sei dessen Einverständnis dazu zu entnehmen, dass das Grundpfandrecht dem Gläubiger als *Fremdgrundschuld* [Sicherungsgrundschuld? zur Sicherung welcher Forderung?] verbleibt – STAUDINGER/SCHERÜBL[12] Rn 13; SOERGEL/KONZEN[13] Rn 3). Der Schuldner muss auch ab sofort nur noch die verbleibende Schuld verzinsen.

11 d)   Die Rechtsfolge des § 1165 kann auch dann noch geltend gemacht werden, wenn zur Zeit der Inanspruchnahme des persönlichen Schuldners die Hypothek infolge Ausfalls bei der Zwangsversteigerung bereits **erloschen** ist, sie also nicht mehr gemäß § 1164 auf den persönlichen Schuldner übergehen kann (RGZ 58, 425). Aus dem Ausfall darf aber nicht auf die Höhe der Schuldminderung rückgeschlossen werden (so aber STAUDINGER/SCHERÜBL[12] Rn 15), denn diese ist nach den Verhältnissen zur Zeit der Verfügung zu ermitteln (oben Rn 8).

12 e)   **Befriedigt der Schuldner den Gläubiger**, ohne sein Recht aus § 1165 geltend zu machen, so steht ihm ein Rückforderungsanspruch (§§ 812, 814) zu, wenn er von seinem Recht (der Beeinträchtigung und der Rechtsfolge) keine Kenntnis hatte (PLANCK/STRECKER Anm 3; PALANDT/BASSENGE[68] Rn 3), was er zu beweisen hat.

13 f)   Die **Beweislast** dafür, dass sein Rückgriffsrecht nach § 1164 auf die Hypothek durch eine in § 1165 bezeichnete Verfügung verkürzt wurde, trägt der Schuldner (PLANCK/STRECKER Anm 12 e; BGB-RGRK/THUMM[12] Rn 5; BAUMGÄRTEL/LAUMEN/BAUMGÄRTEL[2] Rn 1; hM; **aM** LIPPMANN AcP 109, 224; s auch § 1166 Rn 10). Diese dem Wortlaut der Vorschrift entsprechende Verteilung der Beweislast ist für den Schuldner tragbar, wenn und weil objektive Maßstäbe, bezogen auf einen konkreten Termin anzuwenden sind (oben Rn 8) und weil nach § 287 ZPO zu schätzen ist (BAUMGÄRTEL/LAUMEN/BAUMGÄRTEL[2] Rn 1).

g) Wegen einer **Gesamthypothek** vgl § 1173 Rn 28. Bei einer Sicherungsgesamt- **14** hypothek kann die aus einem besonderen Rechtsgrund ausnahmsweise begründete (s § 1173 Rn 28) Einwendung des Eigentümers eines der belasteten Grundstücke, der nicht der persönliche Schuldner ist, er sei trotz Fortbestehens der Forderung gegen den persönlichen Schuldner entsprechend § 1165 frei geworden, einem neuen Gläubiger nur dann entgegengesetzt werden, wenn er sie beim Erwerb kannte, da die Einwendung nur die dingliche Rechtsbeziehung betrifft; sie fällt unter § 1157 (RGZ 74, 213; § 1185 Rn 11).

h) Die Anwendung des § 1165 kann durch Vereinbarung des Gläubigers mit dem **15** Schuldner **ausgeschlossen** werden, da es sich nur um das persönliche Schuldverhältnis handelt; aus diesem Grund ist sie auch nicht eintragungsfähig (ERMAN/WENZEL[12] Rn 1). Die Beweislast für eine solche Vereinbarung trifft den Gläubiger. Ob die Zustimmung des Schuldners im Einzelfall einen Verzicht auf das Recht aus § 1165 bedeutet, bestimmt sich nach den besonderen Umständen (PLANCK/STRECKER Anm 4). Die in der *Kreditwirtschaft gebräuchlichen Formulare* schließen die Ansprüche aus § 1165 routinemäßig aus; die Überprüfung unter dem Gesichtspunkt des § 307 steht noch aus (vgl aber zur Verpflichtung des Grundschuldgläubigers, auf die Regressmöglichkeiten des Schuldners Rücksicht zu nehmen, BGH NJW 1989, 1732, oben Rn 2, nachf Rn 17 und Vorbem 204 zu §§ 1191 ff).

4. Entsprechende Anwendung

S zunächst oben Rn 2. Auf den Verzicht auf die übertragene Forderung gegen den **16** Ersteher nach § 118 Abs 2 S 2 ZVG ist die Vorschrift nicht anwendbar, weil das die Wahlbefugnis des Ersteigerers zweckwidrig beeinträchtigen würde (BGH vom 10. 12. 1982 – V ZR 244/81 – NJW 1983, 1423).

5. Grundschuld

Auf die Grundschuld findet § 1165 mangels einer akzessorischen Forderung keine **17** Anwendung (BGH NJW-RR 1987, 1293; BGH vom 8. 12. 1988 – III ZR 107/87 – NJW 1989, 1732 = EWiR 1989, 157 [CLEMENTE] = WuB I F 3 Grundpfandrechte 6. 89 [BÜLOW]; aA DIECKMANN WM 1990, 1481; s § 1192 Rn 2). Der BGH kommt aber (in NJW 1989, 1732 wie vor) für den Sicherungsvertrag zur Grundschuld zu einem vergleichbaren Ergebnis, indem er für den Regelfall davon ausgeht, dass der Gläubiger den Sicherungsvertrag nicht mit dem Eigentümer, sondern mit dem Schuldner schließt, dieser es also ist, der Zug um Zug gegen Darlehenstilgung Rückgabe der Grundschuld an sich verlangen kann und der deshalb die Darlehenstilgung verweigern kann, wenn der Gläubiger sich die Rückgabe, zB durch einen Verzicht, unmöglich gemacht hat. Der praktische Unterschied zu einer (wohl eher angebrachten) entsprechenden Anwendung des § 1165 liegt nur darin, dass der *Hypothekengläubiger* sich stets Gedanken über die Interessen des Schuldners machen muss, wenn er verzichten oder sonst über die dingliche Sicherheit verfügen will, der *Grundschuldgläubiger* hingegen nur, wenn er die Grundschuld vom Schuldner gestellt bekommen hat, was aber vermutet wird.

Im übrigen stellt sich auch für den Sicherungsvertrag zur Grundschuld die Frage, ob **18** die (formularmäßig übliche) Vereinbarung, der Gläubiger dürfe Sicherheiten nach Belieben freigeben, nicht **gegen § 307** verstößt (s Vorbem 206 zu §§ 1191 ff).

§ 1166
Benachrichtigung des Schuldners

Ist der persönliche Schuldner berechtigt, von dem Eigentümer Ersatz zu verlangen, falls er den Gläubiger befriedigt, so kann er, wenn der Gläubiger die Zwangsversteigerung des Grundstücks betreibt, ohne ihn unverzüglich zu benachrichtigen, die Befriedigung des Gläubigers wegen eines Ausfalls bei der Zwangsversteigerung insoweit verweigern, als er infolge der Unterlassung der Benachrichtigung einen Schaden erleidet. Die Benachrichtigung darf unterbleiben, wenn sie untunlich ist.

Materialien: E II § 1073 rev § 1150; III § 1149; Prot III 611 ff.

Schrifttum

KLEIN, Anzeigepflicht im Schuldrecht (1908)
KOHN, Zur Auslegung des § 1166, KGBl 1903, 89.

I.   Allgemeines

1 Wie § 1165 dient auch § 1166 dem Schutz des **vom Eigentümer verschiedenen persönlichen Schuldners**, dem ein Ersatzanspruch gegen den Eigentümer zusteht – einer im Grunde und besonders in der Gegenwart seltenen Konstellation (s § 1164 Rn 10 ff). Nach Prot III 612 würde es der Billigkeit widersprechen, wenn der Gläubiger, der in der Zwangsversteigerung mit seiner Forderung ganz oder teilweise ausgefallen ist, den persönlichen Schuldner auch dann für seinen Ausfall in Anspruch nehmen könnte, wenn der Schuldner von der Zwangsversteigerung keine Kenntnis hatte und damit gehindert war, den Ausfall durch eigenes oder anderer Personen Mitbieten oder durch Ablösung der Hypothek abzuwenden (PLANCK/STRECKER Anm 1; s auch LIPPMANN AcP 109, 229). § 1166 berechtigt daher den persönlichen Schuldner, die Befriedigung des Gläubigers wegen des Ausfalls insoweit zu verweigern, als er infolge der Unterlassung der Benachrichtigung von der Versteigerung einen Schaden erleidet. § 1166 gilt nach Zweck und Wortlaut auch dann, wenn nicht § 1164, sondern §§ 426 Abs 2, 401, 412, 1153 eingreifen (hiervon geht stillschweigend auch RG JW 1916, 1409, 1411 aus).

2 Der Gläubiger genügt seiner Pflicht, wenn er die Einleitung der Zwangsversteigerung dem Schuldner unverzüglich (§ 121) mitteilt (über die Rechtsnatur dieser Anzeige vgl KLEIN 26 ff und ders, Rechtshandlungen im engeren Sinn 135 ff); von dem später bestimmten Versteigerungstermin braucht er dem Schuldner keine Mitteilung zu machen, da dieser sich selbst unterrichten kann (PLANCK/STRECKER Anm 3; BGB-RGRK/THUMM[12] Rn 5). Eine Mitteilung der bloßen *Absicht,* die Zwangsversteigerung zu betreiben, genügt nicht, da der Schuldner die erforderlichen Schritte erst unternehmen kann, wenn die Zwangsversteigerung bereits eingeleitet ist; die Benachrichtigung ist daher nur dann von Bedeutung, wenn sie der Einleitung der Zwangsversteigerung nachfolgt (OLG Karlsruhe OLGE 12, 136; OLG Dresden OLGE 26, 158; PLANCK/STRECKER Anm 3d; BGB-RGRK/THUMM[12] Rn 5).

Bei *Gesamtschuldnern* muss der Gläubiger, um die Rechtsfolgen des § 1166 gegen- **3** über einem nicht benachrichtigten Gesamtschuldner zu vermeiden, jeden Einzelnen von dem Zwangsversteigerungsverfahren benachrichtigen, § 425 (RG JW 1916, 1409; BGB-RGRK/THUMM[12] Rn 5). Persönlicher Schuldner iSd Vorschrift ist nicht, wer für die Schuld einer *Personengesellschaft* nur persönlich haftet (aA RG JW 1916, 1409; STAU-DINGER/SCHERÜBL[12] Rn 3); es genügt die Benachrichtigung eines geschäftsführenden Gesellschafters.

II.   Im Einzelnen

1.   Voraussetzungen

Voraussetzung ist bei § 1166 wie bei §§ 1164, 1165, dass der persönliche Schuldner **4** von dem Eigentümer oder dessen Rechtsvorgänger (vgl BayZ 1905, 27; JW 1916, 1409 mit Anm STILLSCHWEIG; OLG Dresden SächsArch 1906, 278; BGB-RGRK/THUMM[12] Rn 3; SOERGEL/ KONZEN[13] Rn 2) Ersatz verlangen kann. Gleichgültig ist, ob der Gläubiger hiervon unterrichtet ist.

Die Rechtsfolge des § 1166 tritt nur gegenüber dem Gläubiger ein, der die Zwangs- **5** versteigerung selbst betreibt; gleichgestellt ist der Beitritt nach § 27 ZVG (RG ZBlFG 6, 14; RG Recht 1914 Nr 2464) und der erlaubte (vgl § 1149) Privatverkauf.

2.   Versäumnis der Mitteilung

Versäumt der Gläubiger (s oben Rn 2) die Mitteilung, so kann der persönliche Schuld- **6** ner Befriedigung des Gläubigers insoweit verweigern, als er durch die Unterlassung der Mitteilung einen *Schaden* erleidet. Er erlangt lediglich eine Einrede; der persönliche Anspruch des Gläubigers an sich geht durch die Versäumnis nicht verloren.

Wegen des Schadens vgl im Allg §§ 249 ff, über die Beweislast s unten Rn 11. Dass **7** ein Schaden entstanden ist, wird im allgemeinen nicht nachweisbar sein, wenn der Versteigerungserlös dem Wert des Grundstücks entspricht (RG Recht 1904 Nr 2076; BGB-RGRK/THUMM[12] Rn 6); eine Vermutung dafür, dass der persönliche Schuldner bis zur äußersten Grenze mitgesteigert hätte, besteht nicht. Ein Schaden soll dem Schuldner nicht entstanden sein, wenn er den Betrag des Ausfalls, auf den er von dem Gläubiger in Anspruch genommen wird, von einem zahlungsfähigen Dritten ersetzt verlangen kann (OLG Dresden SächsArch 1906, 278; PLANCK/STRECKER Anm 4a; vgl auch BGH MDR 1955, 279); zumindest in dieser Allgemeinheit kann diese Aussage nicht gebilligt werden.

Hat der Gläubiger das Grundstück selbst erstanden, so gilt er auch insoweit als aus **8** dem Grundstück befriedigt, als sein Anspruch durch das abgegebene Meistgebot nicht gedeckt ist, aber bei einem Gebot zum Betrag der Sieben-Zehntel-Grenze gedeckt sein würde (§ 114a ZVG). Nur in Ausnahmefällen, bei Vorliegen besonderer Umstände, wird sich der Schuldner gegenüber dem die Sieben-Zehntel-Grenze übersteigenden Anspruch des Gläubigers auf § 826 berufen können.

9 Die *Benachrichtigung darf unterbleiben, wenn sie untunlich ist* (S 2). Dagegen treten die Rechtsfolgen des § 1166 unabhängig von einem Verschulden des Gläubigers ein, wenn eine notwendige Benachteiligung unterblieben ist (PLANCK/STRECKER Anm 4a). Die Benachrichtigung ist insbesondere dann untunlich, wenn dem Gläubiger die Person oder der Aufenthalt des Schuldners unbekannt ist. Der Gläubiger ist nicht verpflichtet, nach dem Schuldner Nachforschungen anzustellen, wenn dieser seine Anschrift gewechselt hat und aus diesem Grund ein Benachrichtigungsschreiben zurückgekommen ist (OLG Naumburg OLGE 31, 352; **aA** – Anfrage bei der Meldebehörde – MünchKomm/EICKMANN[4] Rn 7; allein es ist Sache des Schuldners, seinen Regress dadurch zu schützen, dass er den Gläubiger von einer Adressenänderung benachrichtigt).

10 Ist dem Schuldner die Zwangsversteigerung rechtzeitig auf andere Weise bekannt geworden, so ist die Einrede aus § 1166 ausgeschlossen (RG WarnR 1911 Nr 273; RGZ 54, 372).

3.   Beweislast

11 Den **Schuldner** trifft die Beweislast dafür, dass er eine Ersatzforderung hat (§ 1165 Rn 13; BAUMGÄRTEL/LAUMEN/BAUMGÄRTEL[2] Rn 1). Er trägt weiter die Beweislast dafür, dass er in der Lage gewesen wäre, durch eigenes Mitbieten oder Herbeischaffung von Bietern ein höheres Gebot zu erzielen und dadurch den Ausfall des Gläubigers zu verhindern oder zu vermindern, oder dass er die Hypothek abgelöst und sich selbst aus der Hypothek befriedigt hätte (RGZ 54, 369; RG Gruchot 61 [1917] 132; PLANCK/STRECKER Anm 4a; BGB-RGRK/THUMM[12] Rn 8; WOLFF/RAISER § 144 Fn 18; BAUMGÄRTEL/LAUMEN/BAUMGÄRTEL[2] Rn 2) oder dass er durch vorteilhaften Erwerb des Grundstücks den Schaden ausgeglichen hätte (s aber § 1165 Rn 13). Macht der Gläubiger nur einen Teilbetrag seiner ausgefallenen Forderung geltend, so genügt nicht der Nachweis, dass der geltend gemachte Betrag nicht ausgefallen wäre, sondern der Schuldner muss nachweisen, dass bei rechtzeitiger Benachrichtigung der Gläubiger einen Ausfall überhaupt nicht oder jedenfalls nicht in der geltend gemachten Höhe erlitten hätte (RGZ 54, 374; BAUMGÄRTEL/LAUMEN/BAUMGÄRTEL[2] Rn 2). Für den Schadensnachweis greift § 287 ZPO ein (BAUMGÄRTEL/LAUMEN/BAUMGÄRTEL[2] Rn 2).

12 Der **Gläubiger** ist beweispflichtig dafür, dass er die Benachrichtigung ohne schuldhaftes Zögern (§ 121) vorgenommen hat (RGZ 54, 372; BAUMGÄRTEL/LAUMEN/BAUMGÄRTEL[2] Rn 4 mwNw a z abw M) oder dass sie untunlich (s oben Rn 9) war oder dass ein Schaden deshalb nicht eingetreten ist, weil der Schuldner auf anderem Weg Kenntnis von der Zwangsversteigerung erlangt hat (OLG Dresden OLGE 26 [1913] 158; BAUMGÄRTEL/LAUMEN/BAUMGÄRTEL[2] Rn 4; s oben Rn 10).

4.   Verzicht auf das Recht aus § 1166

13 Der persönliche Schuldner kann auf das ihm nach § 1166 zustehende Recht im voraus und nachträglich **verzichten**, soweit nicht, etwa bei Ansprüchen aus § 826, § 276 Abs 2 entgegensteht. Ein Verzicht ist nicht eintragungsfähig, da er lediglich das persönliche Schuldverhältnis betrifft (PLANCK/STRECKER Anm 5; **aM** GÜTHE/TRIEBEL, GBO Vorbem 48 vor § 13). In *allgemeinen Geschäftsbedingungen* des Gläubigers und in Verbraucherverträgen dürfte der Verzicht regelmäßig gegen § 309 Nr 7 b, jedenfalls aber gegen § 307 verstoßen.

Eine vertragliche Erweiterung des Rechts des persönlichen Schuldners auf Benach- **14** richtigung durch den Gläubiger ist zulässig, aber nicht eintragungsfähig (PLANCK/ STRECKER Anm 5).

III. Weitere Fälle

1. Ersatzpflicht des Schuldners

Ist der Schuldner dem Eigentümer gegenüber nicht berechtigt, Ersatz zu verlangen, **15** sondern vielmehr verpflichtet ihm Ersatz zu leisten, so greift § 1166 nicht ein; denn der Schuldner, für den es gleichgültig ist, ob er an den Gläubiger oder an den Eigentümer leistet, hat dann an einer Benachrichtigung kein Interesse.

2. Persönliche Haftung für eine Hypothekenforderung

Auf die Bürgschaft oder andere Fälle der persönlichen Haftung für eine Hypo- **16** thekenforderung ist 1166 nicht auszudehnen; eine Verpflichtung zu einer Benachrichtigung über Zwangsversteigerung kann aber im Einzelfall nach den Grundsätzen der §§ 157, 242 bestehen.

3. Garantie für Güte und Eindringlichkeit einer Hypothek

Bei der Garantie für Güte und Eindringlichkeit einer Hypothek ist mangels ab- **17** weichender Vereinbarung § 1166 nicht entsprechend anwendbar; der Gläubiger kann aber nach den Grundsätzen der §§ 157, 242 zu einer solchen Benachrichtigung verpflichtet sein. Im Einzelfall kann auch ein Anspruch aus § 826 gegeben sein (RGZ 65, 142; RG Recht 1910 Nr 3006; OLG Dresden SächsArch 1908, 537; OLG München SeuffBl 73, 249; BGB-RGRK/THUMM[12] Rn 2).

IV. Anwendungsbereich

§ 1166 findet auf alle Arten der Hypothek, einschließlich der Gesamthypothek, aber **18** **nicht** unmittelbar auf **Grund-** und **Rentenschulden** (§ 1192 Rn 2) Anwendung. Geht man aber wie bei § 1165 Rn 17 davon aus, dass die Grundschuldsicherheit regelmäßig vom Schuldner gestellt worden ist, liegt die Annahme nahe, dass der Gläubiger aus dem Sicherungsvertrag verpflichtet ist, den Schuldner zu verständigen, wenn er die Verwertung des Sicherungsguts einleitet; einer entsprechenden Anwendung des § 1166 steht nicht im Wege. Auch für die Frage, ob die (formularmäßig übliche) Vereinbarung, der Schuldner verzichte auf die Geltendmachung des Ausfallschadens wegen unterlassener Benachrichtigung, gegen §§ 307, 309 Nr 7 b verstößt, gilt das bei § 1165 Rn 18 ausgeführte.

§ 1167
Aushändigung der Berichtigungsurkunden

Erwirbt der persönliche Schuldner, falls er den Gläubiger befriedigt, die Hypothek oder hat er im Falle der Befriedigung ein sonstiges rechtliches Interesse an der Berichtigung des Grundbuchs, so stehen ihm die in den §§ 1144, 1145 bestimmten Rechte zu.

Materialien: E I §§ 1096 Abs 2, 1119; II § 1074 rev § 1151; III § 1150; Mot III 731 f, 760; Prot III 610, 665.

1 1.　Nach den allgemeinen Vorschriften ist der persönliche Schuldner nur berechtigt, bei Befriedigung des Gläubigers eine Quittung (§ 368) und bei Ausstellung eines Schuldscheins Rückgabe des Schuldscheins oder, wenn der Gläubiger hierzu außerstande ist, das öffentlich beglaubigte Anerkenntnis, dass die Schuld erloschen ist (§ 371), zu fordern. Ist die Forderung abgetreten, so ist der Schuldner nur gegen Aushändigung einer von dem bisherigen Gläubiger über die Abtretung ausgestellten Urkunde zur Zahlung verpflichtet, es sei denn der bisherige Gläubiger hat dem Schuldner die Abtretung schriftlich angezeigt (§ 410). Gleiches gilt beim Forderungsübergang kraft Gesetzes. Durch § 1167 werden die Rechte des persönlichen Schuldners dahin **erweitert**, dass ihm im Fall des Erwerbs der Hypothek nach § 1164 oder §§ 426 Abs 2, 401, 412, 1153 (Mot III 732; Planck/Strecker Anm 2a) oder bei sonstigem rechtlichen Interesse an der Grundbuchberichtigung (zB er ist seinem Käufer, dem jetzigen Eigentümer, gegenüber verpflichtet, das Grundstück hypothekenfrei zu machen, Mot III 731) die in den **§§ 1144, 1145** bestimmten Rechte zustehen.

2　Der persönliche Schuldner kann bei Befriedigung des Gläubigers insbesondere die Aushändigung des **Hypothekenbriefs** und der sonstigen Urkunden verlangen, die zur Berichtigung des Grundbuchs oder zur Löschung der Hypothek erforderlich sind.

3　Handelt es sich um die Umschreibung der Hypothek auf den **Eigentümer**, so genügt zur Grundbuchberichtigung die öffentlich beglaubigte Umschreibungsbewilligung des befriedigten Gläubigers oder das öffentlich beglaubigte Anerkenntnis des Gläubigers, dass die Hypothek kraft Gesetzes auf den Eigentümer übergegangen ist.

4　Soll die Hypothek auf den **Schuldner** umgeschrieben werden, bedarf es regelmäßig neben der Umschreibungsbewilligung des Gläubigers auch noch der Zustimmungserklärung des Eigentümers (vgl § 1164 Rn 23); öffentlich beglaubigtes Anerkenntnis des Gläubigers, dass die Hypothek auf den Schuldner übergegangen ist, genügt (Soergel/Konzen[13] Rn 2; Planck/Strecker Anm 3a).

5　Die **Kosten** der Berichtigung trägt der Schuldner (§ 897).

6 2.　Hat der Schuldner den Gläubiger vollständig befriedigt, so ist § 1144 auch dann anzuwenden, wenn er **nur zum Teil** Ersatz verlangen kann (Planck/Strecker Anm 3c mwNw). Der Eigentümer hat entsprechende Rechte wie nach § 1145 Abs 1 S 2 (PLANCK/STRECKER Anm 3c). Der Gläubiger wird, wenn ihn der Eigentümer dazu ermächtigt, diese Rechte ausüben, also den Brief einem Notar übergeben dürfen, damit er nach § 1145 Abs 1 S 2 verfährt.

Befriedigt der Schuldner den Gläubiger **nur teilweise**, so ist § 1145 entsprechend 7 anzuwenden (PLANCK/STRECKER Anm 3c).

3.   Wenn der **persönliche** Schuldner die Hypothek nicht erwirbt und auch kein 8 rechtliches Interesse an der Berichtigung des Grundbuchs hat, so steht ihm lediglich der Anspruch auf Quittungserteilung nach § 368 zu (s oben Rn 1).

4.   Wird der Gläubiger von einem **Dritten** befriedigt, so stehen diesem die Befugnisse aus den §§ 1144, 1145 nur im Fall des § 1150 iVm § 268 zu; sonst hat auch 9 dieser nur einen Anspruch auf Ausstellung einer Quittung.

5.   Der persönliche Schuldner kann auf die ihm nach § 1167 zustehenden Rechte 10 von vornherein **verzichten**; ein solcher Verzicht wirkt nur persönlich und ist nicht eintragungsfähig (PLANCK/STRECKER Anm 5). In *allgemeinen Geschäftsbedingungen und Verbraucherverträgen* verstößt die Vereinbarung aber idR gegen § 307 (MünchKomm/ EICKMANN⁴ Rn 7).

6.   Auf **Grund- und Rentenschulden** ist § 1167 **nicht** anwendbar. Zwar mag es Fälle 11 geben, in denen der Schuldner einer grundschuldgesicherten Forderung ein rechtliches Interesse an der Grundbuchberichtigung hat; es ist aber nicht recht denkbar, dass das die Folge einer Schuldentilgung sein soll (**aA** MünchKomm/EICKMANN⁴ Rn 8; PALANDT/BASSENGE⁶⁸ § 1191 Rn 37).

§ 1168
Verzicht auf die Hypothek

(1) Verzichtet der Gläubiger auf die Hypothek, so erwirbt sie der Eigentümer.

(2) Der Verzicht ist dem Grundbuchamt oder dem Eigentümer gegenüber zu erklären und bedarf der Eintragung in das Grundbuch. Die Vorschriften des § 875 Abs. 2 und der §§ 876, 878 finden entsprechende Anwendung.

(3) Verzichtet der Gläubiger für einen Teil der Forderung auf die Hypothek, so stehen dem Eigentümer die im § 1145 bestimmten Rechte zu.

Materialien: E I § 1091 Abs 1, 3; II § 1075 rev § 1152; III § 1151; Mot III 719 f; Prot III 602 f.

Schrifttum

SEMMELMANN, Beiträge zum praktischen Recht der Eigentümerhypothek (Diss Erlangen 1906)   WALSMANN, Der Verzicht (1912).

I. Verzicht des Gläubigers auf die Hypothek

1. Rechtsnatur

1 a) Verzicht des Gläubigers auf die Hypothek ist ein Rechtsgeschäft, welches darauf gerichtet ist und bewirkt, dass der Gläubiger seine **Gläubigerstellung** an dem Grundpfandrecht **aufgibt**. Es handelt sich um einen Spezialfall der *Aufhebung* eines Rechts iSd § 875, der sich wegen der rangwahrenden Funktion der Hypothek in den Rechtsfolgen davon unterscheidet und deswegen auch einen eigenen Namen erhalten hat. Soweit § 1168 keine Spezialregelungen enthält, sind die §§ 875, 876, 878 direkt, nicht nur entsprechend anwendbar. Vom Verzicht zu unterscheiden ist der Erlass der gesicherten Schuld durch Erlassvertrag; auch er führt idR nach § 1163 Abs 1 S 2 zum Übergang der Hypothek auf den Eigentümer (§ 1163 Rn 48).

2 Dass der Verzicht auf die Hypothek entgegen § 875 nicht zu deren Erlöschen, sondern – unter Umwandlung in eine Grundschuld – zu deren Übergang auf den Eigentümer führt, ist nicht Inhalt des Verzichts, muss nicht vom Willen des verzichtenden Gläubigers umfasst sein und ist nicht notwendiger Inhalt seiner Erklärung. Der Übergang auf den Eigentümer ist vielmehr gesetzliche *Rechtsfolge* des Verzichts. Das Rechtsgeschäft erfordert einen *Doppeltatbestand,* bestehend aus einer Erklärung und der Grundbucheintragung. Eine bestimmte Reihenfolge ist jedoch nicht vorgeschrieben (PLANCK/STRECKER Anm 2d). Der Verzicht auf die Hypothek ist eine Verfügung iS des Sprachgebrauchs des BGB, hat rein sachenrechtlichen Charakter und unterliegt ausschließlich sachenrechtlichen Grundsätzen (ERMAN/WENZEL[12] Rn 1).

3 Demgegenüber nimmt die hL (RGZ 78, 69; KGJ 4, 433; OLG Celle WM 1985, 1112; STAUDINGER/SCHERÜBL[12] Rn 4; BeckOK-BGB/ROHE[10] § 1168 Rn 3; PALANDT/BASSENGE[67] Rn 2; MünchKomm/EICKMANN[4] Rn 4, 5 in Widerspruch zu Rn 3; ERMAN/WENZEL[12] Rn 3; widersprüchlich PLANCK/STRECKER Anm 2a und 2aα; vermittelnd OLG Schleswig NJW 1964, 2022) wegen § 1183 an, es gebe neben dem Verzicht auch in Ansehung der Hypothek ein davon zu unterscheidendes Rechtsgeschäft **Aufhebung** iSd § 875. Der Gläubiger habe die Wahl, entweder einen Verzicht zu erklären, der den Willen zum Ausdruck bringen müsse, das Recht fortbestehen zu lassen, oder die Aufhebung zu erklären, die zum Erlöschen führe. Damit wird einerseits § 1183, aber auch § 1165, der in der Tat auf ein eigenes Rechtsinstitut „Aufhebung" hinzuweisen scheint, eine zu hohe Bedeutung beigelegt und andererseits dem Gläubiger eine Rechtsmacht eingeräumt, die ihm nicht zukommt. Nach den für die Vermögenszuordnung und die Verfügungsmacht maßgebenden Grundsätzen kann niemand über mehr Rechte verfügen als er hat. Der Gläubiger einer Hypothek kann über die Hypothek verfügen, dh bestimmen, ob er sie behält, ob er sie überträgt oder ob er sie aufgibt; gibt er sie auf, so fällt sie in das Vermögen des Eigentümers zurück, der allein darüber zu bestimmen hat, welche Funktion sie nunmehr in seiner exklusiven Vermögens- und Verfügungssphäre zu erfüllen hat und insbesondere, ob er sich den reservierten Rang auch weiter vorbehält (OLG Schleswig NJW 1964, 2022) – so schon das Bayer HypothekenG v 1822 § 84. Dem Gläubiger kann nicht die Macht zugestanden werden, durch Abgabe dieser oder jener Erklärung bestimmen zu wollen, ob der Eigentümer andere Gläubiger aufrücken lassen muss und die Aufgabeerklärung gar zu verweigern, wenn der Eigentümer in seiner ureigensten Vermögenssphäre, aus der der Gläubiger auszuscheiden im Begriff ist, den Wünschen des Gläubigers nicht folgen möchte. Das ist nicht im mindesten Geschäft des Gläubigers. Die Rangstelle gehört dem Eigentümer und sonst niemandem, mag auch mancher Gläubiger ein Interesse (aber kein berechtigtes) daran haben, sich die Rangstelle unabhängig von der Hypothek zuzueignen (nachf Rn 14).

Das Verständnis der hL wird auch *nicht vom Gesetzeswortlaut erzwungen*. Für sich **4** allein ist § 1168 völlig klar und durchsichtig. Der Verzicht hat – als Ausnahme von § 875 – statt des Erlöschens den Übergang der Hypothek auf den Eigentümer zur gesetzlichen Folge. Diese Folge kann freilich nicht eintreten, wenn der Eigentümer den Verzicht auf ein ihm selbst zustehendes Grundpfandrecht erklärt; es verbleibt dann bei der Folge des § 875 und die Eigentümergrundschuld erlischt (nachf Rn 6, 23). Nur der *Eigentümer* und niemand sonst kann also das Grundpfandrecht zum Erlöschen bringen. Nichts anderes will § 1183 sagen und klarstellen; dessen Formulierung ist zugegebenermaßen nicht ganz glücklich, denn es wird nicht deutlich, dass die „Zustimmung" des Eigentümers eine solche nach § 185 ist, weil ein Nicht-Eigentümer das Erlöschen der Hypothek nur als Nichtberechtigter erklären kann (§ 1163 Rn 91).

Das herrschende Verständnis der §§ 1168, 1183 eröffnet dem Gläubiger vor allem bei **5** der – wirtschaftlich ganz im Vordergrund stehenden – Grundschuld *unvertretbare Manipulationsmöglichkeiten*, die in der Praxis auch genutzt werden (dagegen – unter dem Gesichtspunkt der Rückgewähr einer Grundschuld – auch CLEMENTE ZfIR 1997, 127, 131). Es ist schon schlimm genug, dass ein hypothekarischer Gläubiger mit Hilfe der §§ 1179a, 1179b nach Willkür und Gutsherrenart bestimmen kann, ob er einen in der Zwangsversteigerung erzielten sog Übererlös dem Eigentümer (dh idR dessen ungesicherten Gläubigern) oder den Inhabern der nachrangigen dinglichen Nicht-Hypothekenrechte und den betreibenden Gläubigern zukommen lassen will, indem er seinen Löschungsanspruch geltend macht oder nicht (§ 1179a Rn 7). Nach der hL soll nun der – im Falle der Sicherungsgrundschuld idR bereits vollständig befriedigte – Gläubiger immer noch das Recht haben, durch Abgabe eines Verzichts oder nur einer Aufhebungserklärung über Wohl und Wehe der nachrangigen Gläubiger zu befinden (vgl den drastischen – vom BGH letztlich dennoch gebilligten – Manipulationsfall BGHZ 108, 237 = EWiR § 1191 BGB 4/89, 881 [CLEMENTE] = WuB I F 3 Grundpfandrechte 15. 89 [krit OTT]; dazu WILHELM JZ 1998, 18). Gesteht man dem Gläubiger solche Machtpositionen zu, dann ist es in der Marktwirtschaft selbstverständlich (und auch gar nicht zu tadeln), dass er sie in irgendeiner Weise zu Geld macht. Es ist nicht der Fehler des Marktteilnehmers, sondern der des Gesetzes und seiner Ausleger, wenn die Machtposition zu wirtschaftlichem Profit genutzt wird. Die hier vertretene Auslegung vermeidet es daher, dem Gläubiger über seine Gläubigerstellung hinausreichende Machtpositionen zu verschaffen.

b)   Auch auf die **Eigentümergrundschuld** kann verzichtet werden (oben Rn 3). Auf **6** einen solchen Verzicht kann § 1168 Abs 1 als Spezialvorschrift zu § 875 Abs 1 keine Anwendung finden (ERMAN/WENZEL[12] Rn 6 konsequent: „Verzicht auf die Eigentümergrundschuld ist Aufhebung"); die Eigentümergrundschuld erlischt, wenn auf sie verzichtet wird, weshalb es keinen Unterschied macht, ob man den Terminus „Verzicht" bei der Eigentümergrundschuld überhaupt verwenden will, ob man lieber die Terminologie des § 875 benutzt und den Vorgang „Aufhebung" nennt oder aber die Terminologie der §§ 1179, 1179a, 1179b und von „Löschung" spricht (s nachf Rn 26). Jedenfalls kann mangels eines Dritten die zum Verzicht erforderliche Erklärung des materiellen Rechts nur dem Grundbuchamt gegenüber abgegeben werden; sie ist in der Löschungsbewilligung des Eigentümers enthalten (nachf Rn 26).

2.   Die Erklärung

a)   Rechtsnatur

7 Der Verzicht ist ein einseitiges Rechtsgeschäft (s zur Kritik daran STAUDINGER/GURSKY [2007] § 875 Rn 2 f und POHLMANN NJW 1999, 190). Die Erklärung des Gläubigers ist zwangsläufig Willenserklärung des materiellen Rechts, was aus ihrem Verfügungscharakter folgt (vgl STAUDINGER/GURSKY [2007] § 875 Rn 24); sie ist auf eine Veränderung der Vermögenszuordnung gerichtet und bewirkt auch eine solche, kann also nicht nur Verfahrenscharakter haben. Sie ist aber eine Erklärung des Sachenrechts, die (§ 1168 Abs 2) dem § 875 Abs 2 unterliegt. Nach allgemeinen Grundsätzen (§ 130 BGB) ist die Erklärung dem Eigentümer gegenüber abzugeben; das Grundbuchamt gilt aber kraft Gesetzes als Empfangsvertreter des Eigentümers. Eine Verzichtserklärung gegenüber dem nicht berechtigten Bucheigentümer ist wirkungslos; § 892 findet keine Anwendung und zwar selbst dann nicht, wenn der Eingetragene sich selbst für den Eigentümer hält (PLANCK/STRECKER Anm 2a δ mwNw; BGB-RGRK/THUMM¹² Rn 3; WOLFF/RAISER § 144 III; **aM** ERMAN/RÄFLE⁹ Rn 5: Übergang auf den Buchberechtigten, weil die Verzichtserklärung Leistung des Gläubigers gegenüber dem Buchberechtigten sein soll). Wirksam ist hingegen ein gegenüber dem wahren, nicht eingetragenen Eigentümer erklärter Verzicht.

8 Die Erklärung ist *formfrei,* so dass es nach Eintragung des Verzichts im Grundbuch nicht mehr darauf ankommt, ob eine ordnungsgemäße Eintragungsbewilligung vorgelegen hat. Sie ist aber frei widerruflich, solange sie nicht durch Wahrung einer der beiden Formen des § 875 Abs 2 *bindend geworden* ist.

9 **aa)**   Dazu muss der Gläubiger die Verzichtserklärung dem Eigentümer in besonderer Form erklären, ihm nämlich eine den Vorschriften der Grundbuchordnung entsprechende (also formbedürftige!) **Eintragungsbewilligung** aushändigen.

10 **bb)**   Als Alternative kann sie dem **Grundbuchamt** gegenüber abgegeben worden sein (oben Rn 7). Nach immer noch hL (Nachweise bei STAUDINGER/GURSKY [2007] § 875 Rn 57) ist es für den Eintritt der Bindung nicht notwendig, dass die Erklärung die Form des § 29 GBO wahrt; durch Aufhebung des § 10 Abs 3 GBO (Art 5 Abs 2 Nr 1 des AusführungsG z Seerechtsübereinkommen 1982/1994 [BGBl 1995 I 778]) hat der Gesetzgeber aber zum Ausdruck gebracht, dass das Grundbuchamt nicht mehr zuständig ist, Urkunden über einer Eintragungsbewilligung zugrundeliegende Rechtsgeschäfte entgegenzunehmen (aA STAUDINGER/GURSKY [2007] § 875 Rn 57 mit der fragwürdigen Begründung, die Norm habe nur Urkunden über das Kausalgeschäft betroffen; allein die Verzichtserklärung liegt als Rechtsgeschäft des materiellen Rechts der Eintragungsbewilligung zugrunde). Damit ist die Möglichkeit entfallen, dem Grundbuchamt gegenüber einen Verzicht anders als in der Form der Einreichung einer Eintragungsbewilligung zu einem Eintragungsantrag zu erklären. Sollte aber wirklich ein Grundbuchamt noch eine isolierte Verzichtserklärung ohne Eintragungsbewilligung und ohne Antrag entgegennehmen, so mag – das ist keine wichtige Frage – die Bindungswirkung eintreten; praktisch ist dieser Fall nicht, weshalb es seit Inkrafttreten des BGB keinerlei veröffentlichte Rechtsprechung zu dieser Frage gibt.

Ein gegenüber dem Grundbuchamt erklärter Verzicht wirkt zugunsten des **wahren** 11 **Eigentümers**, auch wenn ein Nichtberechtigter eingetragen ist.

b) Verzicht des Scheingläubigers
Ein Verzicht des eingetragenen oder gemäß § 1155 ausgewiesenen, in Wahrheit nicht 12 berechtigten Hypothekengläubigers ist wirksam (§ 893), gleichgültig ob die Erklärung gegenüber dem Eigentümer oder dem Grundbuchamt abgegeben wird (Planck/Strecker Anm 2a δ; Wolff/Raiser § 39 Fn 2; BGB-RGRK/Thumm[12] Rn 3; **skeptisch** [wer muss gutgläubig sein?] Staudinger/Gursky [2008] § 893 Rn 37).

c) Erklärung
Die Verzichtserklärung schließt sich am zweckmäßigsten an den Wortlaut des 13 Gesetzes an (so mit Recht Staudinger/Scherübl[12] Rn 2, ohne zu sehen, dass die gesetzliche Formulierung dem angeblichen Erfordernis, zum Ausdruck zu bringen, dass die Hypothek bestehen bleiben soll, keine Rechnung trägt). Die Erklärung ist aber auslegungsfähig, so dass der Gebrauch des Wortes „Verzicht" nicht zwingend notwendig ist (RG WarnR 1931 Nr 151; KG JW 1934, 2244). Dulden der Veräußerung und Fortschaffung wertvollen Inventars ist jedenfalls kein Verzicht auf einen Teil der Hypothek (RGZ 58, 428). Der Verzicht kann unter einer **Bedingung** erklärt werden; die Eintragung ist dann erst nach Bedingungseintritt und unter formgerechtem Nachweis des Bedingungseintritts zulässig (Staudinger/Gursky [2007] § 875 Rn 30 mwNw; vgl OLG Frankfurt MittRhNotK 1996, 53), so dass auch die Wirkungen erst dann eintreten.

Als Verzicht zu verstehen ist es insbesondere, wenn der Gläubiger dem Eigentümer 14 oder dem Grundbuchamt eine **Löschungsbewilligung** für die Hypothek überreicht (vorsichtig in diese Richtung BGB-RGRK/Thumm[12] Rn 3). Mit einer Löschungsbewilligung kann also der Eigentümer nicht nur die Löschung, sondern auch die Umschreibung der Hypothek in eine Eigentümergrundschuld erreichen. Die hL, die dem Gläubiger die Befugnis zugesteht, über Aufhebung oder Aufrechterhaltung des Grundpfandrechts zu befinden (oben Rn 1 ff) ist folgerichtig **anderer Meinung** (KGJ 32 A 257; 38 A 275; JFG 18, 203; Staudinger/Scherübl[12] Rn 5; Erman/Wenzel[12] Rn 3; MünchKomm/Eickmann[4] Rn 4 f; Staudinger/Gursky [2007] § 875 Rn 28). Sie sieht darin zwar auch eine materiellrechtliche Erklärung, aber keinen Verzicht, sondern eine Aufhebungserklärung. Wenn die hM damit begründet wird, der bisherige Rechtsinhaber könnte im Einzelfall durchaus ein Interesse daran haben, dass das Recht erlischt und ein nachrangiges Recht aufrückt (Staudinger/Gursky [2007] § 875 Rn 28 unter Berufung auf Wolff/Raiser § 144 I 1a; dazu oben Rn 3), so kommt darin eben jene zu missbilligende Auffassung zum Tragen, die dem Gläubiger über sein dingliches Recht hinaus Verfügungsmacht über das Grundstück des Eigentümers einräumen möchte (oben Rn 5).

Nach jetzt herrschendem Verständnis des § 181 unterliegt der Verzicht dem Verbot 15 des Insichgeschäfts, wenn er vom Eigentümer namens des Gläubigers erklärt wird und zwar auch dann, wenn die Erklärung dem Grundbuchamt gegenüber abgegeben wird (BGHZ 77, 7 = JR 1980, 412 m Anm Kuntze gegen RGZ 157, 24; BayObLG DNotZ 1952, 163; Planck/Strecker Anm 3a; Wolff/Raiser § 141 Fn 4); vgl § 1183 Rn 6. Ein Verzicht durch den Vormund bedarf der Genehmigung durch das **Vormundschaftsgericht** nach § 1822 Nr 13 (KG OLGE 8, 359; vgl unten Rn 22).

d) Schuldübernahme

16 Gemäß § 418 Abs 1 S 2 hat eine auf die Hypothekenforderung bezogene Schuldübernahme in Ansehung der Hypothek die Wirkung eines Verzichts, die aber kraft Gesetzes, unabhängig von einer Grundbucheintragung, eintritt (MünchKomm/Eickmann[4] Rn 18). Die Verzichtswirkung tritt nicht ein bei *Einwilligung* (§ 183 S 1) des Grundstückseigentümers, was wörtlich zu verstehen ist, weil eine (nachfolgende) Genehmigung die einmal eingetretene Verzichtswirkung nicht mehr rückgängig zu machen vermag.

3.   Die Eintragung

a) Eintragungsbewilligung

17 Der Verzicht bedarf in jedem Fall außer dem der sog Rückstandshypothek nach § 1178, auch bei der Briefhypothek, der Eintragung in das Grundbuch. Diese erfolgt aufgrund einer *Eintragungsbewilligung* des Gläubigers gemäß § 19 GBO; wie allgemein muss die materiellrechtliche Verzichtserklärung weder nachgewiesen werden (Wendt/Pommerening Rpfleger 1963, 272; Schöner/Stöber[14] Rn 2716) noch kann der Nachweis die Bewilligung ersetzen, weil es um eine konstitutive Eintragung geht (MünchKomm/Eickmann[4] Rn 15). Der Bewilligung des *Eigentümers* bedarf es nicht, wenn er als neuer Inhaber des Grundpfandrechts eingetragen wird. Zu etwa weiter notwendigen Zustimmungen s nachf Rn 22.

b) Eintragungsvermerk

18 Der Eintragungsvermerk kann nicht nur den Verzicht als solchen wiedergeben, denn im Grundbuch werden keine Rechtsgeschäfte, sondern nur deren Rechtsfolgen eingetragen (**aA** Wendt/Pommerening Rpfleger 1963, 272; Meikel/Böttcher, GBO[10] § 27 Rn 13; Schöner/Stöber[14] Rn 2709; Palandt/Bassenge[67] Rn 3); wenn es richtig wäre, dass der Verzicht als solcher einzutragen und die Eintragung des neuen Gläubigers nur Grundbuchberichtigung ist (MünchKomm/Eickmann[4] Rn 17), dürfte das Grundbuchamt dennoch nicht durch isolierte Eintragung des Verzichts dabei mitwirken, dass das Grundbuch unrichtig wird. Einzutragen wäre auch dann immer der *neue Inhaber des Grundpfandrechts* (Güthe/Triebel, GBO Rn 3 zu § 11 GBV; Meikel/Imhof/Riedel, GBO § 3 Anm 238 d; Wolff/Raiser § 144 I 1 b); ein Antrag auf Eintragung des Verzichts ohne gleichzeitig gestellten Grundbuchberichtigungsantrag wäre zurückzuweisen (**aA** Meikel/Böttcher, GBO[10] § 39 Rn 19, der eingetragene Eigentümer sei kraft der Eintragung in Abt I des Grundbuchs automatisch eingetragen; aber solche indirekten Eintragungen sind dem Grundbuch fremd). Der als neuer Inhaber des Grundpfandrechts einzutragende Eigentümer kann stets nur der Bucheigentümer sein; andernfalls müsste der wahre Eigentümer nach § 39 GBO voreingetragen werden (nachf Rn 20).

19 Des weiteren ist einzutragen, dass sich die Hypothek in eine **Grundschuld** verwandelt hat (vgl Schöner/Stöber[14] Rn 2709).

c) Voreintragung

20 Die Eintragung des Verzichts erfordert nach § 39 Abs 1 GBO die Voreintragung des verzichtenden *Gläubigers,* es sei denn, dieser kann sich nach §§ 39 Abs 2 GBO, 1155

BGB als Inhaber einer Briefhypothek ausweisen (Einzelheiten solchen Ausweises s § 1155 Rn 10 ff). Davon zu unterscheiden ist die Frage, ob auf die Voreintragung des *Eigentümers* und der Umwandlung in eine Grundschuld verzichtet werden kann, wenn der Eigentümer sofort weiterverfügt, insbesondere löschen lässt oder – unter Rückumwandlung in eine Hypothek für eine andere Forderung – abtritt. S dazu nachf Rn 26.

d)　Briefvorlage

Bei Briefhypotheken bedarf es der Briefvorlage gemäß §§ 41, 42 GBO. Ist der **21** Gläubiger verurteilt, den Verzicht zu erklären, so umfasst das Urteil auch die Herausgabe des Briefs (BayObLG NJW-RR 1998, 18). Mit der Eintragung des Verzichts geht das Eigentum am Brief kraft Gesetzes (§ 952 Abs 2) auf den Eigentümer über (RGZ 69, 40). Das Grundbuchamt hat daher den Brief nach Berichtigung nicht dem Gläubiger, selbst wenn er Antragsteller war, sondern dem Eigentümer zu übersenden.

4.　Sonstige Erfordernisse

Nach § 876 kann die Wirksamkeit des Verzichts von der Zustimmung eines Dritten **22** abhängig sein (vgl zur vormundschaftsgerichtlichen Genehmigung oben Rn 15). Fehlt sie, so ist der Verzicht schwebend unwirksam (vgl STAUDINGER/GURSKY [2007] § 876 Rn 46 ff). Das Grundpfandrecht besteht als Hypothek fort (PLANCK/STRECKER Anm 2b; WOLFF/RAISER § 144 I 1 c). Ein Verzicht, unbeschadet der Rechte eines Dritten, ist nicht zulässig (PLANCK/STRECKER aaO).

II.　Die Wirkungen des Verzichts

1.　Wirkung auf das dingliche Recht

Der Verzicht auf die Hypothek lässt den Bestand des Grundpfandrechts unberührt; **23** er bewirkt den Verlust der Gläubigerstellung an dem Grundpfandrecht unter Aufrechterhaltung der Gläubigerstellung an der Forderung (RGZ 78, 69; KGJ 4 A 437). Das Grundpfandrecht wird zur Eigentümergrundschuld in der Person dessen, der zur Zeit des Wirksamwerdens des Verzichts Eigentümer ist (BGH LM Nr 2 zu § 3a LAG); nur beim Verzicht auf eine Eigentümergrundschuld (s zu Nebenleistungen § 1178) erlischt diese (oben Rn 3). Steht das Grundstück im Miteigentum nach Bruchteilen, so handelt es sich um eine Gesamthypothek, die nach § 1175 Abs 1 den Miteigentümern „gemeinschaftlich" zufällt (s dort Rn 3 und § 1172 Rn 7).

Belastungen der Hypothek mit dem Recht eines Dritten erlöschen auch dann, wenn **24** der Verzicht nur den Übergang der Hypothek auf den Eigentümer zur Folge hat; sonst bedürfte es zum Verzicht nicht der in Abs 2 S 2 iVm § 876 angeordneten Zustimmung des Dritten. Aus der Sicht des Dritten rechtfertigt sich das damit, dass der Verzicht nicht nur einen Gläubigerwechsel, sondern auch eine inhaltliche Veränderung der Hypothek (Verwandlung in eine Grundschuld) zur Folge hat, die er nicht hinnehmen muss (vgl zur Grundschuld, bei der eine inhaltliche Veränderung *nicht* eintritt, nachf Rn 39).

2. Wirkung auf die Forderung

25 Die Forderung bleibt samt den Rechten an der Forderung (vgl oben zu den Belastungen des dinglichen Rechts) bestehen, falls sie nicht gleichzeitig nach § 1165 oder nach schuldrechtlichen Grundsätzen (§ 397: Erlassvertrag, vertragliches negatives Schuldanerkenntnis) erlischt. Im Verzicht auf die Hypothek kann ein Antrag auf Abschluss eines Erlassvertrags liegen (RG WarnR 42, 43), der vom Schuldner durch schlüssiges Handeln angenommen werden kann. Erlischt die Forderung durch Erlass oder aus anderem Grunde vor Eintragung des Verzichts auf die Hypothek, so ist der Verzicht gegenstandslos, soweit das dann forderungsentkleidete Grundpfandrecht kraft Gesetzes Eigentümergrundschuld wird (§§ 1163 Abs 1 S 2, 1177; vgl auch § 1164).

3. Anschlussverfügungen

26 Der Eigentümer kann über die von ihm erworbene Eigentümergrundschuld sofort weiterverfügen, insbesondere seinerseits auf sie verzichten und sie dadurch zum Erlöschen bringen (oben Rn 4, 6). Dies ist der Vorgang, der landläufig und auch in der wenig exakten Terminologie der §§ 1179 (alt und neu), 1179a, 1179b als **Löschung** bezeichnet wird (vgl oben Rn 6). Da der Verzicht selbst dem Grundbuchamt nicht nachzuweisen ist (oben Rn 17) genügt eine Eintragungsbewilligung des Eigentümers, die auch als „Löschungszustimmung" oder „Löschungsantrag" bezeichnet sein kann und die bei der Eigentümergrundschuld die ausschließlich dem Grundbuchamt gegenüber abzugebende (oben Rn 6) Verzichtserklärung materiellen Rechts enthält. Die *Eintragung* der beiden Verzichte kann unbedenklich in einen einzigen Eintragungsvermerk zusammengefasst werden; weil nicht das Rechtsgeschäft, sondern das Rechtsergebnis einzutragen ist (oben Rn 18), erfüllt die Eintragung des Erlöschens der Fremdhypothek das Eintragungserfordernis für beide Verzichte, sowohl den des Fremdgläubigers als auch den des Eigentümers (vgl – von einem anderen Standpunkt aus – OLG Schleswig Rpfleger 1965, 177 mit abl Anm WENDT/POMMERENING; BayObLG Rpfleger 1973, 404; STAUDENMAIER BWNotZ 1964, 152 und 1965, 320; aM WENDT/POMMERENING Rpfleger 1963, 272; BAUER/VOEFELE/KOHLER, GBO § 27 Rn 13; DEMHARTER, GBO²⁶ § 27 Rn 8; MEIKEL/BÖTTCHER, GBO¹⁰ § 27 Rn 13; PALANDT/BASSENGE⁶⁷ Rn 3; SCHÖNER/STÖBER¹⁴ Rn 2710).

27 Die Eintragung anderer Verfügungen als der Löschung, zB der Abtretung der Eigentümergrundschuld, ggf unter Umwandlung wieder in eine Hypothek zur Sicherung einer anderen Forderung, erfordern die Voreintragung des Eigentümers als Inhaber seiner Grundschuld (KEHE/HERRMANN, GBO⁶ § 39 Rn 22 ff; aA DEMHARTER, GBO²⁶ § 39 Rn 19; MEIKEL/BÖTTICHER, GBO¹⁰ § 39 Rn 19).

4. Gesamthypothek, Gläubigermehrheit

28 a) Bei der **Gesamthypothek** fällt das Grundpfandrecht dem Eigentümer oder den mehreren Eigentümern gemeinschaftlich zu, wenn der Gläubiger auf sie verzichtet (§ 1175 Abs 1 S 1). Verzichtet der Gläubiger auf die Hypothek an einem der Grundstücke, so erlischt die Hypothek an diesem Grundstück (§ 1175). Entsprechendes gilt bei Verzicht des Gläubigers auf eine Hypothek an einem im Eigentum einer Bruchteilsgemeinschaft stehenden Grundstück (s § 1163 Rn 31) und für den Verzicht auf die Hypothek an einem Bruchteil (s KG JFG 5, 362; STAUDENMAIER BWNotZ 1965, 320).

b) Steht die Hypothek **Gesamtgläubigern** zu und verzichten sie gemeinsam, so **29** fällt die Hypothek an den Eigentümer. Verzichtet nur einer von ihnen (vgl zum Forderungserlass durch einen von mehreren Gesamtgläubigern BGH NJW 1986, 1862; OLG Bremen OLGZ 1987, 29), so gelten §§ 429, 423 entsprechend mit der Folge, dass der verzichtende Gesamtgläubiger wählen kann, ob die Hypothek an den Eigentümer fällt oder den anderen Gläubigern verbleibt. War sie von vornherein nur einem von mehreren Gesamtgläubigern bestellt (zur Zulässigkeit BGHZ 29, 363 u § 1113 Rn 67), so geht sie auf den Eigentümer über (vgl BIERMANN ArchBürgR 40, 344).

5. Zwangsversteigerung

Verzichtet der Gläubiger in der Zwangsversteigerung **nach dem Zuschlag** auf den **30** Versteigerungserlös und damit auf Befriedigung aus dem Grundstück wegen seines dinglichen Anspruchs aus der Hypothek, so fällt der Anteil am Erlös nach dem Surrogationsgrundsatz (s Einl 179 zu §§ 1113 ff) dem Vollstreckungsschuldner zu, dh demjenigen zu, der bis zum Zuschlag Eigentümer war (BGHZ 39, 242 = LM § 1179 Nr 3 m Anm GRELL; BGHZ 160, 168 vom 22. 7. 2004 – IX ZR 131/03 = Rpfleger 2004, 717 m Anm HINTZEN, BÖHRINGER S 661 = EWiR 2004, 1021 [CLEMENTE]; LG München I KTS 1976, 247; MünchKomm/EICKMANN⁴ Rn 24). Der Verzicht bedarf jedoch nicht mehr der Eintragung ins Grundbuch (BGHZ 39, 242 wie vor); es genügt eine formlose Erklärung gegenüber dem Vollstreckungsschuldner oder dem Vollstreckungsgericht (PLANCK/STRECKER 2 e; **aA** – nur dem Vollstreckungsgericht – MünchKomm/EICKMANN⁴ Rn 12). Die Erklärung kann auch schon vor dem Zuschlag abgegeben sein, wenn es bis zum Zuschlag nicht mehr zur Eintragung gekommen ist. S zur Nichtanwendung des § 1179a in diesen Fällen dort Rn 66. In der bloßen Zustimmung zu einem Verteilungsplan, in dem die Hypothek des Zustimmenden nicht in der Höhe ihres wirklichen Bestandes, sondern infolge eines Irrtums bei der Anmeldung zu niedrig eingestellt ist, liegt kein Verzicht auf die Hypothek (RGZ 64, 194). Eine sog tatsächliche Beschränkung der Liquidation als reine Verfahrenserklärung (BGH DB 1960, 1125; MünchKomm/EICKMANN⁴ Rn 12) ist dem früheren Eigentümer gegenüber gemäß § 1183 jedenfalls materiell unwirksam (STEINER/TEUFEL ZVG⁹ § 114 Rn 38, 40 STÖBER ZVG¹⁸ § 114 Rn 11. 1; aA STORZ ZIP 1980, 833).

6. Verzicht nach Insolvenzverfahrenseröffnung

War unter der KO der Verzicht auf die Hypothek nach Konkurseröffnung wirksam **31** geworden, so fiel die Eigentümergrundschuld in das konkursfreie Vermögen (**aA** BGH LM Nr 2 zu § 3a LAG; STAUDINGER/SCHERÜBL¹² Rn 29, die einen Verzicht zugunsten der Konkursmasse für möglich hielten). Unter der Geltung der InsO fällt sie wegen § 35 InsO immer in die Insolvenzmasse.

7. Sonderfälle

a) Wegen des Verzichts auf die Hypothek für **rückständige Zinsen**, andere Ne- **32** benleistungen und Kosten s § 1178 Abs 2. S zum Verzicht auf die **Höchstbetragshypothek** § 1190 Rn 73.

b) Verzichtet der Gläubiger auf die Hypothek, so wird der **persönliche Schuldner** **33** insoweit frei, als er ohne diese Verfügung nach § 1164 aus der Hypothek hätte Ersatz erlangen können (§ 1165).

III. Verzicht auf einen Teil (Abs 3)

34 Verzichtet der Gläubiger nur für einen Teil der Forderung auf die Hypothek, so stehen dem Eigentümer die in § 1145 bestimmten Rechte zu. Da die Vorlage des Briefs bei dem Grundbuchamt schon zur Eintragung des Verzichts erforderlich ist (§ 41 GBO) und die Eintragung des Verzichts von Amts wegen von dem Grundbuchamt auf dem Brief zu vermerken ist (§ 62 GBO), geht die praktische Bedeutung dieser Vorschrift dahin, dass der Eigentümer die nochmalige Vorlage des Briefs zum Zweck der Umschreibung der Eigentümerteilgrundschuld oder zum Zweck einer Löschung oder zum Zweck der Herstellung eines Teilbriefs verlangen kann (PLANCK/ STRECKER Anm 3b γ); die *Aushändigung* des Briefs kann der Eigentümer von dem Gläubiger nicht verlangen (RGZ 69, 42).

35 Die Eigentümergrundschuld kann im Falle des Teilverzichts nicht zum Nachteil der dem Gläubiger verbleibenden Hypothek geltend gemacht werden; letztere hat somit **Vorrang** (§ 1176). Die hL sorgt für Unleserlichkeit des Grundbuchs, indem sie nicht einmal diese Rangwirkung im Eintragungsvermerk ausdrücklich erwähnen will (korrekt jetzt MünchKomm/EICKMANN[4] Rn 25); vgl Rn 18.

IV. Das Kausalverhältnis

36 Als Verfügungsgeschäft bedarf der Verzicht im Verhältnis Gläubiger – Eigentümer einer schuldrechtlichen causa, andernfalls eine ungerechtfertigte Bereicherung des Eigentümers eintritt. Ein Vertrag, in dem der Gläubiger sich verpflichtet, eine Verzichtserklärung nach § 1168 abzugeben, ist, wenn nicht § 528 eingreift, wie jede Verpflichtung zur Verfügung über die Hypothek formlos wirksam.

37 Davon zu unterscheiden sind gegen Eigentümer oder gegen Gläubiger gerichtete Löschungsansprüche **Dritter**, etwa der aus § 1179a. Diese vermögen die causa im Verhältnis Gläubiger – Eigentümer nicht zu ersetzen.

V. Anwendung auf Grund- und Rentenschulden

1. Anwendbarkeit

38 a) Da die Vorschrift in direkter Anwendung den Verzicht auf die Hypothek selbst ohne die Forderung behandelt, gilt sie auch für Grund- und Rentenschulden. Die zwischen Verzicht und Aufhebung unterscheidende hL (oben Rn 1 ff) wendet die Vorschrift auf Eigentümergrundschulden nicht an, weil für sie nur die Aufhebung nach § 1183 in Betracht komme (KG JFG 4, 433; BGB-RGRK/THUMM[12] Rn 1; WOLFF/RAISER § 144 II 2 Fn 25; STAUDINGER/SCHERÜBL[12] Rn 30); praktische Unterschiede zu der hier vertretenen Auffassung ergeben sich nicht. Bei der Grundschuld liegt ein Verzicht idR nicht vor, wenn der Grundschuldgläubiger erklärt, er erhebe keinen Anspruch auf den Erlös, da die Grundschuld nicht valutiert sei (RGZ 78, 56; RG JW 1932, 1550; BGH LM Nr 2 zu § 1163). Im Falle der Sicherungsgrundschuld (Vorbem 19, 24 ff zu §§ 1191 ff) besteht häufig neben der Grundschuld noch ein abstraktes Schuldversprechen oder Schuldanerkenntnis als weitere Sicherheit (Vorbem 184 ff zu §§ 1191 ff). Im Zweifel ist dann die Verzichtserklärung des Gläubigers dahin auszulegen, dass er zugleich unter Verzicht auf den Zugang der Annahmeerklärung die Aufhebung des

Schuldversprechens- oder Schuldanerkenntnisvertrages oder einen auf das Schuldversprechen oder Schuldanerkenntnis bezogenen Schulderlass anbietet (vgl aber OLG Saarbrücken vom 6. 4. 2004 – 7 U 671/03 – ZfIR 2005, 263 = EWiR 2004, 1169 [Weber/Bonin]; s a Vorbem 196 zu §§ 1191 ff).

b)   Entgegen dem Wortlaut des Abs 2 S 2 findet § 876 auf die **Fremdgrundschuld**   **39** keine Anwendung. Der Verzicht auf die Fremdgrundschuld hat nur die Wirkung, dass sie *ohne inhaltliche Veränderung* auf den Eigentümer übergeht; die Wirkungen sind (anders als bei der Hypothek, oben Rn 23) keine anderen als wenn die Grundschuld an den Eigentümer abgetreten wird. Es gibt deshalb einerseits keinen Grund, warum die Belastungen der Grundschuld erlöschen sollten, damit aber andererseits auch keinen Grund, den Verzicht von der Zustimmung eines Dritten, der Rechte an der Grundschuld hat, abhängig zu machen.

2.   Das Kausalverhältnis

Besondere Bedeutung hat das Kausalgeschäft (oben Rn 36) für die *Sicherungsgrund-*   **40** *schuld,* weil bei ihr das Erlöschen der gesicherten Forderung nicht zum Übergang des Grundpfandrechts auf den Eigentümer führt. Der Rechtsnatur des Sicherungsvertrags ist die Vereinbarung, dass der Gläubiger das Sicherungsgut letztlich zurückzugeben hat, wenn alle gesicherten Ansprüche erloschen sind und neue nicht entstehen können, zwingend immanent. Die Klage auf Rückgabe hat immer den Streitwert des Nennbetrags der Grundschuld, auch wenn die gesicherte Valuta niedriger ist (KG vom 17. 4. 2000 – 23 W 1888/00 – ZfIR 2001, 78; OLG Saarbrücken vom 18. 1. 2001 – 7 W 11/01 – MDR 2001, 897; **aA** – nur 20 % wenn nicht valutiert – OLG Nürnberg vom 21. 11. 2008 – 6 W 2061/08 – WM 2009, 721 [jeweils mwNw]). S zu den Einzelheiten des Sicherungsvertrags Vorbem 24 ff zu § 1191 ff und zum Rückgewähranspruch dort Rn 140 ff.

b)   Der Rückgabeanspruch steht nicht dem Eigentümer als solchem, sondern dem   **41** **Sicherungsgeber** zu (BGH NJW 1985, 800; BGH NJW 1986, 2108; vgl a BGH NJW 1989, 1732). Ursprünglich sind Sicherungsgeber und Eigentümer in der Mehrzahl der Fälle identisch; häufig ist aber auch die Kettensicherheit in der Form, dass der Eigentümer E im Rahmen eines Auftragsverhältnisses dem A eine Grundschuld so zur Verfügung stellt, dass der A sie im Rahmen eines Sicherungsverhältnisses an seinen Gläubiger G weitergeben kann (das ist im Zweifel zu vermuten: BGH NJW 1989, 1732; **aA** – Sicherungsgeber sei idR der Eigentümer – Gaberdiel/Gladenbeck[8] Rn 631, 637, 644; vgl OLG Düsseldorf NJW-RR 2003, 668, das bei Stellung einer Bürgschaftssicherheit das Dreiecksverhältnis missversteht). Letztlich führt die Spur immer auf den Eigentümer zurück, wenn nicht irgendwo in der Kette ein ursprüngliches, nicht aus einem Sicherungsverhältnis abgeleitetes Recht zum Behalten der Grundschuld besteht. Dies bedeutet aber nicht, dass der Eigentümer berechtigt wäre, seinen Rückgabeanspruch unmittelbar gegen den Grundschuldgläubiger durchzusetzen; vielmehr muss er sich jeweils an seinen Anspruchspartner im Kausalverhältnis halten. Der häufigste Fall des Auseinanderfallens von Sicherungsgeber und Eigentümer ist der, dass das Eigentum am Grundstück nach Stellung der Grundschuldsicherheit wechselt; außer in den Fällen originären Eigentumserwerbs, vor allem durch Zuschlag in der Zwangsversteigerung, bestehen auch hier regelmäßig Rechtsverhältnisse zwischen dem ursprünglichen Eigentümer und dem späteren Erwerber, die dem neuen Eigentümer letztlich Anspruch auf Rückgabe der Grundschuld – ggf in der Kette – gewähren.

42 c) Als **Rückgabeform** steht für die Grundschuld neben dem Verzicht noch die Abtretung an den Sicherungsgeber oder – auf dessen Weisung, die auch bereits im Sicherungsvertrag enthalten sein kann – an einen Dritten zur Verfügung (GABERDIEL/ GLADENBECK[8] Rn 743); die löschungsfähige Quittung scheidet regelmäßig aus, weil nicht auf die Sicherungsgrundschuld, sondern auf die gesicherte Forderung geleistet wird (vgl OLG Frankfurt Rpfleger 1997, 103). Trifft der Sicherungsvertrag keine ausdrückliche Regelung, so hat der *Sicherungsgeber* grundsätzlich *die Wahl,* in welcher Form die Rückgabe erfolgen soll (BGHZ 108, 237 = EWiR § 1191 BGB 4/89, 881 [CLEMENTE] = WuB I F 3 Grundpfandrechte 15.89 [krit OTT]; Anm WILHELM JZ 1998, 18; GABERDIEL/GLADENBECK[8] Rn 748; Vorbem 153 zu §§ 1191 ff).

43 In den Formularen der Kreditinstitute wird freilich der Rückgabeanspruch unter Ausschluss der anderen Rückgabeformen *regelmäßig auf den Löschungsanspruch,* verstanden als Aufhebungsanspruch (vgl oben Rn 1 ff), *beschränkt* (GABERDIEL/GLADEN-BECK[8] Rn 756 f) und häufig noch dadurch verstärkt, dass dem Eigentümer die *Verpflichtung* auferlegt wird, die Grundschuld löschen zu lassen, wenn der Gläubiger Löschungsbewilligung erteilt. S dagegen Vorbem 157 zu §§ 1191 ff.

§ 1169
Rechtszerstörende Einrede

Steht dem Eigentümer eine Einrede zu, durch welche die Geltendmachung der Hypothek dauernd ausgeschlossen wird, so kann er verlangen, dass der Gläubiger auf die Hypothek verzichtet.

Materialien: E I § 1093; II § 1076 rev § 1153; III § 1152; Mot III 724 f; Prot III 601 f.

Schrifttum:

BUDZIKIEWICZ, Keine Unverjährbarkeit des Anspruchs auf Rückgewähr der stehengelassenen Grundschuld, ZGS 2002, 276
SCHMIDT, Zur Verjährung der Rückgewähr-

ansprüche nicht valutierter Grundpfandrechte, BWNotZ 2002, 97
WOLFSTEINER, Zur Verjährung des Rückgewähranspruchs und zum Rechtscharakter des § 1169 BGB, DNotZ 2003, 321.

I. Allgemeines

1 Steht dem **Eigentümer** eine **Einrede** zu, durch welche die Geltendmachung der Hypothek dauernd ausgeschlossen wird („rechtszerstörende", „ausschließende", „ständige" oder „peremptorische" Einrede), so wird – gleichgültig ob sich die Einrede gegen die Hypothek als solche oder gegen die persönliche Forderung (vgl § 1137) richtet – der Bestand der Hypothek an sich dadurch nicht berührt. Der Eigentümer kann jedoch in diesem Fall von dem Gläubiger verlangen, dass er auf die Hypothek verzichtet (vgl auch die Parallelvorschrift § 886).

§ 1169 beruht auf der Erwägung, dass der Gläubiger an der Aufrechterhaltung einer **2** Hypothek, deren Geltendmachung durch eine peremptorische Einrede dauernd ausgeschlossen ist, kein berechtigtes Interesse hat, während der Eigentümer durch das Bestehenbleiben des für den Gläubiger praktisch wertlosen Rechts an der vollen Ausnützung seines Realkredits gehindert wäre (vgl Mot III 724; Prot III 601). Vgl dazu, dass aufgrund des gleichen Rechtsgedankens schon die Bestellung einer Hypothek für eine nicht erzwingbare Forderung ausgeschlossen ist, § 1113 Rn 12.

§ 1169 ist selbst Anspruchsgrundlage. Dabei wird ein **Doppeltatbestand** vorausge- **3** setzt. Einerseits ist der Anspruch auf das statische *Sachenrecht Eigentum* gegründet (Wolff/Raiser § 144 Fn 6; Planck/Strecker Anm 3c mwNw) und kann nur in der Person des Eigentümers entstehen. Andererseits setzt er eine Einrede, also einen *schuldrechtlichen Gegenanspruch* voraus, der verschiedenste Inhalte haben und kommen und gehen kann. Diese Zwitterstellung zwischen Sachen- und Schuldrecht erschwert Verständnis und Auslegung (vgl Wolfsteiner DNotZ 2003, 321).

II. Eigentümer

Der Anspruch kann nur in der Person des Eigentümers entstehen (vgl zum Problem der **4** Zinsverjährung bei der Ablösung Einl 230 zu §§ 1113 ff). Bei Gesamthandseigentum, zB einer Erbengemeinschaft, erwächst er allen Eigentümern gemeinschaftlich; es genügt, dass ein Miterbe einredeberechtigt ist (RG JW 1932, 588). Im Insolvenzverfahren über das Vermögen des Eigentümers kann der Insolvenzverwalter den Anspruch zugunsten der Insolvenzmasse geltend machen, wenn das Grundstück zur Insolvenzmasse gehört, und zwar gleichgültig ob die Einrede schon zur Zeit der Verfahrenseröffnung bestanden hat oder sie erst später entstanden ist (anders zur Rechtslage nach der KO BGH LM Nr 2 zu § 3a LAG; vgl Schubert JW 1934, 2444).

III. Einreden

1. Gegenstand der Einreden

Unter § 1169 fallen zwar nur Einreden, nicht aber Einwendungen. Eine Einwendung **5** gegen die Forderung bedeutet aber ohnehin, dass der Anspruch nicht oder nicht mehr besteht und der Gläubiger damit auch die Hypothek verloren hat (nachf Rn 9); in diesem Fall hat der Eigentümer einen Grundbuchberichtigungs-, im Fall einer Einrede den Verzichtsanspruch. Die Einrede ist ein Gegenrecht, das den Verpflichteten berechtigt, der Geltendmachung des Grundpfandrechts zu widersprechen, während durch die einer Einwendung zugrundeliegende Tatsache das Recht des Gläubigers vernichtet wird (Planck/Strecker Anm 2a; § 1137 Anm 2d; Wolff/Raiser § 139 III und Fn 11).

Einreden iS des § 1169 können solche des Eigentümers gegen das dingliche Recht **6** sein (RG Gruchot 60, 508; Planck/Strecker Anm 2c mwNw), weiter solche, die dem Eigentümer gemäß § 1137 ebenfalls gegen das dingliche Recht in entsprechender Anwendung des § 770 wie einem Bürgen zustehen, und schließlich auch Einreden des Schuldners gegen die persönliche Forderung, die nach § 1137 auch der Eigentümer geltend machen kann. Durch die Einrede muss die Geltendmachung der Hypothek **dauernd ausgeschlossen** sein.

2. Einzelne Einreden

7 Dem Eigentümer zustehende Einreden, durch welche die Geltendmachung der Hypothek dauernd ausgeschlossen ist, können sein: die Einrede der Arglist (vgl BGHZ 56, 22); der Anfechtbarkeit nach dem AnfG; des Ausschlusses der Abtretbarkeit aufgrund einer zwischen dem Zedenten und dem Eigentümer getroffenen Vereinbarung (JOSEF AcP 109, 197); der rechtskräftigen Abweisung der Klage wegen der Forderung gegen den persönlichen Schuldner, § 1137 (PLANCK/STRECKER Anm 2d; vgl ROSENBERG/SCHWAB, ZPO § 152); der vom Gläubiger übernommenen Verpflichtung, die Hypothek dauernd nicht geltend zu machen (RGZ 67, 390); der vom Gläubiger einer Zwangshypothek eingegangenen Verpflichtung, aus dem Titel nicht mehr zu vollstrecken (BayObLG vom 29.5.1998 – 2Z BR 91/98 – NJW-RR 1999, 506); der unerlaubten Handlung (§ 853); der ungerechtfertigten Bereicherung nach §§ 812, 821 (vgl BGH NJW 1975, 1126); des Minderungsrechts, auch nach § 438 Abs 5 (RGZ 71, 12; s auch PLANCK/STRECKER Anm 2d); des Rücktrittsrechts trotz dessen Verjährung (§ 438 Abs 4); der Verpflichtung zur Pfandentlassung (BGH NJW 1984, 169).

3. Ausgeschlossene und Nicht-Einreden

8 a)   **Ausgeschlossen** sind die Einrede der **Verjährung** (außer für Zinsen und sonstige laufende Nebenleistungen, § 216 Abs 3) und die Einrede der **beschränkten Erbenhaftung,** da sie dem dinglichen Anspruch des Hypothekengläubigers gemäß §§ 902, 216 Abs 1, 1137 Abs 1 S 2 nicht entgegengesetzt werden können (Einl 226 zu §§ 1113 ff). Sie können daher auch keinen Verzichtsanspruch begründen. Dies gilt nach § 216 Abs 2 im Ergebnis auch für die Grundschuld (vgl Einl 226 ff zu §§ 1113 ff und BGHZ 143, 297 = JZ 2000, 891 [PETERS] = LM § 223 BGB Nr 7 [PFEIFFER] = WuB § 223 BGB 1.00 [VOIT]).

9 b)   **Keine Einreden** iS des § 1169 sind zB das Anfechtungsrecht und das Recht zur Aufrechnung, da durch die einseitige Anfechtungs- oder Aufrechnungserklärung das Recht des Gläubigers rückwirkend vernichtet wird (PLANCK/STRECKER Anm 2a). Auch aus der Abrede, dass sich der Gläubiger zunächst an das Grundstück halten müsse, kann eine Einrede iS des § 1169 nicht hergeleitet werden. Die insolvenzrechtliche Anfechtungseinrede des § 146 Abs 2 InsO soll keine dauernde Einrede iS des § 1169 sein (vgl OLG Hamm MDR 1977, 668).

10 c)   Ist bei einer Hypothek die Forderung nicht entstanden oder erloschen, so kann der Eigentümer nicht Verzicht, sondern nur **Grundbuchberichtigung** verlangen (RG HRR 1934 Nr 1354); ein Übergang von der Verzichtsklage zur Berichtigungsklage ist aber idR nicht Klageänderung, obwohl die beiden Ansprüche verschieden sind (RG WarnR 1934 Nr 96).

III. Der Anspruch aus § 1169

1. Anspruch auf Verzicht

11 Der Eigentümer kann von dem Gläubiger den Verzicht auf die Hypothek verlangen. Die Wirkung des Verzichts (§ 1168) tritt erst mit der Abgabe der Verzichtserklärung oder der rechtskräftigen Verurteilung des Gläubigers und der Eintragung des Verzichts ein. Der Eigentümer kann aber auch aufgrund der Verzichtserklärung ohne vorherige Eintragung des Verzichts die Löschung der Hypothek herbeiführen (s § 1168 Rn 26); er kann daher auch, wenn er die Löschung des Grundpfandrechts beabsichtigt, statt der Verzichtserklärung eine Löschungsbewilligung beanspruchen, da der Gläubiger hierdurch nicht beschwert ist (RGZ 91, 226; PLANCK/STRECKER Anm 3a). Abtretung des Grundpfandrechts an Stelle der Verzichtserklärung kann der Eigentümer nicht verlangen (WOLFF/RAISER § 144 Fn 7; PLANCK/STRECKER Anm 3b; **aA** BGHZ 108, 237, dazu unten Rn 13, 27); s zur Sicherungsgrundschuld nachf Rn 25 u § 1191 Rn 5.

2. Verfügung über den Verzichtsanspruch

a) Nach der bislang (von ERMAN/WENZEL[12] Rn 3; PALANDT/BASSENGE[67] Rn 2; SOERGEL/ **12** KONZEN[13] Rn 2; unentschieden jedenfalls MünchKomm/EICKMANN[4] Rn 11) nicht in Zweifel gezogenen Rechtsprechung kann der Eigentümer über den einmal entstandenen Anspruch **verfügen**, insbesondere ihn (auch im Voraus) abtreten (BGH NJW 1985, 800; BUDZIKIEWICZ ZGS 2002, 276; **aA** WOLFSTEINER DNotZ 2003, 321). Dementsprechend soll er aber auch mit der Übereignung des Grundstücks nicht kraft Gesetzes auf den Erwerber übergehen (BGH LM Nr 1). Dies hätte sonderbare Folgen: Nach Abtretung des Verzichtsanspruchs hätte der Eigentümer keinen solchen Anspruch mehr, obwohl ihm die dauernde Einrede nach wie vor zusteht, der Gläubiger also unverändert außer Stande ist, die Hypothek geltend zu machen. Ein Recht darauf, dass der Zessionar den Verzichtsanspruch geltend macht, hätte der Eigentümer nicht. Die unauflösbare Pattsituation, die durch die Vorschrift gerade vermieden werden soll, würde also wieder eintreten. Dies steht zu den oben unter Rn 1 referierten Intentionen des Gesetzes in offenem Widerspruch. Unerwünscht wären auch die Verjährungsfolgen. Da es sich nicht mehr um einen Anspruch handeln würde, der dem Eigentümer als eingetragenem Rechtsinhaber als solchem zusteht, wäre auch § 902 unanwendbar; der Verzichtsanspruch würde der Verjährung unterliegen (dazu unten Rn 23) mit der Folge, dass auch nach Ablauf der Verjährungsfrist genau wieder der Zustand eintreten würde, den die Vorschrift gerade verhindern will, dass nämlich der Eigentümer blockiert ist, ohne dass der Gläubiger sein Recht ausüben kann.

Das Bedürfnis nach Abtretbarkeit soll sich darauf gründen, dass der Eigentümer in **13** gewissen Fällen keinen schuldrechtlichen Rückgewähranspruch, sondern nur den Anspruch nach § 1169 habe und in der Lage sein müsse, diesen zu verwerten (BGH NJW 1985, 800). Ob es solche Fälle gibt, darf bezweifelt werden (im Fall BGH NJW 1985, 800, in welchem eine Bank die Forderung nebst übersichernder Grundschuld verkauft und abgetreten, der Zessionar aber die Rückgewährverpflichtung aus dem Sicherungsvertrag nicht übernommen hatte, stand dem Eigentümer jedenfalls auch der Bereicherungsanspruch nach § 822 zu, denn der Zessionar hatte den Übersicherungsteil der Grundschuld unentgeltlich erworben. Vgl BGHZ 108, 237 [243] = EWiR § 1191 BGB 4/89, 881 [CLEMENTE] = WuB I F 3 Grundpfandrechte 15. 89 [krit OTT]; Anm WILHELM JZ 1998, 18). Sie sind jedenfalls von geringerem Gewicht als die vom Gesetz missbilligte dauernde Pattsituation. Deshalb ist die hM dahin zu korrigieren, dass der Anspruch nur dem Eigentümer zustehen, also nicht an einen Nichteigentümer abgetreten werden kann (WOLFSTEINER DNotZ 2003, 321; dasselbe unterstellt wohl auch OTTE ZGS 2002, 57).

Allerdings ist zu berücksichtigen, dass danach der Anspruch auch nur so lange **14** Bestand haben kann als der Eigentümer Inhaber des einredebegründenden Rechts ist. Ist das Recht abtretbar (wie zB ein einredebegründender Schadensersatzanspruch) und abgetreten, so entfällt auch der Verzichtsanspruch. Dies ist logisch, weil auch der Gläubiger seine Hypothek wieder geltend machen kann, wenn der Eigentümer keine hindernde Einrede mehr hat.

15 b) **Wechselt das Eigentum**, so kommt es darauf an, ob auch dem neuen Eigentümer eine dauernde Einrede zusteht; dann hat er einen eigenen Verzichtsanspruch. Erwirbt er keine dauernde Einrede, so kann er auch den Verzichtsanspruch nicht erwerben. Maßgeblich ist also nicht, ob der Verzichtsanspruch ausdrücklich oder stillschweigend (BGH BB 1967, 1144; BGH NJW 1985, 800) abgetreten wird (**aA** BGH LM Nr 1), sondern ob der neue Eigentümer auch den einredebegründenden Gegenanspruch erwirbt. Eine Einrede, die dem persönlichen Schuldner gegen die Forderung zusteht (§ 1137), kann der jeweilige Eigentümer geltend machen; es bedarf daher in diesem Fall keiner Abtretung (BGB-RGRK/THUMM[12] Rn 3).

16 c) Der Inhaber eines **gesetzlichen Löschungsanspruchs** und der Berechtigte aus einer Löschungsvormerkung (§§ 1179a, 1179b, 1179 aF) haben kein Anrecht darauf, dass der Eigentümer seinen Verzichtsanspruch geltend macht, geschweige denn dass sie ihn selbst geltend machen könnten (vgl BGHZ 108, 237 = EWiR § 1191 BGB 4/89, 881 [CLEMENTE] = WuB I F 3 Grundpfandrechte 15. 89 [krit OTT]; Anm WILHELM JZ 1998, 18; BGH NJW-RR 1991, 1197; **aA** – die Löschungsvormerkung erfasse sogar den aus dem Eigentum fließenden dinglichen Anspruch aus § 1169 und Verfügungen über ihn – STAUDINGER/SCHERÜBL[12] Rn 38; ZAGST, Das Recht der Löschungsvormerkung 37). Die Vereinigung von Hypothek und Eigentum ist *Tatbestandsvoraussetzung* für den Löschungsanspruch nachrangiger Gläubiger; solange der Tatbestand nicht erfüllt ist, haben sie keinen Anspruch. Tatbestands- und Rechtsfolgenseite dürfen nicht in der Weise vermischt werden, dass aus der mangels Tatbestands gerade nicht eingetretenen Rechtsfolge ein Anspruch auf Tatbestandsverwirklichung destilliert wird (vgl § 1179 Rn 48; § 1179a Rn 19, 46 u als Argument § 1170 Rn 20).

3. Der Schuldner des Verzichtanspruchs

17 Verpflichteter ist der Inhaber der Hypothek, auch wenn er an dem Schuldverhältnis, auf dem die Einrede beruht, nicht beteiligt ist (RGZ 91, 226). Der Anspruch kann im **Insolvenzverfahren** über das Vermögen des Gläubigers (PLANCK/STRECKER Anm 3c mwNw; STROHAL JherJb 59, 191) wie auch gegenüber dem Rechtsnachfolger des Gläubigers und gegen einen Dritten geltend gemacht werden, der dem Verzicht zustimmen muss, weil ihm ein Recht an der Hypothek zusteht (PLANCK/STRECKER Anm 3c), vorausgesetzt dass sich der Gläubiger oder der Dritte nicht gegenüber der Einrede auf den öffentlichen Glauben des Grundbuchs berufen kann (§§ 892, 1138, 1156).

4. Zwangsversteigerung

18 Mit dem Erlöschen der Hypothek durch Zuschlag im Zwangsversteigerungsverfahren erlischt der Anspruch des Eigentümers aus § 1169 nicht; der bisherige Eigentümer kann vielmehr von dem Gläubiger Verzicht auf Befriedigung aus dem an die Stelle des Grundstücks getretenen Versteigerungserlös fordern (BGH LM ZVG § 91 Nr 14; BGH NJW 1985, 800; s § 1168 Rn 30).

5. Sicherung des Anspruchs

a) Eine Einrede nach § 1169 ist nicht **eintragungsfähig** (aA KGJ 33 A 261; BGB- **19**
RGRK/Thumm[12] Rn 7; Staudinger/Scherübl[12] Rn 13), denn eine Hypothek für eine mit
einer dauernden Einrede belastete Forderung könnte ebensowenig eingetragen
werden wie eine selbst mit einer dauernden Einrede belastete Hypothek (§ 1157
Rn 10).

b) Zum vorläufigen Schutz des Eigentümers kann sowohl eine **Vormerkung** als **20**
auch ein **Widerspruch** eingetragen werden; der Anspruch auf Verzichtserklärung
kann durch eine Vormerkung (KGJ 33 A 260), die dem Eigentümer gegen die Hypothek zustehende Einrede kann durch einen Widerspruch gesichert werden (Biermann, Widerspruch und Vormerkung 141; Wolff/Raiser § 144 Fn 8; Soergel/Konzen[13] Rn 5;
Palandt/Bassenge[67] Rn 2; Erman/Wenzel[12] Rn 5; BGB-RGRK/Thumm[12] Rn 7; zum Teil abweichend Planck/Strecker Anm 3d). Ist eine Vormerkung eingetragen, so kann die Eintragung eines Widerspruchs nicht wegen fehlenden Rechtsschutzbedürfnisses abgelehnt werden. Denn wenn der durch die Vormerkung gesicherte Anspruch auf
Verzicht nicht durchgesetzt werden kann, weil zB die Einrede in Wirklichkeit keine
ständige ist, kann der Einrede eine selbständige Bedeutung, im Beispielsfall als
aufschiebend, zukommen.

Für die Eintragung eines im Wege der einstweiligen Verfügung angeordneten Wider- **21**
spruchs ins Grundbuch bedarf es bei einer Briefhypothek nicht der Vorlage des
Briefs, wenn sich der Widerspruch darauf gründet, dass die Hypothek oder die
Forderung einer Einrede unterliegen (§ 41 GBO).

6. „Verzicht" des Eigentümers

Ein Verzicht des Eigentümers auf das Recht aus § 1169 (dh als Schulderlass oder **22**
auch als Inhalt der Hypothek) ist insoweit zulässig und eintragungsfähig, als der
Verzicht auf die zugrundeliegende Einrede zulässig ist und zugleich erfolgt (Planck/
Strecker Anm 4).

7. Verjährung

Als Anspruch aus dem Eigentum, also einem eingetragenen Recht im Sinn des § 902 **23**
Abs 1 S 1 (ob das Eigentum in diesem Sinne ein eingetragenes Recht ist, ist allerdings str; dazu
Wolfsteiner DNotZ 2003, 321; Staudinger/Gursky [2008] § 902 Rn 4; Staudinger/Gursky
[2006] § 1004 Rn 201) unterliegt der Verzichtsanspruch nicht der Verjährung (vgl aber
BGHZ 60, 235, der dem Anspruch aus § 1004 die Unverjährbarkeit deswegen aberkennt, weil sein
Tatbestand nicht in vollem Umfang aus dem Grundbuch hervorgehe; vgl oben Rn 12 ff). Dem
steht nicht entgegen, dass zusätzlich auch ein schuldrechtliches Element erforderlich
ist (oben Rn 3); denn die Verjährung der einredebegründenden Rechte führt regelmäßig nicht zum Verlust der Einrede (zB § 438 Abs 4 S 2).

IV. Anwendungsbereich

1. Hypothekenarten

24 § 1169 ist auf alle Hypothekenarten mit Ausnahme der Hypothek für die in § 1178 bezeichneten Leistungen (PLANCK/STRECKER Anm 5) anwendbar. Zu beachten ist, dass §§ 1138, 1156 für die Sicherungshypothek nicht gelten (§ 1185 Abs 2).

2. Grundschuld

25 a) Auf **Grundschulden** (und Rentenschulden) ist § 1169 anwendbar (RGZ 91, 218, 225), aber nur dann, wenn dem Eigentümer eine Einrede gegen die Grundschuld selbst zusteht (so der Fall BGH NJW 1985, 800), ggf über § 1192 Abs 1a. Dass der vom Eigentümer verschiedenen Sicherungsgeber eine solche Einrede hat, genügt nicht (OLG Zweibrücken vom 22. 7. 2002 – 7 U 271/01 – ZfIR 2003, 214). Hat sich der Eigentümer freiwillig oder unfreiwillig der Grundschuld endgültig begeben, zB indem er sie verkauft hat oder sie im Wege der Zwangsvollstreckung veräußert wurde, oder fallen Eigentum und Rückgewähransprüche auseinander, weil die Grundschuld bei der Zwangsversteigerung des Grundstücks in das geringste Gebot gefallen ist, würde ein dem Eigentümer zustehender Verzichtsanspruch zu seiner Bereicherung auf Kosten des Grundschuldgläubigers oder eines Sicherungsgebers führen, obwohl dieser seine Berechtigung nicht vom Eigentümer ableiten muss.

26 Eine Einrede gegen die gesicherte **Forderung** genügt nur, wenn sie, zB über § 1157 (dort Rn 21 ff; BGH NJW 1985, 800) auch gegen die Grundschuld wirkt, denn § 1137 Abs 1 S 1 gilt für die Grundschuld nicht (dort Rn 32).

27 b) Steht dem Eigentümer eine dauernde Einrede gegen die Grundschuld zu, so hat er in der Regel auch einen vertraglichen oder bereicherungsrechtlichen **Rückgewähranspruch** (Vorbem 140 ff zu §§ 1191 ff), ist also auf § 1169 nicht angewiesen. Hat er keinen vertraglichen oder bereicherungsrechtlichen Rückgewähranspruch oder ist dieser verjährt, so geht der Anspruch des § 1169 auch bei der Grundschuld grundsätzlich nur auf Verzicht oder Löschung, nicht aber auf anderweitige Rückgabe der Grundschuld (aA BGHZ 108, 237 = EWiR § 1191 BGB 4/89, 881 [CLEMENTE] = WuB I F 3 Grundpfandrechte 15.89 [krit OTT]; Anm WILHELM JZ 1998, 18; GABERDIEL/GLADENBECK[8] Rn 793; PALANDT/BASSENGE[67] Rn 3); das Argument des BGH, der Eigentümer müsse das Recht haben, Manipulationen des Gläubigers aufgrund der §§ 1179a, 1179b (s § 1168 Rn 5 u § 1179a Rn 7 f) eigene Manipulation entgegenzusetzen, ist zwar beachtlich, aber schwerlich gesetzeskonform. S zur Verpflichtung des Eigentümers, im Fall der Abtretung im Rang zurückzutreten, § 1143 Rn 38.

3. Entsprechende Anwendung

28 Neben der direkten Anwendung auf Einreden des Eigentümers gegen die Grundschuld kommt eine entsprechende Anwendung auf Einreden eines Sicherungsgebers, der nicht auch Grundstückseigentümer ist, jedenfalls dann nicht in Betracht, wenn der Grundschuldgläubiger ungeachtet der Einrede des Sicherungsgebers vom Eigentümer Befriedigung verlangen kann, ohne den Sicherungsvertrag mit dem Sicherungsgeber zu verletzen. Dies kann etwa dann der Fall sein, wenn die gesicherte

Forderung verjährt ist. Steht allerdings der gesicherten Forderung eine dauernde Einrede des Schuldners (zB die Arglisteinrede) entgegen und hat auch der Sicherungsgeber die Befugnis, sich auf diese Einrede zu berufen, so kann § 1169 in dem Sinn entsprechend angewandt werden, dass dem Sicherungsgeber ein Rückgewähranspruch zusteht (dazu Vorbem 111 zu §§ 1191 ff); zumindest wird idR der Sicherungsvertrag dahin auszulegen sein.

§ 1170
Ausschluss unbekannter Gläubiger

(1) Ist der Gläubiger unbekannt, so kann er im Wege des Aufgebotsverfahrens mit seinem Recht ausgeschlossen werden, wenn seit der letzten sich auf die Hypothek beziehenden Eintragung in das Grundbuch zehn Jahre verstrichen sind und das Recht des Gläubigers nicht innerhalb dieser Frist von dem Eigentümer in einer nach § 212 Abs. 1 Nr. 1 zum Neubeginn der Verjährung geeigneten Weise anerkannt worden ist. Besteht für die Forderung eine nach dem Kalender bestimmte Zahlungszeit, so beginnt die Frist nicht vor dem Ablauf des Zahlungstags.

(2) Mit der *Erlassung des Ausschlussurteils** **erwirbt der Eigentümer die Hypothek. Der dem Gläubiger erteilte Hypothekenbrief wird kraftlos.**

* Mit Wirkung vom 1. 9. 2009 sind in Abs 2 die Wörter „Erlassung des Ausschlussurteils" durch die Wörter „Rechtskraft des Ausschließungsbeschlusses" ersetzt.

Materialien: E I §§ 1103 Abs 1, 3, 1124 S 1; II § 1077 rev § 1154; III § 1153; Mot III 738 ff, 763; Prot III 617 ff, 666; VI 257. Abs 1 S 1 idF des G zur Modernisierung des Schuldrechts v 26. 11. 2001 (BGBl I 3138). Abs 2 ab 1. 9. 2009 idF des Art 50 Nr 9 des FGG-Reformgesetz – FGG-RG – vom 17. 12. 2008 (BGBl I 2586).

Schrifttum

Böhringer, Möglichkeiten der Ausschließung unbekannter Rechtsinhaber im Liegenschaftsrecht, NotBZ 2001, 197
Krause, Zum Ausschluss des unbekannten Grundpfandrechtsgläubigers, NotBZ 2004, 351
Schaal, Löschung von Grundbuchbelastungen in Problemsituationen, RNotZ 2008, 569
Wenckstern, Die Löschung von Grundpfandrechten bei nicht erreichbarem Berechtigten, DNotZ 1993, 547.

I.   Allgemeines

Die §§ 1170 ff behandeln den Ausschluss des unbekannten Gläubigers im Wege des **1** Aufgebotsverfahrens. Das Aufgebot richtet sich gegen jeden unbekannten eingetragenen oder nicht eingetragenen Gläubiger, also auch gegen einen etwaigen Pfandgläubiger der Hypothek (KG RJA 8, 233; s unten Rn 29). § 1170 ermöglicht dem Eigentümer, die Belastung zu beseitigen, und bietet ihm einen Ersatz für die nicht zugelassene Verjährung des Anspruchs aus eingetragenen Rechten. Das Aufgebotsverfahren gegen den unbekannten Gläubiger ist *nicht subsidiär* gegenüber anderen verfahrensrechtlichen Möglichkeiten zur Bereinigung des Grundbuchs. Es setzt nicht voraus, dass ausdrücklich oder stillschweigend das Erlöschen der Forderung unterstellt wird (**anders** noch Mot III 738), sondern ist gerade für den Fall zur Verfügung gestellt, dass die Forderung noch besteht (BGH vom 29. 1. 2009 – V ZB 140/08 – WM 2009, 756; KG OLGZ 1970, 323 – insofern nicht abgedruckt in Rpfleger 1970, 90; SCHAAL RNotZ 2008, 569, 589; MünchKomm/EICKMANN⁴ Rn 1 **gegen** PLANCK/STRECKER Anm 1, PALANDT/BASSENGE⁶⁷ Rn 1 ua). Der IV. ZS des BGH (BGH vom 3. 3. 2004 – IV ZB 38/03 – NotBZ 2004, 350 m Anm KRAUSE) ignoriert diese Funktion, indem er die öffentliche Zustellung einer Löschungsklage als Alternative sieht (unten Rn 11).

2 Außer den Aufgebotsfällen der §§ 1170, 1171 sind zu erwähnen das Aufgebot des Hypothekenbriefs nach 1162 und das Aufgebot zum Zweck der Ausschließung des unbekannten Berechtigten nach §§ 138 ff ZVG. Parallelvorschrift für die Schiffshypothek ist § 66 SchiffsRG, für das Registerpfandrecht an Luftfahrzeugen § 66 LuftfzRG.

3 Wenn die Voraussetzungen eines Aufgebotsverfahrens nicht vorliegen, kann neben der Löschungsklage mit öffentlicher Zustellung (oben Rn 1) die Bestellung eines **Pflegers** nach §§ 1911, 1913, 1960 f in Betracht kommen. Da der Gläubiger mit Kosten und unter Umständen Schadensersatz belastet wird, wenn er erfolgreich auf Löschung verklagt wird, ist das Fürsorgebedürfnis gegeben (BayObLG Rpfleger 1952, 338; KG OLGE 18, 306; BÖHRINGER NJW 1994, 303). Beide Wege erfordern aber, dass der Eigentümer behauptet, dass die Forderung erloschen sei oder ihr eine dauernde Einrede entgegenstehe (§ 1169). Erhebt der Eigentümer diese Behauptung wider besseres Wissen oder auch nur ins Blaue hinein, so macht er sich wegen Prozessbetrugs strafbar (unten Rn 11; **zurückhaltend** freilich BGHZ 154, 269 vom 25. 3. 2003 – VI ZR 175/02; **aA** AG Bad Iburg vom 13. 5. 2005 – 4c C 357/05 – NJW-RR 2005, 1569).

4 Wegen der Ausschließung des Gläubigers eines durch Vormerkung gesicherten Anspruchs s § 887.

II. Voraussetzungen eines Aufgebots nach § 1170

1. Unbekannt

5 Der **Gläubiger** muss dem **Antragsteller** unbekannt sein.

6 a) Unbekannt ist dem Antragsteller, wer ihm **der Person nach** unbekannt ist (allgM). Unbekannt ist der Gläubiger auch, wenn nicht nachgewiesen werden kann, dass der Gläubiger-Prätendent der Gläubiger oder der zur Bewilligung der Grundbuchberichtigung Berechtigte ist; bei Briefhypotheken ist der Gläubiger daher unbekannt, wenn sich die Vorlegung des Briefs nicht erreichen lässt (LG Düsseldorf NJW-RR 1995, 1232: „Verschweigung"; LG Augsburg MittBayNot 1981, 130), also auch wenn der Aufenthalt des Briefinhabers unbekannt ist (BGH vom 29. 1. 2009 – V ZB 140/08 – WM 2009, 756); vgl § 126 Abs 1 ZVG. Es ist dann ungewiss, ob das Recht nicht einem anderen als dem vermutlich Berechtigten zusteht; damit wird zugleich ungewiss, wer der Berechtigte ist (RGZ 67, 99). Der Gläubiger ist auch dann der Person nach unbekannt, wenn ein Gläubiger-Prätendent zwar den Brief besitzt, sich aber nicht nach § 1155 legitimieren kann. S dazu, dass der Prätendent in all diesen Fällen sein angebliches Recht anmelden und dadurch einen Vorbehalt im Ausschlussurteil (ab 1.9.2008 im Ausschließungsbeschluss) erreichen kann, unten Rn 32. Der Fall, dass eine juristische Person Gläubigerin ist und nur deren gesetzliche Vertreter unbekannt sind, kann dem Fall des unbekannten Gläubigers nicht gleichgesetzt werden (AnwKomm-BGB/KRAUSE Rn 5).

Nach früher verbreiteter Ansicht (STAUDINGER/SCHERÜBL[12] Rn 8) kann der Berechtigte **7** eines **Buchrechts** der Person nach nicht unbekannt sein, weil gemäß § 891 vermutet werde, dass der eingetragene Berechtigte auch der wahre Berechtigte sei. Diese Auffassung vernachlässigt die Tatsache, dass jedenfalls ältere Grundbucheintragungen oft nicht zur Identifizierung einer Person (und auch nicht zur Anstrengung einer öffentlich zuzustellenden Klage) ausreichen (es ist zB vor Jahrzehnten ein „Kaufmann Josef Cohn in Berlin" als Hypothekengläubiger eingetragen worden, die Grundakten sind im 2. Weltkrieg vernichtet worden und jegliche persönliche Unterlagen fehlen; im Adressbuch der Zeit finden sich mehr als tausend „Josef Cohn").

Steht fest, dass der eingetragene Berechtigte verstorben ist – wozu es zB auch genügt, **8** dass der Eingetragene älter als 110 Jahre wäre – so ist der Berechtigte unbekannt, wenn keine Feststellungen zur Erbfolge möglich sind (WENCKSTERN DNotZ 1993, 547; unklar MünchKomm/EICKMANN[4] Rn 6). Dasselbe gilt, wenn der Eingetragene verschollen, aber nicht für tot erklärt ist (STEIN/JONAS/SCHLOSSER, ZPO[22] § 985 Rn 2; **aA** wohl BGH vom 3.3.2004 – IV ZB 38/03 – Rpfleger 2004, 363). Ist eine juristische Person eingetragen, zu deren Existenz – wie speziell im Beitrittsgebiet nicht selten – keine Feststellungen möglich sind, ist auch sie unbekannt.

§ 891 wird im übrigen überinterpretiert, wenn man ihm über die Vermutung hinaus, **9** dass keine andere als die eingetragene Person Rechtsinhaberin ist, auch die Vermutung entnehmen will, die eingetragene natürliche Person lebe noch, die eingetragene juristische Person existiere noch, ihr Vermögen sei nicht durch einen Umwandlungsvorgang im Wege der Gesamtrechtsnachfolge auf eine (unbekannte) andere Person übergegangen, usw (insoweit anerkannt von BGH vom 3.3.2004 aaO). Die Aufzählung dieser Fälle zeigt aber auch, dass eine halbwegs plausible Abgrenzung zu den Fällen des unbekannten Aufenthalts nicht möglich ist.

b) Es muss also auch genügen, dass lediglich der **Aufenthaltsort** des Gläubigers **10** unbekannt ist (LG Augsburg MittBayNot 1981, 131; LG Erfurt Rpfleger 1994, 310; LG Aachen NJW-RR 1998, 87; BAUMBACH/LAUTERBACH/ALBERS/HARTMANN[60] § 985 ZPO Rn 1; BGB-RGRK/ THUMM[12] Rn 3; MünchKomm/EICKMANN[4] Rn 5 f; MünchKommZPO/EICKMANN[4] §§ 981a–985 Rn 2; STEIN/JONAS/SCHLOSSER, ZPO[22] § 985 Rn 2; **aA** BGH vom 3.3.2004 – IV ZB 38/03 – NotBZ 2004, 350 m Anm KRAUSE = WuB I F 3 Grundpfandrechte 1.04/RIMMELSPACHER; LG Bückeburg Rpfleger 1958, 320; WENCKSTERN DNotZ 1993, 547; PLANCK/STRECKER Anm 2a; SOERGEL/KONZEN[13] Rn 2; PALANDT/BASSENGE[67] Rn 2; WIECZOREK/SCHÜTZE[3] § 982 ZPO Rn 15; STAUDINGER/SCHERÜBL[12] Rn 7; ERMAN/WENZEL[12] Rn 2) – so ausdrücklich für Spezialfälle im Beitrittsgebiet mit Verordnungsermächtigung für das übrige Bundesgebiet § 6 Abs 1 a GBBerG idF des SachenrechtsänderungsG (v 21.9.1994 [BGBl I 2457]); der vom BGH (aaO) daraus gezogene Umkehrschluss, überzeugt nicht (**aA** KRAUSE NotBZ 2004, 350), zumal für § 199 Abs 1 Nr 2, wo es ebenfalls auf die Kenntnis hier des Gläubigers von der Person des Schuldners ankommt, anerkannt ist, dass es auch der Kenntnis von der *Anschrift* des Schuldners bedarf (BGH vom 16.12.1997 – VI ZR 408/06 – NJW 1998, 988;

BGH vom 6. 3. 2001 – VI ZR 30/00 – NJW 2001, 1721; BGH vom 8. 10. 2002 – VI ZR 182/01 – NJW 2003, 288; BGH vom 23. 9. 2008 – XI ZR 395/07 – ZIP 2008, 2167).

11 Wichtiger als das Abgrenzungsproblem ist freilich die Feststellung, dass die Argumentation des BGH, bei nur unbekanntem Aufenthalt sei die Klage aus § 894 mit öffentlicher Zustellung (§ 203 ZPO) möglich, auch unabhängig vom Identifizierungsproblem nicht zutrifft. Sie unterstellt, dass § 1170 nur den Eigentümer schützen will, der nachweisen oder wenigstens guten Gewissens behaupten kann, dass die Forderung erfüllt sei (**aA** zutreffend MünchKomm/Eıckmann[4] Rn 3, bei erloschener Forderung stehe der Weg des § 1170 gerade nicht zur Verfügung). Bei Grundschulden ist das aber fast nie der Fall (vgl Wenckstern DNotZ 1993, 547); auch die Klage auf Abtretung der Grundschuld greift nicht, weil der Gläubiger die Voraussetzungen für einen Rückgewähranspruch wenigstens substantiiert behaupten müsste, was ihm aber mangels Kenntnis der seinerzeitigen Vorgänge (vgl das Beispiel Rn 7) oft unmöglich ist; letztlich zwingt diese Auffassung den Gläubiger in den Prozessbetrug (oben Rn 3). Kann er dennoch ein Rückgabeurteil erreichen, fehlt bei der Briefgrundschuld oft jede Möglichkeit, die Herausgabe des Briefs zu erzwingen (weil niemand weiß, wo sich der Brief befindet und wo also der Herausgabeanspruch vollstreckt werden soll); ein Verfahren, den Brief aufbieten zu lassen, steht nicht zur Verfügung, weil der Eigentümer nicht nach § 1162 antragsberechtigt ist, denn er hat die Grundschuld ja noch nicht erworben (§ 1162 Rn 7). Die hM ist also nicht genügend durchdacht. Das erkennen auch Anhänger der hL, die daher den Gläubiger als bekannt behandeln wollen, wenn ein mit öffentlicher Zustellung verfolgbarer Grundbuchberichtigungsanspruch besteht, dagegen als unbekannt, wenn kein solcher Anspruch besteht (Erman/Wenzel[12] Rn 2; Schöne Rpfleger 2002, 131); damit aber wird der Wortlaut des Gesetzes vergewaltigt, denn das Bestehen oder Nichtbestehen eines Berichtigungsanspruchs macht niemanden bekannt oder unbekannt. Schließlich hat Eıckmann (MünchKomm/Eıckmann[4] Rn 1) nachgewiesen, dass sich die hL zur Rechtfertigung ihrer Auffassung auch zu Unrecht auf die Motive beruft (oben Rn 1).

12 c) Es kommt nur darauf an, dass der Berechtigte **dem Antragsteller** unbekannt ist. Diese Voraussetzung muss noch bei Erlass des Ausschlussurteils gegeben sein. Kennenmüssen macht das Aufgebot nicht unzulässig. Aus dem stets präzisen Sprachgebrauch des BGB zur Kenntnis oder Unkenntnis einer Tatsache (zB in §§ 407 Abs 1, 892 Abs 1) folgt, dass kein Kennenmüssen gefordert wird, wo dem Wortlaut nach nur auf Kenntnis abgestellt wird. Anders als etwa bei § 932 Abs 2 verlangt das Gesetz also nicht, dass der Antragsteller erfolglos Nachforschungen nach dem Gläubiger angestellt hat (**aA** BGH vom 3. 3. 2004 – oben Rn 10; KG OLGZ 1970, 323; Palandt/Bassenge[67] Rn 2. LG Mönchengladbach vom 26. 7. 2006 – 5 T 242/06 – Rpfleger 2007, 36 stellt – für die öffentliche Zustellung – wenigstens keine gesteigerten Anforderungen an die Nachforschung). Auch der Sinn des Gesetzes verlangt das nicht. Hierzu ist zu berücksichtigen, dass es noch nicht um den Ausschluss des Gläubigers selbst geht, sondern erst um die *Einleitung* des Ausschlussverfahrens. Dafür lässt das Gesetz die zehnjährige Verschweigung und das bloße Nichtkennen genügen. Allenfalls kann dem Antragsteller mangelndes Rechtsschutzbedürfnis entgegengehalten werden, wenn er auf der Hand liegende und allgemein übliche Nachforschungen unterlassen hat, die vermutlich ohne weiteres zur Ermittlung des Gläubigers geführt hätten. Mehr als gewöhnliche Nachforschungsmaßnahmen (Durchsicht zur Verfügung stehender Unterlagen, Durchsicht von Telefonbüchern und Einwohnerverzeichnissen, Anfrage beim Melderegister) können keinesfalls gefordert werden; dasselbe gilt für Nach-forschungsaufwendungen, die außer Verhältnis zum Wert des Rechts stehen.

Dem **Gericht** sind eigene Nachforschungen verwehrt. Die „Ermittlungen" des § 952 **13** Abs 2 ZPO beziehen sich nicht auf ein objektives Bekannt- oder Unbekanntsein, sondern allein darauf, ob die Behauptung des Antragstellers, der Gläubiger sei ihm unbekannt, glaubhaft gemacht ist (nachf Rn 22); die Tatbestandsvoraussetzungen, deren Vorliegen glaubhaft zu machen sind, finden sich allein in § 1170 BGB. Dar-über entscheidet das Gericht nach freier Überzeugung (STEIN/JONAS/SCHLOSSER, ZPO[22] § 952 Rn 3).

d) Steht die Hypothek **mehreren Personen** zu und ist nur eine von ihnen unbe- **14** kannt, so muss iSd Abs 2 darauf abgestellt werden, ob der Eigentümer den Berech-tigungsanteil des unbekannten Gläubigers zu erwerben in der Lage ist. Handelt es sich um eine Bruchteilsberechtigung, so steht dem Übergang des Bruchteils auf den Eigentümer nichts entgegen, so dass das Aufgebot nur des betreffenden Bruchteils möglich ist. Handelt es sich aber um einen Gesamthandsanteil, so ist das isolierte Aufgebot eines einzelnen Gesamthänders nicht möglich, weil dieser keinen Anteil an der Hypothek hat, der auf den Eigentümer übergehen könnte (vgl zur Parallelfrage bei § 927 STAUDINGER/PFEIFER [2004] dort Rn 5). Will man einerseits die bekannten Ge-samthänder nicht einfach enteignen, andererseits aber das Instrument nicht derge-stalt wirkungslos halten, dass in solchen Fällen die Rechtsbereinigung unmöglich ist, muss auf die Vertretungsbefugnis abgestellt werden. Können die bekannten Ge-samthänder über die Hypothek insgesamt verfügen, besteht für einen Ausschluss aller Gesamthänder kein Bedürfnis; können die bekannten Gesamthänder hingegen nicht verfügen, so sind Aufgebot und Ausschluss zulässig.

2. Fristablauf

a) Seit der letzten sich auf die Hypothek beziehenden Eintragung ins Grundbuch **15** müssen **zehn Jahre verstrichen** sein. Die Frist beginnt nicht vor dem Ablauf des Zahlungstages, wenn für die Forderung eine nach dem Kalender bestimmte Zah-lungszeit besteht (nachf Rn 17); sie muss vor Einleitung des Verfahrens abgelaufen sein, doch dürfte späterer Ablauf heilen.

b) Nur solche **Eintragungen** können hier in Betracht kommen, die eine Rechts- **16** ausübung (irgendwelcher Art) des Gläubigers bedeuten und damit ein Lebenszei-chen von ihm in sich schließen (vLÜBTOW JW 1929, 2120; BGB-RGRK/THUMM[12] Rn 4; PALANDT/BASSENGE[67] Rn 2; MünchKomm/EICKMANN[4] Rn 9; **aM** PLANCK/STRECKER Anm 2b; SOER-GEL/KONZEN[13] Rn 3; WIECZOREK/SCHÜTZE/WEBER, ZPO[3] § 982 Rn 20). Schon die Vorlage des Briefs zur Durchführung einer Eintragung genügt (vLÜBTOW JW 1930, 243).

c) Unter **Zahlungszeit** (Abs 1 S 2) ist der Zeitpunkt der Fälligkeit zu verstehen **17** (RGZ 101, 316). Eine „nach dem Kalender bestimmte Zahlungszeit" liegt nicht vor, wenn die Forderung nur nach Kündigung zahlbar ist (PLANCK/STRECKER Anm 2b; BGB-RGRK/THUMM[12] Rn 4), so dass die Frist in diesem Fall völlig unabhängig von einer Kündigung läuft (MünchKomm/EICKMANN[4] Rn 8). Die Auffassung, die Frist laufe dann, wenn zur Fälligkeit eine Kündigung erforderlich ist, erst ab Fälligkeit nach Kündi-gung (WENCKSTERN DNotZ 1993, 547; unklar ERMAN/WENZEL[12] Rn 3), findet im Wortlaut des

Gesetzes keine Grundlage. Sie entspricht auch nicht dem Sinn des Gesetzes: wenn eine nach dem Kalender bestimmte Zahlungszeit bestimmt ist, ist offenkundig, dass der Gläubiger keinen Anlass hat, sich vorher zu melden; ist dagegen die Fälligkeit von einer Kündigung abhängig, fehlt die Offenkundigkeit, weil gerade auch die Frage, ob irgendwann gekündigt worden sein sollte, von wem und wem gegenüber, in den Anwendungsbereich des § 1170 fällt.

3. Anerkenntnis

18 Das Recht des Gläubigers darf innerhalb der Zeit von 10 Jahren (KG Rpfleger 1970, 90) vom Eigentümer dem Berechtigten gegenüber nicht iS des § 212 Abs 1 Nr 1 (aA MünchKomm/Eickmann[4] Rn 10, der nur solche Vorgänge gelten lassen will, die dem Eigentümer Kenntnis vom Gläubiger verschafft haben) anerkannt worden sein (zB durch Zinszahlung, Abschlagszahlung, Sicherheitsleistung). Die Behauptung und der Beweis, dass die Forderung erloschen sei, sind dagegen nicht notwendig (Planck/Strecker Anm 2d mwNw; BGB-RGRK/Thumm[12] Rn 3). Dies ist von besonderer Bedeutung für Grundschulden, weil diese in aller Regel trotz Verschweigung ungeschmälert fortbestehen, so dass der Eigentümer nicht in der Lage wäre, die Befriedigung der Grundschuld zu behaupten und glaubhaft zu machen.

4. Weitere Voraussetzungen

19 Weitere Voraussetzungen darf das Gericht nicht erfordern (LG Berlin JR 1962, 143).

III. Der Antrag

1. Antragsberechtigung

20 Antragsberechtigt ist der *Eigentümer* des belasteten Grundstücks (§ 984 Abs 1 ZPO, ab 1. 9. 2009 § 448 Abs 1 FamFG); es genügt Eigentum im Zeitpunkt der Antragstellung (BGH vom 29. 1. 2009 – V ZB 140/08 – WM 2009, 756). Ferner ist gemäß § 984 Abs 2 ZPO (§ 448 Abs 2 FamFG) ein im Rang gleich oder nachstehender *Gläubiger* antragsberechtigt, zu dessen Gunsten eine Löschungsvormerkung (§§ 1179, 1179 aF) eingetragen ist oder ein Löschungsanspruch nach § 1179a besteht (§ 1179b ist nicht erwähnt; offenbar dennoch für Antragsrecht Staudinger/Scherübl[12] Rn 12), wozu für das Aufgebot eines Gesamtgrundpfandrechts klargestellt wird, dass ein Löschungsanspruch gegen eines der belasteten Grundstücke für das Aufgebot des ganzen Grundpfandrechts genügt (aA MünchKommZPO/Eickmann[3] §§ 982–987 ZPO Rn 12, demzufolge bei einem Gesamtgrundpfandrecht jeder Inhaber eines gleich- oder nachstehenden Rechts, also ohne Rücksicht auf einen Löschungsanspruch, antragsberechtigt sein soll, was von der Logik her nicht verständlich wäre). Gründet sich die Antragsberechtigung auf einen Löschungsanspruch, so muss der Gläubiger (unklar ist, wen § 984 Abs 2 ZPO, § 448 Abs 2 S 3 FamFG mit dem „sonstigen Berechtigten" meinen) für seinen „Anspruch" einen vollstreckbaren Schuldtitel erlangt haben. „Anspruch" kann nach dem Wortlaut der Vorschrift nur der ausdrücklich erwähnte „Anspruch nach § 1179a" bzw der nach § 1179 vorgemerkte Anspruch sein, so dass es auf die Titulierung des Löschungsanspruchs und nicht etwa auf die des begünstigten Rechts ankommt (aA – Titel für das begünstigte Recht Erman/Wenzel[12] Rn 4; möglicherweise gleicher Meinung, aber unklar Stein/Jonas/Schlosser[22] § 984 ZPO Rn 2; MünchKommZPO/Eickmann[3] §§ 982–987 ZPO Rn 12, der von einem „Titel über den dinglichen Anspruch" spricht); das Erfordernis eines vollstreckbaren Schuldtitels bedeutet also, dass die gleich- und nachrangigen Gläubiger erst antragsberechtigt werden können, wenn der Vereinigungsfall eingetreten und der Löschungsanspruch damit fällig geworden ist (vgl § 1169 Rn 11).

Das Recht auf Betreibung des Aufgebotsverfahrens gegen einen unbekannten **21** Hypothekengläubiger kann weder selbständig noch zusammen mit der Anwartschaft auf Erwerb der Hypothek **gepfändet** werden (MünchKomm/Eickmann[4] Rn 13; aA OLG Frankfurt NJW 1962, 640 [obiter]; Palandt/Bassenge[67] Rn 3 ohne Hinweis auf seine Auffassung zur Anwartschaft des Eigentümers auf Erwerb der Hypothek); weder die Antragsbefugnis noch die Anwartschaft des Eigentümers auf künftigen Erwerb des Grundpfandrechts sind selbständige Rechte, sondern Ausfluss bzw Bestandteil des Eigentums und nur zusammen mit diesem verfügbar (§ 1163 Rn 62 mwNw). Der Vollstreckungsgläubiger kann sich aber durch Eintragung einer Zwangshypothek selbst antragsberechtigt machen.

2.   Glaubhaftmachung

Der Antragsteller hat vor der Einleitung des Verfahrens glaubhaft zu machen, dass **22** der Gläubiger unbekannt und dass nicht eine das Aufgebot ausschließende Anerkennung des Rechts des Gläubigers erfolgt ist (§§ 985, 986 Abs 1 ZPO, 449, 450 Abs 1 FamFG). Ist die Hypothek für die Forderung aus einer Schuldverschreibung auf den Inhaber bestellt oder der Grundschuld oder Rentenschuldbrief auf den Inhaber ausgestellt, so hat der Antragsteller glaubhaft zu machen, dass die Schuldverschreibung oder der Brief bis zum Ablauf der in § 801 bezeichneten Frist nicht vorgelegt und der Anspruch nicht gerichtlich geltend gemacht worden ist. Ist die Vorlegung oder die gerichtliche Geltendmachung erfolgt, so muss glaubhaft gemacht werden, dass nicht eine das Aufgebot ausschließende Anerkennung des Rechts des Gläubigers erfolgt ist (§ 986 Abs 2 ZPO, § 450 Abs 2 FamFG). Zur Glaubhaftmachung nach § 986 Abs 1 und 2 ZPO (§ 450 Abs 1 u 2 FamFG) genügt die Versicherung des Antragstellers an Eides Statt, unbeschadet der Befugnis des Gerichts, anderweitige Ermittlungen anzuordnen (§ 986 Abs 3 ZPO, § 450 Abs 3 FamFG).

IV.   Verfahren

Das Verfahren richtet sich nach §§ 982–986 ZPO (§§ 447 – 450 FamFG), den **23** allgemeinen Vorschriften des Aufgebotsverfahrens in §§ 946–959 ZPO (433–441 FamFG) und (nur bis 31. 8. 2009) etwaigen landesrechtlichen Vorschriften, die auf Grund des § 1024 ZPO ergangen sind (näher Wieczorek/Schütze/Weber, ZPO[3] § 1024 und die dort im einzelnen abgedruckten Landesgesetze).

Wer ein **Recht an der Hypothek** für sich in Anspruch nimmt – sei es dass er der wahre **24** Inhaber der Hypothek sei, sei es dass ihm ein beschränktes dingliches Recht an der Forderung oder der Hypothek zustehe – kann es zum Aufgebotsverfahren **anmelden**. Das Gericht muss sie dann im Ausschlussurteil den Berechtigten von Amts wegen vorbehalten (ab 1. 9. 2009 kann das Aufgebotsverfahren nach § 440 FamFG auch bis zur endgültigen Entscheidung über das angemeldete Recht ausgesetzt werden), ohne dass sie glaubhaft gemacht oder gar nachgewiesen werden müssten (§§ 953, 957 Nr 5 ZPO, § 440 FamFG). Darüber hinaus hat das Gericht auch **nicht angemeldete** Rechte vorzubehalten, soweit sie ihm als möglicherweise bestehend bekannt werden (aA – nur angemeldete Rechte – anscheinend Wieczorek/Schütze/Weber, ZPO³ § 982 Rn 24). Nach § 440 FamFG kommt letzteres ab 1. 9. 2009 wohl nicht mehr in Betracht; führen die weiteren Ermittlungen nach §§ 439 Abs 1, 450 Abs 3 FamFG aber dazu, dass die Voraussetzungen nicht mehr glaubhaft erscheinen, dann ist der Antrag ohnehin abzulehnen.

25 Nach § 957 Abs 1 ZPO findet ein **Rechtsmittel** gegen das Ausschlussurteil nicht statt, so dass es sofort mit Verkündung rechtskräftig wird (BGH NJW 1980, 2529). Eines Rechtskraftzeugnisses bedarf es auch im Grundbuchverfahren nicht (allgM, zB Münch-KommZPO/Eickmann³ § 957 ZPO Rn 3). Das Ausschlussurteil kann nur unter bestimmten, im Gesetz im einzelnen angegebenen Voraussetzungen mittels einer gegen den Antragsteller zu erhebenden Klage angefochten werden (§ 957 Abs 2 ZPO). Ab 1. 9. 2009 findet aber gegen den Ausschließungsbeschluss **Beschwerde** nach § 58 FamFG statt; der Ausschließungsbeschluss wird gemäß § 439 Abs 2 FamFG erst mit Rechtskraft wirksam, was dem Grundbuchamt durch ein Rechtskraftzeugnis nach § 46 FamFG nachzuweisen ist.

26 Das FamFG ist als Art 1 des FGG-Reformgesetzes – FGG-RG – vom 17. 12. 2008 (BGBl I 2586) verkündet worden. Nach Art 111 S 1 dieses Gesetzes sind auf Verfahren, die bis zum Inkrafttreten des Gesetzes am 1. 9. 2009 **eingeleitet** worden sind oder deren Einleitung bis dahin beantragt wurde, weiter die vor Inkrafttreten des Gesetzes geltenden Vorschriften anzuwenden.

V. Wirkung des Ausschlussurteils (des Ausschließungsbeschlusses)

27 1. Das Urteil ist ein Gestaltungsurteil (dasselbe gilt ab 1. 9. 2009 für den Ausschließungsbeschluss), durch das der Gläubiger mit seinem **dinglichen Hypotheken-recht ausgeschlossen** wird und kraft dessen der derzeitige Eigentümer die Hypothek als Eigentümergrundschuld **erwirbt** (§ 1177 Abs 1). Als derzeitiger Eigentümer ist derjenige zu verstehen, der im Zeitpunkt des Erlasses, dh der Verkündung, des Ausschlussurteils bzw des Erlasses (nicht der Rechtskraft) des Ausschließungsbe-schlusses Eigentümer ist. Bei Eigentümerwechsel während des Aufgebotsverfahrens erwirbt daher nicht derjenige, der im Zeitpunkt der Antragstellung Eigentümer war, sondern der Eigentümer im Zeitpunkt der Verkündung des Urteils bzw des Erlasses des Ausschließungsbeschlusses die Hypothek (BGH vom 29. 1. 2009 – V ZB 140/08 – WM 2009, 756). § 1178 ist anwendbar, so dass Rückstände von Zinsen und anderen Ne-benleistungen erlöschen.

28 Der Erwerb der Hypothek vollzieht sich **kraft Gesetzes**. Bis zur Grundbuchberich-tigung steht der alte Gläubiger einer Buchhypothek noch unter dem Schutz des öffentlichen Glaubens des Grundbuchs, so dass er wirksam über die Hypothek verfügen kann (Planck/Strecker Anm 6b). Bei der Briefhypothek wird auch der dem Gläubiger erteilte Hypothekenbrief kraftlos. Bei einem Briefrecht ist der gutgläu-bige Erwerb, da er nicht ohne Brief erfolgen kann, überhaupt nicht mehr möglich (Planck/Strecker Anm 6b; Palandt/Bassenge⁶⁷ Rn 4).

29 Auch die an der Hypothek **dinglich Berechtigten** werden, wenn ihnen ihre Rechte im Ausschlussurteil nicht vorbehalten werden (s unten Rn 32), mit ihren Rechten

ausgeschlossen (KG OLGE 15, 379; PLANCK/STRECKER Anm 6a mwNw; ERMAN/WENZEL[12] Rn 6).

2. **Die Berichtigung des Grundbuchs** hat der Eigentümer selbst zu veranlassen, **30** nicht das Gericht. Das Ausschlussurteil ersetzt die löschungsfähige Quittung des Gläubigers der Aufgebotshypothek. Der Eigentümer, der die Hypothek aufgrund des Ausschlussurteils erworben hat, ist gemäß § 15 GBV *namentlich* als neuer Gläubiger einzutragen (fehlerhaft der Eintragungsvorschlag bei MünchKomm/EICKMANN[4] Rn 21, der das Missverständnis erzeugt, als stehe das zur Eigentümergrundschuld gewordene Grundpfandrecht dem *jeweiligen* Eigentümer zu. Fehlerhaft auch Rn 22; es muss eindeutig eingetragen werden, dass die Belastungen erloschen sind). Der Eigentümer kann die Hypothek auch löschen lassen oder sonst darüber verfügen, zB sie abtreten oder verpfänden; will er über die Hypothek als Briefhypothek weiter verfügen, muss er die Erteilung eines neuen Briefs beantragen (vgl §§ 41 Abs 2, 67, 68, 70 GBO und § 1162).

3. Bei **Gesamthypotheken** ergibt sich eine besondere Wirkung des Ausschlussur- **31** teils aus § 1175 Abs 2 (vgl Erl hierzu). **Dies gilt auch**, wenn das Grundstück vor Erlassung des Aufgebots, aber nach dem Aufgebotsantrag geteilt wird (KG OLGE 29, 277).

4. Werden in dem Ausschlussverfahren bestimmte Rechte ihren Inhabern **vorbe-** **32** **halten** (oben Rn 24), so soll vor Erbringung des Nachweises, dass die vorbehaltenen Rechte nicht bestehen, die Hypothek weder gelöscht noch auf den Eigentümer umgeschrieben werden können noch überhaupt zur Verfügung des Eigentümers stehen; die Hypothek soll sachlich-rechtlich erst Eigentümergrundschuld werden, wenn der Vorbehalt beseitigt ist (RGZ 67, 95; KG OLGE 12, 287; BGB-RGRK/THUMM[12] Rn 10; SOERGEL/KONZEN[13] Rn 4; ERMAN/WENZEL[12] Rn 6; PALANDT/BASSENGE[67] Rn 4; STEIN/ JONAS/SCHLOSSER, ZPO[22] § 986 Rn 5). Die dafür gegebene Begründung (PLANCK/STRECKER Anm 6d mwNw; MünchKomm/EICKMANN[4] Rn 23; Bearb 2002 Rn 24) befriedigt allerdings nicht.

Richtig ist, dass jede Eintragung ausscheidet, wenn das Recht eines Prätendenten **33** vorbehalten ist, der die Hypothek **für sich** in Anspruch nimmt. Auch soweit §§ 876, 877 eingreifen, kann natürlich auch der Eigentümer als neuer Rechtsinhaber nicht verfügen; soweit aber der bisherige Inhaber der Hypothek durch die Belastung nicht gehindert war, bestimmte Verfügungen zu treffen – er konnte insbesondere die Hypothek ohne weiteres an den Eigentümer abtreten –, ist nicht verständlich, warum dieselbe Wirkung nicht gemäß § 1170 Abs 2 S 1 auch kraft Gesetzes eintreten soll. Richtig ist, dass die Rechte derer, die ein Recht an der Hypothek haben, durch das Ausschlussurteil nicht beeinträchtigt werden dürfen, dass sich aber ihre Rechte auch nicht erweitern.

Materiellrechtlich kann es nur darauf ankommen, ob das angemeldete Recht besteht **34** oder nicht. Der Vorbehalt betrifft nicht die Gestaltung als Prozesshandlung des Gerichts, bedeutet nicht, dass das Gestaltungsurteil (der Gestaltungsbeschluss) prozessual bedingt wäre, sondern dass es vorbehaltlich des materiellen Rechts ergehe. Die hM (oben Rn 32), dass auch materiellrechtlich die Eigentümergrundschuld erst entstehe, wenn der Vorbehalt *prozessual* ausgeräumt ist, ist daher abzulehnen. Vielmehr tritt die Gestaltungswirkung (oben Rn 27) nach Maßgabe der materiellen Rechtslage ein; ist also der Prätendent der wahre Gläubiger, so bleibt das Ausschlussurteil wirkungslos; ist er es nicht, so entsteht die Eigentümergrundschuld sofort.

35 Im Rechtsstreit mit dem Eigentümer soll ohne Rücksicht auf die Parteirolle derjenige, zu dessen Gunsten der Vorbehalt besteht, für sein Recht **beweispflichtig** sein (STEIN/JONAS/SCHLOSSER, ZPO[22] § 953 Rn 3), sofern ihm nicht eine Vermutung, zB nach § 891, zur Seite steht. Richtig ist aber entsprechend oben Rn 33 die allgemeine Beweislast maßgeblich; es gibt keinen Grund, jemandem eine Beweislast nur deshalb aufzuerlegen, weil ein Dritter ein bestimmtes Verfahren in Gang gebracht hat.

36 **5.**   Durch das Aufgebotsverfahren und das Ausschlussurteil bzw den Ausschließungsbeschluss wird die **persönliche Forderung** des Gläubigers nicht berührt, da sich die Ausschließung nur auf die Hypothek (den dinglichen Anspruch) bezieht; die Hypothek freilich geht für den ausgeschlossenen Gläubiger, seine Rechtsnachfolger und die sonst hieran Berechtigten verloren und bleibt von der Forderung losgetrennt. Die persönliche Forderung unterliegt von der Lostrennung an den allgemeinen Vorschriften, auch den allgemeinen Verjährungsvorschriften.

37 **6.**   Ergeht das Ausschlussurteil (der Ausschließungsbeschluss), nachdem das Grundstück **zwangsversteigert** und die Hypothek durch Zuschlag erloschen ist, so erwirbt derjenige das Recht an dem auf die Hypothek entfallenden Versteigerungserlös, der vor dem Zuschlag Grundstückseigentümer war (STROHAL JherJb 59, 171; PLANCK/STRECKER 6 b γ), unbeschadet der Rechte aus Löschungsvormerkungen und gesetzlichen Löschungsansprüchen (§§ 1179a, 1179b; vgl § 1168 Rn 30).

38 **7.**   Bei Eröffnung des **Insolvenzverfahrens** über das Vermögen des Eigentümers fällt die Hypothek in die Insolvenzmasse (die Einzelfälle sind aufgegliedert bei Münch-Komm/EICKMANN[4] Rn 26 ff; s auch BGH LM Nr 2 Abschnitt 3 b bb zu § 3a LAG).

VI.   Anwendungsbereich

39 **1.**   § 1170 ist auf **alle Hypothekenarten** anwendbar. Sondervorschriften gelten jedoch für Wertpapierhypotheken zu Inhaberschuldverschreibungen und für Inhabergrundschulden. Die Ausschließung des Gläubigers mit seinem Recht nach § 1170 ist hier nur dann zulässig, wenn die in § 801 bestimmte Vorlegungsfrist verstrichen ist (§ 1188 Abs 2). Ist innerhalb der Frist die Schuldverschreibung vorgelegt oder der Anspruch aus der Urkunde gerichtlich geltend gemacht worden, so kann die Ausschließung erst erfolgen, wenn die Verjährung eingetreten ist.

40 **2.**   Obwohl das ZGB kein Aufgebotsverfahren kannte, ist nach EVertr Anl 1 Kap III Sachgebiet A Abschn III Nr 28a jetzt das Aufgebotsverfahren auch für alle Grundpfandrechte im **Beitrittsgebiet** zulässig; Ausführungsvorschrift ist § 6 Abs 1 Buchst a GBBerG. ZGB-Rechte, die sich nicht in eine Eigentümergrundschuld verwandeln (Einl 255 zu §§ 1113 ff), stehen nach dem Ausschlussurteil (dem Ausschließungsbeschluss) nicht dem Eigentümer zu, sondern erlöschen (MünchKommZPO/EICKMANN[3] §§ 982 ff Rn 32; STEIN/JONAS/SCHLOSSER, ZPO[22] § 982 Rn 5).

3.   Die Vorschrift gilt auch für Grund- und Rentenschulden.   **41**

VII. Der inexistente Gläubiger

§ 1170 geht davon aus, dass ein existierender Gläubiger unbekannt ist. Steht fest, **42** dass der eingetragene Gläubiger inexistent ist – die eingetragene Person ist frei erfunden (so die Fälle KG vom 26. 8. 1997 – 1 W 2905-97 – NJW-RR 1998, 447; OLG Frankfurt vom 24. 6. 2003 – 20 W 274/02 – ZfIR 2005, 254 m Anm DÜMIG S 240), die eingetragene juristische Person ist nicht wirksam errichtet worden –, greift die Vorschrift nicht unmittelbar. Materiell-rechtlich ist in solchen Fällen eine Eigentümergrundschuld entstanden (Einl 102 zu §§ 1113 ff, § 1196 Rn 6 ff; aA die dort referierte hL); das Problem ist, das im Grundbuch auch zu verlautbaren (wobei sich die Frage gleichermaßen stellt, wenn man Nichtigkeit des Grundpfandrechts annimmt). Ob ein Grundbuchberichtigungsverfahren nach § 22 GBO erfolgreich sein kann, ist hier nicht zu erörtern (ohne Lösung DÜMIG ZfIR 2005, 240); nichts spricht jedenfalls dagegen, § 1170 entsprechend anzuwenden.

§ 1171
Ausschluss durch Hinterlegung

(1) Der unbekannte Gläubiger kann im Wege des Aufgebotsverfahrens mit seinem Recht auch dann ausgeschlossen werden, wenn der Eigentümer zur Befriedigung des Gläubigers oder zur Kündigung berechtigt ist und den Betrag der Forderung für den Gläubiger unter Verzicht auf das Recht zur Rücknahme hinterlegt. Die Hinterlegung von Zinsen ist nur erforderlich, wenn der Zinssatz im Grundbuch eingetragen ist; Zinsen für eine frühere Zeit als das vierte Kalenderjahr vor der *Erlassung des Ausschlussurteils** sind nicht zu hinterlegen.

(2) Mit der *Erlassung des Ausschlussurteils** gilt der Gläubiger als befriedigt, sofern nicht nach den Vorschriften über die Hinterlegung die Befriedigung schon vorher eingetreten ist. Der dem Gläubiger erteilte Hypothekenbrief wird kraftlos.

(3) Das Recht des Gläubigers auf den hinterlegten Betrag erlischt mit dem Ablauf von 30 Jahren nach der *Erlassung des Ausschlussurteils**, wenn nicht der Gläubiger sich vorher bei der Hinterlegungsstelle meldet; der Hinterleger ist zur Rücknahme berechtigt, auch wenn er auf das Recht zur Rücknahme verzichtet hat.

* Mit Wirkung vom 1. 9. 2009 sind in die Wörter „Erlassung des Ausschlussurteils" jeweils durch die Wörter „Rechtskraft des Ausschließungsbeschlusses" ersetzt.

Materialien: E I §§ 1104, 1124; II § 1078 rev § 1155; III § 1154; Mot III 740 f, 763 f; Prot III 617 ff, 666. Abs 1 S 2, Abs 2 S 1 und Abs 3 ab 1. 9. 2009 idF des Art 50 Nr 9 des FGG-Reformgesetz – FGG-RG – vom 17. 12. 2008 (BGBl I 2586).

Schrifttum

BÖHRINGER, Löschung von Grundpfandrechten
in den neuen Ländern, Rpfleger 1995, 139.

I. Allgemeines

1 § 1171 lässt die Ausschließung des unbekannten Gläubigers mit seinem Recht im Wege des Aufgebotsverfahrens auch dann zu, wenn der Eigentümer zur Befriedigung des Gläubigers oder zur Kündigung berechtigt ist und den Betrag der Forderung für den Gläubiger unter Verzicht auf das Recht zur Rücknahme **hinterlegt**. Auch dieses Aufgebotsverfahren gegen den unbekannten Gläubiger ist wie das nach § 1170 (dort Rn 1) nicht subsidiär gegenüber anderen verfahrensrechtlichen Möglichkeiten zur Bereinigung des Grundbuchs.

2 S zur **Spezialregelung in § 10 GBBerG** unten Rn 18.

II. Voraussetzungen

3 **1.** Der Gläubiger muss **unbekannt** sein. Der Begriff ist derselbe wie bei § 1170, s dort Rn 6 ff (**aA** MünchKomm/EICKMANN[4] Rn 4, der im Gegensatz zu seiner Auffassung zu § 1170 [Rn 5 ff] hier den Gläubiger der Buchhypothek stets als bekannt behandeln will, weil ein Pfleger bestellt werden könne; aber auch das Verfahren des § 1171 ist nicht subsidiär zu anderen Verfahren, s § 1170 Rn 1); die dort wiedergegebenen Argumente gelten auch hier. Ist der Gläubiger bekannt und nur im Verzug der Annahme, so helfen §§ 372, 378 sowie §§ 1163 Abs 1 S 2, 894.

4 **2.** Der Eigentümer muss zur **Befriedigung des Gläubigers** oder zur Kündigung **berechtigt** sein, vgl §§ 1141 f. Maßgeblich ist zunächst der Inhalt des Grundbuchs (einschließlich der in Bezug genommenen Eintragungsbewilligung – § 1115). Die Befugnis des Eigentümers zu vorzeitiger Kündigung kann aber als Reduzierung der Hypothek gegenüber dem eingetragenen Inhalt auch außerhalb des Grundbuchs wirksam vereinbart werden und zwar sowohl zwischen dem Schuldner und dem Gläubiger als auch zwischen dem Eigentümer und dem Gläubiger (§ 1157 Rn 5); eine solche Vereinbarung mit dem eingetragenen Gläubiger ist auch im Aufgebotsverfahren zu beachten, falls sie glaubhaft gemacht ist (**falsch** STAUDINGER/WOLFSTEINER [2002]: Nachweis in der Form des § 29 GBO). Ist die Vereinbarung mit einem Vorgänger des eingetragenen Gläubigers abgeschlossen worden oder handelt es sich um eine Briefhypothek, so kann die Vereinbarung wegen der Möglichkeit gutgläubig-vereinbarungsfreien Erwerbs nicht beachtet werden. Wenn Grundbuch und Eintragungsbewilligung schweigen, stehen die gesetzlichen Fristen (§§ 489 f, 271, 1193) eingetragenen Fristen gleich. Eine Kündigung braucht nicht mit dem Aufgebot verbunden zu werden, wenn aber die Fälligkeit von einer Kündigung abhängt, verlängert sich die Aufgebotsfrist um die Kündigungsfrist (§ 987 Abs 3 ZPO).

5 **3.** Der Eigentümer muss den **Betrag der Forderung nebst Zinsen** hinterlegen, Zinsen nur, soweit sie im Grundbuch eingetragen sind. Zinsen für eine frühere Zeit als das vierte Kalenderjahr vor Erlassung des Ausschlussurteils (ab 1. 9. 2009 des

Ausschließungsbeschlusses) sind nicht zu hinterlegen (Abs 1 S 2); die Frist ist nicht an die neue Frist für die regelmäßige Verjährung in § 195 angeglichen worden. Vgl zur entsprechenden Anwendung dieser Vorschrift Einl 227 ff zu §§ 1113 ff u § 1150 Rn 27 ff. „Für" das Kalenderjahr bezieht sich auf den Zeitraum, für den Zinsen zu entrichten sind, nicht auf die Fälligkeit. Der Eigentümer muss unter Verzicht auf das Recht zur Rücknahme hinterlegen (Abs 1 S 1; s § 376 Abs 2 Nr 1). Die Hinterlegung muss zwar nach § 987 Abs 1 ZPO, § 451 Abs 1 FamFG bei Antragstellung angeboten werden, braucht aber erst vor dem Ausschlussurteil (dem Ausschließungsbeschluss) zu erfolgen (§ 987 Abs 4 ZPO; § 451 Abs 4 FamFG), damit nicht der Eigentümer Zinsen und Kosten verloren hat, wenn der Gläubiger sich meldet (Mot III 741).

Beträge, deren Zahlung in der Form des § 29 GBO nachgewiesen ist, brauchen nicht **6** hinterlegt zu werden (PLANCK/STRECKER Anm 2c; ERMAN/WENZEL[12] Rn 2).

III.   Antragsberechtigung

1.   Antragsberechtigt ist – anders als bei § 1170 (dort Rn 20) – nur der **Eigentümer 7** des belasteten Grundstücks (§ 984 Abs 1 ZPO, § 448 Abs 1 FamFG). Er hat vor Einleitung des Verfahrens glaubhaft zu machen, dass der Gläubiger unbekannt ist (§ 985 ZPO, § 449 FamFG) und sich zur Hinterlegung zu erbieten (§ 987 Abs 1 ZPO, 451 Abs 1 FamFG).

2.   Bei einer **Gesamthypothek** kann vom Eigentümer eines einzelnen Grundstücks **8** das Verfahren mit der Wirkung beantragt werden, dass der Gläubiger als befriedigt gilt (Abs 2 S 1). Für die Anwendung des § 1173 ist entscheidend, ob einer der Eigentümer, denen die belasteten Grundstücke in dem maßgebenden Zeitpunkt gehören, hinterlegt hat; ist dies nicht der Fall, so ist § 1172 selbst dann anzuwenden, wenn das Aufgebotsverfahren nur hinsichtlich eines Grundstücks beantragt war (PLANCK/STRECKER Anm 6c β mwNw; § 1172 Anm 3; § 1173 Anm 2b α).

IV.   Verfahren

Das Verfahren ist das Aufgebotsverfahren des neunten Buchs der ZPO, ab 1. 9. 2009 **9** das des FamFG. Maßgebend sind die §§ 946–959, 982, 983, 984 Abs 1, 985, 987 ZPO (vgl auch § 1024 ZPO), ab 1. 9. 2009 der §§ 433 ff, 477–479 FamFG. Vgl iÜ § 1170 Rn 20 ff.

V.   Das Ausschlussurteil (der Ausschließungsbeschluss)

1.   Die **Wirkung** des Ausschlussurteils (des Ausschließungsbeschlusses) besteht **10** darin, dass der Gläubiger – wenn er nicht ohnehin nach § 378 befriedigt ist – als befriedigt gilt. S zu Rechtsmitteln und Wirksamkeitszeitpunkt § 1170 Rn 27 ff.

2.   Die Hypothek wird vom Eigentümer erworben und zwar als **Eigentümergrund- 11 schuld** (§ 1163 Abs 1 S 2 mit § 1177 Abs 1), wenn der Eigentümer selbst der persönliche Schuldner war, dagegen als Eigentümerhypothek, also mit der Forderung, wenn der Eigentümer nicht persönlich haftete (§§ 1143, 1177 Abs 2).

Ist zwischen rechtmäßiger Hinterlegung oder Aufgabe zur Post (§ 375) und Erlass **12** des Ausschlussurteils ein **Wechsel im Eigentum** eingetreten, so bleibt derjenige, der bei der Hinterlegung Eigentümer war und somit mit der Hinterlegung die Hypothek als Eigentümergrundschuld erworben hat (§§ 378, 1163 Abs 1 S 2), Grundschuldgläubiger (PLANCK/STRECKER Anm 6c α; WOLFF/RAISER § 144 I 4 b); denn das Ausschlussurteil ist, wenn eine rechtmäßige Hinterlegung vorausgegangen ist, ohne materiell-rechtliche Wirkung (Abs 2 S 1 HS 2).

13 3.   Der bisherige **Hypothekenbrief** wird kraftlos. Über die Ausstellung des neuen Briefs s §§ 41 Abs 2, 67, 68 GBO und § 1162.

14 4.   Bei einer **Gesamthypothek** ergeben sich besondere Folgen aus den §§ 1172, 1173 (s oben Rn 8).

15 5.   Der **frühere Gläubiger** kann bei seinem Wiederauftreten Befriedigung nur mehr aus dem hinterlegten Betrag, aber nicht mehr aus dem Grundstück verlangen.

16 Nach Ablauf von dreißig Jahren seit Erlass des Ausschlussurteils erlischt auch sein Anspruch auf den hinterlegten Betrag (Abs 3). Bis zum Ablauf eines weiteren Jahres kann der Eigentümer oder sein Rechtsnachfolger gemäß § 19 HintO trotz des früheren Verzichts auf das Recht der Rücknahme die hinterlegte Summe herausverlangen (vgl KG vom 20. 5. 2008 – 1 VA 7/06 – NotBZ 2008, 416; KRIEGER/BÜLOW/SCHMIDT, HintO § 19 Rn 4; BGB-RGRK/THUMM[12] Rn 8; missverständlich – als ob nach 31 Jahren nochmals eine Jahresfrist laufen würde – MünchKomm/EICKMANN[4] Rn 14 und – als ob er erst nach 31 Jahren zurückverlangen könnte – ERMAN/WENZEL[12] Rn 3).

VI.   Anwendungsbereich

17 § 1171 gilt für **alle Hypothekenarten** und für **Grund- und Rentenschulden**. Für die Fälle der §§ 1188 Abs 2 und § 1195 gilt im Gegensatz zu § 1170 hier keine Ausnahme.

VI.   Hinterlegung nach GBBerG

18 Im Beitrittsgebiet ermöglicht § 10 GBBerG durch Hinterlegung (nur) das Erlöschen und die Löschung im Grundbuch von Grundpfandrechten zu bewirken, die vor dem 1. 7. 1990 eingetragen worden sind (s Einl 223 zu §§ 1113 ff). Ob das Grundpfandrecht aus der Zeit vor dem 1. 1. 1976 stammt und daher eine potentielle Eigentümergrundschuld beinhaltet (s Einl 253 zu §§ 1113 ff) oder nicht (s Einl 255 zu §§ 1113 ff), spielt keine Rolle. Der Gläubiger darf auch bekannt sein (BÖHRINGER BWNotZ 2007, 1). Ein Grundpfandrechtsbrief wird nach § 10 Abs 4 S 1 GBBerG mit der Hinterlegung kraftlos; wer die Auszahlung des hinterlegten Betrags beansprucht, kann und muss sich daher nicht durch Vorlage des Briefs legitimieren (**falsch** KG vom 20. 5. 2008 – 1 VA 7/06 – Rpfleger 2008, 478 [ein kraftloser Brief wirkt nicht auf die Zeit vor seiner Kraftloserklärung zurück, vgl DEMHARTER, GBO[26] § 41 Rn 11 und § 67 Rn 6]); vielmehr gilt ab der Hinterlegung § 891. Trotz Hinterlegung und Erlöschens des Grundpfandrechts soll das Aufgebotsverfahren nach § 1170 zulässig bleiben (KG aaO; BÖHRINGER BWNotZ 2007, 1).

§ 1172
Eigentümer-Gesamthypothek

(1) Eine Gesamthypothek steht in den Fällen des § 1163 den Eigentümern der belasteten Grundstücke gemeinschaftlich zu.

(2) Jeder Eigentümer kann, sofern nicht ein anderes vereinbart ist, verlangen, dass die Hypothek an seinem Grundstück auf den Teilbetrag, der dem Verhältnis des Wertes seines Grundstücks zu dem Werte der sämtlichen Grundstücke entspricht, nach § 1132 Abs. 2 beschränkt und in dieser Beschränkung ihm zugeteilt wird. Der Wert wird unter Abzug der Belastungen berechnet, die der Gesamthypothek im Range vorgehen.

Materialien: E II § 1079 rev § 1156; III § 1155;
Prot III 620 f; 628 f, 636 ff, 724 f.

Schrifttum

BRUCK, Eigentümerhypothek (1903)
BECHER, Die Bewegungsvorgänge bei der Gesamthypothek (1976)

SCHREIBER, Entstehung und Erwerb der Eigentümergrundschuld aus der Gesamthypothek, insbesondere bei Miteigentum (Diss Leipzig 1935).

I.   Gesetzeszweck

Die Vorschriften der §§ 1163, 1171 über den gesetzlichen Übergang des Grund- **1** pfandrechts werden für die **Gesamthypothek** durch die §§ 1172–1175 in wesentlichen Punkten ergänzt und geändert. Zweck der gesetzlichen Regelung ist es, im Interesse der nachstehend Berechtigten die Vervielfältigung der Gesamthypothek durch Zerfall in einzelne Eigentümergrundpfandrechte zu verhindern und für den Fall, dass die belasteten Grundstücke mehreren Eigentümern gehören, die Rechtsbeziehungen unter ihnen zu ordnen (s auch § 1132 Rn 9). Für den Fall der Befriedigung aus dem Grundstück greifen die §§ 1181 Abs 2, 1182 ein.

II.   Entstehung der Gesamthypothek

1.   Forderung entsteht nicht

Das Grundpfandrecht besteht als Eigentümergesamtgrundschuld, wenn die Forde- **2** rung, für welche die Gesamthypothek bestellt ist, **nicht zur Entstehung** gelangt (§ 1163 Abs 1 S 1) und solange bei einem Briefrecht der Brief noch nicht übergeben ist (§ 1163 Abs 2).

2.   Forderung erlischt

Die Gesamtgrundschuld wird zur Eigentümergesamtgrundschuld, wenn die Forde- **3** rung **erlischt** (§ 1163 Abs 1 S 2). Eine Eigentümergesamtgrundschuld entsteht jedenfalls auch dann, wenn alle Eigentümer auch Schuldner der gesicherten Forderung sind und gemeinsam den Gläubiger befriedigen, denn es gibt dann keine Forderung mehr; die Grundschuld steht den Eigentümern nach Bruchteilen in dem Verhältnis zu, zu dem sie in ihrem Innenverhältnis Schuldner waren und gezahlt haben (RG DRW 1939, 936; BGH vom 31. 10. 1985 – IX ZR 95/85 – DNotZ 1986, 476 = EWiR 1986, 145 [Gaberdiel]; Soergel/Konzen[13] Rn 2; Erman/Wenzel[12] Rn 3; Palandt/Bassenge[68] Rn 2). Gemeinsame Tilgung kann auch vorliegen, wenn abredegemäß jeder einen Teilbetrag zahlt (BGH vom 31. 10. 1985 aaO; Erman/Wenzel[12] Rn 3; MünchKomm/Eickmann[4] Rn 7); anders aber wenn jeder Eigentümer unabhängig vom anderen einen Teilbetrag zahlt (RG DRW 1939, 936). Der Befriedigung gleich steht der Ausschluss des unbekannten Gläubigers, wenn alle Eigentümer gemeinsam hinterlegen (§ 1171 Rn 8). Verzicht des Gläubigers an allen Grundstücken und der Ausschluss des Gläubigers mit seinem Recht (§ 1170) lässt gleichfalls eine Gesamtgrundschuld entstehen (§ 1175 Abs 1 S 1 HS 1, Abs 2).

4 Dasselbe gilt in Verbindung mit § 1143 auch dann, wenn die Eigentümer zwar gemeinsam befriedigen, aber nicht Schuldner der Forderung sind. Für diesen Fall gilt also die in § 1143 Abs 2 enthaltene Verweisung auf § 1173 nicht.

3. Das Beteiligungsverhältnis

5 a) Gehören **alle** belasteten Grundstücke einem Eigentümer, dann fällt ihm die Gesamthypothek an sämtlichen Grundstücken bereits unmittelbar nach § 1163 als Eigentümergesamtgrundschuld zu (Planck/Strecker § 1173 Anm 2a).

6 b) Gehören die belasteten Grundstücke **verschiedenen** Eigentümern, dann greift § 1172 Abs 1 mit der Folge ein, dass nicht etwa mehrere selbständige, je auf den vollen Betrag lautende Eigentümergrundschulden für die einzelnen Eigentümer entstehen, sondern dass die Gesamthypothek den sämtlichen Eigentümern gemeinschaftlich zufällt, soweit nicht die §§ 1173, 1174 besondere Ausnahmen bewirken.

7 Was „gemeinschaftlich" bedeutet, sagt das Gesetz nicht. Nach überwiegender Lehre steht das Gesamtgrundpfandrecht den Eigentümern in **Bruchteilsgemeinschaft** (§§ 741 ff) zu (RG JW 1938, 3237; BGH vom 31. 10. 1985 – IX ZR 95/85 – DNotZ 1986, 476 = EWiR 1986, 145 [Gaberdiel]; BGH vom 12. 12. 2008 – V ZR 49/08 – Tn 28; KG JW 1938, 230; OLG Frankfurt MDR 1961, 504; Güthe/Triebel, GBO § 22 Anm 14; Bruck 202 mwNw; Westermann/Eickmann[7] § 108 V 2; BGB-RGRK/Thumm[12] Rn 4; MünchKomm/Eickmann[4] Rn 11; Soergel/Konzen[13] Rn 3; AK-BGB/Krause § 1168 Rn 2; ebenso wohl Palandt/Bassenge[68] § 1168 Rn 5). Nach anderer Ansicht (Planck/Strecker Anm 3b) besteht unter den Eigentümern eine Gemeinschaft besonderer Art, deren Auseinandersetzung durch § 1172 Abs 2 geregelt ist und die eine Verfügung des einzelnen Eigentümers über seinen Anteil zulässt. Korrekter, aber im gleichen Sinn wäre es, § 420 dergestalt anzuwenden, dass sich die Grundschuld in gleichrangige Gesamtgrundschulden jeweils am ganzen Grundstück teilt (KG vom 27. 9. 1906 RJA 8, 61 ff.), eine Gemeinschaft im engeren Sinn also nicht entsteht, weil § 420 idR mehrere Inhaber einer Forderung nicht zu einer Gemeinschaft verbindet (MünchKomm/K Schmidt[4] § 741 Rn 43; Staudinger/Langhein [2002] § 741 Rn 80 f). Der Wortlaut des Gesetzes wäre damit freilich verlassen, weshalb es doch bei der Bruchteilsgemeinschaft sein Bewenden haben muss. Eine Gesamthandsgemeinschaft (so Hachenburg Beitr 141; Erl zu § 1132; Wolff/Raiser § 148 VII 1 und Fn 23 mwNw) kommt keinesfalls in Betracht.

c)   Der **Anteil jedes Eigentümers** bestimmt sich nach Abs 2, der gegenüber § 742 **8** eine Sonderregelung darstellt. Die einzelnen Teilbeträge berechnen sich, sofern nicht ein anderes vereinbart ist, nach dem Wertverhältnis, in welchem die einzelnen belasteten Grundstücke zu dem Wert der sämtlichen verpfändeten Grundstücke stehen. Dabei sind sowohl zur Ermittlung des Werts des Einzelgrundstücks wie auch des Gesamtwerts die der Gesamthypothek jeweils vorgehenden Belastungen (s § 879) abzuziehen.

aa)   Zu den **vorgehenden Belastungen** gehören die in der zweiten Abteilung des **9** Grundbuchs vorrangig eingetragenen Rechte, soweit durch sie der Wert des Grundstücks vermindert wird; wertmindernd können im Einzelfall auch Vorkaufsrechte und Vereinbarungen nach § 1010 sein (aA MünchKomm/Eickmann[4] Rn 14 und – sich auf ihn berufend – Soergel/Konzen[13] Rn 4). Zu berücksichtigen sind vorgehende Hypotheken, Grund- und Rentenschulden, worunter auch Gesamthypotheken und Gesamtgrundschulden fallen; Letztere sind zum vollen Betrag abzurechnen (vgl Hachenburg Vortr 619; Lang 299; MünchKomm/Eickmann[4] Rn 14; Palandt/Bassenge[68] Rn 5). Unterliegt eine vorgehende Eigentümergrundschuld einem aus § 1179a folgenden Löschungsanspruch der gemeinschaftlichen Gesamthypothek, so ist sie nicht zu berücksichtigen (undifferenziert Erman/Wenzel[12] Rn 6; Palandt/Bassenge[68] Rn 5). Auch Vormerkungen (§ 883) sind mit einzubeziehen, soweit sie zur Sicherung von Ansprüchen dienen, die bei ihrer Durchführung das Grundstück belasten werden (Planck/Strecker Anm 4a; BGB-RGRK/Thumm[12] Rn 6; Soergel/Konzen[13] Rn 4; Palandt/Bassenge[68] Rn 5; Erman/ Wenzel[12] Rn 6). Merkwürdig und abzulehnen ist die hL (Erman/Wenzel[12] Rn 6; MünchKomm/Eickmann[4] Rn 14; Soergel/Konzen[13] Rn 4), wonach Auflassungsvormerkungen unberücksichtigt bleiben, obwohl sie doch zur völligen Beseitigung der Gesamtgrundschuld auf dem betreffenden Grundstück oder zur lastenfreien Abtrennung beliebig wertvoller Grundstücksteile führen können. Dagegen sind Rangvorbehalte (§ 881) nicht in Ansatz zu bringen, weil sie ausschließlich dem Eigentümer selbst zustehen können.

bb)   Für die **Wertberechnung** ist der Zeitpunkt der Entstehung des Eigentümer- **10** grundpfandrechts maßgebend (BGB-RGRK/Thumm[12] Rn 6; MünchKomm/Eickmann[4] Rn 15; Palandt/Bassenge[68] Rn 5; Planck/Strecker Anm 4b mwNw; Soergel/Konzen[13] Rn 4; aM Hachenburg Vortr 337; Wolff/Raiser § 148 VII 1 und Fn 24: Zeitpunkt der Teilung). Nach dem Wortlaut des § 1172 Abs 2 S 1 hat der Eigentümer bereits mit der Entstehung der Eigentümergesamtgrundschuld einen Anspruch auf wertentsprechende Verteilung; dieser materiell bereits feststehende Anspruch kann nicht durch eine erst später vorgenommene Verteilung beeinträchtigt werden, es sei denn die Teilhaber treffen eine entsprechende Vereinbarung. Besteht das Gesamtgrundpfandrecht wegen Nichtentstehung der Forderung von Anfang an als Eigentümergrundschuld, so ist der Zeitpunkt der Begründung des Gesamtgrundpfandrechts maßgebend.

cc)   Am einfachsten wird der Betrag einer derartigen Einzelgrundschuld mittels **11** einer **Gleichung** berechnet, bei der auf der einen Seite das Verhältnis des unbekannten Teilbetrages x zur Gesamtgrundschuld steht, auf der anderen Seite der Wert des Einzelgrundstücks, dessen Eigentümer ausscheiden will, im Verhältnis zum Wert aller mit der Gesamtgrundschuld belasteten Grundstücke.

Beispiel: Beträgt die Gesamtgrundschuld 50.000 €, der Wert des Einzelgrundstücks nach Abzug der Belastungen (s oben Rn 8 f) 20.000 €, der Gesamtwert aller mit der Gesamthypothek belasteten Grundstücke (nach Abzug der Belastungen) aber zusammen 100.000 €, so ergibt sich folgende Gleichung:

$$x : 50.000 = 20.000 : 100.000$$

$$x = \frac{50.000 \times 20.000}{100.000} = 10.000$$

Die Einzelgrundschuld am Grundstück des ausscheidenden Eigentümers beträgt somit 10.000 €.

12 d)   Sind bei **Miteigentum nach Bruchteilen** mehrere oder alle Anteile mit einer Gesamthypothek belastet, so entsteht unter den Voraussetzungen oben Rn 2, 3 für die Miteigentümer der belasteten Anteile eine Gesamteigentümergrundschuld, die ihnen in Bruchteilsgemeinschaft (§§ 741 ff) zusteht. Der Anteil nach Abs 2 bemisst sich in diesem Fall entsprechend dem Miteigentumsanteil, falls bei den einzelnen Anteilen vorrangige Belastungen nicht vorhanden sind oder auf allen Anteilen gleichmäßig lasten (OLG Frankfurt MDR 1961, 504). Ein Löschungsanspruch nach § 1179a besteht in diesem Fall nicht (§ 1179a Rn 72).

13 e)   Steht die Gesamtgrundschuld den Eigentümern nur **zu einem Teil** zu, so steht dieser Teil nach Maßgabe des § 1176 dem Teil im Rang nach, der dem Gläubiger verblieben ist.

III.   Verfügungen über die Gesamtgrundschuld

1.   Verfügung über den Anteil

14 Jeder Teilhaber der Gemeinschaft kann über **seinen** Anteil verfügen (PLANCK/STREK-KER Anm 2b mwNw; SOERGEL/KONZEN Rn 11; aM WOLFF/RAISER § 148 VII 1 und Fn 23). Praktisch scheitert aber eine Verfügung idR, wenn nicht vorher eine Verteilung nach Abs 2 stattgefunden hat, da der Anteil nicht feststeht (RG JW 1938, 3236; KG JW 1938, 230; BGB-RGRK[12]/THUMM Rn 4). Kann der einzelne Eigentümer allerdings Auseinandersetzung der Gemeinschaft verlangen, so kann er vom Buchgläubiger eine seinen Anteil umfassende Löschungsbewilligung fordern (BGH vom 12. 12. 2008 – V ZR 49/08 – Tn 29). Der Anteil des einzelnen Eigentümers ist pfändbar (AG Obernburg MDR 1964, 846; STAUDINGER/LANGHEIN [2002] § 747 Rn 8); aber auch die Pfändung scheitert regelmäßig, weil bei einem Buchrecht der (nicht feststehende) Anteil eingetragen und beim Briefrecht ein Teilbrief erstellt werden muss (MünchKomm/EICKMANN[4] Rn 20; SOEGEL/KONZEN[13] Rn 4). Jedenfalls kann aber der Auseinandersetzungsanspruch gepfändet werden (MünchKomm/EICKMANN[4] Rn 20).

2.   Verfügung insgesamt

15 Zur **Verfügung** über das **Gesamtgrundpfandrecht** bedarf es der Mitwirkung **aller** Eigentümer (§ 747 S 2); auch kann nur die Gesamtheit der Eigentümer, nicht der einzelne Eigentümer, auf das Gesamtgrundpfandrecht an einem einzelnen Grundstück verzichten (PLANCK/STRECKER Anm 2b). Das gemeinschaftliche Eigentümergrundpfandrecht kann nach dem Belieben der Eigentümer geteilt werden, die Summe der Einzelrechte darf jedoch die des Gesamtrechts nicht überschreiten (§ 1132 Abs 2). Die Teilung bedarf der Zustimmung aller an dem Gesamtrecht beteiligten Eigentümer; mit der Eintragung entstehen die einzelnen Eigentümergrundpfandrechte (PLANCK/STRECKER Anm 4).

3. Die Aufhebung der Gemeinschaft

a) Jeder Eigentümer kann jederzeit die **Aufhebung** der Gemeinschaft verlangen **16** (Abs 2; § 749 Abs 1). Es handelt sich um einen schuldrechtlichen Anspruch gegen die Mitteilhaber auf Zustimmung zur Teilung (PLANCK/STRECKER Anm 4b). Die Aufhebung geschieht durch Zerlegung des gemeinschaftlichen Rechts in einzelne voneinander unabhängige, gleichrangige, an allen Grundstücken lastende Gesamtgrundschulden. Sie gleicht der Verteilung nach § 1132 Abs 2 (dort Rn 60 ff); ein Verzicht liegt darin nicht (WALSMANN, Der Verzicht 268; STROHAL JherJb 61, 91, 93).

Jeder einzelne Eigentümer kann für sich die Zuteilung des auf sein Grundstück **17** entfallenden Teilbetrags verlangen; für die anderen Eigentümer besteht die Gemeinschaft dann fort, jedoch vermindert um den jenem Eigentümer zugefallenen Betrag (ERMAN/WENZEL[12] Rn 6; PALANDT/BASSENGE[68] Rn 4; PLANCK/STRECKER Anm 4c; SOERGEL/KONZEN[13] Rn 5; **aM** LANG AcP 89, 296 ff).

b) Auf die Teilung sind die §§ **875, 876, 878** anzuwenden. Die Teilung bedarf der **18** Zustimmung Dritter, mit deren Recht die Gesamtgrundschuld belastet ist (§ 876).

Der dem einzelnen Eigentümer zugeteilte Betrag ist auf diesen umzuschreiben, der **19** Mehrbetrag der Gesamtgrundschuld und der Mithaftvermerk (§ 48 Abs 2 GBO) sind zu löschen (vgl Prot III 629). Hierzu ist eine Erklärung sämtlicher Eigentümer notwendig. Der für die Gesamtgrundschuld erteilte Brief ist unbrauchbar zu machen, für jedes Einzelrecht wird ein neuer Brief erteilt (§ 64 GBO). Scheidet nur *ein* Eigentümer aus, so ist der Mehrbetrag nur an seinem Grundstück, der ihm zugeteilte Betrag der Gesamtgrundschuld an den übrigen Grundstücken sowie der Mithaftvermerk an seinem Grundstück zu löschen. An den übrigen Grundstücken ist der Mithaftvermerk entsprechend zu ändern.

c) Die Eigentümer können von dem gesetzlichen Verteilungsmaßstab **abweichen- 20 de Vereinbarungen** über die Teilung der Eigentümergesamtgrundschuld treffen (Abs 2), auch schon vor Entstehen der Gesamteigentümergrundschuld. Ein solches Bestimmungsrecht der Eigentümer für die Gesamteigentümergrundschuld ergibt sich schon aus § 1132 Abs 2 (oben Rn 16). Zu beachten ist, dass im Verhältnis zu nachrangigen Gläubigern der Gesamtbetrag der Einzelrechte den Betrag der Gesamthypothek nicht überschreiten darf.

Für und gegen **Sonderrechtsnachfolger** wirkt eine solche Vereinbarung mangels **21** Eintragung im Grundbuch nicht (OLG Köln OLGZ 70, 276; PALANDT/SPRAU[68] § 751 Rn 1). Die Eintragung der Vereinbarung oder einer aus ihr abgeleiteten Einrede (§ 1157) setzt voraus, dass die Eigentümer der einzelnen Grundstücke bereits Berechtigte des Gesamtgrundpfandrechts sind; vorher ist die Eintragung nicht zulässig.

22 **d)**   Während bei bestehender Gemeinschaft ein gleich- oder nachrangiger, nicht an sämtlichen Grundstücken eingetragener Grundpfandgläubiger keinen **Löschungsanspruch** nach § 1179a erheben kann (§ 1179a Rn 41), führt die Teilung regelmäßig eine Löschungssituation herbei; insbesondere haben die nun jeweils einem einzelnen Gläubiger zustehenden gleichrangigen Eigentümer-Gesamtgrundschulden zur Folge, dass jeder gegen jeden einen Löschungsanspruch hat. Im Zweifel muss man zumindest den Teilungsvertrag dahin verstehen, dass dieser Löschungsanspruch insoweit ausgeschlossen sein soll, will man aus dem gesetzlichen Teilungsanspruch nicht schon einen *gesetzlichen* Ausschluss des Löschungsanspruchs ableiten. Jedenfalls bedarf der Ausschluss der Eintragung in das Grundbuch (§ 1179a Abs 5 S 2).

23   Eine *vor* der Entstehung der Gesamteigentümergrundschuld getroffene nicht eingetragene Teilungsvereinbarung kann *nach* Entstehen der Gesamteigentümergrundschuld auch ohne Eintragung einem Löschungsanspruch (§ 1179a) eines ehemaligen Mitteilhabers als Einrede entgegengesetzt werden (s § 1179a Rn 22); die Einrede kann nunmehr auch eingetragen werden (§ 1157).

24   Bei **Alt- und Übergangsrechten**, für die ein gesetzlicher Löschungsanspruch nicht besteht (vgl Anh 2 zu §§ 1179a, 1179b), lässt auch die Teilung keinen solchen entstehen.

IV.   Grund- und Rentenschulden

25   Wegen der Anwendung des § 1172 auf Grund- und Rentenschulden vgl § 1192 Rn 26.

§ 1173
Befriedigung durch einen der Eigentümer

(1) Befriedigt der Eigentümer eines der mit einer Gesamthypothek belasteten Grundstücke den Gläubiger, so erwirbt er die Hypothek an seinem Grundstück; die Hypothek an den übrigen Grundstücken erlischt. Der Befriedigung des Gläubigers durch den Eigentümer steht es gleich, wenn das Gläubigerrecht auf den Eigentümer übertragen wird oder wenn sich Forderung und Schuld in der Person des Eigentümers vereinigen.

(2) Kann der Eigentümer, der den Gläubiger befriedigt, von dem Eigentümer eines der anderen Grundstücke oder einem Rechtsvorgänger dieses Eigentümers Ersatz verlangen, so geht in Höhe des Ersatzanspruchs auch die Hypothek an dem Grundstücke dieses Eigentümers auf ihn über; sie bleibt mit der Hypothek an seinem eigenen Grundstück Gesamthypothek.

Materialien: E I § 1094 Abs 3 S 2, Abs 4;
II § 1080 rev 1157; III § 1156; Mot III 729 f;
Prot III 632 ff, 637 f, 721, 727 f.

Schrifttum

ALEXNAT, Die Rechtsverhältnisse bei der nachträglich entstandenen Gesamthypothek (Ein Beitrag zur Auslegung des § 1173 BGB und zur Frage des gutgläubigen Erwerbs) (Diss Erlangen 1936)
BECHER, Die Bewegungsvorgänge bei der Gesamthypothek (Diss Köln 1976)
BRINCK, Die Bezahlung der Hypothekenforderung und der Grundschuld sowie die Hypothek und die Grundschuld am eigenen Grundstücke (1907)
EHMANN, Die Gesamtschuld (1972)
KIM, Zessionsregreß bei nicht akzessorischen Sicherheiten (2004, zugl Diss Trier 2003)
MÜLLER, Der Regreß im Hypothekenrecht unter Berücksichtigung anderer Schuld und Haftungsarten (Diss Erlangen 1949)

PLUMBOHM, Die Rückgriffshypothek bei der Gesamthypothek (Diss Halle 1935)
ROBERT, Die Rückgriffshypothek (Diss Halle 1906)
SCHANBACHER, Die verlorene Regreßhypothek: Regreßvereitelung bei der Gesamthypothek, WM 1998, 1805
VAHLDIEK, Der Ausgleich zwischen mehreren Sicherungsgebern (Diss Erlangen 1938)
WACKE, Der Erlaß oder Vergleich mit einem Gesamtschuldner Zur Befreiung Mithaftender beim Regreßverlust durch Gläubigerhandeln, AcP 170, 42
WEBER, Sicherheitenfreigabe und Regressbehinderung, WM 2001, 1229.

Systematische Übersicht

I.   Allgemeines

§ 1173 regelt das Schicksal des dinglichen Gesamtrechts, wenn **einer** der mehreren **1** Eigentümer (Bruchteilseigentümer) den Gläubiger freiwillig befriedigt oder ein der Befriedigung gleichgestellter Tatbestand vorliegt. Vorausgesetzt ist, dass einerseits die mit der Gesamthypothek belasteten Grundstücke verschiedenen Eigentümern gehören und andererseits die Befriedigung nur von einem oder einzelnen dieser Eigentümer bewirkt wird. Die von einem Eigentümer bewirkte Befriedigung soll nur diesem Eigentümer zugute kommen; der befriedigende Eigentümer erwirbt das Grundpfandrecht nur an seinem eigenen Grundstück und an einem weiteren Grundstück lediglich, soweit ihm ein Ersatzanspruch zusteht.

2 Gehören alle mithaftenden Grundstücke nur **einem** Eigentümer, erwirbt dieser durch die Befriedigung des Gläubigers die Gesamthypothek an allen Grundstücken; ist er zugleich persönlicher Schuldner, erlischt die Forderung, das Grundpfandrecht ist Gesamteigentümergrundschuld an allen mitbelasteten Grundstücken; ist er **nicht** persönlicher Schuldner, so geht gemäß §§ 1143, 401, 412, 1153, 1177 Abs 2 die Forderung mit der Hypothek an allen Grundstücken als Gesamteigentümerhypothek auf ihn über (BGB-RGRK/Thumm[12] Rn 1). § 1173 findet auch dann **keine Anwendung**, wenn die Eigentümer zugleich Schuldner der Forderung sind und den Gläubiger gemeinsam befriedigen; s dazu §§ 1143 Rn 6 und 1172 Rn 4.

3 § 1173 betrifft das Verhältnis der mehreren Eigentümer zueinander sowohl im Fall, dass der befriedigende Eigentümer persönlicher Schuldner ist als auch, wie in § 1143 Abs 2 angeordnet, andernfalls (BGB-RGRK[12]/Thumm Rn 1). Ist der persönliche Schuldner zugleich Eigentümer eines mithaftenden Grundstücks, so findet im Verhältnis dieses Eigentümers zum befriedigenden Eigentümer § 1143 Abs 1 Anwendung; die Forderung gegen den persönlichen Schuldner geht samt der Hypothek an dessen Grundstück auf den befriedigenden Eigentümer über und bildet mit der Eigentümerhypothek am Grundstück des befriedigenden Eigentümers – soweit er noch einen Ersatzanspruch gegen einen anderen Eigentümer hat, zusammen mit der an dessen Grundstück nach Abs 2 bestehenbleibenden Hypothek – eine Gesamthypothek (nachf Rn 25; str).

II. Einzelnes

4 In Abs 1 sind **drei verschiedene Tatbestände** geregelt, deren Eintritt das Erlöschen der Gesamthypothek an den anderen Grundstücken zur Rechtsfolge haben soll. Dabei ist keiner dieser Tatbestände ein Anwendungsfall des anderen. Aus der Gleichstellung ergibt sich, dass die Hypothek erlischt, unabhängig davon, aus welchem wirtschaftlichen Anlass oder Beweggrund der Eigentümer Zahlung leistet. Der Beweggrund und Zweck der Zahlung kann jedoch im einzelnen Fall für die Frage von Bedeutung sein, ob der Eigentümer durch seine Zahlung an seinem Grundstück eine Grundschuld oder eine forderungsbekleidete Eigentümerhypothek erwirbt (RGZ 157, 297, 302).

1. Freiwillige Befriedigung des Gläubigers durch den Eigentümer eines Grundstücks

a) Grundpfandrecht am Grundstück des den Gläubiger befriedigenden Eigentümers

5 aa) Befriedigt bei einer Gesamthypothek der Eigentümer eines der belasteten Grundstücke den Gläubiger freiwillig, fällt ihm das Grundpfandrecht nur an **seinem** Grundstück, aber in voller Höhe der Gesamthypothek zu; an den übrigen Grundstücken **erlischt** die Hypothek (Abs 1 S 1).

Der Befriedigung des Gläubigers durch Bewirken der geschuldeten Leistung, hier **6**
Zahlung der Schuldsumme (vgl § 362), steht gleich die Befriedigung des Gläubigers
durch Hinterlegung oder durch Aufrechnung (vgl § 1142 Abs 2), Annahme an Er-
füllungs Statt, ferner ein Ausschlussurteil gegenüber dem unbekannten Gläubiger im
Fall des § 1171, da hier der Gläubiger als befriedigt gilt (PLANCK/STRECKER Anm 2b α).
Ausgenommen ist die Befriedigung im Wege der Zwangsvollstreckung (§§ 1181
Abs 2, 1182).

Befriedigung des Gläubigers iS des Abs 1 S 1 liegt auch dann vor, wenn der **7**
Eigentümer eines der mitbelasteten Grundstücke ohne Entlassung des Grundstücks
aus der Mithaft den Hypothekengläubiger abfindet. Da im Rahmen der durch § 1173
Abs 1 geregelten Tatbestände Anlass und Beweggrund der rechtsgeschäftlichen
Maßnahmen des Eigentümers für das Schicksal der Hypothek an den übrigen
Grundstücken keine Rolle spielt (s oben Rn 4), ist es unerheblich, ob sich der Leis-
tende dabei seiner Eigenschaft als Eigentümer bewusst ist oder ob er gar den Willen
hat, dem Gläubiger gegenüber als Eigentümer zu gelten (RGZ 157, 297, 303).

bb) **Erlässt** der Gläubiger durch Erlassvertrag (§ 397) einem von mehreren Ge- **8**
samtschuldnern, der zugleich Eigentümer eines der belasteten Grundstücke ist, die
persönliche Schuld, so steht das der Befriedigung durch diesen Eigentümer gleich,
wenn damit nach § 423 das ganze Schuldverhältnis aufgehoben werden sollte (aA
MünchKomm/EICKMANN⁴ § 1175 Rn 7; PLANCK/STRECKER Anm 3). Besteht dieser Wille nicht,
so treten die Wirkungen des § 1173 nicht ein; das Grundstück des aus der Schuld
entlassenen Eigentümers haftet nunmehr für eine fremde Schuld (MünchKomm/EICK-
MANN⁴ Rn 7), es sei denn, der Gläubiger würde insoweit mit der Wirkung des § 1175
Abs 1 S 2 auch auf die Hypothek verzichten.

cc) Die **Abweisung** der **Forderungsklage** gegenüber einem der persönlichen **9**
Schuldner gibt ihm eine Einrede, die ihn nach § 1169 berechtigt, zu verlangen, dass
der Gläubiger ihm gegenüber auf die Hypothek verzichtet. Die Wirkung ist dann die
des § 1175 Abs 1 S 2; die Hypothek bleibt an den übrigen Grundstücken bestehen.

dd) **Erlischt** durch die Befriedigung des Gläubigers die **Forderung** (§ 1163 Abs 1 **10**
S 2) und steht dem befriedigenden Eigentümer auch kein Ersatzanspruch gegen
einen Eigentümer eines mitbelasteten Grundstücks zu, so wird das Grundpfandrecht
am Grundstück des befriedigenden Gläubigers Eigentümergrundschuld (§ 1177
Abs 1).

ee) **Geht die Forderung** des Gläubigers gegen den persönlichen Schuldner auf den **11**
befriedigenden Eigentümer **über** oder steht dem befriedigenden Eigentümer ein
Ersatzanspruch gegen einen Eigentümer eines mitbelasteten Grundstücks zu
(Abs 2), so wird das Grundpfandrecht des befriedigenden Eigentümers Eigentümerhypothek (§ 1177 Abs 2), die mit dem Grundpfandrecht auf dem mitbelasteten
Grundstück des Schuldners oder des ersatzpflichtigen Eigentümers eine Gesamthypothek bildet (nachf Rn 21); gesichert ist im ersten Fall die Forderung gegen den
persönlichen Schuldner, auch wenn er Eigentümer eines mitbelasteten Grundstücks
ist, im anderen Fall der Ersatzanspruch gegen den Eigentümer eines anderen mitbelasteten Grundstücks (MünchKomm/EICKMANN⁴ Rn 9).

b) Grundpfandrecht an den anderen mitbelasteten Grundstücken

12 Soweit nicht das Grundpfandrecht am mitbelasteten Grundstück des persönlichen Schuldners oder eines ersatzpflichtigen Eigentümers bestehen bleibt (s oben Rn 10), **erlischt** die Hypothek an den anderen Grundstücken gemäß Abs 1 S 1 kraft Gesetzes (im Gegensatz zu § 875), ohne dass es der Zustimmung des Eigentümers bedarf (KG RJA 4, 267); die nachstehenden Berechtigten rücken vor. Die Vorschrift ist aber nicht als lex specialis in dem Sinn zu verstehen, dass damit andere Vorschriften, kraft derer die Hypothek fortbestehen würde, außer Kraft gesetzt wären (so aber BGB-RGRK/THUMM[12] Rn 10). Die Gesamthypothek ist zwar regresslos (unten Rn 23); das bedeutet aber kein Regressverbot, sondern nur, dass das dingliche Recht selbst keinen Regress gewährt. Bleibt daher aus irgendeinem Rechtsgrund die Forderung bestehen, statt zu erlöschen, und geht sie auf den befriedigenden Eigentümer über, so erwirbt er auch die Hypothek, die in diesem Fall an den anderen Grundstücken nicht erlischt (oben Rn 3; MünchKomm/EICKMANN[4] Rn 12; SOERGEL/KONZEN[13] Rn 2)

13 Die Wirkung des Erlöschens der Hypothek tritt unabhängig von der Löschung im Grundbuch ein. Die Löschung kann aber zur Berichtigung des Grundbuchs herbeigeführt werden; der Voreintragung des Eigentümers bedarf es nicht (KG RJA 4, 267). Die Befriedigung des Gläubigers durch den Eigentümer eines der mithaftenden Grundstücke hat derjenige nachzuweisen, der die Berichtigung des Grundbuchs verlangt (s auch § 13 Abs 2 GBO), insbesondere etwa durch die Erklärung des Zahlenden, dass diesem Ersatzansprüche gegen den Eigentümer des anderen Grundstücks nicht zustehen; wird die Abgabe dieser Erklärung verweigert, so sind die Vorschriften über die Berichtigung des Grundbuchs (§§ 894–899, ferner § 48 Abs 2 GBO) heranzuziehen (vgl KGJ 24 A 255; KG OLGE 9, 317 und 318; KGJ 28 A 289). Insbesondere hat der Eigentümer des entlasteten Grundstücks gegen den Grundschuldinhaber, also den Zahlenden, den Berichtigungsanspruch nach § 894 (MünchKomm/WACKE[4] § 894 Rn 21; unberechtigt daher die Kritik in MünchKomm/EICKMANN[4] Rn 7).

c) Befriedigung des Gläubigers zu einem Teilbetrag

14 Befriedigt der Eigentümer eines Grundstücks den Gläubiger zu einem Teil oder zahlt jeder Eigentümer einen besonderen Teilbetrag für sich allein, so erwirbt er in Höhe des gezahlten Teilbetrags das Grundpfandrecht an seinem Grundstück; an den anderen Grundstücken erlischt die Hypothek zu diesem Teilbetrag, soweit nicht die Forderung gegen den persönlichen Schuldner, der zugleich Eigentümer eines belasteten Grundstücks ist, auf den Eigentümer mit der Forderung übergegangen ist oder ein Ersatzanspruch gegen die anderen Eigentümer besteht (WESTERMANN/EICKMANN[7] § 108 V 4 mwNw; vgl auch BRINCK 109). Wegen des Verhältnisses dieser Grundpfandrechte zu der dem Gläubiger verbleibenden Resthypothek ist § 1176 zu beachten (PLANCK/STRECKER Anm 4a δ).

2. Übertragung des Gläubigerrechts auf den Eigentümer eines der Grundstücke

15 Der freiwilligen **Befriedigung** des Gläubigers durch den Eigentümer eines der mit der Gesamthypothek belasteten Grundstücke (s oben Rn 5 ff) steht gleich die Übertragung des Gläubigerrechts auf den Eigentümer eines der Grundstücke oder die Vereinigung von Schuld und Forderung in der Person eines der Eigentümer (Einschränkung des § 1163 mit § 1172). Bei der Übertragung des Gläubigerrechts auf den Eigentümer ist es wie bei der freiwilligen Befriedigung des Gläubigers gleichgültig, ob der Eigentümer zugleich persönlicher Schuldner ist oder nicht (PLANCK/STRECKER Anm 2b β; **aM** PALANDT/BASSENGE[68] Rn 5).

Auch macht es keinen Unterschied, ob der Eigentümer die Forderung durch Rechts- **16** geschäft oder kraft Gesetzes erwirbt (PLANCK/STRECKER 2 b β; BGB-RGRK/THUMM[12] Rn 7; vgl auch BGHZ 40, 115). Beerbt der Eigentümer den Gläubiger, so erlangt er demnach nur das Grundpfandrecht an seinem Grundstück, nicht die Gesamthypothek (RG HRR 1933 Nr 1656). Der Erwerber des Gläubigerrechts muss zu dem Zeitpunkt, zu dem das Recht übergeht, Eigentümer eines mitbelasteten Grundstücks sein. § 1173 findet daher keine Anwendung, wenn er das Recht erst erwirbt, nachdem er das Grundstück veräußert hat oder dieses aus der Mithaft entlassen wurde (RGZ 81, 85; PLANCK/STRECKER Anm 2b β); Gleiches gilt, wenn der Käufer eines mitbelasteten Grundstücks das Gläubigerrecht vor Auflassung und Eintragung erwirbt und zwar selbst dann, wenn damit die Nichtanwendung des § 1173 Abs 1 beabsichtigt ist (RGZ 77, 151; PLANCK/STRECKER aaO). Überträgt der Gläubiger eine Gesamthypothek auf Verlangen aller Eigentümer der belasteten Grundstücke, die das Entgelt gemeinschaftlich zahlen, einem der Eigentümer und bleibt infolge des gleichzeitigen Eintritts eines neuen Schuldners an Stelle des Eigentümers die persönliche Forderung enthalten, so treten die Rechtsfolgen des § 1173 nicht ein (RG HRR 1933 Nr 1656).

3. Vereinigung von Schuld und Forderung in der Person eines der Eigentümer

Bei der Vereinigung von Forderung und Schuld in der Person des Eigentümers – **17** gleich ob das Eigentum an einem der mithaftenden Grundstücke auf den Gläubiger der Gesamthypothek übertragen wird (RGZ 77, 149; KGJ 51, 299; PLANCK/STRECKER Anm 2b β; BGB-RGRK/THUMM[12] Rn 7; WOLFF/RAISER § 148 Fn 25) oder die Forderung an den Eigentümer eines der belasteten Grundstücke – wird vorausgesetzt, dass der Eigentümer persönlicher Schuldner ist (OLG Kiel SeuffA 66 Nr 272; PLANCK/STRECKER Anm 2b γ; BGB-RGRK/THUMM[12] Rn 8); es behält also zB der Gläubiger, der den Eigentümer eines mithaftenden Grundstücks beerbt, der nicht sein persönlicher Schuldner ist, die Forderung mit der Hypothek (RGZ 77, 149).

III. Zwangsversteigerung eines Grundstücks

Die auf dem zwangsweise versteigerten Grundstück eingetragene, zum vollen Betrag **18** in das geringste Gebot aufgenommene, vom Gläubiger an den Ersteher und von diesem an einen Dritten abgetretene Gesamthypothek erlischt nicht auf den dafür haftenden Grundstücken, denn es kann weder S 1 noch S 2 des Abs 1 Anwendung finden (RGZ 81, 82; vgl auch RGZ 158, 297, 304; KGJ 51, 299).

Befriedigt der Ersteher als solcher den Gläubiger, so erwirbt er die Hypothek als **19** Eigentümergrundschuld an seinem Grundstück, während sie an den übrigen Grundstücken erlischt. Dass der Ersteher durch die Befriedigung die Hypothek auch an den mithaftenden Grundstücken erwirbt, ist ausgeschlossen, da er als Ersteher keinen Ersatz nach § 1173 Abs 2 verlangen kann. Ein Ersatzanspruch könnte uU seinem Rechtsvorgänger, dem damaligen Vollstreckungsschuldner, zustehen; für dessen Ersatzanspruch gilt aber § 1173 Abs 2 nicht (KORINTENBERG/WENZ, ZVG §§ 50, 51 Anm 4b; STEINER/EICKMANN, ZVG[9] § 50 Rn 25; **aM** JAECKEL/GÜTHE, ZVG § 50 Anm 5). Ist der Vollstreckungsschuldner zugleich persönlicher Schuldner einer Hypothek, die bei der Zwangsversteigerung eines der mithaftenden Grundstücke als Teil des geringsten Gebotes bestehen bleibt, so tilgt der Ersteher nach Genehmigung der Schuldübernahme (§ 53 ZVG, § 416 BGB) seine eigene Schuld; er erwirbt die Hypothek als Eigentümergrundschuld (RGZ 80, 319; KGJ 51, 302; STEINER/EICKMANN, ZVG⁹ § 53 Rn 25). Ist der Ersteher zugleich Hypothekengläubiger, so tritt Vereinigung von Schuld und Forderung ein. An den übrigen Grundstücken erlischt die Hypothek. Vereinigung von Forderung und Schuld tritt jedoch nicht ein, wenn der Vollstreckungsschuldner nicht persönlicher Schuldner ist (BGB-RGRK/THUMM[12] Rn 8).

20 Die Gesamthypothek erlischt nicht lediglich dadurch auf einem der Grundstücke, dass der Gläubiger auch das mithaftende andere Grundstück einsteigert (KG OLGE 39, 356).

IV. Ersatzanspruch (Abs 2)

21 Hat der Eigentümer eines der mithaftenden Grundstücke, der den Gläubiger befriedigt, gegen den Eigentümer eines der anderen mithaftenden Grundstücke oder einen Rechtsvorgänger eines Eigentümers einen Ersatzanspruch, so erwirbt er neben der Eigentümerhypothek am eigenen Grundstück (s oben Rn 10) zugleich kraft Gesetzes in Höhe seines Ersatzanspruchs die Hypothek an dem Grundstück dieses Eigentümers. Diese Hypothek bleibt mit der Eigentümerhypothek Gesamthypothek. Das Bestehenbleiben der Gesamthypothek dient dem Schutz gleich und nachstehender Berechtigter.

22 Abs 2 findet auch Anwendung, wenn dem zahlenden Eigentümer nicht nur gegen den Eigentümer eines, sondern gegen die Eigentümer mehrerer oder aller mithaftender Grundstücke Ersatzansprüche zustehen (WESTERMANN/EICKMANN⁷ § 108 V 4). Ist der Ersatzpflichtige Eigentümer mehrerer mitbelasteter Grundstücke oder besteht der Ersatzanspruch gegen mehrere Eigentümer mitbelasteter Grundstücke, so erstreckt sich die Gesamthypothek für den Ersatzanspruch auch auf diese Grundstücke (PLANCK/STRECKER Anm 4a γ). Haften mehrere Eigentümer mitbelasteter Grundstücke für verschiedene Ersatzansprüche, so entstehen für die einzelnen Ersatzansprüche verschiedene Gesamthypotheken an dem Grundstück des befriedigenden Eigentümers und an dem Grundstück des jeweiligen Ersatzpflichtigen (PLANCK/STRECKER aaO).

1. Quelle des Ersatzanspruchs

23 Der Ersatzanspruch kann nicht aus dem dinglichen Recht als solchem hergeleitet werden. Die Gesamthypothek ist **an sich regresslos** (RG WarnR 1942 Nr 44; BGHZ 108, 179; BGH NJW-RR 1995, 589; BayObLG DNotZ 1974, 78 m Anm WEITNAUER; BECHER 64 ff; SCHANBACHER WM 1998, 1806; ERMAN/WENZEL[12] Rn 6; MünchKomm/EICKMANN⁴ Rn 9; PALANDT/BASSENGE⁶⁸ Rn 2; PLANCK/STRECKER Anm 4a; SOERGEL/KONZEN[13] Rn 7; WOLFF/RAISER § 148 VI; **aA** EHMANN S 325, 342; WILHELM³ Rn 1679 ff; skeptisch KIM S 111); vgl allgemein zu den Konkurrenzproblemen bei Mehrfachsicherung § 1143 Rn 39 ff.

24 Zwischen den Eigentümern muss demnach eine besondere schuldrechtliche Beziehung bestehen. Der Ersatzanspruch kann rechtsgeschäftlich (zB durch Bürgschaftsverhältnis oder aus Übernahme einer Hypothek auf den Kaufpreis nach § 416) begründet sein oder unmittelbar auf Gesetz beruhen, zB §§ 426, 774, 1143, 2167, 2168 (BGH NJW 1983, 2449; BGH NJW-RR 1995, 589; s Planck/Strecker Anm 4a α; Soergel/ Konzen[13] Rn 7; aM für §§ 426, 774 BGB-RGRK/Thumm[12] Rn 11). Der Ersatzanspruch muss dem befriedigenden Eigentümer zustehen und gegen den Eigentümer eines der anderen mitbelasteten Grundstücke oder dessen Rechtsvorgänger gerichtet sein; dagegen kann der befriedigende Eigentümer den Ersatzanspruch eines Rechtsvorgängers nur geltend machen, wenn dieser auf ihn übertragen ist (Planck/Strecker Anm 4a β).

2. Forderungsauswechslung

Die Hypothek des Eigentümers, der den Gläubiger befriedigt hat, sichert am Grund- **25** stück des Ersatzpflichtigen kraft gesetzlicher Forderungsauswechslung den schuldrechtlichen Ersatzanspruch gegen diesen anderen Eigentümer; die auf den Ersatzberechtigten übergehende Hypothek verbindet sich kraft Gesetzes mit der Ersatzforderung und besteht fortan als Hypothek für die Ersatzforderung (vgl § 1164 Rn 18 ff); der befriedigende Eigentümer erwirbt die Hypothek als Gesamthypothek für den Ersatzanspruch und zwar auch an seinem eigenen Grundstück, an dem das Grundpfandrecht Eigentümerhypothek (§ 1177 Abs 2) ist (RGZ 81, 73, 78; KGJ 47, 216; BGB-RGRK/Thumm[12] Rn 14; Planck/Strecker Anm 4b β mwNw; vgl auch Wolff/ Raiser § 148 VII 2 und Fn 27). Ist der persönliche Schuldner Eigentümer eines mitbelasteten Grundstücks und besteht kein Ersatzanspruch, so geht mit der Forderung insoweit auch die Hypothek am Grundstück des persönlichen Schuldners auf den Befriedigenden über und bildet mit dessen Grundpfandrecht am eigenen Grundstück eine Gesamthypothek (s oben Rn 3).

Statt der Hypothek am Grundstück des Ersatzpflichtigen erwirbt der befriedigende **26** Eigentümer das an deren Stelle getretene Recht auf den Versteigerungserlös in Höhe seines Ersatzanspruchs, wenn er den Gläubiger befriedigt, nachdem seine Hypothek durch Zahlung erloschen ist (Planck/Strecker Anm 4b γ).

3. Teil-Rückgriff

Deckt der Ersatzanspruch nicht den ganzen Betrag der ursprünglichen Forderung, so **27** geht der überschießende Teil der Hypothek am Grundstück des Befriedigenden als Teil-Einzelgrundschuld auf diesen über (§§ 1173 Abs 1 S 1, 1177 Abs 1), während sie an den übrigen Grundstücken zu diesem Teilbetrag erlischt (OLG Hamburg MDR 1960, 321). Diese Teil-Einzelgrundschuld steht auf dem Grundstück des Befriedigenden der Teil-Gesamthypothek nach Maßgabe des § 1176 nach (BGB-RGRK/Thumm[12] Rn 15).

4. Beeinträchtigende Verfügung § 1165

Trifft der Gläubiger über die Hypothek an dem anderen Grundstück eine den **28** Ersatzanspruch beeinträchtigende Verfügung iS des § 1165, so ist § 1165 entsprechend anwendbar, wenn der befriedigende Eigentümer zugleich **persönlicher Schuldner** des Gläubigers ist (RGZ 89, 79; RG WarnR 1942 Nr 44; Planck/Strecker Anm 4c; Wolff/ Raiser § 148 Fn 30). Der Eigentümer wird von der persönlichen Schuld insoweit frei, als er ohne die beeinträchtigende Verfügung des Gläubigers hätte Ersatz verlangen können. Infolge des Erlöschens der Forderung geht die Hypothek gemäß § 1172 in dieser Höhe auf die Eigentümer der belasteten Grundstücke über (PLANCK/STRECKER Anm 4c; MünchKomm/EICKMANN[4] § 1175 Rn 8).

29 Ist der Eigentümer dagegen **nicht** zugleich **persönlicher Schuldner**, so ist § 1165 nicht entsprechend anwendbar, da dem Gläubiger damit im Ergebnis die Entscheidungsfreiheit genommen würde, die ihm durch § 1132 bewusst eingeräumt ist. Die Rücksicht auf das ihm idR unbekannte Innenverhältnis unter den Eigentümern kann ihm nicht zugemutet werden (RG JW 1913, 1149; BGHZ 52, 93 = NJW 1969, 1426 mit abl Anm WACKE NJW 1969, 1850; WACKE AcP 170, 42; ERMAN/WENZEL[12] § 1175 Rn 2; PALANDT/BASSENGE[68] § 1175 Rn 4; WOLFF/RAISER § 148 Fn 30; WESTERMANN[5] § 109 V 7; **aM** BAUR/STÜRNER § 43 II 4 a; REINICKE/TIEDTKE, Kreditsicherung[5] Rn 1161; MünchKomm/EICKMANN[4] § 1175 Rn 8; PLANCK/ STRECKER Anm 4c; zur Ablehnung eines allgemeinen Regressbehinderungsverbots s BGH NJW 1974, 1083). Soweit allerdings dem Eigentümer aus einem besonderen Rechtsgrund wegen der den Ersatzanspruch beeinträchtigenden oder vereitelnden Maßnahmen des Gläubigers ein Anspruch auf Schadensersatz zusteht, könnte er dem dinglichen Anspruch des Gläubigers mit einer Einrede aus Schadensersatz begegnen (BGHZ 52, 93 = NJW 1969, 1426 mit abl Anm WACKE NJW 1969, 1850; **aM** OLG Köln KTS 1958, 155). Für § 1166 gilt Gleiches wie für § 1165.

5. Grundstücke der nicht Ersatzpflichtigen

30 Die Hypothek an den Grundstücken der nicht ersatzpflichtigen Eigentümer erlischt nach Abs 1 S 1. Wegen der Möglichkeit des Bestehens eines Ersatzanspruchs ist jedoch die Löschung der Hypothek auf den anderen Grundstücken unzulässig, solange nicht nachgewiesen ist, dass dem Eigentümer der den Gläubiger befriedigt hat, ein Ersatzanspruch gegen die Eigentümer der anderen Grundstücke nicht zusteht (KG RJA 3, 96). In aller Regel bedarf es dazu Löschungsbewilligung des Gläubigers. Eine löschungsfähige Quittung muss erkennen lassen, ob für gemeinschaftliche Rechnung oder für Rechnung einzelner Eigentümer gezahlt wird (OLG Frankfurt FGPrax 1997, 11).

V. Vollstreckungstitel

31 Wird die Hypothek am Grundstück des befriedigenden Eigentümers **Eigentümergrundschuld**, so kommt eine Umschreibung des Vollstreckungstitels nach § 727 ZPO nicht in Betracht (§ 1177 Rn 16). Bleibt sie Hypothek, sichert sie aber nur noch den Ersatzanspruch, so scheidet eine Klauselumschreibung ebenfalls aus (§ 1164 Rn 24). War der befriedigende Eigentümer aber **Gesamtschuldner** der gesicherten Forderung und geht diese (samt der Hypothek) gemäß § 426 Abs 2 auf ihn über, so steht der Erteilung der Vollstreckungsklausel an ihn in Höhe der übergegangenen Forderung nichts entgegen; gemäß § 426 Abs 1 S 1 wird vermutet, dass die Schuldner im Innenverhältnis zu gleichen Teilen verpflichtet sind, so dass es genügt, dass der befriedigende Eigentümer (idR aus der Hypothekeneintragung im Grundbuch) nachweist, dass er Schuldner ist, wie viele weitere Schuldner es gibt und dass er den Gläubiger befriedigt hat (dazu § 1143 Rn 19). Sind zB drei Schuldner vorhanden, so ist ihm die Klausel in Ansehung eines Betrags in Höhe von zwei Dritteln des Befriedigungsbetrags zu erteilen (**aA** – mit unverständlicher Begründung – OLG Düsseldorf Rpfleger 1996, 75; OLG Düsseldorf ZNotP 2000, 503 [zust TIEDTKE], das eine „Rechtsnachfolge im engeren Sinn" konstruiert und entgegen § 426 Abs 2 S 1 BGB leugnet, dass der zahlende Gesamt-schuldner den Anspruch anstelle des ursprünglichen Gläubigers innehat; s iÜ zur Streitfrage der Klauselerteilung bei Gesamtschuldverhältnissen MünchKommZPO/WOLFSTEINER[3] § 727 Rn 22 mwNw). Den anderen Schuldnern steht es frei, im Wege der Vollstreckungsabwehr-klage geltend zu machen, dass sie im Innenverhältnis nicht oder nur zu geringerem Anteil verpflichtet seien. Nutzbar ist die umgeschriebene Vollstreckungsklausel nur, wenn auch das Grundbuch entsprechend berichtigt wird.

VI. Gesetzlicher Löschungsanspruch

Vereinigt sich das Grundpfandrecht nach Abs 1 mit dem Eigentum in einer Person **32** (oben Rn 10), so entsteht für den bisherigen Gläubiger und für die Gläubiger gleich oder nachrangiger Grundpfandrechte ein **gesetzlicher Anspruch** auf Löschung des Eigentümergrundpfandrechts (§§ 1179a, 1179b); ein Anspruch auf Löschung des Eigentümergrundpfandrechts entsteht nach Abs 2 auch dann, wenn es mit der Hypothek am mitbelasteten Grundstück des persönlichen Schuldners (oben Rn 3) oder mit der Hypothek am mitbelasteten Grundstück eines ersatzpflichtigen Eigen-tümers eine Gesamthypothek bildet (oben Rn 25). Wird das Eigentümergrundpfand-recht gelöscht, so bleibt die Hypothek am Grundstück des persönlichen Schuldners oder am Grundstück des Ersatzpflichtigen für den befriedigenden Eigentümer als Fremdhypothek bestehen (vgl WESTERMANN Gutachten 49).

VII. Bruchteilseigentum

§ 1173 ist auch auf Bruchteilseigentum anwendbar (§ 1114 Rn 4; BGH NJW 1961, 1352; **33** BGHZ 40, 115 = NJW 1963, 2320; OLG Hamburg MDR 1960, 321). Der Ersteher eines Eigentumsbruchteils ist verpflichtet, auch den Eigentümer des anderen Bruchteils von Grundstückslasten zu befreien, die im Verhältnis der Beteiligten den Eigentü-mer des versteigerten Bruchteils treffen würden (OLG Naumburg JW 1933, 2343). Ein Miteigentümer zur Hälfte, der eine auf dem ganzen Grundstück lastende Hypothek bei Ersteigerung der Grundstückshälfte seines Miteigentümers nach den Verstei-gerungsbedingungen als bestehenbleibend übernimmt und demnächst tilgt, kann dem Miteigentümer gegenüber nicht geltend machen, dass zur Tilgung seine ur-sprüngliche Grundstückshälfte in Anspruch genommen sei (RG SeuffA 88 Nr 122).

VIII. Grund- und Rentenschulden

§ 1173 Abs 1 S 1 ist auch auf Grund- und Rentenschulden **anwendbar** (BGH WM 1970, **34** 1516), nicht aber Abs 1 S 2 (PALANDT/BASSENGE[68] Rn 11).

Unanwendbar ist Abs 2 (BGHZ 110, 41; **aA** PALANDT/BASSENGE[68] Rn 11; MünchKomm/EICK- **35** MANN[4] Rn 23 unter Berufung auf BGHZ 52, 93, der sich dort aber vermutlich nur unpräzise ausgedrückt hat, weil es nur auf das wirtschaftliche Ergebnis ankam; unklar OLG Düsseldorf DNotZ 1996, 539; STAUDINGER/SCHERÜBL[12] § 1192 Rn 29). Dies folgt daraus, dass die Vereinbarung über den Ausgleich zwischen den Sicherungsgebern zwar Inhalt und Bestandteil einer Hypothekenforderung, nicht aber einer Grundschuld sein kann; die Grund-schuld ist nicht nur „an sich" (oben Rn 23), sondern im Gegensatz zur Hypothek zwingend regresslos. Auch lässt sich die von Abs 2 vorausgesetzte gesetzliche Forde-rungsauswechslung bei der Grundschuld nicht durchführen, denn sie ermangelt überhaupt einer gesicherten Forderung; denkbar wäre nur die Annahme einer kraft Gesetzes eintretenden Umwandlung einer Grundschuld in eine Hypothek, die aber dem BGB fremd ist (MünchKomm/EICKMANN⁴ Rn 23; aM PLANCK/STRECKER § 1192 Anm 4d). Schließlich könnte man daran denken, Abs 2 in der Weise anzuwenden, dass kraft Gesetzes ein Sicherungsschuldverhältnis des Inhalts entsteht, dass die Grundschuld nun der Sicherung der Ersatzforderung dient; auch eine solche Konstruktion ist aber dem BGB fremd, zumal das Gesetz keinen Anhalt für den Inhalt des Sicherungs-verhältnisses bietet (dennoch für die Anwendung freilich § 1142t Abs 2 des 2. Redaktions-entwurfs, abgedruckt unter § 1192 Rn 3).

36 Es verbleibt nur, dem zahlenden Eigentümer einen **Anspruch auf Abtretung der Grundschuld** einzuräumen (BGHZ 110, 41; BGH NJW-RR 1995, 589), was aber voraus-setzt, dass gerade nicht auf die Grundschuld, sondern einen ihr zugrundeliegenden schuldrechtlichen Anspruch gezahlt wird (Vorbem 135 zu §§ 1191 ff). S dazu und zum schuldrechtlichen Ausgleich unter mehreren Sicherheiten Vorbem 203 ff zu §§ 1191 ff; § 1143 Rn 35 f.

§ 1174
Befriedigung durch den persönlichen Schuldner

(1) Befriedigt der persönliche Schuldner den Gläubiger, dem eine Gesamthypothek zusteht, oder vereinigen sich bei einer Gesamthypothek Forderung und Schuld in einer Person, so geht, wenn der Schuldner nur von dem Eigentümer eines der Grundstücke oder von einem Rechtsvorgänger des Eigentümers Ersatz verlangen kann, die Hypothek an diesem Grundstück auf ihn über; die Hypothek an den übrigen Grundstücken erlischt.

(2) Ist dem Schuldner nur teilweise Ersatz zu leisten und geht deshalb die Hypothek nur zu einem Teilbetrag auf ihn über, so hat sich der Eigentümer diesen Betrag auf den ihm nach § 1172 gebührenden Teil des übrig bleibenden Betrags der Gesamt-hypothek anrechnen zu lassen.

Materialien: E II § 1081 rev § 1158; III § 1157;
Prot III 631, 636 ff.

I. Allgemeines

1 § 1174 behandelt den Fall der Befriedigung des Gläubigers einer Gesamthypothek durch den persönlichen Schuldner, der nicht zugleich Eigentümer eines der be-lasteten Grundstücke ist. Er ergänzt § 1164, der den Fall der Befriedigung des Gläubigers einer Einzelhypothek durch den ersatzberechtigten persönlichen Schuld-ner betrifft, für die Gesamthypothek. Der Befriedigung steht gleich die Vereinigung von Forderung und Schuld in einer Person (Konfusion, vgl § 1164 Abs 2). Ist der persönliche Schuldner zugleich Eigentümer eines der belasteten Grundstücke, so kommt § 1173 in Betracht. S dort Rn 31 zu den Fragen der Vollstreckungsklausel.

Liegen die Voraussetzungen des § 1174 nur für einen Teilbetrag der Hypothek vor, so gilt wegen der Resthypothek des Gläubigers § 1176 (s nachf Rn 5).

II. Die einzelnen Fälle

Zu unterscheiden ist, ob der persönliche Schuldner einen vollen **Ersatzanspruch** in **2** Höhe der Gesamthypothek oder nur einen Ersatzanspruch in Höhe eines Teils der Gesamthypothek gegen alle oder nur gegen einige der Eigentümer oder deren Rechtsvorgänger hat oder ob ihm gar kein Ersatzanspruch zusteht.

1. Ersatzanspruch in voller Höhe

Hat der Schuldner einen Ersatzanspruch in voller Höhe gegen **alle** Eigentümer, so **3** erwirbt er die Gesamthypothek in voller Höhe. Die für die ursprüngliche Forderung haftende Gesamthypothek wird zur Gesamthypothek für die Ersatzforderung des persönlichen Schuldners gegen die ersatzpflichtigen Eigentümer und geht auf den Schuldner über (§ 1164 mit Erl).

Hat er den vollen Ersatzanspruch aber nur gegen **einen** oder einige der Eigentümer **4** oder ihre Rechtsvorgänger, so erwirbt er die Hypothek nur an den Grundstücken der ersatzpflichtigen Eigentümer, während die Hypothek an den übrigen Grundstücken erlischt (Abs 1). An diesen Grundstücken entsteht daher keine Eigentümergrundschuld. Die Hypothek erlischt an den übrigen Grundstücken kraft Gesetzes, also ohne Löschung im Grundbuch (s § 1173 Rn 13).

2. Ersatzanspruch zu einem Teilbetrag

a) Kann der Schuldner von **allen** Eigentümern zum Teil Ersatz verlangen, so er- **5** wirbt er die Hypothek an allen Grundstücken nur in dieser Höhe. Im Restbetrag wird die Hypothek Teil-Gesamtgrundschuld sämtlicher Eigentümer (§ 1172 Abs 1).

Kann der Schuldner Ersatz in Höhe eines Teils nur von **einem** oder mehreren der **6** Eigentümer verlangen, so geht die Hypothek in Höhe des Ersatzanspruchs an dem Grundstück des ersatzpflichtigen Eigentümers (an den Grundstücken der ersatzpflichtigen Eigentümer) auf den Schuldner als Hypothek (Gesamthypothek) über, an den übrigen für die Gesamthypothek mithaftenden Grundstücken erlischt sie. Zum Restbetrag wird die Gesamthypothek Eigentümergesamtgrundschuld (Münch-Komm/Eickmann[4] Rn 6; Wolff/Raiser § 148 VII 2; Palandt/Bassenge[68] Rn 3; Planck/Strecker Anm 3e).

Zu unterscheiden ist der Fall, dass der Schuldner zwar in voller Höhe, aber von **7** jedem Eigentümer nur zu einem Teilbetrag Ersatz verlangen kann; er erwirbt dann an jedem der belasteten Grundstücke eine Einzelhypothek in Höhe des Ersatzanspruchs, zu dem überschießenden Betrag erlischt die Hypothek.

b) Entsteht bei einem Ersatzanspruch des Schuldners zu einem Teilbetrag eine **8** **Eigentümergesamtgrundschuld** (s oben Rn 6), so kann jeder Eigentümer verlangen, dass ihm der dem Wertverhältnis entsprechende Teilbetrag der Eigentümergesamtgrundschuld als Eigentümereinzelgrundschuld zugeteilt wird (§ 1172 Abs 2). Der ersatzpflichtige Eigentümer muss sich aber in einem solchen Fall auf den ihm nach § 1172 Abs 2 gebührenden Teilbetrag den Betrag der Hypothek anrechnen lassen, mit der sein Grundstück zugunsten des Ersatzanspruchs des Schuldners belastet ist (§ 1174 Abs 2). Denn die Verminderung des Betrages der Gesamtgrundschuld, die dadurch eingetreten ist, dass die Hypothek in Höhe des dem Schuldner zustehenden Ersatzanspruchs auf diesen übergegangen ist, soll nicht zu Lasten der nicht ersatzpflichtigen Eigentümer gehen. Der ersatzpflichtige Eigentümer, der durch Befriedigung des ersatzberechtigten Schuldners die auf diesen übergegangene, auf den übrigen Grundstücken erloschene Hypothek erwirbt, würde auf Kosten der übrigen Eigentümer bevorzugt werden, wenn er außerdem an der Eigentümergesamtgrundschuld entsprechend der Vorschrift des § 1172 Abs 2 beteiligt würde (Wolff/Raiser § 148 VII 2; Planck/Strecker Anm 5; Palandt/Bassenge[68] Rn 3).

9 Die Berechnung ist in der Weise durchzuführen, dass zunächst der Betrag der Gesamthypothek nach dem Wertverhältnis der belasteten Grundstücke zu verteilen ist. Von dem auf das Grundstück des ersatzpflichtigen Eigentümers entfallenden Betrag wird die Ersatzforderung des Schuldners abgesetzt. Der Rest ergibt die auf den ersatzpflichtigen Gläubiger entfallende Eigentümereinzelgrundschuld.

Beispiel: Die beiden Grundstücke a (Wert 10.000 €) und b (Wert 40.000 €) sind zugunsten des C mit einer Gesamthypothek von 20.000 € belastet. D ist persönlicher Schuldner; ihm steht gegen B ein Ersatzanspruch in Höhe von 10.000 € zu. D befriedigt C in voller Höhe. Bei der Verteilung der Gesamthypothek entsprechend dem Wert der Grundstücke entfallen auf a 4.000 €, auf b 16.000 €; von den 16.000 € ist der Betrag der Hypothek des D abzusetzen, die Eigentümereinzelgrundschuld des B beträgt sonach 6.000 €. Zum gleichen Ergebnis kommt man, wenn man die Summe der Hypothek des persönlichen Schuldners und der Eigentümergesamtgrundschuld (10.000 + 10.000) im Verhältnis des Wertes der Grundstücke (1:4) teilt und von dem auf den ersatzpflichtigen Eigentümer entfallenden Betrag die Hypothek des persönlichen Schuldners abzieht.

Diese Berechnungsart ergibt sich zwar nicht unmittelbar aus dem Wortlaut des § 1174 Abs 2; sie allein entspricht aber der Billigkeit, da sie eine Bevorzugung des nicht ersatzpflichtigen Eigentümers auf Kosten des ersatzpflichtigen Eigentümers ausschließt (MünchKomm/Eickmann[4] Rn 11; Planck/Strecker Anm 5; Wolff/Raiser § 148 VII 2). Nach **aM** (Hagemann Gruchot 53, 44) ist die Aufteilung der Eigentümergesamthypothek nach dem Verhältnis, das sich aus dem Wert des Grundstücks des nicht ersatzpflichtigen Eigentümers zu dem Wert des Grundstücks des ersatzpflichtigen Eigentümers, gemindert um den Betrag des Ersatzanspruchs, geboten; in vorstehendem Beispiel ergibt sich danach für die Gesamteigentümergrundschuld von 10.000 € ein Teilungsverhältnis von 1:3.

10 Übersteigt der anzurechnende Betrag den zu verteilenden Betrag, so ist die Gesamtgrundschuld nur auf die Grundstücke der nicht ersatzpflichtigen Eigentümer nach dem Verhältnis ihres freien Wertes zu verteilen (Planck/Strecker Anm 5; Meikel SeuffBl 1903, 112, 117). Wenn zwei oder mehrere Eigentümer dem persönlichen Schuldner nicht pro rata, sondern als Gesamtschuldner ersatzpflichtig sind, sind sie bei der Berechnung als Einheit, wie wenn sie eine Person wären, zu berücksichtigen (vgl Meikel SeuffBl 1903, 119).

Über Berichtigung des Grundbuchs s § 1173 Rn 13.   **11**

3. Beeinträchtigende Verfügung § 1165

§ 1165 ist (Prot III 636) entsprechend anwendbar (vgl auch § 1173 Rn 28).   **12**

4. Rang

Hat der Schuldner den Gläubiger überhaupt nur zum Teil befriedigt, so behält der **13** Gläubiger wegen seiner Restforderung die Gesamthypothek an allen verpfändeten Grundstücken; diese hat den Vorrang (§ 1176) vor der Hypothek, die auf den persönlichen Schuldner übergeht. Kann der persönliche Schuldner in diesem Fall nur teilweise Ersatz verlangen (s oben Rn 5 ff), so geht die Gesamthypothek auch der insoweit entstehenden Eigentümergesamtgrundschuld im Rang vor (§ 1176).

5. Fehlen eines Ersatzanspruchs

Steht dem persönlichen Schuldner ein Ersatzanspruch gegen einen Eigentümer der **14** belasteten Grundstücke überhaupt nicht zu, so wird die Gesamthypothek Eigentümergesamtgrundschuld (§ 1172).

III. Bruchteilseigentum

§ 1174 ist anwendbar, wenn eine Hypothek auf einem Grundstück lastet, das Mit- **15** eigentümern nach Bruchteilen gehört, und der persönliche Schuldner nur gegen einen oder mehrere der Miteigentümer, nicht jedoch gegen alle einen Ersatzanspruch hat (PLANCK/STRECKER Anm 6).

IV. Grundschuld

Auf die Grundschuld ist § 1174 nicht anwendbar (vgl § 1173 Rn 34 f).   **16**

§ 1175
Verzicht auf die Gesamthypothek

(1) Verzichtet der Gläubiger auf die Gesamthypothek, so fällt sie den Eigentümern der belasteten Grundstücke gemeinschaftlich zu; die Vorschrift des § 1172 Abs. 2 findet Anwendung. Verzichtet der Gläubiger auf die Hypothek an einem der Grundstücke, so erlischt die Hypothek an diesem.

(2) Das Gleiche gilt, wenn der Gläubiger nach § 1170 mit seinem Recht ausgeschlossen wird.

Materialien: E II § 1082 rev § 1159; III § 1158;
Prot III 621, 629 f, 637 f.

            Hans Wolfsteiner

§ 1175   Buch 3

1–5   Abschnitt 7 · Hypothek, Grundschuld, Rentenschuld

Schrifttum

ERTL, Verdeckte Nachverpfändung und Pfandfreigabe von Grundstücken, DNotZ 1990, 684
SCHANBACHER, Die verlorene Regreßhypothek: Regreßvereitelung bei der Gesamthypothek, WM 1998, 1805

SCHÖNER, Rechtliche Probleme bei Lastenfreistellungs-Verpflichtungserklärungen, DNotZ 1974, 327
ZEISS, Dingliche Wirkung der Lastenfreistellungsverpflichtung, BWNotZ 1976, 16.

I. Allgemeines

1 § 1175 ergänzt für die Gesamthypothek § 1168, der den Verzicht auf die Einzelhypothek regelt.

2 Die Bestimmung ist kritisiert worden, weil sie im Rechtsverkehr zu unerfreulichen Machenschaften geführt haben soll (STAUDINGER/SCHERÜBL[12] Rn 1; vWERNE DR 1935, 150; WESTERMANN[5] § 109 VI 7; WOLFF/RAISER § 148 VII 3). In der Tat führt die Vorschrift die Regelung des § 1132 Abs 1 S 2, Abs 2 fort (MünchKomm/EICKMANN[4] Rn 2), die es dem Belieben des Gläubigers überlässt, welches der mit einer Gesamthypothek belasteten Grundstücke er in Anspruch nimmt (vgl zur Kritik daran § 1132 Rn 6 ff). Die Kritik ist in neuerer Zeit unter dem Aspekt wieder aufgegriffen worden, dass der Verzicht es dem Gläubiger ermögliche, den Schuldner der Regresshypothek nach § 1173 Abs 2 zu berauben (SCHANBACHER WM 1998, 1805); s dazu § 1165 Rn 1. Um ein Massenproblem handelt es sich aber nicht mehr; offenbar hat der Markt die Probleme zurückgeführt. S aber allgemein zum Ausgleich zwischen mehreren Sicherungsgebern § 1143 Rn 39 ff.

II. Verzicht des Gläubigers

1. Verzicht auf die Gesamthypothek an allen Grundstücken

3 Verzichtet (§ 1168) der Gläubiger auf die Gesamthypothek an allen verpfändeten Grundstücken, so fällt sie nach § 1172 Abs 1 dem Eigentümer oder den Eigentümern der belasteten Grundstücke gemeinschaftlich zu (vgl OLG Düsseldorf MittRhNotK 1995, 315 mit falschem Leitsatz – nicht der Verzicht, sondern die Löschung bedarf der Zustimmung aller Eigentümer [Anm WOCHNER]). S zum Begriff „gemeinschaftlich" § 1172 Rn 7. Jeder Teilhaber der Gemeinschaft kann nach § 1172 Abs 2 deren Aufhebung verlangen.

4 Eine Gesamtgrundschuld der Eigentümer der belasteten Grundstücke nach § 1172 Abs 1 entsteht auch dann, wenn der Gläubiger (durch Erlassvertrag) auf die Forderung verzichtet (§ 1168 Rn 1).

2. Verzicht auf die Hypothek an einzelnem Grundstück (Pfandfreigabe)

5 a) Verzichtet der Gläubiger nur auf die Hypothek an einem einzelnen Grundstück (S 2), so erlischt die Hypothek an diesem Grundstück, ohne dass es einer Zustimmung des Eigentümers bedürfte. Dies gilt auch bei Belastung eines *Erbbaurechts* selbst dann, wenn die Belastung der Zustimmung des Eigentümers bedarf (missverständlich OLG Düsseldorf MittRhNotK 1995, 62 mit ebenfalls nicht klarer Anm RETH-

MEIER; dass der Verzicht die Gesamtbelastung der übrigen belasteten Erbbaurechte erhöht, mag aus wirtschaftlicher Sicht zutreffen, rechtlich gesehen aber sind alle Grundstücke bzw Erbbaurechte ohnehin von Anfang an in voller Höhe belastet). Im Gegensatz zu § 1168 Abs 1 entsteht keine Eigentümergrundschuld. Die nachrangig Berechtigten rücken vor, an den anderen mitbelasteten Grundstücken besteht die Hypothek unverändert fort (RG Recht 1913 Nr 1639). Nimmt der Gläubiger bei Verzicht auf die Hypothek an den übrigen Grundstücken die Hypothek an einem Grundstück aus, so bleibt die Hypothek an diesem Grundstück als Einzelhypothek bestehen; verzichtet der Gläubiger nunmehr auch auf diese Hypothek, so wird das Grundpfandrecht Eigentümergrundschuld (§ 1168), die nachstehend Berechtigten rücken nicht auf.

Auf diese Weise kann der Gläubiger bei den einzelnen Grundstücken unterschied- **6** liche Rechtswirkung für Eigentümer und nachstehend Berechtigte herbeiführen; gerade hierin sind auch die gegen die Regelung des § 1175 erhobenen Einwendungen (oben Rn 2) begründet. Möglich ist außerdem, dass die durch die Reihenfolge der Verzichtserklärung beabsichtigte Wirkung deshalb nicht eintritt, weil die Eintragung des Verzichts in einer anderen Reihenfolge als beabsichtigt durchgeführt wird, was insbesondere dann eintreten kann, wenn das Grundbuch für die einzelnen Grundstücke bei verschiedenen Grundbuchämtern geführt wird (WOLFF/RAISER § 148 VII 3). Diese Unstimmigkeiten ändern nichts an den Wirkungen der Vorschrift; verzichtet der Gläubiger in mehreren Einzelerklärungen auf die Hypothek jeweils in Ansehung einzelner Grundstücke, so sind alle Erklärungen wirksam und die Rechtsfolgen richten sich nach der Reihenfolge der Eintragung (LG Leipzig NotBZ 2001, 71 [zust Anm Redaktion]; insoweit missverstanden vom Gutachten DNotI-Report 1999, 53).

b) Eine **Pfandentlassungserklärung**, auch Pfandfreigabeerklärung, Entpfändungs- **7** erklärung (vgl LEIKAM BWNotZ 1963, 120), ist idR als Verzicht auf die Hypothek an einem Grundstück oder Grundstücksbruchteil anzusehen (BayObLGZ 23, 47; KG JW 1934, 2243; JW 1937, 1553; OLG München JFG 23, 322; OLG Hamm NJW-RR 1999, 741; LG Augsburg vom 2.1.1979 – 5 T 1944/78 – MittBayNot 1979, 20; LG Leipzig NotBZ 2001, 71 [zust Anm Redaktion]; BGB-RGRK/THUMM[12] Rn 5; MünchKomm/EICKMANN[4] Rn 5; MAUSFELD Rpfleger 1957, 240; s auch § 1183 Rn 18). Besondere Bedeutung hat diese Rechtsfigur durch § 3 Abs 1 S 3 der Makler- und Bauträger-VO (MaBV) iVm § 1 der VO über Abschlagszahlungen bei Bauträgerverträgen (v 23.5.2001 [BGBl I 981]) gewonnen (dazu MARCKS, MaBV Erl zu § 3 mwNw); danach hat ein gewerbliches Wohnungsbauunternehmen eine Verpflichtungserklärung des sog Globalgläubigers (idR einer Bank, die zur Finanzierung des Baus von Eigentumswohnungen auf dem ganzen Baugrundstück eine sog Globalgrundschuld hält, welche mit Eintragung der Aufteilung in Wohnungseigentum *Gesamtgrundschuld* wird) beizubringen, worin sich dieser verpflichtet, jedes einzelne Wohnungseigentum unter bestimmten Voraussetzungen von der Globalgrundschuld freizustellen (s Vorbem 272 zu §§ 1191 ff); es kommt häufig zu Hunderten von einzelnen, jeweils auf eine Wohnungseinheit bezogenen Verzichten (vgl BGH NJW 1992, 1390).

Zugunsten eines Eigentümers, der **zugleich persönlicher Schuldner** ist, ist § 1165 **8** entsprechend anwendbar; der Eigentümer wird von seiner persönlichen Schuld insoweit frei, als er ohne den Verzicht aus der erloschenen Hypothek hätte Ersatz erlangen können (str); die Ausführungen zu § 1173 Rn 28 mwNw gelten entsprechend.

3. Durchführung des Verzichts

9 Der Verzicht ist dem Grundbuchamt oder dem Gläubiger gegenüber zu erklären und bedarf der Eintragung in das Grundbuch; die Vorschriften der §§ 875 Abs 2, 876, 878 finden entsprechende Anwendung (§ 1168 Abs 1). Ohne Eintragung ist er nicht wirksam, auch dann nicht, wenn die Eintragung wegen zwischenzeitlicher Zwangsversteigerung unterblieben ist; die Verzichtserklärung kann aber die schuldrechtliche Verpflichtung enthalten, nichts aus dem Versteigerungserlös zu beanspruchen (RGZ 101, 117; BGB-RGRK/THUMM[12] Rn 6).

10 Hat der Gläubiger einen Verzicht auf das volle Recht erklärt, so kann sich der Eigentümer darauf beschränken, die Eintragung nicht an allen, sondern **nur an einzelnen Grundstücken** zu beantragen (OLG Hamm Rpfleger 1998, 511; LG München I MittBayNot 2001, 484; LG Gera MittBayNot 2002, 190 mit Anm MUNZIG; LOTTER MittBayNot 1985, 8; **aA** SCHÖNER/STÖBER[14] Rn 2724a). Eine Löschungsbewilligung über das ganze Recht ermöglicht also auch den Teilvollzug an nur einzelnen Grundstücken. Allerdings muss der Eigentümer materiellrechtlich nach § 1183, verfahrensrechtlich nach § 27 S 1 GBO zustimmen; Interessen des Eigentümers stehen dann nicht entgegen (womit auch die nicht unberechtigten Bedenken von SCHÖNER/STÖBER[14] Rn 2724a ausgeräumt sein müssten). Dem Gläubiger kann jedenfalls ein Einfluss darauf, ob der Eigentümer nur insgesamt, oder aber zu einem Teil löschen lassen will, nicht zugestanden werden (vgl § 1183 Rn 1; **aA** offenbar SCHÖNER/STÖBER[14] Rn 2724 a). Umgekehrt kann eine „Pfandfreigabe" als Verzicht auf die zum Einzelrecht gewordenen Hypothek interpretiert werden (LG Wuppertal DNotI-Report 2000, 34; LG Dresden NotBZ 2000, 273 [Anm ENDORF mit überflüssigen Erörterungen, ob Verzicht oder Löschungsbewilligung]; LG Leipzig NotBZ 2001, 71 [zust Anm Redaktion]). Eine „Löschungsbewilligung", die nur eines der Grundstücke betrifft, kann zwanglos als Verzicht auf die Hypothek an diesem Grundstück verstanden werden (LG Chemnitz MittRhNotK 2000, 433).

11 Die Eintragung der Verzichtserklärung im Fall des S 2 bedarf **nicht der Zustimmung des Eigentümers**, da die Hypothek kraft Gesetzes erlischt. § 27 Abs 1 S 1 GBO ist nicht anwendbar, da keine selbständige Löschung iS dieser Vorschrift vorliegt, sich das Erlöschen der Hypothek vielmehr als gesetzliche Folge des Verzichts ergibt (BGHZ 52, 93 = NJW 1969, 142 mit abl Anm WACKE NJW 1969, 185; KG HRR 1932 Nr 513; BayObLGZ 7, 433; BayObLG Rpfleger 1980, 19; BGB-RGRK/THUMM[12] Rn 6; MAUSFELD Rpfleger 1957, 240). S aber zur Pfandfreigabe aufgrund einer Bewilligung zur Gesamtlöschung vorstehend. Der *Hypothekenbrief* ist vorzulegen, das Erlöschen (nicht der Verzicht, § 1168 Rn 18) auf ihm zu vermerken (SCHÖNER/STÖBER[14] Rn 2719; BURKHARDT BWNotZ 1987, 111; **aA** OLG Celle ZIP 1985, 1261 m abl Anm GABERDIEL).

12 Die Eintragung des Verzichts kann demnach auch und gerade in einem **Löschungsvermerk** gefunden werden (§ 1168 Rn 26). Da die Eintragung des Verzichts der Zustimmung des Eigentümers nicht bedarf (s oben Rn 5), kann in diesem Fall auch der Löschungsvermerk ohne Zustimmung des Eigentümers eingetragen werden (KG HRR 1931 Nr 740; KG HRR 1932 Nr 513; OLG München JFG 23, 322; LG Augsburg MittBayNot 1979, 20; MAUSFELD Rpfleger 1957, 240; SCHÖNER/STÖBER[14] Rn 2719; Einzelheiten zur grundbuchrechtlichen Behandlung DEMHARTER, GBO[26] § 27 Rn 8); diese (zutreffende) hL steht in sonderbarem, nicht aufgelöstem Gegensatz zur (unzutreffenden) hL, wonach beim

Verzicht auf die Hypothek insgesamt zur Löschung die Voreintragung nicht etwa des Eigentümers, sondern des Verzichts erforderlich sei (§ 1168 Rn 26).

Eine **besondere Form der Eintragung** des Verzichts auf die Hypothek an einem der **13** mehreren Grundstücke stellt die Abschreibung eines Grundstücksteils ohne Mitübertragung der Hypothek nach § 46 Abs 2 GBO dar. Materielle Bedeutung kommt der Vorschrift nicht zu. S zur Abschreibung aufgrund Unschädlichkeitszeugnisses unten Rn 21.

4. Verzicht auf einen Teilbetrag der Hypothek

Verzichtet der Gläubiger auf einen Teilbetrag der Hypothek an allen belasteten **14** Grundstücken, so fällt dieser Teil den Eigentümern sämtlicher Grundstücke als Gesamtgrundschuld zu; wegen des Vorrangs der dem Gläubiger verbleibenden Resthypothek ist § 1176 zu beachten. Verzichtet er an auf einen Teil der Hypothek an einem einzelnen Grundstück, was zulässig ist (LG Darmstadt MittRhNotK 1976, 540; PALANDT/BASSENGE[68] Rn 3), so erlischt sie an dem Einzelgrundstück in Höhe des Teilbetrags.

III. Abs 2 Ausschluss nach Aufgebot

Dem Verzicht steht ein Ausschluss des Gläubigers mit seinen Rechten nach § 1170 **15** gleich. Wird das Ausschlussurteil (der Ausschließungsbeschluss) von allen Grundstückseigentümern erwirkt, so fällt die Hypothek diesen als Gesamtgrundschuld zu. Wird das Ausschlussurteil (der Ausschließungsbeschluss) nur von einem der Eigentümer erwirkt, so erlischt die Hypothek an dem Grundstück dieses Eigentümers (vgl KGJ 34 A 301; KG OLGE 29, 277).

Auf den **Ausschluss des Gläubigers nach § 1171** finden §§ 1172 f, nicht § 1175 An- **16** wendung, da es sich im Grunde um eine Befriedigung des Gläubigers handelt (vgl § 1173 Rn 6).

IV. Schuldübernahme

Die Wirkung des Verzichts tritt wie bei § 1168 (§ 1168 Rn 16) auch hier durch eine **17** befreiende **Schuldübernahme** ein (§ 418 Abs 1 S 2). Bei vollständiger oder teilweiser Schuldübernahme ergeben sich die gleichen Folgen wie bei vollem oder teilweisem Verzicht. Willigt keiner der Eigentümer in die Schuldübernahme ein, dann fällt die Gesamthypothek den Eigentümern der belasteten Grundstücke als Gesamtgrundschuld zu (§ 1175 Abs 1 S 1), willigt dagegen der Eigentümer eines Grundstücks nicht ein, so erlischt die Hypothek gemäß § 1175 Abs 1 S 2 an seinem Grundstück (BGH WM 1966, 577; PLANCK/STRECKER Anm 1c).

V. Verzicht auf den Versteigerungserlös

Wegen Verzichts auf den Versteigerungserlös vgl § 1168 Rn 30. Die mündliche **18** Erklärung des Gläubigers im Versteigerungstermin, dass er wegen der nicht versteigerten Grundstücke keine Ansprüche erhebe, ist kein wirksamer Hypothekenverzicht (RG Recht 1910 Nr 3186; vgl auch RG Recht 1910 Nr 2799, 2833; ZBlFG 13, 397).

VI. Miteigentum

19 Wegen des Miteigentums vgl § 1132 Rn 18.

VII Entsprechende Anwendung

20 1. Die Vorschrift ist entsprechend anzuwenden, wenn die Wirkungen eines Verzichts **kraft Gesetzes**, etwa nach § 88 InsO (dazu Vorbem 47 zu §§ 1113 ff; § 1132 Rn 21), oder kraft hoheitlicher Anordnung, so insbesondere im Falle der Aufhebung des Vollstreckungstitels bei der Zwangshypothek (§ 1163 Rn 81), eintreten.

21 2. Die Vorschrift ist auch entsprechend anzuwenden, wenn die Wirkung eines Verzichts aufgrund eines **Unschädlichkeitszeugnisses** nach Art 120 Abs 1 EGBGB eintritt. S § 22 BW-AGBGB; §§ 20 ff BbgAGBGB; BayG vom 15.6.1898 das Unschädlichkeitszeugnis betreffend (dazu KIRCHMAYER Rpfleger 2004, 203; DEMHARTER Rpfleger 2004, 406 und MittBayNot 2004, 17); §§ 35 ff HbgAGBGB; UnZeugG NDS; UnschädG NRW; § 46 SächsJG; §§ 14 ff AGBGB Schl-H; ThürGUZ.

VIII. Grund- und Rentenschulden

22 § 1175 ist auf Grund- und Rentenschulden anwendbar; s auch oben Rn 7 und § 1192 Rn 26.

IX. Gesamthypotheken an in- und ausländischen Grundstücken

23 Über die Anwendung des § 1175 auf Gesamthypotheken an in- und ausländischen Grundstücken s § 1113 Rn 54, § 1132 Rn 39.

§ 1176
Eigentümerteilhypothek; Kollisionsklausel

Liegen die Voraussetzungen der §§ 1163, 1164, 1168, 1172 bis 1175 nur in Ansehung eines Teilbetrags der Hypothek vor, so kann die auf Grund dieser Vorschriften dem Eigentümer oder einem der Eigentümer oder dem persönlichen Schuldner zufallende Hypothek nicht zum Nachteil der dem Gläubiger verbleibenden Hypothek geltend gemacht werden.

Materialien: E I §§ 1095, 1097 Abs 2; II § 1083
rev § 1160; III § 1159; Mot III 730 f, 733; Prot III
608 f.

Schrifttum

METZGER, Die Teilbetragshypothek (1933).

I. Allgemeines

Durch § 1176 ist dem Gläubiger eines Grundpfandrechts in den Fällen, in denen ein **1**
Teil seines Rechts kraft Gesetzes auf einen anderen übergeht, wegen des ihm
verbleibenden Rechts ein **Vorrang** gegenüber dem auf den anderen übergegangenen
Teilrecht eingeräumt. Grundgedanke der Vorschrift ist, dass dem Gläubiger durch
den ohne seinen Willen sich vollziehenden Rechtsübergang an dem Teilrecht keine
weiteren Nachteile außer denen erwachsen dürfen, die unmittelbar in dem Erlöschen seines Rechts liegen, so Mot III 730 (PLANCK/STRECKER Anm 1). Die Regelung
des § 1176 entspricht einem allgemeinen Rechtsgedanken, der auch sonst bei dem
gesetzlichen Übergang eines Teilrechtes im Gesetz seinen Ausdruck gefunden hat
(§§ 268 Abs 3 S 2, 426 Abs 2 S 2, 774 Abs 1 S 2, 1225 S 2, 1249 S 2). Im Recht der
Grundpfandrechte bildet sie gemeinsam mit §§ 1143 Abs 1 S 2, 1150, 1182 S 2 sowie
mit § 128 Abs 3 ZVG ein Gesamtsystem.

Die **Resthypothek des Gläubigers**, die ihm in den Fällen der §§ 1163 (Teilvalutierung, **2**
Teilbefriedigung), 1164 (Teilbefriedigung durch ersatzberechtigten Schuldner), 1168
(Teilverzicht), 1172 bis 1175 (Teilbefriedigung bei der Gesamthypothek), verbleibt,
wenn die Voraussetzungen dieser Vorschriften nur wegen eines Teilbetrages vorliegen, hat den Vorrang vor dem an den Eigentümer oder den persönlichen Schuldner fallenden Grundpfandrecht.

Nur auf die dem Gläubiger verbleibende Resthypothek ist § 1176 anwendbar, nicht **3**
auch auf eine **andere Hypothek** (zust BGH vom 3. 7. 2002 – IV ZR 227/01 – NJW-RR 2003, 45
= EWiR § 262 BGB 1/02, 849 m zust Anm WEBER/MADAUS; OLG Dresden OLGE 26, 162) oder
ein sonstiges Recht des Gläubigers (BGH vom 3. 7. 2002 wie vor; PLANCK/STRECKER Anm 3a;
STILLSCHWEIG JW 1917, 846). Vorausgesetzt ist ferner, dass es sich um den Teil einer
einheitlichen, dem Gläubigerrecht einer Person unterliegenden Hypothek handelt
(RG Recht 1913 Nr 198). Stehen dem Gläubiger mehrere Hypotheken am selben
Grundstück zu und wird die vorrangige getilgt, so behält sie den Vorrang. Bestehen
die einzelnen Teilrechte gar an verschiedenen Grundstücken, so ist eine gegenseitige
Beeinträchtigung ausgeschlossen und damit § 1176 unanwendbar; es bleibt vielmehr
bei der Regelung des § 366 (vgl METZGER 21). Der Teilübergang ist zu unterscheiden
von dem Übergang einer Gesamthypothek an einem Grundstück im Fall des § 1174
(ERMAN/WENZEL[12] Rn 1); s wegen der Rangfrage bei teilweiser Befriedigung im Fall des
§ 1174 dort Rn 13.

§ 1176 gilt nur, wenn das Teilgrundpfandrecht **kraft Gesetzes** übergeht. Unschädlich **4**
ist jedoch, wenn der Gläubiger bei Übergang des Teilgrundpfandrechts kraft Gesetzes statt einer Quittung eine Abtretungserklärung ausstellt; sie hat nur dekla-
ratorische Bedeutung für die kraft Gesetzes eingetretene Rechtsfolge (PLANCK/STRECKER
Anm 1a α).

Wird ein Teil eines Grundpfandrechts durch **Rechtsgeschäft** (zB Abtretung) auf den **5**
persönlichen Schuldner oder Eigentümer übertragen, dann erstarken die beiden
Teilrechte zu selbständigen Hypotheken; mangels abweichender Vereinbarung haben sie gleichen Rang. Tritt nun bei einem der Teilrechte einer der Fälle ein, in
denen ein Teil des Grundpfandrechts an den Eigentümer oder persönlichen Schuldner kraft Gesetzes übergeht, so bezieht sich das Benachteiligungsverbot nur noch auf

Hans Wolfsteiner

die selbständig gewordene Teilhypothek; der Inhaber der anderen aus der Teilung hervorgegangenen Hypothek kann sich nicht mehr auf das Benachteiligungsverbot berufen (OLG Dresden JZ 1906, 883; MünchKomm/EICKMANN[4] Rn 8; PLANCK/STRECKER Anm 3a; **aM** RG JW 1911, 277; BAER ZBlFG 15, 232; die Ausführungen STAUDINGER/SCHERÜBL[12] Rn 5 sind widersprüchlich). Dies trifft auch dann zu, wenn die beiden Hypotheken unter derselben Nummer im Grundbuch eingetragen sind, da dies nichts über ihre Selbständigkeit aussagt (OLG Dresden OLGE 26, 162). Bei Übertragung eines Teils einer Hypothekenforderung durch Rechtsgeschäft auf den Eigentümer ist § 1176 jedoch anwendbar, wenn persönlicher Schuldner und Eigentümer personengleich sind, da die durch die Übertragung bewirkte Vereinigung von Schuld und Forderung nach § 1163 Abs 1 S 2 kraft Gesetzes eine Eigentümergrundschuld entstehen lässt (KGJ 29 A 179; PLANCK/STRECKER Anm 2a α).

6 Auch bei einer im Wege des **Erbgangs** eingetretenen Vereinigung des Eigentums und des Gläubigerrechts an einem Teil der Hypothekenforderung greift § 1176 nicht ein, wenn Eigentümer und persönlicher Schuldner verschiedene Personen sind (PLANCK/ STRECKER Anm 2a α).

II. Die gesetzliche Rangregelung

1. Bedeutung der gesetzlichen Rangregelung

7 a) Aus § 1176 darf nicht gefolgert werden, dass der Eigentümer oder persönliche Schuldner bei einem Zusammentreffen seines Rechtes mit der Resthypothek des Gläubigers von seinem **Befriedigungsrecht** überhaupt keinen Gebrauch machen dürfe; vielmehr wird der Gläubiger nur vor *rangabhängigen Nachteilen* geschützt (RGZ 83, 404; ERMAN/WENZEL[12] Rn 2; MünchKomm/EICKMANN[4] Rn 11; PLANCK/STRECKER Anm 3b; **aM** KG JW 1916, 289; HEINITZ DJZ 1916, 116). Daher ist auch eine Pfändung der Mieten auf Grund einer Eigentümergrundschuld, die der Eigentümer an einen Dritten abgetreten hat, nicht schlechthin unzulässig; ihre Wirkung ist vielmehr nach § 1124 zu beurteilen (OLG Oldenburg ZBlFG 17, 129; PLANCK/STRECKER Anm 3b; BGB-RGRK/THUMM Rn 8; STILLSCHWEIG JW 1916, 289; **aM** KG JW 1916, 289; HEINITZ DJZ 1916, 116). Zu den rangabhängigen Rechtsfolgen gehört auch die Behandlung eines dinglichen Vollstreckungstitels, der nur einen Teil der Hypothek umfasst (vgl Einl 201 zu §§ 1113 ff). Während bei einer rechtsgeschäftlichen Teilabtretung sich auch der Titel verhältnismäßig teilt (Einl 203 zu §§ 1113 ff), gilt bei Teilbefriedigung grundsätzlich § 1176, so dass dem Gläubiger der Titel in Ansehung seines vorrangigen Hypothekenteils zur Gänze verbleibt. Der Zahlende kann allerdings in entsprechender Anwendung des § 366 Abs 2 auch bei Grundpfandrechten bestimmen, ob er auf den titulierten oder den nicht titulierten Anspruchsteil leistet (BGH NJW 1973, 1689); § 366 Abs 2 geht dem § 1176 vor, zumal der Gläubiger zur Annahme von Teilleistungen nicht verpflichtet ist (§ 266). Zur Möglichkeit, die Bestimmung auszuschließen, nachf Rn 14.

8 b) In § 1176 ist nur das Verhältnis des **Eigentümers** oder persönlichen Schuldners, der einen Teil der Hypothek erwirbt, zu dem **Gläubiger** geregelt. Im Übrigen sind die besonderen in § 1176 angeführten Bestimmungen maßgebend. Es geht daher, wenn die Hypothek kraft Gesetzes zum Teil dem persönlichen Schuldner, zum Teil dem Eigentümer zufällt, die Teilhypothek des persönlichen Schuldners der Grundschuld des Eigentümers vor (§ 1164 Abs 1 S 2). Beide Rechte haben Rang nach der dem Gläubiger verbleibenden Teilhypothek (PLANCK/STRECKER Anm 2b; WOLFF/RAISER § 144 IV).

c)   Geht die Hypothek kraft Gesetzes auf **verschiedene Personen** über, zB auf zwei **9** der Eigentümer der mit der Gesamthypothek belasteten Grundstücke, die den Gläubiger befriedigt haben und von einem dritten Eigentümer Ersatz verlangen können, so haben die beiden Teilhypotheken gleichen Rang (PLANCK/STRECKER Anm 2b).

2.   Eintritt kraft Gesetzes

Die in § 1176 bestimmte (dinglich wirkende) Rangänderung (RGZ 131, 326), die das **10** sich aus dem Grundbuch ergebende Rangverhältnis ändert, tritt **kraft Gesetzes** ein.

Die Rangänderung ist **endgültig**; sie bleibt auch dann erhalten, wenn die dem **11** Gläubiger verbleibende Resthypothek auf einen anderen übergeht, zB aufgrund Befriedigung durch den Eigentümer oder einen ablösungsberechtigten Dritten (Bay-ObLG Rpfleger 1985, 434). Dies gilt selbst dann, wenn der neue Rechtsinhaber der Eigentümer oder der persönliche Schuldner ist (KGJ 52, 279; BayObLG Rpfleger 1985, 434; BGB-RGRK/THUMM[12] Rn 6; PLANCK/STRECKER Anm 3a), es sei denn, dass bei Nicht-eintragung der Rangänderung im Grundbuch die Wirkung des § 892 eintritt (PLANCK/STRECKER Anm 3a). Die Teileigentümergrundschuld wird nicht in Beziehung zur Person des Gläubigers, sondern nur zu der ihm verbleibenden Teilhypothek selbst gesetzt (PLANCK/STRECKER Anm 3a).

3.   Grundbuchberichtigung und Rangänderung

Bei der **Umschreibung des Teilrechts** auf den Eigentümer oder den persönlichen **12** Schuldner ist zur Vermeidung gutgläubigen Erwerbs des Gleichrangs (MünchKomm/EICKMANN[4] Rn 7) der Vorrang der dem Gläubiger verbleibenden Resthypothek zu vermerken. Eines besonderen Antrags bedarf die Eintragung des Rangverhältnisses nicht (KGJ 25 A 303; PLANCK/STRECKER Anm 4; BGB-RGRK/THUMM[12] Rn 6). Die Herstellung eines Teilhypothekenbriefs ist zur Eintragung des teilweisen Übergangs im Grundbuch nicht erforderlich (KG OLGE 2, 273; § 1154 Rn 50).

Die Wirkung des § 1176 kann durch die **Vereinbarung einer Rangänderung** (KGJ 29 A **13** 184) rückgängig gemacht werden. Es bestehen keine Bedenken, die Grundbuchbe-richtigung in Ansehung des Gläubigers mit der Eintragung der Rangänderung in einen Eintragungsvermerk zusammenzufassen (PLANCK/STRECKER Anm 4 Abs 2; vgl den Eintragungsvorschlag von MünchKomm/EICKMANN[4] Rn 9; **aM** IWAND DJZ 1902, 221).

4.   Abweichende Vereinbarungen

Als **Inhalt einer Hypothek** können Änderungen des § 1176 vereinbart werden (vgl **14** BGHZ 108, 372 = DNotZ 1990, 586 [m abl Anm WOLFSTEINER] = NJW 1990, 258 [m Anm PROBST]; BGB-RGRK/THUMM[12] Rn 2; **aA** PLANCK/STRECKER Anm 4; DU CHESNE BayZ 1910, 375; STAUDIN-GER/SCHERÜBL[12] Rn 14), etwa dass das auf den befriedigenden Eigentümer überge-hende Grundpfandrecht Gleichrang mit dem verbleibenden Recht des Gläubigers oder sogar Vorrang vor ihm haben soll. Als Inhalt der Hypothek kann auch bestimmt werden, dass im Falle eines Vollstreckungstitels über einen Teil der Hypothek das Bestimmungsrecht des Zahlenden (vorst Rn 7) ausgeschlossen sein soll und Teilzahlungen zunächst auf den nicht titulierten Hypothekenteil anzurechnen sind (vgl BGHZ 108, 372 wie vor). Vgl Einl 202 zu §§ 1113 ff, auch dazu, dass dies einem Ablösungsberechtigten gegenüber nicht wirkt (str).

III. Tilgungshypothek

15 S zunächst Vorbem 19 ff zu §§ 1113 ff. Ist eine durch eine Hypothek gesicherte Forderung nach einem bestimmten Plan zu tilgen, sei es wie bei der Tilgungshypothek durch gleichbleibenden Jahresleistungen, sei es durch zu bestimmten Terminen zu leistende Teilzahlungen in festgesetzter Höhe, so sind, soweit nichts anderes vereinbart, bei Teilung der Forderung auch die nach dem Tilgungsplan zu erbringenden Leistungen auf die Teilforderungen **aufzuteilen**. Bei jährlich gleichbleibenden Jahresleistungen richtet sich die Aufteilung nach dem ursprünglichen Kapitalbetrag der einzelnen Teilforderungen, bei betragsmäßig bestimmten Tilgungsbeträgen nach dem Verhältnis der Teilforderungen zueinander.

16 Waren zur Zeit der Aufteilung der Forderung **bereits Tilgungsleistungen erbracht worden**, so hat die zu diesem Zeitpunkt bestehende Resthypothek als Ganzes Vorrang vor den entstandenen Eigentümergrundschulden. Durch Tilgungsleistungen nach der Aufteilung hat die jeweilige Resthypothek eines Teilbetrags Vorrang vor der entstandenen Eigentümergrundschuld; im Verhältnis zueinander haben dagegen die auf einen Teilbetrag treffenden Resthypotheken zusammen mit den ihnen zugeordneten Eigentümergrundschulden gleichen Rang; wird bei der Aufteilung einem Forderungsteil ein Vorrang vor den übrigen Teilen eingeräumt, so steht auch der bei diesem Teil entstehenden Eigentümergrundschuld ein Vorrang vor allen anderen Teilrechten (Resthypotheken und Eigentümergrundschulden) zu (RG JW 1911, 277; Schumann JW 1918, 497; aM OLG Dresden DJZ 1906, 883; Staudinger/Scherübl[12] Rn 5).

IV. Grundschuld

17 Soweit die in § 1176 aufgeführten Bestimmungen überhaupt auf die Grundschuld (§ 1192) angewendet werden können, findet auch § 1176 Anwendung (vgl Dempewolf NJW 1959, 2148 über den Rang des nichtvalutierten Teils einer Sicherungsgrundschuld). S insbesondere § 1143 Rn 35 ff.

§ 1177
Eigentümergrundschuld, Eigentümerhypothek

(1) Vereinigt sich die Hypothek mit dem Eigentum in einer Person, ohne dass dem Eigentümer auch die Forderung zusteht, so verwandelt sich die Hypothek in eine Grundschuld. In Ansehung der Verzinslichkeit, des Zinssatzes, der Zahlungszeit, der Kündigung und des Zahlungsorts bleiben die für die Forderung getroffenen Bestimmungen maßgebend.

(2) Steht dem Eigentümer auch die Forderung zu, so bestimmen sich seine Rechte aus der Hypothek, solange die Vereinigung besteht, nach den für eine Grundschuld des Eigentümers geltenden Vorschriften.

Materialien: E I § 1098; II § 1084 rev § 1161; III § 1160; Mot III 733 f; Prot III 572 f, 610 f, 720 ff.

Schrifttum

S § 1163.

I. Allgemeines

Das Grundpfandrecht bleibt bestehen, wenn das (rechtswirksam entstandene) ding- **1** liche Gläubigerrecht mit dem Eigentum in einer Person zusammenfällt (§ 1177).

Steht dem Eigentümer die Forderung nicht zu, dann wird das Grundpfandrecht nach **2** Abs 1 zur **Eigentümergrundschuld** (zum Sprachgebrauch s § 1163 Rn 4). Steht die Forderung dem Eigentümer zu, dann entsteht eine Eigentümerhypothek (Abs 2). Das Grundpfandrecht bleibt Hypothek, Gläubiger der Forderung ist der Eigentümer des belasteten Grundstücks. Die Eigentümerhypothek wird rechtlich wie eine Eigentümergrundschuld behandelt (s nachf Rn 23).

Die **Regelungstechnik**, mit der das BGB die Eigentümergrundschuld erfasst, ist nicht **3** ganz glücklich. Die Regelungen sind iW verteilt auf die §§ 1163, 1177 und 1196, 1197, ohne dass immer eine klare Systematik erkennbar wäre. S über Eigentümergrundpfandrechte allgemein Einl 232 zu §§ 1113 ff, über ursprüngliche und abgeleitete Eigentümergrundschuld § 1163 Rn 4, über vorläufige Eigentümergrundschuld § 1163 Rn 20 f, über künftige Eigentümergrundschuld § 1163 Rn 4, 62, 111.

II. Die Eigentümergrundschuld

1. Rechtsnatur

In Form der Eigentümergrundschuld realisiert das Gesetz das dem System der **4** Grundpfandrechte zugrundeliegende Rangwahrungsprinzip (§ 1163 Rn 6 ff). Die Eigentümergrundschuld ist Grundschuld und als solche ein vom Entstehen und dem Bestehen einer Forderung unabhängiges Grundpfandrecht (§ 1163 Rn 2; § 1191 Rn 3).

Ihrer Rechtsnatur nach (vgl § 1196 Rn 3) ist die Eigentümergrundschuld ein mit **5** Eigentumsinhalt gefülltes, aber dem Eigentum gegenüber verselbstständigtes begrenztes Recht an eigener Sache (WOLFF/RAISER § 148 I 3; BAUR/STÜRNER SR[17] § 36 Rn 124; zur Dogmengeschichte MünchKomm/EICKMANN[4] Rn 3). Seiner rechtlichen Ausgestaltung nach ist dieses Recht eine Grundschuld, die wie jedes Grundpfandrecht einen Anspruch auf Zahlung aus dem Grundstück gewährt, der freilich gehemmt ist, solange Gläubiger und Schuldner identisch sind.

2. Vereinigungsfälle

6 Die Hypothek verwandelt sich in eine Eigentümergrundschuld, sobald die gesetzlichen Voraussetzungen hierfür erfüllt sind. Dies ist der Fall bei Nichtentstehung der Forderung (§ 1163 Abs 1 S 1), bei Erlöschen der Forderung (§ 1163 Abs 1 S 2), bei der Briefhypothek bis zur Übergabe des Briefs (§ 1163 Abs 2), bei Verzicht (§ 1168), bei Vereinigung des Eigentums mit dem Recht des Hypothekengläubigers (§ 889) und bei Ausschluss des unbekannten Gläubigers (§§ 1170 f); auch bei einer Zwangshypothek kann der Eigentümer die Hypothek unter bestimmten Voraussetzungen als Eigentümergrundschuld erwerben (§ 1163 Rn 74). Das Entstehen einer Eigentümergrundschuld kann durch Vereinbarung der Parteien nicht mit dinglicher Wirkung ausgeschlossen werden (§ 1163 Rn 12 f). Die Vorschrift gilt auch für die vorläufige Eigentümergrundschuld nach 1163 Abs 2 (ERMAN/WENZEL[12] Rn 1; aA BOURIER ZAKDR 1937, 525; s § 1163 Rn 20, 64 ff).

7 a) Der Ausdruck **„verwandelt sich"** ist nicht in dem Sinn zu verstehen, dass die innere Rechtsnatur der Hypothek völlig verändert würde (HACHENBURG Beitr 27; BayObLG SeuffBl 74, 138; RGZ 70, 357; KGJ 29 A 181). Die Identität des Grundpfandrechts bleibt vielmehr erhalten. Nach der ausdrücklichen gesetzlichen Regelung in Abs 1 S 2 bleiben in Ansehung der Verzinslichkeit, des Zinssatzes (vgl BGHZ 67, 291), der Zahlungszeit, der Kündigung und des Zahlungsortes die für die Forderung bei Bestellung der Hypothek getroffenen Bestimmungen (s §§ 1115, 1141) aufrecht. Die für die Grundschuld in Ansehung der Kündigung (BGHZ 71, 206) und des Zahlungsortes durch §§ 1193, 1194 aufgestellten Vorschriften kommen also für die aus einer Hypothek entstehende Eigentümergrundschuld nicht in Betracht (RGZ 107, 78; WOLF, Die Behandlung der Hypothekenzinsen 119; JOCHEMZYK DNotZ 1966, 276; BGB-RGRK/THUMM Rn 4; PLANCK/STRECKER Anm 3a; ERMAN/WENZEL[12] Rn 2; PALANDT/BASSENGE[68] Rn 2; aM LAHNERT BWNotZ 1964, 149; WESTERMANN[5] 113 II 3). Dies gilt auch dann, wenn sie später als Sicherungsgrundschuld weiterbegeben wird; § 1193 Abs 2 S 2 gilt dann nicht (§ 1193 Rn 5). Wegen der Tilgungshypothek s Vorbem 19 ff zu §§ 1113 ff.

8 b) Soweit sich nicht der Unterschied zwischen Hypothek und Grundschuld auswirkt, bleiben auch die **dinglichen Rechtsverhältnisse** bestehen, zB der Rang des Grundpfandrechts (BayObLGZ 32, 123). Unter Zahlungszeit iS des Abs 1 S 2 ist der Zeitpunkt der Fälligkeit, unter Zahlungsort der Erfüllungsort zu verstehen (RGZ 101, 316). Je nachdem die Hypothek Briefhypothek oder Buchhypothek war, ist auch die Eigentümergrundschuld Briefgrundschuld oder Buchgrundschuld.

9 c) Nach Entstehen der Eigentümergrundschuld kann der Eigentümer die Hypothek im Wege der **Grundbuchberichtigung** als Grundschuld auf seinen Namen umschreiben lassen (§ 1163 Rn 92); eine gesetzliche Notwendigkeit hierzu besteht aber nicht. Eine Umwandlung in eine Hypothek des Eigentümers ist jedoch nicht zulässig, weil der Eigentümer keine Forderung gegen sich selbst haben kann (KGJ 25 A 299). Zur Eintragung der Berichtigung genügt der Nachweis, dass der Eigentümer das Recht überhaupt erworben, ohne dass es des Nachweises bedarf, dass er es als Eigentümergrundschuld oder als Eigentümerhypothek erworben hat (KG OLGE 18, 179; WOLFF/RAISER 144 Fn 24; aM PLANCK/STRECKER § 1144 Anm 4b α).

10 Die Trennung der Hypothek von der ursprünglichen Forderung ist **endgültig**. Die

Verbindung kann in keiner Weise wiederhergestellt werden (§ 1168; vgl Prot III 723), nicht einmal wenn der Eigentümer die persönliche Forderung von dem Gläubiger erwerben würde, der vorher auf die Hypothek verzichtet hat (KG RJA 3, 212).

d) Der Eigentümer kann auch über das Grundpfandrecht **verfügen**. Das Grund- **11** pfandrecht bleibt dabei Grundschuld. Soll die Abtretung in das Grundbuch eingetragen werden, so muss das Grundbuch vorher oder gleichzeitig zwar nicht in Ansehung des Gläubigers (§ 1163 Rn 93), wohl aber dahin berichtigt werden, dass das Grundpfandrecht jetzt Grundschuld ist (LG Köln ZBlFG 1, 449), denn das Grundbuchamt würde der – ohnehin schon falschen – Hypothekeneintragung einen weiteren Fehler hinzufügen, würde es die Abtretung einer Hypothek eintragen, obwohl eine Grundschuld abgetreten worden ist; es würde den gutgläubigen Erwerb einer Hypothekenforderung ermöglichen. Insofern ist die Aussage (in STAUDINGER/SCHERÜBL[12] Rn 11), es bedürfe einer unzweideutigen Erklärung des Eigentümers, ob das Recht als Grundschuld oder als Hypothek fortbestehen solle (**dagegen** MünchKomm/ EICKMANN[4] Rn 6; SOERGEL/KONZEN[13] Rn 4), richtig; die Eintragungsbewilligung des Eigentümers muss idR eine entsprechende Berichtigungsbewilligung enthalten (KG OLGE 1, 416; KG RJA 1, 162; KG OLGE 2, 412; OLG Bremen DNotZ 1955, 646; PITEL ZBlFG 7, 642; s aber auch OLG Dresden SeuffBl 72, 1007).

Die für die Forderung getroffenen Bestimmungen über die Verzinsungs- und Zah- **12** lungsbedingungen bleiben auch dann maßgebend, wenn die Eigentümergrundschuld auf einen anderen übergegangen ist. Insoweit können dem Berechtigten auch **Einreden** nach Maßgabe des 1137 entgegengesetzt werden.

Der Eigentümer kann das Recht aber bei der Weiterbegebung gemäß 1198 wieder in **13** eine Hypothek **umwandeln**, dh er kann es wieder mit einer anderen Forderung verbinden (Erl zu 1198; KG RJA 3, 212 ff; OLG Oldenburg Recht 1907 Nr 3273; WOLFF/RAISER § 144 II 1).

e) Wenn die Vereinigung von Eigentum und Belastung nach § 1976 als nicht **14** eingetreten gilt, so kann der Eigentümer alle Rechte des Hypothekengläubigers uneingeschränkt ausüben (PLANCK/STRECKER Anm 3b δ; WOLFF/RAISER § 146 II; STROHAL JherJb 57, 286).

4. Selbständiges Vermögensrecht des Eigentümers

Das Grundpfandrecht ist ein selbständiges Vermögensrecht des Eigentümers. Es **15** steht demjenigen zu, der im Zeitpunkt der Vereinigung von Hypothek und Eigentum Eigentümer des Grundstücks ist (BGH vom 12.12.2008 – V ZR 49/08 – Tn 22; s oben § 1163 Rn 19 ff, 37 ff).

a) Solange der Eigentümer der Gläubiger des Grundpfandrechts ist, kann er nicht **16** die **Zwangsvollstreckung** zum Zweck seiner Befriedigung betreiben (§ 1197 Abs 1). Dies gilt nach § 1172 Abs 1 auch bei einer Eigentümergesamtgrundschuld für eine Zwangsvollstreckung aller Eigentümer in alle Grundstücke (PLANCK/STRECKER Anm 3b δ). Bei einer vom Eigentümer nach Maßgabe des § 1173 Abs 2 erworbenen Gesamthypothek kann diese in Höhe des Ersatzanspruchs beigetrieben werden, jedoch nur bei den Grundstücken, die dem vollstreckenden Eigentümer nicht gehören; dies ergibt sich aus § 1132 Abs 1.

17 Auf **Zinsen** hat der Eigentümer keinen Anspruch, solange ihm die Nutzungen zustehen (§ 1197 Abs 2); dies gilt auch für den Nießbraucher, sowie den Pfand- oder Pfändungsgläubiger der Grundschuld (s § 1197 Rn 7 ff).

18 b) Die Eigentümergrundschuld ist **nicht Zubehör des Eigentums**. Sie geht daher bei einer Veräußerung des Grundstücks mangels einer besonderen Abrede nicht auf den Erwerber über (vgl § 926), sondern steht nach wie vor dem Veräußerer als (dann) Fremdgrundschuld zu (BGH vom 12.12.2008 – V ZR 49/08 – Tn 22). Ein etwaiger Verzicht des Veräußerers bedarf einer ausreichenden Erklärung; in der Auflassungserklärung allein liegt er nicht.

19 c) In der von einem anderen betriebenen (s oben Rn 16) **Zwangsversteigerung** ist die Eigentümergrundschuld wie ein anderes Grundpfandrecht zu behandeln. Geht sie dem Recht des betreibenden Gläubigers vor, so ist sie in das geringste Gebot aufzunehmen. Mit dem Zuschlag wird das Grundpfandrecht Fremdgrundschuld des früheren Eigentümers, mit der Folge, dass ihm nunmehr Zinsen gebühren, wenn das Recht verzinslich ist; dies gilt auch bei Tilgungshypotheken (BGHZ 67, 291; Vorbem 21 zu §§ 1113 ff; § 1197 Rn 7 ff). Bleibt die Eigentümergrundschuld nicht bestehen, so ist sie wie ein anderes nicht in das geringste Gebot aufgenommenes Grundpfandrecht bei der Verteilung des Versteigerungserlöses zu berücksichtigen; der Ausschluss der Verzinslichkeit nach § 1197 Abs 2 greift in diesem Fall nicht ein (str, s näher § 1197 Rn 8). In der von einem Dritten betriebenen Zwangsverwaltung erhält der Eigentümer Zinsen für die Dauer der Zwangsverwaltung (§ 1197 Abs 2).

20 Wegen der sich im **Insolvenzverfahren** über das Vermögen des Eigentümers ergebenden Fragen s § 1163 Rn 121 ff.

21 d) Die Eigentümergrundschuld ist **pfändbar** (§ 1163 Rn 98 ff); zur Pfändung einer vorläufigen Eigentümergrundschuld s § 1163 Rn 112, einer künftigen Eigentümergrundschuld s § 1163 Rn 111. Wegen der Pfändung des auf eine Eigentümergrundschuld entfallenden Anteils am Versteigerungserlös und der richtigen Fassung des Pfändungsbeschlusses s § 1163 Rn 114.

III. Die Eigentümerhypothek

1. Hauptfall

22 Der Hauptfall der Entstehung einer Eigentümerhypothek ist der des § 1143 Abs 1, also der Fall, dass der nicht persönlich haftende Eigentümer den Gläubiger befriedigt (s Erl zu § 1143). Weitere Fälle ergeben sich, wenn der Gläubiger die Hypothekenforderung an den nicht persönlich haftenden Eigentümer abtritt (KGJ 21 A 181), wenn der Eigentümer, der nicht persönlicher Schuldner ist, den Gläubiger beerbt (§§ 1922, 1942) und wenn der Gläubiger, dem die Forderung gegen einen Dritten zusteht, das Eigentum an dem Grundstück erwirbt (BGB-RGRK/THUMM[12] Rn 2). Auch bei Ausschluss des unbekannten Gläubigers im Wege des § 1171 und bei der Gesamthypothek kann eine Eigentümerhypothek entstehen, falls der Eigentümer nicht persönlicher Schuldner ist (§§ 1172, 1173).

2. Rechtliche Regelung

Auch solange dem Eigentümer außer dem Grundpfandrecht auch die Forderung **23** zusteht, bestimmen sich gemäß Abs 2 die Rechte des Eigentümers aus dem Grundpfandrecht nicht nach den für Hypotheken, sondern nach den für die Eigentümergrundschuld geltenden Vorschriften. Der Eigentümer ist den Beschränkungen des § 1197 unterworfen. Er kann also nicht selbst die Zwangsvollstreckung in das Grundstück zum Zweck seiner Befriedigung betreiben. Zinsen gebühren ihm nur in der von einem Dritten betriebenen Zwangsverwaltung für die Dauer der Zwangsverwaltung. In der von einem Dritten betriebenen Zwangsversteigerung des Grundstücks erhält der Eigentümer den auf das Grundpfandrecht entfallenden Betrag in seiner Eigenschaft als Eigentümer (s oben Rn 19).

3. Rechtsnatur

Ihrer Rechtsnatur nach unterscheidet sich die Eigentümerhypothek von der Eigen- **24** tümergrundschuld. Sie ist keine Grundschuld, sie bleibt Hypothek, da die Forderung fortbesteht. Gläubiger der Forderung ist der Eigentümer. Der Eigentümer kann die Forderung nicht ohne die Hypothek und die Hypothek nicht ohne die Forderung veräußern oder verpfänden; wenn er die Forderung veräußert, geht die Hypothek mit über; wegen der Einwendungen s nachf Rn 27.

Der Eigentümer kann die Hypothek auf seinen Namen **umschreiben** lassen (vgl **25** §§ 1144, 1145), er kann sie aber auch als Hypothek abtreten oder belasten.

Bei der Eigentümerhypothek tritt – im Gegensatz zur Eigentümergrundschuld, **26** s vorst Rn 10 – keine Trennung von Forderung und Hypothek ein (Prot III 723). Bei **Veräußerung** des Grundstücks durch den Eigentümer bleibt sie ihrem Inhalt nach unverändert, sie sichert als Fremdhypothek die ursprüngliche oder eine an ihre Stelle tretende Ersatzforderung (KG OLGE 34, 28; KGJ 30 A 231; PLANCK/STRECKER Anm 3c α). Gleiches gilt nach §§ 1153 f, wenn der Eigentümer die der Hypothek zugrundegelegte Forderung abtritt (PLANCK/STRECKER Anm 3c α).

Der Eigentümer muss die dem persönlichen Schuldner gegen die Forderung sowie **27** die nach § 770 einem Bürgen zustehenden **Einreden** gemäß § 1137 gegen sich gelten lassen und zwar trotz des § 1138; sein Erwerb tritt kraft Gesetzes ein, infolgedessen kann er sich nicht auf § 892 berufen (PLANCK/STRECKER Anm 3c α).

4. Verwandlung in eine Eigentümergrundschuld

Die Eigentümerhypothek kann nachträglich zur Eigentümergrundschuld werden, **28** wenn nämlich die Forderung des Eigentümers untergeht oder wenn der Eigentümer die Hypothek in eine Grundschuld (durch einseitige Willenserklärung und Eintragung) umwandelt (WOLFF/RAISER § 144 II 2; PLANCK/STRECKER Anm 3c α).

IV.　Anwendung auf Grund- und Rentenschulden

29 Eine Anwendung der Vorschrift auf Grund- und Rentenschulden kommt nicht in Betracht, weil es sich um hypothekenspezifische Regelungen handelt.

§ 1178
Hypothek für Nebenleistungen und Kosten

(1) Die Hypothek für Rückstände von Zinsen und anderen Nebenleistungen sowie für Kosten, die dem Gläubiger zu erstatten sind, erlischt, wenn sie sich mit dem Eigentum in einer Person vereinigt. Das Erlöschen tritt nicht ein, solange einem Dritten ein Recht an dem Anspruch auf eine solche Leistung zusteht.

(2) Zum Verzicht auf die Hypothek für die im Absatz 1 bezeichneten Leistungen genügt die Erklärung des Gläubigers gegenüber dem Eigentümer. Solange einem Dritten ein Recht an dem Anspruch auf eine solche Leistung zusteht, ist die Zustimmung des Dritten erforderlich. Die Zustimmung ist demjenigen gegenüber zu erklären, zu dessen Gunsten sie erfolgt; sie ist unwiderruflich.

Materialien: E I §§ 1091 Abs 4, 1101; II § 1085 rev § 1162; III § 1161; Mot III 720, 735 f; Prot III 614; IV 605; VI 245, 256 f.

Schrifttum

JANUSCHEWSKI, Die Bezahlung der Hypothekenforderung unter Berücksichtigung der Bezahlung der Zinsrückstandshypothek (Diss Erlangen 1936)

KELLING, Hypothek und Eigentümergrundschuld für künftige sowie nicht entstandene Zinsen und Nebenleistungen (Diss Erlangen 1935)

KORN, Die Abtretung des Hypothekenzinsanspruchs als Ersatzmittel für die Bestellung eines Nießbrauchs an einer Hypothek (Diss Köln 1936)

WOLLNER, Die dingliche Sicherung vertraglicher Nebenleistungen bei der Verkehrshypothek (Diss Leipzig 1934).

I.　Allgemeines

1 Abweichend von der Regel der §§ 889, 1163, 1177 entsteht aus der Hypothek für **Rückstände von Zinsen** und anderen Nebenleistungen sowie für **Kosten** die dem Gläubiger zu erstatten sind, **kein Eigentümerpfandrecht**, wenn sich dingliches Gläubigerrecht und Eigentum in einer Person vereinigen. Die Vorschrift steht mit §§ 1145 Abs 2, 1159, 1160 Abs 3 im Zusammenhang.

2 Der **gesetzgeberische Grund** für § 1178 liegt in der Zeitgebundenheit der Nebenleistungen, die schon in der Hand des Fremdgläubigers den Einschränkungen der §§ 197 Abs 2 BGB, 10 Abs 1 Nr 4 HS 2 ZVG unterliegen und in der Hand des Eigentümers erst recht nicht perpetuiert werden sollen. Allenfalls soll auch verhindert werden, dass der Wert nachrangiger Grundpfandrechte durch eine sich an eine vorrangige Hypothek anhängende, im Lauf der Zeit immer länger werdende Kette von Eigentümergrundpfandrechten beeinträchtigt wird, was allerdings bei der Grundschuld nicht wirkt und dort zu Unzuträglichkeiten führt (Vorbem 81, 99 ff zu §§ 1191 ff). Was sonst angeführt wird ist wenig überzeugend. Dass das Grundbuch über Rückstände von Zinsen und über Kosten nach § 1118 keine Auskunft gibt und daher das Entstehen von nicht aus dem Grundbuch ersichtlichen Eigentümergrundschulden den Geschäftsverkehr erheblich verunsichern würde (STAUDINGER/SCHERÜBL[12] Rn 2), gilt für die Kapitalforderung aus der Hypothek ebenso (kritisch auch MünchKomm/EICKMANN[4] Rn 1). Auch dass das Entstehen von Eigentümergrundschulden bei nachträglicher Begleichung von Rückständen zu einer ungerechten Bevorzugung von säumigen Schuldnern führen würde, da der Eigentümer, der seine Zinsen pünktlich zahlt, keine Eigentümergrundschuld erwerbe (HÖNIGER DNotZ 1917, 22), entbehrt aber nach der hier vertretenen Auffassung (nachf Rn 8) der Logik, weil alle Zinshypotheken in der Hand des Eigentümers erlöschen, sobald sie rückständig werden, gleichgültig ob sie aus pünktlicher oder unpünktlicher Zahlung dem Eigentümer zufallen (vgl RGZ 136, 74, 79 vom 13. 4. 1932 – V 338/31; RGZ 143, 278, 286 vom 3. 2. 1934 – V 211/33).

Aus § 1178 folgt, dass ein Grundpfandrecht mit rückständigen Zinsen wenn überhaupt (dagegen § 1159 Rn 19; unklar ERMAN/WENZEL[12] § 1197 Rn 4) dann jedenfalls **nicht als Eigentümergrundschuld** bestellt werden kann (aA BayObLG 1978, 136).   **3**

II.   Einzelheiten

Die Hypothek für Rückstände von Zinsen und anderen Nebenleistungen sowie für **4** Kosten, die dem Gläubiger zu erstatten sind, erlischt mit der Vereinigung der Hypothek mit dem Eigentum in einer Person (Abs 1).

1.   Hypothek für Rückstände von Zinsen und anderen Nebenleistungen sowie für Kosten

a)   **Zinsen** sind außer den vertraglichen Zinsen auch die gesetzlichen Zinsen, für **5** die das Grundstück nach § 1118 haftet. Zwischen Vertragszinsen und Verzugszinsen unterscheidet das Gesetz nicht. Wegen **anderer Nebenleistungen** s Einl 53 f zu §§ 1113 ff, § 1113 Rn 59 f und § 1115 Rn 40 ff. Bei der Tilgungshypothek (Vorbem 19 ff zu §§ 1113 ff) entsteht gemäß §§ 1163 Abs 1 S 2, 1177 in Höhe der jeweils getilgten Kapitalbeträge eine Eigentümergrundschuld (Vorbem 21 zu §§ 1113 ff). § 1178 trifft nur zu, soweit die einzelnen Annuitäten Zinsen enthalten (grundsätzlich abweichend MünchKomm/EICKMANN[4] Rn 11, unten Rn 11, 18).

b)   S zum **Begriff der Rückstände** für Zinsen und laufende Nebenleistungen Einl 52 **6** zu §§ 1113 ff. Einmalige Nebenleistungen und Kosten sind rückständig, wenn sie fällig, aber noch nicht beglichen sind.

c)   **Kosten** sind hier nur die Kosten, für die das Grundstück nach § 1118 kraft **7** Gesetzes haftet, nicht wie es nach dem Wortlaut scheint, alle Kosten, auf deren Erstattung aus dem Grundstück der Gläubiger Anspruch hat (KG RJA 7, 127; BGB-RGRK/THUMM[12] Rn 5; PLANCK/STRECKER Anm 1b). Ist für Kostenforderungen oder sonstige Nebenleistungen aber eine **besondere Hypothek** nach Maßgabe des § 1190 bestellt (Kostenkaution), so kommt § 1178 selbstverständlich nicht in Betracht, vielmehr greift dann wieder § 1163 ein (KG RJA 7, 127; OLG Düsseldorf HRR 1936 Nr 404).

8 d) Vernachlässigt wird in der Gegenwartsliteratur das **Zeitmoment der Vereinigung**. In der älteren Rechtsprechung und Literatur (RGZ 136, 74, 79 vom 13. 4. 1932 – V 338/31; PLANCK/STRECKER Anm 1a β mwNw; ebenso noch ERMAN/WENZEL[12] Rn 4) wird angenommen, § 1178 beziehe sich nur auf solche Nebenleistungen und Kosten, die im Zeitpunkt der Vereinigung von Hypothek und Eigentum oder im Zeitpunkt des Verzichts rückständig sind (so auch STAUDINGER/WOLFSTEINER im Anschluss an STAUDINGER/SCHERÜBL[12] bis zur Bearb 2002, dort Rn 5 – hiermit aufgegeben – in Widerspruch zu § 1197 Rn 8). Für danach fällige Nebenleistungen und Kosten sollen wieder bestandskräftige Eigentümergrundschulden entstehen. Dies steht aber in deutlichem Widerspruch zu den anerkannten Gesetzeszwecken (oben Rn 2), durch eine sich an eine vorrangige Eigentümergrundschuld anhängende, im Lauf der Zeit immer länger werdende Kette von Eigentümergrundpfandrechten nachrangige Gläubiger nicht zu beeinträchtigen. Eigentümergrundschulden aus fortlaufenden Nebenleistungen sind ebenso beeinträchtigend, wenn sie nach Vereinigung von Hypothek und Eigentum entstehen, wie wenn sie vorher Fremdrechte waren. Die Vorschrift ist daher dahin zu verstehen, dass Nebenleistungen und Kosten, die dem Eigentümer zustehen, **kontinuierlich erlöschen**, sobald sie rückständig sind (s § 1197 Rn 10).

9 e) § 1178 Abs 1 S 1 ist *entsprechend anzuwenden,* wenn endgültig feststeht, dass **bedingte Nebenleistungen** nicht mehr zu erbringen sind, weil eine aufschiebende Bedingung nicht mehr eintreten kann oder eine auflösende Bedingung eingetreten ist (RGZ 136, 78; BayObLG DNotZ 2001, 701; PLANCK/STRECKER Anm 2a β; BGB-RGRK/THUMM[12] Rn 7; WOLFF/RAISER § 149 Fn 10; **aM** KGJ 49, 220; 49, 317; KG JFG 9, 257). Wenn die hL (im Anschluss an RGZ 136, 78) noch zwischen bedingten und unbedingten Hypotheken für solche Nebenforderungen unterscheidet (STAUDINGER/SCHERÜBL[12] Rn 5; MünchKomm/EICKMANN[4] Rn 4), so handelt es sich um ziemlich nutzlose Spielereien, die sich durch das Vordringen der Grundschuld ohnehin erledigt haben (s Einl 112 zu §§ 1113 ff).

2. Erlöschen der Hypothek

10 Wegen der möglichen Fälle der Vereinigung von Grundpfandrecht und Eigentum in einer Person s § 1177 Rn 6. Der Hauptfall ist auch hier Befriedigung des Gläubigers durch den Eigentümer (RGZ 143, 282; RG JW 1911, 953; KGJ 42, 248; PLANCK/STRECKER Anm 2a α). Auch Zahlung durch einen Dritten gehört hierher (RGZ 100, 157; RG WarnR 1931 Nr 66; PLANCK/STRECKER Anm 2a α; WOLFF/RAISER § 149 Fn 10), es sei denn der Dritte kann von dem Eigentümer Ersatz verlangen; dann erwirbt er die Forderung samt der Hypothek (RGZ 100, 157; § 1143 Rn 31). Diesem Fall steht die Abtretung der Forderung und Hypothek an einen Dritten gleich (RGZ 100, 157). § 1178 Abs 1 S 1 findet auch dann Anwendung, wenn die Forderung nach § 1143 auf den Eigentümer übergeht, denn § 1178 Abs 1 S 2 ist hierauf nicht entsprechend anwendbar; der Anspruch des Eigentümers gegen den persönlichen Schuldner ist also nicht dinglich gesichert (RGZ 143, 282; PLANCK/STRECKER Anm 2a α; BGB-RGRK/THUMM[12] Rn 6; MünchKomm/EICKMANN[4] Rn 3). Befriedigt der persönliche Schuldner den Gläubiger, so erlischt die Zinsforderung auch dann, wenn der persönliche Schuldner einen Ersatzanspruch gegen den

Eigentümer hat; denn es findet eine gesetzliche Forderungsauswechslung statt (s § 1164 Rn 19).

Die Hypothek erlischt **kraft Gesetzes**, gleichviel auf welchem Weg die Vereinigung 11 eintritt, und zwar ohne dass es der Eintragung des Erlöschens im Grundbuch bedarf; sie wäre auch nicht zulässig. Unerheblich ist, ob die Vereinigung von Hypothek und Eigentum nur hinsichtlich der in § 1178 verzeichneten Ansprüche oder auch hinsichtlich der Hauptforderung eintritt (PLANCK/STRECKER Anm 2a α). Die Vorschrift gilt deshalb auch für **Tilgungshypotheken** (aA MünchKomm/EICKMANN[4] Rn 11 mit nicht verständlicher Begründung).

3. Rechte Dritter

Solange einem Dritten ein Recht (zB ein Nießbrauch oder ein Pfandrecht) an dem 12 Anspruch auf rückständige Nebenleistungen oder Kosten zusteht, erlischt die Hypothek trotz Vereinigung mit dem Eigentum nicht (Abs 1 S 2); sie bleibt bis zum Wegfall des Rechtes des Dritten bestehen und zwar nicht nur zugunsten des Dritten (PLANCK/STRECKER Anm 2b; BGB-RGRK/THUMM[12] Rn 10; aM WOLFF/RAISER § 149 IV 1). Unberührt bleibt § 1159, wonach die Hypothek aus dem Grundbuchsystem ausscheidet.

Der **Insolvenzverwalter** über das Vermögen des Eigentümers ist kein Dritter, dem iS 13 des S 2 ein Recht an dem Anspruch zustehen würde. § 1178 Abs 1 S 1 kommt daher auch zur Anwendung, wenn der Insolvenzverwalter einen Hypothekengläubiger befriedigt (OLG Celle OLGE 9, 378; BGB-RGRK/THUMM[12] Rn 11).

4. Bestehenbleiben des Grundpfandrechts in anderen Fällen

Die Hypothek für Zinsen, andere Nebenleistungen und Kosten, die nicht unter 14 § 1178 fallen, bleibt der Regel nach trotz der Vereinigung mit dem Eigentum bestehen und zwar je nach dem Einzelfall entweder als Eigentümergrundschuld, § 1177 Abs 1, oder als Eigentümerhypothek § 1177 Abs 2 (RGZ 72, 365; KG RJA 7, 129). S zu der Frage, ob die Zinsrückstandshypothek auch dann erlischt, wenn die **Hauptforderung gelöscht** wird, § 1159 Rn 16, 19.

III. Verzicht

Zum Verzicht auf die Hypothek für die in Abs 1 bezeichneten Leistungen genügt die 15 Erklärung des Gläubigers gegenüber dem Eigentümer (Abs 2). Damit wird nur eine Konsequenz klargestellt, die sich schon aus § 1159 ergibt. Wenn das Grundbuch ohnehin keine Auskunft mehr über den Inhaber der Hypothek für die Rückstände gibt, hat auch die Eintragung eines Verzichts keinen Sinn; die Verzichtserklärung bedarf daher nicht der Eintragung. Es genügt eine einseitige formlose Erklärung des Gläubigers gegenüber dem Eigentümer (PLANCK/STRECKER Anm 3a β); sie ist unwiderruflich (PLANCK/STRECKER Anm 3a γ). § 139 mag auf die Verzichtserklärung anwendbar sein; verzichtet der Gläubiger sowohl auf die Hypothek für Rückstände als auch auf die für die Hauptforderung, wahrt er aber die Form des § 1168 Abs 2 nicht, so wird doch der Verzicht auf die Nebenleistungen regelmäßig wirksam sein (aA PLANCK/STRECKER Anm 2a γ), weil es sachenrechtlich an der für § 139 maßgeblichen kausalen Verknüpfung fehlt.

16 Solange einem **Dritten ein Recht** an dem Anspruch zusteht, bedarf der Verzicht der Zustimmung des Dritten (Abs 2 S 2). Die Zustimmung kann nur gegenüber dem „Begünstigten", dh dem Eigentümer (MünchKomm/Eickmann[4] Rn 8), erklärt werden.

17 Die **Wirkung des Verzichts** bestimmt sich nach § 1168 Abs 1 in Verbindung mit § 1178 Abs 1. Die Hypothek geht auf den Eigentümer über und erlischt durch die Vereinigung mit dem Eigentum (Planck/Strecker Anm 3b).

IV. Anwendungsbereich

18 § 1178 gilt für alle Hypotheken mit Ausnahme der Höchstbetragshypothek (Erman/Wenzel[12] Rn 1; aA – auch nicht für Tilgungshypotheken – MünchKomm/Eickmann[4] Rn 11, oben Rn 5, 11).

19 Die Vorschrift gilt auch für **Grundschulden** (BGH WM 1965, 1194; OLG Düsseldorf HRR 1936 Nr 402; BayObLGZ 1978, 136; MünchKomm/Eickmann[4] Rn 12; s § 1197 Rn 8), ihrem Wortlaut nach aber nicht für die ursprüngliche (offene oder verdeckte) Eigentümergrundschuld, sondern nur für die Vereinigung einer Fremdgrundschuld mit dem Eigentum. Im Sinne oben Rn 8 erlöschen aber auch bei der ursprünglichen Eigentümergrundschuld Rückstände iSd Abs 1 kontinuierlich (aA – hiermit aufgegeben – Staudinger/Wolfsteiner im Anschluss an Staudinger/Scherübl[12] bis zur Bearb 2002).

§ 1179
Löschungsvormerkung

Verpflichtet sich der Eigentümer einem anderen gegenüber, die Hypothek löschen zu lassen, wenn sie sich mit dem Eigentum in einer Person vereinigt, so kann zur Sicherung des Anspruchs auf Löschung eine Vormerkung in das Grundbuch eingetragen werden, wenn demjenigen, zu dessen Gunsten die Eintragung vorgenommen werden soll,

1. ein anderes gleichrangiges oder nachrangiges Recht als eine Hypothek, Grundschuld oder Rentenschuld am Grundstück zusteht oder

2. ein Anspruch auf Einräumung eines solchen anderen Rechts oder auf Übertragung des Eigentums am Grundstück zusteht; der Anspruch kann auch ein künftiger oder bedingter sein.

Materialien: Gesetz zur Änderung sachenrechtlicher, grundbuchrechtlicher und anderer Vorschriften vom 22. 6. 1977 (BGBl I 998).

Schrifttum

S § 1179a u Anh zu §§ 1179a, 1179b.

Systematische Übersicht

I. Allgemeines

1. S zur **Gesetzgebungsgeschichte** und zur **Kritik** § 1179a Rn 1 ff. Die Neuregelung **1** 1977 hat einen wesentlichen Teil des bis dahin geltenden § 1179 in die jetzigen §§ 1179a und 1179b übersetzt. Der jetzige Bestand der Vorschrift enthält die Restmenge des § 1179 alt nach Abspaltung der §§ 1179a, 1179b. S zum **Übergangsrecht**, das wegen der Langlebigkeit der Grundpfandrechte immer noch erhebliche

Bedeutung hat und auf längere Zeit auch noch behalten wird (Reithmann NJW 1977, 661; MünchKomm/Eickmann⁴ Rn 2), Anh zu §§ 1179a, 1179b.

2 2. § 1179 **erweitert** (Palandt/Bassenge⁶⁸ Rn 1; Erman/Wenzel¹² Rn 2; **aA** Staudinger/Scherübl¹² Rn 3; Soergel/Konzen¹³ Rn 4: Spezialfall) die **allgemeine Vorschrift über Vormerkungen.** Nach § 883 kann nur ein Anspruch vorgemerkt werden, der sich gegen den *gegenwärtigen Inhaber des betroffenen Rechts* als Schuldner des vorzumerkenden Anspruchs richtet (BayObLG NJW 1983, 1567; s Staudinger/Gursky [2008] § 883 Rn 56). Ein vertraglicher Anspruch, die Hypothek löschen zu lassen, wenn sie sich mit dem Eigentum vereinigt, hat sich regelmäßig gegen den Eigentümer zu richten; folglich kann ein solcher Anspruch nicht bei einer Fremdhypothek vorgemerkt werden, weil auch Ansprüche gegen künftige Rechtsinhaber nicht vormerkungsfähig sind (Staudinger/Gursky [2008] § 883 Rn 59). Ob er nicht bei einer *Eigentümergrundschuld* vorgemerkt werden könnte, sei dahingestellt; die Eintragung bei der *vorläufigen* Eigentümergrundschuld nach § 1163 ist jedenfalls nicht möglich, weil sie die Voreintragung des Eigentümers als Grundschuldinhaber erfordern würde (§ 1163 Rn 36). Der Inhaber der Fremdhypothek könnte sich zwar zur Löschung verpflichten und der Anspruch wäre wohl mit Zustimmung des Eigentümers auch vormerkungsfähig; der Hypothekar wird aber idR kaum geneigt sein, eine solche Verpflichtung einzugehen, deren Erfüllung er nicht in der Hand hat.

3 Diese Probleme löst § 1179, indem er für bestimmte Fälle ausdrücklich anordnet, dass die Vormerkung auch eintragungsfähig ist, wenn und obwohl sich der Anspruch *nicht* gegen den Hypothekar als Schuldner, sondern gegen den gegenwärtigen Eigentümer als künftigen Gläubiger richtet (Staudinger/Gursky [2008] § 883 Rn 60).

4 3. § 1179 ist auch insofern **keine Spezialvorschrift** zu § 883, als die Bestellung einer Vormerkung nach § 883 gegen ein Grundpfandrecht nicht ausgeschlossen ist, vorausgesetzt, die Anforderungen dafür lassen sich verwirklichen (Stöber Rpfleger 1977, 399; MünchKomm/Eickmann⁴ Rn 23; Soergel/Konzen¹³ Rn 4); beide Vorschriften können auch *gleichzeitig* zum Zug kommen (**aA** MünchKomm/Eickmann⁴, der in Rn 15 von einem Regel-Ausnahmeverhältnis spricht – anders aber Rn 23); vgl oben Rn 2.

5 4. Die Vorschrift will die Möglichkeit eröffnen, den Gläubigern nachrangiger, nicht hypothekarischer Rechte das **Aufrücken im Rang** für den Fall zu ermöglichen, dass sich Hypothek und Grundstückseigentum vereinigen. Ein anerkennenswertes Bedürfnis dafür besteht vor allem bei Nutzungsrechten, insbesondere beim Nießbrauch und beim Wohnungsrecht und bei Reallasten zur Rentensicherung, Rechten also, auf die sich das Erlöschen in der Zwangsversteigerung besonders nachteilig auswirkt, weil die Entschädigung in Geld (anders als bei Grundpfandrechten) dem Recht nicht gleichwertig ist. Häufig werden solche Rechte im Zuge von Übergabe- und Auszugsverträgen im Nachrang bestellt, weil es den Beteiligten unmöglich ist, die hypothekarischen Belastungen zu beseitigen; es soll aber ausgeschlossen werden, dass die neuen Eigentümer die Rechte der Übergeber dadurch weiter schwächen, dass sie die Grundpfandrechte neu valutieren. Ähnliche Überlegungen können bei der Einräumung von Dienstbarkeiten eine Rolle spielen, wenn ein Rangrücktritt hypothekarischer Gläubiger nicht erreichbar ist.

6 Leider **erreicht** die Vorschrift **dieses Ziel nicht**; sie war schon zur Zeit ihres Inkrafttretens völlig **veraltet**. Der Gesetzgeber hat – wohl eine Folge des hektischen, lediglich auf Entlastung der Grundbuchämter unter Aufrechterhaltung des „Besitzstandes" der Kreditwirtschaft ausgerichteten Gesetzgebungsverfahrens – vor der Tatsache die Augen verschlossen, dass in der Kreditpraxis die Hypothek so gut wie keine Rolle mehr spielt. Grundschulden gegenüber versagt die Vorschrift aber, weil es dem Eigentümer ein leichtes ist, den Eintritt des Vereinigungstatbestands zu verhindern, zumal die Rechtsprechung solche Manöver nicht missbilligt (vgl BGHZ 108, 237 = EWiR § 1191 BGB 4/89, 881 [CLEMENTE] = WuB I F 3 Grundpfandrechte 15. 89 [krit OTT]; Anm WILHELM JZ 1998, 18; BGH NJW-RR 1991, 1197; BGHZ 166, 319 vom 9. 3. 2006 – IX ZR 11/05 = NJW 2006, 2408 mit abl Bespr REIN 3470 = EWiR § 1179a BGB 1/06, 457 [Anm KESSELER, dessen Auffassung von der Insolvenzfestigkeit des Rückgewähranspruchs aber nicht gefolgt werden kann] = Rpfleger 2006, 484 m Anm ALFF = NotBZ 2006, 395 m Anm KRAUSE = LM 07/2006, 4 [zust PREUSS] = ZfIR 2007, 419 m abl Anm BÖTTCHER S 395 gegen OLG Köln vom 22. 12. 2004 – 2 U 103/04 – ZIP 2005, 1038 m Anm KESSELER); vgl nachf **Rn 47**. Sollte der Gesetzgeber wirklich der Auffassung sein, dass ein berechtigtes Bedürfnis nach einem gesicherten Anspruch auf Rangaufrückung besteht, muss er ein dafür *geeignetes* Instrumentarium zur Verfügung stellen. So könnte in Erwägung gezogen werden, die Vormerkungssicherung von Grundschuld-Rückgewähransprüchen ohne Gläubigermitwirkung zu ermöglichen. Besteht ein ernsthaftes Bedürfnis aber nicht oder sieht man keine adäquate Möglichkeit, es zu befriedigen, dann sollte § 1179 besser ganz gestrichen werden.

II. Der vorzumerkende Anspruch

1. Inhalt des Anspruchs

a) Vormerkungsfähig ist ein **Anspruch auf Löschung einer Hypothek**. Der – gele- **7** gentlich auch an anderer Stelle gebrauchte – untechnische Ausdruck „Löschung" bedeutet, dass die Hypothek materiell *zum Erlöschen* gebracht werden soll (BGH NJW 1987, 2078; SCHMUCKER, in: FS Wolfsteiner 189). Auf welchem Wege das Erlöschen bewirkt wird (vgl dazu § 1168 Rn 1 ff), muss nicht präzisiert werden; der Eigentümer muss nur den Erfolg schulden. Der Anspruch kann auf Löschung im ersten Vereinigungsfall, aber auch auf Löschung für alle Vereinigungsfälle gerichtet sein; im letzteren Fall lebt der Löschungsanspruch bei späterer Vereinigung auch dann wieder auf, wenn der anlässlich der ersten Vereinigung entstandene Löschungsanspruch durch Erlass oder Verwirkung erloschen sein sollte. Die Verpflichtung kann auf formfreiem Vertrag, auch auf letztwilliger Verfügung oder einem beliebigen anderen Rechtsgrund beruhen (zB § 41 Abs 2 WEG).

Der Anspruch kann auf Löschung **jeder Art** von Hypothek, aber auch (worauf Nr 1 **8** hindeutet) einer **Grundschuld** oder einer **Rentenschuld** gerichtet sein. Entsprechend anzuwenden – auch das ergibt sich aus der ansonsten nicht verständlichen Erwähnung in Nr 1 – ist die Vorschrift auf einen Anspruch auf Löschung einer **Reallast** (aA PALANDT/BASSENGE[68] Rn 1 unter Berufung auf LG Flensburg SchlHA 1963, 142); sie kann sich, obwohl nicht abtretbar, zB dadurch mit dem Eigentum vereinigen, dass der Berechtigte das belastete Grundstück erwirbt.

Löschungsanspruch und Löschungsvormerkung können auch begründet werden **9** zugunsten **des Gläubigers des zu löschenden Grundpfandrechts** selbst, wenn er die

Voraussetzungen (zB weil er gleichzeitig Nießbraucher ist) erfüllt (Stöber Rpfleger 1977, 399; Schöner/Stöber[14] Rn 2600); eine solche Vormerkung wird unkorrekt als „Löschungsvormerkung am eigenen Recht" bezeichnet, obwohl sich der Löschungs- anspruch nicht gegen den aktuellen Gläubiger des Grundpfandrechts, sondern gegen den Grundstückseigentümer richtet (RGZ 52, 59; BGH NJW 1980, 228; OLG Saarbrücken DNotZ 1950, 66; OLG Bremen Rpfleger 1970, 296; Planck/Strecker Anm 2e mwNw; BGB-RGRK/Thumm[12] Rn 4; Zagst 57). Befinden sich allerdings beide Rechte, das legitimie- rende und das zu löschende, in der Hand des Eigentümers, kann ein geeigneter Löschungsanspruch nicht begründet und daher auch nicht vorgemerkt werden, es sei denn, der künftige Drittgläubiger des legitimierenden Rechts wäre bereits konkreti- siert (nachf Rn 13).

10 Bei **Eigentümergrundschulden** ist ein Löschungsanspruch nach § 1179 vormerkbar, der für den Fall begründet wird, dass sich das Grundpfandrecht nach **zwischenzeit- licher Abtretung wieder mit dem Eigentum verbindet** (KG JW 1934, 1860; OLG Bremen NJW 1957, 1284; OLG Braunschweig NdsRpfl 1963, 241; LG Wuppertal DNotZ 1960, 479 mit zust Anm Hieber; LG Augsburg NJW 1962, 592; Hieber DNotZ 1958, 381; Knöchlein BlGBW 1958, 196; Dempewolf MDR 1957, 611; Bruhn Rpfleger 1958, 56; Riedel DNotZ 1956, 352; Knopp DNotZ 1969, 287; Zagst 28; Erman/Wenzel Rn 2; Soergel/Konzen Rn 4; **aM** BayObLG HRR 1935 Nr 28; LG Bochum MDR 1957, 610 mit abl Anm Dempewolf; Planck/Strecker Anm 2c; BGB-RGRK/Thumm[12] Rn 9; vgl auch BayObLG Rpfleger 1975, 60).

11 Auch dann, wenn eine Eigentümergrundschuld **der sofortigen Löschung** – ohne Zwischenabtretung – unterworfen werden soll, ist der Anspruch nach § 1179 vor- merkungsfähig und zwar jedenfalls dann, wenn die **Eigentümergrundschuld noch verdeckt** ist, dh der Eigentümer noch nicht als ihr Inhaber eingetragen ist (KG JW 1934, 1860; OLG München DRW 1941, 2338; BayObLGZ 1952, 141; BayObLG Rpfleger 1956, 311; OLG Braunschweig Rpfleger 1964, 119; Zagst 22; Erman/Wenzel[12] Rn 2; Demharter, GBO[26] § 39 Rn 21). Das Bedürfnis danach ergibt sich daraus, dass die Vormerkung nach § 1179 eingetragen werden kann, ohne dass der Eigentümer vorher als Inhaber der Eigentümergrundschuld eingetragen werden müsste, was im Gegensatz dazu nach § 883 erforderlich wäre (nachf Rn 19). Deshalb stößt bei Tilgungshypotheken, bei denen nur schwer und bei Höchstbetragshypotheken, bei denen gar nicht feststellbar ist, zu welchem Teil sie Fremdhypotheken und zu welchem Teil sie Eigentümer- grundschulden sind, die Eintragung einer Vormerkung nach § 883 auf erhebliche oder unüberwindbare Schwierigkeiten. Schließlich wäre grundbuchrechtlich auch keine Kontrolle möglich und müsste überdies gutgläubiger Erwerb in Betracht gezogen werden, denn der Antragsteller ist dem Grundbuchamt gegenüber *nicht* verpflichtet, seinen Antrag *rechtlich* zu qualifizieren, also anzugeben, ob er eine Vormerkung nach § 883 oder eine solche nach § 1179 begehrt und die rechtliche Qualifikation wird auch nicht in das Grundbuch eingetragen (KG JW 1934, 1680), nachf Rn 42.

12 Aber auch bei einer im Grundbuch als solcher eingetragenen **(offenen) Eigentümer- grundschuld** kann ein Anspruch auf sofortige Löschung vorgemerkt werden. Der Streit, ob eine solche Vormerkung eine nach § 1179 oder eine nach § 883 ist (dazu Zagst 21; Riedel DNotZ 1956, 352; Planck/Strecker Anm 2c; MünchKomm/Eickmann[4] Rn 15), ist müßig, denn Vormerkungen sind zwar zur Prüfung ihrer Eintragungsfähigkeit und auch ihres Bestands nach den Tatbestandsmerkmalen zu qualifizieren, die zu ihrer

Entstehung und zu ihrem Fortbestand erforderlich sind. Bestehen sie aber, so beziehen sie ihren Inhalt allein aus dem vorgemerkten Anspruch; der Entstehungstatbestand und damit die rechtliche Einordnung unter die eine oder andere Vorschrift ist dann ohne Interesse. S dazu, dass auch Eintragungsbewilligung, Eintragungsantrag und Eintragungsvermerk keine solche Qualifizierung zu enthalten haben, oben Rn 11 u nachst Rn 42.

Ein vormerkungsfähiger Anspruch kann idR nicht begründet werden, wenn der **13** Gläubiger des legitimierenden Rechts mit dem Grundstückseigentümer, der zur Löschung verpflichtet werden soll, identisch ist. Eine Vormerkung kann aber nach allgemeinen Grundsätzen auch für einen **künftigen Anspruch** bestellt werden, vorausgesetzt, er lässt sich ausreichend konkretisieren (§ 883 Abs 1 S 2). Dies gilt auch für die Löschungsvormerkung nach § 1179, obwohl naturgemäß der Gläubiger in diesem Fall im Zeitpunkt der Eintragung der Vormerkung noch nicht als Inhaber einer der in § 1179 aufgezählten Rechte legitimiert sein kann (so wohl auch PALANDT/ BASSENGE[68] Rn 3). Es muss aber durch entsprechende Vereinbarung gesichert sein, dass der Vormerkungsgläubiger im Zeitpunkt des Erwerbs des Löschungsanspruchs auch Inhaber des legitimierenden Rechts sein wird. Soweit es also möglich ist, das legitimierende Recht als **Eigentümerrecht** zu begründen, zB ein Wohnungsrecht am eigenen (zur Veräußerung bestimmten) Grundstück, kann eine Löschungsvormerkung bestellt werden, wenn – wie bei einem Kauf- oder Übergabevertrag problemlos möglich – der künftige Eigentümer bereits bestimmt werden kann. Hierzu sind allerdings in der Vergangenheit überzogene Konstruktionen gebilligt worden, die heute als überholt gelten sollten (nachf Rn 14), so die allen materiellen und Grundbuchregeln widerstreitende Annahme, ein künftiger Anspruch eines Dritten entstehe bereits dann, wenn sich der Eigentümer einem zukünftigen Zessionar gegenüber (durch Offerte ad incertas personas) zur Löschung des vorgehenden Grundpfandrechts verpflichte und diese Erklärung (was nach Aufhebung des § 10 Abs 3 GBO ohnehin nicht mehr möglich ist) dem Grundbuchamt übergebe (OLG Frankfurt NJW 1971, 2177; KNOPP DNotZ 1969, 280; HAEGELE Rpfleger 1972, 99; ZAGST 61; STAUDINGER/SCHERÜBL[12] Rn 15; PALANDT/BASSENGE[68] Rn 3).

Berechtigter aus einer Löschungsvormerkung kann nach richtiger, jetzt wohl auch **14** hL **nicht der jeweilige Gläubiger** eines einschlägigen Rechts sein (BayObLG NJW 1981, 2582; STÖBER Rpfleger 1977, 399, 404; KISSEL NJW 1977, 1760; ERMAN/WENZEL[12] Rn 8; MünchKomm/EICKMANN[4] Rn 46; SCHÖNER/STÖBER[14] Rn 2608; **aA** – es sei sogar *nur* die Eintragung zugunsten des jeweiligen Inhabers zulässig – KG DNotZ 1980, 487). Dies folgt nicht nur daraus, dass künftige Gläubiger bei Eintragung der Vormerkung nicht ausreichend legitimiert sind; vielmehr kann auch die zT jetzt noch vorgetragene herkömmliche Argumentation, es handle sich um einen Vertrag zwischen dem Eigentümer und dem gegenwärtigen Gläubiger zugunsten des jeweiligen Gläubigers des legitimierenden Rechts (RGZ 63, 157; RGZ 128, 250; KGJ 32 A 212; KG HRR 1930 Nr 1958; KG HRR 1933 Nr 200; LG Stuttgart BWNotZ 1960, 100; LG Wuppertal Rpfleger 1979, 421 mit zust Anm GRAUEL = DNotZ 1960, 479 mit zust Anm HIEBER; STAUDINGER/SCHERÜBL[12] Rn 8; PLANCK/STREKKER Anm 2e; WOLFF/RAISER § 146 Fn 19 und 24; WESTERMANN[5] § 108 III 3) nicht als tragfähig anerkannt werden. Es müsste dargetan werden, dass es zulässig ist, eine völlig unbestimmte Anzahl künftiger Ansprüche, deren Gläubiger nicht einmal bestimmbar, geschweige denn bestimmt sind, überhaupt und wenn ja durch eine einzige Vormerkung zu sichern. Geklärt müsste auch werden, wie eine solche Vormerkung mit ihrer unbestimmten Zahl unbekannter Berechtigter je wieder aus dem Grundbuch herauskommen soll (vgl zu einer vergleichbaren Frage bei der Grundschuld § 1154 Rn 82). Die allzu kühne Konstruktion wurde für die alte Vormerkung nach § 1179 als Mittel ersonnen, nicht ständig Abtretungserklärungen zum Löschungsanspruch nachjagen zu müssen, zumal man sich daran gewöhnt hatte, die Löschungsvormerkung gegen den Wortlaut des Gesetzes als Bestandteil der „begünstigten" – schon der Ausdruck ist verräterisch, vgl nachf Rn 26 – Hypothek zu verstehen. Nachdem die legitimierenden Rechte in der Neufassung der Vorschrift ganz überwiegend ohnehin nicht abtretbare Rechte sind, ist es Zeit, sich von der Konstruktion zu verabschieden und zu einer soliden Auffassung der Vormerkungsfähigkeit subjektiv unbestimmter Forderungen zurückzukehren.

15 Dasselbe gilt, wenn es sich bei dem legitimierenden Recht um ein **subjektiv dingliches Recht** handelt; der Löschungsanspruch kann nicht zugunsten des jeweiligen Eigentümers des herrschenden Grundstücks bestellt werden (**aA** BayObLG NJW 1981, 2582; LG Wuppertal Rpfleger 1979, 421 m zust Anm GRAUEL; STÖBER Rpfleger 1977, 399, 404; KISSEL NJW 1977, 1760; STAUDINGER/SCHERÜBL[12] Rn 8; MünchKomm/EICKMANN[4] Rn 46, die alle in scheinbarer Anwendung nicht von materiellem, sondern von Grundbuchrecht übersehen, dass das legitimierende dingliche Recht nicht ein rechtlich unzulässiges Schuldverhältnis begründen kann).

16 b) Als ein Minus kann der Anspruch auch auf **Rangrücktritt** gerichtet sein (PALANDT/BASSENGE[68] Rn 7; ZAGST 35; MünchKomm/EICKMANN[4] Rn 13; **aA** RGZ 84, 78, 84; KGJ 45, 268; STÖBER Rpfleger 1957, 205; PLANCK/STRECKER Anm 6; BGB-RGRK/THUMM[12] Rn 8). Es ist nicht erforderlich, den Anspruch auf den Fall zu beschränken, dass *keine Zwischenrechte* vorhanden sind (WOLFF/RAISER § 146 IV 2; **aA** BGB-RGRK/THUMM[12] Rn 8; STAUDINGER/SCHERÜBL[12] § 1179 aF Rn 50; MünchKomm/EICKMANN[4] Rn 13). Zwar trifft es zu, dass der Inhaber des legitimierenden Rechts, da es Zwischenrechte überspringen würde, mehr erlangt als bei der Löschung, die ein Vorrücken auch der Zwischenrechte zur Folge hat (ZAGST 36); das liegt aber noch nicht außerhalb der Intention der Vorschrift.

17 c) **Andere** auf den Fall der Vereinigung von Eigentum und Hypothek in einer Person abgestellte **Ansprüche**, zB auf Abtretung, Inhaltsänderung, Forderungsauswechslung, sind nicht nach § 1179 vormerkbar (wohl aber möglicherweise nach § 883).

2. Vereinigungsfälle

18 a) Der Löschungsanspruch muss für den Fall der Vereinigung des belasteten Grundpfandrechts mit dem Eigentum in einer Person (§ 1177 Abs 1) bestehen (vgl § 1179a Rn 39 ff). Solche Fälle sind bei der **Hypothek** zunächst das nachträgliche Erlöschen der Forderung (§ 1163 Abs 1 S 2), weiter die vorläufige Eigentümergrundschuld (§ 1163 Abs 1 S 1, Abs 2), wenn feststeht, dass das Fremdrecht nicht mehr entstehen wird und das Eigentümergrundpfandrecht endgültig dem Eigentümer verbleibt, schließlich folgende Fälle des BGB: §§ 418 Abs 1 S 2, 3; 889, 1143, 1168, 1170, 1171, 1172 Abs 2, 1173 Abs 1, 1175 Abs 1 S 1 HS 2 sowie §§ 1172 Abs 1, 1175 Abs 1 S 1 HS 1, Abs 2, wenn alle Grundstücke einem Eigentümer gehören; der ZPO: §§ 868, 932 (WESTERMANN, Gutachten 40, 48).

Der Aufhebungsanspruch kann nicht nur die Vereinigungsfälle umfassen, die **nach** **19**
der Eintragung eintreten, sondern auch die, die im Zeitpunkt der Eintragung **bereits**
eingetreten sind (oben Rn 9 ff), obwohl für letzteren Fall auch § 883 die Vormerkung
ermöglicht. Voreintragung des Eigentümers als Grundschuldinhaber ist (anders als
nach § 883) nicht erforderlich (ERMAN/WENZEL¹² Rn 10; vgl oben Rn 11).

Anspruch darauf, dass der Eigentümer den Vereinigungsfall auch **herbeiführt**, wenn **20**
er dazu imstande ist, hat der Gläubiger nur, wenn das ausdrücklich vereinbart ist (vgl
§ 1179a Rn 23, 45; vgl auch unten Rn 47); ein solcher Anspruch ist aber nicht Inhalt der
Vormerkungswirkung. Zu Lasten des *jeweiligen* Grundstückseigentümers kann eine
solche Vereinbarung nicht getroffen werden.

b)   Welche Fälle der Vereinigung von Hypothek und Eigentum die dinglich ge- **21**
sicherte Aufhebungsverpflichtung im Einzelfall umfasst, hängt von der konkreten
Vereinbarung der Parteien ab. Schuldrechtliche Aufhebungsverpflichtungen unterliegen den allgemeinen Auslegungsgrundsätzen (BGHZ 60, 223). Solche lassen sich
aber auch den §§ 1179a, 1179b entnehmen mit der Folge, dass die anfängliche und
die nur **vorläufige Vereinigung** im Zweifel noch keinen Löschungsanspruch begründen (vgl WÖRBELAUER NJW 1958, 515).

Zur Wirksamkeit gegen **Dritterwerber** muss der Umfang der Löschungsverpflichtung **22**
bei dem betroffenen Recht aus der Grundbucheintragung hervorgehen, wobei zur
näheren Bezeichnung des zu sichernden Aufhebungsanspruchs auf die Eintragungsbewilligung Bezug genommen werden kann (BayObLGZ 1956, 201; HAEGELE Rpfleger
1973, 8; ZAGST 48). Zu beachten ist dabei, dass für den Grundbuchbereich im Hinblick
auf den öffentlichen Glauben und den Verkehrsschutz *besondere Auslegungsgrund-*
sätze gelten; bei der Auslegung von Grundbucheintragungen und in Bezug genommenen Eintragungsbewilligungen ist auf ihren Wortlaut und Sinn abzustellen, wie er
sich aus ihnen für einen unbefangenen Betrachter als nächstliegende Bedeutung des
Eingetragenen ergibt; Umstände, die außerhalb dieser Urkunde liegen, dürfen nur
insoweit herangezogen werden, als sie für jedermann erkennbar sind (BGHZ 60, 223
mit Anm WILKE WM 1973, 718; BayObLGZ 1956, 201; vgl ZAGST 79. S weiter zur Auslegung einer
mit dem Gesetzeswortlaut des § 1179 eingetragenen Löschungsvormerkung OLG Bremen NJW
1957, 1284; OLG Celle DNotZ 1958, 544; über eventuellen Klarstellungsvermerk BayObLGZ
1952, 141; BayObLGZ 1956, 201; OLG Braunschweig Rpfleger 1964, 119; OLG Hamm NJW
1967, 934; OLG Düsseldorf Rpfleger 1973, 23).

Auch bei einer Löschungsvormerkung hinsichtlich einer **Höchstbetragshypothek** ist **23**
mangels ausdrücklicher Vereinbarungen davon auszugehen, dass sich der Löschungsanspruch auf die Fälle der §§ 1179a, 1179b beschränken soll und dass
Löschung erst verlangt werden kann, wenn endgültig feststeht, dass keine weiteren
in den Sicherungskreis fallenden Forderungen mehr entstehen werden, § 1179a
Rn 38 (iE ebenso WÖRBELAUER NJW 1958, 515; enger STAUDINGER/SCHERÜBL¹² § 1179 aF Rn 8;
vgl CAMMERER BayNotV 1930, 76). Für eine Auswechslung oder Erweiterung des Forderungskreises gilt nach Rn 47 (aA – eine Erweiterung brauche sich der Berechtigte nicht
gefallen zu lassen – RGZ 125, 136 = JW 1929, 3288 mit Anm ARNHEIM; WÖRBELAUER NJW
1958, 1515; STAUDINGER/SCHERÜBL¹² § 1179 aF Rn 8).

c)   Der Löschungsanspruch darf auf **bestimmte Vereinigungsfälle beschränkt** und **24**

weiter durch Bedingungen eingeschränkt sein. Der Eigentümer ist zB nicht gehindert, sich nur für den Fall und insoweit zur Löschung der Eigentümergrundschuld zu verpflichten, als der seiner Eigentümergrundschuld nachstehende Hypothekengläubiger bei der Zwangsversteigerung ausfällt (RG Recht 1907 Nr 893).

25 d)   Eine Verpflichtung des Eigentümers, die Hypothek **schlechthin**, ohne Rücksicht auf die Fälle der Vereinigung der Hypothek mit dem Eigentum (KG OLGE 10, 425) oder dann **löschen zu lassen**, wenn er sie nicht als Eigentümer, sondern in anderer Eigenschaft, zB nach erfolgter Veräußerung als persönlicher Schuldner nach § 1164 erwirbt, kann nicht durch Vormerkung nach § 1179 gesichert werden (BayObLG RJA 3, 129; WOLFF/RAISER § 146 IV 2). Vgl auch zum Verhältnis § 883 zu § 1179 oben Rn 4.

III.   Das legitimierende Recht

1.   Grundsätzliche Bedeutung

26   § 1179 verlangt das Bestehen eines legitimierenden Rechts als Voraussetzung dafür, dass die Vormerkung begründet werden kann, ohne allerdings die Vormerkung zum Bestandteil des legitimierenden Rechts zu machen; die Vormerkung steht nicht dem Inhaber, geschweige denn dem jeweiligen Inhaber (oben Rn 14 f; **aA** KG DNotZ 1980, 487) des legitimierenden Rechts, sondern vielmehr dem **Inhaber des Löschungsanspruchs** zu. Zur Begründung der Vormerkung wird lediglich Personenidentität zwischen den Gläubigern des legitimierenden Rechts und des Löschungsanspruchs gefordert, nicht aber irgendeine rechtliche Verbindung beider Ansprüche. Das legitimierende Recht erscheint deshalb auch nicht im Eintragungsvermerk (nachst Rn 42). Es gehört zu den beklagenswerten *Unzulänglichkeiten* des Systems der §§ 1179–1179b (neu), dass das Gesetz keine Aussage darüber enthält, ob der Fortbestand des legitimierenden Rechts und die Gläubigeridentität mit dem Löschungsanspruch auch *Bedingungen für den Fortbestand der Vormerkung* sind. Klar ist, dass der Fortbestand des Löschungsanspruchs als solcher davon nur abhängig ist, wenn dies vertraglich vereinbart ist. Zur Löschungsvormerkung nach § 1179 (alt) war es – obwohl es hier eines legitimierenden Rechts gar nicht bedurfte – üblich, davon auszugehen, dass der Anspruch und damit auch die Vormerkung an das „herrschende, begünstigte" Recht gebunden sei (STAUDINGER/SCHERÜBL[12] § 1179 aF Rn 54 mit – erstaunlich dürftigen – wNw) und die Vormerkung deshalb zu löschen sei, wenn jenes wegfalle; Grund dafür war, dass die Vormerkung zumeist zugunsten des *jeweiligen Inhabers* eines anderen Grundpfandrechts bestellt wurde (dagegen oben Rn 14) und dass man sich daran so gewöhnt hatte, dass die Übung fast als Gesetz galt.

27   Wenn das Gesetz jetzt eine Löschungsvormerkung nur noch dem zusteht, der sich als Inhaber bestimmter Rechte legitimieren kann, so ist nicht zu verkennen, dass eine **Zweckbeziehung zwischen Vormerkung und legitimierendem Anspruch** besteht. Die Vormerkung ist dazu bestimmt, die Befriedigungsaussichten für den legitimierenden Anspruch zu verbessern. Dies ist bei der Auslegung zu berücksichtigen, ohne dass in den Fehler verfallen werden dürfte, die vom Gesetz nur als Voraussetzung der Begründung der Vormerkung formulierte Legitimation zum Inhalt der Vormerkung zu machen. Die Vorstellung, die Löschungsvormerkung werde eine Art Bestandteil des sog „begünstigten Rechts" (korrekter spricht man vom legitimierenden Recht) und teile dessen Schicksal (Staudinger/Scherübl[12] Rn 12: „Löschungsvormerkung *zugunsten des Anspruchs* auf Einräumung eines ... Rechts"; § 1179 aF Rn 30: „Nebenrecht des begünstigten Rechts"), findet im Wortlaut des Gesetzes keine Grundlage (oben Rn 14 f). Die Annahme liegt aber nahe, dass das Gesetz nicht nur die Entstehung, sondern auch den Fortbestand der Vormerkung von der Aufrechterhaltung eines legitimierenden Rechts in der Person des Löschungsgläubigers abhängig machen will (unten Rn 69). Die Vormerkung erlischt also kraft Gesetzes, wenn das **legitimierende Recht wegfällt** oder auf jemanden übergeht, der nicht auch Gläubiger des Löschungsanspruchs wird. Es muss aber – über das in Rn 2 ausgeführte hinaus – genügen, dass der Vormerkungsberechtigte zu jeder Zeit irgendein legitimierendes Recht innehat (vgl LG Berlin MittRhNotK 1978, 140). Es ist kein Grund ersichtlich, warum die Vormerkung zB erlöschen soll, wenn der Gläubiger des Löschungsanspruchs ursprünglich durch einen Nießbrauch legitimiert war, dieser aber zwischenzeitlich durch eine Rentenreallast ersetzt wurde.

2. Die einzelnen Fälle zulässiger Löschungsvormerkung

a) § 1179 Nr 1 Nicht-Grundpfandrecht
Die Eintragung einer Löschungsvormerkung ist zulässig, wenn dem Begünstigten am **28** Grundstück ein **anderes** gleich- oder nachrangiges **Recht als eine Hypothek, Grundschuld oder Rentenschuld zusteht**. Es muss ein beschränktes dingliches Recht sein. Solche Rechte sind Dienstbarkeiten wie Grunddienstbarkeit, Nießbrauch, beschränkte persönliche Dienstbarkeit und Dauerwohnrecht, Vorkaufsrecht, Reallast. Das Recht muss dem Berechtigten zustehen, es ist nicht vorausgesetzt, dass es im Grundbuch eingetragen ist; es kann daher auch ein versehentlich im Grundbuch gelöschtes Recht sein (Stöber Rpfleger 1977, 401).

b) § 1179 Nr 2 Anspruch auf Nicht-Grundpfandrecht oder Eigentum
Eine Löschungsvormerkung kann ferner eingetragen werden, wenn dem Berech- **29** tigten ein **Anspruch** auf **Einräumung** eines solchen Rechts oder auf **Übertragung des Eigentums** am Grundstück zusteht; der Anspruch kann auch ein bedingter oder zukünftiger sein. Wegen bedingter oder zukünftiger Ansprüche s näher Staudinger/Gursky (2008) § 883 Rn 175 ff.

Ein solcher Anspruch ist nach Nr 2 auch der **Auflassungsanspruchs**. Praktische **30** Bedeutung hat diese Möglichkeit (entgegen der in Staudinger/Scherübl[12] Rn 13 geäußerten Erwartung) nicht gewonnen; Bauträgerkredite werden ausschließlich durch Grundschulden gesichert, für die die Löschungsvormerkung ohne praktisches Gewicht und ohne Sicherungseffekt ist (oben Rn 6). Auch der Heimfallanspruch des § 2 Nr 4 ErbbauRG ist allerdings iVm § 11 ErbbauRG wie ein Anspruch auf Übertragung des Eigentums an einem Grundstück zu behandeln, so dass er legitimierendes Recht sein kann (OLG Hamm NJW-RR 2002, 738).

Nach § 1179 Nr 2 kann dem Wortlaut nach eine Löschungsvormerkung nur durch **31** einen Auflassungsanspruch legitimiert sein, der auf *rechtsgeschäftlicher Grundlage* beruht. Nach Sinn und Zweck des Gesetzes ist aber auch der **Berichtigungsanspruch** des nicht eingetragenen Eigentümers als legitimierend zuzulassen (Stöber Rpfleger 1977, 402).

32 Ist eine Löschungsvormerkung im Hinblick auf einen Anspruch auf Einräumung eines Rechts eingetragen, so bedarf es keiner Umstellung irgendwelcher Art, wenn der Anspruch durch Bestellung des dinglichen Rechts **erfüllt** wird (LG Berlin Mitt-RhNotK 1978, 50; aA PALANDT/BASSENGE[68] Rn 4; STAUDINGER/SCHERÜBL[12] Rn 12). Gläubiger und Inhalt des Löschungsanspruchs ändern sich nicht, so dass es nichts umzustellen gibt (oben Rn 27). S zur Frage, ob die Vormerkung *erlischt,* wenn ein zur Entstehung notwendiges Tatbestandsmerkmal später wegfällt, oben Rn 27 und nachf Rn 69; jedenfalls aber gibt es keinen Grund, das Erlöschen anzunehmen, wenn an die Stelle des legitimierenden Rechts ein ebenfalls legitimierendes Surrogat dieses Rechts tritt (PALANDT/BASSENGE[68] Rn 5; oben Rn 27).

3. Fälle unzulässiger Löschungsvormerkung

a) Löschungsvormerkung zugunsten des Gläubigers eines Grundpfandrechts

33 Nicht zulässig ist eine Löschungsvormerkung nach § 1179 zugunsten des Berechtigten eines Grundpfandrechts. Auch soweit ein gesetzlicher Löschungsanspruch nach §§ 1179a, 1179b nicht besteht, kann eine solche Löschungsvormerkung nicht eingetragen werden. S aber zur möglichen Eintragung einer Vormerkung nach § 883 oben Rn 4.

34 Auch für den Gläubiger einer **Arresthypothek** kann eine Löschungsvormerkung nach § 1179 nicht bestellt werden, obwohl ihm gemäß § 932 Abs 1 S 2 ZPO ein gesetzlicher Aufhebungsanspruch nicht zusteht (PALANDT/BASSENGE[68] Rn 3; aM STÖBER Rpfleger 1977, 402, der im übrigen zu Unrecht hiergegen Bedenken aus Art 3 GG geltend macht; SCHÖNER/STÖBER[14] Rn 2600; MünchKomm/EICKMANN[4] Rn 22).

b) Löschungsvormerkung zugunsten des Anspruchs auf Eintragung eines Grundpfandrechts

35 Für den Gläubiger eines Anspruchs auf Eintragung eines Grundpfandrechts kann eine Löschungsvormerkung ebenfalls nicht eingetragen werden; dabei ist es gleichgültig, ob es sich um einen durch Gesetz oder um einen durch Rechtsgeschäft begründeten Anspruch handelt. § 1179 Nr 2 lässt außer für den Anspruch auf Übertragung des Eigentums am Grundstück nur Ansprüche auf Einräumung eines in § 1179 Nr 1 bezeichneten Rechts als Legitimation zu; in § 1179 Nr 1 sind jedoch die Grundpfandrechte ausdrücklich ausgenommen. Eine Löschungsvormerkung ist auch dann nicht zulässig, wenn der Anspruch auf Eintragung eines Grundpfandrechts, was möglich ist, durch Eintragung einer Vormerkung gesichert ist (§ 883); die Vormerkung ist kein dingliches Recht (vgl STAUDINGER/GURSKY [2008] § 883 Rn 328) und kann daher ihrerseits nicht wiederum durch eine Löschungsvormerkung in ihrer dinglichen Wirkung erweitert werden. Zudem sichert die Vormerkung für den Anspruch auf Eintragung eines Grundpfandrechts ohnehin dem gesetzlichen Löschungsanspruch des Grundpfandrechts den Rang der Vormerkung und wirkt sich somit wie eine Löschungsvormerkung aus (STÖBER Rpfleger 1977, 402).

IV. Schuldner des Löschungsanspruchs

36 Schuldner des durch die Löschungsvormerkung gesicherten Löschungsanspruchs muss – von den zulässigen Fällen der Bestellung für einen künftigen Löschungsanspruch abgesehen – der Eigentümer des Grundstücks *zur Zeit der Eintragung* (PA-

LANDT/BASSENGE[68] Rn 6; SCHÖNER/STÖBER[14] Rn 2599; **aA** LG Wuppertal MittRhNotK 1986, 198)
der Löschungsvormerkung sein (oben Rn 2). Er bleibt bei Veräußerung des belasteten
Grundstücks verpflichtet und zwar auch für die von der Löschungsvormerkung
erfassten Vereinigungsfälle, die sich unter dem neuen Eigentümer ereignen, falls
dieser nicht die schuldrechtlichen Verpflichtung schuldbefreiend übernommen hat
(KGJ 44, 301). Bei einer Gesamthypothek (zB auf einem in Miteigentum stehenden
Grundstück) kann der Eigentümer jedes der belasteten Grundstücke sich wegen
seines Grundstücks separat zur Löschung verpflichten.

V. Eintragung

1. Voraussetzung der Eintragung

a) Eintragungsbewilligung

Es bedarf nur einer *Eintragungsbewilligung* des Eigentümers, nicht auch der Be- **37**
willigung oder Zustimmung des Gläubigers des Grundpfandrechts, gegen das sich
die Löschungspflicht richtet. Die Löschungspflicht betrifft nicht das Fremdrecht des
Gläubigers, sondern nur die Anwartschaft des Eigentümers auf die Eigentümergrundschuld (KGJ 50, 200; WOLFF/RAISER § 146 Fn 21; PLANCK/STRECKER Anm 3a; PALANDT/
BASSENGE[68] Rn 12).

Die Eintragungsbewilligung muss außer der Bezeichnung des zu belastenden Grund- **38**
stücks, übereinstimmend mit dem Grundbuch oder durch Hinweis auf das Grundbuchblatt, diejenigen Angaben enthalten, die in den Eintragungsvermerk aufzunehmen sind oder auf die in dem Eintragungsvermerk Bezug genommen werden darf –
§ 885 Abs 2 (vgl auch STÖBER Rpfleger 1977, 405). Das **legitimierende Recht** ist **nicht Inhalt**
der Vormerkung, sondern nur Tatbestandsmerkmal ihrer Begründung (oben Rn 26)
und hat deshalb im Eintragungsvermerk nicht zu erscheinen.

b) Glaubhaftmachung im Fall des § 1179 Nr 2

Ein Anspruch nach § 1179 Nr 2 ist gemäß § 29a GBO glaubhaft zu machen. Nach- **39**
weis durch öffentliche oder öffentlich beglaubigte Urkunden ist nicht erforderlich.
Eidesstattliche Versicherung ist gemäß 294 ZPO zulässig (DEMHARTER, GBO[26] § 29a
Rn 3; SCHÖNER/STÖBER[14] Rn 2603; **aA** KEHE/HERRMANN, GBO[6] § 29a Rn 10); auch wenn die
GBO weder allgemein auf die ZPO noch allgemein auf das FGG (dem die GBO
sachlich angehört) und letzteres ebenfalls nicht allgemein auf die ZPO verweisen, muss
wegen Normenmangels in der GBO und dem FGG auf die ZPO zurückgegriffen
werden. Ab 1. 9. 2009 genügt der Rückgriff auf § 31 Abs 1 FamFG. Aus § 29a GBO
folgt zugleich, dass das Grundbuchamt in den anderen Fällen die Legitimation des
Vormerkungsgläubigers anhand des Grundbuchs zu prüfen hat; ggf ist Voreintragung
erforderlich (MünchKomm/EICKMANN[4] Rn 47).

c) Briefrechte und Sicherungshypotheken für Inhaber- und Orderpapiere

Ist das belastete Grundpfandrecht ein Briefrecht, so bedarf es für die Eintragung der **40**
Löschungsvormerkung nicht der Vorlegung des Briefs (§ 41 Abs 1 S 3 GBO). Auch
ist eine Löschungsvormerkung nicht in den Brief einzutragen (§ 62 Abs 1 S 2 GBO).
Die Vorlegungspflicht entfällt jedoch nur insoweit als sie in § 41 Abs 1 S 1 GBO
angeordnet ist. Die Vorlegung des Briefs für eine *Inhabergrundschuld,* die auf § 42
S 2 GBO beruht, bleibt sonach unberührt (Begr 15; STÖBER Rpfleger 1977, 403). In diesem

Fall ist die Löschungsvormerkung auf dem Brief zu vermerken, da sie der Aussteller dem Inhaber gegenüber nur geltend machen kann, wenn sie sich aus der Urkunde ergibt (§ 796). Die Vorlegungspflicht und Eintragung auf dem Brief entfällt jedoch, wenn ein Grundbuchvertreter nach § 1189 bestellt ist und die Löschungsvormerkung von ihm bewilligt oder durch eine gegen ihn gerichtete einstweilige Verfügung begründet wird. Bei *Sicherungshypotheken für Inhaber und Orderpapiere* bedarf es, von der Ausnahme des § 43 Abs 2 abgesehen, für die Eintragung der Löschungsvormerkung der Vorlage der Urkunde; die Eintragung ist auf der Urkunde zu vermerken (§ 43 Abs 1 HS 2 GBO). Die durch § 41 Abs 1 S 3 GBO geschaffenen Erleichterungen für den Geschäftsbetrieb der Grundbuchämter sind auf diesen Fall nicht erstreckt worden (Begr 15; Stöber aaO).

2. Durchführung der Eintragung

a) Eintragung bei dem belasteten Recht
41 Die Löschungsvormerkung wird **bei dem Grundpfandrecht** eingetragen, zu dessen Aufhebung sich der Eigentümer verpflichtet hat.

b) Eintragungsvermerk
42 Der Eintragungsvermerk (im weiteren Sinn, also einschließlich der Eintragungsbewilligung, soweit sie zulässiger Weise in Bezug genommen ist) muss ersehen lassen, dass es sich um eine Vormerkung für einen Löschungs- oder Rangrücktrittsanspruch (oben Rn 16) handelt und welche Vereinigungsfälle von der Löschungsvormerkung erfasst werden, und den Gläubiger des gesicherten Löschungsanspruchs (Vormerkungsberechtigten) sowie den Leistungsgegenstand (Löschung eines bestimmten Grundpfandrechts) bezeichnen (Einzelheiten s Schöner/Stöber[14] Rn 2607). Dass die Angabe des Schuldgrunds in der Eintragung entbehrlich sei (BayObLGZ 1956, 201; Staudinger/Gursky [2008] § 885 Rn 74; vgl auch Stöber Rpfleger 1977, 403), ist nur bedingt richtig; wie bei jeder Vormerkung muss der vorzumerkende Anspruch so bezeichnet sein, dass er von etwaigen anderen Ansprüchen gleichen Inhalts eindeutig unterschieden werden kann. IdR wird dazu die Angabe des Lebenssachverhalts erforderlich sein, dem der Anspruch entsprungen ist (s zur Ablehnung der Forderungsauswechslung bei der Vormerkung Staudinger/Gursky [2008] § 883 Rn 361). Zur näheren Bezeichnung des zu sichernden Aufhebungsanspruchs kann auf die Eintragungsbewilligung Bezug genommen werden, § 885 Abs 2 (BayObLGZ 1956, 201; Schmauss DNotZ 1956, 132). **Nicht einzutragen** ist das legitimierende Recht, vgl oben Rn 27 (unklar Schöner/Stöber Rn 2605, weil nicht deutlich wird, ob die Angabe in der Eintragungsbewilligung auch Inhalt der Eintragung werden soll). Auch bei dem legitimierenden Recht erfolgt keine Eintragung (BayObLGZ 1952, 37)

3. Nachverpfändung

43 Wird das mit der Löschungsvormerkung belastete Grundpfandrecht (zur Erweiterung oder zur Auswechslung des Haftungsobjekts) auf **ein weiteres Grundstück erstreckt**, so kann, falls auch hinsichtlich des weiteren Grundstücks die Voraussetzungen des § 1179 vorliegen, die Löschungsvormerkung dahin erweitert werden, dass sie das Grundpfandrecht mit umfasst, soweit es das weitere Grundstück betrifft; eine solche Erstreckung bedarf der gesonderten Bewilligung des Eigentümers des nachverpfändeten Grundstücks und eines entsprechenden Vermerks im Grundbuch (LG

Köln MittBayNot 1976, 176; LG Düsseldorf Rpfleger 1977, 167; PALANDT/BASSENGE[68] Rn 12; ERMAN/WENZEL[12] Rn 10). Diese Voraussetzungen müssen auch vorliegen, wenn im Falle der Vereinigung von Grundstücken Grundpfandrecht und Löschungsvormerkung auf ein weiteres Grundstück erstreckt werden soll; dagegen gehen bei der Zuschreibung Grundpfandrecht und Löschungsvormerkung gemäß § 1131 kraft Gesetzes auf das zugeschriebene Grundstück über (PALANDT/BASSENGE[68] Rn 12; ERMAN/WENZEL[12] Rn 10).

4. Voreintragung des betroffenen Rechts

Die Eintragung der Löschungsvormerkung setzt die Voreintragung des betroffenen **44** (nicht aber des legitimierenden) Rechts voraus (KG JW 1934, 1860; OLG München DRW 1941, 2338; BayObLGZ 1952, 141; OLG Braunschweig Rpfleger 1964, 119; BayObLGZ 1974, 434; ZAGST 51; aM KNIEPER MDR 1971, 11). Die Eintragung einer Vormerkung genügt nicht (BayObLG Rpfleger 1956, 311).

VI. Voraussetzungen des Löschungsanspruchs

1. Vereinigung

Der Löschungsanspruch setzt immer **Vereinigung** des Grundpfandrechts mit dem **45** Eigentum voraus. Keine Vereinigung findet statt, wenn zwar das Grundpfandrecht auf denjenigen übergeht, der die Vormerkung als Eigentümer bestellt hatte, er aber zwischenzeitlich sein Eigentum gleich aus welchem Grund verloren hat. Die Verfügung über das (von der Löschungsvormerkung gar nicht belastete) Eigentum ist im Gegensatz zur relativ unwirksamen Verfügung über die Eigentümergrundschuld auch dem Vormerkungsberechtigten gegenüber voll wirksam. Eine *Forderungsauswechslung* steht der Vereinigung nicht gleich (**aA** ERMAN/WENZEL[12] Rn 12), es sei denn, die Hypothekenforderung bestünde in Wahrheit nicht mehr und die scheinbare Forderungsauswechslung würde eine Neuvalutierung nur verdecken (dazu unten Rn 47). Der Eigentümer ist mangels besonderer Abrede nicht verpflichtet, den Vereinigungsfall herbeizuführen (oben Rn 20, unten Rn 48 und § 1179a Rn 23, 45).

2. Rangrücktritt

Der Rangrücktritt des mit der Vormerkung belasteten Grundpfandrechts kann den **46** Vormerkungsberechtigten **nicht beeinträchtigen.** Entweder das belastete Recht tritt hinter das legitimierende zurück; dann rückt das legitimierende Recht ohnehin auf und die Löschungsvormerkung wird gegenstandslos (nachf Rn 71); oder aber die Rangänderung vollzieht sich insgesamt im Rang vor dem legitimierenden Recht, dann ändert sich der Effekt der späteren Löschung des belasteten auf das legitimierende Recht nicht; denn der vorgemerkte Anspruch geht nicht auf Übertragung, sondern nur auf Löschung des belasteten Grundpfandrechts. Rangänderungen bedürfen daher nicht der Zustimmung des Vormerkungsberechtigten (PLANCK/STRECKER Anm 4b; **aM** ZAGST 73 ff; STAUDINGER/SCHERÜBL[12] § 1179 aF Rn 34; ERMAN/WENZEL[12] Rn 12; MünchKomm/EICKMANN[4] Rn 33; vgl auch SCHMIDT BWNotZ 1968, 278).

3. Inhaltsänderung

47 Inhaltsänderungen des zu löschenden Grundpfandrechts berühren den Vormerkungsberechtigten in seiner Rechtsstellung grundsätzlich nicht, es sei denn natürlich,
das Grundpfandrecht würde über seinen reservierten Rangbereich (Einl 153 zu
§§ 1113 ff) hinaus ausgeweitet. Zwar mag der Berechtigte in seiner tatsächlichen
Aussicht, dass die Vormerkungssituation einmal eintritt, beeinträchtigt werden,
wenn zB die Fälligkeitsvereinbarungen geändert werden oder gar eine Forderungsauswechslung oder die Umwandlung einer Hypothek in eine Grundschuld stattfindet. Da der Vormerkungsberechtigte aber *keinen Anspruch* darauf hat, weder gegen
den Grundpfandgläubiger noch gegen den Eigentümer, dass die fällige Hypothek
bezahlt wird, auf den Eigentümer übergeht und der Vormerkungsfall eintritt (oben
Rn 20), wird er auch in seinen *Rechten* nicht beeinträchtigt, wenn Eigentümer und
Gläubiger sich so verhalten oder solche Vereinbarungen treffen, dass der Vormerkungsfall nicht eintritt (BGH NJW 1981, 1505 gegen VOLLKOMMER NJW 1980, 1052 und OLG
München ZIP 1980, 974, die von unzulässiger Rechtsausübung ausgehen; vgl BGH NJW 1987, 2078;
BGHZ 108, 237 = EWiR § 1191 BGB 4/89, 881 [CLEMENTE] = WuB I F 3 Grundpfandrechte 15. 89
[krit OTT]; Anm WILHELM JZ 1998, 18; BGH NJW-RR 1991, 1197; BGHZ 166, 319 vom 9. 3. 2006 –
IX ZR 11/05 = NJW 2006, 2408 mit abl Bespr REIN S 3470 = EWiR § 1179a BGB 1/06, 457 [Anm
KESSELER, dessen Auffassung von der Insolvenzfestigkeit des Rückgewähranspruchs aber nicht
gefolgt werden kann] = Rpfleger 2006, 484 m Anm ALFF = NotBZ 2006, 395 m Anm KRAUSE =
LM 07/2006, 4 [zust PREUSS]; LEIKAM BWNotZ 1965, 15; **aA** KG RJA 11, 242; ERMAN/WENZEL[12]
Rn 12; PALANDT/BASSENGE[68] Rn 14, anders aber Rn 9; PLANCK/STRECKER § 1180 Anm 2d; Münch-
Komm/EICKMANN[4] Rn 31 f; ZAGST 72; HOCHE NJW 1959, 413; WÖRBELAUER NJW 1958, 1513, 1515;
LEHNERT BWNotZ 1966, 234. WOLFF/RAISER § 146 Fn 26 verweist auf den Rechtsgedanken des
§ 162, der aber gerade einen Anspruch auf Herbeiführung der Bedingung voraussetzt; widersprüch-
lich STAUDINGER/SCHERÜBL[12] § 1179 aF Rn 36). Vgl Einl 153 zu §§ 1113 ff, § 1169 Rn 16
und § 1179a Rn 64.

4. Anspruch aus § 1169

48 Der Eigentümer ist im Falle des § 1169 nicht verpflichtet, den **Verzichtsanspruch**
gegenüber dem Grundpfandgläubiger geltend zu machen, um einen Vereinigungsfall
herbeizuführen (vgl BGHZ 108, 237 = EWiR § 1191 BGB 4/89, 881 [CLEMENTE] = WuB I F 3
Grundpfandrechte 15. 89 [krit OTT]; Anm WILHELM JZ 1998, 18; BGH NJW-RR 1991, 1197; **aA** – die
Löschungsvormerkung erfasse sogar den aus dem Eigentum fließenden dinglichen Anspruch aus
§ 1169 und Verfügungen über ihn – ZAGST 37 ff; STAUDINGER/SCHERÜBL[12] § 1179 aF Rn 37). S
§ 1169 Rn 16 u § 1179a Rn 23, 77.

VII. Wirkung

1. Relative Unwirksamkeit

49 a) Der Berechtigte ist nach Maßgabe der §§ 883, 888 gegen nach der Eintragung
erfolgte **Verfügungen** nicht nur über eine bereits im Zeitpunkt der Eintragung
bestehende Eigentümergrundschuld, sondern auch über die künftige Eigentümergrundschuld, dh über die Anwartschaft des Eigentümers, **geschützt** (HOCHE NJW 1959,
413; ZAGST 47; vgl auch RIEDEL DNotZ 1956, 352).

b) Die Löschungsvormerkung hat keine unmittelbare Wirkung auf den Bestand **50** oder die Entstehung der Eigentümergrundschuld (RGZ 57, 209; OLG München JFG 14, 323; PLANCK/STRECKER Anm 4a) und bewirkt **keine Sperre des Grundbuchs**. Das Eigentümergrundpfandrecht unterliegt der Verfügung des Eigentümers und dem Zugriff seiner Gläubiger; solche Verfügungen sind auch eintragungsfähig (KGJ 33 A 293; BayObLGZ 19, 158; KG Rpfleger 1965, 15 mit insoweit zust Anm HAEGELE; PLANCK/STRECKER Anm 4a).

c) Die nach Eintragung der Löschungsvormerkung getroffenen Verfügungen sind **51** jedoch **dem Vormerkungsberechtigten gegenüber unwirksam**, soweit sie seinen Aufhebungsanspruch beeinträchtigen oder vereiteln würden (§ 883 Abs 2). Die Unwirksamkeit der anspruchswidrigen Verfügung ist also persönlich und sachlich relativ; sie wirkt nur, soweit sie den Aufhebungsanspruch beeinträchtigt (s näher STAUDINGER/GURSKY [2008] § 883 Rn 202 ff). Der Vormerkungsberechtigte kann sonach von dem Schuldner des Aufhebungsanspruchs (dem Eigentümer des Grundstücks zur Zeit der Eintragung der Löschungsvormerkung), soweit die Eigentümergrundschuld entstanden ist oder entsteht, die Aufhebung und Löschung des Grundpfandrechts verlangen. Hat der Eigentümer **nach** Entstehen der Eigentümergrundschuld über das Grundpfandrecht verfügt oder das Grundstück veräußert, so ist die Verfügung gegenüber dem Vormerkungsberechtigten unwirksam, der Drittberechtigte oder der neue Eigentümer ist nach § 888 Abs 1 verpflichtet, der Aufhebung und Löschung zuzustimmen (RGZ 57, 211; RGZ 93, 114; KGJ 33 A 293; BayObLG RJA 15, 163). Ein **neuer Eigentümer** ist auch dann gemäß § 888 verpflichtet, der Löschung zuzustimmen, wenn die Vereinigung des Grundpfandrechts mit dem Eigentum nicht in der Person des Löschungspflichtigen, sondern erst **nach** dem Eigentümerwechsel eintritt (KGJ 44, 301, 310; WÖRBELAUER NJW 1958, 1513; WOLFF/RAISER § 146 IV 3 b; ERMAN/WENZEL[12] Rn 11; PLANCK/STRECKER Anm 4d mwNw;). Löschungsverpflichtet bleibt in diesem Fall auf Grund der schuldrechtlichen Aufhebungsverpflichtung der frühere Eigentümer; er verfügt als Nichtberechtigter über ein Recht des neuen Eigentümers, der gemäß § 888 zur Zustimmung verpflichtet ist. Diese Zustimmung hat gleichzeitig die materiell-rechtliche Wirkung des § 185 und des § 1183 (WÖRBELAUER NJW 1958, 1513).

2. Verfügungen des Buchgläubigers

Keinen Schutz bewirkt die Löschungsvormerkung gegen Verfügungen des Eigen- **52** tümers, der im Grundbuch fälschlich als Gläubiger des Grundpfandrechts eingetragen ist; eine Vereinigung hat in diesem Fall nicht stattgefunden, so dass auch kein Löschungsanspruch besteht. Der Gläubiger des Löschungsanspruchs wird durch keine Gutglaubensvorschrift geschützt, weil er an dem scheinbaren Vereinigungsgeschäft gar nicht beteiligt war. Hat umgekehrt eine Vereinigung stattgefunden, ist sie aber nicht eingetragen worden und verfügt der Scheingläubiger zugunsten eines Dritten, so genießt der Dritte Gutglaubensschutz auch gegen den Vormerkungsberechtigten (SCHULTZE VON LASAULX AcP 151, 460; WÖRBELAUER NJW 1958, 1516; ZAGST 44 f; WESTERMANN[5] § 108 III 4 d; WOLFF/RAISER § 146 Fn 27; PALANDT/BASSENGE[68] Rn 15; SOERGEL/KONZEN[13] Rn 11; aM RGZ 93, 117; RG JW 1968, 275; PLANCK/STRECKER Anm 4c mwNw; vgl auch BGB-RGRK/THUMM[12] Rn 17). Die Löschungsvormerkung kann daher bei Abtretung der Hypothek durch den Buchhypothekar an einen redlichen Erwerber nur mehr für eine zukünftige Vereinigung von Eigentum und Hypothek Bedeutung haben (ZAGST 83). Die in der Literatur (PALANDT/BASSENGE[68] Rn 15) angeführte Ausnahme, dass der

Buchgläubiger das in Wahrheit auf den Eigentümer übergegangene Grundpfand-recht mit dessen Zustimmung an einen Dritten abtritt, ist keine solche, denn eine Verfügung, die der Nichtberechtigte nach § 185 mit Zustimmung des berechtigten Eigentümers trifft, ist eine solche des Eigentümers und damit dem Vormerkungs-berechtigten gegenüber unwirksam. Stimmt aber der Vormerkungsberechtigte einer an sich vormerkungswidrigen Verfügung des Eigentümers zu, so ist sie auch ihm gegenüber wirksam (ZAGST 84). S zur *Briefgrundschuld* § 1179a Rn 78.

3. Berichtigungsanspruch des Vormerkungsberechtigten

53 Ist die Eigentümergrundschuld bereits entstanden, der bisherige Hypothekengläu-biger aber noch als Berechtigter eingetragen, steht dem Vormerkungsberechtigten neben dem Eigentümer **ein selbständiger Anspruch auf Berichtigung des Grundbuchs** nach § 894 zu. Dies folgt aus der Besonderheit der Löschungsvormerkung nach § 1179, eintragungsfähig zu sein, bevor das betroffene Recht dem Schuldner zusteht; der Berechtigte muss in dieser Situation die Befugnis haben, einen gutgläubig-löschungsanspruchsfreien Erwerb des Grundpfandrechts durch einen Dritten zu verhindern (PALANDT/BASSENGE[68] Rn 16; SOERGEL/KONZEN[13] Rn 11; iE ebenso, aber mit abw Begründung: ZAGST 87 ff; WÖRBELAUER NJW 1958, 1513: entsprechende Anwendung des § 888; GOEHLER NJW 1959, 416: Ermächtigung des Eigentümers an Vormerkungsberechtigten, Berichti-gungsanspruch des Eigentümers im eigenen Namen geltend zu machen, deren Erteilung notfalls im Klageweg zu erzwingen ist; **aA** RGZ 93, 114; BGB-RGRK/THUMM[12] Rn 16 – nur Anspruch gegen den Eigentümer, auf Berichtigung hinzuwirken). Folgt man der hier vertretenen Auffassung, kann in diesem Fall auch ein Widerspruch nach § 899 eingetragen werden.

4. Wirkung der Löschung

54 Mit der Löschung rücken sämtliche gleich- und nachrangigen Rechte am Grund-stück auf. Besteht zwischen dem legitimierenden Recht und der zu löschenden Eigentümergrundschuld ein Zwischenrecht, so rückt auch dieses mit der Löschung des Eigentümergrundpfandrechts vor.

5. Löschung der Löschungsvormerkung

55 Der Berechtigte kann die Löschung der Löschungsvormerkung bewilligen, Zustim-mung des Grundstückseigentümers ist nicht erforderlich. Es darf nicht unterstellt werden, der Antrag auf Löschung des legitimierenden Rechts erstrecke sich auch auf die Löschungsvormerkung, denn das Grundbuchamt kann nicht wissen, ob nicht noch ein anderes legitimierendes Recht besteht (**aA** STÖBER Rpfleger 1977, 405; STAUDIN-GER/SCHERÜBL[12] Rn 23).

VIII. Durchsetzung des Löschungsanspruchs

1. Regelfall

56 Liegt der in der Löschungsvormerkung vorgesehene Fall der Vereinigung von Eigen-tum und Grundpfandrecht in einer Person vor oder tritt er ein, so kann der Berechtigte die Löschung des Grundpfandrechts verlangen. Er muss seinen An-

spruch erforderlichenfalls im Prozessweg verfolgen. Das Grundbuchamt kann darüber nicht entscheiden.

2. Zwangsversteigerung

a) Aus dem Schutzzweck der Löschungsvormerkung zugunsten eines eingetrage- **57**
nen legitimierenden Rechts ergeben sich für die Wirkung der Löschungsvormerkung
in der Zwangsversteigerung Besonderheiten, soweit **das legitimierende Recht nicht in
das geringste Gebot** fällt oder sowohl das legitimierende als auch das belastete Recht
nicht in das geringste Gebot fallen. Wird der Löschungsanspruch in der Zwangsversteigerung geltend gemacht, so wirkt er zugunsten des Rechtes des Begünstigten, der
sich auf den Anspruch beruft (MOHRBUTTER KTS 1977, 21). Der Gesetzgeber hat davon
abgesehen, zu bestimmen, dass der Löschungsanspruch in der Zwangsversteigerung
von Amts wegen zu berücksichtigen ist. Er begnügte sich mit Recht damit, jedem
Gläubiger eine gleiche Chance für die Berücksichtigung seines Rechts einzuräumen
(vgl WESTERMANN, Gutachten 48).

aa) Ist die Eigentümergrundschuld bereits **vor dem Zuschlag gelöscht**, so sind **58**
bereits die in oben Rn 54 dargestellten Wirkungen eingetreten, unabhängig davon
ob das belastete oder das legitimierende Recht oder beide Rechte im geringsten
Gebot berücksichtigt sind; das legitimierende Recht und etwaige gleich und nachrangige Rechte sowie Zwischenrechte rücken auf.

bb) Steht nur die **belastete Hypothek** im geringsten Gebot, so werden die von der **59**
Löschungsvormerkung betroffene – vor dem Zuschlag entstandene – Eigentümergrundschuld und der vorgemerkte Löschungsanspruch von dem Zuschlag nicht
berührt. Da aber das nicht in das geringste Gebot fallende legitimierende Recht
durch den Zuschlag erlischt (§ 91 Abs 1 ZVG), würden im Ergebnis auch der
Löschungsanspruch und die Vormerkung dafür erlöschen, würde sich das legitimie-
rende Recht nicht am Versteigerungserlös fortsetzen (RGZ 57, 209; BGHZ 25, 382; BGH
MDR 1958, 24; BGH NJW 1987, 2078; OLG Hamm Rpfleger 1959, 130 mit zust Anm STÖBER; OLG
Köln OLGZ 71, 151; ZAGST 107; BGB-RGRK/THUMM[12] Rn 18; MünchKomm/EICKMANN[4] Rn 41;
PALANDT/BASSENGE[68] Rn 17; ZELLER/STÖBER, ZVG § 114 Rn 9. 16; DASSLER/SCHIFFHAUER/GER-
HARDT, ZVG § 114 Anm VI 6 I). Der Löschungsanspruch des Gläubigers des legitimie-
renden Rechts bleibt also samt der Vormerkung bestehen, aber nur, soweit er im
Zeitpunkt des Zuschlags bereits entstanden war; eine spätere Vereinigung führt
hingegen in entsprechender Anwendung des § 91 Abs 4 ZVG nicht mehr zur
Entstehung eines Löschungsanspruchs(ERMAN/WENZEL[12] Rn 14; PALANDT/BASSENGE[68]
Rn 17; vgl BGHZ 160, 168 vom 22.7. 2004 – IX ZR 131/03 = Rpfleger 2004, 717 [dazu HINTZEN/
BÖHRINGER S 661] = EWiR 2004, 1021 [CLEMENTE]; aA SOERGERL/KONZEN[13] Rn 13). Die belastete Hypothek wird infolge des gegen sie gerichteten Löschungsanspruchs wie ein
bedingtes Recht behandelt; wird der Löschungsanspruch geltend gemacht, so löst
dies gemäß § 50 Abs 1 S 1 und Abs 2 Nr 1 ZVG eine Nachzahlungspflicht des
Erstehers zur Teilungsmasse aus (vgl BGHZ 53, 47); im Ergebnis verwandelt sich also
der Löschungsanspruch in einen Zahlungsanspruch zur Teilungsmasse. Dieser Anspruch kommt – wie der Löschungsanspruch selbst – dem nachrangigen Gläubiger
nicht unmittelbar zugute; er vermehrt nur die Teilungsmasse. Würde die Vermehrung der Teilungsmasse nicht dazu führen, dass dem Löschungsberechtigten ein
Erlösanteil oder ein höherer Erlösanteil zuzuteilen wäre, sei es, weil er ohnehin

voll befriedigt wird, sei es dass er trotz der Zuzahlung ausfallen würde, ist ihm die Geltendmachung des Löschungsanspruchs wie des aus ihm entstandenen Zahlungsanspruchs (arg § 130a Abs 2 S 3 ZVG) verwehrt (RGZ 63, 157; JW 1932, 1550; BGH NJW 1980, 228; ERMAN/WENZEL[12] Rn 14; ZAGST 109).

60 cc)   Sind das **belastete und** damit auch **das legitimierende Recht** und die Vormerkung bei der Festsetzung des geringsten Gebots **nicht** berücksichtigt, so erlöschen beide Rechte und die Vormerkung durch den Zuschlag (§ 91 Abs 1 ZVG). An die Stelle des Grundstücks tritt der Versteigerungserlös, an dem die erloschenen Rechte und die früheren Rechtsbeziehungen fortdauern, soweit dies nicht deshalb ausgeschlossen ist, weil nicht mehr ein Grundstück den Gegenstand der Rechte und Rechtsbeziehungen bildet. Der schuldrechtliche Anspruch des Vormerkungsberechtigten geht jetzt dahin, dass ihm der bisherige Eigentümer den auf die Eigentümergrundschuld entfallenden Erlösanteil insoweit überlässt, als er dem Berechtigten zustehen würde, wenn die Aufhebung und Löschung der Eigentümergrundschuld vor dem Zuschlag erfolgt wäre (BGHZ 25, 382).

61   Folgt das legitimierende Recht im Rang **unmittelbar** dem belasteten Recht nach, so kommt dieser Erlösanteil dem Berechtigten unmittelbar zugute. Gleich oder nachrangige Rechte rücken nicht auf. Eine den Anspruch des Vormerkungsberechtigten übersteigende Zuteilung auf die Eigentümergrundschuld verbleibt dem Vollstreckungsschuldner als Eigentümer.

62   Sind **Zwischenrechte** zwischen belastetem und legitimierendem Recht vorhanden oder gleichrangige Rechte von der Vormerkung **nicht** begünstigt, so hat der Vormerkungsberechtigte nur insoweit Anspruch auf den der Eigentümergrundschuld zugeteilten Erlös als er auch bei vor dem Zuschlag durchgeführter Löschung des belasteten Rechts zum Zuge gekommen wäre. Die Zwischenrechte werden so behandelt, wie wenn die Löschungsvormerkung nicht geltend gemacht worden wäre, sie rücken nicht auf. Soweit danach der auf die Eigentümergrundschuld zugeteilte Erlösanteil nicht dem Vormerkungsberechtigten zufällt, steht er dem Vollstreckungsschuldner zu (BGHZ 25, 382; BGHZ 39, 242 mwNw; OLG Düsseldorf NJW-RR 1989, 599; HOCHE NJW 1955, 1141; PALANDT/BASSENGE[68] Rn 17; ZAGST 119).

63 dd)   **Mehrere Vormerkungsberechtigte** werden nach dem Rang des legitimierenden Rechts am Erlös beteiligt (KG DRW 1944, 189).

64 b)   Ist der **Vormerkungsfall noch nicht eingetreten**, so gilt:

aa)   Stehen das betroffene und das legitimierende Recht (einschließlich der Löschungsvormerkung) **im geringsten Gebot**, werden sie von der Zwangsversteigerung nicht berührt. Fällt das belastete Recht ins geringste Gebot, so haftet der Ersteher für den ganzen im geringsten Gebot berücksichtigten Betrag, eine Nachzahlungspflicht besteht nicht. Das nicht ins geringste Gebot fallende legitimierende Recht einschließlich der Vormerkung erlischt mit dem Zuschlag; ein Ausübungsfall für die Löschungsvormerkung besteht nicht und kann auch in Zukunft nicht entstehen.

65 bb)   Bei der **Fremd-Sicherungsgrundschuld** tritt der Vormerkungsfall nur und erst ein, wenn der Gläubiger auf seinen Erlösanteil verzichtet (BGHZ 39, 242). Verzichtet

er trotz Nichtvalutierung nicht, so ist jedenfalls der Vormerkungsfall nicht eingetreten (BGH MDR 1958, 24 mit zust Anm THIEME; BGHZ 108, 237 = EWiR § 1191 BGB 4/89, 881
[CLEMENTE] = WuB I F 3 Grundpfandrechte 15. 89 [krit OTT]; Anm WILHELM JZ 1998, 18; BGH
NJW-RR 1991, 1197; ZAGST 136; vgl auch HOCHE NJW 1959, 413; **aM** WÖRBELAUER NJW 1958,
1708). Es bleibt nur möglicherweise ein schuldrechtlicher Anspruch des Bestellers
der Grundschuld (evtl auch des Erstehers) auf den Erlösanteil, den sich der Vormerkungsberechtigte gegebenenfalls über seine schuldrechtlichen Beziehungen zu
ihm verschaffen kann, wenn er sich nicht bereits vorher den Rückübertragungsanspruch hat abtreten lassen (ZAGST 137). Der Rückübertragungsanspruch gegen den
Grundschuldgläubiger kann durch eine *Vormerkung nach § 883* gesichert werden,
die aber vom Grundschuldgläubiger zu bewilligen ist (KG Rpfleger 1976, 128 mwNw).

3. Zwangsverwaltung

Bei Zwangsverwaltung muss der Zwangsverwalter die auf eine Eigentümergrund- **66**
schuld entfallenden Zinsen (§ 1197 Abs 2) hinterlegen, wenn der aus der Löschungsvormerkung Berechtigte die Löschungsvormerkung geltend macht (PALANDT/BASSEN-
GE[68] Rn 17).

4. Insolvenzverfahren über das Vermögen des Löschungsverpflichteten

Das Insolvenzverfahren über das Vermögen des **Grundstückseigentümers** berührt **67**
einen durch Löschungsvormerkung gesicherten Aufhebungsanspruch nicht, wenn
die Löschungsvormerkung im Zeitpunkt der Eröffnung des Insolvenzverfahrens
bereits im Grundbuch eingetragen ist oder die Voraussetzungen des § 878 für die
bewilligte Löschungsvormerkung vorliegen (§ 106 InsO) und die Vereinigung noch
vor Eröffnung des Insolvenzverfahrens eingetreten ist. Tritt die Vereinigung erst
nach Eröffnung des Insolvenzverfahrens über das Vermögen des Eigentümers ein, so
versagt der Vormerkungsschutz in Anwendung des § 91 InsO jedenfalls dann, wenn
die Herbeiführung des Entstehenstatbestands (wie zB bei der Abtretung einer
Grundschuld an den Insolvenzverwalter) eine Mitwirkung des Schuldners erfordert
(vgl BGHZ 166, 319 vom 9. 3. 2006 – IX ZR 11/05 = NJW 2006, 2408 mit abl Bespr REIN S 3470 =
EWiR § 1179a BGB 1/06, 457 [Anm KESSELER, dessen Auffassung von der Insolvenzfestigkeit des
Rückgewähranspruchs aber nicht gefolgt werden kann] = Rpfleger 2006, 484 m Anm ALFF = NotBZ
2006, 395 m Anm KRAUSE = LM 07/2006, 4 [zust PREUSS] gegen OLG Köln vom 22. 12. 2004 – 2 U
103/04 – ZIP 2005, 1038 m Anm KESSELER; **aA** noch STAUDINGER/WOLFSTEINER [2002]).

5. Aufgebotsverfahren

Gemäß § 984 Abs 2 ZPO (ab 1. 9. 2009 § 448 Abs 2 FamFG) ist ein Gläubiger, zu **68**
dessen Gunsten eine Vormerkung nach § 1179 eingetragen ist, befugt, das Aufgebotsverfahren zum Zweck der Ausschließung des Gläubigers einer ihm vorgehenden
oder gleichstehenden Hypothek, Grundschuld oder Rentenschuld nach Maßgabe
des § 1170 zu beantragen, sofern er für seinen Anspruch einen vollstreckbaren
Schuldtitel erlangt hat.

IX. Folgen der Verknüpfung zwischen Vormerkung und legitimierendem Anspruch

1. Erlöschen

69 In Anwendung der oben Rn 27 dargestellten Grundsätze erlischt die Vormerkung kraft Gesetzes, wenn das legitimierende Recht wegfällt oder auf jemanden übergeht, der nicht auch Gläubiger des Löschungsanspruchs wird (so wohl auch PALANDT/BASSEN-GE[68] Rn 5). Die *Beweislast* dafür, dass ursprünglich ein legitimierendes Recht bestanden hat und dass es fortbestanden hat, trägt der Vormerkungsgläubiger, dem allerdings ggf die Vermutung des § 891 – bezogen nicht auf die Vormerkung, sondern das legitimierende Recht – zugute kommt (vgl BAUMGÄRTEL/LAUMEN/BAUMGÄRTEL[2] Rn 1).

2. Übertragbarkeit des Rechts des Vormerkungsberechtigten

70 Ist das Recht des Vormerkungsberechtigten auf Aufhebung des belasteten Grundpfandrechts übertragbar, so geht im Falle der Übertragung die Vormerkung mit über, wenn der Zessionar gleichzeitig das legitimierende Recht erwirbt oder selbst Inhaber eines solchen ist. Andernfalls erlischt die Vormerkung. Zu § 1179 (alt) war anerkannt, dass mit der Übertragung des „begünstigten" Rechts im Zweifel auch der Löschungsanspruch mit übertragen werde (RGZ 143, 73); dieser Grundsatz kann nur mit Vorsicht auf die jetzige Rechtslage übertragen werden, denn die legitimierenden Rechte sind überwiegend nur sehr beschränkt verkehrsfähig und Regeln lassen sich für die seltenen Übertragungsfälle kaum aufstellen (zu wenig kritisch PALANDT/BASSEN-GE[68] Rn 3; ERMAN/WENZEL[12] Rn 8). Auch frühere Aussagen zur Teilabtretung (vgl STAU-DINGER/SCHERÜBL[12] § 1179 aF Rn 16; ERMAN/WENZEL[12] Rn 8) lassen sich nur mit Vorsicht übertragen.

3. Rangänderung

71 Ändert sich der Rang des Rechts (§ 1179 Nr 1) des Vormerkungsberechtigten im Verhältnis zu dem belasteten Grundpfandrecht mit der Folge, dass das legitimierende Recht dem belasteten Grundpfandrecht vorgeht, so wird die Löschungsvormerkung (§ 84 GBO) gegenstandslos (vgl oben Rn 46). Ist die Löschungsvormerkung zugleich für einen Anspruch nach § 1179 Nr 2 bestellt, so bleibt sie insoweit wirksam. Tritt das legitimierende Recht hinter ein anderes Recht nach § 1179 Nr 1 zurück, so berührt das den Bestand der Vormerkung nicht.

X. Anwendungsbereich

72 § 1179 **gilt** auch für **Sicherungshypotheken, Grundschulden** und **Rentenschulden**. Die Besonderheiten sind vorstehend im Sachzusammenhang erläutert.

§ 1179a
Löschungsanspruch bei fremden Rechten

(1) Der Gläubiger einer Hypothek kann von dem Eigentümer verlangen, dass dieser eine vorrangige oder gleichrangige Hypothek löschen lässt, wenn sie im Zeitpunkt der Eintragung der Hypothek des Gläubigers mit dem Eigentum in einer Person vereinigt ist oder eine solche Vereinigung später eintritt. Ist das Eigentum nach der Eintragung der nach Satz 1 begünstigten Hypothek durch Sondernachfolge auf einen anderen übergegangen, so ist jeder Eigentümer wegen der zur Zeit seines Eigentums bestehenden Vereinigungen zur Löschung verpflichtet. Der Löschungsanspruch ist in gleicher Weise gesichert, als wenn zu seiner Sicherung gleichzeitig mit der begünstigten Hypothek eine Vormerkung in das Grundbuch eingetragen worden wäre.

(2) Die Löschung einer Hypothek, die nach § 1163 Abs. 1 Satz 1 mit dem Eigentum in einer Person vereinigt ist, kann nach Absatz 1 erst verlangt werden, wenn sich ergibt, dass die zu sichernde Forderung nicht mehr entstehen wird; der Löschungsanspruch besteht von diesem Zeitpunkt ab jedoch auch wegen der vorher bestehenden Vereinigungen. Durch die Vereinigung einer Hypothek mit dem Eigentum nach § 1163 Abs. 2 wird ein Anspruch nach Absatz 1 nicht begründet.

(3) Liegen bei der begünstigten Hypothek die Voraussetzungen des § 1163 vor, ohne dass das Recht für den Eigentümer oder seinen Rechtsnachfolger im Grundbuch eingetragen ist, so besteht der Löschungsanspruch für den eingetragenen Gläubiger oder seinen Rechtsnachfolger.

(4) Tritt eine Hypothek im Range zurück, so sind auf die Löschung der ihr infolge der Rangänderung vorgehenden oder gleichstehenden Hypothek die Absätze 1 bis 3 mit der Maßgabe entsprechend anzuwenden, dass an die Stelle des Zeitpunkts der Eintragung des zurückgetretenen Rechts der Zeitpunkt der Eintragung der Rangänderung tritt.

(5) Als Inhalt einer Hypothek, deren Gläubiger nach den vorstehenden Vorschriften ein Anspruch auf Löschung zusteht, kann der Ausschluss dieses Anspruchs vereinbart werden; der Ausschluss kann auf einen bestimmten Fall der Vereinigung beschränkt werden. Der Ausschluss ist unter Bezeichnung der Hypotheken, die dem Löschungsanspruch ganz oder teilweise nicht unterliegen, im Grundbuch anzugeben; ist der Ausschluss nicht für alle Fälle der Vereinigung vereinbart, so kann zur näheren Bezeichnung der erfassten Fälle auf die Eintragungsbewilligung Bezug genommen werden. Wird der Ausschluss aufgehoben, so entstehen dadurch nicht Löschungsansprüche für Vereinigungen, die nur vor dieser Aufhebung bestanden haben.

Materialien: Entwurf eines Gesetzes zur Änderung sachen- und grundbuchrechtlicher Vorschriften sowie von Vorschriften der Zivilprozeßordnung, des Gesetzes über die Zwangsversteigerung und Zwangsverwaltung und der Kostenordnung BT-Drucks 8/89 (= Begr); Beschlußempfehlung und Bericht des Rechtsausschusses BT-Drucks 8/359 (= Bericht). Gesetz zur Änderung sachenrechtlicher, grundbuchrechtlicher und anderer Vorschriften vom 22. 6. 1977 (BGBl I 998) = ÄndG.

Schrifttum

ABEL, Die Vorschläge zur Reform des Hypotheken und Grundbuchrechts bezüglich der Eigentümergrundschulden und der Löschungsvormerkungen, Der langfristige Kredit [jetzt „Immobilien und Finanzierung"] 1970, 175

ALFF, Der gesetzliche Löschungsanspruch im Verteilungsverfahren nach §§ 105 ff. ZVG, Rpfleger 2006, 241

ders, Zur Insolvenzfestigkeit des gesetzlichen Anspruchs auf Löschung von Grundpfandrechten, Rpfleger 2006, 486

AMANN, Vormerkungsschutz für Ansprüche, deren Entstehung der Schuldner verhindern kann?, MittBayNot 2007, 13

ASSMANN, Die Vormerkung (1998)

BÖTTCHER, Gesetzlicher Löschungsanspruch (§ 1179a BGB) gegenüber durch Verzicht entstandener Eigentümerrechte, RpflStud 2007, 116

ders, Der gesetzliche Löschungsanspruch des § 1179a BGB bei Insolvenz des Grundstückseigentümers, ZfIR 2007, 395

BÜHLER, Empfiehlt es sich, die in §§ 62, 70 GBO normierte Pflicht des Vermerks von Einträgen beim Grundpfandrecht auf dem Grundpfandbrief für Löschungsvormerkung aufzugeben?, Gutachten (1968)

DÜMIG, Zur Frage des Anspruchs eines nachrangigen Hypothekars auf Auskehr des durch Verzicht eines Grundschuldgläubigers im Verteilungsverfahren entstandenen Erlösanteils, ZfIR 2004, 1031

GABERDIEL, Neues aus dem Recht der Grundpfandrechte, Spark 1977, 281

GRUNDMANN, Gesetzlicher Löschungsanspruch und Löschungsvormerkung nach dem Änderungsgesetz vom 22.6. 1977 (1982)

HINTZEN/BÖHRINGER, Durchsetzung von Löschungsansprüchen bei Grundschulden, Rpfleger 2004, 661

JERSCHKE, Löschungsansprüche gegenüber Grundpfandrechten nach neuem Recht, DNotZ 1977, 708, Nachtrag DNotZ 1978, 2

KESSELER, Zur Insolvenzfestigkeit des Löschungsanspruchs aus BGB § 1179a Abs 1 S 3, ZIP 2005, 1041

ders, Wertlosigkeit der Abtretung von Rückgewähransprüchen an vor- oder gleichrangigen Grundschulden im Fall der Insolvenz?, NJW 2007, 3466

KISSEL, Änderung sachen- und grundbuchrechtlicher Vorschriften, NJW 1977, 1760

KOLLHOSSER, Die neuen gesetzlichen Löschungsansprüche (§§ 1179a, b, 1192 BGB), JA 1979, 176

LANGERHANS, Neues Recht für Grundpfandrechte, DWW 1977, 204

MAYER, Der gesetzliche Löschungsanspruch und der BGH, RpflStud 2005, 41

MOHRBUTTER, Löschungsvormerkung in der Zwangsversteigerung nach neuem Recht, KTS 1978, 17

RAAB, Zur Insolvenzfestigkeit des Löschungsanspruchs eines nachrangigen Grundschuldgläubigers, DZWIR 2006, 427

RAMBOLD, Ausgewählte Probleme des gesetzlichen Löschungsanspruchs, Rpfleger 1995, 284

REIN, Die Verwertbarkeit der Eigentümergrundschuld trotz des Löschungsanspruchs gemäß § 1179a BGB (1994)

ders, Der Löschungsanspruch eines nachrangigen Grundschuldgläubigers in der Insolvenz des Grundstückseigentümers, NJW 2006, 3470

REITHMANN, Die Grundpfandrechte in der Rechtswirklichkeit, NJW 1977, 661

ders, Soll die Löschungsvormerkung abgeschafft werden?, ZRP 1977, 84

RIGGERS, Die Neuregelung der Löschungsvormerkung ab 1. Januar 1978, JurBüro 1977, 1491

SCHAPP, Die Reform des Rechts der Löschungsvormerkung und das System des Grundpfandrechts, JuS 1979, 544

SCHMUCKER, Die „Löschung" in § 1179a BGB, in: FS Wolfsteiner (2008) S 189

SCHULZ, Neuregelung des Rechts der Löschungsvormerkung, ZRP 1977, 40

STÖBER, Löschungsvormerkung und gesetzlich vorgemerkter Löschungsanspruch, Rpfleger 1977, 399, 425

ders, Neuer Löschungsanspruch oder alte Löschungsvormerkung?, Rpfleger 1978, 165

ders, Löschungs„vormerkung" und Grundschulderlösanspruch, WM 2006, 607

TEICHMANN, Wegfall der Eigentümergrundschuld oder Löschungsanspruch als gesetzlicher Inhalt der Hypothek? (1968)

WENNER, Gleitender und fester Rang der Grundpfandrechte im deutschen, schweizerischen und österreichischen Recht (1990)

WESTERMANN, Vorschläge zur Reform des Hypotheken und Grundbuchrechts, Gutachten 1972

ders, Sicherung des Interesses am Rang des Grundpfandrechts nach dem bisherigen Recht und nach dem Entwurf des Gesetzes zur Än-

derung von sachen- und grundbuchrechtlichen Vorschriften vom 17. 12. 1976, in: FS Sontis (1977) 253

ders, Der Anspruch auf Löschung eines Grundpfandrechts nach § 1179a BGB als dinglicher Anspruch, in: FS Hauss (1978) 395

WILKE, Zweifelsfragen zum gesetzlichen Löschungsanspruch, WM 1978, 2

ZAGST, Das Recht der Löschungsvormerkung und seine Reform (1973).

Systematische Übersicht

Alphabetische Übersicht

I. Allgemeines

1. Grundlagen

Das Prinzip der Rangreservierung und Rangwahrung gehört zu den Grundprinzi- **1**
pien, nach denen das BGB ursprünglich das Recht der Grundpfandrechte gestaltet
hat (vgl Einl 14, 153 ff zu §§ 1113 ff). Der nachrangige Gläubiger rückt im Falle der

Erledigung eines vorrangigen Grundpfandrechts nicht gegen den Willen des Eigentümers auf; vielmehr wird die Rangstelle dem Eigentümer dadurch reserviert und gesichert, dass das Grundpfandrecht Eigentümergrundschuld wird, § 1163 Abs 1 S 2 (§ 1163 Rn 6 ff). Dem Gläubiger, der sich mit nachrangiger Sicherung einverstanden erklärt und im Zweifel auch marktentsprechende ökonomische Folgerungen gezogen hat, soll nicht ohne eigene Leistung unvermittelt ein geldwerter Vorteil zufallen, wenn sich ein vorrangiges Grundpfandrecht erledigt. Der wirtschaftliche Wert des Rangs gebührt vielmehr dem Eigentümer und steht zu dessen erneuter Disposition.

2 Dieses strikt ökonomische, marktneutrale Konzept ist **zeitlos** und auch heute noch **überzeugend**. Ausländische Rechtsordnungen schicken sich an, es zu übernehmen (Einl 6 zu §§ 1113 ff; § 1163 Rn 6 ff). Dennoch ist es einer seltsamen Allianz aus Kreditwirtschaft, Rechtswissenschaft und Justizverwaltung gelungen, dieses Konzept zu zerstören (AMANN MittBayNot 2000, 80 spricht davon, es sei paralysiert worden). Die **Kreditwirtschaft** hat die für das BGB selbstverständliche Privatautonomie dazu missbraucht, die gesetzliche Regelung durch *allgemeine Geschäftsbedingungen* auszuhöhlen, indem sie die Kreditnehmerseite durch ein unausgesprochenes Konditionenkartell generell dazu gezwungen hat, auf den Vermögensgegenstand Rang im voraus zu verzichten (STAUDINGER/SCHERÜBL[12] Vorbem 1 zu §§ 1179–1179b); Mittel dazu war die *Löschungsvormerkung* nach § 1179 (alt). Die **Rechtswissenschaft** hat sie dabei unterstützt, indem sie die Faktizität des Konditionenkartells zur Norm erklärt und die vordergründigen Argumente der Kreditwirtschaft, wonach das BGB-Konzept ökonomisch überholt sei, gutgläubig und kritiklos übernommen hat (vgl die Literaturangaben § 1163 Rn 6 ff). Besonders erstaunlich ist, dass die überschäumende *Verbraucherschutzdiskussion* der 70er Jahre des 20. Jahrhunderts, die kurz vor der Neuregelung des § 1179 in das AGBG gemündet hat, an der Löschungsvormerkung spurlos vorübergegangen ist; nirgendwo haben sich auch nur Ansätze zur Kritik gezeigt. Die **Justizverwaltungen** schließlich stöhnten unter der Last der (unverständlicherweise auch noch kostenlosen, § 62 Abs 3 S 2 KostO) Löschungsvormerkungen (angeblich im Jahre 1970 über eine Million, so Staatssekretär DE WITH nach dem Bericht in DRiZ 1977, 186) und sannen ohne Rücksicht auf Interessen der Rechtsunterworfenen nur darauf, wie sie diese Last loswerden könnten (vgl Begr 8; REITHMANN ZRP 1977, 84).

3 Das **Ergebnis** war das Gesetz zur Änderung sachenrechtlicher, grundbuchrechtlicher und anderer Vorschriften (vom 22. 6. 1977 [BGBl I 998]). Damit war auch der im Jahre 1959 vom BMJ vorgelegte, zunächst nicht weiterverfolgte Referentenentwurf zur Änderung des § 1179 überholt.

2. Die wesentlichen Änderungen

4 Das Gesetz hat die Löschungsvormerkung zugunsten eines Grundpfandgläubigers, die der Vereinbarung der gleich oder nachrangigen Grundpfandrechtsgläubiger mit dem Eigentümer überlassen war, durch einen gesetzlichen Aufhebungsanspruch ersetzt und lässt eine Löschungsvormerkung im bisherigen Sinn nur mehr zugunsten von Berechtigten zu, denen ein anderes gleich- oder nachrangiges Recht als eine Hypothek, Grundschuld oder Rentenschuld oder ein Anspruch (auch künftiger oder bedingter Anspruch) auf Einräumung eines solchen Rechts oder auf Übertragung des Eigentums am Grundstück zusteht (§ 1179 neu). Der Löschungsanspruch ist in gleicher Weise gesichert wie wenn zu seiner Sicherung eine Vormerkung gleichzeitig mit der Eintragung des begünstigten Rechts eingetragen worden wäre. Der Fall des Rangrücktritts ist ausdrücklich geregelt. Der Löschungsanspruch kann durch Vereinbarung zwischen dem Eigentümer und dem Gläubiger des begünstigten Rechts ganz oder zum Teil ausgeschlossen werden. Dem früheren Inhaber und jetzigen Scheingläubiger eines Grundpfandrechts steht ein Löschungsanspruch an seinem früheren Recht zu (§ 1179b).

3. Kritik

Die seinerzeit in großer Hektik verabschiedete Neuregelung hat Kritik in techni- **5** scher Hinsicht erfahren. EICKMANN (MünchKomm/EICKMANN[4] Rn 1) bemerkt mit Recht, dass „angesichts der Detailbemühtheit des Gesetzgebers vieles unklar" geblieben und „eine Fülle von Zweifelsfragen aufgeworfen worden" sei; zu Abs 3 urteilt er gar, die Regelung sei in ihrer Unklarheit und Missverständlichkeit der Formulierung kaum mehr zu übertreffen (MünchKomm/EICKMANN[4] Rn 15). Der Gesetzgeber hat diese Kritik bisher vollständig ignoriert und nicht einmal bescheidenste technische Korrekturen angebracht.

Die Kritik an technischen Mängeln **greift aber zu kurz**. Die Regelung kann technisch **6** gar nicht einwandfrei sein, weil sie einen unauflösbaren systematischen Widerspruch in sich trägt. Mit dem gesetzlichen Löschungsanspruch hat sich der Gesetzgeber der Sache nach gegen das BGB-System der Rangreservierung (Einl 153 zu §§ 1113 ff) entschieden (kritisch dazu WENNER 235, der von einem traurigen Kapitel des Realkredits spricht; ihm zustimmend REIN 169). Weil man aber nur an der Entlastung der Grundbuchämter interessiert war und wohl auch um unliebsame Debatten zu vermeiden, hat man nicht getan, was ehrlicherweise hätte getan werden müssen, nämlich wie im ZGB der damaligen DDR die Eigentümergrundschuld aus dem BGB zu eliminieren; vielmehr hat man das auf dem System der Rangreservierung beruhende Normensystem des BGB vollständig stehen lassen, ihm aber in Form des gesetzlichen Löschungsanspruchs eine system-inkompatible Regelung übergestülpt. Das kann gar nicht anders als zu Brüchen führen.

Der entscheidende **Fehler** der Regelung liegt in der Inkonsequenz, dass sie die **7** Rangreservierung nicht gestrichen, sondern gänzlich unmotiviert der **Willkür der Gläubiger überlassen** hat (vgl § 1168 Rn 5; Vorbem 123 zu §§ 1191 ff). Deckt beispielsweise der Versteigerungserlös den vollen, aber nicht voll valutierten Nennbetrag der Grundpfandrechte, dann können deren Gläubiger entscheiden, ob sie den Löschungsanspruch erheben und damit den Übererlös nachrangigen Gläubigern zuwenden, die – aus welchem Grund auch immer – keinen eigenen Löschungsanspruch haben, oder aber, indem sie den Löschungsanspruch nicht geltend machen, den Übererlös an den Eigentümer (und dessen ungesicherte Gläubiger) auskehren (BGHZ 80, 119 vom 6. 3. 1981 – V ZB 2/80 gegen VOLLKOMMER NJW 1980, 1052 und OLG München ZIP 1980, 974, die von unzulässiger Rechtsausübung ausgehen; ein anschauliches Beispiel für eine raffiniertere Manipulation bietet BGHZ 108, 237 = EWiR § 1191 BGB 4/89, 881 [CLEMENTE] = WuB I F 3 Grundpfandrechte 15. 89 [krit OTT]; Anm WILHELM JZ 1998, 18).

Die hL zu § 1168 (dort Rn 5) **verstärkt die Manipulationsmöglichkeiten** noch. Werden **8** einem Gläubiger (wie unter der Herrschaft des alten § 1179) solche Bestimmungsmöglichkeiten *durch Vertrag* eingeräumt, so mag das akzeptabel sein, wenn auch bei allgemeinen Geschäftsbedingungen eine strenge Überprüfung nach § 307 selbstverständlich ist. Dass aber der *Gesetzgeber* Gläubigern kraft Gesetzes Verfügungsbefugnis über nicht zur Forderungstilgung benötigte Vermögenswerte des Eigentümers (nämlich die „freien" Grundpfandrechtsteile) einräumt, stößt in der Tat auf verfassungsrechtliche Bedenken (insofern ist den Bedenken Stöbers Rpfleger 1977, 405 zur Arresthypothek – wenn auch mit umgekehrter Polung – recht zu geben). Besonders krass tritt die Intention des Gesetzes, materiell Nichtberechtigten Verfügungsmacht über fremdes Vermögen, nämlich das des Eigentümers, einzuräumen, im Wortlaut des Abs 3 zutage, demzufolge dem bloßen Buchgläubiger Verfügungsmacht über das Grundstückseigentum eingeräumt wird; sogar der Buchgläubiger, der die Hypothek deshalb nicht erworben hat, weil die unterlegte Forderung wegen Verstoßes gegen die guten Sitten, nach Anfechtung wegen Drohung, wegen Wuchers, wegen Geschäftsunfähigkeit nichtig ist, hat danach Verfügungsmacht in Form des Löschungsanspruchs. S zu den mühsamen und wenig überzeugenden Versuchen der Literatur, diese Abstrusität durch *Auslegung* zum Verschwinden zu bringen, nachf Rn 51.

9 Diese Aspekte hat der BGH nicht gesehen, als er die **Verfassungsbedenken** gegen § 1179a **zurückgewiesen** hat (BGHZ 99, 363 = DNotZ 1987, 517 [Schelter]). Es ist richtig, dass es dem Gesetzgeber freisteht, ein dingliches Recht, das der Eigentümer erst nach Inkrafttreten des Gesetzes bestellt, mit mehr Befugnissen auszustatten als nach früherem Rechtszustand. Diese Befugnis hat aber Grenzen. Der Gesetzgeber darf keine Regelung zum gesetzlichen Leitbild erheben, die das Eigentum der Willkür eines anderen ausliefert; dies sollte zweifelsfrei sein, nachdem das BVerfG (BVerfGE 89, 340 vom 26. 5. 1993 – 1 BvR 208/93) erkannt hat, dass Art 14 Abs 1 u 3 GG Drittwirkung im Privatrecht haben („angesichts der Funktion der Eigentumsgarantie, dem einzelnen einen Freiraum im vermögensrechtlichen Bereich zu erhalten und die eigenverantwortliche Gestaltung seines Lebens zu ermöglichen, fallen alle vermögenswerten Rechte, die der Inhaber aufgrund der Rechtsordnung zu seinem privaten Nutzen ausüben darf, in den Schutzbereich des GG Art 14"). Die **Willkürgrenze ist überschritten**, wenn die Befugnis, über fremdes Vermögen zu verfügen, nicht mehr vom Sicherungsinteresse des Gläubigers gedeckt ist. Diese Deckung fehlt bei der Verfügungsbefugnis über den Übererlös und bei der Verfügungsbefugnis, die einem Nichtberechtigten eingeräumt wird. Nicht der Umstand, dass das Gesetz den freien Rang den nachrangigen Gläubigern zuweist (das dürfte es), verstößt gegen die Eigentumsgarantie, sondern die Regelung, dass das Schicksal des freien Rangs der Willkür des Buchgläubigers ausgeliefert wird. Die Möglichkeit, den Löschungsanspruch vertraglich auszuschließen, beseitigt den Grundrechtsverstoß nicht; auch und gerade dispositives Recht ist verfassungswidrig, wenn es eine Regelungslücke des Vertrags kraft Gesetzes durch eine verfassungswidrige Regelung ausfüllt; überdies lässt das Gesetz einen wirklich effektiven Ausschluss des gesetzlichen Löschungsanspruchs nicht zu, weil es weder die Bestellung eines generell löschungsfesten Grundpfandrechts noch die Bestellung eines Grundpfandrechts erlaubt, dem der Löschungsanspruch generell fehlt.

10 **De lege ferenda** ist die alte Rechtslage wiederherzustellen. Den Auswüchsen ist mittels § 307 zu steuern. Äußerstenfalls mag ins Auge gefasst werden, im Vollstrekkungsrecht anzuordnen, dass Grundpfandrechte, die bei Beschlagnahme Eigen-

tümerrechte waren, erst im Rang nach allen damals eingetragenen Grundpfandrechten bedient werden.

II. Das Löschungsrecht als Quelle des Löschungsanspruchs

1. Begriffliche Grundlagen

Das Gesetz spricht von einem **Anspruch auf Löschung**. Der Anspruch soll zum **11**
gesetzlichen Inhalt der „begünstigten" Hypothek gehören (BayObLG NJW-RR 1992,
306; Assmann 13; Staudinger/Scherübl[12] Rn 2; Palandt/Bassenge[68] Rn 1; MünchKomm/Eick-
mann[4] Rn 13; allgM). Dieser Sprachgebrauch wird der Rechtslage nicht gerecht;
korrekterweise sollte streng unterschieden werden:

Die Befugnis, im Falle der Verwirklichung eines der Vereinigungstatbestände einen **12**
Löschungsanspruch zu erwerben, ist in der Tat **Inhalt der Hypothek**, also **dingliches
Recht** und nicht etwa nur mit Vormerkungswirkung ausgestattet. Es ist unkorrekt, in
diesem Zusammenhang von der „begünstigten Hypothek" zu sprechen, denn was
Inhalt der Hypothek ist, kann nicht zugleich ein die Hypothek begünstigendes Recht
sein. Ich habe vorgeschlagen und halte daran fest, das aus § 1179a entspringende
dingliche Recht, das unselbständiger Bestandteil der Hypothek ist und zu deren
Inhalt gehört, **„Löschungsrecht"** zu nennen (grundsätzlich zust Amann MittBayNot 2007,
13).

Vom Löschungsrecht zu unterscheiden sind die in jedem Vereinigungsfall erneut aus **13**
dem Löschungsrecht entspringenden konkreten **„Löschungsansprüche"**. Sie sind
keine dinglichen Rechte und nicht Bestandteil der Hypothek, sondern haben schuldrechtlichen Charakter. Im Sinne Amanns (Amann DNotZ 1989, 531) handelt es sich um
Begleitschuldverhältnisse zur Hypothek. Der einzelne Löschungsanspruch, nicht das
Löschungsrecht, ist durch die **Vormerkungsfiktion** des Abs 1 S 3 gesichert. Dieser
Sachverhalt wird dadurch verdunkelt, dass nach allgM der Löschungsanspruch für
gewöhnlich ein *subjektiv dinglicher* Anspruch ist, dessen Gläubiger zwingend mit
dem Gläubiger der Hypothek identisch ist und identisch bleiben muss. Im Falle des
Abs 3 und des § 1179b steht der Löschungsanspruch allerdings einem Dritten (dem
Buchberechtigten) zu, der gerade nicht mit dem wahren Gläubiger der Hypothek
identisch ist.

Gläubigeridentität bedeutet aber **nicht Rechtsidentität**. Die Gläubigeridentität macht **14**
den einzelnen Löschungsanspruch nicht zum Inhalt der Hypothek. Deshalb können
Löschungsrecht und Löschungsansprüche durchaus unterschiedliche Schicksale haben. Der „Ausschluss des Anspruchs" nach Abs 5 ist in der hier vorgeschlagenen
Terminologie eine Verfügung über das Löschungs*recht,* die die schon entstandenen
Löschungs*ansprüche* nicht zwingend miterfassen muss. Andererseits kann über einen
einzelnen Löschungsanspruch, zB durch Erlassvertrag, verfügt werden, ohne dass
das Löschungsrecht davon betroffen würde. Verfügungen über das *Löschungsrecht*
sind in den sachenrechtlichen Formen vorzunehmen, also nach §§ 873 ff, was Abs 5
in etwas holpriger Form zum Ausdruck bringt. Verfügungen über einen *Löschungsanspruch,* zB Annahme als Erfüllung, Novation, Erlass, unterliegen dagegen dem
Schuldrecht.

15 Die Benutzung des vom Gesetz selbst (in Abs 3) gebrauchten Begriffs der „**begünstigten Hypothek**" kann nachfolgend nicht ganz vermieden werden; er kann sich immer nur auf einen Löschungsanspruch, nicht auf das Löschungsrecht beziehen und bezeichnet lediglich den Gläubiger des Löschungsanspruchs. Der Begriff ist dafür alles andere als glücklich, denn das Löschungsrecht besteht zwar im Interesse der Hypothek, deren Bestandteil es bildet. Das Gesetz fordert aber nicht, dass ein Löschungsanspruch nur im Interesse der Hypothek ausgeübt werden dürfe. Im Falle des Abs 3 und des § 1179b ist dies sogar dezidiert nicht der Fall.

2.   Das Löschungsrecht

16 a)   Das Löschungsrecht **entsteht** mit Eintragung der Hypothek. Sollte – was nach der hier vertretenen Auffassung nicht eintreten kann (Einl 102 zu §§ 1113 ff) – die Hypothek erst nach ihrer Eintragung im Grundbuch entstehen, so wird für die Frage, ob das Löschungsrecht einen Löschungsanspruch gebären kann, fingiert, dass es schon im Zeitpunkt der *Eintragung* entstanden sei. Das Löschungsrecht entsteht, wenn es nicht nach Abs 5 ausgeschlossen wird, kraft Gesetzes ohne Rücksicht darauf, ob die Hypothek als Fremdrecht oder als Eigentümerrecht entsteht. Berücksichtigt man, dass das Löschungsrecht dingliches Recht und Bestandteil der Hypothek ist (oben Rn 12) und unterscheidet man es vom einzelnen Löschungsanspruch, dann bereitet die Vorstellung, dass es auch als Bestandteil eines Eigentümerrechts entsteht (OLG Braunschweig DNotZ 1987, 515 m Anm Schelter; Palandt/Bassenge[68] Rn 2; aA Schwab/Prütting § 62 IV 2 c), keine Schwierigkeiten. Dasselbe gilt für den Fall, dass zur gleichen Zeit mehrere Eigentümerrechte bestellt werden; jedes ist mit dem Löschungsrecht auch gegen die vor- und gleichrangigen Eigentümergrundpfandrechte ausgestattet; davon zu unterscheiden ist die Frage, ob in der Situation der Gläubiger-Schuldneridentität ein Löschungs*anspruch* entsteht (dazu nachf Rn 49).

17 b)   Grundsätzlich enthält **jede Hypothek** das Löschungsrecht, gleichgültig ob Verkehrs- oder Sicherungshypothek. Auch der selbst löschungsfesten Wertpapierhypothek nach § 1187 steht das Löschungsrecht zu (dort Rn 27). Es spielt keine Rolle, ob die Hypothek auf Grund einer Bewilligung oder auf Ersuchen einer Behörde eingetragen wird. Das Löschungsrecht ist somit Bestandteil auch einer Sicherungshypothek für Inhaber und Orderpapiere gemäß § 1187 (Stöber Rpfleger 1977, 425, 426; Soergel/Konzen[13] Rn 5; aM Kissel NJW 1977, 1760 Fn 8), einer für eine übertragene Forderung gegen den Ersteher bestellten Sicherungshypothek gemäß §§ 128, 130 ZVG, einer Hypothek, die nach den Versteigerungsbedingungen nicht bestehen bleiben soll, aber durch Vereinbarung zwischen Gläubiger und Ersteher bestehen bleibt (§ 91 Abs 2 ZVG), einer Zwangshypothek nach § 867 ZPO (zust BGHZ 160, 68 vom 22. 7. 2004 – IX ZR 131/03 = EWiR § 1179a BGB 1/04 [Clemente] = ZfIR 2004, 1028 m krit Anm Dümig; aA – der Löschungsanspruch einer Zwangshypothek sei nicht insolvenzfest – LG Hamburg vom 19. 7. 2006 – 322 O 37/05 – ZInsO 2006, 837 mit zu Recht abl Anm Alff), einer Sicherungshypothek nach § 848 ZPO.

18 c)   Nach ausdrücklicher gesetzlicher Bestimmung (§ 932 Abs 1 S 2 ZPO) verleiht eine **Arresthypothek** kein gesetzliches Löschungsrecht nach §§ 1179a, 1179b. Der Gesetzgeber hielt das Löschungsrecht der Arresthypothek nicht für angemessen, weil es sich beim Arrest um eine vorläufige Sicherungsmaßnahme auf Grund einer lediglich summarischen Prüfung des geltend gemachten Anspruchs handle (Begr 17).

Freilich kann die Arresthypothek in eine gewöhnliche Zwangshypothek umgeschrieben werden (Vorbem 56 zu §§ 1113 ff), der dann ein gesetzliches Löschungsrecht zukommt; bei Wegfall der Berechtigung des Arrestgläubigers bleibt die Arresthypothek als Eigentümergrundpfandrecht bestehen (§ 868 ZPO) und kann wieder in ein Fremdrecht umgewandelt werden mit der Folge, dass auch hier ein gesetzliches Löschungsrecht besteht. Ein solches gesetzliches Löschungsrecht muss aber wohl bei der Umschreibung einer Arresthypothek in eine Zwangshypothek wegen der rangwahrenden Wirkung dieser Umschreibung auf den Zeitpunkt der Eintragung der Arresthypothek zurückbezogen werden; Gleiches gilt für den Fall der Entstehung einer Eigentümergrundschuld. Danach ist § 932 Abs 1 S 2 ZPO im Ergebnis dahin auszulegen, dass das gesetzliche Löschungsrecht mit der Eintragung der Arresthypothek entsteht, jedoch ein Löschungsanspruch nicht geltend gemacht werden kann, solange das Grundpfandrecht Arresthypothek ist (wohl zust, aber wegen konjunktivischer Formulierung unklar, Soergel/Konzen[13] Rn 4). Dennoch führt der Ausschluss der Arresthypothek ggf zu einem Ausfall in der Zwangsversteigerung, den der Gläubiger einer vollwertigen Zwangshypothek nicht erleiden würde. Die verfassungsrechtlichen Bedenken, die dagegen erhoben werden (Stöber Rpfleger 1977, 426; MünchKomm/Eickmann[4] Rn 14; Staudinger/Scherübl[12] Rn 5; Stein/Jonas/Grunsky, ZPO[22] § 932 Rn 4), sind unbegründet; der Arrestbefehl ist eben kein vollwertiger Titel, so dass die Ungleichbehandlung gerechtfertigt ist (Brox/Walker, Zwangsvollstreckungsrecht Rn 1551; Rosenberg/Gaul/Schilken, Zivilprozessrecht § 78 II 3d; MünchKommZPO/Heinze[3] § 932 Rn 4; Soergel/Konzen[13] Rn 4).

Der Bestand des Löschungsrechts ist abhängig vom Bestand der Hypothek insgesamt. Erlischt die Hypothek gleich aus welchem Grund, so **erlischt das Löschungsrecht** mit ihr. Dass auch vorher entstandene Löschungs*ansprüche* erlöschen (nachf Rn 55), ist keine direkte Folge des Erlöschens des Löschungsrechts, sondern Folge der subjektiv-dinglichen Natur des Löschungsanspruchs.   **19**

3. Der Inhalt des Löschungsrechts

Inhalt des Löschungsrechts ist es, Ansprüche auf Löschung vor- oder gleichrangiger Hypotheken (Löschungsansprüche) gebären zu können, wenn ein Vereinigungsfall bereits eingetreten ist oder künftig eintritt. Das Entstehen eines Löschungsanspruchs lässt das Löschungsrecht selbst unberührt.   **20**

Ist die Hypothek eine **Gesamthypothek** (§ 1132) so bestehen keine Besonderheiten. Die Gesamthypothek enthält ein Löschungsrecht, das – wie die Hypothek selbst – jedes der belasteten Grundstücke (§ 1132 Abs 1) erfasst. Wird die mit dem Löschungsrecht ausgestattete Hypothek gleich auf welchem Wege auf ein weiteres Grundstück erstreckt, so umfasst das Löschungsrecht mit der Eintragung der Nachverpfändung auch die dort eingetragenen Hypotheken (Jerschke DNotZ 1977, 727); verteilt der Gläubiger das Gesamtrecht auf die einzelnen Grundstücke (§ 1132 Abs 2) wird das Gesamtrecht zum Einzelrecht; jedes enthält dann ein Löschungsrecht bezogen auf das Einzelgrundstück (Westermann, Gutachten 49).   **21**

Das Löschungsrecht richtet sich kraft Gesetzes **gegen die jeweiligen Inhaber vor- und gleichrangiger Hypotheken**. Soweit es sich bei diesen um Gesamthypotheken handelt, beschränkt es sich auf die Grundstücke, an denen auch die mit dem Löschungsrecht   **22** ausgestattete Hypothek lastet. Wird die belastete Hypothek auf ein weiteres Grundstück erstreckt, so wird sie mit der Eintragung der Nachverpfändung von den Löschungsrechten der dort bereits eingetragenen Hypotheken erfasst (JERSCHKE DNotZ 1977, 727); bei der Zuschreibung werden auf dem zugeschriebenen Grundstück bestehenden Hypotheken kraft Gesetzes vom Löschungsrecht der Hypotheken erfasst, die an dem aufnehmenden Grundstück bestehen.

23 Das Löschungsrecht gewährt dessen Inhaber ein Anrecht auf Erwerb von Löschungsansprüchen für den Fall, dass der Vereinigungstatbestand eintritt. Ebensowenig wie eine Löschungsvormerkung nach § 1179 gewährt aber das Löschungsrecht einen **Anspruch** darauf, dass der **Vereinigungsfall herbeigeführt wird** (Belege unten Rn 76). Inhaltsänderungen vor- und gleichrangiger Grundpfandrechte, die vor der möglichen Verwirklichung eines Vereinigungstatbestands eintreten, zB Forderungsauswechslung (§ 1180), Umwandlung in eine Grundschuld, Umwandlung einer Höchstbetragshypothek (§ 1190) in eine Verkehrshypothek, berühren deshalb den Inhaber des Löschungsrechts nicht und sind ihm gegenüber weder unwirksam noch bedürfen sie seiner Zustimmung (WILHELM JZ 1998, 18; aA STAUDINGER/SCHERÜBL[12] Rn 34; s zur übrigen Rechtsprechung und Literatur §§ 1169 Rn 16 u 1179 Rn 47). S zur gleichen Situation bei der Rangänderung nachf Rn 36. Ist allerdings ein Löschungsanspruch bereits entstanden, kann er durch Verfügungen über die zu löschende Hypothek nicht mehr beeinträchtigt werden.

4. Der Inhaber des Löschungsrechts

24 Das Löschungsrecht steht immer und nur dem **wahren Inhaber der Hypothek** zu, auch wenn er die Hypothek nur kraft guten Glaubens erworben hat (RAMBOLD Rpfleger 1995, 284). *Daneben* kann nach – meines Erachtens nichtiger (oben Rn 9) – gesetzlicher Vorschrift in Abs 3 ein Nicht-Hypothekar, Schein-Hypothekar, nämlich der nur **Buchberechtigte**, einen Löschungsanspruch gegen den Eigentümer erwerben, allerdings nur isoliert, ohne das Löschungsrecht (dazu nachf Rn 50 ff).

5. Verfügung über das Löschungsrecht

a) Keine selbständige Verfügung

25 Als untrennbarer Bestandteil der Hypothek kann das Löschungsrecht nicht selbständig veräußert oder belastet werden. Es ist auch kein Gegenstand selbständiger Pfändung oder sonstiger Vollstreckung. Andererseits erfasst jede Verfügung über die Hypothek auch das Löschungsrecht.

b) Ausschluss, Aufhebung

26 Nach Abs 5 kann das Löschungsrecht ausgeschlossen bzw aufgehoben werden; diese Maßnahmen können auch rückgängig gemacht werden. Das Gesetz selbst bezeichnet diese Veränderungen mit Recht als Maßnahmen, die den Inhalt der Hypothek bestimmen bzw verändern. Der Ausschluss ist zulässig in allen Fällen, in denen ein gesetzliches Löschungsrecht besteht; er kann schon *bei der Bestellung* des Rechts oder auch *nachträglich* als Inhaltsänderung einer bereits eingetragenen Hypothek vereinbart werden (Begr 13). Aus dem Umstand, dass das Löschungsrecht bei Eintragung des Grundpfandrechts auch dann entsteht, wenn es sich um ein Eigentümerrecht handelt, folgt, dass es auch zu diesem Zeitpunkt bereits ausgeschlossen werden kann (BayObLG NJW-RR 1992, 306; OLG Düsseldorf NJW 1988, 1798).

Ein *genereller* Ausschluss, also die Festlegung des Inhalts der Hypothek dahin, dass **27** dem jeweiligen Gläubiger ein gesetzliches Löschungsrecht *überhaupt nicht* zustehen solle, ist aber – was unverständlich und systemwidrig ist – nicht möglich (BayObLG NJW-RR 1992, 306). Möglich ist nur, das Löschungsrecht in Richtung **gegen eine bestimmte Hypothek** oder mehrere bestimmte Hypotheken auszuschließen. Offenbar war es Wunsch des Gesetzgebers, den Ausschluss des gesetzlichen Löschungsrechts nach Möglichkeit zu erschweren. Noch weniger ist es umgekehrt möglich, eine Hypothek *löschungsfest* zu machen, also als ihren Inhalt zu bestimmen, dass *gegen sie* generell oder in Einzelfällen ein gesetzlicher Löschungsanspruch nicht erhoben werden könne. Letzteres ist insbesondere für die Zwangshypothek von Bedeutung; es gibt keinen Weg, ihren Gläubiger vom gesetzlichen Löschungsanspruch auszuschließen.

Sind **mehrere** vor oder gleichrangige **Hypotheken** eingetragen, so kann das Lö- **28** schungsrecht bzgl aller oder einzelner von ihnen ausgeschlossen werden. Der Ausschluss kann auch auf einzelne Fälle der Vereinigung von Hypothek und Eigentum beschränkt werden. Möglich ist, einen bezifferten **Teilbetrag** einer belasteten Hypothek von dem Löschungsrecht auszunehmen. Das Löschungsrecht kann auch dahin beschränkt werden, dass es bei Rechtserwerb durch einen bestimmten Dritten ausgeschlossen wird (aA Staudinger/Scherübl[12] Rn 37; Stöber Rpfleger 1977, 430); Gegengründe sind nicht ersichtlich. Bei einer **Gesamthypothek** kann der Ausschluss auf ein einzelnes Grundstück beschränkt werden (BGH NJW 1981, 1503).

Als anfängliche bzw nachträgliche Inhaltsänderung der Hypothek unterliegt der **29** Ausschluss den allgemeinen Vorschriften der §§ 873, 874, 877. Er ist unter Bezeichnung der Grundpfandrechte, die dem Löschungsrecht ganz oder teilweise nicht unterliegen, mit ihrer laufenden Nummer bei der Hypothek, deren Inhalt beschränkt werden soll, **im Grundbuch einzutragen** (BayObLG NJW-RR 1992, 306); eine Bezugnahme auf die Eintragungsbewilligung ist insoweit nicht zulässig, dagegen zur näheren Bezeichnung der erfassten Vereinigungsfälle gestattet, wenn der Ausschluss nicht für alle Fälle der Vereinigung vereinbart ist (Abs 5 S 2).

Mit der Bestellung eines *Rangvorbehalts* kann der Ausschluss des Löschungsrechts **30** für die vom Vorbehalt betroffene Hypothek vereinbart und sofort bei ihr eingetragen werden (Jerschke DNotZ 1977, 727; aA Stöber Rpfleger 1977, 425).

c) Aufhebung des Ausschlusses

Ein Ausschluss kann durch Einigung zwischen dem Eigentümer und dem Inhaber **31** der Hypothek wieder aufgehoben oder in seinem **Inhalt** dahin **geändert werden**, dass nur mehr bestimmte Vereinigungsfälle oder einzelne vorgehende Rechte von dem Ausschluss betroffen werden. Es handelt sich dabei nicht um die Aufhebung eines Rechts iSd § 875, denn das Löschungsrecht ist nur Teil der Hypothek, sondern ebenfalls um eine Inhaltsänderung nach § 877. Die Vereinbarung bedarf der Eintragung bei der Hypothek, deren Inhalt verändert wird.

d) Zustimmungserfordernisse

32 Der nachträgliche Ausschluss und seine Aufhebung sowie eine inhaltliche Änderung
bedürfen keiner Zustimmung gleich und nachrangiger Grundpfandrechtsgläubiger
(Palandt/Bassenge[68] Rn 11; aA Staudinger/Scherübl[12] Rn 41). Zwar handelt es sich um
eine Inhaltsänderung der Hypothek; diese hält sich aber innerhalb des für die
Hypothek reservierten Rahmens (Einl 153 zu §§ 1113 ff) und kann deshalb die nachrangigen Gläubiger nicht beeinträchtigen. Dass die tatsächlichen Befriedigungsaussichten der nachrangigen Gläubiger berührt werden können, mag sein, ist aber ohne
Interesse. Maßgeblich ist nur, ob ihre *Rechte* berührt werden. Die nachrangigen
Gläubiger haben aber entweder selbst ein gesetzliches Löschungsrecht oder nicht;
hingegen haben sie in keinem Fall Anspruch darauf, dass ein anderer Gläubiger von
seinem gesetzlichen Löschungsrecht Gebrauch macht und gar einen daraus entspringenden Löschungsanspruch durchsetzt. Folglich gewinnen sie weder noch verlieren sie, wenn sich die Löschungsrechte vorrangiger Hypotheken verändern (vgl
zum Grundsatz BayObLG NJW 1960, 1155).

e) Auswirkungen auf entstandene Löschungsansprüche

33 Veränderungen am Löschungsrecht führen nicht zwingend dazu, dass **bereits entstandene Löschungsansprüche** wegfallen müssten, wenn sie dem veränderten Rechtszustand zufolge nicht entstanden wären. Sie bleiben im Gegenteil grundsätzlich
unberührt. Die Aufhebung des Löschungsrechts wirkt auch nicht zurück. Abs 5
S 3 ordnet das zwar ausdrücklich nur für den Fall der *Aufhebung* des Ausschlusses
an; das gleiche gilt aber auch für den nachträglichen Ausschluss. Allerdings wird die
Vereinbarung über den nachträglichen Ausschluss des Löschungsrechts idR auch
einen Erlassvertrag in Ansehung bereits entstandener Löschungsansprüche enthalten. Im übrigen wirkt die **Wiederbegründung des Löschungsrechts** durch Ausschluss
der Aufhebung so, wie wenn die Hypothek im Zeitpunkt der Aufhebung neu eingetragen würde; in diesem Zeitpunkt bereits eingetretene und noch fortbestehende
Vereinigungslagen begründen daher nach der Regel des Abs 1 S 1 einen Löschungsanspruch.

6. Verfügungen über die Hypothek

34 Da das Löschungsrecht Inhalt der Hypothek ist, wird es von Verfügungen über die
Hypothek, deren Bestandteil es ist, mitbetroffen. S bereits zur **Verteilung einer
Gesamthypothek** oben Rn 21, zum **Erlöschen der Hypothek** Rn 19.

a) Teilung der Hypothek

35 Bei Teilung der Hypothek teilt sich das Löschungsrecht auf, so dass mit jeder der
Teilhypotheken ein Löschungsrecht verbunden ist.

b) Rangänderung (Abs 4)

36 Eine Rangänderung (Abs 4) beeinflusst den Inhalt des Löschungsrechts, weil sich
der Bestand der vor- und gleichrangigen, vom Löschungsrecht betroffenen Hypotheken ändert. Tritt die Hypothek im Rang hinter ein anderes Grundpfandrecht
zurück, so unterliegt künftig auch dieses dem Löschungsrecht. An die Stelle des
Zeitpunkts der Eintragung der nachrangigen Hypothek tritt der **Zeitpunkt** der **Eintragung der Rangänderung**. Die entsprechende Anwendung der Abs 1, 2 und 3, die
durch Abs 4 angeordnet wird, ergibt, dass solche Vereinigungen einen Löschungs-

anspruch auslösen, die im Zeitpunkt der Eintragung bestehen oder später eintreten (STÖBER Rpfleger 1977, 428 weist mit Recht darauf hin, dass die Begr 13, die nur die Vereinigungen als erfasst bezeichnet, die nach der Rangänderung eintreten, den durch Bezugnahme auf Abs 1 bestimmten Inhalt des Abs 4 nicht korrekt wiedergibt). Vor diesem Zeitpunkt eingetretene Vereinigungen, die bei der Eintragung der Rangänderung nicht mehr bestehen, zB weil die Eigentümergrundschuld bereits als Fremdrecht abgetreten wurde, werden von dem Löschungsrecht nicht mehr betroffen.

Rechte, die den Rang zwischen der zurücktretenden und der vortretenden Hypothek **37** haben (**Zwischenrechte**), werden durch die Rangänderung nicht berührt. Dies trifft auch für Zwischenrechte zu, die Grundpfandrechte sind und gegenüber der zurücktretenden Hypothek ein gesetzliches Löschungsrecht haben (**aA** STAUDINGER/SCHERÜBL[12] Rn 33; s zur weiteren Literatur § 1179 Rn 46). Behalten die Zwischenrechte Rang nach der zurücktretenden Hypothek, so behalten sie ihr Löschungsrecht. Gegenüber der vortretenden Hypothek bedürfen sie keines Löschungsrechts, wenn das Vorrücken ihnen gegenüber nicht wirkt (vgl GRUNDMANN 69; RAMBOLD Rpfleger 1995, 284; MünchKomm/EICKMANN[4] Rn 26). Dass relative Rangverhältnisse bekanntermaßen überraschende Auswirkungen auf die Verteilung des Versteigerungserlöses haben, kann den Gläubigern von Zwischenrechten nicht die Befugnis verschaffen, die relative Rangänderung zu verhindern; sie haben diese Befugnis nicht als Inhaber der Hypothek und auch das gesetzliche Löschungsrecht ist nicht geeignet, in diesem Bereich neue Rechte zu begründen.

Tritt die Hypothek im **Rang vor** ein anders Grundpfandrecht, so erlischt das Lö- **38** schungsrecht, soweit es sich gegen das zurückgetretene Grundpfandrecht gerichtet hat. Etwa schon entstandene, aber noch nicht erfüllte **Löschungsansprüche erlöschen**, weil der Gläubiger der Hypothek kein schutzwürdiges Interesse an der Löschung eines *nachrangigen* Grundpfandrechts hat. Dies unterscheidet den Fall der Rangvorrückung vom Fall der Aufhebung des Löschungsrechts (oben Rn 26).

III. Der Löschungsanspruch

1. Der Entstehungstatbestand

Ein Löschungsanspruch entsteht, wenn sich eine Hypothek mit dem Eigentum in **39** einer Person vereinigt hat oder später vereinigt und ein gegen diese Hypothek gerichtetes Löschungsrecht (oben Rn 16 ff) besteht. Die Vorschrift kennt folgende Vereinigungsfälle:

a) Abs 1 Vereinigung mit dem Eigentum
Bei der Hypothek kann die Vereinigung von Grundpfandrecht und Eigentum in den **40** Fällen der §§ 418 Abs 1 S 2, 3, 889, 1143, 1163 Abs 1 S 1, 1163 Abs 1 S 2, 1163 Abs 2, 1168, 1170, 1171, 1172 Abs 2, 1173 Abs 1, 1175 Abs 1 S 1 HS 2 sowie §§ 1172 Abs 1, 1175 Abs 1 S 1 HS 1, Abs 2, eintreten, wenn die Grundstücke einem Eigentümer gehören. Weiter kann Vereinigung eintreten nach §§ 868, 932 ZPO (WESTERMANN, Gutachten 40, 48, insbes 49 oben wegen § 1143; s auch § 1179 Rn 18). Mit Ausnahme der Eigentümergrundschulden der §§ 1163 Abs 1 S 1 und 1163 Abs 2 gelten in diesen Fällen für den Löschungsanspruch nach § 1179a keine Besonderheiten. Tritt die Vereinigung erst nach Eröffnung des Insolvenzverfahrens über das Vermögen des

Eigentümers ein, so versagt der Vormerkungsschutz in Anwendung des § 91 InsO jedenfalls dann, wenn die Herbeiführung des Entstehenstatbestands (wie zB bei der Abtretung einer Grundschuld an den Insolvenzverwalter) eine Mitwirkung des Schuldners erfordert (BGHZ 166, 319 vom 9. 3. 2006 – IX ZR 11/05 = NJW 2006, 2408 mit abl Bespr REIN S 3470 = EWiR § 1179a BGB 1/06, 457 [Anm KESSELER, dessen Auffassung von der Insolvenzfestigkeit des Rückgewähranspruchs aber nicht gefolgt werden kann] = Rpfleger 2006, 484 m Anm ALFF = NotBZ 2006, 395 m Anm KRAUSE = LM 07/2006, 4 [zust PREUSS] = ZfIR 2007, 419 m Anm BÖTTCHER S 395 gegen OLG Köln – vom 22. 12. 2004 – 2 U 103/04 – ZIP 2005, 1038 m Anm KESSELER. S zur Frage der Insolvenzfestigkeit des Rückgewähranspruchs KESSELER NJW 2007, 3466 und unten Vorbem 181 zu §§ 1191 ff).

41 Unter Vereinigung kann nur die Herbeiführung eines Zustands verstanden werden, bei dem sich Eigentum und Hypothek **in derselben Vermögensmasse** befinden. Keine Vereinigung stellt es dar, wenn das Grundstück in einem Gesamthandsvermögen liegt, die Hypothek aber von den Gesellschaftern nach Bruchteilen erworben wird und umgekehrt. Auch das Zusammentreffen in verschiedenen Gesamthandsvermögen ist keine Vereinigung, selbst wenn diese personenidentisch sind. Andernfalls würden die gesetzlichen Haftungsregelungen, die die Vermögensmassen den Gläubigern nicht gleichmäßig zuordnen, gestört werden. Problematisch ist die Bruchteilsgemeinschaft. Erwerben Miteigentümer die Hypothek im gleichen Verhältnis wie sie Miteigentümer sind, wird man wohl Vereinigung annehmen müssen, obwohl genaugenommen jeder Hypothekenbruchteil in der Hand des einen Bruchteilsinhabers Gesamthypothek am eigenen Miteigentumsanteil und – insofern Fremdgrundpfandrecht – am anderen Miteigentumsanteil ist (**aA** – keine Vereinigung bei der Bruchteilsgemeinschaft – STAUDINGER/SCHERÜBL[12] Rn 18; WESTERMANN, Gutachten 49; CLEMENTE EWiR § 1179a BGB 1/04, 1023). Erwerben die Miteigentümer die Hypothek in anderem Verhältnis als sie Miteigentümer sind, findet jedenfalls nur eine Teil-Vereinigung statt. Keine Vereinigung findet statt, soweit ein Miteigentümer gegen den anderen Ausgleichsansprüche hat und deshalb die Hypothek am anderen Miteigentumsanteil auf ihn als Fremdhypothek übergeht.

b)   Abs 2 S 1 Vorläufige Eigentümergrundschuld

42 Bei der Eigentümergrundschuld, die nach **§ 1163 Abs 1 S 1** entsteht, wenn die Forderung nicht zur Entstehung gelangt ist (s näher § 1163 Rn 20), kann der Löschungsanspruch erst geltend gemacht werden, wenn sich ergibt, dass die zu sichernde Forderung nicht mehr entstehen wird (§ 1179a Abs 2 S 1); dies ist zB dann der Fall, wenn das Kreditgeschäft endgültig gescheitert ist (Begr 12; s auch § 1163 Rn 20). Von diesem Zeitpunkt an besteht der Löschungsanspruch auch wegen der vorher bestehenden Vereinigungen (§ 1179a Abs 2 S 1 HS 2). Bei der **Höchstbetragshypothek** ist zu berücksichtigen, dass sie von Anfang an dazu bestimmt sein kann (und in der Regel bestimmt ist), wechselnde und immer wieder neue Forderungen zu sichern. Unterstellt man, dass der Gesetzgeber die Höchstbetragshypothek nicht ihrer wichtigsten Funktion berauben wollte, so muss die Vorschrift dahin ausgelegt werden, dass der Löschungsanspruch nicht bereits dann entsteht, wenn eine Einzelforderung begründet worden und dann wieder erloschen ist, sondern erst, wenn endgültig feststeht, dass keine weiteren in den Sicherungskreis fallenden Forderungen mehr entstehen werden (§ 1190 Rn 11).

c) Abs 2 S 2 Nicht begebene Hypothek

Der **Löschungsanspruch** ist **ausgeschlossen** bei der Vereinigung der Hypothek mit **43** dem Eigentum im Fall des **§ 1163 Abs 2**, wenn es also nicht zur **Briefübergabe** an den Gläubiger kommt. S zur Frage, ob dann überhaupt ein Grundpfandrecht entsteht, Einl 100 ff zu §§ 1113 ff. Die Vorschrift ist klar als lex specialis zu Abs 2 S 1 und dieser als lex specialis zu Abs 1 formuliert, so dass die nicht begebene Hypothek (im Gegensatz zu der zwar begebenen, aber nicht mit einer Forderung unterlegten) keinen Löschungsanspruch auslöst (zutreffend STÖBER Rpfleger 1977, 429; KOLHOSSER JA 1979, 180). Damit korrespondiert die Vorschrift mit § 1196 Abs 3, der den Löschungsanspruch gleichermaßen bei der nicht begebenen Grundschuld ausschließt (BGHZ 99, 363 = DNotZ 1987, 517 [SCHELTER]). In Verkennung des bestehenden Regel-Ausnahmeverhältnisses der Vorschriften will die immer noch außerordentlich löschungsfreundliche **überwiegende** Lehre Abs 1 iVm Abs 2 S 1 zusätzlich anwenden. Sie befürwortet contra legem einen Löschungsanspruch auch gegen die nicht begebene Hypothek, wenn die zu sichernde Forderung nicht zur Entstehung gelangt ist und sich ergibt, dass sie nicht entstehen wird (WESTERMANN, Gutachten 48; SCHÖN BWNotZ 1978, 53; ERMAN/WENZEL[12] Rn 6; MünchKomm/EICKMANN[4] Rn 24; PALANDT/BASSENGE[68] Rn 5; SOERGEL/KONZEN[13] Rn 15 im Gegensatz zur 12. Aufl [Rn 6] unter Anerkennung des gegenteiligen Wortlauts; STAUDINGER/SCHERÜBL[12] Rn 17). Diese teleologische „Reduktion" (?) rechtfertige sich daraus, dass der Gesetzgeber (blind?) die bisherige Rechtsprechung zur Löschungsvormerkung habe übernehmen wollen (MünchKomm/EICKMANN[4] Rn 24).

Es ist zuzugeben, dass es nicht leicht fällt, für den totalen Ausschluss der nicht **44** begebenen Grundpfandrechte aus dem Löschungsanspruch eine stringente Begründung zu finden; allein was will das bei einer Vorschrift, die ohnehin jeder Logik entbehrt, schon bedeuten? Der historische Gedankengang geht wohl von § 1196 Abs 3 aus, der die seit Jahrzehnten übliche und eingeführte Praxis der Vorrats-Eigentümergrundschulden vor dem neuen Löschungszugriff und damit vor dem Ende bewahren wollte (s nachf Rn 82); die Hypothek konnte man dann nicht schlechter stellen. Jedenfalls gibt es auch keine positiven Gründe dafür, nicht begebene Grundpfandrechte um jeden Preis einem gesetzlichen Löschungsanspruch zu unterwerfen; der Kreditgeber kann, wenn er eine entsprechende Position auf dem Markt hat, die Löschung oder den Rangrücktritt eines solchen Rechts *vor der Kreditgewährung* durchsetzen und wenn er die Position auf dem Markt nicht hat und er die Löschung oder den Rangrücktritt nicht durchsetzen kann, gibt es noch weniger Grund, ihm einen Löschungsanspruch durch die Hintertür zuzuschieben. Das gilt (entgegen MünchKomm/EICKMANN[4] Rn 24) auch für den Insolvenzfall; warum soll ein Grundpfandgläubiger, der mit dem Nachrang zufrieden war, zu Lasten der anderen Insolvenzgläubiger einen Vorrückungsanspruch haben, nur weil die Bestellung des Vorrangrechts stecken geblieben ist? Es hat deshalb beim Gesetzeswortlaut sein Bewenden zu haben.

d) Herbeiführung des Löschungsfalls

Einen Anspruch darauf, dass der **Löschungsfall herbeigeführt** oder dass sein Eintritt **45** nicht behindert werde, gibt das Löschungsrecht nicht; s oben Rn 23, unten Rn 76 und § 1179 Rn 47 f.

2. Der Schuldner des Löschungsanspruchs

46 Schuldner des gesetzlichen Löschungsanspruchs ist der Eigentümer des Grundstücks, dem die vor oder gleichrangige Hypothek als Eigentümerrecht zusteht oder zufällt. Der Löschungsanspruch erfasst die Vereinigungen, die im Zeitpunkt der Eintragung der begünstigten Hypothek bestehen oder nach der Eintragung des Rechts eintreten (Abs 1 S 1).

47 Beim **Eigentümerwechsel** bleibt der bisherige Eigentümer Schuldner der Löschungsansprüche, die gegen ihn während der Zeit seines Eigentums entstanden sind; der neue Eigentümer schuldet die Löschung nicht für Eigentümergrundschulden, die dem früheren Eigentümer zustehen. Der Löschungsanspruch gegen den früheren Eigentümer kann gegen den neuen Eigentümer auf Grund der Vormerkungswirkung des Anspruchs (Abs 1 S 3, § 888) durchgesetzt werden. Wird jedoch die Eigentümergrundschuld zusammen mit dem Eigentum auf den neuen Eigentümer übertragen, so richtet sich der Löschungsanspruch auch unmittelbar gegen den *neuen Eigentümer,* denn zur Löschung verpflichtet ist jeder Eigentümer wegen der zur Zeit seines Eigentums *bestehenden* Vereinigung, § 1179 Abs 1 S 2 (Begr 11). Tritt die Vereinigung nach dem Eigentümerwechsel ein, trifft die Löschungspflicht nur den neuen Eigentümer, § 1179 Abs 1 S 1 (Palandt/Bassenge[68] Rn 3).

3. Der Gläubiger des Löschungsanspruchs

a) Inhaber der Hypothek

48 Gläubiger des Anspruchs ist im Falle des Abs 1 und seiner entsprechenden Anwendung nach Abs 4 der **Inhaber** der begünstigten Hypothek, also der Inhaber **des Löschungsrechts**. Maßgeblich ist nicht die Buchposition, sondern die materielle Berechtigung.

49 Ist der Gläubiger der mit dem Löschungsrecht ausgestatteten Hypothek der Eigentümer selbst, sind also **Gläubiger und Schuldner identisch**, so kann unbeschadet des fortbestehenden Löschungsrechts ein *Löschungsanspruch* nicht entstehen. Zugunsten von Gläubigern, die ihrerseits ein Recht an der begünstigten Hypothek haben, wird allerdings der Anspruch fingiert. Veräußert der Eigentümer das vorrangige Eigentümergrundpfandrecht wieder, so ist es völlig sachgerecht, dass der Erwerber nicht mit einem Löschungsanspruch des veräußernden Eigentümers belastet ist. Veräußert der Eigentümer das begünstigte Grundpfandrecht, dann entsteht ein Löschungsanspruch in der Person des Erwerbers nicht; auch das ist sachgerecht und entspricht dem Gedanken des Abs 2 S 2 und des § 1196 Abs 3.

b) Scheininhaber der Hypothek (Abs 3)

50 Nach Abs 3 steht dann, wenn bei der begünstigten Hypothek die Voraussetzungen des § 1163 Abs 1 vorliegen, ohne dass das Recht für den Eigentümer oder seinen Rechtsnachfolger im Grundbuch eingetragen ist, der Löschungsanspruch dem **eingetragenen Gläubiger**, dem Buchgläubiger, oder seinem Rechtsnachfolger zu (Jerschke DNotZ 1977, 708; Westermann, in: FS Haus [1978] 359). Er kann unter den gesetzlichen Voraussetzungen die Löschung vor- und gleichrangiger Rechte (und nach § 1179b auch des fälschlich für ihn eingetragenen Rechts) verlangen. Das bedeutet: Wird jemandem eine Hypothek bestellt, entsteht die Forderung aber nicht (§ 1163 Abs 1

S 1), so erwirbt der **nichtberechtigte Buchgläubiger** dennoch kraft Gesetzes einen Löschungsanspruch (kein Löschungsrecht) gegen den Eigentümer. Der Löschungsanspruch verschafft ihm die Macht, nach Willkür zu bestimmen, ob Vermögenswerte des Eigentümers dessen hypothekarisch gesicherten Gläubigern zukommen oder dem Eigentümer und dessen persönlichen Gläubigern (oben Rn 7). Das gleiche Recht hat der vollständig befriedigte ehemalige Hypothekengläubiger (§ 1163 Abs 1 S 2). Einem Buchgläubiger, dem der Brief noch nicht übergeben worden ist und der daher noch keinerlei Anspruch auf die Hypothek – auch keine Anwartschaft, § 1163 Rn 64 – erworben hat, steht das Recht hingegen nach Abs 2 S 2 nicht zu (oben Rn 43).

Die Vorstellung, der Anspruch könne somit einem Nicht-Hypothekar, einem Nicht- **51** berechtigten also, zustehen, hat von Anfang an **Unbehagen** erzeugt, auch wenn die hier aufgezeigten verfassungsrechtlichen Konsequenzen (oben Rn 9 f) nicht gezogen wurden (STAUDINGER/SCHERÜBL[12] Rn 8; STÖBER Rpfleger 1977, 425; JAUERNIG Anm 3; KOLLHOSSER JA 1979, 176; ERMAN/WENZEL[12] Rn 3; MünchKomm/EICKMANN[4] Rn 18; BGB-RGRK/ THUMM[12] Rn 10; SOERGEL/KONZEN[13] Rn 8). Man versucht daher, die Vorschrift des Abs 3 teleologisch dahin zu *reduzieren,* dass der Buchgläubiger den Löschungsanspruch nur erwerbe, wenn die Hypothek auch materiell auf ihn übergehe, dann aber „rückdatiert" auf den Tag der Eintragung (insbes STÖBER Rpfleger 1977, 425; BGB-RGRK/ THUMM[12] Rn 10; ERMAN/WENZEL[12] Rn 3; MünchKomm/EICKMANN[4] Rn 15 ff; PALANDT/BASSENGE[68] Rn 2; SOERGEL/KONZEN[13] Rn 8).

Der Versuch einer solchen harmonisierenden, verfassungskonformen Auslegung **52** muss aber daran **scheitern**, dass Abs 3 den Anspruch auch dem Scheingläubiger nach Forderungstilgung gemäß § 1163 Abs 1 S 2, sogar noch erweitert durch § 1179b, dessen Anwendungsbereich sich mit Abs 3 überlappt, zuerkennt. Zu § 1179b (s dort Rn 2 zur Interessenlage des ex-Gläubigers) ist unbestritten, dass der Löschungsanspruch sogar begrifflich voraussetzt, dass die begünstigte Hypothek dem Gläubiger *nicht mehr zusteht* (MünchKomm/EICKMANN[4] § 1179b Rn 3 mit resignierendem Kommentar Rn 2). Trifft es zu, was EICKMANN zu Abs 3 ausführt (MünchKomm/EICKMANN[4] Rn 17: „Der Wortlaut der Norm ist somit weder begrifflich noch systematisch verifizierbar; er würde eine im Ergebnis sinnlose Rechtsfolge anordnen"), ist der Stab jedenfalls über § 1179b gebrochen. Nimmt man aber den Gesetzgeber in seinen in § 1179b zum Ausdruck gebrachten Absichten ernst, so gibt es keine Möglichkeit, anzunehmen, die gleichlautende Vorschrift des Abs 3 sei nicht mit dem Inhalt gewollt, den ihr Wortlaut zum Ausdruck bringt. Nach Abs 3 kann also der Anspruch **auch dem Scheingläubiger** zustehen, was allerdings die Nichtigkeit der Vorschrift zur Folge hat (oben Rn 9).

c) **Der jeweilige Inhaber**
aa) Nicht nur das Löschungsrecht, sondern auch der Löschungsanspruch steht dem **53** **jeweiligen Inhaber** der begünstigten Hypothek, in den Fällen Abs 3 und § 1179b dem jeweiligen Buchberechtigten, zu. Er geht bei Abtretung der begünstigten Hypothek auf den Zessionar mit über und erfährt durch die Abtretung keine Änderung (Begr 11; allgM). Es ist nur konsequent, anzunehmen, dass analog dazu der *Buchberechtigte* den Anspruch verliert, sobald das **Grundbuch berichtigt** wird; das hat aber wieder die befremdliche Wirkung, dass der Eigentümer dem Löschungsverlangen des Buchgläubigers seinen Berichtigungsanspruch einredeweise entgegenhalten kann.

bb) Der Löschungsanspruch steht dem **Rechtsnachfolger** auch hinsichtlich solcher **54**

Vereinigungslagen zu, die während der Rechtsinhaberschaft eines seiner Rechtsvorgänger bestanden haben (Begr 11). Der Anspruch kann damit – anders als der nach § 1179 – nicht von der begünstigten Hypothek getrennt, also nicht selbständig abgetreten, verpfändet oder gepfändet werden und zwar auch dann nicht, wenn er sich bereits auf eine bestimmte Vereinigungssituation hin konkretisiert hat. Der jeweilige Gläubiger des Löschungsanspruchs ist aber zu *Verfügungen* befugt, die *keine Verselbständigung des Anspruchs bewirken,* insbesondere zum Ausschluss des Löschungsanspruchs nach Abs 5. Der Anspruchsinhaber kann während der Dauer seiner Berechtigung auch über die als Vormerkungswirkung eintretende relative Unwirksamkeit verfügen; ist nach Eintritt des Vereinigungsfalls eine vom Eigentümer vorgenommene Abtretung der Hypothek an einen Dritten ihm gegenüber unwirksam, so kann er sie gemäß § 185 BGB durch seine Zustimmung wirksam machen mit der Folge, dass dem Erwerber der Hypothek der aus der vorgehenden Vereinigung entsprungene Löschungsanspruch nicht mehr entgegengehalten werden kann (WILKE WM 1978, 2).

55 cc) Infolge der Bindung an den jeweiligen Inhaber der Hypothek **erlischt** der Anspruch, wenn die Hypothek erlischt, auch wenn die Löschungssituation bereits eingetreten war und selbst dann, wenn der Löschungsanspruch bereits rechtshängig oder sogar rechtskräftig festgestellt sein sollte. Ggf setzt er sich an einem Surrogat fort (nachf Rn 68). Ein Eigentümerrecht wird also wieder verkehrsfähig, wenn alle ihm gleich- und nachrangigen Grundpfandrechte erloschen sind. Sind sie gelöscht, aber in Wahrheit nicht erloschen, so kann das Recht gutgläubig löschungsfrei erworben werden (s unten Rn 62).

56 dd) Infolge der Bindung an den jeweiligen Inhaber der Hypothek erlischt der Anspruch nicht ohne weiteres durch **Konfusion,** wenn der Eigentümer die begünstigte Hypothek erwirbt. Vielmehr ist zu unterscheiden: Hat sich der Anspruch bereits in Form eines Vereinigungstatbestands konkretisiert und steht das belastete Recht dem Eigentümer zu, so erlischt der Anspruch insoweit; auch wenn der Eigentümer die begünstigte Hypothek weiter begibt, kann nicht angenommen werden, dass er dem neuen Gläubiger den konkretisierten Löschungsanspruch überlassen will. Der neue Gläubiger erwirbt freilich idR einen neuen Löschungsanspruch nach Abs 1 S 1. Steht die belastete Hypothek nicht mehr dem Eigentümer zu, so muss die konkrete Vertragssituation berücksichtigt werden. Auf alle Fälle geht der Löschungsanspruch in Ansehung noch nicht konkretisierter Löschungssituationen als Löschungsrecht und Inhalt der Hypothek auf den neuen Gläubiger über.

4. Der Inhalt des Löschungsanspruchs

a) Anspruch auf Löschung

57 Dem Gläubiger wird der Anspruch auf Löschung einer Hypothek eingeräumt. S zum unpräzisen Begriff „Löschung", der gewählt wurde, um im Verhältnis zu § 1179 aF die Kontinuität im Sprachgebrauch zu wahren (Begr 10), § 1179 Rn 7. Löschung einer Wertpapier-Sicherungshypothek nach §§ 1187 ff (§ 1187 S 4) und einer Wertpapiergrundschuld nach § 1195 (§ 1194 S 2 iVm § 1187 S 4; Begr 14) kann nicht verlangt werden; wohl kann umgekehrt den Gläubigern solcher Rechte ein gesetzlicher Löschungsanspruch zustehen (oben Rn 17). Der Löschungsanspruch ist nicht exklusiv, schließt also Löschungsansprüche anderer Personen, auch des Eigentümers selbst, aus anderem Rechtsgrund und auch die Pfändung solcher Ansprüche nicht aus (OLG Düsseldorf Rpfleger 1998, 436). S dazu, dass kein Anspruch auf Herbeiführung des Löschungsfalls besteht, oben Rn 23 und Rn 45 sowie unten Rn 76.

Der Gläubiger ist im Aufgebotsverfahren antragsberechtigt (§ 984 Abs 2 ZPO, ab **58** 1. 9. 2009 § 448 Abs 2 FamFG).

In der Praxis kommt es kaum jemals dazu, dass der Löschungsanspruch real geltend **59** gemacht wird (s aber LG Ansbach Rpfleger 1998, 212, dass die selbständige Geltendmachung zulässig und außer in Fällen eines extremen Missverhältnisses zwischen dem Grundstückswert und dem Wert des begünstigten Rechts auch nicht missbräuchlich ist). IdR entfaltet der Löschungsanspruch nur indirekte Wirkung am Surrogat, wenn es nach Durchführung der Zwangsversteigerung um die Verteilung des Erlöses geht (auch diese Tatsache erweckt Zweifel an der Regelungstechnik des Gesetzes, s de lege ferenda oben Rn 10).

b) Abhängigkeit vom Schuldgrund
§ 1179a regelt den gesetzlichen Löschungsanspruch nur als Begleitschuldverhältnis **60** zum dinglichen Recht (oben Rn 13). Ob und wie weit und unter welchen Voraussetzungen der Gläubiger von dieser seiner dinglichen Rechtsposition tatsächlich Gebrauch machen darf, unterliegt uneingeschränkt den der Hypothekenbestellung zugrundeliegenden **schuldrechtlichen Vereinbarungen** der Parteien. Ist zB im Darlehensvertrag nachrangige Sicherung vereinbart, um dem Eigentümer den Erstrang zur Absicherung von Kundenforderungen offen zu halten, so verstößt die Geltendmachung des Löschungsanspruchs außerhalb einer Krise in einer Zeit, in der gerade keine zu sichernden Kundenforderungen bestehen, gegen die Gläubigerverpflichtungen aus dem Darlehensvertrag. Für den Löschungsanspruch als Ausfluss des Löschungsrechts gilt § 1157, so dass der Eigentümer eine entsprechende Einrede auch einem Rechtsnachfolger des Gläubigers gegenüber erheben kann. Dies ist streng zu unterscheiden vom (dinglichen) Ausschluss des Löschungsrechts nach Abs 5.

Ebenso selbstverständlich kann der Eigentümer über den gesetzlichen Löschungs- **61** anspruch hinaus aus dem zugrundeliegenden *Schuldverhältnis zur Löschung verpflichtet sein*. Ist im Darlehensvertrag erstrangige Sicherung vereinbart, so bedarf der Gläubiger keines gesetzlichen Löschungsanspruchs, um die Löschung auch einer nicht begebenen Hypothek (Abs 2 S 2) verlangen zu können. Ein neben dem gesetzlichen Löschungsanspruch bestehender schuldrechtlicher Löschungsanspruch kann aber nicht mit einer Löschungsvormerkung nach § 1179 gesichert werden (§ 1179 Rn 33). Dies gilt ausnahmslos und damit auch für die Arresthypothek (§ 932 ZPO), s näher § 1179 Rn 34.

5. Wirkung

a) Vormerkungswirkung
Der gesetzliche Löschungsanspruch gibt dem Berechtigten nach Abs 1 S 3 die **62** gleiche **dingliche Sicherung** wie eine gleichzeitig mit dem begünstigten Recht zur Sicherung eines schuldrechtlichen Löschungsanspruchs eingetragene **Vormerkung** (der grammatikalische Fehler im Gesetzeswortlaut – „als wenn" bezeichnet den

Irrealis, angebracht wäre ein „wie wenn" – ist charakteristisch für die auf die Formulierung verwandte Sorgfalt). Ein gutgläubig-löschungsfreier Erwerb ist daher ausgeschlossen, vorausgesetzt, die begünstigte Hypothek ist so eingetragen, dass sie als Gläubigerin des Löschungsanspruchs in Betracht kommt (vgl OLG Celle Rpfleger 1986, 398). Ist hingegen die begünstigte Hypothek nicht eingetragen, das Grundbuch also insofern unrichtig, so ist zumindest ein gutgläubig-löschungsfreier Erwerb möglich, wenn man nicht annimmt, dass die Vormerkungswirkung selbst an die Eintragung gebunden ist, also mangels Eintragung völlig entfällt (dazu abl STAUDINGER/GURSKY [2008] § 886 Rn 41).

b) Insolvenz

63 Der bei Eröffnung des Insolvenzverfahrens über das Vermögen des Eigentümers bereits entstandene Löschungsanspruch ist infolge der Vormerkungswirkung des Abs 1 S 3 insolvenzfest, soweit nicht die Herbeiführung der Anteilsvereinigung selbst nach § 130 Abs 1 Nr 1 InsO anfechtbar ist (s aber oben Rn 17 zur Zwangshypothek). Aber auch das Löschungsrecht selbst ist als Bestandteil (Inhalt) der Hypothek (oben Rn 12) insolvenzfest, so dass der Löschungsanspruch entsteht, wenn die Vereinigung – gleich auf welchem Wege – nach Eröffnung des Insolvenzverfahrens stattfindet (§ 91 Abs 2 InsO). Die Überlegungen, die in der Rechtsliteratur zur Insolvenzfestigkeit von Vormerkungen für künftige oder bedingte Ansprüche angestellt werden (insbesondere AMANN MittBayNot 2007, 13), spielen daher hier keine Rolle.

c) Löschung

64 Wird das **belastete Recht aufgehoben**, so rücken die gleich und nachrangigen Grundpfandrechte um den Rang des belasteten Rechts vor. Dabei ist es gleichgültig, ob bei einem gleich- oder nachrangigen Recht der Löschungsanspruch nach Abs 5 ausgeschlossen ist.

6. Geltendmachung in der Zwangsvollstreckung

65 In der Zwangsversteigerung, in der der Löschungsanspruch seine eigentliche Bedeutung erlangt (oben Rn 59), ergeben sich Besonderheiten, soweit im Zeitpunkt des Zuschlags eine bis dahin entstandene Eigentümergrundschuld noch nicht gelöscht ist. S ergänzend die Erl zu § 1179 Rn 57 ff.

a) Belastete Hypothek im geringsten Gebot

66 Steht die belastete Hypothek im geringsten Gebot, so wird eine vor dem Zuschlag aus ihr entstandene Eigentümergrundschuld von dem Zuschlag nicht berührt. Da aber die nicht in das geringste Gebot fallende begünstigte Hypothek durch den Zuschlag erlischt (§ 91 Abs 1 ZVG), würden im Ergebnis auch der Löschungsanspruch erlöschen, würde sich die begünstigte Hypothek nicht am Versteigerungserlös fortsetzen (RGZ 57, 209; BGHZ 25, 382 = NJW 1958, 21; BGH MDR 1958, 24; BGHZ 99, 363 = DNotZ 1987, 517 [SCHELTER]; OLG Hamm Rpfleger 1959, 130 mit zust Anm STÖBER; OLG Köln OLGZ 71, 151; ZAGST 107; BGB-RGRK/THUMM Rn 7; MünchKomm/EICKMANN[4] Rn 37; PALANDT/ BASSENGE[68] Rn 14; ZELLER/STÖBER, ZVG § 114 Rn 9. 15; DASSLER/SCHIFFHAUER/GERHARDT, ZVG § 114 Anm VI 6 I). Der Löschungsanspruch des Gläubigers der begünstigten Hypothek bleibt also zunächst bestehen, aber nur, soweit er im Zeitpunkt des Zuschlags bereits entstanden war (BGHZ 160, 168 vom 22. 7. 2004 – IX ZR 131/03 = EWiR § 1179a BGB 1/04, 1023 [CLEMENTE] = ZfIR 2004, 1028 m krit Anm DÜMIG; **aA** MAYER RpflStud 2005, 41; STÖBER WM 2006,

607; Böttcher NJW 2008, 2088 und offenbar BGB-RGRK/Thumm[12] Rn 7 mit befremdlichen Folgerungen; Hintzen/Böhringer Rpfleger 2004, 661 befürchten als Folge der BGH-Entscheidung eine Rückkehr der Löschungsvormerkung, der aber § 309 BGB entgegenstehen dürfte [vgl oben Rn 2]; vgl auch Alff Rpfleger 2006, 486; Amann MittBayNot 2007, 13); eine spätere Vereinigung führt hingegen nicht mehr zur Entstehung eines Löschungsanspruchs (§ 91 Abs 4 ZVG). Die belastete Hypothek wird infolge des gegen sie gerichteten Löschungsanspruchs wie ein bedingtes Recht behandelt; wird der Löschungsanspruch geltend gemacht, so löst dies gemäß § 50 Abs 1 S 1 und Abs 2 Nr 1 eine Nachzahlungspflicht des Erstehers zur Teilungsmasse aus (Palandt/Bassenge[68] § 1179 Rn 14; vgl auch BGHZ 53, 47); im Ergebnis verwandelt sich also der Löschungsanspruch in einen Zahlungsanspruch zur Teilungsmasse. Dieser Anspruch kommt – wie der Löschungsanspruch selbst – dem nachrangigen Gläubiger nicht unmittelbar zugute; er vermehrt nur die Teilungsmasse. Würde die Vermehrung der Teilungsmasse nicht dazu führen, dass dem Löschungsberechtigten ein Erlösanteil oder ein höherer Erlösanteil zuzuteilen wäre, sei es, weil er ohnehin voll befriedigt wird, sei es dass er trotz der Zuzahlung ausfallen würde, ist ihm (arg § 130a Abs 2 S 3 ZVG) die Geltendmachung des Löschungsanspruchs wie des aus ihm entstandenen Zahlungsanspruchs verwehrt (RGZ 63, 157; JW 1932, 1550; BGH NJW 1980, 228; Zagst 109).

Wird der Anspruch auf Zuzahlung zur Masse rechtzeitig (§ 114 Abs 1 S 1 ZVG) **67** angemeldet, so ist er noch im Verteilungsverfahren zu berücksichtigen. Wird er nicht rechtzeitig angemeldet, so bleibt er zwar auch über das Teilungsverfahren hinaus bestehen; die Vormerkungswirkung (§ 1179a Abs 1 S 3) entfällt aber mit der Ausführung der Löschung nach §§ 130, 130a Abs 1 ZVG. An ihrer Stelle kann jedoch nach § 130 Abs 2 ZVG auf Antrag des begünstigten Gläubigers, der spätestens im Verteilungstermin zu stellen ist, bei dem bestehenbleibenden belasteten Recht eine **Vormerkung** ausdrücklich eingetragen werden. Der Vorlage des Briefs bedarf es dazu nicht. Der Gesetzgeber hat davon abgesehen, ausdrücklich zu bestimmen, dass das Versteigerungsgericht den Berechtigten auf die Sicherungsmöglichkeit durch Vormerkung hinzuweisen hat, doch kann sich eine solche Verpflichtung aus der Aufklärungs- und Belehrungspflicht des Gerichts (§ 139 ZPO) ergeben (Mohrbutter KTS 1977, 22; vgl auch BVerfG NJW 1976, 1391). Die dingliche Sicherung ist auf den Zeitpunkt zurückbezogen, zu dem die Vormerkungswirkung nach § 1179a Abs 1 S 3 eingetreten war. Wer durch die Eintragung der Vormerkung beeinträchtigt ist, kann von dem Berechtigten die Löschung der Vormerkung verlangen, wenn diesem zur Zeit des Erlöschens seines Rechts ein Anspruch auf Löschung des bestehenbleibenden Rechts nicht zustand oder er auch bei Verwirklichung dieses Anspruchs eine weitere Befriedigung nicht erlangen würde; die Kosten der Löschung und der dazu erforderlichen Erklärung hat der Vormerkungsberechtigte zu tragen (§ 130a ZVG).

b) Erlöschen beider Hypotheken

Fallen die belastete und damit auch die begünstigte Hypothek **nicht ins geringste** **68** **Gebot**, so erlöschen beide Rechte durch den Zuschlag; an die Stelle des Grundstücks tritt der Versteigerungserlös, an dem die erloschenen Rechte und früheren Rechtsbeziehungen fortdauern, soweit dies nicht deshalb ausgeschlossen ist, weil nicht mehr ein Grundstück den Gegenstand des Rechts und dieser Rechtsbeziehungen bildet. Der Löschungsanspruch geht nunmehr dahin, dass der bisherige Grundstückseigentümer dem Berechtigten den auf die Eigentümergrundschuld entfallenden Erlösanteil insoweit überlässt, als er diesem zustehen würde, wenn die Aufhebung und Löschung der Eigentümergrundschuld schon vor dem Zuschlag erfolgt wäre (zustimmend BGHZ 99, 363 = DNotZ 1987, 517 [Schelter]; ebenso Zagst 107; Münch-Komm/Eickmann⁴ Rn 36; Zeller/Stöber ZVG § 114 Rn 9. 15; Dassler/Schiffhauer/Gerhardt ZVG § 114 Anm VI 6 I). Bestehen mehrere Löschungsansprüche, so werden sie, ihre Geltendmachung vorausgesetzt, nach dem Rang des begünstigten Grundpfandrechts am Erlös beteiligt.

69 Folgt die begünstigte Hypothek (bzw folgen die begünstigten Hypotheken) **unmittelbar** dem belasteten Recht nach, so kommt dieser Erlösanteil unmittelbar dem Begünstigten zugute. Bestehen zwischen dem belasteten und begünstigten Recht Rechte, denen ein Löschungsanspruch nicht zusteht – Alt und Übergangsrechte, für die eine Löschungsvormerkung (§ 1179 aF) nicht bestellt ist, oder Grundpfandrechte, für die der Löschungsanspruch nach § 1179a Abs 1 durch Rechtsgeschäft (§ 1179a Abs 5) oder kraft Gesetzes (§ 932 ZPO) ausgeschlossen ist –, so hat der Gläubiger des Löschungsanspruchs nur insoweit Anspruch auf den dem Eigentümer zustehenden Erlösanteil, als er auch bei vor dem Zuschlag durchgeführter Löschung zum Zuge gekommen wäre. Die Zwischenrechte werden von der Geltendmachung des Löschungsanspruchs nicht berührt (OLG Düsseldorf NJW-RR 1989, 599); es ergibt sich die gleiche Rechtslage wie bei der Löschungsvormerkung (§ 1179 Rn 62).

c) **Sicherungshypothek nach § 128 ZVG**

70 Wird eine Sicherungshypothek nach § 128 ZVG bestellt, so können gesetzliche Löschungsansprüche zu ihren Lasten wie zu ihren Gunsten entstehen, je nachdem ob vor, gleich oder nachrangige Grundpfandrechte bestellt werden. Gleiches gilt für ein Grundpfandrecht, dessen Bestehenbleiben nach §§ 59, 91 Abs 2 ZVG vereinbart ist.

IV. **Anwendung auf Grund- und Rentenschulden**

71 Die Vorschrift findet auf Grund- und Rentenschulden Anwendung und zwar sowohl auf der *Aktivseite* als auch, wie schon § 1196 Abs 3 (dort Rn 25 ff) zeigt, auf der *Passivseite*.

1. **Die Grundschuld als begünstigtes Recht**

a) **Löschungsrecht**

72 Dem Gläubiger einer Grundschuld stehen uneingeschränkt dieselben gesetzlichen Löschungsrechte und -ansprüche zu wie dem Hypothekengläubiger. Auch dem Gläubiger einer Inhabergrundschuld (§ 1195), steht der gesetzliche Löschungsanspruch zu.

b) **Eigentümergrundschuld**

73 Die begünstigte Grundschuld kann auch Eigentümergrundschuld sein. Da das Löschungsrecht zum gesetzlichen Inhalt des Grundpfandrechts gehört (oben Rn 12), ist es auch dann Inhalt des Grundpfandrechts, wenn es als Eigentümergrundpfandrecht begründet wird oder sich in ein Eigentümergrundpfandrecht umwandelt (Stöber Rpfleger 1977, 427; Soergel/Konzen¹³ Rn 6). Der Eigentümer ist danach befugt, in Ansehung einer Eigentümergrundschuld das Löschungsrecht, das zum gesetzlichen

Inhalt der Grundschuld gehört und deren jeweiligem Gläubiger zusteht, von Anfang an oder nachträglich auszuschließen (Abs 5). Hingegen kann der Eigentümer den Löschungsanspruch nicht gegen sich selbst geltend machen (oben Rn 16); er ist darauf auch nicht angewiesen. Er kann auch nicht die relative Unwirksamkeit einer von ihm über die Eigentümergrundschuld getroffenen Verfügung zugunsten seiner eigenen begünstigten Eigentümergrundschuld geltend machen; denn der Löschungsanspruch ist ein Mittel, um Gläubigerinteressen gegenüber Ranginteressen des Eigentümers durchzusetzen, nicht umgekehrt (WESTERMANN, Gutachten 45). Eine solche Beschränkung des Eigentümerrechts ergibt sich aus der entsprechenden Anwendung des § 1197, der für die dort getroffene Regelung von demselben Grundgedanken ausgeht. Die Beschränkung fällt weg, wenn das Eigentümerrecht Fremdrecht wird, und bei Pfändung oder Verpfändung des Eigentümerrechts (s § 1197 Rn 5).

2. Die Grundschuld als belastetes Recht

74 Der gesetzliche Löschungsanspruch besteht auch *gegenüber* Grundschulden, wie schon § 1196 Abs 3 zeigt.

a) Die ursprüngliche Fremdgrundschuld

75 Bei einer **Fremdgrundschuld** erwirbt der Eigentümer die Grundschuld, wenn der Eigentümer oder ein Dritter für ihn den Grundschuldgläubiger durch Leistung auf die Grundschuld befriedigt (§ 1192 Rn 18), wenn der Gläubiger auf sein Recht verzichtet (§ 1168) oder damit ausgeschlossen wird (§ 1170), wenn der Eigentümer des Grundstücks die Grundschuld oder der Grundschuldgläubiger das Eigentum am Grundstück erwirbt (§ 889). Der Erwerb muss zu einem **Zeitpunkt** stattgefunden haben, zu dem die Grundschuld noch existent war; verzichtet der Gläubiger erst nach dem Zuschlag auf einen Erlösanteil, so fällt dieser an den Eigentümer und nicht an den nachrangigen Gläubiger (BGHZ 39, 242 vom 13. 3. 1963 – V ZR 108/61; BGHZ 160, 168 vom 22. 7. 2004 – IX ZR 131/03 = EWiR § 1179a BGB 1/04, 1023 [zust CLEMENTE] = ZfIR 2004, 1028 m krit Anm DÜMIG, oben Rn 55; aA STÖBER WM 2006, 607; vgl auch ALFF Rpfleger 2006, 486). Ob die Grundschuld eine „isolierte" oder eine Sicherungsgrundschuld ist, spielt für den gesetzlichen Löschungsanspruch keine Rolle (vgl aber nachf Rn 84 zur Anwendung des Abs 1 S 1).

76 Der gesetzliche Löschungsanspruch gibt dem nachrangigen Gläubiger kein Recht, zu verlangen, dass der Vereinigungsfall **herbeigeführt** wird, wenn der durch die Sicherungsgrundschuld besicherte schuldrechtliche Anspruch befriedigt oder sonst der Sicherungszweck erledigt ist (BGHZ 80, 119 vom 6. 3. 1981 – V ZB 2/80 – gegen VOLLKOMMER NJW 1980, 1052 und OLG München ZIP 1980, 974, die von unzulässiger Rechtsausübung ausgehen; AMANN MittBayNot 2007, 13; vgl BGHZ 99, 363 = DNotZ 1987, 517 [SCHELTER]; BGHZ 108, 237 = EWiR § 1191 BGB 4/89, 881 [CLEMENTE] = WuB I F 3 Grundpfandrechte 15. 89 [krit OTT]; Anm WILHELM JZ 1998, 18; BGH NJW-RR 1991, 1197; BGHZ 166, 319 vom 9. 3. 2006 – IX ZR 11/05 = NJW 2006, 2408 mit Bespr REIN 3470 = EWiR § 1179a BGB 1/06, 457 [Anm KESSELER, dessen Auffassung von der Insolvenzfestigkeit des Rückgewähranspruchs aber nicht gefolgt werden kann] = Rpfleger 2006, 484 m Anm ALFF = NotBZ 2006, 395 m Anm KRAUSE = LM 07/2006, 4 [zust PREUSS] = ZfIR 2007, 419 m insoweit zust Anm BÖTTCHER S 395 gegen OLG Köln vom 22. 12. 2004 – 2 U 103/ 04 – ZIP 2005, 1038 m Anm KESSELER; s oben Rn 23 und 45 sowie § 1179 Rn 47 und Einl 153 zu §§ 1113 ff).

77 Soweit ein **Rückgewähranspruch** besteht, steht dieser ausschließlich dem Sicherungsgeber, soweit ein Verzichtsanspruch nach § 1169 gegeben ist, dieser ausschließlich dem Eigentümer zu. Weder der Inhaber des gesetzlichen Löschungsanspruchs noch der Gläubiger einer Löschungsvormerkung können in dieser Eigenschaft auf den Rückgewähr- oder Verzichtsanspruch zugreifen (BGH NJW 1980, 800; dazu auch ALFF Rpfleger 2006, 241; s § 1169 Rn 16 u 25; § 1179 Rn 48 mwNw; aA ua STAUDINGER/SCHERÜBL[12]). Der Inhaber des begünstigten Rechts kann den Eigentümer auch nicht daran hindern, über einen ihm zustehenden Rückgewähranspruch durch Abtretung an einen Dritten zu verfügen und dadurch den Eintritt des Vereinigungsfalls zu verhindern (BGHZ 166, 319 wie vor). Möglich ist es selbstverständlich, mit Einwilligung des Gläubigers die Rückgewähransprüche des Eigentümers durch eine **Vormerkung nach § 883** (STÖBER Rpfleger 1977, 402) zu sichern und die gesicherten Rückgewähransprüche an nachrangige Gläubiger zu deren Sicherung abzutreten; in der Praxis ist dieses Verfahren nicht üblich.

78 Die Verkehrsfähigkeit von **Briefgrundschulden** wird durch den gesetzlichen Löschungsanspruch ebenso eingeschränkt wie die der Eigentümergrundschuld (nachf Rn 71). Wer eine Briefgrundschuld – sei es auch vom Fremdgläubiger – erwirbt, kann sich nie sicher sein, ob sie sich nicht zwischenzeitlich in der Hand des Eigentümers befunden hat, an den sie und von dem sie anschließend jeweils außerhalb des Grundbuchs abgetreten worden ist. Ein **gutgläubig löschungsfreier Erwerb** ist nach dem Wortlaut der Vorschrift ausgeschlossen, weil nach § 1155 die Gutglaubenswirkung der Abtretungskette nur dem Briefbesitzer zugute kommt, aber nichts über Freiheit von früheren Zwischenerwerben aussagt (§ 1155 Rn 39). Ein Vergleich mit dem Fall, dass jemand eine vormerkungsbelastete Hypothek vom Scheingläubiger erwirbt (§ 1179 Rn 52) scheidet daher aus (aA GABERDIEL Rn 506). Dennoch bietet sich angesichts der unerträglichen Rigorosität der Vorschrift eine Auslegung praeter legem an, die der Briefgrundschuld wenigstens einen Rest von Verkehrsfähigkeit erhält; es erscheint daher vertretbar, den Löschungsanspruch zu versagen, wenn jemand aufgrund einer lückenlosen Abtretungskette gemäß § 1155 erworben hat und den Zwischenerwerb durch den Eigentümer nicht kannte. S zu den möglichen Sicherungsmaßnahmen nachf Rn 81.

b) Die vorläufige Eigentümergrundschuld

79 S § 1196 Rn 29. Der Fall des Abs 2 S 1 kommt bei der Grundschuld nicht vor, weil er hypothekenspezifisch die Akzessorietät zu einer Forderung voraussetzt. Hingegen ist Abs 2 S 2 auch auf die Fremdgrundschuld anwendbar; auch die als Briefgrundschuld bestellte Fremdgrundschuld steht gemäß § 1163 Abs 2 bis zur Briefübergabe dem Eigentümer zu. Entsprechend Rn 43 ff sind gesetzliche Löschungsansprüche gegen die nicht begebene Grundschuld ebenso vollständig ausgeschlossen wie gegen die nicht begebene Fremdhypothek. Auch auf die vorläufige Eigentümergrundschuld will aber ein Teil der Lehre Abs 2 S 1 entsprechend anwenden (STAUDINGER/ SCHERÜBL[12] Rn 20; MünchKomm/EICKMANN[4] Rn 24; PALANDT/BASSENGE[68] Rn 6, der sich zu unrecht auf BGHZ 99, 363 = DNotZ 1987, 517 [SCHELTER] beruft). Dies kann in Ansehung der Grundschuld noch weniger gebilligt werden als für die Hypothek (WILHELM[3] Rn 1457). Die Bestellung einer Hypothek setzt voraus, dass immerhin bereits eine identifizierbare, bestimmte (wenn auch idR künftige) Forderung besteht; deren Entstehen oder Nichtentstehen lässt sich feststellen, auch wenn das gesetzliche Tatbestandsmerkmal, es müsse „sich ergeben", dass die Forderung nicht mehr entstehen wird, nicht besonders präzise ist. Bei einer Grundschuld, auch einer Fremdgrundschuld, ist ein solcher Zusammenhang keineswegs gesichert; niemand kann den Eigentümer daran hindern, zB seiner Hausbank eine Grundschuld zu bestellen in der Absicht, ihr den Grundschuldbrief auszuhändigen, falls sich in unbestimmter Zukunft einmal ein Sicherungsbedürfnis ergeben sollte. Mangels einer gesicherten Forderung könnte das Tatbestandsmerkmal des „sich ergebens" nur ins Leere laufen.

c) Die ursprüngliche Eigentümergrundschuld

S § 1196 Rn 25 ff. Bei der ursprünglichen offenen Eigentümergrundschuld (§ 1196) **80** besteht der Löschungsanspruch nur wegen solcher Vereinigungen der Grundschuld mit dem Eigentum in einer Person, die eintreten, nachdem die Grundschuld einem anderen als dem Eigentümer zugestanden hat, § 1196 Abs 3 (zustimmend BGHZ 99, 363 = DNotZ 1987, 517 [Schelter]). Damit wird nach Wegfall der Löschungsvormerkung für Grundpfandrechte die Fortführung einer Rechtspraxis ermöglicht, die bei der ursprünglichen Eigentümergrundschuld für gleich- und nachrangige Grundpfandrechte eine Löschungsvormerkung für den Fall zugelassen hat, dass sich das Grundpfandrecht nach zwischenzeitlicher Ausgestaltung als Fremdrecht wieder mit dem Eigentum vereinigt (vgl § 1179 Rn 10).

Eigentümergrundschulden werden stets als *Briefrecht* bestellt; deshalb kann eine **81** Abtretung, die das Recht zum Fremdrecht macht, auch außerhalb des Grundbuchs vorgenommen werden (§§ 1154, 1155). Der Erwerber einer Eigentümergrundschuld müsste sich daher vergewissern, ob es sich um einen *Ersterwerb nach Bestellung des Grundpfandrechts* handelt, weil er sonst mit einem Löschungsanspruch gleich und nachrangiger Grundpfandrechte rechnen muss. Eine solche Sicherheit gibt es aber nicht, weil die Grundschuld außerhalb des Grundbuchs abgetreten und wieder rückabgetreten worden sein kann, was keine sichtbaren Spuren hinterlässt (s zur Möglichkeit eines gutgläubig-löschungsfreien Erwerbs oben Rn 62). Eigentümergrundschulden sind deshalb nur noch verkehrsfähig, wenn ihnen keine anderen Grundpfandrechte im Rang gleich- oder nachstehen oder – was selten ist – bei allen gleich- und nachrangigen Grundpfandrechten der Verzicht auf den Löschungsanspruch eingetragen ist – ein weiterer Grund, warum eine Briefgrundschuld nur nach Grundbucheinsicht überhaupt als Sicherheit akzeptiert werden kann (vgl § 1155 Rn 2). Sind diese Voraussetzungen nicht gegeben, so muss der Zessionar Erklärungen aller gleich- und nachrangigen Grundpfandrechtsgläubiger über den Erlass einer etwa entstandenen Löschungsschuld einholen.

Während (oben Rn 43) trotz anderslautenden Gesetzeswortlauts die Meinung vor- **82** herrscht, Abs 2 S 1 sei auf die nicht begebene Fremdhypothek entsprechend anwendbar, scheint Einigkeit zu bestehen, dass für die ursprüngliche Eigentümergrundschuld die **gesetzliche Regelung in § 1196 Abs 3 zu respektieren** sei. Das ist einerseits aus rechtstechnischen Gründen unvermeidbar, weil es bei der Vorrats-Eigentümergrundschuld schlechthin keine Forderung gibt, die endgültig nicht entstehen könnte, und doch inkonsequent, weil nicht begebene Fremdgrundschuld und nicht abgetretene Eigentümergrundschuld einerseits und begebene Fremdgrundschuld und abgetretene Eigentümergrundschuld andererseits völlig funktionsidentisch sind. Nur die Respektierung auch des § 1179a Abs 2 S 2 ermöglicht eine einigermaßen gleichförmige Gesetzesanwendung.

83 Eine nach zwischenzeitlicher Abtretung **an den Eigentümer zurückgelangte Eigentümergrundschuld**, ebenso ein beliebiges Grundpfandrecht, das Fremdgrundpfandrecht war, an den Eigentümer zurückgelangt ist und im Wege der Grundbuchberichtigung in eine Grundschuld umgeschrieben worden ist, steht der ursprünglichen Eigentümergrundschuld gleich, wenn sie keinem konkretisierten gesetzlichen Löschungsanspruch mehr ausgesetzt ist, zB weil keine gleich- und nachrangigen Grundpfandrechte (mehr) bestehen oder weil deren Gläubiger diese Rechte durch Erlassvertrag aufgegeben haben (zustimmend BGHZ 136, 246 vom 15.7.1997 – XI ZR 145/96 – unter entsprechender Anwendung des § 1196 Abs 3; zust auch Joswig EWiR 1997, 977; K Schmidt JuS 1997, 1135; Rehbein WuB I F 3 Grundpfandrechte 5.98; Palandt/Bassenge[68] Rn 7). Wird ein nachrangiges Grundpfandrecht erst nach Wiedervereinigung der Grundschuld mit dem Eigentum und deren Eintragung im Grundbuch (§ 1155 steht gleich) eingetragen, so gilt die Regelung des § 1196 Abs 3 auch für den Löschungsanspruch, der dem Gläubiger dieses neuen Grundpfandrechts zusteht. Entsprechend ist die Rechtslage beim Rangrücktritt. S auch § 1196 Rn 26.

d)   Zwangsversteigerung

84 Entsprechend Rn 75 tritt auch im Falle der Zwangsversteigerung der Vereinigungsfall selbst dann nicht von selbst ein, wenn die Grundschuld nur Ansprüche sichert, die hinter dem auf sie entfallenden Erlösanteil zurückbleiben. Der Vereinigung steht es aber gleich, wenn der Gläubiger auf seinen Erlösanteil noch vor dem Zuschlag verzichtet; der Erlös ist dann nach den vorstehend dargelegten Grundsätzen zu verteilen. Nimmt hingegen der Inhaber der belasteten Grundschuld den vollen Erlös entgegen – wozu er auch dann berechtigt oder gar verpflichtet ist, wenn es sich um eine nicht voll valutierte Sicherungsgrundschuld handelt (Vorbem 124 zu §§ 1191 ff) –, steht fest, dass der Vereinigungsfall nicht eingetreten ist und auch nicht mehr eintreten kann. Die Art und Weise, in der der ehemalige Grundschuldgläubiger den Erlös verwendet, spielt keine Rolle mehr; auch wenn er ihn ganz oder zum Teil an den Eigentümer auszahlt, gewinnen die ehemaligen Inhaber der begünstigten Grundpfandrechte keine Rechte mehr daran.

3.   Die Gesamt-Eigentümergrundschuld

85 Eine spezielle, aber häufige Konstellation ist die, dass **Miteigentümern gemeinsam**, insbesondere nach Bruchteilen, ein Grundpfandrecht als Eigentümergrundschuld angefallen ist, sei es durch Tilgung einer Gesamthypothek, sei es durch Verzicht auf eine Fremdgrundschuld. Wechselseitige Löschungsansprüche nach § 1179a bestehen dann nicht; der Inhaber des einen Grundschuldbruchteils kann nicht die Löschung des anderen Grundschuldbruchteils am anderen Miteigentumsanteil verlangen, obwohl dadurch sein Grundschuldbruchteil am Miteigentumsanteil seines Miteigentümers in den alleinigen ersten Rang aufrücken würde. Denn der Miteigentümer könnte dem Löschungsanspruch des anderen Eigentümers seinen eigenen Löschungsanspruch spiegelbildlichen Inhalts als Einrede entgegenhalten. Im Ergebnis hätte jeder Miteigentümer eine erstrangige Grundschuld im halben Betrag am jeweils anderen Miteigentumsanteil (vgl LG Stuttgart vom 27.10.2006 – 27 O 356/06 – FamRZ 2007, 1034, das allerdings dem Irrtum erlegen zu sein scheint, dass bei Tilgung einer grundschuldgesicherten Forderung die Grundschuld gemäß § 1163 Abs 1 S 2 auf den Eigentümer übergehe; vgl dazu § 1163 Rn 126). Das aber wäre das genaue Gegenteil dessen, was § 1172 Abs 2 anordnet, dass nämlich ein Endzustand dergestalt herzustellen ist, dass jeder Miteigentumsanteil nur noch mit einer zugunsten des Inhabers eben dieses Miteigentumsanteils bestehenden Grundschuld halber Höhe belastet ist (§ 1172 Rn 16). § 1172 Abs 2 setzt sich durch, so dass ein Anspruch aus § 1179a ausscheidet.

§ 1179b
Löschungsanspruch bei eigenem Recht

(1) Wer als Gläubiger einer Hypothek im Grundbuch eingetragen oder nach Maßgabe des § 1155 als Gläubiger ausgewiesen ist, kann von dem Eigentümer die Löschung dieser Hypothek verlangen, wenn sie im Zeitpunkt ihrer Eintragung mit dem Eigentum in einer Person vereinigt ist oder eine solche Vereinigung später eintritt.

(2) § 1179a Abs. 1 Satz 2, 3, Abs. 2, 5 ist entsprechend anzuwenden.

Materialien: S § 1179a. – Gesetz zur Änderung sachenrechtlicher, grundbuchrechtlicher und anderer Vorschriften vom 22. 6. 1977 (BGBl I 998).

I.   Allgemeines

1.   Die Löschungsvormerkung konnte nach § 1179 aF nicht nur zugunsten des **1** Gläubigers eines gleich oder nachrangigen Grundpfandrechts, sondern auch zugunsten des Gläubigers des zu löschenden Grundpfandrechts selbst als sogenannte **Löschungsvormerkung am eigenen Recht** bestellt werden (vgl zur Konstruktion WILHELM[3] Rn 1699 f gegen KOLLHOSSER JA 1979, 178). Da es jedenfalls vor Inkrafttreten des AGBG in Bankformularen üblich war, dem Kreditinstitut ohne Rücksicht auf Sinn, Zweck und Notwendigkeit stets das Maximum denkbarer Rechte und Sicherheiten einzuräumen, hatte sich auch die Löschungsvormerkung am eigenen Recht als fragwürdiger Standard durchgesetzt. Dieser Umstand ist die einzige, äußerst dürftige Begründung (Begr 7) dafür, dass die Neuregelung 1977 die Löschungsvormerkung am eigenen Recht in Form des § 1179b in einen gesetzlichen Löschungsanspruch übersetzt hat.

Hätte man sich im Gesetzgebungsverfahren Gedanken gemacht, statt sich nur als **2** Erfüllungsgehilfe der Kreditwirtschaft zu verstehen, hätte auffallen müssen, dass es für das routinemäßige Verlangen der Kreditinstitute, der Eigentümer müsse eine Löschungsvormerkung am eigenen Recht bestellen, **keine tragfähige Begründung** gibt; es bestehen kaum Zweifel, dass die Löschungsvormerkung am eigenen Recht dem § 9 AGBG, jetzt § 307, zum Opfer gefallen wäre, hätte man sie nicht im letzten Augenblick gesetzlich sanktioniert und sogar zum Leitbild erhoben (CLEMENTE[4] Rn 79, 581). Ein schützenswertes Kreditsicherungsinteresse kann dem Anspruch auf Löschung des eigenen Rechts nicht zugrunde liegen. Ist die Hypothek überhaupt nicht oder nicht mehr valutiert, so gibt es nur drei Möglichkeiten: Entweder der Gläubiger ist noch Inhaber anderer gleich- oder nachrangiger Grundpfandrechte, dann steht ihm in dieser Eigenschaft der gesetzliche Löschungsanspruch nach § 1179a ohnehin zu. Oder aber er hat keine gleich- und nachrangigen Rechte; dann gibt es keinen Grund, ihm die Manipulation der Rangstellen der anderen Berechtigten zu ermöglichen (vgl § 1179a Rn 7, 43). Hat der Gläubiger schließlich gleich- und nachrangigen Rechte, aber nur solche, die nicht mit einem Löschungsanspruch ausgestattet sind, dann gibt es keinen Grund, diese Rechte nur deshalb nachrücken zu lassen, weil der Gläubiger zufällig vormals auch eine vorrangige Hypothek inne gehabt hat; es war schließlich seine Entscheidung, die nachrangigen Rechte als Sicherheit zu akzeptieren, ohne auf der Einräumung eines Löschungsanspruchs, etwa nach § 1179, zu bestehen.

So werden denn auch nur **zwei Argumentationen** als Begründung vorgebracht;

3 a)   Der Löschungsanspruch am eigenen Recht solle im Stadium der Begründung der Hypothek die Durchführung des mit der Hypothekenbestellung verbundenen **Finanzierungsgeschäfts fördern**, insbesondere die Sicherungsabtretung der vorläufigen Eigentümergrundschuld für eine Zwischenfinanzierung bei Baugeldhypotheken ermöglichen und die vertragswidrige Abtretung oder eine Pfändung dieser Eigentümergrundschuld verhindern (OLG Bremen Rpfleger 1970, 296; STAUDINGER/SCHERÜBL[12] Rn 3; vgl auch WESTERMANN, Gutachten 45 und BGH NJW 1980, 228). Die Sicherungsabtretung der vorläufigen Eigentümergrundschuld wird aber durch den Löschungsanspruch, so wie ihn die hL versteht, gerade **verhindert** (§ 1179a Rn 43; § 1163 Rn 36 f) und nicht ermöglicht. Warum gerade künftige Hypothekengläubiger im Gegensatz zu sonstiger Vertragserfüllung noch vor Auszahlung der Valuta generell gegen vertragswidrige Verfügungen und vor Pfändungen von Gläubigern, die bereits einen aktuellen Anspruch haben, zu schützen sind (ein Schutz, der durch den Löschungsanspruch gar nicht erreicht wird), bleibt dunkel.

4 b)   Der Löschungsanspruch solle es im **Abwicklungsstadium** dem Gläubiger ermöglichen, das Grundpfandrecht löschen zu lassen, **ohne sich** wegen der sonst zu erteilenden löschungsfähigen Quittung mit möglicherweise mehreren als empfangsberechtigt in Betracht kommenden Personen **auseinandersetzen zu müssen** (OLG Bremen Rpfleger 1970, 296; ERMAN/WENZEL[12] Rn 1; STAUDINGER/SCHERÜBL[12] Rn 3; WILHELM[3] Rn 1697 f). Dabei hat vor dem AGBG eine *vertragliche* Beschränkung des Rückgewähranspruchs auf die Löschung jedenfalls für bestimmte Fälle gegen Treu und Glauben verstoßen und verstößt sie jetzt gegen § 307 (BGHZ 83, 56 = DNotZ 1982, 314 m Anm REITHMANN = JR 1982, 542 m Anm REHBEIN; s weitere Rspr u Literatur Vorbem 156 ff zu §§ 1191 ff); man wird den Wunsch danach also schwerlich zur Rechtfertigung des Gesetzes anführen können. Und selbst wenn ein solches Interesse anerkennenswert wäre – es würde zu seiner Befriedigung genügen, den Eigentümer gesetzlich auf einen Löschungsanspruch zu beschränken; dem ex-Gläubiger dazu aber – völlig überflüssig – Verfügungsgewalt über das Eigentum seines früheren Schuldners einzuräumen, ist schlechterdings derart sachwidrig, dass der Verstoß gegen Art 14 und 3 des GG offenkundig ist.

5   Überdies ist die Vorschrift **untauglich**, den Kreditgeber von der Schwierigkeit zu entlasten, festzustellen, wem löschungsfähige Quittung zu erteilen ist; denn auch ihre Anwendung setzt die Feststellung voraus, ob die Hypothek auf den Eigentümer oder einen Dritten übergegangen ist. Ist sie auf einen Dritten übergegangen, so liegt ein

Fall des § 1179b gar nicht vor. Der wahre Gläubiger hat dann gegen den Buchgläubiger den Grundbuchberichtigungsanspruch des § 894; macht sich der Buchgläubiger die Erfüllung dieses Anspruchs unmöglich, indem er der falschen Person löschungsfähige Quittung oder eine Löschungsbewilligung erteilt, unterliegt er ebenso der Schadensersatzpflicht wie wenn es die Vorschrift nicht geben würde.

Schließlich muss kritisch konstatiert werden, dass sich die Vorschrift offenkundig **6** allein an den Interessen **gewerblicher Kreditgeber** orientiert, so als ob das Institut der Hypothek nur für sie und nicht zum allgemeinen Gebrauch geschaffen wäre; wozu etwa der durch eine Kaufpreisresthypothek gesicherte Grundstücksverkäufer einen vormerkungsgesicherten Anspruch auf Löschung des eigenen Rechts benötigt, ist unerfindlich. Vgl STAUDINGER/SCHERÜBL[12] Rn 9, dass dem Gläubiger idR gar nicht an einer Löschung, sondern vielmehr daran gelegen sei, (als Nichtberechtigter!) Kontrolle über den Eigentümer auszuüben.

2. Gibt es demnach keine vernünftige Rechtfertigung dafür, dass die Vorschrift **7** einem Nichtberechtigten schwerwiegende Eingriffe in das Eigentum eines Dritten gestattet, ist **§ 1179b verfassungswidrig und nichtig** (vgl § 1179a Rn 50 ff). Dieser Feststellung kann nicht mit dem Argument entgegengetreten werden, der Eigentümer könne sich ja auch rechtsgeschäftlich einem Nichtberechtigten gegenüber zur Löschung verpflichten (so WILHELM[3] Rn 1700). Abgesehen davon, dass eine solche Verpflichtung in allgemeinen Geschäftsbedingungen und im Verbrauchervertrag in der Regel unwirksam wäre (oben Rn 4), sind staatliche Eigentumseingriffe nicht damit zu rechtfertigen, der Eigentümer könne sich seines Eigentums ja auch freiwillig entäußern.

II. Löschungsanspruch

§ 1179b wird nachfolgend kommentiert wie wenn die Vorschrift wirksam wäre. **8**

1. Berechtigter

a) Hypothek
Der Löschungsanspruch steht dem im Grundbuch eingetragenen oder nach Maß- **9** gabe des § 1155 ausgewiesenen Gläubiger einer Hypothek zu (§ 1179b S 1); wer materiellrechtlich an dem Grundpfandrecht berechtigt ist, ist gleichgültig. Der Löschungsanspruch ist danach nicht Inhalt des Grundpfandrechts, sondern knüpft an die formelle, durch Eintragung ins Grundbuch oder nach § 1155 ausgewiesene Rechtsstellung an, die mit der materiell-rechtlichen Inhaberschaft nicht übereinstimmt (WESTERMANN, Gutachten 45; PALANDT/BASSENGE[68] Rn 2). Es gibt also kein Löschungs*recht* wie bei § 1179a (dort Rn 12), sondern nur einen isolierten Löschungsanspruch. Der Löschungsanspruch besteht unabhängig davon, ob die Hypothek dem Scheingläubiger bereits einmal ganz oder teilweise als Fremdrecht zugestanden hat; er kann die Löschung daher auch verlangen, wenn die Valutierung der Hypothek im ganzen unterbleibt (PALANDT/BASSENGE[68] Rn 2). Wird die Teilung des Rechts in das Grundbuch eingetragen (davon, dass es geteilt *werde,* sollte man entgegen STAUDINGER/SCHERÜBL[12] Rn 4 u PALANDT/BASSENGE[68] Rn 2 nicht sprechen), so steht der Löschungsanspruch nach § 1179b jedem formell Berechtigten für seinen Teil zu; im Verhältnis der

beiden Teilrechte zueinander ergibt sich ein Anspruch nach § 1179a (PALANDT/BAS-SENGE[68] Rn 2).

b) Fremdgrundschuld

10 Berechtigter nach § 1179b kann auch der durch Eintragung im Grundbuch oder nach § 1155 ausgewiesene Gläubiger einer Fremdgrundschuld sein, solange und soweit das Grundpfandrecht Eigentümergrundschuld ist oder wird (§ 1179a Rn 73).

2. Schuldner des Löschungsanspruchs

11 Schuldner des Löschungsanspruchs ist der Eigentümer; § 1179a Abs 1 S 2 gilt entsprechend (s § 1179a Rn 46).

3. Umfang und Wirkung des Löschungsanspruchs

12 Von dem Löschungsanspruch erfasst sind nach Abs 1 die Vereinigungen von Eigentum und Grundpfandrecht, die im Zeitpunkt der Eintragung des Grundpfandrechts bestehen oder später eintreten (§ 1179a Rn 39 ff). Ausgenommen ist aber nach Abs 2 der Fall des nicht begebenen Grundpfandrechts (§ 1179a Rn 43 ff, str). Der Löschungsanspruch ist in gleicher Weise gesichert, „als" wenn zu seiner Sicherung gleichzeitig mit der Eintragung des Grundpfandrechts eine Vormerkung im Grundbuch eingetragen worden wäre (§§ 1179b Abs 2, 1179a Abs 1 S 3).

4. Geltendmachung des Löschungsanspruchs

13 Macht der Gläubiger seinen Löschungsanspruch außerhalb der Zwangsversteigerung geltend, so kann die Eigentümergrundschuld auf Grund einer Bewilligung des Eigentümers im Grundbuch gelöscht werden; kommt der Eigentümer seiner Verpflichtung nicht nach, bleibt dem Gläubiger überlassen, seinen Anspruch auf dem Rechtsweg durchzusetzen. Gegenrechte des Eigentümers können gegen den Löschungsanspruch wie im Falle des § 1179a geltend gemacht werden (§ 1179a Rn 60). Insbesondere kann der Eigentümer dem Löschungsverlangen seinen Grundbuchberichtigungsanspruch entgegenhalten, denn mit der Grundbuchberichtigung erlischt der Löschungsanspruch des Scheingläubigers (§ 1179a Rn 53).

14 Im **Zwangsversteigerungsverfahren** kann der Anspruch nicht geltend gemacht werden, weil es dem Berechtigten an einem Recht, Befriedigung aus der Teilungsmasse zu erlangen, fehlt (§ 1179a Rn 65 ff).

III. Ausschluss des gesetzlichen Löschungsanspruchs

15 Der gesetzliche Löschungsanspruch kann durch Vereinbarung des Eigentümers mit dem Gläubiger (§ 1179b Abs 2, § 1179a Abs 5) ausgeschlossen werden (s § 1179a Rn 26 ff).

Anhang zu §§ 1179a, 1179b

Übergangsrecht

§ 1179
idF vom 18. 8. 1896 (RGBl 195)

Verpflichtet sich der Eigentümer einem anderen gegenüber, die Hypothek löschen zu lassen, wenn sie sich mit dem Eigentum in einer Person vereinigt, so kann zur Sicherung des Anspruchs auf Löschung eine Vormerkung in das Grundbuch eingetragen werden.

Materialien: E II § 1086 rev § 1163; III § 1162; Prot III 605 ff.

Gesetz zur Änderung sachenrechtlicher, grundbuchrechtlicher und anderer Vorschriften

vom 22. 7. 1977 (BGBl I 998)
(Auszug)

Artikel 8
Übergangs- und Schlußbestimmungen

§ 1

(1) Ein Anspruch nach § 1179a oder § 1179b des Bürgerlichen Gesetzbuchs in der Fassung von Artikel 1 dieses Gesetzes besteht nicht für den als Gläubiger Eingetragenen oder den Gläubiger einer Hypothek, Grundschuld oder Rentenschuld, die vor Inkrafttreten dieses Gesetzes im Grundbuch eingetragen worden ist.

(2) Wird eine Hypothek, Grundschuld oder Rentenschuld auf Grund eines vor Inkrafttreten dieses Gesetzes gestellten Antrags oder Ersuchens nach Inkrafttreten dieses Gesetzes eingetragen oder ist ein solches nach Inkrafttreten dieses Gesetzes einzutragendes Recht bereits vor Inkrafttreten dieses Gesetzes entstanden, so steht dem Gläubiger oder dem eingetragenen Gläubiger des Rechts ein Anspruch nach § 1179a oder § 1179b des Bürgerlichen Gesetzbuchs nicht zu. Dies ist von Amts wegen in das Grundbuch einzutragen.

(3) Auf eine Löschungsvormerkung, die vor dem Inkrafttreten dieses Gesetzes in das Grundbuch eingetragen oder deren Eintragung vor diesem Zeitpunkt beantragt worden ist, ist § 1179 des Bürgerlichen Gesetzbuchs in der bisherigen Fassung anzuwenden. Wird die Eintragung einer Löschungsvormerkung zugunsten eines im Range gleich- oder nachstehenden Berechtigten oder des eingetragenen Gläubigers

**des betroffenen Rechts nach Inkrafttreten dieses Gesetzes beantragt, so gilt das
gleiche, wenn dem Berechtigten wegen Absatz 1 oder 2 ein Löschungsanspruch nach
§ 1179a oder § 1179b des Bürgerlichen Gesetzbuchs nicht zusteht.**

§ 4

(1) Dieses Gesetz tritt ... am 1. Januar 1978 in Kraft.

Materialien: Entwurf eines Gesetzes zur Änderung sachen und grundbuchrechtlicher Vorschriften sowie von Vorschriften der Zivilprozeßordnung, des Gesetzes über die Zwangsversteigerung und Zwangsverwaltung und der Kostenordnung BT-Drucks 8/89 (= Begr); Beschlußempfehlung und Bericht des Rechtsausschusses BT-Drucks 8/359 (= Bericht).

I.   Allgemeines

1 S § 1179 Rn 1, § 1179a Rn 1 ff, § 1179b Rn 1 ff.

II.   Übergangsregelungen

1.   Inkrafttreten

2 Die Neuregelung ist am 1.1.1978 in Kraft getreten. Sie erfasst nicht Grundpfandrechte, die vor dem 1.1.1978 im Grundbuch eingetragen worden sind *(Altrechte)* und Grundpfandrechte, die nach dem Inkrafttreten eingetragen werden, wenn der Antrag oder das Ersuchen bereits vor dem Inkrafttreten des Gesetzes gestellt oder ein nach dem Inkrafttreten des Gesetzes eingetragenes Recht bereits vor diesem Zeitpunkt entstanden war, sog *Übergangsrechte* (vgl STÖBER Rpfleger 1978, 165 Fn 2). Bei nach dem 1.1.1978 eingetragenen Übergangsrechten ist der Ausschluss des gesetzlichen Löschungsanspruchs im Grundbuch zu vermerken (Art 8 § 1 Abs 2 S 2 ÄndG). Auf Löschungsvormerkungen, die vor dem 1.1.1978 im Grundbuch eingetragen oder deren Eintragung vor diesem Zeitpunkt beantragt worden ist, ist § 1179 aF weiterhin anzuwenden; für die Eintragung einer Löschungsvormerkung zugunsten eines gleich oder nachrangigen Grundpfandrechtsgläubigers oder des eingetragenen Gläubigers des betroffenen Grundpfandrechts nach Inkrafttreten des Gesetzes gilt das gleiche, wenn dem Berechtigten ein Löschungsanspruch nach dem neuen Recht nicht zusteht (Art 8 § 1 Abs 3 ÄndG). Durch das neue Gesetz wird daher eine **Spaltung des Rechts für unabsehbare Zeit** bewirkt. Bei Alt und Übergangsrechten sind die Löschungsvormerkungen auch weiterhin ins Grundbuch einzutragen.

Wird im Zwangsversteigerungsverfahren das Bestehenbleiben eines Grundpfandrechts vereinbart (§§ 59, 91 Abs 2 ZVG), so entsteht zugunsten dieses Rechts der gesetzliche Löschungsanspruch nach §§ 1179a, 1179b, unabhängig davon, ob zugunsten des Rechts eine Löschungsvormerkung bestellt war; die Vereinbarung des Bestehenbleibens hat konstitutive Wirkung und kommt daher im Ergebnis einer Neubestellung nach dem Inkrafttreten des ÄndG gleich (für das bisherige Recht ZAGST 123). Ohne Bedeutung ist, dass die Vereinbarung rückwirkende Kraft hat und dass das Recht als durch den Zuschlag nicht erloschen gilt.

2. Rangänderung

Tritt ein Altrecht (Übergangsrecht) nach dem 1. 1. 1978 hinter ein anderes Grund- **3** pfandrecht zurück oder erlangt es Gleichrang mit einem anderen Grundpfandrecht, so bleibt für die Entscheidung der Frage, ob § 1179 aF oder die §§ 1179a, 1179b anzuwenden sind, der Zeitpunkt der ursprünglichen Eintragung des Rechts maßgebend. Die Übergangsbestimmungen regeln diesen Fall nicht gesondert; es gelten daher die allgemeinen Übergangsbestimmungen des Art 8 § 1 ÄndG, die für die Anwendung des neuen Rechts auf die Eintragung des begünstigten Grundpfandrechts abstellen. Zwar enthält § 1179a Abs 4 für dem neuem Recht unterliegende Rechte eine ausdrückliche Regelung für den Fall des Rangrücktritts des begünstigten Rechts, die für die Wirkung der Rangänderung den Zeitpunkt der Eintragung der Rangänderung maßgebend sein lässt. Damit ist aber zunächst nur die im Falle der Rangänderung zu regelnde Frage geklärt, welche Vereinigungsfälle von Eigentum und Grundpfandrecht dem Zeitpunkt ihres Eintritts nach von dem gesetzlichen Löschungsanspruch erfasst werden. § 1179a Abs 4, der eine materiellrechtliche Regelung des neuen Rechts für den Fall der Rangänderung enthält, kann keine Aussage über die zeitliche Geltung des neuen Rechts entnommen werden. Da besondere Überleitungsbestimmungen für die zeitliche Geltung des ÄndG im Fall der Rangänderung fehlen, sind die allgemeinen Überleitungsbestimmungen des Art 8 ÄndG anzuwenden.

Danach ist das entscheidende Kriterium für die Anwendung des neuen Rechts ausschließlich der Tag der Eintragung (der Antragstellung) des Grundpfandrechts; das Datum der Eintragung von Rechtsänderungen ist unerheblich. Die entsprechende Anwendung des Grundgedankens des § 1179a Abs 4 scheidet daher aus. Bei Rangrücktritt eines Altrechts (Übergangsrechts) ist sonach auch nach dem 31. 12. 1977 die Eintragung einer Löschungsvormerkung nach Maßgabe des § 1179 aF zugunsten des zurücktretenden Rechts an einem gleich oder vorrangigen Grundpfandrecht zulässig (OLG Oldenburg Rpfleger 1978, 307; OLG Celle Rpfleger 1978, 308; OLG Frankfurt Rpfleger 1979, 10; BayObLG Rpfleger 1979, 261; LG Detmold Rpfleger 1978, 177; LG Tübingen Rpfleger 1978, 250; Stöber Rpfleger 1978, 165; Wilke WM 1978, 2; **aM** Zagst BWNotZ 1979, 1).

Ist zugunsten des zurücktretenden Rechts an gleich oder vorrangigen Rechten eine **4** Löschungsvormerkung bestellt, so bleibt sie dem zurücktretenden Recht erhalten. Eine Rangänderung zum Nachteil des Grundpfandrechts, zu dessen Gunsten die Löschungsvormerkung bestellt ist, hat nicht den Übergang des Aufhebungsanspruchs auf das vortretende Recht zur Folge; der Aufhebungsanspruch ist nicht Bestandteil des Ranges, sondern ein Nebenrecht des begünstigten Rechts (KG OLGE 26, 168; Planck/Strecker Anm 2e; Zagst 66); er kann aber, soweit es sich um eine nach § 1179 aF bestellte Löschungsvormerkung handelt, mit abgetreten werden (vgl zum bisherigen Recht Zagst 94). Ob dem vortretenden Berechtigten ein Löschungsanspruch nach dem neuen Recht zusteht oder ob eine Löschungsvormerkung nach § 1179 aF zulässig ist, hängt von dem Eintragungstag seines Rechts ab (Art 8 § 1 ÄndG).

3. Mitbelastung

Wird ein vor dem Inkrafttreten des ÄndG bestelltes Grundpfandrecht nach dem **5**

31. 12. 1977 auf ein weiteres Grundstück erstreckt, so gilt für Grundpfandrechte an dem ursprünglich belasteten Grundstück das bisherige Recht. Es kann daher insoweit eine Löschungsvormerkung nach § 1179 aF bestehen oder für einen gleich oder nachrangigen Pfandrechtsgläubiger und den Gläubiger des Rechts bestellt werden. Hinsichtlich des nach dem 31. 12. 1977 mitbelasteten Grundstücks hat der Gläubiger eines Gesamtrechts den gesetzlichen Löschungsanspruch nach §§ 1179a, 1179b (BGH NJW 1981, 1503; LG Wuppertal Rpfleger 1979, 200 m zust Anm GRAUEL; STÖBER Rpfleger 1978, 167; JERSCHKE DNotZ 1977, 728). Der Ausdehnungsakt ist für die Frage der Geltung des neuen Gesetzes dem Neubestellungsakt gleichzustellen. Es ist sonach möglich, dass für den Gläubiger einer Gesamthypothek an dem einen Grundstück eine Löschungsvormerkung nach § 1179 aF und bei einem mitbelasteten Grundstück der gesetzliche Aufhebungsanspruch nach §§ 1179a, 1179b besteht. Wie bei einer Gesamthypothek gemäß § 1175 Abs 1 S 2 die Hypothek an nur einem Grundstück gesondert aufgehoben werden kann (SOERGEL/KONZEN[13] § 1132 Rn 3; ZAGST 33), ist es jedenfalls für das Übergangsrecht zulässig, für das Grundpfandrecht an den einzelnen Grundstücken hinsichtlich des Aufhebungsanspruchs unterschiedliche Regelungen zu treffen (zu den grundbuchrechtlichen Fragen STÖBER Rpfleger 1978, 168).

4. Vereinigung

6 Bei der Vereinigung mehrerer Grundstücke zu einem Grundstück (§ 890 Abs 1) bleiben die Belastungen in ihrem bisherigen Umfang auf dem einzelnen Grundstück bestehen. Jedoch kann zugleich mit der Vereinigung das bisher nicht belastete Grundstücks nachverpfändet werden. Ist das eine Grundstück mit Altrechten (Übergangsrechten) belastet und tritt die Vereinigung nach dem 31. 12. 1977 ein, so besteht für ein Altrecht (Übergangsrecht) auf Grund einer bereits eingetragenen oder einer nach dem Übergangsrecht auch nach dem 31. 12. 1977 zulässig bestellten Löschungsvormerkung an einem vor dem 1. 1. 1978 begründeten vor oder gleichrangigen Grundpfandrecht auf dem bisher belasteten Grundstück ein Löschungsanspruch nach altem Recht und für die bei dem weiteren Grundstück nach dem 31. 12. 1977 eingetragene Pfandunterstellung ein Löschungsanspruch nach §§ 1179a, 1179b (s zu Einzelfragen STÖBER Rpfleger 1978, 165, 168).

5. Zuschreibung

7 Bei der Zuschreibung (§ 890 Abs 2) erstrecken sich die Grundpfandrechte des Hauptgrundstücks kraft Gesetzes (§ 1131) auf das zugeschriebene Grundstück. Wird einem mit einem Altrecht (Übergangsrecht) belasteten Grundstück nach dem 31. 12. 1977 ein Grundstück zugeschrieben, so liegt keine Neubelastung des zugeschriebenen Grundstücks nach dem 31. 12. 1977 iS des ÄndG vor; Löschungsvormerkungen des Hauptrechts bestehen auch hinsichtlich der Haftungserstreckung an dem zugeschriebenen Grundstück. Ein gesetzlicher Löschungsanspruch besteht nicht; insoweit ist § 1179 aF weiterhin auf solche Grundpfandrechte anwendbar (STÖBER Rpfleger 1978, 169).

Die Mithaftung des Hauptgrundstücks für Grundpfandrechte des zugeschriebenen Grundstücks kann nur im Wege der Nachverpfändung bewirkt werden. Für Nachbelastungen nach dem 31. 12. 1977 ergibt sich die aaO dargelegte Rechtslage.

6. Briefvorlage bei Eintragung und Briefvermerke

Ab 1. 1. 1978 bedarf es bei der Eintragung einer Löschungsvormerkung nach § 1179 **8**
nF nicht der Vorlage des Briefs, wenn es sich bei dem belasteten Recht um ein
Briefrecht handelt (§ 41 Abs 1 S 1 nF GBO). Die bei einem Briefrecht eingetragenen Löschungsvormerkungen sollen nicht mehr in den Brief aufgenommen werden
(§ 57 Abs 1 S 3 nF GBO). Diese Erleichterungen gelten auch für die Eintragung von
Löschungsvormerkungen für die Gläubiger von Altrechten (Übergangsrechten)
nach § 1179 aF. Zwar ist auf die Ergänzung eines vor Inkrafttreten des ÄndG
erteilten Briefs § 57 GBO in der bisherigen Fassung anzuwenden, eine nach Inkrafttreten des ÄndG bei dem Recht eingetragene Löschungsvormerkung soll aber auch
auf Antrag nicht auf dem Brief vermerkt werden (Art 8 § 2 ÄndG – hier nicht
abgedruckt).

7. Zwangsversteigerung

Treffen bei der Belastung eines Grundstücks mit mehreren Grundpfandrechten **9**
Löschungsansprüche kraft Gesetzes (§ 1179a) und kraft Rechtsgeschäfts (§ 1179 aF)
zusammen, so wirkt sich die unterschiedliche Rechtsgrundlage nicht auf die Behandlung des begünstigten oder des belasteten Rechts in der Zwangsversteigerung
aus. Dass die Rechtsstellung des Inhabers des gesetzlichen Löschungsanspruchs
durch § 91 Abs 4 nF ZVG verdeutlicht und durch den neuen § 130a ZVG verstärkt
wurde, ändert an diesem Ergebnis nichts. Auch für Zwischenberechtigte, für deren
Grundpfandrecht ein Löschungsanspruch nicht besteht, ist es ohne Bedeutung, ob
der Ausschluss des Löschungsanspruchs, soweit ein Altrecht (Übergangsrecht) vorliegt, auf der Nichteinräumung einer Löschungsvormerkung nach § 1179 aF beruht,
oder, soweit es sich um den gesetzlichen Löschungsanspruch des § 1179a handelt, ob
der Ausschluss des gesetzlichen Löschungsanspruchs vereinbart wurde (§ 1179a
Abs 5).

III. Noch bedeutsame Regelungen des alten Rechts

1. Verhältnis zur Vormerkung des § 883

§ 1179 aF stellt im Verhältnis zu § 883 klar, dass ein Anspruch auf Aufhebung einer **10**
Eigentümergrundschuld schon dann durch Eintragung einer Vormerkung dinglich
gesichert werden kann, wenn der Eigentümer noch nicht als Inhaber des betroffenen
Rechts im Grundbuch ausgewiesen ist. Die Löschungsvormerkung des § 1179 aF ist
eine gewöhnliche Vormerkung iS des BGB und zwar nichts anderes als eine Vormerkung zur Sicherung des Anspruchs auf Aufhebung eines Rechts an einem
Grundstück nach § 883 Abs 1 S 1 (KG OLGE 14, 118; KGJ 33 A 284; RJA 8, 156; BayObLGZ
12, 281), kein mit einem Rang ausgestattetes dingliches Recht. Es kommen daher
auch die allgemeinen Bestimmungen der §§ 883 ff zur Anwendung (BayObLGZ 1956,
201).

2. Inhalt

Die Verpflichtung, für den Fall der Vereinigung der Hypothek mit dem Eigentum in **11**
einer Person (§ 1177), das Eigentümergrundpfandrecht aufzuheben und die Hypo-

thek löschen zu lassen (§ 875), konnte durch Eintragung einer Löschungsvormerkung nach § 1179 aF mit dinglicher Wirkung ausgestattet werden. Das Eigentümergrundpfandrecht entsteht zwar, der Eigentümer ist aber schuldrechtlich verpflichtet, es aufzuheben (PLANCK/STRECKER Anm 2 f; WOLFF/RAISER § 146 IV 3; ZAGST 17; aA VOSS BlFG 11, 717).

3. Anwendungsbereich

12 Die Löschungsvormerkung nach § 1179 aF sichert den Aufhebungsanspruch bei der Vereinigung der Hypothek mit dem Eigentum in einer Person. Ein solcher Fall liegt zunächst vor, wenn die **Forderung** nach Eintragung der Löschungsvormerkung gemäß § 1163 Abs 1 S 2 **erlischt** (§ 1163 Rn 41 ff). Eine bei Bestellung der Löschungsvormerkung nach § 1163 Abs 1 S 1, Abs 2 bereits bestehende vorläufige Eigentümergrundschuld (vgl BGHZ 53, 60) wird von der Aufhebungsverpflichtung erst erfasst, wenn feststeht, dass das Eigentümergrundpfandrecht endgültig dem Eigentümer verbleibt. Mit dem Eintritt der Endgültigkeit entfällt das dem Fremdgläubiger zustehende Anwartschaftsrecht (§ 1163 Rn 20 ff); dieser Zeitpunkt ist für die Anwendung des § 1179 aF maßgebend (RGZ 52, 9; 93, 117; 125, 136; BGHZ 60, 233; BGH NJW 1973, 895; OLG Braunschweig Rpfleger 1964, 119; WOLFF/RAISER § 146 IV 2; ZAGST 22). Die Anwartschaft des künftigen Fremdgläubigers wird von der Löschungsvormerkung, deren Eintragung die vorherige Bestellung der Hypothek voraussetzt, die als Eigentümergrundschuld dem Aufhebungsanspruch unterliegt (BayObLG Rpfleger 1975, 60), nicht betroffen (§ 883 Abs 2; § 161; ZAGST 20).

13 Der Grundgedanke des § 1179 aF, die dingliche Sicherung eines Anspruchs auf Aufhebung einer Eigentümergrundschuld schon dann zuzulassen, wenn eine Vormerkung nach § 883 wegen fehlender Eintragung des Inhabers der Eigentümergrundschuld noch nicht zulässig ist, trifft auch auf die Fälle zu, in denen eine nachträgliche (§ 1161 Abs 1 S 2) oder eine endgültige (§ 1163 Abs 1 S 1, Abs 2) Eigentümergrundschuld bereits im Zeitpunkt der Eintragung der Löschungsbewilligung entstanden war, im Grundbuch aber noch nicht als Eigentümergrundschuld vorgetragen ist; die Löschungsbewilligung erfasst also auch diejenigen (nachträglichen und endgültigen) Eigentümergrundschulden, die im Zeitpunkt der Eintragung der Löschungsbewilligung bereits entstanden waren.

4. Auslegung der Löschungsverpflichtung

14 Welche Fälle der Vereinigung von Hypothek und Eigentum die schuldrechtliche Aufhebungsverpflichtung im Einzelfall umfasst, hängt von der konkreten Vereinbarung der Parteien ab; sie kann sich auf alle Vereinigungsfälle beziehen, aber auch auf den einen oder anderen Fall beschränkt sein.

5. Gläubiger des Löschungsanspruchs

15 Gläubiger des Aufhebungsanspruchs und damit zugleich Berechtigter aus der Löschungsvormerkung konnte bis zur Gesetzesänderung jeder beliebige Dritte sein; der Eigentümer ist, abgesehen vom Wortlaut des Gesetzes „einem anderen gegenüber", als Berechtigter schon deshalb ausgeschlossen, weil Gläubiger und Schuldner eines Anspruchs nicht identisch sein können. Eine dingliche Berechtigung des Gläubigers war nicht vorausgesetzt, wenn auch die Löschungsvormerkung meist mit Rücksicht auf ein solches Recht bestellt wurde. Nach Art 8 § 1 Abs 3 S 2 des ÄndG ist jetzt aber nur noch die Neueintragung „zugunsten eines im Range gleich- oder nachstehenden Berechtigten oder des eingetragenen Gläubigers des betroffenen Rechts" vorgesehen. Daraus wird geschlossen, die Eintragung zugunsten des jeweiligen Inhabers des legitimierenden Rechts sei nicht mehr zulässig (SCHÖNER/STÖBER[14] Rn 2636). Das dürfte schwerlich den Intentionen des Gesetzgebers entsprechen, der ängstlich darauf bedacht war, den „Besitzstand" der Kreditinstitute nicht anzurühren (vgl § 1179b Rn 1); der Wortlaut ist auch nicht zwingend in diesem Sinn, denn auch der jeweilige Berechtigte kann als Gläubiger des betroffenen Rechts verstanden werden. Es ist deshalb besser, für die in nicht allzu großer Zahl auftretenden Altfälle nichts am alten Rechtszustand zu ändern, mag die Rechtsfigur auch noch so problematisch sein (§ 1179 Rn 14; für Zulässigkeit auch LG Duisburg JurBüro 1986, 752 m zust Anm MUTH; noch weitergehend – es sei sogar *nur* die Eintragung zugunsten des jeweiligen Inhabers zulässig – KG DNotZ 1980, 487).

Der Berechtigte (OLG Hamm NJW 1967, 934) und das geschützte Interesse der Löschungsvormerkung alten Rechts werden durch den Grundbucheintrag bestimmt (ZAGST 54 f). Bezweckt die Löschungsvormerkung lediglich den Schutz eines bestimmten eingetragenen Rechts, so erschöpft sich das Interesse des Berechtigten in und mit der Befriedigung aus dem geschützten Recht, außerhalb der Zwangsversteigerung auf Vorrücken um den Rang des betroffenen Rechts, im Zwangsversteigerungsverfahren auf volle Befriedigung aus dem Erlös (BGHZ 39, 242); ist diese ohne Geltendmachung der Löschungsvormerkung erreicht, so kann der Löschungsanspruch nicht mehr geltend gemacht werden (RGZ 63, 157; RG JW 1932, 1550; ERMAN/WENZEL[12] 1179a Rn 14; ZAGST 64 f). Dagegen liegen die Grenzen einer Löschungsvormerkung zugunsten eines nicht eingetragenen Rechts lediglich in den §§ 226, 826 (RG JW 1932, 1550; ERMAN/WENZEL[12] § 1179a Rn 14; ZAGST 64 f).

6.   Teilung des begünstigten Rechts

Bei Teilung eines durch den Aufhebungsanspruch begünstigten Grundpfandrechts **16** steht der Anspruch **allen Teilgläubigern** zu mit der Folge, dass jeder Teilgläubiger den **ganzen** Aufhebungsanspruch unabhängig vom Rang des zedierten Teilrechts zu den übrigen Teilrechten allein geltend machen kann (KG JFG 23, 59 für den gesetzlichen Übergang; KGJ 32 A 216; OLG Hamburg OLGZ 66, 288; SIEVEKING MDR 1967, 183). Der Anspruch geht grundsätzlich auf völlige Aufhebung des belasteten Rechts, unabhängig von dem Betrag des berechtigten Rechts. Gleiches gilt für eine Verpfändung (OLG Dresden ZBlFG 10, 635).

7.   Umwandlung des begünstigten Rechts

Bei Umwandlung der Hypothek in eine Fremdgrundschuld behält eine Vormerkung **17** zugunsten einer Hypothek ihre Wirkung (BayObLGZ 31, 95; PLANCK/STRECKER Anm 2e; GUCKENHEIMER JW 1931, 1164).

8.   Schuldrechtlicher Aufhebungsanspruch

Der Aufhebungsanspruch besteht gegenüber dem bewilligenden Grundstückseigen- **18** tümer mit dem Abschluss der Vereinbarung. Er wirkt nur schuldrechtlich (RG Gruchot 54, 160; Wolff/Raiser § 146 IV; Planck/Strecker § 1163 Anm 6i mwNw, auch gegenüber den Erben des Verpflichteten RG ZBlFG 6, 365, 673).

19 Ohne Eintragung einer Vormerkung braucht daher auch der Insolvenzverwalter im Insolvenzverfahren über das Vermögen des Eigentümers die Verpflichtung zur Löschung nicht gegen sich gelten zu lassen (RG Gruchot 54, 159; OLG Hamm LZ 1912, 943; Wolff/Raiser § 146 Fn 19; Goldmann LZ 1909, 358; Simeon 42; Fuld, Eigentümerhypothek im Konkurs 67; aM RG JW 1908, 200; SeuffA 61 Nr 176; s auch RGZ 134, 260). Der Insolvenzverwalter kann die Eigentümergrundschuld zur Masse ziehen, der andere Teil kann lediglich eine Insolvenzforderung geltend machen. *Ohne* Eintragung wirkt sie auch nicht gegen den *Pfändungspfandgläubiger* (RG Gruchot 54, 159; Wolff/Raiser aaO).

9. Eintragung

20 Die Eintragung ist zugunsten der Inhaber von Altrechten, denen kein gesetzlicher Löschungsanspruch zusteht, auch jetzt noch zulässig. Die Einschränkung, dass nur Löschungsvormerkungen für Gläubiger von Altrechten eintragungsfähig sind, gleicht der des § 1179 Nr 1 neu; auf die Erläuterungen hierzu wird verwiesen (§ 1179 Rn 26 ff). Zur Eintragung bedarf es entweder der Bewilligung des Eigentümers (§ 885; Form: § 29 GBO) oder eines gegen ihn vollstreckbaren Schuldtitels; zum Erlass einer einstweiligen Verfügung, ist es nicht erforderlich, dass eine Gefährdung des zu sichernden Anspruchs glaubhaft gemacht wird (§ 885 Abs 1 S 2). Der Vorlegung des Hypothekenbriefs und des Vermerks auf ihm bedarf es entgegen der früheren Rechtslage nicht (§ 41 Abs 1 GBO idF des ÄndG).

10. Gegenstandslose Löschungsvormerkung

21 Wenn der Anspruch aus § 1179 aF infolge Löschung der Hypothek gegenstandslos wird, ist auch die Löschung der Vormerkung zu beantragen und zu bewilligen. Von Amts wegen gelöscht werden kann die Vormerkung zwar nicht auf Grund des § 53 Abs 1 GBO (vgl hierzu Kress BayNotZ 1913, 408, aber auch Baer ZBlFG 14, 580), wohl aber im Verfahren nach §§ 84 ff GBO (Löschung gegenstandsloser Eintragungen).

11. Grundschuld und Rentenschuld

22 § 1179 aF gilt auch für Grund- und Rentenschulden.

§ 1180
Auswechslung der Forderung

(1) An die Stelle der Forderung, für welche die Hypothek besteht, kann eine andere Forderung gesetzt werden. Zu der Änderung ist die Einigung des Gläubigers und des Eigentümers sowie die Eintragung in das Grundbuch erforderlich; die Vorschriften des § 873 Abs. 2 und der §§ 876, 878 finden entsprechende Anwendung.

(2) Steht die Forderung, die an die Stelle der bisherigen Forderung treten soll, nicht dem bisherigen Hypothekengläubiger zu, so ist dessen Zustimmung erforderlich; die Zustimmung ist dem Grundbuchamt oder demjenigen gegenüber zu erklären, zu dessen Gunsten sie erfolgt. Die Vorschriften des § 875 Abs. 2 und des § 876 finden entsprechende Anwendung.

Materialien: E II § 1087 rev § 1164; III § 1163; Prot III 720 f, 725 f; VI 245.

Schrifttum

BABROWSKI, Die Forderungsauswechslung zugunsten eines anderen Gläubigers bei der Höchstbetragshypothek (Diss Erlangen 1933)
BORKA, Forderungsauswechslung im Hypothekenrecht (Diss Köln 1935)
JANSSEN-MÜLLER, Änderung der durch Hypothek gesicherten Forderung, § 1180 BGB (Diss Erlangen 1934)
LAHNERT, Ist eine Forderungsauswechslung eine löschungsvormerkungswidrige Verfügung?, BWNotZ 1966, 234
LEIKAM, Die Ablösung der erststelligen Hypothek, BWNotZ 1965, 14.

I. Allgemeines

§ 1180 ermöglicht es, bei einer Hypothek unter Aufhebung der Verbindung von **1** Forderung und Grundpfandrecht an die Stelle der Forderung, für die die Hypothek besteht, eine andere Forderung zu setzen. § 1180 ist eine Ausgestaltung des **Rangwahrungsprinzips** (Einl 153 zu §§ 1113 ff), wonach ein Grundpfandrecht dem Eigentümer einen abstrakten Rangrahmen reserviert, den er mit unterschiedlichen und wechselnden Inhalten ausfüllen kann.

Die Forderungsauswechslung ist demnach nur ein **Unterfall der Inhaltsänderung** der **2** Hypothek nach § 877 (WOLFF/RAISER § 40 I; PLANCK/STRECKER Anm 1; WESTERMANN[5] § 107 IV 1). In die gleiche Kategorie gehören die Umwandlungen nach § 1186 und nach § 1198. Zu Recht wird darauf hingewiesen, dass das Ergebnis der Forderungsauswechslung auch auf andere Weise dadurch erzielt werden kann, dass der bisherige Gläubiger auf die Hypothek verzichtet (§ 1168) und sodann die dadurch entstandene Eigentümergrundschuld wieder in eine Hypothek umgewandelt wird (§ 1198). Fließend sind auch andere Grenzen, so die zwischen einer grundlegenden Umgestaltung der Forderung und einer Forderungsauswechslung. Da bei der Forderungsauswechslung auch der Gläubiger wechseln kann, trägt das Institut Elemente der Abtretung der Hypothek in sich; dies führt allerdings nicht dazu, dass die Forderungsauswechslung außerhalb des Grundbuchs nach § 1154 möglich wäre (RG JW 1935, 3570; PLANCK/STRECKER Anm 5b β).

Aus dem Rangwahrungsprinzip folgt, dass auf Seiten des Eigentümers die Forde- **3** rungsauswechslung eine **Verfügung über** die künftige Eigentümergrundschuld und **die Anwartschaft** auf sie darstellt, nicht aber eine Verfügung über das Grundstück (vgl für die Aufhebung BayObLGZ 1973, 220; aA OLG Schleswig SchlHA 1960, 57; MünchKomm/ EICKMANN[4] Rn 1; PALANDT/BASSENGE[68] Rn 1; SOERGEL/KONZEN[13] Rn 2; STAUDINGER/SCHERÜBL[12]

Rn 24); mit der Bestellung der Hypothek spaltet der Eigentümer das Grundpfandrecht von seinem Eigentum ab und zwar nicht mit seinem konkreten Inhalt, sondern im Umfang des Rang-Rahmens, den es reserviert (Einl 153 ff zu §§ 1113 ff). Spätere Veränderungen, die sich innerhalb dieses Rangrahmens halten, verändern die Grundstücksbelastung nicht. Deshalb ist auch die Reduzierung des Rangrahmens nur eine Verfügung über die Hypothek, nicht über das Grundstück (§ 1183 Rn 8 ff). Dasselbe gilt für die Umwandlungen nach § 1186 und nach § 1198.

4 Die beteiligten Rechtssubjekte sind nicht verpflichtet, im Falle einer Inhaltsänderung eines Grundpfandrechts wie auch im Falle einer Abtretung die **rechtstechnischen Wege** nachzuzeichnen, die zu gehen sind. Sie können sich damit begnügen, sich über das Ergebnis zu einigen und dessen Eintragung zu bewilligen und zu beantragen, zB: *„Das Grundpfandrecht Abt III Nr 3 soll ab sofort der Sicherung aller Geldansprüche bis zum Höchstbetrag von € 100.000 dienen, die dem A aus seiner Handelsvertretertätigkeit gegen B gegenwärtig oder künftig zustehen."* Darum, ob dies eine Forderungsauswechslung nach § 1180, eine Umwandlung nach § 1186 oder § 1198, eine Abtretung nach § 1154 Abs 3 oder eine Kombination all dessen und vielleicht zusätzlich die Neubestellung einer Hypothek darstellt, müssen sie sich nicht kümmern. Auch für den Rechtsanwender ist die Zergliederung nur insoweit von Interesse, als sich im Falle von Störungen unterschiedliche Auswirkungen unter Gutglaubensgesichtspunkten ergeben können.

II. Die Forderungsauswechslung

1. Die bisherige Forderung und ihre dingliche Sicherung

5 Voraussetzung der Forderungsauswechslung ist das **Bestehen** des **Grundpfandrechts**. Nach der hier vertretenen Auffassung (Einl 102 zu §§ 1113 ff) besteht ein Grundpfandrecht immer, wenn es eingetragen ist. Besteht es – von abweichendem Standpunkt aus – trotz Eintragung nicht, so mag man es als Auslegungsfrage bezeichnen, ob die Parteien mit der Vereinbarung über die Forderungsauswechslung eine neue dingliche Einigung über die Bestellung des Grundpfandrechts wollten (RGZ 139, 129; STAUDINGER/SCHERÜBL¹² Rn 3). In aller Regel aber wollen und erklären die Parteien nicht mehr als dass ein von ihnen bezeichnetes Grundpfandrecht künftig eine von ihnen ebenfalls bezeichnete Forderung sichern solle; ob dieses Grundpfandrecht rechtsbeständig war, interessiert nicht mehr (auch nicht „begrifflich", MünchKomm/EICKMANN⁴ Rn 3), wenn es nur die neue Forderung wunschgemäß sichert. Die Annahme, die Beteiligten wollten trotz Grundbucheintragung für den Fall, dass die bisher eingetragene Hypothek nicht in Ordnung gewesen sein sollte, auch jetzt keine wirksame Hypothek, ist völlig praxisfremd (aA PALANDT/BASSENGE⁶⁸ Rn 2; SOERGEL/KONZEN¹³ Rn 3; MünchKomm/EICKMANN⁴ Rn 4: nur wenn den Beteiligten die mögliche Unwirksamkeit bekannt ist). Deshalb ist es – bestenfalls mit einem Vorbehalt für Extremfälle – gerechtfertigt, festzustellen, dass es **auf das Bestehen des bisherigen Grundpfandrechts nicht ankommt** (iE wohl ebenso ERMAN/WENZEL¹² Rn 6; aM BGB-RGRK/THUMM¹² Rn 3; PLANCK/STRECKER Anm 2a). Nicht nur bei Forderungsauswechslung mit Gläubigerwechsel (so aber STAUDINGER/SCHERÜBL¹² Rn 3; ERMAN/WENZEL¹² Rn 6; PLANCK/STRECKER Anm 5b; PALANDT/BASSENGE⁶⁸ Rn 4), sondern in jedem Fall wird dem Gläubiger der Schutz des öffentlichen Glaubens des Grundbuchs (§ 892) zuteil, da er – gerade wenn vorher das Grundpfandrecht *nicht* bestanden haben sollte – ein Recht am

Grundstück *durch Rechtsgeschäft* mit dem Eingetragenen *erwirbt* (dass MünchKomm/ Eickmann[4] Rn 4 ein Erwerbsgeschäft verneint, ist nicht verständlich). Dass er – in Form der alten Forderung – gleichzeitig ein Recht am Grundstück *aufgibt,* ändert nichts daran, sondern bestätigt vielmehr, dass es sich um ein den §§ 892, 893 unterfallendes Verkehrsgeschäft handelt.

Ebenso kommt es für das Ergebnis nicht darauf an, ob die **bisherige Forderung** 6 entstanden ist und noch besteht; zwar ist andernfalls das rechtswirksam bestellte Grundpfandrecht Eigentümergrundschuld, bei der in der Tat für eine Forderungsauswechslung kein Raum ist (BGHZ 36, 84 vom 25.10.1961 – V ZR 103/60; Staudinger/ Scherübl[12] Rn 4); der Vorgang ist dann aber Umwandlung iS von § 1198, ein Vorgang, der durchaus Elemente einer Forderungsauswechslung enthält.

Steht schließlich die auf eine andere Forderung umzustellende Hypothek **einem** 7 **anderen als dem ausgewiesenen Gläubiger zu** und ist dieser nicht – wie im Fall oben Rn 6 der Eigentümer – in den Auswechselungsvorgang einbezogen, so greift § 892 ein. Aus den oben Rn 5, 6 dargelegten Gründen wäre es verfehlt, gutgläubigen Erwerb abzulehnen, weil nur hätte ausgewechselt, nicht aber erworben werden sollen. Es ist Inhalt der Forderungsauswechslung, dass für die neue Forderung eine hypothekarische Sicherheit begründet werden soll; dies nicht unter § 892 zu ziehen, wäre ein zu engherziges Verständnis des Willens der Parteien wie des öffentlichen Glaubens des Grundbuchs.

2.   Die zu sichernde neue Forderung

Die neue Forderung muss eine solche sein, deren hypothekarische Sicherung nach 8 § 1113 möglich ist (Planck/Strecker Anm 3b β). Das **Bestehen** der **neuen** Forderung ist dagegen nicht Voraussetzung für die Wirksamkeit der Forderungsauswechslung; dieser Umstand ist nur von Bedeutung für den Erwerb des Grundpfandrechts durch den Gläubiger, nicht für das Ausscheiden der bisher gesicherten Forderung aus der hypothekarischen Sicherung (Planck/Strecker Anm 3b β; Wolff/Raiser § 134 V); besteht die neue Forderung nicht, so wird das Grundpfandrecht zur Eigentümergrundschuld (KG OLGE 10, 86).

Die zu sichernde neue Forderung darf den **Nennbetrag** der bisherigen Hypothek 9 **nicht übersteigen.** Ein Verstoß gegen diese Regel macht jedoch die Eintragung der Auswechslung nicht inhaltlich unzulässig iS von § 53 Abs 1 S 2 GBO; bei dem überschießenden Betrag handelt es sich vielmehr um die Neubestellung einer Hypothek, die das Grundbuch nur, soweit gleich oder nachstehende Berechtigte der Änderung nicht zustimmen, hinsichtlich des Ranges der Erweiterung unrichtig macht (RG JW 1934, 479; Planck/Strecker Anm 3b δ; Erman/Wenzel[12] Rn 2).

Die neue Forderung kann einem **anderen Gläubiger** als dem bisherigen zustehen 10 (Abs 2). Es ist daher Forderungsauswechslung **ohne** und **mit** Gläubigerwechsel zu unterscheiden; die Unterscheidung darf aber nicht überspannt werden (oben Rn 5 ff). Gleichgültig ist, ob der Schuldner wechselt (Erman/Wenzel[12] Rn 1).

An die Stelle ursprünglich einer Forderung können auch mehrere Forderungen, an 11 die Stelle mehrerer Forderungen eine oder mehrere andere Forderungen gesetzt werden, wenn der Gesamtbetrag den Betrag der Hypothek nicht übersteigt (PLANCK/ STRECKER Anm 3d). Ebenso ist es zulässig nur für einen Teil der bisherigen Forderung eine andere Forderung zu setzen. Die alte Forderung oder ein entsprechender Teil von ihr muss aber aus der hypothekarischen Haftung ausscheiden.

12 Mehrere Hypotheken können in eine einheitliche Hypothek (Einheitshypothek) ungewandelt werden, wenn ihnen im Rahmen des § 1180 eine einheitliche Forderung unterlegt wird (PLANCK/STRECKER Anm 3d; § 1113 Rn 26).

III. Formvorschriften

1. Formvorschriften des materiellen Rechts

a) Forderungsauswechslung ohne Gläubigerwechsel

13 Sollen eine oder mehrere Forderungen desselben Gläubigers an die Stelle der bisherigen Forderung gesetzt werden, so ist hierzu die **Einigung des Gläubigers und des Eigentümers** erforderlich (§ 1180 Abs 1 S 2 HS 1). Die Einigung wird erst unter den Voraussetzungen des § 873 Abs 2 bindend. Ist der Bucheigentümer nicht der wahre Eigentümer, so nimmt auch die hL – im Gegensatz zum Bestehen der Hypothek, oben Rn 5 – die Möglichkeit gutgläubiger Forderungsauswechslung an (PALANDT/BASSENGE[68] Rn 4; MünchKomm/EICKMANN[4] Rn 4; SOERGEL/KONZEN[13] Rn 3).

14 Wirksamkeitserfordernis ist die **Eintragung in das Grundbuch**. Sie ist **unersetzbar** (H WESTERMANN JZ 1962, 302; ERMAN/WENZEL[12] Rn 2; vgl BGH vom 26.7.2001 – VII ZR 203/ 00 – NJW 2001, 3701 = EWiR § 648 BGB 1/01, 993 [zust VOLMER]; **aA** BGHZ 36, 84 vom 25.10.1961 – V ZR 103/60). Die mehr als fragwürdige Rechtsprechung, wonach bei der Vormerkung eine Forderungsauswechslung ohne Grundbucheintragung möglich sein soll (BGHZ 143, 175 vom 26.11.1999 – V ZR 432/98; BGH vom 7.12.2007 – V ZR 21/07 – ZIP 2008, 893 [MITLEHNER] = ZfIR 2008, 113 [ZIMMER]; dazu **abl** HEGGEN RNotZ 2008, 213; STAUDINGER/GURSKY [2008] § 883 Rn 361), kann schon wegen des klaren Wortlauts des § 1180 keinesfalls auf die Forderungsauswechslung bei der Hypothek übertragen werden. Noch weniger kann eine Hypothek, die Eigentümergrundschuld geworden oder gar erloschen ist, außerhalb des Grundbuchs mit einer neuen Forderung „wiederaufgeladen" werden (s auch § 1163 Rn 34).

b) Forderungsauswechslung mit Gläubigerwechsel

15 Steht die Forderung, die an die Stelle der bisherigen Forderung treten soll, nicht dem bisherigen Hypothekengläubiger zu, so bedarf die Einigung zwischen dem Eigentümer und dem neuen Gläubiger – „Gläubiger" meint den neuen Gläubiger (MünchKomm/EICKMANN[4] Rn 6) – der Zustimmung des bisherigen Gläubigers (§ 1180 Abs 2 S 1 HS 1). Die Zustimmung ist dem Grundbuchamt oder demjenigen gegenüber zu erklären, zu dessen Gunsten sie erfolgt; der bisherige Gläubiger ist an seine Zustimmung nur gebunden, wenn er sie dem Grundbuchamt gegenüber abgegeben oder demjenigen gegenüber, zu dessen Gunsten sie erfolgt, eine § 29 GBO entsprechende Eintragungsbewilligung ausgehändigt hat (§§ 1180 Abs 2 S 1, 875 Abs 2).

c) Sonstige Erfordernisse

16 Die Forderungsauswechslung bedarf nicht der Einwilligung des persönlichen Schuldners, der nicht zugleich Eigentümer des belasteten Grundstücks ist. Er ist durch

§ 1165 geschützt; soweit er ohne die Forderungsauswechslung aus der Hypothek hätte Ersatz verlangen können, wird er von seiner Verbindlichkeit frei (Hachenburg Beitr 16; Planck/Strecker Anm 4 f mwNw; Wolff/Raiser § 134 Fn 16; Westermann[5] § 107 IV 3).

Da die Forderungsauswechslung eine Verfügung nicht nur über die Hypothek, **17** sondern auch über die künftige Eigentümergrundschuld (oben Rn 3) und in weiterem Sinn auch über die alte Forderung enthält, sind alle Genehmigungen beizubringen, die für die einzelnen Verfügungen in Betracht kommen; nicht erforderlich sind Genehmigungen, die nur zu einer Verfügung über das Grundstück erforderlich wären, weil eine solche nicht vorliegt (oben Rn 3). S zu öffentlich-rechtlichen Genehmigungen Einl 118 zu §§ 1113 ff.

2. Formvorschriften des formellen Rechts

a) Eintragung ins Grundbuch
Einzutragen ist ins Grundbuch (vgl hierzu § 11 Abs 6 GBV), dass an Stelle der **18** bisherigen Forderung die näher zu bezeichnende neue Forderung tritt; für die Bezeichnung der neuen Forderung und des sonstigen Inhalts der Eintragung ist § 1115 maßgebend (KGJ 31 A 339); es ist daher auch der *Gläubiger* der neuen Forderung im Grundbuch anzugeben, eine bloße Bezugnahme auf die Eintragungsbewilligung genügt insoweit nicht.

b) Voraussetzungen der Eintragung
Die Eintragung setzt die Eintragungsbewilligung des Eigentümers und des Gläu- **19** bigers der bisherigen Forderung sowie eines etwaigen Dritten, dem ein Recht an der bisherigen Forderung zusteht (§ 1180 Abs 2 S 2), voraus. Der Bewilligung des neuen Gläubigers bedarf es grundbuchrechtlich nicht (KG JW 1935, 3570; KG RJA 7, 232; Planck/Strecker Anm 4b γ).

Die Zustimmung **gleich- oder nachstehender Berechtigter** ist erforderlich, wenn sie **20** durch die Forderungsauswechslung in ihrem Recht nachteilig betroffen werden; das ist zB der Fall, wenn durch Änderung der Zins und Zahlungsbedingungen die Belastung erhöht wird, es sei denn § 1119 (oben Rn 3) griffe ein.

Ein gleich- oder nachrangigen Gläubigern zustehender **gesetzlicher Löschungsan-** **21** **spruch** oder ein durch Löschungsvormerkung gesicherter Löschungsanspruch (§§ 1179, 1179a, 1179b, 1179 aF) begründen kein Zustimmungserfordernis (§§ 1169 Rn 16 f, 1179 Rn 20; **aA** Staudinger/Scherübl[12] Rn 22).

c) Briefhypothek
Bei einer Briefhypothek ist die Eintragung der Rechtsänderung auf dem bisherigen **22** Brief zu vermerken und eine mit dem Brief verbundene Schuldurkunde abzutrennen (§ 65 GBO). Die für die andere Forderung bestehende Schuldurkunde ist mit dem Brief zu verbinden. Es kann aber auch die Erteilung eines neuen Briefs beantragt werden (Demharter[26] § 65 Rn 6). Aus dem folgenden ergibt sich, dass das Grundbuchamt den geänderten oder neuen Hypothekenbrief nicht dem bisherigen und auch nicht dem neuen Gläubiger, sondern dem **Eigentümer** auszuhändigen hat.

23 Der neue Gläubiger erwirbt die Briefhypothek erst dann, wenn ihm entweder der **Hypothekenbrief von dem Eigentümer übergeben** oder zwischen ihm und dem Eigentümer vereinbart wird, dass er sich den Brief von dem Grundbuchamt aushändigen lassen darf (PLANCK/STRECKER Anm 5c β; PALANDT/BASSENGE[68] Rn 3). In der Zeit zwischen Grundbucheintragung und Aushändigung des Briefs an den neuen Gläubiger ist die Hypothek wieder vorläufige Eigentümergrundschuld zu den Bedingungen der neuen Forderung. Der alte Gläubiger verliert seine Stellung als Hypothekar bereits mit der Eintragung.

d)   Buchhypothek

24 Auf die Forderungsauswechslung bei einer **Buchhypothek** ist § 1139 anwendbar (PLANCK/STRECKER Anm 5c β).

IV.   Wirkung

**1.   Trennung der bisherigen Forderung von der Hypothek
und Sicherung der neuen Forderung**

25 Durch die Auswechslung wird die bisher gesicherte Forderung von der Hypothek getrennt; sie steht weiterhin dem bisherigen Gläubiger zu. Vom Zeitpunkt der Auswechslung an untersteht sie ausschließlich den Vorschriften aus dem Recht der Schuldverhältnisse (PLANCK/STRECKER Anm 5a). Einreden aus dem bisherigen Schuldverhältnis (§ 1137) kann der Eigentümer gegen die Hypothek nicht mehr geltend machen.

26 Die Hypothek besteht ab Wirksamwerden der Forderungsauswechslung für die neue Forderung. Solange diese nicht entstanden oder, bei einem Briefrecht, der Brief nicht übergeben ist, gelten die §§ 1117, 1163 Abs 1 S 1, Abs 1, 1177 Abs 1. Dem Eigentümer stehen die Einreden aus dem neuen Schuldverhältnis zu (§ 1137); in Ansehung der Forderung schützt § 1138 erst den Rechtsnachfolger des Gläubigers (PLANCK/STRECKER Anm 5b).

2.   Zinsen der neuen Forderung

27 Zinsen der neuen Forderung können auch für eine Zeit, für die noch Zinsen der alten Forderung rückständig sein können, in die hypothekarische Haftung einbezogen werden (KGJ 42, 268).

3.   Vollstreckungstitel

28 Ein Vollstreckungstitel, auch in Form der vollstreckbaren Urkunde (§§ 794 Abs 1 Nr 5, 800 ZPO), ergreift nur die bisherige Forderung; es bedarf daher auch in dinglicher Hinsicht eines neuen Titels, etwa einer neuen Unterwerfung (PLANCK/STRECKER Anm 5d; PALANDT/BASSENGE[68] Rn 2; WOLFSTEINER, Die vollstreckbare Urkunde[2] § 30.3. ff; MünchKommZPO/WOLFSTEINER[3] § 800 Rn 12; unklar BGH WM 1964, 1215 und BGH NJW 1980, 1050; vgl § 1198 Rn 15), jedoch keiner zusätzlichen Eintragung im Grundbuch (WOLFSTEINER aaO § 30.6.; MünchKommZPO/WOLFSTEINER[3] § 800 Rn 8; **aM** KGJ 52, 190; KG DNotZ 1954, 199; STAUDINGER/SCHERÜBL[12] Rn 31; KEHE/MUNZIG, GBO[6] § 19 Rn 80; PALANDT/BASSENGE[68] Rn 3, der das als allgM bezeichnet; vgl aber LG Bielefeld Rpfleger 1957, 83. Ohne eigene Stellungnahme STEIN/JONAS/MÜNZBERG[22], ZPO § 800 Fn 39). S auch Einl 187 ff, insbes Rn 205 zu §§ 1113 ff; § 1198 Rn 15.

V. Hypothekenvormerkung

S zur Forderungsauswechslung bei der Vormerkung oben Rn 14. Davon ist der Fall **29** zu unterscheiden, dass bei einer Vormerkung auf Bestellung einer Hypothek nicht der vorgemerkte Bestellungsanspruch ausgewechselt werden soll, sondern noch vor Eintragung der Hypothek der durch die Hypothek zu sichernde Anspruch, wie das vor allem bei der Vormerkung auf Bestellung einer Bauhandwerkersicherungshypothek der Fall sein kann. Beispiel: der Bauhandwerker hat für seine Forderung eine zusätzliche Sicherheit durch Bürgschaft gewonnen und möchte jetzt der vorgemerkten Hypothek einen Anspruch unterlegen, der seinerzeit (weil noch nicht fällig) noch nicht sicherungsfähig war. Es steht nichts entgegen, hierauf § 1180 entsprechend anzuwenden, vorausgesetzt natürlich, dass die Vormerkung noch besteht und nicht durch Erfüllung des zu sichernden Anspruchs bereits untergegangen ist (ASSMANN, Die Vormerkung 152; MünchKomm/WACKE[4] § 883 Rn 35; iE auch STAUDINGER/GURSKY [2008] § 883 Rn 131 mwNw. Die analoge Anwendung entspricht den bei MünchKomm/WACKE[4] § 883 Rn 4 aufgestellten Grundsätzen. Unklar in der – hiermit aufgegebenen – **Ablehnung** STAUDINGER/WOLF-STEINER [2002] Rn 28).

VI. Forderungsauswechslung kraft Gesetzes

Eine Forderungsauswechslung kann auch kraft Gesetzes eintreten (vgl §§ 1153, 1164, **30** 1173, 1174, 1182).

VII. Anwendungsbereich

1. Hypotheken

Auch einer **Gesamthypothek** kann nach Maßgabe des § 1180 eine andere Forderung **31** unterstellt werden. Hierzu ist aber eine Einigung zwischen sämtlichen Eigentümern der belasteten Grundstücke oder Eigentumsbruchteile und dem neuen Gläubiger erforderlich. Der Gesamtbetrag der neuen Forderungen darf die Höhe des bisherigen Hypothekenkapitals insgesamt nicht übersteigen, auch dann nicht, wenn gleichzeitig eine Verteilung stattfindet (PLANCK/STRECKER Anm 6).

Zugleich mit der Forderungsauswechslung kann die **Art der Hypothek** geändert, zB **32** eine Verkehrshypothek in eine Sicherungshypothek umgewandelt werden.

§ 1180 ist auf **Sicherungshypotheken** (vgl BGH NJW 2001, 3701 = EWiR § 648 BGB 1/01, 993 **33** [zust VOLMER]) und **Höchstbetragshypotheken** anwendbar. Bei der Höchstbetragshypothek liegt eine Forderungsauswechslung nicht nur dann vor, wenn ein neuer Forderungskreis an Stelle des bisherigen zur nunmehr alleinigen Sicherung der Hypothek unterstellt werden soll, sondern auch dann, wenn ein neuer Forderungskreis zu den in ihm aufgehenden bereits gesicherten Forderungen hinzutreten soll (KGJ 45, 286; 49, 224). Hat der Eigentümer eines mit einer Höchstbetragshypothek belasteten Grundstücks gewechselt, so bedarf die Forderungsauswechslung regelmäßig auch der Bewilligung des Eigentümers zur Zeit der Bestellung der Hypothek, es sei denn, es wird nachgewiesen, dass eine vorläufige Eigentümergrundschuld nach § 1163 Abs 1 S 1 nicht mehr besteht und eine Eigentümergrundschuld nach § 1163 Abs 1 S 2 nicht entstanden ist (§ 1190 Rn 70 f; s auch KG 45, 286; PLANCK/STRECKER Anm 4a β).

2. Grund- und Rentenschulden

34 Auf Grund- und Rentenschulden findet § 1180 Abs 1 keine Anwendung, dagegen ist § 1180 Abs 2 bei Umwandlung einer Fremdgrundschuld in eine Hypothek entsprechend anwendbar (§ 1198 Rn 8). Bei der Umwandlung einer Eigentümergrundschuld in eine Hypothek (s dazu auch § 1198 Rn 9) soll eine vorgängige oder mindestens gleichzeitige Abtretung des Grundpfandrechts an den neuen Gläubiger erforderlich sein (BGH NJW 1968, 1674; LG Dortmund NJW 1961, 365; STAUDINGER/SCHERÜBL[12] Rn 38); das trifft aber nicht zu (PLANCK/STRECKER Anm 2b). Zwar ist es möglich, zuerst die Grundschuld abzutreten und sie dann in eine Hypothek umzuwandeln; sie kann aber auch in der Hand des Eigentümers mit dem Anspruch eines Dritten unterlegt und dann dem Gläubiger nach § 1117 verschafft werden.

§ 1181
Erlöschen durch Befriedigung aus dem Grundstück

(1) Wird der Gläubiger aus dem Grundstück befriedigt, so erlischt die Hypothek.

(2) Erfolgt die Befriedigung des Gläubigers aus einem der mit einer Gesamthypothek belasteten Grundstücke, so werden auch die übrigen Grundstücke frei.

(3) Der Befriedigung aus dem Grundstück steht die Befriedigung aus den Gegenständen gleich, auf die sich die Hypothek erstreckt.

Materialien: E I §§ 1078 Abs 2, 1092; II § 1088 rev § 1165; III § 1164; Mot III 687, 720 f; Prot III 574, 604, 620, 622 f; VI 257.

Schrifttum

BEYER, Gebäudeversicherung und Hypothek (Diss Leipzig 1937)

HAUFE, Das Recht des ausgefallenen Hypothekengläubigers am Zubehör (Diss Leipzig 1934)

SCHOLZ, Schuldübernahme in der Zwangsversteigerung, ZfIR 1999, 165, 171

STANGE, Die Liegenbelassungsvereinbarung (1928).

I.   Allgemeines

1 Erlangt der Gläubiger Befriedigung seiner Forderung aus dem Grundstück, so ist der Zweck der Hypothek erreicht und das Hypothekenrecht seinem Inhalt nach erschöpft; im Gegensatz zu den Fällen des Erlöschens der Forderung (zB § 1163 Abs 1

S 2) entsteht keine Eigentümergrundschuld, sondern die Hypothek erlischt (Prot III 620 ff).

1. Erlöschen iSd § 91 ZVG

Nach § 91 Abs 1 ZVG erlischt die Hypothek durch den **Zuschlag in der Zwangsver-** 2 **steigerung.** Gemeint ist damit nur das Erlöschen des dinglichen Rechts am Grundstück selbst und zwar nur an dem Grundstück, das zugeschlagen wird. Die Hypothek umfasst aber ein Bündel von Rechten, die auch nach dem Zuschlag bestehen bleiben. Insbesondere setzt sich die am Grundstück erloschene Hypothek nach dem allgemein geltenden Surrogationsprinzip (BGHZ 58, 298; s näher Einl 179 ff zu §§ 1113 ff) am Erlös fort. Die Hypothek besteht auch an den mithaftenden Sachen und Rechten (§§ 1120–1129) fort, soweit sie nicht vom Zuschlag erfasst sind. Schließlich besteht die Gesamthypothek unverändert an den Grundstücken fort, die nicht zugeschlagen worden sind. Nach § 91 Abs 4 ZVG können Löschungsansprüche nach § 1179a bestehen bleiben, aber nur, wenn sie im Zeitpunkt der Beschlagnahme bereits entstanden waren (§ 1179a Rn 68).

2. Erlöschen iSd § 1181

§ 1181 meint ein anderes Erlöschen, nämlich das umfassende **Erlöschen der Hypo-** 3 **thek als subjektives Recht.** Dieses kann in gewissem Sinn sogar dann eintreten, wenn das Grundpfandrecht im Grundbuch bestehen bleibt; vereinbaren Hypothekengläubiger und Ersteher gemäß § 91 Abs 2 ZVG, dass eine Hypothek, die nach den Versteigerungsbedingungen erlöschen würde, bestehen bleiben soll, oder erklärt der Ersteher, dass die Hypothek, aus der er vollstreckt, bestehen bleiben soll (RGZ 156, 276; PLANCK/STRECKER Anm 2c δ), dann bleibt das Grundpfandrecht bestehen, obwohl iSd § 1181 das dingliche Schuldverhältnis erloschen ist. S dazu nachst Rn 21.

II. Erlöschen durch Befriedigung aus dem Grundstück nach § 1181

1. Begriff

Die Hypothek erlischt, wenn der Gläubigers aus dem Grundstück (Abs 1) oder im 4 Fall der Gesamthypothek aus einem der belasteten Grundstücke (Abs 2) oder mehreren von ihnen oder aus einem der Gegenstände befriedigt wird, auf die sich die Hypothek erstreckt (Abs 3). Die Befriedigung muss im Weg der Zwangsvollstreckung (§§ 1147, 1150) erfolgen. Wird der Gläubiger ohne gerichtlichen Zwang (vgl §§ 1143, 1163 Abs 1 S 2, 1164, 1173, 1174) befriedigt, greift die Vorschrift nicht. Zwangsvollstreckung ist nach positivem Recht auch die *Teilungsversteigerung.* Die Hypothek erlischt auch dann iSd § 1181, wenn alle Gegenstände der Hypothekenhaftung verwertet sind, auch wenn der Gläubiger nur zum Teil oder gar nicht befriedigt worden ist.

2. Befriedigung im Wege der Zwangsvollstreckung

Die Befriedigung muss eine Zwangsvollstreckung als Grundlage haben. Diese Vor- 5 aussetzung trifft nicht zu, wenn der Schuldner mit Mitteln bezahlt, die er durch den Verkauf des Grundstücks oder eines Grundstücksteils oder anderer mithaftender

Gegenstände erlangt hat (RGZ 56, 324; RG JW 1935, 1506; BGB-RGRK/THUMM[12] Rn 1; WESTERMANN[5] § 108 IV 1; WOLFF/RAISER § 142 I 2; PLANCK/STRECKER Anm 2a) oder wenn die Befriedigung außerhalb eines Zwangsverfahrens, sei es auch mit Mitteln geschieht, die an sich aus dem Grundstück stammen, wie zB mit Mieten (WESTERMANN[5] § 108 IV 1; WOLFF/RAISER § 142 I 2); Befriedigung aus der Zwangsverwaltung unterfällt aber dem § 1181 (PALANDT/BASSENGE[68] Rn 2; nachf Rn 14). Eine Veräußerung durch den Gläubiger auf Grund einer Vereinbarung nach § 1149 fällt nicht unter § 1181. Ebenso wenig wirkt ein freihändiger Verkauf durch den Insolvenzverwalter (§ 160 Abs 2 Nr 1 InsO) wie eine Befriedigung aus dem Grundstück (RG WarnR 1932 Nr 48; PLANCK/ STRECKER Anm 2a; BGB-RGRK/THUMM[12] Rn 1), anders bei einer Verwertung nach § 165 InsO (RGZ 56, 324; RG JW 1935, 1506).

6 Die Befriedigung aus Gegenständen, auf die sich die Hypothek erstreckt (§§ 1120 ff), steht nach Abs 3 der Befriedigung aus dem Grundstück gleich; vorausgesetzt ist auch insoweit Befriedigung im Wege der Zwangsvollstreckung (RGZ 56, 324). Bei der Zwangsversteigerung des Grundstücks werden diese Gegenstände mit erfasst, soweit nicht § 21 Abs 1, 2 ZVG eine Ausnahme bestimmt, die Zwangsverwaltung ergreift jedoch auch diese Gegenstände (§ 148 Abs 1 ZVG). Die Hypothek erlischt bei der Zwangsvollstreckung in mithaftende Gegenstände selbst dann, wenn der Hypothekengläubiger aus diesen nicht durch Zwangsvollstreckung in das unbewegliche Vermögen (§§ 864 ff ZPO), sondern durch Zwangsvollstreckung in das bewegliche Vermögen (§§ 803 ff ZPO) befriedigt wird. Der Gläubiger muss jedoch in diesem Fall aus der Hypothek, dh aus seinem dinglichen Titel, vollstrecken. Vollstreckt der Gläubiger aus einem schuldrechtlichen Titel, so bewirkt die Befriedigung nur das Erlöschen der persönlichen Forderung mit der Folge, dass das Grundpfandrecht zur Eigentümergrundschuld wird (§§ 1163 Abs 1 S 2, 1177 Abs 1).

7 Die Befriedigung des Gläubigers durch Einziehung der **Gebäudeversicherungsforderung** (§ 1128, also nicht nur der *Feuerversicherung*) bewirkt das Erlöschen der Hypothek auch dann, wenn keine Zwangsvollstreckung im eigentlichen Sinn stattfindet; der Gläubiger hat die Stellung eines Forderungspfandgläubigers; das Forderungspfand wird gemäß § 1128 „zwangsweise" durch Einziehung verwirklicht (WOLFF/RAISER § 141 I 2 mit Fn 6 mwNw; WESTERMANN[5] § 108 IV 1; ERMAN/WENZEL[12] Rn 2; PALANDT/ BASSENGE[68] Rn 2; BGB-RGRK/THUMM[12] Rn 8; MünchKomm/EICKMANN[4] Rn 11; **aM** RGZ 56, 322; PLANCK/STRECKER Anm 2a).

3. Arten der Zwangsvollstreckung

a) Zwangsversteigerung
8 Die Hypothek erlischt im Sinne des § 1181 erst durch die Befriedigung aus dem Versteigerungserlös; sie erfolgt idR durch **Bezahlung** aus dem Versteigerungserlös im Verteilungstermin (§ 117 Abs 1 ZVG); ihr stehen die Hinterlegung sowie die Anweisung auf den vor dem Verteilungstermin hinterlegten Betrag iSd § 117 Abs 2, 3 ZVG gleich (PLANCK/STRECKER Anm 2c a).

9 Die Befriedigung tritt auch ein, wenn dem Hypothekengläubiger die **Forderung** gegen den Ersteher auf Berichtigung des Bargebots nach Maßgabe des § 118 ZVG **übertragen** wird (vgl §§ 128, 130, 132, 60, 61 ZVG). Ein Mittel, diese Folge abzuwenden, bietet für den Fall der Übertragung der Forderung nach § 118 Abs 1 S 1 ZVG die Bestimmung des § 118 Abs 2 S 2 ZVG.

Eine Vereinbarung zwischen dem Hypothekengläubiger und dem Ersteher mit dem **10** Inhalt, dass eine Hypothek, die nach den gesetzlichen oder vereinbarten Versteigerungsbedingungen nicht bestehen bleibt, **bestehen bleiben** soll (§ 91 Abs 2 ZVG), wirkt wie die Befriedigung aus dem Grundstück (§ 91 Abs 3 S 2 ZVG). Dies gilt auch von einer gemäß § 91 Abs 2 ZVG abgegebenen Erklärung des Erstehers, dass eine ihm selbst zustehende Hypothek, die an sich durch das Meistgebot gedeckt ist, bestehen bleiben soll (RGZ 156, 276; PLANCK/STRECKER Anm 2c δ). Die Hypothek erlischt in diesen Fällen nicht, sondern wird im letztgenannten Fall Eigentümergrundschuld; s iÜ nachst Rn 21 ff.

Wird ein Grundstück in der Zwangsversteigerung einem an dem Grundstück Be- **11** rechtigten zu einem Gebot zugeschlagen, das einschließlich der nach den Versteigerungsbedingungen bestehen bleibenden Rechte hinter **sieben Zehnteilen** des Grundstückswertes zurückbleibt, so gilt der Ersteher auch insoweit als aus dem Grundstück befriedigt, als sein Anspruch durch das abgegebene Meistgebot nicht gedeckt ist, aber bei einem Gebot zum Betrag der Siebenzehntelgrenze gedeckt sein würde (§ 114a ZVG; fiktive Befriedigung).

Die Übertragung von Forderungen gegen den Ersteher, die dieser nach §§ 50, 51 **12** ZVG zu zahlen hat (sog **Zuzahlungsansprüche**), hat nicht die Wirkung der Befriedigung aus dem Grundstück, § 125 Abs 3 ZVG (MünchKomm/EICKMANN⁴ Rn 9 zutreffend gegen FISCHER NJW 1956, 1095).

Fällt die Hypothek in der Zwangsversteigerung **aus**, so ist § 1181 nicht anwendbar. **13** Sie erlischt allerdings auch in diesem Fall durch den Zuschlag (§§ 91, 52, 59 ZVG). Sie erlischt aber nur an dem versteigerten Grundstück und nicht an den anderen mithaftenden Grundstücken und nicht an den mithaftenden beweglichen Gegenständen, die nicht mitversteigert wurden (RGZ 55, 414; PLANCK/STRECKER Anm 2d). Die Hypothek an dem Zubehör, das durch Anordnung des Vollstreckungsgerichts von der Versteigerung ausgeschlossen bleibt, erlischt also nicht (RGZ 55, 414; RGZ 125, 366; RGZ 132, 321; RG Gruchot 48, 1064 und LZ 1915, 287; OLG Braunschweig Recht 1906 Nr 3056; § 1120 Rn 41). Nicht hierher gehören aber Gegenstände, deren Sonderversteigerung nach § 65 ZVG angeordnet worden ist; deren Erlös gehört zur Teilungsmasse (§ 107 Abs 1 S 2 ZVG).

b)   Zwangsverwaltung
Bei der Zwangsvollstreckung durch Zwangsverwaltung wird der Gläubiger durch **14** Bezahlung aus dem Verwaltungsüberschuss befriedigt (§ 155 ZVG). Auf die Tilgungsraten einer Tilgungshypothek geleistete Zahlungen haben grundsätzlich zur Folge, dass die Hypothek in Höhe der Leistungen gemäß § 1181 erlischt (KG JFG 11, 254).

4.   Wirkung

a)   Erlöschen der Hypothek
Das ZVG-induzierte Erlöschen der Hypothek (s vorst Rn 2) tritt durch den Zuschlag **15**

kraft Gesetzes sofort mit der Verkündung des Zuschlags ein (§§ 89, 90 Abs 1 ZVG). Das Grundbuch ist auf Ersuchen des Vollstreckungsgerichts, das von Amts wegen zu stellen ist, zu berichtigen (§ 130 ZVG). Im Sinne des § 1181 (s vorst Rn 8) erlischt die Hypothek hingegen erst durch die Befriedigung des Gläubigers. Das Erlöschen der Hypothek tritt auch hier kraft Gesetzes ein, die Berichtigung ist aber, soweit das Grundbuch nicht schon durch den Zuschlag unrichtig geworden ist, Sache der Beteiligten im Berichtigungsverfahren; dies gilt insbesondere für die Löschung einer Gesamthypothek auf den übrigen Grundstücken (nachf Rn 24 ff) und bei Befriedigung im Wege der Mobiliarzwangsvollstreckung oder der Zwangsverwaltung (KGJ 23 A 254; OLG Braunschweig OLGE 14, 124; PLANCK/STRECKER Anm 2d).

16 Dass der Gläubiger aus dem Versteigerungserlös nur zum Teil befriedigt wird, ist für das ZVG-induzierte Erlöschen der Hypothek durch Zuschlag ohne Einfluss; die dingliche Sicherung an dem Grundstück und den anderen mitversteigerten Gegenständen erlischt durch den Zuschlag in voller Höhe (§ 91 Abs 1 ZVG). Ein Erlöschen der Hypothek nach § 1181 tritt aber nur im Umfang der Befriedigung ein, bei teilweiser Befriedigung daher nur zu diesem Teil. Ein gesetzlich zulässiger Abzug des Zwischenzinses bei noch nicht fälligen Forderungen macht aber die Befriedigung nicht zur Teilbefriedigung (KG JFG 9, 290; PLANCK/STRECKER Anm 2e).

17 Der Gläubiger kann, auch wenn die Hypothek im Grundbuch noch nicht gelöscht ist, über diese nicht mehr verfügen (RG ZBlFG 9, 28). Sie kann auch mit Zustimmung des Eigentümers nicht übertragen werden (RG Recht 1907 Nr 1313, 1446; OLG Braunschweig OLGE 14, 214). Ein gutgläubiger Erwerb nach § 892 ist aber möglich, es sei denn der Zwangsversteigerungsvermerk wäre im Grundbuch noch eingetragen, was den Gutglaubensschutz ausschließt (RGZ 76, 377).

b) Auswirkungen auf die persönliche Forderung

18 § 1181 betrifft (wie auch § 91 Abs 1 ZVG) nur das Erlöschen der Hypothek. Für die Wirkung der Befriedigung aus dem Grundstück auf die persönliche Forderung gilt folgendes:

aa) Eigentümer zugleich persönlicher Schuldner

19 Ist der Eigentümer zugleich persönlicher Schuldner, so führt die Befriedigung aus dem Grundstück so gut wie eine andere Befriedigung des Gläubigers das Erlöschen der persönlichen Forderung herbei (s § 362). Der persönliche Anspruch des Gläubigers erlischt jedoch nicht schon mit dem Zuschlag, sondern nur infolge der tatsächlichen Befriedigung durch Zahlung oder der ihr gleichgestellten Vorgänge (BGH NJW 1981, 1601; BayObLG OLGE 33, 109).

bb) Eigentümer und persönlicher Schuldner personenverschieden

20 Ausnahmsweise erlischt die persönliche Forderung dann nicht, wenn Eigentümer und persönlicher Schuldner verschiedene Personen sind. Die Befriedigung aus dem Grundstück ist eine Befriedigung aus dem Vermögen des Eigentümers und steht somit einer Befriedigung durch den Eigentümer gleich; § 1143 ist sonach auch auf die Befriedigung aus dem Grundstück im Wege der Zwangsvollstreckung anzuwenden (s § 1143 Rn 8). Am ZVG-induzierten Erlöschen der Hypothek ändert das nichts (PALANDT/BASSENGE[68] Rn 3).

cc)   Vereinbarung nach § 91 Abs 2 ZVG

Auch bei einer Vereinbarung nach § 91 Abs 2 ZVG, dass die Hypothek bestehen **21** bleiben soll, das ZVG-induzierte Erlöschen also ausgeschlossen wird (s vorst Rn 10), erlischt die persönliche Forderung, falls persönlicher Schuldner und Eigentümer personengleich sind (s vorst Rn 19). Dagegen findet § 1143 Anwendung, wenn Eigentümer und persönlicher Schuldner verschiedene Personen sind (s vorst Rn 20).

Da die ursprünglich durch die Hypothek gesicherte Forderung in einem Fall (vorst **22** Rn 19) erloschen ist, im anderen Fall (vorst Rn 20) zwischen dem früheren Eigentümer (= Vollstreckungsschuldner) und dem Schuldner, nicht aber dem Ersteher, fortbesteht, kann sie dem Schuldverhältnis zwischen Gläubiger und Ersteher nicht zugrunde liegen. Auch eine *Schuldübernahme* durch den Ersteher scheidet in aller Regel aus (aA ERMAN/WENZEL[12] Rn 3; SOERGEL/KONZEN[13] Rn 8), schon deshalb, weil die Hypothek meist nicht mehr voll valutiert, also zT ohnehin bereits Eigentümergrundschuld ist. Das „liegenbelassene" Grundpfandrecht wird insgesamt **Grundschuld**, deren Inhalt sich nach § 1177 bestimmt (s § 1177 Rn 7).

Der Liegenlassungsvereinbarung liegt aber grundsätzlich eine **Kausalvereinbarung** **23** zugrunde, mangels einer solchen der Gläubiger dem Ersteher gegenüber um die Grundschuld ungerechtfertigt bereichert ist (BGH NJW 1981, 1601). Meist handelt es sich darum, dass der Gläubiger dem Ersteher ein Darlehen in Höhe der aus dem Versteigerungserlös getilgten Kapitalforderung gewährt und das liegenbelassene Grundpfandrecht künftig zur Sicherung der Darlehensforderung dienen soll. Es handelt sich in diesem Fall um die Begründung einer neuen Darlehensforderung, nicht um eine Übernahme der (getilgten) Schuld (aA SCHOLZ ZfIR 1999, 165, 171), weshalb Bürgschaft und Pfandrechte neu begründet werden müssen (vgl PLANCK/ STRECKER Anm 4). Allein aus der Vereinbarung des Liegenbelassens zu schließen, das Darlehen werde zu den Konditionen des vollstreckten gewährt und gar des weiteren, das Grundpfandrecht solle zur Sicherung dieses neuen Darlehens *als Hypothek* fortbestehen (so RGZ 70, 411; KGJ 30 A 322; DRISCHLER RpflJB 1973, 328; PÖSCHL BWNotZ 1958, 54; ERMAN/WENZEL[12] Rn 3; STAUDINGER/SCHERÜBL[12] Rn 21; STÖBER, ZVG[18] § 91 Rn 3. 12), geht aber entschieden zu weit (gegen diese Annahme STEINER/EICKMANN, ZVG[9] § 91 Rn 57, nicht so dezidiert MünchKomm/EICKMANN[4] Rn 15). Die Konditionen des neuen Darlehens richten sich im Zweifel nach den aktuellen, nicht den Marktverhältnissen zur Zeit des alten Darlehensvertrags und im Zweifel ist nach heutigen Verhältnissen eine Grundschuldsicherung und nicht eine Wieder-Umwandlung in eine Hypothek gewollt. Haben sich Gläubiger und Ersteher über diese Punkte nicht konkret geeinigt, ist, falls nicht ganz besondere Umstände vorliegen, eine Kausalvereinbarung nicht zustande gekommen.

III.   Gesamthypothek

1.   Befriedigung des Gläubigers einer Gesamthypothek

Wird der Gläubiger aus einem der mit der Gesamthypothek belasteten Grundstücke **24** (Miteigentumsanteile) befriedigt (vorst Rn 8 ff), so werden auch die übrigen Grundstücke (Miteigentumsanteile) frei, dh die Hypothek auf diesen erlischt gleichfalls, und zwar ohne dass eine Eigentümergrundschuld für die Eigentümer dieser Grundstücke (Miteigentumsanteile) entsteht (Abs 2). Diese Folge ergibt sich aus dem

Wesen der Gesamthypothek (§ 1132 Rn 1, 30 ff). Denn auch die Gesamthypothek verfolgt wie die einfache Hypothek nur den Zweck, den Gläubiger wegen einer Forderung zu befriedigen, und erschöpft sich mit Erreichung dieses Zweckes ihrem Inhalt nach (Prot III 623). Es muss also auch hier die Befriedigung des Gläubigers aus dem Grundstück der Regel nach wie bei der einfachen Hypothek das völlige Erlöschen der Hypothek bewirken.

25 Vereinbart der Ersteher mit dem Gläubiger das Bestehenbleiben des Grundpfandrechts auf dem versteigerten Grundstück nach § 91 Abs 2 ZVG, so entstehen für die Eigentümer der mithaftenden, aber nicht versteigerten Grundstücke keine Eigentümergrundschuld (KG Recht 1910 Nr 2433).

2. Löschung der Gesamthypothek

26 Die Gesamthypothek wird auf dem versteigerten Grundstück auf Ersuchen des Vollstreckungsgerichts gelöscht (§§ 130, 131, 158 ZVG). Die Herbeiführung der Löschung auf den übrigen mithaftenden Grundstücken ist Sache der Beteiligten im Wege der Berichtigung (KG OLGE 4, 376; OLG Braunschweig OLGE 14, 124). Die Löschung setzt den Nachweis voraus, dass der Gläubiger aus einem anderen der mit der Gesamthypothek belasteten Grundstücke befriedigt ist und dass dem Eigentümer dieses Grundstücks kein Ersatzanspruch gegen den Eigentümer des Grundstücks zusteht, bei dem die Gesamthypothek zur Löschung gebracht werden soll (s § 1182).

3. Ausgleich unter mehreren Eigentümern

27 Gehören die einzelnen Grundstücke verschiedenen Eigentümern und wird nur ein Eigentümer belangt, erfolgt der Schadensausgleich nach § 1182, der zugleich eine Ausnahme von der Regel schafft (s Erl zu § 1182). Im übrigen können besondere persönliche Abmachungen über den Ausgleich bestehen.

IV. Befriedigung des Gläubigers aus sonstigem Schuldnervermögen

28 Wird der Gläubiger wegen der persönlichen Forderung durch die Zwangsvollstreckung in Gegenstände des Schuldnervermögens befriedigt, auf die sich die Hypothek nicht erstreckt, so findet nicht § 1181, sondern § 1163 Abs 1 S 2 Anwendung. Der persönlich haftende Eigentümer erwirbt hier, soweit durch die Vollstreckung Befreiung des Gläubigers eintritt, das Grundpfandrecht als Eigentümergrundschuld, und zwar selbst dann, wenn unter den beweglichen Sachen, die zur Befriedigung des Gläubigers verwendet wurden, sich solche befinden, auf die sich die Hypothek erstreckt; da der dingliche Anspruch nicht geltend gemacht ist, ist er durch die Zwangsvollstreckung und die Befriedigung des Gläubigers auch nicht berührt (RGZ 56, 325; PLANCK/STRECKER Anm 2b).

V. Anwendungsbereich

29 § 1181 gilt auch für Sicherungshypotheken, ebenso für Grund- und Rentenschulden.

§ 1182
Übergang bei Befriedigung aus der Gesamthypothek

Soweit im Falle einer Gesamthypothek der Eigentümer des Grundstücks, aus dem der Gläubiger befriedigt wird, von dem Eigentümer eines der anderen Grundstücke oder einem Rechtsvorgänger dieses Eigentümers Ersatz verlangen kann, geht die Hypothek an dem Grundstück dieses Eigentümers auf ihn über. Die Hypothek kann jedoch, wenn der Gläubiger nur teilweise befriedigt wird, nicht zum Nachteil der dem Gläubiger verbleibenden Hypothek und, wenn das Grundstück mit einem im Range gleich- oder nachstehenden Recht belastet ist, nicht zum Nachteil dieses Rechts geltend gemacht werden.

Materialien: E II § 1089 rev § 1166; III § 1165;
Prot III 620, 624 ff; VI 257 ff.

Schrifttum

S § 1173.

I. Allgemeines

Der Gläubiger kann nach § 1132 Abs 1 S 2 bei einer **Gesamthypothek** die Befriedi- **1** gung nach seinem Belieben aus jedem der Grundstücke ganz oder zu einem Teil suchen. Er ist insbesondere nicht an eine Vereinbarung gebunden, durch die sich ein Eigentümer dem anderen gegenüber verpflichtet hat, den Gläubiger wegen der Gesamthypothek allein zu befriedigen. Sucht nun der Gläubiger die Befriedigung nur aus dem Grundstück des einen Eigentümers oder gerade aus jenem Grundstück, das nach der Vereinbarung zwischen den verschiedenen Eigentümern nicht zur Befriedigung des Gläubigers herangezogen werden soll, so würde gemäß § 1181 die Hypothek an allen Grundstücken erlöschen. Angesichts dessen, dass dingliche Ausgleichsansprüche grundsätzlich nicht gegeben sind (§ 1173 Rn 23), wären etwaige schuldrechtliche Ausgleichsansprüche des Eigentümers, aus dessen Grundstück der Gläubiger befriedigt wurde, ungesichert. § 1182 räumt als Ausnahmebestimmung von § 1181 Abs 2 entsprechend der in § 1173 für die Befriedigung des Gläubigers einer Gesamthypothek durch den Eigentümer eines mitbelasteten Grundstücks getroffenen Regelung diesem Eigentümer für seinen persönlichen Ausgleichsanspruch eine dingliche Sicherung ein (etwas nachlässig „**Ersatzhypothek**" genannt, obwohl die Hypothek dieselbe bleibt); hierdurch soll gleichzeitig die durch die Ausübung des Wahlrechts des Gläubigers entstehende Härte wieder ausgeglichen werden (vgl Prot III 625; VI 257).

II. Die Ersatzhypothek

Der Eigentümer, aus dessen Grundstück allein der Gläubiger Befriedigung sucht, **2** erwirbt unmittelbar kraft Gesetzes in Höhe seines Ausgleichsanspruchs die Hypothek des Gläubigers an dem mithaftenden Grundstück des Eigentümers, gegen den er einen Ausgleichsanspruch hat. Der Befriedigung aus dem Grundstück steht auch hier die Befriedigung aus Gegenständen gleich, auf die sich die Hypothek erstreckt (PLANCK/STRECKER Anm 2a; BGB-RGRK/THUMM[12] Rn 1). Es handelt sich also um einen kraft Gesetzes eintretenden Übergang der Hypothek, verbunden mit einer ebenfalls kraft Gesetzes eintretenden Forderungsauswechslung (§ 1164 Rn 18, 20).

1. Voraussetzungen

3 a)   Der Gläubiger muss sich im Wege der **Zwangsvollstreckung** (§ 1181 Rn 5 ff) aus einem der mit der Gesamthypothek belasteten Grundstücke befriedigt haben. Gesamthypothek ist auch eine an mehreren Miteigentumsanteilen eines Grundstücks lastende (§ 1132 Rn 18 ff).

4 b)   Die Grundstücke müssen **verschiedene Eigentümer** haben. Gehören sämtliche mitbelasteten Grundstücke zur Zeit der Befriedigung des Gläubigers aus dem Grundstück einem Eigentümer, so erlischt die Hypothek auch an den übrigen Grundstücken (BGB-RGRK/THUMM[12] Rn 1; PLANCK/STRECKER Anm 2b mwNw).

5 c)   Der Eigentümer des Grundstück, aus dem sich der Gläubiger befriedigt hat, muss einen **Ersatzanspruch** gegen den Eigentümer eines der anderen Grundstücke oder einen Rechtsvorgängers dieses Eigentümers haben (s § 1173 Rn 21 ff). § 1182 ist selbst keine Anspruchsgrundlage für einen solchen Anspruch, weil die Gesamthypothek als solche regresslos ist (§ 1173 Rn 23). Der Ersatzanspruch kann aber auch die nach § 1143 auf den Eigentümer übergegangene persönliche Forderung sein, wenn der persönliche Schuldner Eigentümer eines mitbelasteten Grundstücks ist (RGZ 81, 78; KGJ 42, 274). Der Ersatzanspruch kann auch erst nach Entstehung der Gesamthaftung und ohne erkennbare Beziehung zum Eigentum entstanden sein oder sich auch nur auf die Zinsen beziehen (KGJ 47, 210; PLANCK/STRECKER Anm 2c).

2. Die Ersatzhypothek

6 a)   Die Ersatzhypothek sichert den schuldrechtlichen Ersatzanspruch des Eigentümers des Grundstücks, aus dem der Gläubiger befriedigt wurde, gegen den anderen Eigentümer (§ 1173 Rn 25).

7 b)   Die Ersatzhypothek geht in Höhe des Ersatzanspruchs kraft Gesetzes im Zeitpunkt der Befriedigung des Gläubigers, nicht schon im Zeitpunkt des Zuschlags, auf den Ersatzberechtigten über (ERMAN/WENZEL[12] Rn 3), denn § 1182 knüpft an § 1181 an, nicht an § 91 ZVG (vgl § 1181 Rn 3).

8 c)   Die Ersatzhypothek entsteht im Regelfall als Einzelhypothek. Bestehen jedoch Ersatzansprüche gegen mehrere Personen als Eigentümer mehrerer mitbelasteter Grundstücke, so ist die Ersatzhypothek **Gesamthypothek**, wenn die Ersatzpflichtigen Gesamtschuldner des Ausgleichsanspruchs sind; ansonsten entsteht die entsprechende Zahl von Ersatzhypotheken als Einzelhypotheken, dh die Gesamthypothek verteilt sich kraft Gesetzes (vgl BECHER 97 ff). Eine Gesamthypothek verbleibt auch, wenn ein Ersatzpflichtiger Eigentümer mehrerer mitbelasteter Grundstücke ist.

3. Unzuständigkeit des Vollstreckungsgerichts

Die Feststellung, ob eine Ersatzhypothek iS des § 1182 gegeben ist, liegt außerhalb **9** des Zwangsvollstreckungsverfahrens. Das Vollstreckungsgericht als solches ist damit nicht befasst. Es gehört daher auch nicht zur Aufgabe des Vollstreckungsgerichts, wegen der nicht versteigerten Grundstücke die Berichtigung des Grundbuchs zu betreiben (§ 1181 Rn 15). Das Vollstreckungsgericht ist auch nicht zuständig, Erklärungen der Beteiligten zur Umschreibung auf den Ersatzberechtigten oder die Löschung der Gesamthypothek auf diesen Grundstücken entgegenzunehmen (dh zu beurkunden oder zu beglaubigen). Dem steht entgegen, dass die Amtsgerichte gemäß §§ 55 ff BeurkG nicht mehr allgemein zu Beurkundungen und Beglaubigungen zuständig sind und das ZVG eine spezielle Zuständigkeit für Grundbucherklärungen nicht vorsieht; Entscheidungen aus der Zeit vor Inkrafttreten des BeurkG (KGJ 34 A 254) sind überholt (aA – ohne Bezugnahme auf das BeurkG – STAUDINGER/ SCHERÜBL[12] Rn 9).

III. Rang der Ersatzhypothek

1. Rang im Verhältnis zur Resthypothek

Wird der Gläubiger aus dem Grundstück nur teilweise befriedigt, so erlischt die **10** Hypothek an dem versteigerten Grundstück wegen § 91 ZVG gleichwohl völlig. In Höhe der unbefriedigt gebliebenen Forderung, bleibt die Gesamthypothek auf den anderen mithaftenden Grundstücken bestehen; in Höhe der Befriedigung erlischt sie gemäß § 1181 auch dort. Sofern und soweit aber der Eigentümer des Grundstücks, aus dem der Gläubiger Befriedigung gesucht hat, einen Ausgleichsanspruch gegen den Eigentümer eines anderen mithaftenden Grundstücks hat, geht die Hypothek an diesem Grundstück gemäß S 1 anstelle des Erlöschens auf ihn über. S 2 HS 1 regelt zunächst das Rangverhältnis zwischen Resthypothek und Ersatzhypothek dahin, dass die Ersatzhypothek nicht zum Nachteil der Resthypothek geltend gemacht werden kann, sie also der Resthypothek des Gläubigers im Rang nachgeht (S 2 HS 1).

2. Ranggleiche und nachstehende Belastungen des Grundstücks

Die Ersatzhypothek geht nicht nur der Resthypothek des Gläubigers nach (s oben **11** Rn 10). Gleichgültig ob sich der Gläubiger ganz oder nur zum Teil befriedigt hat, kann sie auch nicht zum Nachteil gänzlich unbeteiligter ranggleicher oder nachstehender Rechte geltend gemacht werden (S 2 HS 3). Sie geht also **allen anderen dinglichen Belastungen im Rang nach**. Die Gläubiger, für die an den nicht in Anspruch genommenen Grundstücken im Rang nach der Gesamthypothek Rechte bestehen, stellen sich also erheblich besser, wenn der Hypothekengläubiger aus einem anderen mithaftenden Grundstück im Wege der Zwangsvollstreckung befriedigt wird als bei freiwilliger Befriedigung durch den Eigentümer eines anderen Grundstücks gemäß § 1173. Der Grund für diese Ungleichbehandlung ist nicht recht einsehbar (WESTERMANN[5] § 109 V 6 b; vWERNE DR 1935, 150; BECHER 99). Die Erklärungsversuche (PLANCK/STRECKER Anm 3b; STAUDINGER/SCHERÜBL[12] Rn 14) sind nicht überzeugend (vgl auch WOLFF/RAISER § 148 Fn 21), weil die nachrangigen Gläubiger damit rechnen mussten, dass wegen der Hypothek aus dem mit ihren Rechten belasteten

Grundstück Befriedigung gesucht würde; sie können deshalb, von der eigentlichen Vollstreckung ohne eigenes Verdienst verschont, nicht unbillig benachteiligt sein, wenn Ausgleichungsansprüche des Eigentümers des in Anspruch genommenen Grundstücks vor ihnen befriedigt werden (BECHER 99). Die Entscheidung des Gesetzgebers ist aber hinzunehmen (MünchKomm/EICKMANN[4] Rn 1).

12 Das im Rang gleich oder nachstehende Recht braucht **kein Grundpfandrecht** zu sein; es muss aber ein Recht sein, mit dem das Grundstück belastet ist. Persönliche Gläubiger, zu deren Gunsten das Grundstück des Ersatzpflichtigen im Zeitpunkt des Übergangs der Ersatzhypothek beschlagnahmt war, sowie die Insolvenzgläubiger des Ersatzpflichtigen, wenn das Insolvenzverfahren vor dem Übergang der Ersatzhypothek eröffnet wurde, stehen den dinglich Berechtigten nicht gleich (vgl Prot VI 257; PLANCK/STRECKER Anm 3b).Das Recht muss zu dem Zeitpunkt an dem Grundstück des Ersatzpflichtigen bestehen, zu dem die Ersatzhypothek auf den Eigentümer des Grundstücks übergeht, aus dem der Gläubiger befriedigt wurde, also zum Zeitpunkt der Befriedigung des Gläubigers (KGJ 42, 279; 47, 214; PLANCK/STRECKER Anm 3b; BGB-RGRK/THUMM Rn 3).

IV. Hypothek an den Grundstücken der nicht ersatzpflichtigen Eigentümer und am versteigerten Grundstück

13 Die Hypothek an den Grundstücken der nicht ersatzpflichtigen Eigentümer **erlischt** (§ 1181 Abs 2). Wegen des Löschungsantrags s vorst Rn 9. Will der Eigentümer eines der mitbelasteten, aber nicht mitversteigerten Grundstücke die Löschung der Gesamthypothek auf seinem Grundstück herbeiführen, so hat er neben der Ausfertigung des Versteigerungsprotokolls wegen der Möglichkeit der Ersatzhypothek die Zustimmung des vormaligen Eigentümers des versteigerten Grundstücks beizubringen (PLANCK/STRECKER Anm 4).

14 Die Hypothek am eigenen Grundstück des ersatzberechtigten Eigentümers erlischt (§ 1181 Abs 1). Die Rechtslage ist hier anders als bei der freiwilligen Befriedigung des Gläubigers nach § 1173, bei der dem Eigentümer zugleich das Grundpfandrecht am eigenen Grundstück verbleibt. An dem versteigerten Grundstück ist die Gesamthypothek auf Ersuchen des Vollstreckungsgerichts zu löschen (§ 130 ZVG).

V. Grund- und Rentenschulden

15 Auf Grund- und Rentenschulden ist § 1182 ebensowenig anwendbar wie § 1173 Abs 2 (s dort – auch zu den **abweichenden** Auffassungen – Rn 35; inkonsequent – hiermit aufgegeben – STAUDINGER/WOLFSTEINER [2002] Rn 15). Da die Grundschuld nach § 1181 erlischt, kann auch der in § 1173 Rn 36 befürwortete Anspruch auf Abtretung der Grundschuld nicht realisiert werden.

§ 1183
Aufhebung der Hypothek

Zur Aufhebung der Hypothek durch Rechtsgeschäft ist die Zustimmung des Eigentümers erforderlich. Die Zustimmung ist dem Grundbuchamt oder dem Gläubiger gegenüber zu erklären; sie ist unwiderruflich.

Materialien: E I § 1091 Abs 13; II § 1090 rev
§ 1167; III § 1166; Mot III 719 f; Prot III 615 ff,
721, 725 ff.

Schrifttum

AMANN, Die zukunftsoffene Löschungszustimmung des Eigentümers, MittBayNot 2000, 80
BÖHRINGER, Löschung von Grundpfandrechten
in den neuen Ländern, Rpfleger 1995, 139.

I. Allgemeines

Nach herkömmlicher Lehre behandelt § 1183 die **rechtsgeschäftliche Aufhebung der** 1
Hypothek (vgl Mot III 719; Prot III 615; STAUDINGER/SCHERÜBL[12] Rn 1). Er fügt danach dem Aufhebungstatbestand des § 875 in Konsequenz des hypothekenrechtlichen *Rangwahrungsprinzips* (Einl 153 zu §§ 1113 ff) ein zusätzliches Tatbestandsmerkmal hinzu. Die Aufhebung der Hypothek steht nach hL als selbständiges Rechtsinstitut neben dem Verzicht nach § 1168. Nach der hier zu § 1168 (dort Rn 1 ff) entwickelten Auffassung ist hingegen § 1168 eine Spezialvorschrift, die für Grundpfandrechte § 875 verdrängt. Dem Fremdgläubiger steht danach ausschließlich der Verzicht zu; es steht zur alleinigen Entscheidung des Eigentümers, ob er seinerseits verzichten und damit die Hypothek zum Erlöschen bringen will oder nicht. § 1183 stellt – so auch der Wortlaut – nur klar, dass der Gläubiger ohne Mitwirkung des Eigentümers die Hypothek nicht zum Erlöschen bringen kann.

Die Abweichung von § 875 hat ihre Ursache darin, dass die Aufhebung eines 2 Grundpfandrechts auch eine **Verfügung über die künftige Eigentümergrundschuld** darstellt, über die der Gläubiger nicht verfügungsbefugt ist (außer beim Erbbaurecht nach § 26 ErbbauRG besteht diese Situation bei anderen beschränkten dinglichen Rechten nicht). Die Konsequenz, dass eine Eigentümerzustimmung erforderlich ist, müsste also auch ohne § 1183 gezogen werden, so dass die Vorschrift keine selbständige Bedeutung hat. Sie unterstellt im übrigen als selbstverständlich, dass der Verzicht des Gläubigers und der des Eigentümers zu einem Rechtsgeschäft „Aufhebung der Hypothek" zusammengefasst werden können. Für die Anwendung des § 1183 haben die unterschiedlichen dogmatischen Auffassungen keine Bedeutung; die Bedeutung liegt allein darin, dass eine sog Löschungserklärung des Gläubigers immer einen Verzicht zum Inhalt hat, der dem Eigentümer die Wahlfreiheit verschafft, die Hypothek als Eigentümerrecht aufrechtzuerhalten oder sie zum Erlöschen zu bringen.

II. Die Aufhebung der Hypothek

1. Erklärung des Gläubigers, dass er das Recht aufgebe

3 § 1183 setzt zur Aufhebung der Hypothek stillschweigend voraus, dass die Erklärung des Gläubigers vorliegt (oder künftig noch abgegeben wird), er gebe die Hypothek auf. Diese Erklärung ist rechtlich als **Verzicht** zu qualifizieren (§ 1168 Rn 1 ff). S zum Rechtscharakter und zur Form der Erklärung und zur Bindung an sie § 1168 Rn 7 ff. Der Gläubiger kann nicht mehr verzichten, wenn er befriedigt ist, weil dann die Hypothek auf den Eigentümer (§§ 1143 Abs 1, 1163 Abs 1 S 2, 1172 Abs 1, 1173), den persönlichen Schuldner (§§ 1164, 1174) oder einen Dritten (§§ 1150, 774) über-gegangen ist; die Löschungsbewilligung eines Gläubigers, der sich zugleich als vom Eigentümer befriedigt erklärt, ist deshalb wertlos (OLG Hamm vom 23.12.2004 – 15 W 372/04 – DNotZ 2005, 630; s § 1163 Rn 87). Ist aber die Löschungsbewilligung dem Eigen-tümer erteilt, obwohl die Hypothek auf einen Dritten übergegangen ist, so wird das Grundbuch mit der Eintragung der Löschung unrichtig (s zu einem Fall, in welchem der wahre Berechtigte die Löschung genehmigt hat und zu den daraus hervorgehenden Ansprüchen BGH vom 9.5.2007 – IV ZR 182/06 – ZfIR 2008, 205 m Anm CLEMENTE; die Anm ROGLER ZNotP 2008, 322, die für eine entsprechende Anwendung des § 50 Abs 1 ZVG plädiert, übersieht, dass die Zwangsversteigerung für die Fallkonstellation gar nicht ausschlaggebend war).

2. Zustimmung des Eigentümers

4 Dem Eigentümer soll die Möglichkeit offengehalten werden, das Grundpfandrecht bei Aufhebung der Hypothek zu erwerben. Auch die Zustimmung des Eigentümers ist daher nichts anderes als ein **Verzicht** auf die Eigentümergrundschuld. § 1183 hat sachlichrechtliche Bedeutung. Dagegen bildet § 27 GBO ein formellrechtliches Ein-tragungserfordernis, dessen Fehlen ohne sachlichrechtliche Wirkung ist (PLANCK/ STRECKER Anm 1; vgl auch RGZ 72, 365; RGZ 78, 69).

5 a) Erforderlich ist die Zustimmung des **wirklichen Eigentümers**. § 892 gilt hier nicht, weil es sich bei der als Verzichtserklärung des Eigentümers zu behandelnden Löschungszustimmung um ein In-sich-Geschäft des Eigentümers, also nicht um ein Verkehrsgeschäft handelt (BayObLGZ 1973, 220; BayObLG Rpfleger 1985, 24 m abl Anm DAMRAU; PLANCK/STRECKER 3 d δ; MünchKomm/EICKMANN[4] Rn 15; SOERGEL/KONZEN[13] Rn 4). Fehlt die Zustimmung des Eigentümers, so besteht die Hypothek trotz Löschung fort (PLANCK/STRECKER Anm 3; WOLFF/RAISER § 141 Fn 2) und zwar als Eigentümergrund-schuld, falls die Aufgabeerklärung des Gläubigers wirksam ist. Zwar fehlt es in diesem Fall an der expliziten Eintragung des Verzichts im Grundbuch; die Ein-tragung der Löschung ist aber gegenüber der Eintragung des Verzichts ein Mehr und enthält diese.

6 Die Zustimmung des Eigentümers ist wie die Aufhebungserklärung des Hypothe-kengläubigers (vorst Rn 3) ein empfangsbedürftiges einseitiges Rechtsgeschäft, das als selbständiges Erfordernis neben die Aufhebungserklärung des Gläubigers tritt. Aufhebungserklärung und Zustimmung sind nicht Einigung iS des § 873. Dies ergibt sich allein daraus, dass die Erklärungen nicht dem anderen Teil gegenüber abge-geben werden müssen. Der Eigentümer ist auch kein zustimmender Dritter iS der §§ 182 ff (anders Prot III 615 f im Gegensatz zu E I § 1091 und Mot III 719, die von dem Abschluss eines dinglichen Vertrags zwischen Gläubiger und Eigentümer ausgingen); die Zustimmung ist vielmehr eine selbständige Verzichtserklärung des Eigentümers mit Verfügungscharakter, was den Gläubiger nicht hindert, sie gemäß § 185 mit Zustimmung des Eigentümers abzugeben (**aA** die hL von ihrem Verständnis des § 1183 her: KG KGJ 42, 216; 39 A 235; KG HRR 1933 Nr 1012; 1934 Nr 1053; STAUDINGER/ SCHERÜBL[12] Rn 11; PLANCK/STRECKER Anm 3a; WOLFF/RAISER § 141 I 1; WESTERMANN[5] § 108 II). Die Erklärung ist einseitige Erklärung selbst dann, wenn sie sich äußerlich als Bestandteil eines Vertrages darstellt.

Da die Zustimmung ihrer Natur nach ein In-sich-Geschäft des Eigentümers darstellt **7** (vorst Rn 5), kann **§ 181 keine Anwendung** finden. Die Aufhebung der Hypothek ist kein Rechtsgeschäft zwischen Gläubiger und Eigentümer. Der *Gläubiger* erleidet seinen Rechtsverlust allein aufgrund seiner Verzichtserklärung, die nach jetzt hL dem § 181 unterliegt, wenn sie vom Eigentümer namens des Gläubigers abgegeben wird (BGHZ 77, 7 = JR 1980, 412 m Anm KUNTZE gegen RGZ 157, 24; BayObLG DNotZ 1952, 163; PLANCK/STRECKER Anm 3a; WOLFF/RAISER § 141 Fn 4); s § 1168 Rn 15. Ob aber die Hypothek als Folge davon Eigentümergrundschuld wird oder erlischt, ist dem Gläubiger in dieser seiner Eigenschaft gleichgültig (OLG Schleswig NJW 1964, 2022). Die Zustimmungserklärung, mit der der *Eigentümer* über ein eigenes Recht verfügt, erfüllt also weder formal den Tatbestand des § 181 noch liegt materiell eine Konfliktslage vor, die die entsprechende Anwendung rechtfertigen würde (**aA** STAUDINGER/SCHERÜBL[12] Rn 12; PALANDT/BASSENGE[68] Rn 6; MünchKomm/EICKMANN[4] Rn 9). Eine nochmals davon zu unterscheidende Frage ist die, ob ein *nachrangiger Gläubiger* dem § 181 unterliegt, wenn er namens des Eigentümers dessen Zustimmung zur Löschung der vorrangigen Hypothek erteilt; vom Standpunkt der jetzt hL aus muss die Frage bejaht werden. Die Praxis kümmert sich um die Debatten nicht; die Formularverfasser der Verbände der Kreditwirtschaft schreiben längst bei jeder Vollmacht in ihre Vordrucke, dass sie „unwiderruflich, über den Tod hinaus und unter Befreiung von den Beschränkungen des § 181 BGB" erteilt werde.

Wenn formuliert wird, die Zustimmung sei eine Verfügung über die dingliche Anwartschaft des Eigentümers auf den Erwerb eines Grundpfandrechts nach §§ 1163, **8** 1177 (BayObLGZ 1973, 220 = Rpfleger 1973, 404; vgl BayObLG Rpfleger 1985, 24 m Anm DAMRAU), **keine Verfügung über das Grundstück** (ERMAN/WENZEL[12] Rn 4; SOERGEL/KONZEN[13] Rn 4; jetzt auch MünchKomm/EICKMANN[4] Rn 7; vgl BGH vom 28. 4. 2006 – LwZR 10/05 – MittBayNot 2007, 131 m Anm ANN), so ist das richtig gemeint, aber ungenau, denn die Zustimmung ist nur ein unselbständiger Teil des auch die Eintragung erfordernden Verfügungsgeschäfts. Solange die Eintragung nicht erfolgt ist, liegt daher eine abgeschlossene insolvenzfeste Verfügung noch nicht vor (unten Rn 15).

Als Verfügung über die Eigentümergrundschuld, also ein Recht, kraft dessen eine **9** Leistung gefordert werden kann, bedarf die Zustimmung, gleich welchen Rang die Eigentümergrundschuld einnehmen würde, ggf der Genehmigung des Gegenvormunds oder des **Vormundschaftsgerichts** – ab 1. 9. 2009 des Familiengerichts – nach §§ 1812 ff (BayObLG Rpfleger 1985, 24 mwNw u abl Anm DAMRAU; OLG Hamm Rpfleger 1976, 309; KLÜSENER Rpfleger 1981, 461; MünchKomm/EICKMANN Rn 12; **aA** OLG Schleswig DNotZ 1964, 364). Ist der Eigentümer nur in Bezug auf das Grundstück in seiner Verfügungsmacht beschränkt, so hindert das die Zustimmung und damit die Aufhebung der Hypothek nicht (KG JFG 4, 420; PLANCK/STRECKER Anm 3d γ). Sind *Eheleute* in Gütergemeinschaft Eigentümer, so ist demnach die Zustimmung des verwaltenden Ehegatten ausreichend (§§ 1421, 1424).

10 Der **Vorerbe** bedarf der Zustimmung des Nacherben als „andere Verfügung" iSd § 2114 S 3. Der befreite Vorerbe bedarf nach §§ § 2136, 2113 Abs 2 S 1 der Zustimmung des Nacherben – nicht aber des Ersatznacherben (BGHZ 40, 115) –, wenn die Verfügung unentgeltlich erfolgt (MünchKomm/EICKMANN⁴ Rn 14; s aber zur grundbuchrechtlichen Behandlung OLG Hamburg vom 23. 6. 2004 – 2 Wx 30/04 – Rpfleger 2004, 617 m krit Anm HINTZEN/ALFF und Anm BESTELMEYER Rpfleger 2005, 80). Gibt es keine nachrückenden Rechte oder nur solche, denen ein (gesetzlicher oder schuldrechtlicher) Löschungsanspruch zur Seite steht, so liegt kein unentgeltliches Geschäft vor, weil nichts aus dem Nachlass abfließt. Hat sich der Vorerbe (zB in einem entgeltlichen Verkaufsvertrag) wirksam zur Beseitigung der Hypothek verpflichtet, ist die Zustimmung selbst ebenfalls entgeltliches Geschäft (ALFF Rpfleger 2004, 419). Hingegen ist die Zustimmung unentgeltlich, wenn nachrangige Rechte rechtsgrundlos aufrücken.

11 b) In Übereinstimmung mit § 1168 Abs 2 ist die Zustimmung entweder dem **Grundbuchamt** oder dem **Gläubiger** gegenüber zu erklären (S 2). Für die **Form** gilt das zu § 1168 Rn 8 ff Ausgeführte; dem Grundbuchamt gegenüber kann sie also nicht formfrei erklärt werden (§ 1168 Rn 10; str).

12 Ein bestimmter **Wortlaut** ist nicht vorgeschrieben; § 133 ist anwendbar (RGZ 52, 411; OLG Marienwerder OLGE 15, 380; BayObLGZ 1973, 220; PLANCK/STRECKER Anm 3b). Der Eigentümer braucht seine Zustimmung nicht ausdrücklich zu erklären; in einer Löschungsbewilligung des Eigentümers ist die Zustimmung im Zweifel enthalten (RG HRR 31 Nr 1643; BayObLGZ 1973, 220; PLANCK/STRECKER Anm 3b; vgl auch OLG Köln Rpfleger 1970, 286 m krit Anm HAEGELE). Hat der Eigentümer seine Zustimmung in der Form des § 29 GBO erklärt, so enthält diese idR auch die Eintragungsbewilligung (vgl zur „ergebnisoffenen Löschungszustimmung" AMANN MittBayNot 2000, 80). Die Zustimmung kann auch für ein nur künftiges Recht erteilt werden (offengelassen von OLG Zweibrücken FGPrax 1998, 129); ob das gewollt ist, ist Auslegungssache (BayObLG Rpfleger 1981, 23; LG Frankenthal MittBayNot 1988, 180). Die Zustimmung kann auch durch einen Dritten erklärt werden, der dazu ermächtigt oder gesetzlich berufen ist, zB der Testamentsvollstrecker für die Erben.

13 c) Die Zustimmung ist nach ausdrücklicher gesetzlicher Vorschrift **unwiderruflich** (S 2 HS 2). Der Sinn dieser Bestimmung ist dunkel, handelt es sich doch ihrem Wesen nach um ein In-sich-Geschäft des Eigentümers, an dem der Gläubiger desinteressiert ist (interessiert sind die nachrangigen Gläubiger, die aber nicht zur Entgegennahme der Erklärung legitimiert sind).

14 Geht die Zustimmung des Eigentümers der **Aufhebungserklärung des Gläubigers voraus** oder bezieht sie sich gar auf ein erst künftiges Recht, so wird sie aber erst dann unwiderruflich, wenn das Recht entstanden ist und auch die Aufhebungserklärung des Gläubigers abgegeben ist. Dies lässt sich aus der gesetzlichen Formulierung ablesen, die die Eigentümererklärung – entgegen ihrem sachlichen Gehalt – als „Zustimmung" behandelt. Vom Sinn der Bestimmung her und im Gesamtzusammenhang insbesondere mit § 1168 ist es unerwünscht, dass die vom Gesetz gewünschte und gewollte Rangreservierung über die §§ 1179a, 1179b hinaus dadurch von Anfang an vereitelt wird, dass der Eigentümer schon bei Bestellung der Hypothek zur Abgabe einer bindenden Löschungszustimmung genötigt wird; keinesfalls kann eine solche Verpflichtung durch allgemeine Geschäftsbedingungen auferlegt werden. Die in vielen Hypothekenformularen enthaltenen „unwiderruflichen" Löschungszustimmungen sind daher wenn nicht nichtig, so doch widerruflich. Nichts anderes gilt, wenn eine Löschungsvormerkung (§ 1179) besteht; sie sichert den Anspruch auf Eigentümerzustimmung, kann sie aber nicht in bindender Weise ersetzen (aA STAUDINGER/SCHERÜBL[12] Rn 23 unter Berufung auf BIERMANN, Widerspruch und Vormerkung 151).

Ist zwischen Eingang des Löschungsantrags und der Löschung ein **Eigentumswechsel** 15 eingetreten, so ist die Zustimmung des neuen Eigentümers notwendig (MEIKEL/BÖTTCHER § 27 Rn 82; PLANCK/STRECKER Anm 3d α). Werden Veräußerung des Grundstücks und Aufhebung der Hypothek gleichzeitig eingetragen, so genügt die Zustimmung des Veräußerers (KG JFG 20, 8; ERMAN/WENZEL Rn 3; BAUER/VOEFELE/KOHLER, GBO[2] § 27 Rn 28; MEIKEL/BÖTTCHER, GBO[10] § 27 Rn 82). Im übrigen findet **§ 878 Anwendung**, da es sich beim Verzicht des Eigentümers um einen Unterfall des § 875 handelt (WESTERMANN[5] § 79, 3; MünchKomm/EICKMANN[4] Rn 11; aA RGZ 52, 416; STAUDINGER/SCHERÜBL[12] Rn 16, die sich durch den untechnischen Terminus „Zustimmung" blenden lassen). Die Unwiderruflichkeit ersetzt oder perpetuiert hingegen die Verfügungsbefugnis – wie allgemein – nicht (VTUHR AT II 2; MünchKomm/EICKMANN[4] Rn 10); ansonsten würde auch die unwiderruflich bindende Erklärung eines Scheineigentümers dessen mangelnde Verfügungsbefugnis ersetzen. Falls nicht der Eintragungsantrag noch vor Eröffnung des Insolvenzverfahrens gestellt ist, ist die Erklärung daher in dem Sinn unwirksam, dass sie mangels Verfügungsbefugnis des erklärenden Eigentümers wirkungslos bleibt (oben Rn 8); die **Gegenansicht** (RGZ 52, 411 vom 5. 11. 1902 – V. 400/02; STAUDINGER/SCHERÜBL[12] Rn 16; PLANCK/STRECKER Anm 3e; PALANDT/BASSENGE[68] Rn 3; MEIKEL/BÖTTCHER, GBO[10] § 27 Rn 84; PALANDT/BASSENGE § 878 Rn 4) scheint auf dem Irrtum zu beruhen, dass die Zustimmung selbst bereits Verfügung sei (s oben Rn 8).

3. Grundbucheintragung

Die Aufhebung der Hypothek bedarf der Eintragung in das Grundbuch. Erst die 16 Aufhebungserklärung des Gläubigers, die „Zustimmung" des Eigentümers und die Grundbucheintragung bilden zusammen das Verfügungsgeschäft Aufhebung der Hypothek (oben Rn 8). Zur Grundbucheintragung ist neben der Eintragungsbewilligung des Gläubigers nach § 27 GBO (s oben Rn 3) auch die „Zustimmung" des Eigentümers erforderlich. Trotz der materiellrechtlich anmutenden Formulierung verlangt § 27 GBO nicht den Nachweis der Zustimmung nach § 1183, sondern eine **Eintragungsbewilligung** (MünchKomm/EICKMANN[4] Rn 16; KEHE/MUNZIG, GBO[6] § 27 Rn 8; MEIKEL/BÖTTCHER, GBO[10] § 27 Rn 73). Die Eintragungsbewilligung kann vor der Löschungsbewilligung abgegeben werden (OLG Köln Rpfleger 1981, 354; BayObLG MittBayNot 1999, 287 mit allerdings äußerst engherziger Auslegung; richtig OLG Zweibrücken ZfIR 2000, 287 [zustimmend AMANN MittBayNot 2000, 80]; MünchKomm/EICKMANN[4] Rn 16; SCHÖNER/STÖBER[14] Rn 2758); sie bleibt aber jedenfalls solange widerruflich, als nicht die Zustimmung unwiderruflich geworden ist (oben Rn 13 f). Verfahrensrechtlich bedarf es nach § 41 GBO bei Briefhypotheken auch der Vorlage des Briefs; ist der Gläubiger zur Löschung verurteilt, gilt für die Herausgabevollstreckung § 897 Abs 2 ZPO entsprechend (BayObLG NJW-RR 1998, 18). Sowohl Gläubiger als auch Eigentümer

(KGJ 28 A 289; PLANCK/STRECKER Anm 3d ε; **aM** KGJ 23 A 235) müssen nach § 39 GBO voreingetragen sein; dagegen ist eine Zwischeneintragung des Eigentümers als Grundschuldgläubiger nicht erforderlich.

17 Die Eintragung erfolgt nach § 46 GBO in Form eines Löschungsvermerks oder durch Nicht-Mitübertragung bei Abbuchung des belasteten Grundstücks.

III. Erlöschen der Hypothek

18 1. Liegen die Aufhebungserklärung des Gläubigers, die Zustimmung des Eigentümers und die Löschung der Hypothek im Grundbuch vor, so **erlischt** die Hypothek. Auf eine bestimmte zeitliche Reihenfolge der Abgabe der einzelnen Erklärung und der Eintragung der Löschung kommt es nicht an. Nachstehende Rechte rücken vor. Ist die Hypothek mit dem Recht eines Dritten belastet, bedarf es dessen Zustimmung nach § 876.

19 2. Die Löschung der Hypothek im Grundbuch ohne rechtswirksame Aufhebungserklärung führt nicht den Untergang des Rechts herbei, es besteht abgesehen von dem Schutz gutgläubiger Dritter (§ 892) weiter und erlischt erst gemäß § 901 durch Verjährung. Dem Gläubiger steht ein Anspruch auf Berichtigung des Grundbuchs zu (§ 894). Dem Gläubiger kann außerdem ein Anspruch aus ungerechtfertigter Bereicherung zustehen (vgl RGZ 88, 278).

IV. Aufhebung einer Gesamthypothek

20 1. § 1183 gilt auch für die Aufhebung einer Gesamthypothek, falls die Hypothek an sämtlichen Grundstücken oder Miteigentumsanteilen aufgegeben wird. Es bedarf aber nur der Zustimmung eines der Eigentümer (**aA** KGJ 20 A 209; BGB-RGRK/THUMM[12] Rn 7; MünchKomm/EICKMANN[4] Rn 3, 5; PLANCK/STRECKER Anm 3d ß; SOERGEL/KONZEN[13] Rn 2). Die Zustimmung sämtlicher Eigentümer zu verlangen, ist wenig sinnvoll, nachdem ohne weiteres zunächst ein Verzicht an den Grundstücken der nicht zustimmenden Eigentümer und dann die Löschung eingetragen werden können.

21 2. Die **Freistellung eines Grundstücks** (Grundstücksbruchteils) von der Belastung durch eine Gesamthypothek („Entpfändung", „Freigabe", „Pfandentlassung") bedeutet nicht eine Aufhebung der Hypothek, da diese an den anderen Grundstücken bestehen bleibt; sie wird im Wege des Verzichts (§ 1175 Abs 1 S 2) herbeigeführt; die Zustimmung des Eigentümers ist weder materiell- noch formell-rechtlich erforderlich (s näher § 1175 Rn 7).

V. Aufhebung eines Teils der Hypothek

22 Auch die Aufhebung eines Teils der Hypothek fällt unter § 1183. Der Zustimmung des Eigentümers bedarf auch die Herabsetzung des Zinsfußes, soweit er 5% übersteigt (§ 1119 Abs 1), da in ihr eine teilweise Aufhebung der Hypothek liegt (RGZ 72, 362; KG OLGE 8, 209; KG OLGE 10, 89; WOLF, Behandlung der Hypothekenzinsen 111; WOLFF/ RAISER § 141 Fn 1; ERMAN/WENZEL[12] Rn 1; PALANDT/BASSENGE[68] Rn 2; vgl § 1119 Rn 12).

VI. Eigentümergrundpfandrecht

Die Aufhebung eines dem Eigentümer zustehenden Grundpfandrechts erfolgt im **23**
Wege des Verzichts, der hier das Erlöschen zur Folge hat (§ 1168 Rn 6).

VII. Erlöschen in anderen Fällen

1. Ein Erlöschen der Hypothek, das **nicht auf Rechtsgeschäft** beruht, tritt idR **24**
ohne Löschung im Grundbuch ein (Staudinger/Gursky [2007] § 873 Rn 12). Der wich-
tigste Fall ist der der Befriedigung des Gläubigers aus dem Grundstück nach § 1181
mit der Ausnahme des § 1182 für die Gesamthypothek. Das Erlöschen der Hypothek
kann auch auf Grund eines Unschädlichkeitszeugnisses (§ 1175 Rn 21) eintreten.

2. Das **Erlöschen der Forderung** bewirkt nicht den Untergang der Hypothek, es **25**
führt grundsätzlich zur Entstehung einer Eigentümergrundschuld (s § 1163 und
§ 1177 Abs 1). Die gleiche Folge tritt ein bei der Vereinigung mit dem Eigentum
(§§ 1163 Rn 70) sowie bei Verzicht des Gläubigers auf die Hypothek (§§ 1168, 1169).
Für die Gesamthypothek s §§ 1172 ff. Über den Ausschluss des unbekannten Gläubigers s §§ 1170, 1171. Über Verjährung s § 902.

3. Einen landesrechtlichen Vorbehalt über die Entziehung oder Beschränkung **26**
von Hypotheken durch Enteignung oder im Zusammenhang mit Maßnahmen der
Flurbereinigung enthalten die Art 109, 113 EGBGB.

VIII. Anwendungsbereich

1. § 1183 gilt auch für Sicherungshypotheken, **Grund- und Rentenschulden**. Bei **27**
Sicherungsgrundschulden (Vorbem 19 ff zu §§ 1191 ff) besteht häufig neben der Grundschuld noch ein abstraktes Schuldversprechen oder Schuldanerkenntnis als weitere
Sicherheit (Vorbem 184 ff zu §§ 1191 ff). Im Zweifel ist dann die Aufhebungserklärung
des Gläubigers dahin auszulegen, dass er zugleich unter Verzicht auf den Zugang der
Annahmeerklärung die Aufhebung des Schuldversprechens- oder Schuldanerkenntnisvertrages oder einen auf das Schuldversprechen oder Schuldanerkenntnis bezogenen Schulderlass anbietet (Vorbem 195 ff zu §§ 1191 ff und zum Verzicht § 1168 Rn 38).

2. Bei der Hypothek für **Rückstände von Zinsen** und anderen Nebenleistungen **28**
sowie Kosten (§ 1178) bedarf die Aufhebung nicht der Zustimmung des Eigentümers, da kein Eigentümergrundpfandrecht entsteht (Wolff/Raiser § 149 IV 1).
Wegen der Zustimmung Dritter vgl § 1178 Abs 2.

3. Auf **Hypothekenvormerkungen** ist § 1183 nicht anwendbar (Westermann⁵ § 84 **29**
V 2; Erman/Wenzel¹² Rn 1; Palandt/Bassenge⁶⁸ Rn 2).

§ 1184
Sicherungshypothek

(1) Eine Hypothek kann in der Weise bestellt werden, dass das Recht des Gläubigers aus der Hypothek sich nur nach der Forderung bestimmt und der Gläubiger sich zum Beweis der Forderung nicht auf die Eintragung berufen kann (Sicherungshypothek).

(2) Die Hypothek muss im Grundbuch als Sicherungshypothek bezeichnet werden.

Materialien: E I §§ 1125, 1126; II § 1092 rev
§ 1168; III § 1167; Mot III 619 f, 764 f; Prot III
678 ff.

Schrifttum

BÖCKEL, Die Sicherungshypothek (Diss Jena 1901)

DEGLMANN, Die Sicherungshypothek in ihren rechtlichen Besonderheiten (Diss Erlangen 1933)

ENSS, Die Rechtsfolgen einer nach dem Rang oder der Art von der Einigung abweichenden Hypothek (Diss Erlangen 1933)

MAUERMANN, Die Pfändung von Sicherungs-

hypotheken, unter Ausschluß der Höchsthypothek (Diss Leipzig 1936)

MENTGES, Verkehrshypothek, Sicherungshypothek, Grundschuld de lege ferenda (Diss Köln 1943)

QUANDT, Die schlichte Sicherungshypothek nach neuem deutschem Reichsrecht (1904)

SCHAEFER, Die Entstehung und der Rang der Sicherungshypothek des § 1287 BGB (Diss Erlangen 1935).

I. Allgemeines

1 S zur systematischen Stellung der Sicherungshypothek Vorbem 11 ff zu §§ 1113 ff. Der Gesetzgeber hat den Parteien freie Wahl gelassen, welche Form der dinglichen Sicherung sie beim Immobiliarkredit wählen. Durch die Zulassung der Sicherungshypothek hat er einerseits der historischen Entwicklung Rechnung getragen, andererseits aber auch dem Eigentümer eine Sicherungsform zur Verfügung gestellt, bei der er durch Ausschaltung des § 1138 gegen treuwidrige Verfügungen des Gläubigers geschützt ist. Dass es in Form der *Sicherungsgrundschuld* nach § 1192 Abs 1a (dort Rn 31 ff) nun ein weiteres Grundpfandrecht gibt, das keinen oder sogar noch einen geringeren Verkehrsschutz bietet als die Sicherungshypothek, ist systemwidrig und überflüssig (zur rechtspolitischen Beurteilung § 1192 Rn 31 ff).

2 Für den gewerblichen Kredit spielt die Sicherungshypothek keine Rolle, auch dort nicht mehr, wo sie nach Einführung des BGB noch überragende Hypothekenform war (vgl WOLFF/RAISER § 130 I b). S zur **Formenwahl** für den gewerblichen Kredit Einl 27 ff zu §§ 1113 ff. Hingegen ist die Sicherungshypothek (der die nicht abtretbare Grundschuld zur Seite tritt) das geeignete Instrument zur Sicherung privater und gewerblicher Gelegenheitsforderungen (vgl KERSTEN/BÜHLING/WOLFSTEINER[22] § 68 Rn 4).

Die kraft Gesetzes entstehenden Hypotheken sind durchweg Sicherungshypotheken **3** als mildeste Belastungsform (vgl Vorbem 15 ff zu §§ 1113 ff).

II. Rechtsnatur

1. Verkehrs- und Sicherungshypothek sind Unterarten eines **gemeinsamen 4 Rechtstyps Hypothek** (Vorbem 11 ff zu §§ 1113 ff). Es gelten daher die Vorschriften für die Verkehrshypothek (§§ 1113 ff) auch für die Sicherungshypothek, soweit nicht in den §§ 1184–1190 eine gesonderte Regelung getroffen ist. Das gilt insbesondere auch für das Erfordernis, den gesamten Forderungsinhalt in das Grundbuch einzutragen (§ 1115 Rn 1) und für die Zinsen (BayObLGZ 1995, 271; BayObLGZ 1999, 198). S dazu, dass auch die Sicherungshypothek nicht streng akzessorisch ist, weil sie wie alle anderen Hypothekenarten des BGB auch die potenzielle Eigentümergrundschuld in sich trägt, Vorbem 8 zu §§ 1113 ff.

Die Sicherungshypothek lehnt sich ebenso eng an die Forderung an wie die Ver- **5** kehrshypothek, nur dass sich der Gläubiger zum **Nachweis der Forderung** nicht auf die Eintragung berufen kann (§ 1184 Abs 1). Die *Identität* der gesicherten Forderung (§ 1113 Rn 22; § 1115 Rn 54) nimmt allerdings am öffentlichen Glauben des Grundbuchs teil, denn ohne deren Bestimmung wäre gar nicht feststellbar, den Nachweis welcher Forderung der Gläubiger zu erbringen hat. Ist eine Forderungsauswechslung, also eine Forderung anderer Identität, zu Unrecht eingetragen und verfügt der wahre Gläubiger der fälschlich eingetragenen Forderung, so ist gutgläubiger Erwerb möglich (**aA** KG JW 1937, 111 und STAUDINGER/WOLFSTEINER [2002]). Im Übrigen kann sich auch ein gutgläubiger Erwerber nicht wegen des Bestehens und der Höhe der Forderung auf den Eintrag im Grundbuch berufen; er muss seinem dinglichen Anspruch aus der Hypothek alle Einwendungen aus dem Schuldverhältnis und bei einer Abtretung auch aus der Person des früheren Gläubigers entgegenhalten lassen (RG ZBlFG 6, 672).

Auch Inhalt und Umfang der Sicherungshypothek können – wie bei allen Hypo- **6** theken – nicht über die Eintragung hinausgehen (oben Rn 4; Einl 122 zu §§ 1113 ff; Vorbem 6 zu §§ 1113 ff). Die Akzessorietät *begrenzt* auch bei der Sicherungshypothek nur die Rechtsstellung des Hypothekengläubigers, kann sie aber nicht über den Grundbuchinhalt hinaus ausweiten.

Der **öffentliche Glaube** des Grundbuchs (§ 892) hat nur den Inhalt, dass das dingliche **7** Recht Hypothek in der Hand des eingetragenen Gläubigers als bestehend vermutet wird, falls und soweit diesem die durch die Eintragung identifizierte Forderung zusteht. Der Gläubiger muss daher das Bestehen und alle Voraussetzungen für die Geltendmachung der Forderung mit anderen Mitteln beweisen (BGH NJW 1986, 53). Wohl aber ist ein gutgläubiger Erwerb der Hypothek möglich, wenn das Grundbuch nicht wegen fehlender Forderung, sondern deshalb falsch ist, weil das dingliche Recht nicht wirksam begründet worden ist; deshalb kann auch gegen die Sicherungshypothek ein Widerspruch eingetragen werden (BayObLG vom 6. 7. 1994 – 2Z BR 42/94 – Rpfleger 1995, 106). S auch § 1185 Rn 11.

2. Die Sicherungshypothek kann für den gleichen **Forderungskreis** bestellt wer- **8** den wie die Verkehrshypothek (§ 1113 Rn 11 ff). Wegen der Fälle, für die die Sicherungshypothek die einzige Form der dinglichen Belastung ist, s Vorbem 15 zu §§ 1113 ff. Wegen der Besonderheiten der Höchstbetragshypothek, einer Unterart der Sicherungshypothek, s Vorbem 17 zu §§ 1113 ff und Erl zu § 1190.

9   **3.**   Bei einer **Gesamthypothek** kann das Grundpfandrecht grundsätzlich nicht auf dem einen Grundstück als Verkehrshypothek und auf dem anderen als Sicherungshypothek bestehen; vielmehr muss *Einheitlichkeit der Hypothekenart* bestehen (s § 1132 Rn 40). In der Tat kann das Nebeneinander Probleme aufwerfen, soweit die Hypothek auf die Forderung zurückwirkt, etwa bei § 1141, der bei der Verkehrshypothek gilt, bei der Sicherungshypothek aber nicht (§ 1185 Rn 15). Die gemischte Hypothek muss aber zumindest für die Zwangshypothek zugelassen werden (§ 1132 Rn 28 ff).

III. Entstehung der Sicherungshypothek

1. Entstehung durch Rechtsgeschäft

10   **a)**   Die Sicherungshypothek, die immer Buchhypothek ist (§ 1185 Abs 1), wird wie die Verkehrshypothek durch **Einigung und Eintragung** bestellt. Da das Gesetz – systemwidrig aber praxisgerecht (Einl 14 zu §§ 1113 ff und Vorbem 11 f zu §§ 1113 ff) – die Verkehrshypothek als Grundform behandelt, so dass immer eine Verkehrshypothek begründet wird, falls nicht klar etwas anderes bestimmt wird, muss der Wille, eine Sicherungshypothek zu begründen, aus den Erklärungen der Beteiligten deutlich hervorgehen; der Gebrauch des Wortes Sicherungshypothek ist dabei allerdings nicht unbedingt erforderlich (RG Gruchot 52, 1069; KGJ 34 A 325; BGB-RGRK/Thumm[12] Rn 2). Ein Urteil, das die zur Einigung notwendige Erklärung ersetzt, muss auf Bestellung einer Sicherungshypothek lauten (Planck/Strecker Anm 3a). Die zu sichernde Forderung ist bei der Sicherungshypothek (bei der Höchstbetragshypothek s § 1190 Rn 8, 22 ff) in gleicher Weise anzugeben wie bei der Verkehrshypothek (KGJ 35 A 283; BGB-RGRK/Thumm[12] Rn 2; oben Rn 4).

11   **b)**   Die Hypothek muss im **Grundbuch** als Sicherungshypothek bezeichnet werden (Abs 2); eine Bezugnahme auf die Eintragungsbewilligung genügt insofern nicht (Planck/Strecker Anm 3b; Westermann[5] § 96 A II 2 b). Wegen der Ausnahmen, in denen das Recht ohne ausdrückliche Bezeichnung Höchstbetragshypothek ist, s vorst Rn 8.

12   **c)**   Stimmen **Einigung und Eintragung nicht überein** oder liegt wegen der Art der Hypothek ein Dissens vor, so entsteht nach der hier vertretenen Auffassung (Einl 100 ff zu §§ 1113 ff) eine Eigentümergrundschuld. Hat man sich auf eine Verkehrshypothek geeinigt, wird aber eine Sicherungshypothek eingetragen, so kann nach dem hypothetischen Parteiwillen angenommen werden, dass die Hypothek jedenfalls als Sicherungshypothek entsteht; denn sie belastet den Eigentümer weniger als die Verkehrshypothek und der Gläubiger will im Zweifel lieber das weniger an Sicherheit, das ihm die Sicherungshypothek gewährt, als gar keine dingliche Sicherheit (RGZ 123, 170; Erman/Wenzel[12] Rn 4; Staudinger/Gursky [2007] § 873 Rn 209). Dasselbe kann angenommen werden, wenn ein Dissens in der Form bestanden hat, dass sich der eine Teil auf die Bestellung einer Verkehrshypothek, der andere Teil aber auf die einer Sicherungshypothek einigen wollte und eine Sicherungshypothek eingetragen wurde. Ist aber eine Verkehrshypothek eingetragen worden, obwohl man sich auf eine Sicherungshypothek geeinigt hatte, dann scheidet eine heilende Umdeutung aus; dem Eigentümer, der erklärt hatte, nur eine Hypothek bestellen zu wollen, bei der das Risiko des § 1138 ausgeschlossen ist, kann nicht gegen seinen geäußerten Willen unterstellt werden, das Risiko notfalls doch tragen zu wollen (BGB-RGRK/THUMM[12] Rn 3; STAUDINGER/GURSKY [2007] § 873 Rn 209; aA STAUDINGER/SCHERÜBL[12] Rn 13; WESTERMANN[5] § 110 II 2; ERMAN/WENZEL[12] Rn 4; PALANDT/BASSENGE[68] Rn 6; SOERGEL/KONZEN[13] Rn 9; MünchKomm/EICKMANN[4] Rn 14; WOLFF/RAISER § 151 IV 3 b mit Fn 17). Es geht auch nicht an, die Einigung ohne Rücksicht auf § 139 in zwei Teile aufzuspalten, eine Einigung über die Bestellung der Hypothek an sich und eine über den Sicherungscharakter und die erste Einigung aufrecht zu erhalten, wenn die zweite nicht zustande kommt (so aber MünchKomm/EICKMANN[4] Rn 14). Es entsteht aber eine Sicherungshypothek (HECK § 98, 3; aA – Nichtigkeit – PLANCK/STRECKER Anm 3a; BGB-RGRK/THUMM[12] Rn 3; E WOLF § 11 K 4; zögernd auch STAUDINGER/GURSKY [2007] § 873 Rn 209). Ebenso ist die Lage bei einem Dissens, wenn der Eigentümer die Einigung nur zu einer Sicherungshypothek erklärt hatte. Die Problematik kann noch überlagert werden von einer Eintragungsdiskrepanz oder einem Dissens in Ansehung der Brieferteilung (Einl 124 ff zu §§ 1113 ff); wird eine Briefhypothek eingetragen, obwohl man sich auf eine Sicherungshypothek geeinigt hatte, die nicht brieffähig ist, kann nur ein Buchrecht entstehen (ENSS).

d) Spezielle Einigung und Eintragung sind auch erforderlich zur Bestellung einer **13** **Wertpapierhypothek** (§ 1187) und einer **Höchstbetragshypothek** (§§ 1187 S 2, 1190 Abs 3). Zur Bestellung einer Hypothek für die Forderung aus einer Schuldverschreibung auf den Inhaber genügt die Erklärung des Eigentümers gegenüber dem Grundbuchamt, dass er die Hypothek bestelle, und die Eintragung ins Grundbuch (§ 1188 Abs 1 HS 1).

2. Entstehung durch Surrogation

in den Fällen § 1287 S 2 BGB, § 848 Abs 2 ZPO entsteht die Sicherungshypothek **14** durch Surrogation. Die Hypothek entsteht ohne Eintragung; bis zur Eintragung ist gutgläubiger hypothekenfreier Erwerb des Grundstücks möglich (WOLFF/RAISER § 151 IV 2).

3. Entstehung im Wege der Zwangsvollstreckung

a) Nach der ZPO und den Prozessordnungen, die auf sie verweisen, werden **15** Zwangs- und Arresthypotheken im Werge der Zwangsvollstreckung nach §§ 866 ff, 932 ZPO begründet; Vollstreckungsorgan ist hier das Grundbuchamt. S zur Frage der Entstehensvoraussetzungen und des Fortbestands der Hypothek, auch im Fall von Titelmängeln, Einl 131 zu §§ 1113 ff und Vorbem 40 ff zu §§ 1113 ff.

b) Auf **Ersuchen des Vollstreckungsgerichts** werden Sicherungshypotheken für die **16** auf den Berechtigten übertragenen Forderungen gegen den Ersteher des Grundstücks (§§ 118, 128, 130, 145 ZVG) begründet. S wegen der Fassung des Eintragungsvermerks § 130 Abs 1 ZVG.

c) Zwangshypotheken werden begründet auf **Ersuchen einer Behörde**, die ihre **17**

Forderungen selbst vollstrecken kann (§ 322 AO); nach Landesrecht auf Ersuchen der zuständigen Behörde wegen Forderungen öffentlich-rechtlicher Körperschaften (Art 91 EGBGB). Das Ersuchen ersetzt zwar den Eintragungsantrag (§ 13 GBO), die Eintragungsbewilligung (§ 19 GBO) und sonst etwa erforderliche Zustimmungen Dritter (§§ 22 Abs 2, 27 GBO). Für Mängel gelten grundsätzlich die gleichen Regelungen wie für die im Vollstreckungsverfahren der ZPO eingetragenen Zwangshypotheken; in diesem Rahmen haben bestandskräftig festgestellte Forderungen die gleiche Qualität wie rechtskräftig festgestellte. Zu rechtsgeschäftlich bestellten Hypotheken für öffentlich-rechtliche Forderungen s § 1113 Rn 13.

IV. Die Geltendmachung der Sicherungshypothek

18 Für die Sicherungshypothek gilt § 1147, wonach die Befriedigung im Wege der Zwangsvollstreckung erfolgt. Sichert die Sicherungshypothek eine fremde Schuld, so ist es zulässig, die Feststellung der Forderung im Wege der dinglichen Klage zu betreiben, ohne dass vorher die Forderung gegen den persönlichen Schuldner festgestellt werden müsste (RG JW 1930, 3474). § 1166 ist auf die Sicherungshypothek anwendbar (Prot III 688).

19 S zum **Wegfall** des Erfordernisses eines eigenen dinglichen Vollstreckungstitels bei der Zwangshypothek Einl 184 zu §§ 1113 ff.

20 Wer ein mit einer rechtsgeschäftlich bestellten Sicherungshypothek belastetes Grundstück erwirbt, muss sich die **Rechtskraft eines Urteils** gegen den früheren Grundstückseigentümer nach § 325 Abs 3 ZPO nur entgegenhalten lassen, wenn es sich um den dinglichen Titel handelt, nicht aber einen nur persönlichen Titel (BGH NJW 1960, 1348; Baumgärtel/Laumen/Baumgärtel[2] Rn 1; aA KG JW 1931, 1932 m abl Anm Rosenberg). Eine vollstreckbare Urkunde wirkt ohnehin keine Rechtskraft und ist daher als solche zum Nachweis nicht geeignet (RG JW 1911, 277; Baumgärtel/Laumen/ Baumgärtel[2] Rn 1); in der Praxis kommen allerdings vollstreckbare Urkunden, die nur eine dingliche Unterwerfung und nicht zumindest ein deklaratorisches Schuldanerkenntnis zur gesicherten Forderung enthalten, kaum vor. Bei der *Zwangshypothek* muss der Eigentümer hingegen die Rechtskraft des der Zwangsvollstreckung zugrundeliegenden Titels gegen sich gelten lassen (BGH NJW 1988, 828; vgl OLG Frankfurt NJW-RR 1988, 206; s Einl 190 zu §§ 1113 ff).

V. Die Aufhebung der Sicherungshypothek

21 Die Aufhebung der Sicherungshypothek regelt sich nach §§ 875, 1168, 1183 (s § 1183 Rn 1 ff). Hat der Eigentümer nach der Bestellung der Hypothek gewechselt, muss nach materiellem Recht auch der frühere Eigentümer zustimmen, wenn er gemäß § 1163 Abs 1 S 1 Inhaber einer Eigentümergrundschuld wurde (vgl Vorbem 21 zu §§ 1113 ff; § 1163 Rn 21); grundbuchrechtlich (die Frage wird in der Kommentarliteratur sonderbarerweise nur für die Höchstbetragshypothek erörtert) genügt – wie allgemein – die Bewilligung des eingetragenen Eigentümers, weil ihm (§ 1185 Rn 11) die Vermutung des § 891 zugute kommt (LG Hamburg vom 29. 10. 2003 – 231 T 69/03 – Rpfleger 2004, 348 m abl Anm Meyer-König; aA OLG Frankfurt MittBayNot 1984, 85; Schöner/ Stöber[14] Rn 2754; Meikel/Böttcher, GBO[10] § 27 Rn 82; Demharter, GBO[26] § 27 Rn 15; MünchKomm/Eickmann[4] § 1190 Rnn. 24; Palandt/Bassenge BGB[68] § 1190 Rn 20); dass sich die

Vermutung des § 891 nicht auf die Forderung erstreckt (so die Argumentation von MEYER-KÖNIG und von SCHÖNER/STÖBER aaO) spielt keine Rolle, weil die Hypothek, soweit sie dem Eigentümer (oder dem früheren Eigentümer) zusteht, ohnehin nicht mit einer Forderung unterlegt ist.

§ 1185
Buchhypothek; unanwendbare Vorschriften

(1) Bei der Sicherungshypothek ist die Erteilung des Hypothekenbriefs ausgeschlossen.

(2) Die Vorschriften der §§ 1138, 1139, 1141, 1156 finden keine Anwendung.

Materialien: E I §§ 1127, 1128; II § 1093 rev § 1169; III § 1168; Mot III 765 f; Prot III 682 ff.

I.   Allgemeines

Bei der Sicherungshypothek ist die Erteilung des **Hypothekenbriefs** durch ausdrück- **1** liche gesetzliche Regelung ausgeschlossen (Abs 1). Dies erklärt sich aus dem Zweck des Hypothekenbriefs und der Natur der Sicherungshypothek. Der Hypothekenbrief dient der Erleichterung des Verkehrs mit der Hypothek; die Sicherungshypothek ist ihrer Natur nach jedoch nicht für den Verkehr bestimmt (Mot III 765; Prot III 682).

Damit sind alle Vorschriften unanwendbar, die sich auf den Hypothekenbrief **2** beziehen, dazu gehören die §§ 1116, 1117, 1140, 1145, 1152, 1154 Abs 1 und 2, 1155, 1160–1162, 1163 Abs 2, 1168 Abs 3; außerdem teilweise die §§ 1150, 1157, 1167, 1170, 1171. Ein etwa ausgestellter Brief ist ohne rechtliche Bedeutung (WOLFF/ RAISER § 151 III; PLANCK/STRECKER Anm 1a; MünchKomm/EICKMANN⁴ Rn 4).

Aus der Bezeichnung der Hypothek als Sicherungshypothek im Grundbuch (s § 1184 **3** Abs 2) ergibt sich als selbstverständliche Folge, dass die Erteilung des Hypothekenbriefs ausgeschlossen ist; ein Vermerk über den Ausschluss des Hypothekenbriefs ist überflüssig (PLANCK/STRECKER Anm 1a) und nicht eintragungsfähig (MünchKomm/EICKMANN⁴ Rn 3). Dies gilt auch jedem Dritten gegenüber, selbst wenn er bei Vorhandensein des Briefes das Grundpfandrecht für eine Briefhypothek hält (PLANCK/STRECKER Anm 1a).

Die **Umwandlung** der Sicherungshypothek in eine gewöhnliche Hypothek ist nach **4** § 1186 zulässig. Es entsteht dann eine Buchhypothek, wenn die Erteilung eines Briefes nicht besonders vereinbart wird (s näher § 1186 Rn 7 und nachf Rn 18).

II.   Unanwendbare Vorschriften

Auf die Sicherungshypothek sind auf Grund ausdrücklicher gesetzlicher Bestim- **5** mung folgende Vorschriften unanwendbar (Abs 2):

1. § 1138 – Öffentlicher Glaube des Grundbuchs

6 Der Schutz des öffentlichen Glaubens des Grundbuchs (§§ 891 ff) gilt für die Sicherungshypothek nicht in Ansehung der Forderung und die dem Eigentümer nach § 1137 zustehenden Einwendungen und Einreden.

a) Gutglaubensschutz hinsichtlich der Forderung
7 Der Gläubiger kann sich nicht nur bei der Schuldklage gegen den persönlichen Schuldner, sondern auch bei der dinglichen Hypothekenklage gegen den Eigentümer wegen der Entstehung der Forderung nicht auf die **Vermutung des § 891** berufen (PALANDT/BASSENGE[68] § 1184 Rn 4; PLANCK/STRECKER § 1184 Anm 1a). Die Beweislast des Gläubigers wird aber im Vergleich zu den allgemeinen Regeln über die Beweislast nicht erhöht; vielmehr werden nur die durch § 1138 in Verbindung mit § 891 für die Verkehrshypothek bereitgestellten Beweiserleichterungen beseitigt. Tatsachen, die sich gegenüber dem dinglichen Anspruch rechtshemmend oder rechtsvernichtend auswirken, hat daher unverändert der Eigentümer zu beweisen, soweit nicht die Vermutung des § 891 Abs 2 eingreift (RGZ 57, 320; RG Gruchot 52, 1074; PLANCK/STRECKER § 1184 Anm 1a; BAUMGÄRTEL/LAUMEN/BAUMGÄRTEL[2] Rn 2). Wie den persönlichen Schuldner trifft auch den Eigentümer, der nur dinglicher Schuldner ist, die Beweislast, wenn er aus der Unrichtigkeit des eingetragenen Schuldgrundes Rechte ableiten will (RG WarnR 1919 Nr 115; RGZ 57, 321; BAUMGÄRTEL/LAUMEN/BAUMGÄRTEL[2] Rn 5; vgl auch BayObLG Recht 1902 Nr 1153).

8 Der Gläubiger hat im Streitfall die Beweislast für die Entstehung der Forderung nicht nur gegenüber dem Eigentümer, sondern auch gegenüber einem **Dritten**, insbesondere im Verteilungsverfahren in der Zwangsversteigerung (RG JW 1908, 555; BGH NJW 1986, 53; BAUMGÄRTEL/LAUMEN/BAUMGÄRTEL[2] Rn 8) und gegenüber einem nachstehenden Hypothekengläubiger, der einen Widerspruch gegen den Teilungsplan mit Klage (§ 115 ZVG, § 878 ZPO) verfolgt. Ob der dem Gläubiger obliegende Beweis auf Grund der Einigungserklärungen zur Begründung der Hypothek oder der Eintragungsbewilligung als erbracht anzusehen ist, ist eine Frage der Auslegung (BAUMGÄRTEL/LAUMEN/BAUMGÄRTEL[2] Rn 1); die nackten Erklärungen genügen jedenfalls ohne zusätzliche Anhaltspunkte nicht (tendenziell nachweisfreundlicher BIERMANN § 1184 Anm 1b). Kann der Beweis für die Entstehung der Forderung nicht geführt werden, so ist eine Eigentümergrundschuld als gegeben anzunehmen (PLANCK/STRECKER Anm 2c; BAUMGÄRTEL/LAUMEN/BAUMGÄRTEL[2] Rn 6). Steht aber die Entstehung der Forderung fest, so trägt die Beweislast für das Erlöschen der Eigentümer (BGH NJW 1986, 53).

b) Gutglaubensschutz hinsichtlich der Hypothek
9 Ein gutgläubiger Erwerb der Sicherungshypothek ist aber nicht ausgeschlossen. Bestellt ein Nichtberechtigter eine Sicherungshypothek für eine bestehende Forderung, so erwirbt deren gutgläubiger Inhaber die Hypothek gemäß § 892. Tritt der berechtigte Gläubiger seine bestehende Forderung ab, für die eine nicht wirksam begründete Sicherungshypothek eingetragen ist, so gilt dasselbe. Kann allerdings der Zedent dem Zessionar die Forderung nicht verschaffen, sei es weil sie nicht besteht oder dem Zedenten nicht zusteht, sei es weil der Zedent (zB wegen eines über sein Vermögen eröffneten Insolvenzverfahrens) über die Forderung nicht verfügen kann, so scheidet ein gutgläubiger Erwerb aus, weil das Gesetz hier einen gutgläubigen Erwerb der Forderung nicht vorsieht und ohne Forderungserwerb auch die Hypo-

thek nicht erworben wird. Ist eine Sicherungshypothek für eine existente Forderung bestellt, aber fälschlich eine ebenfalls existente andere Forderung eingetragen worden, so ist gutgläubiger Erwerb nach Maßgabe der Eintragung möglich.

c) Einwendungen und Einreden

Der Gläubiger der Sicherungshypothek muss sich ohne Gutglaubensschutz alle **10** Einwendungen und Einreden entgegen halten lassen, die dem Schuldner gegen die *Forderung* gegeben sind (BGB-RGRK/Thumm[12] Rn 3). Beispielsweise steht eine Abrede über die Stundung der Forderung jedem Erwerber der Hypothek entgegen.

Hingegen gilt der Gutglaubensschutz in vollem Umfang gegen Einwendungen und **11** Einreden, die sich gegen das dingliche Recht Hypothek richten und nicht aus der Forderung hergeleitet werden. Daher wird auch vermutet, dass die Hypothek dem eingetragenen Gläubiger zusteht (Hachenburg Vortr 281). Eine Abrede, wonach die Forderung gestundet ist, wirkt ohne Gutglaubensschutz gegen den Erwerber der Hypothek (vorst Rn 10), eine Abrede, wonach nur die Hypothek auf Zeit nicht geltend gemacht werden darf, steht aber unter Gutglaubensschutz, wirkt also gegen den gutgläubigen Erwerber nur im Fall einer Eintragung (Hachenburg aaO; s auch Sternberg JherJb 61, 385). § 1157 S 2 gilt auch für die Sicherungshypothek, da er in § 1185 Abs 2 nicht für unanwendbar erklärt ist (RGZ 74, 215; Hachenburg Vortr 555, 563; Planck/Strecker § 1184 Anm 1b; Westermann[5] § 110 III 2). S zur Rechtskraftwirkung eines Urteils gegen den früheren Grundstückseigentümer als persönlichen Schuldner der Hypothekenforderung § 1184 Rn 20.

d) Leistungen an den Eingetragenen

Nicht anwendbar ist § 893. Wer an den im Grundbuch als Gläubiger der Sicherungs- **12** hypothek Eingetragenen geleistet hat, muss sich entgegenhalten lassen, er habe an den Nichtberechtigten geleistet (vgl § 1138 Rn 8); Forderung und Grundpfandrecht hängen bei der Sicherungshypothek zusammen, im Verhältnis zur Forderung schließt aber das Gesetz die Grundsätze über gutgläubigen Erwerb aus (Heck § 98, 4; BGB-RGRK/Thumm[12] Rn 7; Westermann[5] § 110 III 2; Wolff/Raiser § 151 Fn 4; **aM** Planck/Strecker Anm 1b mwNw). Bei Rechtsgeschäften des Gläubigers mit dem Bucheigentümer oder des Eigentümers mit dem Buchgläubiger muss wegen der Rechtswirksamkeit jeweils unterschieden werden, ob sie die Forderung, wie zB deren Kündigung (nachf Rn 13), oder das dingliche Recht betreffen (BGB-RGRK/Thumm[12] Rn 7).

e) Grundbuchberichtigung

Anwendbar bleiben die §§ 894 ff, soweit das dingliche Recht, nicht die gesicherte **13** Forderung, in Frage kommt (Planck/Strecker Anm 1b). Der Eigentümer kann sich auch hier Einwendungen durch Eintragung eines Widerspruchs (§ 899) sichern, soweit ihm ein Berichtigungsanspruch zusteht, wenn nämlich die Hypothek nicht rechtsgültig entstanden ist (BayObLG vom 6. 7. 1994 – 2Z BR 42/94 – Rpfleger 1995, 106). Einwendungen gegen die Forderung kann er geltend machen, ohne dass deshalb ein Widerspruch eingetragen werden müsste (Wolff/Raiser § 151 I 1 a; Planck/Strecker Anm 1b). S auch § 1184 Rn 7.

2. § 1139 – Widerspruch bei Darlehensbuchhypothek

Es handelt sich nur um eine Klarstellung. Die Einrede, die dem Eigentümer für den **14**

Fall zusteht, dass bei der Buchhypothek die Hingabe des Darlehens unterblieben ist, erübrigt sich bei der Sicherungshypothek, weil der Gläubiger zur Geltendmachung der Hypothek hier ohnehin sein Forderungsrecht nachzuweisen hat und insoweit ein gutgläubiger Erwerb ausgeschlossen ist (§ 1139 Rn 13; WESTERMANN[5] § 109 Anm III 2).

3. § 1141 – Kündigung der Hypothek

15 Die Fälligkeit der persönlichen Forderung wird durch die Kündigung zwischen Gläubiger und persönlichem Schuldner herbeigeführt; die Kündigung der persönlichen Forderung hat hier auch die Fälligkeit der Hypothek zur Folge. Eine Kündigung an den nicht persönlich haftenden Eigentümer des Grundstücks ist weder erforderlich noch ausreichend (RGZ 111, 401; § 1141 Rn 2). Durch diese Regelung wird insbesondere auch die Anwendung des § 1142, die dem Schuldner schaden könnte, vermieden. Wird der nicht persönlich haftende Eigentümer mit der dinglichen Klage belangt, ohne von der die Fälligkeit erst auslösenden Kündigung in Kenntnis gesetzt worden zu sein, können bei sofortigem Anerkenntnis die Kosten des Rechtsstreits gemäß § 93 ZPO den Kläger treffen (MünchKomm/EICKMANN[4] Rn 11). *§ 54 ZVG* findet hingegen auch auf die Kündigung von Sicherungshypotheken Anwendung (RG LZ 1928, 1060; PLANCK/STRECKER Anm 1d; **aA** – nur wenn Eigentümer auch persönlicher Schuldner – PALANDT/BASSENGE[68] Rn 3; MünchKomm/EICKMANN[4] Rn 13; SOERGEL/KONZEN[13] Rn 5).

16 § 1141 Abs 2 ist gleichfalls ausgeschlossen (Mot III 765; Prot III 683; PLANCK/STRECKER Anm 1d; WOLFF/RAISER § 151 I 1 b).

4. § 1156 – Rechtsverhältnis zwischen Eigentümer und neuem Gläubiger

17 Die nach §§ 406–408 dem Schuldner gegen die Forderung des neuen Gläubigers zustehenden Einwendungen können von dem Eigentümer auch gegenüber dem Anspruch aus der Hypothek geltend gemacht werden. Die §§ 406 ff finden nicht nur auf das Rechtsverhältnis zwischen dem neuen Gläubiger und dem persönlichen Schuldner in Ansehung des persönlichen Schuldverhältnisses, sondern auch auf das Verhältnis zwischen dem neuen Gläubiger und dem Eigentümer in Ansehung der Sicherungshypothek Anwendung (PLANCK/STRECKER Anm 1e; WOLFF/RAISER § 15 1 I 1 c).

III. Anwendung von Vorschriften über die Buchhypothek

18 In allen übrigen Beziehungen gelten – abgesehen von den besonderen Ausnahmen in §§ 1187 S 3, 1188, 1190 Abs 4 – für die Sicherungshypothek die Vorschriften über die **Buchhypothek**. Im Einzelnen gilt:

19 **1.** **Die Übertragung** (auch die Verpfändung) bedarf der Einigung und der Eintragung ins Grundbuch (§ 1154 Abs 2). Die Regel des § 1153, dass die Hypothek nicht ohne die Forderung übertragen werden kann, gilt auch für die Sicherungshypothek. Vgl aber die Besonderheiten in § 1187 S 3 (Sicherungshypothek für die Forderung aus einem Inhaber- oder Orderpapier) und § 1190 Abs 4 (Höchstbetragshypothek) sowie § 1180 mit Erl.

20 **2.** Die Vorschriften über das **Eigentümergrundpfandrecht** und den Übergang der Hypothek auf den Schuldner, der den Gläubiger **befriedigt** (§§ 1163–1165,

1168–1169, 1170, 1172–1176), finden auch auf die Sicherungshypothek Anwendung (RGZ 49, 165; 55, 220; 61, 39; 74, 215; 86, 304; KGJ 28 A 270; BayObLGZ 18, 204; PLANCK/STREKKER Anm 2c; BGB-RGRK/THUMM[12] Rn 13; WOLFF/RAISER § 151 II). Die Sicherungshypothek verwandelt sich, wenn sie sich mit dem Eigentum in einer Person vereinigt, ohne dass dem Eigentümer auch die Forderung zusteht, kraft Gesetzes in eine Grundschuld (§ 1177 Abs 1 S 1), und zwar eine Buchgrundschuld (OLG Dresden RJA 8, 282; KGJ 28 A 135; 34 A 340).

Aus der Anwendung der §§ 1163, 1177 auf die Sicherungshypothek ergibt sich, dass **21** auch bei der Sicherungshypothek das Grundpfandrecht unabhängig davon besteht, ob die Forderung nicht oder noch nicht entstanden oder später wieder weggefallen ist, wenn auch in der Form des Eigentümergrundpfandrechts. Über Besonderheiten des Eigentümergrundpfandrechts bei der Höchstbetragshypothek § 1190 Rn 11. Für die Zwangs- und Arresthypothek ist der Übergang auf den Eigentümer ausdrücklich vorgesehen (§§ 868, 932 Abs 2 ZPO). Bei den nach §§ 130, 145 ZVG eingetragenen Sicherungshypotheken ergibt sich die analoge Folge aus § 128 Abs 3 ZVG.

Bei Vereinigung des Grundpfandrechts mit dem Eigentum in einer Person besteht **22** der gesetzliche Löschungsanspruch aus §§ 1179a, 1179b (Ausnahme Wertpapierhypothek, § 1187 S 3). Für Alt- und Übergangsrechte (s Anh zu §§ 1179a, 1179b) konnte und kann ein solcher Anspruch durch Löschungsvormerkung gesichert werden.

§ 1186
Zulässige Umwandlungen

Eine Sicherungshypothek kann in eine gewöhnliche Hypothek, eine gewöhnliche Hypothek kann in eine Sicherungshypothek umgewandelt werden. Die Zustimmung der im Range gleich- oder nachstehenden Berechtigten ist nicht erforderlich.

Materialien: E I § 1134; II § 1095 rev § 1171; III § 1169; Mot III 776 ff; Prot III 692 ff; IV 586 f.

I.   Allgemeines

Die **Sicherungshypothek** kann jederzeit in eine Brief- oder Buchhypothek, eine **1** Brief- oder Buchhypothek jederzeit in eine Sicherungshypothek **umgewandelt** werden. Dies gilt auch für die Höchstbetragshypothek (§ 1190) als Unterart der Sicherungshypothek (Prot III 692; PLANCK/STRECKER Anm 1; § 1190 Rn 68). Eine Sicherungshypothek kann gemäß § 1198 auch in eine Grundschuld und eine Grundschuld in eine Sicherungshypothek umgewandelt werden (HACHENBURG Beitr 42). Wegen der Umwandlung in eine Rentenschuld s § 1203.

Die §§ 1186, 1198, 1203 bringen insgesamt zum Ausdruck, dass es sich bei der **2** Hypothek in allen Formen, der Grundschuld einschließlich der Sicherungsgrundschuld und der Rentenschuld um Unterfälle eines **gemeinsamen Rechtstyps** handelt (Einl 14 und Vorbem 11 ff zu §§ 1113 ff). S allgemein zu Umwandlungen als Ausfluss des

Rangwahrungsprinzips Einl 161 zu §§ 1113 ff. Die Einbeziehung der Sicherungshypothek in diesen einheitlichen Rechtstyp hat zur Folge, dass auch bei ihr das
Grundpfandrecht unabhängig davon besteht, ob die Forderung nicht oder noch nicht
entstanden oder später wieder weggefallen ist (Einl 102 zu §§ 1113 ff).

3 § 1186 betrifft die **rechtsgeschäftliche Umwandlung**. Wegen der Umwandlung der
Sicherungshypothek in eine Eigentümergrundschuld **kraft Gesetzes** s § 1185 Rn 20
und wegen der Umwandlung der Arresthypothek in eine Sicherungshypothek s Vorbem 56 zu § 1113.

II. Die Umwandlung

1. Änderung des Inhalts eines Rechts am Grundstück

4 Die Umwandlung nach § 1186 ist eine Änderung des Inhalts eines Rechts am
Grundstück iS des § 877; auf die Umwandlung finden daher die §§ 873, 874, 876,
878 Anwendung (RGZ 49, 162; KGJ 46, 233; BGB-RGRK/Thumm[12] Rn 2; Planck/Strecker
Anm 2; Einl 161 zu §§ 1113 ff). Die Umwandlung wird sonach durch Einigung zwischen
Gläubiger und Eigentümer, die Zustimmung Dritter, denen ein Recht an der Hypo-
thek zusteht, und die Eintragung der Umwandlung ins Grundbuch bewirkt. Die
Einigung bedarf keiner Form. Sie ist vor der Eintragung nur unter den Vorausset-
zungen des § 873 Abs 2 bindend. Die Mitwirkung des Eigentümers zur Umwandlung
ist keine Verfügung über das Grundstück iS des § 1424, sondern eine solche über die
Hypothek (str, vgl § 1180 Rn 3). S zum möglichen Erfordernis öffentlich-rechtlicher
Genehmigungen Einl 118 zu §§ 1113 ff.

5 Die §§ 892, 893 (öffentlicher Glaube des Grundbuchs) sind auf eine Umwandlung
anzuwenden, soweit das dingliche Recht in Frage steht.

2. Umwandlung einer Sicherungshypothek in eine Verkehrshypothek

6 Wird eine Sicherungshypothek in eine Verkehrshypothek umgewandelt, so ist das
Grundpfandrecht von der Umwandlung ab Verkehrshypothek, dh es gelten für das
Recht auch diejenigen Vorschriften, deren Anwendung auf die Sicherungshypothek
nach § 1185 Abs 2 ausgeschlossen ist. Insbesondere erstreckt sich gemäß § 1138 der
öffentliche Glaube des Grundbuchs auch auf die Forderung. Bei Abtretung der
Hypothek gelten die §§ 406–408 nicht mehr. Die Einwendungen, die der Eigentü-
mer im Zeitpunkt der Umwandlung hatte, bleiben zunächst an der Hypothek haften.
Im übrigen ist es eine Auslegungsfrage, ob und inwieweit in der Umwandlung einer
Sicherungshypothek in eine gewöhnliche Hypothek etwa zugleich ein Verzicht des
Eigentümers auf Einwendungen enthalten ist (Planck/Strecker Anm 3). Entsprechen-
des gilt bei der Umwandlung einer Verkehrshypothek in eine Sicherungshypothek.

7 Bei der Umwandlung einer Sicherungshypothek in eine Verkehrshypothek entsteht
eine **Buchhypothek**, wenn nicht die Briefbildung besonders vereinbart wird (OLG
Dresden RJA 8, 282; OLG Dresden OLGE 29, 272; Westermann[5] § 110 IV; Erman/Wenzel[12]
Rn 2; MünchKomm/Eickmann[4] Rn 10; Palandt/Bassenge[68] Rn 2; Soergel/Konzen[13] Rn 3; aM
Planck/Strecker Anm 3: Briefhypothek). Davon zu unterscheiden ist die Frage der
Grundbucheintragung. Es soll nicht notwendig, sondern nur zweckmäßig sein, den

Briefausschluss auch in das Grundbuch einzutragen (ERMAN/WENZEL[12] Rn 2; PALANDT/ BASSENGE[68] Rn 2; SOERGEL/KONZEN[13] Rn 3). Das ist nicht richtig; der öffentliche Glaube des Grundbuchs bindet an den aktuellen Grundbuchinhalt an, so dass der Rechtsverkehr nicht gezwungen ist, die Eintragungsgeschichte aus den gelöschten Eintragungen zu rekonstruieren. Wäre also nach Umwandlung lediglich eine „Hypothek" eingetragen, so würde die Eintragung nach § 1116 eine Briefhypothek ausweisen. Der Briefausschluss ist daher zwingend mit einzutragen (so auch die Formulare bei MünchKomm/EICKMANN[4] Rn 10 und SCHÖNER/STÖBER[14] Rn 2554 a); unterbleibt die Eintragung, so ist das Grundbuch unrichtig.

Eine Sicherungshypothek nach § **128 ZVG** kann im Fall der Vereinigung mit dem **8** Eigentum nicht zum Nachteil eines bestehenbleibenden Rechtes oder einer anderen Sicherungshypothek des § 128 ZVG geltend gemacht werden. Diese Beschränkung bleibt auch bestehen, wenn die Sicherungshypothek in eine gewöhnliche Hypothek nach § 1186 umgewandelt wird (LG Berlin KGBl 1913, 114; STEINER/EICKMANN, ZVG[9] § 128 Rn 37).

3.   Weitere Umwandlungsfälle, Rechtsgeschäfte anlässlich der Umwandlung

Wegen der Umwandlung einer **Höchstbetragshypothek** in eine Verkehrshypothek **9** oder eine gewöhnliche Sicherungshypothek und umgekehrt, s § 1190 Rn 68.

Mit der Umwandlung kann zugleich eine Zerlegung der Hypothek in Einzelhypo- **10** theken (§ 1150), eine Änderung des Zinssatzes im Rahmen des § 1119 vom Tag der Eintragung der Zinserweiterung ab (RG JW 1905, 291; KGJ 21 A 150, 31 A 337) oder eine Forderungsauswechslung nach § 1180 verbunden werden (RGZ 147, 301; RG HRR 1933 Nr 201; ERMAN/WENZEL[12] Rn 1; vgl auch § 1190 Rn 68). Desgleichen können damit eine Zusammenfassung zu einer Einheitshypothek (RGZ 145, 48) oder die Umgruppierung der Hypothekenbeträge (OLG Hamm vom 18.7.1991 – 15 W 300/90 – Rpfleger 1992, 13 m Anm BESTELMEYER S 151 = EWiR 1991, 1077 [HINTZEN]) verbunden werden.

4.   Die Rechtsstellung des persönlichen Schuldners und der gleich- und nachrangigen Grundpfandrechtsgläubiger

Sind persönlicher Schuldner und Eigentümer **verschiedene** Personen, so bedarf die **11** Umwandlung nicht der Zustimmung des persönlichen Schuldners (ERMAN/WENZEL[12] Rn 2; PALANDT/BASSENGE[68] Rn 4; vgl auch KGJ 25 A 175). Denn der persönliche Schuldner wird von der Umwandlung nicht berührt, ihm bleiben insbesondere seine Einwendungen gegen die Forderung erhalten. Das persönliche Schuldverhältnis hat sein besonderes Rechtsschicksal. Auch wenn eine Höchstbetragshypothek (§ 1190) in eine gewöhnliche Hypothek umgewandelt werden soll, bedarf es der Zustimmung des (vom Eigentümer verschiedenen) persönlichen Schuldners nicht (PLANCK/STREKKER Anm 2c; vgl § 1190 Rn 68).

Die Umwandlung kann gesetzliche und vertragliche Löschungsansprüche **gleich-** und **12** **nachrangiger Grundpfandrechtsgläubiger** nicht beeinträchtigen und bedarf daher nicht deren Zustimmung (§ 1169 Rn 16; § 1179 Rn 6, 20, 47; § 1179a Rn 45; **aA** STAUDINGER/ SCHERÜBL[12] Rn 10; nur die Umwandlung einer Sicherungs- in eine Verkehrshypothek halten für zustimmungsbedürftig MünchKomm/EICKMANN[4] Rn 4; PALANDT/BASSENGE[68] Rn 4; SOERGEL/KON-

ZEN Rn[13] 4). Noch weniger werden deren Hypotheken selbst beeinträchtigt (PALANDT/
BASSENGE[68] Rn 4), auch nicht, wenn sie vorher im Rang hinter die umzuwandelnde
Hypothek zurückgetreten waren, denn der Rangrücktritt gewährt dem vollen *Rang-
rahmen* den Vorrang und nicht etwa nur der der Hypothek gerade zugrundeliegen-
den Forderung, wie eben ua aus §§ 1180, 1186, 1198 folgt (**aA** RG WarnR 1909 Nr 360;
RG ZBlFG 10, 267; STAUDINGER/SCHERÜBL[12] Rn 10).

5. Eintragung der Umwandlung

13 Wegen der Eintragung der Umwandlung ins Grundbuch s § 11 Abs 6 GBV und oben
Rn 7. Die Eintragung erfordert grundbuchrechtlich die **Voreintragung des Gläubigers**
gemäß § 39 GBO (KGJ 21 A 158).

14 Bei Umwandlung einer Sicherungshypothek in eine Briefhypothek muss nach § 56
GBO ein Brief gebildet und gemäß § 60 GBO dem Gläubiger ausgehändigt werden;
eine mittels eines Übergabesurrogats nach §§ 1154 Abs 1 S 1 HS 2, 1117 Abs 1 S 2,
Abs 2 vorgenommene Abtretung kann dann nicht vor der Eintragung wirksam
werden.

15 Im umgekehrten Fall ist der Brief unbrauchbar zu machen; eine mit dem bisherigen
Brief verbundene Schuldurkunde ist gemäß § 69 GBO abzutrennen und zurückzugeben (RG Recht 1917 Nr 2016; s aber auch OLG Dresden OLGE 29, 371). Der Brief verliert in
diesem Fall seine Transportfunktion erst mit der Eintragung der Umwandlung; dann
wird er aber selbst dann unwirksam, wenn er entgegen der Ordnung weiterhin im
Verkehr bleiben sollte. Ein gutgläubiger Erwerb auf Grund des Briefs ist nicht
möglich, weil gegen das Grundbuch ein Rechtsschein nicht bestehen kann.

§ 1187
Sicherungshypothek für Inhaber- und Orderpapiere

**Für die Forderung aus einer Schuldverschreibung auf den Inhaber, aus einem
Wechsel oder aus einem anderen Papier, das durch Indossament übertragen werden
kann, kann nur eine Sicherungshypothek bestellt werden. Die Hypothek gilt als
Sicherungshypothek, auch wenn sie im Grundbuch nicht als solche bezeichnet ist.
Die Vorschrift des § 1154 Abs. 3 findet keine Anwendung. Ein Anspruch auf
Löschung der Hypothek nach §§ 1179a, 1179b besteht nicht.**

Materialien: E II § 1097 rev § 1172; III § 1170;
Prot III 667 ff, 673 f, 676 ff; VI 259; s weiter
§ 1179a. Satz 4 durch Gesetz zur Änderung

sachenrechtlicher, grundbuchrechtlicher und
anderer Vorschriften vom 22. 6. 1977 (BGBl I
998) angefügt.

Schrifttum

BÖHRINGER, Die Hypothek für Inhaberschuldverschreibungen – ein „exotisches" dingliches
Recht, BWNotZ 1988, 25

HENGSTBERGER, Stellvertretung und Treuhand
im BGB (1912)

HUHN, Die wirtschaftliche und rechtliche Natur
der Hypothek für Forderungen aus Inhaber und

Orderpapieren (§§ 1187–1189 BGB) (Diss Leipzig 1935)
MÜLLER, Die Rechtsstellung des Treuhänders im Falle der §§ 1187–1189 BGB (1910)

ZEISER, Inhabergrund- und -rentenschulden sowie Inhaber- und Orderhypotheken, Rpfleger 2006, 577

I. Allgemeines

Die Geldforderung aus einer Inhaberschuldverschreibung (§ 793 BGB; Art 5 **1** ScheckG) oder einem Orderpapier (Wechsel Art 11 WG; Scheck Art 14 ScheckG; kaufmännisches Orderpapier § 363 HGB) kann durch eine Sicherungshypothek **(Wertpapierhypothek)** dinglich gesichert werden. Die Wertpapiere werden ausschließlich nach wertpapierrechtlichen Vorschriften übertragen, die Hypotheken folgen automatisch.

Weil die Ausgabe von Inhaberschuldverschreibungen bis zum Jahr 1990 staatlicher **2** Genehmigung bedurfte (§ 1195 Rn 9), haben direkt begebene private Inhaberschuldverschreibungen und damit auch Wertpapierhypotheken nie große Bedeutung erlangt (vgl aber den Fall BGH vom 12. 12. 2008 – V ZR 49/08 – aus dem Jahr 1928); auch jetzt sind sie jedenfalls auf dem Markt nicht präsent. Stattdessen werden unter den Titeln **„Asset Backed Securities"** oder „Covered Bonds" Kreditinstitute zwischengeschaltet, die entweder eigene Schuldverschreibungen ausgeben oder denen Grundschulden zu treuhänderischer Verwaltung für die Gläubiger fremder Schuldverschreibungen gestellt werden (vgl § 1195 Rn 2). Dies hat für den Erwerber eines Wertpapiers den Vorteil, dass das Kreditinstitut – speziell auch bei der Börseneinführung – die Aufgabe übernimmt, die Sicherheiten einschließlich der Immobiliarsicherheiten auf ihre Werthaltigkeit zu überprüfen, was sonst jeder Erwerber selbständig veranlassen müsste; s zur sog Subprime-Krise, die allerdings erhebliche Zweifel an der einschlägigen Kompetenz der Kreditinstitute begründet hat, Einl 31 zu §§ 1113 ff. Der Wegfall der Genehmigungspflicht hat jedenfalls nicht zu einem Aufschwung der Wertpapierhypothek geführt.

Es ist verwunderlich und wohl nur mit der grundsätzlich konservativen Haltung des **3** Kreditmarkts zu erklären, dass die Wertpapierhypothek in der Praxis **keine Verwendung** findet. Inhaberschuldverschreibungen können nicht nur gestückelt und für einen breiten Markt ausgegeben werden, sondern könnten auch als Einzelpapiere begeben werden. Eine solche mit einer Wertpapierhypothek gesicherte Inhaberschuldverschreibung übertrifft die Briefgrundschuld an Abstraktion und Fungibilität noch bei weitem, zumal sie nicht dem Gutglaubensausschluss nach § 1192 Abs 1a unterliegt; sie ist allerdings auch besonders gefährlich, für den Eigentümer, weil § 1157 praktisch wirkungslos bleibt, für den Erwerber des Papiers wegen des hohen Fälschungsrisikos, das allerdings durch die nach Rn 11 vertretene Vorlage beim Grundbuchamt (mit entsprechendem amtlichen Vermerk auf dem Wertpapier) gemildert wird. Vor allem aber ist die Wertpapierhypothek – im Gegensatz zur kaum noch verkehrsfähigen Briefgrundschuld, § 1179a Rn 81 – löschungsfest und damit neben der Inhabergrundschuld nach § 1195 als einzige Grundpfandrechtsform noch umlauffähig.

Die Sicherung von **Orderwertpapieren** durch eine Wertpapierhypothek kommt nach **4**

Aufhebung des § 808a – eingeführt durch G v 26. 6. 1954 (BGBl I 147), aufgehoben durch Art 1 G v. 17. 12. 1990 (BGBl I 2839) – jedenfalls heute praktisch nicht vor (Baur/Stürner § 42 IV 3 und Fn 3; Huber, Die Sicherungsgrundschuld [1965] 73). Da eine Hypothek nur zur Sicherung einer Geldforderung bestellt werden kann, ist bei kaufmännischen Orderpapieren eine Wertpapierhypothek nur zulässig, wenn das Wertpapier das Recht auf eine Leistung in Geld verbrieft. Bei den übrigen Wertpapieren ist diese Voraussetzung schon deshalb gegeben, weil sie ihrer Natur nach eine Geldforderung zum Inhalt haben.

5 § 1187 ist nur anwendbar, wenn die Hypothek unmittelbar für die Forderung aus dem Orderpapier (OLG Dresden JFG 3, 433) oder unmittelbar für die Inhaberschuldverschreibung bestellt wird. Letzteres ist zB nicht der Fall bei Hypotheken über ein von einer Bank gewährtes Darlehen, das diese durch Schuldverschreibungen auf den Inhaber – sei es auch für Rechnung des Eigentümers – refinanziert (RGZ 67, 246; RGZ 113, 223; KGJ 38 B 68; KG OLGE 19, 287; vgl auch BayObLGZ 24, 344 = JW 1926, 993 m Anm Arnheim; OLG Dresden JFG 3, 429; KG JW 1925, 1177 m Anm Arnheim; Planck/Strecker Anm 2; BGB-RGRK/Thumm[12] Rn 2; MünchKomm/Eickmann[4] Rn 4).

6 Nicht zu den Schuldverschreibungen auf den Inhaber gehören die sogenannten **hinkenden Inhaberpapiere** (qualifizierte Legitimationspapiere, § 808) und die in § 807 näher bezeichneten Urkunden (Planck/Strecker Anm 2a).

II. Die Wertpapierhypothek

1. Hypothekenform

7 Ausschließliche Hypothekenform für Wertpapierforderungen (oben Rn 1) ist die **Sicherungshypothek** und zwar (im Gegensatz zu § 1184 Abs 2) unabhängig davon, ob die Hypothek im Grundbuch als Sicherungshypothek bezeichnet ist. Auch eine **Zwangshypothek** für einen unter § 1187 fallenden Anspruch ist eine Wertpapierhypothek (Westermann[5] § 112 II 1).

8 Für Wertpapierforderungen kann auch eine **Höchstbetragshypothek** bestellt werden, da § 1190 hinsichtlich der Art der Forderung keinen Unterschied macht (KGJ 30 A 284; KG JFG 4, 425; BGB-RGRK/Thumm[12] Rn 2). Sinnvoll ist eine solche Hypothek schwerlich. § 50 GBO findet keine Anwendung; einzutragen ist nur der Höchstbetrag (KG JW 1926, 1642 m zust Anm Reinhard; Planck/Strecker Anm 3a; Demharter, GBO[26] § 50 Rn 3). Bestellung, Übertragung und Belastung der Hypothek richten sich dann ausschließlich nach §§ 1187–1189. Auch die Bestellung eines Grundbuchvertreters (§ 1189) ist zulässig (KG JFG 4, 427).

9 Denkbar ist auch die Bestellung einer gewöhnlichen Höchstbetragshypothek, zu deren Forderungskreis wertpapierrechtliche Ansprüche gehören (Westermann/Eickmann[7] § 111 I 2). In diesem Fall können die Wertpapiere gemäß § 1190 Abs 4 nach den wertpapierrechtlichen Vorschriften abgetreten werden, ohne dass ihnen die Hypothek folgt. Die Hypothek wird dann insoweit Eigentümergrundschuld und bleibt es auch, wenn die Papiere später in die Hand des Eigentümers gelangen, da sie aus dem hypothekarischen Haftungsverband ausgeschieden sind. Problematisch ist die Frage der Übertragung der Hypothek selbst. Erfolgt diese gemäß §§ 1154 Abs 3, 873, dann wird man annehmen müssen, dass insoweit auch die Wertpapiere mitübertragen werden, dh dass bei Order- wie Inhaberpapieren damit zugleich auch das Eigentum am Papier übergeht.

2. Bestellung

Die **Form der Bestellung** ist die gleiche wie für die gewöhnliche Sicherungs-Buch- **10** hypothek (s § 1184 Rn 10 ff); wegen der Besonderheiten s §§ 1188, 1189.

Jede Eintragung *„bei der Hypothek"* soll nur erfolgen, wenn die Urkunde vorgelegt **11** wird; die Eintragung ist auf der Urkunde zu vermerken (§ 43 Abs 1 GBO). Eine Eintragung „bei der Hypothek" ist auch die **Ersteintragung** der Hypothek selbst, weil das Papier erst durch den die Grundbuchsicherung ausweisenden amtlichen Vermerk die volle Umlauffähigkeit erlangt (Zeiser Rpfleger 2006, 577; Bauer/vOefele/ Weber, GBO[2] § 43 Rn 9; Demharter, GBO[26] § 43 Rn 3; Erman/Wenzel[12] Rn 3; Palandt/Bassenge[68] Rn 3). Nach der **Gegenmeinung** (OLG Colmar OLGE 6, 105; Planck/Strecker § 1188 Anm 1d; Kehe/Herrmann, GBO[6] § 43 Rn 5; Meikel/Böhringer, GBO[10] § 50 Rn 10; MünchKomm/Eickmann[4] Rn 10) soll die Vorlage der Urkunde erst bei späteren Eintragungen erforderlich sein und ein Vermerk der Eintragung auf der Urkunde erst dann stattfinden. Ein Änderungsvermerk nach § 43 GBO wäre aber ohne Eintragung der Bestellung unverständlich.

Bei Hypotheken für die Forderung aus einer Inhaberschuldverschreibung wird als **12** **Gläubiger** abstrakt der „Inhaber der Schuldverschreibung" eingetragen. Bei der Hypothek für die Forderung aus einem Orderpapier wird der erste Nehmer oder der sich durch Indossament ausweisende aktuelle Inhaber als Gläubiger eingetragen (OLG Dresden RJA 2, 149; KGJ 35 B 31; Zeiser Rpfleger 2006, 577; BGB-RGRK/Thumm[12] Rn 4; **aM** Planck/Strecker Anm 3b). Im übrigen ist wegen der Eintragung auf § 1115 zu verweisen. Das Wertpapier selbst ist in der Eintragung oder durch Bezugnahme auf die Eintragungsbewilligung so eindeutig zu bezeichnen, dass es von anderen Wertpapieren gleichen Inhalts unterschieden werden kann. Eine Eintragung, die nicht erkennen lässt, für welche Schuldverschreibung eine Hypothek eingeräumt ist, hat einen unzulässigen Inhalt.

Bei der Eintragung einer Hypothek für **Teilschuldverschreibungen** auf den Inhaber **13** genügt es, wenn der Gesamtbetrag der Hypothek unter näherer Angabe der Anzahl, des Betrags und der Bezeichnung der Teile eingetragen wird (§ 50 Abs 1 GBO). Für Teilschuldverschreibungen *an Order* fehlt nach Aufhebung des § 808a (oben Rn 4) eine gleichlautende Vorschrift; § 50 Abs 1 GBO ist aber entsprechend anzuwenden (vgl OLG Dresden RJA 2, 147; KGJ 22 B 28; KGJ 35 B 32; KGJ 38 B 70; KG OLGE 19, 288; Wolff/ Raiser § 152 Fn 5; BGB-RGRK/Thumm[12] Rn 4; Planck/Strecker § 1188 Anm 1c). Bei Hypotheken für Teilschuldverschreibungen handelt es sich um eine Mehrzahl selbständiger Hypotheken für die einzelnen Teile, die in einem Eintragungsvermerk zusammengefasst sind (BGHZ 179, 146 vom 12. 12. 2008 – V ZR 49/08 – Tn 15; KGJ 35 B 29; KGJ 38 B 68; KGJ 50, 198; KGJ 53, 210, 213; KG OLGE 19, 287; KG OLGE 44, 174; KG JFG 1, 490; BGB-RGRK/Thumm Rn 4; Planck/Strecker Anm 5; Demharter, GBO[26] § 50 Rn 2; Meikel/Böhringer, GBO[10] § 50 Rn 3). Da trotz einer zusammenfassenden Eintragung für jede Teilschuldverschreibung eine selbständige Hypothek entsteht, müssen die einzelnen Teilschuldverschreibungen, die gesichert werden sollen, eindeutig bezeichnet wer-

den (KGJ 35 B 29, 32; KGJ 38 B 68, 70; BGB-RGRK/Thumm[12] § 1187 Rn 4; Bauer/vOefele/
Wegmann, GBO[2] § 50 Rn 6; Meikel/Böhringer, GBO[10] § 50 Rn 16). Dies gilt unabhängig
davon, ob gemäß § 1189 BGB ein Vertreter für die jeweiligen Gläubiger bestellt ist.
Die Bezeichnung erfolgt in der Regel nach Serien, Buchstaben oder Nummern
(Böhringer BWNotZ 1988, 25; Demharter, GBO[26] § 50 Rn 5).

14 Eine Wertpapierhypothek kann auch nur für *einen Teil* einer Anleihe bestellt
werden. Die dinglich gesicherten Teilschuldverschreibungen sind dann in gleicher
Weise eindeutig zu bezeichnen (KG JFG 3, 426; OLG Dresden JFG 3, 434; Planck/Strecker
§ 1188 Anm 1c). Insoweit kann auf die Eintragungsbewilligung Bezug genommen
werden (KG JFG 3, 424, 426).

15 Die Hypothek **entsteht** als Fremdhypothek erst mit der Forderung, dh mit der
Ausstellung (§ 793) und Begebung des Papiers (es sei denn, man folgt der sog Kreations-
theorie; vgl Staudinger/Marburger [2009] Vorbem 15 ff zu §§ 793 ff). Ohne Bedeutung ist
das Rechtsverhältnis, das dem Papier zugrunde liegt. Bis zu diesem Zeitpunkt steht
die Hypothek dem Eigentümer als *Eigentümergrundschuld* zu (RG JW 1913, 200;
Planck/Strecker Anm 5; BGB-RGRK/Thumm[12] Rn 12). Eine Eigentümergrundschuld entsteht auch dann, wenn die Forderung erlischt. Die Forderung **erlischt** aber nicht
schon dann, wenn der Grundstückseigentümer, der auch Ausgeber des Wertpapiers
(Schuldner der verkörperten Forderung) ist, das Papier erwirbt; vielmehr steht dann
auch die Forderung dem Eigentümer zu, das Grundpfandrecht ist Eigentümerhypothek (§ 1177 Abs 2) und der Eigentümer kann das Papier mit der Hypothek weiter
übertragen. Auch durch Kraftloserklärung eines Inhaberpapiers erlischt die Forderung nicht (§ 800); der Antragsteller kann auf Grund des Ausschlussurteils (ab 1. 9.
2009 des Ausschlussbeschlusses), das ihn zunächst legitimiert (RG WarnR 1912 Nr 378;
KGJ 34 A 344; BGB-RGRK/Thumm[12] Rn 12), nach § 800 vom Aussteller die Erteilung
einer neuen Schuldverschreibung verlangen (BGB-RGRK/Thumm[12] Rn 12; **aM** KGJ 50,
199). Bei einer Inhaberschuldverschreibung entsteht eine Eigentümergrundschuld,
wenn der Aussteller die Urkunde vernichtet oder die Forderung nach § 801 erlischt
(Planck/Strecker Anm 5; BGB-RGRK/Thumm[12] Rn 12).

16 Der legitimierte Inhaber des Papiers ist zugleich als **Gläubiger** der Hypothek ausgewiesen. Dies gilt nicht nur dem Schuldner, sondern nach § 43 Abs 1 GBO auch
dem Grundbuchamt gegenüber (RG JW 1913, 200; KGJ 35 B 32; 38 B 70; OLG Dresden
RJA 2, 148; Werneburg ZBlFG 20, 302). Die Verfügungsberechtigung wird bei Inhaberpapieren aufgrund des Besitzes am Papier (§ 1006 Abs 1 S 1), bei Orderpapieren
aufgrund des Besitzes am Papier, das eine ununterbrochene Reihe von Indossamen-
ten trägt, vermutet. Dem Grundbuchamt gegenüber sind die Indossamente in der
Form des § 29 Abs 1 S 1 GBO nachzuweisen (Westermann[5] § 112 III 2; Bauer/vOefele/
Weber, GBO[2] § 43 Rn 12; Demharter, GBO[26] § 43 Rn 8; BGB-RGRK/Thumm[12] Rn 4; Erman/
Wenzel[12] Rn 6; vgl auch Planck/Strecker Anm 3c α), was die Wertpapierhypothek für ein
Orderpapier extrem unpraktikabel und unattraktiv macht.

17 Ein **Hypothekenbrief** kann nicht ausgestellt werden (§ 1185 Abs 1). Die Funktion
eines Briefs wird weitgehend durch das Wertpapier ersetzt; ein Nebeneinander von
Brief und Wertpapier wird dadurch ausgeschlossen. Das Papier trägt und überträgt
die Forderung und das Recht (s nachf Rn 19).

3. Zwangsvollstreckungsunterwerfung

Die Wertpapierhypothek kann bereits im Entstehungsstadium Gegenstand einer **18**
vollstreckbaren Urkunde nach § 794 Abs 1 Nr 5 ZPO sein, obwohl zu diesem Zeitpunkt noch keine Forderung besteht (oben Rn 15). Ebenso wie bei der offenen
Eigentümergrundschuld (§ 1196 Rn 4, 15 ff) ist auch für die Wertpapierhypothek (bei
der grundbuchrechtlich auf die Eintragung eines Gläubigers verzichtet wird, oben
Rn 12) die Unterwerfung unter die sofortige Zwangsvollstreckung im Interesse des
Gleichlaufs mit dem materiellen Recht anzuerkennen und zwar sowohl für die
Forderung aus dem Wertpapier selbst wie für die Hypothek (WOLFSTEINER, Die vollstreckbare Urkunde[2] § 24. 18.; MünchKommZPO/WOLFSTEINER[3] § 794 Rn 174). Statt der Gläubi-
gerbezeichnung genügt in der Unterwerfungsurkunde die genaue Identifizierung des
Papiers; die Klausel kann freilich nur einer bestimmten Person erteilt werden, die
das Eigentum am Papier über die Vermutung des § 1006 Abs 1 S 1 durch Vorlage des
Papiers, bei Orderpapieren mit öffentlich beglaubigter Indossamentenkette, nachweisen kann.

4. Übertragung

Zur Übertragung (und demgemäß auch zur Verpfändung, § 1274, und der Bestellung **19**
eines Nießbrauchs, §§ 1069 Abs 1, 1081, 1084; zur Pfändung s §§ 808, 821, 830 Abs 3
S 2, 831, 837 Abs 2 S 2 ZPO) des mit der Forderung verbundenen Grundpfandrechts
bedarf es **keiner Eintragung** im Grundbuch; § 1154 Abs 3 findet keine Anwendung
(S 3). Der Übergang oder die Belastung der Forderung in den mobiliarsachenrecht-
lichen Formen, die für Wertpapiere gelten, schließt ohne weiteres den Übergang der
Hypothek in sich. Die Übertragung und Belastung der Hypothek erfolgt sonach
durch Einigung und Übergabe der Inhaberurkunde oder durch Einigung in Form des
Indossaments auf dem Orderpapier und dessen Übergabe. Daneben gilt bei Wertpapieren auch die Abtretung der Forderung in schuldrechtlichen Formen als zulässig; das Eigentum am Brief folge dann der Forderung (STAUDINGER/MARBURGER [2009]
Vorbem 7 zu §§ 793 ff mwNw). Ist dem so, so muss diese Übertragungsform wohl oder
übel auch für Wertpapierforderungen zulässig sein, für die eine Wertpapierhypothek
bestellt ist; eine Analogie zur Abtretung der gewöhnlichen Hypothekenforderung
durch schriftliche Abtretungserklärung und Briefübergabe nach § 1154 Abs 1, 2
scheint nicht möglich.

Bei *Inhaberpapieren* findet eine Eintragung der Übertragung ins Grundbuch nicht **20**
statt; der Übergang der Forderung vollzieht sich außerhalb des Grundbuchs. Bei
einem Inhaberpapier ist die Eintragung der Abtretung unzulässig (ZEISER Rpfleger
2006, 577); da schon der ursprüngliche Eintragungsvermerk ganz allgemein auf den
Inhaber des Papiers lautet (s oben Rn 12), kann auch ein Gläubigerwechsel nicht im
Grundbuch vermerkt werden. Dagegen ist bei einer Hypothek für ein *Orderpapier*
die Eintragung des neuen Gläubigers im Wege der Grundbuchberichtigung zulässig
(PLANCK/STRECKER Anm 3c α); das Recht kann auch schon bei der Bestellung auf den
Namen des zu diesem Zeitpunkt Berechtigten eingetragen werden, diese Eintragung
ist daher auch bei Gläubigerwechsel einer Berichtigung zugänglich. Wegen des
Nachweises der Verfügungsbefugnis gegenüber dem Grundbuchamt s oben Rn 16.

5. Erlöschen

21 S oben Rn 15 und § 1195 Rn 17 f.

III. Rechtsverhältnis zwischen dem Gläubiger und dem Eigentümer

1. Einwendungen gegen die Forderung

22 Das Rechtsverhältnis zwischen dem Gläubiger und dem Eigentümer bemisst sich nach den für die Forderung aus dem Wertpapier geltenden wertpapierrechtlichen Bestimmungen. Gegen die Forderung aus einem Inhaberpapier können daher nur solche Einwendungen geltend gemacht werden, die die Gültigkeit der Ausstellung betreffen (Mangel der Geschäftsunfähigkeit des Ausstellers) oder sich aus der Urkunde ergeben oder dem Aussteller unmittelbar gegen den Inhaber zustehen (§§ 793 ff). Entsprechendes gilt bei Orderpapieren (§ 364 Abs 2 HGB; Art 17 WG).

23 Da es sich bei der Wertpapierhypothek um eine Sicherungshypothck handelt, gilt § 1185 Abs 2, also § 1138 nicht bezüglich der Forderung (PLANCK/STRECKER Anm 4b; BGB-RGRK/THUMM[12] Rn 7). Dem gutgläubigen Erwerber der Forderung kommt jedoch der Schutz der wertpapierrechtlichen Bestimmungen, die seine Rechtsstellung weitgehend der des Gläubigers einer Verkehrshypothek annähern, zugute.

2. Einwendungen gegen den dinglichen Bestand der Hypothek

24 Zulässig sind auch Einwendungen gegen den dinglichen Bestand der Hypothek. Der Eigentümer kann das Bestehen der Hypothek gegenüber dem Erwerber des Wertpapiers bestreiten. Der gutgläubige Erwerber ist jedoch in seinem dinglichen Recht geschützt, soweit § 892 eingreift. Eine Hypothek kommt zB zustande, wenn der als Eigentümer eingetragene Nichteigentümer sie bewilligt und das Papier an einen gutgläubigen Erwerber gelangt. Eine Hypothek entsteht jedoch nicht, wenn der Eigentümer geschäftsunfähig war. In diesem Fall würde aber der weitere gutgläubige Erwerber eine Hypothek erlangen, vorausgesetzt die gesicherte Wertpapierforderung ist gültig begründet. Wenn also zB der persönliche Schuldner einen Wechsel gültig ausgestellt hat und der von ihm verschiedene Eigentümer des Grundstücks zur Zeit der Hypothekenbestellung geisteskrank war, sodann aber der Inhaber das Papier mit der Hypothek an einen gutgläubigen Dritten weitergibt, erwirbt dieser das Forderungsrecht aus dem Wertpapier und die Hypothek (PLANCK/STRECKER Anm 4b α; WOLFF/RAISER § 152 Fn 9; WESTERMANN/EICKMANN[7] § 111 II 1; WERNEBURG ZBlFG 20, 305; vgl auch HACHENBURG Vortr 605).

25 Der Eigentümer kann dem Erwerber der Hypothek gegenüber auch **Einreden** aus einem zwischen ihm und einem früheren Gläubiger bestehenden Rechtsverhältnis **nach § 1157** gegen den Bestand der Hypothek geltend machen, wenn sie dem Erwerber zur Zeit des Erwerbs iSd § 892 bekannt sind (PLANCK/STRECKER Anm 4b β; WESTERMANN/EICKMANN[7] § 111 III 1; HECK § 99, 4). Solche Einreden können aber nicht zum Ausschluss des gutgläubig-einredefreien Erwerbs in das Grundbuch eingetragen werden; dies folgt daraus, dass eine Wertpapierhypothek auch anfänglich nicht in dem Sinne akzessorisch begründet werden kann, dass sie von dem der Begebung des Wertpapiers zugrundeliegenden Schuldverhältnis abhängig gemacht wird. Insofern gilt für die besonders abstrakte Wertpapierhypothek dasselbe wie für Grundschulden (§ 1157 Rn 21 ff; HACHENBURG Vortr 605, der mit Recht diesen Einreden die Wirkung gegenüber dem dritten Inhaber der Urkunde versagt). Anders ist es mit Einreden, die sich bereits aus dem Papier ergeben (anders STAUDINGER/SCHERÜBL[12] Rn 25 unter Berufung auf Prot III 672). Letztere wirken in entsprechender Anwendung des § 1140 absolut (PALANDT/BASSENGE[68] Rn 5; ERMAN/WENZEL[12] Rn 4; HECK § 99, 4).

26 Ist ein **Grundbuchvertreter** bestellt (§ 1189), muss jeder Erwerber der Hypothek auch dessen Verfügungen über die Hypothek anerkennen (Prot III 673). Dadurch wird zugleich der Grundsatz, dass das Recht aus der Hypothek sich nach der Forderung bestimmt (§ 1184), durchbrochen, denn es ist insoweit der grundbuchmäßige Inhalt der Hypothek maßgebend (HACHENBURG Beitr 178).

IV. Gesetzlicher Löschungsanspruch (S 4)

27 Gegenüber einer Wertpapierhypothek gibt es keinen gesetzlichen Löschungsanspruch für gleich- und nachrangige Grundpfandrechtsgläubiger nach §§ 1179a, 1179b (dazu § 1179a Rn 1), wohl aber umgekehrt **für den Gläubiger** eines solchen Rechts gegenüber gleich- und vorrangigen Grundpfandrechten (§ 1179a Rn 72). Ein Löschungsanspruch gegen die Wertpapierhypothek kann auch nicht durch Rechtsgeschäft begründet werden (§ 1179 Rn 33). Zur Löschungsvormerkung bei Wertpapierhypotheken nach früherem Recht s STAUDINGER/SCHERÜBL[10/11] Rn 4; BGB-RGRK/THUMM[12] Rn 9.

V. Grund- und Rentenschulden

28 Nach Funktion und Inhalt steht die Inhabergrundschuld gemäß § 1195, die auch in Form der Inhaberrentenschuld zulässig ist, der Wertpapierhypothek gleich.

§ 1188
Sondervorschrift für Schuldverschreibungen auf den Inhaber

(1) Zur Bestellung einer Hypothek für die Forderung aus einer Schuldverschreibung auf den Inhaber genügt die Erklärung des Eigentümers gegenüber dem Grundbuchamt, dass er die Hypothek bestelle, und die Eintragung in das Grundbuch; die Vorschrift des § 878 findet Anwendung.

(2) Die Ausschließung des Gläubigers mit seinem Recht nach § 1170 ist nur zulässig, wenn die im § 801 bezeichnete Vorlegungsfrist verstrichen ist. Ist innerhalb der Frist die Schuldverschreibung vorgelegt oder der Anspruch aus der Urkunde gerichtlich geltend gemacht worden, so kann die Ausschließung erst erfolgen, wenn die Verjährung eingetreten ist.

Materialien: E II § 1098 rev § 1173; III § 1171; Prot III 667, 672.

1 1. Die Hypothek für die Forderung aus einer Schuldverschreibung auf den Inhaber wird **wie eine Eigentümergrundschuld** (s Erl zu § 1196) bestellt, der sie in der Tat ähnelt.

2 2. **Die Ausschließung des Gläubigers** einer Wertpapierhypothek für eine Schuldverschreibung auf den Inhaber mit seinem Recht (§ 1170) ist nur zulässig, wenn die im § 801 bezeichnete Vorlegungsfrist verstrichen ist (Abs 2). Damit werden die hypothekenrechtlichen Bestimmungen über den Ausschluss des Gläubigers mit seinem Recht den Besonderheiten des Rechts der Schuldverschreibungen auf den Inhaber (§§ 793 ff) angepasst (BGHZ 179, 146 vom 12. 12. 2008 – V ZR 49/08 – Tn 34; s näher § 801 mit Erl). Wegen des Aufgebotsverfahrens vgl § 986 ZPO.

3 3. § 1188 gilt entsprechend für die Inhabergrundschuld nach § 1195 (§ 1195 Rn 1).

§ 1189
Bestellung eines Grundbuchvertreters

(1) Bei einer Hypothek der im § 1187 bezeichneten Art kann für den jeweiligen Gläubiger ein Vertreter mit der Befugnis bestellt werden, mit Wirkung für und gegen jeden späteren Gläubiger bestimmte Verfügungen über die Hypothek zu treffen und den Gläubiger bei der Geltendmachung der Hypothek zu vertreten. Zur Bestellung des Vertreters ist die Eintragung in das Grundbuch erforderlich.

(2) Ist der Eigentümer berechtigt, von dem Gläubiger eine Verfügung zu verlangen, zu welcher der Vertreter befugt ist, so kann er die Vornahme der Verfügung von dem Vertreter verlangen.

Materialien: E II § 1099 rev § 1174; III § 1172;
Prot III 674 ff; VI 259 f.

Schrifttum

ANSMANN, Kommentar zum Schuldverschreibungsgesetz (1933)

COING, Treuhand kraft privater Rechtsgeschäfte (1973)

GÖPPERT/TRENDELENBURG, Kommentar zum Schuldverschreibungsgesetz (2. Aufl 1915)

HAEGELE, Der Treuhänder im Grundstücksverkehr, JurBüro 1969, 395

HENGSTBERGER, Stellvertretung und Treuhand im BGB (1912)

HOPT, Änderungen von Anleihebedingungen – Schuldverschreibungsgesetz, § 796 BGB und AGBG in: FS Steindorff (1990) 341

KLERX, SchuldverschreibungsG von 1899 – ein Jahrhundertfund?, BB 2004, 791

MOOS, Vergleichsgläubigerhypothek (Diss Heidelberg 1965)

MÜLLER, Die Rechtsstellung des Treuhänders im Falle der §§ 1187–1189 BGB (Diss Erlangen 1910)

SIEBERT, Das rechtsgeschäftliche Treuhandverhältnis (1959; Nachdruck d 2. Aufl 1933)

VOGEL, Die Gemeinschaft der Anleihegläubiger und deren Vertretung nach dem Schuldverschreibungsgesetz (Diss Frankfurt/M 1977; http://www.jura.uni-frankfurt.de/baums/files/a0296.pdf)

ZEISER, Inhabergrund- und -rentenschulden sowie Inhaber- und Orderhypotheken, Rpfleger 2006, 577.

I. Allgemeines

§ 1189 ermöglicht bei der Wertpapierhypothek die Bestellung eines Vertreters für **1** den jeweiligen Gläubiger, eines sogenannten **Grundbuchvertreters**. Die Vertreterbestellung soll insbesondere dann, wenn eine Vielzahl von Gläubigern, wie zB bei Teilschuldverschreibungen auf den Inhaber, zu Schwierigkeiten in der Feststellung der Gläubiger und in der grundbuchmäßigen Legitimation der Gläubiger führen, die Geltendmachung der Hypothek durch die Gläubiger und der Rechte der Eigentümer gegenüber den Gläubigern ermöglichen und erleichtern. Der Grundbuchvertreter nimmt also Interessen der Gläubiger wahr; als Reflex kommt seine Funktion aber auch dem Eigentümer zugute, der einen einheitlichen Ansprechpartner gewinnt (aA WESTERMANN/EICKMANN[7] § 111 IV 1, wonach der Grundbuchvertreter die Interessen des Eigentümers wahrnehme; allein auch im Fall des Abs 2 handelt der Vertreter im Interesse der Gläubiger; differenzierter MünchKomm/EICKMANN[4] Rn 1, 2, 5; SOERGEL/KONZEN[13] Rn 4; s unten Rn 26).

§ 1189 wird durch das Gesetz betr die gemeinsamen Rechte der Besitzer von **2** Schuldverschreibungen v 4. 12. 1899 (RGBl 691) idF d Art 53 G v 5. 10. 1994 (BGBl I 2911) ergänzt (vgl EIDENMÜLLER ZZP 121 [2008], 273). Er ist von dem in diesem Gesetz (SchVerschrG) geregelten Gläubigervertreter (§§ 1, 14) und dem Vertragsvertreter (§ 16 Abs 1 2. Alt SchVerschrG) zu unterscheiden (vgl RGZ 117, 372); die Befugnisse des Grundbuchvertreters werden durch die Bestellung solcher Vertreter, deren Bestellung nicht in das Grundbuch einzutragen ist (OLG Dresden KGJ 43, 209), nicht berührt (PALANDT/BASSENGE[68] Rn 1; vgl auch RGZ 90, 211; NUSSBAUM, Hypothekenwesen 167). Neben dem Grundbuchvertreter des § 1189 stehen, ohne seine Befugnisse einzuschränken, auch der **Treuhänder** nach §§ 7 ff PfandBG, der Treuhänder nach §§ 70 ff VAG und die Treuhänder nach dem Londoner Schuldenabkommen (HAEGELE JurBüro 1969, 401); vgl auch §§ 270 ff InsO über die Bestellung eines Sachwalters.

Der **Grundbuchvertreter** wird für die Inhaber der Schuldverschreibungen oder **3** legitimierten Besitzer der Orderpapiere bestellt und eingetragen. Die Bestimmungen über den Grundbuchvertreter finden aber keine Anwendung, wenn der Eingetragene nach außen hin als Gläubiger und nur im Innenverhältnis als Treuhänder bestellt sein soll (KG JFG 11, 274).

Die Bestellung des Grundbuchvertreters ist bei jeder Wertpapierhypothek (§ 1187) **4** zulässig und zwar auch dann, wenn die Forderung nicht in Teilforderungen zerfällt; sie ist jedoch nicht zwingend vorgeschrieben (PLANCK/STRECKER Anm 3). § 1189 findet auch Anwendung, wenn die Hypothek in Form einer Höchstbetragshypothek bestellt ist (KGJ 30 A 184; § 1187 Rn 8). Auf nur *vorgemerkte* Gläubiger ist § 1189 nicht anwendbar (REICHEL JherJb 46, 142). Ist ein Grundbuchvertreter nicht bestellt, so hat der Gläubiger zur Übertragung oder Löschung der Hypothek die Papiere oder das Ausschlussurteil vorzulegen; sind Zinsscheine ausgegeben, so müssen auch diese vorgelegt werden, soweit nicht etwa Verjährung eingetreten ist.

II. Der Grundbuchvertreter

1. Rechtsstellung

5 Der Grundbuchvertreter ist ein **rechtsgeschäftlich bestellter Vertreter des jeweiligen Hypothekengläubigers** (RGZ 90, 211; RGZ 117, 372; RGZ 150, 290; BayObLGZ 20, 349 = OLGE 41, 12; Siebert 373 ff; Wolff/Raiser § 152 IV; BGB-RGRK/Thumm¹² Rn 1; Planck/ Strecker Anm 2 mwNw; MünchKomm/Eickmann⁴ Rn 2 mwNw zur **aM**). Der Grundbuchvertreter wird zum Vertreter der jeweiligen Gläubiger bestellt, um deren Rechte im Interesse aller Beteiligten auszuüben; er hat daher gemäß § 1189 Abs 1 S 1 eine im Außenverhältnis vom Willen der Parteien unabhängige Rechtsstellung (RG JFG 13, 283; Planck/Strecker), aber keine verdrängende Vollmacht (nachf Rn 23; widersprüchlich Staudinger/Scherübl¹² Rn 4 u 18). Aus dieser Unabhängigkeit ergibt sich neben der Position als Vertreter auch eine **Treuhandstellung** (Hachenburg Beitr 168 ff; Riezler AcP 98, 379; Krückmann AcP 108, 386; **aA** MünchKomm/Eickmann⁴ Rn 1, weil Treuhandschaft immer Rechtsinhaberschaft voraussetze [?]); das Entweder-Oder der klassischen Diskussion über die Rechtsstellung des Grundbuchvertreters ist in ein Sowohl-als-Auch aufzulösen. Die Vertretungsmacht nach außen ist Funktion der Vertreterstellung, die Verantwortung gegenüber den Gläubigern ist die eines Treuhänders.

2. Befugnisse

6 Die **Vertretungsmacht** des Grundbuchvertreters ist also, wie bei der gewöhnlichen Vertretung, zu unterscheiden vom Innenverhältnis, von der **Geschäftsführungsmacht** (Wolff/Raiser § 152 IV). Aus dem das Innenverhältnis regelnden Vertrag (§§ 662, 675) entstehen, vielfach stillschweigend, dem Zweck des Instituts gemäß (vgl RGZ 117, 373) Pflichten und Rechte, zB auf Vergütung (Wolff/Raiser 152 IV). Der Vertrag kann bereits zwischen Treuhänder und Eigentümer geschlossen werden, solange die Schuldverschreibung noch nicht begeben ist. Regelmäßig lasten die für die Vertretung aufgewendeten Kosten auf der Hypothek und treffen den Eigentümer nach § 1118. Mit Übertragung des Wertpapiers tritt der Erwerber kraft Gesetzes (das ist der Sinn der Grundbucheintragung) in das Vertragsverhältnis ein. Die Konstruktion eines Vertrags zugunsten Dritter (§ 328) befriedigt nicht, weil die Rechtsnachfolger auch die Verpflichtungen übernehmen müssen (für Vertrag zugunsten Dritter aber KGJ 45, 274; BGB-RGRK/Thumm¹² Rn 5).

III. Bestellung

1. Anforderungen an die Person des Grundbuchvertreters

7 Zur Person des Grundbuchvertreters enthält das Gesetz keine besonderen Vorschriften. Grundsätzlich kann vorbehaltlich nachf Rn 8 jede natürliche und juristische Person zum Vertreter bestellt werden, auch eine Mehrheit von Personen und auch eine offene Handelsgesellschaft (Planck/Strecker Anm 4), nicht aber der jeweilige Inhaber eines Bankhauses (**aA** RG BankArch 19, 47; Staudinger/Scherübl¹² Rn 6). Die Eintragung einer Bank als Treuhänder soll im Zweifel bedeuten, dass sie Gläubigerin und nicht Vertreter nach § 1189 sein soll (KG HRR 1930 Nr 1949; vgl auch KG JFG 11, 275; Wolff/Raiser § 152 Fn 12); Grundbucheintragungen sollten aber keine Zweifel solcher Art offenlassen.

Die Tätigkeit des Grundbuchvertreters ist **Rechtsdienstleistung iSd § 2 Abs 1 RDG**; **8** da in aller Regel keine Ausnahmebestimmung eingreift und die §§ 10 ff RDG keine Registrierung vorsehen, ist die Tätigkeit letztlich Rechtsanwälten und anderen Mitgliedern von Rechtsanwaltskammern vorbehalten.

Nicht zum Grundbuchvertreter kann der **Eigentümer** bestellt werden. Gegen die **9** Bestellung eines Vertreters, der auch zu den Gläubigern gehört (das ist bei Inhaberpapieren ohnehin nicht feststellbar) bestehen aber keine Bedenken (**aA** STAUDINGER/ SCHERÜBL[12] Rn 6). Die §§ 1780, 1915, 2201 sind auf die Bestellung des Vertreters nicht anzuwenden, es finden nur die allgemeinen Regeln der §§ 164 ff hinsichtlich der Tauglichkeit Anwendung (PLANCK/STRECKER Anm 4).

2. Die Bestellung als Inhalt der Hypothek

Die Bestellung des Gläubigervertreters gehört zum Inhalt der Hypothek (hM; RGZ **10** 90, 217; RG LZ 1925, 1071; KGJ 45, 275; KGJ 51, 304, 308; PLANCK/STRECKER Anm 2, 5 mwNw; WESTERMANN/EICKMANN[7] § 111 IV 2; BGB-RGRK/THUMM Rn 8; **aM** WOLFF/RAISER § 152 Fn 16; MünchKomm/EICKMANN[4] Rn 11); nachträgliche Bestellung des Grundbuchvertreters und die Änderung seiner Vertretungsmacht sind Inhaltsänderung der Hypothek iSd § 877 (KGJ 30 A 284; 45, 275), die in jedem Fall sowohl der Zustimmung des Gläubigers als auch der Zustimmung des Eigentümers bedürfen (RGZ 90, 217; RG LZ 1925, 1071; KGJ 45, 275; KGJ 51, 304, 308; PLANCK/STRECKER Anm 5b). Bei Teilschuldverschreibungen mit einer großen Gläubigerzahl ist eine nachträgliche Bestellung – anders als beim gemeinsamen Vertreter nach § 1 Abs 2 SchVerschrG – praktisch unmöglich; nach § 16 Abs 3 SchVerschrG kann ein neuer Grundbuchvertreter nur bestellt werden, wenn es vorher schon einen (weggefallenen) Grundbuchvertreter gegeben hat, nicht aber originär.

3. Eintragung

Die Bestellung des Grundbuchvertreters bedarf der **Eintragung**, § 1189 Abs 1 S 2 **11** (Einzelheiten zum Grundbuchverfahren MEIKEL/BÖHRINGER[10] § 50 Rn 26 mwNw). Die Eintragung ist rechtsbegründend, erst mit ihr beginnt die Vertretungsmacht des Grundbuchvertreters (PLANCK/STRECKER Anm 6d). Zur Eintragung des Grundbuchvertreters genügt auch bei Wertpapierhypotheken für Forderungen aus Orderpapieren die Bewilligung des Eigentümers, wenn sie zusammen mit der Eintragung der Hypothek beantragt wird.

Einzutragen sind der Name des Grundbuchvertreters und welche „**bestimmten 12 Verfügungen**" er treffen kann. Dabei kann die nähere Angabe seiner Vertretungsbefugnis durch Bezugnahme auf die Eintragungsbewilligung ersetzt werden; dagegen müssen die Bestellung als Grundbuchvertreter und der Name im Grundbuch selbst eingetragen werden (RGZ 113, 231; BGB-RGRK/THUMM[12] Rn 9; PLANCK/STRECKER Anm 5c).

Die Eintragung nimmt an dem öffentlichen Glauben des Grundbuchs teil (RG LZ **13** 1925, 1070; KGJ 51, 307; PLANCK/STRECKER Anm 5d; RAMDOHR Gruchot 44, 348). Sie begründet die Vermutung, dass ihm die für ihn eingetragene Rechtsstellung zusteht (KGJ 51, 307; RG LZ 1925, 1070; s auch WOLFF/RAISER § 152 Fn 17).

IV. Erlöschen der Vertretungsmacht

14 Die Vertretungsmacht des Grundbuchvertreters erlischt durch den **Tod** oder den Eintritt der **Geschäftsunfähigkeit** des Vertreters, wenn dieser eine natürliche Person ist; im übrigen durch den Wegfall der zum Vertreter bestellten juristischen Person oder Personenvereinigung (Planck/Strecker Anm 6b α, β). Bei Verschmelzung zweier Gesellschaften geht die Vertretungsmacht idR auf die aufnehmende Gesellschaft über (RGZ 150; 290; KGJ 45, 282; Planck/Strecker Anm 6b β; aM OLG Dresden OLGE 34, 217). Der Grundbuchvertreter kann auch die Vertretung freiwillig niederlegen, wobei er freilich idR schuldrechtlich verpflichtet ist, sie bis zur Bestellung eines neuen Vertreters fortzuführen. Die Eröffnung des Insolvenzverfahrens über das Vermögen eines Grundbuchvertreters führt nicht das Erlöschen der Vertretungsmacht herbei (Planck/Strecker Anm 6b β).

15 Die Vertretungsmacht des Grundbuchvertreters erlischt ferner mit dem Ende des zugrundeliegenden Rechtsverhältnisses (§§ 168, 673, 675). Auch eine **Abberufung** ist zulässig, sie bedarf, abgesehen von dem besonderen Verfahren nach § 16 SchVerschrG, der Einigung zwischen Eigentümer und Gläubiger (s oben Rn 10).

16 Die **Eintragung** des Erlöschens der Vertretungsmacht im Grundbuch ist nicht Voraussetzung des Erlöschens (Planck/Strecker Anm 6b; aM BGB-RGRK/Thumm[12] Rn 11 für die vereinbarte Abberufung); wohl wirkt aber solange der Schutz des öffentlichen Glaubens des Grundbuchs. Die Eintragung ist nur Berichtigung (Westermann/Eickmann[7] § 111 IV 2).

17 **Ergänzende Bestimmungen** über die Abberufung des Vertreters aus wichtigem Grund und Bestellung eines neuen Vertreters enthält § 16 SchVerschrG. Ist die Mitwirkung der Gläubiger erforderlich, um an Stelle eines weggefallenen Grundbuchvertreters einen neuen Vertreter zu bestellen, so kann eine Gläubigerversammlung mit verbindlicher Kraft für alle Gläubiger über die Bestellung beschließen. Der Beschluß bedarf einer Mehrheit von mindestens drei Vierteilen der abgegebenen Stimmen, soweit nicht in anderer Weise verbindliche Festsetzungen getroffen sind (§ 16 Abs 3 SchVerschrG). Auf Antrag von Gläubigern, deren Schuldverschreibungen zusammen den fünften Teil des Gesamtbetrags der im Umlauf befindlichen Schuldverschreibungen erreichen, kann das **Gericht** den Grundbuchvertreter abberufen, wenn ein wichtiger Grund vorliegt; unter den gleichen Voraussetzungen kann das Gericht an Stelle eines weggefallenen Grundbuchvertreters einen neuen Vertreter bestellen (§ 16 Abs 3 S 1 und 2 SchVerschrG). Die Zuständigkeit des Gerichts bestimmt sich nach § 4 SchVerschrG.

18 Auf die **Eintragung des Wegfalls** eines Grundbuchvertreters sowie auf die Eintragung eines neuen Vertreters an Stelle des weggefallenen findet § 43 Abs 1 GBO keine Anwendung; es bedarf daher nicht der Vorlegung der Teilschuldverschreibungen. Auch kann das Gericht das Grundbuchamt um Eintragung ersuchen, wenn es den Grundbuchvertreter bestellt oder abberuft (§ 16 Abs 5 SchVerschrG).

19 Einem Grundbuchvertreter kann bei der Bestellung auch die Befugnis verliehen werden, sich selbst einen Nachfolger zu bestimmen (KGJ 51, 304; KGJ 45, 275).

V.   Befugnisse des Grundbuchvertreters im Einzelnen

Der Grundbuchvertreter kann mit der Befugnis bestellt werden, mit Wirkung für **20** und gegen jeden späteren Gläubiger bestimmte **Verfügungen** über die Hypothek zu treffen und den Gläubiger bei der Geltendmachung der Hypothek zu **vertreten**. Damit überschneiden sich in gewissem Umfang seine Befugnisse mit denen des „gemeinsamen Vertreters" nach § 1 Abs 2 SchVerschrG. In weitem Umfang sind die Funktionen austauschbar.

1.   Verfügungsbefugnis

Der Umfang der Verfügungsbefugnis ist nicht gesetzlich bestimmt, er bedarf daher **21** der näheren Bezeichnung im Einzelfall. Die Verfügungen, zu deren Vornahme der Vertreter befugt sein soll, sind daher bei der Bestellung näher zu bestimmen. Die Bestimmung bedarf der Eintragung ins Grundbuch, Bezugnahme auf die Eintragungsbewilligung genügt (Planck/Strecker Anm 7a). Zulässig ist auch, den Vertreter zu allen Verfügungen über die Hypothek zu ermächtigen. Als Verfügungen über die Hypothek kommen insbesondere in Betracht das Recht zur Inhalts und Rangänderung, zu Löschungen, Entlassungen von Grundstücken aus der Mithaft, Kündigungen und deren Entgegennahme. Für Eintragungen ins Grundbuch bedarf es nicht der Vorlage des Wertpapiers (§ 43 Abs 2 GBO). Zu bestimmten Verfügungen, zB Entgegennahme von Zahlungen, bedarf der Vertreter jedoch des Besitzes des Wertpapiers, da dieses dem Erwerber oder Zahlenden auszuhändigen ist (§ 1187). Verfügungen über die einzelnen (Teil-)Schuldverschreibungen gehören iÜ nicht zu den Befugnissen des Grundbuchvertreters.

2.   Vertretungsbefugnis bei der Geltendmachung der Hypothek

Die Befugnis, den Gläubiger bei der Geltendmachung der Hypothek zu vertreten, ist **22** dem Vertreter unmittelbar und unbeschränkt durch das Gesetz übertragen; sie bedarf daher keiner näheren Bestimmung durch Eintragung ins Grundbuch (Planck/Strecker Anm 7b). Unter Geltendmachung der Hypothek ist jede außergerichtliche und gerichtliche Geltendmachung des dinglichen Rechts gegen den Eigentümer oder Dritte zu verstehen. Nicht eingeschlossen ist die Vertretungsbefugnis gegenüber einer Klage des Eigentümers oder eines gleich oder nachrangigen Grundpfandrechtsgläubigers auf Anerkennung des Nichtbestehens der Hypothek oder auf Löschung, da sie eine Verfügungsbefugnis des Vertreters über die Hypothek voraussetzt (Planck/Strecker Anm 7b).

Bei der gerichtlichen Geltendmachung des Rechts hat der Grundbuchvertreter die **23** Stellung eines gesetzlichen Vertreters iSd § 53 ZPO (Planck/Strecker Anm 7b mwNw; Wolff/Raiser § 152 Fn 12; MünchKomm/Eickmann[4] Rn 3; BGB-RGRK/Thumm[12] Rn 1). Die Legitimation im Prozeß kann sich der Vertreter durch eine Abschrift des Eintragungsvermerks verschaffen. Das Urteil wirkt für und gegen sämtliche vertretenen Gläubiger, die auch die Kosten im Fall des Unterliegens treffen. Durch die Bestellung des Grundbuchvertreters verliert der Gläubiger nicht seine Befugnis, sein Hypothekenrecht selbst auszuüben (KGJ 45, 279; Erman/Wenzel[12] Rn 1); diese Befugnis des Gläubigers kann auch nicht ausgeschlossen werden (**aA** Planck/Strecker Anm 2;

STAUDINGER/SCHERÜBL[12] Rn 18, denen zufolge aber der Ausschluss nicht gegen Dritte wirkt und nicht eintragungsfähig ist).

24 Die Befugnis des Grundbuchvertreters kann sich nur auf die Geltendmachung des **dinglichen Rechts**, nicht des persönlichen Anspruchs erstrecken (RGZ 90, 213; BGB-RGRK/THUMM[12] Rn 2; PLANCK/STRECKER Anm 7; WOLFF/RAISER § 152 IV). Insofern ist seine Stellung deutlich schwächer als die des „gemeinsamen Vertreters" nach § 1 Abs 2 SchVerschrG, so dass es nicht fernliegt, beide Funktionen in einer Person zu vereinigen.

VI. Pflichten des Grundbuchvertreters

1. Allgemein

25 Die Pflichten des Grundbuchvertreters ergeben sich aus seiner Stellung (auch) als Treuhänder (oben Rn 5). Danach hat der Grundbuchvertreter dafür zu sorgen, dass den *Gläubigern* die bestellte Pfandsicherung erhalten bleibt. Der Grundbuchvertreter ist zur gewissenhaften Ausführung der von ihm übernommenen Vertretung verpflichtet, ferner den Beteiligten Rechenschaft schuldig und wegen Verletzung seiner Pflichten haftbar. Dem *Eigentümer* ist der Grundbuchvertreter nur nach Abs 2 verpflichtet (s nachf Rn 26; **aA** WESTERMANN/EICKMANN[7] § 111 IV 1, wonach der Grundbuchvertreter die Interessen des Eigentümers wahrnehme; s oben Rn 1).

2. Anspruch des Eigentümers auf Verfügung (Abs 2)

26 Abs 2 macht den Grundbuchvertreter nicht zum Interessenvertreter des Eigentümers (die in STAUDINGER/WOLFSTEINER [2002] Rn 24 vertretene andere Gewichtung gebe ich auf). Sie entzieht ihm lediglich die sonst einem Vertreter zustehende Befugnis, den (jeweiligen, Prot III 676) Eigentümer als Anspruchsteller auf den Geschäftsherrn, den Gläubiger persönlich, zu verweisen (vgl zu **abweichenden** Auffassungen oben Rn 1). Wenn das Gesetz den Grundbuchvertreter dem Eigentümer gegenüber verpflichtet, eine Verfügung, die in den Rahmen seiner Befugnisse fällt, vorzunehmen, wenn der Eigentümer die Vornahme der Verfügung von den Gläubigern verlangen kann, so bedeutet das nicht mehr als das. Der Grundbuchvertreter hat daher in Zweifelsfällen möglicherweise unbegründete Ansprüche des Eigentümers abzuwehren. Zum Schadensersatz ist er dem Eigentümer nur in dem Umfang verpflichtet, in dem sich auch der Gläubiger selbst wegen unberechtigter Abwehr von Eigentümeransprüchen schadensersatzpflichtig machen würde.

VII. Wechsel der Person des Gläubigers

27 Die Vertretungsmacht des Grundbuchvertreters ist unabhängig vom Wechsel der Person des Gläubigers. Verfügungen, die der Grundbuchvertreter im Rahmen seiner Befugnisse getroffen hat, muß auch der nachfolgende Gläubiger für seine Person gelten lassen.

VIII. Anwendungsbereich

28 Die Vorschrift findet nach § 1195 auf die *Inhabergrundschuld* Anwendung.

§ 1190
Höchstbetragshypothek

(1) Eine Hypothek kann in der Weise bestellt werden, dass nur der Höchstbetrag, bis zu dem das Grundstück haften soll, bestimmt, im Übrigen die Feststellung der Forderung vorbehalten wird. Der Höchstbetrag muss in das Grundbuch eingetragen werden.

(2) Ist die Forderung verzinslich, so werden die Zinsen in den Höchstbetrag eingerechnet.

(3) Die Hypothek gilt als Sicherungshypothek, auch wenn sie im Grundbuch nicht als solche bezeichnet ist.

(4) Die Forderung kann nach den für die Übertragung von Forderungen geltenden allgemeinen Vorschriften übertragen werden. Wird sie nach diesen Vorschriften übertragen, so ist der Übergang der Hypothek ausgeschlossen.

Materialien: E I § 1129; II § 1096 rev § 1175; III § 1173; Mot III 767 ff; Prot III 688 ff; VI 259.

Schrifttum

ANGSTENBERGER, Löschung von Höchstbetragshypotheken, DRW Ausg B 1941, 70
BABROWSKI, Die Forderungsauswechslung zugunsten eines anderen Gläubigers bei der Höchsthypothek (Diss Erlangen 1933)
BECK, Die Maximaleigentümerhypothek des BGB, eine Studie aus dem Gebiete der Eigentümerhypothek (1920)
BOOS, Hypotheken für Forderungen in unbestimmter Höhe (Diss Erlangen 1933)
BRÜNE, Die nichtvalutierte Höchstbetragshypothek unter besonderer Berücksichtigung des Eigentümer und Gläubigerwechsels (Diss Erlangen 1949)
CAMMERER, Das Schicksal der Höchstbetragshypothek für Forderungen gegen mehrere Schuldner, BayNotV 1930, 74
HEINRICHS, Das in der Höchsthypothek enthaltene Recht des Eigentümers als Zugriffsrecht für die Gläubiger, unter Berücksichtigung der Zwangsversteigerung (Diss Erlangen 1933)
HIEBER, Abtretung und Forderungsauswechslung bei der nicht valutierten Höchstbetragshypothek, BayNotV 1931, 187

HORNUNG, Vollstreckungsunterwerfung und Höchstbetragshypothek, NJW 1991, 1649
HUTH, Die Umwandlung der Höchsthypothek, DNotV 1931, 130
KALPERS, Die Pfändung der nicht valutierten Eigentümerposten, unter besonderer Berücksichtigung der nichtvalutierten Höchstbetragshypothek (Diss Erlangen 1934)
KASPER, Die nichtvalutierte Höchstbetragshypothek des BGB (Diss Freiburg 1934)
KLEIN, Die Höchstbetragshypothek (Diss Erlangen 1948)
KORFF, Die Rechtsnatur der erlöschenden Hypothek nach dem Zuschlag in der Zwangsversteigerung, unter besonderer Berücksichtigung der Höchstbetragshypothek (Diss Freiburg 1934)
KRIENER, Forderungsauswechslung bei Höchstbetragshypotheken, BayZ 1934, 204
LANGNER, Zur Frage der Übertragung der Kautionshypotheken, DNotZ 1935, 23
METZGER, Die Teilbetragshypothek unter besonderer Berücksichtigung der Höchstbetragshypothek, ein Beitrag zur Lehre von der Be-

stellung mehrerer Hypotheken für eine Forderung oder einen Forderungskreis (1933)
MÜHLDORFER, 50 Jahre Höchstbetragshypothek
(Diss München 1953)
MÜNCH, Zur Zulässigkeit einer dinglichen Unterwerfung unter die sofortige Zwangsvollstreckung bei einer Höchstbetragshypothek, DNotZ
1990, 596
SCHMIDT, Höchstbetragshypothek und Eigentümerpfandrecht (Diss Marburg 1927)
SCHÜTZ, Höchstbetragshypothek und Grundschuld, BankArch 1942, 280

SEELEMANN, Die Eigentümerhypothek bei der
Höchstbetragshypothek (Diss Leipzig 1936)
SIEVERS, Zur Forderungsfeststellung bei einer
wegen einer Fremdwährungsforderung einge-
tragenen Höchstbetragshypothek, Rpfleger
1988, 499
VOIGT, Die Höchstbetragshypothek unter be-
sonderer Berücksichtigung ihres nichtvalutier-
ten Teils (Diss Erlangen 1935)
WEINGARTNER, Die Höchstbetragshypothek im
Bankverkehr (Diss Heidelberg 1938)
WÖHLER, Die Höchstbetragshypothek des BGB
(Diss Heidelberg 1904).

Systematische Übersicht

Alphabetische Übersicht

Hans Wolfsteiner

I. Allgemeines

1. Dogmatische Grundlagen

1 Der **Name „Höchstbetragshypothek" ist irreführend** (vgl Vorbem 17 zu §§ 1113 ff); er hat Rechtsprechung und Literatur zu mannigfaltigen Irrtümern veranlasst. Nicht dass sie einen Höchstbetrag sichert, ist für die Höchstbetragshypothek charakteristisch, mögen auch schon die Motive (MUGDAN III, 346; dazu WILHELM[3] Rn 1428) von der „Feststellung des Betrags der Forderung" sprechen. Alle Hypotheken sichern einen Höchstbetrag (Einl 122 zu §§ 1113 ff; BGB-RGRK/MATTERN[12] § 1115 Rn 15), der immer (als Hypothekenkapital) in das Grundbuch einzutragen ist (falsch daher LG Saarbrücken Rpfleger 2003, 416); bei allen Hypotheken kann die gesicherte Forderung hinter dem eingetragenen Forderungsbetrag zurückbleiben, was kraft der Akzessorietät der Hypothek dazu führt, dass sie dann nur in Höhe der Forderung Fremdhypothek sein kann (BÜHLING DNotZ 1953, 458, 469). Soweit der Höchstbetrag nicht erreicht ist, ist die Hypothek bei allen Hypothekenarten, bei der Höchstbetragshypothek nicht anders als sonst, Eigentümergrundpfandrecht (Einl 122 zu §§ 1113 ff).

Essentiell für die Höchstbetragshypothek ist vielmehr, dass „die **Feststellung der For-** **2** **derung vorbehalten** wird". Während alle anderen Hypotheken nur einen einzigen, individuellen schuldrechtlichen Anspruch sichern können und zu ihm akzessorisch sein müssen, ist bei der Höchstbetragshypothek der schuldrechtliche Anspruch, zu dem sie akzessorisch sein wird, erst späterer Bestimmung vorbehalten. Die Höchstbetragshypothek begründet eine Art dinglicher Wahlschuld (RGZ 126, 272 entgegen seiner ursprünglichen Rechtsprechung RGZ 75, 247 vom 4. 12. 1929 – V B 21/29 –, die in der Tat dahin verstanden werden konnte, nur die spätere Feststellung der Forderungshöhe sei zulässig; immer noch kritisch BGB-RGRK/MATTERN[12] Rn 39). Nur eine Hypothek, aber auch jede Hypothek, bei der die Feststellung der Forderung vorbehalten ist, ist Höchstbetragshypothek. Soll zufolge der Einigung nur eine einzige bereits individualisierte Forderung gesichert sein, so handelt es sich auch dann nicht um eine Höchstbetragshypothek, wenn die Forderungshöhe noch unbekannt ist. Besser würde die Höchstbetragshypothek daher – nachdem der eigentlich passende Begriff „Gesamthypothek" schon anderweitig belegt ist – **Vorbehaltshypothek, Wandelhypothek** oder **Globalhypothek** heißen. Die Einigung über die Bestellung einer Höchstbetragshypothek hat zu regeln, wie und wann die Forderung letztlich zu bestimmen, zu individualisieren ist; vgl zur Frage, was gilt, wenn der Einigung eine ausdrückliche Regelung dieses Inhalts fehlt, unten Rn 26.

In der Praxis wird in erster Linie die Fähigkeit der Höchstbetragshypothek genutzt, **3** einen **Forderungskreis** zu sichern, dessen Einzelforderungen bei Bestellung der Hypothek **weder bestimmt noch bestimmbar** sein und auch nicht schon in den Status der künftigen Forderung erwachsen sein müssen. Demgemäß kann die Bestimmung je nach Einigung aufgeschoben, nachgeholt und auch wieder geändert werden und zwar bis zur letzten Lebenssekunde der Höchstbetragshypothek (nachf Rn 26). Es ist typisch, dass die Summe der innerhalb des Forderungskreises gesicherten Einzelforderungen nicht etwa nur einen Teilbetrag der Hypothekensumme erreichen, sondern im Gegenteil höher sein kann, ja während der Gesamtlebenszeit der Hypothek, aber durchaus auch zu einem beliebigen Stichtag, oft ein Vielfaches des Hypothekenbetrags ausmacht. Charakteristisch ist weiter, dass die Höchstbetragshypothek innerhalb des Forderungskreises *wechselnde Forderungen* sichern kann, ohne dass es einzelner Forderungsauswechslungen bedarf. Dies ist in Rechtsordnungen, die keine Grundschulden kennen, von besonderer Bedeutung (vgl Einl 11 zu §§ 1113 ff).

2. Praktische Bedeutung

4 Die Höchstbetragshypothek des BGB wurde in Fortführung von vor Einführung des BGB üblichen Formen der Kreditsicherung durch Grundpfandrechte im Geschäftsleben hauptsächlich dort verwendet, wo **Kredite** in **wechselnder Höhe** wie von Banken gegenüber ihren Kontokorrentkunden, von Brauereien gegenüber den von ihnen belieferten Gastwirten, von Fabrikanten gegenüber ihren Kunden bei langfristigen Geschäftsverbindungen durch eine Hypothek gesichert werden sollten (daher auch „Kautionshypothek" genannt). Die Verkehrshypothek und die gewöhnliche Sicherungshypothek waren hierzu weniger geeignet, weil jeweils mit dem Erlöschen der Forderung eine Eigentümergrundschuld entsteht (§ 1163 Abs 1 S 2) und die Sicherung einer weiteren Forderung nur im Wege der Rück-Umwandlung der Eigentümergrundschuld in eine Hypothek (§ 1198) erreicht werden kann.

5 Die Kreditsicherung durch eine Höchstbetragshypothek weist jedoch für den **Gläubiger Nachteile** auf. Durch die Einbeziehung der Zinsen in den Höchstbetrag ist nicht gewährleistet, dass die Kreditzinsen in jedem Fall in gleicher Weise wie bei der Verkehrshypothek oder der gewöhnlichen Sicherungshypothek dinglich gesichert sind. Außerdem trägt der Gläubiger die Beweislast für das Bestehen der Forderung. Im Geschäftsverkehr wurden daher andere Möglichkeiten der Sicherung solcher Kredite durch Grundpfandrechte üblich. Schon in den ersten Jahren der Einführung des BGB bediente man sich Formen der sogenannten **verdeckten Höchstbetragshypothek** (§ 1113 Rn 19). Inzwischen hat im gewerblichen Kreditverkehr die Grundschuld die offene Höchstbetragshypothek weitgehend und die verdeckte Höchstbetragshypothek völlig verdrängt (SCHÜTZ WM 1968, 818; SERICK § 28 I 3; BAUR/STÜRNER § 42 III 1 b; SOERGEL/KONZEN[13] Rn 4; MünchKomm/EICKMANN[4] Rn 2).

6 Die Höchstbetragshypothek ist aber unverändert ein bestens brauchbares Instrument zur Gestaltung **individueller Rechtsverhältnisse** (vgl zB KERSTEN/BÜHLING/WOLF-STEINER[22] § 71 Rn 8 ff). Sie bietet sich überall dort anstelle einer Sicherungsgrundschuld an, wo das mit der Grundschuld verbundene Missbrauchsrisiko nicht tragbar erscheint.

7 Wie zu allen Hypotheken gehört selbstverständlich auch zur Höchstbetragshypothek ein Begebungs- oder **Sicherungsvertrag** (Vorbem 36 ff zu §§ 1113 ff). Im Gegensatz zur Verkehrshypothek hat er bei der Höchstbetragshypothek besondere Bedeutung, weil er der möglichen Vielzahl gesicherter Forderungen wegen nur selten in dem Geschäft versteckt ist, das die zu sichernden Forderungen begründet. Vor allem dann, wenn eine Höchstbetragshypothek allein oder auch der Sicherung fremder Verbindlichkeiten dient, treten – wenn auch zT in dinglichem Gewande – dieselben Probleme auf wie bei der Sicherungsgrundschuld (Vorbem 28 ff zu §§ 1191 ff); aus dem Institut der Höchstbetragshypothek kann daher nicht das Mindeste zur Zulässigkeit der „weiten" Zweckerklärung bei der Grundschuld hergeleitet werden (so aber VOLMER WM 1998, 914).

II. Die Höchstbetragshypothek

1. Eine besondere Art der Sicherungshypothek

Die Höchstbetragshypothek ist eine besondere Art der Sicherungshypothek; sie **8** „gilt" als Sicherungshypothek (Vorbem 17 zu §§ 1113 ff). Auf sie finden die Vorschriften der §§ 1184 ff Anwendung, soweit sich nicht aus § 1190 eine Abweichung ergibt. Der wesentliche Unterschied zur gewöhnlichen Sicherungshypothek liegt darin, dass bei der Höchstbetragshypothek die zu sichernde Forderung (Haupt oder Nebenforderung) im Zeitpunkt ihrer Bestellung mindestens zu einem Teil unbestimmt und erst künftig zu bestimmen, dh zu individualisieren ist (RGZ 51, 117; JFG 11, 228; KGJ 23 A 239; 35 A 284; BGB-RGRK/THUMM Rn 1; PLANCK/STRECKER Anm 1; WESTERMANN/EICKMANN[7] § 110 I 2; MünchKomm/EICKMANN[4] Rn 4; nachf Rn 22 ff). Das Prinzip der Spezialität und Publizität ist gelockert (vgl HECK § 98, 6; nachf Rn 35 ff).

Die **rechtsgeschäftliche Bestellung** erfolgt durch Einigung und Eintragung; die Eini- **9** gung entfällt bei der Inhaberhypothek (§ 1188), die auch als Höchstbetragshypothek bestellt werden kann (§ 1187 Rn 8), bei der Hypothek, die bis 1990 gemäß dem seither aufgehobenen § 54 FGG auf Ersuchen des Vormundschaftsgerichts eingetragen werden konnte, und gemäß § 932 ZPO bei der **Arresthypothek** (zu ihr nachf Rn 75 und Vorbem 51 ff zu §§ 1113 ff). Es empfiehlt sich, die Hypothek bei der Eintragung als *„Sicherungshypothek bis zum Höchstbetrag von …"* zu bezeichnen. Der Höchstbetrag und der Name des Gläubigers sind in das Grundbuch einzutragen, eine Bezugnahme auf die Eintragungsbewilligung genügt insoweit nicht. Die Erteilung eines Hypothekenbriefs ist ausgeschlossen (§ 1185 Abs 1). Die Höchstbetragshypothek ist auch dann Sicherungshypothek, wenn sie im Grundbuch nicht ausdrücklich als solche bezeichnet ist (Abs 3); auch bedarf es nicht der ausdrücklichen Bezeichnung als Höchstbetragshypothek, es genügt, wenn aus dem Eintragungsvermerk hervorgeht, dass das Grundstück für einen Höchstbetrag haftet und dass die Feststellung des Betrags der Forderung vorbehalten ist (RG Gruchot 52, 1069).

§ 1138 findet auf die Höchstbetragshypothek keine Anwendung (§ 1185 Abs 2). Der **10** Eigentümer kann daher dem Gläubiger und dem gutgläubigen rechtsgeschäftlichen Erwerber der Hypothek alle Einreden aus dem Forderungsverhältnis entgegensetzen, auch wenn sie aus dem Grundbuch nicht hervorgehen.

2. Eigentümergrundschuld

a) Vorläufige und endgültige Eigentümergrundschuld

Die Höchstbetragshypothek, die einem Gläubiger für eine künftig entstehende For- **11** derung bestellt ist, steht, solange die Forderung nicht zur Entstehung gelangt ist, wie jede andere Hypothek dem Eigentümer als vorläufige (s § 1163 Rn 5, 32) Eigentümergrundschuld zu (§§ 1163 Abs 1 S 1, 1177 Abs 1) und wird erst dann Fremdhypothek des Gläubigers, wenn und soweit die Forderung aus dem gesicherten Forderungskreis entsteht. Mit dem Erlöschen der Forderung (innerhalb der Grenzen des Höchstbetrags) wird das Grundpfandrecht gemäß §§ 1163 Abs 1 S 2; 1177 Abs 1 insoweit wieder zur Eigentümergrundschuld (§ 1163 Rn 41 ff). **In Abweichung** von der für die gewöhnliche (Verkehrs- und Sicherungs-)Hypothek getroffenen Regelung ist das Grundpfandrecht in diesem Fall jedoch nicht schon endgültige Eigentümergrundschuld, die nur im Wege des § 1198 wieder in eine Hypothek umgewandelt werden könnte. Die durch das Erlöschen der Forderung entstandene Eigentümergrundschuld steht vielmehr unter der auflösenden Bedingung, dass nicht noch weitere Forderungen in den Sicherungskreis einbezogen werden und durch die endgültige Bestimmung als die endgültig gesicherten festgestellt werden können. Die Bedingung entfällt also erst mit der Beendigung aller zugrundeliegenden Schuldverhältnisse; die zu diesem Zeitpunkt bestehende Eigentümergrundschuld wird dann ebenso wie die durch Befriedigung der letztendlich festgestellten Forderung entstehende **endgültige Eigentümergrundschuld** (RGZ 75, 250; RGZ 78, 409; RGZ 97, 223; RGZ 120, 110; RGZ 125, 136; RG JW 1934, 1780; RG HRR 1934 Nr 1357; KGJ 45, 290; BayObLGZ 23, 90; BayObLGZ 1954, 196; OLG Oldenburg DNotZ 1957, 669; OLG Karlsruhe vom 17. 6. 2005 – 14 Wx 35/04 – Rpfleger 2006, 182; BGB-RGRK/THUMM[12] Rn 19; SOERGEL/KONZEN[13] Rn 6 ff; PLANCK/STRECKER 6 a γ; grundsätzlich abweichend – das Recht ist und bleibt Fremdhypothek für künftige Forderungen – WILHELM[3] Rn 1452 ff). Übersteigt der Betrag der Forderungen den Höchstbetrag, so ist teilweises Erlöschen der Forderungen ohne Einfluss auf den Bestand der Gläubigerhypothek, soweit der Höchstbetrag nicht unterschritten wird.

12 Ist der Höchstbetrag derzeit nicht ausgeschöpft und **verzichtet** der Gläubiger zu einem Teil, der sich im Rahmen der vorläufigen Eigentümergrundschuld hält, so wird diese ebenfalls zur endgültigen Eigentümergrundschuld (RGZ 97, 223; **aM** PLANCK/STRECKER Anm 6c: Anwendung des § 1168).

13 Wegen der Verfügungsbefugnis des Eigentümers über die vorläufige Eigentümergrundschuld s näher § 1163 Rn 37 f. Die Berichtigung des Grundbuchs durch Umschreibung des Grundpfandrechts auf seinen Namen kann der Eigentümer nur verlangen, wenn und soweit eine endgültige Eigentümergrundschuld entstanden ist. Nur gegenüber der endgültigen Eigentümergrundschuld greift auch der gesetzliche Aufhebungsanspruch der §§ 1179a, 1179b ein und kann eine Löschungsvormerkung nach §§ 1179 geltend gemacht werden (§ 1179a Rn 42).

14 Der Gläubiger ist buchmäßig zur Verfügung über das Grundpfandrecht berechtigt. Da es sich jedoch um eine Sicherungshypothek handelt, gilt der **Schutz des öffentlichen Glaubens** des Grundbuchs nach § 1184 nicht im Hinblick auf das Bestehen der Forderung (vgl auch RGZ 75, 250; RG Gruchot 56, 1072; RG Gruchot 58, 670). Allerdings wird auch nicht vermutet, dass die Forderung nicht besteht (RG SeuffA 90 Nr 9). § 891 gilt auch für die Höchstbetragshypothek in Ansehung des als berechtigt eingetragenen Gläubigers (KGJ 43, 237; s § 1138 Rn 11).

b) Verschiedenheit von Eigentümer und persönlichem Schuldner

15 Zahlt der vom Eigentümer verschiedene persönliche Schuldner, so ist § **1164** entsprechend anzuwenden (PLANCK/STRECKER Anm 6d). Befriedigt der Eigentümer, der für die Schuld nicht persönlich haftet, nach Entstehung einer Forderung den Gläubiger nach § 1142 zum Teil, so erwirbt er, wie bei einer sonstigen Hypothek, im Hinblick auf §§ 1143, 401, 412, 1153 den entsprechenden Teil der Forderung nebst der Hypothek.

c) Eigentümerwechsel

16 Bei Eigentümerwechsel steht die Eigentümergrundschuld demjenigen zu, der zur Zcit der Hypothekenbestellung Eigentümer war, und zwar solange, als sie nach der Bestellung der Hypothek vorläufige Eigentümergrundschuld ist. Wenn und soweit die entstandene Forderung wieder erlischt (§ 1163 Abs 1 S 2), steht die erneute Eigentümergrundschuld demjenigen zu, der im Zeitpunkt des Erlöschens Grundstückseigentümer ist. Es gilt hier nichts anderes als allgemein für die Entstehung der Eigentümergrundschuld nach § 1163 Abs 1 S 2 (PLANCK/STRECKER Anm 6).

d) Übersicherung

Eine Höchstbetragshypothek kann den Gläubiger ebenso **übersichern** wie eine **17** Grundschuld (dazu Vorbem 76 ff, 91 ff zu §§ 1191 ff). Das zur Grundschuld Ausgeführte gilt entsprechend (vgl RGZ 56, 322; s auch KGJ 21 A 150).

e) Teilbefriedigung aus dem Grundstück

Wird der Gläubiger wegen eines Teils der Forderung aus dem Grundstück befriedigt, **18** so vermindert sich der Höchstbetrag um den Betrag der aus dem Grundstück beigetriebenen Teilforderung, denn Befriedigung aus dem Grundstück kann bis zum Höchstbetrag der Haftung nur einmal verlangt werden. Soweit der Gläubiger aus dem Grundstück befriedigt wird, erlischt die Hypothek, ein Eigentümergrundpfandrecht entsteht nicht (§ 1181).

Bei einer **Gesamthypothek** ist es wegen der dem ersatzberechtigten Eigentümer nach **19** § 1182 zukommenden Teilhypothek gleichgültig, ob der Rest der Forderung durch den Rest der eingetragenen Hypothek gedeckt wird oder nicht. Entsprechend sind die Fälle der §§ 1173 und 1150 zu behandeln, nur tritt hier nicht ein teilweises Erlöschen der Forderung, sondern ein teilweiser Übergang der Forderung mit der Hypothek auf den Befriediger ein.

Fällt die Forderung eines Gläubigers gegen einen Gesamtschuldner in den Kreis von **20** Forderungen, für die dem Gläubiger am Grundstück eines Dritten eine Höchstbetragshypothek zusteht und befriedigt ein anderer Gesamtschuldner den Gläubiger, so geht die Höchstbetragshypothek als Teilhypothek insoweit auf den leistenden Gesamtschuldner über, als dieser von dem ersten Gesamtschuldner Ersatz verlangen kann; diese Teilhypothek ist eine selbständige Hypothek und steht der Resthypothek im Rang nach; ergibt die endgültige Abrechnung des Forderungskreises, dass dem Gläubiger noch Forderungen zustehen, die durch seine Höchstbetrags(rest)hypothek nicht gedeckt sind, so steht die Teilhypothek in Höhe des nicht gedeckten Betrags wieder dem Gläubiger zu; dieser wieder dem Gläubiger zustehende Teil geht dem Rest, der dem leistenden Schuldner verbleibt, im Rang vor (BGH MDR 1967, 111).

3. Verdeckte Höchstbetragshypothek

S § 1113 Rn 19. **21**

III. Die gesicherte Forderung

1. Vorbehalt der Feststellung

Für die Höchstbetragshypothek ist wesentlich, dass die **Feststellung der Forderung** **22** **vorbehalten** ist (oben Rn 2). Die Verknüpfung der Forderung mit der Hypothek, die Herstellung der Akzessorietät, soll also erst später erfolgen. Ein „Vorbehalt der Feststellung" kann zwar notwendig sein, weil die Forderung *ungewiss* ist. Konstituierendes Element der Höchstbetragshypothek ist aber nicht die Ungewissheit der Forderung selbst, sondern die Ungewissheit, wegen welcher Forderung welchen Inhalts Befriedigung aus dem Grundstück verlangt werden wird und kann. Die Herstellung dieser Akzessorietät ist Gegenstand der Feststellung.

23 *Wem* die vorbehaltene Feststellung obliegt, sagt das Gesetz nicht. Unzutreffend ist die Meinung, die Forderung könne nur durch Vertrag zwischen dem Gläubiger und den Beteiligten oder durch Urteil festgestellt werden (so aber KGJ 35 A 317; STAUDINGER/SCHERÜBL[12] Rn 34; PALANDT/BASSENGE[68] Rn 14, der aber schon in Rn 15 unbefangen von einem Bestimmungsrecht des Gläubigers ausgeht; PLANCK/STRECKER Anm 2c; richtig WOLFF/RAISER § 153 Fn 13), jedenfalls dann, wenn darunter eine *nachträgliche* Feststellung gemeint ist. Die Vorstellung, es bedürfe einer nachträglichen vertraglichen Feststellung der Forderung, fixiert die Höchstbetragshypothek wohl auf das kaufmännische Kontokorrent iSd § 355 HGB, übersieht aber, dass nach § 355 Abs 3 HGB der Gläubiger den Saldo auch ohne Verrechnungsvertrag fordern kann und im übrigen, dass die Höchstbetragshypothek keineswegs nur zur Kontokorrentsicherung dienen kann. Richtig ist auch, dass es zur Geltendmachung auch der Höchstbetragshypothek eines dinglichen Titels bedarf, der eine Konkretisierung der Forderung erfordert (nachf Rn 47), der aber durch einen Vertrag nicht ersetzt werden kann.

24 Im Gegenteil gehört zum Inhalt der Höchstbetragshypothek auch die Festlegung, **wie der Vorbehalt der Feststellung auszufüllen ist.** Zweierlei Fallgestaltungen sind möglich:

25 Die Feststellung der Forderung kann *objektiven,* in der Einigung über die Bestellung der Hypothek festgelegten Kriterien folgen, zB wenn die Forderung mit einer Wertsicherungsklausel versehen ist (BayObLG NJW-RR 1989, 1467). Es handelt sich um Fälle, in denen eine gewöhnliche Hypothek nicht in Betracht kommt, weil die zu sichernde Forderung weder als gegenwärtige noch als bedingte oder künftige im Rechtssinn hypothekenfähig ist, aber doch so definiert werden kann, dass eine sich von selbst ergebende spätere Konkretisierung möglich erscheint.

26 Die Feststellung kann aber auch – das ist der wichtigere Fall – dem *Gläubiger* (so richtig WESTERMANN/EICKMANN[7] § 110 II 1 b, aber anders § 110 III 4) oder einem Dritten vorbehalten sein. Es ist dafür ein Kreis gesicherter Forderungen zu definieren; der Gläubiger oder der Dritte wählt, wegen welcher dem Kreis angehöriger Einzelforderungen er Befriedigung aus dem Grundstück fordern will. Der Gläubiger kann dann eine Feststellung dadurch bewirken, dass er auf die hypothekarische Sicherung aller in den Forderungskreis einbezogener Forderungen bis auf eine einzige oder jedenfalls eine Zahl von Forderungen verzichtet, die insgesamt den Höchstbetrag nicht überschreiten. Durch bloße Hypothekenklage wird die Bestimmung noch nicht unwiderruflich bewirkt; vielmehr ist der Gläubiger nicht gehindert, wegen jeder einzelnen Forderung aus dem Forderungskreis – vorausgesetzt sie hat sich in der für die Klage erforderlichen Weise konkretisiert – Hypothekenklage zu erheben, auch wenn dadurch die Summe der Titel den Höchstbetrag übersteigt. Erst im Verteilungsverfahren muss der Gläubiger endgültig bestimmen, auf welche der gesicherten Forderungen der ihm gebührende Erlös gezahlt werden soll. Beinhaltet die Höchstbetragshypothek keine Aussage darüber, wem die Feststellung obliegt, so ist im Zweifel der **Gläubiger** feststellungsbefugt.

Freilich ist es nicht ausgeschlossen (allerdings kaum üblich), die Forderung durch 27
Vertrag festzustellen, dh die „Ungewissheit" vertraglich zu beseitigen. Besteht die
Ungewissheit darin, dass Bestand oder Höhe der Forderung von objektiven Kriterien abhängig ist (oben Rn 25), dann kann diese Abhängigkeit für die Zukunft durch
Vertrag zwischen Gläubiger und Schuldner (insofern zutreffend JAUERNIG Anm 2c; E WOLF
§ 11 K IV) beseitigt werden; die Zustimmung des Eigentümers (insofern zutreffend
PLANCK/STRECKER Anm 2d) und – konstitutiv – die Eintragung im Grundbuch sind
erforderlich, wenn dabei die Möglichkeit abgeschnitten wird, dass die Forderung
sich gegenüber dem ursprünglichen Stand vermindert, denn die Hypothek wird dann
inhaltlich erweitert. Besteht die Ungewissheit darin, dass noch nicht feststeht, welche
von mehreren Forderungen gesichert sein soll, können Gläubiger und Eigentümer –
ohne Zustimmung des Schuldners, §§ 1168, 1165 – vereinbaren, dass nur noch eine
Forderung (oder mehrere Forderungen, die zusammen den Höchstbetrag nicht
übersteigen) festen Betrags gesichert sein soll (PALANDT/BASSENGE[68] Rn 14). Der gleiche
Effekt kann durch einseitigen, nicht eintragungsbedürftigen Verzicht des Gläubigers
auf die hypothekarische Sicherung einzelner Forderungen (nachf Rn 73) erzielt werden. Die Höchstbetragshypothek verwandelt sich dann wegen der Beseitigung der
Ungewissheit von selbst in eine gewöhnliche Sicherungshypothek, was durch Grundbuchberichtigung zur Geltung zu bringen ist. In keinem Fall ändert die „Feststellung" den Charakter der Höchstbetragshypothek als Sicherungshypothek, bei der
der Beweis der Forderung dem Gläubiger obliegt; die Feststellung wandelt die
Höchstbetragshypothek nicht in eine Verkehrshypothek um (missverständlich PA-
LANDT/BASSENGE[68], der in Rn 14 davon spricht, der Feststellungsvertrag zwischen Schuldner und
Gläubiger wirke nicht gegen den Eigentümer, der weiterhin das Bestehen der Forderung bestreiten
könne). Selbstverständlich können auch – wie bei jeder Hypothek – Gläubiger und
Schuldner eine inhaltliche Reduzierung der gesicherten Forderung vereinbaren, die
wegen der Akzessorietät auf die Hypothek zurückwirkt; das ist aber kein sachen-
rechtlicher Vertrag über die Hypothek iSd § 1190 (auch insofern missverständlich PA-
LANDT/BASSENGE[68] Rn 14).

a) Ihrem Bestehen nach ungewisse Forderung

Ob die ausreichend konkretisierte Forderung gegenwärtig besteht oder beim Eintritt 28
einer Bedingung oder künftig entstehen wird, ist für die gewöhnliche Sicherungshypothek nicht konstitutiv. So kann beispielsweise für den Anspruch auf Ersatz aller
Schäden, die dem Gläubiger gegen den Schuldner aus einem bestimmten Verkehrs-
unfall erwachsen sollten, eine gewöhnliche Sicherungshypothek bestellt werden. Die
Feststellung der Forderung ist in diesem Fall nicht iSd § 1190 „vorbehalten", so dass
eine Höchstbetragshypothek nicht zulässig ist (KG OLGE 29, 273; KGJ 51, 285; KG JFG 7,
365; KG JFG 11, 258; KG HRR 1933 Nr 202; WOLFF/RAISER § 153 Fn 1; PLANCK/STRECKER
Anm 1a). Dasselbe gilt für eine Bürgschaftsforderung, wenn die gesicherte Hauptforderung bestimmt ist (KG JFG 11, 258 = JW 1934, 1794 mit abl Anm KAEFERLEIN und
SCHOLZ; PLANCK/STRECKER Anm 1a; ERMAN/WENZEL[12] Rn 4; WOLFF/RAISER § 153 Fn 1; PALANDT/
BASSENGE[68] Rn 2). Die Höchstbetragshypothek kommt allerdings dann in Betracht,
wenn die Forderung so ungewiss ist, dass sie **nicht als bedingte oder künftige Forderung anerkannt** wird, zB die Forderung aus einem Vertrag, über den die Beteiligten
verhandeln, von dem sie aber noch nicht wissen, ob und mit welchem Inhalt er
zustande kommt.

Haben die Beteiligten freilich eine gewöhnliche Sicherungshypothek bestellt, weil 29 sie der Auffassung waren, die Forderung sei derart ausreichend konkretisiert, dass sie hypothekenfähig sei, erweist sich diese Beurteilung aber als unzutreffend, so lässt sich die unzulässige Sicherungshypothek zwanglos in eine Höchstbetragshypothek (wenn auch unter Verlust der Zinsen) *umdeuten*. Umgekehrt gibt es keinen Grund die fälschlich als Höchstbetragshypothek eingetragene als gewöhnliche Sicherungs- hypothek bestehen zu lassen, wenn erst später erkannt wird, dass die Forderung den Hypothekenanforderungen genügt (KG DRW 1942, 1796; WOLFF/RAISER § 153 Fn 1; PLANCK/STRECKER Anm 1a). Da es für die Bestimmtheit der Forderung nicht auf objektive Kriterien, sondern auf Einigung und Eintragung, letztere nach Maßgabe der Eintragungsbewilligung, ankommt, haben es die Beteiligten in gewissem Umfang in der Hand, durch mehr oder weniger präzise Formulierung wahlweise zu einer gewöhnlichen Sicherungshypothek oder zu einer Höchstbetragshypothek zu kom- men (RG JW 1908, 555; PLANCK/STRECKER Anm 1a).

b) Der Höhe nach unbestimmte Forderung

30 Entsprechendes gilt für eine der Höhe nach unbestimmte Forderung, die in Höhe des ungewissen Spitzenbetrags auch als Forderung verstanden werden kann, deren Bestehen ungewiss ist (vgl zur Unterscheidung bedingter von unbestimmten Forderungen WOLFSTEINER, Die vollstreckbare Urkunde[2] § 16.22. f mwNw). Eine Hypothek für eine *wertgesicherte Forderung* kann als gewöhnliche Sicherungshypothek bestellt werden, wenn der Wertsicherungsmaßstab den sachenrechtlichen Bestimmtheitsanforderun- gen genügt (Einl 57 zu §§ 1113 ff) und wenn ein Höchstbetrag festgelegt ist. Der *Höchstbetrag* ist also entgegen vielfach erwecktem Eindruck für die Höchstbetrags- hypothek *nicht* konstitutiv (oben Rn 1); konstitutiv ist vielmehr, dass die Feststellung der Forderung vorbehalten ist, was hier nicht der Fall ist. Anders wenn der Schwan- kungsmaßstab im sachenrechtlichen Sinn unbestimmt ist, wenn zB – wie bei Span- nungsklauseln – das Ermessen des Gläubigers oder eines Dritten eine Rolle spielt; diesen ist dann die Feststellung der Forderung vorbehalten, so dass die Hypothek nur Höchstbetragshypothek sein kann. Es genügt, wenn zwar die Hauptforderung bestimmt ist, die Bestimmung der Zinsen aber vorbehalten ist; dann ist insgesamt eine Höchstbetragshypothek zulässig (KG HRR 1933 Nr 202; OLG Bremen NJW 1953, 1025).

c) Inhaltlich unbestimmte Forderung

31 *Zwei Grundfälle* sind zu unterscheiden:

Man hat sich zwar auf eine Geldforderung (s zu diesem Erfordernis nachf Rn 42), aber noch nicht auf die Konditionen im einzelnen (Fälligkeit, Verzinslichkeit etc) geei- nigt; es handelt sich dann um die oben Rn 28 f behandelten Fälle, dass die Forderung mangels Bestimmtheit auch noch nicht als bedingte oder künftige fähig ist, Gegen- stand einer Sicherungshypothek zu sein. Höchstbetragshypothek ist aber möglich.

32 Der andere Grundfall ist der, dass der Forderungsinhalt zwar objektiv feststeht, den Beteiligten (zB einem Erben oder Pfleger) aber nicht bekannt ist. Auch für diesen Fall ist eine Höchstbetragshypothek möglich. Da es auch hier wie oben Rn 29 letztlich nur auf die Einigung ankommt, können die Parteien (werden es aber kaum je wollen) durch Weglassen der Forderungskonditionen in der Eintragungsbewilli- gung eine Höchstbetragshypothek auch dann erreichen, wenn eigentlich eine ge- wöhnliche Hypothek möglich wäre.

d)   Mehrere Forderungen, Forderungskreis

Der **typische Anwendungsbereich der Höchstbetragshypothek** ist der, dass der Gläu- **33** biger mehrere Forderungen hat und sich *vorbehält*, später zu wählen, wegen welcher dieser Forderungen er im Rahmen der Hypothekensumme („Höchstbetrag") Befriedigung aus dem Grundstück verlangen will. Der „Vorbehalt der Feststellung" liegt hier schon darin, dass erst noch zu bestimmen ist, welche der Forderungen aus dem Grundstück befriedigt werden soll; keinesfalls ist es notwendig, dass eine dieser Forderungen auch noch unbestimmt iS der vorstehenden Rn 28 ff ist (**aA** anscheinend STAUDINGER/SCHERÜBL[12] Rn 16; vgl RGZ 126, 276). Zulässig ist die Höchstbetragshypothek deshalb nicht nur zB zur Absicherung eines Kontokorrents nach § 355 HGB, bei dem mit jedem Saldoanerkenntnis die alte Forderung erlischt und eine neue Saldoforderung entsteht, sondern auch zur Sicherung einer Leibrente, deren einzelne Raten zwar feststehen, es dem Gläubiger aber vorbehalten bleibt, wegen welcher dieser Raten er sich aus dem Grundstück befriedigen will. S zur *Bestimmung des gesicherten Forderungskreises* oben Rn 3.

e)   Kombinationsfälle

Die verschiedenen oben dargestellten Fälle, in denen die Feststellung der Forderung **34** vorbehalten ist, können in beliebigen Kombinationen auftreten.

2.   Der Bestimmtheitsgrundsatz bei der Höchstbetragshypothek

Bei der Höchstbetragshypothek ist das Bestimmtheitserfordernis nicht außer Kraft **35** gesetzt, sondern nur inhaltsgerecht eingeschränkt. Letztlich muss die Forderung im Zeitpunkt der Befriedigung aus der Hypothek ebenso eindeutig feststehen wie bei den anderen Hypothekenarten. Soll die Feststellung der Forderung *objektiven* Kriterien folgen (oben Rn 25), so müssen diese entsprechend genau bezeichnet werden. Soll es dem *Gläubiger* oder einem *Dritten* vorbehalten sein, die Bestimmung zu treffen, so muss ihnen dieses Bestimmungsrecht unzweideutig übertragen werden. Soll die Hypothek einen *Forderungskreis* sichern, so ist dieser eindeutig abzugrenzen (RGZ 65, 366; KGJ 46, 180; PLANCK/STRECKER Anm 1b). Die Hypothek kann aber auch ganz allgemein für alle gegenwärtigen und zukünftigen Forderungen des Gläubigers gegen den Besteller oder gegen einen Dritten ohne nähere Bestimmung und ohne Angabe des Schuldgrundes bestellt werden (RGZ 62, 168; RGZ 75, 247; RGZ 136, 81; RG JW 1907, 513; BGH WM 1960, 919; KGJ 45, 286; KGJ 46, 180; KGJ 47, 199; BayObLGZ 9, 353; BayObLGZ 13, 365; OLG Colmar OLGE 26, 197; OLG Dresden BankArch 1931, 32, 67; WESTERMANN/EICKMANN[7] § 110 I 2; WOLFF/RAISER § 153 II und Fn 1). Für diese Auffassung spricht der ganz allgemein gehaltene Wortlaut.

3.   Einzelfälle

a)   Mehrere Gläubiger

Eine Höchstbetragshypothek für mehrere Gläubiger in Bruchteils- oder Gesamt- **36** handsgemeinschaft oder in Gesamtgläubigerschaft nach § 428 folgt allgemeinen Regeln (s § 1113 Rn 66; PLANCK/STRECKER Anm 1). Darüber hinaus ist aber die Höchstbetragshypothek für Forderungen mehrerer Gläubiger zulässig, die **nicht in einem Gemeinschaftsverhältnis** stehen (RGZ 126, 272 vom 4. 12. 1929 – V B 21/29; **aA** PALANDT/BASSENGE[68] Rn 6; BGB-RGRK/MATTERN[12] § 1113 Rn 39), wobei – wie allgemein bei der Höchstbetragshypothek – die Summe der Forderungen den Höchstbetrag durchaus übersteigen kann. Notwendig ist in diesem Fall aber eine klare Bestimmung darüber, *wem* die Auswahl, dh in der Terminologie des § 1190 die Feststellung der Forderung, vorbehalten ist. Die Bestimmung kann dahin gehen, dass einer der Gläubiger mit seiner Forderung erst zum Zuge kommt, wenn die Forderung des anderen Gläubigers befriedigt ist, sei es aus dem Grundstück, wenn dann ein Restbetrag übrig ist, sei es durch den persönlichen Schuldner (KG OLGE 3, 196; KGJ 22 A 160; KGJ 28 A 143; **aM** RGZ 75, 245; RG JW 1916, 740; BGB-RGRK/Mattern[12] § 1113 Rn 21). Die Bestimmung der Forderung kann auch dem Ermessen eines Vertreters nach § 1189 überlassen werden (KG DRW 1942, 134; Wolff/Raiser § 153 Fn 1).

37 Fehlt es an einer Regelung, wie sich die gesicherten Forderungen bestimmen oder wem die Bestimmung vorbehalten ist, so ist die Hypothekenbestellung allgM nach nicht unwirksam (§ 1113 Rn 69; Wolff/Raiser § 153 Fn 1, § 134 Fn 1). Durch die Höchstbetragshypothek sind dann jene Forderungen der mehreren Gläubiger endgültig und im Gleichrang gesichert, die innerhalb des Rahmens der Hypothek zuerst entstanden sind (Kriener BayZ 1934, 205).

b)   Einzel- und Gesamthypothek, Mehrfachsicherung

38 Die Höchstbetragshypothek kann, wie jede andere Hypothek, Einzel- oder Gesamthypothek sein (Wolff/Raiser § 153 II). Während aber die Belastung **mehrerer Grundstücke** für **dieselbe Forderung** (für denselben Forderungskreis) bei gewöhnlichen Hypotheken nur im Wege der Gesamthypothek möglich ist (§ 1113 Rn 49), können für ein und dieselbe Forderung (denselben Forderungskreis) mehrere Höchstbetragshypotheken bestellt werden (§ 1113 Rn 43, 49; RGZ 131, 16 = JW 1931, 2732 mit zust Anm Rosenberg; s auch RGZ 134, 225; Westermann/Eickmann[7] § 110 II 1 a; kritisch Staudinger/Scherübl[12] Rn 23; Wolff/Raiser § 153 II 2; Planck/Strecker Anm 3; **aA** Hornung NJW 1991, 1949). Ebenso ist es möglich, für eine bereits durch eine gewöhnliche Hypothek gesicherte Forderung zusätzlich noch eine Höchstbetragshypothek zu bestellen und umgekehrt (RGZ 118, 162 = JW 1928, 501 mit Anm Rosenberg JW 1928, 895; RGZ 134, 221; BayObLGZ 28, 328; LZ 1930, 362; BayNotZ 1930, 188; Wolff/Raiser § 153 II 1; Planck/Strecker Anm 3d).

39 Diese scheinbare Abweichung von der Regel ergibt sich aus Abs 4 iVm § 1154. Das Verbot der Sicherung ein und derselben Forderung durch mehrere Hypotheken ist nicht Ausfluss eines (nicht bestehenden) Verbots der Mehrfachsicherung, sondern folgt daraus, dass die Hypothek nicht nur nach § 1153 akzessorisch zur Forderung ist, sondern dass § 1154 umgekehrt die Forderung auch streng an die Hypothek fesselt (§ 1113 Rn 44). Mehrere Hypotheken für die selbe Forderung würden wegen dieser Fesselung zu nicht beherrschbaren Konkurrenzen führen. Abs 4 beseitigt die Fesselung aber für die Höchstbetragshypothek; die Forderung kann ohne die Hypothek abgetreten werden (Westermann/Eickmann[7] § 110 II 1 d). Ist die Forderung neben der gewöhnlichen Hypothek noch durch eine Höchstbetragshypothek gesichert, so wird sie in den Formen abgetreten, die die gewöhnliche Hypothek vorschreibt; die Höchstbetragshypothek erhebt keinen Alleinvertretungsanspruch und stört dabei nicht (BGH WM 1959, 202 spricht im Zusammenhang mit RGZ 122, 331 obiter von einer bedingten Höchstbetragshypothek, was wohl auf einer Verwechslung beruht; vgl auch KG DRW 1943, 856). Eine Grundschuld wirkt ohnehin nicht auf die gesicherte Forderung zurück, so dass eine Höchstbetragshypothek unbedenklich für einen Forderungskreis eingetragen werden kann, der schon durch eine für den Gläubiger bestellte Grundschuld gesichert ist (RGZ 132, 136; KG HRR 1930 Nr 709).

c)   Mehrere Forderungen gegen verschiedene Schuldner

Im Gegensatz zur Verkehrshypothek und einer gewöhnlichen Sicherungshypothek **40** kann auch eine Höchstbetragshypothek unbedenklich zur **Sicherung mehrerer Forderungen gegen verschiedene Schuldner** bestellt werden, die nicht in Rechts- bzw Verpflichtungsgemeinschaft stehen (s § 1113 Rn 69). Die Höchstbetragshypothek kann daher auch nachträglich auf das Kreditverhältnis eines weiteren Schuldners ausgedehnt werden (STEINFELD JW 1931, 2088). Zulässig ist ferner auch die Bestellung einer Höchstbetragshypothek, die dem Gläubiger gegen den Besteller der Hypothek und dessen (allgemeinen) Rechtsnachfolger oder dessen Rechtsnachfolger im Eigentum des verpfändeten Grundstücks zusteht; ein einheitlicher Rechtsgrund liegt hier wenigstens wirtschaftlich vor in dem andauernden Kontokorrentverhältnis (BayObLG BayNotZ 1912, 373; CAMMERER BayNotZ 1924, 222; WOLFF/RAISER § 153 Fn 2; vgl auch KG OLGE 40, 63 und JR 1927 Nr 367).

d)   Zerlegung in Teilforderungen

Auch bei Höchstbetragshypotheken kann nicht nur nach, sondern auch vor Fest- **41** stellung des Schlussguthabens die aus dem Forderungskreis entspringende Forderung in mehrere selbständige Teilforderungen zerlegt werden (vgl KGJ 24 A 253; 51, 342). Hieraus können sich freilich unklare Verhältnisse entwickeln, zu deren Beseitigung zu empfehlen ist, die Reihenfolge, in der die einzelnen Teilbeträge durch die verschiedenen Höchstbetragshypotheken gesichert werden, in der Bewilligung und allenfalls auch in der Eintragungsformel festzulegen und anzugeben. Entsprechendes hat auch für eine Erhöhung des gesicherten Betrags zu gelten (KG OLGE 43, 14).

IV.   Höchstbetrag

1.   Geldbetrag

Auch bei der Höchstbetragshypothek muss wie bei der Verkehrshypothek und der **42** gewöhnlichen Sicherungshypothek die Forderung auf **Zahlung einer Geldsumme** gerichtet sein (Einl 42 zu §§ 1113 ff). Ansprüche auf Leistungen, die nicht in Geld bestehen, können nur indirekt, zB durch Vereinbarung einer Vertragsstrafe und Bestellung einer Höchstbetragshypothek für die Vertragsstrafe oder durch Bestellung einer Höchstbetragshypothek für den etwaigen künftigen Schadensersatzanspruch gesichert werden (RGZ 55, 274; KGJ 32 A 247, 252; BayObLG Recht 1908 Nr 2675).

2.   Höchstbetrag

a)   Sachenrechtliches Erfordernis

Die Angabe des Höchstbetrags, bis zu dem das Grundstück haften soll, ist sachen- **43** rechtliches Erfordernis. Dies folgt (Mot III 767) aus dem hypothekenrechtlichen Bestimmtheitsgrundsatz (§ 1113 Rn 18 ff). Fehlt die Bestimmung des Höchstbetrags, so darf das Grundbuchamt die Hypothek nicht eintragen; eine trotzdem eingetragene Hypothek ist nichtig; sie ist ihrem Inhalt nach unzulässig und von Amts wegen zu löschen (§ 53 GBO). Auch eine Eigentümergrundschuld (Einl 102 zu §§ 1113 ff) kann mangels Bestimmtheit nicht entstehen.

b)   Zinsen, sonstige Nebenleistungen

Zinsen, gesetzliche und rechtsgeschäftliche, aber auch andere Nebenleistungen sind **44** in diesen Betrag einzurechnen (Abs 2; Mot III 767). Durch diese Bestimmung wird den Zinsen und anderen Nebenleistungen zwar nicht die Eigenschaft der Hauptforderung beigelegt (RGZ 90, 152; RG JW 1931, 2287); es ist aber falsch, daraus den Schluss zu ziehen, Verzinslichkeit und Zinssatz würden überhaupt nicht eingetragen (so aber KGJ 31 A 331; KGJ 39 A 256; STAUDINGER/SCHERÜBL¹² Rn 31; PLANCK/STRECKER Anm 3b ß, die den Vermerk laufender Zinsen oder anderer Nebenleistungen als inhaltlich unzulässige und daher von Amts wegen zu löschende Eintragung betrachten). Zinsen und sonstige Nebenleistungen gehören vielmehr zu dem der Sicherung durch Höchstbetragshypothek zugänglichen Forderungskreis; sie können je nach dem Inhalt der Einigung in die Hypothekensicherung einbezogen werden oder auch nicht. Infolgedessen müssen sie in Einigung, Eintragungsbewilligung und Grundbuch mit eben derselben (reduzierten) Bestimmtheit einbezogen werden, wie Forderungskapital; aus Abs 1 S 2, Abs 2 folgt lediglich, dass, § 1115 Abs 1 HS 1 auf Sicherungshypotheken nicht anwendbar ist, wegen der in den Höchstbetrag einzurechnenden Nebenleistungen also auf die Eintragungsbewilligung Bezug genommen werden darf.

45 Ungeachtet des Abs 2 reserviert auch die Höchstbetragshypothek gemäß § 1119 Abs 1 zusätzlich zum Höchstbetrag den *Rang* für *Zinsen bis zu fünf vom Hundert* (Einl 153 zu §§ 1113 ff). Geltend gemacht werden kann diese Funktion aber erst nach Umwandlung in eine gewöhnliche Hypothek oder eine Grundschuld. An und für sich steht nichts entgegen, dies auch rückwirkend gelten zu lassen (aA STAUDINGER/ SCHERÜBL¹² Rn 32); *rückständige Zinsen* können aber rA nach nicht Gegenstand einer Hypothek für Nebenleistungen sein (Einl 64 zu §§ 1113 ff), also auch bei Umwandlung einer Höchstbetragshypothek nicht eingetragen werden.

c) Kosten

46 Die Kosten dagegen werden in den Höchstbetrag nicht eingerechnet (auch bei der gewöhnlichen Hypothek besteht hierfür eine besondere Haftung nach § 1118), auch nicht die Kosten des gegen den persönlichen Schuldner geführten Rechtsstreits (RGZ 90, 171).

3. Geltendmachung der Höchstbetragshypothek

a) Dinglicher Titel

47 Zur Geltendmachung der Höchstbetragshypothek im Wege der Zwangsvollstreckung bedarf es gemäß §§ 1147 BGB, 704 ff ZPO (§ 1147 Rn 32) eines dinglichen Titels, nicht anders als bei anderen Hypotheken. Da die Höchstbetragshypothek eine Sicherungshypothek ist, kann es keinen Titel ohne Feststellung einer Forderung geben (missverständlich insoweit STAUDINGER/SCHERÜBL¹² Rn 35); s dazu, dass diese Feststellung noch nicht im Sinne des Abs 1 S 1 verbindlich ist, oben Rn 26. Sichert die Höchstbetragshypothek ein Bündel von Forderungen, so kann es auch ein Bündel dinglicher Titel geben; die dingliche Klage setzt nicht voraus, dass der hypothekarische Anspruch sich auf eine von mehreren gesicherten Forderungen konzentriert hat (RG HRR 1930 Nr 1616; OLGE 31, 356; PLANCK/STRECKER Anm 2b). Ist die gesicherte Forderung bei Bestellung der Höchstbetragshypothek inhaltlich noch nicht so bestimmt, dass sie iS der §§ 253 Abs 2 Nr 2, 257 bis 259 ZPO Grundlage eines zulässigen Klagantrags sein kann, kann die dingliche Klage mit Erfolg erst dann erhoben werden, wenn die Konkretisierung eingetreten ist.

b) Beweislast, Rechtskraft

Dem Gläubiger obliegt der Nachweis, dass die Forderung entstanden ist, soweit er **48** die Hypothek in Anspruch nimmt (PLANCK/STRECKER Anm 2b). Ihn trifft nach § 894 auch die Beweislast für Bestand und Umfang der Forderung, wenn der Eigentümer auf Löschung der Hypothek klagt (RG WarnR 1914 Nr 291; HRR 1936 Nr 687; PLANCK/ STRECKER Anm 2b). Eine zwischen Gläubiger und persönlichem Schuldner getroffene Feststellung oder ein zwischen ihnen ergangenes Urteil wirkt nicht im Verhältnis des Gläubigers zum Eigentümer, kann jedoch im Rahmen der Beweiswürdigung berücksichtigt werden. Gleiches gilt im Verhältnis des Gläubigers zum persönlichen Schuldner für eine zwischen Gläubiger und Eigentümer getroffene Feststellung oder ein zwischen ihnen ergangenes Urteil.

c) Vollstreckbare Urkunde

Was für dingliche Titel zu einer Höchstbetragshypothek allgemein gilt (oben Rn 47), **49** gilt gemäß §§ 794 Abs 1 Nr 5, 795 ZPO auch für vollstreckbare Urkunden (BGHZ 88, 62; BÜHLING DNotZ 1953, 458, 469; nicht ganz klar BGB-RGRK/THUMM[12] Rn 11); wie sich eine andere Auffassung hat bilden können (BayObLGZ 1954, 196 = NJW 1954, 1808; OLG Oldenburg DNotZ 1957, 669; LG Dortmund NJW 1954, 1246; LG Osnabrück JurBüro 1956, 150; STAUDINGER/SCHERÜBL[12] Rn 5; WOLFF/RAISER § 153 II 2; ERMAN/WENZEL[12] Rn 9; SOERGEL/KONZEN[13] Rn 18; vgl auch BGHZ 22, 54; OLG Nürnberg NJW 1957, 1286) ist schwer verständlich (s zu Einzelheiten WOLFSTEINER, Die vollstreckbare Urkunde[2] § 28. 57 ff).

Ist die gesicherte Forderung bei Bestellung der Höchstbetragshypothek inhaltlich **50** bereits so bestimmt, dass sie iS der §§ 253 Abs 2 Nr 2, 257 bis 259 ZPO Grundlage einer zulässigen Hypothekenklage sein kann (oben Rn 47), gibt es keinerlei Grund für die Annahme, sie könne nicht auch Gegenstand einer entsprechenden vollstreckbaren Urkunde sein (BGHZ 88, 62; OLG Colmar OLG Rspr 17, 336; BÜHLING DNotZ 1953, 469; PETERMANN, Die vollstreckbare Ausfertigung der gerichtlichen und notariellen Urkunde [1938] S 530; HORNUNG NJW 1991, 1649; WILHELM[3] Rn 1710; STEIN/JONAS/MÜNZBERG[22] § 794 ZPO Rn 115 FN 544; MünchKomm/EICKMANN[4] § 1190 Rn 7; gleicher Ansicht wohl ROSENBERG/GAUL, Zwangsvollstreckungsrecht[11] S 114. **Unklar** LENT DNotZ 1952, 412; ZÖLLER/STÖBER ZPO 25 § 800 Rn 16, der sich mit der Eintragung statt mit der Unterwerfung befasst. Vgl zur Parallelfrage der Höchstbürgschaft BGHZ 124, 164; BGH JZ 2000, 161 [Anm MÜNZBERG]). Mit der Neufassung des § 794 Abs 1 Nr 5 ZPO durch die 2. Zwangsvollstreckungsnovelle hat das (entgegen MünchKomm/EICKMANN[4] § 1190 Rn 7 und WILHELM[3] Rn 1710) nichts zu tun, denn am Bestimmtheitserfordernis (aller Titel, nicht nur vollstreckbarer Urkunden) hat sich nichts geändert (WOLFSTEINER, Die vollstreckbare Urkunde[2] § 14. 21). Zusätzlich ist aber zu berücksichtigen, dass die Zwangsvollstreckungsunterwerfung nicht im gleichen Maße bedingungsfeindlich ist wie die Klage. Während Klagen auf künftige Leistung gemäß §§ 257 ff ZPO nur in engen Grenzen zulässig sind, so dass zB die Hypothekenklage wegen einer kündigungsabhängigen, noch nicht gekündigten Hypothekenforderung als zur Zeit unbegründet abzuweisen ist, wenn nicht ausnahmsweise § 259 ZPO eingreift, ist die Zwangsvollstreckungsunterwerfung wegen einer solchen Hypothekenforderung – wie überhaupt wegen künftiger oder bedingter Forderungen – uneingeschränkt zulässig. Warum das bei Höchstbetragshypotheken anders sein soll, hat noch niemand erklärt. Soweit der Vorbehalt der Feststellung der Forderung im Einzelfall bedeutet, dass diese *nicht* den Bestimmtheitskriterien des § 794 Abs 1 Nr 5 ZPO entspricht, ist die Zwangsvollstreckungsunterwerfung bis zur

Konkretisierung ebensowenig zulässig wie die Hypothekenklage (aA MÜNCH DNotZ 1990, 596).

51 Wenn es (oben Rn 47) zulässig ist, im Falle der Sicherung eines Forderungsbündels die Hypothekenklage wegen jeder Einzelforderung zu erheben, auch wenn die Summe der Titel den Höchstbetrag übersteigt, gilt selbstverständlich für die vollstreckbare Urkunde dasselbe (BGHZ 88, 62; BÜHLING DNotZ 1953, 458, 469; WOLFSTEINER, Die vollstreckbare Urkunde[2] § 28.63 ff mit Angaben zur älteren Literatur; zögernd NK-BGB/KRAUSE[2] Rn 18). Die immer noch vertretene Meinung, die Zwangsvollstreckungsunterwerfung sei nur wegen eines Teils des Höchstbetrags zulässig (BayObLG NJW 1954, 1808 mit ausführlichen Literaturangaben; OLG Oldenburg DNotZ 1957, 669; OLG Frankfurt RPfleger 1977, 220; HORNUNG NJW 1991, 1649; ROSENBERG/GAUL § 13 IV 4, der sich zu Unrecht auf BGHZ 88, 62 beruft, denn dort wird die hier vertretene Auffassung ausdrücklich gebilligt; ERMAN/WENZEL[12] Rn 9; PALANDT/BASSENGE[68] Rn 9; fehlerhaft auch die Kritik von SAUER, Bestimmbarkeit im Hinblick auf die vollstreckbare Urkunde [1986] 75 Fn 1, der außer Acht lässt, dass eine Höchstbetragshypothek für bedingte oder unbedingte Forderungen bestellt werden kann, deren Summe den Hypothekenbetrag übersteigt; STAUDINGER/SCHERÜBL[12] Rn 5. Abwegig BayObLG vom 13.7.1989 – BReg 2 Z 78/89 – DNotZ 1990, 594 [mit Anm MÜNCH; dazu auch HORNUNG NJW 1991, 1649], das das Erfordernis der Unbestimmtheit auch auf den Inhalt der Forderung erstreckt und die Unterwerfung für unzulässig hält, wenn sie sich auf einen bestimmten [!] Betrag bezieht, der die Höchstbetragshypothek ausschöpft), entbehrt der Logik. Zu jeder Einzelforderung muss sich freilich die vollstreckbare Urkunde – wie bei jeder Hypothek – auf den Höchstbetrag beschränken; die Summe der vollstreckbaren Forderungen darf aber durchaus höher als der Höchstbetrag sein.

52 § 800 ZPO spielt in diesem Zusammenhang keine Rolle. Die Vorschrift regelt weder die Zulässigkeit der Zwangsvollstreckungsunterwerfung noch die Wirksamkeit des Vollstreckungstitels, sondern nur bestimmte Fälle der Rechtsnachfolge (Einl 192 f zu §§ 1113 ff).

4. Vollstreckung

a) Forderungsumfang

53 Bleibt der Betrag der aktuell gesicherten hypothekarischen Forderung einschließlich eingerechneter Zinsen und sonstiger Nebenleistungen hinter dem Höchstbetrag zurück, so ergibt sich keine andere Rechtslage als bei anderen Hypotheken (s § 1147 Rn 61). Der überschießende Betrag ist Eigentümergrundschuld; soweit nach Befriedigung des Gläubigers ein Erlös verbleibt, ist er dieser Eigentümergrundschuld zuzuteilen. Materiell kommt es ohne Rücksicht auf Anmeldungen allein darauf an, welche Forderungen nach wirklicher Rechtslage durch die Höchstbetragshypothek aktuell gesichert sind. Um das materielle Recht zur Geltung zu bringen, bedarf es verfahrensrechtlich aber stets einer besonderen Anmeldung der Ansprüche, die neben dem titulierten, dem Vollstreckungsantrag zugrundegelegten Anspruch geltend gemacht werden (§ 9 Nr 2 ZVG). Der Gläubiger ist nicht gehindert, Forderungen auch über den Höchstbetrag hinaus anzumelden.

b) Verteilung

54 Erlischt in der Zwangsversteigerung die Höchstbetragshypothek durch den Zuschlag (§ 91 Abs 1 ZVG), so ist der Höchstbetrag in den Teilungsplan aufzunehmen (§ 114

Abs 1 ZVG). Ein besonderer Nachweis für die Aufnahme des Höchstbetrags in den Teilungsplan ist nicht erforderlich. Übersteigt der Gesamtbetrag der im Verteilungsverfahren zu berücksichtigenden Einzelforderungen den Höchstbetrag, so kann der Gläubiger auswählen, welche Forderung er befriedigt haben möchte (Wolff/Raiser § 153 III; Westermann/Eickmann[7] § 111 II 1 b), es sei denn, eine bestimmte Reihung sei Inhalt der Hypothek. Mit der Befriedigung der vom Gläubiger ausgewählten Forderung ist vorbehaltene Feststellung der gesicherten Forderung endgültig erfolgt. S zum Fall, dass die Forderungen **verschiedenen Gläubigern** zustehen, oben Rn 36 f.

Bei der Zuteilung sind auch Forderungen zu berücksichtigen, die nach der Beschlagnahme des Grundstücks entstanden sind; die Möglichkeit, dass das Grundpfandrecht neue Forderungen sichert, endet erst mit dem Verteilungstermin. Die Zuteilung an den Gläubiger darf nur erfolgen, wenn und soweit die Forderung durch Urteil oder Vereinbarung der Beteiligten festgestellt ist (oben Rn 48) oder der Schuldner (Besteller) sie anerkennt oder kein Widerspruch erhoben ist (RGZ 51, 115; RGZ 55, 217; RGZ 56, 522; BGB-RGRK/Thumm Rn 16; Planck/Strecker Anm 6a γ; aM Steiner/Teufel, ZVG[9] § 114 Rn 64; Jaeckel/Güthe, ZVG § 114 Anm 6; Dassler/Schiffhauer/Gerhardt, ZVG § 114 Anm II 5: falls Forderung im Verteilungstermin noch nicht feststeht, bedingte Zuteilung des auf die Höchstbetragshypothek entfallenden Betrags an den Gläubiger). Soweit der Gläubiger den auf die Höchstbetragshypothek entfallenden Erlösanteil nicht in Anspruch nimmt, gebührt er dem Eigentümer (Besteller), falls nicht gleich- oder nachrangige Berechtigte einen gesetzlichen Löschungsanspruch (§§ 1179a, 1179b) oder eine Löschungsvormerkung geltend machen (§§ 1179). Zur Zuteilung an ihn genügt die Zustimmung des Gläubigers (RG HRR 1933 Nr 199). Bei Widerspruch des Gläubigers oder Eigentümers ist der Betrag zu hinterlegen.   **55**

c) Insolvenzverfahren

Nach Eröffnung des **Insolvenzverfahrens über das Vermögen des Eigentümers** können im Hinblick auf § 91 InsO keine Rechte an dem Grundstück mit Wirksamkeit gegen die Insolvenzgläubiger erworben werden, abgesehen von den Fällen des § 892 (RGZ 14, 249). Die zu diesem Zeitpunkt bestehende Eigentümergrundschuld gehört zur Insolvenzmasse, das Verwaltungs- und Verfügungsrecht darüber wird nach § 80 InsO durch den Insolvenzverwalter ausgeübt (RGZ 61, 42; Planck/Strecker Anm 6a β). Dies schließt aber nicht aus, dass erst nach Eröffnung entstandene Forderungen in den Sicherungskreis einbezogen sind, wenn dies Inhalt der Höchstbetragshypothek ist (vgl Vorbem 260 zu §§ 1191 ff).   **56**

V. Abtretung und Belastung

1. Allgemeines

Die Abtretung der Höchstbetragshypothek unterliegt gemäß Abs 4 *anderen Regeln* als die Abtretung der übrigen Hypotheken. Zwar gilt auch für die Höchstbetragshypothek, dass sie nur mit der Forderung abgetreten werden kann; die Abtretung der Hypothek allein ohne zumindest eine der gesicherten Forderungen ist auch bei der Höchstbetragshypothek nicht zulässig (KGJ 28 A 269; Planck/Strecker Anm 5c). Aus einem von der Höchstbetragshypothek gesicherten Forderungsbündel können aber einzelne Forderungen abgetreten werden, ohne dass die Höchstbetragshypothek mit übergeht (sie beschränkt sich dann auf die Sicherung der restlichen   **57**

Forderungen); umgekehrt können einzelne Forderungen zusammen mit der Höchstbetragshypothek abgetreten werden, die dann nicht mehr als Sicherheit für die
verbleibenden Forderungen dient. Wird eine Forderung ohne Höchstbetragshypothek abgetreten, so wird das Grundbuch insofern unrichtig; es ist dahin zu berichtigen, dass die Höchstbetragshypothek für diese Forderung nicht mehr besteht. Soll
die Höchstbetragshypothek jedoch zusammen mit den Forderungen oder mit einem
Teil von ihnen abgetreten werden, so gilt § 1154 Abs 3; die Abtretung bedarf dann
also zu ihrer Wirksamkeit der Eintragung in das Grundbuch, die auch zu verlautbaren hat, welche Forderungen übertragen sind.

2. Abtretung aller Forderungen mit der Hypothek

58 Die durch die Höchstbetragshypothek **gesicherten Forderungen können mit der
Hypothek** wie jede andere durch eine Sicherungshypothek gesicherte Forderung
durch Abtretungsvertrag (s zur Rechtsnatur § 1154 Rn 6) und Eintragung **abgetreten
werden**. Die Abtretung setzt die vorherige Feststellung der gesicherten Forderung
nicht voraus (KGJ 24 A 253; BayObLGZ 28, 575; PLANCK/STRECKER Anm 5b α), auch nicht bei
einer Teilabtretung in bestimmter Höhe (aM KG OLGE 18, 184). Die Abtretung ist
schon vor der Entstehung einer Forderung zulässig, da auch künftige Forderungen
abgetreten werden können und der Begriff der künftigen Forderung für die Zulässigkeit der Abtretung sehr weit gefasst wird (vgl STAUDINGER/BUSCHE [2005] § 398
Rn 63 ff). Letztlich ist genau der *Forderungskreis* abzutreten, der durch die Hypothek
gesichert wird.

59 Damit ist gesichert, dass durch die Abtretung die Rechtsnatur der Hypothek nicht
geändert wird. Der Zessionar erlangt dieselbe Rechtsstellung, die der Zedent
innegehabt hat. Schöpfen im Zeitpunkt der Abtretung die aktuell gesicherten
Forderungen den Höchstbetrag nicht aus oder bestehen aktuell gar überhaupt keine
gesicherten Forderungen, so erlangt der Zedent in Höhe des ungenutzten Teil der
Hypothek die Position des aufschiebend bedingten Hypothekars, während der
Eigentümer auflösend bedingt Inhaber der transitorischen Eigentümergrundschuld
bleibt (PLANCK/STRECKER Anm 5a β). Auch am Umfang der gesicherten Forderungen
ändert sich nichts; gesichert sind nur solche Forderungen, die dem Zessionar
zustehen oder erwachsen würden, wenn er sie nicht abgetreten hätte (RG JW 1916,
740; RGZ 125, 141; KGJ 28 A 269; PLANCK/STRECKER Anm 5b α). Soweit etwa das Grundpfandrecht bereits in voller Höhe oder zu einem Teil *endgültig* Eigentümergrundschuld geworden sein sollte, ist der bisherige Gläubiger zur Abtretung nicht mehr
befugt; es greift jedoch auch bei der Höchstbetragshypothek die Vermutung des
§ 891 ein.

3. Abtretung eines Teils der Forderungen mit der Hypothek

60 Es ist zu unterscheiden:

Es kann ein Teil der – gegenwärtigen oder künftigen – Forderungen aus dem
gesicherten Forderungskreis in der Form des § 1154 Abs 3 mit der Folge abgetreten
werden, dass sich künftig der gesicherte Forderungskreis nur noch aus den abgetretenen Forderungen zusammensetzt. Die verbleibenden Forderungen verlieren
dann ihre hypothekarische Sicherheit.

Es kann aber auch – ebenfalls in der Form des § 1154 Abs 3 – ein Teil der **61**
Forderungen mit einem Teil der Hypothek abgetreten werden mit der Folge, dass
zwei Teilhypotheken entstehen, von denen jede einen Teil des bisherigen Forderungskreises sichert. Der Zustimmung des Eigentümers bedarf dies auch im Fall
einer Rangänderung gemäß § 1151 nicht. Einerseits bleibt der Gesamtumfang der
Hypothek unverändert; andererseits bewirkt die Aufteilung jedenfalls dann, wenn
sich der Gläubiger die Feststellung der Forderung vorbehalten hat, nicht mehr als
was der Gläubiger auch durch geeignete Forderungsfeststellung erreichen kann.

4.   Abtretung der Forderung allein

Die Forderung allein ohne die Höchstbetragshypothek kann nach den Vorschriften **62**
der §§ 398 ff übertragen werden. Wird die Forderung nach diesen Vorschriften
übertragen, so ist der Übergang der Hypothek ausgeschlossen (Abs 4 S 2). Die
abgetretene Forderung scheidet aus dem Hypothekenverband aus und ist nicht mehr
dinglich gesichert. Das Grundstück haftet bis zum Höchstbetrag für die anderen
schon entstandenen oder noch entstehenden Forderungen fort (BGB-RGRK/THUMM[12]
Rn 26; PLANCK/STRECKER Anm 5a; WOLFF/RAISER § 153 II); soweit solche Forderungen noch
nicht bestehen oder erloschen sind, ist das Grundpfandrecht (vorläufige) Eigentümergrundschuld (vgl WOLFF/RAISER § 153 II mit Fn 19). Hat der Gläubiger sämtliche
gesicherten Ansprüche ohne die Hypothek abgetreten, wird das Grundpfandrecht
endgültige Eigentümergrundschuld (BGB-RGRK/THUMM[12] Rn 26; PLANCK/STRECKER
Anm 5a). Können Forderungen nur noch zu einem insgesamt niedrigeren Betrag als
dem Höchstbetrag entstehen, wird der entsprechende Teil endgültige Eigentümergrundschuld. Das weitere Schicksal der ausgeschiedenen Forderung hat keinen
Einfluss mehr auf die Hypothek.

Entscheidend für die Frage, ob die Forderung mit oder ohne Hypothek abgetreten **63**
ist, ist der Wille der Parteien (RGZ 133, 89). Haben die Parteien vereinbart, die
Forderung mit der Hypothek abzutreten, scheitert aber die Eintragung der Abtretung, so kann die Abtretung nicht in eine solche ohne Hypothek umgedeutet werden
(RGZ 133, 84 = JW 1931, 3105 mit Anm SIEBERT).

Ist die Forderung ohne die Hypothek an einen Dritten abgetreten worden, so ist das **64**
Grundbuch unrichtig, soweit es noch die Zugehörigkeit dieser Forderung zum gesicherten Forderungskreis ausweist. Erwirbt später jemand Hypothek und Forderung, so ist es nicht ausgeschlossen, dass die Forderung kraft guten Glaubens wieder
in den Sicherungskreis zurückkehrt.

5.   Belastung der Hypothekenforderung

Auch bei der Bestellung eines Nießbrauchs oder eines Pfandrechts an einer der **65**
Hypothekenforderungen besteht das Wahlrecht. Es kann sowohl die Höchstbetragshypothek zusammen mit der gesicherten Forderung als auch die Forderung allein
belastet werden.

VI.   Pfändung

Für die Pfändung und Überweisung einer durch Höchstbetragshypothek gesicherten **66**

Forderung enthält § 837 Abs 3 ZPO eine dem Abs 4 entsprechende Regelung, die allerdings – um einen Rechtsverlust des Schuldners zu vermeiden – nur die Überweisung an Zahlungs statt zulässt. Die Pfändung und Überweisung der Forderung ohne die Hypothek ist ausdrücklich zu beantragen. Wegen einer Pfändung der Forderung mit der Hypothek s §§ 830, 837 ZPO.

67 Die dem Eigentümer zustehende *endgültige* Eigentümergrundschuld kann von den Gläubigern des Eigentümers gepfändet werden. Es gilt hier nichts Besonderes gegenüber der Pfändung der endgültigen Eigentümergrundschuld in sonstigen Fällen der Buchhypothek (§ 1163 Rn 103 f). Der Pfändung der *vorläufigen* Eigentümergrundschuld steht bei der Höchstbetragshypothek nicht anders als bei jeder Hypothek (§ 1163 Rn 37, 112) entgegen, dass der Eigentümer als Gläubiger und damit auch die Pfändung vor der Verwandlung in eine endgültige Eigentümergrundschuld nicht eingetragen werden kann (RG JW 1935, 2554; OLG Karlsruhe vom 17.6.2005 – 14 Wx 35/04 – Rpfleger 2006, 182); eine dennoch eingetragene Pfändung ist aber nicht unwirksam (RGZ 120, 110; § 1163 Rn 36). Das im Pfändungs- und Überweisungsbeschluss enthaltene Verfügungsverbot ist letzterenfalls bedingt durch die Eintragung des Eigentümers als Gläubiger wirksam. Wird die Eigentümergrundschuld endgültig, so endet dann der in § 161 geregelte Schwebezustand; das Verfügungsverbot wirkt auf den Zeitpunkt der Eintragung zurück. Die unzulässig eingetragene Pfändung hat aber nicht zur Folge, dass nach dem Inhalt der Hypothek bereits potentiell gesicherte Ansprüche im Verhältnis zum Pfandgläubiger ausfallen würden; ein dem Schuldner vom Gläubiger nach der Pfändung gewährter weiterer Kredit fällt daher gleichfalls unter die Hypothek, wenn sie auch zur Sicherung eines solchen künftigen Kredits bestellt war (RGZ 51, 119; JW 1935, 2554; § 1163 Rn 31 ff). Unter mehreren Pfändungsgläubigern bestimmt sich der Vorrang nach dem Datum der Eintragung (§ 1163 Rn 105).

VII. Umwandlung

68 Eine Höchstbetragshypothek kann entsprechend § 1186 in eine Hypothek mit bestimmtem Betrag, sei es eine Verkehrshypothek oder eine gewöhnliche Sicherungshypothek, umgewandelt werden. Auch ist eine Umwandlung in eine Grund oder Rentenschuld zulässig (§§ 1198, 1203). Auch der umgekehrte Vorgang ist möglich (KG JW 1935, 3570 und § 1186 mit Erl). Die Umwandlung in eine Hypothek anderer Rechtsform mag zwar nicht die „Feststellung der Forderung" iSd § 1190 voraussetzen (RGZ 60, 243; KGJ 31 A 337; KG Recht 1927 Nr 345; PLANCK/STRECKER Anm 8; WOLFF/ RAISER § 153 Fn 21; **aM** KGJ 25, 173); wohl aber muss anstelle des unbestimmten Forderungskreises eine bestimmte Forderung bezeichnet werden, wie dies für gewöhnliche Hypotheken obligatorisch ist. Gehört die nach Umwandlung gesicherte Forderung zum Kreis der bereits bisher gesicherten Forderungen, war es Sache des Gläubigers, die Forderung festzustellen, und werden für die neue Hypothek (wenig realistisch) keine Zinsen bestimmt, so bedarf die Umwandlung nicht der Zustimmung des Eigentümers, weil sich dessen Belastung nicht erhöht (**aA** wohl STAUDINGER/ SCHERÜBL[12] Rn 54 unter Berufung auf RJA 3, 156; KGJ 35 A 317). Zu einer Umwandlung in den Grenzen des Höchstbetrags bedarf es nicht der Zustimmung des vom Eigentümer verschiedenen persönlichen Schuldners und ebensowenig der Zustimmung der gleich- und nachberechtigten Gläubiger, selbst wenn diese einen gesetzlichen Löschungsanspruch haben (§ 1186 Rn 11). Es kann der volle Höchstbetrag als Betrag der Verkehrshypothek oder der gewöhnlichen Sicherungshypothek angenommen und außerdem eine Verzinsung dieses Betrags bis zu fünf vom Hundert festgesetzt werden (RGZ 145, 48; oben Rn 38; s auch BayObLGZ 34, 192).

Eine gesetzliche Verpflichtung zur Bewilligung der Umwandlung einer Höchstbe- **69** tragshypothek in eine Verkehrshypothek oder eine gewöhnliche Sicherungshypothek besteht nicht (RGZ 49, 165; Wolff/Raiser § 153 mit Fn 23), auch nicht bei der Arresthypothek (Vorbem 56 zu §§ 1113 ff). Eine Vormerkung zur Sicherung der vertragsmäßig übernommenen Verpflichtung zur Umwandlung ist zulässig (OLG Colmar OLGE 13, 196; Biermann BankArch 1907/08, 262).

VIII. Forderungsauswechslung

Im Wege der Forderungsauswechslung (§ 1180) können auch einer Höchstbetrags- **70** hypothek eine andere oder mehrere andere Forderungen desselben oder eines anderen Gläubigers unterstellt werden (s § 1180 Rn 32). Eine Forderungsauswechslung liegt bei der Höchstbetragshypothek nicht nur dann vor, wenn ein neuer Forderungskreis anstelle des bisherigen zur alleinigen Sicherung der Hypothek unterstellt werden soll, sondern im weiteren Sinn auch dann, wenn ein neuer Forderungskreis zu den in ihm aufgehenden, bereits bisher gesicherten Forderungen hinzutreten soll (s näher § 1180 Rn 33). Die Forderungsauswechslung ist ohne vorherige Feststellung der gesicherten Forderung zulässig; § 1198 ist erst dann anwendbar, wenn eine endgültige Eigentümergrundschuld (s oben Rn 11) entstanden ist (RGZ 60, 262; KGJ 32 A 269; 45, 287; 49, 224; OLGE 31, 354; Planck/Strecker § 1180 Anm 3a; aM BGB-RGRK/Thumm[12] § 1180 Rn 4).

Hat zwischen der Bestellung der Höchstbetragshypothek und der Forderungsaus- **71** wechslung das **Eigentum** am Grundstück **gewechselt**, so ist neben der selbstverständlich notwendigen Mitwirkung des (jetzigen) Eigentümers materiellrechtlich auch die Bewilligung des früheren Eigentümers notwendig, wenn er zu der Zeit, als er Eigentümer war, die vorläufige Eigentümergrundschuld nach § 1163 Abs 1 S 1 als dem Eigentümer zur Zeit der Bestellung der Hypothek oder die vorläufige Eigentümergrundschuld nach § 1163 Abs 1 S 2 als dem Eigentümer zur Zeit des Erlöschens der Forderung erworben hat. Grundbuchrechtlich aber kommt § 891 Abs 1 dahingehend zum tragen, dass der bewilligende Bucheigentümer bewilligungsbefugt ist, so dass dessen Bewilligung genügt, es sei denn das Grundbuchamt wüsste positiv, dass die Eigentümergrundschuld ganz oder zum Teil einem Voreigentümer zusteht (vgl § 1163 Rn 88 und unten Rn 74. AA Staudinger/Wolfsteiner [2002] – hiermit aufgegeben –; KGJ 45, 286; Planck/Strecker § 1180 Anm 4a β).

Die *Forderungsauswechslung* ist von der *Abtretung* iS des § 1153 *zu unterscheiden* **72** (vgl Herold ZBlFG 10, 198). Der Unterschied ist von Bedeutung, wenn bei Sicherung der Ansprüche aus einem Kreditverhältnis ein Wechsel in der Person des Kreditgebers oder Kreditempfängers eintreten soll. Denn bei der Abtretung werden nur die Forderungen des bisherigen Gläubigers gegen den bisherigen Schuldner gesichert. Es bedarf daher der Forderungsauswechslung, wenn auch die Forderungen aus dem Kreditverhältnis des neuen Schuldners zu dem Kreditgeber oder die des Schuldners zu dem neuen Kreditgeber von der Hypothek gedeckt werden sollen (RGZ 125, 141; KGJ 32 A 269; 45, 287; Planck/Strecker Anm 7; Wolff/Raiser § 153 V mit Fn 17 und 20). Die Forderungsauswechslung kann, wenn der Eigentümer (Besteller) entsprechend beteiligt wird, zusammen mit der Abtretung vorgenommen werden; in einem solchen Fall kann die Eintragung des Gläubigerwechsels angesichts des weiten Standpunkts bezüglich der Bestimmbarkeit der Forderungen zugleich Verlautbarung der Forderungsauswechslung sein (WESTERMANN[5] § 111 II 1 d; vgl auch KGJ 49, 224; KG HRR 1929 Nr 909; HUTH ZBlFG 6, 175; BOLLENBECK DNotV 1915, 3; HIEBER DNotV 1931, 187; 190; FREY BayNotV 1929, 387, abweichend BIERMANN BankArch 1907/08, 260; s auch BOURIER BayNotZ 1931, 285).

IX. Verzicht und Aufhebung

1. Verzicht

73 Anders als bei sonstigen Hypotheken kommen bei der Höchstbetragshypothek zwei Arten des Verzichts in Frage. Der gewöhnliche Verzicht nach § 1168 hat auch die dort angeordneten Rechtsfolgen. Sichert die Höchstbetragshypothek aber eine Forderung, die den Höchstbetrag (möglicherweise) übersteigt, oder mehrere Forderungen, die (möglicherweise) zusammen den Höchstbetrag übersteigen, so muss nach den Wertungen, die dem Abs 4 zugrunde liegen, ein (einseitiger) Verzicht auf die Sicherung des überschießenden Betrags in der Weise möglich sein, dass der Bestand der Höchstbetragshypothek nicht berührt, sondern nur der Umfang des gesicherten Forderungskreises reduziert wird. Der Eintragung in das Grundbuch bedarf ein solcher Verzicht, der freilich ebenso wie der nach § 1168 dem Grundbuchamt oder dem Eigentümer zu erklären ist, sinngemäß nicht; das Grundbuch wird aber unrichtig.

2. Aufhebung

74 Die Aufhebung der Höchstbetragshypothek regelt sich nach §§ 875, 1168, 1183 (s § 1183 Rn 1 ff). Hat der Eigentümer nach der Bestellung der Hypothek gewechselt, muss nach materiellem Recht auch der frühere Eigentümer zustimmen, wenn er gemäß § 1163 Abs 1 S 1 Inhaber einer Eigentümergrundschuld wurde (ERMAN/WENZEL Rn 17; vgl oben Rn 71); grundbuchrechtlich genügt – wie allgemein – die Bewilligung des eingetragenen Eigentümers, weil ihm die Vermutung des § 891 zugute kommt (LG Hamburg vom 29. 10. 2003 – 321 T 69/03 – Rpfleger 2004, 348 m abl Anm MEYER-KÖNIG; **aA** OLG Frankfurt MittBayNot 1984, 85; SCHÖNER/STÖBER[14] Rn 2754; MEIKEL/BÖTTCHER, GBO[10] § 27 Rn 87; DEMHARTER, GBO[26] § 27 Rn 15; MünchKomm/EICKMANN[4] Rn 24; PALANDT/BASSENGE[68] Rn 20); dass die Höchstbetragshypothek Sicherungshypothek ist und sich die Vermutung des § 891 nicht auf die Forderung erstreckt (so die Argumentation von MEYER-KÖNIG aaO) spielt keine Rolle, weil die Hypothek, soweit sie dem Eigentümer (oder dem früheren Eigentümer) zusteht, ohnehin nicht mit einer Forderung unterlegt ist.

X. Arresthypothek

75 Die Arresthypothek entsteht immer als Höchstbetragshypothek (§ 932 ZPO). S Vorbem 51 ff zu § 1113.

Titel 2
Grundschuld, Rentenschuld
Untertitel 1
Grundschuld

Vorbemerkungen zu §§ 1191 ff

Schrifttum

ACKERSMANN, Abgrenzungsprobleme zu Grundschuldformularen, Rpfleger 1972, 245
ALBERS/FRENZEL, Die Mithaftung naher Angehöriger für Kredite des Hauptschuldners (1996)
AMANN, Sicherungsvertrag und Belehrung bei Grundschulden, die fremde Verbindlichkeiten sichern, MittBayNot 1997, 341
ARNHOLD, Hypothek und Grundschuld (Diss Jena 1936)
ASCH, Das Hypothekengeschäft (1932)
BADEN, § 1157 BGB und das Einredesystem der Sicherungsgrundschuld, JuS 1977, 75
BÄHR, Die nicht valutierte Grundschuld (Diss Erlangen 1935)
BADER, Die Grundschuld als Kreditsicherung, ihre Gefahren und die Maßnahmen zu ihrer Verhütung, BayNotZ 1933, 247
BAUCH, Fälligkeit von Grundschuldzinsen, Rpfleger 1985, 466
BAYER/WANDT, Das Verhältnis zwischen Bürgen und Grundschuldbesteller, JuS 1987, 271
BECKER, Maßvolle Kreditsicherung (1999); krit Berspr WEBER NJW 2001, 208
BECKER-EBERHARDT, Die Forderungsgebundenheit der Sicherungsrechte (1991)
BEHMER, Das Freigabeversprechen im Konkurs der Gläubigerbank, DNotZ 1985, 195
BINDER, Zur Lehre von Schuld und Haftung, JherJb 77, 175
BLOMEYER, Eigentümergrundpfandrecht und Grundpfandbestellungsrecht des Eigentümers, DRWiss 1941, 110 ff, 218 ff
K BLOMEYER/LÖFFLER, Hypotheken und Grundschulden (1990)
BOURIER, Persönliche Haftung für eine Grundschuld?, BayNotZ 1930, 236

BRAMBRING N, Diskrepanz zwischen ANLASS und Sicherungsumfang einer Bürgschaft (2003)
BUCHHOLZ, Abtretung der Grundschuld und Wirkung der Sicherungsvereinbarung, AcP 187 (1987) 107
ders, Sicherungsvertraglicher Rückgewähranspruch bei Grundschulden, ZIP 1987, 891
ders, Abstraktionsprinzip und Immobiliarrecht. Zur Geschichte der Auflassung und der Grundschuld (1978)
BÜCKLE, Bezugnahmsloser Grundschuldbrief, DNotZ 1936, 844
BÜLOW, Die These von der Doppelcausa im Kreditsicherungsverhältnis – ein Holzweg, NJW 1997, 641
ders, Grundstücke und Verbraucherkreditgesetz, ZfIR 1998, 181
ders, Der Grundsatz der Subsidiarität im Kreditsicherungsverhältnis, ZIP 1999, 985
CANARIS, Deckungsgrenze und Bewertungsmaßstab beim Anspruch auf Freigabe von Sicherheiten, ZIP 1996, 1577
CAPELLER, Die Zwangsvollstreckung in die durch den Schuldner zur Sicherheit eines Kontokorrentkredits bestellte Grundschuld, MDR 1953, 153
CLEMENTE, Rechtsfragen der Kreditsicherung mittels Grundschuld in der Praxis der Kreditinstitute (Diss München 1982)
ders, Die Zweckerklärung der Sicherungsgrundschuld in der Bankpraxis, NJW 1983, 6
ders, Die Sicherungsgrundschuld in der Bankpraxis (1985)
ders, Die Sicherungsabrede der Sicherungsgrundschuld, ZIP 1990, 969
ders, Das Recht der Sicherungsgrundschuld (4. Aufl 2008), zit: CLEMENTE
ders, Aktuelle Entwicklungen beim Anspruch

Hans Wolfsteiner

auf Rückgewähr einer Sicherungsgrundschuld, ZIR 1997, 127

ders, Die Anrechnung des Verwertungserlöses auf die gesicherten Forderungen, ZfIR 1998, 61

ders, Nochmals: Die Anrechnung des Verwertungserlöses auf die gesicherten Forderungen, ZfIR 2000, 61

ders, Kostenüberlegungen bei der Bestellung einer Grundschuld, ZfIR 2003, 94

ders, Verwertung der nicht akzessorischen Grundschuld im Rahmen eines Forderungsverkaufs, ZfIR 2007, 737

DEMPEWOLF, Der Rückübertragungsanspruch bei Sicherungsgrundschulden (1958)

ders, Löschungsvormerkung und Vormerkung zur Sicherung des abgetretenen Anspruchs auf Rückübertragung bei Grundschulden, BlGBW 1956, 25

ders, Zur Vormerkung des Anspruchs auf Rückübertragung einer sicherungsweise abgetretenen Grundschuld, BlGBW 1956, 311

ders, Der Rückübertragungsanspruch bei Sicherungsgrundschulden als Kreditsicherungsmittel, NJW 1957, 1257

ders, Die Pfändung eines Anspruchs auf Rückgewähr einer Sicherungsgrundschuld, NJW 1959, 556

ders, Welchen Rang hat der nicht valutierende Teil einer Sicherungsgrundschuld?, NJW 1959, 2148

DERLEDER, Die unsichere Sicherungsgrundschuld, JuS 1971, 90

DIECK, Probleme der Grundschuld, insbesondere der Sicherungsgrundschuld in der notariellen Praxis, MittRhNotK 1970, 520

DIECKMANN, Zur entsprechenden Anwendung der §§ 1164, 1165 im Grundschuldrecht, WM 1990, 1481

ders, Zur Struktur und rechtlichen Qualifizierung der in vollstreckbaren „Sicherungsgrundschulden" enthaltenen Rechte, RNotZ 2008, 597

DIESTER, Wiedergabe von Verfügungs und Veräußerungsbeschränkungen bei Bildung des Briefes für eine Grundschuld an einem Wohnungseigentum und Wohnungserbbaurecht, Rpfleger 1968, 41

DIETL, Die Geschichte der Grundschuld, insbesondere der letzten 100 Jahre (Diss München 1952)

DIETLEIN, Kreditsicherung der Banken und das neue AGBG, JuS 1977, 431

DÖRRIE, Der Anspruch auf Rückgewähr der Grundschuld und seine Funktion in der Finanzierung, ZfIR 1999, 717

DÖRING, Risiko und Risikobegrenzung für den Sicherungsgeber bei der Sicherungsgrundschuld (2001, zugl Diss Kiel 2001)

DÜMCHEN, Das Wesen der Grundpfandrechte, JherJb 54, 355

ECKELT, Umfaßt die Abtretung des Anspruchs auf Rückgewähr einer Sicherungsgrundschuld auch den Zinsanspruch?, WM 1980, 454

EICKMANN, Die fiduziarisch gegebene isolierte Grundschuld als Rangsicherungsmittel, NJW 1981, 545

ders, Aktuelle Rechtsfragen zur Sicherungsgrundschuld, ZIP 1989, 137

ERTL, Die Grundschuldbestellung zur Kaufpreisfinanzierung, MittBayNot 1989, 53

ESTERHUES, Die Gesamtgrundschuld nach dem Bürgerlichen Gesetzbuch (Diss Münster 1956)

FALLENBERG, Der Kredit gegen Grundsicherheiten, unter besonderer Berücksichtigung der Grundschuld (Diss Berlin 1938)

FELGENTRÄGER, Hypothek und Grundschuld, in: FS J vGierke (1950) 140

FRIEDRICH, Die Eintragungsfähigkeit der bei Bestellung der Grundschuld vereinbarten Sicherungsabrede, NJW 1968, 1655

ders, Anwendbarkeit des § 401 BGB auf die Sicherungsgrundschuld, NJW 1969, 485

FULLENKAMP, Die erweiterte Zweckerklärung bei Bürgschaft und Grundschuld (1989)

GABERDIEL/GLADENBECK, Kreditsicherung durch Grundschulden (8. Aufl 2008)

GEIMER, Schwedische Bank im deutschen Grundbuch: Grundschuld zur Sicherung einer ausländischem Recht unterliegenden Grundschuld, IPrax 1999, 152

GEISSLER, Die Verwertung der Sicherungsgrundschuld in der Zwangsversteigerung, JuS 1990, 284

GERHARDT, Die Wirkung der Anrechnungsvereinbarung bei Sicherungsgrundschulden im Konkurs, ZIP 1980, 165

GERTH/GRÜTZBACH, Sicherung von Grundstücksbeleihungen der Versicherungsunternehmen durch Buchgrundschulden, VersR 1967, 215

GLASSER, Die durch Grundschuld gesicherte Gesellschafterforderung und der Konkurs des Gesellschafters, BB 1996, 1229

GNAMM, Der Rückgewähranspruch nach Abtretung einer nicht voll valutierten Sicherungsgrundschuld an Dritte, ZIP 1986, 822

GRZIWOTZ, Stehengebliebene Sicherungsgrundschuld und Zwangsversteigerung, in: FS Wolfsteiner (2008) 31

ders, Risikogeschäft Grundschuld?, AnwBl 2008, 501

HAGER, Der Sicherungsvertrag bei der Grundschuld, in: FS Wolfsteiner (2008) 41

HAHN, Grundschuld und abstraktes Schuldversprechen, ZIP 1996, 1223

HENSELER, Abtretung vorrangiger Grundschulden, AcP 166, 409

HOCHE und GÖHLER, Löschungsvormerkung und Sicherungsgrundschuld, NJW 1959, 413

HUBER, Die Sicherungsgrundschuld (1965)

ders, in: FS Serick (1992) 195

HUMMEL, Mitbesitz und Besitzkonstitut bei Grundschuldteilabtretung ohne Briefübergabe, NJW 1965, 2376

IGNATZI, Die Freigabe von Kreditsicherheiten (1996, zugl Diss Hamburg)

JACOBY, Die Befriedigung aus dem Grundschulderlös, AcP 203 (2003), 664

JÄCKLE, Die Sicherungsgrundschuld bei Störungen des Kreditverhältnisses, JZ 1982, 50

JANBERG, Die Grundschuld als Kreditsicherung, ZfKrW 1949, 496

JESTAEDT, Eine dingliche Komponente beim Grundschuld-Rückgewähranspruch, in: FS Schultz (1987)

JOCHEMCZYK, Ist der Fortbestand der Eigentümergrundschuld noch gerechtfertigt?, DLK 1967, 539

JOSWIG, Die weite Zweckerklärung bei der Sicherungsgrundschuld, ZfIR 1998, 185

ders, Die weite Zweckerklärung bei Übernahme der persönlichen Haftung zu einer Sicherungsgrundschuld, ZfIR 2000, 593

ders, Beweislast und Darlegungslast bei der Grundschuld, ZfIR 2001, 613

KEIM, Die weite Sicherungsabrede: Überraschung oder unangemessene Benachteiligung?, MittBayNot 1994, 406

KLASSEN, Die Behandlung verjährter Grund-

schuldzinsen im Zwangsversteigerungsverfahren, BKR 2003, 51

KLAUS, Die Stellung des Sicherungsgebers bei der privaten Schuldübernahme nach § 418 Abs 1 BGB (1996, zugl Diss Würzburg 1994)

KLEE, Eigentümergrundschuld oder Fremdgrundschuld, NJW 1951, 579

KNEES, Die Bank als Grundpfandrechtsgläubiger in der Unternehmensinsolvenz, ZIP 2001, 1568

KNÖCHLEIN, Der Rückgewähranspruch des Eigentümers bei Grundschulden und die bedingte Grundschuld, BlGBW 1958, 305

KNOPS, Darlehensgewährung und Grundpfandrechtsbestellung, ZfIR 1998, 577

ders, Tilgungsverrechnungsklauseln bei der Sicherungsgrundschuld, ZfIR 2000, 501

ders, Die „weite" Sicherungszweckerklärung des persönlich schuldenden Eigentümers in der AGB-Kontrolle, ZIP 2006, 1965

KOLBENSCHLAG, Zur Frage, wann eine (Teil-) Eigentümergrundschuld entsteht, MDR 1960, 102

ders, Die Grundschuld im Konkursverfahren über das Vermögen des Kreditnehmers, Betrieb 1960, 1120

ders, Die sog Anrechnungsvereinbarung zur Sicherungsgrundschuld in der Zwangsversteigerung, DNotZ 1965, 73

ders, Grundschuld und Übernahme der persönlichen Haftung für den Grundschuldbetrag, DNotZ 1965, 202

ders, Die sog „Nur einmal Valutierungserklärung" zur Sicherungsgrundschuld, DNotZ 1966, 475

KOMANNS, Das Grundpfandrecht als fiduziarische Sicherheit (Diss Köln 1939); in Buchform: Die Sicherungsgrundschuld (1939)

KOWALSKI, Die Grundschuld im modernen Grundbuchverkehr (1932 = KOWALSKI), (2. Aufl 1939)

KOZIOL, Verpflichtung des Gläubigers zur Verwertung von Sicherheiten?, in: FS Schimansky (1999) 355

KÜCHLER, Die Sicherungsgrundschuld (1939)

KÜMMERLEIN, Auszahlungen vor Eintragung von Sicherungsgrundschulden, BB 1949, 344

KÜMPEL, Persönliche Haftung und Vollstrek-

Hans Wolfsteiner

kungsunterwerfung bei Grundpfandrechten und
das AGB-Gesetz, WM 1978, 746

LAHNERT, Renaissance der Buchgrundschuld?,
ZKredW 1964, 1026

KUNTZ, Angemessenheit weiter formularmäßi-
ger Zweckerklärungen bei Globalbürgschaften,
Grundschulden und anderen Sicherungsrechten,
AcP 209 (2009) 242

LANGFORD, Sicherungsgrundschuld und persönliche Haftungsübernahme im Darlehenssi-
cherungsfall (1998, zugleich Diss Bochum 1998)

LETTL, Das Entstehen des Rückgewähranspruchs bei Sicherungsgrundschulden, WM
2002, 788

LINDE, Sicherung des Gläubigers nachrangiger
Grundpfandrechte, NJW 1957, 450

LINDEMANN, Sicherungsgrundschuld, JW 1931,
2613

LOHMANN, Zur Lehre von der Grundschuld
unter bes Berücksichtigung der nicht valutierten
Grundschuld, ihrer Pfändung und ihrer Stellung
in der Zwangsversteigerung (Diss Erlangen
1933)

LOHMANN, Rechtsprobleme der Globalzweck-
erklärung insbesondere in Formularverträgen
(1988)

LOPAU, Die Nichtakzessorietät der Grundschuld, JuS 1972, 502

ders, Die Rechtsstellung des Schuldners bei der
Kreditsicherung durch Grundschulden, NJW
1972, 2253

ders, Die Sicherungsgrundschuld im Span-
nungsfeld von Eigentümer- und Verkehrsinter-
essen, JuS 1976, 553

LWOWSKI, Die anfängliche Übersicherung als
Grund für die Unwirksamkeit von Sicherhei-
tenbestellungen, in: FS Schimansky (1999) 389

ders, Sicherungszweckerklärung, in: FS Kümpel
(2003) 349

C MARBURGER, Grundschuldbestellung und
Übernahme der persönlichen Haftung (1998).
Bespr von WACHTER NotBZ 1998, 158

MARTINEK/OMLOR, Auswirkungen von gesetzlichem und vertraglichem Rangrücktritt auf
nicht-akzessorische Sicherheiten, WM 2008, 617,
665

MATSCHL, Das Schicksal der persönlichen Forderung bei Befriedigung des Gläubigers einer

Sicherungsgrundschuld durch den Eigentümer,
NJW 1962, 2132

MAYR, Die nicht valutierte Grundschuld (Diss
Erlangen 1934)

MENTGES, Verkehrshypothek, Sicherungshypothek, Grundschuld de lege ferenda (welche ist
zu bevorzugen, welche kann wegfallen? Vereinfachung des Hypothekenrechts) (Diss Köln
1943)

NASARRE AZNAR/STÖCKER, Propuesta de regulación de un derecho real de garantía immobiliaria no accessorio. El ejemplo de la Europa
central, Revista critica de derecho immobiliario
78 (2002) 915

NEUHOF/RICHRATH, Rückabwicklung nichtiger
Kreditsicherungsverträge nach der Lehre von
der Doppelcausa, NJW 1996, 2894

OPALKA, Ausgewählte Probleme der Grundschuldbestellung usw, NJW 1991, 1796

OTTEN, Sicherungsvertrag und Zweckerklärung
(2003)

PAEFGEN, Sittengebot und Grundpfandbestel-
lung durch Angehörige, ZfIR 2003, 313

PETERS, Grundschuldzinsen, JZ 2001, 1017

PETRI, Die Grundschuld als Sicherungsmittel für
Bankkredite (Diss Münster 1975)

PFEIFER, Grundschulden aus der Sicht von Notar und Bank, MittRhNotK 1998, 333

PFEIFFER, Der gesetzliche Inhalt des allgemeinen Freigabeanspruchs, ZIP 1997, 49

POLZIN, Die praktische Anwendung der
Grundschuld, AcP 134, 219

PRITTWITZ-GAFFRON, Besitz und Eigentum am
Grundschuldbrief bei Abtretung der Grundschuld, NJW 1957, 85

PUNTSCHART, Grundschuldbegriff (1900)

ders, Pfandrechte an eigener Sache nach deutschem Reichsrecht, in: FS Karl vAmira (1908)

PUPLICK, Rechtsprobleme der Sicherungsvereinbarung bei Grundschulden (1988)

QUENTIN, Die Sicherungsgrundschuld (Diss
Halle 1936)

RÄBEL, Rechtsfragen zur Kreditsicherungs-
grundschuld, NJW 1953, 1247

RAHN, Verkehrshypothek und Sicherungsgrundschuld, BWNotZ 1959, 265

ders, Teilabtretung von Briefgrundschulden
ohne Bildung eines Teilbriefes, Sparkasse 1965,
328

RAINER, Die Auswirkungen des AGB-Gesetzes auf die formularmäßige Sicherungszweckerklärung für Grundschulden und die dingliche und persönliche Zwangsvollstreckungsunterwerfung, WM 1988, 1657

RASTÄTTER, Grenzen der banküblichen Sicherung durch Grundpfandrechte, DNotZ 1987, 459

ders, Die Prüfungs- und Belehrungspflichten des Notars bei Grundschuldbestellungen, BWNotZ 1990, 57

REINICKE, Der Schutz des guten Glaubens beim Erwerb einer Grundschuld kraft Gesetzes, WM 1986, 813

ders, Das Schicksal der persönlichen Forderung bei Ablösung der Grundschuld durch den Eigentümer des Grundstücks, WM 1987, 485

REINICKE/TIEDTKE, Die Sicherung einer Gesamtschuld durch eine Grundschuld auf dem Grundstück eines Dritten, NJW 1981, 2145

dies, Kreditsicherung durch Schuldbeitritt, Bürgschaft, Patronatserklärung, Garantie, Sicherungsübereignung, Eigentumsvorbehalt, Pool-Vereinbarungen, Pfandrecht an beweglichen Sachen und Rechten, Hypothek und Grundschuld (5. Aufl 2006), zit: REINICKE/ TIEDTKE

REITHMANN, Die Grundschuld in Recht und Praxis, NJW 1973, 879

ders, Die Grundpfandrechte in der Rechtswirklichkeit, NJW 1977, 661

ders, Grundpfandrechte heute – Rechtsentwicklung und Aufgaben des Notars, DNotZ 1982, 67

ders, Die Zweckerklärung bei der Grundschuld, WM 1985, 441

ders, Zulässiger Ausschluß des Rückübertragungsanspruchs bei löschungsbestimmten Grundschulden, WM 1990, 1985

RIEDEL, Der rechtliche und wirtschaftliche Charakter der Grundschuld, JurBüro 1972, 945

REISCHL, Fortwirkung von Einreden bei der Ablösung einer Sicherungsgrundschuld, JR 1998, 405

RIMMELSPACHER, Gutglaubensschutz bei der Ablösung von Grundpfandrechten, WM 1986, 809

vRINTELEN, Der Übergang nicht-akzessorischer Sicherheiten bei der Forderungszession (1996, zugl Diss Bonn 1994/95)

RIPFEL, Die Eigentümeransprüche gegen den Grundschuldgläubiger und ihre Sicherung, DNotZ 1957, 518

ders, Kreditsicherung durch Grundschuld, BWNotZ 1961, 193

RITZINGER, Zweckerklärung bei Grundschulden, BWNotZ 1985, 1

ROBRECHT, Anforderungen an Bestellung oder Abtretung von Grundschulden zu Sicherungszwecken, DB 1996, 313

RÖSLER/FISCHER, Sicherungszweckvereinbarung als zentraler Bestandteil aller Kreditsicherheiten: Probleme aus AGB-Kontrolle und Akzessorietät, BKR 2006, 50

RÜTTGER, Der Rückgewähranspruch und die in der Zwangsversteigerung bestehen bleibende Grundschuld, NJW 1959, 2147

SCHMIDT VON RHEIN, Hypothek und Grundschuld für den Treuhänder, DRiZ 1934, 59

SCHMITZ-VALCKENBERG, Probleme bei der Bestellung von Grundschulden im Hinblick auf die Vorschriften der §§ 3 und 9 AGBG, DNotZ 1996, 492

ders, Zur Inhaltskontrolle der Sicherungszweckerklärung bei der Grundschuld, DNotZ 1998, 581

SCHNEIDER, Pfändung einer nicht valutierten oder nicht voll valutierten Sicherungsgrundschuld, JW 1938, 1630

SCHNEIDER, Zwangsvollstreckung in Grundschulden, insbesondere in Eigentümergrundschulden (Diss Köln 1950)

SCHÖNFELDER, Realkreditverträge und das Haustürwiderrufsgesetz, WM 1999, 1495

SCHOLZ, Der Wechsel des Gläubigers einer fiduziarisch gesicherten Forderung, NJW 1962, 2228

ders, Der sicherungsrechtliche Rückgewähranspruch als Mittel der Kreditsicherung, in: FS P Möhring I (1965)

SCHRAMM, Grundprobleme der Kaufpreisfinanzierungsvollmacht, ZNotP 1998, 363

SCHÜTZ, Höchstbetragshypothek und Grundschuld, BankArch 1942, 280

SCHULZ, Der sicherungsrechtliche Rückgewähranspruch als Mittel der Kreditsicherung, in: FS P Möhring I (1965)

SCHULZ, Kreditverkauf – diesmal: Zur soforti-

Hans Wolfsteiner

gen Zwangsvollstreckung aus der Grund-
schuldbestellungsurkunde, ZIP 2008, 1858
SECKELMANN, Die Grundschuld als Siche-
rungsmittel (1963)
SERICK, Eigentumsvorbehalt und Sicherungs-
übertragung (2. Aufl 1993)
SIEGELMANN, Die Übernahme einer Grund-
schuld in Anrechnung auf den Grundstücks-
kaufpreis, DRiZ 1965, 132
SOSTMANN, Der Umfang des Zinsanspruchs bei
Grundschulden, MittRhNotK 1999, 274
STADLER, Gestaltungsfreiheit und Verkehrsschutz durch Abstraktion (1996)
STEGMAIER, Formularmäßige Erweiterung des
Sicherungszwecks einer Grundschuld, BB 1996,
2587
STEINHAUSEN, Kann die Verzinsung einer
Grundschuld vor deren Eintragungstage beginnen?, WürttZ 77, 21
STOCKMAYER, Die Grundschuld als Kreditsicherungsmittel (1954 = STOCKMAYER) (2. Aufl
1958)
STÖBER, Forderungspfändung (14. Aufl 2002),
zit: STÖBER
ders, Die Pfändung des (Rück-)Übertragungs-
anspruchs bei Sicherungsgrundschulden, Rpfleger 1959, 84
ders, Nebenleistungen einer Grundschuld, ZIP
1980, 613
ders, Verjährte, rückständige und laufende
Grundschuldzinsen in der Zwangsversteigerung,
MittBayNot 1999, 441
STORZ, Die nicht voll valutierte Sicherungsgrundschuld in der Zwangsversteigerung, ZIP
1980, 165
TEMPEL, Zwangsvollstreckung in Grundpfandrechte, JuS 1967, 268
TETZLAFF, Die anfängliche Übersicherung, ZIP
2003, 1826
THIEME, Sicherungsgrundschuld und Eigentümergrundschuld, JR 1953, 89
TIEDTKE, Die Sicherungsgrundschuld, Jura 1980,
407
ders, Die Änderung der Zweckerklärung zu
Lasten des persönlichen Schuldners, JZ 1988,
1006
ders, Ausgleichsansprüche zwischen dem Bürgen und dem Besteller einer Grundschuld, WM
1990, 1270

ders, Zur weiten Sicherungsabrede bei Bestellung der Grundschuld durch eine Personenge-
sellschaft usw, NJW 1991, 3241
ders, Zur Anlaßrechtsprechung des Bundesge-
richtshofs im Grundschuldrecht, ZIP 1997, 1949
ders, Zur Unzulässigkeit der formularmäßigen
weiten Sicherungsabrede bei der Grundschuld,
DNotZ 2001, 627
UHLENMAYER, Persönliche Haftung für eine
Grundschuld, BayNotV 1930, 8
UNGEWITTER, Hypothek und Grundschuld im
Bankverkehr, unter bes Berücksichtigung der in
Formularen und allgemeinen Geschäftsbedin-
gungen enthaltenen Bestimmungen (Diss
Frankfurt 1939)
VINKE, Verrechnung des Erlöses aus der Ver-
wertung einer Grundschuld für Verbindlichkei-
ten sowohl des Sicherungsgebers als auch eines
Dritten, in: FS Schimansky (2000) 563
VOLMER, Die Vereinbarkeit der „weiten
Grundschuldzweckerklärung" mit dem AGBG,
WM 1998, 914
L WAGNER, Belastende Drittwirkungen im
Recht der Sicherungsgrundschuld (1995, zugl
Diss München 1994)
S WAGNER, Die Bestellung von Grundpfand-
rechten durch nahe Angehörige – causa finita?,
AcP 205 (2005), 715
H WEBER, Der Rückübertragungsanspruch bei
der nicht valutierten Sicherungsgrundschuld,
AcP 169, 237
R WEBER, Formularmäßige Sicherungszweck-
bestimmungen bei Grundschulden, ZfiR 1999, 2
WEIRICH, Die Sicherungsgrundschuld, JuS 1980,
188
WEISBECKER, Die Grundschuld in ihren Bezie-
hungen zur persönlichen Forderung (1922)
WENZEL, Der Anspruch auf Rückgewähr der
Grundschuld, ZNotP 1998, 6
vWESTPHALEN, Grundschulddarlehen – Kon-
trollkriterien des AGB, ZIP 1984, 1
WIEGAND/BRUNNER, Vorschläge zur Ausgestaltung des Schuldbriefs als papierloses Register-
pfandrecht (2003)
WILHELM, Die maßgebliche Einrede bei der
Anwendung des § 1157 BGB auf die Sicherungsgrundschuld, NJW 1983, 2917
ders, Die Entwicklung des Zivilrechts aus seinen
Grundsätzen am Beispiel des Anspruchs auf

Rückgewähr der nicht valutierten Sicherungsgrundschuld in Zwangsversteigerung und Zwangsvollstreckung, JZ 1998, 18

WÖRBELAUER, Die verschleierte Eigentümergrundschuld, NJW 1958, 1513

ders, Die verhinderte Eigentümergrundschuld, NJW 1958, 1705

WOLFSTEINER, Die vollstreckbare Urkunde (2. Aufl 2006)

WOLFSTEINER/STÖCKER, Nicht akzessorisches Grundpfandrecht für Mitteleuropa, ZBB 1998, 264

WOLTERS, Die Freigabeklausel im Kreditsicherungsvertrag (1995, zugl Diss Göttingen 1994/95)

ZENKER, Die Einreden des § 1157 und der Typenzwang im Sachenrecht (Diss Tübingen 1968).

Systematische Übersicht

Hans Wolfsteiner

Alphabetische Übersicht

Hans Wolfsteiner

Hans Wolfsteiner

A. Die Grundschuld als dingliches Recht

1. Einheitliche Grundlage von Hypothek und Grundschuld

1 Nach der gesetzlichen Ausgestaltung stellen Hypothek und Grundschuld Formen desselben Rechtstyps dar, sie beruhen auf derselben Grundlage (Einl 1, 14 zu §§ 1113 ff). Auch die Grundschuld ist nach der gesetzlichen Begriffsbestimmung durch § 1191 Abs 1 ihrem Wesen nach die Belastung eines Grundstücks in der Weise, dass an denjenigen, zu dessen Gunsten die Belastung erfolgt, eine bestimmte Geldsumme aus dem Grundstück zu zahlen ist (str, s Einl 36 ff zu §§ 1113 ff).

2. Abgrenzung zur Hypothek

Der Unterschied zwischen Grundschuld und Hypothek besteht darin, dass die **2** Grundschuld schlechthin die Zahlung einer bestimmten Geldsumme aus dem Grundstück zum Inhalt hat, während bei der Hypothek die Geldsumme an den Berechtigten zur Befriedigung wegen einer ihm zustehenden *Forderung* zu zahlen ist. Die Hypothek ist immer in dem Sinne kausal, dass sie den Sicherungszweck als causa in sich trägt (ENNECCERUS/WOLFF/RAISER § 132 I 2; vgl Vorbem 36 ff zu §§ 1113 ff); ist die der Hypothek zugrundeliegende Forderung kausal – sie kann auch abstrakter Natur sein wie bei der Hypothek für ein abstraktes Schuldversprechen oder der Wertpapierhypothek –, so überträgt sich aufgrund der Akzessorietät überdies die causa der der Hypothek zugrundeliegenden Forderung in gewissem Maße auch auf die Hypothek selbst; die Hypothek trägt so ihre eigene causa weitgehend in sich (Vorbem 36 ff zu §§ 1113 ff. Das übersieht MünchKomm/EICKMANN[4], der in § 1191 Rn 10 die Abstraktion nur auf den Entstehungsakt beschränkt und meint, wer Akzessorietät und Abstraktion gegenüberstelle, verwechsle die Begriffe; ähnlich MAURER, Die Prinzipien der Abstraktion, Kausalität und Trennung [2003] 29; s zum Begriff der Akzessorietät HABERSACK JZ 1997, 857, 862; zum Verhältnis der Begriffe auch STAUDINGER/SEILER [2007] Einl 61 zum SachenR und Vorbem 36 zu §§ 1113 ff). Die Grundschuld kann das nicht (§ 1191 Rn 3 ff); sie muss ihre causa stets aus einem außerhalb ihrer selbst liegenden Kausalgeschäft gewinnen. Daran ändert auch die von § 1192 angeordnete entsprechende Anwendung des § 1157 (dort Rn 20 ff) nichts Grundsätzliches, obwohl § 1192 Abs 1a für „Sicherungsgrundschulden" eine systemwidrige Verknüpfung zwar nicht mit dem Kausalgeschäft selbst, wohl aber mit „Einreden" daraus herstellt (§ 1192 Rn 34 ff); immerhin ermöglicht es § 1157 auch für die Sicherungsgrundschuld nicht, die causa zum Inhalt der Grundschuld zu machen (s § 1191 Rn 5).

Dennoch führt § 1192 Abs 1a dazu, dass es ab 20.8.2008 – maßgeblich ist der **3** Zeitpunkt des „Erwerbs" (Terminologie des Art 229 § 18 Abs 2 EGBGB) bzw der „Verschaffung" (Terminologie des § 1192 Abs 1a) der Grundschuld (§ 1192 Rn 41) – **zweierlei Grundschuldtypen** gibt, nämlich gewöhnliche (echte) und **Sicherungsgrundschulden** (für diese Unterscheidung schon nach bisherigem Recht, wenn auch mit anderer Abgrenzung, insbesondere HUBER 75 u, in: FS Serick 222 und MünchKomm/EICKMANN[4] § 1191 Rn 11; WESTERMANN/EICKMANN[7] § 114 II). Für *echte* Grundschulden, das sind einerseits alle vor dem 20.8.2008 erworbenen und andererseits die ab diesem Datum erworbenen Grundschulden, die nicht zur Sicherung eines Anspruchs verschafft worden sind, gilt unverändert, dass unterschiedliche Kausalbeziehungen zwischen den verschiedenen Beteiligten (Eigentümern, Gläubigern, Sicherungsgebern, Zedenten, Zessionaren usw) keine unterschiedlichen Grundschuldtypen mit verschiedenen Grundschuldinhalten begründen (BGH vom 21.5.2003 – IV ZR 452/02 – NJW 2003, 2673 = ZfIR 2003, 606 m zust Anm CLEMENTE = EWiR § 1191 BGB 2/03, 761 m Anm DÜMIG; WILHELM[3] Rn 1733), während Sicherungsgrundschulden iSd § 1192 Abs 1a einer zwar inhaltlich diffusen, aber strengen Akzessorietät unterliegen (vgl gegen diese Differenzierung STAUDINGER/WOLFSTEINER [2002] Rn 2). Die Sicherungsgrundschuld ist nunmehr „praktisch der Verkehrshypothek gleichgestellt (allerdings ohne die technischen Komplikationen, die das Akzessorietätsprinzip mit sich bringt)" (so HUBER, in: FS Serick 222; REISCHL

JuS 1998, 615). Wozu es die technischen Komplikationen der Verkehrshypothek geben muss, wenn es bei der praktisch identischen (in Wahrheit doch sehr verschiedenen) Sicherungsgrundschuld ohne sie auch geht, ist bisher unerklärt.

4 Trotz des Abs 1a des § 1192 gilt immer noch für alle Grundschulden § 1192 Abs 1, wonach sie eine **Forderung nicht voraussetzen** (dürfen und können); ein Grundpfandrecht, das eine Forderung voraussetzt, ist eine Hypothek und kann nur mit dem für Hypotheken zulässigen Inhalt bestehen (§ 1191 Rn 3). Dennoch bewirkt jetzt die rein schuldrechtliche, anders als bei der Hypothek nicht an das Grundbuch gebundene Verknüpfung der Grundschuld mit einem Anspruch einen tiefgreifenden Eingriff in deren Inhalt. Zudem können die einer Grundschuld, auch einer Sicherungsgrundschuld, zugrundeliegenden Kausalverhältnisse jederzeit (auch wiederholt) wechseln; der Inhalt der Grundschuld kann dadurch ständig zwischen Sicherungsgrundschuld und echter Grundschuld changieren (anders die Verteter des besonderen Charakters der Sicherungsgrundschuld bisheriger Lehre – HUBER, in: FS Serick 222; REISCHL JuS 1998, 615; MünchKomm/EICKMANN⁴ § 1191 Rn 83 –, die annahmen, der Charakter als gewöhnliche Grundschuld einerseits und als Sicherungsgrundschuld andererseits entscheide sich bei der erstmaligen Bestellung bzw bei der erstmaligen Begebung und zwar ein für allemal, ohne Rücksicht auf ihr weiteres Schicksal), ohne dass dies aus dem Grundbuch ersichtlich wäre. Da die gesicherten Ansprüche anders als bei der Forderungsauswechslung einer Hypothek (§ 1180 Rn 14) *außerhalb* des Grundbuchs ausgewechselt werden, aber auch die Sicherungsfunktion als solche außerhalb des Grundbuchs beendet oder neu begründet werden kann, ist die Grundschuld zu einem lemurenartigen Gebilde geworden, das nicht mehr eigentlich in das BGB-Immobiliarsachenrecht eingeordnet werden kann. Von einem sachenrechtlichen Bestimmtheitsgrundsatz (vgl dazu STAUDINGER/ SEILER [2007] Einl 55 zum Sachenrecht, aber auch WOLFSTEINER MittBayNot 2003, 295) kann keine Rede mehr sein.

5 Durch § 1192 Abs 1a verstärkt **in Kausalbeziehungen eingebettet**, ist die Grundschuld für sich allein wertneutral. Es gehört zu den Rechten des Eigentümers, über sein Eigentum in der Weise zu verfügen, dass er aus dem Volleigentum Teile herausschneidet und sie wirtschaftlich und rechtlich verselbständigt. Die Grundschuld ist daher genauso „kapitalistisch" oder nicht kapitalistisch wie das Eigentum selbst (vgl MünchKomm/EICKMANN⁴ § 1191 Rn 1 und Mot III 606). Unter dem Gesichtspunkt, dass es sich bei den Grundpfandrechten um Ausschnitte aus dem keiner causa (weder zum Erwerb noch zum Innehaben) bedürftigen Eigentum handelt, erscheint die eine causa in sich tragende Hypothek als Ausnahme. Es war deshalb durchaus logisch, wenn der 2. Redaktionsentwurf (§ 1192 Rn 3) die Grundschuld und nicht die Hypothek als Regelform des Grundpfandrechts in den Vordergrund gestellt hat. Die Institute des Sachenrechts selbst weitestgehend abstrakt zu halten und allein die Kausalbeziehungen über Recht und Unrecht ihres Gebrauchs entscheiden zu lassen, gehört zu den Grundprinzipien des BGB; die Verwirklichung des in der deutschen Jurisprudenz des 19. Jahrhunderts entwickelten Abstraktionsprinzips, die Trennung des Sachenrechts vom Schuldrecht, ist eine – für die Grundschuld nunmehr leider verspielte – rechtstechnische Glanzleistung des BGB, die seine Überlegenheit über alle älteren Systeme begründet und einen der seltenen echten Fortschritte im Rechtswesen markiert hat (STADLER AcP 189 [1989] 425; WIELING ZeuP 2001, 301 gegen WACKE ZeuP 2000, 254; skeptisch STAUDINGER/SEILER [2007] Einl 49 zum SachenR; STAUDINGER-Symposion 1998/WIEGAND S 107 [dagegen WOLFSTEINER S 127; VOLMER MittBayNot 2000, 537]).

Weltweit sind abstrakte Sicherungen im Vormarsch (ablehnend HABERSACK JZ 1997, 857, **6** 861; WACHTER WM 1999, 49). S zur „Euro-Hypothek" und zum „nicht akzessorischen Grundpfand für Mitteleuropa" Einl 6 zu §§ 1113 ff. Vgl weiter die am 11.12.1995 von der UNO-Vollversammlung verabschiedete Konvention über unabhängige Garantien – UN General Assembly Resolution 50/48 (dazu HORN RIW 1997, 717).

Das scheinbar „seelenlose", intellektuelle, volksferne **Abstraktionsprinzip** (s zu seinen **7** Vorteilen MAURER, Die Prinzipien der Abstraktion, Kausalität und Trennung [2003] S 31) ist freilich von Anfang an nicht wirklich allgemein akzeptiert und verstanden worden, wie sich etwa in der Erfindung der zum System des BGB konträren „Anwartschaft" zeigt (vgl WOLFSTEINER JZ 1969, 154). Ein Produkt dieses Unbehagens ist es wohl auch, dass letztlich doch die ins System des BGB gar nicht so recht passende Hypothek als Basisform des Grundpfandrechts gewählt und die Grundschuld in die zweite Reihe gestellt worden ist. Um so unverständlicher, dass die Grundschuld nun (über § 1157 und durch Einführung eines dinglichen Rechts „Sicherungsgrundschuld" in § 1192 Abs 1a) doch wieder auf die archaische Rechtsform der Hypothek reduziert, wenn nicht sogar unter deren Niveau gedrückt worden ist (dafür früher schon insbes HUBER, in: FS Serick 222 und MünchKomm/EICKMANN⁴ § 1191 Rn 4, 11; dagegen nachdrücklich ZENKER 2, 154, 157; s zur rechtspolitischen Bewertung auch § 1192 Rn 31 ff).

3.   Die innere Struktur der Grundschuld

Abgesehen davon, dass sie eine Forderung nicht voraussetzen darf und kann, kann **8** die Grundschuld jeden Inhalt haben, den eine Hypothek auch haben kann. Die Grundschuldforderung kann ebenso differenziert sein wie eine Hypothekenforderung. Nichts hindert beispielsweise daran, eine Grundschuld als Tilgungsgrundschuld so auszugestalten, dass das Grundschuldkapital fortlaufend zu einem festen Jahressatz zu tilgen ist, wobei die durch die fortlaufende Tilgung ersparten Zinsen jeweils zusätzlich zur Tilgung verwendet werden (LG Bochum Rpfleger 1970, 335 m Anm HAEGELE; LG Mönchengladbach DNotZ 1971, 99; PALANDT/BASSENGE⁶⁸ § 1191 Rn 4); Gebrauch wurde davon nur unter der Geltung des ReichsheimstättenG gemacht. Wie § 1193 zeigt, kann die Fälligkeit des Kapitals (wie auch der Zinsen und sonstigen Nebenleistungen) auch von Umständen außerhalb des Grundbuchs, also – wie gesetzlich vorgesehen – von einer Kündigung, aber auch von einer sonstigen außergrundbuchlichen Bedingung abhängig gemacht werden; nur Bestand und Fälligkeit einer Forderung sind als Bedingungen unzulässig (§ 1191 Rn 3).

Weil die sog Primärgrundschuld (nachf Rn 13) selten ist, werden in der Praxis die **9** rechtlichen Möglichkeiten kaum genutzt und fast ausschließlich äußerst einfach strukturierte Grundschulden verwendet. Sogar die einzige gesetzlich vorgegebene Strukturierung, dass das Grundschuldkapital nur nach Kündigung fällig sei (§ 1193 Abs 1), wurde in Anwendung des § 1193 Abs 2 regelmäßig dahin abbedungen, dass die Grundschuld ohne Kündigung und sofort fällig sei; inzwischen schränkt § 1193 Abs 2 S 2 diese Möglichkeit weitgehend ein. Alle verbleibenden inhaltlich relevanten Momente werden aber unverändert in die Kausalvereinbarung verlegt.

B. Die der Grundschuld zugrundeliegenden Schuldverhältnisse

I. Die Grundschuld im Rechtsverkehr

1. Freie Beweglichkeit

10 Die Grundschuld bewegt sich im Rechtsverkehr wie eine selbständige Sache, soweit die Selbständigkeit nicht durch §§ 1192 Abs 1a, 1157 eingeschränkt wird. Anders als bei der Hypothek wurden Verfügungen aller Art unmittelbar über das dingliche Recht selbst getroffen; diese Verfügungen waren – von der Möglichkeit bedingter Verfügungen abgesehen – unabhängig von der Wirksamkeit zugrundeliegender schuldrechtlicher Geschäfte (oben Rn 7). Die Rechtsbeziehungen zwischen Gläubiger und Eigentümer beschränkten sich grundsätzlich auf den Grundschuldanspruch selbst. Zwar liegt der ersten Begebung der Grundschuld – wie der Übereignung einer Sache – regelmäßig ein Kausalverhältnis zugrunde und entsteht bei fehlendem oder fehlerhaftem Kausalverhältnis zwischen Eigentümer und Grundschuldinhaber ein gesetzliches Bereicherungsschuldverhältnis (vgl OLG Saarbrücken Vom 19. 11. 2002 – 7 U 59/02-16 – ZfIR 2003, 153 m zust Anm CLEMENTE = EWiR § 1191 BGB 1/03, 163 m abl Anm JOSWIG, das an die Kausalvereinbarung aber zu hohe Anforderungen stellt); diese Kausalbeziehung kann aber – bei der sog Primärgrundschuld – mit der Hingabe der Grundschuld ihre Erledigung finden oder aber später freiwillig oder unfreiwillig abreißen. In Form der Sicherungsgrundschuld (§ 1192 Abs 1a) können nun freilich – ohne jegliche Publizität – schuldrechtliche Abreden in gewissem Sinn zum Inhalt der Grundschuld gemacht werden, so dass die freie Beweglichkeit nur noch auf die echte Grundschuld zutrifft.

11 Es gehört nicht zu den rechtlichen Essentialien der Grundschuld, dass zwischen dem Eigentümer und dem jeweiligen Grundschuldinhaber irgendwelche kausalen schuldrechtlichen Beziehungen bestehen. Von daher ist der Begriff „Primärgrundschuld" missverständlich (KOWALSKI 24; KÜCHLER 24; KOMANNS 10; JOSWIG ZfIR 2001, 712; BAUR/ STÜRNER SR § 45 Rn 2), weil er nicht eine Eigenschaft der Grundschuld selbst, sondern nur eine solche des die Grundschuld derzeit umgebenden Netzes schuldrechtlicher Vereinbarungen (Kausalvereinbarungen) bezeichnet. Der Begriff „Sicherungsgrundschuld" hat allerdings durch § 1192 Abs 1a einen materiellen Inhalt bekommen; er bezeichnet jetzt ein aliud gegenüber der echten Grundschuld. Im Umkreis beider Grundschuldtypen können schuldrechtliche Beziehungen bestehen, an denen der Eigentümer nicht beteiligt ist. Andere Rechtssubjekte können beteiligt sein, die weder Grundschuldinhaber sind oder waren noch Anspruch darauf haben, es zu werden. Der Charakter als „Primärgrundschuld" oder „Sicherungsgrundschuld" ist auch nicht ein für allemal festgelegt; er kann mit der Veränderung der schuldrechtlichen Verhältnisse jederzeit wechseln (oben Rn 4). Die schuldrechtlichen Verflechtungen können angesichts der im Schuldrecht herrschenden Vertragsfreiheit beliebiger, auch öffentlich-rechtlicher Art sein; sie können in- wie ausländischem Recht unterliegen.

12 Wegen der Beliebigkeit der auf die Grundschuld bezogenen Kausalverhältnisse können nachfolgend nur einige typische Rechtsverhältnisse ohne Anspruch auf Vollständigkeit behandelt werden.

2. Die häufigsten Kausalverhältnisse

a) Isolierte Grundschuld (echte Grundschuld, Primärgrundschuld)

Die Grundschuld kann als echte Grundschuld dem Gläubiger **originär** zustehen. Das **13** ist insbesondere der Fall, wenn der Gläubiger eine gepfändete Eigentümergrundschuld im Zwangsverkauf erworben hat und umgekehrt, wenn dem früheren Eigentümer nach Zwangsversteigerung des Grundstücks (vor allem als Teilungsversteigerung) die Rückgewähransprüche verblieben sind, aufgrund derer ihm die Grundschuld abzutreten ist; in seinen Händen ist sie dann Primärgrundschuld. Auch sonst kann das mit einer Fremdgrundschuld belastete Grundstück ohne die Rückgewähransprüche oder das mit einer Eigentümergrundschuld belastete Grundstück unter Rückbehaltung der Grundschuld veräußert worden sein, was vor allem bei unentgeltlichen Eigentumsübertragungen vorkommt. Sie kann dem Gläubiger auch kraft Gesetzes angefallen sein, zB weil er eine Grundschuld abgelöst hat.

Als **selbständige Grundgeschäfte** des Bestellers (oder des Zedenten) kommen zB **14** Vermächtnis, Kauf, Einbringung in eine Gesellschaft (vgl LG Koblenz vom 29. 8. 1986 – 3 HT 1/86 – MittRhNotK 1987, 81), Schenkung (vgl BGH vom 21. 5. 1986 – IVa ZR 171/84 – NJW-RR 1986, 1135) in Betracht. Ist das Grundgeschäft unwirksam, dann steht dem Besteller bzw dem Zedenten ein Anspruch aus ungerechtfertigter Bereicherung zu. Der Anspruch, der auf § 812 Abs 1 S 1, S 2 HS 1 beruht, ist nach Wahl des Bestellers auf Rückübertragung der Grundschuld oder (wenn er der Eigentümer ist) auf Verzicht nach §§ 1168, 1169 gerichtet (RGZ 143, 113, 116; BGH WM 1966, 653; BGH WM 1967, 566; BGH NJW 1985, 800; BGHZ 108, 237 = EWiR § 1191 BGB 4/89, 881 [CLEMENTE] = WuB I F 3 Grundpfandrechte 15. 89 [krit OTT]; zu letzterer Entscheidung WILHELM JZ 1998, 18; BGH NJW-RR 1994, 847).

In der Grundschuldpraxis ist die selbständige Primärgrundschuld – auch in Form der **15** Inhabergrundschuld nach § 1195 – **selten**, obwohl sie das historische Vor- und gesetzgeberische Leitbild der Grundschuld darstellt. Nur in der Schweizer Bankpraxis scheint sie in der Form des Schuldbriefs eine bescheidene Rolle zu spielen oder jedenfalls gespielt zu haben; auch dort dominiert aber inzwischen der Schuldbrief als Sicherungsmittel (WIEGAND/BRUNNER 10). Im Bewusstsein der maßgeblichen Wirtschaftskreise existiert die Primärgrundschuld offenbar nicht.

b) Die Treuhand-Grundschuld

In der Rechtsliteratur vernachlässigt (MünchKomm/EICKMANN[4] § 1191 Rn 174 erwähnt sie **16** nur zur Rangreservierung), in der Praxis aber häufig ist der Fall, dass eine Grundschuld nur zu dem Zweck bestellt oder begeben wird, Vermögen umzustrukturieren. Dies kann zu dem Zweck geschehen, Grundvermögen leichter liquidierbar zu machen; Grundschulden werden zB für eine Bank vorsorglich bestellt, ohne dass schon irgendeine Sicherungsvereinbarung getroffen würde, aber in der Absicht, eine solche Vereinbarung zu treffen, sobald ein Kreditbedürfnis hervortreten werde (vgl zur Rangfreihaltung EICKMANN NJW 1981, 545). Nicht selten besteht auch die Absicht, Gläubigern die Zwangsvollstreckung zu erschweren. Grundschulden werden dazu oft ausländischen Gläubigern bestellt, in der Erwartung, dass dort die Zwangsvollstreckung abschreckend schwierig sein werde. Erfolgt eine solche Grundschuldbegebung rein vorsorglich, ohne dass auf Seiten des Eigentümers eine konkrete Krisensituation besteht oder auch nur vorherzusehen ist (s zu einem solchen Fall LG Potsdam

Hans Wolfsteiner

EWiR § 3 AnfG 1/98, 1015 [Walter]), so ist das Geschäft weder anfechtbar noch verstößt es gegen die guten Sitten. Häufig fehlt solchen Grundschuldbegebungen eine konkrete Kausalvereinbarung; idR wird man aber nicht von einem sine-causa-Geschäft ausgehen können, sondern den stillschweigenden Abschluss eines Treuhandvertrags unterstellen müssen.

17 Von der Treuhand-Grundschuld zu unterscheiden ist der Fall, dass der Inhaber einer zur Forderungssicherung begebenen Grundschuld diese (zB als Konsortialführer) zugleich auch als Treuhänder für einen **anderen Gläubiger** hält (dazu nachf Rn 270).

18 Auf das Treuhandverhältnis finden die **Auftragsvorschriften** Anwendung, so dass im Insolvenzverfahren § 115 InsO (s auch § 41 InsO) anwendbar ist (MünchKomm/Eickmann⁴ § 1191 Rn 181). Außerhalb des Insolvenzverfahrens muss der Gläubiger die Ansprüche des Eigentümers aus dem Treuhandvertrag pfänden und den Vertrag dann kündigen (§ 671); das Kündigungsrecht kann allerdings – zeitlich beschränkt – ausgeschlossen werden, wenn die Treuhand auch eigennützige Elemente, zB die Sicherung möglicher künftiger Ansprüche des Treuhänders, zum Inhalt hat (unten Rn 36).

c) Die Sicherungsgrundschuld

19 Die Grundschuld kann – weitaus häufigster Fall – vertraglich zur Sicherung eines Anspruchs, insbesondere einer Geldforderung, gestellt werden (Sicherungsgrundschuld). Hierzu nachf Rn 24 ff.

3. Rechtliche Grenzen

20 Ist die Bestellung einer Grundschuld die Erfüllung eines **wucherischen Geschäfts**, dann wird auch die Bestellung von der Nichtigkeit erfasst (BGH NJW 1982, 2767; BGH NJW-RR 2000, 1431 = LM Nr 88 zu § 138 [Bc] BGB [Schmidt-Lademann]; OLG Köln ZfIR 2000, 106 [dazu Joswig 184]; Westermann/Eickmann⁷ § 114 II 2) mit der Folge, dass statt der Fremdgrundschuld eine Eigentümergrundschuld entsteht (Einl 102 zu §§ 1113 ff).

21 Im Falle der **„einfachen" Sittenwidrigkeit** des zugrundeliegenden schuldrechtlichen Geschäfts nach § 138 Abs 1, also insbesondere im Falle der Zinsüberhöhung bei fehlendem subjektiven Wuchertatbestand, schlägt die Nichtigkeit des Grundgeschäfts hingegen grundsätzlich nicht auf die Grundschuldbestellung durch (BGH NJW 1982, 2767; BGH NJW 1994, 1275 = LM Nr 13 zu § 138 [Ba] BGB [Grunewald]; BGH NJW-RR 2000, 1431 = LM Nr 88 zu § 138 [Bc] BGB [Schmidt-Lademann]; Joswig ZfIR 2000, 184). Die Grundschuld sichert dann den bereicherungsrechtlichen Anspruch auf Rückzahlung der Darlehensvaluta (BGH NJW-RR 2000, 1431 = LM Nr 88 zu § 138 [Bc] BGB [Joswig]); umgekehrt findet § 817 S 2 keine Anwendung (BGHZ 19, 205; vgl auch Huber 97 ff). Bei der Sicherungsgrundschuld ist zusätzlich zu beachten, dass ihr Inhalt, zB ein Zinssatz, der als Darlehenszinssatz überhöht und sittenwidrig wäre, grundsätzlich nicht gegen die guten Sitten verstoßen kann, weil sich die materielle Belastung des Eigentümers nicht nach dem Grundschuldinhalt, sondern – verstärkt durch § 1192 Abs 1a – nach der Sicherungsvereinbarung richtet (nachf Rn 44; aA Peters JZ 2001, 1017). S zur Nichtigkeit des Sicherungsvertrags wegen anfänglicher Übersicherung unten Rn 76.

Wer bei Hingabe des Darlehens mit dem Schuldner vereinbart, dass zur Sicherung **22** auf einem Grundstück des Schuldners eine Grundschuld eingetragen werden soll, handelt im allgemeinen **nicht sittenwidrig** (§ 826), wenn er sich die vereinbarte Sicherung gewähren läßt, obwohl er inzwischen erfahren hat, dass der Schuldner das Grundstück mit Mitteln erworben hat, die er durch eine strafbare Handlung erlangt hatte (BGH NJW 1955, 586; vgl zur Sittenwidrigkeit auch RGZ 138, 373). Wird die Grundschuld zur Sicherung einer nicht einklagbaren Forderung bestellt, dann ist sie nach den Grundsätzen der ungerechtfertigten Bereicherung zurückzugewähren (RG ZBlFG 12, 237; WOLFF/RAISER § 154 Fn 12). Wurde die Grundschuld aber an Erfüllungs statt hingegeben, kann sie nicht mehr zurückgefordert werden (WOLFF/RAISER aaO; **aM** WEISBECKER 22). Die Bestellung oder Abtretung einer Grundschuld ist Erfüllung iS von § 518 Abs 2, wenn die Grundschuld selbst Gegenstand des Schenkungsversprechens ist. Ist das nicht der Fall, sondern Geldzahlung versprochen, ist das Schenkungsversprechen durch die Verschaffung der Grundschuld nicht geheilt; uU ist aber Hingabe an Erfüllungs statt gewollt (vLÜBTOW, in: FS H Lehmann [1956] I 342).

4.   Bedeutung im Geschäftsverkehr

Mit der Aufnahme des Rechtsinstituts Grundschuld in das BGB wurde auch einer **23** historischen Entwicklung Rechnung getragen, wie sie sich in einzelnen Reichsteilen im früheren Recht herausgebildet hatte (Einl 8, 14 zu §§ 1113 ff). Während in den ersten Jahren der Geltung des BGB die Grundschuld zunächst nur in den Reichsgebieten praktische Anwendung gefunden hat, in denen sie schon früher eingeführt war (ENNECCERUS/WOLFF stellt noch in der 7. Aufl [1927] in § 132 bei Fn 9 fest, dass sie im Leben keine große Rolle spiele), hat sie im Lauf der Jahre vor allem als „Sicherungsgrundschuld" größte Verbreitung gefunden. Zunächst nur zur Sicherung von Waren- und Kontokorrentkrediten an die Stelle der Höchstbetragshypothek getreten (DEMPEWOLF NJW 1957, 1257; REITHMANN NJW 1977, 661, 664), hat sie in der weiteren Entwicklung auch die Verkehrshypothek für hypothekarische Darlehen (Begriff Einl 19 zu §§ 1113 ff) nahezu völlig verdrängt. Auch international gilt sie als Vorbild (Einl 6 zu §§ 1113 ff; oben Rn 6). Wieweit § 1192 Abs 1a die Verbreitung der Grundschuld künftig hemmen wird, lässt sich noch nicht abschätzen; möglicherweise wird sie in erheblichem Umfang durch Hypotheken für abstrakte Schuldversprechen ersetzt (vgl §§ 1113 Rn 30; 1138 Rn 2).

II.   Insbesondere: Die Sicherungsgrundschuld

1.   Begriff

Der Begriff „Sicherungsgrundschuld" ist in § 1192 Abs 1a **gesetzlich** dahin **definiert**, **24** dass er eine Grundschuld bezeichnet, die zur Sicherung eines *Anspruchs* verschafft worden ist. S zu den Einzelheiten § 1192 Rn 31 ff.

2.   Sicherungsvertrag

a)   Begriff, Rechtsnatur

aa)   Die Rechtsbeziehungen zwischen demjenigen, der die Grundschuld als Sicher- **25** heit stellt (Sicherungsgeber), und dem Gläubiger der zu sichernden Forderung (Sicherungsnehmer) ergeben sich aus dem zwischen ihnen oder auch in einem

Vertrag zugunsten des Sicherungsnehmers als Drittem abzuschließenden **Sicherungsvertrag** (vgl Canaris ZIP 1996, 1109, 1117; Neuhof/Richrath NJW 1996, 2894). Sicherungsgeber und Grundstückseigentümer müssen dabei nicht identisch sein (vgl BGH NJW 1989, 1732; s dazu unten Rn 204 ff). Im Bankjargon wird der Sicherungsvertrag (als ob es sich um eine einseitige Erklärung handeln würde) oft als **Zweckerklärung** oder Zweckbestimmungserklärung bezeichnet (vgl Gaberdiel/Gladenbeck[8] Rn 568 und Anh 6; **aA** – Zweckerklärung sei eigenständiger Teil des Sicherungsvertrags – Otten Rn 46, die aber den Zweck eines Rechtsgeschäfts mit seinem Inhalt verwechselt). Ist der Sicherungsgeber nicht auch der Schuldner der gesicherten Forderung, so besteht ein weiteres Rechtsverhältnis zwischen Sicherungsgeber und Schuldner als sog Valutaverhältnis (unten Rn 266).

26 Der Sicherungsvertrag, mit dem eine Grundschuld gestellt wird, unterscheidet sich strukturell nicht von einem Vertrag über die Stellung anderer nicht akzessorischer Sicherheiten, so von der Sicherungsübereignung (Staudinger/Wiegand [2004] Anh 75 ff zu §§ 929–931) und der Forderungszession zu Sicherungszwecken. Eine eigenständige gesetzliche Regelung hat der Sicherungsvertrag nicht gefunden; eine solche ist auch nicht erforderlich (**aA** Eickmann ZIP 1989, 137; R Weber ZfIR 1999, 2). Auch die Sicherungsgrundschuld trägt jedenfalls nach herkömmlicher Lehre (Staudinger/Wolfsteiner [2002] Rn 21) regelmäßig insofern **fiduziarische Züge** (gering schätzt zu unrecht Otten Rn 514 den Nutzen des Treuhandgedankens ein), als dem Sicherungsnehmer zu eigennütziger (Scholz, in: FS P Möhring I 419, 422;) Treuhand mehr an Rechtsmacht übertragen wird als er nach den schuldrechtlichen Abreden mit dem Sicherungsgeber nutzen darf (BGHZ 137, 212 vom 27.11.1997 – GSZ 1/97, GSZ 2/97 = JZ 1998, 456 [Roth]; Knops WM 2008, 2185; **aA** offenbar BGHZ 143, 95 = DNotZ 2000, 278 [Tiedtke] = LM § 9 [Bm] AGBG Nr 32 [Pfeiffer]; BGH vom 6.4.2000 – IX ZR 2/98 – NJW 2000, 2580; Knops ZfIR 1998, 577; Neuhof/Richrath NJW 1996, 2894; Serick § 28 I 2 und Fn 5 mwNw, § 28 V; Serick BB 1996, 1777, dessen These vom Gewohnheitsrecht allerdings fragwürdig ist, weil selbst den meisten mit der Materie befassten Fachjuristen und umso mehr der breiten Menge der Rechtsgenossen das Problembewusstsein fehlt; kritisch zur These vom Gewohnheitsrecht auch BGHZ GSZ 137, 212 – dagegen wieder Serick BB 1998, 801 mit unangebrachtem Pathos; Scholz, in: FS P Möhring I 419, 422; Otten Rn 510). Es wird zB eine mit gesetzlicher Frist kündbare Grundschuld gestellt, obwohl die gesicherte Forderung zu diesem Zeitpunkt noch nicht fällig werden kann; aus der Grundschuld kann bedingungslos vorgegangen werden, obwohl die gesicherte Forderung bedingungsbehaftet oder nur Zug um Zug zu erfüllen ist; das Grundschuldkapital übersteigt die gesicherte Forderung; die Grundschuldzinsen übersteigen nach Laufzeit und Höhe die geschuldeten Zinsen; Grundschuldkapital, Grundschuldzinsen und Grundschuldnebenleistungen übersteigen zusammen die gesicherte Gesamtsumme der Forderungen.

27 bb) § 1192 Abs 1a hat allerdings – bisher unbeachtet (vgl Palandt/Bassenge[68] § 1191 Rn 15) – iVm § 1157 die **Lage verändert.** Hatte der Gläubiger bisher die nach außen hin so gut wie unbeschränkte, nur durch Vormerkung beschränkbare Rechtsmacht, über den ihm eingeräumten Überschuss an Rechten zu verfügen, kann er dies im Anwendungsbereich des § 1192 Abs 1a jetzt nicht mehr. Indem der Sicherungsvertrag im praktischen Ergebnis Bestandteil der Sicherungsgrundschuld geworden ist, kann der Gläubiger auch einem Zedenten – sogar gutglaubens- und publizitätsunabhängig – die Grundschuld nur belastet mit den Beschränkungen des Sicherungsvertrags verschaffen. Der Treuhandcharakter hat sich dadurch erheblich reduziert.

Immerhin zeigt er sich noch darin, dass der Gläubiger bei der Verwertung der Grundschuld wenn auch in eingeschränktem Maß (unten Rn 29, 102, 118, 170) Interessen des Sicherungsgebers zu achten hat; über die gesetzliche Pflicht, Schuldverhältnisse nach Treu und Glauben zu erfüllen (§ 242), geht das aber kaum hinaus.

Die bisherigen Lehren zum fiduziarischen Charakter sind aber damit – nicht nur **28** soweit es sich um Altgrundschulden handelt (§ 1192 Rn 48) – nicht überholt. Vielmehr hat sich die **Rechtslage** nochmals **gespalten**. Der Eigentümer ist als Sicherungsgeber durch § 1192 Abs 1a iVm §§ 1157, 1169 dinglich gegen missbräuchliche Verfügungen über das Sicherungsgut geschützt, auch wenn er das Eigentum erst beliebige Zeit nach dem Abschluss des Sicherungsvertrags erworben hat. Der Gläubiger hat ihm gegenüber keine überschießende Rechtsmacht mehr. Ist aber der Sicherungsgeber vom Eigentümer verschieden – sei es weil er die Grundschuld als isolierte Grundschuld innehatte, bevor sie zur Sicherung eines Anspruchs begeben hat, sei es weil er sie zwar als Eigentümer begeben hatte, er das Eigentum aber später verloren hat – wird er des Schutzes dieser Vorschriften nicht zuteil. Er bedarf weiterhin der aus dem Treuhandcharakter des Sicherungsvertrags abgeleiteten Schutzfunktionen. Es fragt sich, ob danach von zweierlei Sicherungsgrundschulden, beruhend auf wesensverschiedenen Sicherungsverträgen auszugehen ist. Die Frage ist zu verneinen. Dass der Eigentümer-Sicherungsgeber gegenüber dem Nichteigentümer-Sicherungsgeber nun noch mehr privilegiert ist, zwingt nicht dazu, ihm die Befugnisse eines Treugebers zu entziehen, obwohl er ihrer eigentlich nicht mehr bedarf. Das Interesse, die Rechtsordnung nicht noch mehr aufzusplittern als aufgrund inkompetenter Gesetzgebung bereits geschehen, rechtfertigt das. Die nachfolgende Kommentierung klammert daher die Destinatäre des § 1192 Abs 1a nicht aus.

cc)   Als fiduziarisches Geschäft enthält der Sicherungsvertrag Elemente einer **29** Geschäftsführung und damit des **Auftrags**; das gilt besonders für den Sicherungsrahmenvertrag (nachf Rn 33). Welche der Vorschriften der §§ 662 ff anwendbar sind, muss für jede einzelne Bestimmung nach Sinn und Zweck entschieden werden. Der Sicherungsvertrag legt dem Sicherungsnehmer umfangreiche Pflichten auf, die über die Pflichten dessen, der eine akzessorische Sicherheit nimmt, hinausgehen (Münch-Komm/Eickmann[4] § 1191 Rn 14) und unterscheidet sich dadurch auch von der Bürgschaft, die als akzessorisches Recht keinen fiduziarischen Charakter hat und deshalb dem Gläubiger auch keine Sorgfaltspflichten auferlegt (BGH NJW 1983, 1850; Neuhof/Richrath NJW 1996, 2894; vgl zu einer evtl Abrechnungspflicht KG NJW-RR 2002, 1078). So ist insbesondere § 667 anwendbar (BGH WM 1955, 377; BGH WM 1966, 653; Scholz, in: FS P Möhring I 419, 422; aA – Vertrag atypischer Art – MünchKomm/Eickmann[4] § 1191 Rn 14; Seckelmann 127, 132). Der Grundschuldgläubiger darf zwar die Grundschuldsicherheit eigennützig verwerten und ist selbst dann nicht verpflichtet, sein Befriedigungsinteresse hintanzustellen, wenn der erzielbare, zu seiner Befriedigung dienende Erlös niedriger ist als die für den Sicherungsgeber sich aus der Verwertungsmaßnahme ergebende Vermögenseinbuße; er darf dem Sicherungsgeber aber keine Nachteile zufügen, um selbst *außerhalb des Sicherungsvertrags* Vorteile daraus zu ziehen. Das zeigt sich insbesondere im Fall der Übersicherung (s zu einer speziellen Konsequenz nachf Rn 122). Reicht etwa bei einer Gesamtgrundschuld die Zwangsversteigerung in eines der Grundstücke zur Befriedigung zweifelsfrei aus, so darf er nicht in alle Grundstücke vollstrecken; die zu versteigernden Grundstücke darf er nicht unter dem Gesichtspunkt auswählen, sich oder einer Person, deren wirtschaft-

Hans Wolfsteiner

liche Situation für ihn von Interesse ist, bessere Befriedigungsmöglichkeiten für ungesicherte Forderungen zu verschaffen (unten Rn 204 ff, 210). Dies alles folgt auch aus § 242, ohne dass – vor allem in Bezug auf den Eigentümer-Sicherungsgeber – auf besondere Treuhandpflichten zurückgegriffen werden müsste.

30 Wie allgemein bestehen aber auch Parallelen zu den schuldrechtlichen Geschäften, die der Stellung einer **akzessorischen Sicherheit** (insbes einer Bürgschaft) zugrunde liegen. Zur Beurteilung der Wirksamkeit und der Rechtsfolgen des Sicherungs-vertrags zur Sicherungsgrundschuld kann deshalb nicht nur die Rechtsprechung zur Sicherungsübereignung und zur Sicherungszession herangezogen werden (SERICK II § 28 II 2), sondern auch die zum kausalen Teil des Bürgschaftsvertrags (pauschal ablehnend WENZEL ZIR 1997, 13). Insbesondere kann die entsprechende Anwendung des § 776 nicht grundsätzlich verweigert werden (aA im Ergebnis MünchKomm/HABER-SACK[4] § 776 Rn 2 unter Hinweis auf die angeblich nicht mehr beeinflussbare Ausgleichungspflicht zwischen mehreren Sicherungsgebern, dazu § 1143 Rn 39 ff und unten Rn 203; vgl zu § 776 BGH NJW 2002, 295 = EWiR § 776 BGB 1/02, 153 [BÜCHLER]).

31 Der Sicherungsvertrag ist **kein gegenseitiger Vertrag**, auch dann nicht, wenn der Eigentümer zugleich persönlicher Schuldner ist und die Sicherungsabrede uno actu mit dem Kreditgeschäft abgeschlossen wird (OTTEN Rn 196 ff; JÄCKLE JZ 1982, 50 mwNw; KNOPS ZfIR 1998, 577; REISCHL JuS 1998, 615; MünchKomm/EICKMANN[4] § 1191 Rn 14; ERMAN/WENZEL[12] § 1191 Rn 5; PALANDT/BASSENGE[68] § 1191 Rn 16; aA HAGER 45, der – durchaus zutref-fend, s unten Rn 37 – den Sicherungsvertrag als Teil des Darlehensgeschäfts begreift [s a unten Rn 34], allerdings den Darlehensvertrag als gegeseitigen einstuft; STAUDINGER/SCHERÜBL[12] § 1191 Rn 18), da die Stellung der Sicherheit keine Gegenleistung für eine Leistung des Sicherungsnehmers ist; dies folgt daraus, dass der Sicherungsnehmer bei störungs-freier Abwicklung des gesicherten Geschäfts die Sicherheit gerade nicht soll be-halten dürfen. Es handelt sich aber um ein Schuldverhältnis, das durch Vertrag begründet wird (§ 311 Abs 1) und auf dessen Abwicklung die §§ 241 ff Anwendung finden.

b) Selbständiger und unselbständiger Sicherungsvertrag

32 Der Sicherungsvertrag ist entweder ein selbständiger Sicherungs-Rahmenvertrag oder aber unselbständiger Teil eines anderen, insbesondere eines Darlehensvertrags (unklar OTTEN Rn 145 ff, weil sie Darlehensvertrag, Vertrag zur Stellung von Sicherheiten und Sicherungsvertrag zu streng trennt). Auch der selbständige Sicherungsrahmenvertrag hat seinen Rechtsgrund letztlich in den Schuldverhältnissen, denen die gesicherten Forderungen entspringen; daraus folgt die freie Kündbarkeit, soweit solche Schuld-verhältnisse nicht oder nicht mehr bestehen (unten Rn 35, 94).

aa) Der Sicherungs-Rahmenvertrag

33 Der selbständige Sicherungs-Rahmenvertrag hat meist zum Inhalt („weite Zweck-erklärung"), dass der Sicherungsgeber die Grundschuld zur Sicherung aller Ansprü-che stellt, die der Sicherungsnehmer gegenwärtig oder künftig gegen bestimmte Schuldner hat bzw haben wird, jedenfalls aber zur Sicherung eines näher bestimmten Forderungskreises, der auch künftige Ansprüche umfasst (vgl zur Zulässigkeit weiter Sicherungsabreden die Angaben bei GABERDIEL ZfIR 1998, 61 Fn 1; KNOPS ZfIR 1998, 577; zur „Anlassrechtsprechung" TIEDTKE ZIP 1998, 449 und unten Rn 43, 52). Typisch dafür sind etwa Nr 12 Abs 1 und Nr 13 Abs 1 AGB-Banken, wonach alle Forderungen aus der

„bankmäßigen Geschäftsverbindung" gesichert werden (zum Begriff BGH NJW-RR 1998, 190 [abl FINK BB 1998, 1331]; s nachf Rn 61). S zur Form unten Rn 213.

Verfehlt wäre es, allein aus dem „weiten" Charakter der Zweckerklärung zu schlie- **34** ßen, dass es sich um einen uneingeschränkt selbständigen Sicherungsvertrag handeln würde. Wirklich selbständige Sicherungsverträge sind selten; in der Regel ist der Sicherungsvertrag in seinem *Zustandekommen* iSd § 139 mit einem Darlehensvertrag verbunden (RÖSLER/FISCHER BKR 2006, 50; **aA** OTTEN Rn 204, die auf den Vertragstyp statt auf den Parteiwillen abstellt). Der Kreditgeber schließt keinen Darlehensvertrag ohne Sicherungsvereinbarung, der Kreditnehmer keine Sicherungsvereinbarung ohne Darlehensvertrag. Allerdings ist er dann in seinem weiteren Schicksal nicht mehr vom Darlehensvertrag abhängig; insbesondere erlischt er nicht von selbst mit Beendigung des Darlehensvertrags.

α) Mangels einer ausdrücklichen Abrede kann der Sicherungsgeber einen solchen **35** Vertrag in Anwendung des § 671 Abs 1 jederzeit **kündigen** (vgl BGH NJW 1997, 1980 [Anm LORENZ]; RÄBEL NJW 1953, 1248; STOCKMAYER 52; HUBER 179; GERTH BB 1990, 78; GABERDIEL/GLADENBECK[8] Rn 602; **aA** – nur aus wichtigem Grund – MünchKomm/EICKMANN[4] § 1191 Rn 75; ERMAN/WENZEL[12] § 1191 Rn 43, der aber bei Sicherung fremder Schulden schon im Ablauf angemessener Zeit einen wichtigen Grund sieht; ähnlich zum Pfandrecht BGH vom 7. 10. 2002 – II ZR 74/00 – NJW 2003, 61 = EWiR § 1204 BGB 1/03, 21 m Anm WEBER; zur Bürgschaft BYDLINSKI, in: FS Schimansky 299 ff; gegen Kündbarkeit außer bei „Existenzgefährdung" OLG Stuttgart WM 1988, 1191) mit der Wirkung, dass Forderungen, die erst nach Wirksamwerden der Kündigung begründet werden, nicht mehr gesichert sind (zum Pfandrecht BGH vom 7. 10. 2002 wie vor; zur Bürgschaft BYDLINSKI, in: FS Schimansky 299, 310; s nachf Rn 117. KNOPS ZfIR 1998, 577 vernachlässigt diese Befugnis des Sicherungsgebers und zieht daher falsche Folgerungen für § 1136 und § 307). Dies gilt – anders als beim unselbständigen Sicherungsvertrag – grundsätzlich auch dann, wenn in den Forderungskreis ein einem Dritten verbindlich zugesagter Kontokorrentkredit einbezogen ist (BGH vom 7. 10. 2002 wie vor; **aA** GABERDIEL/GLADENBECK[8] Rn 604, 734, der hier nicht streng genug zwischen dem Sicherungsrahmenvertrag und dem aus Anlass der Kreditgewährung vereinbarten unselbständigen Sicherungsvertrag unterscheidet; vgl Vorschlag des Ausschusses für Schuld- und Liegenschaftsrecht der Bundesnotarkammer für ein Grundschuldformular DNotZ 2002, 84). § 314 greift nur ein, wenn eine konkrete Abrede über Laufzeit und Kündigung getroffen ist. Eine Kündigung zur Unzeit (§ 671 Abs 2) – der Sicherungsnehmer hat im berechtigten Vertrauen auf die Sicherheit bereits Aufwendungen zur Begründung oder zum Erwerb der Forderung gemacht, zB einen Baukredit zum Teil ausgereicht, der aber aus seiner Sicht nur sinnvoll ist, wenn das Bauvorhaben mittels des restlichen Kreditteils vollendet wird – kann dazu führen, dass auch noch einzelne künftige Forderungen in den Sicherungskreis fallen (GERTH BB 1990, 78). Jedenfalls ist eine Kündigung aus wichtigem Grund zulässig (§ 671 Abs 3).

β) Umfasst die Sicherungsabrede **alle künftigen Forderungen**, so verstößt ein **36** Ausschluss oder eine erhebliche Erschwerung der Kündigung gegen die guten Sitten (§ 138); im übrigen sind Kündigungsausschlüsse und Kündigungserschwerungen an § 307 (nicht § 309 Nr 9) zu messen, wenn sie durch allgemeine Geschäftsbedingungen oder in Verbraucherverträgen (§ 310 Abs 3) auferlegt werden. Im Insolvenzverfahren über das Vermögen des Sicherungsgebers ist § 91 InsO in dem Sinn anwendbar, dass eine an sich unter den Rahmenvertrag fallende Forderung, die der

Sicherungsnehmer erst nach Eröffnung des Verfahrens erwirbt, den Insolvenzgläubi-
gern gegenüber nicht als gesichert gilt (BGH NJW 1975, 122; BGH NJW 1997, 2322 für die
Pfändung bei Kontokorrentabrede; **aA** dazu OLG Stuttgart ZIP 1994, 222 und wohl auch BGHZ
135, 140 vom 20. 3. 1997 – IX ZR 71/96 = ZZP 111 [1998] 77 m abl Anm HÄSEMEYER. S aber unten
Rn 200, 240 zum Kontokorrent). Dasselbe gilt für die Insolvenzanfechtung. S zum Fall der
Pfändung des Rückgewähranspruchs unten Rn 295, 300 ff.

bb) Der unselbständige Sicherungsvertrag

37 Ist der Sicherungsvertrag unselbständiger Teil eines anderen, insbesondere des
Darlehensvertrags – was auch bei (kritikwürdiger aber weithin üblicher) äußerlicher
Trennung der Vertragsurkunden der Fall sein kann, so in Form einer getrennten
„Zweckerklärung" (s oben Rn 35 und unten Rn 213) –, so nimmt er am Schicksal des
Gesamtvertrags teil. Dies gilt auch für die Kündbarkeit, wenn nichts konkretes dazu
vereinbart ist. Ob er im Falle der Unwirksamkeit des Hauptvertrags als selbständiger
Vertrag aufrechtzuerhalten ist, richtet sich nach § 139 (BGH NJW 1994, 2885; **aM** NEU-
HOF/RICHRATH NJW 1996, 2894, die nicht nur eine Lehre von der Doppelcausa vertreten, sondern
die Kausalverhältnisse grundsätzlich voneinander trennen wollen; ähnlich KNOPS ZfIR 1998, 577;
dagegen mit Recht BÜLOW NJW 1997, 641; DÖRING 94 ff; HAGER 45; OTTEN Rn 227). Damit nicht
zu verwechseln die Frage, ob die Grundschuld noch Ansprüche aus dem Abwicklungsschuldverhältnis sichert (dazu unten Rn 45; so aber GABERDIEL/GLADENBECK[8]
Rn 576).

3.   Der Inhalt des Sicherungsvertrags

38 Der Sicherungsvertrag – der selbständige ebenso wie der unselbständige – enthält als
Grundelemente:

– Die Verpflichtung des Sicherungsgebers, dem Sicherungsnehmer eine bestimmte
  Grundschuld zu stellen und damit auch die causa dafür, dass der Sicherungs-
  nehmer die Grundschuld behalten darf (PALANDT/BASSENGE § 1191 Rn 16; **aM** – die
  Verpflichtung, Sicherheit zu stellen, habe eine eigene causa im primären Schuldverhältnis –
  NEUHOF/RICHRATH NJW 1996, 2894 mwNw; **dagegen** mit Recht BÜLOW NJW 1997, 641; DÖRING
  94 ff; HAGER 43); die Verpflichtung umfasst regelmäßig auch die Abrede, dass sich
  der Eigentümer wegen der Grundschuld (s zum abstrakten Schuldversprechen unten
  Rn 188) der sofortigen Zwangsvollstreckung zu unterwerfen habe; nachf Rn 39 ff.

– die Bestimmung der Ansprüche, die gesichert werden; nachf Rn 44.

– ggf Bestimmungen über den Grund für eine anfängliche Übersicherung; nachf
  Rn 76.

– Bestimmungen darüber, wie vorzeitige Zahlungen auf die Grundschuld selbst zu
  behandeln sind; nachf Rn 82.

– Bestimmungen über die Behandlung nachträglich eintretender Übersicherung;
  nachf Rn 91.

– Bestimmungen darüber, wann, unter welchen Voraussetzungen und auf welche

Weise der Sicherungsnehmer die Grundschuld und ggf weitere Sicherheiten verwerten darf; nachf Rn 103.

– Bestimmungen über die Behandlung des Erlöses; nachf Rn 126.

– Bestimmungen über die Behandlung freiwilliger Zahlungen; nachf Rn 134.

– Bestimmungen über Abwicklung und Rückgewähr; nachf Rn 140.

a)   Verpflichtung, eine bestimmte Grundschuld zu stellen

aa)   Der Sicherungsvertrag verpflichtet den Sicherungsgeber, dem Sicherungsneh- **39** mer eine bestimmte **Grundschuld zu stellen** (BGH NJW 1990, 392; MünchKomm/Eick- mann[4] § 1191 Rn 13; **aA** – unverständlich – Döring 97 ff). Sie ist die selbe, gleich ob es der Grundstückseigentümer ist, der sich zur Neubestellung verpflichtet, oder ein Dritter, der sich verpflichtet, an den Sicherungsnehmer eine ihm zustehende Grundschuld abzutreten oder den Eigentümer zur Bestellung einer Grundschuld zugunsten des Sicherungsnehmers zu veranlassen (**aA** Döring 62 ff in unfruchtbarer Begrifflichkeit).

Die Grundschuld trägt die **Begrenzung auf eine bestimmte Haftungshöhe** bereits in **40** sich, so dass die zur Bürgschaft geführte Diskussion um die Notwendigkeit einer höhenmäßigen Begrenzung der Haftung (vgl die in BGHZ 130, 19 = NJW 1995, 2553 m Anm Reich/Schmitz = LM BGB § 765 Nr 99–101 m Anm Pfeiffer dokumentierte Rechtsprechung und Literatur) für die Grundschuld keine Rolle zu spielen scheint (s nachf Rn 80). Gewisse Zweifel verbleiben allerdings angesichts der *Grundschuldzinsen* (Einl 227 zu §§ 1113 ff; § 1192 Rn 29); auch nachdem sich durchgesetzt hat, dass Grundschuldzinsen normal verjähren (unten Rn 99), kann die Verjährung von Grundschuldzinsen immer wieder neu beginnen, zB durch regelmäßige (womöglich versteckte) Anerkenntnisse. Der Haftungsumfang der Grundschuld insgesamt (Kapital samt Zinsen) kann dann ins unermessliche wachsen (vgl § 1150 Rn 27). Als Ausweg bietet sich eine Vertragsaus- legung dahingehend an, dass der Sicherungsnehmer nur die Zinsen, die in die *vierte Rangklasse* nach § 10 Abs 1 Nr 4 ZVG fallen, oder nur die in § 1171 Abs 1 S 2 HS 2 genannten zu seiner Befriedigung verwenden darf; sollte der Vertragstext so ge- staltet sein, dass er eine solche Auslegung nicht zulässt, müsste doch ein Verstoß gegen § 307 in Erwägung gezogen werden. S nachf Rn 99.

bb)   Die Verpflichtung, eine Grundschuld zu stellen, trägt die Verpflichtung, auch **41** eine **vollstreckbare Urkunde** darüber zu errichten, nicht von selbst in sich (BGH vom 22. 7. 2008 – XI ZR 389/07 – NJW 2008, 3208 m Anm Zimmer S 3185 = ZfIR 2009, 88 m Anm Wolters). Ist eine vollstreckbare Urkunde allerdings erteilt, kann sie regelmäßig nicht kondiziert werden, insbes nicht durch Vollstreckungsabwehrklage nach § 767 ZPO (s zur causa der vollstreckbaren Urkunde Wolfsteiner § 19. 48. ff). S zu Einzelheiten einer vollstreckbaren Grundschuldurkunde Wolfsteiner § 28. 67. ff und zum damit verbundenen vollstreckbaren Schuldversprechen unten Rn 188 ff.

cc)   Zugunsten des Sicherungsgebers ist der Sicherungsvertrag regelmäßig dahin zu **42** verstehen, dass der Gläubiger die Grundschuld nebst anderen etwa zu stellenden Sicherheiten (dazu nachf Rn 169 ff) als **vollwertig** akzeptiert, so dass Verstärkung der Sicherheiten iSd gegenüber früheren Fassungen erheblich abgeschwächten Nr 13 AGB Banken, Nr 22 Abs 1 AGB-Sparkassen grundsätzlich nur unter den Voraussetzungen der §§ 1133 ff gefordert werden kann (vgl BGH NJW 1996, 2790; insofern zustimmend CANARIS ZIP 1996, 1577, während der weitere Gedanke von CANARIS, auch der Sicherungsgeber müsse sich an der Höhe der gestellten Sicherheit festhalten lassen, für die reine Grundschuldsicherheit nicht anwendbar ist, wohl aber für die Frage der Übersicherung durch ein Gesamtgrundpfandrecht oder durch Stellung mehrerer Sicherheiten, nachf Rn 169, 198; vgl weiter OLG München BB 1997, 435; DÖRING 105; BÜLOW EWiR § 138 BGB 3/97, 205; TETZLAFF EWiR § 138 BGB 7/03, 799 zu BGH vom 15.5.2003 – IX ZR 218/02 – ZIP 2003, 1256).

b) Bestimmung der gesicherten Ansprüche
aa) Sicherungsfähige Ansprüche
43 Während die Grundschuld selbst – wie alle Grundpfandrechte (Einl 42 ff zu §§ 1113 ff) – ausschließlich einen Anspruch auf Zahlung von Geld zum Inhalt haben kann, kann sie zur Sicherung von Ansprüchen jeglicher Art und jeglichen Gegenstands verwendet werden. Da die Grundschuld aber stets nur einen Anspruch auf Geld beinhaltet (Einl 42 ff zu §§ 1113), muss bei anderen Ansprüchen geregelt werden, wie sie zur Erfüllung des Sicherungszwecks in Geld umgewandelt werden. Die Auffassung, es seien doch nur Geldansprüche sicherbar (STAUDINGER/SCHERÜBL[12] § 1191 Rn 13), ist zwar nicht richtig, hat aber also doch einen richtigen Kern. Voraussetzung ist freilich, dass sich der Anspruch letztlich in Geld umwandeln kann oder dass er durch einen Geldanspruch ersetzt werden kann (unten Rn 127).

bb) Sachenrechtlicher Bestimmtheitsgrundsatz
44 Obwohl die Sicherungsvereinbarung nach § 1192 Abs 1a in gewissen Sinn am dinglichen Grundschuldinhalt teilnimmt (oben Rn 2, 7), ist sie nach der gesetzlichen Konstruktion über § 1157, die auf jede Publizität verzichtet, nicht Grundschuldinhalt im eigentlichen Sinn; die Bestimmung der gesicherten Forderungen unterliegt daher nicht dem sachenrechtlichen Bestimmtheitsgrundsatz (aA anscheinend MünchKomm/EICKMANN[1] § 1191 Rn 26, inzwischen offenbar aufgegeben). Es können Einzelforderungen, Forderungskreise, alle Forderungen gegen einen bestimmten Schuldner in beliebigen Kombinationen gesichert werden. Die Einbeziehung einzelner Forderungen und Forderungskreise kann bedingt, befristet, betagt erfolgen.

45 Anders als bei der Hypothek, die (mit Ausnahme der Höchstbetragshypothek) keine alternativen Forderungen zum Inhalt haben kann (§ 1113 Rn 17, 22), ist bei der Grundschuld regelmäßig anzunehmen, dass sie auch **Forderungssurrogate** sichern soll. Dazu gehören regelmäßig der Bereicherungsanspruch des Darlehensgläubigers, wenn der Darlehensanspruch nichtig, der Sicherungsvertrag aber wirksam ist (BGH NJW 1968, 1134; BGHZ 114, 57 = NJW 1991, 1746; BGH vom 28.10.2003 – XI ZR 263/02 – ZIP 2004, 64; offengelassen von OLG Köln NJW-RR 1986, 1052; PAP/SAUER ZfIR 2002, 523), die Ansprüche nach § 357 im Falle des Widerrufs von Verbraucherverträgen (BGH vom 26.11.2002 – XI ZR 10/00 – NJW 2003, 885 = EWiR § 3 HWiG aF 2/03, 639 [Anm WEBER/MADAUS]) und auch eine Nichtabnahmeentschädigung (OLG Frankfurt vom 19.2.2003 – 13 U 24/01 – NJW-RR 2004, 137). Auch die Ansprüche aus einem (wie üblich) zugleich mit der Grundschuldbestellung abgegebenen abstrakten Schuldversprechen (unten Rn 194) sollen gesichert sein (BGH vom 29.11.2007 – IX ZB 12/07 – ZIP 2008, 281 Rn 13). Hingegen kann idR nicht von einem übereinstimmenden Parteiwillen dahin ausgegangen werden, dass auch Ansprüche auf Schadensersatz wegen Nichterfüllung gesichert sind (OLG Celle WM 1987, 1484). Sind Sicherungsgeber und Schuldner nicht identisch, so deckt die auf eine konkrete Forderung bezogene Sicherungsabrede keine vertraglichen Änderungen des Inhalts der gesicherten Forderung, wenn sie dem Schuldner oder dem Sicherungsgeber nachteilig sind. Auch im Falle einer Novation der gesicherten Forderung ist entscheidend, ob sie rechtliche Situation des Schuldners oder des Sicherungsgebers verschlechtert (ambivalent KG ZfIR 2000, 735 = EWiR § 3 AGBG 3/2000, 799 [kritisch KNOPS], wonach die Novation zum Erlöschen der gesicherten Forderung und damit des Sicherungsverhältnisses führt, das aber zusätzlich mit erhöter Beschwer argumentiert).

Der Sicherungsvertrag kann im Sinne eines Vertrags zugunsten Dritter auch **An-** **46** **sprüche Dritter** einbeziehen (BGH vom 21. 2. 2008 – IX ZR 255/06 – ZIP 2008, 703 = EWiR § 91 InsO 1/08, 475 [KRÜGER/ACHSNICK]).

cc) Hypothekenrechtliche Zuordnung

Die hypothekenrechtliche Zuordnung des Hypothekenkapitals zur gesicherten Ka- **47** pitalforderung, der Hypothekenzinsen zu den Forderungszinsen und der anderen hypothekarischen Nebenleistungen zu den anderen Nebenleistungen der gesicherten Forderung **gilt für die Grundschuld nicht.** Zwar kann eine solche Zuordnung im Sicherungsvertrag vereinbart werden; die Regel und das Regelverständnis soll das aber nicht sein. Vielmehr haften nach herkömmlicher Auffassung regelmäßig Grundschuldkapital, Grundschuldzinsen und andere Grundschuldnebenleistungen gemeinsam für Schuldkapital, Schuldzinsen und andere Schuldnebenleistungen (RG SeuffA 87, 51; BGH NJW 1982, 2768; BGH NJW-RR 1992, 1176; BGH ZIP 1993, 257; BGH NJW 1996, 253; BGHZ 142, 332 = NJW 1999, 3705 = EWiR 2000, 59 [MEDICUS] = LM BGB § 197 Nr 29 [SCHMIDT-LADEMANN] = WuB I F 3 Grundpfandrechte 3. 00 [EIDENMÜLLER] = JuS 2000, 495 [K SCHMIDT] = JR 2000, 322 [PETERS]; HUBER 103; SCHOLZ/LWOWSKI Anm H/108; STÖBER ZIP 1980, 506). Das Bewusstsein, dass es sich dabei lediglich um *Auslegung des Sicherungsvertrags* und nicht um ein Dogma handelt, scheint freilich oft zu fehlen (nicht bei GABERDIEL/GLADENBECK[8] Rn 279). Die Auslegung ist auch keineswegs unbedenklich, denn sie steht idR in Widerspruch zur Parallelwertung in der Laiensphäre des Sicherungsgebers; dieser geht, wenn er nicht fachkundig über das Gegenteil belehrt wird (s zu einer Belehrungspflicht des Sicherungsnehmers BGH NJW-RR 1991, 170), regelmäßig auch bei der Grundschuld davon aus, dass Kapitalien, Zinsen und andere Nebenleistungen einander ebenso zugeordnet seien wie bei der Hypothek (insofern richtig PETERS JZ 2001, 1017). Deshalb ist es völlig legitim, etwa bei der Frage der Verjährung von Grundschuldzinsen und des Verzichts auf Zinsrückstände (nachf Rn 99 f) auf die Vorstellungen der Parteien zurückzugreifen und zumindest gewisse Abhängigkeiten von Schuld- und Grundschuldzinsen herzustellen (RIMMELSPACHER WuB I F 3.–8. 99; aA BGHZ 142, 332 [weitere Fundstellen und Anmerkungen s oben], eine solche Auslegung sei „nicht möglich").

dd) Beweislast

Der **Sicherungsgeber** trägt die Beweislast für das Bestehen und den Inhalt des **48** Sicherungsvertrags (s auch unten Rn 151).

α) **Steht fest,** dass es einen Sicherungsvertrag gibt, ist dessen Inhalt durch Ausle- **49** gung zu ermitteln (BGHZ 114, 57); die Beweislast spielt im Rahmen der Vertragsauslegung keine Rolle (BAUMGÄRTEL/LAUMEN[2] § 157 Rn 1 mwNw); sie greift dort nur ein, wo tatsächliche Elemente der Auslegung streitig sind. Im Übrigen trägt der Sicherungsgeber auch die Beweislast für den Inhalt des Sicherungsvertrags (JOSWIG ZfIR 2001, 712).

50 β)   **Steht nicht fest**, dass es einen Sicherungsvertrag gibt, so trägt derjenige, welcher
sich eines Anspruchs auf Herausgabe der Grundschuld berühmt, die Beweislast
dafür, dass dem Gläubiger die Grundschuld nur sicherungshalber zusteht, und weiter
dafür, dass eine gesicherte Forderung nicht oder nicht mehr besteht (vgl BGH NJW-RR
1997, 892; Joswig ZfIR 2001, 712; zur Bürgschaft BGH JZ 2001, 45 [m abl Anm Reinicke/
Tiedtke]). Bei der dinglichen Klage aus der Grundschuld muss der Kläger deshalb
nur das Bestehen der Grundschuld darlegen und beweisen; dagegen trifft den
Eigentümer die Darlegungs- und Beweislast für das Bestehen des Sicherungsvertrags
und für seinen Inhalt, für das Nichtbestehen der Forderung und für die Tatsachen,
aus denen sich sein Anspruch ergibt, dass der Grundschuldgläubiger die Befriedigung aus der Grundschuld zu unterlassen hat. Wie allgemein beim Beweis eines
Negativums genügt es allerdings, wenn der Eigentümer die Behauptungen des
Grundschuldgläubigers widerlegt; er muss nicht alle theoretisch denkbaren Rechtsverhältnisse ausschließen (BGH NJW-RR 1996, 1211; vgl Joswig ZfIR 2001, 712).

51 γ)   Sichert die Grundschuld nach dem (unstreitig bestehenden) Sicherungsvertrag
nur eine Forderung, deren **künftiges Entstehen** als **ungewiss** behandelt wird, trägt der
Sicherungsnehmer die Beweislast für ihr Entstehen (OLG Düsseldorf NJW-RR 1997, 444
unter Berufung auf BGH WM 1967, 508 [510]; BGH WM 1974, 47 [48]; BGH WM 1976, 666 [667];
im Grundsatz auch Joswig ZfIR 2001, 712; **aM** Serick § 28 II 5; Huber 130; Rahn BWNotZ 1959,
265). Wird die Forderung als **gewiss** behandelt, so hat der Sicherungsgeber zu beweisen, dass sie wider Erwarten nicht entstanden ist. Die Beweislast für das Erlöschen trägt in jedem Fall der Sicherungsgeber und zwar auch dann, wenn die
Grundschuld eine fremde Schuld sichert (BGH NJW 2000, 1108 = EWiR § 1191 BGB 1/2000,
227 [Joswig] = WuB VII A § 286 ZPO 1. 00 [Heinrich] = JuS 2000, 712 [K Schmidt]; Joswig ZfIR
2001, 712). Einen Auskunftsanspruch gesteht die Rechtsprechung dem Eigentümer
nicht zu (BGH NJW 2000, 1108 aaO = EWiR § 1191 BGB 1/2000, 227 [insoweit ablehnend
Joswig]; vgl aber OLG München vom 26.2. 2008 – 5 U 5102/06 – ZIP 2008, 498 = EWiR 2008,
173 [Schall] = WuB I B 2 Bankgeheimnis/-auskunft 3. 08 [Glatzel/Hanten]).

52 δ)   Sichert die Grundschuld nach dem Sicherungsvertrag einen **Forderungskreis**, so
trägt der Sicherungsgeber die Beweislast dafür, dass eine bestimmte Forderung des
Gläubigers *nicht* in den Sicherungskreis fällt (BGH NJW 1981, 2756; BGHZ 109, 197 = NJW
1990, 576 [Braunert 805]; BGH NJW-RR 1991, 759; BGHZ 114, 57; Baumgärtel/Laumen/
Baumgärtel[2] § 1191 Rn 3) und im Falle, dass der Bestand der Forderung oder ihre
Erfüllung streitig sind, auch dafür, dass sie nicht entstanden oder erfüllt ist (s zu
letzterem nachf Rn 151).

ee)   Inhaltskontrolle
53 Die Bestimmung der Forderungen, die gesichert werden sollen, unterliegt der
Inhaltskontrolle nach § 307 (früher § 9 AGBG; s allgemein zur Anwendung der
§§ 305 ff und insbesondere des § 307 unten Rn 221). Die Meinungslage dazu erscheint verworren, weil einerseits die Rechtsprechung des zuständigen XI. Zivilsenats des BGH nicht ganz einheitlich ist, und weil der vormals für Mobiliarsicher-
heiten einschließlich der Bürgschaft zuständige IX. Zivilsenat für die dort
auftretenden Parallelfragen grundsätzlich anderer Auffassung war als der XI. Senat.
Zu einer Vorlage an den Großen Senat ist es nicht gekommen, weil es sich –
jedenfalls in den Augen der Senate – nur um Parallelfragen, nicht aber um identische
Rechtsfragen handelte.

α)   Positiv zur Inhaltskontrolle hat sich der **XI. Zivilsenat** (in BGH NJW 1991, 3141) **54**
nur kursorisch ausgesprochen und zwar unter Berufung auf eine Entscheidung des
früher zuständig gewesenen V. Senats (BGHZ 100, 82). Seither lehnt er es aber mit
Nachdruck ab, die Rechtsprechung des früher dafür zuständigen IX. Zivilsenats zur
Bürgschaft auf den Sicherungsvertrag zu übertragen (BGH NJW 1997, 2677 = EWiR § 9
AGBG 19/97, 1105 [zust Hadding] = LM § 9 [Cg] Nr 37 [abl M Wolf] = DNotZ 1998, 578
[Schmitz-Valckenberg] = MittBayNot 1997, 358 [Anm Amann 341] unter Berufung auf die
Senatsentscheidungen NJW 1995, 1674 und NJW-RR 1996, 673; ebenso IV. ZS vom 20. 3. 2002 –
IV ZR 93/01– NJW 2002, 2710 = EWiR § 1191 BGB 1/2, 809 [abl Clemente]). Die Bestimmung
der gesicherten Forderungen wird als Festlegung der Hauptleistung und damit als
kontrollfrei behandelt, ohne dass recht klar würde, warum dann der ehemalige § 3
AGBG herangezogen werden konnte, der auf die Hauptleistung ebenfalls keine
Anwendung fand (vgl BGHZ 109, 197 = NJW 1990, 576 [Braunert S 805]). Von der
Rechtsprechung, des IX. Zivilsenats distanziert er sich, weil es eine dem § 767 Abs 1
S 3 entsprechende Vorschrift für den Grundschuld-Sicherungsvertrag nicht gebe und
wegen geringerer Schutzbedürftigkeit – der Sicherungsgeber könne nur gegenwärtiges, anders als der Bürge aber nicht künftiges Vermögen verlieren – auch keine
entsprechende Anwendung geboten sei (s dazu, dass diese Argumentation auf das regelmäßig mit der Grundschuld verbundene Schuldanerkenntnis nicht zutrifft, unten Rn 191). Die
Rechtsprechung des XI. Zivilsenats zum Sicherungsvertrag beschränkt sich darauf,
bestimmte Klauseln für überraschend iSd § 305c (ehemals § 3 AGBG) zu erklären
(s zum Verhältnis der §§ 305c und 307 zueinander Schmitz-Valckenberg DNotZ 1996, 492
mwNw).

Der IX. Zivilsenat hat in der Tat § 307 (ehemals § 9 AGBG) ursprünglich nur **55**
insoweit angewandt, als die Bürgenhaftung im Sinne des § 767 Abs 1 S 3 über den
„Anlass" hinaus auf weitere Forderungen erstreckt worden war (BGHZ 130, 19 = NJW
1995, 2553 [Reich]; BGH NJW 1996, 2369 = EWiR § 765 BGB 4/96, 835 [Blaurock]; BGH ZIP
1997, 446 = EWiR § 765 BGB 4/97, 501 [kritisch Bydlinski]). Später hat er aber seine
Rechtsprechung dahin „erweitert", die Klausel einer Höchstbetragsbürgschaft, die
die Haftung des Bürgen auf alle bestehenden Ansprüche erstreckt, ohne die verbürgten Forderungen näher zu bezeichnen, verstoße unabhängig vom Anlass, also
auch unabhängig von § 767 Abs 1 S 3 grundsätzlich gegen § 307 (BGHZ 143, 95 =
DNotZ 2000, 278 [Tiedtke] = LM § 9 [Bm] AGBG Nr 32 [Pfeiffer]; BGH NJW-RR 2001, 343;
BGH NJW 2002, 3167 = LM § 765 BGB Nr 174 m Anm Berger; vgl auch LG München I ZIP 1998,
1956 m abl Anm vBernuth ZIP 1999, 1501, das § 9 AGBG auch auf eine harte Patronatserklärung
anwendet). Damit war die vom XI. Senat herangezogene Differenzierung gegenstandslos und der Konflikt offenkundig; er hat sich aber formal durch geänderte
Geschäftsverteilung beim BGH erledigt.

Die **Rechtsliteratur** befürwortet mehrheitlich die Inhaltskontrolle (Tiedtke ZIP 1997, **56**
1949; Amann MittBayNot 1997, 341; Tiedtke JZ 1998, 732; R Weber ZfIR 1999, 2; Tiedtke DStR
2001, 257; M Wolf LM § 9 AGBGB [Cg] Nr 37; Wagner AcP 205 [2005] 715 unter Berufung auf
BVerfG 89, 214 vom 19. 10. 1993 – 1 BvR 567/89; aA aber Schmitz-Valckenberg DNotZ 1998, 578;
Hadding EWiR § 9 AGBG 19/97, 1105; Volmer WM 1998, 914 unter Berufung auf fehlende
Eingrenzungen bei der Höchstbetragshypothek; Hager 41; Kuntz AcP 209 [2009] 242; Wilhelm[3]
Rn 1750; s dagegen § 1190 Rn 7). Das Argument, es handle sich um die kontrollfreie
Bestimmung der Hauptleistung, trifft auch jedenfalls dann nicht zu, wenn der
Sicherungsvertrag (wie überwiegend) Bestandteil eines anderen, zB eines Darle-

hensvertrags, ist (oben Rn 32 ff); der Charakter der Sicherungsabrede als Vertrags-
modalität steht dann außer Zweifel. Zugleich wird der Hintergrund der „Anlassrechtsprechung" deutlich: Es kann den Schuldner unangemessen und treuwidrig
benachteiligen, wenn etwa eine Darlehensgewährung davon abhängig gemacht wird,
dass er für andere, damit nicht zusammenhängende und insbesondere künftige
Ansprüche vertraglich vorher nicht vereinbarte Sicherheiten stellt (zust HAGER 41).
Aber auch im Falle des selbständigen Sicherungsrahmenvertrags handelt es sich bei
der Festlegung des Sicherungsumfangs nicht etwa um die kontrollfreie Beschreibung
der Hauptleistung, sondern um eine Leistungsmodalität, weil der Sicherungsrahmenvertrag kein gegenseitiger Vertrag ist (oben Rn 31; ob es im einseitig verpflichtenden Vertrag
überhaupt einen kontrollfreien Bereich gibt, wird – nicht überraschend bei der allgenmeinen
Unschärfe der Materie – nicht explizit erörtert, vgl STAUDINGER/COESTER [2006] § 207 Rn 284 ff,
310 ff). Jedenfalls ist die Kontrolle deshalb gerechtfertigt, weil es eine funktionierende Selbstregulierung durch den Markt – wesentliches Kriterium für Kontrollfrei-
heit im Leistungsbereich – bei der hier gegenständlichen Festlegung des Sicherungsumfangs einer abstrakten Sicherheit nicht gibt (STAUDINGER/COESTER [2006] § 207
Rn 320). Richtig ist freilich, dass § 307 und erst recht § 138 stets mit Vorsicht
anzuwenden sind; der völlige Ausschluss der Anwendung auf eine bestimmte Klausel ist aber ungerechtfertigt.

57 β)   Die Lösung allein über den **Überraschungseffekt** des § 305c (BGHZ 109, 197 =
NJW 1990, 576 [BRAUNERT 805]; BGHZ 100, 82; BGH NJW-RR 1992, 1521; BGH DNotZ 1995,
890; BGH NJW 1997, 2677 [ablehnend TIEDTKE ZIP 1997, 1949; R WEBER ZfIR 1999, 2] = DNotZ
1998, 578 [SCHMITZ-VALCKENBERG] = EWiR § 9 AGBG 19/97, 1105 [zust HADDING] = MittBayNot
1997, 358 [Anm AMANN 341]; OLG Koblenz OLG-Report 1998, 55 und für die Bürgschaft BGH
NJW 1994, 2145) befriedigt nicht. Die Kreditwirtschaft hat mit verbesserter Belehrung
reagiert (BGHZ 131, 55 vom 4. 10. 1995 – XI ZR 215/94 = JZ 1996, 796 m Anm M WOLF =
EWiR 1996, 651 [CLEMENTE] und 1996, 1091 [KOLLER]; BGH NJW 1997, 2677 wie vor; STEGMAIER
BB 1996, 2587), insbesondere auch damit, dass sie – was eigentlich zu begrüßen ist –
zunehmend den Sicherungszweck wieder in eine notarielle Grundschuldbestellungsurkunde aufnehmen lässt und so das Überraschungsmoment mittels der notariellen
Belehrung ausschaltet (dazu KEIM MittBayNot 1994, 406; SCHMITZ-VALCKENBERG DNotZ 1996,
492; AMANN MittBayNot 1997, 341). Meist findet diese Belehrung aber in einem Stadium
der Kreditverhandlungen statt, in dem der Sicherungsgeber seine Entschließungsfrei-
heit bereits weitgehend verloren hat, weil er im Vertrauen auf die – oft schon vertraglich vereinbarte – Kreditgewährung bereits unwiderrufliche Dispositionen getroffen
hat. Ob man in solchen Fällen den für die Überraschung maßgeblichen Zeitpunkt
vorverlegen kann, erscheint fraglich (dafür AMANN MittBayNot 1997, 341). Um zu vertretbaren Ergebnissen zu kommen, sieht sich der XI. Zivilsenat des BGH genötigt, die
Überraschung bis hin zur Überraschungsfiktion zu strecken (BGHZ 131, 55 wie vor, der
eine formularmäßige, den Haftungsumfang über den konkreten Anlass hinaus erweiternde Zweckerklärung sogar dann für überraschend erklärt, wenn der Sicherungsgeber eine maschinenschriftliche
Zusatzerklärung unterzeichnet hat, die an Deutlichkeit nichts zu wünschen übrig lässt, und iE nur
eine individuelle mündliche Belehrung ausreichen lässt; noch weitergehend BGH NJW-RR 2001,
1420, wonach eine überraschungsgeeignete Klausel auch dann nichtig sei, wenn der andere Teil im
konkreten Fall nicht überrascht worden ist, wobei unklar bleibt, weshalb dann eine vom Notar gegebene Aufklärung überhaupt noch relevant sein soll; kritisch auch R WEBER ZfIR 1999, 2; **aA** – für ein
mit Kreditgeschäften vertrautes Unternehmen – BGH NJW 1987, 1885; BGH NJW 1991, 3141; RÖS-
LER/FISCHER BKR 2006, 50 [der Sicherungsgeber müsse tatsächlich überrascht worden sein, was nicht

der Fall sei, wenn er sich gar keine Gedanken gemacht habe]). Wenn aber ein zwingendes Bedürfnis nach inhaltlicher Kontrolle, wie sie § 307 vorsieht, erkannt wird, sollte nicht auf die nur formale Kontrolle des § 305c ausgewichen werden. Mit einer solchen Ausweichlösung lassen sich keine überzeugenden Ergebnisse gewinnen.

γ) **Überraschende Klauseln** werden nach § 305c Abs 1 nicht Vertragsbestandteil. **58** Nach § 306 Abs 2 gelten dann die gesetzlichen Bestimmungen, was angesichts des Fehlens solcher Bestimmungen nur heißen kann, dass es bei der Unwirksamkeit bleibt. Beim Verstoß gegen § 307 tritt ohnehin Unwirksamkeit ein ohne dass die Substitution durch (nicht vorhandene) gesetzliche Regeln möglich wäre. Dabei sollte es auch verbleiben. Übermäßige Härten sind zu vermeiden, indem die Nichtigkeitsvorschriften mit der vom historischen Gesetzgeber gewollten Zurückhaltung angewandt werden.

Demgegenüber privilegiert die Rechtsprechung (BGHZ 137, 212 vom 27. 11. 1997 – GSZ 1/ **59** 97, GSZ 2/97 = JZ 1998, 456 [Roth]; aA offenbar BGHZ 143, 95 = DNotZ 2000, 278 [Tiedtke] = LM § 9 [Bm] AGBG Nr 32 [Pfeiffer]; BGH vom 6. 4. 2000 – IX ZR 2/98 – NJW 2000, 2580; BGH vom 29. 3. 2001 – IX ZR 20/00 – NJW-RR 2001, 343) den Sicherungsnehmer gegenüber sonstigen Verwendern allgemeiner Geschäftsbedingungen contra legem durch eine **geltungserhaltende Reduktion** der Sicherungsabrede auf den Inhalt, der nicht überraschend gewesen wäre (BGHZ 131, 55 vom 4. 10. 1995 – XI ZR 215/94 = JZ 1996, 796 m Anm M Wolf = EWiR 1996, 651 [Clemente] und 1996, 1091 [Koller]; BGH vom 3. 7. 2002 – IV ZR 227/01 – NJW-RR 2003, 45 = EWiR § 262 BGB 1/02, 849 m zust Anm Weber/Madaus; zur Bürgschaft BGHZ 130, 19 = LM BGB § 765 Nr 99 m Anm Pfeiffer = DNotZ 1996, 273 m Anm Keim [ablehnend Schmitz-Herscheidt ZIP 1997, 1140 und ZIP 1998, 1218]; BGH vom 6. 4. 2000 – IX ZR 2/98 – ZIP 2000, 962; BGH NJW 1996, 191; BGH vom 13. 11. 1997 – IX ZR 289/96 – NJW 1998, 450 = LM § 765 BGB Nr 124 [abl Anm Pecher] mit der [von Tiedtke EWiR § 765 BGB 2/98, 165 gebilligten] Begründung, andernfalls würde dem Bürgen ein Vorteil belassen, der das Vertragsgefüge völlig einseitig zu seinen Gunsten verschiebe [allein das jetzt ins BGB integrierte AGBG wollte genau das mit seiner Fallbeil-Lösung sozusagen strafweise bewirken; Beispiele für eine extreme Fallbeillösung BGHZ 146, 250; BGH vom 22. 11. 2001 – VII ZR 208/00 – NJW 2002, 894 = EWiR § 9 AGBG 4/02, 177 m Anm Vogel]; BGH NJW 2002, 2710 = EWiR § 1191 BGB 1/02, 809 m abl Anm Clemente. Für die Höchstbetragsbürgschaft BGH vom 13. 6. 1996 – IX ZR 229/95 – NJW 1996, 2369 = EWiR § 765 BGB 4/96, 835 m Anm Blaurock uwNw; BGHZ 143, 95 = DNotZ 2000, 278 [Tiedtke] = LM § 9 [Bm] AGBG Nr 32 [Pfeiffer]. Für die Bürgschaft für betragsmäßig limitiertes Kontokorrent BGHZ 130, 19 vom 18. 5. 1995 – IX ZR 108/94 = LM 765 Nr 99 m Anm Pfeiffer = DNotZ 1996, 273 m Anm Keim; für die Bürgschaft auf erstes Anfordern BGH vom 4. 7. 2002 – VII ZR 502/99 – ZIP 2002, 1690 m abl Anm Schmitz/Vogel= ZfIR 2002, 717 m abl Anm Siegburg 709 = EWiR § 9 AGBG 13/02, 785 m abl Anm Schwenker; zur persönlichen Haftung für Gesellschaftsschulden BGH NJW 96, 249; allgemein gegen das Verbot geltungserhaltender Reduktion Hager JZ 1996, 175). Auch das kann nicht gebilligt werden (ablehnend auch BGH vom 1. 1. 2003 – IX ZR 171/00 – JZ 2003, 845 m Anm Hbersack/Schürnbrand).

ff) Fallgruppen der Inhaltskontrolle

Die praktische Handhabung der Verbraucherschutzvorschriften kann sich sinnvoll **60** nur an Fallgruppen orientieren. Zu berücksichtigen ist auch, ob neben der Grundschuldsicherheit weitere Sicherheiten zu stellen sind (nachf Rn 169 ff).

α) **Fallgruppe 1**: Die Grundschuld soll ausschließlich Forderungen sichern, die der **61**

Sicherungsnehmer gegen eine **Einzelperson als Sicherungsgeber** hat oder haben wird.
Es bestehen in diesem Fall keine Bedenken gegen die Vereinbarung, die Grund-
schuld solle alle gegenwärtigen und künftigen Forderungen des Sicherungsnehmers
gegen den Sicherungsgeber sichern (BGH vom 9.7. 1991 – XI ZR 218/90 – NJW 1991, 3141 =
EWiR 1991, 1079 [CLEMENTE] = WuB I F 3 Grundpfandrechte 2. 92 [OBERMÜLLER] = DNotZ 1992,
97 m Anm STÜRNER = MittBayNot 1992, 44 m Anm REITHMANN; BGH DNotZ 2001, 119 [krit
TIEDTKE] = ZfIR 2000, 608 mit abl Anm JOSWIG S 593 = EWiR § 3 AGBG 2/2000, 797 [kritisch
R WEBER]; BGHZ 114, 57 vom 13. 3. 1991 – VIII ZR 34/90 = JuS 1991, 777 m Anm EMMERICH = JZ
1991, 907 m Anm TIEDTKE = EWiR 1991, 419 [vWESTPHALEN] = WuB I J 2 Leasing 6. 91 [ULLRICH]
= LM Nr 3 zu § 9 [Bb] AGBG m Anm WOLF; BGH vom 28. 10. 2003 – XI ZR 263/02 – ZIP 2004, 64;
JOSWIG ZfIR 1998, 185; JOSWIG ZfIR 2000, 184; KUNTZ AcP 209 [2009] 242 auf der Basis einer nicht
überzeugenden ökonomischen Analyse; ERMAN/WENZEL[12] § 1191 Rn 15; vgl zur Bürgschaft BGH
vom 18. 7. 2002 – IX ZR 294/00 – NJW 2002, 3167 = LM § 765 BGB Nr 174 m Anm BERGER, dass
eine weite Zweckerklärung zulässig sei, wenn der Bürge den Umfang der verbürgten Ansprüche
selbst steuern kann). Nachteile entstehen dem Sicherungsgeber dadurch nicht, wenn
berücksichtigt wird, dass er (oben Rn 32 ff) die Haftung für künftige Verbindlichkeiten
jederzeit durch Kündigung des Sicherungsrahmenvertrags ausschließen kann (aA
KNOPS ZfIR 1998, 577). Voraussetzung ist, dass das Kündigungsrecht für die Zukunft
nicht ausgeschlossen oder unbillig beschränkt wird. Eine solche Klausel, die sich mit
Nr 18 Abs 2 der AGB-Banken deckt, ist – weil verhältnismäßig harmlos – auch nicht
überraschend iSd § 305c (aA – sogar die Einbeziehung der Nichtabnahmeentschädigung sei
überraschend – OLG Rostock EWiR § 3 AGBG 5/01, 977 [zust FRAUNE]). Die Sicherung auch
solcher Forderungen, die eine Bank außerhalb der bankmäßigen Geschäftsverbindung erwirbt, verstößt aber gegen § 307 (diese Aussage vermeidet BGHZ 101, 29 [34] und
erzielt dasselbe Ergebnis durch Auslegung; vgl ERMAN/WENZEL[12] § 1191 Rn 16 u oben Rn 33).
Dasselbe gilt für Ansprüche, deren Einbeziehung in die dingliche Haftung für den
Besteller aus anderen Gründen überraschend ist, so Ansprüche „aus Bürgschaften"
(OLG München EWiR § 1191 BGB 1/99, 451 [CLEMENTE]).

62 β)   **Fallgruppe 2**: Der **Sicherungsgeber** ist neben anderen Personen **Gesamtschuld-**
ner. Darunter fällt auch die Situation, dass Ehegatten als Miteigentümer eines
Grundstücks eine Grundschuld für Verbindlichkeiten stellen, für die sie als Gesamtschuldner haften (s auch unten Rn 70). Die Rechtsprechung behandelt diesen Fall wie
den Fall des Einzelschuldners; die formularmäßige Erstreckung auf alle bestehenden
und künftigen Verbindlichkeiten sei unbedenklich (BGH NJW 1997, 2320; BGH DNotZ
2001, 119 [krit TIEDTKE] = EWiR § 3 AGBG 2/2000, 797 [kritisch R WEBER]; **ablehnend** dazu JOSWIG
EWiR 1997, 673 u ZfIR 2000, 593; WEBER ZfIR 1999, 2; VOLMER WM 1997, 1280). Grundsätzlich
ist dem zuzustimmen, soweit die Abrede auch künftige Forderungen nur dann
umfasst, wenn der Sicherungsgeber ebenfalls Gesamtschuldner (oder gar Alleinschuld-
ner) dieser Forderungen ist. Die Einbeziehung künftiger Forderungen, die sich nicht
zumindest auch gegen den Sicherungsgeber richten, verstößt gegen § 307 iVm § 306a
(iE ebenso unter Anwendung des § 305c BGH – IV ZR 93/01 – NJW 2002, 2710 vom 20. 3. 2002 =
EWiR § 1191 BGB 1/2, 809 m Anm CLEMENTE).

63 Die Rechtsprechung zum Fall der Gesamtschuld darf nicht dazu benutzt werden, den
Schutz, der dem Sicherungsgeber bei Sicherung fremder Verbindlichkeiten gewährt
wird (nachfolgend), dadurch auszuhebeln, dass der Sicherungsgeber kurzerhand zum
Gesamtschuldner erklärt wird (so offenbar der Fall BGH NJW 2000, 2675). Vielmehr ist die
Übernahme einer gesamtschuldnerischen Haftung der Sicherung fremder Verbind-

lichkeiten gleichzustellen („Sicherungsgesamtschuld"), wenn es sich wirtschaftlich um ein aus der Sicht des Sicherungsgebers fremdes Geschäft handelt (so BGHZ 146, 37 vom 14. 11. 2000 – XI ZR 248/99 = DNotZ 2001, 684 [VOLMER] = LM § 138 [Bb] BGB Nr 99 [instruktiv BÜLOW] = EWiR § 138 BGB 1/01, 301 [krit TIEDTKE] = ZIP 2001, 189 [krit KULKE S 985] = JZ 2001, 1036 [abl ROTH]; BGH vom 4. 12. 2001 – XI ZR 56/01 – JZ 2002, 561 [krit FOERSTE] = EWiR § 138 BGB 3/02 [krit TIEDTKE] = LM § 138 [Bb] BGB Nr 101 [BÜLOW]; BGH vom 25. 1. 2005 – XI ZR 325/03 – NJW 2005, 973 = LMK 2005, 83 [BÜLOW] = EWiR 2005, 561 [KLAAS]; BGH vom 16. 12. 2008 – XI ZR 454/07 – NJW 2009, 1494; ähnlich HORN ZIP 2001, 93; sehr großzügig bei der Annahme eines Eigeninteresses OLG Celle vom 23. 1. 2008 – 3 U 180/07 – ZIP 2008, 637; vgl auch BGHZ 144, 370 vom 28. 6. 2000 – VIII ZR 240/99 = EWiR § 1 VerbrKrG 1/01, 139 [BYDLINSKI] zur Verbrauchereigenschaft des Mithaftenden). Die Beweislast dafür, dass es sich um eine echte Mitdarlehensnehmerschaft handelt, liegt beim Gläubiger; den Schuldner kann aber eine sekundäre Darlegungslast treffen (BGH vom 16. 12. 2008 wie vor). Die Stellung der Sicherheit soll aber selbst dann wirksam sein und bleiben, wenn der Haftungsbeitritt wegen grober Überforderung unwirksam ist (OLG Celle vom 23. 1. 2008 – 3 U 180/07 – ZIP 2008, 637 für die Abtretung von Lebensversicherungsguthaben).

Unklar bleibt insbesondere der Fall, dass der **Ehegatte** die gesamtschuldnerische **64** Haftung für ein Darlehen übernimmt, welches der Anschaffung oder der Errichtung eines Familienheims durch den anderen Ehegatten dient; hier wird man wohl ein eigenes Geschäft zugestehen müssen, vor allem dann, wenn das Einkommen des mithaftenden Ehegatten für die Darlehensgewährung ausschlaggebend ist (so ohne Rücksicht auf Einkommen sogar bei krasser Überforderung OLG Köln EWiR § 138 BGB 1/02, 137 [krit DERLEDER]; unklar BGH vom 28. 5. 2002 – XI ZR 205/01 – NJW 2002, 2705= EWiR § 138 BGB 2/03, 99 [BÜCHLER], der es offenbar für relevant hält, dass der mithaftende mittellose Ehegatte mit dem Darlehenszweck „nicht einverstanden" war; vgl – enger – zur Bürgschaft BGH vom 27. 1. 2000 – IX ZR 198/98 – JZ 2000, 674 [TIEDTKE]; scharf ablehnend dazu GROESCHKE BB 2001, 1540; keine Überforderung bei Mithaftübernahme zur Anschaffung eines Autos OLG Naumburg vom 27. 2. 2003 – 2 U 70/02 – ZIP 2003, 1929 = EWir § 138 BGB 10/03 [WEBER]). Höchst bedenklich ist freilich die Art, wie das öffentliche Förderungswesen zeitweilig auf das Problem reagiert hat, indem in die Wohnraumförderungsbestimmungen 2003 (Bekanntmachung des Bayerischen Staatsministeriums des Innern vom 11. 11. 2002 Nr IIC 1-4700-003/02) die Regelung aufgenommen wurde, dass der Ehegatte oder Lebenspartner Miteigentümer werden müsse (wieder aufgegeben in den Wohnraumförderungsbestimmungen 2008, die keine solche Regelung mehr enthalten).

γ)   **Fallgruppe 3**: Die Grundschuld sichert **ausschließlich fremde Verbindlichkeiten**, **65** dh solche, die keine des Sicherungsgebers sind. Hier ist eine besonders kritische Sicht angebracht. Nach – zu pauschaler – Auffassung des BGH findet § 307 auf den Sicherungsvertrag im Ergebnis keine Anwendung, weil Inhalt und Umfang der schuldrechtlichen Zweckbindung gesetzlich nicht geregelt seien, sondern freier Vereinbarung unterlägen (dazu oben Rn 53 ff). Umgekehrt, bei der Übernahme einer – allerdings der Höhe nach nicht beschränkten – persönlichen Haftung für fremde Schuld greift freilich der XI. Zivilsenat des BGH auf § 307 zurück (BGH vom 7. 11. 1995 – XI ZR 235/94 – NJW 1996, 249 = EWiR 1996, 3 [MEDICUS] unter ausdrücklicher Berufung auf die mit BGH NJW 1995, 2563 vorgenommene Änderung der Rechtsprechung zur Bürgschaftsübernahme; vgl zur Entwicklung der Bürgschaftsrechtsprechung PAPE NJW 1996, 887; Einzelheiten BÜLOW/ARTZ ZIP 1998, 629; NOBBE BKR 2002, 747; RÖSLER BKR 2006, 50). Seine abweichende Auffassung für Zweckerklärungen rechtfertigt er (NJW 1997, 2677 [ablehnend TIEDTKE

ZIP 1997, 1949; R WEBER ZfIR 1999, 2] = DNotZ 1998, 578 [SCHMITZ-VALCKENBERG] = EWiR § 9 AGBG 19/97, 1105 [zust HADDING] = MittBayNot 1997, 358 [Anm AMANN 341]) damit, bei der Haftungsübernahme werde von den gesetzlichen Grundgedanken des § 767 Abs 1 S 3 BGB abgewichen, der auf den Schuldbeitritt, nicht aber auf die Zweckerklärung entsprechend anwendbar sei. S dazu und zur abweichenden Auffassung des IX. Senats oben Rn 54.

66 Auch diese Fallgruppe löst der BGH über § 306a (BGHZ 126, 174 vom 1. 6. 1994 – XI ZR 133/93 – Rn 13 ff unter Berufung auf BGHZ 102, 152; BGHZ 109, 197, 201= NJW 1990, 576 [BRAUNERT 805]; BGH NJW 1992, 1234; BGH NJW 1994, 1656). Überraschenden Charakter hat danach eine Regelung in allgemeinen Geschäftsbedingungen dann, wenn sie von den Erwartungen des Vertragspartners deutlich abweicht und dieser mit ihr den Umständen nach vernünftigerweise nicht zu rechnen braucht; die Erwartungen des Vertragspartners werden dabei von allgemeinen und von individuellen Begleitumständen des Vertragsschlusses bestimmt. Als überraschend gilt es grundsätzlich, wenn zu einer aus konkretem Anlass zu bestellenden Grundschuld (daher „Anlassrechtsprechung") allgemeine Geschäftsbedingungen gestellt werden, wonach die Grundschuld für einen Forderungskreis weiteren Umfangs, insbesondere für sämtliche Ansprüche des Sicherungsnehmers (oder gar seines Konzerns) gegen den Dritten, haften soll (KG ZfIR 2000, 735 = EWiR § 3 AGBG 3/2000, 799 [KNOPS]; zur Anlassrechtsprechung TIEDTKE ZIP 1998, 449; JOSWIG ZfIR 1998, 185; einschränkend aber BGH DNotZ 2001, 623 [insoweit zust TIEDTKE]= EWiR § 3 AGBG 2/01, 553 [zust WEBER] = DStR 2001, 904 [Anm KLANTEN], der auch in einer verwirrenden Vielzahl immer erneut vorgelegter Zweckerklärungen kein Überraschungsmoment erkennt; BGH NJW 2001, 1416 [zust WEBER EWiR § 3 AGBG 1/01, 349], wonach bei neuer Zweckerklärung der lange Zeitablauf die Anbindung an den ursprünglichen Anlass entfallen lässt. S unten Rn 218). Dem Fall der aus bestimmtem Anlass gestellten Grundschuld gleichgestellt wird der Fall, dass sich die Sicherungswirkung auf Ansprüche gegen noch unbestimmte Dritte (hier: Rechtsnachfolger des Schuldners) erstrecken soll (OLG Koblenz OLG-Report 1998, 56).

67 Dabei wird nochmals differenziert, je nachdem ob nur gegenwärtige Ansprüche („alle gegenwärtigen Ansprüche gegen …") oder auch **künftige Ansprüche** gesichert werden sollen. Letzteres wird strenger behandelt, gilt als überraschender als Ersteres (BGHZ 109, 197 = NJW 1990, 576 [BRAUNERT 805]), wobei wiederum bei der Sicherung eines Kontokorrents mildere Maßstäbe angelegt werden (BGH NJW 1991, 1286; strenger OLG Celle vom 24. 10. 2007 – 3 U 97/07 – NotBZ 2008, 273).

68 Der überraschende Charakter soll allerdings **entfallen**, wenn Sicherungsgeber und Dritter persönlich und wirtschaftlich so eng verbunden sind, dass das Risiko künftiger von der Grundschuldbestellung erfasster Verbindlichkeiten für den Sicherungsgeber berechenbar und vermeidbar ist, wenn im Rahmen von Verhandlungen auf die Erweiterung der dinglichen Haftung hingewiesen worden ist oder wenn der Sicherungsgeber ein mit Kreditgeschäften vertrautes Unternehmen ist (BGHZ 126, 174, 176 unter Berufung auf BGHZ 100, 82, 85 f; BGHZ 102, 152, 158 f; BGHZ 103, 72, 80; BGHZ 106, 20, 23; BGHZ 109, 197, 201= NJW 1990, 576 [BRAUNERT S 805]; BGH NJW 1991, 1286; BGH NJW 1991, 3141; BGH NJW 1992, 1822; BGH WM 1992, 1648, 1649; **aA** R WEBER ZfIR 1999, 2).

69 Auch und gerade für die Fallgruppe „fremde Verbindlichkeiten" wird es erforderlich sein, für jede Haftungsübernahme **materielle Kriterien** zu entwickeln (so mit Recht

KEIM MittBayNot 1994, 406; iE auch JOSWIG ZfIR 1998, 185; vgl BVerfG NJW 1996, 2021 = EWiR
§ 138 BGB 3/96, 731 [MEDICUS]; s auch nachf Rn 77 zur Frage der Sittenwidrigkeit); besonders
Beachtung verdienen dabei die Fälle, in denen jemand seine einzige Lebensgrund-
lage (zB ein eigengenutztes bescheidenes Einfamilienhaus) zur Sicherung einer
fremden Verbindlichkeit bereitstellt (dazu nachf Rn 75). Das Argument, der Grundschuldbesteller könne immerhin nur sein gegenwärtiges, nicht aber – wie der Bürge –
auch sein künftiges Vermögen verlieren (BGH NJW 1997, 2677 [dagegen TIEDTKE ZIP 1997,
1949; R WEBER ZfIR 1999, 2] = EWiR § 9 AGBG 19/97, 1105 [zust HADDING] = DNotZ 1998, 578
[SCHMITZ-VALCKENBERG] = MittBayNot 1997, 358 [Anm AMANN 341]), reicht zur Ablehnung
einer materiellen Kontrolle nicht aus. Formularmäßig zum Einsatz des gesamten
gegenwärtigen Vermögens verpflichtet zu werden, löst Schutzbedürfnisse aus (R WE-
BER ZfIR 1999, 2), die – auch im Lichte des § 311b Abs 2 – nicht vernachlässigt werden
dürfen (vgl zur Sittenwidrigkeit einer Ehegattenbürgschaft – verneinend – BGH NJW 1996, 1274;
zum Wegfall der Geschäftsgrundlage einer Ehegattenbürgschaft BGH NJW 1996, 2088 = EWiR
§ 765 BGB 3/96, 833 m Anm BYDLINSKI; die Rechtsprechung nach dem Stand Ende 1995 zusammen-
fassend BRAUN DStR 1996, 1692; scharfe Kritik – allerdings auch an der Bürgschaftsrechtsprechung
und für Anwendung des § 311 Abs 2 – von PAEFGEN ZfIR 2003, 313).

δ)   **Fallgruppe 4**: Die Grundschuld sichert **fremde Verbindlichkeiten neben eigenen.** **70**
Sie ist nicht harmloser als die der ausschließlichen Sicherung fremder Verbindlichkeiten, sondern gefährlicher. Häufig ist der Fall, dass Grundstücksmiteigentümer für
eine Verbindlichkeit, die sie als Gesamtschuldner belastet, eine Gesamtgrundschuld
an allen ihren Miteigentumsanteilen bestellen (s oben Rn 62). Vor allem Ehegatten,
die im Zusammenhang mit einem Immobilienerwerb einen Kredit aufnehmen,
pflegen durchaus offenen Auges die Zweckerklärung akzeptieren, wonach die
Grundschuld auch für solche künftigen Forderungen der Bank haftet, die sich nur
gegen einen von ihnen richten (vgl zu Angehörigensicherheiten BLAUROCK ZEuP 1996, 314).
Dies ist materiell nicht weniger bedenklich als der Fall der Sicherung ausschließlich
fremder Schulden; für die Sicherungsgeber ist die Gefahrensituation aber weit
schwieriger erkennbar, zumal eine solche Vereinbarung in Vergessenheit zu geraten
pflegt, bis der Sicherungsfall eintritt, nachdem ein Ehegatte (vielleicht längst nach
Scheidung der Ehe) ohne Wissen des anderen neuen Kredit erhoben hat. Vor diesem
Hintergrund sollte nicht bezweifelt werden, dass eine Zweckregelung solcher Art,
die die Interessen der Kreditnehmer völlig vernachlässigt, den anderen Teil nicht nur
überrascht (so OLG Düsseldorf MittBayNot 1996, 368), sondern wider Treu und Glauben
benachteiligt. Ein anerkennenswertes Interesse des Kreditgebers an einer so weit
gefassten Zweckerklärung ist nicht erkennbar (GABERDIEL/GLADENBECK[8] Rn 697; aA
BGH NJW 1997, 2320; oben Rn 69). Im Vordergrund steht die Verwaltungsvereinfachung,
die sich daraus ergibt, dass die Bank nach Abgabe einer unbeschränkten Zweckerklärung nicht mehr in jedem einzelnen Kreditvorfall qualifiziertes Personal zur
Sicherheitenprüfung einsetzen muss; dieses bloße Kosteninteresse reicht aber nicht
aus, die Benachteiligung als „angemessen" zu qualifizieren.

ε)   **Fallgruppe 5**: Gesellschafter, Gesellschaften. Sicherungsbeziehungen im Ver- **71**
hältnis **Gesellschaft und Gesellschafter** sind Unterfälle der vorstehend erörterten. Sie
verdienen grundsätzlich keine abweichende Beurteilung.

Bestellt der **Gesellschafter einer Kapitalgesellschaft**, ein Kommanditist oder der **72**
Gesellschafter einer Gesellschaft bürgerlichen Rechts, deren Gesellschaftsvertrag

direkt oder indirekt eine Haftungsbeschränkung vorsieht, eine Grundschuld zur
Sicherung von Gesellschaftsschulden, so gelten die Regeln über die Sicherung einer
fremden Verbindlichkeit (BGH NJW 1997, 1980 = EWiR § 765 BGB 4/97, 501 [kritisch BYD-
LINSKI] für eine Bürgschaft des *Geschäftsführers;* BGHZ 142, 213 = JZ 2000, 465 [EHRICKE] = EWiR
§ 765 BGB 12/99, 1001 [TIEDTKE] für den *Minderheitsgesellschafter;* KOCH NJW 2000, 1996 für die
Bürgschaft; **aA** BGH NJW 1996, 3205 [dagegen TRAPP ZIP 1997, 1279]; OLG Köln ZIP 1999, 1840 =
EWiR § 3 AGBG 1/2000, 201 [WEBER] und für die Bürgschaft auch BGH NJW 2002, 956; BGH NJW
2002, 1337; BGH vom 1.10. 2002 – IX ZR 443/00 – NJW 2003, 59; BGH NJW 2002, 2634 = LM § 765
BGB Nr 170 m Anm ARMBRÜSTER = EWiR § 765 BGB 2/03, 19 m Anm KLAAS sogar für den
Kommanditisten; nur wenig einschränkend insoweit BGH vom 17.9. 2002 – XI ZR 306/01 – ZIP
2002, 2249 = EWiR § 765 BGB 4/03, 209 [zust KEIL]; OLG Köln ZIP 1999, 1046; OLG Köln EWiR
§ 9 AGBG 3/02, 47 [NIELSEN]). Dabei macht es allgemein keinen Unterschied, ob der
Gesellschafter maßgeblichen Einfluss auf die Gesellschaft hat oder sie gar beherrscht oder nicht (vgl im umgekehrten Sinn OLG Zweibrücken NJW-RR 2002, 1037 zur
Bürgschaft eines noch-nicht-Geschäftsführers). Gerade der beherrschende Gesellschafter
steht nämlich unter besonderem Druck, im Falle eines Kreditbedarfs die Haftungsbeschränkung zu opfern. Es ist für Kreditverhandlungen typisch, dass der Kreditnehmer (nicht unbedingt wegen wirtschaftlicher Not, sondern zB auch um nicht
einer Geschäftschance verlustig zu gehen) derart unter Druck steht, dass er allen
Anforderungen des Kreditinstituts, die ihm nicht offenkundig und gegenwärtig
schaden, kritiklos nachkommt, um nur nicht den Kredit zu verlieren.

73 Es ist deshalb falsch, dass die allein mit dem Überraschungseffekt arbeitende Rechtsprechung (oben Rn 54, 57; auch OLG Köln BB 2001, 2020) es pauschal ablehnt, einen
Verstoß gegen § 307 zu erkennen, wenn Sicherungsgeber und Schuldner eng miteinander **verflochten** sind; es kann auch keinesfalls anerkannt werden, dass ein
Kreditinstitut, das einer GmbH ein Darlehen gewährt, ohne Rücksicht auf die ihr
bekannten gesellschaftsrechtlichen Positionen ein berechtigtes Interesse an der
persönlichen Haftung aller Gesellschafter hätte (so aber BGHZ 137, 329; zurückhaltender
BGHZ 142, 213 = JZ 2000, 465 [EHRICKE] = EWiR § 765 BGB 12/99, 1001 [TIEDTKE] für den
Minderheitsgesellschafter; volle Schärfe aber wieder in BGH GmbHR 2001, 1043 [EMDE] = EWiR
§ 765 BGB 1/02, 13 [KLAAS]; BGH NJW 2002, 956; BGH vom 28.2. 2002 – IX ZR 153/00 – NJW-
RR 2002, 1130 = EWiR § 138 BGB 7/02, 791 [krit KLAAS] = WuB I F 1 a Bürgschaft 12.02 [SCHAN-
BACHER]; BGH vom 9.12. 2008 – XI ZR 588/07 – NJW 2009, 437; **einschränkend** – nicht der
Strohmann-Gesellschafter – BGH vom 15.1. 2002 – XI ZR 98/01 – GmbHR 2002, 262 m Anm
EMDE = DStR 2003, 301 m Anm KLANTEN = EWiR 2002, 279 [KEIL] und 2003, 19 [KLAAS] =
WuB I F 1 a Bürgschaft 10.02 [BYDLINSKI], vorausgesetzt der Darlehensgeber hat volle Kenntnis,
BGH vom 17.9. 2002 – XI ZR 306/01 – GmbHR 2002, 1234 m Anm SCHRÖDER [weitere Anm
ZWADE GmbHR 2003, 141] = NJ 2003, 254 m Anm HOCHHEIM = EWiR 2003, 209 [Keil]; – nicht
der einflusslose Minderheitsgesellschafter" – BGHZ 153, 293 vom 16.1. 2003 – IX ZR 171/00 = JZ
2003, 845 m Anm HBERSACK/SCHÜRNBRAND = EWiR 2003, 629 [MEDICUS]; die Einschränkung
wieder auf „Splitter- und Bagatellbeteiligungen" reduzierend aber BGH vom 10.12. 2002 – XI ZR
82/02 – NJW 2003, 967 = LMK 2003, 41 [krit Anm BÜLOW] = EWiR § 765 BGB 9/03, 563 [abl
TIEDTKE]). S zur Mithaft sogar der Ehegatten der Gesellschafter unten Rn 190.

74 Bestellt **umgekehrt** eine Kapitalgesellschaft oder eine Gesellschaft iSd § 19 Abs 3
InsO eine Grundschuld zur Sicherung von Ansprüchen, die sich gegen einen ihrer
Gesellschafter richten, was besonders häufig beim sog „Leveraged Buy-Out" vor-
kommt (zum Begriff BECKER DStR 1998, 1429), so ergeben sich besondere Fragen aus der

Verpflichtung zur Kapitalerhaltung (vgl – sehr großzügig – WENZEL WiB 1996, 10 mwNw; REEMANN MittRhNotK 1996, 113). Der Kapitalerhaltungsgrundsatz ist nicht nur berührt, wenn eine Maßnahme Bilanzwirkung hat (was bei der Stellung einer Sicherheit idR nicht der Fall ist), sondern schon dann, wenn die Befriedigungsreserve der Gläubiger beeinträchtigt wird (BGH vom 24.11.2003 – II ZR 171/01 – ZIP 2004, 263). Dass das gesellschaftsfinanzierte Leveraged Buy-Out idR verbotene Kapitalrückgewähr darstellt, ist durch die Neufassung des § 30 GmbHG (idF d MoMiG = G v. 23.10.2008 [BGBl I 2026]) klargestellt, denn ein vollwertigen Gegenleistungs- oder Rückgewähranspruch gegen den Gesellschafter wird nur in Ausnahmefällen (normalerweise wird ein Käufer den Kauf aus eigenen Mitteln finanzieren, wenn er über ausreichend solche verfügt) gegeben sein. Dasselbe gilt für das Darlehensverbot des § 43a GmbHG selbst dann, wenn man die Erleichterung in § 30 GmbHG darauf entsprechend anwendet (vgl K SCHMIDT GmbHR 2007, 1072, 1075). Nach der aktuellen Rechtsprechung (BGHZ 136, 125 vom 23.6.1997 – II ZR 220/95 = DStR 1997, 1216 [Anm GOETTE mwNw]) ist bei der GmbH allerdings das Verbot der Rückzahlung von Stammkapital nur durch die Rückzahlungs- und Ersatzverpflichtungen des § 31 GmbHG sanktioniert, so dass trotz Verstoßes gegen § 30 GmbHG weder Grundschuld noch Sicherungsvertrag unwirksam sind und zwar selbst dann nicht, wenn der Gläubiger weiß, dass die Grundschuldbestellung gegen das Verbot verstößt (vgl zu § 43a GmbHG SCHOLZ/SCHNEIDER, GmbHG¹⁰ § 43a Rn 49). Ob für § 57 AktG dasselbe anzunehmen ist, obwohl im AktG eine dem § 31 GmbHG entsprechende Vorschrift fehlt, muss offen bleiben. Jedenfalls kann in der Grundschuldbestellung ein existenzvernichtender Eingriff in das Gesellschaftsvermögen liegen, der wohl nicht nur zur Durchgriffshaftung, sondern auch nach § 134 oder nach § 138 Abs 1 zur Unwirksamkeit des Sicherungsvertrags führt (vgl DIEM ZIP 2003, 1283 mwNw).

gg) Rechts- und Sittenverstoß durch Überforderung

Vor allem im Anschluss an BVerfGE 89, 214 (weiter BVerfG NJW 1996, 2021) ist eine **75** reiche Literatur und Rechtsprechung zur Inhaltskontrolle von Bürgschaftsverträgen unter dem Gesichtspunkt der Überforderung des Bürgen entstanden (Einzelheiten STAUDINGER/HORN [1997] § 765 Rn 160 ff; MünchKomm/HABERSACK⁴ § 765 Rn 23 ff). In Übereinstimmung mit dem früher zuständigen IX. Zivilsenat des BGH, der bei der Bürgschaft eine Überforderung iSd § 138 Abs 1 ausgeschlossen hat, wenn die gesicherte Forderung aus dem bei Bürgschaftsübernahme vorhandenen Vermögen des Bürgen gedeckt werden kann – mag es sich auch um das selbstbewohnte Einfamilienhaus handeln (BGH vom 26.4.2001– IX ZR 337/98 – NJW 2001, 2466 = EWiR § 765 BGB 7/01, 755 [FREITAG] = LM § 765 BGB Nr 157 [OETKER]) –, lehnen es der inzwischen allein zuständige XI. Zivilsenat und in seiner Nachfolge die IV. ZS des BGH ab, die Rechtsprechung des BVerfG auf Grundschulden anzuwenden, weil diese niemals mehr als das gegenwärtige Vermögen des Sicherungsgebers erfassen könnten (BGH vom 23.5.2000 – XI ZR 214/99 – DNotZ 2001, 119 m Anm TIEDTKE = EWiR 2000, 797 [WEBER/ BONIN, KNOPS]; BGHZ 152, 147 vom 19.6.2002 – IV ZR 168/01 – NJW 2002, 2633 = EWiR § 138 BGB 9/02 m zust Anm JOSWIG für das selbstbewohnte Einfamilienhaus [abl WAGNER AcP 205 〈2005〉 715]; OLG Celle vom 23.1.2008 – 3 U 180/07 – ZIP 2008, 637 für die Abtretung von Lebensversicherungsguthaben; scharfe Kritik – allerdings auch an der Bürgschaftsrechtsprechung und für Anwendung des § 311 Abs 2 – von PAEFGEN ZfIR 2003, 313). S dazu oben Rn 69 und zur Kombination mehrerer Sicherheiten nachf Rn 169 ff und insbesondere Rn 184, 198 ff.

c) Anfängliche Übersicherung

76 Von *Übersicherung* spricht man, wenn der Umfang der Grundschuld den Betrag der
zu sichernden Forderung nicht nur vorübergehend weit übersteigt und deshalb
zwischen Sicherheit und Forderung kein ausgewogenes, die beiderseitigen berechtigten Interessen berücksichtigendes Verhältnis besteht (so die Definition bei BGH NJW
1991, 2768; BGHZ 124, 371 = NJW 1994, 861 m Anm NEUHOF 841 = LM AGBG § 9 Cg Nr 18
m Anm SCHMIDT-LADEMANN = JZ 1994, 734 m Anm SERICK; TIEDTKE DStR 2001, 257). Von
anfänglicher Übersicherung spricht man, wenn bereits beim Vertragsschluss gewiss
ist, dass im noch ungewissen Verwertungsfall ein auffälliges Missverhältnis zwischen
dem realisierbaren Wert der Sicherheit und der gesicherten Forderung bestehen wird
(BGH NJW 1998, 2047 mit Anm BÜLOW LM § 138 [Bb] BGB Nr 87; abl TERLAU BB 1998, 1498; krit
MEDICUS EWiR § 138 BGB 4/98, 627; dazu auch LWOWSKI 403). Heute hat sich die Erkenntnis
durchgesetzt, dass zwischen anfänglicher und nachträglicher Übersicherung zu unterscheiden ist (WIEGAND/BRUNNER NJW 1995, 2513; PALANDT/BASSENGE[68] § 1191 Rn 21). Die
rechtliche Situation der von Anfang an vertraglich vereinbarte Übersicherung
gleicht der nachträglich eintretenden nicht völlig (BGH NJW 1998, 2047 mit Anm BÜLOW
LM § 138 [Bb] BGB Nr 87; abl TERLAU BB 1998, 1498; krit MEDICUS EWiR § 138 BGB 4/98, 627;
CANARIS ZIP 1996, 1109, 1122; auf dem Weg zu dieser Erkenntnis BGHZ 124, 371, 374 = NJW 1994,
861 m Anm NEUHOF S 841 = LM AGBG § 9 Cg Nr 18 m Anm SCHMIDT-LADEMANN = JZ 1994, 734
m Anm SERICK S 714; vgl zur Sicherungsübereignung STAUDINGER/WIEGAND [2004] Anh 156b zu
§§ 929–931). S zur Übersicherung durch eine Gesamthypothek § 1132 Rn 52 und
durch kombinierte Sicherheiten nachf Rn 169. Zur anfänglichen Übersicherung sind
insbesondere die folgenden Fälle zu unterscheiden:

77 aa)   Fall 1: Obwohl die gesicherte Forderung den Grundstückswert nicht annähernd
ausschöpft, wird die Grundschuld in einer Höhe vereinbart, die den **Grundstückswert**
erreicht oder sogar deutlich **übersteigt**. Eine solche Vereinbarung kommt einem
durch § 1136 untersagten Belastungsverbot und wenn die gesicherte Forderung nicht
jederzeit erfüllbar ist, auch einem Veräußerungsverbot iSd § 1136 gleich (zustimmend
KNOPS ZfIR 1998, 577). Knebelungsvereinbarungen (TETZLAFF ZIP 2003, 1826) solcher Art
sind in der Praxis nicht selten und dienen dazu, konkurrierende Kreditgeber abzuwehren und den Eigentümer unter die faktische Leitungsmacht des Darlehensgebers zu bringen. Die Vereinbarung ist nichtig (§ 1136 Rn 19). Da es sich um eine
vom Gesetz missbilligte, in die Nähe des Verstoßes gegen die guten Sitten gerückte
Vereinbarung handelt, kommt eine geltungserhaltende Reduktion (Nachweise bei PA-
LANDT/GRÜNEBERG[68] Vor §§ 307–309 Rn 8) nicht in Betracht (vgl BGHZ GSZ 137, 212 = JZ
1998, 456 [ROTH]). Auch dass kraft Gesetzes ein Anspruch auf Rückgabe der Übersicherung besteht (BGHZ GSZ 137, 212 wie vor), vermag es nicht zu rechtfertigen, die
Sicherungsvereinbarung mit verändertem (sei es auch gesetzlichem) Inhalt aufrechtzuerhalten; sie ist insgesamt unwirksam (so für die anfängliche Übersicherung ausdrücklich
BGHZ GSZ 137, 212 wie vor unter Berufung auf BGH JZ 1998, 456 [ROTH] = EWiR 1994, 627
[JOHLKE]; BGH NJW 1998, 2047 [abl TERLAU BB 1998, 1498; krit MEDICUS EWiR § 138 BGB 4/98,
627]).

78 bb)   Fall 2: Es besteht vereinbarungsgemäß eine **anfängliche Übersicherung**, aber
unterhalb des Grundstückswerts. Die rechtliche Beurteilung richtet sich nach dem
Zweck der Übersicherung (vgl PALANDT/BASSENGE[68] § 1191 Rn 21: aA CANARIS ZIP 1997, 813,
825: §§ 234 ff; zu wenig differenzierend auch KNOPS ZfIR 1998, 577): Ist sie zu einem Zweck
wie oben in Rn 16 oder nachf Rn 80 beschrieben durch Individualvertrag vereinbart,

so ist sie unbedenklich. Darunter fällt insbesondere die häufige Situation, dass der Schuldner eine unbenutzte Eigentümergrundschuld zur Hand hat, die zwar höher ist als das gewünschte Darlehen, die aber dennoch der Bequemlichkeit halber ungekürzt an den Sicherungsnehmer abgetreten wird. Verfolgt hingegen der Gläubiger mit der Übersicherung eine Knebelungsabsicht, so gelten die oben Rn 77 dargestellten Grundsätze (gegen eine geltungserhaltende Reduktion für diesen Fall WIEGAND/BRUNNER NJW 1995, 2513, 2520; in einem vergleichbaren Fall möglicherweise auch BGHZ 124, 371, 374 = NJW 1994, 861 m Anm NEUHOF S 841 = LM AGBG § 9 Cg Nr 18 m Anm SCHMIDT-LADEMANN = JZ 1994, 734 m Anm SERICK 714). Anders als etwa bei formularmäßigen Sicherungsübereignungen wird allerdings die Festlegung der Höhe einer Grundschuld für sich selbst so gut wie nie als allgemeine Geschäftsbedingung qualifiziert werden können (aA möglicherweise WOLF/UNGEHEUER JZ 1995, 176, 184), so dass eine Beurteilung nach § 307 regelmäßig ausscheidet.

cc) **Fall 3:** Eine **Gesamtgrundschuld** ist zwar in ihrer Höhe der gesicherten Forde- **79** rung angemessen; es werden aber Grundstücke mit einem weitaus höheren Gesamtwert belastet als es zur Sicherung der Forderung erforderlich wäre (vgl oben Rn 42). Auch das geschieht in der Praxis, um dem Gläubiger Kontrolle über das Vermögen des Schuldners zu verschaffen (vgl § 39 GBV über die Bekanntmachungen des Grundbuchamts) und den Schuldner daran zu hindern, freie Vermögenswerte zu liquidieren. ME sollte auch dieser Fall nach § 1136 beurteilt werden, auch wenn er am Rande des Anwendungsgebiets dieser Vorschrift liegt. Jedenfalls verstößt eine solche Sicherung aber gegen § 307.

dd) **Fall 4:** Ein Fall der anfänglichen Übersicherung **liegt nicht vor,** wenn zwar **80** gegenwärtig Forderungen in angemessener Höhe nicht bestehen, die Vertragsteile aber erwarten, dass Forderungen in entsprechender Höhe **entstehen werden.** Praktisch nicht selten ist der Fall, dass der Eigentümer von sich aus dem Kreditinstitut vorsorglich eine höhere als die geforderte Grundschuld bestellt, um ggf künftigen Kreditbedarf decken zu können. Die Vertragsteile können sich in einem solchen Fall darauf beschränken, zunächst einen Sicherungsvertrag überhaupt nur in Ansehung eines angemessenen Grundschuldteils zu schließen, der dann nicht zu beanstanden ist. Ebensowenig ist der Sicherungsvertrag zu beanstanden, wenn er ausdrücklich oder stillschweigend die Verpflichtung des Gläubigers enthält, den überschießenden Grundschuldteil auf Verlangen jederzeit zurückzugeben. Schließlich kann ein solcher Sicherungsvertrag auch fremdnützige Treuhandelemente nach Art der vorstehend Rn 16 dargestellten enthalten, wogegen ebenfalls keine prinzipiellen Einwendungen bestehen.

ee) Wie auch bei der nachträglichen Übersicherung (unten Rn 99) spielen auch für **81** die anfängliche Übersicherung die **Grundschuldzinsen** eine wichtige Rolle. Wegen der fehlenden hypothekenrechtlichen Zuordnung (oben Rn 47) führen Zinssätze, die höher sind als die Zinssätze der gesicherten Forderungen, nicht unbedingt zu Übersicherung. In der Regel ist aber abzusehen, dass hohe Zinssätze (üblich sind 12% bis 18% jährlich) mit fortlaufender Zeit zur Übersicherung führen werden (vgl unten Rn 99 ff). Andererseits hat der Sicherungsgeber gerade in Zeiten niedrigen Zinsniveaus meist ein Interesse daran, die Grundschuld auch für die Zeit einer späteren Hochzinsperiode widerverwendbar zu halten (nach § 24 Abs 1 lit a KostO verursacht eine Zinserhöhung um 4 Prozentpunkte die gleichen Kosten wie eine Neubestellung); deshalb erscheinen hohe Zinssätze durchaus wünschenswert. Will sich der Gläubiger (insbesondere bei Verwendung allgemeiner Geschäftsbedingungen) nicht dem Vorwurf anfänglicher Übersicherung mit der Fallbeil-Folge der Gesamtnichtigkeit (oben Rn 77) aussetzen, so besteht der eleganteste Lösungsweg darin, ausdrücklich festzulegen, dass die zurückliegenden Grundschuldzinsen erlöschen, sobald für die gesicherte Forderung die in der jeweiligen Zinsperiode angefallenen Zinsen beglichen sind (unten Rn 100). Sinnvollerweise sollte außerdem von festen Zinssätzen zu gleitenden, an den Basiszinssatz gebundenen (Einl 60 zu §§ 1113 ff) Zinsen, also in Höhe bestimmter Prozentpunkte über dem Basiszinssatz, übergegangen werden (CLEMENTE[4] Rn 66; vgl KERSTEN/BÜHLING/WOLFSTEINER[22] § 68 Rn 20); damit wird auf einfache Weise erreicht, dass die Zinsniveaus der Schuld und der Sicherheit stets annähernd gleich bleiben.

d) Verbot der Zahlung auf die Grundschuld selbst

82 **aa)** Der Sicherungsvertrag verbietet es nicht nur üblicherweise, dass der Gläubiger die Grundschuldansprüche geltend macht, bevor die Sicherheitsreife eingetreten ist (nachf Rn 90, 107), sondern umgekehrt auch, dass der Sicherungsgeber von sich aus **Zahlungen auf die Grundschuld leistet** (OLG Düsseldorf HRR 1936 Nr 402; s zu Einzelheiten KNOPS ZfIR 2000, 501; GABERDIEL/GLADENBECK[8] Rn 805 ff). Der Sicherungsgeber darf das jedenfalls dann nicht, wenn er nicht berechtigt ist, auf die gesicherte Schuld zu leisten. Zahlungen auf die Grundschuld können den Gläubiger dann insbesondere dadurch beeinträchtigen, dass der Lauf der Grundschuldzinsen aufhört, während er aus der Wiederanlage des geleisteten Kapitals nur niedrigere Zinsen als Sicherheit gewinnt. Will der Sicherungsgeber dennoch auf die Grundschuld leisten, so kann der Gläubiger die Leistung zurückweisen (MünchKomm/EICKMANN[4] § 1191 Rn 112; **aA** unter Berufung auf § 1142 BGB – s dort Rn 8 – u § 307 KNOPS ZfIR 2000, 501); s § 1142 Rn 25. Die Leistung durch einen ablöseberechtigten Dritten können aber weder Gläubiger noch Sicherungsgeber verhindern. Das gilt auch für den Sicherungsgeber selbst, wenn er unabhängig vom Sicherungsvertrag ein Ablösungsrecht nach §§ 268, 1150 hat. Der Sicherungsvertrag muss daher auch bestimmen, was mit solchen Zahlungen zu geschehen hat. IdR werden sie als Sicherheit an die Stelle der Grundschuld treten, wobei der Gläubiger zu sicherer, verzinslicher Anlage verpflichtet ist (vgl § 1288).

83 Der Gläubiger darf sich trotz des Verbots nicht mit dem eigenen Handeln in Widerspruch setzen. Verlangt er vom Eigentümer Zahlung auf die Grundschuld (was man der Erwirkung eines Vollstreckungstitels entnehmen kann, aber nicht muss), so kann er dem Eigentümer (vgl BGH NJW 1987, 838; BGH WM 1987, 1213; BGH NJW 1991, 286; BGH NJW 1992, 2421; KOLBENSCHLAG DNotZ 1965, 73; ERMAN/WENZEL[12] § 1191 Rn 96; **aA** OLG Bamberg Rpfleger 1963, 199), aber auch einem vom Eigentümer verschiedenen Sicherungsgeber, nicht zugleich Zahlung auf die Grundschuld verwehren.

84 Ob der Gläubiger verpflichtet ist, ausnahmsweise einer vorzeitigen Tilgung der gesicherten Forderung zuzustimmen, wenn zulässiger Weise auf die Grundschuld geleistet worden ist, ist eine Frage des gesicherten Schuldverhältnisses, nicht des Sicherungsvertrags. Ein Rechtssatz, Zahlungen auf die Grundschuld seien zugleich als Zahlung auf die gesicherte Forderung zu betrachten, lässt sich daher nicht mit Anspruch auf Allgemeingültigkeit aufstellen (**aA** BGH NJW 1987, 838; BGH NJW-RR 1990, 813; ERMAN/WENZEL[12] § 1191 Rn 84 u 92; richtig aber BGH NJW 1980, 2198). Daraus ergibt sich zugleich, dass eine Zahlung auf die Grundschuld grundsätzlich nicht zur

Befriedigung des Gläubigers führt (aA anscheinend MünchKomm/Eickmann[4] § 1191
Rn 116), sondern diesem nur veränderte Befriedigungsmöglichkeiten aus der nun
andersartigen Sicherheit ermöglicht (nachf Rn 126 ff). Nichts anderes gilt für die
Befriedigung aus der Grundschuld im Wege der Zwangsvollstreckung.

bb) Die Vereinbarung, es dürfe nicht auf die Grundschuld geleistet werden, **wirkt** 85
nicht unmittelbar. Leistet der Sicherungsgeber dennoch ausdrücklich auf die Grundschuld, so tilgt er diese und nicht die gesicherte Forderung (KG DNotZ 1931, 191; OLG
Saarbrücken DRZ 1949, 421; Knops ZfIR 1998, 577, der diese Feststellung als „unklar" bezeichnet
[?]). Rechtsprechung und Literatur sind zu diesem Punkt nicht klar. Der V. ZS des
BGH hat in zwei Entscheidungen (BGH NJW 1976, 2132 und 2340) ohne weiteren Beleg
ausgesprochen, eine Verrechnungsabrede beseitige „nicht die rechtliche Möglichkeit, dass der Zahlende bei der Zahlung von ihr abweicht und auf die Grundschuld
zahlt (auch wenn er dadurch dann, wenn er selbst an der Verrechnungsabrede
beteiligt ist, eine schuldrechtliche Verpflichtung verletzt)." Der XI. ZS hat hingegen
(DNotZ 1996, 1026) ohne die Entscheidungen des V. ZS zu erwähnen (aber unter
Berufung auf die zum Mietvertrag ergangene Entscheidung BGHZ 91, 375) erkannt, eine
Anrechnungsabrede schließe das Bestimmungsrecht des Schuldners aus. In der Tat
scheint es zu § 366 Abs 1 (seit RGZ 66, 54) hM zu sein, dass eine vertragliche
Tilgungsbestimmung eine bei Zahlung erklärte abweichende Bestimmung unwirk-
sam mache (Staudinger/Olzen [2006] § 366 Rn 48 mwNw; MünchKomm/Wenzel[5] § 366 Rn 7;
auch Kolbenschlag DNotZ 1965, 73 geht davon aus und beschränkt nur den Geltungsbereich einer
Vereinbarung unter Gesichtspunkten von Treu und Glauben; aA aber Gernhuber, Hdb des
Schuldrechts Bd III § 7 I 5; Enneccerus/Lehmann § 62 Fn 1).

Die entscheidende Frage ist die, ob die Grundschuld einerseits und die persönliche 86
Schuld andererseits überhaupt zu den von § 366 Abs 1 vorausgesetzten „gleichartigen Leistungen" verpflichten. Die Frage ist zu verneinen, weil Zahlung aus dem
Grundstück einerseits (und erst recht die nach hM [Einl 36 zu §§ 1113 ff] nur geschuldete Duldung der Zwangsvollstreckung) und Zahlung aus dem allgemeinen
Vermögen andererseits keine gleichartigen Leistungen sind (MünchKomm/Eickmann[4]
§ 1191 Rn 118). Deshalb ist § 366 Abs 1 zwar anwendbar, wenn es um Teilzahlungen
auf mehrere Grundschulden geht (BayObLG Rpfleger 1985, 434; OLG Düsseldorf WM 1976,
983; vgl BGH NJW-RR 1989, 1036; BGH NJW 1990, 2022), nicht aber im Verhältnis Grundschuld zur gesicherten Forderung. Dabei spielt es keine Rolle, ob die Grundschuld
eine Einzelforderung oder einen Forderungskreis sichert, denn das berührt die
Zahlung auf die Grundschuld nicht (aA MünchKomm/Eickmann[4] § 1191 Rn 111).

Freilich ist unstreitig eine *entsprechende Anwendung* geboten, in deren Rahmen es 87
aber legitim ist, auf die zum sachenrechtlichen numerus clausus nicht passende
Bindungswirkung einer überdies nicht eingetragenen und auch nicht eintragungsfähigen Vereinbarung zu verzichten (vgl auch Wolfsteiner DNotZ 1990, 589). Auch von
der Gegenansicht her dürfte klar sein, dass eine Anrechnungsvereinbarung naturgemäß nur zwischen den Vertragsteilen wirken kann, anderen, zB dem persönlichen
Schuldner oder dem vom Sicherungsgeber verschiedenen Eigentümer gegenüber
aber nur, wenn er als Vertragsteil in den Sicherungsvertrag einbezogen ist. Ist der
Sicherungsgeber nicht auch Schuldner der gesicherten Forderung, trifft § 366 Abs 1
seinem Wortlaut nach ohnehin nicht zu, weil der Sicherungsgeber dem Gläubiger
dann nicht aus mehreren Schuldverhältnissen zur Zahlung verpflichtet ist (Münch-

Komm/Eickmann[4] § 1191 Rn 118). Folgt man der hL zu § 366 Abs 1, so muß sinngemäß auch einer Vereinbarung über ein zeitlich begrenztes Erfüllungsverbot unmittelbare Wirkung zuerkannt werden.

88 Das Erfüllungsverbot schließt die Verpflichtung ein, der **Zahlung eines Dritten** (der auch der Eigentümer oder der persönliche Schuldner sein kann) auf die Grundschuld iSd § 267 Abs 2 zu widersprechen; dem Dritten gegenüber hat dies unmittelbare Wirkung, weil der Widerspruch schon im voraus dem Gläubiger gegenüber erklärt werden kann. Im Ergebnis kann der Gläubiger Zahlungen auf die Grundschuld also nicht verhindern mit Ausnahme der Zahlung durch Dritte, wenn der Eigentümer als Vertragsteil in den Sicherungsvertrag einbezogen ist. Ansonsten wirkt das Verbot, auf die Grundschuld zu zahlen, nur schuldrechtlich.

89 Den **Insolvenzverwalter** binden Verrechnungsabrede und Erfüllungsverbot gem §§ 87, 115 InsO ohnehin nicht (s oben Rn 16), so dass er ohne weiteres auf die Grundschuld zahlen kann und idR auch muss, weil er nur das Absonderungsrecht berücksichtigen darf (BGH JR 1995, 242 m Anm v Olshausen = WiB 1994, 968 m Anm van Zwoll; Gerhardt ZIP 1980, 165; Gaberdiel/Gladenbeck[8] Rn 811; Clemente[4] Rn 708).

90 Da der Gläubiger idR ein schützenswertes Interesse daran hat, dass nicht vorzeitig auf die Grundschuld geleistet wird (oben Rn 82), kann ein entsprechendes Verbot auch in **allgemeinen Geschäftsbedingungen** unbedenklich vorgesehen werden (aA MünchKomm/Eickmann[4] § 1191 Rn 118, weil daraus fälschlich auf eine persönliche Leistungspflicht des Sicherungsgebers geschlossen werden könne). Unwirksam ist in allgemeinen Geschäftsbedingungen aber eine Vereinbarung, wonach es im **Belieben des Gläubigers** liegen soll, ob eine Zahlung auf die gesicherte Forderung oder aber auf die Grundschuld verrechnet werden soll (BGHZ 91, 375).

e)   Nachträgliche Übersicherung

91 aa) Kommt die Forderung, zu deren Sicherung die Grundschuld nach dem Sicherungsvertrag dienen soll, **nicht** in voller Höhe **zur Entstehung** oder kommt nur ein Teil der zu sichernden Forderungen zur Entstehung oder verringert sich später der Bestand der gesicherten Forderungen durch Tilgung oder auf andere Weise, so bleibt die Grundschuld zunächst unberührt, weil § 1163 nicht gilt (§ 1192 Rn 17; vgl BGH MDR 1958, 24 mit zust Anm Thieme = Rpfleger 1958, 51 mit zust Anm Bruhn; OLG Köln MDR 1959, 212; **aA** unverständlicherweise Böhringer BWNotZ 1994, 173, der von einer Erfüllung in den Normen des Sachenrechts spricht und den Rückgewähranspruch zum Annex der Grundschuld erklärt). Es kann aber (nachträgliche) **Übersicherung** (Begriff oben Rn 76) eintreten. War die Grundschuld vom **gegenwärtigen Eigentümer** als Sicherungsgrundschuld begeben worden, so wird ihm gemäß §§ 1192 Abs 1a, 1169 ein **Verzichtsanspruch** gegen den Gläubiger, auch einen Gläubiger, der die Grundschuld gutgläubig erworben hatte, zustehen (vgl § 1169 Rn 25, § 1192 Rn 42). Im übrigen hat der Sicherungsvertrag zu regeln, wie diese Fälle zu behandeln sind; fehlt eine ausdrückliche Regelung, so ist dem Sicherungsverhältnis die Verpflichtung des Sicherungsnehmers immanent, die Sicherheit zurückzugewähren, wenn und soweit sie endgültig nicht mehr benötigt wird (BGHZ 137, 212 vom 27.11.1997 – GSZ 1/97, GSZ 2/97 = BB 1998, 438 m Anm Serick 801 = MDR 1990, 550 m Anm Imping = JZ 1998, 456 [Roth], der auch ausdrücklich feststellt, dass es hier zwischen Singularsicherheiten und revolvierenden Globalsicherheiten keinen Unterschied gibt; **aA** möglicherweise noch BGH NJW 1996, 2786 = LM § 138 [Aa] BGB Nr 51d

[M WOLF] = WiB 1996, 954 [EDELMANN]: Gewohnheitsrecht; mit Recht kritisch dazu BGHZ GSZ wie vor; BÜLOW JZ 1997, 500, 503). Dies ist nicht erst dann der Fall, wenn die gesicherte Forderung insgesamt erloschen ist, sondern – beschränkt auf den überschießenden Teil des Sicherungsguts – schon dann, wenn und soweit eine endgültige Übersicherung eingetreten ist (BGH NJW 1996, 2092 = EWiR § 9 AGBG 20/96, 1009 m Anm REHBEIN DW 78; BGH NJW 2000, 2501 zum Bereicherungsanspruch beim Schuldanerkenntnis; PFEIFFER ZIP 1997, 49; aA LIEBELT/WESTPHAL ZIP 1997, 230, der die Unterschiede zwischen akzessorischen und nicht akzessorischen Sicherheiten vernachlässigt; CLEMENTE ZIR 1997, 127). Der Freigabeanspruch ist auch bei bloßer Übersicherung nicht ermessensabhängig; er kann auch nicht durch allgemeine Geschäftsbedingungen oder im Verbrauchervertrag ermessensabhängig ausgestaltet werden (BGHZ GSZ 137, 212 wie vor; aA noch BGHZ 133, 25 = EWiR § 9 AGB 20/96, 1009 m Anm REHBEIN; dazu CANARIS ZIP 1997, 813; kritisch TIEDTKE DStR 2001, 257). An die Stelle einer unwirksamen Ermessensabrede tritt der ermessensunabhängige Freigabeanspruch (dagegen TIEDTKE DStR 2001, 257: grundsätzlich Unwirksamkeit des ganzen Sicherungsvertrags). S iÜ zum Rückgewähranspruch unten Rn 140 ff und zur Einschränkung des Rückgewähranspruchs Rn 156 ff.

Der Freigabeanspruch unterliegt der **Verjährung**. S dazu unten Rn 152.   **92**

bb) Im Übrigen sind zu **unterscheiden** jene Fälle, die dem Bereich des Wegfalls der **93** Geschäftsgrundlage (§ 313) zuzuordnen sind, und solche, die sich planmäßig ergeben (WIEGAND/BRUNNER NJW 1995, 2513, 2516; STAUDINGER/WIEGAND [2004] Anh 155 ff zu §§ 929–931; vgl CANARIS ZIP 1997, 813):

α) Zum Bereich des **Wegfalls der Geschäftsgrundlage** gehört der Fall, dass die **94** Forderung wider Erwarten nicht in voller Höhe zur Entstehung gelangt; es handelt sich um einen geläufigen Fall einer Leistungsstörung, der sich auch ohne ausdrückliche Vereinbarung nach allgemeinen Regeln löst. Eine ausdrückliche vertragliche Regelung darf daher nicht erwartet werden. Steht endgültig fest, dass die zu sichernde Forderung nicht in der Höhe entstehen wird, die Kalkulationsgrundlage für die Bemessung der Sicherheit war, ist der Sicherungsvertrag in aller Regel gemäß § 313 dadurch an die veränderte Ausgangslage anzupassen, dass der Sicherungsnehmer zur Rückgewähr (dazu nachf Rn 140 ff) eines entsprechenden Teils der Sicherheit verpflichtet ist (aA noch STAUDINGER/SCHERÜBL[12] § 1191 Rn 58 unter Berufung auf KOMANNS 29; STOCKMAYER 62; HOCHE NJW 1956, 144, 146). Die wahre Lage ist aber nicht selten verdeckt, so typischer Weise dann, wenn die Grundschuld zwar anlässlich einer konkreten Darlehensgewährung gestellt worden ist, die Beteiligten aber einen formularmäßigen Sicherungs-Rahmenvertrag (oben Rn 33) abgeschlossen haben. Folgt man der hier Rn 35 vertretenen Auffassung über die Kündbarkeit eines Sicherungs-Rahmenvertrags, läßt sich die Situation leicht beherrschen. Lässt man hingegen die Kündigung nur aus wichtigem Grund zu, so müsste der Sicherungsgeber beweisen, dass ein engerer Sicherungszweck gewollt war; misslingt der Beweis, so bliebe – ein sonderbares Ergebnis – die Rangstelle auf unbestimmte Zeit blockiert, auch wenn keine weiteren Forderungen entstehen, die gesichert werden könnten.

β) Die **planmäßig nachträglich eintretende Übersicherung** ist verwandt mit der **95** anfänglichen. Sie ist aber vom Ursprung her keineswegs zu beanstanden, wenn die Sicherung zu Beginn der Laufzeit des Sicherungsverhältnisses der gesicherten Forderung adäquat war. Es stellt sich nur die Frage, ob der Sicherungsvertrag Vorkehrungen für die zu erwartende Übersicherung treffen muss. Auch dazu ist nochmals zu differenzieren:

96 Der Eintritt der Übersicherung kann **von Anfang an feststehen**, so wenn allein ein hypothekarisches Darlehen nach Art eines Tilgungsdarlehens (Begriff Einl 19 zu §§ 1113 ff) gesichert wird. Weil hier der Gläubiger (wie bei einer Hypothekensicherung) durch eine Grundschuld im Nennbetrag seiner Darlehensforderung bereits voll gesichert ist, tritt Übersicherung schon ein, wenn der Betrag der Grundschuld die aktuelle Darlehenssumme auch nur geringfügig überschreitet. Nach älterer Auffassung (Staudinger/Scherübl[12] § 1191 Rn 58 unter Berufung auf LG Ravensburg WM 1971, 266; Hoche NJW 1956, 144, 146) ist der Sicherungsnehmer nicht verpflichtet, die Grundschuld jeweils in Höhe der getilgten Teilbeträge zurückzugeben und bei der Briefgrundschuld einen Teilbrief zu bilden (einschränkend allerdings Staudinger/Scherübl[12] § 1191 Rn 58; Komanns 29 für den Fall, dass sich eine – offenbar begrifflich anders verstandene – Übersicherung einstellt). Inzwischen dürfte die Auffassung, dass ein solcher Anspruch regelmäßig besteht und – freilich nicht schikanös bei jeder noch so geringen Teilzahlung – geltend gemacht werden kann (vgl dazu strenger BGH ZIP 1996, 1426 m abl Anm Canaris S 1577; aus BGHZ GSZ 137, 212 [oben Rn 59] könnte ein Grenzwert von 10% des Nennbetrags der Grundschuld abgeleitet werden), allgM sein (BGH NJW 1984, 169; BGH NJW 1988, 1665; BGHZ 110, 241= EWiR 1990, 341 [Serick]; BGH NJW-RR 1990, 455; BGHZ 133, 25 = EWiR § 9 AGBG 20/96, 1009 m Anm Rehbein; Nobbe ZIP 1996, 657, 661; Clemente ZIR 1997, 127; Pfeiffer ZIP 1997, 49; Erman/Wenzel Rn 61; Palandt/Bassenge[68] Rn 21). Entsprechend § 1176 kann nur die Rückgabe eines rangletzten Teils gefordert werden (BGH NJW 1986, 2108). Durch allgemeine Geschäftsbedingungen kann für diesen Fall der Übersicherung der Anspruch auf Rückgabe eines letztrangigen Grundschuldteils nicht ausgeschlossen werden, weil keinerlei schützenswertes Interesse des Gläubigers daran (außer einer marginalen Verwaltungsvereinfachung) erkennbar ist (abweichend Erman/Wenzel[12] Rn 61, der aber auch die Grenze im Eintritt einer nicht näher präzisierten „endgültigen" Übersicherung sieht).

97 Die andere Fallgruppe ist dadurch gekennzeichnet, dass zwar nicht sicher ist, dass jemals Übersicherung eintreten wird, dass aber beide Parteien schon beim Abschluss des Sicherungsvertrags damit rechnen, dass der vorübergehende oder endgültige **Eintritt eines Übersicherungsfalls** mehr oder weniger **wahrscheinlich** ist. Dies ist der typische Fall des Sicherungs-Rahmenvertrags und der Sicherung eines Kontokorrents (s oben Rn 33). Gerade hier greift der allgemeine Freigabeanspruch, wie oben Rn 91 dargestellt, ein. Für Grundschuldsicherheiten ist die – ausdrücklich wohl auch nicht aufgestellte – Forderung, der Sicherungsvertrag müsse eine **ausdrückliche Freigabeklausel**, dh eine explizite Festlegung dazu enthalten, bei Unterschreitung welchen Forderungsbestands welche Grundschuldbeträge oder im Rahmen einer Gesamtgrundschuld haftenden Grundstücke bedingungslos freizugeben sind, schon länger, spätestens aber seit der Entscheidung des großen Zivilsenats des BGH (BGHZ 137, 212 vom 27.11.1997 – GSZ 1/97, GSZ 2/97 = JZ 1998, 456 [Roth]; s oben Rn 96) obsolet. Die Rechtsprechung, wonach es in bestimmten Fällen einer expliziten Freigabeklausel bedürfen sollte, hatte freilich zumindest einen richtigen Kern. Es existiert die konkrete Gefahr, dass der Schuldner im Falle eines Streits über den Freigabeanspruch gehandikapt ist, weil er fürchten muss, den ganzen Kredit zu verlieren, wenn er sich dem Kreditgeber gegenüber renitent verhält; der Freigabeanspruch wird nämlich in der Praxis nur relevant, wenn dem Schuldner eine Krise droht und er dem Gläubiger gegenüber keine starke Wettbewerbsposition mehr hat. Der klar formulierte Freigabeanspruch kann seine „strukturelle Unterlegenheit" kompensieren. Dieser (dem Bereich des § 138 zuzuordnenden) Gedanke (BGHZ 109, 240; BGH NJW 1991, 2768; BGHZ 117, 374; weitere Nachweise WIEGAND/BRUNNER NJW 1995, 2513 Fn 39) ist auch jetzt keineswegs ohne Gewicht (so auch der VII. Zivilsenat des BGH in seinem Antwortbeschluss NJW 1997, 651). Im Rahmen einer Gesamtbeurteilung nach § 307 sollte deshalb dem expliziten Freigabeanspruch durchaus Bedeutung beigemessen werden.

cc) Der Standpunkt der gegenwärtigen Rechtsprechung zum Grundschuld-Siche- **98** rungsvertrag (BGH NJW 1995, 2553 mit umfangreichen Nachw u Anm REICH/SCHMITZ = LM BGB § 765 Nr 99–101 m Anm PFEIFFER) ist insgesamt der, dass kraft Gesetzes ein jedenfalls in allgemeinen Geschäftsbedingungen nicht auszuschließender **Freigabeanspruch** bei Übersicherung besteht, während es einer ausdrücklichen Freigaberegelung nicht bedarf. Ist der Freigabeanspruch durch allgemeine Geschäftsbedingung unzulässig eingeschränkt, so ist nach dieser Rechtsprechung der Sicherungsvertrag nicht unwirksam; vielmehr findet eine geltungserhaltende Reduktion auf einen angemessenen Freigabeanspruch statt (BGHR AGBG § 6 Abs 1 – ergänzende Auslegung 3; BGH NJW 1996, 191). Der Freigabeanspruch ist nicht davon abhängig, dass der Sicherungs-Rahmenvertrag gemäß Rn 35 insgesamt gekündigt wird; vielmehr kann er bei insgesamt fortgeltendem Sicherungs-Rahmenvertrag fällig gestellt werden. Fällig wird er allerdings regelmäßig erst, wenn der Sicherungsgeber die Freigabe verlangt (s dazu unten Rn 150).

dd) Ein spezielles Element planmäßig eintretender Übersicherung bilden die **99** **Grundschuldzinsen.** Genau dann, wenn ein grundschuldgesichertes Darlehen planmäßig abgewickelt wird, dh auch die laufenden Zinsen pünktlich beglichen werden, laufen die rückständigen Grundschuldzinsen zu immer größerer Höhe auf. Ob dies zu anfänglicher oder nachträglicher Übersicherung führt (so undifferenziert KNOPS ZfIR 1998, 577; iE offengelassen von CLEMENTE/LENK ZfIR 2002, 337), richtet sich nach den oben Rn 76 ff und 91 ff dargelegten Grundsätzen. Eine gewisse Begrenzung kann aus der **Verjährung** der Zinsen (oben Rn 40; Einl 227 ff zu §§ 1113 ff; § 1192 Rn 29) folgen. Die Auffassung, dass sie nach § 202 Abs 1 **gehemmt** sei, solange der Sicherungsvertrag den Gläubiger daran hindert, das dingliche Recht geltend zu machen (BGH vom 21. 1. 1993 – IX ZR 174/92 – ZIP 1993, 257 = EWiR 1993, 369 [CLEMENTE], bestätigend OLG Koblenz vom 2. 7. 1992 – 5 U 1601/91 – DNotI-Report 1993 Heft 6 S 6 m Anm REITHMANN [abl HÖK MDR 1994, 645]; LG Bückeburg WM 1994, 202; VÖLKER/GRATZEL WiB 1994, 346), ist obsolet (BGHZ 142, 332 = EWiR § 202 BGB 1/2000, 59 [abl MEDICUS] = WuB I F3. – 3.00 m abl Anm EIDENMÜLLER/ TEHARN nach XI. ZS ZIP 1999, 707 und IX. ZS NJW 1999, 2590; BGH ZfIR 2001, 856 [HÖK]; SOSTMANN MittRhNotK 1999, 274; STÖBER MittBayNot 1999, 441). Falsch auch die Auffassung, die Zinsen einer Sicherungsgrundschuld verjährten nicht, weil sie erst im Sicherungsfall fällig würden (so aber PETERS JZ 2001, 1017; s dazu Einl 38 f, 49 zu §§ 1113 ff).

Hemmung und Neubeginn der Verjährung erfassen die Zinsproblematik der Grund- **100** schuld nicht ausreichend, zumal § 1157 zwar bei Abtretung der Grundschuld zu Lasten des neuen Gläubigers wirkt, nicht aber bei Veräußerung des Grundstücks zu Gunsten des neuen Eigentümers, der in erster Linie von der ihn überraschenden Vervielfachung der Grundschuld betroffen ist (§ 1157 Rn 7). Tatsächlich gehen die

Parteien regelmäßig von der Vorstellung aus, dass sich die Grundschuldzinsen er-
ledigen, soweit der Schuldner die laufenden Zinsen aus dem gesicherten Schuldverhältnis begleicht (RIMMELSPACHER WuB I F 3.–8. 99; **aA** BGHZ 142, 332; MEDICUS EWiR
§ 202 BGB 1/2000, 59); beim Kontokorrent gilt dasselbe jedenfalls solange, als der Saldo
das Grundschuldkapital nicht übersteigt. Deshalb ist der Sicherungsvertrag regelmäßig dahin auszulegen, dass der Gläubiger schuldrechtlich und (formlos gemäß
§ 1178 Abs 2) auch mit dinglicher Wirkung **endgültig** auf den Zinsanspruch für die
Zinszeiträume **verzichtet**, für die der Schuldner seiner Verpflichtung, Zinsen auf die
gesicherte Forderung zu zahlen, nachgekommen ist (vgl oben Rn 81; iE ähnlich HUBER, in:
FS Serick 233, der mit einer Einrede nach § 1157 arbeitet; PETERS JZ 2001, 1017, der meint, wegen
fehlender Belehrung durch den Notar sei die Grundschuldbestellung anfechtbar [?]). Zwar haften
bei der Sicherungsgrundschuld regelmäßig auch die Zinsen für Kapitalansprüche
und umgekehrt (oben Rn 47); die Vorstellung, dass die Grundschuldzinsen weiterlaufen und ständig den Sicherungsumfang des Gläubigers auch und gerade dann bis
zum möglicherweise mehrfachen des Grundschuldkapitals erhöhen, wenn der
Schuldner seinen laufenden Zinspflichten aus dem gesicherten Schuldverhältnis
nachkommt, ist bis auf einige wenige Spezialisten selbst ausgebildeten Juristen
fernliegend. Diese Konsequenz ist in der Tat objektiv unbillig. Mit einer Annäherung
der Grundschuld an die Hypothek hat dieses Verständnis des *Sicherungsvertrags*
(nicht der Grundschuld!) nichts zu tun (**aA** BGHZ 142, 332 – weitere Fundstellen oben
Rn 99). Es ist daher in der Tat unüblich, dass der Notar den Beteiligten dieses
Verständnis bei der Beurkundung jedes Mal nahebringt. Die Beteiligten vertrauen
einerseits – zu Recht oder zu Unrecht – immer noch auf die Seriosität der Kreditinstitute und andererseits wären selbst gebildete Bürger überfordert (vgl KERSTEN/
BÜHLING/WOLFSTEINER[22] § 68 Rn 18 ff). Nicht die notarielle Belehrung bedarf hier der
Korrektur, sondern die höchstrichterliche Auslegung des Sicherungsvertrags.

101 Eine **allgemeine Geschäftsbedingung**, die nicht nur das unbegrenzte Weiterlaufen der
Zinsen anordnet, sondern auch, dass dem Verwender aufgelaufene Zinsen in beliebiger Summierung als Sicherheit dienen, müsste als überraschend iSd § 305c Abs 1
und damit als unwirksam qualifiziert werden (zutreffend BGHZ 142, 332 vom 28. 9. 1999 –
XI ZR 90/98 – [weitere Fundstellen oben Rn 99] nach BGH vom 26. 1. 1999 ZIP 1999, 707 und vom
15. 4. 1999 – jeweils XI ZR 90/98 – NJW 1999, 2590 mwNw; HÖK MDR 1994, 645; vergleichbar der
Gedanke bei OLG Stuttgart ZIP 1996, 1508, wonach eine formularmäßige Erweiterung der Höchstbetragsbürgschaft auf rückständige Zinsen zusätzlich zum Höchstbetrag unwirksam ist).

102 ee) In der **Verwertungsphase** (nachf Rn 113 ff) verändert die Übersicherungsproblematik ihr Gesicht. Der Sicherungsvertrag hat sich aus einem in die Zukunft gerichteten Vertragsverhältnis in ein Abwicklungsschuldverhältnis verwandelt. Aus der
Zukunftsprognose – wie wird sich der Stand der gesicherten Forderungen entwik-
keln, wie der Wert der Sicherheiten? – wird eine kurzfristige Erlösvorschau. Hat jetzt
die zu verwertende Grundschuld einen höheren Umfang als die gesicherte Forderung, ist die Grundschuld eine Gesamtgrundschuld, deren belastete Grundstücke
jetzt insgesamt einen höheren Erlös als die gesicherte Forderung erwarten lassen
oder sind mehrere Grundschulden gestellt, die nicht alle zur Deckung der gesicherten Forderungen benötigt werden, so stellt sich die Übersicherungsfrage dahin,
welche Sicherheiten der Gläubiger konkret verwerten darf. Auch in dieser Verwertungsphase hat der Gläubiger Treuepflichten aus dem fiduziarischen Sicherungsgeschäft (oben Rn 26 f). Diese Treuepflichten sind um so kritischer als der enttäuschte

Sicherungsnehmer sich in dieser Phase oft von der Verpflichtung frei glaubt, noch Vermögensinteressen des Sicherungsgebers wahrzunehmen. Auch für diese Phase darf sich der Sicherungsnehmer aber nicht in weiterem Umfang freizeichnen als für frühere Sicherungszeiträume; es passen sich lediglich die Verpflichtungen den veränderten Verhältnissen an. Freigabe von Sicherheiten kann der Sicherungsgeber allerdings in dieser Phase grundsätzlich erst verlangen, nachdem sich der Sicherungsnehmer voll befriedigt hat; dieser muss sich keinesfalls auf eine unsichere Erlösvorschau einlassen.

f) Zwangsweise Verwertung

103 Der Sicherungsvertrag hat Bestimmungen darüber zu enthalten, wann und in welcher Weise sich der Gläubiger im Wege des Zwangs aus der Grundschuld befriedigen darf (Bülow ZIP 1999, 985; vgl zur Sicherungsübereignung Staudinger/Wiegand [2004] Anh 225 ff zu §§ 929–931). Anders als bei der Hypothek, bei der es Inhalt der gesicherten Forderung ist, unter welchen Voraussetzungen sie nach § 1147 zwangsweise durchgesetzt werden darf, wird bei der Grundschuld die Verwertungsbefugnis erst durch den Sicherungsvertrag hergestellt. Eine **Verpflichtung oder Obliegenheit** des Gläubigers zur Verwertung der Sicherheit besteht nur ausnahmsweise, wenn der Schuldner anderenfalls nicht zur Erfüllung seiner Schuld imstande wäre (Koziol 366).

aa) Grundlagen der Verwertungsbefugnis

104 **Gesetzliche Regelungen** dazu, wann der Gläubiger zur Verwertung der Grundschuld schreiten darf, bestehen nicht. Aus der Natur eines Sicherungsverhältnisses folgt aber, dass der Gläubiger die Sicherheit grundsätzlich erst nach Fälligkeit eines gesicherten Anspruchs zwangsweise verwerten darf (s a nach Rn 108). Problematisch sind aber Vorbereitungshandlungen, die der Gläubiger noch vor der Verwertungsreife vornehmen will, um nach Eintritt der Verwertungsreife sofort zugreifen zu können.

105 **α)** Aus dem Recht der Grundpfandrechte geht es um die Handhabung des § 1193 Abs 2 S 2 (dazu § 1193 Rn 5 f). Darf der Gläubiger die Sicherungsgrundschuld vorsorglich, etwa sogleich nach Grundschuldbestellung, **kündigen**, um bei Fälligkeit der Forderung sofort vollstrecken zu können? Enthält der Sicherungsvertrag dazu keine ausdrückliche Regelung, so ist er dahin auszulegen, dass erst nach Fälligkeit der gesicherten Forderung gekündigt werden darf; das ergibt sich aus dem Treuhandcharakter des Sicherungsverhältnisses (BGH vom 6.3.1986 – III ZR 245/84 – NJW 1986, 1928 = EWiR 1986, 641 [vStebut] = WuB I A Nr 17 AGB-Banken 5.86 [Schröter]; Clemente[4] Rn 616; aA Schmid/Voss DNotZ 2008, 740; jedenfalls ohne Problembewusstsein Bachner DNotZ 2008, 644 und Volmer MittBayNot 2009, 1). Allgemeine Geschäftsbedingungen, die den Gläubiger zur vorzeitigen Kündigung ermächtigen würden, verstoßen gegen § 307, weil sie darauf ausgerichtet wären, das gesetzgeberische Ziel des § 1193 Abs 2 S 2 zu vereiteln. Eine dagegen verstoßende, sachenrechtlich wirksame Kündigung gibt dem Eigentümer nach §§ 1192 Abs 1a, 1157 eine Einrede gegen die Grundschuld, die bei Vorliegen eines Vollstreckungstitels sofort durch Vollstreckungsabwehrklage nach § 767 ZPO zur Geltung gebracht werden kann, ohne dass der Eigentümer konkrete Vollstreckungsmaßnahmen abwarten müsste.

106 **β)** Die Parallelfrage im Vollstreckungsrecht geht dahin, ob der Gläubiger eine vollstreckbare Urkunde vor Eintritt der (materiellen) Fälligkeit der Forderung dem

Schuldner zustellen lassen darf, um die **Wartefrist** des § 798 ZPO in Gang zu setzen, so dass sie bei Fälligkeit längst abgelaufen ist und iE leerläuft. S dazu (verneinend) MünchKommZPO/WOLFSTEINER³ § 798 Rn 11 (**aA** wohl VOLMER MittBayNot 2009, 1).

bb) Voraussetzungen

107 **Obwohl** die einschlägigen Hypothekenvorschriften für die zeitlichen und sachlichen **Voraussetzungen** der Verwertungsbefugnis und die Art der Verwertung nicht von selbst anwendbar sind, eignen sich doch viele dazu, im Sicherungsvertrag zu entsprechender Anwendung vereinbart zu werden. Angesichts dessen, dass die Grundschuld – im Gegensatz zur Hypothek – nicht nur durch Geltendmachung des dinglichen Anspruchs, sondern auch dadurch verwertet werden kann, dass sie verkauft wird (nachf Rn 113 ff), bieten sich auch die Vorschriften über das Mobiliarpfandrecht zur Übernahme in den Vertrag an. **Allgemeine Geschäftsbedingungen** werden sich eng an die beiden Vorschriftenkreise anzulehnen haben, um der Inhaltskontrolle standzuhalten. Soweit Hypothekenvorschriften zur Anwendung auf den Sicherungsvertrag vorgeschlagen werden, ist das nicht zu verwechseln mit einer direkten Anwendung auf die Grundschuld, die möglicherweise auch in Frage kommt. Das dingliche Recht darf nur nach Maßgabe des Sicherungsvertrags verwertet werden; auch wenn das Sachenrecht dem Grundschuldinhaber als solchem Verwertungsrechte zugesteht (zB in § 1133), heißt das nicht zwingend, dass die Geltendmachung des Rechts auch dem Sicherungsvertrag entspricht, der für die fiduziarischen Rechtsbeziehungen der Parteien vorrangig ist. Auch sind Vorschriften, die voraussetzen, dass Zahlung auf die Grundschuld gefordert oder geleistet wird, im Sicherungsvertrag entsprechend auf Fälle anzuwenden, in denen Zahlung auf die gesicherte Forderung verlangt oder geleistet wird (zB § 1143).

108 **α)** Von den **Hypothekenvorschriften** eignen sich zur Anwendung:

§ 1133 über eine Gefährdung des Werts der Sicherheit (vgl dort Rn 6 f, 32), § 1134 über die Pflicht, negative Einwirkungen zu unterlassen (dort Rn 13), § 1135 über die Verschlechterung des Zubehörs, § 1137, wonach der Sicherungsgeber Einreden des Schuldners geltend machen darf (obwohl auf die Grundschuld selbst nicht anwendbar, § 1137 Rn 6 ff), §§ 1141, 1142 über den Zeitpunkt, zu dem sich der Gläubiger befriedigen darf (§ 1142 Rn 25; vgl BÜLOW ZIP 1999, 985).

109 § 1143 ist in dem Sinn anwendbar, dass der befriedigende Eigentümer Anspruch auf Übertragung der gesicherten Forderung hat, wo bei der Hypothek die Forderung auf ihn übergehen würde (dort Rn 37); in gleicher Weise ist 1164 in dem Sinn anwendbar, dass der Schuldner Anspruch auf Abtretung der Grundschuld hat, wo bei der Hypothek das dingliche Recht auf ihn kraft Gesetzes übergehen würde (dort Rn 30).

110 Anwendbar sind weiter § 1144 über die Aushändigung von Urkunden (dort Rn 29), § 1145 über die Behandlung der Urkunden bei Teilbefriedigung (dort Rn 13), § 1165 über das Freiwerden des Schuldners bei Freigabe der Sicherheit (dort Rn 17, vgl BGH NJW 1989, 1732), § 1166 über Benachrichtigungspflichten des Gläubigers (dort Rn 18).

111 Auch § 1169 ist in dem Sinne anwendbar, dass der Sicherungsgeber einen Anspruch auf Rückgewähr hat, wenn gegen alle Forderungen, die – sei es auch nur möglicher-

weise – durch die Grundschuld gesichert werden, dauernde Einreden bestehen (dort
Rn 25 ff, auch zum Inhalt des Anspruchs), nicht zu verwechseln mit dem Fall einer dauernden Einrede gegen die Grundschuld selbst. Die dauernde Einrede der Verjährung wirkt aber nur im Rahmen des § 216 (§ 1169 Rn 3). Der Anspruch kann nur dem
Sicherungsgeber zustehen, der – anders als bei der Hypothek – mit dem Eigentümer
nicht identisch sein muss. Dem Eigentümer als solchem kann der Anspruch nicht
zustehen, weil er sich möglicherweise der Grundschuld endgültig begeben hat und
am Sicherungsverhältnis nicht mehr teilhat (§ 1169 Rn 28).

β)   Von den **Pfandrechtsvorschriften** eignen sich zur Anwendung: § 1211, wonach **112**
der Sicherungsgeber dem Sicherungsnehmer die dem persönlichen Schuldner gegen
die Forderung zustehenden Einreden sowie die Einreden geltend machen kann, die
nach § 770 einem Bürgen zustehen; § 1213, dass dem Gläubiger das Recht zur
Ziehung von Nutzungen eingeräumt werden kann (s aber § 1273 Abs 2); § 1217, wonach
der Sicherungsgeber bei Pflichtverletzungen des Sicherungsnehmers Übertragung
der Grundschuld an einen gerichtlich zu bestellenden Verwahrer verlangen kann;
§ 1222, wonach bei Bestellung mehrere Grundschulden jede für die ganze Forderung
haftet; § 1223 (Rückgewähranspruch, unten Rn 140 ff), § 1224 (Befriedigung auch durch
Hinterlegung oder durch Aufrechnung); § 1228 über Befriedigung durch Verkauf der
Grundschuld (nachfolgende Rn 113); § 1230 über Auswahl unter mehreren Grundschulden; §§ 1233 bis 1239, 1241 über die Durchführung eines Verkaufs der Grund-
schuld; § 1243 über den rechtswidrigen Verkauf; §§ 1245, 1246 über abweichende
Vereinbarungen; § 1247 über die Erfüllungswirkung (s aber unten Rn 125); § 1254 als
Parallelvorschrift zu § 1169 (oben Rn 111), §§ 1281, 1287, 1288 für den Fall, dass die
Grundschuld erfüllt wird, bevor die gesicherte Forderung fällig ist; § 1289 über die
Erstreckung der Sicherungswirkung auf die Grundschuldzinsen (oben Rn 99 ff).

cc) Freihändige Verwertung

Entsprechend §§ 1228, 1277 kann die Grundschuldsicherheit nicht nur durch Gel- **113**
tendmachung des dinglichen Rechts, sondern auch durch **Verkauf der Grundschuld**
(auch als „freihändige Verwertung" bezeichnet) verwertet werden (RGZ 95, 245; RGZ 142, 139;
RGZ 143, 117; RG JW 1928, 2784; RG WarnR 1932 Nr 86; Siebert 266, 304; Huber 241;
Gaberdiel/Gladenbeck[8] Rn 1276 ff; MünchKomm/Eickmann[4] § 1191 Rn 51; Palandt/Bassen-
ge[68] § 1191 Rn 33; Soergel/Konzen[13] § 1191 Rn 22. Die Bankformulare sind aufgeführt bei
Clemente ZfIR 2007, 737, 744). Um einen Verkauf der Grundschuld handelt es sich
auch dann, wenn der Sicherungsnehmer die Grundschuld gegen Entgelt löschen lässt
(BGH NJW-RR 1987, 1291). S zur Stellung des Käufers nachf Rn 281. Der Verkauf der
Grundschuld zwecks Verwertung der Sicherheit darf nicht verwechselt werden mit
dem Verkauf der gesicherten Forderung (ggf samt Grundschuld); Letzteres ist keine
Handlung zur Verwertung *der Sicherheit* (Gaberdiel/Gladenbeck[8] Rn 1280, anders aber
Rn 1285; aA auch MünchKomm/Eickmann § 1191 Rn 52, allein auch der Verkauf der hypotheken-
gesicherten Forderung ist keine Verwertung der Hypothekensicherheit). S zum Verkauf zu
anderen als Verwertungszwecken nachf Rn 280.

α)   Die freihändige Verwertung ist jedenfalls nunmehr, nach Einführung des **114**
§ 1192 Abs 1a, uneingeschränkt **zulässig**, auch wenn der Sicherungsvertrag sie nicht
ausdrücklich erlaubt (s zur Rechtslage bei Altgundschulden Staudinger/Wolfsteiner [2002]
Rn 92 ff). Es kann dahingestellt bleiben, ob dazu eine stillschweigende Vereinbarung zu unterstellen oder das Ergebnis durch Auslegung nach § 157 zu gewinnen

ist (RG JW 1928, 2784; RG JW 1936, 2310; BGH NJW-RR 1987, 1291; Huber 240; Soergel/
Konzen[13] § 1191 Rn 22; **aA** Stockmayer 47, 92; Clemente[4] Rn 628; ders ZfIR 2007, 737; Gaber-
diel/Gladenbeck[8] Rn 1287; MünchKomm/Eickmann[4] § 1191 Rn 51; Palandt/Bassenge[68] § 1191
Rn 41; skeptisch auch Staudinger/Wolfsteiner [2002] Rn 93).

115 Die berechtigten Interessen des Sicherungsgebers bleiben auch nach Verkauf und
Abtretung der Grundschuld gewahrt. Hierzu ist zu berücksichtigen, dass ein Käufer
die Grundschuld grundsätzlich in voller Höhe geltend machen kann, obwohl idR aus
dem empfangenen Kaufpreis nur ein **Teil der** gesicherten **Forderung** getilgt worden
ist. Dagegen bietet nun § 1192 Abs 1a Schutz insofern, als der Eigentümer ohne
Rücksicht auf guten Glauben auch dem Käufer gegenüber als Einrede geltend
machen kann, dass die Forderung geringer gewesen sei als der Betrag der Grundschuld samt Nebenleistungen und dass die Forderung überdies in Höhe des Kaufpreises getilgt sei. Den Intentionen des § 1192 Abs 1a entsprechend, kann er sogar
einreden, dass die Forderung *nach* Abtretung an den Grundschuldkäufer getilgt
worden sei (§ 1192 Rn 43).

116 Dass der Eigentümer als Sicherungsgeber durch § 1192 Abs 1a geschützt ist – ein
anderer Sicherungsgeber als der Eigentümer genießt diesen Schutz ohnehin nicht
(§ 1192 Rn 37; unten Rn 119) – bedeutet nicht, dass der Gläubiger aus den Verpflichtungen des Sicherungsvertrags entlassen wäre. Insbesondere darf er, falls die Grundschuld nicht voll valutiert ist, nur einen **Grundschuldteil** in Höhe der Valutierung
verkaufen und abtreten (so zu Recht Clemente ZfIR 2007, 737), denn er kann den
Sicherungsgeber nicht darauf verweisen, sich durch Erhebung einer Einrede selbst
zu helfen.

117 Problematisch ist die Findung des „richtigen" Kaufpreises, der – anders als bei der
Zwangsversteigerung – beim Verkauf nicht aufgrund objektiver Kriterien ermittelt
wird. Es bietet sich eine Lösung mittels der **Beweislast** an. Zwanglos kann angenommen werden, dass es Inhalt der stillschweigenden Vereinbarung oder auch der
nach Treu und Glauben zu unterstellenden Gestattung ist, dass durch den Verkauf –
ohne Rücksicht auf die Höhe des vereinbarten Kaufpreises – der volle Wert der
Grundschuld als von der Forderung getilgt gelten muss und dass sowohl der alte als
auch (über § 1192 Abs 1a) der neue **Gläubiger** die Beweislast dafür tragen, dass
dieser Wert unter dem Nennwert der Grundschuld gelegen hat.

118 Durch § 1192 Abs 1a erledigt sich die in der Bearb 2002 Rn 92 ff befürwortete
entsprechende Anwendung der Vorschriften über die **Pfandverwertung** fast vollständig. Lediglich die Pflicht, die Verwertung durch Verkauf mit angemessener Frist
anzudrohen (Huber 241; vgl zur Sicherungsübereignung Staudinger/Wiegand [2004] Anh 235
zu §§ 929–931; Palandt/Bassenge § 930 Rn 29; vgl auch BGH NJW 1966, 2009; BGH NJW-RR
1987, 1291; BGH NJW 1988, 3013; BGH NJW 1991, 2908; vgl für ähnliche Fälle BGHZ 130, 115 =
NJW 1995, 2221; BGH NJW 1996, 388; BGH NJW 1996, 847), besteht auch jetzt noch. Die
Verpflichtung folgt nicht den Vorschriften über das Pfandrecht an einer Forderung
(§ 1275), sondern über § 1273 Abs 2 diejenigen über die Verwertung eines Fahr-
nispfands, denn die Grundschuld ist selbst ein Pfandrecht, das regelmäßig durch
Zwangsvollstreckung in den Pfandgegenstand verwertet wird. Der Gläubiger darf
also gemäß § 1234 diese Art der Verwertung nur beginnen, wenn er sie gemäß § 1234
Abs 1 dem Sicherungsgeber angedroht hat und die Wartefrist abgelaufen ist. In

jedem Fall muss der Gläubiger nach Treu und Glauben die Interessen des Sicherungsgebers bestmöglich wahren, allerdings nur, soweit sein eigenes Verwertungs-
interesse nicht entgegensteht (vgl BGH NJW 2000, 352 = LM § 276 [Ci] BGB Nr 55 [SCHMIDT-
LADEMANN] = EWiR 2000, 845 [VORTMANN]).

β) § 1192 Abs 1a schützt allerdings nur den Eigentümer als Sicherungsgeber. Hat **119**
hingegen der Inhaber einer **isolierten Grundschuld** (oben Rn 13) diese als Sicherheit
begeben oder ist sie vom Eigentümer begeben worden, aber später isoliert worden
(oben Rn 13), wirkt die Vorschrift zu Gunsten des Sicherungsgebers nicht. Er läuft das
Risiko, seine Grundschuld nach Tilgung der gesicherten Forderung zu verlieren.
Dagegen ist und war er er aber – anders als der Eigentümer – ohnehin nur schuldrechtlich gesichert. Zwar hilft auch ihm die oben Rn 117 dargelegte Beweislastre-
gelung; dennoch kann mangels einer ausdrücklichen Abrede anders als bei einer
vom Eigentümer gestellten Grundschuld nicht ohne weiteres unterstellt werden, die
Zulässigkeit freihändiger Verwertung sei stillschweigend vereinbart.

γ) Wird die Zulässigkeit der Verwertung durch Verkauf **ausdrücklich vereinbart 120**
(was zulässig ist), so können auch abweichende Vereinbarungen über den Verkauf
der Grundschuld getroffen werden; die Pflicht, die Verwertung durch Verkauf mit
jedenfalls angemessener Frist anzudrohen, kann allerdings nicht völlig beseitigt
werden (HUBER 241; vgl zur Sicherungsübereignung STAUDINGER/WIEGAND [2004] Anh 235 zu
§§ 929–931; PALANDT/BASSENGE[68] § 930 Rn 29; vgl auch BGH NJW 1966, 2009; BGH NJW-RR
1987, 1291; BGH NJW 1988, 3013; BGH NJW 1991, 2908; vgl für ähnliche Fälle BGHZ 130, 115 vom
27. 6. 1995 – XI ZR 8/94 – mwNw = EWiR 1995, 767 [TIEDTKE] = JuS 1995, 1034 m Anm K SCHMIDT
= JZ 1995, 1178 m Anm WEBER =, LM AGBG § 9 [Cg] Nr 28 [11/1995] m Anm SCHMIDT-LADE-
MANN; BGH NJW 1996, 388; BGH NJW 1996, 847). Da § 1192 Abs 1a insofern nicht
zwingend ist, als er nicht zur Anwendung kommen kann, wenn der Sicherungs-
vertrag keine Einrede gewährt (§ 1192 Rn 42), kann auch der durch ihn gewährte
Schutz vor dem Dritterwerber vertraglich beschränkt oder ausgeschlossen werden.
Durch allgemeine Geschäftsbedingung oder im Verbrauchervertrag wird eine solche
Einschränkung aber regelmäßig gegen §§ 307, 310 Abs 3 verstoßen.

Unzulässige Verwertungsvereinbarungen führen aber im Zweifel nicht zur Unwirk- **121**
samkeit des ganzen Sicherungsvertrags (BGHZ 130, 115 wie vor; BGH NJW 1996, 388; BGH
NJW 1996, 847. **AA** nur für die Gehaltsabtretung und hier nicht einschlägig BGHZ 130, 115 wie vor
Tn 20 mwNw). Hält der Gläubiger die Regeln über die Art und Weise des Verkaufs der
Grundschuld vertragswidrig nicht ein, so sind – anders als uU beim Pfandrecht –
weder der Verkauf noch die zur Erfüllung des Kaufvertrags erfolgte Abtretung der
Grundschuld in ihrer Wirksamkeit beeinträchtigt.

dd) Zwangsvollstreckung
Bei den Vereinbarungen zur Verwertung der Sicherungsgrundschuld durch Zwangs- **122**
vollstreckung (s dazu auch § 1147 Rn 5) spielt erneut die **Übersicherung** eine wesentliche
Rolle. Kreditinstitute pflegen sich von jeder Verantwortung für eine anfängliche
oder nachträglich eingetretene Übersicherung freizuzeichnen, indem sie sich im
Sicherungsvertrag sowohl die Befugnis vorbehalten, die Grundschuld nebst Zinsen
und anderen Nebenleistungen auch im Übersicherungsfall in voller Höhe geltend zu
machen und anzumelden, als auch die Befugnis, auf den überschießenden Teil – auch
noch im Verteilungsverfahren – zu verzichten (vgl das Muster bei GABERDIEL/GLADEN-

BECK[8] Anh 6 bei Anm 17, das oft noch durch die Klausel ergänzt wird, der Gläubiger sei *berechtigt,* aber nicht verpflichtet, das Grundpfandrecht in voller Höhe geltend zu machen; CLEMENTE[4] Rn 516). Verzichtet der Gläubiger, so vermehrt das in der Zwangsversteigerung die Teilungsmasse; dies kommt nachrangigen mit dem gesetzlichen Löschungsanspruch nach § 1179a versehenen Gläubigern zugute; verzichtet der Gläubiger nicht, so muss er aufgrund der treuhänderischen Bindung den **Übererlös** an den Eigentümer bzw dessen persönliche Gläubiger herausgeben, was nicht mehr vom gesetzlichen Löschungsanspruch erfasst wird (§ 1179a Rn 77). Da dieses Wahlrecht des Gläubigers – nur übertragen auf das Sicherungsverhältnis – genau den Grundgedanken entspricht, die den §§ 1179a Abs 3, 1179b zugrunde liegen (§ 1179a Rn 7 f), könnte die angeführte Klausel auch in allgemeinen Geschäftsbedingungen nicht nach § 307 beanstandet werden (so REITHMANN WM 1990, 1985; differenziert GABERDIEL/GLADENBECK[8] Rn 1156), wären die §§ 1179a Abs 3, 1179b nicht gerade aus diesem Grunde nichtig (§ 1179a Rn 8 f; ebenso CLEMENTE[4] Rn 579 f und – dezidiert – ZIR 1997, 127, 132).

123 Hier zeigt sich womöglich noch deutlicher als bei der Hypothek (§ 1179a Rn 9), dass die dem Gläubiger eingeräumte Befugnis, noch *nach Befriedigung der eigenen Ansprüche* mit Vermögen des Sicherungsgebers nach Willkür zu verfahren, mit dem fiduziarischen Charakter der Sicherungsgrundschuld unvereinbar ist. Dass der Sicherungsvertrag Elemente eines Treuhandvertrags enthält, bezieht sich gerade auf den Übersicherungsfall und die Verpflichtung des Sicherungsnehmers, die überschüssigen, ihm vom Sicherungsgeber *anvertrauten* Vermögenswerte in Treue zum Sicherungsgeber zu verwalten. Die Willkürklausel aber ist eine Einladung zur Untreue. Allein mit dem Charakter des Sicherungsvertrags als eines Treuhandverhältnisses (oben Rn 26) vereinbar ist die Abrede, dass der Sicherungsnehmer mit dem überschießenden Teil der Sicherheit, insbesondere mit dem Übererlös, nach Weisung des Sicherungsgebers zu verfahren hat und sich der damit verbundenen Pflichten allenfalls durch Rückgabe an den Sicherungsgeber entledigen darf (CLEMENTE Rn 576 ff; vgl STÖBER MittBayNot 1999, 441).

124 Der Sicherungsvertrag verpflichtet demgemäß den Sicherungsnehmer, bei der Zwangsvollstreckung stets den **vollen Betrag der Grundschuld anzumelden**, wenn der Sicherungsgeber nicht etwas anderes verlangt (ECKELT WM 1980, 454; CLEMENTE/LENK ZfIR 2002, 337 mwNw; CLEMENTE[4] Rn 593; SOERGEL/KONZEN[13] § 1191 Rn 59; **aA** – keine Berechtigung – OLG München NJW 1980, 1051 m zust Anm VOLLKOMMER = ZIP 1980, 974 [krit STÖBER]; differenziert GABERDIEL/GLADENBECK[8] Rn 1155); ein Verlangen, nicht den vollen Betrag anzumelden, kann insbesondere darin gesehen werden, dass eine Einrede nach § 1157 erhoben wird (dazu § 1150 Rn 48). Jedenfalls durch allgemeine Geschäftsbedingungen kann dieser Anspruch nicht ausgeschlossen werden. Dies gilt auch für alle **Zinsen und anderen Nebenleistungen** (vgl zur Befugnis des Gläubigers zu deren Anmeldung BGH NJW 1981, 1505). Auf Zinsen den Gedanken des § 1197 Abs 2 anzuwenden (so OLG München NJW 1980, 1051 m zust Anm VOLLKOMMER= ZIP 1980, 974 [krit STÖBER]; OLG Hamm OLGZ 1992, 376; vBLUMENTHAL BB 1987, 2050; PALANDT/BASSENGE[68] § 1191 Rn 32), ist nicht angebracht. Unstreitig ist der Inhaber der Sicherungsgrundschuld durch § 1197 Abs 2 nicht gehindert, Zinsen geltend zu machen (§ 1197 Rn 15); dann aber darf er sich nicht als Richter aufspielen und seinem Treugeber realisierbare Vermögenswerte mit der Begründung vorenthalten, dem Sinn des Gesetzes entspreche es besser, wenn er diese Werte anderen Gläubigern zukommen lasse (LG Ansbach BB 1987, 2049 m abl Anm vBLUMENTHAL, der meint, dem Eigentümer stünden die Zinsen „ganz sicher" nicht zu; SOERGEL/

KONZEN[13] § 1191 Rn 59; **aA** MünchKomm/EICKMANN[4] § 1191 Rn 55, 150, der die hier zugrunde-gelegte Auffassung nur im „älteren Schrifttum" vertreten sieht). Auch die Argumentation (von GABERDIEL/GLADENBECK[8] Rn 1155 ff), der Sicherungsnehmer dürfe den nicht benötigten Teil der Grundschuld dem Eigentümer zurückgeben (und dadurch dem gesetzlichen Löschungsanspruch nach § 1179a aussetzen), also auch von vornherein die Anmeldung unterlassen, ist nicht stichhaltig; der Gläubiger hat keinen Anspruch darauf, die Grundschuld gerade auf den Eigentümer (und nicht nach dessen Weisung an einen Dritten) zu übertragen (unten Rn 153). Zu beachten ist allerdings, dass nach der hier (oben Rn 100) vertretenen Auffassung häufig zumindest ein Teil der rückständige Zinsen durch Verzicht erloschen sein dürfte und zwar in Übereinstimmung mit dem Sicherungsvertrag; erloschene Zinsen sind selbstverständlich auch nicht anzumelden.

ee) Nur unter ganz engen Voraussetzungen ist es denkbar, im Vorhinein zu **125** vereinbaren, dass die Grundschuld im Fall der Nichterfüllung der persönlichen Forderung dem Gläubiger an **Erfüllungs statt** endgültig gehören soll (HUBER 253). Erfasst die Grundschuld den ganzen Grundstückswert, so steht der Rechtsgedanke der entsprechend anzuwendenden §§ 1136, 1149 entgegen. Kommt der Eintritt einer Übersicherung in Frage, so ist zwar § 1229 nicht unmittelbar anwendbar; einschlägig ist aber der zugrundeliegende Rechtsgedanke, dass der Sicherungsnehmer im Falle der Nichterfüllung nicht strafweise den Sicherungsgegenstand für verfallen erklären darf (STAUDINGER/WIEGAND [2004] Anh 234 zu §§ 929–931; gegen die entsprechende Anwendung KOWALSKI 25; STAUDINGER/SCHERÜBL[12] § 1191 Rn 31; vgl RGZ 143, 117).

g)   Behandlung des Verwertungserlöses
aa)   Der erste Schritt: Erlös tritt an die Stelle der Grundschuld
Der Sicherungsvertrag hat Bestimmungen darüber zu enthalten, wie der Erlös zu **126** behandeln ist, den der Sicherungsnehmer erzielt, wenn er die Grundschuld zwangs-weise verwertet (s zur freiwilligen Zahlung unten Rn 134) oder freiwillige Zahlungen explizit auf die Grundschuld empfängt. Welche Wirkungen es entfaltet, wenn der Gläubiger Zahlung aus der Grundschuld oder auf die Grundschuld empfängt, beurteilt sich allein nach dem Sicherungsvertrag (nicht exakt genug BGHZ 105, 154 = JuS 1989, 143 m Anm OEHLER S 604; BGH NJW-RR 1990, 813). Grundsätzlich bewirken Zahlungen aus der Grundschuld oder auf sie nicht von selbst die Erfüllung der gesicherten Forderung (aA die hM, zB STAUDINGER/SCHERÜBL[12] § 1192 Rn 22; WOLFF/RAISER § 156 I 3 d: Mit der Zahlung des Eigentümers auf den Grundschuldbetrag erlösche zugleich die persönliche Forderung [§ 362], wenn der Eigentümer persönlicher Schuldner sei; STOCKMAYER 82; DEMPEWOLF 14; KOMANNS 46; vgl auch SERICK § 28 II 4; eine Variante ergibt die Theorie der Zweckgemeinschaft von HECK § 78 II 5, dagegen KIM [Schrifttum zu § 1143] S 139); vielmehr tritt der gezahlte Geldbetrag als Sicherheit an die Stelle der Grundschuld (vgl BGH NJW 1980, 2198; BGHZ 108, 237 = EWiR § 1191 BGB 4/89, 881 [CLEMENTE] = WuB I F 3 Grundpfand-rechte 15. 89 [krit OTT]; zu letzterer Entscheidung WILHELM JZ 1998, 18; differenzierend PALANDT/BASSENGE[68] § 1191 Rn 34; s dazu, dass sich ein Pfandrecht an einer Inhaberschuldverschreibung an dem Einlösungsbetrag fortsetzt BGH NJW 1997, 2110 und zur Einlösung einer sicherungshalber abgetretenen Forderung vor Verwertungsreife BGH vom 11. 12. 2008 – IX ZR 194/07 – ZIP 2009, 228).

Erst im Anschluss daran kann die gesicherte Forderung durch **Aufrechnung** oder im **127** Sicherungsvertrag vorbereitend geregelte Verrechnung nach Aufrechnungsgrund-

Hans Wolfsteiner

sätzen getilgt werden (ähnlich JACOBY S 673 mithilfe des Bildes, die sicherungshalber gegebene Grundschuld gelte jetzt als erfüllungshalber hingegeben; **aA** – die Anrechnung des Verwertungserlöses auf die gesicherten Forderungen erfolge, weil in der Sicherungsabrede von vornherein festgelegt, analog §§ 1247, 1288 Abs 2 stets automatisch – CLEMENTE ZfIR 1998, 61 unter nicht verständlicher Berufung auf BGHZ 118, 171; ähnlich DÖRING 139 f. Falsch auch BGH NJW 1999, 1704, der unterstellt, der Gläubiger werde nicht nur wegen der Grundschuld, sondern wegen der gesicherten Forderungen „in der Zwangsvollstreckung" befriedigt.). Ist die gesicherte Forderung keine Geldforderung (sondern zB ein Befreiungsanspruch), muss sie erst – auf welchem Wege auch immer – in eine Geldforderung umgewandelt werden (§ 387).

128 Dieses Konzept entspricht genau dem, was die Rechtsprechung für die Auseinandersetzung von Miteigentümern durch **Teilungsversteigerung** annimmt: die Zwangsversteigerung bewirkt noch nicht die Teilung, sondern nur die Umwandlung des unteilbaren Grundstückseigentums in das teil*bare* Gut Geld (BGH vom 20. 2. 2008 – XII ZR 58/04 – FamRZ 2008, 767); ebenso bewirkt die Zwangsversteigerung aus der Grundschuld noch nicht die Erfüllung, sondern nur die Umwandlung des zur Erfüllung einer Geldschuld ungeeigneten Grundstückseigentums in fungibles – zahlbares, aufrechenbares, verrechnungsfähiges – Geld. § 1247 kann zur Begründung der hM nicht herangezogen werden, weil beim Pfandrecht die Akzessorietät eine im Vergleich zur nicht akzessorischen Grundschuld viel engere Verbindung zwischen Pfandgegenstand und gesicherter Forderung besteht, so dass § 1287 zwischen fälligen und nicht fälligen Pfandforderungen unterscheiden kann. S zum Aufschub der Befriedigung bei mehreren Sicherungsgebern unten Rn 207.

129 Das hier entwickelte Modell kommt ganz ohne die fragwürdige und kaum verständliche Figur der **Doppeltilgung** – mit einer einzigen Zahlung tilge der Zahlende zwei Schulden je in Höhe der einzigen Zahlung (BGH NJW 1980, 2198; BGHZ 80, 228; BGH NJW 1987, 838; BGHZ 105, 154; die Problematik zeigt sich deutlich bei BGH NJW 1996, 1207; **gegen** diese Theorie; VINKE 672; JACOBY 680) – aus, indem es den Vorgang in zwei natürliche Schritte zerlegt. Auch die Zahlung des nicht persönlich schuldenden Eigentümers (BGHZ 105, 154; REINICKE/TIEDTKE NJW 1981, 2145; OEHLER JuS 1989, 604; MünchKomm/EICKMANN⁴ § 1191 Rn 127; unten Rn 137) wird einfach und befriedigend gelöst: Der Gläubiger erhält Geld als Sicherheit anstelle der Grundschuld; ob und wann er sich daraus befriedigen darf, entscheidet der Sicherungsvertrag mit dem Sicherungsgeber. Nach dieser Lösung muss nicht auf eine eher gefühlsmäßig zu rechtfertigende Regel zurückgegriffen werden, dass Doppelbefriedigungen nicht stattfinden dürften (SUNDERMANN JuS 1992, 733). Keine Rolle spielt es nach diesem Modell auch, ob die Grundschuld in irgendeiner Weise freihändig (oben Rn 113) oder durch Zwangsvollstreckung verwertet wird (aA BGH NJW 1999, 1704; VINKE 570). Das ist auch allein sachgerecht (CLEMENTE ZfIR 2000, 1).

bb) Der zweite Schritt: Befriedigung aus dem Erlös

130 α) Sind **Schuldner und Eigentümer identisch**, so kann der Gläubiger aufrechnen, wenn seine Forderung fällig ist (insofern richtig BGH NJW 1998, 601), der Schuldner, sobald er zur Erfüllung befugt ist (**aA** – die Aufrechnung sei ausgeschlossen, weil die Gegenforderung des Schuldners – auch die des Gläubigers? – nicht fällig sei, JACOBY 683; danach könnte im Synallagma nie aufgerechnet werden). Bis dahin besteht das fiduziarische Sicherungsverhältnis am Erlös weiter (oben Rn 126). **Sichert die Grundschuld mehrere Forderungen**, so gilt § 396 (**aA** BGH NJW 1999, 1704). Grundsätzlich bestimmt also derjenige, der die Aufrechnung oder Verrechnung erklärt; widerspricht allerdings der andere Teil unverzüglich, so gilt § 366 Abs 2. Der Sicherungsvertrag kann abweichende Regelungen treffen, durch allgemeine Geschäftsbedingungen aber nur, wenn sie die Interessen des Schuldners angemessen berücksichtigen (BGH NJW-RR 1995, 1257; weitergehend BGH NJW 1999, 2043 = EWiR § 9 AGBG 2/00, 57 [DERLEDER] und – widersprüchlich – CLEMENTE ZfIR 1998, 61 und 2000, 1, sowie TIEDTKE DStR 2001, 257, die darin generell einen Verstoß gegen § 307 sehen). Da es sich – anders als vor der Zahlung im Verhältnis Grundschuld und Forderung – jetzt um gleichartige Leistungen handelt, wirken die vertraglichen Regelungen unmittelbar (oben Rn 127 f). Die Theorie von der Doppeltilgung (oben Rn 129) gerät ebenso wie die Theorie, dass sich Erlös und gesicherte Schuld automatisch verrechneten (CLEMENTE ZfIR 1998, 61; ders EWiR § 1191 BGB 2/98, 305; CLEMENTE[4] Rn 653), gegenüber dieser einfachen, alle Fälle gleichmäßig erfassenden Lösung in Differenzierungsnöte, wenn die gesicherte Forderung noch gar nicht fällig ist, zB weil ein erstrangiger Gläubiger vollstreckt und auch der zweitrangige am Erlös beteiligt ist (CLEMENTE[4] Rn wendet jetzt auf diesen Fall doch die hier vertretene Auffassung an), wenn mehrere Forderungen gesichert sind (CLEMENTE aaO will die §§ 366, 367 anwenden, aber die verschiedenen danach gegebenen Bestimmungsrechte stehen im Widerspruch zur Automatik, weshalb er nachträgliche Verrechnungsvereinbarungen – aber keine einseitigen Bestimmungen – zulassen will; JACOBY S 687 verlangt Ausübung schon zu Beginn der Suche nach Befriedigung, ohne eine Lösung für den Fall zu bieten, dass die Wahl in dieser Zeit nicht getroffen wird), wenn mehrere Forderungen gegen unterschiedliche Gläubiger gesichert sind, ein Fall, in dem die §§ 366, 367 völlig versagen (aA JACOBY 691), und wenn eine automatische Verrechnung ausscheidet, weil die gesicherte Forderung keine Geldforderung ist (Darstellung der Chaotik auch bei KIM [Schrifttum zu § 1143] 118 ff).

β) Sind **Schuldner und Sicherungsgeber nicht identisch**, so wird man den Siche- **131** rungsvertrag idR dahin auszulegen haben, dass es dem Gläubiger verboten ist, sich aus dem Erlös zu befriedigen, er vielmehr die gesicherte Forderung nebst Erlös gegen Zahlung dessen, was er zu beanspruchen hat, an den Sicherungsgeber abzutreten hat (JACOBY 677); das Deckungsschuldverhältnis zwischen Sicherungsgeber und Schuldner hat den Gläubiger nicht zu interessieren, weshalb es auch gleichgültig ist, ob der Sicherungsgeber einen Rückgriffsanspruch gegen den Schuldner hat oder nicht (BAYER/WANDT JuS 1987, 271; **aA** REINICKE/TIEDTKE WM 1987, 485; PALANDT/BASSENGE[68] § 1191 Rn 37). Wegen dieses gegen den Sicherungsgeber gerichteten Zahlungsanspruchs, nicht wegen der gesicherten Forderung (die andernfalls erlöschen würde) darf er sich aus dem Erlös befriedigen (MATSCHL NJW 1962, 2132; ebenso iE RGZ 150, 371; BGHZ 80, 228; BGH NJW 1987, 838; BGHZ 110, 41; BayObLGZ 1973, 142, 143; **aM** HUBER 83, 117; vgl PALANDT/BASSENGE[68] § 1191 Rn 37; für Leglzesion KIM [Schrifttum zu § 1143] 142 – dazu § 1143 Rn 36). Darf er sich aber aus dem Erlös nicht befriedigen, so gibt es keinen Grund, ihm die Geltendmachung der Forderung zu verwehren; gelingt es ihm, auch die Forderung einzuziehen, so entfällt der Sicherungszweck und er muss den Grundschulderlös als Surrogat der Grundschuld an den Sicherungsgeber zurückgeben. Im Übrigen können idR die §§ 1143, 1164, 1173, 1174 auf den Sicherungsvertrag entsprechend, dh übersetzt in rein schuldrechtliche Verpflichtungen, angewandt werden.

γ) Sichert die Grundschuld **sowohl eigene** Verbindlichkeiten des Sicherungsge- **132** bers **als auch fremde Verbindlichkeiten**, gelten die unter Rn 126 dargestellten Regeln. „Schuldner" iSd § 366 Abs 2 ist in diesem Sinn der Sicherungsgeber; diesem sind die eigenen Verbindlichkeiten lästiger als die fremden, so dass die eigenen vorrangig getilgt werden können (ebenso CLEMENTE ZfIR 1998, 61; 2000, 1, der aber das Ergebnis nicht dem § 366 Abs 2, sondern nicht näher qualifizierten anderen Überlegungen entnimmt).

133 δ)   Was nach vollständiger Befriedigung des Gläubigers übrig bleibt (Übererlös), hat der Sicherungsnehmer an den Sicherungsgeber herauszugeben (BGHZ 98, 256; BGH NJW 1992, 1620 = LM BGB § 252 Nr 53 m Anm SCHMIDT-LADEMANN). Hat er sich wegen der gesicherten Ansprüche vollständig befriedigt, kann er gegen den Anspruch auf Auszahlung des Übererlöses nicht mit anderen Ansprüchen aufrechnen (BGH NJW 1994, 2885). Der Inhaber eines Löschungsanspruchs nach §§ 1179 ff hat keinen Anspruch auf den Übererlös (§ 1179a Rn 84).

h)   Behandlung freiwilliger Zahlungen

134 Zahlt der Schuldner, der von diesem verschiedene Sicherungsgeber oder ein Dritter freiwillig, ist es also nicht der Gläubiger, der die Grundschuld verwertet, so ist es grundsätzlich der Zahlende, der nach § 366 Abs 1 bestimmen kann, welche Tilgungsfolgen eintreten. Die Sicht des Zahlungsempfängers spielt grundsätzlich keine Rolle. Dabei ist zu unterscheiden zwischen der regelmäßigen (regulären) Abwicklung und irregulären Situationen.

aa)   Schuldner als Sicherungsgeber

135 Zahlt der Schuldner, der auch Sicherungsgeber ist, freiwillig, so nur auf die gesicherte Forderung (BGH WM 1960, 1092; BGH WM 1969, 208; BGHZ 105, 154 = JuS 1989, 143 m Anm OEHLER 604; BGH NJW 1997, 2046 = EWiR § 366 BGB 1/97, 583 [HAGER]; OLG Düsseldorf HRR 1936 Nr 402; HUBER 223; SCHNEIDER JW 1938, 1630; ENDEMANN JW 1933, 64; RIPFEL DFG 1938, 186; KLEE NJW 1951, 579; **aA** STAUDINGER/SCHERÜBL[12] Rn 19); s zu den Folgen, wenn er irregulär auf die Grundschuld zahlt, oben Rn 85. Selbst wenn das Sicherungsverhältnis gestört ist, insbesondere der Gläubiger die Zwangsvollstreckung androht oder betreibt, zahlt der Schuldner jedenfalls dann auf die Forderung, wenn die Bonität des Gläubigers unbestritten ist. Eine Leistung auf die Forderung ist insbesondere auch dann anzunehmen, wenn die Grundschuld gemäß der Vereinbarung der Beteiligten zur Sicherung eines nach Ansprüchen und Forderungshöhe wechselnden Kreditverhältnisses dienen soll (OLG Düsseldorf HRR 1936 Nr 402; RIPFEL DFG 1938, 186) oder wenn – was wegen § 1193 Abs 2 S 2 künftig öfter der Fall sein könnte – zwar die Forderung, aber noch nicht die Grundschuld fällig ist (ENDEMANN JW 1933, 64; KLEE NJW 1951, 579). Auch im Insolvenzverfahren über das Vermögen des Gläubigers hat der Schuldner im Allgemeinen keinen Anlass, auf die Grundschuld zu zahlen, denn auch im Insolvenzverfahren wird die Eigenschaft der Grundschuld als Treugut gemäß § 47 InsO geachtet (nachf Rn 262). Auch wenn der Schuldner einen Dritten veranlasst, zu zahlen (zB den Grundstückskäufer, der für Rechnung des Schuldners und in Anrechnung auf den Kaufpreis die Schuld tilgt), gilt nichts anderes (BGH NJW 1983, 2502). Nur wenn zu befürchten ist, dass ihm die Grundschuld in der Sphäre des Gläubigers entzogen werden könnte, zahlt auch der Eigentümer, der zugleich persönlicher Schuldner ist, zu seiner Sicherheit auf die Grundschuld.

bb)   Schuldner weder Sicherungsgeber noch Eigentümer

136 Der Schuldner, der nicht gleichzeitig Sicherungsgeber oder Eigentümer ist, zahlt regulär nur auf seine, also die persönliche Schuld; die Grundschuld ist für ihn eine fremde Verbindlichkeit, die er nur nach §§ 267, 268 erfüllen kann. Erfüllt er wirksam die Grundschuld, dann tritt nur die Wirkung ein, dass die Zahlung als Sicherheit an deren Stelle tritt; an der persönlichen Schuld ändert sich nichts. Gleichzeitig auf die Grundschuld und die Forderung zahlen kann er nicht; es handelt sich um zwei sich gegen verschiedene Schuldner richtende Forderungen, die nicht beide durch nur eine Zahlung erfüllt werden können. Weder § 1164 (dort Rn 30) noch § 1167 (dort Rn 11) sind anwendbar. Abtretung der Grundschuld kann der Schuldner nicht schon dann verlangen, wenn er Rückgriffsansprüche gegen den Sicherungsgeber hat (aA DIECK-MANN WM 1990, 1481; gegen ihn REINICKE/TIEDTKE Rn 1043 ff;), sondern nur, wenn er selbst einen (ihm zB vom Sicherungsgeber abgetretenen) dahingehenden Anspruch gegen den Grundschuldgläubiger hat (PALANDT/BASSENGE[68] § 1191 Rn 37).

cc) Eigentümer, aber nicht Schuldner

Der Eigentümer, der nicht auch Schuldner ist, zahlt regulär nur auf die Grundschuld, **137** die gemäß § 1143 auf ihn als Eigentümergrundschuld übergeht (BGHZ 80, 228; BGH NJW 1987, 838; s § 1192 Rn 19); ob und welche Rückgriffsansprüche er gegen den Schuldner hat, bestimmt sich nach dem Valutaverhältnis zwischen Schuldner und Sicherungsgeber (BGH DStR 2002, 319 [GOETTE] = EWiR 2002, 627 [SCHÖNE], dazu K SCHMIDT JuS 2003, 228; OLG Koblenz vom 1. 8. 2008 – 5 U 551/08 – WM 2008, 2293; unten Rn 204 ff). Zahlt er ausnahmsweise wirksam auf die Forderung, so erlischt diese im Umfang der Zahlung mit der Folge, dass der Gläubiger verpflichtet ist, die Grundschuld an den Sicherungsgeber zurückzugeben, wenn sie nicht noch weitere Forderungen sichert. Die meisten „Zweckerklärungen" (oben Rn 25, 33) sehen allerdings vor, dass Zahlungen an die Gläubigerin nicht auf die Grundschuld, sondern auf die persönliche Forderung anzurechnen seien. Gegenüber dem Eigentümer, der nicht Schuldner ist, verstößt freilich eine allgemeine Geschäftsbedingung dieses Inhalts gegen § 307, weil sie ihm den Rückerwerb der Grundschuld bei Befriedigung vorenthält (das sieht OLG Koblenz vom 1. 8. 2008 – 5 U 551/08 – WM 2008, 2293 offenbar nicht).

dd) Sicherungsgeber weder Schuldner noch Eigentümer

Der Sicherungsgeber, der weder Schuldner noch Eigentümer ist, leistet regulär **138** überhaupt keine Zahlung. Zahlt er ausnahmsweise wirksam auf die Forderung, so gleicht seine Stellung dem auf die Forderung zahlenden Eigentümer; zahlt er (wie kaum anzunehmen) auf die Grundschuld, so ist es Frage eines gesetzlichen oder aus dem Sicherungsvertrag entspringenden Ablösungsrechts, ob die Grundschuld auf ihn übergeht bzw zu übertragen ist (s auch oben § 1150 Rn 46).

ee) Ablösungsberechtigter

Der Ablösungsberechtigte zahlt stets nur auf die Grundschuld (falsch BGH vom 17. 9. **139** 2002 – VI ZR 147/01 – NJW-RR 2003, 11 = EWiR § 826 BGB 1/03, 567 mit abl Anm MUES, wonach auf die Forderung zu zahlen sei und der Zahlende Übertragung der Grundschuld auf sich verlangen könne), die durch Zahlung auf ihn übergeht. Auch seine Zahlung bewirkt nicht das Erlöschen der gesicherten Forderung; vielmehr tritt der zur Ablösung gezahlte Betrag an die Stelle der Grundschuld (oben Rn 126 ff; vgl BGH DNotZ 2001, 623 [TIEDTKE]; = EWiR § 3 AGBG 2/01, 553 [zust WEBER], der die Frage offen lässt, aber erkennt, dass bei einer Mehrheit gesicherter Forderungen, deren Gesamtbetrag den Ablösungsbetrag übersteigt, eine von selbst eintretende Tilgungszuordnung gar nicht möglich ist).

Hans Wolfsteiner

i) Abwicklung, Rückgewähr
aa) Der Rückgewähranspruch

140 **Endet der Sicherungsvertrag**, so hat der Sicherungsnehmer die Grundschuld dem Sicherungsgeber (und – außer im Fall des Vertrags zugunsten Dritter [dazu unten Rn 144] – niemand anderem) zurückzugeben, soweit sie nicht vertragsgemäß verwertet worden ist (falsch BGH vom 17. 9. 2002 – VI ZR 147/01 – NJW-RR 2003, 11= EWiR § 826 BGB 1/03, 567 mit abl Anm MUES, wonach der Rückgewähranspruch einem auf die Forderung zahlenden Dritten zustehen soll). Es handelt sich um einen schuldrechtlichen Anspruch aus dem Sicherungsvertrag (BGH NJW 1986, 2108 [dazu BUCHHOLZ ZIP 1987, 891]; BGHZ 105, 154 = JuS 1989, 143 m Anm OEHLER S 604; BGH NJW 1996, 2092 = EWiR § 9 AGBG 20/96, 1009 m Anm REHBEIN; aA unverständlicherweise BÖHRINGER BWNotZ 1994, 173, der von einer Erfüllung in den Normen des Sachenrechts spricht und den Rückgewähranspruch zum Annex der Grundschuld erklärt), hilfsweise um einen Bereicherungsanspruch (BGH LM BGB § 1163 Nr 2; BGH NJW 1985, 800; BGH NJW 1990, 392; BAUR/STÜRNER SR § 45 Rn 26; SERICK § 28 IV 1; BGB-RGRK/JOSWIG12 § 1191 Rn 31 ff; REITHMANN NJW 1973, 879, 881; aM BGH NJW 1955, 177 und BGH Rpfleger 1958, 51: Anspruchskonkurrenz; ebenso DEMPEWOLF 18; SECKELMANN 138; WOLFF/RAISER § 133 I 2; § 154 VI 2; vgl auch WEBER AcP 169, 237). Ob der Sicherungsvertrag endet, weil der Sicherungszweck mangels Zustandekommens der zu sichernden Forderung von vornherein nicht erreicht wird, oder weil sich der Sicherungszweck später erledigt, spielt keine Rolle; der Anspruch ist stets ein vertraglicher, wenn überhaupt ein Sicherungsvertrag zustandegekommen ist (zustimmend WILHELM JZ 1998, 18; aA MünchKomm/EICKMANN4 § 1191 Rn 16: im ersteren Fall Bereicherungs-, nur im letzteren Fall vertraglicher Anspruch). S zum Anspruch auf Teil-Rückgewähr („Freigabe") wegen nachträglicher Übersicherung oben Rn 91 ff. Obwohl die Grundschuld aufgrund des Sicherungsvertrags gestellt worden ist, ist der Rückgewähranspruch iSd 273 Abs 1 konnex zur gesicherten Forderung, so dass zumindest der Sicherungsgeber, der zugleich Schuldner ist, das Recht hat, seine Leistung zurückzubehalten, bis die Grundschuld zurückgegeben wird (AG Mönchengladbach vom 6. 9. 2002 – 5 C 320/02 – NJW-RR 2003, 848). Es ist Inhalt des vertraglichen Rückgewähranspruchs, dass ihm umgekehrt ein Zurückbehaltungsrecht (§ 273 Abs 1) wegen einer vom Sicherungsvertrag nicht erfassten Forderung nicht entgegengehalten werden kann (BGH NJW-RR 1996, 234; BGH NJW 2000, 2499 = EWiR § 273 BGB 1/2000, 1099 [zust KNOPS]; BGH ZfIR 2001, 452 [SIEGBURG]). Hat der Gläubiger die Grundschuld verwertet, so verwandelt sich der Rückgewähranspruch in einen Anspruch auf Herausgabe des Übererlöses (§ 1147 Rn 65).

141 Aus Vorstehendem ergibt sich, dass der Rückgewähranspruch **nicht** – auch nicht auf Zeit – **ausgeschlossen** werden kann (vgl die Anm NIELSEN ZIP 2001, 837; unten Rn 156). Wäre der Rückgabeanspruch ausgeschlossen, so würde es sich nicht mehr um eine Sicherungsgrundschuld handeln; dem Gläubiger müsste dann eine andere causa für Behaltendürfen zur Seite stehen als ein Sicherungsvertrag.

bb) Der Gläubiger des Rückgewähranspruchs

142 Gläubiger des Rückgewähranspruchs ist derjenige, der dem Sicherungsvertrag zufolge die Grundschuld begeben hat (BGH NJW 1974, 2279; BGH NJW 1985, 800; BGH NJW 1986, 2108; vgl a BGH NJW 1989, 1732), § 1168 Rn 41. Daneben kann – wie häufig dann, wenn ein Grundstückskäufer eine Grundschuld aus dem Kaufpreis „abzulösen" hat – auch einem Dritten ein vertraglicher Rückgewähranspruch eingeräumt sein (unten Rn 144, 279; vgl OLG Düsseldorf WM 1995, 877; LG Karlsruhe DNotZ 1995, 892 mit Anm REITH-

MANN). Hat einer von mehreren Gesamtschuldnern eine Grundschuld gestellt und befriedigt einer der anderen Gesamtschuldner den Gläubiger, so geht gemäß §§ 412, 401 iVm § 426 Abs 2 S 1 nicht nur die Gläubigerforderung insoweit auf den befriedigenden Schuldner über, als dieser ausgleichsberechtigt ist, sondern in entsprechender Anwendung des § 401 auch der aus dem Sicherungsvertrag entspringende Anspruch des Gläubigers, die Grundschuld zu haben (BGHZ 80, 228). Dementsprechend braucht er den Gläubiger nur gegen entsprechende Abtretung oder Teilabtretung der Grundschuld zu befriedigen und hat er nach Befriedigung Anspruch auf Herausgabe der Grundschuld im Umfang des Ausgleichsanspruchs (BGH NJW 1983, 2449).

Haben *Ehegatten* für ein Darlehen, dessen Rückzahlung sie als Gesamtschuldner **143** schulden, eine Gesamtgrundschuld an einem in ihrem Miteigentum stehenden Grundstück gestellt, so kann – bei Anwendung des § 426 Abs 1 S 1 – jeder von ihnen die Befriedigung des Gläubigers verweigern, wenn dieser dem Leistenden nicht die ganze Grundschuld überträgt und die Herausgabe der ganzen Grundschuld verlangen, wenn er geleistet hat (BGH NJW-RR 1995, 589). Der BGH hat (aaO) den Einwand, die Abtretung an den zahlenden Gesamtschuldner sei für den Eigentümer untragbar, weil ihm der neue Grundschuldinhaber mangels Akzessorietät (anders als bei der Hypothek) die Haftung für andere Schulden aufzwingen könne, unter Berufung auf § 1157 und ohne Erwähnung des möglichen gutgläubigen Erwerbs zurückgewiesen; das ist im Ergebnis mit der Erwägung zu billigen, dass der Schuldner, der dem Gläubiger das Vertrauen entgegenbringt, dessen es bei der Begebung einer Grundschuld bedarf, im Falle der Gesamtschuld dieses Vertrauen zwangsläufig auch seinen Mitschuldnern gewähren muss.

Der Rückgewähranspruch kann durch unechten oder auch echten Vertrag zugunsten **144** Dritter dergestalt modifiziert werden, dass die Grundschuld dem **Dritten abzutreten** ist. Gemäß § 335 kann der Sicherungsgeber einen eigenen Anspruch auf Rückgabe an den Dritten haben oder auch nicht. Die Rückgabe an den Dritten kann auch unter einer Bedingung, zB der, dass der Dritte die gesicherte Forderung begleicht, vereinbart werden. Steht der Rückgewähranspruch nur einem Dritten zu, so geht eine Pfändung des Anspruchs beim Sicherungsgeber ins Leere (OLG Koblenz vom 1. 3. 2007 – 5 U 1074/06 – ZIP 2007, 2208 = EWiR § 267 BGB 1/08, 131 [abl PODEWILS]; vgl auch – mangels eines Vertrags zugunsten Dritter falsch – BGH vom 17. 9. 2002 – VI ZR 147/01 – NJW-RR 2003, 11 = EWiR § 826 BGB 1/03, 567 mit abl Anm MUES). Fehlt es freilich im Zeitpunkt einer Pfändung an einer gültigen causa für die Zuwendung an den Dritten, dann ist der Bereicherungsanspruch des Sicherungsgebers gegen den Dritten auf Rückgabe der Grundschuld pfändbar (vgl den Fall OLG Koblenz vom 1. 3. 2007 wie vor, in dem die Pfändung erst nach Abschluss der Kausalvereinbarung mit dem Dritten wirksam geworden ist).

cc) Entstehung und Fälligkeit des Rückgewähranspruchs

α)   Der Rückgewähranspruch **entsteht** bereits mit Abschluss des Sicherungsver- **145** trags (vgl BGH vom 15. 10. 2007 – II ZR 136/06 – NJW-RR 2008, 256 = EWiR § 426 BGB 1/08, 265 [FRANZ], wonach der Ausgleichsanspruch nach § 426 bereits mit der Begründung des Gesamtschuldverhältnisses entsteht); von da an kann er abgetreten, verpfändet, gepfändet werden. Soweit und solange sich der Sicherungszweck noch nicht erledigt hat, ist der Rückgewähranspruch aber **noch nicht fällig** (SCHOLZ, in: FS P Möhring I 419, 423 f; DÖRING 83; GABERDIEL/GLADENBECK[8] Rn 723; das ist auch der sachliche Kern der Meinung von HUBER 185, der von einer Schranke der Ausübung spricht). Das gilt in vergleichbaren Fällen, in denen ein Gut auf Zeit überlassen wird, als selbstverständlich; so entsteht der Anspruch auf Darlehensrückzahlung spätestens mit Hingabe des Darlehens, fällig wird er aber erst zu gegebener Zeit (vgl HAMMEN DB 1991, 953). Wer demgegenüber annimmt, der Anspruch sei aufschiebend bedingt (RGZ 143, 116; BGH LM Nr 14 zu § 313 = Rpfleger 1958, 53 mit zust Anm BRUHN; BGHZ 97, 280 vom 25. 3. 1986 – IX ZR 104/85; BGH NJW 1977, 247; BGH NJW-RR 1996, 235; DÖRRIE ZfIR 1999, 717; MünchKomm/EICKMANN[4] § 1191 Rn 123; STAUDINGER/SCHERÜBL[12] Rn 57) oder sei gar ein künftiger Anspruch (HOCHE DNotZ 1958, 386), geht wohl noch von der Vorstellung aus, dass es sich nicht um einen vertraglichen Anspruch aus dem Sicherungsvertrag handelt (der wie grundsätzlich jeder vertragliche Anspruch mit Vertragsschluss entsteht), sondern in irgendeiner Form um einen gesetzlichen Anspruch (dagegen oben Rn 140).

146 β)   Der Rückgewähranspruch wird regelmäßig **fällig**, wenn der Sicherungsvertrag endet. Der Sicherungsvertrag endet regulär entweder mit dem Erlöschen oder dem endgültigen Nichtentstehen sämtlicher aktuell und potentiell gesicherter Forderungen oder nach vollständiger Verwertung der Grundschuld mit dem Abschluss der Verrechnung und Verteilung des Erlöses (oben Rn 126 ff) oder – ggf nach Kündigung – durch Zeitablauf. Sichert die Grundschuld ein Kontokorrent, so endet der Sicherungsvertrag nicht schon mit Nullstellung des Kontos, sondern erst mit Beendigung des Kontokorrents (AMANN DNotZ 2002, 94, 121). Auch der Sicherungsrahmenvertrag (oben Rn 33 f; nachf Rn 149) endet nicht schon, wenn keine gesicherten Forderungen mehr bestehen, sondern erst, wenn keine mehr entstehen können (AMANN DNotZ 2002, 94, 121).

147 Die **Verjährung** der gesicherten Forderung beendet den Sicherungsvertrag nicht, weil sich der Gläubiger auch noch nach Verjährung aus der Grundschuld befriedigen darf (Einl 226 zu §§ 1113 ff). In speziellen Fällen beendet auch das Erlöschen der gesicherten Forderung den Sicherungsvertrag nicht. So lässt die **Restschuldbefreiung** nach § 301 Abs 2 InsO das Recht des Gläubigers, sich wegen der Schuld aus der Grundschuld zu befriedigen, unberührt (MünchKommInsO/STEPHAN § 301 Rn 30). Die Schuld erlischt insofern nicht, sondern wandelt sich in eine unvollkommene Verbindlichkeit (WENZEL, in: KÜBLER/PRÜTTING § 301 InsO Rn 1). S zur Hypothek § 1163 Rn 47.

148 Zum **Zeitablauf** ist wie für die Bürgschaft zu unterscheiden: Je nach dem Inhalt des Sicherungsvertrags kann es sich um eine Zeitsicherheit iSd § 777 oder um eine Sicherheit handeln, bei der der Kreis der gesicherten Forderungen durch ein Zeitmoment (Zeitablauf oder Kündigung) bestimmt wird. Nur im praktisch nicht sehr häufigen Fall der echten Zeitsicherheit (eine Grundschuld wird im Rahmen eines Mietverhältnisses oder eines Werkvertrags als Kaution gestellt), gilt § 777 Abs 1 S 2 und Abs 2 entsprechend (s zur Auslegung eines Bürgschaftsvertrags als echte Zeitbürgschaft BGH ZIP 1997, 536 = EWiR § 766 BGB 1/97 [BLAUROCK]).

149 Der **kündbare Sicherungsvertrag**, insbesondere der Sicherungs-Rahmenvertrag, der keine zeitliche Begrenzung vorsieht (oben Rn 35), fällt idR in die zweite Kategorie. Wird ein solcher Vertrag nur für die Zukunft gekündigt so bedarf es der in § 777 vorgesehenen Maßnahmen nicht; der Gläubiger darf sich noch wegen der am Kündigungsstichtag bestehenden Forderungen befriedigen. Er darf sich darüber hinaus auch noch wegen solcher Forderungen befriedigen, die zwar am Stichtag noch nicht bestanden haben, aber bereits dergestalt begründet waren, dass es zur Entstehung keiner Handlung des Gläubigers mehr bedurfte. Der Gläubiger ist aber nach Treu und Glauben verpflichtet, das ihm Zumutbare zu unternehmen, um ein weiteres Anwachsen der gesicherten Forderungen zu verhindern. So muss er ein Kontokorrent beenden und darf erneute Inanspruchnahmen nicht dulden (vgl Vorschlag des Ausschusses für Schuld- und Liegenschaftsrecht der Bundesnotarkammer für ein Grundschuldformular DNotZ 2002, 84). Auch muss er die Einziehung der gesicherten Forderungen in angemessener Weise betreiben; er darf eine fällige oder kündbare Forderung nicht im Hinblick auf die Grundschuldsicherheit stehen und die Zinsen (für die die Grundschuld grundsätzlich noch haftet) auflaufen lassen. In beiden Fällen darf der Gläubiger die Sicherheit behalten, bis sein Recht, sich daraus zu befriedigen, endet; bis dahin bleibt der Sicherungsvertrag als Abwicklungsschuldverhältnis bestehen.

In den in der Praxis häufigen Fällen, dass eine Grundschuld „**stehengelassen**" wird, **150** weil der Eigentümer damit rechnet, sie zu irgendeiner Zeit wieder neu zu beleihen, besteht der Sicherungsvertrag – wenn auch als jederzeit fristlos kündbarer – fort. Der Rückgewähranspruch wird dann erst fällig, wenn der Sicherungsvertrag gekündigt wird, wobei es als Kündigungserklärung genügt, wenn der Eigentümer die Rückgewähr verlangt. Gemäß § 200 beginnt auch der Lauf der Verjährung des Rückgewähranspruchs erst dann (vgl dazu auch WOLFSTEINER DNotZ 2001, 902; AMANN DNotZ 2002, 94, 121; WOLFSTEINER DNotZ 2003, 321; unten Rn 152).

dd) Beweislast

Die **Beweislast** für Entstehung und Fälligkeit des Rückgewähranspruchs (oben **151** Rn 48 ff) liegt beim Sicherungsgeber. Dazu gehört grundsätzlich auch der Nachweis, dass eine zu sichernde Forderung nicht entstanden ist (BGH NJW 2000, 1108 = EWiR § 1191 BGB 1/2000, 227 [JOSWIG] = WuB VII A § 286 ZPO 1. 00 [HEINRICH] = JuS 2000, 712 [K SCHMIDT]; BGH ZIP 2002, 409; JOSWIG ZfIR 2001, 712). Beim Sicherungs-Rahmenvertrag (oben Rn 52) liegt aber die Beweislast dafür, dass eine in den Sicherungskreis fallende Forderung entstanden ist, beim Sicherungsnehmer, wenn die Forderung zur Zeit der Bestellung der Grundschuld unstreitig noch nicht feststand und unter den an der Bestellung der Grundschuld Beteiligten das Bestehen oder die Höhe der Forderung streitig ist (RGZ 60, 247; BGH WM 1967, 508; BGH WM 1974, 47; BGH WM 1976, 666; BGH NJW 1992, 1620; OLG Düsseldorf NJW-RR 1997, 444; PALANDT/BASSENGE[68] § 1191 Rn 27; aM SERICK § 28 II 5; HUBER 130; RAHN BWNotZ 1959, 265). Dies ist unabhängig davon, ob der Sicherungsgeber zusätzlich noch ein abstraktes Schuldversprechen abgegeben hat oder nicht, denn die Beweislastverteilung zu abstrakten Schuldversprechen (auch diese werden aufgrund eines Sicherungsvertrags gestellt) ist identisch mit der bei der Grundschuld (vgl BGH NJW 2001, 2096; aA – Bweislastveränderung – BGH WM 1986, 1355; JOSWIG ZfIR 2001, 712; PALANDT/BASSENGE[68] § 1191 Rn 27. C MARBURGER S 28, 62 sieht Unterschiede darin, dass die Beweislastumkehr bei der Grundschuld nur Nebenfolge, beim Schuldversprechen aber primärer Zweck sei; etwas differenzierter STAUDINGER/MARBURGER [2009] § 780 Rn 20). Der Sicherungsnehmer muss aber insoweit nur das Entstehen der Forderung beweisen, während die Beweislast für das Erlöschen (zB durch Tilgung) beim Sicherungsgeber verbleibt (BGH NJW 1996, 719 mwNw).

ee) Verjährung des Rückgewähranspruchs

Der Rückgewähranspruch unterliegt – anders als der möglicherweise parallel ge- **152** gebene Anspruch aus § 1169 (§ 1169 Rn 25 ff, insbes 27; oben Rn 111) – der Verjährung und zwar der zehnjährigen Verjährung nach § 196, nicht der dreißigjährigen nach § 197 Abs 1 Nr 1, denn es geht nicht um einen Herausgabeanspruch aus einem dinglichen Recht, sondern um einen schuldrechtlichen Anspruch auf Herausgabe eines dinglichen Rechts (HOHMANN WM 2004, 757). Wie § 202 Abs 2 zeigt, kann die Verjährungsfrist auf bis zu 30 Jahre verlängert werden, was in der Regel zweckmäßig ist (WOLFSTEINER DNotZ 2001, 902; AMANN DNotZ 2002, 94, 121; Vorschlag des Ausschusses für Schuld- und Liegenschaftsrecht der Bundesnotarkammer für ein Grundschuldformular DNotZ 2002, 84; WOLFSTEINER DNotZ 2003, 321). Die Verjährung beginnt mit Fälligkeit des Anspruchs (§ 200). S zur Fälligkeit oben Rn 145 ff und insbesondere zur „stehengelassenen" Grundschuld Rn 150.

ff) Inhalt des Rückgewähranspruchs

153 **Rückgewähr bedeutet** (§ 1168 Rn 40 ff; oben Rn 140) die Verpflichtung des Sicherungsnehmers, dem Sicherungsgeber die frühere Rechtsstellung wieder zu verschaffen (KOMANNS 21; DEMPEWOLF NJW 1959, 556; s auch SCHOLZ 418). Der Sicherungsgeber kann wählen (Wahlschuldverhältnis, § 262, mit Wahlrecht des Gläubigers), ob er Rückgabe in Form der Abtretung an sich selbst oder an einen Dritten (dazu § 1168 Rn 42), des Verzichts (§ 1168 Abs 1 u 2) oder der Aufhebung (s dazu einschränkend § 1168 Rn 3 f) verlangen will (BGH WM 1966, 653; BGH NJW 1985, 800; BGHZ 108, 237 = EWiR § 1191 BGB 4/89, 881 [CLEMENTE] = WuB I F 3 Grundpfandrechte 15. 89 [krit OTT]; zu letzterer Entscheidung WILHELM JZ 1998, 18; BGH NJW-RR 1994, 847; SERICK § 28 IV 1; HUBER 69). Die gewählte Leistung gilt als die von Anfang an geschuldete, § 263 Abs 2 (hM; KOMANNS 22; DEMPEWOLF 15 und NJW 1957, 1257, 1258; NJW 1958, 673; SECKELMANN 142; SCHOLZ 420; s auch SERICK § 28 IV 2; **aM** HUBER 172: kein Wahlverhältnis, sondern nur Weisungsrecht des Sicherungsgebers). Mit der Ausübung des Wahlrechts, die auch noch in der Zwangsvollstreckung erfolgen kann, wird der Rückgewähranspruch auf die gewählte Leistungsmöglichkeit konzentriert (§ 263 Abs 2).

154 Ist der Schuldner Sicherungsgeber oder derart in den Sicherungsvertrag einbezogen, dass er den Rückgewähranspruch geltend machen kann, so kann er nach § 273 Abs 1 die Erfüllung der Schuld **verweigern**, bis die Grundschuld Zug um Zug zurückgegeben ist (bedenklich BGH WM 1982, 839; BGH NJW 1991, 1821, wonach Aushändigung der Umschreibungsunterlagen genügt). Ist der Gläubiger zur Rückgabe außerstande, weil ihm der Grundschuldbrief abhanden gekommen ist, ist er verpflichtet, das Aufgebotsverfahren nach § 1162 zu betreiben (§ 1162 Rn 17). Betreibt der Gläubiger die Zwangsvollstreckung aus der Grundschuld, so kann der fällige Rückgewähranspruch auch im Wege der Vollstreckungsabwehrklage nach § 767 ZPO geltend gemacht werden (vgl zur selben Situation beim abstrakten Schuldanerkenntnis OLG München ZfIR 2001, 689 m Anm GRZIWOTZ).

155 Macht der Sicherungsgeber den (Rück-)Übertragungsanspruch geltend, ist der **dingliche Gerichtsstand** des § 24 ZPO nicht gegeben (BGHZ 54, 201).

gg) Ausschluss, Einschränkung des Rückgewähranspruchs und seines Inhalts

156 α)   Der Rückgewähranspruch kann nicht vollständig **ausgeschlossen** werden. Würde er ausgeschlossen, so wäre das Vertragsverhältnis kein Sicherungsvertrag mehr (oben Rn 113; vgl NOBBE ZIP 1996, 657, 661; CLEMENTE ZIR 1997, 127: GABERDIEL/GLADENBECK[8] Rn 754). Auch soweit er eingeschränkt werden kann (nachf), kann die Einschränkung nicht so weit gehen, dass keine effektive Rückgewähr stattfindet. Eine effektive Rückgewähr findet auch insoweit nicht statt, als es dem Gläubiger gestattet sein soll, in der Zwangsversteigerung die Grundschuld über den gesicherten Anspruch hinaus nicht geltend zu machen (darauf weist zu Recht GABERDIEL/GLADENBECK[8] Rn 760 hin); s dazu oben Rn 141.

β) Die **Beschränkung** des Rückgewähranspruchs auf den Verzichtsanspruch oder **157** gar auf Abgabe einer Löschungsbewilligung ist grundsätzlich bedenklich und zwar auch dann, wenn der Eigentümer zugleich Schuldner und Sicherungsgeber ist (CLEMENTE ZIR 1997, 127, 131; OTTEN Rn 675; die gegenteilige Ansicht in STAUDINGER/WOLFSTEINER [2002] Rn 122 wird aufgegeben. S auch § 1168 Rn 5). Sie bewirkt, dass sich der Gläubiger den eigenen Löschungsanspruch nach § 1179b und nachrangigen Gläubigern den Löschungsanspruch nach § 1179a verschaffen oder sie sogar direkt aufrücken lassen kann. Der Gläubiger kann auf diese Weise (auch eigennützig) über die Rangstelle verfügen, anstatt sie dem Eigentümer zurückzuerstatten. Letztlich läuft dies auf einen (unzulässigen) Ausschluss wirklicher Rückgewähr hinaus (vgl auch § 1179b Rn 2 ff). Verstärkt gilt das für einen Sicherungsgeber, der die Grundschuld ohne Forderung im Versteigerungsweg erworben hatte, oder der zwischenzeitlich das Eigentum verloren hat; ihm bietet ein Verzicht, der zur Folge hat, dass die Grundschuld auf den Eigentümer übergeht, jedenfalls dann keine effektive Rückgewähr, wenn es an schuldrechtlichen Beziehungen zwischen Grundschuldinhaber und Eigentümer fehlt. S zu weiteren Fällen nachf Rn 158. Dem Sicherungsgeber muss also (auch nach Treu und Glauben) zumindest dann ein Anspruch auch auf Abtretung verbleiben, wenn er durch Verzicht oder Löschung eine Vermögenseinbuße erleiden würde. Soweit eine Beschränkung unwirksam ist, weil kein effektiver Rückgewähranspruch verbleibt, findet keine geltungserhaltende Reduktion statt; vielmehr steht dann dem Gläubiger die Wahl aller vorst Rn 153 aufgeführten Rückgewährformen frei. Zur Nichtigkeit des Sicherungsvertrags insgesamt (§ 139) wird die unzulässige Beschränkung allerdings kaum führen.

γ) Soll der Rückgewähranspruch durch **allgemeine Geschäftsbedingungen** oder im **158** Verbrauchervertrag eingeschränkt werden, so muss die Einschränkung auch bei *generalisierender Betrachtung* (BGHZ 110, 241= EWiR 1990, 341 [SERICK]) den möglichen Zukunftsvarianten in der Weise Rechnung tragen, dass stets und nicht nur im Regelfall effektive Rückgewähransprüche verbleiben (das würdigt GABERDIEL/GLADENBECK[8] Rn 757 nicht). Dies ist bei den Formularen, die derzeit von den Kreditinstituten gebraucht werden und die den Rückgewähranspruch auf einen Löschungsanspruch beschränken, überwiegend nicht der Fall (die bei GABERDIEL/GLADENBECK[8] abgedruckten Formulare, zB Anh 6 Rn 19 ff, sind zwar einwandfrei, entsprechen aber nicht der überwiegenden Praxis; verteidigt wird die Einschränkung des Rückgewähranspruchs von GABERDIEL/GLADENBECK[8] unter Rn 757 ff). Zwar tragen sie durchweg der Entscheidung BGHZ 106, 375 (vom 9.2. 1989 – IX ZR 145/87 = DNotZ 1994, 168 m Anm REITHMANN = EWiR 1989, 417 [KÖNDGEN] = WuB I F 3 Grundpfandrechte 9.89 [RIMMELSPACHER] = ZNotP 2007, 353 m Anm ROGLER 322; dazu REITHMANN WM 1990, 1985) Rechnung, aber nur exakt für den dort entschiedenen Fall, dass das Eigentum nach Grundschuldbegebung durch Zuschlag in der Zwangsversteigerung gewechselt hat, der neue Eigentümer deshalb nicht der Gläubiger des Rückgewähranspruchs ist und Rückgewähr an den alten Eigentümer als Sicherungsgeber nur im Wege der Abtretung der Grundschuld möglich ist. Es gibt aber vielerlei andere Fallgestaltungen, bei denen die Löschung ebenfalls dazu führt, dass die

Grundschuld im Ergebnis an die falsche Person „zurückgegeben" wird, zB wenn der Bürge für eine grundschuldgesicherte Forderung in Anspruch genommen wird (vgl BGH WM 1989, 1804, wonach der Bürge den Rückgewähranspruch erwirbt) oder im Rahmen einer Vermögensübernahme (Erbschaftskauf, Umwandlung eines Einzelunternehmens nach §§ 152 ff UmwG, insbes § 156 UmwG), wenn der ursprüngliche Schuldner gezwungen ist, die grundschuldgesicherte Forderung zu erfüllen; dass die nur unwillig und im geringstmöglichen Umfang angepassten Geschäftsbedingungen (diese Praxis verteidigt emotional NEUHOF NJW 1996, 830) diesen Fallgestaltungen keine Rechnung tragen, *kann nicht akzeptiert werden* (zust CLEMENTE ZIR 1997, 127, 131; aA GABER-DIEL/GLADENBECK[8] Rn 756 ff).

159 Die Einwendungen treffen verstärkt auf den Versuch zu, die Regelung zu Lasten des Sicherungsgebers noch weiter dadurch zu verschärfen, dass sich der Gläubiger durch allgemeine Geschäftsbedingungen vorbehält, die Löschungsbewilligung stets dem **eingetragenen Eigentümer** oder bei mehreren Eigentümern oder Schuldnern nur *einem von ihnen* zu erteilen (BGH vom 9.5.2007 – IV ZR 182/06 – ZfIR 2008, 205 m Anm CLEMENTE; BGH vom 27.9.2007 – VII ZR 80/2005 – NJW-RR 2008, 30). Allerdings ist einzuräumen, dass eine Bank als Sicherungsnehmer ein Rationalisierungsinteresse daran hat, nicht bei jeder Rückgewähr in schwierige Prüfungen eintreten zu müssen, wem der Rückgewähranspruch zusteht. Das kann aber keine Rechtfertigung dafür bieten, dass sehenden Auges an den Nichtberechtigten geleistet wird. Wie jedem anderen Schuldner muss man auch dem Rückgewährschuldner zumuten, primär an den zu leisten, der vertragsmäßig die Sicherheit gestellt hat, und Gläubigerwechseln im Rahmen der §§ 405, 409 Rechnung zu tragen (BGH vom 27.9.2007 – VII ZR 80/2005 – NJW-RR 2008, 30). Der Gläubiger kann die Verantwortung dafür, dass er die Grundschuld dem richtigen Gläubiger zurückgibt, auch nicht auf den Grundstückseigentümer abwälzen; dieser haftet dem Gläubiger des Rückgewähranspruchs nicht, auch nicht wegen ungerechtfertigter Bereicherung, wenn er von der Grundschuld frei wird (BGH vom 23.3.1993 – XI ZR 167/92 – NJW 1993, 1919). Erteilt der Gläubiger der falschen Person Löschungsbewilligung, so verstößt er ebenso gegen den Sicherungsvertrag wie wenn er die Grundschuld der falschen Person abtritt (vgl unten Rn 168); überdies versagt die Klausel gesetzlichen (zB Bereicherungs-)Ansprüchen gegenüber, da sie nicht Inhalt der Grundschuld sein kann. Die Klausel ist also auch untauglich, den gewünschten Effekt zu erzielen.

160 Die Versuche, den sachlichen Umfang des Rückgewähranspruchs einzuschränken, sind nicht Selbstzweck, sondern zielen eigentlich dahin, die Person des **Gläubigers** dieses Anspruchs zu **manipulieren**. Eine (für den Laien in ihrer Tragweite kaum überblickbare und auch bei notarieller Beurkundung so gut wie nie im Detail erläuterte) Vertragsklausel, die dem anderen Vertragsteil seine durch den Vertrag begründete Gläubigerstellung und damit einen ihm gebührenden Vermögenswert entzieht, ist idR überraschend iSd § 305c und benachteiligt ihn wider Treu und Glauben iSd § 309.

hh) Ausschluss und Einschränkung der Abtretbarkeit des Rückgewähranspruchs
161 Die Abtretung des Rückgewähranspruchs (s unten Rn 247 ff) kann gemäß § 399 im Sicherungsvertrag **ausgeschlossen** oder – was gleichbedeutend ist (BGHZ 40, 156; BGHZ 110, 241= EWiR 1990, 341 [SERICK]; BGH NJW 1997, 3434) – von der Zustimmung des Sicherungsnehmers abhängig gemacht werden. Vielen Formularen zufolge (GA-

BERDIEL/GLADENBECK[8] Anh 11 Rn 4) wird die Abtretung nicht von der Zustimmung des Sicherungsnehmers (der als Partei des Sicherungsvertrags allein Schuldner des Rückgewähranspruchs ist), sondern von der des Grundschuldgläubigers abhängig gemacht, was wohl idR als falsa demonstratio zu werten ist. Die **allgemeinen Geschäftsbedingungen** der Kreditinstitute enthalten einen solchen Ausschluss regelmäßig.

Nach zutreffender **höchstrichterlicher Rechtsprechung** (BGH vom 13. 7. 2006 – VII ZR 51/ **162** 05 – NJW 2006, 3486 m Anm vWESTPHALEN = IBR 2006, 608 [SCHULZE-HAGEN] = LMK 2006, 199669 und 2007, II, 83 [BERGER] mwNw) ist eine derartige Klausel nach § 307 Abs 1 Satz 1 unwirksam, wenn ein schützenswertes Interesse des Verwenders an dem Abtretungsverbot nicht besteht oder die berechtigten Belange des Vertragspartners an der freien Abtretbarkeit das entgegenstehende Interesse des Verwenders überwiegen. Entscheidend ist also der Zweck des Ausschlusses; dieser ist nicht immer klar. Betont wird das Interesse des Sicherungsnehmers, jederzeit leicht und zuverlässig feststellen zu können, wem der Rückgewähranspruch zusteht (BGHZ 110, 241 = EWiR 1990, 341 [SERICK]; BGH NJW 1997, 3434; GABERDIEL/GLADENBECK[8] Rn 759); bei Großunternehmen erscheint das plausibel, weil dort die Gefahr besteht, dass dem Sicherungsnehmer im Rahmen der §§ 405 ff, die ihn an sich ausreichend schützen, Kenntnisse zugerechnet werden, die dem konkreten Bearbeiter nicht bewusst werden (vgl zur Wissenszurechnung – allerdings im Hinblick auf Arglist – BGH DNotZ 1996, 986 = EWiR § 463 BGB 1/96, 585 m Anm TAUPITZ). Was sonst für das Abtretungsverbot vorgebracht wird, ist nicht stichhaltig. Es ist nicht verständlich, warum der Ausschluss gerade dann generell zulässig sein soll, wenn Sicherungsgeber eine andere Person als der Eigentümer ist (BGHZ 110, 241 = EWiR 1990, 341 [SERICK]; GABERDIEL/GLADENBECK[8] Rn 759); ob der Sicherungsgeber den Rückübertragungsanspruch mehr oder weniger gut durch Abtretung nutzen kann, ist seine Sache, nicht die des Sicherungsnehmers. Das gleiche gilt für das eher gequälte (von GABERDIEL/GLADENBECK[8] Rn 759 offenbar aufgegebene) Argument, bei anfänglich nur einfacher Sicherungsabrede sollten im Interesse des Sicherungsgebers spätere Erweiterungen des Sicherungszwecks offengehalten werden; hier wird Konkurrenzschutz in Verbraucherschutz umdeklariert. Offenbar geht es den Verwendern – wie beim Löschungsanspruch (§ 1179b Rn 3) – in erster Linie darum, die Kontrolle über das Kreditgebaren des Darlehensnehmers zu behalten, den Sicherungsgeber daran zu hindern, seine Treugeberrolle voll auszuspielen und ihn zu zwingen, sich dem Darlehensgeber zu offenbaren, wenn er die anderweitige Verwertung nicht valutierter Grundschuldteile einleiten will.

Es sind im Rahmen des § 307 also nur zwei Argumente abzuwägen, nämlich das **163** Interesse des Sicherungsnehmers, nicht ungewollt bösgläubig zu werden, und das des Sicherungsgebers an seiner wirtschaftlichen Bewegungsfreiheit. Im Ergebnis kann das Abtretungsverbot im Grundsatz hingenommen werden (SERICK EWiR 1990, 341; tendenziell dagegen BGH NJW-RR 1996, 1313 [zu § 3 ADSp]). Voraussetzung ist aber, dass dem Sicherungsgeber für den Fall eines berechtigten Interesses ein **Anspruch auf Zustimmung** eingeräumt wird (CLEMENTE[4] Rn 600 u ZIR 1997, 127, 132; GABERDIEL/GLADENBECK[8] Rn 759). Das gilt insbesondere für den Fall der Veräußerung des Grundstücks (vgl BGHZ 110, 241= EWiR 1990, 341 [SERICK]), weil ein Erwerber, der keinen Rückgewähranspruch hat, dem Risiko ausgesetzt ist, die Löschung einer übernommenen Grundschuld nicht erreichen zu können, obwohl er die gesicherten Ansprüche befriedigt hat; die Möglichkeit, auf die Grundschuld selbst zu leisten, beseitigt die

Problematik jedenfalls dann nicht, wenn die gesicherte Schuld hinter dem Grundschuldbetrag zurückbleibt. Soll das Abtretungsverbot nicht gegen § 307 verstoßen,
so muss dem Sicherungsgeber ein Zustimmungsanspruch für die genannten Fälle
ausdrücklich eingeräumt werden (**aA** offenbar BGH JZ 1998, 255 m Anm E Wagner = LM
§ 399 BGB Nr 36 m abl Anm M Wolf); die Verweisung darauf, dass der Sicherungsgeber
einen solchen Anspruch nach Treu und Glauben ohnehin habe, genügt nicht (**aA** BGH
NJW-RR 2000, 1220 und wohl auch Gaberdiel/Gladenbeck[8] Rn 759).

ii)   Vereitelung des Rückgewähranspruchs durch Abtretung der Grundschuld
164   Der Sicherungsnehmer darf sich die Rückgabe nicht unmöglich machen, insbesondere nicht dadurch, dass er die Grundschuld außerhalb eines zulässigen Verwer-
tungsverkaufs (oben Rn 113 ff) **an einen Dritten abtritt** (BGH NJW-RR 1987, 139; Clemente
Rn 603). S dazu jetzt auch § 492 Abs 1a S 3 und damit zusammenhängend § 309 Nr 10
(Art 5 Nr 3 des RisikobegrenzungsG vom 12. 8. 2008 [BGBl I 1666]), wonach iE im
Immobiliendarlehensvertrag die Frage der Abtretbarkeit ausdrücklich geregelt werden muss (§ 1153 Rn 18) und jedenfalls eine Vertragsübernahme durch einen Dritten
durch allgemeine Geschäftsbedingungen nur zugelassen werden kann, wenn der
Dritte namentlich benannt ist oder dem Darlehensnehmer das Recht eingeräumt
wird, sich vom Vertrag zu lösen. Die einfache Abtretung kann die Pflichten des
Sicherungsnehmers gegenüber dem Sicherungsgeber nicht aufheben oder reduzieren; er muss auch danach verschuldensunabhängig (§§ 275 Abs 1 und Abs 4, 276
Abs 1) dafür einstehen, dass der Sicherungsgeber die Grundschuld zu gegebener
Zeit vertragsgemäß zurückbekommt. Anders nur, wenn mit Zustimmung des Siche-
rungsgebers eine Schuldübernahme vereinbart worden ist (nachf Rn 232 ff).

165   Man hat nicht den Eindruck, dass die Kreditinstitute bei der **„Verbriefung"** ihrer
Darlehensforderungen (Einl 23, 31 ff zu §§ 1113 ff) unter Abtretung der Grundschulden
auf diese Pflicht irgendeine Rücksicht genommen hätten. Es war den Kreditinstituten von Anfang an klar, dass die Grundschulden dafür bestimmt waren, auch
mehrstöckig in Zweckgesellschaften eingebracht zu werden, auf deren weiteres
Geschäftsgebaren sie keinerlei Einfluss haben würden, ja deren weiteres Schicksal
und damit das Schicksal der Grundschulden sie nicht einmal würden nachverfolgen
können. Unter solchen Umständen verletzt das Kreditinstitut seine Pflichten aus
dem Sicherungsvertrag nicht erst dann, wenn es konkret mit der Erfüllung der
Rückgewährpflicht in Verzug kommt, sondern angesichts des Treuhandcharakters
der Sicherungsgrundschuld schon durch eine Abtretung, von der sich absehen lässt,
dass sie zu Pflichtverletzungen führen wird (die bei § 1153 Rn 17 ff referierte Rechtsprechung berücksichtigt diesen Gesichtspunkt nicht). § 1192 Abs 1a ändert daran nichts, denn
der Sicherungsnehmer ist nicht befugt, den Sicherungsgeber darauf zu verweisen,
seine Rechte aus § 1157 selbst wahrzunehmen (oben Rn 116; das verkennt auch Fridgen
WM 2008, 1862, wenn er die Abtretung für unbedenklich hält, weil dem Eigentümer die Einreden ja
erhalten bleiben); überdies gewährt § 1157 nur Einreden und keinen aktiven Rückgewähranspruch. Schadensersatz kann der Schuldner insbesondere in der Form verlangen, dass er seine Zins- und Tilgungszahlungen einstellen darf, ohne in Verzug zu
kommen.

166   Von der Refinanzierung durch Verbriefung ist die **reguläre Refinanzierung** bei einer
Kapitalsammelstelle, zB dem Zentralinstitut des Kreditinstituts oder der Mutterge-
sellschaft einer Bausparkasse zu unterscheiden. Auch die Abtretung zur regulären

Refinanzierung ist nicht ohne weiteres zulässig (BGH WM 1967, 611). Es spielt keine Rolle, ob der Gläubiger die Grundschuld mit oder ohne Forderung abtritt (BGHZ 52, 93; aA anscheinend BGH NJW-RR 1987, 139); Umgekehrt bedeutet die Abtretung der Forderung ohne die Grundschuld nicht unbedingt den Wegfall des Sicherungszwecks (BGH NJW-RR 1991, 305). S zu den weiteren Auswirkungen nachf Rn 280 ff.

In **allgemeinen Geschäftsbedingungen** und im Verbrauchervertrag kann sich der **167** Sicherungsnehmer nicht vorweg allgemein die Zustimmung des Sicherungsgebers dazu geben lassen, dass ein vom Sicherungsnehmer zu bestimmender Dritter seine Verpflichtungen aus dem Sicherungsvertrag befreiend übernimmt (nachf Rn 238); dem steht der fiduziarische Charakter des Sicherungsvertrags (oben Rn 25 f) entgegen. Ein Treuhandgeschäft setzt personengebundenes Vertrauen voraus; diesen Vertrauenstatbestand dadurch außer Kraft zu setzen, dass der Sicherungsnehmer beliebige Personen als Treuhänder substituieren kann, würde aus der Natur des Vertrags folgende wesentliche Pflichten so einschränken, dass die Erreichung des Vertragszwecks klar gefährdet würde (§ 307 Abs 2 Nr 2). Dem kann nicht das Vertrauen des Sicherungsgebers entgegengesetzt werden, der Sicherungsnehmer werde nur vertrauenswürdige Schuldübernehmer aussuchen; ist der Schuldübernehmer zweifelsfrei vertrauenswürdig, belastet es auch den Sicherungsnehmer nicht, weiter für die Rückgabe der Grundschuld zu haften.

Was für die Abtretung an einen Dritten gilt, trifft auch auf andere Verfügungen zu, **168** die dem Sicherungsnehmer die Rückgabe unmöglich machen. So darf sich der Gläubiger jedenfalls dann, wenn Sicherungsgeber und Eigentümer nicht identisch sind, die Rückgabe an den Sicherungsgeber **nicht durch Verzicht** unmöglich machen (BGH NJW 1989, 1732; missverständlich BGH NJW 1991, 1821, das auf den Rückgewähranspruch gegründete Zurückbehaltungsrecht des Schuldners ende mit der Löschung, weil das nur richtig ist, wenn die Löschung die Erfüllung des Rückgabeanspruchs bewirkt).

4.   Mehrere und kombinierte Sicherheiten

Häufig hat der Sicherungsvertrag – gleich ob selbständig oder unselbständig – nicht **169** nur die Gestellung einer einzigen Grundschuld zum Gegenstand, sondern die Gestellung mehrerer Grundpfandrechte und zusätzlich die Stellung **weiterer Sicherheiten.**

a)   Mehrere Grundpfandrechte
aa)   Zur Sicherung ein und derselben Forderung können mehrere Grundschulden **170** an einem Grundstück gestellt werden. Häufig geschieht das zu dem Zweck, zur Kostenersparnis nur eine der Grundschulden mit einer Zwangsvollstreckungsunterwerfung zu versehen (KERSTEN/BÜHLING/WOLFSTEINER[22] § 68 Rn 11 ff; dort auch Erörterung der Zweckmäßigkeitsfragen). Die Treuhänder-Pflicht zu möglichst schonender Verwertung der Sicherheiten (oben Rn 29) kann in diesem Fall den Gläubiger verpflichten, nur aus einer nachrangigen Grundschuld vorzugehen oder abweichende Versteigerungsbedingungen zu beantragen, wenn seine Befriedigung aus dem Grundstück gesichert ist. Er darf aber berechtigte eigene Interessen vorrangig berücksichtigten (BGH vom 3. 7. 2002 – IV ZR 227/01 – NJW-RR 2003, 45= EWiR § 262 BGB 1/02, 849 m zust Anm WEBER/MADAUS).

171 bb) Es können auch mehrere Grundschulden **an verschiedenen Grundstücken** gestellt werden; die Grundschulden können auch **mehrere Forderungen** gemeinsam oder sich überschneidende Forderungskreise sichern. Die Übersicherungsproblematik ähnelt dann der der Gesamtgrundschuld (oben Rn 44, 79). Außerdem muss der Sicherungsvertrag Regelungen darüber enthalten, in welcher Reihenfolge der Gläubiger einerseits die Grundschulden im Übersicherungsfall zurückzugeben hat und in welcher Reihenfolge er sie bei Eintritt des Sicherungsvertrags in Anspruch nehmen darf. Im Allgemeinen wird das dem Ermessen des Gläubigers anheim gestellt sein (BGH vom 3. 7. 2002 aaO), das allerdings unter Wahrung der Interessen des Sicherungsgebers auszuüben ist (BGH NJW 1996, 2092 = EWiR § 9 AGBG 20/96, 1009 m Anm REHBEIN; s oben Rn 29).

172 cc) Eine Grundschuld kann auch zur Sicherung einer Forderung begeben werden, **für die bereits eine Hypothek besteht** (RGZ 131, 20; RGZ 132, 136; BGH WM 1959, 202). Zwar können für eine Forderung nicht mehrere Hypotheken bestellt werden; dies hat seinen Grund aber nicht in einem (nicht existierenden) Verbot der Mehrfachsicherung, sondern ist technisch dadurch bedingt, dass es zur Abtretung einer Hypothekenforderung nach § 1154 einer Grundbucheintragung oder eines Eintragungssurrogats bedarf und bei mehrfacher Hypothekensicherung die Eindeutigkeit nicht mehr gewahrt wäre (s § 1113 Rn 44 ff). Aus dem gleichen Grund gilt das nicht für die Höchstbetragshypothek, weil bei ihr die Bindung der Forderung an die Hypothek jederzeit lösbar ist (§ 1190 Rn 38 f).

b) Abtretung von Rückgewähransprüchen
aa) Grundsatz
173 Zur Routine der Grundschuldsicherheiten gehört die Abtretung von Rückgewähransprüchen, die der Sicherungsgeber gegen die Gläubiger vor- oder gleichrangiger Grundschulden hat oder haben wird (§ 1136 Rn 6). Unbedenklich ist es, dass der Rückgewähranspruch schon **vor Fälligkeit** (oben Rn 146) abgetreten wird; eine spätere Pfändung durch Gläubiger des Sicherungsgebers geht dann ins Leere (nachf Rn 294; BGH Rpfleger 1958, 53). Zulässig ist auch eine vorweggenommene Eigentümerzustimmung zur Löschung vor- oder gleichrangiger Rechte (vHEYMANN, in: HOPT, Vertrags- und Formularbuch zum Handels-, Gesellschafts-, Bank- und Transportrecht, Muster VI.H. 10, mit Verweis auf OLG Köln DNotZ 1982, 260). Die Abtretungserklärung bedarf keiner **Form**, insbesondere nicht der für die Abtretung einer Grundschuld vorgeschriebenen Form (BGH Rpfleger 1958, 53).

bb) Funktion iSd § 1179a
174 Die Abtretung der Rückgewähransprüche soll die Funktionen wahrnehmen, die der gesetzliche Löschungsanspruch nach §§ 1179a, 1179b nach der Umstellung des Immobiliar-Sicherungssystems auf Grundschuldsicherheiten nicht mehr wahrnehmen kann (vgl BGHZ 110, 108 vom 19. 1. 1990 – V ZR 249/88 = JR 1990, 461 m Anm PASCHKE). Das Schuldrecht, dem der Sicherungsvertrag (nachf Rn) unterliegt, erweist sich dabei als rigider als das Sachenrecht; es gilt als selbstverständlich – Versuche, die §§ 1179a Abs 3, 1179b nachzuahmen, sind nicht bekannt geworden –, dass die Ansprüche vom Rückgewähranspruch des Sicherungsgebers mit umfasst und daher rückabzutreten sind, wenn das Sicherungsverhältnis endet, und nicht etwa dem Sicherungsnehmer als Nichtberechtigtem verbleiben.

cc) Erfordernis eines Sicherungsvertrags

Der Abtretung des Rückgewähranspruchs muss ein Sicherungsvertrag zugrunde **175** liegen (oben Rn 25 ff); idR wird sie in einen umfassenden Sicherungsvertrag einbezogen. Sie in getrennter Urkunde niederzulegen, ist eine Unsitte (oben Rn 37); die Hoffnung, damit könne der Vorwurf einer überraschenden Klausel besser vermieden werden (so GABERDIEL/GLADENBECK[8] Rn 871), ist unbegründet. Fehlt es an einer Sicherungsvereinbarung, so kann sich der Gläubiger auf die Abtretung nicht berufen, wenn sie nicht überhaupt unwirksam ist (insofern unklar OLG Stuttgart vom 9. 4. 2003 – 9 U 204/02 – ZfIR 2003, 480 m Anm CLEMENTE).

dd) Unwirksamkeit nach § 1136

Der Sicherungsvertrag ist wegen Verstoßes gegen § 1136 unwirksam, wenn der **176** Anspruch mit dem Ziel abgetreten wird, dass dem Sicherungsnehmer nach Fälligkeit des Rückgewähranspruchs sowohl die ihm ausdrücklich bestellte oder übertragene als auch die vorrangige Grundschuld zur Verfügung stehen (§ 1136 Rn 6). Sie darf nur dazu benutzt werden, den Rang der Grundschuld des Sicherungsnehmers zu verbessern (**aA** GABERDIEL/GLADENBECK[8] Rn 871, der freilich auf die Übersicherungsgefahr hinweist; **aA** anscheinend auch ERMAN/WENZEL[12] § 1191 Rn 76; jetzt auch MünchKomm/EICKMANN[4] § 1191 Rn 139; unklar SOERGEL/KONZEN[13] § 1191 Rn 53). Da es sich nicht um einen Verstoß gegen § 307 handelt, gilt auch § 306 Abs 2 nicht; die Beschränkung auf das Ranginteresse kann damit in den Sicherungsvertrag auch dann hineininterpretiert werden (s aber die folgende Rn), wenn – wie es schlechte Sitte ist – eine ausdrückliche Klausel dieses Inhalts fehlt (iE ebenso BGHZ 110, 108 vom 19. 1. 1990 – V ZR 249/88 = JR 1990, 461 m Anm PASCHKE, doch hält der BGH eine solche geltungserhaltende Reduktion im Anwendungsbereich des § 307 für geboten; **aA** – Nichtigkeit – OLG Stuttgart vom 9. 4. 2003 – 9 U 204/02 – ZfIR 2003, 480 m Anm CLEMENTE; gegen das Verbot geltungserhaltender Reduktion allgemein HAGER JZ 1996, 175).

Die Abtretung zu vollem Recht kann aber **ausnahmsweise** dann **wirksam** sein, wenn **177** ein Sicherungsbedürfnis in Höhe beider Grundpfandrechte besteht, also Forderungen gesichert werden, die an die Summe beider Grundpfandrechtsbeträge heranreichen (BGHZ 110, 108 wie vor).

ee) Beschränkung auf Löschungsanspruch

Mit Außenwirkung kann vereinbart werden, dass nur der Löschungsanspruch abge- **178** treten ist, auch wenn der Rückgewähranspruch den Verzichts- und den Rückabtretungsanspruch mit einschließt (oben Rn 153; **aA** PALANDT/BASSENGE[68] § 1191 Rn 29). Die Abtretung in dieser Weise zu beschränken, entspricht dem **Gedanken des § 1179a**. Es ist daher nicht fernliegend, anzunehmen, dass eine darüber hinausgehende Verpflichtung, insbesondere die Verpflichtung, auch den Rückabtretungsanspruch abzutreten, gegen § 307 verstößt (so andeutungsweise OLG Stuttgart vom 9. 4. 2003 – 9 U 204/02 – ZfIR 2003, 480 m Anm CLEMENTE). Der Unterschied zeigt sich, wenn Zwischenrechte bestehen, die im Falle bloßer Löschung ihren Vorrang behalten, im Falle der Abtretung diesen aber verlieren. Es muss jedenfalls als überraschend iSd § 305c gelten, wenn die Abtretung zur Folge haben würde, dass Zwischenrechte erlöschen, die der Eigentümer einem Dritten gegenüber aufrechtzuerhalten verpflichtet ist. Zu bedenken ist allerdings, dass der an den Gläubiger abgetretene Löschungsanspruch gefährdet ist, wenn der Sicherungsgeber die in seiner Hand verbleibenden Ansprüche auf Verzicht und Rückabtretung weiterhin geltend machen kann und sie bei ihm auch der Pfändung unterliegen. Näher liegend ist daher die Annahme, dass der Sicherungsgeber den gesamten Rückgewähranspruch abzutreten hat, der Gläubiger ihn aber nur im Sinne des § 1179a ausüben darf.

179 Wird – wie im Zweifel anzunehmen – der gesamte Rückgewähranspruch abgetreten, der als einheitlicher Anspruch den Anspruch auf (Rück-)Übertragung, Verzicht oder Aufhebung mit umfasst (soweit nicht vertraglich ausgeschlossen), so geht auch das **Wahlrecht** auf den Zessionar über (DEMPEWOLF NJW 1957, 1258). Sollte sich der Anspruch bei Abtretung bereits auf eine bestimmte Leistung konzentriert haben, so kann der Rückgewähranspruch nur mehr auf diese Weise erfüllt werden. Das Wahlrecht ist gegenüber dem Sicherungsnehmer auszuüben (SERICK § 28 IV 4). Eine Vereinbarung des Sicherungsgebers mit dem Zessionar, dass das Wahlrecht nur in einer bestimmten Weise ausgeübt werden dürfe, ist keine Ausübung des Wahlrechts iS des § 263 Abs 1, die nur gegenüber dem Schuldner (= Sicherungsnehmer) und nicht durch eine Vereinbarung des Zedenten mit dem Zessionar getroffen werden kann (SERICK § 28 IV 4 mwNw). S zu den Wirkungen der Abtretung auch nachf Rn 289 ff.

ff) Sicherung fremder Verbindlichkeit
180 Entsprechend § 1179a muss die in allgemeinen Geschäftsbedingungen oder Verbraucherverträgen vereinbarte Abtretung auch dann als zulässig gelten, wenn ein Dritter die Grundschuldsicherheit stellt (aA CLEMENTE ZIR 1997, 127, 132, dessen Erwägungen einsichtig, aber nicht gesetzeskonform sind).

gg) Abtretung und Insolvenz
181 Die Abtretung des Rückgewähranspruchs ist nur dann **insolvenzfest**, wenn der Rückgewähranspruch bei Insolvenzeröffnung entstanden und auch fällig ist (KESSELER NJW 2007, 3466 unter zutreffender Berufung auf die zu § 1179a ergangene Entscheidung BGHZ 166, 319 vom 9. 3. 2006 – IX ZR 11/05 = NJW 2006, 2408 mit abl Bespr REIN 3470 = EWiR § 1179a BGB 1/06, 457 [m Anm KESSELER, dessen hier geäußerter Auffassung von der Insolvenzfestigkeit des Rückgewähranspruchs aber nicht gefolgt werden kann] = Rpfleger 2006, 484 m Anm ALFF = NotBZ 2006, 395 m Anm KRAUSE = LM 07/2006, 4 [zust PREUSS] = ZfIR 2007, 419 m Anm BÖTTCHER 395 gegen OLG Köln vom 22. 12. 2004 – 2 U 103/04 – ZIP 2005, 1038 m Anm KESSELER). Insbesondere beim Sicherungsrahmenvertrag (oben Rn 33 ff), der sog „weiten Zweckerklärung", ist dies erst der Fall, wenn der Rahmenvertrag von der einen oder der anderen Seite gekündigt wird. Steht er bei Eröffnung des Insolvenzverfahrens noch ungekündigt, so fällt der Rahmen iE dem Insolvenzverwalter zu (KESSELER wie vor).

hh) Rückfall durch auflösende Bedingung
182 Da die Abtretung der Rückgewähransprüche ausschließlich der Rangverbesserung der Grundschuld dient (wenn sie nicht ausnahmsweise selbständiges Sicherungsmittel für andere Ansprüche sein soll, vorst Rn 177), ist die Annahme gerechtfertigt, dass die Abtretung in aller Regel und stillschweigend unter die **auflösenden Bedingung** gestellt ist, dass die Grundschuld selbst zurückgewährt wird oder das Sicherungsverhältnis auf andere Weise endet (aA – für nicht identische Fälle – BGH NJW 1984, 1184 [dazu REHBEIN JR 1985, 20]; BGH NJW 1991, 354; BGH NJW 1994, 865 [etwas vorsichtiger]; PALANDT/HEINRICHS[68] § 158 Rn 4). Auch ein nur schuldrechtlicher Anspruch auf Rückgewähr des Rückgewähranspruchs genügt aber den Anforderungen (Gutachten DNotI-Report 2002, 35).

ii)   Anspruch auf Rückgewähr nachrangiger Rechte

Manche Kreditinstitute lassen sich formularmäßig auch die Rückgewähransprüche **183**
in Ansehung **nachrangiger** Grundschulden abtreten; eine solche Vereinbarung bewegt sich aber im Anwendungsbereich des § 1136, weil sie den Eigentümer in seinem
Recht beschränkt, nachrangige Grundpfandrechte nach Belieben zu verwerten, und
ist deshalb nichtig (§ 1136 Rn 6; vgl oben Rn 175).

c)   Übernahme der persönlichen Haftung
aa)   Rechtsnatur

Häufig enthält der Sicherungsvertrag die Verpflichtung, dass der Sicherungsgeber **184**
zusätzlich zur Grundschuld die **persönliche Haftung** zu übernehmen (und sich
ihretwegen der sofortigen Zwangsvollstreckung zu unterwerfen) habe. Ursprünglich
stand dahinter wohl – noch in der Wortwahl vieler Formulare erkennbar – der
Wunsch, einen persönlichen, mit der Möglichkeit der Vollstreckung in das Gesamtvermögen ausgestatteten Anspruch zu gewinnen, der sich auf der Schuldnerseite
(entsprechend der für Reallasten geltenden Vorschrift des § 1108) gegen den *jeweiligen* Grundstückseigentümer richten und der auf der Gläubigerseite nicht nur dem
jeweiligen Grundschuldinhaber zustehen, sondern in einer Art umgekehrter Akzessorietät auch mit der Grundschuld stehen und fallen sollte (so – wenig reflektiert – OLG
Köln FGPrax 1996, 13; s zur umgekehrten Akzessorietät Kersten/Bühling/Wolfsteiner[22] § 72
Rn 30 f und § 1154 Rn 82). Dass das geltende Schuldrecht die Verhaftung des *jeweiligen*
Eigentümers nicht zulässt (s auch § 1196 Rn 17), liegt so sehr auf der Hand, dass der
Gedanke heute wohl nicht mehr erwogen wird. Dem jeweiligen Grundschuldgläu-
biger einen persönlichen Anspruch gegen den Eigentümer zu verschaffen, läßt sich
zwar rechtstechnisch durch Angebote an jeden der noch unbekannten künftigen
Grundschuldinhaber (BGH vom 22. 6. 1999 – XI ZR 256/98 – ZIP 1999, 1591 = EWiR 1999, 1055
[Joswig]; in der Tendenz auch BGH DNotZ 1958, 579 [m zust Anm Hieber]; BGH NJW 1976, 567;
BGH NJW 1991, 228; OLG Frankfurt Rpfleger 1981, 59; Lichtenberger MittBayNot 1976, 109;
Zawar NJW 1976, 1824) oder durch Vertrag zugunsten aller noch unbekannter Grund-
schuldinhaber realisieren; die Rechtsfolgen solcher massenhaften Versprechen sind
aber so unabsehbar, dass es sich strikt verbietet, den Willen dazu im Wege der
Auslegung unklarer Formulierungen zu gewinnen (aA BGH vom 22. 6. 1999 wie vor, der
aber annimmt, dass auflösende Bedingungen für den Fall der Weiterabtretung vereinbart seien; vgl
Wolfsteiner MittBayNot 1976, 35). S aber zur Reform unten Rn 304 § 3. Neuerdings hat
der BGH den Akzessorietätsgedanken wieder aufgegriffen, indem er aufgrund
unzulänglicher Formulierung im Grundschuldformular zu Unrecht annahm, dass
der Fortbestand der persönlichen Haftung vom Fortbestand der Grundschuld abhängig sein solle (BGH vom 12. 12. 2007 – VII ZB 108/06 – DNotZ 2008, 833 m abl Anm
Wolfsteiner).

Mit Recht hat sich deshalb die Auffassung durchgesetzt, die neben der dinglichen **185**
Einigung abgegebenen Erklärung des Eigentümers, die persönliche Haftung zu
übernehmen, sei als ein **selbständiges, nicht akzessorisches abstraktes Schuldversprechen** oder **Schuldanerkenntnis** (§§ 780, 781) zu verstehen (BGH DNotZ 1958, 580; BGH
NJW 1976, 567; BGH NJW 1991, 286; BGH NJW 1992, 971; BGH vom 22. 6. 1999 wie vor; BGH
DNotZ 2001, 379; BGH vom 22. 10. 2003 – IV ZR 398/02 – NJW 2004, 59 m Anm G Vollkommer
818 = ZfIR 2004, 61 m Anm Joswig S 45 = EWiR 2004, 151 [Joswig] und 2004, 479 [Weber] = WuB
VIII D Art 1 § 1 RBerG 1.04 [Hertel] = LMK 2004, 106 [Basty]; BGH vom 22. 10. 2003 – IV ZR
33/03 – NJW 2004, 62; BGH vom 21. 6. 2005 – XI ZR 88/04 – ZIP 2005, 1357; BGH vom 22. 11. 2005 –

XI ZR 226/04 – NJW-RR 2006, 490 = IBR 2006, 114 m Anm Schwenker = MittBayNot 2006, 317
mit Anm Volmer [zu dieser Entscheidung auch – wenig erhellend – Zimmer NotBZ 2006, 163];
BGH vom 22. 7. 2008 – XI ZR 389/07 – NJW 2008, 3208 m Anm Zimmer 3185 = ZfIR 2009, 88
m Anm Wolters; Zawar NJW 1976, 1823; Braunert NJW 1991, 805 mwNw; Erman/Heckel-
mann § 780 Rn 3). Die gegen diese Auslegung gerichteten Angriffe (von OLG Köln NJW-
RR 1996, 1106 – insoweit ohne Bezug auf Rechtsprechung und Literatur –; C Marburger 136;
Staudinger/Marburger [2009] § 780 Rn 32; MünchKomm/Hüffer⁴ § 780 Rn 33) sind nicht
gerechtfertigt. Der Vorschlag, die Erklärung einfach als Schuldbeitritt zur konkreten
Darlehensschuld zu verstehen, geht an der Sache vorbei, weil der Grundschuldbesteller regelmäßig ein Interesse an der Wiederverwendbarkeit der Grundschuld zur
Sicherung noch unbekannter, erst später festzulegender Forderungen hat und – auch
aus Kostengründen – nicht bei jeder Neuvalutierung eine neue persönliche Unterwerfungserklärung abgeben will.

186 Aus der Selbständigkeit des Schuldversprechens folgt, dass es wirksam ist, auch
wenn die Grundschuld nicht zur Entstehung gelangen sollte (BGH NJW 1992, 971;
C Marburger 56; Palandt/Bassenge § 1191 Rn 2) und dass es wirksam bleibt, auch wenn
der Gläubiger auf die Grundschuld verzichtet (OLG Koblenz vom 8. 6. 2007 – 5 U 1356/06 –
WM 2008, 1918; aA BGH vom 12. 12. 2007 aaO – oben Rn 184); vgl zum Schicksal des
Schuldversprechens bei Erlöschen der Grundschuld durch Zahlung auf die Grundschuld nachf Rn 194.

bb) Die causa des Schuldversprechens

187 Die Rechtsprechung zur causa des abstrakten Schuldversprechens ist widersprüchlich. So wird einerseits betont, Personalsicherheiten trügen ihre causa in sich (BGH
vom 15. 3. 2005 – XI ZR 135/04 – MittBayNot 2005, 397 m insoweit nicht einschlägiger Anm Reiss
S 371 unter Berufung auf Schimansky/Bunte/Lwowski/Ganter, Bankrechts-Handbuch² § 90
Rn 21 und Bülow, Recht der Kreditsicherheiten⁶ Rn 32; BGH vom 17. 10. 2006 – XI ZR 19/05 –
Tz 18 ZfIR 2007, 487 m krit Anm Himmelmann; BGH vom 26. 6. 2007 – XI ZR 287/05 – ZfIR 2008,
52 m krit Anm Barnert = EWiR § 705 BGB 3/07, 745 [Hoppe]; BGH vom 22. 7. 2008 – XI ZR 389/
07 – NJW 2008, 3208 m Anm Zimmer S 3185 = ZfIR 2009, 88 m Anm Wolters; ebenso Ehmann
WM 2007, 331), was schwerlich generell zutrifft (**gegen** diese Rechtsprechung Wolters ZfIR
2009, 92; Böttcher, Das abstrakte Schuldversprechen in der Kreditsicherung [2007] S 29; Wolfsteiner § 19. 53.; MünchKomm/Lieb⁴ § 812 Rn 370; MünchKomm/Hüffer⁴ § 780 Rn 47). Dem
gegenüber steht die (ebenfalls verfehlte) Rechtsprechung, wonach das Schuldversprechen kondizierbar sei, wenn es ohne ausdrückliche Verpflichtung dazu abgegeben worden sei (OLG Saarbrücken vom 19. 11. 2002 – 7 U 59/02-16 – ZfIR 2003, 153 m Anm
Clemente = EWiR § 1191 BGB 1/03, 163 m Anm Joswig = DNotZ 2004, 712 m Anm Wochner =
EWiR 2004, 1169 [Weber/Bonin] – dazu Zimmer NJW 2008, 3185 –, gebilligt von BGH vom 22. 10.
2003 – IV ZR 414/02 – NJOZ 2003, 3373; aA aber BGH vom 22. 7. 2008 aaO). Im Schrifttum wird
diskutiert, ob es sich überhaupt um eine Personalsicherheit handle (dagegen Dieckmann RNotZ 2008, 597 mit der petitio principii, nur Drittsicherheiten könnten Personalsicherheiten
sein). Richtig ist, dass auch Personalsicherheiten, also auch das Schuldanerkenntnis,
eine externe causa erfordern, dass diese wie auch sonst im Schuldrecht aber dahinter
versteckt sein kann, dass in einen (notariell beurkundeten) Vertrag einfach ein
vollstreckbares Schuldanerkenntnis aufgenommen ist. Die Verpflichtung setzt natürlich voraus, dass der Vertrag wirksam und nicht etwa mangels Vertretungsmacht des
Handelnden unwirksam ist (BGH vom 21. 6. 2005 – XI ZR 88/04 – ZfIR 2005, 638 m krit Anm
Kulke u wNw). Enthält eine Vertragsurkunde ein abstraktes Schuldversprechen, so ist

anzunehmen, dass der Schuldner durch den Vertrag verpflichtet werden sollte, ein solches zu stellen. Zu Recht versteht denn auch der BGH die in einem Darlehensvertrag enthaltene Verpflichtung, sich der sofortigen Zwangsvollstreckung in das gesamte Vermögen zu unterwerfen, dahin, dass ein vollstreckbares abstraktes Schuldanerkenntnis nach § 780 abzugeben ist (BGH vom 22. 10. 2003 – IV ZR 398/02 – NJW 2004, 59 m Anm G VOLLKOMMER S 818 = ZfIR 2004, 61 m Anm JOSWIG 45 = EWiR 2004, 151 [JOSWIG] und 2004, 479 [WEBER] = WuB VIII D Art 1 § 1 RBerG 1. 04 [HERTEL] = LMK 2004, 106 [BASTY]; BGH vom 22. 10. 2003 – IV ZR 33/03 – NJW 2004, 62; BGH vom 21. 6. 2005 – XI ZR 88/04 – ZIP 2005, 1357; BGH vom 22. 11. 2005 – XI ZR 226/04 – NJW-RR 2006, 490 = IBR 2006, 114 m Anm SCHWENKER = MittBayNot 2006, 317 mit Anm VOLMER [zu dieser Entscheidung auch – wenig erhellend – ZIMMER NotBZ 2006, 163 und eingehender NJW 2008, 3185]).

cc) Zulässigkeit

Von der Frage der Rechtsnatur zu trennen ist, ob das Schuldversprechen in **all- 188 gemeinen Geschäftsbedingungen** und Verbraucherverträgen zulässig ist, wobei meist nicht zwischen dem Schuldversprechen selbst und der Zwangsvollstreckungsunterwerfung dazu unterschieden wird (vgl WOLFSTEINER § 6. 24.). Überraschend im Sinne des § 305c ist die Kombination jedenfalls nicht (BGH vom 26. 11. 2002 – XI ZR 10/00 – NJW 2003, 885 = EWiR § 3 HWiG aF 2/03, 639 [WEBER/MADAUS]; BGH vom 22. 10. 2003 – IV ZR 398/02 – ZIP 2003, 2346; BGH vom 22. 10. 2003 – IV ZR 33/03 – NJW 2004, 62; zweifelnd C MARBURGER 71 ff), zumal die regelmäßig vorgenommene notarielle Beurkundung Überraschungswirkungen ausschließt (aA – abwegig – OLG Saarbrücken vom 19. 11. 2002 – 7 U 59/02-16 – ZfIR 2003, 153 m zust Anm CLEMENTE = EWiR § 1191 BGB 1/03, 163 m abl Anm JOSWIG, wonach in der vom Notar vorgelesenen Urkunde eine – wie zu verlesende? – fettgedruckte Überschrift erforderlich sei); auch in einer Vollmacht ist die Ermächtigung dazu nicht überraschend (BGH vom 22. 10. 2003 – IV ZR 398/02 – ZIP 2003, 2346). S zur Zwangsvollstreckungsunterwerfung auch Einl 34 zu §§ 1113 ff.

α) Abstrakte Sicherheiten

α)   Abstrakte Sicherheiten sind generell zulässig; die Kombination aus abstrakter **189** Grundschuld und abstraktem Schuldversprechen verstößt nach zutreffender Rechtsprechung und hL auch nicht gegen § 307 (BGH NJW-RR 1990, 246; BGHZ 99, 274; BGHZ 114, 9 vom 5. 3. 1991 – XI ZR 75/90 [zustimmend HAHN ZIP 1996, 1233; ablehnend PFEIFER MittRhNotK 1998, 333, 338; zu praktischen Fragen Gutachten DNotI-Report 1996, 221] = JZ 1991, 876 m Anm EICKMANN = DNotZ 1992, 91 m Anm STÜRNER; BGH vom 26. 11. 2002 – XI ZR 10/00 – NJW 2003, 885 = EWiR § 3 HWiG a.F. 2/03, 639 [Anm WEBER/MADAUS]; BGH vom 22. 10. 2003 – IV ZR 398/02 – ZIP 2003, 2346; BGH vom 22. 10. 2003 – IV ZR 33/03 – ZIP 2003; OLG Stuttgart NJW 1979, 222 mwNw; HESS BWNotZ 1978, 1; DIETLEIN JZ 1977, 637; SCHULZ ZIP 2008, 1858; ERMAN/WENZEL[12] § 1191 Rn 111; PALANDT/BASSENGE § 1191 Rn 53; **aA** STÜRNER JZ 1977, 431 und BWNotZ 1977, 106 [vgl auch STÜRNER BWNotZ 1978, 2]; BAUR, in: FS Demelius [1973] 328; HAHN ZIP 1996, 1233; C MARBURGER 28, 67; KNOPS ZfIR 1998, 577; REINICKE/TIEDTKE Rn 870; ambivalent GRZIWOTZ ZfIR 2001, 691), wenn es der **Schuldner** ist, der die Sicherheit stellt. Es liegt auch kein Verstoß gegen § 309 Nr 12 vor, weil die mit Stellung einer abstrakten Sicherheit eintretende Beweislastumkehr nicht vereinbart, sondern gesetzlichen Ursprungs ist (BGHZ 114, 9 wie vor; aA HAHN ZIP 1996, 1233; C MARBURGER 28, 62, die Beweislastumkehr sei primärer Zweck des abstrakten Schuldversprechens [dagegen vRINTELEN RNotZ 2001, 2]; KNOPS ZfIR 1998, 577; STAUDINGER/MARBURGER [2009] § 780 Rn 20; vgl auch BGHZ 147, 203).

β)   Die Übernahme der persönlichen Haftung soll aber gegen § 307 verstoßen, **190**

wenn die Grundschuld ausschließlich eine **fremde Schuld** (Begriff oben Rn 62 ff) sichert
(BGHZ 114, 9 wie vor; OLG Oldenburg NJW 1985, 152; OLG Stuttgart NJW 1987, 71; Bülow/
Artz ZIP 1998, 629; Staudinger/Marburger [2009] § 780 Rn 32; vgl **aA** zur Bürgschaft BGH NJW
1996, 1470 mwNw; BGH NJW 1998, 597; BGH vom 28.5. 2002 – XI ZR 199/01 – NJW 2002, 2634 =
LM § 765 BGB Nr 170 m Anm Armbrüster = EWiR § 765 BGB 2/03, 19 m Anm Klaas, der einem
Kreditinstitut, das einer GmbH ein Darlehen gewährt, sogar ein berechtigtes Interesse an
der persönlichen Haftung aller Gesellschafter zugesteht; ebenso BGH vom 9.12. 2008 – XI ZR 588/
07 – NJW 2009, 437, der den Komplementär einer beteiligten KG einem Gesellschafter gleichstellt;
Gernhuber JZ 1995, 1086. Spitzfindig OLG Köln vom 20.2. 2002 – 13 U 188/01 – RNotZ 2003, 47,
das ein Schuldversprechen des Bürgen zur Sicherung des Bürgschaftsanspruchs als zulässig, zur
Sicherung der Hauptforderung aber als überraschend und unzulässig ansieht). Der BGH will hier
die Haftungsübernahme nicht als Nebenbestimmung zum Sicherungsvertrag verstehen (vgl zur zögerlichen Anwendung des § 307 auf den Sicherungsvertrag oben Rn 53, 61),
sondern als Nebenabrede zur Grundschuldbestellung. Das ist so nicht haltbar, zumal
die Anwendung des § 307 dazu führen würde, dass angesichts der Schwierigkeiten,
einen einschlägigen Vertrag zu schließen, der nicht AGB ist, die persönliche Haftungsübernahme für eine fremde Schuld kaum mehr möglich wäre. Zur Begründung
des (richtigen) Ergebnisses kann nur auf § 305c (C Marburger 86), auf § 307 nur wenn
eine anfängliche Übersicherung vorliegt, und iü auf § 138 zurückgegriffen werden
(Letzteres zB, wenn – wie aus BGH NJW 1996, 513 ersichtlich – ein mit der Vergabe öffentlicher
Mittel betrautes Institut formularmäßig nicht nur die persönliche Haftung sämtlicher Gesellschafter,
sondern auch deren Ehegatten [!] verlangt; so ausdrücklich BGH NJW 1997, 1773 [Anm E Schmidt
EWiR § 138 BGB 9/97, 735] = JZ 1999, 574 [abl Anm Medicus]; OLG Nürnberg ZIP 1998, 989; für
verstärkte Anwendung des § 138 auch Gernhuber JZ 1995, 1086; Lass JZ 1997, 67; s weiter die
folgende Rn und Rn 220). Da das Schuldversprechen Verpflichtung aus dem Sicherungsvertrag, nicht Nebenbestimmung zur Grundschuld ist, spielt es keine Rolle, ob es
zusammen mit der Grundschuld oder in gesonderter Urkunde erklärt wird (vRintelen RNotZ 2001, 2; **aA** C Marburger 93 und Grziwotz ZfIR 2001, 691 unter Berufung auf BGHZ
114, 9 [weitere Fundstellen oben]. Zu Recht skeptisch Volmer DNotZ 2001, 691).

191 Während die Bestellung einer Grundschuld für fremde Verbindlichkeiten stets nur
das gegenwärtige Vermögen des Sicherungsgebers erfassen kann, erfasst die „Übernahme der persönlichen Haftung" durch abstraktes Schuldversprechen auch **künftiges Vermögen** des Sicherungsgebers. Wenn (oben Rn 65) der BGH seine ablehnende
Haltung zur Übernahme der Rechtsprechung zur Bürgschaft und zur Sicherungsgesamtschuld (NJW 1997, 2677 [ablehnend Tiedtke ZIP 1997, 1949; R Weber ZfIR 1999, 2] =
DNotZ 1998, 578 [Schmitz-Valckenberg] = EWiR § 9 AGBG 19/97, 1105 [zust Hadding] =
MittBayNot 1997, 358 [Anm Amann 341]) damit begründet, die Grundschuld erfasse nur
gegenwärtiges Vermögen des Sicherungsgebers, so trifft das also auf die persönliche
Haftung nicht zu. Auf sie ist die Rechtsprechung des BGH zu unbeschränkten und
Höchstbetragsbürgschaften, die aus § 767 Abs 1 S 3 und auch aus § 307 (BGH NJW
1996, 249 unter ausdrücklicher Berufung auf die mit BGH NJW 1995, 2563 vorgenommene Änderung der Rechtsprechung) eine Unwirksamkeit derartiger oder vergleichbarer Klauseln
herleitet (BGHZ 132, 6; BGHZ 136, 347; BGHZ 146, 37; BGH vom 25.1. 2005 – XI ZR 28/04 –
WM 2005, 421; BGH vom 25.4. 2006 – XI ZR 330/05 – FamRZ 2006, 1024; vgl auch BGHZ 130, 19
und für den Schuldbeitritt BGH NJW 1996, 249), uneingeschränkt anzuwenden. Insbesondere gelten die (trotz BGH NJW 2000, 1185 wohl im Wesentlichen unstreitigen) Grundsätze,
dass sich die Frage, ob der Übernehmer der persönlichen Haftung durch sein
Schuldanerkenntnis finanziell krass überfordert wird, allein aufgrund seiner eigenen

Vermögensverhältnisse, nicht auch derjenigen des Schuldners der gesicherten Forderung beurteilt (anders noch BGH NJW 1996, 1274) und dass eine solche Überforderung jedenfalls vorliegt, wenn der Haftende voraussichtlich nicht einmal die laufenden Zinsen der Hauptschuld aufzubringen vermag (BGH JZ 2000, 674 [TIEDTKE]; OLG Koblenz vom 1. 9. 2003 – 5 W 568/03 – NJW-RR 2003, 1559). Anderweitige Sicherheiten des Gläubigers sind nur zu berücksichtigen, soweit sie das Haftungsrisiko des Haftenden verringern. Ist die persönliche Haftung aus emotionaler Verbundenheit zum Hauptschuldner übernommen worden und ist die Haftungsübernahme wirtschaftlich sinnlos, steht es der Sittenwidrigkeit der Verpflichtung nicht entgegen, dass die Hauptschuld dazu dient, den Bau eines gemeinsam zu bewohnenden Hauses auf einem Grundstück des Ehegatten zu finanzieren. Zu berücksichtigen ist allerdings die Rechtsprechung, dass ein Eigeninteresse des Bürgen Handeln aus emotionaler Verbundenheit ausschließe (etwa BGH vom 27. 5. 2003 – IX ZR 283/99 – NJW-RR 2004, 337, wonach „geplante" Teil-Übereignung an den Bürgen die Bürgschaft rechtfertige). Das Vermeiden von Vermögensverschiebungen auf den Ehegatten schließt die Sittenwidrigkeit einer diesen krass überfordernden Haftungsübernahme insgesamt nicht aus, wenn die Höhe des Schuldanerkenntnisses das berechtigte Sicherungsinteresse des Gläubigers offenkundig weit übersteigt. Den krass überforderten Sicherungs-Gesamtschuldner in Anspruch zu nehmen, führt zumindest zu einer Schadensersatzhaftung aus § 311 Abs 2 (OLG Dresden NJW 2002, 523).

γ)　　Besonders problematisch (nicht etwa einfacher, oben Rn 62) sind die Fälle, in denen **192** sowohl eine **eigene als auch eine fremde** Schuld (zum Begriff oben Rn 63, vgl a Rn 70) gesichert wird, so typischerweise bei Ehegatten, die eine Grundschuld am gemeinsamen Grundstück bestellen, die nebst dem Schuldanerkenntnis der Sicherung aller gegenwärtigen und künftigen Ansprüche des Sicherungsnehmers gegen die Besteller gemeinsam, aber auch gegen nur einen der Besteller dienen soll (vgl GABERDIEL/GLADENBECK[8] Anh 10 Rn 3). Für den Laien kaum erkennbar wird eine wechselseitige allgemeine Haftung für ungewisse künftige Schulden begründet, deren Tragweite den Beteiligten nur in den seltensten Fällen bewusst wird (vgl KERSTEN/BÜHLING/WOLFSTEINER[22] § 68 Rn 33). Ebenso fragwürdig sind persönliche Haftungsübernahmen, wenn zwar auch eigene, in erster Linie aber fremde Verbindlichkeiten übernommen werden (zutreffend OLG Stuttgart NJW 1987, 71) oder aber – noch gefährlicher – in erster Linie eigene und nur am Rande, versteckt, fremde. Sieht man hier nicht den Teil der Erklärung, der sich auf die Einbeziehung fremder Verbindlichkeiten bezieht, schon von vornherein als unwirksam an (oben Rn 190), so müssen jedenfalls die Erwägungen in Rn 190 f verstärkt gelten.

δ)　　§ 1193 Abs 2 S 2 (idF desRisikobegrenzungsG vom 12. 8. 2008 [BGBl I 1666]) ist auf das **193** abstrakte Schuldversprechen nicht anwendbar (LANGENBUCHER NJW 2008, 3169); es kann also unverändert als **sofort fälliges** vereinbart werden (eine Diskrepanz, die für die katastrophale Gesetzgebungstechnik des RisikobegrenzungsG bezeichnend ist).

dd)　Sicherungsumfang
Grundsätzlich (und wenn im Sicherungsvertrag nichts abweichendes vereinbart ist) **194** sichert das Schuldversprechen **dieselben Forderungen wie die Grundschuld** (s dazu, dass die Grundschuld auch den Anspruch aus dem Schuldversprechen sichern soll, oben Rn 44). Obwohl es sich um ein selbständiges, abstraktes Schuldversprechen handelt, geht doch der

Sicherungsgeber stets davon aus, dass beide Sicherheiten – Grundschuld und Schuldversprechen – insgesamt nur einmal in Anspruch genommen werden können. Die Häufung der Sicherheiten dient in den Augen der Parteien der Verstärkung, nicht der Vervielfältigung der Rechte des Sicherungsnehmers; gewollt sind konkurrierende, nicht kumulierte Sicherheiten. Wollte der Sicherungsnehmer dies anders verstehen, so wäre das in allgemeinen Geschäftsbedingungen zumindest überraschend iSd § 305c (C Marburger 56, 115; vgl BGHZ 110, 108 = JR 1990, 461 m Anm Paschke zur Kumulation von Grundschuld und Rückgewähransprüchen; Clemente[4] Rn 389; aA BGHZ 99, 274 [280] = WuB I F 3 Grundpfandrechte 6. 87 [Obermüller]; Rehbein WuB I F 3 Grundpfandrechte 3. 87). Auch wenn sich der Vertragstext nicht ausdrücklich äußert – es gibt gut gestaltete Sicherungsverträge, in denen die Erwartungen des Sicherungsgebers klar bestätigt werden –, muss die Beschränkung auf einmalige Verwendung unter Ausschluss der Kumulierung als stillschweigend vereinbarter Inhalt des Sicherungsvertrags angesehen werden (BGH NJW-RR 1987, 59; BGH DNotZ 1988, 487 [abl Schmitz-Valckenberg]; BGH NJW 1992, 971; BGH ZNotP 2000, 245; OLG Düsseldorf DNotZ 1987, 96 = WuB I F 3 Grundpfandrechte 3. 87 [abl Rehbein]; OLG Celle WM 1985, 1313 = WuB I F 3 Grundpfandrechte 1. 86 [zust Aepfelbach]; Kolbenschlag DNotZ 1965, 205; Gaberdiel/Gladenbeck[8] Rn 297; aA Obermüller WuB I F 3 Grundpfandrechte 6. 87. S zum Fall, dass die Grundschuld nicht entsteht, oben Rn 186).

195 Dies wirkt sich insbesondere auf den **Rückgewähranspruch** aus. Hat der Sicherungsgeber Anspruch auf Rückgewähr eines Teils der Grundschuld, so hat er grundsätzlich auch Anspruch auf Rückgewähr eines entsprechenden Teils des abstrakten Schuldversprechens. Ebenso muss angenommen werden, dass der stillschweigende Verzicht auf rückständige Grundschuldzinsen (oben Rn 81) auch die Zinsen aus dem Schuldversprechen umfasst. Ist die Grundschuld insgesamt zurückzugewähren, dann auch das Schuldversprechen. Die Erklärungen, mittels derer die Rückgewähr der Grundschuld bewirkt wird, sind regelmäßig dahin auszulegen, dass sie auch das Erlöschen des Schuldversprechens (sei es durch Erlass, sei es durch Abtretung und dadurch bewirkte Konsolidation) bewirken (vgl zur Aufhebung § 1183 Rn 27 und zum Verzicht § 1168 Rn 38). Bis zur Rückgabe steht dem Anspruch aus dem Schuldversprechen eine dauernde Einrede entgegen, die – mangels Gutglaubensschutzes beim Erwerb einer Forderung – auch jedem Zessionar entgegengehalten werden kann (Wolfsteiner DNotZ 2003, 321, 328); dass der Anspruch auf Rückgewähr des Schuldversprechens in der kurzen Frist des § 195 verjährt (Wolfsteiner aaO), wirkt sich daher praktisch kaum nachteilig aus (vgl Gutachten DNotI-Report 2003, 121).

196 Auch bei **Befriedigung aus dem Grundstück** ist das Schuldversprechen im Umfang der Befriedigung (BGH NJW 1991, 286) zurückzugeben (BGH NJW 1987, 319; BGH NJW-RR 1987, 1350; BGH NJW 1988, 707). Umgekehrt ist die Grundschuld zurückzugeben, soweit sich der Gläubiger aus dem Schuldversprechen befriedigt hat. Ungeklärt ist dabei die Behandlung der Zinsen. Soweit das Kapital zurückzugeben ist, muss angenommen werden, dass auch die Zinsen zurückzuerstatten sind; zurückzuerstatten sind also grundsätzlich Kapital und Zinsen. Hat sich der Gläubiger aus der Grundschuld samt Zinsen nur in Höhe eines Teils der gesicherten Forderung befriedigen können (zB weil der Versteigerungserlös niedriger war als das Grundschuldkapital), so ist das Schuldversprechen zurückzugeben, soweit sich der Gläubiger den Erlös auf den Kapitalbetrag seiner Forderung anrechnen lassen muss und zwar dann samt der zugehörigen Zinsen. Führt der Erlös dazu, dass der Kapitalbetrag der Forderung bis zur Höhe des Grundschuldkapitals getilgt wird, so ist das ganze Schuldversprechen nur mit Ausnahme von Zinsen in Höhe der noch nicht gedeckten Forderungszinsen zurückzugeben.

Der Anspruch aus dem Schuldversprechen **verjährt** grundsätzlich in der Regelfrist **197** des § 195; da der Anspruch bereits als fälliger begründet wird, beginnt die dreijährige Verjährung am Ende des Jahres, in dem das Schuldversprechen vereinbart wird. Sinnvoll – und auch in allgemeinen Geschäftsbedingungen und im Verbrauchervertrag zulässig – ist es, die Verjährungsfrist auf 30 Jahre zu verlängern; die Annahme aber, dass das allgemein bereits stillschweigend geschehe oder dass der Verjährungsbeginn allgemein stillschweigend auf den Sicherungsfall hinausgeschoben werde, ist nicht gerechtfertigt. In der Regel wird das Schuldversprechen mit einer Zwangsvollstreckungsunterwerfung nach § 794 Abs 1 Nr 5 ZPO versehen, so dass die Verjährungsfrist dann gemäß § 197 Abs 1 Nr 4 ohnehin 30 Jahre beträgt. Für die Verjährung des **gesicherten Anspruchs** gilt § 216 Abs 2 S 1 (OLG Frankfurt vom 11. 7. 2007 – 23 U 7/07 – NJW 2008, 379 mwNw = EWiR § 216 BGB 1/08, 167 [Fuchs]; Hohmann WM 2004, 757; Cartano/Edelmann WM 2004, 775; unklar BeckOK BGB/Henrich[11] § 216 Rn 4); ob es sich dabei um eine direkte Anwendung der Vorschrift handelt (wie es deren Wortlaut nahelegt) oder um eine entsprechende (wie das OLG Frankfurt aaO annimmt), kann hier dahingestellt bleiben. Aus dem (unverjährten) Anspruch aus dem Schuldanerkenntnis kann sich der Gläubiger also auch wegen eines bereits verjährten Anspruchs befriedigen; wäre das nicht so und müssten die Banken den Anspruch zur Abwehr der Verjährung jeweils neu einklagen, so würde das angeblich 680 Richterstellen zusätzlich erfordern und zusätzliche Anwaltshonorare von € 1,3 Mrd. generieren (Krepold/Achors BKR 2007, 185).

d) Kombination mit weiteren Sicherheiten
Zulässig sind auch andere kombinierte Sicherheiten, so etwa eine *Garantieüber-* **198** *nahme* dafür, dass der Eigentümer den Grundschuldbetrag nebst Zinsen bei Fälligkeit bezahlt, aber auch Mobiliarpfandrecht und Sicherungsübereignung (zu Kollisionen daraus Staudinger/Wiegand [2004] Anh 295 ff zu §§ 929–931). Zum Gegenstand einer *Bürgschaft* soll der dingliche Anspruch aus einer Grundschuld nicht gemacht werden können, da diese nach § 765 die *schuldrechtliche* Verbindlichkeit eines Dritten voraussetze (RGZ 93, 234; Staudinger/Scherübl[12] § 1191 Rn 21; **aM** mit Recht vLübtow, in: FS Lehmann 336; Staudinger/Horn [1997] Vorbem 15 zu §§ 765 ff; vgl zur Hypothek § 1113 Rn 6); die Bürgschaft des Grundschuldbestellers scheitert allerdings daran, dass jedenfalls nach dem Wortlaut des § 765 nur eine Bürgschaft für Drittverbindlichkeiten, nicht für eigene Verbindlichkeiten zulässig ist. Im Übrigen handelt es sich auch hier um eine Ausprägung der Inkonsistenz, die die gesamte Praxis unseres Rechts der Sicherheiten durchzieht, dass nämlich die relativ schuldnerfreundliche Bürgschaft engen Form- und Zulässigkeitsschranken unterworfen ist, während Garantien und ähnliche Institute, die jeglichen Schuldnerschutzes entbehren, als formfrei und schrankenlos einsetzbar gelten. Die persönliche Bürgschaft für den dinglichen Anspruch aus der Grundschuld wäre jedenfalls den üblichen abstrakten Schuldversprechen vorzuziehen.

e) Übersicherung
Die Kumulation von Sicherheiten kann (anfängliche) Übersicherung bewirken (oben **199** Rn 76 ff). Die Abtretung von Mietansprüchen bewirkt dagegen regelmäßig keine

Hans Wolfsteiner

Übersicherung, weil sie gemäß § 1123 ohnehin für die Grundschuld haften (OLG Köln BB 1996, 1904 = EWiR § 9 AGBG 13/96, 579 m zust Anm JOHLKE; JOSWIG ZfIR 2000, 184). Werden Sicherheiten vom Schuldner gestellt und haftet dieser für die gesicherte Forderung unbeschränkt, so ist es stets angemessen, dass auch die Sicherheiten das Gesamtvermögen erfassen. Die Kombination von Grundschuld und abstraktem Schuldversprechen ist daher unter diesen Umständen grundsätzlich nicht zu beanstanden. Übersicherung kommt also grundsätzlich nur in Betracht, wenn mehrere Sicherheiten gestellt werden, die Vorzugsrechte begründen, insbesondere dingliche Sicherheiten (vgl oben Rn 79). Auch eine zusätzliche Bürgschaft des Sicherungsgebers kann daher grundsätzlich keine Übersicherung bewirken, weil sie kein Vorzugsrecht ist und weder dem Schuldner noch dem Sicherungsgeber Vermögen entzieht, das sonst anderweitig als Sicherheit eingesetzt werden könnte (BGH vom 5. 11. 2007 – II ZR 184/06 – ZIP 2008, 218). Einer besonderen Freigabeklausel (oben Rn 97) bedarf es auch im Falle der Kombination von Sicherheiten nicht (BGH NJW 1994, 1796 = WiB 1994, 524 m Anm NEUHOF = LM AGBG § 9 Cg Nr 21 m Anm SCHMIDT-LADEMANN). Welche von mehreren Sicherheiten im Fall der Übersicherung freizugeben sind, bestimmt der Sicherungsnehmer nach billigem Ermessen (BGH NJW 1996, 2092 = EWiR § 9 AGBG 20/ 96, 1009 m Anm REHBEIN; CANARIS ZIP 1996, 1577, 1586; CLEMENTE ZIR 1997, 127), wenn der Sicherungsvertrag keine Regelung enthält; dabei darf er eigene Interessen vorrangig berücksichtigen (BGH vom 28. 5. 2002 – XI ZR 205/01 – NJW-RR 2003, 45= EWiR § 262 BGB 1/ 02, 849 m zust Anm WEBER/MADAUS). S zur Gesamtgrundschuld oben Rn 79, zur Stellung mehrerer Grundpfandrechte oben Rn 170.

f)   Leistungen auf die Sicherheit

200 Sind Sicherungsgeber und Schuldner identisch, leistet der Schuldner auch bei kombinierten Sicherheiten regelmäßig auf die gesicherte Forderung, nicht auf die Sicherheit und insbesondere die Grundschuld (oben Rn 82). Wird hingegen – insbesondere von einem Sicherungsgeber, der nicht persönlicher Schuldner ist – auf die Sicherheit selbst geleistet, so steht es dem Sicherungsgeber grundsätzlich frei, auf welche der Sicherheiten er leisten will. Deckt die Leistung die ganze Schuld, so hat der Gläubiger im allgemeinen kein schützenswertes Interesse daran, selbst zu wählen; deckt die Leistung aber nur einen Forderungsteil, so kann die Sicherheit für die verbleibende Forderung sehr unterschiedlichen Werts sein je nachdem auf welche der Sicherheiten geleistet worden ist. Der Sicherungsvertrag kann daher regeln, in welcher Reihenfolge auf die Sicherheiten zu leisten ist. Üblich – insbesondere in allgemeinen Geschäftsbedingungen – ist es, dass sich der Gläubiger das Wahlrecht vorbehält (s oben Rn 153). Vgl zur Treuepflicht des Gläubigers bei Ausübung des Wahlrechts oben Rn 170 und dazu, dass die Vereinbarung keine dingliche Wirkung hat, oben Rn 82.

5.   Mehrere Sicherungsgeber

201 Zur Sicherung ein und derselben Forderung oder desselben Forderungskreises oder sich überschneidender Forderungskreise können Sicherheiten von verschiedenen Sicherungsgebern gestellt werden. Es kann sich darum handeln, dass die Eigentümer verschiedener Grundstücke je eine Grundschuld stellen (darunter fällt auch, dass Miteigentümer ihr gemeinsames Grundstück belasten), aber auch darum, dass eine Grundschuldsicherheit mit Sicherungsmitteln kombiniert wird (zu den kombinierten Sicherheiten oben Rn 169 ff), die von anderen Personen gestellt werden. Dabei ist zu unterscheiden, ob die Sicherungsgeber unabhängig voneinander je einen Sicherungsvertrag mit dem Sicherungsnehmer schließen oder ob ein gemeinsamer Sicherungsvertrag zustandekommt, der dann auch Vereinbarungen zwischen den Sicherungsgebern zu enthalten pflegt. Ein gemeinsamer Sicherungsvertrag muss nicht uno actu geschlossen werden; er kann sich auch durch Änderung eines Vertrags oder vertragliche Zusammenfassung mehrerer Verträge entwickeln.

a) Anfängliche Übersicherung

Ist ein gemeinsamer Sicherungsvertrag geschlossen, so ist die Übersicherungsfrage **202** nicht anders zu beurteilen als wenn eine Person mehrere Sicherheiten stellt (oben Rn 76 ff; 169 ff). Bei voneinander unabhängigen Sicherungsverträgen ist es dagegen nicht möglich, die Sicherheiten zu addieren und dadurch zur Annahme einer Übersicherung zu gelangen. Dass (nachf Rn 265) eine Ausgleichungspflicht auch zwischen mehreren Sicherungsgebern angenommen wird, die nicht vertraglich verbunden sind, hat spezielle Gründe und kann auf die Übersicherungsfrage nicht übertragen werden. Vielmehr ist jeder der Sicherungsverträge für sich zu betrachten (dieser Grundsatz, den BGH JZ 2000, 674 [Tiedtke] zu Lasten des Sicherungsnehmers aufgestellt hat, muss auch zu seinen Gunsten gelten).

b) Das Verhältnis der Sicherungsgeber untereinander und zum Sicherungsnehmer
aa) Beim gemeinsamen Sicherungsvertrag

α) Ein gemeinsamer Sicherungsvertrag hat Bestimmungen darüber zu enthalten, **203** wie sich die Sicherungsgeber untereinander **auszugleichen** haben, wenn einer von ihnen zahlt oder in Anspruch genommen wird. Ob die Sicherungen unter diesem Gesichtspunkt gleichrangig sein oder in einem Rangverhältnis zueinander stehen sollen und wie die Werthaltigkeit der einzelnen Sicherheiten einzuschätzen ist (vgl § 1143 Rn 39 ff), ist primär eine Frage der vertraglichen Vereinbarung bzw der Vertragsauslegung (vgl BGH JR 1993, 324 m Anm Lüke); nur sekundär sind die gesetzlichen Vorschriften (vgl § 1143 Rn 39 ff) heranzuziehen. Im Zweifel ist § 426 auf das Verhältnis der Sicherungsgeber untereinander in der Weise entsprechend anzuwenden, dass im Innenverhältnis nur diejenigen die Sicherungslast, und zwar die ganze Sicherungslast zu tragen haben, die auch persönlich schulden. Sind die persönlichen Schuldner Gesamtschuldner, so sind sie im Zweifel auch im Innenverhältnis gegenüber einem Sicherungsgeber, der kein persönlicher Schuldner ist, als Gesamtschuldner zum Ausgleich verpflichtet. Vgl zum gemeinsam von Ehegatten abgeschlossenen Sicherungsvertrag oben Rn 192.

β) Der **Sicherungsnehmer** ist aus dem Sicherungsvertrag nach Treu und Glauben **204** verpflichtet, bei der Geltendmachung der Sicherheiten auf das Innenverhältnis der Sicherungsgeber Rücksicht zu nehmen, soweit sein eigenes, auf die gesicherte Forderung bezogenes Sicherungsinteresse nicht beeinträchtigt wird (vgl BGH NJW 1996, 2092 = EWiR § 9 AGBG 20/96, 1009 m Anm Rehbein; BGH NJW 1997, 1063 = EWiR § 30 KO 4/97, 899 [Anm Henckel]; Weber WM 2001, 1229; **enger** BGH NJW-RR 1987, 1291; BGH NJW 2000, 3273 = EWiR § 242 BGB 5/2000, 1001 [zust Joswig], wonach nur ein allgemeiner Rechtsgrundsatz gelte, dass der Sicherungsnehmer nicht „willkürlich" zum Schaden sonstiger Sicherungsgeber handeln dürfe). Er darf sich zwar aus einer liquiden Sicherheit befriedigen, die von einer Person gestellt ist, die nicht Schuldnerin ist, auch wenn die Inanspruchnahme vom Schuldner gestellter, aber weniger bequem zu realisierender Sicherheiten erfolgversprechend ist; Interessen außerhalb des Sicherungsvertrags zu verfol-

gen, ist aber grundsätzlich vertragswidrig (BGH WM 1983, 537; BGH NJW 1991, 1946; oben
Rn 29). Insbesondere stellt es regelmäßig einen Verstoß gegen den Sicherungsvertrag
dar, wenn der Gläubiger den Schuldner zu Lasten anderer Sicherungsgeber schont,
um seine Möglichkeiten, sich beim Schuldner wegen Forderungen zu befriedigen, die
nicht in den Sicherungsvertrag einbezogen sind, zu verbessern (vgl BGH DNotZ 1998,
287 [dazu SCHWERDTNER EWiR § 276 BGB 3/97, 775]; aM anscheinend BGH NJW 1997, 2514,
während BGH NJW 1998, 601 = EWiR § 1191 BGB 2/98, 305 [CLEMENTE] trotz des missverständ-
lichen Leitsatzes eine andere Fallgestaltung betrifft, bei der eine Pflicht zur „Rücksichtnahme" – in
Wahrheit Unterlassung der Zwangsvollstreckung – nicht bestand); vergleichbar der Fall, dass
sich im Falle einer „Sicherungsgesamtschuld" (oben Rn 63) der Gläubiger aus der
Grundschuld wegen Forderungen befriedigt, die nicht Anlass der Grundschuldbestellung waren, um anschließend den zur Sicherheit Mithaftenden in Anspruch zu
nehmen (BGH vom 28.5. 2002 – XI ZR 205/01 – NJW 2002, 2705 = EWiR § 138 BGB 2/03, 99
m Anm BÜCHLER). Der gleichen Beschränkung unterliegt der Sicherungsnehmer bei
der Freigabe von Sicherheiten; insbesondere im Falle nachträglicher Übersicherung
(oben Rn 91) muss der Sicherungsnehmer die im Verhältnis der Sicherungsgeber
zueinander nachrangigen Sicherheiten bevorzugt freigeben, soweit sein Sicherungsinteresse nicht entgegensteht.

205 Hat sich der Gläubiger aus einem Teil der Sicherheiten befriedigt oder ist er von
einzelnen Sicherungsgebern befriedigt worden, so verpflichtet und berechtigt ihn der
Sicherungsvertrag regelmäßig in entsprechender Anwendung des § 426 Abs 2 dazu,
bei der Rückgabe der restlichen Sicherheiten die ihm bekannten **Rückgriffsansprüche der Sicherungsgeber**, die geleistet haben, gegen die nicht in Anspruch genommenen Sicherungsgeber zu berücksichtigen. Er muss also grundsätzlich die ihm ver-
bliebenen Sicherheiten an diejenigen Sicherungsgeber herausgeben, die in Anspruch
genommen worden sind und nun Rückgriffsrechte gegen die nicht in Anspruch
genommenen Sicherungsgeber haben (BGHZ 136, 347 = LM § 765 BGB Nr 120 [vWEST-
PHALEN]; vgl § 1165 Rn 17). Diese Verpflichtung darf aber nicht zu extensiv verstanden
werden. Ob ein Anspruch nach § 426 Abs 2 kraft Gesetzes übergeht oder ob der
Gläubiger mit dem Risiko belastet wird, Rückgriffsansprüche feststellen und den
Rückgewähranspruch exakt nach Maßgabe dieser Rückgriffsansprüche erfüllen zu
müssen, ist nicht dasselbe; daher verbietet es sich, § 426 Abs 2 mechanisch in den
Rückgewähranspruch zu übersetzen. Vielmehr muss auf die Sicht des Gläubigers
abgestellt werden. Ist es für den Gläubiger einfach, festzustellen, wer Rückgriffsansprüche und in welcher Höhe hat, kann man von ihm verlangen, sich entsprechend
zu verhalten. Ist die Situation aber unklar, muss er zumindest befugt sein, zu
hinterlegen oder die Sicherheit in neutrale Verwaltung zu geben und es im Übrigen
den Sicherungsgebern zu überlassen, sich auseinanderzusetzen.

206 γ) Die Kreditinstitute versuchen in ihren **allgemeinen Geschäftsbedingungen** regelmäßig, sich von der Pflicht zur Rücksichtnahme und von der Pflicht, an den
Regressberechtigten rückzuerstatten, freizuzeichnen, indem sie sich das Recht vorbehalten, unter den mehreren Sicherheiten nach Belieben auszuwählen und die
Sicherheiten ohne Rücksicht auf Rückgriffsrechte den jeweiligen Sicherungsgebern
zurückzugeben (vgl OLG München WM 1988, 1846). Dies ist hinzunehmen, soweit es sich
nur darum handelt, die vorstehend dargestellten Grundsätze klarzustellen. Das
Interesse der Sicherungsgeber an der Effektivität ihrer Rückgriffsrechte gänzlich
unberücksichtigt zu lassen und nur das Eigeninteresse an Risikovermeidung und

Verwaltungsvereinfachung zur Geltung zu bringen, verstößt aber gegen Treu und Glauben und benachteiligt die Sicherungsgeber unbillig iSd § 307 (BGH WM 1983, 537; BGH NJW 1991, 1946; REINICKE/TIEDTKE Rn 1126 f; **aM** anscheinend BGH NJW 1997, 2514; unentschieden BGHZ 136, 347 = LM § 765 BGB Nr 120 [vWESTPHALEN]).

Ein ebenfalls regelmäßig angewandtes Verfahren, die zum Regress berechtigten **207** Sicherungsgeber zumindest zeitweise lahmzulegen, besteht in der Klausel, der Verwertungserlös solle nicht der sofortigen (Teil-)Tilgung der gesicherten Forderung dienen, sondern **nur als Sicherheit gelten**, bis der volle Anspruch befriedigt sei (vgl zur Tilgungswirkung oben Rn 126). Der BGH (NJW 2001, 2327 mwNw = EWiR § 774 BGB 1/01, 575 [kritisch PFEIFFER]) erkennt für die Bürgschaft eine allgemeine Geschäftsbedingung dieses Inhalts mit der Begründung als wirksam an, die Klausel verschlechtere die Position des Sicherungsgebers nicht nachhaltig und sei durch das Interesse des Gläubigers gerechtfertigt, nicht durch konkurrierende Rückgriffsansprüche beeinträchtigt zu werden. Auf die Stellung dinglicher Sicherheiten, also auch die Grundschuldsicherheit, lässt sich diese Argumentation nicht übertragen, weil der Gläubiger, wenn er durch andere dingliche Sicherheiten voll gesichert ist, durch den Regress nicht beeinträchtigt werden kann. Überdies bewirkt das Nebeneinander von Grundschuld, ursprünglich gestellten sonstigen Sicherheiten und nun zusätzlich der als Sicherheit geltenden Zahlung regelmäßig eine Übersicherung, auf deren Beseitigung die Sicherungsgeber Anspruch haben. Die Klausel verstößt daher, soweit sie sich auf die Grundschuld bezieht, gegen § 307.

bb) Bei voneinander unabhängigen Sicherungsverträgen

Auch im Falle **voneinander unabhängiger Sicherungsverträge** kann eine **Rangregelung** **208** vereinbart werden. Es kann Inhalt des Sicherungsvertrags sein, dass der Sicherungsnehmer die Sicherheit erst in Anspruch nehmen darf, nachdem er vergeblich versucht hat, sich aus einer Sicherheit zu befriedigen, die ein anderer gestellt hat (Ausfallsicherheit). Die Praxis ist aber außerordentlich zurückhaltend, einen Sicherungsvertrag im Sinne einer Ausfallsicherheit auszulegen (vgl BGH NJW 1983, 1850; BGH ZIP 1987, 764; BGH ZIP 1987, 1519). Der BGH (BGH NJW-RR 1991, 170) erkennt im Hinblick auf seine Rechtsprechung zum Ausgleich zwischen vertraglich nicht verbundenen Sicherungsgebern (nachf Rn 265 und § 1143 Rn 39 ff, dort auch Kritik) eine nur zweiseitige Nachrangvereinbarung als geeignet an, den Sicherungsgeber auf eine andere Stufe als andere Sicherungsgeber zu stellen. Dies bedeutet jedenfalls, dass der Geber einer Ausfallsicherheit von anderen Sicherungsgebern nicht auf Regress in Anspruch genommen werden kann, wenn diese leisten mussten. Ob das auch bedeuten soll, dass der vom Gläubiger in Anspruch genommene Geber der Ausfallsicherheit ohne irgendwelche vertraglichen Vereinbarungen, also kraft Gesetzes, die anderen Sicherungsgeber in Regress nehmen kann, ist unklar. In der Regel wird jedenfalls der Sicherungsvertrag dahin auszulegen sein, dass der Sicherungsnehmer im Falle der Inanspruchnahme der Ausfallsicherheit zweiter Stufe verpflichtet ist, dem Sicherungsgeber die Sicherheiten der ersten Stufe abzutreten.

Ist die Grundschuld erkennbar nur als **Ausfallsicherheit** gestellt, so verstößt es gegen **209** § 305b, wenn allgemeine Geschäftsbedingungen den **Regress wieder ausschließen** und die Verpflichtung, ggf die anderen Sicherheiten an den Sicherungsgeber herauszugeben, derogieren. Das Verständnis als Ausfallsicherheit liegt vor allem dann nahe, wenn die Sicherheit deshalb gegeben wurde, weil der Sicherungsnehmer aufgrund

Hans Wolfsteiner

seiner allgemeinen Geschäftsbedingungen „Verstärkung" schon vorhandener Sicherheiten gefordert hatte. Bei der gebotenen generalisierenden Betrachtungsweise (BGHZ 110, 241= EWiR 1990, 341 [SERICK]) ist es deshalb bedenklich, wenn sich ein Kreditinstitut in allgemeinen Geschäftsbedingungen grundsätzlich von jeder Verpflichtung, dem Sicherungsgeber Rückgriff bei anderen Sicherungsgebern zu verschaffen oder wenigstens zu ermöglichen, freizeichnet (für die Bürgschaft BGHZ 144, 52 = BB 2000, 895 [Anm KULKE S 1424] = JZ 2000, 1160 [Anm VOLLKOMMER/HEINEMANN] = EWiR § 767 BGB 1/01, 315 [LANG] unter Aufgabe seiner früheren Rspr, insbesondere BGHZ 95, 350; CLEMENTE[4] Rn 779). Das gilt für Klauseln, wonach der Sicherungsnehmer andere Sicherheiten nach Belieben freigeben, mit ihnen im Rang zurücktreten, auf sie verzichten dürfe. Ist die Grundschuld ausdrücklich als Ausfallsicherheit gestellt, so derogiert diese Individualvereinbarung nach § 305b eine Klausel der genannten Art, und zwar, da eine geltungserhaltende Reduktion nicht in Frage kommt, vollständig. Dazu ist auch das Verbot widersprüchlichen Verhaltens heranzuziehen, das in §§ 434 Abs 1 S 3, 444 positivrechtlich normiert ist. Ist der Charakter als Ausfallsicherheit zwar nicht Vertragsinhalt geworden, ist für den Sicherungsnehmer aber die Erwartung des Sicherungsgebers erkennbar, nur im letzten Notfall in Anspruch genommen zu werden, so ist die Klausel überraschend (§ 305c) und auch unbillig (§ 307).

c) Das Verhältnis gesicherter zu ungesicherten Forderungen

210 Die Rechtsprechung geht wie selbstverständlich davon aus, dass der Gläubiger befugt ist, Zahlungen des Schuldners auf ungesicherte Forderungen zu verrechnen und sich wegen der gesicherten Forderungen an die von dritter Seite gestellten Sicherheiten, insbesondere an eine Grundschuld, zu halten (BGH NJW 1997, 2514; BGH NJW 2000, 1108). Nur für die Bürgschaft wird aus § 776 entnommen, ein Ausschluss der dort angeordneten Rechtsfolgen verstoße gegen § 307 (BGH NJW 2000, 2580 = LM § 767 BGB Nr 38 [BÜLOW]). Die Situation gleicht damit der zur Frage der Inhaltskontrolle (oben Rn 53 ff). Auch die Wirkungen sind vergleichbar: Ist die als Sicherheit gestellte Grundschuld vollwertig, so kann die Bank dem Schuldner über ihre dinglich gesicherten Kredite hinaus Kredit gewähren, wie wenn es die dinglich gesicherten Verbindlichkeiten nicht geben und die Leistungsfähigkeit des Schuldners durch sie nicht beeinträchtigt würde. Gewährt der Darlehensgeber in dieser Weise zusätzlichen Kredit, obwohl er weiß, dass der Schuldner nach Bedienung der ungesicherten die dinglich gesicherten Verbindlichkeiten nicht mehr wird bedienen können, liegt die Anwendung des § 826 nahe. Angesichts der Offenbarungspflichten nach § 18 KWG wird sich jedenfalls ein Kreditinstitut kaum noch darauf berufen können, eine solche Situation nicht erkannt zu haben.

d) Rückgewähransprüche mehrerer Sicherungsgeber

211 S zunächst oben Rn 158 f. Schließt jeder Sicherungsgeber einen *selbständigen Sicherungsvertrag,* so stehen jedem von ihnen seine Rückgewähransprüche aus seinem Sicherungsvertrag zu. Schließen sie – vor allem Miteigentümer – einen *gemeinsamen Sicherungsvertrag,* so bestimmt dieser, wem welche Rückgewähransprüche zustehen. Im Zweifel hat jeder Sicherungsgeber einen Anspruch auf Freistellung seines Grundstücks oder Grundstücksteils, die freilich, wenn die Sicherungsgeber nicht zusammenwirken, in der Regel nicht durch Abtretung bewirkt werden kann, sondern nur durch Verzicht. Die Art der Beteiligung am Grundstück spielt grundsätzlich keine Rolle (**aA** BGHZ 97, 280 vom 25. 3. 1986 – IX ZR 104/85, der aus Bruchteilseigentum schließen will, dass den Rückgewährgläubigern der Rückgewähranspruch nach Bruchteilen zustehe), denn der Sicherungsgeber will sein Sicherungsgut freibekommen und nicht einen Bruchteil des beiderseitigen Sicherungsguts. – Beispiel: Würde Hälfte-Miteigentümern der Rückgewähranspruch nach Bruchteilen zustehen, so hätten sie sich so auseinanderzusetzen, dass jeder ein Viertel der Grundschuld auf seinem Miteigentumsanteil als Eigentümergrundschuld und ein weiteres Viertel am Miteigentumsanteil seines Miteigentümers als Fremdgrundschuld zu bekommen hätte. – Ebenso wenig kann die Beteiligung an der Schuld eine Rolle spielen; aus dem Umstand, dass die Sicherungsgeber Gesamtschuldner der gesicherten Forderung sind, lässt sich schwerlich schließen, sie seien auch Gesamtgläubiger oder Mitgläubiger des Rückgewähranspruchs (so aber anscheinend WILHELM[3] Rn 1470 Fn 2428).

6. Die Form des Sicherungsvertrags, Genehmigungserfordernisse

a) Form

Der Sicherungsvertrag ist **formfrei** (BGHZ 100, 82 = EWiR § 873 BGB 1/87, 679 [Anm **212** PFOHL]), falls sich die Formbedürftigkeit – beim unselbständigen Sicherungsvertrag – nicht aus anderen Vertragsteilen ergeben sollte (BGH NJW 1994, 2885 für § 311b Abs 1). In der Praxis wird weitgehend davon abgesehen, den Inhalt des Vertrags zusammengefasst und vollständig schriftlich niederzulegen (BGH NJW-RR 1991, 305; vgl zu einem nur mündlich abgeschlossenen Sicherungsvertrag OLG Celle WM 1995, 1014; zu einer aus den Umständen zu erschließenden Sicherungsvereinbarung LG Karlsruhe DNotZ 1995, 892 m Anm REITHMANN). Dies hat seine Ursache vor allem in der Formularpraxis der Kreditinstitute, die meist nur die Rechte des Kreditinstituts und die Pflichten des Kunden schriftlich niederlegt, die Rechte des Kunden und die Pflichten des Kreditinstituts aber vernachlässigt. Diese Praxis steht in dringendem Verdacht, gegen § 305c und die Transparenzklausel des § 307 Abs 1 S 2 zu verstoßen. Weit verbreitet ist auch die Unsitte, Verträge, die rechtlich eine Einheit bilden, in eine verwirrende Vielzahl von separat zu unterzeichnenden Vertragsurkunden aufgespalten (zutreffend OTTE Rn 129); so finden sich Teile des Sicherungsvertrags oft in einem „Darlehensantrag" nebst allgemeinen Geschäftsbedingungen, weiter in der Grundschuldbestellungsurkunde und gemäß § 14 BeurkG der Bestellungsurkunde beigefügten „weiteren Bedingungen", in einer separaten „Zweckerklärung" oder „Zweckbestimmungserklärung" und schließlich in einem Individualvereinbarungen enthaltenden Schriftstück („Side-Letter"). Der *Vertragscharakter* der Sicherungsvereinbarung wird durch Jargon-Ausdrücke wie „Zweckerklärung" (oben Rn 25) gerne verdunkelt. Angesichts dieser Praxis ist es nicht zulässig, den Schrifturkunden die **Vermutung der Vollständigkeit** zuzugestehen, auch nicht dem notariell beurkundeten Teil der Vereinbarung (vgl WOLFSTEINER DNotZ 1993, 75); vielmehr muss der schriftliche Text regelmäßig nach dem vermutlichen Parteiwillen mit Rücksicht auf Treu und Glauben ergänzt und insbesondere um die Rechte des Sicherungsgebers vervollständigt werden (**aA** – es bestehe eine Vermutung für gewillkürte Schriftform – BGHZ 109, 197, 200 = NJW 1990, 576 [BRAUNERT 805]; ERMAN/WENZEL[12] § 1191 Rn 11; vgl BGH vom 5.7.2002 – V ZR 143/01 – NJW 2002, 3164).

aa) Wichtigste Formvorschrift ist § 492. Auch wenn eine „weite Zweckerklärung" **213** in Zusammenhang mit dem Abschluss eines Verbraucherdarlehensvertrags abgegeben wird, hängen in aller Regel Darlehensvertrag und Sicherungsvereinbarung im Sinne des § 139 untrennbar zusammen (oben Rn 34). Die Form erstreckt sich also grundsätzlich auf die Sicherungsvereinbarung (vgl BGH vom 28.1.1997 – XI ZR 251/95 –

Hans Wolfsteiner

NJW 1997, 1442 [von OTTEN Rn 284 zu Unrecht als Beleg für Formfreiheit angeführt]; BÜLOW NJW
1996, 289 und JZ 1997, 471; ebenso mit anderer Begründung – die Form erstrecke sich nach § 492
Abs 1 S 5 Nr 7 – GABERDIEL/GLADENBECK[8] Rn 575; **aA** RÜSSMANN, in: FS Heinrichs 451; OTTEN
Rn 307). In der Praxis wird die Form oft vernachlässigt (auch im Schrifttum bleibt sie meist
unerkannt, so bei FRIDGEN WM 2008, 1862; CLEMENTE[4] Rn 308; GABERDIEL/GLADENBECK[8] Rn 568;
ERMAN/WENZEL[12] § 1191 Rn 11; NK-BGB/KRAUSE[2] Rn 55; PALANDT/BASSENGE[68] Rn 15), indem
die Zweckerklärung nur vom Darlehensnehmer unterschrieben wird; der Formmangel bleibt aber meist wirkungslos, sei es nach § 494 Abs 2 S 1, weil der Darlehensnehmer das Darlehen empfängt oder in Anspruch genommen hat, sei es nach § 494
Abs 2 S 6 HS 2, weil der Nettodarlehensbetrag 50 000 EUR übersteigt. S aber zum
Beginn der **Widerrufsfrist** unten Rn 227.

214 bb)   Eine in der Grundschuldbestellungsurkunde enthaltene **Zwangsvollstreckungs-
unterwerfung** nach § 794 Abs 1 Nr 5 ZPO (Einl 34 zu §§ 1113 ff) führt nicht zur
Beurkundungsbedürftigkeit des Sicherungsvertrags (BGH NJW 1997, 2320; MünchKomm-
ZPO/WOLFSTEINER[3] § 794 Rn 188 mwNw).

b)   Genehmigungserfordernisse

215 aa)   Nicht nur die Bestellung der Grundschuld (vgl dazu Einl 118 zu §§ 1113 ff) sondern
auch der Abschluss des Sicherungsvertrags kann **staatlicher Genehmigung** bedürfen.
Dazu gehört insbesondere § 144 Abs 2 Nr 3 BauGB (Gutachten DNotI-Report 1996, 191;
vgl zur Bestellung des Grundpfandrechts Einl 118 f zu §§ 1113 ff), der auch auf Änderungen
des Sicherungsvertrags Anwendung findet (KRAUTZBERGER, in: ERNST/ZINKAHN/BIELEN-
BERG, BauGB [Stand Januar 2006] § 144 Rn 39; SCHRÖDTER/KÖHLER, BauGB[6] § 144 Rn 12 f).

216 bb)   In Fällen der beschränkten Geschäftsfähigkeit unterfällt der Abschluss des
Sicherungsvertrags zwar nicht dem § 1821 Nr 1 (BayObLG FamRZ 1986, 597; Ivo ZNotP
2004, 17). Wohl aber ist der Sicherungsvertrag entweder Teil eines Darlehensvertrags
oder eines Rechtsgeschäfts zur Sicherung fremder Verbindlichkeiten, so dass er der
Genehmigung des Vormundschafts- oder Familiengerichts nach § 1822 Nr 8 bzw Nr 10
bedarf (**aA** BayObLG FamRZ 1986, 597; vgl Ivo ZNotP 2004, 17).

217 cc)   Während § **1365** auf die Grundschuldbestellung anwendbar sein kann (Einl 99 zu
§§ 1113 ff), ist der Sicherungsvertrag stets schuldrechtliches Geschäft und somit nicht
von § 1365 erfasst. Dies gilt auch für eine Änderung des Sicherungsvertrags, die nicht
als Verfügung über den Rückgewähranspruch verstanden werden darf.

7.   Änderung des Sicherungsvertrags

218 Die Sicherungsabrede kann selbstverständlich nachträglich und wiederholt nach
freier Vereinbarung **geändert** werden (s zu Genehmigungserfordernissen oben Rn 215).
Verspricht der Gläubiger im Falle einer „weiten" Sicherungsvereinbarung, die vollstreckbare Ausfertigung der Grundschuldurkunde zurückzugeben, wenn der Schuldner einen bestimmten Betrag zahle, so bedeutet das eine einschränkende Änderung
des Sicherungsvertrags (vgl BGH NJW-RR 2002, 282). Vorsicht ist allerdings angebracht,
wenn die Änderung durch Vereinbarung allgemeiner Geschäftsbedingungen erfolgen soll. Aus § 305b (uU ist auch § 305a heranzuziehen, BGH NJW 2000, 2110; für die Bürgschaft BGH ZIP 2001, 1408 = EWiR § 3 AGBG 4/01, 841 [PFEIFFER] mit zu weicher Begründung)
folgt, dass eine Individualvereinbarung nicht der Änderung durch allgemeine Ge-

schäftsbedingungen zugänglich ist (unten Rn 221); deswegen darf bei sukzessiver Unterzeichnung mehrerer, den Sicherungsumfang immer stärker erweiternder „Zweckbestimmungserklärungen" (Begriff oben Rn 25, 212; s auch oben Rn 66) nicht einfach die Gültigkeit der zuletzt unterzeichneten unterstellt werden (BGHZ 99, 203; BGH ZfIR 2000, 783; vgl auch BGH NJW 1996, 924 = EWiR § 767 BGB 3/96, 735 [HADDING]; diesen Gesichtspunkt, der allerdings in der Literatur zu § 305b – ehemals § 4 AGBG – nicht erörtert wird, würdigt BGH NJW 1995, 1674 nicht). Der geänderte Vertrag unterliegt den gleichen Inhaltskontrollen wie die ursprüngliche Vertragsfassung; insbesondere ist erneut zu prüfen, ob der Vertragsinhalt überraschend iSd § 305a ist (BGH NJW 1995, 1674 unter Berufung auf BGHZ 126, 174).

Sind Ansprüche aus dem Sicherungsvertrag, insbesondere der Rückgewähranspruch, **219** **an Dritte abgetreten**, so können die abgetretenen Ansprüche nicht ohne Zustimmung des Zessionars geändert oder gar aufgehoben werden. Eine sog Neuvalutierung bedarf dann der Zustimmung des Zessionars (GABERDIEL/GLADENBECK[8] Rn 887; aA OLG München DNotZ 1999, 744 [abl Anm EICKMANN] und [für eine Gehaltsabtretung] OLG Oldenburg BB 1997, 1175; s Rn 240). Bei einem Sicherungs-Rahmenvertrag (oben Rn 33) stellt freilich die Neubegründung einer in den schon ursprünglich vereinbarten Sicherungskreis fallenden Forderung keine Änderung des Sicherungsvertrags dar, so dass keine Zustimmung des Zessionars erforderlich ist (GABERDIEL/GLADENBECK[8] Rn 884). Auch eine Vereinbarung, dass der ursprüngliche Sicherungsgeber mit dem Sicherungsnehmer Änderungen des Sicherungsvertrags ohne Zustimmung des Zessionars vereinbaren können, ist wirksam (MünchKomm/EICKMANN[4] § 1191 Rn 79); sie kommt aber einem Abtretungsverbot nahe (ist qualitativ ein Teil-Abtretungsverbot) und steht deshalb unter dem Vorbehalt des § 851 Abs 2 ZPO.

8. Verbraucherschutzgesetzgebung

a) Allgemeine Geschäftsbedingungen, Verbrauchervertrag

Angesichts dessen, dass die **Grundschuld** in den Händen des Sicherungsnehmers **220** Treugut ist, von dem nur nach Maßgabe des Sicherungsvertrags Gebrauch gemacht werden darf (oben Rn 135), unterliegt die Ausgestaltung der Grundschuld selbst idR nicht der Beurteilung nach §§ 305 ff (OLG Koblenz vom 29. 1. 1998 – 11 U 1690-96 – NJW-RR 1999, 1178 für den Haustürwiderruf), unabhängig von der Frage ob diese Vorschriften, die sich seit der Schuldrechtsreform im zweiten Buch des BGB unter dem Untertitel „Gestaltung rechtsgeschäftlicher Schuldverhältnisse …" finden, auf dingliche Rechte überhaupt anwendbar sind (gegen die Anwendung mit Recht WILHELM[3] Rn 1430). Dies gilt insbesondere für die **Höhe der Grundschuldzinsen**; Zinsen in einer Höhe, die im Darlehensvertrag sittenwidrig, wucherisch oder sonst zu missbilligen wären, sind bei der Sicherungsgrundschuld unbedenklich, vorausgesetzt, der Sicherungsvertrag regelt die Art und Weise, in der der Gläubiger mit diesen Zinsen umzugehen hat, inhaltlich einwandfrei (vgl zu bedenklichen Vereinbarungen oben Rn 99). S zu der früher üblichen Klausel, dass es zur Fälligkeit der Grundschuld keiner Kündigung bedürfe § 1193 Rn 2.

Hingegen unterliegt der **Sicherungsvertrag** den §§ 305 ff in vollem Umfang (WILHELM[3] **221** Rn 1429). Auch § 307 findet Anwendung, nur nicht – mangels einer gesetzlichen Regelung, von der abgewichen werden könnte – in der Variante Abs 2 Nr 1 (höchst missverständlich LWOWSKI, in: FS Kümpel 349 [358]) und nach herrschender Rechtspre-

Hans Wolfsteiner

chung (oben Rn 53 ff; dort auch die Kritik) nicht auf die Bestimmung der gesicherten
Forderungen, weil dies die Bestimmung der Hauptleistung sei. Ist der Sicherungs-
vertrag allgemeine Geschäftsbedingung oder Verbrauchervertrag, so ist insbesondere § 305b über den **Vorrang der Individualabrede** zu beachten (s zur Änderung der
Sicherungsvereinbarung oben Rn 218). Da der Sicherungsvertrag formlos wirksam ist (oben
Rn 212), ist es keinesfalls ausgeschlossen, dass eine schriftlich vorformulierte sog
Sicherungszweckerklärung (oben Rn 25) durch eine bloß mündliche Individualabrede
modifiziert wird, wobei es keine Rolle spielt, ob zunächst die Individualabrede
getroffen und nachträglich versucht wird, diese durch Formularvereinbarung zu
verändern, insbesondere zu erweitern (oben Rn 218), oder ob zunächst die Formulara-
brede getroffen und diese nachträglich durch Individualvereinbarung geändert, insbesondere eingeschränkt wird. Fügt der „Verbraucher" – wie häufig und meist durch
den Notar veranlasst – der Grundschuldbestellung eine einschränkende Zweckerklärung bei und akzeptiert der Gläubiger die Grundschuld als Sicherheit, indem er
sie valutiert, so ist demnach davon auszugehen, dass die eingeschränkte Zweckver-
einbarung gilt (vgl auch Lwowski in: FS Kümpel 349 [357] zur Konkurrenz zwischen „Kredit-
zusage" und „Zweckerklärung").

222   Die Einwirkungen der §§ 305 ff auf den Sicherungsvertrag (dazu allgemein Schmitz-
Valckenberg DNotZ 1996, 492) sind im Übrigen jeweils an Ort und Stelle erläutert.

b)   Verbraucherkredit

223   S zunächst Einl 67 zu §§ 1113 ff. Die Frage, ob § 496 Abs 1 auf den Sicherungsvertrag
anzuwenden ist, insbesondere dann, wenn das gesicherte Schuldverhältnis ein Ver-
braucherdarlehensvertrag nach § 491 ist (verneinend EuGH JZ 2000, 780 [zust Ulmer] =
EWiR Art 1 RL 87/102/EWG 1/2000, 929 [Pfeiffer]), ist künftig angesichts des § 1192
Abs 1a obsolet. Ohnehin gelten aber die §§ 491 ff für die bloße Stellung einer
Sicherheit nicht (EuGH NJW 1998, 1295 [wie Generalanwalt EuGH ZIP 1997, 627 mwNw] m
krit Anm vWestphalen = EWiR Art 2 RL 85/577/EWG 1/98, 465 [Pfeiffer] = JZ 1998, 1071 [Anm
Drexl S 1046] = ZEuP 1998, 994 [abl Anm Bydlinski/Klauninger] = DZWiR 1998, 426 [Kröll];
BGH JZ 1998, 1074 [Anm Drexl S 1046]; BGH NJW 1997, 1442 = EWiR § 1 VerbrKrG 1/97, 621
[Vortmann]; BGH NJW 1998, 1939 = BB 1998, 1175 [Anm Casper S 1227] = DStR 1998, 944 [zust
Habersack] = EWiR § 1 VerbrKrG 1/98, 567 [Deimel]; OLG Düsseldorf ZIP 1997, 2005; OLG
Stuttgart NJW 1997, 3450; Edelmann BB 1998, 1017; Tiedtke DStR 2001, 257; **aA** LG Köln ZIP
1997, 2007; LG Neubrandenburg NJW 1997, 2826; Pfeiffer EWiR Art 1 RL 85/577/EWG 1/97, 415;
Wilhelm[3] Rn 1433. **Kritisch** zur hL Bülow EWiR § 1 VerbrKrG 3/96, 813 und NJW 1996, 2889;
vWestphalen EWiR § 9 AGBG 17/96, 865 u vWestphalen/Emmerich/vRottenburg, VerbrKrG
§ 1 Rn 67 ff; Ungeheuer zu LM § 1 VerbrKrG Nr 6; M Wolf zu LM § 1 VerbrKrG Nr 7; Bülow/
Artz ZIP 1998, 629; vgl Kurz MittBayNot 1997, 129; ders NJW 1997, 1828; ders DNotZ 1997, 552;
Scholz BB 2001, 2541. NJW 1998, 1295 befasst sich nur mit dem Haustürwiderruf; vgl oben
Rn 146). Obwohl nach § 492 Abs 1 S 5 Nr 7 im Verbraucherdarlehensvertrag die zu
bestellenden Sicherheiten angegeben werden müssen, kann der Darlehensnehmer
daher die bestellten Sicherheiten nicht zurückfordern, falls diese Angaben fehlen
oder unvollständig sind (BGH vom 22. 7. 2008 – XI ZR 389/07 – NJW 2008, 3208 m Anm
Zimmer S 3185 = ZfIR 2009, 88 m Anm Wolters). Umgekehrt bewirkt der Sicherungsvertrag nach § 491 Abs 3 Nr 1, dass auf ein Darlehensverhältnis, das an sich den
§§ 491 ff unterfällt, gewisse Vorschriften dieses Gesetzes nicht anzuwenden sind
(BGH NJW 2000, 2352; BGH ZIP 2000, 1051; BGH ZfIR 2002, 364 m abl Anm Nittel; BGH

vom 26. 11. 2002 – XI ZR 10/00 – NJW 2003, 885; Bruchner, in: FS Schimansky 263 ff). S zu den Einzelheiten Staudinger/Kessal-Wulf (2004) §§ 491 ff.

Auch die Vorschriften der §§ 358, 359 über **verbundene Verträge** sind nach den **224** vorstehend dargelegten Grundsätzen auf den Sicherungsvertrag nicht anzuwenden. Soweit ein Darlehen der Finanzierung eines Grundstücksgeschäfts dient, sind nach ständiger langjähriger Rechtsprechung der Realkreditvertrag und das finanzierte Grundstücksgeschäft ohnehin grundsätzlich nicht als zu einer wirtschaftlichen Einheit verbundene Geschäfte anzusehen (BGH NJW 2003, 1390; BGH WM 2003, 483; BGH vom 16. 9. 2003 – XI ZR 447/02 – NJW 2004, 153 jeweils mwNw).

c) Haustürwiderruf
aa) S zunächst Einl 68 f zu §§ 1113 ff. § 312 ist grundsätzlich auf den Sicherungs- **225** vertrag anzuwenden, wenn die Haustürvoraussetzungen (§ 312 Abs 1 S 1) gegeben sind (vgl EuGH vom 13. 12. 2001 – C-481/99 – NJW 2002, 281 [dazu Staudinger 653] = BB 2002, 9 [Sauer 431] = ZIP 2002, 31 m Anm Hoffmann = ZfIR 2002, 15 m Anm Fischer = ZBB 2002, 29 m Anm Kulke = EWiR Art 1 RL 85/577/EWG 1/2, 261 m Anm Pfeiffer). § 312a spielt – unabhängig vom europarechtlichen Verständnis (dazu BGHZ 150, 248 vom 9. 4. 2002 – XI ZR 91/99 = LM HWiG Nr 40 m zust Anm Buhlmann/Tassikas) – keine Rolle, weil die §§ 491 ff auf den Sicherungsvertrag ohnehin keine Anwendung finden (oben Rn 224).

§ 312 setzt voraus, dass es sich um eine entgeltliche Leistung handelt, die ein Unter- **226** nehmer einem Verbraucher erbringt. Nach neuerer Rechtsprechung (BGHZ 165, 363 vom 10. 1. 2006 – XI ZR 169/05 Tn 12 = EWiR 2006, 195 [Derleder] = JZ 2006, 571 m Anm Enders = JR 2006, 517 m Anm Probst = BGHReport 2006, 515 [Schmidt-Kessel] = jurisPR-BGHZivilR 8/2006 [Baukelmann]. S zur vormaligen Rechtslage Staudinger/Wolfsteiner [2002] Rn 171) kommt es nicht darauf an, dass die gesicherte Forderung einem Verbrauchergeschäft entspringt, auch nicht darauf, ob die gesicherte Forderung in einer Haustürsituation begründet worden ist, sondern nur auf die Verbrauchereigenschaft des Sicherungsgebers (dass nach EuGH vom 17. 3. 1998 – C-45/96 – NJW 1998, 1295 ein Bürgschaftsvertrag, der eine im Rahmen der Erwerbstätigkeit des Hauptschuldners begründete Verbindlichkeit sichert, nicht in den Geltungsbereich der Richtlinie 577/85/EWG des Rates vom 20. 12. 1985 betr den Verbraucherschutz im Falle von außerhalb von Geschäftsräumen geschlossenen Verträgen [ABl Nr L 372/31] fällt, erklärt BGHZ 165, 363 [wie vor] für das nationale Recht als bedeutungslos). In genau umgekehrter Argumentation hat sich der BGH (BGHZ 139, 389 vom 26. 9. 1995 – XI ZR 199/94 = NJW 1998, 2356 [kritisch Lorenz 2937] = EWiR § 1 HWiG 2/98 [kritisch Eckert] = JZ 1998, 1072 [Anm Drexl 1046]; ebenso OLG Sachsen-Anhalt vom 23. 8. 2007 – 2 U 49/07 – OLGR Naumburg 2008, 876) angesichts dessen, dass die Richtlinie eine Begrenzung auf entgeltliche Geschäfte zwar zulässt, aber nicht erzwingt, für eine großzügige Auslegung des Begriffs „entgeltlich" entschieden; eine auf die Bestellung einer Sicherungsgrundschuld gerichtete Vereinbarung sei jedenfalls dann ein Vertrag über eine entgeltliche Leistung, wenn der Sicherungsgeber die Verpflichtung zur Grundschuldbestellung in der – dem Gegner erkennbaren – Erwartung übernimmt, ihm selbst oder einem bestimmten Dritten werde daraus irgendein Vorteil erwachsen. Faktisch ist damit die Entgeltlichkeitsvoraussetzung gestrichen.

bb) Folgende Einzelheiten sind hervorzuheben **227**
α) Soweit der Widerruf überhaupt in Betracht kommt, ist der Sicherungsvertrag

in aller Regel **formbedürftig** nach § 492 (oben Rn 213). Nach § 355 Abs 2 S 3 kann die
Widerrufsfrist infolgedessen nicht beginnen, bevor dem sicherungsgebenden Verbraucher auch eine Vertragsurkunde, der schriftliche Antrag des Sicherungsgebers
oder eine Abschrift der Vertragsurkunde oder des Antrags zur Verfügung gestellt
werden. „Vertragsurkunde" ist nicht nur die „Zweckerklärung", sondern auch der
mit ihr nach § 139 verbundene Darlehensvertrag. Im Übrigen beginnt die Frist nach
dem klaren Wortlaut der Vorschrift (§ 355 Abs 1 S 1, Abs 2 S 3) mit dem Zugang der
auf den Abschluss des Sicherungsvertrags gerichteten Willenserklärung des Sicherungsgebers beim Sicherungsnehmer; auf den Zeitpunkt, an dem der Vertragsschluss
wirksam wird, kommt es nicht an (WITT NJW 2007, 3759; **aA** OLG Karlsruhe vom 9. 5. 2006 –
8 U 12/06 – ZGS 2006, 399; PALANDT/GRÜNEBERG⁶⁸ § 355 Rn 12; offengelassen von BGHZ 172, 58
vom 12. 4. 2007 – VII ZR 122/06 = BB 2007, 1296 m Anm GÖDDE)

228 β)   Betrifft der Sicherungsvertrag eine Forderung, die **erst in der Zukunft** begründet werden soll, so laufen die Widerrufsfristen nach § 355 doch von dem Zeitpunkt
ab, in dem die auf den Abschluss des Sicherungsvertrags gerichtete Willenserklärung
wirksam geworden ist. Auf den Zeitpunkt der Begründung der gesicherten Forderung kommt es nicht an (oben Rn 227). Unklar ist die Situation bei einem selbständigen **Sicherungs-Rahmenvertrag** (oben Rn 33), wenn im Zeitpunkt des Vertragsschlusses noch gar nicht feststeht, ob die gesicherten Forderungen und welche von ihnen
aus Verbrauchergeschäften stammen werden oder nicht. Man wird hier wohl einen
Widerruf nur für die künftigen Verbraucherverträge zulassen müssen, aber ebenfalls
nur gerechnet ab Wirksamwerden der auf den Abschluss des Sicherungsvertrags
gerichtete Willenserklärung des Sicherungsgebers.

229 γ)   S zur Frage, ob sich das Widerrufsrecht auch auf die Bestellung der **Grundschuld selbst** erstrecken kann, Einl 68 zu §§ 1113 ff.

230 δ)   Soweit § 312 Anwendung findet, muss es idR der **Sicherungsnehmer oder ein
Vertreter des Sicherungsnehmers** sein, der den Sicherungsgeber („Kunden") an einem
der in § 312 Abs 1 genannten Orte aufsucht; legt dagegen ein naher Angehöriger
dem Sicherungsgeber eine Vertragserklärung zur Unterschrift vor, so ist § 312
unanwendbar, auch wenn das auf Veranlassung des Vertragsgegners geschieht
(BGHZ 133, 55 vom 4. 10. 1995 – XI ZR 215/94 = ZIP 1995, 1979 [dazu abl FRINGS ZIP 1996,
1193] = EWiR 1996, 651 [CLEMENTE] = EWiR 1996, 1091 [KOLLER] = JZ 1996, 796 m Anm WOLF in
Anlehnung an BGH NJW 1993, 1594 = LM HWiG Nr 12 m abl Anm PFEIFFER; OLG Stuttgart vom
9. 3. 2004 – 6 U 166/03 – Tn 28, ZIP 2004, 891; OLG Sachsen-Anhalt vom 23. 8. 2007 – 2 U 49/07 –
OLGR Naumburg 2008, 876; einschränkend aber BGHZ 133, 254 vom 17. 9. 1996 – XI ZR 164/95 =
EWiR § 1 HWiG 7/96, 1091 m Anm KOLLER; **aA** KAPPUS EuZW 1993, 166; offengelassen von EuGH
NJW 1998, 1295 [weitere Fundstellen oben Rn 223]). Unanwendbar ist § 312 auch, wenn der
Verbraucher eine Vollmacht in einer Haustür-Situation erteilt, der Bevollmächtigte
aber das Geschäft nicht in einer Haustür-Situation abschließt (BGHZ 144, 223 vom 2. 5.
2000 – XI ZR 150/99 = EWiR § 166 BGB 3/2000, 1097 [krit BÜCHLER]; BGH vom 2. 5. 2000 – XI ZR
243/99 – ZIP 2000, 1158 = EWiR § 166 BGB 2/2000, 705 [FRISCH]; BGH vom 2. 5. 2000 – XI ZR 108/
99 – NJW 2000, 2270); § 492 Abs 4 S 1, der für Verbraucherdarlehen auch die Vollmacht
in seinen Anwendungsbereich einbezieht, gilt für den Haustürwiderruf nicht.

d)   Fernabsatz

231 S zunächst Einl 69 zu §§ 1113 ff. Nachdem Immobiliarkredite zunehmend im Internet angeboten werden, können auch Grundschuldsicherungsverträge im Rahmen eines für den Fernabsatz organisierten Vertriebs- oder Dienstleistungssystems unter ausschließlicher Verwendung von Fernkommunikationsmitteln (§ 312b) abgeschlossen werden. Grundschuldsicherungsverträge fallen aber ausnahmslos unter die Ausnahmevorschrift des § 312b Abs 3 Nr 4. Anders als beim Haustürwiderruf (oben Rn 225) nimmt die Vorschrift nicht nur „Verträge über Rechte an Immobilien", sondern Verträge über die Begründung, Veräußerung und Aufhebung von dinglichen Rechten an Grundstücken, also auch die schuldrechtlichen Grundgeschäfte, aus ihrem Anwendungsbereich aus (näheres STAUDINGER/THÜSING [2005] § 312b Rn 71).

9.   Rechtsnachfolge in den Sicherungsvertrag

Der Sicherungsvertrag begründet ein gewöhnliches schuldrechtliches Vertragsver- **232** hältnis und bildet keinen Annex zur Grundschuld (aA anscheinend BÖHRINGER BWNotZ 1994, 173). Dass er über §§ 1192 Abs 1a, 1157 entscheidend auf die Grundschuld einwirkt (§ 1191 Rn 5 ff, nachf Rn 240), macht ihn nicht zum Inhalt der Grundschuld. Auch die Rechtsnachfolge in den Sicherungsvertrag richtet sich demnach nach schuldrechtlichen Normen, während sich die Rechtsnachfolge in die Grundschuld nach sachenrechtlichen Normen (§§ 1153 f) richtet. Wie in der Entstehungs- und der Endphase verbindet allerdings der Sicherungsvertrag auch in Ansehung einer Rechtsnachfolge die gesicherte Forderung mit der Grundschuld. Der Sicherungsvertrag bestimmt, ob die Grundschuld – mit oder ohne Forderung – abgetreten werden *darf,* während sich die Frage, ob die gesicherte Forderung abgetreten werden darf, nach dem zugrundeliegenden Schuldverhältnis bestimmt. Auch die Frage, ob die gesicherte Forderung abgetreten werden *kann,* richtet sich nach dem Schuldverhältnis (§ 399), während sich die gleiche Frage in Bezug auf die Grundschuld ebenfalls nach Sachenrecht richtet (s zur nicht abtretbaren Grundschuld Einl 138 zu §§ 1113 ff).

Ist die Grundschuld reif zur Verwertung, so darf sie der Gläubiger auch durch **233** **Abtretung** verwerten (Einzelheiten oben Rn 113). Auch das Bankgeheimnis soll dem, wenn Gläubiger eine Bank ist, nicht entgegenstehen (§ 1153 Rn 19 ff).

a)   Rechtsnachfolge auf der Gläubigerseite
aa)   Zulässigkeit der Abtretung

Im Übrigen aber folgt aus dem **fiduziarischen Charakter** des Sicherungsvertrags, dass **234** er mangels besonderer Abrede dem Sicherungsnehmer die Abtretung der Grundschuld verbietet, solange die Verwertungsreife (oben Rn 103 ff) nicht eingetreten ist (CLEMENTE ZfIR 2007, 737; aA REINICKE/TIEDTKE Rn 1004, die nicht erkennen, dass die Veräußerung – anders als bei der akzessorischen Sicherungshypothek, die kein Treuhandelement enthält – die Treuhandstellung verändert). Auf das Bankgeheimnis (dazu § 1153 Rn 19) kommt es insoweit nicht an (CLEMENTE ZfIR 2007, 737). Zwar wird der Gläubiger durch Abtretung der Grundschuld von seinen Pflichten aus dem Sicherungsvertrag keineswegs frei (nachf Rn 235); dem Sicherungsgeber aber kann es alles andere als gleichgültig sein, ob er seine Ansprüche aus dem Sicherungsvertrag direkt gegen den Grundschuldinhaber geltend machen kann, oder ob er darauf angewiesen ist, dass der Sicherungsnehmer bei der Abtretung sichergestellt hat, dass er den Zessionar zur Einhaltung des Sicherungsvertrags veranlassen kann. Den deutschen Banken, die erst seit Beginn des 21. Jahrhunderts der Mode folgen, grundschuldgesicherte Forderungen – auch nicht notleidende – massenweise zum Zwecke der „Verbriefung" noch dazu an Nichtbanken zu verkaufen (dazu CLEMENTE ZfIR 2007, 737 mwNw), kann nicht zugestanden werden, diese Rechtslage einseitig zu ändern.

235 An der Rechtslage ändert sich nichts, wenn der Zessionar der Grundschuld auch die **Verpflichtungen aus dem Sicherungsvertrag übernimmt**; denn es handelt sich darum, ob der Sicherungsgeber das nötige Vertrauen dahin hat, dass der neue Gläubiger seine Treuhandverpflichtungen auch erfüllen wird (oben Rn 164 f; großzügiger STAUDINGER/SCHERÜBL[12] § 1191 Rn 39; noch weitergehend – § 401 sei entsprechend anwendbar – RGZ 89, 193; RGZ 91, 279; BGHZ 80, 228, 232; BGH NJW-RR 1995, 589; SERICK § 26 VI 21). Auch kann es dem Sicherungsgeber nicht gleichgültig sein, wer die Wahlrechte des Gläubigers zur Auswahl der zu verwertenden Sicherheiten, zur Art der Verwertung, zur Anmeldung oder Nichtanmeldung im Verteilungsverfahren usw ausübt (MünchKomm/ ROTH[5] § 399 Rn 29a). Die Stellung einer Grundschuldsicherheit bedarf auf Seiten des Sicherungsgebers besonderen Vertrauens in den Sicherungsnehmer, das dieser nicht auf eine dritte Person übertragen kann. Dem kann nicht entgegengehalten werden, wegen § 1192 Abs 1a sei der Sicherungsgeber, jedenfalls wenn er zugleich Eigentümer ist, nicht mehr auf besonderes Vertrauen angewiesen; die Vorschrift gibt ihm nur Einreden und keinen Primärschutz gegen treuwidrige Verfügungen. Auch würde eine Auslegung dahin, dass § 1192 Abs 1a bisher nötige Schutzmechanismen entbehrlich mache, der gesetzgeberischen Absicht, den Schutz des Sicherungsgebers zu verstärken, nicht ihn zu schwächen, diametral entgegenstehen. Im Sinne des § 399 Alt 1 kann die Abtretung also nicht ohne Veränderung des Inhalts des zugrundeliegenden Sicherungsvertrags erfolgen (in diesem Sinne auch CLEMENTE ZfIR 2007, 737). Dinglich wirkt das Abtretungsverbot freilich nicht, was der allerdings diskussionsbedürftigen Rechtsprechung zur Abtretbarkeit der Darlehensforderung entspricht (oben § 1153 Rn 17 ff).

bb) Gestattung der Abtretung

236 Die Abtretung ist zulässig, wenn sie dem Gläubiger im Sicherungsvertrag oder später vom Sicherungsgeber gestattet wird. Die in den Darlehensvertrag aufzunehmende Belehrung nach § 492 Abs 1a S 3 kann nicht als Gestattung verstanden werden, denn sie betrifft ausdrücklich nur die gesicherte Darlehensforderung. Dass die Darlehensforderung abgetreten werden darf, impliziert keineswegs auch die Gestattung, das Sicherungsgut zu übertragen.

237 Auch § 22d Abs 4 S 1 KWG enthält keine solche Gestattung. Zwar bestimmt er, dass Forderungen auch dann in ein **Refinanzierungsregister** (dazu Einl 144 zu §§ 1113 ff; § 1154 Rn 67 ff) eingetragen werden können und nach Eintragung an den Übertragungsberechtigten veräußerbar sind, wenn die Abtretung durch mündliche oder konkludente Vereinbarung mit dem Schuldner ausgeschlossen worden ist; auch das betrifft aber nur die gesicherte Forderung, nicht die Grundschuldsicherheit, die durch Eintragung in das Register gerade nicht auf den Zessionar übergeht, sondern, freilich belastet mit einem Absonderungsrecht, beim bisherigen Gläubiger verbleibt.

238 Durch **allgemeine Geschäftsbedingung** oder im Verbrauchervertrag kann die Zustimmung zu beliebiger Abtretung im allgemeinen nicht vorweggenommen werden, jedenfalls nicht, wenn sich die Zustimmung darauf erstrecken soll, dass der ursprüngliche Sicherungsnehmer aus den Verpflichtungen des Sicherungsvertrags entlassen wird (oben Rn 167). § 309 Nr 10 (idF Art 5 Nr 3 des RisikobegrenzungsG vom

12. 8. 2008 [BGBl I 1666]) ist zwar nicht immer unmittelbar einschlägig, weil der Sicherungsvertrag nur unter den Vertragskatalog der Vorschrift fällt, wenn er iSd § 139 Bestandteil eines Darlehensvertrags ist; eine entsprechende Anwendung ist aber auch auf den selbständigen Sicherungsvertrag geboten, so dass die Vertragsübernahme durch einen Dritten durch allgemeine Geschäftsbedingungen nur zugelassen werden kann, wenn der Dritte namentlich benannt ist oder dem Darlehensnehmer das Recht eingeräumt, sich vom Vertrag zu lösen. Es ist also – auch in allgemeinen Geschäftsbedingungen – nichts gegen die Erlaubnis einzuwenden, das Sicherungsverhältnis auf eine namentlich bezeichnete Person, zB vom Zwischenfinanzierer auf das Endfinanzierungsinstitut oder von der kreditgebenden Bank auf deren Zentralinstitut zu übertragen.

Die vorstehenden Grundsätze gelten auch für eine sog Vertragsübernahme, so man **239** diese als eigenständiges Institut anerkennen will (vgl dazu Röthel/Hesseler WM 2008, 1001), was man jetzt aus § § 492 Abs 1a S 3 („Vertragsverhältnis auf einen Dritten übertragen") entnehmen mag. Da bei der Vertragsübernahme der alte Gläubiger völlig aus seinen Verpflichtungen entlassen werden soll, ist stets die Zustimmung aller anderen am Sicherungsvertrag beteiligten Personen erforderlich.

cc) Rechtsfolgen
Werden die Ansprüche aus dem Sicherungsvertrag wirksam abgetreten, so gelten die **240** **§§ 404, 406**. Die Anwendung dieser Vorschriften auf den **obligatorischen Sicherungsvertrag** ist nicht zu verwechseln mit der Anwendung des § 1157 auf die Grundschuld. Während § 1157 in erster Linie kranke Fälle erfasst, kommen §§ 404, 406 vor allem dann zur Anwendung, wenn die Grundschuld mit der gesicherten Forderung abgetreten wird.

Umgekehrt folgen die **Verpflichtungen aus dem Sicherungsvertrag** von selbst weder **241** der Grundschuld noch der Forderung (BGHZ 108, 237 = EWiR § 1191 BGB 4/89, 881 [Clemente] = WuB I F 3 Grundpfandrechte 15. 89 [krit Ott]; Anm Wilhelm JZ 1998, 18; Reischl JuS 1998, 615; Clemente ZfIR 2007, 737). Der Grundschuld folgen sie allerdings insoweit, als es § 1157 dem Eigentümer erlaubt, der Grundschuld Einreden aus dem Sicherungsvertrag entgegenzuhalten (§ 1191 Rn 9 ff, § 1157 Rn 21 ff). Dies steht aber unter dreierlei Einschränkungen: Die Einreden stehen ggf nur dem *Eigentümer,* nicht aber einem dritten Sicherungsgeber zu; der Eigentümer kann Einreden nur erheben, wenn er selbst Vertragsteil des Sicherungsvertrages ist (BGH NJW 1979, 717; BGHZ 105, 154). Die Einreden können nur dem Anspruch aus der Grundschuld entgegengehalten werden, geben aber nur ausnahmsweise auf bereicherungsrechtlicher Grundlage einen *Rückgewähranspruch.*

dd) Schuldübernahme
Erwirbt jemand die **Grundschuld nebst Forderung,** so liegt die Annahme nahe, dass **242** der Zedent von seinen Verpflichtungen aus dem Sicherungsvertrag befreit werden, also mit der Zession einen Schuldübernahmevertrag verbinden möchte. Der (sei es auch stillschweigende) Abschluss eines solchen Vertrags liegt insbesondere dann nahe, wenn der forderungsbegründende Vertrag und der Sicherungsvertrag eine rechtliche Einheit bilden (oben Rn 32 ff). Die Auslegung als Schuldübernahmevertrag muss allerdings scheitern, wenn der Vertrag Angaben des Zedenten zum Inhalt und zum gegenwärtigen Status des Sicherungsvertrags enthält, die der wirklichen Rechts-

lage nicht entsprechen; der Zessionar will dann das Schuldverhältnis nicht mit dem
Inhalt übernehmen, welchen es auch immer hat, sondern mit einem Inhalt, der mit
dem aktuellen Schuldverhältnis nicht übereinstimmt (Dissens).

ee) Trennung von Grundschuld und Forderung

243 Trennen sich Grundschuld und Forderung (aus der Sicht des Schuldners) unfreiwillig, so kann der Schuldner der Geltendmachung der gesicherten Forderung regelmäßig die Einrede aus § 273 Abs 1 entgegenhalten, dass er nur gegen Rückgabe der
Grundschuld (ggf auch an den dritten Sicherungsgeber, es sei denn ein Deckungsverhältnis würde fehlen) zu leisten verpflichtet sei. Die Einrede wird zur dauernden,
wenn der mit dem Eigentümer identische Schuldner auf die Grundschuld zu zahlen
genötigt war und diese dadurch erloschen oder auf ihn übergegangen ist (vgl BGH
NJW 1996, 1207; TIEDTKE merkt dazu in NJW 1997, 851 an, die Zahlung auf die Grundschuld bringe
die Forderung zum Erlöschen; **dagegen** oben Rn 88; DÖRING 116 f). Dies gilt auch im Falle der
Zahlung an den Scheingläubiger, die dem wahren Gläubiger gegenüber nach § 893
wirksam ist (insoweit richtig TIEDTKE NJW 1997, 851), denn das Zurückbehaltungsrecht
besteht unabhängig von einem Verschulden des Forderungsgläubigers. Hat die
Grundschuld aber gar nicht die gegen ihn gerichtete Forderung des Gläubigers,
sondern eine Forderung gegen einen Dritten gesichert, so gilt das oben Rn 90
ausgeführte; der Eigentümer kann idR dem Anspruch aus der Grundschuld (auch
wenn er vom Scheingläubiger erhoben wird) entgegenhalten, dass er den Grundschuldanspruch nur gegen Abtretung der gesicherten Forderung zu befriedigen
brauche; kann der Gläubiger aus welchem Grunde auch immer dem Eigentümer
die gesicherte Forderung nicht verschaffen, so wird die Einrede wieder eine ständige
(etwas unscharf BGH NJW 1996, 1207 wie auch die Anm TIEDTKE NJW 1997, 851).

ff) Vormerkungssicherung

244 Gegen eine vertragswidrige oder gar untreue Grundschuldabtretung kann sich der
Sicherungsgeber durch eine bei der Grundschuld einzutragende **Vormerkung des
Rückgewähranspruchs** (§ 883) sichern. Auch nach Einführung des § 1192 Abs 1a hat
das noch Bedeutung für einen vom Eigentümer verschiedenen Sicherungsgeber. Die
Vormerkung bedarf der Bewilligung des Grundschuldgläubigers (OLG Hamm OLGZ
1990, 3); der Bewilligung durch den Eigentümer bedarf es nicht (SERICK § 28 IV 4
mwNw). Die Bewilligung des Eigentümers genügt jedoch, wenn die Vormerkung
zusammen mit der Fremdgrundschuld eingetragen wird (KG JFG 11, 269; HUBER DNotZ
1958, 379); sie kann dann für den künftigen Anspruch gegen den Buchgläubiger
bereits eingetragen werden, auch wenn die Grundschuld noch dem Eigentümer
zusteht (BRUHN Rpfleger 1958, 55; DEMPEWOLF MDR 1957, 611; **aM** LG Bochum MDR 1957,
610). Durch die Vormerkung kann der Rückgewähranspruch auch in einer durch die
Ausübung des Wahlrechts konkretisierten Form gesichert werden (DEMPEWOLF NJW
1958, 673). In der Regel akzeptiert der Gläubiger eine solche Vormerkung aber nicht,
weil sie ihn in der Verwertung der Grundschuld behindert. Niemand wird bereit sein,
ihm die Grundschuld bei Verwertungsreife abzukaufen, weil sich der Zessionar auf
die Behauptung des Zedenten verlassen müsste, dass der Rückgewähranspruch
erledigt sei. Auch die Verwertung durch Zwangsvollstreckung ist behindert. Die
Vormerkung ist zwar kein die Zwangsvollstreckung aus der Grundschuld hinderndes
Recht; im Verteilungsverfahren nach Zwangsversteigerung ist sie aber zu berücksichtigen, so dass der versteigernde Gläubiger ggf erst im Klageweg gegen den
Vormerkungsgläubiger vorgehen müsste, um Befriedigung zu erlangen. In der Si-

cherungspraxis spielt die Vormerkung des Rückgewähranspruchs deshalb keine Rolle; das ist nicht Folge eines verbreiteten Beratungsfehlers (wie HUBER, in: FS Serick 222 meint), sondern kommt daher, dass die Praxis mit Recht ggf die vom Gesetz eigens für solche Zwecke bereitgestellte und viel einfachere Sicherungshypothek oder in gewissen Fällen die nicht abtretbare Grundschuld bevorzugt (Einl 138 zu §§ 1113 ff).

Die Vormerkung kann auch im Weg der einstweiligen Verfügung erlangt werden **245** (§§ 883, 885). Die einstweilige Verfügung setzt nicht voraus, dass dem Sicherungsgeber ein vertraglicher Anspruch auf Sicherung durch Vormerkung zusteht; vielmehr genügt der Rückgewähranspruch als solcher (SERICK § 28 IV 4; WOLFF/RAISER § 48 II; **aM** HECK § 47 III 3; DEMPEWOLF 28). Wegen der nach §§ 936, 926 ZPO obligatorischen Klageerhebung eignet sich die einstweilige Verfügung nur für Fälle, in denen der Rückgewähranspruch entweder schon fällig ist oder in denen ausnahmsweise Klage auf künftige Leistung gemäß § 259 ZPO aussichtsreich erscheint.

gg)   Gesamtrechtsnachfolgen
Bei Rechtsnachfolge in der Form der **Gesamtrechtsnachfolge** gehen Grundschuld **246** und Sicherungsrechtsverhältnis insgesamt auf den Rechtsnachfolger über. Bei der formwechselnden Umwandlung bleiben zwar rechtlich Grundschuldgläubiger und Sicherungsnehmer identisch; wirtschaftlich kann damit aber ein totaler Identitätswandel einhergehen. Trotz Gesamtrechtsnachfolge oder Identitätswahrung können sich Auswirkungen auf das Sicherungsverhältnis ergeben. Vor allem im Fall der Verschmelzung wird dem Sicherungsgeber uU ein Sicherungsnehmer aufgezwungen, dessen persönliche und wirtschaftliche Zuverlässigkeit aus der Sicht des Sicherungsgebers sehr viel schlechter sein kann als die des Rechtsvorgängers. Deshalb muss dem Sicherungsgeber angesichts des treuhänderischen Charakters des Grundschuld-Sicherungsvertrags (oben Rn 26 f) in solchen Fällen ein Recht zur außerordentlichen Kündigung des Sicherungsvertrags nach § 314 mit nachfolgender Rückgabe der Grundschuld zugestanden werden (so für vergleichbare Fälle mit Recht RIEBLE ZIP 1997, 301). Ob dann der Sicherungsnehmer berechtigt ist, das besicherte Rechtsverhältnis (zB den Darlehensvertrag) zu beenden, ist eine Frage des Inhalts dieses Rechtsverhältnisses.

b)   Rechtsnachfolge beim Sicherungsgeber, Eigentumswechsel
Anders als auf der Seite des Sicherungsnehmers steht einer beliebigen Abtretung der **247** Ansprüche des Sicherungsgebers idR nichts entgegen. Vgl zur Frage, ob die Abtretbarkeit durch **allgemeine Geschäftsbedingungen** ausgeschlossen werden kann, oben Rn 161. Ist der Eigentümer Sicherungsgeber, so wird bei Eigentümerwechsel der neue Eigentümer nicht von selbst Partei des Sicherungsvertrags, insbesondere dann nicht, wenn er das Grundstück im Wege der Zwangsversteigerung erwirbt (BGH NJW-RR 1990, 1202; OLG Bamberg NJW-RR 1997, 81; MünchKomm/EICKMANN[4] § 1191 Rn 103). Es bedarf vielmehr der gesonderten Abtretung der Rechte aus diesem Vertrag, die auch stillschweigend erfolgen kann (BGH Rpfleger 1952, 487; BGH NJW 1991, 1821; WOLFF/ RAISER § 154 Fn 11; RÄBEL NJW 1953, 1247, 1249; HUBER 132; SERICK § 28 II 2 Fn 37) und die Regel darstellt, wenn ein Grundstückskäufer in Anrechnung auf den Kaufpreis ein grundschuldgesichertes Darlehen schuldbefreiend übernimmt (BGHZ 97, 280; BGH NJW 1991, 1821). S aber nachf Rn 288.

aa) § 416 unanwendbar

248 Sichert die Grundschuld eine Schuld des Veräußerers, so findet § 416 keine Anwendung, wenn der Erwerber des belasteten Grundstücks die Schuld mit befreiender Wirkung übernimmt (WOLFF/RAISER § 154 II; CLEMENTE Rn 959; aA OLG Braunschweig MDR 1962, 736; DERLEDER JuS 1971, 90 Fn 11; GABERDIEL Rn 955; STAUDINGER/SCHERÜBL[12] § 1191 Rn 46; STAUDINGER/RIEBLE [2005] § 416 Rn 15; MünchKomm/MÖSCHEL[5] § 416 Rn 4; Münch-Komm/EICKMANN[4] § 1191 Rn 103). § 416 ist von der Rechtspraxis nicht angenommen und von der Kreditwirtschaft dadurch bedeutungslos gemacht worden, dass jedes Darlehensformular ein Kündigungsrecht des Gläubigers für den Fall des Eigentumswechsels vorsieht; der nicht unerhebliche intellektuelle Aufwand, den eine Anpassung des § 416 an die andersartige Grundschuld erfordert (richtig SCHOLZ NJW 1966, 1739; CLEMENTE Rn 959), lohnt sich daher nicht.

bb) 418 Abs 1 S 2 anwendbar

249 Hingegen ist § 418 Abs 1 S 2 entsprechend anzuwenden (BGH DNotZ 1966, 667; BGHZ 115, 241 = JZ 1992, 582 m zust Anm WEBER uwNw; aA CLEMENTE[4] Rn 963), wobei die Betonung auf „entsprechend" liegt. Bei der *Hypothek* kann die Vorschrift einen Verzicht fingieren, obwohl es sich bei der Auswechslung des Schuldners um eine Störung nicht der Hypothek, sondern des Sicherungsverhältnisses handelt; denn bei der Hypothek ist das Sicherungsverhältnis Inhalt des dinglichen Rechts. Bei der Grundschuld ist das nicht der Fall, so dass eine Verzichtswirkung auf die Grundschuld ausscheidet; der „Verzicht" kann nur das Sicherungsverhältnis betreffen, dem Sicherungsgeber also einen Anspruch auf Rückgewähr der Grundschuld verschaffen (KOMANNS 35; STOCKMAYER 56; SCHOLZ NJW 1966, 1740; GABERDIEL/GLADENBECK[8] Rn 960; iE wohl ebenso STAUDINGER/RIEBLE [2005] § 418 Rn 12 mwNw und WILHELM[3] Rn 1476, die die Vorschrift nur als Auslegungsregel zum Sicherungsvertrag verstehen).

250 Demgegenüber bestehen Rechtsprechung und hL (BGH DNotZ 1966, 667; BGHZ 115, 241 = JZ 1992, 582 m zust Anm WEBER uwNw) darauf, dass die entsprechende Anwendung zum dinglich wirksamen Verzicht auf die Grundschuld führe, was zwangsläufig den Eigentümer anstelle des Sicherungsgebers ins Bild rückt. Dabei bleibt aber unklar, unter welchen Voraussetzungen die Vorschrift zur Anwendung kommen kann. Ist der Eigentümer überhaupt nicht am Sicherungsverhältnis beteiligt (weil er zB die Grundschuld durch Ablösung verloren hat), wird man ihm schwerlich eine gänzlich unverdiente Verzichtsfiktion zuwenden können (vgl § 1169 Rn 25). War der Eigentümer einmal Sicherungsgeber, hat er aber die Rückgewähransprüche abgetreten, so will der BGH (BGHZ 115, 241 = JZ 1992, 582 m zust Anm WEBER uwNw) wenig überzeugend auf die Zustimmung des Eigentümers und nicht die des Inhabers der Rückgewähransprüche abstellen (dagegen auch WILHELM[3] Rn 1476), was im entschiedenen Fall nur zufällig zu einem vertretbaren Ergebnis geführt hat (weil die Ansprüche nur sicherheitshalber abgetreten waren und man daran zweifeln konnte, ob dem Zessionar nach dem Zweck der Abtretung die Rechtsmacht übertragen werden sollte, der Schuldübernahme zu widersprechen). Die hL führt nur dann zu einigermaßen widerspruchsfreien Lösungen, wenn man die *direkte* Anwendung der Vorschrift auf den Fall beschränkt, dass die Rückgewähransprüche beim Eigentümer liegen; beschränkt man aber die Anwendung in dieser Weise, so wird man in den anderen Fällen die Vorschrift doch noch *entsprechend* anwenden und eine entsprechende Klausel im Wege der Auslegung in den Sicherungsvertrag hineininterpretieren müssen (so auch STAUDINGER/RIEBLE [2005] § 418 Rn 12). Die Vorschrift in diesem Sinn gespalten anzuwenden, ist wenig überzeugend und verkompliziert die Anwendung unnötig.

III. Die Abwicklung der Sicherungsgrundschuld

1. Zwangsversteigerung des belasteten Grundstücks

a) Bestehenbleibende Grundschuld

aa) Bleibt in der Zwangsversteigerung eine Grundschuld bestehen, die der Siche- **251** rung einer Forderung dient, so **fingiert** § 53 Abs 2 ZVG eine **Vereinbarung** des Erstehers mit dem Schuldner der gesicherten Forderung dahingehend, dass der Ersteher die gesicherte Schuld schuldbefreiend übernimmt. Der Gläubiger hat die Wahl, ob er die Schuldübernahme genehmigt und dadurch unter Befreiung des bisherigen Schuldners den Ersteher auch als Schuldner der gesicherten Forderung gewinnt, oder ob er es bei dem bisherigen Zustand belässt. Vergleichbar ist die Regelung in § 33 Abs 2 S 3 ErbbauRG.

Die in der Reihe der §§ 416, 418 stehende, wenig durchdachte Vorschrift (oben **252** Rn 248 ff) bereitet in ihrer Anwendung auf Grundschulden erhebliche Schwierigkeiten. Es können nur solche Schuldverpflichtungen übergehen, für die der Eigentümer persönlich haftet. Konsequenterweise ist anzunehmen, dass der Ersteher zugleich auch die Ansprüche des Eigentümers aus dem Sicherungsvertrag erwirbt (OLG Zweibrücken vom 22.7.2002 – 7 U 271/01 – ZfIR 2003, 214 mit fehlerhaftem Zitat [Rn 140 statt 193]; ebenso wohl GABERDIEL Rn 940). Die Übernahme erfolgt nur „in Höhe" der Grundschuld; angesichts dessen, dass auch Zinsen und andere Nebenleistungen der Grundschuld für die Schuld haften, und wegen der Verjährungsprobleme bei den Grundschuldzinsen (oben Rn 99) bleibt dunkel, was als Höhe der Grundschuld anzusehen ist. Angesichts der ansonsten unzulänglichen Befriedigungsmöglichkeiten wird man höchstens die in Rangklasse 4 des § 10 ZVG zu befriedigenden unverjährten Zinsen und anderen Nebenleistungen heranziehen können. Besteht die Forderung aus Hauptsache, Zinsen, Kosten usw, so wird man zwar §§ 366, 367 entsprechend anzuwenden haben, wenn die Grundschuld die volle Forderungssumme nicht deckt; unklar ist aber, ob die dem Schuldner besonders lästigen oder aber die dem Schuldübernehmer am wenigsten lästigen Verbindlichkeiten übernommen sind.

Sichert die Grundschuld **mehrere Forderungen**, deren Betrag insgesamt den Grund- **253** schuldbetrag übersteigt (zB drei Darlehen, die jeweils unterschiedlich fällig und zu verzinsen sind), so wird man jede der Darlehensforderungen verhältnismäßig in die Schuldübernahmefiktion einbeziehen müssen. Künftige und ungewisse Forderungen müssen ausgeschieden werden, soll die Vorschrift einigermaßen praktikabel sein. Verjährte Schuldverpflichtungen sind hingegen zu berücksichtigen, weil sich der Gläubiger nach § 216 Abs 1 auch wegen verjährter Ansprüche aus der Grundschuld befriedigen kann (vgl BGHZ 143, 397 = JZ 2000, 891 [PETERS] = LM BGB § 223 Nr 7 [PFEIFFER] = EWiR 2000, 465 [WALKER]).

Liegt hingegen der Betrag der gesicherten Forderungen **unter der Höhe der Grund-** **254** **schuld** (was das jeweils auch bedeuten mag), so bleiben wegen des nicht valutierten Teils die schuldrechtlichen Beziehungen des ursprünglichen Sicherungsgebers zum Sicherungsnehmer unberührt; der ursprüngliche Sicherungsgeber hat weiterhin we-

gen des nicht valutierten Teilbetrags einen Rückgewähranspruch gegen den Sicherungsnehmer (= Grundschuldgläubiger), der aber, da der ursprüngliche Sicherungsgeber nicht mehr Eigentümer ist, nur in der Form der (Rück-)Abtretung der Grundschuld an den Sicherungsgeber verwirklicht werden kann (OLG Bamberg NJW-RR 1997,
81).

255 Meldet der Schuldner die Forderung nicht nach § 53 Abs 2 ZVG an oder **genehmigt
der Gläubiger die Schuldübernahme nicht**, so bleibt der Sicherungsvertrag zwischen
dem früheren Eigentümer/Schuldner, der jetzt zwar kein Eigentümer mehr, aber
immer noch Sicherungsgeber ist, und dem Gläubiger unberührt. Er hat einen (durch
Abtretung zu erfüllenden) Rückgewähranspruch, den er der Forderung entgegensetzen kann.

256 bb) Soweit der Ersteher nicht auch die Ansprüche aus dem Sicherungsvertrag
erwirbt (oben Rn 252), kann er hingegen dem Grundschuldgläubiger **Einreden aus
dem Sicherungsvertrag** nicht entgegensetzen (BGH NJW-RR 1990, 1202; OLG Bamberg
NJW-RR 1997, 81; OLG Zweibrücken vom 22. 7. 2002 – 7 U 271/01 – ZfIR 2003, 214), denn § 1157
gilt nicht für die Rechtsnachfolge im Eigentum (§ 1157 Rn 7). Fehlerhaft deshalb die
Auffassung (BGHZ 56, 22 vom 19. 3. 1971 – V ZR 166/68 – mwNw; BGHZ 64, 170 vom 21. 3. 1975
– V ZR 154/74; BGHZ 133, 51 vom 4. 6. 1996 – IX ZR 291/95; auch STAUDINGER/SCHERÜBL[12] § 1191
Rn 78), der Schuldner, der den Gläubiger befriedigt hat, habe einen Bereicherungs-
anspruch gegen den Ersteher, weil dieser nun der Grundschuld eine dauernde
Einrede gemäß § 1169 entgegensetzen könne; richtig ist, dass der Ersteher keine
Ansprüche oder Einreden aus dem Sicherungsvertrag, an dem er mangels einer
Schuldübernahme in keiner Form beteiligt ist, herleiten kann (§ 1157 Rn 7), so dass
er den Grundschuldgläubiger in voller Höhe der Grundschuld befriedigen muss
(richtig jetzt BGHZ 155, 63 vom 21. 5. 2003 – IV ZR 452/02 = ZfIR 2003, 606 m zust Anm CLEMENTE
= EWiR § 1191 BGB 2/03, 761 m Anm DÜMIG = LMK 2003, 184 m zust Anm STÜRNER/KERN).
Zahlt er auf die Grundschuld, so ist der Gläubiger gegenüber seinem Sicherungsgeber, dem Schuldner, berechtigt, sich aus dem Erlös zu befriedigen; den Übererlös
hat er dem Sicherungsgeber/Schuldner herauszugeben (oben Rn 133). Gibt sich der
Gläubiger mit einem niedrigeren Betrag zufrieden und verzichtet er daraufhin auf
die Grundschuld (statt sie dem Sicherungsgeber zurückzugeben), so ist der Ersteher
allenfalls dem Gläubiger gegenüber bereichert, keinesfalls aber dem früheren Eigentümer oder dem Schuldner gegenüber, zu denen er in keinerlei Rechtsbeziehung
steht (**aA** OLG Koblenz NJW-RR 2000, 579).

b)   Erlöschende Grundschuld
257 Erlischt die Grundschuld durch den Zuschlag, so ist der auf die Grundschuld
entfallende Erlösanteil dem Grundschuldgläubiger in voller Höhe zuzuteilen, unabhängig davon, ob der Betrag der gesicherten Forderung diesem Erlösanteil entspricht. Soweit die gesicherte Forderung den auf die Grundschuld zugeteilten Betrag
nicht erreicht, steht dem Sicherungsgeber (= früheren Eigentümer, wenn er Sicherungsgeber war) auf Grund des Sicherungsvertrags der **Rückgewähranspruch** zu
(BGHZ 98, 256 = ZIP 1986, 1540 m Anm REITHMANN = EWiR 1987, 9 m Anm MÜNCH; BGHZ
108, 237 = EWiR § 1191 BGB 4/89, 881 m Anm CLEMENTE = WuB I F 3 Grundpfandrechte 15. 89 m
krit Anm OTT; BGH NJW 1992, 1620 = EWiR 1992, 463 m Anm LAUER; BGH ZIP 2002, 409
mwNw). Der überschießende Betrag ist jedoch im Verteilungsverfahren immer dem
Grundschuldgläubiger zuzuteilen, es sei denn, dieser hätte seinen Erlösanspruch in

Erfüllung seiner Rückgewährverpflichtung bereits an den Sicherungsgeber abgetreten; der Rückgewähranspruch selbst gewährt keinen Anspruch auf die Teilungsmasse iSd § 114 ZVG (BGH NJW 1981, 1505; Stöber ZVG-Handbuch Rn 480; Steiner/Teufel[9] § 114 ZVG Rn 40 mwNw; Gaberdiel/Gladenbeck[8] Rn 1141 ff; vgl BGHZ 108, 237 – weitere Fundstellen oben). Etwas anderes gilt auch dann nicht, wenn der Rückgewährberechtigte in anderer Eigenschaft (zB als Vollstreckungsschuldner) am Verfahren beteiligt ist (Gaberdiel/Gladenbeck[8] Rn 1145; aA BGH WM 1981, 693; MünchKomm/Eickmann[4] § 1191 Rn 148).

Die **Gegenansicht**, schuldrechtliche Ansprüche begründeten einen Widerspruch **258** gegen den Teilungsplan, wenn sie geeignet seien, die Geltendmachung des dinglichen Rechts eines anderen zu beschränken oder auszuschließen, dh diesen anderen zu verpflichten, den auf sein dingliches Recht entfallenden Erlösanteil dem Widersprechenden zu überlassen (BGH WM 1962, 1138; BGH WM 1981, 693; BGH NJW 2002, 1578 = LM § 115 ZVG Nr 10 m Anm Keller = EWiR § 15 KO 1/02, 355 m Anm Hegerl, wo vergeblich versucht wird, den Widerspruch zu BGHZ 108, 237 zu leugnen; Storz ZIP 1980, 506; MünchKomm/Eickmann[4] § 1191 Rn 148; Wilhelm JZ 1998, 18 gegen BGHZ 108, 237), ist schwach begründet. Sie erhebt nicht titulierte schuldrechtliche Ansprüche durch bloße Anmeldung im Zwangsvollstreckungsverfahren in den Rang dinglicher Rechte, was bereits versagen muß, wenn mehrere konkurrierende schuldrechtliche Ansprüche angemeldet werden. Durch diese Verdinglichung bevorzugt sie solche Gläubiger des Vollstreckungsschuldners, die einen grundstücks- oder grundstücksrechtsbezogenen schuldrechtlichen Anspruch haben, vor sonstigen ungesicherten Gläubigern. Das verstößt gegen die allgemeinen Wertungen der Schuldrechtsordnung.

Die **Befriedigungsfiktion des § 114a ZVG** ordnet sich ihres Ausnahmecharakters **259** wegen nicht ganz in das System ein. Es tritt in Höhe des 7/10-Werts Befriedigungswirkung ein, aber doppelt begrenzt durch den Betrag aller erlöschenden Grundpfandrechte des Erstehers und der Summe der gesicherten Forderungen. Der Ersteher muss deshalb einen nur fiktiven Übererlös nicht den Inhabern von Rückgewähransprüchen herausgeben (vgl BGH Rpfleger 1987, 120 m Anm Ebeling; FG München/BFH BB 1995, 1227; s zu weiteren Einzelheiten Muth Rpfleger 1987, 89).

2. Insolvenzverfahren

a) Insolvenzverfahren über Sicherungsgeber

Sind der Sicherungsgeber mit dem Darlehensnehmer und der Sicherungsnehmer mit **260** dem Darlehensgeber personengleich, so kann der Sicherungsnehmer als Grundschuldgläubiger im Insolvenzverfahren über das Vermögen des Sicherungsgebers gemäß § 49 InsO (s zur Gesamtvollstreckung LG Gera ZIP 1996, 681 mwNw = EWiR § 7 GesO m Anm Hintzen) **abgesonderte Befriedigung**; aus dem Grundstück verlangen (Behmer DNotZ 1985, 195) und als Gläubiger der gesicherten Forderung nach vorgängiger Befriedigung aus dem Grundstück seinen Ausfall nach § 190 InsO als Insolvenzforderung geltend machen (Serick § 35 III 3 a). Dient die Grundschuld zur Sicherung eines Kontokorrentkredits oder ist ein gesichertes Darlehen noch nicht voll ausbezahlt, so haftet die Grundschuld nicht für Saldoerhöhungen, die sich nach Eröffnung des Insolvenzverfahrens dadurch ergeben, dass der Insolvenzverwalter das Kontokorrent oder sonst ein Rechtsverhältnis fortführt (BGH NJW 1991, 1286; BGH NJW 1997, 2322 = EWiR 1997, 799 [Stebut]; **aA** für das Pfändungspfandrecht an einem Girokonto

BGHZ 135, 140 = ZZP 111 [1998] 77 m abl Anm Häsemeyer = ZIP 1997, 737 [Eckardt] = LM KO
§ 106 Nr 16 [Stürner] = EWiR 1997, 943 [Henckel] = JR 1998, 28 [Marotzke] für die Pfändung
bei Kontokorrentabrede [besprochen von K Schmidt JuS 1997, 853]). Das schließt aber eine
der Masse gegenüber wirksame Nachvalutierung nicht aus, wenn die Grundschuld
eine fremde Schuld sichert, die Valuta also nicht in die Insolvenzmasse fließt (vgl
unten Rn 301 f, aber auch oben Rn 36). Das Grundstück gehört zur Insolvenzmasse, der
Verwalter kann nach § 165 InsO die Zwangsversteigerung von sich aus betreiben.
Hat der Gläubiger nach § 49 InsO ein Recht auf Befriedigung, so ist nicht nur
Verwertung durch Zwangsversteigerung, sondern auch freiwillig vereinbarte Veräußerung zulässig (BGH NJW 1977, 247).

261 Diente die Grundschuld der Sicherung eines **kapitalersetzenden Darlehens**, so konnte
der entsprechende Einwand bis zum Inkrafttreten des MoMiG (G zur Modernisierung des GmbH-Rechts und zur Bekämpfung von Missbräuchen v 23. 10. 2008 [BGBl
I 2026]) am 1. 11. 2008 nicht nur der Darlehensforderung gegenüber, sondern – über
den Sicherungsvertrag – auch der Grundschuld entgegengesetzt werden (Glasser BB
1996, 1229 mwNw; Martinek/Omlor WM 2008, 617 mwNw). Da das MoMiG den (von der
Rechtsprechung entwickelten) Begriff des kapitalersetzenden Darlehens beseitigt
hat, steht nun auch dem Gläubiger eines nachrangigen Anspruchs aus Gesellschaf-
terdarlehen iSd § 39 Abs 1 Nr 5 InsO das Absonderungsrecht uneingeschränkt zu,
wenn sein Anspruch durch eine Grundschuld gesichert ist. Allerdings ist der Sicherungsvertrag den verschärften Anfechtungstatbeständen des § 135 InsO ausgesetzt.

b) Insolvenzverfahren über Sicherungsnehmer

262 Ist im Insolvenzverfahren über das Vermögen des Grundschuldgläubigers und
Sicherungsnehmers die gesicherte Forderung fällig und der Insolvenzverwalter befugt, die Grundschuld gegenüber dem Eigentümer (Sicherungsgeber) geltend zu
machen, so richten sich die beiderseitigen Rechte und Pflichten nach dem Sicherungsvertrag. Der Rückgewähranspruch des Sicherungsgebers begründet, soweit er
reicht, angesichts des fiduziarischen Charakters der Sicherungsabrede (aA Staudin-
ger/Scherübl[12] § 1191 Rn 81, der unter falscher Berufung auf Serick § 35 III 3 b auf den dinglichen
Charakter des Verzichts abstellt, allein ein Anspruch auf Verzicht ist rein schuldrechtlich; auf § 1169
berufen sich auch Palandt/Bassenge[68] Rn 43; MünchKomm/Eickmann[4] § 1191 Rn 155; Scholz,
in: FS P Möhring I 419, 425: Gewohnheitsrecht) ein Aussonderungsrecht nach § 47 InsO
(Komanns 26; Scholz, in: FS P Möhring I 419, 422; Bitter WM 2003, 268; Stürner KTS 2004, 259;
Fleckner ZIP 2004, 585; Leitzen ZfIR 2008, 823 [alle freilich unter zweifelndem Hinweis auf
BGHZ 155, 277 vom 24. 6. 2003 – IX ZR 75/01]; Clemente[4] Rn 1024; MünchKommInsO/Ganter[2]
§ 47 Rn 341, 375). Tilgt der Darlehensnehmer die gesicherte Forderung, so kann er den
Rückgewähranspruch auch hinsichtlich seiner erst nach Eröffnung des Insolvenzverfahrens an den Insolvenzverwalter geleisteten Zahlungen als Aussonderungsrecht
geltend machen (oben Rn 135; missverständlich Scholz, in: FS P Möhring I 419, 425: der Übererlös mag – jedenfalls nach Vermischung mit dem Gläubigervermögen – nicht aussonderungsfähig
sein, wenn er vor Eröffnung des Insolvenzverfahrens erzielt worden ist; der vom Insolvenzverwalter
erzielte Übererlös ist hingegen aussonderungsfähig; richtig S 426).

c) Insolvenzverfahren über Darlehensnehmer

263 Falls der Darlehensgeber durch eine Grundschuld am Grundstück eines Dritten
gesichert ist, gilt im Insolvenzverfahren über das Vermögen des Darlehensnehmers
(= persönlicher Schuldner) die Forderung als fällig (§ 41 InsO); ob sich der Darle-

hensgeber im Zeitpunkt dieser vorzeitigen Fälligkeit aus der Grundschuld sofort befriedigen darf, bestimmt sich nach der Sicherungsabrede. Ist die sofortige Befriedigung nicht zugelassen, kann der Darlehensgeber wegen der persönlichen Forderung verhältnismäßige Befriedigung verlangen und sich für den Ausfall zu dem vertragsmäßigen späteren Zeitpunkt bis zur vollen Befriedigung an die Grundschuld halten (Serick § 35 III 3 b). Der Darlehensgeber kann sich aus der Grundschuld selbst dann befriedigen, wenn das Darlehen nach § 39 Abs 1 Nr 5 InsO nachrangig war und die Forderung gegen die schuldende Kapitalgesellschaft nicht mehr durchsetzbar war (vgl zum kapitalersetzenden Darlehen oben Rn 261 und BGH vom 15. 2. 1996 – IX ZR 245/94 – NJW 1996, 1341 = DStR 1996, 877 m Anm Goette = EWiR 1996, 501 [v Gerkan] = LM BGB § 765 Nr 106 [Noack]; OLG Hamm vom 26. 1. 1998 – 31 U 90/97 – BB 1998, 1655; Martinek/Omlor WM 2008, 617, die allerdings S 665 ff die Fälle des Eigenkapitalverlusts und der vertraglichen Rangrücktrittsvereinbarung gegenteilig behandeln wollen).

d) Insolvenzverfahren über Eigentümer

Im Insolvenzverfahren über das Vermögen des Eigentümers des belasteten Grund- **264** stücks bleibt es für die Fälligkeit der Forderung und der Grundschuld bei den vereinbarten Fälligkeiten. § 41 InsO findet auf die persönliche Forderung keine Anwendung, da es an einem Insolvenzgläubiger fehlt; auf das Absonderungsrecht findet § 41 InsO keine Anwendung, weil das bloße Absonderungsrecht keine Insolvenzforderung sichert (Serick § 35 III 3 b).

3.   Ausgleichung zwischen Sicherungsgebern

S zu den vertraglichen Ausgleichsabreden oben Rn 200 ff und insbes Rn 203. Haben **265** verschiedene Personen unabhängig voneinander Grundschuld- oder auch andere Sicherheiten gestellt, findet ein Ausgleich jedenfalls kraft Gesetzes nicht statt (str, s ausführlich § 1143 Rn 39 ff; § 1173 Rn 35). Grundschuld wie Sicherungsvertrag sind als solche regresslos. Die Regresslosigkeit der Gesamthypothek (§ 1173 Rn 23) ist keine Ausnahmeregelung, sondern Prinzip (aA BGHZ 108, 179 = ZIP 1989, 1044 m Anm Bayer/ Wandt; Wilhelm³ Rn 1830, 1675 ff).

IV.   Drittschuldverhältnisse

1.   Sicherung fremder Schulden

Sichert die Grundschuld Ansprüche gegen eine andere Person als den Sicherungs- **266** geber (oben Rn 25, 131), so bestehen idR Rechtsbeziehungen auch zwischen dem Sicherungsgeber und dem Schuldner (Valutaverhältnis, Deckungsverhältnis). Notwendig ist ein Valutaverhältnis freilich nicht; der Sicherungsgeber kann mit dem Sicherungsnehmer einen Sicherungsvertrag schließen, ohne in Rechtsbeziehungen zum Schuldner zu treten. Das Valutaverhältnis kann entgeltlich oder unentgeltlich sein (BGH WM 1955, 377; Palandt/Bassenge⁶⁸ § 1191 Rn 18) oder auch auf einem Gesellschaftsverhältnis beruhen (vgl zu § 110 HGB BGH DStR 2002, 319 [Goette]). Fast immer enthält es Elemente des Auftrags wie der Sicherungsvertrag selbst (oben Rn 26 ff). Das Valutaverhältnis muss mit dem Sicherungsverhältnis nicht konform gehen. So kann durchaus der Sicherungsgeber berechtigt sein, das Valuta-Schuldverhältnis mit dem Schuldner diesem gegenüber zu kündigen, obwohl der Sicherungsvertrag mit dem Gläubiger keinen Kündigungsanlass gibt; der Sicherungsgeber kann dann vom

Schuldner Befreiung von seiner dinglichen Haftung als Aufwendungsersatz verlangen (BGH WM 1955, 377).

267 IdR schließt der Besteller oder Inhaber der Grundschuld den **Sicherungsvertrag direkt mit dem Gläubiger** ab (Reinicke/Tiedtke Rn 976, 981; Gaberdiel/Gladenbeck[8] Rn 637; Palandt/Bassenge[68] § 1191 Rn 15; **aA** Clemente Rn 294 f; unklar BGH NJW 2002, 1872); dann steht ihm auch der Rückgewähranspruch unmittelbar gegen den Sicherungsnehmer zu (BGH NJW-RR 1989, 173; BGH NJW 1992, 1620 mwNw; BGH NJW 1996, 234). Meist ist der Schuldner in der Weise in das Vertragsverhältnis einbezogen, dass Schuldvertrag und Sicherungsvertrag ein einziges Vertragsverhältnis bilden. Im Zweifel ist dann gewollt, dass der Schuldner dem Gläubiger Einreden aus dem Sicherungsvertrag, insbesondere die Einrede, dass er zur Leistung nur Zug um Zug gegen Rückgabe der Sicherheit an den Sicherungsgeber verpflichtet sei, entgegensetzen kann; aufgrund des Valutaverhältnisses ist dann der Schuldner auch verpflichtet, die Interessen des Sicherungsgebers zu wahren und die Einreden aus dem Sicherungsverhältnis zu erheben. In allgemeinen Geschäftsbedingungen wäre eine abweichende Regelung überraschend (§ 305c Abs 1); sie würde den Sicherungsgeber auch wider Treu und Glauben benachteiligen (§ 307), wenn nicht konkrete Umstände eine Ausnahme rechtfertigen sollten. Ist hingegen der Schuldner nicht in den Sicherungsvertrag einbezogen, kann er dem Zahlungsverlangen des Gläubigers eine solche Einrede auch dann nicht entgegenhalten, wenn er im Valutaverhältnis verpflichtet ist, die Rückgabe der Grundschuld an den Sicherungsgeber zu bewirken. Wird der Sicherungsgeber aus der Sicherheit in Anspruch genommen, so hat er den Rückgriffsanspruch gegen den Schuldner gemäß § 670; wahlweise kann er die vom Gläubiger an ihn abzutretende Forderung geltend machen (oben Rn 131).

268 Stellt hingegen der Grundschuldinhaber die Grundschuld dergestalt dem **Schuldner zur Verfügung**, dass dieser sie dem Gläubiger als Sicherheit stellen kann (BGH NJW 1989, 1732; Wenzel ZIR 1997, 13, 15 bezeichnet das zu Unrecht als Regelfall, was bei ihm als ehemaligem Banksyndikus deshalb erstaunt, weil Banken grundsätzlich die Unterschrift des Grundstückseigentümers unter dem Sicherungsvertrag verlangen), so hat der Schuldner den Rückgewähranspruch, muss ihn freilich gemäß § 667 dem Auftragnehmer abtreten. Im Verhältnis zum Sicherungsnehmer ist dann der Schuldner Sicherungsgeber und kann alle Rechte aus dem Sicherungsvertrag geltend machen; deshalb darf der Gläubiger auf die Grundschuld nicht verzichten, weil er sie damit dem Eigentümer und nicht dem Sicherungsgeber zurückgibt (BGH NJW 1989, 1732). Diese Sicherungsform ist für den Eigentümer hochgefährlich, weil er völlig von der Loyalität des Schuldners abhängig ist; im Wege der Auslegung nicht eindeutiger Erklärungen darf daher dem Eigentümer keinesfalls unterstellt werden, sich auf diesen Weg eingelassen zu haben. In allgemeinen Geschäftsbedingungen und im Verbrauchervertrag wäre eine dahingehende Klausel zumindest überraschend nach § 305c, aber auch unbillig benachteiligend iSd § 307 (Gaberdiel/Gladenbeck[8] Rn 645).

269 Besteht überhaupt **kein Valutaverhältnis**, so kann sich der Schuldner dem Gläubiger gegenüber noch weniger als im Falle des zwar bestehenden, den Sicherungsnehmer aber nicht einbeziehenden Valutaverhältnisses auf Ansprüche aus dem Sicherungsvertrag berufen. Er hat völlig unabhängig vom Sicherungsvertrag zu erfüllen. Wird der Sicherungsgeber durch Verwertung der Grundschuld in Anspruch genommen, so hat er im Zweifel Anspruch auf Abtretung der Forderung (oben Rn 131), die er rückgriffsweise gegen den Schuldner verfolgen kann. Aus der Sicht des Schuldners hat dann nur ein Gläubigerwechsel stattgefunden, so dass er nicht bereichert ist und auch also auch keinen Bereicherungsansprüchen ausgesetzt sein kann. Geht hingegen die gesicherte Forderung nicht auf den Sicherungsgeber über, zB weil sie nicht abtretbar ist, so hat der Sicherungsgeber (durch Verrechnung mit dem Grundschulderlös) iE auf eine fremde Schuld gezahlt und den Schuldner dadurch von seiner Schuld befreit. S zu den dann möglicherweise gegebenen Ansprüchen aus Geschäftsführung ohne Auftrag oder ungerechtfertigter Bereicherung STAUDINGER/BITTNER (2004) § 267 Rn 30 f.

2. Treuhandverhältnisse

Nicht selten wird die Grundschuld nicht dem Gläubiger, sondern einem Treuhänder **270** gestellt. Aufgabe des Treuhänders kann es sein, Interessen des Sicherungsnehmers, insbesondere mehrerer Sicherungsnehmer, wahrzunehmen. So kann bei einem **Konsortium von Kreditgebern** die Grundschuldsicherheit einem einzelnen Mitglied des Konsortiums oder einem Dritten als Treuhänder gestellt werden; die Mitglieder des Konsortiums treffen dann vertragliche Vereinbarungen untereinander, aber auch mit dem Sicherungsgeber über die Einzelheiten des Treuhandverhältnisses (GABERDIEL/ GLADENBECK[8] Rn 992 ff; MünchKomm/EICKMANN § 1191 Rn 69 f).

Häufig sind Treuhandverhältnisse der Art, dass ein Sicherungsnehmer mit einem **271** dritten Darlehensgeber vereinbart, dass die von ihm gehaltene Grundschuld auch **zur Sicherung des von dem Dritten** gewährten Darlehens dienen solle. Da es sich um eine Erweiterung des Sicherungsumfangs handelt, bedarf die Vereinbarung schuldrechtlich der Zustimmung des Sicherungsgebers, schon um sicherzustellen, dass der Sicherungsgeber dem dritten Darlehensgeber die Sicherung nicht dadurch entziehen kann, dass er nach Befriedigung des Sicherungsnehmers seinen Rückgewähranspruch erhebt. Ist mit einem Kreditinstitut vereinbart, dass es zunächst einen Zwischenkredit beschaffen solle, der zu gegebener Zeit durch eine langfristige Finanzierung abzulösen ist (GABERDIEL/GLADENBECK[8] Rn 1010 ff), so kann darin das Einverständnis dazu liegen, dass der Grundschuldnehmer im Rahmen banküblichen Geschäftsverkehrs als Sicherungstreuhänder des Zwischenfinanzierers auftritt. Die Beteiligten verabreden idR als Inhalt eines solchen Treuhandvertrags, sich so zu behandeln, wie wenn für jeden von ihnen Grundpfandrechte in bestimmtem Rangverhältnis eingetragen wären. Im Insolvenzverfahren über das Vermögen des Eigentümers mindert der Vollzug eines solchen Abkommens durch Teilabtretung die Insolvenzmasse nicht, wenn die Abrede schon vor Verfahrenseröffnung getroffen worden war (OLG Hamm NJW-RR 1996, 1456, wo auch einschlägige Bankformulare wiedergegeben werden). S dazu auch § 7 Abs 1 S 2 BauSparkG.

3. Die Freistellungsverpflichtung des Bauträgers

Nach § 3 Abs 1 S 1 Nr 3, S 2 der Makler- und Bauträger-VO (MaBV) und § 1 der VO **272** über Abschlagszahlungen bei Bauträgerverträgen (AbschlagsV) – VO nach Art 244 EGBGB (vom 23. 5. 2001 [BGBl I 981] idF d RisikobegrenzungsG v 23. 10. 2008 [BGBl I 2022]) – soll der Verkäufer eines (idR vom Verkäufer erst noch zu bebauenden oder umzubauenden) Grundstücks oder eines Wohnungseigentums eine Erklärung des Gläubigers der darauf lastenden Grundschulden beibringen, worin dieser sich verpflichtet, die Grundschulden im Grundbuch unverzüglich nach Zahlung der geschuldeten Vertragssumme „löschen" zu lassen (vgl zum Folgenden Basty, Der Bauträgervertrag[6] Rn 347 ff; Pause, Bauträgerkauf und Baumodelle[4] Rn 243 ff; Schmid BauR 2000, 972; zum Begriff der „Löschung" Schmucker, in: FS Wolfsteiner 189). Es handelt sich typischerweise um sog Globalgrundschulden, also zur Grundstücks- und Baufinanzierung dienende Grundschulden an einem Grundstück, die durch spätere Teilung oder Aufteilung des Grundstücks Gesamtgrundschulden werden (vgl BGH DNotZ 1977, 356 m Anm Schöner). Ob es sich beim Gläubiger um ein Kreditinstitut handelt oder nicht, spielt keine Rolle (LG Düsseldorf vom 13. 10. 2004 – 19 T 159/04 – RNotZ 2005, 294 m Anm Bischoff; zu den praktischen Folgerungen Vierling MittBayNot 2009, 78). „Löschen" bedeutet dasselbe wie in §§ 1179 ff (§ 1179 Rn 7). Die Besonderheit dieser als Vertragsangebot zu wertenden Erklärung (Brandenb OLG vom 19. 9. 2002 – 5 U 176/01 – OLGR Brandenburg 2004, 157 = IBR 2004, 204 m Anm Vogel; Behmer DNotZ 1985, 195; Schmid BauR 2000, 972; Kutter, in: Beck'sches Notarhandbuch[4] A II. Rn 64; Reithmann, in: Reithmann/Meichssner/vHeymann, Kauf vom Bauträger[7] Abschn B Rn 175; **aA** – Vertrag zugunsten Dritter – BGH DNotZ 1977, 356 m abl Anm Schöner; einschränkend – nur wenn Erklärung gegenüber dem Eigentümer abgegeben, was aber nicht der MaBV entspricht – BGH NJW 1992, 1390; vgl BGH DNotZ 1984, 322 m Anm Schelter. Differenzierend Basty, Der Bauträgervertrag[6] Rn 342 ff; Pause, Bauträgerkauf und Baumodelle[4] Rn 246) besteht darin, dass ein eigener, auf Löschung, dh idR Verzicht iSd § 1175 Abs 1 S 2, beschränkter Anspruch (s § 1175 Rn 5) nach Art eines Rückgewähranspruchs begründet wird; der Gläubiger dieses Anspruchs ist weder Eigentümer des belasteten Grundstücks (wenn auch idR durch Vormerkung gesicherter Inhaber eines gegen den Eigentümer gerichteten Übereignungsanspruchs) noch Schuldner der gesicherten Forderung. Der Inhalt der Erklärung kann nicht ohne Rücksicht auf die Regelungen der MaBV ausgelegt werden (Vogel NZM 2009, 71); wenn der Gläubiger nichts unternimmt, den Eindruck des Käufers, dass er eine mit der MaBV übereinstimmende Erklärung erhalten habe, auszuräumen, muss er sich eine verordnungskonforme Auslegung gefallen lassen (BGH NJW 1984, 169; Habscheid DNotZ 1998, 325 – auch zur Frage des § 307 – **gegen** OLG Dresden DNotZ 1998, 372; Schmid BauR 2000, 972; vgl zur Parallelfrage des § 7 MaBV BGH MittBayNot 2002, 37 m Anm Reib S 9).

273 Der Anspruch ersetzt den Rückgewähranspruch des Eigentümers nicht, sondern tritt neben ihn. Der Eigentümer ist aber in das Freistellungs-Vertragsverhältnis einbezogen; seine Ansprüche auf Rückgabe müssen hinter den Löschungsanspruch des Käufers in der Weise zurücktreten, dass der Eigentümer keine Form der Rückgabe – Abtretung oder Verzicht auf die ganze Grundschuld – verlangen kann, die dem Gläubiger die Erfüllung des Löschungsanspruchs des Käufers unmöglich machen würde (zust Clemente ZfIR 1997, 127, 131). Der Rückgewähranspruch des Eigentümers wird entsprechend modifiziert, so dass auch derjenige, der ihn pfändet, nur den modifizierten Rückgewähranspruch als Befriedigungsobjekt gewinnt. Bedenken, den Rückgewähranspruch des Eigentümers in diesem konkreten Fall und in dieser konkreten Weise auch durch allgemeine Geschäftsbedingungen zu modifizieren (vgl oben Rn 156), bestehen nicht (zu Unrecht zweifelnd Reithmann, in: Reithmann/Meichssner/vHeymann, Kauf vom Bauträger[7] Abschn B Rn 199). Man muss annehmen, dass der Rückgewähranspruch insgesamt bereits dann in dieser Form modifiziert wird, wenn der Gläubiger auf Verlangen des Eigentümers eine solche Erklärung zur Weitergabe an beliebige Käufer ausstellt, so dass auch eine zwischen Abgabe der Erklärung und Annahme des darin liegenden Angebots durch einen seinerzeit noch nicht bekannten Käufer erfolgte Pfändung, Verpfändung oder Abtretung des Rückgewähran spruchs des Eigentümers den Löschungsanspruch des Käufers nicht mehr gefährden kann (bedenklich REITHMANN, in: REITHMANN/MEICHSSNER/VHEYMANN, Kauf vom Bauträger[7] Abschn B Rn 198).

Der Löschungsanspruch steht unter der **Bedingung der Zahlung der Vertragssumme.** **274** Unter Berücksichtigung der Rechtsprechung (BGH NJW 1999, 1105; BGH ZIP 2002, 1197; BGH ZIP 2002, 1405) muss unter „Vertragssumme" das vereinbarte Entgelt abzüglich etwaiger Minderungsbeträge, auch aufgrund von Schadensersatzansprüchen, verstanden werden. Bei der Bedingung handelt es sich nicht etwa um ein Verhältnis Leistung zu Gegenleistung, denn den Kaufpreisanspruch hat der Verkäufer, nicht der Gläubiger und der Käufer zahlt auch weder auf die Grundschuld noch auf das durch sie gesicherte Darlehen (REITHMANN, in: REITHMANN/MEICHSSNER/VHEYMANN, Kauf vom Bauträger[7] Abschn B Rn 171). Auch sieht die MaBV nicht vor, dass der Kaufpreis überhaupt an den Gläubiger gezahlt werden müsste (MARCKS, MaBV[7] § 3 Rn 17), wenn § 3 Abs 1 S 3 MaBV auch verräterisch von einer vom Gläubiger zu bewirkenden „Zurückzahlung" von Kaufpreisteilen spricht. In der Tat wird sich der Gläubiger den Kaufpreisanspruch des Eigentümers idR abtreten lassen, um zu verhindern dass anderweitig über ihn verfügt wird. Um die Werthaltigkeit für den Gläubiger zu sichern, wird die Aufrechnung mit anderen Ansprüchen als solchen wegen Schlechterfüllung des Kaufvertrags regelmäßig ausgeschlossen, was zulässig ist (OLG Düsseldorf ZfIR 1999, 27; KG vom 20. 2. 2003 – 10 U 403/01 – ZIP 2003, 1881 = EWiR 2003, 1101 [VOGEL]; dazu MUES ZfIR 2003, 863; vgl aber gegen ein totales Aufrechnungsverbot BGH NJW 1984, 169). Ist der Kaufvertrag unwirksam und geht daher die Abtretung ins Leere, so besteht auch trotz Zahlung an den Gläubiger kein – für den Pseudo-Käufer ohnehin wertloser – Löschungsanspruch (BGHZ 162, 157 vom 10. 02. 2005 – VII ZR 184/04 – auch zur Frage von Bereicherungsansprüchen).

Hingegen reicht die Bestimmung, der Kaufpreis sei an den Grundschuldgläubiger als **275** **Zahlstelle** des Verkäufers zu leisten, jedenfalls dann nicht aus, wenn die Freistellungserklärung den Freistellungsanspruch gegen den Wortlaut der MaBV von der Zahlung an diese Zahlstelle abhängig machen will (vgl BGH DNotZ 1977, 363), denn dann wäre der Käufer gegen Pfändung des Kaufpreisanspruchs oder im Insolvenzverfahren über das Vermögen des Verkäufers nicht geschützt. Da der Käufer keine Möglichkeit hat, festzustellen, ob eine wirksame Abtretung vorliegt (vgl BGH NJW 1983, 2502, wo die Abtretung als Globalzession mangels eines Freigabeanspruchs für unwirksam gehalten wurde; dagegen REITHMANN, in: REITHMANN/MEICHSSNER/VHEYMANN, Kauf vom Bauträger[7] Abschn B Rn 189), verstößt die Zahlstellenklausel gegen die MaBV und damit auch gegen § 134 (vgl BGHZ 146, 250 = EWiR 2001, 181 [VOGE] = RNotZ 2001, 107 [BAUMANN 101] = ZIP 2001, 245 [GRZIWOTZ] = ZfIR 2001, 111 [BLANK S 85] = MittBayNot 2001, 62 [BASTY] = DNotZ 2001, 201 [SCHMIDT] = NotBZ 2001, 102 [SUPPLIET] = WM 2001, 482 [WAGNER 718] = LM BGB § 134 Nr 172 [PAUSE] = DNotZ 2001, 201 [KANZLEITER 165] = ZfIR 2001, 111 [ULLMANN 523] = JZ 2001, 1182 [TIEDTKE]; **unklar** BGH vom 8. 12. 2005 – IX ZR 200/04 – IBR 2006, 146 m Anm BASTY, die Zahlstellenklausel sei mit dem Grundgedanken des § 3 Abs 1 S 1 Nr 3 MaBV vereinbar und sogar zur zweckdienlichen Abwicklung erforderlich, weil nicht mitgeteilt wird, ob neben der Zahlstellenklausel auch eine Abtretung stattgefunden hat; ebenso die Vorinstanz KG vom 21. 9. 2004 – 4 U 62/03 – WM 2006, 1718). Sind die Zahlungsansprüche aber an die Bank abgetreten, so ist auch eine Klausel. dass nur an sie zu zahlen sei, unbedenklich und sind nicht an sie geleistete Zahlungen nicht geeignet, den Löschungsanspruch fällig werden zu lassen (Brandenb OLG vom 30. 10. 2003 – 5 U 17/03 – RNotZ 2004, 392).

276 Das Freigabeversprechen bezieht den Käufer in das der Grundschuldbegebung zugrundeliegende Treuhandverhältnis in der Weise ein, dass der Gläubiger die Grundschuld auch als Treuhänder des Käufers hält (oben Rn 25 f). Es ist deshalb **insolvenzfest** (Zeiss BWNotZ 1976, 16; Behmer DNotZ 1985, 195; Reithmann, in: Reithmann/ Meichssner/vHeymann, Kauf vom Bauträger[7] Abschn B Rn 193; aA Schöner DNotZ 1974, 327, 341). Der Käufer kann Aussonderung in Form der Löschung verlangen.

277 Weder der Gläubiger noch der Eigentümer können zuverlässig verhindern, dass von dritter Seite (insbesondere einem Ablösungsberechtigten) **Zahlungen auf die Grundschuld selbst** geleistet werden, die damit Eigentümergrundschuld wird oder auf den Zahlenden übergeht (§ 1150 Rn 35, 46), so dass der Gläubiger sein Löschungsversprechen nicht mehr erfüllen kann. Der gesetzliche Löschungsanspruch nach § 1179b bringt – selbst wenn er wirksam sein sollte (§ 1179b Rn 7) – insbesondere für den Fall der Ablösung keine Abhilfe (aA Reithmann, in: Reithmann/Meichssner/vHeymann, Kauf vom Bauträger[7] Abschn B Rn 196, der die Ablösung vernachlässigt). Auch § 1192 Abs 1a versagt, jedenfalls solange der Käufer nicht Eigentümer geworden ist. Zuverlässige Sicherung bietet nur eine Löschungsvormerkung an der Grundschuld zugunsten des Käufers und zwar nach § 883, nicht nach § 1179 (Schöner DNotZ 1974, 327, 342). Allerdings erzwingt die gesetzlich angeordnete Sicherungsfunktion des Freigabeversprechens die Annahme, dass der Gläubiger für sein nachträglich eintretendes Unvermögen zur Erfüllung des Freigabeversprechens verschuldensunabhängig haftet, so dass es in erster Linie Interesse des Gläubigers ist, den Eintritt des Unvermögensfalles durch geeignete Vorkehrungen auszuschließen.

278 **Der Löschungsanspruch des Käufers ist abtretbar.** Der Käufer muss den Anspruch auch in der Regel an ein Kreditinstitut abtreten, um seinerseits den Kaufpreis mittels eines Grundpfandrechts, das unter Mitwirkung des Verkäufers im Rang nach der Globalgrundschuld bestellt wird, finanzieren zu können (Näheres Gaberdiel/Gladenbeck[8] Rn 714 ff). Da der Gläubiger dies weiß, wäre ein Ausschluss der Abtretbarkeit durch allgemeine Geschäftsbedingungen zumindest überraschend iSd § 305c Abs 1 (vgl allgemein zur Auslegung eines Freigabeversprechens BGH DNotZ 1984, 322 u OLG Nürnberg DNotZ 1984, 327 m gemeinsamer Anm Schelter).

4. Die vorgezogene Grundschuld

279 Man spricht von einer *vorgezogenen Grundschuld* (Begriff von Reithmann, in: Reithmann/Meichssner/vHeymann, Kauf vom Bauträger[7] Abschn B Rn 203), wenn im Zuge eines Grundstückskaufs oder eines ähnlichen Geschäfts der Verkäufer vor Zahlung des Kaufpreises und vor Übergang des Eigentums für Rechnung des Käufers eine Grundschuld zugunsten der Person bestellt, die dem Käufer ein Darlehen zur Finanzierung des Kaufpreises gewähren soll. Sicherungsgeber ist dann der Verkäufer, Sicherungsnehmer der Darlehensgeber (vgl oben Rn 266); da absehbar ist, dass das Eigentum und damit auch die Position als Sicherungsgeber auf den Käufer übergehen wird, wird auch sogleich ein weiterer Sicherungsvertrag zwischen Käufer und Sicherungsnehmer geschlossen. Zwischen Verkäufer und Käufer besteht ein Valutaverhältnis als Bestandteil des Kaufvertrags. Der Sicherungsvertrag zwischen Verkäufer und Darlehensgeber, dessen Inhalt bereits im Kaufvertrag zu vereinbaren ist, wenn sich der Verkäufer zur Bestellung einer vorgezogenen Grundschuld verpflichtet, bestimmt dann regelmäßig, dass der Verkäufer ohne Rückgewähranspruch aus der Sicherungsvereinbarung ausscheiden soll, sobald er den vereinbarten Kaufpreis in voller Höhe erhalten hat; bis dahin darf sich der Darlehensgeber (Sicherungsnehmer) aus der Grundschuld nur wegen der Darlehensbeträge befriedigen, die er für Rechnung des Käufers an den Verkäufer als Kaufpreis gezahlt hat (vgl zu einer – untauglichen – anderen Gestaltung BGH BWNotZ 1999, 19 m Anm ZEISS; BGH ZfIR 1999, 430; OLG Karlsruhe BWNotZ 1996, 12; zum Fall einer Abwicklungsstörung bei Hinterlegung der Valuta BGH vom 15. 3. 2002 – V ZR 396/00 – DNotZ 2002, 639 m Anm REITHMANN). Diese Vereinbarung ist Teil des Sicherungsvertrags, nicht Beschränkung der Vollstreckbarkeit, und kann bei einer vollstreckbaren Grundschuld nur durch Vollstreckungsabwehrklage zur Geltung gebracht werden (OLG Hamm ZNotP 1999, 169). In der Höhe, in der der Verkäufer vom Darlehensgeber Zahlungen auf den Kaufpreis empfangen hat (s zu einer speziellen Problematik BGH vom 27. 6. 2008 – V ZR 83/07 – DNotZ 2008, 923 m abl Anm KEIM DNotZ 2009, 245), stehen die Rückgewähransprüche dem Käufer zu, im übrigen dem Verkäufer. In Höhe der von ihm geleisteten Zahlungen lässt sich der Darlehensgeber Ansprüche des Käufers auf Kaufpreisrückzahlung oder auf Schadensersatz im Falle von Vertragsstörungen abtreten (s zu Einzelheiten und Formulierungsvorschlägen REITHMANN, in: REITHMANN/MEICHSSNER/vHEYMANN, Kauf vom Bauträger[7] Abschn B Rn 208 ff; BASTY, in: KERSTEN/BÜHLING[22] § 32 Rn 269 ff).

V. Störfälle

1. Abtretung von Grundschuld und Forderung

Vgl oben Rn 164. Wird die Grundschuld samt Forderung, aber dennoch unzulässig **280** abgetreten, muss der Sicherungsgeber das von ihm nicht akzeptierte, in der Person des neuen Gläubigers liegende Treuhandrisiko nicht hinnehmen. Ist er zugleich Schuldner, so ist er dem neuen Gläubiger gegenüber nicht mehr verpflichtet, Zahlungen auf die Grundschuld selbst zu unterlassen (oben Rn 82). Ist er nicht persönlicher Schuldner, so kann er den Sicherungsvertrag aus wichtigem Grund fristlos kündigen und vom ursprünglichen Sicherungsnehmer Rückgabe der Grundschuld verlangen. Der Eigentümer kann dem neuen Grundschuldgläubiger unter den Voraussetzungen der §§ 1192 Abs 1a, 1157 das mit dem Sicherungsnehmer vereinbarte Abtretungsverbot entgegenhalten und damit gemäß § 1169 von ihm auch den Verzicht auf die Grundschuld verlangen (§ 1169 Rn 25 ff).

2. Abtretung der Grundschuld ohne Forderung

Der Sicherungsnehmer kann **berechtigt** sein, die Grundschuld ohne die Forderung **281** abzutreten, so insbesondere zwecks Verwertung nach Eintritt der Verwertungsreife (oben Rn 113 ff), aber auch zu erlaubter Refinanzierung oder zur Zwischenfinanzierung (oben Rn 164). Bei Abtretung zwecks rechtmäßiger Verwertung erwirbt der Zessionar völlig einredefrei (BGH NJW 1974, 185; BGH WM 1976, 665); auch der Wirkungsbereich der §§ 1192 Abs 1a, 1157 endet. Die Grundschuld verliert den Charakter einer Sicherungsgrundschuld. Der Zessionar kann daher mit der Grundschuld nach Belieben verfahren und sie jederzeit gegen den Eigentümer geltend machen. Sein guter Glaube daran, dass es sich um eine rechtmäßige Verwertung handelt und keine Einreden mehr erhoben werden können, wird allerdings nicht geschützt (§ 1192 Rn 42). An der Einredefreiheit ändert sich auch nichts, wenn die Grundschuld aus irgendeinem Grund wieder zum ursprünglichen Sicherungsnehmer

zurückgelangt (BGH NJW 1979, 717). In den anderen Fällen erlaubter Abtretung kann
der Eigentümer, wenn er der Sicherungsgeber ist, dem Gläubiger alle Einwendungen
und Einreden aus dem Sicherungsverhältnis schon deshalb entgegenhalten, weil es
stillschweigende Bedingung der Abtretungserlaubnis ist, dass der Zessionar in die
Verpflichtungen aus dem Sicherungsvertrag eintritt; der §§ 1169, 1192 Abs 1a, 1157
bedarf es hier nicht. Vgl aber zum Umfang der Übernahme von Verpflichtungen aus
dem Sicherungsvertrag oben Rn 233 ff. Keinesfalls kann der Eigentümer dem Gläubiger Einwendungen aus dem Vertrag entgegenhalten, den der Zedent mit dem
Zessionar als Grundlage der Abtretung geschlossen hat, es sei denn er würde eine
Schuldübernahme oder einen Vertrag zugunsten des Eigentümers als Drittem enthalten (BGH NJW 1974, 185; Serick § 28 I 4; Huber 137).

282 Bei **unberechtigter Abtretung** (oben Rn 164 f) kann der *Schuldner* seine Zahlungen
sofort nach § 273 zurückhalten (weitergehend Huber 115, der einen Anspruch auf Forderungserlass annimmt; dagegen MünchKomm/Eickmann[4] § 1191 Rn 99), wenn er zugleich auch
Sicherungsgeber ist oder er den Sicherungsgeber freistellen muss (MünchKomm/Eick-
mann[4] § 1191 Rn 99; Küchler 100), selbst wenn der Rückgewähranspruch noch nicht
fällig ist und nicht sicher feststeht, dass der Sicherungsnehmer endgültig zur Rückgewähr außer Stande sein wird. Denn das Treuhandverhältnis zum Sicherungsnehmer ist dann im Zweifel so nachhaltig gestört, dass es der Schuldnerseite nicht
zumutbar ist, bis zur Fälligkeit des Rückgewähranspruchs zuzuwarten oder gar im
Vertrauen darauf, der Sicherungsnehmer werde die Rückgewähr schon irgendwie
zustande bringen, weitere Leistungen an den Gläubiger zu erbringen (§ 314). Die
Leistungen müssen erst wieder aufgenommen werden, wenn der neue Gläubiger
Sicherheit in Höhe nicht nur der weiteren Leistungen, sondern der Grundschuld
insgesamt stellt. Sind Mehrfachsicherheiten begeben (zB neben der Grundschuld
Schuldanerkenntnisse und die Abtretung von Rückgewähransprüchen), so müssen
diese einzeln gesichert werden, wenn eine mehrfache Inanspruchnahme des Sicherungsgebers nicht völlig ausgeschlossen ist. Die Zahlung von Zinsen ist zwar auf-
geschoben; je nach Schuldverhältnis laufen sie aber idR weiter. Doch kann der
Schuldner im Wege des Schadensersatzes mindern, wenn er für die bereitgestellten
Tilgungsbeträge nur niedrigere als die Schuldzinsen erlangen kann.

283 Der *Sicherungsgeber* kann den Sicherungsvertrag gemäß § 314 Abs 2 S 2 iVm § 323
Abs 2 Nr 3 fristlos kündigen und sofortige Rückgabe der Grundschuld, bei Unvermögen des Sicherungsnehmers Schadensersatz (vgl BGH NJW-RR 1987, 139) in Form
einer Befreiung von der Grundschuldhaftung verlangen, und zwar auch schon bevor
er vom Grundschuldgläubiger in Anspruch genommen wird. Muss er den Eigentümer im Falle, dass dieser in Anspruch genommen wird, freistellen, so kann er
seinerseits vom Sicherungsnehmer verlangen, von dieser Verpflichtung freigestellt
zu werden. Die ältere Lehre geht demgegenüber davon aus, der Gläubiger könne
den Erlös aus der verbotenen Abtretung auf die Forderung verrechnen (was idR
schon an § 393 scheitert) und diskutieren nur, in welcher Höhe sich der Gläubiger als
befriedigt behandeln zu lassen habe (BGH NJW 1982, 2768; Staudinger/Scherübl[12] § 1191
Rn 29; BGB-RGRK/Joswig[12] § 1191 Rn 84 f: in Höhe des Verwertungserlöses; Huber 251: in Höhe
des Betrages, den der Erwerber der Grundschuld im Wege der Zwangsvollstreckung oder durch
freiwillige Zahlung des Eigentümers erlangt). Für die restliche Forderung hafte der persönliche Schuldner (**aM** Huber 248: Sicherungsnehmer könne Ausfall nicht auf Sicherungsgeber
abwälzen). Eine solche Auslegung des Sicherungsvertrags ist jedoch nur für den Fall

diskutabel, dass die Verwertungsreife im Zeitpunkt der unrechtmäßigen Veräußerung schon eingetreten war und dem Sicherungsnehmer kein Vorsatz vorzuwerfen ist. Auch dann aber hat die Abrechnung nach Schadensersatzregeln zu erfolgen.

Macht der *neue Gläubiger* die Grundschuld geltend, so kann ihm der Eigentümer **284** Einwendungen aus dem Sicherungsverhältnis nach §§ 1192 Abs 1a, 1157 entgegensetzen, vorausgesetzt, der Eigentümer ist auch Vertragspartei des Sicherungsvertrags. Auch wenn er das nicht ist, kann er sich statt dessen in aller Regel mit § 826 verteidigen, denn der Erwerb der Grundschuld in Kenntnis des Sicherungscharakters und in Kenntnis dessen, dass gesicherte Forderungen nicht erworben werden, verstößt meist auch dem Eigentümer gegenüber gegen die guten Sitten, es sei denn, dieser habe keinerlei Berechtigung dinglicher oder schuldrechtlicher Art an der Grundschuld. Versäumt es der Sicherungsgeber, ihm zustehende Einwendungen gegen die Grundschuld geltend zu machen, so kann er vom Schuldner keinen Schadensersatz aus dem Valutaverhältnis erwarten.

3. Abtretung der Forderung ohne Grundschuld

Wird die Forderung ohne die Grundschuld abgetreten, so berührt das grundsätzlich **285** weder den Schuldner (wenn es sich um eine abtretbare Forderung handelt) noch den Sicherungsgeber. IdR kann dem Sicherungsvertrag nicht entnommen werden, dass dem Gläubiger die isolierte Abtretung der Forderung verboten wäre, denn er hat nur die – von der Abtretung nicht berührte – Verpflichtung, die Zweckbindung der Grundschuld zu erhalten (BGH NJW 1983, 2768; BGH NJW-RR 1991, 305). Die Grundschuld geht nicht etwa kraft Gesetzes auf den neuen Gläubiger über, da die Grundschuld kein Sicherungsrecht iS des § 401 ist; unter § 401 fallen nur akzessorische Sicherungen, nicht selbständige Sicherungsrechte wie Grundschulden (RGZ 135, 272, 274; BGH MDR 1967, 486; BGH NJW 1974, 100, 101; BGH NJW-RR 1995, 589; KOWALSKI 34). Eine schuldrechtliche Verpflichtung des Sicherungsnehmers zur Abtretung der Sicherungsgrundschuld besteht in entsprechender Anwendung des Grundgedankens des § 401, wenn das Einverständnis des Sicherungsgebers vorliegt, dazu oben Rn 240 f (BGHZ 80, 228 = NJW 1981, 1554 [Anm REINICKE 2145] = JuS 1981, 844 [Anm K SCHMIDT]; BGHZ 92, 374 = NJW 1985, 614; BGHZ 110, 41 = NJW 1990, 103; BGH NJW-RR 1995, 589; OLG Köln NJW 1990, 3214). Der Sicherungsnehmer ist dem Sicherungsgeber gegenüber auch weiterhin berechtigt, die Grundschuld – zugunsten des Zessionars – zu verwerten (BGH NJW-RR 1991, 305); ob er dem Zessionar gegenüber dazu verpflichtet ist, ergibt sich aus dem der Zession zugrundeliegenden Kausalverhältnis. Jedenfalls bleibt der Sicherungsnehmer seinen Pflichten aus dem Sicherungsvertrag verhaftet, wenn nicht ausnahmsweise (BGH NJW 1985, 800) nach den Gesamtumständen der Sicherungszweck entfallen ist (BGH NJW-RR 1991, 305); dem Forderungszessionar gegenüber gilt § 404.

4. Zwangsvollstreckung in die Sicherungsgrundschuld beim Gläubiger

Wird beim Sicherungsnehmer die Zwangsvollstreckung in die Grundschuld *wegen* **286** *eines gegen den Sicherungsnehmer gerichteten Anspruchs* betrieben, so ist dies der unberechtigten Abtretung verwandt (oben Rn 282). Zwar gewährt der Treuhandcharakter des Sicherungsverhältnisses dem Sicherungsgeber ein die Zwangsvollstreckung hinderndes Recht (vgl zum Insolvenzverfahren oben Rn 260), falls nicht gleichzeitig in die Forderung vollstreckt wird; die §§ 1291, 1275 gelten über § 804 ZPO entsprechend für das Verhältnis des Pfändungsgläubigers zum Drittschuldner (Tempel JuS 1969, 168; Huber 143, 147 und BB 1965, 610; Erman/Michalski[12] § 1275 Rn 2; Serick § 34 IV 1 c). Auch kann der Sicherungsgeber abgesonderte Befriedigung in Höhe seines Rückgewähranspruchs verlangen. Schließlich kann der Eigentümer als Sicherungsgeber dem Pfandgläubiger Einreden aus dem Sicherungsverhältnis ohne Beschränkung entgegenhalten (§ 1157 S 1); gutgläubiger Erwerb (§ 1157 S 2) ist dem Pfändungsgläubiger versagt, er gilt nur für rechtsgeschäftlichen Erwerb (§ 892).

287 Durch die Pfändung der Grundschuld gewinnt der Pfandgläubiger also nur genau die Befriedigungsrechte, die dem Grundschuldgläubiger selbst zustehen. Den Rückgewähranspruch des Sicherungsgebers muss er sich auch dann entgegenhalten lassen, wenn er erst nach der Pfändung fällig geworden ist (oben Rn 145), insbesondere, weil der Schuldner erst danach auf die gesicherte Forderung gezahlt hat. Ohnehin trifft es nach Einführung des § 1192 Abs 1a nicht mehr zu, dass sich der Pfändungsgläubiger wie der Zessionar bei der Abtretung der Grundschuld nur die im Zeitpunkt der Pfändung bestehenden Einreden entgegenhalten zu lassen müsste (§ 1192 Rn 43); unabhängig davon besteht der Rückgewähranspruch aber im Zeitpunkt der Pfändung bereits und wirkt auch von daher gegen den Pfandgläubiger (Stöber Rn 1881 und Fn 18; aA Huber 143, 147 und BB 1965, 610; Tempel JuS 1967, 168)

Unabhängig von diesen Wirkungen verletzt der Sicherungsnehmer in jedem Fall seine **Verpflichtungen aus dem Sicherungsvertrag**, wenn er es so weit kommen lässt, dass in das Treugut Grundschuld zur Befriedigung einer fremden Forderung vollstreckt wird. Er macht sich schadensersatzpflichtig nach § 280; ist der Schuldner auch Sicherungsgeber, so kann er den Schadensersatzanspruch der Geltendmachung der Forderung einredeweise entgegenhalten.

5.   Eigentumserwerb ohne Ansprüche aus dem Sicherungsvertrag

288 S dazu, dass die Rechte aus dem Sicherungsvertrag, insbesondere der Rückgewähranspruch, im Falle der Veräußerung des Grundstücks nicht von selbst dem Eigentum folgen, oben Rn 247. Dass das Eigentum ohne Rückgewähransprüche übertragen wird, muss kein Unfall sein. Vor allem bei sog Überlassungsverträgen ist der Fall häufig, dass der Veräußerer sich bewusst Rückgewähransprüche zurückbehält, weil er befugt bleiben möchte, eine bestehende Grundschuld neu zu valutieren (oben Rn 13). Auch erbrechtliche Ziele lassen sich verfolgen, indem der Veräußerer dafür sorgt, dass der Rückgewähranspruch im Erbweg an andere Personen übergeht als das Grundstück. Deshalb ist Vorsicht geboten, pauschal anzunehmen, bei einer Grundstücksveräußerung seien die Rückgewähransprüche in Ansehung bestehen bleibender Grundschulden stillschweigend mit abgetreten (wie MünchKomm/Eickmann[4] § 1191 Rn 103 annimmt). Ist das Eigentum ohne die Rückgewähransprüche übergegangen, so ist der Eigentümer, wenn er aus der Grundschuld in Anspruch genommen wird, nicht befugt, irgendwelche Einreden aus dem Sicherungsvertrag zu erheben (Huber 132). § 1157 gilt nicht für die Nachfolge im Eigentum (§ 1157 Rn 7).

C. Der Rückgewähranspruch im Rechtsverkehr

Unabhängig vom aktuellen Sicherungsverhältnis stellt der Rückgewähranspruch für **289**
den Sicherungsgeber einen Vermögenswert dar, der je nachdem, ob der Sicherungszweck erledigt ist oder nicht, unterschiedlich nutzbar ist (Scholz 428). Von Bedeutung ist auch, an welcher Rangstelle die Grundschuld steht, und ob gleich- und
nachrangige Grundpfandrechte mit gesetzlichem Löschungsanspruch (bei Alt- und
Übergangsrechten mit Löschungsvormerkungen) bestehen.

1. Der Rückgewähranspruch als Kreditunterlage

Ist der Rückgewähranspruch (oben Rn 145 ff) bereits fällig geworden, weil sich der **290**
Sicherungszweck hinsichtlich der ursprünglich gesicherten Forderung erledigt hat, so
kann der Eigentümer und Sicherungsgeber die Sicherungsgrundschuld **zur Sicherung
eines neuen Kredits** verwenden, indem er den Rückgewähranspruch (Rückübertragungsanspruch) an den neuen Kreditgeber abtritt. Der neue Gläubiger wird
allerdings den zugesagten Kredit idR erst nach Abtretung der Grundschuld zur
Verfügung stellen, die er aufgrund des Rückgewähranspruchs bewirken kann (Serick
§ 28 IV 2). Dagegen ist der noch nicht fällige oder gar bedingte Rückgewähranspruch
keine geeignete Kreditsicherheit, da unsicher bleibt, ob der Zessionar den Rückgewähranspruch – selbst bei Eintragung einer Vormerkung – realisieren kann. Der
Anspruch auf Rückgewähr fällt ins Leere, wenn durch Leistung auf die Grundschuld
eine Eigentümergrundschuld entsteht; zwar kann der Zessionar in diesem Fall von
dem Eigentümer die Abtretung der Eigentümergrundschuld verlangen, der Anspruch könnte aber nur dann durchgesetzt werden, wenn gesetzliche Löschungsansprüche nicht entgegenstehen. Unter diesen Umständen bietet auch eine Pfändung
des Rückgewähranspruchs für einen Gläubiger des Eigentümers und Sicherungsgebers nur eine geringe Befriedigungschance.

Fällt der Grundstückseigentümer nach Abtretung des Rückgewähranspruchs in **291**
Insolvenz, so berührt das den vom Zessionar wohlerworbenen, gegen den Gläubiger
gerichteten Rückgewähranspruch nicht mehr. Dass eine aufschiebende Bedingung
erst nach Verfahrenseröffnung eintritt oder der Anspruch erst danach fällig wird,
ändert daran nichts (BGH NJW 1977, 247 mwNw; BGH vom 27. 5. 2003 – IX ZR 51/02 – DNotZ
2004, 123 [für einen Anspruch auf Rückforderung gezahlten Kaufpreises]). Der Zessionar kann
seinen Anspruch (zB auf Abtretung der Grundschuld) verfolgen und anschließend
die Grundschuld verwerten. Wird das belastete Grundstück zwischenzeitlich verwertet – sei es zwangsweise, sei es freihändig – so setzt sich sein Rückerstattungs-
anspruch am Erlös fort (BGH NJW 1977, 247 mwNw). Abzulehnen die Meinung, der
abgetretene Rückgewähranspruch falle (wohl analog der Behandlung von Sicherungseigentum) in die Masse; der Insolvenzverwalter solle den Anspruch geltend
machen und der Zessionar ein Recht auf abgesonderte Befriedigung aus dem Rückgewähranspruch erwerben (Serick III § 35 III 4). Dies würde bei Realisierung der
Rückgewähr zu einem Absonderungsrecht an der Grundschuld führen, die ihrerseits
auch nur ein Absonderungsrecht gewährt; ein solches doppelstöckiges Absonderungsrecht ist nicht sinnvoll.

2. Die Abtretung des Rückgewähranspruchs als Zusatzsicherheit

292 In der Kreditsicherungspraxis hat die Abtretung des Rückgewähranspruchs – soweit
nicht ausgeschlossen, s oben Rn 161 – besondere Bedeutung als zusätzliche Sicherung eines nachrangigen Grundpfandrechtsgläubigers (Serick § 28 IV 3; Scholz 418).
Sie soll die Lücke im System der Rangaufrückung (Kritik § 1179a Rn 5) schließen, die
dadurch entsteht, dass der Grundschuld gegenüber der gesetzliche Löschungsanspruch nach §§ 1179a, 1179b ebenso stumpf ist wie es vorher die Löschungsvormerkung war. S zu Zulässigkeit und Grenzen oben Rn 169 ff. Da der Zessionar hier
grundsätzlich nur den Löschungsanspruch zwecks Rangaufrückung geltend machen
kann (oben Rn 178), verbessert der Rückgewähranspruch nur sein Recht auf abgesonderte Befriedigung wegen seines Grundpfandrechts, so dass – anders als im Fall
der vorstehenden Rn 291 – in der Tat davon gesprochen werden kann, der Zessionar
habe nur ein Absonderungsrecht am Rückgewähranspruch.

3. Form von Abtretung und Verpfändung des Rückgewähranspruchs

293 Abtretung und Verpfändung des Rückgewähranspruchs vollziehen sich nach allgemeinen Regeln. Der Vertrag ist formfrei (Schlesw-Holst OLG FGPrax 1997, 53), soweit
sich die Formbedürftigkeit nicht aus anderen Vorschriften ergibt (s zu § 492 oben
Rn 213). S zur Abtretung der Rechte aus § 1169 dort Rn 11 ff. Die Verpfändung
(dazu Scholz, in: FS Möhring I 419) bedarf nach § 1280 der Anzeige an den zur Rückgewähr verpflichteten Gläubiger (dazu Eickmann DNotZ 1999, 746). Das Pfandrecht
wird nach § 1287 verwirklicht; den Beschränkungen des § 1197 ist der Pfandgläubiger dabei nicht unterworfen (BGHZ 64, 316; § 1197 Rn 5).

4. Pfändung des Rückgewähranspruchs

294 **a)** Der Rückgewähranspruch unterliegt als selbständiges Vermögensrecht dem
Zugriff des Gläubigers des Sicherungsgebers durch **Pfändung** gemäß §§ 857 Abs 1,
829 ZPO (BGH MDR 1959, 571). Die Pfändung wird durch Zustellung des Pfändungsbeschlusses an den Drittschuldner wirksam (§ 829 Abs 3 ZPO). Drittschuldner ist
der Grundschuldgläubiger. Zur Wirksamkeit der Pfändung bedarf es nicht der
Eintragung ins Grundbuch oder bei einem Briefrecht der Übergabe des Briefs (RGZ
143, 113, 116; BGH MDR 1959, 571 mit zust Anm Thieme MDR 1959, 755 = Rpfleger 1959, 273 mit
zust Anm Stöber; Stöber Rn 1889). Die Pfändung des Anspruchs auf Rückgewähr einer
Grundschuld erfasst bei einer Briefgrundschuld auch den Anspruch auf Herausgabe
des Grundschuldbriefs; selbständig kann dieser Anspruch nicht gepfändet werden
(LG Berlin Rpfleger 1978, 331).

295 Die Pfändung des (noch nicht fälligen) Rückgewähranspruchs schließt nicht aus, dass
sich der Grundschuldgläubiger aus der Grundschuld befriedigt, ggf auch durch
Verkauf und Abtretung der Grundschuld (vgl oben Rn 92; OLG Schleswig Rpfleger
1997, 267 = EWiR § 1191 BGB 1/97, 355 [Mankowski]). Überhaupt hindert die Pfändung
des nur schuldrechtlichen Rückgewähranspruchs Verfügungen über die Grundschuld
als dingliches Recht nicht (OLG Hamburg DNotZ 1999, 740 m Anm Stöber); nur wenn der
Rückgewähranspruch durch Vormerkung nach § 883 an der Grundschuld gesichert
ist, sind anderweitige Verfügungen dem Vormerkungsberechtigten gegenüber unwirksam (s oben Rn 244; zum Anspruch auf Vormerkung Stöber DNotZ 1999, 742). Mit der

Pfändung des Rückgewähranspruchs ist aber der **Anspruch** auf **Auskehrung des Mehrerlöses** gepfändet, wenn der rückgewährpflichtige Grundschuldgläubiger (= Drittschuldner) durch die Verwertung der Grundschuld oder durch freiwillige Leistung des Grundstückseigentümers einen Betrag erlangt hat, der die gesicherte persönliche Forderung übersteigt; einer selbständigen Pfändung bedarf es nicht (Stöber Rn 1911 mwNw und Rpfleger 1959, 274; Dempewolf NJW 1959, 556, 559; Serick § 34 IV 2 b; s auch BGH NJW 1975, 980). Der schuldrechtliche Anspruch auf Rückgewähr der Grundschuld schließt auch den schuldrechtlichen Anspruch auf Überlassung des Betrags ein, der durch Surrogation an die Stelle der erloschenen Grundschuld getreten ist. Ein Fall der dinglichen Surrogation liegt jedoch hinsichtlich des Rückgewähranspruchs nicht vor (Huber 171; Serick § 34 IV 2 c; **aM** BGH MDR 1961, 675; BGH NJW 1975, 980), so dass es beim schuldrechtlichen Anspruch gegen den Rückgewährpflichtigen verbleibt. Gegen eine andere als die rückgewährpflichtige Person kann der Anspruch nicht erhoben werden, insbesondere nicht gegen den Eigentümer, der vom rückgewährpflichtigen Gläubiger die Löschung der Grundschuld erlangt hat (BGH vom 23. 3. 1993 – XI ZR 167/92 – NJW 1993, 1919); dies schließt Ansprüche gegen den Gläubiger, der an die falsche Person rückgewährt hat, nicht aus (oben Rn 159).

b)   Hat der Sicherungsnehmer im Zeitpunkt der Pfändung sein **Wahlrecht** (oben   **296** Rn 153) bereits ausgeübt, so gilt die gewählte Leistung als die von Anfang an allein geschuldete (§ 263 Abs 2). Die Pfändung kann sich daher nur auf die gewählte Leistung beziehen und zwar auch dann, wenn sie – zB weil der Eigentümer die Löschung gewählt hat – für den Pfandgläubiger kein Interesse hat (**aA** Wilhelm JZ 1998, 18 bei Fn 12 unter unzutreffender Berufung auf MünchKomm/Eickmann[3] § 1191 Rn 117). Ist das Wahlrecht noch nicht ausgeübt, so ist der Rückgewähranspruch zu pfänden; das Wahlrecht steht dann dem Pfändungsgläubiger zu. Zulässig ist allerdings auch die isolierte Pfändung des einzelnen Anspruchs (RGZ 143, 113, 116; Dempewolf NJW 1959, 556; **aM** Huber 202; MünchKomm/Eickmann[4] § 1191 Rn 165; s auch Serick § 34 IV 2 a und Fn 98). Da in der wirksamen Pfändung eines Einzelanspruchs zugleich eine Konkretisierung des Schuldverhältnisses auf den gepfändeten Anspruch zu erblicken ist, können die nicht gepfändeten Einzelansprüche nicht mehr geltend gemacht werden (Stöber Rn 1890).

c)   Der Pfändungsgläubiger kann sich den gepfändeten Anspruch zur **Einziehung** **297** **überweisen** lassen (§ 835 ZPO). Spätestens durch den Überweisungsantrag übt der Gläubiger sein Wahlrecht aus, das im allgemeinen auf Geltendmachung des Rückabtretungsanspruchs gehen wird. Bei Überweisung des Anspruchs auf Übertragung der Grundschuld zur Einziehung kann der Pfändungsgläubiger die Abtretung der Grundschuld an sich verlangen, sobald der Anspruch fällig ist. Nach der Abtretung der Grundschuld an den Pfändungsschuldner (= Eigentümer), entsteht für diesen eine Eigentümergrundschuld, der Pfändungsgläubiger erlangt ein Pfandrecht an dieser Grundschuld; § 1287 ist entsprechend anzuwenden (Ripfel DFG 1938, 189; Hoche NJW 1956, 145; Wörbelauer NJW 1958, 1706; Stöber Rn 1895 mit Fn 60; Erl zu § 1287). Der Bestellung eines Sequesters nach § 848 ZPO, an den die Grundschuld zu übertragen ist, bedarf es nicht (Stöber Rpfleger 1959, 86; ders Forderungspfändung[13] Rn 1896; Gaberdiel/Gladenbeck[8] Rn 915; **aM** LG Köln MDR 1958, 852; Schneider JW 1938, 1631; Dempewolf NJW 1959, 557; Serick § 34 IV 2 a). Auch die Überweisung soll sich zumindest dann an der Grundschuld fortsetzen, wenn dies bereits im Pfändungsbeschluss ausgesprochen ist (Gaberdiel/Gladenbeck[8] Rn 918; Stöber[13] Rn 1901; MünchKomm/Eickmann[4] § 1191 Rn 167).

298 Auch eine **Überweisung an Zahlungs statt** ist zulässig (OLG Braunschweig JurBüro 1969, 439; Dempewolf NJW 1959, 556, 558; Tempel JuS 1967, 270; Serick § 34 IV 2 a Fn 99; **aM** Stöber Rn 1892 und Fn 44; Palandt/Bassenge § 1191 Rn 30; Huber 204 Fn 13; ohne Aussage Gaberdiel/Gladenbeck[8] Rn 921; MünchKomm/Eickmann[4] § 1191 Rn 157). Sie wirkt wie eine Abtretung; der Pfändungsgläubiger wird dabei Gläubiger des schuldrechtlichen (Rück-) Übertragungsanspruchs (Dempewolf aaO).

299 d) Ist der **Verzichtsanspruch** gepfändet und zur Einziehung überwiesen, so entsteht bei Verzicht des Gläubigers eine Eigentümergrundschuld; an dieser steht dem Pfändungsgläubiger aber keinerlei Recht zu; insbesondere ist § 1287 nicht anzuwenden (BGHZ vom 6. 7. 1989 – IX ZR 277/88 = EWiR 1989, 881 [zust Clemente]; Stöber Rn 1893; Schneider JW 1938, 1632; Dempewolf NJW 1959, 560; **aM** OLG Celle JR 1955, 146; Tempel JuS 1967, 269; Wilhelm JZ 1998, 18). Der Pfändungsgläubiger muss vielmehr die Eigentümergrundschuld erneut pfänden (§§ 857 Abs 6, 830 ZPO). Die Pfändung des Verzichtsanspruchs ist für die Pfändung der Eigentümergrundschuld nicht rangwahrend (Stöber Rn 1893; Huber 207; **aM** Tempel JuS 1967, 269). Ebenso ist die Pfändung eines etwa vom Verzichtsanspruch zu unterscheidenden **Aufhebungsanspruchs** (§ 1183 Rn 1) für den Gläubiger idR ohne Interesse, da er nach Überweisung des Anspruchs vom Drittschuldner lediglich die Löschung der Grundschuld verlangen könnte. Die Löschung der Grundschuld wäre für den Gläubiger allerdings dann von Bedeutung, wenn er gleich oder nachrangiger Grundpfandgläubiger ist und durch die Löschung im Rang aufrückt (Stöber Rn 1894); aber auch in diesem Fall ist seinem Interesse mehr durch die Pfändung des Rückübertragungsanspruchs gedient (Dempewolf NJW 1959, 556, 560).

300 e) Die Pfändung des **Rückgewähranspruchs** geht ins Leere, wenn der Anspruch bei Wirksamwerden der Pfändung **bereits abgetreten** war (BGH Rpfleger 1958, 53). Ebenfalls praktisch wirkungslos bleibt die Pfändung dann, wenn die Fälligkeit oder die aufschiebende Bedingung, unter der der Rückgewähranspruch steht, nicht eintritt, zB wenn der Eigentümer den Grundschuldgläubiger bei voll valutierter Grundschuld wegen der Grundschuld befriedigt und damit die Fremdgrundschuld kraft Gesetzes zur Eigentümergrundschuld wird (§ 1192 Rn 18 f). Es wird sich uU auch die Pfändung einer etwaigen Eigentümergrundschuld empfehlen (§ 1163 Rn 98); eine künftige Eigentümergrundschuld kann jedoch nicht gepfändet werden (§ 1163 Rn 111). Die Pfändung des Rückgewähranspruchs kann nicht in eine Pfändung der Eigentümergrundschuld umgedeutet werden. Hingegen greift ein vorher begründeter Löschungsanspruch (**gesetzlicher Löschungsanspruch** oder Löschungsvormerkung) gegenüber der mit dem Pfandrecht nach § 1287 belasteten Eigentümergrundschuld, die durch (Rück-)Übertragung des Grundpfandrechts auf den Eigentümer entsteht, nicht durch; denn Voraussetzung für die Verwirklichung des Löschungsanspruchs ist das Entstehen einer unbelasteten Eigentümergrundschuld (BGH NJW 1975, 980; Hoche NJW 1959, 413; Stöber Rn 1904; Gaberdiel/Gladenbeck[8] Rn 919; **aM** Wörbelauer NJW 1958, 1708; Stöber Rpfleger 1959, 88; MünchKomm/Eickmann[4] § 1191 Rn 169; Ripfel DFG 1938, 190: eine im Zeitpunkt der Pfändung bestehende Löschungsvormerkung kann gegen den Pfändungsgläubiger bei Übertragung der Grundschuld auf den Eigentümer durchgesetzt werden).

301 f) Die **Rechte des Grundschuldgläubigers** (Drittschuldners) werden gemäß § 829 Abs 1 S 1 ZPO durch die Pfändung nicht berührt; es ist ihm lediglich verboten, an den Schuldner (Sicherungsgeber) zu leisten. Er kann insbesondere, soweit der Sicherungsvertrag nicht entgegensteht, die gesicherte Forderung weiter valutieren und sein Recht, Befriedigung aus der Grundschuld, weiter verfolgen, mithin sie auch im Wege der Abtretung verwerten (RGZ 143, 116; Schlesw-Holst OLG FGPrax 1997, 53; STÖBER Rn 1891 mwNw; vgl oben Rn 260).

Mit Forderungen, die vor der Pfändung nicht in den Sicherungsvertrag einbezogen **302** waren, kann der Gläubiger hingegen die Grundschuld **nicht mehr unterlegen** (vgl für den Konkurs BGH NJW 1975, 122; aA OLG München DNotZ 1999, 744 [abl Anm EICKMANN] und [für eine Gehaltsabtretung] OLG Oldenburg BB 1997, 1175). Insofern bringt die Auffassung, dass der Rückgewähranspruch bereits mit Abschluss des Sicherungsvertrags entsteht (oben Rn 145), dem Sicherungsgeber nicht nur Vorteile. Bei einer **Kontokorrentabrede** sind aber alle künftig in das Kontokorrent einzubeziehenden Forderungen gesichert, so dass ein vorübergehendes Absinken des Saldos – sei es auch auf null – nicht zur Beendigung des Kontokorrentverhältnisses und zur Herausgabe des entsprechenden Teils der Grundschuld an den Pfandgläubiger zwingt (vgl OLG Stuttgart ZIP 1994, 222).

D.   Zur Reform des Grundschuldrechts

Vgl zunächst Einl 6 zu §§ 1113 ff. Den dort erwähnten Gesetzentwurf für ein „nicht **303** akzessorisches Grundpfand für Mitteleuropa" hat eine gemischte Kommission (an dieser Arbeitsgruppe haben neben dem Verfasser mitgewirkt: JOHANNES E BEUTLER, Köln; ULRICH DROBNIG, Hamburg; KLAUS-PETER FOLLAK, Stuttgart; PETER HELLER, München; PETER NEUBAUER, München; OTTO SOERGEL, Köln; OTMAR STÖCKER, Bonn; ROLF STÜRNER, Freiburg) 1998 auf Initiative des Verbands Deutscher Hypothekenbanken erarbeitet (veröffentlicht in ZBB 1998, 264 mit ergänzenden Mitteilungen STÖCKER u DNotZ 1999, 451; dazu NASARRE AZNAR/STÖK-KER, Revista critica de derecho immobiliario 78 [2002] 915 mit Übersetzung ins Spanische). Konkret war er für die osteuropäischen Reformstaaten gedacht; er ist aber bewusst so gefasst worden, dass er in unterschiedliche Rechtsordnungen übernommen wer-den und insbesondere auch Vorbild für ein einheitliches europäisches Grundpfand-recht sein kann (daher auch die sprachlichen Neuschöpfungen „Grundpfand" und „Eintragungsdokument", um Anklänge an bestehende Rechtsordnungen zu vermei-den). Der Entwurf versuch t, eine flexible Kreditsicherheit mit den Erfordernissen der Rechtssicherheit und des Verbraucherschutzes in Einklang zu bringen. Deshalb behandelt er auch den Sicherungsvertrag. S zum Erfordernis notarieller Beurkun-dung unter Wegfall einer besonderen Titulierung für die Zwangsvollstreckung Einl 184 zu §§ 1113 ff.

Der Entwurf ist nachstehend in der Version des Verfassers ohne die dem Original **304** beigefügten Anmerkungen, terminologisch vorsichtig angepasst und zum Teil mit Rücksicht auf neuere Entwicklungen auch leicht verändert, **wiedergegeben.**

1. Abschnitt: Grundpfand

§ 1. Grundpfand

(1) Ein Grundstück kann in der Weise belastet werden, dass an denjenigen, zu dessen Gunsten die Belastung erfolgt, eine bestimmte Geldsumme aus dem Grundstück zu zahlen ist (Grundpfand). Es können auch Rechte belastet werden, die im Grundbuch wie Grundstücke eingetragen sind.

(2) Das Grundpfand kann nicht vom Bestand einer Forderung abhängig gemacht werden.

(3) Die Belastung kann auch in der Weise erfolgen, dass Zinsen von der Geldsumme aus dem Grundstück zu entrichten sind. Die Zinsen sind in einem Bruchteil der Geldsumme anzugeben und für bestimmte Zeitabschnitte zu entrichten; der Zeitabschnitt besteht in einem Kalenderjahr oder einem bestimmten Teil eines Kalenderjahrs. Vier Jahre nach Ablauf der Zinsperiode verjährt der Zinsanspruch, es sei denn, das Grundstück wäre vorher zum Zwecke der Zwangsvollstreckung beschlagnahmt.

(4) Ist das Grundpfand unverzinslich oder ist der Zinssatz niedriger als zehn vom Hundert, so kann das Grundpfand ohne Zustimmung der im Range gleich- oder nachstehenden Berechtigten dahin erweitert werden, dass das Grundstück für Zinsen bis zu zehn vom Hundert haftet. Zu einer Änderung der Zahlungszeit und des Zahlungsorts ist die Zustimmung dieser Berechtigten gleichfalls nicht erforderlich.

(5) Das Grundpfand kann auch für den Eigentümer bestellt werden. Es erlischt nicht dadurch, dass es sich mit dem Eigentum in einer Person vereinigt.

§ 2. Bestellung

(1) Das Grundpfand entsteht durch Eintragung im Grundbuch. Diese erfordert eine Bewilligung des Eigentümers, welche der notariellen Beurkundung bedarf.

(2) Bewilligung und Eintragung müssen den Gläubiger, die Geldsumme und, wenn es verzinslich ist, den Zinssatz und die Zinsperioden angeben. Ist nichts über die Fälligkeit bestimmt, so ist die Geldsumme sofort fällig, während Zinsen am Ende der jeweiligen Zinsperiode fällig sind.

(3) Der Eigentümer kann sich im Zusammenhang mit der Bestellung eines Grundpfands nicht verpflichten, das Grundstück nicht oder nur unter Einschränkungen zu belasten oder zu veräußern. Auch eine Verpflichtung, das Grundstück an den Inhaber der Grundpfands oder in dessen Interesse an einen Dritten zu veräußern oder zu dessen Gunsten in anderer Weise darüber zu verfügen, sowie eine dahingehende Vollmacht sind nichtig.

§ 3. Persönliche Haftung

(1) Als Inhalt des Grundpfands kann bestimmt werden, dass der jeweilige Eigentümer des mit dem Grundpfand belasteten Grundstücks für die Zahlung der Geldsumme und der fälligen Zinsen auch mit seinem sonstigen Vermögen haftet (persönliche Haftung).

(2) Die persönliche Haftung ist in das Grundbuch einzutragen. Die Bewilligung des Eigentümers dazu bedarf der notariellen Beurkundung.

(3) Die persönliche Haftung des vormaligen Eigentümers erlischt, wenn das Eigentum an dem Grundstück mit Zustimmung des Gläubigers an einen anderen übertragen wird. Die Zustimmung gilt als erteilt, wenn der Gläubiger nicht innerhalb eines Jahres nach Eintragung des Eigentums-übergangs bei dem Grundbuchamt beantragt, die Fortdauer der Haftung in das Grundbuch ein-zutragen.

(4) Wenn nichts anderes vereinbart ist, ist ein Nachfolger im Eigentum verpflichtet, den Voreigentümer von der persönlichen Haftung zu befreien.

§ 4. Erteilung eines Eintragungsdokuments

(1) Auf Antrag des Gläubigers des Grundpfands erteilt ihm das Grundbuchamt ein Eintragungsdokument. Dieses muss die Grundbucheintragung vollständig wiedergeben.

(2) Das Eintragungsdokument lautet auf den Namen des Gläubigers. Mit Zustimmung des Eigentümers, die der notariellen Beurkundung bedarf, kann das Eintragungsdokument auch auf den Inhaber ausgestellt werden.

(3) Die Ausstellung eines Eintragungsdokuments ist in das Grundbuch einzutragen, desgleichen die (jederzeit mögliche) Rückgabe des Eintragungsdokuments an das Grundbuchamt.

(4) Ist das Eintragungsdokument abhanden gekommen oder vernichtet, so kann es im Wege des Aufgebotsverfahrens für kraftlos erklärt werden.

§ 5. Haftungsumfang

(1) Neben dem Grundstück selbst haften für das Grundpfand auch die Bestandteile des Grundstücks und das dem Grundstückseigentümer gehörende Zubehör.

(2) Zubehör eines landwirtschaftlichen Grundstücks sind insbesondere das Großvieh und die landwirtschaftlichen Geräte, Maschinen und Fahrzeuge. Maschinen und maschinelle Anlagen eines Gewerbegrundstücks sind Zubehör nur, wenn sie mit Grundstück oder Gebäude fest verbunden sind und nicht entfernt werden können, ohne zerlegt zu werden. Bestandteile des Grundstücks sowie Zubehörstücke werden von der Haftung frei, wenn sie im Rahmen ordnungsgemäßer Wirtschaft veräußert und von dem Grundstück entfernt werden, bevor sie zugunsten des Gläubigers in Beschlag genommen worden sind.

(3) Ist das Grundstück vermietet oder verpachtet, so erstreckt sich das Grundpfand auf die Miet- oder Pachtzinsforderung. Eine Vereinbarung, wonach der Miet- oder Pachtzins für eine längere Zeit als drei Monate im Voraus zu entrichten ist, ist dem Gläubiger des Grundpfands gegenüber unwirksam, selbst wenn sie vor Bestellung des Grundpfands getroffen worden ist. Der Mieter oder Pächter, der fällige Miet- oder Pachtzinsen an den Eigentümer zahlt, wird frei, solange der Gläubiger des Grundpfands die Forderung nicht hat beschlagnahmen lassen.

(4) Ist mit dem Eigentum an dem Grundstück ein Recht auf wiederkehrende Leistungen verbunden, so erstreckt sich das Grundpfand auf die Ansprüche auf diese Leistungen. Abs 3 findet entsprechende Anwendung.

(5) Sind Gegenstände, welche dem Grundpfand unterliegen, für den Eigentümer des Grundstücks versichert, so erstreckt sich das Grundpfand auf die Forderung gegen den Versicherer. Der Eigentümer ist dem Gläubiger zur Auskunft über die Versicherungsverhältnisse verpflichtet. Die Haftung der Forderung gegen den Versicherer erlischt, wenn der versicherte Gegenstand wiederhergestellt oder Ersatz für ihn beschafft ist.

(6) Soll die Haftung entgegen diesen Vorschriften beschränkt werden, so bedarf dies der Eintragung in das Grundbuch.

§ 6. Mehrere Grundstücke

(1) Ein Grundpfand kann in der Weise an mehreren Grundstücken bestellt werden, dass nur einmal Zahlung zu erfolgen hat (Gesamtgrundpfand). Jedes Grundstück haftet in diesem Falle für den ganzen Betrag. Der Gläubiger kann die Befriedigung nach seinem Belieben aus jedem der Grundstücke ganz oder zum Teil suchen.

(2) Der Gläubiger ist berechtigt, den Betrag des Grundpfands auf die einzelnen Grundstücke in der Weise zu verteilen, dass jedes Grundstück nur für den zugeteilten Betrag haftet.

§ 7. Befriedigung

(1) Die Befriedigung des Gläubigers erfolgt im Wege der Zwangsvollstreckung. Eines besonderen Titels bedarf der Gläubiger dazu nicht. Ist ein Eintragungsdokument ausgestellt, so muss es vorgelegt werden.

(2) Hat der Grundstückseigentümer das Grundpfand zur Sicherung einer Forderung bestellt oder zu diesem Zweck abgetreten, so kann er die Befriedigung des Gläubigers über den Betrag der gesicherten Schuld hinaus verweigern. Hat der Gläubiger aber das Grundpfand von einem Dritten erworben, so hat der Eigentümer ein Recht, Erfüllung zu verweigern, nur, wenn der Gläubiger beim Erwerb des Grundpfands wusste oder wissen musste, dass es zur Sicherung einer Forderung bestellt worden ist. War der Gläubiger beim Erwerb des Grundpfands über die gesicherte Forderung ohne grobe Fahrlässigkeit im Irrtum, so ist das Recht des Eigentümers, Befriedigung verweigern, ausgeschlossen, soweit der gute Glaube des Gläubigers reicht.

(3) Solange der Gläubiger zugleich der Eigentümer des Grundstücks ist, kann er die Zwangsvollstreckung nicht betreiben.

(4) Mit Beendigung der Zwangsvollstreckung erlischt das Grundpfand des die Zwangsvollstreckung betreibenden Gläubigers; auch die gleich- und nachrangigen Rechte erlöschen.

(5) Der Eigentümer kann den Gläubiger jederzeit freiwillig befriedigen, gleichgültig wann das Grundpfand fällig ist. Soweit er den Gläubiger befriedigt, geht das Grundpfand auf ihn über. Im Falle teilweiser Befriedigung erhält der dem Eigentümer zufallende Teil des Grundpfands Rang nach dem Teil, der dem Gläubiger verbleibt.

(6) Ist ein Eintragungsdokument ausgestellt, so kann der Eigentümer gegen Befriedigung des Gläubigers dessen Aushändigung verlangen; in jedem Fall kann er die Aushändigung der sonstigen zur Berichtigung des Grundbuchs erforderlichen Urkunden verlangen. Befriedigt der Eigentümer den Gläubiger nur teilweise, so kann er die Aushändigung des Eintragungsdokuments nicht verlangen. Der Gläubiger ist aber verpflichtet, die teilweise Befriedigung auf dem Eintragungsdokument zu vermerken und es zum Zweck der Berichtigung des Grundbuchs dem Grundbuchamt vorzulegen.

(7) Verlangt der Gläubiger Befriedigung, so kann jeder, der im Falle der Zwangsvollstreckung Gefahr läuft, ein Recht an dem Grundstück oder den Besitz des Grundstücks zu verlieren, den Gläubiger befriedigen. Abs 5 und 6 finden entsprechende Anwendung mit der Maßgabe, dass das Grundpfand auf denjenigen übergeht, der den Gläubiger befriedigt.

§ 8. Befriedigung bei Gesamtgrundpfand

(1) Befriedigt sich der Gläubiger durch Zwangsvollstreckung in eines der mit einem Gesamtgrundpfand belasteten Grundstücke, so geht das Gesamtgrundpfand an den anderen Grundstücken auf den Eigentümer über; gehören die anderen Grundstücke mehreren Eigentümern, so erwirbt jeder Eigentümer ein Grundpfand in voller Höhe an seinem Grundstück.

(2) Befriedigt ein Eigentümer den Gläubiger freiwillig, so erwirbt er das Gesamtgrundpfand. Es gilt dann § 7 Abs. 2 mit der Maßgabe, dass die anderen Eigentümer die Erfüllung verweigern dürfen, soweit sie nicht dem Eigentümer gegenüber, der den Gläubiger befriedigt hatte, zum Ausgleich verpflichtet sind.

§ 9. Übertragung des Grundpfands

(1) Das Grundpfand kann abgetreten werden. Soll die Abtretung ausgeschlossen oder beschränkt werden, so bedarf dies der Eintragung in das Grundbuch.

(2) Die Abtretung bedarf der Eintragung in das Grundbuch, die vom bisherigen Gläubiger in notariell beglaubigter Form bewilligt sein muss.

(3) Ist ein Eintragungsdokument ausgestellt, so wird die Eintragung in das Grundbuch durch die Übergabe des Eintragungsdokuments zusammen mit einer schriftlichen Abtretungserklärung ersetzt; ist die Abtretungserklärung nicht notariell beglaubigt, so kann der Gläubiger die Rechte aus dem Grundpfand nur aufgrund eines gesonderten Titels geltend machen.

(4) Fällige Zinsen können nur nach den für die Übertragung von Forderungen geltenden allgemeinen Vorschriften abgetreten werden; die Eintragung in das Grundbuch ist ausgeschlossen.

§ 10. Verzicht

(1) Verzichtet der Gläubiger auf das Grundpfand, so erwirbt es der Eigentümer.

(2) Der Verzicht ist dem Grundbuchamt oder dem Eigentümer gegenüber zu erklären und bedarf der Eintragung in das Grundbuch. Der Verzicht auf fällige Zinsen kann und muß nicht in das Grundbuch eingetragen werden.

(3) Verzichtet der Gläubiger auf einen Teil des Grundpfands, so ist § 7 Abs. 5 Satz 2 entsprechend anzuwenden.

(4) Verzichtet der Gläubiger auf ein Gesamtgrundpfand und gehören die belasteten Grundstücke mehreren Eigentümern, so erwirbt jeder Eigentümer ein Grundpfand in voller Höhe an seinem

Grundstück. Verzichtet der Gläubiger nur in Ansehung eines der belasteten Grundstücke, so erwirbt der Eigentümer dieses Grundstücks an seinem Grundstück ein Grundpfand in voller Höhe, während das Grundpfand an den anderen Grundstücken bestehen bleibt.

(5) Steht dem Eigentümer eine Einrede zu, durch welche die Geltendmachung des Grundpfands dauernd ausgeschlossen wird, so kann er verlangen, dass der Gläubiger auf es verzichtet.

§ 11. Aufgebot des Gläubigers

(1) Ist das Grundpfand fällig, der Gläubiger aber unbekannt oder unbekannten Aufenthalts, so kann er im Wege des Aufgebotsverfahrens mit seinem Recht ausgeschlossen werden, wenn

a) nach Eintritt der Fälligkeit des Grundpfands zehn Jahre verstrichen sind und der Gläubiger sein Recht oder eine durch das Grundpfand gesicherte Forderung nicht innerhalb dieser Frist in irgendeiner Weise geltend gemacht hat oder

b) der Eigentümer den Betrag des Grundpfands und der fälligen Zinsen für den Gläubiger hinterlegt.

(2) Mit dem Ausschlussurteil gilt der Gläubiger als befriedigt. Ein dem Gläubiger erteiltes Eintragungsdokument wird kraftlos.

2. Abschnitt: Der Sicherungsvertrag

§ 12. Grundpfand zur Sicherung von Forderungen

(1) Ist durch Vertrag vereinbart, dass das Grundpfand der Sicherung einer Geldforderung dienen soll (Sicherungsvertrag), so kann derjenige, der das Grundpfand gestellt hat (Sicherungsgeber), vom anderen Vertragsteil (Sicherungsnehmer) dessen Rückgabe durch Abtretung verlangen, soweit der aus dem Grundstück zu zahlende Geldbetrag den Betrag der gesicherten Forderung übersteigt. Soll eine Forderung gesichert sein, die nicht auf Geld gerichtet ist, so tritt an die Stelle des Betrags der gesicherten Forderung deren Wert. Soll das Grundpfand mehrere Forderungen sichern, so sind deren Beträge oder Werte zusammenzurechnen.

(2) Soll eine künftige Forderung gesichert werden, so kann die Rückgabe gefordert werden, sobald und soweit feststeht, dass die Forderung nicht entstehen wird.

(3) Hat der Sicherungsgeber ein Gesamtgrundpfand zu stellen, so hat der Sicherungsnehmer nach seinem Ermessen auszuwählende Grundstücke freizugeben, wenn die verbleibenden Grundstücke nach den Maßstäben, die dem Sicherungsvertrag zugrundegelegt sind, als Sicherheit ausreichen; die Freigabe hat durch Verzicht (§ 10 Abs. 4) zu erfolgen.

(4) Abs. 3 gilt entsprechend, wenn mehrere Grundpfänder oder neben Grundpfändern auch andere Sicherheiten zu stellen sind oder mehrere Personen Sicherheiten zu stellen haben.

§ 13. Sicherung wechselnder Forderungen

(1) Ist durch Vertrag vereinbart, dass das Grundpfand der Sicherung wechselnder Forderungen dienen soll, so kann der Sicherungsgeber den Vertrag jederzeit kündigen. Die Kündigung hat zur Folge, dass nur noch diejenigen Forderungen als gesichert gelten, die im Zeitpunkt der Kündigung bereits entstanden waren.

(2) Die Kündigung darf nicht zur Unzeit erfolgen.

(3) Kann der Sicherungsnehmer nach Treu und Glauben erwarten, dass bestimmten künftigen Forderungen die Sicherheit nicht entzogen wird, gelten diese trotz der Kündigung als gesichert.

§ 14. Zahlungen

(1) Der Sicherungsgeber ist entgegen § 7 Abs. 5 im Zweifel nicht befugt, Zahlung auf das Grundpfand zu leisten, solange der Sicherungsnehmer dieses nicht geltend macht.

(2) Der Sicherungsgeber ist im Zweifel befugt, die gesicherte Forderung anstelle des Schuldners zu erfüllen; er kann Zug um Zug Rückgabe des Grundpfands verlangen.

(3) Ist ein Eintragungsdokument ausgestellt, so kann der Sicherungsgeber verlangen, dass auch Zahlungen auf die gesicherte Forderung darauf vermerkt werden. Die Ausstellung eines neuen Eintragungsdokuments ohne die Zahlungsvermerke bedarf dann einer notariell beglaubigten Bewilligung des Sicherungsgebers.

§ 14a. Abtretung (vom Verfasser der Bearb 2009 eingefügt)

(1) Soweit nicht anders bestimmt, kann das Grundpfand nur mit Zustimmung des Sicherungsgebers abgetreten werden.

(2) Die Zustimmung kann im Voraus erklärt werden, wenn der mögliche Abtretungsempfänger namentlich bestimmt ist.

(3) § 7 (2) gilt entsprechend.

§ 15. Rückgewähr

(1) Ist die gesicherte Forderung erloschen, so hat der Sicherungsnehmer das Grundpfand zurückzugeben. Mit Einverständnis des Sicherungsgebers, das nicht im Voraus erklärt werden kann, darf die Rückgabe durch Verzicht erfolgen.

(2) Ist die gesicherte Forderung zum Teil erloschen, so gilt § 12 entsprechend.

(3) Der Sicherungsnehmer bleibt auch dann zur Rückgewähr verpflichtet, wenn er das Grundpfand mit Einverständnis des Sicherungsgebers zur Sicherung eigener Verbindlichkeiten an einen Dritten weitergegeben hat.

(4) Auf Rückgewähr kann nicht im Voraus verzichtet werden. Die Abtretung des Anspruchs auf Rückgewähr ist dadurch nicht ausgeschlossen.

(5) Ist die gesicherte Forderung zu verzinsen und sind alle fälligen Zinsen entrichtet, so ist im Zweifel anzunehmen, dass der Gläubiger auf die fälligen Zinsen des Grundpfands verzichtet hat. Dasselbe gilt für die jeweils fälligen Zinsen des Grundpfands, wenn die gesicherte Forderung unverzinslich ist.

§ 16. Verwertung

(1) Der Sicherungsnehmer darf sich aus dem Grundpfand befriedigen, sobald er Erfüllung der gesicherten Forderung verlangen kann.

(2) Ist der Eigentümer des mit dem Grundpfand belasteten Grundstücks nicht auch Schuldner der gesicherten Forderung, so hat der Sicherungsnehmer zunächst den Schuldner zur Leistung aufzufordern und dies dem Eigentümer des mit dem Grundpfand belasteten Grundstücks nachzuweisen. Sodann hat er dem Eigentümer des mit dem Grundpfand belasteten Grundstücks in angemessener Weise Gelegenheit zur Erfüllung zu geben, bevor er mit der Verwertung beginnt.

(3) Außer durch Zwangsvollstreckung darf sich der Sicherungsnehmer auch in der Weise befriedigen, dass er das Grundpfand nach den Vorschriften über die Verwertung einer gepfändeten Forderung öffentlich versteigern läßt. Zu einer anderen Art der Verwertung kann sich der Sicherungsnehmer nicht im Voraus ermächtigen lassen.

§ 17. Mehrere Sicherheiten

(1) Hat der Sicherungsgeber ein Gesamtgrundpfand gestellt, sind mehrere Grundpfänder oder neben Grundpfändern auch andere Sicherheiten gestellt oder haben mehrere Personen Sicherheiten gestellt und will der Sicherungsnehmer nicht alle Sicherheiten zugleich verwerten, so hat er bei der Auswahl auf die Interessen des Sicherungsgebers oder der mehreren Sicherungsgeber angemessene Rücksicht zu nehmen.

(2) Das Interesse des Sicherungsnehmers, Befriedigung zu finden, geht den Interessen der Sicherungsgeber vor. Dies gilt nicht für die Befriedigung von Forderungen, die nicht Gegenstand des Sicherungsvertrages sind.

§ 18. Schadensersatz

(1) Betreibt der Sicherungsnehmer die Verwertung des Grundpfands, obwohl er dazu nach Maßgabe der in diesem Abschnitt getroffenen Regelungen nicht befugt wäre, so ist er dem Sicherungsgeber zum Ersatz des diesem entstehenden Schadens verpflichtet.

(2) Dasselbe gilt, wenn der Sicherungsnehmer unbefugt sonstige Verfügungen über das Grundpfand trifft.

§1191
Gesetzlicher Inhalt der Grundschuld

(1) Ein Grundstück kann in der Weise belastet werden, dass an denjenigen, zu dessen Gunsten die Belastung erfolgt, eine bestimmte Geldsumme aus dem Grundstück zu zahlen ist (Grundschuld).

(2) Die Belastung kann auch in der Weise erfolgen, dass Zinsen von der Geldsumme sowie andere Nebenleistungen aus dem Grundstück zu entrichten sind.

Materialien: E I § 1135; II § 1100 rev § 1176; III § 1174; Mot III 779 f; Prot III 708 f.

Schrifttum

Siehe Vorbem zu §§ 1191 ff.

I. Begriff

1. Definition

Die Definition der Grundschuld ergibt sich aus Abs 1 iVm § 1192 Abs 1. Danach ist **1** die Grundschuld eine Belastung des Inhalts, dass an den Gläubiger ohne Rücksicht auf das Bestehen einer schuldrechtlichen Forderung eine Geldsumme aus dem Grundstück zu zahlen ist. S allgemein zur Frage der Rechtsnatur des Anspruchs Einl 1, 36 ff zu §§ 1113 ff. S einerseits dazu, dass Hypothek und Grundschuld Formen desselben Rechtstyps darstellen, und andererseits zu den Unterschieden Vorbem 2 ff zu §§ 1191 ff.

2. Zinsen und sonstige Nebenleistungen, Grundschuldkonditionen

Im Gegensatz zu den Vorschriften über die Hypothek, die (in § 1115 Abs 1) Zinsen **2** und andere Nebenleistungen nur indirekt erwähnen, ordnet § 1191 Abs 2 ausdrücklich an, dass die Grundschuld auch Zinsen und andere Nebenleistungen zum Inhalt haben kann. S zum Begriff der Zinsen und anderen Nebenleistungen Einl 49 ff zu §§ 1113 ff. S zu den sonst möglichen Grundschuldkonditionen Vorbem 8 zu §§ 1191 ff.

3. Keine Forderung voraussetzend

Die Grundschuld kann nach § 1192 Abs 1 nicht eine Forderung „voraussetzen", **3** Mot III 799 (dazu Vorbem 4 ff zu §§ 1191 ff). Mit der Forderung ist der schuldrechtliche Anspruch gemeint, zu dessen Befriedigung die Hypothek gemäß § 1113 Abs 1 dient. Es kann also nicht (dinglicher) Inhalt einer Grundschuld sein, dass sie zur Befriedigung einer Forderung dient (RG JW 1932, 1795 mit zust Anm Rheinstein; KG JW 1933, 64 mit zust Anm Endemann; BGH NJW 1986, 53; OLG München JFG 16, 291; OLG Celle DNotZ 1954, 473; Baur/Stürner § 45 II 2; Serick § 28 II 2; Huber 140; Huber, in: FS Serick 220; Erman/

WENZEL[12] Rn 12; **aA** anscheinend BGHZ 106, 1 vom 28. 10. 1988 – V ZR 14/87 = EWiR § 185 BGB
1/89, 123 [KÖNDGEN]; unklar BGH NJW 2000, 2021 = EWiR § 1191 BGB 2/2000, 1049 mit ebenso
unklarer Anm CLEMENTE; FRIEDRICH NJW 1968, 1655; LOPAU NJW 1972, 2253; WILHELM[3] Rn 1739;
MünchKomm/EICKMANN[4] Rn 11, 83; vgl auch LOPAU JuS 1976, 553); ist dies der Inhalt eines
Grundpfandrechts, dann handelt es sich – unabhängig von der ihm gegebenen
Bezeichnung – um eine Hypothek, die den Vorschriften der §§ 1113 ff unterliegt
(**aM** FRIEDRICH NJW 1968, 1655; LOPAU NJW 1972, 2253).

4 S dazu, dass aber über § 1192 Abs 1a die Sicherungsgrundschuld im praktischen
Ergebnis doch mit einer **Forderung unterlegt** ist, Vorbem 4 zu §§ 1191 ff. Die
Anbindung an eine Forderung findet danach völlig außerhalb des Grundbuchs und
ohne Publizität statt. Auch der Wechsel zwischen echter Grundschuld (Vorbem 13 ff zu
§§ 1191 ff) und Sicherungsgrundschuld (Vorbem 24 ff zu §§ 1191 ff), ebenso die Auswechslung gesicherter Forderungen spielen sich außerhalb sachenrechtlicher Normen und
insbesondere ohne Beachtung der §§ 873 ff, 1180, 1186, 1198 ab. Die Diskussion
darüber, ob und in welcher Konkretisierung der Sicherungszweck in das Grundbuch
eingetragen werden kann (WILHELM[3] Rn 1739; MünchKomm/EICKMANN[4] Rn 83), ist damit
obsolet; eine Eintragung ist weder nötig noch zulässig (unten Rn 10).

5 Da aber die gesicherte Forderung nach § 1192 Abs 1a der Grundschuld immer nur
einredeweise entgegengehalten werden, nicht aber Inhalt der Grundschuld sein
kann, steht die Grundschuld dem (rechtmäßig) **eingetragenen Gläubiger** unabhängig
davon zu, ob sie zur Sicherung einer Forderung begeben ist und wenn ja, ob die
gesicherte Forderung besteht, nichtig (BGH NJW-RR 2000, 1431 = LM Nr 88 zu § 138 [Bc]
BGB [SCHMIDT-LADEMANN]) oder anfechtbar (BGHZ 130, 314 = LM AnfG § 7 Nr 18/19 m Anm
ECKHARDT = EWiR § 11 AnfG 1/95, 845 m Anm GERHARDT; BGH ZIP 1996, 1178) oder erloschen ist oder ob ihr eine Einrede entgegensteht (RGZ 78, 60; RGZ 85, 89; RGZ 124, 91;
RGZ 145, 155; BGH MDR 1958, 24 mit zust Anm THIEME = Rpfleger 1958, 51 mit zust Anm BRUHN
gegen STAUDINGER/SCHERÜBL[10] Anm 9a; BGH NJW 1981, 1505 gegen VOLLKOMMER NJW 1980,
1052 und OLG München ZIP 1980, 974, die von unzulässiger Rechtsausübung ausgehen; OLG Köln
MDR 1959, 212). Auch rechtsgeschäftlich kann zwischen der dinglichen Einigung und
dem schuldrechtlichen Sicherungsvertrag keine Einheit iSd § 139 hergestellt werden
(RGZ 145, 155 = JW 1934, 3225 m abl Anm SÜSS; ERMAN/WENZEL[12] Rn 12), geschweige denn
dass sich eine solche Einheit etwa über eine Vollmacht (dazu nachfolgend) von selbst
herstellen würde (**aA** anscheinend BGHZ 106, 1 = EWiR § 185 BGB 1/89, 123 [KÖNDGEN];
unklar BGH NJW 2000, 2021 = EWiR § 1191 BGB 2/2000, 1049 mit ebenso unklarer Anm
CLEMENTE).

6 Eine **Vollmacht zur Grundschuldbestellung** kann allerdings so formuliert sein, dass sie
nur wirksam wahrgenommen werden kann, wenn in die Grundschuldbestellungsurkunde bestimmte schuldrechtliche Erklärungen aufgenommen werden. Auch sonst
kann die Vollmacht situationsgebunden sein; ermächtigt sie nur zur Grundschuldbestellung „im Rahmen der Finanzierung des Kaufpreises", so hat das Grundbuchamt die Eintragung abzulehnen, weil die Bedingung nicht grundbuchtauglich nachgewiesen werden kann. In der Regel wird eine Vollmacht zur Grundschuldbestellung
auch die Vollmacht umfassen, einen bestimmten Sicherungsvertrag abzuschließen;
wird in diesem Fall ein durch die Vollmacht nicht gedeckter Sicherungsvertrag
abgeschlossen, so ist im Zweifel nur der Sicherungsvertrag unwirksam, nicht aber
die Grundschuldbestellung (unklar BGH NJW 2000, 2021 = EWiR § 1191 BGB 2/2000, 1049

mit ebenso unklarer Anm CLEMENTE; undifferenziert – wann muss der Sicherungsvertrag geschlossen werden, um die Grundschuld wirksam zu machen? – auch CLEMENTE⁴ Rn 122 f). Ist hingegen der Sicherungsvertrag wirksam zustande gekommen, so ist die Grundschuld nicht um dessentwillen unwirksam, weil der Gläubiger seine Verpflichtungen aus dem Sicherungsvertrag verletzt (GABERDIEL/GLADENBECK⁸ Rn 712; falsch gesehen von BGH NJW 2000, 2021 = EWiR § 1191 BGB 2/2000, 1049 mit insofern zutreffender Anm CLEMENTE).

S zum Abstraktionsprinzip Vorbem 7 zu §§ 1191 ff, zur Sicherungsgrundschuld und **7** sonstigen Beziehungen zwischen einer Grundschuld und einem schuldrechtlichen Anspruch Vorbem 5 ff, 19 ff zu §§ 1191 ff.

a) Forderung als Bedingung

Zwar sind bedingte Grundschulden grundsätzlich zulässig (s zu den Einzelheiten Einl **8** 111 ff zu §§ 1113 ff). Die Bedingung kann aber – aufschiebend oder auflösend – nicht darin bestehen, dass dem Gläubiger eine bestimmte Forderung oder ein bestimmter Forderungskreis zusteht oder nicht zusteht (KG JW 1932, 1759; LG Verden Rpfleger 1955, 74 m zust Anm BRUHN; LINDEMANN JW 1931, 1417; RHEINSTEIN JW 1932, 1759; REISCHL JuS 1998, 614; **aA** RG BayZ 1931, 174; RG JW 1934, 3125; OLG Celle DNotZ 1954, 473; HUBER 44 unter Berufung darauf, der erste Entwurf [Mot III 787] habe ein ausdrückliches Verbot enthalten, das aber später [Prot III 710] gestrichen worden sei; DÖRING 124 ff; FRIEDRICH NJW 1968, 1655; Münch-Komm/EICKMANN⁴ Rn 19; WESTERMANN/EICKMANN⁷ § 114 II 2 mit der schwer verständlichen Begründung, eine unzulässige Vermischung liege nicht vor, weil das Recht als solches bedingt sei; WILHELM³ Rn 1739; WOLFF/RAISER § 132 I 2; HUBER 44 ff; PALANDT/BASSENGE⁶⁸ Rn 6; unentschieden, weil ohne praktische Bedeutung ERMAN/WENZEL¹² Rn 13); denn es ist gerade Merkmal der Hypothek, dass sowohl ihr Entstehen als Fremdhypothek als auch der Verlust der Eigenschaft als Fremdhypothek vom Bestehen einer bestimmten Forderung (Verkehrs- und Sicherungshypothek) oder eines bestimmten Forderungskreises (Höchstbetragshypothek) abhängt (§ 1163). Ebensowenig kann die Bedingung darin bestehen, dass eine bestimmte Forderung fällig ist, denn die Fälligkeit setzt das Bestehen voraus. Die Abhängigkeit von einer Forderung kann auch nicht in der Weise bewirkt werden, dass die Grundschuld im Sinne einer Bedingung davon abhängig sein soll, dass es irgendein Sicherungsverhältnis, sei es zwischen Gläubiger und Eigentümer, sei es zwischen Gläubiger und einer anderen Person gibt; der Charakter als Sicherungsgrundschuld (§ 1192 Abs 1a) kann nicht zum Inhalt der Grundschuld gemacht werden (vgl zum früheren Rechtszustand BGH NJW 1986, 53; OLG Köln OLHZ 1969, 419; OLG Düsseldorf MittRhNotK 1977, 35; HUBER S 139; **aA** FRIEDRICH NJW 1968, 1655; LOPAU NJW 1972, 2253).

b) Eintragung von Einreden

Gemäß § 1157 können Einreden, die dem Eigentümer aufgrund eines zwischen ihm **9** und dem bisherigen Gläubiger bestehenden Rechtsverhältnisses gegen das Grundpfandrecht zustehen, auch dem neuen Gläubiger entgegengesetzt werden, wenn sie in das Grundbuch eingetragen sind (s zu den dogmatischen Grundfragen § 1157 Rn 9 ff). Die (in der Praxis ohnehin äußerst seltene) Eintragung hat nur noch für die echte Grundschuld (Vorbem 13 ff zu §§ 1191 ff) Bedeutung, weil § 1192 Abs 1a für die Sicherungsgrundschuld den öffentlichen Glauben an die Einredefreiheit völlig beseitigt hat. Die Eintragbarkeit bedeutet nicht, dass Einreden jeder Art eintragungsfähig sein müssten. Die vorstehend Rn 8 aufgezeigten Grenzen sind auch hier zu wahren. Es können also nur solche Einreden eingetragen werden, die auch bereits bei

Bestellung der Grundschuld eintragungsfähig sind. Die gesicherte Forderung oder der Sicherungszweck gehören nicht dazu (RG JW 1932, 1795 mit zust Anm RHEINSTEIN; KG JW 1933, 64 mit zust Anm ENDEMANN; OLG München JFG 16, 291; OLG Celle DNotZ 1954, 473; GABERDIEL DNotZ 2005, 718; BAUR/STÜRNER § 45 II 2; SERICK § 28 II 2; HUBER 140; **aM** NEEF 145 ff; FRIEDRICH NJW 1968, 1655; LOPAU NJW 1972, 2253; vgl auch LOPAU JuS 1976, 553; unklar REISCHL JuS 1998, 615).

10 **Eintragungsfähig** sind Einreden, die dem Eigentümer auf Grund eines zwischen ihm und dem Gläubiger bestehenden Rechtsverhältnisses gegen den dinglichen Anspruch zustehen (§ 1157), nicht aber das Rechtsverhältnis, das Grundlage der Einreden ist (BGH NJW 1986, 53; SERICK § 28 III; HUBER 140; BADEN JuS 1977, 75 gegen LOPAU NJW 1972, 2253 und JuS 1976, 553; PALANDT/BASSENGE[68] Rn 13; vgl auch OLG Köln OLGZ 1969, 419 mit abl Anm HUBER BB 1970, 1233 und LOPAU JuS 1972, 502). Angesichts des Grundsatzes, dass das Grundbuch von gegenstandslosen, überflüssigen und unerheblichen Eintragungen freizuhalten ist (MEIKEL/MORVILIUS, GBO[10] Einl C Rn 9) und nur Eintragungen sinnvoll sind, die am öffentlichen Glauben des Grundbuchs teilnehmen (BAUER/vOEFELE/BAUER, GBO[2]AT I Rn 33) und an die das materielle Recht eine rechtliche Wirkung knüpft (vgl DEMHARTER, GBO[26] Anh zu § 13 Rn 20), sind im zeitlichen Anwendungsbereich des § 1192 Abs 1a sämtliche Einreden, die sich auf die Grundschuld als Sicherungsgrundschuld beziehen, nicht mehr eintragungsfähig; denn an die Eintragung knüpft sich keine Rechtswirkung mehr, nachdem alle solche Einreden unabhängig von einer Eintragung und ohne Gutglaubensschutz erhoben werden können. Nicht eintragungsfähig ist danach insbesondere die Abrede, dass der Gläubiger die Grundschuld nur insoweit geltend machen darf, als die gesicherte Forderung besteht. Die Fälligkeit des Kapitals der Grundschuld oder die Verpflichtung zur Entrichtung von Nebenleistungen aus dem Grundstück darf nicht von Veränderungen der zu sichernden Forderung abhängig gemacht werden (OLG Celle DNotZ 1954, 473; LG Verden Rpfleger 1955, 74 mit zust Anm BRUHN; vgl auch OLG Hamm Rpfleger 1956, 343 mit zust Anm BRUHN). Es verbleibt nur noch ein schmales Spektrum möglicher Eintragungen.

11 Eintragungsfähig sind danach Einreden, es sei schuldrechtlich vereinbart

– ein Abtretungsverbot;

– dass die Grundschuld erst zu einem bestimmten späteren Zeitpunkt geltend gemacht werden dürfe;

– dass die Grundschuld nur Zug um Zug gegen Erbringung einer bestimmten Gegenleistung, insbesondere gegen Befreiung von einer bestimmten Verbindlichkeit, geltend gemacht werden dürfe;

– dass die Verwertung von einer vorgängigen Androhung abhängig sei;

– dass die Grundschuld nicht geltend gemacht werden dürfe, solange die Grundstückseigentümerin überschuldet ist (GLASSER BB 1996, 1229 mwNw).

12 Nicht eintragungsfähig hingegen:

– die Einrede, der Gläubiger dürfe die Grundschuld nur insoweit geltend machen, als die gesicherte Forderung besteht (OLG Celle DNotZ 1954, 473; LG Verden Rpfleger 1955, 74 mit zust Anm BRUHN; vgl auch OLG Hamm Rpfleger 1956, 343 mit zust Anm BRUHN);

– die Einrede, die durch die Grundschuld gesicherte Forderung sei nicht fällig;

– die Einrede, die durch die Grundschuld gesicherte Forderung sei durch Zahlung erloschen.

II. Bestellung, Verfügungen, Erlöschen

1. Bestellung

Es bestehen, abgesehen von der Möglichkeit, eine Grundschuld für den Eigentümer **13** zu bestellen (§ 1196), keine Besonderheiten gegenüber der Hypothek. Vgl zur Nichtigkeit einer Grundschuldbestellung wegen Wuchers Vorbem 20 zu §§ 1191 ff; zur Wirksamkeit trotz sittenwidrigen Grundgeschäfts Vorbem 21 zu §§ 1191 ff; zu Vollmachtsmängeln oben Rn 6.

Wird die Grundschuld für **mehrere Gläubiger** bestellt, so bestimmt sich das Gemein- **14** schaftsverhältnis – anders als bei der Hypothek – nicht nach der Beteiligung an der – nicht relevanten – schuldrechtlichen Forderung; es ist vielmehr unmittelbar auf die Grundschuld bezogen festzusetzen. Die Möglichkeiten sind dieselben wie bei einer Forderung, so dass Gemeinschaft nach Bruchteilen (BayObLGZ 1962, 184), Gesamt-handsberechtigung und auch Gesamtgläubigerschaft (BGH NJW 1975, 445; BGH NJW 1996, 2230) und Mitgläubigerschaft möglich sind (Einl 80 zu §§ 1113 ff). Das Gemein-schaftsverhältnis kann niemals Inhalt der Grundschuld sein (Einl 81 zu §§ 1113 ff); der Zustimmung des Eigentümers bedarf es zu einer Veränderung des Gemeinschafts-verhältnisses nicht.

Als subjektiv-dingliches Recht **zugunsten des jeweiligen Eigentümers** eines anderen **15** Grundstücks kann eine Grundschuld nicht bestellt werden. Im geschlossenen Kata-log der Sachenrechte ist eine solche Grundschuld (anders als bei der Reallast, § 1105 Abs 2) nicht vorgesehen (vgl § 1199 Rn 5).

2. Verfügungen über die Grundschuld

S § 1154 Rn 78 ff, zur bedingten Abtretung § 1154 Rn 10. S zu der Möglichkeit, die **16** Abtretbarkeit der Grundschuld auszuschließen, Einl 138 zu §§ 1113 ff, § 1154 Rn 9. Schuldrechtlich zulässig ist auch die Vereinbarung, dass die Grundschuld nur zu-sammen mit der Forderung abgetreten werden darf; sie kann jedoch nicht ins Grundbuch eingetragen werden, da sie gegen den nichtakzessorischen Charakter der Grundschuld verstößt (zust REISCHL JuS 1998, 615), und entbehrt daher der dingli-chen Wirkung (WürttZ 1931, 231). Auch über § 1157 kann eine solche Vereinbarung nicht dinglich wirken, weil es sich nicht um eine Einrede gegen die Grundschuld, sondern nur gegen deren Gläubiger handelt.

3.   Befriedigung

17 S § 1192 Rn 18 ff. Zahlungen auf die Grundschuld außerhalb des Verteilungsverfahrens in der Zwangsvollstreckung führen ebenso wenig wie bei der Hypothek zum
Erlöschen der Grundschuld. Mangels eines (dinglich relevanten) schuldrechtlichen
Anspruchs gibt es nur drei Möglichkeiten. Zahlt der Eigentümer, so geht die
Grundschuld gemäß § 1143 auf ihn über (§ 1143 Rn 35; RGZ 78, 60; BGH NJW 1986,
2108; Erman/Wenzel[12] Rn 84). Zahlt ein Ablösungsberechtigter, so erwirbt er die
Grundschuld gemäß §§ 268 Abs 3 S 1, 1150 (BGHZ 104, 26). Zahlt ein Dritter ohne
dass Gläubiger und Eigentümer nach § 267 widersprechen würden, so geht die
Grundschuld ebenfalls auf den Eigentümer über, auch wenn einer der Beteiligten
oder auch alle fälschlich von einem Ablösungsrecht ausgehen (BGH NJW 1983, 2502 –
der aber unklar von der Maßgeblichkeit eines „Ablösungswillens" ausgeht – m krit Anm Coester
NJW 1984, 2548; OLG Saarbrücken OLGZ 1967, 102; Palandt/Bassenge[68] Rn 10).

18 Zahlt bei einer **Gesamtgrundschuld** nur einer der Eigentümer, so geht die Grundschuld gemäß § 1173 Abs 1 an seinem Grundstück auf ihn über, während sie an den
anderen Grundstücken erlischt (BGH NJW 1976, 2340); s zur Unanwendbarkeit des
§ 1173 Abs 2 dort Rn 35. Zahlen alle Eigentümer, so erwerben sie die Grundschuld
nach Bruchteilen im Verhältnis des Werts ihrer Grundstücke (§ 1172 Rn 3). Zahlt
jemand, der nur an einem von mehreren Grundstücken ablösungsberechtigt ist, so
erwirbt er die Grundschuld an dem Grundstück, auf das sich das Ablösungsrecht
bezieht, während sie an den anderen Grundstücken erlischt (§ 1173 Rn 12).

4.   Erlöschen

19 Wie die Hypothek erlischt die Grundschuld außerhalb des Zwangsversteigerungsverfahrens durch Aufhebung, zu der nur der Eigentümer fähig ist (§ 1183 Rn 1).

§ 1192
Anwendbare Vorschriften

**(1) Auf die Grundschuld finden die Vorschriften über die Hypothek entsprechende
Anwendung, soweit sich nicht daraus ein anderes ergibt, dass die Grundschuld nicht
eine Forderung voraussetzt.**

**(1a) Ist die Grundschuld zur Sicherung eines Anspruchs verschafft worden (Sicherungsgrundschuld), können Einreden, die dem Eigentümer auf Grund des Sicherungsvertrags mit dem bisherigen Gläubiger gegen die Grundschuld zustehen oder
sich aus dem Sicherungsvertrag ergeben, auch jedem Erwerber der Grundschuld
entgegengesetzt werden; § 1157 Satz 2 findet insoweit keine Anwendung. Im Übrigen bleibt § 1157 unberührt.**

**(2) Für Zinsen der Grundschuld gelten die Vorschriften über die Zinsen einer
Hypothekenforderung.**

Art 229 § 18 EGBGB

Übergangsvorschrift zum Risikobegrenzungsgesetz

(1) ...

(2) § 1192 Abs. 1a des Bürgerlichen Gesetzbuchs findet nur Anwendung, sofern der Erwerb der Grundschuld nach dem 19. August 2008 erfolgt ist.

Materialien: E I §§ 1136, 1138, 1141; II § 1101 rev § 1177; III § 1175; Mot III 780 ff, 788, 790 f; Prot III 709 f, 712 ff. Abs 1a eingefügt durch Art 6 Nr 7 des Risikobegrenzungsgesetzes (vom 12. 8. 2008, BGBl I 1666).

Schrifttum

S Vorbem zu §§ 1191 ff; außerdem zu Abs 1a: BACHNER, Notarrelevante Änderungen durch das Risikobegrenzungsgesetz – Schutz des grundpfandrechtlich gesicherten Darlehnsnehmers bei Forderungsabtretung, DNotZ 2008, 644
BOCK, Risikobegrenzungsgesetz – Erhöhung des Schuldnerschutzes?, DRiZ 2008, 243
FEST, Eine Revolution der Kreditsicherung mittels Grundschulden: Auswirkungen des Risikobegrenzungsgesetzes auf den Schuldnerschutz, ZfIR 2008, 657
KOCH, Der Schutz des Eigenheims vor den Finanzinvestoren – Die Neuregelungen zur Verbesserung des Schuldner- und Verbraucherschutzes bei der Abtretung und beim Verkauf von Krediten auf dem Prüfstand, ZBB 2008, 232
REDEKER, Renaissance der Hypothek durch Abschaffung des gutgläubigen einredefreien Erwerbs bei der Grundschuld?, ZIP 2009, 208
SCHALAST, Das Risikobegrenzungsgesetz – Konsequenzen für die Kreditvergabe und für Kredittransaktionen, BB 2008, 2190
SCHMID/VOSS, Die Sicherungsgrundschuld nach dem Risikobegrenzungsgesetz, DNotZ 2008, 740
ZIMMER, Das Risikobegrenzungsgesetz in der notariellen Praxis – Auswirkungen auf die Grundschuld, NotBZ 2008, 386.

Systematische Übersicht

Hans Wolfsteiner

I. Die gesetzliche Regelung der Abs 1 und 2

1 Die Regelungstechnik des BGB ist die, dass zunächst in den §§ 1113 ff die sog Verkehrshypothek in aller Ausführlichkeit geregelt wird; im Anschluss daran werden die Sonderformen der Hypothek (§§ 1184, 1187, 1190) und die Grund- und Rentenschuld (§§ 1191, 1199) in einer Art Subtraktionsmethode so geregelt, dass zwar grundsätzlich die Vorschriften über die Verkehrshypothek für entsprechend anwendbar erklärt werden, bestimmte Vorschriften aber ausdrücklich oder durch pauschale Abgrenzung für unanwendbar erklärt werden. Dem Grundsatz nach sind alle Vorschriften über die Hypothek auf die Grundschuld **entsprechend anwendbar**, soweit sich nicht daraus etwas anderes ergibt, dass die Grundschuld nicht eine Forderung voraussetzt. Der Gesetzgeber hat dieser allgemeinen Formulierung gegenüber einer Einzelregelung mit der Begründung den Vorzug gegeben, der Versuch, in dieser Richtung durch das Gesetz Klarheit zu schaffen, könne leicht zu Missverständnissen führen, da die Entscheidung darüber, ob eine Vorschrift zur entsprechenden Anwendung auf die Grundschuld geeignet sei, sich schwer für alle Fälle im voraus treffen lassen könne (Mot III 781).

1. Unanwendbare Vorschriften

2 Unanwendbar sind Vorschriften, die unmittelbar im Zusammenhang damit stehen, dass die Hypothek eine Forderung voraussetzt; zB die §§ 1163–1166, 1177 Abs 2, 1180.

2. Zweiter Redaktionsentwurf

3 Die Redaktionskommission hat den 8. Abschnitt des III. Buches des Entwurfs eines BGB auch unter Voranstellung der Grundschuld und Rentenschuld redigiert (abgedruckt in Prot IV 501–514, auch in Gruchot 38, 424 ff); in Zweifelsfragen kann daher dieser zweite Redaktionsentwurf als Auslegungsmittel mitbenutzt werden (vgl auch den Reformentwurf Vorbem 299 zu §§ 1191 ff, der sich in gewissem Umfang an den zweiten Redaktionsentwurf anlehnt). Er sollte aber auch **nicht überschätzt** werden; zum Teil hat man wohl die Hypothekenvorschriften nur mechanisch in die Grundschuldform übersetzt, ohne für jede Einzelvorschrift eingehend zu prüfen, sie sachlich auf die Grundschuld passt (Buchholz AcP 203 [2003] 786; positiver Wilhelm[3] Rn 1425). Der Entwurf lautet unter Berücksichtigung der Änderungen und Zusätze, welche der E II durch das BGB und die spätere Gesetzgebung abgesehen von der Änderung des § 1179 durch G v 22. 6. 77 (BGBl I 998, s Anh zu §§ 1179a, 1179b) und abgesehen von den Änderungen durch das RisikobegrenzungsG (oben Materialien) erhalten hat, wie folgt:

„§ 1135 (BGB §§ 1113, 1191). Ein Grundstück kann in der Weise belastet werden, dass an denjenigen, zu dessen Gunsten die Belastung erfolgt, eine bestimmte Geldsumme aus dem Grundstücke zu zahlen ist (Grundschuld).

Die Belastung kann auch in der Weise erfolgen, dass Zinsen von der Geldsumme sowie andere Nebenleistungen aus dem Grundstücke zu entrichten sind.

§ 1136a (BGB § 1114). Ein Bruchteil eines Grundstücks kann mit einer Grundschuld nur belastet werden, wenn er in dem Anteil eines Miteigentümers besteht.

§ 1136b (BGB § 1115). Bei der Eintragung der Grundschuld müssen der Gläubiger, die Geldsumme und, wenn sie verzinslich ist, der Zinssatz, wenn andere Nebenleistungen zu entrichten sind, ihr Geldbetrag im Grundbuch angegeben werden.

Bei der Eintragung einer Grundschuld für eine Kreditanstalt, deren Satzung von der zuständigen Behörde öffentlich bekannt gemacht worden ist, genügt zur Bezeichnung der außer den Zinsen satzungsgemäß zu entrichtenden Nebenleistungen die Bezugnahme auf die Satzung.

§ 1138 (BGB § 1116). Über die Grundschuld wird ein Grundschuldbrief erteilt.

Die Erteilung des Grundschuldbriefs kann ausgeschlossen werden. Die Ausschließung kann auch nachträglich erfolgen. Zu der Ausschließung ist die Einigung des Gläubigers und des Eigentümers sowie die Eintragung in das Grundbuch erforderlich; die Vorschriften des § 794 Abs. 2 und der §§ 797, 799 des E II (§§ 873 Abs. 2, 876, 878 BGB) finden entsprechende Anwendung.

Die Ausschließung der Erteilung des Grundschuldbriefs kann aufgehoben werden. Die Aufhebung erfolgt in gleicher Weise wie die Ausschließung.

§ 1138a (BGB § 1117). Der Gläubiger erwirbt, sofern nicht die Erteilung des Grundschuldbriefs ausgeschlossen ist, die Grundschuld erst, wenn ihm der Brief von dem Eigentümer des Grundstücks übergeben wird. Auf die Übergabe finden die Vorschriften des § 842 Satz 2 und der §§ 843 bis 845 des E II (§§ 929 Satz 2, 930, 931 BGB) Anwendung.

Die Übergabe des Briefes kann durch die Vereinbarung ersetzt werden, dass der Gläubiger berechtigt sein soll, sich den Brief von dem Grundbuchamt aushändigen zu lassen.

Ist der Gläubiger im Besitze des Briefes, so wird vermutet, dass die Übergabe erfolgt sei.

§ 1138b (BGB §§ 1196, 1163 Abs. 2). Eine Grundschuld kann auch für den Eigentümer bestellt werden.

Zu der Bestellung ist die Erklärung des Eigentümers gegenüber dem Grundbuchamte, dass die Grundschuld für ihn eingetragen werden solle, sowie die Eintragung erforderlich; die Vorschrift des § 799 des E II (§ 878 BGB) findet Anwendung.

Solange im Falle des § 1138a die Übergabe des Grundschuldbriefs nicht erfolgt ist, steht die Grundschuld dem Eigentümer zu.

§ 1138c (BGB § 1118). Kraft der Grundschuld haftet das Grundstück auch für die gesetzlichen Zinsen des Kapitals sowie für die Kosten der Kündigung und der die Befriedigung aus dem Grundstücke bezweckenden Rechtsverfolgung.

§ 1138d (BGB § 1119). Ist die Grundschuld unverzinslich oder ist der Zinssatz niedriger als fünf vom Hundert, so kann die Grundschuld ohne Zustimmung der im Range gleich- oder nachstehenden Berechtigung dahin erweitert werden, dass das Grundstück für Zinsen bis zu fünf vom Hundert haftet.

Zu einer Änderung der Zahlungszeit und des Zahlungsorts ist die Zustimmung dieser Berechtigten gleichfalls nicht erforderlich.

§ 1138e (BGB § 1120). Die Grundschuld erstreckt sich auf die von dem Grundstücke getrennten Erzeugnisse und sonstigen Bestandteile, soweit sie nicht mit der Trennung nach den §§ 869 bis 872 des E II (§§ 954–957 BGB) in das Eigentum eines anderen als des Eigentümers oder des Eigenbesitzers des Grundstücks gelangt sind, sowie auf das Zubehör des Grundstücks mit Ausnahme der Zubehörstücke, welche nicht in das Eigentum des Eigentümers des Grundstücks gelangt sind.

§ 1138f (vgl BGB §§ 1121, 1122). Bestandteile des Grundstücks sowie Zubehörstücke werden von der Haftung frei, wenn sie veräußert und von dem Grundstück entfernt werden, bevor sie zugunsten des Gläubigers in Beschlag genommen worden sind.

Erfolgt die Veräußerung vor der Entfernung, so kann sich der Erwerber dem Gläubiger gegenüber nicht darauf berufen, dass er in Ansehung der Grundschuld in gutem Glauben gewesen sei. Entfernt der Erwerber die Sache von dem Grundstücke, so ist eine vor der Entfernung erfolgte Beschlagnahme ihm gegenüber nur wirksam, wenn er bei der Entfernung in Ansehung der Beschlagnahme nicht in gutem Glauben ist. Sind die Erzeugnisse oder Bestandteile innerhalb der Grenzen einer ordnungsmäßigen Wirtschaft von dem Grundstücke getrennt worden, so erlischt ihre Haftung auch ohne Veräußerung, wenn sie vor der Beschlagnahme von dem Grundstücke entfernt werden, es sei denn, dass die Entfernung zu einem vorübergehenden Zwecke erfolgt. Zubehörstücke werden ohne Veräußerung von der Haftung frei, wenn die Zubehöreigenschaft innerhalb der Grenzen einer ordnungsmäßigen Wirtschaft vor der Beschlagnahme aufgehoben wird.

§ 1138g (BGB § 1123 idF des GesEinhG vom 5. 3. 1953). Ist das Grundstück vermietet oder verpachtet, so erstreckt sich die Grundschuld auf die Miet- oder Pachtzinsforderung.

Soweit die Forderung fällig ist, wird sie mit dem Ablauf eines Jahres nach dem Eintritte der Fälligkeit von der Haftung frei, wenn nicht vorher die Beschlagnahme zugunsten des Grundschuldgläubigers erfolgt ist. Ist der Miet- oder Pachtzins im voraus zu entrichten, so erstreckt sich die Befreiung nicht auf den Miet- oder Pachtzins für eine spätere Zeit als den zur Zeit der Beschlagnahme laufenden Kalendermonat; erfolgt die Beschlagnahme nach dem fünfzehnten Tage des

Monats, so erstreckt sich die Befreiung auch auf den Miet- oder Pachtzins für den folgenden Kalendermonat.

§ 1138h (BGB § 1124 idF des GesEinhG vom 5. 3. 1953). Wird der Miet- oder Pachtzins eingezogen, bevor er zugunsten des Grundschuldgläubigers in Beschlag genommen worden ist, oder wird vor der Beschlagnahme in anderer Weise über ihn verfügt, so ist die Verfügung dem Grundschuldgläubiger gegenüber wirksam. Besteht die Verfügung in der Übernahme der Forderung auf einen Dritten, so erlischt die Haftung der Forderung; erlangt ein Dritter ein Recht an der Forderung, so geht es der Grundschuld im Range vor.

Die Verfügung ist dem Grundschuldgläubiger gegenüber unwirksam, soweit sie sich auf den Miet- oder Pachtzins für eine spätere Zeit als den zur Zeit der Beschlagnahme laufenden Kalendermonat bezieht; erfolgt die Beschlagnahme nach dem fünfzehnten Tage des Monats, so ist die Verfügung jedoch insoweit wirksam, als sie sich auf den Miet- oder Pachtzins für den folgenden Kalendermonat bezieht.

Der Übertragung der Forderung auf einen Dritten steht es gleich, wenn das Grundstück ohne die Forderung veräußert wird.

§ 1138i (BGB § 1125). Soweit die Einziehung des Miet- oder Pachtzinses dem Grundschuldgläubiger gegenüber unwirksam ist, kann der Mieter oder Pächter nicht eine ihm gegen den Vermieter oder den Verpächter zustehende Forderung gegen den Grundschuldgläubiger aufrechnen.

§ 1138k (BGB § 1126). Ist mit dem Eigentum an dem Grundstück ein Recht auf wiederkehrende Leistungen verbunden, so erstreckt sich die Grundschuld auf die Ansprüche auf diese Leistungen.

Die Vorschriften des § 1138g Abs. 2 S 1, des § 1138h Abs. 1, 3 und des § 1138i finden entsprechende Anwendung. Eine vor der Beschlagnahme erfolgte Verfügung über den Anspruch auf eine Leistung, die erst drei Monate nach der Beschlagnahme fällig wird, ist dem Grundschuldgläubiger gegenüber unwirksam.

§ 1138l (vgl BGB § 1127). Sind Gegenstände, welche der Grundschuld unterliegen, für den Eigentümer oder den Eigenbesitzer des Grundstücks unter Versicherung gebracht, so erstreckt sich die Grundschuld auf die Forderung gegen den Versicherer.

Die Haftung der Forderung gegen den Versicherer erlischt, wenn der versicherte Gegenstand wiederhergestellt oder Ersatz für ihn beschafft ist.

§ 1138m (BGB § 1128). Ist ein Gebäude versichert, so kann der Versicherer die Versicherungssumme mit Wirkung gegen den Grundschuldgläubiger an den Versicherten erst zahlen, wenn er oder der Versicherte den Eintritt des Schadens dem Grundschuldgläubiger angezeigt hat und seit dem Empfange der Anzeige ein Monat verstrichen ist. Der Grundschuldgläubiger kann bis zum Ablaufe der Frist dem Versicherer gegenüber der Zahlung widersprechen. Die Anzeige darf unterbleiben, wenn sie untunlich ist; in diesem Falle wird der Monat von dem Zeitpunkte an berechnet, in welchem die Versicherungssumme fällig wird.

Im übrigen finden die für eine verpfändete Forderung geltenden Vorschriften Anwendung; der Versicherer kann sich jedoch nicht darauf berufen, dass er eine aus dem Grundbuch ersichtliche Grundschuld nicht gekannt habe.

§ 1138n (BGB § 1129). Ist ein anderer Gegenstand als ein Gebäude versichert, so bestimmt sich die Haftung der Forderung aus der Versicherung nach den Vorschriften des § 1138g Abs. 2 Satz 1 und des § 1138h Abs. 1, 3.

§ 1138o (BGB § 1130). Ist der Versicherer nach den Versicherungsbestimmungen nur verpflichtet, die Versicherungssumme zur Wiederherstellung des versicherten Gegenstandes zu zahlen, so ist eine diesen Bestimmungen entsprechende Zahlung an den Versicherten dem Grundschuldgläubiger gegenüber wirksam.

§ 1138p (BGB § 1131). Wird ein Grundstück nach § 808 Abs. 2 des E II (§ 890 Abs. 2 BGB) einem anderen Grundstück im Grundbuche zugeschrieben, so erstrecken sich die an diesem Grundstücke bestehenden Grundschulden auf das zugeschriebene Grundstück.

(Zusatz des BGB: Rechte, mit denen das zugeschriebene Grundstück belastet ist, gehen diesen Grundschulden im Range vor.)

§ 1138q (BGB § 1132). Ist eine Grundschuld in der Weise an mehreren Grundstücken bestellt, dass nur einmal Zahlung zu erfolgen hat (Gesamtgrundschuld), so haftet jedes Grundstück für den ganzen Betrag. Der Gläubiger kann die Befriedigung nach seinem Belieben aus jedem der Grundstücke ganz oder zu einem Teile suchen.

Der Gläubiger ist berechtigt, den Betrag der Grundschuld auf die einzelnen Grundstücke in der Weise zu verteilen, dass jedes Grundstück nur für den zugeteilten Betrag haftet. Auf die Verteilung finden die Vorschriften der §§ 796, 797, 799 des E II (§§ 875, 876, 878 BGB) entsprechende Anwendung.

§ 1138r (vgl BGB § 1133). Ist infolge einer Verschlechterung des Grundstücks die Sicherheit der Grundschuld gefährdet, so kann der Gläubiger dem Eigentümer eine angemessene Frist zur Beseitigung der Gefährdung bestimmen. Nach dem Ablaufe der Frist ist der Gläubiger berechtigt, sofort Befriedigung aus dem Grundstücke zu suchen, wenn nicht die Gefährdung durch Verbesserung des Grundstücks oder dadurch beseitigt worden ist, dass eine Grundschuld an einem anderen Grundstücke zur Gesamthaftung bestellt wird. Ist die Grundschuld unverzinslich und noch nicht fällig, so gebührt dem Gläubiger nur die Summe, welche mit Hinzurechnung der gesetzlichen Zinsen für die Zeit von der Zahlung bis zur Fälligkeit dem Betrage des Kapitals gleichkommt.

§ 1138s (BGB § 1134). Wirkt der Eigentümer oder ein Dritter auf das Grundstück in solcher Weise ein, dass eine die Sicherheit der Grundschuld gefährdende Verschlechterung des Grundstücks zu besorgen ist, so kann der Gläubiger auf Unterlassung klagen.

Geht die Einwirkung von dem Eigentümer aus, so hat das Gericht auf Antrag des Gläubigers die zur Abwendung der Gefährdung erforderlichen Maßregeln anzuordnen. Das gleiche gilt, wenn die Verschlechterung deshalb zu besorgen ist, weil der Eigentümer die erforderlichen Vorkehrungen gegen Einwirkungen Dritter oder gegen andere Beschädigungen unterlässt.

§ 1138t (BGB § 1135). Einer Verschlechterung des Grundstücks im Sinne der §§ 1138r, 1138s steht es gleich, wenn Zubehörstücke, auf die sich die Grundschuld erstreckt, verschlechtert oder den Regeln einer ordnungsmäßigen Wirtschaft zuwider von dem Grundstück entfernt werden.

§ 1138u (BGB § 1136). Eine Vereinbarung, durch die sich der Eigentümer dem Gläubiger gegenüber verpflichtet, das Grundstück nicht zu veräußern oder nicht weiter zu belasten, ist nichtig.

§ 1138v (BGB § 1157). Eine Einrede, welche dem Eigentümer auf Grund eines zwischen ihm und dem Gläubiger bestehenden Rechtsverhältnisses gegen die Grundschuld zusteht, kann auch einem Sondernachfolger des Gläubigers entgegengesetzt werden. Die Vorschriften der §§ 810, 812 bis 814 des E II (§§ 892, 894, 899 BGB) finden Anwendung.

§ 1138w (BGB § 1140). Soweit die Unrichtigkeit des Grundbuchs aus dem Grundschuldbrief oder einem Vermerk auf dem Briefe hervorgeht, ist die Berufung auf die Vorschriften der §§ 810 bis 812 des E II (§§ 892, 893 BGB) ausgeschlossen. Ein Widerspruch gegen die Richtigkeit des Grundbuchs, der aus dem Briefe oder einem Vermerk auf dem Briefe hervorgeht, steht einem im Grundbuch eingetragenen Widerspruche gleich.

§ 1139 (vgl BGB §§ 1141, 1193). Das Kapital der Grundschuld wird erst nach vorgängiger Kündigung fällig. Die Kündigung steht sowohl dem Eigentümer als dem Gläubiger zu. Die Kündigungsfrist beträgt sechs Monate.

Abweichende Bestimmungen sind zulässig.

Zugunsten des Gläubigers gilt für die Kündigung derjenige, welcher im Grundbuch als Eigentümer eingetragen ist, als der Eigentümer. (Zusatz des BGB § 1141 Abs. 2: Hat der Eigentümer keinen Wohnsitz im Inland oder liegen die Voraussetzungen des § 132 Abs. 2 vor, so hat auf Antrag des Gläubigers das Amtsgericht, in dessen Bezirke das Grundstück liegt, dem Eigentümer einen Vertreter zu bestellen, dem gegenüber die Kündigung des Gläubigers erfolgen kann).

§ 1139a (BGB § 1194). Die Zahlung des Kapitals sowie der Zinsen und anderen Nebenleistungen hat, soweit nicht ein anderes bestimmt ist, an dem Orte zu erfolgen, an dem das Grundbuchamt seinen Sitz hat.

§ 1139b (BGB §§ 1142, 1143, 1176). Der Eigentümer ist berechtigt, den Gläubiger zu befriedigen, wenn die Grundschuld fällig geworden ist. Die Befriedigung kann auch durch Hinterlegung oder durch Aufrechnung erfolgen.

Soweit der Eigentümer den Gläubiger befriedigt, geht die Grundschuld unbeschadet der Vorschriften des § 1142t auf ihn über. Im Falle teilweiser Befriedigung kann der dem Eigentümer zufallende Teil der Grundschuld nicht zum Nachteile des dem Gläubiger verbleibenden Teiles geltend gemacht werden.

§ 1139c (BGB §§ 1144, 1145). Der Eigentümer kann gegen Befriedigung des Gläubigers die Aushändigung des Grundschuldbriefs und der sonstigen Urkunden verlangen, die zur Berichtigung des Grundbuchs oder zur Löschung der Grundschuld erforderlich sind.

Befriedigt der Eigentümer den Gläubiger nur teilweise, so kann er die Aushändigung des Briefes nicht verlangen. Der Gläubiger ist verpflichtet, die teilweise Befriedigung, soweit sie das Kapital betrifft, auf dem Briefe zu vermerken und den Brief zum Zwecke der Berichtigung des Grundbuchs oder der Löschung des dem Eigentümer zufallenden Teiles der Grundschuld dem Grundbuchamt oder zum Zwecke der Herstellung eines Teilgrundschuldbriefes über diesen Teil der zuständigen Behörde oder einem zuständigen Notare vorzulegen. (Zusatz des BGB zu § 1145 Abs. 2: Die

Vorschrift des Abs 1 Satz 2 gilt für Zinsen und andere Nebenleistungen nur, wenn sie später als in dem Kalendervierteljahr, in welchem der Gläubiger befriedigt wird, oder dem folgenden Vierteljahre fällig werden. Auf Kosten, für die das Grundstück nach § 1118 haftet, findet die Vorschrift keine Anwendung.)

§ 1140 (BGB § 1146). Liegen dem Eigentümer gegenüber die Voraussetzungen vor, unter denen ein Schuldner in Verzug kommt, so gebühren dem Gläubiger Verzugszinsen aus dem Grundstücke.

§ 1142a (BGB §§ 1147, 1197). Die Befriedigung des Gläubigers aus dem Grundstück und den Gegenständen, auf die sich die Grundschuld erstreckt, erfolgt im Wege der Zwangsvollstreckung.

Ist der Gläubiger zugleich der Eigentümer des Grundstücks, so kann er die Zwangsvollstreckung nicht betreiben. Zinsen gebühren ihm nur, wenn das Grundstück auf Antrag eines anderen zum Zwecke der Zwangsverwaltung in Beschlag genommen wird, und nur für die Dauer der Zwangsverwaltung.

§ 1142b (BGB § 1148). Bei der Verfolgung des Rechtes aus der Grundschuld gilt zugunsten des Gläubigers derjenige, welcher im Grundbuch als Eigentümer eingetragen ist, als der Eigentümer. Das Recht des nicht eingetragenen Eigentümers, die ihm gegen die Grundschuld zustehenden Einwendungen geltend zu machen, bleibt unberührt.

§ 1142c (BGB § 1149). Der Eigentümer kann vor dem Eintritte der Fälligkeit der Grundschuld dem Gläubiger nicht das Recht einräumen, zum Zwecke der Befriedigung die Übertragung des Eigentums an dem Grundstücke zu verlangen oder die Veräußerung des Grundstücks auf andere Weise als im Wege der Zwangsvollstreckung zu bewirken.

§ 1142d (BGB § 1150). Verlangt der Gläubiger Befriedigung aus dem Grundstücke, so kann jeder, der im Falle der Zwangsversteigerung Gefahr läuft, ein Recht an dem Grundstück oder den Besitz des Grundstücks zu verlieren, den Gläubiger befriedigen. Die Vorschriften des § 1139b Abs. 1 Satz 2, Abs. 2 und des § 1139c finden entsprechende Anwendung.

§ 1142e (BGB § 1151). Wird die Grundschuld geteilt, so ist zur Änderung des Rangverhältnisses der Teile untereinander die Zustimmung des Eigentümers nicht erforderlich.

§ 1142f (BGB § 1152). Im Falle einer Teilung der Grundschuld kann, sofern nicht die Erteilung eines Grundschuldbriefs ausgeschlossen ist, für jeden Teil ein Teilgrundschuldbrief hergestellt werden; die Zustimmung des Eigentümers des Grundstücks ist nicht erforderlich. Der Teilgrundschuldbrief tritt für den Teil, auf den er sich bezieht, an die Stelle des bisherigen Briefes.

§ 1142g (BGB § 1154). Zur Abtretung einer Grundschuld ist Erteilung der Abtretungserklärung in schriftlicher Form und Übergabe des Grundschuldbriefs erforderlich; die Vorschriften des § 1138a finden Anwendung. Der bisherige Gläubiger hat auf Verlangen des neuen Gläubigers die Abtretungserklärung auf seine Kosten öffentlich beglaubigen zu lassen.

Die schriftliche Form der Abtretungserklärung kann dadurch ersetzt werden, dass die Abtretung in das Grundbuch eingetragen wird.

Ist die Erteilung eines Grundschuldbriefs ausgeschlossen, so bestimmt sich die Abtretung nach den Vorschriften der §§ 794, 799 des E II (§§ 873, 878 BGB).

§ 1142h (BGB § 1155). Ergibt sich das Gläubigerrecht des Besitzers des Grundschuldbriefs aus einer zusammenhängenden, auf einen eingetragenen Gläubiger zurückführenden Reihe von öffentlich beglaubigten Abtretungserklärungen, so finden die Vorschriften der §§ 809 bis 814 des E II (§§ 891 bis 899 BGB) in gleicher Weise Anwendung, wie wenn der Besitzer des Briefes als Gläubiger im Grundbuch eingetragen wäre. Einer öffentlich beglaubigten Abtretungserklärung steht gleich ein gerichtlicher Überweisungsbeschluß und das öffentlich beglaubigte Anerkenntnis einer kraft Gesetzes erfolgten Übertragung.

§ 1142i (BGB § 1156 Satz 2). Kündigt der Eigentümer dem bisherigen Gläubiger, so ist die Kündigung dem neuen Gläubiger gegenüber wirksam, es sei denn, dass die Übertragung der Grundschuld zur Zeit der Kündigung dem Eigentümer bekannt oder im Grundbuch eingetragen war.

§ 1142k (BGB § 1160 Abs. 1, 2). Der Geltendmachung der Grundschuld kann, sofern nicht die Erteilung des Grundschuldbriefs ausgeschlossen ist, widersprochen werden, wenn der Gläubiger nicht den Brief vorlegt; ist der Gläubiger nicht im Grundbuch eingetragen, so sind auch die im § 1142h bezeichneten Urkunden vorzulegen.

Eine Kündigung oder Mahnung des Gläubigers ist unwirksam, wenn sie ohne Vorlegung der nach Abs 1 erforderlichen Urkunden vorgenommen und aus diesem Grunde von dem Eigentümer unverzüglich zurückgewiesen wird.

§ 1142l (BGB § 1162). Ist der Grundschuldbrief abhanden gekommen oder vernichtet, so kann er im Wege des Aufgebotsverfahrens für kraftlos erklärt werden.

§ 1142m (vgl BGB § 1159). Soweit die Grundschuld auf Rückstände von Zinsen oder anderen Nebenleistungen gerichtet ist, bestimmt sich die Übertragung sowie das Rechtsverhältnis zwischen dem Eigentümer und dem neuen Gläubiger nach den für die Übertragung von Forderungen geltenden allgemeinen Vorschriften. Das gleiche gilt für den Anspruch auf Erstattung von Kosten, für die das Grundstück nach § 1118 haftet.

Die Vorschriften des § 810 des E II (§ 892 BGB) finden auf die im Abs. 1 bezeichneten Ansprüche keine Anwendung.

Die Vorschriften des § 1142k finden auf die im Abs. 1 bezeichneten Leistungen keine Anwendung.

§ 1142n (in der dem BGB § 1158 entsprechenden Fassung). Soweit die Grundschuld auf Zinsen oder andere Nebenleistungen gerichtet ist, die nicht später als in dem Kalendervierteljahr, in welchem der Eigentümer von der Übertragung Kenntnis erlangt, oder dem folgenden Vierteljahre fällig werden, finden auf das Rechtsverhältnis zwischen dem Eigentümer und dem neuen Gläubiger die Vorschriften der §§ 406–408 Anwendung. Der Gläubiger kann sich gegenüber den Einwendungen, welche dem Eigentümer nach dem §§ 404, 406–408, 1157 zustehen, nicht auf die Vorschriften des § 892 berufen.

§ 1142o (vgl BGB §§ 1168 und 1176). Verzichtet der Gläubiger auf die Grundschuld, so erwirbt sie der Eigentümer.

Der Verzicht ist dem Grundbuchamt oder dem Eigentümer gegenüber zu erklären und bedarf der Eintragung in das Grundbuch. Die Vorschriften des § 796 Abs. 2 und der §§ 797, 799 des E II (§§ 875 Abs. 2, 876, 878 BGB) finden entsprechende Anwendung.

Verzichtet der Gläubiger auf einen Teil der Grundschuld, so finden die für den Fall teilweiser Befriedigung geltenden Vorschriften des § 1139b Abs. 2 Satz 2 (vgl § 1176 BGB) und des § 1139c Abs. 2 (vgl § 1145 BGB) entsprechende Anwendung.

§ 1142p (BGB § 1169). Steht dem Eigentümer eine Einrede zu, durch welche die Geltendmachung der Grundschuld dauernd ausgeschlossen wird, so kann er verlangen, dass der Gläubiger auf die Grundschuld verzichtet.

§ 1142q (vgl BGB § 1170). Ist der Gläubiger unbekannt, so kann er im Wege des Aufgebotsverfahrens mit seinem Rechte ausgeschlossen werden, wenn seit der letzten sich auf die Grundschuld beziehenden Eintragung in das Grundbuch zehn Jahre verstrichen sind und das Recht des Gläubigers nicht innerhalb dieser Frist von dem Eigentümer in einer nach § 174 des E II (§ 208 BGB) zur Unterbrechung der Verjährung geeigneten Weise anerkannt worden ist. Besteht für die Grundschuld eine nach dem Kalender bestimmte Zahlungszeit, so beginnt die Frist nicht vor dem Ablaufe des Zahlungstags.

Mit der Erlassung des Ausschlußurteils erwirbt der Eigentümer die Grundschuld. Der dem Gläubiger erteilte Grundschuldbrief wird kraftlos.

§ 1142r (BGB § 1171). Der unbekannte Gläubiger kann im Wege des Aufgebotsverfahrens mit seinem Rechte auch dann ausgeschlossen werden, wenn der Eigentümer zur Befriedigung des Gläubigers oder zur Kündigung berechtigt ist und den Betrag der Grundschuld für den Gläubiger unter Verzicht auf das Recht der Rücknahme hinterlegt. Die Hinterlegung von Zinsen ist nur erforderlich, wenn der Zinssatz im Grundbuch eingetragen ist; Zinsen für eine frühere Zeit als das vierte Kalenderjahr vor der Erlassung des Ausschlußurteils sind nicht zu hinterlegen.

Mit der Erlassung des Ausschlussurteils gilt der Gläubiger als befriedigt, sofern nicht nach den Vorschriften über die Hinterlegung die Befriedigung schon vorher eingetreten ist. Der dem Gläubiger erteilte Grundschuldbrief wird kraftlos.

Das Recht des Gläubigers auf den hinterlegten Betrag erlischt mit dem Ablaufe von dreißig Jahren nach der Erlassung des Ausschlussurteils, wenn nicht der Gläubiger sich vorher bei der Hinterlegungsstelle meldet; der Hinterleger ist zur Rücknahme berechtigt, auch wenn er auf das Recht zur Rücknahme verzichtet hat.

§ 1142s (BGB §§ 1172, 1175 Abs. 1 Satz 1). Eine Gesamtgrundschuld steht in den Fällen, in welchen die Grundschuld kraft Gesetzes von dem Eigentümer erworben wird, den Eigentümern der belasteten Grundstücke gemeinschaftlich zu.

Jeder Eigentümer kann, sofern nicht ein anderes vereinbart ist, verlangen, dass die Grundschuld an seinem Grundstück auf den Teilbetrag, der dem Verhältnisse des Wertes seines Grundstücks zu dem Werte der sämtlichen Grundstücke entspricht, nach § 1138q Abs. 2 (§ 1132 Abs. 2 BGB) beschränkt und in dieser Beschränkung ihm zugeteilt wird. Der Wert wird unter Abzug der Belastungen berechnet, die der Gesamtgrundschuld im Range vorgehen.

§ 1142t (BGB § 1173). Befriedigt der Eigentümer eines der mit einer Gesamtgrundschuld belasteten Grundstücke den Gläubiger, so erwirbt er die Grundschuld an seinem Grundstücke; die Grundschuld an den übrigen Grundstücken erlischt. Der Befriedigung des Gläubigers durch den Eigentümer steht es gleich, wenn die Grundschuld auf den Eigentümer übertragen wird.

Kann der Eigentümer, der den Gläubiger befriedigt, von dem Eigentümer eines der anderen Grundstücke oder einem Rechtsvorgänger dieses Eigentümers Ersatz verlangen, so geht in Höhe des Ersatzanspruchs auch die Grundschuld an dem Grundstücke dieses Eigentümers auf ihn über; sie bleibt mit der Grundschuld an seinem eigenen Grundstücke Gesamtgrundschuld.

§ 1142u (BGB § 1175 Abs. 1 Satz 2, Abs. 2). Verzichtet im Falle einer Gesamtgrundschuld der Gläubiger auf sein Recht an einem der Grundstücke, so erlischt die Grundschuld an diesem.

Das gleiche gilt, wenn der Gläubiger nach § 1142q (§ 1170 BGB) mit seinem Rechte an einem der Grundstücke ausgeschlossen wird.

§ 1142v (BGB § 1178). Soweit das Grundstück für Zinsen und andere Nebenleistungen sowie für Kosten haftet, erlischt die Grundschuld, wenn sie sich mit dem Eigentum in einer Person vereinigt.

Zum Verzicht auf die Grundschuld für einzelne Leistungen der im Abs. 1 bezeichneten Art genügt, auch wenn sie noch nicht fällig sind, die Erklärung des Gläubigers gegenüber dem Eigentümer. Steht einem Dritten ein Recht an dem Anspruch auf eine solche Leistung zu, so ist die Zustimmung des Dritten erforderlich. Die Zustimmung ist demjenigen gegenüber zu erklären, zu dessen Gunsten sie erfolgt; sie ist unwiderruflich.

§ 1142w (BGB § 1179). Verpflichtet sich der Eigentümer einem anderen gegenüber, die Grundschuld löschen zu lassen, wenn sie sich mit dem Eigentum in einer Person vereinigt, so kann zur Sicherung des Anspruchs auf Löschung eine Vormerkung in das Grundbuch eingetragen werden.

§ 1142x (BGB § 1181). Wird der Gläubiger aus dem Grundstücke befriedigt, so erlischt die Grundschuld.

Erfolgt die Befriedigung des Gläubigers aus einem der mit einer Gesamtgrundschuld belasteten Grundstücke, so werden auch die übrigen Grundstücke frei.

Der Befriedigung aus dem Grundstücke steht die Befriedigung aus den Gegenständen gleich, auf die sich die Grundschuld erstreckt.

§ 1142y (BGB § 1182). Kann im Falle einer Gesamtgrundschuld der Eigentümer des Grundstücks, aus welchem der Gläubiger befriedigt wird, von dem Eigentümer eines der anderen Grundstücke oder einem Rechtsvorgänger dieses Eigentümers Ersatz verlangen, so geht in Höhe des Ersatzanspruchs auch die Grundschuld an dem Grundstücke dieses Eigentümers auf ihn über. Die Grundschuld kann jedoch, wenn der Gläubiger nur teilweise befriedigt wird, nicht zum Nachteile der dem Gläubiger verbleibenden Grundschuld und, wenn das Grundstück mit einem im Range gleich- oder nachstehenden Rechte belastet ist, nicht zum Nachteile dieses Rechtes geltend gemacht werden.

§ 1142z (BGB § 1183). Zur Aufhebung der Grundschuld durch Rechtsgeschäft ist die Zustimmung des Eigentümers erforderlich. Die Zustimmung ist dem Gläubiger oder dem Grundbuchamte gegenüber zu erklären; sie ist unwiderruflich.

§ 1144a (BGB § 1195). Eine Grundschuld kann in der Weise bestellt werden, dass der Grundschuldbrief auf den Inhaber ausgestellt wird. Auf einen solchen Brief finden die Vorschriften über Schuldverschreibungen auf den Inhaber entsprechende Anwendung.

§ 1144b (BGB § 1188). Zur Bestellung einer Grundschuld, bei welcher der Grundschuldbrief auf den Inhaber ausgestellt werden soll, genügt die Erklärung des Eigentümers gegenüber dem Grundbuchamte, dass er die Grundschuld für den Inhaber des Grundschuldbriefs bestelle, und die Eintragung in das Grundbuch; die Vorschrift des § 799 des E II (§ 878 BGB) findet Anwendung.

Die Ausschließung des Gläubigers mit seinem Rechte nach § 1142q ist nur zulässig, wenn die in § 729 des E II (§ 801 BGB) bezeichnete Vorlegungsfrist verstrichen ist. Ist innerhalb der Frist der Grundschuldbrief vorgelegt oder der Anspruch aus der Grundschuld gerichtlich geltend gemacht worden, so kann die Ausschließung erst erfolgen, wenn die Verjährung eingetreten ist.

§ 1144c (BGB § 1189). Wird der Grundschuldbrief auf den Inhaber ausgestellt, so kann für den jeweiligen Gläubiger ein Vertreter mit der Befugnis bestellt werden, mit Wirkung für und gegen jeden späteren Gläubiger bestimmte Verfügungen über die Grundschuld zu treffen und den Gläubiger bei der Geltendmachung der Grundschuld zu vertreten. Zur Bestellung des Vertreters ist die Eintragung in das Grundbuch erforderlich.

Ist der Eigentümer berechtigt, von dem Gläubiger eine Verfügung zu verlangen, zu welcher der Vertreter befugt ist, so kann er die Vornahme der Verfügung von dem Vertreter verlangen."

II. Einzelheiten zu Abs 1 und 2

4 Die – ggf entsprechend angepasste – Anwendung oder Nichtanwendung der Hypothekenvorschriften auf die Grundschuld ist bei jeder einzelnen Vorschrift erläutert. Nachfolgend wird nur erläutert, was aufgrund grundschuldspezifischer Umstände eine zusammenfassende Darstellung erfordert.

1. Bestellung der Grundschuld

5 Die Grundschuld ist ein Briefrecht, es sei denn die Erteilung des Briefs ist ausgeschlossen (§ 1116). Der Grundschuldbrief kann auch auf den Inhaber ausgestellt werden (§ 1195). Die Grundschuld kann als Fremdgrundschuld oder als Eigentümergrundschuld (§ 1196) bestellt werden. Eine Sicherungsgrundschuld iS der Sicherungshypothek (§ 1184) ist nach der Rechtsnatur der Grundschuld ausgeschlossen. Die Grundschuld kann auch unter einer Bedingung oder Zeitbestimmung bestellt werden (Einl 111 zu §§ 1113 ff).

2. Übertragung, Zwangsvollstreckung in die Grundschuld

6 Die Grundschuld wird in derselben Weise wie die Hypothek übertragen (§ 1154 Rn 78). Die Abtretung überträgt nur das dingliche Recht, § 1153 ist nicht anwendbar. S zur Verpfändung § 1154 Rn 72 f.

7 Auf die **Zwangsvollstreckung** in eine Grundschuld (Pfändung), sind gemäß § 857 Abs 6 ZPO die Vorschriften über die Zwangsvollstreckung in eine Forderung, für die eine Hypothek besteht (§§ 830, 837 ZPO), entsprechend anzuwenden (§ 1154 Rn 74, § 1163 Rn 98 ff). Wegen der Besonderheit bei der vorläufigen Eigentümergrundschuld s § 1163 Rn 112 ff.

8 Erlischt in der Zwangsversteigerung des Grundstücks die Grundschuld durch den

Zuschlag, so tritt nach dem allgemein geltenden Surrogationsgrundsatz an die Stelle des Grundstücks der Erlös. Die erloschene Grundschuld besteht an dem Erlös fort, soweit dies nicht dadurch ausgeschlossen ist, dass nicht mehr ein Grundstück den Gegenstand des Rechts bildet; für die Übertragung dieses Rechts am Erlös gelten die §§ 413, 398, für die Pfändung § 857.

3. Kündigung und Fälligkeit

Wegen der Kündigung und der Fälligkeit der Grundschuld s § 1193 mit Erl; wegen **9** des Zahlungsortes § 1194 mit Erl. § 1142 Abs 1 hat für die Grundschuld zu lauten: „Der Eigentümer ist berechtigt, den Gläubiger zu befriedigen, wenn die Grundschuld fällig geworden ist." Abs 2 des § 1142 ist unverändert anwendbar.

4. Der dingliche Anspruch

a) Befriedigung aus dem Grundstück
Die **Befriedigung** des Grundschuldgläubigers **aus dem Grundstück** und den Gegen- **10** ständen, auf die sich die Grundschuld erstreckt, erfolgt im Wege der Zwangsvollstreckung (§ 1147). § 1160 ist anwendbar, nicht aber § 1161. Dem Gläubiger steht nach Maßgabe des § 891 die Vermutung für das Bestehen der Grundschuld in der durch das Grundbuch ausgewiesenen Höhe zur Seite. Wegen der Beweislast bei der Sicherungsgrundschuld s Vorbem 48 f, 151 zu §§ 1191 ff.

b) Einwendungen gegen den dinglichen Anspruch
Macht der Gläubiger das dingliche Recht aus der Grundschuld geltend, so kann der **11** Eigentümer ihm gegenüber Einwendungen gegen den Bestand des dinglichen Rechts als solchem (§ 873) oder den Bestand oder Fortbestand in der Person des Gläubigers oder Einreden erheben, die dem Eigentümer selbst aus einem zwischen ihm und dem Gläubiger bestehenden Rechtsverhältnis zustehen. Bei Gläubigerwechsel ist zwischen echter Grundschuld (Vorbem 13 ff zu §§ 1191 ff) und Sicherungsgrundschuld (zu ihr nachf Rn 31) zu unterscheiden. Bei der echten Grundschuld kann der Eigentümer nach § 1157 Einwendungen und Einreden nur unter den Beschränkungen der Bestimmungen zum Schutz des guten Glaubens auch dem neuen Gläubiger entgegensetzen. Der Eigentümer kann seine Ansprüche seinem Sondernachfolger im Eigentum abtreten (s näher § 1157 Rn 21 ff).

Steht dem Eigentümer eine ständige (§ 1169 Rn 1) Einrede zu, dann kann er vom **12** Gläubiger der Grundschuld Verzicht auf die Grundschuld verlangen (§ 1169). Praktisch bedeutsam ist dies freilich nur, wenn dem Eigentümer gegen den (neuen) Grundschuldgläubiger nicht ohnehin bereits ein Rückgewähranspruch zusteht.

c) Rückgewähranspruch
Von den Einreden gegen den dinglichen Anspruch sind Einreden gegen eine **13** persönliche Forderung zu unterscheiden, zu deren Sicherung die Grundschuld dient. Erfüllung der gesicherten Forderung kann grundsätzlich nur gegen Rückgewähr der Grundschuld verlangt werden (s näher Vorbem 135 ff zu §§ 1191 ff).

d) Aufrechnung
Der Grundschuldgläubiger kann mit seinem dinglichen Anspruch nicht gegen eine **14**

persönliche Forderung des Grundstückseigentümers aufrechnen; dagegen kann der Grundstückseigentümer im Hinblick auf § 1142 mit einer persönlichen Forderung gegenüber der Grundschuld aufrechnen (§ 1142 Rn 29).

e) Zurückbehaltungsrecht

15 Das Recht des Eigentümers zur Tilgung von Grundschulden gemäß § 1142 ist dem Zurückbehaltungsrecht wegen anderer Ansprüche des Gläubigers nicht ausgesetzt (§ 1142 Rn 20); auch Ansprüchen auf Berichtigung des Grundbuchs kann ein Zurückbehaltungsrecht grundsätzlich nicht entgegengesetzt werden (§ 1144 Rn 21, 29).

5. §§ 1133–1135 (Gefährdung der Sicherheit)

16 Die §§ 1133–1135 sind auf die Grundschuld anwendbar (vgl oben Rn 3: §§ 1138r ff).

6. Eigentümergrundschuld

a) § 1163 Abs 1 (Eigentümergrundschuld bei nicht entstandener Forderung)

17 § 1163 Abs 1 S 1 und S 2 finden auf die Grundschuld keine Anwendung. Ist bei der Sicherungsgrundschuld die zu **sichernde Forderung** nicht entstanden, so bleibt der Bestand der Grundschuld sowohl als Grundpfandrecht als solches wie als dem Gläubiger zustehende Fremdgrundschuld davon unberührt. Als nicht akzessorisches Recht ist die Grundschuld von der Entstehung einer Forderung unabhängig (§ 1163 Rn 2). Der Bestand der Fremdgrundschuld als Recht des Gläubigers bleibt auch unberührt vom Erlöschen der gesicherten Forderung. Da die gesicherte Forderung ohne Bedeutung für die Frage ist, wem das Recht zusteht, kann ihr Erlöschen darauf keinen Einfluss haben (§ 1163 Rn 41 ff).

b) Befriedigung des Gläubigers wegen der Grundschuld

18 Wird der Grundschuldgläubiger vom Eigentümer wegen der Grundschuld befriedigt, so geht die Grundschuld unstreitig **auf den Eigentümer über**. Grundlage ist die entsprechende Anwendung der §§ 1142, 1143 (RGZ 78, 60; BGH MDR 1968, 35; BGH WM 1969, 810; BGH NJW 1976, 2132 und 2340; BGH NJW 1986, 2108; REINICKE/TIEDTKE, Kreditsicherung Rn 972; PLANCK/STRECKER § 1163 Anm 6d; PALANDT/BASSENGE[68] § 1191 Rn 10; MünchKomm/EICKMANN[4] § 1191 Rn 107; ERMAN/WENZEL[12] § 1191 Rn 83; SERICK § 28 II 4 mit Fn 44; **aM** WILHELM[3] Rn 1826; E WOLF § 11 L IIb; KÜCHLER 37: § 1163 Abs 1 S 2 entsprechend; WOLFF/RAISER § 156 I 3 d mit Fn 11; skeptisch bezüglich der Wahl der Analogie REISCHL JuS 1998, 615 unter Berufung auf MEDICUS, Bürgerliches Recht[17] Rn 499). Bejaht man, was unbestritten ist, das Recht des Eigentümers, den Grundschuldgläubiger wegen der Grundschuld zu befriedigen (§ 1142), ist auch § 1143 anzuwenden, da in dieser Bestimmung die sich aus der Ablösung des Grundpfandrechts ergebende Folge geregelt ist; in der entsprechenden Anwendung auf die Grundschuld (§ 1192) ergibt sich damit der Übergang der Fremdgrundschuld als Eigentümergrundschuld auf den ablösenden Eigentümer. Damit wird sowohl dem Grundsatz des BGB, dass Wegfall des Gläubigerrechts nicht zum Untergang des Grundpfandrechts, sondern zu einem Eigentümerrecht führt (vgl §§ 1168, 1170, 1171), Rechnung getragen wie auch die Inkonsequenz vermieden, die bei entsprechender Anwendung des § 1163 Abs 1 S 2 bei Zahlung auf die Grundschuld darin liegen würde, dass Grundschuldkapital und gesicherte Forderung gleichgestellt würden.

Voraussetzung für den Übergang der Grundschuld auf den Eigentümer ist eine **19** Zahlung des Eigentümers auf die Grundschuld. Dafür, ob bei Personengleichheit von Eigentümer und persönlichem Schuldner eine wirtschaftlich mit einer Grundschuld zusammenhängende Zahlung des Eigentümers auf die Grundschuld oder auf eine persönliche Forderung geleistet ist, kommt es entscheidend auf seinen bei der Zahlung erklärten Willen an (BGH NJW 1969, 2237; BGH NJW 1976, 2131 und 2340; BGHZ 105, 154 = JuS 1989, 143 m Anm OEHLER 604; BGH NJW-RR 1989, 1036; BGH NJW 1997, 2046 = EWiR § 366 BGB 1/97, 583 [HAGER]; s Vorbem 195 zu §§ 1191 ff). Fehlt es an einer ausdrücklichen Erklärung darüber, so ist aus den näheren Umständen, insbesondere der Interessenlage der Beteiligten, der hypothetische Wille des Zahlenden zu ermitteln (BGH NJW-RR 1987, 1350; s Vorbem 195 zu §§ 1191 ff). Dabei kann eine Rolle spielen, ob schon vor der Zahlung, insbesondere bei der Bestellung der Grundschuld, eine Verrechnungsabrede zwischen dem Eigentümer und dem Grundschuldgläubiger getroffen wurde. Eine Verrechnungsabrede, die wie idR bei Bankkrediten dahin geht, dass Zahlungen als auf die persönliche Forderung geleistet angesehen werden sollen, hat keine unmittelbare Wirkung (Vorbem 82 ff zu §§ 1191 ff). Das Grundbuchamt kann vom Antragsteller auf Grundbuchberichtigung eine eindeutige Erklärung verlangen (OLG Frankfurt FGPrax 1997, 11). S zu dem gesamten Komplex Vorbem 82 ff und 130 ff zu §§ 1191 ff und auch § 1191 Rn 17.

Bei nur **teilweiser Befriedigung** ist § 1176 zu beachten (aM zum Teil DEMPEWOLF NJW **20** 1959, 2148).

c) § 1163 Abs 2 (Briefgrundschuld)
§ 1163 Abs 2 ist auf die Grundschuld anwendbar. Bei einem Briefrecht steht demnach die Grundschuld bis zur Übergabe des Briefs an den Gläubiger (§ 1117) dem Eigentümer zu. **21**

d) Verzicht
Bei einem Verzicht des Gläubigers auf die Grundschuld findet § 1168 entsprechend **22** Anwendung (§ 1168 Rn 38 ff).

e) Ablösung
Soweit ein **Ablösungsberechtigter** den Gläubiger wegen der **Grundschuld** befriedigt, **23** geht die Grundschuld auf den Dritten über. § 268 Abs 3 S 1 mit § 1150 gelten entsprechend. S zur Sicherungsgrundschuld unten Rn 47.

7. Gesamtgrundschuld

Bei der Bestellung einer Grundschuld an mehreren Grundstücken oder Bruchteilen **24** von Grundstücken entsteht gemäß § 1132 eine Gesamtgrundschuld (vgl oben Rn 3: § 1138q). Wegen der Fragen, die sich bei Bestellung einer den Miteigentümern des Grundstücks zustehenden Gesamtgrundschuld an einem im Miteigentum stehenden Grundstücks ergeben, s näher § 1196 Rn 14.

Die Anwendung des § 426 auf die Gesamtgrundschuld ist wie bei der Gesamthypo- **25** thek (§ 1173 Rn 21 f) nur möglich aufgrund einer zwischen den Gesamtschuldnern bestehenden besonderen schuldrechtlichen Verpflichtung; auch die Gesamtgrundschuld ist grundsätzlich regresslos. Daher ist auch § 1173 Abs 2 unanwendbar (dort

Rn 35). Ebenso ist die Anwendung des § 1174 auf Grundschulden mangels eines persönlichen Schuldners ausgeschlossen (dort Rn 16).

26 Wegen der Anwendung der §§ 1172, 1173, 1175, 1182 vgl oben Rn 3: §§ 1142s, 1142t, 1142u, 1142y.

27 S zu dem Fall, dass bei einer **Gesamtgrundschuld** der Eigentümer eines der mitbelasteten Grundstücke **auf die Grundschuld** zahlt (§§ 1192, 1142), § 1191 Rn 18. Zu den Auswirkungen des **Verzichts** des Gläubigers auf die Grundschuld an *einem* Grundstück auf die Grundschuld an den *anderen* mithaftenden Grundstücken s § 1165 Rn 16; dort Rn 6 zur Verschlechterung eines Pfandgrundstücks.

III.   Zinsen und andere Nebenleistungen (Abs 2)

1.   Zinsen

28 Dass für Zinsen der Grundschuld die Vorschriften über die Zinsen einer Hypothekenforderung gelten, ist in Abs 2 ausdrücklich bestimmt, weil wegen Fehlens einer Forderung Zweifel darüber entstehen könnten, ob aus Abs 1 die Anwendbarkeit dieser Vorschriften zu entnehmen sei (BGH WM 1965, 1197; BGB-RGRK/Joswig[12] Rn 5). Es sind dies die §§ 1115, 1118, 1119, 1145, 1158, 1159, 1171, 1178. Auch eine Sicherungsgrundschuld ist hinsichtlich der Zinsen unabhängig vom Schicksal der gesicherten Forderung und deren Zinsen (BGH NJW 1996, 253; BGH NJW 1999, 3705; **aA** anscheinend PETERS JZ 2001, 1017); die Grundschuldzinsen erlöschen nur insoweit, als auf sie, nicht soweit auf die Forderung und deren Zinsen Zahlung geleistet wird (BGH WM 1965, 1197; s aber Vorbem 80, 98 ff zu §§ 1191 ff). Verzugszinsen nach § 1118 setzen voraus, dass der Eigentümer mit Zahlungen auf die Grundschuld in Verzug ist; Verzug bei der gesicherten Forderung genügt nicht (VOLMER ZfIR 2001, 246; § 1118 Rn 18); § 1178 Abs 1 S 1 gilt auch für die Grundschuld (KG DNotZ 1933, 428; OLG Düsseldorf HRR 1936 Nr 402; § 1178 Rn 19); die Grundschuld für Zinsrückstände erlischt also, wenn sie sich mit dem Eigentum in einer Person vereinigt (s dazu auch § 1197 Rn 8, § 1178 Rn 19). Diese Wirkung tritt auch bei Verzicht des Gläubigers (§ 1178 Abs 2) ein. Besondere Bestimmungen für die Zinsen der Grundschuld enthalten die §§ 1194, 1197 Abs 2. Ferner sind die allgemeinen Vorschriften über Zinsen, insbesondere über Verjährung und den Ausschluss von Zinseszinsen (§§ 197, 201, 247, 248, 289) anzuwenden. S zur Zinsproblematik bei der Sicherungsgrundschuld Vorbem 80, 98 ff zu §§ 1191 ff.

29 Grundschuldzinsen **verjähren** nach den allgemeinen Vorschriften der §§ 195, 197 Abs 2 (Näheres Einl 227 ff zu §§ 1113 ff). S zum Begriff „Rückstände" Einl 52 zu §§ 1113 ff, zu den Verjährungsfolgen Einl 227 ff zu §§ 1113 ff. S zur Frage der Hemmung der Verjährung bei der Sicherungsgrundschuld Vorbem 98 zu §§ 1191 ff und zur Eigentümergrundschuld § 1197 Rn 7 ff.

2.   „Andere" Nebenleistungen

30 Abs 2 erwähnt nur die Zinsen; das Gleiche wie für die Zinsen gilt aber auch für **die übrigen Nebenleistungen** und für Kosten. Bei der Grundschuld stößt die Definition von „anderen Nebenleistungen" iSd § 1115 Abs 1 auf Schwierigkeiten, weil unklar

ist, wie die geforderte Abhängigkeit von der Grundschuld-Hauptforderung (Einl 53 zu
§§ 1113 ff, nicht zu verwechseln mit dem gesicherten Anspruch) hergestellt werden kann
(SCHÖNER/STÖBER[14] Rn 2296). Die Praxis der Bankformulare begnügt sich meist mit der
dürren Bezeichnung eines durch einen Prozentsatz des Kapitals angegebenen Geldbetrags als „Nebenleistung" (GABERDIEL/GLADENBECK[8] Anh 1 bei Rn 5 usw). Die Art der
Abhängigkeit von der Hauptschuld bleibt dunkel, ja es ist der Verdacht angedeutet
worden, die Nebenleistungsvereinbarung diene lediglich der Täuschung im Rechtsverkehr (OLG Schleswig SchlHA 1968, 260; KERSTEN/BÜHLING/WOLFSTEINER[22] § 68 Rn 21). Die
Einigung über die Begründung einer Nebenleistung, deren Beziehungen zur Hauptleistung nicht näher angegeben werden, könnte materiellrechtlich (u damit uU auch
für die Eintragungsbewilligung) nur ausreichen, wenn sich – ähnlich wie für den
Zinslauf (Einl 61 zu §§ 1113 ff) – eine so klare und unzweideutige Auslegung anbieten
würde, dass der Abhängigkeitstatbestand auch ohne ausdrückliche Erklärung fest-
stünde (OLG Schleswig SchlHA 1968, 260). Die Nebenleistung lediglich mit einem
Prozentsatz des Kapitals zu bezeichnen, obwohl ohne weiteres der Geldbetrag auch
direkt angegeben werden könnte, reicht jedenfalls nicht aus. Eine eindeutige Auslegung ist aber bisher nicht angeboten worden; die „nackte" Nebenleistung ist daher
unwirksam (OLG Schleswig SchlHA 1968, 260; MünchKomm/EICKMANN[4] Rn 5 u § 1115 Rn 44;
SCHÖNER/STÖBER[14] Rn 2296 ff; STÖBER ZIP 1980, 613; SCHMIDT DNotZ 1984, 334; **für Wirksamkeit**
OLG Stuttgart Rpfleger 1973, 247 m zust Anm HAEGELE; LG Oldenburg Rpfleger 1981, 60; LG
Oldenburg Rpfleger 1982, 19; LG Berlin ZIP 1985, 97; LG Bielefeld Rpfleger 1999, 388; PALANDT/
BASSENGE[68] § 1115 Rn 21; SOERGEL/KONZEN[13] Rn 3; skeptisch GABERDIEL/GLADENBECK[8]
Rn 289).

IV. Die Sicherungsgrundschuld (Abs 1a)

1. Rechtspolitische Bewertung

Die Einfügung des Abs 1a war ein politisch motivierter Schnellschuss (im „Hucke- **31**
pack" des RisikobegrenzungsG), durch den das Kind mit dem Bade ausgeschüttet
worden ist. Wie unüberlegt die Regelung ist, zeigt sich schon am Vergleich mit der
(unverändert gebliebenen) Verkehrshypothek. Die Entgegnung, die Forderung sei
ganz oder zum Teil getilgt, ist bei ihr eine Einwendung, die nach § 1138 einem
gutgläubigen Erwerber der Hypothek nicht entgegengehalten werden kann, selbst
dann nicht, wenn es sich um eine Tilgungshypothek handelt, die planmäßig getilgt
sein müsste (§ 1138 Rn 17). Bei der Sicherungsgrundschuld gewährt die Tilgung der
gesicherten Forderung eine Einrede; ein gutgläubig einredefreier Erwerb ist nunmehr aber ausgeschlossen. Damit ist die Grundschuld ihrer Verkehrsfähigkeit entkleidet (nicht untypisch FEST ZfIR 2008, 657, der den Verlust der Verkehrsfähigkeit nicht einmal
erwähnenswert findet; unverständlich BACHNER DNotZ 2008, 644, die bekannten Vorteile gegenüber
der Hypothek blieben erhalten). Aber der Rechtsverkehr muss nur auf die Hypothek für
ein abstraktes Schuldversprechen (§ 1113 Rn 30) ausweichen und hat dann eben den
Gutglaubensschutz, der ihm bei der Grundschuld neuerdings verweigert wird. Die
Grundschuld aber, bisher Wunderwaffe der deutschen Grundpfandrechte, ist unter
die Sicherungshypothek herabgestuft. Man kann jedem Kreditgeber nur noch ab-
raten, sich der Grundschuld als Sicherungsmittel zu bedienen.

Abs 1a ist (nach §§ 1179a, 1179b, der Rechtsprechung zur Forderungsauswechslung **32**
bei der Vormerkung und den nicht eintragungsfähigen Baulasten) ein weiterer

Sargnagel im Prozess der Paralysierung des deutschen Grundbuchs, dessen überragende, weltweit einzigartige Funktionalität in der heutigen Rechtswirklichkeit anscheinend nicht mehr verstanden und jedenfalls nicht mehr gewürdigt wird. Abs 1a drückt die Sicherungsgrundschuld unter das Niveau der Sicherungshypothek. Die Sicherungshypothek entbehrt zwar wie nun die Sicherungsgrundschuld weitgehend des öffentlichen Glaubens; sie erfordert aber die eindeutige Bezeichnung der gesicherten Forderung, so dass sich ein Erwerber der Hypothek darauf beschränken kann, dem Schicksal dieser einen Forderung nachzuforschen. Bei der Höchstbetragshypothek ist zwar das Bestimmtheitserfordernis gelockert, keineswegs aber aufgegeben. Die Sicherungsgrundschuld ist aber nun ihrer bisherigen Unabhängigkeit entkleidet und an schuldrechtliche Ansprüche angebunden, aber in einer Weise, dass nicht einmal das Ob der Akzessorietät, geschweige denn ihr Inhalt auch nur ansatzweise aus dem Grundbuch erkennbar wäre; das Grundbuch gibt nicht mehr preis, ob das Recht öffentlichen Glauben genießt oder nicht. Eine Grundschuld kann täglich ihr Gesicht von einer echten Grundschuld zur Pseudo-Grundschuld Sicherungsgrundschuld und zurück wechseln, ohne dass das Grundbuch irgendetwas davon erfährt, geschweige denn verlautbart (Vorbem 4 zu §§ 1191 ff). Ebenso erfolgen Forderungsauswechslungen völlig außerhalb des Grundbuchs. Dem kann nicht entgegengehalten werden, das sei der Grundschuld immer schon so gewesen; die Grundschuld bedurfte keines Rückgriffs auf die gesicherte Forderung, das Grundbuch also auch keines Ausweises eines solchen Rückgriffs.

33 Dabei lagen vernünftige Vorschläge auf dem Tisch, die geeignet waren, die zutage getretenen Grundschuldrisiken zu bannen und der Grundschuld dennoch ihre Verkehrsfähigkeit zu erhalten. Man vergleiche etwa den Vorschlag ua des Verfassers für ein Grundpfand für Mitteleuropa (Vorbem 304 zu §§ 1191 ff), hier § 7 Abs 2, der noch durch eine gesetzliche Vermutung dahin, dass die Grundschuld der Sicherung einer Forderung diene, verstärkt werden könnte. Eine Korrektur der überstürzt eingeführten Regelung ist dringend zu empfehlen, um der deutschen Rechtsordnung ein Instrument zu erhalten, das neuerdings missbraucht worden sein mag (vgl Einl 31 ff zu §§ 1113 ff), das aber insgesamt dem deutschen Immobilienrecht weltweit einen Vorsprung verschafft hat, der nicht leichtfertig aufgegeben werden sollte.

2. Rechtsnatur

34 Mit der Sicherungshypothek nach § 1187 hat der Begriff nichts gemein (Wilhelm[3] Rn 1733). Sicherungsgrundschuld ist eine Grundschuld, die in bestimmten schuldrechtlichen Beziehungen zu einem „Anspruch" steht. Nach dem Wortlaut des Abs 1a kann es sich um einen Anspruch beliebigen Inhalts handeln (Vorbem 43 zu §§ 1191 ff). Sonderbarerweise ist aber in § 1193 Abs 2 S 2 nur von „der Sicherung einer Geldforderung" die Rede (dort Rn 5). Abs 1a würde demnach für alle Sicherungsgrundschulden gelten, § 1193 Abs 2 S 2 aber nur für einen Ausschnitt daraus. Den Gesetzestext wörtlich zu nehmen, würde zu erheblichen Problemen führen, weil eine Grundschuld sowohl Geld- als auch andere Forderungen sichern, aber nur einheitlich fällig oder kündigungsabhängig sein kann. Vermutlich aber handelt es sich aber nur um schlampige Gesetzgebungstechnik; jedenfalls gibt die amtliche Begründung (BT-Drucks 16/9821 vom 26.6.2008) keinerlei Erklärung für die unterschiedliche Terminologie. Der Begriff der Sicherungsgrundschuld ist deshalb einheitlich im

Sinne des Abs 1a zu verstehen, auch für § 1193 Abs 2 S 2 (so annähernd auch VOLMER MittBayNot 2009, 1).

„Zur Sicherung eines Anspruchs verschafft" bedeutet, dass das dingliche Recht **35** Grundschuld dem Gläubiger nach Maßgabe eines rein schuldrechtlichen Vertrags zur Sicherung einer Forderung bestellt oder übertragen worden ist. Das Tatbestandsmerkmal „Sicherung eines Anspruchs" ist also nicht Inhalt der Grundschuld; der Sicherungsvertrag verändert zwar kraft Gesetzes den Inhalt der Grundschuld nach Maßgabe der §§ 1192 Abs 1a, 1193 Abs 2 S 2, macht aber die Grundschuld nicht eigentlich akzessorisch. Abzulehnen ist die Theorie der „Zweckgemeinschaft", derzufolge gesicherter Anspruch und Sicherheit zueinander im Verhältnis einer Zweckgemeinschaft dergestalt stehen sollen, dass nur der eine oder der andere Anspruch geltend gemacht werden kann (HECK § 100 5 c, dem KÜCHLER 31 folgt). Die Theorie widerspricht dem Grundgedanken der sachenrechtlichen Abstraktion, dass das Sachenrecht den Inhalt des absoluten Rechts zu regeln hat, während die Rechtmäßigkeit der personellen Zuordnung vom Schuldrecht bestimmt wird (ablehnend auch BGHZ 105, 154 = JuS 1989, 143 m Anm OEHLER 604; DÖRING 130 ff; JOSWIG ZfIR 2001, 712; BAUR/STÜRNER SR § 45 Rn 2; vgl auch HUBER 32). S dazu, dass die Wirksamkeit der Grundschuld als solcher nicht vom Sicherungsvertrag abhängen kann, § 1191 Rn 3. Ihrer Rechtsnatur nach bleibt die Sicherungsgrundschuld daher Grundschuld, auch wenn sie ihrer Abstraktion dadurch weitestgehend entkleidet ist, dass sie jeglichen Einreden aus Schuldverhältnissen ausgesetzt ist.

3. Tatbestand

a) Sicherung eines Anspruchs
aa) Anspruch
S zum **Anspruch** Vorbem 43 ff zu §§ 1191 ff. **36**

bb) Sicherung
„Sicherung" bedeutet in erster Linie das Vorhandensein eines Sicherungsvertrags **37** (vgl Vorbem 25 ff zu §§ 1191 ff). Der Sicherungsvertrag muss im Zeitpunkt seines Zustandekommens dem Grundstückseigentümer die Rechte eines Treugebers verschafft und den Gläubiger ihm gegenüber verpflichtet haben, mit der Grundschuld nur nach Maßgabe des Sicherungsvertrags zu verfahren. Wird der Sicherungsvertrags zwischen Dritten so geschlossen, dass der Eigentümer daraus keinerlei Rechte herleiten kann – das ist insbesondere der Fall, wenn der Gläubiger einer isolierten Grundschuld (Vorbem 13 ff zu §§ 1191 ff) diese als Sicherheit begibt –, so läuft § 1157 und mit ihm Abs 1a zumindest leer (Vorbem 119 zu §§ 1191 ff). Verpflichtet der Sicherungsvertrag nicht den wahren Gläubiger, so läuft § 1157 und damit Abs 1a ebenfalls zumindest leer, weil dann gegen den Gläubiger keine Einreden aus dem Sicherungsvertrag erhoben werden können. In beiden Fällen entsteht daher keine Sicherungsgrundschuld; die Grundschuld bleibt echte Grundschuld. Ist die Grundschuld vom Bucheigentümer (Scheineigentümer) einem Gutgläubigen wirksam bestellt worden, so kann der wahre Eigentümer aus dem zwischen Scheineigentümer und Gläubiger geschlossenen Sicherungsvertrag keine Einreden herleiten, so dass zumindest zunächst keine Sicherungsgrundschuld entsteht; erwirbt allerdings der Eigentümer nach § 816 die Ansprüche des Scheineigentümers gegen den Gläubiger, so wird die Grundschuld damit Sicherungsgrundschuld.

38 Der Sicherungsvertrag kann vom **künftigen Eigentümer** mit dem künftigen Gläubiger abgeschlossen werden (vgl Vorbem 279 zu §§ 1191 ff). Die Grundschuld wird dann Sicherungsgrundschuld, sobald sie beidseitig in den Wirkungsbereich des Vertrags eintritt.

cc) Unwirksamer Sicherungsvertrag

39 Ist die Grundschuld wirksam bestellt, der mit dem Eigentümer geschlossene Sicherungsvertrag aber gleich aus welchem Grund unwirksam, so hat der Eigentümer zwar einen Bereicherungsanspruch auf Rückgabe der Grundschuld, aber aus Gesetz, nicht aus Sicherungsvertrag. Dem Wortsinn nach ist die Grundschuld nicht zur Sicherung eines Anspruchs verschafft. Dennoch wird nach dem Schutzzweck des Gesetzes anzunehmen sein, dass die Grundschuld als Sicherungsgrundschuld zu behandeln ist (vgl unten Rn 41).

dd) Erloschener Sicherungsvertrag

40 Endet der Sicherungsvertrag, etwa durch freiwillige Befriedigung des Gläubigers, durch Zeitablauf oder durch Kündigung, so verbleiben idR nachvertragliche Ansprüche, insbes auf Rückgewähr der Grundschuld. Es ist daher folgerichtig, den Charakter der Grundschuld als Sicherungsgrundschuld aufrechtzuerhalten. Bestehen aber weder nachvertragliche noch gesetzliche Ansprüche auf Rückgewähr, verwandelt sich die Sicherungsgrundschuld in eine echte Grundschuld.

b) Verschaffung

41 Was unter „Verschaffen" zu verstehen ist, sagt das Gesetz nicht. Neben den Fällen, dass der Eigentümer dem Inhaber des Anspruchs die Grundschuld unmittelbar bestellt oder abtritt, fallen auch Anweisungsfälle unter die Vorschrift. Problematisch sind dann Störungen im Deckungsverhältnis. *Beispiel:* Der unerkannt geschäftsunfähige A weist seine Mutter M an, seinem Gläubiger G zur Sicherung dessen gegen A gerichteter Forderungen eine Grundschuld an ihrem Grundstück zu bestellen; der Sicherungsvertrag wird zwischen A und G geschlossen (vgl unten Rn 45). Ist die Grundschuld eine Sicherungsgrundschuld? Vom Schutzzweck des Gesetzes her dürfte auch hier (vgl vorst Rn 39) die Frage zu bejahen sein, obwohl wegen der Nichtigkeit des Sicherungsvertrags eine rechtliche Verbindung zwischen Forderung und Grundschuld nicht besteht. Das würde bedeuten, den Begriff „Verschaffen" nicht im Rechtssinn, sondern rein tatsächlich zu verstehen. Auch in Fällen, in denen in einer Zweierbeziehung eine Grundschuldbestellung wirksam, der Sicherungsvertrag aber nichtig ist (oben Rn 39), könnte dann von einer Sicherungsgrundschuld ausgegangen werden, so dass der Eigentümer einem Zessionar die Unwirksamkeit des Sicherungsvertrags entgegenhalten könnte.

4. Rechtsfolgen

a) Einreden aus dem Sicherungsvertrag

42 Als Rechtsfolge können Einreden, die dem Eigentümer auf Grund des Sicherungsvertrags mit dem bisherigen Gläubiger gegen die Grundschuld zustehen, auch jedem Erwerber der Grundschuld entgegengesetzt werden; § 1157 S 2 über die Anwendung der Gutglaubensvorschriften findet insoweit keine Anwendung. S zum Einredebegriff § 1157 Rn 3 ff und zu den zulässigen Einreden § 1157 Rn 28 ff.

b) Einreden, die sich aus dem Sicherungsvertrag ergeben

Unklar ist die zweite Alternative „oder sich aus dem Sicherungsvertrag ergeben". **43**
Nimmt man das Gesetz wörtlich, dann spielt es keine Rolle, ob der Sicherungsvertrag zwischen dem Eigentümer und dem ursprünglichen Gläubiger abgeschlossen
worden ist; hat jemand eine Grundschuld originär erworben (zu den Fällen Vorbem 13 zu
§§ 1191), zB durch Ablösung, sie dann aber zur Sicherung einer Forderung abgetreten, dann wäre der Eigentümer befugt, die Einreden aus diesem Sicherungsvertrag zu erheben, obwohl er gegenüber dem originären Grundschuldinhaber nicht
einredebefugt war. Das ist nicht sinnvoll. Nach der amtlichen Begründung (BT-Drucks
16/9821 vom 26. 6. 2008, 16) soll die Alternative denn auch ganz anders zu verstehen sein,
nämlich dahin, dass der Eigentümer abweichend von der bisherigen Praxis (§ 1157
Rn 25) der Grundschuld nicht nur diejenigen Einreden aus dem Sicherungsvertrag
entgegensetzen kann, deren Tatbestand im Zeitpunkt des Übergangs bereits erfüllt
war, sondern vielmehr auch diejenigen, die im Zeitpunkt des Übergangs der Sicherungsgrundschuld im Sicherungsvertrag bereits begründet waren, deren Tatbestand
aber erst später vollständig verwirklicht wurde (ebenso BACHNER DNotZ 2008, 644;
SCHMID/VOSS DNotZ 2008, 740). Legt man die Leitentscheidungen (BGH vom 11. 3. 1976
– II ZR 11/75 – WM 1976, 665 und die – das Bestehen der Einrede im Zeitpunkt der Abtretung
stillschweigend voraussetzenden – Urteile BGHZ 59, 1 ff und vom 18. 5. 1973 – V ZR 75/72 – WM
1973, 840 [zu dieser Entscheidung HAGEN LM Nr 22/23 zu § 1192 BGB]; BGHZ 85, 388 vom 26. 11.
1982 – V ZR 145/81 unter Berufung auf Baden JuS 1977, 75, 76 [dazu abl WILHELM NJW 1983, 2917].
S weiter HUBER 141/142; SERICK, Bd II § 28 III 3, 435) zugrunde, so heißt das, dass derjenige,
der eine Sicherungsgrundschuld ohne die gesicherte Forderung erwirbt, ohne Rücksicht auf guten Glauben eine Zahlung gegen sich gelten lassen muss, die der Schuldner der gesicherten Forderung noch *nach Erwerb* der Grundschuld an den ursprünglichen Gläubiger leistet.

5. Verlust der Eigenschaft als Sicherungsgrundschuld

a) Rückgabe der Grundschuld

Ist die Grundschuld an den Eigentümer zurückgegeben, so erlischt ihre Eigenschaft **44**
als Sicherungsgrundschuld. Ob sie später wieder Sicherungsgrundschuld wird, hängt
von erneuter Begebung ab.

b) Trennung von Sicherungsgeber und Eigentum

Die Grundschuld verliert ihre Eigenschaft als Sicherungsgrundschuld auch dann, **45**
wenn der Rückgewähranspruch auf jemand Anderen als den Eigentümer übergeht
oder der Sicherungsgeber sein Eigentum verliert. Da Abs 1a über § 1157 nur Einreden des *Eigentümers* schützt, verliert die Sicherungsgrundschuld ihre Funktion,
wenn die Einreden aus dem Sicherungsvertrag nicht mehr dem Eigentümer zustehen. Sind die Rückgewähransprüche nur zur Rangsicherung an nachrangige Gläubiger abgetreten worden (Vorbem 169 ff zu §§ 1191 ff), so ist allerdings anzunehmen,
dass dem Eigentümer nicht sämtliche Einreden aus dem Sicherungsvertrags entzogen sind, so dass der Charakter als Sicherungsgrundschuld erhalten bleibt; um
diese Ungewissheit zu beseitigen, empfiehlt sich die Vereinbarung, dass Rückgewähransprüche nach Erledigung des Sicherungszwecks von selbst an den Eigentümer zurückfallen (Vorbem 178 zu §§ 1191 ff). Hat der Sicherungsgeber sein Eigentum
verloren, indem er es zB unter Zurückbehaltung der Rückgewähransprüche veräußert hat, so sind Einreden des Eigentümers aus dem Sicherungsvertrag ebenfalls

ausgeschlossen. Das gilt auch, wenn das Grundstück in der Zwangsversteigerung zugeschlagen wird, die Grundschuld aber bestehen bleibt.

c) Freihändige Verwertung

46 Eine restriktive Anwendung ist auch geboten, wenn der Gläubiger die Grundschuld zulässigerweise nach Fälligkeit der gesicherten Forderung „freihändig" verwertet (dazu Vorbem 113 ff zu §§ 1191 ff). Durch eine solche Verwertung verliert die Grundschuld ihren Charakter als Sicherungsgrundschuld; zahlt der Eigentümer die gesicherte Forderung nachträglich, so kann sie ihren Charakter als Sicherungsgrundschuld nicht wiedergewinnen.

d) Ablösung

47 Wird die Sicherungsgrundschuld gemäß §§ 1150, 268 abgelöst, so bestehen Einwendungen und Einreden fort (§ 1150 Rn 40 ff, 51 f). Demgemäß muss Abs 1a auch für den Ablösenden gelten, so dass ein gutgläubig einredefreier Erwerb (§ 1150 Rn 41) ausscheidet.

6. Übergangsregelung

48 Abs 1a ist nach Art 229 § 18 Abs 2 EGBGB nur anwendbar, sofern der **Erwerb der Grundschuld** nach dem 19. 8. 2008 erfolgt ist. Maßgeblich ist nicht der Abschluss des Sicherungsvertrags (obwohl dieser die Grundschuld erst zur Sicherungsgrundschuld macht), sondern ausdrücklich der Erwerb der Grundschuld. Auf die Neuvalutierung von Altgrundschulden findet, wenn mit ihr kein Gläubigerwechsel verbunden ist, die Vorschrift also keine Anwendung. Ist umgekehrt der Sicherungsvertrag schon vor dem Stichtag abgeschlossen, die Grundschuld aber erst nach dem Stichtag eingetragen oder der Grundschuldbrief erst danach ausgehändigt worden, soll die Vorschrift greifen; das Prinzip des § 892 Abs 2 kommt nicht zum Tragen. Je nach Umständen kann die nach Vertragsschluss eingetretene Rechtsänderung den Tatbestand des § 313 erfüllen.

49 Abs 1a findet (anders als § 1193 Abs 2 S 2!) auch Anwendung, wenn eine schon bestehende Grundschuld nach dem Stichtag sicherungshalber an einen neuen Gläubiger abgetreten wird. Da es nicht auf den Sicherungsvertrag ankommt, ist also ein Gläubiger, der die Grundschuld samt Forderung nach dem Stichtag erworben hat, Einreden ausgesetzt, denen sein Rechtsvorgänger, der seinerseits gutgläubig erworben hatte, nicht ausgesetzt war; ob das dem Sinn der Regelung noch entspricht, ist zweifelhaft. Unklar ist die Rechtslage beim **Übergang kraft Gesetzes**. Insbesondere handelt es sich um die Ablösung nach § 1150, die Erbfolge und die Umwandlungsfälle (vgl zur besonderen Problematik bei der Spaltung Einl 146 zu §§ 1113 ff). Jedenfalls bei Gesamtrechtsnachfolge kann die Vorschrift schwerlich angewandt werden. Aber auch bei Einzelrechtsnachfolge kraft Gesetzes wie bei der Ablösung sollte die Anwendung ausgeschlossen sein.

§1193
Kündigung

(1) Das Kapital der Grundschuld wird erst nach vorgängiger Kündigung fällig. Die Kündigung steht sowohl dem Eigentümer als dem Gläubiger zu. Die Kündigungsfrist beträgt sechs Monate.

(2) Abweichende Bestimmungen sind zulässig. Dient die Grundschuld der Sicherung einer Geldforderung, so ist eine von Absatz 1 abweichende Bestimmung nicht zulässig.

Art 229 § 18 EGBGB

Übergangsvorschrift zum Risikobegrenzungsgesetz

(1) ... (2) ...

(3) § 1193 Abs. 2 des Bürgerlichen Gesetzbuchs in der seit dem 19. August 2008 geltenden Fassung ist nur auf Grundschulden anzuwenden, die nach dem 19. August 2008 bestellt werden.

Materialien: E I § 1139 Abs 1, 3; II § 1102 rev
§ 1178; III § 1176; Mot III 788 f; Prot III 710.
Abs 2 S 2 eingefügt durch Art 6 Nr 8 des
Risikobegrenzungsgesetzes (vom 12. 8. 2008,
BGBl I 1666).

Schrifttum

HABERSACK, Die Vollstreckungsunterwerfung des Kreditnehmers im Lichte des Risikobegrenzungsgesetzes, NJW 2008, 3173
HINRICHS/JAEGER, Zum Umgang der Bankpraxis mit der Kündigungsregelung für Grundschulden nach dem Risikobegrenzungsgesetz, ZfIR 2008, 745
KALKBRENNER, Kündigungsfrist bei Grundschulden/Änderung des § 1193 BGB und Auswirkungen auf die kreditgenossenschaftliche Praxis, ZNotP 2008, 401
SCHMID/VOSS, Die Sicherungsgrundschuld nach dem Risikobegrenzungsgesetz, DNotZ 2008, 740
VOLMER, Die Kündigung der Sicherungsgrundschuld nach dem Risikobegrenzungsgesetz, MittBayNot 2009, 1.

1. Allgemeines

Die **Fälligkeit** der Grundschuld setzt eine **Kündigung** voraus (vgl die Erl zu §§ 1141, **1** 1142). Die Fälligkeit beendet den Zinslauf nicht (BGH NJW 1987, 946). Bei der Sicherungsgrundschuld führt die Kündigung der Forderung nicht ohne weiteres die Fälligkeit der Grundschuld herbei.

2 § 1193 gilt nicht für **abgeleitete Eigentümergrundschulden** (Begriff § 1163 Rn 19) nach §§ 1177 Abs 1 S 2 (BGH NJW 1978, 1579; 1177 Rn 7). Da sie ihre Eigenschaften solange behält, bis ihr Inhalt nach § 877 geändert wird, gilt Abs 1 auch dann nicht, wenn sie weiter abgetreten und damit wieder Fremdgrundschuld wird.

2. Altgrundschulden

3 Eine abweichende Bestimmung (sofortige Fälligkeit ohne Kündigung) war bis zum RisikobegrenzungsG (oben Materialien) üblich und nach Abs 2 zulässig. Es handelt sich um eine Regelung der Zahlungszeit, die durch Bezugnahme auf die Eintragungsbewilligung eingetragen werden kann (§ 1115 Rn 36, 45). Nicht eingetragene Absprachen wirken nur zwischen den Personen, die die Vereinbarung getroffen haben.

4 Der Ausschluss des Kündigungserfordernisses hat auch dann nicht gegen § 307 verstoßen, wenn man ihn auf dingliche Rechte als solche überhaupt anwenden will, denn Abs 2 hat eine solche Regelung zum Bestandteil des gesetzlichen Leitbilds erklärt. Die Kündigungsfrist ist auch keine Nachfrist iSd § 309 Nr 4 und erst recht keine Beweislastregel iSd § 309 Nr 12 (MünchKomm/Eickmann[4] Rn 2 gegen AK-BGB/ Winter Rn 1). Bei der üblichen Sicherungsgrundschuld kann überdies der nackte Grundschuldinhalt idR nicht gegen Treu und Glauben verstoßen, weil nur die Sicherungsvereinbarung geeignet ist, eine bestimmte Fälligkeitsregelung missbilligenswert erscheinen zu lassen (Vorbem 11 zu §§ 1191 ff); dann aber unterliegt nicht der Grundschuldinhalt (der bei anderer Sicherungsvereinbarung völlig einwandfrei sein kann), sondern nur die Grundvereinbarung dem Unwirksamkeitsverdikt (Vorbem 168 zu §§ 1191 ff).

3. Sicherungsgrundschuld Abs 2 S 2

a) Die Neuregelung

5 aa) Bei der Sicherungsgrundschuld (Begriff § 1192 Rn 34 ff) ist die sechsmonatige Kündigungsfrist des Abs 1 zwingend (**gegen** diese Regelung mit Recht Volmer MittBayNot 2009, 1). In Abweichung vom Wortlaut des Abs 2 S 1 gilt dies für alle Sicherungsgrundschulden, nicht nur solche, die eine Geldforderung sichern (§ 1192 Rn 34). Da aber Abs 1 auf abgeleitete Eigentümergrundschulden nicht anwendbar ist (oben Rn 2), läuft bei ihnen, auch nach Weiterabtretung, Abs 2 S 2 leer.

6 bb) Besondere Probleme bereitet der Umstand, dass der Charakter einer Grundschuld als Sicherungsgrundschuld nicht ein für allemal feststeht, sondern ständig **wechseln** kann, ohne dass das Grundbuch daran beteiligt wäre (Vorbem 4 zu §§ 1191 ff; § 1192 Rn 45 ff). Da bei der echten Grundschuld nach Abs 2 S 1 die Notwendigkeit einer Kündigung ausgeschlossen werden darf, die Grundschuld also als sofort fällige bestehen kann, das Grundbuch aber keine Auskunft darüber gibt, ob die Grundschuld eine echte oder eine Sicherungsgrundschuld ist, kann das Grundbuch auch keine Aussage über das Kündigungserfordernis verlautbaren. **Grundbuchrechtlich** muss es daher weiter zulässig sein, die Eintragung als sofort fälliger Grundschuld zu bewilligen (Volmer MittBayNot 2009, 1). Dasselbe gilt für **Zwangsversteigerung und Zwangsverwaltung**. Das Vollstreckungsgericht kann es der Grundschuld nicht ansehen, ob sie eine echte oder eine Sicherungsgrundschuld ist. Die Eigenschaft als Sicherungsgrundschuld, aus der erst nach Kündigung vollstreckt werden darf, muss daher der Eigentümer als ein die Zwangsvollstreckung hinderndes Recht anmelden (vgl § 83 Nr 5, 6 ZVG) und notfalls durch Vollstreckungsabwehrklage nach § 767 ZPO zur Geltung bringen (in diesem Sinn wohl auch VOLMER MittBayNot 2009, 1).

cc) Sachenrechtlich kann die Kündigung **jederzeit ausgesprochen** werden. Wann sie **7** aber ausgesprochen werden *darf*, ist Regelungsgegenstand des schuldrechtlichen Sicherungsvertrags; dazu Vorbem 104 zu §§ 1191 ff.

b)   Auswirkungen auf begleitende Rechtsverhältnisse

Die obligatorische Kündigungsfrist gilt nur für die Grundschuld als dingliches Recht, **8** Das üblicherweise begleitende abstrakte Schuldversprechen (Vorbem 184 ff zu §§ 1191 ff) unterliegt keinem Kündigungszwang und kann unverändert als fälliges ausgestaltet werden. Dasselbe gilt für die Zwangsvollstreckungsunterwerfung zum Schuldversprechen. Auf die Darlehenskündigung erstreckt sich die Vorschrift ohnehin nicht (VOLMER MittBayNot 2009, 1). Bei der dinglichen Zwangsvollstreckungsunterwerfung wegen der Grundschuld liegt es hingegen nahe, § 1193 Abs 2 S 2 in dem Sinn anzuwenden, dass der Notar die Beurkundung abzulehnen hat, wenn der Ablauf der Kündigungsfrist nicht zur Vollstreckungsvoraussetzung erhoben wird (vgl WOLFSTEINER, Die vollstreckbare Urkunde[2] § 17. 21. zur Überschreitung der prozessualen Dispositionsbefugnis; aA SCHMID/VOSS DNotZ 2008, 740); dies scheitert aber – wie oben Rn 6 für das Grundbuchrecht ausgeführt – wiederum daran, dass im Zeitpunkt der Errichtung der vollstreckbaren Urkunde nicht absehbar ist, ob die Grundschuld im Zeitpunkt der Vollstreckung eine Sicherungsgrundschuld sein wird, bei der die Einhaltung der Kündigungsfrist obligatorisch ist, oder eine echte Grundschuld, die nach Abs 2 S 1 auch sofort fällig sein darf. Die Zwangsvollstreckungsunterwerfung unter „Verzicht" auf den Kündigungsnachweis muss daher zulässig sein (so iE auch SCHMID/VOSS DNotZ 2008, 740).

c)   Übergangsregelung

Nach der Übergangsregelung in Art 229 § 18 Abs 3 EGBGB ist Abs 2 S 2 nur auf **9** Grundschulden anzuwenden, die nach dem 19. August 2008 bestellt werden; die Übergangsregelung unterscheidet sich also von der für § 1192 Abs 1a geltenden (§ 1192 Rn 48 f). Es hat sich demnach schon bei Bestellung einer Grundschuld endgültig entschieden, ob Abs 2 S 2 zur Anwendung kommt oder nicht; auch wenn die Grundschuld nach dem Stichtag zu Sicherungszwecken verschafft wird, ist die Kündigungsfrist nicht obligatorisch, wenn die Grundschuld vor dem Stichtag bestellt worden war.

„Bestellung" scheint den vollen Entstehungstatbestand aus Einigung und Eintragung **10** zu umfassen (aA – gegen den Wortlaut sei notarielle Beurkundung maßgebend – VOLMER MittBayNot 2009, 1). Nach der hier vertretenen Auffassung (Einl 102 zu §§ 1113 ff) entsteht eine Grundschuld aber unabhängig vom Zeitpunkt der Einigung über die Begründung einer Fremdgrundschuld bereits mit der Grundbucheintragung mit dem praktikablen Ergebnis, dass es allein auf den Eintragungszeitpunkt ankommt. Auch hier (vgl § 1192 Rn 48) kommt das Prinzip des § 892 Abs 2 nicht zum Tragen.

Dem Wortsinn nach ist auch die **Pfandausdehnung** (§ 1132 Rn 12) auf ein anderes **11** Grundstück „Bestellung". Dies würde zur Folge haben, dass die Grundschuld unzulässigerweise (§ 1132 Rn 33; aA VOLMER MittBayNot 2009, 1) an einem Grundstück fällig, am anderen aber nur kündbar wäre. Nach dem Muster des § 1 Abs 1 S 2 des G zur Ergänzung des RSiedlG (§ 1132 Rn 33) muss wohl angenommen werden, dass die ganze Grundschuld nur noch kündbar ist, auch wenn die amtl Begründung (BT-Drucks 16/9821 vom 26. 6. 2008 S 16) verfassungsrechtliche Bedenken wegen einer Rückwirkung andeutet (LG Berlin vom 27. 1. 2009 – 86 T 15/09 – NJW 2009, 1680; aA – teils fällig, teils kündbar – VOLMER MittBayNot 2009, 1). Anders zu beurteilen ist die Bestandteilszuschreibung, die den Charakter der am Stammgrundstück eingetragenen Grundschuld nicht zu verändern vermag (VOLMER MittBayNot 2009, 1).

4. Grundschuldzinsen

12 Über die Fälligkeit der Grundschuldzinsen enthält das BGB keine Regelung; die Vorschriften über die Fälligkeit der Hypothekenzinsen können trotz § 1192 Abs 2 nicht angewendet werden, weil sich bei diesen die Fälligkeit nach den für die Forderung geltenden Bestimmungen richtet (PLANCK/STRECKER Anm 4). Haben die Parteien bei Festsetzung der Verzinslichkeit einer Grundschuld die Fälligkeit der Zinsen nicht besonders geregelt, ist § 488 Abs 2 S 1, der eine Auslegungsregel für die Fälligkeit von Darlehenszinsen enthält, entsprechend anzuwenden (OLG Rostock OLGE 7, 195; PLANCK/STRECKER Anm 4). Abs 2 S 2 findet auf die Grundschuldzinsen keine Anwendung (VOLMER MittBayNot 2009, 1; PALANDT/BASSENGE[68] Rn 3).

§ 1194
Zahlungsort

Die Zahlung des Kapitals sowie der Zinsen und anderen Nebenleistungen hat, soweit nicht ein anderes bestimmt ist, an dem Orte zu erfolgen, an dem das Grundbuchamt seinen Sitz hat.

Materialien: E I § 1139 Abs 2, 3; II § 1103 rev
§ 1179; III § 1177; Mot III 789; Prot III 710 f.

1 Da bei der Grundschuld ein persönliches Schuldverhältnis, nach dem sich der Zahlungsort bestimmen könnte, fehlt, war es veranlasst, darüber eine ausdrückliche Regelung zu treffen. Das ist in § 1194 geschehen, der sich nicht wie § 1193 nur auf den Kapitalbetrag, sondern auch auf Zinsen und andere Nebenleistungen bezieht. Als **dispositiver Zahlungsort** ist der Ort, an dem das Grundbuchamt seinen Sitz hat, deshalb gewählt worden, weil am Sitz des Grundbuchamts etwaige Anstände durch Einsicht des Grundbuchs leicht behoben werden könnten, und der Gläubiger stets Gelegenheit habe, die nach §§ 1144, 1148 erforderlichen Erklärungen abzugeben (Mot III 789; Prot III 710). Angesichts der elektronischen Grundbuchführung ist diese Motivation überholt, zumal in Kürze zu erwarten ist, dass – wie schon beim Handelsregister – mit dem Grundbuchamt nur noch elektronisch verkehrt werden kann. An der positivrechtlichen Geltung der Vorschrift ändert dies nichts. An welcher Stelle innerhalb des Orts, an dem das Grundbuchamt seinen Sitz hat, zu zahlen ist, ist mangels einer besonderen Vorschrift nach allgemeinen Grundsätzen zu entscheiden (vgl § 269 BGB, § 372 HGB).

Im Hinblick auf § 270 ist die Bestimmung bisher so verstanden worden, dass die **2**
Zahlung rechtzeitig sei, wenn der Geldbetrag am letzten Tag der Frist an dem Ort,
an dem das Grundbuchamt seinen Sitz hat, abgesandt wird (OLG Posen OLGE 26, 201;
Bearb 2002 Rn 1). Jetzt (nach EuGH vom 3. 4. 2008 – C-306/06 – NJW 2008, 1935 = JZ 2008, 990
m Anm HILBIG) erfordert Art 3 Abs 1 lit c Nr ii der EG-Zahlungsverzugsrichtlinie
(Richtlinie 2000/35/EG des Europäischen Parlaments und des Rates vom 29. 6. 2000
zur Bekämpfung von Zahlungsverzug im Geschäftsverkehr [ABl Nr L 200, 35]) eine
andere Interpretation, obwohl die Richtlinie nach ihrem Art 2 Nr 1 nur für Ge-
schäftsvorgänge zwischen Unternehmen oder zwischen Unternehmen und öffentlichen Stellen gilt, die zu einer Lieferung von Gütern oder Erbringung von Dienstleistungen gegen Entgelt führen (vgl PALANDT/HEINRICHS⁶⁸ § 270 Rn 4). Die Vorschrift
kann nur mehr so verstanden werden, dass der Schuldner den Geldbetrag so
abzusenden hat, dass er spätestens am letzten Tag der Frist beim Gläubiger am
Zahlungsort eingeht (OLG Köln vom 12. 3. 2009 – 18 U 101/08). Ist der Gläubiger dort (wie
vermutlich häufig) nicht empfangsbereit, kommt er in Annahmeverzug.

Eine von § 1194 **abweichende Vereinbarung** betrifft den Inhalt des dinglichen Rechts **3**
und bedarf, nachträglich getroffen, der Einigung und Eintragung (§ 877); Zustimmung gleich- und nachrangiger Berechtigter ist gemäß § 1119 Abs 2 nicht gefordert.
Die immer noch (wegen der kriegsbedingt steckengebliebenen Überweisungen)
gebrauchte Formulierung, der Eigentümer habe in Bargeld in den Geschäftsräumen
des Gläubigers zu zahlen, ist obsolet.

§ 1194 gilt nicht für **abgeleitete Eigentümergrundschulden** (s § 1193 Rn 2).   **4**

§ 1195
Inhabergrundschuld

**Eine Grundschuld kann in der Weise bestellt werden, dass der Grundschuldbrief auf
den Inhaber ausgestellt wird. Auf einen solchen Brief finden die Vorschriften über
Schuldverschreibungen auf den Inhaber entsprechende Anwendung.**

Materialien: E II § 1104 rev § 1180; III § 1178;
Prot III 712.

Schrifttum

BÜRGNER, Beiträge zum Recht der Inhabergrundschuld, Gruchot 57, 281 ff
ZEISER, Inhabergrund- und -rentenschulden
sowie Inhaber- und Orderhypotheken, Rpfleger
2006, 577.

I. Allgemeines

1 Die Inhabergrundschuld entspricht der Hypothek für **Schuldverschreibungen auf den Inhaber**. Auf die Inhabergrundschuld finden gemäß § 1192 Abs 2 die §§ 1187–1189, soweit sie die Inhaberhypothek betreffen, und auf den Grundschuldbrief für eine solche Grundschuld gemäß § 1195 S 2 die Vorschriften über Schuldverschreibungen auf den Inhaber entsprechende Anwendung.

2 Mit der Inhabergrundschuld ist eine **Sicherungsmöglichkeit** geschaffen, bei der der Eigentümer, anders als bei der Inhaberhypothek, nur mit dem belasten Grundstück haftet. Dass die Inhabergrundschuld keine praktische Bedeutung erlangt hat (POLZIN AcP 134, 230), ist richtig; dabei mag mitspielen, dass ihre Ausgabe genehmigungsbedürftig war (nachf Rn 9). Ob daraus ohne weiteres auf mangelndes Bedürfnis geschlossen werden kann (so aber STAUDINGER/SCHERÜBL[12] Rn 1; ERMAN/WENZEL[12] Rn 1), ist nicht sicher. Als einzige Grundschuldform, die nicht dem gesetzlichen Löschungsanspruch nach §§ 1179a, 1179b unterliegt, könnte sie unvermittelt ins praktische Leben treten. Derzeit zieht der Verkehr Inhaberschuldverschreibungen vor, die durch treuhänderisch gehaltene Grundschulden gesichert werden (§ 1187 Rn 3). Wertpapierhypotheken sind jedenfalls genauso selten geworden wie Inhabergrundschulden (anders noch STAUDINGER/SCHERÜBL[12] Rn 1).

3 Die für die künftige Verwendung ausschlaggebende Frage, ob die Inhabergrundschuld als **Sicherungsgrundschuld** dem § 1192 Abs 1a und dem § 1193 Abs 2 S 2 unterliegt, ist weder im Gesetzgebungsverfahren noch bislang in der Literatur behandelt worden. Dafür spricht der Charakter als Grundschuld, dagegen S 2 mit der Verweisung auf § 796, wonach Inhaberschuldverschreibungen keinem Regime unterliegen, das dem § 1192 Abs 1a vergleichbar wäre (PLANCK/STRECKER Anm 5). Auch der Ausschluss des gesetzlichen Löschungsanspruchs, der der Inhabergrundschuld die uneingeschränkte Verkehrsfähigkeit erhalten sollte, spricht gegen die Anwendung der Vorschriften über die Sicherungsgrundschuld. Schließlich ist sich der, der eine Inhabergrundschuld bestellt, in aller Regel deren besonderer Gefahren bewusst und daher nicht schutzbedürftig. Insgesamt sprechen die Argumente gegen die Anwendung der Vorschriften über die Sicherungsgrundschuld (eine gegenteilige Auffassung, die STAUDINGER/WOLFSTEINER [2002] Rn 10 entnommen werden könnte, wird aufgegeben).

II. Einzelheiten

1. Bestellung, Eintragungen, Löschung

4 Die Inhabergrundschuld kann **nur als Briefrecht** bestellt werden. Zur Bestellung genügt (auch sachlich-rechtlich) die einseitige Erklärung des Eigentümers gegenüber dem Grundbuchamt, dass er die Grundschuld bestelle, sowie die Eintragung ins Grundbuch (§ 1188 Rn 1). Der Angabe einer Person als Gläubiger bedarf es nicht. Zur Eintragung von Teil-Inhabergrundschulden genügt es, wenn nur der Gesamtbetrag der Grundschuld unter Angabe der Anzahl, des Betrages und der Bezeichnung der Teile eingetragen wird (§ 50 Abs 2 GBO). Die Bestellung einer Ordergrundschuld ist nicht zulässig.

Wird eine Inhabergrundschuld **in Teile zerlegt**, so ist für jeden Teil von Amts wegen 5
ein besonderer Brief herzustellen (§ 70 Abs 2 GBO). Bei Briefen über Teile der
Grundschuld genügt eine im Wege der mechanischen Vervielfältigung hergestellte
Unterschrift des Grundbuchbeamten; § 793 Abs 2 S 2 ist entsprechend anzuwenden
(DEMHARTER, GBO[26] § 70 Rn 6).

Zu jeder **Inhaltsänderung** mit Ausnahme des Verzichts gemäß § 1168 bedarf es nach 6
§ 877 materiell der Einigung und der Eintragung in das Grundbuch, verfahrensrechtlich der Eintragungsbewilligung des Berechtigten (aA STAUDINGER/SCHERÜBL[12]
Rn 7), zur Löschung auch der Eigentümerzustimmung nach § 1183. Als legitimiert
gilt ohne weiteres, wer den Brief vorlegt. Ist für den jeweiligen Gläubiger ein
Grundbuchvertreter bestellt, so kann dieser innerhalb der bei seiner Bestellung
bestimmten Grenzen mit Wirkung für und gegen jeden späteren Gläubiger über
das Recht verfügen, also gegebenenfalls auch Einträge in das Grundbuch bewilligen
(§ 1189 Rn 21).

Eine Eintragung bei der Inhabergrundschuld soll nur erfolgen, wenn der **Brief** 7
vorgelegt wird. Die Ausnahme des § 41 Abs 1 S 2 GBO gilt gemäß § 42 S 1 GBO
nicht; der Vorlegung des Briefs bedarf es aber danach nicht, wenn der Eintragungsantrag durch die Bewilligung eines nach § 1189 bestellten Vertreters oder durch eine
gegen ihn erlassene gerichtliche Entscheidung begründet wird (s auch § 1179 Rn 40 für
die Eintragung einer Löschungsvormerkung nach § 1179). Dies gilt auch für die Löschung.

2. Der Grundschuldbrief

Der Grundschuldbrief, der für eine Inhabergrundschuld erstellt wird, ist ein Inhaber- 8
papier, aber nicht Inhaberschuldverschreibung (aA STAUDINGER/MARBURGER [2009] Vorbem 58 zu § 793–808). Er verbrieft ein Sachenrecht (WOLFF/RAISER § 155 II). Auf den Brief
finden jedoch die Vorschriften über Schuldverschreibungen auf den Inhaber
(§§ 793–806) entsprechende Anwendung (§ 1195 S 2).

3. Staatliche Genehmigung

Die Bestellung von Inhabergrundschulden bedurfte bis Ende des Jahres 1990 staat- 9
licher Genehmigung, weil § 795 auch die Inhabergrundschuld erfasst hat (RGZ 59, 381
vom 18. 1. 1905 – V. 317/04). § 795 ist durch G vom 17. 12. 1990 (BGBl I 2839) mit Wirkung
zum 1. 1. 1991 aufgehoben worden. Wegen fehlender Genehmigung etwa nichtige
Inhabergrundschulden haben damit rückwirkend auf den Zeitpunkt ihrer Bestellung
Wirksamkeit erlangt (ZEISER Rpfleger 2006, 577; vgl RGZ 59, 381 wie vor).

4. Gläubiger

Die Inhabergrundschuld steht bei ihrer Entstehung stets **dem Eigentümer** zu; eine 10
Vereinbarung nach § 1117 Abs 2 ist nicht möglich, weil es an einem designierten
Fremdgläubiger fehlt. Andererseits bedarf es, anders als bei der Inhaberschuldverschreibung (BGH NJW 1973, 283), zum Entstehen der Grundschuld keiner Begebung oder gar eines Begebungsvertrags; denn anders als die Inhaberschuldverschreibung entsteht die Inhabergrundschuld als Eigentümerrecht kraft Staatsakts
bereits dann, wenn der Brief die Sphäre des Grundbuchamts verlässt.

5. Übertragung

11 Die Inhabergrundschuld wird nicht nach § 1154, sondern durch Übereignung des Briefs nach den Vorschriften über die Übereignung einer beweglichen Sache (§§ 929 ff) übertragen. Während man ansonsten bei Wertpapieren annimmt, dass das Recht außer durch Übereignung des Papiers auch durch Abtretung des verbrieften Rechts übertragen werden kann (MünchKomm/Hüffer[4] § 793 Rn 18 f; Staudinger/Marburger [2009] Vorbem 7 vor §§ 793 – 808 mwNw), scheidet diese Möglichkeit bei der Inhabergrundschuld aus. Es gibt keinen Anspruch, der unabhängig vom Brief formlos übertragen werden könnte; der Weg der Zession der Grundschuld steht nicht zur Verfügung, weil ohne Umwandlung in eine andere Grundschuldform der Inhaber nicht nach § 1154 in das Grundbuch eingetragen werden kann. Was für die Übertragung gilt, trifft auch auf die Bestellung eines Nießbrauchs (§§ 1069, 1081), auf die Verpfändung (§ 1293) und auf die Pfändung (§§ 808, 821 ZPO) zu. § 935 Abs 2 findet Anwendung, so dass auch abhandengekommene Inhabergrundschuldbriefe gutgläubig erworben werden können.

6. Einwendungen

12 Der Eigentümer kann dem Briefeigentümer gemäß § 796 nur solche Einwendungen entgegensetzen, die die Gültigkeit der Ausstellung des Briefs betreffen oder sich aus dem Brief ergeben oder dem Eigentümer unmittelbar gegen den Inhaber des Briefs zustehen (Zeiser Rpfleger 2006, 577; MünchKomm/Eickmann[4] Rn 5; vgl oben Rn 3). Zu den Einwendungen, die sich auf die Gültigkeit der Ausstellung beziehen, gehören insbesondere jene, welche sich auf die Bestellung des dinglichen Rechts erstrecken; Einwendungen dieser Art sind jedoch auszuschließen, soweit der Schutz des öffentlichen Glaubens des Grundbuchs reicht (Planck/Strecker Anm 5). S zur Anwendung der §§ 1192 Abs 1a, 1193 Abs 2 S 2 oben Rn 3.

7. Zins und Erneuerungsscheine

13 Die Ausgabe von Zins und Erneuerungsscheinen nach §§ 803–805 ist zulässig (Planck/Strecker Anm 11); die §§ 70, 56 ff, 61 GBO sind entsprechend anzuwenden. Die Ausgabe geschieht durch das Grundbuchamt.

8. Kraftloserklärung

14 Die Kraftloserklärung erfolgt nach § 799, nicht nach § 1162. Die Kraftloserklärung kann gemäß § 799 Abs 1 durch eine in den Brief aufzunehmende Erklärung ausgeschlossen werden (Planck/Strecker Anm 8 mwNw). Die Erteilung eines neuen Briefs ist in §§ 67, 68 GBO geregelt; diese Vorschriften gelten auch für die Erteilung eines neuen Briefs gegen Rückgabe des alten.

9. Ausschließung des unbekannten Gläubigers

15 Für die Ausschließung des unbekannten Gläubigers im Aufgebotsverfahren gelten die §§ 1170, 1171, 1188 Abs 2.

10. Umschreibung auf den Namen

Umschreibung auf den Namen ist im Rahmen des § 806 statthaft. Sie erfordert, wenn **16** sie im Grundbuch zum Ausdruck gebracht werden soll, die Einigung des Eigentümers mit dem Inhaber des Briefs und die Eintragung ins Grundbuch (§ 877). Der Zustimmung gleich oder nachstehend Berechtigter bedarf es nicht, da ihre Rechte nicht beeinträchtigt werden.

11. Erlöschen des Anspruchs

Auch die Inhabergrundschuld verjährt nach § 902 nicht. § 801 bestimmt aber, dass **17** der Anspruch mit dem Ablaufe von dreißig Jahren nach dem Eintritte der für die Leistung bestimmten Zeit erlischt, wenn nicht der Brief vor dem Ablaufe der dreißig Jahre dem Aussteller zur Einlösung vorgelegt wird (s näher PLANCK/STRECKER Anm 10; BÜRGNER 308). Dabei handelt es sich nicht um eine Verjährungsfrist. „Erlöschen" bedeutet Verwandlung in eine Eigentümergrundschuld analog § 1163 Abs 1 S 2 (vgl MünchKomm/EICKMANN[4] § 1187 Rn 17).

Wird rechtzeitig vorgelegt oder der Anspruch gerichtlich geltend gemacht, so ordnet **18** § 801 S 2 eine anschließende **Verjährung** an. Trotz § 902 muss diese sinngemäß auch für die Inhabergrundschuld gelten, was allerdings nur dann zu einem sinnvollen Ergebnis führt, wenn die Verjährung das Erlöschen des Anspruchs bewirkt (s Einl 230 zu §§ 1113 ff).

III. Gesetzlicher Löschungsanspruch

Gegen die Inhabergrundschuld besteht kein gesetzlicher Löschungsanspruch nach **19** §§ 1179a, 1179b, wohl aber **für** die Gläubiger eines solchen Rechts (§ 1179a Rn 72); wegen der Einzelheiten s die Ausführungen § 1187 Rn 27, die für die Inhabergrundschuld entsprechend gelten.

§ 1196
Eigentümergrundschuld

(1) Eine Grundschuld kann auch für den Eigentümer bestellt werden.

(2) Zu der Bestellung ist die Erklärung des Eigentümers gegenüber dem Grundbuchamt, dass die Grundschuld für ihn in das Grundbuch eingetragen werden soll, und die Eintragung erforderlich; die Vorschrift des § 878 findet Anwendung.

(3) Ein Anspruch auf Löschung der Grundschuld nach § 1179a oder 1179b besteht nur wegen solcher Vereinigungen der Grundschuld mit dem Eigentum in einer Person, die eintreten, nachdem die Grundschuld einem anderen als dem Eigentümer zugestanden hat.

Materialien: E I § 1142; II § 1105 rev § 1181; III § 1179; Mot III 791 ff; Prot III 712; s weiter § 1179a. Absatz 3 durch Gesetz zur Änderung sachenrechtlicher, grundbuchrechtlicher und anderer Vorschriften vom 22. 6. 1977 (BGBl I 998) angefügt.

Schrifttum

ABEL, Teilabtretung von Briefgrundschulden und vorläufigen Eigentümergrundschulden aus Briefhypotheken, NJW 1966, 2044

BLOMEYER, Eigentümergrundpfandrechte und Grundpfandrechtsbestellung des Eigentümers, DRWiss 41, 110 ff, 218 ff

BOEHMER, Der Übergang der hypothekarischen Sicherung vom Zwischenkredit auf den Hauptkredit, ZAkDR 1940, 173

ders, Hypothekarische Sicherung des Zwischenkredits, ZAkDR 1940, 241

BORRIS, Das Eigentümerpfandrecht, insbesondere in der Zwangsvollstreckung (Diss Bonn 1938)

BRUCK, Die Eigentümerhypothek (1903)

DEMPEWOLF, Die Pfändung eines Anspruchs auf Rückgewähr einer Sicherungsgrundschuld, NJW 1959, 556

FISCHER, Die Eigentümergrundschuld im Zwangsversteigerungsverfahren, NJW 1955, 573

FRANTZ, Die Hilfsvollstreckung zur Erlangung des Briefs zwecks Pfändung einer Briefeigentümergrundschuld, NJW 1955, 169

GADSE, Die Pfändung von Eigentümergrundschulden, JurBüro 1956, 235

GRAMM, Die Eigentümergrundpfandrechte einschließlich ihrer Behandlung in der Zwangsvollstreckung (Diss Heidelberg 1950)

HAEGELE, Zur Zulässigkeit der Eintragung von Grundstücksrechten für den Eigentümer selbst, Rechts und Wirtschaftspraxis 1972, 9

HARTMANN, Rechte an eigener Sache, JherJb 17, 69 ff

HIEBER, Zur Bestellung der Eigentümergrundschuld, DNotZ 1958, 381

HIRSCH, Die Übertragung der Rechtsausübung (1910)

HIRSCHFELD, Beiträge zum Pfandrecht am eigenen Grundstück (1914)

HORBACH, Das Eigentümergrundpfandrecht (Diss Würzburg 1938)

HORN, Die Eigentümerhypothek (1906)

HUBER, Die Sicherungsgrundschuld (1965)

HUBERNAGEL, Eigentümergrundschuld als Kreditsicherung, ZKW 1950, 128

HUTH, Die Abtretung der Hypothek an den Grundstückseigentümer, ZBlFG 7, 483

JOCHEMCZYK, Ist der Fortbestand der Eigentümergrundschuld noch gerechtfertigt?, DLK 1967, 539

KIEFNER, Entstehung einer Eigentümergrundschuld bei mißglückter Hypothekeneinigung, in: FS Hübner (1984) 521

KINDEL, Betrachtungen über die Eigentümerhypothek, in: FS R Koch (1903) 75

KLEE, Eigentümergrundschuld oder Fremdgrundschuld, NJW 1951, 579

KNOPP, Die Eigentümergrundschuld (Diss Köln 1968)

KRELLER, Die Zukunft des Eigentümergrundpfandrechts, DRWiss 1942, 82

KRETZSCHMAR, Gesetzlicher Übergang der Grundschuld, ZBlFG 13, 1

LICHTENBERGER, Abschied von der Eigentümergrundschuld, MittBayNot 1976, 109

LORENZ, Weitere Fragen zur konkursrechtlichen Problematik der Eigentümergrundschuld, KTS 1962, 28

OBERNECK, Die Eigentümerhypothek im Lichte der Praxis, Gruchot 47, 306

ders, Pfändung der Eigentümerhypothek, Gruchot 50, 551

REIN, Die Verwertbarkeit der Eigentümergrundschuld trotz des Löschungsanspruchs gemäß § 1179a BGB (1994)

vROZYCKI/vHOEWEL, Befugnis der Miterben zur Verfügung über eine Eigentümergrundschuld bei Bestehen eines Pfandrechts an einem Miterbenanteil, DRiZ 1933, 210

SEYDERHELM, Das Eigentümergrundpfandrecht im deutschen und schweizerischen Recht (Diss Göttingen 1951)

WALSMANN, Verzicht auf die Eigentümerhypothek, ArchBürgR 39, 14 ff

ZAWAR, Die Eigentümergrundschuld im Spiegel der neueren Rechtsprechung, NJW 1976, 1823.

I. Die offene Eigentümergrundschuld

Die Grundschuld kann von vornherein als **Eigentümergrundschuld** (ursprüngliche **1** offene Eigentümergrundschuld) bestellt werden. Wegen der weiteren Fälle der Eigentümergrundschuld s die Erl zu §§ 1163, 1177.

1. Wirtschaftlicher Zweck

Als wirtschaftlicher Zweck der Eigentümergrundschuld ist die vollständige Mobili- **2** sierung des im Grund und Boden steckenden Wertes bezeichnet worden (STAUDINGER/ SCHERÜBL[12] Rn 2). Der Eigentümer sollte den ganzen Bodenwert durch Schaffung solcher Grundschulden erschöpfen und zunächst die minder sicheren, dh die im Rang zurückstehenden, unterbringen, die besseren aber zur Verwertung in schlechteren Zeiten zurücklegen können (Mot III 792). Diese Zweckbestimmung ist durch den gesetzlichen Löschungsanspruch nach §§ 1179a, 1179b weitgehend zerstört worden (nachf Rn 25). Zwar kann die Eigentümergrundschuld wegen Abs 3 auch jetzt noch zur Rangreservierung benutzt werden; nach einmaliger Begebung erlischt der Schutz aber. Zur Rangreservierung taugt deshalb heute ein (mehrmals ausnutzbarer) Rangvorbehalt besser als die Eigentümergrundschuld (vgl zur früher umgekehrten Situation REIN 19, Fn 18; vgl MünchKomm/EICKMANN[4] Rn 1). Deren wesentlicher Anwendungszweck liegt heute in der Anonymisierung des Gläubigers. Umlauffähig ist die Eigentümergrundschuld praktisch nicht mehr.

2. Rechtsnatur

Durch § 1196 wird das in § 889 aufgestellte Rechtsprinzip, wonach ein an einem **3** Grundstück bestehendes Recht bei Konsolidation nicht erlischt, erweitert; die Bestimmung ermöglicht es, dass der Eigentümer an seinem eigenen Grundstück für sich ein neues Recht begründet (vgl BRUCK 199; REIN S 17).

Die Eigentümergrundschuld ist ein echtes Grundpfandrecht (§ 1177 Rn 4). Sie um- **4** schließt grundsätzlich alle Rechte, die eine Fremdgrundschuld gewährt, insbesondere das Recht, die Zahlung einer bestimmten Geldsumme aus dem Grundstück zu verlangen; die Einschränkungen der verfahrensrechtlichen und materiell-rechtlichen Position des Eigentümers durch § 1197 Abs 1 und 2 begründen keine inhaltliche Verschiedenheit von Eigentümer und Fremdgrundschuld (BGHZ 64, 316). Die Eigentümergrundschuld weist gegenüber der Fremdgrundschuld als Besonderheit den Vollstreckungsausschluss des § 1197 Abs 1 und die Zinsbeschränkung des § 1197 Abs 2 auf. Mit der Veräußerung des belasteten Grundstücks entfallen für den bisherigen Eigentümer die Beschränkungen des § 1197, die Grundschuld wird für ihn Fremdgrundschuld. Fremdgrundschuld des Zessionars wird die Eigentümergrundschuld bei der Abtretung; auch hier entfallen kraft Gesetzes der Vollstreckungsausschluss und die Zinsbeschränkung (BGHZ 64, 316).

3. Bestellung

a) Rechtscharakter

Die Eigentümergrundschuld wird bestellt durch einseitige Erklärung des Eigen- **5** tümers und Grundbucheintragung. Die Erklärung des Eigentümers, dass eine

Grundschuld für ihn eingetragen werden solle, ist identisch mit der Eintragungsbewilligung, ihrer Rechtsnatur nach also keine Willenserklärung des bürgerlichen Rechts, sondern *Prozesshandlung* (**aA** die hL, MünchKomm/Eickmann[4] Rn 2; Ertl DNotZ 1967, 339 ff, 406 ff; Staudinger/Gursky [2007] § 873 Rn 220). Dies ergibt sich auch aus der Verweisungskette, die über § 878 auf § 873 zeigt, der ja eindeutig die Eintragungsbewilligung betrifft (Staudinger/Gursky [2007] § 873 Rn 220 erklärt das etwas gewunden zum Missverständnis). Schließlich entspricht dies auch dem Wortlaut des Gesetzes, denn „die Erklärung des Eigentümers gegenüber dem Grundbuchamt, dass die Grundschuld für ihn in das Grundbuch eingetragen werden soll", deutet sogar auf einen bloßen Eintragungsantrag hin; nur die Verweisung auf § 878 rechtfertigt das Verständnis als Eintragungsbewilligung. Ist es aber richtig, dass es sich um die Eintragungsbewilligung handelt, so gilt auch, was sonst für Eintragungsbewilligungen gilt: als Verfahrenserklärungen verlieren sie mit Beendigung des Eintragungsverfahrens, also mit erfolgter Eintragung, ihre Rechtsbedeutung. Die Wirksamkeit des durch Eintragung entstandenen Rechts ist fortan nicht mehr von der Eintragungsbewilligung abhängig; Mängel der Eintragungsbewilligung, sogar deren völliges Fehlen, beeinflussen das eingetragene Recht nicht mehr. Letztlich bedarf es zur Entstehung einer wirksamen Eigentümergrundschuld also nur deren Eintragung und darüber hinaus weder einer Einigung noch einer sonstigen materiell-rechtlichen Erklärung noch einer wirksamen Eintragungsbewilligung (nachf Rn 6; vgl a Einl 102 zu §§ 1113 ff). Dieses Ergebnis ist unabhängig von der Dogmatik auch sachgerecht; einer eingetragenen Eigentümergrundschuld im alleinigen Interesse nachrangiger Gläubiger daraufhin nachzuspüren, ob man nicht einen Willensmangel entdecken und damit den nachrangigen Gläubigern einen unverdienten Ranggewinn verschaffen könne, ist unangebracht. Im Übrigen müsste für die angeblich erforderliche einseitige Willenserklärung dasselbe gelten, was für die Einigung unbestritten ist, dass sie nämlich auch beliebige Zeit nach der Eintragung abgegeben werden kann ohne dass dies einen Rangverlust zur Folge hätte (Staudinger/Gursky [2007] § 873 Rn 9).

b) Folgerungen für die ursprüngliche verdeckte Eigentümergrundschuld

6 Aus dem Umstand, dass die offene Eigentümergrundschuld durch bloße Grundbucheintragung entsteht, ohne dass es einer Willenserklärung des materiellen Rechts bedarf, ergibt sich die allgemeine Folgerung, dass mit jeder Eintragung eines Grundpfandrechts ein solches – ohne Rücksicht auf Einigung oder sonstiges Rechtsgeschäft – auch entsteht (Einl 102 ff zu §§ 1113 ff mwNw). Auch wenn bei der Bestellung einer im Grundbuch eingetragenen Hypothek oder Fremdgrundschuld eine rechtswirksame Einigung gefehlt hat (zB Einigungsmangel RGZ 106, 139; Nichtigkeit des dinglichen Geschäfts OLG Königsberg OLGE 5, 9; Geschäftsunfähigkeit oder Mangel der Rechtspersönlichkeit RGZ 88, 83; Anfechtung der Einigung wegen Irrtums oder arglistiger Täuschung), **entsteht also das Grundpfandrecht als Eigentümergrundschuld.** Die grundsätzliche Entscheidung des Gesetzgebers des BGB (§ 1163 Rn 6), dem Eigentümer bei Nichtentstehen der Forderung (§ 1163 Abs 1 S 1) sowie bei Erlöschen der Forderung (§ 1163 Abs 1 S 2) oder Nichtentstehen des Briefrechts (§ 1163 Abs 2) und in entsprechenden Fällen (zB Verzicht § 1168) den Rang des eingetragenen Grundpfandrechts durch das Rechtsinstitut der Eigentümergrundschuld zu wahren, rechtfertigt es, diese Folge auch bei Fehlen einer wirksamen Einigung eintreten zu lassen. Ein Teil der hL ist zwar bereit, eine fehlgeschlagene Einigung in die Bestellung einer Eigentümergrundschuld umzudeuten, wenn nur eine – nach hL erforderliche – Willenserklärung des Eigentümers vorliegt (Wolff/Raiser § 145 I 3; Baur/Stürner § 36 V 4 b cc; Kiefner 521); über-

wiegend wird aber – ohne eigentlich materielle Begründung – auch das abgelehnt
(RGZ 52, 111; RGZ 54, 83; RGZ 68, 101; RGZ 70, 353; RGZ 78, 64; RGZ 106, 136; ERMAN/
WENZEL[12] Rn 2; im praktischen Ergebnis – ebenfalls rein dogmatisch argumentierend – Münch-
Komm/EICKMANN[4] Rn 4, dessen Beispiel von der Anfechtung schon deshalb nicht überzeugt, weil
Anfechtung nicht dazu da ist, fremde Interessen zu fördern; offengelassen von OLG Frankfurt vom
24.6.2003 – 20 W 274/02 – ZfIR 2005, 254 m Anm DÜMIG S 240).

Die Vorschrift des § 1163 steht allerdings im Zusammenhang mit der Bestellung **7**
einer Fremdhypothek; daraus kann aber nicht geschlossen werden, dass eine Eigentümergrundschuld nur dann entstehen soll, wenn eine wirksame Einigung über die
Bestellung der Hypothek vorliegt; vielmehr lässt sich den §§ 1188, 1195, 1196
entnehmen, dass ein Grundpfandrecht auch durch einseitige Handlung des Eigentümers begründet werden kann, und aus § 868 ZPO, dass sogar fremdes Handeln
genügen kann und es zur Entstehung einer Eigentümergrundschuld nicht zwingend
rechtsgeschäftlichen Handelns des Eigentümers bedarf. Die bloße Eintragung eines
Grundpfandrechts ist daher auch geeignet bei der Bestellung einer Fremdhypothek
die Entstehung einer Eigentümergrundschuld zu bewirken. Die Eintragung des
Grundpfandrechts auf den Namen des Eigentümers ist für die Begründung eines
Eigentümergrundpfandrechts nicht wesentlich, wie sich aus § 1163 Abs 1 S 1 und
Abs 2 ergibt. Die Eintragung auf den Namen des Eigentümers wird auch nicht durch
den Grundsatz der Rechtssicherheit und der Offenkundigkeit gefordert, denn es
finden sich im Recht der Grundpfandrechte auch andere Erscheinungsformen der
verdeckten Eigentümergrundschuld (§§ 1163, 1168 BGB, § 868 ZPO). Die Eigentümergrundschuld wahrt demgegenüber die Interessen des Eigentümers, indem sie
verhindert, dass nachrangigen Gläubigern ein Rang zuwächst, den sie weder erwarten noch beanspruchen konnten und der sie nur auf Kosten des Eigentümers
ungerechtfertigt bereichern würde.

c)   Einzelheiten
Die Bestellung der Eigentümergrundschuld ist ungeachtet der Entbehrlichkeit eines **8**
Rechtsgeschäfts **Verfügung** über das Grundstück, so dass es auch der eventuell
vorgeschriebenen Verfügungsgenehmigungen, zB nach § 1821 Abs 1 Nr 1 (KLÜSENER
Rpfleger 1981, 461; ihm zustimmend jetzt auch MünchKomm/EICKMANN[4] Rn 7) oder nach § 1424
bedarf (s die Erl dort).

Änderungen des Inhalts einer Eigentümergrundschuld vollziehen sich nach den **9**
allgemeinen Bestimmungen (WOLFF/RAISER § 40 II, § 146 III 2; ERMAN/WENZEL[12] Rn 8; vgl
auch RGZ 142, 236; **aM** PLANCK/STRECKER § 1197 Anm 2b).

§ 878 findet nach Abs 2 HS 2 Anwendung (STAUDINGER/GURSKY [2007] § 878 Rn 8). Wenn **10**
der Eigentümer nach dem Eintragungsantrag, aber vor der Eintragung stirbt, entsteht gemäß § 130 Abs 2, 3 durch die Eintragung auf seinen Namen eine Eigentümergrundschuld seiner **Erben** (WOLFF/RAISER § 156 I 1 d).

Mit der Eintragung im Grundbuch wird die Eigentümergrundschuld existent. Sie **11**
kann als Brief oder (völlig ungebräuchlich) als Buchrecht bestellt werden (§ 1192
Rn 5). Zur Ausschließung der Erteilung des Briefs bedarf es nur der einseitigen
Bewilligung des Gläubigers. Bei der Eintragung ist der Name des Eigentümers

anzugeben, weil die Grundschuld nicht dem jeweiligen Eigentümer zusteht (§ 15 GBV).

12 Die Bestellung der Eigentümergrundschuld ist **kein** echtes **Verkehrsgeschäft**, es findet daher § 892 keine Anwendung (Wolff/Raiser § 156 I 1 c); dagegen ist § 892 anwendbar auf die Übertragung der Eigentümergrundschuld und die Bestellung eines Pfandrechts an ihr für einen Dritten.

4. Zinsen

13 Eine Eigentümergrundschuld kann trotz § 1197 Abs 2 von vornherein als verzinslich bestellt und eingetragen werden (BGHZ 64, 316, 320; BayObLGZ 1978, 136). Zulässig ist es auch wie allgemein, einen Zinsbeginn vor Eintragung des Grundpfandrechts zu bestimmen, jedoch nur in den allgemein geltenden Grenzen (Einl 64 zu §§ 1113 ff). S iü zur Behandlung der Zinsen § 1197 Rn 8.

5. Miteigentum nach Bruchteilen

14 Bei Miteigentum nach Bruchteilen kann jeder Miteigentümer an seinem Anteil eine Eigentümergrundschuld bestellen (§§ 1192, 1114). Eine zugunsten eines Miteigentümers am ganzen Grundstück bestellte Grundschuld ist (als Gesamtgrundschuld) teils Eigentümer-, teils Fremdgrundschuld (aA – Fremdgrundschuld, aber soweit seinen Anteil belastend, wie eine Eigentümergrundschuld zu behandeln – Staudinger/Scherübl[12] Rn 13 unter Berufung auf WürttZ 1931, 105). Aus einer solchen Grundschuld kann der Gläubiger gemäß § 1197 Abs 1 nur in den Miteigentumsanteil seines Miteigentümers vollstrecken (aA wohl Staudinger/Scherübl[12] Rn 13 unter Berufung auf Wolff/Raiser § 145 IV: der Gläubiger könne in das ganze Grundstück vollstrecken, nicht aber separat in seinen Anteil). Das gleiche gilt, wenn Miteigentümer nach Bruchteilen ihren Grundbesitz mit einer Gesamtgrundschuld belasten (BGH Rpfleger 1975, 84; Palandt/Bassenge[68] Rn 4; aA BayObLGZ 1962, 184 = Rpfleger 1963, 410 mit Anm Haegele; Staudinger/Scherübl[12] Rn 13 [insgesamt Eigentümergrundschuld]). Steht ihnen die Grundschuld nach Bruchteilen zu, so kann jeder aus seinem Grundschuldbruchteil in die Miteigentumsanteile der anderen Eigentümer vollstrecken; sind sie Gesamtgläubiger (OLG Frankfurt Rpfleger 1961, 240; vgl BGHZ 29, 363), so kann das jeder von ihnen wegen der ganzen Grundschuld. Ebenso ist die Rechtslage, wenn die Gesamtgrundschuld außer an dem im Miteigentum stehenden Grundstück an weiteren, im Einzeleigentum stehenden Grundstücken bestellt wird (BayObLGZ 1962, 184 = Rpfleger 1963, 410 mit zust Anm Haegele).

6. Vollstreckbare Urkunde

15 Auch wegen einer Eigentümergrundschuld ist die Zwangsvollstreckungsunterwerfung gemäß § 794 Abs 1 Nr 5 ZPO nach einhelliger Auffassung zulässig (BGH NJW 1964, 316). Das Vollstreckungsverbot des § 1197 BGB ist erst im Vollstreckungsverfahren vom Vollstreckungsorgan zu beachten (dazu § 1197 Rn 3).

16 Ist in einer vollstreckbaren Grundschuldurkunde auch ein **vollstreckbares Schuldversprechen** oder Schuldanerkenntnis enthalten, so handelt es sich materiell-rechtlich wie vollstreckungsrechtlich um selbständige Ansprüche, die sowohl in ihren Voraussetzungen wie auch in ihren Schicksalen voneinander unabhängig sind (Vorbem 183 ff zu §§ 1191 ff). Ob auch das Schuldversprechen oder Schuldanerkenntnis unterwerfungsfähig ist, muss deshalb selbständig beurteilt werden. Da im Gegensatz zur Eigentümergrundschuld ein Schuldversprechen oder Schuldanerkenntnis nicht durch einseitige Erklärung, sondern nur *durch Vertrag* begründet werden kann (§§ 780, 781; die lediglich äußere Verbindung mit einer Grundschuldurkunde vermag daran nichts zu ändern), kann die bei Bestellung der Eigentümergrundschuld abzugebende Erklärung bestenfalls ein Angebot auf Abschluss eines Vertrages zur Begründung eines Schuldversprechens oder Schuldanerkenntnisses enthalten. Das Angebot müsste sich aber an jedermann richten, um wirksam sein zu können; ein solches Angebot gibt aber vernünftigerweise niemand ab (**aA** BGH ZIP 1999, 1591; REIN 39 ff).

Rechtsprechung und Literatur, die eine „persönliche" Zwangsvollstreckungsunter- **17** werfung zur Eigentümergrundschuld für möglich halten (BGH DNotZ 1958, 579 [m zust Anm HIEBER]; BGH NJW 1976, 567; BGH NJW 1991, 228 [die dort erkennbar werdenden Probleme sprechen für sich und gegen den BGH]; BGH ZIP 1999, 1591 = EWiR 1999, 1055 [JOSWIG], der aber jeweils noch eine aufllösende Bedingung unterstellt; OLG Frankfurt Rpfleger 1981, 59; ZAWAR NJW 1976, 1824; LICHTENBERGER MittBayNot. 1976, 109; MünchKomm/EICKMANN[4] Rn 13. Vgl Gutachten DNotI-Report 1998, 189 und zum anfänglichen In-sich-Geschäft auch KOHLER JZ 1983, 13), gehen deshalb auch überwiegend (**aA** aber BGH vom 22.6. 1999 – XI ZR 256/98 – ZIP 1999, 1591= EWiR 1999, 1055 [JOSWIG] = WuB I F 3 Grundpfandrechte 14. 99 [PFEIFFER]) davon aus, das Angebot richte sich nur an den ersten Zessionar der Grundschuld. Da der erste Zessionar aber noch gar nicht feststeht, liegt auch kein wirksames Angebot vor (vgl LUDWIG DNotZ 1982, 724; ders NJW 1983, 2792; BACH MittRhNotK 1984, 161). Wird zu einem dergestalt imperfekten Angebot eine Zwangsvollstreckungsunterwerfung abgegeben, so ist diese in gleicher Weise imperfekt; sowohl das Angebot wie auch die Erklärung, sich der sofortigen Zwangsvollstreckung zu unterwerfen, bedürfen noch je einer ergänzenden Erklärung zur Bestimmung des Adressaten. Diese Erklärung unterliegt den für das betreffende Geschäft geltenden Formvorschriften, für Schuldversprechen und Schuldanerkenntnis also der Schriftform (die durch schriftliche Erklärung über die Abtretung der Eigentümergrundschuld gewahrt sein mag), für die Zwangsvollstreckungsunterwerfung der notariellen Beurkundung (die die Befürworter des Verfahrens dem Eigentümer gerade ersparen wollen). Zu einer Eigentümergrundschuld kann deshalb keine „persönliche" Zwangsvollstreckungsunterwerfung abgegeben werden (OLG Düsseldorf DNotZ 1958, 420 m abl Anm HIEBER 381; KG DNotZ 1975, 718; BÖTTCHER, Das abstrakte Schuldversprechen in der Kreditsicherung [2007] 146 ff; WOLFSTEINER, Die vollstreckbare Urkunde[2] § 28.73.; ders MittBayNot. 1976, 35; MAGIS MittRhNotK 1979, 111, 119; JOSWIG EWiR § 780 BGB 1/99, 1055; vRINTELEN RNotZ 2001, 2; ROSENBERG/GAUL § 13 IV 4; STEIN/JONAS/MÜNZBERG[22] § 794 ZPO Rn 118; HUHN/vSCHUCKMANN/ PREUSS[4] § 52 BeurkG Rn 34. Unentschieden BAUR/STÜRNER Rn 16. 20.). Vgl § 1154 Rn 82 und Vorbem 184 zu §§ 1191 ff.

S zum Sonderfall **echter Wertpapiere** § 1187 Rn 18.   **18**

7.   Pfänderstreckung

Wegen der Pfänderstreckung bei Eigentümergrundschulden s § 1132 Rn 12 ff.   **19**

8. Abtretung und Verpfändung

20 Für die Abtretung und Verpfändung einer Eigentümergrundschuld gelten die gleichen Vorschriften wie für die Grundschuld überhaupt (§ 1192 Rn 6). Wegen der Pfändung der Eigentümergrundschuld, die nach § 857 Abs 6 ZPO zu erfolgen hat, s § 1163 Rn 98 ff. Wegen der Anwendung des § 1197 auf Verpfändung und Pfändung s die Erl zu § 1197.

21 Eine Eigentümergrundschuld kann auch dann noch voll wirksam abgetreten werden, wenn im Nachrang eine Auflassungsvormerkung eingetragen wurde. Die durch die Abtretung eintretende Umwandlung in eine Fremdgrundschuld, die den Wegfall des Vollstreckungsausschlusses (§ 1197 Abs 1) und der Zinsbeschränkung (§ 1197 Abs 2) bewirkt, stellt keine Beeinträchtigung iS des § 883 Abs 2 dar (BGHZ 64, 316; ZAWAR NJW 1976, 1823). Der Berechtigte der Auflassungsvormerkung kann sich jedoch durch eine Löschungsvormerkung nach § 1179 gegen die Abtretung der Grundschuld schützen (BGH aaO).

9. Umwandlung

22 Wegen der Umwandlung in eine Hypothek s § 1198.

10. Verzicht

23 Der Verzicht des Eigentümers auf die Eigentümergrundschuld ist als Aufgabe des Rechts iS des § 875 zu würdigen und zu behandeln (KG JR 1927 Nr 955; s § 1183 Rn 2; § 1168 Rn 1 ff).

II. Löschungsvormerkung; gesetzlicher Löschungsanspruch

1. Löschungsvormerkung alten Rechts

24 **Zugunsten** einer ursprünglichen offenen Eigentümergrundschuld hatte die Rechtsprechung die Eintragung einer Löschungsvormerkung (§ 1179 aF) zugelassen. Da jedoch der Eigentümer nicht Berechtigter aus der Löschungsvormerkung sein kann, wurde eine Vertragsgestaltung für erforderlich gehalten, bei der der Löschungsanspruch einem Dritten, zum mindesten als künftiger Anspruch, zusteht (s näher STAUDINGER/SCHERÜBL[12] § 1179 aF Rn 13). Bei einer ursprünglichen offenen Eigentümergrundschuld wurde eine Löschungsvormerkung für den Fall als zulässig angesehen, dass sich das Grundpfandrecht nach zwischenzeitlicher Abtretung an einen Dritten wieder mit dem Eigentum in einer Person vereinigt (STAUDINGER/SCHERÜBL[12] § 1179 aF Rn 6).

2. Gesetzlicher Löschungsanspruch

a) Löschungsanspruch gegen die Eigentümergrundschuld

25 **aa)** S § 1179a Rn 57 ff. Nach Abs 3 besteht gegen die Eigentümergrundschuld des § 1196 (ursprüngliche offene Eigentümergrundschuld) ein Anspruch auf Löschung nach §§ 1179a, 1179b nur wegen solcher Vereinigungen der Grundschuld mit dem Eigentümer in einer Person, die eintreten, nachdem die Grundschuld einem anderen als dem Eigentümer zugestanden hatte (§ 1179a Rn 20). Der Eigentümer soll die Möglichkeit haben, die Grundschuld als Mittel der Kreditbeschaffung oder der Rangwahrung zu nutzen (es ist allerdings nicht Tatbestandsvoraussetzung, dass sie tatsächlich zu einem solchen Zweck abgetreten war). Erst wenn die Grundschuld einmal Fremdgrundschuld geworden ist, soll sie dem Löschungsanspruch dann unterworfen werden, wenn sie wieder zum Eigentümer zurückkehrt. Der Zweck, der Eigentümergrundschuld einen Rest von Brauchbarkeit zu erhalten, wird aber nicht erreicht. Die Eigentümer-Briefgrundschuld ist bei Vorhandensein gleich- oder nachrangiger Grundpfandrechte dennoch nicht mehr verkehrsfähig, weil einer solchen Grundschuld nicht anzusehen ist, ob sie nicht außerhalb des Grundbuchs schon einmal abgetreten und wieder rückabgetreten war (nachf Rn 26), zumal der gute Glaube des Erwerbers wegen der Vormerkungsfiktion des § 1179a Abs 1 S 3 nicht geschützt wird.

Maßgeblicher Zeitpunkt für die Entstehung des Löschungsanspruchs ist der der **26** Rückabtretung an den Eigentümer; besteht zu diesem Zeitpunkt ein mit Löschungsrecht ausgestattetes nach- oder gleichrangiges Grundpfandrecht, so entsteht er. Kommt hingegen ein löschungsberechtigtes Grundpfandrecht erst hinzu, nachdem die für den Eigentümer eingetragene Grundschuld wieder dem Eigentümer zusteht, gibt es keinen vernünftigen Grund, Abs 3 nicht wieder anzuwenden (GABERDIEL/ GLADENBECK[8] Rn 496; **aA** STÖBER, Hypothek und Grundschuld in der Kreditsicherungspraxis [1980] Rn 80 b). Dasselbe gilt, wenn nach Vereinigung aller Grundpfandrechte mit dem Eigentum eine nachrangige Grundschuld abgetreten wird (BGHZ 136, 246 vom 15. 7. 1997 – XI ZR 145/96 = EWiR 1997, 977 [JOSWIG] = WuB I F 3 Grundpfandrechte 5. 98 [REHBEIN]). Der Gläubiger des hinzukommenden oder des ihm abgetretenen Grundpfandrechts hat in diesen Fällen nicht den geringsten Anlass zu der Annahme, er könne die Löschung des als Eigentümergrundschuld ausgewiesenen Rechts nur deshalb verlangen, weil es zufällig vor seiner Zeit einmal (aus dem Grundbuch nicht ersichtlich) Fremdgrundschuld war (ähnlich REIN 99, der aber den Löschungsanspruch wohl geben will, auch wenn das Grundpfandrecht, das den Anspruch ausgelöst hat, zur Zeit der Bestellung eines anderen gleich- oder nachrangigen Rechts gar nicht mehr besteht); freilich muss immer wieder konzediert werden, dass §§ 1179a, 1179b derart chaotische Vorschriften sind, dass jede Auslegungslogik versagen muss (§ 1179a Rn 5 f). S auch § 1179a Rn 73.

Dass die Eigentümergrundschuld **ge- oder verpfändet** war, steht dem Tatbestands- **27** merkmal, einem anderen als dem Eigentümer „zugestanden" zu haben, nicht gleich (STÖBER Rpfleger 1977, 425, 432; KOLLHOSSER JA 1979, 232; PALANDT/BASSENGE[68] § 1179a Rn 7; **aA** MünchKomm/EICKMANN[4] Rn 22). Mag man in der Verpfändung noch ein Umgehungspotential erkennen (das aber tatsächlich nicht genutzt wird), gibt es überhaupt keinen Anlass, auch die Pfändung in den Anwendungsbereich des § 1179a zu ziehen; jedenfalls ist § 1179a ohnehin ein Exzess, dessen Anwendungsbereich nicht noch durch Auslegung ausgeweitet werden sollte.

EICKMANN (MünchKomm/EICKMANN[4] Rn 21) will dem gleich- oder nachrangigen Grund- **28** pfandgläubiger (als vertraglichen Anspruch aus dem Begebungsvertrag) einen **Auskunftsanspruch** gegen den Eigentümer darauf zugestehen, ob die Voraussetzungen eines Löschungsanspruchs gegeben sind. Allgemein ist dem keinesfalls zu folgen, es sei denn der nachrangige Gläubiger hätte sich mit dem Nachrang gerade und nur wegen des Löschungsanspruchs begnügt; andernfalls hat er den Rang, den er nach dem Begebungsvertrag zu beanspruchen hat, und kann nicht erwarten, vom Eigentümer zusätzliche Wohltaten zu empfangen. Im Gegenteil stellt sich die Frage, ob der Gläubiger, dem nach Maßgabe des Begebungsvertrags ein nachrangiges Recht zu bestellen war, nicht ungerechtfertigt bereichert ist, wenn sich überraschend ergibt, dass er von Anfang an einen Löschungsanspruch gegen das ihn vermeintlich im Rang beeinträchtigende vorrangige Recht hat. Zutreffend allerdings, dass der eine Eigentümergrundschuld begebende Eigentümer den *Rechtsmangel* zu vertreten hat, der in der Belastung mit dem Löschungsanspruch liegt.

29 bb) Was die Anwendung des Abs 3 auf die **ursprüngliche verdeckte Eigentümergrundschuld** betrifft, die bei nichtiger Einigung über die Bestellung einer Hypothek entsteht (oben Rn 6), ist zu unterscheiden: Bei der Briefhypothek ist in aller Regel auch der Brief nicht wirksam begeben, so dass der Löschungsanspruch ohnehin ausgeschlossen ist (s § 1179a Rn 43, str). Bei der Buchhypothek kann die verdeckte Eigentümergrundschuld als endgültige nicht anders behandelt werden als die Eigentümergrundschuld im Fall des § 1163 Abs 1 S 1 (vorläufige Eigentümergrundschuld), wenn sie zur endgültigen Eigentümergrundschuld wird (§ 1179a Abs 2), so dass sie dem Löschungsanspruch ausgesetzt ist. Bei nichtiger Bestellung einer Grundschuld kommt § 1163 Abs 1 S 1 ohnehin nicht zum Tragen (str, s § 1179a Rn 79 ff), so dass ein Löschungsanspruch vor Veränderung in eine Fremdgrundschuld nicht besteht.

b)   **Löschungsanspruch zugunsten der Eigentümergrundschuld**

30 Begünstigtes Recht nach § 1179a ist auch die Eigentümergrundschuld und zwar unabhängig davon, ob das Recht als Eigentümergrundschuld begründet wurde (§ 1196) oder sich erst in eine Eigentümergrundschuld verwandelt hat (zB § 1163). Dies kann (entgegen MünchKomm/Eickmann[4] Rn 21) praktische Bedeutung erlangen, wenn über die vor- oder gleichrangige Eigentümergrundschuld nach Entstehung des Löschungsanspruchs gegen den Willen des Eigentümers, zB durch Pfändung oder gutgläubigen Erwerb, verfügt wird; wird mit dessen Willen verfügt, bedeutet das idR die Aufgabe des Löschungsanspruchs. Der Grundsatz, niemand könne einen Anspruch gegen sich selbst haben (MünchKomm/Eickmann[4] Rn 20), verfängt nicht, denn der Anspruch nach § 1179a ist subjektiv-dinglich ausgestaltet, also von der Person des Inhabers losgelöst (§ 1179a Rn 49). Dass der Eigentümer allgemein in der Ausübung dieses Rechts beschränkt wäre (MünchKomm/Eickmann[4] Rn 20), kann nicht anerkannt werden (**aA** wohl Staudinger/Scherübl[12] § 1179a Rn 6). S aber § 1179a Rn 73.

§ 1197
Abweichungen von der Fremdgrundschuld

(1) Ist der Eigentümer der Gläubiger, so kann er nicht die Zwangsvollstreckung zum Zwecke seiner Befriedigung betreiben.

(2) Zinsen gebühren dem Eigentümer nur, wenn das Grundstück auf Antrag eines anderen zum Zwecke der Zwangsverwaltung in Beschlag genommen ist, und nur für die Dauer der Zwangsverwaltung.

Materialien: E I §§ 1076, 1099, 1143; II § 1106
rev § 1182; III § 1180; Mot III 678 f, 734 f, 794 f;
Prot III 572 f, 610 f, 712.

Schrifttum

BAYER, Zinsen für die Eigentümergrundschuld?,
AcP 189 (1989), 470
ECKELT, Umfaßt die Abtretung des Anspruchs
auf Rückgewähr einer Sicherungsgrundschuld
auch den Zinsanspruch?, WM 1980, 454
HEINSHEIMER, Das Zweiparteienprinzip in
Prozeß und Vollstreckung, insbesondere bei der
Eigentümerhypothek und bei Ansprüchen zwi-
schen Teilhaber und Gemeinschaft, in: FS Wach
(1913) 3. Bd 125
JOCHEMCZYK, Die Verzinslichkeit der aus einer
Tilgungshypothek entstandenen (Teil)Eigentü-
mergrundschuld, DNotZ 1966, 276
KOLLHOSSER, Neue Probleme bei Abtretung
und Verpfändung von Grundschulden, JA 1979,
232
LORENZ, Weitere Fragen zur konkursrechtli-
chen Problematik der Eigentümergrundschuld,
KTS 1962, 28
RIGGERS, Verzinslichkeit einer auf den bisheri-

gen Eigentümer übergegangenen Tilgungshy-
pothek bei ihrem Fortbestand nach Zuschlag,
JurBüro 1977, 455
SILLEM, Fiduziarische Übertragung und Ver-
pfändung von Eigentümergrundschulden (Diss
München 1963)
SIMON, Die Pfändung von Eigentümergrund-
schulden, JurBüro 1956, 73
SOTTUNG, Die Pfändung der Eigentümergrund-
schuld (1957)
STÖBER, Die Beschränkung des § 1197 BGB bei
Verpfändung und Pfändung einer Eigentümer-
grundschuld, Rpfleger 1958, 339
WEIDMANN, Die Pfändung der Eigentümer-
grundschuld (Diss München 1950)
WILKE, Abtretung von Zinsen einer Eigentü-
mergrundschuld, WM 1980, 858
ZAWAR, Die Eigentümergrundschuld im Spiegel
der neueren Rechtsprechung, NJW 1976, 1823.

I. Anwendungsbereich

§ 1197 enthält eine für alle Fälle der Eigentümergrundschuld (s Erl zu §§ 1163, 1177) **1**
gemeinsame Regelung; § 1197 ist auch auf die Eigentümerhypothek (§ 1177 Abs 2)
anzuwenden (WOLFF/RAISER § 144 II 2).

II. Die Beschränkungen

Die Eigentümergrundschuld ist ein echtes Grundpfandrecht; sie umschließt also **2**
grundsätzlich alle Rechte, die eine Fremdgrundschuld gewährt (BGHZ 64, 316). Im
Interesse der nachstehend Berechtigten schränkt jedoch § 1197 gewisse Befugnisse
des Eigentümers ein, solange Grundschuld und Eigentum einer Person zustehen,
also nicht mehr nach Abtretung der Eigentümergrundschuld oder nach Veräußerung
des Grundstücks ohne Abtretung der Grundschuld. Die Beschränkungen **gelten auch
nicht** für den Fall der **unechten Eigentümergrundschuld**, wenn Gläubiger und Eigentümer zwar ganz oder zum Teil personenidentisch sind, das Grundstück und die
Grundschuld aber rechtlich getrennten und verselbständigten Vermögensmassen
angehören. Dies ist der Fall im Verhältnis verschiedener Gesamthandsgemeinschaften zueinander, auch wenn die Gesamthänder ganz oder zum Teil die selben sind, im
Verhältnis eines Gesamthänders zur sonstigen Gesamthandsgemeinschaft, im Verhältnis des ehelichen Gesamtguts zu Vorbehalts- oder Sondergut, im Verhältnis des

unter Testamentsvollstreckung stehenden Nachlasses zu den Erben, im Verhältnis des Insolvenzverwalters, und des Nachlassverwalters zu den Inhabern der von ihnen verwalteten Vermögen (Einzelheiten nachf). Die Vorschrift gilt mangels des Vorliegens einer Eigentümergrundschuld selbstverständlich auch nicht für eine GmbH, deren sämtliche Geschäftsanteile der Eigentümer besitzt (RG JW 1929, 248).

1. Vollstreckungsausschluss

3 a) Der Eigentümer kann nicht zum Zwecke seiner Befriedigung die **Zwangsvollstreckung betreiben** (Abs 1). § 1197 Abs 1 enthält eine persönliche Beschränkung der verfahrensrechtlichen Stellung des Eigentümers als Inhaber der Grundschuld; ihm fehlt die verfahrensrechtliche Befugnis, selbst die Zwangsvollstreckung in das Grundstück zu betreiben. Diese Bindung ist dem Eigentümer rein persönlich auferlegt zur Verhinderung des Selbstbetriebs der Zwangsversteigerung zum Zweck der Ausschaltung nachrangiger Gläubiger, die in der Zwangsversteigerung mit ihren Rechten ausfallen könnten; es handelt sich um eine personengebundene Suspendierung von Einzelbefugnissen für die Zeit der Rechtsinhaberschaft, die keine weitergehende Bedeutung, insbesondere nicht im Sinn einer inhaltlichen Verschiedenheit von Eigentümer und Fremdgrundschuld hat (BGHZ 64, 316).

4 Auch die Zwangsvollstreckung des Eigentümers in einen mithaftenden Gegenstand, der ihm nicht gehört, ist unzulässig; sie wird jedoch zulässig, wenn der Gegenstand von der Versteigerung ausgeschlossen war und die Grundschuld ausgefallen ist (RGZ 125, 369; PLANCK/STRECKER Anm 3b zu § 1177).

5 b) Die Beschränkung des Abs 1 wirkt nicht gegenüber dem Pfandgläubiger bei **Verpfändung und Pfändung** der Eigentümergrundschuld. Der Vollstreckungsausschluss steht nur einer Zwangsvollstreckung des Eigentümers in das Grundstück zum Zwecke seiner Befriedigung entgegen; vollstreckt aber der Pfandgläubiger, so geschieht die Vollstreckung nicht durch den Eigentümer und nicht zur Befriedigung des Eigentümers (BGHZ 103, 30; OLG Köln NJW 1959, 2167; OLG Celle vom 20. 3. 2003 – 4 U 4/03 – InVo 2004, 78; LG Bremen NJW 1955, 184 mit abl Anm HORBER; LG Hof Rpfleger 1965, 369 mit zust Anm STÖBER; REINICKE MDR 1950, 321; STÖBER Rpfleger 1958, 339, 341; WESTERMANN NJW 1960, 1723; ERMAN/WENZEL[12] Rn 2; MünchKomm/EICKMANN[4] Rn 6; PALANDT/BASSENGE[68] Rn 2; SOERGEL/KONZEN[13] Rn 3; **aM** RG Recht 1916 Nr 1910; OLG Kiel SchlHAnz 1927, 186; OLG Hamburg HRR 1936 Nr 20; KG JW 1938, 2496; LG Darmstadt MDR 1958, 853; WOLFF/RAISER § 146 I 1 mit Fn 5; BLOMEYER DRWiss 1941, 123). Dass der Eigentümer bei Verpfändung und Pfändung an sich Inhaber des Rechts bleibt, ist ohne Bedeutung, soweit die Vollstreckungsbefugnis auf den Gläubiger übergeht und von ihm zu seiner Befriedigung ausgeübt wird.

6 c) Die Beschränkung des Abs 1 wirkt auch **nicht** gegenüber dem **Insolvenzverwalter**, weil er gegen den Eigentümer vollstreckt (heute allgM, LORENZ KTS 1962, 28; JAEGER/HENCKEL InsO § 49 Rn 24; MünchKomm/EICKMANN[4] Rn 8; PALANDT/BASSENGE[68] Rn 2; SOERGEL/KONZEN[13] Rn 4; **aA** RGZ 60, 359). Das folgt schon daraus, dass der Insolvenzverwalter nach §§ 165 InsO, 174a ZVG sogar ohne Eigentümergrundschuld erstrangig zwangsversteigern kann (dazu § 1147 Rn 57 f).

2. Zinsbeschränkung

a) Grundsatz

Auch dass dem Eigentümer keine Zinsen „gebühren", bedeutet ein persönliches, **7** gegen den Eigentümer gerichtetes Verbot, den Zinsanspruch geltend zu machen (allgM im Anschluss an BGHZ 64, 316; BGHZ 103, 30). Die allgemeine Übereinstimmung darüber ist aber nur eine scheinbare, weil der Satz durchaus unterschiedlich interpretiert wird (s nachf). Während Abs 1 dem Eigentümer ein Verfahrensverbot auferlegt, wirkt Abs 2 materiell; der Eigentümer empfängt keine Zinsen, auch wenn er das Vollstreckungsverfahren nicht betreibt und nur im Verteilungsverfahren zu berücksichtigen wäre.

Die Zinsbeschränkung enthält **kein zeitliches Moment**; dem Eigentümer gebühren **8** auch solche (ihm abgetretene) Zinsen nicht, die während einer oder für eine Zeit angefallen sind, während derer das Grundpfandrecht Fremdgrundpfandrecht war. Wer (wie MünchKomm/Eickmann[4] Rn 4 im Anschluss an Mot III 734; Prot III, 611; Erman/ Wenzel[12] Rn 3) die ratio legis darin sieht, dass der Eigentümer ohnehin die Nutzungen des Grundstücks zieht, müsste dem (und damit auch dem Satz, es handle sich um ein persönliches, gegen den Eigentümer gerichtetes Verbot) widersprechen (die Frage scheint in der Literatur nicht erörtert zu werden). Richtiger ist es aber, in dem Nutzungsargument wie in dem gemeinrechtlichen Satz „nemini res sua servit" zwar das Motiv der gesetzlichen Regelung zu sehen, die Vorschrift aber als vereinfachte Pauschalregelung zu verstehen, die auch der Verfahrensvereinfachung dient.

Andererseits **laufen die Zinsen** während der Zeit, in der das Grundpfandrecht **9** Eigentümergrundschuld ist, unverändert **weiter** (BayObLG DNotZ 1988, 116; OLG Köln Rpfleger 1985, 9; OLG Celle ZIP 1989, 704 [m zust Anm Vortmann]; OLG Düsseldorf DNotZ 1990, 747; AG Bonn MittRhNotK 1987, 49; Böhringer BWNotZ 1990, 105; Erman/Wenzel[12] Rn 5; MünchKomm/Eickmann[4] Rn 9; Soergel/Konzen[13] Rn 3; aA die frühere Rspr des BayObLG, DNotZ 1976, 494 [m abl Anm Lichtenberger; zust Zawar NJW 1976, 1825], sowie Bayer AcP 189 [1989] 470; Palandt/Bassenge[68] Rn 3; Wilhelm[3] Rn 1525); die an sich zutreffende Feststellung, die Unverzinslichkeit in der Hand des Eigentümers sei Inhalt der Eigentümergrundschuld (BGHZ 64, 316) ist daher leicht misszuverstehen und wohl auch missverstanden worden (vgl schon BGH NJW 1986, 314 und BGH DNotZ 1988, 777). Wird die Grundschuld (wieder) Fremdrecht, so gebühren grundsätzlich deren Inhaber auch Zinsen aus der und für die Zeit, in der das Grundpfandrecht Eigentümergrundschuld war. Das gilt auch für den ehemaligen Eigentümer selbst, wenn die Eigentümergrundschuld in seiner Hand dadurch Fremdgrundschuld geworden ist, dass er das Grundstück veräußert hat oder das Grundstück in der Weise zwangsversteigert worden ist, dass die Eigentümergrundschuld bestehen geblieben ist (BGHZ 67, 291).

Zu beachten ist allerdings, dass die Grundschuld für **Zinsrückstände** gemäß § 1178 **10** Abs 1 **erlischt**, soweit sie sich mit dem Eigentum in einer Person vereinigt (§ 1178 Rn 19). Geht man davon aus, dass die Zinsen im Grundsatz auch während der Zeit weiterlaufen, in der das Grundpfandrecht Eigentümergrundschuld ist, muss auch § 1178 Abs 1 Anwendung finden mit der Folge, dass der Zessionar iE rückständige Grundschuldzinsen nicht erwerben kann. Auch diese (verfahrensmäßig sehr einfache und praktikable) Konsequenz wird in der Literatur zwar nicht erörtert, aber wohl nicht allgemein gebilligt. Eine vermittelnde Meinung (BGH NJW 1986, 314; LICHTEN-BERGER DNotZ 1979, 223; REIN 32) will nämlich die Zinsberechtigung des Zessionars daraus herleiten, dass die Abtretung einer Eigentümergrundschuld der Bestellung eines Fremdrechts gleichkomme und es dabei auch zulässig sei, Zinsen, die in der Zeit der Eigentümergrundschuld nicht angefallen waren, rückwirkend zu vereinbaren (vgl Einl 64 zu §§ 1113 ff gegen die pauschale Zulassung rückwirkender Zinsen); deshalb könne eine solche Vereinbarung auch bei Abtretung einer Eigentümergrundschuld getroffen werden (wohl kaum aber bei der Veräußerung des Grundstücks). Diese Auffassung ist aber fehlerhaft, weil es zur nachträglichen Vereinbarung von Zinsen der Eintragung in das Grundbuch und – wenn über 5% – der Zustimmung der nachrangig Berechtigten bedürfte (aA REIN Fn 77, der sich mit der eigenen Ansicht in Widerspruch setzt, die Eintragung gewähre für die fragliche Zeit keine Zinsen), die aber nicht vorzuliegen pflegen. Nur die klare Dogmatik der neueren Rechtsprechung führt zu einer klaren Handhabung; sie ist deshalb vorzuziehen.

11 Die **Verjährung der Zinsen** läuft während der Zeit, in der das Grundpfandrecht Eigentümergrundschuld ist, weiter. Sie wird weder gehemmt noch beginnt sie neu. Allerdings kann die Frage gestellt werden, ob etwa der Eigentümer durch fortlaufende Anerkenntnisse den Neubeginn der Verjährung gemäß § 212 Abs 1 Nr 1 bewirken kann, oder ob ein solches Dauer-Anerkenntnis gar zu fingieren ist. Beides ist zu verneinen. Da dem Eigentümer in seiner Eigenschaft als Grundschuldgläubiger keine Zinsen gebühren, fehlt ihm auch als Schuldner die Rechtsmacht, den Zinsanspruch anzuerkennen; noch weniger ist ein solches Anerkenntnis zu fingieren. Das allein ist auch ein sachgerechtes Ergebnis. Es kann nicht als sinnvoll anerkannt werden, dass eine mit 12% jährlich zu verzinsende Eigentümergrundschuld mit 240% Zinsen ausgestattet ist, wenn sie zwanzig Jahre geruht hat, auch nicht bei Würdigung der Tatsache, dass der größte Teil der Zinsen nur in der letzten Rangklasse zu befriedigen ist (vgl zur – mit Recht nicht mehr anerkannten – Hemmung der Zinsverjährung bei der sog Sicherungsgrundschuld Vorbem 99 zu §§ 1191 ff).

b) Zwangsverwaltung und weitere Ausnahmen

12 Zinsen gebühren dem Eigentümer, wenn das Grundstück auf den Antrag eines anderen zum Zweck der Zwangsverwaltung in Beschlag genommen ist und zwar für die Dauer der **Zwangsverwaltung**. Die Zinsen können erst vom Tag der Beschlagnahme an verlangt werden. Die Bestimmung soll auf dem Gedanken beruhen, dass die Zinsen wirtschaftlich aus den Einkünften zu decken sind und dass daher dem Eigentümer wieder Zinsen gebühren sollen, solange ihm zwangsweise die Nutznießung des Grundstücks entzogen ist (ERMAN/WENZEL[12] Rn 4; MünchKomm/EICKMANN[4] Rn 4 unter Berufung auf Mot III 734; Prot III 611). Zumindest ein wichtiger Gesichtspunkt liegt aber auch darin, dass die gesetzliche *Rangordnung* gestört wäre, wenn in dem ausschließlich auf die Verteilung der Erträge ausgerichteten Zwangsverwaltungsverfahren ein Rang einfach unberücksichtigt bleiben würde.

13 Dem Fall der Zwangsverwaltung können deshalb andere Fälle, in denen dem Eigentümer die Nutznießung entzogen ist, jedenfalls dann nicht gleichgestellt werden, wenn der Eigentümer selbst die Nutznießung am Grundstück einem Dritten übertragen hat; dies ist zB beim **Nießbrauch am Grundstück** – nicht zu verwechseln mit dem Nießbrauch an der Grundschuld (nachf Rn 15) – der Fall (OLG Hamm HRR 1930

Nr 1216; WOLFF/RAISER § 146 Fn 7; MünchKomm/EICKMANN[4] Rn 5; ERMAN/WENZEL[12] Rn 4; PALANDT/BASSENGE[68] Rn 3; aM PLANCK/STRECKER § 1177 Anm 3b α; BAYER AcP 189 [1989] 470). Andererseits greift der Gesichtspunkt der Störung der Rangfolge, aber auch des Entzugs der Nutzungen, trotz des Surrogationsgrundsatzes jedenfalls dann ein, wenn die Eigentümergrundschuld durch **Zuschlag erloschen** ist, so dass von diesem Zeitpunkt an dem Eigentümer wieder Zinsen gebühren (BAYER AcP 189 [1989] 470; PALANDT/BASSENGE[68] Rn 3; aA RGZ 60, 359; STÖBER Rpfleger 1958, 342; ERMAN/WENZEL[12] Rn 3).

Das nur gegen den Eigentümer persönlich wirkende Zinsverbot kann Personen, die **14** **kraft staatlichen Zwangs Rechte** an der Grundschuld erlangt haben, insbesondere dem **Pfändungsgläubiger**, nicht entgegengehalten werden (oben Rn 2); ihnen gebühren die Grundschuldzinsen, soweit ihr Recht reicht (BGHZ 103, 30; BAYER AcP 189 [1989] 470; REIN 54; jetzt allgM; aA noch RGZ 60, 359; STÖBER Rpfleger 1958, 342; STAUDINGER/SCHERÜBL[12] Rn 7). Problematischer ist die Stellung des **Insolvenzverwalters**, wenn sowohl das Grundstück als auch die Eigentümergrundschuld zur Masse gehören. Man wird ihm Zinsen zugestehen müssen (was sich zugunsten der ungesicherten Gläubiger und zu Lasten der dinglichen Gläubiger auswirkt), weil man ihm die freihändige Veräußerung der Eigentümergrundschuld samt Zinsen nicht verwehren kann (iE ebenso MünchKomm/EICKMANN[4] Rn 8; PALANDT/BASSENGE[68] Rn 3; aA RGZ 60, 359; RG Recht 1916 Nr 1910; OLG Hamm HRR 1930 Nr 1216; OLG Stuttgart Recht 1928 Nr 1051; PLANCK/STRECKER § 1117 Anm 3b δ; SOERGEL/KONZEN[13] Rn 4; STAUDINGER/SCHERÜBL[12] Rn 10). Gehören nur entweder das Grundstück oder die Grundschuld zur Masse, greift Abs 2 seinen Intentionen nach ohnehin nicht (oben Rn 2; aA PALANDT/BASSENGE[68] Rn 3).

Auch derjenige, dem **durch Rechtsgeschäft** ein **Recht an der Grundschuld** eingeräumt **15** worden ist, das ihm Zugriff auf Zinsen erlaubt, zB ein Nutzungspfandrecht oder ein Nießbrauch – nicht zu verwechseln mit dem Nießbrauch am Grundstück – (oben Rn 13), wird durch Abs 2 nicht gehindert, den Zinsanspruch zu erheben. Abgesehen davon, dass es in diesen Fällen eben nicht der Eigentümer ist, der den Anspruch gegen sich selbst erhebt, ist der Eigentümer ohnehin nicht daran gehindert, den Zinsanspruch jederzeit durch Abtretung der Eigentümergrundschuld aufleben zu lassen; es gibt keinen Grund, ihm nicht auch beschränkte, aber zinswirksame Verfügungen über die Grundschuld zu gestatten (BAYER AcP 189 [1989] 470; KOLLHOSSER JA 1979, 232; MünchKomm/EICKMANN[4] Rn 6; PALANDT/BASSENGE[68] Rn 3; aA RGZ 60, 359; STÖBER Rpfleger 1958, 342; STAUDINGER/SCHERÜBL[12] Rn 7); dies ist auch die ratio des § 1178 Abs 1 S 2 (§ 1178 Rn 12).

§ 1197 stellt andererseits nur auf die **dingliche Rechtslage** ab. Auf eine Fremdgrund- **16** schuld ist die Vorschrift auch dann nicht anwendbar, wenn der Gläubiger die Zinsen vertraglich an den Eigentümer herausgeben oder sonst zu seinen Gunsten verwenden muss (BGH DNotZ 1966, 98; BGH NJW 1981, 1505; OLG Celle WM 1985, 1112; STÖBER ZIP 1980, 976; SOERGEL/KONZEN[13] Rn 2).

3. Gemischte Verhältnisse

Ist eine Grundschuld teils Eigentümer-, teils Fremdgrundschuld (§ 1196 Rn 14), so ist **17** § 1197 exakt anzuwenden. Steht die Grundschuld mehreren Personen zur gesamten Hand zu, von denen eine auch Grundstückseigentümerin ist, oder umgekehrt, findet § 1197 keine Anwendung (oben Rn 2). Steht sie mehreren Personen zu Bruchteilen zu, so können diejenigen von ihnen, die nicht Grundstückseigentümer sind, ihr Rechte zu den ihnen zustehenden Anteilen geltend machen, die anderen nicht. Ist der Grundschuldgläubiger Miteigentümer des Grundstücks oder Eigentümer eines von mehreren belasteten Grundstücken, so kann er in die fremden Miteigentumsanteile vollstrecken und aus ihnen die Zahlung der Zinsen verlangen, in Ansehung seines Grundstückseigentums aber nicht.

III. Die Rechtsstellung des Eigentümers im Übrigen

1. Allgemeines

18 Abgesehen von den oben dargelegten Beschränkungen hat der Eigentümer alle Befugnisse eines Grundschuldgläubigers. Er kann also die Eigentümergrundschuld als Grundschuld oder unter Umwandlung in eine Hypothek (§ 1198) auf Dritte übertragen oder sonst darüber verfügen, zB sie verpfänden oder als Vermächtnis zuwenden, ferner einem nachstehenden Gläubiger das Vorrecht vor ihr einräumen. S auch die Erl zu § 1196.

2. Sicherungsmaßregeln nach §§ 1133–1135

19 Aus der Natur der Vorschriften in §§ 1133–1135 folgt, dass der Eigentümer diese Sicherungsmaßregeln nicht gegen sich selbst zur Anwendung bringen kann.

3. Verzicht des Eigentümers auf das Grundstück

20 Bei Verzicht des Eigentümers auf das Eigentum am Grundstück (§ 928) bleibt eine Eigentümergrundschuld als Fremdgrundschuld bestehen (STAUDINGER/PFEIFER [2004] § 928 Rn 27).

§ 1198
Zulässige Umwandlungen

Eine Hypothek kann in eine Grundschuld, eine Grundschuld kann in eine Hypothek umgewandelt werden. Die Zustimmung der im Range gleich- oder nachstehenden Berechtigten ist nicht erforderlich.

Materialien: E I § 1144; II § 1107 rev § 1183;
III § 1181; Mot III 795 f; Prot III 720 ff; IV 587.

I. Allgemeines

1 Vorschriften über die Umwandlung eines Grundpfandrechts in ein Grundpfandrecht anderer Art enthalten die §§ 1186, 1198, 1203. Es bestehen auch **Gemeinsamkeiten mit der Forderungsauswechslung** nach § 1180, denn bei der Umwandlung der Hypothek in eine Grundschuld tritt an die Stelle der gesicherten Forderung das autonome dingliche Recht und bei der Umwandlung der Grundschuld in eine Hypothek wird an die Stelle des autonomen dinglichen Rechts eine gesicherte Forderung gesetzt (s insbes § 1180 Rn 1 ff). Durch die gesetzliche Regelung ist zum Ausdruck gebracht, dass es sich bei der Hypothek, der Grundschuld und der Rentenschuld sowie bei der Verkehrshypothek und der Sicherungshypothek nur um Unterfälle eines gemeinsamen Rechtstyps handelt (Einl 14 zu §§ 1113 ff). Gleichgültig ist, ob die umzuwandelnde Hypothek eine Brief- oder Buchhypothek oder eine Sicherungshypothek ist, ebenso ob bei der Grundschuld die Erteilung eines Briefs ausgeschlossen ist oder nicht. Die Rechtsbeständigkeit des umzuwandelnden Rechts ist für die Wirksamkeit der Umwandlung ähnlich unmaßgeblich (aA PLANCK/STRECKER Anm 1) wie für die Forderungsauswechslung, weil die vorschriftsmäßige Umwandlung idR die Entstehung des Rechts bewirkt (vgl § 1180 Rn 5).

Auch die Umwandlung einer Grundschuld in eine Hypothek für eine **bedingte,** **2** **betagte** oder **künftige Forderung** ist zulässig (RG BayZ 1913, 355; KG RJA 7, 233), desgleichen die einer unbedingten Hypothek in eine **bedingte Grundschuld** und umgekehrt (PLANCK/STRECKER Anm 1).

II. Einzelnes

1. Erfordernisse der Umwandlung

a) Materiellrechtliche Erfordernisse
Eine Umwandlung stellt sich in beiden Fällen als eine **Änderung des Inhalts** des **3** eingetragenen Rechts iS des § 877 mit § 873 dar. Sie bedarf daher materiell-rechtlich der **Einigung** zwischen Eigentümer und Gläubiger über die **Umwandlung**, bei der Eigentümergrundschuld auch über die Abtretung (s unten Rn 9) sowie der Eintragung ins Grundbuch. Die §§ 873 Abs 2 und 878 finden Anwendung. Sie ist eine Verfügung über das Grundpfandrecht, nicht über das Grundstück (vgl § 1180 Rn 3).

Eine Umwandlung nach § 1198 kann auch dann angenommen werden, wenn sich die **4** Beteiligten über die nähere rechtliche Gestaltung nicht klar waren (vgl § 1180 Rn 4); entscheidend ist ihr auf dieses Endergebnis gerichteter Wille, der auch durch Auslegung ihrer Erklärungen ermittelt werden kann (RGZ 121, 38). Die Parteien müssen aber bei Umwandlung einer Grundschuld in eine Hypothek die Verbindung von Hypothek und Forderung gewollt haben, dh eine vom Käufer übernommene Grundschuld verwandelt sich nicht automatisch in eine Hypothek für den Kaufpreis (KG OLGE 45, 314; ERMAN/WENZEL[12] Rn 2). Wird eine Eigentümergrundschuld unter gleichzeitiger Umwandlung in eine Fremdhypothek abgetreten und ist die Umwandlung nichtig, so hängt es vom Willen der Beteiligten im Erklärungszeitpunkt ab, ob die Grundschuld als solche auf den Abtretungsempfänger übergegangen oder beim Eigentümer verblieben ist (BGH NJW 1964, 1674; KG JW 1935, 2646). Wenn ein Hypothekengläubiger das mit seiner Hypothek belastete Grundstück ankauft und dabei dem Veräußerer, seinem persönlichen Schuldner, gegenüber auf alle persönlichen Forderungsrechte aus der Hypothek verzichtet, so erwirbt er damit die Hypothek als Grundschuld; eine Umwandlung einer Hypothek in eine Grundschuld iS des § 1198 liegt hier aber nicht vor (RG Soerg Rspr 1910, 363 zu § 1163).

Die Zustimmung gleich oder nachstehend Berechtigter ist nicht erforderlich (Prot **5** III 721 ff, 693), vorausgesetzt der bisher reservierte Rang-Rahmen (Einl 153 zu

§§ 1113 ff) wird bei der Umwandlung nicht überschritten. Dagegen bedarf es der Zustimmung eines Dritten, dem ein Recht an dem umzuwandelnden Recht zusteht (§ 876). Der **gesetzliche Löschungsanspruch** gegen das umzuwandelnde Grundpfandrecht ist kein solches Recht (§§ 1169 Rn 16; 1179 Rn 47; aA STAUDINGER/SCHERÜBL[12] Rn 14). Das ergibt sich schon aus dem Wortlaut des S 2, denn das gesetzliche Löschungsrecht ist Inhalt des gleich- oder nachstehenden Rechts. Gleiches gilt aber auch für den durch Löschungsvormerkung gesicherten vertraglichen Löschungsanspruch nach § 1179 (§§ 1169 Rn 16; 1179 Rn 47). Die in der Umwandlung liegende Verfügung ist dem Inhaber des Löschungsanspruchs gegenüber nicht relativ unwirksam, denn sie beeinträchtigt sein Recht auf Löschung im Vereinigungsfall nicht; ob die Umwandlung die Vereinigungschance verringert, spielt keine Rolle (Nachweise § 1179 Rn 47). S zu möglicherweise erforderlichen öffentlich-rechtlichen Genehmigungen Einl 118 zu §§ 1113 ff.

b) Formell-rechtliche Erfordernisse

6 Formell-rechtlich genügt für das Grundbuchamt die Eintragungsbewilligung des Gläubigers und des Eigentümers in der Form des § 29 GBO. Bei einem Briefrecht bedarf es nicht der Voreintragung des Gläubigers, der es nach § 1154 erworben hat. Falls die umzuwandelnde Grundschuld eine Eigentümergrundschuld ist (§§ 1196, 1197), genügt die Eintragungsbewilligung des Eigentümers allein (vgl STAUDINGER/ GURSKY [2007] § 873 Rn 225). Die Umwandlung fällt unter die Veränderungen im grundbuchtechnischen Sinn. Wegen des Briefs s §§ 41, 42, 56 ff GBO. Zur Verfügung über eine vom Eigentümer kraft Gesetzes erworbene Eigentümergrundschuld bedarf es keiner vorherigen Umschreibung auf den Namen des Eigentümers, gleichgültig ob es sich bei dem Recht vor dem Erwerb des Eigentümers um eine Hypothek oder eine Fremdgrundschuld gehandelt hat (KG Rpfleger 1975, 136). War noch ein anderer als Hypothekengläubiger eingetragen, so ist Zwischeneintragung des Eigentümers als Grundschuldgläubiger nötig, wenn die neue Hypothek in ihrer Art der eingetragenen entspricht, da sonst der Umwandlungsvermerk unverständlich wäre (KG JW 1933, 2010 mit zust Anm BEYER; § 1163 Rn 94).

2. Die möglichen Fälle der Umwandlung

a) Umwandlung einer Grundschuld in eine Hypothek

7 Die Einigung muss hier wie bei der Bestellung einer Hypothek zum Inhalt haben, dass die an die Stelle der Grundschuld zu setzende Hypothek der Befriedigung des bisherigen Grundschuldgläubigers für eine ihm zustehende Forderung, die bestimmt zu bezeichnen ist, dienen soll (KGJ 31 A 339; KG OLGE 45, 314).

8 Die Umwandlung einer **Fremdgrundschuld** in eine **Hypothek** für die Forderung eines **neuen** Gläubigers kann in der Weise vor sich gehen, dass der Eigentümer und der neue Gläubiger die Unterlegung der neuen Forderung und die Umwandlung der Grundschuld in eine Hypothek vereinbaren und der bisherige Grundschuldgläubiger zustimmt; § 1180 Abs 2 ist entsprechend auf die Fremdgrundschuld anwendbar (§ 1180 Rn 34; KG RJA 7, 233; PLANCK/STRECKER Anm 2a β). Der gleiche Erfolg kann aber auch auf dem Wege erreicht werden, dass der bisherige Grundschuldgläubiger die Grundschuld an den neuen Gläubiger abtritt und sodann der Eigentümer mit dem neuen Grundschuldgläubiger die Umwandlung in eine Hypothek vereinbart.

Bei der Umwandlung einer **Eigentümergrundschuld in eine Hypothek** soll eine 9 vorgängige oder mindestens gleichzeitige Abtretung des Grundpfandrechts an den neuen Gläubiger erforderlich sein (BGH NJW 1968, 1674; LG Dortmund NJW 1961, 365; STAUDINGER/SCHERÜBL[12] Rn 38); das trifft aber nicht zu (PLANCK/STRECKER Anm 2b). Zwar ist es möglich, zuerst die Grundschuld abzutreten und sie dann in eine Hypothek umzuwandeln; sie kann aber auch in der Hand des Eigentümers mit dem Anspruch eines Dritten unterlegt und dann dem Gläubiger nach § 1117 verschafft werden (MünchKomm/EICKMANN[4] Rn 5;).

Die Umwandlung einer **Eigentümergrundschuld** in eine **forderungslose Eigentümer-** 10 **hypothek** ist ausgeschlossen (KGJ 25 A 299). Auch kann der Eigentümer nach hL die Eigentümergrundschuld **nicht** in **eine ihm gegen sich selbst zustehende Hypothek** umwandeln, weil er die für die Hypothek notwendige Forderung gegen sich selbst nicht begründen kann (KGJ 39 A 243; PLANCK/STRECKER Anm 2a α; **aA** WILHELM[3] Fn 2364 und Rn 1477; § 1113 Rn 42). Zulässig ist jedenfalls, die Grundschuld des Eigentümers unter Verbindung mit einer Forderung des Eigentümers gegen eine dritte Person zu einer Hypothek des Eigentümers iS des § 1177 Abs 2 umzuwandeln (KGJ 25 A 299; **aM** PLANCK/STRECKER Anm 2a α mwNw; s auch LG Dortmund NJW 1961, 365), was uU für den Eigentümer zum Zweck einer für ihn günstigen Abtretung der Forderung von Wichtigkeit ist (vgl § 1113 Rn 42; WILHELM[3] FN 2364).

b)   Umwandlung einer Hypothek in eine Grundschuld

Für die Umwandlung einer Verkehrshypothek in eine Grundschuld ergeben sich 11 keine Besonderheiten; wegen der Umwandlung einer Sicherungshypothek s näher Erl zu § 1186. Der Zustimmung des **persönlichen Schuldners** bedarf es nicht, dieser ist durch § 1165 geschützt (PLANCK/STRECKER Anm 2c). Mangels abweichender Vereinbarung richten sich Fälligkeit und Zahlungsort nach den §§ 1193, 1194. Die **Forderung** erlischt nicht notwendig mit der Umwandlung, es sei denn der Gläubiger nimmt die Grundschuld an Stelle der Hypothek als Leistung an Erfüllungs statt (§ 364 Abs 1) an. Maßgebend sind daher im Einzelfall die näheren Abmachungen und die Zwecke der Parteien.

Die Umwandlung einer **Eigentümerhypothek** (§ 1177 Abs 2) in eine Eigentümer- 12 grundschuld ist zulässig (PLANCK/STRECKER Anm 2a α; PALANDT/BASSENGE[68] Rn 2), denn der Eigentümer kann für sich durch einseitige Erklärung eine Eigentümergrundschuld bestellen (§ 1196). Im Übrigen würde der Eigentümer durch Verzicht (§ 1168) eine Eigentümerhypothek in eine Eigentümergrundschuld umgestalten können.

3.   Wirkung

Die **Rechtswirkung** der Umwandlung liegt lediglich darin, dass das bisher schon 13 bestehende Grundpfandrecht statt als Grundschuld als Hypothek und umgekehrt weiter besteht. Eine Novation findet nicht statt (vgl Mot II 78).

Die für das bisherige Recht bestehenden **Nebenbestimmungen** (zB Verzinsung und 14 Rückzahlungsbestimmung) bleiben unberührt, sofern nicht – wie in der Praxis stets – bei der Umwandlung neue Vereinbarungen getroffen werden (vgl Mot III 795). § 1119 ist anzuwenden.

15 Ein dinglicher **Vollstreckungstitel** – gleich ob Urteil oder vollstreckbare Urkunde – bezieht sich aus prozessualen Gründen stets auf einen bestimmten Anspruch, der bei der Hypothek durch die gesicherte Forderung, bei der Grundschuld durch den Inhalt des dinglichen Rechts selbst charakterisiert wird (vgl § 253 Abs 2 Nr 2 ZPO). Dieser Anspruch ändert sich stets bei der Umwandlung einer Grundschuld in eine Hypothek und umgekehrt (vgl oben Rn 1), und zwar selbst dann, wenn die *Nebenbestimmungen* (vorst Rn 14) ausnahmsweise gleich bleiben sollten; deshalb bedarf es stets eines neuen Vollstreckungstitels (MünchKommZPO/WOLFSTEINER[3] § 800 Rn 12 mwNw; **aA** LG Düsseldorf DNotZ 1962, 97; LG Bonn Rpfleger 1998, 34; PALANDT/BASSENGE[68] Rn 1). Regelmäßig ändern sich mit der Umwandlung die Voraussetzungen, unter denen sich der Gläubiger aus dem Grundstück befriedigen darf; wenn der Gläubiger zB über einen Titel zu einer erst in Jahren fälligen Kaufpreisresthypothek verfügt, kann daraus nach Umwandlung nicht die Zwangsvollstreckung wegen einer fälligen Grundschuld zulässig sein. Ob ein neuer Titel ausnahmsweise entbehrlich sein kann, wenn sich durch die Umwandlung keinerlei Veränderung in den Konditionen ergibt (darauf stellt MünchKomm/EICKMANN[4] Rn 7 ab, obwohl er in Rn 9 eine Änderung der Konditionen annimmt, die kraft Gesetzes eintrete; für Erhaltung des Titels nur im Fall unveränderter Konditionen wohl auch ERMAN/WENZEL[12] Rn 3), kann wegen praktischer Bedeutungslosigkeit dahingestellt bleiben. S auch Einl 187 ff, insbes Rn 205 zu §§ 1113 ff; § 1180 Rn 28.

16 Dass es eines neuen Titels bedarf, bedeutet nicht ohne weiteres, dass zu notariellen Unterwerfungsurkunden immer auch eine neue **Grundbucheintragung** nach § 800 ZPO erforderlich wäre (Einzelheiten Einl 205 zu §§ 1113 ff).

III. Umwandlung kraft Gesetzes

17 Neben der rechtsgeschäftlichen Umwandlung iS des § 1198 kennt das BGB auch Umwandlungen kraft Gesetzes, s §§ 1177, 1173 Abs 2, 1182, 1163. Auf die vorläufige Eigentümergrundschuld nach § 1163 Abs 1 S 1 findet § 1198 keine Anwendung (§ 1163 Rn 37); der Hypothekengläubiger erwirbt das Recht mit der Entstehung der Forderung, ohne dass es hierzu einer weiteren Rechtshandlung bedarf.

Untertitel 2
Rentenschuld

Vorbemerkungen zu §§ 1199 ff

Schrifttum

BAUER, Die Reallast und die Rentenschuld (Diss Breslau 1904)
BRETTNER, Die Rentenschuld im Bürgerlichen Gesetzbuch und seinen Nebengesetzen, ArchBürgR 13, 111

RUBINSTEIN, Die Grund- und Rentenschuld des deutschen BGB und die Gültigkeit des Schweizerischen Zivilgesetzbuchs (Diss Leipzig 1934).

I. Allgemeines

Das Institut der Rentenschuld als **gesonderte Kreditform** oder **Kreditsicherheit** neben **1** der Hypothek und Grundschuld wurde (Prot III 771 ff) auf besonderen Wunsch aus landwirtschaftlichen Kreisen im zweiten Entwurf eingeführt (WOLFF/RAISER § 157 I; weitere Angaben zur Entstehungsgeschichte MünchKomm/EICKMANN[4] Rn 1; SCHULTE-NÖLKE, Das Reichsjustizamt und die Entstehung des Bürgerlichen Gesetzbuchs [1995] 344 ff; REISCHL Agrarrecht 1997, 277).

Das Charakteristikum der Rentenschuld ist die Belastung eines Grundstücks **mit 2 einer seitens des Gläubigers unkündbaren Rente.** Man erwartete bei den Befürwortern der Rentenschuld, dass diese Form allmählich die kündbare Hypothek verdrängen und damit eine Verbesserung der wirtschaftlichen Lage der Landwirtschaft herbeiführen werde. Zugleich hoffte man, dass sich in Bälde auch größere Institute herbeilassen würden, die Beleihung der Grundstücke in dieser Form zu vermitteln oder selbst zu bewirken; auch erwartete man, durch Ausgabe von Rentenbriefen die Verbreitung der Rentenschuld zu fördern, da der Berechtigte sein Kapital jederzeit durch den Verkauf des Briefs zurückerlangen könne (vgl JACUBEZKY Anm 265, 266; DNotV 1896, 138; HACHENBURG Beitr 48 ff). Diese Erwartungen haben sich aber nicht erfüllt, nicht zuletzt auch deshalb, weil bei der Ausbildung dieses Instituts auf die Sicherung des Gläubigers zu wenig Bedacht genommen wurde (vgl NUSSBAUM, Deutsches Hypothekenwesen 184 ff; SACHS JherJb 38, 324; HEDEMANN, Die Fortschritte des Zivilrechts im XIX. Jahrhundert, 2. Tl 2. Hälfte [1935] 276; WOLFF/RAISER § 157 I mit Fn 2; REISCHL Agrarrecht 1997, 277).

Die für das Scheitern des Instituts verantwortliche Benachteiligung des Gläubigers **3** zeigt sich besonders bei inflationärer Geldentwertung, wie sie seit dem Inkrafttreten des BGB ständig in teils mäßiger, mehrmals aber in gravierender Stärke stattgefunden hat. Renten werden deshalb jedenfalls seit den Erfahrungen, die der Währungsreform des Jahres 1948 vorausgegangen sind, fast ausschließlich als wertgesicherte vereinbart. Die Rentenschuld aber lässt eine **Wertsicherung** nicht zu. Zwar ist für den

Erbbauzins, der bis zum Inkrafttreten des SachenrechtsänderungsG (v 21. 9. 1994 [BGBl I 2457]) ebenfalls keiner Wertsicherung zugänglich war, aus der Not Abhilfe in Form einer Erhöhungsvormerkung gefunden worden, was auch bei der Rentenschuld möglich wäre. Die Wertsicherung der Rentenschuld wäre aber nur effektiv, wenn auch die zwingend festzusetzende Ablösungssumme wertgesichert werden könnte; dies mag zwar nach § 5 PrKlG zulässig sein (unklar Kirchhoff DNotZ 2007, 913; Reul MittBayNot 2007, 445); über die Verweisung in § 1200 Abs 1 auf das Grundschuldkapital und die weitere Verweisung in § 1192 Abs 1 auf das Hypothekenkapital nach § 1113 gilt aber das Verbot wertgesicherter Hypotheken (Einl 56 zu §§ 1113 ff) auch für die Ablösesumme. Wirtschaftlich gesehen ist die Ablösungssumme auf der Grundlage des vom Gläubiger für die Einräumung der Rentenschuld zu entrichtenden Entgelts, der Höhe der Rentenzahlungen, eines prognostizierten Zinssatzes (Rechnungszinsfuß) und einer prognostizierten Inflationsrate zu kalkulieren; das Entgelt entspricht normalerweise dem **Barwert** der Rente auf der Grundlage des Rechnungszinsfußes und der Inflationsrate. Entspricht der Rechnungszinsfuß dem aktuellen Zinssatz für langfristige hypothekarische Kredite (der die Inflations-Prognose bereits einschließt), so wird die Ablösungssumme genau so hoch sein wie das zu entrichtende Entgelt (nur unter dieser Voraussetzung ist zutreffend, dass – wie Westermann/Eickmann[7] § 120 I 4 c erläutern – die Ablösesumme dem Grundschuldkapital entspricht; vgl Erman/Wenzel[12] Rn 2).

4 Das Risiko, dass die reale Zins- und Inflationsentwicklung vom Rechnungszinsfuß und der Inflationsprognose abweicht (was über längere Zeiträume hinweg immer der Fall ist), trägt nun bei der Rentenschuld – beabsichtigt – allein der Gläubiger. Sinken die (die Inflationsprognose bereits berücksichtigenden) realen Zinsen unter den Rechnungszinsfuß, so steigt der Barwert der Rente über den Betrag der Ablösungssumme; der Eigentümer muss dennoch nur die Ablösesumme zahlen und kann den Gläubiger mittels eines billigen Kredits mit Gewinn ablösen. Steigen dagegen die Zinsen in der Inflationsphase über den Rechnungszinsfuß, so sinkt der bei einem Verkauf der Rentenschuld erzielbare Barwert unter den Betrag der Ablösungssumme; der Gläubiger muss mangels eines Kündigungsrechts hilflos die Entwertung seiner Rentenschuld hinnehmen. Es war von vornherein naiv, zu glauben, der Markt würde eine Disparität dieser Art akzeptieren; er wird dies auch künftig nicht tun, so dass die Rentenschuld entweder so umzugestalten, dass sie wirtschaftlicher Logik folgt, oder aus dem BGB zu streichen ist.

5 Die Rentenschuld steht in einem Konkurrenzverhältnis zur Reallast (nachf Rn 7). Dass die Reallast in der Praxis eine bedeutende, die Rentenschuld aber gar keine Rolle spielt, beruht nicht auf steuerlichen Gründen (so aber Wilhelm[3] Rn 1424), sondern darauf, dass die Rentenschuld zulasten des Gläubigers grob unausgewogen ist. S zu einem der wenigen veröffentlichten Fälle einer Rentenschuld OLG Frankfurt NJW-RR 1995, 785; auch hier ist mehr als fraglich, ob kautelarjuristisch gesehen die Rentenschuld die geeignete Rechtsform war.

II. Rechtsnatur

1. Unterart der Grundschuld

6 Die Rentenschuld ist ihrer Rechtsnatur nach eine Unterart der Grundschuld (vgl Erl

zu § 1199). Sie ähnelt in vielen Beziehungen dem **Ewiggeld** des bayerischen Rechts (Roth/Becher, Bayer Zivilrecht II 1 §§ 176 ff), das jedoch als Reallast gedacht war. In Rentenschulden umgewandelt haben sich das **Münchener Ewiggeld** und das **Nürnberger Eigengeld** (BayObLGZ 1952, 127; BayObLGZ 1953, 89; BayObLGZ 1955, 60; vgl über Eigengeld auch Helmschmidt MittBayNot 1957 Nr 4 und Carmine DNotZ 1957, 8).

2. Zu unterscheidende Belastungsformen

a) Reallasten

Selbstverständlich können auch jetzt noch Geldrenten in Form von Reallasten **7** (§§ 1105 ff) begründet werden. Das BGB enthält aber keine besonderen Vorschriften über diese Art von Reallasten, sie hat sich nach den allgemeinen Normen über Reallasten zu richten. Man kann sie „Rentenreallast" heißen (vgl Staudinger/Amann [2009] Einl 41 zu §§ 1105–1112).

Die **Hauptunterschiede zwischen Reallast und Rentenschuld** liegen in folgendem: Bei **8** der Rentenschuld muss als wesentlich schon bei der Bestellung eine bestimmte Ablösungssumme festgesetzt werden, bei der Reallast besteht hierzu kein Zwang. Auf erstere finden die Vorschriften über Grundschulden Anwendung und damit auch die Normen über Hypotheken, soweit Letztere nicht das Bestehen einer Forderung zur Voraussetzung haben. Für alle Ansprüche aus der Rentenschuld haftet der Eigentümer nur mit dem Grundstück (§§ 1199, 1191), während er bei der Reallast für die während der Dauer seines Eigentums fällig werdenden Renten der Regel nach auch persönlich zu haften hat (§ 1108). Bei der Rentenschuld ist ferner eine Umwandlung in eine gewöhnliche Grundschuld möglich (§ 1203). Bei Ablösung erwirbt diese der Eigentümer, die Reallast erlischt, weil sie im Gegensatz zu den Grundpfandrechten keinen Rang reserviert (s Einl 153 zu §§ 1113 ff). Ferner kann zwar eine Reallast, nicht aber eine Rentenschuld als subjektiv dingliches Recht bestellt werden. Beide Rechte werden auch in der Zwangsversteigerung und Zwangsverwaltung verschieden behandelt (§§ 92 Abs 2, 3, 121, 158 ZVG). Die Reallast wird in der Abteilung II, die Rentenschuld in der Abteilung III des Grundbuchs eingetragen.

b) Revenuenhypotheken

Die sog Revenuenhypothek (vgl Wolff/Raiser § 140 III 2) und die sog Revenuengrund- **9** schuld waren dadurch von der Rentenschuld verschieden, dass bei ihnen nur die Nutzungen des Grundstücks für Kapital und Zinsen hafteten, während bei der Rentenschuld Befriedigung aus dem Grundstück selbst möglich ist. Das BGB hat das Institut nicht übernommen.

III. Ablösungssumme und Jahresrente

Die festgesetzte Ablösungssumme einerseits und die fortlaufend zu zahlende Jahres- **10** rente sind rechtlich streng zu scheiden. Dass im wirtschaftlichen Effekt (zB zum Ausgleich einer kalkulierten Geldentwertung) mit der Jahresrente zugleich Beträge aus der Ablösungssumme getilgt werden, ist aber nicht auszuschließen (§ 1199 Rn 3).

§ 1199
Gesetzlicher Inhalt der Rentenschuld

(1) Eine Grundschuld kann in der Weise bestellt werden, dass in regelmäßig wiederkehrenden Terminen eine bestimmte Geldsumme aus dem Grundstück zu zahlen ist (Rentenschuld).

(2) Bei der Bestellung der Rentenschuld muss der Betrag bestimmt werden, durch dessen Zahlung die Rentenschuld abgelöst werden kann. Die Ablösungssumme muss im Grundbuch angegeben werden.

Materialien: E II § 1108 rev 1184; III § 1182;
Prot III 771 ff, 782.

1 1.   Die **Rentenschuld** unterscheidet sich von der gewöhnlichen Grundschuld dadurch, dass sie einen Anspruch auf Zahlung aus dem Grundstück begründet, der nicht auf Leistung eines Kapitals, sondern auf Leistung einer bestimmten Geldsumme in regelmäßig wiederkehrenden Terminen gerichtet ist.

2 Die **Höhe** der **einzelnen Geldsumme** muss bestimmt sein (Vorbem 3 zu §§ 1199 ff); nicht verlangt ist, dass die Rente stets in gleicher Höhe zu leisten ist. Auch eine bedingte, zB für den Fall der Säumnis vereinbarte Erhöhung, ist dinglich zulässig (Planck/Strecker Anm 2).

3 Eine **zeitliche Beschränkung** der Rentenschuld ist zulässig (Planck/Strecker Anm 2; Wolff/Raiser § 157 II; Erman/Wenzel[12] Rn 1; **aM** KGJ 20 A 212); sie soll dann mit dem Wesen der Rentenschuld unvereinbar sein, wenn durch die Rentenzahlung zugleich eine Tilgung der Ablösungssumme bewirkt werden soll (OLG Braunschweig JW 1925, 2270 mit zust Anm de Boor; OLG Bremen OLGZ 65, 74; Planck/Strecker Anm 2). Gleiches soll für eine auflösende Bedingung gelten (KG JFG 1, 500; Wolff/Raiser § 157 II). Mit dem Wesen der Rentenschuld soll es nicht vereinbar sein, wenn etwa mit der Jahresrente zugleich Beträge an der Ablösungssumme (in Form einer allmählichen Amortisation) getilgt werden sollen (KG RJA 1, 22; KG OLGE 1, 191; OLG Braunschweig JW 1925, 2270; Planck/Strecker Anm 2; Staudinger/Scherübl[12] Rn 3). Diese Feststellungen mögen zutreffen, wenn die Tilgungsvereinbarung *Inhalt* der Rentenschuld sein soll; war die Absicht, eine Amortisation zu erreichen, aber nur Kalkulationsgrundlage für die Bestimmung des Bestellungsentgelts, der Rentenhöhe und der Ablösungssumme – das ist sie regelmäßig (Vorbem 3 zu §§ 1199 ff) –, so kann das den Rechtsbestand der Rentenschuld nicht berühren (nachf Rn 6).

4 2.   Im Übrigen finden auf die Rentenschuld, da sie nur eine Unterart der Grundschuld ist, die für die **Grundschuld geltenden Vorschriften** Anwendung, soweit sich nicht aus den §§ 1199 ff Abweichungen ergeben. Eine umfassende ausdrückliche Verweisung auf die §§ 1191 ff enthält das Gesetz aber nicht (daher nachf Rn 12). Die Rentenschuld kann sowohl als Brief wie als Buchrecht begründet werden (§ 1192 Rn 5). Auch kann der Brief auf den Inhaber ausgestellt werden (§ 1195). Ebenso ist von vornherein die Bestellung einer Rentenschuld für den Eigentümer zulässig (§ 1196).

3.   Die Bestellung einer Rentenschuld **zugunsten des jeweiligen Eigentümers** eines **5** anderen Grundstücks ist ebenso unzulässig, wie die Bestellung einer subjektiv dinglichen Grundschuld (OLG Hamburg OLGE 9, 312 m abl Anm d Herausgebers; § 1191 Rn 15; Vorbem 8 zu §§ 1199 ff).

4.   Die Vereinbarung und Eintragung einer **bestimmten Ablösungssumme**, durch **6** deren Zahlung der Eigentümer die Rentenschuld jederzeit einseitig ablösen kann, bildet ein wesentliches Erfordernis (Abs 2). Ein bestimmtes Verhältnis zwischen Rente und Ablösungssumme wird vom Gesetz nicht festgelegt (RGZ 86, 260), es besteht vielmehr volle Vertragsfreiheit (Wolff/Raiser § 157 Fn 3; Westermann/Eick-mann[7] § 120 I 4 c; Erman/Wenzel[12] Rn 2; **aM** Planck/Strecker Anm 3c). Rente und Ablösungssumme einerseits und ein – normalerweise – für die Einräumung des Rentenrechts zu entrichtendes Entgelt stehen aber zueinander im Verhältnis von Leistung und Gegenleistung (vgl Vorbem 3 f zu §§ 1199 ff), so dass ein grobes Missverhältnis wucherischen oder sonst sittenwidrigen Charakter haben kann.

Ablösungssumme und Jahresrente stehen – ungeachtet des selbstverständlich gege- **7** benen wirtschaftlichen Zusammenhangs – der rechtlichen Natur der Rentenschuld nach nicht im Verhältnis von **Kapital und Zinsen** (Prot III 778, 779). Daher sollte der Wille der Parteien dahin gehen, das Grundstück mit einer seitens des Gläubigers unkündbaren Rente zu belasten; beabsichtigen sie dagegen die Belastung des Grundstücks mit einem für den Gläubiger unkündbaren Kapital, dann ist die Hypothek oder Fremdgrundschuld die geeignete Form (Planck/Strecker Anm 2).

Die Bestimmung der Ablösungssumme bildet einen **Teil der Einigung.** Die Ab- **8** lösungssumme ist einzutragen und auf dem Rentenbrief zu vermerken (§ 70 Abs 1 S 1 GBO). Die Eintragung der Ablösungssumme in das Grundbuch kann nach §§ 1200, 1115 durch Bezugnahme auf die Eintragungsbewilligung nicht ersetzt werden (Planck/Strecker Anm 3b).

Fehlt die Festsetzung einer Ablösungssumme, so kann der dingliche Vertrag even- **9** tuell nach § 140 als Bestellung einer Reallast aufrechterhalten werden (Planck/ Strecker Anm 3a; Erman/Wenzel[12] Rn 3; s auch Wolff/Raiser § 157 VI aE). Nach erfolgter Eintragung kann aber das Recht nicht mehr in eine Reallast umgedeutet werden, die Eintragung ist vielmehr gemäß § 53 Abs 1 S 2 GBO als unzulässig anzusehen (Planck/Strecker Anm 3a).

Die nachträgliche **Erhöhung** der Ablösungssumme ist – mit Zustimmung der nach- **10** rangigen Berechtigten – zulässig; entgegenstehende Gesichtspunkte sind nicht erkennbar (**aA** KGJ 40, 342; Planck/Strecker Anm 3d; Erman/Wenzel Rn 2; Staudinger/ Scherübl[12] Rn 12).

5.   Wegen der **Zwangsversteigerung** des belasteten Grundstücks vgl §§ 10 Nr 4, 45 **11** Abs 2, 92 Abs 3 ZVG, auch § 1202 Rn 1.

6.   Die Rentenschuld kann auch zur **Sicherung einer Forderung** (etwa einer Leib- **12**

rente, §§ 759 ff) dienen und ist dann wie eine Sicherungsgrundschuld (Vorbem 24 ff zu §§ 1191 ff) zu behandeln (BGH NJW 1980, 2198; WOLFF/RAISER § 157 II; ERMAN/WENZEL[12] Rn 1). § 1192 Abs 1a findet aber keine Anwendung.

§ 1200
Anwendbare Vorschriften

(1) Auf die einzelnen Leistungen finden die für Hypothekenzinsen, auf die Ablösungssumme finden die für ein Grundschuldkapital geltenden Vorschriften entsprechende Anwendung.

(2) Die Zahlung der Ablösungssumme an den Gläubiger hat die gleiche Wirkung wie die Zahlung des Kapitals einer Grundschuld.

Materialien: E II § 1109 rev § 1185; III § 1183;
Prot III 775 f, 779, 782.

1 1. Als Vorschriften, die auf die **einzelnen Leistungen** anzuwenden sind, kommen namentlich die §§ 1145 Abs 2, 1158, 1159, 1160 Abs 3, 1178 in Betracht. Die einzelnen Leistungen unterliegen der Regelverjährung (§ 195); Verzugszinsen sind von ihnen nicht zu entrichten (§ 289); der öffentliche Glaube des Grundbuchs erstreckt sich nicht auf die laufenden und die im nächsten Kalendervierteljahr fällig werdenden Leistungen (§ 1158); rückständige Leistungen werden nach den allgemeinen Vorschriften übertragen, welche für die Übertragung von Forderungen gelten (§ 1159); die Rentenschuld geht hinsichtlich der gezahlten fälligen Renten nicht auf den Eigentümer über (§ 1178); der Eigentümer, dem die Rentenschuld zusteht, unterliegt der Renten wegen der in § 1197 aufgestellten Beschränkung (§§ 1145 Abs 2, 1160 Abs 3). Auch § 1119 ist anwendbar; beträgt die Rente weniger als fünf vom Hundert der Ablösungssumme, so kann sie ohne Zustimmung der gleich- und nachstehend Berechtigten auf diesen Betrag erhöht werden (KG RJA 10, 146; KGJ 40, 343; WOLFF/RAISER § 117 IV 1; WESTERMANN/EICKMANN[7] § 120 I 4 b; ERMAN/WENZEL[12] Rn 1). Wegen der Bezeichnung eines Anfangstermins der einzelnen Leistung s § 1115 Rn 35. Kriegszerstörung des auf dem belasteten Grundstück errichteten Gebäudes ist für die einzelnen Rentenleistungen ohne Bedeutung (LG Wuppertal MDR 1947, 255).

2 2. Die auf die **Ablösungssumme** anzuwendenden Bestimmungen ergeben sich aus § 1192 Abs 1. Insbesondere gelten danach für die Übertragung die §§ 1154, 1155.

3 3. Der Eigentümer erwirbt durch die Zahlung der Ablösungssumme eine **Eigentümerrentenschuld** (HACHENBURG Beitr 52 und Vortr 578; PLANCK/STRECKER Anm 2 mwNw; WOLFF/RAISER § 157 III 3; WESTERMANN/EICKMANN[7] § 120 I 4 c).

§ 1201
Ablösungsrecht

(1) Das Recht zur Ablösung steht dem Eigentümer zu.

(2) Dem Gläubiger kann das Recht, die Ablösung zu verlangen, nicht eingeräumt werden. Im Falle des § 1133 Satz 2 ist der Gläubiger berechtigt, die Zahlung der Ablösungssumme aus dem Grundstück zu verlangen.

Materialien: E II § 1110 rev § 1186; III § 1184;
Prot III 776, 780 f.

1.   Das **Recht zur Ablösung** steht dem **Eigentümer** zu; er kann das Ablösungsrecht **1**
erst nach vorgängiger Kündigung ausüben (s näher § 1202). Das Kündigungsrecht
des Eigentümers kann nicht ausgeschlossen, sondern nur nach Maßgabe des § 1202
Abs 2 beschränkt werden. Der **Gläubiger** kann die Rentenschuld **nicht kündigen**;
eine Vereinbarung, nach der auch dem Gläubiger das Kündigungsrecht zustehen
soll, ist nichtig und hat nach § 139 die Nichtigkeit der auf die Bestellung der
Rentenschuld gerichteten Einigung zur Folge, wenn nicht anzunehmen ist, dass sie
auch ohne den nichtigen Teil vorgenommen worden wäre (Planck/Strecker Anm 1
mwN). Die absolute Unkündbarkeit seitens des Gläubigers bildet mit das Wesen der
Rentenschuld und ist die Ursache für ihre Unbrauchbarkeit in der Praxis (Vorbem 2 zu
§§ 1199 ff).

2.   Mit dem Ausschluss des Kündigungsrechts wird jedoch dem Gläubiger das **2**
Recht, die Zahlung der **Ablösungssumme** aus dem Grundstück zu verlangen, nicht
völlig entzogen, er kann nur nicht kündigen. Hat der Eigentümer gekündigt, so kann
der Gläubiger nach dem Ablauf der Kündigungsfrist die Zahlung der Ablösungssumme aus dem Grundstück fordern (§ 1202). Diese Befugnis steht ihm auch im Fall
des § 1133 S 2 bei Verschlechterung des Grundstücks zu; er muss aber nachweisen,
dass sein Recht auf fortdauernde Leistung der Rente gefährdet ist. In der **Zwangsversteigerung** hat der Gläubiger, wenn die Rentenschuld nicht in das geringste Gebot
fällt, sondern durch den Zuschlag erlischt und aus dem Bargebot zu decken ist (RGZ
86, 259) gemäß § 92 Abs 1, 3 ZVG ein Recht auf Zahlung der Ablösungssumme aus
dem Erlös (Planck/Strecker Anm 2b); wegen der Zwangsverwaltung s § 158 ZVG.
Wegen der einzelnen fälligen Leistungen hat der Gläubiger das Vollstreckungsrecht
(§ 1200 Abs 1).

§ 1202
Kündigung

**(1) Der Eigentümer kann das Ablösungsrecht erst nach vorgängiger Kündigung ausüben. Die Kündigungsfrist beträgt sechs Monate, wenn nicht ein anderes be-
stimmt ist.**

(2) Eine Beschränkung des Kündigungsrechts ist nur soweit zulässig, dass der Eigentümer nach 30 Jahren unter Einhaltung der sechsmonatigen Frist kündigen kann.

(3) Hat der Eigentümer gekündigt, so kann der Gläubiger nach dem Ablauf der Kündigungsfrist die Zahlung der Ablösungssumme aus dem Grundstück verlangen.

Materialien: E II § 1111 rev § 1187; III § 1185;
Prot III 776, 781.

1 § 1202 enthält die nähere Regelung über das **Kündigungsrecht des Eigentümers**. Abs 1 S 1 ist zwingender Natur. Nur die Dauer der Kündigungsfrist kann abweichend festgesetzt werden; das Kündigungsrecht kann beschränkt, dh für zeit ausgeschlossen werden, jedoch nur insoweit, dass der Eigentümer nach 30 Jahren unter Einhaltung der Kündigungsfrist von sechs Monaten (oder der vereinbarten Dauer der Kündigungsfrist) kündigen kann. Unberührt bleiben landesrechtliche Bestimmungen, nach denen die Ausschließung des Kündigungsrechts des Eigentümers nur für eine kürzere Zeit zugelassen wird (Art 117 Abs 2 EGBGB). Abs 2 stellt zudem klar, dass mit Ablauf der Zeit, für die das Kündigungsrecht ausgeschlossen ist, die Ablösungssumme nicht unmittelbar fällig wird, sondern dass es zur Herbeiführung der Fälligkeit immer der Kündigung bedarf.

§ 1203
Zulässige Umwandlungen

Eine Rentenschuld kann in eine gewöhnliche Grundschuld, eine gewöhnliche Grundschuld kann in eine Rentenschuld umgewandelt werden. Die Zustimmung der im Range gleich- oder nachstehenden Berechtigten ist nicht erforderlich.

Materialien: E II § 1112 rev § 1188; III § 1186;
Prot III 775 f, 782 f, IV 587.

1 1. Neben der **Umwandlung** der Rentenschuld in eine Grundschuld ist auch die unmittelbare Umwandlung der Rentenschuld in eine Hypothek zulässig (§§ 1198, 1186; OLG Hamburg OLGE 36, 137; WOLFF/RAISER § 130 Fn 9), indem ihr eine persönliche Forderung unterlegt wird (BGB-RGRK/JOSWIG[12] Rn 1). Die Umwandlung erfordert Einigung des Gläubigers und des Eigentümers und Eintragung der Umwandlung ins Grundbuch. Dem Grundbuchamt gegenüber ist für die Eintragungsbewilligung § 29 GBO zu beachten. Steht die Rentenschuld dem Eigentümer zu, genügt dessen einseitige Bewilligung in der Form des § 29 GBO.

2 2. Bei der Umwandlung einer Rentenschuld in eine Grundschuld wird die **Ablösungssumme zum Grundschuldkapital**, die Rente zum Zins; der Betrag des Grundschuldkapitals darf die Ablösungssumme nicht übersteigen (Prot III 775, 783; KGJ 40, 342; PLANCK/STRECKER Anm 2; BGB-RGRK/JOSWIG[12] Rn 1).

Wegen der Umwandlung der Rentenschuld in eine Hypothek während des Zwangsversteigerungsverfahrens s RGZ 86, 255; OLG Hamburg OLGE 30, 96.

3. Ist das umzuwandelnde Recht mit dem Recht eines Dritten belastet, so ist die 3 **Zustimmung** des Dritten zur Umwandlung erforderlich (§§ 876, 877). Die Zustimmung gleich- und nachrangiger Berechtigter ist zur Umwandlung nicht erforderlich (S 2). Dies soll einen Schadensersatzanspruch (§ 826) dieser Berechtigten nicht ausschließen, wenn die Rentenschuld zum Nachteil der gleich- und nachstehend Berechtigten in eine ohne Kündigung fällige Hypothek umgewandelt wird (OLG Hamburg OLGE 36, 137); der Tatbestand der vorsätzlichen sittenwidrigen Schädigung erfordert aber das Hinzutreten besonderer und gravierender Umstände. S zu möglicherweise erforderlichen öffentlich-rechtlichen Genehmigungen Einl 118 zu §§ 1113 ff.

Sachregister

Die fetten Zahlen beziehen sich
auf die Paragraphen, die mageren Zahlen
auf die Randnummern.

Hypothek (Forts)
  Geldforderung **Einl 1113 ff** 42 ff; **1113** 27
  Grundstückseigentümer, künftiger
    1113 42
  Haftungsbeschränkung auf das Grund-
    stück **1113** 5; **1163** 52
  incertus an **1113** 39
  incertus quando **1113** 39
  Inhaltsänderung **1160** 21
  Kapitalforderung **1113** 34
  kausale Forderung **Vorbem 1191 ff** 2
  Kündigung **1141** 2, 4
  künftige Forderung **1138** 10
  mehrere Forderungen **1113** 23
  Nichtentstehen der Forderung **1169** 10
  öffentliche Lasten **1113** 17
  öffentlich-rechtliche Forderungen
    1113 13 ff; **1147** 32
  Rückgewähranspruch **1113** 25
  Rücktritt **1163** 50
  sachenrechtliche Formen **1154** 2 ff
  Schmälerung **1157** 1
  Schwebezustand **1113** 39
  Spaltung Forderung/Hypothek **1138** 9
  Spezialitätsprinzip **1113** 22
  Teile der Forderung **1113** 48
  Teilforderungen **1160** 2
  Übertragung
    s Hypothekenforderung
  Verjährungseinrede **1113** 12
  Vermutung, gesetzliche **1138** 19
  Wahlschuldverhältnis **1113** 24
Forderung, künftige **Einl 1113 ff** 111;
  1113 35 f, 38 ff
  gestundete Forderung **1113** 38
Forderungsabtretung **1113** 44
  Briefübergabe **1113** 44
  Einigung **1113** 44
Forderungsauswechslung **Einl 1113 ff** 28,
  102, 154, 160; **1113** 22; **1164** 3; **1180** 1 ff,
  31 ff
  s a dort
  Inhaltsänderung **Einl 1113 ff** 205
  kraft Gesetzes **Einl 1113 ff** 212
Forderungsbezeichnung **1113** 9
forderungsentkleidete Hypothek **Einl**
  1113 ff 182; **Vorbem 1113 ff** 8; **1138** 8;
  1153 1; **1155** 42; **1163** 34
Forderungsnichtigkeit **1113** 9
Forderungsübergang **Einl 1113 ff** 211
Forderungsidentität **1113** 22 f
Fortbestand **Vorbem 1113 ff** 5; **1156** 3
Freiwerden des Schuldners **1165** 1 ff, 7 ff
  Freiwerden kraft Gesetzes **1165** 10
  Vereinbarung **1165** 15
  Verzinsung **1165** 10
fremde Schuld **1113** 71
  Deckungsverhältnis **1113** 72

Hypothek (Forts)
  Geldbetrag der Forderung **Einl 1113 ff** 55;
    1115 31
  Geltendmachung **1116** 10
  gemischte Hypothek **1184** 9
  Gesamtgläubigerschaft **Einl 1113 ff** 114;
    1113 67
  Gesamthandsanteile **1114** 15
  Gesamthypothek
    s dort
  Gläubiger **Einl 1113 ff** 72 ff; **1113** 70
  Gläubigerbefriedigung **1183** 24
  Gläubigeridentität **Vorbem 1113 ff** 7;
    1113 62 ff; **1153** 1
    Forderungsabtretung **1113** 65
  Gläubigermehrheit **Einl 1113 ff** 80 ff;
    1113 66 ff
  Gläubigerwechsel **1157** 1 ff
  Grundbuchberichtigungsanspruch **1113** 27
  Grundgeschäft
    s Kausalgeschäft
  Grundpfandrecht **Einl 1113 ff** 1 f
  Grundschuld, Abgrenzung **Vorbem**
    1191 ff 2 ff
  Grundschuld, Eintragung **Einl 1113 ff** 123
  Grundschuld, zusätzliche **1113** 76
  Grundstücksbestandteile, wesentliche
    1114 14
  Grundtyp **Vorbem 1113 ff** 11
  gutgläubiger Erwerb **Einl 1113 ff** 182;
    1113 ff 8; **1157** 1
  Gutglaubensschutz **1137** 4; **1138** 1
  Haftungsverband
    s Haftungsverband der Hypothek
  Haftungsverschärfung **1119** 1
  Hauptforderung **Vorbem 1113 ff** 9 f
  Höchstbetrag **1190** 1
  1. Hypothek **1163** 6
  2. Hypothek **1163** 6
  Hypothek folgt Forderung **1153** 8 f; **1154** 2
  Hypothek ohne Brief **1116** 24, 27
  Hypothekenbrief **1116** 3 ff
    s a dort
  Hypothekenforderung
    s a dort; s a Forderung, gesicherte
  Hypothekenkrise **Einl 1113 ff** 31 f
  Informationspflichten **1115** 62
  Inhalt **Vorbem 1113 ff** 6, 9; **1115** 4;
    1138 6, 18
    Erweiterung **1149** 1
  Inhaltsänderung **1119** 7, 18 ff
  Inkassoabtretung **1138** 5
  Insolvenz des Eigentümers **1147** 56 ff
  Kapital **1190** 1
    unkündbares Kapital **1199** 7
  Kausalgeschäft **Vorbem 1113 ff** 36
    Nichtigkeit **1113** 25
    Sittenwidrigkeit **1113** 10

**J. von Staudingers
Kommentar zum Bürgerlichen Gesetzbuch
mit Einführungsgesetz und Nebengesetzen**

Übersicht vom 15. August 2009
Die Übersicht informiert über die Erscheinungsjahre der Kommentierungen in der 13. Bearbeitung und deren Neubearbeitungen
(= Gesamtwerk STAUDINGER). *Kursiv* geschrieben sind die geplanten Erscheinungsjahre.

Die Übersicht ist für die 13. Bearbeitung und für deren Neubearbeitungen zugleich ein Vorschlag für das Aufstellen des „Gesamtwerk STAUDINGER" (insbesondere für solche Bände, die nur eine Sachbezeichnung haben). Es wird empfohlen, die Austauschbände chronologisch neben den überholten Bänden einzusortieren, um bei Querverweisungen auf diese schnell Zugriff zu haben. Bei Platzmangel sollten die ausgetauschten Bände an anderem Ort in gleicher Reihenfolge verwahrt werden.

	13. Bearb.	Neubearbeitungen		
Buch 1. Allgemeiner Teil				
Einl BGB; §§ 1–12; VerschG	1995			
Einl BGB; §§ 1–14; VerschG		2004		
§§ 21–79		2005		
§§ 21–89; 90–103 (1995)	1995			
§§ 90–103 (2004); 104–133; BeurkG	2004	2004		
§§ 134–163	1996	2003		
§§ 164–240	1995	2001	2004	
Buch 2. Recht der Schuldverhältnisse				
§§ 241–243	1995	2005		
§§ 244–248	1997			
§§ 249–254	1998	2005		
§§ 255–292	1995			
§§ 293–327	1995			
§§ 255–314		2001		
§§ 255–304			2004	2009
AGBG	1998			
§§ 305–310; UKlaG		2006		
§§ 311, 311a, 312, 312a–f			2005	
§§ 311b, 311c			2006	
§§ 315–327		2001		
§§ 315–326			2004	
§§ 328–361	1995			
§§ 328–361b		2001		
§§ 328–359			2004	
§§ 328–345				2009
§§ 362–396	1995	2000	2006	
§§ 397–432	1999	2005		
§§ 433–534	1995			
§§ 433–487; Leasing		2004		
Wiener UN-Kaufrecht (CISG)	1994	1999	2005	
§§ 488–490; HWiG; 607–609		*2010*		
VerbrKrG; HWiG; § 13a UWG	1998			
VerbrKrG; HWiG; § 13a UWG; TzWrG	2001			
§§ 491–507			2004	
§§ 516–534		2005		
§§ 535–563 (Mietrecht 1)	1995			
§§ 564–580a (Mietrecht 2)	1997			
2. WKSchG; MÜG (Mietrecht 3)	1997			
§§ 535–562d (Mietrecht 1)		2003	2006	
§§ 563–580a (Mietrecht 2)		2003	2006	
§§ 581–606	1996	2005		
§§ 607–610 (siehe §§ 488–490; 607–609)	./.			
§§ 611–615	1999	2005		
§§ 616–619	1997			
§§ 620–630	1995			
§§ 616–630		2002		
§§ 631–651	1994	2000	2003	2008
§§ 651a–651l	2001			
§§ 651a–651m		2003		
§§ 652–704	1995			
§§ 652–656		2003		
§§ 657–704		2006		
§§ 705–740	2003			
§§ 741–764	1996	2002	2008	
§§ 765–778	1997			
§§ 779–811	1997	2002	2009	
§§ 812–822	1994	1999	2007	
§§ 823–825	1999			
§§ 826–829; ProdHaftG	1998	2003	2009	
§§ 830–838	1997	2002	2008	
§§ 839, 839a	2002	2007		
§§ 840–853	2002	2007		
Buch 3. Sachenrecht				
§§ 854–882	1995	2000	2007	
§§ 883–902	1996	2002	2008	

	13. Bearb.	Neubearbeitungen		
§§ 903–924; UmweltHaftR	1996			
§§ 903–924		2002		
UmweltHaftR		2002		
§§ 925–984; Anh §§ 929 ff	1995	2004		
§§ 985–1011	1993	1999	2006	
ErbbVO; §§ 1018–1112	1994	2002		
ErbbauRG; §§ 1018–1112			2009	
§§ 1113–1203	1996	2002	2009	
§§ 1204–1296; §§ 1–84 SchiffsRG	1997	2002		
§§ 1–64 WEG	2005			

Buch 4. Familienrecht

	13. Bearb.	Neubearbeitungen		
§§ 1297–1320; Anh §§ 1297 ff; §§ 1353–1362	2000	2007		
§§ 1363–1563	1994	2000	2007	
§§ 1564–1568; §§ 1–27 HausratsVO	1999	2004		
§§ 1569–1586b		*2010*		
§§ 1587–1588; VAHRG	1998	2004		
§§ 1589–1600o	1997			
§§ 1589–1600e		2000	2004	
§§ 1601–1615o	1997	2000		
§§ 1616–1625	2000	2007		
§§ 1626–1633; §§ 1–11 RKEG	2002	2007		
§§ 1638–1683	2000	2004		
§§ 1684–1717	2000	2006		
§§ 1741–1772	2001	2007		
§§ 1773–1895; Anh §§ 1773–1895 (KJHG)	1999	2004		
§§ 1896–1921	1999	2006		

Buch 5. Erbrecht

	13. Bearb.	Neubearbeitungen		
§§ 1922–1966	1994	2000	2008	
§§ 1967–2086	1996			
§§ 1967–2063		2002		
§§ 2064–2196		2003		
§§ 2087–2196	1996			
§§ 2197–2264	1996	2003		
§§ 2265–2338a	1998			
§§ 2265–2338		2006		
§§ 2339–2385	1997	2004		

EGBGB

	13. Bearb.	Neubearbeitungen		
Einl EGBGB; Art 1, 2, 50–218	1998	2005		
Art 219–222, 230–236	1996			
Art 219–245		2003		

EGBGB/Internationales Privatrecht

	13. Bearb.	Neubearbeitungen		
Einl IPR; Art 3–6	1996	2003		
Art 7, 9–12	2000			
Art 7, 9–12, 47		2007		
IntGesR	1993	1998		
Art 13–18	1996			
Art 13–17b		2003		
Art 18; Vorbem A + B zu Art 19		2003		
Vorbem C-H zu Art 19		2009		
IntVerfREhe	1997	2005		
Kindschaftsrechtl Ü; Art 19	1994			
Art 19–24		2002	2008	
Art 20–24	1996			
Art 25, 26	1995	2000	2007	
Art 27–37	2002			
Art 38	1998			
Art 38–42		2001		
IntWirtschR	2000	2006		
IntSachenR	1996			

	13. Bearb.	Neubearbeitungen		
Vorläufiges Abkürzungsverzeichnis	1993			
Das Schuldrechtsmodernisierungsgesetz	2002	2002		
Eckpfeiler des Zivilrechts		2005	2008	
BGB-Synopse 1896–1998	1998			
BGB-Synopse 1896–2000		2000		
BGB-Synopse 1896–2005			2006	
100 Jahre BGB – 100 Jahre Staudinger (Tagungsband 1998)	1999			

Demnächst erscheinen

	13. Bearb.	Neubearbeitungen		
§§ 164–240	1995	2001	2004	2009
§§ 823 E–I, 824, 825	1999	2009		
§§ 1204–1296; §§ 1–84 SchiffsRG	1997	2002	2009	
§§ 1638–1683	2000	2004	2009	

Dr. Arthur L. Sellier & Co. KG – Walter de Gruyter GmbH & Co. KG oHG, Berlin
Postfach 30 34 21, D-10728 Berlin, Telefon (030) 2 60 05-0, Fax (030) 2 60 05-222